D1671394

NEUES GROSSES WÖRTERBUCH

Französisch

Französisch – Deutsch
Deutsch – Französisch

1999 Trautwein Wörterbuch-Edition
Genehmigte Sonderausgabe
© Compact Verlag München
Einbandgestaltung: Inga Koch
Alle Rechte vorbehalten
Printed in Germany
ISBN 3-8174-5254-3

Inhaltsverzeichnis

Informationen für den Benutzer

In diesem Wörterbuch wird dem Benutzer mit über 75.000 treffenden Übersetzungen, Anwendungsbeispielen und Redewendungen zu rund 55.000 Stichwörtern der schnelle Zugriff auf einen umfassenden Grund- und Fachwortschatz der modernen Hoch- und Umgangssprache ermöglicht.

Gliederung der Stichwörter

Abkürzungen, die einer Erläuterung oder mehreren Übersetzungen bedürfen (z.B. CD-ROM), werden als Stichwörter aufgeführt - andere gängige Abkürzungen befinden sich im Anhang auf den Seiten 599-600.

Homographen (Wörter, die gleich lauten, aber eine unterschiedliche Herkunft oder Bedeutung haben) werden mit hochgestellten Zahlen gekennzeichnet.

Um einen raschen Zugriff auf das gesuchte Wort zu ermöglichen, steht jedes Stichwort als eigener Eintrag. *nachdem* und *nachher* stehen zum Beispiel nicht zusammen mit *nach* in einem Abschnitt, sondern sind selbstständige Stichwörter.

Bei französischen und deutschen Substantiven, deren feminine Form ohne Wortstammveränderung und durch bloßes Anhängen einer Endung gebildet wird, steht die Endung der femininen Form jeweils in Klammern (z.B. *paysan(ne)*, *Lehrer(in)*). Bei unregelmäßiger Bildung der Femininform (z.B. *roi/reine*, *Bauer/Bäuerin*) und bei Bildung der Femininform durch „Austausch" der Maskulinendung (z.B. *veuf/veuve*, *Zeuge/Zeugin*) erhält das feminine Substantiv meist einen eigenen Eintrag.

Bei substantivierten Adjektiven (z.B. *cadet(te)*, *Jugendliche(r)*) und erstarrten Partizipien (z.B. *consultant(e)*, *Geliebte(r)*) wird ebenfalls sowohl die Maskulin- als auch die Femininform angegeben. Sie werden wie Adjektive dekliniert: *ein Jugendlicher, eine Jugendliche; mit einem Geliebten, mit einer Geliebten usw.*

Adjektive werden stets nur in der männlichen Form angegeben. Bei französischen Adjektiven, die im Singular maskulin eine zweite Form besitzen (z.B. *beau* und *bel*) befindet sich bei dieser ein entsprechender Verweis. Französische Adverbien, die regelmäßig von einem Adjektiv abgeleitet werden, werden nicht als einzelne Einträge aufgeführt, es sei denn, die adverbiale Bedeutung unterscheidet sich von der adjektivischen. Die Bildung der französischen Adverbien kann im Anhang nachgelesen werden.

Alphabetisierung

Die fett gedruckten Stichwörter sind streng alphabetisch geordnet: Getrennt geschriebene und durch Bindestrich getrennte Stichwörter werden dabei behandelt, als würden sie zusammengeschrieben.

Die Buchstaben ä, ö, ü, á, à, â usw. werden wie a, o, u, a usw. alphabetisiert; ß wird wie ss eingeordnet.

Einige Stichwörter werden durch zusätzliche Informationen in Klammern genauer bestimmt (z.B. Angabe der Endung der Femininform). Diese Klammerergänzungen werden bei der Alphabetisierung jedoch nicht berücksichtigt.

Aufbau eines Eintrags

Innerhalb eines Stichworteintrages wird das fett gedruckte Stichwort nicht wiederholt, sondern durch eine Tilde (~) ersetzt, es sei denn, es steht in einer Form, die eine andere Schreibweise nach sich zieht. Im Eintrag *livre* würde zum Beispiel statt *livres* einfach *~s* stehen, bei *Buch* wäre *Bücher* ausgeschrieben. Diese Ausnahme bezieht sich auch auf die Großschreibung eines sonst kleingeschriebenen Wortes (z.B. am Satzanfang einer Wendung). Die Tilde bezieht sich nie auf eventuelle Klammerergänzungen im Stichwort.

Innerhalb eines Stichworteintrages sind die einzelnen Übersetzungen nach Wortart und Häufigkeit geordnet. Bedeutungsgleiche Übersetzungen werden durch Komma voneinander getrennt. Nicht bedeutungsgleiche Übersetzungen werden entsprechend der Häufigkeit ihrer Verwendung durchnummeriert und mit Strichpunkt abgetrennt.

Sind Auslassungszeichen (...) direkt an ein Wort angehängt (z.B. bei Präfixen), bedeutet dies, dass das Wort als Teil einer Zusammensetzung wiedergegeben wird.
Beispiel:
fédéral [fedeʀal] *adj* föderal, Bundes...
Neben der Übersetzung *föderal* sind auch Wortzusammensetzungen mit *Bundes...* möglich (z.B. *Bundesbahn*, *Bundesbank*).

Lautschrift

Der Stichwortangabe folgt jeweils in eckigen Klammern die dazugehörige Aussprache. Die Lautschrift richtet sich nach der international gebräuchlichen Phonetik. Eine Übersicht über die Lautschriftzeichen befindet sich auf Seite VIII. Nur die deutschen Ausspracheangaben enthalten vor der zu betonenden Silbe ein Betonungszeichen (ˈ), die französischen Wörter werden fast immer auf der letzten Silbe betont.

Steht in einem Eintrag eine zusätzliche Lautschriftangabe, bedeutet dies, dass alle folgenden Bedeutungen entsprechend dieser Phonetikangabe ausgesprochen werden.

Wortart

Nach Stichwort und Lautschrift wird die Wortart des fett gedruckten Stichwortes in abgekürzter Form angegeben. Sie ist kursiv gedruckt. Die Abkürzungen werden auf Seite VII erläutert. Gibt es für ein Stichwort mehrere Bedeutungen mit unterschiedlichen Wortarten, so werden diese durch Strichpunkt voneinander getrennt aufgeführt.

Hat ein Stichwort sowohl eine maskuline als auch eine feminine Form oder werden für ein Wort zwei unterschiedliche Genera gleich häufig verwendet, so stehen die entsprechenden Angaben kursiv hinter dem betreffenden Wort.

Alle unregelmäßigen Verben sind mit der Abkürzung *v irr* gekennzeichnet. Die unregelmäßigen Formen der Verben beider Sprachen werden im Anhang (Seiten 583-585 sowie 595-598) aufgeführt. Aufgelistet werden ausschließlich die Formen des Stammverbs (für die Formen zu *contredire* würde man unter *dire* nachsehen, die Formen zu *mitkommen* stehen bei *kommen*).

Redewendungen
Die zahlreichen Wendungen und sprichwörtlichen Redensarten sind dem bedeutungstragenden Wort der Wendung – in der Regel dem Substantiv – zugeordnet.

Anhang
Die Kurzgrammatiken im Anhang ermöglichen auch Anfängern, den vorhandenen Wortschatz stilsicher anzuwenden. So findet der Benutzer schnell eine Antwort auf jedes grundlegende grammatikalische Problem.

Abkürzungen

adj	Adjektiv	*konj*	Konjunktion
adv	Adverb	*LING*	Linguistik
AGR	Landwirtschaft	*LIT*	Literatur
ANAT	Anatomie	*m*	männlich
ARCH	Architektur	*MATH*	Mathematik
art	Artikel	*MED*	Medizin
ART	Kunst	*MET*	Metallurgie
ASTR	Astronomie	*METEO*	Meteorologie
BIO	Biologie	*MIL*	Militär
BOT	Botanik	*MIN*	Bergbau/Mineralogie
CHEM	Chemie	*MUS*	Musik
CINE	Film	*n*	Neutrum
ECO	Wirtschaft	*NAUT*	Schifffahrt
etw	etwas	*num*	Zahlwort
f	weiblich	*PHIL*	Philosophie
fam	umgangssprachlich	*PHYS*	Physik
fig	bildlich	*pl*	Plural
FIN	Finanzwelt	*POL*	Politik
FOTO	Fotografie	*pref*	Präfix
GAST	Gastronomie	*prep*	Präposition
GEO	Geografie	*pron*	Pronomen
GEOL	Geologie	*PSYCH*	Psychologie
GRAMM	Grammatik	*qc*	quelque chose
HIST	Geschichte	*qn*	quelqu'un
INFORM	Informatik	*REL*	Religion
interj	Interjektion	*SPORT*	Sport
irr	unregelmäßig	*TECH*	Technik
jdm	jemandem	*TEL*	Kommunikationswesen
jdn	jemanden		
jds	jemandes	*THEAT*	Theater
jmd	jemand	*v*	Verb
JUR	Recht	*ZOOL*	Zoologie

Lautschrift

Konsonanten

Ball	b	baigner
Nichte	ç	
dort	d	dent
fliehen, vor	f	fruit, photo
geben	g	galant, langue
holen	h	
Journal	ʒ	girafe, jouer
jeder, Million	j	fille, réveil
Kamm, Chor	k	couper, qui
Lob	l	lettre
Maus	m	médecin
nehmen	n	nommer
	ɲ	désigner
angeln, links	ŋ	doping
Post	p	petit
Rand	r	
	ʀ	rue
besser, Ruß	s	savoir, cecité
schwierig	ʃ	choix, schéma
treten, Pfad	t	tête, thème
weben, Vase	v	vanité, wagon
	w	toit, louer
Nacht	x	
Hose	z	oser, zone

Vokale

blass	a	arbre
Bahn, Saal	aː	
	ɑ	diable, plâtre
egal	e	été, aller
Weh, See	eː	
hätte, fett	ɛ	être, lait
Säge	ɛː	
Menge	ə	me, retard
ist	ɪ	
Vitamin	i	image, dynamique
Liebe	iː	
Moral	o	oser, baume
Boot, Ton	oː	
von	ɔ	propre, aurore
ökonomisch	ø	deux, nœud
Öl	øː	
völlig	œ	neuf, œil
Zunge	u	bout
Zug	uː	
	ɥ	suer, lui
Stück	y	but, retenue
Typ	yː	

Diphthonge

beißen	aɪ	
Auge	au	
läuten, Heu	ɔy	

Nasale

Orange	ɑ̃	tante, mentir
	ɔ̃	bronzer
	œ̃	un
Cousin	ɛ̃	câlin, thym

Nur bei Fremdwörtern aus dem Englischen

ɜː	Server
ɒ	online
æ	Gangster
əʊ	Golden Goal

Französisch – Deutsch

A

à [a] *prep 1. (local)* an, in, nach; *2. (temporel)* um, an; *3. (par)* bei; *~ cette occasion* bei dieser Gelegenheit; *4. (pour)* zu; *~ saisir dans toute son étendue* überschaubar; *5. (avec)* mit
abaissement [abesmɑ̃] *m* Senkung *f,* Abnahme *f*
abaisser [abɛse] *v 1.* herabsetzen; *2. (fig)* ducken, erniedrigen; *3. (humilier)* erniedrigen; *4. s'~* sich herablassen
abandon [abɑ̃dɔ̃] *m 1.* Abtretung *f,* Verzicht *m; 2. (abnégation)* Hingabe *f; 3. (délaissement)* Vernachlässigung *f; laissé à l'~* verwahrlost
abandonné [abɑ̃dɔne] *adj* verlassen
abandonner [abɑ̃dɔne] *v 1.* verlassen; *2. (renoncer à)* preisgeben, aufgeben; *3. (délaisser)* vernachlässigen; *4. s'~ à* sich hingeben; *s'~ à son imagination* fantasieren
abasourdir [abazuʀdiʀ] *v 1. (par du bruit)* betäuben; *2. (fig)* verblüffen
abat-jour [abaʒuʀ] *m* Lampenschirm *m*
abats [aba] *m/pl GAST* Innereien *pl*
abattant [abatɑ̃] *m (de table)* Klappe *f*
abattement [abatmɑ̃] *m* Niedergeschlagenheit *f*
abattoir [abatwaʀ] *m* Schlachthof *m*
abattre [abatʀ] *v irr 1.* zerstören; *2. (couper)* abschlagen; *3. (bâtiment)* abreißen, umreißen; *4. (animaux)* ausschlachten, schlachten; *5. (arbre)* fällen; *6. (avion)* abschießen; *~ d'un coup de feu* abschießen
abattu [abaty] *adj* niedergeschlagen
abbaye [abei] *f REL* Abtei *f*
abbé [abe] *m REL* Abt *m*
abbesse [abɛs] *f REL* Äbtissin *f*
abc [abese] *m 1. (livre)* Fibel *f; 2. (fig: bases)* Einmaleins *n,* Grundlagen *pl; Le savoir-faire est l'~ du métier.* Wissen ist die Grundlage für den Beruf.
abcès [apsɛ] *m MED* Abszess *m*
abdominaux [abdɔmino] *m/pl 1. (muscles) ANAT* Bauchmuskeln *pl; 2. (fig: exercices) SPORT* Bauchmuskelübungen *pl; faire des ~* Übungen zur Kräftigung der Bauchmuskeln machen/die Bauchmuskeln trainieren
abécédaire [abesedɛʀ] *m 1. (débutant)* Fibel *f; 2. (livre)* Lesebuch *n*
abeille [abɛj] *f ZOOL* Biene *f*
aberrant [abɛʀɑ̃] *adj* abweichend
aberration [abɛʀɑsjɔ̃] *f 1.* Verirrung *f; 2. (divergence)* Abweichung *f*
abêtissement [abɛtismɑ̃] *m* Verdummung *f*
abîme [abim] *m* Abgrund *m*
abîmer [abime] *v 1.* verderben, beschädigen; *2. (user)* strapazieren; *3. (bousiller)* kaputtmachen, lädieren; *4. s'~* kaputtgehen; *5. s'~ dans* versinken in
abject [abʒɛkt] *adj 1. (une personne)* gemein, widerwärtig; *2. (un repas)* abscheulich, widerlich
abjurer [abʒyʀe] *v* abschwören
aboiement [abwamɑ̃] *m 1. (du chien)* Gebell *n; 2. (fig)* Belfern *n; les ~s des crieurs de journaux* das laute Geschrei der Zeitungsverkäufer *n; les ~s de la critique* die heftigen Äußerungen der Kritik *pl*
abolir [abɔliʀ] *v 1.* abschaffen; *2. (fig)* umstoßen
abolition [abɔlisjɔ̃] *f* Abschaffung *f*
abominable [abɔminabl] *adj* ekelhaft, scheußlich
abondance [abɔ̃dɑ̃s] *f* Überfluss *m*
abondant [abɔ̃dɑ̃] *adj* reichlich, üppig; *peu ~* spärlich
abonder [abɔ̃de] *v 1. (être en grande quantité)* im Überfluss vorhanden sein, im Übermaß vorhanden sein; *2. ~ en (avoir en grande quantité)* wimmeln von, wimmeln vor; *3. ~ dans le sens de qn* mit jdm vollkommen übereinstimmen, mit jdm einer Meinung sein
abonné [abɔne] *m* Abonnent *m*
abonnement [abɔnmɑ̃] *m* Abonnement *n*
abonner [abɔne] *v s'~ à qc* etw abonnieren; *être abonné à (fig)* abonniert sein auf
abord [abɔʀ] *m 1.* Zugang *m; d'un ~ facile (fig)* zugänglich; *2. ~s pl* Umgebung *f*
abordable [abɔʀdabl] *adj 1.* zugänglich; *2. (raisonnable)* erschwinglich
aborder [abɔʀde] *v 1. (bateau)* landen, anlegen; *2. ~ qn* jdn ansprechen; *3. (fig: un sujet)* anschneiden
aborigène [abɔʀiʒɛn] *m/f 1.* Eingeborene(r) *m/f,* Ureinwohner(in) *m/f; les ~s d'Australie* die Aborigines *pl*/die Ureinwohner Australiens *pl; adj 2. (originaire du pays où il vit)* einheimisch, eingeboren; *une plante ~* eine einheimische Pflanze *f*

abouler [abule] *v 1. (fam: donner)* rausrücken; *2. (fam: arriver)* einlaufen
about [abu] *m TECH* Endstück *n*
aboutir [abutiʀ] *v* grenzen; *~ à* führen zu
aboutissement [abutismɑ̃] *m* Ergebnis *n*
aboyer [abwaje] *v* bellen
abracadabrant [abʀakadabʀɑ̃] *adj* sonderbar
abrasif [abʀɑzif] *m 1. TECH* Schleifmittel *n; adj 2.* Schleif..., Scheuer...
abrégé [abʀeʒe] *m 1.* Auszug *m; 2. (précis)* Abriss *m*
abréger [abʀeʒe] *v* abkürzen, verkürzen
abreuver [abʀœve] *v 1. (animaux)* tränken; *2. s'~ (animaux)* saufen
abreuvoir [abʀœvwaʀ] *m* Tränke *f*
abréviation [abʀevjɑsjɔ̃] *f* Abkürzung *f*
abri [abʀi] *m 1.* Zuflucht *f; 2. (refuge)* Unterkunft *f,* Unterschlupf *m; à l'~* geschützt
abribus [abʀibys] *m* Bushaltehäuschen *n*
abricot [abʀiko] *m* Aprikose *f*
abricotier [abʀikɔtje] *m BOT* Aprikosenbaum *m*
abriter [abʀite] *v 1. (mettre à l'abri)* Obdach gewähren, Schutz gewähren; *2. (recevoir, loger)* aufnehmen; *Cet hôtel peut ~ deux cents personnes.* Dieses Hotel kann zweihundert Gäste aufnehmen. *3. s' ~ (se protéger)* sich schützen; *4. s'~ (fig)* sich verstecken; *s'~ derrière qn* hinter jdm Schutz suchen/sich hinter jdm verstecken
abrupt [abʀypt] *adj 1.* abrupt, jäh; *2. (escarpé)* steil
abruti [abʀyti] *adj 1. (étourdi)* benommen; *2. (fam: idiot)* blöd; *m 3. (fam: injure)* Blödmann *m; Espèce d'~!* Du Depp, du!
abrutir [abʀytiʀ] *v 1. (dégrader) LIT* verderben, abstumpfen; *2. (rendre stupide)* verdummen, verblöden; *3. (accabler)* überanstrengen, überstrapazieren; *4. s'~ (fam)* sich überarbeiten, sich kaputtarbeiten; *Il s'abrutit de travail.* Er überarbeitet sich./Er arbeitet sich kaputt.
abrutissant [abʀytisɑ̃] *adj* geisttötend
absence [apsɑ̃s] *f 1.* Abwesenheit *f; ~ d'appétit* Appetitlosigkeit *f; ~ de retenue/~ de modération* Maßlosigkeit *f; 2. JUR* Mangel *m*
absent [apsɑ̃] *adj* abwesend
absenter [apsɑ̃te] *v s'~* sich entfernen
absolu [apsɔly] *adj* unbedingt, absolut
absolument [apsɔlymɑ̃] *adv 1.* unbedingt, absolut; *~ pas* überhaupt nicht; *2. (complètement)* durchaus
absolutisme [apsɔlytizm] *m HIST* Absolutismus *m*
absorbant [apsɔʀbɑ̃] *adj 1.* absorbierend, aufsaugend; *2. (fig)* stark beanspruchend; *un travail ~* eine Arbeit, die einen stark beansprucht *f*
absorber [apsɔʀbe] *v 1.* aufsaugen; *2. ~ qc* etw schlucken, etw zu sich nehmen; *3. s'~ dans qc* sich in etw versenken
abstenir [apstəniʀ] *v irr s'~ de qc* sich einer Sache enthalten
abstention [apstɑ̃sjɔ̃] *f* Enthaltung *f*
abstinence [apstinɑ̃s] *f 1.* Abstinenz *f; 2. (d'aliments, de boissons)* Enthaltsamkeit *f; faire ~* fasten
abstinent [apstinɑ̃] *adj* enthaltsam
abstraction [apstʀaksjɔ̃] *f ~ faite de* abgesehen von
abstrait [apstʀɛ] *adj* abstrakt
absurde [apsyʀd] *adj* unsinnig, absurd
absurdité [apsyʀdite] *f* Absurdität *f,* Sinnlosigkeit *f*
abus [aby] *m* Missbrauch *m; ~ de pouvoir* Amtsmissbrauch *m; ~ d'alcool* Alkoholmissbrauch *m*
abuser [abyze] *v 1.* trügen; *2. ~ qn* jdn täuschen; *3. ~ de qc* etw missbrauchen; *4. (fig) ~ de* überschreiten
abusif [abyzif] *adj* missbräuchlich
acabit [akabi] *m 1. (manière d'être)* Charakter *m,* Art *f; Il est d'un bon ~.* Er hat einen guten Charakter. *2. (péjoratif)* Schlag *m,* Sorte *f; un homme de cet ~* ein Mann dieses Kalibers *m; Il est du même ~.* Er ist keinen Deut besser.
académicien(ne) [akademisjɛ̃/akademisjɛn] *m/f* Mitglied der Académie française *n*
académique [akademik] *adj* akademisch
acajou [akaʒu] *m bois d'~* Mahagoniholz *n*
acariens [akaʀjɛ̃] *m/pl ZOOL* Milben *pl*
accablant [akɑblɑ̃] *adj 1.* drückend; *une chaleur ~e* eine drückende Hitze *f; 2. (accusateur)* anklagend, belastend; *un témoignage ~* eine belastende Aussage *f*
accablé [akable] *adj 1. ~ de soucis* sorgenvoll; *2. (fig)* niedergeschlagen
accabler [akable] *v 1.* überhäufen; *2. (écraser)* erdrücken; *3. (déprimer)* bedrücken; *4. (fig)* belasten; *~ de travail* überlasten; *5. JUR* belasten
accalmie [akalmi] *f (vent)* Flaute *f*
accéder [aksede] *v ~ à* erreichen

accélérateur [akseleʀatœʀ] *m (dans une voiture)* Gas *n,* Gaspedal *n*
accélération [akseleʀɑsjɔ̃] *f* Beschleunigung *f*
accéléré [akseleʀe] *adj 1.* beschleunigt; *m 2. (procédé) CINE* Zeitraffer *m; passer un film en ~* einen Film in Zeitraffer laufen lassen
accélérer [akseleʀe] *v* beschleunigen
accent [aksɑ̃] *m* Akzent *m,* Betonung *f*
accentuation [aksɑ̃tɥasjɔ̃] *f 1.* Akzentsetzung *f,* Setzung der Akzente *f; 2. (fig)* Hervorhebung *f,* Betonung *f*
accentuer [aksɑ̃tye] *v 1.* betonen; *2. (renforcer)* verstärken
acceptable [aksɛptabl] *adj* annehmbar, akzeptabel
acceptation [aksɛptɑsjɔ̃] *f 1. (réception)* Annahme *f; 2. (consentement)* Zusage *f*
accepté [aksɛpte] *adj 1.* angenommen; *2. être ~* Zustimmung finden
accepter [aksɛpte] *v 1.* annehmen, nehmen; *2. (être d'accord avec)* bejahen, billigen; *3. (donner son accord)* zusagen; *4. (prendre)* hinnehmen
acception [aksɛpsjɔ̃] *f* Sinn *m,* Bedeutung *f*
accès [aksɛ] *m 1.* Zugang *m,* Zutritt *m,* Eingang *m; 2. (entrée)* Betreten *n; 3. (poussée) MED* Anfall *m; ~ de folie furieuse* Tobsuchtsanfall *m; ~ de rage/~ de fureur* Wutausbruch *m; 4. (impulsion)* Anwandlung *f; 5. INFORM* Zugriff *m*
accessible [aksesibl] *adj 1.* erreichbar, zugänglich; *2. (prix)* erschwinglich
accessoire [akseswaʀ] *m 1.* Zubehör *n; 2. ~s pl* Accessoires *pl; adj 4.* beiläufig, nebensächlich
accident [aksidɑ̃] *m 1.* Zufall *m; 2. (incident)* Unfall *m; avoir un ~* verunglücken; *~ du travail* Arbeitsunfall *m; ~ de voiture* Autounfall *m; 3. (malheur)* Unglück *n*
accidenté [aksidɑ̃te] *adj* hügelig
accidentel [aksidɑ̃tɛl] *adj 1. (par hasard)* zufällig; *2. (à la suite d'un accident)* Unfall...; *une mort ~le* Unfalltod *m*
acclamation [aklamasjɔ̃] *f* lauter Beifall *m,* heftiger Applaus *m*
acclamer [aklame] *v* bejubeln
acclimater [aklimate] *v 1. s'~* sich akklimatisieren; *2. (s'habituer)* sich einleben
accommodant [akɔmɔdɑ̃] *adj 1.* gefügig; *2. (conciliant)* verträglich; *3. (fig)* nachgiebig
accommodement [akɔmɔdmɑ̃] *m ECO* Abfindung *f*
accommoder [akɔmɔde] *v GAST* zubereiten
accompagnateur [akɔ̃paɲatœʀ] *m 1.* Begleiter *m; 2. (camion)* Beifahrer *m*
accompagnement [akɔ̃paɲemɑ̃] *m* Begleitung *f*
accompagner [akɔ̃paɲe] *v* begleiten; *s'~ de* mit sich bringen
accompli [akɔ̃pli] *adj* vollkommen, perfekt
accomplir [akɔ̃pliʀ] *v 1. (exécuter)* ausführen; *2. (achever)* vollbringen, vollziehen; *3. (réaliser)* durchführen; *4. (un devoir)* erfüllen; *5. s'~* Erfüllung finden
accomplissement [akɔ̃plismɑ̃] *m 1.* Vollendung *f; 2. (devoir)* Erfüllung *f*
accord [akɔʀ] *m 1.* Abmachung *f,* Vereinbarung *f; 2. (concorde)* Übereinstimmung *f,* Zustimmung *f; être d'~ sur qc* sich über etw einig sein; *en ~* einträchtig; *D'~!* Einverstanden! *3. POL* Vertrag *m; conclure un ~* einen Vertrag schließen; *4. ~ de musique MUS* Akkord *m*
accordéon [akɔʀdeɔ̃] *m MUS* Akkordeon *n,* Ziehharmonika *f*
accorder [akɔʀde] *v 1.* gewähren, schenken; *2. (permettre)* gestatten, bewilligen; *~ qc à qn* jdm etw gönnen/jdm etw zubilligen; *3. (instrument)* stimmen; *4. (fig: concilier)* abstimmen; *5. s'~ avec qn* mit jdm auskommen; *6. s'~ qc* sich etw gönnen
accostage [akɔstaʒ] *m (d'un bateau)* Landung *f*
accoster [akɔste] *v 1. (d' un bateau)* anlegen; *2. ~ qn* sich an jdn heranmachen, sich jdm nähern
accotement [akɔtmɑ̃] *m* Fußsteg *m,* Seitenstreifen *m*
accouchement [akuʃmɑ̃] *m MED* Entbindung *f; ~ avant terme* Frühgeburt *f*
accoucher [akuʃe] *v 1. MED* entbinden; *2. ~ de* gebären
accouder [akude] *v s'~* sich mit den Ellbogen aufstützen
accoudoir [akudwaʀ] *m (de fauteuil)* Lehne *f*
accouplement [akupləmɑ̃] *m* Paarung *f*
accoupler [akuple] *v 1.* paaren; *2. (fam)* kuppeln, verkuppeln
accourir [akuʀiʀ] *v irr* herbeieilen; *~ au secours de qn* jdm zu Hilfe eilen
accoutrement [akutʀəmɑ̃] *m* Aufzug *m*

accoutrer [akutʀe] *v s'~ (fam)* sich rausputzen, sich ausstaffieren; *Il s'accoutre d'une manière ridicule.* Er sieht lächerlich aus, so wie er sich herausgeputzt hat.
accoutumance [akutymɑ̃s] *f* Gewöhnung *f*
accoutumé [akutyme] *adj 1. (habituel)* gewohnt, gewöhnlich; *Il est venu à l'heure ~e.* Er ist zur üblichen Zeit gekommen./Er ist zur gleichen Zeit gekommen wie immer. *Il mange comme à l'~e.* Er isst wie immer. *2. être ~ à qc* an etw gewöhnt sein, etw gewohnt sein
accoutumer [akutyme] *v 1. ~ qn à qc* jdn an etw gewöhnen, jdn mit etw vertraut machen; *2. s'~ à qc* sich an etw gewöhnen, sich mit etw abfinden
accroc [akʀo] *m* Riss *m*
accrochage [akʀɔʃaʒ] *m 1.* Befestigen *n,* Aufhängen *n; 2. (entre deux voitures)* leichter Zusammenstoß *m,* Kollision *f*
accroché [akʀɔʃe] *v être ~* hängen, befestigt sein
accrocher [akʀɔʃe] *v 1. (tableau, manteau)* hängen, aufhängen; *2. (avec la voiture)* anfahren; *3. s'~ à* sich festhalten an
accroissement [akʀwasmɑ̃] *m 1.* Steigerung *f; 2. (profilération)* Vermehrung *f,* Zunahme *f; 3. ECO* Zuwachs *m*
accroître [akʀwatʀ] *v irr 1.* vergrößern; *2. (augmenter)* steigern; *3. s'~ à* wachsen, sich vermehren
accroupir [akʀupiʀ] *v 1. être accroupi* kauern; *2. s'~* sich niederkauern
accueil [akœj] *m (réception)* Empfang *m*
accueillant [akœjɑ̃] *adj* gastfreundlich
accueillir [akœjiʀ] *v irr 1. (recevoir)* aufnehmen, empfangen; *2. (objets)* entgegennehmen; *3. (fig: réfugiés)* auffangen
accumulateur [akymylatœʀ] *m TECH* Akku *m*
accumulation [akymylɑsjɔ̃] *f* Anhäufung *f,* Ansammlung *f*
accumuler [akymyle] *v 1.* anhäufen; *2. s'~* sich ansammeln
accusateur [akyzatœʀ] *adj* anklagend, vorwurfsvoll; *un regard ~* ein anklagender Blick *m*
accusatif [akyzatif] *m GRAMM* Akkusativ *m*
accusation [akyzɑsjɔ̃] *f 1.* Anschuldigung *f,* Beschuldigung *f; 2. (plainte) JUR* Anklage *f*
accusé [akyze] *adj JUR* angeklagt
accusé(e) [akyze] *m/f JUR* Angeklagte(r) *m/f*
accuser [akyze] *v 1. (porter plainte)* anklagen; *2. ~ qn de* jdn bezichtigen, jdn beschuldigen; *3. JUR* belasten
acerbe [asɛʀb] *adj (fig)* herb
acéré [aseʀe] *adj* spitz
acétone [asetɔn] *f CHEM* Azeton *n*
acharné [aʃaʀne] *adj 1. (lutte)* erbittert; *2. ~ à* versessen auf
acharnement [aʃaʀnəmɑ̃] *m 1.* Beharrlichkeit *f; avec ~* hartnäckig; *2. (exaspération)* Erbitterung *f; 3. (ténacité)* Ausdauer *f*
acharner [aʃaʀne] *v s'~ contre/s'~ sur* nicht ablassen von, unentwegt losgehen auf; *Ils se sont acharnés contre lui.* Sie haben nicht von ihm abgelassen.
achat [aʃa] *m 1.* Kauf *m; faire des ~s* einkaufen; *2. (acquisition)* Ankauf *m,* Einkauf *m; 3. (d'un ordinateur)* Anschaffung *f*
acheter [aʃte] *v 1.* kaufen; *2. (acquérir)* abkaufen, ankaufen; *3. s'~ qc* sich etw kaufen; *L'amitié ne s'achète pas.* Freundschaft kann man nicht kaufen.
acheteur [aʃtœʀ] *m* Käufer *m*
achevé [aʃve] *adj (terminé)* fertig
achèvement [aʃɛvmɑ̃] *m 1.* Vollendung *f; 2. (construction)* Ausbau *m*
achever [aʃve] *v 1. (terminer)* abschließen, vollenden; *~ de payer* abbezahlen; *2. ~ qc* etw fertig machen; *3. s'~* zu einem Ende kommen
acide [asid] *adj 1.* sauer; *m 2. CHEM* Säure *f*
acidité [asidite] *f 1. (du goût)* Säuregrad *m; 2. CHEM* Säuregehalt *m*
acier [asje] *m 1.* Stahl *m; 2. ~ inoxydable MIN* Edelstahl *m*
aciérie [asjeʀi] *f* Stahlhütte *f*
acolyte [akɔlit] *m* Helfershelfer *m*
acompte [akɔ̃t] *m 1.* Anzahlung *f; 2. ECO* Abschlagssumme *f; 3. (traite) ECO* Rate *f; 4. (prêt)* Vorschuss *m*
à-côté [akote] *m* Nebensächlichkeit *f,* belanglose Frage *f; Ce n'est qu'un ~ du problème.* Das ist für das Problem nur am Rande von Bedeutung.
à-coup [aku] *m* Ruck *m; par ~s* ruckweise
acoustique [akustik] *f 1.* Akustik *f; adj 2.* akustisch
acquéreur [akeʀœʀ] *m* Käufer *m*
acquérir [akeʀiʀ] *v irr* erwerben, kaufen
acquiescer [akjese] *v* zustimmen

acquis [aki] *adj* erworben, erzielt

acquisition [akizisjɔ̃] *f* 1. Anschaffung *f;* 2. *(conquête)* Errungenschaft *f*

acquittement [akitmɑ̃] *m* 1. *JUR* Freispruch *m;* 2. *ECO* Tilgung *f*

acquitter [akite] *v* 1. zahlen; 2. *(facture)* quittieren; 3. *(argent)* abführen; 4. *(dette)* tilgen; 5. *(absoudre)* lossprechen

âcre [ɑkʀ] *adj* 1. bitter, scharf; 2. *(fig)* bitter, schmerzlich

acrimonie [akʀimɔni] *f* Bitterkeit *f*

acrobate [akʀɔbat] *m/f* Akrobat(in) *m/f*

acrobatie [akʀɔbasi] *f* Akrobatik *f*

acte [akt] *m* 1. Tat *f,* Akt *m;* 2. *~ officiel* Amtshandlung *f;* 3. *~ d'honneur* Ehrung *f;* 4. *(document)* Urkunde *f;* 5. *(dossier)* Akte *f;* 6. *~ irréfléchi/~ irrationnel* Kurzschluss *m;* 7. *THEAT* Akt *m;* 8. *MED* Akt *m;* 9. *JUR* Akt *m*

acteur [aktœʀ] *m* Schauspieler *m,* Darsteller *m*

actif [aktif] *adj* 1. aktiv, tätig; *population active* erwerbstätige Bevölkerung *f;* 2. *(zélé)* eifrig; 3. *(efficace)* wirksam; *m* 4. *ECO* Aktiva *pl*

action [aksjɔ̃] *f* 1. *(acte)* Tat *f,* Handlung *f;* 2. *FIN* Aktie *f;* 3. *~ militaire MIL* Einsatz *m*

actionner [aksjɔne] *v TECH* betätigen

activer [aktive] *v* 1. beleben; 2. *(accélérer)* beschleunigen

activité [aktivite] *f* 1. *(occupation)* Tätigkeit *f;* 2. *(action)* Aktivität *f,* Betätigung *f*

actrice [aktʀis] *f* Schauspielerin *f,* Darstellerin *f*

actualiser [aktɥalize] *v* aktualisieren

actualité [aktɥalite] *f* 1. Aktualität *f;* 2. *~s pl (à la TV)* Tagesschau *f*

actuel [aktɥɛl] *adj* 1. gegenwärtig; 2. *(d'actualité)* aktuell

actuellement [aktɥɛlmɑ̃] *adv* derzeit, im Moment

adage [adaʒ] *m* Sprichwort *n*

adaptateur [adaptatœʀ] *m TECH* Adapter *m*

adaptation [adaptɑsjɔ̃] *f* 1. Anpassung *f;* 2. *~ cinématographique CINE* Verfilmung *f*

adapter [adapte] *v* 1. anpassen; 2. *s'~ à* sich anpassen an; 3. *s'~ à TECH* passen zu

additif [aditif] *m* 1. Beigabe *f;* 2. *(supplément)* Nachtrag *m;* 3. *CHEM* Zusatz *m*

addition [adisjɔ̃] *f* 1. *MATH* Addition *f;* 2. *(note de restaurant)* Rechnung *f; régler l'~* die Rechnung begleichen; *Garçon, l'~, s'il vous plaît!* Ober, die Rechnung bitte!

additionnel [adisjɔnɛl] *adj* zusätzlich

additionner [adisjɔne] *v* 1. zusammenzählen, addieren; 2. *~ à (liquide)* beimischen

adduction [adyksjɔ̃] *f* Zuleitung *f*

adepte [adɛpt] *m/f* Eingeweihte(r) *m/f*

adéquat [adekwa] *adj* passend, adäquat

adhérence [adeʀɑ̃s] *f* Haftung *f,* Adhäsion *f*

adhérent(e) [adeʀɑ̃(t)] *m/f* 1. *(d'un club)* Mitglied *n;* 2. *(adepte)* Anhänger(in) *m/f*

adhérer [adeʀe] *v* 1. *(coller)* kleben, haften; 2. *~ à* beitreten; *~ à un parti* einer Partei beitreten

adhésif [adezif] *adj* klebrig

adhésion [adezjɔ̃] *f* Beitritt *m*

adieu [adjøː] *interj* 1. leb wohl; *m* 2. *(séparation avec qn)* Trennung *f;* 3. *~x pl* Abschied *m*

adjectif [adʒɛktif] *m* Adjektiv *n*

adjoint [adʒwɛ̃] *adj* 1. stellvertretend; *m* 2. Gehilfe *m*

adjudication [adʒydikɑsjɔ̃] *f* 1. Ausschreibung *f;* 2. *(vente aux enchères)* Versteigerung *f*

adjuger [adʒyʒe] *v* zuerkennen

adjurer [adʒyʀe] *v* beschwören

admettre [admɛtʀ] *v irr* 1. annehmen; 2. *(avouer)* zugeben, zugestehen; 3. *~ qn dans* jdn einlassen in; 4. *(proposition)* eingehen auf

administrateur [administʀatœʀ] *m* Verwalter *m,* Geschäftsführer *m*

administration [administʀɑsjɔ̃] *f* 1. Verwaltung *f;* 2. *~ municipale* Stadtverwaltung *f*

administrer [administʀe] *v (gérer)* verwalten, bewirtschaften

admirable [admiʀabl] *adj* bewundernswert

admirateur [admiʀatœʀ] *m* Verehrer *m*

admiratif [admiʀatif] *adj* bewundernd

admiration [admiʀasjɔ̃] *f* Bewunderung *f*

admirer [admiʀe] *v* bewundern

admis [admi] *adj être ~* ankommen, Zustimmung finden

admissibilité [admisibilite] *f* Gültigkeit *f,* Zulassung *f*

admissible [admisibl] *adj* 1. zulässig; 2. *(valable)* gültig; 3. *(acceptable)* annehmbar

admission [admisjɔ̃] *f* 1. Annahme *f;* 2. *(accueil)* Aufnahme *f*

admonition [admɔnisjɔ̃] *f* Ermahnung *f,* Zurechtweisung *f*

adolescence [adɔlesɑ̃s] *f* Jugendzeit *f*

adolescent [adɔlesɑ̃] *m* Jüngling *m*
adolescent(e) [adɔlesɑ̃(t)] *m/f* Jugendliche(r) *m/f*
adonner [adɔne] *v s'~ à qc* sich etw hingeben, sich einer Sache verschreiben
adopté [adɔpte] *adj 1.* adoptiert; *2. (accepté)* angenommen; *3. être ~ après vérification* durchgehen, genehmigt werden
adopter [adɔpte] *v 1. (enfant)* adoptieren; *2. (accepter)* annehmen; *~ l'avis de qn* sich jds Meinung anschließen; *3. (une loi)* verabschieden
adoption [adɔpsjɔ̃] *f 1.* Adoption *f; 2. (d'une loi) JUR* Verabschiedung *f*
adorable [adɔʀabl] *adj* entzückend
adorateur [adɔʀatœʀ] *m ~ du soleil* Sonnenanbeter *m*
adoration [adɔʀɑsjɔ̃] *f* Anbetung *f,* Verehrung *f*
adorer [adɔʀe] *v 1. REL* anbeten; *2. (vénérer)* verehren; *3. (idolâtrer)* vergöttern
adosser [adose] *v 1. (appuyer)* lehnen; *2. ~ à (construction)* anbauen; *3. s'~ à* sich anlehnen an
adoucir [adusiʀ] *v 1.* mildern; *2. (eau)* enthärten; *3. s'~ (devenir plus doux)* milder werden; *Le temps s'adoucit.* Das Wetter wird milder. *Son humeur s'est adoucie.* Seine schlechte Laune hat sich gelegt.
adoucisseur [adusisœʀ] *m ~ textile* Weichspüler *m*
adresse [adʀɛs] *f 1.* Adresse *f,* Anschrift *f; 2. (point de rencontre)* Anlaufstelle *f; 3. (habilité)* Geschicklichkeit *f*
adresser [adʀɛse] *v 1. ~ qc à qn* etw an jdn adressieren; *2. (envoyer)* einsenden; *3. s'~ à* sich wenden an, sich richten an; *4. s'~ à qn* jdn ansprechen, an jdn herantreten
adroit [adʀwa] *adj* geschickt, gewandt
adulte [adylt] *adj 1.* groß, erwachsen; *m/f 2.* Erwachsene(r) *m/f*
adultère [adyltɛʀ] *m* Ehebruch *m*
advenir [advəniʀ] *v irr* geschehen
adverbe [advɛʀb] *m* Adverb *n*
adversaire [advɛʀsɛʀ] *m/f* Gegner(in) *m/f,* Feind(in) *m/f*
adverse [advɛʀs] *adj* gegnerisch
adversité [advɛʀsite] *f 1.* Unglück *n; 2. (malchance)* Missgeschick *n*
aération [aeʀɑsjɔ̃] *f* Belüftung *f*
aérer [aeʀe] *v* lüften
aérien [aeʀjɛ̃] *adj 1. (de l'air)* Luft...; *2. (fig)* leicht; *Elle est d'une grâce ~ne.* Sie ist von einer geradezu ätherischen Anmut. *3. (dont l'air est le milieu vital) BIO* aerob; *4. (relatif à l'aviation)* Luftfahrt...; *5. (suspendu au-dessus du sol)* Ober..., oberirdisch; *un câble ~* Oberleitung *f*
aérodynamique [aeʀɔdinamik] *adj* stromlinienförmig, windschnittig
aérodynamisme [aeʀɔdinamism] *m PHYS* Aerodynamik *f*
aérogare [aeʀɔgaʀ] *f* Abfertigungsgebäude des Flughafens *n*
aéronautique [aeʀɔnotik] *f* Flugwesen *n*
aéronef [aeʀɔnɛf] *m* Luftschiff *n*
aéroport [aeʀɔpɔʀ] *m* Flughafen *m*
aérosol [aeʀɔsɔl] *m* Spray *n*
aérostat [aeʀɔsta] *m* Luftschiff *n*
affable [afabl] *adj* leutselig
affaiblir [afebliʀ] *v 1.* abschwächen; *2. (épuiser)* entkräften
affaiblissement [afeblismɑ̃] *m 1.* Abschwächung *f; 2. (de valeur)* Abnahme *f*
affaire [afɛʀ] *f 1.* Angelegenheit *f,* Sache *f; 2. (événement)* Vorfall *m,* Affäre *f; 3. ~ de goût* Geschmackssache *f; 4. ~ d'honneur* Ehrensache *f; 5. ~ conclue ECO* Abschluss *m; 6. ~ commerciale FIN* Geschäft *n*
affairé [afɛʀe] *adj* geschäftig
affairer [afeʀe] *v s'~* beflissen sein, sich emsig kümmern
affaler [afale] *v s'~* niedersinken
affamé [afame] *adj* hungrig
affectation [afɛktɑsjɔ̃] *f 1.* Bestimmung *f; 2. (fausseté)* Verstellung *f*
affecté [afɛkte] *adj 1.* affektiert, unnatürlich; *2. (fig)* theatralisch; *3. être ~ par* betroffen sein von
affecter [afɛkte] *v 1. ~ à* bestimmen; *2. (toucher)* angreifen; *3. (installer)* einweisen; *~ à une fonction* in eine Arbeit einweisen
affection [afɛksjɔ̃] *f 1. MED* Krankheit *f,* Erkrankung *f; 2. (sentiment)* Zuwendung *f,* Zuneigung *f*
affectionner [afɛksjɔne] *v* liebhaben
affectueux [afɛktɥø] *adj* liebevoll, zärtlich
affermir [afɛrmiʀ] *v s'~* sich festigen
affichage [afiʃaʒ] *m 1.* Aushang *m; 2. TECH* Display *n*
affiche [afiʃ] *f 1.* Plakat *n,* Anschlag *m,* Aushang *m; 2. ~ lumineuse* Leuchtanzeige *f*
afficher [afiʃe] *v 1.* anschlagen, aushängen; *2. (fig: montrer ostensiblement)* deutlich zeigen, zur Schau stellen; *Il affiche un air satisfait.* Er zeigt sich zufrieden. *3. s'~ (faire éta-*

lage) zur Schau stellen, sich produzieren; *Elle s'affiche avec son amant.* Sie zeigt sich in aller Öffentlichkeit mit ihrem Liebhaber.
affiler [afile] *v* schleifen, schärfen
affiliation [afiljɑsjɔ̃] *f 1.* Mitgliedschaft *f; 2. (inscription)* Aufnahme *f*
affiner [afine] *v* veredeln, verfeinern
affinité [afinite] *f 1. (parenté)* Verwandtschaft *f,* Ähnlichkeit *f; 2. (attirance)* Anziehungskraft *f,* Affinität *f*
affirmatif [afiʀmatif] *adj* bejahend
affirmation [afiʀmɑsjɔ̃] *f* Behauptung *f*
affirmer [afiʀme] *v 1.* behaupten; *2. (assurer)* versichern, bekräftigen
affliction [afliksjɔ̃] *f* Trübsal *f*
affligé [afliʒe] *adj 1.* betrübt; *2. être ~* trauern
affligeant [afliʒɑ̃] *adj 1. (attristant)* betrüblich, traurig; *une nouvelle ~e* eine betrübliche Nachricht *f; 2. (lamentable)* kläglich, jämmerlich; *un film ~* ein schlechter Film *m*
affluence [aflyɑ̃s] *f 1.* Andrang *m,* Zulauf *m; 2. (afflux)* Zufluss *m*
affluent [aflyɑ̃] *m* Nebenfluss *m*
afflux [afly] *m* Zulauf *m,* Zustrom *m*
affolant [afɔlɑ̃] *adj 1. (bouleversant)* erschreckend; *2. (fam: alarmant)* beunruhigend; *C'est ~ ce que la vie augmente!* Es ist beängstigend, wie das Leben ständig teurer wird!
affolement [afɔlmɑ̃] *m (panique)* große Aufregung *f*
affoler [afɔle] *v s'~ (fam)* durchdrehen
affranchi [afʀɑ̃ʃi] *adj* frankiert
affranchir [afʀɑ̃ʃiʀ] *v* freimachen, frankieren; *~ une lettre* einen Brief freimachen
affranchissement [afʀɑ̃ʃismɑ̃] *m* Porto *n*
affréter [afʀete] *v (navire)* verfrachten
affréteur [afʀetœʀ] *m* Befrachter *m*
affreux [afʀø] *adj* abscheulich, grässlich, hässlich
affront [afʀɔ̃] *m* Affront *m,* öffentliche Beleidigung *f*
affrontement [afʀɔ̃tmɑ̃] *m* Aufeinandertreffen gegensätzlicher Standpunkte *n,* Konfrontation *f*
affronter [afʀɔ̃te] *v 1.* entgegengehen; *2. (défier)* trotzen, die Stirn bieten
affubler [afyble] *v* herausputzen
Afghanistan [afganistɑ̃] *m* Afghanistan *n*
afin [afɛ̃] *prep 1. ~ de* damit, um zu; *konj 2. ~ que* damit
africain [afʀikɛ̃] *adj* afrikanisch
Africain(e) [ɑfʀikɛ̃/ɑfʀikɛn] *m/f* Afrikaner(in) *m/f*
Afrique [afʀik] *f* Afrika *n*
agaçant [agasɑ̃] *adj* ärgerlich
agacer [agase] *v 1. ~ qn* jdn ärgern, jdn reizen; *2. (taquiner)* necken
âge [aʒ] *m 1.* Alter *n; d'un ~ avancé* betagt; *à l'~ tendre* blutjung; *~ ingrat* Flegeljahre *pl; ~ d'or* Glanzzeit *f; jeune ~* Jugendzeit *f; ~ minimum* Mindestalter *n; en ~ d'être scolarisé* schulplichtig; *2. (époque)* Zeitalter *n*
âgé [aʒe] *adj* bejahrt
agence [aʒɑ̃s] *f* Agentur *f; ~ générale* Generalvertretung *f; ~ commerciale* Geschäftsstelle *f; ~ matrimoniale* Heiratsvermittlung *f; ~ de publicité* Werbeagentur *f; ~ de tourisme* Reisebüro *n; ~ de presse* Nachrichtenagentur *f*
agenda [aʒɛ̃da] *m 1.* Notizbuch *n; 2. (calendrier)* Kalender *m,* Terminkalender *m*
agenouiller [aʒnuje] *v s'~* knien
agent [aʒɑ̃] *m 1.* Agent *m; ~ secret* Geheimagent *m; 2. (courtier)* Makler *m; ~ d'assurance* Versicherungsagent *m; ~ de change* Börsenmakler *m; ~ immobilier* Immobilienmakler *m; 3. ~ de douane* Zollbeamter *m; 4. ~ de police* Polizist *m; 5. ~ technique* Techniker *m*
agglomération [aglɔmeʀɑsjɔ̃] *f* Ortschaft *f,* Siedlung *f*
aggravation [agʀavɑsjɔ̃] *f 1.* Verschärfung *f; 2. (dégradation)* Verschlechterung *f,* Verschlimmerung *f*
aggraver [agʀave] *v 1.* verschärfen; *2. ~ qc* etw verschlimmern, etw verschlechtern; *3. s'~* sich zuspitzen
agile [aʒil] *adj 1.* behende, flink; *2. (alerte)* beweglich
agilité [aʒilite] *f* Behendigkeit *f*
agir [aʒiʀ] *v 1. (faire qc)* handeln, tun; *2. (procéder)* verfahren, vorgehen; *3. s'~ de* sich handeln um
agitation [aʒitɑsjɔ̃] *f 1.* Hektik *f,* Treiben *n; 2. (excitation)* Aufregung *f; 3. (nervosité)* Unruhe *f; 4. (turbulence)* Welle *f; 5. ~ continuelle* Rastlosigkeit *f*
agité [aʒite] *adj 1.* aufgeregt, hektisch; *2. (mer)* bewegt
agiter [aʒite] *v 1. (mouvoir)* bewegen; *2. (secouer)* schütteln, rütteln; *3. (remuer)* umrühren; *4. (drapeau)* schwenken; *5. s'~* zappeln
agneau [aɲo] *m ZOOL* Lamm *n*
agonie [agɔni] *f* Todeskampf *m*
agoraphobie [agɔʀafɔbi] *f 1. MED* Agoraphobie *f; 2. (fam)* Platzangst *f*
agrafe [agʀaf] *f* Büroklammer *f*

agrafer [agʀafe] *v* anheften
agrafeuse [agʀaføz] *f* Heftmaschine *f*
agrandir [agʀɑ̃diʀ] *v 1.* vergrößern; *2. s'~* größer werden, wachsen
agrandissement [agʀɑ̃dismɑ̃] *m* Vergrößerung *f*
agréable [agʀeabl] *adj 1.* angenehm, gemütlich; *2. (bienfaisant)* wohlig, wohltuend
agrément [agʀemɑ̃] *m 1.* Billigung *f; 2. (commodités)* Annehmlichkeit *f*
agrès [agʀɛ] *m/pl SPORT* Turngerät *n*
agresser [agʀese] *v 1. (attaquer)* tätlich angreifen, überfallen; *2. (être nuisible)* angreifen, schaden; *Le soleil agresse la peau.* Die Sonne greift die Haut an./Die Sonne schadet der Haut.
agresseur [agʀɛsœʀ] *m MIL* Angreifer *m*
agressif [agʀɛsif] *adj* aggressiv, angriffslustig
agression [agʀɛsjɔ̃] *f 1.* Überfall *m,* Angriff *m; 2. (atteinte)* Aggression *f*
agressivité [agʀɛsivite] *f* Aggressivität *f*
agricole [agʀikɔl] *adj* landwirtschaftlich
agriculteur [agʀikyltœʀ] *m* Landwirt *m,* Bauer *m*
agriculture [agʀikyltyʀ] *f* Landwirtschaft *f*
agripper [agʀipe] *v 1. (saisir)* packen, festhalten; *2. s'~ (s'accrocher)* sich festhalten, nicht mehr loslassen; *L'enfant s'agrippe à la manche de sa mère.* Das Kind klammert sich an den Ärmel der Mutter./Das Kind hängt am Rockzipfel seiner Mutter.
agrumes [agʀym] *m/pl* Zitrusfrüchte *pl*
aguicher [agiʃe] *v* anlocken
ah [a] *interj* ach
ahuri [ayʀi] *adj 1. (surpris)* verwundert, erstaunt; *m 2. (fam: idiot)* Dummkopf *m,* Schafskopf *m; Quelle espèce d'~!* Was für ein Esel!/Was für ein Schafskopf!/Was bist du doch für ein Kamel!
ahurissement [ayʀismɑ̃] *m* Verblüffung *f,* Erstaunen *n*
aide [ɛd] *f 1.* Hilfe *f; A l'~!* Hilfe! *~ sociale* Sozialhilfe *f; 2. (assistance)* Unterstützung *f,* Förderung *f,* Fürsorge *f; 3. (auxiliaire)* Aushilfe *f; 4. (d'argent)* Zuschuss *m; m 5.* Gehilfe *m; ~ soignant* Krankenpfleger *m*
aide-mémoire [ɛdmemwaʀ] *m* Merkblatt *n*
aider [ede] *v 1.* helfen; *~ qn* jdm behilflich sein; *2. (seconder)* fördern, Vorschub leisten

aïe [aj] *interj* au, aua, autsch
aïeul [ajœl] *m* Ahne *m*
aïeux [ajø] *m/pl* Ahnen *pl,* Vorfahren *pl*
aigle [ɛgl] *m ZOOL* Adler *m*
aiglefin [ɛgləfɛ̃] *m ZOOL* Schellfisch *m*
aigre [ɛgʀ] *adj 1.* sauer; *2. (fig)* bitter; *d'un ton ~* mit bitterem Ton
aigre-doux [ɛgʀədu] *adj* süßsauer
aigreur [ɛgʀœʀ] *f 1.* Säure *f; 2. (fig)* Verbitterung *f*
aigri [egʀi] *adj* verbittert, verbissen
aigrir [egʀiʀ] *v 1. (rendre aigre)* säuern, sauer machen; *2. (fig: irriter)* reizen, verärgern; *3. s'~ (fig)* verbittern, bitter werden; *Il s'aigrit en vieillissant.* Er wird mit zunehmendem Alter immer verbitterter.
aigu [egy] *adj 1. (maladie)* akut; *2. (voix)* schrill
aiguillage [egɥijaʒ] *m (des voies ferrées)* Weichenstellung *f*
aiguille [egɥij] *f 1.* Nadel *f; 2. ~ de montre* Uhrzeiger *m*
aiguillon [egɥijɔ̃] *m* Ansporn *m*
aiguillonner [egɥijɔne] *v* anfachen, anspornen
aiguiser [egize] *v 1.* schärfen, schleifen; *2. (rendre pointu)* spitzen
ail [aj] *m BOT* Knoblauch *m*
aile [ɛl] *f 1.* Flügel *m; 2. ~ annexe ARCH* Seitenflügel *m; 3. (de voiture)* Kotflügel *m*
ailleurs [ajœʀ] *adv* woanders, anderswo
aimable [ɛmabl] *adj* freundlich, lieb, liebenswürdig
aimant [ɛmɑ̃] *m* Magnet *m*
aimer [ɛme] *v* lieben, liebhaben
aîné(e) [ene] *m/f* Erstgeborene(r) *m/f,* Älteste(r) *m/f*
ainsi [ɛ̃si] *adv 1.* so; *~ nommé* so genannt; *konj 2.* somit, daher, folglich; *3. ~ que* sowie
air [ɛʀ] *m 1.* Luft *f; prendre l'~* frische Luft schnappen; *2. (aspect)* Aussehen *n; avoir l'~* aussehen; *3. (mine)* Miene *f; 4. (apparence)* Anschein *m,* Schein *m; avoir l'~ de* den Anschein haben; *se donner des ~s* sich aufspielen; *5. MUS* Melodie *f*
airbus [ɛʀbys] *m TECH* Airbus *m*
aire [ɛʀ] *f 1.* Estrich *m; 2. ~ de repos* Rastplatz *m; 3. ~ de décollage* Rollfeld *n*
airelle [ɛʀɛl] *f 1. BOT* Heidelbeere *f; 2. ~ rouge BOT* Preiselbeere *f*
aisance [ɛzɑ̃s] *f 1.* Leichtigkeit *f,* Zwanglosigkeit *f; 2. (prospérité)* Wohlstand *m*
aise [ɛz] *f* Behaglichkeit *f; à son ~* gemächlich; *mal à l'~* unbehaglich

aisé [ɛze] *adj 1.* vermögend, wohlhabend; *2. (facile)* glatt, mühelos; *3. (fig)* flüssig; *avoir un style ~* einen flüssigen Stil haben
aisselle [ɛsɛl] *f ANAT* Achsel *f*
ajournement [aʒuʀnəmɑ̃] *m* Aufschub *m,* Verlegung *f*
ajourner [aʒuʀne] *v 1.* verschieben, aufschieben; *2. ECO* stunden
ajout [aʒu] *m* Zusatz *m,* Hinzufügung *f*
ajouter [aʒute] *v 1.* anfügen, beilegen; *2. (additionner)* hinzufügen, addieren; *3. (compléter)* nachtragen, ergänzen; *4. s'~ à* dazukommen
ajustement [aʒystmɑ̃] *m* Anpassung *f*
ajuster [aʒyste] *v 1. TECH* abrichten; *2. (adapter)* justieren, anpassen
ajusteur [aʒystœʀ] *m* Zurichter *m*
alarmant [alaʀmɑ̃] *adj* alarmierend
alarme [alaʀm] *f* Alarm *m; niveau d'~* Alarmstufe *f*
alarmer [alaʀme] *v* alarmieren
albanais [albanɛ] *adj* albanisch
Albanie [albani] *f GEO* Albanien *n*
albatros [albatʀos] *m ZOOL* Albatros *m*
album [albɔm] *m* Album *n*
albumine [albymin] *f* Eiweiß *n*
alcalin [alkalɛ̃] *adj* alkalisch
alcool [alkɔl] *m 1.* Alkohol *m; 2. (eau-de-vie)* Branntwein *m; 3. ~ à brûler* Brennspiritus *m,* Spiritus *m*
alcoolique [alkɔlik] *m/f* Alkoholiker(in) *m/f,* Trinker(in) *m/f*
alcoolisé [alkɔlize] *adj* alkoholisch; *non ~* alkoholfrei
alcoolisme [alkɔlism] *m* Alkoholismus *m*
alcootest [alkɔtɛst] *m* Alkoholtest *m*
aldéhyde [aldeid] *m ~ formique CHEM* Formaldehyd *n*
alentours [alɑ̃tuʀ] *m/pl* Umgebung *f*
alerte [alɛʀt] *adj 1.* flink; *2. (éveillé)* munter; *3. (vif)* rege; *f 4.* Alarm *m; ~ d'incendie* Feueralarm *m; ~ aérienne* Fliegeralarm *m*
alerter [alɛʀte] *v* alarmieren
algèbre [alʒɛbʀ] *f* Algebra *f*
Algérie [alʒeʀi] *f GEO* Algerien *n*
algérien [alʒeʀjɛ̃] *adj* algerisch
Algérien(ne) [alʒeʀjɛ̃/alʒeʀjɛn] *m/f* Algerier(in) *m/f*
algue [alg] *f* Alge *f*
alias [aljas] *adv* alias
alibi [alibi] *m* Alibi *n*
aliénation [aljenasjɔ̃] *f 1. (fig)* Entfremdung *f; 2. ~ mentale* Geisteskrankheit *f*
aliéné [aljene] *adj MED* geistesgestört
aliéné(e) [aljene] *m/f* Irre(r) *m/f*
aliéner [aljene] *v* veräußern
aligné [aliɲe] *adj* gerade
alignement [aliɲmɑ̃] *m* Reihe *f,* Aneinanderreihung *f*
aligner [aliɲe] *v* begradigen
aliment [alimɑ̃] *m* Speise *f,* Nahrungsmittel *n*
alimentaire [alimɑ̃tɛʀ] *adj 1.* Nahrungs..., Ernährungs...; *2. pension ~ JUR* Unterhalt *m,* Alimente *pl*
alimentation [alimɑ̃tɑsjɔ̃] *f* Ernährung *f*
alimenter [alimɑ̃te] *v s'~* sich ernähren
alité [alite] *adj* bettlägerig
allaiter [alete] *v* stillen
allécher [aleʃe] *v* anlocken, locken
allée [ale] *f* Allee *f*
alléger [aleʒe] *v* mildern, erleichtern, lindern
allégorique [alegɔʀik] *adj* bildlich
allègre [alɛgʀ] *adj* munter
Allemagne [almaɲ] *f* Deutschland *n*
allemand [almɑ̃] *adj 1.* deutsch; *m 2. LING* Deutsch *n*
Allemand(e) [almɑ(d)] *m/f* Deutsche(r) *m/f*
aller [ale] *v irr 1.* gehen, laufen; *~ à l'école* die Schule besuchen; *2. ~ à (en voiture)* fahren; *3. ~ à (en avion)* fliegen; *4. ~ à cheval* reiten; *5. ~ chercher qn* jdn abholen; *6. ~ ensemble* zusammengehören; *7. (s'étendre)* reichen, sich erstrecken; *8. y ~ de* sich handeln um; *9. ~ bien (vêtements)* passen; *10. s'en ~* fortgehen, weggehen; *m 11.* Hinfahrt *f; ~ et retour* Hin- und Rückfahrt *f*
allergie [alɛʀʒi] *f MED* Allergie *f*
allergique [alɛʀʒik] *adj MED* allergisch
alliage [aljaʒ] *m 1. MIN* Legierung *f; 2. ~ léger MIN* Leichtmetall *n*
alliance [aljɑ̃s] *f 1. POL* Bund *m; 2. (bague de mariage)* Ehering *m*
allié [alje] *adj 1.* verwandt; *m 2.* Verbündeter *m; 3. ~s pl* Alliierte *pl*
allier [alje] *v s'~ à/s'~ avec* sich verbünden mit
allô [alo] *interj (téléphone)* hallo
allocation [alɔkɑsjɔ̃] *f 1.* Zulage *f; 2. ~s familiales pl* Kindergeld *n*
allocution [alɔkysjɔ̃] *f 1.* Anrede *f,* Ansprache *f; 2. ~ d'ouverture* Eröffnung *f,* Mitteilung *f*
allongé [alɔ̃ʒe] *adj* länglich
allongement [alɔ̃ʒmɑ̃] *m 1.* Verlängerung *f; 2. (extension)* Ausdehnung *f,* Dehnung *f*

allonger [alɔ̃ʒe] *v 1.* strecken, verlängern; *2. (temporel)* ausdehnen, dehnen; *3. s'~* sich hinlegen
allons [alɔ̃] *interj* los, na
allouer [alwe] *v ~ à* zuweisen, bewilligen
allumage [alymaʒ] *m (de voiture)* Zündung *f*
allumer [alyme] *v 1.* anzünden, anbrennen; *2. (mettre le contact)* einschalten, anschalten, anstellen; *~ la lumière* das Licht einschalten; *~ la télévision* den Fernseher anstellen/den Fernseher anmachen; *3. (voiture)* zünden; *4. s'~ (lumière)* angehen
allumette [alymɛt] *f* Streichholz *n*
allure [alyʀ] *f 1.* Tempo *n; ~ d'escargot/~ de limace* Schneckentempo *n; 2. (aspect)* Gestalt *f*
allusion [alyzjɔ̃] *f* Anspielung *f,* Andeutung *f*
alluvion [alyvjɔ̃] *f* Anschwemmung *f,* Ablagerung *f*
almanach [almana] *m* Almanach *m*
alors [alɔʀ] *adv 1.* da, damals; *2. (ensuite)* dann; *konj 3. ~ que* während
alouette [alwɛt] *f ZOOL* Lerche *f*
alourdir [aluʀdiʀ] *v 1. (rendre lourd)* schwer machen, schwerer machen; *2. (fig)* schwerfälliger machen, schwieriger gestalten; *Cette tournure alourdit la phrase.* Diese Formulierung macht den Satz schwerfällig./Durch diese Formulierung wird der Satz holprig. *3. s'~* schwer werden, schwerfällig werden
alpage [alpaʒ] *m (herbage)* Alm *f*
Alpes [alp] *f/pl GEO* Alpen *pl*
alphabet [alfabɛ] *m* Alphabet *n*
alphanumérique [alfanymeʀik] *adj* alphanumerisch
alpin [alpɛ̃] *adj* alpin
alpinisme [alpinism] *m* Bergsteigen *n*
alpiniste [alpinist] *m/f* Bergsteiger(in) *m/f*
Alsace [alzas] *f GEO* Elsass *n*
alsacien [alzasjɛ̃] *adj* elsässisch
altération [alteʀɑsjɔ̃] *f* Veränderung *f*
altercation [altɛʀkɑsjɔ̃] *f* Wortwechsel *m*
altérer [alteʀe] *v 1.* verändern; *2. (fig)* verdrehen
alternance [altɛʀnɑ̃s] *f* Abwechslung *f*
alternatif [altɛʀnatif] *adj* alternativ, abwechselnd
alternative [altɛʀnativ] *f* Alternative *f*
alterner [altɛʀne] *v (se succéder)* aufeinander folgen, sich regelmäßig abwechseln
altier [altje] *adj* stolz, hochmütig
altitude [altityd] *f* Höhe *f*
alto [alto] *m 1. MUS* Altstimme *f; 2. (instrument) MUS* Bratsche *f*
altruisme [altʀɥism] *m* Selbstlosigkeit *f*
altruiste [altʀɥist] *m 1.* selbstloser Mensch *m; adj 2.* selbstlos
aluminium [alyminjɔm] *m CHEM* Aluminium *n*
amabilité [amabilite] *f* Freundlichkeit *f,* Liebenswürdigkeit *f*
amalgame [amalgam] *m* Amalgam *n*
amalgamer [amalgame] *v* vermischen
amande [amɑ̃d] *f BOT* Mandel *f*
amanite [amanit] *f ~ tue-mouches BOT* Fliegenpilz *m*
amant(e) [amɑ̃(t)] *m/f* Geliebte(r) *m/f*
amarre [amaʀ] *f* Tau *n*
amarrer [amaʀe] *v* fixieren, festmachen
amas [amɑ] *m* Haufen *m,* Ansammlung *f*
amasser [amɑse] *v* anhäufen, häufen
amateur [amatœʀ] *m 1.* Laie *m; 2. (non-spécialiste)* Amateur *m; 3. (dilettante)* Dilettant *m; adj 4.* dilettantisch, laienhaft
amazone [amazon] *f (femme)* Amazone *f*
ambassade [ɑ̃basad] *f POL* Botschaft *f*
ambassadeur [ɑ̃basadœʀ] *m POL* Botschafter *m*
ambiance [ɑ̃bjɑ̃s] *f* Stimmung *f,* Atmosphäre *f*
ambigu [ɑ̃bigy] *adj 1.* mehrdeutig; *2. (à double sens)* doppeldeutig, zweideutig
ambiguïté [ɑ̃bigɥite] *f* Zweideutigkeit *f,* Mehrdeutigkeit *f*
ambitieux [ɑ̃bisjø] *adj* ehrgeizig, strebsam
ambition [ɑ̃bisjɔ̃] *f 1.* Ehrgeiz *m; 2. (aspiration)* Bestreben *n*
ambivalence [ɑ̃bivalɑ̃s] *f* Ambivalenz *f,* Doppelwertigkeit *f*
ambre [ɑ̃bʀ] *m ~ jaune* Bernstein *m*
ambulance [ɑ̃bylɑ̃s] *f* Krankenwagen *m*
ambulancier [ɑ̃bylɑ̃sje] *m* Sanitäter *m*
ambulant [ɑ̃bylɑ̃] *adj* ambulant, umherziehend
ambulatoire [ɑ̃bylatwaʀ] *adj MED* ambulant
âme [ɑm] *f 1.* Geist *m; 2. (cœur)* Gemüt *n,* Seele *f; 3. (psychisme)* Psyche *f*
amélioration [ameljɔʀɑsjɔ̃] *f* Besserung *f,* Verbesserung *f*
améliorer [ameljɔʀe] *v 1. (réparer)* verbessern; *2. (refaire)* ausbessern
aménagement [amenaʒmɑ̃] *m 1.* Einrichtung *f; 2. ARCH* Gestaltung *f*

aménager [amenaʒe] *v 1.* einrichten, gestalten; *2. (arranger)* herrichten
amende [amɑ̃d] *f* Geldstrafe *f,* Bußgeld *n*
amenée [amne] *f TECH* Zufuhr *f; ~ d'eau* Wasserzufuhr *f*
amener [amne] *v 1.* bringen, mitbringen; *2. (provoquer)* herbeiführen; *3. (apporter)* herbringen; *4. ~ qn à faire qc* jdn veranlassen, etw zu tun
amer [amɛʀ] *adj 1.* bitter, herb; *2. (personne)* verbittert; *m 3.* Magenbitter *m*
américain [ameʀikɛ̃] *adj* amerikanisch
Américain(e) [ameʀikɛ̃/amerikɛn] *m/f* Amerikaner(in) *m/f*
Amérique [ameʀik] *f GEO* Amerika *n; ~ latine GEO* Lateinamerika *n*
amertume [amɛʀtym] *f 1.* Bitterkeit *f; 2. (ressentiment)* Groll *m,* Verbitterung *f*
ameublement [amœbləmɑ̃] *m* Ausstattung *f,* Einrichtung *f*
ami(e) [ami] *m/f* Freund(in) *m/f,* Bekannte(r) *m/f; petit ~* Freund *m*
amiable [amjabl] *adj s'arranger à l'~ JUR* sich gütlich einigen
amiante [amjɑ̃t] *m MIN* Asbest *m*
amical [amikal] *adj* freundschaftlich, freundlich
amidon [amidɔ̃] *m* Stärke *f*
amidonner [amidɔne] *v* stärken
amincir [amɛ̃siʀ] *v 1. (rendre plus mince)* dünner machen; *2. (faire paraître plus mince)* schlanker wirken lassen, schlank machen; *Le noir l'amincit.* Schwarz lässt sie schlanker wirken. *3. s'~* dünner werden
amiral [amiʀal] *m MIL* Admiral *m*
amitié [amitje] *f* Freundschaft *f; ~ intime* Freundschaft *f,* Beziehung *f*
ammoniaque [amɔnjak] *f CHEM* Ammoniak *n*
amnistie [amnisti] *f JUR* Amnestie *f*
amnistier [amnistje] *v JUR* begnadigen
amocher [amɔʃe] *v* kaputtmachen
amoindrir [amwɛ̃dʀiʀ] *v 1.* verkleinern; *2. (réduire)* mindern; *3. s'~ (fig)* schrumpfen
amollir [amɔliʀ] *v* aufweichen
amonceler [amɔ̃sle] *v (empiler)* auftürmen
amoncellement [amɔ̃sɛlmɑ̃] *m* Häufung *f*
amont [amɔ̃] *adv en ~ (fleuve, rivière)* flussaufwärts
amorce [amɔʀs] *f* Köder *m*
amorphe [amɔʀf] *adj* träge, amorph
amortir [amɔʀtiʀ] *v 1.* dämpfen; *2. (atténuer)* abschwächen; *3. ECO* abschreiben
amortissement [amɔʀtismɑ̃] *m 1. ECO* Abschreibung *f; 2. (paiement) ECO* Abzahlung *f; 3. (choc) TECH* Dämpfung *f*
amortisseur [amɔʀtisœʀ] *m TECH* Stoßdämpfer *m*
amour [amuʀ] *m* Liebe *f*
amourette [amuʀɛt] *f (fam)* Liebschaft *f*
amoureux [amuʀø] *adj 1.* verliebt; *faire qc en cinq ~* etw im Handumdrehen machen; *m 2. (amant)* Liebhaber *m*
amour-propre [amuʀpʀɔprə] *m* Selbstachtung *f*
amovible [amɔvibl] *adj* abnehmbar
ampère [ɑ̃pɛʀ] *m TECH* Ampere *n*
amphithéâtre [ɑfiteɑtʀ] *m THEAT* Amphitheater *n*
ample [ɑ̃pl] *adj* breit, weit
ampleur [ɑ̃plœʀ] *f 1.* Weite *f,* Breite *f; 2. (importance)* Umfang *m,* Ausmaß *n*
amplificateur [ɑ̃plifikatœʀ] *m TECH* Verstärker *m*
amplifier [ɑ̃plifje] *v* verstärken, erweitern
ampoule [ɑ̃pul] *f 1. MED* Blase *f; 2. ~ électrique* Glühbirne *f; 3. (~ de verre) MED* Ampulle *f*
amputation [ɑ̃pytasjɔ] *f MED* Amputation *f*
amputer [ɑ̃pyte] *v MED* amputieren
amulette [amylɛt] *f* Amulett *n*
amusant [amysɑ̃] *adj 1. (drôle)* komisch, spaßig; *2. (spirituel)* witzig, lustig
amusement [amysmɑ̃] *m 1.* Vergnügen *n,* Unterhaltung *f; 2. (égaiement)* Aufheiterung *f*
amuser [amyze] *v 1.* belustigen, erheitern; *2. (fig)* zerstreuen; *3. s'~* sich vergnügen, sich amüsieren
amygdale [amidal] *f ANAT* Mandel *f*
an [ɑ̃] *m* Jahr *n; nouvel ~* Neujahr *n; dans un ~* in einem Jahr; *tous les ~s* jedes Jahr
anabolisant [anabɔlizɑ̃] *m MED* Anabolikum *n*
anachronisme [anakrɔnism] *m* Anachronismus *m*
analogie [analɔʒi] *f* Analogie *f*
analogique [analɔʒik] *adj* sinngemäß
analogue [analɔg] *adj* analog
analphabète [analfabɛt] *m* Analphabet *m*
analphabétisme [analfabɛtism] *m* Analphabetentum *n*
analyse [analiz] *f* Analyse *f,* Studie *f*
analyser [analize] *v 1.* analysieren; *2. (disséquer)* zerlegen
ananas [anana] *m BOT* Ananas *f*

anarchie [anaʀʃi] *f POL* Anarchie *f*
anarchique [anaʀʃik] *adj 1.* gesetzlos; *2. (désordonné)* chaotisch
anarchiste [anaʀʃist] *m* Anarchist *m*
anatomie [anatɔmi] *f* Körperbau *m,* Anatomie *f*
ancêtre [ɑ̃sɛtʀ] *m* Ahne *m,* Vorfahr *m*
anchois [ɑ̃ʃwa] *m* Sardelle *f*
ancien [ɑ̃sjɛ̃] *adj 1. (vieux)* alt; *2. (antique)* altertümlich; *3. (d'autrefois)* ehemalig, früher
ancienneté [ɑ̃sjɛnte] *f 1.* Alter *n,* Tradition *f; 2. (temps passé dans une fonction)* Dienstalter *n,* Dauer der Betriebszugehörigkeit *f; Dans cette entreprise, l'avancement se fait à l'~.* In diesem Unternehmen hängt die Beförderung von der Dauer der Betriebszugehörigkeit ab.
ancre [ɑ̃kʀ] *f* Anker *m*
andouille [ɑ̃duj] *f 1. (charcuterie) GAST* Kuttelwurst *f; 2. (fam: niais)* Einfaltspinsel *m; Quelle ~, ce Gérard!* Was für ein Einfaltspinsel dieser Gérard doch ist!
âne [ɑn] *m 1. ZOOL* Esel *m; 2. (fam)* Dummkopf *m*
anéanti [aneɑ̃ti] *adj (fig)* zerschmettert, vernichtet
anéantir [aneɑ̃tiʀ] *v 1.* vernichten, vertilgen; *2. (détruire)* ruinieren
anéantissement [aneɑ̃tismɑ̃] *m 1.* Vernichtung *f,* Zerstörung *f; 2. (empêchement)* Vereitelung *f*
anecdote [anɛkdɔt] *f* Anekdote *f*
anémie [anemi] *f MED* Anämie *f*
anémique [anemik] *adj* blutarm
anémone [anemɔn] *f* Anemone *f*
âneries [ɑnʀis] *f/pl (fig)* Blödsinn *m*
anesthésie [anɛstezi] *f MED* Anästhesie *f*
anesthésiste [anɛstezist] *m/f MED* Anästhesist(in) *m/f*
aneth [anɛt] *m BOT* Dill *m*
ange [ɑ̃ʒ] *m 1.* Engel *m; être aux ~s (fam)* überglücklich sein; *2. ~ gardien* Schutzengel *m*
angine [ɑ̃ʒin] *f MED* Angina *f*
anglais [ɑ̃glɛ] *adj 1.* englisch; *m 2. LING* Englisch *n*
Anglais(e) [ɑ̃glɛ(z)] *m/f* Engländer(in) *m/f*
angle [ɑ̃gl] *m 1.* Ecke *f; 2. (bord)* Kante *f; 3. (côté)* Seite *f; 4. MATH* Winkel *m; 5. ~ visuel* Blickwinkel *m*
Angleterre [ɑ̃glətɛʀ] *f GEO* England *n,* Großbritannien *n*
Anglo-Saxon(ne) [ɑ̃glɔsaksɔ̃/ɑ̃glɔsaksɔn] *m/f* Angelsachse/Angelsächsin *m/f*
angoissant [ɑ̃gwasɑ̃] *adj 1.* beklemmend; *2. (étrange)* unheimlich
angoisse [ɑ̃gwas] *f* Angst *f; ~ existentielle* Existenzangst *f; ~ mortelle* Todesangst *f*
angoissé [ɑ̃gwase] *adj* angsterfüllt
anguille [ɑ̃gij] *f* Aal *m; Il y a ~ sous roche.* Da ist was im Busch.
anguleux [ɑ̃gylø] *adj* eckig, kantig
animal [animal] *adj 1.* animalisch; *m 2.* Tier *n; ~ domestique* Haustier *n; ~ en peluche* Plüschtier *n*
animateur [animatœʀ] *m* Animateur *m*
animation [animɑsjɔ̃] *f 1.* Belebung *f; 2. (mouvement)* Betrieb *m,* Treiben *n*
animé [anime] *adj 1.* lebhaft, belebt; *2. (conversation)* angeregt
animer [anime] *v 1.* beleben; *2. (fig)* ankurbeln; *3. (fig: encourager)* anfeuern
anis [ani] *m BOT* Anis *m*
anneau [ano] *m* Ring *m*
année [ane] *f 1.* Jahr *n; ~ bissextile* Schaltjahr *n; ~ scolaire* Schuljahr *n; ~ de référence* Vergleichsjahr *n; ~ dernière* Vorjahr *n; ~ civile* Kalenderjahr *n; 2. nouvelle ~* Jahreswechsel *m; 3. (millésime)* Jahrgang *m*
annexe [anɛks] *f 1.* Anhang *m; 2. (additif)* Nachtrag *m*
annexer [anɛkse] *v 1.* einverleiben, annektieren; *2. (document)* beifügen; *~ à* angliedern
annexion [anɛksjɔ̃] *f* Annexion *f,* Anschluss *m*
annihiler [aniile] *v* vernichten
anniversaire [anivɛʀsɛʀ] *m* Geburtstag *m*
annonce [anɔ̃s] *f 1.* Meldung *f,* Ankündigung *f; 2. (de presse)* Anzeige *f; 3. (communiqué)* Ansage *f*
annoncer [anɔ̃se] *v 1.* ankündigen, melden; *2. (inscrire)* anmelden; *3. (dans un journal)* inserieren; *4. (á la radio)* ansagen
Annonciation [anɔ̃sjɑsjɔ̃] *f REL* Verkündigung *f*
annotation [anɔtɑsjɔ̃] *f 1.* Bemerkung *f,* Anmerkung *f; 2. ~ officielle* Amtsvermerk *m*
annuaire [anɥɛʀ] *m 1.* Jahrbuch *n; 2. ~ téléphonique* Telefonbuch *n*
annuel [anɥɛl] *adj* jährlich, alljährlich
annulaire [anylɛʀ] *m* Ringfinger *m*
annulation [anylɑsjɔ̃] *f 1.* Annullierung *f; 2. JUR* Aufhebung *f*
annuler [anyle] *v 1.* annullieren, streichen; *2. (abonnement)* abbestellen; *3. (ristourner)* stornieren; *4. (résilier)* lösen; *5. INFORM* löschen

anomalie [anɔmali] *f 1.* Anomalie *f; 2. (monstruosité)* Abnormität *f*
anonymat [anɔnima] *m* Anonymität *f*
anonyme [anɔnim] *adj* anonym, namenlos
anorak [anɔʀak] *m* Anorak *m,* Windjacke *f*
anormal [anɔʀmal] *adj* abnorm, abnormal
ANPE [anpe] *f (Agence Nationale Pour L'Emploi)* Arbeitsamt *n*
anse [ɑ̃s] *f* Henkel *m*
antécédents [ɑ̃tesedɑ̃] *m/pl JUR* Vorstrafe *f*
antenne [ɑ̃tɛn] *f* Antenne *f; ~ de télévision* Fernsehantenne *f; ~ parabolique* Parabolantenne *f*
antérieur [ɑ̃teʀjœʀ] *adj* vorhergehend, vorherig
anthologie [ɑ̃tɔlɔʒi] *f* Sammelband *m*
anti... [ɑ̃ti] *pref* feindlich
antialcoolique [ɑ̃tialkɔ̃lik] *adj* antialkoholisch
antiautoritaire [ɑ̃tiotɔ̃ʀitɛʀ] *adj* antiautoritär
antibiotique [ɑ̃tibjɔ̃tik] *m MED* Antibiotikum *n*
anticipé [ɑ̃tisipe] *adj 1.* voreilig; *2. (avant l'heure)* vorzeitig
anticiper [ɑ̃tisipe] *v 1.* vorwegnehmen; *2. (événement)* vorgreifen
anticonstitutionnel [ɑ̃tikɔ̃stitysjɔnɛl] *adj* verfassungswidrig
anticorps [ɑ̃tikɔʀ] *m* Antikörper *m*
anticyclone [ɑ̃tisiklon] *m METEO* Hoch *n,* Hochdruckgebiet *n*
antidater [ɑ̃tidate] *v* vordatieren
antidérapant [ɑ̃tideʀapɑ] *adj* griffig
antidote [ɑ̃tidɔt] *m* Gegenmittel *n*
Antilles [ɑ̃tij] *f/pl GEO* Antillen *pl*
antilope [ɑ̃tilɔp] *f ZOOL* Antilope *f*
antimite [ɑ̃timit] *m* Mottenpulver *n*
antinomie [ɑ̃tinɔmi] *f* Widerspruch *m*
antiparasitage [ɑ̃tipaʀazitaʒ] *m TECH* Entstörung *f*
antiparasiter [ɑ̃tipaʀazite] *v TECH* entstören
antipathie [ɑ̃tipati] *f* Antipathie *f,* Widerwille *m*
antipathique [ɑ̃tipatik] *adj* unsympathisch
antipode [ɑ̃tipɔd] *m 1. GEO* Mensch, der auf der entgegengesetzten Seite der Erdkugel lebt *m,* Antipode *m; La France est aux ~s de la Nouvelle-Zélande.* Frankreich und Neuseeland befinden sich genau auf der jeweils entgegengesetzten Seite der Erde./Frankreich liegt Neuseeland auf der Erdkugel diametral gegenüber.
antiquaire [ɑ̃tikɛʀ] *m/f* Antiquitätenhändler(in) *m/f*
antique [ɑ̃tik] *adj 1.* altertümlich, althergebracht; *2. (vieux)* antik
Antiquité [ɑ̃tikite] *f* Altertum *n,* Antike *f*
antiquités [ɑ̃tikite] *f/pl* Antiquitäten *pl,* Altertümer *pl*
antirouille [ɑ̃tiʀuj] *adj* nicht rostend
antivol [ɑ̃tivɔl] *m* Lenkradschloss *n,* Zündschloss *n; Ma bicyclette est toujours munie d'un ~.* Ich schließe mein Fahrrad immer ab.
anus [anys] *m* After *m*
anxiété [ɑ̃ksjete] *f 1.* Angstgefühl *n; 2. (inquiétude)* Unruhe *f*
anxieux [ɑ̃ksjø] *adj 1.* bange; *2. (soucieux)* unruhig
aorte [aɔʀt] *f* Aorta *f*
août [u(t)] *m* August *m*
apaisant [apɛzɑ̃] *adj* schmerzlindernd
apaisement [apɛzmɑ̃] *m 1.* Beruhigung *f; 2. (soulagement)* Linderung *f*
apaiser [apɛze] *v 1.* lindern; *2. (calmer)* besänftigen; *3. ~ un besoin* ein Bedürfnis stillen
apathie [apati] *f* Apathie *f*
apathique [apatik] *adj* apathisch, gefühllos
apatride [apatʀid] *adj 1.* heimatlos; *2. (sans nationalité)* staatenlos
apercevoir [apɛʀsəvwaʀ] *v irr 1. ~ qc* etw merken, etw wahrnehmen; *2. s'~ de qc* etw bemerken, etw merken
aperçu [apɛʀsy] *m 1. (fig)* Einblick *m,* Übersicht *f; 2. (avant-goût)* Vorschau *f*
apéritif [apeʀitif] *m* Aperitif *m; Nous prenons l'~ avant le dîner.* Wir trinken einen Aperitif vor dem Abendessen.
apesanteur [apəzɑ̃tœʀ] *f* Schwerelosigkeit *f*
à-peu-près [apøpʀɛ] *m* Ungenauigkeit *f,* Unzulängliches *n,* Unvollkommenes *n*
apeuré [apœʀe] *adj* verängstigt
apiculteur [apikyltœʀ] *m* Imker *m*
aplanir [aplaniʀ] *v 1.* ebnen, planieren; *2. (litige)* schlichten
aplati [aplati] *adj* platt
aplatir [aplatiʀ] *v 1.* ebnen; *2. (aplanir)* abflachen
apogée [apɔʒe] *m 1. (fig)* Höhepunkt *m; 2. (fig: épogne de gloire)* Glanzzeit *f*

apoplexie [apɔplɛksi] *f* Gehirnschlag *m*, Schlaganfall *m*
apostolique [apɔstɔlik] *adj* päpstlich
apostrophe [apɔstʀɔf] *f* Apostroph *m*
apôtre [apotʀ] *m* Apostel *m*; *~ de la vie saine (fam)* Gesundheitsapostel *m*
apparaître [apaʀɛtʀ] *v irr 1.* erscheinen, auftreten, auftauchen; *2. (se manifester)* zum Vorschein kommen; *3. (maladie)* ausbrechen
apparat [apaʀa] *m* Prunk *m*
appareil [apaʀɛj] *m 1.* Apparat *m*, Gerät *n*, Maschine *f*; *~ ménager* Haushaltsgerät *n*; *~ auditif* Hörgerät *n*; *~ électrique* Elektrogerät *n*; *~ photo* Fotoapparat *m*, Kamera *f*; *2. (avion)* Flugzeug *n*; *3. ~ automatique* Automat *m*; *4. ~ téléphonique* Fernsprecher *m*; *5. ANAT* Organe *pl*
appareillage [apaʀɛjaʒ] *m NAUT* Ablegen *n*
appareiller [apaʀɛje] *v 1. (bateau)* auslaufen; *2. (mettre de pair)* paaren
apparemment [apaʀamɑ̃] *adv 1. (extérieurement)* scheinbar; *2. (sans doute)* anscheinend
apparence [apaʀɑ̃s] *f 1.* Anschein *m*, Schein *m*; *Les ~s sont trompeuses.* Der Schein trügt. *2. (fig)* Gestalt *f*; *3. ~s pl* Äußeres *n*
apparent [apaʀɑ̃] *adj 1.* offenbar, scheinbar; *2. (visible)* vordergründig
apparenté [apaʀɑ̃te] *adj* verwandt
apparition [apaʀisjɔ̃] *f 1.* Auftritt *m*; *faire son ~* erscheinen, entstehen, aufkommen; *2. (manifestation)* Erscheinung *f*; *3. (d'une maladie)* Ausbruch *m*
appartement [apaʀtmɑ̃] *m* Wohnung *f*
appartenance [apaʀtənɑ̃s] *f* Zugehörigkeit *f*
appartenant [apaʀtənɑ̃] *adj ~ à* zugehörig
appartenir [apaʀtəniʀ] *v irr ~ à* gehören zu, zählen zu
appât [apɑ] *m 1.* Köder *m*; *2. (fig)* Lockvogel *m*
appâter [apɑte] *v (fig)* locken
appauvrir [apovʀiʀ] *v (rendre pauvre)* arm machen, arm werden lassen; *La guerre a appauvri le pays.* Der Krieg hat das Land verarmen lassen./Der Krieg hat das Land in Armut gestürzt.
appauvrissement [apovʀismɑ̃] *m* Verarmung *f*
appel [apɛl] *m 1.* Ruf *m*; *~ à* Ruf nach; *2. (proclamation)* Aufruf *m*, Ausruf *m*; *3. ~ téléphonique* Telefonanruf *m*, Anruf *m*; *4. JUR* Berufung *f*; *5. MIL* Appell *m*
appelé [aple] *adj* namens
appeler [aple] *v 1.* anrufen, rufen, aufrufen; *2. (au téléphone)* anrufen, telefonieren; *3. ~ sous les drapeaux MIL* einberufen; *4. s'~* sich nennen, heißen
appellation [apɛlɑsjɔ̃] *f* Name *m*
appendice [apɛ̃dis] *m 1.* Anhang *m*; *2. ANAT* Blinddarm *m*
appesantir [apəzɑ̃tiʀ] *v s'~ sur* lasten auf
appétissant [apetisɑ̃] *adj* lecker
appétit [apeti] *m* Appetit *m*
applaudir [aplodiʀ] *v* applaudieren
applaudissements [aplodismɑ̃] *m/pl* Beifall *m*, Applaus *m*
application [aplikasjɔ̃] *f 1.* Anwendung *f*; *2. (zèle)* Fleiß *m*
appliqué [aplike] *adj 1.* angewandt; *2. (assidu)* fleißig, strebsam
appliquer [aplike] *v 1.* anwenden; *2. (mettre)* auftragen; *~ une couche de peinture* bestreichen, anstreichen
appoint [apwɛ̃] *m (monnaie)* passendes Geld *n*, Kleingeld *n*; *faire l'~* das Geld passend haben/mit Kleingeld bezahlen
apport [apɔʀ] *m CHEM* Zufuhr *f*
apporter [apɔʀte] *v 1.* bringen; *2. (procurer)* herbeischaffen, herbringen; *3. (transporter)* herantragen; *4. (amener)* bringen; *5. (produire)* einbringen
apposer [apoze] *v (annexer)* anfügen
appréciable [apʀesjabl] *adj* nennenswert
appréciation [apʀesjɑsjɔ̃] *f 1.* Wertung *f*, Beurteilung *f*; *2. (jugement)* Ermessen *n*
apprécier [apʀesje] *v 1.* beurteilen, werten; *2. (juger)* ermessen; *3. (aimer)* mögen
appréhender [apʀeɑ̃de] *v 1. (interpeller)* ergreifen, festnehmen; *2. ~ qn JUR* jdn verhaften; *3. (craindre)* fürchten
appréhension [apʀeɑ̃sjɔ̃] *f* Ängstlichkeit *f*, Furcht *f*
apprendre [apʀɑ̃dʀ] *v irr 1.* lernen; *~ par cœur* auswendig lernen; *~ un métier* einen Beruf erlernen; *2. ~ qc à qn* jdn etw lehren, jdm etw beibringen; *3. ~ une nouvelle* etw erfahren; *4. ~ à connaître qn* jdn kennen lernen
apprenti(e) [apʀɑ̃ti] *m/f* Lehrling *m*, Auszubildende(r) *m/f*
apprentissage [apʀɑ̃tisaʒ] *m* Lehre *f*
apprêter [apʀɛte] *v 1. (préparer)* zubereiten; *2. (bateau)* klarmachen
apprivoisé [apʀivwaze] *adj* zahm

apprivoiser [apʀivwaze] *v* zähmen, bezähmen
approbation [apʀɔbɑsjɔ̃] *f* *1.* Genehmigung *f,* Billigung *f;* *2.* *(applaudissements)* Beifall *m*
approchant [apʀɔʃɑ̃] *adj* annähernd
approche [apʀɔʃ] *f* Annäherung *f*
approcher [apʀɔʃe] *v* *1.* *s'~* sich nähern, sich annähern; *2.* *s'~ (nuit)* nahen
approfondi [apʀɔfɔ̃di] *adj* *(connaissances)* fundiert, umfassend
approfondir [apʀɔfɔ̃diʀ] *v* vertiefen
appropriation [apʀɔpʀijɑsjɔ̃] *f* Aneignung *f*
approprié [apʀɔpʀije] *adj* *1.* geeignet, passend; *2.* *~ à* zweckmäßig, angemessen; *3.* *(adéquat)* sachgemäß
approprier [apʀɔpʀije] *v* *1.* *(fig)* anpassen; *2.* *s'~* sich aneignen
approuver [apʀuve] *v* *1.* billigen, gutheißen; *2.* *~ qc* etw zustimmen
approvisionnement [apʀɔvizjɔnmɑ̃] *m* Versorgung *f,* Zufuhr *f*
approvisionner [apʀɔvizjɔne] *v* versorgen
approximatif [apʀɔksimɑtif] *adj* annähernd, ungefähr
approximation [apʀɔksimɑsjɔ̃] *f* *ECO* Überschlag *m,* Schätzung *f*
appui [apɥi] *m* *1.* Stütze *f,* Anhalt *m;* *2.* *(fig)* Rückhalt *m,* Unterstützung *f*
appui(e)-tête [apɥitɛt] *m* Kopfstütze *f*
appuyer [apɥije] *v* *1.* drücken; *2.* *~ contre (échelle)* anlegen an, anlehnen an; *3.* *(étayer)* aufstützen; *4.* *(adosser)* lehnen; *5.* *(demande)* befürworten; *6.* *(soutenir)* unterstützen; *7.* *s'~* sich stützen, sich halten, sich auflehnen; *s'~ contre* sich anlehnen an; *8.* *s'~ (s'adosser)* lehnen
âpre [ɑpʀ] *adj* *1.* *(goût)* herb; *2.* *(rude)* barsch; *3.* *~ à* gierig nach
après [apʀɛ] *prep* *1.* *(temporel)* nach; *~ cela* danach; *~ quoi* danach; *2.* *(derrière)* hinter; *~ coup* nachträglich; *adv* *3.* *~ cela (temporel)* danach; *konj* *4.* *~ que* nachdem
après-demain [apʀɛdəmɛ̃] *adv* übermorgen
après-guerre [apʀɛgɛʀ] *m* Nachkriegszeit *f*
après-midi [apʀɛmidi] *m* Nachmittag *m*
après-rasage [apʀɛʀazaʒ] *m* Rasierwasser *n*
après-ski [apʀɛski] *m* Après-Ski *n;* *mettre des ~s* Schneestiefel anziehen
à-propos [apʀɔpo] *m* Angebrachtes *n*
apte [apt] *adj* *1.* geeignet; *2.* *~ à* tauglich zu
aptitude [aptityd] *f* *1.* Fähigkeit *f;* *2.* *(capacité)* Anlage *f,* Veranlagung *f;* *3.* *(~ à)* Befähigung *f,* Eignung *f*
aquarelle [akwaʀɛl] *f* Aquarell *n*
aquarium [akwaʀjɔm] *m* Aquarium *n*
aquatique [akwatik] *adj* Wasser...; *une plante ~* eine Wasserpflanze *f*
Aquitaine [akitɛn] *f* Aquitanien *n*
arabe [aʀab] *adj* arabisch
Arabe [aʀab] *m/f* Araber(in) *m/f*
Arabie [aʀabi] *f* *GEO* Arabien *n;* *~ Saoudite* Saudi-Arabien *n*
arachide [aʀaʃid] *f* Erdnuss *f*
araignée [aʀɛɲe] *f* Spinne *f;* *avoir une ~ au plafond (fig)* spinnen
arbitrage [aʀbitʀaʒ] *m* *JUR* Schiedsspruch *m*
arbitraire [aʀbitʀɛʀ] *adj* *1.* beliebig, willkürlich; *2.* *(de son propre chef)* eigenmächtig; *m* *3.* Willkür *f*
arbitre [aʀbitʀ] *m* Schiedsrichter *m*
arborer [aʀbɔʀe] *v* hissen
arbre [aʀbʀ] *m* *BOT* Baum *m;* *~ de Noël* Christbaum *m,* Weihnachtsbaum *m;* *~ de mai* Maibaum *m;* *~ généalogique* Stammbaum *m;* *~ à feuilles* Laubbaum *m;* *~ fruitier* Obstbaum *m*
arbuste [aʀbyst] *m* Strauch *m*
arc [aʀk] *m* Bogen *m;* *~ de triomphe* Triumphbogen *m*
arcade [aʀkad] *f* Bogengang *m*
arc-en-ciel [aʀkɑ̃sjɛl] *m* Regenbogen *m*
archéologue [aʀkeɔlɔg] *m/f* Archäologe/Archäologin *m/f*
archet [aʀʃɛ] *m* Geigenbogen *m*
archevêque [aʀʃəvɛk] *m* Erzbischof *m*
archipel [aʀʃipɛl] *m* Archipel *m*
architecte [aʀʃitɛkt] *m/f* Architekt(in) *m/f,* Baumeister(in) *m/f*
architecte-décorateur [aʀʃitɛktdekɔʀatœʀ] *m* Innenarchitekt *m*
architecture [aʀʃitɛktyʀ] *f* Architektur *f*
archives [aʀʃiv] *f/pl* Archiv *n*
arctique [aʀktik] *adj* arktisch, Arktis...
Arctique [aʀktik] *f* Arktis *f,* Gebiet um den Nordpol *n*
ardemment [aʀdamɑ̃] *adv* *1.* glühend; *2.* *(avec ferveur)* inbrünstig
ardent [aʀdɑ̃] *adj* *1.* heftig, leidenschaftlich; *2.* *(fougueux)* hitzig; *3.* *(brûlant)* glühend
ardeur [aʀdœʀ] *f* *1.* *(fig)* Glut *f;* *2.* *(chaleur)* Hitze *f*

ardoise [aʀdwaz] *f 1. (pierre)* Schiefer *m; un toit d'~s* ein Schieferdach *n; 2. ~ d'écolier* Schiefertafel *f*
ardu [aʀdy] *adj* schwer
arène [aʀɛn] *f* Arena *f; se jeter dans l'~* den Kampf aufnehmen
arête [aʀɛt] *f 1. (en montagne)* Grat *m; 2. (de poisson)* Gräte *f; 3. (bord)* Kante *f*
argent [aʀʒɑ̃] *m 1.* Geld *n; ~ liquide* Bargeld *n; ~ de poche* Taschengeld *n; toucher de l'~* Geld erhalten; *2. (métal précieux)* Silber *n; en ~* silbern
argenté [aʀʒɑ̃te] *adj* silbern
argenter [aʀʒɑ̃te] *v* versilbern
argile [aʀʒil] *f* Ton *m,* Lehm *m*
argot [aʀgo] *m LING* Argot *m; l'~ parisien* der Pariser Jargon *m*
argument [aʀgymɑ̃] *m 1.* Argument *n; 2. (preuve)* Beweis *m,* Beweismittel *n*
aride [aʀid] *adj 1.* öde; *2. (sec)* trocken
aridité [aʀidite] *f* Trockenheit *f*
ariette [aʀjɛt] *f* Arie *f*
aristocrate [aʀistɔkʀat] *m/f* Aristokrat(in) *m/f*
aristocratie [aʀistɔkʀasi] *f* Aristokratie *f*
aristocratique [aʀistɔkʀatik] *adj* vornehm
arithmétique [aʀitmetik] *f* Arithmetik *f*
arlequin [aʀləkɛ̃] *m THEAT* Harlekin *m*
armateur [aʀmatœʀ] *m* Reeder *m*
arme [aʀm] *f* Waffe *f; passer l'~ à gauche* sterben; *~ nucléaire* Atomwaffe *f; ~ à feu* Schusswaffe *f*
armée [aʀme] *f 1.* Armee *f,* Heer *n; ~ du salut* Heilsarmee *f; 2. (troupes militaires)* Militär *n; 3. ~ fédérale* Bundeswehr *f; 4. ~ de l'air* Luftwaffe *f*
armement [aʀməmɑ̃] *m 1.* Bewaffnung *f; 2. (société d'armateurs)* Reederei *f; 3. MIL* Rüstung *f*
armer [aʀme] *v 1.* bewaffnen; *2. s'~ de* sich wappnen mit
armistice [aʀmistis] *f* Waffenstillstand *m*
armoire [aʀmwaʀ] *f* Kleiderschrank *m,* Schrank *m; ~ suspendue* Hängeschrank *m*
armoiries [aʀmwaʀi] *f/pl* Wappen *n*
armure [aʀmyʀ] *f (d'un chevalier)* Rüstung *f,* Ritterrüstung *f*
arnaque [aʀnak] *m (fam)* Betrug *m,* Schiebung *f*
arnica [aʀnika] *f BOT* Arnika *f*
aromatique [aʀɔmatik] *adj 1.* würzig; *2. (epicé)* aromatisch
arôme [aʀom] *m* Aroma *n*
arpenter [aʀpɑ̃te] *v* vermessen
arquer [aʀke] *v* biegen
arracher [aʀaʃe] *v 1.* aufreißen, herausreißen, entreißen; *2. (enlever avec violence)* losreißen; *3. (déchirer)* raufen; *4. s'~ à* sich losreißen
arrangement [aʀɑ̃ʒmɑ̃] *m 1.* Verständigung *f; faire un ~* arrangieren; *2. (accord)* Arrangement *n,* Übereinkommen *n; 3. (artistique)* Gestaltung *f*
arranger [aʀɑ̃ʒe] *v 1.* arrangieren; *L'affaire est arrangée.* Die Sache ist erledigt. *Cela s'~a!* Das wird schon wieder werden! *2. (installer)* richten, herrichten; *3. (organiser)* veranstalten, ausrichten; *4. ~ qn* jdm passen, jdm recht sein; *5. (artistique)* gestalten
arrestation [aʀɛstɑsjɔ̃] *f* Verhaftung *f,* Festnahme *f*
arrêt [aʀɛ] *m 1.* Haltestelle *f; 2. (de bus)* Bushaltestelle *f; 3. (auto-stop)* Anhalter *m; 4. (suspension)* Einstellung *f; 5. (immobilité)* Stillstand *m; ~ du cœur* Herzstillstand *m; 6. (jugement) JUR* Bescheid *m; 7. (sentence) JUR* Spruch *m; 8. ~s pl MIL* Arrest *m*
arrêté [aʀɛte] *m 1.* Beschluss *m; 2. (d'une loi)* Erlass *m,* Verordnung *f*
arrêter [aʀɛte] *v 1. (cesser)* aufhören, es lassen; *2. (éteindre)* abstellen, abschalten, ausschalten; *3. (négociations)'* abbrechen, unterbrechen; *4. (terminer)* einstellen; *5. (donner un ordre)* erlassen; *6. (décider)* festsetzen; *7. (emprisonner)* verhaften, gefangen nehmen, festnehmen; *8. s'~* anhalten, einhalten; *9. s'~ de fonctionner* ausfallen
arrhes [aʀ] *f/pl* Anzahlung *f*
arriéré [aʀjeʀe] *adj* zurückgeblieben
arrière [aʀjɛʀ] *adj 1.* hintere(r,s); *à l'~* hinten; *en ~* rückwärts/zurück; *m 2. ~s pl SPORT* Abwehr *f*
arrière-cour [aʀjɛʀkuʀ] *f* Hinterhof *m*
arrière-goût [aʀjɛʀgu] *m* Beigeschmack *m,* Nachgeschmack *m*
arrière-grands-parents [aʀjɛʀgʀɑ̃parɑ̃] *m/pl* Urgroßeltern *pl*
arrière-pays [aʀjɛʀpei] *m* Hinterland *n*
arrière-pensée [aʀjɛʀpɑ̃se] *f* Hintergedanke *m*
arrière-petit-fils [aʀjɛʀpətifis] *m* Urenkel *m*
arrière-plan [aʀjɛʀplɑ̃] *m* Hintergrund *m*
arrière-saison [aʀjɛʀsɛzɔ̃] *f* Nachsaison *f*
arrière-salle [aʀjɛʀsal] *f* Hinterzimmer *n*
arrimer [aʀime] *v* verstauen, stauen

arrivage [aʀivaʒ] *m ECO* Eingang *m*
arrivant [aʀivɑ̃] *m* Ankömmling *m; Il accueille les nouveaux ~s.* Er heißt die gerade angekommenen Gäste willkommen.
arrivé [aʀive] *adj ~ à échéance* fällig
arrivée [aʀive] *f 1.* Anfahrt *f,* Anflug *m; 2. (venue)* Ankunft *f; 3. heure d' ~* Ankunftszeit *f; 4. (du train)* Einfahrt *f,* Ankunft *f; 5. ~ subite du froid* Kälteeinbruch *m; 6. ~ au pouvoir* Machtübernahme *f; 7. (afflux)* Zufluss *m*
arriver [aʀive] *v 1.* ankommen, kommen; *2. (lettre)* eingehen, ankommen; *3. (s'amener)* herankommen; *4. ~ brusquement (personne)* hineinplatzen; *5. (se produire)* entstehen; *6. (avoir lieu)* geschehen, passieren, vorkommen; *Ça peut ~.* Das kann vorkommen. *Cela peut ~ à tout le monde.* Das kann jedem passieren. *être sur le point d'~* bevorstehen; *7. ~ à qn* jdm widerfahren; *Il m'est arrivé un malheur.* Mir ist ein Unglück widerfahren. *8. (événement)* eintreten, sich ereignen
arriviste [aʀivist] *m/f* Emporkömmling *m,* skrupelloser Karrieremensch *m*
arrogance [aʀɔgɑ̃s] *f 1.* Anmaßung *f; 2. (hauteur)* Arroganz *f,* Hochmut *m*
arrogant [aʀɔgɑ̃] *adj* arrogant, hochmütig
arrondi [aʀɔ̃di] *adj* rundlich
arrondir [aʀɔ̃diʀ] *v 1.* abrunden; *2. ~ au chiffre supérieur* aufrunden
arrondissement [aʀɔ̃dismɑ̃] *m 1.* Bezirk *m; 2. POL* Landkreis *m*
arroser [aʀoze] *v 1.* spritzen, abspritzen; *2. (fleurs)* gießen; *3. (fam)* begießen, feuchtfröhlich feiern; *~ un repas d'un bon vin* einen guten Wein zum Essen trinken; *~ un succès* einen Erfolg begießen
arrosoir [aʀozwaʀ] *m* Gießkanne *f*
arsenal [aʀsənal] *m* Arsenal *n*
art [aʀ] *m 1.* Kunst *f; avec ~* meisterhaft; *~ culinaire* Küche *f,* Kochkunst *f; ~ de persuader* Überredungskunst *f; 2. ~ de la navigation* Nautik *f; 3. ~s décoratifs pl* Kunstgewerbe *n*
artère [aʀtɛʀ] *f 1. ANAT* Arterie *f,* Pulsader *f; 2. ~ aorte* Aorta *f; 3. (axe routier)* Verkehrsader *f*
artichaut [aʀtiʃo] *m* Artischocke *f*
article [aʀtikl] *m 1.* Artikel *m; ~ de consommation courante* Bedarfsartikel *m; ~ de luxe* Luxusartikel *m; ~ de sport* Sportartikel *m; ~ d'importation* Importartikel *m; 2. (marchandise)* Ware *f; ~s de cuir pl* Lederwaren *pl; ~s de papeterie pl* Schreibwaren *pl; ~s de toilette pl* Toilettenartikel *pl; 3. ~ fabriqué* Fabrikat *n; 4. GRAMM* Artikel *m; 5. (de presse)* Bericht *m,* Zeitungsartikel *m; ~ de journal* Zeitungsartikel *m; 6. ~ nécrologique* Nachruf *m; ~ documentaire* Tatsachenbericht *m*
articulation [aʀtikylɑsjɔ̃] *f ANAT* Gelenk *n; ~ de la hanche* Hüftgelenk *n*
articulé [aʀtikyle] *adj* gelenkig
articuler [aʀtikyle] *v (dire)* hervorbringen
artifice [aʀtifis] *m 1.* List *f; 2. (truc)* Trick *m; 3. feu d'~* Feuerwerk *n*
artificiel [aʀtifisjɛl] *adj* künstlich, gekünstelt
artificiellement [aʀtifisjɛlmɑ̃] *adv* künstlich
artillerie [aʀtijʀi] *f 1.* Artillerie *f; 2. pièce d'~* Geschütz *n*
artisan [aʀtizɑ̃] *m* Handwerker *m*
artisanal [aʀtizanal] *adj* handwerklich
artisanat [aʀtizana] *m* Handwerk *n*
artiste [aʀtist] *m/f 1.* Künstler(in) *m/f; 2. (homme/femme du spectacle)* Artist(in) *m/f*
artistique [aʀtistik] *adj* künstlerisch
as [ɑs] *m 1.* Meister *m,* Könner *m; 2. (carte)* Ass *n; 3. SPORT* Ass *n*
ascenseur [asɑ̃sœʀ] *m* Lift *m,* Fahrstuhl *m*
ascension [asɑ̃sjɔ̃] *f (montagne)* Aufstieg *m; faire l'~ de* besteigen
Ascension [asɑ̃sjɔ̃] *f REL ~ de Jésus-Christ* Christi Himmelfahrt *f*
aseptique [asɛptik] *adj* keimfrei
asiatique [azjatik] *adj* asiatisch
Asiatique [azjatik] *m/f* Asiate/Asiatin *m/f*
Asie [azi] *f GEO* Asien *n*
asile [azil] *m 1.* Asyl *n; 2. (refuge des sans-abri)* Obdachlosenasyl *n; 3. ~ de vieillards (fam)* Altersheim *n; 4. (abri)* Zuflucht *f,* Hort *m; 5. (paix du château)* Burgfriede *m*
asocial [asɔsjal] *adj* asozial
aspect [aspɛ] *m 1.* Gesichtspunkt *m,* Aspekt *m; 2. (du visage)* Aussehen *n; 3. (allure)* Anblick *m; 4. (fig)* Seite *f*
asperge [aspɛʀʒ] *f* Spargel *m*
asperger [aspɛʀʒe] *v* abspritzen
aspérité [aspeʀite] *f* Unebenheit *f*
asphalte [asfalt] *m* Asphalt *m*
asphyxie [asfiksi] *f* Erstickung *f*
aspic [aspik] *m* Aspik *m*
aspirateur [aspiʀatœʀ] *m* Staubsauger *m; passer l'~* Staub saugen
aspiration [aspiʀasjɔ̃] *f 1.* Sehnsucht *f; 2. ~ à l'unité* Einheitsbestrebung *f*
aspirer [aspiʀe] *v 1.* einatmen; *2. TECH* ansaugen; *3. ~ la poussière* absaugen, Staub

saugen; *4. ~ à* trachten nach; *5. ~ à qc* etw anstreben

aspirine [aspiʀin] *f* Aspirin *n*

assaillant [asajɑ̃] *m* Angreifer *m*

assaillir [asajiʀ] *v irr* angreifen, überfallen

assainir [asɛniʀ] *v* sanieren

assainissement [asɛnismɑ] *m* Sanierung *f; mesures d'~* Sanierungsmaßnahmen *pl*

assaisonné [asɛzɔne] *adj* würzig

assaisonnement [asɛzɔnmɑ̃] *m* Würze *f*

assaisonner [asɛzɔne] *v* anmachen, würzen; *~ la salade* den Salat anmachen

assassin [asasɛ̃] *m* Mörder *m*

assassinat [asasina] *m* Mord *m,* Ermordung *f*

assassiner [asasine] *v* umbringen, ermorden

assaut [aso] *m* Ansturm *m*

assécher [aseʃe] *v 1.* austrocknen; *2. (assainir)* entwässern; *3. (drainer)* trockenlegen

assemblage [asɑ̃blaʒ] *m 1.* Gefüge *n; 2. (ajustage)* Montage *f; 3. (construction)* Zusammenbau *m; 4. TECH* Verbund *m*

assemblée [asɑ̃ble] *f 1.* Versammlung *f; ~ des concitoyens* Bürgerversammlung *f; ~ générale* Hauptversammlung *f; 2. (fig: conseil)* Kollegium *n; 3. ~ plénière* Plenum *n; 4. (réunion)* Zusammenkunft *f*

assembler [asɑ̃ble] *v 1.* sammeln; *2. (agencer)* kombinieren, zusammenstellen; *3. (réunir)* versammeln

assentiment [asɑ̃timɑ̃] *m* Einwilligung *f*

asseoir [aswaʀ] *v irr s'~* sich hinsetzen

assermentation [asɛʀmɑ̃tɑsjɔ̃] *f* Vereidigung *f*

assermenter [asɛʀmɑ̃te] *v ~ qn* jdn vereidigen

asservi [asɛʀvi] *adj* hörig

assesseur [asɛsœʀ] *m JUR* Beisitzer *m*

assez [ase] *adv 1.* genug; *2. (suffisant)* hinlänglich

assidu [asidy] *adj 1.* fleißig; *2. (persévérant)* beharrlich

assiduité [asidɥite] *f 1.* Fleiß *m,* Lerneifer *m; 2. (ponctualité)* Pünktlichkeit *f*

assiéger [asjeʒe] *v* bestürmen

assiette [asjɛt] *f 1.* Teller *m; ~ plate* flacher Teller *m; ~ à soupe* Suppenteller *m; ~ à dessert* Dessertteller *m; 2. ~ de charcuteries* Aufschnitt *m; 3. ne pas être dans son ~* sich unwohl fühlen

assignation [asiɲasjɔ̃] *f 1. JUR* Zuweisung *f; 2. (annonce) JUR* Anzeige *f*

assigner [asiɲe] *v 1. JUR* zitieren; *~ qn en justice* jdn anzeigen; *2. FIN* anweisen

assimilation [asimilasjɔ̃] *f 1.* Angleichung *f; 2. (rapprochement)* Gleichstellung *f*

assimiler [asimile] *v 1.* angleichen; *2. (fig)* verarbeiten

assis [asi] *adj être ~* sitzen

assistance [asistɑ̃s] *f 1.* Hilfe *f,* Unterstützung *f; ~ aux personnes sinistrées* Katastrophenhilfe *f; 2. (aide)* Beistand *m; 3. (soins)* Fürsorge *f; 4. ~ maternelle* Mutterschutz *m; 5. ~ publique* Wohlfahrt *f; 6. (public)* Publikum *n*

assistant(e) [asistɑ̃(t)] *m/f 1.* Assistent(in) *m/f; 2. (aide)* Gehilfe/Gehilfin *m/f,* Helfer(in) *m/f; ~e sociale* Sozialpflegerin *f*

assister [asiste] *v 1.* helfen; *2. (soutenir)* unterstützen; *3. ~ à* miterleben; *ne pas ~ à* fernbleiben von/wegbleiben von

association [asɔsjasjɔ̃] *f 1.* Verband *m,* Vereinigung *f; 2. ~ syndicale* Gewerkschaft *f; 3. ~ politique d'étudiants* Burschenschaft *f; ~ sportive* Sportverein *m; 4. (club)* Verein *m; 5. (union)* Zusammenschluss *m; 6. (partenariat)* Partnerschaft *f; 7. (société)* Gesellschaft *f*

associé(e) [asɔsje] *m/f 1.* Mitinhaber(in) *m/f; 2. ECO* Geschäftspartner(in) *m/f; 3. (en affaires) ECO* Gesellschafter(in) *m/f*

associer [asɔsje] *v 1.* verbinden, zusammenfügen; *2. (unir)* vereinen; *3. ~ à (fig)* verknüpfen; *4. s'~ à/s'~ avec* sich zusammenschließen mit; *5. s'~ à (participer à)* teilnehmen an; *6. s'~ ECO* einsteigen

assoiffé [aswafe] *adj* durstig; *~ d'aventures* abenteuerlustig

assombrir [asɔ̃bʀiʀ] *v 1.* verdunkeln, abdunkeln; *2. (fig)* trüben

assombrissement [asɔ̃bʀismɑ̃] *m* Verdunkelung *f,* Abdunkelung *f*

assommer [asɔme] *v 1. (tuer)* einschläfern; *2. (frapper)* niederschlagen, betäuben; *3. (accabler)* erschlagen, überwältigen; *Cette nouvelle l'a assommé.* Diese Nachricht hat ihn sehr mitgenommen. *4. (fam: ennuyer)* tödlich langweilen, einschläfernd sein; *Ses histoires nous assomment toujours.* Seine Geschichten langweilen uns immer zu Tode.

Assomption [asɔ̃psjɔ̃] *f l'~ REL* Mariä Himmelfahrt *f*

assorti [asɔʀti] *adj* passend; *Ses chaussettes sont ~es à sa chemise.* Seine Strümpfe passen genau zu seinem Hemd.

assortiment [asɔʀtimɑ̃] *m* Sortiment *n*

assoupir [asupiʀ] *v s'~* eindösen, einnicken
assouplir [asupliʀ] *v* auflockern
assourdir [asuʀdiʀ] *v* dämpfen
assourdissant [asuʀdisɑ̃] *adj* ohrenbetäubend
assouvir [asuviʀ] *v (besoins)* stillen
assujettir [asyʒetiʀ] *v* unterwerfen
assumer [asyme] *v 1. (tâche)* bewältigen; *2. (devoir)* erfüllen
assurance [asyʀɑ̃s] *f 1. (sûreté)* Sicherheit *f,* Gewissheit *f; 2. (garantie)* Versicherung *f; ~ contre le vol* Diebstahlversicherung *f; ~ mobilière* Hausratversicherung *f; ~ automobile* Kraftfahrzeugversicherung *f; ~ maladie* Krankenversicherung *f; ~ obligatoire* Pflichtversicherung *f; ~ défense juridique* Rechtsschutzversicherung *f; ~ vieillesse* Rentenversicherung *f; ~ sociale* Sozialversicherung *f; ~ multirisques limitée* Teilkaskoversicherung *f; ~ tous risques* Vollkaskoversicherung *f*
assurance-vie [asyʀɑ̃svi] *f* Lebensversicherung *f*
assuré(e) [asyʀe] *m/f* Versicherungsnehmer(in) *m/f*
assurément [asyʀemɑ̃] *adv 1.* gewiss, sicherlich; *2. (sans doute)* allerdings
assurer [asyʀe] *v 1. ~ qn* jdn versichern; *2. (préserver)* sichern, sicherstellen; *3. (garantir)* zusichern; *4. ~ par écrit* verbriefen; *5. s'~* sich vergewissern; *6. s'~ de (prendre garde à)* sichergehen
asthme [asm] *m MED* Bronchialasthma *n*
asticot [astiko] *m* Made *f*
astiquer [astike] *v* scheuern, schrubben
astre [astʀ] *m* Gestirn *n*
astreignant [astʀɛɲɑ̃] *adj* bindend
astrologie [astʀɔlɔʒi] *f* Astrologie *f*
astronaute [astʀɔnot] *m* Astronaut *m*
astronomie [astʀɔnɔmi] *f* Astronomie *f*
astuce [astys] *f* List *f*
astucieusement [astysjøzmɑ̃] *adv* listig
astucieux [astysjø] *adj 1.* hinterlistig, listig; *2. (rusé)* raffiniert, schlau
atelier [atəlje] *m 1.* Werkstatt *f; ~ de réparation* Reparaturwerkstatt *f; ~ de menuiserie* Schreinerwerkstatt *f; 2. ~ de serrurerie* Schlosserei *f; 3. ~ de composition* Setzerei *f; 4. (studio)* Atelier *n; 5. ~ d'artiste* Studio *n*
athée [ate] *adj* gottlos
athéisme [ateism] *m* Atheismus *m*
athlète [atlɛt] *m/f* Athlet(in) *m/f*
athlétisme [atletism] *m* Leichtathletik *f*
Atlantique [atlɑ̃tik] *m* Atlantik *m*
atlas [atlas] *m* Atlas *m*
atmosphère [atmɔsfɛʀ] *f 1.* Luft *f; 2. PHYS* Atmosphäre *f; 3. (ambiance)* Stimmung *f; ~ d'orage* Gewitterstimmung *f; ~ orageuse (fig)* Gewitterstimmung *f; 4. ~ au travail* Betriebsklima *n*
atome [atom] *m* Atom *n*
atomique [atɔmik] *adj* atomar
atours [atuʀ] *m/pl* Putz *m,* Zierputz *m*
atout [atu] *m (fig)* Trumpf *m*
âtre [ɑtʀ] *m* Herd *m*
atroce [atʀɔs] *adj* qualvoll
atrocité [atʀɔsite] *f* Gräuel *m*
atrophie [atʀɔfi] *f* Verkrüppelung *f*
atrophier [atʀɔfje] *v 1. s'~* verkümmern; *2. s'~ MED* absterben
attabler [atable] *v s'~* sich an den Tisch setzen, sich zusammensetzen
attache [ataʃ] *f 1.* Aufhänger *m; 2. (fixation)* Befestigung *f; 3. ~ de bureau* Büroklammer *f*
attaché [ataʃe] *adj 1.* anhänglich; *2. ~ à la vérité* wahrheitsliebend; *3. être ~ à qc* an etw hängen, etw gern haben
attaché-case [ataʃekɛz] *m* Tasche *f,* Aktentasche *f*
attachement [ataʃmɑ̃] *m 1.* Anhänglichkeit *f; 2. (solidarité)* Verbundenheit *f*
attacher [ataʃe] *v 1.* binden, anbinden; *2. (clouer)* anschlagen; *3. (relier)* anschließen; *4. (boucler)* anschnallen; *~ sa ceinture* sich anschnallen; *5. (attribuer)* anbringen, befestigen; *~ de l'intérêt à qc* einer Sache Interesse entgegenbringen; *6. (lier)* knüpfen, binden; *~ ensemble* zusammenbinden; *7. (ligoter)* fesseln
attaquable [atakabl] *adj* anfechtbar
attaquant [atakɑ̃] *m* Angreifer *m*
attaque [atak] *f 1.* Angriff *m; ~ aérienne* Luftangriff *m; 2. (offensive)* Ansturm *m; 3. ~ par surprise MIL* Überrumpelung *f; 4. (aggression)* Überfall *m; ~ à main armée* Raubüberfall *m; 5. (contestation)* Anfechtung *f*
attaquer [atake] *v 1.* angreifen, anfechten; *2. (aggresser)* anfallen, überfallen; *3. ~ par surprise MIL* überrumpeln; *4. (rouille)* angreifen, schaden
attarder [ataʀde] *v 1. s'~ (traîner)* länger als geplant bleiben, verweilen; *Il s'attarde à discuter au café.* Er hält sich ewig mit einer Diskussion im Café auf. *2. s'~ (se mettre en retard)* sich verspäten; *Elle s'inquiète dès qu'il*

s'attarde un peu. Sie macht sich gleich Sorgen, sobald er auch nur ein bisschen später kommt.

atteindre [atɛ̃dʀ] *v irr 1.* erreichen; *2. (toucher)* treffen; *3. (but)* erlangen

atteint [atɛ̃] *adj 1. MED* erkrankt; *être ~ par une maladie/être ~ d'une maladie* erkrankt sein/eine Krankheit haben; *2. ~ du sida MED* aidsinfiziert; *3. ~ de surdité* gehörlos

atteinte [atɛ̃t] *f 1.* Angriff *m; 2. (fig)* Verletzung *f,* Übertretung *f*

attelage [atlaʒ] *m* Pferdegespann *n*

atteler [atle] *v (bêtes)* bespannen

attenant [atənɑ̃] *adj* angrenzend, aneinander grenzend; *être ~ à* grenzen an

attendant [atɑ̃dɑ̃] *adv en ~* indessen, inzwischen

attendre [atɑ̃dʀ] *v irr 1. ~ qn* auf jdn warten, jdn erwarten; *2. (compter sur)* erwarten; *3. faire ~ qn* jdn hinhalten; *4. ~ avec espoir* erhoffen; *5. s'~ à* erwarten, rechnen mit

attendri [atɑ̃dʀi] *adj (fig)* gerührt

attendrir [atɑ̃dʀiʀ] *v (fig)* bewegen

attendrissant [atɑ̃dʀisɑ̃] *adj* rührend

attendrissement [atɑ̃dʀismɑ̃] *m* Rührung *f*

attentat [atɑ̃ta] *m 1.* Attentat *n,* Anschlag *m; ~ à la bombe* Bombenattentat *n; ~ à la vie* Mordanschlag *m; 2. ~ à la liberté individuelle JUR* Freiheitsberaubung *f*

attente [atɑ̃t] *f* Erwartung *f; être dans la file d'~* anstehen; *plein d'~* erwartungsvoll; *être dans l'~* harren

attentif [atɑ̃tif] *adj 1.* aufmerksam, achtsam; *2. (vigilant)* wachsam

attention [atɑ̃sjɔ̃] *f 1.* Aufmerksamkeit *f; 2. (considération)* Achtsamkeit *f; faire ~ à* Acht geben auf; *Attention!* Achtung!/Vorsicht! *3. (vigilance)* Wachsamkeit *f*

attentionné [atɑ̃sjɔne] *adj 1.* rücksichtsvoll; *2. (soigneux)* sorgsam

atténuation [atenɥasjɔ̃] *f 1.* Abschwächung *f; 2. (étouffement)* Dämpfung *f; 3. (minimisation)* Verharmlosung *f*

atténuer [atenɥe] *v 1.* abmildern, abschwächen; *2. (valeur)* mindern; *3. (amoindrir)* verharmlosen

atterrir [atɛʀiʀ] *v (avion)* landen

atterrissage [atɛʀisaʒ] *m (d'avion)* Landung *f; ~ forcé* Notlandung *f*

attestation [atɛstasjɔ̃] *f 1.* Bescheinigung *f; ~ de séjour* Aufenthaltsbescheinigung *f; 2. (certificat)* Beglaubigung *f; 3. ~ médicale* Attest *n*

attester [atɛste] *v 1.* bescheinigen; *2. (certifier)* beglaubigen; *3. JUR* bezeugen

attirail [atiʀaj] *m 1.* Ausrüstung *f; 2. (ustensiles)* Utensilien *pl*

attirance [atiʀɑ̃s] *f* Anziehungskraft *f,* Reiz *m*

attirant [atiʀɑ̃] *adj* ansprechend, verlockend

attirer [atiʀe] *v 1.* anlocken, verlocken; *2. (fig)* anziehen, locken; *3. ~ sur* lenken auf; *~ l'attention sur* die Aufmerksamkeit lenken auf; *~ les regards sur* den Blick lenken auf; *4. ~ l'attention de qn sur qc* jdn verweisen auf etw

attiser [atize] *v 1. (feu)* anfachen; *2. (fig)* reizen

attitude [atityd] *f 1.* Haltung *f; 2. (comportement)* Verhalten *n; ~ au volant* Fahrverhalten *n; 3. ~ conciliante* Kompromissbereitschaft *f*

attractif [atʀaktif] *adj* attraktiv

attraction [atʀaksjɔ̃] *f 1.* Attraktion *f; 2. ~ terrestre* Erdanziehung *f*

attrait [atʀɛ] *m 1.* Reiz *m; 2. (attirance)* Verlockung *f; 3. ~s pl* Liebreiz *m*

attraper [atʀape] *v 1.* abfangen, erreichen, kriegen (fam); *~ le train* den Zug erreichen; *2. (saisir)* auffangen

attrapes [atʀap] *f/pl* Scherzartikel *m*

attrayant [atʀɛjɑ̃] *adj 1.* interessant; *2. (attirant)* attraktiv

attribuer [atʀibɥe] *v 1. ~ à (fig)* anrechnen, zuschreiben; *2. ~ qc à qn* jdm etw zuteilen

attribution [atʀibysjɔ̃] *f 1.* Zuweisung *f; 2. (répartition)* Zuteilung *f; 3. (de prix)* Verleihung *f; 4. ~s pl* Kompetenzen *pl*

attristé [atʀiste] *adj être ~* betrübt sein, traurig sein

attroupement [atʀupmɑ̃] *m (fig: gens)* Knäuel *n,* Auflauf *m*

attrouper [atʀupe] *v s'~* sich versammeln

au [o] *art* dem

aubade [obad] *f* Ständchen *n*

aubaine [obɛn] *f* Glücksfall *m*

aube [ob] *f* Sonnenaufgang *m,* Morgendämmerung *f*

aubépine [obepin] *f BOT* Weißdorn *m*

auberge [obɛʀʒ] *f 1.* Wirtshaus *n,* Gaststätte *f; ne pas être sorti de l'~* noch nicht über den Berg sein; *~ forestière* Waldwirtschaft *f; 2. ~ de jeunesse* Jugendherberge *f*

aubergine [obɛʀʒin] *f* Aubergine *f; des ~s farcies* gefüllte Auberginen *pl*

aubergiste [obɛʀʒist] *m/f* Wirt(in) *m/f*

aucun [okœ̃] *pron 1.* keiner; *2. (personne)* niemand
aucunement [okynmɑ̃] *adv* keinesfalls
audace [odas] *f 1.* Kühnheit *f; 2. (courage)* Mut *m*
audacieusement [odasjøzmɑ̃] *adv* verwegen
audacieux [odasjø] *adj* wagemutig, kühn
au-delà [odəla] *m* Jenseits *n*
au-dessus [odəsy] *adv 1.* darüber; *être ~ de* darüber stehen; *prep 2. ~ de* oberhalb; *~ de tout soupçon* lupenrein; *3. ~ de (local)* über
audible [odibl] *adj* hörbar
audience [odjɑ̃s] *f 1.* Audienz *f; 2. JUR* Termin *m; 3. (d'un procès) JUR* Gerichtsverhandlung *f; ~ principale* Hauptverhandlung *f*
audiovisuel [odjɔvizɥɛl] *adj* audiovisuell
auditeur [oditœʀ] *m* Hörer *m,* Zuhörer *m; ~ libre* Gasthörer *m*
audition [odisjɔ̃] *f JUR* Verhör *n*
auditoire [oditwaʀ] *m* Publikum *n*
auge [oʒ] *f 1.* Mulde *f; 2. (baquet)* Trog *m*
augmentation [ogmɑ̃tasjɔ̃] *f 1.* Anstieg *m,* Erhöhung *f; ~ de salaire* Gehaltserhöhung *f; 2. (progression)* Steigerung *f; 3. (accroissement)* Vermehrung *f,* Zunahme *f; 4. (renforcement)* Verstärkung *f; 5. (des prix) ECO* Aufschlag *m; 6. ~ de la population* Bevölkerungszuwachs *m*
augmenter [ogmɑ̃te] *v 1.* zunehmen; *2. (croître)* wachsen; *3. (proliférer)* vermehren; *4. (élever)* anheben, heraufsetzen; *5. (relever)* steigern; *6. (prix)* erhöhen; *7. (fig)* verstärken
augure [ogyʀ] *m* Omen *n; être de bon ~* Glück verkünden
aujourd'hui [oʒuʀdɥi] *adv* heute; *~ en huit* heute in acht Tagen
aulne [on] *m BOT* Erle *f*
aumône [omon] *f* Almosen *n*
auparavant [opaʀavɑ̃] *adv* vorher
auprès [opʀɛ] *prep 1. ~ de* bei; *adv 2. (local)* bei; *être ~ d'une personne* bei einer Person stehen
aurore [oʀɔʀ] *f* Morgengrauen *n*
ausculter [oskylte] *v* untersuchen, abhorchen
aussi [osi] *adv 1.* gleich; *2. (de la même façon)* so, genauso; *konj 3. ~ longtemps que* solange, dass; *4. ~ bien ... que ...* sowohl ... als auch ...; *5. ~ souvent que* sooft
aussitôt [osito] *adv* sofort
austère [ostɛʀ] *adj* streng
austérité [osteʀite] *f mesure d'~ (fig)* Sparmaßnahme *f*
austral [ostʀal] *adj* südlich
Australie [otʀali] *f GEO* Australien *n*
autant [otɑ̃] *adv 1.* so; *konj 2. ~ que* soviel; *3. pour ~ que* soweit
autel [otɛl] *m* Altar *m*
auteur [otœʀ] *m 1.* Autor(in) *m/f,* Verfasser(in) *m/f,* Dichter(in) *m/f; 2. (créateur)* Schöpfer(in) *m/f,* Urheber(in) *m/f; 3. ~ dramatique* Dramaturg(in) *m/f; 4. ~ d'une découverte* Entdecker(in) *m/f; 5. ~ d'un acte* Täter(in) *m/f; ~ d'un attentat* Attentäter(in) *m/f; 6. (causeur)* Verursacher(in) *m/f*
auteur-compositeur [otœʀkɔ̃pozitœʀ] *m* Liedermacher *m*
authenticité [otɑ̃tisite] *f 1.* Echtheit *f; 2. (crédibilité)* Glaubwürdigkeit *f*
authentifier [oɑ̃tifje] *v JUR* beurkunden
authentique [otɑ̃tik] *adj 1.* echt, authentisch; *2. (d'origine)* original; *3. (documenté)* urkundlich; *4. JUR* rechtsgültig
auto [oto] *f (voiture)* Auto *n*
autobiographie [ɔtɔbjɔgʀafi] *f* Autobiographie *f*
autobus [otobys] *m* Bus *m,* Omnibus *m*
autocar [ɔtɔkaʀ] *m* Reisebus *m*
autochtone [otokton] *m/f* Ureinwohner(in) *m/f,* Eingeborene(r) *m/f*
autocollant [otokolɑ̃] *m 1.* Aufkleber *m; adj 2.* selbstklebend
autocratie [otokʀati] *f 1. POL* Alleinherrschaft *f; 2. (despotisme) POL* Gewaltherrschaft *f*
autocritique [otokʀitik] *f* Selbstkritik *f*
autocuiseur [otokɥizœʀ] *m* Dampfkochtopf *m,* Schnellkochtopf *m*
autodétermination [otodetɛʀminasjɔ̃] *f* Selbstbestimmung *f*
autodidacte [otodidakt] *m* Autodidakt *m*
auto-école [otoekɔl] *f* Fahrschule *f*
autofinancement [otofinɑ̃smɑ̃] *m ECO* Eigenfinanzierung *f*
autogène [otoʒɛn] *adj* autogen
autogestion [otoʒɛstjɔ̃] *f POL* Selbstverwaltung *f*
autographe [otogʀaf] *m* Autogramm *n*
automate [ɔtɔmat] *m 1. (machine)* Automat *m; 2. (fig)* Mensch, der wie ein Roboter handelt *m*
automation [otomasjɔ̃] *f TECH* Automation *f*

automatique [otomatik] *adj* automatisch
automatisme [otomatism] *m* Automatik *f*, Automatismus *m*
automnal [otomnal] *adj* herbstlich
automne [otɔn] *m* Herbst *m*
automobile [otomobil] *f* Auto *n*
automobiliste [otomobilist] *m/f* Fahrer(in) *m/f*, Autofahrer(in) *m/f*
autonome [otonom] *adj 1.* selbstständig, autonom; *2. (indépendant)* unabhängig
autonomie [otonomi] *f 1.* Selbstständigkeit *f; 2. (indépendence)* Unabhängigkeit *f; gagner son ~ (fig)* sich abnabeln
autoportrait [otopɔRtRɛ] *m* Selbstporträt *n*
autopsie [otopsi] *f* Autopsie *f*, Obduktion *f; pratiquer une ~* obduzieren
autoradio [otoRadjo] *f* Autoradio *n*
autorisation [otoRizasjɔ̃] *f 1.* Erlaubnis *f*, Genehmigung *f; ~ de sortie* Ausreisegenehmigung *f; ~ d'importation* Einfuhrgenehmigung *f; 2. (habilitation)* Befugnis *f; 3. (droit)* Berechtigung *f; 4. (procuration)* Ermächtigung *f; 5. (admission)* Zulassung *f; 6. ~ d'exercer une activité* Gewerbeschein *m*
autorisé [otoRize] *adj 1.* zulässig, erlaubt; *2. ~ à (être en droit de)* berechtigt zu; *non ~ à* unbefugt
autoriser [otoRize] *v 1.* billigen; *2. (permettre)* erlauben, genehmigen; *3. ~ à* berechtigen; *4. ~ à (donner le pouvoir pour)* ermächtigen; *5. (juger bon)* gutheißen
autoritaire [otoRitɛR] *adj 1.* autoritär; *2. (arbitraire)* eigenmächtig; *3. (impératif)* gebieterisch
autorité [otoRite] *f 1. (puissance)* Macht *f; 2. (souveraineté)* Herrschaft *f; 3. (pouvoir, violence)* Autorität *f*, Gewalt *f; 4. (personne)* Kapazität *f; 5. MIL* Befehlsgewalt *f; 6. ~s pl* Obrigkeit *f*, Behörde *f; ~s judiciaires* Justizbehörde *f; ~s de surveillance* Aufsichtsbehörde *f*
autoroute [otoRut] *f* Autobahn *f; ~ de l'information* Datenautobahn *f*
auto-satisfait [otosatisfɛ] *adj* selbstgefällig
auto-stop [otostɔp] *m faire de l' ~* trampen, per Anhalter fahren
auto-stoppeur [otostɔpœr] *m* Tramper *m*
autour [otuR] *prep ~ de (local)* um, herum, umher
autre [otR] *adj 1.* andere(r,s); *2. (nouveau)* weiter, sonstig; *pron 3. l'~* ein(e) andere(r,s)
autrefois [otRəfwa] *adv 1.* einmal, früher; *2. (jadis)* ehemals, einst
autrement [otRəmɑ̃] *konj 1.* sonst, ansonsten; *adv 2.* anders
Autriche [otRiʃ] *f GEO* Österreich *n*
autrichien [otRiʃjɛ̃] *adj* österreichisch
Autrichien(ne) [otRiʃjɛ̃/otRiʃjɛn] *m/f* Österreicher(in) *m/f*
autruche [otRyʃ] *f ZOOL* Strauß *m*
autrui [otRɥi] *pron* ein anderer
avachi [avaʃi] *adj* schlapp
aval [aval] *adv en ~* abwärts
avalanche [avalɑ̃ʃ] *f* Lawine *f*
avaler [avale] *v 1.* schlucken, herunterschlucken, hinunterschlucken; *2. ~ qc* etw verschlucken; *3. ~ de travers* sich verschlucken
avance [avɑ̃s] *f 1. (d'argent)* Vorschuss *m; 2. ~ sur compte courant* Überziehungskredit *m; 3. (tentative d'approche)* Annäherungsversuch *m; faire des ~s* sich anbiedern; *4. (fig)* Vorsprung *m; 5. en ~ (temporel)* zu früh, frühzeitig
avancé [avɑ̃se] *adj 1.* fortschrittlich; *2. (développé)* fortgeschritten
avancée [avɑ̃se] *f (d'une maison)* Hausvorsprung *m*
avancement [avɑ̃smɑ̃] *m (promotion)* Beförderung *f; avoir de l'~* aufsteigen
avancer [avɑ̃se] *v 1. (montre)* vorgehen; *2. (tirer vers le devant)* vorziehen; *3. (argent)* auslegen; *4. (progresser)* fortschreiten; *5. (~ dans)* vorankommen, vorwärtskommen; *6. (pénétrer)* vordringen; *7. (rendez-vous)* vorverlegen; *8. faire ~* forcieren, vorantreiben; *9. faire ~ (profession)* befördern; *10. s'~* vortreten
avant [avɑ̃] *prep 1. (temporel)* vor; *en ~* vorwärts; *~ terme* vorzeitig; *2. En ~! (marche)* Los! *3. ~ de* bevor; *adv 4. (auparavant)* zuvor; *5. en ~* hervor; *6. ~ tout (particulièrement)* besonders, vor allem; *konj 7. ~ que* bevor; *8. ~ même que* noch bevor
avantage [avɑ̃taʒ] *m 1.* Vorteil *m; 2. (privilège)* Vorzug *m; 3. (faveur)* Begünstigung *f*, Vergünstigung *f; 4. (fig)* Vorsprung *m; 5. (fig: plus)* Plus *n*
avantager [avɑ̃taʒe] *v 1.* bevorzugen; *2. (favoriser)* begünstigen
avantageux [avɑ̃taʒø] *adj 1. (prix)* preiswert, preisgünstig; *2. (profitable)* vorteilhaft
avant-bras [avɑ̃bRa] *m* Unterarm *m*
avant-coureur [avɑ̃kuRœR] *m* Vorreiter *m*
avant-dernier [avɑ̃dɛRnje] *adj* vorletzte

avant-guerre [avɑ̃gɛʀ] *f* Vorkriegszeit *f*
avant-hier [avɑ̃tjɛʀ] *adv* vorgestern
avant-propos [avɑ̃pʀɔpo] *m* Vorwort *n*
avant-saison [avɑ̃sɛzɔ̃] *f* Vorsaison *f*
avare [avaʀ] *adj 1.* geizig, kleinlich; *~ de* karg mit; *~ de paroles* wortkarg; *m 2.* Geizkragen *m*
avarice [avaʀis] *f* Geiz *m*
avaricieux [avaʀisjø] *adj* geizig
avarie [avaʀi] *f 1. (d'un bateau)* Beschädigung *f; 2. (dégats mécaniques)* Maschinenschaden *m,* Schaden *m; ~ de moteur* Motorschaden *m*
avec [avɛk] *prep 1.* mit; *2. (y compris)* nebst
avenant [avnɑ̃] *adj* gefällig, zuvorkommend
avenir [avniʀ] *m* Zukunft *f; à l'~* künftig
Avent [avɑ̃] *m* Advent *m*
aventure [avɑ̃tyʀ] *f 1.* Abenteuer *n; à l'~* aufs Geratewohl; *2. (entreprise hasardeuse)* Wagnis *n*
aventurer [avɑ̃tyʀe] *v s'~* sich wagen
aventureux [avɑ̃tyʀø] *adj 1.* abenteuerlich; *2. (hardi)* abenteuerlustig
aventurier [avɑ̃tyʀje] *m* Abenteurer *m*
aventurisme [avɑ̃tyʀism] *m* Abenteuerlust *f*
avenue [avny] *f* Avenue *f,* breite Straße *f*
avérer [aveʀe] *v 1. s'~* sich bestätigen; *2. s'~ (fig)* sich entpuppen
averse [avɛʀs] *f (pluie)* Wolkenbruch *m,* Regenguss *m,* Schauer *m; ~ d'orage* Gewitterschauer *m*
aversion [avɛʀsjɔ̃] *f 1.* Abneigung *f; 2. (dégoût)* Abscheu *m; 3. (répugnance)* Widerwille *m*
avertir [avɛʀtiʀ] *v 1.* mahnen, warnen; *2. (informer)* melden; *3. ~ qn* jdn verwarnen
avertissement [avɛʀtismɑ̃] *m 1.* Mahnung *f,* Warnung *f; 2. (remontrance)* Verwarnung *f; 3. (mise en garde)* Vorwarnung *f; 4. (fig: exhortation)* Lehre *f*
avertisseur [avɛʀtisœʀ] *m 1. (de voiture)* Hupe *f; ~ lumineux* Lichthupe *f; 2. ~ d'incendie* Feuermelder *m*
aveu [avø] *m 1.* Bekenntnis *n; 2. (déclaration)* Eingeständnis *n; 3. (concession)* Zugeständnis *n; 4. JUR* Geständnis *n*
aveuglant [avœglɑ̃] *adj (lumineux)* blendend
aveugle [avœgl] *adj 1.* blind; *m/f 2.* Blinde(r) *m/f*
aveuglé [avœgle] *adj* verblendet
aveuglement [avœgləmɑ̃] *m (fig)* Blindheit *f*
aveugler [avœgle] *v (lumière)* blenden
aviateur [avjatœʀ] *m* Pilot *m*
aviation [avjasjɔ̃] *f* Luftfahrt *f,* Flugwesen *n*
avide [avid] *adj ~ de* gierig nach; *~ d'argent* geldgierig; *~ de plaisirs* vergnügungssüchtig; *~ d'apprendre* wissbegierig
avidité [avidite] *f 1.* Gier *f; 2. (cupidité)* Habgier *f*
avilir [aviliʀ] *v 1.* erniedrigen; *2. (fig)* entwerten
avilissant [avilisɑ̃] *adj* entwürdigend, erniedrigend
avilissement [avilismɑ̃] *m* Entwürdigung *f,* Erniedrigung *f*
avion [avjɔ̃] *m* Flugzeug *n; ~ à réaction* Düsenflugzeug *n; ~ de ligne* Verkehrsflugzeug *n; ~ de chasse* Jagdflugzeug *n*
aviron [aviʀɔ̃] *m* Ruder *n,* Riemen *m*
avis [avi] *m 1.* Ansicht *f; 2. (opinion)* Meinung *f; être d'~ que ...* meinen, dass ...; *faire changer qn d'~* jdn von seiner Meinung abbringen/jdn herumbekommen/jdn umstimmen; *être de l'~ de qn* sich jds Meinung anschließen; *3. (attestation)* Gutachten *n; 4. ~ au public* Bekanntmachung *f; 5. ~ d'imposition* Steuerbescheid *m; 6. ~ de décès (dans un journal)* Todesanzeige *f; 7. ~ de disparition* Vermisstenanzeige *f; 8. (jugement)* Urteil *n*
avisé [avize] *adj* weise
aviser [avize] *v* mitteilen
avocat(e) [avɔka(t)] *m/f JUR* Anwalt/Anwältin *m/f,* Rechtsanwalt/Rechtsanwältin *m/f*
avoine [avwan] *f* Hafer *m*
avoir [avwaʀ] *v irr 1.* haben; *il y a* es gibt; *m 2.* Habe *f; 3. (encaisse)* Kassenbestand *m; 4. ECO* Guthaben *n*
avortement [avɔʀtəmɑ̃] *m* Abtreibung *f; la loi sur l'~* der Abtreibungsparagraph *m*
avorter [avɔʀte] *v* abtreiben
avorton [avɔʀtɔ̃] *m* Missgeburt *f*
avouer [avwe] *v 1.* gestehen, eingestehen; *2. (reconnaître)* bekennen, zugeben; *~ sa faute* seinen Fehler zugeben
avril [avʀil] *m* April *m*
axe [aks] *m 1.* Achse *f; ~ de rotation* Drehachse *f; ~ des abscisses MATH* X-Achse *f; 2. ~ routier* Verkehrsader *f*
azote [azɔt] *m* Stickstoff *m*
azur [azyʀ] *m* Azur *n; la Côte d'Azur GEO* die Côte d'Azur *f*

B

baba [baba] *m 1. (gâteau) GAST* kleiner Rosinenkuchen *m; un ~ au rhum* in Rum getränkter Rosinenkuchen *m; adj 2. (fam)* baff; *Il en était tout ~.* Er war völlig baff.
babiller [babije] *v (enfant)* plappern
babiole [babjɔl] *f (fam)* Lappalie *f*
bâbord [babɔʀ] *m* Backbord *n*
baby-foot [babifut] *m* Kicker *m; jouer au ~* Tischfußball spielen/Kicker spielen
babysitter [bebisitɛʀ] *m/f* Babysitter *m*
bac [bak] *m 1.* Trog *m; 2. (bateau)* Fähre *f; 3. ~ à glace* Kühlfach *n; 4. ~ à sable* Sandkasten *m*
baccalauréat [bakalɔʀea] *m* Abitur *n; passer le ~* das Abitur machen
bâche [bɑʃ] *f* Plane *f*
bachelier [baʃəlje] *m* Abiturient *m*
bachoter [baʃɔte] *v (fam)* pauken
bacille [basil] *m* Bazillus *m*
bâclé [bɑkle] *adj 1.* flüchtig; *2. (travail)* schlampig; *3. (gâché)* stümperhaft
bâcler [bɑkle] *v* pfuschen
bactérie [bakteʀi] *f* Bakterie *f*
badaud(e) [bado(d)] *m/f* Schaulustige(r) *m/f*
badge [badʒ] *m* Anstecker *m*
badigeon [badiʒɔ̃] *m* Wasserfarbe *f*
badinage [badinaʒ] *m* Getändel *n*
baffe [baf] *f (fam)* Ohrfeige *f,* Maulschelle *f,* Watsche *f*
bafouer [bafwe] *v* verhöhnen
bafouiller [bafuje] *v (fam)* faseln
bâfrer [bɑfʀe] *v se ~ (fam)* fressen
bagage [bagaʒ] *m* Gepäck *n; ~ à main* Handgepäck *n*
bagarre [bagaʀ] *f 1.* Gezanke *n; 2. (rixe)* Schlägerei *f*
bagarrer [bagaʀe] *v se ~ (fam)* sich prügeln
bagatelle [bagatɛl] *f 1.* Bagatelle *f,* Kleinigkeit *f; 2. (futilité)* Nebensache *f*
bagne [baɲ] *m 1. (prison)* Knast *m; 2. (fig)* Hölle *f; Cette école est un vrai ~!* Diese Schule ist wirklich die Hölle!
bagnole [baɲɔl] *f (fam: voiture)* Kiste *f*
bagou [bagu] *m (fam)* Mundwerk *n,* Klappe *f; Elle a un ~ incroyable!* Sie hat ein unglaublich großes Mundwerk!
bague [bag] *f* Ring *m; ~ à cacheter* Siegelring *m*
baguette [bagɛt] *f 1.* Leiste *f; 2. (rameau)* Rute *f*
bahut [bay] *m 1.* Truhe *f; 2. (fam: lycée)* Penne *f*
baie [bɛ] *f 1.* Bucht *f; 2. BOT* Beere *f*
baignade [bɛɲad] *f* Bad *n; Baignade interdite!* Baden verboten!
baigner [bɛɲe] *v se ~* baden
baignoire [bɛɲwaʀ] *f 1.* Badewanne *f; 2. THEAT* Loge *f*
bail [baj] *m 1.* Mietvertrag *m; 2. (cession)* Pacht *f*
bâiller [bɑje] *v* gähnen
bailleur [bɑjœʀ] *m* Verpächter *m*
bâillon [bɑjɔ̃] *m* Knebel *m*
bain [bɛ̃] *m* Bad *n; prendre un ~* ein Bad nehmen; *~ de boue* Moorbad *n; ~ moussant* Schaumbad *n*
bains-douches [bɛ̃duʃ] *m/pl* Badeanstalt *f*
baisemain [bɛzmɛ̃] *m* Handkuss *m*
baiser [bɛze] *m* Kuss *m; ~ d'adieu(x)* Abschiedskuss *m*
baisse [bɛs] *f 1.* Verminderung *f; en ~* rückläufig; *2. (déduction)* Abbau *m; 3. ~ de température* Abkühlung *f,* Temperaturrückgang *m; 4. (recrudescence)* Rückgang *m; ~ démographique* Bevölkerungsrückgang *m; ~ des prix* Preisrückgang *m*
baisser [bɛse] *v 1.* senken; *~ la tête* den Kopf senken, sich ducken; *2. (sens actif)* herunterdrücken; *3. (décroître)* sinken, zurückgehen; *4. (affaiblir)* nachlassen; *5. ECO* abflauen; *6. (mer)* abebben; *7. (~ à)* niederlassen, herunterlassen; *8. faire ~ (les prix) ECO* drücken; *9. se ~* sich bücken
bal [bal] *m* Ball *m; ~ masqué/~ costumé* Maskenball *m*
balade [balad] *f* Bummel *m*
balader [balade] *v se ~* bummeln
baladeur [baladœʀ] *m (walkman)* Walkman *m*
balai [balɛ] *m* Besen *m,* Kehrbesen *m*
balance [balɑ̃s] *f 1.* Waage *f; ~ hydrostatique* Wasserwaage *f; 2. ECO* Ausgleich *m; 3. FIN* Bilanz *f*
balancer [balɑ̃se] *v 1.* ins Gleichgewicht bringen; *2. (osciller)* pendeln; *3. se ~* schaukeln; *4. se ~ (faire de la balançoire)* balancieren

balancier [balɑ̃sje] *m* Pendel *n*
balançoire [balɑ̃swaʀ] *f* *1.* Schaukel *f;* *2. (bascule)* Wippe *f*
balayer [balɛje] *v* *1.* fegen; *2. (nettoyer)* kehren
balbutier [balbysje] *v* *1.* lallen; *2. (bégayer)* stottern
balcon [balkɔ̃] *m* *1.* Balkon *m;* *2. THEAT* Balkon *m*
baleine [balɛn] *f* *ZOOL* Wal *m*
balise [baliz] *f* Boje *f*
baliser [balize] *v* *1.* abgrenzen, markieren, Leitpfosten anbringen; *2. (fam: avoir peur)* bangen um, Bammel haben vor; *Il balise pour son examen.* Er hat Angst, sein Examen nicht zu bestehen.
baliverne [balivɛʀn] *f* Geschwätz *n,* albernes Gerede *n;* *dire des ~s* dummes Zeug daherreden/Albernheiten von sich geben
Balkans [balkɑ̃] *m/pl* *GEO* Balkan *m,* Balkanländer *pl*
ballade [balad] *f* *(en littérature)* Ballade *f*
ballast [balast] *m* Ballast *m*
balle [bal] *f* *1.* Ball *m;* *2. (projectile)* Kugel *f;* *~ à blanc* Platzpatrone *f*
ballet [balɛ] *m* Ballett *n*
ballon [balɔ̃] *m* *1.* Ballon *m;* *2. (montgolfière)* Luftballon *m;* *3. (verre)* Trinkglas *n*
ballot [balo] *m* *ECO* Ballen *m*
ballotage [balɔtaʒ] *m* Stichwahl *f*
balourd [baluʀ] *adj* plump
balte [balt] *adj* baltisch
baltique [baltik] *adj* baltisch; *mer Baltique* Ostsee *f*
balustrade [balystʀad] *f* *1.* Brüstung *f;* *2. (rampe)* Geländer *n;* *3. ARCH* Balustrade *f*
bambin [bɑ̃bɛ̃] *m (fam)* kleiner Junge *m*
bambou [bɑ̃bu] *m* Bambus *m*
bamboula [bɑ̃bula] *f (fam)* Fete *f*
banal [banal] *adj* *1.* banal; *2. (fig)* platt
banalité [banalite] *f* Gemeinplatz *m*
banane [banan] *f* Banane *f*
bananier [bananje] *m* *BOT* Bananenbaum *m*
banc [bɑ̃] *m* *1.* Bank *f;* *~ de sable* Sandbank *f;* *2. ZOOL* Fischschwarm *m*
bancaire [bɑ̃kɛʀ] *adj* Bank...
bancal [bɑ̃kal] *adj* *1. (personne)* hinkend, humpelnd; *2. (meuble)* wacklig, schief
bandage [bɑ̃daʒ] *m* *1. MED* Bandage *f;* *2. (bandeau)* Binde *f;* *3. (pansement)* Verband *m*
bande [bɑ̃d] *f* *1. MED* Binde *f;* *2. (d'un rouleau)* Band *n;* *~ magnétique* Tonband *n;* *~ adhésive* Klebeband *n;* *~ perforée* Lochstreifen *m;* *3. (d'animaux)* Rudel *n;* *4. (de personnes)* Schwarm *m;* *par ~s* scharenweise; *5. ~ d'arrêt d'urgence* Standspur *f;* *6. ~s dessinées pl* Comics *pl*
bandé [bɑ̃de] *adj* gespannt
bande-annonce [bɑ̃danɔ̃s] *f* *CINE* Vorschau *f*
banderole [bɑ̃dʀɔl] *f* Transparent *n*
bandit [bɑ̃di] *m* *1.* Bandit *m;* *2. (malfaiteur)* Gangster *m*
bandoulière [bɑ̃duljɛʀ] *f* Schlinge *f,* Schulterriemen *m;* *Elle porte son sac en ~.* Sie trägt ihre Umhängetasche.
banlieue [bɑ̃ljø] *f* Vorort *m*
banlieusard(e) [bɑ̃ljøzaʀ(d)] *m/f (fam)* Vorortbewohner(in) *m/f*
bannière [banjɛʀ] *f* Banner *n*
bannir [baniʀ] *v* *1.* verbannen; *2. ~ du pays* des Landes verweisen
bannissement [banismɑ̃] *m* Verbannung *f*
banque [bɑ̃k] *f* *1. FIN* Bank *f;* *~ d'émission* Notenbank *f;* *~ mondiale* Weltbank *f;* *~ de données INFORM* Datenbank *f;* *2. ~ centrale de virement* Girozentrale *f*
banqueroute [bɑ̃kʀut] *f* *1.* Pleite *f;* *2. FIN* Bankrott *m;* *3. JUR* Konkurs *m*
banquet [bɑ̃ke] *m* *1.* Festessen *n;* *faire un ~* tafeln; *2. (repas)* Mahl *n*
banquette [bɑ̃kɛt] *f* *1.* Sitzbank *f;* *2. ~ de voiture* Wagenbank *f*
banquier [bɑ̃kje] *m* Bankier *m*
banquise [bɑ̃kiz] *f* Packeis *n*
baptême [batɛm] *m* Taufe *f*
baptiser [batize] *v* taufen
baquet [bakɛ] *m* Kübel *m*
bar [baʀ] *m* *1.* Kneipe *f;* *2. (comptoir)* Bar *f,* Theke *f*
baragouiner [baʀagwine] *v* radebrechen
baraque [baʀak] *f* Baracke *f*
baraqué [baʀake] *adj (fam)* gebaut, proportioniert; *Il est bien ~.* Er ist gut gebaut.
baratiner [baʀatine] *v* *~ qn (fam: draguer)* jdn anmachen
barbant [baʀbɑ̃] *adj (fam)* nervtötend
barbare [baʀbaʀ] *adj* *1.* barbarisch; *2. (inhumain)* unmenschlich; *3. (fig)* roh
barbe [baʀb] *f* Bart *m;* *faire la ~* rasieren
barbecue [baʀbəkju] *m* *GAST* Grillen *n,* Barbecue *n*
barbelé [baʀbəle] *adj* mit Stacheldraht versehen, hinter Stacheldraht; *un fil de fer ~* ein Stacheldraht *m*

barboter [baʀbɔte] *v* *1. (dans l'eau)* plätschern; *2. (fam)* klauen
barbouillage [baʀbujaʒ] *m* Geschmier *n*
barbouiller [baʀbuje] *v* *(tacher)* vollkleckern; *Il a barbouillé son visage de chocolat.* Sein Gesicht ist über und über mit Schokolade verschmiert.
barbu [baʀby] *adj* bärtig
bardane [baʀdan] *f* Klette *f*
barder [baʀde] *v* *1. GAST* spicken; *2. (fam)* krachen; *Attention, ça va ~!* Achtung, gleich wird es krachen!/Vorsicht, es wird gleich Ärger geben!
barème [baʀɛm] *m* *(de prix)* Skala *f*
baril [baʀil] *m* *(de pétrole)* Fass *n; ~ de poudre* Pulverfass *n*
barillet [baʀijɛ] *m* *(arme)* Trommel *f*
bariolé [baʀjɔle] *adj* bunt
barir [baʀiʀ] *v* *(éléphant)* trompeten
bariton [baʀitɔ̃] *m* Bariton *m*
barium [baʀjɔm] *m* Barium *n*
barman [baʀman] *m* Barkeeper *m*
baromètre [baʀɔmɛtʀ] *m* Barometer *n*
baron(ne) [baʀɔ̃/baʀɔn] *m/f* Baron(in) *m/f*
baroque [baʀɔk] *adj* barock
barque [baʀk] *f* *1.* Boot *n; 2. (canot)* Kahn *m*
barquette [baʀkɛt] *f* *~ aux fraises GAST* Erdbeertörtchen *n*
barrage [baʀaʒ] *m* *1.* Absperrung *f,* Sperre *f; 2. (digue)* Damm *m; 3. ~ photoélectrique* Lichtschranke *f*
barre [baʀ] *f* *1. (de chocolat)* Riegel *m; 2. (de bois)* Latte *f; 3. ~ de remorquage* Abschleppstange *f; 4. (d'un bateau)* Steuerruder *n; 5. (barrière)* Schranke *f*
barré [baʀe] *adj* *(interdiction)* gesperrt
barrer [baʀe] *v* *1. ~ qc* etw streichen, etw durchstreichen; *2. (fermer)* absperren; *3. (bloquer)* sperren; *4. (obstruer)* versperren
barrette [baʀɛt] *f* *(pour les cheveux)* Haarspange *f*
barricade [baʀikad] *f* Barrikade *f*
barricader [baʀikade] *v* verbarrikadieren
barrière [baʀjɛʀ] *f* *1.* Schranke *f; ~ optique* Lichtschranke *f; ~ de passage à niveau* Eisenbahnschranke *f; 2. (obstacle)* Barriere *f; 3. (dispositif)* Sperre *f*
barrique [baʀik] *f* Fass *n*
bas [ba] *adj* *1.* nieder; *2. (au ras du sol)* niedrig; *être tombé ~ (fig)* auf einem Tiefpunkt angelangt sein; *mettre qn plus ~ que terre* jdn zerreißen; *3. (doucement)* leise; *à voix ~se* leise; *parler tout ~* ganz leise sprechen; *4. (peu)* gering; *5. (température)* tief; *6. (étendus d'eau)* seicht; *eaux ~ses* Ebbe *f; mer ~se* Ebbe *f; 7. (infâme)* niederträchtig; *8. (sous)* unter; *adv 9. en ~* unten; *prep 10. en ~ de* unterhalb; *m 11.* Unterteil *n; 12. (collant)* Strumpf *m*
basalte [bazalt] *m MIN* Basalt *m*
bas-côté [bakote] *m* Seitenstreifen *m*
bascule [baskyl] *f* *1.* Waage *f; 2. (balançoire)* Wippe *f*
basculer [baskyle] *v* *1.* kippen; *2. faire ~* kippen
base [baz] *f* *1.* Grundlage *f; 2. MATH* Grundfläche *f; 3. (fondement)* Basis *f; 4. MIL* Stützpunkt *m; prendre pour ~* zu Grunde legen; *être à la ~ de qc* einer Sache zu Grunde liegen; *5. (fig)* Fundament *n*
base-ball [bɛzbol] *m SPORT* Baseball *m*
baser [baze] *v se ~ sur* basieren auf
basique [bazik] *adj CHEM* basisch
basilic [bazilik] *m (plante)* Basilikum *m*
basket-ball [baskɛtbol] *m* Basketball *m*
basque [bask] *adj* baskisch; *le Pays Basque* das Baskenland *n; un béret ~* eine Baskenmütze *f; la pelote ~* die Pelota *f*
basse [bɑs] *f* Bass *m*
basse-cour [baskuʀ] *f* *1. (cour de ferme)* Hühnerhof *m; 2. (animaux)* Federvieh *n*
bassesse [bɑsɛs] *f* *1.* Gemeinheit *f; 2. (lâcheté)* Niedertracht *f*
basset [bɑsɛ] *m ZOOL* Dackel *m*
bassin [basɛ̃] *m* *1.* Schwimmbecken *n; 2. ~ de construction NAUT* Dock *n; 3. ~ méditerranéen GEO* Mittelmeerraum *m; 4. ANAT* Becken *n; 5. (d'un fleuve)* Einzugsgebiet *n*
bassine [basin] *f* Wanne *f*
bassiner [basine] *v* *(fam: ennuyer)* auf den Wecker fallen, auf den Geist gehen
bastingage [bastɛ̃gaʒ] *m* Reling *f*
bas-ventre [bavɑ̃tʀ] *m* Unterleib *m*
bataille [bataj] *f* *1.* Kampf *m; 2. MIL* Schlacht *f*
batailleur [batajœʀ] *adj* *1.* kämpferisch; *m 2.* Raufbold *m*
bâtard [bɑtaʀ] *m* Bastard *m*
bateau [bato] *m* *1.* Boot *n,* Schiff *n; ~ à moteur* Motorboot *n; ~ de pêche* Fischerboot *n; 2. ~ à vapeur* Dampfer *m*
bateleur [batlœʀ] *m* Gaukler *m*
bâti [bɑti] *m* Gestell *n*
bâtiment [bɑtimɑ̃] *m* *1.* Gebäude *n; 2 (maison)* Haus *n; 3. industrie du ~* Baugewerbe *n; 4. ~ neuf* Neubau *m*

bâtir [bɑtiʀ] *v 1.* bebauen; *2. (théorie)* aufbauen
bâtisseur [bɑtisœʀ] *m* Erbauer *m*
batiste [batist] *f* Batist *m*
bâton [bɑtɔ̃] *m 1.* Stab *m; 2. (canne)* Stock *m; 3. (gourdin)* Knüppel *m,* Prügel *m*
bâtonnet [bɑtɔnɛ] *m (petit bâton)* Stöckchen *n; un ~ de colle* ein Klebestift *m/*ein Prittstift *m; un ~ de poisson* ein Stockfisch *m*
battant [batɑ̃] *adj* klopfend, schlagend; *une pluie ~e* ein strömender Regen *m; une porte ~e* eine Flügeltür *f,* eine Schwingtür *f; un cœur ~* ein schlagendes Herz *n,* ein rasendes Herz *n*
battement [batmɑ̃] *m 1.* Schlagen *n; 2. (de mains)* Klatschen *n; 3. (de cils)* Zucken *n; 4. ~ de cœur* Herzklopfen *n*
batterie [batʀi] *f 1. TECH* Akku *m; 2. (d'un véhicule) TECH* Batterie *f; 3. MUS* Schlagzeug *n*
batteur [batœʀ] *m 1.* Schneebesen *m; 2. MUS* Schläger *m*
battre [batʀ] *v irr 1.* schlagen; *2. (œufs)* verquirlen; *3. (grain)* dreschen; *4. (monnaie)* prägen; *5. (cœur)* klopfen; *6. (fig)* besiegen; *7. se ~* sich schlagen, sich prügeln; *8. se ~ (avec)* kämpfen
battu [baty] *adj ~ par les vents* windgepeitscht
battue [baty] *f* Treibjagd *f*
baudet [bodɛ] *m (fam)* Esel *m*
baume [bom] *m* Balsam *m*
bavard [bavaʀ] *adj 1.* geschwätzig; *2. (loquace)* redselig
bavardage [bavaʀdaʒ] *m 1.* Geplauder *n; 2. (commérage)* Gerede *n*
bavarder [bavaʀde] *v 1.* plaudern; *2. (papoter)* schwatzen; *3. ~ avec qn* sich mit jdm unterhalten; *4. (jacasser)* plappern
bavarois [bavaʀwa] *adj* bayerisch
bavaroise [bavaʀwaz] *f (entremets froid) GAST* Bayrische Creme *f; Il adore la ~ au chocolat.* Er liebt Bayrische Creme mit Schokoladengeschmack.
bave [bav] *f (salive)* Speichel *m*
baver [bave] *v 1.* speicheln; *L'enfant bave.* Das Kind sabbert./Das Kind sabbelt. *2. (salir)* vollsabbern, bekleckern; *L'encre a bavé sur la copie.* Die Tinte hat auf der Klassenarbeit einen Fleck hinterlassen./Die Tinte ist auf dem Blatt verlaufen. *3. (fig: ~ de)* hin und weg sein; *Il en bavait d'admiration.* Er war hin und weg vor Bewunderung./Er war sprachlos vor Bewunderung. *4. (fig: en ~)* schuften, sich abrackern; *Il va en ~ cette année.* Er wird dieses Jahr ganz schön schuften müssen./Er wird es dieses Jahr nicht leicht haben.
bavette [bavɛt] *f* Lätzchen *n*
Bavière [bavjɛʀ] *f GEO* Bayern *n*
bavoir [bavwaʀ] *m* Lätzchen *n*
bavure [bavyʀ] *f 1. (tache d'encre)* Klecks *m,* Tintenfleck *m; Il a exécuté ce travail sans ~.* Er hat diese Arbeit tadellos ausgeführt./Er hat diese Aufgabe mustergültig erfüllt./Er hat einwandfreie Arbeit geleistet. *2. (fig: erreur)* Fehler *m,* Makel *m; une ~ policière* ein polizeilicher Fehler *m/*eine Übertretung der Amtsgewalt *f*
bazar [bazaʀ] *m 1. (en Orient)* Basar *m; 2. (magasin)* Ramschladen *m; article de ~* Trödel *m/*alter Plunder *m; 3. (fig: désordre)* Chaos *n; ranger le ~* das Chaos beseitigen/aufräumen
bazarder [bazaʀde] *v (fam: vendre)* verscheuern; *Il a bazardé tout ce qu'il avait.* Er hat Hab und Gut verkauft./Er hat alles, was er hatte, verscheuert./Er hat seinen gesamten Besitz verscheuert.
béant [beɑ̃] *adj être ~* klaffen
béatifier [beatifje] *v* selig sprechen
béatitude [beatityd] *f* Seligkeit *f*
beau [bo] *adj* schön; *Il est bel homme.* Er ist ein stattlicher Mann.
beaucoup [boku] *adv 1. ~ (de)* viel(e); *Merci ~.* Danke sehr. *Cela ne prendra pas ~ de temps.* Es dauert nicht lange. *2. pas ~* wenig; *3. de ~* weitaus
beau-fils [bofis] *m* Schwiegersohn *m*
beau-frère [bofʀɛʀ] *m* Schwager *m*
beaujolais [boʒɔlɛ] *m (vin)* Beaujolais *m; Le ~ nouveau est arrivé.* Der Beaujolais Nouveau ist da.
Beaujolais [boʒɔlɛ] *m (région de France)* Beaujolais *n*
beau-père [bopɛʀ] *m 1.* Schwiegervater *m; 2. (père du conjoint)* Stiefvater *m*
beauté [bote] *f* Schönheit *f*
beaux-parents [bopaʀɑ̃] *m/pl* Schwiegereltern *pl*
bébé [bebe] *m* Baby *n*
bec [bɛk] *m* Schnabel *m; avoir ~ et ongles (fig)* Haare auf den Zähnen haben
bécane [bekan] *f (fam)* Fahrrad *n*
béchamel [beʃamɛl] *f sauce ~ GAST* Béchamelsoße *f*
bêche [bɛʃ] *f* Spaten *m*
bêcher [bɛʃe] *v* umgraben

bécot [beko] *m (fam: petit baiser)* Küsschen *n*
bécoter [bekɔte] *v se ~ (fam)* knutschen
becquée [beke] *f donner la ~* füttern
becqueter [bɛkte] *v* picken
bedaine [bədɛn] *f (fam)* Ranzen *m,* dicker Bauch *m*
bedeau [bədo] *m REL* Küster *m*
bedon [bədɔ̃] *m (fam)* Wampe *f; Elle a un petit ~.* Sie hat ein kleines Bäuchlein./Sie hat einen leichten Bauch.
bedonner [bədɔne] *v (fam)* Fett ansetzen, einen Bauch kriegen
béer [bee] *v* klaffen
beffroi [befʀwa] *m* Glockenturm *m*
bégaiement [begɛmɑ̃] *m 1. (trouble de la parole) MED* Stottern *n,* Stammeln *n; 2. (fig)* erste Gehversuche *pl,* Anfangsphase *f*
bégayer [begɛje] *v 1.* stottern; *2. (balbutier)* lallen
bégonia [begɔnja] *m BOT* Begonie *f*
béguin [begɛ̃] *m (fam)* Liebschaft *f*
beige [bɛʒ] *adj* beige
beigne [bɛɲ] *f (fam: gifle)* Watsche *f,* Ohrfeige *f; recevoir une ~* eine gescheuert bekommen/eine fangen
beignet [bɛɲɛ] *m GAST* Küchlein *n,* Krapfen *m,* Beignet *n; ~s aux pommes* Apfelküchlein *pl*
bel [bɛl] *adj (voir „beau“)*
bêler [bɛle] *v (animal)* meckern
belette [bəlɛt] *f ZOOL* Wiesel *n*
belge [bɛlʒ] *adj* belgisch
Belge [bɛlʒ] *m/f* Belgier(in) *m/f*
Belgique [bɛlʒik] *f GEO* Belgien *n*
bélier [belje] *m ZOOL* Bock *m*
belle-fille [bɛlfij] *f* Schwiegertochter *f*
belle-mère [bɛlmɛʀ] *f 1. (mère du conjoint)* Schwiegermutter *f; 2. (conjointe du père)* Stiefmutter *f*
belle-sœur [bɛlsœʀ] *f* Schwägerin *f*
belliqueux [bɛlikø] *adj 1.* streitlustig; *2. (guerrir)* kriegerisch
belote [bəlɔt] *f (jeu de cartes)* Belote (französisches Kartenspiel) *n; faire une ~* eine Runde Belote spielen
bénédiction [benediksjɔ̃] *f 1.* Einweihung *f; 2. REL* Segen *m; 3. ~ nuptiale (à l'église)* Trauung *f*
bénéfice [benefis] *m 1.* Vorteil *m; 2. ECO* Gewinn *m*
bénéficier [benefisje] *v* profitieren
Benelux [benelyks] *m GEO* Beneluxstaaten *pl*
benêt [bənɛ] *m* Dummkopf *m*
bénévolat [benevɔla] *m* Ehrenamtlichkeit *f,* Freiwilligkeit *f*
bénévole [benevɔl] *adj 1.* freiwillig; *2. (non rémunéré)* unbezahlt, ehrenamtlich
bénin [benɛ̃] *adj 1.* harmlos; *2. MED* gutartig
bénir [beniʀ] *v 1.* segnen; *2. (consacrer)* einweihen
benjamin(e) [bɛ̃ʒamɛ̃/bɛ̃ʒamin] *m/f* Nesthäkchen *n*
béquille [bekij] *f* Krücke *f*
bercail [bɛʀkaj] *m* Schoß der Familie *m,* Schoß der Kirche *m; rentrer au ~* in den Schoß der Familie zurückkehren/in den Schoß der Kirche zurückkehren
berceau [bɛʀso] *m* Wiege *f*
bercer [bɛʀse] *v* wiegen; *se ~ de faux espoirs* sich in falschen Hoffnungen wiegen
berceuse [bɛʀsøz] *f (chanson)* Wiegenlied *n*
béret [beʀɛ] *m ~ basque* Baskenmütze *f*
berge [bɛʀʒ] *f 1.* Flussufer *n; 2. (rive)* Uferböschung *f*
berger [bɛʀʒe] *m 1.* Hirt *m,* Schäfer *m; 2. ~ allemand ZOOL* Schäferhund *m*
bergerie [bɛʀʒəʀi] *f* Schafstall *m; Les moutons sont dans la ~.* Die Schafe sind im Stall. *laisser entrer le loup dans la ~ (fig)* einer Untat Vorschub leisten
bergeronnette [bɛʀʒəʀɔnɛt] *f ZOOL* Bachstelze *f*
berk [bɛʀk] *interj* igitt; *Berk! C'est dégoûtant!* Igitt! Das ist ja eklig!
berline [bɛʀlin] *f* Limousine *f*
berlingot [bɛʀlɛ̃go] *m 1. (bonbon)* Fruchtbonbon in Form einer dreiseitigen Pyramide *n; 2. (emballage)* Tetrapack *m; un ~ de lait concentré* ein Tetrapack Kondensmilch *m; un ~ d'adoucisseur* ein Päckchen Wasserenthärter *m*
berlue [bɛʀly] *f avoir la ~ (fam)* sich Illusionen machen, nicht richtig sehen; *Tu as la ~, ce n'est pas lui.* Du siehst wohl nicht recht, das ist nicht er.
bermuda [bɛʀmyda] *m (short long)* Bermudashorts *pl; porter un ~* Bermudashorts tragen
bernard-l'ermite [bɛʀnaʀlɛʀmit] *m ZOOL* Einsiedlerkrebs *m*
berner [bɛʀne] *v 1.* anschwindeln; *2. (fam)* leimen
besogne [bəzɔɲ] *f (travail)* Arbeit *f,* Beschäftigung *f; abattre de la ~* viel wegar-

beiten/viel Arbeit in kurzer Zeit erledigen/eine Menge aufarbeiten/kräftig zupacken; *faire de la belle ~ (fig)* etw Schönes anrichten/gute Arbeit leisten; *aller vite en ~ (fig)* vorschnell urteilen/sich rasch eine Meinung bilden/nicht lange überlegen

besogneux [bəzɔɲø] *adj* bedürftig, arm; *un artiste ~* ein Künstler, der für einen Hungerlohn arbeitet *m*/ein schlecht bezahlter Künstler *m*

besoin [bəzwɛ̃] *m 1.* Bedürfnis *n; avoir ~ de* bedürfen, benötigen, brauchen; *avoir ~ de beaucoup d'attention* viel Aufmerksamkeit erfordern; *avoir ~ de se faire valoir* Geltungsbedürfnis haben; *2. (manque)* Not *f; en cas de ~* notfalls; *s'il en est ~* nötigenfalls/falls erforderlich; *Il n'est pas ~ de dire* ... Es ist überflüssig zu sagen, dass ...; *3. ~ de compensation* Nachholbedarf *m; 4. ~ d'agir* Tatendrang *m; 5. au ~* allenfalls; *6. ~s pl* Bedarf *m*

bestial [bɛstjal] *adj* bestialisch

bestiole [bɛstjɔl] *f* Tierchen *n*

bestseller [bɛstsɛlɛʀ] *m* Bestseller *m*

bêta [bɛta] *m* Einfaltspinsel *m*

bétail [betaj] *m* Vieh *n*

bête [bɛt] *adj 1.* dumm, blöd, dämlich; *être ~ comme un âne* strohdumm sein; *être ~ comme ses pieds* dümmer sein als die Polizei erlaubt; *être ~ à manger du foin* dumm wie Bohnenstroh sein/strohdumm sein; *f 2.* Tier *n; chercher la petite ~* immer ein Haar in der Suppe finden; *regarder qn comme une ~ curieuse* jdn anstarren; *3. ~ féroce* Bestie *f,* Biest *n; 4. ~ à bon Dieu* Marienkäfer *m*

bêtise [bɛtiz] *f* Dummheit *f*

béton [betɔ̃] *m* Beton *m*

bétonner [betɔne] *v* betonieren

betterave [bɛtʀav] *f ~ sucrière BOT* Zuckerrübe *f*

beugler [bøgle] *v* brüllen

beurre [bœʀ] *m* Butter *f; C'est du ~.* Das ist ein Kinderspiel./Nichts leichter als das. *faire son ~* sein Schäfchen ins Trockene bringen

beurrer [bœʀe] *v* buttern; *~ une tartine* ein Butterbrot schmieren; *~ un moule* eine Form einfetten/eine Kuchenform buttern

beurrier [bœʀje] *m* Butterdose *f*

biais [bjɛ] *m 1.* Umweg *m; trouver un ~* ein Mittel finden/einen Ausweg finden; *2. (d'une pente)* Schräge *f; en ~* schräg

bibelots [biblo] *m/pl* Nippes *pl*

biberon [bibʀɔ̃] *m* Fläschchen *n,* Flasche *f*

Bible [bibl] *f* Bibel *f*

bibliographie [biblijogʀafi] *f* Bibliografie *f*

bibliomane [biblijoman] *m* Büchernarr *m*

bibliothécaire [biblijotekɛʀ] *m/f* Bibliothekar(in) *m/f*

bibliothèque [biblijotɛk] *f 1.* Bibliothek *f,* Bücherei *f; ~ de prêt* Leihbibliothek *f; 2. (meuble)* Bücherschrank *m*

biblique [biblik] *adj* biblisch

bic [bik] *m (fam: stylo à bille)* Kuli *m*

biche [biʃ] *f 1. ZOOL* Hirschkuh *f; avoir des yeux de ~ (fig)* Rehaugen haben; *2. ma ~ (fam)* mein Schatz *m*

bichon [biʃɔ̃] *m* Schoßhündchen *n,* Bolognese *m*

bicoque [bikɔk] *f (fam: vieille maison)* Bruchbude *f*

bicyclette [bisiklɛt] *f* Fahrrad *n,* Rad *n; pompe à ~* Fahrradpumpe *f*

bide [bid] *m 1. (fam: ventre)* Ranzen *m; avoir du ~* einen Bauch haben; *2. (fam: échec)* Schlag ins Wasser *m,* Misserfolg *m,* Bauchlandung *f; faire un ~* ein Reinfall sein/von der Kritik zerrissen werden/beim Publikum nicht ankommen

bidon [bidɔ̃] *m 1.* Kanister *m; 2. (broc)* Kanne *f*

bidule [bidyl] *m* Ding *n*

bien [bjɛ̃] *adv 1.* gut; *aimer ~* mögen; *~ rangé* ordentlich; *~ entendu* wohlgemerkt; *~ connu* altbekannt; *~ élevé* artig/gut erzogen; *~ entretenu* gepflegt; *~ payé* gut bezahlt; *~ intentionné à l'égard de* wohl gesinnt; *~ marcher* klappen; *~ portant* gesund; *2. (agréable)* wohl; *vouloir du ~ à qn* jdm wohl wollen; *3. (beaucoup)* viel, sehr; *Bien sûr!* Sicherlich! *~ des fois* oft; *4. (juste)* recht; *C'est ~ fait pour lui.* Das geschieht ihm recht. *tant ~ que mal* recht und schlecht; *5. (certainement)* schon; *On verra ~!* Wir werden schon sehen! *konj 6. ~ que* obwohl, obgleich, trotzdem; *m 7.* Wohl *n; mener à ~* zu einem glücklichen Ende führen; *~ public* Gemeinwohl *n; 8. (propriété)* Gut *n; ~s de consommation* Konsumgüter *pl; ~ commun* Gemeingut *n; 9. (avoir)* Habe *f; ~s de peu de valeur* Habseligkeiten *pl; 10. ~ foncier* Grundstück *n; 11. ~s immobiliers pl* Immobilien *pl*

bien-aimé(e) [bjɛ̃nɛme] *m/f* Geliebte(r) *m/f,* Liebste(r) *m/f*

bien-être [bjɛ̃nɛtʀ] *m* Wohlstand *m*
bienfaisant [bjɛ̃fəzɑ̃] *adj* wohltuend
bienfait [bjɛ̃fɛ] *m* Wohltat *f*
bienfaiteur [bjɛ̃fɛtœʀ] *m 1.* Förderer *m; 2. (personne charitable)* Wohltäter *m*
bienheureux [bjɛ̃nœʀø] *adj 1.* glückselig; *2. REL* selig
bienséant [bjɛ̃seɑ̃] *adj* hochanständig
bientôt [bjɛ̃to] *adv* bald
bienveillance [bjɛ̃vɛjɑ̃s] *f 1.* Entgegenkommen *n; 2. (faveur)* Wohlwollen *n*
bienveillant [bjɛ̃vɛjɑ̃] *adj* gnädig
bienvenu [bjɛ̃vny] *adj* willkommen
bienvenue [bjɛ̃vəny] *f* Willkommen *n; souhaiter la ~ à qn* jdn willkommen heißen; *faire un discours de ~* eine Begrüßungsansprache halten; *offrir un cadeau de ~* ein Gastgeschenk machen
bière[1] [bjɛʀ] *f (boisson)* Bier *n; Ce n'est pas de la petite ~.* Das ist keine Kleinigkeit. *~ en tonneau* Fassbier *n; ~ blanche* Weißbier *n*
bière[2] [bjɛʀ] *f* Sarg *m*
biffer [bife] *v* streichen, durchstreichen
bifteck [biftɛk] *m GAST* Beefsteak *n*
bifurcation [bifyʀkɑsjɔ̃] *f* Abzweigung *f,* Weggabelung *f*
bifurquer [bifyʀke] *v (tourner)* abzweigen
bigamie [bigami] *f* Bigamie *f*
bigarreau [bigaʀo] *m (cerise) BOT* Herzkirsche *f*
bigleux [biglø] *adj (fam)* blind
bigoudi [bigudi] *m* Lockenwickler *m*
bigre [bigʀ] *interj* Donnerwetter
bijou [biʒu] *m 1.* Juwel *n,* Schatz *m; 2. (parure)* Schmuck *m; ~ en or* Goldschmuck *m*
bijouterie [biʒutʀi] *f 1. (magasin)* Juwelierladen *m; 2. (industrie)* Juwelenhandel *m*
bijoutier [biʒutje] *m* Juwelier *m*
bikini [bikini] *m* Bikini *m*
bilan [bilɑ̃] *m 1.* Fazit *n; 2. (fig)* Bilanz *f*
bilatéral [bilateʀal] *adj* bilateral
bilboquet [bilbɔkɛ] *m (jeu)* Bilboquet *n,* Spiel, bei dem mit einem spitzen Stab eine Kugel aufgefangen wird *n*
bile [bil] *f ANAT* Galle *f; se faire de la ~ (fam)* sich Sorgen machen
bilingue [bilɛ̃g] *adj* zweisprachig
billard [bijaʀ] *m* Billard *n*
bille [bij] *f* Murmel *f; reprendre ses ~s (fig)* nicht mehr mitmachen/aussteigen
billet [bijɛ] *m 1. (d'entrée)* Eintrittskarte *f; ~ gratuit* Freikarte *f; ~ de cinéma* Kinokarte *f; 2. (de train)* Fahrkarte *f,* Fahrschein *m; ~ de chemin de fer* Bahnfahrkarte *f; ~ aller et retour* Rückfahrkarte *f; 3. (petite lettre)* Zettel *m; ~ doux* Liebesbrief *m; 4. (d'argent)* Schein *m; ~ de banque* Geldschein *m,* Banknote *f; ~ de loterie* Los *n; ~ non gagnant* Niete *f*
billetterie [bijɛtʀi] *f 1.* Kartenverkauf *m,* Schalter *m; La ~ pour le spectacle est déjà fermée.* Es gibt keine Karten mehr für diese Vorstellung./Die Kasse ist bereits geschlossen. *2. ~ automatique* Scheckkartenautomat *m*
billion [biljɔ̃] *m* Billion *f*
billot [bijo] *m* Block *m*
binaire [binɛʀ] *adj* binär
binocles [binɔkl] *m/pl (fam: lunettes)* Brille *f,* Nasenfahrrad *n*
binôme [binom] *m 1. MATH* Binom *n; 2. (fam: condisciple)* Schulkamerad *m,* Studienkollege *m*
biochimie [bioʃimi] *f* Biochemie *f*
biodégradable [bjodegʀadabl] *adj* biologisch abbaubar
biodynamique [biodinamik] *adj* biodynamisch
biographie [biogʀafi] *f* Biografie *f*
biologie [biolɔʒi] *f* Biologie *f*
biologique [biolɔʒik] *adj* biologisch
biologiste [biolɔʒist] *m/f* Biologe/Biologin *m/f*
biophysique [biofisik] *f* Biophysik *f*
biorythme [bioʀitm] *m MED* Biorhythmus *m*
biotechnologie [bioteknɔlɔʒi] *f* Biotechnologie *f*
biotope [biotɔp] *m* Biotop *n*
bique [bik] *f 1. (fam: chèvre) ZOOL* Ziege *f,* Geiß *f; 2. (fig)* Schachtel *f,* Ziege *f; une vieille ~ (fam)* eine alte Schachtel *f; une grande ~ (fam)* eine lange Latte *f*/eine Hopfenstange *f*
bis [bis] *interj 1. Bis!* Zugabe!/Da capo! *m* 2. Wiederholung *f; jouer un ~* einen Satz noch einmal spielen/ein ganzes Stück wiederholen; *adv 3. Il habite 3 ~ rue de Paris.* Er wohnt in der Rue de Paris 3a.
bisaïeux [bizajø] *pl* Urgroßeltern *pl*
biscotte [biskɔt] *f GAST* Zwieback *m*
biscuit [biskɥi] *m* Biskuit *m,* Keks *m*
bise [biz] *f 1.* Kuss *m; 2. (fam: baiser)* Schmatz *m; faire une ~ à qn* jdn küssen/jdm einen dicken Kuss geben; *se faire la ~* sich mit Küsschen begrüßen

bisexué [bisɛksɥe] *adj* doppelgeschlechtlich
bisexuel [bisɛksɥɛl] *adj* bisexuell
bison [bizɔ̃] *m ZOOL* Bison *n*
bistouri [bistuʀi] *m MED* Messer *n*
bistro(t) [bistʀo] *m* Kneipe *f*
bitumer [bityme] *v* asphaltieren
bizarre [bizaʀ] *adj 1.* eigenartig, seltsam, komisch; *2. (particulier)* sonderlich; *3. (étrange)* wunderlich
bizzarerie [bizaʀəʀi] *f* Besonderheit *f*
blafard [blafaʀ] *adj 1.* bleich; *2. (livide)* fahl
blague [blag] *f 1.* Spaß *m,* Scherz *m; 2. (histoire drôle)* Witz *m*
blaguer [blage] *v (fam)* einen Scherz machen
blagueur [blagœʀ] *m* Spaßvogel *m*
blaireau [blɛʀo] *m ZOOL* Dachs *m*
blâme [blɑm] *m 1.* Tadel *m; 2. (remontrance)* Verweis *m,* Vorwurf *m*
blâmer [blɑme] *v* rügen, tadeln
blanc [blɑ̃] *adj 1. (vide)* leer; *en ~* blanko; *2. (couleur)* weiß; *regarder qn dans le ~ des yeux* jdm tief in die Augen blicken; *passer du ~ au noir* von einem Extrem ins andere fallen; *être ~ comme neige (fig)* völlig unschuldig sein; *être ~ comme un linge* blass wie ein Leintuch sein/leichenblass sein; *3. (pur)* sauber, rein; *m 4. ~ d'œuf* Eiweiß *n*
blanc-bec [blɑ̃bɛk] *m (fam)* Grünschnabel *m*
blancheur [blɑ̃ʃœʀ] *f* Weiß *n,* Weiße *f*
blanchir [blɑ̃ʃiʀ] *v 1.* abkochen; *2. (couleur)* bleichen; *3. (fig: vieillir)* ergrauen
blasé [blaze] *adj* übersättigt
blason [blazɔ̃] *m* Wappen *n*
blasphème [blasfɛm] *m* Gotteslästerung *f,* Blasphemie *f*
blasphémer [blasfeme] *v* lästern
blatte [blat] *f ZOOL* Schabe *f*
blé [ble] *m* Weizen *m*
bled [blɛd] *m (fam: village)* Kaff *n; Il habite dans un petit ~.* Er wohnt in einem kleinen Kaff./Er wohnt in einem kleinen Nest.
blême [blɛm] *adj 1.* blass; *2. (pâle)* bleich, fahl; *~ de peur* schreckensbleich
blêmir [blɛmiʀ] *v* verblassen
blessé [blɛse] *adj 1.* verwundet, verletzt; *2. (fig)* krank
blessé(e) [blɛse] *m/f ~ grave* Schwerverletzte(r) *m/f*
blesser [blɛse] *v 1.* verletzen; *2. (personne)* verwunden; *3. (abîmer)* beschädigen; *4. (fig)* kränken, verletzen, beleidigen
blessure [blɛsyʀ] *f 1.* Verletzung *f; 2. (pour une chose)* Beschädigung *f*
blet [blɛ] *adj (fruits)* matschig, überreif
bleu [blø] *adj 1.* blau; *m 2.* blauer Fleck *m*
bleuet [bløɛ] *m BOT* Kornblume *f; Elle va cueillir des ~s dans les champs.* Sie geht Kornblumen auf den Feldern pflücken.
blindé [blɛ̃de] *m 1. MIL* Panzer *m; adj 2.* gepanzert
bloc [blɔk] *m 1.* Block *m; ~ de papier à lettre* Briefblock *m; 2. (masse)* Klotz *m; ~ de bois* Holzklotz *m; en ~* pauschal; *faire ~* zusammenhalten; *3. (fam)* Knast *m*
blocage [blɔkaʒ] *m* Absperrung *f*
blockhaus [blɔkos] *m* Bunker *m*
bloc-notes [blɔknɔt] *m* Notizblock *m*
blocus [blɔkys] *m* Blockade *f*
blond [blɔ̃] *adj* blond; *~ cendré* aschblond
blondir [blɔ̃diʀ] *v 1. (devenir blond)* sich gelb färben, heller werden; *Elle blondit en été.* Ihre Haare werden im Sommer immer heller. *faire ~ des oignons* Zwiebeln bräunen; *2. (rendre blond)* blond färben, blondieren; *Le soleil blondit les cheveux.* Die Sonne lässt die Haare heller werden.
bloquer [blɔke] *v 1. (fermer)* absperren; *2. (obstruer)* blockieren; *3. (compte)* sperren
blottir [blɔtiʀ] *v 1. se ~ (se tapir)* sich zusammenkauern, sich zusammenziehen; *se ~ sous ses couvertures* sich unter seine Bettdecke kuscheln; *se ~ dans un coin* sich in einer Ecke zusammenkauern; *2. se ~ (se mettre à l'abri)* sich verkriechen, sich in Sicherheit bringen; *se ~ contre qn* sich an jdn kuscheln/sich an jdn drücken; *se ~ entre les bras de qn* sich in jds Arme schmiegen
blouse [bluz] *f 1.* Kittel *m; 2. (chemisier)* Bluse *f*
blouson [bluzɔ̃] *m* Jacke *f*
bluff [blœf] *m* Bluff *m*
bluffer [blœfe] *v* schwindeln
boa [bɔa] *m ZOOL* Boa *f*
bob [bɔb] *m (~sleigh)* Bob *m*
bobard [bɔbaʀ] *m (fam: mensonge)* Flunkerei *f; raconter des ~s* flunkern/Lügenmärchen erzählen
bobine [bɔbin] *f* Spule *f*
bocal [bɔkal] *m* Glas *n,* Glasbehälter *m; un ~ de cornichons* ein Glas Essiggurken *n; faire des fruits en bocaux* Obst einmachen; *un ~ à poissons rouges* ein Goldfischglas *n*
bock [bɔk] *m ~ à bière* Bierkrug *m*
body [bɔdi] *m* Body *m; Elle porte un ~ de dentelle.* Sie trägt einen Spitzenbody.

bœuf [bœf] *m 1. ZOOL* Ochse *m; 2. (bovin)* Rind *n; 3. (viande)* Rindfleisch *n*
bof [bɔf] *interj* na ja
boire [bwaʀ] *v irr 1.* trinken; *~ un coup (fam)* einen zu sich nehmen; *~ à petites gorgées* nippen; *~ avec bruit* schlürfen; *2. (animal)* saufen
bois [bwa] *m 1.* Holz *n; ~ de chauffage* Brennholz *n; ~ de construction* Bauholz *n; ~ précieux* Edelholz *n; en ~/de ~* hölzern; *Je touche du ~!* Toi, toi, toi! *2. (forêt)* Wald *m; ~ feuillu* Laubwald *m; 3. (ramure)* Geweih *n*
boiserie [bwazʀi] *f* Täfelung *f*
boisson [bwasɔ̃] *f* Getränk *n*
boîte [bwat] *f 1.* Schachtel *f,* Kasten *m,* Kiste *f; ~ en carton* Pappschachtel *f; ~ à outils* Werkzeugkasten *m; ~ à lettre* Briefkasten *m; ~ postale* Postfach *n; ~ de pansements* Verbandskasten *m; 2. (en métal)* Dose *f; ~ de fer blanc* Weißblechdose *f; ~ de conserve* Konservendose *f,* Büchse *f; ~ à musique* Spieldose *f; 3. (fam)* Diskothek *f; ~ de nuit* Nachtlokal *n*
boiter [bwate] *v* hinken, humpeln
boiteux [bwatø] *adj* lahm
boîtier [bwatje] *m* Gehäuse *n*
bol [bɔl] *m* Napf *m,* Schale *f*
bolide [bɔlid] *m (voiture)* Bolid *m; arriver comme un ~ (fig)* plötzlich auftauchen
bombance [bɔ̃bɑ̃s] *f* Schwelgerei *f,* Gelage *n; faire ~* in Saus und Braus leben
bombardement [bɔ̃baʀdəmɑ̃] *m* Bombenangriff *m*
bombarder [bɔ̃baʀde] *v* bombardieren
bombe [bɔ̃b] *f* Bombe *f; faire l'effet d'une ~* wie eine Bombe einschlagen; *~ atomique* Atombombe *f*
bombé [bɔ̃be] *adj* bauchig
bomber [bɔ̃be] *v ~ le torse* sich brüsten
bon [bɔ̃] *adj 1.* gut; *être ~* gut schmecken; *C'est ~ à savoir.* Das muss man sich merken. *de ~ne heure* früh; *~ marché* preiswert, billig; *~ pour la santé* gesund; *~ point* Pluspunkt *m; ~ à rien* Nichtsnutz *m; 2. (vrai)* richtig; *3. (habile)* tüchtig; *4. (charitable)* gutherzig; *m 5.* Gutschein *m; ~ du Trésor* Schatzbrief *m; ~ de livraison* Lieferschein *m; ~ de commande* Bestellschein *m; ~ de caisse* Kassenbon *m*
bonbon [bɔ̃bɔ̃] *m 1.* Bonbon *n; 2. ~ au chocolat* Praline *f*
bond [bɔ̃] *m* Sprung *m*
bondir [bɔdiʀ] *v 1.* springen; *2. (sautiller)* hüpfen
bonheur [bɔnœʀ] *m 1. (état)* Glück *n; au petit ~* auf gut Glück/aufs Geratewohl; *par ~* glücklicherweise; *2. (salut)* Heil *n*
bonhomme [bɔnɔm] *adj 1.* gutmütig; *m 2. ~ de neige* Schneemann *m*
bonjour [bɔ̃ʒuʀ] *interj Bonjour!* Guten Tag!/Guten Morgen!
bonne [bɔn] *f 1. (à tout faire)* Hausmädchen *n; 2. ~ d'enfants* Kindermädchen *n*
bonnet [bɔnɛ] *m 1.* Mütze *f; un gros ~ (fig)* ein hohes Tier *n; 2. (coiffe)* Haube *f; ~ de bain* Badekappe *f; 3. (casquette)* Kappe *f; prendre qc sous son ~ (fig)* etw auf seine Kappe nehmen
bonsoir [bɔ̃swaʀ] *m Bonsoir!* Guten Abend! *dire ~ à qn* jdm einen guten Abend wünschen
bonté [bɔ̃te] *f* Güte *f*
bonus [bɔnys] *m* Bonus *m*
bonze [bɔ̃z] *m (fam)* Bonze *m*
boom [bum] *m ~ économique* Boom *m*
bord [bɔʀ] *m 1.* Rand *m; au ~ de* am Rande von; *2. (sur un bateau)* Bord *m; à ~* an Bord; *3. (galon)* Borte *f; 4. ~ de la rivière* Flussufer *n*
border [bɔʀde] *v 1.* einfassen, säumen; *Un sentier borde la rivière.* Ein Pfad säumt den Fluss. *une route bordée d'arbres* eine von Bäumen gesäumte Straße *f; un mouchoir bordé de dentelle* ein Spitzentaschentuch *n; 2. ~ un lit* ein Bettlaken am Rand feststopfen; *~ qn dans son lit* jdn zudecken
bordure [bɔʀdyʀ] *f 1.* Rand *m; 2. (arête)* Bord *m; ~ de trottoir* Bordstein *m; 3. (liseré)* Borte *f; 4. (contour)* Umrandung *f,* Umriss *m*
boréal [bɔʀeal] *adj* nördlich
borgne [bɔʀɲ] *adj 1.* einäugig; *un cheval ~* ein einäugiges Pferd *n; m/f 2.* Einäugige(r) *m/f; Au royaume des aveugles les ~s sont rois.* Unter Blinden ist der Einäugige König.
borne [bɔʀɲ] *f 1.* Grenzstein *m; 2. ~ militaire* Meilenstein *m; 3. ~s pl (fig)* Schranken *pl*
borné [bɔʀne] *adj 1.* borniert; *2. (étroit d'esprit)* engstirnig
borner [bɔʀne] *v 1.* begrenzen; *2. se ~ à* sich beschränken auf
bosse [bɔs] *f 1.* Buckel *m; 2. MED* Beule *f*
bosser [bɔse] *v (fam: étudiant)* büffeln; *~ comme un nègre* wie ein Ochse schuften
bossu [bɔsy] *adj* bucklig

bossu(e) [bɔsy] *m/f* Bucklige(r) *m/f; le ~ de Notre-Dame* der Glöckner von Notre-Dame *m*

botanique [bɔtanik] *f 1.* Botanik *f; adj 2.* botanisch

botte [bɔt] *f 1.* Bündel *n; 2. (chaussure)* Stiefel *m; ~ en caoutchouc* Gummistiefel *m*

bottine [bɔtin] *f* Halbstiefel *m,* Schnürstiefel *m*

bouc [buk] *m ZOOL* Bock *m; ~ émissaire* Sündenbock *m*

boucan [bukɑ̃] *m (fam: bruit)* Lärm *m; faire du ~* Krach machen

bouche [buʃ] *f 1.* Mund *m; être dans toutes les ~s* in aller Munde sein; *ne pas ouvrir la ~* den Mund nicht aufmachen/kein Wort reden; *Ne parle pas la ~ pleine!* Sprich nicht mit vollem Mund! *rester ~ bée* verdutzt schauen/mit offenem Mund dastehen; *2. (embouchure)* Mündung *f*

bouche-à-bouche [buʃabuʃ] *m MED* Mund-zu-Mund-Beatmung *f; faire le ~ à qn* jdn von Mund zu Mund beatmen

bouché [buʃe] *adj 1.* verstopft; *2. être ~* eine Mattscheibe haben

bouchée [buʃe] *f 1.* Bissen *m; 2. (morceau)* Happen *m; 3. ~ à la reine GAST* Königinpastete *f*

boucher [buʃe] *v 1.* verstopfen, zustopfen; *2. (vue)* versperren; *se ~ les yeux devant qc* die Augen vor etw verschließen

boucher-charcutier [buʃeʃaʀkytje] *m* Metzger *m*

boucherie-charcuterie [buʃʀiʃaʀkytʀi] *f* Metzgerei *f*

bouche-trou [buʃtʀu] *m (fam)* Lückenbüßer *m*

bouchon [buʃɔ̃] *m 1. (de liège)* Korken *m; sentir le ~* nach Korken schmecken; *2. (capsule)* Verschlusskappe *f,* Stöpsel *m; 3. (en voiture)* Stau *m*

boucle [bukl] *f 1. (de cheveux)* Locke *f; faire des ~s* sich locken; *2. ~ d'oreille* Ohrring *m; 3. (nœud coulant)* Schlaufe *f; 4. (lacet)* Schleife *f*

bouclé [bukle] *adj* lockig

boucler [bukle] *v 1. (cheveux)* sich locken; *2. se ~ dans sa chambre* sich in seinem Zimmer einschließen; *Boucle-la!* Halt die Klappe!

bouclier [buklije] *m 1.* Schild *n; 2. (fig)* Schutz *m*

bouder [bude] *v* trotzen

boudeur [budœʀ] *adj* schmollend

boudin [budɛ̃] *m* Blutwurst *f*

boudiner [budine] *v (fam)* zwängen; *Cette robe la boudine.* Das Kleid engt sie ein./ Das Kleid schnürt sie ein.

boue [bu] *f 1.* Schmutz *m; traîner qn dans la ~* jdn in den Schmutz ziehen; *2. (vase)* Schlamm *m*

bouée [bwe] *f 1.* Boje *f; 2. ~ de sauvetage* Rettungsring *m*

boueux [buø] *adj* matschig

bouffe [buf] *f (fam)* Essen *n; Il aime la bonne ~.* Er mag gutes Essen. *faire la ~* das Essen machen

bouffée [bufe] *f 1.* Hauch *m; ~s de fumée* Qualm *m; 2. (fig)* Anfall *m; ~ de fièvre* Fieberanfall *m*

bouffer [bufe] *v (fam)* fressen, mampfen

bouffon [bufɔ̃] *m 1.* Narr *m; adj 2.* skurril

bouffonnerie [bufɔnʀi] *f* Posse *f*

bougeoir [buʒwaʀ] *m 1.* Kerzenständer *m; 2. (chandelier)* Leuchter *m*

bougeotte [buʒɔt] *f avoir la ~ (fam)* reiselustig sein

bouger [buʒe] *v 1.* sich rühren; *ne pas ~* nichts unternehmen/sich nicht rühren; *2. (s'animer)* sich bewegen, sich regen; *Ça bouge.* Es gerät in Bewegung./Es rührt sich. *3. (déplacer)* rücken; *faire ~ qc* etw bewegen

bougie [buʒi] *f* Kerze *f*

bougnoul [buɲul] *m (péjorativ)* Araber *m*

bougonner [bugɔne] *v 1.* brummen; *2. (grogner)* murren; *3. (fig)* knurren, meckern

bouillabaisse [bujabɛs] *f (en Provence) GAST* Fischsuppe *f*

bouillant [bujɑ̃] *adj* kochend

bouille [buj] *f (fam: figure)* Gesicht *n; avoir une bonne ~* nett aussehen/liebenswert aussehen

bouilli [buji] *m* Suppenfleisch *n*

bouillie [buji] *f* Brei *m; ~ d'avoine GAST* Haferbrei *m*

bouillir [bujiʀ] *v irr* kochen, sieden; *faire ~* abkochen, aufkochen

bouilloire [bujwaʀ] *f* Wasserkessel *m*

bouillon [bujɔ̃] *m* Brühe *f,* Bouillon *f; ~ de viande* Fleischbrühe *f; ~ de poule* Hühnerbrühe *f,* Hühnersuppe *f*

bouillonner [bujɔne] *v 1.* brodeln; *2. (bouillir)* sprudeln

bouillotte [bujɔt] *f* Wärmflasche *f*

boulanger [bulɑ̃ʒe] *m* Bäcker *m*

boulangerie [bulɑ̃ʒʀi] *f* Bäckerei *f*

boule [bul] *f* Kugel *f; avoir une ~ dans la gorge* einen Kloß im Hals haben; *avoir les ~s*

(fam) die Schnauze voll haben; ~ *de neige* Schneeball *m*
bouleau [bulo] *m BOT* Birke *f*
bouledogue [buldɔg] *m ZOOL* Dogge *f*
boulet [bulɛ] *m* Kanonenkugel *f*
boulette [bulɛt] *f* *1.* Kügelchen *n; 2. GAST* Knödel *m; 3. ~ de viande hachée* Frikadelle *f*
boulevard [bulvaʀ] *m ~ périphérique* Ring *m,* Ringstraße *f*
bouleversant [bulvɛʀsɑ̃] *adj 1. (fig)* ergreifend; *2. (terrible)* erschütternd; *3. (émouvant)* herzergreifend
bouleversé [bulvɛʀse] *adj 1.* verstört; *2. (fam)* durcheinander
bouleversement [bulvɛʀsmɑ̃] *m 1.* Umsturz *m; 2. (fig)* Erschütterung *f*
bouleverser [bulvɛʀse] *v 1.* umstürzen; *2. (dévaster)* verwüsten; *3. (mettre sens dessus dessous)* wühlen
boulon [bulɔ̃] *m TECH* Bolzen *m*
boulot [bulo] *m (fam: travail)* Arbeit *f; faire du bon ~* gut arbeiten; *chercher du ~* Arbeit suchen
boulotter [bulɔte] *v (fam: manger)* essen
boum [bum] *interj 1.* wumm; *m 2. (bruit)* Knall *m; faire un ~* Krach machen; *3. être en plein ~ (fig)* mitten in der Arbeit stecken *f; f 4. (fam)* Fete *f*
bouquet [bukɛ] *m* Strauß *m; ~ de la mariée* Brautstrauß *m*
bouquetin [buktɛ̃] *m* Steinbock *m*
bouquin [bukɛ̃] *m (fam: livre)* Buch *n; lire un bon ~* ein gutes Buch lesen
bouquiner [bukine] *v* schmökern
bourbe [buʀb] *f* Morast *m*
bourdon [buʀdɔ̃] *m* Hummel *f*
bourdonnement [buʀdɔnmɑ̃] *m* Brummen *n; ~ d'oreilles* Ohrensausen *n*
bourdonner [buʀdɔne] *v 1.* brummen; *2. (insectes)* summen
bourgeois [buʀʒwa] *adj 1.* bürgerlich; *2. petit ~* spießig, kleinbürgerlich
bourgeoisie [buʀʒwazi] *f* Bürgertum *n; de la petite ~* kleinbürgerlich
bourgeon [buʀʒɔ̃] *m BOT* Knospe *f*
bourgmestre [buʀgmɛstʀ] *m premier ~ (en Allemagne)* Oberbürgermeister *m*
Bourgogne [buʀgɔɲ] *f la ~ GEO* das Burgund *n*
bourguignon [buʀgiɲɔ̃] *adj* burgundisch
bourrasque [buʀask] *f* Windstoß *m*
bourratif [buʀatif] *adj* stopfend; *Ce gâteau est trop ~.* Dieser Kuchen ist zu üppig.
bourré [buʀe] *adj* überfüllt; *être ~* gesteckt voll sein
bourreau [buʀo] *m 1.* Henker *m; 2. ~ des cœurs* Herzensbrecher *m*
bourrée [bure] *f (danse en Auvergne)* Tanz *m*
bourrelet [buʀlɛ] *m ~ de graisse ANAT* Fettpolster *n*
bourrer [buʀe] *v* stopfen; *se ~ de qc* sich mit etw voll stopfen/sich mit etw den Bauch voll schlagen
bourrichon [buʀiʃɔ̃] *m (fam: tête)* Kopf *m*
bourrique [buʀik] *f (fam: personne têtue)* starrsinnige Person *f,* eigensinnige Person *f; être têtu comme une ~* stur wie ein Esel sein; *faire tourner qn en ~* jdn zum Wahnsinn treiben
bourru [buʀy] *adj (fig)* schroff
bourse [buʀs] *f 1.* Beutel *m,* Börse *f,* Geldbörse *f; 2. ~ d'études* Stipendium *n*
bousculade [buskylad] *f (fam)* Gedränge *n*
bousculer [buskyle] *v* drängen
bousiller [buzije] *v (fam: abîmer)* verderben; *Il a bousillé sa montre.* Er hat seine Uhr kaputtgemacht.
boussole [busɔl] *f* Kompass *m*
bout [bu] *m 1.* Ende *n,* Spitze *f; ~ du doigt* Fingerspitze *f; J'ai le mot sur le ~ de la langue.* Das Wort liegt mir auf der Zunge. *2. (de la chaussure)* Kappe *f; 3. au ~ de (temporel)* nach; *4. par petits ~s* scheibchenweise; *5. au ~ du compte* letztlich
boutade [butad] *f 1.* Geistesblitz *m; 2. (fig)* Seitenhieb *m*
bouteille [butɛj] *f* Flasche *f; ~ thermos* Thermosflasche *f; ~ à gaz* Gasflasche *f; ~ en verre* Glasflasche *f; ~ consignée* Pfandflasche *f*
boutique [butik] *f 1. (magasin)* Laden *m; 2. (commerce)* Geschäft *n*
bouton [butɔ̃] *m 1.* Knopf *m; ~ de manchette* Manschettenknopf *m; 2. petit ~* Pickel *m,* Pustel *f*
boutonner [butɔne] *v* knöpfen
boutonnière [butɔnjɛʀ] *f* Knopfloch *n*
bouton-pression [butɔ̃pʀesjɔ̃] *m (sur un vêtement)* Druckknopf *m*
bouture [butyʀ] *m* Ableger *m*
bovin [bɔvɛ̃] *m ZOOL* Rind *n*
bowling [buliŋ] *m 1. (jeu)* Kegelspiel *n; faire une partie de ~* kegeln; *2. (lieu)* Kegelbahn *f; aller au ~* zum Kegeln gehen
boxe [bɔks] *m match de ~* Boxkampf *m*

boxer[1] [bɔkse] *v* boxen
boxer[2] [bɔksɛʀ] *m ZOOL* Boxer *m*
boxeur [bɔksœʀ] *m SPORT* Boxer *m*
boyau [bwajo] *m ANAT* Darm *m*
boycottage [bɔjkɔtaʒ] *m* Boykott *m*
boycotter [bɔjkɔte] *v* boykottieren
bracelet [bʀaslɛ] *m* Armband *n*
braderie [bʀadʀi] *f* Straßenverkauf *m*
braguette [bʀagɛt] *f* Hosenschlitz *m*
braillard [bʀajaʀ] *m (fam)* Schreihals *m*
braille [bʀaj] *m* Blindenschrift *f*
brailler [bʀɑje] *v 1. (fam: crier)* plärren; *Les ivrognes braillaient dans la rue.* Die Betrunkenen gröhlten auf der Straße. *2. (pleurer)* heulen; *Cet enfant braille sans arrêt.* Dieses Kind heult ununterbrochen.
braise [bʀɛz] *f (feu)* Glut *f*
brancard [bʀɑ̃kaʀ] *m* Tragbahre *f*
branche [bʀɑ̃ʃ] *f 1.* Ast *m,* Zweig *m; 2. (spécialité)* Fachbereich *m*
branchement [bʀɑ̃ʃmɑ̃] *m ~ sur le secteur* Netzanschluss *m*
brancher [bʀɑ̃ʃe] *v (allumer)* einschalten
branchies [bʀɑ̃ʃi] *f/pl ZOOL* Kiemen *pl*
brandir [bʀɑ̃diʀ] *v* schwenken
branlant [bʀɑ̃lɑ̃] *adj 1. (chose)* klapperig; *2. (vacillant)* wackelig
branler [bʀɑ̃le] *v 1.* wanken, taumeln; *2. (chose)* wackeln
braquer [bʀake] *v 1. (diriger)* richten auf, zielen; *~ une arme sur qn* eine Waffe auf jdn richten; *~ les yeux sur qn* den Blick auf jdn richten; *2. (dans une voiture)* lenken; *Tu dois ~ à droite pour te garer.* Du musst nach rechts einschlagen, um zu parken.
bras [bʀa] *m 1. ANAT* Arm *m; ~ dessus, ~ dessous* Arm in Arm/untergehakt; *avoir qn sur les ~* jdn am Hals haben; *se croiser les ~* die Hände in den Schoß legen; *2. (accoudoir)* Armlehne *f*
brasse [bʀas] *f (natation)* Brustschwimmen *n*
brasser [bʀase] *v (bière)* brauen
brasserie [bʀasʀi] *f* Brauerei *f*
brasseur [bʀasœʀ] *m* Bierbrauer *m*
bravade [bʀavad] *f* Trotz *m*
brave [bʀav] *adj 1.* tapfer; *2. (honnête)* brav; *3. (gentil)* gut
braver [bʀave] *v 1.* trotzen, widerstehen; *2. (affronter)* entgegengehen
bravo [bʀavo] *interj* bravo
bravoure [bʀavuʀ] *f* Tapferkeit *f*
break [bʀɛk] *m* Kombiwagen *m*
brebis [bʀəbi] *f ZOOL* Mutterschaf *n*
brèche [bʀɛʃ] *f* Lücke *f; être toujours sur la ~* ständig auf Achse sein
bredouille [bʀəduj] *adj rentrer ~* ergebnislos zurückkehren, mit leeren Händen zurückkommen
bredouiller [bʀəduje] *v* nuscheln, murmeln; *~ des excuses* eine Entschuldigung murmeln
bref [bʀɛf] *adj 1. (style)* bündig; *2. (coup d'œil)* flüchtig; *3. (temps)* kurz; *Soyez ~!* Fassen Sie sich kurz! *pour être ~* um es kurz zu machen
breloque [bʀəlɔk] *f 1. (bijou)* Uhrgehänge *n; 2. (fam)* Anhängsel *n*
Brésil [bʀezil] *m GEO* Brasilien *n*
brésilien [bʀeziljɛ̃] *adj* brasilianisch
Brésilien(ne) [bʀeziljɛ̃/bʀeziljɛn] *m/f* Brasilianer(in) *m/f*
Bretagne [bʀətaŋ] *f (région de France)* Bretagne *f*
bretelle [bʀətɛl] *f 1. (de vêtements)* Träger *m; ~s* Hosenträger *pl; 2. (desserte)* Zubringerstraße *f; 3. ~ d'accès* Auffahrt *f*
breton [bʀətɔ̃] *adj* bretonisch
Breton(ne) [bʀətɔ̃ /bʀətɔn] *m/f* Bretone/Bretonin *m/f*
breuvage [bʀœvaʒ] *m* Getränk *n*
brevet [bʀəvɛ] *m ~ d'invention* Patent *n*
breveté [bʀəvte] *adj* patentiert
breveter [bʀəvte] *v* patentieren
bribe [bʀib] *f (d'une langue étrangère)* Brocken *m*
bric-à-brac [bʀikabʀak] *m* Plunder *m*
bricolage [bʀikɔlaʒ] *m 1.* Basteln *n; 2. (fig)* Zusammenflicken *n,* Zusammenschustern *n*
bricole [bʀiıɔl] *f (petite chose)* kleiner Gegenstand *m; Je n'ai acheté que des ~s.* Ich habe nur einige Kleinigkeiten gekauft. *Il va lui arriver des ~s. (fam)* Es wird ihm nichts Besonderes passieren.
bricoler [bʀikɔle] *v* basteln
bricoleur [bʀikɔlœʀ] *m* Bastler *m*
bride [bʀid] *f 1. (de chaussures)* Schuhriemen *m; laisser la ~ sur le cou de qn* jdm freie Hand lassen; *2. (rêne)* Zügel *m*
bridé [bʀide] *adj yeux ~s* Schlitzaugen *pl*
bridge [bʀidʒ] *m (jeu de cartes)* Bridge *n; jouer au ~* Bridge spielen
brie [bʀi] *m (fromage) GAST* Brie *m*
brièvement [bʀijɛvmɑ̃] *adv (bref)* flüchtig
brièveté [bʀijɛvte] *f (temporel)* Kürze *f*

brigand [bʀigɑ̃] *m* Räuber *m*
briguer [bʀige] *v 1.* intrigieren; *2. (poser sa candidature)* sich bewerben
brillant [bʀijɑ̃] *adj 1.* blank; *2. (éclatant)* brillant, glänzend, glorreich; *m 3. (diamant)* Brillant *m*
briller [bʀije] *v 1.* blinken, glänzen; *~ par son absence* durch Abwesenheit glänzen; *2. (luire)* leuchten, scheinen; *3. (fig)* strahlen; *4. faire ~* polieren
brimer [bʀime] *v ~ qn* jdn schikanieren, jdn plagen
brin [bʀɛ̃] *m 1. BOT* Halm *m; ~ de paille* Strohhalm *m; 2. (fam)* Bisschen *n*
brindille [bʀɛ̃dij] *f* Reisig *m*
brioche [bʀijɔʃ] *f 1. GAST* Brioche *f; 2. (fam: ventre)* Bauch *m; Il prend de la ~ en vieillissant.* Mit dem Alter bekommt er einen Bauch.
brique [bʀik] *f 1. (matériau)* Backstein *m; 2. (emballage)* Stück *n,* Packung *f; une ~ de lait* eine Packung Milch *f,* eine Tüte Milch *f; 3. (fam: un million)* Million *f*
briquet [bʀikɛ] *m* Feuerzeug *n*
briquette [bʀikɛt] *f (charbon)* Brikett *n*
bris [bʀi] *m* Bruchschaden *m*
brisant [bʀizɑ̃] *m 1.* Brandung *f; 2. (écueil)* Klippe *f*
brise [bʀiz] *f* Brise *f*
brisé [bʀize] *adj* entzwei; *cœur ~* gebrochenes Herz *n; être ~ de fatigue* wie gerädert sein/völlig erledigt sein
briser [bʀize] *v 1.* brechen; *2. (défoncer)* einschlagen; *3. (s'écraser)* zerschellen; *4. se ~* entzweigehen; *5. se ~ (voler en éclats)* splittern; *6. se ~ (éclater)* zerspringen
britannique [bʀitanik] *adj* britisch
Britannique [bʀitanik] *m/f* Brite/Britin *m/f*
broc [bʀo] *m* Krug *m*
brocante [bʀokɑ̃t] *f faire de la ~* trödeln
brocanteur [bʀokɑ̃tœʀ] *m* Altwarenhändler *m*
brocart [bʀokaʀ] *m* Brokat *m*
broche [bʀɔʃ] *f 1. (de cuisine)* Spieß *m; ~ à rôtir* Bratspieß *m; 2. (bijou)* Brosche *f*
brochet [bʀoʃɛ] *m ZOOL* Hecht *m*
brochette [bʀoʃɛt] *f* Spieß *m*
brochure [bʀoʃyʀ] *f* Broschüre *f*
brocoli [bʀokoli] *m BOT* Brokkoli *m*
broder [bʀode] *v* sticken
broncher [bʀɔ̃ʃe] *v (réagir)* murren, meckern; *Il obéit sans ~.* Er gehorcht, ohne zu murren./Er gehorcht ohne Widerrede.
bronzage [bʀɔ̃zaʒ] *m* Bräune *f*
bronze [bʀɔ̃z] *m* Bronze *f*
bronzé [bʀɔ̃ze] *adj* braun
bronzer [bʀɔ̃ze] *v* bräunen
brosse [bʀɔs] *f 1.* Bürste *f; ~ à dents* Zahnbürste *f; ~ à cheveux* Haarbürste *f; 2. (pinceau)* Pinsel *m*
brosser [bʀɔse] *v 1. (dents)* putzen; *2. (un cheval)* bürsten
brouette [bʀuɛt] *f* Schubkarre *f*
brouhaha [bʀuaa] *m* Trubel *m*
brouillard [bʀujaʀ] *m* Nebel *m*
brouille [bʀuj] *f (dispute)* Krach *m*
brouillé [bʀuje] *adj 1.* uneinig; *2. (fâché)* verfeindet; *3. (contradictoire)* zwiespältig
brouiller [bʀuje] *v 1. (œufs)* verquirlen; *2. (liquide)* trüben; *3. se ~* sich entzweien
brouillon [bʀujɔ̃] *m* Konzept *n; faire un ~* konzipieren
broussailles [bʀusaj] *f/pl* Gestrüpp *n*
brousse [bʀus] *f ~ tropicale* Busch *m*
brouter [bʀute] *v* grasen
broutille [bʀutij] *f (fig)* Krimskrams *m; Ce ne sont que des ~s.* Das ist nur Krimskrams.
broyer [bʀwaje] *v 1.* mahlen; *2. (concasser)* zerkleinern; *3. (pulvériser)* zerreiben
bru [bʀy] *f* Schwiegertochter *f*
brugnon [bʀyɲɔ] *m BOT* Nektarine *f*
bruine [bʀɥin] *f* Nieselregen *m,* Sprühregen *m*
bruiner [bʀɥine] *v* nieseln
bruire [bʀɥiʀ] *v irr (ruisseau)* rauschen
bruit [bʀɥi] *m 1.* Geräusch *n; 2. (vacarme)* Krach *m,* Lärm *m; faire beaucoup de ~ pour rien* viel Lärm um nichts machen; *mesures contre le ~* Lärmschutzmaßnahmen *pl; faire du ~ (fig)* Aufsehen erregen; *3. (fig)* Gerücht *n*
bruitage [bʀɥitaʒ] *m CINE* Geräuschkulisse *f*
brûlant [bʀylɑ̃] *adj 1.* brennend; *2. (torride)* heiß; *3. (fig)* akut
brûlé [bʀyle] *adj* angebrannt
brûler [bʀyle] *v 1.* brennen; *2. (se consumer)* abbrennen; *~ ses vaisseaux* alle Brücken hinter sich abbrechen; *3. (prendre feu)* anbrennen; *4. (fig)* glühen
brume [bʀym] *f* Nebel *m*
brumeux [bʀymø] *adj* diesig
brun [bʀœ̃] *adj 1. (couleur)* braun; *2. (cheveux)* brünett
brunir [bʀyniʀ] *v 1. (rendre brun)* bräunen; *Le soleil brunit la peau.* Die Sonne bräunt die Haut. *2. (devenir brun)* braun werden; *Il a bru-*

ni à la mer. Er ist am Meer braun geworden. *Ses cheveux brunissent avec l'âge.* Seine Haare werden im Alter brauner.
brusque [bʀysk] *adj 1.* plötzlich; *2. (brutal)* brüsk; *3. (soudain)* jäh; *4. (immédiat)* unvermittelt; *5. (fig)* schroff
brusquer [bʀyske] *v* brüskieren
brusquerie [bʀyskəʀi] *f* Barschheit *f; avec ~* schroff
brut [bʀyt] *m 1.* Erdöl *n; adj 2.* roh; *3. (salaire)* brutto
brutal [bʀytal] *adj 1.* brutal; *2. (brusque)* brüsk
brutaliser [bʀytalize] *v* misshandeln
brutalité [bʀytalite] *f* Brutalität *f*
brute [bʀyt] *f 1.* Bestie *f; 2. (personne)* Biest *n*
Bruxelles [bʀysɛl] *m GEO* Brüssel *n*
bruyamment [bʀɥijamɑ̃] *adv* laut
bruyant [bʀɥijɑ̃] *adj 1.* laut; *2. (sonore)* geräuschvoll
bruyère [bʀɥijɛʀ] *f BOT* Heide *f; terre de ~* das Heideland *n*
bûche [byʃ] *f* Klotz *m*
bûcher[1] [byʃe] *m* Holzstapel *m*
bûcher[2] [byʃe] *v (fam: travailler)* schuften, malochen
bûcheron [byʃʀɔ̃] *m* Holzfäller *m*
bûchette [byʃɛt] *f (de jeu)* Spielklotz *m*
bûcheur [byʃœʀ] *m (fam)* Streber *m*, fleißige Person *f; Cet élève est un sacré ~!* Dieser Schüler ist ein ganz schöner Streber!
budget [bydʒe] *m* Etat *m*
buée [bɥe] *f* Beschlag *m*
buffet [byfɛ] *m 1.* Schrank *m; 2. (repas) GAST* Büfett *n*
buffle [byfl] *m ZOOL* Büffel *m*
buis [bɥi] *m* Buchsbaum *m*
buisson [bɥisɔ̃] *m 1.* Strauch *m; 2. (arbuste)* Busch *m; 3. ~s pl (broussailles)* Gebüsch *n*
buissonnier [bɥisɔnje] *adj (fig) faire l'école buissonnière* die Schule schwänzen
bulbe [bylb] *m* Knolle *f*
Bulgarie [bylgaʀi] *f GEO* Bulgarien *n*
bulldozer [buldozəʀ] *m* Bulldozer *m*
bulle [byl] *f* Blase *f*
bulletin [byltɛ̃] *m* Zettel *m; ~ d'information* Nachrichten *pl; ~ météorologique* Wetterbericht *m; ~ officiel (B.O.)* Amtsblatt *n; ~ de paie* Lohnstreifen *m*, Lohnzettel *m; ~ de vote* Stimmzettel *m*
bungalow [bœ̃galo] *m* Bungalow *m*
bunker [bunkɛʀ] *m* Bunker *m*
bureau [byʀo] *m 1.* Büro *n*, Büroraum *m*, Dienststelle *f; ~ des objets trouvés* Fundbüro *n; ~ de poste* Postamt *n*, Post *f; ~ de change* Wechselstube *f; ~ de renseignements* Auskunft *f; ~ des télécommunications* Fernmeldeamt *n; ~ des contributions directes* Finanzamt *n; ~ de l'aide sociale* Sozialamt *n; ~ des déclarations* Meldebehörde *f; ~ de l'état civil* Standesamt *n; ~ de vote* Wahllokal *n; 2. (table travail)* Schreibtisch *m*
bureaucrate [byʀokʀat] *m/f 1. (fonctionnaire)* Bürokrat(in) *m/f*, Beamter/Beamtin *m/f; 2. (fam)* Federfuchser(in) *m/f*
bureaucratie [byʀokʀasi] *f 1. (administration)* Bürokratie *f; 2. (fam)* Amtsschimmel *m*
bureaucratique [byʀokʀatik] *adj* bürokratisch
burin [byʀɛ̃] *m* Meißel *m*
bus [bys] *m* Bus *m*
busard [byzaʀ] *m ZOOL* Bussard *m*
buse [byz] *f ZOOL* Bussard *m*
buste [byst] *m* Büste *f*
but [by(t)] *m 1.* Ziel *n; avoir pour ~* bezwecken; *poursuivre un ~* ein Ziel verfolgen; *2. (foot)* Tor *n; marquer un ~* ein Tor schießen; *3. (fig)* Zweck *m; ~ absolu* Selbstzweck *m*
butane [bytan] *m* Butan *n*
buté [byte] *adj 1.* eigensinnig; *2. (récalcitrant)* trotzig
butée [byte] *f TECH* Anschlag *m*
buter [byte] *v 1. ~ contre qc* gegen etw stoßen; *~ contre une pierre* gegen einen Stein stoßen; *2. ~ contre qc/~ sur qc (fig)* auf etw stoßen, auf etw treffen; *~ contre une difficulté* auf eine Schwierigkeit treffen; *~ sur un mot* auf ein Wort stoßen; *3. ~ qn (fam: tuer)* jdn umbringen, jdn kaltmachen; *se faire ~* umgebracht werden; *Il a buté un flic.* Er hat einen Bullen kaltgemacht. *4. se ~ (fig)* beharren auf, starrköpfig sein
butin [bytɛ̃] *m* Beute *f*
butiner [bytine] *v* Honig sammeln; *Les abeilles butinent les fleurs.* Die Bienen fliegen von Blume zu Blume./Die Bienen sammeln den Honig der Blüten.
butoir [bytwaʀ] *m (de porte, de fenêtre)* Anschlag *m*
butte [byt] *f* Hügel *m*
buvable [byvabl] *adj* trinkbar
buvard [byvaʀ] *m 1. (papier)* Löschpapier *n; 2. (sous-main)* Schreibunterlage *f*
buvette [byvɛt] *f* Imbissstube *f*
buveur [byvœʀ] *m* Trinker *m*

C

ça [sa] *pron* dies, das
çà [sa] *adv ~ et là* hier und da
cabane [kaban] *f 1.* Hütte *f; 2. (fam)* Knast *m; 3. ~ de jardin* Laube *f*
cabaret [kabaʀɛ] *m* Kabarett *n*
cabillau(d) [kabijo] *m* Kabeljau *m*
cabine [kabin] *f* Kabine *f; ~ téléphonique* Telefonzelle *f; ~ d'essayage* Umkleidekabine *f*
cabinet [kabinɛ] *m 1. (d'un médecin)* Praxis *f; 2. ~ de consultation (d'un médecin)* Sprechzimmer *n; 3. (d'un avocat)* Kanzlei *f,* Anwaltsbüro *n; 4. POL* Kabinett *n; 5. ~s de toilette pl* Klosett *n,* Toilette *f*
câblage [kɑblaʒ] *m* Verkabelung *f*
câble [kɑbl] *m 1.* Draht *m,* Kabel *n; ~ électrique* Leitung *f; 2. (corde)* Seil *n,* Tau *n; ~ de remorquage* Abschleppseil *n*
câbler [kɑble] *v* verkabeln
cabochard [kabɔʃaʀ] *m (fam)* Dickkopf *m*
cabosser [kabɔse] *v* verbeulen; *~ une voiture* ein Auto verbeulen
cabot [kabo] *m (fam: chien)* Köter *m,* Kläffer *m*
cabriolet [kabʀijɔlɛ] *m (voiture)* Kabriolett *n*
cacahuète [kakawɛt] *f* Erdnuss *f*
cacao [kakao] *m* Kakao *m*
cachalot [kaʃalo] *m ZOOL* Pottwal *m; souffler comme un ~ (fam)* wie ein Walross schnaufen/wie eine alte Dampflok schnaufen
cache [kaʃ] *f 1.* Versteck *n; m 2. FOTO* Blende *f*
caché [kaʃe] *adj 1. être ~ derrière* dahinter stecken; *2. (dissimulé)* verborgen
cache-cache [kaʃkaʃ] *m* Versteckspiel *n*
cache-nez [kaʃne] *m* großer Schal *m*
cache-pot [kaʃpo] *m (pour fleur)* Blumentopfmanschette *f*
cacher [kaʃe] *v 1.* verbergen; *~ son jeu* sich verstellen; *2. (dissimuler)* verstecken; *On ne peut rien vous ~.* Sie merken aber auch alles. *3. (voiler)* verhüllen, verschleiern; *4. (faire disparaître)* verhehlen, verschweigen; *5. (détourner)* unterschlagen; *6. se ~* sich verkriechen
cachet [kaʃɛ] *m 1.* Stempel *m; ~ de la poste* Poststempel *m; 2. (sceau)* Siegel *n; 3. MED* Tablette *f*
cacheter [kaʃte] *v 1.* versiegeln; *2. (coller)* zukleben
cachette [kaʃɛt] *f 1.* Unterschlupf *m; 2. (cache)* Versteck *n; en ~* heimlich/insgeheim; *en ~ de qn* hinter jds Rücken
cachot [kaʃo] *m* Kerker *m*
cachottier [kaʃɔtje] *m* Geheimniskrämer *m,* Heimlichtuer *m*
cachou [kaʃu] *m (pastille)* Katechu *m*
cactées [kakte] *f/pl* Kakteen *pl*
cactus [kaktys] *m* Kaktus *m*
cadavre [kadavʀ] *m* Leiche *f*
caddie [kadi] *m (chariot)* Einkaufswagen *m*
cadeau [kado] *m 1.* Geschenk *n; faire un ~ à qn* jdm ein Geschenk machen/jdn beschenken; *faire ~ de* schenken; *~ publicitaire* Werbegeschenk *n; 2. (don)* Gabe *f*
cadenas [kadna] *m* Sicherheitsschloss *n*
cadence [kadɑ̃s] *f 1.* Tempo *n; 2. (rythme)* Rhythmus *m; 3. MUS* Takt *m*
cadet [kadɛ] *adj* jünger, kleiner
cadet(te) [kadɛ(t)] *m/f 1.* Jüngste(r) *m/f; C'est le ~ de la famille.* Er ist der Jüngste der Familie./Er ist das Nesthäkchen. *2. (personne moins âgée)* Jüngere(r) *m/f,* Kleinere(r) *m/f; Il est mon ~ de deux ans.* Er ist zwei Jahre jünger als ich.
cadmium [kadmjɔm] *m CHEM* Kadmium *n*
cadran [kadʀɑ̃] *m ~ lumineux* Leuchtzifferblatt *n*
cadre [kɑdʀ] *m 1. (tableau)* Rahmen *m,* Bilderrahmen *m; 2. ~ supérieur* Führungskraft *f,* Manager *m; 3. (fig)* Rahmen *m; rester dans le ~ de la légalité* sich im Rahmen der Legalität bewegen
cadrer [kɑdʀe] *v 1. (disposer)* anordnen, einstellen; *Cette image est mal cadrée.* Das Bild ist schlecht eingestellt. *2. ~ avec* passen zu, sich einfügen in
cafard [kafaʀ] *m 1. (blatte) ZOOL* Schabe *f; 2. (fig: déprime)* Trübsal *m; avoir le ~* Trübsal blasen; *un coup de ~* ein Anfall von Depression *m; donner le ~ à qn* jdn traurig stimmen; *3. (dénonciateur)* Denunziant *m*
café [kafe] *m 1.* Kaffee *m; 2. (local)* Lokal *n,* Café *n*
caféine [kafein] *f* Koffein *n*
cafétéria [kafeteʀja] *f* Cafeteria *f*
cafetière [kaftjɛʀ] *f* Kaffeekanne *f*

cage [kaʒ] *f* *1.* Käfig *m; 2. ~ d'escalier* Treppenhaus *n*
cageot [kaʒo] *m* Kiste *f,* Schachtel *f; des ~s de fruits* Obstkiste *f,* Obststeige *f*
cagibi [kaʒibi] *m 1.* Rumpelkammer *f; 2. (débarras)* Verschlag *m*
cagnotte [kaɲɔt] *f 1. (d'un jeu)* Spieleinsatz *m,* Jackpot *m; gagner la ~* den gesamten Spieleinsatz gewinnen/den Jackpot gewinnen; *2. (fam: économies)* Ersparnisse *pl,* Erspartes *n; Il a dépensé toute sa ~ pour lui offrir ce cadeau.* Er hat seinen letzten Groschen ausgegeben, um ihm dieses Geschenk zu machen.
cagoule [kagul] *f* Kapuze *f*
cahier [kaje] *m* Heft *n*
cahoteux [kaɔtø] *adj* holperig
caille [kaj] *f 1. (oiseau) ZOOL* Wachtel *f; 2. ma petite ~ (fam)* mein Schatz *m,* mein Herzblatt *n*
caillebotis [kajbɔti] *m* Lattenrost *m*
cailler [kaje] *v 1. (fam)* frieren; *2. (coaguler)* gerinnen
caillouteux [kajutø] *adj* steinig
cailloux [kaju] *m/pl* Kies *m*
caisse [kɛs] *f 1.* Kasse *f; ~ du théâtre* Theaterkasse *f; ~ d'assurance-maladie* Krankenkasse *f; ~ d'épargne de construction* Bausparkasse *f; 2. ~ d'épargne* Sparkasse *f; 3. (boîte)* Kiste *f,* Kasten *m; ~ en carton* Pappkarton *m; 4. grosse ~ MUS* Pauke *f*
caissier [kɛsje] *m* Kassierer *m*
cajoler [kaʒɔle] *v* hätscheln, liebkosen
calamité [kalamite] *f* Plage *f,* Unglück *n*
calandre [kalɑ̃dʀ] *f* Heißmangel *f*
calandrer [kalɑ̃dʀe] *v (linge)* mangeln
calcaire [kalkɛʀ] *m* Kalkstein *m*
calcification [kalsifikɑsjɔ̃] *f* Verkalkung *f*
calcium [kalsjɔm] *m* Kalzium *n*
calcul [kalkyl] *m 1.* Berechnung *f; faire le ~ de qc* etw errechnen; *2. ~ des coûts* Kalkulation *f; Il s'est trompé dans ses ~s.* Seine Rechnung ist nicht aufgegangen. *faire un ~ approximatif de qc* etw überschlagen; *3. MATH* Rechnung *f; faire un ~ de fractions* bruchrechnen; *~ mental* Kopfrechnen *n*
calculable [kalkylabl] *adj* berechenbar
calculateur [kalkylatœʀ] *adj 1. (fig)* berechnend; *m 2.* Rechner *m; ~ numérique* Digitalrechner *m*
calculatrice [kalkylatʀis] *f* Rechner *m*
calculer [kalkyle] *v 1.* rechnen, berechnen, errechnen; *2. (estimer)* ausrechnen; *~ ses chances* seine Chancen ausrechnen; *3. (compter)* kalkulieren; *4. ~ approximativement* überschlagen
calculette [kalkylɛt] *f* Taschenrechner *m*
cale [kal] *f 1.* Dock *n; 2. (coin)* Keil *m*
calé [kale] *adj* schwierig; *C'est trop ~ pour moi.* Das ist mir zu hoch.
calèche [kalɛʃ] *f* Kutsche *f*
caleçon [kalsɔ̃] *m 1.* Unterhose *f; 2. ~ de bain* Badehose *f*
calembour [kalɑ̃buʀ] *m (fam)* Kalauer *m*
calendrier [kalɑ̃dʀije] *m* Kalender *m; ~ mural* Wandkalender *m*
calepin [kalpɛ̃] *m (carnet)* Notizbuch *n,* Notizheft *n*
caler [cale] *v 1.* unterlegen, anlehnen; *2. (s'immobiliser) TECH* stehen bleiben; *3. (mettre une cale) TECH* verkeilen
calfeutrer [kalføtʀe] *v 1.* verkleben; *2. (fig) se ~ chez soi* in der Stube hocken
calibre [kalibʀ] *m 1.* Kaliber *n; 2. (mesure)* Lehre *f*
calice [kalis] *m* Kelch *m*
calicot [kaliko] *m* Kaliko *m*
câlin [kɑlɛ̃] *adj 1.* schmusend; *m 2.* Liebkosung *f; faire des ~s* schmusen
câliner [kɑline] *v* liebkosen, schmusen
calmant [kalmɑ̃] *adj 1.* schmerzlindernd; *m 2.* Beruhigungsmittel *n*
calmar [kalmaʀ] *m ZOOL* Kalmar *m,* Tintenfischart *f*
calme [kalm] *m 1.* Ruhe *f,* Stille *f; 2. (contenance)* Fassung *f; perdre son ~* die Beherrschung verlieren/die Fassung verlieren; *Du ~!* Immer mit der Ruhe! *3. (tranquillité)* Gelassenheit *f; garder son ~/être ~* gelassen sein; *4. (vent)* Windstille *f,* Flaute *f; adj 5.* geruhsam; *6. (paisible)* ruhig; *7. (doux)* sanft; *8. (sans bruit)* still
calmer [kalme] *v 1.* beruhigen; *2. (modérer)* lindern, besänftigen; *3. (adoucir)* abmildern; *4. se ~* sich beruhigen, sich fassen; *se ~ peu à peu* sich langsam beruhigen
calomnie [kalɔmni] *f* Verleumdung *f*
calomnier [kalɔmnje] *v* verleumden
calorie [kalɔʀi] *f* Kalorie *f; pauvre en ~s* kalorienarm
calotte [kalɔt] *f* Kappe *f*
calque [kalk] *m (reproduction)* Kopie *f,* Abschrift *f; le ~ d'une carte* die Kartenreproduktion *f; papier ~* Transparentpapier *n,* Pauspapier *n*
calvados [kalvados] *m GAST* Apfelschnaps *m*

calvaire [kalvɛʀ] *m (fig)* Leidensweg *m*
camarade [kamaʀad] *m/f 1.* Kamerad(in) *m/f; 2. (collègue)* Kollege/Kollegin *m/f; ~ d'études* Kommilitone/Kommilitonin *m/f; ~ d'école* Mitschüler(in) *m/f; ~ de classe* Schulfreund(in) *m/f; ~ de jeu* Spielkamerad(in) *m/f*
camaraderie [kamaʀadʀi] *f* Kameradschaft *f*
cambriolage [kɑ̃bʀijɔlaʒ] *m* Einbruch *m*
cambrioler [kɑ̃bʀijɔle] *v* einbrechen
cambrioleur [kɑ̃bʀiɔlœʀ] *m* Einbrecher *m*
caméléon [kameleɔ̃] *m* Chamäleon *n*
camélia [kamelja] *m (fleur) BOT* Kamelie *f; La Dame aux ~s* die Kameliendame *f*
camelot [kamlo] *m* Straßenhändler *m*
camelote [kamlɔt] *f (fam)* Kitsch *m,* Ramsch *m*
camembert [kamɑ̃bɛʀ] *m (fromage) GAST* Camembert *m*
caméra [kameʀa] *f* Kamera *f*
caméraman [kameʀaman] *m* Kameramann *m*
Cameroun [kamʀun] *m GEO* Kamerun *n*
camion [kamjɔ̃] *m* Lastwagen *m,* Lastkraftwagen *m*
camionnette [kamjɔnɛt] *f* Lieferwagen *m*
camionneur [kamjɔnœʀ] *m (routier)* Lastwagenfahrer *m*
camomille [kamɔmij] *f* Kamille *f*
camouflage [kamuflaʒ] *m 1. MIL* Tarnung *f; 2. (dissimulation)* Verdunkelung *f*
camoufler [kamufle] *v 1. MIL* tarnen; *2. (masquer)* vertuschen; *3. (assombrir)* verdunkeln
camp [kɑ̃] *m (tente)* Lager *n; ~ de transit* Durchgangslager *n; ~ de réfugiés* Flüchtlingslager *n; ~ de concentration* Konzentrationslager *n; ~ de prisionniers* Gefangenenlager *n*
campagnard [kɑ̃paɲaʀ] *adj* ländlich
campagne [kɑ̃paɲ] *f 1.* Land *n; aller à la ~* aufs Land fahren; *2. (champs)* Flur *f; 3. (action)* Kampagne *f; ~ de publicité* Werbekampagne *f; 4. ~ électorale* Wahlkampf *m*
campagnol [kɑ̃paɲɔl] *m* Feldmaus *f*
campanule [kɑ̃panyl] *f BOT* Glockenblume *f*
camper [kɑ̃pe] *v* zelten, campen
campeur [kɑ̃pœʀ] *m* Camper *m*
camping [kɑ̃piŋ] *m* Camping *n; faire du ~* zelten, campen; *matériel de ~* Campingausrüstung *f*
camping-car [kɑ̃piŋkaʀ] *m* Wohnmobil *n*
campus [kɑ̃pys] *m (d'une université)* Campus *m,* Universitätsgelände *n*
Canada [kanada] *m GEO* Kanada *n*
canadien [kanadjɛ̃] *adj* kanadisch
canadien(ne) [kanadjɛ̃/kanadjɛn] *m/f* Kanadier(in) *m/f*
canaille [kanɑj] *f 1.* Gesindel *n; 2. (fam)* Halunke *m*
canal [kanal] *m 1.* Graben *m,* Kanal *m; 2. (détroit)* Meerenge *f*
canalisation [kanalizɑsjɔ̃] *f 1.* Kanalisation *f; 2. ~ d'eau* Wasserleitung *f*
canapé [kanape] *m* Sofa *n*
canard [kanaʀ] *m 1. ZOOL* Ente *f; marcher comme un ~* watscheln; *2. ~ mâle* Erpel *m; 3. (dans un journal)* Zeitungsente *f,* falsche Nachricht *f*
canari [kanaʀi] *m ZOOL* Kanarienvogel *m*
cancer [kɑ̃sɛʀ] *m MED* Krebs *m; ~ du sein* Brustkrebs *m; ~ de la peau* Hautkrebs *m*
cancérigène [kɑ̃seʀiʒɛn] *adj* Krebs erregend
cancre [kɑ̃kʀ] *m (mauvais élève)* schlechter Schüler *m,* Faulpelz *m*
candeur [kɑ̃dœʀ] *f* Arglosigkeit *f*
candidat(e) [kɑ̃dida(t)] *m/f* Bewerber(in) *m/f,* Kandidat(in) *m/f; ~ à un emploi civil* Anwärter(in) *m/f; ~ de l'opposition* Gegenkandidat(in) *m/f; ~ á la présidence* Präsidentschaftskandidat(in) *m/f*
candidature [kɑ̃didatyʀ] *f* Bewerbung *f,* Kandidatur *f; poser sa ~ à* sich bewerben um/sich bewerben bei; *faire acte de ~/poser sa ~* kandidieren/sich bewerben
candide [kɑ̃did] *adj 1.* rein; *2. (innocent)* unschuldig; *3. (enfantin)* kindlich
caniche [kaniʃ] *m ZOOL* Pudel *m*
canif [kanif] *m* Taschenmesser *n*
caniveau [kanivo] *m 1.* Gosse *f; 2. (rigole)* Rinnstein *m*
canne [kan] *f 1. ~ à pêche* Angelrute *f; marcher avec une ~* am Stock gehen; *2. ~ à sucre* Zuckerrohr *n*
cannelle [kanɛl] *f* Zimt *m; un bâton de ~* eine Zimtstange *f*
cannibale [kanibal] *m* Kannibale *m*
canoë [kanɔe] *m 1.* Paddelboot *n; faire du ~* paddeln; *2. (canot)* Kanu *n*
canon [kanɔ̃] *m 1.* Geschütz *n,* Kanone *f; 2. (fusil)* Lauf *m; 3. (d'une chanson) MUS* Kanon *m*

canoniser [kanɔnize] *v* heilig sprechen
canot [kano] *m* Kahn *m,* Boot *n; ~ pneumatique* Schlauchboot *n; ~ de sauvetage* Rettungsboot *n; ~ à rames* Ruderboot *n*
cantine [kɑ̃tin] *f* Kantine *f*
canton [kɑ̃tɔ̃] *m ~ rural* Landkreis *m*
cantonnement [kɑ̃tɔnmɑ̃] *m MIL* Quartier *n*
canular [kanylaʀ] *m (fig: journal)* Ente *f*
canule [kanyl] *f* Kanüle *f*
caoutchouc [kautʃu] *m* Gummi *m; ~ mousse* Schaumgummi *m*
cap [kap] *m 1.* Kurs *m; 2. GEO* Kap *n; avoir passé le ~* über den Berg sein; *de pied en ~* von Kopf bis Fuß/vom Scheitel bis zur Sohle
capable [kapabl] *adj 1.* fähig; *~ de s'adapter* anpassungsfähig; *~ de gagner sa vie/~ de travailler* erwerbsfähig; *être ~ de* können/im Stande sein; *2. (apte à qc)* tüchtig; *~ de conduire* fahrtüchtig; *~ de haut rendement* leistungsfähig; *~ d'agir* handlungsfähig
capacité [kapasite] *f 1.* Fassungsvermögen *n; 2. (aptitude)* Fähigkeit *f,* Tüchtigkeit *f; ~ d'adaptation* Anpassungsfähigkeit *f; ~ de penser* Denkfähigkeit *f; ~ de rendement* Leistungsfähigkeit *f; ~ de résistance* Widerstandsfähigkeit *f; ~ de contracter* Geschäftsfähigkeit *f; 3. (pouvoir)* Können *n; douter de la ~ de qn* an jds Können zweifeln; *~ juridique* Rechtsfähigkeit *f; 4. (contenance)* Kapazität *f; ~ mémoire* Speicherkapazität *f*
cape [kap] *f* Umhang *m*
C.A.P.E.S. [kapɛs] *m (Certificat d'aptitude pédagogique à l' enseignement secondaire)* pädagogischer Befähigungsnachweis zum Unterricht in der Sekundarstufe *m*
capillaire [kapilɛʀ] *m vaisseau ~ ANAT* Kapillargefäß *n*
capitaine [kapitɛn] *m* Kapitän *m*
capital [kapital] *m 1.* Kapital *n; ~ en action* Aktienkapital *n; ~ propre* Eigenkapital *n; ~ social* Stammkapital *n; adj 2.* wesentlich, hauptsächlich; *être d'un intérêt ~* von größter Bedeutung sein; *condamner qn à la peine ~e* jdn zum Tode verurteilen
capital-décès [kapitaldesɛ] *m* Sterbegeld *n*
capitale [kapital] *f* Hauptstadt *f*
capitalisme [kapitalism] *m* Kapitalismus *m*
capitaliste [kapitalist] *m 1.* Kapitalist *m; adj 2.* kapitalistisch
capitaux [kapito] *m/pl (argent)* Mittel *pl*
capitonner [kapitɔne] *v* polstern
capitulation [kapitylɑsjɔ̃] *f* Kapitulation *f*
capituler [kapityle] *v* kapitulieren
capot [kapo] *m* Haube *f; ~ de la voiture* Kühlerhaube *f*
capote [kapɔt] *f 1. ~ anglaise* Kondom *n,* Präservativ *n; 2. (de voiture)* Verdeck *n*
câpre [kɑpʀ] *f* Kaper *f*
caprice [kapʀis] *m* Laune *f; faire des ~s* launisch sein/Launen haben; *céder au ~ de qn* jds Launen nachgeben
capricieux [kapʀisjø] *adj* kapriziös, launenhaft
capsule [kapsyl] *f* Kapsel *f*
captateur [kaptatœʀ] *m ~ d'héritage* Erbschleicher *m*
capter [kapte] *v (TV, radio)* empfangen
capteur [kaptœʀ] *m 1. TECH* Sensor *m; 2. ~ solaire TECH* Sonnenkollektor *m*
captif [kaptif] *m* Gefangener *m*
captivant [kaptivɑ̃] *adj* fesselnd, mitreißend
captiver [kaptive] *v (charmer)* fesseln, gefangen nehmen; *Il a captivé son auditoire.* Er hat das Pulbikum in seinen Bann gezogen.
captivité [kaptivite] *f 1.* Kriegsgefangenschaft *f; 2. (emprisonnement)* Gefangenschaft *f*
capture [kaptyʀ] *f 1. (action)* Gefangennahme *f,* Festnahme *f; la ~ d'un navire* das Aufbringen eines Schiffes *n; 2. (butin)* Beute *f,* Fang *m; Ils ont fait une belle ~.* Sie haben einen guten Fang gemacht.
capturer [kaptyʀe] *v 1.* fangen; *2. (faire prisonnier)* gefangen nehmen
capuche [kapyʃ] *f* Kapuze *f*
capuchon [kapyʃɔ̃] *m* Kapuze *f*
caqueter [kakte] *v* klatschen
car[1] [kaʀ] *konj* denn
car[2] [kaʀ] *m* Bus *m*
caractère [kaʀaktɛʀ] *m 1.* Charakter *m; ~ facile* verträglicher Charakter *m; d'un ~ ferme* charakterfest; *force de ~* Charakterstärke *f; ~ aventureux* Abenteuerlichkeit *f; ~ inoffensif* Harmlosigkeit *f; 2. (nature)* Natur *f; être d'un ~ heureux* ein glückliches Naturell besitzen; *être jeune de ~* im Wesen jung geblieben sein; *homme de ~* willensstarker Mann *m,* starke Persönlichkeit *f; 3. (personnage)* Wesen *n; 4. (lettre)* Schriftart *f; 5. (signe)* Zeichen *n; ~ spécial* Sonderzeichen

n; 6. ~ d'imprimerie Druckbuchstabe *m,* Type *f*
caractériser [kaʀakteʀize] *v 1.* charakterisieren; *2. (marquer)* kennzeichnen
caractéristique [kaʀakteʀistik] *adj 1.* charakteristisch; *2. (typique)* typisch, bezeichnend; *f 3. (signe distinctif)* Merkmal *n,* Kennzeichen *n; 4. (particularité)* Besonderheit *f; 5. ~s pl* Kenndaten *pl*
carafe [kaʀaf] *f* Karaffe *f*
carafon [kaʀafɔ̃] *m* Karaffe *f*
carambolage [kaʀɑ̃bɔlaʒ] *m (fam)* Karambolage *f*
caramel [kaʀamɛl] *m 1.* Karamell *m; une crème ~/une crème au ~* eine Karamellcreme *f; 2. (bonbon)* Karamellbonbon *n; manger des ~s mous* weiche Karamellbonbons essen
carapace [kaʀapas] *f* Panzer *m*
carat [kaʀa] *m* Karat *n*
caravane [kaʀavan] *f 1.* Wohnwagen *m; 2. (convoi)* Karawane *f*
carboniser [kaʀbɔnize] *v* verkohlen
carburant [kaʀbyʀɑ̃] *m (pour voiture)* Brennstoff *m,* Kraftstoff *m*
carburateur [kaʀbyʀatœʀ] *m (de voiture)* Vergaser *m*
carcasse [kaʀkas] *f (de voiture)* Wrack *n; ma vieille ~ (fam)* meine alten Knochen
cardan [kaʀdɑ̃] *m arbre à ~* Kardanwelle *f*
carder [kaʀde] *v* krempeln
cardigan [kaʀdigɑ̃] *m* Wolljacke *f*
cardinal [kaʀdinal] *adj 1.* hauptsächlich; *m 2.* Kardinal *m*
cardiologie [kaʀdjɔlɔʒi] *f MED* Kardiologie *f*
carême [kaʀɛm] *m* Fastenzeit *f; faire ~* fasten
carence [kaʀɑ̃s] *f ~ en vitamines* Vitaminmangel *m*
caréné [kaʀene] *adj* windschnittig
carène [kaʀɛn] *f (de bateau)* Rumpf *m*
caresse [kaʀɛs] *f* Liebkosung *f; couvrir qn de ~s* jdn mit Liebkosungen überschütten
caresser [kaʀɛse] *v 1.* streicheln; *2. (dorloter)* hätscheln; *~ une idée* einem Gedanken nachhängen/mit einer Sache liebäugeln; *3. (câliner)* liebkosen
cargaison [kaʀgɛzɔ̃] *f* Ladung *f*
cargo [kaʀgo] *m* Frachter *m*
caricature [kaʀikatyʀ] *f* Karikatur *f; faire une ~* karikieren
caricaturer [kaʀikatyʀe] *v* karikieren
caricaturiste [kaʀikatyʀist] *m/f* Karikaturist(in) *m/f*
carie [kaʀi] *f* Karies *f*
carillon [kaʀijɔ̃] *m* Glockengeläute *n,* Glockenspiel *n*
carlingue [kaʀlɛ̃g] *f* Rumpf *m*
carnage [kaʀnaʒ] *m 1.* Blutvergießen *n; 2. (massacre)* Gemetzel *n*
carnassier [kaʀnasje] *m* Raubtier *n*
carnaval [kaʀnaval] *m* Karneval *m,* Fasching *m*
carnet [kaʀnɛ] *m 1. ~ de notes* Notizbuch *n; 2. ~ de chèques* Scheckbuch *n; 3. ~ de vaccination* Impfschein *m; 4. ~ de rendez-vous* Terminkalender *m*
carnivore [kaʀnivɔʀ] *m* Fleischfresser *m*
carotte [kaʀɔt] *f BOT* Karotte *f*
carpe [kaʀp] *f* Karpfen *m; bâiller comme une ~* mehrmals herzhaft gähnen
carpette [kaʀpɛt] *f (tapis)* kleiner Teppich *m,* Läufer *m*
carré [kaʀe] *m 1.* Quadrat *n; 2. (foulard)* Halstuch *n; adj 3.* quadratisch, viereckig
carreau [kaʀo] *m 1.* Platte *f; rester sur le ~* auf der Strecke bleiben; *à ~x* kariert; *2. (carrelage)* Fliese *f; ~ de faïence* Kachel *f; 3. ~ de verre* Glasscheibe *f*
carrefour [kaʀfuʀ] *m 1.* Kreuzung *f; être à un ~* an einer Kreuzung stehen; *2. (fig)* Kreuzweg *m*
carreler [kaʀle] *v* fliesen, kacheln
carreleur [kaʀlœʀ] *m* Fliesenleger *m*
carrément [kaʀemɑ̃] *adv* unumwunden, klipp und klar; *J'ai dit ~ ce que je pensais.* Ich habe geradeheraus gesagt, was ich dachte.
carrière [kaʀjɛʀ] *f 1.* Karriere *f,* Laufbahn *f; suivre une ~* eine Laufbahn einschlagen; *embrasser une ~* einen Beruf ergreifen; *2. (de pierres)* Steinbruch *m*
carrossable [kaʀɔsabl] *adj* befahrbar
carrosse [kaʀɔs] *m* Kutsche *f*
carrosserie [kaʀɔsʀi] *f* Karosserie *f*
carrure [kaʀyʀ] *f 1.* Schulterbreite *f; avoir une belle ~* breite Schultern haben; *Il a une ~ d'athlète.* Er hat die Figur eines Sportlers. *2. (fig: envergure)* Größe *f,* Ausmaß *n; Il est d'une autre ~.* Er ist ein anderes Kaliber.
cartable [kaʀtabl] *m 1. (sac)* Schulranzen *m; 2. (sacoche)* Mappe *f*
carte [kaʀt] *f 1.* Karte *f; avoir toutes les ~s dans son jeu* alle Trümpfe in der Hand ha-

ben; *jouer la ~ de qc* auf etw setzen; *jouer sa dernière ~* seinen letzten Trumpf ausspielen; *jouer ~s sur table* mit offenen Karten spielen; *donner ~ blanche à qn* jdm freie Hand lassen; *~ d'embarquement* Bordkarte *f; ~ d'abonnement* Dauerkarte *f; ~ grise* Fahrzeugschein *m; ~ de vœux/~ de félicitation(s)* Glückwunschkarte *f; ~ bancaire* Scheckkarte *f; ~ scolaire* Schülerausweis *m; ~ de visite* Visitenkarte *f; ~ de crédit* Kreditkarte *f; ~ postale* Ansichtskarte *f,* Postkarte *f; 2. GEO* Landkarte *f; ~ météo(rologique)* Wetterkarte *f; 3. (de restaurant)* Karte *f,* Speisekarte *f; 4. ~ d'identité* Personalausweis *m*

cartilage [kaʀtilaʒ] *m* Knorpel *m*

carton [kaʀtɔ̃] *m 1.* Karton *m; 2. (papier épais)* Pappe *f; ~ ondulé* Wellpappe *f; 3. (papier fort)* Pappkarton *m*

cartouche [kaʀtuʃ] *f 1. (d'arme)* Patrone *f; ~ à blanc* Platzpatrone *f; 2. ~ d'encre* Tintenpatrone *f*

cas [kɑ] *m* Fall *m; en aucun ~* auf keinen Fall/keinesfalls; *Si tel est le ~ ...* Wenn das so ist .../Wenn das der Fall ist ...; *C'est le ~ ou jamais!* Jetzt oder nie! *faire grand ~ de qn* auf jdn große Stücke halten; *en tout ~* jedenfalls; *le ~ échéant* gegebenenfalls; *~ de conscience* Gewissensfrage *f; au ~ où* im Falle, dass/falls; *~ de force majeure* höhere Gewalt *f; ~ exceptionnel* Ausnahmefall *m; ~ d'urgence* Notfall *m*

casanier [kazanje] *adj* häuslich

cascade [kaskad] *f* Wasserfall *m*

cascadeur [kaskadœʀ] *m (doublure) CINE* Stuntman *m*

case [kɑz] *f 1. (habitation)* Hütte *f,* Unterkunft *f; 2. (espace)* Kästchen *n,* Feld *n; les ~s d'une grille de mots-croisés* die Kästchen in einem Kreuzworträtsel; *cocher une ~* ein Kästchen ankreuzen; *la ~ départ* die Abfahrtszeiten *pl; 3. (compartiment)* Fach *n,* Unterteilung *f; adj 4. (fam)* verrückt, nicht normal; *Il lui manque une ~.* Er hat nicht alle Tassen im Schrank./Bei ihm ist eine Schraube locker.

caser [kaze] *v* verstauen

caserne [kazɛʀn] *f* Kaserne *f*

casier [kɑzje] *m* Fach *n,* Ablagefach *n*

casino [kazino] *m* Spielbank *f,* Kasino *n*

casque [kask] *m 1.* Helm *m,* Sturzhelm *m; ~ à pointes* Pickelhaube *f; 2. (écouteurs)* Kopfhörer *m; 3. (sèche-cheveux)* Trockenhaube *f*

casquer [kaske] *v (fam)* blechen

casquette [kaskɛt] *f* Mütze *f*

cassant [kɑsɑ̃] *adj 1.* zerbrechlich; *2. (fragile)* brüchig; *3. (matériel)* spröde

casse [kɑs] *f* Bruchschaden *m*

cassé [kɑse] *adj 1. (brisé)* geknickt; *2. (en deux)* kaputt, entzwei

casse-cou [kɑsku] *m 1.* Draufgänger *m; adj 2. (fam)* waghalsig

casse-croûte [kaskʀut] *m* Imbiss *m,* Schnellimbiss *m*

casse-noix [kɑsnwa] *m* Nussknacker *m*

casse-pieds [kɑspje] *m (fam)* Quälgeist *m; être ~* lästig sein/aufdringlich sein

casser [kɑse] *v 1.* brechen, zerbrechen; *se ~ le cou* sich das Genick brechen; *~ comme du verre* sehr zerbrechlich sein; *~ les pieds à qn* jdm auf die Nerven gehen; *2. (briser)* einwerfen; *~ les vitres* die Scheiben einwerfen; *3. ~ qc* etw kaputtmachen; *4. (noix)* knacken; *5. (dents)* herausbrechen; *6. se ~* kaputtgehen; *7. se ~ en deux* entzweigehen; *8. se ~ (fig)* zerbrechen; *9. se ~ le tronc* sich abstrampeln; *Ne te casse pas!* Racker dich nicht so ab!

casserole [kasʀɔl] *f* Kochtopf *m,* Topf *m,* Kasserolle *f*

casse-tête [kɑstɛt] *m* Kopfzerbrechen *n; être un ~ pour qn* jdm viel Kopfzerbrechen bereiten

cassette [kasɛt] *f* Kassette *f; ~ audio* Musikkassette *f; ~ vidéo* Videokassette *f*

cassis [kasis] *m (noir)* schwarze Johannisbeere *f*

cassoulet [kasulɛ] *m GAST* Ragout aus dem Languedoc *n*

cassure [kasyʀ] *f 1.* Bruch *m; 2. (fracture)* Bruchstelle *f*

castor [kastɔʀ] *m ZOOL* Biber *m*

catalogue [katalɔg] *m 1.* Liste *f; 2. (brochure)* Katalog *m; ~ de l'exposition* Ausstellungskatalog *m*

cataloguer [katalɔge] *v* katalogisieren

catalyseur [katalizœʀ] *m* Katalysator *m*

catastrophe [katastʀɔf] *f* Katastrophe *f; Quelle ~!* Was für eine Katastrophe!

catastrophique [katastʀɔfik] *adj* katastrophal

catéchisme [kateʃism] *m REL* Katechismus *m*

catégorie [kategɔʀi] *f 1.* Gruppe *f,* Klasse *f; ~ salariale* Gehaltsgruppe *f; 2. (domaine)* Sachgebiet *n*

catégorique [kategɔʀik] *adj 1. (décidé)* sicher; *2. (déterminé)* kategorisch

cathédrale [katedʀal] *f* Dom *m,* Münster *n*
catholicisme [katɔlisism] *m* Katholizismus *m*
catholique [katɔlik] *adj 1.* katholisch; *Ce n'est pas très ~.* Das ist nicht ganz astrein./Da ist etw faul. *2. (religion)* römisch-katholisch; *m/f 3.* Katholik(in) *m/f*
cauchemar [koʃmaʀ] *m* Alptraum *m; Ça me donne des ~s.* Davon bekomme ich Alpträume.
cause [koz] *f 1. JUR* Fall *m; être en ~* in einen Prozess verwickelt sein; *2. (motif)* Grund *m; Quelle en est la ~?* Was ist der Grund dafür? *~ de divorce* Scheidungsgrund *m; 3. (raison)* Ursache *f; petites ~s, grands effets* kleine Ursache, große Wirkung; *~ du décès* Todesursache *f; être la ~ de qc* etw verursachen, etw verschulden; *4. (provocation)* Veranlassung *f; faire ~ commune* gemeinsame Sache machen/sich zusammentun; *en connaissance de ~* in voller Kenntnis der Sachlage; *5. à ~ de* über, wegen; *à ~ de cela* deswegen; *à ~ de moi* meinetwegen; *à ~ de lui* seinetwegen
causé [koze] *adj être ~ par* entstehen aus
causer [koze] *v 1.* verursachen; *2. (occasionner)* anrichten; *3. (préparer)* bereiten; *~ des dégâts* Schaden bereiten/Schaden zufügen; *4. (produire)* bewirken, veranlassen; *5. (engendrer)* erzeugen; *6. (provoquer)* herbeiführen; *7. (fig)* auslösen; *8. (bavarder)* plaudern, schwatzen
caustique [kostik] *adj* beißend
caution [kosjɔ̃] *f 1.* Gewähr *f; 2. (garantie)* Kaution *f; 3. (soutien)* Bürgschaft *f; 4. (pour une personne)* Bürge *m*
cautionnement [kosjɔnmɑ̃] *m* Bürgschaft *f*
cautionner [kosjɔne] *v se ~* sich verbürgen
cavalcade [kavalkad] *f (fam: bousculade)* Gedränge *n; Tous les matins, c'est la ~ dans les escaliers de l'école.* Jeden Tag gibt es großes Gedränge auf den Treppen der Schule.
cavalier [kavalje] *m 1.* Kavalier *m; 2. (chevalier)* Reiter *m*
cave [kav] *f 1.* Keller *m; 2. ~s pl* Kellerei *f*
cave-abri [kavabʀi] *f* Luftschutzkeller *m*
caveau [kavo] *m* Gruft *f*
caverne [kavɛʀn] *f* Höhle *f*
caviar [kavjaʀ] *m* Kaviar *m*
cavité [kavite] *f 1.* Höhle *f; 2. (excavation)* Hohlraum *m*
ce [sə] *pron 1.* es, das, dies; *c'est que/c'est-à-dire* nämlich; *c'est la raison pour laquelle/c'est pour cela que/c'est pour cette raison que* darum; *~ soir* heute Abend; *~ midi* heute Mittag; *2. ~ qui/~ que (relatif)* was; *~ qui était/ce qui durait jusqu'à présent* bisherig; *~ qui est imprimé en petits caractères* klein Gedrucktes *n; 3. ~/cet/cette/ceci* diese(r,s); *cette fois-ci* diesmal; *4. ~/cette/ces* jene(r,s)
ceci [səsi] *pron 1.* das; *adv 2. à ~* hierbei, hierzu
cécité [sesite] *f* Blindheit *f; être frappé de ~* blind sein
céder [sede] *v 1.* lassen, überlassen; *Il ne lui cède en rien.* Er steht ihm in nichts nach. *2. ne pas ~* durchhalten, widerstehen; *3. (vendre)* überlassen; *~ sa place à qn* jdm seinen Platz überlassen; *4. (fléchir)* weichen, nachgeben; *5. (documents)* übertragen
cèdre [sɛdʀ] *m BOT* Zeder *f*
ceinture [sɛ̃tyʀ] *f 1.* Gurt *m; faire ~ de qc* sich etw verkneifen; *~ de sécurité* Gurt *m,* Sicherheitsgurt *m,* Anschnallgurt *m; 2. (sangle)* Gürtel *m; se serrer la ~* den Gürtel enger schnallen; *3. (d'une jupe)* Bund *m*
ceinturon [sɛ̃tyʀɔ̃] *m (ceinture)* Koppel *f*
cela [səla] *pron 1.* das; *ceci ou ~* dieses oder jenes; *~ revient à dire que ...* Das heißt, dass .../Das läuft darauf hinaus, dass ...; *~ tient à ce que ...* Das kommt davon, dass ...; *Cela va tout seul.* Das ist ganz einfach./Das ergibt sich von selbst. *adv 2. pour ~* dafür; *3. à ~ (local)* dagegen; *4. avec ~* damit; *5. pour ~ (raison)* deshalb; *6. de ~* daran, daraus; *7. d'après ~ (par la suite)* daraufhin; *8. en ~* darin, hiermit
célébration [selebʀɑsjɔ̃] *f* Feier *f; ~ de mariage* Hochzeitsfeier *f*
célèbre [selɛbʀ] *adj* berühmt
célébrer [selebʀe] *v 1.* feiern; *2. (fête)* begehen; *3. REL* abhalten; *4. (glorifier) REL* loben
célébrité [selebʀite] *f 1.* Berühmtheit *f; 2. (personnalités)* Prominenz *f*
céleri [selʀi] *m* Sellerie *m*
céleste [selɛst] *adj* himmlisch
célibat [seliba] *m* Zölibat *n*
célibataire [selibatɛʀ] *adj 1.* ledig, unverheiratet; *m 2.* Junggeselle *m; 3. (personne seule)* allein Stehender *m*
celle-ci [sɛlsi] *pron* diese
celle-là [sɛlla] *pron* jene

cellier [selje] *m 1.* Keller *m; 2. (garde-manger)* Vorratskammer *f*
cellophane [selɔfan] *f* Plastikfolie *f*
cellule [sɛlyl] *f 1. BIO* Zelle *f; ~ germinale* Keimzelle *f; 2. (de prison)* Zelle *f,* Gefängniszelle *f; 3. ~ solaire* Solarzelle *f; 4. REL* Klause *f*
cellulite [selylit] *f* Zellulitis *f*
cellulose [sɛlyloz] *f 1.* Zellstoff *m; 2. ~ végétale* Ballaststoffe *pl*
celui [səlɥi] *pron* derjenige
celui-ci [səlɥisi] *pron* dieser/dieses
celui-là [selɥila] *pron* jener/jenes
cendre [sɑ̃dʀ] *f* Asche *f; réduire en ~s* in Schutt und Asche legen
cendrier [sɑ̃dʀije] *m* Aschenbecher *m*
censé [sɑ̃se] *adj* angeblich, vermutlich; *Il est ~ être malade.* Er soll krank sein. *Elle n'est pas ~e le savoir.* Das muss sie nicht wissen. *Nul n'est ~ ignorer la loi.* Unkenntnis schützt vor Strafe nicht.
censure [sɑ̃syʀ] *f* Zensur *f*
censurer [sɑ̃syʀe] *v* zensieren
cent [sɑ̃] *num* einhundert, hundert; *pour ~* Prozent *n; en pour ~* prozentual; *à ~ pour cent* hundertprozentig
centaine [sɑ̃tɛn] *f 1. (environ cent)* ungefähr Hundert; *une ~ de personnes* ungefähr hundert Personen *pl; Ils sont venus par ~s.* Sie sind zu hunderten gekommen. *2. (âge)* hundert Jahre *pl,* Hundert *f; atteindre la ~* auf die Hundert zugehen/hundert Jahre alt werden
centenaire [sɑ̃tnɛʀ] *m 1.* Hundertjahrfeier *f; m/f 2.* Hunderjährige(r) *m/f*
centième [sɑ̃tjɛm] *adj 1.* hundertste(r,s); *m 2. (fraction) MATH* hundertster Teil *m,* Hundertstel *n; un ~ de seconde* eine Hundertstelsekunde *f; m/f 3.* Hundertste(r) *m/f; Il est le ~ sur la liste.* Er ist der Hundertste auf der Liste.
centime [sɑ̃tim] *m* Centime *m; une pièce de cinq ~s* eine Fünfcentimemünze *f,* ein Fünfcentimestück *n; n'avoir pas un ~* keinen Pfennig besitzen
centimètre [sɑ̃timɛtʀ] *m* Zentimeter *m*
central [sɑ̃tʀal] *adj 1.* zentral; *m 2. ~ téléphonique* Telefonzentrale *f,* Telefonvermittlung *f*
centrale [sɑ̃tʀal] *f 1.* Zentrale *f; 2. ~ électrique TECH* Elektrizitätswerk *n,* Kraftwerk *n; 3. ~ nucléaire* Atomkraftwerk *n,* Kernkraftwerk *n; 4. ~ thermique* Heizkraftwerk *n*
centre [sɑ̃tʀ] *m 1.* Zentrum *n; 2. (milieu)* Mittelpunkt *m,* Mitte *f; 3. (fig)* Kern *m,* Mittelpunkt *m; 4. (foyer)* Brennpunkt *m; ~ de gravité* Schwerpunkt *m*
centrer [sɑ̃tʀe] *v* zentrieren
cependant [səpɑ̃dɑ̃] *konj* dennoch, jedoch
céramique [sɛʀamik] *f* Keramik *f*
cercle [sɛʀkl] *m 1.* Kreis *m; ~ d'amis* Freundeskreis *m; ~ polaire* Polarkreis *m; 2. (anneau)* Ring *m; 3. (club)* Klub *m,* Klubhaus *n; 4. (société)* Runde *f; 5. (entourage)* Umkreis *m*
cercueil [sɛʀkœj] *m* Sarg *m*
céréales [seʀeal] *f/pl* Getreide *n,* Korn *n,* Müsli *n*
cérémonial [seʀemɔnjal] *m 1.* Etikette *f; 2. (forme)* Förmlichkeit *f*
cérémonie [seʀemɔni] *f 1.* Akt *m,* Zeremonie *f; ~ officielle* Staatsakt *m; 2. (fête)* Feier *f; 3. ~ protocolaire* Siegerehrung *f; 4. ~s pl* Umständlichkeit *f; faire des ~s* Umstände machen
cérémonieux [seʀemɔnjø] *adj* feierlich
cerf [sɛʀ] *m ZOOL* Hirsch *m; ~s et chevreuils pl* Rotwild *n*
cerf-volant [sɛʀvɔlɑ̃] *m (jouet)* Drachen *m*
cerise [səʀiz] *f* Kirsche *f*
cerisier [səʀizje] *m (arbre) BOT* Kirschbaum *m*
cerne [sɛʀn] *m (autour des yeux)* Augenringe *pl,* Augenränder *pl*
cerner [sɛʀne] *v* umzingeln
certain [sɛʀtɛ̃] *adj 1.* bestimmt, gewiss; *2. (sûr)* sicher, zweifellos; *être ~* feststehen; *3. (maint)* mancher
certes [sɛʀt] *adv 1. (constatation)* freilich; *konj 2.* zwar
certificat [sɛʀtifika] *m* Bescheinigung *f; ~ médical* Attest *n; ~ de bonne conduite* Führungszeugnis *n; ~ de vaccination* Impfschein *m; ~ scolaire* Schulzeugnis *n; ~ de décès* Sterbeurkunde *f; ~ d'origine* Ursprungszeugnis *n; ~ d'exportation* Ausfuhrbescheinigung *f*
certifier [sɛʀtifje] *v 1.* bescheinigen; *2. (attester)* beglaubigen
certitude [sɛʀtityd] *f 1.* Sicherheit *f,* Bestimmtheit *f; 2. (assurance)* Gewissheit *f*
cerveau [sɛʀvo] *m 1.* Gehirn *n,* Hirn *n; 2. lavage de ~* Gehirnwäsche *f*
cervelle [sɛʀvɛl] *f 1.* Hirn *n,* Gehirn *n; se brûler la ~* sich in den Kopf schießen; *une ~ d'oiseau (fig)* ein Spatzenhirn *n; se creuser*

la ~ (fig) sich das Hirn zermartern; *2. GAST* Hirn *n; manger de la ~ de veau* Kalbshirn essen

cessation [sɛsasjɔ̃] *f 1.* Unterbrechung *f; 2. ~ d'abonnement (à un journal)* Abbestellung *f; 3. (de paiement)* Einstellung *f; 4. (arrêt)* Stillstand *m; 5. ~ d'activité (commerce)* Auflösung *f*

cesse [sɛs] *f sans ~* ständig, unaufhörlich

cesser [sese] *v 1.* aufhören; *2. (suspendre)* einstellen; *3. ~ les activités (commerce)* auflösen

cession [sɛsjɔ̃] *f (commande)* Übertragung *f*

c'est-à-dire [sɛtadiʀ] *konj* das heißt

cétacés [setase] *m/pl* Walfische *pl*

chacal [ʃakal] *m* Schakal *m*

chacun [ʃakœ̃] *pron 1.* jede(r,s); *2. (toute personne/toute chose)* je

chagrin [ʃagʀɛ̃] *m 1.* Kummer *m,* Gram *m; faire du ~ à qn* jdm Kummer bereiten; *~ d'amour* Liebeskummer *m; 2. (tristesse)* Leiden *n; 3. (affliction)* Trübsal *f*

chagriné [ʃagʀine] *adj* vergrämt

chagriner [ʃagʀine] *v se ~* sich grämen

chahut [ʃay] *m* Krach *m,* Radau *m*

chahuter [ʃayte] *v 1.* stören; *2. ~ qn* jdn ärgern; *~ un professeur* einen Lehrer ärgern; *se faire ~* belästigt werden

chaîne [ʃɛn] *f 1.* Kette *f; ~ de montagne* Bergkette *f; ~ de montagnes* Gebirgskette *f; 2. (collier)* Halskette *f; 3. ~ de montage* Fließband *n; 4. ~ stéréo* Stereoanlage *f; 5. ~s antidérapantes (de voiture)* Schneeketten *pl*

chaînette [ʃɛnɛt] *f* Halskette *f,* Kettchen *n*

chaînon [ʃɛnɔ̃] *m* Kettenglied *n*

chair [ʃɛʀ] *f* Fleisch *n; Ça me donne la ~ de poule.* Davon bekomme ich Gänsehaut. *être bien en ~* rundlich sein/gut beieinander sein; *n'être ni ~ ni poisson* nicht Fisch, nicht Fleisch sein; *en ~ et en os* leibhaftig

chaire [ʃɛʀ] *f 1.* Lehrstuhl *m,* Professur *f; 2. (tribune)* Rednerpult *n; 3. REL* Kanzel *f*

chaise [ʃɛz] *f* Stuhl *m; être assis entre deux ~s* zwischen zwei Stühlen sitzen; *~ longue* Liegestuhl *m,* Liege *f; ~ pliante* Klappstuhl *m*

châle [ʃɑl] *m* Schal *m*

chalet [ʃalɛ] *m ~ de montagne* Berghütte *f*

chaleur [ʃalœʀ] *f 1.* Wärme *f; grande ~* Hitze *f; ~ perdue* Abwärme *f; 2. ~ torride* Glut *f,* Hitze *f; 3. (rut)* Brunst *f; en ~* läufig

chaleureux [ʃalœʀø] *adj* warmherzig

chamailler [ʃamɑje] *v 1. se ~* raufen; *2. se ~ (se disputer)* krachen

chambranle [ʃɑ̃bʀɑ̃l] *m* Türstock *m*

chambre [ʃɑ̃bʀ] *f 1.* Zimmer *n; ~ à coucher* Schlafzimmer *n; faire ~ à part* getrennt schlafen; *~ d'étudiant* Bude *f; ~ pour deux personnes* Doppelzimmer *n; ~ pour une personne* Einzelzimmer *n; ~ d'hôte* Fremdenzimmer *n; ~ d'amis* Gästezimmer *n; ~ d'hôtel* Hotelzimmer *n; ~ d'enfant* Kinderzimmer *n; ~ noire FOTO* Dunkelkammer *f; ~ à provisions* Vorratskammer *f; 2. (pièce)* Stube *f; 3. POL* Kammer *f; ~ de députés* Abgeordnetenhaus *n; 4. Chambre du commerce et de l'industrie* Industrie- und Handelskammer *f*

chameau [ʃamo] *m ZOOL* Kamel *n*

chamois [ʃamwa] *m ZOOL* Gämse *f*

champ [ʃɑ̃] *m 1.* Acker *m,* Feld *n; ~ de blé* Kornfeld *n; 2. ~ d'activité* Betätigungsfeld *n; laisser le ~ libre* freie Hand lassen; *prendre du ~* Abstand gewinnen; *~ de bataille* Schlachtfeld *n; 3. ~ visuel* Sichtweite *f; 4. ~s pl* Flur *f*

champagne [ʃɑ̃paɲ] *m* Champagner *m*

champêtre [ʃɑ̃pɛtʀ] *adj* ländlich

champignon [ʃɑ̃piɲɔ̃] *m 1. BOT* Pilz *m; 2. ~ de Paris* Champignon *m; 3. ~ vénéneux* Giftpilz *m*

champion [ʃɑ̃pjɔ̃] *m 1.* Meister *m,* Champion *m; ~ du monde* Weltmeister *m; 2. (as)* Ass *n*

championnat [ʃɑ̃pjɔna] *m 1.* Kampf *m,* Wettkampf *m; ~ d'Europe* Europameisterschaft *f; ~s du monde SPORT* Weltmeisterschaft *f; 2. (tournoi)* Turnier *n*

chance [ʃɑ̃s] *f 1.* Chance *f; Il y a une ~ sur deux.* Die Chancen stehen gleich. *C'est une ~ à courir.* Es lohnt, es zu versuchen. *~ de survie* Überlebenschance *f; 2. (fortune)* Glück *n; Bonne ~!* Viel Glück! *tenter sa ~* sein Glück versuchen

chanceler [ʃɑ̃sle] *v* schwanken

chancelier [ʃɑ̃səlje] *m* Kanzler *m*

chancellerie [ʃɑ̃sɛlʀi] *f 1.* Kanzlei *f; 2. POL* Kanzleramt *n*

chanceux [ʃɑ̃sø] *adj* Glück habend; *Il est très ~.* Er ist ein Glückspilz.

chandail [ʃɑ̃daj] *m* Pullover *m,* Pulli *m*

chandelier [ʃɑ̃dəlje] *m 1.* Kerzenständer *m; 2. (candélabre)* Leuchter *m*

chandelle [ʃɑ̃dɛl] *f* Kerze *f; Le jeu n'en vaut pas la ~.* Es ist nicht der Mühe wert.

change [ʃɑ̃ʒ] *m 1. (monétaire)* Wechsel *m,* Geldwechsel *m; 2. ECO* Valuta *f*
changeant [ʃɑ̃ʒɑ̃] *adj 1.* veränderlich; *2. (inconstant)* launenhaft, sprunghaft; *3. (variable)* unbeständig, wechselhaft
changement [ʃɑ̃ʒmɑ̃] *m 1.* Veränderung *f,* Änderung *f; ~ de climat* Klimaveränderung *f; ~ de vitesse* Gangschaltung *f; ~ de réservation* Umbuchung *f; faire son ~* sich abmelden; *2. (modification)* Abänderung *f; 3. (métamorphose)* Umwandlung *f,* Verwandlung *f; 4. (alternance)* Wechsel *m; ~ de génération* Generationswechsel *m; ~ d'équipe* Schichtwechsel *m; ~ d'orientation* Kurswechsel *m; ~ brusque* Umschwung *m; 5. JUR* Wandlung *f*
changer [ʃɑ̃ʒe] *v 1. ~ qc* etw ändern, etw verändern; *Rien n'a changé.* Alles ist beim Alten. *~ d'idée* seine Ansicht ändern; *~ de train* umsteigen; *se ~* sich umziehen; *~ de vêtements* sich umziehen; *~ de vitesse* schalten; *~ de nom* umbenennen; *2. (modifier)* wechseln, auswechseln; *~ d'adresse* umziehen; *3. (échanger)* umtauschen; *4. (troquer)* tauschen; *5. TECH* tauschen; *6. (fig)* umschlagen; *Le temps change.* Das Wetter schlägt um. *7. ~ en* verzaubern in, verwandeln in; *8. (domicile)* verlegen; *9. (transformer)* verwandeln
chanson [ʃɑ̃sɔ̃] *f* Lied *n; ~ d'amour* Liebeslied *n; ~ populaire* Volkslied *n*
chansonnier [ʃɑ̃sɔnje] *m 1.* Liedermacher *m; 2. THEAT* Kabarettist *m*
chant [ʃɑ̃] *m 1.* Gesang *m; 2. (chanson)* Lied *n; ~ folklorique* Volkslied *n; 3. ~ des oiseaux* Vogelgezwitscher *n*
chantage [ʃɑ̃taʒ] *m* Erpressung *f*
chanter [ʃɑ̃te] *v 1.* singen; *Si ça vous chante.* Wenn Sie Lust dazu haben. *2. (gazouiller)* zwitschern; *3. (coq)* krähen; *4. faire ~ qn* jdn erpressen, jdn unter Druck setzen
chanterelle [ʃɑ̃tʀɛl] *f BOT* Pfifferling *m*
chanteur [ʃɑ̃tœʀ] *m* Sänger *m; ~ d'opéra* Opernsänger *m; ~ à la mode* Schlagersänger *m*
chantier [ʃɑ̃tje] *m 1. ~ de construction* Baustelle *f; 2. ~ naval* Werft *f; 3. NAUT* Stapel *m*
chantonner [ʃɑ̃tɔne] *v* summen
chanvre [ʃɑ̃vʀ] *m* Hanf *m*
chaos [kao] *m* Chaos *n*
chaotique [kaɔtik] *adj* chaotisch
chaparder [ʃapaʀde] *v (fam: voler)* klauen, stibitzen
chape [ʃap] *f (fermeture)* Kappe *f,* Verschlusskappe *f*
chapeau [ʃapo] *m* Hut *m*
chapelain [ʃaplɛ̃] *m* Kaplan *m*
chapelle [ʃapɛl] *f* Kapelle *f*
chapelure [ʃaplyʀ] *f* Semmelbrösel *pl,* Paniermehl *n*
chaperon [ʃapʀɔ̃] *m* Anstandsdame *f*
chapiteau [ʃapito] *m (de cirque)* Zelt *n,* Zirkuszelt *n*
chapitre [ʃapitʀ] *m* Kapitel *n*
chaque [ʃak] *adj 1.* jeder; *~ semaine* wöchentlich; *~ soir* allabendlich; *~ trimestre* vierteljährlich; *~ fois* jedes Mal, jeweils; *prep 2.* je
char [ʃaʀ] *m ~ d'assaut* Tank *m,* Panzer *m*
charabia [ʃaʀabja] *m* Kauderwelsch *n*
charade [ʃaʀad] *f* Silbenrätsel *n*
charbon [ʃaʀbɔ̃] *m 1.* Kohle *f; ~ de bois* Holzkohle *f; 2. (houille)* Steinkohle *f*
charcuterie [ʃaʀkytʀi] *f* Wurstwaren *pl*
charcutier [ʃaʀkytje] *m 1.* Schweinemetzger *m; 2. (fam: mauvais chirurgien)* Metzger *m*
chardon [ʃaʀdɔ̃] *m BOT* Distel *f*
charge [ʃaʀʒ] *f 1.* Ladung *f; prendre en ~* übernehmen; *~ électrique* elektrische Ladung *f; 2. (poids)* Last *f; 3. (tâche)* Auftrag *m; 4. (emploi)* Stellung *f; 5. ~ d'âmes* Seelsorge *f; 6. ~s pl* Lasten *pl; 7. ~s sociales pl* Sozialabgaben *pl; 8. ~s fiscales pl (impôt)* Steuern *pl; 9. ~s pl JUR* Belastung *f*
chargement [ʃaʀʒəmɑ̃] *m 1.* Ladung *f; 2. (embarquement)* Verladung *f; ~ à bord* Verschiffung *f; 3. (de marchandises)* Fracht *f*
charger [ʃaʀʒe] *v 1.* laden, beladen; *2. (camion)* aufladen; *3. (embarquer)* verladen; *4. (fréter)* verfrachten; *~ à bord* verschiffen; *5. (tâche)* auftragen; *~ qn d'une tâche* jdm eine Aufgabe auftragen; *6. (déléguer)* beauftragen; *7. se ~ de* besorgen, ausführen
chargeur [ʃaʀʒœʀ] *m (d'une arme)* Magazin *n*
chariot [ʃaʀjo] *m* Leiterwagen *m*
charitable [ʃaʀitabl] *adj* barmherzig
charité [ʃaʀite] *f 1.* Barmherzigkeit *f; 2. (amour du prochain)* Nächstenliebe *f*
charlatan [ʃaʀlatɑ̃] *m 1.* Pfuscher *m,* Quacksalber *m; 2. (escroc)* Scharlatan *m*
charlotte [ʃaʀlɔt] *f GAST* Charlotte *f; une ~ au chocolat* eine Schokoladencharlotte *f*
charmant [ʃaʀmɑ̃] *adj* entzückend, bezaubernd, reizend

charme [ʃaʀm] *m 1.* Anmut *f,* Reiz *m; faire du ~ à qn* jdn kokettieren; *2. (fig)* Zauber *m; 3. (attraits)* Liebreiz *m*
charmer [ʃaʀme] *v 1.* bezaubern; *2. (réjouir)* erfreuen
charnière [ʃaʀnjɛʀ] *f TECH* Scharnier *n*
charogne [ʃaʀɔɲ] *f ZOOL* Aas *n*
charpente [ʃaʀpɑ̃t] *f ~ osseuse ANAT* Knochenbau *m*
charrette [ʃaʀɛt] *f* Karren *m*
charrue [ʃaʀy] *f AGR* Pflug *m*
charter [ʃaʀtɛʀ] *m* Charterflug *m*
chas [ʃa] *m* Nadelöhr *n*
chasse [ʃas] *f 1.* Jagd *f; 2. ~ d'eau* Spülung *f,* Toilettenspülung *f*
chasse-neige [ʃasnɛʒ] *m 1. (véhicule)* Schneepflug *m,* Schneeräumer *m; 2. (au ski)* Pflug *m; descendre la pente en ~* im Schneepflug den Hang hinabfahren
chasser [ʃase] *v 1.* jagen; *2. (repousser)* verdrängen; *3. (expulser)* verjagen, verscheuchen
chasseur [ʃasœʀ] *m 1.* Jäger *m; 2. MIL* Jagdflugzeug *n*
châssis [ʃɑsi] *m 1.* Chassis *n; 2. ~ de fenêtre* Einfassung *f*
chaste [ʃast] *adj* keusch, sittsam
chasteté [ʃastəte] *f (pureté)* Keuschheit *f*
chat(te) [ʃa(t)] *m/f* Kater/Katze *m/f; appeler un ~ un ~* das Kind beim Namen nennen; *Il n'y a pas un ~.* Es ist kein Mensch da. *avoir d'autres ~s à fouetter* andere Sorgen haben; *écrire comme un ~* eine krakelige Schrift haben; *avoir un ~ dans la gorge* einen Frosch im Hals haben
châtaigne [ʃɑtɛɲ] *f BOT* Kastanie *f*
châtain [ʃɑtɛ̃] *adj* kastanienbraun
château [ʃɑto] *m 1.* Burg *f; s'écrouler comme un ~ de cartes* wie ein Kartenhaus zusammenstürzen; *~ fort* Burg *f,* Ritterburg *f; 2. (résidence)* Schloss *n; bâtir des ~x en Espagne* Luftschlösser bauen
chat-huant [ʃayɑ̃] *m ZOOL* Kauz *m*
châtier [ʃɑtje] *v* strafen
châtiment [ʃɑtimɑ̃] *m* Bestrafung *f*
chaton [ʃatɔ̃] *m (petit chat) ZOOL* Kätzchen *n*
chatouiller [ʃatuje] *v 1.* kitzeln; *2. (gratter)* krabbeln, kratzen
chatouilleux [ʃatujø] *adj* kitzelig
chatoyer [ʃatwaje] *v* schillern
châtrer [ʃɑtʀe] *v 1. ZOOL* sexuell verstümmeln; *2. MED* kastrieren
chaud [ʃo] *adj 1.* warm; *2. (brûlant)* heiß; *3. (ardent)* heißblütig; *ne faire ni ~ ni froid (fam)* kalt lassen
chaudière [ʃodjɛʀ] *f* Heizkessel *m,* Kessel *m; ~ à vapeur* Dampfkessel *m*
chaudron [ʃodʀɔ̃] *m (de cuisine)* Kessel *m; ~ de sorcière (fig)* Hexenkessel *m*
chauffage [ʃofaʒ] *m* Heizung *f; ~ central* Zentralheizung *f; ~ à distance* Fernheizung *f; ~ au gaz* Gasheizung *f*
chauffard [ʃofaʀ] *m* Geisterfahrer *m*
chauffe-eau [ʃofo] *m 1.* Warmwasserbereiter *m; 2. ~ électrique* Boiler *m*
chauffe-liquide [ʃoflikid] *m* Tauchsieder *m*
chauffer [ʃofe] *v 1.* heizen; *2. (une pièce)* beheizen; *3. (réchauffer)* wärmen; *4. faire ~* erhitzen
chaufferie [ʃofʀi] *f* Heizkeller *m*
chauffeur [ʃofœʀ] *m 1.* Chauffeur *m,* Fahrer *m; 2. (routier)* Kraftfahrer *m*
chaume [ʃom] *m* Stroh *n*
chaussée [ʃose] *f* Fahrbahn *f*
chausse-pied [ʃospje] *m* Schuhlöffel *m,* Schuhanzieher *m*
chaussette [ʃosɛt] *f* Socke *f,* Strumpf *m*
chausson [ʃosɔ̃] *m* Hausschuh *m*
chaussure [ʃosyʀ] *f 1.* Schuh *m; ~ de ski* Skischuh *m; ~ de sport* Turnschuh *m; 2. ~s à pointes pl* Spikes *pl; 3. ~s vernies pl* Lackschuhe *pl*
chauve [ʃov] *adj* kahl, glatzköpfig
chauve-souris [ʃovsuʀi] *f ZOOL* Fledermaus *f*
chauvin [ʃovɛ̃] *adj* chauvinistisch
chauvinisme [ʃovinism] *m* Chauvinismus *m*
chaux [ʃo] *f* Kalk *m*
chavirer [ʃaviʀe] *v* kentern
cheddite [ʃedit] *f* Dynamit *n*
chef [ʃɛf] *m 1.* Chef *m,* Führer *m; être ~ de file* federführend sein; *faire qc de son propre ~* etw auf eigene Faust machen; *~ d'orchestre* Dirigent *m,* Kapellmeister *m; ~ de classe* Klassensprecher *m; 2. (directeur)* Oberhaupt *n; 3. (supérieur)* Leiter *m; ~ de vente* Verkaufsleiter *m; ~ de production* Aufnahmeleiter *m; 4. (leader)* Anführer *m*
chef-d'œuvre [ʃɛdœvʀ] *m* Meisterstück *n,* Meisterwerk *n*
chef-lieu [ʃɛfljø] *m* Kreisstadt *f*
cheik [ʃɛk] *m* Scheich *m*
chemin [ʃəmɛ̃] *m 1.* Weg *m; faire son ~* seinen Weg machen; *en ~* unterwegs; *~ fai-*

sant unterwegs; ~ *piétonnier* Fußweg *m;* ~ *de table* Läufer *m;* ~ *de promenade* Spazierweg *m; indiquer le* ~ *à qn* jdn zurechtweisen; ~ *de croix* Kreuzweg *m; 2. (sentier)* Gehweg *m;* ~ *de fer* Eisenbahn *f; 3. (étroit)* Pfad *m*

cheminée [ʃəmine] *f 1.* Kamin *m,* Schornstein *m; 2.* ~ *d'usine* Schlot *m*

cheminer [ʃəmine] *v (aller)* wandeln

cheminot [ʃəmino] *m* Bahnbeamter *m*

chemise [ʃəmiz] *f 1.* Hemd *n; en manches de* ~ hemdsärmelig; ~ *de nuit* Nachthemd *n; 2. (pour filles)* Unterhemd *n; 3. (dossier)* Mappe *f,* Sammelmappe *f*

chemisier [ʃəmizje] *m* Bluse *f,* Hemdbluse *f*

chêne [ʃɛn] *m BOT* Eiche *f*

chéneau [ʃeno] *m* Rinne *f*

chenil [ʃəni] *m* Hundezwinger *m*

chenille [ʃənij] *f 1. TECH* Raupe *f; 2. ZOOL* Raupe *f*

chèque [ʃɛk] *m* Scheck *m;* ~ *de voyage* Reisescheck *m;* ~ *postale* Postscheck *m;* ~ *barré* Verrechnungsscheck *m;* ~ *bancaire* Bankanweisung *f;* ~ *non-barré* Barscheck *m;* ~ *en blanc* Blankoscheck *m; par* ~ per Scheck

cher [ʃɛʀ] *adj 1.* kostspielig, teuer; *2. (aimé)* lieb, teuer; ~ *ami* lieber Freund *m,* werter Freund *m; Ses enfants lui sont ~s.* Seine Kinder sind ihm lieb und teuer.

chercher [ʃɛʀʃe] *v 1.* forschen; *2. (rechercher)* suchen; ~ *querelle à qn* Streit mit jdm suchen; ~ *à égaler qn* jdm nacheifern; ~ *la petite bête* nörgeln; ~ *à faire qc* etw zu tun trachten

chercheur [ʃɛʀʃœʀ] *m* Forscher *m*

chéri(e) [ʃeʀi] *m/f* Schatz *m,* Liebling *m*

chérir [ʃeʀiʀ] *v* lieben

cheval [ʃəval] *m 1.* Pferd *n;* ~ *de course* Rennpferd *n;* ~ *à bascule* Schaukelpferd *n;* ~ *de bataille (fig)* Steckenpferd *n;* ~ *blanc* Schimmel *m; 2.* ~ *d'arçons SPORT* Bock *m*

chevaleresque [ʃəvalʀɛsk] *adj* ritterlich

chevalet [ʃəvalɛ] *m (de peinture)* Staffelei *f*

chevalier [ʃəvalje] *m 1.* Ritter *m; 2.* ~ *d'industrie* Hochstapler *m*

chevalière [ʃəvaljɛʀ] *f* Siegelring *m*

chevauchée [ʃəvoʃe] *f* Ritt *m*

chevêche [ʃəvɛʃ] *f ZOOL* Kauz *m*

chevelu [ʃəvly] *adj* behaart

cheveu [ʃəvø] *m* Haar *n; s'arracher les ~x* sich die Haare raufen; *couper les ~x en quatre* Haarspalterei betreiben; *se faire des ~x blancs* sich Sorgen machen/sich graue Haare wachsen lassen; *venir comme un* ~ *sur la soupe* wie die Faust aufs Auge passen; *Il s'en faut d'un* ~. Es hängt am seidenen Faden. *d'un* ~ um Haaresbreite; *aux ~x gris* grauhaarig; *avoir mal aux ~x* einen Kater haben

chèvre [ʃɛvʀ] *f ZOOL* Ziege *f; devenir* ~ *(fig)* verrückt werden; *ménager la* ~ *et le chou (fig)* eine abwartende Haltung einnehmen/neutral bleiben

chevreuil [ʃəvʀœj] *m ZOOL* Reh *n*

chevroter [ʃəvʀɔte] *v (animal)* meckern

chewing-gum [ʃwiŋgɔm] *m* Kaugummi *m*

chez [ʃe] *prep 1.* bei; *2. aller* ~ *soi* nach Hause gehen; *3. être* ~ *soi* zu Hause sein

chic [ʃik] *adj 1. (élégant)* flott, schick; *2. (bien coupé)* schnittig

chicane [ʃikan] *f 1.* Nörgelei *f; 2. (querelle)* Schikane *f; faire des ~s* schikanieren

chicaner [ʃikane] *v 1.* nörgeln; *2. (se quereller)* schikanieren

chicaneur [ʃikanœʀ] *adj* streitsüchtig

chiche [ʃiʃ] *adj* kleinlich

chichis [ʃiʃi] *m/pl* Flausen *pl*

chien(ne) [ʃjɛ̃/ʃjɛn] *m/f* Hund/Hündin *m/f; Il ne faut pas être ~.* Man sollte nicht zu kleinlich sein. ~ *d'aveugle* Blindenhund *m;* ~ *de berger* Hirtenhund *m;* ~ *de garde* Wachhund *m*

chiffe [ʃif] *f* ~ *molle (fam)* Schlappschwanz *m,* Waschlappen *m*

chiffon [ʃifɔ̃] *m 1.* Tuch *n; parler ~s* von Mode reden; *2. (torchon)* Lumpen *m,* Lappen *m*

chiffonner [ʃifɔne] *v 1.* zerdrücken; *2. (froisser)* zerknittern; *3. se* ~ knittern

chiffrage [ʃifʀaʒ] *m* ~ *statistique* statistische Erfassung *f,* Statistik *f*

chiffre [ʃifʀ] *m 1.* Zahl *f,* Ziffer *f; 2. (code secret)* Chiffre *f; 3.* ~ *d' affaires ECO* Geschäftsumsatz *m*

chiffrer [ʃifʀe] *v 1.* chiffrieren, verschlüsseln; *2.* ~ *statistiquement* statistisch erfassen

chignon [ʃiŋɔ̃] *m* Dutt *m,* Haarknoten *m*

Chili [ʃili] *m GEO* Chile *n*

Chilien(ne) [ʃiljɛ̃/ʃiljɛn] *m/f* Chilene/Chilenin *m/f*

chimère [ʃimɛʀ] *f 1.* Fantasie *f; 2. (rêve)* Wunschtraum *m*

chimie [ʃimi] *f* Chemie *f;* ~ *biologique* Biochemie *f*

chimique [ʃimik] *adj* chemisch

chimiste [ʃimist] *m/f* *1.* Chemiker(in) *m/f; 2. (laborantin)* Laborant(in) *m/f*
chimpanzé [ʃɛ̃pɑ̃ze] *m* Schimpanse *m*
Chine [ʃin] *f GEO* China *n*
chinois [ʃinwa] *adj* chinesisch; *C'est du ~ pour moi.* Das sind böhmische Dörfer für mich.
Chinois(e) [ʃinwa(z)] *m/f* Chinese/Chinesin *m/f*
chiot [ʃjo] *m ZOOL* Welpe *m*
chiper [ʃipe] *v (fam: voler)* klauen
chipoter [ʃipɔte] *v 1. (fam)* bummeln, trödeln; *2. ~ sur qc* auf etw herumreiten, in etw pingelig sein; *~ sur les moindres détails* auf jeder Einzelheit herumreiten/Haarspalterei betreiben; *Il chipote sur les dépenses.* Er ist sehr knausrig. *3. se ~ (se disputer)* sich streiten, sich in den Haaren liegen
chips [ʃips] *f/pl* Kartoffelchips *pl*
chirurgical [ʃiʀyʀʒikal] *adj* chirurgisch
chirurgie [ʃiʀyʀʒi] *f* Chirurgie *f*
chirurgien(ne) [ʃiʀyʀʒjɛ̃/ʃiʀyʀʒjɛn] *m/f* Chirurg(in) *m/f*
choc [ʃɔk] *m 1. (coup)* Schlag *m,* Stoß *m; ~ retour* Rückschlag *m; 2. (heurt)* Aufprall *m; 3. (commotion)* Erschütterung *f; 4. (collision)* Zusammenstoß *m*
chocolat [ʃɔkɔla] *m* Schokolade *f; une tablette de ~* eine Tafel Schokolade *f; ~ chaud* heiße Schokolade *f,* Kakao *m*
chœur [kœʀ] *m* Chor *m*
choisi [ʃwazi] *adj 1.* gewählt; *2. (exquis)* erlesen
choisir [ʃwaziʀ] *v 1.* auswählen; *C'est à vous de ~.* Die Entscheidung liegt bei Ihnen. *2. (opter pour)* wählen, auswählen; *3. (sélectionner)* heraussuchen
choix [ʃwa] *m 1.* Auswahl *f,* Wahl *f; Je n'ai pas le ~.* Ich habe keine Wahl. *de premier ~* erstklassig; *2. (possibilités)* Palette *f,* Wahlmöglichkeiten *pl; au ~* wahlweise; *avoir le ~* die Wahl haben
choléra [kɔleʀa] *m MED* Cholera *f*
cholérique [kɔleʀik] *adj 1.* cholerisch; *m/f 2.* Choleriker(in) *m/f*
chômage [ʃomaʒ] *m* Arbeitslosigkeit *f; au ~* arbeitslos; *~ partiel* Kurzarbeit *f*
chômeur [ʃomœʀ] *m* Arbeitslose(r) *m/f*
chope [ʃɔp] *f ~ de bière* Bierkrug *m*
chopiner [ʃɔpine] *v (fam)* saufen
choquant [ʃɔkɑ̃] *adj* unanständig
choquer [ʃɔke] *v 1.* schockieren; *2. (déplaire)* missfallen; *3. ~ qn (fam)* bei jdm anecken

choral [kɔʀal] *m MUS* Choral *m*
chorale [kɔʀal] *f ~ paroissiale* Kirchenchor *m*
chorégraphie [kɔʀegʀafi] *f* Choreografie *f*
chose [ʃoz] *f 1.* Ding *n,* Sache *f,* Gegenstand *m; laisser aller les ~s* den Dingen ihren Lauf lassen; *la même ~* einerlei; *avoir l'air tout ~* ganz durcheinander aussehen; *~ principale* Hauptsache *f; 2. ~ sainte/~ sacrée* Heiligtum *n*
chou [ʃu] *m* Kraut *n,* Kohl *m; ~ de Bruxelles* Rosenkohl *m; ~ rouge* Rotkohl *m; ~ pommé/~ blanc* Weißkohl *m; ~ frisé* Wirsing *m*
choucroute [ʃukʀut] *f* Sauerkraut *n*
chouette [ʃwɛt] *adj 1. (fam)* großartig, prima; *f 2. ZOOL* Eule *f*
chou-fleur [ʃuflœʀ] *m* Blumenkohl *m*
chou-rave [ʃuʀav] *m* Kohlrabi *m*
choyer [ʃwaje] *v* verwöhnen, hätscheln
chrétien [kʀetjɛ̃] *adj* christlich
chrétien(ne) [kʀetjɛ̃/kʀetjɛn] *m/f* Christ(in) *m/f*
chrétienté [kʀetjɛ̃te] *f* Christenheit *f*
Christ [kʀist] *m REL* Christus *m*
chromatique [kʀɔmatik] *adj* chromatisch
chromosome [kʀɔmozom] *m BIO* Chromosom *n*
chronique [kʀɔnik] *f 1.* Chronik *f; 2. ~ locale* Lokalnachrichten *pl; adj 3.* chronisch
chronologique [kʀɔnɔlɔʒik] *adj* chronologisch
chronomètre [kʀɔnɔmɛtʀ] *m* Stoppuhr *f*
chronométrer [kʀɔnɔmetʀe] *v (mesurer)* die Zeit stoppen
chrysanthème [kʀizɑ̃tɛm] *m BOT* Chrysantheme *f*
chuchotement [ʃyʃɔtmɑ̃] *m* Geflüster *n*
chuchoter [ʃyʃɔte] *v 1.* flüstern, hauchen; *2. (susurrer)* lispeln; *3. (murmurer)* munkeln; *On chuchote que ...* Es wird gemunkelt, dass ...
chut [ʃyt] *interj Chut!* Ruhe!/Pst!
chute [ʃyt] *f 1.* Sturz *m,* Fall *m; ~ de pierres* Steinschlag *m; ~ de température* Temperatursturz *m; ~ d'eau* Wasserfall *m; ~ des cheveux* Haarausfall *m; 2. (tombée à pic)* Absturz *m; 3. (effondrement)* Untergang *m,* Zerfall *m,* Verfall *m*
chuter [ʃyte] *v 1. (fig)* fallen; *2. (prix)* sinken

ci [si] *adv (lieu)* hier
cibiste [sibist] *m (amateur de radio)* Funker *m*
cible [sibl] *f 1. (but)* Zielscheibe *f,* Ziel *n; tir à la ~* Scheibenschießen *n; prendre qn pour ~* jdn als Zielscheibe benutzen; *2. (fig)* Ziel *n,* Zweck *m; servir de ~ à qn* jdm als Zielscheibe dienen; *être une ~ facile pour qn* jdm ein leichtes Ziel bieten; *être la ~ des critiques* die Zielscheibe der Kritik sein; *3. (en publicité)* Zielgruppe *f*
ciblé [sible] *adj* gezielt
ciboulette [sibulɛt] *f* Schnittlauch *m*
cicatrice [sikatʀis] *f* Narbe *f*
cicatrisé [sikatʀize] *adj* narbig
cicatriser [sikatʀize] *v 1.* vernarben; *2. se ~* verheilen, heilen
ci-dessus [sidəsy] *adj mentionné ~* vorhergehend, oben genannt
cidre [sidʀ] *m* Cidre *m*
ciel [sjɛl] *m* Himmel *m,* Firmament *n; C'est le ~ qui t'envoie.* Dich schickt der Himmel. *remuer ~ et terre* Himmel und Hölle in Bewegung setzen
cierge [sjɛʀʒ] *m* Kerze *f*
cieux [sjø] *m/pl* Himmel *m*
cigale [sigal] *f ZOOL* Grille *f*
cigare [sigaʀ] *m* Zigarre *f*
cigarette [sigaʀɛt] *f* Zigarette *f*
cigogne [sigɔɲ] *f ZOOL* Storch *m*
ci-inclus [siɛ̃kly] *adv* anbei, beiliegend
ci-joint [siʒwɛ̃] *adv* anbei, beiliegend
cil [sil] *m* Wimper *f,* Augenwimper *f*
cime [sim] *f 1. GEO* Gipfel *m,* Spitze *f; 2. BOT* Baumkrone *f*
ciment [simɑ̃] *m* Zement *m*
cimenter [simɑ̃te] *v 1.* zementieren; *2. (fig)* kitten
cimetière [simtjɛʀ] *m* Friedhof *m; ~ militaire* Soldatenfriedhof *m*
ciné [sine] *m (fam)* Kino *n*
cinéaste [sineast] *m/f CINE* Filmschaffende(r) *m/f,* Cineast *m*
cinéma [sinema] *m* Filmbranche *f,* Kino *n; C'est du ~.* Das ist doch nur Theater.
cinglant [sɛ̃glɑ̃] *adj (fig)* beißend
cinglé [sɛ̃gle] *adj (fam: fou)* verrückt
cingler [sɛ̃gle] *v (fig)* peitschen
cinq [sɛ̃k] *num* fünf
cinquantaine [sɛ̃kɑ̃tɛn] *f 1. (environ cinquante)* ungefähr Fünfzig; *une ~ d'enfants* ungefähr fünfzig Kinder *pl; 2. (âge)* fünfzig Jahre *pl,* Fünfzig *f; avoir la ~* ungefähr fünfzig Jahre alt sein/um die Fünfzig sein; *Il approche de la ~.* Er nähert sich der Fünfzig./ Er geht auf die Fünfzig zu.
cinquante [sɛ̃kɑ̃t] *num* fünfzig
cinquième [sɛ̃kjɛm] *adj 1.* fünfte(r,s); *habiter au ~* im fünften Stock wohnen; *Il est en ~.* Er steht an fünfter Stelle. *passer la ~ vitesse* den fünften Gang einlegen/in den fünften Gang schalten; *m 2. (fraction) MATH* Fünftel *n,* fünfter Teil *m; les deux ~s de qc* zwei Fünftel von etw; *m/f 3.* Fünfte(r) *m/f*
cinquièmement [sɛ̃kjɛməmɑ̃] *adv* fünftens
cintre [sɛ̃tʀ] *m 1.* Bügel *m; 2. ARCH* Bogen *m*
cirage [siʀaʒ] *m* Schuhcreme *f*
circonférence [siʀkɔ̃feʀɑ̃s] *f* Umfang *m*
circonscription [siʀkɔ̃skʀipsjɔ̃] *f 1. (administration)* Kreis *m,* Bezirk *m; 2. (électorale) POL* Wahlkreis *m*
circonspect [siʀkɔ̃spɛ] *adj 1.* bedächtig; *2. (prudent)* umsichtig
circonspection [siʀkɔ̃spɛksjɔ̃] *f* Umsicht *f*
circonstance [siʀkɔ̃stɑ̃s] *f 1.* Gegebenheit *f; 2. (situation)* Umstand *m; 3. ~s pl* Lage *f; 4. ~s pl (conditions)* Umstände *pl; dans ces ~* unter diesen Umständen; *5. ~s concomitantes pl* Begleitumstände *pl; 6. ~s pl (état des choses)* Sachverhalt *m*
circuit [siʀkɥi] *m 1.* Rundfahrt *f; 2. (de voiture)* Rennbahn *f,* Autorennbahn *f; 3. (électrique)* Stromkreis *m; 4. (fig)* Kreislauf *m*
circulaire [siʀkylɛʀ] *f 1. (ordre)* Anordnung *f; 2. (lettre)* Rundschreiben *n*
circulation [siʀkylasjɔ̃] *f* Verkehr *m,* Straßenverkehr *m; ~ réservée aux riverains* Anliegerverkehr *m; libre ~* Freizügigkeit *f; ~ en sens inverse* Gegenverkehr *m; ~ à droite* Rechtsverkehr *m; ~ sanguine* Kreislauf *m*
circuler [siʀkyle] *v 1.* kursieren; *2. faire ~* durchgeben; *3. (sang)* zirkulieren
cire [siʀ] *f* Wachs *n; ~ à cacheter* Siegelwachs *m*
cirer [siʀe] *v 1. (chaussures)* putzen; *2. (polir)* wachsen, polieren
cirque [siʀk] *m* Zirkus *m*
cirrhose [siʀoz] *f ~ du foie MED* Leberzirrhose *f*
ciseau [sizo] *m 1.* Meißel *m; 2. ~x pl* Schere *f; ~x à ongles* Nagelschere *f*
citation [sitasjɔ̃] *f 1.* Zitat *n; 2. JUR* Ladung *f,* Vorladung *f*
cité[1] [site] *f 1. (petite agglomération)* Siedlung *f; 2. (vieille ville)* Altstadt *f*

cité² [site] *adj ~ ci-dessus* oben genannt
citer [site] *v 1. (citation)* anführen, zitieren; *2. (assigner) JUR* vorladen
citerne [sitɛʀn] *f 1.* Tank *m; 2. (réservoir)* Zisterne *f*
citoyen(ne) [sitwajɛ̃/sitwajɛn] *m/f 1.* Bürger(in) *m/f; ~ d'honneur* Ehrenbürger *m; 2. (ressortissant(e))* Staatsbürger(in) *m/f,* Staatsangehörige(r) *m/f*
citron [sitʀɔ̃] *m* Zitrone *f*
citronnade [sitʀɔnad] *f* Zitronenlimonade *f*
citrouille [sitʀuj] *f BOT* Kürbis *m*
civière [sivjɛʀ] *f (pour blessé)* Bahre *f,* Tragbahre *f*
civil [sivil] *adj 1.* zivil; *2. JUR* bürgerlich
civilisation [sivilizasjɔ̃] *f 1.* Zivilisation *f; 2. (culture)* Kultur *f*
civilisé [sivilize] *adj* zivilisiert
civilité [sivilite] *f* Umgangsformen *pl*
clafoutis [klafuti] *m GAST* gefüllter Kuchen *m; ~ aux cerises* Kirschkuchen *m*
clair [klɛʀ] *adj 1.* licht, hell; *2. (liquide)* klar; *3. (transparent)* durchsichtig; *4. (net)* eindeutig; *5. (précis)* deutlich, klar; *parler ~* sich klar ausdrücken; *~ comme de l'eau de roche* glasklar; *6. (synoptique)* anschaulich, übersichtlich; *7. (évident)* einleuchtend; *8. (son)* hell; *9. (brillant)* blank; *10. (temps)* heiter; *m 11. ~ de lune* Mondschein *m*
clairière [klɛʀjɛʀ] *f (en forêt)* Lichtung *f*
clairon [klɛʀɔ̃] *m (militaire) MUS* Trompeter *m*
clairsemé [klɛʀsəme] *adj 1. (chose)* dünn; *2. (pas dense)* licht
clairvoyance [klɛʀvwajɑ̃s] *f* Weitblick *m,* Weitsicht *f*
clairvoyant [klɛʀvwajɑ̃] *adj (fig)* weitsichtig
clan [klɑ̃] *m* Sippe *f*
clandestin [klɑ̃dɛstɛ̃] *adj* heimlich
clandestinité [klɑ̃dɛstinite] *f 1.* Heimlichkeit *f; 2. (retraite)* Verborgenheit *f*
clapet [klapɛ] *m* Klappe *f*
clapoter [klapɔte] *v* plätschern
claque [klak] *f* Ohrfeige *f*
claquer [klake] *v 1. (bruit)* klatschen; *2. (retentir)* klappern, knallen; *~ des dents* mit den Zähnen klappern
clarification [klaʀifikasjɔ̃] *f* Klärung *f*
clarifier [klaʀifje] *v* klären
clarinette [klaʀinɛt] *f MUS* Klarinette *f*
clarté [klaʀte] *f 1.* Licht *n,* Schein *m; 2. (luminosité)* Helligkeit *f; 3. (liquide)* Klarheit *f; 4. (précision)* Deutlichkeit *f; 5. (netteté)* Eindeutigkeit *f*
classe [klas] *f 1. (catégorie)* Klasse *f; ~ scolaire* Klasse *f; ~ sociale* Klasse *f,* Schicht *f; de grande ~* hochkarätig; *~ économique* Touristenklasse *f; 2. (qualité)* Rang *m; 3. (fig)* Format *n; 4. (placement)* Stand *m; être conscient de sa ~* klassenbewusst sein; *~ moyenne* Mittelschicht *f; 5. (cours)* Unterrichtsstunde *f; heure de ~* Unterrichtsstunde *f; passer dans la ~ supérieure (de l'école)* versetzen; *6. MIL* Jahrgang *m; ~ d'âge* Altersklasse *f,* Altersgruppe *f*
classement [klasmɑ̃] *m 1.* Ordnung *f; 2. (rangement)* Ablage *f; 3. (répartition)* Einteilung *f,* Klassifikation *f; 4. (placement)* Platzierung *f,* Rangliste *f; 5. SPORT* Wertung *f*
classer [klase] *v 1.* ordnen, sortieren; *2. (trier)* aussortieren; *3. (ordonner)* einordnen, einstufen; *4. (attribuer)* zuordnen; *5. (des documents)* ablegen
classeur [klasœʀ] *m 1.* Hefter *m,* Ordner *m; 2. (chemise)* Sammelmappe *f*
classicisme [klasisism] *m 1.* Klassik *f; 2. (mouvement artistique)* Klassizismus *m*
classification [klasifikasjɔ̃] *f 1.* Gliederung *f,* Klassifikation *f; 2. (subdivision)* Unterteilung *f*
classifier [klasifje] *v* unterteilen
classique [klasik] *adj 1.* humanistisch; *2. (sans mode)* zeitlos, klassisch; *m 3. (style)* Klassik *f; musique ~* Klassik *f; 4. (œuvre très connue)* Klassiker *m*
clause [kloz] *f 1. JUR* Klausel *f; ~ de la nation la plus favorisée ECO* Meistbegünstigungsklausel *f; 2. ~s pl* Bestimmung *f,* Verordnung *f*
clavecin [klavsɛ̃] *m MUS* Cembalo *n*
clavicule [klavikyl] *f* Schlüsselbein *n*
clavier [klavje] *m* Tastatur *f*
clé [kle] *f 1.* Schlüssel *m; fermer à ~* zuschließen; *~ de contact (pour voiture)* Zündschlüssel *m; 2. (d'une porte)* Türschlüssel *m*
clef [kle] *f (voir „clé")*
clémence [klemɑ̃s] *f 1.* Gnade *f; avec ~* gnädig; *2. (douceur)* Milde *f*
clément [klemɑ̃] *adj 1. (caractère)* mild; *2. (indulgent)* gnädig
clémentine [klemɑ̃tin] *f BOT* Klementine *f*
clergé [klɛʀʒe] *m REL* Geistlichkeit *f,* Klerus *m*

cliché [kliʃe] *m 1.* Klischee *n; 2. FOTO* Aufnahme *f*
client(e) [klijɑ̃(t)] *m/f 1.* Gast *m; 2. (acheteur/acheteuse)* Kunde/Kundin *m/f,* Klient(in) *m/f; ~ régulier* Stammkunde *m*
clientèle [klijɑ̃tɛl] *f* Kundschaft *f; ~ de passage ECO* Laufkundschaft *f*
cligner [kliɲe] *v ~ des yeux* blinzeln, zwinkern
clignotant [kliɲɔtɑ̃] *m 1. (de voiture) TECH* Blinker *m; adj 2. feu ~ TECH* Blinklicht *n*
clignoter [kliɲɔte] *v 1.* blinzeln; *2. TECH* blinken
climat [klima] *m METEO* Klima *n; ~ de travail* Betriebsklima *n; ~ montagnard* Gebirgsklima *n*
climatique [klimatik] *adj* klimatisch
climatisation [klimatizasjɔ̃] *f* Klimaanlage *f*
climatiseur [klimatizœʀ] *m* Klimaanlage *f*
clin [klɛ] *m ~ d'œil* Augenzwinkern *n; faire un ~ d'œil à qn* jdm zuzwinkern; *en un ~ d'œil* innerhalb kürzester Zeit/im Nu; *échanger des clins d'œil complices* sich verschworene Blicke zuwerfen
clinique [klinik] *f 1.* Klinik *f; adj 2.* klinisch
clique [klik] *f (fam)* Clique *f,* Clan *m; Il est venu avec toute sa ~.* Er ist mit seiner ganzen Clique gekommen.
cliqueter [klikte] *v (son)* klirren
clochard [klɔʃaʀ] *m (fam)* Gammler *m,* Penner *m*
cloche [klɔʃ] *f* Glocke *f*
clocher [klɔʃe] *m 1.* Glockenturm *m; 2. ~ d'église* Kirchturm *m,* Turm *m*
clochette [klɔʃɛt] *f* Glockenblume *f*
cloison [klwazɔ̃] *f 1.* Wand *f; 2. (séparation)* Verschlag *m*
cloître [klwatʀ] *m ARCH* Kreuzgang *m*
clopiner [klɔpine] *v* humpeln
cloque [klɔk] *f MED* Blase *f*
clore [klɔʀ] *v irr* schließen
cloro-fluoro-carbone [klɔʀɔflyɔʀɔkarbɔn] *m CHEM* Fluorchlorkohlenwasserstoff *m*
clos [klo] *adj* geschlossen
clôture [klotyʀ] *f 1.* Schluss *m; heure de ~* Sperrstunde *f; 2. (d'une balance commerciale) ECO* Abschluss *m; ~ de l'exercice* Jahresabschluss *m; 3. (enclos)* Zaun *m; ~ métallique* Drahtzaun *m; ~ de jardin* Gartenzaun *m; 4. (enceinte)* Umfassung *f,* Einzäunung *f; 5. (barrière)* Schranke *f*
clôturer [klotyʀe] *v* umzäunen
clou [klu] *m 1.* Clou *m; 2. TECH* Nagel *m; ~ sans tête* Stift *m; maigre comme un ~* klapperdürr; *3. ~ de girofle BOT* Nelke *f*
clouer [klwe] *v 1. (fixer)* anschlagen; *2. (clouter)* nageln; *3. ~ au pilori* anprangern
clown [klun] *m* Clown *m*
clownerie [klunʀi] *f (fam)* Faxenmacherei *f,* dummes Zeug *n*
club [klœb] *m 1.* Verein *m,* Klub *m; ~ sportif* Sportverein *m; membre d'un ~* Klubmitglied *n; 2. (local)* Klubhaus *n; 3. ~ de golf SPORT* Golfschläger *m*
coaguler [kɔagyle] *v se ~* gerinnen
coaliser [kɔalize] *v se ~ à/se ~ avec* sich verbünden mit
coalition [kɔalisjɔ̃] *f POL* Koalition *f*
coasser [kɔase] *v* quaken
cobaye [kɔbaj] *m ZOOL* Meerschweinchen *n; servir de ~ (fig)* als Versuchsobjekt herhalten/als Versuchskaninchen dienen
cocaïne [kɔkain] *f* Kokain *n*
cocasse [kɔkas] *adj* drollig, putzig
coccinelle [kɔksinɛl] *f ZOOL* Marienkäfer *m*
coccyx [kɔksis] *m ANAT* Steißbein *n*
cocher [kɔʃe] *m* Kutscher *m*
cochon [kɔʃɔ̃] *m 1. ZOOL* Schwein *n; ~ d'Inde* Meerschweinchen *n; 2. (fig)* Ferkel *n; ~ de lait* Spanferkel *n; 3. petit ~ (fam)* Schmutzfink *m*
cochonnerie [kɔʃɔnʀi] *f (fam)* Sauerei *f,* Schweinerei *f*
cocktail [kɔktɛl] *m* Cocktail *m*
cocon [kɔkɔ̃] *m ZOOL* Puppe *f*
cocotte-minute [kɔkɔtminyt] *f* Dampfkochtopf *m,* Schnellkochtopf *m*
code [kɔd] *m 1.* Kennziffer *f,* Code *m; ~ barres INFORM* Strichcode *m; 2. JUR* Gesetzbuch *n; ~ civil* bürgerliches Gesetzbuch *n; ~ pénal* Strafgesetzbuch *n; 3. ~ de la route* Straßenverkehrsordnung *f,* Verkehrsregel *f; 4. (fig)* Schlüssel *m*
coder [kɔde] *v* verschlüsseln, kodieren
cœur [kœʀ] *m 1. ANAT* Herz *n; en avoir gros sur le ~* großen Kummer haben; *écouter son ~* seinem Herzen folgen; *Le ~ n'y est pas.* Er ist mit den Gedanken ganz woanders. *soulever le ~* Ekel erregen; *à ~ ouvert* freimütig; *de bon ~* freudig; *J'ai mal au ~.* Mir wird übel. *2. (fig: essentiel)* Kern *m; 3. (centre)* Mittelpunkt *m; 4. par ~* auswendig

coffre [kɔfʀ] *m 1. (de voiture)* Kofferraum *m; 2. (caisse)* Kasten *m; 3. (malle)* Truhe *f*
coffre-fort [kɔfʀfɔʀ] *m* Safe *m,* Tresor *m,* Banksafe *m*
cognac [kɔɲak] *m GAST* Cognac *m*
cogne [kɔɲ] *m (fam: gendarme)* Bulle *m*
cogner [kɔɲe] *v 1.* anstoßen, stoßen; *2. (moteur)* klopfen; *3. (battre)* schlagen
cognition [kɔgnisjɔ̃] *f* Erkenntnis *f*
cohérent [kɔeʀɑ̃] *adj 1.* einheitlich; *2. (argumentation)* zusammenhängend
cohésion [kɔezjɔ̃] *f* Zusammenhalt *m*
cohue [kɔy] *f* Gedränge *n*
coiffe [kwaf] *f* Haube *f*
coiffer [kwafe] *v* frisieren
coiffeur [kwafœʀ] *m* Friseur *m*
coiffeuse [kwaføːz] *f* Friseurin *f,* Friseuse *f*
coiffure [kwafyʀ] *f* Frisur *f*
coin [kwɛ̃] *m 1.* Ecke *f; petit ~* Abort *m; ~ repas* Essecke *f; du ~* hiesig; *2. (cale)* Keil *m; 3. (fig)* Winkel *m; 4. petit ~* Plätzchen *n*
coincer [kwɛ̃se] *v se ~* klemmen, festsitzen
coïncider [kɔɛ̃side] *v 1. ~ avec (être égal à)* übereinstimmen mit; *2. ~ avec (temporel)* zusammenfallen mit
coing [kwɛ̃] *m BOT* Quitte *f*
col [kɔl] *m 1.* Kragen *m; ~ roulé* Rollkragen *m; 2. (de montagne)* Pass *m; 3. (de bouteille)* Hals *m*
colchique [kɔlʃik] *m BOT* Herbstzeitlose *f*
coléoptère [kɔleɔptɛʀ] *m ZOOL* Käfer *m*
colère [kɔlɛʀ] *f* Wut *f,* Ärger *m; passer sa ~ sur qn* seine Wut an jdm auslassen; *laisser éclater sa ~* seinem Ärger Luft machen; *en ~* zornig, wild, wütend
colérique [kɔleʀik] *adj* jähzornig
colibacille [kɔlibasil] *m* Kolibakterie *f*
colifichet [kɔlifiʃɛ] *m* Nippes *pl*
colique [kɔlik] *f* Bauchschmerzen *pl,* Kolik *f*
colis [kɔli] *m 1.* Paket *n; ~ postal* Paket *n; 2. ECO* Stückgut *n; 3. ~ exprès* Expressgut *n,* Eilgut *n*
collaborateur [kɔlabɔʀatœʀ] *m* Mitarbeiter *m*
collaboration [kɔlabɔʀasjɔ̃] *f 1.* Mitarbeit *f,* Mitwirkung *f; 2. (coopération)* Zusammenarbeit *f*
collaborer [kɔlabɔʀe] *v 1. ~ à* teilnehmen an; *2. (travailler avec)* mitarbeiten; *3. ~ avec* zusammenarbeiten mit
collage [kɔlaʒ] *m* Ankleben *n,* Befestigen *n; le ~ des affiches* das Aufhängen von Plakaten *n*
collant [kɔlɑ̃] *adj 1. (vêtement)* anliegend, hauteng; *2. (adhérent)* klebrig; *m 3. ~s pl* Strumpfhose *f*
collation [kɔlasjɔ̃] *f* Imbiss *m*
colle [kɔl] *f* Klebstoff *m,* Leim *m; avoir une ~ (à l'école)* nachsitzen
collecte [kɔlɛkt] *f 1.* Sammlung *f; 2. (d'impôts) ECO* Erhebung *f; 3. ~ des ordures ménagères* Müllabfuhr *f*
collecter [kɔlɛkte] *v* sammeln
collecteur [kɔlɛktœʀ] *m TECH* Kollektor *m*
collectif [kɔlɛktif] *adj* kollektiv
collection [kɔlɛksjɔ̃] *f* Sammlung *f,* Kollektion *f; ~ d'objets d'art* Kunstsammlung *f; ~ de pièces* Münzsammlung *f*
collectionneur [kɔlɛksjɔ̃nœʀ] *m* Sammler *m*
collectivité [kɔlɛktivite] *f* Gemeinschaft *f,* Kollektiv *n*
collège [kɔlɛʒ] *m* Oberschule *f*
collègue [kɔlɛʒ] *m/f* Kollege/Kollegin *m/f*
coller [kɔle] *v 1.* kleben, haften; *~ contre* ankleben; *2. (fixer)* kleben, heften, leimen; *3. (boucher)* verkleben; *4. (cacheter)* zukleben; *5. (fig: réussir)* klappen
collet [kɔlɛ] *m* Schlinge *f*
collier [kɔlje] *m* Halsband *n,* Halskette *f; ~ de perles* Perlenkette *f*
colline [kɔlin] *f* Hügel *m,* Anhöhe *f*
collision [kɔlizjɔ̃] *f 1.* Kollision *f,* Zusammenstoß *m; ~ de front* Frontalzusammenstoß *m; 2. (choc)* Aufprall *m*
colombe [kɔlɔ̃b] *f ZOOL* Taube *f*
colon [kɔlɔ̃] *m* Siedler *m*
colonialisme [kɔlɔnjalism] *m POL* Kolonialismus *m*
colonie [kɔlɔni] *f* Ansiedlung *f,* Kolonie *f*
colonisation [kɔlɔnizasjɔ̃] *f* Ansiedlung *f*
colonne [kɔlɔn] *f 1.* Säule *f; ~ d'affichage* Litfasssäule *f; 2. (d'un journal)* Kolumne *f,* Spalte *f; 3. ~ vertébrale* Wirbelsäule *f*
coloration [kɔlɔʀasjɔ̃] *f* Färbung *f,* Tönung *f*
coloré [kɔlɔʀe] *adj* farbig
colorer [kɔlɔʀe] *v* färben, tönen
colorier [kɔlɔʀje] *v* kolorieren
colossal [kɔlɔsal] *adj 1.* riesig, gigantisch; *2. (énorme)* mächtig

colosse [kɔlɔs] *m* Koloss *m*, Riese *m*
colporter [kɔlpɔʀte] *v 1.* ausplaudern; *2. (faire du porte à porte)* hausieren
colporteur [kɔlpɔʀtœʀ] *m* Hausierer *m*
colvert [kɔlvɛʀ] *m* Enterich *m*, Erpel *m*
coma [kɔma] *m MED* Koma *n; entrer dans le ~* ins Koma fallen; *être dans le ~* im Koma liegen; *sortir du ~* aus dem Koma erwachen
combat [kɔ̃ba] *m 1.* Kampf *m; ~ de boxe* Boxkampf *m; 2. MIL* Gefecht *n*
combatif [kɔ̃batif] *adj* kämpferisch
combattant [kɔ̃batɑ̃] *m* Kämpfer *m*
combattre [kɔ̃batʀ] *v irr 1.* kämpfen; *2. (contester)* anfechten; *3. (se battre contre)* bekämpfen; *4. ~ pour* verfechten
combien [kɔ̃bjɛ̃] *konj 1.* wie; *adv 2.* wie viel; *3. ~ de* wie viele
combinaison [kɔ̃binɛzɔ̃] *f 1. CHEM* Verbindung *f; 2. (arrangement)* Kombination *f; 3. (bleu)* Overall *m; ~ de ski* Skianzug *m; ~ de plongée* Taucheranzug *m*
combine [kɔ̃bin] *f (fig)* Masche *f*
combiner [kɔ̃bine] *v (relier)* kombinieren
comble [kɔ̃bl] *m 1.* Dachstuhl *m; 2. (fig)* Gipfel *m; 3. ~s pl* Dachboden *m; adj 4.* voll
comblé [kɔ̃ble] *adj* selig
combler [kɔ̃ble] *v 1.* ausfüllen; *2. (souhait)* erfüllen; *Vous me comblez!* Sie verwöhnen mich!
combustible [kɔ̃bystibl] *adj 1.* brennbar; *m 2.* Brennstoff *m*, Kraftstoff *m; 3. TECH* Brennelement *n; 4. ~s pl* Brennmaterial *n*
combustion [kɔ̃bystjɔ̃] *f (d'un moteur) TECH* Verbrennung *f*
comédie [kɔmedi] *f 1.* Komödie *f; 2. THEAT* Lustspiel *n; 3. (fig)* Theater *n*
comédien(ne) [kɔmedjɛ̃/kɔmedjɛn] *m/f* Komödiant(in) *m/f*
comestible [kɔmɛstibl] *adj 1.* essbar; *2. (ironique: mangeable)* genießbar; *m 3. ~s de choix pl GAST* Delikatesse *f*
comète [kɔmɛt] *m ASTR* Komet *m*
comique [kɔmik] *m 1.* Komik *f; ~ de situation* Situationskomik *f; 2. (artiste)* Komiker *m; adj 3. (drôle)* komisch, drollig; *4. (fou)* närrisch
comité [kɔmite] *m 1.* Komitee *n*, Ausschuss *m; ~ d'entreprise* Betriebsrat *m; ~ des bourses de valeurs* Börsenbehörde *f; 2. (assemblée)* Kommission *f; 3. ~ directeur* Präsidium *n*, Vorsitz *m; membre du ~ directeur* Vorstandsmitglied *n*
commandant [kɔmɑ̃dɑ̃] *m 1. MIL* Befehlshaber *m; 2. ~ de bord (d' avion)* Kapitän *m*
commande [kɔmɑ̃d] *f 1.* Anforderung *f*, Bestellung *f; passer une seconde ~* nachbestellen; *~ préalable* Vorbestellung *f; 2. (passation de ~)* Buchung *f; 3. TECH* Betätigung *f*
commandement [kɔmɑ̃dmɑ̃] *m 1.* Führung *f*, Leitung *f; 2. (ordres)* Kommando *n*, Befehlsgewalt *f; 3. (prescription)* Gebot *n*
commander [kɔmɑ̃de] *v 1.* bestellen; *~ d'avance* vorbestellen; *2. (donner un ordre)* anordnen; *3. (ordonner)* kommandieren, befehlen
commanditaire [kɔmɑ̃ditɛʀ] *m ECO* Gesellschafter *m*
comme [kɔm] *konj 1.* als; *2. (puisque)* da; *3. (de même que)* wie; *adv 4.* wie; *Comme vous voudrez.* Wie Sie wollen. *5. ~ suit* folgendermaßen; *6. ~ cela (causal)* hierdurch
commencement [kɔmɑ̃smɑ̃] *m 1.* Anfang *m*, Beginn *m; C'est le ~ de la fin.* Das ist der Anfang vom Ende. *Il y a un ~ à tout.* Es ist noch kein Meister vom Himmel gefallen. *2. (début)* Anbruch *m; 3. (origine)* Entstehung *f*
commencer [kɔmɑ̃se] *v 1.* anfangen, beginnen; *Ça commence bien.* Das fängt ja gut an. *~ à* beginnen zu; *~ à (projet)* anlaufen; *~ à poindre* anbrechen; *2. (engager)* aufnehmen; *~ une liaison* eine Verbindung aufnehmen; *~ à être* werden
comment [kɔmɑ̃] *adv 1.* wie; *2. Comment cela?* Wieso? *3. Comment? (question)* Wie bitte?
commentaire [kɔmɑ̃tɛʀ] *m 1.* Kommentar *m; 2. (explication)* Erläuterung *f*
commentateur [kɔmɑ̃tatœʀ] *m* Kommentator *m*
commenter [kɔmɑ̃te] *v* erläutern, kommentieren
commérage [kɔmeʀaʒ] *m (fam)* Klatsch *m*, Tratsch *m*
commerçant(e) [kɔmɛʀsɑ̃(t)] *m/f 1.* Händler(in) *m/f*, Kaufmann/Kauffrau *m/f; 2. ECO* Geschäftsmann/Geschäftsfrau *m/f*
commerce [kɔmɛʀs] *m 1. (magasin)* Geschäft *n; ~ saisonnier* Saisongeschäft *n; ~ des devises* Devisengeschäft *n; ~ d'exportation* Exportwirtschaft *f; ~ spécialisé* Fachgeschäft *n; de ~* kaufmännisch; *2. ECO* Handel *m; ~ intermédiaire* Zwischenhandel *m; ~ extérieur* Außenhandel *m; ~ intérieur* Binnenhandel *m; ~ de détail* Einzelhandel *m;*

~ de gros/~ en gros Großhandel *m; ~ mondial* Welthandel *m; faire du ~* handeln; *3. (métier) ECO* Gewerbe *n*

commercial [kɔmɛʀsjal] *adj 1.* geschäftlich; *2. (marchand)* kaufmännisch; *3. (vendeur)* kommerziell

commercialiser [kɔmɛʀsjalize] *v 1.* vermarkten; *2. (vendre)* absetzen

commère [kɔmɛʀ] *f (péjorativ)* Klatschbase *f*

commettre [kɔmɛtʀ] *v 1. (crime)* begehen; *~ un impair* sich danebenbenehmen; *se ~ avec qn* sich auf jdn einlassen; *2. (accomplir)* verüben; *~ un péché* sündigen; *~ un délit* ein Verbrechen begehen

commissaire [kɔmisɛʀ] *m 1.* Kommissar *m; 2. ~ aux comptes* Wirtschaftsprüfer *m,* Abschlussprüfer *m*

commissariat [kɔmisaʀja] *m ~ de police* Polizeirevier *n*

commission [kɔmisjɔ̃] *f 1.* Provision *f; 2. (comité)* Ausschuss *m,* Kommission *f; ~ d'examen* Prüfungsausschuss *m; ~ mixte paritaire* Vermittlungsausschuss *m; ~ parlementaire* Parlamentsausschuss *m; ~ d'arbitrage* Schiedsgericht *n; ~ d'enquête* Untersuchungsausschuss *m; 3. (commande) ECO* Kommission *f*

commode [kɔmɔd] *f 1.* Kommode *f; adj 2. (confortable)* bequem; *3. (agréable à habiter)* wohnlich

commodité [kɔmɔdite] *f 1.* Bequemlichkeit *f; 2.(avantage)* Annehmlichkeit *f*

commotion [kɔmɔsjɔ̃] *f* Erschütterung *f; ~ cérébrale MED* Gehirnerschütterung *f*

commun [kɔmœ̃] *adj 1.* allgemein; *2. (ensemble)* gemeinsam; *3. (habituel)* gewöhnlich; *adv 4. en ~* gemeinsam, miteinander

communal [kɔmynal] *adj* kommunal

communauté [kɔmynote] *f 1.* Allgemeinheit *f; 2. (collectivité)* Gemeinde *f,* Gemeinschaft *f; ~ de biens* Gütergemeinschaft *f; ~ économique* Wirtschaftsgemeinschaft *f; 3. (chose publique)* Gemeinwesen *n; 4. (un appartement)* Wohngemeinschaft *f*

commune [kɔmyn] *f POL* Gemeinde *f,* Kommune *f*

communément [kɔmynemɑ̃] *adv* allgemein

communicatif [kɔmynikatif] *adj* gesprächig, mitteilsam

communication [kɔmynikasjɔ̃] *f 1.* Mitteilung *f,* Verlautbarung *f; 2. (échange)* Kommunikation *f; 3. (conversation téléphonique)* Telefongespräch *n; ~ interurbaine* Ferngespräch *n; ~ locale/~ urbaine* Ortsgespräch *n*

communier [kɔmynje] *v REL* zur Kommunion gehen

communion [kɔmynjɔ̃] *f REL* Kommunion *f; première ~* Erstkommunion *f; ~ solennelle* Erstkommunion *f*

communiqué [kɔmynike] *m* Ansage *f*

communiquer [kɔmynike] *v 1.* mitteilen; *2. (faire part)* bekannt geben; *3. (avoir des contacts avec qn)* kommunizieren

communisme [kɔmynism] *m POL* Kommunismus *m*

communiste [kɔmynist] *m/f 1. POL* Kommunist(in) *m/f; adj 2. POL* kommunistisch

commutateur [kɔmytatœʀ] *m* Lichtschalter *m*

compact [kɔ̃pakt] *adj 1.* dicht, kompakt; *2. (serré)* dicht gedrängt; *3. (lourd)* derb

compagnie [kɔ̃paɲi] *f 1.* Gesellschaft *f,* Begleitung *f; ~ de transport en commun* Busunternehmen *n; ~ aérienne* Fluggesellschaft *f; 2. THEAT* Truppe *f; 3. ECO* Gesellschaft *f,* Kompanie *f; 4. ~ républicaine de sécurité (C.R.S.) MIL* Bereitschaftspolizei *f*

compagnon [kɔ̃paɲɔ̃] *m 1.* Lebensgefährte/Lebensgefährtin *m/f; 2. (accompagnateur/accompagnatrice)* Begleitung *f; ~ d'infortune* Leidensgefährte/Leidensgefährtin *m/f; ~ de voyage* Mitreisende(r) *m/f; 3. (camarade)* Geselle/Gesellin *m/f; 4. (ouvrier)* Kamerad(in) *m/f*

comparable [kɔpaʀabl] *adj* vergleichbar

comparaison [kɔ̃paʀɛzɔ̃] *f* Vergleich *m,* Gegenüberstellung *f*

comparaître [kɔ̃parɛtʀ] *v irr (devant le tribunal)* erscheinen

comparatif [kɔ̃paʀatif] *m GRAMM* Komparativ *m*

comparer [kɔ̃paʀe] *v* vergleichen, gegenüberstellen

compartiment [kɔ̃paʀtimɑ̃] *m* Abteil *n,* Zugabteil *n; ~ à secrets* Geheimfach *n; ~ fumeurs* Raucherabteil *n*

compartimenter [kɔ̃paʀtimɑ̃te] *v* abteilen

compas [kɔ̃pa] *m* Zirkel *m*

compassion [kɔ̃pasjɔ̃] *f* Mitleid *n,* Mitgefühl *n*

compatibilité [kɔ̃patibilite] *f 1.* Kompatibilität *f; 2. ~ écologique* Umweltverträglichkeit *f*

compatible [kɔ̃patibl] *adj* vereinbar, zusammenpassend
compatissant [kɔ̃patisɑ̃] *adj 1.* mitfühlend; *2. (charitable)* mitleidig
compatriote [kɔ̃patʀijɔt] *m/f* Landsmann/Landsmännin *m/f*
compensation [kɔ̃pɑ̃sasjɔ̃] *f 1.* Ersatzbefriedigung *f; 2. (contrepartie)* Gegenleistung *f; 3. (dédommagement)* Kompensation *f; 4. ~ de salaire* Lohnausgleich *m*
compenser [kɔ̃pɑ̃se] *v 1.* wieder gutmachen, wettmachen; *2. (fig)* ausgleichen
compère [kɔ̃pɛʀ] *m ~ rusé (fam)* Schlauberger *m*
compétence [kɔ̃petɑ̃s] *f 1.* Kompetenz *f,* Sachkenntnis *f; 2. (ressort)* Zuständigkeit *f*
compétent [kɔ̃petɑ̃] *adj 1. (autorisé à)* fähig, kompetent; *2. (~ pour)* zuständig, sachkundig; *3. (habilité)* befugt
compétitif [kɔ̃petitif] *adj* konkurrenzfähig
compétition [kɔ̃petisjɔ̃] *f 1.* Wettbewerb *m,* Wettkampf *m; 2. (concurrence)* Konkurrenz *f; 3. SPORT* Turnier *n*
complaisance [kɔ̃plɛzɑ̃s] *f 1.* Gefallen *m; 2. (obligeance)* Gefälligkeit *f; 3. (empressement)* Bereitwilligkeit *f*
complaisant [kɔ̃plɛzɑ̃] *adj 1.* zuvorkommend; *2. (bienveillant)* gnädig, wohlwollend; *3. (obligeant)* gefällig, entgegenkommend
complément [kɔ̃plemɑ̃] *m 1.* Ergänzung *f; 2. (supplément)* Beigabe *f; 3. ~ d'objet GRAMM* Objekt *n*
complet [kɔ̃plɛ] *adj 1.* ganz; *2. (entier)* völlig, vollständig; *3. (total)* restlos, komplett; *4. (en totalité)* vollzählig; *5. (réservations)* ausgebucht
complètement [kɔ̃plɛtmɑ̃] *adv 1.* restlos, vollständig; *2. (entièrement)* völlig, vollkommen
compléter [kɔ̃plete] *v 1.* ergänzen; *2. (remplir)* nachfüllen; *3. (ajouter)* nachtragen; *4. (parfaire)* vervollständigen
complexe [kɔ̃plɛks] *adj 1.* hintergründig; *2. (varié)* vielseitig; *m 3. PSYCH* Komplex *m; ~ d'infériorité* Minderwertigkeitskomplex *m; ~ de culpabilité* Schuldkomplex *m*
complexé [kɔ̃plɛkse] *adj (fam: timide)* gehemmt, befangen
complication [kɔ̃plikasjɔ̃] *f 1.* Komplikation *f; 2. (fig)* Verwicklung *f*
complice [kɔ̃plis] *m 1.* Helfershelfer *m,* Komplize *m; 2. (associé)* Mittäter *m; adj 3.* mitschuldig
complicité [kɔ̃plisite] *f JUR* Beihilfe *f*
compliment [kɔ̃plimɑ̃] *m 1.* Kompliment *n; Mes ~s!* Respekt!/Mein Kompliment! *2. ~s pl* Glückwunsch *m*
complimenter [kɔ̃plimɑ̃te] *v ~ qn* jdn beglückwünschen
compliqué [kɔ̃plike] *adj 1.* kompliziert, verzwickt; *peu ~* unkompliziert; *2. (difficile)* umständlich
compliquer [kɔ̃plike] *v (la tâche)* erschweren
complot [kɔ̃plo] *m* Komplott *n*
comploter [kɔ̃plɔte] *v ~ contre qn* sich gegen jdn verschwören
comportement [kɔ̃pɔʀtmɑ̃] *m* Benehmen *n,* Verhalten *n; ~ de l'automobiliste* Fahrverhalten *n*
comporter [kɔ̃pɔʀte] *v 1. (contenir)* umfassen; *2. se ~* sich verhalten; *3. se ~ (avec retenue)* sich betragen
composant [kɔ̃pozɑ̃] *m 1.* Bestandteil *m; 2. INFORM* Bauelement *n*
composante [kɔ̃pozɑ̃t] *f* Komponente *f*
composer [kɔ̃poze] *v 1.* aufstellen; *2. (assembler)* zusammenstellen; *3. (rédiger)* verfassen; *4. (libeller)* aufsetzen; *5. ~ des vers* dichten; *6. (texte)* setzen; *être composé de* zusammengesetzt sein aus; *7. (numéro)* wählen; *8. MUS* komponieren; *9. se ~ de* bestehen aus
compositeur [kɔ̃pozitœʀ] *m MUS* Komponist *m*
composition [kɔ̃pozisjɔ̃] *f 1. (rédaction)* Aufsatz *m; 2. (agencement)* Aufstellung *f; 3. (arrangement)* Komposition *f,* Zusammenstellung *f; 4. (en imprimerie)* Satz *m; 5. MUS* Komposition *f*
compost [kɔ̃pɔst] *m AGR* Kompost *m*
composter [kɔ̃pɔste] *v (billet)* knipsen, entwerten
compote [kɔ̃pɔt] *f 1.* Kompott *n; 2. (marmelade) GAST* Mus *n*
compréhensible [kɔ̃pʀeɑ̃sibl] *adj 1.* begreiflich, verständlich; *2. (indulgent)* verständig
compréhensif [kɔ̃pʀeɑ̃sif] *adj 1.* aufgeschlossen; *2. (judicieux)* einsichtig; *3. (bienveillant)* verständnisvoll
compréhension [kɔ̃pʀeɑ̃sjɔ̃] *f 1.* Verständnis *n; 2. (fig)* Einsicht *f*

comprendre [kɔ̃pʀɑ̃dʀ] *v irr 1.* begreifen, verstehen, erfassen; *Cela se comprend.* Das versteht sich. *mal ~* missverstehen; *faire ~* klarmachen; *faire ~ qc à qn* jdm etw nahe bringen; *~ les sentiments de qn* jdm nachempfinden; *2. (percer qn à jour)* durchschauen; *Je n'y comprends rien.* Ich werde nicht klug daraus./Ich verstehe nichts. *3. (fig: reconnaître)* einsehen; *4. (fam)* kapieren; *5. (fam: suivre)* mitkommen; *6. (contenir)* umfassen, einschließen
compresse [kɔ̃pʀɛs] *f 1. MED* Kompresse *f; 2. (enveloppement)* Umschlag *m,* Wickel *m*
comprimé [kɔ̃pʀime] *m MED* Tablette *f*
comprimer [kɔ̃pʀime] *v* pressen
compris [kɔ̃pʀi] *adj* inbegriffen; *y ~* einschließlich; *loyer charges ~es* Warmmiete *f*
compromettre [kɔ̃pʀɔmɛtʀ] *v irr* kompromittieren
compromis [kɔ̃pʀɔmi] *m 1.* Kompromiss *m,* Mittelweg *m; 2. JUR* Vergleich *m*
comptabilisation [kɔ̃tabilizasjɔ̃] *f 1. ~ à l'actif* Aktivierung *f; 2. ECO* Buchung *f*
comptabiliser [kɔ̃tabilize] *v* verbuchen, buchen
comptabilité [kɔ̃tabilite] *f 1. (service)* Buchhaltung *f; 2. ECO* Buchführung *f*
comptable [kɔ̃tabl] *m/f ECO* Buchhalter(in) *m/f*
compte [kɔ̃t] *m 1.* Konto *n; pour mon ~* was mich betrifft; *ne pas tenir ~ de* nicht beachten; *porter au ~ de* anrechnen; *à son ~* freiberuflich; *2. ECO* Rechnung *f; prendre qc à son ~ (fig)* etw auf seine Kappe nehmen; *avoir un ~ à régler avec qn* mit jdm ein Hühnchen zu rupfen haben; *en fin de ~* am Ende; *3. ~ rendu* Bericht *m*
compter [kɔ̃te] *v 1.* rechnen, zählen; *~ sur* sich verlassen auf; *2. ~ un à un* aufzählen; *3. ~ parmi (fig)* darunterfallen; *4. ~ faire qc* etw beabsichtigen, etw vorhaben
compteur [kɔ̃tœʀ] *m 1. (de voiture)* Tachometer *n; 2. ~ à gaz* Gaszähler *m; 3. ~ kilométrique (de voiture)* Kilometerzähler *m; 4. ~ électrique* Stromzähler *m*
comptine [kɔ̃tin] *f* Abzählreim *m*
comptoir [kɔ̃twaʀ] *m* Ladentisch *m,* Theke *f*
compulser [kɔ̃pylse] *v 1.* nachschlagen; *2. (livre)* wälzen
comte(sse) [kɔ̃t(ɛs)] *m/f* Graf/Gräfin *m/f*
concasser [kɔ̃kase] *v* zerkleinern
concéder [kɔ̃sede] *v 1.* zubilligen; *2. (accorder)* zugestehen
concentration [kɔ̃sɑ̃tʀasjɔ̃] *f 1.* Dichte *f; 2. (attention)* Konzentration *f; 3. ~ urbaine* Ballungsgebiet *n; 4. (fig)* Sammlung *f*
concentré [kɔ̃sɑ̃tʀe] *m 1.* Konzentrat *n; 2. GAST* Mark *n; adj 3.* dicht
concentrer [kɔ̃sɑ̃tʀe] *v 1.* konzentrieren; *2. se ~* sich konzentrieren; *3. se ~ (se reprendre)* sich zusammennehmen
concept [kɔ̃sɛpt] *m* Begriff *m*
conception [kɔ̃sɛpsjɔ̃] *f 1. (idée)* Idee *f,* Anschauung *f; 2. (élaboration)* Konstruktion *f; 3. BIO* Empfängnis *f*
concernant [kɔ̃sɛʀnɑ̃] *prep 1.* bezüglich; *2. (fig: de)* über
concerner [kɔ̃sɛʀne] *v 1.* betreffen, angehen; *2. (toucher)* anbelangen
concert [kɔ̃sɛʀ] *m MUS* Konzert *n*
concerté [kɔ̃sɛʀte] *adj POL* konzertiert
concerto [kɔ̃sɛʀto] *m MUS* Konzert *n*
concession [kɔ̃sɛsjɔ̃] *f 1.* Konzession *f; 2. (permission)* Zugeständnis *n*
concessionnaire [kɔ̃sɛsjɔnɛʀ] *m ~ en automobiles* Autohändler *m*
concevable [kɔ̃səvabl] *adj 1.* begreiflich; *2. (pensable)* denkbar; *3. (imaginable)* erdenklich
concevoir [kɔ̃svwaʀ] *v 1.* verstehen, erfassen; *2. (élaborer)* konzipieren; *3. (organiser)* konstruieren
concierge [kɔ̃sjɛʀʒ] *m/f 1.* Hausmeister(in) *m/f; C'est une vraie ~. (fig)* Sie ist eine Klatschbase./Sie ist geschwätzig. *2. (portier)* Pförtner(in) *m/f,* Portier *m*
concile [kɔ̃sil] *m REL* Konzil *n*
conciliant [kɔ̃siljɑ̃] *adj 1.* versöhnlich; *2. (nature)* verträglich; *3. (fig)* nachgiebig
conciliation [kɔ̃siljasjɔ̃] *f 1.* Einigung *f; 2. JUR* Sühne *f; 3. (fig)* Versöhnlichkeit *f; 4. (transaction) JUR* Vergleich *m*
concilier [kɔ̃silje] *v (fig)* versöhnen, in Einklang bringen
concis [kɔ̃si] *adj 1.* bündig; *2. (précis)* knapp
concitoyen(ne) [kɔ̃sitwajɛ̃/kɔ̃sitwajɛn] *m/f* Mitbürger(in) *m/f*
concluant [kɔ̃klyɑ̃] *adj 1.* beweiskräftig; *2. (convaincant)* schlüssig; *3. (arguments)* schlagkräftig
conclure [kɔ̃klyʀ] *v irr 1. (fig: tirer)* entnehmen; *2. (terminer)* schließen, schlussfolgern; *On peut en ~ ...* Daraus kann man schließen ...; *pour ~* abschließend; *3. (fig)*

ableiten; *4. (contrat) JUR* abschließen, schließen
conclusion [kɔ̃klysjɔ̃] *f 1. (fin)* Abschluss *m; 2. (déduction)* Schlussfolgerung *f*
concombre [kɔ̃kɔ̃bʀ] *m BOT* Gurke *f*
concomitant [kɔ̃kɔmitɑ̃] *adj* gleichzeitig
concordance [kɔ̃kɔʀdɑ̃s] *f (égalité)* Übereinstimmung *f; en ~ avec* übereinstimmend mit
concordant [kɔ̃kɔʀdɑ̃] *adj* übereinstimmend
concorde [kɔ̃kɔʀd] *f* Einigkeit *f*
concorder [kɔ̃kɔʀde] *v 1.* zusammentreffen; *2. ~ avec* übereinstimmen mit; *3. ~ avec (être exact)* zutreffen auf
concourir [kɔ̃kuʀiʀ] *v irr* konkurrieren
concours [kɔ̃kuʀ] *m 1.* Wettbewerb *m; 2. (compétition)* Wettkampf *m; 3. (aide)* Beihilfe *f; 4. (participation)* Mitwirkung *f*
concret [kɔ̃kʀɛ] *adj 1.* konkret; *2. (réel)* real
concrétiser [kɔ̃kʀetize] *v* veranschaulichen
concubinage [kɔ̃kybinaʒ] *m* wilde Ehe *f* (fam)
concupiscent [kɔ̃kypisɑ̃] *adj* begehrlich
concurrence [kɔ̃kyʀɑ̃s] *f 1.* Wettbewerb *m; 2. ECO* Konkurrenz *f*
concurrencer [kɔ̃kyʀɑ̃se] *v* konkurrieren
concurrent [kɔ̃kyʀɑ̃] *m 1.* Gegenspieler *m; 2. (adversaire)* Konkurrent *m,* Rivale *m; 3. (compétiteur)* Wettkämpfer *m*
concurrentiel [kɔ̃kyʀɑ̃sjɛ̃l] *adj* wettbewerbsfähig
condamnable [kɔ̃danabl] *adj 1.* verdammungswürdig; *2. (répréhensible)* verwerflich
condamnation [kɔ̃danasjɔ̃] *f* Verurteilung *f*
condamné(e) [kɔ̃dane] *m/f 1. JUR* Verurteilte(r) *m/f; 2. ~(e) à la réclusion* Strafgefangene(r) *m/f*
condamner [kɔ̃dane] *v 1. (juger)* richten; *2. ~ qn à qc* jdn zu etw verurteilen
condensation [kɔ̃dɑ̃sasjɔ̃] *f* Kondensation *f*
condenser [kɔ̃dɑ̃se] *v (fig)* verdichten
condescendance [kɔ̃desɑ̃dɑ̃s] *f* Herablassung *f*
condescendant [kɔ̃desɑ̃dɑ̃] *adj 1.* gönnerhaft; *2. (dédaigneux)* herablassend
condescendre [kɔ̃desɑ̃dʀ] *v irr ~ à* sich herablassen zu
condiment [kɔ̃dimɑ̃] *m* Gewürz *n*
condisciple [kɔ̃disipl] *m/f 1. (camarade d'étude)* Kommilitone/Kommilitonin *m/f; 2. (camarade de classe)* Mitschüler(in) *m/f*
condition [kɔ̃disjɔ̃] *f 1. (situation)* Lage *f; 2. (état)* Zustand *m; 3. (modalité)* Bedingung *f,* Kondition *f; 4. ~ sine qua non* Voraussetzung *f,* unerlässliche Bedingung *f; à ~ que* vorausgesetzt, dass; *5. (de matériel)* Beschaffenheit *f; 6. (placement)* Rang *m,* Stand *m; 7. (physique)* Kondition *f,* Leistungsfähigkeit *f; 8. ~s pl (circonstance)* Verhältnisse *pl; 9. ~s pl (situation)* Umstände *pl*
conditionné [kɔ̃disjɔne] *adj air ~* Lüftung und Temperaturregelung *f,* Klimaanlage *f*
conditionnement [kɔ̃disjɔnmɑ̃] *m 1.* Aufmachung *f; 2. (emballage)* Verpackung *f*
condoléances [kɔ̃dɔleɑ̃s] *f/pl 1.* Beileid *n; 2. (lors d'un décès)* Anteilnahme *f*
conducteur [kɔ̃dyktœʀ] *m 1.* Fahrer *m,* Kraftfahrer *m; 2. (leader) TECH* Leiter *m; 3. (meneur)* Anführer *m; adj 4. TECH* leitend
conductrice [kɔ̃dyktʀis] *f* Fahrerin *f*
conduire [kɔ̃dɥiʀ] *v irr 1. (voiture)* fahren, steuern; *2. (guider)* lenken, leiten; *3. (diriger)* dirigieren; *4. TECH* leiten; *5. ~ à* führen zu; *6. (mener qn)* herumführen; *7. (mener)* anführen; *~ à travers* durchführen; *8. se ~* sich verhalten, sich benehmen; *se ~ mal* sich danebenbenehmen
conduit [kɔ̃dɥi] *m (tuyau)* Leitung *f; ~ d'amenée* Zuleitung *f; ~ d'eau* Wasserleitung *f*
conduite [kɔ̃dɥit] *f 1.* Haltung *f,* Betragen *n; 2. (pilotage)* Steuerung *f; 3. (comportement)* Benehmen *n,* Verhalten *n*
cône [kon] *m MATH* Kegel *m*
confection [kɔ̃fɛksjɔ̃] *f 1.* Anfertigung *f,* Fertigung *f; 2. (mode)* Konfektion *f; ~ pour hommes* Herrenkonfektion *f*
confectionner [kɔ̃fɛksjɔne] *v* anfertigen
confédération [kɔ̃fedeʀasjɔ̃] *f 1.* Gewerkschaftsbund *m; 2. POL* Konföderation *f*
confédérés [kɔ̃fedeʀe] *m/pl* Verbündete *pl*
conférence [kɔ̃feʀɑ̃s] *f 1.* Konferenz *f; 2. (exposé)* Vortrag *m*
conférer [kɔ̃feʀe] *v 1.* erteilen; *2. (reconnaître)* zuerkennen
confesser [kɔ̃fɛse] *v 1.* gestehen; *2. REL* beichten
confesseur [kɔ̃fɛsœʀ] *m REL* Beichtvater *m*

confession [kɔ̃fɛsjɔ̃] *f* *1. REL* Beichte *f; 2. (aveu) REL* Bekenntnis *n,* Konfession *f*
confessionnal [kɔ̃fɛsjɔnal] *m REL* Beichtstuhl *m*
confetti [kɔ̃feti] *m* Konfetti *n; lancer des ~s* Konfetti werfen; *Vous pouvez en faire des ~s! (fig)* Machen Sie damit, was Sie wollen!
confiance [kɔ̃fjɑ̃s] *f 1.* Vertrauen *n; avoir ~ en* Vertrauen haben in; *inspirer ~* Vertrauen erwecken; *faire ~ à* Vertrauen schenken; *2. (espoir)* Zutrauen *n; 3. (assurance)* Zuversicht *f*
confiant [kɔ̃fjɑ̃] *adj 1.* vertrauensvoll; *2. (familier)* zutraulich; *3. (sûr)* zuversichtlich
confidence [kɔ̃fidɑ̃s] *f* Geständnis *n,* Bekenntnis *f; faire une ~ à qn* jdm ein Geständnis machen/jdm ein Geheimnis verraten
confident [kɔ̃fidɑ̃] *m* Mitwisser *m*
confidentiel [kɔ̃fidɑ̃sjɛl] *adj 1.* privat; *2. (secret)* geheim; *3. (personnel)* vertraulich
confier [kɔ̃fje] *v ~ qc à qn* jdm etw anvertrauen
configuration [kɔ̃figyʀasjɔ̃] *f INFORM* Konfiguration *f*
confirmation [kɔ̃fiʀmasjɔ̃] *f 1.* Bestätigung *f; 2. REL* Konfirmation *f*
confirmé [kɔ̃fiʀme] *adj (personne)* bewährt
confirmer [kɔ̃fiʀme] *v 1.* bestätigen; *2. (affirmer)* bekräftigen; *3. se ~* sich bewähren; *4. se ~ (se réaliser)* sich bewahrheiten
confiscation [kɔ̃fiskasjɔ̃] *f* Beschlagnahme *f,* Einzug *m*
confiserie [kɔ̃fizʀi] *f GAST* Konfekt *n*
confisquer [kɔ̃fiske] *v* beschlagnahmen, einziehen
confit [kɔ̃fi] *adj* kandiert
confiture [kɔ̃fityʀ] *f* Marmelade *f,* Konfitüre *f*
conflit [kɔ̃fli] *m 1.* Konflikt *m; 2. (fig)* Kollision *f*
confluer [kɔ̃flye] *v (fleuve)* zusammenfließen
confondre [kɔ̃fɔ̃dʀ] *v irr 1.* verwechseln; *2. (fig)* verwirren; *3. (fig: mélanger)* durcheinanderwerfen; *4. se ~* sich überschneiden, zusammentreffen
conformation [kɔ̃fɔʀmasjɔ̃] *f ~ du corps* Körperbau *m*
conforme [kɔ̃fɔʀm] *adj* übereinstimmend, angemessen; *~ à la loi* gesetzlich; *~ aux usages* sittlich; *~ au règlement* ordnungsgemäß; *~ à l'original* originalgetreu; *~ au(x) devoir(s)* pflichtgemäß; *~ aux prévisions* planmäßig
conformément [kɔ̃fɔʀmemɑ̃] *adv 1. ~ à* danach, dementsprechend; *prep 2. ~ à* laut
conformer [kɔ̃fɔʀme] *v se ~ à* sich anpassen an, sich unterwerfen; *se ~ aux ordres* sich den Anweisungen beugen
conformité [kɔ̃fɔʀmite] *f* Übereinstimmung *f,* Einklang *m; être en ~ avec qn* mit jdm übereinstimmen; *Il vit en ~ avec la loi.* Er lebt in Übereinstimmung mit dem Gesetz.
confort [kɔ̃fɔʀ] *m 1.* Bequemlichkeit *f,* Behaglichkeit *f; 2. (bien-être)* Komfort *m*
confortable [kɔ̃fɔʀtabl] *adj 1.* bequem, behaglich; *2. (agréable)* komfortabel; *3. (agréable à habiter)* wohnlich
confraternel [kɔ̃fʀatɛʀnɛl] *adj* kollegial
confrère [kɔ̃fʀɛʀ] *m (de métier)* Kollege *m*
confrontation [kɔ̃fʀɔ̃tasjɔ̃] *f* Konfrontation *f,* Gegenüberstellung *f*
confronter [kɔ̃fʀɔ̃te] *v 1.* gegenüberstellen, konfrontieren; *2. se ~ à* sich auseinandersetzen mit
confus [kɔ̃fy] *adj 1.* verwirrt, verworren; *2. (imprécis)* undeutlich, unübersichtlich; *3. (question)* ungeklärt, unklar; *4. (gêné)* verlegen; *5. (fig)* betreten
confusion [kɔ̃fyzjɔ̃] *f 1.* Durcheinander *n; 2. (gêne)* Verlegenheit *f; 3. (chaos)* Verwirrung *f; 4. (imprécision)* Unklarheit *f; 5. (méprise)* Verwechslung *f*
congé [kɔ̃ʒe] *m 1.* Urlaub *m; prendre ~* sich verabschieden; *~s annuels* Betriebsferien *pl; jour de ~* Feiertag *m; ~ de formation* Bildungsurlaub *m; 2. (adieux)* Abschied *m*
congédier [kɔ̃ʒedje] *v 1. ~ qn* jdm kündigen; *2. (donner congé à)* beurlauben
congélateur [kɔ̃ʒelatœʀ] *m 1.* Tiefkühltruhe *f; 2. (bac à glace)* Gefrierfach *n*
congélation [kɔ̃ʒelasjɔ̃] *f* Gefrieren *n,* Einfrieren *n*
congeler [kɔ̃ʒle] *v (aliments)* einfrieren
congénital [kɔ̃ʒenital] *adj* angeboren
congestion [kɔ̃ʒɛstjɔ̃] *f 1.* Blutandrang *m; 2. ~ cérébrale MED* Gehirnschlag *m*
congrès [kɔ̃gʀɛ] *m 1.* Kongress *m,* Tagung *f; 2. ~ du parti* Parteitag *m*
conifère [kɔnifɛʀ] *m BOT* Konifere *f*
conjecture [kɔ̃ʒɛktyʀ] *f* Vermutung *f*
conjecturer [kɔ̃ʒɛktyʀe] *v* Vermutungen anstellen

conjoint(e) [kɔ̃ʒwɛ̃(t)] *m/f* Ehepartner(in) *m/f*
conjugaison [kɔ̃ʒygɛzɔ̃] *f GRAMM* Konjugation *f*
conjugal [kɔ̃ʒygal] *adj* ehelich
conjuguer [kɔ̃ʒyge] *v GRAMM* konjugieren
conjuration [kɔ̃ʒyʀasjɔ̃] *f 1.* Geisterbeschwörung *f; 2. (conspiration)* Verschwörung *f*
conjuré(e) [kɔ̃ʒyʀe] *m/f* Verschwörer(in) *m/f*
conjurer [kɔ̃ʒyʀe] *v* beschwören
connaissance [kɔnɛsɑ̃s] *f 1.* Kenntnis *f; faire la ~ de qn* jdn kennen lernen; *2. (savoir)* Wissen *n; en toute ~* wissentlich; *3. (entendement)* Erkenntnis *f; 4. (conscience)* Bewusstsein *n; 5. (relation)* Bekanntschaft *f*
connaisseur [kɔnɛsœʀ] *m 1.* Kenner *m; 2. (amateur)* Liebhaber *m*
connaître [kɔnɛtʀ] *v irr 1.* kennen; *~ de nom* dem Namen nach kennen; *2. (savoir)* wissen; *3. (comprendre)* verstehen; *ne rien y ~* nichts davon verstehen; *4. (se rendre compte de qc)* sich bewusst sein
connecter [kɔnɛkte] *v ~ à* anschließen an
connu [kɔny] *adj 1.* bekannt; *~ depuis longtemps* altbekannt; *2. (renommé)* namhaft; *3. (fig: fameux)* groß
conquérant [kɔ̃keʀɑ̃] *m* Eroberer *m*
conquérir [kɔ̃keʀiʀ] *v irr* erobern
conquête [kɔ̃kɛt] *f 1.* Eroberung *f; 2. (de la science)* Errungenschaft *f*
consacrer [kɔ̃sakʀe] *v 1. ~ à* widmen; *2. (reporter sur)* zuwenden; *3. se ~ à qc* sich einer Sache widmen
conscience [kɔ̃sjɑ̃s] *f 1.* Bewusstsein *n; perdre ~* das Bewusstsein verlieren; *prendre ~ de qc* sich etw bewusst werden; *2. (voix intérieure)* Gewissen *n; avoir bonne ~* ein gutes Gewissen haben; *3. (probité)* Gewissenhaftigkeit *f; 4. (savoir)* Wissen *n*
consciencieusement [kɔ̃sjɑ̃sjøzmɑ̃] *adv* pflichtbewusst
consciencieux [kɔ̃sjɑ̃sjø] *adj 1.* gewissenhaft; *2. (sérieux)* pflichtbewusst
conscient [kɔ̃sjɑ̃] *adj* bewusst
conscrit [kɔ̃skʀi] *m MIL* Rekrut *m*
consécutif [kɔ̃sekytif] *adj* Folge..., nacheinander; *Il a dormi pendant douze heures consécutives.* Er hat zwölf Stunden am Stück geschlafen.
conseil [kɔ̃sɛj] *m 1.* Rat *m,* Ratschlag *m; 2. (assemblée)* Rat *m,* Versammlung *f; ~ des prud'hommes* Arbeitsgericht *n; ~ de surveillance* Aufsichtsrat *m; ~ d'administration* Verwaltungsrat *m; ~ fédéral* Bundesrat *m; ~ de l'Europe* Europarat *m; ~ municipal* Gemeinderat *m; 3. (comité consultatif)* Beirat *m; ~ des parents* Elternbeirat *m; 4. (guide)* Ratgeber *m*
conseiller [kɔ̃sɛje] *m 1. (titre)* Rat *m; ~ municipal* Stadtrat *m; 2. (consultant)* Berater *m,* Ratgeber *m; ~ fiscal* Steuerberater *m; v 3.* raten, beraten; *4. (recommander)* anraten
consentement [kɔ̃sɑ̃tmɑ̃] *m 1.* Bewilligung *f,* Einwilligung *f; 2. (accord)* Zustimmung *f*
consentir [kɔ̃sɑ̃tiʀ] *v irr 1.* genehmigen; *2. (donner son accord)* zustimmen; *3. ~ à* bewilligen, einwilligen in
conséquence [kɔ̃sekɑ̃s] *f 1. (répercussion)* Folge *f; 2. (impact)* Konsequenz *f; en ~* darauf/dadurch
conséquent [kɔ̃sekɑ̃] *adj 1.* folgerichtig; *par ~* folglich; *2. (logique)* konsequent
conservateur [kɔ̃sɛʀvatœʀ] *adj 1.* konservativ; *m 2.* Konservierungsmittel *n*
conservation [kɔ̃sɛʀvasjɔ̃] *f* Erhaltung *f,* Bewahrung *f*
conservatoire [kɔ̃sɛʀvatwaʀ] *m ~ de musique* Musikhochschule *f*
conserve [kɔ̃sɛʀv] *f* Dose *f,* Konserve *f*
conserver [kɔ̃sɛʀve] *v 1. (garder)* bewahren, erhalten; *2. (maintenir)* behalten; *3. (détenir)* wahren; *~ un secret* ein Geheimnis wahren; *4. (surveiller)* hüten; *5. se ~* sich halten
considérable [kɔ̃sideʀabl] *adj 1.* bedeutend; *2. (important)* beträchtlich, erheblich; *3. (essentiel)* wesentlich
considération [kɔ̃sideʀasjɔ̃] *f 1.* Anbetracht *m; 2. (entre personnes)* Ansehen *n,* Achtung *f; haute ~* Hochachtung *f; 3. (observation)* Betrachtung *f; 4. (réflexion)* Erwägung *f; 5. (égard)* Rücksicht *f; prendre en ~* berücksichtigen; *6. (réflexion)* Überlegung *f*
considérer [kɔ̃sideʀe] *v 1.* betrachten, ansehen; *2. (réfléchir)* überlegen, erwägen; *3. (tenir compte de)* berücksichtigen
consignation [kɔ̃siɲasjɔ̃] *f 1.* Hinterlegung *f; 2. ~ par écrit* Niederschrift *f*
consigne [kɔ̃siɲ] *f 1.* Anweisung *f; 2. (ordre)* Vorschrift *f; 3. (de gare)* Gepäckaufbewahrung *f; 4. (de bouteille)* Flaschenpfand *n; 5. (retenue)* Stubenarrest *m*
consigner [kɔ̃siɲe] *v ~ qc* etw hinterlegen

consistance [kɔ̃sistɑ̃s] *f* *1.* Dickflüssigkeit *f*, Festigkeit *f*; *2. sans ~ (personne)* haltlos
consistant [kɔ̃sistɑ̃] *adj* *1.* fest; *2. (nourrissant)* deftig
consister [kɔ̃siste] *v* *1. ~ en/~ dans* bestehen aus, liegen in; *En quoi consiste son projet?* Was beinhaltet sein Projekt?/Worin besteht sein Projekt? *2. ~ à* bedeuten, darin bestehen
consœur [kɔ̃sœʀ] *f* Kollegin *f*
consolant [kɔ̃sɔlɑ̃] *adj* tröstlich
consolation [kɔ̃sɔlasjɔ̃] *f* Trost *m*
console [kɔ̃sɔl] *f* *1.* Konsole *f*; *2. INFORM* Anzeigegerät *n*, Konsole *f*
consoler [kɔ̃sɔle] *v* *1.* trösten; *2. (fig)* aufrichten
consolidation [kɔ̃sɔlidasjɔ̃] *f* *1.* Stärkung *f*; *2. ECO* Konsolidierung *f*
consolider [kɔ̃sɔlide] *v* *1.* befestigen, stärken; *2. (renforcer)* festigen; *3. (fig)* untermauern; *4. se ~* sich festigen
consommateur [kɔ̃sɔmatœʀ] *m* *1. (dans un restaurant)* Gast *m*; *2. (acheteur)* Konsument *m*, Verbraucher *m*
consommation [kɔ̃sɔmasjɔ̃] *f* *1.* Verbrauch *m*; *~ d'énergie* Energieverbrauch *m*; *~ en électricité* Stromverbrauch *m*; *~ en masse* Massenverbrauch *m*; *2. (utilisation)* Konsum *m*; *société de ~* Konsumgesellschaft *f*; *3. (absorption)* Verzehr *m*
consommé [kɔ̃sɔme] *m GAST* Bouillon *f*, Brühe *f*
consommer [kɔ̃sɔme] *v* *1.* verbrauchen, konsumieren; *2. (absorber)* verzehren, verspeisen; *3. (épuiser)* verzehren, aufbrauchen
consonne [kɔ̃sɔn] *f* *LING* Konsonant *m*, Mitlaut *m*; *L'alphabet comprend vingt ~s.* Das Alphabet hat zwanzig Konsonanten.
conspirateur [kɔ̃spiratœʀ] *m* Verschwörer *m*
conspiration [kɔ̃spiʀasjɔ̃] *f* Verschwörung *f*, Komplott *n*
conspirer [kɔ̃spiʀe] *v* sich verschwören
constamment [kɔ̃stamɑ̃] *adv* *1.* immer wieder; *2. (fam)* andauernd
constance [kɔ̃stɑ̃s] *f* Standhaftigkeit *f*
constant [kɔ̃stɑ̃] *adj* *1.* standhaft; *2. (permanent)* konstant; *3. (stable)* beständig; *4. (durable)* andauernd
constatation [kɔ̃statasjɔ̃] *f* *1.* Feststellung *f*, Bestätigung *f*; *2. ~ documentaire JUR* Beurkundung *f*
constater [kɔ̃state] *v* feststellen
constellation [kɔ̃stɛlasjɔ̃] *f* *1.* Konstellation *f*; *2. (d'étoiles)* Sternbild *n*
consternation [kɔ̃stɛʀnasjɔ̃] *f* Bestürzung *f*
consterné [kɔ̃stɛʀne] *adj* *être ~* bestürzt sein, betroffen sein
constituant [kɔ̃stitɥɑ̃] *adj* bildend, verfassungsgebend; *assemblée ~e* verfassungsgebende Versammlung *f*
constituer [kɔ̃stitɥe] *v (former)* darstellen, sein; *Sa présence constitue une menace.* Seine Anwesenheit bedeutet eine Bedrohung. *~ un précédent* einen Präzedenzfall darstellen
constitution [kɔ̃stitysjɔ̃] *f* *1.* Körperbau *m*; *2. POL* Grundgesetz *n*, Verfassung *f*; *3. ~ d'un capital* Vermögensbildung *f*
constructeur [kɔ̃stʀyktœʀ] *m* Erbauer *m*
constructif [kɔ̃stʀyktif] *adj* konstruktiv
construction [kɔ̃stʀyksjɔ̃] *f* *1.* Bauen *n*, Erbauen *n*; *2. (de bâtiment)* Bau *m*; *~ ancienne* Altbau *m*; *~ annexe (d'édifice)* Anbau *m*; *~ aéronautique* Flugzeugbau *m*; *~ mécanique* Maschinenbau *m*; *nouvelle ~* Neubau *m*; *~ navale* Schiffsbau *m*; *~ des routes* Straßenbau *m*; *~ souterraine* Tiefbau *m*; *~ de logement* Wohnungsbau *m*; *3. (assemblage)* Konstruktion *f*
construire [kɔ̃stʀɥiʀ] *v irr* *1.* bauen; *2. ~ sur* bebauen; *3. ~ une cloison (aménager)* einziehen, einbauen; *4. (assembler)* konstruieren; *5. (fig)* aufbauen
consul [kɔ̃syl] *m* Konsul *m*
consulat [kɔ̃syla] *m* Konsulat *n*; *~ général* Generalkonsulat *n*
consultant(e) [kɔ̃syltɑ̃(t)] *m/f* Berater(in) *m/f*
consultation [kɔ̃syltasjɔ̃] *f* *1.* Befragung *f*; *2. MED* Sprechstunde *f*; *3. (délibération)* Rücksprache *f*; *4. ~ pédagogique* Erziehungsberatung *f*
consulter [kɔ̃sylte] *v* *1. (médecin)* aufsuchen, konsultieren; *2. ~ qn* jdn befragen; *3. (livre)* nachschlagen
consumer [kɔ̃syme] *v* *1.* verbrennen; *2. (épuiser)* auszehren; *3. se ~* sich verzehren; *4. se ~ en brûlant* verglühen
contact [kɔ̃takt] *m* *1.* Kontakt *m*; *avoir le ~ facile* kontaktfreudig sein; *2. (toucher)* Berührung *f*; *3. ~s pl (fig)* Anschluss *m*
contacter [kɔ̃takte] *v ~ qn* jdn kontaktieren
contagieux [kɔ̃taʒjø] *adj* *1.* ansteckend; *2. (infectueux)* übertragbar

contagion [kɔ̃taʒjɔ̃] *f* Ansteckung *f*
container [kɔ̃tɛnɛʀ] *m* Container *m*
contamination [kɔ̃taminasjɔ̃] *f* *1.* Kontamination *f; 2. (infection)* Verseuchung *f*
contaminé [kɔ̃tamine] *adj ~ par la radioactivité* strahlenverseucht
contaminer [kɔ̃tamine] *v 1.* verseuchen; *2. MED* anstecken, übertragen
conte [kɔ̃t] *m 1. (histoire)* Geschichte *f; 2. (récit)* Erzählung *f; 3. ~ de fées* Märchen *n*
contemplation [kɔ̃tɑ̃plasjɔ̃] *f 1. (considération)* Betrachtung *f; 2. (méditation)* Beschaulichkeit *f*
contempler [kɔ̃tɑ̃ple] *v 1.* anschauen; *2. (regarder)* schauen
contemporain [kɔ̃tɑ̃pɔʀɛ̃] *adj 1.* zeitgenössisch; *m 2.* Zeitgenosse *m*
contenance [kɔ̃tnɑ̃s] *f 1.* Gehalt *n; 2. (calme)* Fassung *f; 3. (capacité)* Fassungsvermögen *n; 4. (maîtrise de soi)* Haltung *f*
conteneur [kɔ̃tnœʀ] *m 1.* Behälter *m; 2. (caisse)* Container *m*
contenir [kɔ̃tniʀ] *v irr 1.* enthalten, beinhalten; *2. (comprendre)* umfassen; *La bouteille contient un litre.* Die Flasche fasst einen Liter. *3. (fig)* bergen; *4. (fig: inclure)* einschließen
content [kɔ̃tɑ̃] *adj 1.* froh; *2. (satisfait)* zufrieden
contentement [kɔ̃tɑ̃tmɑ̃] *m* Zufriedenheit *f*
contenter [kɔ̃tɑ̃te] *v 1.* befriedigen; *2. se ~ de* sich abfinden mit, sich begnügen mit
contenu [kɔ̃tny] *m 1.* Gehalt *m; 2. (teneur)* Inhalt *m*
contestable [kɔ̃tɛstabl] *adj 1.* anfechtbar; *2. (douteux)* fragwürdig; *3. (litigieux)* strittig
contestation [kɔ̃tɛstasjɔ̃] *f 1.* Streit *m; 2. (objection)* Beanstandung *f*
contesté [kɔ̃tɛste] *adj* umstritten
contester [kɔ̃tɛste] *v 1.* anfechten; *2. (objecter)* beanstanden; *3. ~ qc à qn* jdm etw abstreiten; *4. JUR* aberkennen
contexte [kɔ̃tɛkst] *m 1.* Kontext *m,* Zusammenhang *m; 2. (entourage)* Umfeld *n*
contigu [kɔ̃tigy] *adj* aneinander grenzend, angrenzend
continence [kɔ̃tinɑ̃s] *f* Enthaltsamkeit *f*
continent [kɔ̃tinɑ̃] *m 1.* Festland *n; 2. (pourcentage)* Kontinent *m,* Erdteil *m*
continental [kɔ̃tinɑ̃tal] *adj* kontinental
contingent [kɔ̃tɛ̃ʒɑ̃] *m 1.* Kontingent *n; 2. (pourcentage)* Quote *f*
continu [kɔ̃tiny] *adj 1.* dauernd; *2. (sans interruption)* durchgehend; *3. (suivi)* fortlaufend, kontinuierlich
continuation [kɔ̃tinɥasjɔ̃] *f* Fortdauer *f*
continuel [kɔ̃tinɥɛl] *adj 1.* ständig; *2. (persistant)* andauernd, anhaltend; *3. (sans cesse)* unaufhörlich
continuer [kɔ̃tinɥe] *v 1.* fortsetzen; *~ à dormir* weiterschlafen; *~ à exister* fortbestehen; *~ de faire qc* fortfahren, etw zu tun; *~ le travail* weiterarbeiten; *2. (avancer)* weitergehen; *3. (poursuivre)* weitermachen; *4. ~ dans* verharren in
contour [kɔ̃tuʀ] *m 1.* Kontur *f; 2. (tracé)* Umriss *m*
contourner [kɔ̃tuʀne] *v* umgehen
contraceptif [kɔ̃tʀasɛptif] *adj 1. MED* empfängnisverhütend; *m 2. MED* Verhütungsmittel *n*
contraception [kɔ̃tʀasɛpsjɔ̃] *f* Verhütung *f*
contractant(e) [kɔ̃tʀaktɑ̃(t)] *m/f* Vertragspartner(in) *m/f*
contracter [kɔ̃tʀakte] *v (fig: des liens)* knüpfen
contraction [kɔ̃tʀaksjɔ̃] *f* Zusammenziehen *n,* Schrumpfung *f*
contractuel [kɔ̃tʀaktɥɛl] *adj* vertraglich
contradiction [kɔ̃tʀadiksjɔ̃] *f 1.* Gegensatz *m; 2. (opposition)* Gegensätzlichkeit *f; 3. (incompatibilité)* Widerspruch *m*
contradictoire [kɔ̃tʀadiktwaʀ] *adj 1.* gegensätzlich; *2. (contraire)* widersprüchlich
contraignant [kɔ̃tʀɛɲɑ̃] *adj* lästig, unerfreulich; *des horaires ~s* lästiger Zeitplan *m*
contraindre [kɔ̃tʀɛ̃dʀ] *v irr ~ qn à faire qc* jdn zu etw zwingen
contraint [kɔ̃tʀɛ̃] *adj* notgedrungen
contrainte [kɔ̃tʀɛ̃t] *f 1.* Zwang *m; ~ de touches* Tastenzwang *m; 2. (force)* Nötigung *f*
contraire [kɔ̃tʀɛʀ] *adj 1. (inverse)* entgegengesetzt, gegenläufig; *dans le cas ~* andernfalls; *~ à la constitution* verfassungswidrig; *2. (opposé)* gegensätzlich, konträr; *m 3.* Gegenteil *n; au ~* dagegen, hingegen; *4. (inverse)* Gegensatz *m; Les ~s s'attirent.* Gegensätze ziehen sich an.
contrarié [kɔ̃tʀaʀje] *adj (fig)* verstimmt
contrarier [kɔ̃tʀaʀje] *v ~ qn* jdn ärgern
contrariété [kɔ̃tʀaʀjete] *f 1.* Ärger *m; 2. (désagrément)* Unannehmlichkeit *f*

contraste [kɔ̃tʀast] *m* Gegensatz *m,* Kontrast *m*
contrasté [kɔ̃tʀaste] *adj* kontrastreich
contrat [kɔ̃tʀa] *m 1.* Vertrag *m; ~ de mariage* Ehevertrag *m; ~ de vente* Kaufvertrag *m; ~ de location* Mietvertrag *m; ~ d'exclusivité* Exklusivvertrag *m; ~ de société* Gesellschaftsvertrag *m; 2. ECO* Geschäft *n*
contrat-cadre [kɔ̃tʀakadʀ] *m* Rahmenvertrag *m*
contravention [kɔ̃tʀavɑ̃sjɔ̃] *f (fig)* Überschreitung *f,* Übertretung *f,* Strafzettel *m*
contre [kɔ̃tʀ] *m 1.* Kontra *n; prep 2. (local)* an, am, vor; *3. (local: à l'encontre)* gegen; *~ quoi* wogegen; *4. (opposition)* gegen, entgegen, wider; *adv 5. par ~* dagegen, hingegen
contrebande [kɔ̃tʀəbɑ̃d] *f* Schmuggel *m; faire de la ~* schmuggeln
contrebandier [kɔ̃tʀəbɑ̃dje] *m* Schmuggler *m*
contrebasse [kɔ̃tʀəbɑs] *f MUS* Kontrabass *m,* Bassgeige *f*
contrecarrer [kɔ̃tʀəkaʀe] *v 1.* verhindern; *2. (déjouer)* vereiteln
contrecœur [kɔ̃tʀəkœʀ] *adv à ~* ungern
contrecoup [kɔ̃tʀəku] *m* Rückschlag *m*
contre-courant [kɔ̃tʀəkuʀɑ̃] *m* Gegenstrom *m,* Gegenströmung *f; naviguer à ~* stromaufwärts fahren; *nager à ~* gegen den Strom schwimmen; *aller à ~ de qc (fig)* sich gegen etw stellen
contredire [kɔ̃tʀədiʀ] *v irr* widersprechen
contrée [kɔ̃tʀe] *f 1. (région)* Gegend *f; 2. (paysage)* Landschaft *f; 3. ~ sauvage* Wildnis *f*
contre-espionnage [kɔ̃tʀɛspjɔnaʒ] *m* Abwehr *f,* Geheimdienst *m*
contrefaçon [kɔ̃tʀəfasɔ̃] *f 1.* Fälschung *f; 2. (copie)* Nachdruck *m; 3. (falsification)* Verfälschung *f*
contrefaire [kɔ̃tʀəfɛʀ] *v irr 1.* fälschen; *2. (imiter)* imitieren; *3. (falsifier)* verfälschen
contrefait [kɔ̃tʀəfɛ] *adj* unecht
contre-indication [kɔ̃tʀɛ̃dikasjɔ̃] *f* Gegenanzeige *f*
contre-jour [kɔ̃ʀəʒuʀ] *m* Gegenlicht *n*
contremandement [kɔ̃tʀəmɑ̃dmɑ̃] *m* Abbestellung *f*
contre-mesure [kɔ̃trəməzyʀ] *f* Gegenmaßnahme *f*
contre-offre [kɔ̃tʀɔfʀ] *f* Gegenangebot *n*
contrepartie [kɔ̃tʀəpaʀti] *f* Gegenleistung *f*
contrepoids [kɔ̃tʀəpwa] *m 1.* Gegengewicht *n; 2. (fig)* Ausgleich *m*
contrer [kɔ̃tʀe] *v* kontern
contresigner [kɔ̃tʀəsiɲe] *v* gegenzeichnen
contretemps [kɔ̃tʀətɑ̃] *m* Verhinderung *f*
contrevenir [kɔ̃tʀəvəniʀ] *v irr ~ à (fig)* überschreiten, übertreten; *~ à une loi* ein Gesetz übertreten
contrevent [kɔ̃tʀəvɑ̃] *m* Fensterladen *m*
contribuable [kɔ̃tʀibɥabl] *m/f* Steuerzahler(in) *m/f*
contribuer [kɔ̃tʀibɥe] *v 1. ~ à* beitragen zu; *2. ~ à (participer)* mitwirken an, mitwirken bei
contribution [kɔ̃tʀibysjɔ̃] *f 1.* Beitrag *m; ~ aux frais* Unkostenbeitrag *m; 2. (impôts) ECO* Abgabe *f*
contrit [kɔ̃tʀi] *adj* zerknirscht
contrôle [kɔ̃tʀol] *m 1.* Kontrolle *f; ~ radar* Radarkontrolle *f; ~ des naissances* Geburtenkontrolle *f; ~ douanier* Zollkontrolle *f; ~ de la comptabilité* Buchprüfung *f; ~ des changes* Devisenbewirtschaftung *f; ~ des armements* Rüstungskontrolle *f; 2. (examen)* Prüfung *f,* Inspektion *f; 3. (surveillance)* Aufsicht *f,* Überwachung *f; 4. (maîtrise)* Steuerung *f*
contrôler [kɔ̃tʀole] *v 1.* nachprüfen, nachsehen; *2. (examiner)* prüfen, überprüfen; *3. (reviser)* überholen; *4. (surveiller)* überwachen, beaufsichtigen; *5. (vérifier)* kontrollieren; *6. INFORM* steuern
contrôleur [kɔ̃tʀolœʀ] *m 1.* Kontrolleur *m; 2. (examinateur)* Prüfer *m; 3. ~ du train* Eisenbahnschaffner *m,* Schaffner *m; 4. ~ du ciel* Fluglotse *m*
contrordre [kɔ̃tʀɔʀdʀ] *m* Abbestellung *f,* Gegenbefehl *m*
controverse [kɔ̃tʀɔvɛʀs] *f* Kontroverse *f*
controversé [kɔ̃tʀɔvɛʀse] *adj* umstritten
controverser [kɔ̃tʀɔvɛʀse] *v* bestreiten
convaincant [kɔ̃vɛ̃kɑ̃] *adj* überzeugend
convaincre [kɔ̃vɛ̃kʀ] *v irr 1.* überreden; *2. (fig)* bekehren; *3. ~ qn de qc* jdn von etw überzeugen; *4. ~ qn (fam)* jdn herumbekommen; *5. ~ de (attribuer la faute)* überführen
convalescence [kɔ̃valɛsɑ̃s] *f* Genesung *f*

convenable [kɔ̃vnabl] *adj 1.* angemessen, passend; *2. (correct)* anständig, schicklich; *3. (très correct)* hochanständig
convenance [kɔ̃vnɑ̃s] *f 1.* Angemessenheit *f; 2. ~s pl* Anstand *m*
convenir [kɔ̃vniʀ] *v irr 1.* passen, recht sein; *Cela me convient.* Das ist mir recht. *~ de qc avec qn* mit jdm etw verabreden; *~ à* zusagen; *2. (être approprié)* passen, angemessen sein; *~ à* sich eignen zu; *3. ~ de* vereinbaren, abmachen
convention [kɔ̃vɑ̃sjɔ̃] *f 1.* Übereinkommen *n,* Vereinbarung *f; 2. (accord)* Abkommen *n,* Abmachung *f; ~ commerciale* Handelsabkommen *n; 3. (arrangement)* Übereinkunft *f; 4. (de mœurs)* Konvention *f; 5. (pacte)* Pakt *m; ~ collective* Tarifvertrag *m; ~ préalable* Vorvertrag *m; 6. POL* Konvention *f*
conventionnel [kɔ̃vɑ̃sjɔnɛl] *adj* konventionell
conversation [kɔ̃vɛʀsasjɔ̃] *f 1. (entretien)* Gespräch *n,* Unterredung *f; ~ téléphonique* Telefongespräch *n; 2. (discours)* Rede *f; 3. (discussion)* Besprechung *f*
conversion [kɔ̃vɛʀsjɔ̃] *f 1.* Verwandlung *f,* Umwandlung *f; 2. (change)* Umrechnung *f; 3. REL* Bekehrung *f,* Übertritt *m*
convertir [kɔ̃vɛʀtiʀ] *v 1.* verwandeln, umwandeln; *2. REL* bekehren; *3. FIN* konvertieren; *4. ~ en (transformer)* umsetzen in, umrechnen in
conviction [kɔ̃viksjɔ̃] *f 1.* Überzeugung *f; 2. (caractère)* Gesinnung *f; 3. pièce à ~ JUR* Beweisstück *n*
convive [kɔ̃viv] *m/f* Gast *m,* Besucher(in) *m/f*
convivial [kɔ̃vivjal] *adj* gastfreundlich
convocation [kɔ̃vɔkasjɔ̃] *f 1.* Einberufung *f; 2. JUR* Ladung *f*
convoi [kɔ̃vwa] *m 1.* Kolonne *f; 2. MIL* Geleit *n*
convoité [kɔ̃vwate] *adj* umkämpft
convoiter [kɔ̃vwate] *v* liebäugeln
convoitise [kɔ̃vwatiz] *f* Begehrlichkeit *f*
convoquer [kɔ̃vɔke] *v* einberufen
convoyage [kɔ̃vwajaʒ] *m* Geleitschutz *m*
convulsif [kɔ̃vylsif] *adj* krampfhaft
convulsion [kɔ̃vylsjɔ̃] *f MED* Krampf *m*
coolie [kuli] *m* Kuli *m*
coopérant(e) [koɔpeʀɑ̃(t)] *m/f* Entwicklungshelfer(in) *m/f*
coopératif [koɔpeʀatif] *adj* kooperativ
coopération [koɔpeʀasjɔ̃] *f* Mitwirkung *f,* Entwicklungshilfe *f*
coopérative [koɔpeʀativ] *f* Genossenschaft *f*
coopérer [koɔpeʀe] *v* mitarbeiten, zusammenarbeiten
coordination [koɔʀdinasjɔ̃] *f 1.* Koordination *f; 2. (classification)* Zuordnung *f*
coordonnées [koɔʀdɔne] *f/pl (fam)* Adresse *f,* Anschrift *f; laisser ses ~ à qn* jdm seine Adresse hinterlassen
coordonner [koɔʀdɔne] *v* koordinieren
copain [kɔpɛ̃] *m 1. (fam)* Kumpel *m,* Freund *m; Ils ne sont pas ~s.* Sie sind nicht gerade die besten Freunde. *2. petit ~ (fam)* Freund *m*
copeau [kɔpo] *m* Span *m*
copie [kɔpi] *f 1.* Kopie *f,* Durchschlag *m; ~ pirate* Raubkopie *f; 2. (reproduction)* Abbildung *f; 3. (contrefaçon)* Nachahmung *f; 4. (duplicata)* Abschrift *f; 5. mauvaise ~ (fam)* Abklatsch *m*
copier [kɔpje] *v 1.* kopieren; *2. (contrefaire)* nachahmen, nachmachen; *3. (plagier)* abschreiben; *4. (imiter)* nachbilden; *5. (~ sur un autre)* spicken, abschreiben
copieux [kɔpjø] *adj 1.* ausgiebig; *2. (abondant)* reichlich
copilote [kopilɔt] *m* Kopilot *m*
coproduction [kopʀɔdyksjɔ̃] *f* Koproduktion *f*
copropriétaire [kopʀɔpʀijetɛʀ] *m/f* Mitinhaber(in) *m/f*
coq [kɔk] *m* Hahn *m; vivre comme un ~ en pâte* leben wie Gott in Frankreich; *~ de village (fam)* Hahn im Korb *m; sauter du ~ à l'âne* vom Hundertsten ins Tausendste kommen
coq-à-l'âne [kɔkalan] *m* Gedankensprung *m; passer du ~* vom Hundertsten ins Tausendste kommen
coque [kɔk] *f* Rumpf *m*
coquelicot [kɔkliko] *m* Mohn *m*
coqueluche [kɔklyʃ] *f MED* Keuchhusten *m*
coquet [kɔkɛ] *adj 1.* eitel; *2. (mignon)* nett; *3. (important)* kokett
coquetier [kɔktje] *m* Eierbecher *m*
coquetterie [kɔkɛtʀi] *f* Eitelkeit *f*
coquillage [kɔkijaʒ] *m* Muschel *f*
coquille [kɔkij] *f 1.* Muschel *f; 2. ~ d'œuf* Eierschale *f; 3. ZOOL* Haus *n; ~ d'escargot* Schneckenhaus *n; 4. (faute d'imprimerie)* Druckfehler *m*

coquin [kɔkɛ̃] *adj 1.* schelmisch; *2. (malicieux)* spitzbübisch; *m 3.* Schelm *m,* Spitzbube *m; 4. (canaille)* Schurke *m*
cor [kɔʀ] *m 1. MUS* Horn *n; 2. MED* Hühnerauge *n*
corail [kɔʀaj] *m* Koralle *f*
corbeau [kɔʀbo] *m ZOOL* Rabe *m*
corbeille [kɔʀbɛj] *f* Korb *m; ~ à papier(s)* Papierkorb *m*
corbillard [kɔʀbijaʀ] *m* Leichenwagen *m*
cordage [kɔʀdaʒ] *m* Tau *n*
corde [kɔʀd] *f* Seil *n,* Strick *m; avoir plus d'une ~ à son arc* vielseitig begabt sein; *mettre la ~ au cou* ins Verderben stürzen; *toucher la ~ sensible* den wunden Punkt berühren; *~ à sauter* Springseil *n*
cordeau [kɔʀdo] *m* Leine *f*
cordelette [kɔʀdəlɛt] *f* Kordel *f*
cordelière [kɔʀdəljɛʀ] *f* Schnur *f*
cordial [kɔʀdjal] *adj 1.* herzlich; *2. (fervent)* innig; *3. (sincère)* treuherzig
cordon [kɔʀdɔ̃] *m 1.* Schnur *f; 2. (ficelle)* Kordel *f; 3. (corde)* Strang *m; 4. ~ de chaussure* Schuhband *n; 5. ~ ombilical ANAT* Nabelschnur *f*
cordonnier [kɔʀdɔnje] *m* Schuster *m,* Schuhmacher *m*
coresponsable [koʀɛspɔ̃nsabl] *adj* mitverantwortlich
coriace [kɔʀjas] *adj* zäh
coricide [kɔʀisid] *m* Hühneraugenpflaster *n*
corne [kɔʀn] *f 1. (matière)* Horn *n; 2. ZOOL* Horn *n*
cornée [kɔʀne] *f (œil)* Hornhaut *f*
corneille [kɔʀnɛj] *f ZOOL* Krähe *f*
corner [kɔʀne] *v (klaxonner)* hupen, tuten
cornet [kɔʀnɛ] *m* Tüte *f; ~ de glace* Eistüte *f*
corniche [kɔʀniʃ] *f* Sims *n*
cornichon [kɔʀniʃɔ̃] *m 1.* Gewürzgurke *f; 2. ~ au vinaigre* Essiggurke *f*
cornue [kɔʀny] *f* Retorte *f*
corporation [kɔʀpɔʀasjɔ̃] *f 1.* Innung *f; 2. (association)* Körperschaft *f*
corporel [kɔʀpɔʀɛl] *adj* körperlich
corps [kɔʀ] *m 1.* Leib *m,* Körper *m; à ~ perdu* kopfüber; *~ à ~* Mann gegen Mann; *~ et âme* mit Leib und Seele; *~ et biens* mit Mann und Maus; *2. (d'un mort)* Leiche *f; 3. (corporation)* Körperschaft *f; 4. ~ de métier* Innung *f; 5. ~ professoral* Kollegium *n*
corps-à-corps [kɔʀakɔʀ] *m* Handgemenge *n*
corpulent [kɔʀpylɑ̃] *adj* dick, beleibt
correct [kɔʀɛkt] *adj 1.* korrekt; *2. (sans faute)* fehlerlos; *3. (exact)* richtig; *4. (convenable)* anständig
correcteur [kɔʀɛktœʀ] *m (d'examen)* korrigierende Person *f,* Korrektor *m*
correction [kɔʀɛksjɔ̃] *f 1.* Korrektur *f,* Verbesserung *f; 2. (bienséance)* Korrektheit *f; 3. (exactitude)* Richtigkeit *f*
correspondance [kɔʀɛspɔ̃dɑ̃s] *f 1.* Briefwechsel *m; 2. (relation épistolaire)* Korrespondenz *f,* Schriftverkehr *m; être en ~ avec qn* mit jdm korrespondieren; *~ commerciale* Handelskorrespondenz *f; 3. (compte-rendu)* Berichterstattung *f; 4. (de train)* Verbindung *f,* Zuganschluss *m; 5. (d'avion)* Anschlussflug *m; ~ aérienne* Flugverbindung *f*
correspondant [kɔʀɛspɔ̃dɑ̃] *adj 1.* dementsprechend; *2. (concordant)* übereinstimmend; *3. (conforme à)* entsprechend; *4. (littérature)* einschlägig; *m 5.* Korrespondent *m; 6. TEL* Teilnehmer *m*
correspondre [kɔʀɛspɔ̃dʀ] *v irr 1. ~ à* entsprechen; *2. ~ avec* korrespondieren mit
corrida [kɔʀida] *f* Stierkampf *m*
corridor [kɔʀidɔʀ] *m* Korridor *m,* Flur *m*
corriger [kɔʀiʒe] *v 1.* strafen; *2. (rectifier)* verbessern, berichtigen
corrodant [kɔʀɔdɑ̃] *m* Beize *f*
corroder [kɔʀɔde] *v* beizen
corrompre [kɔʀɔ̃pʀ] *v irr 1.* bestechen; *2. (fam)* schmieren; *3. (fig)* verderben
corrompu [kɔʀɔ̃py] *adj (fig)* verdorben
corrosif [kɔʀɔzif] *adj* korrosiv, zernagend; *une substance corrosive* eine korrosive Substanz *f*
corrosion [kɔʀɔzjɔ̃] *f GEO* Korrosion *f*
corruptible [kɔʀyptibl] *adj 1.* bestechlich; *2. (fig)* käuflich
corruption [kɔʀypsjɔ̃] *f 1.* Korruption *f,* Bestechung *f; 2. (dépravation)* Verderben *n*
corsage [kɔʀsaʒ] *m* Bluse *f*
Corse [kɔʀs] *f GEO* Korsika *n*
corsé [kɔʀse] *adj 1. (goût)* würzig, scharf; *un vin ~* ein vollmundiger Wein *m; un café ~* ein würziger Kaffee *m; 2. (fig)* delikat, unanständig; *une histoire ~e* eine delikate Geschichte *f; Le repas fut très bon, mais l'addition ~e.* Das Essen war sehr gut, aber die Rechnung ist gesalzen.
corset [kɔʀsɛ] *m* Korsett *n*
cortège [kɔʀtɛʒ] *m 1.* Umzug *m,* Festzug *m; 2. (défilé)* Zug *m; 3. (escorte)* Gefolge *n*

cortisone [kɔʀtizɔn] *f MED* Kortison *n*
corvée [kɔʀve] *f (peine)* Schinderei *f; C'est une ~.* Das ist eine lästige Angelegenheit.
cosmétique [kɔsmetik] *adj 1.* kosmetisch; *f 2.* Kosmetik *f*
cosmique [kɔsmik] *adj* kosmisch
cosmonaute [kɔsmɔnot] *m* Astronaut *m,* Raumfahrer *m*
cosmopolite [kɔsmopɔlit] *adj 1.* kosmopolitisch; *m 2.* Kosmopolit *m*
cosmos [kɔsmos] *m* Weltall *n,* Kosmos *m*
cosse [kɔs] *f* Hülse *f*
costaud [kɔsto] *adj* bullig
costume [kɔstym] *m 1. (pour hommes)* Anzug *m; 2. (complet)* Kostüm *n; 3. ~ folklorique* Tracht *f*
costumer [kɔstyme] *v se ~* sich verkleiden
cote [kɔt] *f (dossier)* Aktenzeichen *n*
côte [kot] *f 1.* Küste *f; ~ rocheuse* Felsenküste *f; 2. ANAT* Rippe *f; ~ à ~* nebeneinander
côté [kote] *m 1. (fig: aspect)* Seite *f; ~ positif* Plus *n; ~ intérieur* Innenseite *f; d'un autre ~* andererseits, anderweitig; *de l'autre ~* jenseits, drüben, hinüber; *de ~* schief, schräg; *de ce ~* her, herüber; *d'un seul ~* einseitig; *du ~ gauche* links; *de tous ~s* allseits; *mettre de ~* aufheben; *des deux ~s* beidseitig; *de ce ~* diesseits; *de mon ~* meinerseits; *du ~ de* seitens; *2. à ~* nebenher, nebenan; *à ~ de* neben
côtelette [kotlɛt] *f 1.* Kotelett *n; 2. (côte)* Rippe *f*
coter [kɔte] *v FIN* notieren
cotisation [kɔtizasjɔ̃] *f 1.* Mitgliedsbeitrag *m; 2. (prélèvement)* Umlage *f*
coton [kɔtɔ̃] *m 1.* Baumwolle *f; 2. ~ hydrophile* Watte *f*
coton-tige [kɔtɔ̃tiʒ] *m* Wattestäbchen *n*
cou [ku] *m 1.* Hals *m; 2. (nuque)* Genick *n; sauter au ~ de qn* jdm um den Hals fallen
couard [kwaʀ] *adj* feig
couardise [kwaʀdiz] *f* Feigheit *f*
couchant [kuʃɑ̃] *adj (soleil)* untergehend
couche [kuʃ] *f 1.* Lage *f; 2. (gîte)* Lager *n; 3. (strate)* Belag *m,* Schicht *f; ~ d'ozone* Ozonschicht *f; ~ sociale* Gesellschaftsschicht *f; 4. (base)* Unterlage *f; 5. (lange)* Windel *f; 6. ~s pl* Wochenbett *n*
coucher [kuʃe] *m 1. (de soleil, de lune)* Untergang *m; ~ de soleil* Sonnenuntergang *m,* Abendrot *n; v 2.* schlafen *~ ensemble (fam)* miteinander schlafen; *3. se ~* sich hinlegen, sich schlafen legen; *4. se ~ (soleil, lune)* untergehen
couchette [kuʃɛt] *f 1.* Liege *f; 2. (de bateau)* Koje *f*
coucou [kuku] *m 1.* Kuckucksuhr *f; 2. ZOOL* Kuckuck *m*
coude [kud] *m 1. (de route)* Knick *m; 2. (courbe)* Krümmung *f; 3. ANAT* Ell(en)bogen *m; ~ à ~* in Tuchfühlung
coudre [kudʀ] *v irr 1.* nähen; *2. (un bouton)* annähen
couette [kwɛt] *f 1. (sur le lit)* Federbett *n; 2. (coiffure)* Zopf *m; se faire des ~s* sich Zöpfe machen
coulée [kule] *f* Guss *m*
couler [kule] *v 1.* fließen, laufen; *2. (sombrer)* sinken, versenken; *3. (ruisseler)* rieseln, rinnen; *4. (s'écouler)* auslaufen
couleur [kulœʀ] *f* Farbe *f; de toutes les ~s* bunt; *en ~* farbig; *de ~ naturelle* naturfarben; *~ des cheveux* Haarfarbe *f; ~ à l'huile* Ölfarbe *f; aux ~s gaies/aux ~ vives* farbenfroh
coulisse [kulis] *f 1.* Kulisse *f; 2. ~s pl THEAT* Bühnenkulisse *f*
couloir [kulwaʀ] *m* Korridor *m,* Gang *m*
coup [ku] *m 1.* Schlag *m; 2. (heurt)* Stoss *m; après ~* zu spät, nachträglich; *tenir le ~* durchhalten; *~ de téléphone* Telefonanruf *m; du premier ~* auf Anhieb; *~ au but* Treffer *m; en être à son ~ d'essai* noch Anfänger sein; *~ d'Etat* Staatsstreich *m; ~ d'Etat militaire* Militärputsch *m; ~ d'œil* Blick *m; ~ de canon* Böllerschuss *m; ~ de chaleur* Hitzschlag *m; ~ de chance* Glücksfall *m; ~ de couteau* Messerstich *m; ~ de feu* Schuss *m; ~ de froid* Kälteeinbruch *m; ~ de main* Handstreich *m; ~ de pied* Fußtritt *m; ~ de pinceau* Pinselstrich *m; ~ de soleil* Sonnenbrand *m; ~ de destin* Schicksalsschlag *m; ~ de franc* Strafstoß *m; tout à ~* plötzlich; *3. (choc)* Hieb *m; 4. ~s pl (blessures)* Körperverletzung *f*
coupable [kupabl] *adj 1.* schuldig; *m/f 2.* Täter(in) *m/f*
coupant [kupɑ̃] *adj* scharf; *~ comme un rasoir* messerscharf
coupe [kup] *f 1.* Schale *f; ~ de glace* Eisbecher *m; 2. (trophée)* Pokal *m; 3. (calice)* Kelch *m; 4. (avec un objet tranchant)* Schnitt *m; ~ fil* Drahtzange *f; ~ transversale* Querschnitt *m; ~ de cheveux* Haarschnitt *m; 5. (section)* Schnittfläche *f; 6. TECH* Profil *n*

couper [kupe] *v* 1. schneiden, abschneiden; ~ *en deux* halbieren; ~ *la route à qn* jdm den Weg abschneiden; ~ *les ponts* aussteigen; 2. ~ *qc* etw abschalten; 3. *(eau)* abstellen; 4. *(chemin)* versperren; 5. *(diluer)* verdünnen; 6. *TEL* unterbrechen; 7. *NAUT* kappen; 8. *(vin)* panschen
couple [kupl] *m* 1. Paar *n;* ~ *d'amoureux* Liebespaar *n;* 2. *(époux)* Ehepaar *n;* 3. *(fig)* Gespann *n;* 4. ~ *de rotation TECH* Drehmoment *n*
coupler [kuple] *v (lier)* kuppeln
couplet [kuplɛ] *m* Strophe *f,* Vers *m*
coupole [kupɔl] *f* Kuppel *f*
coupure [kupyʀ] *f* 1. Schnitt *m;* ~ *de journaux* Zeitungsausschnitt *m;* 2. *MED* Schnittwunde *f*
cour [kuʀ] *f* 1. Hof *m,* Königshof *m; faire la* ~ *à qn* mit jdm anbändeln/jdm den Hof machen; 2. ~ *de justice* Gericht *n,* Gerichtshof *m;* ~ *d'assises* Schwurgericht *n*
courage [kuʀaʒ] *m* 1. Mut *m; prendre son* ~ *à deux mains* sich ein Herz fassen; *perdre* ~ versagen; ~ *civique* Zivilcourage *f;* 2. *(bravoure)* Tapferkeit *f*
courageux [kuʀaʒø] *adj* 1. tapfer; 2. *(hardi)* beherzt; 3. *(valeureux)* mutig
couramment [kuʀamɑ̃] *adv* fließend, ohne Schwierigkeiten; *parler* ~ *une langue* eine Sprache fließend sprechen
courant [kuʀɑ̃] *m* 1. *(fleuve)* Strom *m;* ~ *d'air* Luftzug *m;* 2. *(tendance)* Strömung *f;* 3. *TECH* Betriebsstrom *m;* ~ *de haute tension* Starkstrom *m;* ~ *électrique* Strom *m; adj* 4. gängig; *C'est* ~. Das kommt häufig vor. 5. *(usuel)* gebräuchlich; 6. *(familier)* geläufig; 7. *(permanent)* laufend; 8. *(répandu)* weit verbreitet; 9. *(langue)* flüssig
courbature [kuʀbatyʀ] *f* Muskelkater *m*
courbe [kuʀb] *f* 1. Kurve *f;* 2. *(tournant)* Biegung *f,* Krümmung *f;* 3. *(arc)* Bogen *m*
courbé [kuʀbe] *adj* krumm
courber [kuʀbe] *v* 1. biegen, beugen; ~ *en dedans* einbiegen; ~ *l'échine* sich ducken; 2. *(plier)* krümmen; 3. *se* ~ sich beugen, sich bücken
courbette [kuʀbɛt] *f* Verbeugung *f*
courbure [kuʀbyʀ] *f* Krümmung *f,* Wölbung *f*
coureur [kuʀœʀ] *m* 1. Läufer *m;* 2. ~ *automobile* Rennfahrer *m;* 3. ~ *de jupons* Schürzenjäger *m*
coureuse [kuʀøz] *f (fam)* Flittchen *n*
courgette [kuʀʒɛt] *f BOT* Zucchini *pl*
courir [kuʀiʀ] *v irr* 1. laufen, rennen; ~ *après* hinterherlaufen; 2. ~ *le monde (voyager)* herumkommen; 3. *(rumeur)* kursieren; *Il court un bruit.* Es geht ein Gerücht.
couronne [kuʀɔn] *f* 1. Kranz *m;* 2. *(diadème)* Krone *f*
couronné [kuʀɔne] *adj* 1. ~ *de succès* erfolgreich; 2. *(primé)* preisgekrönt
couronnement [kuʀɔnmɑ̃] *m* Krönung *f*
couronner [kuʀɔne] *v* krönen
courrier [kuʀje] *m* 1. Briefwechsel *m,* Post *f;* ~ *aérien* Luftpost *f;* ~ *des lecteurs* Leserbrief *m;* 2. *(lettre)* Schreiben *n;* 3. *(coursier)* Kurier *m*
courroie [kuʀwa] *f* 1. Gurt *m;* 2. *(lanière)* Riemen *m*
courroux [kuʀu] *m LIT* Zorn *m*
cours [kuʀ] *m* 1. Stunde *f,* Unterrichtsstunde *f;* 2. *(en enseignement)* Unterricht *m;* 3. *(à l'université)* Vorlesung *f; suivre les* ~ Vorlesungen hören; 4. *(leçon)* Kurs *m;* ~ *du soir* Abendkurs *m;* ~ *de base* Einführungskurs *m;* ~ *par correspondance* Fernkurs *m;* ~ *de danse* Tanzkurs *m;* 5. *(formation)* Lehrgang *m;* 6. *(la marche des choses)* Gang *m,* Verlauf *m;* ~ *d'un fleuve/*~ *d'une rivière* Flusslauf *m;* 7. *(change) FIN* Umrechnungskurs *m;* ~ *d'une action* Aktienkurs *m;* ~ *de la Bourse* Börsenkurs *m;* ~ *des changes* Devisenkurs *m;* ~ *des devises* Sortenkurs *m;* ~ *du change* Wechselkurs *m*
course [kuʀs] *f* 1. *(de taxi)* Fahrt *f;* 2. *(compétition)* Rennen *n;* ~ *automobiles* Autorennen *n;* ~ *de chevaux* Pferderennen *n;* ~ *de ski* Skirennen *n;* 3. *(achat)* Besorgung *f,* Kauf *m; faire des* ~*s* einkaufen; 4. *SPORT* Lauf *m;* ~ *de fond* Dauerlauf *m;* ~ *de haies* Hürdenlauf *m;* ~ *de relais* Staffellauf *m*
court[1] [kuʀ] *adj* kurz; *être à* ~ *d'argent* knapp bei Kasse sein; *couper* ~ abbrechen
court[2] [kuʀ] *m* Tennisplatz *m*
court-bouillon [kuʀbujɔ̃] *m GAST* Sud *m,* Brühe *f*
court-circuit [kuʀsiʀkɥi] *m TECH* Kurzschluss *m*
courtier [kuʀtje] *m* Makler *m*
courtiser [kuʀtize] *v* umwerben
courtois [kuʀtwa] *adj* höflich, verbindlich
courtoisie [kuʀtwazi] *f* Höflichkeit *f; manque de* ~ Unhöflichkeit *f*
couru [kuʀy] *adj* begehrt
couscous [kuskus] *m GAST* Kuskus *m*
cousin(e) [kuzɛ̃/kuzin] *m/f* Vetter/Base *m/f,* Cousin/Kusine *m/f*

cousinage [kuzinaʒ] *m (fam)* Vetternwirtschaft *f*
coussin [kusɛ̃] *m 1.* Kissen *n; ~ électrique* Heizkissen *n; 2. (rembourrage)* Polster *n*
coussinet [kusinɛ] *m TECH* Lager *n*
cousu [kuzy] *adj ~ de fil blanc (fig)* fadenscheinig
coût [ku] *m* Kosten *pl,* Ausgaben *pl; ~ de la construction* Baukosten *pl; ~ de la vie* Lebenshaltungskosten *pl*
couteau [kuto] *m* Messer *n; être à ~x tirés avec qn (fam)* mit jdm verfeindet sein; *~ pliant* Klappmesser *n*
coûter [kute] *v (prix)* kosten; *~ la vie à qn* jdn das Leben kosten; *Coûte que coûte.* Koste es, was es wolle. *Il en coûte.* Es kostet Überwindung.
coûteux [kutø] *adj 1.* kostspielig, teuer; *2. (dispendieux)* aufwendig
coutume [kutym] *f 1.* Brauch *m; 2. (usage)* Gepflogenheit *f; 3. (règle de bienséance)* Konvention *f; 4. ~s pl (mœurs)* Brauchtum *n*
couture [kutyʀ] *f* Naht *f*
couturier [kutyʀje] *m 1.* Schneider *m; 2. (de haute couture)* Modeschöpfer *m*
couvée [kuve] *f* Brut *f*
couvent [kuvɑ̃] *m (pour femmes) REL* Kloster *n*
couver [kuve] *v 1.* aushecken; *2. (un œuf)* brüten
couvercle [kuvɛʀkl] *m* Deckel *m*
couvert [kuvɛʀ] *m 1.* Gedeck *n; 2. (couteau, fourchette, cuillère)* Besteck *n; 3. (fig: abri)* Deckung *f; adj 4.* bewölkt, wolkig
couverture [kuvɛʀtyʀ] *f 1.* Bettdecke *f; 2. (dessus-de-lit)* Zudecke *f; 3. ~ d'assurance* Versicherungsschutz *m; 4. (reliure)* Bucheinband *m,* Deckblatt *n*
couveuse [kuvøz] *f* Brutkasten *m*
couvre-feu [kuvʀəfø] *m* Sperrstunde *f*
couvre-lit [kuvʀəli] *m* Überdecke *f*
couvreur [kuvʀœʀ] *m* Dachdecker *m*
couvrir [kuvʀiʀ] *v irr 1.* bedecken, decken; *~ qn (fig)* jdn decken; *se ~ contre un risque* sich absichern; *se ~ de ridicule* sich blamieren; *2. (recouvrir)* zudecken, abdecken; *3. (cacher)* verdecken; *4. (revêtir)* beziehen, überziehen; *5. (voiler)* verhängen, verschleiern; *~ qc d'un voile* etw verschleiern
crabe [kʀɑb] *m 1.* Krebs *m; 2. (crevette)* Krabbe *f*
crachat [kʀaʃa] *m* Spucke *f*
cracher [kʀaʃe] *v 1.* spucken; *2. (vomir)* ausspeien, speien; *3. C'est son père tout craché.* Er ist seinem Vater wie aus dem Gesicht geschnitten.
crack [kʀak] *m* Meister *m*
craie [kʀɛ] *f 1.* Kreide *f; 2. GEOL* Kreide *f*
craindre [kʀɛ̃dʀ] *v irr* befürchten, fürchten
crainte [kʀɛ̃t] *f 1.* Befürchtung *f; 2. (peur)* Furcht *f,* Angst *f; 3. (anxiété)* Ängstlichkeit *f*
craintif [kʀɛ̃tif] *adj* ängstlich, furchtsam
cramer [kʀame] *v (fam: brûler)* verbrennen, versengen
crampe [kʀɑ̃p] *f* Krampf *m*
crampon [kʀɑ̃pɔ̃] *m (fam)* Klette *f*
cran [kʀɑ̃] *m* Kerbe *f*
crâne [kʀɑn] *m 1.* Schädel *m; 2. ~ dénudé* Glatze *f*
crâner [kʀɑne] *v* prahlen, angeben
crâneur [kʀɑnœʀ] *m (fam)* Angeber *m,* Prahlhans *m*
crapaud [kʀapo] *m ZOOL* Kröte *f*
crapule [kʀapyl] *f* Schurke *m*
craquelé [kʀakle] *adj* rissig
craquement [kʀakmɑ̃] *m* Krachen *n,* Bersten *n*
craquer [kʀake] *v* knacken, knarren; *plein à ~* brechend voll
craqueter [kʀakte] *v (papier)* knistern
crasse [kʀas] *f 1. (fam: saleté)* Schmierschicht *f,* Dreckschicht *f; vivre dans la ~* im Dreck leben; *2. (fig)* Bosheit *f,* Gemeinheit *f; faire une ~ à qn (fam)* jdm übel mitspielen
crasseux [kʀasø] *adj (fig)* schmierig
crassier [kʀasje] *m* Schutthalde *f*
cravache [kʀavaʃ] *f* Peitsche *f*
cravate [kʀavat] *f* Krawatte *f,* Schlips *m*
crawl [kʀol] *m nager le ~* kraulen
crayon [kʀɛjɔ̃] *m 1.* Bleistift *m; 2. ~ de couleur* Buntstift *m*
créateur [kʀeatœʀ] *adj 1.* schöpferisch; *m 2. (fondateur)* Gründer *m,* Schöpfer *m; ~ de mode* Modeschöpfer *m*
créatif [kʀeatif] *adj* kreativ
création [kʀeɑsjɔ̃] *f 1.* Schöpfung *f; 2. (fondation)* Errichtung *f,* Gründung *f; 3. (institution)* Stiftung *f*
créativité [kʀeativite] *f* Kreativität *f*
créature [kʀeatyʀ] *f* Wesen *n,* Geschöpf *n,* Kreatur *f*
crèche [kʀɛʃ] *f 1. (d'enfants)* Hort *m,* Kinderhort *m; 2. REL* Krippe *f*
crédibilité [kʀedibilite] *f* Glaubhaftigkeit *f,* Glaubwürdigkeit *f*

crédible [kʀedibl] *adj* glaubhaft
crédit [kʀedi] *m 1.* Guthaben *n,* Haben *n; porter au ~* gutschreiben; *~ disponible* Dispositionskredit *m; 2. (créance)* Gutschrift *f*
créditer [kʀedite] *v* gutschreiben
créditeur [kʀeditœʀ] *m* Gläubiger *m*
crédule [kʀedyl] *adj* leichtgläubig
crédulité [kʀedylite] *f* Leichtgläubigkeit *f*
créer [kʀee] *v 1.* gründen, errichten; *2. (élaborer)* schaffen; *3. (produire)* hervorbringen; *4. (fonder)* stiften
crémaillère [kʀemajɛʀ] *f pendre la ~* den Einzug feiern
crémation [kʀemɑsjɔ̃] *f* Feuerbestattung *f,* Einäscherung *f*
crème [kʀɛm] *f 1.* Creme *f; enduire de ~/passer de la ~* eincremen; *2. GAST* Füllung *f,* Creme *f; ~ renversée* Pudding *m; ~ glacée* Speiseeis *n; 3. ~ Chantilly* Schlagsahne *f*
crémeux [kʀemø] *adj* sahnig
crêpe [kʀɛp] *f* Pfannkuchen *m*
crépi [kʀepi] *m 1.* Putz *m,* Mörtel *m; 2. (enduit)* Verputz *m*
crépir [kʀepiʀ] *v (peindre)* verputzen
crépiter [kʀepite] *v (feu)* knistern
crépu [kʀepy] *adj (bouclé)* kraus
crépusculaire [kʀepyskylɛʀ] *adj* dämmerig
crépuscule [kʀepyskyl] *m* Abendrot *n,* Abenddämmerung *f*
cresson [kʀesɔ̃] *m BOT* Kresse *f*
crête [kʀɛt] *f 1. (montagne)* Grat *m,* Bergkamm *m; 2. ~ blanche* Schaumkrone *f*
crétin [kʀetɛ̃] *m (fam)* Trottel *m*
creuser [kʀøze] *v 1.* graben; *se ~ la tête* sich den Kopf zerbrechen; *2. ~ le sol* wühlen, graben; *3. (excaver)* ausschachten; *~ sa tombe* sich sein eigenes Grab schaufeln
creuset [kʀøzɛ] *m (fig)* Schmelztiegel *m*
creux [kʀø] *m 1.* Höhle *f; ~ de l'aisselle* Achselhöhle *f; 2. (terrain bas)* Niederung *f; 3. ~ de la vague (fig)* Talsohle *f; adj 4.* hohl; *5. (fig: sans teneur)* hohl; *6. (vide)* leer, brüchig
crevaison [kʀəvɛzɔ̃] *f* Reifenpanne *f*
crevant [kʀəvɑ̃] *adj (fam: épuisant)* anstrengend
crevasse [kʀəvas] *f 1.* Felsspalte *f; 2. (faille)* Kluft *f,* Riss *m; 3. (glacier)* Gletscherspalte *f*
crevassé [kʀəvase] *adj* rissig
crevé [kʀəve] *adj (fam: fatigué)* kaputt, erschöpft
crever [kʀəve] *v 1.* platzen; *C'est à ~ de rire.* Das ist zum Totlachen. *2. (éclater)* bersten; *3. (animaux)* eingehen; *~ de chaleur* vor Hitze umkommen/vor Hitze vergehen
crevette [kʀəvɛt] *f 1.* Krabbe *f; 2. (langoustine)* Garnele *f*
cri [kʀi] *m 1.* Schrei *m,* Ruf *m; grand ~* Aufschrei *m; 2. (appel)* Aufruf *m; 3. (exclamation)* Ausruf *m; 4. ~s pl* Geschrei *n; 5. ~s de joie pl* Jubel *m*
criard [kʀijaʀ] *adj* grell
crible [kʀibl] *m* Sieb *n*
cribler [kʀible] *v* durchlöchern, durchsieben; *~ qn de coups de couteau* jdn mit Messerstichen durchbohren; *~ une cible de balles* ein Ziel mit Kugeln durchsieben; *Il était criblé de boutons.* Sein Gesicht war mit Pickeln bedeckt.
cric [kʀik] *m TECH* Wagenheber *m*
crier [kʀije] *v 1.* ausrufen, rufen; *2. (hurler)* schreien; *3. ~ qc à qn* jdm etw zurufen
crime [kʀim] *m 1.* Verbrechen *n,* Straftat *f; ~ monstrueux* Untat *f; ~ sexuel* Sexualverbrechen *n; ~ capital* Kapitalverbrechen *n; 2. (assassinat)* Ermordung *f; 3. (méfait)* Missetat *f*
criminalité [kʀiminalite] *f* Kriminalität *f; ~ économique* Wirtschaftskriminalität *f*
criminel [kʀiminɛl] *adj 1.* kriminell, verbrecherisch; *m 2.* Missetäter *m; 3. (malfaiteur)* Verbrecher *m; grand ~* Gewaltverbrecher *m; ~ de guerre* Kriegsverbrecher *m; 4. (délinquant)* Krimineller *m*
crin [kʀɛ̃] *m* Haar *n*
crinière [kʀinjɛʀ] *f* Mähne *f; ~ du cheval* Pferdemähne *f; ~ du lion* Löwenmähne *f*
crise [kʀiz] *f 1.* Krise *f; ~ d'identité* Identitätskrise *f; foyer de ~* Krisenherd *m; ~ gouvernementale* Regierungskrise *f; ~ économique* Wirtschaftskrise *f; 2. MED* Anfall *m; ~ cardiaque* Herzanfall *m; ~ de nerfs* Nervenzusammenbruch *m*
crispant [kʀispɑ̃] *adj 1.* aufregend; *2. (excitant)* aufreizend
crisper [kʀispe] *v se ~* sich verkrampfen
crisser [kʀise] *v* knirschen
cristal [kʀistal] *m* Kristall *m*
cristallin [kʀistalɛ̃] *adj (son)* gläsern
critère [kʀitɛʀ] *m 1.* Kriterium *n; 2. (fig)* Maßstab *m*
critique [kʀitik] *f 1.* Kritik *f; 2. (attaque)* Nörgelei *f; ~ mesquine* Haarspalterei *f; 3. ~s pl* Beanstandung *f; m 4. ART* Kritiker *m; adj 5. (situation)* bedenklich, kritisch

critiquer [kʀitike] *v* kritisieren, bemängeln

crochet [kʀɔʃɛ] *m 1.* Haken *m; vivre aux ~s de qn* jdm auf der Tasche liegen; *2. (détour)* Abstecher *m; 3. (aiguille)* Häkelnadel *f; faire du ~* häkeln; *4. ~ à venin* Giftzahn *m; 5. ~ à la mâchoire* Kinnhaken *m*

crochu [kʀɔʃy] *adj* krumm, hakenförmig; *un nez ~* eine Hakennase *f; avoir les doigts ~s (fig)* gierig sein; *avoir des atomes ~s (fig)* sich gegenseitig anziehen

crocodile [kʀɔkɔdil] *m* Krokodil *n*

croire [kʀwaʀ] *v irr 1.* glauben; *J'aime à ~ ...* Ich möchte fast glauben .../Ich hege die Hoffnung ...; *ne pas en ~ ses yeux* seinen Augen nicht trauen; *~ en Dieu* an Gott glauben; *~ qn à propos de qc* jdm etw abkaufen; *~ qn capable de qc* jdm etw zutrauen; *donner à ~* vermuten lassen; *~ fermement* felsenfest glauben; *~ en soi* Selbstvertrauen haben; *Je le crois honnête.* Ich halte ihn für ehrlich. *2. (penser)* meinen; *3. (estimer)* erachten; *4. se ~* sich einbilden

croisade [kʀwazad] *f* Kreuzzug *m*

croisement [kʀwazmɑ̃] *m 1.* Überschneidung *f,* Kreuzung *f; 2. BIO* Bastardierung, Kreuzung *f*

croiser [kʀwaze] *v 1. BIO* kreuzen; *2. (plier)* verschränken; *3. NAUT* kreuzen; *4. se ~* sich überschneiden, sich kreuzen

croiseur [kʀwazœʀ] *m* Kreuzer *m*

croisière [kʀwazjɛʀ] *f 1.* Jungfernfahrt *f; 2. (en bateau)* Kreuzfahrt *f*

croissance [kʀwasɑ̃s] *f 1.* Wachstum *n; 2. (prolifération)* Wuchs *m; 3. ECO* Zuwachs *m*

croissant [kʀwasɑ̃] *m 1. GAST* Hörnchen *n; adj 2. (augmentant)* steigend, wachsend

croître [kʀwatʀ] *v irr 1.* wachsen, zunehmen; *2. (monter)* steigern; *3. (pousser)* heranwachsen; *4. (grandir)* aufwachsen

croix [kʀwa] *f* Kreuz *n; faire une ~ sur qc* etw in den Wind schreiben; *faire son signe de ~* sich bekreuzigen; *~ gammée* Hakenkreuz *n*

croque-monsieur [kʀɔkmøsjø] *m GAST* Schinken-Käse-Toast *m*

croque-mort [kʀɔkmɔʀ] *m (fam)* Sargträger *m; avoir une tête de ~ (fig)* finster aussehen/finster dreinschauen

croquer [kʀɔke] *v (manger)* essen; *~ dans une pomme* in einen Apfel beißen; *Il est joli à ~. (fig)* Er ist zum Anbeißen. *~ la vie à pleines dents (fig)* das Leben in vollen Zügen genießen

croquet [kʀɔkɛ] *m (jeu)* Krocket *n*

croquette [kʀɔkɛt] *f 1. GAST* Krokette *f; des ~s de poisson* Fischkroketten *pl; des ~s de pommes de terre* Kartoffelkroketten *pl; 2. (pour chats)* Katzenfutter *n*

croquis [kʀɔki] *m* Entwurf *m,* Skizze *f*

crosse [kʀɔs] *f (de fusil)* Kolben *m*

crotale [kʀɔtal] *m ZOOL* Klapperschlange *f*

crotté [kʀɔte] *adj* dreckig

crottin [kʀɔtɛ̃] *m (de cheval)* Mist *m*

crouler [kʀule] *v 1. (tomber)* stürzen, fallen; *Le mur menace de ~.* Die Mauer droht einzustürzen. *2. ~ sous (fig)* zusammenbrechen unter, sich biegen unter; *~ sous le poids des ans* unter der Last der Jahre leiden; *~ sous le travail* unter der Last der Arbeit zusammenbrechen; *La salle croulait sous les applaudissements.* Der Saal bebte unter dem Applaus.

croustillant [kʀustijɑ̃] *adj* knusprig

croûte [kʀut] *f 1.* Brotkruste *f; 2. (écorce)* Rinde *f,* Kruste *f*

croûton [kʀutɔ̃] *m 1. (de pain)* Ende vom Brotlaib *n,* Brotkanten *m; 2. ~ frit GAST* Crouton *m,* gerösteter Brotbrocken *m; une omelette aux ~s* ein Omelett mit Croutons *n; des ~ à l'ail* Croutons mit Knoblauch *pl*

croyable [kʀwajabl] *adj* glaubhaft

croyance [kʀwajɑ̃s] *f* Glaube *m*

croyant [kʀwajɑ̃] *adj REL* gläubig

croyant(e) [kʀwajɑ̃/kʀwajɑ̃t] *m/f* Gläubige(r) *m/f*

cru [kʀy] *adj 1.* roh; *2. (vif)* grell; *m 3. (de vin)* Auslese *f*

cruauté [kʀyote] *f 1.* Grausamkeit *f; 2. (dureté)* Unbarmherzigkeit *f; 3. ~ envers les animaux* Tierquälerei *f*

cruche [kʀyʃ] *f* Krug *m*

cruchon [kʀyʃɔ̃] *m* Krug *m*

crudités [kʀydite] *f/pl (salade) GAST* Rohkost *f,* Rohkostsalat *m*

crue [kʀy] *f* Hochwasser *n*

cruel [kʀyɛl] *adj 1.* grausam; *2. (douloureux)* qualvoll; *3. (impitoyable)* gnadenlos

crustacé [kʀystase] *m ZOOL* Krustentier *n*

cube [kyb] *m* Würfel *m*

cueillette [kœjɛt] *f (activité)* Ernte *f*

cueillir [kœjiʀ] *v irr 1.* pflücken; *2. (récolter)* auflesen

cuiller [kɥiɛʀ] *f* Löffel *m; ~ à café* Kaffeelöffel *m; petit ~* Teelöffel *m; ~ en bois* Kochlöffel *m; ~ à soupe* Esslöffel *m*

cuillère [kɥijɛʀ] *f (voir „cuiller")*
cuir [kɥiʀ] *m 1.* Leder *n; 2. ~s pl* Lederwaren *pl*
cuirasse [kɥiʀas] *f* Panzer *m*
cuirasser [kɥiʀase] *v se ~ contre* sich wappnen gegen
cuire [kɥiʀ] *v irr 1. (brûler)* brennen; *2. faire ~* kochen, garen; *3. faire ~ à l'étuvée* dünsten; *4. ~ à point* durchbraten
cuisant [kɥizɑ̃] *adj 1.* qualvoll; *2. (douloureux)* schmerzlich
cuisine [kɥizin] *f 1. (pièce)* Küche *f; faire la ~* kochen; *2. (art culinaire)* Küche *f,* Kochkunst *f*
cuisiner [kɥizine] *v (préparer)* kochen
cuisinier [kɥizinje] *m* Koch *m*
cuisinière [kɥizinjɛʀ] *f 1.* Köchin *f; 2. ~ à gaz* Gasherd *m,* Herd *m*
cuisse [kɥis] *f 1. GAST* Keule *f; 2. ANAT* Oberschenkel *m*
cuisson [kɥisɔ̃] *f* Kochen *n,* Garen *n*
cuivre [kɥivʀ] *m 1. CHEM* Kupfer *n; 2. ~ jaune* Messing *n*
cul [ky] *m (fam)* Arsch *m*
culbute [kylbyt] *f* Purzelbaum *m; faire une ~* purzeln/einen Purzelbaum schlagen
culbuter [kylbyte] *v 1.* kippen; *2. (fam: dégringoler)* purzeln
cul-de-sac [kydsak] *m (impasse)* Sackgasse *f*
culinaire [kylinɛʀ] *adj* kulinarisch
culminer [kylmine] *v* gipfeln, Höhepunkt finden; *Les Alpes culminent au mont Blanc.* Der Mont Blanc ist der höchste Gipfel der Alpen. *L'émotion culmina avec les adieux. (fig)* Die Emotionen fanden ihren Höhepunkt beim Abschied.
culot [kylo] *m 1. (fam)* Unverschämtheit *f; 2. (contenance)* Fassung *f*
culotte [kylɔt] *f 1.* Hose *f; 2. (slip)* Schlüpfer *m,* Slip *m*
culpabilité [kylpabilite] *f 1.* Verschulden *n; 2. JUR* Schuld *f*
culte [kylt] *m 1.* Kult *m; 2. REL* Gottesdienst *m*
cultivateur [kyltivatœʀ] *m* Landwirt *m*
cultivé [kyltive] *adj* gebildet, kultiviert
cultiver [kyltive] *v 1. AGR* anbauen, pflanzen; *2. (un peuple, l'esprit)* kultivieren; *3. (dresser)* züchten; *4. (fig)* ausbauen; *5. se ~* sich bilden
culture [kyltyʀ] *f 1.* Kultur *f; 2. ~ générale* Allgemeinbildung *f; 3. (élevage)* Zucht *f; 4. AGR* Anbau *m; 5. BIO* Kultur *f*
culturel [kyltyʀɛl] *adj* kulturell
cumin [kymɛ̃] *m* Kümmel *m*
cumul [kymyl] *m JUR* Anhäufung *f*
cumulard [kymylaʀ] *m (fam)* Doppelverdiener *m*
cupide [kypid] *adj 1.* gierig; *2. (avide)* habgierig
cupidité [kypidite] *f* Habgier *f*
curable [kyʀabl] *adj* heilbar
curatelle [kyʀatɛl] *f* Vormundschaft *f*
curateur [kyʀatœʀ] *m* Pfleger *m,* Vormund *m*
curatif [kyʀatif] *adj* heilend, Heil...
curatrice [kyʀatʀis] *f* Pflegerin *f*
cure [kyʀ] *f 1. MED* Kur *f; ~ d'amaigrissement* Abmagerungskur *f,* Schlankheitskur *f; ~ radicale* Radikalkur *f; ~ de désintoxication* Entziehungskur *f; 2. REL* Pfarramt *n*
curé [kyʀe] *m* Pfarrer *m*
cure-dents [kyʀdɑ̃] *m* Zahnstocher *m*
curieux [kyʀjø] *adj 1.* eigenartig, sonderbar; *2. (indiscret)* neugierig; *3. (intéressé)* wissensdurstig; *4. (spécial)* originell, kurios; *m 5.* Neugieriger *m*
curiosité [kyʀjozite] *f 1.* Neugier *f; 2. (rareté)* Seltenheit *f; 3. (chose à voir)* Sehenswürdigkeit *f*
curriculum [kyʀikylɔm] *m ~ vitae* Lebenslauf *m*
cuve [kyv] *f* Wanne *f*
cuver [kyve] *v ~ son vin (fam)* seinen Rausch ausschlafen
cuvette [kyvɛt] *f* Waschbecken *n*
cyberespace [sibɛʀspɛs] *m INFORM* Cyberspace *m*
cybernétique [sibɛʀnetik] *f* Kybernetik *f*
cyclamen [siklamɛn] *m* Alpenveilchen *n*
cycle [sikl] *m 1.* Zyklus *m; 2. (fig)* Kreislauf *m*
cyclique [siklik] *adj* periodisch
cycliste [siklist] *m/f* Radfahrer(in) *m/f*
cyclomoteur [siklɔmɔtœʀ] *m* Moped *n*
cyclone [siklon] *m METEO* Wirbelsturm *m,* Zyklon *m*
cygne [siɲ] *m ZOOL* Schwan *m*
cylindre [silɛ̃dʀ] *m 1. TECH* Zylinder *m; 2. (à vapeur)* Dampfwalze *f*
cylindrée [silɛ̃dʀe] *f petite ~* Kleinwagen *m*
cynique [sinik] *adj* zynisch
cynisme [sinism] *m* Zynismus *m*
cyprès [sipʀɛ] *m* Zypresse *f*

D

dactylo [daktilo] *f* Schreibkraft *f*
dada [dada] *m (fam)* Steckenpferd *n*
dahlia [dalja] *m BOT* Dahlie *f*
daim [dɛ̃] *m* Wildleder *n*
dalle [dal] *f 1.* Platte *f,* Fliese *f; 2. ~ de verre* Glasbaustein *m*
daller [dale] *v* fliesen
dalmatien [dalmasjɛ̃] *m* Dalmatiner *m*
daltonien [daltɔnjɛ̃] *adj* farbenblind
damas [dama] *m* Damast *m*
dame [dam] *f 1.* Dame *f; grande ~* feine Dame *f; 2. jeu de ~s* Damespiel *n; jouer aux ~s* Dame spielen
damer [dame] *v* rammen
damier [damje] *m (pour le jeu)* Damebrett *n*
damner [dɑne] *v* verdammen
dandiner [dɑ̃dine] *v se ~* schwanken, hin und her wackeln; *se ~ d'un pied sur l'autre* von einem Fuß auf den anderen wechseln; *se ~ sur sa chaise* mit dem Stuhl wackeln
Danemark [danmaʀk] *m* Dänemark *n*
danger [dɑ̃ʒe] *m* Gefahr *f,* Not *f; ~ de chute* Absturzgefahr *f; ~ de rage* Tollwutgefahr *f; ~ de mort* Lebensgefahr *f; ~ d'avalanche* Lawinengefahr *f; ~ d'épidémie* Seuchengefahr *f*
dangereux [dɑ̃ʒʀø] *adj* gefährlich
danois [danwa] *adj* dänisch
Danois(e) [danwa(z)] *m/f* Däne/Dänin *m/f*
dans [dɑ̃] *prep 1. (temporel)* in, innerhalb; *~ le cas où* falls; *~ la plupart des cas* meist; *~ la matinée* vormittags; *~ le cas contraire* andernfalls; *~ le meilleur des cas/~ le cas le plus favorable* bestenfalls; *~ le pire des cas* schlimmstenfalls; *~ le temps* ehemals; *~ l'espoir que ...* in der Hoffnung, dass ...; *~ les plus brefs délais* schnellstens; *2. (spatial)* in, im; *~ les conditions normales* normalerweise; *~ la pratique* in der Praxis; *~ cette mesure* soweit; *~ une certaine mesure* einigermaßen; *~ la mesure où* insofern/sofern; *~ le cadre du métier* berufsbedingt; *~ le cadre de ses obligations professionnelles* dienstlich; *~ le sens de la longueur* längs; *~ le contenu* inhaltlich; *3. (chez)* zu
danse [dɑ̃s] *f 1.* Tanz *m; 2. ~ de claquettes* Stepptanz *m; 3. ~ classique* Ballett *n*
danser [dɑ̃se] *v* tanzen
danseur [dɑ̃sœʀ] *m* Tänzer *m; ~ de ballet* Balletttänzer *m*
danseuse [dɑ̃søz] *f 1.* Tänzerin *f; 2. première ~* Primaballerina *f; 3. ~ étoile* Primaballerina *f*
Danube [danyb] *m GEO* Donau *f*
dard [daʀ] *m ZOOL* Stachel *m*
date [dat] *f 1.* Datum *n; ~ d'établissement* Ausstellungsdatum *n; ~ de naissance* Geburtsdatum *n; ~ de péremption* Verfallsdatum *n; 2. (rendez-vous)* Termin *m,* Verabredung *f*
date-limite [datlimit] *f* Haltbarkeitsdatum *n*
dater [date] *v* datieren
dateur [datœʀ] *m* Datumsstempel *m*
datif [datif] *m GRAMM* Dativ *m*
datte [dat] *f BOT* Dattel *f*
dauphin [dofɛ̃] *m ZOOL* Delfin *m*
davantage [davɑ̃taʒ] *adv* mehr
de [də] *prep 1.* aus, bei, von; *konj 2. ~ plus ~ (comparatif)* als
dé [de] *m 1.* Würfel *m; 2. ~ à coudre* Fingerhut *m*
dealer [dilœʀ] *m* Drogenhändler *m*
déballer [debale] *v* auspacken
débardeur [debaʀdœʀ] *m (maillot)* Pullunder *m*
débarquement [debaʀkəmɑ̃] *m* Landung *f*
débarquer [debaʀke] *v 1. ~ qn* jdn entlassen, jdn absetzen; *2. (descendre)* ausladen, abladen; *~ d'un bateau* von Bord gehen; *~ d'un avion* aus dem Flugzeug steigen; *3. (fam)* hereinschneien, vorbeischauen; *Il débarque toujours à l'improviste.* Er kommt immer ganz unerwartet vorbei. *~ chez qn* bei jdm vorbeischauen
débarras [debaʀa] *m 1.* Abstellkammer *f,* Rumpelkammer *f; 2. (cagibi)* Verschlag *m*
débarrassé [debaʀase] *adj être ~ de qc* einer Sache ledig sein
débarrasser [debaʀase] *v 1.* aufräumen, abräumen; *2. se ~ de qn* jdn abschütteln, jdn loswerden; *3. se ~ de qc* sich einer Sache entledigen
débat [deba] *m 1.* Debatte *f,* Streitgespräch *n; meneur du ~/meneur des ~s* Diskussionsleiter *m; 2. (discussion)* Erörterung *f; 3. POL* Debatte *f; 4. ~s publics pl* Podiums-

diskussion *f; 5. ~s pl JUR* Verhandlung *f; 6. ~s judiciaires pl* Gerichtsverhandlung *f*
débattre [debatʀ] *v irr 1. ~ de* abhandeln; *2. ~ de (discuter)* erörtern; *3. ~ de (discuter avec vivacité)* debattieren; *4. se ~ (fig)* mit sich ringen; *se ~ comme un beau diable* wie wild um sich schlagen
débauche [deboʃ] *f JUR* Unzucht *f*
débauché [deboʃe] *adj 1.* wüst; *m 2.* Wüstling *m*
débile [debil] *adj 1. (fam: idiot)* geistesgestört; *m/f 2. ~ mental(e)* Geisteskranke(r) *m/f,* Schwachsinnige(r) *m/f*
débilité [debilite] *f ~ mentale* Schwachsinn *m*
débit [debi] *m 1.* Fördermenge *f; 2. ECO* Soll *n; 3. (déduction) ECO* Abbuchung *f; 4. (écoulement) ECO* Abgang *m; 5. ~ de boissons* Ausschank *m*
débiter [debite] *v 1. (porter au débit)* abbuchen; *2. ~ des racontars/~ des mensonges* Lügen auftischen
débiteur [debitœʀ] *m* Schuldner *m*
déblaiement [deblɛmɑ̃] *m* Erdbewegung *f*
déblatérer [deblateʀe] *v* keifen
déblayer [debleje] *v* abräumen
déblocage [deblɔkaʒ] *m* Freigabe *f*
débloquer [deblɔke] *v (fam: divaguer)* quatschen, dummes Zeug erzählen
déboire [debwaʀ] *m* Enttäuschung *f*
déboîter [debwate] *v 1.* ausscheren; *2. MED* verrenken
débonnaire [debɔnɛʀ] *adj* gutmütig
débordement [debɔʀdəmɑ̃] *m (fig)* Überschwang *m*
déborder [debɔʀde] *v* austreten, ausströmen
débosseler [debɔsle] *v TECH* ausbeulen
débouché [debuʃe] *m 1. ECO* Absatz *m; 2. (marché)* Absatzmarkt *m*
déboucher [debuʃe] *v 1.* öffnen; *2. (sortir)* herauskommen; *3. ~ dans* münden in
déboucler [debukle] *v* abschnallen
débouler [debule] *v (descendre très vite)* hinunterpurzeln, hinunterrollen; *~ l'escalier* die Treppe hinunterpurzeln; *Il déboula les deux étages.* Er ist zwei Stockwerke hinuntergekullert.
debout [dəbu] *adj* aufrecht; *ne plus tenir ~* sich nicht mehr auf den Beinen halten können; *dormir ~* zum Umfallen müde sein; *être ~* aufrecht stehen
déboutonner [debutɔne] *v 1. (manteau)* aufknöpfen; *2. se ~* offen reden, sich aussprechen
débraillé [debʀɑje] *adj 1.* unordentlich; *2. (négligé)* schlampig
débrancher [debʀɑ̃ʃe] *v* abschalten; *Il faut ~ la télévision pendant l'orage.* Während eines Gewitters soll man den Stecker des Fernsehgeräts herausziehen.
débrayer [debʀeje] *v* kuppeln
débris [debʀi] *m 1.* Überrest *m; 2. ~ de verre* Scherbenhaufen *m*
débrouillard [debʀujaʀ] *adj* wendig, flink
débrouiller [debʀuje] *v 1. savoir se ~* sich behelfen, sich zu helfen wissen; *2. se ~ (fam)* sich durchboxen
débusquer [debyske] *v (fig)* ausheben
début [deby] *m 1.* Anfang *m,* Beginn *m; n'en être qu'à ses ~s* noch am Anfang stehen/noch in den Kinderschuhen stecken; *dès le ~* von Anfang an; *par le ~* von vorn(e); *du ~* anfänglich; *2. (phase initiale)* Anfangsstadium *n; 3. (premier essai)* Anlauf *m; 4. (commencement)* Ansatz *m; 5. (ouverture)* Auftakt *m; 6. CINE* Debüt *n; 7. (de la nuit)* Einbruch *m*
débutant [debytɑ̃] *m 1.* Anfänger *m; 2. (nouveau)* Neuling *m*
débuter [debyte] *v* anfangen
deçà [dəsa] *adv en ~* diesseits
décabosser [dekabɔse] *v* ausbeulen
décadence [dekadɑ̃s] *f 1.* Dekadenz *f; 2. (ruine)* Zerfall *m*
décadent [dekadɑ̃] *adj* dekadent
décaféiné [dekafeine] *adj* koffeinfrei
décalage [dekalaʒ] *m* Diskrepanz *f*
décalcifier [dekalsifje] *v* entkalken
décaler [dekale] *v* verschieben
décalquer [dekalke] *v* abpausen
décantation [dekɑ̃tasjɔ] *f* Klärung *f*
décanter [dekɑ̃te] *v* klären, dekantieren
décaper [dekape] *v* beizen
décapsuleur [dekapsylœʀ] *m* Flaschenöffner *m,* Öffner *m*
décédé [desede] *adj* tot
décéder [desede] *v* sterben, scheiden
déceler [desle] *v* enthüllen, aufdecken
décélération [deseleʀasjɔ̃] *f* Verlangsamung *f*
décembre [desɑ̃bʀ] *m* Dezember *m*
décennie [desɛni] *f* Jahrzehnt *n*
décent [desɑ̃] *adj* dezent

décentraliser [desɑ̃tʀalize] *v* dezentralisieren
déception [desɛpsjɔ̃] *f* Enttäuschung *f*
décerner [desɛʀne] *v 1.* verleihen; *2. ~ un prix* einen Preis verleihen
décès [desɛ] *m 1.* Tod *m; faire-part de ~* Todesanzeige *f; 2. cas de ~* Todesfall *m*
décevoir [desvwaʀ] *v irr* enttäuschen
déchaîné [deʃene] *adj 1.* wütend; *2. (fig)* zügellos
déchaînement [deʃɛnmɑ̃] *m (brutal)* Ausbruch *m*
déchaîner [deʃene] *v se ~* toben, sich austoben
décharge [deʃaʀʒ] *f 1.* Entlastung *f; 2. (fig)* Erleichterung *f; 3. ~ publique* Mülldeponie *f; 4. ~ électrique* Stromschlag *m,* Stromstoß *m*
décharger [deʃaʀʒe] *v 1.* entlasten; *2. (enlever)* abladen, entladen; *se ~ de* abladen; *3. (camion, bateau)* Fracht löschen; *4. (tirer)* abfeuern; *5. (fig)* entladen; *6. (déculpabiliser)* entlasten
décharné [deʃaʀne] *adj* mager
déchausser [deʃose] *v se ~* Schuhe ausziehen
déchéance [deʃeɑ̃s] *f 1.* Verkommenheit *f; 2. JUR* Aberkennung *f*
déchet [deʃɛ] *m 1.* Ausschuss *m; 2. ~s pl* Abfall *m; ~s atomiques* Atomabfall *m; ~s toxiques* Giftmüll *m; ~s speciaux* Sondermüll *m; ~s encombrants* Sperrmüll *m*
déchiffrable [deʃifʀabl] *adj* leserlich
déchiffrer [deʃifʀe] *v 1.* lesen; *2. (élucider)* enträtseln; *3. (décoder)* entziffern
déchiqueter [deʃikte] *v* zerreißen
déchirant [deʃiʀɑ̃] *adj* herzzerreißend, kläglich; *des cris ~s* herzzerreißende Schreie *pl; se quitter sur des adieux ~s* sich unter viel Tränen verabschieden
déchirement [deʃiʀmɑ̃] *m* Zerrissenheit *f*
déchirer [deʃiʀe] *v* reißen, zerreißen
déchirure [deʃiʀyʀ] *f (de vêtements, de papiers)* Riss *m*
décibel [desibɛl] *m* Dezibel *n*
décidé [deside] *adj 1.* bestimmt, entschieden; *2. (résolu)* entschlossen, schlüssig; *J'y suis ~.* Ich bin fest dazu entschlossen.
décider [deside] *v 1.* beschließen, entscheiden; *~ par jugements* urteilen; *2. se ~* sich entschließen; *se ~ pour le moindre mal* sich für das geringere Übel entscheiden
décimal [desimal] *adj* dezimal
décimer [desime] *v* dezimieren
décisif [desizif] *adj* ausschlaggebend, entscheidend
décision [desizjɔ̃] *f 1.* Entscheidung *f,* Entschluss *m; mauvaise ~* Fehlentscheidung *f; ~ préliminaire* Vorentscheidung *f; 2. (résolution)* Beschluss *m; ~ majoritaire* Mehrheitsbeschluss *m; 3. (détermination)* Bestimmtheit *f,* Entschiedenheit *f; 4. JUR* Urteil *n; ~ arbitrale* Schiedsspruch *m*
déclaration [deklaʀasjɔ̃] *f 1.* Erklärung *f; ~ d'intention* Absichtserklärung *f; ~ de guerre* Kriegserklärung *f; ~ d'amour* Liebeserklärung *f; ~ d'impôts* Steuererklärung *f; ~ de perte* Verlustanzeige *f; ~ en douane* Zollerklärung *f; ~ gouvernementale* Regierungserklärung *f; ~ d'importation* Einfuhrerklärung *f; 2. (inscription)* Anmeldung *f; 3. ~ de départ* Abmeldung *f; 4. JUR* Aussage *f*
déclaré [deklaʀe] *adj* eingetragen
déclarer [deklaʀe] *v 1.* erklären; *2. (déposer)* aussagen; *3. (prononcer)* aussprechen; *4. (inscrire)* anmelden; *~ son domicile* sich polizeilich anmelden; *~ son départ* sich polizeilich abmelden; *5. ~ au fisc* versteuern
déclasser [deklase] *v* deklassieren
déclencher [deklɑ̃ʃe] *v 1.* auslösen; *2. se ~* ausrasten, sich ausklinken
déclencheur [deklɑ̃ʃœʀ] *m FOTO* Auslöser *m; ~ de flash* Blitzauslöser *m*
déclic [deklik] *m 1. (bouton)* Auslöser *m,* Knopf *m; appuyer sur le ~* den Auslöser betätigen; *2. (bruit)* Klicken *n*
déclin [deklɛ̃] *m 1.* Untergang *m,* Niedergang *m; 2. ECO* Abschwung *m; 3. (fig)* Abstieg *m,* Niedergang *m*
décliner [dekline] *v 1.* ablehnen; *2. GRAMM* deklinieren; *3. ~ son identité* seinen Namen nennen; *4. (soleil)* untergehen; *5. (fig)* abschlagen
décoiffer [dekwafe] *v 1. ~ qn* jds Frisur zerstören; *Le vent m'a décoiffé.* Der Wind hat mein Haar zerzaust. *2. se ~* sich die Haare zersausen
décollage [dekɔlaʒ] *m 1.* Abflug *m; 2. (d'un avion)* Start *m*
décollé [dekɔle] *adj (oreilles)* abstehend
décoller [dekɔle] *v (prendre son envol)* abfliegen, abheben
décolleté [dekɔlte] *m (d'une robe)* Ausschnitt *m,* Dekolletee *n*
décolorant [dekɔlɔʀɑ̃] *m* Bleichmittel *n,* Entfärber *m*

décolorer [dekɔlɔʀe] *v* entfärben
décombres [dekɔ̃bʀ] *m/pl* Trümmer *pl*
décommander [dekɔmɑ̃de] *v* abbestellen; ~ *l'invitation de qn (fig)* jdn ausladen
décomposer [dekɔ̃poze] *v 1. CHEM* abbauen; *2. (analyser)* zerlegen; *3. se ~* verfaulen, vermodern
décomposition [dekɔ̃pozisjɔ̃] *f 1.* Zerfall *m; 2. CHEM* Abbau *m*
décompresser [dekɔ̃pʀese] *v (fam)* sich beruhigen, sich entspannen
décompte [dekɔ̃t] *m ~ final* Endabrechnung *f*
déconcentrer [dekɔ̃sɑ̃tʀe] *v 1. ~ qn (fig)* jdn ablenken, jdn stören; *~ un artiste* einen Künstler stören; *La musique me déconcentre dans mon travail.* Die Musik lenkt mich von der Arbeit ab. *2. se ~ (fig)* sich ablenken lassen, abschweifen; *Il se déconcentre trop facilement.* Er lässt sich zu leicht ablenken.
déconcertant [dekɔ̃sɛʀtɑ̃] *adj 1.* unberechenbar; *2. (stupéfiant)* verblüffend
déconcerté [dekɔ̃sɛʀte] *adj* fassungslos
décongeler [dekɔ̃ʒle] *v* auftauen, abtauen
déconnecter [dekɔnɛkte] *v (fam)* ausschalten
déconner [dekɔne] *v (fam)* ausflippen
déconseiller [dekɔ̃seje] *v* abraten
décontaminer [dekɔ̃tamine] *v* dekontaminieren
décontenancer [dekɔ̃tnɑ̃se] *v* aus der Fassung bringen
décontractant [dekɔ̃tʀaktɑ̃] *adj* entspannend
décontracté [dekɔ̃tʀakte] *adj (style)* salopp
décontracter [dekɔ̃tʀakte] *v se ~* sich entspannen
décontraction [dekɔ̃tʀaksjɔ̃] *f* Entspannung *f; avec ~* salopp
déconvenue [dekɔ̃vny] *f* Missgeschick *n,* Enttäuschung *f*
décor [dekɔʀ] *m 1.* Dekor *n; 2. (fig)* Rahmen *m; 3. ~s pl THEAT* Bühnenbild *n*
décorateur [dekɔʀatœʀ] *m* Dekorateur *m*
décoratif [dekɔʀatif] *adj* dekorativ
décoration [dekɔʀasjɔ̃] *f 1.* Auszeichnung *f,* Ehrung *f; 2. (distinction)* Orden *m; ~ pour services rendus* Verdienstorden *m; 3. (embellissement)* Dekoration *f,* Verzierung *f*
décorer [dekɔʀe] *v 1. ~ qn* jdn auszeichnen; *2. (orner)* ausschmücken, dekorieren
découcher [dekuʃe] *v (fam)* auswärts schlafen
découdre [dekudʀ] *v irr 1.* abtrennen; *2. (défaire)* auftrennen
découpage [dekupaʒ] *m* Zerlegen *n,* Ausschneiden *n*
découper [dekupe] *v 1.* ausschneiden; *2. (viande)* tranchieren
découpures [dekupyʀ] *f/pl* Papierschnitzel *pl*
découragé [dekuʀaʒe] *adj 1.* mutlos; *2. (abattu)* niedergeschlagen
décourageant [dekuʀaʒɑ̃] *adj 1.* entmutigend; *2. (épuisant)* zermürbend
découragement [dekuʀaʒmɑ̃] *m 1.* Demoralisierung *f; 2. (abattement)* Niedergeschlagenheit *f*
décourager [dekuʀaʒe] *v 1.* entmutigen; *2. se ~* verzagen
décousu [dekuzy] *adj* zusammenhangslos
découvert [dekuvɛʀ] *adj 1.* bloß, nackt; *2. FIN* ungedeckt; *m 3. ~ autorisé* Überziehungskredit *m*
découverte [dekuvɛʀt] *f 1.* Entdeckung *f; 2. (invention)* Erfindung *f; 3. (connaissance)* Erkenntnis *f; 4. (fig)* Enthüllung *f*
découvrir [dekuvʀiʀ] *v irr 1.* entdecken; *2. (inventer)* erfinden; *3. (trouver)* herausfinden; *~ le pot-aux-roses* dahinter kommen; *4. (apprendre à connaître)* kennen lernen; *5. (montrer)* offenbaren; *~ son jeu* seine Karten auf den Tisch legen
décrasser [dekʀase] *v 1. (ôter la crasse)* reinigen; *2. (nettoyer)* abputzen
décrépit [dekʀepi] *adj* hinfällig, altersschwach
décret [dekʀɛ] *m 1.* Beschluss *m; 2. (ordonnance)* Erlass *m,* Verordnung *f; 3. JUR* Dekret *n*
décréter [dekʀete] *v 1.* beschließen; *2. (disposer)* verfügen, erlassen
décrié [dekʀije] *adj* verrufen
décrire [dekʀiʀ] *v irr 1.* beschreiben; *2. (représenter)* darstellen, beschreiben; *3. ~ des cercles* kreisen
décrocher [dekʀɔʃe] *v 1. ~ qc* etw abhängen; *2. (fig)* abschalten
déçu [desy] *adj* enttäuscht
dédaigner [dedeɲe] *v 1.* missachten, verachten; *Ce n'est pas à ~.* Das ist nicht zu verachten. *2. (refuser)* verschmähen
dédaigneux [dedɛɲø] *adj 1.* herablassend, verächtlich; *2. (hautain)* herabsetzend

dédain [dedɛ̃] *m* 1. Achtlosigkeit *f,* Missachtung *f;* 2. *(mépris)* Geringschätzung *f,* Verachtung *f; avec* ~ herabsetzend
dedans [dədɑ̃] *adv* 1. hinein; 2. *en* ~ herein; 3. *au* ~/*en* ~ innen
dédicace [dedikas] *f* Widmung *f*
dédier [dedje] *v* ~ *à* widmen
dédire [dediʀ] *v irr* 1. *se* ~ abschwören; 2. *se* ~ *de qc* etw widerrufen, etw dementieren; 3. *se* ~ *(se désister)* sich lossagen
dédit [dedi] *m* Rückzieher *m*
dédommagement [dedɔmaʒmɑ̃] *m* 1. Entgelt *n,* Entschädigung *f;* 2. *JUR* Abfindung *f*
dédommager [dedɔmaʒe] *v* 1. entschädigen; 2. *(remplacer)* ersetzen; 3. *JUR* abfinden
dédouanement [dedwanmɑ̃] *m* 1. Abfertigung *f;* 2. *(payer les droits de douane)* Verzollung *f*
dédouaner [dedwane] *v* 1. *(douane)* abfertigen; 2. *(payer les droits de douane)* verzollen
déductible [dedyktibl] *adj (impôts)* absetzbar
déduction [dedyksjɔ̃] *f* 1. *ECO* Abzug Abrechnung *f;* 2. *(amortissement) ECO* Abzug *m;* 3. *(d'impôts)* Absetzung *f*
déduire [dedɥiʀ] *v irr* 1. einbehalten; 2. *(défalquer)* abrechnen; 3. *ECO* abschreiben; 4. *(réduire)* abziehen; 5. *(impôts)* absetzen; 6. *(conclure)* abschließen, ableiten
défaillance [defajɑ̃s] *f* 1. Schwäche *f;* 2. *(panne)* Versagen *n;* 3. *MED* Schwächeanfall *m*
défaillant [defajɑ̃] *adj* 1. schwach; 2. *JUR* säumig
défaire [defɛʀ] *v irr* 1. auseinander nehmen; 2. *se* ~ *de qc (fig)* etw ablegen
défaite [defɛt] *f* Niederlage *f*
défaut [defo] *m* 1. Fehler *m; être en* ~ einen Fehler begehen; ~ *majeur* Kardinalfehler *m; petit* ~ Schönheitsfehler *m;* 2. *(tare)* Makel *m;* 3. *(manque)* Mangel *m; à* ~ *de* mangels; *faire* ~ fehlen
défaveur [defavœʀ] *f* Misskredit *m*
défavorable [defavɔʀabl] *adj* ungünstig
défavoriser [defavɔʀize] *v* benachteiligen
défection [defɛksjɔ̃] *f MIL* Abfall *m,* Überlaufen *n*
défectueux [defɛktɥø] *adj* 1. defekt; 2. *(imparfait)* fehlerhaft, schadhaft; 3. *(mauvais)* mangelhaft
défectuosité [defɛktɥozite] *f* Mangelhaftigkeit *f,* Unvollkommenheit *f*
défendable [defɑ̃dabl] *adj* vertretbar
défendre [defɑ̃dʀ] *v irr* 1. beschützen, schützen; 2. *(soutenir)* verteidigen; 3. ~ *à qn de faire qc* jdm verbieten, etw zu tun; 4. *se* ~ *contre* sich wehren gegen
défendu [defɑ̃dy] *adj* verboten, unerlaubt
défense [defɑ̃s] *f* 1. Verbot *n,* Sperre *f;* ~ *de stationner* Parkverbot *n;* ~ *antiaérienne MIL* Flugabwehr *f;* 2. *(protection)* Verteidigung *f,* Wahrung *f;* ~ *de la nature* Naturschutz *m;* 3. *SPORT* Abwehr *f;* 4. *légitime* ~ Notwehr *f*
défenseur [defɑ̃sœʀ] *m* 1. Vertreter *m;* 2. *(promoteur)* Verfechter *m;* 3. *(protecteur)* Beschützer *m*
défensif [defɑ̃sif] *adj* defensiv
défensive [defɑ̃siv] *f* Defensive *f*
déférent [defeʀɑ̃] *adj* nachgiebig
déferlement [defɛʀləmɑ̃] *m* ~ *des vagues* Brandung *f*
défi [defi] *m* Herausforderung *f; relever un* ~ eine Herausforderung annehmen
défiance [defjɑ̃s] *f* Misstrauen *n*
défiant [defjɑ̃] *adj* 1. ~ *toute concurrence* konkurrenzlos; 2. *(méfiant)* misstrauisch
déficience [defisjɑ̃s] *f* ~ *immunitaire* Immunschwäche *f*
déficient [defisjɑ̃] *adj* zurückgeblieben
déficit [defisit] *m* Verlust *m,* Defizit *n*
défier [defje] *v* 1. *se* ~ *de qc* etw misstrauen; 2. *(bouder)* trotzen
défiguré [defigyʀe] *adj* entstellt
défigurer [defigyʀe] *v* 1. verschandeln; 2. *(mutiler)* verunstalten
défilé [defile] *m* 1. *(cortège)* Umzug *m,* Zug *m;* 2. *(revue)* Parade *f;* ~ *de mode* Modenschau *f;* ~ *en costumes folkloriques* Trachtenumzug *m;* 3. *(en montagne)* Pass *m*
défiler [defile] *v* 1. aufmarschieren, vorbeimarschieren; ~ *en rangs serrés* in Reih und Glied marschieren; *Les soldats défilent en colonne par deux devant le président.* Die Soldaten zogen in Zweierreihen am Präsidenten vorbei. 2. *(fig)* vergehen, verstreichen; *Les jours défilent trop vite.* Die Tage vergehen viel zu schnell. 3. *se* ~ *(fam)* sich verziehen, sich verdrücken; *Il se défila au moment de payer.* Er machte sich aus dem Staub, als es ums Zahlen ging.
définir [definiʀ] *v* bestimmen, definieren
définitif [definitif] *adj* endgültig
définition [definisjɔ̃] *f* Definition *f*

déflorer [deflɔʀe] *v* entjungfern
défoncer [defɔ̃se] *v 1.* aufstoßen; *2. (forcer)* knacken, aufbrechen
déformation [defɔʀmasjɔ̃] *f 1.* Deformation *f,* Verformung *f; 2. (malformation)* Missbildung *f*
déformé [defɔʀme] *adj* missgebildet
déformer [defɔʀme] *v 1.* deformieren, verunstalten; *2. (tordre)* verbiegen; *3. (altérer)* verformen; *4. (fig)* verdrehen
défouler [defule] *v 1. se ~* sich abreagieren; *2. se ~ (se dépenser)* sich austoben
défraîchir [defʀɛʃiʀ] *v se ~* verblassen
défunt [defœ̃] *adj* tot
défunt(e) [defœ̃(t)] *m/f* Verstorbene(r) *m/f,* Tote(r) *m/f*
dégagé [degaʒe] *adj (temps)* klar, wolkenlos; *être ~ de tout souci* jeder Sorge enthoben sein
dégagement [degaʒmɑ̃] *m 1.* Freimachen *n; 2. (promesse)* Entbinden *n; 3. (de responsabilité)* Entlastung *f*
dégager [degaʒe] *v 1.* freimachen; *2. (responsabilité)* ablehnen; *3. ~ de la vapeur* dampfen; *4. Le temps se dégage.* Der Himmel hellt sich auf.
dégarni [degaʀni] *adj* kahl
dégât [degɑ] *m 1.* Schaden *m; 2. ~s causés par l'incendie pl* Brandschäden *pl; 3. ~s matériels pl* Sachschäden *pl*
dégel [deʒɛl] *m* Tauwetter *n*
dégeler [deʒle] *v* tauen, abtauen
dégénération [deʒeneʀasjɔ̃] *f* Degeneration *f*
dégénérer [deʒeneʀe] *v 1.* ausarten; *2. se ~* degenerieren
dégénérescence [deʒeneʀɛsɑ̃s] *f 1.* Degeneration *f; 2. BIO* Dekadenz *f*
dégingandé [deʒɛ̃gɑ̃de] *adj* schlaksig
dégivrer [deʒivʀe] *v (frigidaire)* abtauen
dégonflard [degɔ̃flaʀ] *m (fam)* Feigling *m*
dégonflé [degɔ̃fle] *m (fam)* Drückeberger *m,* Feigling *m*
dégonfler [degɔ̃fle] *v 1. se ~* die Luft ablassen; *2. se ~ (fam)* kneifen, sich drücken
dégourdi [deguʀdi] *adj* schlau
dégoût [degu] *m 1.* Ekel *m,* Widerwille *m; 2. (lassitude)* Überdruss *m; 3. (sursaturation)* Übersättigung *f*
dégoûtant [degutɑ̃] *adj 1.* schmutzig; *2. (rebutant)* abstoßend, widerlich; *3. (infect)* unappetitlich
dégoûté [degute] *adj ~ de la vie* lebensmüde
dégoûter [degute] *v 1.* anwidern; *2. (fam)* anekeln; *être dégoûté par* sich ekeln vor
dégoutter [degute] *v* tropfen
dégradant [degʀadɑ̃] *adj 1.* entwürdigend; *2. (avilissant)* erniedrigend
dégradation [degʀadasjɔ̃] *f 1. (de bâtiment)* Verfall *m; 2. (déchéance)* Verschlechterung *f,* Verschlimmerung *f*
dégradé [degʀade] *m* Schattierung *f*
dégrader [degʀade] *v 1. (couleur)* abstufen; *2. (abaisser)* herabsetzen; *3. se ~* sich verschlechtern; *4. se ~ (bâtiment)* verfallen
dégrafer [degʀafe] *v* abhaken
degré [dəgʀe] *m 1.* Grad *m; ~ de longitude* Längengrad *m; ~ de latitude* Breitengrad *m; d'un haut ~* hochgradig; *~ celsius PHYS* Celsiusgrad *m; 2. (mesure)* Grad *m; 3. (phase)* Stufe *f; ~ d'alarme* Alarmstufe *f; premier ~* Vorstufe *f; 4. (stade)* Phase *f,* Stadium *n; 5. GRAMM ~ de comparaison* Steigerung *f*
dégringoler [degʀɛ̃gɔle] *v (fam)* purzeln
dégriser [degʀize] *v (fig)* ernüchtern
déguerpir [degɛʀpiʀ] *v (fig)* türmen
déguisement [degizmɑ̃] *m* Kostüm *n,* Verkleidung *f*
déguiser [degize] *v 1. se ~* sich maskieren, sich verkleiden; *2. (déverser dans la mer)* verklappen; *3. (travestir)* verkleiden
dégustation [degystasjɔ̃] *f* Kostprobe *f*
déguster [degyste] *v* probieren, kosten
dehors [dəɔʀ] *adv 1.* draußen; *aller ~* hinausgehen/nach draußen gehen; *ficher qn ~* jdn rausschmeißen; *rester en ~* sich nicht einmischen; *2. au ~* außen; *prep 3. en ~ de* außerhalb; *m/pl 4.* Äußeres *n*
déjà [deʒa] *adv 1.* bereits; *Comment s'appelle-t-il ~?* Wie heißt er doch gleich? *2. (auparavant)* schon
déjeuner [deʒœne] *m 1. petit ~* Frühstück *n; prendre son petit ~* frühstücken; *2. (repas du midi)* Mittagessen *n*
delà [dəla] *prep au ~ de* jenseits, über
délabré [delabʀe] *adj* baufällig
délabrement [delabʀəmɑ̃] *m* Verfall *m*
délabrer [delabʀe] *v se ~* verfallen, zerfallen
délai [delɛ] *m 1. (date)* Termin *m; ~ de circulation ECO* Laufzeit *f; 2. (laps de temps)* Frist *f; ~ de déclaration de domicile* Anmeldefrist *f; ~ de garantie* Gewährleistungsfrist *f; 3. ~ probatoire JUR* Bewährungsfrist *f; ~ de prescription* Verjährungsfrist *f; 4. (retard)* Verzug *m*
délaissé [delese] *adj* verlassen

délaisser [delese] *v* verlassen
délassant [delasɑ̃] *adj* entspannend
délasser [delase] *v 1.* entspannen, unterhalten; *Cette musique le délasse.* Diese Musik ist für ihn entspannend. *La marche délasse l'esprit.* Das Laufen befreit den Geist. *2. se ~* sich entspannen, abschalten
délayer [deleje] *v 1. (remuer)* rühren; *2. (diluer)* verdünnen
délégation [delegɑsjɔ̃] *f* Abordnung *f,* Delegation *f*
délégué(e) [delege] *m/f POL* Abgeordnete(r) *m/f*
déléguer [delege] *v 1.* beauftragen, delegieren; *2. (députer)* abordnen
délibération [delibeʀasjɔ̃] *f* Beratung *f,* Beschluss *m*
délibéré [delibeʀe] *adj* gezielt, überlegt
délibérer [delibeʀe] *v 1. ~ sur (discuter)* beraten; *2. (s'interroger)* sich beraten; *3. (assemblée)* tagen
délicat [delika] *adj 1.* empfindlich, schwächlich; *2. (fragile)* schwach; *3. (fin)* zart, fein; *4. (savoureux)* delikat; *5. (difficile)* heikel; *6. (attentionné)* rücksichtsvoll
délicatesse [delikatɛs] *f (fig: sentiment)* Zartheit *f,* Feinheit *f; avec ~* taktvoll
délice [delis] *m* Hochgenuss *m*
délicieux [delisjø] *adj 1. (très bon)* köstlich; *2. (savoureux)* delikat; *3. (délectable)* lecker, schmackhaft
délier [delje] *v* losbinden, anbinden
délimitation [delimitasjɔ̃] *f* Abgrenzung *f,* Begrenzung *f*
délimiter [delimite] *v 1.* abgrenzen; *2. SPORT* abstecken
délinquance [delɛ̃kɑ̃s] *f ~ juvénile* Jugendkriminalität *f*
délinquant [delɛ̃kɑ̃] *m* Delinquent *m,* Verbrecher *m; ~ sexuel* Triebtäter *m*
délirant [deliʀɑ̃] *adj (fig)* fantastisch, wahnsinnig
délire [deliʀ] *m* Delirium *n*
délirer [deliʀe] *v MED* fantasieren
délit [deli] *m 1. (crime)* Verbrechen *n; en flagrant ~* in flagranti; *2. (méfait)* Missetat *f; 3. JUR* Delikt *n,* Vergehen *n; ~ de fuite* Unfallflucht *f,* Fahrerflucht *f*
délivrance [delivʀɑ̃s] *f 1.* Entbindung *f; 2. (libération)* Erlösung *f; 3. (sauvetage)* Rettung *f*
délivré [delivʀe] *adj 1. ~ sur ordonnance* rezeptpflichtig; *2. être ~ de qc* einer Sache ledig sein
délivrer [delivʀe] *v 1.* befreien; *2. (libérer)* erlösen; *3. (donner)* ausstellen; *4. ~ de (responsabilité)* entheben
déloger [delɔʒe] *v 1.* ausquartieren; *2. (chasser)* vertreiben
déloyal [delwajal] *adj 1.* treulos; *2. (malhonnête)* unehrlich; *3. (perfide)* unfair, unlauter
deltaplane [dɛltaplan] *m SPORT* Drachenflieger *m*
déluge [delyʒ] *m REL* Sintflut *f*
déluré [delyʀe] *adj* pfiffig, flink
démagogique [demagɔʒik] *adj* demagogisch
démagogue [demagɔg] *m* Demagoge *m*
demain [dəmɛ̃] *adv* morgen; *Ce n'est pas pour ~.* So schnell geht das nicht.
demande [dəmɑ̃d] *f 1.* Bitte *f; 2. (commande)* Anforderung *f; 3. ECO* Nachfrage *f; l'offre et la ~* Angebot und Nachfrage; *4. (sollicitation)* Antrag *m; ~ d'admission* Aufnahmeantrag *m; ~ en mariage* Heiratsantrag *m; 5. (requête)* Gesuch *n; ~ d'emploi* Stellengesuch *n; 6. ~ d'information ECO* Anfrage *f; 7. ~ par écrit POL* Eingabe *f; 8. (exigence)* Verlangen *n*
demandé [dəmɑ̃de] *adj* begehrt; *être ~* gefragt sein
demander [dəmɑ̃de] *v 1. ~ de* bitten um; *2. (questionner)* fragen; *~ après qn* nach jdm fragen; *3. ~ qn* jdn suchen, jdn verlangen; *Il ne demande que ça.* Darauf wartet er nur. *On vous demande.* Sie werden verlangt. *Je n'en demande pas plus.* Mehr verlange ich ja gar nicht. *4. (prier)* begehren; *5. (solliciter)* beantragen; *6. (nécessiter)* erfordern; *7. ~ pardon à qn* jdn um Entschuldigung bitten; *8. ~ trop à qn* von jdm zu viel verlangen
demandeur [dəmɑ̃dœʀ] *m 1.* Antragsteller *m; 2. ~ d'asile* Asylbewerber *m*
démanger [demɑ̃ʒe] *v* jucken
démaquiller [demakije] *v se ~* sich abschminken
démarche [demaʀʃ] *f 1.* Maßnahme *f; 2. (fig)* Schritt *m; 3. ~s pl* Bemühung *f*
démarrage [demaʀaʒ] *m 1. (début)* Anlauf *m; 2. (fig)* Start *m*
démarrer [demaʀe] *v 1.* abfahren; *2. (faire fonctionner)* anfahren, losfahren; *3. (se mettre en mouvement)* anspringen; *4. (commencer)* anlaufen; *5. faire ~ ECO* anheizen
démasquer [demaske] *v 1.* demaskieren; *2. (fig)* entlarven; *3. (fig: découvrir)* enthüllen

démêlé [demɛle] *m* Auseinandersetzung *f*, Streit *m*
démêler [demele] *v* entwirren; ~ *ses cheveux* sich die Haare entwirren
déménagement [demenaʒmɑ̃] *m* Umzug *m*, Wohnungswechsel *m*
déménager [demenaʒe] *v* 1. *(changer de domicile)* umziehen; 2. *(partir)* ausziehen
démence [demɑ̃s] *f* Irrsinn *m*, Wahnsinn *m*
démener [demәne] *v se* ~ sich abplagen
dément [demɑ̃] *adj* 1. irre; 2. *(fou)* wahnsinnig
démenti [demɑ̃ti] *m* Dementi *n*
démentir [demɑ̃tiʀ] *v irr* 1. leugnen; 2. *(contredire)* widerrufen, dementieren
démesure [demәzyʀ] *f* 1. Maßlosigkeit *f*; 2. *(excès)* Übermaß *n*
démesuré [demәzyʀe] *adj* 1. maßlos; 2. *(excessif)* übermäßig; 3. *(immodéré)* unmäßig
démettre [demɛtʀ] *v irr* 1. *se* ~ *qc* sich etw ausrenken; 2. ~ *de (fonction)* entheben
démeubler [demœble] *v (pièce)* ausräumen
demeurant [dәmœʀɑ̃] *adv* 1. ~ *à* wohnhaft in; 2. *au* ~ im Übrigen
demeure [dәmœʀ] *f* Wohnsitz *m*, Bleibe *f*
demeurer [dәmœʀe] *v* 1. wohnen; 2. *(rester)* dableiben
demi [dәmi] *adj* halb
demi-cercle [dәmisɛʀkl] *m* Halbkreis *m*
demi-finale [dәmifinal] *f SPORT* Halbfinale *n*
demi-fini [dәmifini] *adj* halbfertig
demi-frère [dәmifʀɛʀ] *m* Halbbruder *m*
demi-heure [dәmijœʀ] *f* halbe Stunde *f*; *J'ai attendu une* ~. Ich habe eine halbe Stunde gewartet.
demi-jour [dәmiʒuʀ] *m* Zwielicht *n*
démilitarisation [demilitaʀizasjɔ̃] *f MIL* Abrüstung *f*
démilitariser [demilitaʀize] *v MIL* abrüsten
demi-lune [dәmilyn] *f* Halbmond *m*
demi-pension [dәmipɑ̃sjɔ̃] *f* Halbpension *f*
demi-sœur [dәmisœʀ] *f* Halbschwester *f*
demi-sommeil [dәmisɔmɛj] *m* Halbschlaf *m*
démission [demisjɔ̃] *f* 1. Austritt *m*; 2. *(d'un employé)* Kündigung *f*; 3. *(volontaire)* Rücktritt *m*; 4. *(d'un roi)* Abdankung *f*
démissionner [demisjɔne] *v* 1. *(quitter un emploi)* kündigen; 2. *(roi)* abdanken; 3. *(fig)* niederlegen; 4. *(se retirer)* zurücktreten, seinen Rücktritt erklären
demi-tarif [dәmitaʀif] *m* halber Preis *m*; *une place à* ~ ein Platz zum halben Preis *m*; *des billets à* ~ Karten zum halben Preis *pl*
demi-tour [dәmituʀ] *m faire* ~ umkehren
démobilisation [demɔbilizasjɔ̃] *f MIL* Demobilisierung *f*
démobiliser [demɔbilize] *v MIL* demobilisieren
démocrate [demɔkʀat] *m/f POL* Demokrat(in) *m/f*
démocratie [demɔkʀasi] *f POL* Demokratie *f*; ~ *de base* Basisdemokratie *f*
démocratique [demɔkʀatik] *adj POL* demokratisch
démocratiser [demɔkʀatize] *v POL* demokratisieren
démodé [demɔde] *adj* altmodisch, unmodern
démographie [demɔgʀafi] *f* Demografie *f*
démographique [demɔgʀafik] *adj* demografisch
demoiselle [dәmwazɛl] *f* 1. Fräulein *n*; 2. ~ *d'honneur* Brautjungfer *f*; 3. *ZOOL* Libelle *f*
démolir [demɔliʀ] *v* 1. *(détruire)* zerstören; 2. *(raser un bâtiment)* abreißen, demolieren
démolition [demɔlisjɔ̃] *f* 1. Abriss *m*, Abbruch *m*; 2. *(destruction)* Zerstörung *f*
démon [demɔ̃] *m* Teufel *m*, Dämon *m*
démoniaque [demɔnjak] *adj* dämonisch, teuflisch
démonstratif [demɔ̃stʀatif] *adj* demonstrativ
démonstration [demɔstʀasjɔ̃] *f* 1. Beweis *m*; 2. *(présentation)* Vorführung *f*; 3. *(explication)* Demonstration *f*
démontable [demɔ̃tabl] *adj* abnehmbar
démontage [demɔ̃taʒ] *m* 1. Abbau *m*, Demontage *f*; 2. *(d'un toit)* Ausbau *m*
démonté [demɔ̃te] *adj* fassungslos
démonter [demɔ̃te] *v* 1. abbauen, demontieren; 2. *(désassembler)* abmontieren; 3. *(moteur)* ausbauen; 4. *(défaire)* auseinander nehmen; 5. *(décomposer)* zerlegen; 6. *TECH* abnehmen
démontrable [demɔ̃tʀabl] *adj* nachweisbar
démontrer [demɔ̃tʀe] *v* 1. demonstrieren; 2. *(prouver)* nachweisen

démoralisant [demɔ̃ʀalizɑ̃] *adj* entmutigend
démoralisation [demɔʀalizasjɔ̃] *f* Demoralisierung *f*
démoraliser [demɔʀalize] *v* entmutigen
démoscopie [demɔskɔpi] *f* Demoskopie *f*
démouler [demule] *v (gâteau)* stürzen, aus der Form nehmen
démuni [demyni] *adj* mittellos
dénaturé [denatyʀe] *adj* unnatürlich
dénaturer [denatyʀe] *v* verfälschen
dénier [denje] *v 1.* leugnen; *2. (refuser)* versagen; *3. ~ qc à qn* jdm etw absprechen
dénigrement [denigʀəmɑ̃] *m* Verleumdung *f*
dénigrer [denigʀe] *v 1.* verleumden; *2. (fig)* anschwärzen; *3. (fig: discréditer)* entwerten
dénombrer [denɔ̃bʀe] *v* zählen
dénominateur [denɔminatœʀ] *m MATH* Nenner *m; ~ commun* gemeinsamer Nenner *m*
dénomination [denɔminasjɔ̃] *f* Name *m*
dénommé [denɔme] *adj 1.* namens; *2. (dit)* so genannt
dénoncer [denɔ̃se] *v 1.* kündigen; *2. (trahir)* verraten; *3. JUR* denunzieren
dénonciateur [denɔ̃sjatœʀ] *m* Denunziant *m*
dénouer [denwe] *v 1.* aufknoten; *2. (finir)* lösen
dénoyauter [denwajote] *v* entkernen
denrée [dɑ̃ʀe] *f 1.* Ware *f; 2. (alimentaire)* Nahrungsmittel *n; ~s alimentaires* Esswaren *pl,* Lebensmittel *pl*
dense [dɑ̃s] *adj* dicht
densité [dɑ̃site] *f* Dichte *f; ~ de la population* Bevölkerungsdichte *f; ~ du trafic* Verkehrsaufkommen *n*
dent [dɑ̃] *f 1. ANAT* Zahn *m; ~ sur pivot* Stiftzahn *m; ~ de lait* Milchzahn *m; ~ de sagesse* Weisheitszahn *m; avoir la ~ dure* eine böse Zunge haben; *avoir une ~ contre qn* etw gegen jdn haben; *se laver les ~s* sich die Zähne putzen; *mal de ~s* Zahnschmerzen *pl; avoir les ~s longues (fam)* Kohldampf schieben; *2. TECH* Zacke *f*
denté [dɑ̃te] *adj* gezackt
dentelle [dɑ̃tɛl] *f* Spitze *f*
dentelure [dɑ̃tlyʀ] *f* Zacke *f*
dentier [dɑ̃tje] *m* Gebiss *n*
dentifrice [dɑ̃tifʀis] *m* Zahnpasta *f,* Zahncreme *f*
dentiste [dɑ̃tist] *m/f* Zahnarzt/Zahnärztin *m/f*
denture [dɑ̃tyʀ] *f ANAT* Gebiss *n*
dénudé [denyde] *adj 1. (vide)* kahl; *2. (nu)* nackt
dénuement [denymɑ̃] *m* Mangel *m,* Mittellosigkeit *f*
dénutrition [denytʀisjɔ̃] *f* Unterernährung *f*
déodorant [deɔdɔʀɑ̃] *m* Deodorant *n*
dépannage [depanaʒ] *m 1.* Reparatur *f; 2. (service)* Pannenhilfe *f*
dépanner [depane] *v 1.* reparieren; *2. (voiture)* schleppen, abschleppen
dépanneuse [depanøz] *f* Abschleppwagen *m*
dépareillé [depaʀɛje] *adj* vereinzelt
dépareiller [depaʀɛje] *v* trennen
déparer [depaʀe] *v* verschandeln
départ [depaʀ] *m 1.* Abfahrt *f,* Abreise *f,* Abflug *m; heure du ~* Abfahrtszeit *f; être sur le ~* reisefertig sein; *prendre le ~* starten; *2. (d'un pays)* Ausreise *f; 3. (adieux)* Abschied *m; 4. SPORT* Start *m*
département [depaʀtmɑ̃] *m 1.* Abteilung *f; 2. (domaine)* Bereich *m,* Fachbereich *m*
dépassé [depase] *adj* überholt, veraltet
dépasser [depase] *v 1.* überholen; *2. (surpasser)* übertreffen; *~ ses forces* sich überanstrengen; *Cela dépasse mes possibilités.* Das übersteigt meine Möglichkeiten. *3. (fig)* überragen, überschreiten; *4. (dominer)* hinausragen
dépêcher [depɛʃe] *v se ~* sich beeilen, eilen
dépendance [depɑ̃dɑ̃s] *f* Abhängigkeit *f*
dépendant [depɑ̃dɑ̃] *adj ~ de* abhängig von
dépendre [depɑ̃dʀ] *v irr 1. ~ de qn* von jdm abhängen, auf jdn angewiesen sein; *2. ~ de (être lié à)* zusammenhängen mit
dépense [depɑ̃s] *f 1.* Ausgabe *f; 2. (mobilisation)* Aufwand *m,* Einsatz *m; ~ d'énergie* Kraftaufwand *m; 3. ~s pl* Kosten *pl,* Unkosten *pl*
dépenser [depɑ̃se] *v 1.* ausgeben; *2. (épuiser)* verausgaben; *3. se ~* sich austoben
dépensier [depɑ̃sje] *adj* verschwenderisch
dépérir [depeʀiʀ] *v 1. (plantes)* eingehen; *2. (pourrir)* verkommen; *3. (se rabougrir)* verkümmern

dépeupler [depœple] *v* entvölkern; *se ~* veröden
dépilatoire [depilatwaʀ] *m* Enthaarungsmittel *n*
dépistage [depistaʒ] *m ~ du cancer MED* Krebsvorsorge *f*
dépister [depiste] *v* entdecken
dépit [depi] *m 1.* Verdruss *m; 2. en ~ de* trotz
déplacé [deplase] *adj 1.* unpassend; *2. (inconvenant)* unangebracht
déplacement [deplasmɑ̃] *m 1.* Verlagerung *f; 2. (de fonctionnaire)* Versetzung *f; 3. (refoulement)* Verdrängung *f; 4. (voyage d'affaire)* Geschäftsreise *f*
déplacer [deplase] *v 1.* verschieben, verrücken; *2. (muter)* versetzen; *3. (modifier)* verlagern, verstellen; *4. (refouler)* verdrängen; *5. se ~* sich fortbewegen
déplaire [deplɛʀ] *v irr* missfallen
déplaisant [deplɛzɑ̃] *adj* unerfreulich
déplaisir [deplɛziʀ] *m* Missfallen *n*
dépliant [deplijɑ̃] *m 1. ~ des horaires* Fahrplan *m; 2. (prospectus)* Prospekt *m,* Faltblatt *n*
déplier [deplije] *v 1.* aufschlagen, entfalten; *~ une carte routière* eine Straßenkarte ausbreiten; *~ le journal* die Zeitung aufschlagen; *2. se ~* sich öffnen, sich entfalten
déploiement [deplwamɑ̃] *m 1.* Entfaltung *f; 2. (développement)* Entwicklung *f; 3. ~ de forces* Kraftaufwand *m*
déplorable [deplɔʀabl] *adj* bedauernswert
déplorer [deplɔʀe] *v* bedauern, beklagen
déployer [deplwaje] *v 1. ~ qc* etw ausbreiten; *2. (développer)* entwickeln
déporter [depɔʀte] *v* deportieren
dépose [depoz] *f* Ausbau *m*
déposer [depoze] *v 1. ~ qc* etw hinlegen; *2. (mettre)* hinstellen; *3. (enlever)* absetzen; *4. (démonter)* ausbauen; *5. (témoigner)* deponieren; *6. JUR* einbringen; *7. (document)* einreichen; *8. ~ qc chez qn* etw bei jdm hinterlegen; *9. ~ une plainte JUR* klagen; *10. se ~ CHEM* sich absetzen
déposition [depozisjɔ̃] *f JUR* Aussage *f*
déposséder [depɔsede] *v JUR* enteignen
dépossession [depɔsesjɔ̃] *f ~ du pouvoir POL* Entmachtung *f*
dépôt [depo] *m 1.* Niederlegen *n; 2. ECO* Einlage *f; ~ à la caisse d'épargne* Spareinlage *f; ~ de bilan* Konkursanmeldung *f; banque de ~* Depositenbank *f; 3. (de marchandises) ECO* Lager *n,* Warenlager *n; 4. (dépotoir)* Depot *n; ~ définitif (des déchets atomiques)* Endlagerung *f; 5. (entrepôt)* Magazin *n; 6. MED* Ablagerung *f; 7. (garde)* Verwahrung *f*
dépouillé [depuje] *adj (vide)* kahl, nüchtern
dépouiller [depuje] *v 1.* plündern, ausrauben; *2. (enlever la peau)* häuten
dépourvu [depuʀvy] *adj 1.* mittellos; *être pris au ~* überrascht werden; *2. ~ d'imagination* fantasielos; *3. ~ de formes (fig)* formlos
dépoussiérer [depusjeʀe] *v* abstauben
dépravation [depʀavasjɔ̃] *f* Verkommenheit *f*
dépravé [depʀave] *adj 1.* wüst, ausschweifend; *2. (fig)* verdorben
dépréciation [depʀesjasjɔ̃] *f 1.* Abwertung *f; 2. ~ monétaire ECO* Geldentwertung *f; 3. (fig)* Verkleinerung *f*
déprécier [depʀesje] *v 1. (valeur)* verringern; *2. (dévaloriser)* abwerten; *3. (fig)* entwerten
déprédation [depʀedasjɔ̃] *f* Veruntreuung *f*
dépressif [depʀɛsif] *adj* depressiv
dépression [depʀɛsjɔ̃] *f 1.* Depression *f; 2. ~ nerveuse MED* Nervenzusammenbruch *m; 3. (bas-fond)* Niederung *f*
déprimant [depʀimɑ̃] *adj* deprimierend
déprimé [depʀime] *adj* depressiv
dépuceler [depysle] *v* entjungfern
depuis [depɥi] *adv 1. (temporel)* von ... her; *2. ~ longtemps* längst, schon lange; *3. (dès)* schon; *prep 4.* seit; *~ ce temps-là* seitdem; *konj 5. ~ que* seit, seitdem
députation [depytasjɔ̃] *f* Abordnung *f*
député(e) [depyte] *m/f POL* Abgeordnete(r) *m/f*
déracinement [deʀasinmɑ̃] *m* Entwurzelung *f*
déraciner [deʀasine] *v* entwurzeln
dérailler [deʀɑje] *v 1. (train)* entgleisen; *2. (fig)* fantasieren
déraison [deʀɛzɔ̃] *f* Unvernunft *f*
déraisonnable [deʀɛzɔnabl] *adj* unvernünftig, töricht
dérangement [deʀɑ̃ʒmɑ̃] *m* Störung *f*
déranger [deʀɑ̃ʒe] *v 1.* stören; *2. (déplacer)* verrücken, verstellen
dérapage [deʀapaʒ] *m 1.* Schleudern *n,* Rutschen *n; faire un ~ contrôlé* das Schleudern unter Kontrolle halten; *2. (fig)* unkon-

trollierte Entwicklung *f; Le ~ des prix s'accentue.* Die Preise geraten immer mehr außer Kontrolle.
dérapant [deʀapɑ̃] *adj (fam)* glitschig
déraper [deʀape] *v 1.* ausrutschen; *2. (voiture)* schleudern
derechef [dəʀəʃɛf] *adv* wiederum, erneut
déréglé [deʀegle] *adj* unregelmäßig
dérèglement [deʀɛgləmɑ̃] *m* Unregelmäßigkeit *f*
dérider [deʀide] *v* glätten
dérision [deʀizjɔ̃] *f 1.* Hohn *m; 2. (ridicule)* Spott *m*
dérisoire [deʀizwaʀ] *adj (ridicule)* lächerlich, unbedeutend; *un salaire ~* ein lächerliches Gehalt *n; vendre qc à un prix ~* etw zu einem Spottpreis verkaufen; *des arguments ~s* lächerliche Argumente *pl*
dérive [deʀiv] *f* Abweichung *f; à la ~* heruntergekommen
dérivé [deʀive] *m* Derivat *n*
dermatologue [dɛʀmatɔlɔg] *m/f MED* Hautarzt/Hautärztin *m/f*
dernier [dɛʀnje] *adj 1.* letzter; *le ~ cri* der letzte Schrei *m; traiter qn comme le ~ des ~s* jdn wie den letzten Dreck behandeln; *marcher le ~* als Letzter gehen; *dernière demeure* letzte Ruhestätte *f; ~s sacrements* Sterbesakramente *pl; 2. (le plus jeune)* jüngster; *3. (précédent)* vorig; *4. (d'en bas)* unterster
dernièrement [dɛʀnjɛʀmɑ̃] *adv* kürzlich, neulich
dernier-né [dɛʀnjene] *m* Nesthäkchen *n*
dérobé [deʀɔbe] *adj* verstohlen
dérobée [deʀɔbe] *adv à la ~* heimlich
dérober [deʀɔbe] *v 1. (voler)* rauben, stehlen; *2. se ~ (fam)* kneifen, sich drücken; *3. se ~ (sol)* nachgeben
déroulement [deʀulmɑ̃] *m 1. (fig)* Entwicklung *f; 2. (cours)* Verlauf *m,* Ablauf *m*
dérouler [deʀule] *v 1.* ablaufen; *2. (développer)* abwickeln; *3. se ~* sich abspielen
déroute [deʀut] *f 1. MIL* chaotische Flucht *f; mettre une armée en ~* eine Armee in die Flucht schlagen; *2. (fig)* Katastrophe *f,* Ruin *m; la ~ d'une usine* der Ruin einer Fabrik *m; la ~ d'un parti politique aux élections* das katastrophale Ergebnis einer Partei bei den Wahlen *n; Ses affaires sont en ~.* Seine Geschäfte gehen den Bach hinunter.
dérouter [deʀute] *v ~ qn* jdn irreführen, jdn verwirren
derrière [dɛʀjɛʀ] *adv 1.* hinten; *2. là ~* dahinter; *prep 3.* hinter; *m 4. (fam)* Hintern *m,* Po *m*
des [de] *art 1. (= de les)* der; *2. (partitif)* von den; *les produits ~ pays orientales* Produkte orientalischer Länder *pl,* Produkte aus orientalischen Ländern *pl; 3. (pluriel de un(e)) Il voit ~ enfants.* Er sieht Kinder.
dès [dɛ] *adv 1. ~ lors (ensuite)* darauf; *2. ~ que possible* baldmöglichst, so bald wie möglich; *konj 3. ~ que* sobald
désaccord [dezakɔʀ] *m 1.* Missklang *m; 2. (mésentente)* Meinungsverschiedenheit *f; 3. (désunion)* Uneinigkeit *f*
désaccordé [dezakɔʀde] *adj MUS* verstimmt
désaffecter [dezafɛkte] *v* außer Betrieb setzen
désagréable [dezagʀeabl] *adj 1.* peinlich, unangenehm; *2. (ennuyeux)* unerfreulich
désagrément [dezagʀemɑ̃] *m* Unannehmlichkeit *f*
désaltérant [dezalteʀɑ̃] *adj* erquickend
désaltérer [dezalteʀe] *v se ~* sich erfrischen, seinen Durst löschen
désapprobation [dezapʀɔbasjɔ̃] *f* Missbilligung *f*
désapprouver [dezapʀuve] *v* missbilligen, tadeln
désarçonné [dezaʀsɔne] *adj* verwirrt
désarçonner [dezaʀsɔne] *v* verunsichern
désarmant [dezaʀmɑ̃] *adj* entwaffnend
désarmé [dezaʀme] *adj* wehrlos
désarmement [dezaʀməmɑ̃] *m MIL* Abrüstung *f*
désarmer [dezaʀme] *v 1.* entwaffnen; *2. (réduire l'armement) MIL* abrüsten
désarroi [dezaʀwa] *m* Verwirrung *f*
désastre [dezastʀ] *m 1.* Katastrophe *f; 2. (malheur)* Unheil *n*
désavantage [dezavɑ̃taʒ] *m* Nachteil *m*
désavantager [dezavɑ̃taʒe] *v* benachteiligen
désavantageux [dezavɑ̃taʒø] *adj 1.* nachteilig; *2. (défavorable)* ungünstig; *3. (peu seyant)* unvorteilhaft
désaveu [dezavø] *m 1.* Widerruf *m; 2. (désapprobation)* Missbilligung *f*
désavouer [dezavwe] *v 1.* leugnen, verleugnen; *2. (critiquer)* missbilligen
descendance [desɑ̃dɑ̃s] *f* Nachkommenschaft *f*
descendant [desɑ̃dɑ̃] *m* Nachfahre *m,* Nachkomme *m*

descendre [desɑ̃dʀ] *v irr 1. ~ de* abstammen von, stammen von; *2. (de voiture)* aussteigen; *3. (escaliers)* hinuntergehen; *4. (fig)* niederlassen, herunterlassen; *5. (baisser)* senken; *6. (dans un hôtel)* absteigen, einkehren

descente [desɑ̃t] *f* Abfahrt *f,* Abstieg *m,* Hinunterfahren *n; ~ de lit* Bettvorleger *m; ~ en radeau* Floßfahrt *f*

description [dɛskʀipsjɔ̃] *f 1.* Beschreibung *f,* Darstellung *f; 2. (de peinture)* Schilderung *f*

désemparé [dezɑ̃paʀe] *adj 1.* fassungslos; *2. NAUT* bewegungsunfähig

désenchantement [dezɑ̃ʃɑ̃tmɑ̃] *m 1.* Entzauberung *f; 2. (fig)* Ernüchterung *f*

désenfler [dezɑ̃fle] *v MED* abschwellen

déséquilibre [dezekilibʀ] *m 1.* Missverhältnis *n; 2. (perturbation)* Unausgeglichenheit *f; 3. MED* Gleichgewichtsstörung *f*

déséquilibré [dezekilibʀe] *adj* unausgeglichen, einseitig

désert [dezɛʀ] *adj 1.* öde, wüst; *m 2.* Wüste *f; 3. (région sauvage)* Wildnis *f*

déserter [dezɛʀte] *v 1.* überlaufen; *2. MIL* desertieren

déserteur [dezɛʀtœʀ] *m 1.* Ausreißer *m; 2. MIL* Überläufer *m,* Deserteur *m*

désertion [dezɛʀsjɔ̃] *f 1. ~ des campagnes* Landflucht *f; 2. MIL* Fahnenflucht *f*

désertique [dezɛʀtik] *adj* öde

désespérant [dezɛspeʀɑ̃] *adj* trostlos

désespéré [dezɛspeʀe] *adj 1.* verzweifelt; *2. (sans espoir)* hoffnungslos

désespérer [dezɛspeʀe] *v 1. ~ de* verzweifeln; *C'est à ~!* Es ist zum Verzweifeln!/Man könnte verzweifeln! *2. se ~* verzweifeln

désespoir [dezɛspwaʀ] *m 1.* Hoffnungslosigkeit *f; 2. (désolation)* Trostlosigkeit *f; 3. (découragement)* Verzweiflung *f; avec ~* verzweifelt

déshabiller [dezabije] *v 1.* entkleiden; *2. se ~* sich freimachen, sich entkleiden

déshabituer [dezabitɥe] *v se ~ de qc* sich etw abgewöhnen

désherbage [dezɛʀbaʒ] *m* Unkrautvertilgung *f*

désherber [dezɛʀbe] *v* jäten

déshériter [dezeʀite] *v* enterben

déshonneur [dezɔnœʀ] *m* Schande *f,* Ehrlosigkeit *f*

déshonoré [dezɔnɔʀe] *adj* ehrlos

déshonorer [dezɔnɔʀe] *v* entehren

déshydratation [dezidʀatasjɔ̃] *f* Entwässerung *f*

déshydrater [dezidʀate] *v* das Wasser entziehen

désignation [deziɲasjɔ̃] *f* Bezeichnung *f,* Benennung *f*

désigner [deziɲe] *v 1.* zeigen; *2. (caractériser)* bezeichnen, kennzeichnen

désinfectant [dezɛ̃fɛktɑ̃] *m MED* Desinfektionsmittel *n*

désinfecter [dezɛ̃fɛkte] *v 1.* desinfizieren; *2. (décontaminer)* entseuchen

désinfection [dezɛ̃fɛksjɔ̃] *f MED* Desinfektion *f*

désintéressé [dezɛ̃teʀɛse] *adj 1.* uninteressiert; *2. (altruiste)* selbstlos

désintéressement [dezɛ̃teʀɛsmɑ̃] *m* Gleichgültigkeit *f*

désintérêt [dezɛ̃teʀɛ] *m* Desinteresse *n*

désintoxication [dezɛ̃tɔksikasjɔ̃] *f MED* Entzug *m*

désinvolte [dezɛ̃vɔlt] *adj* ungezwungen

désinvolture [dezɛ̃vɔltyʀ] *f* Ungezwungenheit *f*

désir [deziʀ] *m 1.* Lust *f; 2. (souhait)* Wunsch *m; prendre ses ~s pour des réalités* sich etw vormachen; *éprouver un ~* einen Wunsch hegen/einen Wunsch verspüren; *~ profond* Herzenswunsch *m; 3. (convoitise)* Begierde *f; 4. (envie)* Gelüst *n*

désiré [deziʀe] *adj 1.* erwünscht; *2. (sollicité)* umkämpft

désirer [deziʀe] *v 1.* wünschen; *2. (convoiter)* begehren; *3. (souhaiter)* erwünschen

désireux [deziʀø] *adj 1. très ~ de* begierig auf; *2. ~ de savoir* wissbegierig

désistement [dezistəmɑ̃] *m (au profit de qn)* Abtretung *f*

désister [deziste] *v se ~ de qc* auf etw verzichten

désobéir [dezɔbeiʀ] *v* nicht gehorchen; *~ à qn* jdm nicht gehorchen; *~ aux ordres* die Anweisungen missachten

désobéissance [dezɔbeisɑ̃s] *f* Ungehorsam *m*

désobéissant [dezɔbeisɑ̃] *adj* unfolgsam, ungehorsam

désobligeant [dezɔbliʒɑ̃] *adj* unfreundlich

désœuvré [dezœvʀe] *adj 1.* müßig; *2. (inactif)* untätig

désœuvrement [dezœvʀəmɑ̃] *m* Müßiggang *m*

désolant [dezɔlɑ̃] *adj* trostlos

désolation [dezɔlasjɔ̃] *f 1.* Verwüstung *f,* Vernichtung *f; 2. (désespoir)* Trostlosigkeit *f*
désolé [dezɔle] *adj* öde, traurig; *être ~* betrübt sein; *Je suis ~.* Es tut mir Leid.
désordonné [dezɔʀdɔne] *adj 1.* unordentlich; *2. (dévergondé)* liederlich
désordre [dezɔʀdʀ] *m 1.* Durcheinander *n,* Unordnung *f; 2. (trouble)* Verwirrung *f*
désorienté [dezɔʀjɑ̃te] *adj* verwirrt
désormais [dezɔʀmɛ] *adv* künftig, nunmehr
despote [dɛspɔt] *m* Despot *m*
despotique [dɛspɔtik] *adj* herrisch
desséché [deseʃe] *adj* dürr, trocken
dessein [desɛ̃] *m 1.* Plan *m,* Vorhaben *n; 2. (intention)* Vorsatz *m*
desserrage [desɛʀaʒ] *m* Lösung *f*
desserré [desɛʀe] *adj* locker, lose
desserrer [desɛʀe] *v 1.* lösen; *2. (ouvrir)* aufschließen; *ne pas ~ les dents* den Mund nicht aufmachen
dessert [desɛʀ] *m 1. GAST* Dessert *n,* Nachspeise *f,* Nachtisch *m; 2. (entremets)* Süßspeise *f*
desservir [desɛʀviʀ] *v irr* abdecken, abräumen
dessin [desɛ̃] *m 1.* Muster *n; 2. (croquis)* Zeichnung *f; 3. (image)* Gebilde *n; 4. ~ animé CINE* Trickfilm *m*
dessinateur [desinatœʀ] *m* Grafiker *m*
dessiner [desine] *v 1.* zeichnen, aufzeichnen; *2. (plan)* entwerfen
dessous [dəsu] *adv 1. (local)* darunter; *avoir le ~* den Kürzeren ziehen; *au ~ de* unterhalb; *2. (sous)* unten; *m 3.* Unterseite *f; 4. (de verre)* Untersetzer *m; 5. (bas)* Unterteil *n; m/pl 6. (fig)* Hintergründe *pl; connaître le ~ des cartes* die Hintergründe kennen
dessus [dəsy] *adv 1. (local)* darüber; *m 2.* Oberteil *n; avoir le ~* im Vorteil sein
destin [dɛstɛ̃] *m 1.* Schicksal *n,* Los *n; On n'échappe pas à son ~.* Seinem Schicksal kann man nicht entgehen. *2. (sort)* Geschick *n; prendre son ~ en main* sein Geschick selbst in die Hand nehmen
destinataire [dɛstinatɛʀ] *m 1. (d'une lettre)* Empfänger *m; 2. (adresse)* Adressat *m*
destination [dɛstinasjɔ̃] *f (but)* Bestimmung *f*
destinée [dɛstine] *f* Geschick *n*
destiner [dɛstine] *v ~ à* bestimmen
destituer [dɛstitɥe] *v 1. (licencier)* absetzen; *2. (fonction)* entheben
destitution [dɛstitysjɔ̃] *f (licenciement)* Absetzung *f,* Kündigung *f*
destructeur [dɛstʀyktœʀ] *adj* destruktiv, vernichtend
destruction [dɛstʀyksjɔ̃] *f* Vernichtung *f,* Zerstörung *f*
désuet [desɥɛ] *adj* unmodern
désuni [dezyni] *adj 1.* zwiespältig; *2. (brouillé)* uneinig
désunion [dezynjɔ̃] *f 1.* Uneinigkeit *f,* Zwiespalt *m; 2. (déchirement)* Zerrissenheit *f*
désunir [dezyniʀ] *v se ~* sich entzweien
détachable [detaʃabl] *adj* abnehmbar
détachant [detaʃɑ̃] *m* Fleckentferner *m*
détacher [detaʃe] *v 1.* losbinden; *2. (défaire)* lösen; *3. (séparer)* trennen; *4. ~ de* ablösen von, entbinden von; *5. (enlever)* abmachen, abnehmen; *6. (déchirer)* abreißen, losreißen; *7. (séparer de qc)* abtrennen; *8. se ~* abspringen, sich lösen; *9. se ~ de* sich abheben von; *10. se ~ de qn* sich abwenden von jdm
détail [detaj] *m 1.* Einzelheit *f; en ~* ausführlich; *au ~* stückweise; *2. (extrait)* Ausschnitt *m,* Detail *n; entrer dans les ~s* ins Detail gehen; *se perdre dans les ~s* sich verzetteln
détaillé [detaje] *adj 1.* ausführlich, detailliert; *2. (approfondi)* gründlich
détaler [detale] *v* davonlaufen
détective [detɛktiv] *m* Detektiv *m*
déteindre [detɛ̃dʀ] *v irr* abfärben
détendre [detɑ̃dʀ] *v irr 1.* auflockern; *2. se ~* sich entspannen
détendu [detɑ̃dy] *adj (atmosphère)* locker
détenir [detniʀ] *v irr 1.* besitzen; *2. (titre)* innehaben
détente [detɑ̃t] *f 1.* Erholung *f; 2. (repos)* Ruhe *f; 3. (relaxation)* Entspannung *f; 4. POL* Entspannung *f; 5. (d'une arme)* Abzug *m*
détenteur [detɑ̃tœʀ] *m* Inhaber *m*
détention [detɑ̃sjɔ̃] *f 1.* Gewahrsam *m; 2. JUR* Haft *f; 3. MIL* Gefangenschaft *f*
détenu(e) [detny] *m/f* Gefangene(r) *m/f*
détergent [detɛʀʒɑ̃] *m* Reinigungsmittel *n*
détérioration [deteʀjɔʀasjɔ̃] *f (fig)* Verstümmelung *f*
détériorer [deteʀjɔʀe] *v 1.* verschlechtern; *2. (abîmer)* beschädigen, kaputtmachen
déterminant [detɛʀminɑ̃] *adj 1.* ausschlaggebend; *2. (décisif)* entscheidend

détermination [detɛʀminasjɔ̃] *f 1. (décision)* Bestimmtheit *f,* Entschiedenheit *f; 2. (définition)* Bestimmung *f; 3. (résolution)* Entschluss *m*
déterminé [detɛʀmine] *adj* entschieden
déterminer [detɛʀmine] *v 1.* bestimmen; *2. (rechercher)* ermitteln, entscheiden; *3. se ~* sich entschließen
déterrer [detɛʀe] *v* ausgraben
détester [detɛste] *v* hassen, verabscheuen
détonation [detɔnasjɔ̃] *f 1.* Explosion *f; 2. (éclat)* Knall *m*
détoner [detɔne] *v* knallen
détour [detuʀ] *m* Umweg *m*
détournement [detuʀnəmɑ̃] *m 1.* Entführung *f; 2. (d'argent)* Unterschlagung *f,* Veruntreuung *f; 3. (séduction)* Verführung *f*
détourner [detuʀne] *v 1.* abbiegen; *2. (attention)* ablenken; *3. ~ de* abbringen von; *4. (rivière)* ableiten; *5. (circulation)* umleiten; *6. (un avion)* entführen; *7. (danger)* abwehren; *8. (éviter)* abwenden; *se ~ de* sich abwenden von; *9. (spéculer)* veruntreuen; *10. ~ des fonds (fam)* abzweigen; *11. (impôts)* hinterziehen
détremper [detʀɑ̃pe] *v* aufweichen
détresse [detʀɛs] *f 1.* Verzweiflung *f; 2. (danger)* Not *f; 3. (abandon)* Hilflosigkeit *f; 4. (chagrin)* Jammer *m*
détritus [detʀity] *m/pl* Rest *m,* Überbleibsel *n*
détroit [detʀwa] *m* Meerenge *f*
détruire [detʀɥiʀ] *v irr 1.* vernichten, zerstören; *2. (supprimer)* ausrotten; *3. (ruiner)* ruinieren; *4. (anéantir)* zunichte machen
dettes [dɛt] *f/pl ECO* Schulden *pl*
deuil [dœj] *m 1.* Trauer *f; être en ~* trauern; *faire son ~ de qc (fig)* etw begraben; *2. (décès)* Trauerfall *m*
deutschemark [dɔitʃmaʀk] *m* D-Mark *f*
deux [dø] *num* zwei; *en ~* entzwei; *~ à ~/~ par ~* paarweise; *~ fois* zweimal; *en moins de ~* sehr schnell
deuxième [døzjɛm] *adj* zweite(r,s)
deuxièmement [døzjɛmmɑ̃] *adv* zweitens
deux-pièces [døpjɛs] *m 1. (maillot de bain)* Bikini *m; 2. (appartement)* Zweizimmerwohnung *f*
deux-places [døplas] *f (voiture)* Zweisitzer *m*
deux-points [døpwɛ̃] *m/pl GRAMM* Doppelpunkt *m*
deux-roues [døʀu] *m* Zweirad *n*
dévaler [devale] *v 1. (personne)* hinunterstürzen; *~ un escalier* die Treppe hinabeilen; *2. (avalanche)* hinunterrollen, hinabstürzen
dévaliser [devalize] *v* plündern, ausrauben
dévaluer [devalɥe] *v FIN* abwerten, entwerten
devancer [dəvɑ̃se] *v 1.* vorangehen; *2. ~ qn* jdm zuvorkommen
devant [dəvɑ̃] *prep 1. (local)* vor; *avoir du temps ~ soi* genügend Zeit haben; *adv 2. (local)* voraus, vorbei, vorn(e); *3. au ~ de (local)* entgegen
dévastateur [devastatœʀ] *adj* verheerend
dévastation [devastasjɔ̃] *f* Verwüstung *f,* Verheerung *f*
dévaster [devaste] *v* verwüsten
déveine [devɛ̃n] *f* Pech *n*
développement [devlɔmɑ̃] *m 1.* Entwicklung *f; 2. (de relations)* Ausbau *m; 3. (croissance)* Wachstum *n*
développer [devlɔpe] *v 1.* entwickeln; *2. se ~* verlaufen, sich entwickeln
devenir [dəvniʀ] *v irr* werden; *~ aveugle* erblinden; *~ fou* durchdrehen
déverser [devɛʀse] *v* ausströmen
déversoir [devɛʀswaʀ] *m* Wehr *n*
dévêtir [devɛtiʀ] *v irr* entkleiden
déviation [devjasjɔ̃] *f* Umleitung *f*
dévier [devje] *v* umleiten
deviner [dəvine] *v 1.* raten, erraten; *Devinez!* Raten Sie! *2. (résoudre)* lösen; *3. (percer à jour)* durchschauen; *4. (se casser la tête)* rätseln; *5. (trouver)* herausbekommen, herausfinden
devinette [dəvinɛt] *f* Quiz *n,* Rätsel *n*
devis [dəvi] *m* Kostenvoranschlag *m*
devise [dəviz] *f 1.* Währung *f,* Valuta *f; ~ du pays* Landeswährung *f; 2. (sentence)* Devise *f,* Leitspruch *m; 3. (mot d'ordre)* Parole *f,* Wahlspruch *m; 4. ~s pl FIN* Devisen *pl*
dévisser [devise] *v* abschrauben
dévoilement [devwalmɑ̃] *m* Enthüllung *f,* Offenbarung *f*
dévoiler [devwale] *v 1.* aufdecken; *2. (révéler)* enthüllen, offenbaren; *3. (fig)* enthüllen, lüften; *~ un secret* ein Geheimnis lüften
devoir [dəvwaʀ] *v irr 1. ~ qc à qn* jdm etw schulden; *Qu'est-ce que je vous dois?* Was bin ich Ihnen schuldig? *2. ~ à* verdanken; *3.*

(être obligé de) müssen, sollen; *m 4.* Pflicht *f; faire son ~* seine Pflicht erfüllen*; ~ de réserve* Schweigepflicht *f; 5. (tâche)* Aufgabe *f; 6. (à l'école)* Schulaufgabe *f*
dévorer [devɔʀe] *v* fressen, verschlingen
dévot [devo] *adj REL* fromm
dévotion [devosjɔ̃] *f REL* Frömmigkeit *f*
dévoué [devwe] *adj* ergeben
dévouement [devumɑ̃] *m 1.* Ergebenheit *f; 2. (abnégation)* Opferbereitschaft *f; 3. (fidélité)* Treue *f*
dévouer [devwe] *v se ~* sich aufopfern
dextérité [dɛksteʀite] *f* Fingerfertigkeit *f,* Geschicklichkeit *f*
diabète [djabɛt] *m MED* Diabetes *m,* Zuckerkrankheit *f*
diabétique [djabetik] *m/f MED* Diabetiker(in) *m/f*
diable [djɑbl] *m* Teufel *m; Allez au ~!* Scheren Sie sich zum Teufel! *avoir le ~ au corps* den Teufel im Leibe haben; *Le ~ s'en mêle.* Hier hat der Teufel seine Hand im Spiel.
diabolique [djɑbɔlik] *adj* teuflisch
diaconat [djakɔna] *m REL* Diakonie *f*
diacre [djakʀ] *m REL* Diakon *m*
diagnostique [djagnɔstik] *m* Diagnose *f,* Befund *m*
diagnostiquer [djagnɔstike] *v* diagnostizieren
diagonal [djagɔnal] *adj* diagonal
diagonale [djagɔnal] *f 1.* Diagonale *f; en ~* schräg; *2. (pente)* Schräge *f*
diagramme [djagʀam] *m* Diagramm *n*
dialecte [djalɛkt] *m* Dialekt *m*
dialectique [djalɛktik] *adj PHIL* dialektisch
dialogue [djalɔg] *m 1.* Zwiesprache *f; 2. (discussion)* Dialog *m,* Gespräch *n*
dialyse [djaliz] *f MED* Dialyse *f*
diamant [djamɑ̃] *m MIN* Diamant *m*
diamètre [djamɛtʀ] *m* Durchmesser *m*
diaphragme [djafʀagm] *m 1. ANAT* Zwerchfell *n; 2. FOTO* Blende *f*
diapositive [djapozitiv] *f FOTO* Diapositiv *n*
dictaphone [diktafɔn] *m* Diktafon *n*
dictateur [diktatœʀ] *m POL* Diktator *m*
dictatorial [diktatɔʀjal] *adj POL* diktatorisch
dictature [diktatyʀ] *f 1. POL* Alleinherrschaft *f,* Diktatur *f; ~ militaire* Militärdiktatur *f; 2. (despotisme) POL* Gewaltherrschaft *f*
dictée [dikte] *f* Diktat *n*
dicter [dikte] *v* diktieren
dictionnaire [diksjɔnɛʀ] *m* Lexikon *n,* Wörterbuch *n; ~ illustré* Bildwörterbuch *n; ~ universel* Universallexikon *n*
dicton [diktɔ̃] *m* Sprichwort *n*
diète [djɛt] *f 1.* Diät *f,* Schonkost *f; faire la ~* hungern; *2. ~ fédérale (Parlement) POL* Bundestag *m*
diététique [djetetik] *adj 1.* Diät..., diätisch; *f 2.* Diät *f*
Dieu [djø] *m REL* Gott *m; Mon ~!* Mein Gott/Ach Gott! *~ vous aide!* Gott helfe Ihnen! *ne craindre ni ~ ni diable* vor nichts zurückschrecken; *~ seul le sait.* Das wissen die Götter. *~ soit loué!* Gottlob!
diffamation [difamasjɔ̃] *f* Verleumdung *f,* Diffamation *f*
diffamer [difame] *v 1.* entehren; *2. (calomnier)* verleumden, anschwärzen
différence [difeʀɑ̃s] *f 1.* Unterschied *m,* Differenz *f; faire la ~* unterscheiden; *~ d'âge* Altersunterschied *m; 2. (divergence)* Verschiedenheit *f; 3. (écart)* Spanne *f; 4. (contradiction)* Diskrepanz *f; 5. (des cours) FIN* Abschlag *m*
différencié [difeʀɑ̃sje] *adj* verschiedentlich, unterschiedlich
différencier [difeʀɑ̃sje] *v* unterscheiden, differenzieren
différend [difeʀɑ̃] *m* Streit *m*
différent [difeʀɑ̃] *adj 1.* unterschiedlich; *2. (divers)* verschieden, anders
différentiel [difeʀɑ̃sjɛl] *m TECH* Differential *n*
différer [difeʀe] *v 1. ~ de* abweichen von; *2. (ajourner)* aufschieben; *3. (impôts) ECO* stunden
difficile [difisil] *adj 1.* schwierig; *~ à dire* schwer zu sagen; *Cela m'est ~.* Das ist schwer für mich. *faire le ~/faire la ~* wählerisch sein; *une tâche ~* eine schwierige Aufgabe *f; 2. (dur)* hart; *3. (exigeant)* wählerisch
difficulté [difikylte] *f 1.* Schwierigkeit *f; rencontrer des ~s* auf Schwierigkeiten stoßen; *2. (peine)* Mühe *f; avec ~* mühsam
difforme [difɔʀm] *adj* missgebildet
difformité [difɔʀmite] *f* Missbildung *f*
diffuser [difyze] *v (radio, TV)* senden, übertragen
diffusion [difyzjɔ̃] *f 1. (à la radio, à la TV)* Übertragung *f; ~ par satellite* Satellitenübertragung *f; 2. (répartition)* Verbreitung *f,* Verteilung *f*

digérer [diʒeʀe] *v 1.* verdauen; *2. (assimiler)* verarbeiten
digeste [diʒɛst] *adj* verdaulich, verträglich
digestibilité [diʒɛstibilite] *f* Verdaulichkeit *f*
digestible [diʒɛstibl] *adj* bekömmlich
digestif [diʒɛstif] *m* Magenbitter *m,* Verdauungsschnaps *m*
digestion [diʒɛstjɔ̃] *f* Verdauung *f*
digital [diʒital] *adj* digital
digne [diɲ] *adj ~ de* wert, würdig; *~ de confiance* zuverlässig; *~ d'être vu* sehenswert
dignitaire [diɲitɛʀ] *m* Würdenträger *m*
dignité [diɲite] *f* Würde *f; ~ humaine* Menschenwürde *f*
digue [dig] *f* Damm *m,* Deich *m; ~ de retenue* Staudamm *m*
dilapidateur [dilapidatœʀ] *adj* verschwenderisch
dilapidation [dilapidasjɔ̃] *f* Vergeudung *f,* Verschwendung *f*
dilapider [dilapide] *v* verschwenden, vergeuden
dilatation [dilatasjɔ̃] *f* Dehnung *f*
dilemme [dilɛm] *m* Dilemma *n*
dilettante [dilɛtɑ̃t] *m 1.* Dilettant *m; adj 2.* dilettantisch
diligence [diliʒɑ̃s] *f* Kutsche *f*
diluant [dilɥɑ̃] *m* Verdünnungsmittel *n*
diluer [dilɥe] *v* verdünnen
dilution [dilysjɔ̃] *f* Verdünnung *f*
dimanche [dimɑ̃ʃ] *m* Sonntag *m; le ~* sonntags; *~ de Pâques* Ostersonntag *m; ~ des Rameaux REL* Palmsonntag *m*
dimension [dimɑ̃sjɔ̃] *f 1. (mesure)* Maß *n; 2. (proportion)* Ausmaß *n,* Dimension *f; à trois ~s* dreidimensional; *3. ~s pl* Abmessung *f*
diminuer [diminɥe] *v 1.* herabsetzen; *2. (amoindrir)* verkleinern, verringern; *3. (raccourcir)* kürzen; *~ une jupe* einen Rock kürzen; *4. (réduire)* mindern; *5. (rétrécir)* schmälern; *6. (baisser)* nachlassen; *7. (fig)* schrumpfen; *Les bénéfices diminuent.* Die Gewinne schrumpfen. *8. (baisser)* zurückgehen, sinken; *9. ECO* abflauen; *10. MED* abklingen
diminution [diminysjɔ̃] *f 1.* Verkleinerung *f,* Verminderung *f; 2. (régression)* Rückgang *m; ~ de prix* Preisrückgang *m; ~ de la population* Bevölkerungsrückgang *m; 3. (déclin)* Abnahme *f; 4. (baisse)* Abbau *m; 5. (d'une personne)* Erniedrigung *f; 6. (des cours) FIN* Abschlag *m*
dinde [dɛ̃d] *f 1. ZOOL* Pute *f; 2. (fig)* dumme Pute *f*
dindon [dɛ̃dɔ̃] *m ZOOL* Truthahn *m*
dîner [dine] *m 1.* Abendessen *n; 2. ~ d'adieu (fig)* Henkersmahlzeit *f*
dingue [dɛ̃g] *adj 1. (fam)* verrückt; *m/f 2. (fam)* Verrückte(r) *m/f*
dinosaure [dinɔsɔʀ] *m* Dinosaurier *m*
diocèse [djɔsɛz] *m REL* Diözese *f*
diphtérie [difteʀi] *f MED* Diphtherie *f*
diplomate [diplɔmat] *m/f POL* Diplomat(in) *m/f*
diplomatie [diplɔmasi] *f POL* Diplomatie *f*
diplomatique [diplɔmatik] *adj* diplomatisch
diplôme [diplom] *m 1.* Diplom *n,* Zeugnis *n; ~ de fin d'études* Abschluss *m,* Abschlusszeugnis *n; ~ de bachelier* Reifezeugnis *n; 2. ~ d'honneur* Ehrenurkunde *f*
dire [diʀ] *v irr 1.* sagen, reden; *C'est beaucoup ~.* Das will viel sagen. *C'est bien le cas de le ~.* Das kann man wohl sagen. *Il n'y a pas à ~.* Das ist nicht zu bestreiten. *C'est tout ~.* Das sagt alles. *Comment dirais-je?* Wie soll ich sagen? *Dis donc!* Sag doch mal! *Qu'on se le dise!* Weitersagen! *Qui dit mieux?* Wer bietet mehr? *Quoiqu'on dise.* Was man auch immer sagen mag./Trotz allem. *Cela ne me dit rien.* Das sagt mir nichts./Das reizt mich nicht. *Comment ça se dit en français?* Wie heißt das auf Französisch? *C'est dit une fois pour toutes.* Das gilt ein für allemal. *pour ainsi ~* gewissermaßen, sozusagen; *aussitôt dit, aussitôt fait* gesagt, getan; *~ des bêtises* quatschen; *~ du mal de qn* jdn schlecht machen, jdn anschwärzen; *2. (raconter)* erzählen; *3. ~ au revoir à* sich verabschieden von; *4. (signifier)* besagen; *5. (proposer)* vorbringen; *6. ~ une prière REL* beten
direct [diʀɛkt] *adj 1.* direkt; *2. (immédiat)* unmittelbar
directeur [diʀɛktœʀ] *m 1.* Direktor *m,* Präsident *m; ~ général* Generaldirektor *m; ~ de banque* Bankdirektor *m; 2. (chef)* Leiter *m; ~ de section* Abteilungsleiter *m; ~ d'institution* Anstaltsleiter *m; ~ du chœur* Chorleiter *m; ~ des ventes* Verkaufsleiter *m; ~ de conscience* Beichtvater *m; 3. (d'école)* Rektor *m; adj 4.* leitend
direction [diʀɛksjɔ̃] *f 1. ~ générale* Hauptverwaltung *f; 2. (présidence)* Direktion *f; 3. (sens)* Richtung *f; changer de ~* die Richtung ändern; *dans toutes les ~* in all

Richtungen; *4. (de voiture)* Lenkung *f; ~ assistée* Servolenkung *f*
directives [diʀɛktiv] *f/pl (ordre)* Anweisung *f*
directoire [diʀɛktwaʀ] *m 1.* Direktorium *n; 2. ECO* Vorstand *m*
dirigeant [diʀiʒɑ̃] *adj 1.* leitend; *m 2. (chef)* Leiter *m; 3. (dictateur)* Machthaber *m; 4. (cadre supérieur)* Manager *m*
diriger [diʀiʒe] *v 1.* lenken, steuern, leiten; *~ vers/~ sur* richten auf; *se ~ vers* strömen; *2. (gérer)* leiten, vorstehen; *3. (concert)* dirigieren
discernement [disɛʀnəmɑ̃] *m 1.* Zurechnungsfähigkeit *f; 2. (jugement)* Urteilsvermögen *n*
disciple [disipl] *m 1. PHIL* Schüler *m; 2. REL* Jünger *m; 3. ~s pl* Anhängerschaft *f*
discipline [disiplin] *f 1.* Fach *n,* Lehrfach *n; 2. (règlement)* Disziplin *f,* Zucht *f*
discipliner [disipline] *v* disziplinieren, bändigen
discontinuité [diskɔ̃tinɥite] *f* Zusammenhanglosigkeit *f*
discordance [diskɔʀdɑ̃s] *f* Missstimmung *f*
discorde [diskɔʀd] *f 1.* Missstimmung *f; 2. (incompatibilité)* Unvereinbarkeit *f*
discothèque [diskɔtɛk] *f* Diskothek *f*
discourir [diskuʀiʀ] *v irr* reden
discours [diskuʀ] *m 1.* Rede *f; tenir un ~* eine Rede halten; *~ inaugural* Eröffnungsrede *f; 2. (harangue)* Anrede *f*
discourtois [diskuʀtwa] *adj* unhöflich
discrédit [diskʀedi] *m 1.* Misskredit *m; 2. (mauvaise réputation)* Verruf *m*
discréditer [diskʀedite] *v ~ qn* jdn blamieren
discret [diskʀɛ] *adj 1.* bescheiden; *2. (plein de tact)* taktvoll; *3. (reservé)* verschwiegen; *4. (retenu)* zurückhaltend, diskret; *5. (passant inaperçu)* unauffällig
discrétion [diskʀesjɔ̃] *f 1.* Diskretion *f,* Zurückhaltung *f; 2. (doigté)* Takt *m; 3. (réserve)* Verschwiegenheit *f; 4. (modestie)* Bescheidenheit *f*
discrimination [diskʀiminasjɔ̃] *f ~ raciale* Rassendiskriminierung *f*
discriminer [diskʀimine] *v* diskriminieren
disculpant [diskylpɑ̃] *adj* entlastend
disculpation [diskylpasjɔ̃] *f* Rechtfertigung *f*
disculper [diskylpe] *v JUR* entlasten
discussion [diskysjɔ̃] *f 1.* Diskussion *f; 2. (débat)* Erörterung *f; 3. (entretien)* Gespräch *n; 4. (dispute)* Streitgespräch *n; Pas de ~!* Keine Widerrede!
discutable [diskytabl] *adj* anfechtbar, diskutabel
discuter [diskyte] *v 1. ~ avec qn de qc* sich mit jdm über etw unterhalten; *2. (débattre)* diskutieren, besprechen; *Cela peut se ~.* Darüber lässt sich reden. *~ de* erörtern
disgrâce [disgʀɑs] *f* Ungnade *f*
disloquer [dislɔke] *v se ~* auseinander gehen
disparaître [dispaʀɛtʀ] *v irr 1.* verschwinden; *2. (fig: personne)* untertauchen; *3. (espèce animale, espèce végétale)* aussterben; *4. faire ~* unterschlagen; *5. faire ~ (écarter)* beheben, wegräumen; *6. faire ~ (fig: doute)* niederschlagen
disparité [dispaʀite] *f 1.* Andersartigkeit *f; 2. (inégalité)* Ungleichheit *f*
disparition [dispaʀisjɔ̃] *f* Verschwinden *n; être en voie de ~* vom Aussterben bedroht sein
disparu [dispaʀy] *adv 1.* weg; *adj 2.* verschollen
dispense [dispɑ̃s] *f 1.* Dispens *m; 2. ECO* Befreiung *f*
dispenser [dispɑ̃se] *v ~ de* erlassen
disperser [dispɛʀse] *v 1.* verstreuen, zerstreuen; *2. PHYS* streuen
dispersion [dispɛʀsjɔ̃] *f* Streuung *f*
disponibilité [dispɔnibilite] *f* Verfügbarkeit *f*
disponible [dispɔnibl] *adj 1.* verfügbar; *2. (à portée de la main)* greifbar
disposé [dispoze] *adj 1. être ~ à* bereit sein zu, gewillt sein zu; *2. bien ~* gut aufgelegt, gut gelaunt; *3. ~ à* bereitwillig
disposer [dispoze] *v 1.* arrangieren; *2. (placer)* aufstellen; *3. (arranger)* disponieren; *4. ~ de* verfügen über; *5. se ~ à* sich anschicken
dispositif [dispozitif] *m 1.* Vorrichtung *f; 2. ~ antivol* Diebstahlsicherung *f; 3. ~ de sécurité TECH* Sicherung *f; 4. ~ d'ouverture des portes* Türöffner *m; 5. ~ d'irrigation* Bewässerungsanlage *f*
disposition [dispozisjɔ̃] *f 1.* Anordnung *f,* Bestimmung *f; 2. (usage)* Verfügung *f; 3. (mesures)* Vorkehrung *f; prendre d'autres ~s* umdisponieren; *4. (état)* Verfassung *f; 5. ~ naturelle* Veranlagung *f; 6. (disponibilité)* Bereitschaft *f*

disproportion [dispʀɔpɔʀsjɔ̃] *f* Missverhältnis *n*
dispute [dispyt] *f* Wortwechsel *m*, Streit *m*, Auseinandersetzung *f*
disputer [dispyte] *v 1.* streiten; *2. SPORT* austragen; *3. se ~ avec qn* sich mit jdm streiten
disqualification [diskalifikasjɔ̃] *f SPORT* Disqualifikation *f*
disque [disk] *m 1.* Platte *f*, Schallplatte *f*; *changer de ~ (fig)* eine andere Platte auflegen/das Thema wechseln; *2. (plaque circulaire)* Scheibe *f*; *3. ~ dur INFORM* Festplatte *f*
dissemblance [disɑ̃blɑ̃s] *f* Unähnlichkeit *f*
disséminer [disemine] *v* zerstreuen
disséquer [diseke] *v MED* sezieren
dissertation [disɛʀtasjɔ̃] *f 1.* Abhandlung *f*; *2. (rédaction)* Aufsatz *m*
dissidence [disidɑ̃s] *f* Meinungsverschiedenheit *f*
dissident [disidɑ̃] *adj* anders denkend
dissident(e) [disidɑ̃(t)] *m/f 1. POL* Dissident(in) *m/f*; *2. (personne d'avis différent)* anders Denkende(r) *m/f*
dissimulation [disimylasjɔ̃] *f 1.* Verheimlichung *f*; *2. (fig)* Verdunkelung *f*
dissimuler [disimyle] *v 1.* verbergen, verstecken; *2. (cacher)* verdecken; *3. (annuler)* verhehlen; *4. (voiler)* verhüllen, verschleiern; *5. ~ qc (fig)* mit etw zurückhalten
dissiper [disipe] *v 1.* beseitigen; *2. se ~* zerrinnen
dissolvant [disɔlvɑ̃] *m* Nagellackentferner *m*
dissonance [disɔnɑ̃s] *f* Missklang *m*
dissoudre [disudʀ] *v irr 1. (poudre)* auflösen; *2. (fondre)* lösen; *3. (annuler)* aufheben
dissuader [disɥade] *v* abraten, abhalten von
dissuasion [disɥazjɔ̃] *f* Abschreckung *f*
distance [distɑ̃s] *f* Entfernung *f*, Distanz *f*; *prendre ses ~s* sich distanzieren; *~ de freinage* Bremsweg *m*
distant [distɑ̃] *adj 1.* entfernt; *2. (fig)* zurückhaltend
distiller [distile] *v 1. (eau-de-vie)* brennen; *2. CHEM* destillieren
distinct [distɛ̃] *adj 1.* deutlich; *2. (différent)* verschieden
distinction [distɛ̃ksjɔ̃] *f 1.* Unterschied *m*; *2. (décoration)* Auszeichnung *f*
distingué [distɛ̃ge] *adj* vornehm, fein
distinguer [distɛ̃ge] *v 1.* unterscheiden, auseinander halten; *2. (l'un de l'autre)* differenzieren; *3. se ~* sich abzeichnen
distraction [distʀaksjɔ̃] *f 1.* Zerstreutheit *f*; *2. (diversion)* Ablenkung *f*
distraire [distʀɛʀ] *v irr 1. ~ de* ablenken von; *2. (fig)* zerstreuen; *3. se ~* sich unterhalten, sich vergnügen
distrait [distʀɛ] *adj 1.* abgelenkt; *2. (rêveur)* geistesabwesend
distrayant [distʀɛjɑ̃] *adj* unterhaltend
distribuer [distʀibɥe] *v 1.* austeilen, verteilen; *2. (colis postaux)* austragen; *~ le courrier* zustellen; *3. (diffuser)* verbreiten; *4. (donner)* spenden
distributeur [distʀibytœʀ] *m 1. (de journaux)* Verteiler *m*; *2. ~ automatique de billets* Geldautomat *m*; *3. ~ de boissons* Getränkeautomat *m*; *4. CINE* Filmverleiher *m*
distribution [distʀibysjɔ̃] *f 1.* Verteilung *f*, Austeilung *f*; *~ de cadeaux* Bescherung *f*; *2. (diffusion)* Verbreitung *f*; *3. (répartition)* Zustellung *f*; *4. ECO* Absatz *m*
district [distʀik] *m 1.* Amtsbezirk *m*, Bezirk *m*; *~ frontalier* Grenzbezirk *m*; *2. POL* Landkreis *m*
divaguer [divage] *v (fig)* abschweifen
divan [divɑ̃] *m* Sofa *n*, Liege *f*
divergence [divɛʀʒɑ̃s] *f ~ d'opinions* Meinungsverschiedenheit *f*
diverger [divɛʀʒe] *v* auseinander gehen
divers [divɛʀ] *adj 1.* unterschiedlich, divers; *2. (multiple)* vielfach
diversifier [divɛʀsifje] *v* abwechseln
diversion [divɛʀsjɔ̃] *f* Ablenkung *f*; *faire ~ à qc* von etw ablenken
diversité [divɛʀsite] *f* Verschiedenheit *f*
divertir [divɛʀtiʀ] *v 1. (distraire)* unterhalten, belustigen; *2. (fig)* zerstreuen, ablenken; *3. (fig: détourner)* veruntreuen; *4. se ~* sich zerstreuen
divertissant [divɛʀtisɑ̃] *adj* unterhaltend
divertissement [divɛʀtismɑ̃] *m (distraction)* Unterhaltung *f*
divin [divɛ̃] *adj 1. REL* göttlich; *2. (fig)* himmlisch
diviser [divize] *v 1.* teilen, einteilen; *~ en sous-parties* untergliedern; *2. MATH* dividieren; *3. se ~* sich entzweien
divisible [divizibl] *adj* teilbar
division [divizjɔ̃] *f 1.* Abteilung *f*, Einteilung *f*; *2. (classe)* Klasse *f*; *3. (compartiment)* Station *f*; *4. (discorde)* Uneinigkeit *f*; *5. MIL* Division *f*; *6. MATH* Division *f*

divorce [divɔRs] *m* Ehescheidung *f*, Scheidung *f*
divorcé [divɔRse] *adj* geschieden
divorcer [divɔRse] *v* sich scheiden lassen
divulgation [divylgasjɔ̃] *f* *1.* Verbreitung *f; 2. (publication)* Verlautbarung *f*
divulguer [divylge] *v* *1.* verbreiten; *2. (secret)* preisgeben, enthüllen
dix [dis] *num* zehn
dix-huit [dizɥit] *num* achtzehn
dixième [dizjɛm] *adj 1.* zehnte(r,s); *m 2. (fraction) MATH* Zehntel *n*, zehnter Teil *m; m/f 3.* Zehnte(r) *m/f*
dix-neuf [diznœf] *num* neunzehn
dix-sept [disɛt] *num* siebzehn
dizaine [dizɛn] *f* ungefähr Zehn, Dutzend *n*
dobermann [dɔbɛRman] *m ZOOL* Dobermann *m*
docile [dɔsil] *adj* folgsam, fügsam
dock [dɔk] *m* Dock *n*
docker [dɔkɛR] *m* Hafenarbeiter *m*
docteur [dɔktœR] *m* Doktor *m*
doctorat [dɔktɔRa] *m* Dissertation *f*, Doktorarbeit *f; passer son ~* promovieren
doctrine [dɔktRin] *f* Doktrin *f*, Lehre *f*
document [dɔkymɑ̃] *m 1.* Urkunde *f; 2. (dossier)* Unterlage *f*
documentaire [dɔkymɑ̃tɛR] *adj 1.* dokumentarisch; *m 2. CINE* Dokumentarfilm *m*
documentation [dɔkymɑ̃tasjɔ̃] *f* Material *n*
documenter [dɔkymɑ̃te] *v* dokumentieren
dodu [dɔdy] *adj* dicklich, pummelig
dogmatique [dɔgmatik] *adj* dogmatisch
dogme [dɔgm] *m* Dogma *n*
dogue [dɔg] *m ZOOL* Bulle *m*
doigt [dwa] *m 1. ANAT* Finger *m; ne pas lever le petit ~* keinen Finger rühren/keinen Finger krumm machen; *Tu a mis le ~ dessus.* Du hast den Nagel auf den Kopf getroffen. *s'en mordre les ~s* es bitter bereuen; *se mettre le ~ dans l'œil* sich irren; *2. ~ de pied* Zehe *f*
doigté [dwate] *m (fig)* Fingerspitzengefühl *n*
dolent [dɔlɑ̃] *adj* wehleidig
dollar [dɔlaR] *m* Dollar *m*
Dolomites [dɔlɔmit] *f/pl GEO* Dolomiten *pl*
domaine [dɔmɛn] *m 1. (fig)* Bereich *m*, Sachgebiet *n; ~ d'application* Geltungsbereich *m; 2. (terre)* Gut *n*, Domäne *f; ~ skiable* Skigebiet *n; ~ viticole* Weingut *n; 3. ~ de l'Etat* Staatseigentum *n; 4. ~s pl* Ländereien *pl*
dôme [dom] *m ARCH* Kuppel *f*
domestique [dɔmɛstik] *m/f 1.* Dienstbote *m; 2. (employés de maison)* Hausangestellte(r) *m/f; adj 3.* häuslich
domestiquer [dɔmɛstike] *v* zähmen
domicile [dɔmisil] *m* Wohnort *m*, Wohnsitz *m*
domicilié [dɔmisilje] *adj* sesshaft, wohnhaft
dominant [dɔminɑ̃] *adj 1.* dominant; *2. (surplombant)* herausragend
domination [dɔminasjɔ̃] *f 1.* Beherrschung *f; 2. POL* Herrschaft *f*
dominer [dɔmine] *v 1.* beherrschen; *2. (fig)* überragen; *3. se ~* sich beherrschen
domino [dɔmino] *m (jeu)* Dominospiel *n; faire une partie de ~s* eine Partie Domino spielen
dommage [dɔmaʒ] *m 1.* Beschädigung *f*, Schaden *m; ~ corporel* Personenschaden *m; ~ intégral* Totalschaden *m; 2. C'est ~!* Schade! *C'est bien ~.* Das ist sehr schade. *3. ~s et intérêts pl* Schadenersatz *m*
dompter [dɔ̃te] *v 1.* bändigen, zähmen; *2. (maîtriser)* überwältigen
dompteur [dɔ̃tœR] *m* Dompteur *m*
don [dɔ̃] *m 1.* Spende *f; faire un ~* spenden; *2. (donation)* Stiftung *f; 3. (talent)* Begabung *f*, Talent *n; ~ du ciel* Gottesgabe *f; ~ de soi* Hingabe *f; ~ des langues* Sprachbegabung *f; 4. (~ pour)* Veranlagung *f*
donateur [dɔnatœR] *m 1.* Erblasser *m; 2. (fondateur)* Spender *m*, Stifter *m*
donation [dɔnɑsjɔ̃] *f (entre vifs) JUR* Schenkung *f; faire une ~ (cadeau)* stiften
donc [dɔ̃k] *konj 1.* also; *2. (par conséquent)* folglich
données [dɔne] *f/pl* Daten *pl*, Angabe *f; ~ de référence ECO* Eckdaten *pl*
donner [dɔne] *v 1.* geben, reichen; *se ~ de la peine* sich anstrengen; *~ un coup de main à qn* jdm behilflich sein; *~ un coup de fer* bügeln; *~ congé à qn* jdm kündigen; *~ un coup de pied à qn* jdn treten; *~ des cours à qn* jdn unterrichten; *~ en sous-location* untervermieten; *~ en location* vermieten; *~ sa parole* zusagen; *~ son accord à* zustimmen; *se ~ du mal* sich abmühen; *~ des instructions à qn* jdn anleiten; *~ le coup d'envoi* anpfeifen; *se ~ de l'importance* sich aufspielen; *~ des ar-*

guments begründen; ~ *une note (à l'école)* benoten; ~ *des coups de poing* boxen; ~ *des instructions* einweisen; ~ *son consentement* einwilligen; ~ *une gifle à qn* jdn ohrfeigen; ~ *à manger à* speisen; ~ *lieu à* veranlassen; ~ *en gage* verpfänden; ~ *l'impression de* den Eindruck erwecken; ~ *la préférence à* vorziehen; ~ *tort JUR* belasten; *2. (accorder)* erteilen; ~ *l'ordre* den Befehl erteilen; ~ *des directives* anweisen; ~ *le pouvoir à* ermächtigen; ~ *du courage* ermutigen; ~ *un avertissement* verwarnen; ~ *procuration* bevollmächtigen; *3. (offrir)* spenden; *4. (laisser)* abgeben; *Je me demande ce que ça va ~.* Ich frage mich, was daraus werden soll. *5. (remettre)* hergeben; *ne plus savoir où ~ de la tête* nicht mehr wissen, wo einem der Kopf steht; ~ *par testament* vermachen; *6. (un exemple, une citation)* anführen; *7. THEAT* aufführen

donneur [dɔnœʀ] *m 1. ~ d'organes* Organspender *m; 2. ~ d'ordre ECO* Auftraggeber *m; 3. ~ de sang MED* Blutspender *m*

dont [dɔ̃] *pron (génitif)* dessen

dopage [dɔpaʒ] *m SPORT* Doping *n*

doping [dɔpiŋ] *m SPORT* Doping *n*

doré [dɔʀe] *adj* golden, vergoldet

dorénavant [dɔʀenavɑ̃] *adv* von nun an, künftig

dorer [dɔʀe] *v* vergolden

dorloter [dɔʀlɔte] *v* verwöhnen, hätscheln

dormeur [dɔʀmœʀ] *m grand ~* Langschläfer *m*

dormir [dɔʀmiʀ] *v irr 1.* schlafen; *ne pas ~ de la nuit* die ganze Nacht nicht schlafen; *~ comme un loir/~ comme une marmotte* wie ein Murmeltier schlafen; *~ à la belle étoile* im Freien schlafen; *2. (faire la grasse matinée)* ausschlafen; *~ tout son saoûl* ausschlafen

dorsch [dɔʀʃ] *m ZOOL* Dorsch *m*

dos [do] *m 1. ANAT* Rücken *m; tourner le ~ à qc* etw den Rücken kehren; *mettre qc sur le ~ de qn* etw auf jdn abwälzen; *avoir plein le ~ de qc* etw satt haben; *~ de la main* Handrücken *m; 2. (dossier)* Rückenlehne *f*

dosage [dozaʒ] *m* Dosierung *f*

dose [doz] *f* Dosis *f*

doser [doze] *v* dosieren

dossier [dɔsje] *m 1.* Aktenmappe *f,* Mappe *f; 2. (collection)* Sammelmappe *f; 3. (document)* Akte *f; 4. (dos)* Rückenlehne *f*

dot [dɔt] *f* Aussteuer *f,* Mitgift *f*

dotation [dɔtasjɔ̃] *f ECO* Dotation *f*

doter [dɔte] *v ECO* dotieren

douane [dwan] *f (administrations)* Zoll *m; payer la ~* verzollen; *payer des droits de ~* verzollen

douanier [dwanje] *m* Zollbeamter *m*

double [dubl] *adj 1.* zweifach; *2. (en deux exemplaires)* doppelt; *~ résolution* Doppelbeschluss *m; m 3.* Abschrift *f,* Kopie *f; 4. (duplicata)* Doppel *n,* Duplikat *n; ~ fenêtre* Doppelfenster *n; 5. (en tennis) SPORT* Doppel *n; 6. (sosie)* Doppelgänger *m*

doubler [duble] *v 1. (dépasser)* überholen; *2. (multiplier par deux)* verdoppeln; *3. SPORT* überrunden; *4. CINE* synchronisieren

doublure [dublyʀ] *f 1.* Futter *n; 2. FILM* Double *n,* Doppelgänger *m*

doucement [dusmɑ̃] *adv 1.* sanft, sacht; *2. (tout bas)* leise; *3. (fig)* weich

doucereux [dusʀø] *adj (fig)* schleimig

doucette [dusɛt] *f BOT* Feldsalat *m*

douceur [dusœʀ] *f* Sanftmut *f*

douche [duʃ] *f* Dusche *f,* Brause *f*

doucher [dwe] *v se ~* sich brausen, sich duschen

doué [dwe] *adj* begabt, talentiert

douille [duj] *f 1. (ampoule électrique)* Fassung *f; 2. (armes)* Hülse *f*

douillet [dujɛ] *adj 1. (confortable)* mollig; *2. (sensible à la douleur)* schmerzempfindlich

douleur [dulœʀ] *f 1.* Schmerz *m,* Leid *n; 2. ~ musculaire* Muskelkater *m; 3. (tourment)* Pein *f; 4. ~s pl (maux)* Beschwerden *pl,* Schmerzen *pl*

douloureux [duluʀø] *adj 1.* schmerzhaft; *2. (cuisant)* schmerzlich, bitter

doute [dut] *m* Zweifel *m,* Ungewissheit *f*

douter [dute] *v 1. ~ de qn* an jdm zweifeln; *2. ~ de qc (mettre en doute)* etw bezweifeln; *3. se ~ de qc* etw vermuten

douteux [dutø] *adj 1.* zweifelhaft, unsicher; *2. (louche)* verdächtig

doux [du] *adj 1. (tranquille)* süß; *2. (tendre)* sanft, zart; *3. (bon)* sanft, gutherzig; *être ~ comme un agneau* lammfromm sein; *filer ~* klein beigeben; *4. (tiède)* lau; *5. (temps)* mild; *6. (mou)* weich; *7. (docile)* zahm

douzaine [duzɛn] *f* Dutzend *n*

douze [duz] *num* zwölf

doyen [dwajɛ̃] *m 1.* Dekan *m; 2. (ancien)* Senior *m*

dragée [dʀaʒe] *f (bonbon)* Bonbon *n,* Dragée *n; des ~s de baptême* Dragées, die anlässlich einer Taufe überreicht werden

pl; tenir la ~ haute à qn (fig) jdn zappeln lassen/es jdm schwer machen
dragon [dʀagɔ̃] *m ZOOL* Drache *m*
drague [dʀag] *f TECH* Bagger *m*
draguer [dʀage] *v ~ qn (fam: causer)* jdn anmachen
drainer [dʀɛne] *v 1. (marais)* entwässern; *2. (terre)* trockenlegen
dramatique [dʀamatik] *adj* dramatisch
dramatiser [dʀamatize] *v* dramatisieren
dramaturge [dʀamatyʀʒ] *m/f THEAT* Dramaturg(in) *m/f*
drame [dʀam] *m LIT* Drama *n; faire un ~ de qc* etw dramatisieren/ein Drama aus etw machen
drap [dʀa] *m* Laken *n; ~ de lit* Bettlaken *n; se mettre dans de beaux ~s* sich in die Tinte setzen
drapeau [dʀapo] *m 1.* Fahne *f; 2. (étendard)* Flagge *f*
drastique [dʀastik] *adj* drastisch
dressage [dʀɛsaʒ] *m (d'un animal)* Dressur *f*
dresser [dʀɛse] *v 1. (monter)* aufrichten, erheben; *se ~* sich erheben; *2. (élever)* aufrichten, aufstellen; *~ un bilan* eine Bilanz aufstellen; *~ la liste de qc* etw auflisten; *3. (bâtir)* bauen, errichten; *4. ~ la table* den Tisch decken; *5. (dompter)* dressieren
drogue [dʀɔg] *f* Droge *f,* Rauschgift *n*
drogué [dʀɔge] *adj 1.* drogensüchtig, rauschgiftsüchtig; *m 2.* Fixer *m*
droguer [dʀɔge] *v 1. ~ qn* jdm Drogen verabreichen, jdm Drogen geben; *2. se ~* Drogen einnehmen
droguerie [dʀɔgʀi] *f* Drogerie *f*
droit [dʀwa] *adj 1.* gerade; *~ comme un I* kerzengerade; *2. (debout)* aufrecht; *3. (honnête)* rechtschaffen, ehrlich; *m 4. JUR* Recht *n; ~ de succession* Erbrecht *n; ~ coutier* Gewohnheitsrecht *n; ~ d'auteur* Urheberrecht *n; ~ civil* Zivilrecht *n; 5. (autorisation)* Berechtigung *f,* Recht *n; avoir le ~* dürfen; *~ de douane (coûts)* Zoll *m; ~ d'enregistrement de déclaration* Anmeldegebühr *f; ~ à* Anrecht auf *n; être en ~ de* befugt sein; *~ de vivre* Existenzberechtigung *f; ~ d'intervention* Mitspracherecht *n; ~ international* Völkerrecht *n; ~ de souscription (action)* Aktienbezugsrecht *n; ~ de vente exclusive* Alleinverkaufsrecht *n; ~ d'asile* Asylrecht *n; ~ de manifester* Demonstrationsrecht *n; ~ de douane à l'importation* Einfuhrzoll *m; ~ de garde* Sorgerecht *n; ~ de vote* Stimmrecht *n,* Wahlrecht *n; ~ pénal* Strafrecht *n; ~ de préemption* Vorkaufsrecht *n; 6. (à l'université)* Jura *n; 7. (taxe)* Gebühr *f; 8. ~s de prêt pl* Leihgebühr *f; 9. ~s de l'Homme pl* Menschenrechte *pl*
droite [dʀwat] *f (ligne) MATH* Gerade *f*
droitier [dʀwatje] *m* Rechtshänder *m*
drôle [dʀol] *adj 1.* komisch, spaßig; *2. (amusant)* heiter, witzig; *3. (étrange)* komisch, seltsam; *~ de type* Kauz *m*
dromadaire [dʀɔmadɛʀ] *m ZOOL* Dromedar *n*
duc [dyk] *m 1.* Herzog *m; 2. grand ~ ZOOL* Uhu *m*
duchesse [dyʃɛs] *f* Herzogin *f*
duel [dɥɛl] *m* Duell *n,* Zweikampf *m*
dûment [dymɑ̃] *adv* ordnungsgemäß
dune [dyn] *f* Düne *f*
duo [dɥo] *m MUS* Duett *n*
duper [dype] *v 1. (fam)* leimen; *2. (tromper)* überlisten, täuschen
duperie [dypʀi] *f 1. (mensonge)* Schwindel *m; 2. (tromperie)* Täuschung *f*
duplicata [dyplikata] *m* Duplikat *n*
duquel [dykɛl] *pron* dessen
dur [dyʀ] *adj 1.* hart; *très ~* knallhart; *2. (difficile)* schwierig, schwer; *3. (coriace)* zäh; *4. (insensible)* hartherzig; *5. (fig)* unnachgiebig, streng; *6. ~ d'oreille MED* schwerhörig
durable [dyʀabl] *adj 1.* beständig; *2. (persistant)* dauerhaft
durant [dyʀɑ̃] *prep* während; *sa vie ~* sein Leben lang
durcir [dyʀsiʀ] *v* verhärten
durcissement [dyʀsismɑ̃] *m* Verhärtung *f*
durée [dyʀe] *f 1.* Dauer *f,* Beständigkeit *f; à ~ déterminée* befristet; *de courte ~* kurzzeitig; *~ de vie* Lebensdauer *f; ~ du travail* Arbeitszeit *f; ~ de validité ECO* Laufzeit *f; 2. (persistance)* Andauer *f*
durer [dyʀe] *v 1.* dauern; *2. (persister)* andauern, anhalten
dureté [dyʀte] *f 1.* Härte *f; 2. ~ de cœur* Lieblosigkeit *f,* Unbarmherzigkeit *f*
durillon [dyʀijɔ̃] *m* Hornhaut *f*
duvet [dyvɛ] *m* Daune *f,* Bettfeder *f*
dynamique [dinamik] *f 1.* Dynamik *f; adj 2.* dynamisch; *3. (impulsif)* schwungvoll, temperamentvoll
dynamisme [dinamism] *m (fig)* Schwung *m*
dynamitage [dinamitaʒ] *m* Sprengung *f*
dynamite [dinamit] *f* Dynamit *n*
dynamo [dinamo] *f 1. TECH* Dynamo *m; 2. (machine) TECH* Generator *m*

E

eau [o] *f 1.* Wasser *n; Il y a de quoi se jeter à l'~!* Es ist zum Verzweifeln! *faire venir l'~ à la bouche* den Mund wässrig machen; *nager entre deux ~x* es sich mit niemandem verderben wollen/geschickt lavieren; *porter de l'~ à la rivière* Eulen nach Athen tragen; *~ potable* Trinkwasser *n; ~ de condensation* Kondenswasser *n; ~ du radiateur* Kühlwasser *n; ~ du robinet* Leitungswasser *n; ~ minérale* Mineralwasser *n; ~ de source* Quellwasser *n; ~ salée* Salzwasser *n; ~ douce* Süßwasser *n; ~ non potable* Brauchwasser *n; ~ bénite* Weihwasser *n; 2. ~x pl* Gewässer *n; ~x continentales* Binnengewässer *n; 3. ~x usées pl* Abwasser *n; 4. ~x et forêts pl* Forstwesen *n*
eau-de-vie [odəvi] *f* Schnaps *m*
ébahi [ebai] *adj* entgeistert
ébahissement [ebaismɑ̃] *m* Verwunderung *f*
ébauche [eboʃ] *f 1.* Entwurf *m; 2. (esquisse)* Skizze *f; 3. (contour)* Umriss *m*
ébaucher [eboʃe] *v 1.* entwerfen; *2. (fig)* umreißen, kurz schildern
ébéniste [ebenist] *m* Tischler *m*
ébloui [eblui] *adj* verblendet
éblouir [ebluiʀ] *v 1. (lumière)* blenden; *2. (fig)* blenden
éblouissant [ebluisɑ̃] *adj 1.* blendend; *2. (fig)* blendend
éblouissement [ebluismɑ̃] *m MED* Schwindel *m; avoir des ~s (aux yeux)* ein Flimmern vor den Augen haben
éboueur [ebuœʀ] *m* Müllmann *m*
ébouillanter [ebujɑ̃te] *v s'~* sich verbrühen
éboulement [ebulmɑ̃] *m 1.* Einsturz *m; 2. GEOL* Erdrutsch *m*
ébouler [ebule] *v s'~* abbröckeln, zerfallen
éboulis [ebuli] *m GEOL* Geröll *n*
ébranlé [ebʀɑ̃le] *adj être ~* wanken
ébréché [ebʀeʃe] *adj* abgebrochen
ébrécher [ebʀeʃe] *v* abbrechen; *s'~ une dent* sich ein Stück von einem Zahn ausbrechen
ébruiter [ebʀɥite] *v 1.* ausplaudern; *2. s'~* herauskommen
ébullition [ebylisjɔ̃] *f* Sieden *n; en ~* kochend; *porter à ~* zum Kochen bringen; *point d'~* Siedepunkt *m*
écaille [ekɑj] *f ZOOL* Fischschuppe *f*
écarlate [ekaʀlat] *adj (rouge)* scharlachrot; *un visage ~* ein knallrotes Gesicht *n; devenir ~ de fureur* hochrot vor Zorn werden
écart [ekaʀ] *m 1.* Abstand *m; à l'~* abseits; *2. (éloignement)* Abweichung *f; 3. (fig)* Seitensprung *m*
écarté [ekaʀte] *adj* abstehend
écarter [ekaʀte] *v 1.* beseitigen; *2. (enlever)* wegnehmen; *3. ~ de* ablenken von; *4. (exclure)* ausscheiden; *5. (détourner)* abwenden; *6. (doute)* ausräumen; *7. (fig)* niederschlagen; *8. s'~ du sujet* abschweifen; *s'~ du droit chemin* vom rechten Weg abkommen/auf Abwege geraten
ecchymose [ɛkimoz] *f 1.* blauer Fleck *m; 2. MED* Bluterguss *m*
ecclésiastique [eklezjastik] *adj 1.* kirchlich; *m 2. REL* Geistlicher *m*
écervelé [esɛʀvəle] *adj 1.* kopflos; *2. (étourdi)* unbesonnen
échafaudage [eʃafodaʒ] *m* Baugerüst *n*
échafauder [eʃafode] *v (fig)* aufbauen
échalote [eʃalɔt] *f BOT* Schalotte *f*
échange [eʃɑ̃ʒ] *m 1.* Austausch *m; en ~* dafür/dagegen/gegen; *en ~ de quoi* wofür/wogegen; *~ culturel* Kulturaustausch *m; ~ d'opinions/~ de vues* Meinungsaustausch *m; ~ scolaire* Schüleraustausch *m; 2. (troc)* Tausch *m; 3. (de marchandise)* Umtausch *m; 4. ~s pl* Warenverkehr *m*
échanger [eʃɑ̃ʒe] *v 1.* austauschen; *~ contre* austauschen gegen; *s'~* sich abwechseln; *2. (contre qc d'autre)* auswechseln; *3. (troquer)* eintauschen; *~ son cheval contre un aveugle* vom Regen in die Traufe kommen; *4. TECH* austauschen; *5. (de l'argent)* umtauschen, wechseln
échantillon [eʃɑ̃tijɔ̃] *m* Muster *n; ~ pris au hasard* Stichprobe *f*
échappatoire [eʃapatwaʀ] *m* Ausweg *m*
échapper [eʃape] *v 1.* entfallen; *2. laisser ~* fallen lassen; *3. ~ à* entfliehen, entgehen; *s'~* entfliehen; *~ à qc* um etw herumkommen
écharde [eʃaʀd] *f* Splitter *m,* Spreißel *m*
écharpe [eʃaʀp] *f 1.* Schal *m; 2. (foulard)* Halstuch *n*
échasse [eʃas] *f* Stelze *f; marcher avec des ~s* auf Stelzen laufen; *être monté sur des ~s (fam)* wichtig tun/sich für wichtig halten

échauder [eʃode] *v* verbrennen; *être échaudé* sich die Finger verbrennen
échauffement [eʃofmɑ̃] *m (exercices) SPORT* Aufwärmen *n,* Aufwärmübung *f*
échauffer [eʃofe] *v 1.* erhitzen; *2. s'~* sich ereifern
échauffourée [eʃofuʀe] *f* Krawall *m*
échéance [eʃeɑ̃s] *f ECO* Fälligkeit *f; à courte ~* kurzfristig; *à longue ~* langfristig
échéant [eʃeɑ̃] *adj ECO* fällig
échec [eʃɛk] *m 1.* Misserfolg *m; 2. (fam)* Schlappe *f; 3. ~s pl* Schach *n*
échelle [eʃɛl] *f 1.* Leiter *f; ~ à incendie* Feuerleiter *f; 2. (mesure)* Maßstab *m; ~ fluviale* Pegel *m; 3. (grade)* Skala *f; 4. à l'~ du monde* weltweit; *à l'~* maßstabsgerecht
échelon [eʃlɔ̃] *m 1.* Stufe *f; 2. MIL* Dienstgrad *m*
échelonnement [eʃlɔnmɑ̃] *m 1.* Abstufung *f; 2. (graduation)* Staffelung *f*
échelonner [eʃlɔne] *v* abstufen
échevelé [eʃəvle] *adj* mit zerzaustem Haar
échevin [eʃvɛ̃] *m JUR* Schöffe *m*
échiquier [eʃikje] *m (pour les échecs)* Schachbrett *n*
écho [eko] *m* Echo *n*
échographie [ekogʀafi] *f MED* Ultraschalluntersuchung *f*
échoppe [eʃɔp] *f (magasin)* Bude *f*
échouer [eʃue] *v 1.* misslingen; *2. ~ à un examen* bei einer Prüfung durchfallen; *3. (rater)* versagen; *4. (fig)* scheitern; *5. (plans)* sich zerschlagen; *6. s'~* stranden
échu [eʃy] *adj 1.* abgelaufen; *2. ECO* fällig
éclabousser [eklabuse] *v* vollspritzen, bespritzen; *La voiture éclaboussa le piéton.* Das Auto hat den Fußgänger vollgespritzt. *Il a éclaboussé sa chemise de sauce.* Er hat sein Hemd mit Soße verkleckert.
éclair [eklɛʀ] *m* Blitz *m; faire des ~s* blitzen; *avec la rapidité de l'~* blitzschnell
éclairage [eklɛʀaʒ] *m 1.* Beleuchtung *f; ~ des rues* Straßenbeleuchtung *f; 2. (fig)* Licht *n; ~ aux bougies/~ aux chandelles* Kerzenlicht *n*
éclairci [eklɛʀsi] *adj (peu épaix)* licht; *non ~* ungeklärt/unklar
éclaircie [eklɛʀsi] *f* Aufheiterung *f*
éclaircir [eklɛʀsiʀ] *v 1.* aufhellen; *2. (préciser)* erklären; *3. (expliquer)* erläutern; *4. (clarifier)* klarstellen
éclaircissement [eklɛʀsismɑ̃] *m 1.* Erläuterung *f; 2. ~s pl* Aufklärung *f; demander des ~s* Aufschluss verlangen
éclairé [eklɛʀe] *adj (lumière)* hell
éclairer [eklɛʀe] *v 1.* beleuchten; *2. (élucider)* aufklären; *3. s'~ (fig: visage)* aufleuchten; *4. ~ de ses rayons* bestrahlen; *5. (illuminer)* erleuchten; *6. (luire)* leuchten; *7. (briller)* scheinen
éclaireur [eklɛʀœʀ] *m* Pfadfinder *m*
éclat [ekla] *m 1.* Glanz *m; 2. (morceau)* Splitter *m; ~ de verre* Glasscherbe *f; ~ de génie* Geistesblitz *m; avec ~* glänzend; *faire voler en ~s* zerschellen
éclatant [eklatɑ̃] *adj 1.* hell; *2. (fig)* blendend; *3. (teint)* blühend; *4. (brillant)* glänzend
éclatement [eklatmɑ̃] *m* Knall *m*
éclater [eklate] *v 1.* platzen; *2. (exploser)* bersten; *3. (pétard)* knallen; *4. (en sanglots)* ausbrechen; *5. (fig)* springen
éclipse [eklips] *f ~ de lune* Mondfinsternis *f; ~ de soleil* Sonnenfinsternis *f*
éclopé [eklɔpe] *adj* gehbehindert
éclore [eklɔʀ] *v irr 1.* aufblühen; *2. faire ~* ausbrüten; *3. ZOOL* schlüpfen
écluse [eklyz] *f* Schleuse *f*
écœurant [ekœʀɑ̃] *adj* widerlich
écœurement [ekœʀmɑ̃] *m* Ekel *m*
école [ekɔl] *f* Schule *f; faire ~* Schule machen/sich durchsetzen; *faire l'~ buissonnière* die Schule schwänzen; *~ professionnelle* Berufsschule *f; ~ supérieure spécialisée* Fachhochschule *f; ~ primaire* Grundschule *f; ~ privée* Privatschule *f; ~ préparatoire* Vorschule *f; ~ laïque* öffentliche Schule *f*
écolier [ekɔlje] *m* Schüler *m*
écologie [ekɔlɔʒi] *f 1.* Ökologie *f; 2. (protection de l'environnement)* Umweltschutz *m*
écologique [ekɔlɔʒik] *adj 1.* ökologisch; *2. (sauvegarde de l'environnement)* umweltfreundlich
écologiste [ekɔlɔʒist] *m/f* Alternative(r) *m/f*
économe [ekɔnɔm] *adj* sparsam
économie [ekɔnɔmi] *f 1. ECO* Wirtschaft *f; ~ nationale* Volkswirtschaft *f; ~ d'entreprise* Betriebswirtschaft *f; ~ intérieure* Binnenwirtschaft *f; ~ énergétique* Energiewirtschaft *f; ~ de marché* Marktwirtschaft *f; ~ dirigée* Planwirtschaft *f; ~ mondiale* Weltwirtschaft *f; 2. (gain)* Ersparnis *f; ~ de temps* Zeitersparnis *f; faire l'~ de qc* etw einsparen; *3. (épargne)* Sparsamkeit *f; avec ~* sparsam
économique [ekɔnɔmik] *adj 1.* sparsam; *2. (rentable)* wirtschaftlich
économiser [ekɔnɔmize] *v 1.* sparen; *2. (épargner)* ersparen; *3. (ménager)* Haus hal-

ten; ~ *ses forces* mit seinen Kräften Haus halten/seine Kräfte genau einteilen
économiste [ekɔnɔmist] *m/f ECO* Volkswirt(in) *m/f*
écorce [ekɔʀs] *f* Rinde *f*
écorché [ekɔʀʃe] *adj* wund
écorcher [ekɔʀʃe] *v* häuten
écorchure [ekɔʀʃyʀ] *f MED* Abschürfung *f*
écorner [ekɔʀne] *v* die Hörner abstoßen
Ecossais(e) [ekɔsɛ(z)] *m/f* Schotte/Schottin *m/f*
Ecosse [ekɔs] *f GEO* Schottland *n*
écoulé [ekule] *adv (temporel)* vorbei
écoulement [ekulmɑ̃] *m 1.* Abfluss *m; 2. (vente)* Verkauf *m; 3. (déroulement)* Ablauf *m; 4. (de marchandises) ECO* Absatz *m; 5. MED* Ausfluss *m; 6. ECO* Vertrieb *m*
écouler [ekule] *v 1.* verkaufen; *2. (délai) ECO* ablaufen; *3. s'~* fließen; *4. s'~ (temps)* vergehen; *5. s'~ (liquide)* ablaufen; *6. s'~ goutte à goutte* sickern
écourter [ekuʀte] *v 1.* abkürzen; *2. (raccourcir)* kürzen
écouter [ekute] *v 1. (conseil)* beachten; *2. (prêter l'oreille)* zuhören; *~ qn* jdn anhören; *3. (entendre)* hören; *N'écoutez pas ce qu'il dit!* Hören Sie nicht auf ihn! *4. (attentivement)* lauschen; *5. TEL* abhorchen
écouteur [ekutœʀ] *m 1. TEL* Hörer *m; 2. ~s pl* Kopfhörer *m*
écran [ekʀɑ̃] *m 1.* Blende *f; 2. FOTO* Filter *m; 3. (d'ordinateur) INFORM* Bildschirm *m; 4. CINE* Leinwand *f; porter à l'~* herausbringen
écrasant [ekʀazɑ̃] *adj* erdrückend
écrasement [ekʀazmɑ̃] *m 1.* Erdrücken *n; 2. (anéantissement)* Vernichtung *f*
écraser [ekʀaze] *v 1.* zerdrücken, ausdrücken; *2. (broyer)* zerquetschen; *3. (accabler)* erdrücken; *4. (moudre)* mahlen; *5. (avec un véhicule)* überfahren; *6. INFORM* überschreiben; *7. ~ qn (fig)* jdn fertig machen
écrémer [ekʀeme] *v (crème)* abschöpfen
écrevisse [ekʀəvis] *f ZOOL* Krebs *m; rouge comme une ~* krebsrot
écrier [ekʀije] *v s'~* ausrufen, rufen
écrire [ekʀiʀ] *v irr 1.* schreiben; *paresseux pour ~* schreibfaul; *2. ~ à qn* jdm schreiben; *3. (rédiger)* verfassen; *~ en toutes lettres* ausschreiben; *~ des poèmes* dichten
écrit [ekʀi] *m 1.* Schrift *f; 2. (lettre)* Schreiben *n; 3. (document)* Schriftstück *n; 4. par ~* schriftlich; *adj 5.* schriftlich; *6. ~ à la main* handschriftlich
écriture [ekʀityʀ] *f 1.* Schrift *f; 2. (manuscrit)* Handschrift *f; ~ en lettres majuscules* Blockschrift *f*
écrivain [ekʀivɛ̃] *m 1.* Schriftsteller *m; 2. (poète)* Dichter *m*
écrou [ekʀu] *m TECH* Mutter *f*
écroulement [ekʀulmɑ̃] *m 1.* Einsturz *m; 2. (déchéance)* Verfall *m*
écrouler [ekʀule] *v s'~* einstürzen
écueil [ekœj] *m 1.* Klippe *f; 2. (fig)* Hindernis *n,* Gefahr *f*
écuelle [ekɥɛl] *f 1.* Schüssel *f; 2. (gamelle)* Napf *m*
écume [ekym] *f* Schaum *m*
écumer [ekyme] *v* schäumen
écureuil [ekyʀœj] *m* Eichhörnchen *n*
écurie [ekyʀi] *f (pour chevaux)* Stall *m*
eczéma [ɛgzema] *m MED* Ekzem *n*
edelweiss [edɛlvɛs] *m BOT* Edelweiß *n*
éden [edɛn] *m REL* Eden *n*
édifiant [edifjɑ̃] *adj* erbaulich
édification [edifikasjɔ̃] *f* Errichtung *f*
édifice [edifis] *m 1.* Bau *m; 2. (bâtiment)* Gebäude *n; ~ principal* Hauptgebäude *n; 3. (ouvrage)* Bauwerk *n*
édifier [edifje] *v 1.* bauen; *2. (fig)* aufbauen
éditer [edite] *v* herausgeben
éditeur [editœʀ] *m* Herausgeber *m*
édition [edisjɔ̃] *f 1.* Auflage *f; 2. (d'un journal)* Ausgabe *f; première ~* Erstausgabe *f; nouvelle ~* Neuausgabe *f; 3. (industrie de livre)* Verlagswesen *n; maison d'~* Verlag *m*
éditorial [editɔʀjal] *m* Leitartikel *m*
éducateur [edykatœʀ] *m* Erzieher *m*
éducatif [edykatif] *adj* erzieherisch
éducation [edykasjɔ̃] *f 1.* Erziehung *f; 2. (formation)* Ausbildung *f; 3. (discipline)* Zucht *f; 4. ~ scolaire* Schulbildung *f; 5. ~ sexuelle* Sexualerziehung *f*
éduquer [edyke] *v* erziehen
effacé [ɛfase] *adj 1.* unaufdringlich; *2. (gommé)* ausgewischt
effacer [efase] *v 1.* wischen, auslöschen; *2. (gommer)* radieren; *3. INFORM* löschen; *4. ECO* tilgen; *5. s'~ (bruit)* abklingen; *6. s'~ (souvenirs)* verblassen
effaré [efaʀe] *adj* verstört
effarouché [efaʀuʃe] *adj* verschüchtert, verängstigt
effaroucher [efaʀuʃe] *v* verscheuchen
effectif [efɛktif] *m 1.* Belegschaft *f; adj 2.* real; *3. (véritable)* wirklich
effectivement [efɛktivmɑ̃] *adv* tatsächlich

effectuer [efɛktɥe] *v 1.* verwirklichen; *2. (mettre en œuvre)* bewerkstelligen; *3. (accomplir)* vollbringen
effervescence [efɛʀvɛsɑ̃s] *f* Aufbrausen *n*
effet [efɛ] *m 1.* Wirkung *f; faire son ~* seine Wirkung tun/wirken; *à cet ~* dazu; *avoir de l'~ sur* wirken auf; *faire l'~ de* den Eindruck erwecken; *en ~* denn; *couper ses ~s à qn* jdn um seine Wirkung bringen; *2. (conséquence)* Auswirkung *f; 3. ~ secondaire* Nebenwirkung *f; 4. ~ de serre* Treibhauseffekt *m; 5. ~s pl (vêtements)* Bekleidungsstück *n; 6. ~s de lumières pl* Farbenspiel *n*
efficace [efikas] *adj 1.* wirksam; *2. (spectaculaire)* wirkungsvoll
efficacité [efikasite] *f* Wirksamkeit *f*
efficience [efisjɑ̃s] *f* Leistungsfähigkeit *f*
efficient [efisjɑ̃] *adj* leistungsfähig
effilé [efile] *adj* schmal
effiloché [efilɔʃe] *adj* ausgefranst
effondrement [efɔ̃dʀəmɑ̃] *m 1.* Einbruch *m; 2. (écroulement)* Zusammenbruch *m; ~ de la Bourse FIN* Börsenkrach *m*
effondrer [efɔ̃dʀe] *v s'~* einstürzen
efforcer [efɔʀse] *v s'~ de* sich anstrengen
effort [efɔʀ] *m 1.* Mühe *f; sans le moindre ~* ohne sich im Geringsten anzustrengen/scheinbar mühelos; *faire un ~ de volonté* sich überwinden; *ne faire aucun ~* keinerlei Anstrengungen machen/sich gar keine Mühe geben; *2. (application)* Anspannung *f; faire des ~s* sich anstrengen; *faire des ~s pour* sich bemühen um; *faire un ~ sur soi-même* sich überwinden; *3. ~s pl* Anstrengung *f*, Bemühen *n*
effraction [efʀaksjɔ̃] *f 1.* Aufbruch *m; 2. (vol)* Einbruch *m; à l'épreuve de l'~* einbruchsicher
effrangé [efʀɑ̃ʒe] *adj* ausgefranst
effrayant [efʀɛjɑ̃] *adj 1.* schrecklich; *2. (épouvantable)* erschreckend
effrayer [efʀɛje] *v* erschrecken
effréné [efʀene] *adj (fig)* zügellos, hemmungslos
effriter [efʀite] *v s'~* abbröckeln
effroi [efʀwa] *m* Entsetzen *n*
effronté [efʀɔ̃te] *adj 1.* frech, dreist; *m 2. (fam)* Frechdachs *m*
effroyable [efʀwajablə] *adj* entsetzlich
effusion [efyzjɔ̃] *f ~ de sang* Blutvergießen *n*
égaiement [egɛmɑ̃] *m* Aufheiterung *f*
égal [egal] *adj 1.* egal; *2. (similaire)* gleich; *3. (à égalité)* ebenbürtig; *traîter qn d'~ à ~* jdn wie seinesgleichen behandeln
également [egalmɑ̃] *adv* gleichfalls
égaler [egale] *v ~ qn (fig)* an jdn herankommen
égalisation [egalizasjɔ̃] *f* Ausgleich *m*
égaliser [egalize] *v 1.* angleichen; *2. (aplanir) SPORT* ausgleichen; *3. (niveler)* planieren
égalité [egalite] *f* Gleichheit *f; ~ des droits* Gleichberechtigung *f*
égard [egaʀ] *m* Rücksicht *f; avec de nombreux ~s* rücksichtsvoll; *eu ~ à (fig)* angesichts; *à cet ~* in dieser Beziehung; *manque d' ~* Rücksichtslosigkeit *f; à l'~ de* hinsichtlich
égarement [egaʀmɑ̃] *m* Verirrung *f*
égarer [egaʀe] *v 1.* irreführen; *2. (perdre)* verlegen; *3. s'~* sich verlaufen
égayer [egɛje] *v* aufheitern, erheitern
églantier [eglɑ̃tje] *m fruit de l'~ BOT* Hagebutte *f*
église [egliz] *f* Kirche *f; Eglise catholique* katholische Kirche *f*
égocentrique [egɔsɑ̃tʀik] *adj* ichbezogen
égoïsme [egɔism] *m* Selbstsucht *f*
égoïste [egɔist] *m 1.* Egoist *m; adj 2.* egoistisch; *3. (amour-propre)* selbstsüchtig
égouts [egu] *m/pl 1.* Abwasserkanal *m; 2. (drainage)* Kanalisation *f*
égoutter [egute] *v* abtropfen lassen
égratigner [egʀatiɲe] *v s'~* sich kratzen, sich schürfen
égratignure [egʀatiɲyʀ] *f* Schramme *f*
Egypte [eʒipt] *f GEO* Ägypten *n*
égyptien [eʒipsjɛ̃] *adj* ägyptisch
Egyptien(ne) [eʒipsjɛ̃/eʒipjɛn] *m/f* Ägypter(in) *m/f*
eh [e] *interj Eh bien!* Na! *Eh oui!* Ach!
éhonté [eɔ̃te] *adj 1.* schamlos; *2. (effronté)* unverschämt
éjaculation [eʒakylasjɔ̃] *f BIO* Ejakulation *f*
élaboration [elabɔʀasjɔ̃] *f* Ausarbeitung *f*, Erarbeitung *f*
élaboré [elabɔʀe] *adj hautement ~* hoch entwickelt
élaborer [elabɔʀe] *v* ausarbeiten
élan[1] [elɑ̃] *m ZOOL* Elch *m*
élan[2] [elɑ̃] *m 1. (démarrage)* Anlauf *m; 2. (fig)* Schwung *m; ~ créatif* Schaffensdrang *m; 3. (essor)* Auftrieb *m*
élargir [elaʀʒiʀ] *v 1.* erweitern; *2. (chaussure)* breittreten; *3. (agrandir)* ausdehnen

élargissement [elaʀʒismɑ̃] *m 1.* Dehnung *f,* Erweiterung *f; 2. (propagation)* Verbreiterung *f; 3. (fig)* Ausbau *m; ~ des connaissances* Ausbau von Kenntnissen *m*
élasticité [elastisite] *f* Dehnbarkeit *f*
élastique [elastik] *adj 1.* dehnbar; *2. (caoutchouc)* elastisch
Elbe [ɛlb] *f GEO* Elbe *f*
électeur [elɛktœʀ] *m POL* Wähler *m*
élection [elɛksjɔ̃] *f* Wahl *f; ~s législatives* Parlamentswahlen *pl; ~s municipales* Kommunalwahlen
électoral [elɛktɔʀal] *adj* Wahl...; *liste ~e* Wählerliste *f; urne ~e* Wahlurne *f*
électrice [elɛktris] *f* Wählerin *f*
électricien [elɛktʀisjɛ̃] *m* Elektriker *m*
électricité [elɛktʀisite] *f* Elektrizität *f*
électrique [elɛktʀik] *adj* elektrisch; *circuit ~* Stromkreis *m; courant ~* elektrischer Strom *m; tension ~* elektrische Spannung *f*
électrode [elɛktʀɔd] *f PHYS* Elektrode *f*
électrolyse [elɛktʀɔliz] *f CHEM* Elektrolyse *f*
électroménager [elɛktʀɔmenaʒe] *adj appareil ~* elektrisches Haushaltsgerät *n*
électron [elɛktʀɔ̃] *m PHYS* Elektron *n*
électronique [elɛktʀɔnik] *f 1.* Elektronik *f; adj 2.* elektronisch
électrophone [elɛktʀɔfɔn] *m* Schallplattenspieler *m*
élégamment [elegamɑ̃] *adv* schick
élégance [elegɑ̃s] *f* Eleganz *f*
élégant [elegɑ̃] *adj 1.* elegant; *2. (fig)* geschmackvoll
élément [elemɑ̃] *m 1.* Element *n; 2. (membre)* Glied *n; ~ de structure INFORM* Bauelement *n*
élémentaire [elemɑ̃tɛʀ] *adj* elementar
éléphant [elefɑ̃] *m* Elefant *m; être comme un ~ dans un magasin de porcelaine* sich wie ein Elefant im Porzellanladen benehmen
élevage [elvaʒ] *m* Tierzucht *f; ~ de volaille* Geflügelfarm *f*
élévation [elevasjɔ̃] *f 1. (en montagne)* Erhebung *f; 2. (fig)* Erhöhung *f*
élevé [elve] *adj* hoch; *bien ~* wohlerzogen
élève [elɛv] *m/f* Schüler(in) *m/f; ~ de classe de terminale* Abiturient(in) *m/f*
élever [elve] *v 1.* erheben; *2. (hausser)* erhöhen; *3. (enfant)* aufziehen; *4. (ériger)* errichten; *5. (éloigner)* aufrichten; *6. (animaux)* züchten; *7. s'~ à* betragen, sich belaufen auf; *8. s'~ (se lèver)* sich erheben
éleveur [elvœʀ] *m* Tierzüchter *m*
elfe [ɛlf] *m* Elfe *f*
éligible [eliʒibl] *adj* wählbar
élimination [eliminasjɔ̃] *f 1.* Entfernung *f; ~ des eaux usées* Abwasserbeseitigung *f; 2. ~ de déchets atomiques* Entsorgung von atomaren Abfällen *f*
éliminatoires [eliminatwaʀ] *m/pl SPORT* Ausscheidungskampf *m*
éliminer [elimine] *v 1. SPORT* ausscheiden; *~ qn* jdn ausschließen; *2. (écarter)* beseitigen; *3. (éloigner)* entfernen; *4. (fig)* ausschalten
élire [eliʀ] *v irr POL* wählen
élite [elit] *f* Elite *f*
élitiste [elitist] *adj* elitär
elle [ɛl] *pron* sie; *~s pl* sie
éloge [elɔʒ] *m* Lob *n; faire l'~ de* loben
éloigné [elwaɲe] *adj 1.* entfernt; *2. (fig)* weitläufig
éloignement [elwaɲəmɑ̃] *m* Entfernung *f,* Abstand *m*
éloigner [elwaɲe] *v 1. s'~* sich entfernen; *2. (écarter)* beseitigen
éloquence [elɔkɑ̃s] *f* Beredsamkeit *f*
éloquent [elɔkɑ̃] *adj 1.* redegewandt; *2. (expressif)* viel sagend
élu [ely] *adj* gewählt
élucidation [elysidasjɔ̃] *f* Aufklärung *f*
élucider [elyside] *v 1.* aufhellen; *2. (situation)* klären
Elysée [elize] *m palais de l'~* Elyséepalast *m*
émail [emaj] *m 1.* Email *n; 2. TECH* Glasur *f*
émailler [emaje] *v TECH* glasieren
émanation [emanasjɔ̃] *f* Dunst *m*
émancipation [emɑ̃sipasjɔ̃] *f* Emanzipation *f*
émanciper [emɑ̃sipe] *v 1.* emanzipieren; *2. s'~ de* sich freimachen von
émaner [emane] *v* hervorquellen
emballage [ɑ̃balaʒ] *m 1.* Umhüllung *f; 2. (conditionnement)* Verpackung *f; ~ perdu* Einwegverpackung *f; ~ sous vide* Vakuumverpackung *f; 3. ~s vides pl* Leergut *n*
emballage-cadeau [ɑ̃balaʒkado] *m* Geschenkpackung *f*
emballé [ɑ̃bale] *adj non ~* lose, unverpackt
emballer [ɑ̃bale] *v 1.* einpacken; *2. s'~* sich ereifern; *3. s'~ (cheval)* scheuen
embarcadère [ɑ̃baʀkadɛʀ] *m* Anlegeplatz *m*

embardée [ɑ̃baʀde] *f (d'une voiture)* Ausweichmanöver *n,* Hakenschlagen *n; faire une ~* plötzlich ausweichen
embargo [ɑ̃baʀgo] *m POL* Embargo *n*
embarquement [ɑ̃baʀkəmɑ̃] *m 1.* Verladung *f; 2. (pour le transport)* Verschiffung *f*
embarquer [ɑ̃baʀke] *v 1. (bagages)* einladen; *2. (charger)* laden; *3. (expédier)* verladen; *4. s'~ dans* sich einlassen auf; *5. (bateau)* verschiffen
embarras [ɑ̃baʀa] *m 1.* Verlegenheit *f; mettre dans l'~* in Verlegenheit bringen; *2. (gêne)* Befangenheit *f; 3. (maladresse)* Hilflosigkeit *f*
embarrassant [ɑ̃baʀasɑ̃] *adj 1.* peinlich; *2. (insidieux)* verfänglich
embarrassé [ɑ̃baʀase] *adj 1.* verlegen; *être ~* befangen sein; *2. (maladroit)* hilflos
embarrasser [ɑ̃baʀase] *v 1. (encombrer)* behindern, stören; *Ce parapluie m'embarrasse.* Der Schirm ist mir lästig. *2. (gêner)* lästig sein, peinlich sein; *Ces complications m'embarrassent.* Diese Schwierigkeiten kommen mir ungelegen. *La question l'embarrassait visiblement.* Die Frage war ihm sichtlich peinlich.
embase [ɑ̃baz] *f TECH* Unterteil *n*
embauche [ɑ̃boʃ] *f (d'effectifs)* Einstellung *f*
embaucher [ɑ̃boʃe] *v (effectifs)* einstellen
embaumé [ɑ̃bome] *adj* duftig
embaumer [ɑ̃bome] *v* duften
embellir [ɑ̃beliʀ] *v 1.* ausschmücken; *2. (enjoviler)* verschönern
embellissement [ɑ̃belismɑ̃] *m* Verschönerung *f*
emberlificoter [ɑ̃bɛʀlifikɔte] *v* einwickeln
embêtant [ɑ̃bɛtɑ̃] *adj (fam)* ärgerlich
embêter [ɑ̃bɛte] *v 1. (fam)* behelligen; *Ça m'embête drôlement!* Das passt mir gar nicht! *Ne m'embête pas avec ça!* Komm mir nicht damit! *2. s'~ (fam: s'ennuyer)* sich langweilen
emblée [ɑ̃ble] *adv d'~* gleich
emblème [ɑ̃blɛm] *m* Sinnbild *n*
embonpoint [ɑ̃bɔ̃pwɛ̃] *m* Bauch *m,* Ranzen *m; avoir de l'~* einen Bauch haben; *prendre de l'~* einen Bauch bekommen/einen Bauch ansetzen
embouchure [ɑ̃buʃyʀ] *f 1. (d'un fleuve)* Mündung *f; 2. (ouverture)* Öffnung *f*
embouteillage [ɑ̃butɛjaʒ] *m (circulation)* Stau *m*
embranchement [ɑ̃bʀɑ̃ʃmɑ̃] *m* Abzweigung *f*
embrasement [ɑ̃bʀazmɑ̃] *m ~ des Alpes* Alpenglühen *n*
embrassement [ɑ̃bʀasmɑ̃] *m* Umarmung *f*
embrasser [ɑ̃bʀase] *v 1.* küssen; *2. (étreindre)* umarmen; *3. ~ qc* etw ergreifen; *4. ~ d'un coup d'œil* überblicken
embrayage [ɑ̃brɛjaʒ] *m (d'un voiture)* Kupplung *f*
embrayer [ɑ̃brɛje] *v (voiture)* schalten
embrouillé [ɑ̃bʀuje] *adj* unklar
embrouillement [ɑ̃bʀujmɑ̃] *m* Gewirr *n*
embrouiller [ɑ̃bʀuje] *v 1.* verwirren; *2. s'~* sich verhaspeln; *3. (emmêler)* durcheinander werfen
embryon [ɑ̃bʀijɔ̃] *m 1. BIO* Embryo *m; 2. (fig)* Keim *m*
embûche [ɑ̃byʃ] *f* Falle *f*
embuer [ɑ̃bɥe] *v s'~ (vitre)* anlaufen
embuscade [ɑ̃byskad] *f* Hinterhalt *m,* Falle *f; tomber dans une ~* in einen Hinterhalt geraten; *tendre une ~ à qn* jdn in einen Hinterhalt locken; *se tenir en ~* im Hinterhalt bleiben
éméché [emeʃe] *adj* angeheitert
émeraude [emʀod] *f MIN* Smaragd *m*
émerger [emɛʀʒe] *v 1.* auftauchen, erscheinen; *~ de la brume* aus dem Nebel auftauchen; *2. (fig)* auftauchen, deutlich werden
émerveillé [emɛʀvɛje] *adj* entzückt
émerveillement [emɛʀvɛjmɑ̃] *m 1.* Bewunderung *f; 2. (ravissement)* Entzücken *n*
émerveiller [emɛʀvɛje] *v* verwundern
émetteur [emɛtœʀ] *m* Sender *m*
émettre [emɛtʀ] *v irr 1.* strahlen; *2. (gaz, cri)* ausstoßen; *3. ~ un chèque FIN* einen Scheck ausschreiben
émeute [emøt] *f 1. POL* Aufruhr *m; 2. (mutinerie)* Meuterei *f*
émietter [emjɛte] *v 1. s'~* abbröckeln; *2. s'~ (pain)* krümeln
émigrant [emigʀɑ̃] *m 1.* Auswanderer *m; 2. (politique)* Emigrant *m*
émigration [emigʀasjɔ̃] *f* Auswanderung *f,* Emigration *f*
émigrer [emigʀe] *v* auswandern
émincer [emɛ̃se] *v GAST* in Scheiben schneiden; *~ des oignons* Zwiebeln schneiden
éminent [eminɑ̃] *adj* überragend, ausgezeichnet

émissaire [emisɛʀ] *m* Gesandte(r) *m/f*
émission [emisjɔ̃] *f 1.* Ausstoßen *n; 2. (à la radio, à la TV)* Sendung *f; 3. (de radiations) PHYS* Emission *f*
emmagasinage [ɑ̃magazinaʒ] *m ECO* Lagerung *f*
emmagasiner [ɑ̃magazine] *v* einlagern
emmêler [ɑ̃mɛle] *v 1.* verwickeln; *2. (fig)* verwirren
emménagement [ɑ̃menaʒmɑ̃] *m (dans un logement)* Einzug *m*
emménager [ɑ̃menaʒe] *v (logement)* einziehen
emmener [ɑ̃mne] *v 1.* wegbringen; *2. (personne)* mitnehmen; *3. (criminel)* abführen
emmitoufler [ɑ̃mitufle] *v s'~* sich einmummen
émoi [emwa] *m* Unruhe *f*
émoluments [emɔlymɑ̃] *m/pl* Nebeneinkünfte *pl,* Gebühren *pl*
émotif [emɔtif] *adj 1.* emotional; *2. (susceptible)* leicht erregbar
émotion [emɔsjɔ̃] *f 1.* Aufregung *f; 2. (attendrissant)* Rührung *f; 3. (fig)* Erschütterung *f*
émotivité [emɔtivite] *f* Erregbarkeit *f*
émoussé [emuse] *adj* stumpf
émousser [emuse] *v* abstumpfen
émouvant [emuvɑ̃] *adj 1.* erschütternd; *2. (saisissant)* herzergreifend; *3. (attendrissant)* rührend
émouvoir [emuvwaʀ] *v irr 1. s'~* sich aufregen; *2. (fig)* ergreifen
empaqueter [ɑ̃pakte] *v* einpacken
emparer [ɑ̃paʀe] *v s'~ de MIL* einnehmen
empêché [ɑ̃pɛʃe] *adj* verhindert
empêchement [ɑ̃pɛʃmɑ̃] *m 1.* Behinderung *f; 2. (obstacle)* Hindernis *n*
empêcher [ɑ̃pɛʃe] *v 1.* hindern; *~ de* verhindern; *2. s'~ de* sich enthalten; *3. ~ qn de faire qc* jdm etw verwehren
empêcheur [ɑ̃pɛʃœʀ] *m ~ de danser en rond* Störenfried *m*
empereur [ɑ̃pʀœʀ] *m* Kaiser *m*
empester [ɑ̃pɛste] *v* stinken
empêtrer [ɑ̃pɛtʀe] *v s'~ dans* sich verstricken in
emphase [ɑ̃faz] *f* Pathos *n*
emphatique [ɑ̃fatik] *adj* hochtrabend
empiètement [ɑ̃pjɛtmɑ̃] *m* Übergriff *m*
empiler [ɑ̃pile] *v* stapeln
empire [ɑ̃piʀ] *m 1.* Reich *n; 2. (pouvoir)* Macht *f; pas pour un ~* um keinen Preis der Welt
empirer [ɑ̃piʀe] *v s'~* sich verschlimmern
empiriquement [ɑ̃piʀikmɑ̃] *adv* erfahrungsgemäß
emplacement [ɑ̃plasmɑ̃] *m 1.* Lage *f; 2. (lieu)* Platz *m; 3. (endroit)* Standort *m*
emplir [ɑ̃pliʀ] *v* füllen
emploi [ɑ̃plwa] *m 1.* Verwendung *f; 2. (utilisation)* Gebrauch *m; 3. (maniement)* Handhabung *f; 4. (d'un appareil)* Einsatz *m; 5. (place)* Posten *m; 6. ~ de la violence/~ de la force* Gewaltanwendung *f; ~ abusif* Missbrauch *m; ~ du temps* Stundenplan *m; ~ prévu* Verwendungszweck *m*
employé(e) [ɑ̃plwaje] *m/f* Angestellte(r) *m/f; ~ de maison* Hausangestellter *m; ~ de banque* Bankangestellter *m; ~ des chemins de fer* Bahnbeamter *m; ~ de commerce* Kaufmann *m*
employer [ɑ̃plwaje] *v 1.* benutzen; *2. ~ qn (engager)* jdn beschäftigen; *3. (installer)* einsetzen; *4. s'~ à* sich beschäftigen mit
employeur [ɑ̃plwajœʀ] *m* Arbeitgeber *m*
empocher [ɑ̃pɔʃe] *v (fam)* einstecken, kassieren; *Il a empoché le gros lot.* Er hat das große Los gezogen.
empoigner [ɑ̃pwaɲe] *v* packen, fassen
empoisonnement [ɑ̃pwazɔnmɑ̃] *m* Vergiftung *f; ~ du sang* Blutvergiftung *f; ~ par les champignons* Pilzvergiftung *f*
empoisonner [ɑ̃pwazɔne] *v* vergiften
emporté [ɑ̃pɔʀte] *adj* ungestüm
emportement [ɑ̃pɔʀtmɑ̃] *m 1.* Hitze *f; 2. (irascibilité)* Jähzorn *m*
emporter [ɑ̃pɔʀte] *v 1. (chose)* mitnehmen; *2. (enlever)* wegbringen; *3. s'~* ereifern; *4. l'~ sur* siegen über; *l'~ sur qn* die Oberhand gewinnen über jdn
empoté [ɑ̃pɔte] *m (fam: imbécile)* Flasche *f,* Waschlappen *m*
empreindre [ɑ̃pʀɛ̃dʀ] *v irr (fig)* prägen
empreinte [ɑ̃pʀɛ̃t] *f 1.* Abdruck *m; 2. (trace)* Spur *f; 3. (fig)* Prägung *f; 4. ~ digitale* Fingerabdruck *m*
empressé [ɑ̃pʀɛse] *adj 1.* geschäftig; *2. (dévoué)* dienstbeflissen
empressement [ɑ̃pʀɛsmɑ̃] *m 1.* Bemühung *f; 2. (obligeance)* Bereitwilligkeit *f*
empresser [ɑ̃pʀɛse] *v s'~ de* sich beeilen
emprisonnement [ɑ̃pʀizɔnmɑ̃] *m 1. JUR* Haft *f; ~ à vie* lebenslängliche Haft *f; 2. MIL* Gefangenschaft *f*
emprisonner [ɑ̃pʀizɔne] *v 1.* einsperren; *2. (faire prisonnier)* gefangen nehmen

emprunt [ɑ̃pʀœ̃] *m ECO* Anleihe *f*
emprunter [ɑ̃pʀœ̃te] *v* borgen; *~ à* entnehmen
ému [emy] *adj 1.* aufgeregt; *2. (fig)* gerührt
en [ɑ̃] *prep 1. (local)* in, nach, an; *~ vouloir à qn* jdm gegenüber nachtragend sein; *2. (complément circonstanciel)* bei; *une montre ~ or* eine goldene Uhr *f; mettre ~ doute* in Zweifel ziehen; *J'~ viens.* Ich komme von dort. *3. ~ sus de* zuzüglich; *adv 4. (local)* davon; *5. ~ tant que* als
encadrement [ɑ̃kadʀəmɑ̃] *m* Einfassung *f,* Umrahmung *f*
encadrer [ɑ̃kadʀe] *v* einfassen
encaisse [ɑ̃kɛs] *f* Kassenbestand *m*
encaissé [ɑ̃kɛse] *adj 1.* eingeengt; *2. (encerclé)* kesselförmig
encaissement [ɑ̃kɛsmɑ̃] *m FIN* Inkasso *n*
encaisser [ɑ̃kɛse] *v 1.* einkassieren; *~ un chèque* einen Scheck einlösen; *2. (percevoir)* einnehmen; *3. (traite) ECO* einziehen
encastrement [ɑ̃kastʀəmɑ̃] *m* Einbau *m*
encastrer [ɑ̃kastʀe] *v* einbauen
encaustique [ɑ̃kostik] *f* Bohnerwachs *n,* Politur *f*
encaustiquer [ɑ̃kostike] *v 1.* wachsen, polieren; *2. (cirer)* bohnern
enceinte[1] [ɑ̃sɛ̃t] *adj* schwanger
enceinte[2] [ɑ̃sɛ̃t] *f 1. (enclos)* Gehege *n; 2. (remparts)* Stadtmauer *f*
encens [ɑ̃sɑ̃] *m REL* Weihrauch *m*
encerclement [ɑ̃sɛʀkləmɑ̃] *m (clôture)* Umfassung *f*
encercler [ɑ̃sɛʀkle] *v* einkreisen, umkreisen
enchaînement [ɑ̃ʃɛnmɑ̃] *m* Verkettung *f*
enchaîner [ɑ̃ʃɛne] *v 1.* verketten; *2. (fig: des pensées)* aneinander reihen; *3. s'~* ineinander greifen
enchanté [ɑ̃ʃɑ̃te] *adj 1.* entzückt; *2. (réjoui)* erfreut; *~ de faire votre connaissance* sehr erfreut, Sie kennen zu lernen
enchantement [ɑ̃ʃɑ̃tmɑ̃] *m (magie)* Zauber *m*
enchanter [ɑ̃ʃɑ̃te] *v 1.* bezaubern; *2. (réjouir)* erfreuen
enchanteur [ɑ̃ʃɑ̃tœʀ] *m* Zauberer *m*
enchères [ɑ̃ʃɛʀ] *f/pl* Versteigerung *f; vendre aux ~* versteigern; *acheter aux ~* ersteigern
enclin [ɑ̃klɛ̃] *adj être ~ à* neigen zu, geneigt sein zu; *peu ~ à* abgeneigt von
enclore [ɑ̃klɔʀ] *v irr* umzäunen
enclos [ɑ̃klo] *m* Umzäunung *f*
enclume [ɑ̃klym] *f TECH* Amboss *m*
encoche [ɑ̃kɔʃ] *f 1.* Schnitt *m; 2. (entaille)* Kerbe *f*
encoller [ɑ̃kɔle] *v* leimen
encombrant [ɑ̃kɔ̃bʀɑ̃] *adj* sperrig
encombré [ɑ̃kɔ̃bʀe] *adj* verstopft
encombrement [ɑ̃kɔ̃bʀəmɑ̃] *m 1.* Stauung *f; 2. (embouteillage)* Straßengewirr *n; 3. (surcharge)* Überfüllung *f*
encontre [ɑ̃kɔ̃tʀ] *prep à l'~ de* zuwider
encorder [ɑ̃kɔʀde] *v* anseilen
encore [ɑ̃kɔʀ] *adv 1.* noch; *~ une fois* nochmals; *2. (à nouveau)* wieder; *konj 3. ~ que* obgleich
encouragement [ɑ̃kuʀaʒmɑ̃] *m 1. (fig)* Anfeuerung *f; 2. (soutien)* Förderung *f*
encourager [ɑ̃kuʀaʒe] *v* aufmuntern
encrassé [ɑ̃kʀase] *adj* verstopft
encrassement [ɑ̃kʀasmɑ̃] *m* Verstopfung *f*
encrasser [ɑ̃kʀase] *v* verschmutzen
encre [ɑ̃kʀ] *f* Tinte *f; Cette affaire a fait couler beaucoup d'~.* Die Zeitungen waren voll davon. *~ de Chine* Tusche *f*
encyclopédie [ɑ̃siklɔpedi] *f* Lexikon *n*
endettement [ɑ̃dɛtmɑ̃] *m ECO* Verschuldung *f*
endetter [ɑ̃dɛte] *v ECO* verschulden
endiguer [ɑ̃dige] *v* dämmen, eindämmen
endive [ɑ̃div] *f BOT* Schikoree *m*
endommagement [ɑ̃dɔmaʒmɑ̃] *m* Beschädigung *f*
endommager [ɑ̃dɔmaʒe] *v* beschädigen
endormi [ɑ̃dɔʀmi] *adj* schläfrig
endormir [ɑ̃dɔʀmiʀ] *v irr 1. s'~* einschlafen; *Ce n'est pas le moment de s'~!* Das ist nicht der richtige Augenblick, um zu schlafen! *2. MED* betäuben, einschläfern
endroit [ɑ̃dʀwa] *m 1. (lieu)* Ort *m; en quel ~* wo; *~ touristique* Ausflugsort *m; 2. (place)* Fleck *m*
enduire [ɑ̃dɥiʀ] *v irr 1.* bestreichen, schmieren; *2. ~ de crépi (mur)* verputzen
enduit [ɑ̃dɥi] *m 1.* Belag *m; 2. (crépi)* Putz *m,* Verputz *m*
endurance [ɑ̃dyʀɑ̃s] *f 1.* Ausdauer *f; 2. (endurcissement)* Belastbarkeit *f; 3. (résistance)* Widerstandsfähigkeit *f*
endurant [ɑ̃dyʀɑ̃] *adj* ausdauernd
endurcir [ɑ̃dyʀsiʀ] *v* abhärten
endurer [ɑ̃dyʀe] *v* ertragen, leiden
énergie [enɛʀʒi] *f 1.* Energie *f; ~ nucléaire PHYS* Kernenergie *f; ~ solaire* Sonnen-

energie *f; 2. (force)* Kraft *f; 3. (fig)* Schwung *m,* Elan *m*
énergique [enɛʀʒik] *adj 1.* energisch; *2. (résolu)* tatkräftig; *3. (insistant)* nachdrücklich
énervant [enɛʀvɑ̃] *adj* aufregend
énervé [enɛʀve] *adj 1.* aufgeregt; *2. (irrité)* verärgert
énervement [enɛʀvmɑ̃] *m* Nervosität *f*
énerver [enɛʀve] *v 1.* reizen; *2. s'~* sich aufregen, sich erregen; *3. ~ qn* jdn aufregen
enfance [ɑ̃fɑ̃s] *f* Kindheit *f; ami d'~* Kinderfreund *m*
enfant [ɑ̃fɑ̃] *m* Kind *n; Ne fais pas l'~!* Sei nicht kindisch! *avoir l'air bon ~* gutmütig aussehen; *~ adoptif* Adoptivkind *n; ~ gâté* verwöhntes Kind *n; ~ en nourrice* Pflegekind *n; ~ prodige* Wunderkind *n*
enfanter [ɑ̃fɑ̃te] *v* gebären
enfantin [ɑ̃fɑ̃tɛ̃] *adj 1.* kindisch; *2. (d'enfant)* kindlich
enfer [ɑ̃fɛʀ] *m* Hölle *f*
enfermer [ɑ̃fɛʀme] *v* einschließen
enfilade [ɑ̃filad] *f* Reihe *f,* Menschenkette *f*
enfiler [ɑ̃file] *v 1.* überziehen; *2. ~ une aiguille* einfädeln
enfin [ɑ̃fɛ̃] *adv 1.* endlich, schließlich; *2. (en fin de compte)* zuletzt
enflammer [ɑ̃flame] *v* anzünden; *s'~* sich entzünden
enflé [ɑ̃fle] *adj* geschwollen
enfler [ɑ̃fle] *v 1.* anschwellen; *2. (gonfler)* aufbauschen
enflure [ɑ̃flyʀ] *f MED* Beule *f,* Schwellung *f*
enfoncer [ɑ̃fɔ̃se] *v 1.* einschlagen; *2. s'~* versinken
enfouir [ɑ̃fwiʀ] *v* vergraben
enfreindre [ɑ̃fʀɛ̃dʀ] *v irr* übertreten, verstoßen
enfuir [ɑ̃fɥiʀ] *v irr 1. s'~* entfliehen; *2. s'~ (s'évader)* entkommen; *3. s'~ (prendre la fuite)* flüchten; *4. s'~ (temps)* verfliegen
engagé [ɑ̃gaʒe] *adj 1.* engagiert; *2. (employé)* angestellt
engageant [ɑ̃gaʒɑ̃] *adj* verführerisch
engagement [ɑ̃gaʒmɑ̃] *m 1.* Verpflichtung *f; prendre un ~* eine Verpflichtung eingehen; *2. (embauche)* Einstellung *f; 3. (promesse)* Versprechen *n; 4. (implication)* Engagement *n; 5. (accord)* Zusage *f*
engager [ɑ̃gaʒe] *v 1.* einstellen; *2. (obliger)* verpflichten; *Cela n'engage à rien.* Das verpflichtet zu nichts. *s'~ dans* sich einlassen auf; *~ qn* jdn engagieren; *3. ~ qn dans qc (fig)* jdn in etw verwickeln; *~ son argent (fig)* sein Geld hineinstecken
engendrer [ɑ̃ʒɑ̃dʀe] *v (produire)* hervorbringen
engin [ɑ̃ʒɛ̃] *m* Gerät *n; ~ explosif* Sprengkörper *m*
engloutir [ɑ̃glutiʀ] *v* hinunterschlucken
engourdi [ɑ̃guʀdi] *adj (doigts)* klamm
engourdir [ɑ̃guʀdiʀ] *v (fig)* abstumpfen
engrais [ɑ̃gʀɛ] *m AGR* Dünger *m; mettre de l'~* düngen
engraisser [ɑ̃gʀese] *v* mästen
engrenage [ɑ̃gʀənaʒ] *m 1. TECH* Getriebe *n; 2. ~s pl* Triebwerk *n*
engrener [ɑ̃gʀəne] *v s'~ (fig)* ineinander greifen
engueulade [ɑ̃gœlad] *f (fam)* Anpfiff *m*
engueuler [ɑ̃gœle] *v 1. (fam: crier)* anbrüllen; *~ qn* jdn anschreien; *2. (fam: enguirlander)* beschimpfen
enguirlander [ɑ̃giʀlɑ̃de] *v* anbrüllen
énigmatique [enigmatik] *adj* rätselhaft
énigme [enigm] *f* Rätsel *n; se trouver devant une ~* vor einem Rätsel stehen; *le mot de l'~* des Rätsels Lösung *f*
enivrement [ɑ̃nivʀəmɑ̃] *m 1.* Rausch *m; 2. (ivresse)* Trunkenheit *f*
enivrer [ɑ̃nivʀe] *v s'~* sich betrinken; *s'être enivré* betrunken sein
enjambée [ɑ̃ʒɑ̃be] *f* Schritt *m*
enjamber [ɑ̃ʒɑ̃be] *v* überschreiten, überspringen; *~ un ruisseau* über einen Bach springen; *~ une marche d'escalier* eine Stufe überspringen; *Le viaduc enjambe la vallée.* Das Viadukt überspannt das Tal.
enjeu [ɑ̃ʒø] *m* Einsatz *m*
enjôler [ɑ̃ʒole] *v* umgarnen
enjoliver [ɑ̃ʒɔlive] *v* verzieren
enjoliveur [ɑ̃ʒɔlivœʀ] *m (de voiture)* Radkappe *f*
enjolivure [ɑ̃ʒɔlivyʀ] *f* Verschönerung *f*
enjoué [ɑ̃ʒwe] *adj* lustig
enjouement [ɑ̃ʒumɑ̃] *m* Heiterkeit *f*
enlacer [ɑ̃lase] *v* umarmen
enlaidir [ɑ̃lɛdiʀ] *v* verunstalten
enlèvement [ɑ̃lɛvmɑ̃] *m* Entführung *f; ~ des ordures ménagères* Abfallbeseitigung *f*
enlever [ɑ̃lve] *v 1.* abziehen; *2. (vêtements)* ausziehen; *3. (personne)* entführen; *4. JUR* wegnehmen; *5. (dégâts)* beheben; *6. (écarter)* beseitigen; *~ le voile (monument)* enthüllen; *7. (débarrasser)* räumen
enliser [ɑ̃lize] *v s'~* versinken

ennemi [ɛnmi] *m 1.* Feind *m; C'est son pire ~.* Das ist sein ärgster Feind. *~ juré* Todfeind *m; adj 2.* feindlich, gegnerisch
ennui [ɑ̃nɥi] *m 1.* Langeweile *f; mourir d'~* vor Langeweile umkommen; *2. (lassitude)* Verdruss *m; 3. ~s pl* Unannehmlichkeit *f; avoir des ~s d'argent* in Geldschwierigkeiten sein
ennuyé [ɑ̃nɥije] *adj* gelangweilt
ennuyer [ɑ̃nɥije] *v 1. s'~* sich langweilen; *2. s'~ de* sich sehnen nach
ennuyeux [ɑ̃nɥijø] *adj 1.* langweilig; *2. (contrariant)* verdrießlich; *3. (fig)* öde
énoncé [enɔ̃se] *m* Ausdruck *m,* Text *m; l'~ d'un problème* die Darlegung eines Problems *f,* die Aufgabenstellung *f; l'~ des faits* der Sachverhalt *m*
énoncer [enɔ̃se] *v* vorbringen
énorme [enɔʀm] *adj 1.* unermesslich; *2. (immense)* riesengroß; *3. (géant)* riesig; *4. (imposant)* gewaltig
enquête [ɑ̃kɛt] *f 1.* Umfrage *f; 2. (recherches)* Erhebung *f; 3. JUR* Ermittlung *f*
enquêter [ɑ̃kɛte] *v 1.* nachgehen; *2. JUR* untersuchen, ermitteln
enraciner [ɑ̃ʀasine] *v s'~* wurzeln
enragé [ɑ̃ʀaʒe] *adj* rasend
enregistré [ɑ̃ʀəʒistʀe] *adj* eingetragen, registriert
enregistrement [ɑ̃ʀəʒistʀəmɑ̃] *m 1.* Eintrag *m; 2. (inscription)* Einschreibung *f; 3. (prise de notes)* Aufzeichnung *f; 4. ~ des bagages* Gepäckannahme *f*
enregistrer [ɑ̃ʀəʒistʀe] *v 1.* verzeichnen; *2. (douane)* abfertigen; *3. (bande magnétique)* aufzeichnen; *4. (passager d'un vol)* einchecken; *5. (noter)* registrieren; *6. (inscrire)* eintragen
enrhumer [ɑ̃ʀyme] *v s'~* sich erkälten
enrichi [ɑ̃ʀiʃi] *adj (uranium)* angereichert
enrichir [ɑ̃ʀiʃiʀ] *v 1.* reich machen; *2. (minéral)* anreichern
enrichissement [ɑ̃ʀiʃismɑ̃] *m (d'uranium)* Anreicherung *f*
enrôler [ɑ̃ʀole] *v* anwerben; *s'~* Soldat werden
enroué [ɑ̃ʀwe] *adj* heiser
enrouement [ɑ̃ʀumɑ̃] *m MED* Heiserkeit *f*
enrouler [ɑ̃ʀule] *v* wickeln
ensanglanté [ɑ̃sɑ̃glɑ̃te] *adj* blutig
enseignant(e) [ɑ̃sɛɲɑ̃(t)] *m/f (à l'école primaire)* Lehrer(in) *m/f*
enseigne [ɑ̃sɛɲ] *f* Schild *n; ~ d'imprimeur* Impressum *n*
enseignement [ɑ̃sɛɲmɑ̃] *m 1.* Unterricht *m; ~ supérieur* Hochschulwesen *n; 2. (doctrine)* Lehre *f*
enseigner [ɑ̃sɛɲe] *v* lehren
ensemble [ɑ̃sɑ̃bl] *m 1.* Ganzes *n; 2. (totalité)* Gesamtheit *f; 3. (de vêtements)* Kombination *f; 4. ARCH* Komplex *m; adv 5.* miteinander
ensemencer [ɑ̃səmɑ̃se] *v* aussäen
enserré [ɑ̃sɛʀe] *adj* eng
ensevelir [ɑ̃səvliʀ] *v* vergraben
ensoleillé [ɑ̃sɔlɛje] *adj* sonnig
ensommeillé [ɑ̃sɔmɛje] *adj* schläfrig
ensorceler [ɑ̃sɔʀsəle] *v* verzaubern
ensuite [ɑ̃sɥit] *adv 1.* dann; *2. (temporel)* darauf, anschließend
ensuivre [ɑ̃sɥivʀ] *v irr s'~* erfolgen
entaille [ɑ̃taj] *f 1.* Schnitt *m,* Einschnitt *m; faire une ~ dans* anschneiden; *2. (encoche)* Kerbe *f; 3. MED* Schnittwunde *f*
entamer [ɑ̃tame] *v 1.* anbrechen; *2. (fig: affaire)* einfädeln; *3. (commencer)* einleiten
entassement [ɑ̃tasmɑ̃] *m* Anhäufung *f,* Häufung *f*
entasser [ɑ̃tase] *v* anhäufen
entendement [ɑ̃tɑ̃dmɑ̃] *m* Verstand *m*
entendre [ɑ̃tɑ̃dʀ] *v irr 1.* hören; *se faire ~* sich Gehör verschaffen; *On ne s'entend pas parler.* Man hört sein eigenes Wort nicht. *J'en ai entendu parler.* Ich habe davon gehört. *Qu'entendez-vous par là?* Was verstehen Sie darunter?/Was meinen Sie damit? *2. s'~ avec qn* sich mit jdm verständigen; *3. s'~ avec qn (s'accorder)* mit jdm auskommen, sich mit jdm verstehen; *4. bien s'~* sich gut vertragen; *5. JUR* vernehmen; *6. s'~ (se mettre d'accord)* sich einigen
entendu [ɑ̃tɑ̃dy] *adj 1.* einverstanden; *C'est ~!* Abgemacht! *2. (compréhensif)* verständnisvoll
entente [ɑ̃tɑ̃t] *f 1.* Verständigung *f; ~ des peuples* Völkerverständigung *f; 2. (accord)* Einvernehmen *n*
enterrement [ɑ̃tɛʀmɑ̃] *m* Beerdigung *f*
enterrer [ɑ̃tɛʀe] *v 1.* begraben; *2. (mort)* bestatten; *3. (chose)* vergraben
entêtant [ɑ̃tɛtɑ̃] *adj* berauschend, zu Kopf steigend; *un parfum ~* ein berauschendes Parfum *n; un air de musique ~* ein bezauberndes Musikstück *n*
en-tête [ɑ̃tɛt] *m (de lettre)* Briefkopf *m*
entêté [ɑ̃tɛte] *m 1.* Dickkopf *m; adj 2. (récalcitrant)* eigensinnig; *3. (obstiné)* störrisch; *4. (boudeur)* trotzig

entêtement [ãtɛtmã] *m 1.* Eigensinn *m; 2. (tenacité)* Hartnäckigkeit *f; 3. (obstination)* Starrsinn *m*
entêter [ãtete] *v s'~* bestehen auf, beharren auf; *s'~ à faire qc* etw unbedingt tun wollen; *s'~ dans qc* sich auf etw versteifen; *Il s'entête dans son refus.* Er beharrt auf seiner Weigerung.
enthousiasme [ãtuzjasm] *m* Begeisterung *f*
enthousiasmer [ãtuzjasme] *v 1. ~ qn* jdn begeistern; *2. s'~ pour* schwärmen von
enthousiaste [ãtuzjast] *adj 1.* lebhaft; *2. (exalté)* schwärmerisch
entier [ãtje] *adj 1.* ganz; *2. (intact)* heil
entièrement [ãtjɛʀmã] *adv* ganz und gar
entonnoir [ãtɔnwaʀ] *m* Trichter *m*
entorse [ãtɔʀs] *f MED* Verstauchung *f*
entortiller [ãtɔʀtije] *v* einwickeln; *s'~ autour de* sich schlingen um
entourage [ãtuʀaʒ] *m* Umgebung *f*
entourer [ãtuʀe] *v 1.* umkreisen; *2. ~ de* umgeben mit
entracte [ãtʀakt] *m 1.* Zwischenakt *m; 2. THEAT* Pause *f*
entrailles [ãtʀɑj] *f/pl* Eingeweide *pl*
entrain [ãtʀɛ̃] *m* Fröhlichkeit *f; avec ~* schwungvoll; *plein d'~* temperamentvoll
entraînant [ãtʀɛnã] *adj* hinreißend
entraînement [ãtʀɛnmã] *m 1.* Begeisterung *f; 2. (exercice)* Übung *f; 3. SPORT* Training *n; 4. TECH* Antrieb *m*
entraîner [ãtʀɛne] *v 1.* üben; *Cela nous ~ait trop loin.* Das würde zu weit führen. *2. (dresser)* drillen; *3. s'~* trainieren
entraîneur [ãtʀɛnœʀ] *m* Trainer *m*
entraver [ãtʀave] *v 1.* hindern; *2. (empêcher)* unterbinden
entre [ãtʀ] *prep* zwischen
entrebâiller [ãtʀəbɑje] *v (porte)* anlehnen
entrecôte [ãtʀəkot] *f ~ de bœuf GAST* Entrecote *n*
entrecroiser [ãtʀəkʀwaze] *v* verschränken
entrée [ãtʀe] *f 1.* Eingang *m,* Einfahrt *f; ~ principale* Haupteingang *m; 2. (accès)* Zugang *m,* Zutritt *m; 3. (à un parti, à un club)* Beitritt *m; 4. (vestibule)* Diele *f; 5. (dans un pays)* Einreise *f; 6. (dans un autobus)* Einstieg *m; 7. faire son ~* seinen Einzug halten; *8. ~ en fonctions* Amtsantritt *m; 9. ~ en vigueur* In-Kraft-Treten *n; 10. GAST* Vorspeise *f; 11. (de marchandises) ECO* Zugang *m*
entrelacement [ãtʀəlasmã] *m* Verflechtung *f*
entrelacer [ãtʀəlase] *v* einflechten
entremêler [ãtʀəmɛle] *v* einflechten; *~ de* untermengen
entremets [ãtʀəmɛ] *m ~ sucré GAST* Süßspeise *f*
entremetteur [ãtʀəmɛtœʀ] *m* Unterhändler *m*
entremise [ãtʀəmiz] *f (médiation)* Vermittlung *f*
entreposer [ãtʀəpoze] *v* einlagern
entrepôt [ãtʀəpo] *m 1.* Depot *n; 2. (réserve)* Speicher *m*
entreprenant [ãtʀəpʀənã] *adj* unternehmungslustig
entreprendre [ãtʀəpʀãdʀ] *v irr 1.* unternehmen; *2. (faire)* vornehmen
entrepreneur [ãtʀəpʀənœʀ] *m* Unternehmer *m*
entreprise [ãtʀəpʀiz] *f 1.* Unternehmung *f; 2. (firme)* Unternehmen *n; à l'intérieur de l'~* innerbetrieblich; *~ de construction* Bauunternehmen *n; ~ industrielle* Industrieunternehmen *n; ~ artisanale* Handwerksbetrieb *m; 3. (société) ECO* Gesellschaft *f; 4. (fig)* Schritt *m; ~ risquée* Wagnis *n*
entrer [ãtʀe] *v 1.* eintreten; *faire ~* einlassen, hereinlassen; *~ en collision avec* zusammenstoßen mit; *2. (pénétrer)* hereinkommen; *3. ~ à (parti politique)* beitreten; *4. ~ dans* betreten; *5. (dans un pays)* einreisen; *6. (données) INFORM* eingeben; *7. ~ en scène THEAT* auftreten
entre-temps [ãtʀətã] *adv* zwischendurch
entretenir [ãtʀətəniʀ] *v irr 1.* pflegen; *2. (discuter)* unterhalten; *s'~ avec qn* sich mit jdm unterhalten; *3. (machine)* warten
entretien [ãtʀətjɛ̃] *m 1.* Pflege *f; 2. (conversation)* Unterhaltung *f; 3. (conférence)* Unterredung *f; 4. premier ~* Vorstellungsgespräch *n; 5. (maintenance)* Erhaltung *f; 6. TECH* Wartung *f*
entrevue [ãtʀəvy] *f* Interview *n,* Gespräch *n; solliciter une ~* um ein Interview bitten; *avoir une longue ~ avec qn* ein langes Gespräch mit jdm führen
entrez [ãtʀe] *interj* herein
entrouvrir [ãtʀuvʀiʀ] *v irr (porte)* anlehnen
énumérer [enymeʀe] *v* aufzählen
envahir [ãvaiʀ] *v 1.* überfallen; *envahi par (foule)* überlaufen; *2. (pulluler)* überwuchern; *3. MIL* einfallen

enveloppe [ɑ̃vlɔp] *f 1.* Schutzhülle *f;* Umschlag *m,* Briefumschlag *m,* Kuvert *n; ~ à fenêtre* Fensterbriefumschlag *m; 2. (capsule)* Kapsel *f; 3. (voile)* Umhüllung *f*
enveloppement [ɑ̃vlɔpmɑ̃] *m MED* Packung *f*
envelopper [ɑ̃vlɔpe] *v 1.* bedecken; *2. (enrouler)* einwickeln; *~ de* umwickeln; *3. (couvrir)* verdecken
envenimé [ɑ̃vənime] *adj (fig)* giftig
envergure [ɑ̃vɛʀgyʀ] *f 1.* Spannweite *f; 2. (fig)* Format *n*
envers [ɑ̃vɛʀ] *prep 1.* gegen; *m 2.* Kehrseite *f; à l'~* links
enviable [ɑ̃vjabl] *adj* beneidenswert
envie [ɑ̃vi] *f 1.* Neid *m; 2. (désir)* Lust *f; Je n'en ai pas ~.* Ich habe keine Lust dazu./Ich habe kein Verlangen danach. *avoir ~ de* Lust haben auf/mögen; *3. ~ de vomir* Brechreiz *m,* Übelkeit *f*
envier [ɑ̃vje] *v 1.* beneiden; *2. ~ qc à qn* jdm etw missgönnen
envieux [ɑ̃vjø] *adj* neidisch, missgünstig
environ [ɑ̃viʀɔ̃] *adv 1.* rund, etwa, circa; *m 2. ~s pl* Umgebung *f; 3. ~s pl (région)* Gegend *f*
environnement [ɑ̃viʀɔnmɑ̃] *m* Umwelt *f; nuisible pour l'~* umweltfeindlich
envisager [ɑ̃vizaʒe] *v* planen
envoi [ɑ̃vwa] *m 1.* Versand *m; 2. (livraison)* Lieferung *f; 3. (courrier)* Sendung *f*
envoler [ɑ̃vɔle] *v 1. s'~* wegfliegen, davonfliegen; *2. s'~ (fig: disparaître)* verschwinden, davonfliegen; *Son argent s'est envolé. (fam)* Sein Geld ist dahingeschwunden.
envoûter [ɑ̃vute] *v* bezirzen
envoyé(e) [ɑ̃vwaje] *m/f POL* Abgesandte(r) *m/f,* Gesandte(r) *m/f*
envoyer [ɑ̃vwaje] *v irr 1.* schicken; *~ un télégramme* telegrafieren; *2. ~ au diable* verfluchen; *3. ~ par le fond (bateau)* versenken; *4. ~ par fax* faxen
enzyme [ɑ̃zim] *m BIO* Enzym *n*
épais [epɛ] *adj 1.* dick; *2. peu ~* dünn; *3. (chose)* tief
épaisseur [epɛsœʀ] *f 1.* Dicke *f,* Stärke *f; l'~ d'un mur* die Stärke einer Mauer *f; une planche de 2 cm d'~* ein 2 cm dickes Brett *n; 2. (densité)* Dichte *f,* Dicke *f; l'~ du brouillard* die Dichte des Nebels *f; l'~ des ténèbres* die Tiefe der Nacht *f,* die Dunkelheit *f*
épanchement [epɑ̃ʃmɑ̃] *m MED* Ausfluss *m*
épanouir [epanwiʀ] *v 1. s'~* sich öffnen; *2. s'~ (revivre)* aufleben; *3. s'~ (fig)* aufleuchten
épanouissement [epanwismɑ̃] *m* Aufblühen *n,* Entfaltung *f*
épargnant(e) [epaʀɲɑ̃(t)] *m/f* Sparer(in) *m/f*
épargne [epaʀɲ] *f 1.* Sparsamkeit *f; 2. mesure d'~* Sparmaßnahme *f*
épargner [epaʀɲe] *v 1.* sparen; *s'~ des ennuis* sich Ärger ersparen; *2. (ménager)* verschonen
éparpillement [epaʀpijmɑ̃] *m* Streuung *f*
éparpiller [epaʀpije] *v 1.* streuen; *2. (disperser)* zerstreuen
épars [epaʀ] *adj* zerstreut
épatant [epatɑ̃] *adj (fam)* fabelhaft
épater [epate] *v (fam)* verblüffen
épaule [epol] *f 1. ANAT* Schulter *f; Il a la tête sur les ~s.* Ihn kann so leicht nichts erschüttern. *2. haussement d'~s* Achselzucken *n*
épaulette [epolɛt] *f* Schulterpolster *n*
épave [epav] *f NAUT* Wrack *n*
épée [epe] *f 1.* Klinge *f; C'est un coup d'~ dans l'eau.* Das ist ein Schlag ins Wasser. *2. (sabre)* Degen *m,* Schwert *n*
épeler [eple] *v* buchstabieren
épervier [epɛʀvje] *m (oiseau) ZOOL* Sperber *m*
éphémère [efemɛʀ] *adj* vorübergehend
épi [epi] *m 1. BOT* Ähre *f; 2. ~ de maïs BOT* Maiskolben *m*
épice [epis] *f* Würze *f*
épicé [epise] *adj* würzig
épicéa [episea] *m BOT* Fichte *f*
épicentre [episɑ̃tʀ] *m* Epizentrum *n*
épicer [epise] *v* würzen
épicerie [episʀi] *f* Lebensmittelgeschäft *n*
épicier [episje] *m* Lebensmittelhändler *m*
épicurien [epikyʀjɛ̃] *adj* vergnügungssüchtig
épicurisme [epikyʀism] *m* Vergnügungssucht *f*
épidémie [epidemi] *f MED* Epidemie *f*
épier [epje] *v* auflauern; *~ qn* jdm nachspionieren
épilepsie [epilɛpsi] *f MED* Epilepsie *f*
épiler [epile] *v* enthaaren
épilogue [epilɔg] *m* Nachspiel *n*
épinard [epinaʀ] *m BOT* Spinat *m*
épine [epin] *f 1. BOT* Dorn *m; 2. (pointe)* Stachel *m*
épineux [epinø] *adj 1.* dornig; *2. (fig)* heikel

épingle [epɛ̃gl] *f* Nadel *f; tirer son ~ du jeu* sich geschickt aus der Affäre ziehen; *~ à cravate* Anstecknadel *f; ~ à cheveux* Haarspange *f; ~ à nourrice* Sicherheitsnadel *f*
épingler [epɛ̃gle] *v* heften
épiscopal [episkɔpal] *adj REL* bischöflich
épisode [epizɔd] *m* Episode *f*
éplucher [eplyʃe] *v* schälen
épluchure [eplyʃyʀ] *f* Schale *f*
éponge [epɔ̃ʒ] *f* Schwamm *m; Passons l'~!* Schwamm drüber! *jeter l'~ (fig)* das Handtuch werfen
époque [epɔk] *f 1.* Zeitabschnitt *m; 2. ~ classique* Klassik *f; 3. ~ de l'Avent* Adventszeit *f; 4. ~ glaciaire GEOL* Eiszeit *f*
épouse [epuz] *f* Gattin *f*
épouser [epuze] *v ~ qn* jdn heiraten
épousseter [epuste] *v* abstauben
époustouflant [epustuflɑ̃] *adj* verblüffend
épouvantable [epuvɑ̃tabl] *adj* fürchterlich
épouvantail [epuvɑ̃taj] *m* Vogelscheuche *f*
épouvante [epuvɑ̃t] *f* Entsetzen *n*
épouvanter [epuvɑ̃te] *v* erschrecken
époux [epu] *m 1.* Ehemann *m; m/pl 2. nouveaux ~* Brautpaar *n; 3. (couple)* Ehepaar *n*
éprendre [epʀɑ̃dʀ] *v irr s'~ de qn* sich in jdn verlieben; *être épris* verliebt sein
épreuve [epʀœv] *f 1.* Probe *f,* Prüfung *f; ~ de force* Machtprobe *f; ~ de maître* Meisterprüfung *f; 2. (affliction)* Heimsuchung *f; 3. (imprimerie)* Korrektur *f,* Druck *m; à l'~ des balles* kugelsicher; *à toute ~* zuverlässig
éprouvé [epʀuve] *adj* bewährt, zuverlässig
éprouver [epʀuve] *v 1.* probieren; *2. (fig)* empfinden; *~ de la gêne* sich genieren; *3. (fig: fatiguer)* mitnehmen
éprouvette [epʀuvɛt] *f 1.* Messbecher *m; 2. CHEM* Reagenzglas *n*
épuisé [epɥize] *adj 1. (fam)* erschöpft; *2. (fam: crevé)* fertig; *3. (livre)* vergriffen
épuisement [epɥizmɑ̃] *m 1.* Erschöpfung *f; 2. MIN* Abbau *m*
épuiser [epɥize] *v 1. s'~* ausgehen; *Ma patience commence à s'~.* Meine Geduld geht allmählich zu Ende. *2. (vider)* ausschöpfen; *3. (fig)* mitnehmen
épuration [epyʀasjɔ̃] *f 1.* Klärung *f,* Reinigung *f; 2. (fig)* Säuberung *f*
épurer [epyʀe] *v* klären, reinigen
équarri [ekɑʀi] *adj* kantig
équarrir [ekɑʀiʀ] *v* behauen, schlichten
équateur [ekwatœʀ] *m GEO* Äquator *m*
équation [ekwasjɔ̃] *f MATH* Gleichung *f*
équerre [ekɛʀ] *f* Zeichendreieck *n*
équilibre [ekilibʀ] *m 1.* Gleichgewicht *n; 2. (stabilité)* Ausgeglichenheit *f; 3. ECO* Ausgleich *m*
équilibré [ekilibʀe] *adj* ausgeglichen
équilibrer [ekilibʀe] *v 1.* ins Gleichgewicht bringen; *2. (comptes) ECO* ausgleichen
équipage [ekipaʒ] *m* Mannschaft *f*
équipe [ekip] *f 1.* Gruppe *f; faire ~ avec qn* mit jdm zusammenarbeiten; *2. (personnel)* Belegschaft *f; 3. ~ de nuit* Nachtschicht *f; 4. SPORT* Mannschaft *f; ~ nationale* Nationalmannschaft *f; ~ olympique* Olympiamannschaft *f*
équipement [ekipmɑ̃] *m 1.* Ausrüstung *f; ~ sportif* Sportzeug *n; 2. (ameublement)* Ausstattung *f; ~ de bureau* Büroeinrichtung *f*
équiper [ekipe] *v 1.* ausrüsten, ausstatten, versehen; *2. (établir)* installieren
équitable [ekitabl] *adj* gerecht
équitation [ekitasjɔ̃] *f faire de l'~* reiten
équivalent [ekivalɑ̃] *m* Gegenwert *m*
équivoque [ekivɔk] *adj 1.* zweideutig, doppeldeutig; *2. (louche)* verdächtig
érable [eʀabl] *m BOT* Ahorn *m*
érafler [eʀafle] *v* abschürfen
éraflure [eʀaflyʀ] *f 1.* Schramme *f; 2. MED* Abschürfung *f*
ère [ɛʀ] *f ~ glaciaire GEOL* Eiszeit *f*
éreinté [eʀɛ̃te] *adj* todmüde; *être ~* zerschlagen sein/erschöpft sein
éreinter [eʀɛ̃te] *v s'~* sich abhetzen, sich überanstrengen
ergonomie [ɛʀgɔnɔmi] *f* Ergonomie *f*
ergonomique [ɛʀgɔnɔmik] *adj* ergonomisch
ergot [ɛʀgo] *m TECH* Dorn *m*
ergoter [ɛʀgɔte] *v* nörgeln
ergoteur [ɛʀgɔtœʀ] *adj* rechthaberisch
ermitage [ɛʀmitaʒ] *m* Einsiedelei *f*
ermite [ɛʀmit] *m* Einsiedler *m,* Eremit *m*
érotique [eʀɔtik] *adj* erotisch
érotisme [eʀɔtism] *m* Erotik *f*
erratum [ɛʀatɔm] *m* Druckfehler *m*
errer [ɛʀe] *v* irren
erreur [ɛʀœʀ] *f 1.* Irrtum *m; Il n'y a pas d'~.* Ganz ohne jeden Zweifel. *être dans l'~* sich irren; *faire ~ sur* sich täuschen in; *induire en ~* irreführen; *commettre une ~* einen Irr-

tum begehen; *~ de décision* Fehlentscheidung *f; ~ judiciaire* Justizirrtum *m; 2. (faute)* Fehler *m; par ~* irrtümlich; *~ de raisonnement* Denkfehler *m; 3. (mégarde)* Versehen *n; 4. (méprise)* Verwechslung *f*

erroné [ɛʀɔne] *adj 1.* falsch; *2. (faux)* fehlerhaft; *3. (par erreur)* irrtümlich

ersatz [ɛʀzats] *m* Ersatz *m*

éructer [eʀykte] *v* aufstoßen, rülpsen

érudit [eʀydi] *adj* gelehrt

érudit(e) [eʀydi(t)] *m/f* Gelehrte(r) *m/f*

éruption [eʀypsjɔ̃] *f 1.* Ausbruch *m; ~ volcanique* Vulkanausbruch *m; 2. MED* Ausschlag *m*

escabeau [ɛskabo] *m* Hocker *m*

escalade [ɛskalad] *f 1.* Klettern *n,* Aufstieg *m; tenter l'~ d'une montagne* das Besteigen eines Berges wagen; *2. (fig)* Anstieg *m,* Zunahme *f; l'~ de la violence* die Zunahme der Gewalt *f; l'~ des prix* das Ansteigen der Preise *n*

escalader [ɛskalade] *v* klettern

escalator [ɛskalatɔʀ] *m* Rolltreppe *f*

escale [ɛskal] *f* Zwischenlandung *f*

escalier [ɛskalje] *m* Treppe *f; ~ de service* Hintertreppe *f; ~ en colimaçon* Wendeltreppe *f; ~ roulant* Rolltreppe *f*

escalope [ɛskalɔp] *f GAST* Schnitzel *n*

escapade [ɛskapad] *f* Eskapade *f*

escarcelle [ɛskaʀsɛl] *f* Sammelbüchse *f*

escargot [ɛskaʀgo] *m ZOOL* Schnecke *f*

escarpé [ɛskaʀpe] *adj* steil

esclavage [ɛsklavaʒ] *m* Knechtschaft *f*

esclave [ɛsklav] *m* Sklave *m*

escompte [ɛskɔ̃t] *m ECO* Skonto *n/m; accorder un ~* einen Rabatt gewähren

escompter [ɛskɔ̃te] *v ECO* diskontieren

escorte [ɛskɔʀt] *f 1.* Gefolge *n; 2. (gardes du corps)* Geleitschutz *m*

escorter [ɛskɔʀte] *v* eskortieren, begleiten; *~ un prince* einen Prinz geleiten; *~ un prisonnier* einen Gefangenen führen

escrime [ɛskʀim] *f SPORT* Fechten *n*

escroc [ɛskʀo] *m* Betrüger *m*

escroquer [ɛskʀɔke] *v* betrügen

escroquerie [ɛskʀɔkʀi] *f 1.* Betrug *m; 2. (supercherie)* Schwindel *m*

ésotérisme [ezɔteʀism] *m* Esoterik *f*

espace [ɛspas] *m* Raum *m,* Platz *m; en l'~ de/dans l'~ de* binnen; *~ libre* freier Platz *m; ~ vert* Grünanlage *f; ~ vide* Hohlraum *m; ~ cosmique* Weltraum *m*

espacer [ɛspase] *v 1. (distance)* in Abständen anordnen, Abstand lassen; *~ des arbres* Bäume in Abständen pflanzen; *2. (temps)* zeitlich verteilen, in zeitlichen Abständen durchführen; *~ ses visites* seine Besuche in zeitlichen Abständen machen; *3. s'~* nachlassen, langsam aufhören; *Ses malaises s'espacent.* Sein Unwohlsein geht vorüber.

espadon [ɛspadɔ̃] *m* Schwertfisch *m*

Espagne [ɛspaɲ] *f GEO* Spanien *n*

espagnol [ɛspaɲɔl] *adj 1.* spanisch; *m 2. LING* Spanisch *n*

Espagnol(e) [ɛspaɲɔl] *m/f* Spanier(in) *m/f*

espalier [ɛspalje] *m* Sprossenwand *f*

espèce [ɛspɛs] *f 1.* Art *f; d'une autre ~* andersartig; *2. (genre)* Gattung *f; 3. ~ dégénérée* Abart *f; 4. ~s pl ECO* Bargeld *n*

espérance [ɛspeʀɑ̃s] *f 1.* Hoffnung *f; 2. ~ de vie* Lebenserwartung *f*

espérer [ɛspeʀe] *v 1.* hoffen; *il faut ~ que* hoffentlich; *espérons que* hoffentlich; *2. (souhaiter)* erhoffen

espiègle [ɛspjɛgl] *adj 1.* mutwillig; *2. (malicieux)* schelmisch

espion [ɛspjɔ̃] *m* Spion *m,* Spitzel *m*

espionnage [ɛspjɔnaʒ] *m* Spionage *f*

espionner [ɛspjɔne] *v 1.* nachspionieren; *2. TEL* abhorchen; *3. (épier)* auskundschaften

espoir [ɛspwaʀ] *m 1.* Erwartung *f; plein d'~* erwartungsvoll; *2. (espérance)* Hoffnung *f; C'est sans ~.* Das ist hoffnungslos. *3. (confiance)* Zuversicht *f*

esprit [ɛspʀi] *m* Geist *m; Cela ne me serait même pas venu à l'~.* Das wäre mir nicht einmal im Traum eingefallen. *large d'~* großzügig; *avoir de l'~* geistvoll sein; *~ de sacrifice* Aufopferungsbereitschaft *f; ~ de compromis* Kompromissbereitschaft *f; ~ sportif* Sportsgeist *m; avec ~* witzig; *paresseux d'~* denkfaul

Esquimau [ɛskimo] *m* Eskimo *m*

esquisse [ɛskis] *f* Entwurf *m,* Skizze *f*

esquisser [ɛskise] *v 1.* entwerfen; *2. (fig)* umreißen

essai [esɛ] *m 1.* Probe *f; à titre d'~* versuchsweise/auf Probe; *2. (de bon fonctionnement)* Probefahrt *f; 3. LIT* Essay *n/m*

essaim [esɛ̃] *m (d'abeilles)* Schwarm *m*

essayage [esɛjaʒ] *m* Anprobe *f; faire un ~* anprobieren

essayer [eseje] *v 1.* probieren, versuchen, testen; *2. (de vêtements)* anprobieren

essence [esɑ̃s] *f 1.* Benzin *n; prendre de l'~* tanken; *~ de térébenthine* Terpentinöl *n; 2. (extrait)* Extrakt *m*

essentiel [esɑ̃sjɛl] *m* *1.* Hauptsache *f; adj* *2.* hauptsächlich
essentiellement [esɑ̃sjɛlmɑ̃] *adv* wesentlich
esseulé [esœle] *adj* verlassen
essieu [esjø] *m TECH* Achse *f*
essor [esɔʀ] *m* *1.* Aufstieg *m;* *2. ECO* Aufschwung *m*
essorer [esɔʀe] *v* schleudern
essoufflé [esufle] *adj* atemlos
essuie-glace [esɥiglas] *m* Scheibenwischer *m*
essuie-main [esɥimɛ̃] *m* Handtuch *n*
essuyer [esɥije] *v* *1.* abwischen, wischen; *2. (défaite)* erleiden; *~ un refus* einen Korb bekommen (fam); *3. (vaisselle)* abtrocknen; *4. (nettoyer)* abputzen
est [ɛst] *m* Osten *m; de l'~* östlich
Est [ɛst] *m POL* Osten *m*
estampage [ɛstɑ̃paʒ] *m (de la monnaie)* Prägung *f*
estampe [ɛstɑ̃p] *f ~ à l'eau-forte ART* Radierung *f*
estamper [ɛstɑ̃pe] *v (monnaie)* prägen, stanzen
esthéticienne [ɛstetisjɛn] *f* Kosmetikerin *f*
esthétique [ɛstetik] *f* Kosmetik *f*
estimation [ɛstimɑsjɔ̃] *f* *1.* Bewertung *f;* *2. (évaluation)* Hochrechnung *f*
estime [ɛstim] *f* *1. (~ pour)* Wertschätzung *f; avoir de l'~ pour qn* vor jdm Achtung haben; *2. (considération)* Schätzung *f*
estimé [ɛstime] *adj* angenommen
estimer [ɛstime] *v* *1.* schätzen; *2. (considérer)* schätzen; *3. (évaluer)* veranschlagen
estival [ɛstival] *adj* sommerlich
estomac [ɛstɔma] *m ANAT* Magen *m; rester sur l'~* schwer im Magen liegen; *avoir les talons dans l'~* einen Bärenhunger haben; *maux d'~* Magenschmerzen *pl*
estompé [ɛstɔ̃pe] *adj* verschwommen, verwischt
estomper [ɛstɔ̃pe] *v (dessin)* wischen
estourbir [ɛstuʀbiʀ] *v (fam: tuer)* killen
estrade [ɛstʀad] *f* *1.* Podest *n;* *2. (plateforme)* Tribüne *f*
estragon [ɛstʀagɔ̃] *m BOT* Estragon *m*
estropié [ɛstʀɔpje] *m* *1.* Krüppel *m; adj* *2. MED* verkrüppelt
estropier [ɛstʀɔpje] *v* verstümmeln
estuaire [ɛstɥɛʀ] *m* Flussmündung *f*
et [e] *konj* und
étable [etabl] *f* Stall *m*
établi [etabli] *m* *1.* Wertbank *f; adj* *2.* sesshaft
établir [etabliʀ] *v* *1.* stiften; *2. (acte)* ausfertigen; *3. (fixer)* festsetzen; *4. s'~* beziehen; *5. ~ un procès-verbal JUR* protokollieren
établissement [etablismɑ̃] *m* *1.* Bau *m;* *2. ~s pl* Werk *n;* *3. (institution)* Einrichtung *f;* *4. (de documents)* Ausstellung *f;* *5. (succursale)* Niederlassung *f;* *6. (fondation)* Gründung *f;* *7. (école)* Anstalt *f; ~ secondaire* Oberschule *f*
étage [etaʒ] *m* *1.* Stock *m,* Etage *f;* *2. ~ mansardé* Dachgeschoss *n*
étager [etaʒe] *v* abstufen
étagère [etaʒɛʀ] *f* Regal *n*
étalage [etalaʒ] *m* *1.* Auslage *f;* *2. (exposition)* Schau *f; faire ~ de qc* sich mit etw brüsten
étaler [etale] *v* *1.* ausbreiten; *2. (marchandise)* auslegen
étalon [etalɔ̃] *m ZOOL* Hengst *m*
étalonner [etalɔne] *v TECH* eichen
étalon-or [etalɔ̃ɔr] *m* Goldwährung *f*
étanche [etɑ̃ʃ] *adj* dicht
étanchéifier [etɑ̃ʃeifje] *v TECH* abdichten
étanchéité [etɑ̃ʃeite] *f* Dichte *f,* Undurchlässigkeit *f*
étang [etɑ̃] *m* Teich *m*
étant [etɑ̃] *konj ~ donné que* da
étape [etap] *f* Etappe *f,* Streckenabschnitt *m; brûler les ~s* rasch vorwärts kommen; *par ~* etappenweise
état [eta] *m* *1.* Lage *f; ~ d'alerte* Alarmbereitschaft *f; ~ général* Allgemeinzustand *m; ~ d'urgence* Notlage *f; ~ des routes* Straßenverhältnisse *pl; en tout ~ de cause* in jedem Fall; *2. (condition)* Zustand *m; ~ exceptionnel* Ausnahmezustand *m; ~ permanent* Dauerzustand *m; ~ mental* Geisteszustand *m; ~ de santé* Gesundheitszustand *m; ~ naturel* Naturzustand *m; ~ second* Trance *f;* *3. (position)* Stand *m;* *4. (statut)* Status *m*
Etat [eta] *m* Staat *m; ~ de l'Eglise* Kirchenstaat *m; ~ limitrophe* Nachbarstaat *m; ~ social* Sozialstaat *m*
étatique [etatik] *adj* staatlich
état-major [etamaʒɔʀ] *m ~ de crise* Krisenstab *m*
Etats-Unis [etazyni] *m/pl GEO* Vereinigte Staaten *pl*
étau [eto] *m TECH* Schraubstock *m*
étayer [etɛje] *v* *1.* aufstützen; *2. (fig)* untermauern

été [ete] *m* Sommer *m; horaire d'~* Sommerzeit *f; ~ de la Saint-Martin* Altweibersommer *m; plein ~* Hochsommer *m*
éteindre [etɛ̃dʀ] *v irr 1.* ausmachen; *2. (lumière)* ausschalten; *3. (feu)* löschen; *4. s'~* erlöschen; *5. s'~ BOT* absterben
étendage [etɑ̃daʒ] *m* Gestell *n*
étendard [etɑ̃daʀ] *m* Fahne *f*
étendre [etɑ̃dʀ] *v 1.* ausstrecken; *2. s'~* sich hinlegen; *3. s'~ (se prolonger)* sich hinziehen; *4. (répandre)* verbreiten; *5. (étaler)* ausbreiten
étendu [etɑ̃dy] *adj* breit
étendue [etɑ̃dy] *f 1.* Ausdehnung *f; 2. (fig)* Umfang *m*
éternel [etɛʀnɛl] *adj* ewig
éterniser [etɛʀnize] *v* verewigen
éternité [etɛʀnite] *f* Ewigkeit *f*
éternuement [etɛʀnymɑ̃] *m* Niesen *n*
éternuer [etɛʀnɥe] *v* niesen
étêter [etɛte] *v* kappen
éther [etɛʀ] *m* Äther *m*
éthique [etik] *f 1.* Ethik *f; adj 2.* ethisch
ethnique [ɛtnik] *adj* ethnisch
éthnologie [ɛtnɔlɔʒi] *f* Ethnologie *f*
étinceler [etɛ̃sle] *v 1.* funkeln; *2. (fig)* sprühen
étincelle [etɛ̃sɛl] *f* Funke *m*
étioler [etjɔle] *v s'~* verkümmern
étiqueter [etikte] *v ECO* auszeichnen
étiquette [etikɛt] *f 1.* Etikett *n; 2. (écriteau)* Anhänger *m; 3. ~ autocollante* Aufkleber *m; 4. (fig)* Etikette *f*
étirement [etiʀmɑ̃] *m* Dehnung *f*
étirer [etiʀe] *v 1.* verlängern; *2. (étendre)* dehnen; *3. s'~* sich recken
étoffe [etɔf] *f* Textilstoff *m; avoir de l'~* geeignet sein/die Anlage haben
étoffé [etɔfe] *adj* reich ausgestattet
étoile [etwal] *f 1. ASTR* Gestirn *n; 2. (astre)* Stern *m; ~ du berger* Abendstern *m; 3. ~ filante* Sternschnuppe *f; 4. ~ de mer* Seestern *m; 5. (fig)* Schicksal *n,* Los *n; 6. CINE* Star *m*
étoilé [etwale] *adj* sternenklar
étonnant [etɔnɑ̃] *adj 1.* erstaunlich; *2. (surprenant)* verwunderlich; *Ce n'est pas ~.* Das ist kein Wunder. *Il n'y a rien d'~ à cela.* Das ist nicht verwunderlich.
étonné [etɔne] *adj* überrascht
étonnement [etɔnmɑ̃] *m 1.* Erstaunen *n; 2. (émerveillement)* Verwunderung *f*
étonner [etɔne] *v 1.* verwundern; *2. s'~ de* staunen über
étouffant [etufɑ̃] *adj* beklemmend
étouffement [etufmɑ̃] *m* Ersticken *n*
étouffer [etufe] *v 1.* ersticken; *2. (retenir)* unterdrücken; *3. (accabler)* erdrücken; *4. (feu)* löschen; *5. (bruit)* dämpfen
étourderie [etuʀdəʀi] *f 1.* Leichtsinn *m; 2. (inattention)* Gedankenlosigkeit *f,* Leichtfertigkeit *f*
étourdi [etuʀdi] *adj 1.* unbesonnen; *2. (écervelé)* kopflos
étourdissant [etuʀdisɑ̃] *adj* Schwindel erregend
étourdissement [etuʀdismɑ̃] *m MED* Schwindel *m*
étrange [etʀɑ̃ʒ] *adj 1.* sonderbar, seltsam, merkwürdig; *2. (singulier)* eigentümlich; *3. ~ et inquiétant* unheimlich
étranger [etʀɑ̃ʒe] *m 1.* Ausland *n; 2. (inconnu)* Ausländer *m; adj 3.* ausländisch; *les Affaires étrangères* die äußeren Angelegenheiten *pl,* die Außenpolitik *f; 4. (non connu)* fremd; *5. (à la localité)* ortsfremd; *6. ~ à* unbeteiligt; *être ~ à qc* von etw nichts verstehen
étrangeté [etʀɑ̃ʒte] *f* Seltsamkeit *f*
étrangler [etʀɑ̃gle] *v* erdrosseln
être [ɛtʀ] *v irr 1.* sein; *Vous n'y êtes pas du tout.* Sie liegen völlig falsch. *Ça y est!* Da haben wir die Bescherung! *~ à plaindre* zu tadeln sein; *Cela est encore à faire.* Das ist noch zu tun. *~ d'un parti* einer Partei angehören; *Je suis d'avis que ...* Ich bin der Meinung, dass ...; *~ pour qc* für etw sein; *~ sans le sou* keinen Pfenning haben; *N'est-ce pas?* Nicht wahr? *J'y suis.* Ich habe verstanden. *2. (se trouver)* stehen, sich befinden; *3. ~ absent* ausstehen, noch fehlen; *4. ~ là* da sein; *Je n'y suis pour rien.* Ich kann nichts dafür. *m 5.* Wesen *n,* Lebewesen *n; 6. (existence)* Dasein *n*
étreinte [etʀɛ̃t] *f* Umarmung *f*
étrier [etʀije] *m* Bügel *m*
étroit [etʀwa] *adj 1.* knapp; *2. (borné)* beschränkt; *3. ~ d'esprit* kleinlich, engstirnig
étroitesse [etʀwatɛs] *f 1.* Enge *f; 2. (mesquinerie)* Beschränktheit *f; ~ d'esprit (fig)* Borniertheit *f*
étude [etyd] *f 1.* Lernen *n; 2. (recherche)* Studie *f; 3. LIT* Essay *m/n; 4. (d'avocat)* Kanzlei *f; 5. ~ de marché ECO* Marktforschung *f; 6. ~ des comportements PSYCH* Verhaltensforschung *f; 7. ~s pl* Studium *n; faire des ~s* studieren
étudiant(e) [etydjɑ̃(t)] *m/f* Student(in) *m/f; ~ en médecine* Medizinstudent *m*

étudier [etydje] *v 1.* lernen, studieren; *2. (s'exercer)* üben; *3. (faire des recherches)* untersuchen
étui [etɥi] *m 1.* Etui *n; 2. (enveloppe)* Kapsel *f*
étuvée [etyve] *f faire cuire à l'~ GAST* dämpfen
eucalyptus [økaliptys] *m BOT* Eukalyptus *m*
eucharistie [økaʀisti] *f REL* Abendmahl *n,* Eucharistie *f*
euphorie [øfɔʀi] *f* Euphorie *f,* Begeisterung *f; être en pleine ~* euphorisch sein; *dans l'~ de son succès* in der Euphorie des Erfolgs
euphorisants [øfɔʀizɑ̃] *m/pl MED* Aufputschmittel *n*
eurochèque [øʀɔʃɛk] *m* Eurocheque *m*
Europe [øʀɔp] *f* Europa *n; ~ centrale* Mitteleuropa *n; ~ de l'est/~ orientale* Osteuropa *n; ~ de l'ouest/~ occidentale* Westeuropa *n*
européen [øʀɔpeɛ̃] *adj* europäisch
Européen(ne) [øʀɔpeɛ̃/øʀɔpeɛn] *m/f* Europäer(in) *m/f*
eux [ø] *pron* sie; *à ~* ihnen; *Je pense à ~.* Ich denke an sie.
évacuation [evakɥasjɔ̃] *f* Räumung *f*
évacuer [evakɥe] *v 1.* abtransportieren; *2. (vider)* leeren; *3. MED* abführen; *4. (eau)* ablassen
évader [evade] *v s'~* ausbrechen
évaluation [evalɥasjɔ̃] *f 1.* Bewertung *f; 2. (estimation)* Schätzung *f*
évaluer [evalɥe] *v 1.* schätzen; *2. (estimer)* bewerten
évangélique [evɑ̃ʒelik] *adj REL* evangelisch
Evangile [evɑ̃ʒil] *m REL* Evangelium *n*
évanoui [evanwi] *adj* ohnmächtig
évanouir [evanwiʀ] *v 1. s'~* zerrinnen; *2. s'~ (tomber en syncope)* ohnmächtig werden
évanouissement [evanwismɑ̃] *m* Bewusstlosigkeit *f*
évaporer [evapɔʀe] *v 1. s'~* verdampfen; *2. s'~ (odeur)* verfliegen
évasif [evazif] *adj* ausweichend
évasion [evazjɔ̃] *f* Ausbruch *m*
éveillé [evɛje] *adj 1.* lebhaft; *2. (réveillé)* wach
éveiller [evɛje] *v s'~* erwachen
événement [evɛnmɑ̃] *m 1.* Ereignis *n; 2. (dont on a été témoin)* Erlebnis *n*
éventail [evɑ̃taj] *m* Fächer *m; un ~ de soie* ein Seidenfächer *m; agiter un ~* fächern
éventé [evɑ̃te] *adj 1.* windig; *2. (boisson)* abgestanden
éventer [evɑ̃te] *v 1.* durchlüften; *2. (fig)* entdecken
éventrer [evɑ̃tʀe] *v* aufbrechen, öffnen
éventualité [evɑ̃tɥalite] *f* Möglichkeit *f*
éventuel [evɑ̃tɥɛl] *adj* eventuell
éventuellement [evɑ̃tɥɛlmɑ̃] *adv* möglicherweise
évêque [evɛk] *m REL* Bischof *m*
éviction [eviksjɔ̃] *f (fig)* Verdrängung *f*
évidemment [evidamɑ̃] *adv* natürlich
évidence [evidɑ̃s] *f* Selbstverständlichkeit *f*
évident [evidɑ̃] *adj* klar
évier [evje] *m* Spülbecken *n*
évincer [evɛ̃se] *v (fig)* verdrängen
évitable [evitabl] *adj* vermeidbar
évitement [evitmɑ̃] *m voie d'~* Überholgleis *n*
éviter [evite] *v 1.* meiden; *2. ~ de* vermeiden; *pour ~ toute équivoque* um Missverständnissen vorzubeugen; *3. (épargner)* ersparen
évocateur [evɔkatœʀ] *adj* viel sagend
évoluer [evɔlɥe] *v (fig)* sich entwickeln
évolution [evɔlysjɔ̃] *f 1.* Entwicklung *f; 2. mauvaise ~* Fehlentwicklung *f; 3. (d'une maladie)* Verlauf *m*
évoquer [evɔke] *v 1.* aufrufen; *2. (provoquer)* heraufbeschwören
exact [ɛgzakt] *adj 1.* genau; *2. (juste)* richtig; *être ~* stimmen/wahr sein; *3. très ~* haargenau
exactement [ɛgzaktəmɑ̃] *interj* genau
exactitude [ɛgzaktityd] *f 1.* Genauigkeit *f; 2. (justesse)* Richtigkeit *f*
exagération [ɛgzaʒeʀasjɔ̃] *f* Übertreibung *f*
exagéré [ɛgzaʒeʀe] *adj 1.* übertrieben; *2. (démesuré)* übermäßig
exagérément [ɛgzaʒeʀemɑ̃] *adv* übertrieben
exagérer [ɛgzaʒeʀe] *v 1.* übertreiben; *2. (histoire)* aufbauschen
exaltation [ɛgzaltasjɔ̃] *f* Begeisterung *f*
exalté [ɛgzalte] *adj* überschwänglich
exalter [ɛgzalte] *v 1.* preisen; *2. (exciter)* erregen; *3. s'~ (fig)* sich erhitzen
examen [ɛgzamɛ̃] *m 1.* Examen *n; ~ de fin d'études* Abschlussprüfung *f; ~ d'entrée* Aufnahmeprüfung *f; ~ du permis de conduire* Fahrprüfung *f; ~ de fin d'apprentissage* Gesellenprüfung *f; ~ de maîtrise* Meisterprüfung

f; 2. (enquête) Untersuchung *f; ~ médical* medizinische Untersuchung *f; 3. (étude approfondie)* Erforschung *f; 4. (vérification)* Überprüfung *f*

examinateur [ɛgzaminatœʀ] *m* Prüfer *m*

examiner [ɛgzamine] *v 1.* prüfen; *2. (enquêter)* untersuchen; *3. MED* untersuchen; *4. (vérifier)* durchgehen; *5. (considérer)* erwägen

exaspérer [ɛgzaspeʀe] *v* ärgern, aufbringen; *Son attitude m'exaspère.* Sein Verhalten macht mich rasend.

excavatrice [ɛkskavatʀis] *f TECH* Bagger *m*

excaver [ɛkskave] *v* ausschachten

excédent [ɛksedɑ̃] *m 1.* Überschuss *m; 2. (surplus)* Überzahl *f; 3. ~ de poids* Übergewicht *n*

excédentaire [ɛksedɑ̃tɛʀ] *adj* überschüssig

Excellence [ɛksɛlɑ̃s] *f Votre ~ REL* Eure Exzellenz *f*

excellent [ɛksɛlɑ̃] *adj 1.* ausgezeichnet; *2. (délicieux)* köstlich

excentrique [ɛksɑ̃tʀik] *adj* exzentrisch

excepté [ɛksɛpte] *prep* ausgenommen

excepter [ɛksɛpte] *v (fig)* ausnehmen

exception [ɛksɛpsjɔ̃] *f 1.* Ausnahme *f; ~ faite de* abgesehen von; *L'~ confirme la règle.* Ausnahmen bestätigen die Regel. *2. (cas exceptionnel)* Ausnahmefall *m; 3. (objection)* Einwand *m*

exceptionnel [ɛksɛpsjɔnɛl] *adj* außerordentlich

exceptionnellement [ɛksɛpsjɔnɛlmɑ̃] *adv* ausnahmsweise

excès [ɛksɛ] *m 1.* Übermaß *n; manger avec ~* übermäßig viel essen; *tomber d'un ~ dans un autre* von einem Extrem ins andere fallen; *2. (infraction)* Ausschreitung *f; 3. (abus)* Exzess *m; 4. ~ de vitesse* Geschwindigkeitsüberschreitung *f; 5. ~ de travail* Überarbeitung *f; 6. ~ de zèle* Übereifer *m*

excessif [ɛksɛsif] *adj* übermäßig

excitable [ɛksitabl] *adj* reizbar

excitant [ɛksitɑ̃] *adj* erregend

excitation [ɛksitasjɔ̃] *f 1.* Anregung *f; 2. MED* Reiz *m*

excité [ɛksite] *adj* aufgeregt

exciter [ɛksite] *v 1.* erregen; *2. s'~* sich erregen; *3. (fig)* anfeuern; *4. (provoquer)* aufhetzen

exclamation [ɛksklamasjɔ̃] *f 1.* Ausruf *m; une ~ de surprise* ein Ausruf der Überraschung *m; pousser des ~s de joie* Freudenrufe ausstoßen; *2. point d'~ GRAMM* Ausrufungszeichen *n*

exclu [ɛkskly] *adj* ausgeschlossen

exclure [ɛksklyʀ] *v irr 1.* ausschließen; *2. (bannir)* verbannen; *3. s'~* sich absondern

exclusif [ɛksklyzif] *adj* ausschließlich

exclusion [ɛksklyzjɔ̃] *f* Ausschluss *m*

exclusivement [ɛksklyzivmɑ̃] *adv* ausschließlich

exclusivité [ɛksklyzivite] *f* Exklusivität *f,* Ausschließlichkeit *f; contrat d'~* ein Exklusivvertrag *m; avoir l'~ d'une marque* das Alleinverkaufsrecht einer Marke haben; *Ce journal a l'~.* Diese Zeitung hat die Exklusivberichterstattung. *passer un film en ~* das Alleinaufführungsrecht eines Films haben

excommunier [ɛkskɔmynje] *v REL* exkommunizieren

excrément [ɛkskʀemɑ̃] *m* Kot *m*

excroissance [ɛkskʀwasɑ̃s] *f* Auswuchs *m,* Wucherung *f*

excursion [ɛkskyʀsjɔ̃] *f 1.* Exkursion *f; 2. ~ à bicyclette* Radtour *f*

excusable [ɛkskyzabl] *adj* entschuldbar

excuse [ɛkskyz] *f* Entschuldigung *f; faire des ~s* sich entschuldigen

excuser [ɛkskyze] *v 1.* entschuldigen, verzeihen; *Excuse-moi!* Verzeihung! *2. s'~* sich entschuldigen

exécutable [ɛgzekytabl] *adj* durchführbar

exécuter [ɛgzekyte] *v 1.* ausführen; *2. (ordre)* befolgen; *3. ~ qn* jdn hinrichten; *4. JUR* vollstrecken

exécutif [ɛgzekytif] *m POL* Exekutive *f*

exécution [ɛgzekysjɔ̃] *f 1.* Ausführung *f; 2. (d'une commande)* Erledigung *f; 3. ~ de qn* jds Hinrichtung *f; 4. parfaite ~* Vollendung *f; 5. JUR* Vollstreckung *f*

exécutoire [ɛgzekytwaʀ] *adj JUR* rechtskräftig

exemplaire [ɛgzɑ̃plɛʀ] *m 1.* Exemplar *n; 2. (copie)* Ausfertigung *f; en double ~* in doppelter Ausfertigung; *3. ~ unique* Einzelstück *n; adj 4.* mustergültig

exemple [ɛgzɑ̃pl] *m* Beispiel *n,* Exempel *n,* Vorbild *n; par ~* beispielsweise; *~ favori (fig)* Paradebeispiel *n*

exempt [ɛgzɑ̃] *adj* frei, befreit

exempter [ɛgzɑ̃te] *v 1.* befreien; *2. ~ de (libérer)* erlassen

exemption [ɛgzɑ̃psjɔ̃] *f* Erlass *m,* Befreiung *f*

exercer [ɛgzɛʀse] *v* *1.* ausüben, verüben, praktizieren; *2. ECO* betreiben; *3. s'~* sich üben; *4. (fonction)* verwalten; *5. (un métier)* wirken; *6. ~ une pression* drücken; *7. ~ un effet sur* sich auswirken auf; *8. ~ une activité* betätigen; *9. ~ un chantage sur qn* jdn erpressen
exercice [ɛgzɛʀsis] *m* *1.* Übung *f*; *2. (pratique)* Ausübung *f*; *3. ~ d'une fonction publique* Amtshandlung *f*; *4. ~ imposé* Pflichtübung *f*; *5. ECO* Geschäftsjahr *n*
exhalaison [ɛgzalɛzɔ̃] *f* Dunst *m*
exhausser [ɛgzose] *v (vœux)* erfüllen
exhiber [egzibe] *v* *1. (montrer)* zeigen, vorzeigen; *~ un passeport* einen Ausweis vorzeigen; *2. (luxe)* zur Schau stellen
exhibition [ɛgzibisjɔ̃] *f* *1.* Vorführung *f*; *2. SPORT* Schaulaufen *n*
exhibitionniste [ɛgzibisjɔnist] *m* Exhibitionist *m*
exhortation [ɛgzɔʀtasjɔ̃] *f* Ermahnung *f*
exhorter [ɛgzɔʀte] *v* *1. ~ à* auffordern; *2. ~ à (sommer)* ermahnen
exigé [ɛgziʒe] *adj* erforderlich
exigeant [ɛgziʒɑ̃] *adj* anspruchsvoll
exigence [ɛgziʒɑ̃s] *f* Forderung *f*
exiger [ɛgziʒe] *v* *1.* anfordern; *2. ~ qc de qn* jdm etw zumuten; *3. ~ que ...* darauf bestehen, dass ...; *4. (demander)* erfordern
exigu [egzigy] *adj* knapp, beengt
exil [ɛgzil] *m* Verbannung *f*
exiler [ɛgzile] *v ~ du pays* des Landes verweisen
existant [ɛgzistɑ̃] *adj* *1.* vorhanden; *2. (disponible)* verfügbar
existence [ɛgzistɑ̃s] *f* *1.* Leben *n*; *2. (durée)* Bestand *m*
exister [ɛgziste] *v* sein, existieren
exode [ɛgzɔd] *m* *1.* Exodus *m*; *2. ~ rural* Landflucht *f*
exonération [ɛgzɔneʀasjɔ̃] *f ECO* Befreiung *f*
exonéré [ɛgzɔneʀe] *adj ~ d'impôts* steuerfrei
exonérer [ɛgzɔneʀe] *v* *1. (impôts)* entlasten; *2. ECO* befreien
exorbitant [ɛgzɔʀbitɑ̃] *adj* unerschwinglich
exorcisme [ɛgzɔʀsism] *m* Geisterbeschwörung *f*
exotique [ɛgzɔtik] *adj* exotisch
exotisme [egzɔtism] *m* Exotik *f*
expansible [ɛkspɑ̃sibl] *adj* dehnbar
expansif [ɛkspɑ̃sif] *adj* mitteilsam
expansion [ɛkspɑ̃sjɔ̃] *f* *1.* Expansion *f*; *2. ECO* Aufschwung *m*
expansionnisme [ɛkspɑ̃sjɔnism] *m* Expansionsbestrebungen *pl*
expatrier [ɛkspatʀije] *v* ausweisen
expectorer [ɛkspɛktɔʀe] *v* spucken, speien
expédient [ɛkspedjɑ̃] *m* *1. (aide)* Mittel *n*, Hilfsmittel *n*; *2. (moyen)* Behelf *m*
expédier [ɛkspedje] *v* *1. (envoyer)* abschicken; *2. (courrier)* aufgeben; *3. (exécuter)* erledigen; *4. ~ en fret* verfrachten; *5. ~ par bateau* verschiffen
expéditeur [ɛkspeditœʀ] *m* Absender *m*
expédition [ɛkspedisjɔ̃] *f* *1.* Absendung *f*; *2. (service)* Versand *m*; *3. (d'affaires courantes)* Erledigung *f*; *4. ~ par bateau* Verschiffung *f*
expérience [ɛkspeʀjɑ̃s] *f* *1.* Erfahrung *f*; *faire l'~ de qc* etw erproben; *par ~* erfahrungsgemäß; *2. (essai)* Versuch *m*; *~ sur les animaux* Tierversuch *m*; *3. ~ vécue* Erlebnis *n*; *4. ~ de la vie* Lebenserfahrung *f*
expérimentation [ɛkspeʀimɑ̃tasjɔ̃] *f* Erprobung *f*
expérimenté [ɛkspeʀimɑ̃te] *adj* erfahren
expérimenter [ɛkspeʀimɑ̃te] *v* erproben
expert [ɛkspɛʀ] *m* *1.* Experte *m*; *2. JUR* Gutachter *m*; *3. (spécialiste)* Sachverständiger *m*; *adj* *4. (~ en)* sachkundig; *5. (~ dans)* versiert
expertise [ɛkspɛʀtiz] *f* Expertise *f*
expertiser [ɛkspɛʀtize] *v* begutachten
expiation [ɛkspjasjɔ̃] *f* Sühne *f*
expier [ɛkspje] *v* büßen
expirer [ɛkspiʀe] *v* *1.* ausatmen; *2. (mourir)* sterben; *3. (délai) ECO* ablaufen
explicable [ɛksplikabl] *adj* erklärbar
explication [ɛksplikasjɔ̃] *f* *1.* Erklärung *f*; *2. (discussion)* Auseinandersetzung *f*; *3. (éclaircissement)* Aufklärung *f*
explicite [ɛksplisit] *adj* ausdrücklich
expliquer [ɛksplike] *v* *1. (souligner)* erklären, verdeutlichen, erläutern; *2. (montrer)* deuten; *3. (exposer)* darlegen; *4. s'~* sich aussprechen
exploit [ɛksplwa] *m* Heldentat *f*
exploitation [ɛksplwatasjɔ̃] *f* *1.* Ausnutzung *f*; *2. (mise en valeur)* Auswertung *f*; *3. ECO* Betrieb *m*; *4. ~ abusive* Raubbau *m*
exploiter [ɛksplwate] *v* *1.* ausnützen; *2. (mettre en valeur)* auswerten; *3. (utiliser)* nutzen; *4. (champs) AGR* bewirtschaften

explorateur [ɛksplɔʀatœʀ] *m* Entdecker *m,* Erforscher *m*
exploration [ɛksplɔʀasjɔ̃] *f 1.* Erforschung *f; 2. MIL* Aufklärung *f*
explorer [ɛksplɔʀe] *v* erforschen
exploser [ɛksploze] *v 1.* explodieren; *2. (éclater)* zerspringen
explosif [ɛksplozif] *adj 1. (fig)* brisant; *2. (chose)* explosiv; *m 3.* Sprengkörper *m*
explosion [ɛksplozjɔ̃] *f 1.* Explosion *f; ~ d'une bombe* Bombenexplosion *f; 2. ~ de fureur* Wutausbruch *m*
export [ɛkspɔʀ] *m ECO* Export *m*
exportateur [ɛkspɔʀtatœʀ] *m ECO* Exporteur *m*
exportation [ɛkspɔʀtasjɔ̃] *f* Ausfuhr *f*
exporter [ɛkspɔʀte] *v ECO* ausführen
exposé [ɛkspoze] *m 1.* Darlegung *f; 2. (rapport)* Bericht *m; adj 3.* schutzlos; *4. ~ aux courants d'air* zugig
exposer [ɛkspoze] *v 1.* darlegen; *2. ~ aux yeux* ausstellen, auslegen, aussetzen; *~ à un danger* einer Gefahr aussetzen; *3. (pellicule) FOTO* belichten; *4. (fig)* vortragen
exposition [ɛkspozisjɔ̃] *f 1. (de marchandises)* Ausstellung *f; 2. ~ d'œuvres d'art* Kunstausstellung *f; 3. (explication)* Darlegung *f; 4. ~ aux radiations* Strahlenbelastung *f; 5. ~ aux rayons* Bestrahlung *f*
exprès [ɛkspʀɛ] *adv 1.* absichtlich; *2. (spécialement)* extra; *adj 3. (formel)* ausdrücklich; *m 4.* Eilbote *m*
express [ɛkspʀɛs] *m* Schnellzug *m*
expressif [ɛkspʀɛsif] *adj* ausdrucksvoll
expression [ɛkspʀɛsjɔ̃] *f* Ausdruck *m; ~ du visage* Gesichtsausdruck *m*
expressionnisme [ɛkspʀɛsjɔnism] *m ART* Expressionismus *m*
exprimer [ɛkspʀime] *v 1.* äußern; *2. (jus)* auspressen; *3. (manifester)* ausdrücken
exproprier [ɛkspʀɔpʀije] *v JUR* enteignen
expulsé(e) [ɛkspylse] *m/f* Heimatvertriebene(r) *m/f*
expulser [ɛkspylse] *v 1. (chasser)* verstoßen; *2. ~ qn d'un pays POL* abschieben
expulsion [ɛkspylsjɔ̃] *f* Ausweisung *f*
exquis [ɛkski] *adj* köstlich
extase [ɛkstaz] *f* Ekstase *f*
extensibilité [ɛkstɑ̃sibilite] *f* Dehnbarkeit *f*
extensible [ɛkstɑ̃sibl] *adj 1.* dehnbar; *2. (table)* ausziehbar
extension [ɛkstɑ̃sjɔ̃] *f 1.* Dehnung *f; 2. (élargissement)* Erweiterung *f*
exténué [ɛkstenɥe] *adj* erschöpft
extérieur [ɛksteʀjœʀ] *adj 1.* äußerlich; *à l'~* draußen; *à l'~ de* außerhalb; *2. (externe)* äußere(r,s); *m 3.* Äußeres *n*
extérioriser [ɛksteʀjɔʀize] *v* ausdrücken
exterminer [ɛkstɛʀmine] *v 1. (détruire)* vertilgen; *2. (fig)* ausrotten
externe [ɛkstɛʀn] *adj 1.* äußerlich; *2. (extérieur)* äußere(r,s)
extincteur [ɛkstɛ̃ktœʀ] *m* Feuerlöscher *m*
extorquer [ɛkstɔʀke] *v 1.* erzwingen; *2. ~ qc à qn* etw von jdm erpressen
extorsion [ɛkstɔʀsjɔ̃] *f* Erpressung *f*
extra [ɛkstʀa] *m* Zugabe *f*
extraction [ɛkstʀaksjɔ̃] *f (d'une mine)* Förderung *f*
extrader [ɛkstʀade] *v 1.* ausweisen; *2. JUR* ausliefern
extradition [ɛkstʀadisjɔ̃] *f 1.* Ausweisung *f; 2. JUR* Auslieferung *f*
extraire [ɛkstʀɛʀ] *v irr 1.* auspressen; *2. (trier)* aussondern; *3. MIN* gewinnen
extrait [ɛkstʀɛ] *m 1.* Extrakt *m; 2. (relevé)* Auszug *m; ~ de compte* Kontoauszug *m; ~ de dossier* Aktenauszug *m; 3. ~ de baptême REL* Taufschein *m*
extraordinaire [ɛkstʀaɔʀdinɛʀ] *adj* außergewöhnlich
extra-professionnel [ɛkstʀapʀɔfɛsjɔnɛl] *adj* nebenberuflich
extraterrestre [ɛkstʀateʀɛstʀ] *adj 1.* außerirdisch, extraterrestrisch; *un vaisseau ~* ein Ufo *n; m/f 2.* Außerirdische(r) *m/f*
extravagance [ɛkstʀavagɑ̃s] *f* Überspanntheit *f,* Extravaganz *f*
extravagant [ɛkstʀavagɑ̃] *adj* extravagant
extrême [ɛkstʀɛm] *adj 1.* extrem; *2. (fig)* hochgradig; *3. (sans mesure)* maßlos; *4. (très)* äußerst
Extrême-Orient [ɛkstʀɛmɔʀjɑ̃] *m GEO* Fernost *m,* Ferner Osten *m*
extrême-oriental [ɛkstʀɛmɔʀjɑ̃tal] *adj* fernöstlich
extrémisme [ɛkstʀemism] *m POL* Extremismus *m*
extrémiste [ɛkstʀemist] *adj 1. POL* extremistisch; *m/f 2. ~ de droite POL* Rechtsextremist(in) *m/f*
exubérance [ɛgzybeʀɑ̃s] *f* Übermut *m*
exubérant [ɛgzybeʀɑ̃] *adj* überschwänglich, übermütig
exultation [ɛgzyltasjɔ̃] *f* Jubel *m*
exulter [ɛgzylte] *v* jauchzen

F

fable [fabl] *f 1.* Fabel *f; 2. (conte)* Märchen *n*

fabricant [fabʀikɑ̃] *m* Hersteller *m,* Produzent *m*

fabrication [fabʀikasjɔ̃] *f 1.* Anfertigung *f,* Fertigung *f; 2. (production)* Herstellung *f*

fabriquant [fabʀikɑ̃] *m* Fabrikant *m*

fabrique [fabʀik] *f* Fabrik *f,* Werk *n*

fabriquer [fabʀike] *v 1. (manufacturer)* erzeugen, anfertigen; *2. (produire)* herstellen; *3. ~ de toutes pièces* erdichten

fabuleux [fabylø] *adj* märchenhaft, sagenhaft

fac [fak] *f (fam)* Fakultät *f*

façade [fasad] *f 1.* Fassade *f,* Front *f; 2. (fig)* Maske *f*

face [fas] *f 1. (visage)* Gesicht *n; perdre la ~* das Gesicht verlieren; *Il le lui a dit en ~.* Er hat es ihm ins Gesicht gesagt. *faire ~ à la situation* die Lage meistern; *2. (figure)* Angesicht *n; se trouver ~ à ~ avec qn* jdm von Angesicht zu Angesicht gegenüberstehen; *être en ~ de qn* jdm gegenüberstehen; *3. en ~ (local)* gegenüber

face-à-face [fasafas] *m* Fernsehduell *n,* Diskussion *f*

facétie [faseti] *f* Posse *f*

facétieux [fasesjø] *adj* witzig, komisch

fâché [fɑʃe] *adj* böse

fâcher [fɑʃe] *v 1. se ~* sich ärgern; *Il se fâche pour un rien.* Er regt sich wegen jeder Kleinigkeit auf. *2. (s'indigner)* sich entrüsten; *3. (irriter)* verärgern

fâcheux [fɑʃø] *adj* ärgerlich, unangenehm

facile [fasil] *adj 1. (simple)* leicht, simpel, einfach; *être ~ comme tout* kinderleicht sein; *être ~ à comprendre* unschwer zu verstehen sein; *C'est plus ~ à dire qu'à faire.* Das ist leichter gesagt als getan. *2. (docile)* fügsam; *3. (sans peine)* mühelos; *Il est ~ à vivre.* Er ist umgänglich./Mit ihm ist gut auszukommen. *4. ~ à entretenir* pflegeleicht; *5. ~ à manœuvrer* wendig; *6. (fig)* billig; *7. (fig: parole)* flüssig, fließend

facilité [fasilite] *f* Leichtigkeit *f*

faciliter [fasilite] *v* ermöglichen, erleichtern

façon [fasɔ̃] *f 1.* Art und Weise *f; à la ~ de* nach Art von; *d'une ~ générale* allgemein; *~ de penser* Denkweise *f; en aucune ~* keineswegs; *de toute ~* sowieso; *2. (style)* Form *f; sans ~* ungezwungen, zwanglos; *3. (fig)* Tour *f; 4. ~s pl* Manieren *pl*

façonnage [fasɔnaʒ] *m* Verarbeitung *f,* Bearbeitung *f*

façonnement [fasɔnmɑ̃] *m (donner de la forme)* Gestaltung *f*

façonner [fasɔne] *v 1.* formen, gestalten; *2. (travailler qc)* verarbeiten, bearbeiten

facteur [faktœʀ] *m 1.* Postbote *m,* Briefträger *m; 2. (agent)* Faktor *m; ~ perturbateur* Störfaktor *m; ~ d'incertitude* Unsicherheitsfaktor *m; ~ Rhésus MED* Rhesusfaktor *m*

faction [faksjɔ̃] *f* Wache *f*

facture [faktyʀ] *f ECO* Rechnung *f; ~ pro forma* Pro-forma-Rechnung *f*

facturer [faktyʀe] *v* anrechnen

facultatif [fakyltatif] *adj* unverbindlich

faculté [fakylte] *f 1.* Fähigkeit *f; 2. (pouvoir)* Können *n,* Vermögen *n; 3. ~ d'adaptation* Anpassungsfähigkeit *f; 4. (d'une université)* Fakultät *f; 5. (fig: don)* Gabe *f; 6. ~ de penser* Denkvermögen *n; 7. ~ visuelle* Sehkraft *f; 8. ~ de juger* Urteilsvermögen *n*

fade [fad] *adj 1.* fade, geschmacklos; *2. (sans charme)* reizlos

faiblard [fɛblaʀ] *m (fam)* Schwächling *m*

faible [fɛbl] *adj 1.* gering; *2. (à voix basse)* leise; *3. (sans force)* schwach, matt; *avoir un ~ pour qn* eine Schwäche für jdn haben; *4. (sans caractère)* charakterlos; *5. (mou)* flau; *6. (fragile)* kraftlos, schwächlich

faiblesse [fɛblɛs] *f 1.* Schwäche *f; ~ de caractère* Charakterschwäche *f; 2. (prédisposition)* Anfälligkeit *f; 3. MED* Schwächeanfall *m*

faiblir [fɛbliʀ] *v 1.* schwach werden; *2. (s'atténuer)* nachlassen

faïence [fajɑ̃s] *f* Fayence *f; un plat en ~* ein Fayenceteller *m*

faille [fɑj] *f* Kluft *f*

faillir [fɑjiʀ] *v irr ~ à qc* etw missachten, gegen etw verstoßen

faillite [fɑjit] *f FIN* Bankrott *m,* Konkurs *m*

faim [fɛ̃] *f 1.* Hunger *m; manger à sa ~* sich satt essen; *rester sur sa ~* nicht auf seine Kosten kommen; *2. ~ dévorante* Heißhunger *m*

fainéant [fɛneɑ̃] *m 1.* Tunichtgut *m; adj 2.* faul, träge
fainéanter [fɛneɑ̃te] *v* faulenzen
fainéantise [fɛneɑ̃tiz] *f* Faulheit *f,* Müßiggang *m*
faire [fɛʀ] *v irr 1.* machen, tun; *~ dodo (fam)* schlafen/heia machen; *~ faillite* scheitern/Pleite machen; *~ son choix* seine Wahl treffen; *~ le ménage* aufräumen/putzen; *~ beaucoup d'argent* viel Geld verdienen; *~ la cuisine* kochen; *~ une farce* einen Jux machen; *~ la paix* Frieden schließen; *~ des petits* Junge bekommen; *~ le malade* sich krank stellen; *~ jeune* jung aussehen; *Rien à ~!* Nichts zu machen! *ne savoir que ~ de qc* mit etw nichts anfangen können; *ne pas s'en ~* sich nicht aufregen; *se ~ une opinion* sich eine Meinung bilden; *Il a cru bien ~.* Er glaubte, es richtig zu machen. *Faites comme chez vous!* Machen Sie es sich bequem! *Ce qui est fait est fait.* Geschehen ist geschehen. *C'en est fait de lui.* Es ist um ihn geschehen. *être bien fait* gut gewachsen sein; *Le fait est que ...* Die Sache ist die, dass ...; *On se fait à tout.* Man gewöhnt sich an alles. *Ça ne se fait pas!* Das tut man nicht! *Vous feriez mieux de vous taire.* Sie täten besser daran, den Mund zu halten. *Quel temps fait-il?* Wie ist das Wetter? *2. (travailler)* schaffen; *se ~ immatriculer* sich anmelden; *se ~ coller (à un examen)* durchfallen; *se ~ voir* erscheinen; *se ~ la bise* sich küssen; *se ~ des illusions de* sich Illusionen machen über; *se ~ violence* sich überwinden; *se ~ une entorse à qc* sich etw verstauchen; *3. (laisser)* lassen, veranlassen; *4. (prix)* ausmachen, sich belaufen auf; *5. (procéder)* vorgehen; *6. (fig)* treiben, betreiben
faire-part [fɛʀpaʀ] *m* Anzeige *f; un ~ de mariage* eine Heiratsanzeige *f; envoyer des ~ de naissance* Geburtsanzeigen verschicken
fair-play [fɛʀplɛ] *m* Fairness *f*
faisable [fəzabl] *adj* möglich, machbar
faisan [fəzɑ̃] *m ZOOL* Fasan *m*
faisceau [fɛso] *m* Bündel *n*
fait [fɛ] *m 1.* Tatsache *f; par ce ~ (conséquence)* dadurch; *du ~ de (fig)* über/wegen; *2. (événements)* Gegebenheit *f; 3. (action)* Handlung *f,* Tat *f*
fait-maison [fɛmɛzɔ̃] *adj* hausgemacht
fait-tout [fɛtu] *m* Kochtopf *m*
falaise [falɛz] *f* Klippe *f,* Steilküste *f*
falloir [falwaʀ] *v irr* müssen; *Il s'en est fallu de peu.* Es hat nicht viel gefehlt./Es fehlte nur wenig. *Il me faut ...* Ich brauche ...; *Il me faut partir.* Ich muss gehen. *comme il faut* einwandfrei; *une personne très comme il faut* ein sehr anständiger Mensch *m*
falsification [falsifikasjɔ̃] *f 1.* Fälschung *f,* Vefälschung *f; 2. ~ de documents* Urkundenfälschung *f*
falsifier [falsifje] *v* fälschen, verfälschen
famé [fame] *adj mal ~* berüchtigt, verrufen; *un quartier mal ~* ein berüchtigtes Viertel *n*
fameux [famø] *adj 1.* berühmt; *2. (excellent)* famos, prima
familial [familjal] *adj* Familien..., familiär; *les allocations ~es* das Kindergeld *n*
familiariser [familjaʀize] *v se ~ avec* sich gewöhnen an
familiarité [familjaʀite] *f* Vertrautheit *f*
familier [familje] *adj 1.* üblich; *2. (de confiance)* vertraulich, vertraut
famille [famij] *f 1.* Familie *f; 2. membre de la ~* Verwandte(r) *m/f,* Familienangehörige(r) *m/f; 3. (parents)* Verwandtschaft *f*
famine [famin] *f* Hungersnot *f*
fan [fan] *m* Fan *m*
fanatique [fanatik] *m 1.* Fanatiker *m; adj 2.* fanatisch
fanatiser [fanatize] *v* aufhetzen
fané [fane] *adj (fleur)* welk
faner [fane] *v se ~* welken, verwelken
fanfare [fɑ̃faʀ] *f MUS* Blaskapelle *f*
fanfaron [fɑ̃faʀɔ̃] *m (fam)* Angeber *m,* Aufschneider *m*
fanfaronnade [fɑ̃faʀɔnad] *f (fam)* Angeberei *f*
fanfaronner [fɑ̃faʀɔne] *v (fam)* angeben, prahlen
fanfreluches [fɑ̃fʀəlyʃ] *f/pl* Firlefanz *m*
fange [fɑ̃ʒ] *f (fig)* Schlamm *m*
fantaisie [fɑ̃tɛzi] *f 1.* Einbildung *f; 2. (imagination)* Fantasie *f*
fantaisiste [fɑ̃tɛzist] *m/f THEAT* Kabarettist(in) *m/f*
fantasme [fɑ̃tasm] *m* Sinnestäuschung *f,* Trugbild *n; avoir des ~s* Trugbilder sehen
fantastique [fɑ̃tastik] *adj 1.* fantastisch; *2. (fig)* traumhaft
fantomatique [fɑ̃tɔmatik] *adj* gespenstisch, schemenhaft
fantôme [fɑ̃tom] *m (spectre)* Geist *m,* Gespenst *n,* Phantom *n*
faramineux [faʀaminø] *adj* kolossal
farandole [faʀɑ̃dɔl] *f* Farandole *f*
farce[1] [faʀs] *f 1.* Jux *m,* Schabernack *m; 2. (bouffonnerie)* Posse *f*

farce² [faʀs] *f GAST* Füllung *f*
farceur [faʀsœʀ] *m 1.* Witzbold *m; adj 2.* witzig
farcir [faʀsiʀ] *v 1. GAST* füllen; *~ une volaille* Geflügel füllen; *~ des aubergines* Auberginen füllen; *2. se ~ (fam)* voll stopfen, sich aufhalsen; *se ~ une corvée* sich eine lästige Arbeit aufhalsen; *se ~ qn* sich jdn aufreißen; *J'ai dû me ~ tout le travail.* Ich musste die ganze Arbeit erledigen. *Ils se sont farci deux heures d'attente.* Sie mussten zwei Stunden warten.
fard [faʀ] *m 1.* Schminke *f; piquer un ~* rot anlaufen/einen roten Kopf kriegen/knallrot werden; *2. ~ à paupières* Lidschatten *m*
fardeau [faʀdo] *m 1.* Last *f; 2. (moral)* Belastung *f,* Druck *m*
farder [faʀde] *v 1.* schminken; *2. se ~* sich schminken
farfelu [faʀfəly] *adj (fam)* verrückt, wirr; *avoir des idées ~es* seltsame Ideen haben/verrückte Ideen haben
farfouiller [faʀfuje] *v* aufwühlen, kramen
farine [faʀin] *f* Mehl *n*
farineux [faʀinø] *adj* mehlig
farouche [faʀuʃ] *adj (fig)* spröde, abweisend
fart [faʀ] *m (d'un ski)* Wachs *n*
fascinant [fasinɑ̃] *adj* faszinierend
fascination [fasinasjɔ̃] *f* Faszination *f*
fasciner [fasine] *v 1.* bezaubern; *2. (fig: tromper)* blenden
fascisme [faʃism] *m POL* Faschismus *m*
fasciste [faʃist] *adj POL* faschistisch
faséyer [fazeje] *v (voile)* flattern
faste [fast] *m* Luxus *m,* Prunk *m*
fastueux [fastɥø] *adj* luxuriös, prunkvoll
fatal [fatal] *adj 1.* unvermeidlich; *2. (funeste)* schicksalhaft, verhängnisvoll
fatalisme [fatalism] *m* Fatalismus *m*
fatalité [fatalite] *f* Verhängnis *n*
fatigant [fatigɑ̃] *adj 1.* anstrengend, ermüdend; *2. (ennuyeux)* langweilig
fatigue [fatig] *f 1.* Ermüdung *f; 2. (lassitude)* Müdigkeit *f; être rendu de ~* zum Umfallen müde sein; *3. (corvée)* Strapaze *f; 4. (surmenage)* Überarbeitung *f; 5. grande ~* Übermüdung *f*
fatigué [fatige] *adj* müde, abgespannt; *Il ne s'est pas trop ~.* Er hat sich keine große Mühe gegeben.
fatiguer [fatige] *v 1. se ~* ermüden; *2. (user) TECH* beanspruchen; *3. (éreinter)* strapazieren
fatras [fatʀa] *m* Plunder *m*
faubourg [fobuʀ] *m* Vorort *m,* Vorstadt *f*
faucher [foʃe] *v 1.* mähen; *être fauché comme les blés (fig)* total pleite sein/total abgebrannt sein; *2. (fam)* klauen
faucon [fokɔ̃] *m ZOOL* Falke *m*
faufiler [fofile] *v se ~ pour passer devant* sich vordrängen
faune [fon] *f* Fauna *f*
fausse-monnaie [fosmɔnɛ] *f* Falschgeld *n*
fausse-nouvelle [fosnuvɛl] *f (dans un journal)* Ente *f*
fausser [fose] *v* verbiegen, verfälschen
fausseté [foste] *f* Unaufrichtigkeit *f,* Unwahrheit *f*
faute [fot] *f 1.* Missgriff *m; 2. (erreur)* Fehler *m; Sans ~!* Bestimmt!/Sicher! *~ d'inattention* Flüchtigkeitsfehler *m; ~ de calcul* Rechenfehler *m; ~ d'impression* Druckfehler *m; ~ capitale* Kardinalfehler *m; 3. (culpabilité)* Verschulden *n; A qui la ~?* Wer ist schuld daran? *Ce n'est pas de ma ~.* Das ist nicht meine Schuld./Ich kann nichts dafür. *4. JUR* Vergehen *n; 5. (morale)* Verfehlung *f; prep 6. ~ de* mangels
fauteuil [fotœj] *m 1.* Sessel *m; 2. ~ roulant* Rollstuhl *m*
fautif [fotif] *adj être ~* schuldig sein
faux [fo] *adj 1. (pas vrai)* falsch; *~ bourdon* Drohne *f; ~ départ* Fehlstart *m; ~ pas* Fehltritt *m; ~ frais* Nebenkosten *pl; ~ en écriture* Urkundenfälschung *f; ~ contact* Wackelkontakt *m; fausse couche* Abort *m; fausse déposition* Falschaussage *f; fausse route* Abweg *m; 2. (erroné)* schief; *3. (bijou)* falsch, unecht; *4. (fig)* unaufrichtig, falsch; *5. (incorrect)* verkehrt; *adv 6. (à tort)* fälschlicherweise
faux-filet [fofilɛ] *m GAST* Lende *f*
faveur [favœʀ] *f 1.* Gunst *f,* Wohlwollen *n; 2. (privilège)* Vergünstigung *f; 3. en ~ de* zugunsten
favorable [favɔʀabl] *adj 1.* günstig; *2. (bienveillant)* wohlwollend; *3. ~ à l'environnement* umweltfreundlich
favori [favɔʀi] *m* Favorit *m*
favoriser [favɔʀize] *v 1.* bevorzugen, begünstigen; *2. ~ qc* einer Sache Vorschub leisten
fax [faks] *m TEL* Fax *n*
fayot [fajo] *m (légume sec)* Bohne *f*
fébrile [febʀil] *adj MED* hitzig
fécond [fekɔ̃] *adj* fruchtbar

fécondation [fekɔ̃dasjɔ̃] *f BIO* Befruchtung *f*
féconder [fekɔ̃de] *v 1. BIO* befruchten; *2. (fleur) BIO* bestäuben
fécondité [fekɔ̃dite] *f* Fruchtbarkeit *f*
fécule [fekyl] *f GAST* Stärke *f*
fédéral [fedeʀal] *adj 1.* förderal, Bundes...; *2. POL* föderativ, Bundes...
fédération [fedeʀasjɔ̃] *f 1. (union)* Verband *m; 2. POL* Bund *m; 3. (alliance) POL* Föderation *f*
fée [fe] *f* Fee *f*
féerique [feeʀik] *adj 1.* märchenhaft; *2. (fig)* zauberhaft
feignant [fɛɲɑ̃] *adj 1. (paresseux)* faul; *m 2.* Faulenzer *m,* Faulpelz *m*
feindre [fɛ̃dʀ] *v irr 1.* fingieren; *2. (affecter)* heucheln; *3. (simuler)* simulieren, vortäuschen; *4. (fig)* sich verstellen
feinte [fɛ̃t] *f* Vortäuschung *f*
fêlé [fɛle] *adj* gesprungen
félicitation [felisitɑsjɔ̃] *f* Gratulation *f*
félicité [felisite] *f 1.* Heil *n; 2. (béatitude)* Seligkeit *f*
féliciter [felisite] *v 1.* gratulieren; *2. ~ qn pour/~ qn de* jdn beglückwünschen zu
félin [felɛ̃] *m 1. ZOOL* Katze *f,* Raubtier *n; adj 2.* Katzen..., katzenartig; *la race ~e* die Katzenrasse *f*
félonie [felɔni] *f HIST* Verrat *m*
fêlure [felyʀ] *f 1.* Knacks *m,* Sprung *m; 2. (fissure)* Ritze *f*
femelle [fəmɛl] *adj ZOOL* weiblich
féminin [feminɛ̃] *adj* weiblich, feminin
féminisme [feminism] *m* Feminismus *m*
féministe [feminist] *f 1.* Feministin *f,* Frauenrechtlerin *f; 2. (fam)* Emanze *f*
femme [fam] *f 1.* Frau *f; Elle est très ~.* Sie ist sehr weiblich. *prendre pour ~* zur Frau nehmen/heiraten; *2. ~ légère* Dirne *f; 3. ~ au foyer* Hausfrau *f; 4. ~ de ménage* Putzfrau *f,* Raumpflegerin *f; 5. ~ de lettres* Schriftstellerin *f; 6. ~ enceinte* Schwangere *f; 7. (fam: bonne femme)* Weib *n*
fendillé [fɑ̃dije] *adj* rissig
fendre [fɑ̃dʀ] *v 1.* aufschneiden, aufspalten; *2. (casser)* hacken
fenêtre [fənɛtʀ] *f* Fenster *n; jeter l'argent par les ~s (fam)* Geld verpulvern
fenouil [fənuj] *m BOT* Fenchel *m*
fente [fɑ̃t] *f 1. (coupe)* Einschnitt *m; 2. (rainure)* Schlitz *m,* Spalt *m*
fer [fɛʀ] *m 1.* Eisen *n; en ~* eisern/aus Eisen; *en ~ forgé* schmiedeeisern; *2. ~ blanc* Blech *n; 3. ~ à repasser* Bügeleisen *n; 4. ~ à cheval* Hufeisen *n; 5. ~ à souder TECH* Lötkolben *m*
férié [feʀje] *adj jour ~* Feiertag *m*
fermage [fɛʀmaʒ] *m* Pacht *f*
ferme[1] [fɛʀm] *adj 1. (dur)* fest, hart; *2. (contrat)* bindend
ferme[2] [fɛʀm] *f 1.* Bauernhof *m,* Hof *m,* Gut *n; ~ avicole* Geflügelfarm *f; 2. ARCH* Dachstuhl *m*
fermé [fɛʀme] *adj* geschlossen
fermentation [fɛʀmɑ̃tasjɔ̃] *f* Gärung *f*
fermenter [fɛʀmɑ̃te] *v* gären
fermer [fɛʀme] *v 1.* zubinden; *2. (clore)* schließen, zumachen; *3. ~ l'œil (fig: pardonner)* ein Auge zudrücken, nachsehen; *4. ~ en tournant* zudrehen; *5. ~ à clé* zuschließen, abschließen; *6. (terminer)* beschließen, schließen
fermeté [fɛʀməte] *f* Standhaftigkeit *f; avec ~* nachdrücklich
fermeture [fɛʀmətyʀ] *f 1.* Verschluss *m; 2. ~ éclair* Reißverschluss *m; 3. l'heure de ~ des bureaux* Büroschluss *m*
fermier [fɛʀmje] *m AGR* Pächter *m*
fermoir [fɛʀmwaʀ] *m 1. (d'un bijou)* Verschluss *m; 2. (agrafe)* Spange *f*
féroce [feʀɔs] *adj* grausam
férocité [feʀɔsite] *f* Grausamkeit *f*
ferraille [fɛʀɑj] *f* Alteisen *n,* Schrott *m*
ferrugineux [fɛʀyʒinø] *adj* eisenhaltig
ferry-boat [fɛʀebot] *m* Fähre *f*
fertile [fɛʀtil] *adj 1. (terre)* fruchtbar; *2. (fig)* reich
fertilité [fɛʀtilite] *f* Fruchtbarkeit *f*
fervent [fɛʀvɑ̃] *adj 1. (fig)* glühend; *2. (ardent)* inbrünstig, innig
ferveur [fɛʀvœʀ] *f 1.* Inbrunst *f; 2. (fig)* Glut *f*
fesses [fɛs] *f/pl (fam)* Hintern *m,* Po *m; serrer les ~* Bammel haben
festin [fɛstɛ̃] *m* Mahl *n*
festival [fɛstival] *m 1.* Festival *n; 2. ~ du cinéma* Filmfestspiele *pl*
festoyer [fɛstwaje] *v* tafeln
fête [fɛt] *f 1.* Fest *n,* Feier *f; faire la ~ à qn* jdn feiern/jdm einen festlichen Empfang bereiten/jdn hochleben lassen; *~ populaire* Volksfest *n; ~ de Noël* Weihnachten *n; ~ d'adieu(x)* Abschiedsfest *n; ~ de fin d'études* Abschlussfest *n; ~ des morts* Allerseelen *n; ~ de famille* Familienfest *n; ~ champêtre* Gartenfest *n; ~ d'anniversaire* Geburtstagsfest *n; ~ commémorative* Gedenkfeier *f; ~*

des mères Muttertag *m; 2. (manifestation)* Veranstaltung *f*
Fête-Dieu [fɛtdjø] *f REL* Fronleichnam *m*
fêter [fɛte] *v* ein Fest begehen, feiern
fétiche [fetiʃ] *m* Maskottchen *n*
fétide [fetid] *adj* übel riechend
feu [fø] *m 1.* Feuer *n; Avez-vous du ~?* Haben Sie Feuer? *n'y voir que du ~* gar nichts merken; *faire long ~* lange dauern; *Il n'y a pas le ~ au lac.* Es brennt ja nicht./Es eilt nicht. *~ d'arrêt* Bremslicht *n; ~ d'artifice* Feuerwerk *n; ~ de camp* Lagerfeuer *n; ~ de position* Standlicht *n; jouer avec le ~* mit dem Feuer spielen; *2. (passion)* Leidenschaft *f; dans le ~ de l'action* im Eifer des Gefechts; *faire ~ sur* abfeuern; *prendre ~* anbrennen; *3. (fig)* Glut *f; 4. ~ rouge* rote Ampel *f; donner le ~ vert* grünes Licht geben; *5. ~x de détresse pl* Warnblinkanlage *f*
feuillage [fœjaʒ] *m* Laub *n*
feuille [fœj] *f 1.* Blatt *n; ~ de papier* Papierbogen *m; ~ transparente* Folie *f; ~ de placage* Furnier *n; ~ de maladie* Krankenschein *m; ~ d'aluminium* Aluminiumfolie *f; ~ de trèfle* Kleeblatt *n; trembler comme une ~* zittern wie Espenlaub; *2. (d'arbre) BOT* Blatt *n; être dur de la ~* schwerhörig sein; *3. une ~ de chou (fam)* ein Käseblatt *n; 4. ~s pl* Laub *n*
feuilleter [fœjte] *v* blättern, durchblättern
feuilleton [fœjtɔ̃] *m* Feuilleton *n; un ~ littéraire* ein Fortsetzungsroman *m; un ~ télévisé* eine Fernsehserie *f*
feuillu [fœjy] *m BOT* Laubbaum *m*
feutre [føtʀ] *m 1.* Filz *m; 2. (crayon)* Filzstift *m*
feutrer [føtʀe] *v* verfilzen
fève [fɛv] *f 1. BOT* Bohne *f,* dicke Bohne *f; 2. ~ des Rois* Figur, die im Dreikönigskuchen versteckt wird *f*
février [fevʀije] *m* Februar *m*
fi [fi] *interj faire ~ de* verschmähen
fiabilité [fjabilite] *f* Zuverlässigkeit *f*
fiable [fjabl] *adj* verlässlich
fiacre [fjakʀ] *m* Kutsche *f*
fiancailles [fijɑ̃sɑj] *f/pl* Verlobung *f*
fiancé(e) [fijɑ̃se] *m/f 1.* Bräutigam/Braut *m/f; 2. (promis)* Verlobte(r) *m/f*
fiancer [fijɑ̃se] *v se ~ à/se ~ avec* sich verloben mit
fibre [fibʀ] *f 1.* Faser *f; 2. (fig: caractère)* Ader *f; 3. ~ végétale* Bast *m; 4. ~ synthétique* Chemiefaser *f,* Kunstfaser *f*
ficeler [fisle] *v* schnüren; *être mal ficelé* schlecht gekleidet sein
ficelle [fisɛl] *f* Bindfaden *m; tirer les ~s* die Fäden in der Hand haben
fiche [fiʃ] *f 1.* Karteikarte *f; 2. ~ d'état civil* Abstammungsurkunde *f; 3. ~ de prise de courant* Stecker *m*
ficher [fiʃe] *v 1. (fam: faire)* tun; *Il n'a rien fichu.* Er hat keinen Finger gerührt. *2. (fam: donner)* geben; *~ une claque à qn* jdm eine Ohrfeige geben; *Ce film me fiche le cafard.* Dieser Film ist unglaublich trübsinnig./Dieser Film bringt mich zum Heulen. *Fiche-moi la paix!* Lass mich in Ruhe! *3. (fam: mettre)* legen; *~ le camp* abhauen; *~ qn à la porte* jdn vor die Tür setzen/jdn hinauswerfen; *~ qn dedans* jdn betrügen/jdn übers Ohr hauen; *~ qc par terre* etw zu Boden schleudern; *4. se ~ de qc (fam)* sich um etw nicht kümmern; *Je m'en fiche pas mal!* Das ist mir vollkommen egal! *Il se fiche du monde.* Der hat Nerven. *5. se ~ de qn (fam: se moquer)* sich lustig machen über jdn
fichier [fiʃje] *m* Datei *f,* Kartei *f*
fichu[1] [fiʃy] *m (foulard)* Halstuch *n*
fichu[2] [fiʃy] *adj (fam)* kaputt, hin
fidèle [fidɛl] *adj 1.* treu, zuverlässig; *2. (véridique)* wahrheitsgetreu; *3. REL* gläubig; *m/f 4. REL* Gläubige(r) *m/f*
fidélité [fidelite] *f* Treue *f*
fier[1] [fje] *v se ~ à qn* jdm vertrauen, jdm trauen
fier[2] [fjɛʀ] *adj ~ de* stolz auf; *être ~ comme un paon* stolz wie ein Pfau sein; *Il n'y a pas de quoi être ~.* Darauf brauchst du dir gar nichts einzubilden.
fierté [fjɛʀte] *f* Stolz *m*
fièvre [fjɛvʀ] *f* Fieber *n*
fiévreux [fjevʀø] *adj* fiebrig, zittrig; *se sentir ~* sich fiebrig fühlen; *avoir des mains fiévreuses* heiße Hände haben
figé [fiʒe] *adj (liquide)* dick, fest
figer [fiʒe] *v se ~* gerinnen
fignoler [fiɲɔle] *v (fam) ~ qc* etw überarbeiten
figue [fig] *f BOT* Feige *f*
figurant [figyʀɑ̃] *m CINE* Komparse *m,* Statist *m*
figuratif [figyʀatif] *adj* bildlich
figure [figyʀ] *f 1.* Gesicht *n; 2. (face)* Angesicht *n; 3. (taille)* Gestalt *f; faire bonne ~* eine gute Figur machen
figurer [figyʀe] *v 1. (fig: signifier)* darstellen; *2. se ~ qc* sich etw vorstellen

fil [fil] *m 1.* Faden *m; 2. (retors)* Zwirn *m; donner du ~ à retordre à qn* jdm Sorgen bereiten/jdm zu schaffen machen; *perdre le ~* den Faden verlieren; *C'est cousu de ~ blanc.* Das ist leicht zu durchschauen. *de ~ en aiguille* nach und nach; *3. (tordu)* Garn *n; ~ à coudre* Nähgarn *n; 4. ~ de fer* Draht *m; ~ de fer barbelé* Stacheldraht *m; 5. ~ électrique* Leitung *f; 6. ~ conducteur* Leitfaden *m; 7. ~ à plomb TECH* Lot *n*

filament [filamɑ̃] *m* Faden *m*

filasse [filas] *f* Bast *m*

file [fil] *f 1. (de personnes)* Reihe *f; 2. (ligne)* Zeile *f; 3. ~ indienne* Gänsemarsch *m; à la ~ indienne* einer nach dem anderen/im Gänsemarsch

filer [file] *v 1. (fam: partir)* verduften, abhauen; *~ à l'anglaise* sich auf Französisch empfehlen; *~ comme une flèche* wie ein Pfeil davonschießen; *2. (avec un rouet)* spinnen

filet [filɛ] *m 1.* Netz *n; 2. ~ d'eau* Rinnsal *n; 3. GAST* Filet *n,* Lende *f*

filiale [filjal] *f ECO* Tochtergesellschaft *f*

fille [fij] *f 1.* Mädchen *n; 2. (de son père)* Tochter *f; 3. ~ de joie* Dirne *f*

filleul [fijœl] *m* Patenkind *n*

film [film] *m 1.* Film *m; 2. CINE* Film *m,* Darstellung *f; ~ d'aventures* Abenteuerfilm *m; ~ grand écran* Breitwandfilm *m; ~ vidéo* Videofilm *m; ~ régional* Heimatfilm *m; ~ en noir et blanc* Schwarzweißfilm *m; ~ muet* Stummfilm *m*

filmer [filme] *v 1.* filmen; *2. CINE* verfilmen

filon [filɔ̃] *m 1. MIN* Ader *f; 2. (fig)* Masche *f*

filou [filu] *m 1.* Gauner *m,* Spitzbube *m; adj 2.* spitzbübisch

fils [fis] *m* Sohn *m; ~ à papa* Sohn von Beruf *m*

filtre [filtʀ] *m* Filter *m/n*

filtrer [filtʀe] *v* filtern, sieben

fin[1] [fɛ̃] *f 1.* Ende *n,* Schluss *m; mettre ~ à qc* einer Sache ein Ende setzen; *arriver à ses ~s/en venir à ses ~s* sein Ziel erreichen; *tirer à sa ~* zur Neige gehen; *à cette ~* deshalb; *en ~ de compte* schließlich/letztlich; *~ de la journée de travail* Feierabend *m; ~ heureuse* Happyend *n; ~ du monde* Weltuntergang *m; 2. (d'un film)* Ausgang *m; 3. (but)* Zweck *m; ~ en soi* Selbstzweck *m*

fin[2] [fɛ̃] *adj 1.* listig, schlau, verschmitzt; *2. (silhouette, personne)* dünn; *3. (mince)* fein; *4. (cuisine)* delikat; *Fine bouche* Feinschmecker *m*

final [final] *adj* abschließend, letzter

finale [final] *m 1. MUS* Finale *n; f 2. SPORT* Endspiel *n,* Finale *n*

finaliste [finalist] *adj 1. SPORT* Final...; *les équipes ~s* die im Finale stehenden Mannschaften *pl; m/f 2. SPORT* Finalist(in) *m/f,* Teilnehmer(in) an der Endrunde *m/f*

financement [finɑ̃smɑ̃] *m* Finanzierung *f*

financer [finɑ̃se] *v* finanzieren

finances [finɑ̃s] *f/pl 1.* Finanzen *pl; 2. ~ publiques* Staatshaushalt *m*

financier [finɑ̃sje] *adj 1.* wirtschaftlich; *2. (économique)* finanziell

finesse [finɛs] *f 1.* Feinheit *f; 2. (perspicacité)* Scharfsinn *m*

fini [fini] *adj 1. (terminé)* fertig, vorbei; *2. (fam: fichu)* hin

finir [finiʀ] *v 1.* enden, ausgehen, fertig machen; *2. (terminer)* beschließen; *3. ~ de construire (bâtiment)* ausbauen; *4. (acherer)* vollenden

finissage [finisaʒ] *m* Ausarbeitung *f*

finition [finisjɔ̃] *f* Ausarbeitung *f*

finlandais [fɛ̃lɑ̃dɛ] *adj* finnisch

Finlandais(e) [fɛ̃lɑ̃dɛ(z)] *m/f* Finne/Finnin *m/f*

Finlande [fɛ̃lɑ̃d] *f GEO* Finnland *n*

finnois [finwa] *adj* finnisch

Finnois(e) [finwa(z)] *m/f* Finne/Finnin *m/f*

fioriture [fjɔʀityʀ] *f* Schnörkel *m*

firmament [fiʀmamɑ̃] *m ASTR* Firmament *n*

firme [fiʀm] *f ECO* Firma *f*

fisc [fisk] *m* Fiskus *m*

fiscal [fiskal] *adj* steuerlich

fission [fisjɔ̃] *f PHYS* Spaltung *f*

fissure [fisyʀ] *f* Ritze *f*

fissurer [fisyʀe] *v se ~* rissig werden, Risse bekommen; *Le plafond se fissure.* Die Decke bekommt Risse.

fixation [fiksasjɔ̃] *f 1.* Befestigung *f; 2. (de ski)* Bindung *f*

fixe [fiks] *adj 1. (inchangé)* fest, gleich bleibend; *2. (immobile)* unbeweglich; *m 3.* Fixum *n*

fixer [fikse] *v 1. (attacher)* anbringen, befestigen; *2. (regarder)* fixieren, starren; *3. ~ les limites* abgrenzen; *4. (objectif)* abstecken; *5. (date)* anberaumen; *6. (accrocher)* anheften, heften; *7. (afficher)* anschlagen; *8. ~ du* *regard* anstarren; 9. *se ~ dans un pays* in ein Land einwandern

flacon [flakɔ̃] *m* Flakon *m*, Fläschchen *n; un ~ de parfum* ein Parfumflakon *m; un ~ de liqueur* eine Likörflasche *f*

flageoler [flaʒɔle] *v (trembler)* schlottern

flageolet [flaʒɔlɛ] *m BOT* kleine weiße Bohne *f; un gigot aux ~s* eine Hammelkeule mit weißen Bohnen *f*

flagrant [flagʀɑ̃] *adj* offenkundig

flair [flɛʀ] *m 1.* Gespür *n; avoir du ~* einen guten Riecher haben; *2. (nez)* Spürsinn *m*

flairer [flɛʀe] *v 1.* schnüffeln, schnuppern; *2. (renifler)* wittern

flamant [flamɑ̃] *m ~ rose ZOOL* Flamingo *m*

flambeau [flɑ̃bo] *m* Fackel *f*

flamber [flɑ̃be] *v 1.* lodern; *2. GAST* flambieren

flamme [flam] *f* Flamme *f*

flan [flɑ̃] *m GAST* Pudding *m*

flanc [flɑ̃] *m* Abhang *m; prêter le ~ à qc* sich einer Sache aussetzen

flancher [flɑ̃ʃe] *v ne pas ~ (fam)* durchhalten

flanelle [flanɛl] *f* Flanell *m*

flâner [flɑne] *v* bummeln, schlendern

flâneur [flɑnœʀ] *m* Müßiggänger *m*, Bummler *m*

flaque [flak] *f ~ d'eau* Lache *f*, Pfütze *f*

flash [flaʃ] *m FOTO* Blitzlicht *n*

flasque [flask] *adj* schlaff

flatter [flate] *v* schmeicheln; *~ le palais (fig)* den Gaumen kitzeln

flatterie [flatʀi] *f* Schmeichelei *f*

flatteur [flatœʀ] *adj 1.* schmeichelhaft; *m 2.* Schmeichler *m*

fléau [fleo] *m* Plage *f*

flèche [flɛʃ] *f* Pfeil *m*

fléchette [fleʃɛt] *f* Pfeil *m; jouer aux ~s* Dart spielen

fléchir [fleʃiʀ] *v 1.* nachgeben, weichen; *2. (faiblir)* abflauen

flegmatique [flɛgmatik] *adj* phlegmatisch

flegme [flɛgm] *m* Trägheit *f*, Schwerfälligkeit *f; réagir avec ~* langsam reagieren

flemmard [flɛmaʀ] *adj 1. (fam: feignant)* faul; *m 2. (fam)* Faulenzer *m*, Faulpelz *m*

flemmarder [flɛmaʀde] *v (fam)* faulenzen

flemme [flɛm] *f (fam)* Faulheit *f; avoir la ~ de faire qc* zu träge sein, etw zu tun

flet [flɛ] *m ZOOL* Flunder *f*

flétri [fletʀi] *adj* welk, verblüht

flétrir [fletʀiʀ] *v se ~* welken, verblühen

fleur [flœʀ] *f 1.* Blume *f; en ~* blühend; *2. (d'un arbre)* Blüte *f; 3. ~ de l'âge* Glanzzeit *f*

fleuri [flœʀi] *adj* blühend

fleurir [flœʀiʀ] *v (fleur)* blühen

fleuriste [flœʀist] *m/f* Blumenhändler(in) *m/f*, Florist(in) *m/f*

fleuve [flœv] *m* Strom *m*, Fluss *m*

flexibilité [flɛksibilite] *f 1.* Flexibilität *f; 2. (souplesse)* Nachgiebigkeit *f*

flexible [flɛksibl] *adj 1.* flexibel; *2. (souple)* biegsam, schmiegsam

flexion [flɛksjɔ̃] *f* Beugung *f*

flic [flik] *m (fam: policier, gendarme)* Bulle *m*

flipper [flipe] *v (fam: avoir peur)* ausflippen, Angst haben

flirt [flœʀt] *m* Flirt *m*

flirter [flœʀte] *v 1. ~ avec qn* mit jdm anbändeln; *2. (avoir une amourette)* flirten, turteln

flocon [flɔkɔ̃] *m* Flocke *f; ~ d'avoine* Haferflocke *f; ~ de neige* Schneeflocke *f*

Florence [flɔʀɑ̃s] *f GEO* Florenz *n*

florissant [flɔʀisɑ̃] *adj être ~* florieren

flot [flo] *m 1. (fig: quantité)* Flut *f; remettre qc à ~* etw wieder in Gang bringen; *2. ~s d'enthousiasme pl* Woge der Begeisterung *f*

flottant [flɔtɑ̃] *adj* wankelmütig

flotte [flɔt] *f* Flotte *f*

flotter [flɔte] *v 1. ~ au vent* wehen, flattern; *2. (planer)* schweben; *3. (vêtements)* schlottern; *4. (sûr l'eau)* treiben

flou [flu] *adj FOTO* verschwommen

fluctuation [flyktɥasjɔ̃] *f* Schwankung *f*, Abweichung *f*

fluctuer [flyktɥe] *v (s'éloigner)* schwanken, abweichen

fluet [flɥɛ] *adj 1. (personne)* dünn; *2. (frêle)* schmächtig, dünn

fluide [flɥid] *adj* flüssig, fließend; *un liquide ~* eine dünne Flüssigkeit *f; Une pâte à crêpes doit être ~.* Ein Crepeteig muss flüssig sein. *une circulation ~* ein flüssiger Verkehr *m*

flûte [flyt] *f* Flöte *f*

flux [flyks] *m 1. (de personnes)* Fluss *m; 2. (courant) PHYS* Strömung *f*

fœtus [fetys] *m BIO* Fötus *m*

foi [fwa] *f 1. REL* Glaube *m; ajouter ~ à qc* einer Sache Glauben schenken; *de mauvaise ~* böswillig; *2. bonne ~* Arglosigkeit *f*

foie [fwa] *m ANAT* Leber *f*

foin [fwɛ̃] *m* Heu *n*

foire [fwaʀ] *f 1.* Jahrmarkt *m,* Rummel *m; 2. (exposition)* Messe *f; ~ du livre* Buchmesse *f*
fois [fwa] *f* Mal *n; faire deux choses à la ~* zwei Dinge gleichzeitig tun; *une autre ~* ein andermal; *une ~ de plus* erneut; *pour la première ~* erstmals; *plusieurs ~* mehrfach; *des centaines de ~* x-mal; *chaque ~* jedes Mal; *une ~* einmal
fol [fɔl] *adj (voir „fou")*
folie [fɔli] *f 1.* Irrsinn *m,* Wahnsinn *m; 2. ~ des grandeurs* Größenwahn *m; 3. (absurdité)* Sinnlosigkeit *f; 4. (bêtise)* Torheit *f; Vous avez fait une ~.* Sie haben sich in Unkosten gestürzt.
folklore [fɔlklɔʀ] *m* Folklore *f*
folklorique [fɔlklɔʀik] *adj* volkstümlich
foncé [fɔ̃se] *adj (couleur)* dunkel
foncer [fɔ̃se] *v (fam: aller vite)* rasen, sausen; *La voiture fonce dans les virages.* Das Auto rast in die Kurven. *~ à toute allure* wie verrückt rasen; *~ sur qn* auf jdn losstürmen
fonceur [fɔ̃sœʀ] *m* Draufgänger *m*
foncez [fɔ̃se] *interj* drauflos
fonction [fɔ̃ksjɔ̃] *f 1.* Amt *n,* Dienststelle *f; 2. ~ publique* Öffentlicher Dienst *m; 3. (activité)* Funktion *f; ~ d'alibi* Alibifunktion *f*
fonctionnaire [fɔ̃ksjɔnɛʀ] *m/f* Beamter/Beamtin *m/f,* Staatsbeamter/Staatsbeamtin *m/f*
fonctionnel [fɔ̃ksjɔnɛl] *adj* funktional, funktionell
fonctionnement [fɔ̃ksjɔnmɑ̃] *m 1. (d'une machine)* Gang *m; 2. ~ déficient* Unterfunktion *f; 3. (activité) ECO* Betrieb *m*
fonctionner [fɔ̃ksjɔne] *v* funktionieren
fond [fɔ̃] *m 1. (de la mer)* Grund *m; aller au ~ des choses* den Dingen auf den Grund gehen; *à ~* gründlich; *respirer à ~* tief durchatmen; *2. (arrière-plan)* Hintergrund *m; 3. (fig)* Inhalt *m; 4. MIN* Sohle *f; 5. ~s pl* Kapital *n; 6. ~s pl ECO* Fonds *m*
fondamental [fɔ̃damɑ̃tal] *adj* wesentlich, grundlegend
fondamentaliste [fɔ̃damɑ̃talist] *m/f POL* Fundamentalist(in) *m/f*
fondant [fɔ̃dɑ̃] *adj* mürbe
fondateur [fɔ̃datœʀ] *m 1. (d'une ville)* Erbauer *m; 2. (d'une institution)* Gründer *m,* Stifter *m*
fondation [fɔ̃dasjɔ̃] *f 1.* Errichtung *f,* Gründung *f; 2. (organisation)* Stiftung *f; 3. ~s pl (d'une maison)* Fundament *n*
fondé [fɔ̃de] *adj 1. ~ sur* berechtigt zu; *2. (solide)* fundiert; *3. non ~* unbegründet
fondé(e) [fɔ̃de] *m/f 1. ~ de pouvoir JUR* Bevollmächtigte(r) *m/f; 2. ~ général* Generalbevollmächtigte(r) *m/f*
fondement [fɔ̃dəmɑ̃] *m 1.* Basis *f; 2. (fond)* Boden *m; 3. (assise)* Grundlage *f,* Fundament *n*
fonder [fɔ̃de] *v 1.* gründen, errichten; *2. se ~ sur* basieren auf; *3. (une ville)* erbauen; *4. (créer)* stiften
fondre [fɔ̃dʀ] *v 1. faire ~* lösen; *2. (liquidifier)* tauen; *3. ~ sur* herabstürzen auf; *4. se ~* zerrinnen, schmelzen
fondu [fɔ̃dy] *adj 1. (métal, liquide)* flüssig; *m 2.* Farbabstufung *f*
fondue [fɔ̃dy] *f GAST* Fondue *n*
fontaine [fɔ̃tɛn] *f 1.* Brunnen *m; 2. (source)* Quelle *f*
fonte [fɔ̃t] *f* Gusseisen *n*
foot [fut] *m (fam) SPORT* Fußball *m*
football [futbol] *m match de ~ SPORT* Fußballspiel *n*
forage [fɔʀaʒ] *m TECH* Bohrung *f*
forain [fɔʀɛ̃] *m* Schausteller *m*
force [fɔʀs] *f 1.* Gewalt *f; ~ des armes* Waffengewalt *f; 2. (puissance)* Kraft *f; être à bout de ~* am Ende seiner Kraft sein; *3. (pouvoir)* Macht *f; par la ~ des choses* zwangsläufig; *4. (vigeur)* Wucht *f; 5. ~ d'attraction* Anziehungskraft *f; 6. ~ motrice* Triebkraft *f; 7. ~ de persuasion* Überzeugungskraft *f; 8. ~ centrifuge PHYS* Fliehkraft *f; 9. ~ antimissile MIL* Raketenabwehr *f; 10. ~s armées pl MIL* Streitkräfte *pl*
forcé [fɔʀse] *adj* notgedrungen, zwangsläufig
forcément [fɔʀsemɑ̃] *adv* zwangsläufig, unbedingt; *Il a ~ raison.* Er hat zwangsläufig Recht.
forcené [fɔʀsəne] *m* Amokläufer *m*
forcer [fɔʀse] *v 1. se ~ à* sich zwingen zu; *2. ~ qn à faire qc* jdn zwingen, etw zu tun; *3. ~ à* erzwingen; *~ la porte de qn* sich bei jdm den Eintritt erzwingen; *4. ~ la note (fam)* übertreiben; *5. (fam: briser)* knacken
forer [fɔʀe] *v* drillen
forêt [fɔʀɛ] *f* Forst *m,* Wald *m; ~ tropicale* Regenwald *m; ~ vierge* Urwald *m; ~ de feuillus* Laubwald *m; ~ de conifères* Nadelwald *m*
forfait[1] [fɔʀfɛ] *m* Untat *f,* Missetat *f*
forfait[2] [fɔʀfɛ] *m (contrat)* Pauschalvertrag *m*

forge [fɔʀʒ] *f* Schmiede *f*
forger [fɔʀʒe] *v 1.* schmieden; *forgé de toutes pièces* frei erfunden/erstunken und erlogen; *2. (fig)* prägen
forgeron [fɔʀʒəʀɔ̃] *m* Schmied *m*
formaliste [fɔʀmalist] *adj* pedantisch
formalité [fɔʀmalite] *f 1.* Formalität *f; 2. (bagatelle)* Förmlichkeit *f; 3. ~s douanières pl* Zollabfertigung *f*
format [fɔʀma] *m* Format *n; ~ standard* Standardformat *n*
formater [fɔʀmate] *v INFORM* formatieren
formation [fɔʀmasjɔ̃] *f 1.* Ausbildung *f; ~ professionnelle* Berufsausbildung *f; niveau de ~* Bildungsstand *m; ~ pour adultes* Erwachsenenbildung *f; ~ continue* Fortbildung *f; ~ scolaire* Schulbildung *f; ~ complémentaire* Weiterbildung *f; faire de la ~* fortbilden; *2. (séminaire)* Schulung *f; 3. (produit)* Gebilde *n; 4. (d'un terrain) GEO* Formation *f; 5. (réalisation)* Bildung *f,* Gestaltgebung *f*
forme [fɔʀm] *f 1. (style)* Form *f; en bonne et due ~* förmlich; *2. (silhouette)* Gestalt *f,* Figur *f; en pleine ~* kerngesund
formel [fɔʀmɛl] *adj 1.* ausdrücklich; *2. (cérémonieux)* formal; *3. (précis)* formell; *4. JUR* eidesstattlich
former [fɔʀme] *v 1.* ausbilden; *2. (créer)* bilden, gestalten; *3. (personnel)* anlernen; *4. (modeler)* modellieren, prägen; *5. se ~* sich bilden
formidable [fɔʀmidabl] *adj 1.* fabelhaft; *2. (fam: superbe)* toll
formulaire [fɔʀmylɛʀ] *m* Formular *n,* Vordruck *m*
formule [fɔʀmyl] *f* Formel *f; ~ toute faite* Floskel *f*
formuler [fɔʀmyle] *v* formulieren
fort [fɔʀ] *adj 1. (énorme)* gewaltig; *2. (violent)* heftig; *3. (puissant)* kräftig; *C'est plus ~ que moi.* Das geht über meine Kräfte./Da kann ich nicht widerstehen. *C'est son ~.* Das ist seine Stärke. *C'est un peu ~!* Das geht zu weit! *4. (vif)* lebhaft; *5. (épices)* scharf; *6. (très)* sehr; *7. (pénétrant)* penetrant; *adv 8.* laut
fortification [fɔʀtifikasjɔ̃] *f MIL* Befestigung *f*
fortifier [fɔʀtifje] *v* verstärken
fortuit [fɔʀtɥi] *adj* zufällig
fortune [fɔʀtyn] *f 1.* Glück *n; 2. (destin)* Schicksal *n; 3. (hasard)* Zufall *m; 4. (richesse)* Reichtum *m; 5. (propriété)* Vermögen *n*
fortuné [fɔʀtyne] *adj* begütert, vermögend
forum [fɔʀɔm] *m (fig)* Forum *n*
fosse [fos] *f 1.* Grube *f; 2. (puits)* Schacht *m; 3. ~ septique* Sickergrube *f*
fossé [fose] *m 1.* Graben *m; 2. (espace)* Diskrepanz *f,* Kluft *f*
fossette [fosɛt] *f* Grübchen *n*
fossile [fɔsil] *adj* fossil
fossilisé [fɔsilize] *adj 1.* fossil; *2. GEOL* versteinert
fou [fu] *m 1.* Narr *m; 2. ~ furieux* Amokläufer *m; 3. (malade mental)* Irrer *m; adj 4. (dément)* irre, toll, verrückt; *5. (fam: dingue)* närrisch; *6. (toqué)* toll, verrückt; *être ~ à lier* komplett verrückt sein; *7. (insensé)* töricht; *8. (indomptable, incoercible)* unbändig; *avoir le ~ rire* unbändig lachen; *9. ~ de* versessen auf
foudre [fudʀ] *f 1. (de l'éclair)* Blitzschlag *m; coup de ~* Liebe auf den ersten Blick *f; 2. (tonnerre)* Donner *m*
fouet [fwe] *m 1.* Peitsche *f; 2. GAST* Schneebesen *m*
fouetter [fwete] *v* auspeitschen, peitschen
fougère [fuʒɛʀ] *f BOT* Farn *m*
fougue [fug] *f* Brunst *f*
fougueux [fugø] *adj 1.* heißblütig, leidenschaftlich; *2. (fig)* stürmisch, ungestüm
fouille [fuj] *f 1. JUR* Hausdurchsuchung *f; 2. ~s pl* Ausgrabung *f*
fouiller [fuje] *v* wühlen, durchwühlen, graben
fouillis [fuji] *m (fam)* Durcheinander *n*
fouiner [fwine] *v (fig)* schnüffeln
fouineur [fwinœʀ] *m* Schnüffler *m*
foulard [fulaʀ] *m* Halstuch *n,* Seidentuch *n*
foule [ful] *f 1.* Menge *f; 2. (peuple)* Volk *n; se mêler à la ~* sich unters Volk mischen; *3. (assemblée)* Ansammlung *f; 4. (mêlée)* Gedränge *n,* Masse *f; en ~* scharenweise
foulée [fule] *f* Fährte *f*
fouler [fule] *v* verstauchen; *se ~ le pied* sich den Fuß verknacksen
foulure [fulyʀ] *f MED* Verstauchung *f*
four [fuʀ] *m 1.* Ofen *m,* Backofen *m; faire un ~* einen Misserfolg haben; *2. ~ à micro-ondes* Mikrowellenherd *m; 3. petit ~ (biscuit)* Plätzchen *n*
fourbe [fuʀb] *adj* betrügerisch
fourbi [fuʀbi] *m (fam)* Kram *m*

fourche [fuʀʃ] *f (de bicyclette)* Gabel *f*
fourchette [fuʀʃɛt] *f 1. (couvert)* Gabel *f; 2. ECO* Bandbreite *f*
fourgon [fuʀgɔ̃] *m ~ funéraire* Leichenwagen *m*
fourgonnette [fuʀgɔnɛt] *f* Lieferwagen *m*
fourmi [fuʀmi] *f ZOOL* Ameise *f*
fourmilier [fuʀmilje] *m ZOOL* Ameisenbär *m*
fourmilière [fuʀmiljɛʀ] *f* Ameisenhaufen *m*
fourmillement [fuʀmijmɑ̃] *m 1. (agitation)* Wimmeln *n,* Vielfalt *f; un ~ d'insectes* ein Insektengewimmel *n; un ~ d'idées (fig)* eine Fülle von Ideen *f; 2. (picotement)* Kribbeln *n; avoir des ~s dans les jambes* ein Kribbeln in den Beinen haben
fourmiller [fuʀmije] *v (s'agiter)* wimmeln, tummeln
fournaise [fuʀnɛz] *f (fig)* Backofen *m*
fourneau [fuʀno] *m 1.* Heizofen *m; 2. (cuisinière)* Herd *m*
fournir [fuʀniʀ] *v 1.* liefern, beliefern; *2. (pourvoir)* versorgen
fournisseur [fuʀnisœʀ] *m* Lieferant *m*
fourniture [fuʀnityʀ] *f 1.* Lieferung *f; 2. (approvisionnement)* Versorgung *f,* Belieferung *f; 3. ~s pl* Bedarfsartikel *m*
fourrage [fuʀaʒ] *m* Futter *n; ~ sec* Trockenfutter *n*
fourré [fuʀe] *m* Dickicht *n,* Gestrüpp *n*
fourreau [fuʀo] *m* Messerscheide *f*
fourreur [fuʀœʀ] *m* Kürschner *m*
fourrière [fuʀjɛʀ] *f* Tierheim *n*
fourrure [fuʀyʀ] *f 1.* Fell *n; 2. (pelage)* Pelz *m; manteau de ~* Pelzmantel *m*
foutu [futy] *adj (fam: ruiné)* kaputt; *un homme ~* ein ruinierter Mensch *m; Cet instrument est ~.* Dieses Gerät ist kaputt.
foyer [fwaje] *m 1.* Brennpunkt *m; 2. (maison)* Heim *n; ~ du troisième âge* Altersheim *n; 3. (cuisinière)* Herd *m; 4. (abri)* Obdachlosenasyl *n*
fracas [fʀaka] *m* Krach *m,* Knall *m; tomber avec ~* mit viel Getöse fallen
fracasser [fʀakase] *v* zerschlagen
fraction [fʀaksjɔ̃] *f 1.* Bruchteil *m; 2. MATH* Bruch *m; 3. (parlementaire) POL* Fraktion *f*
fracture [fʀaktyʀ] *f MED* Fraktur *f,* Knochenbruch *m*
fracturer [fʀaktyʀe] *v se ~ les os MED* sich die Knochen brechen
fragile [fʀaʒil] *adj 1.* empfindlich, zerbrechlich; *2. (frêle)* zart; *3. (vulnérable)* anfällig; *4. (personne)* klapperig; *5. (faible)* schwächlich, gebrechlich
fragilité [fʀaʒilite] *f 1.* Schwäche *f; 2. (vulnérabilité)* Anfälligkeit *f; 3. (instabilité)* Labilität *f*
fragment [fʀagmɑ̃] *m 1.* Brocken *m; 2. (reste)* Fragment *n*
fraîcheur [fʀɛʃœʀ] *f 1. (froid)* Kühle *f,* Abkühlung *f; la ~ du soir* die Kühle am Abend *f; la ~ de l'eau* das frische Wasser *n; chercher un peu de ~* Abkühlung suchen; *2. (qualité)* Frische *f,* Neuheit *f; la ~ d'un œuf* ein frisches Ei *n; la ~ du teint* ein frischer Teint *m; Les couleurs perdent de leur ~ au lavage.* Die Farben verblassen beim Waschen.
frais[1] [fʀɛ] *m/pl 1.* Kosten *pl,* Unkosten *pl; en être pour ses ~* sich umsonst plagen; *~ de construction* Baukosten *pl; ~ médicaux* Arztkosten *pl; ~ d'exploitation* Betriebskosten *pl; ~ généraux* Gemeinkosten *pl; ~ de voyage* Reisekosten *pl; ~ de transport* Transportkosten *pl; 2. (argent)* Auslage *f; 3. (coûts) ECO* Aufwand *m; 4. (de dossiers) ECO* Bearbeitungsgebühr *f*
frais[2] [fʀɛ] *adj 1.* frisch; *être ~ comme la rosée* taufrisch sein; *2. (froid)* kühl
fraise [fʀɛz] *f BOT* Erdbeere *f*
framboise [fʀɑ̃bwaz] *f BOT* Himbeere *f*
franc [fʀɑ̃] *adj 1.* freimütig, offenherzig; *2. (honnête)* aufrichtig; *Soyons ~!* Seien wir ehrlich!
français [fʀɑ̃sɛ] *adj 1.* französisch; *m 2. LING* Französisch *n*
Français(e) [fʀɑ̃sɛ(z)] *m/f* Franzose/Französin *m/f*
France [fʀɑ̃s] *f GEO* Frankreich *n*
franchir [fʀɑ̃ʃiʀ] *v 1.* passieren, durchgehen; *2. (une rue)* überqueren; *3. (traverser)* überschreiten; *4. (sauter par-dessus)* überspringen; *5. (fig)* überbrücken
franchise [fʀɑ̃ʃiz] *f 1.* Aufrichtigkeit *f,* Offenheit *f; 2. manque de ~* Verlogenheit *f*
franchissement [fʀɑ̃ʃizmɑ̃] *m 1.* Übergang *m; 2. (traversée)* Überschreitung *f; 3. (fig)* Überbrückung *f*
francophone [fʀɑ̃kofɔn] *adj 1.* französischsprachig, frankophon; *les pays ~s* die französischsprachigen Länder *pl; m/f 2.* Frankophone/Frankophonin *m/f; les ~ canadiens* die Frankokanadier *pl*
franc-tireur [fʀɑ̃tiʀœʀ] *m* Heckenschütze *m*

frange [fʀɑ̃ʒ] *f (en coiffure)* Pony *m*
frangin(e) [fʀɑ̃ʒɛ̃/fʀɑ̃ʒin] *m/f (fam)* Bruder/Schwester *m/f*
frangipane [fʀɑ̃ʒipan] *f GAST* Mandelcreme *f; une galette fourrée à la ~* ein mit Mandelcreme gefüllter Kuchen *m*
franquette [fʀɑ̃kɛt] *f à la bonne ~* ohne Umstände
frappant [fʀapɑ̃] *adj* prägnant
frappe [fʀap] *f 1. (à la machine à écrire)* Anschlag *m; 2. (de la monnaie)* Prägung *f*
frappé [fʀape] *adj* eisgekühlt
frapper [fʀape] *v 1. (battre)* schlagen, hauen; *~ comme un sourd* blindlings drauflosschlagen; *2. (heurter)* stoßen, anstoßen; *3. (cogner)* klopfen; *4. (monnaie)* prägen; *5. (impressioner)* auffallen
frasque [fʀask] *f (fig)* Seitensprung *m*
fraternel [fʀatɛʀnɛl] *adj* brüderlich
fraude [fʀod] *f 1.* Schmuggel *m; 2. ~ fiscale* Steuerhinterziehung *f*
frauder [fʀode] *v* schmuggeln
fraudeur [fʀodœʀ] *m* Schmuggler *m*
frauduleux [fʀodylø] *adj (choses)* betrügerisch
frayer [fʀeje] *v 1.* anbahnen; *2. (fig: la voie)* ebnen
frayeur [fʀɛjœʀ] *f* Schreck *m*
fredonner [fʀədɔne] *v* brummen, summen
freezer [fʀizœʀ] *m* Kühlfach *n*
frein [fʀɛ̃] *m TECH* Bremse *f; ronger son ~* seinen Ärger in sich hineinfressen; *~ à main (d'une voiture)* Handbremse *f; ~ de secours* Notbremse *f*
freiner [fʀene] *v 1.* bremsen; *2. (gêner)* hemmen; *3. (retarder)* verzögern
frelater [fʀəlate] *v (bière, vin)* panschen
frêle [fʀɛl] *adj* schwach
frelon [fʀəlɔ̃] *m ZOOL* Hornisse *f*
frémir [fʀemiʀ] *v* zittern
frêne [fʀɛn] *m BOT* Esche *f*
frénésie [fʀenezi] *f* Tobsuchtsanfall *m*
frénétique [fʀenetik] *adj (très fort)* rasend
fréquemment [fʀekamɑ̃] *adv 1.* oft; *2. (plusieurs fois)* vielfach
fréquence [fʀekɑ̃s] *f 1.* Häufigkeit *f; 2. TECH* Frequenz *f*
fréquent [fʀekɑ̃] *adj* häufig
fréquentation [fʀekɑ̃tɑsjɔ̃] *f 1. (d'une école)* Besuch *m; 2. ~s pl* Umgang *m*
fréquenter [fʀekɑ̃te] *v 1. (école)* besuchen; *2. (avoir des relations avec)* umgehen
frère [fʀɛʀ] *m 1.* Bruder *m; 2. REL* Ordensbruder *m; 3. ~s et sœurs pl* Geschwister *pl*
fresque [fʀɛsk] *f ART* Wandgemälde *n*
fret [fʀɛ] *m 1.* Ladung *f; 2. ~ aérien* Luftfracht *f; 3. (prix) ECO* Fracht *f*
frétiller [fʀetije] *v 1. (chien)* wedeln; *2. (poisson)* zappeln
friable [fʀijabl] *adj (fig)* mürbe
friandise [fʀijɑ̃diz] *f 1.* Leckerbissen *m; 2. (gourmandise)* Schleckerei *f,* Süßigkeit *f; manger des ~s* naschen
fricassée [fʀikase] *f GAST* Frikassee *n; une ~ de poulet* ein Hühnerfrikassee *n*
friction [fʀiksjɔ̃] *f* Reibung *f*
frictionner [fʀiksjɔne] *v* reiben
frigidaire [fʀiʒidɛʀ] *m* Eisschrank *m,* Kühlschrank *m*
frileux [fʀilø] *adj* kälteempfindlich
frime [fʀim] *f (fam)* Komödie *f; pour la ~* zur Schau/zum Schein; *C'est de la ~.* Das ist alles nur Theater.
fringues [fʀɛ̃g] *f/pl* Klamotten *pl*
friper [fʀipe] *v se ~* knittern, zerknittern
friperie [fʀipʀi] *f* Trödel *m*
fripon [fʀipɔ̃] *m 1.* Schalk *m,* Schelm *m; adj 2.* schelmisch
fripouille [fʀipuj] *m* Schuft *m*
frire [fʀiʀ] *v irr faire ~* braten
frisé [fʀize] *adj* kraus, lockig
friser [fʀize] *v 1. (cheveux)* locken; *2. (fig)* grenzen
frisson [fʀisɔ̃] *m 1.* Schauer *m,* Frösteln *n; 2. ~s pl MED* Schüttelfrost *m*
frissonner [fʀisɔne] *v* zittern
frites [fʀit] *f/pl pommes ~ GAST* Pommes frites *pl*
friteuse [fʀitøz] *f GAST* Friteuse *f; une ~ électrique* eine Elektrofriteuse *f*
friture [fʀityʀ] *f* Bratfisch *m*
frivole [fʀivɔl] *adj (fig: étourdi)* lose
frivolité [fʀivɔlite] *f* Leichtfertigkeit *f*
froc [fʀɔk] *m REL* Kutte *f*
froid [fʀwa] *adj 1.* kalt, kühl; *Il fait un ~ de canard.* Es ist hundekalt. *prendre ~* sich erkälten; *garder la tête ~e* einen kühlen Kopf bewahren; *avoir ~* frieren; *laisser ~ qn* jdn kalt lassen; *~ à pierre fendre* bitterkalt; *2. (physique)* gefühllos; *3. (distant)* unpersönlich; *4. (fig)* kalt; *m 5.* Kälte *f*
froideur [fʀwadœʀ] *f 1.* Kälte *f; 2. (insensibilité)* Lieblosigkeit *f; avec ~* lieblos
froissement [fʀwasmɑ̃] *m (d'un muscle) MED* Zerrung *f*

froisser [fʀwase] *v 1. se ~* knittern, verknittern; *2. (blesser)* kränken; *3. (fig: offenser)* verletzen
frôler [fʀole] *v 1.* streifen, berühren; *~ un mur* eine Mauer streifen; *~ qn* an jdm vorbeistreifen; *La balle a frôlé le filet.* Der Ball hat das Netz berührt. *2. (fig)* knapp entkommen, streifen; *~ l'accident* knapp einem Unfall entgehen; *~ la mort* dem Tod knapp entkommen; *~ la faillite* kurz vor dem Konkurs stehen; *Cette histoire frôle le ridicule.* Diese Geschichte grenzt ans Lächerliche.
fromage [fʀɔmaʒ] *m 1. GAST* Käse *m; ~ de chèvre* Ziegenkäse *m; 2. ~ blanc GAST* Quark *m*
froment [fʀɔmɑ̃] *m BOT* Weizen *m*
front [fʀɔ̃] *m 1. MIL* Front *f; 2. ANAT* Stirn *f*
frontière [fʀɔ̃tjɛʀ] *f* Grenze *f*
fronton [fʀɔ̃tɔ̃] *m* Giebel *m*
frottement [fʀɔtmɑ̃] *m* Reibung *f*
frotter [fʀɔte] *v 1.* reiben; *ne pas s'y ~ à qn* mit jdm nichts zu tun haben wollen; *2. (essuyer)* wischen; *3. (récurer)* scheuern, schrubben
frottis [fʀɔti] *m MED* Abstrich *m*
froussard [fʀusaʀ] *m* Angsthase *m*
frousse [fʀus] *f (fam: peur)* Angst *f; avoir la ~* Bammel haben
fructose [fʀyktoz] *m CHEM* Fruchtzucker *m,* Fruktose *f*
fruit [fʀɥi] *m 1.* Frucht *f,* Obst *n; ~s à pépins* Kernobst *n; porter ses ~s (fig)* Früchte tragen; *2. ~s secs pl* Backobst *n,* Dörrobst *n; 3. ~s de mer pl GAST* Meeresfrüchte *pl; 4. ~s à noyau pl BOT* Steinobst *n*
fruité [fʀɥite] *adj* fruchtig
frusques [fʀysk] *m/pl (fam)* Habseligkeiten *pl*
frustration [fʀystʀasjɔ̃] *f* Frustration *f*
frustrer [fʀystʀe] *v PSYCH* frustrieren, enttäuschen; *~ qn dans son espoir* jdn in seiner Hoffnung enttäuschen
fuchsia [fyʃja] *m BOT* Fuchsie *f*
fucus [fykys] *m BOT* Tang *m*
fuel [fjul] *m* Heizöl *n*
fugitif [fyʒitif] *m 1.* Flüchtling *m; adj 2.* flüchtig, fliehend
fugue [fyg] *f (fuite)* Flucht *f,* Ausbrechen *n; faire une ~* ausreißen, davonlaufen
fuir [fɥiʀ] *v irr 1.* fliehen, flüchten; *2. (liquide)* auslaufen; *3. faire ~* verscheuchen
fuite [fɥit] *f* Flucht *f; prendre la ~* fliehen
fulminer [fylmine] *v* toben, tollen
fumée [fyme] *f 1.* Rauch *m; 2. ~ épaisse* Qualm *m; 3. (vapeur)* Dunst *m*
fumer [fyme] *v 1.* rauchen; *2. ~ comme un pompier (fam)* qualmen; *3. (poisson)* räuchern
fumeur [fymœʀ] *m* Raucher *m; grand ~* Kettenraucher *m*
fumeux [fymø] *adj* rauchig
fumier [fymje] *m (de cheval)* Mist *m*
fumiste [fymist] *m/f (fam)* Blender *m,* Bluffer *m; Cet élève est un ~.* Dieser Schüler ist ein Blender.
funambule [fynɑ̃byl] *m* Seiltänzer *m*
funèbre [fynɛbʀ] *adj 1.* Trauer..., Bestattungs...; *les pompes ~s* das Bestattungsinstitut *n; la cérémonie ~* die Trauerfeier *f; 2. (fig)* düster, dunkel; *une voix ~* eine dunkle Stimme *f; un air ~* ein düsteres Gesicht *n*
funeste [fynɛst] *adj* verhängnisvoll
funiculaire [fynikylɛʀ] *m* Seilbahn *f*
fureter [fyʀte] *v (fig)* schnüffeln
fureur [fyʀœʀ] *f* Wut *f*
furibond [fyʀibɔ̃] *adj* rabiat
furieux [fyʀjø] *adj 1.* rabiat, rasend; *être ~* toben/wütend sein/geladen sein; *2. (fâché)* zornig; *3. (fig)* wild
furtif [fyʀtif] *adj 1.* schleichend; *2. (dérobé)* verstohlen
fusée [fyze] *f 1.* Rakete *f; 2. ~ éclairante* Leuchtrakete *f*
fuselage [fyzlaʒ] *m (d'un avion)* Rumpf *m*
fusible [fyzibl] *m TECH* Sicherung *f*
fusil [fyzi] *m 1.* Büchse *f,* Gewehr *n; 2. ~ de chasse* Jagdgewehr *n*
fusillade [fyzijad] *f* Schießerei *f*
fusiller [fyzije] *v* erschießen
fusion [fyzjɔ̃] *f 1. (nucléaire) PHYS* Fusion *f; 2. (réunion)* Vereinigung *f,* Zusammenschluss *m*
fusionner [fyzjɔne] *v 1.* vereinen; *2. ~ avec* verschmelzen mit, sich zusammenschließen mit
fût [fy] *m (récipient)* Tonne *f,* Fass *n*
futé [fyte] *adj* kess, pfiffig
futile [fytil] *adj 1.* eitel, unwichtig; *2. (insignifiant)* geringfügig, nichtig
futilité [fytilite] *f 1.* Eitelkeit *f; 2. (bagatelle)* Kleinigkeit *f,* Lappalie *f; 3. (nullité)* Nichtigkeit *f; 4. ~s pl* Firlefanz *m*
futur [fytyʀ] *m 1. GRAMM* Zukunft *f,* Futur *n; adj 2.* zukünftig, künftig
futuriste [fytyʀist] *adj* futuristisch
fuyant [fɥijɑ̃] *adj (regard)* flüchtig

G

gabarit [gabaʀi] *m (mesure) TECH* Lehre *f*
gâcher [gɑʃe] *v* pfuschen
gâcheur [gɑʃœʀ] *m* Pfuscher *m*
gâchis [gɑʃi] *m (gaspillage)* Verschwendung *f,* Vergeudung *f*
gadget [gadʒɛt] *m* Spielerei *f*
gaffe [gaf] *f 1. faire une ~* sich danebenbenehmen; *2. (fam)* Missgriff *m*
gaffer [gafe] *v* sich danebenbenehmen
gag [gag] *m* Gag *m*
gage [gaʒ] *m 1.* Pfand *n; 2. ~s pl* Gage *f*
gager [gaʒe] *v* wetten
gagnant(e) [gɑɲɑ̃(t)] *m/f* Gewinner(in) *m/f*
gagne-pain [gɑnpɛ̃] *m* Broterwerb *m*
gagner [gɑɲe] *v 1.* gewinnen, siegen; *~ sur tous les tableaux* überall Erfolge verbuchen können; *~ du terrain (fig)* Boden gewinnen; *2. ~ de l'argent en plus* dazuverdienen; *3. (acquérir)* erwerben; *manque à ~* Verdienstausfall *m; 4. (remporter)* gewinnen; *~ qn à une cause* jdn für eine Sache gewinnen; *5. ~ qn à ses idées* jdn herumbekommen; *6. (argent)* verdienen; *~ gros* viel Geld verdienen
gai [gɛ] *adj 1.* lustig, fröhlich; *2. (guilleret)* angeheitert
gaiement [gɛmɑ̃] *adv* munter, fröhlich
gaieté [gɛte] *f* Fröhlichkeit *f,* Heiterkeit *f*
gain [gɛ̃] *m 1.* Verdienst *m; 2. (au jeu)* Gewinn *m; 3. (argent)* Profit *m*
gaine [gɛn] *f 1.* Hüfthalter *m; 2. (d'un couteau)* Scheide *f; 3. TECH* Mantel *m*
galamment [galamɑ̃] *adv* galant
galant [galɑ̃] *adj 1.* galant, höflich; *2. (chevaleresque)* ritterlich
galaxie [galaksi] *f ASTR* Milchstraße *f*
galerie [galʀi] *f 1. ART* Kunstgalerie *f; ~ des ancêtres* Ahnengalerie *f; 2. THEAT* Galerie *f; 3. (porte-ski sur une voiture)* Dachständer *m*
galérien [galeʀjɛ̃] *m* Galeerensklave *m*
galet [galɛ] *m 1.* Kieselstein *m; 2. ~s pl GEOL* Geröll *n*
galette [galɛt] *f ~ suédoise* Knäckebrot *n*
galipette [galipɛt] *f (fam)* Purzelbaum *m; faire des ~s* Purzelbäume schlagen
galon [galɔ̃] *m* Borte *f*
galop [galo] *m* Galopp *m*
galopin [galopɛ̃] *m (fam)* Lausbub *m*
gambader [gɑ̃bade] *v* hüpfen, springen; *~ de joie* vor Freude in die Luft springen; *~ dans le jardin* im Garten herumtollen
gambette [gɑ̃bɛt] *f (fam: jambe)* Bein *n*
gamelle [gamɛl] *f* Kochgeschirr *n*
gamète [gamɛt] *f* Fortpflanzungszelle *f*
gamin [gamɛ̃] *m 1.* Straßenjunge *m,* Bengel *m; adj 2.* jungenhaft
gamine [gamin] *f* Mädchen *n*
gamme [gam] *f MUS* Tonleiter *f*
ganache [ganaʃ] *f (fam: imbécile)* Flasche *f*
ganglion [gɑ̃glijɔ̃] *m MED* Knoten *m*
gangster [gɑ̃gstɛʀ] *m* Gangster *m*
gant [gɑ̃] *m* Handschuh *m*
garage [gaʀaʒ] *m 1.* Garage *f; 2. (garagiste)* Autowerkstatt *f; 3. ~ sur plusieurs niveaux* Parkhaus *n*
garagiste [gaʀaʒist] *m* Automechaniker *m*
garant [gaʀɑ̃] *m* Bürge *m*
garanti [gaʀɑ̃ti] *adj* todsicher
garantie [gaʀɑ̃ti] *f 1.* Garantie *f,* Gewähr *f; 2. (gage)* Pfand *n; 3. (cautionnement)* Bürgschaft *f; 4. (caution)* Kaution *f*
garantir [gaʀɑ̃tiʀ] *v 1.* garantieren, gewährleisten; *2. (protéger)* schützen; *3. (assurer)* versichern; *4. (sauvegarder)* sicherstellen
garce [gaʀs] *f (fam)* Nutte *f*
garçon [gaʀsɔ̃] *m 1.* Bursche *m,* Junge *m; 2. (de café, de restaurant)* Kellner *m,* Ober *m; ~ d'étage (à l'hôtel)* Etagenkellner *m; 3. ~ d'honneur* Brautführer *m; 4. jeune ~* Knabe *m; 5. ~ de courses* Laufbursche *m*
garde[1] [gaʀd] *f 1. (surveillance)* Bewachung *f; 2. (sûreté)* Gewahrsam *m; 3. (protection)* Obhut *f; prendre ~ à* aufpassen auf; *4. (boxe) SPORT* Deckung *f*
garde[2] [gaʀd] *m* Wächter *m; ~ forestier* Förster *m; ~ du corps* Leibwächter *m*
gardé [gaʀde] *adj non ~* unbewacht
garde-boue [gaʀdbu] *m (d'une voiture)* Kotflügel *m*
garde-fou [gaʀdəfu] *m (parapet)* Geländer *n*
garde-malade [gaʀdmalad] *m* Krankenpfleger *m,* Pfleger *m*
garde-manger [gaʀdmɑ̃ʒe] *m* Speisekammer *f*
garder [gaʀde] *v 1.* bewachen, hüten; *2. (surveiller)* überwachen; *3. (conserver)* aufheben, aufbewahren; *4. (tenir)* behalten; *5. (vêtements)* anbehalten, anlassen; *6. (fig)* beibehalten; *7. (fig: garder)* bewahren, wahren; *~ son sang-froid* die Fassung bewahren; *8. se ~ de* sich enthalten

garderie [gaʀdəʀi] *f* Kinderhort *m*
garde-robe [gaʀdəʀɔb] *f* Garderobe *f,* Kleiderschrank *m*
gardien [gaʀdjɛ̃] *m 1.* Aufseher *m,* Wächter *m; ~ de nuit* Nachtwächter *m; 2. ~ de la paix* Polizist *m; 3. ~ de but SPORT* Torwart *m*
gare [gaʀ] *f* Bahnhof *m; ~ centrale* Hauptbahnhof *m; hall de ~* Bahnhofshalle *f; ~ routière* Busbahnhof *m; ~ de marchandises* Güterbahnhof *m*
garer [gaʀe] *v 1. (dans un garage)* abstellen; *2. (locomotive)* rangieren; *3. se ~* parken
gargouiller [gaʀguje] *v 1.* plätschern; *2. (fig: estomac)* knurren
garnement [gaʀnəmɑ̃] *m* Spitzbube *m*
garni [gaʀni] *adj 1.* versehen, besetzt; *2. (meublé)* möbliert
garnir [gaʀniʀ] *v 1.* garnieren; *2. (couvrir)* verkleiden
garnison [gaʀnizɔ̃] *f MIL* Besatzung *f*
garnissage [gaʀnisaʒ] *m (matériel)* Futter *n*
garniture [gaʀnityʀ] *f 1.* Garnitur *f,* Verzierung *f; 2. (accesoires)* Zubehör *n; 3. GAST* Beilage *f; 4. (de pain)* Brotbelag *m; 5. (housse)* Bezug *m*
garrot [gaʀo] *m* Knebel *m*
gars [gɑ] *m (fam)* Kerl *m*
gasole [gɑzol] *m* Dieselöl *n*
gaspillage [gaspijaʒ] *m* Verschwendung *f,* Vergeudung *f; ~ d'argent* Geldverschwendung *f; ~ de temps* Zeitverschwendung *f*
gaspiller [gaspije] *v* verschwenden
gaspilleur [gaspijœʀ] *m 1.* Verschwender *m; adj 2.* verschwenderisch
gastronome [gastʀɔnɔm] *m* Feinschmecker *m*
gastronomie [gastʀɔnɔmi] *f* Gastronomie *f*
gâté [gɑte] *adj 1.* faul; *2. (dorloté)* verwöhnt
gâteau [gɑto] *m 1. GAST* Kuchen *m,* Torte *f; partager le ~ (fig)* den Gewinn teilen; *2. ~ sec (biscuit)* Keks *m; 3. petit ~* Plätzchen *n*
gâter [gɑte] *v 1. se ~* verderben, schlecht werden; *2. (dorloter)* verwöhnen
gâterie [gɑtʀi] *f 1. (cadeau)* kleines Geschenk *n,* Überraschung *f; Voilà une petite ~ pour toi!* Hier hast du eine kleine Überraschung! *2. (friandise)* Süßigkeit *f*
gâteux [gɑtø] *adj* verrückt, zurückgeblieben; *devenir ~* verrückt werden; *Il en est ~.* Er ist ganz verrückt danach.
gauche [goʃ] *adj 1.* linke(r,s); *à ~* links; *se lever du pied ~* mit dem linken Fuß zuerst aufstehen; *2. (maladroit)* ungeschickt, plump
gaucher [goʃe] *m* Linkshänder *m*
gaucherie [goʃʀi] *f* Befangenheit *f*
gaufre [gofʀ] *f* Waffel *f*
gaufrette [gofʀɛt] *f GAST* kleine Waffel *f*
gaufrier [gofʀije] *m GAST* Waffeleisen *n*
gaule [gol] *f* Angelrute *f*
Gaule [gol] *f HIST* Gallien *n*
gaulois [golwa] *adj* gallisch; *le coq ~* der gallische Hahn *m; des plaisanteries ~es (fig)* derbe Witze *pl*
Gaulois [golwa] *m* Gallier *m; nos ancêtres les ~* unsere Vorfahren, die Gallier
gaver [gave] *v* mästen
gaz [gɑz] *m* Gas *n; ~ d'échappement* Abgas *n; ~ intestinaux* Blähung *f; ~ butane* Butangas *n; ~ rare* Edelgas *n; ~ biologique* Biogas *n; ~ naturel* Erdgas *n; ~ liquide* Flüssiggas *n; ~ toxique* Giftgas *n; ~ carbonique* Kohlendioxid *n; ~ hilarant* Lachgas *n; ~ lacrymogène* Tränengas *n*
gaze [gɑz] *f bande de ~* Mullbinde *f*
gazelle [gɑzɛl] *f ZOOL* Gazelle *f*
gazon [gɑzɔ̃] *m BOT* Rasen *m*
gazouillement [gɑzujmɑ̃] *m* Gezwitscher *n,* Zwitschern *n*
gazouiller [gɑzuje] *v* zwitschern
gazouillis [gɑzuji] *m ~ des oiseaux* Vogelgezwitscher *n*
géant [ʒeɑ̃] *adj 1.* riesig; *m 2.* Riese *m; ~ de l'édition* Verlagsriese *m*
gecko [ʒeko] *m ZOOL* Gecko *m*
geindre [ʒɛ̃dʀ] *v irr* ächzen
gel [ʒɛl] *m 1.* Frost *m; 2. (pommade)* Gel *n*
gélatine [ʒelatin] *f GAST* Gelatine *f*
gelé [ʒəle] *adj (froid)* frostig; *être ~ jusqu'aux os* durchgefroren sein
gelée [ʒəle] *f* Frost *m; ~ nocturne* Nachtfrost *m*
geler [ʒəle] *v 1.* frieren; *2. (mourir de froid)* erfrieren; *On se gèle ici.* Man kommt hier vor Kälte um. *3. (plante)* erfrieren, zufrieren; *4. (négociations) ECO* einfrieren
gémir [ʒemiʀ] *v 1. (personne)* ächzen, seufzen; *2. (se lamenter)* lamentieren
gémissement [ʒemismɑ̃] *m 1.* Seufzer *m; 2. ~s pl* Gewimmer *n*
gênant [ʒɛnɑ̃] *adj 1.* lästig; *C'est ~.* Das ist lästig./Das ist ärgerlich. *2. (pénible)* peinlich; *3. (ennuyant)* störend
gencive [ʒɑ̃siv] *f ANAT* Zahnfleisch *n*
gendarme [ʒɑ̃daʀm] *m* Polizist *m*
gendarmerie [ʒɑ̃daʀməʀi] *f* Polizeitruppe *f*
gendre [ʒɑ̃dʀ] *m* Schwiegersohn *m*

gène [ʒɛn] *m BIO* Gen *n*
gêne [ʒɛn] *f 1.* Störung *f; 2. (embarras)* Verlegenheit *f; être sans ~* keine Hemmungen kennen; *3. (contrainte)* Bedrängnis *f; 4. (empêchement)* Behinderung *f; 5. (situation pénible)* Peinlichkeit *f; 6. (malaise)* Unbehagen *n*
gêné [ʒene] *adj* unbehaglich, verlegen; *être ~* sich genieren; *être ~ JUR* befangen sein
gêner [ʒene] *v 1.* hindern, behindern; *2. (déranger)* stören
général [ʒeneʀal] *adj 1.* allgemein; *en ~* allgemein/überhaupt; *2. (courant)* durchgängig, generell; *m 3. MIL* General *m*
généralisation [ʒeneʀalizasjɔ̃] *f* Verallgemeinerung *f*
généraliser [ʒeneʀalize] *v* verallgemeinern; *Il ne faut pas ~.* Man darf nicht verallgemeinern.
généralité [ʒeneʀalite] *f* Allgemeinheit *f*
générateur [ʒeneʀatœʀ] *m 1.* Generator *m; 2. (centrale atomique)* Dampfkessel *m*
génération [ʒeneʀasjɔ̃] *f 1.* Generation *f; 2. nouvelle ~* Nachwuchs *m*
généreux [ʒeneʀø] *adj 1.* großzügig, großmütig; *2. (vin)* edel
générosité [ʒeneʀɔzite] *f 1. (noblesse)* Edelmut *m,* Selbstlosigkeit *f; agir avec ~* edelmütig handeln; *2. (libéralité)* Großzügigkeit *f; donner avec ~* großzügig spenden; *Il abuse de ma ~.* Er nutzt meine Großzügigkeit aus.
genêt [ʒənɛ] *m BOT* Ginster *m*
génétique [ʒenetik] *adj BIO* genetisch
génial [ʒenjal] *adj 1.* genial; *2. (fam)* irre
génie [ʒeni] *m 1.* Genialität *f; 2. (lumière)* Genie *n,* Genius *m; Ce n'est pas un ~.* Er ist keine große Leuchte.
genièvre [ʒənjɛvʀ] *m BOT* Wacholderbeere *f*
genou [ʒənu] *m ANAT* Knie *n; mettre à ~x* in die Knie zwingen; *être sur les ~x* todmüde sein/erschlagen sein; *être à ~* knien
genre [ʒɑ̃ʀ] *m 1.* Art *f,* Gattung *f; Ce n'est pas mon ~.* Das ist nicht meine Art. *de ce ~* derartig; *d'un nouveau ~* neuartig; *2. ~ humain* Menschheit *f*
gens [ʒɑ̃] *m/pl 1.* Leute *pl; 2. (peuple)* Volk *n; 3. ~ d'ici* Einheimische *pl; 4. ~ de maison* Hausangestellte *pl; 5. petites ~* Fußvolk *n*
gentiane [ʒɑ̃sjan] *f BOT* Enzian *m*
gentil [ʒɑ̃ti] *adj 1.* brav; *2. (aimable)* lieb, liebenswürdig, nett
gentillesse [ʒɑ̃tijɛs] *f* Liebenswürdigkeit *f*
gentiment [ʒɑ̃timɑ̃] *adv* nett
géographe [ʒeɔgʀaf] *m/f* Geograf(in) *m/f*
géographie [ʒeɔgʀafi] *f* Erdkunde *f,* Geografie *f*
géographique [ʒeɔgʀafik] *adj* geografisch
géologie [ʒeɔlɔʒi] *f* Geologie *f*
géologue [ʒeɔlɔg] *m/f* Geologe/Geologin *m/f*
géométrie [ʒeɔmetʀi] *f* Geometrie *f*
géométrique [ʒeɔmetʀik] *adj* geometrisch
géranium [ʒeʀanjɔm] *m BOT* Geranie *f*
gérant(e) [ʒeʀɑ̃(t)] *m/f 1.* Verwalter(in) *m/f; 2. ECO* Geschäftsführer(in) *m/f*
gercer [ʒɛʀse] *v* rissig werden, brüchig werden; *Le froid gerce les lèvres.* Die Kälte lässt die Lippen rau werden. *Les mains gercent en hiver.* Die Hände werden im Winter rissig.
gérer [ʒere] *v* verwalten
germanophone [ʒɛʀmanɔfɔn] *adj LING* deutschsprachig
germe [ʒɛʀm] *m BIO* Keim *m*
germer [ʒɛʀme] *v* keimen
geste [ʒɛst] *m 1.* Gebärde *f; 2. (mouvement)* Geste *f; 3. (signe)* Wink *m; ~ de la main* Handbewegung *f*
gesticuler [ʒɛstikyle] *v* gestikulieren
gestion [ʒɛstjɔ̃] *f 1.* Verwaltung *f; 2. mauvaise ~* Misswirtschaft *f; 3. (d'entreprise) ECO* Betriebsführung *f*
gibet [ʒibɛ] *m* Galgen *m*
gibier [ʒibje] *m ZOOL* Wild *n*
gibus [ʒibys] *m (chapeau)* Zylinder *m*
gicler [ʒikle] *v* spritzen
gicleur [ʒiklœʀ] *m TECH* Düse *f*
gifle [ʒifl] *f* Ohrfeige *f*
gifler [ʒifle] *v ~ qn* jdn ohrfeigen
gigantesque [ʒigɑ̃tɛsk] *adj* gigantisch
gigot [ʒigo] *m GAST* Keule *f*
gigoter [ʒigɔte] *v (fam)* zappeln
gilet [ʒilɛ] *m* Weste *f; ~ de sauvetage* Schwimmweste *f*
gingembre [ʒɛ̃ʒɑ̃bʀ] *m BOT* Ingwer *m*
girafe [ʒiʀaf] *f ZOOL* Giraffe *f*
girolle [ʒiʀɔl] *f BOT* Pfifferling *m*
giron [ʒiʀɔ̃] *m* Schoß *m*
girouette [ʒiʀwɛt] *f 1.* Wetterfahne *f; une ~ en forme de coq* ein Wetterhahn *m; 2. (fig)* Wendehals *m; changer d'avis comme une ~* dauernd seine Meinung ändern
gisement [ʒizmɑ̃] *m GEOL* Ablagerung *f*
gitan(e) [ʒitɑ̃/ʒitan] *m/f* Zigeuner(in) *m/f*
gîte [ʒit] *m* Unterkunft *f,* Bleibe *f*
givre [ʒivʀ] *m* Raureif *m*
glaçant [glasɑ̃] *adj (fig)* frostig
glace [glas] *f 1. GAST* Eis *n,* Speiseeis *n; 2. (miroir)* Spiegel *m*

glacé [glase] *adj 1.* eisgekühlt; *2. (gelé)* eisig; *3. (froid)* eiskalt; *être ~* durchgefroren sein
glacer [glase] *v GAST* glasieren
glacial [glasjal] *adj 1.* eisig, eiskalt; *2. (fig)* frostig, eisig
glaciation [glasjasjɔ̃] *f GEOL* Eiszeit *f*
glacier [glasje] *m* Gletscher *m*
glacière [glasjɛʀ] *f* Eisschrank *m*
glaçon [glasɔ̃] *m 1.* Eisscholle *f,* Eiszapfen *m; 2. (pour l'apéritif)* Eiswürfel *m*
glaïeul [glajœl] *m BOT* Gladiole *f*
glaire [glɛʀ] *f* Schleim *m*
glaireux [glɛʀø] *adj* schleimig
gland [glɑ̃] *m BOT* Eichel *f*
glande [glɑ̃d] *f ANAT* Drüse *f*
glaner [glane] *v* auflesen
glapir [glapiʀ] *v 1.* jaulen; *2. (japper)* kläffen
glissade [glisad] *f* Rutschen *n; faire des ~s* rutschen, schlittern
glissant [glisɑ̃] *adj 1.* glatt, rutschig; *2. (dur à retenir)* gleitend
glissement [glismɑ̃] *m ~ de terrain* Erdrutsch *m*
glisser [glise] *v 1.* rutschen, ausrutschen; *2. faire ~* schieben; *3. (déraper)* gleiten; *~ qc à l'oreille de qn* jdm etw zuflüstern; *4. se ~* sich schleichen, huschen
glissière [glisjɛʀ] *f ~ de sécurité* Leitplanke *f*
global [glɔbal] *adj* global, pauschal
globe [glɔb] *m (terrestre)* Globus *m,* Erdkugel *f*
globe-trotter [glɔbtʀɔtɛʀ] *m* Weltenbummler *m*
gloire [glwaʀ] *f* Ruhm *m,* Glanz *m*
glorieux [glɔʀjø] *adj* glorreich, ruhmreich
glorification [glɔʀifikasjɔ̃] *f* Verherrlichung *f*
glorifier [glɔrifje] *v 1.* rühmen; *2. (magnifier)* verherrlichen
glose [gloz] *f (dans un journal)* Glosse *f*
glossaire [glɔsɛʀ] *m* Glossar *n*
glouteron [glutʀɔ̃] *m BOT* Klette *f*
glu [gly] *f* Klebstoff *m,* Leim *m*
gluant [glyɑ̃] *adj 1.* klebrig; *2. (visqueux)* zähflüssig
glucose [glykoz] *m* Traubenzucker *m,* Glykose *f*
gobelet [gɔblɛ] *m* Becher *m; ~ gradué* Messbecher *m; ~ en carton* Pappbecher *m*
gober [gɔbe] *v 1. (fig)* schnappen; *2. (fam)* anbeißen
godiller [gɔdije] *v (ski) SPORT* wedeln
goéland [gɔelɑ̃] *m ZOOL* Möwe *f*
goinfre [gwɛ̃fʀ] *m (fam)* Vielfraß *m; manger comme un ~* alles in sich hineinstopfen
golf [gɔlf] *m SPORT* Golf *n*
golfe [gɔlf] *m GEO* Golf *m*
gommage [gɔmaʒ] *m* Gummierung *f*
gomme [gɔm] *f* Radiergummi *m*
gommer [gɔme] *v* ausradieren, radieren
gond [gɔ̃] *m (porte)* Türangel *f*
gondole [gɔ̃dɔle] *f* Gondel *f*
gondoler [gɔ̃dɔle] *v 1. (papier)* sich wellen, sich verziehen; *2. se ~* sich wellen, sich verziehen; *Le carton se gondole.* Dieser Karton wellt sich. *3. se ~ (fam: rire)* sich krümmen
gonflement [gɔ̃fləmɑ̃] *m (enflure)* Schwellung *f,* Aufblähen *n*
gonfler [gɔ̃fle] *v 1.* aufblasen; *2. (pneu)* anschwellen lassen; *3. (un matelas pneumatique)* aufpumpen; *4. MED* anschwellen
gonfleur [gɔ̃flœʀ] *m* Luftpumpe *f*
gorge [gɔʀʒ] *f 1.* Schlucht *f; 2. GEO* Klamm *f; 3. ANAT* Hals *m,* Kehle *f; rester dans la ~* im Hals stecken bleiben; *à ~ déployée* lauthals
gorgée [gɔʀʒe] *f* Schluck *m*
gorille [gɔʀij] *m ZOOL* Gorilla *m*
gosier [gozje] *m 1. ANAT* Hals *m,* Kehle *f; 2. (pharynx)* Rachen *m*
gosse [gɔs] *m (enfant)* Knirps *m*
goudron [gudʀɔ̃] *m* Teer *m*
goudronner [gudʀɔne] *v* teeren
gouffre [gufʀ] *m* Abgrund *m*
goujat [guʒa] *m* Flegel *m,* Grobian *m*
goulet [gulɛ] *m ~ d'étranglement* Engpass *m*
goulot [gulo] *m (de bouteille)* Hals *m,* Flaschenhals *m*
gourde[1] [guʀd] *adj (fam)* doof
gourde[2] [guʀd] *f (bouteille)* Feldflasche *f*
gourdin [guʀdɛ̃] *m* Knüppel *m*
gourmand [guʀmɑ̃] *adj 1.* schlemmerhaft; *être ~ de chocolat* gern Schokolade essen; *Cet enfant est très ~.* Das Kind nascht gern. *2. (fig)* begierig; *m 3.* Schlemmer *m*
gourmandise [guʀmɑ̃diz] *f 1.* Schlemmerei *f; manger par ~* naschen; *2. ~s pl* Leckerbissen *m*
gourmet [guʀmɛ] *m* Feinschmecker *m*
gousse [gus] *f 1. (de vanille)* Schote *f; 2. (d'ail)* Zehe *f*
goût [gu] *m 1.* Geschmack *m; C'est à mon ~.* Das ist ganz nach meinem Geschmack. *~ du beau* Sinn für Schönes *m; bon ~* geschmackvoll; *2. (prédilection)* Liebhaberei *f; 3. ~ des plaisirs* Vergnügungssucht *f; 4. mauvais ~* Geschmacklosigkeit *f; vétu sans ~* geschmacklos gekleidet; *5. au ~ du jour* modisch

goûter [gute] *v 1. (essayer)* kosten, probieren; *2. (sauce)* abschmecken
goutte [gut] *f 1.* Tropfen *m; n'y voir ~* nicht die Hand vor Augen sehen; *se ressembler comme deux ~s d'eau* sich wie ein Ei dem anderen gleichen; *~s pour le nez* Nasentropfen *pl; 2. MED* Gicht *f*
goutte-à-goutte [gutagut] *m (perfusion) MED* Tropf *m*
goutter [gute] *v* tropfen
gouvernail [guvɛʀnaj] *m* Steuerruder *n*
gouvernante [guvɛʀnɑ̃t] *f 1. (pour enfant)* Gouvernante *f,* Erzieherin *f; 2. (maîtresse de maison)* Haushälterin *f*
gouvernement [guvɛʀnəmɑ̃] *m 1. POL* Regierung *f; ~ de coalition* Koalitionsregierung *f; 2. (commandement)* Führung *f; 3. ~ du pays POL* Landesregierung *f*
gouvernemental [guvɛʀnəmɑ̃tal] *adj* staatlich
gouverner [guvɛʀne] *v 1. POL* herrschen, regieren; *2. (piloter)* steuern
gouvernes [guvɛʀn] *f/pl TECH* Leitwerk *n*
grabataire [gʀabatɛʀ] *adj* bettlägerig
grabuge [gʀabyʒ] *m (fam)* Krach *m*
grâce [gʀɑs] *f 1.* Gunst *f; être dans les bonnes ~s de qn* jds Gunst genießen; *2. (charme)* Anmut *f,* Grazie *f; 3. (faveur)* Gnade *f; Fais-moi ~ de cela!* Verschone mich damit! *de mauvaise ~* unwillig; *~ à* indem/dadurch, dass; *4. (amnistie) JUR* Begnadigung *f*
grâcier [gʀɑsje] *v JUR* begnadigen
gracieusement [gʀasjøzmɑ̃] *adv* graziös
gracieux [gʀasjø] *adj 1.* graziös, anmutig; *à titre ~* umsonst/gratis; *2. (aimable)* lieblich
gradation [gʀadasjɔ̃] *f 1.* Abstufung *f,* Staffelung *f; 2. ~ de couleur* Farbabstufung *f*
grade [gʀad] *m 1.* Grad *m; 2. (titre)* Würde *f; 3. MIL* Dienstgrad *m*
gradé [gʀade] *adj* graduiert
gradin [gʀadɛ̃] *m (banc)* Reihe *f,* Rang *m; les ~s d'un amphithéâtre* die Sitzreihen in einem Amphitheater *pl; les ~s d'un stade* die Ränge in einem Stadion *pl*
gradué [gʀadɥe] *adj* graduiert
graduel [gʀadɥɛl] *adj* graduell
graduer [gʀadɥe] *v* einteilen
graffiti [gʀafiti] *m/pl* Graffiti *n*
grain [gʀɛ̃] *m 1.* Korn *n; ne pas avoir un ~ de bon sens* keinen Funken gesunden Menschenverstand haben; *fourrer son ~ de sel* seinen Senf dazugeben; *2. (de raisin) BOT* Beere *f; 3. (rafale)* Bö *f; 4. ~ de sable* Sandkorn *n; 5. ~ de café* Kaffeebohne *f*
graisse [gʀɛs] *f 1.* Fett *n; pauvre en ~* fettarm; *2. ~ de rôti* Bratenfett *n; 3. ~ végétale* Pflanzenfett *n*
graisser [gʀɛse] *v* ölen, fetten
graisseux [gʀɛsø] *adj* schmierig, fettig
grammaire [gʀamɛʀ] *f* Grammatik *f*
grammatical [gʀamatikal] *adj* grammatisch
gramme [gʀam] *m* Gramm *n*
grand [gʀɑ̃] *adj 1.* groß; *2. (considérable)* groß, weit, beträchtlich; *au ~ jamais* nie und nimmer; *au ~ jour* am helllichten Tag; *faire ~ cas de qc* großen Wert auf etw legen; *ouvrir de ~s yeux* große Augen machen; *~e personne* Erwachsene(r) *m/f; ~e surface* Großmarkt *m; ~e ville* Großstadt *f; 3. (long)* lang
grand-chose [gʀɑ̃ʃoz] *pron pas ~* nichts Besonderes
Grande-Bretagne [gʀɑ̃dbʀətaɲ] *f GEO* Großbritannien *n*
grandement [gʀɑ̃dmɑ̃] *adv* gewaltig
grande surface [gʀɑ̃syʀfas] *f* Kaufhaus *n*
grandeur [gʀɑ̃dœʀ] *f 1.* Größe *f; 2. POL* Hoheit *f*
grandiose [gʀɑ̃djoz] *adj* großartig, grandios
grandir [gʀɑ̃diʀ] *v 1.* wachsen; *2. (pousser)* aufwachsen; *3. (tempête)* aufkommen, heraufziehen; *4. (croître)* heranwachsen
grandissant [gʀɑ̃disɑ̃] *adj* wachsend
grand-mère [gʀɑ̃mɛʀ] *f* Großmutter *f*
grand-messe [gʀɑ̃mɛs] *f REL* Hochamt *n*
grand-peine [gʀɑ̃pɛn] *adv à ~* mit Müh und Not
grand-père [gʀɑ̃pɛʀ] *m* Opa *m,* Großvater *m*
grand-rue [gʀɑ̃ʀy] *f* Hauptstrasse *f*
grands-parents [gʀɑ̃paʀɑ̃] *m/pl* Großeltern *pl*
grange [gʀɑ̃ʒ] *f 1.* Scheune *f; 2. ~ de montagne* Almhütte *f*
granit(e) [gʀanit] *m MIN* Granit *m*
granulé [gʀanyle] *adj* körnig
granuleux [gʀanylø] *adj* körnig
graphique [gʀafik] *adj 1.* grafisch; *m 2.* Grafik *f*
graphiste [gʀafist] *m/f* Grafiker(in) *m/f*
grappe [gʀap] *f (de raisin) BOT* Traube *f*
gras [gʀɑ] *adj* fett; *être ~ comme un cochon* dick und fett sein
grassouillet *adj* mollig
gratification [gʀatifikasjɔ̃] *f* Gratifikation *f*
gratin [gʀatɛ̃] *m 1. (croûte grillée)* Gratin *n; faire qc au ~* etw gratinieren; *2. (plat) GAST*

Gratin *n; ~ de pommes de terre* Kartoffelgratin *n; plat à ~* gratiniertes Gericht *n*
gratis [gRatis] *adv* gratis, umsonst
gratte-ciel [gRatsjɛl] *m ARCH* Wolkenkratzer *m*
gratter [gRate] *v 1.* jucken; *2. (avec ses ongles)* kratzen
gratuit [gRatɥi] *adj 1.* gratis, kostenlos, frei; *2. (sans payer)* unentgeltlich, umsonst
gratuité [gRatɥite] *f (des transports en commun)* Nulltarif *m*
gratuitement [gRatɥitmɑ̃] *adv* umsonst, unentgeltlich
grave [gRav] *adj 1.* böse, schlimm, ernst; *2. (important)* wichtig, gravierend; *Ce n'est pas ~.* Das ist nicht schlimm. *3. (digne)* würdig
gravide [gRavid] *adj ZOOL* trächtig
gravier [gRavje] *m* Kies *m*
gravir [gRaviR] *v* steigen, besteigen
gravité [gRavite] *f* Ernst *m*
gravure [gRavyR] *f ART* Stich *m*
gré [gRe] *m* Belieben *n; de ~ ou de force* wohl oder übel; *de plein ~* freiwillig; *de bon ~* gerne/bereitwillig; *bon ~ mal ~* wohl oder übel; *de ~ à ~ ECO* freihändig
grec [gRɛk] *adj* griechisch
Grec(que) [gRɛk] *m/f* Grieche/Griechin *m/f*
Grèce [gRɛs] *f GEO* Griechenland *n*
gredin [gRədɛ̃] *m* Schuft *m,* Schurke *m*
greffe [gRɛf] *f MED* Transplantation *f*
greffer [gRɛfe] *v MED* transplantieren
grêle[1] [gRɛl] *adj* dürr, schmächtig
grêle[2] [gRɛl] *f* Hagel *m*
grêler [gRele] *v* hageln
grelotter [gRəlɔte] *v* bibbern
grenade [gRənad] *f MIL* Granate *f*
grenadine [gRənadin] *f (sirop)* Grenadine *f*
grenier [gRənje] *m 1.* Speicher *m,* Dachboden *m; 2. ~ à blé AGR* Silo *n,* Kornkammer *f*
grenouille [gRənuj] *f ZOOL* Frosch *m*
grès [gRɛ] *m MIN* Sandstein *m*
grève [gRɛv] *f 1.* Streik *m; être en ~* streiken; *faire la ~* streiken; *~ perlée* Bummelstreik *m; ~ générale* Generalstreik *m; ~ de la faim* Hungerstreik *m; 2. ECO* Ausstand *m*
gréviste [gRevist] *m/f* Streikende(r) *m/f*
gribouillage [gRibujaʒ] *m* Geschmier *n*
gribouiller [gRibuje] *v* schmieren, kritzeln
griffe [gRif] *f ZOOL* Kralle *f; montrer les ~s* die Krallen zeigen
griffer [gRife] *v* kratzen, krallen; *Le chat l'a griffé.* Die Katze hat ihn gekratzt. *~ qn au visage avec ses ongles* jdm das Gesicht mit den Nägeln zerkratzen
griffon [gRifɔ̃] *m ZOOL* Schnauzer *m*
griffonner [gRifɔne] *v* schmieren, kritzeln
griffure [gRifyR] *f* Kratzer *m,* Schramme *f*
grignoter [gRiɲɔte] *v* knabbern
gril [gRi] *m* Bratrost *m,* Grill *m*
grillade [gRijad] *f GAST* Gegrilltes *n*
grillage [gRijaʒ] *m 1.* Gitter *n; 2. ~ métallique* Maschendraht *m*
grillager [gRijaʒ] *v* vergittern
grille [gRij] *f* Gitter *n*
grille-pain [gRijpɛ̃] *m* Toaster *m*
griller [gRije] *v* rösten, grillen
grillon [gRijɔ̃] *m ZOOL* Grille *f*
grimace [gRimas] *f* Grimasse *f*
grimacer [gRimase] *v (fam)* grinsen, Grimassen schneiden
grimpant [gRɛ̃pɑ̃] *adj plante ~e BOT* Kletterpflanze *f*
grimper [gRɛ̃pe] *v 1.* klettern; *2. (pousser)* ranken
grincer [gRɛ̃se] *v* knirschen, quietschen
grincheux [gRɛ̃ʃø] *adj* griesgrämig
griotte [gRijɔt] *f BOT* Sauerkirsche *f*
grippe [gRip] *f MED* Grippe *f; prendre qn en ~* jdn nicht leiden können
grippe-sou [gRipsu] *m (fam)* Pfennigfuchser *m*
gris [gRi] *adj 1. (couleur)* grau; *2. (pluvieux)* trüb; *3. (sombre)* finster; *faire ~e mine* finster blicken
grisaille [gRizaj] *f (fig)* Monotonie *f,* Langeweile *f; la ~ quotidienne* der graue Alltag *m*
griserie [gRizRi] *f 1. (enthousiasme)* Rausch *m,* Begeisterungsrausch *m; 2. (fait d'être pompette)* Schwips *m*
grisonnant [gRizɔnɑ̃] *adj* grauhaarig
grisonner [gRizɔne] *v (fig: vieillir)* ergrauen
grive [gRiv] *f ZOOL* Drossel *f*
grognement [gRɔɲmɑ̃] *m (de personne)* Murmeln *n,* Gemurmel *n; des ~s de colère* zorniges Gemurre *n*
grogner [gRɔɲe] *v 1. (chien)* knurren; *2. (fig)* meckern, nörgeln; *3. (fig: se mutiner)* meutern
grognon [gRɔɲɔ̃] *adj* brummig, griesgrämig
groin [gRwɛ̃] *m* Rüssel *m*
grommeler [gRɔmle] *v 1.* murmeln, murren; *2. ~ qc* etw murmeln; *~ des injures* Beleidigungen murmeln
grondement [gRɔ̃dmɑ̃] *m (du tonnerre)* Grollen *n*
gronder [gRɔ̃de] *v 1.* knurren; *2. (tonner)* donnern, grollen; *3. (insulter)* schelten, schimpfen; *4. (tempête)* toben, tosen
groom [gRum] *m* Page *m*

gros [gʀo] *adj 1.* dick, fett; *être ~ comme un moineau* schmächtig sein; *être ~ comme un camion* klar sein; *Il y a ~ à parier.* Man könnte wetten. *Voici en ~ de quoi il s'agit.* Es handelt sich im Großen und Ganzen darum. *2. (rude)* grob, derb; *3. Gros plan FOTO* Nahaufnahme *f*
groseille [gʀozɛj] *f 1. BOT* Johannisbeere *f; 2. ~ à maquereau BOT* Stachelbeere *f*
grossesse [gʀosɛs] *f* Schwangerschaft *f*
grosseur [gʀosœʀ] *f* Größe *f*
grossier [gʀosje] *adj 1.* grob, rau; *2. (chose)* plump, klobig; *3. (rustre)* flegelhaft; *4. (fig)* roh, gewöhnlich
grossièrement [gʀosjɛʀmɑ̃] *adv* gröblich, schwer
grossièreté [gʀosjɛʀte] *f 1.* grobe Beschaffenheit *f,* Grobheit *f; la ~ d'une étoffe* die grobe Beschaffenheit eines Stoffes *f; 2. (impolitesse)* Plumpheit *f,* Grobheit *f; répondre avec ~* rüpelhaft antworten
grossir [gʀosiʀ] *v 1.* vergrößern; *2. (amplifier)* dicker erscheinen lassen; *3. (poids)* zunehmen; *4. (laisser enfler)* anschwellen lassen
grossissement [gʀosismɑ̃] *m 1.* Vergrößerung *f; un microscope à fort ~* ein Mikroskop mit starker Vergrößerung *n; 2. (fig: exagération)* Übertreibung *f*
grossiste [gʀosist] *m* Großhändler *m*
grotesque [gʀɔtɛsk] *adj 1.* grotesk, lächerlich; *2. (burlesque)* skurril
grotte [gʀɔt] *f* Tropfsteinhöhle *f*
grouiller [gʀuje] *v 1. ~ de* wimmeln von; *2. se ~ (fam: se dépêcher)* sich sputen, sich beeilen; *Grouille-toi!* Beeil dich!
groupe [gʀup] *m 1.* Gruppe *f; 2. ECO* Konzern *m; 3. ~ de travail* Arbeitsgemeinschaft *f; 4. ~ parlementaire POL* Fraktion *f; 5. ~ marginal* Randgruppe *f; 6. ~ de voyageurs* Reisegesellschaft *f*
groupement [gʀupmɑ̃] *m (classement)* Gliederung *f*
grouper [gʀupe] *v 1.* gruppieren, zusammenstellen; *2. (rassembler)* versammeln
groupie [gʀupi] *f (d'un chanteur)* Fan *m*
grue [gʀy] *f 1.* Kran *m; 2. ZOOL* Kranich *m*
gruyère [gʀyjɛʀ] *m (fromage) GAST* Gruyère *m; du ~ râpé* geriebener Gruyère *m*
guenilles [gənij] *f/pl* Lumpen *pl*
guépard [gepaʀ] *m ZOOL* Gepard *m*
guêpe [gɛp] *f ZOOL* Wespe *f*
guère [gɛʀ] *adv ne ... ~* kaum
guérir [geʀiʀ] *v 1.* heilen; *2. (fig)* erlösen
guérison [geʀizɔ̃] *f* Genesung *f,* Heilung *f; être en voie de ~ MED* abklingen
guérissable [geʀisabl] *adj* heilbar
guérisseur [geʀisœʀ] *m 1.* Heilpraktiker *m; 2. (fam)* Quacksalber *m*
guerre [gɛʀ] *f* Krieg *m; mutilé de ~* kriegsversehrt; *~ nucléaire* Atomkrieg *m; ~ civile* Bürgerkrieg *m; ~ mondiale HIST* Weltkrieg *m*
guerre-éclair [gɛʀeklɛʀ] *f* Blitzkrieg *m*
guerrier [gɛʀje] *m 1.* Krieger *m; adj 2.* angriffslustig, kriegerisch
guetter [gete] *v* auflauern, lauern
gueule [gœl] *f 1. (d'une bête)* Maul *n,* Schnauze *f; 2. (fam: d'une personne)* Maul *n; 3. (d'un fusil)* Mündung *f; 4. avoir la ~ de bois (fam)* einen Kater haben
gueule-de-loup [gœldəlu] *f BOT* Löwenzahn *m*
gueuler [gœle] *v (fam)* brüllen, plärren
gueuleton [gœltɔ̃] *m* Schlemmermahl *n*
gueux [gø] *adj* ruppig
guichet [giʃɛ] *m 1.* Schalter *m; 2. ~ automatique* Bankautomat *m*
guide [gid] *m 1.* Reiseführer *m,* Fremdenführer *m; 2. ~ touristique (livre)* Reiseführer *m; 3. ~ de montagne* Bergführer *m; f 4. ~s pl* Zügel *m*
guider [gide] *v 1.* führen; *2. (diriger)* leiten
guidon [gidɔ̃] *m (d'une bicyclette)* Lenkstange *f*
guigne [giɲ] *f (fam: malchance)* Pech *n; avoir la ~* Pech haben
guignol [giɲɔl] *m 1. (marionnette)* Kasperlpuppe *f; 2. (théâtre)* Kasperltheater *n; aller au ~* ins Kasperltheater gehen; *3. (fig)* Kasper *m; faire le ~ (fam)* den Kasper spielen
guillemets [gijmɛ] *m/pl* Anführungszeichen *pl*
guilleret [gijʀɛ] *adj* angeheitert
guimauve [gimov] *f (sucrerie) GAST* weiche Zuckermasse *f*
guindé [gɛ̃de] *adj (fig)* steif
guirlande [giʀlɑ̃d] *f (de fleurs)* Gewinde *n,* Girlande *f*
guitare [gitaʀ] *f MUS* Gitarre *f*
guitariste [gitaʀist] *m/f MUS* Gitarrist(in) *m/f*
gymnase [ʒimnaz] *m SPORT* Turnhalle *f*
gymnaste [ʒimnast] *m/f SPORT* Turner(in) *m/f*
gymnastique [ʒimnastik] *f 1. SPORT* Gymnastik *f; faire de la ~* turnen; *2. ~ au sol* Bodenturnen *n*
gynécologue [ʒinekɔlɔg] *m/f* Frauenarzt/Frauenärztin *m/f*
gypse [ʒips] *m MIN* Gips *m*

H

habile [abil] *adj 1.* geschickt; *2. (expérimente)* routiniert
habileté [abilte] *f 1.* Geschicklichkeit *f; 2. ~ des doigts* Fingerfertigkeit *f*
habiliter [abilite] *v ~ à* ermächtigen zu
habillage [abijaʒ] *m 1.* Vorbereiten *n,* Umhüllen *n; 2. (revêtement)* Anziehen *n*
habillement [abijmɑ̃] *m* Kleidung *f*
habiller [abije] *v 1. ~ de* bekleiden; *2. ~ qn* jdn ankleiden; *3. s'~* sich ankleiden
habit [abi] *m 1.* Kleidung *f; L'~ ne fait pas le moine.* Der Schein trügt. *2. (fam: queue-de-pie)* Frack *m*
habitable [abitabl] *adj* bewohnbar
habitacle [abitakl] *m (de voiture)* Fahrgastzelle *f*
habitant(e) [abitɑ̃(t)] *m/f 1.* Bewohner(in) *m/f,* Einwohner(in) *m/f; 2. (d'une maison)* Hausbewohner(in) *m/f; 3. ~s de la campagne pl* Landbevölkerung *f; 4. premiers ~s pl* Ureinwohner *pl*
habitat [abita] *m* Siedlungsgebiet *n*
habitation [abitasjɔ̃] *f 1.* Wohnung *f; 2. (foyer)* Heim *n*
habiter [abite] *v* wohnen, leben, bewohnen
habitude [abityd] *f 1.* Gewohnheit *f,* Angewohnheit *f; perdre l'~ de* sich abgewöhnen; *par ~* gewohnheitsmäßig; *avoir l'~ de* gewohnt sein; *d'~* gewöhnlich, üblicherweise; *2. (coutume)* Sitte *f; 3. ~s alimentaires pl* Ernährungsweise *f*
habitué [abitɥe] *m* Stammkunde *m*
habituel [abitɥɛl] *adj* gewöhnlich, üblich
habituer [abitɥe] *v 1. s'~ à qc* sich an etw gewöhnen, sich etw angewöhnen; *J'y suis habitué.* Ich bin es gewohnt. *2. s'~ (s'acclimater)* sich einleben
hache [aʃ] *f* Axt *f,* Beil *n*
hacher [aʃe] *v GAST* wiegen
hachis [aʃi] *m GAST* Haschee *n; ~ parmentier* Rinderhackbraten mit Kartoffelbrei *m*
hachoir [aʃwaʀ] *m ~ à viande* Fleischwolf *m*
hachure [aʃyʀ] *f* Schraffur *f*
hachurer [aʃyʀe] *v* schraffieren
hagard [agaʀ] *adj* verstört
haie [ɛ] *f 1. BOT* Hecke *f; 2. SPORT* Hürde *f*
haillons [ɑjɔ̃] *m/pl* Lumpen *m*
haine [ɛn] *f* Hass *m; ~ raciale* Rassenhass *m*
haineux [ɛnœ] *adj 1. (malveillant)* gehässig; *2. (plein de haine)* hasserfüllt
haïr [aiʀ] *v irr* hassen
hâle [ɑl] *m* Bräune *f*
haleine [alɛn] *f* Atem *m; de longue ~* langatmig; *hors d'~* atemlos
hâler [ɑle] *v* austrocknen
haletant [altɑ̃] *adj* keuchend
haleter [alte] *v* keuchen, schnaufen
hall [ol] *m* Halle *f*
halle [al] *f* Markthalle *f*
hallucinant [alysinɑ̃] *adj* außergewöhnlich
hallucination [alysinasjɔ̃] *f* Halluzination *f,* Sinnestäuschung *f*
halogène [alɔʒɛn] *m CHEM* Halogen *n*
halte [alt] *interj 1.* halt; *f 2. (arrêt)* Halt *m,* Stopp *m; faire ~* Halt machen
hamac [amak] *m* Hängematte *f*
hameçon [amsɔ̃] *m* Angelhaken *m*
hampe [ɑ̃p] *f (drapeau)* Fahnenmast *m*
hamster [amstɛʀ] *m ZOOL* Hamster *m*
hanche [ɑ̃ʃ] *f ANAT* Hüfte *f*
hand-ball [ɑ̃dbal] *m SPORT* Handball *m*
handicap [ɑ̃dikap] *m 1.* Handikap *n; 2. MED* Behinderung *f*
handicapé(e) [ɑ̃dikape] *m/f 1.* Behinderte(r) *m/f; 2. ~(e) physique* Körperbehinderte(r) *m/f; 3. ~ moteur* Gehbehinderter *m*
handicaper [ɑ̃dikape] *v (désavantager)* behindern
hangar [ɑ̃gaʀ] *m (bâtiment)* Schuppen *m*
hanneton [antɔ̃] *m ZOOL* Maikäfer *m*
hanter [ɑ̃te] *v* spuken
happer [ape] *v 1. (mordre)* schnappen; *2. (fig)* erfassen
haraler [aʀale] *v* quälen
haras [aʀɑ] *m* Gestüt *n*
harasser [aʀaʃe] *v* ermüden, erschöpfen
harcèlement [aʀsɛlmɑ̃] *m* stören
harceler [aʀsəle] *v* bedrängen
hardi [aʀdi] *adj 1.* beherzt; *2. (effronté)* dreist; *3. (audacieux)* kühn, mutig
hardiesse [aʀdjɛs] *f* Mut *m*
hareng [aʀɑ̃] *m ZOOL* Hering *m*
hargne [aʀɲ] *f* Gehässigkeit *f*
hargneux [aʀɲø] *adj* bissig, gehässig
haricot [aʀiko] *m 1.* Bohne *f; 2. ~ vert BOT* Brechbohne *f*
harmonica [aʀmɔnika] *m MUS* Mundharmonika *f*
harmonie [aʀmɔni] *f 1.* Einklang *m,* Harmonie *f; être en ~ avec* in Einklang stehen mit;

2. (équilibre) Ausgeglichenheit *f; 3. (égalité)* Übereinstimmung *f*
harmonieux [aʀmɔnjø] *adj* harmonisch
harmonique [aʀmɔnik] *adj* harmonisch
harmonisation [aʀmɔnizasjɔ̃] *f* Angleichung *f*
harmoniser [aʀmɔnize] *v 1.* harmonisieren; *2. s'~ avec* zusammenpassen, passen zu
harmonium [aʀmɔnjɔm] *m MUS* Harmonium *n*
harpe [aʀp] *f MUS* Harfe *f*
harpon [aʀpɔ̃] *m* Harpune *f*
hasard [azaʀ] *m* Zufall *m; à tout ~* auf alle Fälle; *ne rien laisser au ~* nichts dem Zufall überlassen; *par ~* zufällig; *au ~* wahllos
hasarder [azaʀde] *v 1. (risquer)* aufs Spiel setzen; *2. (oser)* versuchen; *3. se ~* sich trauen
hasardeux [azaʀdø] *adj* gewagt, riskant
haschisch [aʃiʃ] *m* Haschisch *n*
hâte [ɑt] *f* Eile *f,* Hast *f; en toute ~* eiligst
hâter [ɑte] *v 1.* beschleunigen; *2. se ~* sich beeilen, eilen; *se ~ vers la sortie* auf den Ausgang zustürzen; *se ~ de faire qc* schnell etw tun
hâtif [ɑtif] *adj* flüchtig
hausse [os] *f (des prix) ECO* Aufschlag *m*
hausser [ose] *v 1.* heben, heraufsetzen; *2. (prix) ECO* erhöhen
haut [o] *adj 1.* hoch; *tomber de ~* aus allen Wolken fallen; *les ~s et les bas* die Höhen und Tiefen; *L'ordre vient d'en ~.* Der Befehl kommt von oben. *Haut les mains!* Hände hoch! *~ la main* mühelos; *2. en ~* herauf, hinauf; *3. du ~* herunter; *4. (fig)* laut; *m 5. ~ de forme* Zylinder *m*
hautain [otɛ̃] *adj* stolz, hochmütig
haut-allemand [otalmɑ̃] *m* Hochdeutsch *n*
hautbois [obwa] *m MUS* Oboe *f*
hauteur [otœʀ] *f 1.* Höhe *f; être à la ~ de qc* einer Sache gewachsen sein; *2. (élévation)* Anhöhe *f; 3. (niveau)* Niveau *n*
haut-le-cœur [olkœʀ] *m 1. (nausée)* Übelkeit *f,* Brechreiz *m; Il a un ~.* Ihm ist schlecht. *donner des ~ à qn* bei jdm Übelkeit verursachen; *2. (fig)* Ekel *m*
haut-parleur [opaʀlœʀ] *m* Lautsprecher *m*
hauts-fonds [ofɔ̃] *m/pl* Wattenmeer *n*
hé [e] *interj* hallo
hebdomadaire [ɛbdɔmadɛʀ] *adj 1.* wöchentlich; *m 2.* Wochenblatt *n*
hébergement [ebɛʀʒmɑ̃] *m* Unterkunft *f*
héberger [ebɛʀʒe] *v 1.* unterbringen; *2. (donner l'hospitalité)* bewirten
hébété [ebete] *adj* entgeistert
hébétude [ebetyd] *f* Stumpfsinn *m*
hébraïque [ebʀaik] *adj* hebräisch
hectare [ɛktaʀ] *m* Hektar *m/n*
hectique [ɛktik] *adj* hektisch
hein [ɛ̃] *interj* hä, was
hélas [elɑs] *interj* ach, leider, wehe
hélice [elis] *f* Propeller *m*
hélicoptère [elikɔptɛʀ] *m* Hubschrauber *m*
hélium [eljɔm] *m CHEM* Helium *n*
helvétique [ɛlvetik] *adj* schweizerisch
hématome [ematom] *m MED* Bluterguss *m*
hémicycle [emisikl] *m* Halbkreis *m*
hémiplégique [emipleʒik] *m/f MED* halbseitig gelähmter Mensch *m*
hémisphère [emisfɛʀ] *f 1.* Halbkugel *f; 2. ASTR* Hemisphäre *f*
hémophile [emɔfil] *m MED* Bluter *m*
hémorragie [emɔʀaʒi] *f 1. MED* Blutung *f; 2. (hématome)* Bluterguss *m*
hémorroïdes [emɔʀɔid] *f/pl MED* Hämorrhoiden *pl*
henné [ene] *m (teinture)* Henna *f*
hennir [eniʀ] *v (du cheval)* wiehern
hennissement [enismɑ̃] *m* Wiehern *n*
hépatite [epatit] *f MED* Hepatitis *f*
herbage [ɛʀbaʒ] *m* Weide *f*
herbe [ɛʀb] *f 1.* Gras *n; couper l'~ sous le pied de qn* jdm den Rang ablaufen; *en ~ (fig)* zukünftig; *2. mauvaise ~* Unkraut *n; 3. ~s pl* Kräuter *pl; 4. (fam: drogue)* Gras *n*
herbier [ɛʀbje] *m* Sammlung getrockneter Pflanzen *f*
herbivore [ɛʀbivɔʀ] *m ZOOL* Pflanzenfresser *m*
hercule [ɛʀkyl] *m* Herkules *m*
héréditaire [eʀeditɛʀ] *adj 1.* erblich; *2. BIO* vererblich
hérédité [eʀedite] *f BIO* Vererbung *f*
hérétique [eʀetik] *m 1. REL* Ketzer *m; adj 2.* ketzerisch
hérisser [eʀise] *v 1.* aufrichten; *2. ~ qn (fig)* jdn ärgern; *3. se ~* sich aufrichten; *4. se ~ (fig)* sich sträuben
hérisson [eʀisɔ̃] *m ZOOL* Igel *m*
héritage [eʀitaʒ] *m* Erbe *n,* Hinterlassenschaft *f*
hériter [eʀite] *v ~ de qn* von jdm erben
héritier [eʀitje] *m 1.* Erbe *m; ~ unique JUR* Alleinerbe *m; 2. ~ du trône* Thronfolger *m*
hermétique [ɛʀmetik] *adj 1.* dicht; *2. (bien fermé)* hermetisch; *3. (étanche)* luftdicht
hermine [ɛʀmin] *f 1. ZOOL* Hermelin *n; 2. (fourrure)* Hermelinpelz *m*
héroïne [eʀɔin] *f* Heroin *n*

héroïque [eʀɔik] *adj* heldenhaft
héroïsme [eʀɔism] *m* Heldenmut *m*
héron [eʀɔ̃] *m ZOOL* Reiher *m*
héros [eʀo] *m* Held *m*
herpès [ɛʀpɛs] *m MED* Herpes *m*
herse [ɛʀs] *f (outil) AGR* Egge *f*
hertz [ɛʀts] *m PHYS* Hertz *n*
hésitant [ezitɑ̃] *adj 1.* unentschlossen, zögernd; *2. (fig)* holperig
hésitation [ezitasjɔ̃] *f* Zweifel *m,* Zögern *n*
hésiter [ezite] *v* zögern, zaudern; *N'hésitez plus!* Zögern Sie nicht länger!
hétérodoxe [eteʀɔdɔks] *adj* andersgläubig
hétérogène [eteʀɔʒɛn] *adj* heterogen
hétérosexuel [eteʀosɛksɥɛl] *adj* heterosexuell
hêtre [ɛtʀ] *m 1. (arbre) BOT* Buche *f; 2. (bois)* Buchenholz *n*
heure [œʀ] *f 1.* Stunde *f; Avez-vous l'~?* Wissen Sie, wie spät es ist? *l'~ H* die Stunde X *f; à l'~* pünktlich; *2. (de la journée)* Uhrzeit *f; de bonne ~* frühzeitig; *à toute ~* jederzeit; *pendant des ~s* stundenlang; *3. ~ de fermeture des magasins* Ladenschluss *m; 4. ~ locale* Ortszeit *f; 5. ~ supplémentaire* Überstunde *f*
heureusement [øʀøzmɑ̃] *adv* glücklicherweise
heureux [øʀø] *adj 1.* glücklich; *2. (content)* froh; *3. (comblé)* selig; *être ~* sich freuen/glücklich sein; *être ~ comme un roi* überglücklich sein; *être ~ comme un poisson dans l'eau* munter sein wie ein Fisch im Wasser; *être ~ comme pas un* selig wie kaum einer sein
heurt [œʀ] *m* Schock *m*
heurter [œʀte] *v 1.* anstoßen, stoßen; *~ de front* vor den Kopf stoßen; *2. se ~ à qn* mit jdm aneinander geraten; *3. (un obstacle)* anfahren
hexagonal [ɛgzagɔnal] *adj* sechseckig
hexagone [ɛgzagon] *m* Hexagon *n,* Sechseck *n*
hibernal [ibɛʀnal] *adj* winterlich
hibernation [ibɛʀnasjɔ̃] *f* Winterschlaf *m*
hiberner [ibɛʀne] *v* Winterschlaf halten
hibou [ibu] *m ZOOL* Eule *f*
hier [ijɛʀ] *adv* gestern; *~ soir* gestern Abend; *~ à midi* gestern Mittag
hiérarchie [jeʀaʀʃi] *f* Hierarchie *f,* Rangordnung *f*
hiérarchiser [jeʀaʀʃize] *v* einstufen
hilarant [ilaʀɑ̃] *adj gaz ~ CHEM* Lachgas *n*
hilare [ilaʀ] *adj* erfreut
hilarité [ilaʀite] *f* Fröhlichkeit *f*
hippie [ipi] *m/f* Hippie *m*
hippique [ipik] *adj* Reit...
hippocampe [ipɔkɑ̃p] *m ZOOL* Seepferdchen *n*
hippodrome [ipɔdʀɔm] *m* Rennbahn *f*
hippopotame [ipɔpɔtam] *m ZOOL* Nilpferd *n*
hirondelle [iʀɔ̃dɛl] *f ZOOL* Schwalbe *f*
hirsute [iʀsyt] *adj* struppig
hisser [ise] *v* hissen
histoire [istwaʀ] *f 1.* Geschichte *f; ~ contemporaine HIST* Zeitgeschichte *f; 2. (récit)* Erzählung *f,* Geschichte *f; C'est une autre ~.* Das steht auf einem anderen Blatt. *C'est toute une ~.* Das ist eine lange Geschichte. *3. ~ drôle* Witz *m; 4. ~ de l'art* Kunstgeschichte *f; 5. ~s pl* Flausen *pl; faire des ~s à qn* jdm Unannehmlichkeiten bereiten
historien(ne) [istɔʀjɛ̃/istɔʀjɛn] *m/f* Historiker(in) *m/f*
historiographie [istɔʀjɔgʀafi] *f* Geschichtsschreibung *f*
historique [istɔʀik] *adj* geschichtlich, historisch
hit [it] *m (fam)* Knüller *m*
hitlérien [itleʀjɛ̃] *m* Anhänger Hitlers *m*
hit-parade [itpaʀad] *m* Hitparade *f*
hiver [ivɛʀ] *m* Winter *m*
hivernal [ivɛʀnal] *adj* winterlich
hiverner [ivɛʀne] *v* überwintern
H.L.M. [aʃɛlɛm] *m (habitation à loyer modéré)* Sozialwohnung *f; habiter un ~* in einer Sozialwohnung leben
ho [o] *interj* hallo
hobby [ɔbi] *m* Hobby *n*
hocher [ɔʃe] *v ~ la tête* den Kopf schütteln
hochet [ɔʃɛ] *m* Rassel *f*
hockey [ɔkɛ] *m ~ sur glace SPORT* Eishockey *n*
holà [ɔla] *interj* hallo
holding [ɔldiŋ] *m ECO* Dachgesellschaft *f*
hold up [ɔldœp] *m* Banküberfall *m*
hollandais [ɔlɑ̃dɛ] *adj* holländisch
Hollandais(e) [ɔlɑ̃dɛ/ɔlɑ̃dɛz] *m/f* Holländer(in) *m/f,* Niederländer(in) *m/f*
Hollande [ɔlɑ̃d] *f la ~ GEO* Holland *n*
holocauste [ɔlokost] *m* Holocaust *m*
hologramme [ɔlogʀam] *m PHYS* Hologramm *n*
homard [ɔmaʀ] *m ZOOL* Hummer *m*
homélie [ɔmeli] *f* Moralpredigt *f*
homéopathie [ɔmeɔpati] *f MED* Homöopathie *f*
hommage [ɔmaʒ] *m 1.* Ehrung *f; 2. (respects)* Huldigung *f*

homme [ɔm] *m 1.* Mann *m; 2. jeune ~* Bursche *m,* junger Mann *m; 3. (être humain)* Mensch *m; L'~ est la mesure de toute chose.* Der Mensch ist das Maß aller Dinge. *~ terre à terre* Banause *m; ~ de lettres* Schriftsteller *m; ~ du métier* Fachmann *m; ~ d'habitudes* Gewohnheitsmensch *m; ~ de loi* Jurist *m; ~ à femmes* Schürzenjäger *m; ~ d'Etat* Staatsmann *m; ~ d'affaires* Geschäftsmann *m; ~ de paille (fig)* Strohmann *m; ~ politique* Politiker *m; 4. ~s de troupe pl* Mannschaft *f*
homogène [ɔmɔʒɛn] *adj* gleichmäßig, einheitlich
homologue [ɔmɔlɔg] *m* Gegenstück *n*
homologuer [ɔmɔlɔge] *v* beurkunden
homonyme [ɔmɔnim] *m* Homonym *n*
homophone [ɔmɔfɔn] *m* Homophon *n*
homosexualité [ɔmɔsɛksɥalite] *f* Homosexualität *f*
homosexuel [ɔmɔsɛksɥɛl] *adj 1.* homosexuell; *2. (fam)* schwul
Hongrie [ɔ̃gʀi] *f GEO* Ungarn *n*
hongrois [ɔ̃gʀwa] *adj* ungarisch
Hongrois(e) [ɔ̃gʀwa(z)] *m/f* Ungar(in) *m/f*
honnête [ɔnɛt] *adj 1.* ehrlich, rechtschaffen; *2. (correct)* reell
honnêteté [ɔnɛtte] *f* Redlichkeit *f*
honneur [ɔnœʀ] *m* Ehre *f; pour l'~* ehrenamtlich; *faire ~ à (payer)* honorieren; *faire ~ à (fig: obligation)* nachkommen
honni [ɔni] *adj* verpönt
honorabilité [ɔnɔʀabilite] *f* Ehrbarkeit *f*
honorable [ɔnɔʀabl] *adj 1.* ehrbar, ehrenhaft; *2. (qui fait honneur)* ehrenvoll
honoraires [ɔnɔʀɛʀ] *m/pl* Honorar *n*
honorer [ɔnɔʀe] *v 1.* ehren, verehren; *2. (payer)* honorieren
honorifique [ɔnɔʀifik] *adj* ehrenamtlich
honte [ɔ̃t] *f 1.* Schande *f; avoir ~* sich schämen; *2. (pudeur)* Scham *f*
honteux [ɔ̃tø] *adj* schändlich
hop [ɔp] *interj* hopp, auf
hôpital [ɔpital] *m 1.* Krankenhaus *n,* Hospital *n; faire entrer à l'~* ins Krankenhaus einliefern; *2. MIL* Lazarett *n*
hoquet [ɔkɛ] *m* Schluckauf *m*
hoqueter [ɔkte] *v* Schluckauf haben
horaire [ɔʀɛʀ] *m 1.* Stundenplan *m; 2. (des trains)* Fahrplan *m; d'après l'~* fahrplanmäßig
horizon [ɔʀizɔ̃] *m* Horizont *m*
horizontal [ɔʀizɔ̃tal] *adj* waagrecht, horizontal
horloge [ɔʀlɔʒ] *f* Uhr *f; ~ solaire* Sonnenuhr *f*
horloger [ɔʀlɔʒe] *m* Uhrmacher *m*
hormone [ɔʀmɔn] *f BIO* Hormon *n*
horoscope [ɔʀɔskɔp] *m* Horoskop *n*
horreur [ɔʀœʀ] *f 1.* Abscheu *m,* Gräuel *n; 2. (effroi)* Entsetzen *n; Quelle ~!* Wie schrecklich! *avoir en ~* verabscheuen
horrible [ɔʀibl] *adj 1.* abscheulich, fürchterlich; *2. (effrayant)* schaurig, scheußlich; *3. (fait dresser les cheveux)* haarsträubend
horrifier [ɔʀifje] *v* Grauen erregen
hors [ɔʀ] *prep ~ de ...* aus ... heraus
hors-bord [ɔʀbɔʀ] *m (canot)* Boot mit Außenbordmotor *n*
hors-d'œuvre [ɔʀdœvʀ] *m* Vorspeise *f*
hors-jeu [ɔʀʒø] *m SPORT* Abseits *n*
hors-la-loi [ɔʀlalwa] *m* Gesetzloser *m*
hortensia [ɔʀtɑ̃sja] *m BOT* Hortensie *f*
horticulteur [ɔʀtikyltœʀ] *m* Gärtner *m*
horticulture [ɔʀtikyltyʀ] *f* Gartenbau *m*
hospice [ɔspis] *m* Altersheim *n*
hospitalier [ɔspitalje] *adj* gastfreundlich
hospitalisation [ɔspitalizasjɔ̃] *f* Einlieferung ins Krankenhaus *f*
hospitaliser [ɔspitalize] *v* einweisen, einliefern
hospitalité [ɔspitalite] *f* Gastfreundschaft *f,* Gastfreundlichkeit *f*
hostie [ɔsti] *f REL* Hostie *f*
hostile [ɔstil] *adj* feindselig, feindlich
hostilité [ɔstilite] *f* Feindschaft *f,* Feindseligkeit *f*
hôte [ot] *m/f (invité(e))* Gast *m*
hôte(sse) [ot(ɛs)] *m/f* Gastgeber(in) *m/f,* Gastwirt(in) *m/f*
hôtel [otɛl] *m 1.* Hotel *n; 2. ~ de ville* Rathaus *n*
hôtelier [otəlje] *m 1.* Wirt *m,* Gastwirt *m; 2. (propriétaire d'un hôtel)* Hotelier *m*
hôtellerie [otɛlʀi] *f* Gasthaus *n*
hôtesse [otɛs] *f ~ de l'air* Stewardess *f*
hou [u] *interj* pfui
houblon [ublɔ̃] *m BOT* Hopfen *m*
houe [u] *f (outil)* Hacke *f*
houille [uj] *f MIN* Steinkohle *f*
houle [ul] *f 1. (en mer)* Woge *f; 2. (fig)* Woge *f*
houleux [ulø] *adj 1. (mer)* bewegt; *2. (fig)* wogend
hourra [uʀa] *interj* hurra
housse [us] *f* Hülle *f,* Bezug *m; une ~ de fauteuil* ein Sesselschoner *m; une ~ de couette* ein Bettbezug *m*
houx [u] *m BOT* Stechpalme *f*
hublot [yblo] *m NAUT* Bullauge *n*

huée [ɥe] *f* Buhruf *m*
huer [ɥe] *v (théâtre)* zischen
huile [ɥil] *f 1.* Öl *n,* Speiseöl *n; ~ de table* Speiseöl *n; 2. ART* Ölgemälde *n; 3. ~ végétale* Pflanzenöl *n; 4. ~ de baleine* Tran *m; ~ de foie de morue* Lebertran *m; 5. ~ d'olive GAST* Olivenöl *n*
huiler [ɥile] *v* ölen
huileux [ɥilø] *adj* ölig
huissier [ɥisje] *m (de justice) JUR* Gerichtsvollzieher *m*
huit [ɥit] *num 1.* acht; *~ cents* achthundert; *~ fois* achtmal; *m 2. grand ~* Achterbahn *f*
huitaine [ɥitɛn] *f 1.* ungefähr acht; *une ~ de personnes* ungefähr acht Personen *pl; 2. ~ de jours* acht Tage *pl,* eine Woche *f; remettre qc à ~* etw um eine Woche verschieben
huitième [ɥitjɛm] *adj 1.* achte(r,s); *m 2.* Achtel *n*
huître [ɥitʀ] *f ZOOL* Auster *f*
hulotte [ylɔt] *f ZOOL* Kauz *m*
humain [ymɛ̃] *adj* menschlich, human
humanisme [ymanism] *m* Humanismus *m*
humaniste [ymanist] *adj* humanistisch
humanité [ymanite] *f 1.* Humanität *f,* Menschlichkeit *f; 2. (genre humain)* Menschheit *f*
humble [œ̃bl] *adj* demütig, unterwürfig
humecter [ymɛkte] *v* befeuchten
humeur [ymœʀ] *f 1.* Laune *f; être de bonne ~* gut aufgelegt sein; *bonne ~* Fröhlichkeit *f; 2. ~ sombre* Schwermut *f,* Trübsinn *m; 3. mauvaise ~* Verstimmung *f*
humide [ymid] *adj* feucht
humidifier [ymidifje] *v* nass machen
humidité [ymidite] *f* Feuchtigkeit *f,* Nässe *f; ~ de l'air* Luftfeuchtigkeit *f*
humiliant [ymiljɑ̃] *adj* ehrenrührig, demütigend
humiliation [ymiljaziɔ̃] *f* Demütigung *f,* Erniedrigung *f*
humilier [ymilje] *v 1.* demütigen, erniedrigen; *2. s'~ (s'abaisser)* sich ducken
humilité [ymilite] *f* Demut *f*
humoriste [ymɔʀist] *m/f* Humorist(in) *m/f*
humoristique [ymɔʀistik] *adj* humoristisch
humour [ymuʀ] *m* Humor *m; ~ macabre* Galgenhumor *m*
humus [ymys] *m* Humus *m*
hurlements [yʀləmɑ̃] *m/pl* Gebrüll *n*
hurler [yʀle] *v 1.* brüllen; *2. (sirène)* heulen
hussard [ysaʀ] *m MIL* Husar *m*
hutte [yt] *f (chalet)* Hütte *f*
hybride [ibʀid] *m* Mischling *m*
hydratant [idʀatɑ̃] *adj* feuchtigkeitsspendend
hydratation [idʀatasjɔ̃] *f* Hydratation *f,* Hydration *f*
hydrate [idʀat] *m ~ de carbone CHEM* Kohlenhydrat *n*
hydrater [idʀate] *v 1. CHEM* hydratisieren, mit Wasser verbinden; *2. (peau)* Feuchtigkeit spenden
hydraulique [idʀolik] *f 1. PHYS* Hydraulik *f; adj 2. PHYS* hydraulisch
hydrocarbure [idʀɔkaʀbyʀ] *m CHEM* Kohlenwasserstoff *m*
hydroculture [idʀɔkyltyʀ] *f* Hydrokultur *f*
hydrogène [idʀɔʒɛn] *m CHEM* Wasserstoff *m*
hydroptère [idʀɔtɛʀ] *m* Tragflächenboot *n*
hyène [jɛn] *f ZOOL* Hyäne *f*
hygiène [iʒjɛn] *f 1.* Hygiene *f; 2. ~ corporelle* Körperpflege *f*
hygiénique [iʒjenik] *adj* hygienisch
hymne [imn] *m* Hymne *f; ~ national* Nationalhymne *f*
hyperémotif [ipɛʀemɔtif] *adj* überempfindlich
hyperémotivité [ipɛʀemɔtivite] *f* Überempfindlichkeit *f*
hypermarché [ipɛʀmaʀʃe] *m* großer Supermarkt *m,* großer Einkaufsmarkt *m*
hypermoderne [ipɛʀmɔdɛʀn] *adj* hypermodern
hypersensibilité [ipɛʀsɑ̃sibilite] *f* Überempfindlichkeit *f*
hypersensible [ipɛʀsɑ̃sibl] *adj* überempfindlich
hypertrophie [ipɛʀtʀɔfi] *f* Hypertrophie *f*
hypnose [ipnoz] *f* Hypnose *f*
hypnotiser [ipnɔtize] *v* hypnotisieren
hypnotiseur [ipnɔtizœʀ] *m* Hypnotiseur *m*
hypocrisie [ipɔkʀizi] *f 1.* Heuchelei *f; 2. (fausseté)* Scheinheiligkeit *f*
hypocrite [ipɔkʀit] *m 1.* Heuchler *m; adj 2.* scheinheilig; *être ~* heucheln
hypothèque [ipɔtɛk] *f* Hypothek *f*
hypothéquer [ipɔteke] *v 1. JUR* verpfänden; *2. (maison)* belasten
hypothèse [ipɔtɛz] *f 1.* Hypothese *f; 2. (condition)* Voraussetzung *f*
hypothétique [ipɔtetik] *adj* hypothetisch
hystérie [isteʀi] *f PSYCH* Hysterie *f*
hystérique [istɛʀik] *adj PSYCH* hysterisch

I

iceberg [ajsbɛʀg] *m GEOL* Eisberg *m*
ici [isi] *adv 1.* hier; *2. d'~* hiesig; *3. par ~* herüber; *4. d'~ là (temporel)* dazwischen
ici-bas [isibɑ] *m* Diesseits *n*
idéal [ideal] *adj 1.* ideal; *m 2.* Vorbild *n*
idéalisation [idealizasjɔ̃] *f (fig)* Schönfärberei *f*
idéalisme [idealism] *m* Idealismus *m*
idéaliste [idealist] *m 1.* Idealist *m; adj 2.* idealistisch
idée [ide] *f 1.* Gedanke *m,* Idee *f,* Einfall *m; ne pas avoir la moindre ~ de qc* nicht die leiseste Ahnung von etw haben; *On n'a pas ~ de cela!* Das ist ja unerhört! *se faire des ~s* sich Illusionen machen; *2. (pensée)* Vorstellung *f; Quelle ~!* Wo denken Sie hin!/Was für eine Vorstellung! *changer d'~* seine Meinung ändern; *plein de bonnes ~s* einfallsreich; *3. ~ préconçue* Voreingenommenheit *f,* Vorurteil *n; 4. ~ saugrenue (fam)* Schnapsidee *f*
identification [idɑ̃tifikasjɔ̃] *f* Identifikation *f*
identifier [idɑ̃tifje] *v* identifizieren
identique [idɑ̃tik] *adj* gleich
identité [idɑ̃tite] *f 1.* Identität *f; 2. (papiers)* Personalien *pl; pièce d'~* Personalausweis *m*
idéologie [ideɔlɔʒi] *f* Ideologie *f*
idéologique [ideɔlɔʒik] *adj* ideologisch
idiot [idjo] *m 1.* Idiot *m; adj 2.* dumm; *prendre qn pour un ~* jdn für einen Idioten halten; *3. (fam)* blöd; *4. (bête)* idiotisch
idiotie [idjɔsi] *f* Blödsinn *m,* Schwachsinn *m*
idolâtre [idɔlɑtʀ] *adj REL* abgöttisch
idolâtrer [idɔlɑtʀe] *v* vergöttern
idolâtrie [idɔlatʀi] *f* Götzendienst *m*
idole [idɔl] *f 1.* Götze *m; 2. (star)* Idol *n; 3. (divinité) REL* Abgott *m*
idylle [idil] *f* Idyll *n*
idyllique [idilik] *adj* idyllisch
if [if] *m BOT* Eibe *f*
ignare [iɲaʀ] *adj* unwissend
ignoble [iɲɔbl] *adj* schändlich
ignorance [iɲɔʀɑ̃s] *f 1.* Bildungslücke *f; 2. (incompétence)* Ignoranz *f*
ignorant [iɲɔʀɑ̃] *adj* unwissend
ignoré [iɲɔʀe] *adj 1.* unbekannt; *2. (inaperçu)* unbeachtet
ignorer [iɲɔʀe] *v 1.* ignorieren; *2. (fig) ~ qn* jdn schneiden
iguane [igwan] *m ZOOL* Leguan *m*
il [il] *pron 1. (personne)* er; *2. (sujet neutre indéterminé)* es; *~ y a ... (temporel)* es ist ... her; *~ n'y a pas de quoi (réponse)* bitte/keine Ursache
île [il] *f* Insel *f*
illégal [ilegal] *adj* gesetzwidrig
illégitime [ileʒitim] *adj 1.* unrechtmäßig; *2. (enfant)* unehelich
illettré [iletʀe] *adj* ungebildet
illicite [ilisit] *adj* unerlaubt, unlauter
illimité [ilimite] *adj 1.* unbegrenzt; *2. (interminable)* uferlos (fam)
illisible [ilizibl] *adj* unleserlich
illogique [ilɔʒik] *adj* unlogisch
illumination [ilyminasjɔ̃] *f* Beleuchtung *f*
illuminer [ilymine] *v* beleuchten
illusion [ilyzjɔ̃] *f 1.* Illusion *f; Ne vous faites pas d'~s!* Machen Sie sich nichts vor! *2. (phantasme)* Trugbild *n; 3. ~ des sens* Sinnestäuschung *f*
illusoire [ilyzwaʀ] *adj* illusorisch
illustration [ilystʀasjɔ̃] *f* Abbildung *f*
illustre [ilystʀ] *adj* berühmt
illustrer [ilystʀe] *v 1.* illustrieren; *2. (représenter)* veranschaulichen
îlot [ilo] *m ~ de verdure* Grünanlage *f*
ils [il] *pron (sujet)* sie
image [imaʒ] *f 1.* Bild *n; 2. (de marque)* Image *n; 3. (produit)* Gebilde *n; 4. (métaphore)* Gleichnis *n; 5. (portrait)* Abbild *n; 6. ~ trompeuse* Trugbild *n*
imagé [imaʒe] *adj* bildlich
imaginable [imaʒinabl] *adj* denkbar, vorstellbar
imaginaire [imaʒinɛʀ] *adj (irréel)* eingebildet
imaginatif [imaʒinatif] *adj* erfinderisch
imagination [imaʒinasjɔ̃] *f 1.* Einbildung *f; 2. (fantaisie)* Fantasie *f*
imaginer [imaʒine] *v 1.* erfinden; *2. (inventer)* erdichten; *3. (fig) ~ qc* sich etw vorstellen; *4. s'~* sich einbilden
imbécile [ɛ̃besil] *m* Dummkopf *m*
imbiber [ɛ̃bibe] *v 1.* tränken; *2. ~ de* imprägnieren
imbuvable [ɛ̃byvabl] *adj* ungenießbar
imitateur [imitatœʀ] *adj 1.* imitatorisch; *m 2.* Imitator *m,* Nachahmer *m*

imitation [imitasjɔ̃] *f 1.* Imitation *f; 2. (reproduction)* Kopie *f*
imité [imite] *adj* unecht
imiter [imite] *v 1.* imitieren; *2. (reproduire)* kopieren
immaculé [imakyle] *adj* makellos
immatériel [imateʀjɛl] *m* Übersinnliches *n*
immatriculation [imatʀikylasjɔ̃] *f* Anmeldung *f*
immatriculer [imatʀikyle] *v (sécurité sociale)* anmelden
immature [imatyʀ] *adj* unreif
immaturité [imatyʀite] *f* Unreife *f*
immédiat [imedja] *adj 1.* unmittelbar; *2. (sans délai)* fristlos
immédiatement [imedjatmɑ̃] *adv 1.* unmittelbar; *2. (sans délai)* fristlos
immense [imɑ̃s] *adj 1.* immens; *2. (fig)* grenzenlos
immensité [imɑ̃site] *f* Unendlichkeit *f*
immerger [imɛʀʒe] *v* untertauchen, eintauchen
immeuble [imœbl] *m 1.* Gebäude *n; 2. (bien immobilier)* Immobilie *f; 3. ~s pl* Liegenschaften *pl*
immigrant(e) [imigʀɑ̃(t)] *m/f* Einwanderer/Einwanderin *m/f*
immigration [imigʀasjɔ̃] *f* Einwanderung *f*
immigré(e) [imigʀe] *m/f* Einwanderer/Einwanderin *m/f*
immigrer [imigʀe] *v* einwandern
imminent [iminɑ̃] *adj être ~* bevorstehen
immiscer [imise] *v s'~ dans* sich einmischen in
immobile [imɔbil] *adj 1.* bewegungslos; *2. (tranquille)* ruhig
immobilier [immɔbilje] *adj* Grundstücks..., Immobilien...; *une agence immobilière* eine Immobilienagentur *f*
immobiliser [immɔbilize] *v 1.* anhalten, festhalten; *~ un véhicule* ein Fahrzeug anhalten; *2. (argent) FIN* anlegen, einfrieren; *3. s'~* anhalten, stehen bleiben
immobilité [imɔbilite] *f* Ruhe *f*
immodéré [imɔdeʀe] *adj* maßlos
immodeste [imɔdɛst] *adj* unbescheiden
immoral [imɔʀal] *adj 1.* unmoralisch; *2. (dépravé)* lasterhaft
immortalisation [imɔʀtalizasjɔ̃] *f* Verewigung *f*
immortalité [imɔʀtalite] *f* Unsterblichkeit *f*
immortel [imɔʀtɛl] *adj 1.* unsterblich; *2. (éternel)* zeitlos
immuable [imɥabl] *adj* unabänderlich
immunisé [imynize] *adj ~ contre* immun gegen
impact [ɛ̃pakt] *m* Aufprall *m*
impair [ɛ̃pɛʀ] *adj* ungerade; *faire un ~* eine Ungeschicklichkeit begehen
impardonnable [ɛ̃paʀdɔnabl] *adj* unverzeihlich
imparfait [ɛ̃paʀfɛ] *adj* mangelhaft
impartial [ɛ̃paʀsjal] *adj* objektiv
impartialité [ɛ̃paʀsjalite] *f 1.* Objektivität *f; 2. (équité)* Unbefangenheit *f; en toute ~* unbefangen
impasse [ɛ̃pas] *f* Sackgasse *f*
impassible [ɛ̃pasibl] *adj* gefühllos
impatiemment [ɛ̃pasjamɑ̃] *adv* ungeduldig
impatience [ɛ̃pasjɑ̃s] *f* Ungeduld *f*
impatient [ɛ̃pasjɑ̃] *adj 1.* ungeduldig; *2. ~ de (fig)* gespannt auf
impatienter [ɛ̃pasjɑ̃te] *v s'~* ungeduldig werden, die Geduld verlieren
impayé [ɛ̃peje] *adj (paiement)* rückständig
impeccable [ɛ̃pekabl] *adj* makellos
impénétrable [ɛ̃penetʀabl] *adj* undurchdringlich
impénitent [ɛ̃penitɑ̃] *adj* unverbesserlich
impensable [ɛ̃pɑ̃sabl] *adj* undenkbar
impératif [ɛ̃peʀatif] *adj* verpflichtend
imperceptible [ɛ̃pɛʀsɛptibl] *adj 1.* unmerklich; *2. ~ à l'œil* unsichtbar
imperfection [ɛ̃pɛʀfɛksjɔ̃] *f (faute)* Mangel *m,* Fehler *m*
impérial [ɛ̃peʀjal] *adj* kaiserlich
impérialisme [ɛ̃peʀjalism] *m POL* Imperialismus *m*
impérieux [ɛ̃peʀjø] *adj* gebieterisch
imperméabilité [ɛ̃pɛʀmeabilite] *f* Dichte *f*
imperméable [ɛ̃pɛʀmeabl] *adj 1.* dicht; *2. (étanche)* wasserdicht; *m 3.* Regenmantel *m*
impersonnel [ɛ̃pɛʀsɔnɛl] *adj* unpersönlich
impertinence [ɛ̃pɛʀtinɑ̃s] *f* Frechheit *f,* Unverschämheit *f*
impertinent [ɛ̃pɛʀtinɑ̃] *adj 1. (effronté)* dreist, patzig; *2. (insolent)* vorlaut
imperturbable [ɛ̃pɛʀtyʀbabl] *adj* seelenruhig
impétueux [ɛ̃petɥø] *adj 1. (fig)* stürmisch; *2. (fougueux)* ungestüm
impétuosité [ɛ̃petɥozite] *f* Heftigkeit *f*

impie [ɛ̃pi] *adj* gottlos
impitoyable [ɛ̃pitwajabl] *adj 1.* erbarmungslos; *2. (dur de cœur)* hartherzig
implanter [ɛ̃plɑ̃te] *v s'~* sich breit machen
implication [ɛ̃plikasjɔ̃] *f* Verwicklung *f*
impliquer [ɛ̃plike] *v ~ qn dans qc (fig)* jdn in etw verwickeln
implorant [ɛ̃plɔʀɑ̃] *adj* flehentlich
implorer [ɛ̃plɔʀe] *v 1.* flehen; *2. ~ qn de faire qc* jdn anflehen, etw zu tun
impoli [ɛ̃pɔli] *adj 1.* unhöflich; *2. (impertinent)* patzig
impolitesse [ɛ̃pɔlitɛs] *f* Unhöflichkeit *f*
impopulaire [ɛ̃pɔpylɛʀ] *adj* unbeliebt
impopularité [ɛ̃pɔpylaʀite] *f* Unbeliebtheit *f*
importance [ɛ̃pɔʀtɑ̃s] *f 1.* Bedeutung *f; 2. (valeur)* Wert *m; de peu d'~* geringfügig; *3. (estimation)* Geltung *f; 4. (fig)* Größe *f*
important [ɛ̃pɔʀtɑ̃] *adj 1.* bedeutend; *2. (considérable)* ansehnlich; *3. (personne)* prominent; *4. (appréciable)* weit gehend; *5. (étendu)* weitläufig; *6. (fig)* groß
importateur [ɛ̃pɔʀtatœʀ] *m ECO* Importeur *m*
importation [ɛ̃pɔʀtasjɔ̃] *f* Import *m*
importer [ɛ̃pɔʀte] *v 1.* importieren; *2. (être important)* wichtig sein; *3. n'importe ...* irgend...; *n'importe comment* irgendwie; *n'importe où* irgendwo; *n'importe quoi* irgendetwas; *n'importe qui* irgendjemand; *n'importe quel* irgendein
importun [ɛ̃pɔʀtœ̃] *adj* lästig, aufdringlich
importunément [ɛ̃pɔʀtynemɑ̃] *adv* zudringlich
importuner [ɛ̃pɔʀtyne] *v* belästigen, bedrängen
importunité [ɛ̃pɔʀtynite] *f* Lästigkeit *f*
imposant [ɛ̃pozɑ̃] *adj* imponierend
imposer [ɛ̃poze] *v 1. ~ qc à qn* jdm etw aufdrängen; *2. (dicter)* diktieren; *3. (exonérer)* besteuern; *4. s'~* sich durchsetzen
imposition [ɛ̃pozisjɔ̃] *f* Besteuerung *f*
impossible [ɛ̃pɔsibl] *adj* unmöglich; *Nous ferons l'~.* Wir werden alles Menschenmögliche tun.
imposteur [ɛ̃pɔstœʀ] *m* Betrüger *m,* Hochstapler *m*
impôt [ɛ̃po] *m 1.* Steuer *f; 2. ~s pl* Lasten *pl; 3. ~s locaux pl* Gemeindesteuer *f*
impotent [ɛ̃pɔtɑ̃] *adj* bewegungsunfähig
imprécis [ɛ̃pʀesi] *adj* ungenau
imprécision [ɛ̃pʀesizjɔ̃] *f* Ungenauigkeit *f*
imprégner [ɛ̃pʀeɲe] *v 1.* imprägnieren; *2. (imbiber)* tränken, imprägnieren
impression [ɛ̃pʀesjɔ̃] *f 1.* Eindruck *m; faire grande ~ sur qn* großen Eindruck auf jdn machen/jdn beeindrucken; *2. (de doute)* Gefühl *n; 3. (reproduction)* Aufdruck *m; 4. (tirage)* Druck *m*
impressionnant [ɛ̃pʀesjɔnɑ̃] *adj 1.* eindrucksvoll; *2. (imposant)* imponierend
impressionner [ɛ̃pʀesjɔne] *v 1.* beeindrucken; *2. (en imposer à qn)* imponieren
imprévisible [ɛ̃pʀevizibl] *adj 1.* unabsehbar; *2. (incalculable)* unberechenbar
imprévu [ɛ̃pʀevy] *adj* unerwartet
imprimante [ɛ̃pʀimɑ̃t] *f (machine) INFORM* Drucker *m*
imprimé [ɛ̃pʀime] *m* Drucksache *f*
imprimer [ɛ̃pʀime] *v 1.* ausdrucken; *2. s'~ dans la mémoire* sich einprägen
imprimerie [ɛ̃pʀimʀi] *f* Druckerei *f*
imprimeur [ɛ̃pʀimœʀ] *m* Drucker *m*
improbable [ɛ̃pʀɔbabl] *adj* unwahrscheinlich
impropre [ɛ̃pʀɔpʀ] *adj 1.* untauglich; *2. (inconvenant)* unangemessen
improvisation [ɛ̃pʀɔvizasjɔ̃] *f* Improvisation *f*
improvisé [ɛ̃pʀɔvize] *adj* unvorbereitet
improviser [ɛ̃pʀɔvize] *v* improvisieren
improviste [ɛ̃pʀɔvist] *adj* unangemeldet; *à l'~* überraschend
imprudemment [ɛ̃pʀydamɑ̃] *adv* unvorsichtig
imprudence [ɛ̃pʀydɑ̃s] *f 1.* Fahrlässigkeit *f; 2. (insouciance)* Leichtsinn *m*
imprudent [ɛ̃pʀydɑ̃] *adj 1.* leichtsinnig; *2. (insouciant)* fahrlässig
impudence [ɛ̃pydɑ̃s] *f 1.* Unverfrorenheit *f,* Unverschämtheit *f; 2. (prétention)* Zumutung *f*
impudent [ɛ̃pydɑ̃] *adj* schamlos, unverschämt
impuissance [ɛ̃pɥisɑ̃s] *f 1.* Hilflosigkeit *f; 2. MED* Impotenz *f*
impuissant [ɛ̃pɥisɑ̃] *adj 1.* machtlos; *2. MED* impotent
impulsif [ɛ̃pylsif] *adj* impulsiv
impulsion [ɛ̃pylsjɔ̃] *f 1.* Anreiz *m; 2. (élan)* Auftrieb *m; 3. (tendance)* Drang *m; 4. (mouvement)* Impuls *m*
impureté [ɛ̃pyʀte] *f* Unreinheit *f*
imputation [ɛ̃pytasjɔ̃] *f* Unterstellung *f*
imputer [ɛ̃pute] *v ~ qc à qn* jdm etw aufbürden

inabordable [inabɔʀdabl] *adj 1.* unerschwinglich; *2. (fig: peu sociable)* unzugänglich
inacceptable [inaksɛptabl] *adj* unannehmbar
inaccessible [inaksesibl] *adj* unzugänglich
inaccoutumé [inakutyme] *adj* ungewohnt
inachevé [inaʃve] *adj* unfertig, unvollständig
inactif [inaktif] *adj 1.* flau; *2. (oisif)* müßig; *3. (inefficace)* unwirksam; *4. (passif)* tatenlos
inaction [inaksjɔ̃] *f* Nichtstun *n*
inactivité [inaktivite] *f ECO* Flaute *f*
inadapté [inadapte] *adj* unangepasst, unangemessen
inadéquat [inadekwa] *adj* unangemessen
inadmissible [inadmisibl] *adj* unzulässig
inadvertance [inadvɛʀtɑ̃s] *f* Versehen *n; par ~* versehentlich
inaliénable [inaljenabl] *adj JUR* unabdingbar
inaltérable [inalteʀabl] *adj 1.* unveränderlich; *2. (inusable)* unverwüstlich
inanimé [inanime] *adj* leblos
inaperçu [inapɛʀsy] *adj* unbeachtet
inapproprié [inapʀɔpʀije] *adj ~ à* ungeeignet für
inapte [inapt] *adj* unfähig, untauglich
inaptitude [inaptityd] *f* Unfähigkeit *f*
inattaquable [inatakabl] *adj* unanfechtbar
inattendu [inatɑ̃dy] *adj* plötzlich, unerwartet
inattentif [inatɑ̃tif] *adj 1.* achtlos; *2. (distrait)* unachtsam
inattention [inatɑ̃sjɔ̃] *f 1.* Achtlosigkeit *f; 2. (distraction)* Unachtsamkeit *f,* Unaufmerksamkeit *f*
inauguration [inɔgyʀasjɔ̃] *f* Einweihung *f,* Eröffnung *f*
inaugurer [inɔgyʀe] *v 1. (commencer)* einleiten; *2. (consacrer)* einweihen
incalculable [ɛ̃kalkylabl] *adj 1.* unberechenbar; *2. (innombrable)* unzählig
incapable [ɛ̃kapabl] *adj* unfähig
incapacité [ɛ̃kapasite] *f* Unfähigkeit *f*
incarnation [ɛ̃kaʀnasjɔ̃] *f* Inbegriff *m,* Verkörperung *f*
incarné [ɛ̃kaʀne] *adj* leibhaftig
incarner [ɛ̃ıaʀne] *v* verkörpern
incassable [ɛ̃kasabl] *adj* unzerbrechlich
incendie [ɛ̃sɑ̃di] *m 1.* Brand *m; 2. lutte contre l'~* Brandbekämpfung *f; 3. ~ criminel* Brandstiftung *f*
incertain [ɛ̃sɛʀtɛ̃] *adj 1.* ungewiss; *2. (douteux)* zweifelhaft; *3. (louche)* zwielichtig
incertitude [ɛ̃sɛʀtityd] *f 1.* Unsicherheit *f; 2. (doute)* Zweifel *m*
incessamment [ɛ̃sɛsamɑ̃] *adv* kontinuierlich
incessant [ɛ̃sɛsɑ̃] *adj* kontinuierlich, pausenlos
incident [ɛ̃sidɑ̃] *m 1.* Zwischenfall *m; 2. (événement)* Vorfall *m; 3. ~ technique TECH* Betriebsstörung *f*
incinération [ɛ̃sineʀasjɔ̃] *f 1.* Feuerbestattung *f; 2. ~ des ordures ménagères* Müllverbrennung *f*
incisif [ɛ̃sizif] *adj (fig: décision)* einschneidend
incision [ɛ̃sizjɔ̃] *f (coupure)* Einschnitt *m*
incitation [ɛ̃sitasjɔ̃] *f 1. (fig)* Anfeuerung *f; 2. ~ à* Anreiz *m*
inciter [ɛ̃site] *v ~ à* anregen
inclinaison [ɛ̃klinɛzɔ̃] *f 1.* Gefälle *n; 2. (penchant)* Neigung *f; 3. (tête, buste)* Verneigung *f*
inclination [ɛ̃klinasjɔ̃] *f 1. (~ pour)* Zuneigung *f; 2. (fig)* Neigung *f*
incliné [ɛ̃kline] *adj* schief
incliner [ɛ̃kline] *v 1.* neigen; *2. s'~* sich beugen
inclure [ɛ̃klyʀ] *v irr* einschließen
inclus [ɛ̃kly] *adj* inbegriffen
inclusion [ɛ̃klyzjɔ̃] *f* Einbeziehung *f*
incognito [ɛ̃kɔɲito] *adv* inkognito
incohérent [ɛ̃kɔeʀɑ̃] *adj* zusammenhangslos
incolore [ɛ̃kɔlɔʀ] *adj (objet)* farblos
incombustible [ɛ̃kɔ̃bystibl] *adj* feuerfest
incommensurable [ɛ̃kɔmɑ̃syʀabl] *adj* unermesslich
incomparable [ɛ̃kɔ̃paʀabl] *adj* unvergleichlich, einzigartig; *Elle est d'une beauté ~.* Sie ist unvergleichlich schön.
incompatibilité [ɛ̃kɔ̃patibilite] *f* Unvereinbarkeit *f*
incompatible [ɛ̃kɔ̃patibl] *adj* unvereinbar; *être ~ avec qc* etw widersprechen
incompétence [ɛ̃kɔ̃petɑ̃s] *f* Inkompetenz *f*
incompétent [ɛ̃kɔ̃petɑ̃] *adj 1. (~ pour)* ungeeignet; *2. JUR* unbefugt
incomplet [ɛ̃kɔ̃plɛ] *adj* lückenhaft

incompréhensible [ɛ̃kɔ̃pʀeɑ̃sibl] *adj 1.* unverständlich; *2. (inconcevable)* unbegreiflich; *3. (bizarre)* schleierhaft
incompréhensif [ɛ̃kɔ̃pʀeɑ̃sif] *adj* verständnislos
incompréhension [ɛ̃kɔ̃pʀeɑ̃sjɔ̃] *f* Unverständnis *n,* Verständnislosigkeit *f; Il souffre de l'~ de ses proches.* Er leidet unter dem mangelnden Verständnis seiner Familie.
inconcevable [ɛ̃kɔ̃svabl] *adj 1.* unbegreiflich; *2. (impensable)* undenkbar
inconciliable [ɛ̃kɔ̃siljabl] *adj ~ avec* unvereinbar mit
inconfortable [ɛ̃kɔ̃fɔʀtabl] *adj* unbequem
incongru [ɛ̃kɔ̃gʀy] *adj* unangebracht
inconnu [ɛ̃kɔny] *adj* fremd
inconsciemment [ɛ̃kɔ̃sjamɑ̃] *adv* unbewusst
inconscient [ɛ̃kɔ̃sjɑ̃] *adj 1.* ahnungslos; *2. (en syncope)* bewusstlos; *3. (involontaire)* unbewusst
inconséquence [ɛ̃kɔ̃sekɑ̃s] *f* Inkonsequenz *f*
inconsidéré [ɛ̃kɔ̃sideʀe] *adj 1.* gedankenlos; *2. (irréfléchi)* unbedacht
inconsolable [ɛ̃kɔ̃sɔlabl] *adj* untröstlich
inconstance [ɛ̃kɔ̃stɑ̃s] *f* Labilität *f*
inconstant [ɛ̃kɔ̃stɑ̃] *adj 1.* flatterhaft, sprunghaft; *2. (instable)* labil; *3. (variable)* unbeständig
incontestabilité [ɛ̃kɔ̃tɛstabilite] *f* Unanfechtbarkeit *f*
incontestable [ɛ̃kɔ̃tɛstabl] *adj* einwandfrei, unanfechtbar
incontinent [ɛ̃kɔ̃tinɑ̃] *m* Bettnässer *m*
incontournable [ɛ̃kɔ̃tuʀnabl] *adj* unumgänglich
incontrôlé [ɛ̃kɔ̃tʀole] *adj* unbeherrscht
inconvénient [ɛ̃kɔ̃venjɑ̃] *m 1.* Missstand *m; 2. (désavantage)* Nachteil *m; avoir des ~s* Nachteile haben
incorporation [ɛ̃kɔʀpɔʀɑsjɔ̃] *f MIL* Einberufung *f,* Einzug *m*
incorporer [ɛ̃kɔʀpɔʀe] *v 1.* einverleiben; *2. MIL* einberufen, einziehen
incorrect [ɛ̃kɔʀɛkt] *adj 1.* unanständig; *2. (imparfait)* fehlerhaft; *3. (impropre)* unsachgemäß
incorrigible [ɛ̃kɔʀiʒibl] *adj* unbelehrbar
incorruptible [ɛ̃kɔʀyptibl] *adj* unbestechlich
incrédibilité [ɛ̃kʀedibilite] *f* Unglaubwürdigkeit *f*
incrédule [ɛ̃kʀedyl] *adj* ungläubig, skeptisch; *avoir l'air ~* skeptisch aussehen; *un sourire ~* ein ungläubiges Lächeln *n*
incriminer [ɛ̃kʀimine] *v (inculper)* anklagen, beschuldigen
incroyable [ɛ̃kʀwajabl] *adj* unglaublich
incubation [ɛ̃kybasjɔ̃] *f 1.* Brut *f; 2. MED* Inkubationszeit *f*
inculpé(e) [ɛ̃kylpe] *m/f JUR* Angeklagte(r) *m/f*
inculper [ɛ̃kylpe] *v* anschuldigen, beschuldigen
inculte [ɛ̃kylt] *adj 1.* ungebildet; *2. (fig)* roh
incurable [ɛ̃kyʀabl] *adj* unheilbar
incurvation [ɛ̃kyʀvasjɔ̃] *f* Krümmung *f,* Wölbung *f*
Inde [ɛ̃nd] *f l'~ GEO* Indien *n*
indécemment [ɛ̃desamɑ̃] *adv* unanständig
indécent [ɛ̃desɑ̃] *adj* unanständig
indéchiffrable [ɛ̃deʃifʀabl] *adj* unleserlich
indécis [ɛ̃desi] *adj 1.* unentschlossen; *être ~* schwanken/zaudern; *2. (incertain)* ungewiss; *3. (impur)* ungeklärt; *4. (flou)* verschwommen
indécision [ɛ̃desizjɔ̃] *f* Unentschlossenheit *f,* Zweifel *m; être dans l'~* sich nicht entscheiden können
indéfini [ɛ̃defini] *adj* unbestimmt
indéformable [ɛ̃defɔʀmabl] *adj* formbeständig
indélicat [ɛ̃delika] *adj* taktlos
indélicatesse [ɛ̃delikatɛs] *f 1.* Indiskretion *f; 2. (manque de tact)* Taktlosigkeit *f*
indemne [ɛ̃dɛmn] *adj* heil, unversehrt
indemnisation [ɛ̃dɛmnizasjɔ̃] *f 1.* Entschädigung *f; 2. ECO* Abfindung *f*
indemniser [ɛ̃dɛmnize] *v 1.* entschädigen; *2. (remplacer)* ersetzen; *3. ECO* abfinden
indemnité [ɛ̃dɛmnite] *f 1.* Entschädigung *f; 2. ~ parlementaire POL* Diäten *pl; 3. ~ journalière en état de maladie* Krankengeld *n*
indéniable [ɛ̃denjabl] *adj* unverkennbar
indépendamment [ɛ̃depɑ̃damɑ̃] *adv* unabhängig
indépendance [ɛ̃depɑ̃dɑ̃s] *f* Selbstständigkeit *f*
indépendant [ɛ̃depɑ̃dɑ̃] *adj 1.* selbstständig; *2. (free-lance)* freiberuflich
indescriptible [ɛ̃dɛskʀiptibl] *adj* unbeschreiblich
indésirable [ɛ̃deziʀabl] *adj* unerwünscht

indéterminé [ɛ̃detɛʀmine] *adj* unbestimmt
index [ɛ̃dɛks] *m 1.* Verzeichnis *n; 2. (indice)* Kennziffer *f; 3. ~ alphabétique* Register *n; 4. ANAT* Zeigefinger *m*
indicateur [ɛ̃dikatœʀ] *m ~ des chemins de fer* Fahrplan *m*
indicatif [ɛ̃dikatif] *m TEL* Vorwahl *f*
indication [ɛ̃dikasjɔ̃] *f 1.* Angabe *f; ~ des références* Quellenangabe *f; 2. (attribution)* Zuweisung *f*
indice [ɛ̃dis] *m 1.* Index *m; 2. JUR* Indiz *n; 3. (fig)* Vorzeichen *n*
indicible [ɛ̃disibl] *adj* unbeschreiblich
Indien(ne) [ɛ̃djɛ̃/ɛ̃djɛn] *m/f 1.* Indianer(in) *m/f; 2. (d'Inde)* Inder(in) *m/f*
indifféremment [ɛ̃difeʀamɑ̃] *adv* gleichgültig
indifférence [ɛ̃difeʀɑ̃s] *f* Gleichgültigkeit *f; avec ~* gleichgültig
indifférent [ɛ̃difeʀɑ̃] *adj 1.* egal; *être ~ à qc* einer Sache gleichgültig gegenüberstehen; *2. (apathique)* teilnahmslos
indigène [ɛ̃diʒɛn] *m/f 1.* Eingeborene(r) *m/f; 2. (autochtone)* Einheimische(r) *m/f*
indigent [ɛ̃diʒɑ̃] *adj* bedürftig, Not leidend
indigeste [ɛ̃diʒɛst] *adj* schwer verdaulich
indigestion [ɛ̃diʒɛstjɔ̃] *f MED* Magenverstimmung *f,* verdorbener Magen *m; faire une ~ de chocolat* so viel Schokolade essen, bis einem schlecht wird
indignation [ɛ̃diɲasjɔ̃] *f* Empörung *f*
indigne [ɛ̃diɲ] *adj* unwürdig
indigné [ɛ̃diɲe] *adj* empört
indignement [ɛ̃diɲəmɑ̃] *adv* unwürdig
indigner [ɛ̃diɲe] *v s'~* sich empören
indiquer [ɛ̃dike] *v 1.* angeben; *2. (caractériser)* kennzeichnen; *3. (du doigt)* deuten auf
indirect [ɛ̃diʀɛkt] *adj* indirekt
indiscipline [ɛ̃disiplin] *f* Ungehorsam *m*
indiscipliné [ɛ̃disipline] *adj* disziplinlos
indiscret [ɛ̃diskʀɛ] *adj 1.* neugierig; *2. (importun)* indiskret; *3. (immodeste)* unbescheiden
indiscrétion [ɛ̃diskʀesjɔ̃] *f 1.* Indiskretion *f; 2. (curiosité)* Neugier *f*
indiscutable [ɛ̃diskytabl] *adj* unbestreitbar
indispensable [ɛ̃dispɑ̃sabl] *adj* erforderlich
indisponible [ɛ̃dispɔnibl] *adj* unabkömmlich
indisposé [ɛ̃dispoze] *adj* unwohl
indissoluble [ɛ̃disɔlybl] *adj* unlösbar, unzertrennlich
indistinct [ɛ̃distɛ̃] *adj* undeutlich
individu [ɛ̃dividy] *m 1. (personne)* Mensch *m; 2. (solitaire)* Einzelner *m; 3. (être humain)* Individuum *n*
individualisme [ɛ̃dividɥalism] *m* Individualismus *m*
individuel [ɛ̃dividɥɛl] *adj* persönlich
indocile [ɛ̃dɔsil] *adj* unfolgsam, ungezogen
indocilité [ɛ̃dɔsilite] *f* Trotz *m*
indolence [ɛ̃dɔlɑ̃s] *f 1.* Lässigkeit *f; 2. (fainéantise)* Trägheit *f*
indolent [ɛ̃dɔlɑ̃] *adj* lässig
indolore [ɛ̃dɔlɔʀ] *adj* schmerzfrei
indomptable [ɛ̃dɔ̃ptabl] *adj* unbändig
Indonésie [ɛ̃dɔnezi] *f GEO* Indonesien *n*
indubitable [ɛ̃dybitabl] *adj* zweifellos, unstreitig
indulgence [ɛ̃dylʒɑ̃s] *f 1.* Gnade *f; 2. (clémence)* Milde *f; 3. (compréhension)* Nachsicht *f; avec ~* nachsichtig
indulgent [ɛ̃dylʒɑ̃] *adj 1.* geduldig; *2. (clément)* mild; *3. (compréhensif)* gnädig
industrialisation [ɛ̃dystʀijalizasjɔ̃] *f* Industrialisierung *f*
industrie [ɛ̃dystʀi] *f* Industrie *f; ~ agricole* Agrarindustrie *f; ~ automobile* Autoindustrie *f; ~ du bâtiment* Bauindustrie *f; ~ chimique* Chemieindustrie *f; ~ sidérurique* Eisenindustrie *f; ~ lourde* Schwerindustrie *f; ~ textile* Textilindustrie *f; ~ du vêtement* Bekleidungsindustrie *f; ~ minière* Bergbau *m; ~ d'armement* Rüstungsindustrie *f*
industriel(le) [ɛ̃dystrijɛl] *m/f* Industrielle(r) *m/f*
inébranlable [inebʀɑ̃labl] *adj 1.* felsenfest; *2. (imperturbable)* unbeweglich, unerschütterlich
inédit [inedi] *adj* neuartig
ineffaçable [inefasabl] *adj* unvergesslich
inefficace [inefikas] *adj* unwirksam
inégal [inegal] *adj 1.* ungleichmäßig; *2. (saboteux)* holperig
inégalité [inegalite] *f* Unebenheit *f*
inéluctable [inelyktabl] *adj 1. JUR* unabdingbar; *2. (inévitable)* unabwendbar
inepties [inɛpsi] *f/pl (fig)* Mist *m*
inerte [inɛʀt] *adj* regungslos
inespéré [inɛspeʀe] *adj* unerwartet
inévitable [inevitabl] *adj* unvermeidlich
inexact [inɛgzakt] *adj 1.* ungenau; *2. (temporel)* unpünktlich

inexactitude [inɛgzaktityd] *f* Ungenauigkeit *f*
inexcusable [inɛkskyzabl] *adj* unverzeihlich
inexorable [inɛgzɔʀabl] *adj* unerbittlich
inexpérimenté [inɛkspeʀimɑ̃te] *adj* unerfahren
inexplicable [inɛksplikabl] *adj* unerklärlich
inexpressif [inɛkspʀesif] *adj* ausdruckslos
inextricable [inɛkstʀikabl] *adj* verzwickt
infamant [ɛ̃fɑmɑ̃] *adj* ehrenrührig
infâme [ɛ̃fɑm] *adj* 1. *(méchant)* gemein, niederträchtig; 2. *(sordide)* verrucht
infamie [ɛ̃fami] *f* 1. Schande *f*, Gemeinheit *f*; 2. *(bassesse)* Niedertracht *f*; 3. *(ignominie)* Schandtat *f*
infarctus [ɛ̃faʀktys] *m* Herzinfarkt *m*
infatigable [ɛ̃fatigabl] *adj (fig)* eisern
infatué [ɛ̃fatɥe] *adj* vorlaut
infecté [ɛ̃fɛkte] *adj MED* vereitert
infecter [ɛ̃fɛkte] *v* 1. *MED* infizieren; 2. *(contaminer)* verseuchen
infection [ɛ̃fɛksjɔ̃] *f* 1. Entzündung *f*; 2. *(contamination)* Verseuchung *f*
inférieur [ɛ̃feʀjœʀ] *adj* 1. minderwertig; *être ~ à qn* jdm unterliegen/von jdm besiegt werden; 2. *(bas)* unterer
infériorité [ɛ̃feʀjɔʀite] *f* Minderwertigkeit *f*, Unterlegenheit *f*; *être en état d'~* unterlegen sein; *un complexe d'~* ein Minderwertigkeitskomplex *m*
infernal [ɛ̃fɛʀnal] *adj* teuflisch; *C'est ~!* Das ist nicht zum Aushalten!
infertile [ɛ̃fɛʀtil] *adj* unfruchtbar
infester [ɛ̃fɛste] *v (fig)* verseuchen
infidèle [ɛ̃fidɛl] *adj* 1. *(foi, parti)* abtrünnig; 2. *(déloyal)* treulos; *être ~* fremdgehen
infidélité [ɛ̃fidelite] *f* 1. Untreue *f*; 2. *~ conjugale* Ehebruch *m*
infiltrer [ɛ̃filtʀe] *v s'~ dans* versickern in
infime [ɛ̃fim] *adj* winzig
infini [ɛ̃fini] *adj* 1. endlos; *à l'~* endlos; 2. *(sans limite)* grenzenlos; *m* 3. Unendlichkeit *f*
infirme [ɛ̃fiʀm] *m/f* 1. Körperbehinderte(r) *m/f*; 2. *(invalide)* Krüppel *m*; *adj* 3. gebrechlich
infirmer [ɛ̃fiʀme] *v (atténuer)* entkräften
infirmerie [ɛ̃fiʀmqʀi] *f* 1. Krankenzimmer *n*; 2. *MIL* Lazarett *n*
infirmier [ɛ̃fiʀmje] *m* 1. Krankenpfleger *m*; 2. *(brancardier)* Sanitäter *m*
infirmière [ɛ̃fiʀmjɛʀ] *f* Krankenschwester *f*
infirmité [ɛ̃fiʀmite] *f MED* Gebrechen *n*
inflammable [ɛ̃flamabl] *adj* feuergefährlich
inflammation [ɛ̃flamasjɔ̃] *f MED* Entzündung *f*
inflation [ɛ̃flasjɔ̃] *f ECO* Inflation *f*
inflationniste [ɛ̃flasjɔ̃nist] *adj* inflationär
inflexibilité [ɛ̃flɛksibilite] *f* Unbarmherzigkeit *f*
inflexible [ɛ̃flɛksibl] *adj* 1. unbeugsam, unerbittlich; 2. *(raide)* unbeweglich, starr, unflexibel
infliger [ɛ̃fliʒe] *v ~ qc à qn* jdm etw zufügen
influence [ɛ̃flyɑ̃s] *f* 1. Einfluss *m*; *exercer une ~ sur* Einfluss ausüben auf; 2. *(effet)* Wirkung *f*; 3. *(fig)* Impuls *m*
influencé [ɛ̃flyɑ̃se] *adj* vorbelastet
influencer [ɛ̃flyɑ̃se] *v* 1. beeinflussen; 2. *(fig)* abfärben
influent [ɛ̃flyɑ̃] *adj* mächtig
influer [ɛ̃flye] *v ~ sur* wirken auf
informaticien(ne) [ɛ̃fɔʀmatisjɛ̃/ɛ̃fɔʀmatisjɛn] *m/f* Informatiker(in) *m/f*
informatif [ɛ̃fɔʀmatif] *adj* informativ
information [ɛ̃fɔʀmasjɔ̃] *f* 1. Auskunft *f*; *à titre d'~* zur Information; 2. *(nouvelle)* Meldung *f*; 3. *(renseignement)* Bescheid *m*; 4. *(avertissement)* Verständigung *f*; 5. *~s pl* Nachrichten *pl*
informatique [ɛ̃fɔʀmatik] *f* Informatik *f*
informe [ɛ̃fɔʀm] *adj* formlos
informé [ɛ̃fɔʀme] *adj être ~ de* wissen über, wissen von
informer [ɛ̃fɔʀme] *v* 1. informieren; 2. *~ qn de qc* jdn von etw benachrichtigen; 3. *(communiquer)* melden; 4. *~ de (instruire)* belehren; 5. *s'~* nachfragen
infortune [ɛ̃fɔʀtyn] *f (malheur)* Unglück *n*
infortuné [ɛ̃fɔʀtyne] *adj* unglücklich
infraction [ɛ̃fʀaksjɔ̃] *f* 1. Tat *f*; 2. *(transgression)* Übertretung *f*; 3. *~ au Code de la route* Verkehrsdelikt *n*
infrastructure [ɛ̃fʀastʀyktyʀ] *f* Infrastruktur *f*
infructueux [ɛ̃fʀyktɥø] *adj* 1. erfolglos, ergebnislos; 2. *(vain)* unfruchtbar
infusion [ɛ̃fyzjɔ̃] *f* Tee *m*
ingénierie [ɛ̃ʒeniʀi] *f* Ingenieurwesen *n*
ingénieur [ɛ̃ʒenjœʀ] *m* Ingenieur *m*; *~ des travaux publics* Bauingenieur *m*
ingénieux [ɛ̃ʒenjø] *adj* erfinderisch

ingénu [ɛ̃ʒeny] *adj 1.* arglos, naiv; *2. (naïf)* weltfremd
ingénuité [ɛ̃ʒenɥite] *f* Arglosigkeit *f*, Naivität *f*
ingénument [ɛ̃ʒenymɑ̃] *adv* leichtgläubig
ingrat [ɛ̃gʀa] *adj 1.* undankbar; *2. (stérile)* unfruchtbar
ingrédients [ɛ̃gʀedjɑ̃] *m/pl* Zutaten *pl*
inguérissable [ɛ̃geʀisabl] *adj* unheilbar
inhabité [inabite] *adj* unbewohnt
inhabituel [inabitɥɛl] *adj* außergewöhnlich
inhaler [inale] *v* einatmen, inhalieren
inhibé [inibe] *adj être ~* gehemmt sein
inhibition [inibisjɔ̃] *f PSYCH* Barriere *f*, Hemmung *f*
inhumain [inymɛ̃] *adj* grausam
inhumation [inymasjɔ̃] *f* Beerdigung *f*, Beisetzung *f*
inhumer [inyme] *v* beerdigen, bestatten
inimaginable [inimaʒinabl] *adj* unvorstellbar
inimitié [inimitje] *f* Feindschaft *f*
ininflammable [inivɛ̃flamabl] *adj* feuerfest
inintéressant [inɛ̃teʀɛsɑ̃] *adj (personne)* farblos
ininterrompu [inɛ̃tɛʀɔ̃py] *adj* andauernd
inique [inik] *adj* ungerecht, widerrechtlich
iniquité [inikite] *f* Ungerechtigkeit *f*
initial [inisjal] *adj* ursprünglich
initiale [inisjal] *f* Anfangsbuchstabe *m*
initiateur [inisjatœʀ] *m* Initiator *m*
initiation [inisjasjɔ̃] *f 1.* Einarbeitung *f*; *2. (inauguration)* Einweihung *f*
initiative [inisjativ] *f 1.* Initiative *f*; *2. (impulsion)* Anstoß *m*; *prendre l'~ de* anregen
initié(e) [inisje] *m/f 1.* Eingeweihte(r) *m/f*; *2. (spécialiste)* Insider(in) *m/f*
initier [inisje] *v 1.* einweisen; *2. (inaugurer)* einweihen; *3. ~ qn à un travail* jdn einarbeiten
injonction [ɛ̃ʒɔ̃ksjɔ̃] *f* strikter Befehl *m*
injure [ɛ̃ʒyʀ] *f* Beleidigung *f*
injurier [ɛ̃ʒyʀje] *v* beleidigen
injurieux [ɛ̃ʒyʀjœ] *adj* ehrenrührig
injuste [ɛ̃ʒyst] *adj* ungerecht
injustice [ɛ̃ʒystis] *f* Ungerechtigkeit *f*
injustifié [ɛ̃ʒystifje] *adj* unbegründet
inlassable [ɛ̃lɑsabl] *adj* unentwegt
innocemment [inɔsamɑ̃] *adv* schuldlos
innocence [inɔsɑ̃s] *f* Unschuld *f*
innocent [inɔsɑ̃] *adj* unschuldig
innombrable [inɔ̃mbʀabl] *adj* unzählig
innovateur [inɔvatœʀ] *adj* innovativ
innovation [inɔvasjɔ̃] *f* Innovation *f*
inobservance [inɔbsɛʀvɑ̃s] *f* Nichtbeachtung *f*
inoccupé [inɔkype] *adj 1. (libre)* leer; *2. (place)* frei
inodore [inɔdɔʀ] *adj* geruchlos
inoffensif [inɔfɑ̃sif] *adj 1. (anodin)* harmlos; *2. (doux)* gutartig; *3. (sans danger)* unschädlich
inondation [inɔ̃dasjɔ̃] *f* Überschwemmung *f*
inonder [inɔ̃de] *v 1.* durchfluten; *2. (submerger)* überschwemmen
inopérable [inɔpeʀabl] *adj* inoperabel
inopiné [inɔpine] *adj* unverhofft
inopportun [inɔpɔʀtœ̃] *adj* unpassend
inorganique [inɔʀganik] *adj* anorganisch
inorganisé [inɔʀganize] *adj* nicht organisiert
inoubliable [inublijabl] *adj* unvergesslich
inouï [inwi] *adj 1.* beispiellos; *2. (fam: énorme)* bodenlos; *3. (fig)* unerhört
inoxydable [inɔksidabl] *adj 1.* nicht rostend; *2. (acier)* rostfrei
inqualifiable [ɛ̃kalifjabl] *adj* unbeschreiblich
inquiet [ɛ̃kjɛ] *adj* ängstlich; *être ~ de* besorgt sein um
inquiétant [ɛ̃kjetɑ̃] *adj* Besorgnis erregend
inquiéter [ɛ̃kjete] *v 1.* beunruhigen; *2. ~ qn* jdn ängstigen; *3. s'~* beunruhigt sein; *Il n'y a pas de quoi s'~.* Es besteht kein Grund zur Sorge. *4. s'~ (s'angoisser)* sich ängstigen
inquiétude [ɛ̃kjetyd] *f 1.* Sorge *f*; *2. (appréhension)* Befürchtung *f*
insaisissable [ɛ̃sezisabl] *adj* unfassbar
insatisfaction [ɛ̃satisfaksjɔ̃] *f* Unzufriedenheit *f*
insatisfaisant [ɛ̃satisfqzɑ̃] *adj* unbefriedigend
insatisfait [ɛ̃satisfɛ] *adj* unzufrieden
inscription [ɛ̃skʀipsjɔ̃] *f 1.* Meldung *f*; *2. (monuments)* Überschrift *f*
inscrire [ɛ̃skʀiʀ] *v 1.* melden; *2. (noter)* notieren; *3. (relever)* verzeichnen; *4. s'~ (étudiant)* sich einschreiben; *5. s'~ à (un cours)* belegen
insecte [ɛ̃sɛkt] *m 1. ZOOL* Insekt *n*; *2. ~s nuisibles pl* Ungeziefer *n*
insecticide [ɛ̃sɛktisid] *m* Insektenvertilgungsmittel *n*
insécurité [ɛ̃sekyʀite] *f* Unsicherheit *f*, Ungewissheit *f*; *une zone d'~* ein unsicheres

Gebiet *n*, ein gefährliches Gebiet *n; vivre dans l'~* in Ungewissheit leben
insensé [ɛ̃sɑ̃se] *adj 1.* sinnlos; *2. (fou)* töricht
insensibilisation [ɛ̃sɑ̃sibilizasjɔ̃] *f MED* Betäubung *f*
insensibiliser [ɛ̃sɑ̃sibilize] *v MED* betäuben
insensible [ɛ̃sɑ̃sibl] *adj 1. (physique)* gefühllos; *2. (indifférent)* gleichgültig; *3. (fam)* kaltschnäuzig, lieblos
inséparable [ɛ̃sepaʀabl] *adj* unzertrennlich
insérer [ɛ̃seʀe] *v 1. ~ dans* angliedern; *2. (fig)* einflechten, *3. (annonce)* inserieren
insidieux [ɛ̃sidjœ] *adj* verfänglich
insigne [ɛ̃siɲ] *m* Abzeichen *n*
insignifiance [ɛ̃siɲifjɑ̃s] *f 1.* Belanglosigkeit *f; 2. (futilité)* Geringfügigkeit *f*
insignifiant [ɛ̃siɲifjɑ̃] *adj 1.* unwichtig; *2. (futile)* leicht
insipide [ɛ̃sipid] *adj 1.* fade; *2. (ennuyeux)* langweilig
insistance [ɛ̃sistɑ̃s] *f* Betonung *f; avec ~* eindringlich, nachdrücklich, inständig
insistant [ɛ̃sistɑ̃] *adj* eindringlich
insister [ɛ̃siste] *v 1. ~ sur* akzentuieren; *2. ~ sur (persister dans)* bestehen auf; *3. ~ sur (souligner)* betonen
insolation [ɛ̃sɔlasjɔ̃] *f 1. MED* Hitzschlag *m; 2. (coup de soleil)* Sonnenstich *m*
insolence [ɛ̃sɔlɑ̃s] *f* Frechheit *f*
insolent [ɛ̃sɔlɑ̃] *adj 1.* frech; *2. (fam)* kaltschnäuzig; *m 3. (fam)* Frechdachs *m*
insolite [ɛ̃sɔlit] *adj* ungewöhnlich
insoluble [ɛ̃sɔlybl] *adj* unlösbar
insomniaque [ɛ̃sɔmnjak] *adj* schlaflos
insomnie [ɛ̃sɔmni] *f* Schlaflosigkeit *f*
insondable [ɛ̃sɔ̃dabl] *adj* abgründig
insonore [ɛ̃sɔnɔʀ] *adj* schalldicht
insonorisé [ɛ̃sɔnɔʀize] *adj* schalldicht
insouciance [ɛ̃susjɑ̃s] *f 1.* Leichtsinn *m; 2. (négligence)* Sorglosigkeit *f; avec ~* sorglos, unbekümmert
insouciant [ɛ̃susjɑ̃] *adj 1.* leichtsinnig; *2. (indifférent)* sorglos
insoutenable [ɛ̃sutnabl] *adj (fig)* unhaltbar
inspecter [ɛ̃spɛkte] *v 1.* besichtigen; *2. (examiner)* prüfen
inspecteur [ɛ̃spɛktœʀ] *m* Prüfer *m*
inspection [ɛ̃spɛksjɔ̃] *f* Besichtigung *f*
inspiration [ɛ̃spiʀasjɔ̃] *f (fig)* Eingebung *f; suivre son ~* seiner Eingebung folgen
inspirer [ɛ̃spiʀe] *v 1.* einatmen; *2. (suggérer)* inspirieren
instabilité [ɛ̃stabilite] *f* Labilität *f*
instable [ɛ̃stabl] *adj 1.* veränderlich; *2. (précaire)* haltlos; *3. (versatile)* labil
installateur [ɛ̃stalatœʀ] *m* Installateur *m*
installation [ɛ̃stalɑsjɔ̃] *f 1. (d'une pièce)* Einrichtung *f; 2. (montage)* Aufstellung *f; 3. ~s sanitaires pl* Sanitäranlage *f*
installer [ɛ̃stale] *v 1.* einrichten; *2. (monter)* installieren; *3. s'~* sich niederlassen; *4. s'~ (dans une maison)* beziehen
instamment [ɛ̃stamɑ̃] *adv* inständig
instant [ɛ̃stɑ̃] *m* Augenblick *m*, Moment *m; en un ~* im Nu/im Handumdrehen; *pour l'~* momentan/vorläufig; *à l'~ même* soeben
instantané [ɛ̃stɑ̃tane] *adj 1.* augenblicklich; *m 2. FOTO* Schnappschuss *m*
instauration [ɛ̃stɔʀasjɔ̃] *f* Einführung *f*
instaurer [ɛ̃stɔʀe] *v* einführen
instigateur [ɛ̃stigatœʀ] *m* Anstifter *m; être l'~ de (fig)* dahinterstecken/der Anstifter sein für
instinct [ɛ̃stɛ̃] *m* Instinkt *m; ~ de conservation* Selbsterhaltungstrieb *m*
instinctif [ɛ̃stɛ̃ktif] *adj 1.* instinktiv; *2. (inconscient)* unbewusst
institut [ɛ̃stity] *m* Institut *n; ~ culturel* Kulturinstitut *n; ~ de sondages d'opinion* Meinungsforschungsinstitut *n*
instituteur [ɛ̃stitytœʀ] *m (d'école primaire)* Lehrer *m*
institution [ɛ̃stitysjɔ̃] *f* Anstalt *f*
institutrice [ɛ̃stitytʀis] *f 1. (d'école primaire)* Lehrerin *f; 2. ~ d'école maternelle* Kindergärtnerin *f*
instructif [ɛ̃stʀyktif] *adj* aufschlussreich
instruction [ɛ̃stʀyksjɔ̃] *f 1.* Ausbildung *f; 2. (règle)* Vorschrift *f; 3. (conseil)* Gebrauchsanweisung *f*
instruire [ɛ̃stʀɥiʀ] *v 1.* ausbilden; *2. s'~* lernen
instruit [ɛ̃stʀɥi] *adj* gebildet
instrument [ɛ̃stʀymɑ̃] *m 1.* Instrument *n; ~ de musique* Musikinstrument *n; ~ à vent MUS* Blasinstrument *n; 2. (outil)* Werkzeug *n; 3. ~s de navigation pl* Navigationsinstrumente *pl*
insubordination [ɛ̃sybɔʀdinasjɔ̃] *f MIL* Ungehorsam *m*
insuccès [ɛ̃syksɛ] *m* Erfolglosigkeit *f*
insuffisance [ɛ̃syfizɑ̃s] *f 1.* Unzulänglichkeit *f; 2. ~ de poids* Untergewicht *n; 3. ~ cardiaque MED* Herzschwäche *f*

insuffisant [ɛ̃syfizɑ̃] *adj 1.* ungenügend; *2. (insatisfaisant)* unbefriedigend
insulte [ɛ̃sylt] *f* Beleidigung *f*
insulter [ɛ̃sylte] *v* beleidigen
insupportable [ɛ̃sypɔʀtabl] *adj* unerträglich
insurger [ɛ̃syʀʒe] *v s'~* sich empören, aufbegehren
intact [ɛ̃takt] *adj* heil
intangible [ɛ̃tɑ̃ʒibl] *adj* unantastbar
intégral [ɛ̃tegʀal] *adj* vollständig
intégralité [ɛ̃tegʀalite] *f* Vollständigkeit *f*
intégration [ɛ̃tegʀasjɔ̃] *f* Integration *f*
intègre [ɛ̃tɛgʀ] *adj 1.* rechtschaffen; *2. (honnête)* redlich, anständig
intégrer [ɛ̃tɛgʀe] *v 1.* integrieren; *2. (incorporer)* einverleiben
intellect [ɛ̃telɛkt] *m* Intellekt *m*
intellectuel [ɛ̃telɛktɥɛl] *adj* intellektuell
intellectuel(le) [ɛ̃telektɥel] *m/f* Intellektuelle(r) *m/f*
intelligence [ɛ̃teliʒɑ̃s] *f 1. (esprit)* Geist *m; 2. (raison)* Intelligenz *f*
intelligent [ɛ̃teliʒɑ̃] *adj 1.* intelligent; *2. (judicieux)* einsichtig
intelligible [ɛ̃teliʒibl] *adj* allgemein verständlich, begreiflich
intempéries [ɛ̃tɑ̃peʀi] *f/pl* Unwetter *n*
intenable [ɛ̃tnabl] *adj* unerträglich, unhaltbar
intendance [ɛ̃tɑ̃dɑ̃s] *f* Aufsicht *f*
intendant [ɛ̃tɑ̃dɑ̃] *m* Intendant *m*
intense [ɛ̃tɑ̃s] *adj 1. (vif)* lebhaft; *2. (poussé)* intensiv; *3. (fort)* lautstark; *4. (fig)* hochgradig
intensif [ɛ̃tɑ̃sif] *adj* intensiv
intensité [ɛ̃tɑ̃site] *f* Stärke *f*
intensivement [ɛ̃tɑ̃sivmɑ̃] *adv* intensiv
intention [ɛ̃tɑ̃sjɔ̃] *f 1.* Absicht *f; avoir l'~ de* beabsichtigen, gedenken, vorhaben; *2. (dessein)* Vorsatz *m; 3. (volonté)* Wille *m*
intentionnel [ɛ̃tɑ̃sjɔnel] *adj* bewusst
interaction [ɛ̃tɛʀaksjɔ̃] *f* Wechselwirkung *f*
intercaler [ɛ̃tɛʀkale] *v (personne)* einschalten; *être intercalé* dazwischenliegen
intercepter [ɛ̃tɛʀsɛpte] *v* abfangen
interception [ɛ̃tɛʀsɛpsjɔ̃] *f 1.* Abfangen *n; 2. (de lettres)* Unterschlagung *f*
intercesseur [ɛ̃tɛʀsɛsœʀ] *m* Fürsprecher *m*
interchangeable [ɛ̃tɛʀʃɑ̃ʒabl] *adj* austauschbar
intercontinental [ɛ̃tɛʀkɔ̃tinɑ̃tal] *adj* interkontinental
interdiction [ɛ̃tɛʀdiksjɔ̃] *f* Verbot *n*, Sperre *f; ~ de conduire* Fahrverbot *n; ~ de stationner* Halteverbot *n; ~ de fumer* Rauchverbot *n; ~ d'importer ECO* Einfuhrverbot *n*
interdire [ɛ̃tɛʀdiʀ] *v irr 1. ~ à qn de faire qc* jdm verbieten, etw zu tun; *2. (fermer)* sperren; *3. ~ de séjour POL* abschieben, ausweisen
interdit [ɛ̃tɛʀdi] *adj 1.* verboten, untersagt; *2. (fermé)* gesperrt; *3. (fig)* sprachlos
intéressant [ɛ̃teʀɛsɑ̃] *adj 1.* interessant; *2. (remarquable)* sehenswert; *3. (attirant)* ansprechend; *4. (~ à savoir)* wissenswert
intéressé [ɛ̃teʀɛse] *adj 1.* interessiert; *2. (cupide)* habgierig
intéressé(e) [ɛ̃teʀɛse] *m/f 1.* Interessent(in) *m/f; 2. (participant(e))* Beteiligte(r) *m/f*
intéresser [ɛ̃teʀɛse] *v 1.* interessieren; *2. ~ qn à qc* jdn an etw beteiligen; *3. (concerner)* betreffen; *4. (fig)* anziehen; *5. s'~ à qc* sich für etw interessieren
intérêt [ɛ̃teʀɛ] *m 1.* Interesse *n; C'est dans votre propre ~.* Das liegt in Ihrem eigenen Interesse. *d'~ général* gemeinnützig; *2. (avantage)* Vorteil *m; 3. ~s pl ECO* Zinsen *pl; payer des ~s* verzinsen
interférence [ɛ̃tɛʀfeʀɑ̃s] *f (radio)* Überlagerung *f*
intérieur [ɛ̃teʀjœʀ] *adj 1.* innerer; *2. (intime)* innerlich; *3. (national)* inländisch; *m 4.* Inneres *n; à l'~* drinnen; *5. (du pays)* Inland *n; 6. (foyer)* Familienleben *n*
intérim [ɛ̃teʀim] *m* Zwischenzeit *f*
intérimaire [ɛ̃teʀimɛʀ] *m/f* Stellvertreter(in) *m/f*
interligne [ɛ̃tɛʀliɲ] *m* Zeilenabstand *m*
interlocuteur [ɛ̃tɛʀlɔkytœʀ] *m* Ansprechpartner *m*
interloqué [ɛ̃tɛʀlɔke] *adj (fig)* sprachlos
intermède [ɛ̃tɛʀmɛd] *m* Programmeinlage *f*
intermédiaire [ɛ̃tɛʀmedjɛʀ] *m/f 1.* Vermittler(in) *m/f; adj 2.* mittlere(r,s)
interminable [ɛ̃tɛʀminabl] *adj* endlos
intermittence [ɛ̃tɛʀmitɑ̃s] *f par ~* sporadisch
intermittent [ɛ̃tɛʀmitɑ̃] *adj* sporadisch
internat [ɛ̃tɛʀna] *m* Internat *n*
international [ɛ̃tɛʀnasjɔnal] *adj* international
interne [ɛ̃tɛʀn] *adj 1.* innere(r,s); *2. (au sein de l'entreprise)* innerbetrieblich

interner [ɛ̃tɛʀne] *v (hôpital)* einweisen
Internet [ɛ̃tɛʀnɛt] *m INFORM* Internet *n*
interpellation [ɛ̃tɛʀpelasjɔ̃] *f POL* Anfrage *f*
interphone [ɛ̃tɛʀfɔn] *m* Gegensprechanlage *f*
interposé [ɛ̃tɛʀpoze] *adj être ~* dazwischenliegen
interposer [ɛ̃tɛʀpoze] *v s'~* dazwischenkommen
interprétation [ɛ̃tɛʀpʀetasjɔ̃] *f 1.* Bewertung *f; 2. (signification)* Interpretation *f*
interprète [ɛ̃tɛʀpʀɛt] *m/f 1.* Dolmetscher(in) *m/f; 2. CINE* Darsteller(in) *m/f*
interpréter [ɛ̃tɛʀpʀete] *v 1.* auslegen; *2. (évaluer)* auswerten; *3. (traduire oralement)* dolmetschen
interrogateur [ɛ̃tɛʀɔgatœʀ] *adj* fragend
interroger [ɛ̃tɛʀɔʒe] *v* ausfragen
interrompre [ɛ̃tɛʀɔ̃pʀ] *v 1.* unterbrechen; *2. (travail)* aussetzen
interrupteur [ɛ̃tɛʀyptœʀ] *m* Schalter *m; ~ électrique* Lichtschalter *m; ~ à bascule TECH* Kippschalter *m*
interruption [ɛ̃tɛʀypsjɔ̃] *f 1.* Unterbrechung *f; 2. (fig)* Abbruch *m; 3. ~ volontaire de grossesse* Schwangerschaftsabbruch *m*
intersection [ɛ̃tɛʀsɛksjɔ̃] *f* Überschneidung *f*
interstice [ɛ̃tɛʀstis] *f* Zwischenraum *m*
intervalle [ɛ̃tɛʀval] *m 1.* Zwischenraum *m; 2. (pause)* Zwischenzeit *f*
intervenir [ɛ̃tɛʀvəniʀ] *v 1.* eingreifen; *2. (s'écrier)* dazwischenrufen; *3. faire ~ qn* jdn einschalten, jdn hinzuziehen; *4. (~ dans)* sich einschalten, vemitteln
intervention [ɛ̃tɛʀvɑ̃sjɔ̃] *f* Eingriff *m,* Einschreiten *n; faire une ~* dazwischenrufen
intervertir [ɛ̃tɛʀvɛʀtiʀ] *v* vertauschen, verwechseln
interview [ɛ̃tɛʀvju] *f* Interview *n*
interviewer [ɛ̃tɛʀvjuve] *v* interviewen
intestin [ɛ̃tɛstɛ̃] *m 1. ANAT* Darm *m; gros ~* Dickdarm *m; ~ grêle* Dünndarm *m; 2. ~s pl ANAT* Eingeweide *pl*
intime [ɛ̃tim] *adj 1.* innig; *2. (confidentiel)* vertraulich; *3. (fig)* innere(r,s)
intimidation [ɛ̃timidasjɔ̃] *f* Abschreckung *f,* Einschüchterung *f*
intimidé [ɛ̃timide] *adj* verschüchtert
intimider [ɛ̃timide] *v* abschrecken
intimité [ɛ̃timite] *f 1.* Intimität *f; 2. (confort)* Gemütlichkeit *f*
intituler [ɛ̃tityle] *v* überschreiben, betiteln
intolérable [ɛ̃tɔlerabl] *adj* unerträglich
intolérance [ɛ̃tɔleʀɑ̃s] *f* Intoleranz *f*
intolérant [ɛ̃tɔleʀɑ̃] *adj* intolerant
intonation [ɛ̃tɔnasjɔ̃] *f* Betonung *f*
intoxication [ɛ̃tɔksikasjɔ̃] *f MED* Vergiftung *f; ~ par les gaz* Gasvergiftung *f; ~ par les champignons* Pilzvergiftung *f*
intraitable [ɛ̃tʀɛtabl] *adj (fig)* unnachgiebig, unzugänglich
intransigeant [ɛ̃tʀɑ̃ziʒɑ̃] *adj* kompromisslos
intrépide [ɛ̃tʀepid] *adj* unerschrocken
intrigue [ɛ̃tʀig] *f 1.* Intrige *f; 2. (fig) THEAT* Verwicklung *f*
intriguer [ɛ̃tʀige] *v ~ qn* jdn beschäftigen, jdn neugierig machen; *Cette histoire m'intrigue.* Diese Geschichte weckt meine Neugier.
intrinsèque [ɛ̃tʀɛ̃sɛk] *adj (fig)* innere(r,s)
introduction [ɛ̃tʀɔdyksjɔ̃] *f* Einleitung *f*
introduire [ɛ̃tʀɔdɥiʀ] *v 1.* einleiten; *2. ~ dans (objet)* einführen in
introuvable [ɛ̃tʀuvabl] *adj* unauffindbar
intrus [ɛ̃tʀy] *m* Eindringling *m*
intuitif [ɛ̃tɥitif] *adj* intuitiv
intuition [ɛ̃tɥisjɔ̃] *f 1.* Intuition *f; 2. (pressentiment)* Ahnung *f*
intuitivement [ɛ̃tɥitivmɑ̃] *adv* gefühlsmäßig
inusable [inyzabl] *adj* unverwüstlich
inutile [inytil] *adj 1.* unnütz; *2. (superflu)* überflüssig
inutilement [inytilmɑ̃] *adv* umsonst
inutilisable [inytilizabl] *adj* unbrauchbar
inutilité [inytilite] *f* Nutzlosigkeit *f*
invalide [ɛ̃valid] *m/f 1.* Invalide *m/f; 2. (infirme)* Krüppel *m; adj 3.* schwer beschädigt; *4. MIL* untauglich
invalidité [ɛ̃validite] *f* Ungültigkeit *f*
invariable [ɛ̃vaʀjabl] *adj* gleich bleibend
invasion [ɛ̃vazjɔ̃] *f 1. POL* Invasion *f; 2. MIL* Einfall *m; 3. grandes ~s pl HIST* Völkerwanderung *f*
invendable [ɛ̃vɑ̃dabl] *adj* unverkäuflich
inventaire [ɛ̃vɑ̃tɛʀ] *m 1.* Inventar *n; 2. (liste)* Verzeichnis *n*
inventer [ɛ̃vɑ̃te] *v* erfinden; *~ de toutes pièces* erdichten; *ne pas avoir inventé le fir à couper le beurre* das Pulver nicht erfunden haben
inventeur [ɛ̃vɑ̃tœʀ] *m* Erfinder *m*
inventif [ɛ̃vɑ̃tif] *adj* erfinderisch
invention [ɛ̃vɑ̃sjɔ̃] *f 1.* Erfindung *f; C'est de son ~.* Das hat er erfunden. *2. (fig)* Konstruktion *f*

inverse [ɛ̃vɛʀs] *adj* umgekehrt
inversement [ɛ̃vɛʀsqmɑ̃] *adv* umgekehrt
inverser [ɛ̃vɛʀse] *v* umkehren
inversion [ɛ̃vɛʀsjɔ̃] *f* Umkehrung *f,* Inversion *f*
investi [ɛ̃vɛsti] *adj être ~ d'une charge* ein Amt bekleiden
investir [ɛ̃vɛstiʀ] *v 1.* investieren; *2. (encercler)* umzingeln
investissement [ɛ̃vɛstismɑ̃] *m* Investition *f*
invincible [ɛ̃vɛ̃sibl] *adj* unbesiegbar, unschlagbar
inviolable [ɛ̃vjɔlabl] *adj* unantastbar
invisible [ɛ̃vizibl] *adj* unsichtbar
invitation [ɛ̃vitasjɔ̃] *f 1.* Einladung *f; 2. (~ à)* Ruf *m*
invité(e) [ɛ̃vite] *m/f* Besucher(in) *m/f,* Gast *m; ~ d'honneur (officiel)* Ehrengast *m*
inviter [ɛ̃vite] *v 1.* einladen; *2. ~ à* auffordern zu
involontaire [ɛ̃vɔlɔ̃tɛʀ] *adj 1.* unabsichtlich; *2. (inconscient)* unbewusst; *3. (forcé)* unfreiwillig
invraisemblable [ɛ̃vʀɛsɑ̃blabl] *adj* unwahrscheinlich
invulnérable [ɛ̃vylneʀabl] *adj* unverwundbar
iode [jɔd] *m CHEM* Jod *n*
Iran [iʀɑ̃] *m l'~ GEO* Iran *m*
Iraq [iʀak] *m l'~ GEO* Irak *m*
irascible [iʀasibl] *adj* jähzornig
Irlande [iʀlɑ̃d] *f GEO* Irland *n*
ironie [iʀɔni] *f* Ironie *f*
ironique [iʀɔnik] *adj* ironisch
irradiation [iʀadjasjɔ̃] *f* Bestrahlung *f*
irradier [iʀadje] *v 1.* ausstrahlen; *2. (exposer)* bestrahlen
irrecevable [iʀqsqvabl] *adj JUR* unzulässig
irréel [iʀeɛl] *adj* irreal
irréfléchi [iʀefleʃi] *adj* unbedacht
irréflexion [iʀeflɛksjɔ̃] *f* Gedankenlosigkeit *f*
irrégularité [iʀegylaʀite] *f* Unregelmäßigkeit *f*
irrégulier [iʀegylje] *adj 1.* unregelmäßig; *2. (déloyal)* unfair
irrémédiable [iʀemedjabl] *adj* unheilbar
irréprochable [iʀepʀɔʃabl] *adj 1.* einwandfrei; *2. (fig)* lupenrein
irrésistible [iʀezistibl] *adj* unaufhaltsam
irrésolu [iʀezɔly] *adj* unschlüssig
irrespectueux [iʀɛspɛktɥœ] *adj* respektlos
irresponsable [iʀɛspɔ̃sabl] *adj* unverantwortlich
irrévocable [iʀevɔkabl] *adj 1.* unabänderlich; *2. (définitif)* unwiderruflich
irrigation [iʀigasjɔ̃] *f ~ sanguine MED* Durchblutung *f*
irriguer [iʀige] *v* bewässern
irritable [iʀitabl] *adj 1.* reizbar; *2. (irascible)* hitzig
irritation [iʀitasjɔ̃] *f 1.* Ärger *m; 2. (exaspération)* Gereiztheit *f; 3. MED* Reizung *f*
irrité [iʀite] *adj 1. (fâché)* böse; *2. (exaspéré)* gereizt; *3. (fig)* verstimmt
irriter [iʀite] *v 1.* ärgern; *2. (exciter)* erregen; *3. (fâcher)* verärgern; *4. MED* entzünden
irruption [iʀypsjɔ̃] *f 1.* Ausbruch *m; 2. (effraction)* Einbruch *m; faire ~* hereinbrechen; *3. MIL* Einfall *m*
Islam [islam] *m REL* Islam *m*
islamique [islamik] *adj REL* islamisch
Islande [islɑ̃d] *f GEO* Island *n*
isolation [izɔlasjɔ̃] *f 1.* Isolation *f; 2. ~ du bruit* Dämpfung *f; 3. ~ thermique* Wärmedämmung *f; 4. (fig)* Abschirmung *f*
isolé [izɔle] *adj 1.* einzeln; *le cas ~* Sonderfall *f; 2. (retiré)* abgelegen
isolement [izɔlmɑ̃] *m 1. (séparation)* Absonderung *f; 2. (solitude)* Einsamkeit *f; 3. (abandon)* Isolation *f*
isolément [izɔlemɑ̃] *adv* vereinzelt
isoler [izɔle] *v 1.* abschirmen; *2. s'~* sich absondern; *3. (région)* absperren; *4. (du bruit)* dämpfen
Israël [isʀaɛl] *m GEO* Israel *n*
issu [isy] *adj être ~ de* abstammen von
issue [isy] *f 1.* Ausgang *m; ~ de secours* Notausgang *m; 2. (solution)* Ausweg *m; sans ~* ausweglos/aussichtslos
Italie [itali] *f GEO* Italien *n*
italien [italjɛ̃] *adj* italienisch
Italien(ne) [italjɛ̃/italjɛn] *m/f* Italiener(in) *m/f*
itinéraire [itineʀɛʀ] *m* Reiseroute *f*
ivoire [ivwaʀ] *m* Elfenbein *n*
ivraie [ivʀɛ] *f (poétique)* Unkraut *n*
ivre [ivʀ] *adj (fam)* betrunken; *légèrement ~* beschwipst
ivresse [ivʀɛs] *f 1.* Rausch *m; 2. JUR* Trunkenheit *f*
ivrogne [ivʀɔɲ] *m/f* Säufer(in) *m/f,* Betrunkene(r) *m/f*

J/K

jabot [ʒabo] *m* Kropf *m*
jacasser [ʒakase] *v* plappern
jachère [ʒaʃɛʀ] *f AGR* Brachland *n*
jacinthe [ʒasɛ̃t] *f BOT* Hyazinthe *f*
jade [ʒad] *m 1. MIN* Jade *m; 2. (objet)* Gegenstand aus Jade *m*
jadis [ʒadis] *adv (passé)* einst, früher
jaguar [ʒagwaʀ] *m ZOOL* Jaguar *m*
jaillir [ʒajiʀ] *v 1.* sprudeln; *2. (gicler)* sprühen
jalon [ʒalɔ̃] *m (fig)* Meilenstein *m*
jalonner [ʒalɔne] *v (marquer)* markieren
jalouser [ʒaluze] *v 1.* beneiden; *2. se ~* sich gegenseitig beneiden
jalousie[1] [ʒaluzi] *f 1.* Eifersucht *f; 2. (envie)* Missgunst *f,* Neid *m*
jalousie[2] [ʒaluzi] *f (persienne)* Jalousie *f*
jaloux [ʒalu] *adj* neidisch, eifersüchtig; *être ~ comme un tigre* schrecklich eifersüchtig sein
jamais [ʒamɛ] *adv 1.* niemals, nie; *2. (un jour)* jemals; *A tout ~!* Auf immer! *Jamais de la vie!* Nie im Leben! *Maintenant ou ~!* Jetzt oder nie! *adj 3. (une fois)* je
jambe [ʒɑ̃b] *f ANAT* Bein *n; ne plus avoir de ~s* vor Müdigkeit umfallen; *donner des ~s* Beine machen; *prendre ses ~s à son cou* die Beine unter den Arm nehmen
jambon [ʒɑ̃bɔ̃] *m GAST* Schinken *m*
jante [ʒɑ̃t] *f* Felge *f*
janvier [ʒɑ̃vje] *m* Januar *m*
Japon [ʒapɔ̃] *m GEO* Japan *n*
japonais [ʒapɔnɛ] *adj* japanisch
Japonais(e) [ʒapɔnɛ(z)] *m/f* Japaner(in) *m/f*
japper [ʒape] *v* kläffen
jaquette [ʒakɛt] *f* Jackett *n*
jardin [ʒaʀdɛ̃] *m* Garten *m; ~ d'enfants* Kindergarten *m; ~ zoologique* Tiergarten *m*
jardinage [ʒaʀdinaʒ] *m 1.* Gartenbau *m; 2. (horticulture)* Gärtnerei *f*
jardiner [ʒaʀdine] *v* einen Garten haben, in einem Garten anbauen
jardinier [ʒaʀdinje] *m* Gärtner *m*
jardinière [ʒaʀdinjɛʀ] *f 1.* Gärtnerin *f; 2. ~ de fleurs* Blumenkasten *m*
jargon [ʒaʀgɔ̃] *m 1. (langage particulier)* Fachsprache *f; le ~ des philosophes* die Sprache der Philosophen *f; le ~ des médecins* die Medizinersprache *f; le ~ du sport* der Sportjargon *m; 2. (péjoratif)* Kauderwelsch *n; 3. (langue secrète)* Geheimsprache *f*
jarret [ʒaʀɛ] *m ANAT* Kniekehle *f*
jarretière [ʒaʀtjɛʀ] *f* Strumpfband *n*
jaser [ʒaze] *v 1.* klatschen; *2. (bavarder)* plappern
jasmin [ʒasmɛ̃] *m BOT* Jasmin *m*
jatte [ʒat] *f* Schale *f*
jauge [ʒoʒ] *f (mesure) TECH* Lehre *f*
jaune [ʒon] *adj* gelb; *~ d'œuf* Eidotter *m,* Eigelb *n*
jaunir [ʒoniʀ] *v* vergilben
jaunisse [ʒonis] *f MED* Gelbsucht *f*
Javel [ʒavɛl] *f eau de ~* Eau de Javel *n*
javelot [ʒavlo] *m 1. SPORT* Speer *m; 2. (lance)* Spieß *m*
jazz [dʒɑz] *m MUS* Jazz *m*
je [ʒə] *pron* ich
jean [dʒin] *m* Jeans *pl,* Blue Jeans *pl*
jérémiade [ʒeʀemjad] *f (fam)* Gejammer *n,* Klagelied *n*
jerrycan [ʒeʀikan] *m ~ d'essence* Benzinkanister *m*
jésuite [ʒezɥit] *m REL* Jesuit *m*
Jésus [ʒezy] *m REL* Christus *m*
jet [ʒɛ] *m (d'eau)* Strahl *m; ~ d'eau* Springbrunnen *m*
jetée [ʒəte] *f* Mole *f*
jeter [ʒəte] *v 1.* werfen, schleudern; *se ~ à la tête de qn* sich jdm an den Hals werfen; *~ son dévolu sur qn* ein Auge auf jdn werfen; *~ l'argent par les fenêtres* Geld zum Fenster rausschmeißen; *2.~ à terre* abwerfen, hinunterwerfen, herauswerfen; *3. se ~ dans* münden in
jeton [ʒətɔ̃] *m 1. (de casino)* Chip *m; 2. ~ de présence POL* Diäten *pl*
jeu [ʒø] *m 1.* Spiel *n; faire entrer en ~* ins Spiel bringen; *jouer le ~* sich an die Spielregeln halten; *avoir beau ~* leichtes Spiel haben; *Le ~ n'en vaut pas la chandelle.* Es lohnt sich nicht. *~ de patience* Geduldsspiel *n; ~ de hasard* Glücksspiel *n; ~ de cartes* Kartenspiel *n; 2. (de dés, d'outils)* Satz *m; 3. MUS* Spiel *n; 4. Jeux olympiques pl* olympische Spiele *pl*
jeudi [ʒødi] *m* Donnerstag *m; la semaine des quatre ~s* der Sankt-Nimmerleins-Tag *m; le ~* donnerstags
jeun [ʒœ̃] *adv à ~* nüchtern (ohne Essen)
jeune [ʒœn] *adj 1.* jung; *~s et vieux* Jung und Alt; *2. (adolescent)* jugendlich; *3. trop ~* unreif; *m 4. ~s pl* Nachwuchs *m,* Jugendliche *pl*
jeûner [ʒøne] *v 1.* fasten; *2. (fig)* hungern

jeunesse [ʒœnɛs] *f* Jugend *f*
joailler [ʒɔɑje] *m* Juwelier *m*
job [dʒɔb] *m (fam)* Gelegenheitsarbeit *f*
jogging [dʒɔgiŋ] *m 1.* Trainingsanzug *m; 2. (course à pied)* Jogging *n*
joie [ʒwa] *f* Freude *f,* Lust *f; ~ de vivre* Lebensfreude *f; avec ~* genüsslich
joindre [ʒwɛ̃dʀ] *v irr 1.* verbinden; *2. (ajouter)* beifügen; *3. ~ les mains* die Hände falten; *4. ~ qn* jdn erreichen; *~ les deux bouts* gerade so über die Runden kommen; *Où puis-je le ~?* Wo kann ich ihn erreichen? *5. (fig)* paaren; *6. se ~ à qn* sich jdm anschließen
joint [ʒwɛ̃] *m 1. TECH* Dichtung *f; 2. (articulation) TECH* Gelenk *n*
jointure [ʒwɛ̃tyʀ] *f 1.* Verbindung *f; 2. ANAT* Gelenk *n*
joli [ʒɔli] *adj* hübsch, nett, niedlich; *~ à croquer* zum Anbeißen hübsch; *très ~* bildhübsch
joliment [ʒɔlimɑ̃] *adv* nett
jonc [ʒɔ̃] *m BOT* Rohr *n*
joncher [ʒɔ̃ʃe] *v* bedecken, verstreut herumliegen; *Des papiers jonchaient le sol.* Auf dem Boden lagen überall verstreut Papiere.
jonction [ʒɔ̃ksjɔ̃] *f 1. (liaison)* Verbindung *f; ~ transversale* Querverbindung *f; 2. TECH* Verbindung *f*
jongler [ʒɔ̃gle] *v* jonglieren
jongleur [ʒɔ̃glœʀ] *m 1.* Jongleur *m; 2. (prestidigitateur)* Gaukler *m*
jonquille [ʒɔ̃kij] *f BOT* Osterglocke *f*
joue [ʒu] *f* Backe *f,* Wange *f*
jouer [ʒwe] *v 1.* spielen; *~ un mauvais tour à qn* jdm einen üblen Streich spielen; *~ le tout pour tout* alles auf eine Karte setzen; *A qui de ~?* Wer ist dran? *~ au plus fin* superklug sein/ein Schlaumeier sein; *Bien joué!* Gut gemacht! *2. ~ à SPORT* spielen; *3. ~ au poker* pokern; *4. ~ des poings et des pieds pour réussir* sich durchboxen; *5. ~ des coudes* sich vordrängen; *6. ~ la comédie (fam)* sich verstellen; *7. THEAT* aufführen; *8. CINE* darstellen; *9. MUS* spielen; *~ d'un instrument* ein Instrment spielen
jouet [ʒwɛ] *m* Spielzeug *n*
joueur [ʒwœʀ] *m 1.* Spieler *m,* Glückspieler *m; 2. SPORT* Spieler *m*
joufflu [ʒufly] *adj* pausbäckig
joug [ʒu] *m AGR* Joch *n*
jouir [ʒwiʀ] *v ~ de (fig: recevoir qc)* genießen
jouissance [ʒwisɑ̃s] *f* Genuss *m*
jouisseur [ʒwisœʀ] *m* Genießer *m*
jouissif [ʒwisif] *adj* genüsslich
jour [ʒuʀ] *m 1.* Tag *m; du ~ au lendemain* von heute auf morgen; *A un des ces ~s!* Bis bald! *vivre au ~ le ~* in den Tag hinein leben; *donner ses huit ~s à qn* jdm kündigen; *d'un ~ à l'autre* von einem Tag zum anderen; *être comme le ~ et la nuit* wie Tag und Nacht sein/grundverschieden sein; *éclater au grand ~* an den Tag kommen; *voir le ~* das Licht der Welt erblicken; *~ après ~* Tag für Tag; *par ~* täglich; *2. (lumière)* Tageslicht *n; 3. de nos ~s* heutzutage; *4. de tous les ~s* alltäglich, alltags; *5. ~ de fête* Feiertag *m; 6. ~ de l'An* Neujahr *n; 7. ~ ouvrable* Werktag *m; 8. ~ de repos* Ruhetag *m; 9. ~ de la semaine* Wochentag *m; 10. ~ des morts REL* Totensonntag *m; 11. les vieux ~s pl* Lebensabend *m; 12. un ~* einst, eines Tages
journal [ʒuʀnal] *m 1.* Zeitung *f; ~ des élèves* Schülerzeitung *f; 2. (intime)* Tagebuch *n; 3. ~ à sensation* Sensationspresse *f; 4. ~ hebdomadaire* Wochenblatt *n; 5. ~ télévisé* Tagesschau *f*
journalier [ʒuʀnalje] *adj* täglich
journalisme [ʒuʀnalism] *m* Journalismus *m*
journaliste [ʒuʀnalist] *m/f* Journalist(in) *m/f; ~ sportif* Sportreporter *m*
journalistique [ʒuʀnalistik] *adj* journalistisch
journaux [ʒuʀno] *m/pl* Presse *f*
journée [ʒuʀne] *f* Tag *m; toute la sainte ~* den lieben langen Tag; *pendant toute la ~* ganztägig; *des ~s entières* tagelang; *dans la ~* tagsüber
journellement [ʒuʀnɛlmɑ̃] *adv* täglich
jovial [ʒɔvjal] *adj* jovial
joyau [ʒwajo] *m 1.* Juwel *n,* Kleinod *n; 2. (objet précieux)* Kostbarkeit *f*
joyeusement [ʒwajøzmɑ̃] *adv* fröhlich
joyeux [ʒwajø] *adj* freudig, vergnügt
jubilaire [ʒybilɛʀ] *m* Jubilar *m*
jubilation [ʒybilasjɔ̃] *f* Jubel *m*
jubilé [ʒybile] *m* Jubiläum *n*
jubiler [ʒybile] *v* jubeln, jauchzen
jucher [ʒyʃe] *v 1. ~ qc* etw hinaufsetzen; *2. se ~* sich nach oben setzen
judaïque [ʒydaik] *adj REL* jüdisch
judaïsme [ʒydaism] *m REL* Judentum *n*
judiciaire [ʒydisjɛʀ] *adj JUR* gerichtlich
judicieux [ʒydisjø] *adj* klug, scharfsinnig
judo [ʒydo] *m SPORT* Judo *n; une prise de ~* ein Judogriff *m*
juge [ʒyʒ] *m 1. JUR* Richter(in) *m/f; 2. SPORT* Kampfrichter(in) *m/f*
jugement [ʒyʒmɑ̃] *m 1. JUR* Urteil *n,* Urteilsspruch *m; 2. (discernement)* Urteilsvermögen *n; 3. (appréciation)* Beurteilung *f; por-*

ter un ~ sur urteilen über; *4. (raison)* Vernunft *f*

juger [ʒyʒe] *v 1. ~ de* beurteilen; *Jugez-en par vous-même!* Überzeugen Sie sich selbst! *2. JUR* richten, urteilen; *3. (évaluer)* werten; *4. (fig)* betrachten

Juif [ʒɥif] *m* Jude *m*

juillet [ʒɥijɛ] *m* Juli *m*

juin [ʒɥɛ̃] *m* Juni *m*

Juive [ʒɥiv] *f* Jüdin *f*

jumeau [ʒymo] *m* Zwilling *m*

jumelage [ʒymlaʒ] *m (entre villes)* Städtepartnerschaft *f*

jumeler [ʒymle] *v ~ deux villes* eine Städtepartnerschaft gründen

jumelle [ʒymɛl] *f 1.* Zwilling *m; 2. ~s pl* Fernglas *n*

jument [ʒymɑ̃] *f ZOOL* Stute *f*

jungle [ʒɔ̃gl] *m* Dschungel *m,* Urwald *m*

junior [ʒynjɔʀ] *m SPORT* Junior *m*

jupe [ʒyp] *f* Rock *m*

jupon [ʒypɔ̃] *m* Unterrock *m*

juré(e) [ʒyʀe] *m/f JUR* Geschworene(r) *m/f*

jurer [ʒyʀe] *v 1. JUR* beschwören; *2. (prétendre)* schwören; *~ ses grands dieux que ...* Stein und Bein schwören, dass ...; *On ne saurait ~ de rien.* Man kann es nicht beschwören. *3. (pester contre qc)* verfluchen

juridiction [ʒyʀidiksjɔ̃] *f JUR* Gerichtsbarkeit *f*

juridique [ʒyʀidik] *adj 1.* juristisch, rechtlich; *2. JUR* gerichtlich

jurisprudence [ʒyʀispʀydɑ̃s] *f JUR* Rechtsprechung *f*

juriste [ʒyʀist] *m/f* Jurist(in) *m/f*

juron [ʒyʀɔ̃] *m* Fluch *m*

jury [ʒyʀi] *m 1. JUR* Geschworenenbank *f; 2. (commission d'examinateurs)* Jury *f*

jus [ʒy] *m ~ de fruits* Saft *m,* Fruchtsaft *m; ~ de viande* Bratensaft *m*

jusqu'à [ʒyska] *prep 1.* bis; *2. ~ présent* bisher

jusqu'alors [ʒyskalɔʀ] *adv* bisher

jusqu'ici [ʒyskisi] *adv* bislang

justaucorps [ʒystokɔʀ] *m (maillot de danse) SPORT* Gymnastikanzug *m*

juste [ʒyst] *adv 1.* gerade; *On a ~ le temps.* Die Zeit reicht gerade noch. *adj 2.* genau; *3. (équitable)* gerecht; *4. trop ~* knapp, eng; *5. (exact)* richtig, recht; *Ce n'est que trop ~.* Das ist nicht mehr als recht und billig. *6. (approprié)* angemessen; *7. (précis)* treffend

justement [ʒystəmɑ̃] *adv 1.* eben; *2. (exactement)* richtig; *3. (précisément)* ausgerechnet

justesse [ʒystɛs] *f* Richtigkeit *f; de ~* knapp

justice [ʒystis] *f 1.* Gerechtigkeit *f; Ce n'est que ~.* Das ist nur gerecht. *En bonne ~.* Wenn man gerecht sein will. *2. (loi)* Recht *n; 3. JUR* Justiz *f; ~ sommaire* Lynchjustiz *f*

justifiable [ʒystifjabl] *adj* vertretbar

justification [ʒystifikasjɔ̃] *f* Rechtfertigung *f*

justifié [ʒystifje] *adj* fundiert, begründet

justifier [ʒystifje] *v 1.* begründen, nachweisen; *2. (légitimer)* rechtfertigen

jute [ʒyt] *f BOT* Jute *f*

juteux [ʒytø] *adj* saftig

juvénile [ʒyvenil] *adj* jugendlich

kaki [kaki] *adj (couleur)* kakifarben; *des uniformes ~* Kakiuniformen *pl*

kaléidoscope [kaleidɔskɔp] *m* Kaleidoskop *n*

kamikaze [kamikaz] *m (avion) MIL* Kamikazeflugzeug *n*

karaté [kaʀate] *m SPORT* Karate *n*

kayak [kajak] *m* Kajak *m*

képi [kepi] *m* Käppi *n,* Mütze *f*

kermesse [kɛʀmɛs] *f* Kirchweih *f*

kérosène [keʀozɛn] *m CHEM* Kerosin *n*

ketchup [kɛtʃœp] *m GAST* Ketschup *m/n*

khâgne [kɑɲ] *f (fam)* Vorbereitungsklasse für eine Eliteschule in Frankreich *f*

kidnapper [kidnape] *v* entführen

kidnappeur [kidnapœʀ] *m* Entführer *m*

kilogramme [kilɔgʀam] *m* Kilogramm *n*

kilomètre [kilɔmɛtʀ] *m* Kilometer *m*

kilomètre-heure [kilɔmɛtʀœʀ] *m (km/h)* Stundenkilometer *m*

kilowatt [kilɔwat] *m* Kilowatt *n*

kilt [kilt] *m* Kilt *m,* Schottenrock *m; Les ~s reviennent à la mode.* Der Kilt kommt wieder in Mode.

kimono [kimɔno] *m* Kimono *m*

kinésithérapie [kineziteʀapi] *f* Heilgymnastik *f*

kiosque [kjɔsk] *m* Kiosk *m; ~ à journaux* Zeitungskiosk *m*

kir [kiʀ] *m* Kir *m; prendre un ~ en apéritif* zum Aperitif einen Kir trinken; *un ~ royal* ein Kir Royal *m*

kirsch [kiʀʃ] *m* Kirschwasser *n*

kitsch [kitʃ] *m 1.* Kitsch *m; adj 2.* kitschig

kiwi [kiwi] *m BOT* Kiwi *f*

klaxon [klaksɔn] *m* Hupe *f,* Autohupe *f*

klaxonner [klaksɔne] *v* hupen, tuten

koala [kɔala] *m ZOOL* Koala *m*

krach [kʀak] *m ~ boursier* Börsenkrach *m*

kyste [kist] *m MED* Zyste *f*

L

la [la] *art 1.* die; *pron 2.* sie (Singular)
là [la] *adv (local)* da, dort; *par ~ (local)* dahin, dorthin; *par ~ (moyen)* dadurch; *de ~ (local)* daher, dorther; *de ~ (cause)* davon
là-bas [labɑ] *adv* dahin, dorthin
label [labɛl] *m 1. (de qualité)* Qualitätsbezeichnung *f; 2. (marque déposée)* Warenzeichen *n*
labeur [labœʀ] *m* Mühsal *f*
laborantin(e) [labɔʀɑ̃tɛ̃/labɔʀɑ̃tin] *m/f* Laborant(in) *m/f*
laboratoire [labɔʀatwaʀ] *m* Labor *n*
laborieusement [labɔʀjøzmɑ̃] *adv* mühevoll, mühsam
laborieux [labɔʀjø] *adj 1.* emsig; *2. (de longue haleine)* langwierig; *3. (pénible)* mühevoll, mühsam
labourage [labuʀaʒ] *m (activité)* Ackerbau *m*
labourer [labuʀe] *v AGR* pflügen
labyrinthe [labiʀɛ̃t] *m* Labyrinth *n*
lac [lak] *m* See *m; ~ de Constance* Bodensee *m; ~ de Garde* Gardasee *m; ~ Léman* Genfer See *m*
lacer [lase] *v* schnüren
lacérer [laseʀe] *v* zerreißen
lacet [lasɛ] *m 1.* Schnur *f; 2. (de chaussure)* Schnürsenkel *m,* Schuhband *n; 3. (de montagne)* Serpentine *f*
lâche [lɑʃ] *adj 1.* feig; *2. (peu serré)* locker, lose; *m 3.* Feigling *m*
lâcher [lɑʃe] *v 1.* loslassen; *2. (vapeur)* ablassen; *3. (machine)* versagen
lâcheté [lɑʃte] *f* Feigheit *f*
lâcheur [lɑʃœʀ] *m (fam)* treulose Tomate *f*
laconique [lakɔnik] *adj* wortkarg
lacunaire [lakynɛʀ] *adj* lückenhaft
lacune [lakyn] *f* Lücke *f; sans ~* lückenlos
là-dedans [ladədɑ̃] *adv (local)* darin
là-dessous [ladəsu] *adv* darauf, daraufhin, hierauf
là-dessus [ladəsy] *adv* darüber
lagon [lagɔ̃] *m GEOL* Lagune *f*
lagune [lagyn] *f GEOL* Lagune *f*
laïc [laik] *m 1. REL* Laie *m; adj 2. REL* weltlich
laïcité [laisite] *f REL* Laizität *f*
laid [lɛ] *adj* hässlich, unansehnlich
laideur [lɛdœʀ] *f* Hässlichkeit *f*
lainage [lɛnaʒ] *m* Wolle *f*
laine [lɛn] *f* Wolle *f*
laisse [lɛs] *f* Leine *f,* Hundeleine *f*
laisser [lɛse] *v 1.* lassen; *~ à l'abandon* verkommen lassen; *se ~ descendre* sich herablassen; *se ~ faire* sich gefallen lassen; *se ~ prendre (fam)* anbeißen; *se ~ entraîner dans* sich einlassen auf/sich einlassen mit; *se ~ aller* sich gehen lassen; *ne pas ~ les choses aller si loin* die Dinge nicht so weit kommen lassen; *2. (derrière soi)* hinterlassen, zurücklassen; *3. (céder)* überlassen
laisser-aller [lɛseale] *m 1.* Schlamperei *f; 2. (insouciance)* Sorglosigkeit *f*
laissez-passer [lɛsepɑse] *m* Passierschein *m*
lait [lɛ] *m* Milch *f; ~ caillé* Dickmilch *f; ~ de vache* Kuhmilch *f; ~ écrémé* Magermilch *f; ~ en poudre* Trockenmilch *f; ~ entier* Vollmilch *f*
laitage [lɛtaʒ] *m* Milchspeise *f*
laitance [lɛtɑ̃s] *f* Fischmilch *f*
laiterie [lɛtʀi] *f* Molkerei *f*
laitier [lɛtje] *adj 1.* Milch...; *m 2.* Milchverkäufer *m*
laiton [lɛtɔ̃] *m MIN* Messing *n*
laitue [lɛty] *f (~ pommée) BOT* Kopfsalat *m*
lama¹ [lama] *m ZOOL* Lama *n*
lama² [lama] *m (bouddhiste) REL* Lama *m*
lambeau [lɑ̃bo] *m* Lumpen *m*
lambiner [lɑ̃bine] *v (fam)* trödeln
lambris [lɑ̃bʀi] *m* Holztäfelung *f*
lambrissage [lɑ̃bʀisaʒ] *m* Täfelung *f*
lambrisser [lɑ̃bʀise] *v* täfeln
lame [lam] *f 1.* Klinge *f; 2. (couteau)* Messer *n; 3. (vague)* Welle *f,* Woge *f; 4. BOT* Lamelle *f*
lamé [lame] *m* Brokat *m*
lamelle [lamɛl] *f* Lamelle *f*
lamentable [lamɑ̃tabl] *adj 1.* erbärmlich, jämmerlich; *2. (affligeant)* kläglich, beklagenswert
lamentations [lamɑ̃tasjɔ̃] *f/pl* Gejammer *n,* Gewimmer *n*
lamenter [lamɑ̃te] *v se ~ sur* jammern über, klagen über
lampadaire [lɑ̃padɛʀ] *m 1.* Stehlampe *f; 2. (réverbère)* Laterne *f*
lampe [lɑ̃p] *f* Lampe *f,* Leuchte *f,* Tischlampe *f; ~ de poche* Taschenlampe *f; ~ à rayons ultraviolets* Höhensonne *f*

lampée [lɑ̃pe] *f* Zug *m*
lampion [lɑ̃pjɔ̃] *m* Lampion *m*
lance [lɑ̃s] *f* Lanze *f,* Speer *m*
lancée [lɑ̃se] *f* Schwung *m; sur sa ~* den Schwung ausnutzend
lance-flammes [lɑ̃sflam] *m (arme) MIL* Flammenwerfer *m*
lancement [lɑ̃smɑ̃] *m 1.* Werfen *n,* Schleudern *n; le ~ du disque* das Diskuswerfen *n; le ~ du javelot* das Speerwerfen *n; 2. (fig)* Beginn *m; le ~ d'une campagne publicitaire* die Einleitung einer Werbekampagne *f; le ~ d'un nouveau produit sur le marché* die Einführung eines neuen Produkts auf dem Markt *f*
lance-pierres [lɑ̃spjɛʀ] *m* Steinschleuder *f; manger avec un ~ (fig)* schnell essen, schlingen
lancer [lɑ̃se] *v 1.* werfen, schleudern; *2. (ballon) SPORT* abspielen; *3. (fig)* ankurbeln; *4. (un produit) ECO* einführen; *5. (commencer)* starten
lancinant [lɑ̃sinɑ̃] *adj* stechend
land [land] *m ~ fédéral POL* Bundesland *n*
landau [lɑ̃do] *m* Kinderwagen *m*
landes [lɑ̃d] *f/pl GEOL* Heide *f*
langage [lɑ̃gaʒ] *m 1.* Rede *f,* Redeweise *f; 2. ~ familier* Umgangssprache *f; 3. ~ des signes* Taubstummensprache *f*
lange [lɑ̃ʒ] *m* Wickeltuch *n*
langer [lɑ̃ʒe] *v* wickeln
langoureux [lɑ̃guʀø] *adj* sehnsüchtig
langouste [lɑ̃gust] *f ZOOL* Languste *f*
langoustine [lɑ̃gustin] *f ZOOL* Kaiserhummer *m,* kleine Languste *f*
langue [lɑ̃g] *f 1. ANAT* Zunge *f; ne pas avoir la ~ dans sa poche* nicht auf den Mund gefallen sein; *2. (langage)* Sprache *f; ~ étrangère* Fremdsprache *f; ~ maternelle* Muttersprache *f; ~ de tous les jours* Umgangssprache *f; ~ universelle* Weltsprache *f; ~ latine* romanische Sprache *f; ~ technique* Fachsprache der Technik *f*
languette [lɑ̃gɛt] *f TECH* Feder *f*
langueur [lɑ̃gœʀ] *f* Sehnsucht *f*
languir [lɑ̃giʀ] *v* verkümmern
languissant [lɑ̃gisɑ̃] *adj 1.* lahm; *2. (sans entrain)* lustlos
lanière [lanjɛʀ] *f* Streifen *m,* Riemen *m; découper qc en ~s* etw in Streifen schneiden
lanterne [lɑ̃tɛʀn] *f 1.* Laterne *f; faire prendre à qn des vessies pour des ~s* jdm ein X für ein U vormachen; *2. ~ rouge (fig)* Schlusslicht *n*
lapalissade [lapalisad] *f* Binsenweisheit *f*
laper [lape] *v* schlürfen
lapin [lapɛ̃] *m ZOOL* Kaninchen *n; courir comme un ~* sausen, flitzen; *poser un ~ à qn* jdn versetzen
Laponie [lapɔni] *f GEO* Lappland *n*
lapsus [lapsys] *m* Fehler *m; faire un ~* sich versprechen, sich verschreiben
laquage [lakaʃ] *m* Lackierung *f*
laque [lak] *f 1.* Haarspray *n; 2. (d'une voiture)* Lack *m*
laquelle [lakɛl] *pron 1. (relatif)* die, welche; *2. (interrogatif)* welche
laquer [lake] *v* lackieren
larcin [laʀsɛ̃] *m 1.* Diebesgut *n; 2. (vol)* Diebstahl *m*
lard [laʀ] *m GAST* Speck *m*
lardon [laʀdɔ̃] *m GAST* Speckscheibe *f,* Speckstreifen *m*
largage [laʀgaʒ] *m* Abwurf *m*
large [laʀʒ] *adj 1.* breit; *en long et en ~* lang und breit; *2. (ample)* weit; *gagner le ~/prendre le ~* das Weite suchen/abhauen (fam); *3. (généreux)* liberal; *4. (important)* weit gehend
largement [laʀʒəmɑ̃] *adv* weitgehend
largeur [laʀʒœʀ] *f 1.* Breite *f; 2. TECH* Bandbreite *f*
larguer [laʀge] *v 1.* werfen; *2. (amarres) NAUT* losmachen; *3. (fam)* fallen lassen, im Stich lassen; *~ ses vieilles affaires* seine alten Bekanntschaften fallen lassen; *~ son petit ami* seinen Freund verlassen; *se faire ~* verlassen werden, abgehängt werden
larme [laʀm] *f* Träne *f; pleurer à chaudes ~s* in Tränen zerfließen; *avoir la ~ facile* nah am Wasser gebaut sein; *verser des ~s de crocodile* Krokodilstränen vergießen; *avoir les ~s aux yeux* Tränen in den Augen haben
larmoyant [laʀmwajɑ̃] *adj* rührselig
larmoyer [laʀmwaje] *v* tränen
larve [laʀv] *f ZOOL* Larve *f,* Made *f*
laryngite [laʀɛ̃ʒit] *f MED* Kehlkopfentzündung *f*
larynx [laʀɛ̃ks] *m ANAT* Kehlkopf *m*
las [lɑ] *adj 1.* müde; *2. (dégoûté)* überdrüssig; *être ~ de tout* alles satt haben
lasagne [lazaɲ] *f GAST* Lasagne *f; faire des ~s* Lasagne machen
laser [lazɛʀ] *m PHYS* Laser *m*
lassant [lɑsɑ̃] *adj* ermüdend
lasser [lɑse] *v se ~* ermüden
lassitude [lɑsityd] *f 1.* Ermüdung *f; 2. (dégoût)* Müdigkeit *f,* Verdrossenheit *f*
lasso [laso] *m* Lasso *n*
latent [latɑ̃] *adj* latent

latéral [lateʀal] *adj* seitlich, Seiten...
latex [latɛks] *m* Latex *m*
latin [latɛ̃] *m 1.* Latein *n; être au bout de son ~* mit seiner Weisheit am Ende sein; *adj 2. (langue)* romanisch
latitude [latityd] *f 1. GEO* Breitengrad *m; 2. (fig)* Spielraum *m*
latte [lat] *f* Latte *f*
lauréat(e) [lɔʀea(t)] *m/f* Preisträger(in) *m/f*
laurier [lɔʀje] *m BOT* Lorbeer *m; se reposer sur ses ~s* sich auf seinen Lorbeeren ausruhen
lavable [lavabl] *adj* waschbar, abwaschbar; *Ce pull est ~ à l'eau froide.* Der Pullover muss mit kaltem Wasser gewaschen werden. *du papier peint ~* abwaschbare Tapete *f*
lavabo [lavabo] *m* Waschbecken *n*
lavage [lavaʒ] *m (activité)* Wäsche *f; ~ à la main* Handwäsche *f; ~ de cerveau* Gehirnwäsche *f*
lavande [lavɑ̃d] *f BOT* Lavendel *m*
lave [lav] *f GEOL* Lava *f*
lave-glace [lavglas] *m (d'une voiture)* Scheibenwaschanlage *f*
lave-linge [lavlɛ̃ʒ] *m* Waschmaschine *f*
laver [lave] *v 1. ~ qc* etw waschen; *2. (vaisselle)* abspülen, spülen; *3. se ~* sich waschen, sich abwaschen
laverie [lavʀi] *f 1.* Wäscherei *f; 2. (station de lavage)* Waschanlage *f*
lavette [lavɛt] *f* Abwaschlappen *m*
laveur [lavœʀ] *m ~ de vitres* Fensterputzer *m*
lave-vaisselle [lavvɛsɛl] *m* Geschirrspülmaschine *f*
laxatif [laksatif] *m MED* Abführmittel *n*
layette [lɛjɛt] *f* Babywäsche *f*
le [lə] *art 1.* der, das; *pron 2.* ihn, es
leader [lidœʀ] *m 1.* Führer(in) *m/f,* Chef(in) *m/f; 2. SPORT* Spitzenreiter(in) *m/f*
lécher [leʃe] *v* lecken, schlecken
lèche-vitrines [lɛʃvitʀin] *m* Schaufensterbummel *m; faire du ~* einen Schaufensterbummel machen, einen Einkaufsbummel machen
leçon [ləsɔ̃] *f 1.* Lektion *f; faire réciter une ~ (à l'école)* abhören; *2. (enseignement)* Unterrichtsstunde *f; ~ de conduite* Fahrstunde *f; 3. (doctrine)* Lehre *f,* Lehrsatz *m; 4. (réprimande)* Vortrag *m,* Lektion *f; faire la ~ à qn* jdm eine Lektion erteilen
lecteur [lɛktœʀ] *m 1.* Leser *m; 2. (à l'université)* Lektor *m; 3. ~ de disques compacts* CD-Spieler *m*
lecture [lɛktyʀ] *f 1.* Lektüre *f; 2. POL* Lesung *f; 3. ~ de l'Evangile REL* Lesung *f*
légal [legal] *adj* gesetzlich, legal, rechtmäßig
légaliser [legalize] *v* legalisieren
légalité [legalite] *f* Legalität *f*
légendaire [leʒɑ̃dɛʀ] *adj 1.* legendär; *2. (fabuleux)* sagenhaft
légende [leʒɑ̃d] *f* Legende *f,* Märchen *n*
léger [leʒe] *adj 1. (pas lourd)* leicht; *être ~ comme une plume* federleicht sein; *prendre les choses à la légère* die Dinge auf die leichte Schulter nehmen; *2. (superficiel)* oberflächlich; *3. (liquide)* dünn; *4. (fig)* locker; *à la légère* flüchtig, oberflächlich, unbedacht
légèrement [leʒɛʀmɑ̃] *adv* leicht, geringfügig
légèreté [leʒɛʀte] *f 1. (d'esprit)* Leichtfertigkeit *f; 2. (aisance)* Leichtigkeit *f,* Ungezwungenheit *f; 3. (caractère superficiel)* Oberflächlichkeit *f*
légion [leʒjɔ̃] *f 1. MIL* Legion *f; 2. ~ d'honneur* Ehrenlegion *f*
législateur [leʒislatœʀ] *m POL* Gesetzgeber *m*
législatif [leʒislatif] *adj 1. POL* gesetzgebend; *m 2. (pouvoir) POL* Legislative *f*
législation [leʒislɑsjɔ̃] *f 1.* Gesetz *n; 2. (ensemble des lois) POL* Gesetzgebung *f; 3. ~ sociale* Sozialgesetzgebung *f*
législature [leʒislatyʀ] *f POL* Legislaturperiode *f*
légitimation [leʒimitɑsjɔ̃] *f* Legitimation *f,* Legitimierung *f*
légitime [leʒitim] *adj 1.* gerecht; *2. (légal)* gesetzlich, legitim; *3. (conjugal)* ehelich; *un enfant ~* ein eheliches Kind *n*
légitimer [leʒitime] *v* legitimieren
legs [lɛg] *m 1.* Überlieferung *f; 2. (testament)* Vermächtnis *n*
léguer [lege] *v* vermachen, vererben
légumes [legym] *m/pl* Gemüse *n*
légumineuses [legyminøz] *f/pl BOT* Hülsenfrüchte *pl*
leitmotiv [lajtmɔtif] *m* Leitmotiv *n*
lendemain [lɑ̃dəmɛ̃] *m 1. le ~* nächster Tag *m,* folgender Tag *m; le ~ matin* der nächste Morgen *m; le ~ de la fête* der Tag nach der Feier *m; au ~ de la guerre* nach dem Krieg; *remettre qc au ~* etw auf den nächsten Tag verschieben; *du jour au ~* in kurzer Zeit; *2. (avenir)* Zukunft *f*
lent [lɑ̃] *adj 1.* langsam; *être ~ à comprendre* schwer von Begriff sein; *2. (traînant)* schleppend
lentement [lɑ̃tmɑ̃] *adv 1.* langsam; *2. (nonchalant)* gemächlich

lenteur [lɑ̃tœʀ] *f* Langsamkeit *f*, Trägheit *f*; *la ~ d'esprit* die Trägheit des Geistes *f*; *les ~s de l'administration* die Schwerfälligkeit der Verwaltung *f*
lentille [lɑ̃tij] *f* *1.* Brennglas *n*; *2. BOT* Linse *f*; *3. ~s de contact pl* Kontaktlinsen *pl*
léopard [leɔpaʀ] *m ZOOL* Leopard *m*
lèpre [lɛpʀ] *f MED* Lepra *f*
lequel [ləkɛl] *pron 1. (relatif)* der/das, welcher/welches; *2. (interrogatif)* welcher/welches
les [le] *pron* sie; *~ uns ~ autres* einander
lesbienne [lɛsbjɛn] *adj* lesbisch
léser [leze] *v ~ qn* jdm schaden, jdn schädigen
lésiner [lezine] *v ~ sur qc* mit etw geizen
lésion [lezjɔ̃] *f MED* Trauma *n*
lessivage [lesivaʒ] *m* Wischen *n*
lessive [lɛsiv] *f* *1.* Lauge *f*; *2. (à laver)* Wäsche *f*; *3. (produit)* Waschmittel *n*; *~ pour lainages* Feinwaschmittel *n*
lessiver [lesive] *v 1.* abwaschen; *2. ~ qn (fam)* jdn ausbooten
lest [lɛst] *m* Ballast *m*
leste [lɛst] *adj* behende, flink
léthargie [letaʀʒi] *f MED* Lethargie *f*
Lettonie [letɔni] *f GEO* Lettland *n*
lettre [lɛtʀ] *f* *1.* Buchstabe *m*; *avoir des ~s* belesen sein; *prendre qc à la ~* etw wörtlich nehmen; *au pied de la ~* wortwörtlich; *2. (missive)* Brief *m*; *~ recommandée* Einschreibebrief *m*; *~ d'amour* Liebesbrief *m*; *~ d'adieu* Abschiedsbrief *m*; *~ par exprès/~ en exprès* Eilbrief *m*; *~ à la rédaction* Leserbrief *m*; *~ de cachet* Steckbrief *m*; *~ de voiture* Frachtbrief *m*; *~ de gage* Pfandbrief *m*; *~ de change* Wechsel *m*; *3. (document)* Schreiben *n*; *~ de candidature* Bewerbungsschreiben *n*; *~ de remerciements* Dankschreiben *n*; *~ de recommandation* Empfehlungsschreiben *n*; *~ de condoléances* Kondolenzschreiben *n*; *~ de rappel* Mahnschreiben *n*; *4. ~s pl* Geisteswissenschaften *pl*
leucémie [løsemi] *f MED* Leukämie *f*
leur [lœʀ] *pron 1. (à eux)* ihnen; *2. (possessif)* ihr(e); *Mes livres sont neufs, les ~s sont vieux.* Meine Bücher sind neu, die ihrigen sind alt. *adj 3. (possessif)* ihr(e); *~ livre* ihr Buch; *~s livres* ihre Bücher
leurre [lœʀ] *m 1.* Köder *m*; *2. (fig)* Lockvogel *m*
levain [ləvɛ̃] *m GAST* Hefeteig *m*
Levant [ləvɑ̃] *m* Morgenland *n*
levée [ləve] *f*. *1. (du courrier)* Leerung *f*; *2. TECH* Hub *m*; *3. (enlèvement)* Entfernung *f*, Wegnahme *f*
lever [ləve] *m 1. (du soleil)* Aufgang *m*; *v 2. (soulever)* heben, erheben, aufheben; *~ l'ancre (fam)* abhauen; *~ les yeux* hochblicken; *~ la consigne* das Verbot aufheben; *~ le camp* abziehen; *3. (pâte)* aufgehen; *4. se ~* sich erheben, aufstehen; *Déjà levé?* Schon auf? *Le jour se lève.* Der Tag bricht an. *Le soleil se lève.* Die Sonne geht auf.
lève-tôt [lɛvto] *m* Frühaufsteher *m*
levier [ləvje] *m TECH* Hebel *m*
lèvre [lɛvʀ] *f ANAT* Lippe *f*
lévrier [levʀije] *m ZOOL* Windhund *m*; *une course de ~s* ein Windhundrennen *n*
levure [ləvyʀ] *f 1.* Hefe *f*; *2. (chimique)* Backpulver *n*
lexique [lɛksik] *m* Wörterbuch *n*
lézard [lezaʀ] *m ZOOL* Echse *f*, Eidechse *f*
lézarde [lezaʀd] *f (fissure)* Riss *m*
lézarder [lezaʀde] *v 1.* rissig machen; *2. (paresser)* faulenzen
liaison [ljɛzɔ̃] *f 1. (jonction)* Verbindung *f*, Bindung *f*; *2. (rapport)* Verhältnis *n*, Beziehung *f*; *3. (enchaînement)* Verkettung *f*, Verknüpfung *f*
liane [ljan] *f BOT* Liane *f*
liant [ljɑ̃] *adj* kontaktfreudig
liasse [ljas] *f* Bündel *n*, Stapel *m*; *une ~ de billets* ein Bündel Geldscheine *n*; *une ~ de lettres* ein Bündel Briefe *n*; *mettre des journaux en ~* Zeitungen zu einem Bündel schnüren
Liban [libɑ̃] *m GEO* Libanon *m*
libeller [libɛle] *v* aufsetzen
libellule [libɛlyl] *f ZOOL* Libelle *f*
libéral [libeʀal] *adj* liberal
libéralisation [libeʀalisasjɔ̃] *f POL* Liberalisierung *f*
libéralisme [libeʀalism] *m POL* Liberalismus *m*
libérateur [libeʀatœʀ] *adj* Befreiungs...
libération [libeʀasjɔ̃] *f 1.* Befreiung *f*; *front de ~* Freiheitsbewegung *f*; *2. (mise en liberté)* Freilassung *f*, Entlassung *f*
libérer [libeʀe] *v 1.* befreien; *2. (mettre en liberté)* freilassen, entlassen; *3. (fig)* entladen; *4. se ~* sich freimachen, sich befreien
liberté [libɛʀte] *f* Freiheit *f*; *prendre des ~s (fig)* sich Freiheiten herausnehmen; *agir en toute ~ (fig)* völlig freie Hand haben/volle Handlungsfreiheit haben; *~ de mouvement* Bewegungsfreiheit *f*; *~ de la presse* Pressefreiheit *f*; *~ du culte* Religionsfreiheit *f*
libertin [libɛʀtɛ̃] *adj 1.* liederlich; *m 2.* Wüstling *m*
libraire [libʀɛʀ] *m/f* Buchhändler(in) *m/f*

librairie [libʀɛʀi] *f* Buchhandlung *f*
libre [libʀ] *adj 1. (indépendant)* frei; *Libre à vous de ...* Es steht Ihnen frei ...; *2. (vide)* leer; *3. (inoccupé)* unbesetzt, frei; *Avez-vous une heure de ~?* Haben Sie eine Stunde Zeit? *Etes-vous ~ ce soir?* Haben Sie heute Abend Zeit? *4. (gratuit)* frei, gratis; *5. (fig)* ungezwungen
libre-échange [libʀeʃɑ̃ʒ] *m ECO* Freihandel *m*
libre-service [libʀəsɛʀvis] *m* Selbstbedienung *f*
Libye [libi] *f GEO* Libyen *n*
licence [lisɑ̃s] *f 1. (permission)* Konzession *f; 2. (autorisation)* Lizenz *f; 3. ECO* Gewerbeschein *m; 4. (grade universitaire)* Licence *f*
licenciement [lisɑ̃simɑ̃] *m* Entlassung *f,* Kündigung *f; ~ collectif* Massenentlassung *f*
licencier [lisɑ̃sje] *v 1.* entlassen, kündigen; *2. (congédier)* verabschieden
licencieux [lisɑ̃sjø] *adj 1.* ausschweifend; *2. (fig: libertin)* lose
lichen [likɛn] *m BOT* Flechte *f*
lichette [liʃɛt] *f* Scheibe *f*
lie [li] *f (fig)* Abschaum *m*
liège [ljɛʒ] *m BOT* Kork *m*
lien [ljɛ̃] *m 1.* Bindfaden *m; 2. (liaison)* Bindung *f; 3. ~s pl (fig: entre les personnes)* Anschluss *m*
lier [lje] *v 1.* binden, verbinden; *J'ai les mains liées.* Mir sind die Hände gebunden. *2. (lacer)* verschnüren, verknüpfen; *3. ~ amitié avec qn* mit jdm Freundschaft schließen; *être lié à qn* mit jdm befreundet sein; *se ~ d'amitié avec qn* sich mit jdm anfreunden
lierre [ljɛʀ] *m BOT* Efeu *m*
liesse [ljɛs] *f* Freude *f*
lieu [ljø] *m 1.* Ort *m; en temps et ~* zu gegebener Zeit (und gegebenem Ort); *se rendre sur les ~x* sich an Ort und Stelle begeben; *Ce n'est pas le ~ pour ...* Das ist hier nicht der richtige Ort, um ...; *~ d'excursion* Ausflugsort *m; ~ de destination* Bestimmungsort *m; ~ de repos* Erholungsort *m; ~ de vacances* Ferienort *m; ~ de naissance* Geburtsort *m; ~ du crime* Tatort *m; 2. (endroit)* Stelle *f,* Platz *m; ~ public* öffentlicher Platz *m; ~ de rendez-vous* Treffpunkt *m; en ce ~* hier; *en premier ~* an erster Stelle, erstens; *en dernier ~* zuletzt; *3. (place)* Stätte *f; ~ commémoratif* Gedenkstätte *f; (ne pas) avoir ~* (nicht) stattfinden; *au ~ de* anstatt/statt; *au ~ que* anstatt, dass; *4. ~x pl* Örtlichkeiten *pl*
lieue [ljø] *f* Meile *f*
lieutenant [ljøtnɑ̃] *m (officier) MIL* Leutnant *m*
lièvre [ljɛvʀ] *m ZOOL* Hase *m*
ligament [ligamɑ̃] *m ANAT* Band *n*
ligaturer [ligatyʀe] *v MED* abbinden
ligne [liɲ] *f 1.* Linie *f,* Strich *m; ~ de chemin de fer* Bahnlinie *f; ~ aérienne* Luftlinie *f; ~ de tir (fig)* Schusslinie *f; en ~ droite* geradlinig; *2. (rangée)* Reihe *f,* Zeile *f; lire entre les ~s* zwischen den Zeilen lesen; *3. (de téléphone)* Leitung *f; ~ principale* Hauptanschluss *m; 4. (de pêche)* Angel *f; 5. en ~ INFORM* online
lignée [liɲe] *f (noble)* Geschlecht *n*
lignite [liɲit] *m MIN* Braunkohle *f*
ligoter [ligɔte] *v* fesseln
ligue [lig] *f* Liga *f*
liguer [lige] *v se ~ avec qn* sich mit jdm verbünden
lilas [lilɑ] *adj 1.* lila; *m 2. BOT* Flieder *m*
limace [limas] *f ZOOL* Nacktschnecke *f*
lime [lim] *f* Feile *f; ~ à ongles* Nagelfeile *f*
limer [lime] *v* feilen
limier [limje] *m 1. (chien) ZOOL* Jagdhund *m,* Spürhund *m; 2. (fig)* Spürhund *m*
limitation [limitasjɔ̃] *f* Einschränkung *f,* Beschränkung *f; ~ de vitesse* Tempolimit *n; ~ des débouchés* Absatzbeschränkung *f; ~ des ventes* Absatzbeschränkung *f; ~ des importations* Einfuhrbeschränkung *f,* Importbeschränkung *f; ~ des armements* Rüstungsbeschränkung *f*
limite [limit] *f* Grenze *f,* Grenzbereich *m; ~ d'âge* Altersgrenze *f; ~ des neiges éternelles* Schneegrenze *f; ~ de la rédaction* Redaktionsschluss *m*
limité [limite] *adj 1.* beschränkt; *2. (peu)* knapp
limiter [limite] *v* einschränken, beschränken; *se ~ à* sich beschränken auf
limitrophe [limitʀɔf] *adj* aneinander grenzend; *être ~ de* grenzen an
limon [limɔ̃] *m* Schlamm *m*
limonade [limɔnad] *f* Limonade *f*
Limousin [limuzɛ̃] *m (région de France)* Limousin *m*
limousine [limuzin] *f (voiture)* Limousine *f*
limpide [lɛ̃pid] *adj 1. (liquide)* klar; *2. (clair comme de l'eau de roche)* glasklar
limpidité [lɛ̃pidite] *f* Klarheit *f*
lin [lɛ̃] *m 1.* Leinen *n; 2. BOT* Flachs *m*
linéaire [lineɛʀ] *adj* linear
linge [lɛ̃ʒ] *m* Wäsche *f,* Wäschestück *n; ~ pour bébé* Babywäsche *f; ~ de couleur* Buntwäsche *f; ~ à laver à la main* Handwäsche *f*

lingerie [lɛ̃ʒʀi] *f* Unterwäsche *f*
lingot [lɛ̃go] *m (d'or)* Barren *m*
linguiste [lɛ̃gɥist] *m/f* Linguist(in) *m/f*
linguistique [lɛ̃gɥistik] *adj 1.* linguistisch; *f 2.* Linguistik *f*
lion [ljɔ̃] *m ZOOL* Löwe *m*
lipide [lipid] *m BIO* Lipid *n*
liquéfier [likefje] *v 1.* verflüssigen; *2. se ~* schmelzen, zergehen
liqueur [likœʀ] *f* Likör *m*
liquidation [likidasjɔ̃] *f 1.* Ausverkauf *m; 2. (dissolution) ECO* Abwicklung *f; 3. (règlement)* Endabrechnung *f; 4. ~ totale* Räumungsverkauf *m; 5. (déduction)* Abrechnung *f; 6. (paiement)* Abzahlung *f; 7. (écoulement) ECO* Liquidation *f*
liquide [likid] *adj 1.* flüssig; *m 2.* Flüssigkeit *f; 3. ~ vaisselle* Spülmittel *n; 4. (argent)* Geld *n,* Bargeld *n; payer en ~* bar bezahlen; *manquer de ~* nicht genügend Bargeld haben
liquider [likide] *v 1. (travail)* erledigen; *2. (vendre)* abstoßen; *3. (problème)* bereinigen; *4. ECO* liquidieren
liquidités [likidite] *f/pl FIN* Liquidität *f*
lire[1] [liʀ] *v irr 1.* lesen; *2. ~ sur* ablesen von; *3. (à haute voix)* vorlesen
lire[2] [liʀ] *f (monnaie italienne)* Lira *f*
lis [lis] *m BOT* Lilie *f*
liseron [lizrɔ̃] *m BOT* Winde *f*
lisible [lizibl] *adj* leserlich
lisière [lizjɛʀ] *f* Rand *m,* Kante *f*
lisse [lis] *adj* eben, glatt
lisser [lise] *v 1.* glätten; *2. ~ les imperfections de la peau* liften
liste [list] *f 1.* Liste *f; faire la ~* auflisten; *~ des prix* Preisliste *f; 2. (inventaire)* Verzeichnis *n*
lit [li] *m 1.* Bett *n; ~ de plume* Daunenbett *n; ~ à deux personnes* Doppelbett *n; ~ conjugal* Ehebett *n; ~ treillissé* Gitterbett *n; ~ pliant* Klappbett *n; ~ de camp* Pritsche *f; ~ de mort* Totenbett *n; ~ de l'ongle* Nagelbett *n; 2. (couche)* Lager *n*
litanie [litani] *f (fam)* Litanei *f*
liteau [lito] *m* Leiste *f*
literie [litʀi] *f* Bettzeug *n,* Bettzubehör *n; une bonne ~* ein gutes Bettzeug *n; un magasin de ~* ein Bettengeschäft *n*
lithographie [litogʀafi] *f ART* Lithografie *f*
litière [litjɛʀ] *f (pour animaux)* Streu *f*
litige [litiʒ] *m JUR* Rechtsstreit *m*
litigieux [litiʒjø] *adj* strittig
litre [litʀ] *m* Liter *m*
littéraire [liteʀɛʀ] *adj* literarisch
littéral [liteʀal] *adj* wörtlich
littéralement [liteʀalmɑ̃] *adj* buchstäblich, wörtlich
littérature [liteʀatyʀ] *f* Literatur *f; ~ spécialisée* Fachliteratur *f; ~ triviale* Trivialliteratur *f*
littoral [litɔʀal] *m* Küste *f,* Ufer *n*
Lituanie [litɥani] *f GEO* Litauen *n*
liturgie [lityʀʒi] *f REL* Liturgie *f*
livide [livid] *adj* blass, fahl; *un visage ~* ein fahles Gesicht *n*
livrable [livʀabl] *adj* lieferbar
livraison [livʀɛzɔ̃] *f 1.* Lieferung *f,* Belieferung *f; 2. (rendement)* Abgabe *f,* Ablieferung *f; 3. ~ des bagages* Gepäckausgabe *f; 4. ~ complémentaire* Nachlieferung *f; 5. (remise)* Übergabe *f*
livre[1] [livʀ] *m* Buch *n; ~ d'images* Bilderbuch *n; ~ de cuisine* Kochbuch *n; ~ spécialisé* Sachbuch *n; ~ de poche* Taschenbuch *n; ~ de prière* Gebetbuch *n; ~ de cantiques* Gesangbuch *n; ~ de lecture* Lesebuch *n*
livre[2] [livʀ] *f 1. (unité de mesure)* Pfund *n; 2. ~ sterling (unité monétaire)* Pfund *n*
livre-album [livʀalbɔm] *m* Bildband *m*
livrer [livʀe] *v 1.* liefern, abliefern; *2. (par traîtrise)* verraten; *3. ~ plus tard* nachliefern; *4. ~ à la merci de* preisgeben; *5. se ~ à* treiben, betreiben
livret [livʀɛ] *m 1. ~ d'épargne (de la poste)* Sparbuch *n,* Postsparbuch *n; 2. ~ de famille* Stammbuch *n*
livreur [livʀœʀ] *m 1.* Lieferant *m; 2. (courrier)* Laufbursche *m*
lobe [lɔb] *m 1. ANAT* Lappen *m; 2. ~ de l'oreille ANAT* Ohrläppchen *n*
local [lɔkal] *adj 1.* einheimisch, heimisch; *2. (régional)* örtlich, lokal; *m 3.* Lokal *n,* Raum *m*
localisation [lɔkalizasjɔ̃] *f 1.* Lokalisierung *f; 2. (limitation)* Begrenzung *f*
localiser [lɔkalize] *v 1.* lokalisieren; *2. (limiter)* eindämmen; *3. se ~* sich lokalisieren
localité [lɔkalite] *f* Ortschaft *f*
locataire [lɔkatɛʀ] *m/f* Mieter(in) *m/f*
location [lɔkɑsjɔ̃] *f 1. (loyer)* Miete *f; prendre en ~* mieten; *2. (concession)* Verleih *m,* Vermietung *f; 3. (réservation)* Vorbestellung *f; 4. ~ des places THEAT* Vorverkauf *m*
locaux [lɔko] *m/pl* Räumlichkeiten *pl*
lock-out [lɔkɑwt] *m ECO* Aussperrung *f*
locomotion [lɔkɔmɔsjɔ̃] *f* Fortbewegung *f*
locomotive [lɔkɔmɔtiv] *f* Lokomotive *f*
locution [lɔkysjɔ̃] *f* Redensart *f*

loge [lɔʒ] *f THEAT* Loge *f; être aux premières ~s* aus nächster Nähe miterleben
logement [lɔʒmɑ̃] *m 1.* Wohnung *f,* Quartier *n; ~ ancien* Altbauwohnung *f; 2. ~ de fortune* Notunterkunft *f*
loger [lɔʒe] *v 1.* unterbringen; *2. se ~* unterkommen, Unterkunft finden
logiciel [lɔʒisjɛl] *m INFORM* Software *f*
logique [lɔʒik] *adj 1.* konsequent, folgerichtig; *2. (cohérent)* logisch; *f 3.* Konsequenz *f,* Folgerichtigkeit *f; avec ~* konsequent; *4. (cohérence)* Logik *f*
logis [lɔʒi] *m 1.* Unterkunft *f; 2. (auberge)* Herberge *f*
logistique [lɔʒistik] *f* Logistik *f*
logo [lɔgo] *m (emblème)* Logo *n*
loi [lwa] *f* Gesetz *n; avoir la ~ pour soi* das Recht auf seiner Seite haben; *d'après la ~* gesetzmäßig; *faire la ~ (fig)* den Ton angeben; *~ sur l'avortement* Abtreibungsgesetz *n; ~ fondamentale* Grundgesetz *n; ~ sur la protection des jeunes* Jugendschutzgesetz *n*
loin [lwɛ̃] *adv* weit entfernt; *Nous en sommes encore ~.* So weit sind wir noch lange nicht. *Loin de moi cette idée!* Dieser Gedanke liegt mir völlig fern. *de ~ en ~* hin und wieder
lointain [lwɛ̃tɛ̃] *adj 1.* entfernt; *2. (local)* fern; *m 3.* Ferne *f; 4. (étendue)* Weite *f*
loir [lwaʀ] *m ZOOL* Siebenschläfer *m*
loisir [lwaziʀ] *m 1.* Muße *f; 2. ~s pl* Freizeit *f*
lombago [lɔ̃bago] *m (voir „lumbago")*
lombaire [lɔ̃bɛʀ] *adj ANAT* Lenden...
Londres [lɔ̃dʀ] *f GEO* London *n*
long [lɔ̃] *adj 1. (local)* lang; *être ~ comme un jour sans pain* endlos lang sein; *en savoir ~ sur qc* sich gut auskennen mit etw; *être ~ à faire qc* lange brauchen, um etw zu tun; *le ~ de* entlang; *m 2. ~ métrage CINE* Spielfilm *m*
longer [lɔ̃ʒe] *v (en voiture)* entlangfahren
longévité [lɔ̃ʒevite] *f* Langlebigkeit *f*
longitude [lɔ̃ʒityd] *f GEO* Längengrad *m*
longitudinalement [lɔ̃ʒitydinalmɑ̃] *adv* längs
longtemps [lɔ̃tɑ̃] *adv* lange; *Je n'en ai pas pour ~.* Ich brauche nicht mehr lange. *il y a ~* schon längst/lange her
longuement [lɔ̃gmɑ̃] *adv* lange
longuet [lɔ̃gɛ] *adj (fam)* länglich, lang; *Son récit est un peu ~.* Sein Bericht ist etw lang.
longueur [lɔ̃gœʀ] *f 1. (local)* Länge *f; en ~* längs; *2. (largeur)* Weite *f,* Länge *f; ~ excessive* Überlänge *f; 3. ~ d'onde PHYS* Wellenlänge *f*
longue-vue [lɔ̃gvy] *f* Fernrohr *n*
look [luk] *m (fam: aspect physique)* Look *m,* Aussehen *n; Elle a un ~ très particulier.* Ihr Look ist sehr außergewöhnlich.
loquace [lɔkas] *adj* gesprächig, redselig
loque [lɔk] *f 1. (fam)* Wrack *n; une ~ humaine* ein menschliches Wrack *n; 2. ~s pl (haillons)* Lumpen *pl*
loquet [lɔkɛ] *m* Klinke *f,* Türklinke *f*
lorgner [lɔʀɲe] *v 1.* beobachten, observieren; *~ les passantes* die Passanten beobachten; *2. (fig: convoiter)* schielen nach
lorgnette [lɔʀɲɛt] *f (au spectacle)* Opernglas *n*
loriot [lɔʀjo] *m ZOOL* Pirol *m*
Lorraine [lɔʀɛn] *f (région de France) GEO* Lothringen *n*
lors [lɔʀ] *prep ~ de (temporel)* bei
lorsque [lɔʀsk] *konj 1. (simultanéité)* als; *2. (quand)* wenn
losange [lɔzɑ̃ʒ] *m MATH* Raute *f*
lot [lo] *m 1. (de marchandises)* Posten *m; 2. (de loterie)* Los *n; 3. gros ~* Hauptgewinn *m*
loterie [lɔtʀi] *f* Lotterie *f*
lotion [lɔsjɔ̃] *f* Lotion *f*
lotissement [lɔtismɑ̃] *m* Siedlung *f*
loto [lɔto] *m (jeu)* Lotto *n*
lotus [lɔtys] *m BOT* Lottos *m*
louable [lwabl] *adj* lobenswert
louage [lwaʒ] *m* Vermietung *f*
louange [lwɑ̃ʒ] *f* Lob *n*
loubard [lubaʀ] *m (fam)* Mitglied einer Jugendgang *n*
louche[1] [luʃ] *adj 1. (fam)* faul; *C'est ~!* Da stimmt etw nicht!/Da ist etw faul! *2. (sordide)* verrufen; *3. (fig: personne)* undurchsichtig, zwielichtig
louche[2] [luʃ] *f* Schöpfkelle *f,* Schöpflöffel *m*
loucher [luʃe] *v* schielen
louer [lwe] *v 1.* loben, preisen; *Dieu soit loué!* Gottlob!/Gott sei Dank! *2. (en tant que locataire)* mieten, pachten; *3. (en tant que propriétaire)* vermieten
loueur [lwœʀ] *m* Vermieter *m*
loufoque [lufɔk] *adj (fam)* verrückt
loup [lu] *m ZOOL* Wolf *m; à pas de ~* auf Zehenspitzen; *être connu comme le ~ blanc* bekannt sein wie ein bunter Hund; *avoir une faim de ~* einen Bärenhunger haben
loupe [lup] *f 1.* Lupe *f,* Vergrößerungsglas *n; 2. PHYS* Brennglas *n*
louper [lupe] *v (fam)* verfehlen
loupiote [lupjɔt] *f (fam: lampe)* Funzel *f*

lourd [luʀ] *adj 1.* schwer; *en avoir ~ sur le cœur* sich zu Herzen nehmen; *2. (temps)* schwül; *3. (maladroit)* schwerfällig, unbeholfen
lourdaud [luʀdo] *m 1. (personne)* Klotz *m; adj 2. (maladroit)* plump; *3. (embarrassé)* schwerfällig
lourdeur [luʀdœʀ] *f 1. (pesanteur)* Gewicht *n,* Schwere *f; la ~ d'un colis* das Gewicht eines Päckchens *n; une ~ d'estomac* eine Schwere im Magen *f; 2. (fig: défaut)* Schwerfälligkeit *f; 3. (fig: difficulté)* Last *f*
loustic [lustik] *m (fam)* Kasper *m,* Witzbold *m; faire le ~* den Kasper machen; *un drôle de ~* ein seltsamer Vogel *m*
loutre [lutʀ] *f ZOOL* Otter *m*
lover [lɔve] *v se ~* sich zusammenrollen
loyal [lwajal] *adj* treu, fair; *à la ~e* fair
loyalement [lwajalmɑ̃] *adv* treu, fair
loyalisme [lwajalism] *m POL* Treue *f*
loyauté [lwajote] *f 1.* Fairness *f,* Loyalität *f; 2. (honnêteté)* Offenheit *f; 3. (fidélité)* Redlichkeit *f,* Treue *f*
loyer [lwaje] *m* Miete *f,* Mietzins *m*
lubie [lybi] *f* Laune *f*
lubrifiant [lybʀifjɑ̃] *m TECH* Schmiermittel *n*
lubrifier [lybʀifje] *v 1.* ölen; *2. TECH* abschmieren
lubrique [lybʀik] *adj* lüstern
lucarne [lykaʀn] *f* Dachfenster *n*
lucide [lysid] *adj* hell, luzid; *un esprit ~* ein heller Kopf *m; Le malade est resté ~ jusqu'à sa mort.* Der Kranke war bis zu seinem Tod bei vollem Bewusstsein.
lucidité [lysidite] *f (d'esprit)* Klarheit *f*
luciole [lysjɔl] *f ZOOL* Glühwürmchen *n*
lucratif [lykʀatif] *adj* ergiebig, Gewinn bringend
lueur [lɥœʀ] *f* Schimmer *m; ~ d'espoir* Hoffnungsschimmer *m*
luge [lyʒ] *f 1. SPORT* Rodelschlitten *m; faire de la ~* rodeln; *2. (petit traîneau)* Schlitten *m*
lugubre [lygybʀ] *adj* düster
lui [lɥi] *pron 1.* er; *Lui seul est coupable.* Nur er ist schuldig. *2. (complément d'attribution)* ihm/ihr; *Le courage ~ manque.* Ihm fehlt der Mut./Ihr fehlt der Mut. *3. (complément d'objet indirect)* ihn, ihm; *On a parlé de ~.* Man hat über ihn gesprochen.
luire [lɥiʀ] *v irr* leuchten
luisant [lɥizɑ̃] *adj 1.* glänzend; *2. ver ~ ZOOL* Glühwürmchen *n*
lumbago [lɔ̃bago] *m MED* Hexenschuss *m*
lumière [lymjɛʀ] *f 1.* Licht *n; ~ des projecteurs* Flutlicht *n; ~ rouge* Rotlicht *n; ~ infrarouge* Infrarotlicht *n; 2. (lueur)* Lichtschein *m; 3. (luminosité)* Helligkeit *f; 4. (lampe)* Leuchte *f*
lumineux [lyminø] *adj (clair)* licht
luminosité [lyminɔzite] *f* Leuchten *n,* Helligkeit *f; la ~ du ciel* das Leuchten des Himmels *n; la ~ de son regard* der Glanz in seinem Blick *m*
lunaire [lynɛʀ] *adj ASTR* Mond...
lunatique [lynatik] *adj* launenhaft
lundi [lœ̃di] *m* Montag *m; le ~* montags
lune [lyn] *f* Mond *m; nouvelle ~* Neumond *m; pleine ~* Vollmond *m; ~ de miel* Flitterwochen *pl*
lunettes [lynɛt] *f/pl* Brille *f; ~ de soleil* Sonnenbrille *f; ~ de plongée* Taucherbrille *f; ~ arrière* Heckscheibe *f*
lupin [lypɛ̃] *m BOT* Lupine *f*
lustre [lystʀ] *m 1. (lampe)* Lüster *m,* Kronleuchter *m; un ~ de cristal* ein Kristallleuchter *m; 2. (brillant)* Glanz *m; 3. (longue période)* Ewigkeit *f*
luth [lyt] *m MUS* Laute *f*
luthérien [lyteʀjɛ̃] *adj REL* lutherisch
lutin [lytɛ̃] *m* Kobold *m*
lutte [lyt] *f 1.* Kampf *m; 2. SPORT* Wettkampf *m,* Wettstreit *m; ~ romaine* Ringkampf *m; ~ à la corde* Tauziehen *n*
lutter [lyte] *v 1.* kämpfen; *~ contre qn* mit jdm kämpfen/gegen jdn kämpfen; *~ contre qc* gegen etw ankämpfen; *2. SPORT* ringen
lutteur [lytœʀ] *m* Kämpfer *m*
luxation [lyksasjɔ̃] *f MED* Verrenkung *f*
luxe [lyks] *m 1.* Luxus *m; 2. (splendeur)* Pracht *f*
luxer [lykse] *v MED* verrenken
luxueusement [lyksɥøzmɑ̃] *adv* luxuriös
luxueux [lyksɥø] *adj* luxuriös, prunkvoll
luxure [lyksyʀ] *f* Unzucht *f*
luxuriant [lyksyʀjɑ̃] *adj* üppig
luzerne [lyzɛʀn] *f BOT* Luzerne *f*
lycée [lise] *m* Gymnasium *n,* Oberschule *f*
lycéen(ne) [liseɛ̃/liseɛn] *m/f* Gymnasiast(in) *m/f*
lycra [likʀa] *m* Lycra *n; un collant en ~* eine Strumpfhose aus Lycra *f; une robe en ~* ein Kleid aus Lycra *n*
lynchage [lɛ̃ʃaʒ] *m* Lynchjustiz *f*
lynx [lɛ̃ks] *m ZOOL* Luchs *m*
lyre [liʀ] *f MUS* Lyra *f*
lyrique [liʀik] *adj LIT* lyrisch
lyrisme [liʀism] *m LIT* Lyrik *f*

M

ma [ma] *adj (possessif)* meine
maboul [mabul] *adj (fam: fou)* verrückt, bescheuert
macabre [makabʀ] *adj* makaber, grauenvoll
macadam [makadam] *m 1. (revêtement)* Makadam *m,* Straßenbelag *m; 2. (rue)* Schotterstraße *f*
macaron [makaʀɔ̃] *m (pâtisserie) GAST* Makrone *f,* Mandeltörtchen *n*
macédoine [masedwan] *f* gemischtes Gemüse *n*
mâche [mɑʃ] *f BOT* Feldsalat *m*
mâcher [mɑʃe] *v* kauen; *ne pas ~ ses mots* kein Blatt vor den Mund nehmen
machin [maʃɛ̃] *m (fam)* Ding *n*
machinal [maʃinal] *adj* maschinell, mechanisch
machinateur [maʃinatœʀ] *m (fig)* Drahtzieher *m*
machinations [maʃinɑjɔ̃] *f/pl* Machenschaften *pl*
machine [maʃin] *f* Maschine *f; ~ à écrire* Schreibmaschine *f; ~ à laver* Waschmaschine *f; ~ à café* Kaffeemaschine *f; ~ à coudre* Nähmaschine *f*
machine-outil [maʃinuti] *f* Werkzeugmaschine *f*
machiner [maʃine] *v (fig)* aushecken
machiniste [maʃinist] *m* Maschinist *m*
mâchoire [mɑʃwaʀ] *f ANAT* Kiefer *m; ~ supérieure* Oberkiefer *n; ~ inférieure* Unterkiefer *n*
mâchonner [mɑʃɔne] *v* kauen, zerbeißen; *~ un brin d'herbe* einen Grashalm kauen; *~ son crayon* an einem Stift kauen
maçon [masɔ̃] *m* Maurer *m*
maçonnerie [masɔnʀi] *f ~ brute* Rohbau *m*
maculé [makyle] *adj* fleckig
Madame [madam] *f (allocution)* Frau *f*
madeleine [madlɛn] *f GAST* Madeleine *f,* Plätzchen *n*
Mademoiselle [madmwazɛl] *f* Fräulein *n*
Madone [madɔn] *f REL* Madonna *f*
madrier [madʀije] *m* Bohle *f*
madrure [madʀyʀ] *f* Maserung *f*
magasin [magazɛ̃] *m 1.* Geschäft *n,* Laden *m; grand ~* Kaufhaus *n,* Warenhaus *n; ~ de produits diététiques* Reformhaus *n; ~ de chaussures* Schuhgeschäft *n; ~ de jouets* Spielwarengeschäft *n; ~ spécialisé* Fachgeschäft *n; 2. (pour marchandises)* Lager *n*
magazine [magazin] *m* Zeitschrift *f,* Magazin *n*
mage [maʒ] *m les ~s pl (dans la Bible) REL* König *m; les trois ~s* die Drei Weisen aus dem Morgenland *pl; les Rois ~s* die Heiligen Drei Könige *pl*
Maghreb [magʀɛb] *m* Maghreb *m*
maghrébin [magʀebɛ̃] *adj* Maghreb..., maghrebinisch
magicien(ne) [maʒisjɛ̃/maʒisjɛn] *m/f* Zauberer/Zauberin *m/f*
magie [maʒi] *f* Magie *f,* Zauber *m; faire de la ~* zaubern
magique [maʒik] *adj* magisch
magistral [maʒistʀal] *adj 1.* herrisch; *2. (parfait)* meisterhaft
magistrat [maʒistʀa] *m* Justizbeamter/ Justizbeamtin *m/f*
magnétique [maɲetik] *adj* magnetisch
magnétisme [maɲetism] *m* Magnetismus *m*
magnétophone [maɲetɔfɔn] *m* Tonbandgerät *n; ~ à cassettes* Kassettenrekorder *m*
magnétoscope [maɲetɔskɔp] *m* Videorekorder *m*
magnificence [maɲifisɑ̃s] *f 1.* Herrlichkeit *f; 2. (splendeur)* Pracht *f*
magnifier [maɲifje] *v* verherrlichen
magnifique [maɲifik] *adj* großartig, herrlich
magnolia [maɲɔlja] *m BOT* Magnolie *f*
magot [mago] *m (fam: argent)* Sparstrumpf *m,* Schatz *m; posséder un joli ~* einen gut gefüllten Sparstrumpf haben
magouiller [maguje] *v (fam)* kungeln, mauscheln
mai [mɛ] *m* Mai *m*
maigre [mɛgʀ] *adj 1.* dürftig, karg, spärlich; *2. (mince)* mager, dünn; *être ~ comme un clou* spindeldürr sein
maigreur [mɛgʀœʀ] *f* Dürre *f*
maigrichon [mɛgʀiʃɔ̃] *adj* schmächtig
maigrir [mɛgʀiʀ] *v* abnehmen, abmagern
maille [mɑj] *f (tricot)* Masche *f; ~ sautée/~ filée* Laufmasche *f; avoir ~ à partir avec qn* mit

jdm aneinander geraten/mit jdm Streit haben; *passer à travers les ~s du filet* durch die Maschen gehen/entkommen
maillon [majɔ̃] *m 1. (de chaîne)* Glied *n; 2. (raccord)* Verbindungsglied *n*
maillot [majo] *m 1. ~ de bain* Badeanzug *m; 2. ~ de corps* Unterhemd *n; 3. (pull)* Trikot *n; 4. ~ de sport* Trikot *n*
main [mɛ̃] *f* Hand *f; donner un coup de ~ à qn* jdm helfen; *passer de ~ en ~* von Hand zu Hand gehen; *J'en mettrais ma ~ au feu.* Dafür könnte ich meine Hand ins Feuer legen. *faire ~ basse sur qc* etw rauben; *gagner haut la ~* mit Abstand gewinnen; *en venir aux ~s* handgreiflich werden/sich prügeln; *à la ~* manuell/mit der Hand; *fait à la ~* handgearbeitet; *en un tour de ~* im Handumdrehen
main-d'œuvre [mɛ̃dœvʀ] *f* Arbeitskraft *f; ~ étrangère* Gastarbeiter(in) *m/f*
maint [mɛ̃] *adj* manche(r,s)
maintenance [mɛ̃tnɑ̃s] *f 1.* Instandhaltung *f; 2. TECH* Wartung *f*
maintenant [mɛ̃tnɑ̃] *adv* jetzt, nun
maintenir [mɛ̃tniʀ] *v 1. se ~* sich behaupten; *2. (fig)* wach halten
maintien [mɛ̃tjɛ̃] *m 1.* Erhaltung *f; 2. (du corps)* Haltung *f,* Körperhaltung *f*
maire [mɛʀ] *m* Bürgermeister(in) *m/f*
mairie [mɛʀi] *f* Rathaus *n,* Standesamt *n*
mais [mɛ] *konj* aber, sondern
maïs [mais] *m BOT* Mais *m*
maison [mɛzɔ̃] *f 1.* Haus *n; être à la ~* zu Hause sein; *aller à la ~* nach Hause gehen; *~ d'arrêt* Gefängnis *n; ~ de réclusion* Zuchthaus *n; ~ de correction* Jugendstrafanstalt *f; ~ de santé* Privatklinik *f; ~ de repos* Sanatorium *n; ~ de vacances* Ferienhaus *n; ~ de retraite* Altersheim *n; ~ d'enfants* Kinderheim *n; ~ close* Bordell *n,* Freudenhaus *n; ~ individuelle* Einfamilienhaus *n; ~ mitoyenne* Reihenhaus *n; ~ familiale* Elternhaus *n; ~ à colombages* Fachwerkhaus *n; 2. ECO* Firma *f; ~ d'édition* Verlag *m; ~ de vente par correspondance* Versandhaus *n; ~ d'exportation* Exportgeschäft *n*
maître [mɛtʀ] *m 1. (chef, patron)* Herrscher *m,* Gebieter *m; être ~ de la situation* Herr der Lage sein/über der Situation stehen; *être passé ~ en qc* etw vollkommen beherrschen; *~ d'ouvrage* Bauherr *m; 2. (dans l'artisanat)* Meister *m; de ~* meisterhaft; *~ d'hôtel* Oberkellner *m; ~ de conférence* Dozent *m; 3. (titre) JUR* Titel eines Rechtsanwalts *m,* Herr *m; adj 4.* meisterhaft, Ober...; *un ~ assistant à l'université* ein Oberassistent an der Universität *m; atout ~* höchster Trumpf *m; une branche maîtresse* Hauptast *m; une œuvre maîtresse* ein Meisterwerk *n; une maîtresse femme* eine energische Frau *f*
maître-chanteur [mɛtʀəʃɑ̃tœʀ] *m* Erpresser *m*
maître-nageur [mɛtʀənaʒœʀ] *m* Bademeister *m*
maîtresse [mɛtʀɛs] *f* Geliebte *f*
maîtrise [mɛtʀiz] *f 1.* Herrschaft *f; 2. (fig)* Beherrschung *f; ~ d'une langue étrangère* Beherrschung einer Fremdsprache *f; ~ de soi* Selbstbeherrschung *f*
maîtriser [mɛtʀize] *v 1.* meistern; *2. (soumettre)* bezwingen, überwältigen; *3. (dompter)* bändigen, zügeln; *4. se ~* sich beherrschen, sich zusammennehmen
majesté [maʒɛste] *f 1.* Herrlichkeit *f; 2. (noblesse)* Majestät *f; 3. (dignité)* Würde *f*
majestueux [maʒɛstɥø] *adj* majestätisch
majeur [maʒœʀ] *adj 1.* mündig, volljährig; *2. (principal)* hauptsächlich; *m 3. ANAT* Mittelfinger *m*
majorer [maʒɔʀe] *v* heraufsetzen
majoritaire [maʒɔʀitɛʀ] *adj* mehrheitlich
majorité [maʒɔʀite] *f 1.* Mehrzahl *f,* Mehrheit *f; en ~* vorwiegend; *2. JUR* Volljährigkeit *f*
majuscule [maʒyskyl] *f* Großbuchstabe *m,* Majuskel *f; Ce mot prend une ~* Dieses Wort beginnt mit einem Großbuchstaben. *écrire en ~s* in Großbuchstaben schreiben
mal [mal] *adv 1.* schlecht; *~ tourner* schief gehen; *pas ~* nicht schlecht; *Il n'y a pas de ~.* Das macht nichts. *~ à propos* ungelegen, ungehörig; *m 2.* Schaden *m; Il ne ferait pas de ~ à une mouche.* Er könnte keiner Fliege etw zu Leide tun. *Mal lui en prit.* Es war sein Schaden. *3. (douleur)* Schmerz *m; ~ au ventre* Bauchschmerzen *pl; ~ aux oreilles* Ohrenschmerzen *pl; ~ au cœur* Übelkeit *f; 4. (malaise)* Übel *n,* Unheil *n; Je n'y vois aucun ~.* Ich finde nichts Schlimmes dabei. *5. (souffrance)* Leiden *n; ~ du pays* Heimweh *n*
malade [malad] *adj 1.* krank; *être ~ comme un chien* sich hundeelend fühlen; *~ à mourir* todkrank sein; *gravement ~* schwer krank; *m/f 2.* Patient(in) *m/f,* Kranke(r) *m/f; ~ mental* Geisteskranker *m*
maladie [maladi] *f* Krankheit *f,* Erkrankung *f; ~ infantile* Kinderkrankheit *f; ~ de la civilisation* Zivilisationskrankheit *f; ~ con-*

génitale/~ héréditaire Erbkrankheit *f; ~ mentale* Geisteskrankheit *f; ~ vénérienne* Geschlechtskrankheit *f; ~ contagieuse* Seuche *f*
maladif [maladif] *adj 1.* ungesund; *2. (fig)* krankhaft
maladresse [maladʀɛs] *f* Ungeschick *n,* Ungeschicklichkeit *f*
maladroit [maladʀwa] *adj 1.* ungeschickt, unbeholfen; *2. (fig: gauche)* eckig, plump
malaise [malɛz] *m* Unbehagen *n,* Unwohlsein *n*
malaisé [maleze] *adj (difficile)* schwierig, schwer; *une entreprise ~e* ein schwieriges Unterfangen *n; il est ~ de* es ist schwierig
malaxer [malakse] *v* kneten
malchance [malʃɑ̃s] *f 1.* Unglück *n; 2. (fam: poisse)* Pech *n; 3. (malheur)* Missgeschick *n*
malchanceux [malʃɑ̃sø] *m 1.* Pechvogel *m; adj 2.* unglücklich
mâle [mɑl] *adj* männlich
malédiction [malediksjɔ̃] *f* Fluch *m,* Drohung *f; donner sa ~ à qn* jdn verfluchen; *proférer une ~* eine Drohung aussprechen; *Une ~ semble peser sur ce château.* Dieses Schloss scheint verwunschen zu sein.
maléfice [malefis] *m* Verhexung *f,* Hexerei *f; écarter les ~s* das Böse vertreiben; *jeter des ~s sur qn* jdn verhexen
malentendu [malɑ̃tɑ̃dy] *m* Missverständnis *n,* Irrtum *m*
malfaisant [malfəzɑ̃] *adj 1.* schädlich; *2. (fig)* verderblich
malfaiteur [malfɛtœʀ] *m* Missetäter *m,* Übeltäter *m*
malformation [malfɔʀmasjɔ̃] *f* Missbildung *f; ~ cardiaque* Herzfehler *m*
malgré [malgʀe] *prep* trotz; *~ tout* trotzdem; *~ soi* ungern, unfreiwillig
malhabile [malabil] *adj* ungeschickt
malheur [malœʀ] *m 1.* Unglück *n; Un ~ n'arrive jamais seul.* Ein Unglück kommt selten allein. *par ~* unglücklicherweise; *2. (misère)* Misere *f,* Übel *n; 3. (calamité)* Unheil *n,* Verhängnis *n*
malheureusement [malørøzmɑ̃] *adv* leider, unglücklicherweise
malheureux [malørø] *adj* unglücklich
malhonnête [malɔnɛt] *adj* unehrlich
malice [malis] *f* Heimtücke *f,* Tücke *f; ne pas entendre ~* keine bösen Absichten haben
malicieusement [malisjøzmɑ̃] *adv* heimtückisch
malicieux [malisjø] *adj* heimtückisch, boshaft
malin [malɛ̃] *adj 1.* bösartig; *2. (sournois)* heimtückisch, listig; *m 3. (fam)* Schlawiner *m*
malintentionné [malɛ̃tɑ̃sjɔne] *adj* böswillig
malle [mal] *f (coffre)* Koffer *m; une ~ d'osier* ein Weidenkoffer *m; faire sa ~* seine Koffer packen; *se faire la ~ (fam)* abhauen, verschwinden
malléable [maleabl] *adj* formbar
malléole [maleɔl] *f ANAT* Knöchel *m*
mallette [malɛt] *f* Aktentasche *f,* kleiner Koffer *m*
malmener [malməne] *v 1.* schlecht behandeln; *2. (fig)* mitnehmen
malodorant [malɔdɔʀɑ̃] *adj* übel riechend
malotru [malɔtʀy] *m* Lümmel *m,* Tölpel *m*
malpropre [malpʀɔpʀ] *adj* schmutzig, unsauber
malsain [malsɛ̃] *adj (nuisible)* ungesund
malt [malt] *m* Malz *n*
maltraiter [maltʀɛte] *v* misshandeln
malveillance [malvɛjɑ̃s] *f* Missgunst *f*
malveillant [malvɛjɑ̃] *adj 1.* böswillig; *2. (regard)* feindselig
malversation [malvɛʀsasjɔ̃] *f* Unterschlagung *f,* Veruntreuung *f*
maman [mamɑ̃] *f (fam)* Mama *f*
mamelon [mamlɔ̃] *m ANAT* Brustwarze *f*
mamie [mami] *f (fam: grand-mère)* Oma *f,* Omi *f*
mammifère [mamifɛʀ] *m* Säugetier *n*
mamours [mamuʀ] *m/pl (fam)* Liebkosung *f*
manager [manadʒɛʀ] *m* Manager(in) *m/f*
manche[1] [mɑ̃ʃ] *f* Ärmel *m; C'est une autre paire de ~s.* Das ist ein anderes Paar Stiefel. *faire la ~* betteln
manche[2] [mɑ̃ʃ] *m (poignée)* Heft *n,* Schaft *m; branler dans le ~* unsicher sein
Manche [mɑ̃ʃ] *f GEO* Ärmelkanal *m*
manchette [mɑ̃ʃɛt] *f 1.* Schlagzeile *f; 2. (de chemise)* Manschette *f*
manchon [mɑ̃ʃɔ̃] *m* Muff *m*
manchot [mɑ̃ʃo] *m ZOOL* Pinguin *m*
mandant(e) [mɑ̃dɑ̃(t)] *m/f ECO* Auftraggeber(in) *m/f*
mandarine [mɑ̃daʀin] *f BOT* Mandarine *f*
mandat [mɑ̃da] *m 1. (pouvoir)* Auftrag *m,* Vollmacht *f; 2. (de paiement)* Anweisung *f; ~ postal* Postanweisung *f; 3. JUR* Mandat *n; ~ d'arrêt* Steckbrief *m*

mandataire [mɑ̃datɛʀ] *m 1. ECO* Auftragnehmer *m; 2. JUR* Bevollmächtigter *m*
mandater [mɑ̃date] *v* beauftragen
manège [manɛʒ] *m* Karussell *n,* Manege *f*
manette [manɛt] *f TECH* Hebel *m*
mangeable [mɑ̃ʒabl] *adj* essbar, genießbar
mangeoire [mɑ̃ʒwaʀ] *m* Krippe *f,* Futterkrippe *f*
manger [mɑ̃ʒe] *v 1.* essen, speisen; *~ bruyamment* schmatzen; *~ comme un porc* wie ein Schwein essen/sich einsauen; *ne ~ que du bout des dents* im Essen herumstochern/widerwillig essen; *~ ses mots* Wörter beim Sprechen verschlucken; *ne pas ~ à sa faim* hungern; *2. (animaux)* fressen; *m 3. (repas)* Essen *n*
mangeur [mɑ̃ʒœʀ] *m* Esser *m; C'est un gros ~.* Er ist ein großer Esser./Er ist ein Vielfraß.
mangue [mɑ̃g] *f BOT* Mango *f*
maniable [manjabl] *adj* griffig, handlich
maniaque [manjak] *adj* manisch
manie [mani] *f 1.* Manie *f; 2. (tic)* Tick *m; 3. MED* Sucht *f*
maniement [manimɑ̃] *m 1.* Bedienung *f,* Handhabung *f; 2. (conduite)* Behandlung *f*
manier [manje] *v 1.* behandeln, umgehen; *2. (manœuvrer)* handhaben
manière [manjɛʀ] *f 1.* Weg *m,* Weise *f; à la ~ de* nach Art von; *de ~ à ce que* so, dass; *de cette ~* auf diese Weise; *de toute ~* auf jeden Fall; *faire des ~s* Umstände machen; *de quelque ~ que ce soit* wie dem auch sei; *~ d'agir* Handlungsweise *f,* Verhalten *n; ~ d'être* Wesensart *f; ~ de vivre* Lebensweise *f; ~ de voir* Ansicht *f,* Meinung *f; 2. (simagrées)* Manier *f; 3. ~s pl* Betragen *n,* Manieren *pl*
maniéré [manjeʀe] *adj (fig)* geziert
manifestant(e) [manifɛstɑ̃(t)] *m/f* Demonstrant(in) *m/f; un cortège de ~s* ein Demonstrationszug *m; La police a dispersé les ~s.* Die Polizei hat die Demonstration aufgelöst.
manifestation [manifɛstasjɔ̃] *f 1.* Veranstaltung *f; ~ sportive* Sportveranstaltung *f; ~ de bienfaisance/~ de charité* Wohltätigkeitsveranstaltung *f; 2. POL* Demonstration *f,* Kundgebung *f*
manifeste [manifɛst] *adj 1.* offensichtlich, offenbar; *2. (clair)* einleuchtend; *m 3. POL* Manifest *n*
manifester [manifɛste] *v 1.* bekunden; *2. se ~* sich offenbaren; *3. POL* demonstrieren
manigancer [manigɑ̃se] *v* anstiften, anzetteln; *~ un mauvais coup* eine Gemeinheit anzetteln
manigances [manigɑ̃s] *f/pl* Machenschaften *pl*
manipulation [manipylasjɔ̃] *f* Manipulation *f*
manipuler [manipyle] *v 1.* hantieren; *2. (manier avec habilité)* manipulieren
manivelle [manivɛl] *f* Kurbel *f*
mannequin [mankɛ̃] *m 1.* Modell *n,* Mannequin *n; 2. (d'une vitrine)* Schaufensterpuppe *f*
manœuvrable [manœvʀabl] *adj* wendig
manœuvre [manœvʀ] *f 1. TECH* Bedienung *f; 2. MIL* Manöver *n; 3. ~s frauduleuses pl* Schiebung *f; m 4. (salarié)* Hilfsarbeiter *m*
manœuvrer [manœvʀe] *v 1.* manövrieren; *2. TECH* betätigen
manoir [manwaʀ] *m* Herrensitz *m*
manquant [mɑ̃kɑ̃] *adj 1.* fehlend; *le chaînon ~* das fehlende Glied *n; 2. (à l'école)* abwesend, fehlend; *un élève ~* ein abwesender Schüler *m*
manque [mɑ̃k] *m 1. (défaut)* Mangel *m,* Not *f; ~ de contenance* Fassungslosigkeit *f; ~ de chaux* Kalkmangel *m; 2. (pénurie)* Knappheit *f; 3. MED* Entzugserscheinung *f; 4. ECO* Fehlbetrag *m*
manquement [mɑ̃kmɑ̃] *m 1.* Nichterfüllung *f; 2. (échec)* Verfehlung *f; 3. (omission)* Versäumnis *n; 4. (infraction)* Verstoß *m*
manquer [mɑ̃ke] *v 1.* fehlen; *~ de parole* sein Wort brechen; *2. (rater)* versäumen; *Vous n'avez rien manqué.* Sie haben nichts versäumt. *Je n'y ~ai pas.* Sie können sich auf mich verlassen. *3. (échapper)* entgehen; *4. (faire défaut)* mangeln; *5. (échouer)* missglücken; *6. (fam)* verfehlen; *~ son coup* sein Ziel verfehlen; *7. (perdre)* verpassen; *8. (défaillir)* versagen; *9. (fig)* abgehen; *10. (fig: regretter)* vermissen
mansarde [mɑ̃saʀd] *f* Mansarde *f*
manteau [mɑ̃to] *m (vêtement)* Mantel *m*
manucure [manykyʀ] *m* Maniküre *f*
manuel [manɥɛl] *m 1.* Handbuch *n; adj 2.* manuell
manuscrit [manyskʀi] *m 1.* Manuskript *n,* Niederschrift *f; adj 2.* handschriftlich
mappemonde [mapmɔ̃d] *f 1. (carte)* Weltkarte *f; 2. (globe)* Globus *m*

maquereau[1] [makʀo] *m ZOOL* Makrele *f*
maquereau[2] [makʀo] *m (fam)* Zuhälter *m*
maquette [makɛt] *f 1.* Modell *n; 2. (ébauche)* Entwurf *m*
maquillage [makijaʒ] *m* Schminke *f,* Make-up *n*
maquiller [makije] *v 1.* schminken; *2. se ~* sich schminken; *3. (fig)* verschleiern
maquilleur [makijœʀ] *m* Maskenbildner *m*
maquis [maki] *m (en Méditerranée)* Maquis *m,* Buschwald *m; gagner le ~* den Maquis erreichen
marabout [maʀabu] *m (oiseau) ZOOL* Marabu *m*
maraîcher [maʀɛʃe] *adj 1.* Gemüse...; *un jardin ~* ein Gemüsegarten *m; la culture maraîchère* der Gemüseanbau *m; m 2.* Gemüseanbauer *m*
marais [maʀɛ] *m* Moor *n,* Sumpf *m*
marasme [maʀasm] *m (fig)* Talsohle
marathon [maʀatɔ̃] *m (course) SPORT* Marathonlauf *m*
marâtre [maʀɑtʀ] *f* Rabenmutter *f*
maraudage [maʀodaʒ] *m* Plünderung *f*
marbre [maʀbʀ] *m* Marmor *m; être de ~* nicht zu erschüttern sein
marchand [maʀʃɑ̃] *m* Händler *m,* Kaufmann *m; ~ ambulant* Hausierer *m,* fliegender Händler *m; ~ de sable* Sandmännchen *n*
marchandage [maʀʃɑ̃daʒ] *m 1.* Handeln *n,* Feilschen *n; 2. (fig)* Abmachung *f,* Übereinkommen *n; le ~ électoral* eine Wahlübereinkunft *f; le ~ diplomatique* eine diplomatische Abmachung *f*
marchander [maʀʃɑ̃de] *v 1.* feilschen, handeln; *2. (fig)* feilschen, schachern; *ne pas ~ son appui à qn* jdn bereitwillig unterstützen; *ne pas ~ les louanges* mit seinem Lob nicht sparen
marchandise [maʀʃɑ̃diz] *f 1.* Ware *f,* Gut *n; ~s encombrantes* Sperrgut *n; ~s en stock* Lagerbestand *m; 2. ECO* Artikel *m*
marche [maʀʃ] *f 1.* Lauf *m,* Betrieb *m,* Gang *m; laisser en ~* anlassen/eingeschaltet lassen; *2. (allure)* Gehen *n,* Gang *m; se mettre en ~* aufbrechen; *3. (déroulement)* Hergang *m,* Verlauf *m; 4. (d'escalier)* Stufe *f,* Treppenstufe *f; 5. MIL* Marsch *m*
marché [maʀʃe] *m 1.* Markt *m; bon ~* billig; *2. ECO* Absatz *m; ~ des actions* Aktienmarkt *m; ~ des changes* Devisenmarkt *m; ~ intérieur* Binnenmarkt *m; 3. (conclusion d'un ~) ECO* Abschluss *m; 4. (affaire) ECO* Geschäft *n*
marchepied [maʀʃpje] *m* Trittbrett *n*
marcher [maʀʃe] *v 1.* gehen, laufen; *~ à quatre pattes* krabbeln; *~ en tête* vorangehen; *faire ~ (radio, TV)* anstellen; *ne pas se laisser ~ sur les pieds* sich nicht auf der Nase herumtanzen lassen; *Je ne marche pas.* Da mache ich nicht mit. *Rien ne marche.* Nichts klappt. *2. MIL* marschieren; *3. (fonctionner)* funktionieren, gehen, laufen; *La radio ne marche plus.* Das Radio geht nicht mehr. *4. faire ~ qn* jdn täuschen
marcheur [maʀʃœʀ] *m* Läufer *m; être un bon ~* ein ausdauernder Läufer sein
marcotte [maʀkɔt] *f BOT* Ableger *m*
mardi [maʀdi] *m* Dienstag *m; Il vient toujours le ~.* Er kommt immer dienstags.
mare [maʀ] *f* Pfütze *f,* Tümpel *m*
marécage [maʀekaʒ] *m* Moor *n,* Ried *n*
marée [maʀe] *f* Gezeiten *pl; ~ basse* Ebbe *f; ~ haute* Flut *f,* Hochwasser *n; ~ noire* Ölpest *f*
marelle [maʀɛl] *f (jeu)* Himmel und Hölle; *Les enfants jouent à la ~.* Die Kinder spielen Himmel und Hölle.
margarine [maʀgaʀin] *f* Margarine *f*
marge [maʀʒ] *f 1.* Rand *m,* Seitenrand *m; 2. (fig) ECO* Spielraum *m; ~ d'appréciation* Ermessensspielraum *m; ~ d'action* Handlungsspielraum *m; ~ bénéficiaire/~ de bénéfice* Gewinnspanne *f*
marginal [maʀʒinal] *adj 1.* Rand...; *notes ~es* Randbemerkungen *pl; m 2.* Aussteiger *m*
marguerite [maʀgəʀit] *f BOT* Margerite *f,* Gänseblümchen *n*
mari [maʀi] *m* Mann *m,* Ehemann *m*
mariage [maʀjaʒ] *m 1.* Ehe *f; 2. (noce)* Heirat *f,* Hochzeit *f; ~ blanc* Scheinehe *f; faire-part de ~* Heiratsanzeige *f*
marié [maʀje] *adj* verheiratet
marié(e) [maʀje] *m/f (le jour des noces)* Bräutigam/Braut *m/f*
marier [maʀje] *v 1.* verheiraten, trauen; *2. se ~* heiraten, sich verheiraten
marin [maʀɛ̃] *m 1.* Matrose *m,* Seemann *m; adj 2.* Meer..., See...; *l'air ~* die Meerluft *f; une brise ~e* eine Brise Seeluft *f; du sel ~* Meersalz *n*
marinade [maʀinad] *f GAST* Marinade *f*
marine [maʀin] *f* Marine *f*
mariolle [maʀjɔl] *m (fam)* Schlauberger *m,* Schlaukopf *m; faire le ~* den Schlauberger spielen

marionnette [maʀjɔnɛt] *f* Marionette *f*
marionnettiste [maʀjɔnɛtist] *m/f* Puppenspieler(in) *m/f*
maritime [maʀitim] *adj* maritim
marjolaine [maʀʒɔlɛn] *f BOT* Majoran *m*
mark [maʀk] *m ~ allemand* Deutsche Mark *f*, DM *f*
marketing [maʀkətiŋ] *m ECO* Marketing *n; le service de ~ d'une entreprise* die Marketingabteilung eines Unternehmens *f; faire des études de ~* Marktforschungen durchführen
marmaille [maʀmaj] *f (fam: enfants)* Horde *f*, Bande *f*
marmelade [maʀməlad] *f* Mus *n*
marmite [maʀmit] *f* großer Kochtopf *m*, Kochkessel *m*
marmonner [maʀmɔne] *v* murmeln, brummeln; *~ des prières* Gebete murmeln; *Qu'est-ce que tu marmonnes dans ta barbe?* Was brummst du da in deinen Bart?
marmot [maʀmo] *m* Knirps *m*
marmotte [maʀmɔt] *f ZOOL* Murmeltier *n*
Maroc [maʀɔk] *m GEO* Marokko *n*
marocain [maʀɔkɛ̃] *adj* marokkanisch
Marocain(e) [maʀɔkɛ̃/maʀɔkɛn] *m/f* Marokkaner(in) *m/f*
maroquinerie [maʀɔkinʀi] *f (magasin)* Lederwarengeschäft *n*
marotte [maʀɔt] *f (manie)* Gewohnheit *f*, Marotte *f; Il a la ~ des mots croisés.* Er löst gern Kreuzworträtsel. *C'est devenu une ~.* Das ist eine Gewohnheit geworden. *C'est sa nouvelle ~.* Das ist seine neue Marotte.
marquage [maʀkaʒ] *m* Kennzeichnung *f*, Markierung *f*
marquant [maʀkɑ̃] *adj* markant
marque [maʀk] *f 1.* Marke *f; 2. (signe)* Merkmal *n*, Zeichen *n; ~ d'infamie* Schandmal *n; ~ de naissance* Muttermal *n; ~ distinctive* Kennzeichen *n*, Merkmal *n; ~ de fabrication* Warenzeichen *n*
marqué [maʀke] *adj (fig)* verlebt, ausgeprägt
marquer [maʀke] *v 1.* zeichnen, kennzeichnen, markieren; *~ le pas* auf der Stelle treten; *2. (noter)* vermerken; *3. ~ qn (fig)* jdn abstempeln
marqueur [maʀkœʀ] *m (crayon-feutre)* Marker *m*, Leuchtstift *m*
marquise [maʀkiz] *f* Markise *f*
marraine [maʀɛn] *f (d'un enfant)* Patin *f*
marrant [maʀɑ̃] *adj (fam: drôle)* witzig
marre [maʀ] *adv (fam)* genug; *en avoir ~* genug davon haben; *Il en a ~!* Er hat die Schnauze voll!
marrer [maʀe] *v se ~ (fam: rire)* lachen, sich amüsieren
marron [maʀɔ̃] *m 1. BOT* Esskastanie *f; adj 2. (couleur)* kastanienbraun; *avoir des yeux ~* kastanienbraune Augen haben
marronnier [maʀɔnje] *m BOT* Kastanienbaum *m*
mars [maʀs] *m* März *m*
marsouin [maʀswɛ̃] *m ZOOL* Tümmler *m*
marteau [maʀto] *m* Hammer *m; ~ pneumatique* Presslufthammer *m*
marteler [maʀtəle] *v* hämmern
martiens [maʀsjɛ̃] *m/pl* Marsbewohner *pl*, Marsmenschen *pl*
martinet [maʀtinɛ] *m 1.* Hammer *m; 2. (oiseau) ZOOL* Segler *m*
martin-pêcheur [maʀtɛ̃pɛʃœʀ] *m ZOOL* Eisvogel *m*
martre [maʀtʀ] *f ZOOL* Marder *m*
martyr(e) [maʀtiʀ] *m* Märtyrer *m*
martyriser [maʀtiʀize] *v* peinigen
marxisme [maʀksism] *m POL* Marxismus *m*
mascara [maskaʀa] *m* Wimperntusche *f*
mascarade [maskaʀad] *f (déguisement)* Verkleidung *f*, Maskierung *f*
mascotte [maskɔt] *f* Maskottchen *n*
masculin [maskylɛ̃] *adj* männlich
masque [mask] *m* Maske *f*, Larve *f; ~ à gaz* Gasmaske *f*
masqué [maske] *adj* maskiert, verkleidet; *un enfant ~ pour le carnaval* ein zum Karneval verkleidetes Kind *n; un bandit ~* ein maskierter Gangster *m; un bal ~* ein Maskenball *m*
masquer [maske] *v 1.* kaschieren; *2. se ~* sich maskieren; *3. (bloquer)* versperren; *~ la vue* die Aussicht versperren
massacre [masakʀ] *m 1.* Gemetzel *n*, Massaker *n; 2. (fam)* Verschandelung *f*
massacrer [masakʀe] *v (fam)* verschandeln
massage [masaʒ] *m* Massage *f*
masse [mas] *f 1.* Menge *f*, Masse *f; en ~* massenweise/massenhaft; *2. PHYS* Masse *f*
massepain [maspɛ̃] *m* Marzipan *n*
masser [mase] *v 1.* gruppieren; *2. (avec les mains)* massieren
masseur [masœʀ] *m* Masseur *m*
massif [masif] *m 1.* Beet *n; adj 2. (objet)* klobig; *3. (imposant)* massiv

mass media [masmedja] *pl* Massenmedien *pl*
massue [masy] *f* Keule *f*
mastiquer [mastike] *v* kauen
masturbation [mastyʀbasjɔ̃] *f* Selbstbefriedigung *f*
mat [mat] *adj* matt
mât [mɑ] *m* Mast *m; ~ de drapeau* Fahnenmast *m*
match [matʃ] *m 1. (concours)* Kampf *m,* Wettkampf *m; 2. (jeu)* Partie *f; 3. SPORT* Spiel *n; ~ international* Länderspiel *n*
matelas [matla] *m* Matratze *f; ~ pneumatique* Luftmatratze *f*
matelot [matlo] *m* Matrose *m*
matérialisme [mateʀjalism] *m* Materialismus *m*
matérialiste [mateʀjalist] *adj* materialistisch
matériau [mateʀjo] *m 1. (matière)* Stoff *m,* Materie *f; 2. (de chantier)* Werkstoff *m; 3. ~x pl* Material *n; ~x de récupération* Altmaterial *n*
matériel [mateʀjɛl] *m 1.* Material *n,* Zeug *n; 2. INFORM* Hardware *f; adj 2.* materiell, sachlich
maternel [matɛʀnɛl] *adj* mütterlich
maternelle [matɛʀnɛl] *f (école)* Kindergarten *m*
maternité [matɛʀnite] *f 1.* Mutterschaft *f; 2. MED* Entbindungsstation *f*
mathématique [matematik] *adj* mathematisch
mathématiques [matematik] *f/pl* Mathematik *f*
matheux [matø] *m (fam)* Mathestudent *m,* Mathefreak *m; C'est un sacré ~.* Er ist ein absoluter Mathefan.
maths [mat] *m/pl (fam)* Mathe *f; le prof de ~* der Mathelehrer *m; être fort en ~* gut in Mathe sein
matière [matjɛʀ] *f 1.* Material *n; faire travailler sa ~ grise* seine grauen Zellen anstrengen; *2. (substance)* Stoff *m,* Materie *f; ~ grasse* Fett *n; ~ première* Rohstoff *m; ~s fécales* Kot *m; 3. (objet)* Gegenstand *m,* Thema *n; 4. (dans l'enseignement)* Lehrfach *n,* Unterrichtsfach *n; ~ obligatoire* Pflichtfach *n; 5. (domaine)* Sachgebiet *n*
matin [matɛ̃] *m 1.* Morgen *m; de grand ~* in aller Herrgottsfrüh/am frühen Morgen; *du ~ au soir* von früh bis spät/von morgens bis abends; *le ~* morgens; *2. (matinée)* Vormittag *m; le ~* vormittags
matinal [matinal] *adj 1.* Morgen..., morgendlich, früh; *la fraîcheur ~e* die Morgenfrische *f; à une heure ~e* zu einer frühen Stunde; *2. (personne)* früh aufstehend; *être ~* Frühaufsteher sein
matinée [matine] *f 1.* Vormittag *m; faire la grasse ~* bis in die Puppen schlafen/sich ordentlich ausschlafen; *2. (matin)* Morgen *m*
matou [matu] *m ZOOL* Kater *m*
matraque [matʀak] *f (gourdin)* Knüppel *m*
matrice [matʀis] *f* Matrize *f*
matricule [matʀikyl] *m (numéro)* Matrikelnummer *f; le ~ d'un soldat* die Matrikelnummer eines Soldaten *f*
maturité [matyʀite] *f* Reife *f*
maudire [modiʀ] *v* verdammen, verfluchen
maudit [modi] *adj* verdammt, verflucht; *un artiste ~* ein verdammter Künstler *m; une ~e histoire* eine unglückliche Geschichte *f; Maudit garnement!* Verfluchter Gauner! *Cette ~e pluie me rend fou.* Dieser verdammte Regen macht mich verrückt. *Maudit soit ce traître!* Verfluchter Verräter!
maussade [mosad] *adj 1. (temps)* unfreundlich; *2. (morose)* wehleidig
mauvais [movɛ] *adj 1.* schlecht, schlimm; *2. (méchant)* böse, bösartig; *être ~ comme une teigne* ein Giftzwerg sein/eine Giftspritze sein; *3. (faux)* falsch; *prendre par le ~ bout* am falschen Ende anfassen
mauve [mov] *adj (couleur)* malvenfarben, malvenfarbig
mauviette [movjɛt] *f (fam)* schwächliche Person *f*
maximal [maksimal] *adj* maximal
maxime [maksim] *f* Grundsatz *m,* Leitspruch *m*
maximum [maksimɔm] *m* Maximum *n*
mayonnaise [majɔnɛz] *f GAST* Majonäse *f*
mazout [mazut] *m* Heizöl *n,* Öl *n*
me [mə] *pron 1. (atone)* mich; *2. (à moi)* mir
méandre [meɑ̃dʀ] *m* Mäander *m,* Schlinge *f; les ~s d'un fleuve* die Mäander eines Flusses *pl; décrire des ~s* Kurven beschreiben
mec [mɛk] *m (fam)* Kerl *m*
mécanicien [mekanisjɛ̃] *m 1.* Mechaniker *m; ~ automobile* Automechaniker *m; 2. (conducteur de locomotive)* Lokomotivführer *m*
mécanique [mekanik] *adj 1.* maschinell, mechanisch; *f 2.* Mechanik *f*

mécanisme [mekanism] *m 1.* Mechanismus *m; 2. (mécanique)* Triebwerk *n; 3. (dispositif)* Vorrichtung *f*
mécène [mesɛn] *m* Mäzen *m,* Gönner *m*
méchamment [meʃamɑ̃] *adv* boshaft; *répondre ~ à qn* jdm boshaft antworten
méchanceté [meʃɑ̃ste] *f 1.* Bösartigkeit *f; 2. (malveillance)* Tücke *f,* Bosheit *f*
méchant [meʃɑ̃] *adj 1.* böse, gemein; *2. (malin)* boshaft, hämisch, tückisch; *3. (ignoble)* arg; *4. (mauvais)* schlecht; *5. (vilain)* unartig
mèche [mɛʃ] *f 1.* Docht *m; éventer la ~* Lunte riechen; *vendre la ~* aus der Schule plaudern; *2. TECH* Bohrer *m*
méconnaissable [mekɔnɛsabl] *adj* unkenntlich
méconnaître [mekɔnɛtʀ] *v irr* verkennen
méconnu [mekɔny] *adj* verkannt, unterschätzt; *un talent ~* ein verkanntes Talent *n; un artiste ~* ein verkannter Künstler *m*
mécontent [mekɔ̃tɑ̃] *adj 1.* unzufrieden, unbefriedigt; *2. (fâché)* ungehalten
mécontentement [mekɔ̃tɑ̃tmɑ̃] *m* Unzufriedenheit *f*
mécontenter [mekɔ̃tɑ̃te] *v* nicht zufrieden stellen, nicht gefallen
médaille [medaj] *f* Medaille *f; ~ d'or* Goldmedaille *f*
médaillé(e) [medaje] *m/f* Medaillengewinner(in) *m/f; un ~ militaire* Person, die eine militärische Auszeichnung erhält *f; un ~ olympique* Gewinner einer Olympiamedaille *m*
médaillon [medajɔ̃] *m 1. (bijou)* Medaillon *n; 2. GAST* Medaillon *n*
médecin [medsɛ̃] *m* Arzt *m; ~ conseil* Amtsarzt *m; ~ d'entreprise* Betriebsarzt *m; ~ (en) chef* Chefarzt *m; ~ de famille* Hausarzt *m; ~ conventionné* Kassenarzt *m*
médecine [medsin] *f* Medizin *f; ~ légale JUR* Gerichtsmedizin *f*
médian [medjɑ̃] *adj* mittlerer/mittleres
médias [medja] *m/pl* Massenmedien *pl*
médiateur [medjatœʀ] *m* Mittelsmann *m,* Vermittler *m*
médiation [medjasjɔ̃] *f (transmission)* Vermittlung *f*
médiatique [medjatik] *adj* Medien...
médical [medikal] *adj* medizinisch, ärztlich
médicament [medikamɑ̃] *m* Arznei *f,* Medikament *n; ~ analgésique* Betäubungsmittel *n*
médicinal [medisinal] *adj* medizinisch
médiéval [medjeval] *adj* mittelalterlich
médiocre [medjɔkʀ] *adj 1.* mittelmäßig; *2. (mauvais)* schlecht; *3. (école)* mangelhaft; *4. (insuffisant)* dürftig
médiocrité [medjɔkʀite] *f* Mittelmäßigkeit *f,* Geringfügigkeit *f; la ~ de sa fortune* die Dürftigkeit seines Besitzes *f; la ~ d'un film* die mangelnde Qualität eines Films *f*
médire [mediʀ] *v irr ~ de qn* über jdn lästern
médisance [medizɑ̃s] *f* üble Nachrede *f*
méditatif [meditatif] *adj* besinnlich, nachdenklich
méditation [meditasjɔ̃] *f 1.* Meditation *f; 2. REL* Andacht *f*
méditer [medite] *v 1.* überdenken, überlegen; *2. (penser)* meditieren
Méditerranée [meditɛʀane] *f GEO* Mittelmeer *n*
méditerranéen [meditɛʀaneɛ̃] *adj* Mittelmeer...; *le bassin ~* das Mittelmeerbecken *n; les régions ~nes* die Mittelmeerregionen *pl*
médium [medjɔm] *m* Medium *n*
méduse [medyz] *f ZOOL* Qualle *f*
médusé [medyze] *adj (fig)* wie versteinert
meeting [mitiŋ] *m POL* Meeting *n,* Treffen *n; se rendre à un ~ politique* zu einem politischen Treffen gehen; *tenir un ~* ein Meeting abhalten
méfait [mefɛ] *m* Missetat *f*
méfiance [mefjɑ̃s] *f* Misstrauen *n*
méfiant [mefjɑ̃] *adj* argwöhnisch, misstrauisch
méfier [mefje] *v se ~ de* misstrauen
mégarde [megaʀd] *f par ~* versehentlich, aus Versehen
mégère [meʒɛʀ] *f (fam: femme méchante)* Furie *f,* böses Weib *n*
mégot [mego] *m (cigarette)* Kippe *f*
meilleur [mɛjœʀ] *adj 1.* besser; *2. le ~ possible* der Bestmögliche; *3. le ~ de tous* der Allerbeste; *4. le ~* bester/bestes; *mes ~s vœux* meine besten Wünsche
mélancolie [melɑ̃kɔli] *f 1.* Melancholie *f,* Schwermut *f; 2. (nostalgie)* Wehmut *f*
mélancolique [melɑ̃kɔlik] *adj 1.* melancholisch, schwermütig; *2. (nostalgique)* trübsinnig, wehmütig
mélange [melɑ̃ʒ] *m 1.* Mischung *f; 2. (amalgame)* Gemisch *n*

mélangé [melɑ̃ʒe] *adj* gemischt
mélanger [melɑ̃ʒe] *v 1.* mischen; *2. ~ à* beimischen, untermengen; *3. (mixer)* mixen, anrühren; *4. (fig)* durcheinander werfen; *5. se ~* sich vermengen
mêlée [mɛle] *f (fig)* Knäuel *n*
mêler [mɛle] *v 1.* mischen; *2. se ~ à* sich einschalten in; *3. se ~ de qc* in etw hineinreden; *Mêlez-vous de ce qui vous regarde.* Kümmern Sie sich um Ihre eigenen Angelegenheiten.
mélèze [melɛz] *m BOT* Lärche *f*
méli-mélo [melimelo] *m (fam)* Wirrwarr *n,* Kuddelmuddel *n*
mélisse [melis] *f BOT* Melisse *f,* Zitronenkraut *n; l'eau de ~* der Melissengeist *m*
mélodie [melɔdi] *f* Melodie *f*
mélodieux [melɔdjø] *adj* melodisch, harmonisch; *un air ~* ein melodisches Stück *n,* eine Melodie *f; une voix mélodieuse* eine melodische Stimme *f*
melon [məlɔ̃] *m BOT* Honigmelone *f,* Melone *f*
melting-pot [mɛltiŋpɔt] *m (fig)* Schmelztiegel *m*
membrane [mɑ̃bʀane] *f ANAT* Membran *f,* Membrane *f*
membre [mɑ̃bʀ] *m* Mitglied *n,* Glied *n*
même [mɛm] *pron 1. le ~* derselbe/dasselbe, der gleiche/das gleiche; *adj 2.* gleich; *adv 3.* sogar, selbst; *de ~* desgleichen/ebenso; *quand ~* trotzdem; *tout de ~* dennoch
mémé [meme] *f (fam)* Oma *f*
mémento [memɛ̃to] *m 1. (carnet de notes)* Merkbuch *n,* Memo *n; 2. (livre)* Handbuch *n,* Lehrbuch *n; le ~ du mécanicien* das Handbuch des Mechanikers *n; un ~ de géographie* ein Geografielehrbuch *n*
mémère [memɛʀ] *f (fam)* Oma *f*
mémoire [memwaʀ] *f 1.* Gedächtnis *n; garder qc en ~* etw im Gedächtnis behalten; *graver qc dans sa ~* sich etw einprägen; *2. (souvenir)* Andenken *n; 3. (de données) INFORM* Speicher *m; m 4. (petite thèse)* Denkschrift *f,* Aufsatz *m; ~ de fin d'études supérieures* Diplomarbeit *f*
mémorable [memɔʀabl] *adj* denkwürdig
mémorandum [memɔʀɑ̃dɔm] *m* Denkschrift *f*
mémorisation [memɔʀizasjɔ̃] *f INFORM* Abspeicherung *f*
mémoriser [memɔʀize] *v INFORM* abspeichern
menaçant [mənasɑ̃] *adj* bedrohlich
menace [mənas] *f* Androhung *f,* Drohung *f,* Bedrohung *f*
menacer [mənase] *v 1.* androhen, bedrohen; *2. ~ qn* jdm drohen
ménage [menaʒ] *m 1.* Haushalt *m; Le ~ n'est pas encore fait.* Es ist noch nicht aufgeräumt. *2. ~ à trois* Dreiecksverhältnis *n*
ménagement [menaʒmɑ̃] *m* Verschonung *f*
ménager[1] [menaʒe] *v 1.* aussparen; *se ~ une porte de sortie* sich eine Hintertür offen halten; *~ une surprise à qn* jdm eine Überraschung bereiten; *2. ~ qn* jdn schonen; *3. se ~* sich schonen
ménager[2] [menaʒe] *adj* Haushalts...; *les arts ~s* die Haushaltswaren *pl,* die Haushaltsgeräte *pl; les appareils ~s* die Haushaltsgeräte *pl*
ménagère [menaʒɛʀ] *f* Hausfrau *f*
mendiant [mɑ̃djɑ̃] *m* Bettler *m*
mendier [mɑ̃dje] *v 1. (aumône)* betteln; *2. (prier avec insistance)* betteln
mener [məne] *v 1.* bringen; *2. ~ à* führen zu; *~ qn à la baguette* jdn nach seiner Pfeife tanzen lassen; *~ à bien* glücklich zu Ende führen; *~ grand train* viel Aufsehen machen/ein großes Leben führen; *Cela ne vous mène à rien.* Das ist sinnlos./Das führt zu nichts. *3. (guider)* lenken
meneur [mənœʀ] *m* Anführer *m*
méninges [menɛ̃ʒ] *f/pl (fam)* Hirn *n,* graue Zellen *pl; ne pas se fatiguer les ~* sich nicht den Kopf zerbrechen; *faire travailler ses ~* seine grauen Zellen beanspruchen
méningite [menɛ̃ʒit] *f MED* Gehirnhautentzündung *f*
menottes [mənɔt] *f/pl* Handschellen *pl*
mensonge [mɑ̃sɔ̃ʒ] *m* Erfindung *f,* Lüge *f; pieux ~* Notlüge *f; ~ de circonstance* Notlüge *f*
mensonger [mɑ̃sɔ̃ʒe] *adj* trügerisch, unwahr
menstruation [mɑ̃stʀɥasjɔ̃] *f* Menstruation *f*
mensualité [mɑ̃sɥalite] *f ECO* Rate *f*
mensuel [mɑ̃sɥɛl] *adj* monatlich
mensuration [mɑ̃syʀasjɔ̃] *f* Messen *n*
mental [mɑ̃tal] *adj 1. PSYCH* mental, geistig; *une maladie ~e* eine Geisteskrankheit *f; l'âge ~* das Alter der mentalen Entwicklung *n; 2.* geistig, Kopf...; *un calcul ~* Kopfrechnen *n; une image ~e* ein Bild vor seinem geistigen Auge *n*

mentalité [mɑ̃talite] *f* Denkart *f*, Mentalität *f*
menteur [mɑ̃tœʀ] *m* Lügner *m*
menthe [mɑ̃t] *f BOT* Pfefferminze *f*
mention [mɑ̃sjɔ̃] *f 1.* Hinweis *m*, Erwähnung *f*; *faire ~* erwähnen; *2. (jugement)* Prädikat *n*; *3. (remarque)* Vermerk *m*; *~ officielle* Amtsvermerk *m*
mentionner [mɑ̃sjɔne] *v 1.* erwähnen; *2. (noter)* vermerken
mentir [mɑ̃tiʀ] *v irr 1.* lügen, schwindeln; *~ comme un arracheur de dents* lügen wie gedruckt; *2. ~ à qn* jdn belügen, jdn anlügen
menton [mɑ̃tɔ̃] *m ANAT* Kinn *n*
menu¹ [məny] *adj* klein
menu² [məny] *m 1. GAST* Menü *n*; *2. (carte des plats)* Karte *f*, Speisekarte *f*; *3. INFORM* Menü *n*
menuiserie [mənɥizʀi] *f* Schreinerwerkstatt *f*
menuisier [mənɥizje] *m* Tischler *m*, Schreiner *m*
méprendre [mepʀɑ̃dʀ] *v irr se ~ sur qn* jdn missverstehen
mépris [mepʀi] *m 1.* Geringschätzung *f*, Missachtung *f*; *2. (dédain)* Verachtung *f*
méprisable [mepʀizabl] *adj* niederträchtig
méprisant [mepʀizɑ̃] *adj* abschätzig, verächtlich
méprise [mepʀiz] *f* Missverständnis *n*, Verwechslung *f*
mépriser [mepʀize] *v 1.* missachten; *2. (dédaigner)* verachten
mer [mɛʀ] *f* Meer *n*, See *f*; *~ du Nord* Nordsee *f*; *~ Baltique* Ostsee *f*; *~ Adriatique* Adria *f*; *~ Egée* Ägäis *f*; *niveau de la ~* Meeresspiegel *m*; *Ce n'est pas la ~ à boire.* Das ist halb so schlimm./Das ist nicht die Welt.
mercenaire [mɛʀsənɛʀ] *m* Söldner *m*
mercerie [mɛʀsəʀi] *f (magasin)* Kurzwarengeschäft *n*
merci [mɛʀsi] *interj* danke; *Merci d'être venu.* Danke, dass Sie gekommen sind.
mercredi [mɛʀkʀədi] *m* Mittwoch *m*; *~ des Cendres* Aschermittwoch *m*
mercure [mɛʀkyʀ] *m CHEM* Quecksilber *n*
mercuriel [mɛʀkyʀjɛl] *adj* quecksilberhaltig
merde [mɛʀd] *f (fam)* Scheiße *f*
mère [mɛʀ] *f* Mutter *f*
Mère [mɛʀ] *f ~ de Dieu REL* Muttergottes *f*
merguez [mɛʀgɛz] *f GAST* kleine scharfe Wurst *f*
méridional [meʀidjɔnal] *adj* südlich, Süd...
meringue [məʀɛ̃g] *f* Baiser *n*
merisier [məʀizje] *m BOT* Vogelkirsche *f*
méritant [meʀitɑ̃] *adj* verdienstvoll; *un élève ~* ein verdienstvoller Schüler *m*
mérite [meʀit] *m* Verdienst *n*; *Tout le ~ lui en revient.* Das ist alles sein Verdienst.
mériter [meʀite] *v (louange)* verdienen; *Il l'a bien mérité!* Das geschieht ihm recht!/Das hat er verdient!
merlan [mɛʀlɑ̃] *m ZOOL* Merlan *m*, Schellfisch *m*; *faire des yeux de ~ frit (fig)* die Augen verdrehen
merle [mɛʀl] *m ZOOL* Amsel *f*
merveille [mɛʀvɛj] *f* Wunder *n*; *à ~* großartig; *Il se porte à ~.* Es geht ihm glänzend./Es geht ihm ausgezeichnet.
merveilleux [mɛʀvɛjø] *adj 1.* wunderbar, wundervoll; *2. (fabuleux)* fabelhaft, sagenhaft; *3. (fig)* zauberhaft
mésange [mezɑ̃ʒ] *f ZOOL* Meise *f*
mésaventure [mezavɑ̃tyʀ] *f* Missgeschick *n*
mésestimer [mezɛstime] *v* unterschätzen
mesquin [mɛskɛ̃] *adj* kleinlich, engstirnig
mesquinerie [mɛskinʀi] *f* Engstirnigkeit *f*, Kleinlichkeit *f*; *agir avec ~ à l'égard de qn* sich kleinlich gegenüber jdm verhalten
message [mesaʒ] *m 1.* Botschaft *f*, Nachricht *f*; *2. (communiqué)* Mitteilung *f*, Meldung *f*; *3. (radiophonique, à la gare)* Durchsage *f*; *4. ~ radio* Funkspruch *m*
messager [mesaʒe] *m* Bote *m*, Kurier *m*
messe [mɛs] *f REL* Messe *f*; *~ pour les défunts* Totenmesse *f*; *~ solennelle* Hochamt *n*
Messie [mesi] *m REL* Erlöser *m*
mesurable [məzyʀabl] *adj* messbar
mesurage [məzyʀaʒ] *m (processus)* Abmessung *f*, Vermessung *f*
mesure [məzyʀ] *f 1. (unité de mesure)* Maß *n*; *~ métrique* Metermaß *n*; *être en ~ de* im Stande sein; *prendre des ~s énergiques* durchgreifen; *garder la ~* Maß halten; *outre ~* maßlos; *La ~ est comble!* Das Maß ist voll! *2. (action)* Maßnahme *f*; *~ préventive* Präventivmaßnahme *f*, Vorbeugungsmaßnahme *f*; *au fur et à ~* nach und nach; *~ de sécurité* Sicherheitsmaßnahme *f*; *par ~ de sécurité* sicherheitshalber; *3. MUS* Takt *m*
mesuré [məzyʀe] *adj* mäßig
mesurément [məzyʀemɑ̃] *adv* mäßig

mesurer [məzyʀe] *v 1.* messen; *2. (métrer)* abmessen, ausmessen; *3. (calculer)* ermessen; *4. se ~ avec qn (fig)* sich mit jdm messen
métabolisme [metabɔlism] *m BIO* Stoffwechsel *m*
métal [metal] *m* Metall *n; ~ précieux* Edelmetall *n; ~ léger* Leichtmetall *n*
métallique [metalik] *adj* metallisch
métallisé [metalize] *adj* Metallic..., mit metallischem Glanz; *une peinture ~e* eine Metallicfarbe *f; une voiture gris ~* ein metallicgrauer Wagen *m*
métallurgie [metalyʀʒi] *f (industrie)* Metallindustrie *f*
métallurgiste [metalyʀʒist] *m (ouvrier)* Metallarbeiter *m; la grève des ~s* der Metallarbeiterstreik *m*
métamorphose [metamɔʀfoz] *f* Verwandlung *f*
métamorphoser [metamɔʀfoze] *v* verwandeln
métaphore [metafɔʀ] *f* Metapher *f*
métaphorique [metafɔʀik] *adj* bildlich
métastase [metastaz] *f MED* Metastase *f*
métaux [meto] *m/pl ~ de récupération* Altmetall *n*
météo [meteo] *f (fam)* Wettervorhersage *f; Que prévoit la ~ pour demain?* Was sagt der Wetterbericht für morgen?
météore [meteɔʀ] *m* Meteor *m*
méthode [metɔd] *f 1.* Methode *f; 2. (procédé)* Verfahren *n*
méthodique [metɔdik] *adj* methodisch
méticuleux [metikylø] *adj* peinlich genau, sorgfältig
métier [metje] *m 1.* Beruf *m; 2. (artisanat)* Handwerk *n; connaître son ~* sein Handwerk verstehen; *3. ECO* Gewerbe *n*
métis [metis] *m* Mischling *m*
métrage [metʀaʒ] *m* Messen *n*
mètre [mɛtʀ] *m* Meter *m; ~ cube* Kubikmeter *m; ~ carré* Quadratmeter *m; ~ pliant* Zollstock *m*
métro [metʀo] *m* U-Bahn *f,* Untergrundbahn *f*
métrologie [metʀɔlɔʒi] *f* Messtechnik *f*
métronome [metʀɔnɔm] *m MUS* Metronom *n,* Taktmesser *m*
métropole [metʀɔpɔl] *f* Hauptstadt *f,* Metropole *f*
mets [mɛ] *m 1.* Speise *f,* Gericht *n; ~ préféré* Lieblingsspeise *f; ~ délicat* Delikatesse *f; ~ tout préparé* Fertiggericht *n; 2. (plat) GAST* Gang *m*
mettable [mɛtabl] *adj (mode)* tragbar
metteur [mɛtœʀ] *m ~ en scène CINE* Regisseur *m*
mettre [mɛtʀ] *v irr 1. (lieu)* setzen, stellen, legen; *~ le couvert* den Tisch decken; *~ son chapeau* seinen Hut aufsetzen; *~ la radio* das Radio anstellen; *~ bas* Junge zur Welt bringen; *~ fin à qc* etw beenden/ein Ende mit etw machen; *~ une lettre à la poste* einen Brief aufgeben; *~ qc à la disposition de qn* jdm etw zur Verfügung stellen; *~ à l'envers* auf den Kopf stellen/umstülpen; *~ à la porte* entlassen; *~ au monde* gebären; *~ au jour* ans Licht bringen; *~ au courant* auf dem Laufenden halten; *~ de côté* beiseite legen, zurücklegen; *~ en ordre* ordnen; *~ en scène* inszenieren; *~ en doute* anzweifeln; *2. (temps)* brauchen, verwenden; *~ trois heures pour qc* drei Stunden für etw brauchen; *Le train met huit heures pour aller à Rouen.* Der Zug braucht acht Stunden bis Rouen. *3. se ~ (se placer)* sich setzen, sich stellen; *se ~ debout* sich aufrichten/sich aufsetzen; *se ~ à qc* etw anfangen; *se ~ qc dans la tête* sich etw in den Kopf setzen; *se ~ d'accord avec qn* sich mit jdm einigen; *se ~ en colère* zornig werden/wütend werden; *se ~ en marche* sich in Bewegung setzen/anfahren; *se ~ en avant* sich vordrängen; *4. se ~ (s'habiller)* sich kleiden, sich anziehen; *Il se met bien.* Er kleidet sich gut.
meuble [mœbl] *m* Möbelstück *n,* Möbel *pl; ~s par éléments* Anbaumöbel *pl; ~s encastrés* Einbaumöbel *pl; ~s rembourrés/~capitonnés* Polstermöbel *pl*
meublé [mœble] *adj* möbliert
meubler [mœble] *v* einrichten, möblieren
meule [møl] *f (de fromage) GAST* Käselaib *m*
meuler [møle] *v TECH* schleifen
meunier [mønje] *m* Müller *m*
meurtre [mœʀtʀ] *m 1.* Mord *m; 2. (assassinat)* Ermordung *f; 3. JUR* Totschlag *m*
meurtrier [mœʀtʀije] *adj 1.* mörderisch, tödlich; *m 2.* Mörder *m*
meurtrissure [mœʀtʀisyʀ] *f* Wunde *f*
meute [møt] *f (de chiens)* Meute *f*
mévente [mevɑ̃t] *f ECO* Absatzkrise *f*
mexicain [mɛksikɛ̃] *adj* mexikanisch
Mexicain(e) [mɛksikɛ̃/mɛksikɛn] *m/f* Mexikaner(in) *m/f*
Mexique [mɛksik] *m GEO* Mexiko *n*
miaulement [mjolmɑ̃] *m (du chat)* Miauen *n*

miauler [mjole] *v* miauen
mi-bas [miba] *m* Kniestrumpf *m*
miche [miʃ] *f* Brotlaib *m*
mi-chemin [miʃmɛ̃] *adv à ~* auf halbem Weg, auf halber Strecke; *à ~ entre Paris et Bordeaux* auf halbem Weg zwischen Paris und Bordeaux; *s'arrêter à ~* auf halber Strecke anhalten
micro [mikʀo] *m* Mikro *n; devant le ~* vor dem Mikro
microbe [mikʀɔb] *m* Bakterie *f*
microcosme [mikʀɔkɔsm] *m* Mikrokosmos *m*
microfilm [mikʀɔfilm] *m* Mikrofilm *m*
micro-onde [mikʀɔɔ̃d] *f* Mikrowelle *f; un four à ~s* ein Mirkowellenherd *m*
microphone [mikʀɔfɔn] *m* Mikrofon *n*
microscope [mikʀɔskɔp] *m* Mikroskop *n,* Vergrößerungsglas *n*
microscopique [mikʀɔskɔpik] *adj* mikroskopisch
midi [midi] *m* Mittag *m; le ~* mittags; *du Midi* aus dem Süden
mie [mi] *f (de pain)* weiches Inneres *n; du pain de ~* das weiche Innere vom Brot *n*
miel [mjɛl] *m* Honig *m,* Bienenhonig *m; être tout ~* überfreundlich sein/zuckersüß sein
mielleux [mjɛlø] *adj 1. (fig)* glatt; *2. (fig: doucereux)* schleimig
mien [mjɛ̃] *pron le ~* mein
miette [mjɛt] *f* Krümel *m*
mieux [mjø] *adv* besser, lieber; *Il vaut ~ ...* Es ist besser ...; *Il va ~.* Es geht ihm besser. *de ~ en ~* immer besser; *aimer ~* bevorzugen; *faire de son ~* sein Bestes tun; *au ~* bestens; *Je ne demande pas ~.* Ich könnte mir nichts Besseres wünschen.
mignon [miɲɔ̃] *adj* nett, niedlich, süß
migraine [migʀɛn] *f MED* Kopfschmerzen *pl,* Migräne *f*
migrateur [migʀatœʀ] *adj* wandernd, Wander...; *un oiseau ~* ein Zugvogel *m*
migration [migʀasjɔ̃] *f ~ des peuples HIST* Völkerwanderung *f*
mijoter [miʒɔte] *v 1. GAST* köcheln, brutzeln; *~ de bons petits plats* leckere Gerichte zubereiten; *2. (fig)* ausbrüten, ausdenken; *Qu'est-ce qu'il mijote?* Was denkt er sich da aus?
milieu [miljø] *m 1.* Mitte *f; le juste ~* der goldene Mittelweg *m; 2. (environnement)* Umwelt *f; 3. (entourage social)* Milieu *n; 4. (de la mafia)* Unterwelt *f*
militaire [militɛʀ] *m* Militär *n*
militant [militɑ̃] *m 1.* Kämpfer *m; adj 2.* kämpferisch
mille [mil] *m 1.* Meile *f; taper dans le ~* ins Schwarze treffen; *num 2.* tausend, eintausend; *pour ~* Promille *n; Mille tonnerres! (fam)* Donnerwetter!
millefeuille [milfœj] *m (gâteau) GAST* Blätterteigtasche *f*
millénaire [milenɛʀ] *m* Jahrtausend *n*
mille-pattes [milpat] *m ZOOL* Tausendfüßler *m*
millet [mijɛ] *m BOT* Hirse *f*
milliard [miljaʀ] *m* Milliarde *f*
milliardaire [miljaʀdɛʀ] *m/f* Milliardär(in) *m/f*
millième [miljɛm] *adj 1.* tausendste(r,s); *m 2. (fraction) MATH* Tausendstel *n; un ~ de millimètre* ein Tausendstelmillimeter *m; m/f 3.* Tausendste(r) *m/f*
millier [milje] *m* Tausend *n,* ungefähr Tausend; *des ~s de gens* Tausende von Menschen *pl; par ~s* zu Tausenden
millimètre [milimɛtʀ] *m* Millimeter *m*
million [miljɔ̃] *m* Million *f; ~ de milliards* Billiarde *f; ~ de millions* Billion *f*
millionnaire [miljɔnɛʀ] *m/f* Millionär(in) *m/f*
mime [mim] *m (acteur)* Mime *m,* Schauspieler *m*
mimer [mime] *v* nachahmen, durch Mimik darstellen; *~ qn* jdn nachahmen; *~ des sentiments passionnés* leidenschaftliche Gefühle darstellen
mimique [mimik] *f* Mimik *f*
mimosa [mimoza] *m BOT* Mimose *f*
minable [minabl] *adj 1.* armselig; *2. (miteux)* schäbig
mince [mɛ̃s] *adj 1.* dünn; *~ comme un fil* hauchdünn; *2. (étroit)* schlank, schmal; *Mince alors!* So ein Mist! *3. (court)* gering; *4. (fin)* fein
minceur [mɛ̃sœʀ] *f 1.* Dünne *f; la ~ d'une feuille de papier* ein dünnes Blatt Papier *n; 2. (d'une personne)* Schlankheit *f,* Magerkeit *f; Elle est d'une ~ effrayante.* Sie ist erschreckend dünn.
mine [min] *f 1. (apparence)* Erscheinung *f,* Aussehen *n; 2. (figure)* Miene *f; faire grise ~* ein finsteres Gesicht machen; *3. MIN* Bergwerk *n,* Grube *f; ~ de charbon* Kohlenbergwerk *n; ~ de sel* Salzbergwerk *n; ~ d'argent* Silberbergwerk *n; ~ d'or (fig)* Goldgrube *f; 4. (de stylo)* Mine *f*

miner [mine] *v* auszehren
minerai [minʀɛ] *m MIN* Erz *n; ~ de fer* Eisenerz *n*
minéral [mineʀal] *m 1.* Mineral *n; 2. (roche) GEO* Gestein *n*
minet [minɛ] *m (fam: chat)* Kätzchen *n*
mineur[1] [minœʀ] *adj* minderjährig, unmündig
mineur[2] [minœʀ] *m* Kumpel *m,* Bergmann *m*
mineur(e) [minœʀ] *m/f (personne de moins de 18 ans)* Minderjährige(r) *m/f*
miniature [minjatyʀ] *f ART* Miniatur *f*
minibus [minibys] *m* Kleinbus *m*
minijupe [miniʒyp] *f* Minirock *m*
minima [minima] *adj* minimal
minimal [minimal] *adj* minimal
minime [minim] *adj 1.* klein; *2. (peu)* minimal
minimisation [minimizasjɔ̃] *f* Verharmlosung *f*
minimiser [minimize] *v 1.* verniedlichen; *2. (dédramatiser)* verharmlosen
minimum [minimɔm] *adj 1.* minimal; *m 2. (point le plus bas)* Minimum *n; ~ vital* Existenzminimum *n; 3. (strict ~)* Mindestmaß *n; 4. (fig: moral à zéro)* Tiefpunkt *m*
ministère [ministɛʀ] *m 1. POL* Ministerium *n; ~ de l'Agriculture* Landwirtschaftsministerium *n; ~ de l'Education nationale* Kultusministerium *n; ~ de l'Intérieur* Innenministerium *n; ~ de la Défense* Verteidigungsministerium *n; ~ de la Justice* Justizministerium *n; ~ des Affaires culturelles* Kultusministerium *n; ~ des Affaires étrangères* Außenministerium *n; ~ des Transports* Verkehrsministerium *n; 2. (conseil des ministres) POL* Kabinett *n*
ministre [ministʀ] *m POL* Minister *m; ~ des Affaires étrangères* Außenminister *m; ~ des Finances* Finanzminister *m; ~ fédéral* Bundesminister *m; premier ~* Premierminister *m*
minorité [minɔʀite] *f* Minderheit *f*
minou [minu] *m (fam: chat)* Mieze *f,* Kätzchen *n*
minuit [minɥi] *m* Mitternacht *f*
minuscule [minyskyl] *adj* klein, winzig
minutage [minytaʒ] *m* Festlegen eines genauen Zeitplans *n*
minute [minyt] *f* Minute *f*
minuter [minyte] *v* zeitlich genau festlegen, auf die Minute genau organisieren; *~ un exposé* einen Vortrag zeitlich festlegen; *~ une cérémonie* eine Feier auf die Minute genau organisieren
minuterie [minytʀi] *f* Zeitschaltuhr *f; la ~ d'un escalier* der Zeitschalter im Treppenhaus *m; la ~ d'un four électrique* die Zeitschaltuhr am Elektroherd *f*
minutie [minysi] *f* Genauigkeit *f,* Präzision *f; travailler avec ~* peinlich genau arbeiten
minutieux [minysjø] *adj 1.* peinlich genau; *2. (détaillé)* eingehend; *3. (méticuleux)* penibel
mioche [mjɔʃ] *m (enfant)* Knirps *m*
mirabelle [miʀabɛl] *f BOT* Mirabelle *f*
miracle [miʀakl] *m* Wunder *n; ~ économique* Wirtschaftswunder *n*
mirage [miʀaʒ] *m* Trugbild *n*
miroir [miʀwaʀ] *m* Spiegel *m*
miroitement [miʀwatmɑ̃] *m* Spiegelung *f*
miroiter [miʀwate] *v* spiegeln, schillern; *faire ~ qc aux yeux de qn* jdm etw vorspiegeln/jdm etw vorgaukeln
mise [miz] *f 1.* Setzen *n,* Stellen *n,* Legen *n; ~ en route* Abmarsch *m; ~ en bière* Aufbahrung *f; ~ en pratique* Inangriffnahme *f; ~ en service* Inbetriebnahme *f; ~ en échec* Vereitelung *f; ~ en garde* Verwarnung *f,* Warnung *f; ~ en mémoire* Abspeicherung *f; ~ en scène* Regie *f; ~ au point* Regulierung *f,* Einstellung *f; ~ en demeure JUR* Aufforderung *f; 2. (au jeu)* Einsatz *m*
miser [mize] *v (risquer)* einsetzen; *~ sur* tippen auf
misérable [mizeʀabl] *adj 1.* armselig, bettelarm, jämmerlich; *2. (piteux)* miserabel, kümmerlich; *se sentir ~* sich hundeelend fühlen; *3. (pauvre)* lausig, schäbig; *m 4.* Schuft *m*
misère [mizɛʀ] *f 1. (pauvreté)* Elend *n,* Not *f; 2. (malheur)* Jammer *m,* Elend *n; 3. (mal)* Misere *f; faire des ~s à qn* jdn schikanieren/jdm das Leben schwer machen; *interj 4. Misère!* Weh!/Wehe!
miséricorde [mizeʀikɔʀd] *f 1.* Erbarmen *n; 2. REL* Gnade *f*
mission [misjɔ̃] *f (tâche)* Mission *f,* Auftrag *m; ~ suicide* Himmelfahrtskommando *n*
Mission [misjɔ̃] *f (institution)* Mission *f*
missionnaire [misjɔnɛʀ] *m/f REL* Missionar(in) *m/f*
mitaine [mitɛn] *f* Fäustling *m*
mite [mit] *f ZOOL* Motte *f*
mi-temps [mitɑ̃] *f SPORT* Halbzeit *f*
mitigé [mitiʒe] *adj (fig)* gemischt

mitrailleuse [mitʀajøz] *f* Maschinengewehr *n*
mi-voix [mivwa] *adv à ~* halblaut
mixer [mikse] *v CINE* mixen
mixeur [miksœʀ] *m (appareil ménager) GAST* Mixer *m*
mixte [mikst] *adj* gemischt
mixture [mikstyʀ] *f (mélange)* Mischung *f,* Gemisch *n*
mobile [mɔbil] *adj 1.* verstellbar; *2. (mouvant)* beweglich, mobil; *m 3.* Beweggrund *m; 4. (impulsion)* Motiv *n*
mobilier [mɔbilje] *m* Möbel *pl*
mobilisable [mɔbilizabl] *adj ECO* abrufbereit
mobilisation [mɔbilizasjɔ̃] *f 1. (crédit) ECO* Abruf *m; 2. MIL* Mobilmachung *f*
mobiliser [mɔbilize] *v* mobilisieren
mobilité [mɔbilite] *f* Mobilität *f*
mobylette [mɔbilɛt] *f* Moped *n*
moche [mɔʃ] *adj (fam)* mies; *C'est ~ de ta part.* Das ist nicht sehr nett von dir.
mode[1] [mɔd] *f* Mode *f,* Trend *m; passé de ~* altmodisch, veraltet; *à la ~* modern, in
mode[2] [mɔd] *m 1. (façon)* Art *f,* Weise *f; ~ d'emploi* Gebrauchsanleitung *f,* Bedienungsanweisung *f; ~ de pensée* Denkweise *f; 2. (manière)* Modus *m; 3. MUS* Tonart *f; ~ majeur* Dur *n; ~ mineur* Moll *n*
modèle [mɔdɛl] *m 1. (exemple)* Modell *n,* Vorbild *n; ~ standard* Standardmodell *n; 2. (échantillon)* Muster *n,* Vorlage *f; 3. (exemple)* Leitbild *n; 4. (décalque)* Schablone *f; 5. (type)* Typ *m; 6. (idéal)* Wunschbild *n*
modeler [mɔdle] *v* formen, modellieren
modéliste [mɔdelist] *m/f* Modezeichner(in) *m/f*
modération [mɔdeʀasjɔ̃] *f* Bescheidenheit *f*
modéré [mɔdeʀe] *adj 1.* bescheiden, mäßig; *2. (bas)* niedrig
modérer [mɔdeʀe] *v 1.* abmildern, mildern; *2. (mesurer)* mäßigen; *3. se ~* Maß halten, sich mäßigen
moderne [mɔdɛʀn] *adj 1.* modern, modisch; *2. (contemporain)* zeitgemäß
moderniser [mɔdɛʀnize] *v 1.* modernisieren; *2. TECH* umrüsten
modeste [mɔdɛst] *adj* bescheiden, anspruchslos
modestie [mɔdɛsti] *f* Anspruchslosigkeit *f,* Bescheidenheit *f*
modification [mɔdifikasjɔ̃] *f 1.* Veränderung *f,* Änderung *f; ~ de la loi* Gesetzesänderung *f; ~ de la Constitution* Verfassungsänderung *f; 2. (changement)* Wechsel *m*
modifier [mɔdifje] *v 1.* ändern; *~ un texte* einen Text umschreiben; *~ l'ordre* umschichten; *2. (transformer)* verändern, umändern; *3. (changer)* wechseln
modique [mɔdik] *adj 1. (peu)* gering; *2. (somme)* niedrig
module [mɔdyl] *m 1.* Modul *n; 2. INFORM* Bauelement *n*
moelle [mwal] *f ANAT* Mark *n; ~ osseuse* Knochenmark *n; ~ épinière* Rückenmark *n*
moelleux [mwalø] *adj* weich
mœurs [mœʀ(s)] *f/pl 1. (coutumes)* Sitten *pl; 2. (façon de vivre)* Lebenswandel *m*
moi [mwa] *pron 1.* ich; *C'est à ~!* Ich bin dran! *2. (tonique)* mich, mir, meiner; *C'est à ~.* Das gehört mir.
moindre [mwɛ̃dʀ] *adj le ~* mindester/mindestes
moine [mwan] *m REL* Mönch *m*
moineau [mwano] *m ZOOL* Spatz *m,* Sperling *m*
moins [mwɛ̃] *adv* weniger, geringer, minder; *au ~* mindestens; *du ~* wenigstens/immerhin/zumindest; *le ~* am wenigsten; *pour le ~* zumindest
mois [mwa] *m* Monat *m; par ~* monatlich; *pendant des ~* monatelang
moisi [mwazi] *adj 1.* schimmlig; *m 2. BOT* Schimmel *m*
moisir [mwaziʀ] *v* schimmeln
moisissure [mwazisyʀ] *f BOT* Schimmel *m*
moisson [mwasɔ̃] *f (activité)* Ernte *f*
moissonner [mwasɔne] *v 1.* mähen; *2. (récolter)* ernten
moite [mwat] *adj* feucht
moitié [mwatje] *f* Hälfte *f; à ~* halb
mol [mɔl] *adj (voir „mou")*
molaire [mɔlɛʀ] *f ANAT* Backenzahn *m*
môle [mol] *m* Mole *f*
molécule [mɔlekyl] *f CHEM* Molekül *n*
mollement [mɔlmɑ̃] *adv* schlapp
mollet [mɔlɛ] *m ANAT* Wade *f*
mollir [mɔliʀ] *v* abflauen
mollusque [mɔlysk] *m ZOOL* Muschel *f*
môme [mom] *m (enfant)* Knirps *m*
moment [mɔmɑ̃] *m 1.* Augenblick *m,* Moment *m; à un ~ donné* im gegebenen Augenblick; *à mes ~s perdus* in meinen Mußestunden; *pour le ~* momentan; *en un ~* im Nu; *dans un ~* bald/gleich; *à tout ~* jederzeit; *du*

~ que sobald; *2. (laps de temps)* Weile *f; 3. (époque)* Zeitpunkt *m*
momentané [mɔmɔ̃tane] *adj* augenblicklich, momentan
momie [mɔmi] *f* Mumie *f*
mon [mɔ̃] *adj (possessif)* mein
monarchie [mɔnaʀʃi] *f* Monarchie *f*
monarque [mɔnaʀk] *m* Monarch *m*
monastère [mɔnastɛʀ] *m REL* Kloster *n*
mondain [mɔ̃dɛ̃] *adj* gesellschaftlich, mondän
monde [mɔ̃d] *m 1.* Welt *f; Ainsi va le ~.* Das ist der Lauf der Welt. *ce ~* Diesseits *n; de ce ~* irdisch; *l'autre ~* Jenseits *n; venir au ~* zur Welt kommen; *2. (gens)* Leute *pl; avoir du ~* viel Besuch haben; *3. (création du ~)* Schöpfung *f*
mondial [mɔ̃djal] *adj* weltweit
moniteur [mɔnitœʀ] *m 1.* Lehrer *m,* Betreuer *m; ~ d'auto-école* Fahrlehrer *m; 2. (écran d'ordinateur)* Monitor *m*
monnaie [mɔnɛ] *f 1.* Geld *n; petite ~* Kleingeld *n,* Wechselgeld *n; pièce de ~* Geldstück *n; ~ fiduciaire* Papiergeld *n; 2. (pièce)* Münze *f; 3. (devise)* Währung *f; ~ nationale* Landeswährung *f; C'est ~ courante.* Das ist gang und gäbe.
monogamie [mɔnɔgami] *f* Monogamie *f*
monogramme [mɔnɔgʀam] *m* Monogramm *n*
monologue [mɔnɔlɔg] *m* Monolog *m,* Selbstgespräch *n*
monopole [mɔnɔpɔl] *m* Monopol *n,* Alleinvertrieb *m*
monotone [mɔnɔtɔn] *adj 1.* eintönig, monoton; *2. (fig)* öde
monotonie [mɔnɔtɔni] *f 1.* Monotonie *f; 2. (train-train)* Einerlei *n*
monoxyde [mɔnɔksid] *m ~ de carbone CHEM* Kohlenmonoxyd *n*
Monseigneur [mɔ̃sɛɲœʀ] *m REL* Hochwürden *m*
monsieur [məsjø] *m* Herr *m*
monstre [mɔ̃stʀ] *m 1.* Scheusal *n,* Ungeheuer *n; 2. (brute)* Unmensch *m; 3. (fig)* Missgeburt *f*
monstrueux [mɔ̃stʀyø] *adj 1.* haarsträubend; *adv 2. (fam)* kolossal
mont [mɔ̃] *m 1. (nom) GEO* Berg *m* (in geografischen Namen); *le ~ Blanc* der Mont Blanc *m; le ~ des Oliviers* der Ölberg *m; le ~ Sinai* das Sinaigebirge *n; 2. ~s pl* Gebirge *n; promettre ~s et merveilles* goldene Berge versprechen
montage [mɔ̃taʒ] *m 1.* Einbau *m,* Montage *f; 2. (assemblage)* Zusammenbau *m*
montagne [mɔ̃taɲ] *f 1.* Berg *m; ~s russes* Achterbahn *f; 2. (monts)* Gebirge *n; haute ~* Hochgebirge *n*
montagneux [mɔ̃taɲø] *adj* bergig
montant [mɔ̃tɑ̃] *m 1.* Betrag *m,* Summe *f; ~ total* Gesamtbetrag *m; ~ partiel* Teilbetrag *m; 2. (d'une vente) ECO* Erlös *m; 3. (de bâtiment)* Pfosten *m*
monte-charge [mɔ̃tʃaʀʒ] *m* Lift *m*
montée [mɔ̃te] *f 1. (augmentation)* Anstieg *m; 2. (évolution)* Aufstieg *m; 3. (pente)* Steigung *f,* Anstieg *m*
monter [mɔ̃te] *v 1.* aufsteigen, hinaufsteigen, emporsteigen; *~ à cheval* reiten; *2. (pour franchir)* herübersteigen; *3. (grimper)* steigen; *~ à la tête* zu Kopf steigen; *être monté contre qn* gegen jdn aufgebracht sein; *4. (installer)* aufbauen, aufstellen; *5. (fig)* inszenieren; *6. se ~ à* ausmachen, sich belaufen auf
monteur [mɔ̃tœʀ] *m 1.* Monteur *m; 2. CINE* Cutter *m*
montgolfière [mɔ̃gɔlfjɛʀ] *f* Montgolfiere *f,* Ballon *m*
monticule [mɔ̃tikyl] *m* Hügel *m*
montre [mɔ̃tʀ] *f* Uhr *f; ~ à quartz* Quartzuhr *f*
montre-bracelet [mɔ̃tʀəbʀaslɛ] *f* Armbanduhr *f*
montrer [mɔ̃tʀe] *v 1.* zeigen, vorzeigen; *~ le bout du nez* herausschauen/hervorschauen; *~ à qn comment faire qc* jdm etw vormachen; *2. (faire remarquer qc à qn)* weisen, hinweisen; *3. se ~* erscheinen, sich sehen lassen
monture [mɔ̃tyʀ] *f (de bijoux)* Fassung *f; ~ de lunettes* Brillengestell *n*
monument [mɔnymɑ̃] *m 1.* Denkmal *n,* Monument *n; ~ commémoratif* Mahnmal *n; 2. (~ aux morts)* Ehrenmal *n*
monumental [mɔnymɑ̃tal] *adj* monumental
moquer [mɔke] *v se ~* scherzen, verspotten; *se ~ de qc* sich über etw lustig machen; *se ~ de qn* jdn auslachen/jdn verspotten; *se ~ pas mal de qc* sich einen Dreck um etw kümmern; *se ~ de qc comme de sa première chemise* sich gar nichts aus etw machen; *Je m'en moque.* Das ist mir völlig egal.
moquerie [mɔkʀi] *f 1.* Gespött *n,* Spott *m; 2. (dérision)* Hohn *m; 3. (persiflage)* Verspottung *f*

moquette [mɔkɛt] *f* Teppichboden *m*
moqueur [mɔkœʀ] *adj* spöttisch
moral [mɔʀal] *adj 1.* moralisch; *2. (psychique)* seelisch
morale [mɔʀal] *f 1.* Moral *f; 2. (éthique)* Ethik *f; 3. (doctrine)* Lehre *f,* Lehrsatz *m*
moralité [mɔʀalite] *f* Moral *f*
morbide [mɔʀbid] *adj (fig)* krankhaft
morceau [mɔʀso] *m 1. (part)* Stück *n,* Teil *m; 2. (bouchée)* Bissen *m,* Happen *m; ~ de choix* Leckerbissen *m; 3. (bout)* Brocken *m*
morcellement [mɔʀsɛlmɑ̃] *m* Teilung *f*
mordant [mɔʀdɑ̃] *m 1.* Bitterkeit *f; adj 2.* stachelig, kratzig; *3. (fig)* beißend, bissig
mordicus [mɔʀdikys] *adv (soutenir)* eisern
mordiller [mɔʀdije] *v* herumbeißen, beißen
mordre [mɔʀdʀ] *v* beißen; *~ dans* anbeißen/beißen in
morgue [mɔʀg] *f* Leichenhalle *f,* Leichenhaus *n*
moribond [mɔʀibɔ̃] *adj* todkrank; *une entreprise ~e* eine marode Firma *f*
morne [mɔʀn] *adj 1.* düster, freudlos; *2. (fig)* dumpf; *3. (fig: apathique)* stumpf
morose [mɔʀoz] *adj 1.* trübsinnig; *2. (chagrin)* wehleidig; *3. (fig)* sauer
morosité [mɔʀozite] *f* Missmut *m,* Trübsinn *m*
morpion [mɔʀpjɔ̃] *m (jeu)* Kinderspiel, bei dem fünf gleiche Zeichen in einer Reihe sein müssen *n*
morse[1] [mɔʀs] *m ZOOL* Walross *n*
morse[2] [mɔʀs] *m (signe ~)* Morsezeichen *n*
morsure [mɔʀsyʀ] *f* Biss *m*
mort [mɔʀ] *adj 1.* tot, leblos; *~ de fatigue* todmüde/übermüdet; *2. (décédé)* abgestorben; *m 3.* Toter *m; 4. (au combat)* Gefallener *m; 5. (fig)* Strohmann *m; f 6. (disparition)* Tod *m; ~ des arbres* Baumsterben *n; ~ des forêts* Waldsterben *n; ~ apparente* Scheintod *m; ~ d'homme JUR* Totschlag *m*
mortalité [mɔʀtalite] *f* Sterblichkeit *f,* Mortalität *f; le taux de ~* die Sterblichkeitsrate *f; la ~ infantile* die Kindersterblichkeit *f*
mort-aux-rats [mɔʀoʀa] *f* Rattengift *n*
mortel [mɔʀtɛl] *adj 1.* tödlich; *2. (périssable)* sterblich
mortier [mɔʀtje] *m* Mörtel *m*
mort-né [mɔʀne] *adj* tot geboren
morue [mɔʀy] *f ZOOL* Kabeljau *m; petite ~* Dorsch *m*
morveux [mɔʀvø] *m (fam)* Rotznase *f,* Rotzlöffel *m*
mosaïque [mɔzaik] *f* Mosaik *n*
mosquée [mɔske] *f* Moschee *f*
mot [mo] *m* Wort *n,* Vokabel *f; ~ étranger* Fremdwort *n; ~ de passe* Kennwort *n; ~ tendre/~ doux* Kosewort *n; ~ d'ordre* Parole *f; ~ de la fin* Pointe *f; ~ clé* Stichwort *n; ~s croisés* Kreuzworträtsel *n; à ces ~s* daraufhin; *avoir toujours le ~ pour rire* immer zum Scherzen aufgelegt sein; *jouer sur les ~s* Wortklauberei treiben; *ne pas souffler ~* kein Sterbenswörtchen sagen; *se donner le ~* sich absprechen
motard [mɔtaʀ] *m (fam)* Motorradfahrer *m*
moteur [mɔtœʀ] *m 1.* Motor *m; ~ à combustion interne* Verbrennungsmotor *m; ~ à injection* Einspritzmotor *m; ~ hors-bord* Außenbordmotor *m; ~ d'entraînement* Triebwerk *n; 2. (appareil)* Maschine *f*
motif [mɔtif] *m 1.* Ursache *f; 2. (raison)* Anlass *m; 3. (mobile)* Beweggrund *m,* Grund *m; 4. MUS* Leitmotiv *n*
motion [mosjɔ̃] *f POL* Antrag *m; ~ de défiance* Misstrauensantrag *m; ~ de censure* Tadelsantrag *m*
motivation [mɔtivasjɔ̃] *f* Motivation *f*
motiver [mɔtive] *v* motivieren
moto [mɔto] *f* Motorrad *n*
motorisé [mɔtɔʀize] *adj* motorisiert
motte [mɔt] *f* Scholle *f,* Klumpen *m; ~ de terre* Erdscholle *f*
mou [mu] *adj 1.* weich; *2. (instable)* haltlos; *3. (flasque)* schlaff, schlapp; *4. (amorphe)* träge
mouchard [muʃaʀ] *m* Spitzel *m*
mouche [muʃ] *f ZOOL* Fliege *f; faire la ~ du coche* sich wichtig machen/sich für unentbehrlich halten; *faire ~* ins Schwarze treffen
moucher [muʃe] *v 1. (nez)* putzen; *2. se ~* sich schnäuzen
moucheron [muʃʀɔ̃] *m ZOOL* Mücke *f*
moucheter [muʃte] *v* tupfen
mouchoir [muʃwaʀ] *m (de poche)* Taschentuch *n*
moudre [mudʀ] *v irr* mahlen
moue [mu] *f* Schnute *f,* Schmollmund *m; faire la ~* schmollen; *faire une ~ de dédain* die Mundwinkel verächtlich nach unten ziehen
mouette [mwɛt] *f ZOOL* Möwe *f*
moufle [mufl] *f* Fäustling *m*
mouflon [muflɔ̃] *m ZOOL* Mufflon *n,* Muffelwild *n*

mouillé [muje] *adj* nass
mouiller [muje] *v 1.* anfeuchten, befeuchten; *2. ~ l'ancre* ankern
mouillette [mujɛt] *f (fam) GAST* Brotscheibe *f; tremper des ~s dans un œuf à la coque* ein Stück Brot in ein weiches Ei tunken
moulant [mulɑ̃] *adj (fam)* hauteng, knalleng
moule[1] [mul] *m* Gussform *f; ~ à tarte* Backform *f*
moule[2] [mul] *f ZOOL* Miesmuschel *f*
mouler [mule] *v ~ le corps* sich anpassen, sich anschmiegen
moulin [mulɛ̃] *m* Mühle *f; ~ à café* Kaffeemühle *f; ~ à poivre* Pfeffermühle *f; ~ à vent* Windmühle *f*
moulinet [mulinɛ] *m (appareil)* Quirl *m*
moulu [muly] *adj 1.* gemahlen, gerieben; *du café ~* gemahlener Kaffee *m; 2. (fig)* gerädert, erschöpft; *être ~ de fatigue* vor Müdigkeit gerädert sein
moulure [mulyʀ] *f* Leiste *f*
moumoute [mumut] *f* Toupet *n*
mourant [muʀɑ̃] *adj (personne)* sterbend; *être ~* im Sterben liegen
mourant(e) [muʀɑ̃(t)] *m/f* Sterbende(r) *m/f; se tenir au chevet d'un ~* an jds Sterbebett wachen
mourir [muʀiʀ] *v irr 1.* sterben, umkommen; *~ de froid* erfrieren; *~ de faim* verhungern; *~ de soif* verdursten; *2. (dépérir)* verenden; *3. (animal, plante)* eingehen; *4. (espèce animale, espèce végétale)* aussterben
mouron [muʀɔ̃] *m se faire du ~ (fam)* sich Sorgen machen, sich graue Haare wachsen lassen
moussant [musɑ̃] *adj* schäumend
mousse[1] [mus] *f 1.* Schaum *m; ~ à raser* Rasierschaum *m; 2. BOT* Moos *n; 3. (crème) GAST* Mousse *f; une ~ au chocolat* eine Mousse au Chocolat *f*
mousse[2] [mus] *m (marin)* Matrosenlehrling *m,* Schiffsjunge *m*
mousseline [muslin] *adj GAST* sämig; *sauce ~* Sauce Hollandaise mit Sahne *f; de la purée ~* Kartoffelbrei *m*
mousser [muse] *v* schäumen
mousseux [musø] *m GAST* Schaumwein *m,* Sekt *m*
moustache [mustaʃ] *f* Schnurrbart *m*
moustachu [mustaʃy] *adj 1.* mit Schnurrbart, schnurrbärtig; *m 2.* Schnurrbartträger *m,* Schnurrbärtiger *m*
moustique [mustik] *m ZOOL* Mücke *f,* Moskito *m,* Stechmücke *f*
moutarde [mutaʀd] *f GAST* Senf *m*
mouton [mutɔ̃] *m 1.* Schaf *n; laine de ~* Schafswolle *f; 2. (viande) ZOOL* Hammel *m*
mouvement [muvmɑ̃] *m 1. (geste)* Gang *m; 2. (animation)* Regung *f,* Bewegung *f; ~ pour la libération de la femme* Frauenbewegung *f; ~ de libération* Freiheitsbewegung *f; ~ d'horlogerie* Uhrwerk *n; ~ politique des citoyens* Bürgerinitiative *f*
mouvementé [muvmɑ̃te] *adj* unruhig
mouvoir [muvwaʀ] *v irr* bewegen
moyen [mwajɛ̃] *adj 1.* durchschnittlich, mittelmäßig; *2. (placé au milieu)* mittlerer/mittleres; *m 3.* Mittel *n,* Hilfsmittel *n; ~ de défense* Abwehr *f; ~ de transport* Transportmittel *n,* Beförderungsmittel *n; ~ subsidiaire* Behelf *m; ~ de lutte contre* Bekämpfungsmittel *n; ~ de pression* Druckmittel *n; ~ mnémotechnique* Gedächtnisstütze *f; ~s d'existence* Lebensunterhalt *m; ~s de diffusion* Massenmedien *pl; ~s propres de financement* Eigenfinanzierung *f; trouver ~ de faire qc* Mittel und Wege finden, etw zu tun; *les grands ~s* der letzte Ausweg *m*
Moyen Age [mwajɛnɑʒ] *m HIST* Mittelalter *n*
moyenâgeux [mwajɛnɑʒø] *adj* mittelalterlich
moyennant [mwajɛnɑ̃] *prep* mittels
moyenne [mwajɛn] *f* Durchschnitt *m; en ~* durchschnittlich/im Mittel
Moyen-Orient [mwajɛnɔʀjɑ̃] *m GEO* Mittlerer Osten *m*
moyeu [mwajø] *m* Radnabe *f*
mucosité [mykozite] *f* Schleim *m*
muet [mɥɛ] *adj 1.* stumm, wortlos; *2. (fig)* sprachlos
mufle [myfl] *adj 1.* rüpelhaft; *m 2. (museau)* Schnauze *f; 3. (fam: goujat)* Lümmel *m*
muflier [myflije] *m BOT* Löwenmaul *n*
mugir [myʒiʀ] *v 1. (bêtes, vent)* brüllen; *2. (gronder)* tosen
muguet [mygɛ] *m BOT* Maiglöckchen *n; offrir un brin de ~ le premier mai* einen Maiglöckchenstrauß zum Maianfang verschenken
mule [myl] *f 1. ZOOL* Maulesel *m; 2. (pantoufle)* Pantoffel *m,* Schlappen *pl*
mulet [mylɛ] *m ZOOL* Maulesel *m*
mulot [mylo] *m ZOOL* Feldmaus *f*
multicolore [myltikɔlɔʀ] *adj* bunt, mehrfarbig
multilatéral [myltilateʀal] *adj* multilateral

multilingue [myltilɛ̃g] *adj* mehrsprachig
multiple [myltipl] *adj 1.* mehrfach; *2. (de nombreuses fois)* vielfach, x-fach
multiplication [myltiplikasjɔ̃] *f 1.* Vermehrung *f; 2. (reproduction)* Vervielfältigung *f; 3. MATH* Multiplikation *f*
multiplicité [myltiplisite] *f* Vielfalt *f*
multiplier [myltiplije] *v 1.* vermehren; *2. (reproduire)* vervielfältigen; *3. se ~* sich vermehren, sich fortpflanzen
multitude [myltityd] *f* Menge *f*
municipal [mynisipal] *adj* kommunal
municipalité [mynisipalite] *f* Gemeinde *f,* Stadt *f*
munir [myniʀ] *v 1.* versorgen, ausstatten, ausrüsten; *~ les voyageurs de vivres* die Reisenden mit Verpflegung ausstatten; *2. se ~ de qc* sich mit etw wappnen, etw nehmen, etw mitnehmen; *se ~ de patience* sich mit Geduld wappnen; *se ~ de courage* Mut sammeln
munition [mynisjɔ̃] *f* Munition *f*
muqueux [mykø] *adj* schleimig
mur [myʀ] *m 1.* Mauer *f; mettre qn au pied du ~* jdn in die Enge treiben; *2. (paroi)* Wand *f; ~ extérieur* Außenwand *f*
mûr [myʀ] *adj 1.* reif; *2. (approfondi)* reiflich; *après ~e réflexion* nach reiflicher Überlegung
muraille [myʀɑj] *f 1.* Mauer *f; 2. (paroi)* Wand *f*
mûre [myʀ] *f ~ sauvage BOT* Brombeere *f*
mûrement [myʀmɑ̃] *adv* reiflich
mûrir [myʀiʀ] *v* reifen
murmure [myʀmyʀ] *m* Geflüster *n*
murmurer [myʀmyʀe] *v* murmeln, wispern
musaraigne [myzaʀɛɲ] *f ZOOL* Feldmaus *f*
musarder [myzaʀde] *v* trödeln
muscade [myskad] *f BOT* Muskatnuss *f*
muscat [myska] *m* Muskat *m*
muscle [myskl] *m* Muskel *m; ~ abdominal* Bauchmuskel *m*
musclé [myskle] *adj* muskulös
muscler [myskle] *v 1.* Muskeln bekommen, kräftigen; *Ces exercices musclent le ventre.* Diese Übungen kräftigen die Bauchmuskeln. *Le sport l'a musclé.* Durch den Sport hat er Muskeln bekommen. *2. se ~* Muskeln bekommen, sich stärken
musculature [myskylatyʀ] *f* Muskulatur *f*
musculeux [myskylø] *adj* muskulös
muse [myz] *f* Muse *f*
museau [myzo] *m (bête)* Schnauze *f,* Maul *n*
musée [myse] *m* Museum *n*
muselière [myzəljɛʀ] *f* Maulkorb *m*
musette [myzɛt] *f* Umhängetasche *f*
musical [mysikal] *adj* musikalisch
music-hall [mysikol] *m THEAT* Varietee *n*
musicien(ne) [myzisjɛ̃/myzisjɛn] *m/f* Musiker(in) *m/f*
musique [myzik] *f* Musik *f; faire de la ~* musizieren; *~ de danse* Tanzmusik *f; ~ légère* Unterhaltungsmusik *f; ~ de fanfare* Blasmusik *f*
must [mœst] *m un ~* ein Muss *n*
musulman [myzylmɑ̃] *adj* moslemisch
Musulman [myzylmɑ̃] *m* Moslem *m*
mutation [mytasjɔ̃] *f 1.* Veränderung *f; 2. (pour un fonctionnaire)* Versetzung *f*
muter [myte] *v (fonctionnaire)* versetzen
mutilé [mytile] *m* Verstümmelter *m,* Versehrter *m; un ~ de guerre* ein Kriegsversehrter *m; un ~ du travail* ein durch einen Arbeitsunfall Versehrter *m*
mutiler [mytile] *v* verstümmeln
mutin [mytɛ̃] *adj 1.* schnippisch; *2. (espiègle)* schelmisch, listig
mutiner [mytine] *v se ~* meutern, Gehorsam verweigern
mutinerie [mytinʀi] *f* Meuterei *f*
mutisme [mytism] *m* Stummheit *f,* Schweigsamkeit *f*
mutualiste [mytɥalist] *m/f* Mitglied einer Versicherungsgesellschaft auf Gegenseitigkeit *n*
mutualité [mytɥalite] *f* Gegenseitigkeit *f*
mutuel [mytɥɛl] *adj* beiderseitig, gegenseitig
mutuelle [mytɥɛl] *f* Hilfskasse auf Gegenseitigkeit *f,* Versicherungsgesellschaft auf Gegenseitigkeit *f*
mycose [mykoz] *f MED* Pilzerkrankung *f*
myope [mjɔp] *adj MED* kurzsichtig
myopie [mjɔpi] *f* Kurzsichtigkeit *f,* Myopie *f*
myosotis [mjozɔtis] *m BOT* Vergissmeinnicht *n*
myrtille [miʀtij] *f BOT* Heidelbeere *f*
mystère [mistɛʀ] *m 1.* Geheimnis *n,* Rätsel *n; 2. REL* Mysterium *n*
mystérieux [misteʀjø] *adj* geheimnisvoll, mysteriös
mystique [mistik] *adj* mystisch
mythe [mit] *m* Mythos *m*
mythologie [mitɔlɔʒi] *f* Mythologie *f*

N

nabot [nabo] *m* Knirps *m*
nacelle [nasɛl] *f* Gondel *f*
nacre [nakʀ] *f* Perlmutt *n*
nacré [nakʀe] *adj* schimmernd
nage [naʒ] *f* 1. Schwimmen *n; ~ libre* Freistil *m; à la ~* schwimmend; 2. *(fig)* Schweiß *m*, Schwitzen *n; être en ~* schweißgebadet sein; *mettre qn en ~* jdn ins Schwitzen bringen
nageoire [naʒwaʀ] *f ZOOL* Flosse *f*
nager [naʒe] *v* schwimmen
nageur [naʒœʀ] *m* Schwimmer *m; C'est un très bon ~.* Er ist ein guter Schwimmer. *un maître ~* ein Bademeister *m*
naguère [nagɛʀ] *adv* vorhin
naïf [naif] *adj* 1. einfältig, leichtgläubig; 2. *(puéril)* kindisch
nain [nɛ̃] *m* Zwerg *m*
naissance [nɛsɑ̃s] *f* 1. Geburt *f; faire-part de ~* Geburtsanzeige *f; de ~* angeboren; 2. *(origine)* Entstehung *f*
naissant [nɛsɑ̃] *adj* entstehend, wachsend; *une barbe ~e* ein sprießender Bart *m; des sentiments ~s* erwachende Gefühle *pl; au jour ~* bei Tagesanbruch
naître [nɛtʀ] *v irr* 1. geboren werden, zur Welt kommen; 2. *(fig)* entstehen
naïveté [naivte] *f* 1. Naivität *f;* 2. *(candeur)* Natürlichkeit *f,* Unbefangenheit *f*
nantir [nɑ̃tiʀ] *v* sicherstellen
nantissement [nɑ̃tismɑ̃] *m ECO* Sicherheit *f*
naphtaline [naftalin] *f (antimite)* Naphtalin *n; une boule de ~* eine Mottenkugel *f*
nappe [nap] *f* 1. Tischdecke *f;* 2. *(couche)* Schicht *f; une ~ d'huile* eine Ölschicht *f; une ~ de brouillard* ein Nebelschleier *m; la ~ phréatique* das Grundwasser *n*
napper [nape] *v GAST* überziehen, umhüllen; *~ un gâteau de crème* einen Kuchen mit Creme überziehen
napperon [napʀɔ̃] *m* Tischset *n*
narcisse [naʀsis] *m BOT* Narzisse *f*
narcose [naʀkoz] *f MED* Narkose *f*
narcotique [naʀkɔtik] *m MED* Betäubungsmittel *n*
narguer [naʀge] *v* herausfordern, mit Verachtung entgegentreten
narine [naʀin] *f ANAT* Nasenloch *n*
narquois [naʀkwa] *adj* herausfordernd
narrateur [naʀatœʀ] *m* Erzähler *m*
narration [naʀasjɔ̃] *f* Erzählung *f*
nasal [nazal] *adj ANAT* Nasen...
natal [natal] *adj* Heimat..., Geburts...; *le pays ~* das Heimatland *n; la ville ~e* die Geburtsstadt *f*
nataliste [natalist] *adj* Geburten fördernd; *une politique ~* eine Politik der Geburtenförderung *f; prendre des mesures ~s* Geburten fördernde Maßnahmen ergreifen
natalité [natalite] *f* Geburtenrate *f*
natation [natasjɔ̃] *f SPORT* Schwimmen *n*
natif [natif] *adj* 1. einheimisch; *m* 2. Eingeborener *m*
nation [nɑsjɔ̃] *f* Volk *n,* Nation *f*
national [nasjɔnal] *adj* 1. national, inländisch; 2. *(étatique)* staatlich
nationalisation [nasjɔnalizasjɔ̃] *f POL* Verstaatlichung *f*
nationaliser [nasjɔnalize] *v POL* nationalisieren; *~ les grandes industries* die großen Industriezweige verstaatlichen
nationalisme [nasjɔnalism] *m* Nationalismus *m*
nationalité [nasjɔnalite] *f* Nationalität *f*
national-socialisme [nasjɔnalsɔsjalism] *m POL* Nationalsozialismus *m*
Nations unies [nɑsjɔ̃zyni] *f/pl (ONU)* Vereinte Nationen (UNO) *pl*
Nativité [nativite] *f REL* Christi Geburt *f*
natte [nat] *f* 1. Matte *f;* 2. *(de cheveux)* Zopf *m; se faire une ~* sich einen Zopf flechten
natter [nate] *v* Zopf machen, flechten
naturalisation [natyʀalizasjɔ̃] *f POL* Einbürgerung *f*
naturaliser [natyʀalize] *v* einbürgern
naturaliste [natyʀalist] *m/f* Naturforscher(in) *m/f*
nature [natyʀ] *f* 1. Natur *f; C'est dans la ~ même de la chose.* Das liegt in der Natur der Sache. 2. *(état)* Beschaffenheit *f;* 3. *(caractère)* Wesen *n;* 4. *mauvaise ~* Bösartigkeit *f;* 5. *~ morte ART* Stillleben *n*
naturel [natyʀɛl] *adj* 1. natürlich; 2. *(candide)* unbefangen; *m* 3. *(caractère)* Wesen *n; d'un bon ~* gutartig; 4. *(spontanéité)* Natürlichkeit *f;* 5. *(candeur)* Unbefangenheit *f*
naturisme [natyʀism] *m* Naturismus *m; pratiquer le ~* FKK betreiben
naturiste [natyʀist] *m/f* Naturist(in) *m/f; un camp de ~s* ein FKK-Gelände *n*

naufrage [nofʀaʒ] *m 1.* Schiffbruch *m; faire ~* Schiffbruch erleiden; *2. (fig)* Untergang *m*
naufragé(e) [nofʀaʒe] *m/f* Schiffbrüchige(r) *m/f*
nauséabond [nozeabɔ̃] *adj* Ekel erregend
nausée [noze] *f 1.* Übelkeit *f; 2. (fig)* Ekel *m*
nautique [notik] *adj NAUT* Wasser..., nautisch; *les sports ~s* der Wassersport *m; faire du ski ~* Wasserski fahren
naval [naval] *adj 1. NAUT* Schiffs...; *chantier ~* Werft *f; des constructions ~es* Schiffsbau *m; 2. MIL* See...; *bataille ~e* Seeschlacht *f*
navarin [navaʀɛ̃] *m GAST* Hammelragout *n*
navet [navɛ] *m 1. BOT* Brassica-Rübe *f; 2. (fig: mauvais film)* schlechter Film *m*
navette [navɛt] *f 1. service de ~* Pendelverkehr *m; 2. ~ spatiale* Raumfähre *f; 3. faire la ~ (fig)* pendeln
navigable [navigabl] *adj* befahrbar
navigateur [navigatœʀ] *m* Seemann *m*
navigation [navigasjɔ̃] *f 1.* Schifffahrt *f,* Navigation *f; ~ fluviale* Binnenschifffahrt *f; ~ à vapeur* Dampfschifffahrt *f; 2. ~ spatiale* Raumfahrt *f*
naviguer [navige] *v* navigieren
navire [naviʀ] *m 1.* Schiff *n; 2. lancement d'un ~ NAUT* Stapellauf *m*
navrant [navʀɑ̃] *adj* traurig, bedrückend; *un spectacle ~* ein trauriges Schauspiel *n*
navrer [navʀe] *v ~ qn* jdn betrüben
nazisme [nazism] *m POL* Nazismus *m*
ne [nə] *adv ~ ... pas* nicht
né [ne] *adj 1.* geboren; *2. ~ à/~ en* gebürtig in
néanmoins [neɑ̃mwɛ̃] *adv* dessen ungeachtet, indessen
néant [neɑ̃] *m* Nichts *n*
nébuleuse [nebyløz] *f ASTR* Nebel *m*
nécessaire [nesesɛʀ] *adj 1.* erforderlich, nötig; *m 2. ~ de couture* Nähzeug *n*
nécessairement [nesesɛʀmɑ̃] *adv* notgedrungen
nécessité [nesesite] *f 1.* Erfordernis *n,* Bedürfnis *n; 2. (besoin)* Not *f; faire de ~ vertu* aus der Not eine Tugend machen; *~ vitale* Lebensnotwendigkeit *f; de première ~* lebenswichtig; *3. (cas de force majeure)* Zwangslage *f*
nécessiter [nesesite] *v* bedürfen, benötigen
nécessiteux [nesesitø] *adj* bedürftig, Not leidend
nécromancie [nekʀɔmɑ̃si] *f* Geisterbeschwörung *f*
nécropole [nekʀɔpɔl] *f* Totenstadt *f*
nécroser [nekʀoze] *v se ~ MED* absterben
nectar [nɛktaʀ] *m 1. (des fleurs) BOT* Nektar *m; 2. (boisson)* Nektar *m,* Göttertrank *m*
nectarine [nɛktaʀin] *f BOT* Nektarine *f*
néerlandais [neɛʀlɑ̃dɛ] *adj* niederländisch
Néerlandais(e) [neɛʀlɑ̃dɛ(z)] *m/f* Niederländer(in) *m/f*
néfaste [nefast] *adj* unheilvoll
négatif [negatif] *adj 1.* negativ; *2. (défavorable)* abfällig; *m 3. FOTO* Negativ *n*
négation [negasjɔ̃] *f* Verneinung *f*
négligé [negliʒe] *adj 1.* verwahrlost; *2. (fam)* salopp
négligeable [negliʒabl] *adj* unbedeutend
négligemment [negliʒamɑ̃] *adv 1.* liederlich, nachlässig; *2. (avec insouciance)* sorglos
négligence [negliʒɑ̃s] *f 1.* Achtlosigkeit *f,* Nachlässigkeit *f; avec ~* sorglos; *2. (omission)* Versäumnis *n; 3. JUR* Fahrlässigkeit *f*
négligent [negliʒɑ̃] *adj* nachlässig
négliger [negliʒe] *v 1.* vernachlässigen; *2. (omettre)* versäumen
négoce [negɔs] *m ECO* Handel *m*
négociable [negɔsjabl] *adj 1.* verkäuflich; *2. (vendable)* marktfähig; *3. (documents)* übertragbar
négociant [negɔsjɑ̃] *m* Kaufmann *m*
négociateur [negɔsjatœʀ] *m* Verhandlungspartner *m*
négociation [negɔsjasjɔ̃] *f 1.* Verhandlung *f; 2. ~s tarifaires pl* Tarifverhandlung *f; 3. ~s sur le désarmement pl MIL* Abrüstungsverhandlung *f*
négocier [negɔsje] *v 1.* aushandeln, verhandeln; *2. (affaires, sujet)* abhandeln; *3. (écouler)* umsetzen
nègre [nɛgʀ] *m (péjoratif)* Neger *m; parler petit ~* Kauderwelsch reden
neige [nɛʒ] *f 1.* Schnee *m; blanc comme ~* schneeweiß; *faire boule de ~ (fig)* lawinenartig anwachsen; *2. ~ poudreuse* Pulverschnee *m*
neiger [neʒe] *v* schneien
neigeux [nɛʒø] *adj* schneebedeckt
nénuphar [nenyfaʀ] *m BOT* Seerose *f*
néon [neɔ̃] *m CHEM* Neon *n; un tube au ~* eine Neonröhre *f*
Népal [nepal] *m GEO* Nepal *n*
népotisme [nepɔtism] *m (fam)* Vetternwirtschaft *f*
nerf [nɛʀ] *m 1. ANAT* Nerv *m; Il avait les ~s en boule.* Seine Nerven waren zum Zerreißen gespannt. *taper sur les ~s à qn* jdm auf die Nerven gehen; *Cela me porte sur les ~s.* Das geht mir auf die Nerven. *2. malade des ~s* nervenkrank; *3. paquet de ~s (fig)* Nervenbündel *n*

nerveux [nɛʀvø] *adj* nervös
nervosité [nɛʀvozite] *f* Nervosität *f*
nervure [nɛʀvyʀ] *f* Äderung *f*
net [nɛt] *adj 1.* deutlich, klar; *2. (propre)* rein, sauber
netteté [nɛtte] *f 1.* Deutlichkeit *f; 2. (propreté)* Sauberkeit *f*
nettoyage [nɛtwajaʒ] *m* Reinigung *f*
nettoyer [nɛtwaje] *v* putzen, reinigen
neuf[1] [nœf] *adj* neu; *être flambant ~* funkelnagelneu sein
neuf[2] [nœf] *num* neun
neurasthénique [nøʀastenik] *adj* nervenkrank
neurologie [nøʀɔlɔʒi] *f* Neurologie *f*
neurologue [nøʀɔlɔg] *m/f* Nervenarzt/Nervenärztin *m/f,* Neurologe/Neurologin *m/f*
neutralité [nøtʀalite] *f* Neutralität *f*
neutre [nøtʀ] *adj* neutral, überparteilich
neutron [nøtʀɔ̃] *m PHYS* Neutron *n*
neuvième [nœvjɛm] *adj 1.* neunte(r,s); *m/f 2.* Neunte(r) *m/f*
neveu [nəvø] *m* Neffe *m*
névralgie [nevʀalʒi] *f MED* Neuralgie *f*
névrose [nevʀoz] *f MED* Neurose *f*
névrosé [nevʀoze] *adj* neurotisch
névrotique [nevʀotik] *adj* neurotisch
nez [ne] *m* Nase *f; avoir le ~ retroussé* eine Stupsnase haben; *avoir qn dans le ~* jdn nicht riechen können; *Tu as le ~ dessus.* Es steht vor deiner Nase. *ne pas fourrer le ~ dehors* keinen Fuß vor die Tür setzen; *ne pas voir plus loin que son ~* einen beschränkten Horizont haben; *se casser le ~* vor verschlossener Türe stehen; *mener qn par le bout du ~* jdm auf der Nase herumtanzen
ni [ni] *konj ~ ... ~* weder ... noch
niais [njɛ] *adj 1.* albern; *m 2.* Einfaltspinsel *m*
niaiserie [njɛzʀi] *f* Albernheit *f*
Nicaragua [nikaʀagwa] *m GEO* Nicaragua *n*
Nice [nis] *f GEO* Nizza *n*
niche [niʃ] *f 1.* Nische *f; 2. (pour un chien)* Hundehütte *f*
nicher [niʃe] *v* nisten
nickel [nikɛl] *m CHEM* Nickel *n*
Nicolas [nikɔla] *m Saint ~* Heiliger Nikolaus *m*
nicotine [nikɔtin] *f* Nikotin *n*
nid [ni] *m 1.* Nest *n; 2. faire son ~* nisten
nièce [njɛs] *f* Nichte *f*
nier [nje] *v 1.* leugnen, ableugnen; *2. (démentir)* verneinen
nigaud [nigo] *adj 1. (fam)* dämlich; *m 2.* Einfaltspinsel *m*
Niger [niʒɛʀ] *m GEO* Niger *n*
Nigeria [niʒeʀja] *m GEO* Nigeria *n*
nippes [nip] *f/pl (fam)* Habseligkeiten *pl*
nippon [nipɔ̃] *adj* japanisch
Nippon(ne) [nipɔ̃/nipɔn] *m/f* Japaner(in) *m/f*
nitrate [nitʀat] *m CHEM* Nitrat *n*
niveau [nivo] *m 1.* Wasserwaage *f; 2. (fig)* Ebene *f,* Niveau *n; être mis au même ~* gleichgestellt sein; *de ~* waagrecht; *3. (phase)* Stufe *f,* Stadium *n; 4. (des eaux)* Pegel *m*
niveler [nivle] *v* planieren
noble [nɔbl] *adj 1.* adlig; *2. (distingué)* vornehm; *m/f 3.* Adlige(r) *m/f; 4. ~s pl* Adel *m*
noblesse [nɔblɛs] *f* Adel *m*
noce [nɔs] *f 1.* Hochzeit *f; faire la ~ (fam)* feiern; *2. ~s d'argent pl* Silberhochzeit *f*
noceur [nɔsœʀ] *m* Wüstling *m*
nocif [nɔsif] *adj* schädlich
noctambule [nɔktɑ̃byl] *m/f* Nachtschwärmer(in) *m/f*
nocturne [nɔktyʀn] *adj* nächtlich
nodosité [nɔdɔzite] *f MED* Knoten *m*
Noël [nɔɛl] *m* Weihnachten *n; nuit de ~* Heiligabend *m; père ~* Weihnachtsmann *m*
nœud [nø] *m 1.* Knoten *m; faire un ~* knoten/einen Knoten machen; *2. ~ coulant* Schlaufe *f,* Schlinge *f; 3. (ferroviaire, de communication)* Knotenpunkt *m; 4. ANAT* Knöchel *m*
nœud-papillon [nøpapijɔ̃] *m* Fliege *f*
noir [nwaʀ] *adj 1.* schwarz; *~ comme du charbon* schwarz wie die Nacht; *être ~ comme dans un four/faire ~ comme dans un four* stockfinster sein; *C'est écrit ~ sur blanc.* Da steht es schwarz auf weiß. *voir tout en ~* alles schwarz sehen; *être ~ comme du cirage* pechschwarz sein; *2. (sombre)* dunkel, finster
Noir(e) [nwaʀ] *m/f* Schwarze(r) *m/f*
noirceur [nwaʀsœʀ] *f 1.* Schwärze *f; la ~ de l'ébène* die Schwärze von Ebenholz *f; 2. (fig)* Schwärze *f; la ~ de son âme* seine Boshaftigkeit *f,* seine Gemeinheit *f; la ~ de son ingratitude* sein großer Undank *m*
noircir [nwaʀsiʀ] *v 1.* schwärzen, schwarz färben; *~ ses cils* sich die Wimpern schwarz färben; *~ ses mains de charbon* sich die Hände mit Kohle schmutzig machen; *2. (fig)* beschmutzen, beflecken; *~ la réputation de qn* jds Ruf beflecken; *3. se ~* sich betrinken
noisette [nwazɛt] *f BOT* Haselnuss *f*
noix [nwa] *f 1.* Walnuss *f; 2. ~ de coco* Kokosnuss *f*

nom [nɔ̃] *m 1.* Name *m; du même ~* gleichnamig; *du ~ de* namens; *2. ~ d'artiste* Künstlername *m; 3. GRAMM* Substantiv *n; 4. ~ de famille* Familienname *m; 5. ~ de jeune fille* Mädchenname *m; 6. ~ propre* Eigenname *m*
nomade [nɔmad] *m* Nomade *m*
no man's land [nomanslɑ̃d] *m (cordon sanitaire)* Niemandsland *n*
nombre [nɔ̃mbʀ] *m 1.* Zahl *f,* Anzahl *f; 2. (foule)* Menge *f; en grand ~* zahlreich; *3. être du ~* dazugehören; *4. ~ d'habitants* Einwohnerzahl *f; 5. ~ ordinal* Ordnungszahl *f; 6. ~ de tours (d'un moteur) TECH* Drehzahl *f; 7. ~ cardinal MATH* Kardinalzahl *f*
nombreux [nɔ̃bʀø] *adj 1.* zahlreich; *2. de ~* viel(e)
nombril [nɔ̃bʀi] *m* Nabel *m*
nominal [nɔminal] *adj 1.* namentlich; *2. (de valeur théorique)* nominell
nominatif [nɔminatif] *adj* namentlich
nomination [nɔminasjɔ̃] *f* Ernennung *f*
nommé [nɔme] *adj ~ ci-dessus* oben genannt
nommément [nɔmemɑ̃] *adv* namentlich
nommer [nɔme] *v 1.* ernennen; *2. (appeler)* nennen; *3. ~ qn (à un emploi)* jdn bestellen
non [nɔ̃] *adv* nein
non-agression [nɔnagʀɛsjɔ̃] *f* Nichtangriff *m; un pacte de ~* ein Nichtangriffspakt *m*
non-alignement [nɔnaliɲmɑ̃] *m POL* Blockfreiheit *f*
non-assistance [nɔnasistɑ̃s] *f JUR* unterlassene Hilfeleistung *f*
nonchalance [nɔ̃ʃalɑ̃s] *f* Nachlässigkeit *f*
nonchalant [nɔ̃ʃalɑ̃] *adj 1.* nachlässig; *2. (indolent)* gemächlich
non-conformiste [nɔ̃kɔ̃fɔʀmist] *m/f* Nonkonformist(in) *m/f*
non-engagé [nɔnɑ̃gaʒe] *adj POL* blockfrei
non-fumeur [nɔ̃fymœʀ] *m* Nichtraucher *m*
non-intervention [nɔnɛ̃tɛʀvɑ̃sjɔ̃] *f POL* Nichteingriff *m; une politique de ~* eine Politik der Nichteinmischung *f*
non-lieu [nɔ̃ljø] *m JUR* Einstellung des Verfahrens *f; rendre un ~* das Verfahren einstellen; *bénéficier d'un ~* Person, die einer Strafverfolgung entgeht *f*
nonne [nɔn] *f REL* Nonne *f*
nonobstant [nɔnɔbstɑ̃] *prep* ungeachtet
non-sens [nɔ̃sɑ̃s] *m (absurdité)* Unsinn *m*
non-stop [nɔnstɔp] *adj* ohne Unterbrechung; *vol ~* Direktflug *m; émission ~* Sendung ohne Unterbrechungen *f*
non-validité [nɔ̃validite] *f* Ungültigkeit *f*
non-violence [nɔ̃vjɔlɑ̃s] *f POL* Gewaltfreiheit *f*
nord [nɔʀ] *m* Norden *m; perdre le ~* den Kopf verlieren; *du ~* nördlich
nordique [nɔʀdik] *adj* nordisch, nördlich; *les pays ~s* die nördlichen Länder *pl; les langues ~s* die nordischen Sprachen *pl*
normal [nɔʀmal] *adj* normal, üblich
normale [nɔʀmal] *f* Durchschnitt *m; une intelligence supérieure à la ~* eine überdurchschnittliche Intelligenz *f; revenir à la ~* sich wieder normalisieren; *une ~ saisonnière* ein Normalwert entsprechend der Jahreszeit *m*
normaliser [nɔʀmalize] *v* normalisieren
Normandie [nɔʀmɑ̃di] *f (région de France)* Normandie *f*
norme [nɔʀm] *f 1.* Norm *f; 2. (fig)* Maßstab *m*
normé [nɔʀme] *adj* genormt
Norvège [nɔʀvɛʒ] *f GEO* Norwegen *n*
norvégien [nɔʀveʒjɛ̃] *adj* norwegisch; *une omelette ~ne* Nachtisch aus Eis, Baiser und Sahne *m*
Norvégien(ne) [nɔʀveʒjɛ̃/nɔʀveʒjɛn] *m/f* Norweger(in) *m/f*
nos [no] *adj (possessif)* unsere
nostalgie [nɔstalʒi] *f 1.* Sehnsucht *f; avec ~* sehnsuchtsvoll; *avoir la ~ de* sich sehnen nach; *2. (mal du pays)* Heimweh *n*
nostalgique [nɔstalʒik] *adj* sehnsuchtsvoll
notabilité [nɔtabilite] *f 1.* Ansehen *n; 2. ~s pl* Honoratioren *pl*
notable [nɔtabl] *adj 1.* namhaft; *m 2. être un ~* angesehen sein; *3. ~s pl* Prominenz *f*
notaire [nɔtɛʀ] *m JUR* Notar *m; par devant ~* notariell
notamment [nɔtamɑ̃] *adv* hauptsächlich
notarial [nɔtaʀjal] *adj JUR* notariell
notation [nɔtasjɔ̃] *f* Aufzeichnung *f*
note [nɔt] *f 1. (à l'école)* Note *f,* Schulnote *f,* Zensur *f; 2. (remarque)* Anmerkung *f,* Notiz *f,* Vermerk *m; prendre en ~* aufzeichnen; *prendre ~* anmerken/notieren; *prendre ~ de qc* etw merken; *J'en prends bonnne ~.* Ich werde daran denken. *3. (annotation)* Aufzeichnung *f; 4. (mention)* Prädikat *n; 5. MUS* Note *f; dernière ~* Ausklang *m; 6. ~ marginale* Randbemerkung *f; 7. ~ de service* Dienstanweisung *f*
noter [nɔte] *v* notieren, verzeichnen
notice [nɔtis] *f 1. (journal)* Notiz *f; 2. (fiche signalétique)* Merkblatt *n*
notifier [nɔtifje] *v* bekannt geben
notion [nosjɔ̃] *f* Begriff *m,* Idee *f*

notoire [nɔtwaʀ] *adj 1.* notorisch; *2. (manifeste)* offenkundig
notoriété [nɔtɔʀjete] *f 1.* Bekanntheit *f; être de ~ publique* allgemein bekannt sein; *2. (célébrité)* Ruf *m; avoir une certaine ~* einen gewissen Ruf haben
notre [notʀ] *adj* unser
nôtre [notʀ] *pron 1. le ~/la ~* unsere(r,s); *2. les ~s* unsere
Notre Père [nɔtʀəpɛʀ] *m REL* Vaterunser *n*
nouer [nwe] *v 1.* verknoten, verknüpfen; *2. (lier)* binden, knoten; *3. (fig: relation)* knüpfen
nougat [nuga] *m GAST* Nugat *n*
nougatine [nugatin] *f GAST* Krokant *m*
nouille [nuj] *f 1. (fam)* Flasche *f; 2. ~s pl GAST* Nudeln *pl*
nourrice [nuʀis] *f* Amme *f*
nourrir [nuʀiʀ] *v 1.* nähren; *2. se ~* sich ernähren; *3. ~ qn* jdn füttern, jdn speisen
nourrissant [nuʀisɑ̃] *adj* nahrhaft
nourrisson [nuʀisɔ̃] *m* Säugling *m*
nourriture [nuʀityʀ] *f 1.* Nahrung *f,* Speise *f,* Kost *f; 2. (approvisonnement)* Verpflegung *f; 3. ~ faite maison* Hausmannskost *f; 4. (pour animaux)* Futter *n*
nous [nu] *pron* wir
nouveau [nuvo] *adj 1.* neu; *Qu'y a-t-il de ~?* Was gibt es Neues? *jusqu'à nouvel ordre* bis auf weiteres; *2. de ~* nochmals; *m 3.* Neuling *m*
nouveau-né [nuvone] *m* Neugeborenes *n*
nouveauté [nuvote] *f* Neuheit *f; haute ~* neueste Mode *f*
nouvel [nuvɛl] *adj (voir „nouveau")*
nouvelle [nuvɛl] *f 1.* Neuigkeit *f; 2. (annonce)* Nachricht, Meldung *f; pas de ~s* keine Nachrichten*; 3. (information)* Nachricht *f,* Funknachricht *f; 4. (récit)* Novelle *f*
Nouvelle-Calédonie [nuvɛlkaledɔni] *f GEO* Neukaledonien *n*
Nouvelle-Guinée [nuvɛlgine] *f GEO* Neuguinea *n*
Nouvelle-Zélande [nuvɛlzelɑ̃d] *f GEO* Neuseeland *n*
novembre [nɔvɑ̃bʀ] *m* November *m*
novice [nɔvis] *adj 1.* unerfahren; *2. (amateur)* laienhaft; *m 3.* Neuling *m; 4. (amateur)* Laie *m*
noyade [nwajad] *f* Ertrinken *n; sauver qn de la ~* jdn vor dem Ertrinken retten
noyau [nwajo] *m 1.* Kern *m; 2. ~ de l'atome PHYS* Atomkern *m; 3. (fig: centre)* Kern *m*
noyautage [nwajotaʒ] *m POL* Unterwanderung *f*
noyer [nwaje] *v 1. se ~* ertrinken; *2. (inonder)* überschwemmen
nu [ny] *adj 1.* nackt; *être ~ comme un ver* splitternackt sein; *2. (sans végétation)* kahl; *3. (découvert)* bloß; *à l'œil ~* mit bloßem Auge; *m 4. ART* Akt *m*
nuage [nɥaʒ] *m 1.* Wolke *f; 2. ~s pl* Bewölkung *f*
nuageux [nɥaʒø] *adj* bewölkt, wolkig
nuance [nɥɑ̃s] *f* Abstufung *f*
nuancer [nɥɑ̃se] *v* abstufen, nuancieren
nucléaire [nykleɛʀ] *adj 1.* atomar; *m 2.* Kernenergie *f*
nudisme [nydism] *m* Freikörperkultur *f*
nudiste [nydist] *m/f* Nudist(in) *m/f*
nudité [nydite] *f 1.* Nacktheit *f,* Blöße *f; 2. (fig)* Nacktheit *f; se montrer dans toute sa ~* sich in seiner ganzen Schamlosigkeit zeigen
nue [ny] *f porter qn aux ~s* jdn anhimmeln, jdn vergöttern; *tomber des ~s* aus allen Wolken fallen
nuée [nɥe] *f 1.* Wolke *f; 2. (oiseaux) ZOOL* Schwarm *m*
nuire [nɥiʀ] *v irr 1. ~ à qn* jdm schaden; *2. ~ à (porter préjudice à)* beeinträchtigen
nuisance [nɥizɑ̃s] *f* Schaden *m*
nuisible [nɥizibl] *adj 1.* schädlich; *2. (préjudiciable)* abträglich
nuit [nɥi] *f 1.* Nacht *f; passer une ~ blanche* eine schlaflose Nacht verbringen; *la ~* nachts; *passer la ~* übernachten; *~ de noces* Hochzeitsnacht *f; 2. ~ tombante* Abenddämmerung *f; 3. (nuitée)* Übernachtung *f*
nul [nyl] *pron 1.* keine(r,s); *adj 2.* nichtig, ungültig
nullement [nylmɑ̃] *adv* keinesfalls
nullité [nylite] *f 1.* Nichtigkeit *f,* Ungültigkeit *f; 2. (personne)* Niete *f,* Null *f*
numéraire [nymeʀɛʀ] *m FIN* Münzgeld *n; un apport en ~* eine Einzahlung *f; payer en ~* bar bezahlen
numérateur [nymeʀatœʀ] *m (~ d'une fraction) MATH* Zähler *m*
numérique [nymeʀik] *adj* numerisch
numéro [nymeʀo] *m 1.* Nummer *f; 2. ~ gagnant* Gewinnzahl *f; 3. ~ d'immatriculation* Kennzeichen *n; 4. ~ d'identification* Kennziffer *f; 5. ~ de compte* Kontonummer *f; 6. ~ collectif* Sammelnummer *f; 7. ~ de téléphone* Telefonnummer *f,* Rufnummer *f*
numéroter [nymeʀɔte] *v* nummerieren
nuque [nyk] *f ANAT* Genick *n,* Nacken *m*
nurse [nœʀs] *f* Kindermädchen *n*
nutritif [nytʀitif] *adj* nahrhaft
nutrition [nytʀisjɔ̃] *f* Ernährung *f*
nymphe [nɛ̃f] *f* Nixe *f*

O

oasis [ɔazis] *f* Oase *f*
obédience [ɔbedjɑ̃s] *f REL* Gehorsam *m*
obéir [ɔbeiʀ] *v 1.* gehorchen, sich fügen, folgen; *2. (suivre)* befolgen
obéissance [ɔbeisɑ̃s] *f* Gehorsam *m*
obéissant [ɔbeisɑ̃] *adj* gehorsam, folgsam
objecter [ɔbʒɛkte] *v 1. (fig)* einwenden, einwerfen; *Rien à ~?* Keine Einwände? *2. (fig: rétorquer)* entgegenhalten; *On lui objecte sa jeunesse.* Man hält ihm seine Jugend vor.
objecteur [ɔbʒɛktœʀ] *m ~ de conscience MIL* Wehrdienstverweigerer *m*
objectif [ɔbʒɛktif] *adj 1.* sachlich; *2. (impartial)* objektiv; *m 3. FOTO* Objektiv *n*
objection [ɔbʒɛksjɔ̃] *f 1.* Beanstandung *f; faire des ~s* beanstanden; *2. JUR* Einspruch *m; 3. (critique)* Einwand *m*
objectivité [ɔbʒɛktivite] *f* Objektivität *f*
objet [ɔbʒɛ] *m 1.* Gegenstand *m,* Sache *f,* Ding *n; avoir pour ~* bezwecken; *~ volé* Diebesgut *n; ~ trouvé* Fund *m; ~ usuel* Gebrauchsgegenstand *m; ~ de valeur* Wertgegenstand *m; 2. (dans une lettre)* Betreff *m*
obligation [ɔbligasjɔ̃] *f 1.* Pflicht *f,* Verpflichtung *f; ~ de déclaration* Anmeldepflicht *f; ~s militaires* Wehrpflicht *f; 2. (contrainte)* Zwang *m; 3. ECO* Obligation *f; ~ hypothécaire* Pfandbrief *m,* Schuldschein *m*
obligatoire [ɔbligatwaʀ] *adj 1.* verpflichtend; *2. (inévitable)* zwangsläufig
obligé [ɔbliʒe] *adj* notgedrungen; *être ~ de* müssen
obligeant [ɔbliʒɑ̃] *adj (poli)* verbindlich
obliger [ɔbliʒe] *v* verpflichten; *Rien ne vous y oblige.* Nichts zwingt Sie dazu.
oblique [ɔblik] *adj* schief, schräg
obliquer [ɔblike] *v* abbiegen; *~ à droite* nach rechts abbiegen
oblitérer [ɔbliteʀe] *v (timbre)* abstempeln
obscène [ɔpsɛn] *adj* obszön
obscénités [ɔpsenite] *f/pl* Obszönität *f*
obscur [ɔpskyʀ] *adj 1.* dunkel, finster; *2. (fig)* unklar, unverständlich
obscurcir [ɔpskyʀsiʀ] *v* verdunkeln
obscurcissement [ɔpskyʀsismɑ̃] *m* Verdunkelung *f,* Abdunkeln *n*
obscurité [ɔpskyʀite] *f 1.* Finsternis *f,* Dunkelheit *f; 2. (fig)* Unklarheit *f*
obsédant [ɔpsedɑ̃] *adj* eingängig, hartnäckig; *un souvenir ~* eine hartnäckige Erinnerung *f; une chanson ~e* ein eingängiges Lied *n*
obsédé(e) [ɔpsede] *m/f* Besessene(r) *m/f; une ~e de la propreté* eine Sauberkeitsfanatikerin *f; un ~ sexuel* ein Sexbesessener *m*
obséder [ɔpsede] *v* verfolgen, zu schaffen machen; *Cette vision m'obsède.* Diese Vorstellung verfolgt mich. *Il est obsédé par des questions d'argent.* Er ist besessen vom Geld.
obsèques [ɔpsɛk] *f/pl* Begräbnis *n*
observateur [ɔpsɛʀvatœʀ] *m 1.* Beobachter *m; être là en ~* als Beobachter anwesend sein*; un ~ de l'ONU* ein UNO-Beobachter *m; adj 2. un esprit ~* ein Mensch, der gern beobachtet *m; être très ~* ein scharfer Beobachter sein
observation [ɔpsɛʀvasjɔ̃] *f 1.* Beobachtung *f; 2. (respect)* Einhaltung *f; 3. (remarque)* Anmerkung *f,* Bemerkung *f*
observatoire [ɔpsɛʀvatwaʀ] *m* Sternwarte *f*
observer [ɔpsɛʀve] *v 1.* beobachten; *2. (respecter)* einhalten; *3. (remarquer)* bemerken, anmerken; *faire ~ qc à qn* jdn auf etw aufmerksam machen
obsession [ɔpsɛsjɔ̃] *f* Zwangsvorstellung *f,* Obsession *f*
obstacle [ɔpstakl] *m* Hindernis *n*
obstétrique [ɔpstetʀik] *f* Geburtshilfe *f*
obstination [ɔpstinasjɔ̃] *f* Eigensinn *m*
obstiné [ɔpstine] *adj 1.* stur, starrköpfig; *2. (buté)* verbohrt
obstiner [ɔpstine] *v s'~ dans/s'~ à* beharren auf, bestehen auf; *s'~ dans son erreur* auf seinem Fehler bestehen; *s'~ à faire qc* etw unbedingt machen wollen
obstruction [ɔpstʀyksjɔ̃] *f POL* Obstruktion *f*
obtenir [ɔptəniʀ] *v irr 1.* bekommen, erhalten; *~ par la force* erzwingen; *2. (résultat)* bewerkstelligen; *3. (atteindre)* erzielen, erlangen
obturateur [ɔptyʀatœʀ] *m PHOTO* Verschluss *m*
obturation [ɔptyʀasjɔ̃] *f (fermeture)* Verschließung *f,* Verstopfung *f*
obturer [ɔptyʀe] *v 1.* verschließen, verstopfen; *2. (dent)* plombieren
obus [ɔby] *m MIL* Granate *f*
occasion [ɔkazjɔ̃] *f* Anlass *m,* Gelegenheit *f; d'~* gebraucht; *à l'~ de* anlässlich

occasionnel [ɔkazjɔnel] *adj* gelegentlich
occasionner [ɔkazjɔne] *v 1. (dégât)* anrichten; *2. (entraîner)* bewirken, herbeiführen
occident [ɔksidɑ̃] *m* Westen *m*
Occident [ɔksidɑ̃] *m* Abendland *n*
occidental [ɔksidɑ̃tal] *adj* westlich
occultisme [ɔkyltism] *m* Okkultismus *m*
occupant(e) [ɔkypɑ̃(t)] *m/f* Besitzende(r) *m/f; ~ d'une voiture* Fahrgast *m*
occupation [ɔkypasjɔ̃] *f 1. (emploi)* Tätigkeit *f,* Beschäftigung *f; 2. (loisirs)* Freizeitbeschäftigung *f; 3. MIL* Besetzung *f; 4. (troupes d'~) MIL* Okkupation *f*
occupé [ɔkype] *adj* besetzt
occuper [ɔkype] *v 1.* besetzen, einnehmen; *2. (fig)* beschäftigen; *~ son temps à qc* seine Zeit für etw verwenden; *~ des employés* Angestellte beschäftigen; *3. s'~ de* sich befassen mit; *4. s'~ de (se soucier de)* sorgen für; *Je m'en occupe.* Ich kümmere mich darum.
océan [ɔseɑ̃] *m* Meer *n,* Ozean *m*
océanique [ɔseanik] *adj* Meeres..., ozeanisch; *le climat ~* das Meeresklima *n*
octobre [ɔktɔbʀ] *m* Oktober *m*
octogonal [ɔktɔgɔnal] *adj* achteckig
octroyer [ɔktʀwaje] *v (tâche)* erteilen
odeur [ɔdœʀ] *f* Geruch *m,* Duft *m; bonne ~* Wohlgeruch *m; mauvaise ~* Gestank *m*
odieux [ɔdjø] *adj* unausstehlich
odorat [ɔdɔʀa] *m* Geruchssinn *m,* Geruch *m*
œil [œj] *m* Auge *n; avoir le compas dans l'~* ein gutes Augenmaß haben; *tenir qn à l'~* ein Auge auf jdn haben; *Je m'en bats l'~.* Ich mache mir nichts daraus. *jeter un coup d'~ sur qc* einen kurzen Blick auf etw werfen; *~ perçant (fig)* Adlerauge *n; ~ de connaisseur* Kennerblick *m; ~ de perdrix* Hühnerauge *n*
œillet [œjɛ] *m BOT* Nelke *f*
œsophage [ezɔfaʒ] *m ANAT* Speiseröhre *f*
œuf [œf] *m* Ei *n; ~ sur le plat* Spiegelei *n; ~ à la coque* weichgekochtes Ei *n; ~s brouillés* Rührei *n; en forme d'~* eiförmig; *étouffer qc dans l'~* etw im Keim ersticken
œuvre [œvʀ] *f 1.* Werk *n,* Arbeit *f; mettre tout en ~ pour faire qc* alle Hebel in Bewegung setzen, um etw zu tun; *~ de débutant* Erstlingswerk *n; ~ de maître* Meisterstück *n; ~ d'art* Kunstwerk *n; 2. LIT* Werk *n; les ~s complètes d'un auteur* das vollständige Werk eines Autors *n; 3. ARCH* Bauwerk *n; gros ~* Rohbau *m; 4. ~s charitables pl (institution)* Mission *f*
offensant [ɔfɑ̃sɑ̃] *adj* beleidigend, verletzend
offense [ɔfɑ̃s] *f 1.* Beleidigung *f,* Kränkung *f; 2. (péché)* Sünde *f*
offenser [ɔfɑ̃se] *v 1.* beleidigen; *sans vous ~* nichts für ungut; *2. (pécher)* sündigen
offensif [ɔfɑ̃sif] *adj* offensiv
offensive [ɔfɑ̃siv] *f* Offensive *f*
office [ɔfis] *m 1.* Amt *n; 2. (service)* Dienst *m; ~ religieux* Gottesdienst *m,* Messe *f; 3. (bureau)* Büro *n; ~ de tourisme* Verkehrsbüro *n; 4. (garde-manger)* Vorratskammer *f*
officialisé [ɔfisjalize] *adj JUR* aktenkundig
officiel [ɔfisjɛl] *adj* amtlich, offiziell
officier [ɔfisje] *m 1. MIL* Offizier *m; 2. (titulaire d'un office)* Beamter *m; ~ de justice* Justizbeamter *m; ~ de l'état civil* Standesbeamter *m*
offrande [ɔfʀɑ̃d] *f* Opfergabe *f*
offre [ɔfʀ] *f 1.* Angebot *n,* Offerte *f; ~ spéciale* Sonderangebot *n; ~ d'emploi* Stellenangebot *n; 2. (proposition)* Vorschlag *m*
offrir [ɔfʀiʀ] *v 1.* schenken; *2. (proposer)* darbieten, anbieten; *3. (fam)* spendieren; *4. s'~ qc* sich etw gönnen
offusquer [ɔfyske] *v* missfallen
ogive [ɔʒiv] *f ARCH* Bogen *m*
ogre(sse) [ɔgʀ(ɛs)] *m/f* Menschenfresser(in) *m/f; manger comme un ~ (fig)* wie ein Scheunendrescher fressen
oie [wa] *f* Gans *f; ~ rôtie* Gänsebraten *m*
oignon [ɔɲɔ̃] *m* Zwiebel *f*
oiseau [wazo] *m* Vogel *m; ~ chanteur* Singvogel *m; être comme l'~ sur la branche* im Ungewissen schweben; *à vol d'~* aus der Vogelperspektive
oisif [wazif] *adj* müßig
oisiveté [wazivte] *f* Müßiggang *m*
oligo-élément [ɔligɔelemɑ̃] *m BIO* Spurenelemente *pl*
olive [ɔliv] *f BOT* Olive *f*
olivier [ɔlivje] *m BOT* Olivenbaum *m*
olympique [ɔlɛ̃pik] *adj* olympisch
ombragé [ɔ̃bʀaʒe] *adj* schattig
ombre [ɔ̃bʀ] *f 1.* Schatten *m; avoir peur de son ~* Angst vor der eigenen Courage haben; *suivre qn comme son ~* jdm auf Schritt und Tritt folgen; *2. (clandestinité)* Verborgenheit *f; m 3. (fig)* Spur *f*
omelette [ɔmlɛt] *f GAST* Omelett *n*
omettre [ɔmɛtʀ] *v irr 1.* versäumen, unterlassen; *2. (supprimer)* auslassen, weglassen
omission [ɔmisjɔ̃] *f* Versäumnis *n*
omnibus [ɔmnibys] *m* Nahverkehrszug *m*
omniprésence [ɔmnipʀezɑ̃s] *f* Allgegenwart *f*
omniprésent [ɔmnipʀezɑ̃] *adj* allgegenwärtig

omniscient [ɔmnisjɑ̃] *adj* allwissend
omoplate [ɔmɔplat] *f* Schulterblatt *n*
on [ɔ̃] *pron* man, wir; *Alors, ~ y va?* Also, gehen wir hin? *Nous, ~ n'y peut rien.* Wir können doch nichts dafür.
oncle [ɔ̃kl] *m* Onkel *m*
onctueux [ɔ̃ktɥø] *adj* ölig, samtig; *une crème onctueuse* eine geschmeidige Creme *f*
onde [ɔ̃d] *f PHYS* Welle *f; ~ de choc* Schockwelle *f; ~s ultra-courtes* Ultrakurzwellen *pl; ne pas être sur la même longueur d'~* nicht auf der gleichen Wellenlänge sein
ondée [ɔ̃de] *f METEO* Platzregen *m*
ondine [ɔ̃din] *f* Nixe *f*
on-dit [ɔ̃di] *m* Gerücht *n,* Gerede *n; Il faut se méfier des ~.* Man muss sich vor Gerüchten in Acht nehmen.
ondulation [ɔ̃dylasjɔ̃] *f* Welle *f,* Woge *f*
onduler [ɔ̃dyle] *v* wogen, sich bewegen; *Les herbes ondulent sous le vent.* Das Gras wogt im Wind.
onéreux [ɔneʀø] *adj 1.* kostspielig, teuer; *2. (coûteux)* aufwendig
ongle [ɔ̃gl] *m ANAT* Fingernagel *m*
onguent [ɔ̃gɑ̃] *m MED* Brandsalbe *f*
onze [ɔ̃z] *num* elf
onzième [ɔ̃zjɛm] *adj 1.* elfte(r,s); *m/f 2.* Elfte(r) *m/f*
opaque [ɔpak] *adj 1.* trüb; *2. (non transparent)* undurchsichtig
opéra [ɔpeʀa] *m* Oper *f*
Opéra [ɔpeʀa] *m* Opernhaus *n*
opérateur [ɔpeʀatœʀ] *m* Kameramann *m*
opération [ɔpeʀasjɔ̃] *f 1. MED* Operation *f; ~ chirurgicale* chirurgischer Eingriff *m; ~ de chirurgie esthétique* Schönheitsoperation *f; 2. (action)* Wirken *n,* Arbeitsgang *m; 3. (affaire) ECO* Geschäft *n,* Handel *m; ~ de bourse* Börsenhandel *m; ~ d'exportation* Exportgeschäft *n; ~ commerciale* Handelsgeschäft *n; ~ spéculative* Spekulationsgeschäft *n*
opérer [ɔpeʀe] *v 1.* operieren; *2. (causer)* bewirken; *~ des miracles* Wunder wirken
opérette [ɔpeʀɛt] *f MUS* Operette *f*
opiniâtre [ɔpinjɑtʀ] *adj 1.* beharrlich, hartnäckig; *2. (entêté)* starrköpfig
opiniâtreté [ɔpinjɑtʀəte] *f 1.* Beharrlichkeit *f; 2. (entêtement)* Hartnäckigkeit *f,* Starrsinn *m*
opinion [ɔpinjɔ̃] *f 1.* Ansicht *f,* Meinung *f; Je suis de votre ~.* Ich bin Ihrer Meinung. *2. (jugement)* Urteil *n; 3. (point de vue)* Anschauung *f,* Gesinnung *f*
opium [ɔpjɔm] *m* Opium *n*
opportun [ɔpɔʀtœ̃] *adj 1.* passend, opportun; *2. (à temps)* rechtzeitig
opportuniste [ɔpɔʀtynist] *m* Opportunist *m*
opposant(e) [ɔpozɑ̃(t)] *m/f POL* Gegner(in) *m/f; les ~s au régime* die Regierungsgegner *pl*
opposé [ɔpoze] *m 1.* Gegenteil *n; à l'~* entgegen/wider; *2. (contraire)* Gegensatz *m; adj 3.* gegensätzlich; *4. (adverse)* gegnerisch
opposer [ɔpoze] *v 1. (fig)* einwerfen; *2. (fig: rétorquer)* entgegenhalten; *3. (confronter)* gegenüberstellen; *4. s'~ à* sich widersetzen
opposition [ɔpozisjɔ̃] *f 1.* Gegenüberstellung *f; 2. JUR* Einwand *m; 3. POL* Opposition *f; 4. (contradiction)* Widerspruch *m; 5. (contraire)* Gegensatz *m*
oppressant [ɔpʀesɑ̃] *adj 1. (angoissant)* beklemmend; *2. (étouffant)* schwül
oppresser [ɔpʀese] *v* bedrücken, drücken
oppression [ɔpʀesjɔ̃] *f 1. (de personnes)* Unterdrückung *f; 2. (fig)* Druck *m*
opprimer [ɔpʀime] *v 1. ~ qn* jdn unterdrücken; *2. (fig)* drücken
opprobre [ɔpʀɔbʀ] *m* Schandfleck *m*
opticien(ne) [ɔptisjɛ̃/ɔptisjɛn] *m/f* Optiker(in) *m/f*
optimal [ɔptimal] *adj* optimal
optimisme [ɔptimism] *m* Optimismus *m*
optimiste [ɔptimist] *m 1.* Optimist *m; adj 2.* optimistisch
optimum [ɔptimɔm] *adj* Optimum *n*
option [ɔpsjɔ̃] *f 1.* Option *f; 2. JUR* Vorkaufsrecht *n*
optique [ɔptik] *f 1.* Optik *f; adj 2.* optisch
opulence [ɔpylɑ̃s] *f* Wohlstand *m*
or [ɔʀ] *m* Gold *n; en ~* golden
orage [ɔʀaʒ] *m 1.* Gewitter *n; 2. (tourmente)* Unwetter *n*
orageux [ɔʀaʒø] *adj 1.* gewittrig; *2. (fig)* stürmisch
oraison [ɔʀɛzɔ̃] *f REL* Gebet *n*
oral [ɔʀal] *adj* mündlich
orange [ɔʀɑ̃ʒ] *f 1.* Orange *f; adj 2.* orange
orangé [ɔʀɑ̃ʒe] *adj* orange
orangeade [ɔʀɑ̃ʒad] *f GAST* Orangenlimonade *f*
oranger [ɔʀɑ̃ʒe] *m BOT* Orangenbaum *m,* Apfelsinenbaum *m; l'eau de fleur d'~* das Orangenblütenwasser *n*
orateur [ɔʀatœʀ] *m* Redner *m*
orbite [ɔʀbit] *f ASTR* Umlaufbahn *f*
orchestre [ɔʀkɛstʀ] *m 1.* Orchester *n; ~ symphonique* Sinfonieorchester *n; ~ philharmonique* Philharmonieorchester *n; 2. (de vil-*

lage) Musikkapelle *f; ~ de cuivres* Blaskapelle *f; 3. THEAT* Parkett *n*
orchidée [ɔʀkide] *f BOT* Orchidee *f*
ordinaire [ɔʀdinɛʀ] *adj 1.* gewöhnlich, üblich; *2. JUR* ordentlich
ordinateur [ɔʀdinatœʀ] *m 1.* Elektronenrechner *m; ~ analogique* Analogrechner *m; 2. INFORM* Computer *m,* EDV-Anlage *f*
ordonnance [ɔʀdɔnɑ̃s] *f 1.* Anordnung *f,* Verordnung *f; ~ médicale* Rezept *n; 2. (décret)* Erlass *m; ~ de justice* Gerichtsbeschluss *m*
ordonnateur [ɔʀdɔnatœʀ] *m* Ordner *m*
ordonné [ɔʀdɔne] *adj* ordnungsliebend
ordonner [ɔʀdɔne] *v 1.* befehlen; *2. (disposer de qn)* verfügen; *3. (ranger)* ordnen; *4. MED* verordnen; *5. (un prêtre) REL* weihen
ordre [ɔʀdʀ] *m 1.* Ordnung *f,* Anordnung *f; ~ de grandeur* Größenordnung *f; ~ de préséance* Rangordnung *f; ~ de succession* Reihenfolge *f; ~ du jour* Tagesordnung *f; non conforme à l'~* ordnungswidrig; *de second ~* zweitrangig; *2. (instruction)* Befehl *m,* Vorschrift *f; ~ de démobilisation* Entlassungspapier *n; 3. MIL* Orden *m; ~ du mérite* Verdienstorden *m; 4. REL* Orden *m; 5. JUR* Verfügung *f; 6. ECO* Auftrag *m; ~ permanent* Dauerauftrag *m*
ordures [ɔʀdyʀ] *f/pl* Abfall *m,* Müll *m; ~ nocives* Sondermüll *m*
oreille [ɔʀɛj] *f 1.* Ohr *n; 2. (ouïe)* Gehör *n; 3. (d'un vase)* Henkel *m*
oreiller [ɔʀɛje] *m* Kopfkissen *n*
oreillons [ɔʀɛjɔ̃] *m/pl MED* Mumps *m*
orfèvre [ɔʀfɛvʀ] *m* Goldschmied *m*
organe [ɔʀgan] *m* Organ *n; ~s génitaux* Geschlechtsorgane *pl; ~s respiratoires* Atmungsorgane *pl; ~s des sens* Sinnesorgane *pl*
organique [ɔʀganik] *adj* organisch
organisateur [ɔʀganizatœʀ] *m 1.* Organisator *m,* Veranstalter *m; adj 2.* organisatorisch
organisation [ɔʀganizasjɔ̃] *f 1.* Veranstaltung *f; 2. (construction)* Aufbau *m,* Gliederung *f; 3. (formation)* Gestaltung *f; 4. (structuration)* Organisation *f*
organiser [ɔʀganize] *v 1.* organisieren; *2. (temps)* einteilen; *3. (aménager)* gestalten
organisme [ɔʀganism] *m 1.* Organismus *m; 2. (être vivant)* Lebewesen *n; 3. (corporation)* Körperschaft *f*
organiste [ɔʀganist] *m MUS* Organist *m*
orgasme [ɔʀgasm] *m* Orgasmus *m*
orge [ɔʀʒ] *f BOT* Gerste *f*
orgie [ɔʀʒi] *f* Orgie *f*
orgue [ɔʀg] *m MUS* Orgel *f; ~ de Barbarie* Leierkasten *m*
orgueil [ɔʀgœj] *m* Hochmut *m,* Stolz *m; plein d'~* protzig
orgueilleux [ɔʀgœjø] *adj* hochmütig; *être ~ comme un paon* stolz wie ein Pfau sein
Orient [ɔʀjɑ̃] *m* Morgenland *n,* Orient *m*
orientable [ɔʀjɑ̃tabl] *adj* drehbar
oriental [ɔʀjɑ̃tal] *adj 1.* östlich; *2. (provenant d'Orient)* orientalisch
orientation [ɔʀjɑ̃tasjɔ̃] *f 1.* Lage *f; 2. (tendance)* Richtung *f; 3. (direction)* Orientierung *f; ~ nouvelle* Kurswechsel *m*
orienté [ɔʀjɑ̃te] *adj* gezielt
orienter [ɔʀjɑ̃te] *v 1.* orientieren; *être orienté vers* tendieren zu; *2. s'~* sich zurechtfinden
orifice [ɔʀifis] *m* Öffnung *f*
origan [ɔʀigɑ̃] *m (épice)* Oregano *n*
originaire [ɔʀiʒinɛʀ] *adj* ursprünglich; *être ~ de* abstammen von; *~ de* gebürtig
original [ɔʀiʒinal] *adj 1.* apart; *2. (d'origine)* original; *3. (spécial)* originell; *m 4.* Original *n; 5. (excentrique)* Eigenbrötler *m*
originalité [ɔʀiʒinalite] *f* Originalität *f*
origine [ɔʀiʒin] *f 1.* Abstammung *f,* Ursprung *m; à l'~* ursprünglich; *d'~ allemande* deutschstämmig; *2. (apparition)* Aufkommen *n; 3. (naissance)* Entstehung *f; 4. (provenance)* Herkunft *f; 5. (fig)* Quelle *f*
orme [ɔʀm] *m BOT* Ulme *f*
ornement [ɔʀnəmɑ̃] *m/n 1.* Ornament *n; 2. (décoration)* Dekor *m/n,* Verzierung *f*
orner [ɔʀne] *v 1.* ausschmücken, schmücken; *2. (garnir)* behängen
ornière [ɔʀnjɛʀ] *f* Wagenspur *f,* Spur *f; s'enfoncer dans une ~* in einer Wagenspur versinken
ornithologue [ɔʀnitɔlɔg] *m/f* Ornithologe/Ornithologin *m/f*
orphelin(e) [ɔʀfəlɛ̃/ɔʀfəlin] *m/f* Waise *f; ~ de père/~ de mère* Halbwaise *f*
orphelinat [ɔʀfəlina] *m* Waisenhaus *n*
orque [ɔʀk] *m/f ZOOL* Schwertwal *m*
orteil [ɔʀtɛj] *m* Zehe *f*
orthodoxe [ɔʀtɔdɔks] *adj* orthodox
orthogonal [ɔʀtɔgɔnal] *adj* rechtwinklig
orthographe [ɔʀtɔgʀaf] *f GRAMM* Orthografie *f,* Rechtschreibung *f*
orthopédiste [ɔʀtɔpedist] *m/f MED* Orthopäde/Orthopädin *m/f*
ortie [ɔʀti] *f BOT* Brennnessel *f*
orvet [ɔʀvɛ] *m ZOOL* Blindschleiche *f*
os [ɔs] *m ANAT* Knochen *m; être trempé jusqu'aux ~* völlig durchnässt sein/nass bis auf die Haut sein; *Il y a un ~.* Die Sache hat einen Haken./An der Sache ist etw faul.

oscillation [ɔsilasjɔ̃] *f* Schwingung *f*
osciller [ɔsile] *v* pendeln
osé [oze] *adj* gewagt, verwegen
oseille [osɛj] *f BOT* Sauerampfer *m*
oser [oze] *v* wagen, sich trauen
osier [ozje] *m* Weide *f*, Weidenrute *f; un panier d'~* ein Weidenkorb *m; un fauteuil en ~* ein Korbsessel *m*
ossature [ɔsatyʀ] *f 1. ANAT* Gerippe *n*, Knochenbau *m; 2. (fig)* Gerüst *n*
ostentatoire [ɔstɑ̃tatwaʀ] *adj* protzig
ostréiculture [ɔstʀeikyltyʀ] *f* Austernzucht *f*
otage [ɔtaʒ] *m* Geisel *f*
otarie [ɔtaʀi] *f ZOOL* Ohrenrobbe *f*
ôter [ote] *v 1.* wegnehmen; *~ le droit à qn* jdm das Recht absprechen; *Ote-toi de là que je m'y mette!* Lass mich auf deinen Platz! *2. (un vêtement)* ablegen, ausziehen
oto-rhino-laryngologiste [ɔtɔʀinɔlaʀɛ̃gɔlɔʒist] *m/f MED* Hals-Nasen-Ohren-arzt/Hals-Nasen-Ohrenärztin *m/f*
ou [u] *konj* oder; *~ ... ~* entweder ... oder; *~ bien* oder auch
où [u] *adv 1.* wo; *d'~* woher; *d'~ (causal)* daher; *par ~* wodurch; *Où es-tu?* Wo bist du? *Où en êtes-vous?* Wie weit sind Sie? *Où voulez-vous en venir?* Worauf wollen Sie hinaus? *2. (direction)* wohin; *Où vas-tu?* Wohin gehst du?
ouate [wat] *f (coton)* Watte *f*
oubli [ubli] *m 1.* Vergessenheit *f; 2. (par distraction)* Vergesslichkeit *f*
oublier [ublije] *v 1.* vergessen; *2. (omettre)* auslassen; *3. (désapprendre)* verlernen; *N'oubliez pas de l'appeler!* Denken Sie daran, ihn anzurufen!
oublieux [ublijø] *adj* vergesslich
ouest [wɛst] *m* Westen *m; à l'~ de* westlich von
ouf [uf] *interj* uff; *Il n'a pas eu le temps de dire ~. (fam)* Es blieb ihm nicht einmal die Zeit zum Luftholen.
oui [wi] *adv* ja; *pour un ~ ou pour un non* bei der geringsten Kleinigkeit
ouïe [wi] *f 1.* Gehör *n; 2. ~s pl ZOOL* Kiemen *pl*
ouragan [uʀagɑ̃] *m 1. METEO* Orkan *m; 2. (d'Amérique centrale)* Hurrikan *m*
ourdir [uʀdiʀ] *v* spinnen
ourlet [uʀlɛ] *m* Saum *m*
ours [uʀs] *m* Bär *m; ~ brun* Braunbär *m; ~ blanc* Eisbär *m*
oursin [uʀsɛ̃] *m ZOOL* Seeigel *m*
oust [ust] *interj (fam)* hopp, schnell
outil [uti] *m 1.* Instrument *n*, Werkzeug *n; 2. (appareil)* Gerät *n; ~ à usages multiples* Mehrzweckgerät *n; 3. (moyen)* Hilfsmittel *n*
outrage [utʀaʒ] *m* Schändung *f*, Entweihung *f*
outrance [utʀɑ̃s] *f* Übertreibung *f*
outre [utʀ] *konj* außer, über ... hinaus, jenseits; *en ~* außerdem/ferner/übrigens
outré [utʀe] *adj 1.* empört, außer sich; *2. (exagéré)* übertrieben
outrecuidance [utʀəkɥidɑ̃s] *f* Überheblichkeit *f*
outre-mer [utʀəmɛʀ] *adv* Übersee *f*
outrer [utʀe] *v* übertreiben
outsider [awtsajdœʀ] *m* Außenseiter *m*
ouvert [uvɛʀ] *adj 1.* geöffnet; *être ~* offen stehen; *2. (compréhensif)* aufgeschlossen; *3. (fig)* offen
ouverture [uvɛʀtyʀ] *f 1.* Eröffnung *f; heures d'~* Öffnungszeiten *pl; ~ de crédit* Kreditaufnahme *f; ~ du testament* Testamentseröffnung *f; ~ d'exploitation* Betriebseröffnung *f; 2. (trou)* Loch *n*, Spalt *m; 3. MUS* Auftakt *m; 4. (début)* Einleitung *f; 5. (d'un nouveau marché)* Erschließung *f; 6. FOTO* Blende *f*
ouvrable [uvʀabl] *adj jour ~* Werktag *m*
ouvrage [uvʀaʒ] *m 1.* Werk *n; ~ de référence* Nachschlagewerk *n; 2. (construction)* Bauwerk *n*
ouvre-boîtes [uvʀəbwat] *m* Dosenöffner *m*
ouvre-bouteilles [uvʀəbutɛj] *m* Flaschenöffner *m*
ouvreur [uvʀœʀ] *m (en ski)* Vorläufer *m*
ouvreuse [uvʀøz] *f CINE* Platzanweiserin *f*
ouvrier [uvʀije] *m 1.* Arbeiter *m; ~ du bâtiment* Bauarbeiter *m; ~ qualifié/~ spécialisé* Facharbeiter *m; ~ aux pièces* Akkordarbeiter *m; 2. ~s pl* Arbeitskraft *f*
ouvrir [uvʀiʀ] *v 1.* öffnen, aufmachen; *~ la marche* sich an die Spitze stellen; *~ un livre* ein Buch aufschlagen; *~ les yeux à qn* jdm die Augen öffnen; *~ l'appétit* den Appetit anregen; *2. (porte)* aufschließen, aufsperren, aufziehen; *3. (magasin)* eröffnen; *4. (un nouveau marché)* erschließen; *5. s'~* sich öffnen, aufgehen
ovaire [ɔvɛʀ] *m ANAT* Eierstock *m*
ovale [ɔval] *adj* oval
ové [ɔve] *adj* eiförmig
overdose [ɔvœʀdoz] *f* Überdosis *f*
OVNI [ɔvni] *m* UFO *n*
ovulation [ɔvylasjɔ̃] *f BIO* Eisprung *m*
oxyder [ɔkside] *v s'~* rosten
oxygène [ɔksiʒɛn] *m CHEM* Sauerstoff *m*
ozone [ozɔn] *m CHEM* Ozon *n*

P

pacemaker [pɛsmɛkœʀ] *m MED* Herzschrittmacher *m*
pacha [paʃa] *m (fig)* Pascha *m*
pachyderme [paʃidɛʀm] *m ZOOL* Dickhäuter *m*
Pacifique [pasifik] *m (océan) GEO* Pazifik *m*
pacifiste [pasifist] *m 1.* Pazifist *m; adj 2.* pazifistisch
pacotille [pakɔtij] *f* Ramsch *m*, Schleuderware *f; un article de ~* ein Ramschartikel *m*
pacte [pakt] *m* Pakt *m*, Abkommen *n*
pagaie [pagɛ] *f* Paddel *n*
pagaille [pagaj] *f* Durcheinander *n*
paganisme [paganism] *m* Heidentum *n*
pagayer [pageje] *v* paddeln
page[1] [paʒ] *f 1. (recto/verso)* Seite *f; être à la ~* mit der Zeit gehen/auf dem Laufenden sein; *tourner la ~* einen Strich unter die Vergangenheit ziehen; *~ de titre* Titelseite *f; 2. ~ de garde* Deckblatt *n*
page[2] [paʒ] *m (jeune homme)* Page *m*
paie [pɛ] *f (rémunération)* Lohn *m*
paiement [pɛmɑ̃] *m 1.* Bezahlung *f*, Zahlung *f; ~ complémentaire* Nachzahlung *f; ~ partiel* Teilzahlung *f; ~ d'une pension alimentaire* Unterhaltszahlungen *pl; ~ des droits de douane* Verzollung *f; ~ anticipé* Vorauszahlung *f; 2. (des dettes)* Abzahlung *f; 3. (paye)* Auszahlung *f*, Vergütung *f; 4. (versement)* Einzahlung *f; 5. ECO* Abzahlung *f; ~ à tempérament* Ratenzahlung *f; ~ des intérêts* Verzinsung *f*
païen [pajɛ̃] *m* Heide *m*
paillasson [pajasɔ̃] *m (pour les pieds)* Matte *f*
paille [pɑj] *f 1.* Stroh *n; 2. (pour boire)* Strohhalm *m; 3. (chapeau de ~)* Strohhut *m*
paillette [pajɛt] *f (lamelle)* Paillette *f*
pain [pɛ̃] *m 1.* Brot *n; ~ noir* Schwarzbrot *n; ~ grillé* Toastbrot *n; ~ de seigle* Roggenbrot *n; ~ complet* Vollkornbrot *n; ~ blanc* Weißbrot *n; avoir du ~ sur la planche (fig)* noch viel zu tun haben; *2. petit ~* Brötchen *n*, Semmel *f; se vendre comme de petits ~s* weggehen wie warme Semmeln
pair [pɛʀ] *adj de ~* ebenbürtig; *aller de ~* Hand in Hand gehen/einhergehen mit; *être hors de ~* alles übertreffen
paire [pɛʀ] *f 1. (de chaussures)* Paar Schuhe *n; par ~s* paarweise; *2. (fig)* Gespann *n*
paisible [pezibl] *adj 1.* friedlich; *2. (tranquille)* ruhig, still
paître [pɛtʀ] *v irr* grasen
paix [pɛ] *f 1.* Frieden *m; 2. (silence)* Ruhe *f; Fiche-moi la ~!* Lass mich in Ruhe!
Pakistan [pakistɑ̃] *m GEO* Pakistan *n*
palace [palas] *m* Palast *m*, Luxushotel *n; Cet hôtel est un véritable ~.* Dieses Hotel ist ein wahrhafter Palast.
palais[1] [palɛ] *m 1.* Palast *m; 2. (château)* Schloss *n; 3. ~ des congrès* Kongresshalle *f*
palais[2] [palɛ] *m ANAT* Gaumen *m*
pâle [pɑl] *adj* blass; *être ~ comme un mort/être ~ comme un linge* leichenblass sein
Palestine [palɛstin] *f GEO* Palästina *n*
Palestinien(ne) [palɛstinjɛ̃/palɛstinjɛn] *m/f* Palästinenser(in) *m/f*
palette [palɛt] *f 1. TECH* Palette *f; 2. ART* Palette *f*
pâleur [pɑlœʀ] *f* Blässe *f*
palier [palje] *m 1. (d'escalier)* Absatz *m; 2. (plate-forme)* Podest *n; 3. TECH* Lager *n*
pâlir [pɑliʀ] *v* verblassen
palissade [palisad] *f* Bretterzaun *m*
palme [palm] *f 1.* Flosse *f; 2. (feuille de palmier)* Palmzweig *m; remporter la ~* den Sieg davontragen
palmier [palmje] *m BOT* Palme *f*
palper [palpe] *v 1.* betasten, tasten; *2. MED* abtasten
palpitant [palpitɑ̃] *adj* spannungsgeladen
palpitations [palpitɑsjɔ̃] *f/pl* Herzklopfen *n*
palpiter [palpite] *v* klopfen, pochen
pamplemousse [pɑ̃pləmus] *m* Grapefruit *f*, Pampelmuse *f*
pan [pɑ̃] *m (d'un vêtement)* Schoß *m; ~ de chemise* Hemdschoß *m*
panacée [panase] *f* Allheilmittel *n*
panaché [panaʃe] *m (boisson)* Radler *n*, Bier mit Limonade *n*
Panama [panama] *m GEO* Panama *n; le canal de ~* der Panamakanal *m*
pancarte [pɑ̃kaʀt] *f* Plakat *n*
pancréas [pɑ̃kʀeas] *m ANAT* Bauchspeicheldrüse *f*

panda [pɑ̃da] *m ZOOL* Panda *m*
paner [pane] *v GAST* panieren
panier [panje] *m* Korb *m*
panique [panik] *f* Panik *f*, Hektik *f*
paniquer [panike] *v 1. ~ qn (fam)* jdn in Panik versetzen, jdn verrückt machen; *Il panique tout le monde.* Er macht alle verrückt. *2. (s'affoler)* in Panik geraten, Angst bekommen; *Il panique à l'idée de partir.* Bei dem Gedanken wegzugehen gerät er in Panik.
panne [pan] *f 1.* Panne *f*; *être en ~ (fig)* kaputt sein/nicht weitermachen können; *2. TECH* Störung *f*; *3. (d'électricité)* Ausfall *m*; *4. (défaut) TECH* Versagen *n*; *~ de moteur* Motorschaden *m*
panneau [pano] *m* Türschild *n*, Schild *n*; *tomber dans le ~* in die Falle gehen; *~ de circulation* Straßenschild *n*; *~ de signalisation* Verkehrszeichen *n*; *~ indicateur* Wegweiser *m*
panoplie [panɔpli] *f 1. (jouet)* Maske *f*; *une ~ d'indien* ein Indianerkostüm *n*; *2. (fig)* Reihe *f*, Auswahl *f*
panorama [panɔʀama] *m 1. (vue)* Aussicht *f*, Ansicht *f*; *2. (vue d'ensemble)* Panorama *n*
panoramique [panɔʀamik] *adj* Panorama..., Rundblick...; *une vue ~* ein Panoramablick *m*; *un restaurant ~* ein Panoramarestaurant *n*
pansement [pɑ̃smɑ̃] *m MED* Verband *m*; *~ adhésif* Wundpflaster *n*; *matériel de ~* Verbandmaterial *n*; *faire un ~* verbinden
panser [pɑ̃se] *v MED* verbinden
pantalon [pɑ̃talɔ̃] *m* Hose *f*
panthère [pɑ̃tɛʀ] *f ZOOL* Panther *m*
pantin [pɑ̃tɛ̃] *m* Hampelmann *m*
pantomime [pɑ̃tɔmim] *f* Pantomime *f*
pantoufle [pɑ̃tufl] *f* Pantoffel *m*, Hausschuh *m*
panure [panyʀ] *f GAST* Paniermehl *n*
paon [pɑ̃] *m ZOOL* Pfau *m*
papa [papa] *m* Papa *m*
papal [papal] *adj REL* päpstlich
papaye [papaj] *f BOT* Papaya *f*
pape [pap] *m REL* Papst *m*
paperasse [papʀas] *f* Papier *n*, Massen von Papier *pl*; *crouler sous la ~* unter den ganzen Papiermassen zusammenbrechen
paperasserie [papʀasʀi] *f 1.* Papierkrieg *m*, Papierkram *m*; *2. (fam)* Amtsschimmel *m*
papeterie [papɛtʀi] *f (magasin)* Schreibwarengeschäft *n*
papier [papje] *m 1.* Papier *n*; *~ recyclé* Altpapier *n*; *~ d'aluminium* Alufolie *f*; *~ à lettres* Briefpapier *n*; *~ glacé* Glanzpapier *n*; *~ carbone* Kohlepapier *n*; *~ d'emballage* Packpapier *n*; *~ peint* Tapete *f*; *~ hygiénique* Toilettenpapier *n*; *~ de listing* Endlospapier *n*; *poser du ~ peint* tapezieren; *2. ~s du véhicule pl* Fahrzeugbrief *m*
papier-filtre [papjefiltʀ] *m* Filterpapier *n*
papier-monnaie [papjemɔnɛ] *m* Papiergeld *n*
papillon [papijɔ̃] *m ZOOL* Schmetterling *m*
papillote [papijɔt] *f 1. GAST* gefettetes Papier *n*; *un poisson en ~* in gefettetem Papier gegarter Fisch *m*; *2. (bonbon)* Bonbonpapier *n*; *3. (coiffure)* Lockenwickler *m*
papoter [papɔte] *v* labern
paprika [papʀika] *m (épice)* Paprika *m*
paquebot [pakbo] *m* Passagierschiff *n*
pâquerette [pɑkʀɛt] *f BOT* Gänseblümchen *n*
Pâques [pɑk] *f/pl 1.* Ostern *n*; *2. œuf de ~* Osterei *n*; *3. Lundi de ~* Ostermontag *m*
paquet [pakɛ] *m 1.* Packung *f*; *2. (colis)* Paket *n*; *petit ~* Päckchen *n*, Bündel *n*
par [paʀ] *prep 1.* bei, an; *2. (à travers)* durch, über; *3. (à chaque)* je, per; *adv 4.* davon
parabole [paʀabɔl] *f* Gleichnis *n*
parachute [paʀaʃyt] *m* Fallschirm *m*
parachutiste [paʀaʃytist] *m/f* Fallschirmspringer(in) *m/f*
parade [paʀad] *f 1. (à l'escrime) SPORT* Deckung *f*; *2. (défilé)* Parade *f*, Schau *f*
paradis [paʀadi] *m* Paradies *n*, Eden *n*
paradisiaque [paʀadizjak] *adj* paradiesisch
paradoxal [paʀadɔksal] *adj* paradox
paradoxe [paʀadɔks] *m* Paradoxon *n*, Widerspruch *m*; *un ~ de la nature* ein Paradoxon der Natur *n*; *soutenir un ~* einen Widerspruch aufrechterhalten
paragraphe [paʀagʀaf] *m 1.* Absatz *m*, Paragraf *m*; *2. (chapitre)* Abschnitt *m*
paraître [paʀɛtʀ] *v irr 1.* aussehen; *A ce qu'il paraît, ...* Wie es scheint, ...; *2. faire ~* bringen, herausbringen; *3. (publier)* herauskommen, erscheinen; *4. (sembler)* scheinen
parallèle [paʀalɛl] *adj 1.* parallel; *f 2.* Parallele *f*
parallèlement [paʀalɛlmɑ̃] *adv* parallel
paralysé [paʀalize] *adj MED* gelähmt
paralyser [paʀalize] *v* lähmen

paralysie [paʀalizi] *f MED* Lähmung *f*
paramètre [paʀamɛtʀ] *m* Parameter *m*
parapet [paʀapɛ] *m* Brüstung *f*
paraplégie [paʀapleʒi] *f MED* Querschnittslähmung *f*
parapluie [paʀaplɥi] *m* Regenschirm *m*
parapsychologie [paʀapsikɔlɔʒi] *f* Parapsychologie *f*
parasite [paʀazit] *m* Parasit *m,* Schädling *m*
parasol [paʀasɔl] *m* Sonnenschirm *m*
paratonnerre [paʀatɔnɛʀ] *m TECH* Blitzableiter *m*
paravent [paʀavɑ̃] *m* Paravent *m,* Windschirm *m*
parc [paʀk] *m 1.* Park *m,* Parkanlage *f; ~ national* Nationalpark *m,* Naturschutzgebiet *n; ~ d'attractions* Vergnügungspark *m; 2. (réserve)* Gehege *n*
parce [paʀs(ə)] *konj ~ que* weil
parcelle [paʀsɛl] *f 1. AGR* Parzelle *f,* Grundstück *n; une ~ de terre* ein Stück Land *n; une ~ de blé* eine Weizenparzelle *f; 2. (morceau)* Teilchen *n,* Stückchen *n*
parchemin [paʀʃəmɛ̃] *m* Pergament *n*
parcimonieux [paʀsimɔnj] *adj (avare)* kleinlich
parcmètre [paʀkmɛtʀ] *m* Parkuhr *f*
parcourir [paʀkuʀiʀ] *v irr 1. (vérifier)* durchgehen; *2. (voyager)* bereisen; *3. ~ des yeux* überblicken; *4. (fig)* überfliegen
parcours [paʀkuʀ] *m 1.* Strecke *f; 2. ~ d'essai* Probefahrt *f; 3. ~ de santé SPORT* Trimm-dich-Pfad *m*
pardessus [paʀdəsy] *m (vêtement)* Mantel *m*
par-dessus [paʀdəsy] *prep (local)* über
pardi [paʀdi] *interj* klar, natürlich
pardon [paʀdɔ̃] *m 1.* Entschuldigung *f,* Verzeihung *f,* Vergebung *f; adv 2.* bitte; *interj 3. Pardon!* Verzeihung!
pardonnable [paʀdɔnabl] *adj* entschuldbar, verzeihlich
pardonner [paʀdɔne] *v 1. ~ qc à qn* jdm etw verzeihen; *Je ne me le pardonnerai jamais.* Das werde ich mir nie verzeihen. *~ à* vergeben; *2. (fig)* nachsehen
pare-balles [paʀbal] *adj* kugelsicher
pare-brise [paʀbʀiz] *m (de voiture)* Windschutzscheibe *f*
pare-chocs [paʀʃɔk] *m (de voiture)* Stoßstange *f*
pareil [paʀɛj] *adj 1.* egal, gleich; *2. (tel)* solcher/solches
pareillement [paʀɛjmɑ̃] *adv* ebenfalls
parent [paʀɑ̃] *adj* verwandt; *~ par alliance* verschwägert
parent(e) [paʀɑ̃(t)] *m/f 1.* Verwandte(r) *m/f; 2. ~s pl* Eltern *pl; ~s adoptifs* Adoptiveltern *pl; ~s nourriciers* Pflegeeltern *pl*
parenté [paʀɑ̃te] *f 1.* Sippe *f; 2. (famille)* Verwandtschaft *f*
parenthèse [paʀɑ̃tɛz] *f (signe)* Klammer *f; par ~* beiläufig; *entre ~s* nebenbei gesagt
parer [paʀe] *v 1.* abwehren; *2. (contrer)* kontern; *3. (un coup) SPORT* parieren; *4. (décorer)* schmücken
paresse [paʀɛs] *f* Bequemlichkeit *f,* Trägheit *f*
paresser [paʀɛse] *v* faulenzen
paresseux [paʀɛsø] *adj 1.* bequem, träge; *m 2.* Faulenzer *m,* Faulpelz *m*
parfaire [paʀfɛʀ] *v irr* ausarbeiten
parfait [paʀfɛ] *adj 1.* ideal; *2. (absolu)* vollkommen, mustergültig; *3. (irréprochable)* perfekt, tadellos; *4. (excellent)* vortrefflich
parfaitement [paʀfɛtmɑ̃] *adv* gewiss
parfois [paʀfwa] *adv* manchmal, zuweilen
parfum [paʀfœ̃] *m 1.* Duft *m,* Hauch *m; 2. (produit de beauté)* Parfüm *n*
parfumé [paʀfyme] *adj* duftig
parfumer [paʀfyme] *v 1.* parfümieren; *~ son bain* sein Bad parfümieren; *~ une pièce* in einem Zimmer wohlriechende Düfte verbreiten; *2. se ~* sich parfümieren
parfumerie [paʀfymʀi] *f* Parfümerie *f*
pari [paʀi] *m* Wette *f*
parier [paʀje] *v 1.* wetten; *2. ~ sur* tippen auf
parisien [paʀizjɛ̃] *adj* Paris betreffend; *la vie ~ne* das Leben in Paris *n; la banlieue ~ne* die Pariser Vororte *pl*
Parisien(ne) [paʀizjɛ̃/paʀizjɛn] *m/f* Pariser(in) *m/f*
paritaire [paʀitɛʀ] *adj* paritätisch
parité [paʀite] *f* Parität *f*
parjure [paʀʒyʀ] *m JUR* Meineid *m*
parking [paʀkiɲ] *m 1. ~ sur plusieurs niveaux* Parkhaus *n; 2. ~ souterrain* Tiefgarage *f*
parlant [paʀlɑ̃] *adj* sprechend, gesprächig; *un film ~* ein Tonfilm *m; horloge ~e* Zeitansage *f*
parlement [paʀləmɑ̃] *m 1. POL* Parlament *n; 2. ~ d'un land (en Allemagne) POL* Landtag *m; 3. ~ fédéral POL* Bundestag *m*

Parlement [parləmɑ̃] *m* 1. *~ européen POL* Europaparlament *n;* 2. *membre du ~ POL* Parlamentarier *m*
parlementaire [parləmɑ̃tɛr] *adj* parlamentarisch
parlementer [parləmɑ̃te] *v* verhandeln, diskutieren
parler [parle] *v* 1. reden, sprechen; *Cela ne vaut pas la peine d'en ~.* Das ist nicht der Rede wert. *trouver à qui ~* an die richtige Adresse geraten; *sans ~ de ...* ganz zu schweigen von ...; *à proprement ~* eigentlich; *faire ~ qn* jdn aushorchen; *habile à ~* redegewandt; *~ tout bas* wispern; 2. *~ de* besprechen
parmesan [parməzɑ̃] *m GAST* Parmesankäse *m*
parmi [parmi] *adv* 1. darunter; *prep* 2. unter, zwischen
parodie [parɔdi] *f* Parodie *f*
paroi [parwa] *f* Wand *f*
parole [parɔl] *f* Wort *n; Voilà une bonne ~!* Das ist ein Wort! *Parole d'honneur!* Ehrenwort! *faire honneur à sa ~* sein Versprechen einhalten; *~ énergique* Machtwort *n*
parquet [parkɛ] *m* 1. Bretterboden *m;* 2. *THEAT* Parkett *n*
parrain [parɛ̃] *m* Pate *m*
parrainage [parɛnaʒ] *m* Patenschaft *f*
parsemer [parsəme] *v* verstreuen, ausstreuen; *~ de* spicken mit, bestreuen mit; *Les confettis parsèment le sol.* Die Konfetti sind über den ganzen Boden verteilt.
part [par] *f* 1. Teil *m; de ~ et d'autre* auf beiden Seiten; *mis à ~* ausgenommen; *à ~* extra; *C'est un fait à ~.* Das ist eine Sache für sich. *nulle ~* nirgends; *faire ~* informieren; *faire ~ à qn de qc* jdm etw mitteilen; *pour ma ~* meinerseits; *~ du lion* Löwenanteil *m;* 2. *(portion)* Anteil *m,* Portion *f; de toute ~* allseits; *prendre ~ à une décision* mitbestimmen; *prendre ~ à* mitmachen; 3. *~ du marché ECO* Marktanteil *m*
partage [partaʒ] *m* 1. Teilung *f;* 2. *(répartition)* Aufteilung *f,* Einteilung *f*
partager [partaʒe] *v* 1. *~ qc avec qn (fig: appartement)* etw mit jdm teilen; 2. *(distribuer)* aufteilen, einteilen; 3. *(~ entre)* verteilen; 4. *(fig)* spalten; 5. *(en deux)* halbieren
partenaire [partənɛr] *m/f* 1. Partner(in) *m/f,* Ehepartner(in) *m/f;* 2. *(d'affaires)* Geschäftspartner(in) *m/f; ~ contractuel(le)* Vertragspartner(in) *m/f;* 3. *~s de coalition pl POL* Koalitionspartner *pl;* 4. *~s sociaux pl* Tarifpartner *pl*
parterre [partɛr] *m* 1. Beet *n;* 2. *THEAT* Parterre *n*
partez [parte] *interj* los
parti [parti] *adv* 1. fort, weg; *tirer ~ de qc* aus etw Nutzen ziehen; *m* 2. *~ pris* Voreingenommenheit *f; avec ~ pris* voreingenommen; 3. *POL* Partei *f;* 4. *~ de gauche POL* Linke *f*
partial [parsjal] *adj* parteiisch, voreingenommen; *être ~* befangen sein
partialité [parsjalite] *f* Befangenheit *f*
participant(e) [partisipɑ̃(t)] *m/f* 1. Beteiligte(r) *m/f;* 2. *(à un cours)* Kursteilnehmer(in) *m/f;* 3. *(collaborateur/collaboratrice)* Teilnehmer(in) *m/f*
participation [partisipasjɔ̃] *f* 1. Beteiligung *f,* Mitwirkung *f; ~ aux bénéfices* Gewinnbeteiligung *f; ~ électorale* Wahlbeteiligung *f;* 2. *(contribution)* Anteil *m;* 3. *(association)* Partnerschaft *f*
participer [partisipe] *v* mitmachen, sich beteiligen; *~ à* teilnehmen an
particularité [partikylarite] *f* 1. Einzelheit *f;* 2. *(originalité)* Besonderheit *f,* Eigenheit *f;* 3. *(caractéristique)* Eigentümlichkeit *f*
particulier [partikylje] *adj* 1. besonderer/besonderes, eigenartig; 2. *(privé)* privat; 3. *en ~* insbesondere
particulièrement [partikyljɛrmɑ̃] *adv (très)* besonders
partie [parti] *f* 1. Stück *n,* Teil *m,* Partie *f; Ce n'est pas une ~ de plaisir.* Das ist alles andere als ein Vergnügen. *Je suis de la ~.* Ich bin dabei. *~ majeure* Mehrzahl *f; faire ~ de* dazugehören; *en ~* teilweise; *prendre qn à ~* jdn angreifen; *~ de cartes* Kartenspiel *n; ~ du corps* Körperteil *n; ~ supérieure* Oberteil *n; ~ contractante* Vertragspartner *m; ~ inférieure* Unterteil *n; ~ de cache-cache* Versteckspiel *n; ~ adverse* Widersacher *m; ~s génitales* Genitalien *pl;* 2. *(membre)* Glied *n,* Bestandteil *m;* 3. *(région)* Abschnitt *m*
partiellement [parsjɛlmɑ̃] *adv* teilweise
partir [partir] *v irr* 1. *(train, voiture)* abfahren, ausgehen, gehen; *à ~ de* ab; *~ en voyage* verreisen; *~ d'un éclat de rire* aus vollem Halse lachen; *Vous êtes mal parti.* Sie haben es falsch angefangen. *à ~ de quoi* woraus; 2. *~ pour/~ à* reisen nach; 3. *(commencer)* starten; *L'affaire part bien.* Die Sache lässt sich gut an. 4. *laisser ~* weglassen, gehen lassen; 5. *faire ~ qn* jdn wegschicken; 6. *(douleur)* vergehen; 7. *(quitter)* scheiden

partisan(e) [paʀtizɑ̃/paʀtizan] *m/f 1. (adhérent(e))* Anhänger(in) *m/f; les ~s* die Anhängerschaft *f; 2. (avocat(e))* Befürworter(in) *m/f; 3. POL* Partisan *m*
partout [paʀtu] *adv 1.* überall; *2. ~ à la ronde* ringsherum
parure [paʀyʀ] *f 1.* Schmuck *m; 2. (décor)* Zier *f*
parution [paʀysjɔ̃] *f* Veröffentlichung *f*
parvenir [paʀvəniʀ] *v irr 1. ~ à* erreichen; *2. (atteindre)* gelangen; *3. faire ~ à* übermitteln; *4. ~ à atteindre* erzielen
parvenu [paʀvəny] *m* Emporkömmling *m*
pas[1] [pɑ] *m 1.* Schritt *m; C'est à deux ~ d'ici.* Das ist ein Katzensprung von hier. *faire les cent ~* auf- und abgehen; *de ce ~* sofort; *emboîter le ~ à qn* jdm auf den Fersen folgen; *mettre au ~* gleichschalten; *revenir sur ses ~* umkehren; *2. (marche)* Tritt *m; ~ à ~* schrittweise
pas[2] [pɑ] *adv ne ... ~* nicht; *~ du tout* gar nicht; *ne ... ~ non plus* auch nicht; *~ un/~ une* keine(r,s)
passable [pɑsabl] *adj* leidlich
passablement [pɑsabləmɑ̃] *adv 1.* halbwegs; *2. (pas trop mal)* leidlich
passage [pasaʒ] *m 1. (pour voiture)* Durchfahrt *f,* Durchgang *m; ~ de la frontière* Grenzübertritt *m; ~ souterrain* Unterführung *f; ~ à niveau* Bahnübergang *m; ~ interdit* Fahrverbot *n; ~ pour piétons* Zebrastreifen *m; 2. (en montagne)* Pass *m; 3. (traversée)* Überfahrt *f,* Übergang *m; 4. (couloir)* Gang *m*
passager [pasaʒe] *m 1.* Insasse *m,* Fahrgast *m; ~ avant (en voiture)* Beifahrer *m; adj 2.* vorübergehend, vergänglich
passant(e) [pasɑ̃(t)] *m/f* Passant(in) *m/f*
passation [pasasjɔ̃] *f* Übergabe *f*
passe [pɑs] *m (fam)* Dietrich *m; être dans une bonne ~* eine Glückssträhne haben
passé [pɑse] *adj 1. (dernier)* letzter/letztes, vorhergegangen; *2. (écoulé)* vergangener/vergangenes; *adv 3. (temps)* vorbei, vorüber; *m 4.* Vergangenheit *f*
passe-partout [paspaʀtu] *m* Dietrich *m*
passeport [paspɔʀ] *m* Reisepass *m*
passer [pɑse] *v 1.* vorbeigehen, entlanggehen; *Il faut en ~ par là.* Da muss man durch. *Passez donc!* Bitte, treten Sie ein! *Passons à table!* Gehen wir zu Tisch! *Comme le temps passe!* Wie die Zeit vergeht! *2. (chez qn)* vorbeikommen, vorbeifahren; *3. (se dérouler)* vergehen, vorbeigehen; *4. (temps)* verbringen, vertreiben; *5. (tamiser)* sieben, passieren; *6. (se faner)* verleben, verblühen; *7. (un vêtement)* schlüpfen, anziehen; *8. TEL* verbinden; *9. (contrat)* schließen; *10. (examen)* absolvieren; *11. ~ pour* gehalten werden für; *12. ~ outre qc* sich über etw hinwegsetzen; *13. ~ les bornes (fig)* zu weit gehen, über die Hutschnur gehen; *14. ~ pardessus qc (fig)* sich über etw hinwegsetzen; *15. ~ de mode* aus der Mode kommen; *16. se ~* vorkommen, geschehen, sich abspielen; *se ~ de* entbehren; *se ~ de qc* sich etw verkneifen; *17. ~ à (fig: l'ennemi)* überlaufen zu
passerelle [pasʀɛl] *f 1.* Landungssteg *m; 2. (pont étroit)* Laufsteg *m*
passe-temps [pastɑ̃] *m 1.* Zeitvertreib *m; 2. ~ favori* Lieblingsbeschäftigung *f*
passible [pasibl] *adj* empfindungsfähig; *être ~ de* unterliegen/betroffen sein
passif [pasif] *adj 1.* passiv, untätig; *m 2. ECO* Passiva *pl*
passion [pasjɔ̃] *f 1.* Leidenschaft *f; 2. (émotion)* Affekt *m; 3. (prédilection)* Liebhaberei *f; 4. (fig)* Glut *f,* Schwarm *m*
passionnant [pasjɔnɑ̃] *adj* mitreißend, spannend
passionné [pasjɔne] *adj* heiß, leidenschaftlich
passionnément [pasjɔnemɑ̃] *adv* leidenschaftlich
passionner [pasjɔne] *v se ~ pour (fig)* schwärmen für
passivité [pasivite] *f* Passivität *f*
passoire [paswaʀ] *f* Sieb *n*
pastel [pastɛl] *m (crayon)* Pastellfarbe *f,* Pastellstift *m; un portrait au ~* ein Portrait in Pastellfarben *n*
pastèque [pastɛk] *f BOT* Wassermelone *f*
pasteur [pastœʀ] *m 1. (évangélique) REL* Geistlicher *m,* Pastor *m,* Pfarrer *m; 2. (prêtre) REL* Seelsorger *m*
pasteurisé [pastœʀize] *adj* keimfrei
pastille [pastij] *f 1. (bonbon)* Bonbon *n; une ~ de chocolat* ein Schokoladenbonbon *n; des ~s contre la toux* Hustenbonbons *pl; 2. (motif)* Punkt *m; une robe à ~s* ein gepunktetes Kleid *n*
pastis [pastis] *m (boisson)* Pastis *m,* alkoholisches Getränk mit Anis *n*
patate [patat] *f (fam: pomme de terre)* Kartoffel *f*
pataugeoire [patoʒwaʀ] *f* Plantschbecken *n*
patauger [patoʒe] *v (jouer)* plantschen

pâte [pɑt] *f* *1.* Teig *m;* *~ feuilletée* Blätterteig *m;* *~ brisée* Mürbteig *m;* *mettre la main à la ~* selbst Hand anlegen; *2. (dentifrice)* Zahnpasta *f;* *3. ~s pl* Teigwaren *pl;* *4. ~s pl (nouilles) GAST* Nudeln *pl*
pâté [pɑte] *m* *1. GAST* Pastete *f;* *~ de foie gras* Gänseleberpastete *f;* *2. (tache)* Klecks *m;* *3. ~ de maisons* Häuserblock *m*
patente [patɑ̃t] *f ECO* Gewerbeschein *m*
Pater [patɛʀ] *m ~ noster REL* Vaterunser *n*
patère [patɛʀ] *f* Kleiderhaken *m*
paternel [patɛʀnɛl] *adj* väterlich
paternité [patɛʀnite] *f* Vaterschaft *f*
pâteux [pɑtø] *adj* mehlig, zähflüssig; *une encre pâteuse* eine dickflüssige Tinte *f;* *Cette poire est pâteuse.* Diese Birne ist mehlig.
pathétique [patetik] *m* Pathos *n*
pathologie [patɔlɔʒi] *f MED* Pathologie *f*
pathologique [patɔlɔʒik] *adj* *1. MED* pathologisch; *2. (maladif)* krankhaft
pathologiste [patɔlɔʒist] *m/f MED* Pathologe/Pathologin *m/f*
patiemment [pasjamɑ̃] *adv* geduldig
patience [pasjɑ̃s] *f* Geduld *f;* *Ma ~ est à bout.* Mir reißt der Geduldsfaden./Meine Geduld ist nun wirklich zu Ende. *faire perdre la ~ à qn* jdn vertrösten; *~ d'ange* Engelsgeduld *f*
patient [pasjɑ̃] *adj* geduldig
patient(e) [pasjɑ̃(t)] *m/f* Patient(in) *m/f*
patienter [pasjɑ̃te] *v* abwarten, ausharren
patin [patɛ̃] *m* *1. ~ à roulettes SPORT* Rollschuh *m;* *2. ~ à glace* Schlittschuh *m*
patinage [patinaʒ] *m ~ artistique SPORT* Eiskunstlauf *m*
patiner [patine] *v* *1. (roues)* durchdrehen; *2. SPORT* Schlittschuh laufen
patineur [patinœʀ] *m ~ artistique SPORT* Eiskunstläufer *m*
patinoire [patinwaʀ] *f* *1.* Eissporthalle *f;* *2. (fig)* Eisbahn *f,* Rutschbahn *f;* *La route est une vraie ~.* Die Straße ist eine einzige Rutschbahn.
pâtisserie [pɑtisʀi] *f* *1.* Gebäck *n;* *2. (magasin)* Konditorei *f*
pâtissier-confiseur [pɑtisjekɔ̃fizœʀ] *m* Konditor *m*
patriarcat [patʀijaʀka] *m* Patriarchat *n*
patriarche [pɑtʀijaʀʃ] *m* Patriarch *m*
patrie [patʀi] *f* Heimat *f,* Vaterland *n*
patrimoine [patʀimwan] *m* *1.* Erbschaft *f;* *2. (bien culturel)* Kulturgut *n;* *3. ~ génétique BIO* Erbgut *n*
patriote [patʀijɔt] *m* Patriot *m*
patriotique [patʀijɔtik] *adj* patriotisch
patriotisme [patʀijɔtism] *m* Patriotismus *m;* *~ de clocher* Lokalpatriotismus *m*
patron [patʀɔ̃] *m (modèle)* Schablone *f*
patron(ne) [patʀɔ̃/patʀɔn] *m/f* *1.* Chef(in) *m/f,* Arbeitgeber(in) *m/f;* *2. (dans l'artisanat)* Meister(in) *m/f;* *3. ~ d'un café* Wirt(in) *m/f;* *4. (chef)* Haupt *n;* *5. REL* Schutzpatron(in) *m/f*
patronage [patʀɔnaʒ] *m* *1. (protection)* Schirmherrschaft *f;* *2. REL* Patronat *n*
patrouille [patʀuj] *f (de police)* Streife *f,* Polizeistreife *f*
patte [pat] *f* *1.* Pfote *f;* *graisser la ~ à qn* jdn schmieren; *montrer ~ blanche* sich ausweisen; *2. ZOOL* Pranke *f*
pâturage [pɑtyʀaʒ] *m* *1. (herbage)* Matte *f;* *2. ~ alpestre* Alm *f;* *3. (enclos)* Koppel *f;* *4. (prés) BOT* Weide *f*
paume [pom] *f ~ de la main ANAT* Handfläche *f*
paumer [pome] *v* *1. (fam: perdre)* verlieren; *2. se ~ (fam)* sich verirren
paupière [popjɛʀ] *f ANAT* Augenlid *n*
paupiette [popjɛt] *f GAST* Roulade *f*
pause [poz] *f* *1.* Pause *f;* *faire une ~ de travail* kurz aussetzten; *~ de réflexion* Denkpause *f;* *~ de midi* Mittagspause *f;* *2. (halte)* Rast *f*
pauvre [povʀ] *adj* *1.* arm; *2. (maigre)* dürftig, mager; *3. (fig)* armselig; *4. (misérable)* kümmerlich, spärlich
pauvreté [povʀəte] *f* Not *f,* Armut *f*
pavé [pave] *m* Pflaster *n,* Straßenpflaster *n;* *être sur le ~* arbeitslos sein
pavillon [pavijɔ̃] *m* *1. (drapeau)* Fahne *f,* Flagge *f;* *2. (maison)* Einfamilienhaus *n;* *3. (de jardin)* Gartenhaus *n;* *4. (cratère)* Schalltrichter *m;* *5. (d'oreille) ANAT* Ohrmuschel *f*
pavoiser [pavwaze] *v* beflaggen
pavot [pavo] *m BOT* Mohn *m*
payable [pɛjabl] *adj* zahlbar
payant [pɛjɑ̃] *adj* *être ~* sich auszahlen
payer [peje] *v* *1.* bezahlen, zahlen; *~ d'audace* unverschämt sein; *~ comptant* bar bezahlen; *~ de retour* erwidern/nicht um eine Antwort verlegen sein; *~ par acomptes* in Raten zahlen; *se ~ une tranche* sich kranklachen; *~ ultérieurement* nachzahlen; *~ à tempérament ECO* in Raten zahlen; *2. (régler)* auszahlen, abzahlen; *3. (fam)* blechen; *4. (verser)* einzahlen; *5. (rendre)* vergelten; *~ qn de retour* es jdm heimzahlen

pays [pei] *m 1.* Land *n; avoir vu du ~* weitgereist sein; *~ agricole* Agrarland *n; ~ baltes* Baltikum *n; ~ du Bénélux* Beneluxstaaten *pl; ~ sous-développé* Entwicklungsland *n; ~ frontalier* Grenzland *n; ~ d'origine* Ursprungsland *n; ~ industriel* Industrieland *n; ~ de cocagne* Schlaraffenland *n; ~ tropicaux* Tropen *pl; du ~* heimisch, inländisch, heimatlich; *2. (patrie)* Heimat *f*
paysage [peizaʒ] *m* Landschaft *f*
paysan [peizɑ̃] *adj* bäuerlich
paysan(ne) [peizɑ̃/peizan] *m/f* Bauer/Bäuerin *m/f*
Pays-Bas [peibɑ] *m/pl GEO* Niederlande *f*
P.C.V. [peseve] *m (paiement contre vérification) TEL* R-Gespräch *n*
péage [peaʒ] *m* Autobahngebühr *f; à ~ (sur l'autoroute)* gebührenpflichtig
peau [po] *f 1. ANAT* Haut *f; Je ne voudrais pas être dans sa ~.* Ich möchte nicht in seiner Haut stecken. *2. (fourrure)* Pelz *m; 3. (d'animal)* Fell *n; 4. BOT* Hülse *f*
peccadille [pekadij] *f* Kavaliersdelikt *n*
péché [peʃe] *m* Sünde *f; ~ de jeunesse* Jugendsünde *f; ~ capital* Kardinalfehler *m*
pêche[1] [pɛʃ] *f* Fischfang *m; ~ hauturière* Hochseefischerei *f*
pêche[2] [pɛʃ] *f BOT* Pfirsich *m*
pécher [peʃe] *v* sündigen; *~ contre* sich versündigen
pêcher [pɛʃe] *v ~ à la ligne* angeln, fischen
pécheur [peʃœʀ] *m* Sünder *m*
pêcheur [pɛʃœʀ] *m* Fischer *m,* Angler *m*
pédagogie [pedagɔʒi] *f* Pädagogik *f*
pédagogique [pedagɔʒik] *adj* pädagogisch
pédagogue [pedagɔg] *m/f* Pädagoge/Pädagogin *m/f*
pédale [pedal] *f* Pedal *n; ~ d'accélération* Gaspedal *n; ~ de frein* Bremspedal *n*
pédaler [pedale] *v* in die Pedale treten, Rad fahren
pédalo [pedalo] *m* Tretboot *n*
pédestre [pedɛstʀ] *adj* Fuß...; *une randonnée ~* eine Fußwanderung *f; un circuit ~* ein Rundweg *m*
pédiatre [pedjatʀ] *m/f* Kinderarzt/Kinderärztin *m/f*
pègre [pɛgʀ] *f* Unterwelt *f*
peigne [pɛɲ] *m* Kamm *m,* Haarkamm *m*
peigner [peɲe] *v se ~* sich kämmen
peignoir [pɛɲwaʀ] *m* Bademantel *m*
peinard [pɛnaʀ] *adj (fam)* zurückgezogen, ruhig; *un père ~* ein ruhiger Vater *m; rester ~ dans son coin* friedlich in seinem Eck bleiben
peindre [pɛ̃dʀ] *v irr* malen, anstreichen
peine [pɛn] *f 1.* Mühe *f; C'est ~ perdue.* Das ist verlorene Liebesmühe./Das ist nicht der Mühe wert. *y perdre sa ~* sich umsonst bemühen; *2. (douleur)* Schmerz *m; 3. (chagrin)* Leid *n,* Kummer *m; faire de la ~* Leid tun; *Cela me fait de la ~ pour vous.* Das tut mir Leid für Sie. *4. (punition) JUR* Strafe *f,* Bestrafung *f; ~ de prison* Gefängnisstrafe *f; ~ de détention* Haftstrafe *f; ~ disciplinaire* Ordnungsstrafe *f; ~ de mort/~ capitale* Todesstrafe *f*
peintre [pɛ̃tʀ] *m 1. (artiste)* Maler *m; 2. (en bâtiment)* Maler *m,* Anstreicher *m*
peinture [pɛ̃tyʀ] *f* Gemälde *n,* Malerei *f; ~ à l'eau* Wasserfarben *pl; ~ à l'huile* Ölgemälde *n; ~ murale* Wandgemälde *n*
péjoratif [peʒɔʀatif] *adj* pejorativ, bedeutungsverschlechternd
pelage [pəlaʒ] *m (fourrure)* Pelz *m*
pelé [pəle] *adj (sans végétation)* kahl
pêle-mêle [pɛlmɛl] *adj 1. (en désordre)* durcheinander; *m 2.* Durcheinander *n*
peler [pəle] *v* schälen
pèlerin [pɛlʀɛ̃] *m* Pilger *m,* Wallfahrer *m*
pèlerinage [pɛlʀinaʒ] *m* Pilgerfahrt *f,* Wallfahrt *f*
pélican [pelikɑ̃] *m ZOOL* Pelikan *m*
pelle [pɛl] *f* Schaufel *f,* Schippe *f*
pelleter [pɛlte] *v* schippen
pelletier [pɛltje] *m* Kürschner *m*
pellicule [pelikyl] *f 1. (dans les cheveux)* Schuppe *f; 2. (de photo)* Film *m*
pelote [pəlɔt] *f ~ de laine* Wollknäuel *n; avoir les nerfs en ~* nervös sein
peloton [plɔtɔ̃] *m SPORT* Hauptfeld *n; le ~ de tête* die Spitzengruppe *f,* die Vordersten *pl; être dans le ~* sich im Hauptfeld befinden
pelotonner [pəlɔtɔne] *v se ~* sich zusammenkauern, sich zusammenrollen; *se ~ contre qn* sich an jdn anschmiegen; *se ~ dans son lit* sich in sein Bett kuscheln
pelouse [pəluz] *f BOT* Rasen *m*
peluche [pəlyʃ] *f* Plüsch *m*
pelure [pəlyʀ] *f (de pommes de terre)* Schale *f,* Pelle *f*
pénaliser [penalize] *v* bestrafen, eine Strafe verhängen
pénalité [penalite] *f* Buße *f*

penalty [penalti] *m SPORT* Strafstoß *m*
penaud [pəno] *adj* verdutzt, verwirrt
penchant [pɑ̃ʃɑ̃] *m 1.* Trieb *m; 2. (pour une personne)* Zuneigung *f; 3. (fig: talent)* Hang *m,* Neigung *f*
pencher [pɑ̃ʃe] *v 1.* neigen; *2. ~ pour* tendieren zu; *3. se ~ dehors* sich hinausbeugen; *4. se ~ en avant* sich vorbeugen
pendant [pɑ̃dɑ̃] *prep 1. (temps)* in; *2. (durant)* während; *konj 3. ~ que* während, indem; *m 4.* Gegenstück *n*
pendeloque [pɑ̃dlɔk] *f (bijou)* Anhänger *m*
pendentif [pɑ̃dɑ̃tif] *m (bijou)* Kettenanhänger *m,* Anhänger *m*
penderie [pɑ̃dʀi] *f* Kleiderschrank *m*
pendre [pɑ̃dʀ] *v 1.* hängen, herabhängen; *dire pis que ~ de qn* kein gutes Haar an jdm lassen; *2. se ~* sich aufhängen, sich erhängen
pendule [pɑ̃dyl] *m 1.* Pendel *n; f 2. (petite horloge)* Standuhr *f*
pénétrant [penetʀɑ̃] *adj 1.* eindringlich; *2. (fort)* penetrant
pénétrer [penetʀe] *v 1.* durchdringen, eindringen; *2. ~ par effraction* einbrechen; *3. ~ dans qc* in etw hineintreten
pénible [penibl] *adj 1.* peinlich; *2. (difficile)* mühsam; *3. (minutieux)* penibel
péniche [peniʃ] *f* Kahn *m*
pénicilline [penisilin] *f MED* Penizillin *n*
pénis [penis] *m ANAT* Penis *m*
pénitencier [penitɑ̃sje] *m 1.* Zuchthaus *n; 2. JUR* Strafanstalt *f*
pensable [pɑ̃sabl] *adj* denkbar
pensée [pɑ̃se] *f 1.* Gedanke *m,* Idee *f; 2. (réflexion)* Denken *n*
penser [pɑ̃se] *v 1. ~ à qc* an etw denken, etw bedenken; *2. (croire)* glauben, meinen
pensif [pɑ̃sif] *adj* besinnlich, nachdenklich
pension [pɑ̃sjɔ̃] *f 1. (maison)* Pension *f; ~ complète* Vollpension *f; 2. (de retraite)* Rente *f,* Pension *f; ~ alimentaire* Unterhalt *m; ~ de réversion* Witwenrente *f*
pensionnaire [pɑ̃sjɔnɛʀ] *m (d'un foyer)* Insasse *m*
pensionnat [pɑ̃sjɔna] *f* Pensionat *n*
pensivement [pɑ̃sivmɑ̃] *adv* nachdenklich
pente [pɑ̃t] *f 1. (en montagne)* Hang *m,* Abhang *m; remonter la ~* wieder auf die Beine kommen; *2. (talus)* Böschung *f; en ~* abschüssig; *3. (inclinaison)* Gefälle *n,* Neigung *f*
Pentecôte [pɑ̃tkot] *f REL* Pfingsten *n*
pénurie [penyʀi] *f 1.* Not *f,* Mangel *m; 2. (manque)* Knappheit *f; ~ en eau potable* Trinkwasserknappheit *f; 3. ~ de/~ en* Verknappung *f; 4. ~ de personnel* Personalmangel *m*
pépé [pepe] *m (jargon d'enfants)* Opa *m*
pépin [pepɛ̃] *m 1.* Obstkern *m; 2. (fig: difficulté)* Schwierigkeit *f; avoir un ~* ein Problem haben; *Il va t'arriver des ~s.* Du wirst in Schwierigkeiten geraten.
pépite [pepit] *f* Klumpen *m; une ~ d'or* ein Goldklumpen *m*
perçant [pɛʀsɑ̃] *adj 1.* gellend; *2. (fig)* messerscharf, spitz
percée [pɛʀse] *f* Durchbruch *m*
perce-neige [pɛʀsənɛʒ] *m BOT* Schneeglöckchen *n*
perceptible [pɛʀsɛptibl] *adj 1.* erkennbar, merklich; *2. (à l'oreille)* hörbar; *3. (intelligible)* vernehmbar
perception [pɛʀsɛpsjɔ̃] *f 1.* Wahrnehmung *f; 2. (bureau de paiement des impôts)* Finanzamt *n*
percer [pɛʀse] *v 1. (fig)* durchschauen; *2. (transpercer)* herausschauen, hervorschauen; *3. (perforer)* lochen, perforieren
perceuse [pɛʀsøz] *f TECH* Bohrer *m*
percevoir [pɛʀsəvwaʀ] *v irr 1. (salaire)* beziehen; *2. (gagner)* einnehmen; *3. (fig)* überschauen
perche[1] [pɛʀʃ] *f* Stange *f*
perche[2] [pɛʀʃ] *f ZOOL* Barsch *m*
percher [pɛʀʃe] *v 1.* hochlegen, hochstellen; *~ qc sur l'armoire* etw auf einen Schrank stellen; *2. se ~* hochklettern; *se ~ sur un arbre* auf einen Baum klettern; *se ~ sur le parapet* auf die Brüstung steigen
percuter [pɛʀkyte] *v ~ qc* gegen etw stoßen, gegen etw schlagen; *La voiture a percuté un arbre.* Das Auto ist gegen einen Baum gefahren.
perdant(e) [pɛʀdɑ̃(t)] *m/f* Verlierer(in) *m/f*
perdre [pɛʀdʀ] *v 1.* verlieren; *~ les pédales* unsicher werden; *Je m'y perds.* Da komme ich nicht mehr mit. *Rien n'est perdu.* Noch ist nicht alles verloren. *2. (de l'argent)* einbüßen; *~ au change* beim Umtausch verlieren; *3. se ~* sich verlaufen, sich verirren; *4. se ~ dans (fig)* versinken in; *5. se ~ dans le lointain* abklingen
perdrix [pɛʀdʀi] *m ZOOL* Rebhuhn *n*
père [pɛʀ] *m 1.* Vater *m; 2. ~ Noël* Weihnachtsmann *m; 3. ~ spirituel* Seelsorger *m*

Père [pɛʀ] *m (révérend) REL* Pater *m*
pérenniser [peʀenize] *v JUR* verewigen
perfection [pɛʀfɛksjɔ̃] *f* Perfektion *f*, Vollkommenheit *f; à la ~* meisterhaft
perfectionner [pɛʀfɛksjɔne] *v 1.* vervollkommnen; *2. (connaissances)* vertiefen; *3. (affiner)* veredeln; *4. se ~* sich fortbilden
perfectionniste [pɛʀfɛksjɔnist] *m/f* Perfektionist(in) *m/f*
perfide [pɛʀfid] *adj* tückisch, verräterisch
perfidie [pɛʀfidi] *f 1.* Heimtücke *f; 2. (infidélité)* Untreue *f*
perforatrice [pɛʀfɔʀatʀis] *f 1.* Locher *m; 2. TECH* Bohrer *m*
perforer [pɛʀfɔʀe] *v* lochen, perforieren
perforeuse [pɛʀfɔʀøz] *f* Locher *m*
performance [pɛʀfɔʀmɑ̃s] *f 1.* Leistungsfähigkeit *f; 2. TECH* Leistung *f; brillante ~* Glanzleistung *f; haute ~* Hochleistung *f*
perfusion [pɛʀfyzjɔ̃] *f MED* Infusion *f*
péricliter [peʀiklite] *v* untergehen
péril [peʀil] *m* Gefahr *f*, Not *f*
périlleux [peʀijø] *adj* gefährlich, halsbrecherisch
périmé [peʀime] *adj* ungültig; *être ~* verfallen/ungültig werden
périmètre [peʀimɛtʀ] *m 1.* Umfang *m*, Umkreis *m; 2. ~ interdit* Sperrbezirk *m*
période [peʀjɔd] *f 1. (de temps)* Abschnitt *m*, Periode *f; 2. (laps de temps)* Zeitraum *m; ~ de pointe* Hochsaison *f; ~ initiale* Anfangsstadium *n; ~ d'essai* Probezeit *f; ~ de transition* Übergangszeit *f; ~ creuse* Flaute *f; ~ radioactive* Halbwertszeit *f; ~ d'incubation* Inkubationszeit *f*
périodique [peʀjɔdik] *m 1.* Zeitschrift *f; adj 2.* periodisch
péripétie [peʀipesi] *f* Zwischenfall *m*, unvorhergesehenes Ereignis *n; un voyage riche en ~s* eine Reise voller Zwischenfälle *f*
périphérie [peʀifeʀi] *f* Peripherie *f*, Stadtrand *m*
périphérique [peʀifeʀik] *adj 1.* peripher; *2. boulevard ~* Ring *m*
périr [peʀiʀ] *v 1.* umkommen, zu Grunde gehen; *2. (mourir)* verenden
périssable [peʀisabl] *adj 1.* verderblich; *2. (temporel)* zeitlich
péristyle [peʀistil] *m* Säulengang *m*
péritonite [peʀitɔnit] *f MED* Bauchfellentzündung *f*
perle [pɛʀl] *f* Perle *f; Cela ne s'enfile pas commes des ~s.* Das ist nicht so einfach, wie es aussieht.
permanence [pɛʀmanɑ̃s] *f 1.* Dauer *f; 2. (continuité)* Beständigkeit *f; en ~* immer/ständig; *3. (du service de secours)* Notdienst *m*
permanent [pɛʀmanɑ̃] *adj (continu)* ständig, permanent
permanente [pɛʀmanɑ̃t] *f* Dauerwelle *f*
perméabilité [pɛʀmeabilite] *f* Durchlässigkeit *f*
perméable [pɛʀmeabl] *adj* durchlässig, undicht
permettre [pɛʀmɛtʀ] *v irr 1.* erlauben, ermöglichen; *2. (autoriser)* genehmigen, gestatten; *3. se ~ de* wagen, sich trauen; *4. se ~ qc* sich etw gönnen
permis [pɛʀmi] *m* Erlaubnisschein *m*, Genehmigung *f; ~ de conduire* Führerschein *m; ~ de séjour* Aufenthaltsgenehmigung *f; ~ de construire* Baugenehmigung *f; ~ de port d'armes* Waffenschein *m; ~ d'exportation ECO* Ausfuhrgenehmigung *f*
permission [pɛʀmisjɔ̃] *f 1.* Zulassung *f*, Erlaubnis *f; avoir la ~* dürfen; *2. MIL* Urlaub *m*
permutable [pɛʀmytabl] *adj* austauschbar
permutation [pɛʀmytasjɔ̃] *f* Tausch *m*
permuter [pɛʀmyte] *v 1.* vertauschen; *2. TECH* umschalten
Pérou [peʀu] *m GEO* Peru *n*
perpendiculaire [pɛʀpɑ̃dikylɛʀ] *adj* senkrecht
perpétuel [pɛʀpetɥɛl] *adj 1.* fortwährend; *2. (à perpétuité)* lebenslänglich
perpétuer [pɛʀpetɥe] *v 1.* verewigen; *2. se ~* fortbestehen
perpétuité [pɛʀpetɥite] *f JUR* Fortdauer *f*
perplexe [pɛʀplɛks] *adj 1.* ratlos, unschlüssig; *être ~* bestürzt sein; *2. (embarrassé)* verlegen
perplexité [pɛʀplɛksite] *f* Befangenheit *f*
perquisition [pɛʀkizisjɔ̃] *f (de domicile) JUR* Hausdurchsuchung *f*
perquisitionner [pɛʀkizisjɔne] *v* durchsuchen
perron [pɛʀɔ̃] *m* Eingangstreppe *f*, Eingangsstufen *pl*
perroquet [pɛʀɔkɛ] *m* Papagei *m; répéter qc comme un ~* etw nachplappern wie ein Papagei
perruche [peʀyʃ] *f ZOOL* Wellensittich *m*
perruque [peʀyk] *f* Perücke *f*
Perse [pɛʀs] *m 1. (personne)* Perser *m; f 2. GEO* Persien *n*

persécuté(e) [pɛʀsekyte] *m/f* Verfolgte(r) *m/f*
persécuter [pɛʀsekyte] *v (fig)* hetzen
persécuteur [pɛʀsekytœʀ] *m* Quälgeist *m* (fam)
persécution [pɛʀsekysjɔ̃] *f POL* Verfolgung *f; ~ des Juifs* Judenverfolgung *f*
persévérance [pɛʀseveʀɑ̃s] *f 1.* Beharrlichkeit *f,* Ausdauer *f; 2. (résistance)* Beständigkeit *f,* Widerstandskraft *f*
persévérant [pɛʀseveʀɑ̃] *adj* beharrlich, ausdauernd
persévérer [pɛʀseveʀe] *v* ausharren, verharren
persienne [pɛʀsjɛn] *f 1.* Fensterladen *m; 2. (store)* Jalousie *f*
persiflage [pɛʀsiflaʒ] *m* Verspottung *f*
persil [pɛʀsi] *m BOT* Petersilie *f*
persistance [pɛʀsistɑ̃s] *f 1.* Andauer *f; 2. (persévérance)* Beständigkeit *f,* Widerstandskraft *f; 3. (durée)* Fortdauer *f*
persistant [pɛʀsistɑ̃] *adj* nachhaltig
persister [pɛʀsiste] *v 1.* andauern; *2. ~ dans* verharren in
personnage [pɛʀsɔnaʒ] *m 1.* Person *f; ~ principal* Hauptperson *f; 2. grossier ~ (fam)* Prolet *m*
personnalité [pɛʀsɔnalite] *f 1.* Person *f; 2. (personnage)* Persönlichkeit *f; manquant de ~ (personne)* farblos; *3. ~ importante* Prominenz *f*
personne[1] [pɛʀsɔn] *pron 1.* niemand; *2. (aucun)* keiner; *Je n'y suis pour ~.* Ich bin für niemanden zu sprechen.
personne[2] [pɛʀsɔn] *f 1. (individu)* Person *f; être infatué de sa ~* sehr von sich eingenommen sein; *en ~* persönlich; *imbu de sa ~* eingebildet; *~ interposée* Mittelsmann *m; ~ compétente* Sachbearbeiter(in) *m/f; 2. (être humain)* Mensch *m*
personnel [pɛʀsɔnɛl] *adj 1.* eigen, persönlich; *m 2.* Personal *n; ~ au sol* Bodenpersonal *n; 3. (en entreprise)* Betriebsangehörige *pl*
personnellement [pɛʀsɔnɛlmɑ̃] *adv* persönlich
personnification [pɛʀsɔnifikasjɔ̃] *f* Inbegriff *m,* Verkörperung *f*
personnifié [pɛʀsɔnifje] *adj* leibhaftig
personnifier [pɛʀsɔnifje] *v* verkörpern, personifizieren
perspective [pɛʀspɛktiv] *f 1. (avenir)* Aussicht *f; 2. (panorama)* Ausblick *m; 3. (manière de voir)* Perspektive *f*
perspicace [pɛʀspikas] *adj 1.* scharfsinnig; *2. (fig)* weitsichtig
perspicacité [pɛʀspikasite] *f* Scharfsinn *m*
persuader [pɛʀsɥade] *v 1.* überreden; *2. ~ qn de qc* jdn von etw überzeugen
persuasif [pɛʀsɥazif] *adj* überzeugend
persuasion [pɛʀsɥazjɔ̃] *f 1.* Überredung *f; 2. (conviction)* Überzeugung *f*
perte [pɛʀt] *f 1. (chute)* Untergang *m; 2. (déperdition)* Einbuße *f; à ~ de vue* endlos; *~ de connaissance* Bewusstlosigkeit *f; ~ de mémoire* Gedächtnisschwund *m; 3. MED* Abgang *m; 4. ECO* Ausfall *m,* Verlust *m*
pertinent [pɛʀtinɑ̃] *adj 1.* treffend; *2. (plausible)* triftig
perturbation [pɛʀtyʀbasjɔ̃] *f* Ruhestörung *f*
perturber [pɛʀtyʀbe] *v* stören, unterbrechen; *~ une réunion* eine Versammlung stören
pervenche [pɛʀvɑ̃ʃ] *f (fleur) BOT* Immergrün *n*
pervers [pɛʀvɛʀ] *adj* abartig, pervers
pervertir [pɛʀvɛʀtiʀ] *v* verführen
pesant [pəzɑ̃] *adj 1.* beschwerlich; *2. (compact)* plump
pesanteur [pəsɑ̃tœʀ] *f (fig)* Schwere *f,* Schwerkraft *f*
peser [pəze] *v 1. (poids)* wiegen; *2. ~ qc* etw abwiegen; *3. (considérer)* erwägen; *~ le pour et le contre* das Für und Wider erwägen; *4. (fig)* belasten, bedrücken; *5. ~ sur (fig)* lasten auf
pessimisme [pesimism] *m* Pessimismus *m*
pessimiste [pesimist] *m 1.* Pessimist *m; adj 2.* pessimistisch
peste [pɛst] *f MED* Pest *f*
pester [pɛste] *v ~ contre qn* jdn verfluchen
pesticide [pɛstisid] *m* Pflanzenschutzmittel *n*
pétale [petal] *m BOT* Blütenblatt *n; des ~s de roses* Rosenblätter *pl; perdre ses ~s* die Blätter verlieren
pétanque [petɑ̃k] *f (jeu de boules)* Petanque *n,* Boule *n*
pétarader [petaʀade] *v* knattern, rattern
pétard [petaʀ] *m* Knallkörper *m*
pétillant [petijɑ̃] *adj 1.* schäumend; *2. (fam)* quicklebendig
pétiller [petije] *v 1. (feu)* knistern; *2. (picoter)* prickeln; *3. (mousser)* schäumen, sprudeln; *4. (fig)* sprühen

petiot(e) [pətjo/pətjɔt] *m/f (fam)* Kleine(r) *m/f,* Wicht *m; mon ~* mein Kleiner *m*
petit [pəti] *adj 1.* gering, klein; *~ à ~* allmählich; *très ~* winzig; *m 2. (animal) ZOOL* Junges *n*
petite-fille [pətitfij] *f* Enkelin *f*
petitesse [pətites] *f* Geringfügigkeit *f,* Kleinheit *f*
petit-fils [pətifis] *m* Enkel *m*
pétition [petisjɔ̃] *f 1.* Petition *f; 2. POL* Eingabe *f,* Petition *f*
petit-lait [pətilɛ] *m* Molke *f*
petits-enfants [pətizɑ̃fɑ̃] *m/pl* Enkel *pl;* Enkelkinder *pl*
petits pois [pətipwa] *m/pl* Erbsen *pl*
petit-suisse [pətisɥis] *m* Petit-Suisse *m*
pétrifié [petʀifje] *adj* versteinert
pétrin [petʀɛ̃] *m 1.* Mulde *f; 2. (fig)* Klemme *f*
pétrir [petʀiʀ] *v* kneten
pétrole [petʀɔl] *m 1.* Erdöl *n; 2. (huile)* Petroleum *n*
pétrolier [petʀɔlje] *m* Öltanker *m*
pétulant [petylɑ̃] *adj* übermütig
peu [pø] *adv 1. (quantité)* knapp, gering; *~ à ~* allmählich; *un petit ~ de* ein klein bisschen von; *un ~* etwas/ein wenig; *2. (pas beaucoup)* wenig; *tant soi ~* wenn auch noch so wenig; *pour un ~* beinahe/um ein Haar; *sous ~* in Kürze/bald; *Peu m'importe.* Das ist mir gleichgültig. *~ ou prou* gar nicht
peuple [pœpl] *m 1.* Volk *n; 2. (population)* Bevölkerung *f*
peuplier [pøplije] *m BOT* Pappel *f*
peur [pœʀ] *f 1.* Angst *f; en être quitte pour la ~* mit dem Schrecken davonkommen; *avoir une ~ bleue* eine Heidenangst haben; *faire ~ à qn* jdn erschrecken; *2. (angoisse)* Furcht *f*
peureux [pœʀø] *adj 1.* ängstlich, scheu; *m 2.* Angsthase *m*
peut-être [pøtɛtʀ] *adv* vielleicht, möglicherweise
pfennig [pfɛnig] *m* Pfennig *m*
pH [peaʃ] *m CHEM* pH-Wert *m*
phantasme [fɑ̃tasm] *m* Trugbild *n*
phare [faʀ] *m 1.* Leuchtturm *m; 2. (de voiture)* Scheinwerfer *m; ~ antibrouillard* Nebelscheinwerfer *m; pleins ~s* Fernlicht *n*
pharmaceutique [faʀmasøtik] *adj* pharmazeutisch
pharmacie [faʀmasi] *f* Apotheke *f*
pharmacien(ne) [faʀmasjɛ̃/faʀmasjɛn] *m/f* Apotheker(in) *m/f*
pharmacologie [faʀmakɔlɔʒi] *f* Pharmakologie *f*
pharmacologue [faʀmakɔlɔg] *m/f* Pharmakologe/Pharmakologin *m/f*
phase [faz] *f* Stufe *f,* Phase *f,* Stadium *n; ~ finale* Ausklang *m*
phénomène [fenɔmɛn] *m* Erscheinung *f,* Phänomen *n; ~ concomitant* Begleiterscheinung *f; ~ marginal* Randerscheinung *f; ~ réflexe* Reflexbewegung *f; ~ de transition* Übergangserscheinung *f*
philanthrope [filɑ̃tʀɔp] *m* Menschenfreund *m*
philharmonie [filaʀmɔni] *f MUS* Philharmonie *f*
philologue [filɔlɔg] *m/f* Philologe/Philologin *m/f*
philosophe [filɔzɔf] *m/f* Philosoph(in) *m/f*
philosopher [filɔzɔfe] *v* philosophieren
philosophie [filɔzɔfi] *f* Philosophie *f*
philosophique [filɔzɔfik] *adj* philosophisch
phonétique [fɔnetik] *f 1.* Phonetik *f; adj 2.* phonetisch
phoque [fɔk] *m ZOOL* Robbe *f,* Seehund *m*
phosphate [fɔsfat] *m CHEM* Phosphat *n*
photo [fɔto] *f* Foto *n,* Aufnahme *f; ~ d'identité* Passbild *n*
photocopie [fɔtokɔpi] *f* Abzug *m,* Kopie *f; faire une ~* fotokopieren
photocopier [fɔtokɔpje] *v* fotokopieren
photocopieur [fɔtokɔpjœʀ] *m* Kopierer *m*
photographe [fɔtogʀaf] *m/f* Fotograf(in) *m/f*
photographie [fɔtogʀafi] *f* Foto *n,* Lichtbild *n*
photographier [fɔtogʀafje] *v* fotografieren, knipsen
photosensible [fɔtosɑ̃sibl] *adj* lichtempfindlich
phrase [fʀɑz] *f 1. GRAMM* Satz *m; 2. ~ toute faite* Floskel *f,* Redewendung *f*
physicien(ne) [fizisjɛ̃/fizisjɛn] *m/f* Physiker(in) *m/f*
physiologie [fizjɔlɔʒi] *f* Physiologie *f*
physiologique [fizjɔlɔʒik] *adj* physiologisch
physionomie [fizjɔnɔmi] *f* Gesichtsausdruck *m*
physiothérapie [fizjɔteʀapi] *f MED* Naturheilkunde *f*

physique [fizik] *adj 1.* körperlich; *2. (selon les lois de la nature)* physikalisch; *3. (force)* physisch; *f 4.* Physik *f; ~ nucléaire* Kernphysik *f*
pianiste [pjanist] *m/f MUS* Pianist(in) *m/f*
piano [pjano] *m 1. MUS* Klavier *n; 2. ~ à queue* Flügel *m*
pic[1] [pik] *m 1. (outil)* Pickel *m,* Picke *f; 2. (montagne)* spitzer Berg *m,* Pik *m; 3. à ~* senkrecht
pic[2] [pik] *m ~ épeiche ZOOL* Buntspecht *m*
Picardie [pikaʀdi] *f (région de France)* Picardie *f*
pichet [piʃɛ] *m* Krug *m*
pickpocket [pikpɔkɛt] *m* Taschendieb *m*
picoler [pikɔle] *v (fam)* saufen
picorer [pikɔʀe] *v 1.* picken; *2. (picoter)* prickeln
picotement [pikɔtmɑ̃] *m* Stechen *n,* Kribbeln *n; avoir des ~s dans la gorge* ein Kitzeln im Hals haben; *avoir des ~s aux pieds* ein Kribbeln in den Füßen haben
picoter [pikɔte] *v* stechen, beißen; *La fumée me picote les yeux.* Der Rauch beißt mir in den Augen.
pie [pi] *f ZOOL* Elster *f*
pièce [pjɛs] *f 1. (de monnaie)* Münze *f; 2. (chambre)* Raum *m,* Zimmer *n; ~ attenante* Nebenraum *m; 3. (part)* Stück *n; 4. (de tissu)* Fleck *m; 5. THEAT* Posse *f; ~ écrite pour la télévision* Fernsehspiel *n; ~ radiophonique* Hörspiel *n; 6. petite ~* Kammer *f,* Stube *f*
pied [pje] *m 1. ANAT* Fuß *m; au ~ levé* unvorbereitet/aus dem Stegreif; *Je ne peux plus mettre un ~ devant l'autre.* Ich kann keinen Fuß mehr vor den anderen setzen. *mettre les ~s dans le plat* ins Fettnäpfchen treten; *ne pas savoir sur quel ~ danser* weder ein noch aus wissen; *perdre ~* den Boden unter den Füßen verlieren; *~s nus* barfuß; *~ plat* Plattfuß *m; 2. (unité de mesure)* Fuß *m,* Zoll *m; 3. (de statue, de monument)* Fuß *m,* Sockel *m; 4. BOT* Stängel *m*
pied-noir [pjenwaʀ] *m/f* Algerienfranzose/Algerienfranzösin *m/f*
piège [pjɛʒ] *m 1.* Falle *f; se laisser prendre au ~* in die Falle gehen; *2. (fig)* Schlinge *f*
piéger [pjeʒe] *v 1. ~ qn (fig)* jdn fangen, jdn in die Falle locken; *2. ~ une mine* eine Mine mit einer Sprengladung versehen; *~ une voiture* eine Autobombe herstellen
pierre [pjɛʀ] *f 1.* Stein *m; C'est une ~ dans mon jardin.* Das ist auf mich gemünzt. *être malheureux comme les ~s* todunglücklich sein; *~ de bordure* Bordstein *m; ~ tombale* Grabstein *m; ~ en cuivre* Kupferstein *m; 2. ~ précieuse* Juwel *n; 3. ~s pl* Gestein *n*
pierreux [pjɛʀ] *adj* steinig
piété [pjete] *f 1.* Pietät *f; 2. REL* Frömmigkeit *f*
piétinement [pjetinmɑ̃] *m 1.* Trampeln *n,* Stampfen *n; 2. (fig)* Stagnation *f,* Stillstand *m; le ~ de l'économie* die Stagnation der Wirtschaft *f; le ~ des négociations* der Stillstand der Verhandlungen *m*
piétiner [pjetine] *v* trampeln
piéton(ne) [pjetɔ̃/pjetɔn] *m/f* Fußgänger(in) *m/f,* Passant(in) *m/f*
piètre [pjɛtʀ] *adj* armselig
pieu [pjø] *m* Pfahl *m*
pieuvre [pjœvʀ] *f ZOOL* Krake *f*
pieux [pjø] *adj REL* andächtig, fromm
pigeon [piʒɔ̃] *m ZOOL* Taube *f*
piger [piʒe] *v (fam: comprendre)* kapieren
pigment [pigmɑ̃] *m* Pigment *n*
pigne [piɲ] *f BOT* Pinienzapfen *m*
pignon [piɲɔ̃] *m 1.* Giebel *m; 2. BOT* Pinienkern *m*
pilastre [pilastʀ] *m* Pfeiler *m*
pile [pil] *f 1. (de vêtements, de livres)* Stapel *m; 2. ~ électrique TECH* Batterie *f*
pilier [pilje] *m 1.* Säule *f,* Pfeiler *m; 2. (support)* Ständer *m*
pillage [pijaʒ] *m* Plünderung *f*
piller [pije] *v* plündern, ausplündern
pilotage [pilɔtaʒ] *m* Steuerung *f*
pilote [pilɔt] *m/f 1.* Lotse/Lotsin *m/f; 2. (d'avion)* Pilot(in) *m/f; ~ d'essai* Testpilot(in) *m/f*
piloter [pilɔte] *v 1.* lenken, steuern; *2. (avion)* fliegen; *3. (diriger)* lotsen
pilule [pilyl] *f* Pille *f; avaler la ~* die bittere Pille schlucken/in den sauren Apfel beißen; *~ contraceptive MED* Antibabypille *f*
piment [pimɑ̃] *m ~ doux BOT* Paprika *m*
pimenter [pimɑ̃te] *v* pfeffern
pin [pɛ̃] *m BOT* Kiefer *f; pomme de ~* Tannenzapfen *n*
pinailleur [pinɑjœʀ] *m* Pedant *m,* Kleinigkeitskrämer *m*
pince [pɛ̃s] *f 1.* Zange *f,* Klemme *f; ~ coupante* Beißzange *f; 2. (à épiler)* Pinzette *f; 3. ~ à linge* Wäscheklammer *f*
pinceau [pɛ̃so] *m* Pinsel *m*
pincée [pɛ̃se] *f* Prise *f,* Messerspitze *f*
pincer [pɛ̃se] *v 1. (coincer)* klemmen; *2. (avec les doigts)* kneifen, zwicken
pingouin [pɛ̃gwɛ̃] *m ZOOL* Pinguin *m*

ping-pong [piŋ pɔ̃ŋ] *m SPORT* Tischtennis *n*
pingre [pɛ̃gʀ] *m 1.* Filz *m; adj 2. (fam)* knauserig
pinson [pɛ̃sɔ̃] *m ZOOL* Buchfink *m*
pintade [pɛ̃tad] *f ZOOL* Perlhuhn *n*
pioche [pjɔʃ] *f* Hacke *f,* Pickel *m*
piocher [pjɔʃe] *v* hacken
piolet [pjɔlɛ] *m (outil)* Pickel *m*
pion [pjɔ̃] *m (fam)* Aufseher *m*
pionnier [pjɔnje] *m 1.* Pionier *m,* Vorkämpfer *m; 2. (précurseur)* Wegbereiter *m*
pipe [pip] *f* Pfeife *f*
pipeau [pipo] *m (flûte)* Hirtenflöte *f*
pipelet [piplɛ] *m (fam)* Schlitzohr *n*
piquant [pikɑ̃] *adj 1.* scharf; *2. (pointu)* spitz; *3. (épineux)* kratzig; *4. (fig)* prickelnd
pique [pik] *f* Spieß *m*
pique-assiette [pikasjɛt] *m/f* Schmarotzer(in) *m/f*
pique-nique [piknik] *m* Picknick *n*
piquer [pike] *v 1.* stechen; *2. (mordre)* beißen; *3. (fam)* klauen
piquet [pikɛ] *m* Pfahl *m*
piqûre [pikyʀ] *f 1.* Stich *m; ~ d'insecte* Insektenstich *m; ~ d'abeille* Bienenstich *m; 2. (de vipère)* Biss *m; 3. MED* Spritze *f,* Injektion *f; faire une ~* spritzen
pirate [piʀat] *m 1.* Pirat *m; 2. ~ en informatique* Hacker *m*
pire [piʀ] *adv au ~* schlimmstenfalls
pirouette [piʀwɛt] *f* Drehung *f*
pis [pi] *m ZOOL* Euter *n*
piscine [pisin] *f* Schwimmbad *n,* Becken *n; ~ couverte* Hallenbad *n; ~ en plein air* Freibad *n*
pissenlit [pisɑ̃li] *m BOT* Löwenzahn *m; manger les ~s par la racine* ins Gras beißen
pistache [pistaʃ] *f BOT* Pistazie *f*
pistachier [pistaʃje] *m (arbre) BOT* Pistazie *f*
piste [pist] *f 1.* Piste *f; ~ cyclable* Fahrradweg *m; ~ d'atterrissage* Landebahn *f; ~ de danse* Tanzfläche *f; 2. ~ de cirque* Manege *f*
pistolet [pistɔlɛ] *m* Pistole *f*
piston [pistɔ̃] *m 1. (de moteur)* Kolben *m; 2. TECH* Bolzen *m; 3. (fam)* Beziehungen *pl,* Vitamin B *n; avoir une place par ~* eine Stelle über Beziehungen bekommen
pistonner [pistɔne] *v (fam)* unterstützen, fördern; *se faire ~* die Beziehungen nutzen
pitié [pitje] *f 1.* Mitleid *n; C'est ~ que de voir.* Es ist ein Jammer, das mitanzusehen. *avoir ~ de* bemitleiden; *2. (miséricorde)* Erbarmen *n*
pitoyable [pitwajabl] *adj 1.* bedauernswert, bemitleidenswert; *2. (misérable)* erbärmlich, jämmerlich; *3. REL* gnädig
pitre [pitʀ] *m* Narr *m*
pitreries [pitʀəʀi] *f/pl (fam)* Faxen *pl*
pittoresque [pitɔʀɛsk] *adj* malerisch, romantisch
pivert [pivɛʀ] *m (= pic-vert)* Specht *m*
pivoine [pivwan] *f BOT* Pfingstrose *f; être rouge comme une ~* knallrot sein
pivotant [pivɔtɑ̃] *adj* drehbar
pivoter [pivɔte] *v ~ sur son axe TECH* rotieren
placard [plakaʀ] *m* Schrank *m; ~ de cuisine* Küchenschrank *m*
place [plas] *f 1. (lieu)* Ort *m,* Stelle *f,* Platz *m; ~ de parking* Parkplatz *m; ~ du marché* Marktplatz *m; ~ à l'université* Studienplatz *m; à la ~ de* anstatt; *laisser sur ~* dalassen; *~ d'apprentissage* Lehrstelle *f; 2. (espace libre)* Platz *m; 3. (emploi)* Posten *m; 4. (siège)* Sitz *m; ~ assise* Sitzplatz *f; 5. (endroit)* Standort *m*
placé [plase] *adj* situiert
placement [plasmɑ̃] *m* Investition *f*
placenta [plasɛ̃ta] *m MED* Mutterkuchen *m,* Plazenta *f*
placer [plase] *v 1.* legen; *~ qc* etw hinlegen; *2. (caser)* unterbringen; *3. (investir)* investieren, anlegen; *4. (mettre)* platzieren
plafond [plafɔ̃] *m 1.* Zimmerdecke *f; fresque de ~ ART* Deckengemälde *n; 2. (hauteur de vol)* Flughöhe *f*
plafonnier [plafɔnje] *m* Deckenbeleuchtung *f*
plage [plaʒ] *f* Strand *m; ~ de sable* Sandstrand *m*
plaider [plede] *v 1. (une cause)* plädieren; *2. (contre) JUR* prozessieren
plaidoirie [plɛdwaʀi] *f* Plädoyer *n*
plaidoyer [plɛdwaje] *m 1. JUR* Verteidigung *f; 2. (défense)* Plädoyer *n*
plaie [plɛ] *f 1.* Wunde *f; 2. (fléau)* Heimsuchung *f; 3. (blessure superficielle) MED* Platzwunde *f*
plaignant [plɛɲɑ̃] *m JUR* Ankläger *m,* Kläger *m*
plaindre [plɛ̃dʀ] *v irr 1. se ~* sich beklagen, sich beschweren; *2. (regretter)* bemitleiden; *~ un malheureux* einen Unglücklichen bedauern; *être à ~* bemitleidenswert sein; *Il n'est pas à ~.* Er hat es verdient.

plaine [plɛn] *f GEOL* Ebene *f*
plainte [plɛ̃t] *f 1. JUR* Strafanzeige *f; 2. (dénonciation)* Anzeige *f; porter ~ contre qn* jdn anzeigen; *~ écrite* Klageschrift *f; 3. (réclamation)* Klage *f,* Beschwerde *f*
plaintif [plɛ̃tif] *adj* kläglich
plaire [plɛʀ] *v irr 1. ~ à qn* jdm gefallen; *2. (fig: aimer)* ansprechen, zusagen
plaisamment [plɛzamɑ̃] *adv* scherzhaft
plaisant [plɛzɑ̃] *adj 1. (drôle)* lustig; *2. (agréable)* gefällig; *3. (railleur)* scherzhaft
plaisanter [plɛzɑ̃te] *v 1.* spaßen; *2. (badiner)* scherzen; *Je ne plaisante pas.* Das ist kein Scherz.
plaisanterie [plɛzɑ̃tʀi] *f* Scherz *m*
plaisir [pleziʀ] *m 1.* Belieben *n; 2. (satisfaction)* Gefallen *m; 3. (délectation)* Genuss *m,* Lust *f,* Freude *f; avec ~* gern/mit Vergnügen; *~ suprême* Hochgenuss *m*
plan [plɑ̃] *m 1. ARCH* Entwurf *m,* Abriss *m; laisser en ~ qn* jdn im Stich lassen; *~ transversal* Querschnitt *m; premier ~* Vordergrund *m; gros ~* Großaufnahme *f; 2. (carte)* Plan *m,* Zeichnung *f; ~ d'aménagement* Bebauungsplan *m; ~ de vol* Flugplan *m; ~ de bataille* Schlachtplan *m; ~ d'une ville* Stadtplan *m; ~ de désarmement* Abrüstungsplan *m; 3. (concept)* Konzept *n; 4. (fig)* Ebene *f; 5. (projet)* Vorhaben *n*
planche [plɑ̃ʃ] *f 1.* Brett *n; ~ à repasser* Bügelbrett *n; 2. ~ de titre* Titelbild *n; 3. ~ de salut (fig)* Rettungsanker *m*
plancher [plɑ̃ʃe] *m* Fußboden *m*
plancton [plɑ̃ktɔ̃] *m* Plankton *n*
planer [plane] *v* schweben
planète [planɛt] *f* Planet *m*
planeur [planœʀ] *m* Segelflugzeug *n*
planification [planifikasjɔ̃] *f* Planung *f; ~ urbaine* Stadtplanung *f*
planifier [planifje] *v* planen
planning [planiɲ] *m* Planung *f; ~ familial* Familienplanung *f*
planquer [plɑ̃ke] *v 1. (fam: cacher)* verstecken; *~ qn dans sa cave* jdn im Keller verstecken; *2. se ~ (fam)* sich verstecken
plantation [plɑ̃tasjɔ̃] *f 1.* Anpflanzung *f,* Bepflanzung *f; 2. (exploitaton agricole)* Plantage *f*
plante[1] [plɑ̃t] *f* Pflanze *f; ~ médicinale* Arzneipflanze *f; ~ grimpante* Kletterpflanze *f*
plante[2] [plɑ̃t] *f ~ du pied* Fußsohle *f*
planter [plɑ̃te] *v 1.* bauen, pflanzen; *tout ~ là* alles hinschmeißen; *2. (jardin)* anlegen
plantureux [plɑ̃tyʀ] *adj* üppig
plaque [plak] *f 1.* Platte *f; 2. ~ minéralogique* Nummernschild *n; 3. (de porte)* Türschild *n; 4. ~ tournante* Umschlagplatz *m,* Drehscheibe *f*
plaqué [plake] *m* Furnier *n*
plaquer [plake] *v 1. TECH* beschichten; *2. ~ qn (fam)* jdn fallen lassen, jdn versetzen
plasma [plasma] *m BIO* Plasma *n*
plastique [plastik] *adj 1.* formbar; *2. (en relief)* plastisch; *3. matière ~* Plastik *n,* Kunststoff *m*
plastronner [plastʀɔne] *v* sich brüsten
plat [pla] *m 1.* Schüssel *f,* Tortenplatte *f; 2. GAST* Gang *m; mettre les petits ~s dans les grands* sich in Unkosten stürzen; *faire tout un ~ de qc* viel Aufhebens um etw machen; *3. (repas) GAST* Gericht *n; ~ préféré* Leibgericht *n; ~ favori* Lieblingsspeise *f; ~ tout préparé* Fertiggericht *n; ~ de résistance* Hauptgericht *n; adj 4.* eben, flach; *à ~* erschöpft; *être à ~* einen Platten haben
platane [platan] *m BOT* Platane *f*
plateau [plato] *m 1.* Tablett *n; 2. GEO* Hochebene *f; 3. ~ de la balance* Waagschale *f*
plate-bande [platbɑ̃d] *f* Beet *n*
plate-forme [platfɔʀm] *f 1.* Plattform *f; 2. ~ de forage* Bohrinsel *f; 3. ~ de chargement* Ladebühne *f; 4. ~ d'élévation TECH* Hebebühne *f*
platine [platin] *m 1. CHEM* Platin *n; f 2. INFORM* Laufwerk *n*
plat pays [plapei] *m* Flachland *n*
plâtre [plɑtʀ] *m 1. MIN* Gips *m; battre qn comme ~* jdn windelweich schlagen; *2. MED* Gips *m; avoir une jambe dans le ~* ein Gipsbein haben
plâtrer [plɑtʀe] *v 1.* gipsen, vergipsen; *~ une cloison* eine Wand vergipsen; *2. MED* eingipsen, einen Gipsverband anlegen; *~ un bras* einen Arm eingipsen
plausible [plozibl] *adj* plausibel, triftig
plèbe [plɛb] *f* Pöbel *m*
plein [plɛ̃] *adj 1.* voll, völlig; *en avoir ~ le dos* es gründlich satt haben; *faire le ~* voll tanken; *de ~ gré* aus freiem Antrieb; *en ~ hiver* mitten im Winter; *en ~ soleil* in der prallen Sonne; *mettre en ~ dans le mille* ins Schwarze treffen; *2. ZOOL* trächtig
plénitude [plenityd] *f* Fülle *f*
pléthore [pletɔʀ] *f* Überfluss *m*
pleurer [plœʀe] *v 1.* weinen; *~ comme une Madeleine/~ comme un veau* wie ein

Schlosshund heulen; *C'est bête à ~!* Es ist zum Weinen! *2. ~ qc* etw bejammern; *3. ~ qn (mort)* jdn beweinen; *4. (fam)* heulen

pleurnicher [plœʀniʃe] *v (fam)* heulen, quengeln

pleurs [plœʀ] *m/pl* Tränen *pl; en ~* in Tränen aufgelöst

pleuvoir [pløvwaʀ] *v irr* regnen; *~ à verse* in Strömen regnen; *Il va ~.* Es wird gleich Regen geben. *Il pleut de grosses gouttes.* Es regnet dicke Tropfen. *Les critiques pleuvaient sur lui.* Er wurde mit Kritik überschüttet.

plexiglas [plɛksiglas] *m* Plexiglas *n*

pli [pli] *m 1.* Falte *f; Cela ne fait pas un ~.* Das geht wie geschmiert. *prendre un mauvais ~ (fig)* eine schlechte Gewohnheit annehmen; *2. (de pantalon)* Bügelfalte *f; 3. (d'un papier)* Knick *m*

pliable [plijabl] *adj* faltbar, zusammenklappbar

pliant [plijɑ̃] *adj* faltbar

plie [pli] *f ZOOL* Scholle *f*

plier [plije] *v 1.* einbiegen; *2. (courber)* beugen, biegen; *être plié en deux* sich biegen vor Lachen; *3. (froisser)* falten, knicken; *4. (papier)* umknicken; *5. se ~ à* sich fügen

plisser [plise] *v* knicken, falten

pliure [plijyʀ] *f (d'un papier)* Knick *m*

plomb [plɔ̃] *m 1.* Blei *n; avec ~* verbleit; *2. (amalgame)* Plombe *f*

plombage [plɔ̃baʒ] *m (d'une dent)* Plombe *f,* Zahnfüllung *f*

plomber [plɔ̃be] *v* plombieren

plomberie [plɔ̃bʀi] *f* Installation *f,* Klempnerei *f; La ~ est à refaire.* Die Installation muss neu gemacht werden.

plombier-zingueur [plɔ̃bjezɛ̃gœʀ] *m* Klempner *m*

plonge [plɔ̃ʒ] *f (fam)* Spülen *n,* Tellerwaschen *n; faire la ~* das Geschirr abwaschen

plongée [plɔ̃ʒe] *f* Tauchen *n,* Untertauchen *n; faire de la ~ sous-marine* Tauchsport betreiben/tiefseetauchen; *un sous-marin en ~* ein U-Boot auf Tauchstation *n*

plongeon [plɔ̃ʒɔ̃] *m* Kopfsprung *m*

plonger [plɔ̃ʒe] *v 1.* tauchen; *2. (tremper dans qc)* untertauchen, eintauchen; *3. se ~ dans qc* sich in etw versenken

plongeur [plɔ̃ʒœʀ] *m* Taucher *m*

plouc [pluk] *m (fam)* Tölpel *m*

ployer [plwaje] *v* nachgeben

pluie [plɥi] *f* Regen *m; ~ diluvienne METEO* Platzregen *m; ~ torrentielle* Wolkenbruch *m*

plumage [plymaʒ] *m ZOOL* Gefieder *n*

plume [plym] *f 1. ZOOL* Feder *f; y laisser des ~s* Federn lassen; *léger comme une ~* federleicht; *2. ~ d'oie* Bettfeder *f*

plupart [plypaʀ] *f 1. la ~* die meisten; *2. pour la ~* größtenteils

plural [plyʀal] *adj* mehrfach

pluralisme [plyʀalism] *m* Pluralismus *m*

pluraliste [plyʀalist] *adj* pluralistisch

pluralité [plyʀalite] *f* Mehrheit *f*

pluriel [plyʀjɛl] *m GRAMM* Mehrzahl *f,* Plural *m*

plus [plys] *adv 1. de ~* außerdem, ferner, hinzu; *2. ~ ..., ~ ...* je ... desto ...; *3. en ~ (supplémentaire)* dazu; *4. MATH* plus; *5. le ~ de* die meisten; *6. (davantage)* mehr; *J'en ai ~ qu'assez.* Ich habe es mehr als satt. *7. ~ d'un* mehrere

plusieurs [plyzjœʀ] *pron* mehrere

plutôt [plyto] *adv* eher, lieber

pluvieux [plyvjø] *adj* regnerisch, regenreich; *un temps ~* Regenwetter *n; une région pluvieuse* ein regenreiches Gebiet *n*

pneu [pnø] *m 1.* Reifen *m; 2. ~ à plat* Plattfuß *m; 3. ~ clouté (de voiture)* Spikes *pl; 4. ~ thermogomme* Winterreifen *m*

pneumatique [pnømatik] *m 1. TECH* Pneumatik *f; adj 2.* pneumatisch

pneumonie [pnømɔni] *f MED* Lungenentzündung *f*

poche [pɔʃ] *f (sur un vêtement)* Tasche *f; mettre qn dans sa ~* jdn in die Tasche stecken; *C'est dans la ~!* Das hätten wir./Das ist so gut wie sicher. *,avoir des ~s sous les yeux* Augenringe haben; *en être de sa ~ (fig)* draufzahlen

pocher [pɔʃe] *v 1. GAST* pochieren; *~ des œufs* Eier pochieren/verlorene Eier kochen; *~ un fruit* Früchte pochieren; *2. ~ un œil à qn (fam)* jdm ein blaues Auge schlagen

pochette [pɔʃɛt] *f 1. (mouchoir)* Ziertaschentuch *n; 2. (sachet)* Hülle *f,* kleine Tüte *f; une ~ de disque* eine Plattenhülle *f; 3. (sac)* Handtasche *f,* Unterarmtasche *f*

pochette-surprise [pɔʃɛtsyʀpʀiz] *f* Überraschungstüte *f*

podium [pɔdjɔm] *m* Podium *n*

poêle[1] [pwal] *m* Ofen *m; ~ en faïence* Kachelofen *m*

poêle[2] [pwal] *f (ustensile)* Pfanne *f; ~ à frire* Bratpfanne *f*

poème [pɔɛm] *m* Gedicht *n*

poésie [pɔezi] *f 1.* Poesie *f; 2. (poème) LIT* Dichtung *f; 3. ~ lyrique LIT* Lyrik *f*

poète [pɔɛt] *m* Dichter(in) *m/f,* Poet(in) *m/f*
poétique [pɔetik] *adj* poetisch
pogrom(e) [pɔgʀɔm] *m* Pogrom *n*
poids [pwa] *m 1.* Gewicht *n; perdre du ~* abnehmen; *~ brut* Bruttogewicht *n; ~ plume* Federgewicht *n; ~ mouche* Fliegengewicht *n; ~ lourd* Lastkraftwagen *m; ~ net* Nettogewicht *n; manque de ~* Untergewicht *n; 2. (fardeau)* Last *f*
poignant [pwaɲɑ̃] *adj* herzergreifend
poignard [pwaɲaʀ] *m* Dolch *m*
poignée [pwaɲe] *f 1. (sur une porte)* Türgriff *m,* Klinke *f; ~ de porte* Türklinke *f; 2. (coup de main)* Handgriff *m; ~ de main* Händeschütteln *n; une ~ de* eine Hand voll; *3. (anse)* Henkel *m*
poignet [pwaɲɛ] *m ANAT* Handgelenk *n*
poil [pwal] *m 1.* Haar *n; Il s'en est fallu d'un ~.* Es hätte nicht viel gefehlt. *2. (d'animal)* Fell *n*
poilu [pwaly] *adj* behaart; *être ~ comme un singe/être ~ comme un ours* behaart sein wie ein Affe
poinçon [pwɛ̃sɔ̃] *m* Stempel *m*
poinçonner [pwɛ̃sɔne] *v 1.* lochen; *2. (tamponner)* stempeln; *3. TECH* eichen
poindre [pwɛ̃dʀ] *v (aube)* dämmern
poing [pwɛ̃] *m* Faust *f; dormir à ~s fermés* wie ein Murmeltier schlafen; *gros comme le ~* faustgroß
point [pwɛ̃] *m 1.* Punkt *m; mettre les ~s sur les i* es klipp und klar sagen; *être au ~ mort* den toten Punkt erreicht haben; *être sur le ~ de partir* auf dem Sprung sein; *faire le ~ de qc* aus etw Fazit ziehen; *mettre les choses au ~* etw auf den Punkt bringen; *~ d'appui* Anhaltspunkt *m; ~ d'application* Ansatzpunkt *m; ~ de départ* Ausgangspunkt *m; ~ d'exclamation* Ausrufungszeichen *n; ~ d'interrogation* Fragezeichen *n; ~ d'achoppement* Angriffspunkt *m; ~s communs* Gemeinsamkeiten *pl; ~ mort* Leerlauf *m; ~ final* Schlussstrich *m; ~ de fusion* Schmelzpunkt *m; ~ faible* Schwachstelle *f; ~ de côté* Seitenstechen *n; ~ cardinal* Himmelsrichtung *f; bon ~* Pluspunkt *m; ~ du jour* Tagesanbruch *m; 2. ~ de vue* Meinung *f,* Standpunkt *m; 3. (en couture)* Stich *m*
pointe [pwɛ̃t] *f 1.* Spitze *f; ~ des pieds* Zehenspitze *f; de ~* hoch entwickelt; *~ de couteau* Messerspitze *f; heures de ~* Stoßverkehr *m; 2. (clou de l'histoire)* Pointe *f; 3. TECH* Nagel *m*
pointer [pwɛ̃te] *v 1.* abhaken; *2. MUS* punktieren
pointeuse [pwɛ̃tøz] *f* Stechuhr *f*
pointillé [pwɛ̃tije] *m (ligne)* punktierte Linie *f,* Perforation *f; découper suivant le ~* an der punktierten Linie entlang schneiden
pointilleux [pwɛ̃tijø] *adj* peinlich genau, pedantisch
pointu [pwɛ̃ty] *adj* spitz
pointure [pwɛ̃tyʀ] *f* Größe *f*
point-virgule [pwɛ̃viʀgyl] *m GRAMM* Strichpunkt *m*
poire [pwaʀ] *f* Birne *f; couper la ~ en deux* halbe-halbe machen
poireau [pwaʀo] *m BOT* Lauch *m,* Porree *m*
poirier [pwaʀje] *m BOT* Birnbaum *m*
pois [pwa] *m 1.* Erbse *f; 2. (point)* Tupfen *m; 3. ~ chiche BOT* Kichererbse *f*
poison [pwazɔ̃] *m 1.* Gift *n; 2. (fig)* Giftzahn *m*
poisse [pwas] *f (fam: malheur)* Unglück *n,* Schlamassel *m*
poisson [pwasɔ̃] *m 1. ZOOL* Fisch *m; 2. ~ frit* Bratfisch *m; 3. ~ rouge* Goldfisch *m*
poissonnerie [pwasɔ̃nʀi] *f* Fischgeschäft *n,* Fischladen *m*
poissonnier [pwasɔnje] *m* Fischhändler *m,* Fischverkäufer *m*
poitrinaire [pwatʀinɛʀ] *adj* lungenkrank
poitrine [pwatʀin] *f 1.* Brust *f; 2. (buste)* Büste *f*
poivre [pwavʀ] *m* Pfeffer *m; ~ de Cayenne* Cayennepfeffer *m*
poivrer [pwavʀe] *v* pfeffern
poivron [pwavʀɔ̃] *m BOT* Paprikaschote *f*
poix [pwa] *f* Pech *n*
pôle [pol] *m* Pol *m; ~ négatif* Minuspol *m; ~ Nord* Nordpol *m; ~ positif* Pluspol *m; ~ Sud* Südpol *m*
polémique [pɔlemik] *f 1.* Polemik *f; adj 2.* polemisch
poli[1] [pɔli] *adj 1.* höflich; *être on ne peut plus ~* so höflich sein, wie man nur kann; *2. (attentionné)* rücksichtsvoll
poli[2] [pɔli] *m* Politur *f*
police [pɔlis] *f 1.* Polizei *f; ~ judiciaire* Kriminalpolizei *f; ~ des mœurs* Sittenpolizei *f; ~ de la route* Verkehrspolizei *f; 2. ~ d'assurance* Versicherungspolice *f*
police-secours [pɔlissəkuʀ] *f* Überfallkommando *n*
policier [pɔlisje] *m 1.* Polizist *m; 2. roman ~* Krimi *m; adj 3.* polizeilich

poliomyélite [pɔlijɔmjelit] *f MED* Kinderlähmung *f*
polir [pɔliʀ] *v 1. (lisser)* glätten; *2. (affiner)* verfeinern; *3. TECH* abschleifen, schleifen
polissage [pɔlisaʒ] *m* Verfeinerung *f*
polisson [pɔlisɔ̃] *m* Bengel *m,* Lausbub *m*
politesse [pɔlitɛs] *f* Höflichkeit *f*
politique [pɔlitik] *adj 1.* politisch; *f 2.* Politik *f; ~ agricole* Agrarpolitik *f; ~ de l'éducation* Bildungspolitik *f; ~ familiale* Familienpolitik *f; ~ de marché* Absatzpolitik *f; ~ de dissuasion* Abschreckungspolitik *f; ~ extérieure* Außenpolitik *f; ~ de détente* Entspannungspolitik *f; ~ financière* Finanzpolitik *f; ~ de paix* Friedenspolitik *f; ~ commerciale* Handelspolitik *f; ~ intérieure* Innenpolitik *f; ~ réaliste* Realpolitik *f; ~ sociale* Sozialpolitik *f; ~ monétaire* Währungspolitik *f; ~ économique* Wirtschaftspolitik *f*
politiser [pɔlitize] *v* politisieren
pollen [pɔlɛn] *m* Blütenstaub *m*
pollinisation [pɔlinizasjɔ̃] *f* Pollenflug *m*
polluant [pɔlɥɑ̃] *m 1.* Schadstoff *m; adj 2. (contre l'environnement)* umweltfeindlich, umweltschädlich; *3. non ~* schadstoffarm
polluer [pɔlɥe] *v* verschmutzen, verunreinigen
pollution [pɔlysjɔ̃] *f 1.* Verschmutzung *f,* Verunreinigung *f; ~ de l'air* Luftverschmutzung *f; ~ de l'environnement* Umweltverschmutzung *f; 2. ~ sonore* Lärmbelästigung *f*
polochon [pɔlɔʃɔ̃] *m (fam: traversin)* Kissen *n; faire une bataille de ~s* eine Kissenschlacht machen
Pologne [pɔlɔɲ] *f GEO* Polen *n*
polonais [pɔlɔnɛ] *adj* polnisch
Polonais(e) [pɔlɔnɛ(z)] *m/f* Pole/Polin *m/f*
poltron [pɔltʀɔ̃] *adj 1.* feig; *m 2.* Angsthase *m,* Feigling *m*
polychrome [pɔlikʀom] *adj* mehrfarbig
polycopier [pɔlikɔpje] *v* vervielfältigen
polygamie [pɔligami] *f* Polygamie *f*
polyglotte [pɔliglɔt] *adj* mehrsprachig, polyglott
polygonal [pɔligɔnal] *adj MATH* vielseitig
polype [pɔlip] *m MED* Polyp *m*
pommade [pɔmad] *f* Salbe *f,* Pomade *f*
pomme [pɔm] *f 1.* Apfel *m; 2. ~ de terre BOT* Kartoffel *f; ~ en robe de chambre* Pellkartoffel *f; ~s de terre sautées* Bratkartoffeln *pl; ~ à l'anglaise* Salzkartoffeln *pl*
pommier [pɔmje] *m* Apfelbaum *m*
pompe[1] [pɔ̃p] *f* Pumpe *f; ~ à air* Luftpumpe *f*
pompe[2] [pɔ̃p] *f 1. (faste)* Prunk *m; 2. Pompes funèbres pl* Bestattungsinstitut *n*
pompé [pɔ̃pe] *adj (fam: fatigué)* kaputt, erschöpft
pomper [pɔ̃pe] *v* pumpen
pompeux [pɔ̃p] *adj* prunkvoll
pompier [pɔ̃pje] *m 1.* Feuerwehrmann *m; 2. ~s pl* Feuerwehr *f*
pompiste [pɔ̃pist] *m* Tankwart *m*
pompon [pɔ̃pɔ̃] *m 1.* Pompon *m; 2. (fam)* erster Platz *m,* Sieg *m; avoir le ~* alle anderen übertreffen; *tenir le ~* allen anderen den Rang ablaufen; *C'est le ~!* Das ist die Höhe!
poncer [pɔ̃se] *v TECH* abschmiergeln
ponctionner [pɔ̃ksjɔne] *v MED* punktieren
ponctualité [pɔ̃ktɥalite] *f* Pünktlichkeit *f*
ponctuel [pɔ̃ktɥɛl] *adj* pünktlich, prompt
ponctuellement [pɔ̃ktɥɛlmɑ̃] *adv* pünktlich
pondre [pɔ̃dʀ] *v (œuf)* legen
poney [pɔnɛ] *m ZOOL* Pony *n*
pont [pɔ̃] *m 1.* Brücke *f; faire le ~* an einem Arbeitstag, der zwischen zwei Feiertage fällt, nicht arbeiten; *2. NAUT* Deck *n; 3. ~ arrière (d'une voiture)* Hinterachse *f; 4. ~ supérieur (d'un bateau)* Verdeck *n; 5. ~ élévateur* Hebebühne *f*
ponte [pɔ̃t] *m* Gegenspieler *m*
pontifical [pɔ̃tifikal] *adj REL* päpstlich
populace [pɔpylas] *f* Pöbel *m*
populaire [pɔpylɛʀ] *adj 1.* beliebt, populär; *2. (danse)* volkstümlich
popularité [pɔpylaʀite] *f* Beliebtheit *f,* Popularität *f*
population [pɔpylasjɔ̃] *f 1.* Bevölkerung *f; ~ rurale* Landbevölkerung *f; 2. (nombre d'habitants)* Einwohnerzahl *f; 3. ~ locale* Einheimische *pl*
porc [pɔʀ] *m ZOOL* Schwein *n*
porcelaine [pɔʀsəlɛn] *f* Porzellan *n*
porcelet [pɔʀsəlɛ] *m ZOOL* Ferkel *n*
porc-épic [pɔʀepik] *m ZOOL* Stachelschwein *n*
porcherie [pɔʀʃəʀi] *f* Schweinestall *m*
pore [pɔʀ] *m ANAT* Pore *f*
poreux [pɔʀ] *adj* porös
pornographie [pɔʀnogʀafi] *f* Pornografie *f*
port[1] [pɔʀ] *m* Hafen *m*

port² [pɔʀ] *m (affranchissement)* Porto *n*
portable [pɔʀtabl] *adj 1.* tragbar; *un ordinateur ~* ein tragbarer Computer *m,* ein Laptop *m; un téléphone ~* ein tragbares Telefon *n,* ein Handy *n; 2. (mode)* tragbar
portail [pɔʀtaj] *m 1. (porte)* Tor *n; 2. (d'un château)* Portal *n*
portatif [pɔʀtatif] *adj (appareil)* tragbar
porte [pɔʀt] *f 1.* Tür *f; mettre qn à la ~* jdn vor die Tür setzen; *ouvrir la ~ à qc* einer Sache Tür und Tor öffnen; *défendre sa ~ à qn* jdm sein Haus verbieten; *frapper à la ~* anklopfen; *~ tournante* Drehtür *f; ~ à double battant* Flügeltür *f; 2. (conciergerie)* Pforte *f*
porte-à-porte [pɔʀtapɔʀt] *m* Hausieren *n,* Verkauf von Haus zu Haus *m; faire du ~* von Haus zu Haus gehen, hausieren
porte-avions [pɔʀtavjɔ̃] *m* Flugzeugträger *m*
porte-bagages [pɔʀtbagaʒ] *m* Gepäckträger *m*
porte-bonheur [pɔʀtbɔnœʀ] *m* Glücksbringer *m,* Maskottchen *n*
porte-clés [pɔʀtəkle] *m* Schlüsselanhänger *m*
porte-documents [pɔʀtdɔkymɑ̃] *m* Aktentasche *f*
portée [pɔʀte] *f 1.* Reichweite *f; à ~ de la main* griffbereit; *~ d'émission* Sendebereich *m; 2. (envergure)* Spannweite *f,* Tragweite *f; de grande ~* weit reichend
porte-fenêtre [pɔʀtfənɛtʀ] *f* Fenstertür *f*
portefeuille [pɔʀtəfœj] *m 1.* Brieftasche *f; 2. ~ de titres ECO* Effektenbestand *m*
porte-manteau [pɔʀtmɑ̃to] *m* Bügel *m*
porte-monnaie [pɔʀtmɔnɛ] *m* Geldbeutel *m,* Geldbörse *f*
porte-parapluies [pɔʀtpaʀaplɥi] *m* Schirmständer *m*
porte-parole [pɔʀtəpaʀɔl] *m 1.* Sprecher(in) *m/f,* Wortführer(in) *m/f; 2. ~ du gouvernement* Regierungssprecher(in) *m/f*
porte-plume [pɔʀtəplym] *m* Federhalter *m*
porter [pɔʀte] *v 1. (vêtement)* anhaben, tragen; *2. (apporter)* bringen; *se ~ comme un charme* sich pudelwohl fühlen/kerngesund sein; *~ bonheur* Glück bringen; *~ qn aux nues* jdn bis in den Himmel heben; *~ à* überbringen; *~ à la connaissance du public* bekannt geben; *se ~ garant pour qn* für jdn bürgen; *se ~ candidat* kandidieren
porte-savon [pɔʀtsavɔ̃] *m* Seifenhalter *m*
porte-serviettes [pɔʀtsɛʀvjɛt] *m* Handtuchhalter *m*
porteur [pɔʀtœʀ] *m 1.* Bote *m,* Überbringer *m; 2. (support)* Träger *m*
portier [pɔʀtje] *m 1.* Pförtner *m,* Portier *m; 2. (concierge)* Hausmeister *m*
portière [pɔʀtjɛʀ] *f (d'un véhicule)* Fahrzeugtür *f*
portion [pɔʀsjɔ̃] *f 1.* Portion *f; 2. (quantité)* Quantum *n; 3. (quote-part)* Quote *f*
porto [pɔʀto] *m* Portwein *m*
portrait [pɔʀtʀɛ] *m 1.* Abbild *n,* Ebenbild *n; 2. (tableau)* Portrait *n; faire le ~* porträtieren; *3. ~ robot* Phantombild *n*
portugais [pɔʀtygɛ] *adj* portugiesisch
Portugais(e) [pɔʀtygɛ(z)] *m/f* Portugiese/Portugiesin *m/f*
Portugal [pɔʀtygal] *m GEO* Portugal *n*
pose [poz] *f 1.* Pose *f; 2. (de câbles) TECH* Verlegung *f*
posé [poze] *adj* besonnen
posemètre [pozmɛtʀ] *m FOTO* Belichtungsmesser *m*
poser [poze] *v 1.* legen; *2. (placer debout)* stellen; *3. ~ sur* aufsetzen; *4. (pansement) MED* anlegen; *5. (câble) TECH* verlegen
poseur [pozœʀ] *m (fig)* Wichtigtuer *m*
positif [pozitif] *adj 1.* positiv; *m 2. FOTO* Positiv *n*
position [pozisjɔ̃] *f 1.* Lage *f,* Position *f; ~ de pointe* Spitzenposition *f; 2. (point de vue)* Standpunkt *m,* Stellung *f; ~ debout* Stand *m; ~ dominante* Vormachtstellung *f; ~ sociale* Status *m; 3. (poste de travail)* Anstellung *f*
possédé [pɔsede] *adj ~ de* besessen von
posséder [pɔsede] *v 1.* besitzen, haben; *2. (fig: maîtriser)* beherrschen; *3. (fam)* hintergehen
possesseur [pɔsesœʀ] *m (propriétaire)* Inhaber *m*
possession [pɔsesjɔ̃] *f 1.* Besitz *m; 2. avoir en sa ~* innehaben
possibilité [pɔsibilite] *f* Möglichkeit *f; ~ de promotion professionnelle* Aufstiegsmöglichkeit *f; ~ échappatoire* Ausweichmöglichkeit *f*
possible [pɔsibl] *adj 1.* möglich; *2. le mieux ~* bestmöglich; *3. le plus ... ~* möglichst ...
postal [pɔstal] *adj code ~* Postleitzahl *f*
poste¹ [pɔst] *f 1.* Postamt *n; 2. (pour le courrier)* Post *f; ~ aérienne* Luftpost *f; hôtel de la ~* Postamt *n; ~ restante* postlagernd

poste² [pɔst] *m 1. (place)* Position *f; ~ de commande* Schlüsselposition *f; 2. (posture)* Positur *f; 3. (emploi)* Stellung *f; ~ de police* Polizeiposten *m; ~ de secours* Unfallstation *f; 4. (station)* Station *f,* Anlage *f; ~ de télévision* Fernsehgerät *n; ~ émetteur-récepteur* Funkgerät *n; ~ de radio* Rundfunkgerät *n*
poster [pɔste] *v (courrier)* einwerfen
postérieur [pɔsteʀjœʀ] *adj 1.* nachträglich, später; *m 2. (fam)* Hintern *m*
postérité [pɔsteʀite] *f 1.* Nachwelt *f; 2. (descendance)* Nachkommenschaft *f*
postface [pɔstfas] *f* Nachwort *n*
postiche [pɔstiʃ] *adj 1. (faux)* falsch; *m 2.* Toupet *n*
postillonner [pɔstijɔne] *v* eine feuchte Aussprache haben
postulant(e) [pɔstylɑ̃/pɔstylɑt] *m/f* Bewerber(in) *m/f*
postuler [pɔstyle] *v ~ pour/~ à* sich bewerben um
posture [pɔstyʀ] *f* Positur *f*
pot [po] *m 1.* Topf *m; ~ de fleur* Blumentopf *m; 2. (cruche)* Kanne *f; 3. (fam)* Umtrunk *m; 4. ~ d'échappement TECH* Auspuff *m*
potable [pɔtabl] *adj* trinkbar
potage [pɔtaʒ] *m* Suppe *f; ~ de légumes GAST* Gemüsesuppe *f*
potager [pɔtaʒe] *m jardin ~* Gemüsegarten *m*
potasser [pɔtase] *v (fam)* pauken
potassium [pɔtasjɔm] *m* Kalium *n*
pot-au-feu [pɔtof] *m GAST* Feuertopf *m,* Eintopf *m*
pot-de-vin [podəvɛ̃] *m* Schmiergeld *n*
pote [pɔt] *m (fam)* Kumpel *m*
poteau [pɔto] *m* Pfahl *m,* Pfosten *m*
potelé [pɔtle] *adj (gros)* mollig, pummelig
potence [pɔtɑ̃s] *f* Galgen *m*
potentiel [pɔtɑ̃sjɛl] *m 1.* Potential *n; adj 2.* potentiell
poterie [pɔtʀi] *f* Töpferhandwerk *n*
potiner [pɔtine] *v (fam)* tratschen
potins [pɔtɛ̃] *m/pl (fam)* Gerede *n*
potiron [pɔtiʀɔ̃] *m BOT* Kürbis *m*
pot-pourri [popuʀi] *m* Allerlei *n*
pou [pu] *m ZOOL* Laus *f*
pouah [pwa] *interj* pfui
poubelle [pubɛl] *f* Abfalleimer *m*
pouce [pus] *m 1. (unité de mesure)* Zoll *m; 2. ANAT* Daumen *m*
poudre [pudʀ] *f* Puder *m,* Pulver *n; prendre la ~ d'escampette (fam)* sich aus dem Staub machen; *~ à canon* Schießpulver *n*
poudreux [pudʀø] *adj* pulverig
pouf [puf] *m (siège)* Puff *m,* Sitzkissen *n*
pouffer [pufe] *v* losprusten, loslachen; *~ de rire* in lautes Gelächter ausbrechen; *~ derrière qn* hinter jdm losprusten
pouilleux [pujø] *adj (misérable)* lausig
poulailler [pulɑje] *m (abri pour volailles)* Hühnerstall *m*
poulain [pulɛ̃] *m ZOOL* Fohlen *n*
poule [pul] *f ZOOL* Henne *f,* Huhn *n; avoir la chair de ~* eine Gänsehaut bekommen
poulet [pulɛ] *m 1. GAST* Hähnchen *n; 2. ~ rôti* Brathuhn *n; 3. (gendarme)* Bulle *m*
poulpe [pulp] *m 1. ZOOL* Krake *f; 2. MED* Polyp *m*
pouls [pu] *m* Puls *m*
poumon [pumɔ̃] *m ANAT* Lunge *f*
poupe [pup] *f* Heck *n*
poupée [pupe] *f* Puppe *f*
pouponnière [pupɔnjɛʀ] *f* Hort *m,* Kinderhort *m*
pour [puʀ] *prep 1.* für; *~ des prunes* für nichts und wieder nichts; *~ tout de bon* ganz im Ernst; *konj 2. (par)* um ... zu; *~ dire vrai* um die Wahrheit zu sagen; *~ en avoir le cœur net* um im Klaren zu sein; *3. ~ que* damit; *adv 4. ~ quoi* wozu; *prep 5.* pro
pourboire [puʀbwaʀ] *m* Trinkgeld *n*
pourceau [puʀso] *m ZOOL* Schwein *n*
pourcentage [puʀsɑ̃taʒ] *m* Prozent *n*
pourchasser [puʀʃase] *v 1.* jagen, verfolgen; *2. (fig)* hetzen
pourparlers [puʀpaʀle] *m/pl* Verhandlung *f*
pourpre [puʀpʀ] *adj 1.* purpurfarben, purpurrot; *m 2. (couleur)* Purpur *m*
pourquoi [puʀkwa] *adv 1.* warum, wieso, weshalb; *2. c'est ~* deshalb, darum
pourri [puʀi] *adj 1. (fruit)* faul, verdorben; *2. (vermoulu)* morsch
pourrir [puʀiʀ] *v 1.* verderben, faulen; *2. (putréfier)* vermodern
pourriture [puʀityʀ] *f* Verwesung *f,* Verfaulen *n; une odeur de ~* ein Fäulnisgeruch *m; tomber en ~* verfaulen
poursuite [puʀsɥit] *f* Verfolgung *f*
poursuivant [puʀsɥivɑ̃] *m* Verfolger *m; distancer ses ~s* seine Verfolger abschütteln
poursuivre [puʀsɥivʀ] *v irr 1.* fortsetzen, fortfahren; *2. (chasser)* jagen, verfolgen; *3. (son chemin)* weitergehen; *4. (en justice) JUR* belangen
pourtant [puʀtɑ̃] *konj* doch, jedoch
pourvoi [puʀvwa] *m* Einspruch *m*

pourvoir [purvwar] *v irr 1. (équiper)* ausstatten; *2. ~ à* vorsorgen
pousse [pus] *f 1. BOT* Wachstum *n; 2. (bourgeon) BOT* Trieb *m*
poussée [puse] *f 1.* Auftrieb *m; 2. (pression)* Drang *m*
pousser [puse] *v 1. (grandir)* aufwachsen, wachsen; *2. (faire avancer)* schieben, anschieben; *3. BOT* treiben; *4. (en avant)* treiben, antreiben; *5. ~ à* anregen, ermuntern; *6. (s'élever)* aufkommen, heraufziehen
poussette [pusɛt] *f (fam)* Kinderwagen *m*
poussière [pusjɛr] *f* Staub *m*
poussiéreux [pusjerø] *adj* staubig
poussin [pusɛ̃] *m ZOOL* Küken *n*
poutre [putr] *f* Balken *m*
pouvoir [puvwar] *m 1.* Macht *f,* Herrschaft *f; 2. (puissance)* Gewalt *f; ~ discrétionnaire* Verfügungsgewalt *f; la séparation des ~s* die Gewaltenteilung *f; ~s présidentiels* Präsidialgewalt *f; ~ gouvernemental* Regierungsgewalt *f; pleins ~s* Vollmacht *f; 3. (faculté)* Können *n,* Vermögen *n; 4. POL* Mandat *n; 5. ~s pl* Befugnis *f; v irr 6.* dürfen, können
pragmatique [pragmatik] *adj* pragmatisch
prairie [preri] *f* Wiese *f*
praliné [praline] *adj* in Zucker geröstet, gebrannt; *un bonbon ~* ein Bonbon auf der Grundlage von gebrannten Mandeln *n*
praticable [pratikabl] *adj* befahrbar
pratiquant [pratikɑ̃] *adj REL* fromm
pratique [pratik] *f 1.* Praxis *f; 2. (exercice)* Übung *f,* Routine *f; adj 3. (confortable)* bequem, praktisch
pratiquer [pratike] *v 1.* üben; *2. (appliquer)* praktizieren
pré [pre] *m* Wiese *f*
préalablement [prealabləmɑ̃] *adv* vorher
préambule [preɑ̃byl] *m* Vorwort *n*
préau [preo] *m* Innenhof *m; le ~ d'une école* der überdachte Schulhof *m; Les enfants jouent sous le ~.* Die Kinder spielen im überdachten Innenhof.
préavis [preavi] *m délai de ~* Kündigungsfrist *f*
précaire [prekɛr] *adj (douteux)* unsicher
précarité [prekarite] *f 1.* Unsicherheit *f; 2. (caractère éphémère)* Vergänglichkeit *f*
précaution [prekosjɔ̃] *f 1.* Umsicht *f; avec ~* umsichtig; *2. (disposition)* Vorbeugung *f; prendre des ~s* vorsehen; *3. (prudence)* Vorsichtigkeit *f; par mesure de ~* vorsichtshalber; *mesure de ~* Vorsichtsmaßnahme *f; 4. (prévoyance)* Vorsorge *f; par ~* vorsorglich
précautionneux [prekosjɔn] *adj* vorsichtig
précédent [presedɑ̃] *adj 1.* vergangener/vergangenes, vorhergehend; *m 2.* Präzedenzfall *m*
précéder [presede] *v* vorausgehen
précepte [presɛpt] *m* Vorschrift *f*
préchauffer [preʃofe] *v 1. TECH* vorheizen; *2. ~ un four* einen Ofen vorheizen
prêcher [preʃe] *v REL* predigen
précieux [presj] *adj 1.* kostbar, wertvoll; *2. (de luxe)* edel
précipice [presipis] *m* Abgrund *m*
précipitamment [presipitamɑ̃] *adv* fluchtartig, voreilig
précipitation [presipitasjɔ̃] *f 1.* Hast *f; 2. ~s pl METEO* Niederschlag *m*
précipiter [presipite] *v 1. se ~* überstürzen; *2. se ~ (vers, à)* rennen; *3. se ~ sur qc* sich auf etw stürzen
précis [presi] *adj 1. (bien)* bestimmt, gewiss; *2. (exact)* deutlich, genau; *3. (fin)* präzise, fein; *m 4.* Abriss *m*
précisément [presizemɑ̃] *adv* genau, gerade
préciser [presize] *v* verdeutlichen
précision [presizjɔ̃] *f 1.* Genauigkeit *f; 2. (clarté)* Deutlichkeit *f; 3. (finesse)* Präzision *f*
précoce [prekɔs] *adj* früh, frühzeitig
préconisateur [prekɔnizatœr] *m* Befürworter *m*
préconiser [prekɔnize] *v* anpreisen
précurseur [prekyrsœr] *m 1.* Vorbote *m; 2. (pionnier)* Vorläufer *m*
prédécesseur [predesesœr] *m 1.* Vorgänger *m; 2. ~s pl* Vorfahren *pl*
prédestiné [predɛstine] *adj* prädestiniert
prédicat [predika] *m* Prädikat *n*
prédiction [prediksjɔ̃] *f* Prophezeiung *f,* Vorhersage *f*
prédilection [predilɛksjɔ̃] *f* Vorliebe *f*
prédire [predir] *v irr 1.* vorhersagen; *2. (pronostiquer)* voraussagen
prédominance [predɔminɑ̃s] *f 1.* Vorherrschaft *f; 2. (prépondérance)* Vormachtstellung *f*
prédominant [predɔminɑ̃] *adj 1.* vorherrschend; *2. (prépondérant)* vorwiegend

prédominer [pʀedɔmine] *v 1.* überwiegen; *2. (dominer)* vorherrschen
préface [pʀefas] *f* Vorwort *n*
préfecture [pʀefektyʀ] *f ~ de police* Polizeipräsidium *n*
préférable [pʀefeʀabl] *adj* besser; wert, vorgezogen zu werden; *être ~ à qc* wert sein, einer Sache vorgezogen zu werden; *il est ~ de ...* es ist besser zu ...
préférence [pʀefeʀɑ̃s] *f 1.* Vorzug *m,* Vorrang *m; de ~* eher/lieber; *2. (faveur)* Begünstigung *f,* Bevorzugung *f; 3. (priorité)* Priorität *f; 4. (prédilection)* Vorliebe *f; 5. (primauté)* Vorrang *m*
préférer [pʀefeʀe] *v 1.* bevorzugen; *2. (fig)* vorziehen
préfet [pʀefɛ] *m (haut fonctionnaire)* Präfekt *m,* hoher Verwaltungsbeamter *m; ~ de police* Polizeipräfekt *m*
préhistoire [pʀeistwaʀ] *f* Prähistorie *f,* Vorgeschichte *f*
préhistorique [pʀeistɔʀik] *adj* prähistorisch
préjudice [pʀeʒydis] *m* Beeinträchtigung *f; porter ~ à* beeinträchtigen
préjudiciable [pʀeʒydisjabl] *adj* nachteilig, abträglich
préjugé [pʀeʒyʒe] *m* Vorurteil *n*
prélasser [pʀelase] *v se ~* sich räkeln, sich aalen; *se ~ au soleil* sich in der Sonne aalen; *se ~ dans un fauteuil* es sich in einem Sessel bequem machen
prélavage [pʀelavaʒ] *m* Vorwäsche *f*
prélèvement [pʀelɛvmɑ̃] *m* Entnahme *f*
prélever [pʀelve] *v 1. (argent)* abheben; *2. (impôts, taxe)* erheben
préliminaires [pʀeliminɛʀ] *m/pl* Vorgespräche *pl,* Vorverhandlungen *pl*
prélude [pʀelyd] *m (fig) MUS* Einleitung *f*
prématuré [pʀematyʀe] *adj 1.* früh; *2. (précoce)* frühzeitig; *3. (anticipé)* voreilig, vorzeitig; *4. (fig)* frühreif
préméditation [pʀemeditasjɔ̃] *f JUR* Vorsatz *m*
premier [pʀəmje] *adj 1.* erster/erstes; *2.* vorderer/vorderes; *3. le ~ venu* nächstbester/nächstbestes; *4. (suprême)* oberster/oberstes; *5. (initial)* anfänglich
première [pʀəmjɛʀ] *f THEAT* Premiere *f,* Uraufführung *f*
premièrement [pʀəmjɛʀmɑ̃] *adv* erst, vorerst
prenant [pʀənɑ̃] *adj 1. (captivant)* fesselnd, spannend; *un livre ~* ein spannendes Buch *n; une intrigue très ~e* eine fesselnde Handlung *f; 2. (absorbant)* zeitraubend; *un métier ~* ein Beruf, der viel Zeit in Anspruch nimmt *m*
prendre [pʀɑ̃dʀ] *v irr 1.* nehmen; *~ le deuil* Trauerkleidung anlegen; *C'est à ~ ou à laisser.* Aufs Handeln lasse ich mich nicht ein. *~ une bonne tournure* eine gute Wende nehmen; *~ qn à part* jdn auf die Seite nehmen; *~ le chemin des écoliers* trödeln; *~ qc à contre-sens* etw verkehrt herum auffassen; *~ de* entnehmen; *~ qc à la légère* etw leicht nehmen/etw auf die leichte Schulter nehmen; *~ mal* übel nehmen; *~ le dessus sur* überhand nehmen; *2. (saisir)* greifen, fassen; *Bien m'en a pris.* Das war wohl richtig./Ich habe wohl daran getan. *Cela ne prend pas!* Das zieht bei mir nicht! *Je vous y prends!* Jetzt hab ich Sie! *Qu'est-ce qui te prend?* Was fällt dir denn ein? *Si vous n'êtes pas pris ce soir ...* Wenn Sie heute Abend nichts vorhaben ...; *~ la poudre d'escampette* fliehen; *3. (saisir)* ergreifen; *s'en ~ à qn pour qc* jdn für etw verantwortlich machen; *~ fait et cause pour qc* für etw Partei ergreifen; *~ qn sur le fait* jdn auf frischer Tat ertappen; *~ qn au dépourvu* jdn überraschen/jdn in Verlegenheit bringen; *4. (attraper)* fangen; *5. (un médicament)* einnehmen; *6. (une direction)* einschlagen; *7. (des informations)* einholen, einziehen; *8. (décision)* fällen; *9. (accepter)* hinnehmen
preneur [pʀənœʀ] *m 1.* Pächter *m; 2. ECO* Abnehmer *m; 3. ~ d'otages* Geiselnehmer *m*
prénom [pʀenɔ̃] *m* Vorname *m; ~ usuel* Rufname *m*
préoccupant [pʀeɔkypɑ̃] *adj 1.* bedenklich; *2. (inquiétant)* Besorgnis erregend
préoccupation [pʀeɔkypasjɔ̃] *f* Besorgnis *f*
préoccuper [pʀeɔkype] *v 1. ~ qn* jdn beschäftigen, jdn beunruhigen; *Sa santé me préoccupe.* Ich mache mir Sorgen um seine Gesundheit. *Cette affaire le préoccupe.* Diese Angelegenheit beschäftigt ihn. *2. se ~ de qc* sich um etw kümmern, sich über etw Gedanken machen; *se ~ de son avenir* über seine Zukunft nachdenken
préparateur [pʀepaʀatœʀ] *m* Laborant *m*
préparatifs [pʀepaʀatif] *m/pl 1.* Anbahnung *f; 2. (dispositions)* Vorbereitung *f,* Vorkehrung *f*

préparation [preparasjɔ̃] *f 1.* Präparat *n; 2. GAST* Vorbereitung *f,* Zubereitung *f; 3. (dispositif)* Vorrichtung *f*
préparé [prepare] *adj tout ~* fertig, bereit
préparer [prepare] *v 1.* vorbereiten; *2. (accomoder)* zubereiten, bereiten; *3. (mettre à la disposition de qn)* bereitstellen; *4. ~ la voie* anbahnen; *5. se ~ à* sich vorbereiten auf; *6. se ~* sich anschicken
prépondérance [prepɔ̃derɑ̃s] *f 1.* Übermacht *f; 2. (prédominance)* Vormachtstellung *f*
prépondérant [prepɔ̃derɑ̃] *adj 1.* überwiegend; *2. (dominant)* vorherrschend; *3. (prédominant)* vorwiegend
préposition [prepɔzisjɔ̃] *f* Präposition *f*
préretraite [prerətrɛt] *f* Vorruhestand *m*
prérogative [prerɔgativ] *f* Vorrecht *n*
près [prɛ] *adv 1. à peu ~* circa, ungefähr; *à peu de chose ~* fast; *surveiller de ~* scharf überwachen; *prep 2. ~ de* nah(e), bei, neben
présage [prezaʒ] *m* Omen *n*
presbytère [prɛsbitɛr] *m* Pfarramt *n*
prescription [prɛskripsjɔ̃] *f 1.* Vorschrift *f; 2. JUR* Verfall *m*
prescrire [prɛskrir] *v irr 1. MED* verordnen; *2. (fig: ordonner)* vorschreiben; *3. se ~ JUR* verjähren
préséance [preseɑ̃s] *f 1.* Vorrang *m; 2. (étiquette)* Vortritt *m*
présence [prezɑ̃s] *f* Anwesenheit *f,* Gegenwart *f*
présent [prezɑ̃] *adj 1.* anwesend; *à ~* jetzt, nun; *2. (existant)* vorhanden; *3. (actuel)* gegenwärtig; *m 4. GRAMM* Gegenwart *f; 5. (cadeau)* Geschenk *n,* Gabe *f*
présentable [prezɑ̃tabl] *adj* vorzeigbar; *Ce costume n'est pas ~.* Dieses Kostüm ist nicht vorzeigbar. *Elle est enfin ~.* So kann sie sich endlich sehen lassen.
présentateur [prezɑ̃tatœr] *m* Ansager *m*
présentation [prezɑ̃tasjɔ̃] *f 1.* Vorstellung *f; 2. (emballage)* Aufmachung *f; 3. (exposition)* Aufstellung *f; 4. THEAT* Auftritt *m; 5. (proposition)* Präsentation *f; 6. (remise)* Überreichung *f; 7. (au cinéma)* Vorführung *f; 8. (démonstration)* Vorlage *f; 9. ~ de mode* Modenschau *f*
présenter [prezɑ̃te] *v 1.* vorzeigen, vorlegen; *2. (montrer)* aufweisen; *~ ses remerciements* Dank abstatten; *3. (décrire)* darbieten, schildern; *4. (offrir)* bieten; *Si l'occasion se présente ...* Wenn sich die Gelegenheit bietet ...; *5. ~ des excuses* sich entschuldigen; *6. (donner)* geben; *7. se ~ (événement)* eintreten, eintreffen; *8. (fig)* entgegenhalten; *9. (tendre)* herausstrecken; *10. (proposer)* präsentieren; *11. (soumettre)* unterbreiten; *12. (fournir)* vorbringen; *13. (démontrer)* vorführen; *14. (faire voir)* vorweisen; *15. se ~* sich vorstellen, auftreten; *Permettez-moi de me ~.* Gestatten Sie, dass ich mich vorstelle.
préservatif [prezɛrvatif] *m 1. MED* Verhütungsmittel *n; 2. (capote anglaise)* Kondom *n*
préservation [prezɛrvasjɔ̃] *f* Sicherung *f*
préserver [prezɛrve] *v 1.* behüten; *2. (protéger)* schützen; *3. se ~* sich schonen
présidence [prezidɑ̃s] *f 1.* Präsidium *n; 2. (siège)* Vorsitz *m*
président [prezidɑ̃] *m 1.* Präsident *m; 2. ECO* Vorstand *m; 3. (directeur)* Vorsitzender *m,* Präsident *m; 4. ~ du conseil municipal* Oberbürgermeister *m; 5. ~ d'un groupe parlementaire POL* Fraktionsvorsitzender *m*
présider [prezide] *v* vorstehen
présomption [prezɔ̃psjɔ̃] *f* Überheblichkeit *f*
présomptueux [prezɔ̃pɥ] *adj* überheblich
presque [prɛsk] *adv* beinahe, fast
presqu'île [prɛskil] *f 1.* Halbinsel *f; 2. (langue de terre) GEO* Landzunge *f*
pressant [prɛsɑ̃] *adj 1.* zwingend; *2. (urgent)* eilig; *3. (pénétrant)* eindringlich
presse [prɛs] *f 1.* Presse *f; ~ à sensation* Boulevardzeitung *f; ~ du cœur* Regenbogenpresse *f; 2. TECH* Presse *f*
pressé [prɛse] *adj* dringend, eilig; *être ~* es eilig haben/hetzen
pressentiment [prɛsɑ̃timɑ̃] *m 1.* Ahnung *f; 2. (intuition)* Vorahnung *f*
pressentir [prɛsɑ̃tir] *v* ahnen
presse-papiers [prɛspapje] *m* Briefbeschwerer *m*
presser [prese] *v 1.* drücken; *2. (pressurer)* auspressen, pressen; *3. ~ pour faire sortir* ausdrücken; *4. (vin)* keltern; *5. se ~* sich beeilen, eilen
pressing [presiŋ] *m* Reinigung *f*
pression [prɛsjɔ̃] *f 1.* Drang *m; faire ~ sur* drängen auf; *2. (contrainte)* Nötigung *f; 3. (charge)* Belastung *f; 4. TECH* Druck *m; haute ~* Hochdruck *m; ~ atmosphérique* Luftdruck *m*
pressoir [prɛswar] *m TECH* Presse *f*

pressurer [pʀesyʀe] *v* keltern
prestance [pʀɛstɑ̃s] *f* Erscheinung *f*
prestation [pʀɛstasjɔ̃] *f 1. ~ de service* Dienstleistung *f; 2. ~ de serment* Vereidigung *f*
preste [pʀɛst] *adj* flink
prestidigitateur [pʀɛstidiʒitatœʀ] *m* Gaukler *m*
prestige [pʀɛstiʒ] *m* Ansehen *n,* Prestige *n*
prestigieux [pʀɛstiʒjø] *adj* bekannt, angesehen
présumé [pʀezyme] *adj 1.* mutmaßlich; *2. (supposé)* vermeintlich
présumer [pʀezyme] *v 1.* vermuten, mutmaßen; *2. trop ~ de ses forces* sich übernehmen
prêt [pʀɛ] *adj 1.* fertig, bereit; *~ à être imprimé* druckreif; *~ à intervenir* einsatzbereit; *~ à partir* marschbereit/startbereit; *~ à fonctionner* betriebsbereit; *2. (à manger)* gar; *3. (préparé)* parat
prétendre [pʀetɑ̃dʀ] *v (fig)* behaupten, vorgeben
prétendu [pʀetɑ̃dy] *adj 1.* angeblich; *2. (supposé)* vermeintlich
prétendument [pʀetɑ̃dymɑ̃] *adv* angeblich
prête-nom [pʀɛtnɔ̃] *m (fig)* Strohmann *m*
prétentieux [pʀetɑ̃sjø] *adj 1.* anmaßend; *2. (exigeant)* anspruchsvoll; *3. (emphatique)* hochtrabend; *4. (affecté)* unbescheiden, geziert
prétention [pʀetɑ̃sjɔ̃] *f 1.* Anmaßung *f; 2. (exigence)* Anspruch *m*
prêter [pʀete] *v 1.* borgen, leihen; *2. ~ qc* sich etw ausleihen; *3. ~ assistance à qn* jdm beistehen; *4. ~ serment* schwören; *5. ~ l'oreille à qn* jdn anhören
prêteur [pʀetœʀ] *m ~ d'argent* Geldgeber *m*
prétexte [pʀetɛkst] *m 1.* Vorwand *m; prendre ~ de qc* etw zum Vorwand nehmen; *2. (excuse)* Ausrede *f; 3. (subterfuge)* Ausflüchte *pl*
prétexter [pʀetɛkste] *v (fig)* vorgeben
prêtrise [pʀɛtʀiz] *f REL* Priesterweihe *f*
preuve [pʀœv] *f 1.* Beweis *m; faire ~ de* zeigen; *2. (justification)* Nachweis *m; 3. ~ convaincante* Überführung *f,* Schuldnachweis *m; 4. JUR* Beweismittel *n; 5. ~ par le contraire MATH* Gegenprobe *f*
prévaloir [pʀevalwaʀ] *v irr ~ sur* überwiegen
prévenance [pʀevnɑ̃s] *f 1.* Entgegenkommen *n; 2. (obligeance)* Kulanz *f*
prévenant [pʀevnɑ̃] *adj* zuvorkommend, gefällig; *être ~* entgegenkommen
prévenir [pʀevniʀ] *v 1.* warnen; *2. (écarter)* abwenden, verhüten; *3. ~ les intentions de qn* jdm vorgreifen
préventif [pʀevɑ̃tif] *adj* vorbeugend
prévention [pʀevɑ̃sjɔ̃] *f 1.* Verhütung *f; 2. (précaution)* Vorbeugung *f; 3. (parti pris)* Voreingenommenheit *f; 4. ~ contre le cancer MED* Krebsvorsorge *f*
prévisible [pʀevizibl] *adj* vorhersehbar
prévision [pʀevizjɔ̃] *f 1.* Prognose *f; 2. (prédiction)* Vorhersage *f; 3. ECO* Überschlag *m; 4. ~s météorologiques pl* Wettervorhersage *f*
prévoir [pʀevwaʀ] *v irr 1.* berechnen; *2. (prédire)* absehen, voraussehen; *3. (calculer avec)* einkalkulieren; *4. ~ une solution de rechange* umdisponieren
prévoyance [pʀevwajɑ̃s] *f 1.* Vorsorge *f; 2. (perspicacité)* Weitblick *m; 3. ~ sociale* Wohlfahrt *f*
prévoyant [pʀevwajɑ̃] *adj* vorsorglich
prier [pʀije] *v 1. REL* beten; *2. ~ de* bitten
prière [pʀijɛʀ] *f 1.* Bitte *f; 2. (demande)* Anliegen *n; 3. REL* Andacht *f,* Gebet *n*
primaire [pʀimɛʀ] *adj* primär
prime [pʀim] *f 1.* Belohnung *f; 2. (distinction)* Preis *m; 3. ~ de risques* Gefahrenzulage *f; 4. ~ d'encouragement* Gratifikation *f; 5. (bonification)* Prämie *f; ~ d'assurance* Versicherungsprämie *f*
primé [pʀime] *adj* preisgekrönt
primer [pʀime] *v* prämieren
primevère [pʀimvɛʀ] *f BOT* Primel *f*
primitif [pʀimitif] *adj 1.* primitiv; *2. (naturel)* urwüchsig
prince(sse) [pʀɛ̃s(ɛs)] *m/f 1.* Prinz(essin) *m/f; 2. (souverain(e))* Fürst(in) *m/f; 3. ~ héritier/~sse héritière* Kronprinz(essin) *m/f*
princier [pʀɛ̃sje] *adj* fürstlich
principal [pʀɛ̃sipal] *adj 1.* hauptsächlich, Haupt...; *m 2.* Hauptsache *f; 3. (essentiel)* Schwerpunkt *m*
principauté [pʀɛ̃sipote] *f* Fürstentum *n*
principe [pʀɛ̃sip] *m 1.* Ursprung *m; 2. (maxime)* Grundsatz *m; en ~* grundsätzlich; *3. (structure)* Aufbau *m; 4. (doctrine)* Leitspruch *m; 5. (règle)* Prinzip *n; en ~* prinzipiell
printemps [pʀɛ̃tɑ̃] *m* Frühjahr *n*
prioritaire [pʀijɔʀitɛʀ] *adj 1.* vorrangig; *2. (très urgent)* vordringlich

priorité [pʀijɔʀite] *f 1.* Vorrang *m,* Vorzug *m; en ~* vorrangig; *2. (route)* Vorfahrt *f; 3. avoir la ~ (fig)* vorgehen

prise [pʀiz] *f 1.* Entnahme *f,* Nehmen *n; ~ d'influence* Einflussnahme *f; ~ d'otage* Geiselnahme *f; ~ de parti* Parteinahme *f; ~ de position* Stellungnahme *f; ~ en charge* Übernahme *f; ~ de sang* Blutprobe *f; ~ du pouvoir* Machtübernahme *f; 2. (pincée)* Prise *f; 3. (en judo)* Griff *m; 4. MIL* Einnahme *f; 5. ~ de courant* Steckdose *f*

prison [pʀizɔ̃] *f* Gefängnis *n*

prisonnier [pʀizɔnje] *m* Gefangener *m; ~ de guerre* Kriegsgefangener *m*

privation [pʀivasjɔ̃] *f 1.* Entbehrung *f; 2. ~ de sortie* Hausarrest *m; 3. JUR* Aberkennung *f; 4. ~ de pouvoir POL* Entmachtung *f*

privatisation [pʀivatizasjɔ̃] *f ECO* Privatisierung *f*

privatiser [pʀivatize] *v ECO* privatisieren

privé [pʀive] *adj* privat; *en ~* privat

priver [pʀive] *v 1. ~ de* berauben; *2. ~ qn de qc* jdm etw vorenthalten; *3. se ~ de qc* etw entbehren

privilège [pʀivilɛʒ] *m 1.* Vorzug *m,* Privileg *n; 2. ~ exclusif* Monopol *n; 3. (avantage)* Vergünstigung *f*

privilégié [pʀivileʒje] *adj* privilegiert

prix [pʀi] *m 1.* Preis *m; hors de ~* unerschwinglich; *sans ~* unschätzbar; *~ du trajet* Fahrpreis *m; premier ~* Hauptgewinn *m; ~ d'achat* Kaufpreis *m; ~ littéraire* Literaturpreis *m; ~ Nobel* Nobelpreis *m; ~ indicatif* Richtpreis *m; à un ~ dérisoire* spottbillig; *~ de consolation* Trostpreis *m; ~ de vente* Verkaufspreis *m; ~ promotionnel* Angebotspreis *m; majoration de ~* Aufpreis *m; ~ de liquidation* Ausverkaufspreis *m; ~ brut* Bruttopreis *m; ~ de lancement* Einführungspreis *m; ~ d'usine* Fabrikpreis *m; ~ net* Nettopreis *m; ~ fixe* Festpreis *m; ~ de gros* Mengenrabatt *m; ~ de revient* Selbstkostenpreis *m; 2. (valeur)* Wert *m*

prix courant [pʀikuʀɑ̃] *m* Preisliste *f*

probabilité [pʀɔbabilite] *f* Wahrscheinlichkeit *f*

probable [pʀɔbabl] *adj 1.* wahrscheinlich; *2. (vraisemblable)* mutmaßlich, vermutlich; *3. (apparemment)* voraussichtlich

probant [pʀɔbɑ̃] *adj* beweiskräftig

probité [pʀɔbite] *f* Gewissenhaftigkeit *f*

problématique [pʀɔblematik] *adj* zweifelhaft, fraglich

problème [pʀɔblɛm] *m* Problem *n*

procédé [pʀɔsede] *m 1.* Prozess *m,* Vorgang *m; 2. (processus)* Vorgehen *n; ~ de sélection* Ausleseverfahren *n*

procéder [pʀɔsede] *v* verfahren, vorgehen

procédure [pʀɔsedyʀ] *f 1.* Prozedur *f; 2. JUR* Verfahren *n; ~ d'avertissement* Mahnverfahren *n; ~ de faillite* Konkursverfahren *n; ~ disciplinaire* Disziplinarverfahren *n; ~ judiciaire* Gerichtsverfahren *n*

procès [pʀɔsɛ] *m JUR* Prozess *m; intenter un ~ à qn* jdn belangen

processeur [pʀɔsesœʀ] *m INFORM* Prozessor *m*

procession [pʀɔsesjɔ̃] *f 1. (défilé)* Umzug *m; 2. REL* Prozession *f*

processus [pʀɔsesys] *m* Prozess *m,* Vorgang *m; ~ d'apprentissage* Lernprozess *m*

procès-verbal [pʀɔsɛvɛʀbal] *m JUR* Protokoll *n*

prochain [pʀɔʃɛ̃] *adj 1.* nächster/nächstes; *m 2.* Mitmensch *m*

prochainement [pʀɔʃɛnmɑ̃] *adv* demnächst

proche [pʀɔʃ] *adj 1.* nah(e); *~ banlieue* Vorstadt *f; 2. ~ de la réalité* wirklichkeitsnah; *prep 3. ~ de (local)* bei

Proche-Orient [pʀɔʃɔʀjɑ̃] *m GEO* Naher Osten *m*

proclamation [pʀɔklamasjɔ̃] *f 1.* Ankündigung *f,* Bekanntgabe *f; 2. (déclaration)* Aufruf *m; 3. (explication)* Erklärung *f; 4. POL* Proklamation *f*

proclamer [pʀɔklame] *v 1.* ausrufen; *2. (annoncer)* ankündigen; *3. (convoquer)* aufbieten; *4. (déclarer)* erklären, verkünden; *5. (verdict)* proklamieren

procuration [pʀɔkyʀasjɔ̃] *f* Vollmacht *f,* Ermächtigung *f; ~ générale* Generalvollmacht *f*

procurer [pʀɔkyʀe] *v 1.* beschaffen, besorgen; *2. (accorder)* gewähren; *3. (obtenir)* verschaffen; *4. (passer)* vermitteln; *5. se ~* sich anschaffen

procureur [pʀɔkyʀœʀ] *m ~ de la République JUR* Staatsanwalt *m*

prodige [pʀɔdiʒ] *m* Wunder *n*

prodigieux [pʀɔdiʒjø] *adj* wunderbar, wundervoll

prodigue [pʀɔdig] *adj 1.* verschwenderisch; *m/f 2.* Verschwender(in) *m/f*

producteur [pʀɔdyktœʀ] *m 1.* Hersteller *m; 2. CINE* Produzent *m*

productif [pʀɔdyktif] *adj 1.* produktiv; *2. (rentable)* ertragreich

production [pRɔdyksjɔ̃] *f 1.* Herstellung *f,* Produktion *f; 2. ECO* Leistung *f*
productivité [pRɔdyktivite] *f 1. ECO* Produktivität *f; 2. (rentabilité)* Ertragsfähigkeit *f; 3. (performance)* Leistungsfähigkeit *f*
produire [pRɔdɥiR] *v irr 1.* erzeugen, herstellen; *2. (occasionner)* verursachen; *~ un effet durable* nachwirken; *3. (faire)* leisten; *4. (fournir)* vorbringen; *5. (créer)* stiften; *6. CINE* darstellen; *7. se ~* entstehen, vorkommen
produit [pRɔdɥi] *m 1.* Erzeugnis *n,* Produkt *n; ~ agricole* Agrarerzeugnis *n; ~ chimique* Chemikalie *f; ~ d'épicerie fine* Feinkost *f; ~ de fabrication* Fabrikat *n; ~ de remplacement* Ersatz *m; ~ fini* Fertigprodukt *n; ~ laitier* Milchprodukt *n; ~ national* Sozialprodukt *n; ~ national brut* Bruttosozialprodukt *n; ~ naturel* Naturprodukt *n; ~ toxique* Schadstoff *m; ~s d'entretien* Putzmittel *pl; ~s du sol* Naturalien *pl; ~s neuroleptiques* Psychopharmaka *pl; 2. (recette)* Erlös *m; 3. (rendement) ECO* Ertrag *m; 4. (de la récolte)* Ernte *f*
proéminent [pRɔeminɑ̃] *adj* hervorragend
prof [pRɔf] *m (fam)* Prof *m*
profanation [pRɔfanasjɔ̃] *f 1.* Schändung *f; 2. REL* Missbrauch *m*
profane [pRɔfan] *adj 1.* laienhaft; *2. REL* weltlich; *m 3.* Laie *m*
profaner [pRɔfane] *v REL* entweihen
proférer [pRɔfeRe] *v* hervorbringen
professer [pRɔfese] *v 1. REL* sich bekennen; *2. (enseigner)* lehren, unterrichten
professeur [pRɔfɛsœR] *m 1.* Lehrer *m; 2. ~ certifié* Studienrat *m; 3. (d'université)* Professor *m,* Dozent *m*
profession [pRɔfɛsjɔ̃] *f 1.* Beruf *m; 2. ~ de foi REL* Glaubensbekenntnis *n*
professionnel [pRɔfɛsjɔnɛl] *m 1.* Profi *m; adj 2.* beruflich; *3. (relatif au métier)* berufsbedingt; *4. (spécialisé)* fachlich; *5. ECO* gewerblich
professionnellement [pRɔfɛsjɔnɛlmɑ̃] *adv* professionell
professorat [pRɔfɛsɔRa] *m (de l'enseignement supérieur)* Professur *f*
profil [pRɔfil] *m 1.* Profil *n; 2. (tracé)* Umriss *m*
profilé [pRɔfile] *adj* stromlinienförmig
profiler [pRɔfile] *v se ~* sich profilieren
profit [pRɔfi] *m 1.* Nutzen *m; 2. (gain)* Profit *m,* Gewinn *m; mettre au ~* wahrnehmen; *au ~ de* zu Gunsten
profitable [pRɔfitabl] *adj 1.* nützlich; *être ~* sich lohnen; *2. (lucratif)* Gewinn bringend; *3. (avantageux)* vorteilhaft
profiter [pRɔfite] *v 1.* profitieren; *2. (fig)* gewinnen
profond [pRɔfɔ̃] *adj 1.* gründlich; *2. (bas)* tief; *peu ~* seicht; *~ soupir* Seufzer *m; 3. (intime)* innerlich
profondeur [pRɔfɔ̃dœR] *f* Tiefe *f,* Tiefgründigkeit *f*
profusion [pRɔfyzjɔ̃] *f* Überfluss *m; à ~* reichlich
programmation [pRɔgRamasjɔ̃] *f 1.* Planung *f; 2. INFORM* Programmierung *f*
programme [pRɔgRam] *m* Programm *n; selon le ~* programmgemäß; *~ de cinéma* Kinoprogramm *n; ~ scolaire/~ d'études* Lehrplan *m*
programmé [pRɔgRame] *adj INFORM* programmgesteuert
programmer [pRɔgRame] *v* programmieren
programmeur [pRɔgRamœR] *m INFORM* Programmierer *m*
progrès [pRɔgRɛ] *m* Fortschritt *m*
progresser [pRɔgRɛse] *v 1.* fortschreiten; *2. (avancer)* vordringen; *3. ~ dans* vorwärtskommen in
progressif [pRɔgRɛsif] *adj* allmählich, progressiv
progression [pRɔgRɛsjɔ̃] *f 1. (action)* Vorstoß *m,* Voranschreiten *n; la ~ de l'ennemi* der Vormarsch des Feindes *m; la ~ de la dune* das Vorrücken der Düne *n; 2. (développement)* Fortschreiten *n,* Weiterentwicklung *f; la ~ d'une maladie* das Fortschreiten einer Krankheit *n; la ~ de la criminalité* die Zunahme der Kriminalität *f*
progressiste [pRɔgRɛsist] *adj* fortschrittlich
prohiber [pRɔibe] *v* untersagen
proie [pRwa] *f* Beute *f*
projecteur [pRɔʒɛktœR] *m 1.* Projektor *m; 2. CINE* Scheinwerfer *m*
projection [pRɔʒɛksjɔ̃] *f 1.* Projektion *f; 2. (film)* Vorführung *f*
projet [pRɔʒɛ] *m 1.* Entwurf *m,* Plan *m; ~ de loi* Gesetzesentwurf *m; 2. (intention)* Vorhaben *n*
projeter [pRɔʒte] *v 1.* planen; *2. ~ de* beabsichtigen
proliférer [pRɔlifeRe] *v* wuchern
prolixité [pRɔliksite] *f* Weitschweifigkeit *f*

prolongation [pʀɔlɔ̃gasjɔ̃] *f* Verlängerung *f*
prolonger [pʀɔlɔ̃ʒe] *v 1.* verlängern; *2. se ~* sich hinziehen
promenade [pʀɔmnad] *f 1.* Spaziergang *m; faire une ~* spazieren gehen; *~ à cheval* Ritt *m; ~ en traîneau* Schlittenfahrt *f; 2. (voyage)* Tour *f; 3. (lieu de ~)* Promenade *f*
promener [pʀɔmne] *v 1. se ~* spazieren gehen; *2. se ~ (déambuler)* herumgehen, umherlaufen
promesse [pʀɔmɛs] *f 1.* Versprechen *n,* Versprechung *f; ~ de vente* Vorvertrag *m; 2. (solennelle)* Verheißung *f; 3. (engagement)* Zusage *f*
prometteur [pʀɔmɛtœʀ] *adj* Erfolg versprechend, viel versprechend
promettre [pʀɔmɛtʀ] *v irr 1. ~ qc à qn* jdm etw versprechen; *2. (solennellement)* verheißen; *3. se ~ de faire qc* sich etw vornehmen
promoteur [pʀɔmɔtœʀ] *m* Förderer *m,* Initiator *m*
promotion [pʀɔmɔsjɔ̃] *f 1.* Förderung *f,* Beförderung *f; 2. (à l'école)* Jahrgang *m*
promouvoir [pʀɔmuvwaʀ] *v irr 1.* fördern; *2. ECO* befördern
prompt [pʀɔ̃] *adj* rasch, schnell, geschwind; *C'est un esprit ~.* Er hat eine rasche Auffassungsgabe.
promptitude [pʀɔ̃tityd] *f* Schnelligkeit *f*
prôner [pʀone] *v* preisen
pronom [pʀɔnɔ̃] *m GRAMM* Pronomen *n*
prononcé [pʀɔnɔ̃se] *adj* ausgeprägt
prononcer [pʀɔnɔ̃se] *v 1. LING* aussprechen; *2. (un jugement)* verkünden, fällen; *3. ~ le divorce JUR* scheiden
prononciation [pʀɔnɔ̃sjasjɔ̃] *f LING* Aussprache *f*
pronostic [pʀɔnɔstik] *m* Prognose *f*
propagande [pʀɔpagɑ̃d] *f* Propaganda *f; faire de la ~* Propaganda machen
propagation [pʀɔpagasjɔ̃] *f 1.* Vermehrung *f; 2. MED* Übertragung *f*
propager [pʀɔpaʒe] *v 1. se ~* sich vermehren, sich fortpflanzen; *2. se ~ (se répandre)* sich ausbreiten, sich fortpflanzen; *3. (divulguer)* propagieren
prophète [pʀɔfɛt] *m REL* Prophet *m*
prophétie [pʀɔfesi] *f* Prophezeiung *f*
propice [pʀɔpis] *adj* günstig
proportion [pʀɔpɔʀsjɔ̃] *f* Ausmaß *n,* Proportion *f*
proportionnel [pʀɔpɔʀsjɔnɛl] *adj 1.* proportional; *2. (exprimé en pourcentage)* prozentual
propos [pʀɔpo] *m 1.* Thema *n; à tout ~* bei jeder sich bietenden Gelegenheit; *à ~ (fig)* gelegen; *2. (paroles)* Worte *pl; ~ médisants* üble Nachrede *f*
proposer [pʀɔpoze] *v 1.* anbieten, bieten; *2. (présenter)* vorschlagen; *3. (soumettre)* vorlegen
proposition [pʀɔpozisjɔ̃] *f 1.* Satz *m; 2. (présentation)* Vorschlag *m,* Anregung *f; ~ de modification* Änderungsvorschlag *m*
propre [pʀɔpʀ] *adj 1.* eigen; *C'est du ~!* Das ist mir was Rechtes! *2. (personnel)* eigentlich; *3. (net)* rein, sauber; *4. ~ à* dienlich, eigentümlich; *m 5. ~ à rien* Taugenichts *m*
propreté [pʀɔpʀəte] *f* Sauberkeit *f*
propriétaire [pʀɔpʀietɛʀ] *m/f 1.* Besitzer(in) *m/f; ~ foncier* Großgrundbesitzer *m; 2. (possesseur)* Eigentümer(in) *m/f,* Inhaber(in) *m/f; 3. ECO* Betreiber(in) *m/f*
propriété [pʀɔpʀiete] *f 1.* Anwesen *n; 2. (possession)* Besitz *m,* Eigentum *n; ~ foncière* Grundbesitz *m; ~ nationale* Staatseigentum *n; ~ privée* Privateigentum *n; 3. (qualité)* Eigenschaft *f*
propulsion [pʀɔpylsjɔ̃] *f ~ arrière (d'une voiture)* Hinterradantrieb *m*
prorogation [pʀɔʀɔgasjɔ̃] *f* Verlängerung *f*
proroger [pʀɔʀɔʒe] *v 1. ECO* stunden; *2. ~ à* vertagen, verlängern
prosaïque [pʀɔzaik] *adj* prosaisch
proscrire [pʀɔskʀiʀ] *v irr 1.* verbannen; *2. (du pays)* verweisen
prose [pʀoz] *f LIT* Prosa *f*
prospectus [pʀɔspɛktys] *m* Prospekt *m; ~ publicitaire* Werbeprospekt *m*
prospère [pʀɔspɛʀ] *adj* blühend, florierend; *une entreprise ~* ein florierendes Unternehmen *n; avoir une santé ~* eine blühende Gesundheit haben
prospérer [pʀɔspeʀe] *v 1.* blühen, florieren; *2. (se développer)* gedeihen
prospérité [pʀɔspeʀite] *f 1.* Wohl *n; 2. (fig)* Blüte *f; 3. (richesse)* Wohlstand *m*
prostituée [pʀɔstitɥe] *f 1.* Prostituierte *f; 2. (fam: putain)* Hure *f; 3. (péripatéticienne)* Dirne *f,* Freudenmädchen *n*
prostitution [pʀɔstitysjɔ̃] *f* Prostitution *f*
protagoniste [pʀɔtagɔnist] *m/f* Protagonist(in) *m/f*

protecteur [pʀɔtɛktœʀ] *m 1.* Beschützer *m; 2. (patron)* Schirmherr *m*
protection [pʀɔtɛksjɔ̃] *f 1.* Schutz *m,* Abschirmung *f; ~ des espèces* Artenschutz *m; ~ des données* Datenschutz *m; indice de ~* Lichtschutzfaktor *m; ~ des locataires* Mieterschutz *m; ~ de la nature* Naturschutz *m; mesure de ~* Schutzmaßnahme *f; ~ de l'environnement* Umweltschutz *m; ~ des consommateurs* Verbraucherschutz *m; 2. (garde)* Obhut *f; 3. (patronage)* Schirmherrschaft *f; 4. (en boxe)* Deckung *f*
protectionnisme [pʀɔtɛksjɔnism] *m ECO* Protektionismus *m*
protégé [pʀɔteʒe] *m 1.* Schützling *m; adj 2.* sicher, gefahrlos; *3. (abrité)* geschützt
protéger [pʀɔteʒe] *v 1.* beschützen, schützen; *2. (assurer)* absichern; *3. (conserver)* wahren; *4. MIL* abschirmen
protéine [pʀɔtein] *f BIO* Protein *n*
protestant [pʀɔtɛstɑ̃] *adj REL* evangelisch, protestantisch
protestant(e) [pʀɔtɛstɑ̃(t)] *m/f REL* Protestant(in) *m/f*
protestation [pʀɔtɛstasjɔ̃] *f 1.* Einspruch *m; 2. (réclamation)* Protest *m*
protester [pʀɔtɛste] *v 1.* protestieren; *2. ~ de* beteuern; *3. ~ contre* sich verwahren gegen
prothèse [pʀɔtɛz] *f 1. MED* Prothese *f; 2. ~ dentaire* Zahnersatz *m*
protide [pʀɔtid] *m BIO* Eiweiß *n*
protocole [pʀɔtɔkɔl] *m 1.* Etikette *f; 2. POL* Protokoll *n*
prototype [pʀɔtɔtip] *m* Prototyp *m*
proue [pʀu] *f NAUT* Bug *m*
prouesse [pʀuɛs] *f* Heldentat *f*
prouvable [pʀuvabl] *adj* beweisbar
prouver [pʀuve] *v 1.* beweisen; *~ qc par a+b* etw klipp und klar beweisen; *~ son identité* sich legitimieren; *2. (démontrer)* nachweisen; *3. FIN* belegen
provenance [pʀɔvnɑ̃s] *f 1. (lieu, pays)* Abstammung *f; en ~ de* von; *2. (origine)* Herkunft *f,* Ursprung *m*
Provence [pʀɔvɑ̃s] *f (région de France)* Provence *f*
provenir [pʀɔvniʀ] *v ~ de* abstammen von, stammen aus
proverbe [pʀɔvɛʀb] *m* Sprichwort *n*
proverbial [pʀɔvɛʀbjal] *adj* sprichwörtlich
Providence [pʀɔvidɑ̃s] *f (divine) REL* Vorsehung *f*
province [pʀɔvɛ̃s] *f* Provinz *f*
provincial [pʀɔvɛ̃sjal] *adj* provinziell
proviseur [pʀɔvizœʀ] *m (d'un lycée)* Direktor eines Gymnasiums *m*
provision [pʀɔvizjɔ̃] *f 1. ECO* Deckungsbetrag *m; 2. ~s pl* Vorrat *m*
provisoire [pʀɔvizwaʀ] *adj 1.* vorläufig; *2. (de fortune)* behelfsmäßig; *3. (transitoire)* einstweilig
provocant [pʀɔvɔkɑ̃] *adj 1.* aufreizend; *2. (excitant)* provozierend
provocateur [pʀɔvɔkatœʀ] *adj* herausfordernd
provocation [pʀɔvɔkasjɔ̃] *f 1.* Herausforderung *f; 2. (incitation)* Provokation *f*
provoquer [pʀɔvɔke] *v 1.* anstiften, auslösen; *2. (défier)* herausfordern; *3. (exciter)* provozieren, reizen; *4. (fig)* hervorrufen, verursachen; *5. ~ à* aufhetzen
proxénétisme [pʀɔksenetism] *m JUR* Kuppelei *f*
proximité [pʀɔksimite] *f* Nähe *f; à ~ de* nah(e) bei
prude [pʀyd] *adj* prüde
prudemment [pʀydamɑ̃] *adv* vorsichtig
prudence [pʀydɑ̃s] *f 1.* Vorsicht *f,* Umsicht *f; 2. (réserve)* Behutsamkeit *f*
prudent [pʀydɑ̃] *adj 1.* klug; *2. (précautionneux)* vorsichtig, umsichtig
prune [pʀyn] *f BOT* Pflaume *f*
pruneau [pʀyno] *m* getrocknete Pflaume *f*
prunelle [pʀynɛl] *f ANAT* Augapfel *m*
prunier [pʀynje] *m BOT* Pflaumenbaum *m; secouer qn comme un ~ (fam)* jdn heftig schütteln
psaume [psom] *m REL* Psalm *m*
pseudonyme [psødɔnim] *m* Künstlername *m,* Pseudonym *n*
psychanalyse [psikanaliz] *f* Psychoanalyse *f*
psyché [psiʃe] *f* Psyche *f*
psychiatre [psikjatʀ] *m/f* Psychiater(in) *m/f*
psychique [psiʃik] *adj* psychisch, seelisch
psychisme [psiʃism] *m* Psyche *f*
psychologie [psikɔlɔʒi] *f* Psychologie *f*
psychologique [psikɔlɔʒik] *adj* psychologisch
psychologue [psikɔlɔg] *m/f* Psychologe/Psychologin *m/f*
psychopathe [psikɔpat] *m/f* Psychopath(in) *m/f*

psychosomatique [psikɔsɔmatik] *adj* psychosomatisch
psychothérapeute [psikɔteʀapøt] *m/f* Psychotherapeut(in) *m/f*
puant [pɥɑ̃] *adj* übel riechend
puanteur [pɥɑ̃tœʀ] *f* Gestank *m*
pubertaire [pybɛʀtɛʀ] *adj* pubertär
puberté [pybɛʀte] *f 1.* Pubertät *f; 2. (adolescence)* Entwicklungsjahre *pl*
public [pyblik] *adj 1.* öffentlich; *2. (manifeste)* offenkundig; *3. (étatique)* staatlich; *m 4.* Öffentlichkeit *f; 5. (auditoire)* Publikum *n,* Zuschauer *pl*
publication [pyblikasjɔ̃] *f 1.* Bekanntgabe *f,* Kundgebung *f; ~ de mariage* Heiratsanzeige *f; 2. (édition)* Publikation *f,* Veröffentlichung *f*
publicité [pyblisite] *f 1.* Werbung *f; ~ clandestine* Schleichwerbung *f; ~ télévisée* Werbefernsehen *n; 2. (réclame)* Reklame *f*
publier [pyblije] *v 1. (livre)* verlegen, bringen; *2. (les bans)* aufbieten; *3. (éditer)* publizieren, veröffentlichen; *4. ~ une annonce* annoncieren
puce [pys] *f 1. ZOOL* Floh *m; mettre la ~ à l'oreille de qn* bei jdm Zweifel erwecken; *2. INFORM* Chip *m; 3. ~s pl* Trödelmarkt *m*
pucelle [pysɛl] *f* Jungfrau *f,* Jungfer *f*
puceron [pysʀɔ̃] *m ZOOL* Laus *f*
pudeur [pydœʀ] *f* Scham *f*
pudique [pydik] *adj* keusch, schamhaft
puer [pɥe] *v (fam)* stinken
puériculture [pɥeʀikyltyʀ] *f* Säuglingspflege *f*
puéril [pɥeʀil] *adj 1.* jungenhaft; *2. (enfantin)* kindisch
puis [pɥi] *adv (temporel)* darauf
puisard [pɥizaʀ] *m* Sickergrube *f*
puisque [pɥisk] *konj* da
puissance [pɥisɑ̃s] *f 1.* Kraft *f; ~ d'imagination* Einbildungskraft *f; ~ créatrice* Schaffenskraft *f; 2. (force)* Macht *f,* Stärke *f; ~ maximum* Spitzenleistung *f; ~ mondiale* Weltmacht *f; grande ~* Großmacht *f; ~ coloniale* Kolonialmacht *f; ~ protectrice* Schutzmacht *f; 3. (en décibels)* Lautstärke *f; 4. (sexuelle)* Potenz *f*
puissant [pɥisɑ̃] *adj 1.* gewaltig, stark; *2. (sonore)* lautstark
puits [pɥi] *m 1.* Brunnen *m; 2. (tunnel)* Schacht *m*
pull [pyl] *m* Pullover *m*
pull-over [pulɔvɛʀ] *m* Pullover *m*
pulluler [pylyle] *v* überwuchern
pulpe [pylp] *f (d'un fruit)* Fruchtfleisch *n,* Fruchtmark *n; la ~ d'une orange* das Fruchtfleisch einer Orange *n*
pulsation [pylsasjɔ̃] *f ~ cardiaque* Herzschlag *m*
pulsion [pylsjɔ̃] *f* Trieb *m*
pulvériser [pylveʀize] *v* zerreiben
pulvérulent [pylveʀylɑ̃] *adj* pulverig
puma [pyma] *m ZOOL* Puma *m*
punaise [pynɛz] *f* Reißzwecke *f*
punch[1] [pɔ̃ʃ] *m (boisson)* Punsch *m*
punch[2] [pœnʃ] *m (fam: énergie)* Energie *f; manquer de ~* keinen Elan haben
punir [pyniʀ] *v* strafen, bestrafen
punissable [pynisabl] *adj JUR* strafbar
punition [pynisjɔ̃] *f 1.* Strafe *f; 2. (sanction)* Bestrafung *f*
pupille[1] [pypij] *f ANAT* Pupille *f*
pupille[2] [pypij] *f JUR* Mündel *n*
pupitre [pypitʀ] *m* Schreibpult *n*
pur [pyʀ] *adj 1. (air)* klar, rein; *2. (sans adjonction)* pur; *3. (sans défaut)* makellos; *4. (sans nuage)* wolkenlos
purée [pyʀe] *f 1.* Brei *m,* Püree *n; ~ de pommes de terre* Kartoffelbrei *m; 2. (fam)* Schlamassel *m; être dans la ~* in der Tinte sitzen
purement [pyʀmɑ̃] *adv* lediglich
pureté [pyʀte] *f (de l'air)* Klarheit *f*
purgatif [pyʀgatif] *m MED* Abführmittel *n*
purgatoire [pyʀgatwaʀ] *m REL* Fegefeuer *n*
purger [pyʀʒe] *v 1. MED* abführen; *2. ~ une peine JUR* eine Strafe verbüßen
purifié [pyʀifje] *adj (fig)* geläutert
puritain [pyʀitɛ̃] *adj* puritanisch
purulent [pyʀylɑ̃] *adj MED* eitrig
pus [py] *m MED* Eiter *m*
pusillanime [pyzilanim] *adj* kleinmütig
pustule [pystyl] *f* Pickel *m,* Pustel *f*
putain [pytɛ̃] *f (fam)* Nutte *f,* Hure *f*
putois [pytwa] *m ZOOL* Iltis *m*
putréfier [pytʀefje] *v se ~* verfaulen
putsch [putʃ] *m POL* Putsch *m*
putschiste [putʃist] *m POL* Putschist *m*
puzzle [pœzl] *m* Puzzle *n; faire un ~* ein Puzzle zusammensetzen
pyjama [piʒama] *m* Pyjama *m,* Schlafanzug *m*
pylône [pilon] *m (de téléphone)* Mast *m*
pyramide [piʀamid] *f* Pyramide *f*
Pyrénées [piʀene] *f/pl (montagne) GEO* Pyrenäen *pl*

Q

quai [ke] *m 1.* Kai *m; 2. (de gare)* Bahnsteig *m*
qualification [kalifikasjɔ̃] *f 1.* Qualifikation *f; 2. (désignation)* Bezeichnung *f*
qualifier [kalifje] *v se ~* sich qualifizieren
qualitatif [kalitatif] *adj* qualitativ
qualité [kalite] *f 1.* Eigenschaft *f; en ~ de* als; *2. (valeur)* Qualität *f; de première ~* erstklassig; *3. (compétence)* Befugnis *f*
quand [kɑ̃] *adv 1.* wann; *2. ~ même* dennoch; *konj 3.* als; *4. (temps)* wenn; *depuis ~* seit wann
quant [kɑ̃t] *prep 1. ~ à* bezüglich; *2. ~ à moi* meinerseits
quantitatif [kɑ̃titatif] *adj* quantitativ
quantité [kɑ̃tite] *f 1.* Quantität *f,* Menge *f; 2. (teneur)* Gehalt *m*
quarantaine [kaʀɑ̃tɛn] *f* Quarantäne *f*
quarante [kaʀɑ̃t] *num* vierzig
quarantième [kaʀɑ̃tjɛm] *adj 1.* vierzigste(r,s); *m/f 2.* Vierzigste(r) *m/f*
quart [kaʀ] *m 1. MATH* Viertel *n; 2. ~ d'heure* Viertelstunde *f*
quartier [kaʀtje] *m (d'une ville)* Viertel *n; Je vous laisse ~ libre.* Ich lasse Ihnen freie Hand. *~ sordide* Elendsviertel *n; ~ urbain* Stadtviertel *n; ~ résidentiel* Wohnviertel *n*
quatorze [katɔʀz] *num* vierzehn
quatorzième [katɔʀzjɛm] *adj 1.* vierzehnte(r,s); *m/f 2.* Vierzehnte(r) *m/f*
quatre [katʀ] *num 1.* vier; *se mettre en ~ pour qn* für jdn durchs Feuer gehen; *2. ~ roues motrices TECH* Allradantrieb *m*
quatre-vingt-dix [katʀəvɛ̃dis] *num* neunzig
quatre-vingts [katʀəvɛ̃] *num* achtzig
quatrième [katʀijɛm] *adj 1.* vierte(r,s); *m/f 2.* Vierte(r) *m/f*
que [kə] *konj 1. (comparatif)* als; *Qu'à cela ne tienne!* Darauf kommt es nicht an! *2. (subordination)* dass; *3. ne ... ~* nur ...; *pron; 4. (relatif)* den/die/das; *Advienne ~ pourra.* Komme, was wolle. *5. (interrogatif)* was
Québec [kebɛk] *m (province du Canada) GEO* Quebec *n*
quel [kɛl] *pron* welch; *Quel beau temps!* Was für ein schönes Wetter!
quelconque [kɛlkɔ̃k] *adj 1.* irgendein, x-beliebig; *2. (sans importance)* belanglos
quelque [kɛlkə] *adj 1.* einige; *adv 2.* etwa
quelque chose [kɛlkəʃoz] *adj* etwas
quelquefois [kɛlkəfwa] *adv* manchmal
quelque part [kɛlkəpaʀ] *adv* irgendwo
quelques [kɛlkə] *adj 1.* einige; *2. (beaucoup)* etliche; *3. (peu)* wenige
quelques-uns [kɛlkəzœ̃] *adj* etliche
quelqu'un [kɛlkœ̃] *adj* irgendjemand
querelle [kəʀɛl] *f* Streit *m,* Zank *m*
quereller [kəʀɛle] *v se ~ avec qn* sich mit jdm streiten, sich mit jdm zanken
question [kɛstjɔ̃] *f* Frage *f; C'est hors de ~.* Das kommt nicht in Frage. *Il n'en est pas ~.* Davon kann keine Rede sein. *poser une ~* fragen; *~ d'expérience* Erfahrungssache *f; ~ à ... francs (fig)* Preisfrage *f; ~ de responsabilité JUR* Schuldfrage *f; ~ de confiance POL* Vertrauensfrage *f; ~ de goût* Geschmacksache *f*
questionner [kɛstjɔne] *v 1. ~ qn* jdn ausfragen; *2. ~ qn (consulter qn)* jdn befragen
queue [kø] *f 1.* Schwanz *m; 2. (file de personnes)* Menschenschlange *f; faire la ~* Schlange stehen; *3. (manche)* Stiel *m; 4. ~ de cheval* Pferdeschwanz *m*
qui [ki] *pron 1.* das, es; *Qui vivra verra.* Es wird sich zeigen. *2. (celui/celle)* der/die/das; *3. (lequel)* welcher/welches; *ce ~* was; *4. à ~* wem; *5. (accusatif)* wen; *6. (nominatif)* wer; *Qui que vous soyez.* Ganz egal, wer Sie sind. *Qui plus est ...* Was noch dazu kommt ...; *7. de ~* wessen
quiche [kiʃ] *f GAST* Quiche *f*
quiconque [kikɔ̃k] *pron* wer auch immer
quinzaine [kɛ̃zɛn] *f 1.* um die fünfzehn; *une ~ de spectateurs* ungefähr fünfzehn Zuschauer *pl; 2. (de jours)* zwei Wochen *pl*
quinze [kɛ̃z] *num* fünfzehn
quinzième [kɛ̃zjɛm] *adj 1.* fünfzehnte(r,s); *m/f 2.* Fünfzehnte(r) *m/f*
quittance [kitɑ̃s] *f* Quittung *f*
quitte [kit] *adj* quitt
quitter [kite] *v 1.* verlassen; *2. (église)* austreten; *3. ~ sa fonction* sein Amt niederlegen
quoi [kwa] *pron 1. (interrogatif)* was; *adv 2. d'après ~ (ensuite)* daraufhin; *3. en ~* darin, worin; *4. ~ qu'il en soit* jedenfalls; *5. par ~* wodurch; *6. avec ~* womit; *7. à ~* woran, wozu, worauf; *8. de ~* wovon, worum, woraus; *Au sujet de ~?* Worüber?
quoique [kwak] *konj* obgleich, obwohl
quotidien [kɔtidjɛ̃] *m 1.* Alltag *m; 2. (journal)* Tageszeitung *f; adj 3.* täglich

R

rabâcher [ʀabɑʃe] *v 1. (fig)* breittreten; *2. (ressasser)* endlos wiederholen
rabais [ʀabɛ] *m 1.* Ermäßigung *f; 2. ECO* Rabatt *m,* Abzug *m; faire un ~* abziehen/einen Rabatt gewähren
rabaissement [ʀabɛsmɑ̃] *m* Verminderung *f*
rabaisser [ʀabese] *v 1.* niedriger stellen, herabsetzen; *2. (humilier)* demütigen
rabat-joie [ʀabaʒwa] *m* Spielverderber *m*
rabattre [ʀabatʀ] *v irr 1.* herunterklappen; *2. (humilier)* demütigen
rabot [ʀabo] *m TECH* Hobel *m*
raboter [ʀabɔte] *v* hobeln
raboteux [ʀabɔtø] *adj (fig)* holperig
rabougri [ʀabugʀi] *adj* verkümmert
rabrouer [ʀabʀue] *v ~ qn* jdn anbrüllen
racaille [ʀakɑj] *f* Gesindel *n*
raccommoder [ʀakɔmɔde] *v* flicken
raccompagner [ʀakɔ̃paɲe] *v* heimbringen
raccord [ʀakɔʀ] *m* Verbindung *f,* Übergang *m; faire un ~ de peinture* eine vergessene Stelle nachstreichen
raccordement [ʀakɔʀdəmɑ̃] *m* Anschluss *m; ~ secondaire* Nebenanschluss *m; ~ sur le secteur* Netzanschluss *m*
raccourci [ʀakuʀsi] *m* Abkürzung *f; prendre un ~* eine Abkürzung nehmen
raccourcir [ʀakuʀsiʀ] *v* verkürzen
raccourcissement [ʀakuʀsismɑ̃] *m* Kürzung *f,* Verkürzung *f*
raccroc [ʀakʀo] *m* Zufallstreffer *m*
raccrocher [ʀakʀɔʃe] *v TEL* auflegen
race [ʀas] *f 1.* Rasse *f; 2. ~ humaine* Menschheit *f; 3. (tribu)* Stamm *m*
racé [ʀase] *adj* rassig
rachat [ʀaʃa] *m (liquidation)* Ablösung *f*
racheter [ʀaʃte] *v 1.* auslösen; *2. (acheter)* abkaufen
rachitisme [ʀaʃitism] *m MED* Rachitis *f*
racine [ʀasin] *f 1.* Wurzel *f; couper le mal à sa ~* das Übel an der Wurzel packen; *prendre ~* Wurzeln schlagen; *2. (des cheveux)* Haaransatz *m*
racisme [ʀasism] *m* Rassismus *m*
raciste [ʀasist] *m/f* Rassist(in) *m/f*
raclée [ʀɑkle] *f* Prügel *pl*
racler [ʀɑkle] *v 1. se ~ la gorge* sich räuspern; *2. (récurer)* auskratzen; *~ une allée* einen Weg eben machen; *~ le fond d'une casserole* einen Topf auskratzen
raclette [ʀɑklɛt] *f GAST* Raclette *n*
racontars [ʀakɔ̃taʀ] *m/pl (rumeurs)* Gerede *n*
raconter [ʀakɔ̃te] *v 1.* erzählen; *2. (répéter qc)* nacherzählen
radar [ʀadaʀ] *m* Radar *m*
radeau [ʀado] *m* Floß *n*
radiateur [ʀadjatœʀ] *m 1.* Heizkörper *m; 2. (de voiture)* Kühler *m*
radiation [ʀadjasjɔ̃] *f 1.* Ausschluss *m; 2. PHYS* Strahlung *f*
radical [ʀadikal] *adj 1.* radikal; *2. (fig)* einschneidend; *m 3. GRAMM* Wurzel *f*
radicalement [ʀadikalmɑ̃] *adv* radikal
radieux [ʀadjø] *adj* glückstrahlend
radin [ʀadɛ̃] *adj (fam)* knauserig
radio [ʀadjo] *f 1.* Funkgerät *n; ~ de bord* Bordfunk *m; ~ de la police* Polizeifunk *m; 2. (transistor)* Radio *n; ~ portative* Kofferradio *n; 3. (radiodiffusion)* Rundfunk *m*
radioactif [ʀadjoaktif] *adj 1.* strahlenverseucht; *2. PHYS* radioaktiv
radioactivité [ʀadjoaktivite] *f PHYS* Radioaktivität *f*
radiodiffusion [ʀadjodifysjɔ̃] *f (transmission)* Rundfunk *m*
radiographie [ʀadjogʀafi] *f MED* Röntgenbild *n*
radiographier [ʀadjogʀafje] *v MED* durchleuchten, röntgen
radioréveil [ʀadjoʀevɛj] *m* Radiowecker *m*
radiotélégramme [ʀadjotelegʀam] *m* Funkspruch *m*
radiotéléphoniste [ʀadjotelefɔnist] *m* Funker *m*
radiothérapie [ʀadjoteʀapi] *f MED* Bestrahlung *f*
radis [ʀadi] *m 1. BOT* Radieschen *n; 2. (raifort) BOT* Rettich *m*
radoter [ʀadɔte] *v (fam)* quasseln
radoucir [ʀadusiʀ] *v se ~ (temps)* milder werden, wärmer werden
radoucissement [ʀadusismɑ̃] *m* Milderung *f; le ~ de la température* das Ansteigen der Temperatur *n*
rafale [ʀafal] *f* Bö *f*
raffinage [ʀafinaʒ] *m* Verfeinerung *f*

raffiné [ʀafine] *adj* raffiniert
raffinement [ʀafinmɑ̃] *m (fig)* Verfeinerung *f*
raffiner [ʀafine] *v 1.* raffinieren; *2. (perfectionner)* veredeln, verfeinern
raffinerie [ʀafinʀi] *f* Raffinerie *f*
raffoler [ʀafɔle] *v ~ de qn* jdn sehr bewundern, jdn sehr gern haben
raffut [ʀafy] *m faire du ~ (fam)* rumoren
rafistoler [ʀafistɔle] *v (fam)* zusammenschustern, zusammenflicken
rafle [ʀɑfl] *f* Razzia *f*
rafraîchir [ʀafʀɛʃiʀ] *v 1.* abkühlen; *2. (œufs)* abschrecken; *3. se ~* sich erfrischen; *4. (refroidir)* kühlen
rafraîchissant [ʀafʀɛʃisɑ̃] *adj* erfrischend
rafraîchissement [ʀafʀɛʃismɑ̃] *m 1.* Erfrischung *f; 2. (réconfort)* Labsal *n; 3. ~s pl* Stärkung *f; servir des ~s* Erfrischungen reichen
rage [ʀaʒ] *f 1.* Wut *f; faire ~* toben; *La tempête fait ~.* Der Sturm tobt. *2. MED* Tollwut *f*
ragots [ʀago] *m/pl* Klatsch *m*
raid [ʀɛd] *m MIL* Streifzug *m; ~ aérien* Luftangriff *m*
raide [ʀɛd] *adj 1.* starr, steif; *C'est ~!* Das ist ja allerhand! *être ~s comme des baguettes de tambour* schnittlauchglatte Haare haben; *avoir des cheveux ~ comme un mort* zur Salzsäule erstarrt sein; *2. (abrupt)* jäh; *3. (roches)* schroff, steil
raidir [ʀɛdiʀ] *v se ~* steif werden
raie[1] [ʀɛ] *f* Scheitel *m*
raie[2] [ʀɛ] *f ZOOL* Rochen *m*
raifort [ʀɛfɔʀ] *m BOT* Meerrettich *m*
rail [ʀɑj] *m (train)* Schiene *f*
railler [ʀɑje] *v ~ qn* über jdn spotten
raillerie [ʀɑjʀi] *f* Spott *m,* Scherz *m*
railleur [ʀɑjœʀ] *adj* scherzhaft, spöttisch
rainette [ʀɛnɛt] *f ZOOL* Laubfrosch *m*
rainure [ʀɛnyʀ] *f* Schlitz *m,* Rille *f*
raisin [ʀɛzɛ̃] *m 1. BOT* Weintraube *f; 2. ~ sec* Rosine *f*
raison [ʀɛzɔ̃] *f 1.* Ursache *f,* Grund *m; C'est pour une ~ bien simple.* Das hat einen ganz einfachen Grund. *Pour quelle ~?* Warum? *en ~ de* wegen; *2. (entendement)* Verstand *m,* Vernunft *f; avoir ~ de qc* einer Sache Herr werden; *contraire à la ~* gegen jede Vernunft; *faire entendre ~ à qn* jdn zur Vernunft bringen; *3. (compte rendu)* Rechenschaft *f*
raisonnable [ʀɛzɔnabl] *adj 1.* vernünftig, verständig; *2. (prix)* angemessen
raisonnement [ʀɛzɔnmɑ̃] *m 1. (argumentation)* Argumentation *f,* Gedankengang *m; se perdre dans ses ~s* den Faden verlieren/sich in seinen Überlegungen verlieren; *2. (pensée)* Urteilsvermögen *n; avoir une grande puissance de ~* ein gutes Urteilsvermögen haben
raisonner [ʀɛzɔne] *v* argumentieren, Schlussfolgerung ziehen
rajeunir [ʀaʒœniʀ] *v 1. (rendre jeune)* jünger machen, jünger aussehen lassen; *Cette robe la rajeunit.* Das Kleid macht sie jünger. *2. (devenir jeune)* jünger aussehen; *Il a rajeuni depuis son mariage.* Er ist jünger geworden seit seiner Heirat. *Je le trouve tout rajeuni.* Er hat sich richtig verjüngt.
rajouter [ʀaʒute] *v* hinzufügen, anfügen; *~ quelques mots de conclusion* noch einige Schlussworte hinzufügen; *~ du sel* Salz hinzufügen/nachsalzen; *en ~ (fam)* übertreiben
rajuster [ʀaʒyste] *v* zurechtrücken, wieder in Ordnung bringen; *~ sa cravate* seine Krawatte zurechtrücken; *~ sa toilette* seine Kleidung wieder in Ordnung bringen
ralenti [ʀalɑ̃ti] *m 1. (d'une voiture)* Leerlauf *m; 2. CINE* Zeitlupe *f*
ralentir [ʀalɑ̃tiʀ] *v 1. (vitesse)* mäßigen, verlangsamen; *2. (retarder)* verzögern
ralentissement [ʀalɑ̃tismɑ̃] *m 1.* Verlangsamung *f; 2. (retard)* Verzögerung *f*
râler [ʀɑle] *v (fam: se plaindre)* meckern; *faire ~ qn* jdn wütend machen
râleur [ʀɑlœʀ] *m (fam)* Nörgler *m*
rallonge [ʀalɔ̃ʒ] *f 1.* Verlängerungskabel *n; 2. TECH* Zuschuss *m*
rallongement [ʀalɔʒmɑ̃] *m* Verlängerung *f*
rallonger [ʀalɔ̃ʒe] *v* verlängern
ramassage [ʀamasaʒ] *m ~ des ordures ménagères* Müllabfuhr *f*
ramasse-miettes [ʀamasmjɛt] *m* Tischbesen *m*
ramasser [ʀamɑse] *v* aufgreifen, aufheben
ramassis [ʀamasi] *m (fam)* Haufen *m,* Ansammlung *f; un ~ de voyous* ein Haufen Gauner *m*
rambarde [ʀɑ̃baʀd] *f* Geländer *n,* Absperrung *f; s'appuyer à la ~* sich auf das Geländer lehnen
rame [ʀam] *f 1.* Ruder *n; 2. (de métro)* U-Bahn *f,* Zug *m*

rameau [Ramo] *m BOT* Zweig *m,* Ast *m*
ramener [Ramne] *v 1.* mitbringen; *2. (fam)* anbringen; *3. (reconduire)* zurückführen; *4. ~ à la raison (fig)* ernüchtern
ramer [Rame] *v* rudern; *s'y entendre comme à ~ des choux (fam)* nicht die Bohne davon verstehen
rami [Rami] *m (jeu de cartes)* Rommé *n*
ramification [Ramifikasjɔ̃] *f BOT* Zweig *m,* Verzweigung *f*
ramollir [RamɔliR] *v* aufweichen
ramoner [Ramɔne] *v* fegen
ramoneur [RamɔnœR] *m* Schornsteinfeger *m*
rampant [Rɑ̃pɑ̃] *adj* schleichend
rampants [rɑ̃mpɑ̃] *m/pl (armée)* Bodenpersonal *n*
rampe [Rɑ̃p] *f 1.* Geländer *n; ~ d'escalier* Treppengeländer *n; 2. THEAT* Rampe *f; ~ d'accès* Auffahrt *f,* Rampe *f*
ramper [Rɑ̃pe] *v* kriechen
ramure [RamyR] *f* Geweih *n*
rancard [Rɑ̃kaR] *m (fam: rendez-vous)* Treffen *n,* Verabredung *f; avoir un ~* eine Verabredung haben
rance [Rɑ̃s] *adj* ranzig
rançon [Rɑ̃sɔ̃] *f* Lösegeld *n*
rancune [Rɑ̃kyn] *f* Groll *m; Sans ~!* Nichts für ungut! *garder ~ à qn (fig)* jdm gegenüber nachtragend sein
rancunier [Rɑ̃kynje] *adj* nachtragend
randonnée [Rɑ̃dɔne] *f* Wanderung *f,* Marsch *m; faire une ~* wandern
randonneur [Rɑ̃dɔnœR] *m* Wanderer *m*
rang [Rɑ̃] *m (qualité)* Rang *m; serrer les ~s* zusammenhalten; *rentrer dans le ~* sich zurückziehen; *de même ~* gleichgestellt
rangée [Rɑ̃ʒe] *f* Linie *f,* Zeile *f*
rangement [Rɑ̃ʒmɑ̃] *m* Ordnung *f*
ranger [Rɑ̃ʒe] *v 1.* aufräumen; *2. (ordonner)* ordnen, anordnen; *se ~ à l'opinion de qn* sich jds Meinung anschließen; *3. (classer)* einordnen; *Où cela se range-t-il?* Wo gehört denn das nun hin? *4. (enlever)* wegräumen
ranimer [Ranime] *v 1.* wiederbeleben; *2. se ~ (discussion)* aufleben
rapace [Rapas] *m ZOOL* Raubvogel *m*
rapatrié(e) [RapatRije] *m/f* Heimkehrer(in) *m/f*
râpe [Rɑp] *f 1.* Küchenhobel *m; 2. (lime)* Raspel *f; 3. ~ à fromage* Käsereibe *f*
râpé [Rɑpe] *adj* schäbig
râper [Rɑpe] *v 1.* reiben; *2. (légumes)* hobeln
râpeux [Rɑpø] *adj* rau; *La langue des chats est râpeuse.* Die Zunge einer Katze ist rau.
raphia [Rafja] *m* Bast *m*
rapide [Rapid] *adj 1.* rasch, schnell; *~ comme l'éclair* blitzschnell; *2. (fugitif)* flüchtig; *3. (immédiat)* prompt
rapidité [Rapidite] *f* Geschwindigkeit *f,* Schnelligkeit *f*
rappel [Rapɛl] *m 1.* Nachzahlung *f; 2. (mise en garde)* Vorwarnung *f; 3. ~ à l'ordre JUR* Abmahnung *f; 4. (en concert)* Zugabe *f*
rappeler [Raple] *v 1.* abberufen, zurückrufen; *2. ~ qc à qn* jdn an etw erinnern; *3. ~ à l'ordre JUR* abmahnen; *4. se ~* sich entsinnen; *5. se ~ qc* sich an etw erinnern
rapport [RapɔR] *m 1.* Bericht *m; ~ sur la situation* Lagebericht *m; ~ annuel* Geschäftsbericht *m; 2. (attestation)* Gutachten *n; 3. (relation)* Verhältnis *n; par ~ à* verhältnismäßig; *4. ~s intimes pl* Geschlechtsverkehr *m*
rapporter [RapɔRte] *v 1.* bringen, zurückbringen; *2. (bavarder)* klatschen; *3. (rendre compte)* berichten; *4. (ramener)* heimbringen; *5. ECO* abwerfen; *6. (fig)* vortragen; *7. se ~ à qc* sich auf etw beziehen
rapporteur [RapɔRtœR] *m* Berichterstatter *m,* Referent *m*
rapprochement [RapRɔʃmɑ̃] *m ~ des peuples* Völkerverständigung *f*
rapprocher [RapRɔʃe] *v se ~* sich nähern
rapt [Rapt] *m* Entführung *f,* Raub *m*
raquette [Rakɛt] *f ~ de tennis SPORT* Tennisschläger *m*
rare [RaR] *adj* rar, selten; *~ comme les beaux jours* ausgesprochen selten
rareté [RaRte] *f 1.* Seltenheit *f,* Rarität *f; 2. (pénurie)* Knappheit *f*
ras [Rɑ] *adj 1. (coupé court)* kurz geschoren, kurz; *un chat à poil ~* eine Katze mit kurzhaarigem Fell *f; une barbe ~e* ein kurz geschnittener Bart *m; des cheveux coupés à ~* kurz geschnittene Haare *pl; une pelouse tondue à ~* ein kurz geschnittener Rasen *m; 2. en ~e campagne* auf dem flachen Land; *un pull ~ du cou* ein Pullover mit halsnahem Ausschnitt *m; à ~ bord* bis zum Rand; *au ~ du sol* dicht über dem Boden; *faire table ~e (fig)* reinen Tisch machen
rasage [Rɑzaʒ] *m* Rasur *f*
rasant [Rɑzɑ̃] *adj* flach, niedrig
rase-mottes [Rɑzmɔt] *m* Tiefflug *m*
raser [Rɑze] *v* rasieren
rasoir [RɑzwaR] *m 1.* Rasiermesser *n; 2. ~ mécanique* Rasierapparat *m*

rassasié [ʀasazje] *adj* satt, gesättigt
rassasier [rasazje] *v* sättigen
rassemblement [ʀasɑ̃bləmɑ̃] *m 1.* Versammlung *f; 2. (foule)* Auflauf *m*
rassembler [ʀasɑ̃ble] *v 1.* sammeln, versammeln; *2. se ~* sich ansammeln
rassis [ʀasi] *adj GAST* altbacken
rassurant [ʀasyʀɑ̃] *adj* beruhigend
rassurer [ʀasyʀe] *v ~ qn* jdn beruhigen
rat [ʀa] *m ZOOL* Ratte *f*
ratatouille [ʀatatuj] *f* Ratatouille *f*
rate [ʀat] *f ANAT* Milz *f*
raté [ʀate] *m 1.* Versager *m; 2. (d'un moteur)* Fehlzündung *f*
râteau [ʀɑto] *m* Rechen *m*
rater [ʀate] *v 1. (fig)* versagen, schief gehen; *2. (fam)* verfehlen
ratification [ʀatifikasjɔ̃] *f POL* Ratifizierung *f*
ratifier [ʀatifje] *v POL* ratifizieren
ratiociner [ʀasjɔsine] *v* austüfteln
ration [ʀasjɔ̃] *f 1. MIL* Portion *f; 2. (part)* Ration *f; 3. ~ de déclaration* Anmeldegebühr *f*
rationalisation [ʀasjɔnalizasjɔ̃] *f mesure de ~* Rationalisierungsmaßnahme *f*
rationaliser [ʀasjɔnalize] *v* rationalisieren
rationnel [ʀasjɔnɛl] *adj 1.* rational; *2. (rentable)* rationell; *3. MATH* berechenbar
rationner [ʀasjɔne] *v* rationieren
raton [ʀatɔ̃] *m ~ laveur ZOOL* Waschbär *m*
rattachement [ʀataʃmɑ̃] *m POL* Anschluss *m*
rattacher [ʀataʃe] *v 1. ~ à qc* an etw anknüpfen; *2. ~ à (relier à)* anschließen an, verbinden mit
rattrapage [ʀatʀapaʒ] *m cours de ~* Nachhilfeunterricht *m*
rattraper [ʀatʀape] *v* aufholen
rature [ʀatyʀ] *f* Durchstreichen *n,* durchgestrichenes Wort *n*
raturer [ʀatyʀe] *v* durchstreichen
rauque [ʀok] *adj* rau, heiser
ravage [ʀavaʒ] *m* Verheerung *f,* Verwüstung *f*
ravager [ʀavaʒe] *v* verwüsten
ravaler [ʀavale] *v (fig)* hinunterschlucken; *~ son dépit* seinen Ärger hinunterschlucken
ravauder [ʀavode] *v* stopfen, flicken
rave [ʀav] *f BOT* Rübe *f*
ravi [ʀavi] *adj 1.* hocherfreut, entzückt; *Je suis ~ de vous revoir.* Ich bin erfreut, Sie wieder zu sehen. *2. (comblé)* selig
ravin [ʀavɛ̃] *m 1.* Kluft *f; 2. (crevasse)* Spalt *m,* Spalte *f; 3. (gorge) GEO* Schlucht *f*
ravir [ʀaviʀ] *v* entführen, kidnappen
raviser [ʀavize] *v se ~* seine Meinung ändern, es sich anders überlegen
ravissant [ʀavisɑ̃] *adj* entzückend, hinreißend
ravissement [ʀavismɑ̃] *m* Entzücken *n*
ravisseur [ʀavisœʀ] *m* Entführer *m,* Geiselnehmer *m*
ravitaillement [ʀavitajmɑ̃] *m 1.* Versorgung *f,* Proviant *m; 2. MIL* Nachschub *m*
ravitailler [ʀavitɑje] *v* verpflegen
rayer [ʀɛje] *v* durchstreichen, streichen
rayon [ʀɛjɔ̃] *m 1.* Strahl *m; ~ laser* Laserstrahl *m; ~ lumineux/~ de lumière* Lichtstrahl *m; ~ de soleil* Sonnenstrahl *m; 2. (étagère)* Regal *n; 3. (rai)* Speiche *f; 4. MATH* Radius *m; ~ d'action* Reichweite *f,* Wirkungsbereich *m; 5. ~s X pl MED* Röntgenstrahlen *pl*
rayonnant [ʀɛjɔnɑ̃] *adj 1.* glänzend; *2. ~ de bonheur* glückstrahlend
rayonnement [ʀɛjɔnmɑ̃] *m 1. PHYS* Emission *f; 2. ~ de la personnalité* Ausstrahlung *f*
rayonner [ʀɛjɔne] *v 1.* glänzen; *2. (de joie)* ausstrahlen; *3. (irradier)* strahlen
rayure [ʀɛjyʀ] *f* Streifen *m,* Linie *f*
raz-de-marée [ʀɑdəmaʀe] *m* Flutwelle *f*
réacteur [ʀeaktœʀ] *m* Reaktor *m; ~ expérimental* Forschungsreaktor *m; ~ nucléaire* Kernreaktor *m*
réaction [ʀeaksjɔ̃] *f 1.* Reaktion *f; ~ en chaîne PHYS* Kettenreaktion *f; 2. (représailles)* Gegenmaßnahme *f; 3. ~s pl (de la voiture)* Fahrverhalten *n*
réactionnaire [ʀeaksjɔnɛʀ] *adj POL* reaktionär
réadaptation [ʀeadaptasjɔ̃] *f* Umstellung *f*
réadapter [ʀeadapte] *v 1. TECH* umrüsten; *2. se ~* sich umstellen
réagir [ʀeaʒiʀ] *v ~ à qc* auf etw reagieren
réalisable [ʀealizabl] *adj* durchführbar, realisierbar
réalisateur [ʀealizatœʀ] *m CINE* Regisseur *m*
réalisation [ʀealizasjɔ̃] *f 1.* Verwirklichung *f,* Realisierung *f; 2. (configuration)* Gestaltung *f; 3. (exécution)* Durchführung *f,* Ausführung *f; 4. (accomplissement)* Erfüllung *f*

réaliser [ʀealize] *v 1.* verwirklichen; *2. (former)* gestalten; *3. (exécuter)* durchführen; *4. (achever)* vollbringen; *5. (accomplir)* erfüllen; *6. (atteindre)* erzielen; *7. ECO* umsetzen; *8. se ~* Erfüllung finden
réalisme [ʀealism] *m* Realismus *m*
réaliste [ʀealist] *adj 1.* realistisch; *2. (proche de la réalité)* wirklichkeitsnah; *m/f 3.* Realist(in) *m/f*
réalité [ʀealite] *f 1.* Wirklichkeit *f,* Realität *f; en ~* eigentlich; *2. (fait)* Tatsache *f*
réanimation [ʀeanimasjɔ̃] *f MED* Wiederbelebung *f*
réanimer [ʀeanime] *v MED* wiederbeleben
réapparaître [ʀeapaʀɛtʀ] *v irr* erneut auftauchen, wieder erscheinen
réarmement [ʀeaʀməmɑ̃] *m MIL* Aufrüstung *f*
réarmer [ʀeaʀme] *v MIL* aufrüsten
rébarbatif [ʀebaʀbatif] *adj* abstoßend
rebelle [ʀəbɛl] *adj 1.* aufsässig, widerspenstig; *m 2.* Rebell *m*
rebeller [ʀəbɛle] *v 1. se ~* rebellieren; *2. se ~ (se révolter)* trotzen, widerstehen
rébellion [ʀebɛljɔ̃] *f 1.* Auflehnung *f; 2. (révolte)* Rebellion *f*
rebiquer [ʀəbike] *v (fam)* abstehen, sich aufstellen; *Mon épi de cheveux rebique.* Mein Haarwirbel steht ab. *Son col de chemise rebique.* Sein Hemdkragen steht ab.
rebond [ʀəbɔ̃] *m SPORT* Abschlag *m*
rebondi [ʀəbɔ̃di] *adj (rond)* rund, aufgeblasen; *avoir des joues bien ~es* Pausbacken haben
rebondir [ʀəbɔ̃ndiʀ] *v* abprallen
rebondissement [ʀəbɔ̃dismɑ̃] *m SPORT* Abschlag *m*
rebord [ʀebɔʀ] *m 1.* Sims *n; 2. (saillie)* Felsvorsprung *m; 3. ~ de fenêtre* Fensterbank *f*
reboucher [ʀəbuʃe] *v* wieder verkorken, wieder verschließen; *~ une bouteille* den Korken wieder in eine Flasche stecken
rebours [ʀəbuʀ] *m à ~* gegen den Strich, in entgegengesetzter Richtung; *caresser à ~* gegen den Strich streicheln; *le compte à ~* der Countdown *m; aller à ~ de qc* im Gegensatz zu etw stehen
rebrousser [ʀəbʀuse] *v ~ chemin* kehrtmachen
rébus [ʀebys] *m* Quiz *n*
rebut [ʀəby] *m 1.* Ausschuss *m; 2. (fig: de la société)* Abschaum *m*
récalcitrant [ʀekalsitʀɑ̃] *adj* störrisch
récapitulatif [ʀekapitylatif] *adj* zusammenfassend
récapitulation [ʀekapitylasjɔ̃] *f* Zusammenfassung *f*
récapituler [ʀekapityle] *v 1.* rekapitulieren; *2. (fig)* zusammenfassen
receler [ʀəsle] *v* bergen, enthalten
receleur [ʀəslœʀ] *m* Hehler *m*
récemment [ʀesamɑ̃] *adv* kürzlich, neulich
recensement [ʀəsɑ̃smɑ̃] *m 1. (statistiques)* Erfassung *f; 2. ~ de la population* Volkszählung *f*
recenser [ʀəsɑ̃se] *v* erfassen
récent [ʀesɑ̃] *adj* jüngst, kürzlich; *le passé ~* die jüngste Vergangenheit *f; une découverte toute ~e* eine kürzlich gemachte Entdeckung *f*
récépissé [ʀesepise] *m* Empfangsbescheinigung *f*
récepteur [ʀesɛptœʀ] *m 1.* Hörer *m; 2. TECH* Empfänger *m; 3. ~ radio* Rundfunkempfänger *m*
réception [ʀesɛpsjɔ̃] *f 1.* Aufnahme *f,* Annahme *f; 2. (accueil)* Empfang *m,* Rezeption *f; 3. (recette)* Abnahme *f; 4. (achat) ECO* Abnahme *f*
réceptionner [ʀesɛpsjɔne] *v* entgegennehmen
récession [ʀesɛsjɔ̃] *f ECO* Rezession *f*
recette [ʀəsɛt] *f 1.* Einnahme *f; 2. (de cuisine)* Kochrezept *n; 3. ECO* Ertrag *m; 4. ~s pl* Einkünfte *pl,* Auskommen *n*
receveur [ʀəsəvœʀ] *m* Schaffner *m*
recevoir [ʀəsəvwaʀ] *v irr 1.* entgegennehmen, abnehmen; *2. (obtenir)* erhalten, bekommen; *~ régulièrement* beziehen; *3. (fam)* kriegen
rechange [ʀəʃɑ̃ʒ] *m* Austausch *m; pièce de ~* Ersatzteil *n*
réchapper [ʀeʃape] *v en ~ (fig)* davonkommen
recharge [ʀəʃaʀʒ] *f (accus) TECH* Aufladung *f*
recharger [ʀəʃaʀʒe] *v (batterie) TECH* aufladen
réchaud [ʀeʃo] *m 1.* Kocher *m; 2. ~ à gaz* Gasherd *m*
réchauffer [ʀeʃofe] *v 1.* wärmen; *2. (échauffer)* aufwärmen, erwärmen
rêche [ʀɛʃ] *adj 1.* grob; *2. (fig)* rau, barsch
recherche [ʀəʃɛʀʃ] *f 1.* Suche *f; 2. (d'un assassin)* Fahndung *f; 3. (étude)* Forschung

f; ~ génétique Genforschung *f; ~ spatiale* Weltraumforschung *f; ~ nucléaire* Kernforschung *f; faire des ~s* erforschen; *4. (essai)* Versuch *m; 5. (enquête)* Untersuchung *f*, Nachforschung *f; 6. JUR* Ermittlung *f*
recherché [ʀəʃɛʀʃe] *adj* begehrt, gefragt
rechercher [ʀəʃɛʀʃe] *v 1.* suchen; *2. (enquêter)* nachforschen, erforschen; *3. ~ qc* nach etw trachten; *4. ~ qn JUR* nach jdm fahnden
rechigner [ʀəʃiɲe] *v* murren; *~ au travail* sich lustlos an die Arbeit machen; *obéir sans ~* gehorchen, ohne zu murren
rechute [ʀəʃyt] *f MED* Rückfall *m*
récidive [ʀesidiv] *f JUR* Rückfall *m*
récidivisme [ʀesidivism] *m JUR* Rückfall *m*
récidiviste [ʀesidivist] *adj JUR* rückfällig
récif [ʀesif] *m* Riff *n*
récipient [ʀesipjɑ̃] *m 1.* Behälter *m; 2. (vase)* Gefäß *n*
réciprocité [ʀesipʀɔsite] *f* Gegenseitigkeit *f; par ~* gegenseitig
réciproque [ʀesipʀɔk] *adj* beiderseitig, gegenseitig
récit [ʀesi] *m 1.* Bericht *m; ~ véridique* Tatsachenbericht *m; ~ mensonger* Vorspiegelung *f; 2. (histoire)* Geschichte *f*, Erzählung *f; 3. (nouvelle)* Kurzgeschichte *f*
récital [ʀesital] *m MUS* Konzert *n; ~ de piano* Klavierkonzert *n; ~ de chant* Liederabend *m*
récitation [ʀesitasjɔ̃] *f (à l'école)* Aufsagen *n; le cahier de ~s* das Heft, in dem die Texte zum Auswendiglernen stehen *n; apprendre une ~* ein Gedicht oder eine Textstelle lernen; *savoir sa ~* seinen Text auswendig können
réciter [ʀesite] *v* vortragen
réclamation [ʀeklamasjɔ̃] *f 1.* Reklamation *f; faire une ~* reklamieren; *2. (revendication)* Anspruch *m*
réclame [ʀeklam] *f* Reklame *f*
réclamer [ʀeklame] *v 1.* verlangen, fordern; *2. ~ qc à qn* jdm etw abverlangen; *3. (protester)* reklamieren
recoiffer [ʀəkwafe] *v se ~* sich frisch frisieren, den Hut wieder aufsetzen
recoin [ʀəkwɛ̃] *m* Winkel *m*
recoller [ʀəkɔle] *v* wieder zusammenkleben; *~ les morceaux cassés* die kaputten Teile wieder zusammenkleben
récolte [ʀekɔlt] *f* Ernte *f*
récolter [ʀekɔlte] *v* ernten
recommandable [ʀəkɔmɑ̃dabl] *adj* empfehlenswert
recommandation [ʀəkɔmɑ̃dasjɔ̃] *f* Empfehlung *f*
recommandé [ʀəkɔmɑ̃de] *adj* eingeschrieben; *une lettre ~e* ein Einschreibebrief *m*
recommander [ʀəkɔmɑ̃de] *v* empfehlen, raten
recommencer [ʀəkɔmɑ̃se] *v* wieder anfangen
récompense [ʀekɔ̃pɑ̃s] *f 1.* Belohnung *f*, Lohn *m; 2. (décoration)* Auszeichnung *f*
récompenser [ʀekɔ̃pɑ̃se] *v* belohnen
recompter [ʀəkɔ̃te] *v* nachrechnen
réconciliation [ʀekɔ̃siljasjɔ̃] *f* Versöhnung *f*
réconcilier [ʀekɔ̃silje] *v se ~ avec* sich aussöhnen mit, sich versöhnen mit
réconfort [ʀekɔ̃fɔʀ] *m* Trost *m*
réconfortant [ʀekɔ̃fɔʀtɑ̃] *adj 1.* stärkend; *2. (rassurant)* tröstlich
réconforter [ʀekɔ̃fɔʀte] *v* trösten
reconnaissable [ʀəkɔnɛsabl] *adj* erkennbar
reconnaissance [ʀəkɔnɛsɑ̃s] *f 1.* Anerkennung *f; 2. (gratitude)* Dankbarkeit *f; 3. MIL* Aufklärung *f; 4. ~ de ses propres fautes* Selbsterkenntnis *f*
reconnaissant [ʀəkɔnɛsɑ̃] *adj 1.* dankbar; *2. (redevable envers qn)* erkenntlich
reconnaître [ʀəkɔnɛtʀ] *v irr 1.* erkennen, wieder erkennen; *2. (avouer)* bekennen; *3. (fig)* einsehen; *4. se ~* sich zurechtfinden
reconnu [ʀəkɔny] *adj* anerkannt
reconquérir [ʀəkɔ̃keʀiʀ] *v irr* zurückerobern
reconstitution [ʀəkɔ̃stitysjɔ̃] *f* Wiederherstellung *f*
reconstruction [ʀəkɔ̃stʀyksjɔ̃] *f* Wiederaufbau *m*
reconstruire [ʀəkɔ̃stʀɥiʀ] *v irr* rekonstruieren
reconversion [ʀəkɔ̃vɛʀsjɔ̃] *f* Umschulung *f*
recopier [ʀəkɔpje] *v* neu schreiben; *~ des citations dans un cahier* Zitate in ein Heft übertragen; *~ un brouillon* einen Entwurf ins Reine schreiben
record [ʀəkɔʀ] *m 1.* Rekord *m; ~ mondial* Weltrekord *m; 2. SPORT* Bestleistung *f*
recoupement [ʀəkupmɑ̃] *m* Überschneidung *f*

recourbé [ʀəkuʀbe] *adj* gewölbt, gekrümmt; *un nez ~* eine gebogene Nase *f; des cils ~s* gebogene Wimpern *pl*
recourir [ʀəkuʀiʀ] *v irr* zurücklaufen; *~ à* sich wenden an; *~ à la force* Gewalt anwenden
recours [ʀəkuʀ] *m 1.* Zuflucht *f; 2. JUR* Berufung *f; en dernier ~* letzten Endes/schließlich; *3. ~ en grâce JUR* Gnadengesuch *n; 4. (demande d'indemnité) JUR* Regress *m*
recouvrer [ʀəkuvʀe] *v 1.* wiedererlangen; *2. FIN* einziehen
recouvrir [ʀəkuvʀiʀ] *v irr 1.* bedecken, decken; *2. ~ de* überziehen, verkleiden
récréation [ʀekʀeasjɔ̃] *f 1.* Entspannung *f; 2. (à l'école)* Pause *f*
récrire [ʀekʀiʀ] *v* umschreiben
recrue [ʀəkʀy] *f MIL* Rekrut *m*
recrutement [ʀəkʀytmɑ̃] *m* Einstellung *f,* Rekrutierung *f*
recruter [ʀəkʀyte] *v* einstellen
rectangle [ʀɛktɑ̃gl] *adj 1. MATH* rechtwinklig; *un triangle ~* ein rechtwinkliges Dreieck *n; m 2. MATH* Rechteck *n*
rectangulaire [ʀɛktɑ̃gylɛʀ] *adj* rechteckig, rechtwinklig
recteur [ʀɛktœʀ] *m* Rektor *m*
rectification [ʀɛktifikasjɔ̃] *f* Verbesserung *f*
rectifier [ʀɛktifje] *v 1.* berichtigen, richtig stellen; *2. (corriger)* korrigieren, verbessern
recto [ʀɛkto] *m* Vorderseite *f*
reçu [ʀəsy] *m 1.* Quittung *f; 2. (récépissé)* Empfangsbescheinigung *f*
recueil [ʀəkœj] *m 1.* Sammlung *f; 2. ~ de chansons* Liederbuch *n*
recueillement [ʀəkœjmɑ̃] *m 1. REL* Andacht *f; 2. (fig)* Sammlung *f*
recueilli [ʀəkœji] *adj* andächtig
recueillir [ʀəkœjiʀ] *v irr 1.* ernten; *2. (rassembler)* sammeln; *3. (informations)* einziehen
recul [ʀəkyl] *m* Rückgang *m,* Zurückgehen *n; ~ des prix* Preisrückgang *m*
reculer [ʀəkyle] *v 1.* zurücktreten; *2. (devant)* weichen
récupération [ʀekypeʀasjɔ̃] *f 1.* Verwertung *f; 2. (compensation)* Ausgleich *m; 3. matériel de ~* Altmaterial *n*
récupérer [ʀekypeʀe] *v 1.* ausschlafen; *2. (rattraper)* nachholen; *3. (utiliser)* verwerten; *4. (retrouver)* wiedererlangen
récusable [ʀekyzabl] *adj JUR* verwerflich
récuser [ʀekyze] *v JUR* zurückweisen
recyclage [ʀəsiklaʒ] *m 1.* Recycling *n; 2. (réutilisation)* Wiederverwertung *f; 3. (reconversion)* Umschulung *f*
recycler [ʀəsikle] *v 1.* umschulen; *2. (réutiliser)* wieder verwerten, verwerten
rédacteur [ʀedaktœʀ] *m* Redakteur *m; ~ en chef* Chefredakteur *m*
rédaction [ʀedaksjɔ̃] *f 1.* Redaktion *f; 2. (élaboration d'un texte)* Ausarbeitung *f; 3. (composition)* Aufsatz *m*
Rédempteur [ʀedɑ̃ptœʀ] *m REL* Erlöser *m*
rédemption [ʀedɑ̃psjɔ̃] *f REL* Erlösung *f*
redescendre [ʀədesɑ̃dʀ] *v* wieder hinabsteigen
redevable [ʀədəvabl] *adj 1. être ~ à qn de qc* jdm etw schulden; *2. être ~ à qn de qc (fig)* jdm etw verdanken
redevance [rədəvɑ̃s] *f JUR* Verpflichtung *f*
rédhibition [ʀedibisjɔ̃] *f JUR* Wandlung *f*
rédiger [ʀediʒe] *v 1.* aufsetzen, ausarbeiten; *2. (composer)* abfassen, redigieren
redingote [ʀədɛ̃gɔt] *f* Gehrock *m*
redire [ʀədiʀ] *v irr 1.* wiederholen, mehrere Male sagen; *2. (critiquer)* kritisieren; *trouver à ~* etw auszusetzen haben; *avoir à ~* beanstanden; *Il n'y a rien à ~ à cela.* Dagegen kann man nichts sagen.
redistribuer [ʀədistʀibɥe] *v* neu verteilen, noch einmal geben
redonner [ʀədɔne] *v* zurückgeben; *~ du courage* wieder Mut machen; *~ confiance* wieder Vertrauen einflößen
redoublant(e) [ʀədublɑ̃(t)] *m/f* Sitzenbleiber(in) *m/f*
redoubler [rəduble] *v ~ une classe* sitzen bleiben
redoutable [ʀədutabl] *adj* fürchterlich; *un mal ~* ein fürchterliches Übel *n*
redouter [ʀədute] *v* befürchten, fürchten
redressement [ʀədʀɛsmɑ̃] *m 1. ECO* Sanierung *f; 2. mesures de ~* Sanierungsmaßnahmen *pl; 3. (ristourne)* Storno *m*
redresser [ʀədʀɛse] *v 1.* aufrichten; *2. (rectifier)* begradigen; *3. (une entreprise) ECO* sanieren
réduction [ʀedyksjɔ̃] *f 1.* Verminderung *f,* Verringerung *f; ~ de la vitesse* Verlangsamung *f; 2. (de prix)* Ermäßigung *f,* Nachlass *m,* Abschlag *m; ~ d'impôts* Steuer-

ermäßigung *f; 3. (diminution)* Kürzung *f; ~ budgétaire* Etatkürzung *f*

réduire [ʀedɥiʀ] *v irr 1.* herabsetzen; *2. (amoindir)* verkleinern, verringern; *~ en cendres* abbrennen; *~ en petits morceaux* zerkleinern; *3. (baisser)* abbauen; *4. (prix) ECO* drücken; *~ les prix* verbilligen; *5. (restreindre)* einschränken; *6. (diminuer)* kürzen, reduzieren; *~ qc à néant* etw völlig vernichten; *~ au silence* zum Schweigen bringen; *se ~ à* schmelzen; *7. (les gaz) TECH* drosseln

réduit [ʀedɥi] *adj 1.* verringert, herabgesetzt; *un modèle ~* ein verkleinertes Modell *n; rouler à vitesse ~e* mit verringerter Geschwindigkeit fahren; *en être ~ à* begrenzt sein auf; *m 2.* kleine Kammer *f,* dunkles Loch *n*

réédition [ʀeedisjɔ̃] *f* Neuausgabe *f*

rééducation [ʀeedykasjɔ̃] *f* Heilgymnastik *f,* Krankengymnastik *f*

réel [ʀeɛl] *adj 1.* wirklich, tatsächlich; *2. JUR* dinglich

réélection [ʀeelɛksjɔ̃] *f POL* Wiederwahl *f*

réellement [ʀeɛlmɑ̃] *adv* wirklich

rééquilibrer [ʀeekilibʀe] *v (fig)* ausgleichen

réessayer [ʀeesɛje] *v* erneut versuchen

réévaluer [ʀeevalɥe] *v FIN* aufwerten

refaire [ʀəfɛʀ] *v irr* nachfüllen; *Tout est à ~.* Alles muss noch einmal gemacht werden.

référence [ʀefeʀɑ̃s] *f 1.* Bezugnahme *f; 2. (recommandation)* Referenz *f; 3. (renvoi)* Verweis *m; 4. ~s pl ECO* Eckdaten *pl*

référendum [ʀefeʀɛ̃dɔm] *m POL* Referendum *n*

référer [ʀefeʀe] *v se ~ à* sich beziehen auf

refermer [ʀəfɛʀme] *v 1.* wieder schließen; *~ la fenêtre* das Fenster wieder schließen; *2. se ~* sich wieder schließen

refiler [ʀəfile] *v ~ qc à qn (fam)* jdm etw andrehen

réfléchi [ʀefleʃi] *adj* bedächtig, überlegt

réfléchir [ʀefleʃiʀ] *v 1.* nachdenken; *C'est tout réfléchi.* Das ist schon entschieden. *2. ~ à* überlegen, erwägen; *3. (refléter)* reflektieren, widerspiegeln

reflet [ʀəflɛ] *m 1.* Reflex *m; 2. (image réfléchie)* Spiegelbild *n; 3. (réflexion)* Spiegelung *f*

refléter [ʀəflete] *v 1.* reflektieren, widerspiegeln; *2. se ~ dans* sich spiegeln in

reflex [ʀeflɛks] *m appareil ~ FOTO* Spiegelreflexkamera *f*

réflexe [ʀeflɛks] *m* Reflex *m*

réflexion [ʀeflɛksjɔ̃] *f 1.* Erwägung *f,* Überlegung *f; 2. (miroitement)* Spiegelung *f*

réforme [ʀefɔʀm] *f* Reform *f; ~ agraire* Agrarreform *f; ~ monétaire* Währungsreform *f*

Réforme [ʀefɔʀm] *f la ~ REL* die Reformation *f*

réformer [ʀefɔʀme] *v* reformieren

refoulement [ʀəfulmɑ̃] *m* Verdrängung *f*

refouler [ʀəfule] *v 1.* verdrängen, zurückdrängen; *2. ~ qc (fig)* etw zurückhalten

réfractaire [ʀefʀaktɛʀ] *adj 1.* widerspenstig; *2. (résistant)* feuerfest

refrain [ʀəfʀɛ̃] *m 1. MUS* Leitmotiv *n; 2. ~ populaire* Gassenhauer *m*

refréner [ʀəfʀene] *v 1. (fig)* eindämmen; *2. (fig: maîtriser)* zügeln

réfrigérateur [ʀefʀiʒeʀatœʀ] *m* Eisschrank *m,* Kühlschrank *m*

réfrigération [ʀefʀiʒeʀasjɔ̃] *f* Kühlung *f*

réfrigérer [ʀefʀiʒeʀe] *v* kühlen

refroidir [ʀəfʀwadiʀ] *v 1.* abkühlen; *2. (rafraîchir)* kühlen

refroidissement [ʀəfʀwadismɑ̃] *m 1.* Abkühlung *f; 2. MED* Erkältung *f*

refuge [ʀəfyʒ] *m 1.* Zufluchtsort *m,* Unterschlupf *m; 2. (de haute montagne)* Berghütte *f; 3. ~ pour piétons* Verkehrsinsel *f*

réfugié(e) [ʀefyʒje] *m/f* Flüchtling *m*

réfugier [ʀefyʒje] *v se ~* Zuflucht suchen, sich flüchten; *se ~ chez qn* bei jdm Zuflucht suchen; *se ~ auprès de qn* sich zu jdm flüchten; *se ~ à l'étranger* ins Ausland flüchten; *se ~ sous un arbre* unter einem Baum Schutz suchen

refus [ʀəfy] *m 1.* Verweigerung *f; ~ de recevoir* Annahmeverweigerung *f; ~ d'obéissance* Befehlsverweigerung *f; 2. (rejet)* Ablehnung *f,* Absage *f; Ce n'est pas de ~!* Da kann man ja nicht Nein sagen!

refuser [ʀəfyze] *v 1. ~ de* verweigern; *se ~ à faire qc* sich weigern, etw zu tun; *2. (dénier)* ablehnen, absagen; *3. (repousser)* abschlagen; *4. JUR* aberkennen

réfuter [ʀefyte] *v* entkräften, widerlegen

regagner [ʀəgaɲe] *v ~ du terrain* aufholen

régal [ʀegal] *m 1.* Delikatesse *f,* Gaumenfreude *f; 2. (fig)* Freude *f; être un ~ pour les yeux* eine Augenweide sein; *C'est un ~ de les voir.* Es ist eine große Freude, sie zu sehen.

régaler [ʀegale] *v 1. ~ de* traktieren; *2. se ~* sich eine Freude machen

regard [Rəgar] *m 1.* Blick *m; en ~ de* angesichts; *~ de connaisseur* Kennerblick *m; 2. (vue)* Anblick *m*
regarder [Rəgarde] *v 1.* anschauen, ansehen; *~ la télévision* fernsehen; *~ qn* jdn ansehen; *~ qn comme une bête curieuse* jdn anstarren; *~ fixement* anstarren; *~ dehors* herausschauen; *~ par ici* herüberblicken; *~ autour de soi* sich umsehen; *~ qn de haut* auf jdn herabsehen; *2. (regarder)* blicken; *Cela ne regarde que moi.* Das geht nur mich etw an. *3. (voir)* sehen; *~ le danger en face* der Gefahr ins Auge sehen; *~ qn de travers* jdn schief ansehen; *y ~ qc à deux fois* sich etw zweimal überlegen; *4. (observer)* zusehen
régime[1] [Reʒim] *m 1.* Schonkost *f; 2. ~ alimentaire* Diät *f; 3. TECH* Drehzahl *f; 4. POL* Regime *n*
régime[2] [Reʒim] *m ~ de bananes BOT* Bananenstaude *f*
régiment [Reʒimɑ̃] *m MIL* Regiment *n*
région [Reʒjɔ̃] *f 1.* Gebiet *n,* Raum *m; ~ économique* Einzugsgebiet *n; ~ frontalière* Grenzgebiet *n; ~ industrielle* Industriegebiet *n; ~ sinistrée* Katastrophengebiet *n; 2. (paysage)* Gegend *f; 3. (coin)* Region *f*
régional [Reʒjɔnal] *adj 1.* landschaftlich; *2. (provincial)* provinziell; *3. (local)* regional
régionalisme [Reʒjɔnalism] *m* Heimatkunde *f*
régir [Reʒir] *v (déterminer)* bestimmen, lenken; *La loi régit les rapports entre les hommes.* Das Gesetz regelt das Zusammenleben der Menschen.
registre [Rəʒistr] *m* Verzeichnis *n,* Register *n; ~ du commerce* Handelsregister *n*
réglable [Reglabl] *adj 1.* einstellbar; *2. (ajustable)* verstellbar
réglage [Reglaʒ] *m* Regulierung *f*
règle [Rɛgl] *f 1.* Lineal *n; 2. (échelle)* Maßstab *m; 3. (norme)* Norm *f,* Regel *f; 4. ~s MED pl* Menstruation *f*
règlement [Rɛgləmɑ̃] *m 1.* Ordnung *f; non conforme au ~* ordnungswidrig; *2. (paiement)* Bezahlung *f; 3. (instruction)* Vorschrift *f,* Anordnung *f; ~ intérieur* Hausordnung *f; 4. (règle)* Regelung *f; 5. (réglementation)* Satzung *f; 6. ECO* Abrechnung *f*
réglementaire [Regləmɑ̃tɛr] *adj* ordnungsgemäß
réglementation [Regləmɑ̃tasjɔ̃] *f* Regelung *f*
réglementer [Regləmɑ̃te] *v* durch Vorschriften regeln, reglementieren; *~ les importations* die Importe reglementieren; *~ le droit de grève* das Streikrecht regeln
régler [Regle] *v 1.* bestimmen, festsetzen; *2. (effectuer)* erledigen; *3. (régulariser)* regeln; *être réglé comme une horloge* genau geregelt sein; *4. (payer)* zahlen; *5. (~ un différend)* austragen; *6. (mettre au point)* einstellen, regulieren; *7. ECO* abwickeln; *8. (facture) ECO* begleichen
réglisse [Reglis] *m* Lakritze *f*
règne [Rɛɲ] *m* Herrschaft *f*
régner [Reɲe] *v* herrschen, regieren
regonfler [Rəgɔ̃fle] *v ~ à* aufputschen
régressif [RegRɛsif] *adj* rückläufig
régression [RegRɛsjɔ̃] *f (fig)* Rückgang *m*
regret [RəgRɛ] *m 1.* Bedauern *n; 2. (repentir)* Reue *f*
regrettable [RəgRɛtabl] *adj 1.* bedauerlich; *2. (déplorable)* bedauernswert
regretter [RəgRɛte] *v 1.* bedauern; *2. ~ qc (déplorer)* etw beklagen; *3. (se repentir)* bereuen; *4. ~ l'absence de qn* jdn vermissen
regroupement [RəgRupmɑ̃] *m* Umgruppierung *f,* Zusammenlegung *f*
regrouper [RəgRupe] *v* zusammenlegen, vereinigen
régularisation [RegylaRizasjɔ̃] *f* Regulierung *f*
régulariser [RegylaRize] *v 1.* regeln; *2. (régler)* regulieren
régularité [RegylaRite] *f 1. (uniformité)* Gleichmäßigkeit *f,* Regelmäßigkeit *f; la ~ d'un mouvement* die Gleichmäßigkeit einer Bewegung *f; 2. (harmonie)* Harmonie *f,* Ebenmäßigkeit *f; la ~ des traits d'un visage* die Ebenmäßigkeit von Gesichtszügen *f*
régulateur [RegylatœR] *m* Regler *m*
régulier [Regylje] *adj 1.* regelmäßig, gleichmäßig; *2. (réglementaire)* ordnungsgemäß; *3. (conforme)* regulär
réhabilitation [Reabilitasjɔ̃] *f* Rehabilitation *f,* Rehabilitierung *f*
réhabiliter [Reabilite] *v* rehabilitieren
rehaussé [Rəose] *adj ~ de couleurs* farbenfreudig
réimpression [Reɛ̃pRɛsjɔ̃] *f* Neuausgabe *f*
rein [Rɛ̃] *m 1. ANAT* Niere *f; 2. ~s pl ANAT* Lende *f*
reine [Rɛn] *f* Königin *f; ~ de beauté* Schönheitskönigin *f*
reine-claude [Rɛnklod] *f (prune) BOT* Reineclaude *f,* Reneklode *f*
reinette [Rɛnɛt] *f (pomme)* Renette *f*

réinscription [reɛ̃skripsjɔ̃] *f* Wiedereinschreibung *f*
réinscrire [reɛ̃skrir] *v irr se ~* sich wieder anmelden, sich erneut einschreiben; *se ~ à un examen* sich erneut für eine Prüfung eintragen
réinsertion [reɛ̃sɛrsjɔ̃] *f ~ sociale* Resozialisierung *f*
réintégration [reɛ̃tegrasjɔ̃] *f ~ progressive* Resozialisierung *f*
réitéré [reitere] *adj* nochmalig
rejet [rəʒɛ] *m 1.* Auswurf *m; 2. (refus)* Verweigerung *f*
rejeter [rəʒte] *v 1.* abweisen, zurückweisen; *2. (rendre)* erbrechen; *3. ~ qc MED* etw abstoßen; *4. ~ sur qn d'autre* auf jdn abwälzen, auf jdn abschieben
rejeton [rəʒtɔ̃] *m (fig)* Sprössling *m*
rejoindre [rəʒwɛ̃dr] *v irr 1.* wieder zusammenfügen; *2. ~ qn* zu jdm gehen
rejouer [rəʒwe] *v 1. (à un jeu)* weiterspielen, wieder spielen; *2. ~ qc* etw nochmal spielen; *~ un air* ein Musikstück wiederholen; *~ une pièce de théâtre* ein Theaterstück nochmal spielen
réjoui [reʒwi] *adj* fröhlich
réjouir [reʒwir] *v 1.* erfreuen; *2. se ~* sich freuen
réjouissance [reʒwisɑ̃s] *f* Erheiterung *f*
réjouissant [reʒwisɑ̃] *adj* erfreulich
relâché [rəlɑʃe] *adj 1.* lasch; *2. (détaché)* lose, locker
relâcher [rəlaʃe] *v* freilassen
relais [rəlɛ] *m 1.* Ablösung *f; prendre le ~ de qn* jdn ablösen; *2. TECH* Relais *n*
relancer [rəlɑ̃se] *v ECO* anheizen, neu starten
relaps [rəlaps] *adj* rückfällig
relater [rəlate] *v* berichten
relatif [rəlatif] *adj* relativ; *~ à ce sujet* diesbezüglich
relation [rəlasjɔ̃] *f 1.* Beziehung *f; 2. (connaissance)* Kontakt *m; 3. (liaison)* Verbindung *f,* Beziehung *f; 4. (rapport)* Verhältnis *n,* Proportion *f; 5. (avec qc)* Zusammenhang *m; 6. ~s pl* Verkehr *m; ~s sexuelles* Geschlechtsverkehr *m; 7. ~s publiques pl* Öffentlichkeitsarbeit *f*
relaxant [rəlaksɑ̃] *adj* entspannend
relaxation [rəlaksasjɔ̃] *f* Entspannung *f*
relaxe [rəlaks] *adj 1.* entspannend, erholsam; *une soirée ~* ein ruhiger Abend *m; adv 2.* bequem, salopp; *Il s'habille ~.* Er kleidet sich salopp.
relaxer [rəlakse] *v 1.* freilassen; *2. se ~* sich entspannen
relayer [rəlɛje] *v se ~* sich abwechseln
relecture [rəlɛktyr] *f* erneute Lektüre *f*
relevé [rəlve] *m 1.* Liste *f; faire le ~* verzeichnen; *2. (arpentage)* Vermessung *f*
relève [rəlɛv] *f 1.* Ablösung *f; 2. (nouvelle génération)* Nachwuchs *m*
relever [rəlve] *v 1.* aufheben; *2. (remonter)* hochklappen; *3. GAST* würzen; *4. (compteur)* ablesen; *5. (niveau)* anheben
relief [rəljɛf] *m 1. ART* Relief *n; 2. GEO* Bodenprofil *n*
relier [rəlje] *v 1.* verbinden; *2. ~ à qc* an etw anknüpfen; *3. (livre)* einbinden; *4. ~ à la terre TECH* erden
relieur [rəljœr] *m* Buchbinder *m*
religieuse [rəliʒjøz] *f REL* Nonne *f,* Ordensschwester *f*
religieux [rəliʒjø] *adj 1.* religiös; *2. (d'église)* kirchlich; *m 3. REL* Ordensbruder *m*
religion [rəliʒjɔ̃] *f 1.* Religion *f; 2. (foi)* Glaube *m; 3. (culte) REL* Konfession *f*
reliquat [rəlika] *m* Restbetrag *m*
relire [rəlir] *v irr 1.* noch einmal lesen, wieder lesen; *2. se ~* noch einmal lesen, was man selbst geschrieben hat
reliure [rəljyr] *f* Einband *m*
reluire [rəlɥir] *v irr* polieren
reluisant [rəlɥisɑ̃] *adj 1.* blank; *2. (brillant)* blitzblank
remaniement [rəmanimɑ̃] *m* Umschichtung *f*
remanier [rəmanje] *v 1.* überarbeiten, umändern; *2. (regrouper)* umschichten
remariage [rəmarjaʒ] *m* Wiederverheiratung *f,* neue Heirat *f*
remarier [rəmarje] *v se ~* wieder heiraten
remarquable [rəmarkabl] *adj* bemerkenswert, beachtlich
remarque [rəmark] *f 1.* Anmerkung *f,* Bemerkung *f; 2. (note)* Vermerk *m*
remarquer [rəmarke] *v 1.* wahrnehmen; *2. ~ qc* etw merken; *3. faire ~* bemerken
remballer [rɑ̃bale] *v 1.* wieder einwickeln, wieder einpacken; *2. (fam)* nicht loswerden, behalten; *~ sa marchandise* seine Ware nicht loskriegen
remblai [rɑ̃blɛ] *m* Damm *m*
rembobiner [rɑ̃bɔbine] *v* zurückspulen; *~ une cassette* eine Kassette zurückspulen
rembourrage [rɑ̃buraʒ] *m* Polstern *n*
rembourrer [rɑ̃bure] *v* polstern

remboursement [Rɑ̃buRsəmɑ̃] *m* *1.* Rückzahlung *f; 2. (rémunération)* Vergütung *f; 3. (indemnité)* Wiedererstattung *f*

rembourser [Rɑ̃buRse] *v 1.* zurückzahlen, rückerstatten; *2. (rémunérer)* vergüten; *3. ECO* ablösen

remède [Rəmɛd] *m 1.* Heilmittel *n; 2. (médicament)* Arznei *f; 3. (secours)* Abhilfe *f; C'est sans ~.* Da kann man gar nichts machen. *y porter ~* Abhilfe schaffen; *4. ~ de cheval (fam)* Rosskur *f*

remédier [Rəmedje] *v ~ à* entgegenwirken, Abhilfe schaffen; *~ à des abus* Missstände beheben; *~ à une défaillance* einer Schwäche entgegenwirken; *pour y ~* als Abhilfe

remembrement [Rəmɑ̃bRəmɑ̃] *m* Flurbereinigung *f*

remerciement [RəmɛRsimɑ̃] *m 1.* Dank *m; 2. (~ par écrit)* Danksagung *f; 3. REL* Danksagung *f*

remercier [RəmɛRsje] *v 1.* danken; *Je ne sais comment vous ~.* Ich weiß nicht, wie ich Ihnen danken soll. *2. (dire merci à qn)* sich bedanken; *3. (renvoyer qn)* verabschieden

remettre [RəmɛtR] *v irr 1.* wieder anziehen; *2. (replacer)* wieder hinstellen, wieder hinsetzen; *3. (reconnaître)* wieder erkennen; *4. (présenter)* überreichen; *5. ~ qc à qn* jdm etw übergeben; *6. (délivrer)* abgeben, abliefern; *~ à* überbringen; *7. ~ à plus tard* aufschieben, verschieben; *8. se ~* sich erholen; *9. se ~ (se ressaisir)* sich fassen; *10. s'en ~ à qn* sich auf jdn verlassen

remeubler [Rəmœble] *v* wieder möblieren, neu einrichten

remise [Rəmiz] *f 1.* Übergabe *f; 2. (présentation)* Überreichung *f; ~ des prix* Siegerehrung *f; 3. (distribution)* Zustellung *f; 4. (report)* Aufschiebung *f; 5. (délivrance)* Ablieferung *f; 6. (cagibi)* Abstellkammer *f; 7. (diminution des prix)* Ermäßigung *f; 8. ECO* Abzug *m*

remiser [Rəmize] *v* abstellen

remontant [Rəmɔ̃tɑ̃] *m* Stärkungsmittel *n; prendre un ~* ein Stärkungsmittel nehmen

remontée [Rəmɔ̃te] *f 1. (action)* Wiederaufstieg *m,* Hinaufsteigen *n; la ~ d'une rivière à la nage* Flussaufwärtsschwimmen *n; 2. SPORT* Aufholen *n; Il a fait une belle ~.* Er hat ganz schön aufgeholt.

remonter [Rəmɔ̃te] *v 1. (montre)* aufziehen; *2. ~ (le moral de) qn* jdn aufrichten; *3. ~ à* zurückgehen auf

remontrance [Rəmɔ̃tRɑ̃s] *f* Vorhaltung *f*

remords [RəmɔR] *m/pl* Gewissensbisse *pl*

remorque [RəmɔRk] *f* Anhänger *m*

remorquer [RəmɔRke] *v* abschleppen, schleppen

rémouleur [RemulœR] *m* Scherenschleifer *m*

remous [Rəmu] *m* Wirbel *m,* Sog *m*

rempart [Rɑ̃paR] *m* Wall *m*

remplaçant(e) [Rɑ̃plasɑ̃(t)] *m/f* Vertreter(in) *m/f*

remplacement [Rɑ̃plasmɑ̃] *m* Vertretung *f*

remplacer [Rɑ̃plase] *v 1.* ersetzen; *2. (représenter)* vertreten

rempli [Rɑ̃pli] *adj* voll

remplir [Rɑ̃pliR] *v 1.* füllen, stopfen; *2. (verser)* einschenken, voll machen; *3. (combler)* ausfüllen; *4. (réaliser)* erfüllen

remplissage [Rɑ̃plisaʒ] *m* Füllung *f*

remporter [Rɑ̃pɔRte] *v* gewinnen

remuant [Rəmɥɑ̃] *adj* rührig

remue-ménage [Rəmymenaʒ] *m* Krach *m,* Lärm *m; faire du ~* Krach machen

remuer [Rəmɥe] *v 1.* bewegen; *ne ~ ni pied ni patte* sich nicht mehr rühren; *2. (mélanger)* umrühren; *3. (chien)* wedeln

rémunération [RemyneRasjɔ̃] *f 1.* Entlohnung *f; 2. (indemnisation)* Vergütung *f*

rémunérer [RemyneRe] *v 1.* entlohnen, vergüten; *2. ECO* dotieren

Renaissance [Rənɛsɑ̃s] *f HIST* Renaissance *f*

renard [RənaR] *m ZOOL* Fuchs *m; être rusé comme un ~* gerissen sein

renchérir [Rɑ̃ʃeRiR] *v ~ sur* überbieten

renchérissement [Rɑ̃ʃeRismɑ̃] *m* Verteuerung *f*

rencontre [Rɑ̃kɔ̃tR] *f 1.* Treffen *n; ~ scolaire* Klassentreffen *n; 2. (entrevue)* Begegnung *f; ~ internationale* Länderspiel *n; 3. (réunion)* Zusammentreffen *n*

rencontrer [Rɑ̃kɔ̃tRe] *v 1.* treffen; *2. ~ qn* jdm begegnen; *3. (trouver)* antreffen; *4. (coïncider)* zusammentreffen; *5. se ~* sich begegnen; *6. se ~ (se trouver)* vorkommen, vorhanden sein

rendement [Rɑ̃dmɑ̃] *m 1. ECO* Ertrag *m; 2. FIN* Rendite *f; 3. (production) ECO* Leistung *f; ~ optimum* Bestleistung *f*

rendez-vous [Rɑ̃devu] *m 1.* Verabredung *f; donner ~ à qn* sich mit jdm verabreden; *Avez-vous pris ~?* Sind Sie angemeldet? *2. (amoureux)* Rendezvous *n*

rendormir [rɑ̃dɔrmir] *v irr se ~* wieder einschlafen
rendre [rɑ̃dr] *v 1.* zurückgeben, herausgeben; *~ sa carte de membre* austreten; *~ l'âme* die Seele aushauchen/den Geist aufgeben; *2. (rembourser)* zurückzahlen; *3. (vomir)* erbrechen; *4. (un jugement) JUR* fällen; *5. (faire)* abstatten; *~ visite à qn* jdm einen Besuch abstatten; *~ grâce à qn* jdm Dank abstatten; *6. se ~ à* sich begeben
rênes [rɛn] *f/pl* Zügel *pl*
renfermé [rɑ̃fɛrme] *adj (fig)* verschlossen
renfermer [rɑ̃fɛrme] *v 1.* einschließen; *2. (fig)* bergen
renflé [rɑ̃fle] *adj* bauchig
renflouer [rɑ̃flue] *v 1.* heben; *2. (bateau)* bergen
renforcement [rɑ̃fɔ̃rsəmɑ̃] *m* Verstärkung *f*
renforcer [rɑ̃fɔrse] *v* verstärken
renfrogné [rɑ̃frɔɲe] *adj* verstimmt
rengaine [rɑ̃gɛn] *f* Schnulze *f*
renier [rənje] *v 1.* abschwören; *2. (répudier)* verleugnen
renifler [rənifle] *v* schnüffeln
renne [rɛn] *m ZOOL* Rentier *n*
renom [rənɔ̃] *m* Ruf *m*
renommé [rənɔme] *adj* bekannt
renommée [rənɔme] *f* Ruf *m*
renommer [rənɔme] *v* wieder erkennen
renoncement [rənɔ̃smɑ̃] *m* Verzicht *m*
renoncer [rənɔ̃se] *v 1. ~ à* aufgeben, verzichten auf; *J'y renonce.* Ich geb's auf. *2. ~ à (cesser)* lassen, aufhören
renonciation [rənɔ̃sjasjɔ̃] *f ~ à* Verzicht auf *m*
renoncule [rənɔ̃kyl] *f BOT* Hahnenfuß *m*
renouer [rənwe] *v 1.* neu binden, wieder zuknüpfen; *~ sa cravate* seine Krawatte neu binden; *2. (fig)* erneuern; *~ la conversation* das Gespräch wieder aufnehmen; *~ une amitié* eine Freundschaft erneuern
renouvelé [rənuvle] *adj* erneut
renouveler [rənuvle] *v 1.* erneuern; *2. ~ l'air* lüften
renouvellement [rənuvɛlmɑ̃] *m* Erneuerung *f*
rénovation [renɔvasjɔ̃] *f 1.* Erneuerung *f*, Renovierung *f; 2. ~ des vieux quartiers* Altstadtsanierung *f*
rénover [renɔve] *v* renovieren, restaurieren
renseignement [rɑ̃sɛɲəmɑ̃] *m 1.* Hinweis *m; 2. (information)* Auskunft *f; 3. ~s pl* Erkundigung *f; 4. ~ généraux pl POL* Geheimdienst *m*
renseigner [rɑ̃sɛɲe] *v 1. se ~* anfragen; *2. se ~ (demander)* nachfragen
rentabilité [rɑ̃tabilite] *f 1.* Wirtschaftlichkeit *f; 2. ECO* Rentabilität *f*
rentable [rɑ̃tabl] *adj* rentabel; *être ~* sich rentieren
rente [rɑ̃t] *f* Rente *f; ~ viagère* Leibrente *f; ~ de veuve* Witwenrente *f*
rentrée [rɑ̃tre] *f 1.* Einnahme *f; 2. ~ scolaire* Schulanfang *m*
rentrer [rɑ̃tre] *v 1.* zurückkommen, zurückgehen; *2. (pénétrer)* hineingehen; *3. ~ dans (fam)* anfahren; *vouloir ~ sous terre* vor Scham am liebsten im Boden versinken; *4. faire ~ (argent, impôts) ECO* einziehen
renversant [rɑ̃vɛrsɑ̃] *adj* verblüffend
renverse [rɑ̃vɛrs] *f à la ~* auf den Rücken; *tomber à la ~* auf den Rücken fallen
renversement [rɑ̃vɛrsəmɑ̃] *m 1.* Umkehr *f; 2. (révolution)* Umsturz *m*
renverser [rɑ̃vɛrse] *v 1.* umkippen, umstoßen; *2. (écraser)* überfahren; *3. (faire tomber)* zerstören; *4. (répandre)* verschütten; *5. se ~* umfallen
renvoi [rɑ̃vwa] *m 1.* Entlassung *f; 2. (référence)* Verweis *m; 3. avoir un ~ (fam)* rülpsen
renvoyer [rɑ̃vwaje] *v 1.* entlassen; *2. (ajourner)* vertagen; *3. ~ à* verweisen auf; *~ l'ascenseur à qn* es jdm heimzahlen; *4. (réexpédier)* zurücksenden
réorganisation [reɔrganizasjɔ̃] *f* Reorganisierung *f*
réorganiser [reɔrganize] *v* reorganisieren
réouverture [reuvɛrtyr] *f* Neueröffnung *f*
repaire [rəpɛr] *m* Unterschlupf *m*
répandre [repɑ̃dr] *v 1.* verstreuen, verschütten; *2. (étendre)* verbreiten; *3. (émettre)* ausströmen; *4. se ~* sich ausbreiten
répandu [repɑ̃dy] *adv* verbreitet
réparable [reparabl] *adj* reparabel
reparaître [rəparɛtr] *v irr* auftauchen
réparateur [reparatœr] *adj 1.* erholsam, stärkend; *un sommeil ~* ein erholsamer Schlaf *m; m 2.* Person, die etw repariert *f*
réparation [reparasjɔ̃] *f 1.* Reparatur *f*, Instandsetzung *f; 2. (remède)* Abhilfe *f; 3. (compensation)* Wiedergutmachung *f*
réparer [repare] *v 1.* reparieren, richten; *2. (remplacer)* ersetzen; *3. (restaurer)* wiederherstellen

repartir [ʀəpaʀtiʀ] *v irr* wieder losfahren, weiterfahren; ~ *à zéro* wieder von vorn anfangen; *C'est bien reparti.* Jetzt geht es wieder gut./Es hat gut angefangen.
répartir [ʀepaʀtiʀ] *v 1. ~ entre* verteilen unter; *2. (dividendes) ECO* ausschütten
répartition [ʀepaʀtisjɔ̃] *f* Aufteilung *f,* Verteilung *f*
repas [ʀəpɑ] *m* Essen *n,* Mahlzeit *f; ~ du soir* Abendessen *n; ~ du midi* Mittagessen *n*
repassage [ʀəpasaʒ] *m* Bügeln *n*
repasser [ʀəpɑse] *v* bügeln
repeindre [ʀəpɛ̃dʀ] *v irr* neu streichen, überstreichen
repentant [ʀəpɑ̃tɑ̃] *adj* reumütig
repentir [ʀəpɑ̃tiʀ] *m* Reue *f; se ~ de qc* etw bereuen
répercussions [ʀepɛʀkysjɔ̃] *f/pl* Nachwirkung *f*
repère [ʀəpɛʀ] *m 1.* Kennzeichen *n; 2. (marque)* Markierung *f*
repérer [ʀəpeʀe] *v 1.* aufspüren, entdecken; *~ une faute dans un texte* einen Fehler in einem Text aufspüren; *~ l'objectif* das Ziel ausfindig machen; *se faire ~ (fam)* entdeckt werden; *2. se ~ (fam)* sich zurechtfinden
répertoire [ʀepɛʀtwaʀ] *m 1. THEAT* Spielplan *m; 2. ~ par branche* Branchenverzeichnis *n*
répéter [ʀepete] *v 1.* wiederholen; *2. (raconter)* nacherzählen; *3. THEAT* proben; *4. ~ qc à qn* jdm etw weitersagen
répétitif [ʀepetitif] *adj* sich wiederholend; *un travail ~* eine eintönige Arbeit *f*
répétition [ʀepetisjɔ̃] *f 1. THEAT* Probe *f; ~ générale* Generalprobe *f; 2. (réiteration)* Wiederholung *f*
repiquer [ʀəpike] *v (un enregistrement)* überspielen
répit [ʀepi] *m* Pause *f,* Ruhe *f; s'accorder un moment de ~* sich einen Moment Ruhe gönnen; *sans ~* pausenlos
replacer [ʀəplase] *v 1.* wieder an die richtige Stelle setzen, wieder hinrücken; *~ un meuble* ein Möbelstück wieder aufstellen; *~ une phrase dans son contexte (fig)* einen Satz wieder in den richtigen Zusammenhang stellen; *2. ~ qn* jdn auf einen neuen Posten setzen, jdm eine neue Stelle geben
replet [ʀəplɛ] *adj* dicklich
repli [ʀəpli] *m (rebord)* Umschlag *m*
replier [ʀəplije] *v* wieder zusammenfalten, wieder zusammenklappen; *~ un journal* eine Zeitung wieder zusammenfalten; *~ une chaise* einen Stuhl wieder zusammenklappen
réplique [ʀeplik] *f 1. (réponse)* Antwort *f,* Erwiderung *f; 2. (objection)* Einwand *m,* Widerspruch *m; Pas de ~!* Keine Widerrede!
répliquer [ʀeplike] *v* erwidern
répondeur [ʀepɔ̃dœʀ] *m ~ automatique TEL* Anrufbeantworter *m*
répondre [ʀepɔ̃dʀ] *v 1.* entgegnen, erwidern; *2. ~ à* beantworten; *~ du tac au tac* Schlag auf Schlag antworten; *3. ~ par l'affirmative* bejahen; *4. ~ de qn* für jdn bürgen
réponse [ʀepɔ̃s] *f 1.* Antwort *f; 2. (correspondance)* Antwortschreiben *n; 3. ~ négative* Verneinung *f*
report [ʀəpɔʀ] *m ECO* Übertrag *m*
reportage [ʀəpɔʀtaʒ] *m 1.* Berichterstattung *f; 2. (enquête)* Reportage *f; 3. ~ photographique* Bildbericht *m*
reporter[1] [ʀəpɔʀte] *v 1. ~ à* verlegen auf; *2. ~ sur* zuwenden; *3. se ~ à qc* auf etw zurückgreifen
reporter[2] [ʀəpɔʀtɛʀ] *m/f 1. (d'un journal)* Berichterstatter(in) *m/f; 2. (envoyé(e) spécial(e))* Reporter(in) *m/f*
repos [ʀəpo] *m 1.* Erholung *f,* Ruhe *f; 2. (pause)* Rast *f*
reposant [ʀəpozɑ̃] *adj* erholsam
reposer [ʀəpoze] *v 1.* ausruhen; *2. (être placé sur qc)* liegen; *3. ~ sur* beruhen auf; *4. se ~* sich erholen, sich ausruhen
repoussant [ʀəpusɑ̃] *adj 1.* widerlich; *2. (effrayant)* abschreckend, abstoßend
repousser [ʀəpuse] *v 1.* abstoßen; *2. (refouler)* zurückdrängen
répréhensible [ʀepʀeɑ̃sibl] *adj 1.* verwerflich; *2. JUR* strafbar
reprendre [ʀəpʀɑ̃dʀ] *v irr 1.* übernehmen; *On ne m'y reprendra plus.* Das soll mir nun wirklich keinesfalls wieder passieren. *2. (retirer)* zurücknehmen; *3. ~ haleine* aufatmen; *4. ~ qn* sich jdn vornehmen; *5. se ~* sich aufraffen; *6. se ~ (fig)* sich fassen
représaille [ʀəpʀezɑj] *f mesure de ~s* Vergeltungsmaßnahme *f*
représentant(e) [ʀəpʀezɑ̃tɑ̃(t)] *m/f 1.* Vertreter(in) *m/f,* Repräsentant(in) *m/f; 2. (d'un ministère)* Beisitzer(in) *m/f; 3. ~ de commerce ECO* Handelsvertreter(in) *m/f*
représentation [ʀəpʀezɑ̃tasjɔ̃] *f 1.* Darstellung *f; 2. ~ de gala* Galavorstellung *f; 3. (remplacement)* Vertretung *f; ~ générale ECO* Generalvertretung *f; 4. THEAT* Aufführung *f*

représenter [RəpRezɑ̃te] *v 1.* darstellen, abbilden; *2. (remplacer)* vertreten, repräsentieren; *3. (illustrer)* veranschaulichen; *4. se ~ qc* sich etw vorstellen; *5. THEAT* aufführen
répression [RepRɛsjɔ̃] *f* Unterdrückung *f,* Niederschlagung *f*
réprimande [RepRimɑ̃d] *f 1.* Tadel *m; 2. (remontrance)* Verweis *m*
réprimander [RepRimɑ̃de] *v* tadeln
réprimer [RepRime] *v 1. ~ qc* etw unterdrücken; *2. (étouffer)* erdrücken
reprise [RəpRiz] *f 1.* Rücknahme *f; 2. SPORT* Runde *f; 3. (prise en charge)* Übernahme *f; à plusieurs ~s* mehrfach
repriser [RəpRize] *v* stopfen, flicken
réprobateur [RepRɔbatœR] *adj* vorwurfsvoll
réprobation [RepRɔbasjɔ̃] *f* Missbilligung *f*
reproche [RəpRɔʃ] *m* Vorwurf *m,* Tadel *m*
reprocher [RəpRɔʃe] *v 1. ~ à* vorwerfen; *Je ne vous reproche rien.* Das soll kein Vorwurf sein. *2. ~ qc à qn* jdm etw vorhalten
reproduction [RəpRɔdyksjɔ̃] *f 1.* Fortpflanzung *f; 2. (copie)* Abbild *n,* Darstellung *f; 3. (réimpression)* Nachdruck *m; 4. (tirage)* Vervielfältigung *f*
reproduire [RəpRɔdɥiR] *v irr 1.* kopieren; *2. (redonner)* wiedergeben; *3. (imprimer)* abdrucken; *4. se ~* sich fortpflanzen
réprouvé [RepRuve] *adj* verpönt
réprouver [RepRuve] *v 1.* missbilligen; *2. (condamner)* verdammen
reptile [Rɛptil] *m ZOOL* Reptil *n*
république [Repyblik] *f* Republik *f; ~ populaire* Volksrepublik *f*
République [Repyblik] *f ~ fédérale d'Allemagne* Bundesrepublik Deutschland *f*
répudier [Repydje] *v ~ qc* sich von etw lossagen
répugnant [Repyɲɑ̃] *adj* widerlich
répugner [Repyɲe] *v ~ à* anwidern
répulsion [Repylsjɔ̃] *f 1.* Abstoßung *f; 2. (répugnance)* Widerwille *m*
réputation [Repytasjɔ̃] *f 1.* Leumund *m; 2. (renommée)* Ruf *m*
réputé [Repyte] *adj* berühmt
requête [Rəkɛt] *f 1.* Ersuchen *n; 2. (demande)* Gesuch *n*
requiem [Rəkɥijɛm] *m REL* Totenmesse *f*
requin [Rəkɛ̃] *m ZOOL* Hai *m*
requinquer [Rəkɛ̃ke] *v 1. (fam)* aufbauen, Auftrieb geben; *2. se ~ (fam)* wieder munter werden
rescapé(e) [Rɛskape] *m/f (d'une catastrophe)* Überlebende(r) *m/f*
réseau [Rezo] *m* Netz *n; ~ ferroviaire* Eisenbahnnetz *n; ~ routier* Straßennetz *n*
réservation [RezɛRvasjɔ̃] *f 1.* Buchung *f; 2. (de billets)* Vorbestellung *f*
réserve [RezɛRv] *f 1.* Vorbehalt *m; faire ses ~s* Vorbehalte machen; *sous toutes ~s* ohne jede Gewähr; *2. (stock)* Vorrat *m; 3. (provision)* Reserve *f; 4. (retenue)* Zurückhaltung *f; 5. ECO* Bestand *m; 6. ~ de chasse* Jagdrevier *n; 7. ~ naturelle* Naturschutzgebiet *n*
réservé [RezɛRve] *adj* zurückhaltend
réserver [RezɛRve] *v 1.* reservieren, vorbestellen; *2. (place)* belegen; *3. (mettre de côté)* zurücklegen; *4. se ~ de* sich vorbehalten
réservoir [RezɛRvwaR] *m 1.* Behälter *m; 2. (citerne)* Tank *m; ~ d'essence* Benzintank *m*
résidence [Rezidɑ̃s] *f* Wohnort *m*
résider [Rezide] *v* wohnen
résidu [Rezidy] *m* Rückstand *m*
résignation [Reziɲasjɔ̃] *f* Resignation *f*
résigné [Reziɲe] *adj* ergeben
résigner [Resiɲe] *v se ~* resignieren
résiliable [Reziljabl] *adj* kündbar
résiliation [reziljasjɔ̃] *f* Kündigung *f*
résilier [Rezilje] *v 1.* kündigen; *2. (annuler)* rückgängig machen
résine [Rezin] *f* Harz *n*
résineux [rezinø] *adj* harzig
résistance [Rezistɑ̃s] *f 1.* Widerstand *m; 2. MIL* Abwehr *f; 3. (endurance)* Haltbarkeit *f; 4. (solidité)* Widerstandskraft *f*
résistant [Rezistɑ̃] *adj 1.* fest, haltbar; *2. ~ aux intempéries* wetterbeständig; *3. (solide)* widerstandsfähig
résister [Reziste] *v 1.* standhalten; *2. ~ à* widersetzen; *3. ~ à (s'opposer à)* widerstehen
résolu [Rezɔly] *adj 1.* entschlossen; *2. (hardi)* resolut
résolution [Rezɔlysjɔ̃] *f* Entschluss *m*
résonner [Rezɔne] *v 1.* hallen, widerhallen; *2. (sonner)* klingen, tönen
résorber [RezɔRbe] *v se ~* zurückgehen
résorption [RezɔRpsjɔ̃] *f MED* Resorption *f*
résoudre [RezudR] *v irr 1.* lösen; *2. se ~ à* sich entschließen zu
respect [Rɛspɛ] *m 1. (pour)* Respekt *m,* Achtung *f; 2. (vénération)* Ehrfurcht *f; 3. ~ de soi-même* Selbstachtung *f*

respectabilité [rɛspɛktabilite] *f* Achtbarkeit *f*
respectable [rɛspɛktabl] *adj* achtbar, ehrwürdig
respecter [rɛspɛkte] *v* achten, beachten
respectif [rɛspɛktif] *adj* jeweilig
respectivement [rɛspɛktivmɑ̃] *adv* beziehungsweise, jeweils
respectueux [rɛspɛktɥø] *adj 1.* ehrerbietig; *2. (plein de respect)* respektvoll
respirable [rɛspirabl] *adj* erträglich; *air ~* gute Luft *f; L'atmosphère n'est pas ~ ici. (fig)* Die Stimmung hier ist unerträglich.
respiration [rɛspirasjɔ̃] *f 1.* Atmung *f; 2. (souffle)* Atem *m; 3. ~ artificielle MED* künstliche Beatmung *f*
respirer [rɛspire] *v 1.* atmen; *2. (reprendre haleine)* aufatmen
resplendir [rɛsplɑ̃dir] *v* glänzen
resplendissant [rɛsplɑ̃disɑ̃] *adj* glänzend
responsabilité [rɛspɔ̃sabilite] *f 1.* Verantwortung *f; prendre la ~ de* verantworten; *2. JUR* Haftung *f; 3. ~ civile* Haftpflicht *f*
responsable [rɛspɔ̃sabl] *adj 1. (pour)* zuständig; *2. (fautif)* schuldig; *3. être ~* schuld sein
resquilleur [rɛskijœr] *m* Schwarzfahrer *m*
ressac [rəsak] *m* Brandung *f*
ressaisir [rəsɛzir] *v 1. se ~* sich aufraffen; *2. se ~ (fig)* sich fassen
ressasser [rəsase] *v irr (fam)* nachdenken, wälzen
ressemblance [rəsɑ̃blɑ̃s] *f* Ähnlichkeit *f*
ressemblant [rəsɑ̃blɑ̃] *adj* ähnlich; *un portrait ~* ein originalgetreues Porträt *n*
ressembler [rəsɑ̃ble] *v 1. ~ à* ähneln; *2. ~ à (avoir l'air de)* aussehen wie; *3. ~ à (être similaire)* gleichen; *se ~ comme deux gouttes d'eau* sich gleichen wie ein Ei dem anderen; *Cela lui ressemble.* Das sieht ihm ähnlich.
ressentiment [rəsɑ̃timɑ̃] *m 1.* Hass *m; 2. (rancœur)* Groll *m*
ressentir [rəsɑ̃tir] *v 1.* fühlen; *2. (éprouver)* empfinden; *3. (remarquer)* spüren
resserrement [rəsɛrmɑ̃] *m* Verengung *f*
resserrer [rəsɛre] *v 1.* nachziehen, zusammenziehen; *2. (rétrécir)* verengen
ressort [rəsɔr] *m 1.* Bereich *m,* Sachgebiet *n; 2. (district)* Amtsbezirk *m; 3. (de sommier)* Sprungfeder *f; 4. TECH* Feder *f*
ressortir [rəsɔrtir] *v 1.* absetzen; *2. faire ~* unterstreichen, hervorheben
ressortissant(e) [rəsɔrtisɑ̃(t)] *m/f* Staatsangehörige(r) *m/f*
ressource [rəsurs] *f 1. ~ monétaire* Geldquelle *f; 2. ~s pl* Mittel *pl; 3. ~s pl (revenu)* Auskommen *n; 4. ~s pl (recettes)* Einkünfte *pl*
ressusciter [resysite] *v 1. REL* auferwecken; *2. (fig)* aufwärmen
restant [rɛstɑ̃] *adj 1.* übrig; *2. (de reste)* restlich; *m 3.* Rest *m; 4. (vestiges)* Überbleibsel *n*
restaurant [rɛstɔrɑ̃] *m 1.* Restaurant *n; 2. (auberge)* Gaststätte *f; 3. ~ universitaire* Mensa *f*
restaurateur [rɛstɔratœr] *m* Gastwirt *m*
restauration [rɛstɔrasjɔ̃] *f 1.* Renovierung *f; 2. ~ des vieux quartiers* Altstadtsanierung *f*
restaurer [rɛstɔre] *v* renovieren
reste [rɛst] *m 1.* Rest *m; Fichez-vous du ~.* Das Weitere kann Ihnen egal sein. *laisser de ~* übrig lassen; *de ~* restlich; *2. (vestiges)* Überbleibsel *n; 3. (débris)* Überrest *m*
rester [rɛste] *v 1.* bleiben; *J'en reste à ce que j'ai dit.* Ich bleibe dabei. *Restons-en là!* Lassen wir's genug sein! *ne pas être en reste avec qn* jdm nichts schuldig bleiben; *2. (subsister)* übrig bleiben; *C'est tout ce qui reste.* Das ist alles, was noch übrig ist. *3. (séjourner)* verweilen; *4. ~ fidèle à (sa parole)* einlösen; *5. ~ en dehors de qc* sich aus etw heraushalten; *6. ~ coincé* klemmen, festsitzen
restituer [rɛstitɥe] *v* zurückgeben
restitution [rɛstitysjɔ̃] *f* Rückgabe *f,* Wiedergabe *f*
restoroute [rɛstɔrut] *m* Autobahnraststätte *f*
restreindre [rɛstrɛ̃dr] *v irr 1.* beschränken, einschränken; *2. (réduire)* einengen
restreint [rɛstrɛ̃] *adj* beschränkt
restriction [rɛstriksjɔ̃] *f 1.* Vorbehalt *m; 2. ~ à l'importation ECO* Importbeschränkung *f*
restructuration [rəstryktyrasjɔ̃] *f* Umstrukturierung *f*
résultat [rezylta] *m 1.* Ergebnis *n,* Resultat *n; ~ du vote* Abstimmungsergebnis *n; ~ final* Endergebnis *n; ~ de l'enquête* Untersuchungsergebnis *n; ~ des élections* Wahlergebnis *n; 2. (conséquence)* Wirkung *f; 3. (bilan)* Erkenntnis *f,* Fazit *n*

résulter [ʀezylte] *v 1. ~ de* resultieren aus, herauskommen; *2. ~ de (se cristalliser)* sich herauskristallisieren aus
résumé [ʀezyme] *m* Zusammenfassung *f*
résumer [ʀezyme] *v (fig)* zusammenfassen
résurrection [ʀezyʀɛksjɔ̃] *f REL* Auferstehung *f*
retable [ʀətabl] *m REL* Altargemälde *n*
rétablir [ʀetabliʀ] *v 1.* wiederherstellen, wieder einsetzen; *~ la paix* den Frieden wiederherstellen; *~ les faits* die Fakten rekonstruieren; *~ qn dans ses fonctions* jdn wieder in sein Amt einsetzen; *2. se ~ (guérir)* sich erholen, wieder gesund werden
rétablissement [ʀetablismɑ̃] *m* Genesung *f*
retard [ʀətaʀ] *m 1.* Verspätung *f; être en ~* sich verspäten; *en ~* zurück; *2. (ajournement)* Aufschub *m; 3. (ralentissement)* Verzögerung *f; 4. (délai)* Verzug *m*
retardataire [ʀətaʀdatɛʀ] *m 1.* Nachzügler *m; adj 2.* säumig
retarder [ʀətaʀde] *v 1. (montre)* nachgehen; *2. (ralentir)* verzögern
retenir [ʀətəniʀ] *v 1.* zurückbehalten; *2. (cacher)* vorenthalten, anhalten; *se ~* sich zurückhalten; *~ qn* jdn aufhalten; *3. (noter)* vormerken; *4. (remarquer qc)* merken; *5. (freiner)* hemmen
retentir [ʀətɑ̃tiʀ] *v 1.* dröhnen; *2. (exploser)* knallen; *3. (résonner)* widerhallen
retentissant [ʀətɑ̃tisɑ̃] *adj 1.* laut, geräuschvoll; *une voix ~e* eine dröhnende Stimme *f; 2. (fig)* folgenreich; *un échec ~* ein Misserfolg, der viel Aufsehen erregt *m*
retenu [ʀətny] *adj* verhindert
retenue [ʀətny] *f* Zurückhaltung *f*
réticence [ʀetisɑ̃s] *f (réserve)* Zurückhaltung *f,* Reserviertheit *f*
réticent [ʀetisɑ̃] *adj (réservé)* zurückhaltend, reserviert; *être ~ à l'égard de qc* zurückhaltend gegenüber etw sein
rétine [ʀetin] *f ANAT* Netzhaut *f*
retiré [ʀətiʀe] *adj* zurückgezogen
retirer [ʀətiʀe] *v 1.* zurückziehen; *2. (enlever)* herausnehmen; *3. (de l'argent) ECO* abheben; *4. se ~* sich zurückziehen; *5. se ~ (eau)* abebben
retombées [ʀətɔ̃be] *f/pl* Nachwirkung *f*
retomber [ʀətɔ̃be] *v 1.* erneut fallen, wieder hinfallen; *2. ~ sur* fallen auf, landen auf; *~ sur ses pieds* wieder auf die Füße fallen; *Le chat retombe sur ses pattes.* Die Katze landet auf ihren Pfoten. *3. ~ dans (fig)* zurückfallen in, wieder verfallen in; *~ dans l'anarchie* wieder in Anarchie versinken; *~ dans les mêmes défauts* wieder die gleichen Fehler machen
rétorsion [ʀetɔʀsjɔ̃] *f mesure de ~* Vergeltungsmaßnahme *f*
retouche [ʀətuʃ] *f* Überarbeitung *f*
retoucher [ʀətuʃe] *v* überarbeiten
retour [ʀətuʀ] *m 1.* Rückkehr *f; Bon ~!* Kommen Sie gut nach Hause! *être de ~* zurückgekehrt sein; *par ~ du courrier* umgehend/postwendend; *sans ~* endgültig; *en ~* dagegen; *2. (en voiture)* Rückfahrt *f,* Heimfahrt *f; 3. (renversement)* Umkehr *f; 4. ~ à la raison* Ernüchterung *f; 5. ~ d'âge MED* Wechseljahre *pl; 6. de ~* zurück
retourné [ʀətuʀne] *m SPORT* Rückzieher *m*
retournement [ʀətuʀnəmɑ̃] *m (fig)* Kehrtwendung *f*
retourner [ʀətuʀne] *v 1.* umdrehen; *~ qn comme une crêpe* jdn im Handumdrehen umstimmen; *s'en ~ comme on est venu* unverrichteter Dinge wieder abziehen; *2. (en voiture)* zurückfahren; *3. (renversement)* umgraben; *4. se ~* sich überschlagen; *5. se ~ (chercher)* sich umsehen
rétracter [ʀetʀakte] *v* widerrufen
retrait [ʀətʀɛ] *m 1.* Abfall *m,* Rückgang *m; 2. MIL* Abzug *m; 3. ~ du permis de conduire* Fahrverbot *n*
retraite [ʀətʀɛt] *f 1.* Ruhestand *m; 2. (rente)* Pension *f,* Rente *f; 3. (abri)* Hort *m,* Zuflucht *f; 4. (refuge)* Schlupfwinkel *m; 5. MIL* Rückzug *m*
retraité(e) [ʀətʀɛte] *m/f* Rentner(in) *m/f*
retraiter [ʀətʀɛte] *v 1. (uranium)* aufbereiten; *2. (déchets nucléaires)* wieder aufbereiten
retransmettre [ʀətʀɑ̃smɛtʀ] *v irr (radio, TV)* senden, übertragen
retransmission [ʀətʀɑ̃smisjɔ̃] *f (à la radio, à la TV)* Sendung *f,* Übertragung *f*
retraverser [ʀətʀavɛʀse] *v* wieder überqueren
rétrécir [ʀetʀesiʀ] *v 1.* einengen; *2. (resserrer)* verengen; *3. se ~* schrumpfen, eingehen; *4. se ~ (au lavage)* eingehen (beim Waschen), kleiner werden
rétrécissement [ʀetʀesismɑ̃] *m* Verengung *f*
rétribuer [ʀetʀibɥe] *v* bezahlen, entlohnen
rétribution [ʀetʀibysjɔ̃] *f* Bezahlung *f*
rétro [ʀetʀo] *adj* nostalgisch

rétroactif [RetRoaktif] *adj* rückwirkend
rétrogradation [RetRɔgRadasjɔ̃] *f SPORT* Abstieg *m*
rétrograde [RetRɔgRad] *adj 1.* rückläufig; *2. (fig: démodé)* rückständig
rétrogradé [RetRɔgRade] *adj être ~ SPORT* absteigen
rétropédalage [RetRɔpedalaʒ] *m* Rücktritt *m*
rétrospectif [RetRɔspɛktif] *adj* rückblickend
rétrospective [RetRɔspɛktiv] *f 1.* Retrospektive *f; 2. (récapitulation)* Rückblende *f*
retrousser [RətRuse] *v* krempeln, umkrempeln
retrouvailles [RətRuvaj] *f/pl (fam)* Wiedersehen *n; fêter des ~* das Wiedersehen feiern
retrouver [RətRuve] *v 1.* wiedererlangen; *2. (trouver à nouveau)* wieder finden
rétroviseur [RetRɔvizœR] *m* Rückspiegel *m*
réunification [Reynifikasjɔ̃] *f POL* Wiedervereinigung *f*
réunion [Reynjɔ̃] *f 1.* Vereinigung *f,* Versammlung *f; ~ publique* Bürgerversammlung *f; ~ des anciens élèves* Klassentreffen *n; 2. (session)* Tagung *f,* Sitzung *f; 3. (rencontre)* Treffen *n; 4. (assemblée)* Zusammenkunft *f*
Réunion [Reynjɔ̃] *f l'île de la ~ GEO* die Insel Réunion *f*
réunir [ReyniR] *v 1.* sammeln, vereinigen; *2. (assembler)* versammeln; *3. (regrouper)* zusammenlegen; *4. (fig)* verkuppeln
réussi [Reysi] *adj* gelungen
réussir [ReysiR] *v 1.* gelingen; *2. (à un examen)* bestehen; *3. (parvenir à qc)* glücken; *4. (fig)* klappen; *5. ne pas ~ (fig)* scheitern
réussite [Reysit] *f* Zustandekommen *n*
réutilisation [Reytilizasjɔ̃] *f* Wiederverwertung *f*
réutiliser [Reytilize] *v* wieder verwenden
revaccination [Revaksinasjɔ̃] *f MED* Nachimpfung *f*
revaloriser [RəvalɔRize] *v FIN* aufwerten
revanche [Rəvɑ̃ʃ] *f* Revanche *f; en ~* dagegen
rêvasser [Rɛvase] *v* vor sich hin träumen, seine Gedanken schweifen lassen
rêve [Rɛv] *m* Traum *m*
revêche [Rəvɛʃ] *adj 1.* herb, rau; *2. (fig)* spröde
réveil [Revɛj] *m* Wecker *m*
réveille-matin [Revɛjmatɛ̃] *m* Wecker *m*
réveiller [Reveje] *v 1.* aufwecken, wecken; *2. (fig)* leben; *3. se ~* erwachen, aufwachen
Réveillon [Revɛjɔ̃] *m ~ du Jour de l'An* Silvester *n*
réveillonner [Revɛjɔne] *v* Weihnachten bzw. Silvester mit einem guten Essen feiern
révélateur [RevelatœR] *adj* aufschlussreich
révélation [Revelasjɔ̃] *f* Enthüllung *f*
révéler [Revele] *v 1. (fig)* enthüllen; *2. (secret)* aufdecken; *3. se ~* sich offenbaren
revenant [Rəvnɑ̃] *m* Geist *m,* Gespenst *n*
revendication [Rəvɑ̃dikasjɔ̃] *f 1.* Forderung *f; 2. (réclamation)* Anspruch *m*
revendiquer [Rəvɑ̃dike] *v 1.* fordern; *2. (demander)* verlangen; *3. (réclamer)* beanspruchen; *4. (fig)* pochen auf
revendre [Rəvɑ̃dR] *v irr* weiterverkaufen; *avoir qc à ~ (fig)* etw im Überfluss haben
revenir [RəvniR] *v irr 1.* wiederkommen, zurückkommen; *~ au même* auf dasselbe hinauslaufen; *~ sur ses pas* umkehren/kehrtmachen; *~ à la charge* wieder zurückkommen auf; *~ sur une décision* einen Entschluss umstoßen; *Cela revient à dire que ...* Das heißt mit anderen Worten, dass ...; *Je n'en reviens pas!* Ich fasse es nicht! *être revenu de tout* alles satt haben; *Il m'est revenu que ...* Es ist mir eingefallen, dass ...; *2. (en tête)* wieder einfallen
revenu [Rəvny] *m 1.* Einkommen *n; ~ net* Nettoeinkommen *n; ~ brut* Bruttoeinkommen *n; 2. ECO* Ertrag *m; 3. ~s pl* Auskommen *n; 4. ~s pl (recettes)* Einkünfte *pl*
rêver [Rɛve] *v 1. ~ de/~ à* träumen von; *2. (songer)* sinnieren
réverbère [RevɛRbɛR] *m* Laterne *f*
révérence [RevəRɑ̃s] *f 1.* Ehrerbietung *f; 2. (courbette)* Verbeugung *f*
rêverie [RɛvRi] *f* Träumerei *f; s'abandonner à la ~* in Träumereien schwelgen; *se laisser aller à la ~* sich Träumereien hingeben
revers [RəvɛR] *m 1. (de vêtement)* Aufschlag *m; 2. (contrecoup)* Rückschlag *m; ~ de fortune* Schicksalsschlag *m; 3. (fig)* Kehrseite *f; le ~ de la médaille* die Kehrseite der Medaille *f; 4. (fig: humiliation)* Nackenschlag *m,* Demütigung *f*
revêtement [Rəvɛtmɑ̃] *m 1. TECH* Verkleidung *f; 2. (housse)* Bezug *m; 3. (de sol) TECH* Belag *m; 4. (chemise, enveloppe) TECH* Mantel *m*
revêtir [RəvɛtiR] *v irr 1.* auskleiden, auslegen; *2. (mettre)* anziehen

rêveur [ʀɛvœʀ] *adj 1.* verträumt; *2. (pensif)* nachdenklich; *m 3.* Träumer *m*
revirement [ʀəviʀmɑ̃] *m* Umschwung *m*
réviser [ʀevize] *v 1. (contrôler)* überholen; *2. ~ ses conceptions* umdenken; *3. (apprendre)* wiederholen, lernen
révision [ʀevizjɔ̃] *f 1. (de voiture)* Inspektion *f; 2. (vérification)* Revision *f; 3. (remaniement)* Überarbeitung *f; 4. ~s pl* Wiederholen *n,* Lernen *n; faire ses ~s en vue d'un concours* den Stoff für eine Prüfung wiederholen; *Il est en pleines ~s.* Er ist mitten im Lernen.
revivre [ʀəvivʀ] *v irr* aufleben
revoir [ʀəvwaʀ] *v irr 1.* wieder sehen, wieder treffen; *Au ~!* Auf Wiedersehen! *2. (retoucher)* überarbeiten
révoltant [ʀevɔltɑ̃] *adj* schockierend, empörend
révolte [ʀevɔlt] *f 1.* Empörung *f; 2. (indignation)* Entrüstung *f*
révolté [ʀevɔlte] *adj 1.* empört; *2. (rebelle)* aufständisch
révolter [ʀevɔlte] *v 1. se ~ contre* sich auflehnen gegen; *2. se ~ contre (se soulever)* sich empören über; *3. se ~ (s'indigner)* sich entrüsten; *4. se ~ (se mutiner)* meutern; *5. se ~ (se rebeller)* rebellieren
révolution [ʀevɔlysjɔ̃] *f 1.* Revolution *f; 2. (renversement)* Umsturz *m; 3. (fig)* Umbruch *m*
révolutionnaire [ʀevɔlysjɔnɛʀ] *adj 1.* revolutionär; *2. (qui fait changer le monde)* umwälzend, weltbewegend
revolver [ʀevɔlvɛʀ] *m* Revolver *m*
révoquer [ʀevɔke] *v 1.* widerrufen; *2. (reprendre)* zurücknehmen
revoter [ʀəvɔte] *v* erneut wählen
revue [ʀəvy] *f 1.* Zeitschrift *f; ~ illustrée* Illustrierte *f; ~ spécialisée* Fachzeitschrift *f; 2. (théâtre)* Schau *f; 3. MIL* Besichtigung *f; 4. passé en ~* gemustert
rez-de-chaussée [ʀedʃose] *m* Erdgeschoss *n,* Parterre *n; ~ surélevé* Hochparterre *n*
rhabiller [ʀabije] *v 1.* wieder anziehen; *2. se ~* sich wieder anziehen, sich wieder ankleiden; *Il peut aller se ~. (fam)* Er kann einpacken.
Rhin [ʀɛ̃] *m GEO* Rhein *m*
rhinocéros [ʀinɔseʀɔs] *m ZOOL* Nashorn *n*
rhododendron [ʀɔdɔdɛ̃dʀɔ̃] *m BOT* Rhododendron *m*
Rhône [ʀon] *m (fleuve) GEO* Rhône *f; la vallée du ~* das Rhônetal *n; un côtes du Rhône (vin)* ein Côtes du Rhône *m*
rhubarbe [ʀybaʀb] *f BOT* Rhabarber *m*
rhum [ʀɔm] *m* Rum *m; un baba au ~* ein Baba au Rhum *n,* ein Rumtörtchen *n*
rhumatisme [ʀymatism] *m* Rheuma *n*
rhume [ʀym] *m 1. MED* Katarr *m; 2. (refroidissement) MED* Erkältung *f*
riant [ʀijɑ̃] *adj (fig)* lachend
ricanements [ʀikanmɑ̃] *m/pl* Gelächter *n*
ricaner [ʀikane] *v 1.* höhnisch lachen; *2. (rire sous cape)* kichern
riche [ʀiʃ] *adj 1.* reich; *nouveau ~* neureich; *2. (fortuné)* begütert; *3. (abondant)* ergiebig; *4. (fig)* gehaltvoll
richesse [ʀiʃɛs] *f 1.* Reichtum *m; 2. ~s pl (trésor)* Schatz *m; 3. ~s minières pl* Bodenschätze *pl*
richissime [ʀiʃisim] *adj* steinreich
ricocher [ʀikɔʃe] *v* aufprallen
ricochet [ʀikɔʃɛ] *m 1.* Abprall *m; faire des ~s* Steine auf dem Wasser hüpfen lassen; *2. par ~ (fig)* indirekt
ride [ʀid] *f* Falte *f,* Runzel *f*
ridé [ʀide] *adj* runzelig; *être ~ comme une pomme* ein runzeliges Gesicht haben
rideau [ʀido] *m 1.* Vorhang *m; 2. (fixe)* Gardine *f*
rider [ʀide] *v* runzeln
ridicule [ʀidikyl] *adj 1.* lächerlich; *2. (grotesque)* grotesk
ridiculiser [ʀidikylize] *v* lächerlich machen
rien [ʀjɛ̃] *pron* nichts; *De ~!* Gern geschehen!/Keine Ursache! *en un ~ de temps* in null Komma nichts/im Nu; *n'avoir ~ à se mettre sous la dent* nichts zu beißen haben; *Il ne se prend pas pour ~.* Er ist mächtig von sich eingenommen. *ne comprendre ~ à ~* überhaupt nichts wissen; *pour ~* umsonst
rigide [ʀiʒid] *adj (fig)* starr
rigidité [ʀiʒidite] *f avec ~ (fig)* starr
rigolade [ʀigɔlad] *f (fam)* Spaß *m,* Witz *m; prendre qc à la ~* etw von der witzigen Seite sehen; *C'est de la ~.* Das ist ein Spaß.
rigole [ʀigɔl] *f 1.* Graben *m; 2. (rainure)* Rille *f; 3. (gouttière)* Rinne *f*
rigoler [ʀigɔle] *v (fam)* lachen; *Tu rigoles!* Das ist doch nicht dein Ernst!
rigolo [ʀigɔlo] *adj* ulkig
rigoriste [ʀigɔʀist] *adj* unnachsichtig
rigoureux [ʀiguʀø] *adj 1.* streng, hart; *2. (rude)* rigoros; *3. (sévère)* strikt

rigueur [Rigœʀ] *f à la ~* allenfalls, äußerstenfalls; *Il est de ~.* Es ist Vorschrift.
rillettes [Rijɛt] *f/pl GAST* klein gehacktes, in Fett gekochtes Schweinefleisch *n*
rime [Rim] *f LIT* Reim *m*
rimer [Rime] *v LIT* reimen; *A quoi ça rime?* Was hat das für einen Sinn?
rincer [Rɛ̃se] *v* spülen
ripaille [Ripɑj] *f faire ~* schlemmen
riposte [Ripɔst] *f 1. (réponse)* Antwort *f,* Erwiderung *f; être prompt à la ~* nie um eine Antwort verlegen sein; *2. (contre-attaque) MIL* Gegenangriff *m,* Gegenschlag *m*
riposter [Ripɔste] *v 1.* erwidern; *2. (contre-attaquer) MIL* Gegenangriff führen
riquiqui [Rikiki] *adj (fam)* klein, armselig
rire [RiR] *v irr 1.* lachen; *~ au nez de qn* jdm ins Gesicht lachen; *~ aux éclats* aus vollem Halse lachen; *~ aux larmes* Tränen lachen; *dire qc pour ~* etw aus Spaß sagen; *~ comme un bossu* sich totlachen; *~ du bout des lèvres* gezwungen lächeln; *se pâmer de ~* sich totlachen; *~ sous cape* sich ins Fäustchen lachen; *Vous me faites ~!* Das ist ja lächerlich! *2. ~ de qn* über jdn spotten; *m 3.* Lachen *n; 4. ~s pl* Gelächter *n*
risible [Rizibl] *adj* lächerlich
risque [Risk] *m 1.* Risiko *n; à ses ~s et périls* auf eigene Gefahr; *2. (danger)* Gefahr *f; ~ de contagion* Ansteckungsgefahr *f*
risqué [Riske] *adj* gewagt
risquer [Riske] *v 1.* riskieren; *2. (oser)* wagen
risque-tout [Riskətu] *m* Drahtseilakt *m*
rissoler [Risɔle] *v GAST* bräunen; *faire ~ des oignons* Zwiebeln anbräunen
ristourne [RistuRn] *f 1.* Rückvergütung *f; 2. ECO* Rabatt *m*
rituel [Ritɥɛl] *m* Ritual *n*
rivage [Rivaʒ] *m* Ufer *n*
rival(e) [Rival] *m/f 1.* Gegner(in) *m/f; 2. (adversaire)* Gegenspieler(in) *m/f; 3. (concurrent(e))* Konkurrent(in) *m/f*
rivaliser [Rivalize] *v ~ avec qn* mit jdm wetteifern
rivalité [Rivalite] *f* Rivalität *f*
rive [Riv] *f 1.* Ufer *n; 2. (berge)* Flussufer *n*
riverain [RivRɛ̃] *m* Anlieger *m*
rivière [Rivjɛʀ] *f GEO* Fluss *m*
rixe [Riks] *f 1. (fam)* Keilerei *f; 2. (querelle)* Rauferei *f; 3. (bagarre)* Schlägerei *f*
riz [Ri] *m BOT* Reis *m*
robe [Rɔb] *f 1.* Kleid *n; ~ du soir* Abendkleid *n; ~ de mariée* Brautkleid *n; ~ de chambre* Morgenrock *m; ~ de grossesse* Umstandskleid *n; 2. (de magistrat)* Amtsrobe *f; 3. REL* Talar *m*
robinet [Rɔbinɛ] *m 1. TECH* Hahn *m; ~ à gaz* Gashahn *m; 2. (d'eau)* Wasserhahn *m*
robot [Rɔbo] *m 1.* Roboter *m; 2. ~ ménager* Küchenmaschine *f*
robuste [Rɔbyst] *adj 1.* stark; *2. (fort)* kräftig; *3. (vigoureux)* robust; *4. (résistant)* widerstandsfähig; *5. (solide)* stämmig; *6. (stable)* stabil
robustesse [Rɔbystɛs] *f* Widerstandsfähigkeit *f; avec ~* solide
roc [Rɔk] *m* Felsen *m*
rocade [Rɔkad] *f* Umgehungsstraße *f*
rocailleux [Rɔkɑjø] *adj* steinig
rocher [Rɔʃe] *m 1.* Felsen *m; 2. (pâtisserie) GAST* Kugel *f; un ~ au chocolat* eine Schokoladenkugel *f*
roches [Rɔʃ] *f/pl* Gestein *n*
Rocheuses [Rɔʃøz] *f/pl les Montagnes ~ GEO* die Rocky Mountains *pl*
rocheux [Rɔʃø] *adj* felsig, Fels...; *une côte rocheuse* eine Felsenküste *f; une paroi rocheuse* eine Felswand *f*
rocking-chair [Rɔkiŋtʃɛʀ] *m* Schaukelstuhl *m*
rodage [Rɔdaʒ] *m* Einarbeitung *f*
rodé [Rɔde] *adj (voiture)* eingefahren
roder [Rɔde] *v TECH* einfahren, einschleifen; *~ un moteur* einen Motor einfahren ; *~ une voiture* ein Auto einfahren
rognon [Rɔɲɔ̃] *m GAST* Niere *f*
rogue [Rɔg] *adj* hochmütig
roi [Rwa] *m* König *m; travailler pour le ~ de Prusse* für nichts und wieder nichts arbeiten; *être plus royaliste que le ~* päpstlicher als der Papst sein
rôle [Rol] *m 1.* Register *n; 2. THEAT* Rolle *f; ~ principal/premier ~ CINE* Hauptrolle *f*
romain [Rɔmɛ̃] *adj* römisch
roman [Rɔmɑ̃] *adj 1. ART* romanisch; *m 2.* Roman *m; ~ d'aventures LIT* Abenteuerroman *m*
romance [Rɔmɑ̃s] *f* Romanze *f*
romanesque [Rɔmanɛsk] *adj* romantisch
roman-feuilleton [Rɔmɑ̃fœjtɔ̃] *m* Fortsetzungsroman *m*
romantique [Rɔmɑ̃tik] *adj* romantisch
romantisme [Rɔmɑ̃tism] *m* Romantik *f*
romarin [RɔmaRɛ̃] *m BOT* Rosmarin *m*
rompre [Rɔ̃pR] *v irr 1.* brechen; *2. ~ avec* aussteigen aus; *3. (contrat)* abbrechen; *4. se ~* zerbrechen, durchbrechen

rompu [ʀɔ̃py] *adj* geknickt; *être ~ aux affaires* in Geschäften sehr gewandt sein
ronce [ʀɔ̃s] *f BOT* Brombeerstrauch *m*
ronchon [ʀɔ̃ʃɔ̃] *adj (fam)* mürrisch
ronchonnement [ʀɔ̃ʃɔnmɑ̃] *m (fam)* Murren *n*, Brummen *n*
ronchonner [ʀɔ̃ʃɔne] *v (fig)* knurren
ronchonneur [ʀɔ̃ʃɔnœʀ] *m (fam)* Nörgler *m*, Brummbär *m*
rond [ʀɔ̃] *adj 1.* rund; *dire les choses tout ~* die Dinge beim rechten Namen nennen; *Ça ne tourne pas ~ chez toi.* Bei dir ist wohl eine Schraube locker. *avoir des ~s* Geld wie Heu haben; *être ~ comme une queue de pelle (fam)* sternhagelblau sein; *m 2. (cercle)* Ring *m*, Kreis *m*; *un ~ de serviette* ein Serviettenring *m*; *en ~* im Kreis
ronde [ʀɔ̃d] *f* Rundgang *m*
rondelet [ʀɔ̃dlɛ] *adj 1.* dicklich; *2. (dodu)* mollig
rondelle [ʀɔ̃dɛl] *f (tranche)* Scheibe *f*, Rädchen *n*; *une ~ de saucisson* eine Scheibe Wurst *f*; *une ~ de citron* eine Zitronenscheibe *f*; *couper un concombre en ~s* eine Gurke in Scheiben schneiden
rondeur [ʀɔ̃dœʀ] *f* Rundung *f*; *les ~s féminines* die weiblichen Rundungen *pl*
rond-point [ʀɔ̃pwɛ̃] *m* runder Platz *m*, Kreisverkehr *m*
ronflement [ʀɔ̃fləmɑ̃] *m (d'une personne)* Schnarchen *n*
ronfler [ʀɔ̃fle] *v 1.* schnarchen; *2. (fam)* sägen; *3. (ronronner)* schnurren; *4. (bourdonner)* summen
ronger [ʀɔ̃ʒe] *v 1. (os)* abnagen; *2. (nuire)* angreifen; *3. MED* auszehren; *4. (acide) CHEM* ätzen
rongeur [ʀɔ̃ʒœʀ] *m ZOOL* Nagetier *n*
ronron [ʀɔ̃ʀɔ̃] *m (d'un chat)* Schnurren *n*; *faire ~* schnurren
ronronner [ʀɔ̃ʀɔne] *v* schnurren
roque [ʀɔk] *adj* barsch
roquefort [ʀɔkfɔʀ] *m (fromage) GAST* Roquefort *m*
rosaire [ʀozɛʀ] *m REL* Rosenkranz *m*
rosbif [ʀɔzbif] *m GAST* Roastbeef *n*
rose [ʀoz] *adj 1.* rosa; *voir tout en ~* alles durch eine rosa Brille sehen; *2. (rosé)* rosig; *f 3. (fleur) BOT* Rose *f*
rosé [ʀoze] *adj* rosig
roseau [ʀozo] *m BOT* Rohr *n*
rosée [ʀoze] *f* Tau *m*
rosier [ʀozje] *m BOT* Rosenstock *m*; *un ~ grimpant* eine Kletterrose *f*
rosser [ʀɔse] *v* verprügeln
rossignol [ʀɔsiɲɔl] *m ZOOL* Nachtigall *f*
rot [ʀo] *m* Rülpser *m*; *faire un ~* rülpsen
rotation [ʀɔtasjɔ̃] *f 1.* Drehung *f*; *2. (tour)* Umdrehung *f*; *3. TECH* Rotation *f*
roter [ʀɔte] *v 1.* aufstoßen; *2. (fam)* rülpsen
rôti [ʀoti] *m 1.* Braten *m*; *~ d'oie* Gänsebraten *m*; *~ d'agneau* Lammbraten *m*; *~ de porc* Schweinebraten *m*; *2. (viande)* Bratenfleisch *n*; *adj 3.* gebraten
rôtir [ʀotiʀ] *v 1.* rösten; *2. faire ~ (au four)* braten
rotule [ʀɔtyl] *f ANAT* Kniescheibe *f*
rouages [ʀwaʒ] *m/pl 1.* Triebwerk *n*; *2. ~ d'une montre* Uhrwerk *n*
rouble [ʀubl] *m (monnaie russe)* Rubel *m*
roucouler [ʀukule] *v 1. (pigeons)* gurren; *2. (fig)* tuscheln, zärtlich flüstern; *~ auprès d'une femme* eine Frau umschwärmen; *Les jeunes mariés roucoulent sans cesse.* Die frisch Vermählten sind ständig am Tuscheln und Flüstern.
roue [ʀu] *f* Rad *n*; *faire la ~* ein Rad schlagen; *faire la ~ (fig)* sich brüsten/sich aufspielen; *être la cinquième ~ du carrosse* das fünfte Rad am Wagen sein; *~ de secours* Ersatzreifen *m*; *~ à plat* Plattfuß *m*; *~ dentée TECH* Zahnrad *n*
rouer [ʀwe] *v ~ de coups* verprügeln
rouet [ʀwɛ] *m* Spinnrad *n*
rouge [ʀuʒ] *adj 1.* rot; *être ~ comme une écrevisse* schamrot sein; *2. (incandescent)* glühend; *m 3. ~ à lèvres* Lippenstift *m*
rouge-gorge [ʀuʒgɔʀʒ] *m ZOOL* Rotkehlchen *n*
rougeole [ʀuʒɔl] *f MED* Masern *pl*
rouge-queue [ʀuʒkø] *m ZOOL* Rotschwanz *m*, Rotschwänzchen *n*
rouget [ʀuʒɛ] *m (poisson) ZOOL* Meerbarbe *f*, Seebarbe *f*
rougeur [ʀuʒœʀ] *f* Röte *f*
rougir [ʀuʒiʀ] *v 1. (rendre rouge)* röten, rot färben; *Les larmes lui ont rougi les yeux.* Sie hat vom Weinen gerötete Augen. *2. (devenir rouge)* rot werden, sich röten; *Les cerises rougissent.* Die Kirschen werden rot. *~ de honte* vor Scham erröten; *~ jusqu'au blanc des yeux* bis in die Haarspitzen erröten; *ne ~ de rien (fig)* vor nichts zurückschrecken
rouille [ʀuj] *f CHEM* Rost *m*
rouillé [ʀuje] *adj* rostig
rouiller [ʀuje] *v* rosten, verrosten
roulant [ʀulɑ̃] *adj* Roll..., rollend; *un fauteuil ~* ein Rollstuhl *m*; *une table ~e* ein

Servierwagen *m; un escalier ~* eine Rolltreppe *f; le personnel ~* die Fahrer *pl*
rouleau [RULO] *m 1.* Lockenwickler *m; 2. (de papier)* Rolle *f*
rouler [RULE] *v 1.* rollen; *2. (enrouler)* wickeln; *3. ~ très vite* rasen; *~ à tombeau ouvert* rasen; *4. (passer au rouleau)* walzen; *5. ~ qn (fam)* jdn hintergehen; *6. se ~ dans* sich wälzen in
roumain [RUMɛ̃] *adj* rumänisch
Roumain(e) [RUMɛ̃/RUMɛn] *m/f* Rumäne/Rumänin *m/f*
Roumanie [RUMANI] *f GEO* Rumänien *n*
round [RAWND] *m SPORT* Runde *f*
roupillon [RUPIjɔ̃] *m* Schläfchen *n*
rouquin(e) [RUKɛ̃/RUKIN] *m/f* Rothaarige(r) *m/f*
rouspéter [RUSPETE] *v 1.* schimpfen; *2. (brailler)* keifen
rouspéteur [RUSPETŒR] *m* Nörgler *m*
rousse [RUS] *f (personne)* Rothaarige *f; Il aime les ~s.* Er mag Rothaarige.
roussi [RUSI] *adj (odeur)* angebrannt
route [RUT] *f 1.* Straße *f; ~ fédérale* Bundesstraße *f; ~ nationale* Landstraße *f; ~ de raccordement* Verbindungsstraße *f; ~ prioritaire* Vorfahrtsstraße *f; ~ d'accès* Zufahrtsstraße *f; 2. (chemin)* Weg *m; en ~* unterwegs; *3. (distance)* Weg *m; 4. (direction)* Kurs *m; 5. (itinéraire)* Route *f*
routier [RUTJE] *adj 1.* Straßen...; *le réseau ~* das Straßennetz *n; une carte routière* eine Straßenkarte *f; m 2.* Fernfahrer *m*
routine [RUTIN] *f 1.* Routine *f; 2. (train-train)* Schlendrian *m*
routinier [RUTINJE] *adj 1.* gewohnheitsmäßig; *m 2.* Gewohnheitsmensch *m*
roux [RU] *adj 1.* rot; *avoir les cheveux ~* rote Haare haben; *m 2. (personne)* Rothaariger *m*
royal [RWAJAL] *adj* königlich
royaume [RWAJOM] *m 1.* Königreich *n; 2. (empire)* Reich *n*
ruban [RYBɑ̃] *m 1.* Band *n; ~ adhésif* Klebeband *n; ~ encreur* Farbband *n; ~ magnétique* Magnetband *n; 2. (de papier)* Streifen *m*
rubéole [RYBEɔl] *f MED* Röteln *pl*
rubis [RYBI] *m MIN* Rubin *m*
rubrique [RYBRIK] *f 1.* Rubrik *f; 2. (de journal)* Sparte *f; ~ des faits divers* Klatschspalte *f*
ruche [RYʃ] *f (des abeilles)* Bienenkorb *m*
rude [RYD] *adj 1.* barsch; *2. (brusque)* brüsk; *3. (grossier)* derb; *4. (rugueux)* holperig; *5. (fam)* mordsmäßig; *6. (difficile)* schwer; *7. (fig)* herb
rudesse [RYDɛS] *f (rigueur)* Härte *f*
rudiment [RYDIMɑ̃] *m (indice)* Ansatz *m*
rudoyer [RYDWAJE] *v 1.* brüskieren; *2. ~ qn (fam)* jdn anfahren
rue [RY] *f 1.* Straße *f; 2. (fig)* Gosse *f; ~ à sens unique* Einbahnstraße *f; ~ principale* Hauptstraße *f; ~ latérale* Seitenstraße *f*
ruée [RɥE] *f* Ansturm *m*
ruelle [RɥɛL] *f* Gasse *f*
rugby [RYGBI] *m SPORT* Rugby *n*
rugir [RYʒIR] *v (bêtes)* brüllen
rugissements [RYʒISMɑ̃] *m/pl (bêtes)* Gebrüll *n*
rugueux [RYGØ] *adj 1. (rêche)* rau; *2. (grossier)* grob
ruine [RɥIN] *f 1.* Ruine *f; 2. (déclin)* Ruin *m; mener à la ~* abwirtschaften; *3. (descente)* Untergang *m; 4. (détérioration)* Verderben *n; 5. (d'un bâtiment)* Verfall *m; 6. (délabrement)* Zerfall *m; 7. (anéantissement)* Zerstörung *f; 8. ~s pl* Trümmer *pl; 9. ~s pl (décombres)* Schutt *m; 10. ~s pl (vestiges)* Überrest *m*
ruiner [RɥINE] *v 1.* ruinieren; *2. (ravager)* zu Grunde richten
ruisseau [RɥISO] *m 1.* Bach *m; 2. (rigole)* Gosse *f*
ruisseler [RɥISLE] *v 1.* rieseln; *2. (couler)* rinnen; *3. (goutter)* triefen
rumeur [RYMŒR] *f* Gerücht *n*
ruminer [RYMINE] *v* grübeln
rupture [RYPTYR] *f 1.* Trennung *f; 2. (cassure)* Aufbruch *m,* Bruch *m; ~ de style* Stilbruch *m; ~ d'essieux* Achsenbruch *m; 3. (effondrement)* Einbruch *m; 4. (contrat) JUR* Bruch *m; ~ de contrat* Vertragsbruch *m*
rural [RYRAL] *adj 1.* ländlich; *2. (agricole)* landwirtschaftlich
ruse [RYZ] *f* List *f*
rusé [RYZE] *adj 1.* schlau; *2. (fourbe)* hinterlistig; *3. (astucieux)* listig; *4. (malin)* pfiffig; *m 5. (fam)* Schlawiner *m*
ruser [RYZE] *v* listig sein, Tricks anwenden
russe [RYS] *adj* russisch
Russe [RYS] *m/f* Russe/Russin *m/f*
Russie [RYSI] *f GEO* Russland *n*
rustique [RYSTIK] *adj* rustikal
rustre [RYSTR] *m 1.* Bauer *m; 2. (lourdaud)* Tölpel *m*
rut [RYT] *m* Brunst *f*
rythme [RITM] *m* Rhythmus *m*
rythmique [RITMIK] *adj* rhythmisch

S

sa [sa] *pron (possesif)* seine/ihre
sabayon [sabajɔ̃] *m GAST* Zabaione *f*
sable [sɑbl] *m* Sand *m*
sablé [sable] *m (petit gâteau) GAST* Sandkuchen *m,* Mürbekeks *m*
sabler [sable] *v 1.* Sand streuen, mit Sand bestreuen; *~ une route* eine Straße mit Sand streuen; *2. ~ le champagne* viel Champagner trinken
sableux [sɑblø] *adj* sandig
sablier [sɑblije] *m* Sanduhr *f*
sablonneux [sɑblɔnø] *adj* sandig
sabot [sabo] *m 1. ZOOL* Huf *m; 2. ~ de frein TECH* Bremsklotz *m; 3. (chaussure)* Holzschuh *m,* Clog *m*
sabotage [sabɔtaʒ] *m* Sabotage *f*
saboter [sabɔte] *v 1.* sabotieren; *2. (fam)* verpfuschen
sabre [sɑbʀ] *m* Säbel *m*
sac [sak] *m 1.* Sack *m,* Tasche *f; L'affaire est dans le ~.* Die Sache ist so gut wie erledigt./Die Sache ist unter Dach und Fach. *être fagoté comme un ~* sehr schlecht gekleidet sein; *prendre qn la main dans le ~* jdn auf frischer Tat ertappen; *~ à provision* Einkaufstasche *f; ~ à main* Handtasche *f; ~ à dos* Rucksack *m; ~ en plastique* Plastiktüte *f; ~ de sable* Sandsack *m; ~ de couchage* Schlafsack *m; ~ en bandoulière* Umhängetasche *f; 2. (cartable)* Ranzen *m*
saccade [sakad] *f* Ruck *m*
saccadé [sakade] *adj* ruckartig
saccage [sakaʒ] *m 1. (pillage)* Plünderung *f; 2. (ravage)* Verwüstung *f*
saccager [sakaʒe] *v 1.* plündern; *2. (dévaster)* verwüsten
saccharine [sakaʀin] *f CHEM* Saccharin *n*
sachet [saʃɛ] *m* Beutel *m,* Tüte *f; un ~ de thé* ein Teebeutel *m; un ~ de sucre vanillé* ein Päckchen Vanillezucker *n; un potage en ~* eine Tütensuppe *f*
sacoche [sakɔʃ] *f 1.* Ranzen *m; 2. (en bandoulière)* Umhängetasche *f*
sacre [sakʀ] *m 1. (d'un roi)* Krönung *f; 2. (d'un prêtre) REL* Bischofsweihe *f*
sacré [sakʀe] *adj REL* heilig
sacrement [sakʀəmɑ̃] *m REL* Sakrament *n*
sacrément [sakʀemɑ̃] *adv* gewaltig, unerhört
sacrer [sakʀe] *v 1.* weihen; *~ un roi* einen König salben; *~ un évêque* einen Bischof weihen; *2. (fig)* auszeichnen; *Il fut sacré le plus grand peintre de son époque.* Er wurde zum größten Maler seiner Zeit ernannt. *Elle fut sacrée meilleure actrice.* Sie wurde als beste Schauspielerin ausgezeichnet.
sacrifice [sakʀifis] *m (fig) REL* Opfer *n*
sacrifier [sakʀifje] *v 1.* opfern, verzichten; *2. (renoncer à)* preisgeben, aufgeben; *3. se ~* sich aufopfern; *4. se ~ (fig)* sich opfern
sacrilège [sakʀilɛʒ] *m REL* Gotteslästerung *f*
sacristain [sakʀistɛ̃] *m REL* Küster *m*
sacristie [sakʀisti] *f REL* Sakristei *f*
sadique [sadik] *m* Sadist *m*
sadisme [sadism] *m* Sadismus *m*
safari [safari] *m* Safari *f*
sagace [sagas] *adj* scharfsinnig
sagacité [sagasite] *f* Scharfsinn *m*
sage [saʒ] *adj 1.* weise; *2. (intelligent)* klug; *3. (raisonnable)* vernünftig; *m 4.* Weise(r) *m/f*
sage-femme [saʒfam] *f* Hebamme *f*
sagesse [saʒɛs] *f 1.* Weisheit *f; 2. (intelligence)* Klugheit *f*
Sahara [saaʀa] *m GEO* Sahara *f*
saignement [sɛɲmɑ̃] *m MED* Blutung *f; ~ de nez* Nasenbluten *n*
saigner [sɛɲe] *v* bluten
saillant [sajɑ̃] *adj* hervorragend
saillie [saji] *f (d'un roc)* Vorsprung *m*
saillir [sajiʀ] *v irr* vorstehen
sain [sɛ̃] *adj* gesund; *~ et sauf* heil
saindoux [sɛ̃du] *m GAST* Schmalz *n*
saint [sɛ̃] *adj REL* heilig; *Saint Sacrement* Fronleichnam *m*
saint(e) [sɛ̃] *m/f REL* Heilige(r) *m/f*
Saint-Esprit [sɛ̃tɛspʀi] *m le ~ REL* der Heilige Geist *m*
Saint-Père [sɛ̃pɛʀ] *m REL* Papst *m*
Saint-Sépulcre [sɛ̃sepylkʀ] *m le ~ REL* das Heilige Grab *n*
Saint-Siège [ʃɛ̃sjɛʒ] *m* Heiliger Stuhl *m*
Saint-Sylvestre [sɛ̃silvɛstʀ] *m* Silvester *n*
saisi [sezi] *adj (fig)* wie versteinert
saisie [sezi] *f 1.* Beschlagnahme *f; 2. JUR* Pfändung *f; 3. ~ de données statistiques* statistische Erfassung *f*
saisir [seziʀ] *v 1.* angreifen, greifen; *2. (comprendre)* begreifen, verstehen; *3. (tou-*

cher) fassen, ergreifen; *4. JUR* beschlagnahmen, pfänden; *5. ~ au vol* auffangen; *6. GAST* anbraten

saisissant [sezisɑ̃] *adj* herzergreifend

saison [sɛzɔ̃] *f 1.* Jahreszeit *f; 2. (période)* Saison *f; ~ balnéaire* Badezeit *f; pleine ~* Hauptsaison *f; ~ des pluies* Regenzeit *f*

saisonnier [sɛzɔnje] *adj* Saison...; *travail ~* Saisonarbeit *f*

salade [salad] *f* Salat *m; ~ de volaille* Geflügelsalat *m; ~ de pommes de terre* Kartoffelsalat *m; ~ de fruits* Obstsalat *m*

saladier [saladje] *m* Salatschüssel *f,* Schüssel *f*

salaire [salɛʀ] *m* Gehalt *n,* Lohn *m; ~ de début* Anfangsgehalt *n; ~ de famine* Hungerlohn *m; ~ minimum* Mindestlohn *m; ~ de pointe* Spitzenlohn *m; ~ contractuel* Tariflohn *m; ~ aux pièces* Akkordlohn *m; ~ brut* Bruttolohn *m; ~ horaire* Stundenlohn *m*

salamandre [salamɑ̃dʀ] *f ZOOL* Salamander *m*

salami [salami] *m GAST* Salami *f*

salarié(e) [salaʀje] *m/f 1.* Arbeitnehmer(in) *m/f; 2. (employé(e))* Erwerbstätige(r) *m/f; 3. (travailleur/travailleuse)* Lohnempfänger(in) *m/f*

salaud [salo] *m (fam)* Schwein *n,* Mistkerl *m*

sale [sal] *adj* dreckig, schmutzig

salé [sale] *adj 1.* salzig; *2. (fig)* saftig

saler [sale] *v* salzen

saleté [salte] *f 1.* Schmutz *m,* Dreck *m; 2. (malpropreté)* Unreinheit *f; 3. (fam: cochonnerie)* Schweinerei *f*

salière [saljɛʀ] *f* Salzstreuer *m*

saline [salin] *f MIN* Salzbergwerk *n*

salir [saliʀ] *v 1.* beflecken; *2. (souiller)* beschmutzen; *3. (polluer)* verschmutzen; *4. se ~ (fam)* kleckern

salissant [salisɑ̃] *adj* schnell schmutzig werdend; *Le blanc est une couleur ~e.* Weiß ist eine Farbe, die leicht schmutzig wird.

salissure [salisyʀ] *f* Verunreinigung *f*

salive [saliv] *f 1.* Speichel *m; 2. (crachat)* Spucke *f*

saliver [salive] *v* spucken

salle [sal] *f 1.* Saal *m,* Zimmer *n; ~ d'attente* Wartesaal *m; ~ de séjour* Wohnzimmer *n; ~ des fêtes* Aula *f; ~ de cours/~ de conférences* Hörsaal *m; ~ plénière* Plenarsaal *m; 2. (hall)* Halle *f; ~ de gymnastique* Turnhalle *f*

salmonelle [salmɔnɛl] *f BIO* Salmonellen *pl*

salon [salɔ̃] *m 1.* Salon *m; ~ de massage* Massagesalon *m; 2. (salle de séjour)* Wohnzimmer *n*

salope [salɔp] *f (fam)* Schlampe *f,* Flittchen *n*

saloper [salɔpe] *v (fam)* pfuschen

saloperie [salɔpʀi] *f (fam)* Ramsch *m*

salopette [salɔpɛt] *f* Overall *m*

salsifis [salsifi] *m BOT* Schwarzwurzel *f*

saltimbanque [saltɛ̃bɑ̃k] *m/f* Gaukler(in) *m/f,* Straßenkünstler(in) *m/f*

salubre [salybʀ] *adj* gesund; *un climat ~* ein gesundes Klima *n*

saluer [salɥe] *v* begrüßen, grüßen

salut [saly] *m 1.* Gruß *m; 2. (santé)* Wohl *n; 3. (bien)* Heil *n; interj 4.* tschüs

salutaire [salytɛʀ] *adj* heilsam

salutation [salytasjɔ̃] *f 1.* Gruß *m; 2. ~s pl* Begrüßung *f*

samedi [samdi] *m* Samstag *m; le ~* samstags

SAMU [samy] *m (Service d'assistance médicale urgente)* Notdienst *m; médecin du ~* Notarzt *m*

sanatorium [sanatɔʀjɔm] *m* Sanatorium *n*

sanction [sɑ̃ksjɔ̃] *f 1.* Bestrafung *f; 2. (confirmation)* Sanktion *f*

sanctionner [sɑ̃ksjɔne] *v* bestrafen

sanctuaire [sɑ̃ktɥɛʀ] *m* Heiligtum *n*

sandale [sɑ̃dal] *f* Sandale *f*

sandwich [sɑ̃dwitʃ] *m GAST* Sandwich *n*

sang [sɑ̃] *m* Blut *n; suer ~ et eau* sich abrackern; *Ne vous faites pas de mauvais ~.* Lassen Sie sich keine grauen Haare wachsen.

sang-froid [sɑ̃fʀwa] *m* Gelassenheit *f,* Gemütsruhe *f*

sanglant [sɑ̃glɑ̃] *adj* blutig

sangle [sɑ̃gl] *f* Gurt *m*

sanglier [sɑ̃glije] *m ZOOL* Wildschwein *n*

sanglot [sɑ̃glo] *m* Schluchzer *m*

sangloter [sɑ̃glɔte] *v* schluchzen

sangsue [sɑ̃sy] *f ZOOL* Blutegel *m*

sanguin [sɑ̃gɛ̃] *adj* Blut...; *la circulation ~e* der Blutkreislauf *m; le groupe ~* die Blutgruppe *f*

sanguinaire [sɑ̃ginɛʀ] *adj (cruel)* mordgierig

sanitaire [sanitɛʀ] *adj* Gesundheits...; *des mesures ~s* Hygienemaßnahmen *pl; un cordon ~* eine Linie mit Überwachungsposten *f*

sans [sɑ̃] *prep 1.* ohne; *~ cesse* unaufhörlich; *~ doute* gewiss; *~ aucun doute* zweifellos; *~ plus* ohne weiteres; *konj 2. ~ que* ohne dass

sans-abri [sɑ̃zabʀi] *m/f* Obdachlose(r) *m/f*

sans-emploi [sɑ̃zɑ̃plwa] *m/f* Arbeitslose(r) *m/f,* Erwerbslose(r) *m/f*
sans-gêne [sɑ̃ʒɛn] *m* Rücksichtslosigkeit *f,* Unverfrorenheit *f*
sans-logis [sɑ̃lɔʒi] *m/f* Obdachlose(r) *m/f*
sansonnet [sɑ̃sɔnɛ] *m ZOOL* Star *m*
santé [sɑ̃te] *f 1.* Gesundheit *f; de ~ délicate* anfällig; *plein de ~* kerngesund; *2. (bien)* Wohl *n; interj 3. A votre/ta ~!* Prost!/Auf Ihr/dein Wohl!/Zum Wohl!
saoul [su] *adj être ~* betrunken sein
saouler [sule] *v se ~* sich betrinken
saper [sape] *v (fig)* untergraben; *~ les fondements de la civilisation* die Grundlagen der Zivilisation erschüttern; *~ le moral de qn* jdm die Moral untergraben
sapeur [sapœʀ] *m* Pionier *m*
sapeur-pompier [sapœʀpɔpje] *m* Feuerwehrmann *m*
saphir [safiʀ] *m MIN* Saphir *m*
sapin [sapɛ̃] *m BOT* Tanne *f; ~ de Noël* Tannenbaum *m*
sapristi [sapʀisti] *interj Sapristi! (fam)* Donnerwetter!
sarcasme [saʀkasm] *m* Sarkasmus *m*
sarcastique [saʀkastik] *adj* sarkastisch
sarcler [saʀkle] *v* jäten
Sardaigne [saʀdɛɲ] *f GEO* Sardinien *n*
sardine [saʀdin] *f ZOOL* Sardine *f; ~ à l'huile GAST* Ölsardine *f*
sarment [saʀmɑ̃] *m BOT* Ranke *f*
sarrasin [saʀazɛ̃] *m (céréale) BOT* Buchweizen *m; farine de ~* Buchweizenmehl *n; des galettes de ~* Waffeln aus Buchweizenmehl *pl*
Sarre [saʀ] *f (région d'Allemagne) GEO* Saarland *n*
sas [sɑs] *m (compartiment)* Luftschleuse *f; le ~ d'un sous-marin* die Luftschleuse eines U-Bootes *f*
Satan [satɑ̃] *m* Satan *m*
satanique [satanik] *adj* satanisch
satellite [satelit] *m* Satellit *m; ~ espion MIL* Aufklärungssatellit *m*
satiété [sasjete] *f 1.* Sättigung *f; 2. (lassitude)* Überdruss *m*
satin [satɛ̃] *m* Satin *m*
satire [satiʀ] *f LIT* Satire *f*
satirique [satiʀik] *adj* satirisch; *un écrivain ~* ein Satireschriftsteller *m,* ein Satiriker *m; avoir l'esprit ~* einen beißenden Humor haben
satisfaction [satisfaksjɔ̃] *f 1.* Genugtuung *f; 2. (contentement)* Zufriedenheit *f; 3. (assouvissement)* Befriedigung *f*
satisfaire [satisfɛʀ] *v irr 1.* befriedigen; *2. (suffire)* genügen; *3. ~ à* nachkommen; *4. se ~ de* sich zufrieden geben mit
satisfaisant [satisfəzɑ̃] *adj* befriedigend
satisfait [satisfɛ] *adj 1.* zufrieden; *2. ~ de soi-même* selbstgefällig
saturation [satyʀasjɔ̃] *f* Sättigung *f*
saturé [satyʀe] *adj* gesättigt
saturer [satyʀe] *v CHEM* sättigen
Saturne [satyʀn] *m ASTR* Saturn *m*
sauce [sos] *f 1.* Soße *f; ~ de rôti* Bratensoße *f; ~ tomate* Tomatensoße *f; 2. (le fait de saucer) GAST* Tunke *f*
saucer [sose] *v* tunken
saucisse [sosis] *f GAST* Wurst *f*
saucisson [sosisɔ̃] *m GAST* Wurst *f*
sauf [sof] *prep 1.* ausgenommen; *2. (à part)* außer, bis auf; *3. (sous réserve de)* vorbehaltlich
sauge [soʒ] *f BOT* Salbei *m*
saule [sol] *m BOT* Weide *f; ~ pleureur* Trauerweide *f*
saumon [somɔ̃] *m ZOOL* Lachs *m*
saumure [somyʀ] *f GAST* Salzlake *f*
sauna [sona] *m* Sauna *f*
saupoudrer [sopudʀe] *v GAST* bestäuben, streuen; *~ de sel* mit Salz bestreuen/salzen; *~ de sucre* mit Zucker bestreuen/zuckern
saurer [sɔʀe] *v* räuchern
saut [so] *m 1.* Sprung *m; au ~ du lit* beim Aufstehen; *~ à la perche SPORT* Stabhochsprung *m; 2. (bond)* Absprung *m; 3. ~ d'obstacles SPORT* Hürdenlauf *m*
sauter [sote] *v 1.* springen; *~ sur l'occasion* die Gelegenheit beim Schopfe packen; *~ le pas* zu einem Entschluss kommen; *2. (bondir)* hüpfen; *3. (attaquer)* anspringen; *4. (fondre)* durchbrennen; *5. (exploser)* explodieren; *6. faire ~* sprengen; *7. (page d'un livre)* überschlagen; *8. ~ par-dessus* überspringen
sauterelle [sotʀɛl] *f ZOOL* Heuschrecke *f*
sautiller [sotije] *v* hüpfen
sauvage [sovaʒ] *adj 1.* wild; *2. (timide)* schüchtern; *3. (non apprivoisé)* menschenscheu
sauvegarde [sovgaʀd] *f 1. (protection)* Schutz *m; 2. INFORM* Sichern *n*
sauvegarder [sovgaʀde] *v 1.* wahren, schützen; *2. INFORM* sichern
sauver [sove] *v 1.* retten; *2. (mettre en sûreté)* bergen; *3. se ~* davongehen, flüchten; *4. se ~ en courant* fortlaufen
sauvetage [sovtaʒ] *m 1.* Bergung *f; 2. (délivrance)* Rettung *f*

sauveteur [sovtœʀ] *m 1.* Lebensretter *m; 2. (sauveur)* Retter *m*
sauveur [sovœʀ] *m* Retter *m*
Sauveur [sovœʀ] *m REL* Erlöser *m,* Heiland *m*
savane [savan] *f GEO* Savanne *f*
savant [savɑ̃] *adj* gelehrt
savant(e) [savɑ̃(t)] *m/f* Wissenschaftler(in) *m/f,* Gelehrte(r) *m/f*
savate [savat] *f* ausgetretener Schuh *m,* alter Schuh *m; traîner la ~ (fam)* in Armut leben/nichts zu beißen haben
saveur [savœʀ] *f 1.* Geschmack *m; 2. (arôme)* Würze *f*
Savoie [savwa] *f (région de France)* Savoyen *n*
savoir [savwaʀ] *v irr 1.* wissen; *C'est bon à ~.* Das ist gut zu wissen. *Reste à ~ si ...* Erst mal abwarten, ob .../Es wird sich schon noch zeigen, ob ...; *~ le reste* schon längst wissen; *~ se retourner* sich in allen Lagen zurechtfinden; *ne pas ~ s'y prendre* sich ungeschickt anstellen; *Pas que je sache.* Nicht dass ich wüsste. *2. (comprendre)* verstehen; *3. (être capable de)* können; *m 4.* Wissen *n; 5. (science)* Wissenschaft *f; 6. (pouvoir)* Können *n; 7. (sagesse)* Weisheit *f*
savoir-faire [savwaʀfɛʀ] *m* Wissen *n,* Können *n*
savoir-vivre [savwaʀvivʀ] *m* Lebensart *f; manque de ~* Taktlosigkeit *f*
savon [savɔ̃] *m* Seife *f; ~ de Marseille* Kernseife *f*
savonner [savɔne] *v 1.* einseifen; *2. se ~* sich einseifen; *se ~ les mains* sich die Hände mit Seife waschen
savourer [savuʀe] *v ~ qc* etw genießen
savoureux [savuʀø] *adj 1. (délicieux)* köstlich, fein; *2. (ayant du goût)* schmackhaft, lecker
Saxe [saks] *f (région d'Allemagne)* Sachsen *n*
saxophone [saksɔfɔn] *m MUS* Saxofon *n*
scalpel [skalpɛl] *m MED* Skalpell *n*
scandale [skɑ̃dal] *m 1.* Skandal *m; 2. (affaire)* Affäre *f*
scandaleux [skɑ̃dalø] *adj 1.* skandalös; *2. (fig)* unerhört
scandaliser [skɑ̃dalize] *v 1.* schockieren; *2. se ~* sich entrüsten
Scandinavie [skɑ̃dinavi] *f GEO* Skandinavien *n*
scaphandre [skafɑ̃dʀ] *m* Taucheranzug *m; un ~ de plongeur* ein Taucheranzug *m; un ~ d'astronaute* ein Astronautenanzug *m,* ein Raumfahreranzug *m*
scarabée [skaʀabe] *m ZOOL* Käfer *m*
scarlatine [skaʀlatin] *f* Scharlach *m*
sceau [so] *m* Siegel *n*
scélérat [seleʀa] *adj* verrucht
sceller [sele] *v* versiegeln
scénario [senaʀjo] *m CINE* Drehbuch *n*
scénariste [senaʀist] *m/f CINE* Drehbuchautor(in) *m/f*
scène [sɛn] *f 1.* Bühne *f,* Schaubühne *f; 2. (tribune)* Podium *n; 3. (lieu)* Schauplatz *m; 4. (action)* Szene *f; 5. CINE* Szene *f*
scepticisme [sɛptisism] *m* Skepsis *f*
sceptique [sɛptik] *adj* skeptisch
schéma [ʃema] *m 1. (structure)* Aufbau *m; 2. (dessin)* Schema *n; 3. (fig)* Gerüst *n*
schématique [ʃematik] *adj* schematisch
schizophrénie [skizɔfʀeni] *f MED* Schizophrenie *f*
sciatique [sjatik] *f ANAT* Ischias *m*
scie [si] *f TECH* Säge *f; Quelle ~!* Was für ein lästiger Mensch! *~ circulaire* Kreissäge *f; ~ à découper/~ à chantourner* Laubsäge *f*
science [sjɑ̃s] *f* Wissenschaft *f; ~ nautique* Nautik *f; ~ médicale MED* Heilkunde *f; ~s humaines* Geisteswissenschaften *pl; ~s physiques et naturelles* Naturwissenschaften *pl*
science-fiction [sjɑ̃sfiksjɔ̃] *f* Sciencefiction *f; un film de ~* ein Sciencefictionfilm *m*
scientifique [sjɑ̃tifik] *m/f 1.* Wissenschaftler(in) *m/f; adj 2.* wissenschaftlich
scier [sje] *v* sägen
scierie [siʀi] *f* Sägewerk *n*
scintiller [sɛ̃tije] *v 1.* blinken; *2. (vibrer)* flimmern; *3. (étinceler)* funkeln; *4. (flamboyer)* glitzern
sciure [sjyʀ] *f* Sägemehl *n*
sclérose [skleʀoz] *f MED* Verkalkung *f*
scléroser [skleʀoze] *v se ~ MED* verkalken
scolaire [skɔlɛʀ] *adj* Schul...; schulisch; *l'année ~* das Schuljahr *n; les vacances ~s* die Schulferien *pl*
scolarité [skɔlaʀite] *f 1.* Schulbesuch *m; les années de ~* die Schulzeit *f,* die Schuljahre *pl; le taux de ~* die Rate der eingeschulten Kinder *f,* die Schulbesuchsquote *f; le certificat de ~* die Bescheinigung über den Schulbesuch *f; 2. (études)* Schulzeit *f; prolonger la ~* die Schulzeit verlängern
scooter [skutœʀ] *m* Motorroller *m*
scorbut [skɔʀbyt] *m MED* Skorbut *m*
score [skɔʀ] *m 1. SPORT* Ergebnis *n,* Spielstand *m; le ~ final* das Endergebnis *n; 2. POL*

Resultat *n*, Ergebnis *n*; *le ~ électoral* das Wahlergebnis *n*
scorpion [skɔʀpjɔ̃] *m ZOOL* Skorpion *m*
scotch [skɔtʃ] *m (ruban adhésif)* Tesafilm *m*, Klebeband *n*
scout [skut] *m* Pfadfinder *m*
script [skʀipt] *m 1. (type d'écriture)* Druckschrift *f*; *écrire en ~* in Druckschrift schreiben; *2. (scénario) CINE* Drehbuch *n*
scrupule [skʀypyl] *m 1.* Skrupel *m*; *2. (soin)* Sorgfalt *f*; *3. ~s pl* Gewissenhaftigkeit *f*; *4. ~s pl (remords)* Gewissensbisse *pl*
scrupuleux [skʀypylø] *adj 1.* gewissenhaft; *2. (très méticuleux)* peinlich genau
scruter [skʀyte] *v* durchforschen
scrutin [skʀytɛ̃] *m 1. (vote) POL* Abstimmung *f*, Wahl *f*; *2. ~ majoritaire POL* Mehrheitswahlrecht *n*; *3. ~ proportionnel POL* Verhältniswahlrecht *n*
sculpter [skylte] *v ~ sur bois* schnitzen
sculpteur [skyltœʀ] *m* Bildhauer *m*
sculpture [skyltyʀ] *f 1. ART* Skulptur *f*; *2. (plastique)* Plastik *f*
se [sə] *pron* sich
séance [seɑ̃s] *f* Sitzung *f*; *~ tenante* auf der Stelle/sofort; *~ du conseil des ministres POL* Kabinettssitzung *f*
seau [so] *m* Eimer *m*, Kübel *m*
sec [sɛk] *adj 1.* trocken, herb; *2. (maigre)* hager; *être ~ comme un haricot* eine Bohnenstange sein
sécateur [sekatœʀ] *m* Gartenzange *f*, Gartenschere *f*
sécession [sesesjɔ̃] *f POL* Abspaltung *f*; *faire ~* sich abspalten/sich loslösen
séchage [seʃaʒ] *m* Trocknen *n*
sèche-cheveux [sɛʃʃəvø] *m* Fön *m*
sèche-linge [sɛʃlɛ̃ʒ] *m* Wäschetrockner *m*
sécher [seʃe] *v* trocknen, abtrocknen, austrocknen
sécheresse [seʃʀɛs] *f 1.* Trockenheit *f*; *2. (aridité)* Dürre *f*; *3. (insensibilité)* Lieblosigkeit *f*
séchoir [seʃwaʀ] *m 1.* Trockenhaube *f*; *2. (à linge)* Wäschetrockner *m*, Gestell *n*
second [səgɔ̃] *adj* zweite(r,s)
second(e) [səgɔ̃(d)] *m/f* Zweite(r) *m/f*
secondaire [səgɔ̃dɛʀ] *adj 1.* zweitrangig; *2. (accessoire)* nebensächlich; *3. GEOL* sekundär
seconde [səgɔ̃d] *f* Sekunde *f*; *faire qc en cinq ~s* etw im Handumdrehen machen
seconder [səgɔ̃de] *v ~ qn* jdm beistehen
secouer [səkwe] *v 1.* schütteln; *2. (bousculer)* angreifen, berühren; *3. (agiter)* rütteln; *4. (traumatiser)* mitnehmen, strapazieren
secourable [səkuʀabl] *adj* hilfsbereit
secourir [səkuʀiʀ] *v irr 1.* helfen; *2. (soutenir)* unterstützen; *3. (aider)* aushelfen
secourisme [səkuʀism] *m* erste Hilfe *f*; *prendre des cours de ~* einen Erste-Hilfe-Kurs machen
secouriste [səkuʀist] *m/f* Mitglied einer Hilfsorganisation *n*
secours [səkuʀ] *m 1.* Hilfe *f*; *Au ~!* Hilfe! *les premiers ~* erste Hilfe *f*; *2. (remède)* Abhilfe *f*; *3. (aide)* Aushilfe *f*; *4. (assistance publique)* Fürsorge *f*; *5. (contribution)* Zuschuss *m*; *6. ~ en montagne* Bergwacht *f*
secousse [səkus] *f 1.* Schlag *m*; *2. (fig)* Schock *m*
secret [səkʀɛ] *m 1.* Geheimnis *n*; *~ postal* Briefgeheimnis *n*; *~ professionnel* Dienstgeheimnis *n*; *~ d'Etat* Staatsgeheimnis *n*; *~ de la confession* Beichtgeheimnis *n*; *~ de fabrication* Betriebsgeheimnis *n*; *~ du vote* Wahlgeheimnis *n*; *en ~* heimlich; *adj 2.* geheim; *3. (furtif)* heimlich; *4. (caché)* verborgen; *5. (réservé)* verschwiegen
secrétaire [səkʀetɛʀ] *m/f 1.* Sekretär(in) *m/f*; *~ de direction* Chefsekretär(in) *m/f*; *~ d'Etat* Staatssekretär(in) *m/f*; *2. (sténodactylo)* Schriftführer(in) *m/f*
secrétariat [səkʀetaʀja] *m* Sekretariat *n*
sécréter [sekʀete] *v 1. (rejeter) MED* absondern; *2. (excréter) MED* ausscheiden
sécrétion [sekʀesjɔ̃] *f MED* Absonderung *f*
secte [sɛkt] *f REL* Sekte *f*
secteur [sɛktœʀ] *m 1.* Revier *n*, Gebiet *n*; *2. (section)* Abschnitt *m*, Gebiet *n*; *3. (zone)* Sektor *m*; *~ d'activité* Betätigungsfeld *n*; *~ industriel* Industriezweig *m*
section [sɛksjɔ̃] *f 1.* Abteilung *f*; *2. (morceau)* Stück *n*, Teilstück *n*; *3. (coupe)* Schnittfläche *f*; *4. ~ transversale* Querschnitt *m*; *5. SPORT* Riege *f*
sectionner [sɛksjɔne] *v 1. (couper)* abschneiden; *2. (diviser)* einteilen; *~ un service administratif* eine Verwaltungsabteilung unterteilen
séculaire [sekylɛʀ] *adj* uralt
séculier [sekylje] *adj REL* weltlich
sécurisant [sekyʀizɑ̃] *adj* beruhigend, ein sicheres Gefühl gebend; *présence ~e* Anwesenheit, die ein Gefühl der Sicherheit vermittelt *f*

sécurité [sekyʀite] *f* Sicherheit *f,* Schutz *m; par mesure de ~* sicherheitshalber; *mesures de ~* Sicherheitsmaßnahmen *pl*
sédatif [sedatif] *m* Beruhigungsmittel *n*
sédentaire [sedɑ̃tɛʀ] *adj 1.* häuslich; *2. (établi)* sesshaft
sédentarité [sedɑ̃taʀite] *f* Sesshaftigkeit *f*
sédimentation [sedimɑ̃tasjɔ̃] *f GEOL* Ablagerung *f*
sédiments [sedimɑ̃] *m/pl (dépôt) GEOL* Ablagerungen *pl; les ~ fluviaux* die Flußablagerungen *pl; des ~ calcaires* die Kalkablagerungen *pl*
séditieux [sedisjø] *adj* aufständisch
sédition [sedisjɔ̃] *f POL* Aufruhr *m*
séducteur [sedyktœʀ] *adj 1.* verführerisch, verlockend; *m 2.* Verführer *m; C'est un grand ~.* Er ist ein großer Verführer.
séduction [sedyksjɔ̃] *f* Verführung *f*
séductrice [sedyktʀis] *f* Verführerin *f*
séduire [sedɥiʀ] *v irr* verführen
séduisant [sedɥizɑ̃] *adj 1.* attraktiv; *2. (ravissant)* reizend; *3. (séducteur)* verführerisch
segment [sɛgmɑ̃] *m* Segment *n*
seiche [sɛʃ] *f ZOOL* Tintenfisch *m*
seigle [sɛgl] *m BOT* Roggen *m*
seigneur [sɛɲœʀ] *m* Herr *m; jouer au grand ~* den großen Herrn spielen
Seigneur [sɛɲœʀ] *m REL* Herr *m; le jour du ~* der Tag des Herrn *m*
seigneurial [sɛɲœʀjal] *adj* herrschaftlich
sein [sɛ̃] *m 1. ANAT* Busen *m; 2. (fig)* Schoß *m; 3. ~s pl* Brüste *f*
séisme [seism] *m* Beben *n*
seize [sɛz] *num* sechzehn
seizième [sɛzjɛm] *adj 1.* sechzehnte(r,s); *m/f 2.* Sechzehnte(r) *m/f*
séjour [seʒuʀ] *m 1.* Aufenthalt *m; 2. (villégiature)* Verbleib *m*
séjourner [seʒuʀne] *v* sich aufhalten, verweilen
sel [sɛl] *m* Salz *n*
sélectif [selɛktif] *adj* wählerisch
sélection [selɛksjɔ̃] *f 1.* Wahl *f,* Auswahl *f; 2. (choix de qualité)* Auslese *f; 3. match de ~ SPORT* Ausscheidungskampf *m*
sélectionné [selɛksjɔne] *adj* edel
sélectionner [selɛksjɔne] *v 1.* aussuchen; *2. (choisir)* wählen, auswählen
selle [sɛl] *f 1.* Sattel *m; être bien en ~* fest im Sattel sitzen; *2. ~ de chevreuil GAST* Rehrücken *m; 3. ~s pl* Stuhlgang *m*
seller [sele] *v* satteln
selon [səlɔ̃] *prep 1.* laut; *2. (d'après)* nach, gemäß; *~ le plan* planmäßig; *konj 3. ~ que* je; *adv 4. ~ quoi* wonach
semailles [səmɑj] *f/pl* Saat *f*
semaine [səmɛn] *f* Woche *f; en ~* wochentags; *par ~* wöchentlich; *~ sainte REL* Karwoche *f*
semblable [sɑ̃blabl] *adj 1.* solche(r,s), derartig; *2. ~ à* ähnlich; *m 3.* Mitmensch *m*
semblant [sɑ̃blɑ̃] *m* Anschein *m; faire ~* so tun, als ob/sich den Anschein geben; *faire ~ de dormir* so tun, als ob man schläft; *faire ~ de rien* Unschuld vortäuschen/Unwissenheit vortäuschen
sembler [sɑ̃ble] *v 1.* erscheinen, scheinen; *faire semblant de* vortäuschen/so tun, als ob; *2. (paraître)* scheinen, den Anschein haben
semelle [səmɛl] *f* Schuhsohle *f; ne pas reculer d'une ~* keinen Millimeter zurückweichen
semence [səmɑ̃s] *f 1.* Samen *m,* Saat *f; 2. (fig)* Keim *m*
semer [səme] *v 1.* säen; *2. (fig)* verbreiten; *3. ~ qn* jdn abschütteln, jdn loswerden
semestre [səmɛstʀ] *m 1.* Halbjahr *n; 2. (~ d'études)* Semester *n*
semestriel [səmɛstʀijɛl] *adj* halbjährlich
semi-conducteur [səmikɔ̃dyktœʀ] *m* Halbleiter *m*
séminaire [seminɛʀ] *m 1.* Lehrgang *m; 2. (conférence)* Seminar *n*
semonce [səmɔ̃s] *f* Gardinenpredigt *f*
semoule [səmul] *f GAST* Grieß *m*
sénat [sena] *m POL* Senat *m*
sénateur [senatœʀ] *m POL* Senator *m*
Sénégal [senegal] *m GEO* Senegal *m*
sénile [senil] *adj* senil, greisenhaft
senior [senjɔʀ] *m SPORT* Senior *m*
sens [sɑ̃s] *m 1.* Richtung *f; ~ de la marche* Fahrtrichtung *f; ~ inverse* Gegenfahrbahn *f; ~ giratoire* Kreisverkehr *m; ~ dessus dessous* durcheinander/unordentlich; *mettre tout ~ dessus dessous* alles auf den Kopf stellen; *2. (sensation)* Sinn *m,* Empfinden *n; ne pas avoir le ~ du commun* nicht über gesunden Menschenverstand verfügen; *~ de l'orientation* Orientierungssinn *m; ~ de la langue* Sprachgefühl *n; ~ des aiguilles d'une montre* Uhrzeigersinn *m; 3. (raison)* Verstand *m; manque de bon ~* Unvernunft *f*
sensation [sɑ̃sasjɔ̃] *f 1.* Empfindung *f; ~ d'angoisse* Angstgefühl *n; ~ d'oppression* Beklemmung *f; 2. (scandale)* Aufsehen *n; 3. (extraordinaire)* Sensation *f*

sensationnel [sɑ̃sasjɔnɛl] *adj* Aufsehen erregend, sensationell
sensé [sɑ̃se] *adj 1.* gescheit; *2. (compréhensible)* verständig
senseur [sɑ̃sœʀ] *m TECH* Sensor *m*
sensibiliser [sɑ̃sibilize] *v 1. (à la lumière) FOTO* sensibilisieren; *2. (fig)* empfänglich machen; *~ qn à qc* jdn für etw empfänglich machen; *~ l'opinion publique* die Öffentlichkeit aufmerksam machen
sensibilité [sɑ̃sibilite] *f* Sensibilität *f,* Empfindlichkeit *f; plein de ~* gefühlvoll/sensibel
sensible [sɑ̃sibl] *adj 1.* empfindlich; *~ à la lumière* lichtempfindlich; *2. (notable)* merklich; *3. (délicat)* sensibel; *4. (fig)* spürbar
sensiblerie [sɑ̃sibləʀi] *f* Gefühlsduselei *f*
sensualité [sɑ̃sɥalite] *f* Sinnlichkeit *f*
sensuel [sɑ̃sɥɛl] *adj* sinnlich
sentence [sɑ̃tɑ̃s] *f 1.* Ausspruch *m; 2. JUR* Urteil *n*
senteur [sɑ̃tœʀ] *f* Duft *m*
sentier [sɑ̃tje] *m 1.* Pfad *m; 2. ~ de promenade* Spazierweg *m*
sentiment [sɑ̃timɑ̃] *m 1.* Gefühl *n; ~ de bonheur* Glücksgefühl *n; ~ de plaisir* Lustgefühl *n; ~ de culpabilité* Schuldgefühl *n; ~ de solidarité* Zusammengehörigkeitsgefühl *n; ~ de bien-être* Behaglichkeit *f; 2. (sensation)* Empfindung *f; 3. (intuition)* Gespür *n*
sentimental [sɑ̃timɑ̃tal] *adj 1.* rührselig, sentimental; *m 2.* Gefühlsmensch *m,* Romantiker *m*
sentimentalité [sɑ̃timɑ̃talite] *f* Sentimentalität *f*
sentinelle [sɑ̃tinɛl] *f* Wachposten *m*
sentir [sɑ̃tiʀ] *v 1.* fühlen, empfinden; *2. (exhaler)* riechen, Geruch abgeben; *~ qc* an etw riechen; *~ mauvais* stinken; *~ bon* duften; *3. (pressentir)* spüren; *4. (avoir un goût de)* schmecken; *~ le bouchon* nach Korken schmecken
seoir [swaʀ] *v irr* kleiden, gut stehen
séparation [sepaʀasjɔ̃] *f 1.* Absonderung *f,* Trennung *f; 2. ~ des pouvoirs POL* Gewaltenteilung *f; 3. ~ des biens JUR* Gütertrennung *f*
séparatisme [sepaʀatism] *m POL* Separatismus *m*
séparé [sepaʀe] *adj 1.* getrennt; *2. (distinct)* verschieden
séparer [sepaʀe] *v 1.* absondern, trennen; *2. (partager)* teilen; *3. se ~* auseinander gehen, sich scheiden
sept [sɛt] *num* sieben
septembre [sɛptɑ̃bʀ] *m* September *m*
septennat [sɛptena] *m* siebenjährige Amtszeit *f; le ~ du président de la République* die siebenjährige Amtszeit des Staatspräsidenten *f*
septentrional [sɛptɑ̃tʀijɔnal] *adj* nördlich
septième [sɛtjɛm] *adj 1.* siebte(r,s); *m/f 2.* Siebte(r) *m/f*
sépulcre [sepylkʀ] *m* Grab *n*
sépulture [sepyltyʀ] *f* Begräbnis *n,* Beerdigung *f*
séquelles [sekɛl] *f/pl 1. (d'une maladie)* Folgen *pl; 2. (fig)* Folgen *pl; les ~ de la crise économique* die Folgen der Wirtschaftskrise *pl*
séquence [sekɑ̃s] *f 1.* Sequenz *f; 2. (suite)* Folge *f*
séquestration [sekɛstʀasjɔ̃] *f JUR* Freiheitsberaubung *f*
séquestrer [sekɛstʀe] *v 1. ~ qn* jdn widerrechtlich einsperren; *2. ~ qc JUR* etw sequestrieren
Serbie [sɛʀbi] *f GEO* Serbien *n*
serein [səʀɛ̃] *adj 1.* heiter, sonnig; *2. (heureux)* seelenruhig, glücklich
sérénade [seʀenad] *f 1.* Serenade *f; 2. (fig)* Ständchen *n*
sérénité [seʀenite] *f 1.* Gelassenheit *f; 2. (d'un visage)* Heiterkeit *f*
sergent [sɛʀʒɑ̃] *m (sous-officier) MIL* Unteroffizier *m*
série [seʀi] *f 1.* Reihe *f,* Serie *f; 2. (suite)* Folge *f; 3. ~ d'émissions* Sendereihe *f; 4. (cycle)* Zyklus *m; 5. (foule)* Satz *m,* Menge *f; 6. ~ noire* Pechsträhne *f*
sériel [seʀjɛl] *adj INFORM* seriell
sérieux [seʀjø] *adj 1.* ernst; *2. (vrai)* wirklich, wahr; *3. (sûr)* seriös, solide; *m 4.* Ernst *m; perdre son ~* nicht mehr ernst bleiben können; *manque de ~* Unzuverlässigkeit *f*
serin [səʀɛ̃] *m ZOOL* Kanarienvogel *m*
seringue [səʀɛ̃g] *f* Spritze *f*
serment [sɛʀmɑ̃] *m* Schwur *m,* Eid *m; prêter ~* schwören; *~ de fidélité* Amtseid *m*
sermon [sɛʀmɔ̃] *m REL* Predigt *f; faire un ~* predigen
sermonner [sɛʀmɔne] *v (fig)* predigen
séro-positif [seʀopozitif] *adj MED* HIV-positiv
serpent [sɛʀpɑ̃] *m ZOOL* Schlange *f; ~ à sonnettes* Klapperschlange *f*
serpenter [sɛʀpɑ̃te] *v* sich schlängeln
serpillière [sɛʀpijɛʀ] *f* Putzlumpen *m*
serre [sɛʀ] *f 1.* Gewächshaus *n,* Treibhaus *n; 2. ZOOL* Kralle *f*

serré [sere] *adj* 1. dicht gedrängt; 2. (étroit) knapp, eng; 3. (épais) fest, dicht
serrement [sɛrmɑ̃] *m* (de cœur) Beklemmung *f*
serrer [sere] *v* 1. pressen, drücken; ~ qn contre soi (dans ses bras) jdn an sich drücken; 2. (écraser) quetschen; 3. (ficeler) schnüren; 4. (visser) schrauben; 5. (vis) TECH anziehen
serrure [seryr] *f* 1. Schloss *n*, Verschluss *m*; 2. ~ électrique Türöffner *m*
serrurerie [seryrri] *f* Schlosserei *f*
serrurier [seryrje] *m* Schlosser *m*
serrurier-mécanicien [seryrjemecanisjɛ̃] *m* Maschinenschlosser *m*
sertir [sɛrtir] *v* einfassen
sertissure [sɛrtisyr] *f* Fassung *f*
sérum [serɔm] *m* BIO Serum *n*
servage [sɛrvaʒ] *m* Knechtschaft *f*
servant [sɛrvɑ̃] *m* REL Messdiener *m*
servante [sɛrvɑ̃t] *f* Hausmädchen *n*
serveur [sɛrvœr] *m* 1. Kellner *m*, Ober *m*; 2. INFORM Server *m*
serveuse [sɛrvøz] *f* Bedienung *f*, Kellnerin *f*
serviabilité [sɛrvjabilite] *f* Hilfsbereitschaft *f*
serviable [sɛrvjabl] *adj* 1. gefällig, zuvorkommend; 2. (secourable) hilfsbereit
service [sɛrvis] *m* 1. Dienst *m*; ~ de remorquage Abschleppdienst *m*; ~ extérieur Außendienst *m*; ~ public öffentlicher Dienst *m*; ~ intérieur Innendienst *m*; ~ après-vente Kundendienst *m*; ~ de nuit Nachtdienst *m*; ~ de secours Notdienst *m*; ~ civil Zivildienst *m*; ~ militaire Wehrdienst *m*; 2. (personnel) Bedienung *f*; 3. (bureau) Abteilung *f*, Dienststelle *f*; ~ de télécommunication Telefonamt *n*; ~ d'accueil pour étrangers Ausländerbehörde *f*; ~ préfectoral d'enregistrement Einwohnermeldeamt *n*; ~ du personnel Personalabteilung *f*; 4. (complaisance) Gefallen *m*; 5. (prestation) Dienstleistung *f*; 6. (des clients) Abfertigung *f*; 7. (administration) Referat *n*; 8. (en tennis) SPORT Aufschlag *m*
serviette [sɛrvjɛt] *f* 1. Handtuch *n*; ~ de bain Badetuch *n*; 2. (cartable) Mappe *f*, Tasche *f*; 3. ~ hygiénique Damenbinde *f*
servile [sɛrvil] *adj* unterwürfig
servir [sɛrvir] *v irr* 1. dienen; 2. (plats) servieren; 3. (à boire) einschenken; 4. (plat) auftragen; 5. ~ qn jdn bedienen; se ~ sich bedienen; Servez-vous! Bedienen Sie sich! 6. se ~ de gebrauchen, bedienen; 7. (tennis) aufschlagen
serviteur [sɛrvitœr] *m* Diener *m*
servitude [sɛrvityd] *f* Knechtschaft *f*
sésame [sezam] *m* BOT Sesam *m*; des graines de ~ Sesamkörner *pl*; l'huile de ~ das Sesamöl *n*
session [sesjɔ̃] *f* Sitzung *f*, Tagung *f*
set [sɛt] *m* (en tennis) SPORT Satz *m*
seuil [sœj] *m* 1. Schwelle *f*, Übergang *m*; 2. (pas de la porte) Türschwelle *f*; 3. ~ de blocage/~ d'inhibition PSYCH Hemmschwelle *f*
seul [sœl] *adj* 1. allein; 2. (isolé) einsam; 3. (unique) einzig; 4. (solitaire) allein stehend
seulement [sœlmɑ̃] *adv* 1. allein; 2. (uniquement) bloß, nur; 3. (tout juste) erst
sève [sɛv] *f* 1. BOT Saft *m*; 2. (fig: vigueur) Energie *f*
sévère [sevɛr] *adj* 1. streng; 2. (sérieux) schwer, ernst
sévérité [severite] *f* Härte *f*, Strenge *f*
sévices [sevis] *m/pl* Misshandlung *f*
sévir [sevir] *v* 1. streng vorgehen; 2. (faire rage) grassieren
sevrage [səvraʒ] *m* MED Entzug *m*
sevrer [səvre] *v* MED entwöhnen; ~ un enfant ein Kind entwöhnen; ~ un toxicomane einen Süchtigen entwöhnen
sexe [sɛks] *m* 1. Geschlecht *n*; 2. (sexualité) Sex *m*
sexualité [sɛksɥalite] *f* Sexualität *f*
sexuel [sɛksɥɛl] *adj* sexuell
shampooing [ʃɑ̃pwɛ̃] *m* Shampoo *n*
shooter [ʃute] *v* (ballon) schießen
shopping [ʃɔpiŋ] *m* Einkaufsbummel *m*, Shopping *n*; faire du ~ shoppen gehen
short [ʃɔrt] *m* Shorts *pl*
show [ʃo] *m* Show *f*
show-business [ʃobiznɛs] *m* Showgeschäft *n*
si [si] *konj* 1. doch; 2. (au cas où) falls, wenn; 3. (question indirecte) ob; 4. (dans la mesure où) sofern
Sibérie [siberi] *f* GEO Sibirien *n*
Sicile [sisil] *f* GEO Sizilien *n*
sida [sida] *m* MED Aids *n*
sidérer [sidere] *v* erstaunen
sidérurgie [sideryrʒi] *f* Eisenindustrie *f*
siècle [sjɛkl] *m* 1. Jahrhundert *n*; 2. (époque) Zeitalter *n*; 3. Siècle des Lumières HIST Aufklärung *f*
siège [sjɛʒ] *m* 1. Sitz *m*; ~ du passager avant Beifahrersitz *m*; ~ pliant Klappstuhl *m*; ~ arrière Rücksitz *m*; ~ éjectable Schleudersitz *m*; ~ du gouvernement Regierungssitz *m*; 2. MIL Belagerung *f*

siéger [sjeʒe] *v* tagen
sien(ne) [sjɛ̃] *pron le ~/la~ne* sein(e)/ihr(e); *y mettre du ~* sein Schärflein beitragen
sieste [sjɛst] *f* Schläfchen *n*
sifflement [siflǝmɑ̃] *m* Pfeifen *n,* Sausen *n; le ~ du vent* das Sausen des Windes *n; le ~ d'une balle* das Pfeifen einer Kugel *n; un ~ d'admiration* ein bewundernder Pfiff *m*
siffler [sifle] *v 1.* pfeifen; *~ comme un merle* sehr gut pfeifen; *~ la fin de la partie* abpfeifen; *2. (serpent)* zischen
sifflet [siflɛ] *m* Pfeife *f; couper le ~ à qn* jdm über den Mund fahren
sigle [sigl] *m* Sigel *n*
signal [siɲal] *m* Signal *n; ~ d'alarme* Alarmsignal *n; ~ lumineux* Leuchtsignal *n; ~ avertisseur* Warnsignal *n*
signalement [siɲalmɑ̃] *m* Personalien *pl*
signaler [siɲale] *v 1.* signalisieren; *2. (communiquer)* melden, mitteilen; *3. (fig)* hinweisen, hindeuten
signalisation [siɲalizasjɔ̃] *f ~ routière* Verkehrszeichen *n*
signataire [siɲatɛʀ] *m/f* Unterzeichnete(r) *m/f*
signature [siɲatyʀ] *f* Unterschrift *f*
signe [siɲ] *m 1.* Zeichen *n; C'est bon ~.* Das ist ein gutes Zeichen. *faire ~ à qn* jdm winken; *~ de vieillesse* Alterserscheinung *f; ~ de la main* Handzeichen *n; ~ de vie* Lebenszeichen *n; ~ du zodiaque* Tierkreiszeichen *n; ~ distinctif* Wahrzeichen *n; 2. (geste)* Wink *m; 3. ~ caractéristique* Merkmal *n; 4. (symptôme)* Anzeichen *n; 5. MATH* Vorzeichen *n*
signer [siɲe] *v 1.* unterzeichnen, zeichnen; *2. (souscrire)* abzeichnen, unterschreiben; *3. se ~ REL* sich bekreuzigen
significatif [siɲifikatif] *adj 1.* bedeutsam; *2. (révélateur)* bezeichnend
signification [siɲifikasjɔ] *f* Sinn *m,* Bedeutung *f*
signifier [siɲifje] *v* bedeuten, heißen
silence [silɑ̃s] *m 1.* Ruhe *f,* Stille *f; ~ du tombeau* Grabesstille *f; en ~* lautlos; *passer sous ~* verschweigen; *2. (mutisme)* Schweigen *n; 3. (discrétion)* Schweigsamkeit *f*
silencieux [silɑ̃sjø] *adj 1.* schweigsam, stumm; *2. (paisible)* still, lautlos
silex [silɛks] *m MIN* Feuerstein *m*
silhouette [silwɛt] *f 1.* Figur *f,* Körper *m; 2. (profil)* Silhouette *f; 3. (contour)* Umriss *m*
silicone [silikon] *f CHEM* Silikon *n*
sillage [sijaʒ] *m* Kielwasser *n; marcher dans le ~ de qn (fig)* in jds Kielwasser segeln
sillon [sijɔ̃] *m 1.* Furche *f; 2. (d'un disque)* Rille *f*
sillonner [sijɔne] *v (traverser en tous sens)* kreuzen; *Un réseau d'autoroutes sillonne le pays.* Ein Netz von Autobahnen zieht sich über das ganze Land. *~ le ciel* am Himmel fliegen; *~ une région en voiture* eine Gegend mit dem Auto durchstreifen
silo [silo] *m AGR* Silo *n*
similaire [similɛʀ] *adj* ähnlich, gleichartig
simili [simili] *m (imitation)* Nachahmung *f; en ~* imitiert, nachgeahmt
similitude [similityd] *f* Ähnlichkeit *f*
simple [sɛ̃pl] *adj 1.* einfach; *2. (facile)* leicht; *C'est ~ comme bonjour.* Das ist kinderleicht. *3. (naturel)* natürlich; *4. (sans prétention)* anspruchslos; *5. (pas compliqué)* unkompliziert; *m 6. (tennis ~)* Einzel *n*
simplicité [sɛ̃plisite] *f* Anspruchslosigkeit *f,* Natürlichkeit *f*
simplifier [sɛ̃plifje] *v* vereinfachen
simpliste [sɛ̃plist] *adj* einseitig; *un esprit ~* ein Mensch, der die Dinge sehr vereinfacht *m*
simulateur [simylatœʀ] *m* Simulant *m*
simulation [simylasjɔ̃] *f* Vortäuschung *f*
simuler [simyle] *v 1.* fingieren; *2. (feindre)* markieren, vortäuschen
simultané [simyltane] *adj 1.* gleichzeitig; *2. (traduction)* simultan
sincère [sɛ̃sɛʀ] *adj 1.* aufrichtig, ehrlich; *2. (ouvert)* offen
sincérité [sɛ̃seʀite] *f* Aufrichtigkeit *f*
singe [sɛ̃ʒ] *m ZOOL* Affe *m*
singer [sɛ̃ʒe] *v ~ qn* jdn nachäffen
singeries [sɛ̃ʒʀi] *f/pl (fam)* Faxen *pl*
singularité [sɛ̃gylaʀite] *f 1.* Besonderheit *f; 2. (originalité)* Eigenheit *f*
singulier [sɛ̃gylje] *adj 1.* merkwürdig; *2. (particulier)* einzigartig; *3. (bizarre)* seltsam, sonderbar; *m 4. GRAMM* Singular *m*
sinistre [sinistʀ] *m 1.* Unglück *n,* Unfall *m; adj 2.* unheilvoll, unheimlich
sinistré [sinistʀe] *adj 1.* von einem Unglück betroffen; *une région ~e* ein Katastrophengebiet *n; m 2.* Opfer *n; recueillir les ~s* die Opfer bergen
sinon [sinɔ̃] *konj 1.* sonst, andernfalls; *2. (autrement)* ansonsten
sinueux [sinɥø] *adj* kurvenreich
sinusite [sinyzit] *f MED* Stirnhöhlenkatarr *m*
siphon [sifɔ̃] *m* Siphon *m*
sirène [siʀɛn] *f 1. (avertisseur)* Sirene *f; 2. (ondine)* Nixe *f,* Sirene *f*

sirop [siʀo] *m 1.* Sirup *m; 2. ~ gélifiant GAST* Tortenguss *m*
siroter [siʀɔte] *v* nippen
site [sit] *m 1.* Landschaft *f; 2. ~ protégé* Naturschutzgebiet *n*
sitôt [sito] *adv* sofort; *~ après le déjeuner* sofort nach dem Essen; *pas de ~* nicht so bald; *Sitôt dit, ~ fait.* Gesagt, getan.
situation [sitɥasjɔ̃] *f 1.* Lage *f,* Situation *f; ~ critique* Notlage *f; ~ financière* finanzielle Lage *f; 2. (position)* Stellung *f; 3. (statut)* Stand *m; ~ de famille* Familienstand *m; 4. (état)* Verfassung *f,* Zustand *m*
situé [sitɥe] *adj (local)* gelegen; *être ~* liegen/sich befinden
situer [sitɥe] *v* platzieren, hinstellen
six [sis] *num* sechs
sixième [sizjɛm] *adj 1.* sechste(r,s); *m/f 2.* Sechste(r) *m/f*
ski [ski] *m* Ski *m; faire du ~* Ski fahren; *~ nautique* Wasserski *m*
skier [skje] *v* Ski fahren
skieur [skjøʀ] *m* Skifahrer *m*
slalom [slalɔm] *m SPORT* Slalom *m*
slave [slav] *adj 1.* slawisch; *m/f 2.* Slawe/Slawin *m/f*
slip [slip] *m 1.* Unterhose *f; 2. ~ de bain* Badehose *f*
slogan [slɔgɑ̃] *m* Schlagwort *n*
Slovaquie [slɔvaki] *f GEO* Slowakei *f*
smog [smɔg] *m* Smog *m*
smoking [smɔkiŋ] *m* Smoking *m*
snob [snɔb] *adj 1.* snobistisch; *m/f 2.* Snob *m*
sobre [sɔbʀ] *adj 1.* nüchtern, enthaltsam; *2. (simple)* einfach; *3. (fig)* maßvoll
sobrement [sɔbʀəmɑ̃] *adv* enthaltsam
sobriété [sɔbʀijete] *f 1.* Mäßigkeit *f; 2. (abstinence)* Enthaltsamkeit *f*
sociable [sɔsjabl] *adj* gesellig
social [sɔsjal] *adj 1.* sozial; *2. (de la societé)* gesellschaftlich
social-démocrate [sɔsjaldemɔkʀat] *adj* sozialdemokratisch
social-démocratie [sɔsjaldemɔkrasi] *f POL* Sozialdemokratie *f*
socialement [sɔsjalmɑ̃] *adv* sozial
socialisme [sɔsjalism] *m POL* Sozialismus *m*
socialiste [sɔsjalist] *m/f POL* Sozialist(in) *m/f*
société [sɔsjete] *f 1.* Gesellschaft *f; ~ anonyme (S.A.)* Aktiengesellschaft (AG) *f; ~ des chemins de fer fédéraux* Bundesbahn *f; ~ de consommation* Konsumgesellschaft *f; ~ de rendement* Leistungsgesellschaft *f; ~ d'abondance* Wohlstandsgesellschaft *f; ~ de contrôle* Dachgesellschaft *f; ~ de capitaux* Kapitalgesellschaft *f; ~ fiduciaire* Treuhandgesellschaft *f; ~ de distribution* Vertriebsgesellschaft *f; 2. (association)* Verein *m; ~ protectrice des animaux* Tierschutzverein *m*
sociologie [sɔsjɔlɔʒi] *f* Soziologie *f*
sociologique [sɔsjɔlɔʒik] *adj* soziologisch
sociologue [sɔsjɔlɔg] *m/f* Soziologe/Soziologin *m/f*
socle [sɔkl] *m* Fuß *m,* Sockel *m*
socquette [sɔkɛt] *f* Socke *f,* Söckchen *n*
sodium [sɔdjɔm] *m CHEM* Natrium *n*
sœur [sœʀ] *f 1.* Schwester *f; 2. REL* Nonne *f*
sofa [sɔfa] *m* Sofa *n*
soi [swa] *pron* sich; *chez ~* zu Hause
soi-disant [swadizɑ̃] *adj* so genannt, angeblich
soie [swa] *f 1.* Seide *f; 2. (de porc)* Borste *f*
soif [swaf] *f 1.* Durst *m; 2. ~ de* Gier nach *f; ~ de liberté* Freiheitsdrang *m; ~ de pouvoir* Herrschsucht *f; avoir ~ de (fig)* hungern nach
soigné [swaɲe] *adj 1.* gepflegt; *2. (ordonné)* ordentlich, sorgfältig
soigner [swaɲe] *v 1.* pflegen; *2. (entretenir)* schonen; *3. (guérir) MED* kurieren; *4. (traiter)* behandeln
soigneux [swaɲø] *adj* sorgfältig
soin [swɛ̃] *m 1.* Sorge *f,* Pflege *f; 2. (précaution)* Sorgfalt *f; 3. (prise en charge)* Pflege *f; prendre ~ de* pflegen; *prendre ~ de qn* für jdn sorgen; *~s corporels* Körperpflege *f; être aux petits ~ pour qn* jdm jeden Wunsch von den Augen ablesen
soir [swaʀ] *m 1.* Abend *m; le ~* abends; *du ~* abendlich; *2. ~ de la vie (fig)* Lebensabend *m*
soirée [swaʀe] *f 1.* Abend *m; 2. (fête)* Party *f*
soit [swa] *konj ~ ... ~* entweder ... oder
soixantaine [swasɑ̃tɛn] *f 1. (environ soixante)* ungefähr sechzig; *2. (âge)* ungefähr sechzig Jahre *pl; approcher de la ~* auf die Sechzig zugehen
soixante [swasɑ̃t] *num* sechzig
soixante-dix [swasɑ̃tdis] *num* siebzig
soixantième [swasɑ̃tjɛm] *adj 1.* sechzigste(r,s); *m/f 2.* Sechzigste(r) *m/f*
soja [sɔʒa] *m BOT* Sojabohne *f*
sol [sɔl] *m 1.* Boden *m,* Grund *m; ~ argileux* Lehmboden *m; 2. (plancher)* Fußboden *m*

solaire [sɔlɛʀ] *adj* Sonnen...; *le système ~* das Sonnensystem *n; l'énergie ~* die Solarenergie *f; un cadran ~* eine Sonnenuhr *f; une crème ~* eine Sonnencreme *f*
solarium [sɔlaʀjɔm] *m* Solarium *n*
soldat [sɔlda] *m* Soldat *m*
solder [sɔlde] *v* abbezahlen
soldes [sɔld] *m/pl* Ausverkauf *m; ~ d'été* Sommerschlussverkauf *m; ~ d'hiver* Winterschlussverkauf *m*
sole [sɔl] *f GAST* Seezunge *f,* Scholle *f*
soleil [sɔlɛj] *m* Sonne *f*
solennel [sɔlanɛl] *adj* feierlich, festlich
solfège [sɔlfɛʒ] *m MUS* Solfeggio *n; étudier le ~* Gesangsübungen anhand eines Buches machen
solidaire [sɔlidɛʀ] *adj* solidarisch
solidarité [sɔlidaʀite] *f 1.* Solidarität *f; 2. (union)* Verbundenheit *f*
solide [sɔlid] *adj 1.* fest, stark; *2. (durable)* dauerhaft; *3. (résistant)* widerstandsfähig; *4. (fig: sérieux)* solide; *5. (sûr)* sicher, gefahrlos; *6. (stable)* stabil, robust; *être ~ comme un roc* wie ein Fels in der Brandung stehen
solidité [sɔlidite] *f 1.* Haltbarkeit *f; 2. (fig)* Zuverlässigkeit *f*
soliste [sɔlist] *m/f MUS* Solist(in) *m/f*
solitaire [sɔlitɛʀ] *adj 1.* einsam; *m 2.* Einzelgänger *m; 3. (ermite)* Einsiedler *m*
solitude [sɔlityd] *f 1.* Einsamkeit *f; 2. (isolement)* Abgeschiedenheit *f; 3. (mise à l'écart)* Vereinsamung *f*
sollicitation [sɔlisitasjɔ̃] *f 1.* Ersuchen *n; 2. (charge)* Belastung *f,* Beanspruchung *f*
solliciter [sɔlisite] *v* beantragen, beanspruchen
sollicitude [sɔlisityd] *f 1.* Betreuung *f; plein de ~* fürsorglich; *2. (soin)* Sorge *f,* Pflege *f*
solo [sɔlo] *m MUS* Solo *n*
soluble [sɔlybl] *adj* löslich
solution [sɔlysjɔ̃] *f 1.* Lösung *f,* Klärung *f; ~ provisoire* Übergangslösung *f; 2. (fig)* Schlüssel *m; 3. (d'une énigme)* Auflösung *f*
solutionner [sɔlysjɔne] *v* lösen, klären
solvable [sɔlvabl] *adj ECO* zahlungsfähig
Somalie [sɔmali] *f GEO* Somalia *n*
sombre [sɔ̃bʀ] *adj 1.* finster, dunkel; *2. (lugubre)* düster; *3. (mélancolique)* schwermütig; *4. (morne)* trübsinnig
sombrer [sɔ̃bʀe] *v 1.* untergehen, sinken; *2. (fig)* Schiffbruch erleiden
sommaire [sɔmɛʀ] *m 1.* Inhaltsangabe *f; 2. (résumé)* Zusammenfassung *f*
sommation [sɔmasjɔ̃] *f 1.* Mahnung *f,* Aufforderung *f; 2. lettre de ~* Mahnschreiben *n*
somme[1] [sɔm] *f* Summe *f,* Betrag *m; ~ totale* Gesamtsumme *f; ~ forfaitaire* Pauschalsumme *f*
somme[2] [sɔm] *m petit ~* Schläfchen *n*
sommeil [sɔmɛj] *m* Schlaf *m; ~ hivernal ZOOL* Winterschlaf *m*
sommeiller [sɔmɛje] *v* schlummern, dösen
sommer [sɔme] *v ~ de* auffordern, mahnen
sommet [sɔmɛ] *m 1. GEO* Gipfel *m,* Höhe *f; 2. MATH* Scheitelpunkt *m; 3. POL* Gipfel *m*
sommier [sɔmje] *m 1. (plumes)* Matratze *f; 2. ~ à lattes* Lattenrost *m*
somnambule [sɔmnɑ̃byl] *adj* mondsüchtig; *être ~* schlafwandeln
somnifère [sɔmnifɛʀ] *m* Schlaftablette *f*
somnolence [sɔmnɔlɑ̃s] *f* Schläfrigkeit *f*
somnolent [sɔmnɔlɑ̃] *adj 1.* schläfrig; *2. (endormi)* schlaftrunken
somnoler [sɔmnɔle] *v* schlummern
somptueux [sɔ̃ptɥø] *adj 1.* prächtig, prunkvoll; *2. (luxueux)* luxuriös
somptuosité [sɔ̃ptɥozite] *f* Luxus *m,* Pracht *f*
son[1] [sɔ̃] *m 1.* Klang *m; 2. (volume)* Ton *m,* Laut *m*
son[2] [sɔ̃] *m BOT* Kleie *f*
son[3] [sɔ̃] *pron* sein/ihr
sonate [sɔnat] *f MUS* Sonate *f*
sondable [sɔ̃dabl] *adj* messbar
sondage [sɔ̃daʒ] *m 1.* Umfrage *f; ~ d'opinion* Meinungsumfrage *f; 2. (prospection)* Erforschung *f*
sonde [sɔ̃d] *f TECH* Sonde *f; ~ lunaire* Mondsonde *f; ~ spatiale* Raumsonde *f*
sonder [sɔ̃de] *v 1. ~ qn (fig)* jdn aushorchen; *2. (relever)* peilen; *3. (forer)* sondieren, untersuchen
songe [sɔ̃ʒ] *m* Traum *m*
songer [sɔ̃ʒe] *v ~ à* träumen von
songeur [sɔ̃ʒœʀ] *adj* besinnlich
sonnant [sɔnɑ̃] *adj* klingend; *un métal ~* ein klingendes Metall *n; des espèces ~es et trébuchantes* Münzgeld *n,* klingende Münze *f; à quatre heures ~es* Schlag vier Uhr
sonner [sɔne] *v 1.* klingeln, läuten; *On ne vous a pas sonné.* Ich habe Sie nicht nach Ihrer Meinung gefragt. *2. (heure)* schlagen; *3. (résonner)* tönen, klingen
sonnerie [sɔnʀi] *f* Klingeln *n,* Läuten *n; la ~ du téléphone* das Läuten des Telefons *n*

sonnette [sɔnɛt] *f 1.* Klingel *f; 2. (de la porte)* Türglocke *f*
sonore [sɔnɔʀ] *adj* tönend, klingend
sonorité [sɔnɔʀite] *f 1.* Ton *m,* Laut *m; 2. MUS* Ton *m*
sophisme [sɔfism] *m* Trugschluss *m*
sophistiqué [sɔfistike] *adj 1. (artificiel)* gekünstelt; *une beauté ~e* eine unnatürliche Schönheit *f; 2. (recherché)* ausgesucht; *un public ~* ein erlesenes Publikum *n*; *3. (perfectionné)* vollkommen; *du matériel ~* hoch entwickeltes Material *n*
soporifique [sɔpɔʀifik] *adj* einschläfernd; *une substance ~* ein Schlafmittel *n*
sorbet [sɔʀbɛ] *m (glace aux fruits) GAST* Sorbet *n,* Sorbett *n*
sorbier [sɔʀbje] *m BOT* Vogelbeerbaum *m*
sorcellerie [sɔʀsɛlʀi] *f* Hexerei *f,* Zauberei *f; Cela tient de la ~. (fig)* Das grenzt an Hexerei.
sorcier [sɔʀsje] *m 1.* Zauberer *m,* Hexenmeister *m; un apprenti ~* ein Zauberlehrling *m; adj 2. (fam)* schwierig, tückisch; *Ce n'est pas ~.* Das ist kein Kunststück./Das ist nicht schwer./Da gehört nicht viel dazu.
sorcière [sɔʀsjɛʀ] *f* Hexe *f*
sordide [sɔʀdid] *adj* schmierig
sort [sɔʀ] *m 1.* Schicksal *n,* Zufall *m; 2. (fortune)* Los *n*
sortant [sɔʀtɑ̃] *adj POL* scheidend; *le député ~* der scheidende Abgeordnete *m; le candidat ~* der bisherige Kandidat *m*
sorte [sɔʀt] *f* Art *f,* Sorte *f; de ~ que* so/sodass; *en quelque ~* einigermaßen/gewissermaßen
sortie [sɔʀti] *f 1.* Ausgang *m,* Ausfahrt *f,* Ausstieg *m; ~ de secours* Notausgang *m; ~ de service* Hinterausgang *m; 2. (d'un pays)* Ausreise *f; 3. (de l'école)* Abgang *m; 4. (de devises) ECO* Abfluss *m; 5. THEAT* Abgang *m*
sortilège [sɔʀtilɛʒ] *m* Zauber *m,* Magie *f*
sortir [sɔʀtiʀ] *v 1.* ausgehen, weggehen; *~ du pays* ausreisen; *~ de (association)* austreten aus; *~ de* herrühren von; *~ avec violence* herausbrechen; *s'en ~* herausfinden; *~ de ses gonds* ausrasten; *~ de scène (au théâtre)* abgehen; *2. (quitter)* heraustreten, hinausgehen; *3. (en boîte)* fortgehen; *4. (disque)* herausbringen; *5. (publier)* herauskommen, veröffentlichen; *6. (prendre)* herausnehmen, nehmen
sosie [sɔzi] *m* Doppelgänger *m*
sot [so] *adj 1.* albern; *2. (bête)* dumm, töricht
sottise [sɔtiz] *f* Torheit *f*
sou [su] *m (fig)* Pfennig *m; une machine à ~s* ein Spielautomat *m; être sans le ~* keinen Pfennig haben; *n'avoir pas un ~ vaillant* keine müde Mark haben; *un bijou de quatre ~s* ein Klunker *m,* ein billiges Schmuckstück *n; être propre comme un ~ neuf* blitzsauber sein, blitzblank sein; *être près de ses ~s (fam)* ein Pfennigfuchser sein/auf seinem Geld hocken
soubresaut [subʀəso] *m* Erschütterung *f*
souche [suʃ] *f* Abstammung *f,* Ursprung *m*
souci [susi] *m 1.* Sorge *f,* Kummer *m; C'est le dernier de mes ~s.* Das ist meine geringste Sorge. *2. (inquiétude)* Besorgnis *f*
soucier [susje] *v se ~ de qc* sich um etw sorgen, sich um etw kümmern
soucieux [susjø] *adj 1.* kummervoll; *être ~* besorgt sein; *2. (inquiet)* sorgenvoll
soucoupe [sukup] *f* Untertasse *f; ~ volante* fliegende Untertasse *f*
soudain [sudɛ̃] *adj* jäh, plötzlich
soudainement [sudɛ̃nmɑ̃] *adv* unerwartet, plötzlich
Soudan [sudɑ̃] *m GEO* Sudan *m*
soude [sud] *f CHEM* Natron *n*
souder [sude] *v 1. TECH* schweißen; *2. (braser) TECH* löten
soudoyer [sudwaje] *v (fam)* schmieren, bestechen
soudure [sudyʀ] *f* Naht *f*
souffle [sufl] *m 1.* Hauch *m,* Atem *m; 2. (haleine)* Puste *f; 3. TECH* Druckwelle *f*
soufflé [sufle] *m GAST* Auflauf *m,* Soufflee *n*
souffler [sufle] *v 1.* blasen; *2. (susurrer)* hauchen; *ne pas ~ mot de qc* etw verschweigen; *3. (vent)* wehen
soufflerie [sufləʀi] *f TECH* Windkanal *m*
souffrance [sufʀɑ̃s] *f 1.* Schmerz *m,* Leid *n; 2. (torture)* Qual *f*
souffrant [sufʀɑ̃] *adj 1.* krank; *adv 2.* unwohl
souffre-douleur [sufʀədulœʀ] *m* Prügelknabe *m*
souffreteux [sufʀətø] *adj être ~* kränkeln
souffrir [sufʀiʀ] *v 1.* leiden; *2. ~ qn* jdn ausstehen, jdn ertragen
soufre [sufʀ] *m CHEM* Schwefel *m*
souhait [swɛ] *m* Wunsch *m*
souhaitable [swɛtabl] *adj* wünschenswert
souhaité [swɛte] *adj* erwünscht
souhaiter [swɛte] *v 1.* wünschen; *2. (désirer)* erwünschen
souiller [suje] *v 1.* beschmutzen; *2. (salir)* verunreinigen

souillon [sujɔ̃] *m/f (fam)* Schmutzfink *m*
souillure [sujyʀ] *f 1.* Verunreinigung *f; 2. (fig)* Schandfleck *m*
soulagé [sulaʒe] *adj* erleichtert
soulagement [sulaʒmɑ̃] *m 1.* Erleichterung *f; 2. (réconfort)* Labsal *n; 3. (apaisement)* Linderung *f*
soulager [sulaʒe] *v 1.* entlasten; *2. (alléger)* erleichtern; *3. (calmer)* lindern; *4. (libérer)* entladen, befreien
soulèvement [sulɛvmɑ̃] *m 1. POL* Aufstand *m,* Aufruhr *m; 2. (indignation)* Empörung *f*
soulever [sulve] *v 1.* aufheben, anheben; *2. se ~* aufstehen, sich erheben
soulier [sulje] *m 1.* Schuh *m; être dans ses petits ~s* in einer peinlichen Lage sein; *2. ~s vernis pl* Lackschuhe *pl*
souligner [suliɲe] *v* unterstreichen
soumettre [sumɛtʀ] *v 1.* unterwerfen; *2. (présenter)* unterbreiten, vorlegen; *3. ~ à* unterordnen; *4. se ~ à* sich fügen in
soumis [sumi] *adj* unterwürfig; *~ à une taxe* gebührenpflichtig
soumission [sumisjɔ̃] *f 1.* Unterwerfung *f; 2. (offre)* Offerte *f*
soupape [supap] *f TECH* Ventil *n*
soupçon [supsɔ̃] *m 1.* Argwohn *m,* Verdacht *m; 2. (fig)* Hauch *m*
soupçonner [supsɔne] *v 1.* mutmaßen; *2. (suspecter)* verdächtigen
soupçonneux [supsɔnø] *adj* argwöhnisch, misstrauisch
soupe [sup] *f GAST* Suppe *f; ~ de poisson* Fischsuppe *f; ~ de légumes* Gemüsesuppe *f*
soupente [supɑ̃t] *f ARCH* Verschlag *m*
souper [supe] *v 1.* soupieren; *m 2.* Souper *n*
soupeser [supəze] *v* abwiegen
soupière [supjɛʀ] *f* Suppenschüssel *f*
soupir [supiʀ] *m* Seufzer *m*
soupirant [supiʀɑ̃] *m* Verehrer *m*
soupirer [supiʀe] *v 1.* seufzen; *2. ~ après qn* sich nach jdm sehnen
souple [supl] *adj 1.* biegsam; *2. (agile)* gelenkig; *3. (flexible)* schmiegsam; *4. (docile)* fügsam; *5. (fig)* nachgiebig; *6. (adaptable)* anpassungsfähig; *être ~ comme une anguille* geistig sehr beweglich sein
souplesse [suplɛs] *f 1.* Biegsamkeit *f; 2. (adaptation)* Anpassungsfähigkeit *f; 3. (facilité)* Nachgiebigkeit *f*
source [suʀs] *f 1.* Quelle *f; Cela coule de ~.* Das liegt auf der Hand. *prendre sa ~* entspringen; *~ d'argent* Geldquelle *f; ~ d'information* Informationsquelle *f; 2. (origine)* Ursprung *m*
sourcil [suʀsi] *m ANAT* Augenbraue *f*
sourd [suʀ] *adj* taub; *être ~ comme un pot* stocktaub sein
sourdine [suʀdin] *f TECH* Schalldämpfer *m*
sourd-muet [suʀmɥɛ] *adj* taubstumm
souriant [suʀjɑ̃] *adj* lächelnd, freundlich; *une personne ~e* ein fröhlicher Mensch *m; un visage ~* ein freundliches Gesicht *n*
souricière [suʀisjɛʀ] *f* Mausefalle *f*
sourire [suʀiʀ] *m 1.* Lächeln *n; v irr 2.* lächeln; *3. ~ à qn* jdn anlachen, jdn anziehen; *4. ~ de qc* etw belächeln
souris [suʀi] *f ZOOL* Maus *f*
sournois [suʀnwa] *adj* heimtückisch, hinterhältig
sournoiserie [suʀnwazʀi] *f* Tücke *f*
sous [su] *prep (local)* unter
souscrire [suskʀiʀ] *v irr* unterschreiben, unterzeichnen
sous-entendre [suzɑ̃tɑ̃dʀ] *v irr* zusätzlich meinen; *Qu'est-ce que vous sous-entendez?* Was wollen Sie damit ausdrücken?
sous-entendu [suzɑ̃tɑ̃dy] *adv* stillschweigend
sous-équipé [suzekipe] *adj ECO* nicht genügend ausgestattet
sous-location [sulɔkasjɔ̃] *f* Untermiete *f*
sous-louer [sulwe] *v* untervermieten
sous-marin [sumaʀɛ̃] *m* U-Boot *n*
sous-préfet [supʀefɛ] *m* Landrat *m*
soussigné(e) [susiɲe] *m/f* Unterzeichnete(r) *m/f*
sous-sol [susɔl] *m* Untergeschoss *n*
sous-titre [sutitʀ] *m* Untertitel *m*
sous-titrer [sutitʀe] *v (film) CINE* untertiteln
soustraction [sustʀaksjɔ̃] *f MATH* Abzug *m,* Subtraktion *f*
soustraire [sustʀɛʀ] *v irr 1.* unterschlagen; *2. (spéculer)* veruntreuen; *3. MATH* abziehen
sous-traitance [sutʀɛtɑ̃s] *f ECO* Zulieferung *f*
sous-vêtement [suvɛtmɑ̃] *m* Unterbekleidung *f,* Unterwäsche *f*
soute [sut] *f* Laderaum *m*
soutenable [sutnabl] *adj* stichhaltig
souteneur [sutnœʀ] *m* Zuhälter *m*
soutenir [sutniʀ] *v 1.* halten; *2. (assister)* unterstützen, stützen; *3. (défendre)* verteidigen; *4. (opinion)* behaupten; *5. se ~ mutuellement* zusammenhalten

soutenu [sutny] *adj (langue)* gepflegt
souterrain [sutɛʀɛ̃] *m* Tunnel *m*
soutien [sutjɛ̃] *m 1.* Unterstützung *f; 2. (support)* Stütze *f; 3. (fig: appui)* Rückhalt *m*
soutien-gorge [sutjɛ̃gɔʀʒ] *m* Büstenhalter *m*
soutirer [sutiʀe] *v ~ l'argent de qn (fig)* jdn melken
souvenir [suvniʀ] *m 1.* Andenken *n,* Erinnerung *f; garder le ~ de* gedenken; *~s d'enfance* Kindheitserinnerungen *pl; 2. (objet)* Souvenir *n; 3. (de voyage)* Reiseandenken *n; v 4. se ~ de qc* sich an etw erinnern, sich einer Sache entsinnen
souvent [suvɑ̃] *adv 1.* häufig, oft; *2. le plus ~* meist, meistens
souverain [suvʀɛ̃] *adj 1.* souverän; *2. (arbitraire)* selbstherrlich; *m 3.* Herrscher *m; 4. (monarque)* Machthaber *m; 5. (chef de l'Etat)* Staatsoberhaupt *n*
souveraineté [suvʀɛnte] *f 1.* Hoheit *f; 2. (autorité suprême)* Souveränität *f; 3. ~ territoriale* Gebietshoheit *f*
soviétique [sɔvjetik] *adj HIST* sowjetisch; *l'Union ~* die Sowjetunion *f; la Russie ~* das sowjetische Russland *n*
spacieux [spasjø] *adj* weitläufig, weiträumig, geräumig
spadassin [spadasɛ̃] *m* Raufbold *m*
sparadrap [spaʀadʀa] *m* Wundpflaster *n*
spartiate [spaʀsjat] *adj* spartanisch
spasme [spasm] *m MED* Krampf *m*
spasmodique [spasmɔdik] *adj* krampfhaft
spatial [spasjal] *adj* räumlich
spatieux [spasjø] *adj,* geräumig
spatule [spatyl] *f* Rührlöffel *m,* Spachtel *f*
speaker(ine) [spikœʀ/spikʀin] *m/f* Sprecher(in) *m/f,* Ansager(in) *m/f*
spécial [spesjal] *adj 1.* speziell; *2. (particulier)* besonders; *3. (bizarre)* Spezial...
spécialement [spesjalmɑ̃] *adv 1.* besonders; *2. (exprès)* speziell, eigens
spécialisation [spesjalizasjɔ̃] *f* Spezialisierung *f*
spécialiser [spesjalize] *v se ~ dans* sich spezialisieren auf
spécialiste [spesjalist] *m 1.* Spezialist *m; 2. (homme du métier)* Fachmann *m; 3. médecin ~ MED* Facharzt *m*
spécialité [spesjalite] *f 1.* Spezialität *f; 2. (domaine)* Fach *n,* Sachgebiet *n*
spécification [spesifikasjɔ̃] *f* Spezifizierung *f*
spécifier [spesifje] *v* spezifizieren
spécifique [spesifik] *adj 1.* eigentümlich; *2. (détaillé)* spezifisch
spécimen [spesimɛn] *m* Muster *n,* Probe *f*
spectacle [spɛktakl] *m 1.* Schauspiel *n; 2. (à la télévision)* Show *f; 3. ~ de puces dressées* Flohzirkus *m*
spectaculaire [spɛktakylɛʀ] *adj 1.* effektvoll; *2. (impressionnant)* spektakulär
spectateur [spɛktatœʀ] *m 1.* Zuschauer *m; 2. (au théâtre)* Theaterbesucher *m; 3. ~s pl THEAT* Publikum *n*
spectral [spɛktʀal] *adj* gespenstisch
spectre [spɛktʀ] *m 1.* Geist *m,* Gespenst *n; 2. (fantôme)* Spuk *m; 3. (fig)* Spektrum *n*
spéculateur [spekylatœʀ] *m FIN* Spekulant *m*
spéculatif [spekylatif] *adj 1. FIN* Spekulations...; *des valeurs spéculatives* Spekulationspapiere *pl; 2. PHIL* spekulativ
spéculation [spekylasjɔ̃] *f* Spekulation *f*
spéculer [spekyle] *v ~ sur FIN* spekulieren auf
spermatozoïde [spɛʀmatɔzɔid] *m BIO* Spermium *n*
sperme [spɛʀm] *m BIO* Samen *m,* Sperma *n*
sphère [sfɛʀ] *f 1. ASTR* Sphäre *f; 2. MATH* Kugel *f; 3. (domaine)* Bereich *m,* Gebiet *n*
sphincter [sfɛ̃ktɛʀ] *m ANAT* Schließmuskel *m*
spirale [spiʀal] *f* Spirale *f*
spirituel [spiʀitɥɛl] *adj 1.* geistlich; *2. (intellectuel)* geistreich
spiritueux [spiʀitɥø] *m/pl* Spirituosen *pl*
splendeur [splɑ̃dœʀ] *f 1.* Herrlichkeit *f; 2. (faste)* Pracht *f; 3. (fig)* Glanz *m*
splendide [splɑ̃did] *adj* prächtig, wunderbar
sponsor [spɔ̃sɔʀ] *m* Sponsor *m*
sponsoriser [spɔ̃sɔʀize] *v* sponsern
spontané [spɔ̃tane] *adj 1.* freiwillig; *2. (instinctif)* spontan; *3. (de soi-même)* unaufgefordert
spontanéité [spɔ̃taneite] *f* Spontaneität *f*
spontanément [spɔ̃tanemɑ̃] *adv* spontan
sporadique [spɔʀadik] *adj* sporadisch
sport [spɔʀ] *m* Sport *m; faire du ~* Sport treiben; *~ de compétition* Leistungssport *m; ~ d'hiver* Wintersport *m*
sportif [spɔʀtif] *adj 1.* sportlich; *2. (honnête)* fair; *m 3.* Sportler *m*
spot [spɔt] *m 1. (tache lumineuse)* Lichtpunkt *m; 2. (lampe)* Spotlight *n; 3. ~ publicitaire* Werbespot *m*

square [skwaʀ] *m* Grünfläche *f*
squat [skwat] *m* Hausbesetzung *f*
squelette [skəlɛt] *m 1. ANAT* Skelett *n; 2. (carcasse)* Knochengerüst *n,* Gerippe *n*
stabilisateur [stabilizatœʀ] *adj 1.* stabilisierend; *m 2.* Stabilisator *m*
stabiliser [stabilize] *v 1.* stabilisieren; *2. se ~* sich festigen
stabilité [stabilite] *f 1.* Beständigkeit *f; 2. (constance)* Stabilität *f*
stable [stabl] *adj 1.* beständig, dauerhaft; *2. (constant)* stabil, konstant
stade [stad] *m 1.* Stadium *n; ~ initial* Anfangsstadium *n; 2. (terrain de sport)* Sportplatz *m,* Stadion *n; 3. (fig)* Phase *f*
stage [staʒ] *m 1.* Praktikum *n; 2. (séminaire)* Lehrgang *m*
stagflation [stagflasjɔ̃] *f ECO* Stagflation *f*
stagiaire [staʒjɛʀ] *m/f 1.* Praktikant(in) *m/f; 2. (étudiant(e) en droit) JUR* Referendar(in) *m/f*
stagnant [stagnɑ̃] *adj* stockend
stagnation [stagnasjɔ̃] *f 1.* Stillstand *m; 2. ECO* Stagnation *f; 3. ~ des ventes ECO* Absatzflaute *f*
stagner [stagne] *v ECO* stagnieren
stalactite [stalaktit] *f GEOL* Stalaktit *m*
stalagmite [stalagmit] *f GEOL* Stalagmit *m*
stand [stɑ̃d] *m (de foire, d'exposition)* Messestand *m*
standard [stɑ̃daʀ] *m 1.* Standard *m; 2. (norme)* Norm *f; 3. ~ téléphonique* Vermittlungsstelle *f*
standardisé [stɑ̃daʀdize] *adj* genormt, standardisiert
standardiser [stɑ̃daʀdize] *v* normalisieren
standardiste [stɑ̃daʀdist] *m/f* Telefonist(in) *m/f*
star [staʀ] *f 1. THEAT* Bühnenstar *m; 2. ~ de cinéma* Filmstar *m*
station [stasjɔ̃] *f* Haltestelle *f,* Stelle *f; ~ de lavage automatique de voiture* Autowaschanlage *f; ~ balnéaire* Badeort *m; ~ d'épuration* Kläranlage *f; ~ thermale/~ climatique* Kurort *m; ~ de taxis* Taxistand *m; ~ de soins intensifs* Intensivstation *f*
stationnaire [stasjɔnɛʀ] *adj* gleich bleibend; *L'état du blessé reste ~.* Der Zustand des Verletzten bleibt unverändert.
stationnement [stasjɔ̃nmɑ̃] *m ~ interdit* Parkverbot *n*
stationner [stasjɔ̃ne] *v* parken
station-service [stasjɔ̃sɛʀvis] *f* Tankstelle *f*
statique [statik] *adj PHYS* statisch; *l'électricité ~* die statische Elektrizität *f*
statistique [statistik] *f 1.* Statistik *f; adj 2.* statistisch
statue [staty] *f 1.* Standbild *n; 2. (monument)* Statue *f; 3. (œuvre d'art) ART* Figur *f,* Statue *f*
statuette [statɥɛt] *f* kleine Statue *f*
stature [statyʀ] *f 1.* Körperbau *m; 2. (envergure)* Statur *f*
statut [staty] *m 1.* Satzung *f; 2. (position)* Statut *n*
steak [stɛk] *m GAST* Steak *n*
stencil [stɛnsil] *m (machine à écrire)* Matrize *f*
sténo-dactylo [stenodaktilo] *f* Stenotypistin *f*
steppe [stɛp] *f GEO* Steppe *f*
stéréotypé [steʀeɔtip] *adj* stereotyp
stérile [steʀil] *adj 1.* steril, keimfrei; *2. (non fertile)* unfruchtbar
stérilet [steʀilɛ] *m* Spirale *f*
stériliser [steʀilize] *v* sterilisieren
steward [stjuwaʀd] *m* Steward *m*
stigmatisé [stigmatize] *adj (fig)* gezeichnet
stimulant [stimylɑ̃] *adj* anregend
stimulateur-cardiaque [stimylatœʀkaʀdjak] *m MED* Herzschrittmacher *m*
stimulation [stimylasjɔ̃] *f* Anreiz *m*
stimuler [stimyle] *v 1.* reizen, anregen; *2. (fig)* anfachen, anspornen
stipulation [stipylasjɔ̃] *f ECO* Vertragsbestimmung *f*
stipuler [stipyle] *v JUR* vorschreiben
stock [stɔk] *m ECO* Bestand *m,* Vorrat *m*
stockage [stɔkaʒ] *m 1. (des déchets atomiques)* Entsorgung *f; 2. ECO* Lagerung *f*
stocker [stɔke] *v 1.* lagern; *2. (accumuler)* horten; *3. (déchets atomiques)* entsorgen
stop [stɔp] *interj* halt
stopper [stɔpe] *v 1.* einhalten, anhalten; *2. (arrêter)* stoppen, anhalten
store [stɔʀ] *m* Markise *f*
strabisme [stʀabism] *m être atteint de ~* schielen
strapontin [stʀapɔ̃tɛ̃] *m* Klappsitz *m,* Notsitz *m*
stratagème [stʀataʒɛm] *m* Tücke *f; recourir à un ~* zu einer List greifen
strate [stʀat] *f* Lage *f,* Schicht *f*
stratégie [stʀateʒi] *f* Strategie *f*

stratifié [stʀatifje] *adj GEOL* übereinander gelagert; *des roches ~es* Schichtgestein *n*
stress [stʀɛs] *m* Stress *m*
stresser [stʀese] *v (fam)* Stress machen, stressen; *Il stresse pour un rien.* Er macht unnötig Stress.
strict [stʀikt] *adj 1.* rigoros; *2. (sévère)* strikt; *au sens ~ du terme* genau genommen
strident [stʀidɑ̃] *adj* gellend, schrill
strophe [stʀɔf] *f* Strophe *f*
structure [stʀyktyʀ] *f 1.* Aufbau *m,* Struktur *f; 2. (dessin)* Gebilde *n; 3. (texture)* Gefüge *n; 4. (composition)* Gliederung *f,* Aufbau *m; 5. ~ modulaire* Modulbauweise *f*
structurel [stʀyktyʀɛl] *adj* strukturell
structurer [stʀyktyʀe] *v* strukturieren
studieux [stydjø] *adj* fleißig, eifrig; *un élève ~* ein fleißiger Schüler *m; des vacances studieuses* mit Lernen ausgefüllte Ferien *pl*
studio [stydjo] *m 1.* Appartement *n,* Studio *n; 2. (de cinéma)* Atelier *n*
stupéfaction [stypefaksjɔ̃] *f* Verblüffung *f,* Erstaunen *n*
stupéfait [stypefɛ] *adj 1.* entgeistert; *être ~* bestürzt sein; *2. (perplexe)* perplex; *3. (sidéré)* verdutzt
stupéfiant [stypefjɑ̃] *adj 1.* verblüffend; *m 2. MED* Betäubungsmittel *n*
stupéfier [stypefje] *v* erstaunen
stupeur [stypœʀ] *f* Bestürzung *f*
stupide [stypid] *adj 1.* albern, dumm; *2. (insensé)* sinnlos
stupidité [stypidite] *f 1.* Albernheit *f; 2. (idiotie)* Blödsinn *m; 3. (bêtise)* Dummheit *f; 4. (abrutissement)* Stumpfsinn *m*
style [stil] *m* Stil *m; ~ télégraphique* Telegrammstil *m; ~ architectural* Baustil *m; ~ Restauration/~ Louis-Philippe* Biedermeier *n; avec ~* stilvoll
stylo [stilo] *m ~ à bille* Kugelschreiber *m*
suant [sɥɑ̃] *adj 1.* schwitzend; *2. (fam: pénible)* lästig
suave [sɥav] *adj* lieblich
subalterne [sybaltɛʀn] *m/f* Untergebene(r) *m/f*
subconscient [sybkɔ̃sjɑ̃] *m* Unterbewusstsein *n*
subdiviser [sybdivize] *v* unterteilen, untergliedern
subdivision [sybdivizjɔ̃] *f* Unterteilung *f*
subir [sybiʀ] *v 1.* leiden, erleiden; *2. (accepter)* dulden, hinnehmen; *3. (fig)* mitmachen, leiden; *4. ~ une fission PHYS* spalten
subit [sybi] *adj* plötzlich, unerwartet
subjectif [sybʒɛktif] *adj 1.* subjektiv; *2. (imprécis)* unsachlich
subjonctif [sybʒɔ̃ktif] *m GRAMM* Konjunktiv *m; mettre au ~* in den Konjunktiv setzen
subjuguer [sybʒyge] *v (fig)* unterjochen, beherrschen
sublime [syblim] *adj 1.* erhaben; *2. (fam)* großartig
submergé [sybmɛʀʒe] *adj* überlaufen, überfüllt
submerger [sybmɛʀʒe] *v 1.* überschwemmen; *2. (fig)* überwältigen
subordination [sybɔʀdinasjɔ̃] *f 1.* Unterstellung *f; 2. GRAMM* Unterordnung *f; une conjonction de ~* eine unterordnende Konjunktion *f*
subordonné [sybɔʀdɔne] *adj GRAMM* untergeordnet; *une proposition ~e* ein Nebensatz *m*
subordonné(e) [sybɔʀdɔne] *m/f* Untergebene(r) *m/f*
subordonner [sybɔʀdɔne] *v ~ à* unterordnen
subrepticement [sybʀɛptismɑ̃] *adv* verstohlen, heimlich
subsistance [sybzistɑ̃s] *f* Lebensunterhalt *m*
subsister [sybziste] *v* übrig bleiben
substance [sypstɑ̃s] *f* Stoff *m,* Materie *f*
substantiel [sypstɑ̃sjɛl] *adj* gehaltvoll
substantif [sypstɑ̃tif] *m GRAMM* Substantiv *n*
substituer [sypstitɥe] *v* ersetzen, austauschen
substitut [sypstity] *m* Ersatz *m*
substitution [sypstitysjɔ̃] *f 1.* Ersetzen *n; une ~ d'enfant* eine Kindesunterschiebung *f; 2. CHEM* Substitution *f; réactions de ~* Substitutionsprozess *m*
subtil [syptil] *adj 1.* schlau; *C'est trop ~ pour moi.* Das ist mir zu spitzfindig. *2. (intelligence)* messerscharf
subtiliser [syptilize] *v* unterschlagen
subtilité [syptilite] *f* Geschick *n; la ~ d'un tacticien* der Scharfsinn eines Taktikers *m; la ~ d'une manœuvre* ein raffiniertes Manöver *n*
subvenir [sybvəniʀ] *v irr 1. ~ aux besoins de* unterhalten, versorgen; *2. ~ à* bestreiten
subvention [sybvɑ̃sjɔ̃] *f 1.* Beihilfe *f,* Unterstützung *f; 2. ECO* Subvention *f; ~ à l'agriculture* Agrarsubvention *f*
subventionner [sybvɑ̃sjɔne] *v* bezuschussen, subventionieren

suc [syk] *m ANAT* Saft *m; les ~s digestifs* die Verdauungssäfte *pl; le ~ gastrique* der Magensaft *m; le ~ pancréatique* der Bauchspeicheldrüsensaft *m*
succédané [syksedane] *m* Ersatz *m*
succéder [syksede] *v se ~* aufeinander folgen
succès [syksɛ] *m 1.* Erfolg *m; ~ fou* Bombenerfolg *m; ~ auprès du public* Publikumserfolg *m; 2. (résonance)* Anklang *m; 3. (chanson à la mode)* Schlager *m,* Erfolgsartikel *m*
successeur [syksɛsœʀ] *m* Nachfolger *m*
successif [syksɛsif] *adj* aufeinander folgend; *des découvertes successives* aufeinander folgende Entdeckungen *pl*
succession [syksɛsjɔ̃] *f 1.* Reihe *f,* Serie *f; 2. (remplacement)* Ablösung *f,* Nachfolge *f; 3. JUR* Erbfolge *f,* Erbschaft *f*
successivement [syksɛsivmɑ̃] *adv* nacheinander
succomber [sykɔ̃be] *v 1.* unterliegen, besiegt werden; *2. (mourir)* umkommen
succulent [sykylɑ̃] *adj* saftig
succursale [sykyʀsal] *f ECO* Zweigstelle *f*
sucer [syse] *v 1.* lutschen; *2. (têter)* saugen
sucette [sysɛt] *f 1.* Lutscher *m; 2. (tétine)* Schnuller *m*
sucre [sykʀ] *m* Zucker *m; ~ candi* Kandiszucker *m; ~ glace* Puderzucker *m; ~ vanillé* Vanillezucker *m*
sucré [sykʀe] *adj* süß
sucrer [sykʀe] *v* zuckern
sucreries [sykʀəʀi] *f/pl* Süßigkeiten *pl*
sucrier [sykʀije] *m* Zuckerdose *f*
sud [syd] *m* Süden *m; du ~* südlich
Suède [sɥɛd] *f GEO* Schweden *n*
suédois [sɥɛdwa] *adj* schwedisch
Suédois(e) [sɥedwa/sɥedwaz] *m/f* Schwede/Schwedin *m/f*
suer [sɥe] *v* schwitzen
sueur [sɥœʀ] *f* Schweiß *m; avoir des ~s froides* Blut und Wasser schwitzen
suffire [syfiʀ] *v irr* genügen, ausreichen
suffisamment [syfizamɑ̃] *adv 1.* genug; *2. (assez)* ausreichend
suffisance [syfizɑ̃s] *f* Anmaßung *f*
suffisant [syfizɑ̃] *adj 1.* ausreichend; *2. (vaniteux)* selbstgefällig
suffixe [syfiks] *m LING* Suffix *n*
suffocant [syfɔkɑ̃] *adj 1.* erstickend; *des gaz ~s* Stickgase *pl; une atmosphère ~e* eine stickige Luft *f; 2. (fig: étonnant)* erstaunlich; *une audace ~e* ein erstaunlicher Mut *m*
suffocation [syfɔkasjɔ̃] *f MED* Atemnot *f*
suffoquer [syfɔke] *v* ersticken
suffrage [syfʀaʒ] *m POL* Wahl *f*
suffragette [syfʀaʒɛt] *f* Frauenrechtlerin *f*
suggérer [sygʒeʀe] *v* anregen, vorschlagen
suggestif [sygʒɛstif] *adj* anregend
suggestion [sygʒɛstjɔ̃] *f (fig)* Eingebung *f,* Intuition *f*
suicidaire [sɥisidɛʀ] *adj 1.* Selbstmord...; *des tendances ~s* Hang zum Selbstmord *m; m/f 2.* Suizident *m*
suicide [sɥisid] *m* Selbstmord *m*
suicidé(e) [sɥiside] *m/f* Selbstmörder(in) *m/f*
suicider [sɥiside] *v se ~* Selbstmord begehen, sich umbringen
suie [sɥi] *f* Ruß *m*
suinter [sɥɛ̃te] *v* sickern
suisse [sɥis] *adj* schweizerisch
Suisse [sɥis] *f 1. GEO* Schweiz *f; m/f 2. (Helvète)* Schweizer(in) *m/f*
suite [sɥit] *f 1.* Folge *f,* Fortsetzung *f; par ~ de* infolge; *à la ~ de* hinter ; *2. (chaîne)* Kette *f,* Serie *f; 3. (alignement)* Reihe *f; 4. (cortège)* Gefolge *n; 5. (fig)* Nachspiel *n; 6. ~s pl* Folge *f,* Auswirkung *f*
suivant [sɥivɑ̃] *adj 1.* folgend, anschließend; *prep 2.* laut, nach, gemäß; *adv 3.* danach, dementsprechend
suiveur [sɥivœʀ] *m* Mitläufer *m*
suivi [sɥivi] *adj 1.* fortlaufend; *2. (continu)* ununterbrochen
suivre [sɥivʀ] *v irr 1.* folgen, verfolgen; *~ qn du regard* jdm nachsehen; *faire ~* nachsenden; *se ~* aufeinander folgen; *~ l'exemple de qn (fig)* jds Beispiel folgen; *2. (aller avec qn)* mitgehen; *3. (exemple)* befolgen; *4. (obéir)* folgen, gehorchen; *5. (loi)* nachkommen; *6. (fam: comprendre)* mitkommen, begreifen
sujet [syʒɛ] *m 1.* Thema *n; aborder un ~* ein Thema anschneiden; *à ce ~* diesbezüglich; *~ de conversation* Gesprächsstoff *m; ~ à caution* unglaubwürdig; *2. (objet)* Gegenstand *m; 3. (matière)* Materie *f; 4. (motif)* Veranlassung *f; 5. GRAMM* Subjekt *n*
super [sypɛʀ] *adv* toll, super
superbe [sypɛʀb] *adj* herrlich, prächtig, hervorragend
superbement [sypɛʀbəmɑ̃] *adv* prächtig
supercherie [sypɛʀʃəʀi] *f* Betrug *m*
superficie [sypɛʀfisi] *f* Fläche *f*
superficiel [sypɛʀfisjɛl] *adj 1.* flüchtig, oberflächlich; *2. (fig)* inhaltslos

superflu [sypɛʀfly] *adj 1.* überflüssig; *2. (inutile)* unnötig
supérieur [sypeʀjœʀ] *m 1.* Leiter *m,* Vorgesetzter *m; adj 2.* oberer/oberes, höher; *3. (exquis)* vorzüglich; *4. ~ à la moyenne* überdurchschnittlich; *5. (du point de vue hiérarchique)* übergeordnet
supérieure [sypeʀjœʀ] *f mère ~ REL* Oberin *f*
supérieurement [sypeʀjœʀmɑ̃] *adv* vorzüglich
supériorité [sypeʀjɔʀite] *f 1.* Überlegenheit *f; avec un air de ~* herabsetzend; *2. ~ numérique* Übermacht *f*
superlatif [sypɛʀlatif] *m GRAMM* Superlativ *m*
supermarché [sypɛʀmaʀʃe] *m* Supermarkt *m*
super-ordinateur [sypɛʀɔʀdinatœʀ] *m INFORM* Großrechner *m*
superposer [sypɛʀpoze] *v* übereinander legen
superposition [sypɛʀpozisjɔ̃] *f* Überlagerung *f*
superstitieux [sypɛʀstisjø] *adj REL* abergläubisch
superstition [sypɛʀstisjɔ̃] *f REL* Aberglaube *m*
suppléant(e) [sypleɑ̃(t)] *m/f* Stellvertreter(in) *m/f*
supplément [syplemɑ̃] *m 1.* Ergänzung *f; ~ de salaire* Gehaltszulage *f; 2. (additif)* Zusatz *m; 3. (surplus)* Zuschlag *m; à ~* zuschlagpflichtig; *payer un ~* nachzahlen; *4. (annexe)* Nachtrag *m; 5. (dans un journal)* Beilage *f; 6. (extra)* Zugabe *f*
supplémentaire [syplemɑ̃tɛʀ] *adj* weiter, zusätzlich
suppliant [syplijɑ̃] *adj* flehentlich
supplice [syplis] *m 1.* Qual *f; 2. (torture)* Folter *f*
supplicier [syplisje] *v* foltern
supplier [syplije] *v 1.* anflehen; *2. (implorer)* flehen
support [sypɔʀ] *m 1.* Träger *m,* Stütze *f; 2. (tréteau)* Gestell *n; 3. (pour vêtements)* Ständer *m; 4. (d'appareil photographique)* Stativ *n; 5. (base)* Unterlage *f; 6. ~ magnétique de données INFORM* Datenträger *m*
supportable [sypɔʀtabl] *adj 1.* erträglich; *2. (tolérable)* leidlich
supporter[1] [sypɔʀte] *v 1.* aushalten; *2. (souffrir)* leiden, erleiden; *3. (tolérer)* dulden, ertragen
supporter[2] [sypɔʀtɛʀ] *m (d'une équipe de football)* Fan *m*
supposé [sypoze] *adj 1.* angenommen, geschätzt; *2. (présumé)* mutmaßlich, vermeintlich
supposer [sypoze] *v 1.* glauben, vermuten; *2. (estimer)* schätzen, annehmen; *3. (présumer)* mutmaßen
supposition [sypozisjɔ̃] *f 1.* Vermutung *f; 2. (estimation)* Schätzung *f,* Annahme *f*
suppositoire [sypozitwaʀ] *m MED* Suppositorium *n,* Zäpfchen *n*
suppression [sypʀɛsjɔ̃] *f 1.* Abschaffung *f; 2. (abolition)* Aufhebung *f; 3. (élimination)* Beseitigung *f; 4. (répression)* Unterdrückung *f*
supprimer [sypʀime] *v 1.* abschaffen; *2. (réprimer)* unterdrücken; *3. (fam)* beseitigen, töten; *4. (éliminer)* weglassen, auslassen; *5. INFORM* löschen
suprématie [sypʀemasi] *f 1.* Vorherrschaft *f; 2. (supériorité)* Überlegenheit *f*
suprême [sypʀɛm] *adj* oberste(r,s)
sur [syʀ] *prep 1.* auf, über; *2. (contre)* an, auf
sûr [syʀ] *adj 1.* sicher, gewiss; *2. (digne de confiance)* zuverlässig; *3. (sans danger)* gefahrlos; *4. ~ de soi* selbstbewusst
surabondance [syʀabɔ̃dɑ̃s] *f 1. ~ de* Überfluss an *m; 2. (fig)* Überschwang *m*
suralimenter [syʀalimɑ̃te] *v* überfüttern
suranné [syʀane] *adj* veraltet
surcharge [syʀʃaʀʒ] *f* Überlastung *f*
surchargé [syʀʃaʀʒe] *adj* überfüllt
surcharger [syʀʃaʀʒe] *v 1.* überlasten; *2. (camion)* überladen
surchauffé [syʀʃofe] *adj* überhitzt
surclasser [syʀklase] *v ~ qn* jdm weit überlegen sein
surcompression [syʀkɔ̃pʀɛsjɔ̃] *f TECH* Überdruck *m*
surcroît [syʀkʀwa] *m ~ de dépenses* Mehraufwand *m; de ~* überdies
surdimensionné [syʀdimɑ̃sjɔne] *adj* überdimensional
surdité [syʀdite] *f MED* Taubheit *f*
sureau [syʀo] *m BOT* Holunder *m*
surélevé [syʀelve] *adj* überhöht
sûrement [syʀmɑ̃] *adv 1.* bestimmt, sicherlich; *2. (certainement)* gewiss; *3. (assurément)* sicher, zweifellos
suremploi [syʀɑ̃plwa] *m* Überbeschäftigung *f*
surenchère [syʀɑ̃ʃɛʀ] *f* größeres Versprechen *n; la ~ électorale* die gegenseitige Überbietung bei Wahlversprechen *f*

surenchérir [syʀɑ̃ʃeʀiʀ] *v ~ sur* überbieten
surestimation [syʀɛstimasjɔ̃] *f* Überbewertung *f*
surestimer [syʀɛstime] *v 1.* überschätzen; *2. (surévaluer)* überbewerten
sûreté [syʀte] *f 1.* Verlass *m; 2. (fiabilité)* Verlässlichkeit *f,* Zuverlässigkeit *f; 3. ~ publique* Burgfriede *m; 4. ECO* Sicherheit *f*
surévaluation [syʀevalɥasjɔ̃] *f* Überbewertung *f*
surévaluer [syʀevalɥe] *v 1.* überschätzen; *2. (surestimer)* überbewerten
surexcité [syʀɛksite] *adj 1.* überreizt; *2. (fig)* überspannt
surf [sœʀf] *m SPORT* Surfsport *m*
surface [syʀfas] *f 1.* Fläche *f,* Grundfläche *f; ~ portante* Tragfläche *f; ~ habitable* Wohnfläche *f; ~ cultivée* Anbaufläche *f; 2. (superficie)* Oberfläche *f*
surfer [sœʀfe] *v 1. SPORT* surfen; *2. (avec l'ordinateur) INFORM* surfen
surgélateur [syʀʒelatœʀ] *m* Gefriertruhe *f*
surgelés [syʀʒəle] *m/pl GAST* Tiefkühlkost *f*
surgénérateur [syʀʒeneʀatœʀ] *m ~ à haute compression TECH* schneller Brüter *m*
surgir [syʀʒiʀ] *v 1. ~ de (apparaître)* plötzlich auftauchen, hochkommen; *2. (se manifester)* sich zeigen, auftreten; *faire ~ une difficulté* eine Schwierigkeit aufzeigen
surhumain [syʀymɛ̃] *adj* übermenschlich
sur-le-champ [syʀləʃɑ̃] *adv* sofort, auf der Stelle
surmenage [syʀmənaʒ] *m 1.* Überanstrengung *f; 2. (stress)* Überarbeitung *f; 3. (épuisement)* Überbeanspruchung *f*
surmené [syʀməne] *adj* übermüdet
surmener [syʀməne] *v 1.* überanstrengen; *2. se ~* sich überarbeiten
surmonter [syʀmɔ̃te] *v 1.* besiegen; *2. (difficulté)* bewältigen, überwinden; *3. (maîtriser)* überbrücken
surnaturel [syʀnatyʀɛl] *m 1.* Übersinnliches *n; adj 2.* übernatürlich
surnom [syʀnɔ̃] *m* Spitzname *m*
surnombre [syʀnɔ̃bʀ] *m* Überzahl *f*
surpasser [syʀpase] *v 1.* überbieten; *2. (dépasser)* überflügeln, übertreffen
surplace [syʀplas] *m* Nichtvorankommen *n; faire du ~* den Versuch machen, mit dem aufgerichteten Fahrrad stehen zu bleiben
surplomber [syʀplɔ̃be] *v* überragen
surplus [syʀply] *m* Plus *n,* Überschuss *m*
surprenant [syʀpʀənɑ̃] *adj 1.* seltsam, erstaunlich; *2. (étonnant)* überraschend, verwunderlich
surprendre [syʀpʀɑ̃dʀ] *v irr 1.* überraschen; *2. (prendre au dépourvu)* überrumpeln
surpression [syʀpʀɛsjɔ̃] *f TECH* Überdruck *m*
surpris [syʀpʀi] *adj 1.* überrascht; *être ~ de qc* sich über etw wundern; *2. (déconcerté)* stutzig
surprise [syʀpʀiz] *f 1.* Überraschung *f; 2. (stupéfaction)* Erstaunen *n,* Staunen *n; 3. (étonnement)* Verwunderung *f*
surproduction [syʀpʀɔdyksjɔ̃] *f* Überproduktion *f*
sursaturation [syʀsatyʀasjɔ̃] *f CHEM* Übersättigung *f*
sursaturé [syʀsatyʀe] *adj CHEM* übersättigt
sursaut [syʀso] *m* Hochschrecken *n; faire un ~* hochschrecken/zusammenfahren; *avoir un ~ d'énergie* sich noch einmal anstrengen/seine Kräfte zusammennehmen; *se réveiller en ~* aus dem Schlaf schrecken
sursauter [syʀsote] *v* zucken
surseoir [syʀswaʀ] *v irr ~ à (jugement) JUR* aussetzen
sursis [syʀsi] *m JUR* Bewährungsfrist *f*
surtaxe [syʀtaks] *f 1.* Nachgebühr *f; 2. (postale)* Strafporto *n*
surtension [syʀtɑ̃sjɔ̃] *f PHYS* Überspannung *f*
surtout [syʀtu] *adv 1.* besonders, vor allem; *2. (en particulier)* hauptsächlich, insbesondere; *3. ~ que (fam) (d'autant plus que)* zumal
surveillance [syʀvɛjɑ̃s] *f 1.* Kontrolle *f; 2. (contrôle)* Aufsicht *f; 3. (garde)* Bewachung *f; 4. MED* Beobachtung *f*
surveillant(e) [syʀvɛjɑ̃(t)] *m/f 1.* Aufseher(in) *m/f; 2. (garde)* Wärter(in) *m/f*
surveiller [syʀvɛje] *v 1.* bewachen; *2. (contrôler)* beaufsichtigen
survenir [syʀvəniʀ] *v irr 1.* sich ereignen; *2. (événement)* dazwischenkommen; *3. (fig: arriver)* zustoßen, geschehen
survêtement [syʀvɛtmɑ̃] *m ~ de sport* Trainingsanzug *m*
survie [syʀvi] *f* Überleben *n; les chances de ~* die Überlebenschancen *pl; C'est une question de ~.* Das ist eine Frage des Überlebens.
survivant(e) [syʀvivɑ̃(t)] *m/f* Überlebende(r) *m/f*
survivre [syʀvivʀ] *v irr* überleben

survoler [syʀvɔle] *v 1.* überfliegen; *2. (un texte)* überfliegen
survolté [syʀvɔlte] *adj (fig)* überspannt
susceptibilité [sysɛptibilite] *f* Empfindlichkeit *f; être d'une grande ~* sehr empfindlich sein
susceptible [sysɛptibl] *adj 1.* empfänglich; *2. (sensible)* empfindlich, reizbar; *3. (fig)* fähig
susciter [sysite] *v 1.* wecken, hervorrufen; *2. (provoquer)* anstiften
suspect [syspɛ] *adj* verdächtig
suspect(e) [syspɛ(kt)] *m/f* Verdächtige(r) *m/f*
suspecter [syspɛkte] *v* verdächtigen
suspendre [syspɑ̃dʀ] *v 1.* aufhängen; *2. (accrocher)* anhängen; *3. (arrêter)* einstellen, beenden; *4. (fermer)* sperren, verbieten
suspendu [syspɑ̃dy] *adj* Hänge...; *un pont ~* eine Hängebrücke *f; une lampe ~e au plafond* eine Deckenlampe *f; être ~ aux lèvres de qn (fig)* an jds Lippen hängen
suspens [syspɑ̃] *adj en ~ (fig)* offen, unentschieden
suspense [syspɛns] *m* Spannung *f; une histoire à ~* eine spannende Geschichte *f; ménager le ~* die Spannung wahren
suspension [syspɑ̃sjɔ̃] *f 1.* Schweben *n; 2. (arrêt)* Einstellung *f,* Beendigung *f; 3. TECH* Federung *f*
suspicion [syspisjɔ̃] *f 1.* Verdacht *m; 2. (soupçon)* Verdächtigung *f*
susurrer [sysyʀe] *v 1. (feuilles)* rauschen; *2. (murmurer)* lispeln, murmeln
suture [sytyʀ] *f* Naht *f*
suturer [sytyʀe] *v MED* nähen
svelte [svɛlt] *adj* schlank
syllabe [silab] *f* Silbe *f*
syllabique [sillabik] *adj LING* Silben...; *l'écriture ~* die Silbenschrift *f*
sylphe [silf] *m* Elfe *f,* Sylphe *f*
symbiose [sɛ̃bjoz] *f BIO* Symbiose *f*
symbole [sɛ̃bɔl] *m 1.* Sinnbild *n,* Symbol *n; 2. (parabole)* Gleichnis *n*
symbolique [sɛ̃bɔlik] *adj* sinnbildlich, symbolisch
symétrique [simetʀik] *adj* symmetrisch, spiegelbildlich
sympa [sɛ̃pa] *adj (fam)* nett, sympathisch
sympathie [sɛ̃pati] *f 1.* Mitgefühl *n; 2. (gentillesse)* Sympathie *f*
sympathique [sɛ̃patik] *adj* sympathisch
sympathisant [sɛ̃patizɑ̃] *adj 1.* gleichgesinnt; *m 2.* Mitläufer *m; 3. (adhérent)* Sympathisant *m*
sympathiser [sɛ̃patize] *v* sympathisieren, übereinstimmen; *~ avec l'ennemi* mit dem Feind sympathisieren
symphonie [sɛ̃fɔni] *f MUS* Sinfonie *f*
symptôme [sɛ̃ptom] *m* Anzeichen *n,* Symptom *n*
synchrone [sɛ̃kʀon] *adj* gleichzeitig, synchron
synchronisation [sɛ̃kʀɔnizasjɔ̃] *f* Abstimmung *f,* Anpassung *f*
synchroniser [sɛ̃kʀɔnize] *v 1.* abstimmen, anpassen; *2. CINE* synchronisieren
syncope [sɛ̃kɔp] *f MED* Ohnmacht *f*
syndical [sɛ̃dikal] *adj* gewerkschaftlich
syndicale [sɛ̃dikal] *f ~ ouvrière* Gewerkschaftsbund *m*
syndicaliste [sɛ̃dikalist] *m/f* Gewerkschaftler(in) *m/f*
syndicat [sɛ̃dika] *m 1.* Gewerkschaft *f; 2. (association)* Verband *m,* Vereinigung *f; 3. ~ d'initiative* Verkehrsbüro *n; 4. ~ des salariés* Angestelltengewerkschaft *f; 5. membre d'un ~* Gewerkschaftsmitglied *n*
syndiqué [sɛ̃dike] *m* Gewerkschaftsmitglied *n*
synonyme [sinɔnim] *adj 1.* gleichbedeutend; *être ~ de* gleichbedeutend sein mit; *m 2.* Synonym *n*
syntaxe [sɛ̃taks] *f GRAMM* Syntax *f*
synthèse [sɛ̃tɛz] *f 1.* Synthese *f,* Zusammenfassung *f; avoir l'esprit de ~* Synthesefähigkeit besitzen/in Zusammenhängen denken; *faire un effort de ~* versuchen, eine Übersicht zu geben; *faire une rapide ~ de la situation* die Lage zusammenfassend darstellen; *2. CHEM* Synthese *f; les produits de ~* die Syntheseprodukte *pl*
synthétique [sɛ̃tetik] *adj 1.* synthetisch; *une méthode ~* eine synthetische Methode *f; 2. CHEM* synthetisch; *des fibres ~s* Kunstfasern *pl*
syphilis [sifilis] *f MED* Syphilis *f*
Syrie [siʀi] *f GEO* Syrien *n*
systématique [sistematik] *adj* systematisch
système [sistɛm] *m 1.* System *n; ~ d'alarme* Alarmanlage *f; ~ immunitaire* Immunsystem *n; ~ antiblocage des roues* Antiblockiersystem *n; ~ d'irrigation* Bewässerungsanlage *f; ~ politique* Regime *n; ~ d'épuration des eaux* Umwälzanlage *f; ~ monétaire* Währungssystem *n; ~ d'exploitation* Betriebssystem *n; ~ nerveux* Nervensystem *n; 2. (ordre)* Plan *m,* Ordnung *f*

T

ta [ta] *pron* deine
tabac[1] [taba] *m* Tabak *m*
tabac[2] [taba] *m passer qn à ~* jdn verprügeln; *faire un ~* großen Erfolg haben
tabernacle [tabɛʀnakl] *m REL* Tabernakel *m*
table [tabl] *f 1.* Tisch *m; ~ pliante* Klapptisch *m; ~ de conférence* Konferenztisch *m; ~ de nuit* Nachttisch *m; 2. (index)* Verzeichnis *n; ~ des matières* Inhaltsverzeichnis *n; ~ des calories* Kalorientabelle *f*
tableau [tablo] *m 1.* Bild *n,* Gemälde *n; 2. (plaque)* Tafel *f,* Brett *n; ~ de commande* Schalttafel *f; ~ d'affichage* Anschlagbrett *n; 3. MATH* Tabelle *f*
tablette [tablɛt] *f* Brett *n,* Sims *n; ~ de chocolat* Tafel Schokolade *f; ~ de cheminée* Kaminsims *m; inscrire qc sur ses ~s* sich etw hinter die Ohren schreiben
tablier [tablije] *m 1.* Schürze *f; 2. (blouse)* Kittel *m; rendre son ~* seinen Hut nehmen/kündigen
tabou [tabu] *m* Tabu *n*
tabouret [tabuʀɛ] *m 1.* Schemel *m,* Hocker *m; 2. (de bar)* Barhocker *m*
tabulateur [tabulatœʀ] *m* Tabulator *m*
tache [taʃ] *f 1.* Fleck *m,* Klecks *m; ~ de graisse* Fettfleck *m; ~ de vin* Weinfleck *m; ~s de rousseur* Sommersprossen *pl; faire des ~s* kleckern; *faire ~ d'huile (fig)* sich ausbreiten/sich durchsetzen; *2. (défaut)* Makel *m,* Schandfleck *m*
taché [taʃe] *adj* fleckig
tâche [tɑʃ] *f 1.* Pensum *n; 2. (travail)* Aufgabe *f,* Arbeit *f*
tacher [taʃe] *v* beflecken
tacheté [taʃte] *adj* scheckig, fleckig
tachygraphe [takigʀaf] *m* Fahrtenschreiber *m*
tachymètre [takimɛtʀ] *m* Tachometer *m*
tacite [tasit] *adj* stillschweigend
taciturne [tasityʀn] *adj 1.* schweigsam; *2. (renfermé)* wortkarg, verschlossen
tact [takt] *m 1.* Takt *m; manque de ~* Taktlosigkeit *f; plein de ~* taktvoll; *2. (doigté)* Fingerspitzengefühl *n*
tactique [taktik] *adj 1.* taktisch; *f 2.* Taktik *f; ~ de camouflage* Verschleierungstaktik *f*
taffetas [tafta] *m* Taft *m*
taie [tɛ] *f* Überzug *m,* Bezug *m; ~ d'oreiller* Kopfkissenbezug *m*
taille [taj] *f 1.* Schneiden *n,* Schnitt *m; 2. (polissage)* Schleifen *n,* Schliff *m; 3. ~ de confection* Konfektionsgröße *f; 4. (stature)* Körpergröße *f; de grande ~* groß; *5. (ceinture)* Taille *f*
taille-crayon [tajkʀɛjɔ̃] *f* Bleistiftspitzer *m*
tailler [taje] *v 1.* schneiden; *~ qc en pièces* etw in Stücke reißen; *~ une bavette* ein Schwätzchen halten; *2. (aiguiser)* spitzen, zuspitzen; *3. (polir)* schleifen
tailleur [tajœʀ] *m 1.* Kostüm *n,* Kleidungsstück *n; 2. (couturier)* Schneider *m; 3. ~ de pierres* Steinmetz *m*
taire [tɛʀ] *v irr 1.* verschweigen, verhehlen; *2. se ~* schweigen
talent [talɑ̃] *m* Begabung *f,* Talent *n*
talentueux [talɑ̃tɥø] *adj* talentiert
talisman [talismɑ̃] *m* Talisman *m*
talon [talɔ̃] *m 1.* Schuhabsatz *m; 2. ANAT* Ferse *f,* Hacken *m; ~ d'Achille* Achillesferse *f; 3. FIN* Beleg *m*
talonner [talɔne] *v* bedrängen
talus [taly] *m 1.* Bahndamm *m; 2. (berge)* Böschung *f*
tambour [tɑ̃buʀ] *m* Trommel *f; ~ de frein* Bremstrommel *f*
tambourin [tɑ̃buʀɛ̃] *m MUS* Tamburin *n*
tambouriner [tɑ̃buʀine] *v* trommeln
tamis [tami] *m* Sieb *n*
tamiser [tamize] *v* sieben, passieren
tampon [tɑ̃pɔ̃] *m 1.* Pfropfen *m,* Stöpsel *m; ~ de ouate* Wattebausch *m; 2. (cachet)* Stempel *m; ~ encreur* Stempelkissen *n*
tamponner [tɑ̃pɔne] *v 1.* stempeln; *2. (tapoter avec un tampon)* tupfen
tandis [tɑ̃di(s)] *konj 1. ~ que* indessen, während; *2. ~ que (pourtant)* dahingegen
tangible [tɑ̃ʒibl] *adj 1.* konkret; *2. (à portée de la main)* greifbar
tanière [tanjɛʀ] *f* Bau *m,* Höhle *f*
tank [tɑ̃k] *m MIL* Tank *m*
tanner [tane] *v* löchern
tannière [tanjɛʀ] *f* Tierbau *m*
tant [tɑ̃] *adv 1.* so, so viel, so viele; *~ mieux* umso besser/desto besser; *Tant pis.* Schade./Da kann man nichts machen. *~ que* so lange; *2. (tellement)* so sehr

tante [tɑ̃t] *f* Tante *f*
tantôt [tɑ̃to] *adv 1.* vorhin; *2. (bientôt)* bald
taon [tɑ̃] *m ZOOL* Bremse *f*
tapage [tapaʒ] *m* Krach *m,* Lärm *m*
tapageur [tapaʒœʀ] *adj* Aufsehen erregend, auffallend; *un luxe ~* ein skandalöser Luxus *m; une publicité tapageuse* eine marktschreierische Reklame *f*
tape [tap] *f* Schlag *m,* Pochen *n*
tape-à-l'œil [tapalœj] *m 1.* Kitsch *m; adj 2.* kitschig
taper [tape] *v 1.* schlagen, hauen, klapsen; *~ à la machine* auf der Maschine schreiben; *~ dans l'œil* ins Auge stechen; *C'est à se ~ la tête contre les murs.* Das ist, um an den Wänden hochzugehen. *2. (claquer)* klappern
tapette [tapɛt] *f* Teppichklopfer *m*
tapin [tapɛ̃] *m (prostitution)* Strich *m*
tapir [tapiʀ] *v se ~* sich kauern
tapis [tapi] *m 1.* Teppich *m; ~ d'escalier* Läufer *m; ~ persan/~ de Perse* Perser *m; 2. SPORT* Matte *f*
tapisser [tapise] *v* tapezieren
tapisserie [tapisʀi] *f* Tapete *f*
tapoter [tapɔte] *v* leicht klopfen, leicht hämmern; *~ la joue d'un enfant* einem Kind die Wange tätscheln; *~ sur la table* auf den Tisch hämmern
taquin [takɛ̃] *adj* schelmisch, neckisch
taquiner [takine] *v* necken
taquinerie [takinʀi] *f* Schelmenhaftigkeit *f,* Neckerei *f*
tard [taʀ] *adv* spät; *plus ~* später/nachher/nachträglich; *tôt ou ~* früher oder später
tarder [taʀde] *v 1.* zögern, lange brauchen; *Ne tardez pas!* Wartet nicht so lange! *Sa réponse n'a pas tardé.* Seine Antwort kam prompt. *sans ~* sofort/ohne Umschweife/unverzüglich; *2. ~ à faire qc* auf etw warten lassen/zögern, etw zu tun; *~ à partir* mit dem Weggehen zögern; *Il ne va pas ~ à pleuvoir.* Es wird bald regnen.
tardif [taʀdif] *adj* zu spät, verspätet; *un repentir ~* eine verspätete Reue *f; une réponse tardive* eine späte Antwort *f; arriver à une heure tardive* zu später Stunde ankommen
tare [taʀ] *f* Makel *m*
taré [taʀe] *adj (fam: fou)* verrückt, bekloppt; *Il est complètement ~.* Er ist komplett verrückt.
tarif [taʀif] *m 1.* Gebühr *f; ~ collectif ECO* Manteltarif *m; 2. (barème)* Tarif *m; ~ douanier* Zolltarif *m; 3. ~s pl* Preisliste *f*
tarot [taʀo] *m (jeu de cartes)* Tarock *n; jouer au ~* Tarock spielen
tartare [taʀtaʀ] *adj GAST* Tatar...; *sauce ~* Majonäse mit Kapern und Senf *f*
tarte [taʀt] *f GAST* Torte *f*
tartine [taʀtin] *f* Brotschnitte *f,* Butterbrot *n*
tartiner [taʀtine] *v (pain)* bestreichen, belegen
tartre [taʀtʀ] *m 1. MED* Zahnstein *m; 2. (dépôt) MED* Zahnbelag *m*
tas [tɑ] *m 1.* Haufen *m; ~ de fumier* Misthaufen *m; 2. (pile)* Stapel *m; 3. (fig)* Menschenauflauf *m*
tasse [tas] *f* Tasse *f; ~ à café* Kaffeetasse *f*
tasser [tase] *v 1.* stopfen, zusammendrücken; *2. se ~* sich senken
tâter [tɑte] *v* tasten, abtasten
tatillon [tatijɔ̃] *adj* kleinlich
tâtonnement [tɑtɔnmɑ̃] *m* Tasten *n,* tastende Versuche *pl*
tâtonner [tɑtɔne] *v* sich vorwärtstasten, herumtasten; *~ dans l'obscurité* in der Dunkelheit herumtasten; *chercher qc en tâtonnant* nach etw tasten
tatouage [tatwaʒ] *m* Tätowierung *f*
tatouer [tatwe] *v* tätowieren
taule [tol] *f (fam)* Knast *m*
taupe [top] *f ZOOL* Maulwurf *m*
taureau [toʀo] *m 1.* Stier *m; être fort comme un ~* bärenstark sein; *2. (en âge de reproduction)* Bulle *m*
taux [to] *m 1.* Prozentsatz *m; ~ de cas non élucidés* Dunkelziffer *f; ~ de prêt/~ de louage* Leihgebühr *f; ~ de change* Wechselkurs *m; ~ de cholestérol* Cholesterinspiegel *m; ~ d'albumine* Eiweißgehalt *m; ~ d'acidité* Säuregehalt *m; ~ d'escompte* Diskontsatz *m; 2. (indice)* Rate *f; ~ d'inflation* Inflationsrate *f; ~ de croissance* Wachstumsrate *f*
taxation [taksasjɔ̃] *f* Besteuerung *f*
taxe [taks] *f 1.* Gebühr *f; ~ d'enregistrement* Anmeldegebühr *f; ~ de séjour* Kurtaxe *f; 2. (impôt)* Steuer *f,* Abgabe *f; ~ à la valeur ajoutée* Mehrwertsteuer *f; ~ communale/~ locale* Gemeindesteuer *f; ~ sur les véhicules* Kraftfahrzeugsteuer *f; ~ d'importation* Einfuhrzoll *m; ~ sur le chiffre d'affaires* Umsatzsteuer *f*
taxer [takse] *v* besteuern
taxi [taksi] *m* Taxi *n*
taxiphone [taksifɔn] *m* Münzfernsprecher *m*

Tchécoslovaquie [tʃekɔslɔvaki] *f HIST* Tschechoslowakei *f*
tchèque [tʃɛk] *adj* tschechisch
Tchèque [tʃɛk] *m/f* Tscheche/Tschechin *m/f*
te [tə] *pron 1.* dich; *2. (à toi)* dir
technicien(ne) [tɛknisjɛ̃/tɛknisjɛn] *m/f* Techniker(in) *m/f; ~(ne) en électronique* Elektrotechniker(in) *m/f*
technique [tɛknik] *f 1.* Technik *f; ~ des communications* Nachrichtentechnik *f; ~ analogique* Analogtechnik *f; adj 2.* technisch
technologie [tɛknɔlɔʒi] *f* Technologie *f; ~ génétique* Gentechnologie *f*
technologique [tɛknɔlɔʒik] *adj* technologisch
tee-shirt [tiʃœʀt] *m* T-Shirt *n*
teindre [tɛ̃dʀ] *v irr* tönen, färben; *~ en blond* blond färben
teint [tɛ̃] *m* Teint *m; grand ~* farbecht
teinte [tɛ̃t] *f* Färbung *f*
teinter [tɛ̃te] *v 1. (bois)* beizen; *2. (colorer)* tönen, färben
teinturier [tɛ̃tyʀje] *m* Färber *m,* chemische Reinigung *f; porter une veste chez le ~* eine Jacke in die Reinigung bringen
tel(le) [tɛl] *adj 1.* solche(r,s); *~ quel* unverändert/im selben Zustand; *2. (pareil(le))* derartig
télé [tele] *f (fam)* Fernsehgerät *n,* Fernseher *n*
télécabine [telekabin] *f* Kabinenseilbahn *f*
télécommande [telekɔmɑ̃d] *f* Fernbedienung *f,* Fernsteuerung *f*
télécommunications [telekɔmynikasjɔ̃] *f/pl* Telekommunikation *f,* Telekommunikationsmittel *pl*
télécopie [telekɔpi] *f* Telefax *n*
télécopieur [telekɔpjœʀ] *m* Telefaxgerät *n*
téléfax [telefaks] *m* Telefax *n*
téléfilm [telefilm] *m* Fernsehfilm *m*
télégramme [telegʀam] *m* Telegramm *n*
télégraphier [telegʀafje] *v* telegrafieren
téléguidage [telegidaʒ] *m* Fernsteuerung *f*
téléobjectif [teleɔbʒɛktif] *m FOTO* Teleobjektiv *n*
téléphérique [telefeʀik] *m* Seilbahn *f,* Drahtseilbahn *f*
téléphone [telefɔn] *m 1.* Telefon *n; 2. (appareil)* Fernsprecher *m; par ~* telefonisch
téléphoner [telefɔne] *v* telefonieren; *~ à qn* jdn anrufen/mit jdm telefonieren
téléphonique [telefɔnik] *adj* telefonisch
téléscope [teleskɔp] *m* Teleskop *n,* Fernrohr *n*
téléscripteur [teleskʀiptœʀ] *m* Fernschreiber *m*
télésiège [telesjɛʒ] *m* Sessellift *m*
téléski [teleski] *m* Skilift *m*
téléspectateur [telespɛktatœʀ] *m* Fernsehzuschauer *m*
télétraitement [teletʀɛtmɑ̃] *m ~ de données INFORM* Datenübertragung *f*
téléviseur [televizœʀ] *f* Fernsehgerät *n; ~ couleur* Farbfernsehgerät *n*
télévision [televizjɔ̃] *f* Fernsehen *n; ~ par câble* Kabelfernsehen *n*
télex [telɛks] *m 1.* Fernschreiber *m; 2. (service télégraphique)* Telex *n*
tellement [tɛlmɑ̃] *adv* so, so sehr, derartig
téméraire [temeʀɛʀ] *adj* tollkühn, vermessen
témérité [temeʀite] *f* Vermessenheit *f*
témoignage [temwaɲaʒ] *m 1.* Zeugnis *n,* Bezeugen *n; 2. (preuve)* Beweis *m,* Zeichen *n; ~ de sympathie* Sympathiebekundung *f; ~ d'amitié* Freundschaftsbeweis *m*
témoigner [temwaɲe] *v JUR* bezeugen, als Zeuge aussagen; *~ de son innocence* seine Unschuld bezeugen/seine Unschuld beweisen
témoin [temwɛ̃] *m 1.* Zeuge/Zeugin *m/f; ~ oculaire* Augenzeuge *m; ~ à décharge* Entlastungszeuge *m; ~ à charge* Belastungszeuge *m; ~ principal/~ numéro un* Kronzeuge *m; ~ à un mariage* Trauzeuge/Trauzeugin *m/f; 2. (fig)* Zeichen *n*
tempe [tɑ̃p] *f ANAT* Schläfe *f; ~s dégarnies (fig)* Geheimratsecken *pl*
tempérament [tɑ̃peʀamɑ̃] *m 1.* Ausgleich *m,* Linderung *f; 2. (nature)* Temperament *n,* Natur *f*
tempérance [tɑ̃peʀɑ̃s] *f* Enthaltsamkeit *f; avec ~* enthaltsam
température [tɑ̃peʀatyʀ] *f 1.* Temperatur *f; 2. (fièvre)* Fieber *n*
tempéré [tɑ̃peʀe] *adj* mild, gemäßigt; *climat ~* gemäßigtes Klima *n*
tempérer [tɑ̃peʀe] *v* mäßigen
tempête [tɑ̃pɛt] *f 1.* Sturm *m,* Unwetter *n; ~ de sable* Sandsturm *m; 2. (orage)* Gewitter *n*
tempêter [tɑ̃pɛte] *v* toben, tollen
temple [tɑ̃pl] *m* Tempel *m*

tempo [tɛmpo] *m MUS* Tempo *n*
temporaire [tɑ̃pɔʀɛʀ] *adj 1.* vorläufig; *2. (passager)* vorübergehend; *3. (provisoire)* zeitweilig
temporel [tɑ̃pɔʀɛl] *adj 1.* zeitlich; *2. REL* weltlich
temps[1] [tɑ̃] *m* Zeit *f; ~ d'exposition* Belichtungszeit *f; ~ perdu* Zeitverschwendung *f; ~ libre* Mußezeit *f; ~ modernes* Neuzeit *f; un laps de ~* eine Weile *f; en même ~* gleichzeitig/zugleich; *de ~ en ~* hin und wieder/gelegentlich; *pendant ce ~* indessen; *la plupart du ~* meistens; *par les ~ qui courent* heutzutage; *avoir fait son ~* ausgedient haben/aus der Mode gekommen sein; *Il n'y a pas de ~ à perdre.* Es ist keine Zeit zu verlieren. *Cela prendrait trop de ~.* Das würde zu viel Zeit in Anspruch nehmen.
temps[2] [tɑ̃] *m (conditions atmosphériques)* Wetter *n; ~ de chien* Hundewetter *n; Le ~ est à la pluie.* Es sieht nach Regen aus. *faire la pluie et le beau ~ (fig)* tonangebend sein
tenace [tənas] *adj 1.* zäh; *2. (entêté)* hartnäckig
ténacité [tenasite] *f* Hartnäckigkeit *f,* Starrsinn *m*
tenailler [tənɑj] *v* zwicken
tenailles [tənɑj] *f/pl 1.* Zange *f; 2. (pince coupante) TECH* Beißzange *f*
tenancier [tənɑ̃sje] *m* Pächter *m*
tendance [tɑ̃dɑ̃s] *f 1.* Tendenz *f,* Trend *m; avoir une ~ vers* tendieren zu; *~ à la baisse ECO* Abwährtsentwicklung *f; 2. POL* Richtung *f; 3. (penchant)* Hang *m,* Neigung *f; ~ à se plaindre* Wehleidigkeit *f; avoir ~ à (fig)* neigen zu
tendancieux [tɑ̃dɑ̃sjø] *adj* tendenziös
tendon [tɑ̃dɔ̃] *m 1. MED* Flechte *f; 2. ANAT* Sehne *f*
tendre[1] [tɑ̃dʀ] *adj* sanft, weich, zart
tendre[2] [tɑ̃dʀ] *v 1.* strecken, dehnen; *~ un arc* einen Bogen spannen; *~ l'oreille (fig)* lauschen, horchen; *2. (accrocher)* aufhängen, behängen; *~ un piège* eine Falle aufstellen; *3. (donner)* reichen, geben; *~ la main à qn* jdm die Hand geben; *4. ~ à qc* nach etw trachten, etw anstreben
tendresse [tɑ̃dʀɛs] *f* Zärtlichkeit *f*
tendu [tɑ̃dy] *adj* gespannt, angespannt
ténèbres [tenɛbʀ] *f/pl* Dunkel *n,* Dunkelheit *f*
teneur [tənœʀ] *f* Gehalt *m; ~ en or* Goldgehalt *m*
ténia [tenjɑ] *m* Bandwurm *m*
tenir [təniʀ] *v irr 1.* halten, festhalten; *~ prêt* bereithalten; *~ à la disposition* bereithalten; *~ compte* berücksichtigen; *~ bon* durchhalten/standhalten; *~ le coup* durchhalten; *~ ferme* standhalten; *~ secret* verheimlichen; *~ en lieu sûr* verwahren; *ne pas ~ en place* nicht ruhig bleiben können; *Qu'à cela ne tienne!* Das macht nichts./Darauf soll es nicht ankommen! *~ la jambe à qn* jdn mit seinem Gerede aufhalten; *2. (s'occuper de)* führen; *~ le ménage* den Haushalt führen; *~ un chien en laisse* einen Hund an der Leine führen; *3. ~ à qc* auf etw Wert legen; *Cela me tient à cœur.* Das liegt mir am Herzen. *Si vous y tenez ...* Wenn Sie darauf bestehen ...; *4. ~ de* haben von, grenzen an, ähneln; *Il tient beaucoup de son père.* Er ist seinem Vater sehr ähnlich. *Cela tient du miracle.* Das grenzt an ein Wunder. *5. (dépendre de)* abhängen; *A quoi cela tient-il?* Woran liegt es? *Il ne tient qu'à elle.* Es hängt nur von ihr ab. *6. (contenir)* umfassen, enthalten; *Cette bouteille tient un litre.* Diese Flasche enthält einen Liter. *7. MIL* einnehmen; *~ le premier rang* die erste Stelle einnehmen; *8. se ~* sich halten, sich verhalten; *s'en ~ à qc* sich an etw halten; *se ~ debout* sich aufrecht halten; *se ~ bien* sich wohl verhalten/sich benehmen
tennis [tɛnis] *m SPORT* Tennis *n; ~ de table* Tischtennis *n*
ténor [tenɔʀ] *m MUS* Tenor *m*
tension [tɑ̃sjɔ̃] *f* Anspannung *f,* Spannung *f; haute ~* Hochspannung *f; ~ du secteur* Netzspannung *f; ~ artérielle* Blutdruck *m*
tentant [tɑ̃tɑ̃] *adj* ansprechend
tentation [tɑ̃tasjɔ̃] *f 1.* Verlockung *f; 2. (désir)* Versuchung *f*
tentative [tɑ̃tativ] *f* Versuch *m; ~ d'approche* Annäherungsversuch *m; ~ de meurtre* Mordanschlag *m; ~ de suicide* Selbstmordversuch *m*
tente [tɑ̃t] *f* Zelt *n*
tenter [tɑ̃te] *v 1.* versuchen; *~ sa chance* sein Glück versuchen; *2. (séduire)* verführen; *être tenté de faire qc* große Lust verspüren, etw zu tun
tenue [təny] *f 1.* Haltung *f,* Verhalten *n; 2. (habillement)* Montur *f,* Kleidung *f; ~ de bain* Badeanzug *m*
térébenthine [teʀebɑ̃tin] *f* Terpentin *n*
tergiversations [tɛʀʒivɛʀsɑsjɔ̃] *f/pl* Ausflüchte *pl*

tergiverser [tɛʀʒivɛʀse] *v* zögern, zaudern

terme [tɛʀm] *m 1.* Ausdruck *m,* Begriff *m,* Wort *n; ~ technique* Fachausdruck *m; ~ général/~ générique* Oberbegriff *m; ~s de l'accord* Abmachung *f; en d'autres ~s* mit anderen Worten; *en ~s formels* förmlich; *être en mauvais ~s avec qn* mit jdm auf schlechtem Fuß stehen; *~ de la liquidation ECO* Abschlussstichtag *m; 2. (délai)* Frist *f; à court ~* kurzfristig; *à long ~* langfristig; *3. (échéance)* Abschluss *m,* Ende *n; ~ de la vie/~ de l'existence* Lebensende *n*

terminal [tɛʀminal] *adj* abschließend

terminé [tɛʀmine] *adj* fertig, beendet

terminer [tɛʀmine] *v 1.* absolvieren, vollenden; *2. (achever)* abschließen, beenden, fertig machen; *3. se ~* enden, auslaufen

terminologie [tɛʀminɔlɔʒi] *f* Fachsprache *f,* Terminologie *f*

terminus [tɛʀminys] *m* Endstation *f*

terne [tɛʀn] *adj 1.* trüb, matt, stumpf; *2. (banal)* unscheinbar

ternir [tɛʀniʀ] *v* trüben, matt machen; *~ l'éclat de qc* den Glanz von etw trüben; *L'humidité a terni le miroir.* Die Feuchtigkeit hat den Spiegel matt gemacht.

terrain [tɛʀɛ̃] *m 1.* Gelände *n; ~ industriel* Fabrikgelände *n; ~ de la foire* Messegelände *n; 2. (terre)* Land *n,* Grundstück *n; ~ à bâtir* Bauland *n; 3. (emplacement)* Platz *m; ~ de jeu* Spielplatz *m; ~ de sport* Sportplatz *m; ~ de manœuvre* Übungsplatz *m; ~ de camping* Campingplatz *m*

terrasse [tɛʀas] *f* Terrasse *f,* Dachterrasse *f*

terre [tɛʀ] *f 1.* Boden *m,* Erde *f; ~ glaise* Lehmboden *m; rentrer sous ~* vor Scham im Boden versinken; *Voilà tous nos projets par ~.* Alle unsere Pläne sind über den Haufen geworfen. *2. (terrain)* Land *n; ~ ferme* Festland *n; ~ nouvelle/~ inconnue* Neuland *n; 3. (monde)* Welt *f,* Erde *f*

terre-à-terre [tɛʀatɛʀ] *adj* hausbacken (fig)

terreau [tɛʀo] *m* Kompost *m,* Humus *m*

terre-plein [tɛʀplɛ̃] *m 1.* durch eine Mauer gestützte Erdaufschüttung *f; 2. ~ central (d'une autoroute)* Mittelstreifen *m,* Grünstreifen *m*

terrer [tɛʀe] *v se ~* sich verkriechen

terrestre [tɛʀɛstʀ] *adj* irdisch

terreur [tɛʀœʀ] *f 1.* Terror *m; 2. (effroi)* Schrecken *m*

terreux [tɛʀø] *adj* erdig

terrible [tɛʀibl] *adj 1.* fürchterlich, schrecklich, grässlich; *2. (fam)* wahnsinnig gut

terrien [tɛʀjɛ̃] *adj* Land..., ländlich; *un propriétaire ~* ein Grundbesitzer *m; l'aristocratie ~ne* der Landadel *m*

terrien(ne) [tɛʀjɛ̃/tɛʀjɛn] *m/f* Bewohner(in) des Landesinneren *m/f*

terrier [tɛʀje] *m* Höhle *f,* Tierbau *m*

terrifiant [tɛʀifjɑ̃] *adj* erschreckend

terrifier [tɛʀifje] *v* erschrecken, in Angst und Schrecken versetzen

terrine [tɛʀin] *f 1.* Schüssel *f; 2. (écuelle)* Napf *m; 3. (pâté) GAST* Fleischpastete *f*

territoire [tɛʀitwaʀ] *m 1.* Gebiet *n; ~ inoccupé* Niemandsland *n; ~ national* Hoheitsgebiet *n; 2. POL* Territorium *n*

terrorisme [tɛʀɔʀism] *m* Terrorismus *m*

terroriste [tɛʀɔʀist] *m/f* Terrorist(in) *m/f*

tesson [tesɔ̃] *m* Scherbe *f*

test [tɛst] *m 1.* Prüfung *f,* Test *m; 2. (expérience)* Versuch *m,* Experiment *n,* Erprobung *f; ~ de grossesse* Schwangerschaftstest *m*

testament [tɛstamɑ̃] *m* Testament *n,* Vermächtnis *n*

testamentaire [tɛstamɑ̃tɛʀ] *adj* testamentarisch

tester [tɛste] *v* testen, erproben

testicule [tɛstikyl] *m ANAT* Hoden *m*

tétanos [tetanos] *m MED* Tetanus *m*

têtard [tɛtaʀ] *m ZOOL* Kaulquappe *f*

tête [tɛt] *f 1.* Kopf *m; ~ chauve* Glatze *f; ~ carrée (fam)* Querkopf *m; ~ de turc* Sündenbock *m; ~ de mort* Totenkopf *m; ~ de cochon (fam)* Trotzkopf *m; la ~ la première* kopfüber; *perdre la ~ (fam)* durchdrehen; *avoir une idée derrière la ~* einen Hintergedanken haben; *avoir la ~ tout à l'envers* ganz durcheinander sein; *y aller ~ baissée* kopflos handeln/überstürzt handeln; *en avoir pardessus la ~* es satt haben; *avoir la ~ ailleurs* mit den Gedanken woanders sein; *avoir la ~ dure* schwer von Begriff sein; *casser la ~ à qn* jdm auf die Nerven gehen; *prendre la ~ à qn* jdm auf die Nerven fallen; *2. (chef)* Haupt *n; 3. (fig)* Spitze *f; en ~* vorn(e); *en ~* voraus; *être à la ~* leiten/führen/an der Spitze liegen

tête-à-tête [tɛtatɛt] *m* Tête-à-Tête *n,* Gespräch unter vier Augen *n; avoir un ~ avec qn* mit jdm unter vier Augen reden; *un repas en ~* ein Essen in trauter Zweisamkeit *n*

téter [tete] *v* saugen
tétine [tetin] *f* Schnuller *m*
téton [tetɔ̃] *m (fam)* Busen *m,* Titte *f*
tétras [tetʀa] *m (oiseau) ZOOL* Auerhahn *m; le grand ~* der Auerhahn *m*
têtu [tɛty] *adj* eigensinnig, hartnäckig
texte [tɛkst] *m* Text *m,* Wortlaut *m*
textiles [tɛkstil] *m/pl* Textilien *pl*
textuel [tɛkstɥɛl] *adj* buchstäblich, wörtlich
Thaïlande [tailɑ̃d] *f GEO* Thailand *n*
thé [te] *m* schwarzer Tee *m*
théâtral [teɑtʀal] *adj* theatralisch
théâtre [teɑtʀ] *m 1.* Theater *n,* Schauspielhaus *n; pièce de ~* Theaterstück *n,* Schauspiel *n; 2. (scène)* Bühne *f; ~ de plein air* Freilichtbühne *f; ~ ambulant* Wanderbühne *f; 3. (fig)* Schauplatz *m*
théière [tejɛʀ] *f* Teekanne *f*
thématique [tematik] *adj* thematisch
thème [tɛm] *m 1.* Thema *n; 2. (objet)* Gegenstand *m,* Thema *n; ~ du débat* Gesprächsgegenstand *m; 3. MUS* Leitmotiv *n*
théologie [teɔlɔʒi] *f* Theologie *f*
théologien(ne) [teɔlɔʒjɛ̃/teɔlɔʒjɛn] *m/f* Theologe/Theologin *m/f*
théorie [teɔʀi] *f* Theorie *f; ~ des ensembles* Mengenlehre *f*
théorique [teɔʀik] *adj* theoretisch
thérapeute [teʀapøt] *m/f MED* Therapeut(in) *m/f*
thérapeutique [teʀapøtik] *f MED* Therapeutik *f,* Heilkunde *f; ~ naturelle* Naturheilkunde *f*
thérapie [teʀapi] *f* Therapie *f; ~ de groupe* Gruppentherapie *f*
thermes [tɛʀm] *m/pl* Badeanstalt *f,* Thermalbad *n*
thermomètre [tɛʀmɔmɛtʀ] *m* Thermometer *n; ~ médical* Fieberthermometer *n*
thermos [tɛʀmos] *f* Thermosbehälter *m,* Thermoskanne *f; emporter du café chaud dans une ~* in einer Thermoskanne heißen Kaffee bringen
thermostat [tɛʀmɔsta] *m* Thermostat *m*
thésauriser [tezɔʀize] *v* horten
thèse [tɛz] *f 1.* These *f; 2. (traité)* Abhandlung *f; ~ de doctorat (d'Université)* Dissertation *f*
thon [tɔ̃] *m ZOOL* Thunfisch *m*
thym [tɛ̃] *m BOT* Thymian *m*
Tibet [tibɛ] *m GEO* Tibet *n*
tibia [tibja] *m ANAT* Schienbein *n*
tic [tik] *m* Tick *m*
ticket [tikɛ] *m 1.* Fahrschein *m; 2. (billet d'entrée)* Eintrittskarte *f*
tic-tac [tiktak] *m faire ~* ticken
tiède [tjɛd] *adj* lauwarm
tien(ne) [tjɛ̃] *pron le ~/la ~ne (possessif)* der/die/das Deinige; *les ~s* die Deinen; *C'est le ~.* Das gehört dir. *A la ~ne!* Auf dein Wohl!
tiens [tjɛ̃] *interj Tiens!* Schau, schau!/Aha!
tiercé [tjɛʀse] *m* Dreierwette *f; gagner le ~ dans l'ordre* bei der Dreierwette in der richtigen Reihenfolge gewinnen
tiers [tjɛʀ] *m* Drittel *n*
tiers-monde [tjɛʀmɔ̃d] *m POL* Dritte Welt *f*
tige [tiɢ] *f 1.* Stange *f; 2. (queue)* Stiel *m; 3. (paille) BOT* Halm *m*
tignasse [tiɲas] *f (fam)* Haarschopf *m,* Mähne *f*
tigre [tigʀ] *m ZOOL* Tiger *m*
tilleul [tijœl] *m BOT* Linde *f*
timbale [tɛ̃bal] *f 1.* Becher *m; 2. MUS* Pauke *f*
timbre [tɛ̃bʀ] *m 1.* Briefmarke *f; 2. (son)* Klang *m; 3. MUS* Ton *m*
timbré [tɛ̃bʀe] *adj (fam: fou)* bekloppt
timbrer [tɛ̃bʀe] *v (lettre)* freimachen, frankieren
timide [timid] *adj* scheu, schüchtern, verschüchtert
timidité [timidite] *f 1.* Scheu *f,* Schüchternheit *f; 2. (appréhension)* Ängstlichkeit *f*
timon [timɔ̃] *m* Deichsel *f*
timonier [timɔnje] *m* Steuermann *m*
timoré [timɔʀe] *adj* kleinmütig
tinter [tɛ̃te] *v* klirren
tique [tik] *f ZOOL* Zecke *f*
tir [tiʀ] *m* Schießen *n,* Beschießung *f,* Feuer *n; faire du ~* schießen; *~ à l'arc* Bogenschießen *n; ~ aux pigeons* Tontaubenschießen *n; ~ forain* Schießbude *f*
tirage [tiʀaʒ] *m 1.* Ziehen *n,* Ziehung *f; ~ de la loterie* Losziehung *f; ~ au sort* Auslosung *f,* Verlosung *f; 2. (reproduction)* Abdruck *m,* Nachbildung *f; faire un ~* abdrucken/ausdrucken; *3. (d'un livre)* Auflage *f; premier ~* Erstauflage *f*
tirailler [tiʀaje] *v 1.* zerren; *2. (fig)* hin- und herreißen; *être tiraillé entre plusieurs possibilités* zwischen mehreren Möglichkeiten hin- und hergerissen sein
tire-au-flanc [tiʀoflɑ̃] *m (fam)* Faulenzer *m*
tire-bouchon [tiʀbuʃɔ̃] *m* Korkenzieher *m*

tirelire [tiʀliʀ] *f* Sparbüchse *f*

tirer [tiʀe] *v 1.* ziehen; *~ au sort* auslosen; *~ au clair* aufklären; *2. (imprimer)* ausdrucken, abdrucken; *3. (fig)* entnehmen, schließen; *4. (faire feu)* schießen, feuern; *5. s'en ~ (fig)* davonkommen

tiret [tiʀɛ] *m* Bindestrich *m*

tireur [tiʀœʀ] *m ~ d'élite* Scharfschütze *m*

tiroir [tiʀwaʀ] *m* Schublade *f; racler les fonds de ~s* die letzten Pfennige zusammenkratzen

tiroir-caisse [tiʀwaʀkɛs] *m* Registrierkasse *f*

tisane [tizan] *f* Kräutertee *m*

tissage [tisaʒ] *m* Weberei *f*

tisser [tise] *v* weben

tissu [tisy] *m 1.* Gewebe *n; ~ conjonctif* Bindegewebe *n; 2. (étoffe)* Stoff *m; ~ éponge* Frottee *n*

titre [titʀ] *m 1.* Titel *m,* Doktortitel *m; à ~ gracieux* gratis; *à ~ provisoire* vorübergehend; *à ~ honorifique* ehrenamtlich; *à ~ professionnel* hauptamtlich; *à ~ d'information* zur Kenntnisnahme; *à ~ de comparaison* vergleichsweise; *à juste ~* mit vollem Recht; *2. (de journal)* Überschrift *f; gros ~* Schlagzeile *f; 3. (diplôme)* Urkunde *f; 4. ~ de noblesse* Adelstitel *m; 5. (appréciation)* Prädikat *n,* Bewertung *f; 6. ~ de créance ECO* Schuldschein *m; 7. ~ d'or fin* Feingehalt *m; 8. ~s pl ECO* Effekten *pl*

tituber [titybe] *v* taumeln, torkeln

titulaire [titylɛʀ] *m/f 1.* Amtsinhaber(in) *m/f; 2. ~ d'un prix* Preisträger(in) *m/f*

toast [tost] *m 1. GAST* Toast *m; 2. (à la santé de qn)* Trinkspruch *m,* Toast *m*

toboggan [tɔbɔgɑ̃] *m* Rutschbahn *f*

toc [tɔk] *m 1. (imitation)* Imitation *f,* Talmi *n; un bijou en ~* ein falscher Klunker *m; Ce n'est que du ~.* Was für ein Kitsch. *interj 2. ~ ~* klopf, klopf; *3. Et ~!* Das hat gesessen!/ Und zack! Das saß!

toge [tɔʒ] *f REL* Talar *m*

toi [twa] *pron 1. (tonique)* du; *2. (accusatif)* dich; *3. à ~* dir

toile [twal] *f 1.* Gemälde *n; 2. (drap)* Laken *n; 3. (filet)* Netz *n; ~ d'araignée* Spinnennetz *n; 4. ~ contre les mouches* Fliegengitter *n; 5. (de lin)* Leinen *n; 6. ART* Leinwand *f*

toilette [twalɛt] *f 1.* Toilette *f,* Klosett *n; faire sa ~* sich waschen; *2. (tenue)* Kleidung *f; 3. (mise)* Putz *m,* Zier *f; 4. ~s pl* Toilette *f; aller aux ~s* zur Toilette gehen

toison [twazɔ̃] *f* Lammfell *n*

toit [twa] *m 1.* Dach *n; crier qc sur tous les ~s* etw an die große Glocke hängen/etw hinausposaunen; *vivre sous le même ~* unter einem Dach wohnen/zusammen wohnen; *2. ~ ouvrant* Schiebedach *n*

toiture [twatyʀ] *f 1.* Dach *n; 2. (couverture)* Überdachung *f*

tôle[1] [tol] *f* Blech *n*

tôle[2] [tol] *f (voir „taule")*

tolérable [tɔleʀabl] *adj* erträglich

tolérance [tɔleʀɑ̃s] *f* Toleranz *f*

tolérant [tɔleʀɑ̃] *adj* nachsichtig, tolerant

tolérer [tɔleʀe] *v 1.* tolerieren; *2. (supporter)* dulden, ertragen; *3. (endurer qc)* vertragen; *4. (subir)* tragen, ertragen (fig)

tollé [tɔle] *m* Aufschrei *m*

tomate [tɔmat] *f BOT* Tomate *f*

tombant [tɔ̃bɑ̃] *adj* fallend, abfallend; *des épaules ~es* Hängeschultern *pl; des cheveux ~s* offen herabhängende Haare *pl*

tombe [tɔ̃b] *f* Grab *n,* Gruft *f*

tombeau [tɔ̃bo] *m* Grab *n; rouler à ~ ouvert* wie ein Irrer rasen

tombée [tɔ̃be] *f (du jour, de la nuit)* Anbruch *m*

tomber [tɔ̃be] *v 1.* nachlassen, schwächer werden; *2. (sombrer)* sinken; *3. (s'effondrer)* stürzen, fallen, umfallen; *faire ~ qc* etw fallen lassen; *4. (nuit)* anbrechen, beginnen; *5. (foudre)* einschlagen; *6. ~ à pic* genau zur rechten Zeit kommen, genau richtig kommen, hinhauen; *7. ~ en ruine* einstürzen; *8. ~ malade* erkranken; *9. ~ amoureux de* sich verlieben in; *10. laisser ~ qn* jdn abhängen, jdn fallen lassen; *11. ~ dans le panneau* hereinfallen, getäuscht werden

tombeur [tɔ̃bœʀ] *m (fam: de femmes)* Schürzenjäger *m,* Frauenheld *m*

tombola [tɔ̃bɔla] *f* Tombola *f,* Verlosung *f*

tome [tɔm] *m* Band *m*

tomme [tɔm] *f (fromage) GAST* Käse aus Savoyen *m*

tomographie [tɔmɔgʀafi] *f MED* Tomographie *f; ~ par ordinateur* Computertomographie *f*

tom-pouce [tɔmpus] *m* Taschenschirm *m*

ton[1] [tɔ̃] *pron* dein; *~ semblable* deinesgleichen

ton[2] [tɔ̃] *m 1.* Klang *m; 2. (façon de parler)* Umgangston *m; Si vous le prenez sur ce ~-là ...* Wenn Sie so einen Ton anschlagen ...; *d'un ~ tranchant* entschieden

tonalité [tɔnalite] *f* Klang *m*

tondeuse [tɔ̃døz] *f ~ à gazon* Rasenmäher *m*
tondre [tɔ̃dʀ] *v irr 1.* scheren; *~ la laine d'un mouton* ein Schaf scheren; *~ un chien* einen Hund scheren; *~ un soldat* einem Soldaten den Kopf scheren; *se faire ~* sich die Haare kurz rasieren lassen; *2. (faucher)* mähen; *~ le gazon* den Rasen mähen; *~ une haie* eine Hecke stutzen; *3. ~ qn (fam: dépouiller)* jdn ausnehmen; *~ le client* den Kunden ausnehmen
tonique [tɔnik] *adj 1. (stimulant)* anregend, stimulierend; *médicament ~* Tonikum *n,* Reizmittel *n; 2. (fig)* belebend, erfrischend; *climat ~* Reizklima *n*
tonne [tɔn] *f 1.* Tonne *f; 2. (fam: grande quantité)* Riesenmenge *f,* Unmenge *f; Il y a une ~ de travail.* Es gibt eine Unmenge zu tun. *Elle a mangé des ~s de cerises.* Sie hat Unmengen von Kirschen gegessen.
tonneau [tɔno] *m* Tonne *f,* Fass *n; faire plusieurs ~x (en voiture)* sich überschlagen
tonnelle [tɔnɛl] *f* Laube *f*
tonner [tɔne] *v* donnern
tonnerre [tɔnɛʀ] *m* Donner *m; Tonnerre de Brest!* Donnerwetter!
tonton [tɔ̃tɔ̃] *m (jargon d'enfants)* Onkel *m*
tonus [tɔnys] *m (énergie)* Energie *f,* Kraft *f; Il a du ~.* Er ist energisch. *manquer de ~* energielos sein
top [tɔp] *m (signal sonore)* Zeitzeichenton *m,* Signal *n; Au quatrième ~, il sera exactement cinq heures.* Beim vierten Ton des Zeitzeichens ist es genau fünf Uhr. *donner le ~ de départ* das Signal zum Aufbruch geben
toque [tɔk] *f* Kappe *f*
toqué [tɔke] *adj (fam: fou)* nicht ganz dicht
toquer [tɔke] *v ~ à la porte* an die Tür klopfen
torche [tɔʀʃ] *f* Fackel *f*
torchon [tɔʀʃɔ̃] *m 1.* Tuch *n; 2. (chiffon)* Lappen *m,* Abtrockentuch *n*
tordant [tɔʀdɑ̃] *adj (fam: drôle)* witzig, urkomisch; *une histoire ~e* eine witzige Geschichte *f; Ce film est ~.* Dieser Film ist zum Schießen.
tordre [tɔʀdʀ] *v 1. se ~ qc* sich etw ausrenken; *2. se ~ (fam)* sich kaputtlachen; *3. (plier)* krümmen; *4. (courber)* verbiegen
tordu [tɔʀdy] *adj* krumm
torgnole [tɔʀɲɔl] *f (fam: gifle)* Ohrfeige *f*
tornade [tɔʀnad] *f* Tornado *m,* Wirbelsturm *m; entrer comme une ~ (fig)* hereinstürmen
torpiller [tɔʀpije] *v* torpedieren
torréfier [tɔʀefje] *v (café)* rösten
torrent [tɔʀɑ̃] *m 1.* Wildbach *m,* Sturzbach *m; un ~ de lave* ein Lavastrom *m; Il pleut à ~s.* Es regnet in Strömen. *2. (fig)* Sturzflut *f,* Strom *m; un ~ d'injures* eine Flut von Beschimpfungen *f; des ~s de larmes* Tränenströme *pl*
torride [tɔʀid] *adj* dörrend, heiß; *un climat ~* ein heißes Klima *n; une zone ~* ein heißes Gebiet *n*
torsade [tɔʀsad] *f* Kordel *f,* Franse *f; une ~ de cheveux* ein gedrehter Zopf *f; un cordon en ~* eine Kordel *f*
torse [tɔʀs] *m ANAT* Oberkörper *m*
tort [tɔʀ] *m 1.* Unrecht *n; à ~ ou à raison* mit Recht oder Unrecht; *à ~* ungerecht; *à ~ et à travers* ohne zu überlegen/ins Blaue hinein; *2. (préjudice)* Beeinträchtigung *f; faire ~ à qn* jdn schädigen
tortillard [tɔʀtijaʀ] *m* Bummelzug *m*
tortiller [tɔʀtije] *v 1.* zwirbeln, drehen; *~ ses cheveux* seine Haare zwirbeln; *~ sa moustache* seinen Schnurrbart zwirbeln; *~ son mouchoir* sein Taschentuch zusammendrehen; *2. se ~* sich hin- und herwinden, sich ringeln; *se ~ sur sa chaise* unruhig auf seinem Stuhl herumrutschen
tortue [tɔʀty] *f ZOOL* Schildkröte *f; avancer comme une ~* im Schneckentempo vorankommen
torture [tɔʀtyʀ] *f* Folter *f,* Qual *f*
torturer [tɔʀtyʀe] *v 1.* foltern, quälen; *2. se ~* sich abquälen
tôt [to] *adv 1.* zeitig, früh; *2. plus ~* früher; *3. (de bonne heure)* frühzeitig
total [tɔtal] *adj 1.* total; *2. (entier)* ganz; *m 3.* Summe *f; 4. (montant)* Gesamtbetrag *m*
totalitaire [tɔtalitɛʀ] *adj* totalitär
totalité [tɔtalite] *f 1.* Ganzes *n; en ~* insgesamt; *2. (ensemble)* Gesamtheit *f*
toubib [tubib] *m (fam: médecin)* Arzt *m,* Doktor *m*
toucan [tukɑ̃] *m ZOOL* Tukan *m,* Pfefferfresser *m*
touchant [tuʃɑ̃] *adj* rührend
touche [tuʃ] *f* Taste *f*
touche-à-tout [tuʃatu] *m (enfant)* Wildfang *m,* Kind, das alles anfassen muss *n*
toucher [tuʃe] *v 1.* berühren, anfassen; *sans avoir l'air d'y ~* als ob man von nichts wüsste; *ne pas être touché par (fig)* darüber stehen; *2. (~ de l'argent)* bekommen, abheben, einnehmen; *3. ~ terre* landen; *4. (at-*

teindre) treffen; *5. ~ à* angrenzen an; *6. ne pas ~ (fig)* kalt lassen; *7. (encaisser)* vereinnahmen

touffe [tuf] *f* Büschel *m,* Strauß *m; une ~ d'herbe* ein Grasbüschel *n; une ~ de cheveux* ein Büschel Haare *n*

touffu [tufy] *adj 1.* dicht, buschig; *2. (fig: confus)* unübersichtlich, verwirrend

touiller [tuje] *v (fam: remuer)* umrühren; *~ la salade* den Salat mischen; *~ son café* seinen Kaffee umrühren

toujours [tuʒuʀ] *adv 1.* immer; *2. (constamment)* stets; *On peut ~ essayer.* Man kann es wenigstens versuchen.

toupet [tupɛ] *m (audace)* Dreistigkeit *f,* Unverfrorenheit *f; avoir du ~* dreist sein; *Il a eu le ~ de venir.* Er hatte die Unverfrorenheit zu kommen. *Il ne manque pas de ~.* Er ist ganz schön unverschämt.

toupie [tupi] *f (jeu)* Kreisel *m; jouer à la ~* mit einem Kreisel spielen; *faire tourner une ~* einen Kreisel drehen

tour[1] [tuʀ] *m 1.* Drehung *f; à ~ de rôle* nacheinander/abwechselnd; *C'est mon ~.* Ich bin an der Reihe./Ich bin dran. *rire et pleurer ~ à ~* bald lachen, bald weinen; *~ à ~* abwechselnd; *2. ~ de scrutin* Durchgang *m,* Wahlgang *m; 3. ~ d'honneur* Ehrenrunde *f; 4. ~ de main* Handgriff *m; 5. ~ de force/~ d'adresse* Kunststück *n; 6. (voyage)* Wanderung *f,* Tour *f; ~ du monde* Weltreise *f; ~ en ville* Stadtbummel *m*

tour[2] [tuʀ] *f 1. (haute construction)* Turm *m; 2. ~ de forage TECH* Bohrturm *m*

tour[3] [tuʀ] *m (d'un potier) TECH* Drehscheibe *f*

tourbe [tuʀb] *f* Torf *m*

tourbillon [tuʀbijɔ̃] *m* Wirbel *m; un ~ de vent* ein Wirbelwind *m; un ~ de poussière* ein Staubwirbel *m; un ~ de neige* ein Schneegestöber *n*

tourbillonner [tuʀbijɔne] *v* wirbeln, aufwirbeln; *Les feuilles mortes tourbillonnent.* Die herabgefallenen Blätter wirbeln umher. *Le sable tourbillonne.* Der Sand wird aufgewirbelt. *Les danseurs tourbillonnent.* Die Tänzer wirbeln herum.

tourisme [tuʀism] *m* Fremdenverkehr *m,* Tourismus *m*

touriste [tuʀist] *m/f* Tourist(in) *m/f*

touristique [tuʀistik] *adj* touristisch, Fremdenverkehrs...; *une région ~* eine Tourismusregion *f; un guide ~* ein Fremdenführer *m; un voyage ~* eine Urlaubsreise *f*

tourment [tuʀmɑ̃] *m 1.* Gram *m,* Pein *f; 2. ~s pl* Mühsal *f,* Quälerei *f*

tourmente [tuʀmɑ̃t] *f (tempête)* Sturm *m,* Unwetter *n; être pris dans une ~* in einen Sturm geraten

tourmenter [tuʀmɑ̃te] *v 1. se ~* sich plagen; *2. se ~ (s'inquiéter)* sich ängstigen; *3. (torturer)* quälen

tournage [tuʀnaʒ] *m CINE* Dreharbeiten *pl*

tournant [tuʀnɑ̃] *m* Kehre *f,* Wende *f*

tourné [tuʀne] *adj (lait)* sauer, geronnen

tourne-disques [tuʀnədisk] *m* Plattenspieler *m*

tournedos [tuʀnədo] *m GAST* Filetscheibe *f,* Lendenscheibe *f*

tournée [tuʀne] *f 1. THEAT* Gastspiel *n; être en ~* gastieren; *2. (voyage)* Tournee *f*

tourner [tuʀne] *v 1.* drehen; *2. (obliquer)* abbiegen; *~ à gauche* links abbiegen; *3. (retourner)* umdrehen; *~ au tragique* eine tragische Wende nehmen; *~ qn en ridicule* jdn ins Lächerliche ziehen; *4. ~ les pages* umblättern; *5. ~ le bouton* andrehen, einschalten; *6. ~ dans le vide (roues)* durchdrehen; *7. ~ autour de* kreisen um; *8. mal ~* missglücken, missraten; *9. (mélanger)* rühren, umrühren; *10. CINE* drehen; *~ comme une girouette* sein Fähnchen in den Wind hängen; *~ qn en dérision* jdn zum Narren halten; *La tête me tourne.* Mir wird ganz schwindlig. *avoir l'esprit mal tourné* immer auf schlechte Gedanken kommen

tournesol [tuʀnəsɔl] *m BOT* Sonnenblume *f*

tourneur [tuʀnœʀ] *m* Drechsler *m*

tournevis [tuʀnəvis] *m TECH* Schraubenzieher *m*

tourniquet [tuʀnikɛ] *m* Drehtür *f*

tournis [tuʀni] *m (fam: vertige)* Drehwurm *m; avoir le ~* den Drehwurm haben; *Tu me donnes le ~.* Ich kriege den Drehwurm.

tournoi [tuʀnwa] *m (compétition)* Turnier *n,* Wettkampf *m; un ~ de tennis* ein Tennisturnier *n; un ~ de bridge* ein Bridgeturnier *n; un ~ d'échecs* ein Schachturnier *n*

tournure [tuʀnyʀ] *f 1.* Gestalt *f,* Aussehen *n; 2. (expression)* Redewendung *f*

tourte [tuʀt] *f GAST* gefüllte Blätterteigpastete *f*

tourtereaux [tuʀtəʀo] *m/pl (fig)* Turteltäubchen *pl,* Liebespärchen *n*

tourterelle [tuʀtəʀɛl] *f ZOOL* Turteltaube *f*

tous [tu(s)] *pron 1.* alle; *adj 2. ~ les* alle; *~ les deux* alle beide; *~ les mois* monatlich; *~ les lundi* montags; *~ les après-midis* nachmittags; *~ les ans* alljährlich; *~ ensemble* alle zusammen
Toussaint [tusɛ̃] *f REL* Allerheiligen *n*
tousser [tuse] *v* husten
toussoter [tusɔte] *v* hüsteln
tout [tu] *pron 1.* alles; *~ bien compté* alles wohl bedacht; *risquer le ~ pour le ~* alles auf eine Karte setzen; *adj 2. (entier)* ganz; *~ droit* geradeaus; *~ à l'heure* gleich; *~ au plus* höchstens; *en ~* insgesamt; *~ bas* leise; *~ de suite* sofort; *~ de même* trotzdem; *~ d'abord* zunächst; *~ à fait* durchaus; *~ à l'envers* durcheinander (fam)/verwirrt; *~ autant* ebenso; *pas du ~* keinesfalls; *~ neuf* nagelneu; *~ autour* rundherum; *3. (chacun)* jeder/jedes; *~ le monde* alle; *m 4.* Ganzes *n*
toutefois [tutfwa] *konj 1.* jedoch; *adv 2.* immerhin
toutes [tut] *pron 1.* alle; *adj 2. ~ les fois que* jedesmal wenn; *~ les semaines* wöchentlich; *~ sortes de* allerlei
tout-petit [tupəti] *m* Kleinkind *n,* Baby *n; l'alimentation des ~s* die Kleinkindnahrung *f,* die Babynahrung *f*
toux [tu] *f MED* Husten *m*
toxicomane [tɔksikɔman] *adj* süchtig, abhängig
toxicomanie [tɔksikɔmani] *f* Sucht *f,* Abhängigkeit *f*
toxines [tɔksin] *f/pl* Giftstoffe *pl*
toxique [tɔksik] *adj CHEM* giftig
trac [tʀak] *m* Lampenfieber *n; avoir le ~* Lampenfieber haben
tracas [tʀaka] *m* Schererei *f*
tracasser [tʀakase] *v 1. ~ qn* jdn quälen, jdn schikanieren; *Cette histoire le tracasse.* Diese Geschichte lässt ihm keine Ruhe. *2. se ~* sich sorgen, sich den Kopf zerbrechen; *Il se tracasse pour son avenir.* Er macht sich Gedanken über seine Zukunft.
tracasserie [tʀakasʀi] *f* Belästigung *f,* Quälerei *f*
tracassier [tʀakasje] *m* Quälgeist *m*
trace [tʀas] *f 1.* Spur *f,* Abdruck *m; 2. (soupçon)* Hauch *m,* geringe Menge *f; 3. (piste)* Fährte *f; 4. ~ d'usure* Abnutzungserscheinung *f; 5. ~ de freinage TECH* Bremsspur *f*
tracé [tʀase] *m* Zeichnung *f*
tracer [tʀase] *v 1.* zeichnen; *2. (marquer)* markieren, kennzeichnen
trachée-artère [tʀaʃeaʀtɛʀ] *f ANAT* Luftröhre *f*
tract [tʀakt] *m* Flugblatt *n,* Handzettel *m*
tracteur [tʀaktœʀ] *m 1. AGR* Traktor *m; 2. ~ de semi-remorque* Sattelschlepper *m*
tradition [tʀadisjɔ̃] *f 1.* Tradition *f; 2. (transmission)* Überlieferung *f*
traditionaliste [tʀadisjɔnalist] *adj* traditionsbewusst
traditionnel [tʀadisjɔnɛl] *adj* altehrwürdig, herkömmlich
traducteur [tʀadyktœʀ] *m* Übersetzer *m*
traduction [tʀadyksjɔ̃] *f* Übersetzung *f*
traductrice [tʀadyktʀis] *f* Übersetzerin *f*
traduire [tʀadɥiʀ] *v irr 1.* übersetzen; *2. ~ en justice JUR* belangen
traduisible [tʀadɥizibl] *adj* übersetzbar; *Ce poème est difficilement ~.* Dieses Gedicht ist schwer zu übersetzen.
trafic [tʀafik] *m 1.* Verkehr *m; ~ aérien* Flugverkehr *m,* Luftverkehr *m; ~ frontalier* Grenzverkehr *m; ~ des marchandises* Güterverkehr *m; ~ sur lignes régulières* Linienverkehr *m; ~ suburbain* Nahverkehr *m; ~ de va-et-vient* Pendelverkehr *m; ~ routier* Straßenverkehr *m; ~ de transit* Transitverkehr *m; 2. ~ des stupéfiants* Rauschgifthandel *m; 3. ~ illicite* Schiebung *f*
trafiquant [tʀafikɑ̃] *m ~ de drogue* Drogenhändler *m*
trafiquer [tʀafike] *v 1.* unerlaubten Handel treiben, Schwarzhandel treiben; *2. ~ qc* etw panschen, etw fälschen; *~ du vin* Wein panschen; *~ un chèque* einen Scheck fälschen
tragédie [tʀaʒedi] *f 1.* Tragödie *f,* Drama *n; 2. (catastrophe)* Trauerspiel *n*
tragique [tʀaʒik] *m 1.* Tragik *f; adj 2.* tragisch
trahir [tʀaiʀ] *v 1.* verraten; *2. se ~ en bavardant* sich verplappern
trahison [tʀaizɔ̃] *f* Verrat *m; haute ~ POL* Hochverrat *m*
train [tʀɛ̃] *m 1.* Zug *m,* Eisenbahn *f; ~ de banlieue* Vorortzug *m; ~ express* D-Zug *m; ~ de marchandises* Güterzug *m; 2. (de voitures)* Fahrwerk *n; 3. (de pneus)* Satz *m; 4. ~ d'atterrissage TECH* Fahrwerk *n; 5. (allure)* Lauf *m,* Verlauf *m; aller son ~* seinen normalen Gang gehen; *mener grand ~* auf großem Fuß leben
traînant [tʀɛnɑ̃] *adj* schleppend
traînard [tʀɛnaʀ] *m* Nachzügler *m*

traîne [tʀɛn] *f 1. (d'une robe de mariée)* Schleppe *f; 2. être à la ~ (fam)* zurückbleiben, hinterherhinken

traîneau [tʀɛno] *m* Schlitten *m*

traînée [tʀɛne] *f (trace)* Spur *f,* Streifen *m; une ~ de poudre* ein Lauffeuer *n; une ~ lumineuse* ein Lichtstreifen *m; la ~ d'une fusée* der Feuerstrahl einer Rakete *m; une ~ de brume* ein Nebelstreifen *m; une ~ de sang* eine Blutspur *f*

traîner [tʀɛne] *v 1. se ~* kriechen, sich herumtreiben; *2. laisser ~* liegen lassen, vergessen; *3. ~ après soi* nachziehen, hinterherziehen; *4. (remorquer)* schleifen, schleppen; *5. (fam)* schlendern; *Ça ne va pas ~.* Das wird nicht lange auf sich warten lassen.

train-fantôme [tʀɛ̃fɑ̃tom] *m* Geisterbahn *f*

train-train [tʀɛ̃tʀɛ̃] *m* Schlendrian *m,* Trott *m*

traire [tʀɛʀ] *v irr* melken

trait [tʀɛ] *m 1.* Strich *m; avoir ~ à qc* sich auf etw beziehen/mit etw zu tun haben; *2. (ligne)* Linie *f,* Pfeil *m; 3. ~ d'union* Bindestrich *m; 4. ~ de caractère* Charakterzug *m,* Wesenszug *m; 5. ~ d'esprit* Geistesblitz *m; 6. ~ de lumière* Lichtstrahl *m; 7. ~s du visage pl* Gesichtszüge *pl*

traité [tʀete] *m 1. POL* Vertrag *m,* Konvention *f; 2. (thèse)* Abhandlung *f; 3. ~ imposé POL* Diktat *n,* Zwang *m; 4. ~ de paix POL* Friedensvertrag *m; 5. ~ sur le désarmement* Abrüstungsabkommen *n*

traitement [tʀɛtmɑ̃] *m 1.* Behandlung *f; 2. (salaire)* Gehalt *n,* Lohn *m; 3. (hospitalité)* Bewirtung *f; 4. (façon)* Verarbeitung *f,* Bearbeitung *f; 5. ~ de données* Datenverarbeitung *f; 6. ~ de textes* Textverarbeitung *f*

traiter [tʀete] *v 1.* behandeln; *2. (façonner)* verarbeiten, bearbeiten; *3. ~ qn* mit jdm umgehen, jdn behandeln; *4. (négocier)* bearbeiten, erledigen; *5. (sujet)* abhandeln; *6. (minerai)* aufbereiten; *7. ~ qn de qc* jdn etw heißen; *8. MED* behandeln

traiteur [tʀɛtœʀ] *m* Essenslieferant *m,* Essensservice *m*

traître [tʀɛtʀ] *adj* verräterisch

traître(sse) [tʀɛtʀ(ɛs)] *m/f* Verräter(in) *m/f; en ~* heimtückisch

traîtrise [tʀɛtʀiz] *f* Heimtücke *f,* Verrat *m*

trajectoire [tʀaʒɛktwaʀ] *f* Flugbahn *f*

trajet [tʀaʒɛ] *m 1.* Weg *m,* Strecke *f; 2. (voyage)* Fahrt *f*

tramway [tʀamwɛ] *m* Straßenbahn *f*

tranchant [tʀɑ̃ʃɑ̃] *adj* messerscharf

tranche [tʀɑ̃ʃ] *f 1.* Wurstscheibe *f; 2. ~ de pain* Brotscheibe *f*

tranchée [tʀɑ̃ʃe] *f* Graben *m; ~ de tir MIL* Schützengraben *m*

trancher [tʀɑ̃ʃe] *v ~ sur qc* über etw entscheiden, über etw urteilen

tranquille [tʀɑ̃kil] *adj* ruhig, still; *Laisse-moi ~!* Lass mich in Ruhe!

tranquillement [tʀɑ̃kilmɑ̃] *adv* gemütlich, ruhig

tranquillisant [tʀɑ̃kilizɑ̃] *adj 1.* beruhigend; *m 2. MED* Beruhigungsmittel *n*

tranquilliser [tʀɑ̃kilize] *v se ~* sich beruhigen

tranquillité [tʀɑ̃kilite] *f 1. ~ d'âme* Gemütsruhe *f; 2. (calme)* Stille *f*

transaction [tʀɑ̃zaksjɔ̃] *f 1.* Transaktion *f,* Geschäft *n; 2. JUR* Abfindung *f; 3. ~s boursières pl FIN* Börsenhandel *m*

transatlantique [tʀɑ̃zatlɑ̃tik] *m* Liegestuhl *m*

transbordement [tʀɑ̃sbɔʀdəmɑ̃] *m* Umschlag *m,* Umladen *n*

transborder [tʀɑ̃sbɔʀde] *v* umschlagen, umladen

transcrire [tʀɑ̃skʀiʀ] *v irr* umschreiben, anders ausdrücken

transe [tʀɑ̃s] *f* Trance *f*

transférer [tʀɑ̃sfeʀe] *v 1.* verlagern; *2. ~ à* übertragen auf; *3. JUR* überschreiben; *4. (transporter)* überführen, transportieren; *5. ECO* übertragen; *6. ~ de compte à compte* umbuchen

transfert [tʀɑ̃sfɛʀ] *m 1.* Verlagerung *f; 2. (virement)* Übertragung *f,* Auftrag *m; 3. JUR* Überlassung *f; 4. FIN* Transfer *m; 5. (de patients)* Überweisung *f*

transformateur [tʀɑ̃sfɔʀmatœʀ] *m TECH* Transformator *m*

transformation [tʀɑ̃sfɔʀmasjɔ̃] *f 1.* Veränderung *f; 2. (du bâtiment)* Umbau *m,* Umwandlung *f; 3. (changement)* Wandlung *f*

transformer [tʀɑ̃sfɔʀme] *v 1.* verändern; *2. ~ en* umwandeln in, verwandeln in

transfuge [tʀɑ̃sfyʒ] *m 1.* Ausreißer *m; 2. (déserteur)* Überläufer *m*

transfusion [tʀɑ̃sfyzjɔ̃] *f MED* Transfusion *f; ~ sanguine* Bluttransfusion *f*

transgresser [tʀɑ̃sgʀese] *v 1.* übertreten; *2. (loi)* verletzen

transgression [tʀɑ̃sgʀɛsjɔ̃] *f 1.* Überschreitung *f,* Übertretung *f; 2. (infraction)* Ausschreitung *f*

transistor [tʀɑ̃zistɔʀ] *m* Transistorradio *n*

transit [tʀɑ̃zit] *m 1.* Transit *m; 2. ECO* Durchfuhr *f*

transition [tʀɑ̃zisjɔ̃] *f (fig)* Übergang *m*

transitoire [tʀɑ̃zitwaʀ] *adj* vorübergehend

transmettre [tʀɑ̃smɛtʀ] *v irr 1.* übergeben, weitergeben, weiterleiten; *2. ~ qc à qn* jdm etw ausrichten, jdm etw übermitteln; *3. (une nouvelle)* ausrichten; *4. ~ à ses héritiers* hinterlassen; *~ par héritage* vererben; *5. (livrer)* überliefern; *6. ~ à (charge)* übertragen; *7. MED* übertragen, anstecken; *8. se ~ BIO* vererben

transmissible [tʀɑ̃smisibl] *adj MED* übertragbar

transmission [tʀɑ̃smisjɔ̃] *f 1.* Übermittlung *f; 2. (cession)* Überlassung *f; 3. (tradition)* Überlieferung *f; 4. ~ par succession* Vererbung *f; 5. ~ de pensée* Gedankenübertragung *f; 6. (propulseur) TECH* Antrieb *m; 7. (engrenage) TECH* Übersetzung *f; 8. MED* Übertragung *f*

transparence [tʀɑ̃spaʀɑ̃s] *f* Transparenz *f*

transparent [tʀɑ̃spaʀɑ̃] *adj 1.* klar, durchsichtig, transparent; *m 2.* Klarsichtfolie *f*

transpiration [tʀɑ̃spiʀasjɔ̃] *f* Schweiß *m,* Schwitzen *n*

transpirer [tʀɑ̃spiʀe] *v 1.* schwitzen; *2. (fig)* herauskommen, bekannt werden

transplantation [tʀɑ̃splɑ̃tasjɔ̃] *f MED* Transplantation *f; ~ cardiaque* Herztransplantation *f*

transplanter [tʀɑ̃splɑ̃te] *v 1.* verpflanzen; *2. (déplacer)* umsiedeln; *3. MED* transplantieren, verpflanzen

transport [tʀɑ̃spɔʀ] *m 1.* Transport *m,* Beförderung *f; ~ en commun* Sammeltransport *m; les moyens de ~ en commun* die öffentlichen Verkehrs- und Transportmittel *pl; ~ ferroviaire* Bahntransport *m; 2. (de marchandises) ECO* Warenbeförderung *f; 3. (évacuation)* Abtransport *m; 4. ~ de passion* Gefühlsausbruch *m*

transportable [tʀɑ̃spɔʀtabl] *adj* transportfähig

transporter [tʀɑ̃spɔʀte] *v 1.* überführen, transportieren; *2. (marchandises) ECO* befördern

transporteur [tʀɑ̃spɔʀtœʀ] *m 1.* Spediteur *m; 2. (entreprise de transports)* Transportunternehmen *n; 3. ECO* Frachtführer *m*

transvaser [tʀɑ̃svaze] *v* umfüllen, umgießen

trapèze [tʀapɛz] *m* Trapez *n*

trapéziste [tʀapezist] *m/f* Trapezakrobat(in) *m/f,* Trapezkünstler(in) *m/f*

trappe [tʀap] *f* Klappe *f*

trapu [tʀapy] *adj* bullig, gedrungen

traquenard [tʀaknaʀ] *m* Falle *f*

traquer [tʀake] *v* verfolgen, hetzen

traumatisme [tʀomatism] *m MED* Trauma *n*

travail [tʀavaj] *m 1.* Arbeit *f; journée de ~* Arbeitstag *m; heures de ~* Arbeitszeit *f; ~ aux pièces ECO* Akkordarbeit *f; ~ de bureau* Büroarbeit *f; ~ occasionnel* Gelegenheitsarbeit *f; ~ à mi-temps* Halbtagsbeschäftigung *f; ~ manuel* Handarbeit *f; ~ à domicile* Heimarbeit *f; ~ saisonnier* Saisonarbeit *f; ~ par équipes* Schichtarbeit *f; ~ au noir* Schwarzarbeit *f; ~ de force* Schwerarbeit *f; ~ d'équipe* Teamarbeit *f; ~ à temps partiel* Teilzeitbeschäftigung *f; ~ temporaire/~ intérimaire* Zeitarbeit *f; 2. (place)* Stelle *f,* Anstellung *f; 3. (façonnage)* Bearbeitung *f; 4. (charge)* Belastung *f,* Beanspruchung *f*

travailler [tʀavaje] *v 1.* arbeiten; *~ comme une bête* hart arbeiten/schuften; *~ comme un forçat* wie ein Sträfling arbeiten; *Le temps travaille pour nous.* Die Zeit arbeitet für uns. *2. ~ à* bearbeiten, erledigen, erarbeiten; *3. (produire)* schaffen; *4. ~ avec excès* sich überarbeiten; *5. ~ en collaboration avec* zusammenarbeiten mit; *6. TECH* bearbeiten

travailleur [tʀavajœʀ] *m* Arbeiter *m*

travaux [tʀavo] *m/pl 1. ~ préparatoires* Anbahnung *f; 2. ~ domestiques/~ ménagers* Hausarbeit *f*

travers [tʀavɛʀ] *prep 1. à ~ (local)* durch; *de ~* krumm; *de ~/en ~* quer; *à ~/au ~* hindurch; *m 2.* Quere *f*

traverse [tʀavɛʀs] *f 1.* Querstraße *f; 2. (de voie ferrée)* Eisenbahnschwelle *f; 3. ~s pl* Nackenschlag *m*

traversée [tʀavɛʀse] *f 1. (en voiture)* Durchfahrt *f; 2. (passage)* Überfahrt *f; 3. ~ interdite* Fahrverbot *n; 4. (en mer)* Seefahrt *f*

traverser [tʀavɛʀse] *v 1.* überqueren; *2. (passer)* überfahren; *3. (croiser)* kreuzen; *4. (en voiture)* durchfahren; *5. (fig)* mitmachen, leiden; *~ une crise* eine Krise durchmachen; *6. faire ~ (fleuve)* übersetzen

traversin [tʀavɛʀsɛ̃] *m (coussin)* Nackenrolle *f,* langes Kopfkissen *n*

travestir [tʀavɛstiʀ] *v 1.* verkleiden, maskieren; *2. se ~* sich verkleiden, sich kostümieren

travestissement [tʀavɛstismɑ̃] *m* Verkleidung *f,* Maskierung *f*

trébucher [tʀebyʃe] *v ~ sur* stolpern über

trèfle [tʀɛfl] *m 1.* Klee *m; 2. (carte de jeu)* Kreuz *n*

treize [tʀɛz] *num* dreizehn

treizième [tʀɛzjɛm] *adj 1.* dreizehnte(r,s); *m/f 2.* Dreizehnte(r) *m/f*

tremblant [tʀɑ̃blɑ̃] *adj* zitterig

tremble [tʀɑ̃bl] *m BOT* Espe *f*

tremblement [tʀɑ̃bləmɑ̃] *m ~ de terre* Erdbeben *n*

trembler [tʀɑ̃ble] *v 1.* zittern; *2. (terre)* beben; *3. (vaciller)* flackern

tremblotant [tʀɑ̃blɔtɑ̃] *adj* zitterig

trémie [tʀemi] *f* Trichter *m*

trempe [tʀɑ̃p] *f (acier)* Härte *f*

trempé [tʀɑ̃pe] *adj* nass; *~ jusqu'aux os* patschnass

tremper [tʀɑ̃pe] *v 1.* durchnässen; *2. ~ dans* tunken in, eintunken in; *3. (métal) TECH* abschrecken

tremplin [tʀɑ̃plɛ̃] *m 1. SPORT* Schanze *f; ~ de ski* Sprungschanze *f; 2. (planche) SPORT* Sprungbrett *n*

trentaine [tʀɑ̃tɛn] *f 1. (environ trente)* etwa dreißig; *2. (âge)* Dreißiger *pl*

trente [tʀɑ̃t] *num* dreißig

trente-trois [tʀɑ̃ttʀwa] *m ~ tours* Langspielplatte *f*

trentième [tʀɑ̃tjɛm] *adj 1.* dreißigste(r,s); *m/f 2.* Dreißigste(r) *m/f*

trépas [tʀepa] *m LIT* Tod *m*

trépider [tʀepide] *v* zucken

trépied [tʀepje] *m* Stativ *n*

trépigner [tʀepiɲe] *v* trampeln

très [tʀɛ] *adv 1.* sehr, viel; *2. (fig)* unheimlich

trésor [tʀezɔʀ] *m 1.* Schatz *m,* Kostbarkeit *f; 2. (fig)* Kleinod *n*

tressaillir [tʀɛsajiʀ] *v irr* zucken

tresse [tʀɛs] *f* Zopf *m*

tresser [tʀɛse] *v* flechten

trêve [tʀɛv] *f* Burgfriede *m; Trêve de plaisanterie!* Spaß beiseite!

tri [tʀi] *m* Sortieren *n,* Verteilen *n; le ~ des lettres* das Briefesortieren *n; faire un ~* eine Auslese treffen; *le centre de ~* der Briefverteiler *m*

triangle [tʀijɑ̃gl] *m 1. MATH* Dreieck *n; 2. ~ de signalisation* Warndreieck *n*

triangulaire [tʀijɑ̃gylɛʀ] *adj* dreieckig

tribord [tʀibɔʀ] *m NAUT* Steuerbord *n*

tribu [tʀiby] *f* Volksstamm *m*

tribunal [tʀibynal] *m 1. JUR* Gericht *n; ~ cantonal* Amtsgericht *n; ~ de grande instance* Landgericht *m; ~ d'échevins* Schöffengericht *n; ~ constitutionnel* Verfassungsgericht *n; ~ administratif* Verwaltungsgericht *n; 2. (parquet)* Forum *n*

tribune [tʀibyn] *f 1.* Podium *n; 2. (estrade)* Tribüne *f*

tributaire [tʀibytɛʀ] *adj être ~ de* angewiesen sein auf

triche [tʀiʃ] *f (fam)* Schummelei *f,* Schiebung *m; C'est de la ~.* Das ist Schiebung./Da ist geschummelt worden.

tricher [tʀiʃe] *v* betrügen, schummeln

tricherie [tʀiʃʀi] *f* Betrug *m*

tricheur [tʀiʃœʀ] *m* Betrüger *m*

tricolore [tʀikɔlɔʀ] *adj 1. (bleu blanc rouge)* blauweißrot; *le drapeau ~* die Trikolore *f; la cocarde ~* die blauweißrote Kokarde *f; l'équipe ~* die französische Nationalmannschaft *f; 2. (de trois couleurs)* dreifarbig; *les feux ~s* die Verkehrsampeln *pl*

tricot [tʀiko] *m* Trikot *n*

tricotages [tʀikɔtaʒ] *m/pl* Strickwaren *pl*

tricoter [tʀikɔte] *v* stricken

tricycle [tʀisikl] *m* Dreirad *n*

tridimensionnel [tʀidimɑ̃sjɔnɛl] *adj* dreidimensional

trier [tʀije] *v 1.* aussuchen; *2. (classer)* sortieren, aussortieren, aussondern; *3. (ranger)* rangieren

trimestre [tʀimɛstʀ] *m* Quartal *n*

trimestriel [tʀimɛstʀijɛl] *adj* vierteljährlich

tringle [tʀɛ̃gl] *f 1.* Stange *f; 2. TECH* Latte *f; 3. (liteau)* Leiste *f*

Trinité [tʀinite] *f REL* Dreieinigkeit *f*

trinquer [tʀɛ̃ke] *v* anstoßen, zuprosten

trio [tʀijo] *m 1. MUS* Trio *n,* Terzett *n; 2. (groupe de trois)* Trio *n,* Dreiergrüppchen *n; Ils forment un joli ~.* Sie sind ein nettes Trio.

triomphal [tʀijɔ̃fal] *adj* triumphal

triomphant [tʀijɔ̃fɑ̃] *adj* triumphierend, siegreich; *un air ~* eine Siegermiene *f; un rire ~* ein triumphierendes Lächeln *n*

triomphateur [tʀijɔ̃fatœʀ] *adj* siegreich

triomphe [tʀijɔ̃f] *m 1.* Triumph *m; 2. (sur)* Überwindung *f*

triompher [tʀijɔ̃fe] *v* siegen, triumphieren

tripes [tʀip] *f/pl (d'animaux) ANAT* Eingeweide *pl*
triple [tʀipl] *adj* dreifach
tripler [tʀiple] *v* verdreifachen
triplés [tʀiple] *m/pl* Drillinge *pl*
tripot [tʀipo] *m* Spielbank *f*
tripoter [tʀipɔte] *v (fam)* fummeln an, befummeln
triste [tʀist] *adj 1.* traurig; *2. (fig)* öde
tristesse [tʀistɛs] *f* Traurigkeit *f*
trivial [tʀivjal] *adj* ordinär
troc [tʀɔk] *m* Tausch *m,* Umtausch *m*
trognon [tʀɔɲɔ̃] *m 1.* Kerngehäuse *n,* Strunk *m; un ~ de pomme* ein Apfelbutzen *m; un ~ de chou* ein Kohlstrunk *m; adj 2. (fam)* niedlich, süß; *Elle est ~.* Sie ist niedlich.
trois [tʀwa] *num 1.* drei; *~ fois* dreimal; *2. ~ cents* dreihundert; *3. ~ quarts* drei viertel
troisième [tʀwazjɛm] *adj 1.* dritte(r,s); *m/f 2.* Dritte(r) *m/f*
troisièmement [tʀwazjɛmmɑ̃] *adv* drittens
trolleybus [tʀɔlɛbys] *m* Trolleybus *m*
trombe [tʀɔ̃b] *f ~ de vent* Windhose *f; en ~* wie ein Wirbelsturm/wie der Blitz; *arriver en ~* angeschossen kommen; *passer en ~* vorbeisausen
trombone [tʀɔ̃bɔn] *m 1.* Büroklammer *f; 2. MUS* Posaune *f*
trompe [tʀɔ̃p] *f 1. ANAT* Eileiter *m; 2. (d'un éléphant) ZOOL* Rüssel *m*
trompe-l'œil [tʀɔ̃lœj] *m* optische Täuschung *f; un décor en ~* eine perspektivisch gemalte Bühnenkulisse *f*
tromper [tʀɔ̃pe] *v 1.* betrügen, täuschen, anschwindeln; *2. ~ qn* jdn täuschen, jdn hintergehen; *3. se ~* sich irren; *4. se ~ de route* sich verfahren; *5. se ~ en parlant* sich versprechen
tromperie [tʀɔ̃pʀi] *f 1.* Betrug *m,* Täuschung *f; 2. (illusion)* Vorspiegelung *f*
trompette [tʀɔ̃pɛt] *f 1. MUS* Trompete *f; m 2. (militaire) MUS* Trompeter *m*
trompettiste [tʀɔ̃pɛtist] *m (de concert) MUS* Trompeter *m*
trompeur [tʀɔ̃pœʀ] *m 1.* Betrüger *m; adj 2.* betrügerisch
tronc [tʀɔ̃] *m 1. BOT* Stamm *m; 2. (pour les aumônes)* Sammelbüchse *f; 3. ANAT* Rumpf *m*
trône [tʀon] *m* Thron *m*
tronquer [tʀɔ̃ke] *v (fig)* verstümmeln
trop [tʀo] *adv* zu, allzu, zu viel; *~ peu* zu wenig
trophée [tʀɔfe] *m* Trophäe *f*
tropical [tʀɔpikal] *adj* tropisch
tropiques [tʀɔpik] *m/pl GEO* Tropen *pl*
trop-plein [tʀoplɛ] *m* Überlauf *m*
troquer [tʀɔke] *v* eintauschen
trot [tʀo] *m* Trab *m*
trottiner [tʀɔtine] *v* trippeln
trottinette [tʀɔtinɛt] *f* Kinderroller *m*
trottoir [tʀɔtwaʀ] *m 1.* Bürgersteig *m,* Gehweg *m; 2. (de prostitution)* Straßenstrich *m*
trou [tʀu] *m 1.* Loch *n; faire le ~ normand* zwischen zwei Gängen ein Gläschen Schnaps trinken; *~ dans la couche d'ozone* Ozonloch *n; ~ de serrure* Schlüsselloch *n; 2. (fossé)* Grube *f; 3. (fig)* Knast *m; 4. ~ de mémoire* Gedächtnislücke *f; 5. ~ d'aiguille* Nadelöhr *n*
troublant [tʀublɑ̃] *adj* verwirrend, beunruhigend; *une ressemblance ~e* eine verblüffende Ähnlichkeit *f*
trouble [tʀubl] *adj 1.* trüb, undurchsichtig, unklar; *m 2. (perturbation)* Ruhestörung *f; 3. foyer de ~s* Unruheherd *m; 4. ~ de l'équilibre MED* Gleichgewichtsstörung *f; 5. ~ carentiel MED* Mangelerscheinung *f*
troublé [tʀuble] *adj* verwirrt, benebelt (fig); *être ~* betroffen sein
trouble-fête [tʀublfɛt] *m/f* Spielverderber(in) *m/f*
troubler [tʀuble] *v 1. ~ qn* jdn beunruhigen; *2. (déranger)* trüben
trouer [tʀue] *v* lochen
trouillard [tʀujaʀ] *adj (fam)* ängstlich
trouillard(e) [tʀujaʀ(d)] *m/f (fam)* Angsthase *m*
trouille [tʀuj] *f (fam: peur)* Angst *f; avoir la ~* Schiss haben
troupe [tʀup] *f 1.* Schar *f,* Herde *f; 2. (bande)* Rudel *n; 3. (essaim)* Schwarm *m; 4. MIL* Truppe *f; 5. THEAT* Truppe *f*
troupeau [tʀupo] *m* Herde *f*
trousse [tʀus] *f 1. ~ de couture* Nähzeug *n; avoir qn à ses ~s* jdn auf den Fersen haben/von jdm verfolgt werden; *2. ~ de secours* Verbandskasten *m*
trousseau [tʀuso] *m 1.* Aussteuer *f; 2. (de clés)* Schlüsselbund *m*
trouvaille [tʀuvaj] *f 1.* Fund *m,* glücklicher Fund *m; faire une ~* einen glücklichen Fund machen; *2. (idée originale)* genialer Einfall *m,* Geistesblitz *m; un style plein de ~s* ein einfallsreicher Stil *m; C'est sa dernière ~.* Das ist sein neuester Einfall.

trouver [tʀuve] *v 1.* finden; *2. (retrouver)* herausfinden, finden; *3. ~ à redire* bemängeln; *4. (deviner)* antreffen; *5. (découvrir)* entdecken; *6. se ~ à (un rendez-vous)* sich einfinden zu; *7. se ~ (local)* stehen, sich befinden, sein; *8. se ~ (exister)* vorkommen, vorhanden sein; *9. ~ une bonne excuse* sich herausreden, eine gute Ausrede finden; *10. ~ un abri* unterkommen, Unterkunft finden; *11. ~ une situation* unterkommen, eine Stellung finden; *12. ~ la sortie* hinausfinden, den Ausgang finden
truc [tʀyk] *m 1. (fam)* Ding *n; 2. (astuce)* Trick *m; Maintenant, je connais le ~.* Jetzt hab ich den Dreh heraus.
truelle [tʀyɛl] *f* Maurerkelle *f*
truffe [tʀyf] *f 1. BOT* Trüffel *m; 2. (confiserie) GAST* Trüffel *m; des ~s en chocolat* Schokoladentrüffel *pl; 3. (nez du chien) ZOOL* Nase *f*
truffer [tʀyfe] *v 1. GAST* mit Trüffeln füllen, mit Trüffeln garnieren; *~ une dinde* einen Truthahn mit Trüffeln füllen; *2. ~ de (fig)* spicken mit, großzügig versehen mit; *~ un discours de citations* eine Rede mit Zitaten spicken
truie [tʀɥi] *f ZOOL* Sau *f*
truite [tʀɥit] *f ZOOL* Forelle *f*
truquage [tʀykaʒ] *m* Fälschung *f*
truquer [tʀyke] *v (fig)* frisieren
tsigane [tsigan] *adj 1.* Zigeuner...; *la musique ~* die Zigeunermusik *f; m/f 2.* Zigeuner(in) *m/f*
tu [ty] *pron* du; *être à ~ et à toi avec qn* mit jdm auf Du und Du sein
tuant [tyɑ̃] *adj (fam)* tödlich, anstrengend; *un travail ~* eine ermüdende Arbeit *f; Elle est ~e.* Sie ist ganz schön nervig.
tuba [tyba] *m* Schnorchel *m*
tube [tyb] *m 1.* Rohr *n,* Leitung *f; 2. ~ au néon* Neonlicht *n; 3. ~ cathodique TECH* Bildröhre *f; 4. MUS* Schlager *m*
tubercule [tybɛʀkyl] *m BOT* Knolle *f*
tuberculeux [tybɛʀkylø] *adj* lungenkrank
tuberculose [tybɛʀkyloz] *f MED* Tuberkulose *f*
tuer [tɥe] *v 1.* töten, umbringen, ermorden, abmurksen (fam); *2. (temps)* herumbekommen; *~ le temps* die Zeit totschlagen; *3. se ~* sich kaputtmachen (fam); *4. se ~ au travail* schuften
tue-tête [tytɛt] *adv à ~* lauthals
tueur [tɥœʀ] *m* Mörder *m,* Killer *m; un ~ à gages* ein Berufskiller *m*
tuile [tɥil] *f 1.* Dachziegel *m; 2. (fam)* Pech *n; Quelle ~!* Dumm gelaufen!/Was für ein harter Schlag! *3. (biscuit) GAST* Petitfour *n,* Gebäck *n*
tulipe [tylip] *f BOT* Tulpe *f*
tulle [tyl] *m* Tüll *m*
tuméfié [tymefje] *adj* geschwollen
tumeur [tymœʀ] *f 1.* Auswuchs *m; 2. MED* Tumor *m; ~ au cerveau* Gehirntumor *m*
tumulte [tymylt] *m 1.* Tumult *m; 2. (tapage)* Krawall *m*
tunique [tynik] *f* Tunika *f*
Tunisie [tynizi] *f GEO* Tunesien *n*
tunisien [tynizjɛ̃] *adj* tunesisch
Tunisien(ne) [tynizjɛ̃/tynizjɛn] *m/f* Tunesier(in) *m/f*
tunnel [tynɛl] *m* Tunnel *m,* Unterführung *f*
turbine [tyʀbin] *f* Turbine *f*
turbulent [tyʀbylɑ̃] *adj 1.* ausgelassen; *2. (remuant)* quirlig
turc [tyʀk] *adj* türkisch
Turc [tyʀk] *m* Türke *m*
turpitude [tyʀpityd] *f* Schandtat *f*
Turque [tyrk] *f* Türkin *f*
Turquie [tyʀki] *f GEO* Türkei *f*
turquoise [tyʀkwaz] *adj* türkis
tutelle [tytɛl] *f 1.* Bevormundung *f; 2. (curatelle)* Vormundschaft *f*
tuteur [tytœʀ] *m 1. ~ exclusif d'un enfant* Alleinerzieher *m; 2. (curateur)* Vormund *m; être ~ de qn* jds Vormund sein; *nommer un ~ à qn* jdn bevormunden
tutoiement [tytwamɑ̃] *m* Duzen *n*
tutoyer [tytwaje] *v 1.* duzen; *2. se ~* sich duzen
tuyau [tɥijo] *m 1.* Rohr *n,* Leitung *f; 2. (d'orgue)* Trillerpfeife *f; 3. ~ d'échappement TECH* Auspuffrohr *n; 4. ~ confidentiel* Geheimtip *m; donner un ~ à qn* jdm einen Tip geben/jdm einen Wink geben; *5. ~ souple* Schlauch *m*
tuyauterie [tɥijotʀi] *f* Rohrleitung *f*
tympan [tɛ̃pɑ̃] *m ANAT* Trommelfell *n*
type [tip] *m 1.* Typ *m; 2. (gars)* Bursche *m,* Kerl *m*
typhus [tifys] *m MED* Typhus *m*
typique [tipik] *adj* typisch
typographe [tipɔgʀaf] *m/f* Setzer(in) *m/f*
typologie [tipɔlɔʒi] *f* Typologie *f*
tyran [tiʀɑ̃] *m* Tyrann *m*
tyrannie [tiʀani] *f* Gewaltherrschaft *f*
tyrannique [tiʀanik] *adj* tyrannisch
tyranniser [tiʀanize] *v* tyrannisieren

U

ubiquité [ybikite] *f* Allgegenwart *f*
U.E.R. [yər] *f (Unité d'Etudes et de Recherche)* Fachbereich *m*
Ukraine [ykʀɛn] *f GEO* Ukraine *f*
ukrainien [ykʀɛnjɛ̃] *adj* ukrainisch
Ukrainien(ne) [ykʀɛnjɛ̃/ykʀɛnjɛn] *m/f* Ukrainer(in) *m/f*
ulcère [ylsɛʀ] *m MED* Geschwür *n*
ulcérer [ylseʀe] *v MED* Geschwür bilden
ulcéreux [ylseʀø] *adj MED* geschwürig
ultérieur [ylteʀjœʀ] *adj* nachträglich
ultimatum [yltimatɔm] *m* Ultimatum *n*
ultime [yltim] *adj* letzte(r,s)
ultraconfidentiel [yltʀakɔ̃fidɛ̃sjɛl] *adj* streng vertraulich; *une lettre ~le* ein streng vertrauliches Schreiben *n*
ultraconservateur [yltʀakɔ̃sɛʀvatœʀ] *adj POL* erzkonservativ
ultracourt [yltʀakuʀ] *adj ondes ~es TEL* Ultrakurzwellen *pl*
ultramoderne [yltʀamɔdɛʀn] *adj* hypermodern
ultrarapide [yltʀarapid] *adj* megaschnell
ultrasensible [yltʀasɑ̃sibl] *adj* hoch empfindlich; *une balance ~* eine hoch empfindliche Waage *f*
ultrason [yltʀasɔ̃n] *m* Ultraschall *m*
ultraviolet [yltʀavjɔlɛ] *adj* ultraviolett
un(e) [œ̃/yn] *pron 1.* eine(r,s); *pas ~* keine(r,s); *l'~ et l'autre* beide; *l'~ sur l'autre* aufeinander; *l'~ l'autre* einander; *l'~ envers l'autre* gegeneinander; *l'~ derrière l'autre* hintereinander; *l'~ à côté de l'autre* nebeneinander; *~ par ~* einer nach dem anderen; *l'~ vers l'autre* zueinander; *l'~ dans l'autre* durchschnittlich; *art 2.* ein(e); *num 3.* eins; *~ et demi(e)* eineinhalb, anderthalb; *ne faire ni ~e ni deux* ohne einen Augenblick zu zögern
unanime [ynanim] *adj* einstimmig
unanimité [ynanimite] *f* Einstimmigkeit *f; à l'~* einstimmig
uni [yni] *adj 1.* vereint, einig; *2. (unicolore)* einfarbig
unicellulaire [ynisɛlylɛʀ] *adj BIO* einzellig; *Les bactéries sont ~s.* Bakterien sind einzellige Lebewesen.
unième [ynjɛm] *adj* erste(r,s); *la cent et ~ page* die hundertunderste Seite *f; cent ~* hundertundeins
unificateur [ynifikatœʀ] *adj* einigend
unification [ynifikasjɔ̃] *f 1. POL* Vereinigung *f; 2. (accord)* Einigung *f*
unifier [ynifje] *v 1.* vereinigen, vereinen; *2. (uniformiser)* vereinheitlichen
uniforme [ynifɔʀm] *m* Uniform *f*
uniformiser [ynifɔʀmize] *v* vereinheitlichen
uniformité [ynifɔʀmite] *f 1.* Einerlei *n; 2. (ressemblance)* Gleichförmigkeit *f*
unilatéral [ynilateʀal] *adj* einseitig
uninominal [yninɔminal] *adj scrutin ~ POL* Persönlichkeitswahl *f*
union [ynjɔ̃] *f 1. POL* Bund *m,* Verband *m; 2. (alliance) POL* Bündnis *n,* Union *f; Union Soviétique HIST* Sowjetunion *f; 3. (concorde)* Einigkeit *f; 4. (association)* Vereinigung *f; 5. ~ conjugale* Ehe *f*
unique [ynik] *adj 1.* einzig, alleinig; *~ en son genre* einzigartig; *rue à sens ~* Einbahnstraße *f; 2. (incomparable)* einmalig
unir [yniʀ] *v 1.* vereinigen; *2. (marier)* verheiraten, trauen
unisexe [ynisɛks] *adj* Unisex...; *une veste ~* eine Jacke für Männer und Frauen *f*
unisexué [ynisɛksɥe] *adj BIO* eingeschlechtig; *une fleur ~e* eine eingeschlechtige Blume *f; un organisme ~* ein eingeschlechtiger Organismus *m*
unisson [ynisɔ̃] *m* Einklang *m*
unitaire [ynitɛʀ] *adj 1.* einheitlich; *le prix ~ des tuiles d'un toit* der Einheitspreis von Dachziegeln *m; 2. POL* unitär; *un programme ~* ein unitarisches Programm *n*
unité [ynite] *f 1.* Einheit *f; à l'~* einzeln/pro Stück; *~ monétaire ECO* Währungseinheit *f; 2. ~ de valeur (à l'université)* Schein *m*
univalent [ynivalɑ̃] *adj MATH* eindeutig
univers [ynivɛʀ] *m* Weltall *n,* Universum *n*
universalité [ynivɛʀsalite] *f* Universalität *f; l'~ d'une loi* die Allgemeingültigkeit eines Gesetzes *f; l'~ d'une croyance* die Universalität des Glaubens *f*
universel [ynivɛʀsɛl] *adj* universal; *exposition ~le* Weltausstellung *f*
universitaire [ynivɛʀsitɛʀ] *m/f* Hochschuldozent(in) *m/f*
université [ynivɛʀsite] *f* Universität *f,* Hochschule *f; ~ populaire* Volkshochschule *f*
univocité [ynivɔsite] *f* Eindeutigkeit *f*
univoque [ynivɔk] *adj* eindeutig

Untel [œ̃tɛl] *pron* Herr Sowieso *m; monsieur ~* Herr Sowieso *m; dîner dans la famille ~* bei Familie Soundso essen
uranium [yʀanjɔm] *m CHEM* Uran *n*
urbain [yʀbɛ̃] *adj* städtisch
urbanisme [yʀbanism] *m* Städtebau *m*
uretère [yʀtɛʀ] *m ANAT* Harnleiter *m*
urètre [yʀɛtʀ] *m ANAT* Harnröhre *f*
urgence [yʀʒɑ̃s] *f 1.* Dringlichkeit *f; de toute ~* vordringlich; *2. ~s pl* Notaufnahme *f*
urgent [yʀʒɑ̃] *adj* dringend, eilig; *très ~ (fam)* brandeilig
urinaire [yʀinɛʀ] *adj ANAT* Harn...; *les voies ~s* die Harnwege *pl*
urine [yʀin] *f* Harn *m,* Urin *m*
uriner [yʀine] *v* urinieren
urinoir [yʀinwaʀ] *m* öffentliche Toilette *f*
urne [yʀn] *f* Urne *f; ~ électorale POL* Wahlurne *f*
urologie [yʀɔlɔʒi] *f MED* Urologie *f*
urologue [yʀɔlɔg] *m/f MED* Urologe/Urologin *m/f*
urticaire [yʀtikɛʀ] *f MED* Nesselausschlag *m; faire de l'~* den Nesselausschlag verursachen
Uruguay [yʀygwɛ] *m GEO* Uruguay *n*
us [ys] *m/pl ~ et coutumes* Sitten und Gebräuche *pl*
usage [yzaʒ] *m 1.* Gebrauch *m; faire ~ de* gebrauchen; *2. (coutume)* Sitte *f,* Brauch *m; être d'~* üblich sein
usagé [yzaʒe] *adj* gebraucht; *un vêtement ~* ein häufig getragenes Kleidungsstück *n*
usager [yzaʒe] *m* Benutzer *m,* Teilnehmer *m; ~ de la route* Verkehrsteilnehmer *m*
usant [yzɑ̃] *adj* zermürbend
usé [yze] *adj 1.* verbraucht; *2. (vêtement)* schäbig, abgetragen; *être ~ jusqu'à la corde* gänzlich abgetragen sein
user [yze] *v 1.* gebrauchen; *mal ~ de qc* etw missbrauchen; *~ d'autorité* durchgreifen; *2. (consommer)* verbrauchen, abnutzen; *3. ~ de qc* Gebrauch machen von etw; *~ de persuasion* seine Überzeugungkraft anwenden; *~ de sa puissance* von seiner Macht Gebrauch machen; *~ de termes choisis* sich gewählt ausdrücken; *4. s'~* sich abnutzen; *Ce tissu s'use vite.* Dieser Stoff ist schnell verschlissen.
usinage [yzinaʒ] *m* Verarbeitung *f,* Bearbeitung *f*
usine [yzin] *f 1.* Anlage *f,* Fabrik *f; ~ de retraitement* Aufbereitungsanlage *f; 2. ~ électrique* Elektrizitätswerk *n; 3. ~ à gaz* Gaswerk *n; 4. ~ hydraulique* Wasserwerk *n; 5. ~ de retraitement des déchets ECO* Wiederaufbereitungsanlage *f*
usiner [yzine] *v 1.* verarbeiten, bearbeiten; *2. TECH* bearbeiten
usité [yzite] *adj* in Gebrauch; *un mot encore ~* ein Wort, das noch in Gebrauch ist *n; une locution peu ~e* eine kaum gebräuchliche Redewendung *f*
ustensile [ystɑ̃sil] *m 1. ~ de ménage* Haushaltsgerät *n,* Hausrat *m; 2. ~s pl* Utensilien *pl*
usuel [yzɥɛl] *adj* gewöhnlich, gebräuchlich
usufruit [yzyfʀɥi] *m JUR* Nießbrauch *m*
usufruitier [yzyfʀɥitje] *adj 1. JUR* Nießbrauchs...; *m 2. JUR* Nießbraucher *m*
usure [yzyʀ] *f 1.* Abnutzung *f,* Verschleiß *m; 2. (intérêt excessif)* Wucher *m*
usurier [yzyʀje] *m* Wucherer *m*
usurpateur [yzyʀpatœʀ] *m* Usurpator *m*
usurpation [yzyʀpasjɔ̃] *f JUR* Usurpation *f; l'~ d'un droit* die Anmaßung eines Rechts *f; l'~ de titres* das unbefugte Führen von Titeln *n; une ~ de pouvoir* ein widerrechtlicher Eingriff in die Zuständigkeit eines Gerichts *m*
usurper [yzyʀpe] *v (un droit)* sich anmaßen
utérin [yteʀɛ̃] *adj 1. ANAT* Gebärmutter...; *l'artère ~e* die Gebärmutterschlagader *f; la trompe ~e* der Eileiter *m; 2. JUR* mütterlicherseits; *des frères ~s* Halbbrüder mütterlicherseits *pl*
utérus [yteʀys] *m ANAT* Gebärmutter *f*
utile [ytil] *adj 1.* nützlich; *Si je peux vous être ~ en qc ...* Wenn ich Ihnen irgendwie behilflich sein kann ...; *m 2.* Nützliches *n; joindre l'~ à l'agréable* das Angenehme mit dem Nützlichen verbinden
utilisable [ytilizablə] *adj* brauchbar, verwendbar
utilisateur [ytilizatœʀ] *m 1.* Benutzer *m; 2. ~ final ECO* Endverbraucher *m*
utilisation [ytilizasjɔ̃] *f 1.* Verwendung *f,* Gebrauch *m; 2. (exploitation)* Ausnutzung *f; 3. (emploi)* Einsatz *m; 4. ~ abusive de données* Datenmissbrauch *m; 5. ~ des déchets* Abfallverwertung *f*
utiliser [ytilize] *v 1.* benutzen, brauchen; *2. (exploiter)* ausnutzen
utilitaire [ytilitɛʀ] *adj 1.* Nutz..., Gebrauchs...; *un véhicule ~* ein Nutzfahrzeug *n; 2. (matériel)* auf den Nutzen ausgerichtet; *un calcul strictement ~* eine reine Nutzenrechnung *f*
utilité [ytilite] *f* Nützlichkeit *f,* Nutzen *m*
utopie [ytɔpi] *f* Utopie *f*
utopique [ytɔpik] *adj* utopisch

V

vacance [vakɑ̃s] *f 1.* offene Stelle *f,* Vakanz *f; combler une ~* eine offene Stelle besetzen; *2. ~s pl* Ferien *pl,* Urlaub *m; ~s scolaires* Schulferien *pl; ~s d'été* Sommerferien *pl*
vacancier [vakɑ̃sje] *m* Urlauber *m*
vacant [vakɑ̃] *adj* leer, frei; *un poste ~* eine freie Arbeitsstelle *f*
vacarme [vakaʀm] *m* Rummel *m,* Lärm *m,* Krach *m*
vacataire [vakatɛʀ] *m/f* Aushilfe *f,* Aushilfskraft *f*
vaccin [vaksɛ̃] *m 1.* Impfstoff *m; 2. ~ antitétanique MED* Tetanusimpfung *f*
vaccination [vaksinasjɔ̃] *f MED* Impfung *f*
vacciner [vaksine] *v ~ contre* impfen gegen
vache [vaʃ] *f 1. ZOOL* Kuh *f; être gros comme une ~* dick wie ein Fass sein; *parler français comme une ~ espagnole* ein miserables Französisch sprechen; *adj 2. (fam)* gemein, schuftig; *être ~ avec qn* zu jdm gemein sein; *Ne sois pas ~!* Sei nicht so gemein!
vachement [vaʃmɑ̃] *adv (fam)* enorm, mordsmäßig; *C'est ~ bien.* Das ist saumäßig gut./Das ist echt genial.
vacherie [vaʃʀi] *f (fam)* Gemeinheit *f; faire une ~ à qn* sich jdm gegenüber gemein verhalten
vacherin [vaʃʀɛ̃] *m 1. (fromage) GAST* Käse aus der Franche-Comté *m; 2. (gâteau) GAST* Baisertorte mit Sahne, häufig gefroren serviert *f*
vacillant [vasijɑ̃] *adj* wackelig
vaciller [vasije] *v 1.* schwanken, taumeln; *2. (lumière)* flackern
vacuité [vakɥite] *f* Leere *f*
vadrouille [vadʀuj] *f (fam: promenade)* Bummel *m; partir en ~* spazieren gehen
vadrouiller [vadʀuje] *v (fam)* herumstreunen
va-et-vient [vaevjɛ̃] *m 1.* Kommen und Gehen *n; un ~ incessant* ein ständiges Kommen und Gehen *n; Il y a beaucoup de ~ dans ces bureaux.* In diesem Büro herrscht viel Kommen und Gehen. *2. (mouvement)* Hin- und Herbewegung *f; le ~ d'un balancier* die Pendelbewegung *f*
vagabond [vagabɔ̃] *m* Landstreicher *m*
vagabonder [vagabɔ̃de] *v 1.* umherschlendern; *2. (traîner)* vagabundieren
vagin [vaʒɛ̃] *m ANAT* Scheide *f*
vagir [vaʒiʀ] *v* jaulen, quäken
vague[1] [vag] *f* Woge *f,* Welle *f; ~ de froid* Kältewelle *f; ~ de chaleur* Hitzewelle *f; ~ de grippe MED* Grippewelle *f*
vague[2] [vag] *adj* unklar, vage
vaillamment [vajamɑ̃] *adv* tapfer
vaillance [vajɑ̃s] *f* Tapferkeit *f*
vaillant [vajɑ̃] *adj* tapfer
vain [vɛ̃] *adj 1.* vergeblich, umsonst; *en ~* vergeblich; *2. (sans effet)* nichtig; *3. (inutile)* unnütz; *4. (vaniteux)* eitel
vaincre [vɛ̃kʀ] *v irr 1.* besiegen, überwältigen; *2. (maîtriser)* meistern; *3. (fig)* überwinden; *4. (battre)* schlagen, besiegen
vaincu [vɛ̃ky] *adj 1.* besiegt; *les ennemis ~s* die besiegten Feinde *pl; s'avouer ~* sich geschlagen geben; *être ~ d'avance* keine Chance haben; *m 2.* Besiegter *m*
vainqueur [vɛ̃kœʀ] *m* Sieger *m*
vaisseau [vɛso] *m 1.* Schiff *n; ~ spatial* Raumschiff *n; 2. ANAT* Gefäß *n; ~x sanguins* Blutgefäße *pl*
vaisselle [vɛsɛl] *f 1.* Geschirr *n; 2. (activité)* Abwasch *m,* Geschirrspülen *n; faire la ~* den Abwasch machen; *du produit pour la ~* Geschirrspülmittel *n*
val [val] *m GEO* Tal *n; le ~ de Loire* das Loiretal *n*
valable [valablə] *adj 1.* gültig; *être ~* gelten; *2. (pertinent)* triftig; *3. JUR* rechtsgültig
valériane [valeʀjan] *f BOT* Baldrian *m*
valet [valɛ] *m* Knecht *m*
valeur [valœʀ] *f 1.* Wert *m; J'y attache beaucoup de ~.* Das liegt mir sehr am Herzen. *de ~* kostbar; *de peu de ~* minderwertig; *~ en bourse* Börsenwert *m; ~ nominale* Schätzwert *m,* Nennwert *m; ~ sentimentale* Gefühlswert *m; ~ d'amateur* Liebhaberwert *m; ~ de référence* Richtwert *m; ~ limite* Grenzwert *m; à ~ fixe* wertbeständig; *de ~ stable* wertbeständig; *2. (mérite)* Tüchtigkeit *f; 3. ECO* Wertpapier *n; ~s mobilières* Effekten *pl*
valeureux [valøʀø] *adj* tapfer
valide [valid] *adj 1. JUR* rechtsgültig; *2. (sain)* gesund
validité [validite] *f* Gültigkeit *f*

valise [valiz] *f* Koffer *m; faire ses ~s* Koffer packen
vallée [vale] *f 1.* Tal *n; 2. fond de la ~* Talsohle *f*
vallonné [valɔne] *adj* hügelig
valoir [valwaʀ] *v irr 1. (prix)* kosten; *2. (être utile à qn)* taugen; *3. ~ la peine* sich lohnen; *4. se ~* gelten; *se faire ~* angeben
valoriser [valɔʀize] *v* aufwerten
valse [vals] *f MUS* Walzer *m*
valser [valse] *v 1. (danser)* Walzer tanzen; *2. (fam) envoyer ~ qn* jdn hinausschmeißen/jdn vor die Tür setzen; *faire ~ l'argent* mit Geld um sich werfen
vampire [vɑ̃piʀ] *m* Vampir *m*
vandale [vɑ̃dal] *m* Vandale *m; une bande de ~s* eine Rowdybande *f*
vandalisme [vɑ̃dalism] *m* Vandalismus *m*
vanille [vanij] *f BOT* Vanille *f*
vanillé [vanije] *adj* mit Vanillearoma; *du sucre ~* Vanillezucker *m; un parfum ~* ein Vanilleduft *m*
vanité [vanite] *f 1.* Einbildung *f; 2. (coquetterie)* Eitelkeit *f*
vaniteux [vanitø] *adj 1.* eitel; *être ~ comme un paon* eitel wie ein Pfau sein; *2. (arrogant)* eingebildet
vanne [van] *f 1. TECH* Staubrett *n; 2. (fam: plaisanterie)* Fopperei *f; envoyer des ~s à qn* gegen jdn sticheln; *lancer une ~* foppen
vanné [vane] *adj (fam)* hundemüde, todmüde
vantard [vɑ̃taʀ] *m (fam)* Angeber *m,* Aufschneider *m*
vantardise [vɑ̃taʀdiz] *f* Prahlerei *f*
vanter [vɑ̃te] *v 1. se ~* prahlen, angeben; *Il n'y a pas de quoi se ~.* Das ist wirklich kein Ruhmesblatt. *2. (louer)* preisen, rühmen
vapes [vap] *f/pl être dans les ~* benommen sein
vapeur [vapœʀ] *f 1.* Dampf *m; 2. (émanation)* Dunst *m*
vaporeux [vapɔʀø] *adj* luftig, duftig; *un tissu ~* ein duftiger Stoff *m*
vaporisateur [vapɔʀizatœʀ] *m* Zerstäuber *m*
vaporiser [vapɔʀize] *v 1.* sprühen; *2. se ~* verdunsten
varappe [vaʀap] *f* Klettern *n,* Kletterei *f; faire de la ~* klettern
varech [vaʀɛk] *m BOT* Tang *m*
variable [vaʀjablə] *adj 1.* unbeständig, veränderlich; *2. (changeant)* wechselhaft
variante [vaʀjɑ̃t] *f* Variante *f*
variation [vaʀjasjɔ̃] *f* Schwankung *f,* Abweichung *f*
varice [vaʀis] *f MED* Krampfader *f*
varicelle [vaʀisɛl] *f MED* Windpocken *pl*
varié [vaʀje] *adj* abwechslungsreich, vielfältig
varier [vaʀje] *v 1.* schwanken, abweichen; *2. (modifier)* variieren
variété [vaʀjete] *f 1.* Vielfalt *f; 2. ~s pl THEAT* Varietee *n*
variole [vaʀjɔl] *f MED* Pocken *pl*
vase[1] [vaz] *m* Gefäß *n,* Vase *f; vivre en ~ clos* sich abkapseln
vase[2] [vaz] *f (boue)* Schlamm *m*
vaseux [vazø] *adj* schlammig
vasistas [vazistas] *m* Kippfenster *n,* Dachluke *f*
vasouiller [vazuje] *v (fam)* herumtappen, unsicher sein
vaste [vast] *adj 1.* breit, ausgedehnt; *2. (spacieux)* umfangreich, umfassend
vas-y [vazi] *interj* los
Vatican [vatikɑ̃] *m* Vatikan *m*
va-tout [vatu] *m* Gesamteinsatz *m; jouer son ~* alles aufs Spiel setzen
vaurien [voʀjɛ̃] *m* Taugenichts *m*
vautour [votuʀ] *m ZOOL* Geier *m*
vautrer [votʀe] *v se ~* sich wälzen; *se ~ dans la boue* sich im Schlamm suhlen
veau [vo] *m 1. ZOOL* Kalb *n; pleurer commme un ~* wie ein Schlosshund heulen; *2. viande de ~ GAST* Kalbfleisch *n; 3. ~ marin ZOOL* Seehund *m*
vedette [vədɛt] *f 1. ~ de cinéma* Filmstar *m; 2. CINE* Hauptdarsteller *m*
végétal [veʒetal] *m 1.* Pflanze *f; adj 2.* pflanzlich
végétarien [veʒetaʀjɛ̃] *m 1.* Vegetarier *m; adj 2.* vegetarisch
végétation [veʒetasjɔ̃] *f 1.* Vegetation *f; 2. MED* Wucherung *f*
véhémence [veemɑ̃s] *f* Heftigkeit *f; parler avec ~* leidenschaftlich sprechen
véhément [veemɑ̃] *adj 1.* vehement, heftig; *2. (passionné)* leidenschaftlich
véhicule [veikyl] *m 1.* Fahrzeug *n; 2. (voiture)* Wagen *m*
veille [vɛj] *f 1.* Wache *f; 2. (soir d'avant)* Vorabend *m; 3. ~ de Noël* Heiliger Abend *m*
veillée [vɛje] *f ~ funèbre* Totenwache *f*
veiller [vɛje] *v 1. ~ à* zusehen; *2. ~ à faire qc* für etw sorgen; *3. (garder)* wachen; *~ au grain (fig)* auf der Hut sein

veilleur [vɛjœʀ] *m* Wächter *m; ~ de nuit* Nachtwächter *m*
veine [vɛn] *f 1. ANAT* Vene *f; se saigner aux quatre ~s* sein Letztes geben; *2. (artère)* Ader *f; avoir de la ~ (fig)* Schwein haben
veinure [vɛnyr] *f* Maserung *f*
véliplanchiste [veliplɑ̃ʃist] *m/f* Windsurfer(in) *m/f*
vélo [velo] *m (fam)* Fahrrad *n; ~ de course* Rennrad *n*
véloce [velɔs] *adj* schnell
vélodrome [velɔdʀɔm] *m* Rennbahn *f,* Radbahn *f*
velours [vəluʀ] *m* Samt *m; Ça va comme sur du ~.* Das läuft wie geschmiert./Das geht wie am Schnürchen. *à pas de ~* sacht
velu [vəly] *adj* behaart
vénal [venal] *adj 1.* käuflich; *2. (fam)* bestechlich
vendable [vɑ̃dablə] *adj 1.* verkäuflich; *2. ECO* absetzbar
vendange [vɑ̃dɑ̃ʒ] *f* Weinlese *f*
vendanger [vɑ̃dɑ̃ʒe] *v* Wein lesen
vendeur [vɑ̃dœʀ] *m* Verkäufer *m*
vendeuse [vɑ̃døz] *f* Verkäuferin *f*
vendre [vɑ̃dʀ] *v 1.* verkaufen; *2. ECO* absetzen; *3. ~ aux enchères* versteigern; *4. (fam)* verraten
vendredi [vɑ̃dʀədi] *m* Freitag *m; le ~* freitags; *Vendredi saint REL* Karfreitag *m*
vendu [vɑ̃dy] *adj ~ totalement* ausverkauft
vénéneux [venenø] *adj BOT* giftig
vénérable [veneʀablə] *adj* ehrwürdig
vénération [veneʀasjɔ̃] *f REL* Ehrfurcht *f,* Verehrung *f*
vénérer [veneʀe] *v* verehren
vénérien [veneʀjɛ̃] *adj MED* Geschlechts...
Vénézuela [venezɥela] *m GEO* Venezuela *n*
vengeance [vɑ̃ʒɑ̃s] *f* Rache *f*
venger [vɑ̃ʒe] *v 1. ~ qn* jdn rächen; *2. se ~ de qn* sich an jdm rächen
vengeur [vɑ̃ʒœʀ] *m* Rächer *m*
venimeux [venimø] *adj ZOOL* giftig
venin [vənɛ̃] *m 1.* Gift *n; 2. (fig)* Bösartigkeit *f*
venir [vəniʀ] *v irr 1.* kommen; *~ comme un cheveu sur la soupe* ungelegen kommen/fehl am Platz sein; *~ à point nommé* kommen wie gerufen; *2. (arriver)* herkommen, hereinkommen, heraufkommen; *3. ~ à bout de* bezwingen, zu Stande bringen; *4. ~ à l'esprit* einfallen; *5. ~ au devant de* entgegenkommen; *6. ~ à la rencontre de* entgegenkommen; *7. ~ de* kommen von, kommen aus, herkommen; *8. ~ avec* mitkommen; *9. ~ en aide à qn* jdm zu Hilfe kommen; *10. ~ à maturité* reifen; *11. ~ au jour* auf die Welt kommen; *12. ~ voir qn* jdn besuchen kommen; *13. faire ~* herbeischaffen; *14. à ~* zukünftig
vent [vɑ̃] *m 1.* Wind *m; Autant en emporte le ~.* Das sind nur leere Worte. *avoir ~ de qc* Wind von etw bekommen haben; *~ contraire* Gegenwind *m; force du ~* Windstärke *f; 2. avoir des ~s MED* Blähungen haben
vente [vɑ̃t] *f 1.* Verkauf *m; 2. en ~ chez* erhältlich bei; *3. ~ exclusive ECO* Alleinvertrieb *m; 4. ~ aux enchères* Versteigerung *f*
venteux [vɑ̃tø] *adj* windig
ventilateur [vɑ̃tilatœʀ] *m* Ventilator *m*
ventilation [vɑ̃tilasjɔ̃] *f* Lüftung *f*
ventre [vɑ̃tʀ] *m 1. ANAT* Bauch *m; 2. (fig)* Leib *m*
ventricule [vɑ̃tʀikyl] *m ~ du cœur ANAT* Herzkammer *f*
ventriloque [vɑ̃tʀilɔk] *m* Bauchredner *m*
ventru [vɑ̃tʀy] *adj* bauchig
venue [vəny] *f* Ankunft *f; attendre la ~ de qn* auf jds Ankunft warten; *craindre la ~ de l'hiver* das Hereinbrechen des Winters fürchten; *faire des allées et ~s* hin- und herlaufen/viel Lauferei haben
ver [vɛʀ] *m 1. ZOOL* Wurm *m; 2. (larve) ZOOL* Made *f; 3. ~ luisant* Glühwürmchen *n; 4. ~ solitaire* Bandwurm *m*
véracité [veʀasite] *m* Wahrhaftigkeit *f*
véranda [veʀɑ̃da] *f* Veranda *f*
verbal [vɛʀbal] *adj* mündlich, verbal
verbaliser [vɛʀbalize] *v* protokollieren
verbe [vɛʀb] *m GRAMM* Verb *n*
verbiage [vɛʀbjaʒ] *m* Gerede *n*
verdâtre [vɛʀdɑtʀ] *adj* grünlich, fahl
verdict [vɛʀdikt] *m JUR* Urteilsspruch *m*
verdure [vɛʀdyʀ] *f* Grünes *n; un tapis de ~* ein grüner Rasenteppich *m; en pleine ~* mitten im Grünen
verge [vɛʀʒ] *f 1. ANAT* Penis *m; 2. (canne à pêche)* Rute *f*
verger [vɛʀʒe] *m* Obstgarten *m*
verglacé [vɛʀglase] *adj* vereist; *une route ~e* eine vereiste Straße *f*
verglas [vɛʀgla] *m* Glatteis *n*
véridique [veʀidik] *adj* wahrheitsgetreu
vérifiable [veʀifjabl] *adj* nachweisbar
vérificateur [veʀifikatœʀ] *m ~ des comptes ECO* Rechnungsprüfer *m*

vérification [veʀifikasjɔ̃] *f* *1.* Kontrolle *f*, Überprüfung *f*; *2. ~ des comptes ECO* Rechnungsprüfung *f*
vérifier [veʀifje] *v* *1.* bestätigen; *2. (les comptes)* nachrechnen; *3. (contrôler)* nachsehen, kontrollieren; *4. (examiner)* prüfen, nachprüfen; *5. se ~* sich bewahrheiten
véritable [veʀitabl] *adj* *1.* echt; *2. (vrai)* wahr; *C'est devenu un ~ vice.* Das ist zu einer wahren Sucht geworden.
vérité [veʀite] *f* *1.* Wahrheit *f*; *dire ses quatres ~s à qn* jdm die Wahrheit ins Gesicht sagen; *2. ~ de La Palice* Binsenweisheit *f*
vermine [vɛʀmin] *f* *1. ZOOL* Ungeziefer *n*; *2. (fig)* Parasit *m*
vermisseau [vɛʀmiso] *m ZOOL* kleiner Wurm *m*
vermoulu [vɛʀmuly] *adj* wurmstichig; *une poutre ~e* ein wurmzerfressener Balken *m*
vernir [vɛʀniʀ] *v* *1. TECH* glasieren; *2. (laquer)* lackieren
vernis [vɛʀni] *m* *1. TECH* Glasur *f*; *2. (en cosmétique)* Lack *m*; *~ à ongles* Nagellack *m*
vérole [veʀɔl] *f* *1. (fam)* Syphilis *f*; *2. petite ~* Windpocken *pl*
verrat [vɛʀa] *m ZOOL* Eber *m*
verre [vɛʀ] *m* *1.* Glas *n*; *laine de ~* Glaswolle *f*; *~ à recycler* Altglas *n*; *~ à lait* Milchglas *n*; *~ grossissant* Vergrößerungsglas *n*; *de ~* gläsern; *2. ~s de lunettes pl* Brillengläser *pl*; *3. ~s de contact pl* Kontaktlinsen *pl*
verrou [vɛʀu] *m* Riegel *m*
verrouillage [vɛʀujaʒ] *m* Verriegelung *f*; *~ central des portes TECH* Zentralverriegelung *f*
verrouiller [vɛʀuje] *v* *1.* verriegeln; *2. (région)* abriegeln
verrue [vɛʀy] *f MED* Warze *f*
vers[1] [vɛʀ] *prep* *1. (local)* gegen, nach, zu; *2. (temporel)* gegen, um
vers[2] [vɛʀ] *m* Vers *m*
versant [vɛʀsɑ̃] *m* Abhang *m*
versatile [vɛʀsatil] *adj* *1.* wankelmütig; *2. (inconstant)* unbeständig
versé [vɛʀse] *adj être ~ dans qc* in etw bewandert sein
versement [vɛʀsəmɑ̃] *m* *1.* Einzahlung *f*; *2. ~ complémentaire* Nachzahlung *f*
verser [vɛʀse] *v* *1.* einzahlen; *2. (remplir)* gießen, einschenken; *3. ~ dans* eingießen in; *4. (renverser)* verschütten, vergießen
version [vɛʀsjɔ̃] *f* *1.* Übersetzung *f*; *2. ~ contraire* Gegendarstellung *f*
verso [vɛʀso] *m* Rückseite *f*
vert [vɛʀ] *adj* *1.* grün; *les Verts POL* die Grünen; *2. (pas mûr)* unreif; *3. (fig)* saftig
vertèbre [vɛʀtɛbʀ] *f ANAT* Wirbel *m*
vertical [vɛʀtikal] *adj* senkrecht
vertige [vɛʀtiʒ] *m* Taumel *m*, Schwindel *m*; *être pris de ~* taumeln
vertigineux [vɛʀtiʒinø] *adj* Schwindel erregend
vertu [vɛʀty] *f* Tugend *f*; *en ~ de* kraft
vertueux [vɛʀtɥø] *adj* sittsam, tugendhaft
verveine [vɛʀvɛn] *f* *1. BOT* Eisenkraut *n*; *2. (tisane)* Eisenkrauttee *m*
vésicule [vezikyl] *f ANAT* Blase *f*, Sack *m*; *~ biliaire* Gallenblase *f*
vespéral [vɛspeʀal] *adj* abendlich
vessie [vɛsi] *f ANAT* Harnblase *f*
veste [vɛst] *f* *1.* Jacke *f*; *2. (veston)* Jackett *n*, Sakko *n*
vestiaire [vɛstjɛʀ] *m* Garderobe *f*
vestibule [vɛstibyl] *m* Diele *f*, Flur *m*
vestige [vɛstiʒ] *m* *1. (fig)* Spur *f*; *2. ~s pl* Überbleibsel *n*
veston [vɛstɔ̃] *m* *1.* Jackett *n*, Sakko *n*; *2. (veste)* Jacke *f*
vêtement [vɛtmɑ̃] *m* Kleidungsstück *n*
vétérinaire [veteʀinɛʀ] *m/f* Tierarzt/Tierärztin *m/f*
vêtir [vɛtiʀ] *v irr* *1. se ~* sich kleiden; *2. ~ de* bekleiden mit
véto [veto] *m POL* Veto *n*
vétuste [vetyst] *adj* baufällig
veuf [vœf] *m* *1.* Witwer *m*; *adj* *2.* verwitwet
veuve [vøv] *f* Witwe *f*
vexant [vɛksɑ̃] *adj* *1. (blessant)* verletzend; *une remarque ~e* eine kränkende Bemerkung *f*; *2. (contrariant)* ärgerlich; *C'est ~.* Wie ärgerlich.
vexation [vɛksasjɔ̃] *f* Kränkung *f*
vexer [vɛkse] *v* kränken
viabiliser [vjabilize] *v (un terrain à bâtir)* erschließen
viabilité [vjabilite] *f (d'un terrain à bâtir)* Erschließung *f*
viaduc [vjadyk] *m* Talbrücke *f*
viande [vjɑ̃d] *f* Fleisch *n*; *~ hachée* Hackfleisch *n*
vibrant [vibʀɑ̃] *adj* *1.* klangvoll; *2. (ton)* klirrend
vibration [vibʀasjɔ̃] *f* Vibration *f*, Schwingung *f*

vibrer [vibʀe] *v 1. (ton)* klirren; *2. (osciller)* vibrieren
vicaire [vikɛʀ] *m REL* Vikar *m*
vice [vis] *m 1.* Laster *n; 2. (défaut)* Fehler *m,* Mangel *m*
vice-... [vis] *pref* Vize...
vice versa [visvɛrsa] *adv* umgekehrt
vicieux [visjø] *adj 1.* fehlerhaft; *2. (dépravé)* lasterhaft; *mulet ~* störrischer Maulesel *m; le cercle ~* der Teufelskreis *m*
victime [viktim] *f 1.* Opfer *n; 2. (souffre-douleur)* Leidtragende(r) *m/f; 3. être ~ d'un accident* verunglücken
victoire [viktwaʀ] *f* Sieg *m*
victorieux [viktɔʀjø] *adj* siegreich
vidange [vidɑ̃ʒ] *f 1.* Entleerung *f,* Ablassen *n; 2. ~ d'huile* Ölwechsel *m*
vidanger [vidɑ̃ʒe] *v* leeren
vide [vid] *adj 1.* leer, öde; *2. (fig)* hohl; *m 3.* Leere *f,* Nichts *n*
vidéocassette [videɔkasɛt] *f* Videokassette *f*
vide-ordures [vidɔʀdyʀ] *m* Müllschlucker *m*
vide-poches [vidpɔʃ] *m* kleiner Ablagetisch *m*
vider [vide] *v 1.* leeren, ausleeren; *2. ~ son verre* sein Glas austrinken; *3. (eau)* ablassen; *4. (objets)* ausräumen; *5. (gibier, poisson)* ausnehmen; *6. (querelle)* austragen
vie [vi] *f 1.* Leben *n; C'est la ~.* So ist das Leben. *Ce n'est pas une ~.* Das ist doch kein Leben. *de ma ~* zeit meines Lebens; *à ~* lebenslänglich; *plein de ~* lebhaft; *~ de famille* Familienleben *n; ~ privée* Privatleben *n; 2. (manière de vivre)* Lebensart *f; 3. (existence)* Lebenszeit *f,* Lebenslauf *m; 4. (subsistance)* Lebensunterhalt *m; 5. ~ quotidienne* Alltag *m*
vieil [vjɛj] *adj (voir „vieux")*
vieillard [vjɛjaʀ] *m* Greis *m*
vieille [vjɛj] *f* Alte *f,* Greisin *f*
vieilleries [vjɛjʀi] *f/pl* Trödel *m*
vieillesse [vjɛjɛs] *f* Alter *n; avoir une ~ heureuse* einen schönen Lebensabend haben; *mourir de ~* an Altersschwäche sterben
vieilli [vjɛji] *adj* gealtert, veraltet
vieillir [vjɛjiʀ] *v* altern, veralten
vieillissant [vjɛjisɑ̃] *adj* alternd
vieillissement [vjɛjismɑ̃] *m* Altern *n,* Überalterung *f*
vierge [vjɛʀʒ] *f 1.* Jungfrau *f; la Sainte Vierge* die Heilige Jungfrau *f; adj 2.* jungfräulich; *3. (pur)* unberührt, rein
Viêt-nam [vjɛtnam] *m GEO* Vietnam *n*
vieux [vjø] *adj 1.* alt; *être ~ comme Mathusalem/être ~ comme le monde* steinalt sein/uralt sein; *m 2.* Greis *m*
vif [vif] *adj 1.* lebendig; *être touché au ~* ins Mark getroffen sein; *2. (alerte)* lebhaft; *être ~ comme un éclair* wie ein geölter Blitz gehen; *3. (actif)* rege; *4. (lumière)* hell, grell; *de vive force* mit roher Gewalt; *m 5. ~ du sujet* Kern der Sache *m,* Wesentliches *n*
vigilance [viʒilɑ̃s] *f* Wachsamkeit *f*
vigilant [viʒilɑ̃] *adj* wachsam
vigne [viɲ] *f 1. BOT* Rebe *f; 2. ~s pl* Weinberg *m; être dans les ~s du Seigneur* in weinseliger Laune sein
vigneron(ne) [viɲʀɔ̃/viɲʀɔn] *m/f* Winzer(in) *m/f*
vignette [viɲɛt] *f (en France)* Kraftfahrzeugsteuerplakette *f,* Vignette *f*
vignoble [viɲɔbl] *m* Weinberg *m*
vigoureux [viguʀø] *adj 1.* kräftig; *2. (fig)* handfest
vigueur [vigœʀ] *f 1.* Kraft *f; 2. JUR* Geltung *f; 3. en ~* wirksam, geltend
vil [vil] *adj 1.* gemein, böse; *2. (ignoble)* niederträchtig; *3. ~ prix ECO* Schleuderpreis *m*
vilain [vilɛ̃] *adj* böse, verrucht
vilebrequin [vilbʀəkɛ̃] *m TECH* Kurbelwelle *f*
villa [vila] *f* Villa *f*
village [vilaʒ] *m* Dorf *n*
villageois(e) [vilaʒwa(z)] *m/f* Dorfbewohner(in) *m/f*
ville [vil] *f* Stadt *f; grande ~* Großstadt *f; petite ~* Kleinstadt *f; vieille ~* Altstadt *f; ~ portuaire* Hafenstadt *f; ~ satellite* Trabantenstadt *f*
vin [vɛ̃] *m 1.* Wein *m; être entre deux ~s* angeheitert sein; *mettre de l'eau dans son ~* seine Anforderungen zurückschrauben; *être pris de ~* betrunken sein; *~ de cru* Auslesewein *m; ~ de qualité (supérieur)* Qualitätswein *m; ~ rouge* Rotwein *m; ~ blanc* Weißwein *m; ~ chaud* Glühwein *m; 2. ~ mousseux* Sekt *m*
vinaigre [vinɛgʀ] *m* Essig *m*
vinaigrette [vinɛgʀɛt] *f GAST* Salatsoße *f*
vingt [vɛ̃] *num* zwanzig
vingtaine [vɛ̃tɛn] *f (environ vingt)* ungefähr zwanzig
vingtième [vɛ̃tjɛm] *adj 1.* zwanzigste(r,s); *le ~ siècle* das Zwanzigste Jahrhundert *n; m*

2. (fraction) MATH Zwanzigstel *n; m/f 3.* Zwanzigste(r) *m/f*
viol [vjɔl] *m* Vergewaltigung *f*
violacé [vjɔlase] *adj* violett
violation [vjɔlasjɔ̃] *f 1.* Übertretung *f,* Verletzung *f; ~ du Code de la Route* Verletzung der Straßenverkehrsordnung *f; 2. ~ de domicile JUR* Hausfriedensbruch *m; 3. ~ de contrat JUR* Vertragsbruch *m*
viole [vjɔl] *f MUS* Viola *f,* Bratsche *f*
violemment [vjɔlamɑ̃] *adv* heftig
violence [vjɔlɑ̃s] *f* Gewalt *f*
violent [vjɔlɑ̃] *adj 1.* heftig; *2. (brutal)* gewalttätig; *3. (impétueux)* ungestüm
violenter [vjɔlɑ̃te] *v* vergewaltigen
violer [vjɔle] *v 1.* vergewaltigen; *2. (fig)* verletzen, übertreten; *3. REL* entweihen
violet [vjɔlɛ] *adj* violett
violette [vjɔlɛt] *f BOT* Veilchen *n*
violon [vjɔlɔ̃] *m 1. MUS* Geige *f; 2. ~ d'Ingres* Liebhaberei *f*
violoncelle [vjɔlɔ̃sɛl] *m MUS* Cello *n*
violoncelliste [vjɔlɔ̃sɛlist] *m/f MUS* Cellist(in) *m/f*
violoniste [vjɔlɔnist] *m/f MUS* Geiger(in) *m/f*
vipère [vipɛʀ] *f 1. ZOOL* Otter *f,* Viper *f; langue de ~* Lästerzunge *f; 2. (fig)* Giftzahn *m*
virage [viʀaʒ] *m 1.* Kurve *f; ~ en épingle à cheveux* Haarnadelkurve *f; 2. (courbe)* Kehre *f,* Bogen *m; 3. (tournant)* Wende *f; prendre un ~* eine Wende nehmen
virée [viʀe] *f (fam)* Spritztour *f*
virement [viʀmɑ̃] *m 1. ~ de compte à compte* Umbuchung *f; 2. ECO* Wendung *f; 3. ~ postal* Postüberweisung *f; 4. (transfert) ECO* Überweisung *f*
virer [viʀe] *v 1.* sich drehen; *2. (transférer) ECO* überweisen; *3. ~ qn (fam: renvoyer)* jdn hinauswerfen; *Il s'est fait ~.* Er ist gefeuert worden.
virevolter [viʀvɔlte] *v* kehrtmachen, wenden
virginité [viʀʒinite] *f* Unschuld *f,* Jungfräulichkeit *f*
virgule [viʀgyl] *f* Komma *n*
viril [viʀil] *adj* männlich
virtuel [viʀtɥɛl] *adj* virtuell
virus [viʀys] *m MED* Virus *n*
vis [vis] *f 1.* Schraube *f; 2. pas de ~ TECH* Schraubengewinde *n*
visa [viza] *m 1.* Visum *n,* Sichtvermerk *m; 2. ~ de sortie* Ausreisevisum *n*
visage [vizaʒ] *m* Gesicht *n,* Angesicht *n*
vis-à-vis [visavi] *prep (local)* gegenüber
viscères [visɛʀ] *m/pl ANAT* Eingeweide *pl*
viscosité [viskozite] *f* Zähflüssigkeit *f*
visées [vize] *f/pl* Ambitionen *pl,* Ziele *pl; avoir des ~ sur qn* ein Auge auf jdn werfen
viser [vize] *v 1.* abzielen; *2. ~ à* bezwecken
visibilité [vizibilite] *f* Sicht *f*
visible [vizibl] *adj* sichtbar
vision [vizjɔ̃] *f 1.* Sehvermögen *n; 2. REL* Vision *f,* Erscheinung *f; 3. ~ du monde* Weltanschauung *f*
visiophone [vizjɔfɔn] *m* Bildtelefon *n*
visite [vizit] *f 1.* Besuch *m; rendre ~ à qn* jdn besuchen; *heures de ~ (à l'hôpital)* Besuchszeit *f; 2. (inspection)* Besichtigung *f; 3. ~ guidée* Fremdenführung *f; 4. ~ officielle* Staatsbesuch *m*
visiter [vizite] *v 1. (personne)* besuchen; *2. (musée)* besichtigen; *3. (pays)* bereisen
visiteur [vizitœʀ] *m* Besucher *m*
vison [vizɔ̃] *m 1. ZOOL* Nerz *m; 2. manteau de ~* Nerzmantel *m*
visqueux [viskø] *adj* zähflüssig
visser [vise] *v* schrauben
vital [vital] *adj* lebenswichtig
vitalité [vitalite] *f* Lebenskraft *f*
vitamine [vitamin] *f* Vitamin *n*
vite [vit] *adv 1.* rasch, schnell; *vouloir aller plus ~ que les violons* die Dinge überstürzen wollen; *2. au plus ~* eiligst, schnellstens
vitellus [vitɛlys] *m* Dotter *m*
vitesse [vitɛs] *f 1.* Geschwindigkeit *f; ~ maximum* Höchstgeschwindigkeit *f; ~ de la lumière PHYS* Lichtgeschwindigkeit *f; ~ du son* Schallgeschwindigkeit *f; ~ de pointe* Spitzengeschwindigkeit *f; 2. (rapidité)* Schnelligkeit *f; se laisser gagner de ~* sich überholen lassen; *à toute ~* in aller Eile; *3. (d'une voiture)* Gang *m; 4. ~ très lente* Schritttempo *n*
viticulteur [vitikyltœʀ] *m* Winzer *m*
vitrage [vitʀaʒ] *m* Verglasung *f*
vitre [vitʀ] *f 1.* Fensterscheibe *f; 2. (carreau)* Glasscheibe *f*
vitré [vitʀe] *adj* verglast; *une baie ~e* ein großes Glasfenster *n; une porte ~e* eine Glastür *f*
vitreux [vitʀø] *adj* glasig
vitrier [vitʀije] *m* Glaser *m*
vitrifier [vitʀifje] *v 1.* verglasen; *2. (parquet)* versiegeln
vitrine [vitʀin] *f* Schaufenster *n*
vivace [vivas] *adj* lebendig, lebhaft
vivacité [vivasite] *f* Lebhaftigkeit *f*

vivant [vivɑ̃] *adj* 1. lebendig, lebend; 2. *être ~* Lebewesen *n*
vivement [vivmɑ̃] *adv* 1. lebhaft; 2. *(fortement)* kräftig; 3. *(rapidement)* schnell
vivre [vivʀ] *v irr* 1. existieren, leben; *apprendre à ~ à qn* jdm den Kopf zurechtsetzen; *~ comme un coq en pâte* leben wie Gott in Frankreich; *avoir de quoi ~* sein Auskommen haben; *~ en parasite* schmarotzen (fam); *~ au jour le jour* von der Hand in den Mund leben; 2. *(un événement)* erleben, miterleben; 3. *faire ~ (fig)* ernähren
vivres [vivʀ] *m/pl* Verpflegung *f*
vocable [vɔkabl] *m* Vokabel *f*
vocabulaire [vɔkabylɛʀ] *m* Wortschatz *m*
vocation [vɔkasjɔ̃] *f* Berufung *f*, Lebensaufgabe *f*
vociférer [vɔsifeʀe] *v* schreien, brüllen
vœu [vø] *m* 1. *REL* Gelübde *n;* 2. *(souhait)* Glückwunsch *m; faire ~ de* geloben
vogue [vɔg] *f* Beliebtheit *f; être en ~* in Mode sein
voici [vwasi] *prep* hier
voie [vwa] *f* 1. Weg *m; être en bonne ~* auf dem richtigen Weg sein; *mettre qn sur la ~* jdm auf die Sprünge helfen; *par les ~s légales* gerichtlich; *par ~ de terre* Landstraße *f; ~ lactée* Milchstraße *f; ~ rapide* Schnellstraße *f; ~ d'accès* Zubringerstraße *f;* 2. *(d'autoroute)* Fahrspur *f; à une seule ~* einspurig; *~ de dépassement* Überholspur *f;* 3. *~ ferrée* Gleis *n; ~ de garage* Abstellgleis *n; à une seule ~* eingleisig; 4. *(chemin)* Pfad *m;* 5. *~ sans issue* Sackgasse *f;* 6. *~s de fait pl JUR* Tätlichkeit *f;* 7. *~ hiérarchique* Dienstweg *m*
voilà [vwala] *prep* da
voile¹ [vwal] *m* Schleier *m; faire tomber le ~ (d'un monument)* enthüllen
voile² [vwal] *f (toile)* Segel *n; faire de la ~* segeln
voilé [vwale] *adj* verbogen; *être ~ (roue de bicyclette)* eiern
voiler [vwale] *v* verhüllen, verschleiern
voilette [vwalɛt] *f* Hutschleier *m*
voilier [vwalje] *m* Segelboot *n*
voilure [vwalyʀ] *f* Tragfläche *f*
voir [vwaʀ] *v irr* 1. sehen; *~ les choses comme elles sont* die Dinge sehen, wie sie sind; *C'est à ~.* Das wäre zu überlegen. *ne pas pouvoir ~ qn* jdn nicht ausstehen können; *Qu'est-ce qu'il ne faut pas ~.* Es bleibt einem doch nichts erspart. *Cela n'a rien à ~ ici.* Das hat hier nichts zu suchen. *Cela se voit.* Das merkt man. 2. *(regarder)* ansehen; *Viens ~!* Da, schau mal! 3. *~ venir avec satisfaction* begrüßen; 4. *(considérer)* anschauen; 5. *(un événement)* erleben; *C'est tout vu!* Schluss jetzt!/Das ist ein für alle Mal erledigt! 6. *ne pas ~* übersehen; 7. *faire ~* vorzeigen; 8. *~ du pays* herumkommen, reisen
voire [vwaʀ] *adv* sogar, ja sogar
voisin [vwazɛ̃] *adj* 1. benachbart; 2. *(proche)* nah(e), angrenzend
voisin(e) [vwazɛ̃/vwazin] *m/f* Nachbar(in) *m/f*
voisinage [vwazinaʒ] *m* Nachbarschaft *f*
voiture [vwatyʀ] *f* 1. Wagen *m; ~ de location* Leihwagen *m; ~ tout-terrain* Geländewagen *m; ~ d'enfant* Kinderwagen *m; ~ d'occasion* Gebrauchtwagen *m; ~ de livraison* Lieferwagen *m; ~ de tourisme* Personenkraftwagen *m; ~ de course* Rennwagen *m; ~ de patrouille* Streifenwagen *m;* 2. *(automobile)* Auto *n;* 3. *~ de collection* Oldtimer *m;* 4. *~ électrique TECH* Elektrofahrzeug *n;* 5. *~ décapotable* Kabriolett *n*
voiture-couchettes [vwatyʀkuʃɛt] *f* Liegewagen *m*
voix [vwa] *f* 1. Stimme *f; de vive ~* mündlich; *à une ~* einstimmig; *à haute ~* laut; *à ~ basse* leise; *la mue de la ~* der Stimmbruch *m;* 2. *POL* Wahlstimme *f; majorité des ~* Stimmenmehrheit *f*
vol¹ [vɔl] *m* 1. *(d'un avion)* Flug *m; ~ à basse altitude* Tiefflug *m; ~ régulier* Linienflug *m;* 2. *~ en altitude* Höhenflug *m;* 3. *(d'oiseaux) ZOOL* Schar *f*, Vogelschar *f; à ~ d'oiseau* aus der Vogelperspektive
vol² [vɔl] *m* 1. *(cambriolage)* Diebstahl *m;* 2. *~ de voiture* Autodiebstahl *m*
volage [vɔlaʒ] *adj* flatterhaft
volaille [vɔlaj] *f ZOOL* Geflügel *n*
volant¹ [vɔlɑ̃] *m* Lenkrad *n*, Steuer *n*
volant² [vɔlɑ̃] *adj* lose, locker
volatile [vɔlatil] *m* Federvieh *n*
volcan [vɔlkɑ̃] *m* 1. *GEO* Vulkan *m;* 2. *(fig)* Pulverfass *n; être sur un ~* auf einem Pulverfass sitzen
volée [vɔle] *f* 1. *(en tennis)* Flugball *m;* 2. *~ de coups* Prügel *pl*
voler¹ [vɔle] *v* 1. fliegen; *~ de bouche en bouche* von Mund zu Mund gehen; 2. *~ en éclats* splittern
voler² [vɔle] *v* 1. *(cambrioler)* rauben, stehlen; 2. *~ qn* jdn bestehlen
volet [vɔlɛ] *m* 1. Fensterladen *m;* 2. *~ roulant* Rollladen *m*

voleter [vɔlte] *v* flattern
voleur [vɔlœʀ] *adj 1.* diebisch; *m 2.* Räuber *m,* Dieb *m; ~ à la tire* Taschendieb *m; 3. (fam: filou)* Spitzbube *m,* Gauner *m*
volière [vɔljɛʀ] *f* Vogelbauer *m*
volley-ball [vɔlɛbol] *m SPORT* Volleyball *n*
volontaire [vɔlɔ̃tɛʀ] *adj 1.* freiwillig; *2. (entêté)* eigenwillig; *3. (délibéré)* vorsätzlich
volontariat [vɔlɔ̃taʀja] *m* Volontariat *n*
volonté [vɔlɔ̃te] *f 1.* Wille *m; Ce n'est pas de la mauvaise ~.* Es ist kein böser Wille. *bonne ~* Bereitwilligkeit *f; 2. plein de bonne ~* gutwillig; *3. avoir la ~ de* wollen
volontiers [vɔlɔ̃tje] *adv* gern
volt [vɔlt] *m* Volt *n*
voltage [vɔltaʒ] *m TECH* Spannung *f*
voltiger [vɔltiʒe] *v 1.* flattern; *2. ~ autour de* umschwärmen
volume [vɔlym] *m 1. (livre)* Band *m; 2. (quantité)* Volumen *n; 3. (du son)* Lautstärke *f; 4. (fig)* Umfang *m,* Ausmaß *n*
volumineux [vɔlyminø] *adj* umfangreich
volupté [vɔlypte] *f* Hochgenuss *m*
voluptueux [vɔlyptɥø] *adj* lüstern
volute [vɔlyt] *f* Schnörkel *m*
vomir [vɔmiʀ] *v 1.* brechen, erbrechen; *2. (cracher)* ausspeien; *C'est à ~.* Das ist Ekel erregend./Da wird einem übel.
vomissements [vɔmismɑ̃] *m/pl MED* Brechdurchfall *m*
vomitif [vɔmitif] *m MED* Brechmittel *n*
vorace [vɔʀas] *adj* gefräßig, gierig
vos [vo] *pron 1.* eure(r,s); *2. (forme de politesse)* Ihre(r,s)
Vosges [voʒ] *f/pl (montagne) GEO* Vogesen *pl*
vote [vɔt] *m 1.* Abstimmung *f; 2. (d'une loi)* Verabschiedung *f; 3. POL* Wahlstimme *f; 4. ~ à la proportionnelle POL* Verhältniswahlrecht *n; 5. (élections) POL* Wahl *f*
voter [vɔte] *v 1.* abstimmen, wählen; *2. (une loi)* verabschieden
votre [vɔtʀ] *pron 1.* eure(r,s); *2. (forme de politesse)* Ihre(r,s)
vôtre [vɔtʀ] *pron le ~/la ~* Ihre(r,s)
voué [vwe] *adj ~ à l'échec* aussichtslos
vouer [vwe] *v se ~ à qc* sich einer Sache verschreiben, sich einer Sache widmen
vouloir [vulwaʀ] *v irr 1.* wollen; *Je veux bien.* Ich habe nichts dagegen./Das ist mir recht. *2. (désirer)* mögen, wollen; *3. ~ dire* bedeuten; *4. en ~ à qn (fig)* jdm böse sein
vous [vu] *pron 1.* Sie; *dire ~ à qn* jdn siezen; *2. (sujet)* ihr; *3. (datif, réflectif)* euch; *4. (forme de politesse, datif pluriel)* Ihnen; *5. à ~* Ihnen
voûte [vut] *f* Gewölbe *n*
voûté [vute] *adj* krumm
vouvoiement [vuvwamɑ̃] *m* Siezen *n*
vouvoyer [vuvwaje] *v* siezen
voyage [vwajaʒ] *m 1.* Reise *f; faire un ~* eine Reise antreten/reisen; *(pour découvrir un pays)* Entdeckungsreise *f; ~ d'affaires* Geschäftsreise *f; ~ de noces* Hochzeitsreise *f; 2. (trajet)* Fahrt *f; Bon ~!* Gute Fahrt!/Gute Reise! *3. ~ inaugural* Jungfernfahrt *f*
voyager [vwajaʒe] *v* reisen
voyageur [vwajaʒœʀ] *m 1.* Reisender *m; 2. (passager)* Fahrgast *m; 3. ~ de commerce* Handlungsreisender *m*
voyant [vwajɑ̃] *adj 1.* grell; *m 2.* Hellseher *m*
voyante [vwajɑ̃t] *f* Wahrsagerin *f*
voyelle [vwajɛl] *f* Vokal *m*
voyou [vwaju] *m (fam)* Gassenjunge *m*
vrac [vʀak] *adv en ~ (sans emballage)* lose
vrai [vʀɛ] *adj 1.* wahr; *à ~ dire/à dire ~* eigentlich; *il est ~ que* allerdings/zwar; *2. (véritable)* wahrhaft; *3. (authentique)* echt; *4. (véridique)* wahrheitsgetreu
vraiment [vʀɛmɑ̃] *adv* wirklich
vraisemblable [vʀɛsɑ̃blabl] *adj* wahrscheinlich
vraisemblance [vʀɛsɑ̃blɑ̃s] *f* Wahrscheinlichkeit *f*
vrombir [vʀɔ̃biʀ] *v* dröhnen, surren
vu [vy] *prep* angesichts, in Anbetracht
vue [vy] *f 1.* Sehkraft *f; avoir une bonne ~* gute Augen haben; *A perte de ~.* Soweit das Auge reicht. *2. (visibilité)* Sicht *f; à ~* auf Sicht; *perdre de ~* aus den Augen verlieren; *3. (panorama)* Blick *m,* Ausblick *m; avoir des ~s sur qn/avoir des ~s sur qc* auf jdn Absichten haben/etw im Auge haben; *en ~ de* angesichts; *4. (fig)* Auffassung *f*
vulgaire [vylgɛʀ] *adj* gewöhnlich, ordinär
vulgariser [vylgaʀize] *v* allgemein verständlich ausdrücken
vulgarité [vylgaʀite] *f* Gewöhnlichkeit *f; la ~ d'une expression* ein ordinärer Ausdruck *m*
vulnérabilité [vylneʀabilite] *f* Verwundbarkeit *f*
vulnérable [vylneʀabl] *adj 1.* verwundbar; *2. (fig)* empfindlich

W/X/Y/Z

wagon [vagɔ̃] *m 1.* Waggon *m; 2. ~ de marchandises* Güterwagen *m*
wagon-lit [vagɔ̃li] *m* Schlafwagen *m*
wagon-restaurant [vagɔ̃ʀɛstɔʀɑ̃] *m* Speisewagen *m*
watt [wat] *m* Watt *n*
week-end [wikɛnd] *m* Wochenende *n*
xénophile [gzenofil] *adj* ausländerfreundlich, xenophil
xénophilie [gzenofili] *f* Ausländerfreundlichkeit *f,* Xenophilie *f*
xénophobe [gzenofɔb] *adj* ausländerfeindlich, xenophob
xénophobie [gzenofɔbi] *f* Ausländerfeindlichkeit *f,* Xenophobie *f*
x-fois [iksəfwa] *adv* x-mal
xylophone [gzilofɔn] *m MUS* Xylophon *n*
y [i] *adv 1.* dort, dorthin; *pron 2.* darin, daran, darauf
yacht [jak] *m* Jacht *f*
yaourt [jauʀt] *m GAST* Jogurt *n*
yeux [jø] *m/pl ANAT* Augen *pl; faire les gros ~ à qn* jdn streng anblicken/jdn tadelnd ansehen; *fermer les ~* ein Auge zudrücken; *coûter les ~ de la tête* ein Vermögen kosten; *manger qn des ~* jdn mit Blicken verschlingen; *aux ~ bleus* blauäuig; *avoir les ~ battus* übernächtigt aussehen; *faire les ~ doux à qn* mit jdm liebäugeln
yogourt [jɔguʀ] *m GAST* Jogurt *n*
yougoslave [jugɔslav] *adj* jugoslawisch
Yougoslave [jugɔslav] *m/f* Jugoslawe/Jugoslawin *m/f*
Yougoslavie [jugɔslavi] *f GEO* Jugoslawien *n*
zapper [zape] *v* zappen, Chanelhopping machen
zèbre [zɛbʀ] *m ZOOL* Zebra *n*
zélé [zele] *adj* eifrig, fleißig; *trop ~* übereifrig
zèle [zɛl] *m 1.* Eifer *m,* Fleiß *m; faire du ~* viel Wind machen/übereifrig sein; *avec ~* eifrig; *2. (pour apprendre)* Lerneifer *m*
zénith [zenit] *m* Zenit *m,* Scheitelpunkt *m; être au ~ de sa gloire* auf dem Höhepunkt seines Ruhms sein
zéro [zeʀo] *m 1.* Null *f; 2. point ~* Nullpunkt *m; avoir le moral à ~* seelisch auf dem Nullpunkt angelangt sein; *repartir à ~* wieder von vorn anfangen
zeste [zɛst] *m* Orangenschale *f,* Zitronenschale *f*
zézayer [zezeje] *v* lispeln
zone [zon] *f 1.* Gebiet *n; ~ interdite* Sperrgebiet *n; ~ de basse pression* Tiefdruckgebiet *n; ~ résidentielle* Wohngebiet *n; ~ de tension POL* Spannungsgebiet *n; 2. (espace)* Zone *f,* Raum *m; ~ dangereuse* Gefahrenzone *f; ~ piétonne* Fußgängerzone *f; ~ non-fumeurs* Nichtraucherzone *f; ~ de libre-échange ECO* Freihandelszone *f; 3. ~ industrielle* Industriegebiet *n; 4. ~ morte* Niemandsland *n; 5. ~ d'émission* Sendebereich *m; 6. ~ d'action/~ d'activité* Wirkungsbereich *m*
zoo [zoo] *m* Zoo *m*
zoophile [zoofil] *m* Tierfreund *m*
zozoter [zɔzɔte] *v (fam)* lispeln

Deutsch – Französisch

A

Aal [aːl] *m ZOOL* anguille *f; sich winden wie ein ~* se tortiller comme une anguille
aalglatt ['aːl'glat] *adj (fig)* souple comme une anguille, difficile à saisir
ab [ap] *prep 1. (zeitlich)* à partir de; *2. (örtlich)* en partant de, loin de; *3. Bestellungen ~ zwanzig Mark* commandes à partir de vingt marks *f/pl; adv 4. ~ und zu* de temps en temps; *von heute ~* à partir d'aujourd'hui; *Ab durch die Mitte! (fig)* Vite!/Dépêchons-nous!
abändern ['apɛndərn] *v 1.* modifier, corriger; *das Programm ~* modifier le programme; *2. (Kleidungsstück)* retoucher; *eine Lederjacke ~* retoucher une veste en cuir
Abänderung ['apɛndəruŋ] *f* modification *f*
abartig ['apaːrtɪç] *adj* anormal
Abbau ['apbau] *m 1. (Zerlegung)* démontage *m,* démolition *f; 2. (Verringerung)* diminution *f,* réduction *f*
abbauen ['apbauən] *v 1. (zerlegen)* démonter, démolir; *2. (verringern)* diminuer
abberufen ['apbəruːfən] *v irr* rappeler
abbestellen ['apbəʃtɛlən] *v* décommander
Abbestellung ['apbəʃtɛluŋ] *f 1.* contrordre *m; 2. (einer Zeitung)* désabonnement *m,* cessation d'abonnement *f*
abbiegen ['apbiːgən] *v irr 1.* courber; *2. (Weg)* détourner, tourner
Abbild ['apbɪlt] *n 1. (Darstellung)* reproduction *f*; *2. (Ebenbild)* portrait *m*
abbilden ['apbɪldən] *v* faire une reproduction, représenter
Abbildung ['apbɪlduŋ] *f* reproduction *f*
abbinden ['apbɪndən] *v irr* délier
abblasen ['apblaːzən] *v irr 1. (wegblasen)* enlever en soufflant; *den Staub ~* enlever la poussière en soufflant dessus; *2. (entweichen lassen)* échapper, s'échapper; *Gas ~* émettre un gaz; *3. (fig)* supprimer, annuler; *einen Streik ~* annuler une grève
abblitzen ['apblɪtsən] *v jdn ~ lassen* envoyer promener qn
abbrechen ['apbrɛçən] *v irr 1. (zerbrechen)* briser, casser; *2. (Verhandlungen, Beziehungen)* rompre; *3. (Rede)* couper court
abbremsen ['apbrɛmzən] *v* freiner, stopper; *Der Fahrer konnte gerade noch ~.* Le conducteur a pu freiner de justesse.
abbrennen ['apbrɛnən] *v irr 1.* brûler; *2. (Feuer)* s'éteindre
abbringen ['apbrɪŋən] *v irr* détourner, faire changer d'avis
Abbruch ['apbrux] *m 1. (eines Gebäudes)* démolition *f; 2. (fig)* rupture *f; einer Sache ~ tun* porter atteinte à qc
abbuchen ['apbuːxən] *v 1. (Betrag)* prélever; *2. (vom Konto)* porter une somme en décharge
abchecken ['abtʃɛkən] *v* vérifier, contrôler; *die Passagierliste ~* vérifier la liste des passagers
Abdankung ['apdaŋkuŋ] *f (eines Königs) POL* abdication *f*
abdecken ['apdɛkən] *v 1. (Dach)* enlever; *2. (zudecken)* couvrir; *3. (Tisch)* desservir
abdrehen ['apdreːən] *v 1. (zudrehen)* fermer; *2. (Schiff)* changer de cap
Abdruck ['apdruk] *m 1. (Spur)* empreinte *f*; *2. (Nachbildung)* tirage *m*
abdrucken ['apdrukən] *v* reproduire, tirer
Abend ['aːbənt] *m 1.* soir *m*; *heute ~* ce soir; *gestern ~* hier soir; *am ~* le soir; *eines ~s* un soir/un beau soir; *Es wird ~.* Le soir tombe. *Es ist noch nicht aller Tage ~.* Tout n'est pas joué. *Heiliger ~* veille de Noël *f; 2. (im Verlauf)* soirée *f*
Abendbrot ['aːbəntbroːt] *n* repas du soir *m,* dîner *m; Das ~ steht auf dem Tisch.* Le dîner est servi.
Abendessen ['aːbəntɛsən] *n* dîner *m,* repas du soir *m*
Abendkleid ['aːbəntklaɪt] *n* robe du soir *f,* robe de soirée *f*
Abendkurs ['aːbəntkurs] *m* cours du soir *m/pl*
abendlich ['aːbəntlɪç] *adj* vespéral, du soir
Abendrot ['aːbəntroːt] *n* coucher de soleil *m,* crépuscule *m*
abends ['aːbənts] *adv* le soir
Abendschule ['aːbəntʃuːlə] *f* cours du soir *m/pl*
Abendzeitung ['aːbənttsaɪtuŋ] *f* journal du soir *m; Die ~ kann man am Kiosk kaufen.* On peut acheter le journal du soir au kiosque.
Abenteuer ['aːbəntɔyər] *n* aventure *f*

abenteuerlich ['aːbəntɔyərlɪç] *adj 1.* aventureux; *2. (außergewöhnlich)* extravagant
Abenteuerlust ['aːbəntɔyərlust] *f* aventurisme *m*
abenteuerlustig ['aːbəntɔyərlustɪç] *adj* aventureux
aber ['aːbər] *konj* mais
abermals ['aːbərmaːls] *adv* de nouveau, derechef
abfahren ['apfaːrən] *v irr 1.* partir; *2. (mit dem Auto)* démarrer; *eine Strecke ~* couvrir une distance
Abfahrt ['apfaːrt] *f 1. (Abreise)* départ *m; 2. SPORT* ski de piste *f,* descente *f*
Abfall ['apfal] *m 1. (Müll)* déchets *m/pl,* ordures *f/pl; radioaktive Abfälle* déchets radioactifs *m/pl; 2. (Rückgang)* défection *f,* retrait *m*
Abfalleimer ['apfalaɪmər] *m* poubelle *f*
abfällig ['apfɛlɪç] *adj* négatif, défavorable
abfinden ['apfɪndən] *v irr sich ~ mit* se contenter de
abfliegen ['apfliːgən] *v irr* décoller, partir
Abflug ['apfluːk] *m* départ *m*
Abfluss ['apflus] *m 1.* écoulement *m; 2. ECO* écoulement *m*
abfragen ['apfraːgən] *v 1. (in der Schule)* faire réciter; *jdn lateinische Vokabeln ~* faire réciter à qn le vocabulaire latin; *2. INFORM* interroger, scanner; *einen bestimmten Speicherbereich ~* balayer une zone de mémoire
Abgabe ['apgaːbə] *f 1. (Ablieferung)* livraison *f; 2. (Gepäckabgabe)* mise en consigne des bagages *f*
Abgang ['apgaŋ] *m 1. (von der Schule)* sortie *f; 2. MED* fausse couche *f,* avortement *m; 3. THEAT* sortie de la scène *f; 4. einen ~ machen* tirer sa révérence
Abgas ['apgaːs] *n TECH* gaz d'échappement *m*
abgeben ['apgeːbən] *v irr* remettre, donner
abgelegen ['apgəleːgən] *adj* situé à l'écart, isolé
abgeneigt ['apgənaɪkt] *adj ~ von* peu enclin à, hostile à
abgenutzt ['apgənutst] *adj* usé, râpé; *eine ~e Kleidung* un vêtement râpé *m*
abgesehen ['apgəzeːən] *adj ~ von* exception faite de
abgewöhnen ['apgəvøːnən] *v sich etw ~* se déshabituer de qc, perdre l'habitude de qc
abgrenzen ['apgrɛntsən] *v* délimiter, fixer les limites
Abgrund ['apgrunt] *m* gouffre *m,* abîme *m*
abhaken ['aphaːkən] *v 1.* dégrafer; *2. (eine Liste)* pointer
abhalten ['aphaltən] *v irr 1. (hindern)* empêcher; *2. (Versammlung)* tenir
Abhandlung ['aphandluŋ] *f* dissertation *f,* traité *m*
abhängen[1] ['aphɛŋən] *v irr von jdm ~* dépendre de qn
abhängen[2] ['aphɛŋən] *v 1. etw ~* décrocher qc; *2. jdn ~* déplacer qn
abhängig ['aphɛŋɪç] *adj ~ von* dépendant de
Abhängigkeit ['aphɛŋɪçkaɪt] *f* dépendance *f*
abhauen ['aphauən] *v irr 1. (abhacken)* couper, trancher; *die Äste mit der Axt ~* couper les branches avec la cognée; *2. (fam: verschwinden)* se barrer, se débiner; *Hau ab!* Va-t'en!/Fous le camp!
abheben ['apheːbən] *v irr 1.* ôter, soulever; *den Hörer ~* décrocher le téléphone; *2. (Flugzeug)* décoller; *4. sich ~ von* se détacher de, ressortir
Abhilfe ['aphɪlfə] *f* secours *m; ~ schaffen* porter secours
abholen ['aphoːlən] *v jdn ~* aller chercher qn, aller prendre qn
abhorchen ['aphɔrçən] *v 1. TEL* écouter; *2. MED* ausculter
abhören ['aphøːrən] *v 1. TEL* mettre sur table d'écoute; *2. (in der Schule)* faire réciter une leçon
Abitur [abi'tuːr] *n* baccalauréat *m; das ~ machen* passer le bac
Abiturient(in) [abitu'rjɛnt(ɪn)] *m/f* élève de classe terminale *m*
abkratzen ['apkratsən] *v 1.* enlever en grattant, racler; *alte Farbe ~* gratter la peinture; *2. (fam: sterben)* claquer, crever; *Er wird wohl bald ~.* Il va bientôt crever.
abkühlen ['apkyːlən] *v 1.* refroidir, rafraîchir; *2. (Zorn)* calmer
abkürzen ['apkyrtsən] *v* abréger, écourter
Abkürzung ['apkyrtsuŋ] *f 1. (eines Wortes)* abréviation *f; 2. (für einen Weg)* raccourci *m; eine ~ nehmen* prendre un raccourci
abladen ['aplaːdən] *v* décharger
Ablage ['aplaːgə] *f 1. (von Kleidern)* vestiaire *m; 2. (von Akten)* classement *m*
Ablauf ['aplauf] *m 1. (Abfluss)* écoulement *m; 2. (Geschehen)* déroulement *m*

ablaufen ['aplaufən] *v irr 1. (abfließen)* s'écouler; *2. (Geschehen)* se dérouler
ablegen ['aple:gən] *v 1. (Kleidung)* enlever, ôter; *Legen Sie doch ab!* Mettez-vous à l'aise! *2. (Karten)* écarter; *3. (Akten)* classer; *4. (fig)* se défaire de
ablehnen ['aple:nən] *v* refuser, décliner
ablehnend ['aple:nənt] *adj* défavorable
Ablehnung ['aple:nuŋ] *f* refus *m*
ablenken ['aplɛŋkən] *v ~ von* détourner de, distraire de
Ablenkung ['aplɛŋkuŋ] *f* distraction *f*
abliefern ['apli:fərn] *v* livrer, remettre
Ablieferung ['apli:fəruŋ] *f* livraison *f*
ablösen ['aplø:zən] *v 1. (entfernen)* détacher; *2. jdn ~ (im Dienst)* relever qn, prendre le relais de qn; *3. sich ~ (sich abwechseln)* se relayer, se relever
abmachen ['apmaxən] *v 1. (entfernen)* enlever, détacher; *2. (übereinkommen)* convenir; *Abgemacht!* Entendu!/D'accord!
Abmachung ['apmaxuŋ] *f 1.* convention *f; 2. (Wortlaut)* termes de l'accord *m/pl*
abmagern ['apma:gərn] *v* maigrir
abmelden ['apmɛldən] *v sich ~* faire son changement de résidence, déclarer son départ
abmessen ['apmɛsən] *v irr* mesurer
abnehmen ['apne:mən] *v irr 1. (an Gewicht)* maigrir, perdre du poids; *2. (entfernen)* détacher, enlever; *3. (entgegennehmen)* recevoir
Abneigung ['apnaɪguŋ] *f* aversion *f*
abnorm [ap'nɔrm] *adj* anormal, énorme
abnutzen ['apnutsən] *v* user
Abnutzung ['apnutsuŋ] *f* usure *f*
Abonnement [abɔnə'mã:] *n* abonnement *m*
abonnieren [abɔ'ni:rən] *v* s'abonner à
Abordnung ['apɔrdnuŋ] *f* députation *f*
abpflücken ['appflykən] *v* cueillir
abprallen ['appralən] *v 1. (Ball)* rebondir, ricocher; *2. (fig)* n'être touché par rien
abputzen ['apputsən] *v* nettoyer, décrasser, essuyer
abquälen ['apkvɛ:lən] *v sich ~* se torturer
abrackern ['aprakərn] *v (fam) sich ~* s'éreinter, se claquer; *Racker dich nicht so ab!* Ne te casse pas!
abraten ['apra:tən] *v irr* déconseiller
abräumen ['aprɔymən] *v 1.* débarrasser, déblayer; *2. (Tisch)* desservir
abreagieren ['apreagi:rən] *v sich ~* se défouler
Abrechnung ['aprɛçnuŋ] *f 1. (Abzug)* déduction *f; 2. ECO* liquidation *f; 3. (fig: Vergeltung)* vengeance *f*
Abreise ['apraɪzə] *f* départ *m*
abreisen ['apraɪzən] *v* partir en voyage; *mit Sack und Pack ~* partir avec armes et bagages
abreißen ['apraɪsən] *v irr 1. (Gebäude)* démolir, abattre; *2. (Papier)* détacher
abrichten ['aprɪçtən] *v (Hund)* dresser
abriegeln ['apri:gəln] *v (Tür)* verrouiller
Abriss ['aprɪs] *m 1. (eines Gebäudes)* démolition *f; 2. (Zusammenfassung)* abrégé *m*
Abruf ['apru:f] *m 1. ECO* appel de fonds *m; 2. INFORM* appel *m*
abrufbereit ['apru:fbəraɪt] *adj 1. ECO* mobilisable; *2. INFORM* qui peut être appelé
abrunden ['aprundən] *v* arrondir
abrupt [ap'rupt] *adj* abrupt
abrutschen ['aprutʃən] *v 1.* glisser, déraper; *Das Messer ist ihm abgerutscht.* Le couteau lui a glissé des mains. *2. (fig: in Leistungen nachlassen)* se relâcher, faiblir; *Seine Leistungen rutschen immer mehr ab.* Son rendement diminue sans cesse.
Absage ['apza:gə] *f* refus *m*
absagen ['apza:gən] *v* refuser
Absatz ['apzats] *m 1. (Abschnitt)* paragraphe *m; 2. (Treppenabsatz)* palier *m; 3. (Schuhabsatz)* talon *m*
abschaffen ['apʃafən] *v* supprimer, abolir
Abschaffung ['apʃafuŋ] *f* suppression *f*
abschalten ['apʃaltən] *v 1. etw ~* couper qc, arrêter qc; *2. (fig: sich entspannen)* se détendre, décrocher (fam)
abschätzen ['apʃɛtsən] *v* estimer, évaluer
abschätzig ['apʃɛtsɪç] *adj* méprisant
Abschaum ['apʃaum] *m (fig)* lie *f*
Abscheu ['apʃɔy] *m* aversion *f*
abscheulich [ap'ʃɔylɪç] *adj* affreux, repoussant
abschicken ['apʃɪkən] *v* envoyer, expédier
Abschied ['apʃi:t] *m* départ *m*, adieux *m/pl*, congé *m*
Abschiedsbrief ['apʃi:tsbri:f] *m* lettre d'adieux *f*
Abschiedsfeier ['apʃi:tsfaɪər] *f* fête d'adieux *f*
Abschiedskuss ['apʃi:tskus] *m* baiser d'adieux *m*
abschießen ['apʃi:sən] *v irr* abattre

abschinden ['apʃındən] *v irr sich* ~ se donner du mal, s'éreinter

abschlagen ['apʃlaːgən] *v irr 1. (abschneiden)* abattre, couper; *2. (fig: ablehnen)* refuser, décliner

abschleppen ['apʃlɛpən] *v* remorquer, dépanner

Abschleppseil ['apʃlɛpzaıl] *n* câble de remorquage *m*

Abschleppwagen ['apʃlɛpvaːgən] *m* dépanneuse *f*

abschließen ['apʃliːsən] *v irr 1. (zuschließen)* fermer à clé; *2. (beenden)* terminer, achever

abschließend ['apʃliːsənt] *adj 1.* final, terminal; *adv 2.* pour conclure

Abschluss ['apʃlus] *m 1. (Beendigung)* conclusion *f; 2. (eines Vertrages)* conclusion *f*

Abschlussfeier ['apʃlusfaıər] *f* grande fête *f,* fête de clôture *f*

Abschlussprüfung ['apʃlusprуːfuŋ] *f (in der Schule)* examen de fin d'études *m*

Abschlusszeugnis ['apʃlustsɔyknıs] *n* diplôme de fin d'études *m*

abschminken ['apʃmıŋkən] *v sich* ~ se démaquiller

abschnallen ['apʃnalən] *v 1. (Gurt)* déboucler; *2. (Gürtel)* enlever; *3. Da schnallst du ab! (fig)* T'en restes sur le cul! (fam)

abschneiden ['apʃnaıdən] *v irr 1.* couper; *2. (fig) jdm den Weg* ~ couper la route à qn; *bei einer Prüfung gut* ~ bien s'en tirer à un examen

Abschnitt ['apʃnıt] *m 1. (Kapitel)* paragraphe *m; 2. (Zeit)* période *f; 3. (Gebiet)* secteur *m*

abschöpfen ['apʃœpfən] *v (Rahm)* écrémer

abschrauben ['apʃraubən] *v* dévisser

abschrecken ['apʃrɛkən] *v 1. (abhalten)* intimider, dissuader; *2. (Eier)* rafraîchir

abschreckend ['apʃrɛkənt] *adj* effrayant

Abschreckung ['apʃrɛkuŋ] *f* intimidation *f*

abschreiben ['apʃraıbən] *v irr 1.* copier; *2. ECO* amortir, déduire

abschürfen ['apʃyrfən] *v* érafler

Abschuss ['apʃus] *m* décharge *f; ~ eines Flugzeuges* destruction d'un avion *f*

abschüssig ['apʃysıç] *adj* en pente

abschütteln ['apʃytəln] *v 1.* faire tomber en secouant, secouer; *2. jdn ~ (fam: jdn loswerden)* semer qn, se débarrasser de qn

abschwächen ['apʃvɛçən] *v* affaiblir

abschweifen ['apʃvaıfən] *v (fig)* s'écarter du sujet, divaguer

absehbar ['apzeːbaːr] *adj* proche; *in ~er Zeit* dans un avenir peu éloigné

absehen ['apzeːən] *v irr 1. (voraussehen)* prévoir; *2. von etw ~ (etw nicht beachten)* ne pas tenir compte de qc

absenden ['apzɛndən] *v irr* expédier, envoyer

Absender ['apzɛndər] *m* expéditeur *m*

absenken ['apzɛŋkən] *v* baisser, abaisser

Absenkung ['apzɛŋkuŋ] *f* baisse *f*

absetzen ['apzɛtsən] *v 1. (hinstellen)* déposer; *2. (Hut)* enlever, ôter; *3. (kündigen)* déposer, destituer; *4. (König)* détrôner, déposer; *5. (Steuern)* déduire; *6. (sich abheben)* ressortir, trancher sur; *7. (fam: weggehen)* partir, s'en aller

Absetzung ['apzɛtsuŋ] *f (Kündigung)* destitution *f*

absichern ['apzıçərn] *v 1.* protéger; *2. sich* ~ se couvrir contre un risque

Absicht ['apzıçt] *f* intention *f; keine bösen ~en haben* ne pas avoir de mauvaises intentions

absichtlich ['apzıçtlıç] *adj 1.* intentionnel; *adv 2.* intentionnellement, exprès

absolut [apzo'luːt] *adj* absolu

Absolvent(in) [apzɔl'vɛnt(ın)] *m/f* candidat(e) qui a terminé ses études *m/f*

absolvieren [apzɔl'viːrən] *v 1. (Studien)* terminer; *2. (Examen)* passer; *3. (fam: erledigen)* régler, faire

absonderlich [ap'zɔndərlıç] *adj* particulier, étrange

absondern ['apzɔndərn] *v 1. sich* ~ s'isoler; *2. (trennen)* séparer; *3. MED* sécréter

Absonderung ['apzɔndəruŋ] *f (Trennung)* séparation *f*

absorbieren [apzɔr'biːrən] *v* absorber

abspeisen ['apʃpaızən] *v 1. (verköstigen) jdn mit etw ~* donner qc à manger à qn; *2. (mit Worten)* payer de belles paroles

absperren ['apʃpɛrən] *v 1. (zuschließen)* barrer, bloquer; *2. (Gebiet)* isoler

Absperrung ['apʃpɛruŋ] *f* barrage *m*

abspielen ['apʃpiːlən] *v 1. (Schallplatte)* faire passer; *2. sich* ~ se passer, se dérouler

Absprache ['apʃpraːxə] *f* accord *m*

absprechen ['apʃprɛçən] *v irr (vereinbaren)* convenir de; *sich* ~ se donner le mot/se consulter

abspringen ['apʃprıŋən] *v irr 1. (herunterspringen)* sauter en bas; *2. (sich lösen)* sauter, se détacher; *3. (fig)* changer soudain d'avis, changer soudain de projet

Absprung ['apʃpruŋ] *m (mit dem Fallschirm)* saut *m*

abspülen ['apʃpyːlən] *v (Geschirr)* faire la vaisselle, laver

abstammen ['apʃtamən] *v 1. ~ von (Herkunft)* provenir de, être originaire de; *2. ~ von (Ursprung)* être issu de, descendre de

Abstammung ['apʃtamuŋ] *f 1. (Herkunft)* provenance *f; 2. (Ursprung)* origine *f*

Abstand ['apʃtant] *m* écart *m; ~ halten* tenir ses distances; *~ gewinnen* prendre du champ

abstatten ['apʃtatən] *v 1. (Besuch)* rendre visite à; *2. (Dank)* présenter ses remerciements

abstauben ['apʃtaubən] *v* enlever la poussière, dépoussiérer, épousseter

Abstecher ['apʃtɛçər] *m* crochet *m; einen ~ machen* pousser une pointe/faire un détour

abstecken ['apʃtɛkən] *v 1. (markieren)* délimiter, jalonner; *2. (Ziel)* fixer, prendre en point de mire

abstehen ['apʃteːən] *v irr 1. (Ohren)* décoller; *2. ~ von* être distant de, être loin de; *3. (Getränk)* devenir tiède, s'éventer

abstehend ['apʃteːənt] *adj* écarté, décollé; *~e Ohren* oreilles décollées *f/pl*

absteigen ['apʃtaɪgən] *v irr 1. ~ von* descendre de; *2. ~ in (im Hotel)* descendre dans

abstellen ['apʃtɛlən] *v 1. (ausschalten)* éteindre, arrêter; *2. (in der Garage)* garer, remiser; *3. (Wasser)* couper

Abstellgleis ['apʃtɛlglaɪs] *n* voie de garage *f; jdn auf das ~ schieben* tenir qn à l'écart/mettre qn sur la touche

Abstellkammer ['apʃtɛlkamqr] *f* remise *f*

abstempeln ['apʃtɛmpəln] *v 1. (Briefmarke)* oblitérer; *2. (fig) jdn ~ als* qualifier qn de

Abstieg ['apʃtiːk] *m 1. (Hinuntersteigen)* descente *f; 2. (fig: Niedergang)* décadence *f*

abstimmen ['apʃtɪmən] *v 1. (wählen)* voter; *2. (fig: anpassen)* accorder, synchroniser

Abstimmung ['apʃtɪmuŋ] *f 1. (Wahl)* vote *m; ~ per Handzeichen* vote à main levée *m; 2. (fig: Anpassung)* accord *m*

Abstimmungsergebnis ['apʃtɪmuŋsɛrgeːpnɪs] *n* résultat du vote *m*

abstinent [apsti'nent] *adj 1.* abstinent; *2. (bezüglich Alkohol)* qui ne boit pas d'alcool

Abstinenz [apsti'nents] *f* abstinence *f*

abstoßen ['apʃtoːsən] *v irr 1. (wegstoßen)* repousser; *2. (anekeln)* dégoûter; *3. (verkaufen)* liquider, solder

abstoßend ['apʃtoːsənt] *adj* repoussant

abstottern ['apʃtɔtərn] *v (fam)* payer à tempérament et selon ses moyens

abstrakt [ap'strakt] *adj* abstrait

abstrampeln ['apʃtrampəln] *v (fam) sich ~* faire des efforts répétés, se casser le tronc

abstreiten ['apʃtraɪtən] *v irr jdm etw ~* contester qc à qn, dénier qc à qn

Abstufung ['apʃtuːfuŋ] *f 1. farbliche ~* nuance *f; 2. (Staffelung)* gradation *f*

abstumpfen ['apʃtumpfən] *v 1.* émousser; *2. (fig)* engourdir

Absturz ['apʃturts] *m* chute *f*

abstürzen ['apʃtyrtsən] *v* tomber à pic, faire une chute

Absturzgefahr ['apʃturtsgəfaːr] *f* danger de chute *m*

abstützen ['apʃtytsən] *v 1. etw ~* étayer qc; *einen Stollen mit Balken ~* étayer une galerie avec des poutres; *2. sich ~* se tenir à l'écart en se protégeant, s'arc-bouter

absurd [ap'zurt] *adj* absurde

Absurdität [apzurdi'tɛːt] *f* absurdité *f*

abtasten ['aptastən] *v 1.* tâter; *2. MED* palper

abtauen ['aptauən] *v 1.* dégeler; *2. (Kühlschrank)* dégivrer

Abteil [ap'taɪl] *n* compartiment *m*

Abteilung [ap'taɪluŋ] *f* section *f*

Abteilungsleiter(in) [ap'taɪluŋslaɪtər(ɪn)] *m/f* directeur de section/directrice de section *m/f*

abtippen ['aptɪpən] *v* taper à la machine

abträglich ['aptrɛːklɪç] *adj* nuisible

Abtransport ['aptransport] *m* transport *m*

abtrennen ['aptrɛnən] *v* détacher, séparer

abtreten ['aptreːtən] *v irr (überlassen)* remettre, céder

abtrocknen ['aptrɔknən] *v* sécher, essuyer

abtropfen ['aptrɔpfən] *v 1.* dégoutter; *Der Regen tropft von den Bäumen ab.* La pluie dégoutte des arbres. *2. ~ lassen* égoutter; *die Nudeln ~ lassen* égoutter les pâtes

abwägen ['apvɛːgən] *v irr* considérer

abwälzen ['apvɛːltsən] *v (fig: abschieben) ~ auf* rejeter sur

abwandeln ['apvandəln] *v 1.* modifier; *2. GRAMM* décliner

abwandern ['apvandərn] *v* émigrer
Abwandlung ['apvandluŋ] *f* modification *f*
abwarten ['apvartən] *v* attendre, patienter; *erst mal ~, ob ...* reste à savoir si ...
abwärts ['apvɛrts] *adv* en aval, vers le bas
Abwasch ['apvaʃ] *m* vaisselle *f*
abwaschen ['apvaʃən] *v irr 1.* faire la vaisselle; *2. sich ~* se laver
Abwasser ['apvasər] *n* eaux usées *f/pl*
abwechseln ['apvɛksəln] *v sich ~* se relayer, alterner
abwechselnd ['apvɛksəlnt] *adj* alternativement, tour à tour
Abwechslung ['apvɛksluŋ] *f 1. (Wechsel)* alternance *f; 2. (Zerstreuung)* distraction *f*, divertissement *m*
abwechslungsreich ['apvɛksluŋsraıç] *adj* varié
abwegig ['apveːgıç] *adj* aberrant
Abwehr ['apveːr] *f (Verteidigung)* moyen de défense *m*
abwehren ['apveːrən] *v 1. (zurückweisen)* parer; *2. (abwenden)* détourner
abweichen ['apvaıçən] *v irr 1. (vom Weg)* dévier; *2. (Werte)* différer
Abweichung ['apvaıçuŋ] *f 1.* écart *m; 2. (Unterschied)* différence *f*
abweisen ['apvaızən] *v irr* refuser, repousser
abweisend ['apvaızənt] *adj* négatif
abwenden ['apvɛndən] *v irr 1.* détourner; *2. (verhüten)* prévenir, écarter; *3. sich ~ von* se détourner de, se détacher de
abwerfen ['apvɛrfən] *v irr (hinunterwerfen)* jeter à terre
abwerten ['apveːrtən] *v* déprécier
abwertend ['apveːrtənt] *adj* disqualifiant
Abwertung ['apveːrtuŋ] *f* dépréciation *f*
abwesend ['apveːzənt] *adj* absent
Abwesenheit ['apveːzənhaıt] *f* absence *f; durch ~ glänzen* briller par son absence
abwickeln ['apvıkəln] *v 1.* dérouler; *2. (Geschäft)* liquider
Abwicklung ['apvıkluŋ] *f* marche *f*
abwiegen ['apviːgən] *v irr* peser, soupeser
abwimmeln ['apvıməln] *v (fam) jdn ~* envoyer promener qn
abwischen ['apvıʃən] *v 1. (trocknen)* essuyer; *2. (sauber machen)* nettoyer
abwürgen ['abvyrgən] *v 1.* étrangler; *2. (den Motor)* caler; *3. (eine Sache)* étouffer; *eine Diskussion ~* étouffer une discussion
abzählen ['aptsɛːlən] *v* dénombrer, compter
abzeichnen ['aptsaıçnən] *v 1. (kopieren)* reproduire; *2. (unterschreiben)* signer; *3. sich ~* se distinguer
abzweigen ['aptsvaıgən] *v 1. (abbiegen)* bifurquer; *2. (fam)* prélever des fonds, détourner des fonds
Abzweigung ['aptsvaıguŋ] *f* bifurcation *f*
Accessoires [aksɛ'swaːrs] *pl* accessoires *m/pl*
ach [ax] *interj* ah, hélas, eh oui
Achselzucken ['aksəltsukən] *n* haussement d'épaules *m*
acht [axt] *num* huit
Acht [axt] *f außer ~ lassen* négliger; *~ geben auf* faire attention à; *Gib ~!* Fais attention!/Tiens-toi sur tes gardes! *2. sich in ~ nehmen* se mettre en garde, prendre garde
achtbar ['axtbaːr] *adj* respectable
achte(r,s) ['axtə(r,s)] *adj* huitième
achteckig ['axtɛkıç] *adj* octogonal
Achtel ['axtəl] *n* huitième *m*
achten ['axtən] *v 1. (schätzen)* estimer; *2. (beachten)* respecter
Achterbahn ['axtərbaːn] *f* grand huit *m*, montagnes russes *f/pl*
achtfach ['axtfax] *adj* huit fois autant, huit fois plus
achthundert ['axthundərt] *num* huit cents
achtlos ['axtloːs] *adj* inattentif, sans égards
Achtlosigkeit ['axtloːzıçkaıt] *f* inattention *f*
achtmal ['axtmaːl] *adv* huit fois
achtsam ['axtzaːm] *adj* attentif, soigneux
Achtsamkeit ['axtzaːmkaıt] *f* attention *f*
achttausend ['axt'tauzənt] *num* huit mille
Achtung ['axtuŋ] *f 1. (Hochachtung)* estime *f; 2. (Beachtung)* attention *f*; *3. ~ ! (Ausruf)* Attention!
achtzehn ['axtseːn] *num* dix-huit
achtzig ['axtsıç] *num* quatre-vingt
Achtziger ['axtsıgər] *pl 1. (Mensch) in den ~n sein* avoir dans les quatre-vingts ans; *2. (Jahrzehnt) die ~* les années quatre-vingts *f/pl*
ächzen ['ɛçtsən] *v (Person)* geindre
Acker ['akər] *m* champ *m*

addieren [a'diːrən] *v* *MATH* ajouter, additionner
ade [a'deː] *interj* adieu, au revoir
Adel ['aːdəl] *m* noblesse *f,* nobles *m/pl*
Adjektiv ['atjɛktiːf] *n* adjectif *m*
adlig ['aːdlɪç] *adj* noble
Adlige(r) ['aːdlɪgə(r)] *m/f* noble *m/f*
adoptieren [adɔp'tiːrən] *v* adopter
Adoption [adɔp'tsjoːn] *f* adoption *f*
Adoptiveltern [adɔp'tiːfɛltərn] *pl* parents adoptifs *m/pl*
Adoptivkind [adɔp'tiːfkɪnt] *n* enfant adoptif *m*
Adressant [adrɛ'sant] *m* expéditeur *m*
Adressat [adrɛ'saːt] *m* destinataire *m*
Adresse [a'drɛsə] *f* adresse *f*; *an die richtige ~ geraten* trouver à qui parler
adressieren [adrɛ'siːrən] *v* adresser
adrett [a'drɛt] *adj* vif, propre
Advent [at'vɛnt] *m* *REL* Avent *m*
Adventskalender [at'vɛntskalɛndər] *m* calendrier de l'avent *m*
Adventskranz [at'vɛntskrants] *m* couronne de l'Avent *f*
Adventszeit [at'vɛntstsaɪt] *f* époque de l'Avent *f*
Affäre [a'fɛːrə] *f* affaire *f*; *sich geschickt aus der ~ ziehen* tirer son épingle du jeu
Affe ['afə] *m* *ZOOL* singe *m*; *Mich laust der ~.* J'en suis comme deux ronds de flan. *seinem ~n Zucker geben* enfourcher son dada
Affekt [a'fɛkt] *m* émotion *f*
affektiert [afɛk'tiːrt] *adj* affecté
affig ['afɪç] *adj (fam)* ridicule
Afrikaner(in) [afri'kaːnər(ɪn)] *m/f* Africain(e) *m/f*
afrikanisch [afri'kaːnɪʃ] *adj* africain, d'Afrique
Agent(in) [a'gɛnt(ɪn)] *m/f* agent *m*
Aggression [agrɛ'sjoːn] *f* agression *f*
aggressiv [agrɛ'siːf] *adj* agressif
Aggressivität [agrɛsifi'tɛːt] *f* agressivité *f*
agrarisch [a'graːrɪʃ] *adj* agraire
Agrarland [a'graːrlant] *n* pays agraire *m*
Ägypter(in) [ɛ'gyptər(ɪn)] *m/f* Egyptien(ne) *m/f*
ägyptisch [ɛ'gyptɪʃ] *adj* égyptien
ah [aː] *interj 1. (Ausdruck des Staunens)* ha; *Ah! Das wusste ich nicht.* Ha! Je ne le savais pas. *2. (Ausdruck der Erleichterung)* ah; *Ah, so ist das!* Ah! C'est donc cela. *3. Ah so!* Tiens!
äh [ɛː] *interj 1. (Verwunderung ausdrückend)* oh; *2. (Ekel ausdrückend)* pouah; *Äh! Das ist ekelhaft.* Pouah! C'est dégoûtant.
aha [a'ha] *interj* ah, tiens, tiens
Ahne ['aːnə] *m* ancêtre *m,* aïeul *m*
ähneln ['ɛːnəln] *v* ressembler un peu à
ahnen ['aːnən] *v 1. (voraussehen)* pressentir; *2. (befürchten)* redouter
ähnlich ['ɛːnlɪç] *v* semblable à; *Das sieht ihm ~.* Cela lui ressemble.
Ähnlichkeit ['ɛːnlɪçkaɪt] *f* similitude *f; Er hat ~ mit jdm, den ich kenne.* Il a des faux airs de qn que je connais.
Ahnung ['aːnuŋ] *f 1. (Vorgefühl)* pressentiment *m,* intuition *f; nicht die leiseste ~ von etw haben/keine blasse ~ von etw haben* ne pas avoir la moindre idée de qc; *2. (Befürchtung)* soupçon *m,* crainte *f*
ahnungslos ['aːnuŋsloːs] *adj* qui ne se doute de rien
ahnungsvoll ['aːnuŋsfɔl] *adj* qui a des pressentiments
Akademie [akade'miː] *f* académie *f*
Akademiker(in) [aka'deːmɪkər(ɪn)] *m/f* personne qui a fait des études supérieures *f*
akademisch [aka'deːmɪʃ] *adj* académique
akkurat [aku'raːt] *adj* exact
Akkusativ ['akuzatiːf] *m* *GRAMM* accusatif *m*
Akrobat(in) [akro'baːt(ɪn)] *m/f* acrobate *m/f*
Akt [akt] *m 1. (Tat)* acte *m,* action *f; 2. (Zeremonie)* acte *m,* cérémonie *f; 3. KUNST* nu *m*
Akte ['aktə] *f* dossier *m,* acte *m*
Aktenmappe ['aktənmapə] *f* dossier *m*
Aktenzeichen ['aktəntsaɪçən] *n* cote *f*
Aktion [ak'tsjoːn] *f* action *f,* œuvre de charité *f; ~ Sorgenkind* œuvre en faveur de l'enfance handicapée *f*
aktiv [ak'tiːf] *adj* actif
aktivieren [akti'viːrən] *v* activer
Aktivierung [akti'viːruŋ] *f* activation *f*
Aktivität [aktivi'tɛːt] *f* activité *f*
aktualisieren [aktuali'ziːrən] *v* actualiser
Aktualität [aktuali'tɛːt] *f* actualité *f*
aktuell [aktu'ɛl] *adj* actuel
akupunktieren [akupuŋk'tiːrən] *v* faire de l'acuponcture
Akustik [a'kustɪk] *f* acoustique *f*
akustisch [a'kustɪʃ] *adj* acoustique
akut [a'kuːt] *adj* aigu, brûlant

Akzent [ak'tsɛnt] *m* accent *m; mit ~ sprechen* avoir un accent; *ohne ~ sprechen* parler sans accent
akzentuieren [aktsɛn'tuiːrən] *v* accentuer
Akzeptanz [aktsɛp'tants] *f* acception *f*
akzeptieren [aktsɛp'tiːrən] *v* accepter
Alarm [a'larm] *m* alarme *f; ~ geben* donner l'alarme; *blinder ~* fausse alerte *f*
Alarmanlage [a'larmanlaːgə] *f* système d'alarme *m*
alarmieren [alar'miːrən] *v* alarmer, alerter
albern ['albərn] *adj* niais, sot, stupide
Albernheit ['albərnhaɪt] *f* niaiserie *f*
Album ['album] *n* album *m*
alias ['aljas] *adv* alias
Alibi ['aːlibiː] *n* alibi *m*
Alkohol ['alkohoːl] *m* alcool *m*
alkoholfrei ['alkohoːlfraɪ] *adj* non alcoolisé
Alkoholiker(in) [alko'hoːlɪkər(ɪn)] *m/f* alcoolique *m/f*
alkoholisch [alko'hoːlɪʃ] *adj* alcoolisé
Alkoholmissbrauch [alko'hoːlmɪsbraux] *m* abus d'alcool *m*
All [al] *n* univers *m*
allabendlich [al'aːbəntlɪç] *adj 1.* de tous les soirs; *adv 2.* tous les soirs
alle ['alə] *pron 1.* tous/toutes; *adj 2.* tous les/toutes les
Allee [a'leː] *f* allée *f*
allein [a'laɪn] *adj 1.* seul; *adv 2. ~ stehend* seul
Alleinerziehende(r) [a'laɪnɛrtsiːəndə(r)] *m/f* tuteur exclusif d'un enfant/tutrice exclusive d'un enfant *m/f*
Alleingang [a'laɪngaŋ] *m im ~* tout seul
alleinig [a'laɪnɪç] *adj* unique
Alleinstehende(r) [a'laɪnʃteːɛndə(r)] *m/f* célibataire *m/f*
allemal [alə'maːl] *adv* toutes les fois, toujours; *Allemal!* Bien sûr!
allenfalls [alən'fals] *adv* au besoin
allerbeste(r,s) ['alər'bɛstə(r,s)] *adj* le meilleur de tous/la meilleure de toutes; *das Allerbeste* le fin du fin *m,* le dessus du panier *m*
allerdings [alər'dɪŋs] *adv 1.* assurément, bien entendu; *2. (einschränkend)* pourtant, cependant
allererste(r,s) ['alər'erstə(r,s)] *adj* le premier de tous/la première de toutes; *Strümpfe ~r Wahl* des chaussettes de premier choix
allerfrühestens ['alər'fryːəstəns] *adv* le plus tôt possible
allerhand ['alər'hant] *adj 1. (viel)* beaucoup de, bien de; *2. (vielerlei)* toutes sortes de; *3. (fam)* gonflé; *Das ist ~!* C'est gonflé!/C'est du propre!
allerhöchstens ['alər'høːçstəns] *adv* tout au plus
allerlei ['alər'laɪ] *adj* toutes sortes de
allerliebste(r,s) ['alər'liːpstə(r,s)] *adj* adorable
alles ['aləs] *pron* tout; *~ in allem* après tout/tout compte fait
allgemein [algə'maɪn] *adj 1.* général; *adv 2.* d'une façon générale, généralement; *~ gültig* valable partout, de valeur générale; *~ verständlich* intelligible, à la portée de tous
Allgemeinbefinden [algə'maɪnbəfɪndən] *n* état général *m*
Allgemeinheit [algə'maɪnhaɪt] *f* généralité *f*
Allgemeinwohl [algə'maɪnvoːl] *n* bien public *m*
alljährlich [al'jɛːrlɪç] *adj 1.* annuel; *adv 2.* annuellement, tous les ans
allmählich [al'mɛːlɪç] *adj 1.* progressif, graduel; *adv 2.* progressivement, petit à petit
allseits ['alzaɪts] *adv* de tous côtés, de toute part
Alltag ['altaːk] *m* quotidien *m*, vie quotidienne *f*
alltäglich [al'tɛːklɪç] *adj* de tous les jours, de chaque jour
alltags ['altaːks] *adj* de tous les jours
Allüre [a'lyːrə] *f* allure *f*
allwissend ['al'vɪsənt] *adj* omniscient
allzu ['altsu] *adv* trop
Alm [alm] *f* pâturage alpestre *m*
Alphabet [alfa'beːt] *n* alphabet *m*
alphabetisch [alfa'beːtɪʃ] *adj* alphabétique; *~ anordnen* classer par ordre alphabétique
alpin [al'piːn] *adj* alpin
Alptraum ['alptraum] *m* cauchemar *m*; *Davon bekomme ich Alpträume.* Ça me donne des cauchemars.
als [als] *konj 1. (gleichzeitig)* quand, lorsque; *2. (in der Eigenschaft)* en tant que, comme, en qualité de; *3. (Komparativ)* que, de, de plus de
alsbald [als'bald] *adv* aussitôt, tout de suite
also ['alzo] *konj* donc

alt [alt] *adj* vieux, ancien; *jdn für soundso ~ halten* donner un âge à qn; *Alles ist beim Alten.* Rien n'a changé. *~ aussehen (fig)* avoir l'air fin/avoir l'air malin; *Das ist ein ~er Hut. (fig)* Ce n'est pas nouveau. *~es Haus (fig)* vieille branche *f*, vieux pote *m*

Altbau ['altbau] *m* construction ancienne *f*

Altbauwohnung ['altbauvo:nuŋ] *f* logement ancien *m*

altbekannt ['altbə'kant] *adj* connu depuis longtemps

altbewährt ['altbə'vɛ:rt] *adj* éprouvé par une longue expérience

altdeutsch ['altdɔytʃ] *adj* de l'ancien allemand

Alte(r) ['altə(r)] *m/f 1. (alter Mensch)* vieux/vieille *m/f; 2. (Vorfahr)* ancêtre *m/f; Wie die ~n sungen, so zwitschern die Jungen.* Tel père, tel fils. *3. (fam: Elternteil) meine Alten* mes vieux *m/pl; 4. (fam: Chef(in))* chef *m*

alteingesessen ['alt'aɪngəzɛsən] *adj* anciennement établi

Alter ['altər] *n* âge *m*; *Man sieht ihm sein ~ nicht an.* On ne lui donne pas son âge. *Er ist in meinem ~.* Il est de mon âge.

älter ['ɛltər] *adj* aîné, plus vieux, plus âgé; *Er ist zwei Jahre ~ als ich.* Il a deux ans de plus que moi.

altern ['altərn] *v* vieillir

alternativ [altərna'ti:f] *adj* alternatif

Alternative [altərna'ti:fə] *f* alternative *f*

altersbedingt ['altərsbədɪŋkt] *adj* dû à l'âge

Altersgrenze ['altərsgrɛntsə] *f* limite d'âge *f*

Altersheim ['altərshaɪm] *n* maison de retraite *f*

Altersrente ['altərsrɛntə] *f* retraite *f*

altersschwach ['altərsʃvax] *adj* sénile

Altersunterschied ['altərsuntərʃi:t] *m* différence d'âge *f*

Altersversorgung ['altərsfɛrzɔrguŋ] *f* pension de vieillesse *f*

Altertümer ['altərty:mər] *pl* antiquités *f/pl*

altertümlich ['altərtymlɪç] *adj* antique

Altglascontainer ['altgla:skɔnteɪnə] *m* conteneur de verre à recycler *m*

althergebracht [alt'he:rgəbraxt] *adj* traditionnel

altklug ['altklu:k] *adj* de blanc-bec; *den Altklugen spielen* prendre des airs de grande personne; *~ sein* être un blanc-bec

Altmetall ['altmetal] *n* métaux de récupération *m/pl*

altmodisch ['altmo:dɪʃ] *adj* démodé, passé de mode

Altpapier ['altpapi:r] *n* papier à recycler *m*

Altstadt ['altʃtat] *f* vieille ville *f*, cité *f*

Alufolie ['alufo:ljə] *f* papier d'aluminium *m*, feuille d'aluminium *f*

am *(= an dem)(siehe „an")*

Amateur [ama'tø:r] *m* amateur *m*

Amateursportler [ama'tø:rʃpɔrtlər] *m* sportif amateur *m*

ambulant [ambu'lant] *adj MED* ambulatoire

Amen ['a:mən] *n* amen *m; so sicher wie das ~ in der Kirche* aussi sûr que deux et deux font quatre; *sein ~ zu etwas geben* donner son consentement à qc/donner le feu vert à qc

Amerika [a'me:rika] *n GEO* Amérique *f*

Amerikaner(in) [ameri'ka:nər(ɪn)] *m/f* Américain(e) *m/f*

amerikanisch [ameri'ka:nɪʃ] *adj* américain

Amokläufer ['amoklɔyfər] *m* forcené *m*

Ampel ['ampəl] *f* feux de circulation *m/pl*, feu *m*

Amsel ['amzəl] *f ZOOL* merle *m*

Amt [amt] *n 1. (Behörde)* service *m*, bureau *m; 2. (Stellung)* poste *m*, fonction *f; 3. (Telefonamt)* service du téléphone *m*, service des télécommunications *m*

amtierend [am'ti:rənt] *adj* qui est en fonction

amtlich ['amtlɪç] *adj* officiel

Amtsbezirk ['amtsbətsɪrk] *m* district *m*, ressort *m*

Amtsblatt ['amtsblat] *n* bulletin administratif *m*

Amtshandlung ['amtshandluŋ] *f* exercice d'une fonction publique *m*

Amtsinhaber ['amtsɪnha:bər] *m* détenteur d'une fonction *m*

Amulett [amu'lɛt] *n* amulette *f*

amüsant [amy'zant] *adj* amusant

amüsieren [amy'zi:rən] *v sich ~* s'amuser

an [an] *prep 1. (nahe bei)* près de, auprès de; *am Feuer* près du feu; *Stadt ~ einem Fluss* ville sur une rivière *f; 2. (örtlich)* à, contre; *~ der Tür* à la porte; *jdn am Arm packen* saisir qn par le bras; *~ der Hand* à la main; *~ etw liegen* venir de qc; *~ etw leiden* souffrir de qc; *~ etw* *sterben* mourir de qc ; *arm* ~ pauvre en; *reich* ~ riche en; ~ *den See fahren* aller sur les bords du lac/aller sur les rives du lac; *3. (zeitlich)* à; *am Abend* le soir; *von ...* ~ dès ...; *von jetzt* ~ à partir de ce moment; ~ *einem Tag* un jour; *am Tag seiner Geburt* le jour de sa naissance; *am hellen Tag* en plein jour; *Es ist* ~ *der Zeit zu ...* Il est temps de ...; *von diesem Zeitpunkt* ~ à partir de ce moment-là; *4. (in)* dans, en; ~ *einem Ort* dans un endroit/en un endroit; *5. (für) Das Paket ist* ~ *Sie.* Le colis est pour vous. ~ *den Direktor* au directeur

analog [ana'loːk] *adj* analogue

Analogie [analo'giː] *f* analogie *f*

Analphabet ['analfabeːt] *m* analphabète *m*

Analyse [ana'lyːzə] *f* analyse *f*

analysieren [analy'ziːrən] *v* analyser

Ananas ['ananas] *f BOT* ananas *m*

anbaggern ['anbagərn] *v jdn* ~ draguer qn

anbahnen ['anbaːnən] *v* frayer, préparer la voie

Anbahnung ['anbaːnuŋ] *f* préparatifs *m/pl*

anbändeln ['anbɛndəln] *v (fam) mit jdm* ~ flirter avec qn, faire la cour à qn

Anbau ['anbau] *m 1. (Gebäude)* construction annexe *f; 2. AGR* culture *f*

anbauen ['anbauən] *v 1. (Gebäude)* adosser, ajouter; *2. AGR* cultiver

Anbeginn ['anbəgɪn] *m* commencement *m,* début *m*

anbehalten ['anbəhaltən] *v irr* garder

anbei [an'baɪ] *adv* ci-joint, ci-inclus

anbeißen ['anbaɪsən] *v irr 1. (beißen)* mordre dans; *Der Fisch beißt an.* Le poisson mord à l'hameçon. *zum Anbeißen hübsch aussehen* être joli à croquer/être à ravir/être adorable; *2. (fam)* se laisser prendre, gober

anbelangen ['anbəlaŋən] *v* concerner

anbeten ['anbeːtən] *v* adorer

Anbetracht ['anbətraxt] *m* considération *f; in* ~ en considération de; *in* ~ *der Tatsache, dass ...* attendu que .../étant donné que ...

anbiedern ['anbiːdərn] *v sich* ~ faire le gentil auprès de

anbieten ['anbiːtən] *v irr* proposer, offrir

anbinden ['anbɪndən] *v irr 1.* attacher; *2. mit jdm* ~ chercher querelle à qn, prendre qn à partie

Anblick ['anblɪk] *m* regard *m,* coup d'œil *m,* vue *f*

anblicken ['anblɪkən] *v* regarder

anbrechen ['anbrɛçən] *v irr 1.* entamer, écorner; *2. (fig)* se lever, commencer à poindre

anbrennen ['anbrɛnən] *v irr 1.* brûler, prendre feu; *nichts* ~ *lassen* ne pas en rater une; *2. (Zigarre)* allumer

anbringen ['anbrɪŋən] *v irr 1. (befestigen)* fixer, attacher; *2. (vortragen)* exposer, bien exposer; *3. (fam: herbringen)* ramener

Anbruch ['anbrux] *m 1.* commencement *m; 2. (der Nacht)* tombée *f*

anbrüllen ['anbrylən] *v* pester contre, enguirlander

andächtig ['andɛçtɪç] *adj 1.* attentif; *2. REL* pieux, religieux

andauern ['andauərn] *v* durer, persister

andauernd ['andauərnt] *adj* constant, continuel

Andenken ['andɛŋkən] *n (Erinnerung)* souvenir *m,* mémoire *f*

andere(r,s) ['andərə(r,s)] *adj 1.* autre; *Ich habe schon ganz* ~ *Dinge erlebt.* J'en ai vu bien d'autres. *Das ist etw ~s.* C'est une autre paire de manches. *pron 2.* l'autre/d'autres

andererseits ['andərərzaɪts] *adv* d'un autre côté, d'autre part

andermal ['andərmaːl] *adv ein* ~ une autre fois, à l'avenir

ändern ['ɛndərn] *v 1. etw* ~ modifier qc, changer qc; *2. sich* ~ changer

andernfalls ['andərnfals] *adv* autrement, sinon

anders ['andərs] *adj* différent, autre; ~ *denkend POL* dissident

andersartig ['andərsaːrtɪç] *adj* d'une autre espèce

Andersartigkeit ['andərsaːrtɪçkaɪt] *f* dissemblance *f*

andersherum ['andərshɛrum] *adv* inversement, en autres termes

anderswo ['andərsvoː] *adv* ailleurs

anderthalb ['andərthalp] *num* un et demi

Änderung ['ɛndəruŋ] *f* modification *f*

Änderungsvorschlag ['ɛndəruŋsfɔrʃlaːk] *m* proposition de modification *f*

anderweitig ['andərvaɪtɪç] *adj* autre, d'un autre côté

andeuten ['andɔytən] *v* faire allusion à

Andeutung ['andɔytuŋ] *f* allusion *f; ~en machen* faire des sous-entendus

andeutungsweise ['andɔytuŋsvaɪzə] *adv* par allusion

Andrang ['andraŋ] *m* affluence *f*
andrehen ['andreːən] *v 1. (einschalten)* tourner le bouton pour allumer; *2. (fam) jdm etw ~* refiler qc à qn
androhen ['androːən] *v* menacer
Androhung ['androːuŋ] *f* menace *f*
anecken ['anɛkən] *v (fig) bei jdm ~* choquer qn, heurter qn
aneignen ['anaɪgnən] *v sich ~* s'approprier
aneinander [anaɪ'nandər] *adv* l'un près de l'autre; *~ fügen* joindre l'un à l'autre; *mit jdm ~ geraten* se heurter à qn; *~ reihen* mettre en file; *~ reihen (Gedanken)* enchaîner; *~ grenzend* attenant
Anekdote [anɛk'doːtə] *f* anecdote *f*
anekeln ['aneːkəln] *v (fam)* dégoûter
anerkannt ['anɛrkant] *adj* reconnu
anerkennen ['anɛrkɛnən] *v irr* reconnaître
anerkennend ['anɛrkɛnənt] *adj 1.* reconnaissant; *adv* 2. avec reconnaissance
anerkennenswert ['anɛrkɛnənsveːrt] *adj* digne de reconnaissance, digne d'être reconnu
Anerkennung ['anɛrkɛnuŋ] *f* reconnaissance *f*
anfachen ['anfaxən] *v 1. (Feuer)* attiser; *2. (fig: anspornen)* aiguillonner
anfahren ['anfaːrən] *v irr 1. (fahren gegen)* heurter, accrocher; *2. (losfahren)* démarrer, se mettre en marche; *3. (Maschine) TECH* mettre en marche; *4. (fig: schimpfen) jdn ~* rudoyer qn
Anfahrt ['anfaːrt] *f 1. (Fahrt)* arrivée *f*; *2. (Zufahrt)* accès *m*
anfallen ['anfalən] *v irr 1. (überfallen)* attaquer; *2. (befallen)* être atteint par
anfällig ['anfɛlɪç] *adj* de santé délicate, fragile
Anfälligkeit ['anfɛlɪçkaɪt] *f* faiblesse *f*
Anfang ['anfaŋ] *m* début *m,* commencement *m; Das ist der ~ vom Ende.* C'est le commencement de la fin. *noch am ~ stehen* n'en être qu'à ses débuts; *von ~ an* dès le début
anfangen ['anfaŋən] *v irr* commencer, débuter; *Das fängt ja gut an.* Ça commence bien. *Sie haben es falsch angefangen.* Vous êtes mal parti.
Anfänger(in) ['anfɛŋər(ɪn)] *m/f* débutant(e) *m/f; noch ~ sein* en être à son coup d'essai/être un débutant
anfänglich ['anfɛŋlɪç] *adj* du début, initial
anfangs ['anfaŋs] *adv* au commencement, au début; *gleich ~* dès le début/de prime abord
Anfangsbuchstabe ['anfaŋsbuːxʃtaːbə] *m* initiale *f*
Anfangsstadium ['anfaŋsʃtaːdjum] *n* début *m*
anfassen ['anfasən] *v 1. (berühren)* toucher à; *2. (greifen)* saisir, empoigner; *3. (fam: helfen)* aider
anfechtbar ['anfɛçtbaːr] *adj 1.* discutable; *2. (angreifbar) JUR* attaquable
anfechten ['anfɛçtən] *v irr 1.* attaquer, combattre; *2. JUR* faire appel, contester la validité de
Anfechtung ['anfɛçtuŋ] *f 1.* attaque *f; 2. (Berufung) JUR* appel *m*
anfeinden ['anfaɪndən] *v* manifester de l'hostilité; *jdn ~* manifester de l'hostilité envers qn
Anfeindung ['anfaɪnduŋ] *f* hostilité *f*
anfertigen ['anfɛrtɪgən] *v 1.* fabriquer, confectionner; *2. (Schriftstück)* rédiger
Anfertigung ['anfɛrtɪguŋ] *f 1.* fabrication *f; 2. (eines Schriftstücks)* rédaction *f*
anfeuchten ['anfɔyçtən] *v* humecter
anfeuern ['anfɔyərn] *v (fig)* enflammer, animer
anflehen ['anfleːən] *v* implorer, supplier
Anflug ['anfluːk] *m 1. (eines Flugzeugs)* arrivée *f; 2. ~ von (fig: Hauch)* trace de *f*
anfordern ['anfɔrdərn] *v* exiger
Anforderung ['anfɔrdəruŋ] *f 1. (Anspruch)* exigence *f*; *seine ~en zurückschrauben* mettre de l'eau dans son vin; 2. *(Bestellung)* demande *f,* commande *f*
Anfrage ['anfraːgə] *f* demande d'information *f*
anfragen ['anfraːgən] *v* se renseigner, prendre des informations
anfreunden ['anfrɔyndən] *v sich ~* se lier d'amitié
anfügen ['anfyːgən] *v 1. (hinzufügen)* joindre à; *2. (beilegen)* ajouter, apposer
anfühlen ['anfyːlən] *v sich hart/weich ~* être dur/mou au toucher
anführen ['anfyːrən] *v 1. (führen)* conduire, amener; *2. (zitieren)* citer, donner
Anführer ['anfyːrər] *m* meneur *m,* chef *m*
Anführungszeichen ['anfyːruŋstsaɪçən] *pl* guillemets *m/pl; in ~* entre guillemets
Angabe ['angaːbə] *f 1.* indication *f; 2. (fam: Prahlerei)* vantardise *f*, vanterie *f*

angeben ['angeːbən] *v irr 1.* indiquer; *2. (fam: prahlen)* se vanter, se faire valoir, fanfaronner, frimer
Angeber ['angeːbər] *m (fam)* vantard *m,* crâneur *m,* fanfaron *m*
Angeberei [angeːbə'raɪ] *f (fam)* vantardise *f*
Angebetete(r) ['angəbeːtətə(r)] *m/f* adoré(e) *m/f*
angeblich ['angeːplɪç] *adj* soit-disant, prétendu
angeboren ['angəboːrən] *adj* de naissance, inné
Angebot ['angəboːt] *n* offre *f*
angebracht ['angəbraxt] *adj* convenable, de circonstance
angebrannt ['angəbrant] *adj 1.* brûlé; *2. (Geruch)* roussi
angehen ['angeːən] *v irr 1. (beginnen)* commencer; *2. (fam: Licht)* s'allumer; *3. (betreffen)* concerner; *jdn ~* regarder qn/concerner qn; *4. (bitten) jdn um etw ~* demander qc à qn; *Er ging mich um Geld an.* Il me demanda de l'argent.
angehend ['angeːənt] *adj* débutant
angehören ['angəhøːrən] *v* faire partie de
Angehörige(r) ['angəhøːrɪgə(r)] *m/f 1. (eines Staates)* ressortissant(e) *m/f*; *2. (Verwandte(r))* famille *f,* membre *m; 3. (eines Unternehmens)* personnel *m*
Angelegenheit ['angəleːgənhaɪt] *f* affaire *f; Das ist eine lästige ~.* C'est une corvée.
angeln ['aŋəln] *v* pêcher à la ligne
angemessen ['angəmɛsən] *adj* approprié, convenable
Angemessenheit ['angəmɛsənhaɪt] *f* convenance *f*
angenehm ['angəneːm] *adj* agréable, enchanté; *ein ~es Leben führen* mener une vie agréable; *das Angenehme mit dem Nützlichen verbinden* joindre l'utile à l'agréable
angenommen ['angənɔmən] *adj 1. (adoptiert)* adopté; *2. (geschätzt)* supposé, estimé
angeregt ['angəreːkt] *adj* animé
angesehen ['angəzeːən] *adj ~ sein* être bien vu, être bien considéré
angesichts ['angəzɪçts] *prep 1.* en face de, en présence de, vis-à-vis de; *2. (fig: im Hinblick auf)* eu égard à, en regard de
angespannt ['angəʃpant] *adj* tendu
angestellt ['angəʃtɛlt] *adj* engagé, embauché
Angestellte(r) ['angəʃtɛltə(r)] *m/f* employé(e) *m/f*
angetan ['angətaːn] *adj ~ sein von* plaire à; *Ich bin von diesem Film sehr ~.* Ce film me plaît beaucoup.
angewandt ['angəvant] *adj* appliqué
angewiesen ['angəviːzən] *adj auf etw ~ sein* dépendre de qc, être tributaire de qc
angewöhnen ['angəvøːnən] *v 1. jdm etw ~* habituer qn à qc; *2. sich etw ~* s'habituer à qc
Angewohnheit ['angəvoːnhaɪt] *f* habitude *f*
angewurzelt ['angəvurtsəlt] *adj wie ~* comme une souche, comme figé; *wie ~ dastehen* être cloué sur place, être complètement figé
angleichen ['anglaɪçən] *v irr* assimiler, égaliser
Angler ['aŋlər] *m* pêcheur *m*
angreifen ['angraɪfən] *v irr 1.* attaquer, assaillir; *2. (Gemüt)* saisir, affecter; *3. (schaden)* attaquer, ronger; *4. (beschädigen)* endommager
angrenzen ['angrɛntsən] *v ~ an* toucher à, être limitrophe de
angrenzend ['angrɛntsənt] *adj* attenant
Angriff ['angrɪf] *m* attaque *f*
angriffslustig ['angrɪfslustɪç] *adj* agressif
Angst [aŋst] *f* peur *f*; *es mit der ~ zu tun kriegen* serrer les fesses
angsterfüllt ['aŋstɛrfylt] *adj* angoissé
Angstgefühl ['aŋstgəfyːl] *n* anxiété *f*
Angsthase ['aŋsthaːzə] *m* peureux *m,* froussard *m,* poltron *m*
ängstlich ['ɛŋstlɪç] *adj* craintif, peureux
anhaben ['anhaːbən] *v irr 1. (Kleidung)* porter; *2. (fig)* avoir prise sur; *Er kann mir nichts ~.* Il n'a pas de prise sur moi.
anhalten ['anhaltən] *v irr 1. (stehen bleiben)* s'arrêter; *2. (fortdauern)* durer, être continu; *3. (zurückhalten)* retenir
anhaltend ['anhaltənt] *adj* continuel, sans discontinuer
Anhalter ['anhaltər] *m* auto-stoppeur *m; per ~ fahren* faire du stop/voyager en stop
Anhaltspunkt ['anhaltspuŋkt] *m* point de départ *m*
anhand [an'hant] *prep* à l'aide de
Anhang ['anhaŋ] *m* annexe *f,* supplément *m,* appendice *m*
anhängen ['anhɛŋən] *v* suspendre, adhérer

Anhänger ['anhɛŋər] *m 1. (Wagen)* remorque *f; 2. (Schild)* étiquette *f; 3. (Schmuck)* breloque *f; 4. (Befürworter)* partisan *m*
Anhängerschaft ['anhɛŋərʃaft] *f* partisans *m/pl*
anhänglich ['anhɛŋlɪç] *adj* attaché, dévoué
Anhänglichkeit ['anhɛŋlɪçkaɪt] *f* attachement *m*
anhäufen ['anhɔyfən] *v* accumuler
anheben ['anheːbən] *v irr 1. (hochheben)* soulever; *2. (erhöhen)* relever
Anhieb ['anhiːp] *m auf ~* du premier coup
anhimmeln ['anhɪməln] *v* adorer, porter aux nues
anhören ['anhøːrən] *v 1. jdn ~* prêter l'oreille à qn, écouter qn; *2. sich gut ~* être acceptable
animieren [ani'miːrən] *v* aguicher, exciter
Ankauf ['ankauf] *m* achat *m*
ankaufen ['ankaufən] *v* acheter, faire l'acquisition de
Anklage ['anklaːgə] *f 1. (Beschuldigung)* accusation *f; 2. JUR* inculpation *f*
anklagen ['anklaːgən] *v 1. (beschuldigen)* accuser, incriminer; *2. JUR* inculper
Ankleidekabine ['anklaɪdəkabiːnə] *f* cabine d'essayage *f*
ankleiden ['anklaɪdən] *v 1. jdn ~* habiller qn; *2. sich ~* s'habiller
anklicken ['anklɪkən] *v INFORM* cliquer
anklopfen ['anklɔpfən] *v* frapper à la porte
anknabbern ['anknabərn] *v* croquer, grignoter
anknüpfen ['anknypfən] *v an etw ~* rattacher à qc, relier à qc
ankommen ['ankɔmən] *v irr 1.* arriver; *2. (Zustimmung finden)* être accepté, être admis; *3. ~ auf* dépendre de; *Es kommt darauf an.* Cela dépend.
ankündigen ['ankyndɪgən] *v* annoncer, proclamer
Ankündigung ['ankyndɪguŋ] *f* nouvelle *f*, annonce *f*
Ankunft ['ankunft] *f* arrivée *f*
Ankunftsort ['ankunftsɔrt] *m* arrivée *f*
Ankunftstafel ['ankunftstaːfəl] *f* tableau des horaires d'arrivée *m*
Ankunftszeit ['ankunftstsaɪt] *f* heure d'arrivée *f*
anlachen ['anlaxən] *v 1. jdn ~* regarder qn en riant; *2. jdn ~ (fig: Glück)* sourire à qn
Anlass ['anlas] *m 1. (Gelegenheit)* occasion *f; 2. (Grund)* raison *f*, motif *m*
anlassen ['anlasən] *v irr 1. (Motor)* démarrer; *2. (anbehalten)* garder, ne pas ôter; *3. (eingeschaltet lassen)* laisser en marche
anlässlich ['anlɛslɪç] *prep* à l'occasion de
Anlauf ['anlauf] *m 1. (Beginn)* début *m*, démarrage *m*; *2. SPORT* élan *m*
anlaufen ['anlaufən] *v irr 1. (beginnen)* démarrer; *2. (Maschinen) TECH* démarrer
anlehnen ['anleːnən] *v 1. ~ an (Gegenstand)* appuyer contre; *2. (Tür)* entrebâiller, entrouvrir; *3. sich ~ an* s'appuyer contre, s'adosser à
anlehnungsbedürftig ['anleːnuŋsbədyrftɪç] *adj* qui a besoin de soutien
anleiten ['anlaɪtən] *v* diriger, donner des instructions
Anleitung ['anlaɪtuŋ] *f* instructions *f/pl*
anlernen ['anlɛrnən] *v 1.* instruire; *2. (Personal)* former
Anliegen ['anliːgən] *n* demande *f*
anliegend ['anliːgənt] *adj 1. (eng ~)* collant; *2. (beiliegend)* ci-joint
anlocken ['anlɔkən] *v* séduire, attirer
anlügen ['anlyːgən] *v irr jdn ~* mentir à qn
anmachen ['anmaxən] *v 1. (befestigen)* attacher, fixer; *2. (einschalten)* allumer; *3. (würzen)* assaisonner; *4. (fam: ansprechen) jdn ~* baratiner qn, draguer qn
anmahnen ['anmaːnən] *v* exhorter
anmalen ['anmaːlən] *v* peindre, passer une couche de peinture
anmaßen ['anmaːsən] *v 1. sich ~* avoir la prétention de; *2. (Recht)* usurper
anmaßend ['anmaːsənt] *adj* prétentieux
Anmaßung ['anmaːsuŋ] *f* prétention *f*
Anmeldeformular ['anmɛldəfɔrmulaːr] *n* formulaire de déclaration *m*
Anmeldefrist ['anmɛldəfrɪst] *f* délai de déclaration *m*
Anmeldegebühr ['anmɛldəgəbyːr] *f* droit d'enregistrement *m*
anmelden ['anmɛldən] *v 1.* déclarer, annoncer; *Sind Sie angemeldet?* Avez-vous pris rendez-vous? *2. (amtlich ~)* déclarer à l'état civil, déclarer aux autorités; *3. (Student)* inscrire, immatriculer
Anmeldung ['anmɛlduŋ] *f 1. (Ankunft)* réception *f*; *2. (amtliche ~)* déclaration *f; 3. (Einschreibung)* inscription *f*
anmerken ['anmɛrkən] *v* noter, prendre note

Anmerkung ['anmɛrkuŋ] *f* note *f*, remarque *f*
Anmut ['anmuːt] *f* grâce *f*
anmutig ['anmuːtɪç] *adj* gracieux
annageln ['annaːgəln] *v* clouer, fixer avec des clous; *wie angenagelt* comme cloué
annähen ['annɛːən] *v* coudre à
annähern ['annɛːərn] *v sich ~* s'approcher
annähernd ['annɛːərnt] *adj* approchant, approximatif
Annäherung ['annɛːəruŋ] *f* approche *f*
Annahme ['annaːmə] *f 1. (Entgegennahme)* réception *f*, admission *f; 2. (Zustimmung)* acceptation *f; 3. (fig: Vermutung)* supposition *f*
annehmbar ['anneːmbaːr] *adj* acceptable, admissible
annehmen ['anneːmən] *v irr 1. (entgegennehmen)* accepter, adopter; *2. (zustimmen)* accepter, admettre; *3. (fig: vermuten)* supposer
Annehmlichkeit ['anneːmlɪçkaɪt] *f* commodités *f/pl*
Annonce [a'nɔ̃ːsə] *f* annonce *f*
annoncieren [anɔ̃'siːrən] *v* faire passer une annonce, publier une annonce
annullieren [anu'liːrən] *v* annuler, révoquer
Annullierung [anu'liːruŋ] *f* annulation *f*
anöden ['anøːdən] *v* faire bâiller, ennuyer
Anomalie [anoma'liː] *f* anomalie *f*
anonym [ano'nyːm] *adj* anonyme
Anonymität [anonyːmi'tɛːt] *f* anonymat *m*
Anorak ['anorak] *m* anorak *m*
anordnen ['anɔrdnən] *v 1. (ordnen)* ordonner, ranger; *2. (befehlen)* ordonner, commander
Anordnung ['anɔrdnuŋ] *f 1. (Ordnung)* ordre *m*; *2. (Befehl)* règlement *m*
anorganisch ['anɔrganɪʃ] *adj* inorganique
anpassen ['anpasən] *v 1. (fig)* adapter, approprier; *2. sich ~* s'adapter
Anpassung ['anpasuŋ] *f* adaptation *f*
anpassungsfähig ['anpasuŋsfɛːɪç] *adj* capable de s'adapter
anprobieren ['anprobiːrən] *v* essayer, faire un essayage
anquatschen ['ankvatʃən] *v (fam)* radoter, baratiner; *Er hat sie dumm angequatscht.* Il l'a baratinée.
anraten ['anraːtən] *v irr* conseiller, recommander
anrechnen ['anrɛçnən] *v 1.* porter au compte, facturer; *2. (fig)* attribuer à
Anrede ['anreːdə] *f* allocution *f*, discours *m*
anregen ['anreːgən] *v 1. (vorschlagen)* suggérer, proposer; *2. (veranlassen)* inciter à, pousser à
anregend ['anreːgənt] *adj* stimulant
Anregung ['anreːguŋ] *f 1. (Vorschlag)* proposition *f*; *2. (Veranlassung)* incitation *f*
anreichern ['anraɪçərn] *v* enrichir
Anreicherung ['anraɪçəruŋ] *f* enrichissement *m*
Anreise ['anraɪzə] *f* arrivée *f*
anreisen ['anraɪzən] *v* arriver
Anreiz ['anraɪts] *m* stimulation *f*
anrichten ['anrɪçtən] *v 1. (Schaden)* causer, occasionner; *2. (Essen)* servir, préparer; *3. (fam: anstellen)* en faire de belles
anrüchig ['anryːçɪç] *adj* suspect
Anruf ['anruːf] *m TEL* appel *m*, coup de téléphone *m*
Anrufbeantworter ['anruːfbəantvɔrtər] *m TEL* répondeur automatique *m*
anrufen ['anruːfən] *v irr* appeler
anrühren ['anryːrən] *v 1. (berühren)* toucher à; *2. (vermischen)* mélanger
ans *(= an das)(siehe „an")*
Ansage ['anzaːgə] *f* annonce *f*, communiqué *m*
ansagen ['anzaːgən] *v* annoncer, faire un communiqué
Ansager(in) ['anzaːgər(ɪn)] *m/f 1.* présentateur/présentatrice *m/f; 2. (Radioansager(in))* speaker(ine) *m/f*
ansammeln ['anzaməln] *v 1. sich ~* se rassembler; *2. sich ~ (Gegenstände)* s'accumuler
ansässig ['anzɛsɪç] *adj* établi, domicilié; *sich ~ machen* s'installer, se domicilier
Ansatz ['anzats] *m 1. (Anfang)* commencement *m*, début *m; 2. (Ablagerung)* alluvion *f*, dépôt *m*; *3. (Haaransatz)* racine *f*, plante *f; 4. (Anzeichen)* rudiment *m*, signe *m*
Ansatzpunkt ['anzatspuŋkt] *m* point d'application *m*
anschaffen ['anʃafən] *v* procurer, acquérir
Anschaffung ['anʃafuŋ] *f* acquisition *f*
anschalten ['anʃaltən] *v* mettre le contact, allumer

anschauen ['anʃauən] *v* regarder, voir, contempler; *jdn schief ~* regarder qn de travers
anschaulich ['anʃaulɪç] *adj* clair, évident
Anschauung ['anʃauuŋ] *f 1.* conception *f; 2. (Meinung)* opinion *f*
Anschein ['anʃaɪn] *m* apparence *f,* semblant *m*
anscheinend ['anʃaɪnənt] *adv* apparemment
anschicken ['anʃɪkən] *v sich ~* se préparer, se disposer
anschieben ['anʃiːbən] *v irr* pousser
Anschlag ['anʃlaːk] *m 1. (Plakat)* affiche *f; 2. (Schreibmaschinenanschlag)* frappe *f*
anschlagen ['anʃlaːgən] *v irr 1. (befestigen)* clouer; *2. (anstoßen)* taper sur; *3. (aushängen)* afficher
anschleichen ['anʃlaɪçən] *v irr sich ~* approcher furtivement, approcher à pas feutrés
anschließen ['anʃliːsən] *v irr 1. (verbinden) ~ an* attacher à, rattacher à; *2. sich jdm ~* se joindre à qn; *3. sich jdm ~ (jdm zustimmen)* se ranger à l'opinion de qn, se ranger à l'avis de qn; *4. (fig: anfügen)* joindre
anschließend ['anʃliːsənt] *adj 1. (räumlich)* contigu; *2. (zeitlich)* suivant; *adv 3. (zeitlich)* ensuite, après
Anschluss ['anʃlus] *m 1. (Verbindung)* raccordement *m; 2. (Zuganschluss)* correspondance *f; 3. (fig: Bekanntschaft)* relations *f/pl,* contacts *m/pl*
anschnallen ['anʃnalən] *v 1.* attacher, boucler; *2. (Gurt)* mettre sa ceinture de sécurité
Anschnallpflicht ['anʃnalpflɪçt] *f* obligation d'attacher sa ceinture de sécurité *f*
anschneiden ['anʃnaɪdən] *v irr 1. (schneiden)* faire une entaille dans, couper; *2. (fig: Thema)* aborder
anschreiben ['anʃraɪbən] *v irr 1. (schreiben)* inscrire, écrire; *2. ~ lassen* acheter à crédit
anschreien ['anʃraɪən] *v irr jdn ~* engueuler qn
Anschrift ['anʃrɪft] *f* adresse *f*
anschuldigen ['anʃuldɪgən] *v* accuser, inculper
anschwindeln ['anʃvɪndəln] *v* tromper, berner
ansehen ['anzeːən] *v irr* considérer, voir, examiner
Ansehen ['anzeːən] *n* considération *f,* prestige *m; ~ genießen* avoir du crédit/ jouir d'une bonne réputation
ansehnlich ['anzeːnlɪç] *adj 1.* remarquable, important; *2. (schön)* de belle apparence
Ansicht ['anzɪçt] *f 1. (Meinung)* opinion *f; seine ~ ändern* changer d'idée/changer sa façon de voir; *2. (Aussicht)* vue *f*
Ansichtskarte ['anzɪçtskartə] *f* carte postale *f*
ansonsten [an'zɔnstən] *adv* sinon, autrement
Anspannung ['anʃpanuŋ] *f* tension *f,* application *f*
ansparen ['anʃpaːrən] *v* économiser
Anspielung ['anʃpiːluŋ] *f* allusion *f*
Ansprache ['anʃpraːxə] *f* allocution *f*
ansprechen ['anʃprɛçən] *v irr 1. jdn ~* aborder qn, s'adresser à qn; *2. (reagieren)* réagir à; *3. (fig: gefallen)* plaire
ansprechend ['anʃprɛçənt] *adj* tentant, attirant
Anspruch ['anʃprux] *m* revendication *f,* prétention *f*
anspruchslos ['anʃpruxsloːs] *adj* simple, modeste
anspruchsvoll ['anʃpruxsfɔl] *adj* exigeant, prétentieux
Anstalt ['anʃtalt] *f* institution *f,* établissement *m*
anständig ['anʃtɛndɪç] *adj* correct, convenable
anstandslos ['anʃtantsloːs] *adv* sans opposition
anstarren ['anʃtarən] *v* regarder fixement, fixer du regard; *jdn ~* regarder qn comme une bête curieuse
anstatt [an'ʃtat] *prep* au lieu de, à la place de
anstecken ['anʃtɛkən] *v 1. (Brosche)* épingler; *2. (anzünden)* allumer
Ansteckung ['anʃtɛkuŋ] *f MED* contagion *f*
anstehen ['anʃteːən] *v irr 1. (Schlange stehen)* faire la queue, être dans la file d'attente; *2. (bevorstehen)* être imminent
ansteigen ['anʃtaɪgən] *v irr 1. (in die Höhe führen)* monter, aller en montant; *2. (höher werden)* être en crue, monter, croître; *Im Frühling steigt der Fluss an.* Au printemps, le fleuve est en crue.
anstelle [an'ʃtɛlə] *prep* au lieu de, à la place de

anstellen ['anʃtɛlən] *v* *1. (einschalten)* mettre, allumer; *2. (beschäftigen)* employer, engager; *3. sich ~ (Schlange)* se placer; *4. etw ~ (fig)* faire une bêtise
Anstellung ['anʃtɛluŋ] *f* *1. (Einstellung)* nomination *f; 2. (Stellung)* situation *f*
Anstellungsvertrag ['anʃtɛluŋsfɛrtraːk] *m* contrat d'embauche *m*
Anstieg ['anʃtiːk] *m* *1. (Steigung)* montée *f; 2. (Erhöhung)* montée *f*, augmentation *f*
anstiften ['anʃtɪftən] *v* susciter
Anstoß ['anʃtoːs] *m* *1. (Anregung)* initiative *f*, impulsion *f; den ~ geben* donner le branle/ouvrir la voie; *2. (Skandal)* scandale *m*
anstoßen ['anʃtoːsən] *v* *irr* *1. (stoßen)* heurter, cogner; *2. (in Bewegung setzen)* mettre en mouvement; *3. (zuprosten)* trinquer
anstreben ['anʃtreːbən] *v* aspirer à
anstrengen ['anʃtrɛŋən] *v* *sich ~* s'efforcer, se donner de la peine, faire des efforts
anstrengend ['anʃtrɛŋənt] *adj* fatigant
Anstrengung ['anʃtrɛŋuŋ] *f* efforts *m/pl*; *keinerlei ~en machen* ne faire aucun effort
Anteil ['antaɪl] *m* *1.* part *f*; *2. (Teilnahme)* participation *f*
Anteilnahme ['antaɪlnaːmə] *f* *1.* témoignage de sympathie *m; 2. (anlässlich eines Todesfalls)* condoléances *f/pl*
Antipathie [antipa'tiː] *f* antipathie *f*
Antiquitäten [antikvi'tɛːtən] *pl* antiquités *f/pl*
Antrag ['antraːk] *m* demande *f*
antreffen ['antrɛfən] *v* *irr* rencontrer, trouver
antreten ['antreːtən] *v* *irr 1. (Stelle)* prendre un poste; *2. (Reise)* partir en voyage, faire un voyage
Antrieb ['antriːp] *m* *1. TECH* transmission *f; 2. (fig)* impulsion *f*
antun ['antuːn] *v* *irr 1. (anziehen)* mettre, enfiler; *Ich tue mir nur die Jacke an.* J'enfile juste ma veste. *2. jdm etw ~* faire qc à qn; *jdm Ehre ~* faire honneur à qn; *3. es jdm ~ (jdm gefallen)* charmer qn
Antwort ['antvɔrt] *f* réponse *f*
antworten ['antvɔrtən] *v* répondre à; *jdm lebhaft ~* renvoyer l'ascenseur à qn; *Schlag auf Schlag ~* répondre du tac au tac; *jdm entschieden ~* river le clou à qn
anvertrauen ['anfɛrtrauən] *v* *jdm etw ~* confier qc à qn
Anwalt ['anvalt] *m* avocat *m*
Anweisung ['anvaɪzuŋ] *f* *(Anordnung)* directives *f/pl*
anwenden ['anvɛndən] *v* *irr* appliquer
Anwendung ['anvɛnduŋ] *f* application *f*
anwesend ['anveːzənt] *adj* présent
Anwesenheit ['anveːzənhaɪt] *f* présence *f*
anwidern ['anviːdərn] *v* dégoûter, répugner
Anzahl ['antsaːl] *f* nombre *m*
anzahlen ['antsaːlən] *v* payer un acompte, verser un acompte
Anzahlung ['antsaːluŋ] *f* acompte *m*
Anzeichen ['antsaɪçən] *n* signe *m*, symptôme *m*
Anzeige ['antsaɪgə] *f* *1. (Annonce)* annonce *f; 2. JUR* plainte *f*, assignation *f*
anzeigen ['antsaɪgən] *v* *1.* annoncer; *2. jdn ~ JUR* porter plainte contre qn
anziehen ['antsiːən] *v* *irr 1. (Kleidung)* mettre, passer; *2. (fig)* attirer, intéresser
Anzug ['antsuːk] *m* costume *m*
anzüglich ['antsyːklɪç] *adj* piquant, équivoque
anzünden ['antsyndən] *v* allumer
anzweifeln ['antsvaɪfəln] *v* mettre en doute
apart [a'part] *adj* original
Apathie [apa'tiː] *f* apathie *f*
apathisch [a'paːtɪʃ] *adj* apathique
Apfel ['apfəl] *m* pomme *f; in den sauren ~ beißen müssen* devoir avaler le morceau
Apfelbaum ['apfəlbaum] *m* pommier *m*
Apfelmus ['apfəlmuːs] *n* compote de pommes *f*
Apfelsaft ['apfəlzaft] *m* jus de pommes *m*
Apfelsine [apfəl'ziːnə] *f* orange *f*
Apostroph [apɔ'stroːf] *m* apostrophe *f*
Apotheke [apo'teːkə] *f* pharmacie *f*
Apotheker(in) [apo'teːkər(ɪn)] *m/f* pharmacien(ne) *m/f*
Apparat [apa'raːt] *m* appareil *m*
Appartement [apart'mãː] *n* studio *m*
Appetit [ape'tiːt] *m* appétit *m; Der ~ kommt beim Essen.* L'appétit vient en mangeant.
appetitanregend [ape'tiːtanreːgənt] *adj* qui met en appétit
applaudieren [aplau'diːrən] *v* applaudir
Applaus [a'plaus] *m* applaudissements *m/pl*
Aprikose [apri'koːzə] *f* abricot *m*
April [a'prɪl] *m* avril *m; jdn in den ~ schicken* faire un poisson d'avril à qn
Aquarium [a'kvaːrjum] *n* aquarium *m*

Araber(in) ['arabər(ɪn)] *m/f* Arabe *m/f*
Arbeit ['arbaɪt] *f* travail *m; ~ suchen* chercher du boulot (fam)/chercher du travail; *An die ~!* Au boulot! (fam)/Au travail!
arbeiten ['arbaɪtən] *v* travailler; *hart ~* travailler comme une bête
Arbeiter ['arbaɪtər] *m* travailleur *m*, ouvrier *m*
Arbeitgeber ['arbaɪtgeːbər] *m* patron *m*
Arbeitnehmer ['arbaɪtneːmər] *m* salarié *m*, employé *m*
Arbeitskraft ['arbaɪtskraft] *f* main-d'œuvre *f*
arbeitslos ['arbaɪtsloːs] *adj* au chômage
Arbeitslosenversicherung ['arbaɪtsloːzənfɛrzɪçəruŋ] *f* assurance-chômage *f*
Arbeitslosigkeit ['arbaɪtsloːzɪçkaɪt] *f* chômage *m*
Arbeitsmarkt ['arbaɪtsmarkt] *m* marché du travail *m*
Arbeitsstelle ['arbaɪtsʃtɛlə] *f* poste de travail *m*, emploi *m*
arbeitsunfähig ['arbaɪtsunfɛːɪç] *adj* en arrêt de travail
Arbeitszeit ['arbaɪtstsaɪt] *f* journée de travail *f*
Architekt(in) [arçi'tɛkt(ɪn)] *m/f* architecte *m/f*
Archiv [ar'çiːf] *n* archives *f/pl*
arg [arg] *adj* mauvais
Ärger ['ɛrgər] *m* irritation *f*, contrariété *f*; *sich ~ ersparen* s'épargner des ennuis; *seinen ~ in sich hineinfressen* ronger son frein; *seinen ~ hinunterschlucken* ravaler son dépit
ärgerlich ['ɛrgərlɪç] *adj* fâcheux, agaçant; *Das ist sehr ~!* C'est bien ennuyeux!
ärgern ['ɛrgərn] *v 1.* irriter, contrarier, agacer; *2. sich ~* se fâcher, se mettre en colère
Ärgernis ['ɛrgərnɪs] *n* contrariété *f*
arglos ['argloːs] *adj* ingénu, innocent
Arglosigkeit ['argloːzɪçkaɪt] *f* ingénuité *f*
Argument [argu'mɛnt] *n* argument *m*
Argwohn ['arkvoːn] *m* soupçon *m*
argwöhnisch ['arkvøːnɪʃ] *adj* soupçonneux, méfiant
Aristokrat(in) [arɪsto'kraːt(ɪn)] *m/f* aristocrate *m/f*
Aristokratie [arɪstokra'tiː] *f* aristocratie *f*
arm [arm] *adj* pauvre
Arm [arm] *m ANAT* bras *m; ~ in ~* bras dessus, bras dessous; *jdn auf den ~ nehmen* charrier qn/mettre qn en boîte; *jdm in die ~e laufen* tomber sur qn; *einen langen ~ haben (fig)* avoir le bras long; *jdm unter die ~e greifen* donner un coup de main à qn
Armband ['armbant] *n* bracelet *m*
Armbanduhr ['armbantuːr] *f* montre-bracelet *f*
Ärmel ['ɛrməl] *m* manche *f*; *etw aus dem ~ schütteln* faire qc les doigts dans le nez (fam)/faire qc très facilement; *etw im ~ haben* avoir encore un atout pour qc
Ärmelkanal ['ɛrməlkanaːl] *m* Manche *f*
ärmellos ['ɛrməlloːs] *adj* sans manche
armselig ['armseːlɪç] *adj* pauvre, misérable, piètre
Armut ['armuːt] *f* pauvreté *f*, misère *f*
Aroma [a'roːma] *n* arôme *m*
aromatisch [aro'maːtɪʃ] *adj* aromatique
arrangieren [arã'ʒiːrən] *v* arranger, faire un arrangement
Arrest [a'rɛst] *m* arrêts *m/pl; ~ haben* être aux arrêts
Arroganz [aro'gants] *f* arrogance *f*
Arsch [arʃ] *m (fam)* cul *m*, salaud *m*; *Du kannst mich mal am ~ lecken! (fam)* Je t'emmerde!/Va te faire foutre!
Art [aːrt] *f* genre *m*, espèce *f; Das ist nicht meine ~.* Ce n'est pas mon genre. *aus der ~ schlagen* se distinguer du reste de la tribu
artig ['artɪç] *adj 1.* gentil, bien élévé; *2. (Kind)* sage
Artikel [ar'tɪkəl] *m 1. (Bericht)* article *m*; *2. GRAMM* article *m*
Arznei [aːrts'naɪ] *f* remède *m*, médicament *m*
Arzt [artst] *m* médecin *m*
Ärztin ['ɛːrtstɪn] *f* femme médecin *f*, doctoresse *f*
ärztlich ['ɛːrtstlɪç] *adj* médical; *in ~er Behandlung* en soin médical/sous traitement
Arztpraxis ['artstpraksɪs] *f* cabinet médical *m*
aschblond ['aʃblɔnt] *adj* blond cendré
Asche ['aʃə] *f* cendre *f; in Schutt und ~ legen* réduire en cendres
Aschenbecher ['aʃənbɛçər] *m* cendrier *m*
Aschermittwoch [aʃər'mɪtvɔx] *m* mercredi des Cendres *m*
Asiat(in) [azi'aːt(ɪn)] *m/f* Asiatique *m/f*
asozial ['aːzotsjaːl] *adj* marginal
Aspekt [a'spɛkt] *m* aspect *m*
Asphalt [as'falt] *m* asphalte *m*

Ass [as] *n 1. (beim Kartenspiel)* as *m; 2. (Person) SPORT* champion *m,* as *m*
Assistent(in) [asɪs'tɛnt(ɪn)] *m/f* assistant(e) *m/f*
Ast [ast] *m* branche *f,* rameau *m; sich einen ~ lachen* se fendre la poire/se fendre la pipe/se dilater la rate; *auf dem absteigenden ~ sein* être sur le déclin/être en perte de vitesse/baisser; *den ~ absägen, auf dem man sitzt* scier la branche sur laquelle on est assis
Asyl [a'zyːl] *n* asile *m*
Asylant [azy'lant] *m* réfugié politique *m*
Asylgesetzgebung [a'zyːlgəzetsgeːbuŋ] *f* législation sur le droit d'asyle *f*
Atelier [atəl'jeː] *n 1.* atelier *m; 2. (beim Film)* studio *m*
Atem ['aːtəm] *m* respiration *f; wieder zu ~ kommen* rependre haleine; *den ~ anhalten* retenir son souffle; *jdm den ~ verschlagen* couper le souffle à qn
atemlos ['aːtəmloːs] *adj 1.* essoufflé; *adv 2.* hors d'haleine
Atempause ['aːtəmpauzə] *f sich eine kleine ~ gönnen* s'accorder un peu de répit
Athlet(in) [at'leːt(ɪn)] *m/f* athlète *m/f*
Atlas ['atlas] *m* atlas *m*
atmen ['aːtmən] *v* respirer
Atmosphäre [atmɔs'fɛːrə] *f* atmosphère *f*
Atmung ['aːtmuŋ] *f* respiration *f*
atomar [ato'maːr] *adj* atomique
Atombombe [a'toːmbɔmbə] *f* bombe atomique *f*
Atomenergie [a'toːmenɛrgiː] *f* énergie nucléaire *f*
Atomforschung [a'toːmfɔrʃuŋ] *f* recherche nucléaire *f*
Atomkraft [a'toːmkraft] *f* énergie nucléaire *f*
Atomkraftwerk [a'toːmkraftvɛrk] *n* centrale atomique *f*
Atomkrieg [a'toːmkriːk] *m* guerre nucléaire *f*
Atomtest [a'toːmtɛst] *m* essai nucléaire *m*
Atomwaffe [a'toːmvafə] *f* arme nucléaire *f*
Attacke [a'takə] *f* attaque *f*
Attentat [atən'taːt] *n* attentat *m*
Attentäter [atən'tɛːtər] *m* auteur d'un attentat *m*
Attest [a'tɛst] *n* certificat médical *m,* attestation *f*
attraktiv [atrak'tiːf] *adj* séduisant, attrayant
ätzend ['ɛtsənt] *adj 1.* corrosif; *~e Chemikalien* produits chimiques corrosifs *m/pl; ~er Rauch* fumée âcre *f; 2. (fam: furchtbar)* mordant; *echt ~* ça craint
au [au] *interj (bei Schmerzen)* aïe
auch [aux] *konj* même, aussi
audiovisuell [audjovizu'ɛl] *adj* audiovisuel
auf [auf] *prep 1. (örtlich)* sur; *~ dem Tisch* sur la table; *~ dem Boden* à terre/par terre; *~ einer Insel* dans une île/sur une île; *~ der Treppe* dans l'escalier; *~ der Straße* dans la rue; *~ der Welt* au monde; *~ der ganzen Welt* dans le monde entier; *~ dieser Seite* de ce côté; *~ dem Bahnhof* à la gare; *~ dem Land* à la campagne; *~ dem Weg* en chemin; *~ diesem Weg* par ce chemin; *~ dem schnellsten Weg* le plus vite possible; *~ seinem Posten* à son poste; *~ Urlaub* en vacances; *~ Reise* en voyage; *~ Besuch* en visite; *sich ~ den Weg machen* se mettre en route; *2. (zeitlich) ~ immer* pour toujours/à jamais; *~ einmal* subitement/soudain/tout à coup; *~ der Stelle* sur-le-champ; *~ den Abend zu* vers le soir; *~ morgen* à demain; *~ Wiedersehen* au revoir; *~ einen Montag fallen* tomber un lundi; *von Kindheit ~* dès l'enfance; *von klein ~* depuis tout petit; *~ eine Woche* pour une semaine; *3. (Art und Weise) ~ diese Art* de cette manière/de cette façon/de la sorte; *~ gut Glück* au hasard; *~ Französisch* en français; *~ Anfrage* sur demande; *~ meinen Befehl* sur mon ordre; *~ jds Wunsch/~ jds Bitte* à la demande de qn; *~ Drohung von* sur une menace de; *~ Rat von* sur le conseil de; *~ Verdacht* sur un simple soupçon; *~ meine Kosten* à mes frais; *Schlag ~ Schlag* coup sur coup; *~ einen Zug* tout d'un trait; *~ alle Fälle* en tout cas; *~ und ab* de haut en bas; *~ und ab gehen* faire les cent pas; *~ und davon fliegen* s'envoler; *sich ~ und davon machen* se sauver; *adj 4. (offen) ~ sein* être ouvert; *5. (wach) ~ sein* être debout, être levé; *Schon ~?* Déjà levé?
Aufbau ['aufbau] *m 1. (Anordnung)* organisation *f,* principe *m; 2. (Struktur)* structure *f,* schéma *m*
aufbauen ['aufbauən] *v 1. (montieren)* monter; *2. (Gerüst)* échafauder; *3. (fig)* construire
aufbewahren ['aufbəvaːrən] *v* conserver, garder

aufbieten ['aufbiːtən] *v irr 1.* convoquer; *2. (Hochzeit)* publier

aufbleiben ['aufblaɪbən] *v irr 1. (nicht schlafen gehen)* rester debout, veiller; *lange ~* veiller tard; *2. (fam: offen bleiben)* rester ouvert

aufbrechen ['aufbrɛçən] *v irr 1. (öffnen)* ouvrir en brisant, éventrer; *2. (fig)* s'en aller

Aufbruch ['aufbrux] *m* rupture *f*

aufdecken ['aufdɛkən] *v 1. (bloßlegen)* dévoiler; *2. (fig: Geheimnis)* révéler

aufdrängen ['aufdrɛŋən] *v* imposer

aufdringlich ['aufdrɪŋlɪç] *adj* importun

aufeinander [aufaɪn'andər] *adv 1. (örtlich)* l'un sur l'autre; *2. (zeitlich)* l'un après l'autre

Aufenthalt ['aufɛnthalt] *m* séjour *m*

Aufenthaltsbescheinigung ['aufɛnthaltsbəʃaɪnɪguŋ] *f* attestation de séjour *f*

Aufenthaltsgenehmigung ['aufɛnthaltsgəneːmɪguŋ] *f* permis de séjour *m*

auferlegen ['aufɛrleːgən] *v jdm etw ~* imposer qc à qn

aufessen ['aufɛsən] *v irr* achever de manger, manger tout

Auffahrt ['auffaːrt] *f 1. (zu einem Haus)* rampe d'accès *f*; *2. (zur Autobahn)* bretelle d'accès *f*

auffallen ['auffalən] *v irr* frapper, attirer l'attention

auffallend ['auffalent] *adj* frappant, qui attire l'œil

auffällig ['auffɛlɪç] *adj 1.* frappant, étonnant, surprenant; *2. (Kleidung)* voyant, tape-à-l'œil

Auffassung ['auffasuŋ] *f* conception *f*

auffordern ['auffɔrdərn] *v ~ zu* exhorter à, inviter à

auffrischen ['auffrɪʃən] *v 1. (Wind)* fraîchir; *2. (Möbel)* rénover; *3. (Kenntnisse)* renouveler; *4. (Gedächtnis)* réveiller; *5. (Make-up)* rafraîchir; *6. (Farben)* raviver

Aufgabe ['aufgaːbə] *f 1. (Versand)* expédition *f; 2. (Arbeit)* devoir *m*, tâche *f*; *3. (Verzicht)* renoncement *m,* abandon *m*

Aufgabenbereich ['aufgaːbənbəraɪç] *m* domaine de compétence *m*

Aufgang ['aufgaŋ] *m (Sonnenaufgang)* lever *m*

aufgeben ['aufgeːbən] *v irr 1. (versenden)* expédier; *2. (verzichten)* renoncer; *Ich geb's auf.* J'y renonce./J'abandonne. *3. (beauftragen)* charger d'une tâche

aufgehen ['aufgeːən] *v irr 1. (Teig)* lever; *Der Teig geht auf.* La pâte lève. *~ wie eine Dampfnudel (fig)* grossir/prendre du poids; *2. (Sonne)* se lever; *3. (Blume)* s'ouvrir

aufgelegt ['aufgəleːkt] *adj gut/schlecht ~* bien/mal disposé, de bonne/mauvaise humeur, bien/mal luné (fam)

aufgeregt ['aufgəreːkt] *adj* agité, ému, excité

aufgeschlossen ['aufgəʃlɔsən] *adj* ouvert, compréhensif

aufgeweckt ['aufgə*vɛkt] adj* éveillé, dégourdi

aufgrund [auf'grunt] *prep* en raison de, à cause de

aufhalten ['aufhaltən] *v irr 1. (Tür)* tenir ouvert; *2. jdn ~* retenir qn; *3. sich ~* sé journer; *sich nicht mit Einzelheiten ~* ne pas s'arrêter à des détails; *4. sich ~ in* se tenir dans

aufhängen ['aufhɛŋən] *v 1.* suspendre; *2. sich ~* se pendre

Aufhänger ['aufhɛŋər] *m* attache *f*

aufheben ['aufheːbən] *v irr 1. (vom Boden)* ramasser, relever; *2. (aufbewahren)* mettre de côté, garder; *3. (beenden)* mettre fin à, dissoudre; *4. (viel Aufhebens machen von)* faire tout un plat de

aufheitern ['aufhaɪtərn] *v* égayer

Aufheiterung ['aufhaɪtəruŋ] *f* amusement *m*

aufhellen ['aufhɛlən] *v* éclaircir; *Der Himmel hellt sich auf.* Le temps se dégage./Le ciel s'éclaircit.

aufhetzen ['aufhɛtsən] *v* fanatiser

aufholen ['aufhoːlən] *v* rattraper, regagner du terrain

aufhören ['aufhøːrən] *v* arrêter, cesser

aufklappen ['aufklapən] *v* relever les côtés (d'une table) pour ouvrir

aufklären ['aufklɛːrən] *v 1.* tirer au clair, éclairer; *einen Mord ~* tirer au clair un meurtre/élucider une affaire de meurtre/résoudre une affaire de meurtre; *2. jdn ~* ouvrir les yeux à qn

Aufklärung ['aufklɛːruŋ] *f 1.* explication *f; 2. HIST* Siècle des Lumières *m*

aufkleben ['aufkleːbən] *v* coller; *eine Briefmarke auf den Brief ~* affranchir la lettre

Aufkleber ['aufkleːbər] *m* autocollant *m*

aufkommen ['aufkɔmən] *v irr 1. (entstehen)* faire son apparition; *2. (heraufziehen)* pousser, grandir

aufladen ['aufla:dən] *v irr 1. (beladen)* charger; *2. jdm etw ~ (fig: aufbürden)* imposer qc à qn
Auflage ['aufla:gə] *f 1. (Bedingung)* condition *f*; *2. (eines Buches)* tirage *m*, édition *f*
auflauern ['auflauərn] *v* guetter, épier
auflegen ['aufle:gən] *v TEL* raccrocher
auflehnen ['aufle:nən] *v 1. sich mit dem Ellenbogen ~* s'appuyer; *2. sich ~ gegen* se révolter contre
Auflehnung ['aufle:nuŋ] *f* soulèvement *m*
auflösen ['auflø:zən] *v (Pulver)* dissoudre
Auflösung ['auflø:zuŋ] *f (eines Rätsels)* solution *f*
aufmachen ['aufmaxən] *v* ouvrir; *den Mund nicht ~* ne pas desserrer les dents
Aufmachung ['aufmaxuŋ] *f 1.* présentation *f*; *2. (von Stoffen)* conditionnement *m*
aufmerksam ['aufmɛrkza:m] *adj* attentif; *jdn auf etw ~ machen* faire observer qc à qn/attirer l'attention de qn sur qc
Aufmerksamkeit ['aufmɛrkza:mkaɪt] *f 1. (Vorsicht)* attention *f*; *jds ~ fesseln* captiver qn; *2. (Zuvorkommenheit)* attention *f*
aufmuntern ['aufmuntərn] *v* encourager, égayer
Aufnahme ['aufna:mə] *f 1. (Empfang)* réception *f*; *2. (in eine Organisation)* admission *f*; *3. (von Nahrung)* prise *f*, absorption *f*; *4. FOTO* photographie *f*
Aufnahmeprüfung ['aufna:məpryfuŋ] *f* examen d'entrée *m*
aufnehmen ['aufne:mən] *v irr 1. (fassen)* prendre; *2. (Beziehung)* commencer; *3. (Arbeit)* prendre; *4. (empfangen)* accueillir, recevoir
aufopfern ['aufɔpfərn] *v sich ~* se sacrifier
aufpassen ['aufpasən] *v ~ auf* faire attention à
aufpolieren ['aufpoli:rən] *v* repolir
Aufprall ['aufpral] *m* collision *f*
aufprallen ['aufpralən] *v* rebondir, ricocher
aufpumpen ['aufpumpən] *v* gonfler
aufputschen ['aufputʃən] *v* regonfler à bloc
aufraffen ['aufrafən] *v sich ~* se ressaisir, se reprendre
aufräumen ['aufrɔymən] *v* ranger, débarrasser, faire le ménage; *Es ist noch nicht aufgeräumt.* Le ménage n'est pas encore fait.
aufrecht ['aufrɛçt] *adj 1.* droit, debout; *2. (senkrecht)* vertical
aufregen ['aufre:gən] *v 1. jdn ~* énerver qn; *2. sich ~* s'émouvoir, s'énerver; *sich nicht ~* ne pas s'en faire
aufregend ['aufre:gənt] *adj* énervant, crispant
Aufregung ['aufre:guŋ] *f* émotion *f*
aufreiben ['aufraɪbən] *v irr 1. (vernichten)* exterminer, anéantir; *2. (erschöpfen)* épuiser, exténuer; *3. (Haut)* écorcher, érafler
aufreißen ['aufraɪsən] *v irr* ouvrir violemment, arracher
aufreizend ['aufraɪtsənt] *adj* excitant
aufrichten ['aufrɪçtən] *v 1. (Mauern)* élever, dresser; *2. (fig) jdn ~* consoler qn
aufrichtig ['aufrɪçtɪç] *adj* sincère, franc
Aufrichtigkeit ['aufrɪçtɪçkaɪt] *f* sincérité *f*
Aufruf ['aufru:f] *m* appel *m*
aufrufen ['aufru:fən] *v irr 1.* appeler, rappeler; *2. (Erinnerung)* évoquer
aufsässig ['aufzɛsɪç] *adj* récalcitrant, rebelle
Aufsatz ['aufzats] *m* dissertation *f*, composition *f*
aufschieben ['aufʃi:bən] *v irr* différer
aufschlagen ['aufʃla:gən] *v irr 1. (öffnen)* ouvrir; *2. (montieren)* monter
aufschließen ['aufʃli:sən] *v irr* ouvrir, desserrer
aufschlussreich ['aufʃlusraɪç] *adj* instructif
aufschneiden ['aufʃnaɪdən] *v irr 1. (schneiden)* ouvrir en coupant; *2. (fig: angeben)* se vanter
Aufschneider ['aufʃnaɪdər] *m* vantard *m*, frimeur *m*
Aufschnitt ['aufʃnɪt] *m* charcuterie en tranches *f*, assiette anglaise *f*
Aufschrei ['aufʃraɪ] *m* grand cri *m*, tollé *m*
aufschreiben ['aufʃraɪbən] *v irr* noter
Aufschrift ['aufʃrɪft] *f 1.* adresse *f*, étiquette *f*; *2. (Überschrift)* titre de chapitre *m*
Aufschub ['aufʃu:p] *m* retard *m*, ajournement *m*
Aufsehen ['aufze:ən] *n* sensation *f*, bruit *m*; *viel ~ machen* mener grand train; *~ erregend* sensationnel
Aufseher(in) ['aufze:ər(ɪn)] *m/f* surveillant(e) *m/f*, gardien(ne) *m/f*

aufsetzen ['aufzɛtsən] *v 1.* mettre, poser sur; *2. (schreiben)* composer, rédiger
Aufsicht ['aufzɪçt] *f* surveillance *f*
Aufsichtsbehörde ['aufzɪçtsbəhœrdə] *f* autorités de surveillance et de contrôle *f/pl*
aufspalten ['aufʃpaltən] *v irr* fendre
aufspannen ['aufʃpanən] *v 1.* tendre; *2. (Schirm)* ouvrir; *3. (auf einer Werkzeugmaschine)* monter, serrer
aufsperren ['aufʃpɛrən] *v 1.* ouvrir; *2. (Augen, Mund)* ouvrir tout grand
aufspielen ['aufʃpiːlən] *v sich ~* se donner de l'importance, faire l'important
aufstacheln ['aufʃtaxəln] *v* aiguillonner
Aufstand ['aufʃtant] *m* soulèvement *m*, émeute *f*
aufstehen ['aufʃteːən] *v irr* se lever; *mit dem linken Fuß zuerst ~* se lever du pied gauche; *beim Aufstehen* au saut du lit
aufsteigen ['aufʃtaɪgən] *v irr 1.* monter, s'élever; *2. (im Beruf)* monter en grade, avoir de l'avancement
aufstellen ['aufʃtɛlən] *v 1. (montieren)* monter, installer; *2. (Kandidaten)* présenter; *3. (Mannschaft)* composer
Aufstellung ['aufʃtɛluŋ] *f* installation *f*
Aufstieg ['aufʃtiːk] *m 1. (bei einem Berg)* ascension *f*, montée *f*; *2. (Entwicklung)* montée *f*; *3. (Karriere)* carrière *f*
Aufstiegsmöglichkeit ['aufʃtiːksmøːklɪçkaɪt] *f* possibilité de promotion professionelle *f*
aufstoßen ['aufʃtoːsən] *v irr 1. (öffnen)* ouvrir, défoncer; *2. (rülpsen)* éructer, faire un renvoi
aufstützen ['aufʃtytsən] *v* étayer, appuyer
aufsuchen ['aufzuːxən] *v 1.* aller voir; *2. (Arzt)* consulter
Auftakt ['auftakt] *m* ouverture *f*
auftanken ['auftaŋkən] *v* faire le plein
auftauchen ['auftauxən] *v* apparaître, reparaître
auftauen ['auftauən] *v* dégeler; *~ lassen* décongeler
aufteilen ['auftaɪlən] *v* partager
Aufteilung ['auftaɪluŋ] *f* partage *m*
Auftrag ['auftraːk] *m 1. (Aufgabe)* mission *f*, charge *f*; *2. ECO* commande *f*, ordre *m*
auftreiben ['auftraɪbən] *v irr (beschaffen)* trouver, dénicher
auftrennen ['auftrɛnən] *v* découdre
auftreten ['auftreːtən] *v irr 1. (erscheinen)* apparaître, se présenter; *2. THEAT* se produire en public, entrer en scène
Auftreten ['auftreːtən] *n ein sicheres ~ haben* avoir de l'aplomb, avoir de l'assurance
Auftrieb ['auftriːp] *m* élan *m*, impulsion *f*
Auftritt ['auftrɪt] *m 1. (Erscheinen)* apparition *f*; *2. THEAT* entrée en scène *f*
auftrumpfen ['auftrumpfən] *v 1. (beim Kartenspiel)* jouer son atout majeur; *2. (die eigene Überlegenheit zeigen)* lui dire son fait, river son clou
aufwachen ['aufvaxən] *v* se réveiller
aufwachsen ['aufvaksən] *v irr* pousser, croître
Aufwand ['aufvant] *m (Einsatz)* dépense *f*, étalage *m*; *Es lohnt den ~ nicht.* Le jeu n'en vaut pas la chandelle.
aufwärmen ['aufvɛrmən] *v 1.* réchauffer; *2. (fig)* réveiller
aufwärts ['aufvɛrts] *adv 1.* vers le haut; *2. (Fluss)* en amont
aufwecken ['aufvɛkən] *v* réveiller
aufweichen ['aufvaɪçən] *v* amollir
aufweisen ['aufvaɪzən] *v irr* montrer, présenter
aufwenden ['aufvɛndən] *v irr 1.* mettre en œuvre; *2. (Geld)* dépenser beaucoup
aufwendig ['aufvɛndɪç] *adj* coûteux
aufwiegeln ['aufviːgəln] *v* soulever, provoquer la désobéissance
aufwischen ['aufvɪʃən] *v* essuyer, torcher
aufwühlen ['aufvyːlən] *v* fouiller, farfouiller
aufzählen ['auftsɛːlən] *v* énumérer, compter un à un
aufzeichnen ['auftsaɪçnən] *v 1. (zeichnen)* dessiner; *2. (notieren)* enregistrer, prendre en note; *3. (Musik)* enregistrer
Aufzeichnung ['auftsaɪçnuŋ] *f 1. (Zeichnung)* dessin *m*; *2. (Notiz)* note *f*; *3. (Videoaufzeichnung)* enregistrement *m*
aufziehen ['auftsiːən] *v irr 1. (öffnen)* ouvrir; *2. (großziehen)* élever; *3. (Uhr)* remonter
Aufzug ['auftsuːk] *m 1. TECH* ascenseur *m*; *2. (Aufmachung)* accoutrement *f*
Auge ['augə] *n ANAT* œil *m*, yeux *m/pl*; *jdm tief in die ~n blicken* regarder qn dans le blanc des yeux; *ein ~ auf jdn werfen* jeter son dévolu sur qn; *Ich habe auf ihn ein ~ geworfen.* Il m'a tapé dans l'œil. *mit bloßem ~*

à l'œil nu; *jdn ständig im ~ behalten* tenir qn à l'œil/garder un œil sur qn; *soweit das ~ reicht* à perte de vue; *ein ~ zudrücken* fermer les yeux ; *ins ~ gehen* mal tourner/mal finir; *~en machen* ouvrir de grands yeux; *jdm ein Dorn im ~ sein* déranger qn/être la bête noire de qn; *sich die ~n ausweinen* pleurer toutes les larmes de son corps; *etw ins ~ fassen* envisager qc; *ins ~ stechen* sauter aux yeux; *die ~n vor etw verschließen* ne pas vouloir regarder qc en face; *seinen ~n nicht trauen können* ne pas en croire ses yeux; *mit offenen ~n ins Unglück rennen* se jeter dans la gueule du loup; *etw mit einem lachenden und einem weinenden ~ sehen* être mi-figue/être mi-raisin; *jdm etw aufs ~ drücken* mettre qc sur le dos de qn; *Das passt wie die Faust aufs ~.* Ça va comme un tablier à une vache./Ça hurle.

Augenblick ['augənblɪk] *m* instant *m,* moment *m; sich einen ~ sehen lassen* faire acte de présence; *jeden ~* d'une minute à l'autre; *im gegebenen ~* à un moment donné; *ohne einen ~ zu zögern* ne faire ni une ni deux/sans hésiter un moment

augenblicklich ['augənblɪklɪç] *adj 1.* instantané; *adv 2.* pour l'instant

Augenbraue ['augənbrauə] *f ANAT* sourcil *m*

Augenlid ['augənliːt] *n ANAT* paupière *f*

Augenmaß ['augənmaːs] *n ein gutes ~ haben* avoir le compas dans l'œil

Augenringe ['augənrɪŋə] *pl ~ haben* avoir des poches sous les yeux

August [au'gust] *m* août *m; im ~* en août/au mois d'août

Auktion [auk'tsjoːn] *f* vente aux enchères *f*

Aula ['aula] *f* salle des fêtes *f*

aus [aus] *prep 1. (örtlich)* de, hors de; *~ der Stadt* de la ville; *Zug ~ München* train venant de Munich/train en provenance de Munich; *~ einem Glas trinken* boire dans un verre; *~ dem Fenster sehen* regarder par la fenêtre; *etw ~ einem Schrank nehmen* prendre qc dans une armoire; *von hier ~* d'ici; *jdn ~ dem Haus werfen* mettre qn à la porte; *~ guter Quelle* de bonne source; *~ erster Hand* de première main; *~ der Mode* passé de mode; *nicht ~ noch ein wissen* ne savoir que faire; *von dort ~* de là; *vom Fenster ~* depuis la fenêtre/le la fenêtre ; *2. (zeitlich) ~ der Zeit von* du temps de; *3. (Art und Weise) ~ allen Kräften* de toutes ses forces; *~ vollem Hals* à tue-tête; *4. (kausal) ~ diesem Grund* pour cette raison; *~ Furcht vor* de peur de/par crainte de; *~ Liebe* par amour; *~ Achtung* par respect; *~ Erfahrung* par expérience; *~ Mangel an* faute de; *~ Spaß* pour rire/pour s'amuser; *~ Rache* pour se venger; *5. (Stoff)* de, en; *~ Holz* de bois/en bois; *adj 6. (zu Ende)* fini; *Es ist ~.* C'est fini. *Meine Kraft ist ~.* Je suis à bout de mes forces.

ausatmen ['ausaːtmən] *v* expirer

Ausbau ['ausbau] *m 1. (Vergrößerung)* élargissement *m*; *2. (eines Gebäudes)* achèvement *m; 3. (von Beziehungen)* développement *m*; *4. (eines Motors)* démontage *m,* dépose *f*

ausbauen ['ausbauən] *v 1. (Gebäude)* finir de construire; *2. (Beziehungen)* cultiver; *3. (herausnehmen)* démonter, déposer

ausbessern ['ausbɛsərn] *v 1.* réparer; *2. (Kleidung)* repriser; *3. (Gemälde)* restaurer

ausbeuten ['ausbɔytən] *v* exploiter

ausbilden ['ausbɪldən] *v* former, instruire

Ausbildung ['ausbɪlduŋ] *f* formation *f*

Ausblick ['ausblɪk] *m* vue *f,* perspective *f*

ausbrechen ['ausbrɛçən] *v irr 1. (herausbrechen)* arracher; *2. (entfliehen)* s'évader, s'échapper; *3. (Krieg)* éclater, apparaître subitement

ausbreiten ['ausbraɪtən] *v 1.* étendre, étaler; *2. sich ~* se répandre; *3. sich ~ (verbreiten)* faire tache d'huile

Ausbruch ['ausbrux] *m 1. (Flucht)* évasion *f; 2. (eines Vulkans)* éruption *f; 3. (einer Krankheit)* apparition *f*

ausbrüten ['ausbryːtən] *v* faire éclore

Ausdauer ['ausdauər] *f* endurance *f,* persévérance *f*

ausdauernd ['ausdauərnt] *adj* endurant

ausdehnen ['ausdeːnən] *v 1. (örtlich)* étendre, élargir; *2. (zeitlich)* étendre, allonger

Ausdehnung ['ausdeːnuŋ] *f 1. (örtlich)* extension *f; 2. (zeitlich)* extension *f*

ausdenken ['ausdɛŋkən] *v irr sich ~* imaginer

Ausdruck ['ausdruk] *m 1. (Wort)* expression *f*; *2. (Gesichtsausdruck)* expression *f; 3. (Druck)* tirage *m*

ausdrücken ['ausdrykən] *v 1. (auspressen)* exprimer, presser pour faire sortir; *2. (fig: äußern)* exprimer, extérioriser

ausdrücklich ['ausdryklɪç] *adj* explicite, exprès

ausdruckslos ['ausdruksloːs] *adj* inexpressif

ausdrucksvoll ['ausdruksfɔl] *adj* expressif
auseinander [ausaɪn'andər] *adv* séparément; ~ *brechen* casser; ~ *fallen* tomber en ruine; ~ *gehen* se séparer; ~ *halten* séparer; ~ *nehmen* démonter; *sich* ~ *setzen mit* s'expliquer avec
Auseinandersetzung [ausaɪn'andərzɛtsuŋ] *f* explication *f*, confrontation *f*; *mit jdm eine* ~ *haben* avoir une prise de bec avec qn
ausfahren ['ausfaːrən] *v irr 1.* sortir en voiture; *2. (Fahrgestell)* sortir
Ausfahrt ['ausfaːrt] *f 1. (Autobahnausfahrt)* sortie *f*; *2. (bei einem Haus)* sortie de garage *f*
Ausfall ['ausfal] *m 1. (von Haaren)* chute des cheveux *f*; *2. (Störung)* panne *f*; *3. (Verlust) ECO* perte *f*
ausfallen ['ausfalən] *v irr 1. (Haare)* tomber; *2. (nicht stattfinden)* ne pas avoir lieu, être supprimé; *3. (Maschine)* tomber en panne, s'arrêter de fonctionner
ausfallend ['ausfalənt] *adj* agressif
Ausfertigung ['ausfɛrtɪguŋ] *f 1.* exemplaire *m*; *2. zweite* ~ duplicata *m*
ausfindig ['ausfɪndɪç] *adj 1.* ~ *machen* trouver, découvrir; *2. jdn* ~ *machen (aufspüren)* repérer qn
ausflippen ['ausflɪpən] *v (fam)* déconner
Ausflüchte ['ausflyçtə] *pl* tergiversations *f/pl*
Ausflug ['ausfluːk] *m* excursion *f*
Ausflugsort ['ausfluːksort] *m* endroit touristique *m*
ausfragen ['ausfraːgən] *v jdn* ~ questionner qn, interroger qn
ausfressen ['ausfreːsən] *v irr (fam)* vider
ausführen ['ausfyːrən] *v 1. (durchführen)* exécuter, accomplir; *2. (darlegen)* exposer, développer; *3. ECO* exporter; *4. (spazieren führen)* faire sortir
ausführlich ['ausfyːrlɪç] *adj 1.* détaillé; *adv 2.* en détail
Ausführung ['ausfyːruŋ] *f* exécution *f*
ausfüllen ['ausfylən] *v* remplir, combler; *einen Graben* ~ combler un fossé; *ein Formular* ~ remplir un formulaire
Ausgabe ['ausgaːbə] *f 1. (Geldausgabe)* dépense *f*; *2. (Buchausgabe)* édition *f*
Ausgang ['ausgaŋ] *m 1.* sortie *f*, issue *f*, dénouement *m*; *2. (Ende)* fin *f*, issue *f*
ausgeben ['ausgeːbən] *v irr* dépenser
ausgebucht ['ausgəbuːxt] *adj* complet
ausgedehnt ['ausgədeːnt] *adj 1. (räumlich)* vaste; *2. (zeitlich)* étendu, prolongé; *3. (fig)* étendu, agrandi
ausgedient ['ausgədiːnt] *adj 1. (Sache)* hors d'usage, hors service; *2. (Soldat) MIL* libéré
ausgefallen ['ausgəfalən] *adj* étrange, singulier
ausgeglichen ['ausgəglɪçən] *adj* équilibré
Ausgeglichenheit ['ausgəglɪçənhaɪt] *f* équilibre *m*
ausgehen ['ausgeːən] *v irr 1. (weggehen)* sortir, partir; *2. (enden)* finir; *3. (erlöschen)* s'éteindre; *4. (Vorräte)* s'épuiser
ausgelassen ['ausgəlasən] *adj* exubérant
ausgenommen ['ausgənɔmən] *prep* excepté, sauf, mis à part
ausgeprägt ['ausgəprɛːkt] *adj* marqué
ausgerechnet ['ausgərɛçnət] *adv* précisément, justement
ausgeschlossen ['ausgəʃlɔsən] *adj* exclu
ausgezeichnet ['ausgətsaɪçnət] *adj* excellent; *Es geht ihm* ~. Il se porte à merveille.
ausgiebig ['ausgiːbɪç] *adj 1.* abondant, copieux; *adv 2.* abondamment
Ausgleich ['ausglaɪç] *m 1. (fig)* contrepoids *m*; *2. (Urlaubstag)* récupération *f*
ausgleichen ['ausglaɪçən] *v irr 1. (fig)* compenser; *2. (Rechnung)* regler
aushalten ['aushaltən] *v irr* supporter; *Das ist nicht zum Aushalten!* C'est infernal!/C'est insupportable!
aushandeln ['aushandəln] *v* négocier
aushändigen ['aushɛndɪgən] *v* remettre en main propre, délivrer
Aushang ['aushaŋ] *m* affiche *f*
ausharren ['ausharən] *v* persévérer, patienter
aushelfen ['aushɛlfən] *v irr* assister
Aushilfe ['aushɪlfə] *f* aide *f*, secours *m*
aushilfsweise ['aushɪlfsvaɪzə] *adv* à titre provisoire
aushorchen ['aushɔrçən] *v jdn* ~ faire parler qn
auskennen ['auskɛnən] *v irr sich* ~ s'y retrouver, s'y connaître en; *sich besonders gut* ~ bien s'y connaître/en savoir long
ausklammern ['ausklamərn] *v* mettre entre parenthèses
Ausklang ['ausklaŋ] *m* dernière note *f*
auskommen ['auskɔmən] *v irr mit jdm* ~ s'accorder avec qn

Auskunft ['auskunft] *f* *1. (Information)* renseignement *m*; *2. (Büro)* bureau de renseignements *m*
auslachen ['auslaxən] *v jdn ~* se moquer de qn
ausladen ['auslaːdən] *v irr 1. (Gepäck)* décharger; *2. (fig: Gäste)* retirer une invitation
Ausland ['auslant] *n* étranger *m*
Ausländer(in) ['auslɛndər(ɪn)] *m/f* étranger/étrangère *m/f*
ausländerfeindlich ['auslɛndərfaɪntlɪç] *adj* xénophobe
Ausländerfeindlichkeit ['auslɛndərfaɪntlɪçkaɪt] *f* xénophobie *f*
ausländisch ['auslɛndɪʃ] *adj* étranger
auslassen ['auslasən] *v irr 1. (unterlassen)* omettre, oublier; *2. seinen Zorn ~* passer sa colère sur, laisser éclater sa colère
auslasten ['auslastən] *v 1.* occuper à plein temps; *Damit ist er ausgelastet.* Cela l'occupe à plein temps. *2. (Maschine)* utiliser à plein, charger
auslaufen ['auslaufən] *v irr 1. (Flüssigkeit)* couler; *2. (fig)* se terminer
ausleben ['ausleːbən] *v sich ~* vivre sa vie
ausleeren ['ausleːrən] *v* vider
auslegen ['ausleːgən] *v 1. (Waren)* étaler; *2. (Geld)* avancer; *3. (deuten)* interpréter
ausleiern ['auslaɪərn] *v* se relâcher
ausleihen ['auslaɪən] *v irr 1. jdm etw ~* prêter qc à qn; *2. sich etw ~* emprunter qc
ausliefern ['ausliːfərn] *v* livrer
auslöschen ['auslœʃən] *v 1. (Feuer)* éteindre; *2. (fig)* effacer
auslösen ['ausløːzən] *v (fig: verursachen)* déclencher
ausmachen ['ausmaxən] *v 1. (löschen)* éteindre; *2. (übereinkommen)* convenir, décider; *3. (sich belaufen auf)* se monter à; *4. (bedeuten)* faire
Ausmaß ['ausmaːs] *n* dimension *f*
ausmessen ['ausmɛsən] *v irr* mesurer
Ausnahme ['ausnaːmə] *f* exception *f*
Ausnahmefall ['ausnaːməfal] *m* exception *f*
Ausnahmezustand ['ausnaːmətsuʃtant] *m* état d'exception *m*
ausnahmslos ['ausnaːmsloːs] *adj* sans exception
ausnahmsweise ['ausnaːmsvaɪzə] *adv* exceptionnellement
ausnehmen ['ausneːmən] *v irr 1. (ausschließen)* exclure; *2. (auslassen)* excepter
ausnutzen ['ausnytsən] *v* exploiter
Ausnutzung ['ausnutsuŋ] *f* exploitation *f*
auspacken ['auspakən] *v* déballer, sortir de son emballage
auspressen ['ausprɛsən] *v 1.* presser; *2. (Saft)* exprimer; *3. (fig)* exploiter
ausprobieren ['ausprobiːrən] *v* essayer, éprouver; *eine Methode ~* essayer une méthode
auspusten ['auspuːstən] *v* éteindre en soufflant
ausradieren ['ausradiːrən] *v* effacer, gommer
ausrangieren ['ausraŋʒiːrən] *v* mettre au rebut
ausrasten ['ausrastən] *v (fig: Fassung verlieren)* sortir de ses gonds
ausrauben ['ausraubən] *v* dévaliser
ausräumen ['ausrɔymən] *v 1. (Gegenstände)* démeubler, débarrasser; *2. (fig: Zweifel)* écarter
ausrechnen ['ausreçnən] *v* calculer, estimer; *seine Chancen ~* calculer ses chances
Ausrede ['ausreːdə] *f* prétexte *m; Das sind faule ~n.* C'est du baratin.
ausreichen ['ausraɪçən] *v* suffire
ausreichend ['ausraɪçənt] *adj 1.* suffisant; *adv 2.* suffisamment
Ausreise ['ausraɪzə] *f* départ *m,* passage de la frontière *m*
ausreisen ['ausraɪzən] *v* partir en voyage à l'étranger, sortir du pays
ausreißen ['ausraɪsən] *v irr 1. (sich lösen)* se dissoudre, se détacher; *2. (Unkraut)* arracher; *3. (davonlaufen)* détaler, décamper; *4. sich kein Bein ~* ne pas se mettre en quatre, ne pas se casser la tête
ausrenken ['ausrɛŋkən] *v sich etw ~* se tordre qc, se démettre qc
ausrichten ['ausrɪçtən] *v 1. (aufstellen)* redresser; *2. (veranstalten)* arranger; *3. (benachrichtigen)* transmettre une nouvelle
ausrotten ['ausrɔtən] *v 1. (Pflanzen, Tiere)* exterminer; *2. (Art)* détruire; *3. (fig)* exterminer
Ausruf ['ausruːf] *m* appel *m*
ausrufen ['ausruːfən] *v irr* crier, proclamer
Ausrufungszeichen ['ausruːfuŋstsaɪçən] *n* point d'exclamation *m*
ausruhen ['ausruːən] *v sich ~* se reposer
ausrüsten ['ausrystən] *v* équiper
Ausrüstung ['ausrystuŋ] *f* équipement *m*

ausrutschen ['ausrutʃən] *v* glisser, déraper

Aussage ['ausza:gə] *f 1.* déclaration *f; 2. JUR* déposition *f*

aussagen ['ausza:gən] *v 1.* déclarer, expliquer; *2. JUR* déposer

ausschalten ['ausʃaltən] *v 1. (Licht)* éteindre; *2. (Maschine)* arrêter; *3. (Telefon)* débrancher; *4. (fig)* éliminer

Ausschank ['ausʃank] *m GAST* débit de boissons *m*

ausscheiden ['ausʃaɪdən] *v irr 1. (ausschließen)* éliminer; *2. MED* sécréter

ausschimpfen ['ausʃɪmpfən] *v* réprimander

ausschlafen ['ausʃla:fən] *v irr* dormir, récupérer

Ausschlag ['ausʃla:k] *m 1. MED* éruption cutanée *f; 2. den ~ geben* faire pencher la balance

ausschlaggebend ['ausʃla:kge:bənt] *adj* déterminant

ausschließen ['ausʃli:sən] *v irr 1. jdn ~* exclure qn; *2. (aussperren)* lock-outer

ausschließlich ['ausʃli:slɪç] *adj* exclusif

ausschmücken ['ausʃmykən] *v* orner

ausschneiden ['ausʃnaɪdən] *v irr* découper

Ausschnitt ['ausʃnɪt] *m 1. (eines Kleides)* décolleté *m; 2. (Zeitungsausschnitt)* extrait *m; 3. (Detail)* détail *m*

ausschöpfen ['ausʃœpfən] *v* épuiser

ausschreiben ['ausʃraɪbən] *v irr 1. (vollständig schreiben)* écrire en toutes lettres; *2. (Stelle)* déclarer vacant

ausschütten ['ausʃytən] *v* verser

ausschweifend ['ausʃvaɪfənt] *adj* extravagant

aussehen ['ausze:ən] *v irr* paraître, avoir l'air; *gut ~* avoir bonne mine; *müde ~* avoir l'air fatigué; *nach nichts ~* n'avoir l'air de rien; *anständig ~* avoir l'air comme il faut; *jung ~* faire jeune; *Das sieht ganz danach aus.* Ça en a tout l'air. *So siehst du aus!* Penses-tu!

Aussehen ['ausze:ən] *n* aspect *m*

außen ['ausən] *adv* au dehors, à l'extérieur

Außendienst ['ausəndi:nst] *m* service extérieur *m*

Außenseiter ['ausənzaɪtər] *m* outsider *m,* marginal *m*

Außenwand ['ausənvant] *f* mur extérieur *m*

außer ['ausər] *prep* sauf

außerdem ['ausərde:m] *konj* en plus, de plus, en outre

äußere(r,s) ['ɔysərə(r,s)] *adj* externe, extérieur(e)

Äußeres ['ɔysərəs] *n 1.* extérieur *m*, dehors *m/pl; 2. (Aussehen)* apparences *f/pl*

außergewöhnlich ['ausərgəvø:nlɪç] *adj* extraordinaire, inhabituel

außerhalb ['ausərhalp] *prep 1.* à l'extérieur de, en dehors de; *adv 2.* à l'extérieur, en dehors

äußerlich ['ɔysərlɪç] *adj 1.* externe; *adv 2.* extérieurement

äußern ['ɔysərn] *v* exprimer

außerordentlich ['ausərɔrdəntlɪç] *adj* exceptionnel

äußerst ['ɔysərst] *adv* extrêmement, au plus haut degré; *ein ~ schwieriger Fall* un cas extrêment difficile *m*

äußerste(r,s) ['ɔysərstə(r,s)] *adj 1. (räumlich)* le plus éloigné/la plus éloignée; *im ~n Norden* dans le Grand Nord; *2. (zeitlich)* le dernier/la dernière; *der ~ Preis* le dernier prix *m; 3. (fig)* extrême; *am ~n Ende* à l'extrémité

äußerstenfalls ['ɔysərstənfals] *adv* à la rigueur

Äußerung ['ɔysəruŋ] *f* déclaration *f*

aussetzen ['auszɛtsən] *v 1. (Tier)* abandonner; *2. (Arbeit)* interrompre, faire une pause; *3. (Motor)* arrêter; *4. an allem etw auszusetzen haben* trouver à redire à tout

Aussicht ['auszɪçt] *f 1. (Ausblick)* vue *f; etw in ~ haben* avoir qc en vue; *2. (fig)* chances *f*/pl

aussiedeln ['auszi:dəln] *v 1. jdn ~* évacuer qn; *2. (auswandern)* émigrer

Aussiedler ['auszi:dlər] *m* émigrant *m*

aussöhnen ['auszø:nən] *v sich ~* se réconcilier

ausspeien ['ausʃpaɪən] *v irr* vomir

Aussprache ['ausʃpra:xə] *f 1. LING* prononciation *f; 2. (Gespräch)* explication *f*

aussprechen ['ausʃprɛçən] *v irr 1. (äußern)* exprimer, déclarer; *2. sich ~* donner ses raisons, s'expliquer

ausspucken ['ausʃpukən] *v 1.* cracher; *2. (fig)* cracher au bassinet; *Geld ~* donner de l'argent à contrecœur

ausstatten ['ausʃtatən] *v 1. (einrichten)* équiper; *2. (versehen)* pourvoir; *3. (Zimmer)* meubler

Ausstattung ['ausʃtatuŋ] *f 1. (Einrichtung)* équipement *m*; *2. (Ausrüstung)* équipement *m*

ausstechen ['ausʃtɛçən] *v irr jdn ~ (besser sein)* surpasser qn
ausstehen ['ausʃteːən] *v irr 1. jdn ~ (ertragen)* supporter qn, souffrir qn; *jdn nicht ~ können* ne pas pouvoir voir qn/ne pas pouvoir sentir qn; *2. (noch fehlen)* manquer
aussteigen ['ausʃtaɪgən] *v irr 1. aus einem Fahrzeug ~* descendre de voiture; *2. (fig)* couper les ponts
ausstellen ['ausʃtɛlən] *v 1. (Waren)* exposer; *2. (Dokumente)* délivrer
Ausstellung ['ausʃtɛluŋ] *f 1. ART* exposition *f*; *2. ECO* exposition *f*; *3. (von Dokumenten)* délivrance *f*
aussterben ['ausʃtɛrbən] *v irr* disparaître, mourir
Ausstieg ['ausʃtiːk] *m 1.* sortie *f*; *2. (fig)* rupture avec son métier *f*
ausstoßen ['ausʃtoːsən] *v irr jdn ~* éliminer qn
ausstrahlen ['ausʃtraːlən] *v 1. (Wärme)* répandre; *2. (Sendung)* diffuser; *3. (übertragen)* irradier; *4. (Freude)* faire passer
Ausstrahlung ['ausʃtraːluŋ] *f (fig)* rayonnement de la personnalité *m*
ausstrecken ['ausʃtrɛkən] *v* étendre
ausströmen ['ausʃtrøːmən] *v* répandre
aussuchen ['auszuːxən] *v* trier, sélectionner
Austausch ['austauʃ] *m* échange *m*
austauschbar ['austauʃbaːr] *adj* interchangeable
austauschen ['austauʃən] *v* échanger
austeilen ['austaɪlən] *v* distribuer
austoben ['austoːbən] *v 1. den Zorn ~* donner libre cours à sa colère; *2. sich ~* se défouler
austragen ['austraːgən] *v irr 1. (Streit)* régler; *2. (Pakete)* distribuer
austreten ['austreːtən] *v irr 1. (aus einer Partei, aus der Kirche)* quitter; *2. (aus einem Verein)* sortir de; *3. (ausströmen)* déborder
austrinken ['austrɪŋkən] *v irr* vider son verre
Austritt ['austrɪt] *m* démission *f*
austrocknen ['austrɔknən] *v* sécher, assécher
austüfteln ['austyftəln] *v* combiner
ausüben ['ausyːbən] *v* exercer
Ausübung ['ausyːbuŋ] *f* exercice *m*
Ausverkauf ['ausfɛrkauf] *m* soldes *m/pl*, liquidation *f*
ausverkauft ['ausfɛrkauft] *adj* épuisé
Auswahl ['ausvaːl] *f* choix *m*
auswählen ['ausvɛːlən] *v* choisir
auswandern ['ausvandərn] *v* émigrer
auswärts ['ausvɛrts] *adv* à l'extérieur
auswechselbar ['ausvɛksəlbaːr] *adj* interchangeable
auswechseln ['ausvɛksəln] *v* échanger
Ausweg ['ausveːk] *m* issue *f*, échappatoire *f*
ausweglos ['ausveːkloːs] *adj* sans issue
ausweichen ['ausvaɪçən] *v irr jdm ~* éviter qn; *einer Frage ~* filer par la tangente
ausweichend ['ausvaɪçənt] *adj* évasif
Ausweis ['ausvaɪs] *m* pièce d'identité *f*
auswendig ['ausvɛndɪç] *adv* par cœur; *etw in- und ~ kennen* connaître qc par cœur
Auswertung ['ausveːrtuŋ] *f* évaluation *f*
auswirken ['ausvɪrkən] *v sich ~ auf* avoir un effet sur
Auswirkung ['ausvɪrkuŋ] *f* effet *m*
auszahlen ['austsaːlən] *v 1.* payer; *2. sich ~* en valoir la peine, être payant
Auszahlung ['austsaːluŋ] *f* paiement *m*
ausziehen ['austsiːən] *v irr 1. (Kleidung)* enlever, ôter; *2. sich ~* se déshabiller; *3. (Wohnung wechseln)* déménager
Auszubildende(r) ['austsubɪldəndə(r)] *m/f* apprenti(e) *m/f*
Auszug ['austsuːk] *m 1. (Umzug)* déménagement *m*; *2. (Zusammenfassung)* extrait *m*; *3. (Kontoauszug)* extrait de compte *m*
Auto ['auto] *n* voiture *f*, automobile *f*, auto *f*; *~ fahren* aller en voiture
Autobahn ['autobaːn] *f* autoroute *f*
Autobahnraststätte ['autobaːnrastʃtɛtə] *f* restoroute *m*
Autodiebstahl ['autodiːpʃtaːl] *m* vol de voiture *m*
Autofahrer(in) ['autofaːrər(ɪn)] *m/f* automobiliste *m/f*
Autogramm [auto'gram] *n* autographe *m*
Automat [auto'maːt] *m* appareil automatique *m*, distributeur automatique *m*
Automechaniker ['automeçaːnɪkər] *m* mécanicien automobile *m*
Automobilindustrie [automo'biːlɪndustriː] *f* industrie automobile *f*
Autor(in) ['autɔr/au'toːrɪn] *m/f* auteur *m*
Autoradio ['autoraːdjo] *n* autoradio *m*
Autoreifen ['autoraɪfən] *m* pneu *m*
Autounfall ['autounfal] *m* accident de voiture *m*
Autowerkstatt ['autovɛrkʃtat] *f* garage *m*
Axt [akst] *f* hache *f*

B

Baby ['beːbi] *n* bébé *m; noch ein richtiges ~ sein* être encore au biberon
Babywäsche ['beːbivɛʃə] *f* layette *f*
Bach [bax] *m* ruisseau *m; Das ist den ~ hinunter!* C'est la fin des haricots! (fam)/C'est la fin de tout!
Bachblüten ['baxblyːtən] *pl* rèmedes floraux de Bach *m/pl*
Backblech ['bakblɛç] *n* moule à tarte *m*
Backe ['bakə] *f 1. ANAT* joue *f; 2. TECH* mâchoire *f*
backen ['bakən] *v irr* faire cuire au four
Bäcker(in) ['bɛkər(ɪn)] *m/f* boulanger/boulangère *m/f*
Bäckerei [bɛkə'raɪ] *f* boulangerie *f*
Backofen ['bakoːfən] *m* four *m*
Backpulver ['bakpulfər] *n* levure *f*
Backwaren ['bakvaːrən] *pl GAST* pâtisseries *f/pl*
Bad [baːt] *n 1.* bain *m; das ~ in der Menge nehmen* se mêler à la foule/se faire acclamer; *das Kind mit dem ~e ausschütten* jeter le bébé avec l'eau du bain; *2. (Raum)* salle de bains *f*
Badeanzug ['baːdəantsuːk] *m* maillot de bain *m*
Badehose ['baːdəhoːzə] *f* slip de bain *m*
Bademantel ['baːdəmantəl] *m* peignoir *m*
Bademeister ['baːdəmaɪstər] *m* maître-nageur *m*
baden ['baːdən] *v* se baigner, prendre un bain
Badeort ['baːdəɔrt] *m* station balnéaire *f,* station thermale *f*
Badewanne ['baːdəvanə] *f* baignoire *f*
Badezimmer ['baːdətsɪmər] *n* salle de bains *f,* salle d'eau *f*
Bahn [baːn] *f 1. (Eisenbahn)* chemin de fer *m; 2. (Straßenbahn)* tramway *m; 3. (Fahrbahn)* chaussée *f; 4. (fig) freie ~ haben* avoir le champ libre; *auf die schiefe ~ kommen* être parti sur la mauvaise voie/filer un mauvais coton; *jdn aus der ~ werfen* déséquilibrer qn/désaxer qn/déboussoler qn; *jdn in die richtige ~ lenken* remettre qn dans le droit chemin
Bahnhof ['baːnhoːf] *m* gare *f; Ich verstehe immer nur ~.* C'est du chinois pour moi./Je n'y comprens rien.
Bahnhofshalle ['baːnhoːfshalə] *f* hall de gare *m*
Bahnlinie ['baːnliːnjə] *f* ligne de chemin de fer *f*
Bahnsteig ['baːnʃtaɪk] *m* quai *m*
Bahre ['baːrə] *f 1. (für Kranke)* brancard *m; 2. (für Tote)* bière *f*
Bakterie [bak'teːrjə] *f* bactérie *f*
bald [balt] *adv* bientôt; *~ ... ~* tantôt ... tantôt; *~ lachen, ~ weinen* rire et pleurer tour à tour
baldig ['baldɪç] *adj Ich hoffe auf ein ~es Wiedersehen.* A bientôt, j'espère.
baldmöglichst ['baltmøːklɪçst] *adv* dès que possible, le plus tôt possible
balgen ['balgən] *v sich ~* se chamailler
Balken ['balkən] *m* poutre *f*
Balkon [bal'kɔŋ] *m* balcon *m*
Ball[1] [bal] *m 1.* balle *f; am ~ bleiben* s'accrocher; *jdm die Bälle zuwerfen* pistonner qn; *2. (Fußball)* ballon de football *m,* football *m*
Ball[2] [bal] *m (Tanz)* bal *m*
Ballast ['balast] *m* ballast *m*
Ballon [ba'lɔŋ] *m* ballon *m*
Ballspiel ['balʃpiːl] *n* jeu de balle *m*
Baltikum ['baltɪkum] *n* pays baltes *m/pl*
baltisch ['baltɪʃ] *adj* balte
banal [ba'naːl] *adj* banal
Banane [ba'naːnə] *f* banane *f*
Banause [ba'nauzə] *m* homme terre à terre *m*
Band [bant] *n 1. (Buch)* tome *m,* volume *m; Bände sprechen* en dire long; *2. (Streifen)* bande *f,* ruban *m; am laufenden ~* à la chaîne; *3. (Tonband)* bande magnétique *f*
Bandage [ban'daːʒə] *f mit harten ~n kämpfen* avoir recours à l'artillerie lourde
Bande ['bandə] *f (Gruppe)* bande *f*
bändigen ['bɛndɪgən] *v* dompter
Bandit [ban'diːt] *m* bandit *m*
bange ['baŋə] *adj* anxieux
bangen ['baŋən] *v 1.* craindre, trembler; *2. (Angst haben)* avoir peur, redouter
Bank [baŋk] *f 1. (Sitzbank)* banc *m; 2. FIN* banque *f; 3. (fig) etw auf die lange ~ schieben* faire traîner qc/repousser éternellement qc; *durch die ~* sans exception
Bankett [baŋ'kɛt] *n* accotement *m,* banquette *f*
Bankverbindung ['baŋkfɛrbɪnduŋ] *f FIN* relation bancaire *f*
Bann [ban] *m jdn in seinen ~ ziehen* tenir qn sous son charme

bar [baːr] *adj* comptant, liquide; *etw für ~e Münze nehmen* prendre qc pour argent comptant
Bar [baːr] *f* bar *m*
Bär [bɛːr] *m 1. ZOOL* ours *m; 2. (fig) jdm einen ~en aufbinden* faire prendre à qn des vessies pour des lanternes; *Da ist der ~ los.* Il y a une ambiance du tonnerre!
Bärenhunger ['bɛːrənhuŋər] *m einen ~ haben* avoir l'estomac dans les talons
bärenstark ['bɛrənʃtark] *adj ~ sein* être fort comme un taureau
barfuß ['barfuːs] *adv* pieds nus
Bargeld ['baːrgɛlt] *n* argent liquide *m,* espèces *f/pl*
Barhocker ['baːrhɔkər] *m* tabouret *m*
Barkeeper ['baːrkiːpər] *m* barman *m*
barmherzig [barm'hɛrtsɪç] *adj* charitable
Baron(in) [ba'roːn(ɪn)] *m/f* baron(ne) *m/f*
Barren ['barən] *m (Goldbarren)* lingot d'or *m*
Barrikade [bari'kaːdə] *f* barricade *f*
barsch [barʃ] *adj* âpre
Bart ['baːrt] *m* barbe *f; um des Kaisers ~ streiten* se disputer pour trois fois rien/se bouffer le nez
bärtig ['bɛːrtɪç] *adj* barbu
basieren [ba'ziːrən] *v ~ auf* se baser sur, se fonder sur
Basis ['baːzɪs] *f* base *f,* fondement *m*
Baskenmütze ['baskənmytsə] *f* béret basque *m*
Bassin [ba'sɛ̃] *n* bassin *m*
Bastard ['bastart] *m* bâtard *m*
basteln ['bastəln] *v* bricoler
Bau [bau] *m 1. (Konstruktion)* construction *f,* édifice *m; 2. (Tierbau)* terrier *m,* tanière *f*
Bauch [baux] *m* ventre *m; sich den ~ vollschlagen* s'en mettre plein la lampe/se remplir la panse; *eine Wut im ~ haben* être dans une rage folle/être ivre de rage; *sich den ~ vor Lachen halten* être plié en deux/se tenir les côtes; *mit etw auf den ~ fallen* être à côté de la plaque/se planter
Bauchschmerzen ['bauxʃmɛrtsən] *pl* colique *f,* mal au ventre *m*
Bauchweh ['bauxveː] *n* mal au ventre *m,* colique *f; Das macht mir ~. (fig)* Ça me fait mal au ventre./Cela m'écœure.
bauen ['bauən] *v* construire, édifier, dresser; *auf etw ~* tabler sur qc
Bauer¹ ['bauər] *m 1.* paysan *m,* fermier *m; 2. (Spielkarte)* valet *m; 3. (Schachfigur)* pion *m*
Bauer² ['bauər] *m (Vogelkäfig)* cage *f*
Bäuerin ['bɔyərɪn] *f* paysanne *f*
bäuerlich ['bɔyərlɪç] *adj* paysan
Bauernhof ['bauərnhoːf] *m* ferme *f*
baufällig ['baufɛlɪç] *adj* vétuste
Bauherr ['bauhɛr] *m* maître d'ouvrage *m*
Bauklötze ['baukløtsə] *pl ~ staunen* ne pas en revenir
Baum [baum] *m* arbre *m; Bäume ausreißen können* soulever des montagnes; *Das ist ja, um auf die Bäume zu klettern!* C'est à se taper la tête contre les murs!
baumeln ['bauməln] *v* pendre, pendiller; *die Beine ~ lassen* balancer les jambes
Baumstamm ['baumʃtam] *m* tronc *m*
Baumwolle ['baumvɔlə] *f* coton *m*
Baustelle ['bauʃtɛlə] *f* chantier de construction *m*
Bauunternehmen ['bauuntərneːmən] *n* entreprise de bâtiment *f*
Bayer(in) ['baɪər(ɪn)] *m/f* Bavarois(e) *m/f*
bayerisch ['baɪərɪʃ] *adj* bavarois
Bayern ['baɪərn] *n GEO* Bavière *f*
beabsichtigen [bə'apzɪçtɪgən] *v ~, etw zu tun* avoir l'intention de faire qc, projeter de faire qc
beachten [bə'axtən] *v 1.* faire attention à; *jdn ~* prêter attention à qn; *2. (Rat)* écouter, respecter
beachtlich [bə'axtlɪç] *adj* important
Beachtung [bə'axtuŋ] *f* attention *f; jdm ~ schenken* faire attention à qn
Beamter [bə'amtər] *m* fonctionnaire *m,* magistrat *m*
Beamtin [bə'amtin] *f* fonctionnaire *f,* magistrate *f*
beanspruchen [bə'anʃpruxən] *v* revendiquer, solliciter
beanstanden [bə'anʃtandən] *v* contester
Beanstandung [bə'anʃtanduŋ] *f* objection *f*
beantragen [bə'antraːgən] *v* demander
beantworten [bə'antvɔrtən] *v* répondre à
bearbeiten [bə'arbaɪtən] *v 1. (erledigen)* travailler à; *2. (Thema)* traiter; *3. (Akten)* s'occuper de
Bearbeitung [bə'arbaɪtuŋ] *f 1.* travail *m; 2. (eines Stoffes)* traitement *m; 3. (eines Textes)* adaptation *f*
beaufsichtigen [bə'aufzɪçtɪgən] *v* surveiller
beauftragen [bə'auftraːgən] *v* mandater
bebauen [bə'bauən] *v 1.* bâtir; *2. (landwirtschaftlich)* cultiver

Beben ['beːbən] *n (Erdbeben)* tremblement de terre *m*
Becher ['bɛçər] *m* gobelet *m,* timbale *f*
bechern ['bɛçərn] *v (fam)* picoler
Becken ['bɛkən] *n 1. (Waschbecken)* lavabo *m,* cuvette *f; 2. (Schwimmbecken)* bassin *m,* piscine *f*
bedacht [bə'daxt] *adj auf etw ~ sein* songer à qc, avoir grand soin de qc
bedächtig [bə'dɛçtɪç] *adj* circonspect
bedanken [bə'daŋkən] *v sich ~* remercier
Bedarf [bə'darf] *m* besoins *m/pl; bei ~* en cas de besoin
Bedarfsartikel [bə'darfsartɪkəl] *m* article de consommation courante *m*
bedauerlich [bə'dauərlɪç] *adj* regrettable
bedauern [bə'dauərn] *v* regretter, déplorer
Bedauern [bə'dauərn] *n* regret *m*
bedauernswert [bə'dauərnsveːrt] *adj* regrettable
bedecken [bə'dɛkən] *v 1.* couvrir, recouvrir; *2. (umhüllen)* envelopper
bedenken [bə'dɛŋkən] *v irr* considérer, penser à
bedenkenlos [bə'dɛŋkənloːs] *adj* sans hésitation
bedenklich [bə'dɛŋklɪç] *adj 1.* qui donne à penser; *2. (ernst)* critique
bedeuten [bə'dɔytən] *v* signifier, vouloir dire
bedeutend [bə'dɔytənt] *adj* important, considérable
Bedeutung [bə'dɔytuŋ] *f 1.* signification *f; 2. (Wichtigkeit)* importance *f; von größter ~ sein* être d'un intérêt capital
bedienen [bə'diːnən] *v 1. jdn ~* servir qn; *2. sich ~* se servir; *sich einer Sache ~* se servir de qc/employer qc; *Bedienen Sie sich!* Servez-vous!
bedient [bə'diːnt] *adj ~ sein (fig)* avoir sa dose
Bedienung [bə'diːnuŋ] *f 1.* service *m; 2. (Kellner(in))* garçon de café *m,* serveur/serveuse *m/f*
Bedingung [bə'dɪŋuŋ] *f* condition *f*
bedingungslos [bə'dɪŋuŋsloːs] *adj* sans condition
bedrängen [bə'drɛŋən] *v* talonner, importuner; *in bedrängter Lage* dans l'embarras
Bedrängnis [bə'drɛŋnɪs] *f 1.* embarras *m; 2. (Not)* détresse *f*
bedrohen [bə'droːən] *v* menacer
bedrohlich [bə'droːlɪç] *adj* menaçant
Bedrohung [bə'droːuŋ] *f* menace *f*
bedrucken [bə'drukən] *v* imprimer
bedrücken [bə'drykən] *v* accabler; *bedrückt sein* être soucieux
bedürfen [bə'dyrfən] *v irr einer Sache ~* avoir besoin de qc; *Es bedarf nur eines Wortes.* Il suffit d'une parole.
Bedürfnis [bə'dyrfnɪs] *n* besoin *m*
bedürftig [bə'dyrftɪç] *adj* nécessiteux
beeilen [bə'aɪlən] *v sich ~* se dépêcher; *sich nicht ~* prendre son temps
beeindrucken [bə'aɪndrukən] *v* impressionner, faire grande impression sur
beeinflussen [bə'aɪnflusən] *v* influencer
beeinträchtigen [bə'aɪntrɛçtɪgən] *v* nuire à
Beeinträchtigung [bə'aɪntrɛçtɪguŋ] *f* préjudice *m*
beenden [bə'ɛndən] *v* finir, terminer, mettre fin à
beerdigen [bə'eːrdɪgən] *v* enterrer
Beerdigung [bə'eːrdɪguŋ] *f* enterrement *m*
Beere ['beːrə] *f 1.* baie *f; 2. (Traube)* grain de raisin *m*
Beet ['beːt] *n* parterre *m*
befahrbar [bə'faːrbaːr] *adj* carrossable
befassen [be'fasən] *v sich ~ mit* s'occuper de
befehlen [bə'feːlən] *v irr* ordonner
befestigen [bə'fɛstɪgən] *v* fixer
befinden [bə'fɪndən] *v irr sich ~* se trouver
befolgen [bə'fɔlgən] *v 1. (Befehl)* exécuter; *2. (Regel)* obéir; *3. (Beispiel)* suivre
befördern [bə'fœrdərn] *v 1. (transportieren)* transporter; *2. (beruflich)* promouvoir
Beförderung [bə'fœrdəruŋ] *f 1. (Transport)* transport *m; 2. (im Beruf)* promotion *f*
Beförderungsmittel [bə'fœrdəruŋsmɪtəl] *n* moyen de transport *m*
befragen [bə'fraːgən] *v jdn ~* questionner qn, interviewer qn
befreien [bə'fraɪən] *v 1.* libérer; *2. (von Steuern) ECO* exonérer
Befreiung [bə'fraɪuŋ] *f 1.* libération *f; 2. (Emanzipation)* émancipation *f*
befreunden [bə'frɔyndən] *v sich mit jdm ~* se lier d'amitié avec qn
befreundet [bə'frɔyndət] *adj mit jdm ~ sein* être ami avec qn
befriedigen [bə'friːdɪgən] *v* satisfaire
Befriedigung [bə'friːdɪguŋ] *f* satisfaction *f*
befristet [bə'frɪstət] *adj* à durée déterminée

Befugnis [bə'fuːknɪs] *f* pouvoirs *m/pl,* autorisation *f*
befugt [bə'fuːkt] *adj* en droit
befürchten [bə'fyrçtən] *v* craindre
befürworten [bə'fyːrvɔrtən] *v 1.* recommander; *2. (eine Bitte)* appuyer
Befürworter(in) [bə'fyːrvɔrtər(ɪn)] *m/f* partisan(e) *m/f*
begabt [bə'gaːpt] *adj* doué
Begabung [bə'gaːbuŋ] *f* don *m*
begeben [bə'geːbən] *v irr sich ~* se rendre à
begegnen [bə'geːgnən] *v jdm ~* rencontrer qn; *sich ~* se rencontrer
Begegnung [bə'geːgnuŋ] *f* rencontre *f*
begehen [bə'geːən] *v irr 1. (Verbrechen)* commettre; *2. (Fest)* célébrer
begehren [bə'geːrən] *v* désirer
begehrt [bə'geːrt] *adj* recherché
begeistern [bə'gaɪstərn] *v jdn ~* enthousiasmer qn; *sich ~ für* s'enthousiasmer pour
begeistert [bə'gaɪstərt] *adj ~ sein* être enthousiaste, être enthousiasmé
Begeisterung [bə'gaɪstəruŋ] *f* enthousiasme *m*
Begierde [bə'giːrdə] *f* désir *m*
begierig [bə'giːrɪç] *adj ~ nach* très désireux de
Beginn [bə'gɪn] *m* début *m*
beginnen [bə'gɪnən] *v irr* commencer à
begleiten [bə'glaɪtən] *v* accompagner
Begleitung [bə'glaɪtuŋ] *f* accompagnement *m*
beglückwünschen [bə'glykvynʃən] *v jdn ~ zu etw* féliciter qn de qc
begnügen [bə'gnyːgən] *v sich mit etw ~* se contenter de qc
begraben [bə'graːbən] *v irr 1. (beerdigen)* enterrer; *2. etw ~ (fig)* pouvoir faire une croix sur qc
begreifen [bə'graɪfən] *v irr* comprendre
begreiflich [bə'graɪflɪç] *adj* compréhensible
begrenzen [bə'grɛntsən] *v* limiter, borner
Begrenzung [bə'grɛntsuŋ] *f* délimitation *f*
Begriff [bə'grɪf] *m* notion *f; schwer von ~ sein* être lent à comprendre/avoir la tête dure
begründen [bə'gryndən] *v* justifier, donner des arguments
begründet [bə'gryndət] *adj ~ sein* être fondé
Begründung [bə'gryndʊŋ] *f* justification *f*
begrüßen [bə'gryːsən] *v* saluer, voir venir avec satisfaction
begünstigen [bə'gynstɪgən] *v* favoriser
begutachten [bə'guːtaxtən] *v* expertiser
behaglich [bə'haːklɪç] *adj* qui se sent à son aise
behalten [bə'haltən] *v irr* garder, conserver
Behälter [bə'hɛltər] *m* réservoir *m*
behandeln [bə'handəln] *v* traiter, manier
Behandlung [bə'handluŋ] *f* traitement *m*
beharrlich [bə'harlɪç] *adj* persévérant
behaupten [bə'hauptən] *v 1.* affirmer; *2. (seine Stellung)* défendre; *3. sich ~* se maintenir, tenir ferme; *4. (seine Meinung)* soutenir
beheben [bə'heːbən] *v irr 1. (Schaden)* réparer; *2. (fig)* faire disparaître
Behelf [bə'hɛlf] *m* chose provisoire *f*
behelfen [bə'hɛlfən] *v irr sich ~* se débrouiller
beherrschen [bə'hɛrʃən] *v 1. sich ~* se maîtriser, se dominer; *2. (fig: können)* posséder, savoir; *etw vollkommen ~* être passé maître en qc
Beherrschung [bə'hɛrʃuŋ] *f 1. (Selbstbeherrschung)* maîtrise de soi *f; die ~ verlieren* perdre son calme/perdre son sang froid; *2. (fig: Können)* maîtrise *f*
beherzigen [bə'hɛrtsɪgən] *v* prendre à cœur
beherzt [bə'hɛrtst] *adj* courageux
behilflich [bə'hɪlflɪç] *adj jdm ~ sein* aider qn, donner un coup de main à qn (fam); *Wenn ich Ihnen irgendwie ~ sein kann ...* Si je peux vous être utile en qc ...
behindern [bə'hɪndərn] *v* empêcher, gêner
Behinderte(r) [bə'hɪndərtə(r)] *m/f* handicapé(e) *m/f; körperlich ~r* handicapé physique *m*
Behinderung [bə'hɪndəruŋ] *f 1.* empêchement *m; 2. MED* handicap *m,* infirmité *f*
Behörde [bə'hœːrdə] *f* administration *f,* autorités *f/pl*
behüten [bə'hyːtən] *v* protéger
behutsam [bə'huːtzaːm] *adj* prudent
Behutsamkeit [bə'huːtzaːmkaɪt] *f* prudence *f*
bei [baɪ] *prep 1. (örtlich)* près de, auprès de, proche de; *2. (zeitlich)* lors de, par, en; *3. (während)* pendant; *4. (Begleitumstand)* par, à, en; *~m Auswählen der Artikel* en choisissant les articles; *5. (Person)* chez; *6. ~ aller Vorsicht* malgré toutes les précautions

beibehalten ['baɪbəhaltən] *v irr* conserver
beibringen ['baɪbrɪŋən] *v irr 1. (beschaffen)* fournir, apporter; *2. jdm etw ~ (jdn etw lehren)* apprendre qc à qn
beide ['baɪdə] *adj 1.* deux; *pron 2.* tous deux, tous les deux, l'un et l'autre
beiderseitig ['baɪdərzaɪtɪç] *adj* des deux côtés
beiderseits ['baɪdər'zaɪts] *adv 1.* de part et d'autre; *prep 2.* des deux côtés
beieinander [baɪaɪn'andər] *adv* l'un avec l'autre
Beifahrer ['baɪfa:rər] *m 1. (in einem Auto)* passager avant *m; 2. (in einem Lastwagen)* accompagnateur *m*
Beifahrersitz ['baɪfa:rərzɪts] *m* siège du passager avant *m*
Beifall ['baɪfal] *m 1. (Applaus)* applaudissements *m/pl; 2. (Billigung)* approbation *f*
beifügen ['baɪfy:gən] *v 1.* joindre; *2. (beilegen)* annexer
beigeben ['baɪge:bən] *v irr klein ~* céder
Beihilfe ['baɪhɪlfə] *f 1.* secours *m; 2. (Unterstützung)* aide *f*
Beil [baɪl] *n* hache *f*
Beilage ['baɪla:gə] *f 1. GAST* garniture *f; mit ~* garni; *2. (Zeitungsbeilage)* supplément *m*
beiläufig ['baɪlɔyfɪç] *adj 1.* accessoire; *adv 2.* par parenthèse, entre parenthèse
beilegen ['baɪle:gən] *v 1. (hinzufügen)* joindre; *2. (fig: schlichten)* mettre fin à
beiliegend ['baɪli:gənt] *adj* ci-joint
beim *(= bei dem)(siehe „bei")*
beimischen ['baɪmɪʃqn] *v* ajouter à
Bein [baɪn] *n ANAT* jambe *f; sich nicht mehr auf den ~en halten können* ne plus tenir debout; *wieder auf die ~e kommen* remonter la pente; *sich ein ~ ausreißen* travailler d'arrache-pied; *sich kein ~ ausreißen* ne pas se fouler/ne pas se fouler la rate; *jdm auf die ~e helfen* aider qn à reprendre pied; *mit einem ~ im Grabe stehen* avoir déjà un pied dans la tombe/être au bord de la tombe; *mit den ~en fest im Leben stehen* avoir les pieds sur terre; *auf eigenen ~en stehen* voler de ses propres ailes; *sich auf die ~e machen* se mettre en route/y aller; *jdm ~e machen* déloger qn/faire décamper qn; *sich die ~e vertreten* se dégourdir les jambes; *die ~e unter den Arm nehmen* prendre ses jambes à son cou; *sich die ~e in den Leib stehen* faire le pied de grue/poireauter (fam); *von einem ~ auf das andere treten* être sur des charbons ardents; *sich die ~e nach etw ablaufen* ne reculer devant rien
beinahe [baɪ'na:ə] *adv* presque, pour un peu
beinhalten [bə'ɪnhaltən] *v* contenir
beinhart ['baɪnhart] *adj* très dur
beiseite [baɪ'zaɪtə] *adv* à part, de côté; *Geld ~ legen* mettre de l'argent de côté; *Spaß ~!* Trêve de plaisanteries! *etw ~ schaffen* mettre qc de côté
Beispiel ['baɪʃpi:l] *n* exemple *m; zum ~* par exemple; *sich ein ~ an jdm nehmen* prendre modèle sur qn/prendre exemple sur qn; *ohne ~ sein* être sans précédent; *mit gutem ~ vorangehen* donner l'exemple/donner le bon exemple
beispielhaft ['baɪʃpi:lhaft] *adj* exemplaire
beispiellos ['baɪʃpi:llo:s] *adj* inouï
beispielsweise ['baɪʃpi:lzvaɪsə] *adv* par exemple
beißen ['baɪsən] *v irr 1.* mordre; *nichts zu ~ haben* ne rien avoir à se mettre sous la dent; *2. (Schlange)* piquer
Beistand ['baɪʃtant] *m* assistance *f*
beistehen ['baɪʃte:ən] *v irr jdm ~* prêter assistance à qn, seconder qn
beisteuern ['baɪʃtɔyərn] *v* contribuer à
Beitrag ['baɪtra:k] *m 1.* contribution *f; 2. (Zeitungsartikel)* article *m*
beitragen ['baɪtra:gən] *v irr* contribuer à
beitreten ['baɪtre:tən] *v irr 1.* adhérer à; *2. (einer Partei)* entrer à
bejubeln [bə'ju:bəln] *v* acclamer
bekämpfen [bə'kɛmpfən] *v* combattre, lutter contre
bekannt [bə'kant] *adj* connu; *~ sein wie ein bunter Hund* être connu comme le loup blanc; *~ geben* communiquer/porter à la connaissance du public/faire savoir officiellement
Bekannte(r) [bə'kantə(r)] *m/f* relation *f*
bekanntlich [bə'kantlɪç] *adv* notoirement
Bekanntschaft [bə'kantʃaft] *f* connaissance *f; die ~ von jdm machen* faire la connaissance de qn
bekennen [bə'kɛnən] *v irr 1. (zugeben)* avouer, reconnaître; *2. sich ~ zu* professer
Bekenntnis [bə'kɛntnɪs] *n 1. (Geständnis)* aveu *m; 2. REL* confession *f*
beklagen [bə'kla:gən] *v 1. etw ~* regretter qc, déplorer qc; *2. sich ~* se plaindre; *sich über etw bei jdm ~* se plaindre de qc auprès de qn
bekleckern [bə'klɛkərn] *v* barbouiller, tacher; *Er hat sich nicht gerade mit Ruhm bekleckert.* Il ne s'est pas couvert de gloire.
Bekleidung [bə'klaɪduŋ] *f* vêtements *m/pl*

beklemmend [bəˈklɛmənt] *adj* angoissant

Beklemmung [bəˈklɛmuŋ] *f* serrement de cœur *m*

bekommen [bəˈkɔmən] *v irr 1. (erhalten)* recevoir, obtenir; *2. (finden)* trouver; *3. Hunger ~* commencer à avoir faim

bekömmlich [bəˈkœmlɪç] *adj* digestible, qui se digère bien

bekräftigen [bəˈkrɛftɪgən] *v* affirmer

bekritzeln [bəˈkrɪtsəln] *v* griffonner

beladen [bəˈlaːdən] *v irr* charger, accabler

Belag [bəˈlaːk] *m 1. (Schicht)* couche *f; 2. (Brotbelag)* garniture *f*

belanglos [bəˈlaŋloːs] *adj* sans importance

belastbar [bəˈlastbaːr] *adj 1.* qui supporte beaucoup; *2. (Stress ertragend)* qui supporte facilement

Belastbarkeit [bəˈlastbaːrkaɪt] *f* endurance *f*

belasten [bəˈlastən] *v 1.* charger; *2. (fig: beanspruchen)* accabler, surcharger; *3. (fig: bedrücken)* accabler, peser sur

belästigen [bəˈlɛstɪgən] *v* importuner

Belästigung [bəˈlɛstɪguŋ] *f* importunité *f*

Belastung [bəˈlastuŋ] *f 1.* charge *f; 2. (fig: Beanspruchung)* travail *m; 3. (fig: Druck)* charge *f*

belauschen [bəˈlauʃən] *v* épier

Beleg [bəˈleːk] *m FIN* talon *m*

belegen [bəˈleːgən] *v 1. (Brot)* tartiner; *2. (Kurs)* s'inscrire à; *3. (Platz)* réserver

Belegung [bəˈleːguŋ] *f (eines Hotels)* taux de remplissage *m*

beleibt [bəˈlaɪpt] *adj* corpulent

beleidigen [bəˈlaɪdɪgən] *v* insulter, injurier

Beleidigung [bəˈlaɪdɪguŋ] *f* insulte *f*

beleuchten [bəˈlɔyçtən] *v* éclairer

Beleuchtung [bəˈlɔyçtuŋ] *f* éclairage *m*

Belgien [ˈbɛlgjən] *n GEO* Belgique *f*

Belgier(in) [ˈbɛlgjər(ɪn)] *m/f* Belge *m/f*

belgisch [ˈbɛlgɪʃ] *adj* belge

Belieben [bəˈliːbən] *n* plaisir *m; nach ~* au gré de, à volonté

beliebig [bəˈliːbɪç] *adj* arbitraire, n'importe quel(le)

beliebt [bəˈliːpt] *adj* aimé, populaire

bellen [ˈbɛlən] *v* aboyer

belohnen [bəˈloːnən] *v* récompenser

Belohnung [bəˈloːnuŋ] *f* récompense *f*

belustigen [bəˈlustɪgən] *v* divertir

bemalen [bəˈmaːlən] *v* peindre

bemängeln [bəˈmɛŋəln] *v* trouver à redire, critiquer

bemerken [bəˈmɛrkən] *v 1. (wahrnehmen)* remarquer, s'apercevoir de; *2. (aufmerksam machen)* faire remarquer, observer

bemerkenswert [bəˈmɛrkənsvɛːrt] *adj* remarquable

Bemerkung [bəˈmɛrkuŋ] *f 1. (Äußerung)* remarque *f,* observation *f; 2. (Anmerkung)* note *f,* annotation *f*

bemitleiden [bəˈmɪtlaɪdən] *v* avoir pitié de

bemühen [bəˈmyːən] *v sich ~ um* s'efforcer de, faire des efforts pour

Bemühung [bəˈmyːuŋ] *f* effort *m*

benachrichtigen [bəˈnaːxrɪçtɪgən] *v jdn von etw ~* informer qn de qc

benachteiligen [bəˈnaːxtaɪlɪgən] *v* désavantager

benebelt [bəˈneːbəlt] *adj (fig)* troublé

benehmen [bəˈneːmən] *v irr sich ~* se conduire, se tenir; *sich gut ~* bien se conduire/bien se tenir

Benehmen [bəˈneːmən] *n* comportement *m,* conduite *f*

beneiden [bəˈnaɪdən] *v* envier; *jdn um etw ~* envier qn de qc

beneidenswert [bəˈnaɪdənsvɛːrt] *adj* enviable

Bengel [ˈbɛŋəl] *m* gamin *m*

benommen [bəˈnɔmən] *adj ~ sein* être éntourdi

benötigen [bəˈnøːtɪgən] *v* avoir besoin de, nécessiter

benutzen [bəˈnutsən] *v* utiliser, employer

Benutzer [bəˈnutsər] *m* utilisateur *m*

Benutzung [bəˈnutsuŋ] *f* utilisation *f*

Benzin [bɛnˈtsiːn] *n* essence *f*

beobachten [bəˈoːbaxtən] *v* observer

Beobachtung [bəˈoːbaxtuŋ] *f 1.* observation *f; 2. (Feststellung)* remarque *f*

bepflanzen [bəˈpflantsən] *v* planter

Bepflanzung [bəˈpflantsuŋ] *f BOT* plantation *f*

bequem [bəˈkveːm] *adj 1. (behaglich)* commode, pratique, confortable; *Machen Sie es sich ~!* Mettez-vous à votre aise! *2. (träge)* facile

beraten [bəˈraːtən] *v irr 1. (Rat erteilen)* conseiller; *2. über etw ~ (sprechen)* délibérer sur qc; *3. sich ~* tenir conseil, délibérer

Berater(in) [bəˈraːtər(ɪn)] *m/f* conseiller/conseillère *m/f*

Beratung [bəˈraːtuŋ] *f* délibération *f*

berauben [bəˈraubən] *v* ravir, voler

berechenbar [bə'rɛçənbaːr] *adj (abschätzbar)* calculable
berechnen [bə'rɛçnən] *v 1.* calculer; *2. (vorhersehen)* prévoir
Berechnung [bə'rɛçnuŋ] *f* calcul *m*
berechtigen [bə'rɛçtɪgən] *v* autoriser
berechtigt [bə'rɛçtɪçt] *adj 1. (befugt)* autorisé à; *2. (begründet)* fondé sur
Bereich [bə'raɪç] *m 1. (Gebiet)* domaine *m,* sphère *f; 2. (Fachbereich)* U.E.R. (Unité d'Etudes et de Recherche) *f,* département *m; 3. (Amt)* ressort *m*
bereinigen [bə'raɪnɪgən] *v 1. (Problem)* liquider; *2. (Rechnung)* régler
bereit [bə'raɪt] *adj ~ sein zu* être prêt à, être disposé à
bereiten [bə'raɪtən] *v 1. (zu~)* préparer; *2. (zufügen)* causer; *jdm Schmerz ~* causer de la peine à qn
bereithalten [bə'raɪthaltən] *v irr* tenir prêt
bereits [bə'raɪts] *adv* déjà
Bereitschaft [bə'raɪtʃaft] *f* disposition *f*
bereitstellen [bə'raɪtʃtɛlən] *v* tenir prêt
bereuen [bə'rɔyən] *v* regretter, se repentir de; *es bitter ~* s'en mordre les doigts/regretter amèrement
Berg [bɛrk] *m* montagne *f; über den ~ sein* avoir passé le cap/avoir passé le plus difficile; *über alle ~e sein* être loin/avoir pris le large; *etw hinter dem ~ halten* cacher qc/faire mystère de qc
bergab [bɛrk'ap] *adv* en descendant; *Es geht mit ihm ~.* Ses affaires vont mal.
bergauf [bɛrk'auf] *adv* en montant
Bergbahn ['bɛrkbaːn] *f* chemin de fer de montagne *m*
Bericht [bə'rɪçt] *m* rapport *m,* exposé *m*
berichten [bə'rɪçtən] *v über etw ~* informer de qc, relater qc
Berichterstattung [bə'rɪçtɛrʃtatuŋ] *f* reportage *m*
berichtigen [bə'rɪçtɪgən] *v* rectifier
berüchtigt [bə'ryçtɪçt] *adj* mal famé
berücksichtigen [bə'rykzɪçtɪgən] *v* prendre en considération, tenir compte de
Beruf [bə'ruːf] *m* profession *f,* métier *m*
beruflich [bə'ruːflɪç] *adj* professionnel
Berufsausbildung [bə'ruːfsausbɪlduŋ] *f* formation professionnelle *f*
berufsbedingt [bə'ruːfsbədɪŋkt] *adj* professionnel
Berufsschule [bə'ruːfsʃuːlə] *f* école professionnelle *f*
berufstätig [bə'ruːfstɛːtɪç] *adj* qui excerce un métier
Berufung [bə'ruːfuŋ] *f 1. (Lebensaufgabe)* vocation *f; 2. JUR* pourvoi *m*
beruhen [bə'ruːən] *v ~ auf* reposer sur
beruhigen [bə'ruːɪgən] *v 1. jdn ~* rassurer; *2. sich ~* se calmer, se tranquilliser
beruhigend [bə'ruːɪgənt] *adj* rassurant
Beruhigung [bə'ruːɪguŋ] *f* apaisement *m*
berühmt [bə'ryːmt] *adj* célèbre, illustre
Berühmtheit [bə'ryːmthaɪt] *f* renom *m*
berühren [bə'ryːrən] *v 1. (anfassen)* toucher; *leicht ~* effleurer; *2. (fig: bewegen)* toucher
Berührung [bə'ryːruŋ] *f* contact *m; in ~ bringen* mettre en contact
beschädigen [bə'ʃɛːdɪgən] *v* endommager, détériorer
Beschädigung [bə'ʃɛːdɪguŋ] *f 1.* dommage *m; 2. (eines Schiffs)* avarie *f*
Beschaffenheit [bə'ʃafənhaɪt] *f* état *m*
beschäftigen [bə'ʃɛftɪgən] *v 1. jdn ~* employer qn, occuper qn; *2. sich mit etw ~* s'occuper de qc, s'employer à qc
Beschäftigung [bə'ʃɛftɪguŋ] *f* occupation *f*
beschatten [bə'ʃatən] *v 1. (Schatten geben)* ombrager, couvrir d'ombre; *2. (beobachten)* filer, monter la garde
Bescheid [bə'ʃaɪt] *m 1. (Auskunft)* renseignement *m; 2. (Nachricht)* information *f,* nouvelle *f*
bescheiden [bə'ʃaɪdən] *adj* modeste, modéré
Bescheidenheit [bə'ʃaɪdənhaɪt] *f* modestie *f*
bescheinigen [bə'ʃaɪnɪgən] *v* certifier
Bescheinigung [bə'ʃaɪnɪguŋ] *f* certificat *m*
beschimpfen [bə'ʃɪmpfən] *v* insulter, injurier
beschlagen [bə'ʃlaːgən] *adj in einer Sache gut ~ sein* en connaître un rayon
beschleunigen [bə'ʃlɔynɪgən] *v* accélérer, presser
Beschleunigung [bə'ʃlɔynɪguŋ] *f* accélération *f*
Beschluss [bə'ʃlus] *m* décision *f*
beschlussfähig [bə'ʃlusfɛːɪç] *adj POL* en nombre suffisant pour voter
beschmieren [bə'ʃmiːrən] *v 1.* barbouiller, enduire; *2. (bekritzeln)* griffonner; *3. (Brot)* tartiner
beschmutzen [bə'ʃmutsən] *v* salir

beschränken [bə'ʃrɛŋkən] *v 1. (einschränken)* limiter, restreindre; *2. sich ~ auf* se limiter à
beschränkt [bə'ʃrɛŋkt] *adj* limité
beschreiben [bə'ʃraɪbən] *v irr* décrire
Beschreibung [bə'ʃraɪbuŋ] *f* description *f; Das spottet jeder ~!* On n'a pas idée d'une chose pareille./ Cela dépasse l'entendement!
beschriften [bə'ʃrɪftən] *v* faire une inscription sur
beschuldigen [bə'ʃuldɪgən] *v* accuser
Beschuss [bə'ʃus] *m unter ~ geraten* être sur la sellette
beschützen [bə'ʃytsən] *v* protéger, défendre contre
Beschützer [bə'ʃytsər] *m* protecteur *m*
Beschwerde [bə'ʃveːrdə] *f 1.* plainte *f; 2. ~n pl (Schmerzen)* douleurs *f/pl*
beschweren [bə'ʃveːrən] *v sich bei jdm über etw ~* se plaindre de qc à qn
beschwipst [bə'ʃvɪpst] *adj* légèrement ivre
beschwören [bə'ʃvøːrən] *v irr (anflehen)* adjurer
beseitigen [bə'zaɪtɪgən] *v 1. (entfernen)* enlever, éloigner; *2. (Zweifel)* dissiper
Beseitigung [bə'zaɪtɪguŋ] *f* suppression *f,* élimination *f*
Besen ['beːzən] *m* balai *m; Wenn das wahr ist, fresse ich einen ~!* Si c'est vrai, je veux bien être pendu!
besessen [bə'zɛsən] *adj ~ von* possédé de
besetzen [bə'zɛtsən] *v* occuper
besetzt [bə'zɛtst] *adj 1. TEL* occupé; *2. (Toilette)* occupé
besichtigen [bə'zɪçtɪgən] *v 1. (Museum)* visiter; *2. (überprüfen)* inspecter
Besichtigung [bə'zɪçtɪguŋ] *f 1.* visite *f; 2. (Überprüfung)* inspection *f*
besiegen [bə'ziːgən] *v* vaincre
besinnlich [bə'zɪnlɪç] *adj* pensif
Besitz [bə'zɪts] *m* possession *f*
besitzen [bə'zɪtsən] *v irr* posséder, détenir
Besitzer [bə'zɪtsər] *m* propriétaire *m*
besondere(r,s) [bə'zɔndərə(r,s)] *adj 1.* spécial(e), particulier/particulière; *zur ~n Verwendung* à des fins spéciales; *2. (bestimmt)* déterminé(e)
Besonderheit [bə'zɔndərhaɪt] *f 1.* particularité *f; 2. (Absonderlichkeit)* bizzarerie *f*
besonders [bə'zɔndərs] *adv 1. (sehr)* particulièrement; *2. (außergewöhnlich)* spécialement; *3. (vor allem)* avant tout, surtout
besorgen [bə'zɔrgən] *v 1. (beschaffen)* procurer; *2. (ausführen)* s'occuper de, se charger de; *3. es jdm ~ (fig)* faire payer à qn, se venger de qn
Besorgnis [bə'zɔrknɪs] *f* souci *m; ~ erregend* inquiétant, préoccupant
besorgt [bə'zɔrkt] *adj ~ sein* être inquiet, être soucieux
besprechen [bə'ʃprɛçən] *v irr* discuter de
Besprechung [bə'ʃprɛçuŋ] *f* discussion *f,* entretien *m*
besser ['bɛsər] *adv* mieux; *immer ~* de mieux en mieux; *um so ~* tant mieux
bessere(r,s) ['bɛsərə(r,s)] *adj* meilleur(e); *in Ermangelung eines Besseren* faute de mieux; *die ~ Hälfte* ma moitié *f; bis sich etw Besseres findet* en attendant mieux
Besserung ['bɛsəruŋ] *f* amélioration *f*
Bestand [bə'ʃtant] *m 1. (Vorhandenes)* existence *f; 2. von ~ sein* être à toute épreuve
beständig [bə'ʃtɛndɪç] *adj 1. (dauerhaft)* constant; *2. (widerstandsfähig)* stable
Bestandteil [bə'ʃtanttaɪl] *m* composant *m*
bestärken [bə'ʃtɛrkən] *v* renforcer
bestätigen [bə'ʃtɛːtɪgən] *v* confirmer, vérifier
Bestätigung [bə'ʃtɛːtɪguŋ] *f 1.* confirmation *f; 2. ECO* accusé de réception *m*
bestaunen [bə'ʃtaunən] *v* s'étonner de
beste(r,s) ['bɛstə(r,s)] *adj 1.* le meilleur/la meilleure; *meine ~n Wünsche* mes meilleurs vœux; *jdn zum Besten halten* se jouer de qn/se moquer de qn; *etw zum Besten geben* présenter qc; *Mit ihm steht es nicht zum Besten.* Il n'est pas au mieux de sa forme. *adv* 2. au mieux, pour le mieux
bestechen [bə'ʃtɛçən] *v irr* corrompre
bestechlich [bə'ʃtɛçlɪç] *adj* corruptible
Bestechung [bə'ʃtɛçuŋ] *f* corruption *f*
Besteck [bə'ʃtɛk] *n* couvert *m*
bestehen [bə'ʃteːən] *v irr 1. ~ aus* se composer de, être composé de; *2. ~ auf* insister sur, exiger que; *Wenn Sie darauf ~ ...* Si vous y tenez ...; *3. (Prüfung)* réussir à, être reçu à; *4. (vorhanden sein)* exister
besteigen [bə'ʃtaɪgən] *v irr* gravir
bestellen [bə'ʃtɛlən] *v 1. (in Auftrag geben)* commander, passer commande de; *wie bestellt und nicht abgeholt* abandonné; *nicht viel zu ~ haben* ne rien avoir à dire; *2. (ernennen)* nommer
Bestellung [bə'ʃtɛluŋ] *f 1. (Auftrag)* commande *f; 2. (Ernennung)* nomination *f*

bestenfalls ['bɛstən'fals] *adv* en mettant les choses au mieux
bestens ['bɛstəns] *adv* le mieux, du mieux possible
besteuern [bə'ʃtɔyərn] *v* imposer, taxer
Besteuerung [bə'ʃtɔyəruŋ] *f FIN* imposition *f*
Bestie ['bɛstjə] *f* bête féroce *f*
bestimmen [bə'ʃtɪmən] *v 1. (festlegen)* déterminer; *2. (definieren)* définir; *3. (zuweisen)* affecter à, destiner à
bestimmt [bə'ʃtɪmt] *adj 1. (entschieden)* décidé, catégorique; *2. (gewiss)* certain, bien précis; *adv 3. (sicherlich)* certainement, sûrement, sans faute; *Ich werde es ~ tun.* Je n'y manquerai pas.
Bestimmtheit [bə'ʃtɪmthaɪt] *f 1. (Gewissheit)* certitude *f; 2. (Entschiedenheit)* détermination *f*
Bestimmung [bə'ʃtɪmuŋ] *f 1. (Zweck)* destination *f; 2. (Vorschrift)* dispositions *f/pl; 3. (Schicksal)* destin *m*
bestmögliche(r,s) ['bɛstmøːklɪçə(r,s)] *adj 1.* le meilleur/la meilleure; *adv 2.* le mieux possible
bestrafen [bə'ʃtraːfən] *v* punir, sanctionner
bestrahlen [bə'ʃtraːlən] *v 1.* éclairer de ses rayons; *2. MED* traiter par les rayons X
bestreiten [bə'ʃtraɪtən] *v irr 1. (streitig machen)* contester; *Das ist nicht zu ~.* Il n'y a pas à dire. *2. (finanzieren)* faire face aux dépenses, subvenir à
Bestseller ['bɛstzɛlər] *m* best-seller *m*
bestürzt [bə'ʃtyrtst] *adj ~ sein* être consterné, être stupéfait
Bestürzung [bə'ʃtyrtsuŋ] *f* consternation *f*
Besuch [bə'zuːx] *m 1. (Gäste)* invités *m/pl; ~ haben* avoir de la visite/avoir du monde; *2. (Schulbesuch)* fréquentation *f*
besuchen [bə'zuːxən] *v 1. jdn ~* rendre visite à qn, aller voir qn; *2. (besichtigen)* visiter; *3. (Schule)* fréquenter, aller à
Besucher [bə'zuːxər] *m 1.* invité *m; 2. (einer Ausstellung)* visiteur *m*
betätigen [bə'tɛːtɪgən] *v 1. sich ~* s'occuper, exercer une activité; *2. TECH* actionner
beteiligen [bə'taɪlɪgən] *v 1. sich ~ an* participer à; *2. jdn an etw ~* faire participer qn à qc, intéresser qn à qc
Beteiligte(r) [bə'taɪlɪçtə(r)] *m/f 1.* participant(e) *m/f; 2. (Betroffene(r))* intéressé(e) *m/f*
Beteiligung [bə'taɪlɪguŋ] *f* participation *f*
beten ['beːtən] *v REL* prier, faire sa prière
beteuern [bə'tɔyərn] *v* affirmer, protester de
Beton [be'tɔ̃ŋ] *m* béton *m*
betonen [bə'toːnən] *v 1. (hervorheben)* insister sur; *2. (Aussprache)* accentuer, mettre l'accent sur
Betonung [bə'toːnuŋ] *f 1. (Hervorhebung)* insistance *f; 2. (Aussprache)* accentuation *f; 3. (Tonfall)* intonation *f*
betrachten [bə'traxtən] *v 1. (anschauen)* regarder; *2. (fig: beurteilen)* juger, considérer
beträchtlich [bə'trɛçtlɪç] *adj* considérable
Betrag [bə'traːk] *m* montant *m*
betragen [bə'traːgən] *v irr 1. (sich belaufen auf)* faire, se monter à; *2. sich ~* se comporter, se tenir
Betragen [bə'traːgən] *n* conduite *f*
Betreff [bə'trɛf] *m* objet *m; im ~/betreffs* à l'égard de/en ce qui concerne/au sujet de
betreffen [bə'trɛfən] *v irr* concerner; *was mich betrifft* pour mon compte/en ce qui me concerne
betreten [bə'treːtən] *v irr 1. (hineingehen)* entrer dans; *adj 2. (fig)* confus, gêné
Betreten [bə'treːtən] *n* accès *m; Das ~ des Rasens ist verboten.* Il est interdit de marcher sur la pelouse.
betreuen [bə'trɔyən] *v* s'occuper de, se charger de
Betreuung [bə'trɔyuŋ] *f (Verantwortung)* prise en charge *f*
Betrieb [bə'triːp] *m 1. (Firma)* entreprise *f; 2. (Treiben)* animation *f*
Betriebsausflug [bə'triːpsausfluːk] *m* excursion d'entreprise *f*
betroffen [bə'trɔfən] *adj ~ sein* être affecté par, être troublé
betrübt [bə'tryːpt] *adj ~ sein* être attristé
Betrug [bə'truːk] *m* tromperie *f,* tricherie *f*
betrügen [bə'tryːgən] *v irr* tromper, tricher; *jdn ~* mettre qn dedans/tromper qn
Betrüger [bə'tryːgər] *m* trompeur *m*
betrügerisch [bə'tryːgərɪʃ] *adj 1. (Person)* trompeur; *2. (Dinge)* trompeur
betrunken [bə'truŋkən] *adj ~ sein* être ivre
Bett [bɛt] *n 1.* lit *m; 2. (Flussbett)* lit *m*
Bettdecke ['bɛtdɛkə] *f* couverture *f*
betteln ['bɛtəln] *v 1. (um Almosen)* mendier; *2. (bitten)* quémander, mendier
Bettlaken ['bɛtlaːkən] *n* drap de lit *m*
Bettler ['bɛtlər] *m* mendiant *m*

Bettvorleger ['bɛtfoːrleːgər] *m* descente de lit *f*
Bettwäsche ['bɛtvɛʃə] *f* draps de lit *m/pl*
beugen ['bɔygən] *v 1. (biegen)* plier, courber; *2. sich ~* s'incliner, se courber; *3. (fig: brechen)* briser; *4. sich ~ (fig: sich fügen)* se plier à
Beule ['bɔylə] *f MED* bosse *f,* enflure *f*
beunruhigen [bə'unruːɪgən] *v 1. jdn ~* inquiéter qn, troubler qn; *2. sich ~* s'inquiéter
beunruhigend [bə'unruːɪgənt] *adj* inquiétant
beurlauben [bə'uːrlaubən] *v* donner un congé à
beurteilen [bə'urtaɪlən] *v 1.* juger de, porter un jugement sur; *2. (abschätzen)* apprécier
Beurteilung [bə'urtaɪluŋ] *f* jugement *m*
Beute ['bɔytə] *f* butin *m,* proie *f*
Beutel ['bɔytəl] *m (Geldbeutel)* bourse *f,* porte-monnaie *m; tief in den ~ greifen müssen* les aligner/y aller de ses sous
Bevölkerung [bə'fœlkəruŋ] *f* population *f*
bevor [bə'foːr] *konj* avant que, avant de
bevormunden [bə'foːrmundən] *v* être tuteur de
bevorstehen [bə'foːrʃteːən] *v irr* être sur le point d'arriver, être imminent
bevorzugen [bə'foːrtsuːgən] *v* préférer, avantager, favoriser
bewachen [bə'vaxən] *v* garder
bewaffnen [bə'vafnən] *v* armer
bewahren [bə'vaːrən] *v 1. (aufheben)* garder, conserver; *2. (fig: beibehalten)* conserver, garder
bewähren [bə'vɛːrən] *v sich ~* se confirmer
bewährt [bə'vɛːrt] *adj 1. (Sache)* éprouvé; *2. (Person)* qui a fait ses preuves
bewältigen [bə'vɛltɪgən] *v 1. (Schwierigkeit)* surmonter; *2. (Aufgabe)* assumer; *3. (Problem)* résoudre
bewandert [bə'vandərt] *adj ~ sein in etw* être versé dans qc
bewegen [bə'veːgən] *v 1.* faire bouger, remuer, agiter; *2. sich ~* bouger, marcher; *3. (fig: rühren)* émouvoir, attendrir
bewegend [bə'veːgənt] *adj (fig)* émouvant
beweglich [bə'veːklɪç] *adj 1.* mobile; *2. (flink)* agile; *3. (fig: flexibel)* souple; *geistig sehr ~ sein* comprendre rapidement/être vif
bewegt [bə'veːkt] *adj (Leben)* agité
Bewegung [bə'veːguŋ] *f* mouvement *m; in ~ setzen* mettre en branle
bewegungslos [bə'veːguŋsloːs] *adj* immobile
Beweis [bə'vaɪs] *m* preuve *f,* argument *m*
beweisen [bə'vaɪzən] *v irr 1.* prouver; *etw klipp und klar ~* prouver qc par a+b; *2. (fig: zeigen)* faire preuve de
bewerben [bə'vɛrbən] *v irr sich ~ um etw* poser sa candidature à qc, postuler qc
Bewerber(in) [bə'vɛrbər(ɪn)] *m/f* candidat(e) *m/f*
Bewerbung [bə'vɛrbuŋ] *f* candidature *f*
Bewerbungsschreiben [bə'vɛrbuŋsʃraɪbən] *n* lettre de candidature *f*
bewerten [bə'veːrtən] *v* évaluer
Bewertung [bə'veːrtuŋ] *f* évaluation *f*
bewilligen [bə'vɪlɪgən] *v* consentir à
bewirken [bə'vɪrkən] *v* produire, causer
bewohnen [bə'voːnən] *v* habiter dans
Bewohner(in) [bə'voːnər(ɪn)] *m/f* habitant(e) *m/f*
bewundern [bə'vundərn] *v* admirer
bewundernswert [bə'vundərnsveːrt] *adj* admirable
Bewunderung [bə'vundəruŋ] *f* admiration *f*
bewusst [bə'vust] *adj* conscient
bewusstlos [bə'vustloːs] *adj 1.* sans connaisance; *2. (unbewusst)* inconscient
Bewusstsein [bə'vustzaɪn] *n* conscience *f*
bezahlen [bə'tsaːlən] *v 1.* payer, rétribuer; *bar ~* payer comptant; *2. (belohnen)* récompenser; *gut bezahlte Stellung* un emploi bien payé *m/*un emploi bien rémunéré *m*
Bezahlung [bə'tsaːluŋ] *f* paiement *m*
bezaubern [bə'tsaubərn] *v* charmer
bezaubernd [bə'tsaubərnt] *adj* charmant
bezeichnen [bə'tsaɪçnən] *v* désigner
bezeichnend [bə'tsaɪçnənt] *adj* significatif
Bezeichnung [bə'tsaɪçnuŋ] *f* désignation *f*
beziehen [bə'tsiːən] *v irr 1. (einziehen)* s'installer dans une maison; *2. (abonnieren)* être abonné à; *3. (überziehen)* couvrir; *ein Bett ~* faire un lit; *4. (Gehalt)* percevoir; *5. (Meinung)* tirer une opinion de; *6. sich auf etw ~* se référer à qc/se rapporter à qc
Beziehung [bə'tsiːuŋ] *f 1.* relation *f; 2. (Liebesbeziehung)* relation amoureuse *f*
beziehungsweise [bə'tsiːuŋsvaɪzə] *adv* respectivement, ou bien, ou encore, ou

Bezirk [bə'tsɪrk] *m* district *m,* circonscription *f*
Bezug [bə'tsuːk] *m 1. (Kissenbezug)* taie d'oreiller *f; 2. (Überzug)* revêtement *m,* garniture *f; 3. (Kauf)* achat *m*
bezüglich [bə'tsyːklɪç] *prep* concernant, quant à, en ce qui concerne
Bezugnahme [bə'tsuːknaːmə] *f* référence *f*
bezweifeln [bə'tsvaɪfəln] *v* douter de, mettre en doute; *Es ist nicht zu ~.* C'est hors de doute.
bezwingen [bə'tsvɪŋən] *v irr* maîtriser
Bibliothek [biblio'teːk] *f* bibliothèque *f*
Bibliothekar(in) [bibliote'kaːr(ɪn)] *m/f* bibliothécaire *m/f*
bieder ['biːdər] *adj* brave
biegen ['biːgən] *v irr* courber, arquer
biegsam ['biːkzaːm] *adj* flexible
Biene ['biːnə] *f 1. ZOOL* abeille *f; 2. (fam: Mädchen)* jolie fille *f; dufte ~* belle nana *f*
Bier [biːr] *n* bière *f; Das ist nicht mein ~!* Ce ne sont pas mes affaires!/Ce ne sont pas mes oignons!
Bierdeckel ['biːrdɛkəl] *m* dessous de verre *m,* rond de bière *m*
Bierkrug ['biːrkruːk] *m* bock à bière *m*
Biest ['biːst] *n 1. (Tier)* bête féroce *f,* bête sauvage *f; 2. (Person)* brûte *f,* méchante femme *f*
bieten ['biːtən] *v irr* offrir, proposer; *Wer bietet mehr?* Qui dit mieux?
Bikini [bi'kiːni] *m* bikini *m*
Bilanz [bi'lants] *f* bilan *m*
Bild [bɪlt] *n 1. (Gemälde)* tableau *m; 2. (fig) ein ~ für die Götter* à mourir de rire; *über etw im ~e sein* se rendre compte de qc; *sich ein ~ von jdm machen* se faire une idée de qn
bilden ['bɪldən] *v 1. (gestalten)* former; *2. sich ~ (entstehen)* se former; *3. sich ~ (lernen)* s'instruire, se cultiver
Bilderbuch ['bɪldərbuːx] *n* livre d'images *m; wie aus dem ~* magnifique, génial, splendide
Bilderrahmen ['bɪldərraːmən] *m* cadre *m,* cadre à photo *m*
Bildfläche ['bɪltflɛçə] *f von der ~ verschwinden* disparaître de la circulation
bildhübsch ['bɪlthypʃ] *adj* très joli(e)
bildlich ['bɪltlɪç] *adj* figuratif
Bildschirm ['bɪltʃɪrm] *m* écran *m*
Bildung ['bɪlduŋ] *f 1. (Gestaltung)* formation *f,* façonnement *m; 2. (Schulbildung)* éducation scolaire *f*
Billiarde [bɪl'jardə] *f* million de milliards *m*
billig ['bɪlɪç] *adj 1. (preiswert)* bon marché, pas cher; *2. (fig)* facile
billigen ['bɪlɪgən] *v* approuver
Billion [bil'joːn] *f* billion *m,* million de millions *m*
binden ['bɪndən] *v irr* lier, attacher; *Mir sind die Hände gebunden.* J'ai les mains liées.
bindend ['bɪndənt] *adj 1.* engageant; *2. (bei einem Vertrag)* ferme
Bindestrich ['bɪndəʃtrɪç] *m* trait d'union *m,* tiret *m*
Bindfaden ['bɪndfaːdən] *m* ficelle *f; Es regnet Bindfäden.* Il pleut à verse./Il tombe des cordes.
binnen ['bɪnən] *prep* en, dans l'espace de
Biografie [biogra'fiː] *f* biographie *f*
Birke ['bɪrkə] *f BOT* bouleau *m*
Birne ['bɪrnə] *f 1. (Obst)* poire *f; 2. (Glühbirne)* ampoule électrique *f*
bis [bɪs] *prep 1. (zeitlich)* jusqu'à, jusque; *2. (örtlich) Bis dorthin sind es 2 km.* C'est à 2 km./Il faut compter 2 km. *konj 3.* jusqu'à ce que
bisexuell ['biːzɛksuɛl] *adj* bisexuel
bisher [bɪs'heːr] *adv* jusqu'alors, jusqu'ici, jusqu'à présent
bisherig [bɪs'heːrɪç] *adj* ce qui était jusqu'à présent
bislang [bɪs'laŋ] *adv* jusqu'ici
Biss [bɪs] *m 1.* morsure *f; 2. (Schlangenbiss)* piqûre *f*
bisschen ['bɪsçən] *adj 1.* un petit peu de, un peu de; *adv 2.* un peu; *3. Ach du liebes ~!* C'est pas vrai.
Bissen ['bɪsən] *m* bouchée *f; jdm keinen ~ gönnen* être jaloux de qn/être jaloux du succés de qn; *keinen ~ anrühren* ne toucher à rien
bitte ['bɪtə] *adv 1. (bittend)* s'il vous plaît/s'il te plaît; *2. (Antwort auf Dank)* je vous en prie/ je t'en prie, il n'y a pas de quoi; *3. (fragend)* pardon, comment, plaît-il; *4. (Bejahung)* bien sûr, je vous en prie
Bitte ['bɪtə] *f* demande *f,* prière *f*
bitten ['bɪtən] *v irr ~ um* prier de, demander de
bitter ['bɪtər] *adj 1. (Geschmack)* amer; *2. (fig: schmerzlich)* douloureux
blamabel [bla'maːbəl] *adj* honteux
Blamage [bla'maːʒə] *f* honte *f*
blamieren [bla'miːrən] *v 1. jdn ~* discréditer qn, ridiculiser qn; *2. sich ~* se rendre ridicule, se couvrir de ridicule

blank [blaŋk] *adj* clair, brillant
Blase ['blaːzə] *f* *1.* bulle *f; 2. (am Fuß)* ampoule *f*
blasen ['blaːzən] *v irr* souffler
blass [blas] *adj* pâle, blême
Blatt [blat] *n 1. (Papier)* feuille *f; 2. BOT* feuille *f; 3. (fig) Das steht auf einem anderen ~.* C'est une autre histoire. *kein ~ vor den Mund nehmen* ne pas mâcher ses mots/ne pas l'envoyer dire/parler sans ambages; *ein unbeschriebenes ~* un parfait inconnu *m; Das ~ hat sich gewendet.* La situation s'est complètement retournée.
blättern ['blɛtərn] *v* feuilleter
blau [blau] *adj 1.* bleu; *ins Blaue hinein reden* parler dans le vide; *jdm das Blaue vom Himmel versprechen* promettre monts et merveilles à qn/promettre la lune à qn; *2. (fam: betrunken)* ivre
blauäugig ['blauɔygɪç] *adj 1.* aux yeux bleus; *2. (fig)* naïf
Blech [blɛç] *n* tôle *f,* fer-blanc *m*
blechen ['blɛçən] *v (fam: bezahlen)* payer
Blei [blaɪ] *n* plomb *m; ~ in den Gliedern haben* avoir des membres de plomb
Bleibe ['blaɪbə] *f* gîte *m*
bleiben ['blaɪbən] *v irr* rester; *Ich bleibe dabei.* J'en reste à ce que j'ai dit.
bleich ['blaɪç] *adj* blême, blafard
bleichen ['blaɪçən] *v* blanchir
Bleichmittel ['blaɪçmɪtəl] *n* décolorant *m*
bleiern ['blaɪərn] *adj (aus Blei/wie Blei)* de plomb; *~e Müdigkeit* fatigue pesante *f*/grande fatigue *f*
bleifrei ['blaɪfraɪ] *adj* sans plomb
Bleistift ['blaɪʃtɪft] *m* crayon *m*
Bleistiftspitzer ['blaɪʃtɪftʃpɪtsər] *m* taille-crayon *m*
Blende ['blɛndə] *f 1. (Abschirmung)* écran *m; 2. FOTO* diaphragme *m*
blenden ['blɛndən] *v 1. (Licht)* aveugler, éblouir; *2. (fig: täuschen)* éblouir; *3. (verzaubern)* fasciner, tromper
blendend ['blɛndənt] *adj 1. (leuchtend)* éblouissant; *2. (fig: bezaubernd)* éblouissant
Blick [blɪk] *m 1. (Schauen)* regard *m,* coup d'œil *m; die ~e auf sich ziehen* attirer les regards; *Liebe auf den ersten ~* coup de foudre *m; jdn mit ~en verschlingen* manger qn des yeux; *einen bösen ~ haben* avoir le regard mauvais; *einen ~ hinter die Kulissen werfen (fig)* jeter un œil dans les coulisses; *einen ~ für etwas haben* avoir l'œil pour qc; *jdn keines ~es würdigen* ignorer superbement qn; *auf den ersten ~* à première vue/à priori; *2. (Aussicht)* vue *f*
blicken ['blɪkən] *v* regarder; *streng ~* faire les gros yeux
blind [blɪnt] *adj* aveugle
Blinde(r) ['blɪndə(r)] *m/f* aveugle *m/f; Das sieht ja ein ~r mit Krückstock!* Cela saute aux yeux!
Blindenschrift ['blɪndənʃrɪft] *f* braille *m*
blinken ['blɪŋkən] *v 1. TECH* clignoter; *2. (glitzern)* briller
blinzeln ['blɪntsəln] *v* cligner des yeux, clignoter
Blitz [blɪts] *m* éclair *m,* foudre *f; schnell wie ein geölter ~ sein* être vif comme un éclair; *wie ein ~ aus heiterem Himmel* comme un coup de tonnerre/sans crier gare; *wie vom ~ getroffen* comme frappé par la foudre
blitzschnell ['blɪtsʃnɛl] *adj* rapide comme l'éclair
Block [blɔk] *m 1.* bloc *m,* billot *m; 2. (Gebäude)* bloc *m,* pâté de maisons *m; 3. (Notizblock)* bloc de papier *m,* bloc-notes *m*
blöd [bløːt] *adj* stupide, idiot, bête
Blödsinn ['bløːtzɪn] *m* stupidité *f,* idiotie *f,* bêtise *f*
blödsinnig ['bløːtzɪnɪç] *adj 1.* imbécile, idiot; *2. MED* faible d'esprit
blond [blɔnt] *adj* blond; *~ gefärbt* teint en blond
bloß [bloːs] *adj 1.* nu, découvert; *adv 2.* simplement, seulement, uniquement
Blöße ['bløːsə] *f* point faible *m; sich eine ~ geben* dévoiler son talon d'Achille
bloßstellen ['bloːsʃtɛlən] *v* mettre à nu
Bluff [blœf] *m* bluff *m*
blühen ['blyːən] *v 1.* fleurir; *2. (fig)* prospérer, faire florès; *Das kann dir auch ~!* Cela peut aussi t'arriver!/Ça te pend au nez!
blühend ['blyːənt] *adj 1.* fleuri; *2. (fig)* éclatant, florrissant
Blume ['bluːmə] *f 1.* fleur *f; 2. durch die ~ sprechen* parler á demi-mot
Blumenhändler(in) ['bluːmənhɛndlər(ɪn)] *m/f* fleuriste *m/f*
Blumenkohl ['bluːmənkoːl] *m GAST* chou-fleur *m*
Blumentopf ['bluːməntɔpf] *m* pot de fleurs *m*
Bluse ['bluːzə] *f* chemisier *m,* corsage *m*
Blut [bluːt] *n* sang *m; blaues ~ haben* avoir le sang bleu/avoir le sang noble; *~ geleckt haben* prendre goût à qc; *Er schwitzte ~ und Wasser.* Il a sué sang et eau. *~ sehen wollen*

vouloir voir couler du sang; *ins ~ gehen* exciter les sens/passer dans le sang; *Das liegt ihm im ~.* Il a ça dans le sang. *Ruhig ~!* Du calme!/Reste calme!/Restez calme!
Blüte ['blyːtə] *f 1.* fleur *f; 2. (fig)* prospérité *f; in der ~ seiner Jahre* à la fleur de l'âge/dans la fleur de l'âge
bluten ['bluːtən] *v* saigner
blutig ['bluːtɪç] *adj* sanglant
blutjung [bluːt'juŋ] *adj* tout jeune
Bö [bøː] *f* rafale *f*
bocken ['bɔkən] *v 1. (Tier)* se cabrer; *2. (schmollen)* faire grise mine
Boden ['boːdən] *m 1. (Erde)* sol *m,* terre *f; 2. (Fußboden)* sol *m,* plancher *m; 3. (Grund)* base *f,* fondement *m; 4. (fig) am ~ zerstört sein* être effondré/être déprimé; *festen ~ unter den Füßen haben* avoir les choses bien en main; *den ~ unter den Füßen verlieren* perdre pied/se troubler; *an ~ gewinnen* gagner du terrain; *wie Pilze aus dem ~ schießen* se développer rapidement/fleurir; *vor Scham im ~ versinken* mourir de honte/vouloir rentrer dans un trou de souris
bodenlos ['boːdənloːs] *adj 1.* sans fond; *2. (unerhört)* inouï
Bodenpersonal ['boːdənpɛrzonaːl] *n* personnel au sol *m*
Bodensee ['boːdənzeː] *m GEO* lac de Constance *m*
Bogen ['boːgən] *m 1. (Kurve)* courbe *f; einen ~ um etw machen* éviter qc; *jdn in hohem ~ hinauswerfen* flanquer qn à la porte/virer qn avec perte et fracas; *2. (Waffe)* arc *m; den ~ überspannen* trop tirer sur la ficelle/aller trop loin; *3. (Papier)* feuille de papier *f; 4. (im Straßenverlauf)* virage *m*
Bohne ['boːnə] *f 1. (Hülsenfrucht)* haricot *m,* fayot *m* (fam); *~n in den Ohren haben* ne pas écouter/ne pas faire attention; *2. (Kaffeebohne)* grain de café *m; 3. Nicht die ~.* Pas le moins du monde!
Bohnenstroh ['boːnənʃtroː] *n dumm wie ~ sein* être bête à manger du foin
bohren ['boːrən] *v* percer
Bombe ['bɔmbə] *f MIL* bombe *f*
Bombengeschäft ['bɔmbəngəʃɛft] *n (fam)* affaires juteuses *f/pl*
bombensicher [bɔmbən'zɪçər] *adj (fam)* sûr et certain
Bon [b ɔŋ] *m 1.* bon *m; 2. (Kassenbon)* bon de caisse *m*
Bonbon [bɔ̃'bɔ̃] *n* bonbon *m*
Bonze ['bɔntsə] *m (fam)* ponte *m,* bonze *m*
Boot [boːt] *n* bateau *m,* barque *f*
Bord[1] [bɔrt] *n (Brett)* étagère *f,* rayon *m*
Bord[2] [bɔrt] *m 1.* bord *m; an ~* à bord; *Mann über ~!* Un homme à la mer! *etw über ~ werfen (fig)* jeter qc par-dessus bord; *2. (Einfassung)* bord *m,* ceinture *f,* bordure *f*
Bordell [bɔr'dɛl] *n* bordel *m,* maison de tolérance *f*
Bordkarte ['bɔrtkartə] *f* carte d'embarquement *f*
borgen ['bɔrgən] *v 1. (verleihen)* prêter, faire crédit de; *2. (entleihen)* emprunter
Borke ['bɔrkə] *f* écorce d'arbre *f*
borniert [bɔr'niːrt] *adj* borné
Börse ['bœrzə] *f 1. (Geldbörse)* bourse *f,* porte-monnaie *m; 2. FIN* Bourse *f*
Borste ['bɔrstə] *f* soie *f*
Borte ['bɔrtə] *f* bord *m,* bordure *f*
bösartig ['bøːsartɪç] *adj 1.* mauvais; *2. MED* maligne
böse ['bøːzə] *adj 1. (verärgert)* fâché, irrité; *jdm ~ sein* en vouloir à qn; *2. (schlimm)* mauvais, méchant
boshaft ['boːshaft] *adj* méchant
Bosheit ['boːshaɪt] *f* méchanceté *f*
böswillig ['bøːsvɪlɪç] *adj* malveillant; *~es Verlassen* abandon *m*
botanisch [bo'taːnɪʃ] *adj* botanique
Bote ['boːtə] *m* messager *m,* porteur *m*
Botschaft ['boːtʃaft] *f 1. (Nachricht)* message *m,* nouvelle *f; 2. POL* ambassade *f*
Boulevardzeitung [bulə'vaːrtsaɪtuŋ] *f* presse à sensation *f*
Bowle ['boːlə] *f* vin mousseux aromatisé aux fruits *m*
boxen ['bɔksən] *v* donner des coups de poing, boxer
Boykott [bɔy'kɔt] *m* boycottage *m*
Branche ['brɑ̃ʃə] *f ECO* branche *f*
Brand [brant] *m* incendie *m*
Brandstiftung ['brantʃtɪftuŋ] *f* incendie volontaire *m*
Brandung ['branduŋ] *f* déferlement des vagues *m*
Branntwein ['brantvaɪn] *m* eau-de-vie *f*
braten ['braːtən] *v irr 1. (im Ofen)* faire rôtir; *2. (in Fett)* faire frire
Braten ['braːtən] *m* rôti *m; den ~ riechen (fig)* flairer un piège/sentir l'arnaque (fam)
Bratenfett ['braːtənfɛt] *n* graisse de rôti *f*
Bratenfleisch ['braːtənflaɪʃ] *n* rôti *m*
Bratensoße ['braːtənzoːsə] *f* jus de rôti *m*
Brathuhn ['braːthuːn] *n* poulet rôti *m*

Bratkartoffeln ['bra:tkartɔfəln] *pl* pommes de terre sautées *f/pl*
Bratpfanne ['bra:tpfanə] *f* poêle à frire *f*
Bratwurst ['bra:tvurst] *f* *GAST* saucisse grillée *f*
Brauch ['braux] *m* coutume *f*, usage *m*; *Das ist so ~.* C'est la coutume.
brauchbar ['brauxba:r] *adj* utilisable; *~e Kleider* vêtements mettables *m/pl*
brauchen ['brauxən] *v* *1. (nötig haben)* avoir besoin de; *2. (benutzen)* utiliser; *3. (müssen)* il faut
brauen ['brauən] *v* brasser
Brauerei [brauə'raɪ] *f* brasserie *f*
braun [braun] *adj* *1.* brun; *2. (sonnengebräunt)* bronzé
Bräune ['brɔynə] *f* bronzage *m*
bräunen ['brɔynən] *v* bronzer
Brause ['brauzə] *f* *1. (Dusche)* douche *f*; *2. (Getränk)* boisson gazeuse *f*
brausen ['brauzən] *v* *1. (duschen)* prendre une douche, se doucher; *2. (rasen)* passer en trombe, passer à grand fracas
Brausepulver ['brauzəpulvər] *n* poudre effervescente *f*
Braut [braut] *f* fiancée *f*, mariée *f*
Bräutigam ['brɔytɪgam] *m* fiancé *m*, marié *m*
Brautkleid ['brautklaɪt] *n* robe de mariée *f*
Brautpaar ['brautpa:r] *n* fiancés *m/pl*
brav [bra:f] *adj* brave, gentil, sage
bravo ['bra:vo] *interj* bravo
Brechbohne ['brɛçbo:nə] *f* *BOT* haricot vert *m*
Brecheisen ['brɛçaɪzən] *n* *TECH* pince-monseigneur *f*
brechen ['brɛçən] *v irr* *1. (ab~)* rompre, briser; *2. (fig: Vertrag)* rompre; *3. (sich übergeben)* vomir
Brei [braɪ] *m* bouillie *f*, purée *f*; *um den heißen ~ herumreden* tourner autour du pot; *jdm ~ ums Maul schmieren* cirer les bottes de qn/passer de la pommade à qn
breit [braɪt] *adj* *1.* large; *lang und ~* en long et en large; *sich ~ machen* faire l'important/s'implanter; *2. (ausgedehnt)* vaste, étendu; *3. (bei Stoffen)* ample
Breite ['braɪtə] *f* largeur *f*; *in die ~ gehen* forcir, engraisser
Breitengrad ['braɪtəngra:t] *m* *GEO* degré de latitude *m*
breittreten ['braɪttre:tən] *v irr (fig)* rabâcher
bremsen ['brɛmzən] *v* *1.* freiner; *2. sich ~ können* pouvoir se retenir
brennbar ['brɛnba:r] *adj* inflammable
brennen ['brɛnən] *v irr* *1.* brûler; *2. (Licht)* être allumé; *3. (Wunde)* cuire; *4. (Schnaps)* distiller
brenzlig ['brɛntslɪç] *adj* qui sent le brûlé, qui sent le roussi; *Die Sache wird ~.* L'affaire devient délicate.
Brett ['brɛt] *n* planche *f*; *ein ~ vor dem Kopf haben (fig)* être un imbécile/être bouché
Brezel ['bre:tsəl] *f* *GAST* bretzel *m*
Brief [bri:f] *m* lettre *f*; *jdm ~ und Siegel geben* promettre à qn/jurer à qn; *einen blauen ~ bekommen* redoubler une classe
Briefblock ['bri:fblɔk] *m* bloc de papier à lettre *m*
Briefkasten ['bri:fkastən] *m* boîte aux lettres *f*
Briefkopf ['bri:fkɔpf] *m* en-tête *m*
Briefmarke ['bri:fmarkə] *f* timbre *m*
Briefpapier ['bri:fpapi:r] *n* papier à lettre *m*
Brieftasche ['bri:ftaʃə] *f* portefeuille *m*
Briefträger ['bri:ftrɛ:gər] *m* facteur *m*
Briefumschlag ['bri:fumʃla:k] *m* enveloppe *f*
Brikett [bri'kɛt] *n* briquette *f*
brillant [brɪl'jant] *adj* brillant
Brillant [brɪl'jant] *m* brillant *m*
Brille ['brɪlə] *f* lunettes *f/pl*
Brillenträger(in) ['brɪləntrɛ:gər(ɪn)] *m/f* personne qui porte des lunettes *f*
bringen ['brɪŋən] *v irr* *1.* apporter, porter, amener; *2. (Gewinn)* rapporter; *3. (begleiten)* mettre, accompagner; *4. (veröffentlichen)* publier, faire paraître
brisant [bri'zant] *adj* brûlant
Brise ['bri:zə] *f* brise *f*
Brite ['bri:tə] *m* Britannique *m*
Britin ['bri:tɪn] *f* Britannique *f*
britisch ['bri:tɪʃ] *adj* britannique
bröckeln ['brœkəln] *v* émietter, s'émietter
Brocken ['brɔkən] *m* *1.* morceau *m*, fragment *m*; *2. (fam: Bissen)* bouchée *f*; *3. (einer Fremdsprache)* bribe *f*
brodeln ['bro:dəln] *v* bouillonner, bouillir
Brombeere ['brɔmbe:rə] *f* *BOT* mûre *f*
Brosche ['brɔʃə] *f* broche *f*
Broschüre [brɔ'ʃy:rə] *f* brochure *f*
Brot [bro:t] *n* pain *m*
Brotaufstrich ['bro:taufʃtrɪç] *m* pâte à tartiner *f*
Brötchen ['brø:tçən] *n* petit pain *m*

Broterwerb ['bro:tɛrvɛrp] *m (fam)* gagne-pain *m*
Brotkruste ['bro:tkrustə] *f* croûte *f*
Brotlaib ['bro:tlaɪp] *m* miche *f*
brotlos ['bro:tlo:s] *adj* ingrat
Brotscheibe ['bro:tʃaɪbə] *f* tranche de pain *f*
Browser ['braʊzə] *m INFORM* système de recherche au hasard *m*
Bruch [brux] *m* rupture *f; zu ~ gehen* se casser/se briser
brüchig ['bryçɪç] *adj* cassant
Bruchlandung ['bruxlanduŋ] *v eine ~ machen* faire de la casse
Bruchschaden ['bruxʃa:dən] *m* bris *m*
Bruchteil ['bruxtaɪl] *m* fraction *f*
Brücke ['brykə] *f 1.* pont *m; alle ~n hinter sich abbrechen* brûler ses vaisseaux/couper les ponts/brûler les ponts derrière soi; *2. (Teppich)* carpette *f*
Bruder ['bru:dər] *m* frère *m*
brüderlich ['bry:dərlɪç] *adj* fraternel
Brüderschaft ['bry:dərʃaft] *f mit jdm ~ trinken* trinquer à l'amitié
Brühe ['bry:ə] *f* bouillon *m*
brüllen ['brylən] *v 1.* hurler, vociférer; *zum Brüllen sein* être à hurler de rire; *Er brüllt wie am Spieß.* Il crie comme un sourd. *2. (Tiere, Wind)* mugir
brummen ['brumən] *v* bougonner, bourdonner
brummig ['brumɪç] *adj* grognon
brünett [bry'nɛt] *adj* brun
Brunnen ['brunən] *m* fontaine *f,* puits *m*
brüsk ['brysk] *adj* brusque
brüskieren [brys'ki:rən] *v* brusquer
Brust [brust] *f* poitrine *f; mit geschwellter ~* fier comme un Artaban; *sich einen zur ~ nehmen (fig)* s'enfiler un petit verre d'alcool/picoler (fam)
brüsten ['brystən] *v sich ~* fanfaronner, bomber le torse; *sich mit etw ~* faire étalage de qc
Brüstung ['brystuŋ] *f* parapet *m*
brutal [bru'ta:l] *adj* brutal
Brutalität [brutalɪ'tɛ:t] *f* brutalité *f*
brüten ['bry:tən] *v 1.* couver; *2. über etw ~ (fig)* méditer qc
brutto ['bruto] *adj* brut
BSE [be:ɛs'e:] *n* maladie de la vache folle *f*
Bub [bu:b] *m* garçon *m,* gars *m,* gamin *m*
Buch [bu:x] *n* livre *m; wie ein ~ reden* parler comme un moulin; *wie es im ~e steht* comme dans les livres; *Das ist für mich ein ~ mit sieben Siegeln.* C'est pour moi un vrai mystère. *Er ist für mich ein offenes ~.* Je le connais comme si je l'avais fait.
Buchbinder ['bu:xbɪndər] *m* relieur *m*
buchen ['bu:xən] *v* comptabiliser
Bücherei [by:çə'raɪ] *f* bibliothèque *f*
Bücherregal ['by:çərrega:l] *n* rayon *m*
Bücherschrank ['by:çərʃraŋk] *m* bibliothèque *f*
Buchhalter(in) ['bu:xhaltər(ɪn)] *m/f ECO* comptable *m/f*
Buchhaltung ['bu:xhaltuŋ] *f ECO* comptabilité *f*
Buchhandel ['bu:xhandəl] *m* commerce du livre *m*
Buchhändler(in) ['bu:xhɛndlər(ɪn)] *m/f* libraire *m/f*
Buchhandlung ['bu:xhandluŋ] *f* librairie *f*
Büchse ['byksə] *f 1.* boîte de conserve *f; 2. (Gewehr)* fusil *m*
Büchsenöffner ['byksənœfnər] *m* ouvre-boîte *m*
Buchstabe ['bu:xʃta:bə] *m* lettre *f; großer ~* lettre majuscule *f,* capitale *f; kleiner ~* lettre minuscule *f; sich auf seine vier ~n setzen* poser ses fesses
buchstabieren [bu:xʃta'bi:rən] *v* épeler
buchstäblich ['bu:xʃtɛ:plɪç] *adj* littéral
Bucht [buxt] *f* baie *f*
Buchung ['bu:xuŋ] *f (Reservierung)* commande *f*
bücken ['bykən] *v sich ~* se baisser, se courber
Bude ['bu:də] *f 1. (Geschäft)* boutique *f,* échoppe *f; 2. (fam: Zimmer)* chambre d'étudiant *f,* piaule *f*; *jdm auf die ~ rücken* tomber sur le paletot de qn; *jdm die ~ einrennen* ne plus lâcher les baskets à qn; *eine sturmfreie ~ haben* être pénard dans sa piaule; *die ~ auf den Kopf stellen* faire une fête de tous les diables; *Mir fällt die ~ auf den Kopf.* Je craque./Je n'y arrive plus!
Büfett [by'fe:] *n* buffet *m*
büffeln ['byfəln] *v (pauken)* travailler dur, bosser (fam)
Bügel ['by:gəl] *m 1. (Kleiderbügel)* cintre *m,* porte-manteau *m; 2. (Steigbügel)* étrier *m*
Bügelbrett ['by:gəlbrɛt] *n* planche à repasser *f*
Bügeleisen ['by:gəlaɪzən] *n* fer à repasser *m*
Bügelfalte ['by:gəlfaltə] *f* pli *m*

bügelfrei ['byːgəlfraɪ] *adj* qui ne se repasse pas
bügeln ['byːgəln] *v* repasser, passer un coup de fer
Bühne ['byːnə] *f* scène *f,* théâtre *m; etw glatt über die ~ bringen* réussir qc/régler qc sans problème; *über die ~ sein* être rêglé/être torché (fam)
Buhruf ['buːruːf] *m* huée *f*
Bulle ['bulə] *m 1. ZOOL* taureau *m; 2. (fam: Polizist)* flic *m,* cognes *m/pl; 3. (Hund) ZOOL* dogue *m*
bullig ['bulɪç] *adj* trapu
Bummel ['buməl] *m* balade *f*
bummeln ['buməln] *v 1.* se balader; *2. (flanieren)* flâner, traîner
Bummelzug ['buməltsuːk] *m* train de banlieue *m*
Bums [bums] *m* boum *m,* crac *m; Bums!* Boum!/Patatras!
bumsen ['bumzən] *v 1. (stoßen)* heurter en faisant boum; *2. (fam)* baiser, coucher ensemble
Bund [bunt] *m 1. (Rockbund)* ceinture *f; 2. (Schlüsselbund)* trousseau *m; 3. (Verbindung)* liaison *f; den ~ fürs Leben schließen* se marier; *mit jdm im ~e stehen* être de mèche avec qn
Bündchen ['byntçən] *n* petit bandeau *m*
Bündel ['byndəl] *n* faisceau *m,* petit paquet *m*
Bundes... ['bundəs] *pref* fédéral
Bundesbahn ['bundəsbaːn] *f* société des chemins de fer fédéraux *f,* chemins de fer allemands *m/pl*
Bundesbank ['bundəsbaŋk] *f* banque centrale d'Allemagne *f*
bündig ['byndɪç] *adj (kurz)* concis, bref
Bungalow ['buŋgalo] *m* bungalow *m*
bunt [bunt] *adj 1.* multicolore, de toutes les couleurs, bariolé; *2. Mir wird es jetzt zu ~!* Ç'en est trop!/C'est trop fort!
Buntstift ['buntʃtɪft] *m* crayon de couleur *m*
Buntwäsche ['buntvɛʃə] *f* linge de couleur *m*
Burg [burk] *f* château fort *m,* château *m*
bürgen ['byrgən] *v für jdn ~* se porter garant pour qn
Bürger(in) ['byrgər(ɪn)] *m/f* citoyen(ne) *m/f*
bürgerlich ['byrgərlɪç] *adj 1. (mittelständisch)* bourgeois; *2. (gesetzlich) JUR* civil
Bürgermeister(in) ['byrgərmaɪstər(ɪn)] *m/f* maire *m*
Bürgersteig ['byrgərʃtaɪk] *m* trottoir *m*
Burgfriede ['burkfriːdə] *m (fig)* trêve *f*
Büro [by'roː] *n* bureau *m*
Büroangestellte(r) [by'roːangəʃtɛltə(r)] *m/f* employé(e) de bureau *m/f*
Büroarbeit [by'roːarbaɪt] *f* travail de bureau *m*
Bürobedarf [by'roːbədarf] *m* équipement de bureau *m*
Büroklammer [by'roːklamər] *f* trombone *m*
Bürokratie [byrokra'tiː] *f* bureaucratie *f*
bürokratisch [byro'kraːtɪʃ] *adj* bureaucratique
Büromaschine [by'roːmaʃiːnə] *f* machine à écrire *f*
Büroraum [by'roːraum] *m* bureau *m*
Büroschluss [by'roːʃlus] *m* fermeture des bureaux *f*
Bursche ['burʃə] *m* garçon *m,* jeune homme *m*
burschikos [burʃi'koːs] *adj* sans façons
Bürste ['byrstə] *f* brosse *f*
bürsten ['byrstən] *v* brosser
Bus [bus] *m* bus *m,* autobus *m,* car *m*
Busbahnhof ['busbaːnhoːf] *m* gare routière *f*
Busch [buʃ] *m 1.* buisson *m; 2. (Urwald)* brousse tropicale *f,* forêt vierge *f; 3. Da ist etw im ~. (fig)* Il y a anguille sous roche.
Büschel ['byʃəl] *n 1.* poignée *f; 2. (Haarbüschel)* touffe *f,* toupet *m*
Busen ['buːzən] *m ANAT* sein *m; am ~ der Natur* en plein air
Busfahrer(in) ['busfaːrər(ɪn)] *m/f* conducteur d'autobus/conductrice d'autobus *m/f,* conducteur de car/conductrice de car *m/f*
Bushaltestelle ['bushaltəʃtɛlə] *f* arrêt de bus *m*
Buße ['buːsə] *f* amende *f,* pénitence *f*
büßen ['byːsən] *v* expier
Bußgeld ['buːsgɛlt] *n* amende *f*
Büste ['byːstə] *f* buste *m,* poitrine *f*
Büstenhalter ['byːstənhaltər] *m* soutien-gorge *m*
Butter ['butər] *f* beurre *m; sich nicht die ~ vom Brot nehmen lassen* ne pas se laisser tondre la laine sur le dos; *Alles in ~.* Tout se passe bien./Ça baigne. (fam)
Butterbrot ['butərbroːt] *n* tartine de pain beurrée *f; für ein ~* pour une bouchée de pain; *jdm etw aufs ~ schmieren* resservir qc à qn/reprocher qc à qn
Butterdose ['butərdoːzə] *f* beurrier *m*

C

Café [ka'feː] *n* café *m*
Cafeteria [kafete'riːa] *f* cafétéria *f*
Camembert [kamã'bɛːr] *m* camembert *m*
campen ['kɛmpən] *v* camper, faire du camping
Camper ['kɛmpər] *m* campeur *m*
Camping ['kɛmpɪŋ] *n* camping *m*
Campingausrüstung ['kɛmpɪŋausrystuŋ] *f* matériel de camping *m*
Campingplatz ['kɛmpɪŋplats] *m* terrain de camping *m*
CD-ROM [tseːdeː'rɔm] *f* *INFORM* CD-ROM *m*
CD-Spieler [tse'deːʃpiːlər] *m* lecteur de disques compacts *m,* lecteur de compact-discs *m*
Celsiusgrad ['tsɛlzjusgraːt] *m* *PHYS* degré Celsius *m*
Champagner [ʃam'panjər] *m* champagne *m*
Champignon ['ʃampɪnjɔ̃] *m* *BOT* champignon de couche *m,* champignon de Paris *m*
Champion ['tʃæmpɪən] *m* *SPORT* champion *m*
Chance ['ʃɑ̃sə] *f* chance *f*
Chancengleichheit ['ʃɑ̃sənglaɪçhaɪt] *f* égalité des chances *f*
Chaos ['kaːɔs] *n* chaos *m*
chaotisch [ka'oːtɪʃ] *adj* chaotique, anarchique
Charakter [ka'raktər] *m* caractère *m; verträglicher ~* caractère facile *m*
charakterfest [ka'raktərfɛst] *adj* d'un caractère ferme
charakterisieren [karaktəri'ziːrən] *v* caractériser
charakteristisch [karaktər'ɪstɪʃ] *adj* caractéristique
charakterlos [ka'raktərloːs] *adj* sans caractère
Charakterschwäche [ka'raktərʃvɛçə] *f* faiblesse de caractère *f*
Charakterstärke [ka'raktərʃtɛrkə] *f* force de caractère *f*
Charakterzug [ka'raktərtsuːk] *m* trait de caractère *m*
charmant [ʃar'mant] *adj* charmant
Charme ['ʃarm] *m* charme *m*
Charterflug ['tʃartərfluːk] *m* vol charter *m*
Chauffeur [ʃɔ'føːr] *m* chauffeur *m*
Chauvinismus [ʃovi'nɪsmus] *m* chauvinisme *m*
chauvinistisch [ʃovi'nɪstɪʃ] *adj* chauvin
Chef(in) [ʃɛf/'ʃɛfɪn] *m/f* chef *m*
Chefredakteur(in) ['ʃɛfredaktøːr(ɪn)] *m/f* rédacteur en chef/rédactrice en chef *m/f*
Chefsekretär(in) ['ʃɛfzekretɛːr(ɪn)] *m/f* secrétaire de direction *m/f*
Chemikalie [çemɪ'kaːljə] *f* produit chimique *m*
chemisch ['çeːmɪʃ] *adj* chimique; *~e Reinigung* pressing *m*
Chicorée *(siehe „Schikoree")*
Chiffre ['ʃɪfrə] *f* *(Geheimzahl)* chiffre *m; unter ~* sous le numéro
Chip [tʃɪp] *m 1. (Spielchip)* jeton *m; 2. ~s pl (Kartoffelchips)* chips *m/pl*
Chipkarte ['tʃɪpkartə] *f* carte à puce *f*
Chirurg(in) [çi'rurg(ɪn)] *m/f* *MED* chirurgien(ne) *m/f*
Chirurgie [çirur'giː] *f* chirurgie *f*
Chor [koːr] *m* chœur *m*
Christbaum ['krɪstbaum] *m* arbre de Noël *m,* sapin de Noël *m*
Christkind ['krɪstkɪnt] *n das ~* l'enfant Jésus *m*
christlich ['krɪstlɪç] *adj* *REL* chrétien
Christus ['krɪstus] *m* *REL* Jésus-Christ *m,* Jésus *m,* Christ *m*
Chronik ['kroːnɪk] *f* chronique *f*
chronisch ['kroːnɪʃ] *adj* chronique
chronologisch [krono'loːgɪʃ] *adj* chronologique
circa ['tsɪrka] *adv* environ, à peu près
Clique ['klɪkə] *f 1.* clique *f,* coterie *f; 2. (im positiven Sinne)* clan *m*
Clou [kluː] *m* clou *m*
Clown [klaun] *m* clown *m*
Cocktail ['kɔkteɪl] *m* cocktail *m*
Comic ['komɪk] *m* bande dessinée *f,* bédé *f*
Computer [kom'pjuːtər] *m* *INFORM* ordinateur *m*
Computervirus [kom'pjuːtərviːrus] *n* virus informatique *m*
Container [kɔn'teɪnər] *m* conteneur *m*
Cousin(e) [ku'zɛ̃/ku'ziːnə] *m/f* cousin(e) *m/f*
Creme ['kreːmə] *f* crème *f*
Cyberspace ['saɪbərspeɪs] *m* *INFORM* espace cybernétique *m,* cyberespace *m*

D

da [daː] *adv 1. (örtlich)* là, ici; ~ *sein* être présent, être là; *2. (zeitlich)* alors; *konj 3.* comme, puisque, étant donné que

dabei [da'baɪ] *adv 1. (örtlich)* auprès, y; ~ *sein* y être, participer, en être; *Ich bin ~.* Je suis de la partie. *2. (zeitlich)* en même temps

dabeihaben [da'baɪhaːbən] *v irr etw ~ (fig: mit sich führen)* porter qc

dableiben ['daːblaɪbən] *v irr* rester auprès de, demeurer

Dach [dax] *n 1.* toit *m,* toiture *f; unter einem ~ wohnen* vivre sous le même toit; *kein ~ über dem Kopf haben* ne pas avoir de toit sur la tête/n'avoir ni feu ni lieu; *2. (fig) eins aufs ~ bekommen* se prendre une claque; *Ich werde dir aufs ~ steigen.* Tu vas entendre parler du pays./Tu vas voir de quel bois je me chauffe.

Dachständer ['daxsʃtɛndər] *m* galerie *f*

Dachstuhl ['daxsʃtuːl] *m* charpente du toit *f*

Dachziegel ['daxtsiːgəl] *m* tuile *f*

dadurch ['daːdurç] *adv 1. (örtlich)* par là, par ici; *2. (folglich)* en conséquence, par ce fait; *3. (auf diese Weise)* de cette façon, ainsi

dafür [da'fyːr] *adv 1.* pour cela; *etw ~ können (schuldig sein)* être coupable de qc; *Ich kann nichts ~.* Je n'y puis rien. *2. (anstatt)* à la place, en revanche, au lieu de cela; *3. (als Ausgleich)* en échange

dagegen [da'geːgən] *adv 1. (örtlich)* contre cela, à cela; *2. (im Vergleich)* en comparaison, auprès de cela; *3. (dafür)* en échange, en retour; *konj 4.* en revanche, au contraire, par contre

daheim [da'haɪm] *adv* à la maison, chez-soi

Daheim [da'haɪm] *n* chez-soi *m*

daher [da'heːr] *adv 1. (örtlich)* de là, de ce côté; *2. (kausal)* de là, d'où; *konj 3.* c'est pourquoi, à cause de cela

dahin [da'hɪn] *adv* là, là-bas

dahingegen [dahɪn'geːgən] *konj* tandis que, au lieu que, au lieu de

dahingehend ['daːhɪngeːənt] *adv* en ce sens

dahinter [da'hɪntər] *adv 1.* derrière, là derrière; *2. ~ kommen* éclaircir la chose; *3. ~ stecken (örtlich)* être caché derrière; *4. ~ stecken (fig)* être l'instigateur de; *Da steckt etw dahinter.* Il y a qc là-dessous.

dalassen ['daːlasən] *v irr* laisser sur place, ne pas toucher à

damalig ['daːmalɪç] *adj* de ce temps-là, d'alors

damals ['daːmals] *adv* en ce temps-là, dans le temps, alors, à cette époque

Dame ['daːmə] *f* dame *f,* grande dame *f; eine ~ von Welt sein* être une femme du monde

Damenbinde ['daːmənbɪndə] *f* serviette hygiénique *f*

damit [da'mɪt] *adv 1.* avec cela; *2. (dadurch)* par là, par ce moyen; *konj 3.* afin de, afin que, pour que

dämlich ['dɛːmlɪç] *adj (fam)* stupide, idiot

Damm [dam] *m 1.* digue *f,* barrage *m; 2. (Hafen)* quai *m; 3. auf dem ~ sein (fig)* avoir la forme

dämmen ['dɛmən] *v 1.* isoler du froid; *2. (Fluss)* endiguer

dämmerig ['dɛmərɪç] *adj* crépusculaire; *Es wird ~.* La nuit tombe.

dämmern ['dɛmərn] *v 1. (morgens)* poindre; *2. (abends)* tomber

Dämmerung ['dɛməruŋ] *f 1. (Morgendämmerung)* aube *f; 2. (Abenddämmerung)* crépuscule *m*

Dämon ['dɛːmɔn] *m* démon *m*

dämonisch [dɛ'moːnɪʃ] *adj* démoniaque

Dampf [dampf] *m* vapeur *f; ~ hinter etw machen* mettre le turbo à qc/accélérer qc; *~ ablassen* éclater/laisser sortir la vapeur

dampfen ['dampfən] *v* dégager de la vapeur

dämpfen ['dɛmpfən] *v 1. (Lärm)* étouffer, isoler; *2. TECH* amortir

Dampfer ['dampfər] *m* bateau à vapeur *m; auf dem falschen ~ sein (fig)* se fourrer le doigt dans l'œil

Dampfkessel ['dampfkɛsəl] *m* chaudière à vapeur *f*

Dampfkochtopf ['dampfkɔxtɔpf] *m* autocuiseur *m*

Dampfmaschine ['dampfmaʃiːnə] *f* machine à vapeur *f*

Dämpfung ['dɛmpfuŋ] *f 1. (Verringerung)* atténuation *f; 2. (von Lärm)* isolation *f; 3. TECH* amortissement *m*

danach [da'naːx] *adv 1. (zeitlich)* après, après cela, après quoi; *2. (dementsprechend)* d'après, suivant, conformément à cela

Däne ['dɛːnə] *m* Danois *m*

daneben [da'neːbən] *adv 1. (örtlich)* à côté; *2. (außerdem)* en plus, en outre

danebenbenehmen [da'neːbənbəneːmən] *v irr sich ~ (fam)* se conduire mal, faire une gaffe
danebenliegen [da'neːbənliːgən] *v irr (fig)* se tromper
dänisch ['dɛːnɪʃ] *adj* danois
dank [daŋk] *prep* grâce à
Dank [daŋk] *m* remerciement *m; Haben Sie ~, dass Sie gekommen sind.* Merci d'être venu. *jdm ~ abstatten* rendre grâce à qn
dankbar ['daŋkbaːr] *adj 1.* reconnaissant; *adv 2.* avec reconnaissance
Dankbarkeit ['daŋkbaːrkaɪt] *f* reconnaissance *f*
danke ['daŋkə] *adv* merci, merci bien
danken ['daŋkən] *v* remercier; *jdm für etw ~* remercier qn de qc; *Ich weiß nicht, wie ich Ihnen ~ soll.* Je ne sais comment vous remercier.
dankenswert ['daŋkənsveːrt] *adj* digne de reconnaissance
Dankeschön ['daŋkəʃøːn] *n* remerciement *m*
Danksagung ['daŋkzaːguŋ] *f* remerciement *m*
Dankschreiben ['daŋkʃraɪbən] *n* lettre de remerciements *f*
dann [dan] *adv 1.* ensuite, alors, en outre; *~ und wann* par intervalles; *2. (in dem Falle)* dans ce cas
daran [da'ran] *adv* y, à cela; *Ich denke ~.* J'y pense. *Daran hängt dein Glück.* De cela dépend ta fortune. *Da ist etw Wahres dran.* Il y a du vrai là-dedans. *dran glauben müssen (fam)* y passer/mourir; *gut ~ tun* faire bien de
darangehen [da'rangeːən] *v irr* s'y mettre
daranhalten [da'ranhaltən] *v irr sich ~* s'en tenir à
daransetzen [da'ranzɛtsən] *v* s'empresser de
darauf [da'rauf] *adv 1. (örtlich)* là-dessus, sur cela; *2. (zeitlich)* ensuite, après; *~ folgend* suivant; *am ~ folgenden Tag* le lendemain; *3. (folglich)* en conséquence, par conséquent
daraufhin [darauf'hɪn] *adv 1. (zeitlich)* là-dessus; *2. (folglich)* d'après cela
daraus [da'raus] *adv* de là, de celà
darbieten ['daːrbiːtən] *v irr 1. (anbieten)* offrir; *2. (aufführen)* présenter
Darbietung ['daːrbiːtuŋ] *f 1. (Angebot)* offre *f; 2. (Aufführung)* présentation *f*
darin [da'rɪn] *adv 1. (örtlich)* là-dedans, dedans, y; *2. (diesbezüglich)* en cela, en quoi
darlegen ['daːrleːgən] *v* exposer, faire voir
Darlegung ['daːrleːguŋ] *f* exposition *f*
darstellen ['daːrʃtɛlən] *v 1. (beschreiben)* représenter, décrire; *2. (fig: bedeuten)* figurer
Darstellung ['daːrʃtɛluŋ] *f (Beschreibung)* description *f*
darüber [da'ryːbər] *adv 1. (örtlich)* au-dessus, dessus; *~ stehen* être au-dessus de; *2. ~ hinaus* au delà; *3. ~ stehen (fig)* ne pas être touché par; *4. Darüber sind wir uns einig.* Nous sommes d'accord là-dessus.
darum [da'rum] *adv 1. (örtlich)* autour; *konj 2. (kausal)* c'est la raison pour laquelle, c'est pourquoi, c'est pour cela que
darunter [da'runtər] *adv 1. (örtlich)* là-dessous, au-dessous; *Da geht alles drunter und drüber.* C'est le cirque complet. *2. (mengenmäßig)* parmi, en; *~ fallen (fig)* compter parmi
das [das] *art 1.* le; *pron 2. (relativ)* qui; *3. (demonstrativ)* ce, ceci, cela, ça; *Auch ~ noch.* Il ne manque plus que ça.
Dasein ['daːzaɪn] *n* existence *f*
dasitzen ['daːzɪtsən] *v irr* être assis, ne rien faire
dasjenige ['dasjeːnɪgə] *pron* celui qui
dass [das] *konj* que
dasselbe [das'zɛlbə] *pron* la même chose
dastehen ['daːʃteːən] *v irr* être là, être debout; *mit offenem Munde ~* rester planté là
Datei [da'taɪ] *f* fichier *m*
Daten ['daːtən] *pl* données *f/pl*
Datenautobahn ['daːtənautobaːn] *f INFORM* autoroute de l'information *f*
Datenbank ['daːtənbaŋk] *f INFORM* banque de données *f*
Datenschutz ['daːtənʃuts] *m* protection des données personnelles *f*
datieren [da'tiːrən] *v* dater, mettre une date
Dativ ['daːtiːf] *m GRAMM* datif *m*
Datum ['daːtum] *n* date *f*
Dauer ['dauər] *f* durée *f*
dauerhaft ['dauərhaft] *adj 1. (anhaltend)* durable; *2. (widerstandsfähig)* solide
Dauerkarte ['dauərkartə] *f* carte d'abonnement *f*
dauern ['dauərn] *v* durer; *Das wird drei Stunden ~.* Nous en avons pour trois heures. *lange ~* faire long feu
dauernd ['dauərnt] *adj 1.* constant, durable; *adv 2.* constamment, en permanence
Dauerwelle ['dauərvɛlə] *f* permanente *f*
Däumchen ['dɔymçən] *n ~ drehen* se tourner les pouces
davon [da'fɔn] *adv 1. (örtlich)* de là, en, par; *2. (Teil von etw)* en; *Nimm ~!* Prends-en!

davonkommen [da'fɔnkɔmən] *v irr (fig)* s'en tirer
davonlaufen [da'fɔnlaufən] *v irr* s'enfuir
davontragen [da'fɔntra:gən] *v irr 1. (wegtragen)* emporter; *2. (fig: Schaden)* être responsable de; *3. (fig: Sieg)* emporter
davor [da'fo:r] *adv 1. (örtlich)* devant; *2. (zeitlich)* avant
dazu [da'tsu:] *adv 1.* à cela, auprès de cela; *2. (Zweck)* pour cela, à cet effet; *3. (außerdem)* en plus, de plus, en outre
dazugehören [da'tsu:gəhø:rən] *v* faire partie de, être du nombre
dazugehörig [da'tsu:gəhø:rıç] *adj* y appartenant
dazukommen [da'tsu:kɔmən] *v irr* s'ajouter à; *was noch dazu kommt ...* qui plus est ...
dazutun [da'tsu:tu:n] *v irr* y mettre du sien
dazuverdienen [da'tsu:fɛrdi:nən] *v* gagner de l'argent en plus
dazwischen [da'tsvıʃən] *adv 1. (örtlich)* entre cela; *2. (zeitlich)* entre temps, d'ici là
dazwischenkommen [da'tsvıʃənkɔmən] *v irr 1. (fig)* survenir entre temps; *2. (Ereignis)* s'interposer
dazwischenliegen [da'tsvıʃənli:gən] *v irr* se trouver au milieu
dazwischentreten [da'tsvıʃəntre:tən] *v irr* intervenir
Debatte [de'batə] *f* débat *m,* discussion *f*
debattieren [deba'ti:rən] *v ~ über* débattre de
Debüt [de'by:] *n* début *m*
Deck [dɛk] *n NAUT* pont *m*
Decke ['dɛkə] *f 1. (Bettdecke)* couverture *f; mit jdm unter einer ~ stecken* être de connivence avec qn; *2. (Tischdecke)* nappe *f; 3. (Zimmerdecke)* plafond *m; sich nach der ~ strecken* s'adapter aux circonstances/faire avec (fam); *vor Freude an die ~ springen* sauter de joie/bondir de joie; *an die ~ gehen* se mettre en colère/éclater; *Mir fällt langsam die ~ auf den Kopf.* Je commence à craquer./Je ne tiens plus.
Deckel ['dɛkəl] *m 1.* couvercle *m; 2. eins auf den ~ bekommen (fig)* se faire sonner les cloches, se faire remettre à sa place
decken ['dɛkən] *v 1. (zu~)* couvrir, recouvrir; *2. den Tisch ~* mettre la table, mettre le couvert; *3. jdn ~ (fig)* couvrir qn
Deckenbeleuchtung ['dɛkənbəlɔyçtuŋ] *f* plafonnier *m*
Deckung ['dɛkuŋ] *f 1. MIL* couvert *m; in ~ gehen* se mettre à couvert; *2. (fig: Schutz)* protection *f*
defekt [de'fɛkt] *adj* défectueux, détérioré
Defekt [de'fɛkt] *m* défaut *m*
defensiv [defɛn'zi:f] *adj* défensif
Defensive [defɛn'zivə] *f* défensive *f; in der ~ bleiben* rester sur la défensive
definieren [defı'ni:rən] *v* définir
Definition [defını'tsjo:n] *f* définition *f*
definitiv [defını'ti:f] *adj* définitif
deftig ['dɛftıç] *adj 1. (Mahlzeit)* consistant; *2. (Witz)* grossier
Degen ['de:gən] *m* épée *f*
dehnbar ['de:nba:r] *adj 1.* extensible; *2. (fig)* mal défini
dehnen ['de:nən] *v 1. (strecken)* tendre; *2. (verlängern)* allonger; *3. (erweitern)* élargir
Dehnung ['de:nuŋ] *f 1. (Streckung)* extension *f; 2. (Verlängerung)* allongement *m; 3. (Erweiterung)* élargissement *m*
Deich [daıç] *m* digue *f*
Deichsel ['daıksəl] *f* timon *m*
dein(e) [daın/'daınə] *pron (maskulin)* ton; *(feminin)* ta; *(Plural)* tes
deinerseits ['daınərzaıts] *adv* de ta part, de ton côté
deinesgleichen ['daınəs'glaıçən] *pron* ton semblable/ta semblable/tes semblables
deinetwegen ['daınətve:gən] *adv* à cause de toi, par amour pour toi
deinige ['daınigə] *pron 1. der/die/das deinige* le tien/la tienne; *2. (feminin Plural)* les tiennes; *3. (maskulin Plural)* les tiens
dekadent [deka'dɛnt] *adj* décadent
Dekadenz [deka'dɛnts] *f* décadence *f*
Dekan [de'ka:n] *m* doyen *m*
deklarieren [dekla'ri:rən] *v* déclarer
deklassieren [dekla'si:rən] *v* déclasser
deklinieren [dekli'ni:rən] *v* décliner
Dekor [de'ko:r] *n* décor *m*
Dekorateur(in) [dekɔra'tø:r(ın)] *m/f* décorateur/décoratrice *m/f*
Dekoration [dekɔra'tsjo:n] *f* décoration *f*
dekorativ [dekɔra'ti:f] *adj* décoratif
dekorieren [deko'ri:rən] *v* décorer
delegieren [dele'gi:rən] *v* déléguer
delikat [delı'ka:t] *adj GAST* délicat, fin
Delikatesse [delıka'tɛsə] *f 1. GAST* friandise *f; 2. (fig)* délicatesse *f*
Delikatessengeschäft [delıka'tɛsəngəʃɛft] *n* épicerie fine *f*
Delle ['dɛlə] *f* bosselure *f,* enfoncement *f*
dem [de:m] *art* au

dementieren [demɛn'tiːrən] *v* démentir
dementsprechend ['deːmɛntʃprɛçənt] *adj 1.* conforme; *adv 2.* conformément à cela
demgemäß ['deːmgəmɛːs] *adv* en conséquence
demnach ['deːmnax] *adv* d'après cela, en conséquence
demnächst ['deːmnɛːçst] *adv* sous peu, prochainement; *Bis ~!* A un de ces jours!
Demografie [demogra'fiː] *f* démographie *f*
demografisch [demo'grafɪʃ] *adj* démographique
demolieren [demo'liːrən] *v* démolir
Demonstration [demɔnstra'tsjoːn] *f 1. (Darlegung)* démonstration *f; 2. POL* manifestation *f*
demonstrativ [demɔnstra'tiːf] *adj* démonstratif
demonstrieren [demɔn'striːrən] *v 1. (darlegen)* démontrer; *2. POL* manifester
demontieren [demɔn'tiːrən] *v* démonter
demselben [deːm'zɛlbən] *pron* au même
Demut ['deːmuːt] *f* humilité *f*
demütig ['deːmyːtɪç] *adj* humble
demütigen ['deːmyːtɪgən] *v* humilier
demzufolge ['deːmtsu'fɔlgə] *adv* en conséquence
den [deːn] *art* le
Denkart ['dɛŋkaːrt] *f* façon de penser *f*
denkbar ['dɛŋkbaːr] *adj* pensable
denken ['dɛŋkən] *v irr an jdn ~* penser à qn; *Man denkt auch nicht an alles.* On ne s'avise jamais de tout. *Ich werde daran ~.* J'en prends bonne note. *jdm zu ~ geben* donner à penser à qn/faire réfléchir qn; *Wo denkst du hin?* N'importe quoi! *Ich denke nicht daran!* Il n'en est pas question!/C'est hors de question!
Denken ['dɛŋkən] *n* pensée *f*
Denkfähigkeit ['dɛŋkfɛːɪçkaɪt] *f* capacité de penser *f*
denkfaul ['dɛŋkfaul] *adj* qui pense peu
Denkfehler ['dɛŋkfeːlər] *m* erreur de raisonnement *f*
Denkmal ['dɛŋkmaːl] *n* monument *m; sich ein ~ setzen* faire qc pour la postérité
Denkpause ['dɛŋkpauzə] *f* pause de réflexion *f*
Denkschrift ['dɛŋkʃrɪft] *f* mémoire *m*
denkste ['dɛŋkstə] *interj (fam)* pas question, bernique
Denkvermögen ['dɛŋkfərmøːgən] *n* faculté de penser *f*
denkwürdig ['dɛŋkvyrdɪç] *adj* mémorable
Denkzettel ['dɛŋktsɛtəl] *m (fig)* avertissement *m; jdm einen ~ verpassen* donner une leçon à qn
denn [dɛn] *konj* car, en effet
dennoch ['dɛnɔx] *konj* cependant
Deodorant [deodɔ'rant] *n* déodorant *m*
Deponie [depo'niː] *f* décharge *f,* dépôt *m*
deponieren [depo'niːrən] *v* déposer
deportieren [depɔr'tiːrən] *v* déporter
Depot [de'poː] *n* dépôt *m,* entrepôt *m*
Depp [dɛp] *m* benêt *m,* gobe-mouche *m*
Depression [deprɛs'joːn] *f* dépression *f*
deprimierend [deprɪ'miːrənt] *adj* déprimant
der [deːr] *art 1.* le; *2. (Genitiv von „die")* à la, de la, des; *pron 3. (relativ)* qui; *4. (demonstrativ)* celui-ci
derart ['deːraːrt] *adv 1.* de telle manière, de cette façon-là; *2. (so sehr)* tellement, tant
derartig ['deːraːrtɪç] *adj 1.* semblable; *adv 2.* de ce genre
derb [dɛrp] *adj* vigoureux, ferme
deren ['deːrən] *pron 1. (relativ)* dont, duquel; *(einer Sache)* de laquelle; *2. (possessiv)* dont; *(einer Sache)* de laquelle; *(Plural)* desquels/desquelles
dergleichen [deːr'glaɪçən] *adj 1.* tel, pareil, semblable; *pron 2.* tel, pareil, semblable; *nichts ~ tun* n'en rien faire; *Nichts ~!* Pas de ça!
derjenige ['deːrjeːnɪgə] *pron* celui
derselbe [deːr'zɛlbə] *pron* le même
derzeit ['deːrtsaɪt] *adv* à présent
des [dɛs] *art* du
desgleichen [dɛs'glaɪçən] *adv 1.* pareillement, autant; *konj 2.* de même
deshalb ['dɛshalp] *konj 1.* c'est pourquoi, pour cette raison, c'est pour ça que; *adv 2.* pour cela, à cette fin, à cet effet
Desinfektion [desɪnfɛk'tsjoːn] *f MED* désinfection *f*
dessen ['dɛsən] *pron 1. (possessiv)* son; *2. (relativ)* dont; *3. ~ ungeachtet* malgré cela
Dessert [dɛ'sɛːr] *n* dessert *m*
desto ['dɛsto] *adv* d'autant; *je ... ~ ...* plus ... plus ...
destruktiv [destruk'tiːf] *adj* destructif, destructeur
deswegen ['dɛsveːgən] *konj* c'est pourquoi, à cause de cela, pour cette raison
Detail [de'tai] *n* détail *m; ins ~ gehen* entrer dans les details
Detektiv [detɛk'tiːf] *m* détective *m*
Detektivgeschichte [detɛk'tiːfgeʃɪçtə] *f* histoire de détective *f*

deuten ['dɔytən] *v* 1. *(auslegen)* expliquer, faire comprendre; 2. *(zeigen auf etw)* montrer
deutlich ['dɔytlıç] *adj* clair, précis, distinct
Deutlichkeit ['dɔytlıçkaıt] *f* netteté *f*
deutsch [dɔytʃ] *adj* allemand
Deutsch [dɔytʃ] *n* allemand *m; Sprechen Sie ~?* Parlez-vous allemand? *auf gut ~ (fig)* en bon français/en clair
Deutsche(r) ['dɔytʃə(r)] *m/f* Allemand(e) *m/f*
Deutschland ['dɔytʃlant] *n GEO* Allemagne *f*
deutschsprachig ['dɔytʃʃpraːxıç] *adj* de langue allemande
deutschstämmig ['dɔytʃʃtɛmıç] *adj* d'origine allemande
Deutung ['dɔytuŋ] *f* interprétation *f*
Devise [de'viːzə] *f* devise *f*
Dezember [de'tsɛmbər] *m* décembre *m*
dezent [de'tsɛnt] *adj* décent
dezentralisieren [detsɛntralı'ziːrən] *v* décentraliser
Dia ['diːa] *n* diapo *f,* diapositive *f*
Diagnose [dia'gnoːzə] *f* diagnostic *m*
diagonal [diago'naːl] *adj* 1. diagonal; *adv* 2. en diagonale
Diagonale [diago'naːlə] *f* diagonale *f*
Diagramm [dia'gram] *n* diagramme *m*
Dialekt [dia'lɛkt] *m* dialecte *m*
Dialog [dia'loːk] *m* dialogue *m*
Diät [di'ɛːt] *f* régime alimentaire *m; ~ halten* suivre un régime/être à la diète
dich [dıç] *pron* 1. *(unbetont)* te; *Er sieht ~.* Il te voit. 2. *(betont)* toi; *Dich liebt er auch.* Toi aussi il t'aime.
dicht [dıçt] *adj* 1. *(kompakt)* dense, compact, concentré; *~ bevölkert* très peuplé, à forte concentration de population; *~ bewachsen* couvert d'une épaisse végétation; *~ gedrängt* compact, serré, en rangs serrés; 2. *(undurchlässig)* étanche, hermétique, imperméable; 3. *nicht ganz ~ sein (fam)* avoir une araignée au plafond
Dichte ['dıçtə] *f* 1. *(Kompaktheit)* densité *f,* concentration *f;* 2. *(Undurchlässigkeit)* étanchéité *f,* imperméabilité *f*
dichten ['dıçtən] *v LIT* composer des vers, écrire de la prose
Dichter(in) ['dıçtər(ın)] *m/f* poète *m,* écrivain *m*
dichthalten ['dıçthaltən] *v irr (fam)* garder pour soi
dick [dık] *adj* 1. *(Gegenstand)* épais; 2. *(Person)* gros, corpulent; 3. *(Flüssigkeit)* épais, figé; 4. *etw ~ haben* en avoir assez, en avoir marre; 5. *mit jdm durch ~ und dünn gehen* être fidèle à qn, pouvoir compter sur qn
dickflüssig ['dıkflyːsıç] *adj* épais
Dickicht ['dıkıçt] *n* fourré *m*
Dickkopf ['dıkkɔpf] *m* tête dure *f*
dicklich ['dıklıç] *adj* dodu
Dickmilch ['dıkmılç] *f* lait caillé *m*
die [diː] *art* 1. *(feminin)* la; *(Plural)* les; *pron* 2. *(relativ)* qui, que; 3. *(demonstrativ)* celle, celles, ceux
Dieb [diːp] *m* voleur *m*
diebisch ['diːbıʃ] *adj* 1. voleur; 2. *(schelmisch)* malin; *sich ~ freuen* s'amuser royalement; *mit ~er Freude* avec un malin plaisir
Diebstahl ['diːpʃtaːl] *m* vol *m*
diejenige ['diːjeːnıgə] *pron* celle qui
Diele ['diːlə] *f* vestibule *m*
dienen ['diːnən] *v* servir à
Diener ['diːnər] *m* serviteur *m*
dienlich ['diːnlıç] *adj* utile à; *zu etw ~ sein* servir à qc
Dienst ['diːnst] *m* 1. service *m; sich in den ~ einer Sache stellen* plaider la cause/embrasser une cause; *gute ~e leisten* rendre de grands services; *~ habend* de service/de jour; 2. *Öffentlicher ~* service public *m,* fonction publique *f;* 3. *(Stelle)* emploi *m*
Dienstag ['diːnstaːk] *m* mardi *m*
dienstags ['diːnstaːks] *adv* le mardi
dienstbeflissen ['diːnstbəflısən] *adj* serviable
dienstbereit ['diːnstbəraıt] *adj* serviable
Dienstbote ['diːnstboːtə] *m* domestique *m*
Dienstgeheimnis ['diːnstgəhaımnıs] *n* secret professionnel *m*
Dienstleistung ['diːnstlaıstuŋ] *f* prestation de service *f*
dienstlich ['diːnstlıç] *adj* 1. du service, de service; *adv* 2. dans l'exercice de ses fonctions
Dienstreise ['diːnstraızə] *f* voyage dans le cadre de son travail *m*
Dienststelle ['diːnstʃtɛlə] *f* bureau *m*
Dienstweg ['diːnstvɛk] *m* voie hiérarchique *f*
diesbezüglich ['diːsbətsyːklıç] *adj* concernant cette affaire, à ce sujet
diese(r,s) ['diːzə(r,s)] *pron* ce/cet/cette, ceci/celui-ci, ceux-ci/celle-ci; *~s oder jenes* ceci ou cela; *und noch dies und noch das* et patati et patata; *von ~m und jenem sprechen* parler de choses et d'autres
dieselbe [diː'zɛlbə] *pron* la même, celle-ci

diesig ['di:zɪç] *adj* brumeux
diesjährig ['di:sjɛ:rɪç] *adj* de cette année
diesmal ['di:sma:l] *adv* cette fois-ci
diesseits ['di:szaɪts] *adv* de ce côté
Dietrich ['di:trɪç] *m* passe-partout *m*
Differenz [dɪfə'rɛnts] *f 1. (Unterschied)* différence *f; 2. (Streit)* différend *m*
digital [dɪgɪ'ta:l] *adj* digital
Diktafon [dɪkta'fo:n] *n* dictaphone *m*
Diktatzeichen [dɪk'ta:ttsaɪçən] *n* référence *f*
diktieren [dɪk'ti:rən] *v 1.* dicter; *2. (aufzwingen)* dicter, imposer
Dilemma [dɪ'lɛma] *n* dilemme *m*
Dilettant [dɪlɛ'tant] *m* dilettante *m*
Dimension [dɪmɛn'zjo:n] *f* dimension *f*
Ding [dɪŋ] *n 1. (fam)* chose *f,* truc *m,* machin *m; den ~en ihren Lauf lassen* laisser aller les choses; *jdm ein ~ verpassen* faire une crasse à qn/faire une vacherie à qn (fam); *Das geht nicht mit rechten ~en zu.* Ça n'est pas normal. *guter ~e sein* être de bonne humeur/être bien luné; *unverrichteter ~e abziehen* s'en retourner bredouille; *über den ~en stehen* être au-dessus de la mêlée; *Aller guten ~e sind drei.* Jamais deux sans trois. *2. (fam) ein ~ drehen* faire un mauvais coup, monter le coup
dingfest ['dɪŋfɛst] *adj jdn ~ machen* arrêter qn
dinglich ['dɪŋlɪç] *adj JUR* réel
Dingsbums ['dɪŋsbums] *m/f/n 1. (fam)* machin, truc; *m/f 2. (Person)* machin *m,* chose *f; Herr ~* Monsieur Chose; *Frau ~* Madame Machin
Dingsda ['dɪŋsda:] *n* truc *m,* machin *m*
Dinosaurier [dino'zauriər] *m ZOOL* dinosaure *m*
Diplom [di'plo:m] *n* diplôme *m*
Diplomarbeit [di'plo:marbaɪt] *f* mémoire de fin d'études supérieures *f*
diplomatisch [diplo'ma:tɪʃ] *adj* diplomatique
dir [di:r] *pron* te, à toi
direkt [di'rɛkt] *adj* direct
Direktion [dirɛk'tsjo:n] *f* direction *f*
Direktor(in) [di'rɛktɔr/dirɛk'to:rɪn] *m/f* directeur/directrice *m/f*
dirigieren [diri'gi:rən] *v 1.* diriger; *2. (Orchester)* conduire
Dirndl ['dɪrndl] *n 1. (Kleid)* costume bavarois *m; 2. (Mädchen)* Bavaroise *f*
Dirne ['dɪrnə] *f (fam)* fille facile *f*
Disko ['dɪsko] *f* discothèque *f,* boîte *f; in die ~ gehen* aller en boîte
Diskothek [dɪskɔ'te:k] *f* discothèque *f*
Diskrepanz [dɪskre'pants] *f* décalage *m*
diskret [dɪs'kre:t] *adj* discret
Diskretion [dɪskre'tsjo:n] *f* discrétion *f*
diskriminieren [dɪskrɪmɪ'ni:rən] *v* discriminer
Diskussion [dɪskus'jo:n] *f* discussion *f*
diskutabel [dɪsku'ta:bəl] *adj* discutable
diskutieren [dɪsku'ti:rən] *v ~ über* discuter de
disponieren [dɪspɔ'ni:rən] *v* disposer
Distanz [dɪs'tants] *f* distance *f*
Disziplin [dɪstsi'pli:n] *f* discipline *f*
divers [di'vɛrs] *adj* divers
D-Mark ['de:mark] *f 1.* deutsche mark *m,* mark *m; 2. FIN* deutschmarks *m/pl*
doch [dɔx] *konj 1.* pourtant; *Komm ~!* Viens donc! *Du weißt ~, dass ...* Tu sais bien que ...; *Du wirst ~ kommen?* Tu viendras, j'espère? *Du hast es ihr ~ erzählt?* Tu le lui as raconté, au moins? *Wenn sie ~ nur aufhörte zu rauchen.* Si seulement elle arrêtait de fumer. *2. (bejahend)* si; *Ja ~!* Mais si!/Mais oui! *Nicht ~!* Mais non!
Doktor ['dɔktɔr] *m* docteur *m; ~ der Philosophie* docteur ès philosophie *m*
Dokument [doku'mɛnt] *n* document *m*
dokumentieren [dokumɛn'ti:rən] *v* documenter
Dolch [dɔlç] *m* poignard *m*
Dollar ['dɔlar] *m FIN* dollar *m*
dolmetschen ['dɔlmɛtʃən] *v* interpréter, traduire, servir d'interprète
Dolmetscher(in) ['dɔlmɛtʃər(ɪn)] *m/f* interprète *m/f*
Dom [do:m] *m* cathédrale *f*
Domäne [do'mɛ:nə] *f* domaine *m*
dominant [domɪ'nant] *adj* dominant
dominieren [domi'ni:rən] *v* dominer
Donner ['dɔnər] *m* tonnerre *m; Ich bin wie vom ~ gerührt.* Je suis comme frappé par la foudre.
donnern ['dɔnərn] *v* tonner
Donnerstag ['dɔnərsta:k] *m* jeudi *m*
donnerstags ['dɔnərsta:ks] *adv* le jeudi, tous les jeudis
Donnerwetter ['dɔnərvɛtər] *n ~! (fam)* Sapristi!/Mille tonnerres!
doof [do:f] *adj* bête, idiot, stupide
Doppel ['dɔpəl] *n (Duplikat)* double *m*
Doppelbett ['dɔpəlbɛt] *n* lit à deux personnes *m*
doppeldeutig ['dɔpəldɔytɪç] *adj* équivoque

Doppelfenster ['dɔpəlfɛnstər] *n* double fenêtre *f*
Doppelgänger ['dɔpəlgɛŋər] *m* sosie *m*
Doppelpunkt ['dɔpəlpuŋkt] *m* deux-points *m/pl*
doppelt ['dɔpəlt] *adj 1.* double; *adv 2. ~ sehen (fig)* être saoul, être plein; *~ gemoppelt* ressasser inutilement
Doppelzentner ['dɔpəltsɛntnər] *m* quintal *m*
Doppelzimmer ['dɔpəltsɪmər] *n* chambre pour deux personnes *f,* chambre double *f*
Dorf [dɔrf] *n* village *m; Das sind böhmische Dörfer für mich.* C'est du chinois pour moi.
dornig ['dɔrnɪç] *adj* épineux
dörren ['dœrən] *v* dessécher, torréfier
dort [dɔrt] *adv* là, là-bas, y
dorthin ['dɔrthɪn] *adv* là-bas, y
Dose ['do:zə] *f* boîte de conserve *f,* conserve *f*
dösen ['dø:zən] *v* sommeiller, somnoler
Dosenöffner ['do:zənœfnər] *m* ouvre-boîte *m*
dosieren [do'tsi:rən] *v* doser
Dosis ['do:zɪs] *f* dose *f,* quantité *f*
dotieren [dɔ'ti:rən] *v ECO* rémunérer
Dotter ['dɔtər] *n/m* jaune d'œuf *m*
Dozent [do'tsɛnt] *m* professeur d'université *m*
Drache ['draxə] *m* dragon *m*
Drachen ['draxən] *m (Spielzeug)* cerf-volant *m*
Draht [dra:t] *m* fil de fer *m,* câble *m; auf ~ sein* carburer au quart de tour; *einen guten ~ zu jdm haben* bien s'entendre avec qn; *jdn auf ~ bringen* motiver qn/secouer qn
drahtig ['dra:tɪç] *adj (fig)* sec comme une trique
Drahtzaun ['dra:ttsaun] *m* clôture en fil de fer *f*
dramatisch [dra'ma:tɪʃ] *adj* dramatique
dramatisieren [dramatɪ'zi:rən] *v (fig)* dramatiser
dran *(siehe „daran")*
Drang [draŋ] *m* pulsion *f*
drängeln ['drɛŋəln] *v* pousser, bousculer
drängen ['drɛŋən] *v* pousser, faire pression
drankommen ['drankɔmən] *v irr 1. (an der Reihe sein)* être à son tour; *Wer kommt dran?* C'est à qui le tour? *2. (abgefragt werden) Du kommst dran!* C'est à toi de répondre!
drastisch ['drastɪʃ] *adj 1.* drastique; *adv 2.* d'une façon énergique
drauf ['drauf] *adv gut ~ sein* être en forme/avoir la forme/avoir la pêche; *nichts ~ haben* ne rien savoir faire/être nul (fam)
Draufgänger ['draufgɛŋər] *m (fam)* casse-cou *m*
drauflos [drauf'lo:s] *adv* allez-y
draufmachen ['draufmaxən] *v einen ~* faire la fête
draufzahlen ['drauftsa:lən] *v (fig)* en être de sa poche
draußen ['drausən] *adv* dehors, à l'extérieur
Dreck [drɛk] *m* saleté *f,* ordure *f,* boue *f; ~ am Stecken haben* ne pas avoir sa conscience en paix/avoir un poids sur la conscience; *der letzte ~ sein (fig)* être de la merde (fam)/être la dernière des ordures; *jdn aus dem ~ ziehen* sortir qn de la mouise/enlever à qn une épine du pied; *stehen vor ~* être raide de saleté
dreckig ['drɛkɪç] *adj* sale, crotté
drehbar ['dre:ba:r] *adj* tournant, orientable
drehen ['dre:ən] *v* tourner
Drehtür ['dre:ty:r] *f* porte tournante *f*
drei [draɪ] *num* trois; *~ viertel* trois quarts
dreidimensional ['draɪdimɛnzjona:l] *adj* tridimensionnel
dreieckig ['draɪɛkɪç] *adj* triangulaire
Dreiecksverhältnis ['draɪɛksfɛrhɛltnɪs] *n* ménage à trois *m*
dreifach ['draɪfax] *adj* triple
dreihundert ['draɪhundərt] *num* trois cents
Dreikäsehoch [draɪ'kɛ:zəho:x] *m* demi-portion *f*
dreimal ['draɪma:l] *adv* trois fois; *Dreimal darfst du raten.* Devine!
Dreirad ['draɪra:t] *n* tricycle *m*
dreißig ['draɪsɪç] *num* trente
Dreißiger ['draɪsɪgər] *pl 1. (Mensch) in den ~n sein* avoir la trentaine; *2. (Jahrzehnt) die ~* les années trente *f/pl*
dreist [draɪst] *adj* hardi, impertinent
Dreitagebart [draɪ'ta:gəba:rt] *m* barbe de trois jours *f*
dreizehn ['draɪtse:n] *num* treize; *Jetzt schlägt's ~!* C'est le comble!/C'est plus fort que du roquefort!
dreschen ['drɛʃən] *v irr (Getreide)* battre
Dressing ['drɛsɪŋ] *n* sauce de salade *f*
driften ['drɪftən] *v NAUT* être en dérive
Drillinge ['drɪlɪŋə] *pl* triplés *m/pl*
drin *(siehe „darin")*
dringen ['drɪŋən] *v irr 1.* entrer; *2. (Flüssigkeit)* pénétrer; *3. in jdn ~* presser qn; *4. auf etw ~* insister sur qc

dringend ['drɪŋənt] *adj 1.* urgent, pressé; *adv 2.* d'urgence
Dringlichkeit ['drɪŋlɪçkaɪt] *f* urgence *f*
drinnen ['drɪnən] *adv* à l'intérieur
dritte(r,s) ['drɪtə(r,s)] *adj* troisième; *der lachende Dritte* le troisième larron *m*
Drittel ['drɪtəl] *n* tiers *m*
drittens ['drɪtəns] *adv* troisièmement
Droge ['dro:gə] *f* drogue *f*
Drogenhändler ['dro:gənhɛndlər] *m* trafiquant de drogue *m*
Drogerie [dro:gə'ri:] *f* droguerie *f*
drohen ['dro:ən] *v* menacer
dröhnen ['drø:nən] *v 1. (Erde)* trembler; *2. (Donner)* gronder
Drohung ['dro:uŋ] *f* menace *f*
drollig ['drɔlɪç] *adj* drôle, comique
drüben ['dry:bən] *adv* de l'autre côté
Druck [druk] *m* pression *f; auf jdn ~ ausüben* faire pression sur qn; *jdn unter ~ setzen* faire chanter qn; *unter ~ stehen* être stressé
drucken ['drukən] *v* imprimer
drücken ['drykən] *v 1.* appuyer, presser; *Da drückt der Schuh.* C'est là que le bât blesse. *2. (fig: be~)* oppresser, opprimer; *3. jdn ~ (umarmen)* serrer qn contre soi
Drucker ['drukər] *m 1. (Person)* imprimeur *m; 2. (Gerät)* imprimante *f*
Druckerei [drukə'raɪ] *f* imprimerie *f*
Druckfehler ['drukfe:lər] *m* faute d'impression *f*
Druckknopf ['drukknɔpf] *m (am Kleid)* bouton-pression *m*
druckreif ['drukraɪf] *adj* prêt à être imprimé
Drucksache ['drukzaxə] *f* imprimé *m*
Druckschrift ['drukʃrɪft] *f* caractères d'imprimerie *m/pl*
drunter *(siehe „darunter")*
Dschungel ['dʒuŋəl] *m* jungle *f*
du [du:] *pron 1. (unbetont)* tu; *mit jdm auf Du und Du sein* être à tu et à toi avec qn; *2. (betont)* toi
ducken ['dukən] *v 1. sich ~* baisser la tête; *2. (fig)* abaisser
Duell [du'ɛl] *n* duel *m*
Duft [duft] *m* parfum *m,* odeurs agréables *f/pl*
duften ['duftən] *v* sentir bon
duftig ['duftɪç] *adj* parfumé
dulden ['duldən] *v 1. (hinnehmen)* souffrir, subir; *2. (ertragen)* tolérer, supporter
dumm [dum] *adj* sot, stupide, bête; *dümmer sein als die Polizei erlaubt* être bête comme ses pieds; *~ wie Bohnenstroh sein* être bête à manger du foin/être bête comme un âne; *sich ~ stellen* feindre de ne rien comprendre; *jdm ~ kommen* être insolent avec qn/être effronté envers qn; *Das ist mir zu ~.* J'en ai assez.
Dumme(r) ['dumə(r)] *m/f der ~ sein* être le dindon de la farce; *einen ~n finden* trouver un pigeon
Dummheit ['dumhaɪt] *f* stupidité *f*
Dummkopf ['dumkɔpf] *m* imbécile *m*
dumpf [dumpf] *adj* morne, engourdi
Düne ['dy:nə] *f* dune *f*
dunkel ['duŋkəl] *adj 1.* sombre, obscur, noir; *2. (Farbe)* foncé
Dunkel ['duŋkəl] *n im ~n tappen* avancer à tâtons; *Im ~n ist gut munkeln.* La nuit est l'amie des secrets.
Dunkelheit ['duŋkəlhaɪt] *f* obscurité *f*
dünn [dyn] *adj 1. (Sache)* mince, peu épais, léger; *2. (Person)* mince, fluet, maigre; *3. (Flüssigkeit)* très fluide, très liquide, étendu d'eau; *4. (spärlich)* clairsemé; *~ gesät sein (fig)* être rare/ne pas courir les rues
Dunst [dunst] *m 1.* vapeur *f; 2. keinen blassen ~ von etw haben* ne pas avoir la moindre idée de qc
Duplikat [dupli'ka:t] *n* double *m*
durch [durç] *prep 1. (örtlich)* par, à travers; *~ die Post* par la poste; *~ einen Fluss schwimmen* traverser une rivière à la nage; *~ und ~ nass sein* être trempé jusqu'aux os; *~ und ~ kennen* connaître à fond; *~ die Straßen gehen* aller par les rues; *~ die ganze Welt* par le monde/de par le monde; *Hier darf man nicht ~!* On ne passe pas ici!/Défense de passer! *Das geht mir ~ und ~!* Ça me passe partout. *2. (zeitlich)* pendant, durant; *die ganze Nacht ~* toute la nuit; *3. (mittels)* par, au moyen de; *~ Zufall* par hasard/par accident; *4. (kausal)* par; *5. neun ~ drei* neuf par trois, neuf divisé par trois
durchaus [durç'aus] *adv* tout-à-fait, absolument, entièrement
durchblättern ['durçblɛtərn] *v* feuilleter
Durchblick ['durçblɪk] *m (fig)* vision claire *f,* vision nette *f*
durchblicken ['durçblɪkən] *v 1. (hindurchblicken)* voir, regarder à travers; *2. (fig: verstehen)* piger; *3. etw ~ lassen* laisser entrevoir, donner à entendre
durchbrennen ['durçbrɛnən] *v irr 1. (Sicherung)* fondre; *2. (fig: davonlaufen)* filer
Durchbruch ['durçbrux] *m 1. (Öffnung)* percement *m; 2. (fig)* percée *f; zum ~ kommen* percer, éclater; *der ~ neuer Gedanken* l'irruption d'idées nouvelles *m*

durchdrehen ['durçdre:ən] *v 1. (Räder)* patiner; *2. (fam)* perdre la tête
durchdringen [durç'drɪŋən] *v irr* pénétrer
durcheinander [durçaɪn'andər] *adj 1. (unordentlich)* pêle-mêle; *2. (fam: verwirrt)* tout à l'envers; *~ sein* ne plus s'y retrouver/être bouleversé; *ganz ~ aussehen* avoir l'air tout chose; *adv 3. ~ werfen* mettre en désordre; *~ werfen (fig: verwechseln)* embrouiller
Durcheinander [durçaɪn'andər] *n* désordre *m*
durchfahren [durç'fa:rən] *v irr 1.* traverser; ['durçfa:rən] *2. (ohne Stopp)* traverser d'une seule traite
Durchfahrt ['durçfa:rt] *f* traversée *f*
durchfallen ['durçfalən] *v irr (bei einer Prüfung)* échouer
durchführbar ['durçfyrba:r] *adj* exécutable
durchführen ['durçfy:rən] *v 1. (leiten)* conduire à travers; *2. (ausführen)* exécuter
Durchführung ['durçfy:ruŋ] *f* exécution *f*
Durchgang ['durçgaŋ] *m (Weg)* passage *m*
durchgängig ['durçgɛŋɪç] *adj 1.* général; *adv 2.* généralement
durchgeben ['durçge:bən] *v irr* passer
durchgefroren ['durçgəfrorən] *adj ganz ~ sein* être gelé jusqu'aux os, être glacé
durchgehen ['durçge:ən] *v irr 1. (überprüfen)* examiner; *2. (genehmigt werden)* être adopté après vérification, passer après examen; *3. (fam: weglaufen)* s'enfuir, filer; *4. (durchqueren)* parcourir
durchgehend ['durçge:ənt] *adj* sans interruption
durchgestylt ['durçgəstaɪlt] *adj ~ sein* être stylé
durchgreifen ['durçgraɪfən] *v irr* prendre des mesures énergiques, trancher net
durchhalten ['durçhaltən] *v irr* tenir bon, ne pas céder
durchkämpfen ['durçkɛmpfən] *v 1.* soutenir; *2. etw ~ (etw durchsetzen)* faire passer, adopter; *3. sich ~* s'imposer, se battre
durchkommen ['durçkɔmən] *v irr 1.* parvenir; *2. (finanziell)* arriver; *gerade ~* avoir juste de quoi vivre; *3. (sich zurechtfinden)* trouver son chemin; *4. (hervorragen)* percer; *Die Zähne kommen durch.* Les dents percent. *5. mit etw ~* y arriver; *6. (bestehen)* passer; *7. (überleben)* guérir, en réchapper
durchlässig ['durçlɛsɪç] *adj* perméable
durchlaufen [durç'laufən] *v irr* parcourir, faire le tour de
durchleuchten [durç'lɔyçtən] *v 1. MED* radiographier; *2. (fig: überprüfen)* passer au crible
Durchmesser ['durçmɛsər] *m MATH* diamètre *m*
durchqueren [durç'kve:rən] *v* traverser
Durchreise ['durçraɪzə] *f* passage *m*
Durchsage ['durçza:gə] *f* message radiophonique *m*
durchschauen ['durçʃauən] *v* percer, comprendre
durchschlagen [durç'ʃla:gən] *v irr 1.* couper en deux; ['durçʃla:gən] *2. (zerteilen)* diviser; *3. (durchpausen)* poncer, calquer; *4. (durch ein Sieb passieren)* filtrer; *5. sich ~* se frayer un passage
Durchschlagskraft ['durçʃla:kskraft] *f (Überzeugungskraft)* force de conviction *f*
durchschneiden ['durçʃnaɪdən] *v irr 1.* couper en deux; [durç'ʃnaɪdən] *2.* trancher; *3. (fig: Schrei)* déchirer, fendre
Durchschnitt ['durçʃnɪt] *m* moyenne *f*
durchschnittlich ['durçʃnɪtlɪç] *adj 1.* moyen; *adv 2.* en moyenne
durchsetzen ['durçzɛtsən] *v sich ~* s'imposer, prendre le dessus
durchsichtig ['durçzɪçtɪç] *adj* transparent
durchsickern ['durçzɪkərn] *v 1.* suinter à travers, filtrer; *2. (Nachricht)* s'ébruiter
durchstreichen ['durçʃtraɪçən] *v irr* barrer, rayer
durchsuchen [durç'zu:xən] *v* perquisitionner
durchweg ['durçve:k] *adv* tous, toutes, sans exception
dürfen ['dyrfən] *v irr* pouvoir, avoir le droit de, avoir la permission de
dürftig ['dyrftɪç] *adj* maigre, médiocre
dürr [dyr] *adj* grêle, aride, desséché
Dürre ['dyrə] *f 1.* sécheresse *f; 2. (einer Person)* maigreur *f*
Durst [durst] *m* soif *f*
durstig ['durstɪç] *adj* assoiffé
Dusche ['du:ʃə] *f* douche *f*
duschen ['du:ʃən] *v* doucher
düster ['dy:stər] *adj 1.* sombre, obscur; *2. (fig)* morne; *adv 3.* sans lumière
Dutzend ['dutsənt] *n* douzaine *f*
DVD-ROM [de:faude:'rɔm] *f INFORM* DVD-ROM *m*
Dynamik [dy'na:mɪk] *f* dynamique *f*
dynamisch [dy'na:mɪʃ] *adj* dynamique
Dynamit [dyna'mi:t] *n* dynamite *f*
D-Zug ['de:tsu:k] *m* train express *m*

E

Ebbe ['ɛbə] *f* marée basse *f; Es herrscht ~ in meinem Geldbeutel.* Je suis fauché comme les blés./Je suis sans un radis./Je suis à sec.
eben ['eːbən] *adj 1.* plat, lisse; *adv 2.* justement, juste
Ebenbild ['eːbənbɪlt] *n* portrait *m*
ebenbürtig ['eːbənbyrtɪç] *adj* égal; *Die Frau ist dem Mann ~.* La femme est l'égale de l'homme. *einander ~ sein* se valoir
Ebene ['eːbənə] *f (fig)* plan *m,* niveau *m*
ebenfalls ['eːbənfals] *adv* pareillement
ebenso ['eːbənzoː] *adv* pareillement, tout autant; *~ lange* aussi longtemps
ebnen ['eːbnən] *v 1.* aplatir; *2. (Weg)* aplanir
Echo ['ɛço] *n* écho *m*
echt [ɛçt] *adj* vrai, authentique
Echtheit ['ɛçthaɪt] *f* authenticité *f*
Ecke ['ɛkə] *f* coin *m,* angle *m; jdn um die ~ bringen (fam)* descendre qn/se débarrasser discrètement de qn; *an allen ~n und Enden* pour tout/partout; *mit jdm um fünf ~n verwandt sein* être cousin à la mode de Bretagne
eckig ['ɛkɪç] *adj 1.* anguleux; *2. (fig: unbeholfen)* maladroit
edel ['eːdəl] *adj* noble, sélectionné
Edelstein ['eːdəlʃtaɪn] *m MIN* pierre précieuse *f*
Effekt [e'fɛkt] *m* effet *m*
effektiv [efɛk'tiːf] *adj 1.* effectif; *adv 2.* réellement
effektvoll [e'fɛktfɔl] *adj* spectaculaire
egal [e'gaːl] *adj* égal, indifférent; *Das ist mir völlig ~.* Je m'en fiche pas mal. *Ganz ~, wer Sie sind.* Qui que vous soyez. *Das Weitere kann Ihnen ~ sein.* Fichez-vous du reste.
Egoismus [ego'ɪsmus] *m* égoïsme *m*
Egoist [ego'ɪst] *m* égoïste *m*
ehe ['eːə] *konj* avant que
Ehe ['eːə] *f* mariage *m,* union conjugale *f*
Ehebett ['eːəbɛt] *n* lit conjugal *m*
Ehebruch ['eːəbrux] *m* adultère *m*
Ehefrau ['eːəfrau] *f* épouse *f*
ehelich ['eːəlɪç] *adj 1.* conjugal; *2. (Kind)* légitime; *~es Kind* enfant légitime *m*
ehemalig ['eːəmaːlɪç] *adj* ancien, d'autrefois
ehemals ['eːəmaːls] *adv* autrefois
Ehemann ['eːəman] *m* époux *m*
Ehepaar ['eːəpaːr] *n* époux *m/pl,* couple *m*
eher ['eːər] *adv 1. (früher)* plus tôt, avant; *2. (lieber)* plutôt, de préférence; *Eher wollte sie sterben als nachgeben.* Elle préférait plutôt mourir que de céder.
Ehering ['eːərɪŋ] *m* alliance *f*
ehrbar ['eːrbaːr] *adj* honorable
Ehre ['eːrə] *f* honneur *m; etw in ~n halten* soigner qc/entretenir qc; *sich alle ~ machen* se faire honorer; *jdm die letzte ~ erweisen* rendre à qn les derniers devoirs/rendre à qn les honneurs funèbres; *jdn bei seiner ~ packen* piquer qn au vif/en appeler à l'honneur de qn
ehren ['eːrən] *v* honorer
ehrenamtlich ['eːrənamtlɪç] *adj 1.* honorifique; *adv 2.* pour l'honneur
Ehrengast ['eːrəngast] *m* invité(e) d'honneur *m/f*
ehrenhaft ['eːrənhaft] *adj* honorable
Ehrenrunde ['eːrənrundə] *f* tour d'honneur *m*
Ehrensache ['eːrənzaxə] *f* affaire d'honneur *f*
ehrenvoll ['eːrənfɔl] *adj* honorable
Ehrenwort ['eːrənvɔrt] *n* parole d'honneur *f*
Ehrfurcht ['eːrfurçt] *f* respect *m*
ehrfürchtig ['eːrfyrçtɪç] *adj* respectueux
Ehrgeiz ['eːrgaɪts] *m* ambition *f*
ehrgeizig ['eːrgaɪtsɪç] *adj* ambitieux
ehrlich ['eːrlɪç] *adj* honnête, sincère; *Seien wir ~!* Soyons franc!
Ehrlichkeit ['eːrlɪçkaɪt] *f* sincérité *f*
ehrlos ['eːrloːs] *adj* déshonoré
Ehrung ['eːruŋ] *f 1.* hommage *m,* acte d'honorer qn *m; 2. (Medaille)* décoration *f*
ehrwürdig ['eːrvyrdɪç] *adj* respectable
Ei [aɪ] *n* œuf *m; wie aus dem ~ gepellt sein* avoir l'air de sortir d'une armoire/être tiré à quatres épingles/être nickel (fam); *sich gleichen wie ein ~ dem anderen* se ressembler comme deux gouttes d'eau; *jdn wie ein rohes ~ behandeln* traiter qn avec beaucoup d'égard; *wie auf ~ern gehen* marcher sur des œufs; *nicht das Gelbe vom ~ sein* ne pas être idéal/ne pas être le fin du fin
Eichhörnchen ['aɪçhœrnçən] *n ZOOL* écureuil *m*
Eidotter ['aɪdɔtər] *n* jaune d'œuf *m*
Eierbecher ['aɪərbɛçər] *m* coquetier *m*
eiern ['aɪərn] *v* être voilé

Eierschale ['aɪərʃaːlə] *f* coquille d'œuf *f*
Eifer ['aɪfər] *m* zèle *m; im ~ des Gefechts* dans le feu de l'action
Eifersucht ['aɪfərzuxt] *f* jalousie *f*
eifersüchtig ['aɪfərzyçtɪç] *adj* jaloux; *schrecklich ~ sein* être jaloux comme un tigre
eiförmig ['aɪfœrmɪç] *adj* en forme d'œuf
eifrig ['aɪfrɪç] *adj 1.* zélé; *adv 2.* avec zèle, de son mieux
eigen ['aɪgən] *adj* propre, personnel
eigenartig ['aɪgənaːrtɪç] *adj* particulier
eigenhändig ['aɪgənhɛndɪç] *adv* de sa propre main
Eigenheit ['aɪgənhaɪt] *f* particularité *f*
Eigeninitiative ['aɪgəninitsjatiːvə] *f* initiative personnelle *f*
Eigenkapital ['aɪgənkapitaːl] *n ECO* capital propre *m*
eigenmächtig ['aɪgənmɛçtɪç] *adj 1.* autoritaire; *adv 2.* de sa propre autorité
Eigenname ['aɪgənnaːmə] *m* nom propre *m*
eigens ['aɪgəns] *adv* exprès, spécialement
Eigenschaft ['aɪgənʃaft] *f* qualité *f,* propriété *f*
Eigensinn ['aɪgənzɪn] *m* obstination *f,* entêtement *m*
eigensinnig ['aɪgənzɪnɪç] *adj* entêté
eigenständig ['aɪgənʃtɛndɪç] *adj* autonome
eigentlich ['aɪgəntlɪç] *adj 1.* propre, véritable; *adv 2.* à proprement parler
Eigentum ['aɪgəntuːm] *n* propriété *f*
Eigentümer(in) ['aɪgəntyːmər(ɪn)] *m/f* propriétaire *m/f*
eigentümlich ['aɪgəntyːmlɪç] *adj* propre à
Eigentumswohnung ['aɪgəntuːmsvoːnuŋ] *f* appartement en copropriété *m*
eigenwillig ['aɪgənvɪlɪç] *adj* volontaire, entêté
eignen ['aɪgnən] *v sich ~ für* convenir à, être qualifié pour
Eignung ['aɪgnuŋ] *f* qualification *f*
Eilbote ['aɪlboːtə] *m* exprès *m; durch ~n* par exprès
Eilbrief ['aɪlbriːf] *m* lettre par exprès *f*
Eile ['aɪlə] *f* hâte *f,* vitesse *f; in aller ~* à toute vitesse, en toute hâte
eilen ['aɪlən] *v* se presser, se dépêcher
eilig ['aɪlɪç] *adj* pressé, pressant; *Es ist nicht ~.* Il n'y a pas le feu au lac.
eiligst ['aɪlɪçst] *adv* au plus vite
Eilschrift ['aɪlʃrɪft] *f* lettre exprès *f*
Eilzug ['aɪltsuːk] *m* train express *m*
Eilzustellung ['aɪltsuːʃtɛluŋ] *f* remise par exprès *f*
Eimer ['aɪmər] *m* seau *m; im ~ sein (fig)* être foutu/être fichu
ein(e) [aɪn/'aɪnə] *art* un(e); *mein Ein und Alles* mon unique trésor
einander [aɪn'andər] *adv* l'un l'autre, les uns les autres
einarbeiten ['aɪnarbaɪtən] *v 1. jdn ~* mettre qn au courant d'un travail; *2. sich ~* se mettre au courant d'un travail
Einarbeitung ['aɪnarbaɪtuŋ] *f* mise au courant d'un travail *f*
einatmen ['aɪnaːtmən] *v* inspirer
Einbahnstraße ['aɪnbaːnʃtraːsə] *f* sens unique *m,* rue à sens unique *f*
Einband ['aɪnbant] *m* reliure *f*
Einbau ['aɪnbau] *m* encastrement *m*
einbauen ['aɪnbauən] *v* encastrer, installer
einberufen ['aɪnbəruːfən] *v irr 1. (Versammlung)* convoquer; *2. MIL* incorporer
Einberufung ['aɪnbəruːfuŋ] *f 1. (einer Versammlung)* convocation *f; 2. MIL* incorporation *f*
einbeziehen ['aɪnbətsiːən] *v irr* inclure
Einbeziehung ['aɪnbətsiːuŋ] *f* inclusion *f; unter ~* y compris
einbiegen ['aɪnbiːgən] *v irr* plier, courber en dedans; *in einen Weg ~* prendre un chemin
einbilden ['aɪnbɪldən] *v sich ~* s'imaginer, se croire; *Er bildet sich ein, bedeutend zu sein.* Il se croit un grand homme. *Darauf brauchst du dir gar nichts einzubilden.* Il n'y a pas de quoi être fier.
Einbildung ['aɪnbɪlduŋ] *f 1.* imagination *f; 2. (Eitelkeit)* vanité *f*
Einbildungskraft ['aɪnbɪlduŋskraft] *f* pouvoir d'imagination *m*
einbinden ['aɪnbɪndən] *v irr (Buch)* relier
Einblick ['aɪnblɪk] *m 1.* coup d'œil *m; 2. (fig)* aperçu *m*
einbrechen ['aɪnbrɛçən] *v irr 1. (durchbrechen)* se rompre, s'effondrer; *2. (stehlen)* pénétrer par effraction, cambrioler; *Bei mir ist eingebrochen worden.* J'ai été cambriolé. *3. (fig: beginnen)* tomber
Einbrecher ['aɪnbrɛçər] *m* cambrioleur *m*
einbringen ['aɪnbrɪŋən] *v irr 1.* déposer; *2. (Geld)* rapporter
Einbruch ['aɪnbrux] *m 1. (Diebstahl)* effraction *f; 2. (Einsturz)* effondrement *m; 3. (der Nacht)* tombée *f*
einbüßen ['aɪnbyːsən] *v* perdre
einchecken ['aɪntʃɛkən] *v* enregistrer

eincremen ['aɪnkreːmən] *v* enduire de crème

eindämmen ['aɪndɛmən] *v 1.* endiguer; *2. (fig)* refréner

eindeutig ['aɪndɔytɪç] *adj 1.* clair, non équivoque; *adv 2.* clairement, sans équivoque

Eindeutigkeit ['aɪndɔytɪçkaɪt] *f* netteté *f*

eindringen ['aɪndrɪŋən] *v irr* pénétrer, se précipiter

eindringlich ['aɪndrɪŋlɪç] *adj 1.* pénétrant; *adv 2.* avec insistance

Eindruck ['aɪndruk] *m* impression *f; beim ersten ~* au premier abord

eindrucksvoll ['aɪndruksfɔl] *adj* impressionnant

eineinhalb [aɪnaɪn'halp] *num* un et demi, une et demie

einen ['aɪnən] *v* unir

einengen ['aɪnɛŋən] *v* restreindre, réduire

einerlei [aɪnər'laɪ] *adj* de la même espèce; *Das ist mir ~.* Cela m'est égal.

einerseits ['aɪnərzaɪts] *adv* d'une part

einfach ['aɪnfax] *adj* simple; *Das ist ganz ~.* Cela va tout seul. *Das ist nicht so ~ wie es aussieht.* Cela ne s'enfile pas comme des perles.

einfädeln ['aɪnfɛːdəln] *v 1.* enfiler; *2. (fig: Sache)* entamer; *3. (mit dem Auto) sich ~* s'insérer dans la file de voitures

Einfahrt ['aɪnfaːrt] *f 1. (Ankunft)* arrivée *f; 2. (Zufahrt)* entrée *f,* accès *m*

Einfall ['aɪnfal] *m* idée *f*

einfallen ['aɪnfalən] *v irr (eine Idee haben)* venir à l'esprit, venir à l'idée; *Was fällt dir ein?* Qu'est-ce qui te prend? *Das wäre mir nicht einmal im Traum eingefallen.* Cela ne me serait même pas venu à l'esprit. *Es ist mir eingefallen, dass ...* Il m'est revenu que ...

einfallsreich ['aɪnfalsraɪç] *adj* plein de bonnes idées

einfältig ['aɪnfɛltɪç] *adj* simple d'esprit, naïf

Einfaltspinsel ['aɪnfaltspɪnzəl] *m (fam)* nigaud *m*

einfarbig ['aɪnfarbɪç] *adj* uni

einfassen ['aɪnfasən] *v 1.* mettre une bordure à, encadrer; *2. (Edelsteine)* sertir, monter

Einfassung ['aɪnfasuŋ] *f* encadrement *m*

einfinden ['aɪnfɪndən] *v irr sich ~* se trouver à, se rendre à

Einfluss ['aɪnflus] *m* influence *f; einen ~ ausüben auf* exercer une influence sur

Einflussnahme ['aɪnflusnaːmə] *f* prise d'influence *f*

einflussreich ['aɪnflusraɪç] *adj* influent

einfrieren ['aɪnfriːrən] *v irr (Nahrungsmittel)* congeler

einfügen ['aɪnfyːgən] *v* introduire

einfühlsam ['aɪnfyːlzaːm] *adj* sensible

einführen ['aɪnfyːrən] *v 1. (hineinschieben)* introduire; *2. (Person)* instaurer, introduire; *in eine Tätigkeit ~* initier à un poste; *3. (etw Neues ~)* lancer

Einführung ['aɪnfyːruŋ] *f 1. (Hineinschieben)* introduction *f; 2. (von etw Neuem)* introduction *f*

einfüllen ['aɪnfylən] *v 1.* verser; *2. in Flaschen ~* mettre en bouteilles

Eingang ['aɪngaŋ] *m* entrée *f,* accès *m*

eingangs ['aɪngaŋs] *adv 1.* d'abord, au début; *prep 2.* au début de

eingeben ['aɪngeːbən] *v irr 1. (einreichen)* remettre; *2. (Daten)* entrer

eingebildet ['aɪngəbɪldət] *adj 1. (unwirklich)* imaginaire; *2. (überheblich)* vaniteux

Eingeborene(r) ['aɪngəboːrənə(r)] *m/f* indigène *m/f,* natif/native *m/f*

eingehen ['aɪngeːən] *v irr 1. (sterben)* crever, mourir; *2. (Tierart)* disparaître; *3. (Pflanzen)* dépérir; *4. (kleiner werden)* rétrécir; *5. (auf einen Vorschlag)* admettre, accepter; *6. eine Verpflichtung ~* prendre un engagement, souscrire à une obligation; *7. (ankommen)* arriver; *8. (Schulden)* rentrer

eingehend ['aɪngeːənt] *adj* détaillé

eingenommen ['aɪngənɔmən] *adj sehr von sich ~ sein* être imbu de sa personne; *Er ist mächtig von sich ~.* Il ne se croit pas rien.

Eingeständnis ['aɪngəʃtɛntnɪs] *n* aveu *m*

eingestehen ['aɪngəʃteːən] *v irr* avouer

eingetragen ['aɪngətraːgən] *adj* inscrit

Eingeweihte(r) ['aɪngəvaɪtə(r)] *m/f* adepte *m/f,* initié(e) *m/f*

eingewöhnen ['aɪngəvøːnən] *v sich ~* s'habituer

eingießen ['aɪngiːsən] *v irr* verser

eingleisig ['aɪnglaɪzɪç] *adj 1. (Strecke)* à une seule voie; *2. (fig)* dans une seule direction

eingraben ['aɪngraːbən] *v irr 1.* enterrer; *2. (eingravieren)* graver; *3. sich ~ MIL* se retrancher; *4. sich ~ (sich einprägen)* se graver; *sich ins Gedächtnis ~* se graver dans la mémoire

eingreifen ['aɪngraɪfən] *v irr (einschreiten)* intervenir, entrer dans

Eingriff ['aɪngrɪf] *m (Einschreiten)* intervention *f*

einhalten ['aɪnhaltən] *v irr 1. (Frist)* respecter; *2. (beibehalten)* conserver, observer; *3. (anhalten)* arrêter, stopper; *4. (Gesetz)* observer

Einhaltung ['aɪnhaltuŋ] *f 1. (Befolgung)* respect *m; 2. (Beibehaltung)* conservation *f*
einhängen ['aɪnhɛŋən] *v irr 1. (Tür)* poser; *2. (auflegen)* mettre, accrocher; *3. sich bei jdm ~* se raccrocher à qn
einheimisch ['aɪnhaɪmɪʃ] *adj* du pays, local
Einheimische(r) ['aɪnhaɪmɪʃə(r)] *m/f* personne du pays *f*
Einheit ['aɪnhaɪt] *f* unité *f*
einheitlich ['aɪnhaɪtlɪç] *adj* homogène
einhundert ['aɪnhundərt] *num* cent
einig ['aɪnɪç] *adj* uni, d'accord
einige ['aɪnɪgə] *pron* quelques, quelques-uns/quelques-unes
einigen ['aɪnɪgən] *v sich ~* s'entendre, se mettre d'accord
einigermaßen [aɪnɪgər'maːsən] *adv* en quelque sorte, dans une certaine mesure
Einigkeit ['aɪnɪçkaɪt] *f* union *f*
Einigung ['aɪnɪguŋ] *f* unification *f*
einjagen ['aɪnjaːgən] *v jdm Angst ~* faire peur à qn
einjährig ['aɪnjɛːrɪg] *adj 1. (ein Jahr dauernd)* annuel; *2. (Kind)* d'un an; *3. (Pflanze)* annuelle
einkalkulieren ['aɪnkalkuliːrən] *v* prévoir
einkassieren ['aɪnkasiːrən] *v* encaisser
Einkauf ['aɪnkauf] *m* achat *m*
einkaufen ['aɪnkaufən] *v* faire des achats, faire les courses (fam)
Einkaufsbummel ['aɪnkaufsbuməl] *m einen ~ machen* faire du lèche-vitrines
Einkaufstasche ['aɪnkaufstaʃə] *f* sac à provisions *m*
einklagen ['aɪnklaːgən] *v* poursuivre en justice le recouvrement de
Einklang ['aɪnklaŋ] *m* harmonie *f,* unisson *m; im ~ sein* être sur la même longueur d'ondes/être en harmonie
Einkommen ['aɪnkɔmən] *n* revenu *m*
einkreisen ['aɪnkraɪzən] *v* encercler
Einkünfte ['aɪnkynftə] *pl* revenus *m/pl*
einladen ['aɪnlaːdən] *v irr 1. (Gäste)* inviter; *2. (Gepäck)* charger, embarquer
Einladung ['aɪnlaːduŋ] *f* invitation *f*
Einlage ['aɪnlaːgə] *f 1. (Programmeinlage)* intermède *m; 2. (Suppeneinlage)* garniture *f*
einlagern ['aɪnlaːgərn] *v* entreposer, emmagasiner
einlassen ['aɪnlasən] *v irr 1. (hereinlassen)* faire entrer, laisser entrer; *2. (Schiff, Zug)* faire entrer, faire arriver; *3. sich ~ auf* s'engager dans, s'embarquer dans
einlaufen ['aɪnlaufən] *v irr 1. (Mannschaft)* entrer; *2. (hineinfließen)* couler; *3. (in Hafen)* gagner un port; *4. (Stoff)* rétrécir; *5. (eingehen)* arriver; *6. (Schuhe)* élargir; *7. jdm das Haus ~* rebattre les oreilles à qn; *8. sich ~* se roder
einleben ['aɪnleːbən] *v sich ~* s'acclimater
einlegen ['aɪnleːgən] *v 1.* mettre; *Protest ~* élever une protestation; *eine Pause ~* faire une pause; *2. (Geld)* déposer, verser; *3. (Haar)* arranger; *Ich muss mir die Haare ~.* Je dois m'arranger les cheveux. *4. (Holz)* inscruster, marqueter; *5. (Heringe)* mariner
einleiten ['aɪnlaɪtən] *v 1. (einführen)* introduire; *2. (beginnen)* entamer, inaugurer
Einleitung ['aɪnlaɪtuŋ] *f 1.* introduction *f; 2. MUS* prélude *m*
einleuchtend ['aɪnlɔyçtənt] *adj* clair
einliefern ['aɪnliːfərn] *v 1. ins Krankenhaus ~* faire entrer à l'hôpital, conduire à l'hôpital; *2. ins Gefängnis ~* conduire en prison
einloggen ['aɪnlɔgən] *v INFORM sich ~* se connecter à un server, se logger sur un autre ordinateur
einlösen ['aɪnløːzən] *v 1. sein Versprechen ~* tenir sa parole, faire honneur à sa parole; *2. (Scheck)* encaisser
einmal ['aɪnmaːl] *adv 1.* une fois; *Kommen Sie mich doch ~ besuchen!* Venez donc me voir un jour! *2. (früher)* autrefois, jadis
einmalig ['aɪnmaːlɪç] *adj* unique, exceptionnel
einmischen ['aɪnmɪʃən] *v sich ~ in* s'immiscer dans; *sich nicht ~* rester en dehors
Einnahme ['aɪnnaːmə] *f 1. (Ertrag)* recette *f; 2. MIL* conquête *f*
einnehmen ['aɪnneːmən] *v irr 1. (Arznei)* prendre; *2. (seinen Platz)* prendre, occuper; *3. (verdienen)* percevoir, toucher; *4. (fig) sehr von sich eingenommen sein* être imbu de sa personne; *Er ist mächtig von sich eingenommen.* Il ne se croit pas rien.
einnicken ['aɪnnɪkən] *v* s'assoupir
einordnen ['aɪnɔrdnən] *v 1.* ranger, classer; *2. sich ~* s'adapter; *3. sich ~ (mit dem Auto)* se mettre dans la bonne file
einpacken ['aɪnpakən] *v* emballer, empaqueter; *Damit kannst du ~. (fig)* Tu peux faire tes valises!/Je ne veux pas en entendre parler!
einpflanzen ['aɪnpflantsən] *v 1.* planter; *2. MED* implanter, greffer; *jdm eine fremde Niere ~* greffer un rein à qn; *3. (fig)* implanter
einprägen ['aɪnprɛːgən] *v sich etw ~* s'imprimer qc dans la mémoire
einrahmen ['aɪnraːmən] *v* encadrer

einräumen ['aɪnrɔymən] *v 1. (Regal, Schrank)* ranger, mettre en place; *2. (Zimmer)* aménager; *3. (zugeben)* admettre, convenir; *4. jdm einen Kredit ~* faire crédit à qn
einreichen ['aɪnraɪçən] *v 1. (Dokument)* déposer; *2. (Entlassung)* remettre, présenter
Einreise ['aɪnraɪzə] *f* entrée *f*
einreisen ['aɪnraɪzən] *v* entrer dans un pays
einrichten ['aɪnrɪçtən] *v* aménager
Einrichtung ['aɪnrɪçtuŋ] *f* aménagement *m*
eins [aɪns] *num* un
einsam ['aɪnza:m] *adj* solitaire, seul
Einsamkeit ['aɪnza:mkaɪt] *f* solitude *f*
einsammeln ['aɪnzaməln] *v* recueillir, ramasser; *die Stimmen ~* récupérer les voix
Einsatz ['aɪnzats] *m 1. (beim Glücksspiel)* mise *f,* enjeu *m; 2. (Aufwand)* dépense *f,* déploiement *m; mit vollem ~ arbeiten* travailler à plein/se donner à fond; *3. (Anwendung)* emploi *m,* utilisation *f; 4. (Topfeinsatz)* panier *m*
einschalten ['aɪnʃaltən] *v 1. (anschalten)* brancher, allumer (fam); *2. (hinzuziehen)* intercaler, faire intervenir; *3. sich ~ in* intervenir dans, se mêler à
einschätzen ['aɪnʃɛtsən] *v* estimer, évaluer
einschenken ['aɪnʃɛŋkən] *v* verser à boire, remplir un verre
einschieben ['aɪnʃi:bən] *v irr 1.* introduire, ajouter; *2. (Satz)* insérer; *3. (zeitlich)* intercaler; *Da kann ich Sie noch ~.* Je peux encore vous intercaler.
einschlafen ['aɪnʃla:fən] *v irr* s'endormir
einschlagen ['aɪnʃla:gən] *v irr 1. (Nagel)* enfoncer; *2. (Fenster)* casser les vitres; *3. (Richtung)* prendre; *4. (Blitz)* tomber; *wie ein Blitz ~* faire l'effet d'une bombe
einschlägig ['aɪnʃlɛ:gɪç] *adj* se rapportant, correspondant; *~e Literatur* ouvrages se rapportant à un sujet *m/pl*
einschließen ['aɪnʃli:sən] *v irr 1.* inclure; *sich in seinem Zimmer ~* se boucler dans sa chambre; *2. (umfassen)* comprendre
einschließlich ['aɪnʃli:slɪç] *prep 1.* y compris; *adv 2.* inclusivement, y compris
einschneidend ['aɪnʃnaɪdənt] *adj (fig)* incisif
Einschnitt ['aɪnʃnɪt] *m 1. (Schnitt)* incision *f; 2. (fig)* moment décisif *m*
einschränken ['aɪnʃrɛŋkən] *v* limiter, restreindre
Einschreibebrief ['aɪnʃraɪbəbri:f] *m* lettre recommandée *f*
einschreiben ['aɪnʃraɪbən] *v irr sich ~* s'inscrire
einschrumpfen ['aɪnʃrumpfən] *v* rétrécir, se ratatiner
einsehen ['aɪnze:ən] *v irr 1. (Einblick nehmen)* jeter un coup d'œil; *2. (fig: verstehen)* comprendre, reconnaître
einseitig ['aɪnzaɪtɪç] *adj* d'un seul côté, qui n'a qu'un côté, unilatéral
einsenden ['aɪnzɛndən] *v irr* envoyer, expédier
Einsender ['aɪnzɛndər] *m* expéditeur *m*
Einser ['aɪnzər] *m (Schulnote)* un *m; Sie hat drei ~ im Zeugnis.* Elle a trois notes excellentes dans son bulletin scolaire.
einsetzen ['aɪnzɛtsən] *v 1. (anwenden)* employer, utiliser; *2. jdn ~ (Amt übertragen)* nommer qn à, installer qn; *3. (riskieren)* miser, risquer; *4. (einfügen)* insérer, mettre dans
Einsicht ['aɪnzɪçt] *f (fig)* jugement *m*
einsichtig ['aɪnzɪçtɪç] *adj* compréhensif
Einsiedler ['aɪnzi:dlər] *m* ermite *m*
einsparen ['aɪnʃpa:rən] *v* économiser, épargner
einsperren ['aɪnʃpɛrən] *v 1. (ins Gefängnis)* enfermer, mettre en prison; *2. (fam)* mettre en taule
einspringen ['aɪnʃprɪŋən] *v irr für jdn ~* remplacer qn
Einspruch ['aɪnʃprux] *m 1.* réclamation *f; 2. JUR* opposition *f; gegen etw ~ erheben* faire opposition à qc/mettre opposition à qc
einspurig ['aɪnʃpu:rɪç] *adj 1. (Straße)* à voie unique; *2. (Gleis)* à une seule voie
einst [aɪnst] *adv 1. (Vergangenheit)* autrefois, jadis; *2. (Zukunft)* un jour
einstecken ['aɪnʃtɛkən] *v 1. (in die Tasche)* mettre, fourrer dans la poche; *2. (~ und mitnehmen)* empocher; *3. (Stecker)* ficher; *4. (fig: hinnehmen)* encaisser, trinquer
einsteigen ['aɪnʃtaɪgən] *v irr 1. (in ein Auto)* monter; *2. (in ein Geschäft)* s'associer, prendre une participation
einstellbar ['aɪnʃtɛlba:r] *adj* réglable
einstellen ['aɪnʃtɛlən] *v 1. (regulieren)* régler, mettre au point; *2. (Arbeitskräfte)* recruter, embaucher; *3. (beenden)* cesser, interrompre; *4. (Zahlungen)* cesser; *5. (Rekord)* égaliser
Einstellung ['aɪnʃtɛluŋ] *f 1. (Regulierung)* réglage *m; 2. (von Arbeitskräften)* recrutement *m; 3. (Beendigung)* suspension *f; 4. (von Zahlungen)* cessation *f; 5. (eines Rekords)* égalisation *f; 6. (Denkhaltung)* point de vue *m*
Einstieg ['aɪnʃti:k] *m* entrée *f*
einstimmig ['aɪnʃtɪmɪç] *adj 1. MUS* à une voix, unanime; *adv 2. (fig)* à l'unanimité

Einstimmigkeit ['aɪnʃtɪmɪçkaɪt] *f (fig)* unanimité *f*
einstufen ['aɪnʃtuːfən] *v* classer
Einsturz ['aɪnʃturts] *m* éboulement *m*
einstürzen ['aɪnʃtyrtsən] *v* s'écrouler
einstweilig ['aɪnstvaɪlɪç] *adj* provisoire
eintauschen ['aɪntauʃən] *v* échanger, troquer
eintausend ['aɪntauzənt] *num* mille
einteilen ['aɪntaɪlən] *v 1.* diviser, partager; *2. (Zeit)* organiser, graduer
Einteilung ['aɪntaɪluŋ] *f* division *f*
eintönig ['aɪntøːnɪç] *adj* monotone
einträchtig ['aɪntrɛçtɪç] *adj* uni
Eintrag ['aɪntraːk] *m* inscription *f*
eintragen ['aɪntraːgən] *v irr* inscrire
eintreffen ['aɪntrɛfən] *v irr 1.* arriver, se réaliser; *2. (sich erfüllen)* se réaliser
eintreten ['aɪntreːtən] *v irr 1. (hineingehen)* entrer; *Bitte, treten Sie ein!* Entrez donc! *2. (eintreffen)* arriver, avoir lieu; *3. (beitreten)* entrer dans, entrer à; *4. für etw ~ (sich für etw einsetzen)* s'employer pour qc
Eintritt ['aɪntrɪt] *m 1. (Betreten)* entrée *f; sich bei jdm den ~ erzwingen* forcer la porte de qn; *2. (Beitritt)* entrée *f*
Eintrittskarte ['aɪntrɪtskartə] *f* billet *m*
einverleiben ['aɪnfɛrlaɪbən] *v* incorporer
Einvernehmen ['aɪnfɛrneːmən] *n* accord *m*, entente *f; im gemeinsamen ~* d'un commun accord
einverstanden ['aɪnfɛrʃtandən] *adj* d'accord, entendu; *~ sein* être d'accord
Einverständnis ['aɪnfɛrʃtɛntnɪs] *n 1.* accord *m; im gegenseitigen ~* à l'amiable; *2. JUR* consentement *m*
Einwand ['aɪnvant] *m 1.* objection *f; Keine Einwände?* Rien à objecter? *2. JUR* opposition *f*
Einwanderer ['aɪnvandərər] *m* immigrant *m*
einwandern ['aɪnvandərn] *v* immigrer, se fixer dans un pays
einwandfrei ['aɪnvantfraɪ] *adj* incontestable; *nicht ~* pas net
einwärts ['aɪnvɛrts] *adv* en dedans
einweihen ['aɪnvaɪən] *v* inaugurer; *eine Wohnung ~* pendre la crémaillère
einweisen ['aɪnvaɪzən] *v irr 1. (anleiten)* affecter; *2. (einliefern)* hospitaliser; *3. (in die Psychiatrie)* interner
einwenden ['aɪnvɛndən] *v irr* objecter
einwerfen ['aɪnvɛrfən] *v irr 1. (einschlagen)* casser, briser; *2. (Post)* poster, mettre dans la boîte aux lettres; *3. (Münze)* mettre dans un distributeur automatique; *4. (fig: Meinung)* objecter, opposer
einwickeln ['aɪnvɪkəln] *v 1.* envelopper, emballer; *2. jdn ~ (fig)* faire du baratin à qn
einwilligen ['aɪnvɪlɪgən] *v ~ in* donner son consentement à
Einwohner(in) ['aɪnvoːnər(ɪn)] *m/f* habitant(e) *m/f*
Einwohnermeldeamt [aɪnvoːnər'mɛldəamt] *n* bureau de déclaration de résidence *m*
Einwohnerzahl ['aɪnvoːnərtsaːl] *f* nombre d'habitants *m*
einzahlen ['aɪntsaːlən] *v* verser, payer
Einzahlung ['aɪntsaːluŋ] *f* versement *m*
Einzelfall ['aɪntsəlfal] *m* cas isolé *m*
Einzelgänger ['aɪntsəlgɛŋər] *m* solitaire *m*
Einzelhaft ['aɪntsəlhaft] *f JUR* détention cellulaire *f*
Einzelheit ['aɪntsəlhaɪt] *f* particularité *f*
einzeln ['aɪntsəln] *adj 1.* seul; *adv 2.* séparément, individuellement
Einzelne(r) ['aɪntsəlnə(r)] *m/f* individu *m*, homme seul/femme seule *m/f*
Einzelstück ['aɪntsəlʃtyk] *n* exemplaire unique *m*
Einzelzimmer ['aɪntsəltsɪmər] *n* chambre pour une personne *f*
einziehen ['aɪntsiːən] *v irr 1. (in eine Wohnung)* emménager; *2. (Geld, Steuern) ECO* encaisser; *3. (beschlagnahmen)* confisquer, recouvrer; *4. (über etw Informationen ~)* prendre, recueillir; *5. (einbauen)* construire une cloison
einzig ['aɪntsɪç] *adj 1.* seul, unique; *adv 2.* uniquement; *~ und allein* purement et simplement
einzigartig ['aɪntsɪçartɪç] *adj* singulier
Einzug ['aɪntsuːk] *m 1. (in eine Wohnung)* emménagement *m; ~ halten* faire son entrée; *2. (Beschlagnahmung)* confiscation *f; 3. (von Informationen)* recherche *f; 4. (Einbau)* construction d'une cloison *f*
Einzugsgebiet ['aɪntsuːksgəbiːt] *n 1. (einer Stadt)* région économique *f; 2. (eines Flusses)* bassin *m*
Eis [aɪs] *n 1.* glace *f; etw auf ~ legen (fig)* remettre qc à plus tard; *das ~ brechen (fig)* rompre la glace/briser la glace; *2. (Speiseeis) GAST* glace *f*
Eisbär ['aɪsbɛːr] *m ZOOL* ours blanc *m*
Eiscreme ['aɪskreːm] *f* crème glacée *f*
Eisen ['aɪzən] *n* fer *m; zum alten ~ gehören* être mis au rancart/avoir fait son temps; *meh-*

rere ~ im Feuer haben avoir plus d'une corde à son arc/ne pas avoir tous ses œufs dans le même panier
Eisenbahn ['aɪzənba:n] *f* chemin de fer *m; Es ist höchste ~!* Il n'y a pas une minute à perdre./Le temps presse.
Eisenbahnschranke ['aɪzənba:nʃrankə] *f* barrière de passage à niveau *f*
Eisenbahnwagen ['aɪzənba:nva:gən] *m* wagon de chemin de fer *m*
eisern ['aɪzərn] *adj 1. (aus Eisen)* en fer, de fer; *2. (fig)* de fer, infatigable, inébranlable; *adv 3. (fig)* avec une très grande fermeté, obstinément
eisgekühlt ['aɪsgəky:lt] *adj* frappé
Eishockey ['aɪshɔkeɪ] *n SPORT* hockey sur glace *m*
eisig ['aɪzɪç] *adj 1. (kalt)* glacé; *2. (fig)* de glace
Eiskaffee ['aɪskafe:] *m GAST* café glacé *m*
eiskalt ['aɪskalt] *adj 1. (kalt)* glacé; *2. (fig)* de glace
Eisschrank ['aɪsʃraŋk] *m* glacière *f,* réfrigérateur *m,* frigidaire *m*
Eiswürfel ['aɪsvyrfəl] *m* glaçon *m*
Eiszapfen ['aɪstsapfən] *m* glaçon *m*
eitel ['aɪtəl] *adj* vaniteux, coquet, vain; *~ wie ein Pfau sein* être vaniteux comme un paon
Eitelkeit ['aɪtəlkaɪt] *f* vanité *f*
Eiweiß ['aɪvaɪs] *n 1. (vom Ei)* blanc d'œuf *m; 2. BIO* protide *m*
Ekel ['e:kəl] *m* dégoût *m; ~ erregend* écœurant, nauséabond; *Das ist ~ erregend.* C'est à vomir.
ekeln ['e:kəln] *v sich ~ vor* être dégoûté par
Ekstase [ɛk'sta:zə] *f* extase *f*
elastisch [e'lastɪʃ] *adj* élastique
Elastizität [elastɪtsɪ'tɛ:t] *f* élasticité *f*
Elbe ['ɛlbə] *f GEO* Elbe *f*
Elch [ɛlç] *m ZOOL* élan *m*
Elefant [ele'fant] *m* éléphant *m; wie ein ~ im Porzellanladen* comme un éléphant dans un magasin de porcelaine
elegant [ele'gant] *adj* élégant
Eleganz [ele'gants] *f* élégance *f*
Elektriker [e'lɛktrɪkər] *m* électricien *m*
elektrisch [e'lɛktrɪʃ] *adj* électrique
Elektrizität [elɛktritsi'tɛ:t] *f* électricité *f*
Elektronik [elɛk'tro:nɪk] *f* électronique *f*
elektronisch [elɛk'tro:nɪʃ] *adj* électronique
Element [ele'mɛnt] *n* élément *m; in seinem ~ sein* être dans son élément
Elend ['e:lɛnt] *n* misère *f,* dénuement *m; wie ein Häufchen ~ sein* avoir l'air misérable
Elendsviertel ['e:lɛntsfɪrtəl] *n* îlot insalubre *m*
elf [ɛlf] *num* onze
Elfe ['ɛlfə] *f* elfe *m,* sylphe *m/f,* sylphide *f*
Elfenbein ['ɛlfənbaɪn] *n* ivoire *m*
elitär [elɪ'tɛ:r] *adj* élitiste
Elite [e'li:tə] *f* élite *f*
Ellbogenfreiheit ['ɛlbo:gənfraɪhaɪt] *f ~ haben (fig)* avoir les coudées franches
Eltern ['ɛltərn] *pl* parents *m/pl; nicht von schlechten ~ sein (fam)* ne pas être piqué des vers
Elternabend [ɛltərna:bənt] *m* réunion des parents d'élèves *f*
Elternhaus ['ɛltərnhaus] *n* maison familiale *f*
Email [e'ma:j] *n* émail *m*
Emanze [e'mantsə] *f (fam)* féministe *f*
emanzipieren [ɛmantsɪ'pi:rən] *v sich ~* s'émanciper
Emigrant [emi'grant] *m* émigrant *m*
Emigration [emigra'tsjo:n] *f* émigration *f*
Emission [emɪs'jo:n] *f ECO* émission *f*
Empfang [ɛm'pfaŋ] *m 1. (Erhalt)* réception *f; den ~ bestätigen* accuser réception; *2. (Begrüßung)* réception *f; jdm einen festlichen ~ bereiten* faire la fête à qn; *3. (Rezeption)* réception *f; 4. (Veranstaltung)* réception *f*
empfangen [ɛm'pfaŋən] *v irr 1. (erhalten)* recevoir; *2. (begrüßen)* recevoir, accueillir; *3. (Fernsehen) TECH* recevoir, capter
Empfänger [ɛm'pfɛŋər] *m (Adressat)* destinataire *m*
empfangsberechtigt [ɛm'pfaŋsbərɛçtɪçt] *adj 1. (bezüglich eines Briefes)* autorisé à recevoir; *2. (bezüglich eines Betrages)* autorisé à percevoir
empfehlen [ɛm'pfe:lən] *v irr* recommander
empfehlenswert [ɛm'pfe:lənsve:rt] *adj* recommandable
Empfehlung [ɛm'pfe:luŋ] *f* recommandation *f*
Empfehlungsschreiben [ɛm'pfe:luŋsʃraɪbən] *n* lettre de recommandation *f*
empfinden [ɛm'pfɪndən] *v irr* éprouver, ressentir
empfindlich [ɛm'pfɪntlɪç] *adj 1.* sensible à; *adv 2.* sensiblement; *~ treffen* toucher le point sensible
Empfindung [ɛm'pfɪnduŋ] *f* sensation *f*
empor [ɛm'po:r] *adv* en haut, vers le haut

empören [ɛm'pøːrən] *v sich ~* s'indigner, se révolter
Emporkömmling [ɛm'poːrkœmlɪŋ] *m* parvenu *m*
empört [ɛm'pøːrt] *adj 1.* indigné; *adv 2.* avec indignation
Empörung [ɛm'pøːruŋ] *f* indignation *f*
emsig ['ɛmzɪç] *adj 1.* laborieux, actif, appliqué; *adv 2.* avec ardeur
Endabrechnung ['ɛndaprɛçnuŋ] *f* décompte final *m*
Ende ['ɛndə] *n* fin *f; am ~* en fin de compte; *einer Sache ein ~ setzen* mettre fin à qc; *Das nimmt kein ~.* C'est à n'en plus finir. *am ~ seiner Kraft sein* être à bout de force; *am falschen ~ anfassen* prendre par le mauvais bout; *letzten ~s* en dernier recours; *das ~ vom Lied* la fin des haricots *f; zu ~ gehen* tirer à sa fin/toucher à sa fin; *Das dicke ~ kommt noch.* Le plus dur est à venir. *am ~ sein (fig)* être épuisé/ne plus en pouvoir; *kein ~ finden* n'en plus finir; *Mit ihm geht es zu ~.* Il approche de sa fin.
enden ['ɛndən] *v* finir, se terminer
Endergebnis ['ɛndɛrgeːpnɪs] *n* résultat final *m*
endgültig ['ɛntgyltɪç] *adj* définitif
Endlagerung ['ɛntlaːgəruŋ] *f* stockage définitif des déchets nucléaires *m*
endlich ['ɛntlɪç] *adj 1.* final, dernier; *adv 2.* enfin, finalement
endlos ['ɛntloːs] *adj 1.* sans fin; *adv 2.* à l'infini; *~ lang sein* être long comme un jour sans pain
Endspiel ['ɛntʃpiːl] *n SPORT* finale *f*
Endstation ['ɛntʃtatsjoːn] *f* terminus *m*
Energie [enɛr'giː] *f* énergie *f*
Energieverbrauch [enɛr'giːfɛrbraux] *m* consommation d'énergie *f*
Energiewirtschaft [enɛr'giːvɪrtʃaft] *f* économie énergétique *f*
energisch [e'nɛrgɪʃ] *adj 1.* énergique; *adv 2.* avec énergie
eng [ɛŋ] *adj* étroit, enserré; *~ befreundet* très liés; *etw nicht so ~ sehen* ne pas prendre qc au tragique
Engagement [ãgaʒ'mã] *n 1. (Einsatz)* engagement *m; 2. (Anstellung)* engagement *m*
engagieren [ãga'ʒiːrən] *n 1. jdn ~* engager qn; *2. sich ~* s'engager
Enge ['ɛŋə] *f jdn in die ~ treiben* mettre qn au pied du mur
Engel ['ɛŋəl] *m* ange *m*
Engelsgeduld ['ɛŋəlsgədult] *f* patience d'ange *f*
engherzig ['ɛŋhɛrtsɪç] *adj* qui a le cœur sec
Engherzigkeit ['ɛŋhɛrtsɪçkaɪt] *f* sécheresse de cœur *f*
England ['ɛŋlant] *n GEO* Angleterre *f*
Engländer(in) ['ɛŋlɛndər(ɪn)] *m/f* Anglais(e) *m/f*
englisch ['ɛŋlɪʃ] *adj* anglais
Englisch ['ɛŋlɪʃ] *n* anglais *m*
Engpass ['ɛŋpas] *m* défilé *m*
engstirnig ['ɛŋʃtɪrnɪç] *adj* borné
Enkel(in) ['ɛŋkəl(ɪn)] *m/f 1.* petit-fils/petite-fille *m/f; 2. die ~ pl* les petits-enfants *m/pl*
enorm [e'nɔrm] *adj* énorme
entbehren [ɛnt'beːrən] *v* se passer de, être privé de
entbehrlich [ɛnt'beːrlɪç] *adj* superflu
entbinden [ɛnt'bɪndən] *v irr 1. (befreien)* détacher, délier; *2. MED* accoucher
Entbindung [ɛnt'bɪnduŋ] *f 1. (Befreiung)* délivrance *f; 2. MED* accouchement *m*
entdecken [ɛnt'dɛkən] *v 1.* découvrir, trouver; *2. (Spur)* dépister
Entdecker [ɛnt'dɛkər] *m* explorateur *m,* inventeur *m*
Entdeckung [ɛnt'dɛkuŋ] *f* découverte *f*
Entdeckungsreise [ɛnt'dɛkuŋsraɪzə] *f* voyage pour découvrir qc *m*
Ente ['ɛntə] *f 1. ZOOL* canard *m; watscheln wie eine ~* marcher comme un canard; *eine lahme ~ (fig)* une chiffe molle *f; 2. (fig: Zeitungsente)* fausse nouvelle *f,* canular *m; 3. (fam: Auto)* 2 CV
entehren [ɛnt'eːrən] *v* déshonorer
enteignen [ɛnt'aɪgnən] *v JUR* déposséder
entfallen [ɛnt'falən] *v irr 1. (fallen lassen)* échapper; *2. (ausfallen)* n'avoir pas lieu; *3. (fig: vergessen)* échapper; *Sein Name ist mir ~.* Son nom m'a échappé.
entfärben [ɛnt'fɛrbən] *v* décolorer
Entfärber [ɛnt'fɛrbər] *m CHEM* décolorant *m*
entfernen [ɛnt'fɛrnən] *v 1. sich ~ (weggehen)* s'éloigner; *2. (wegnehmen)* enlever, éliminer
entfernt [ɛnt'fɛrnt] *adj* éloigné
Entfernung [ɛnt'fɛrnuŋ] *f 1. (Distanz)* distance *f; 2. (Wegnahme)* élimination *f; 3. MED* ablation *f*
entfliehen [ɛnt'fliːən] *v irr* s'enfuir
Entfremdung [ɛnt'frɛmduŋ] *f 1.* aliénation *f; 2. (fig)* refroidissement *m*
entführen [ɛnt'fyːrən] *v 1.* enlever, ravir; *2. (Flugzeug)* détourner
Entführer [ɛnt'fyːrər] *m* ravisseur *m*

Entführung [ɛnt'fy:ruŋ] *f 1.* enlèvement *m; 2. (Flugzeugentführung)* détournement *m*
entgegen [ɛnt'ge:gən] *prep 1. (örtlich)* au-devant de, à la rencontre de; *2. (wider)* contraire à, opposé à, contre
entgegengehen [ɛnt'ge:gənge:ən] *v irr 1.* aller à la rencontre de; *2. (fig)* braver, affronter
entgegengesetzt [ɛnt'ge:gəngəzɛtst] *adj 1. (örtlich)* opposé; *2. (gegensätzlich)* opposé, contraire
entgegenhalten [ɛnt'ge:gənhaltən] *v irr 1.* tendre vers; *2. (fig: einwenden)* objecter; *3. (präsentieren)* présenter
entgegenkommen [ɛnt'ge:gənkɔmən] *v irr 1.* venir au-devant de, venir à la rencontre de; *2. (fig: eingehen)* être prévenant
Entgegenkommen [ɛnt'ge:gənkɔmən] *n* prévenance *f*
entgegennehmen [ɛnt'ge:gənne:mən] *v irr* recevoir, accueillir
entgegnen [ɛnt'ge:gnən] *v* répondre
entgehen [ɛnt'ge:ən] *v irr* échapper à, manquer; *sich eine Gelegenheit nicht ~ lassen* ne pas laisser échapper une occasion; *Ihm entgeht nichts.* Rien ne lui échappe.
entgeistert [ɛnt'gaɪstərt] *adj 1.* ébahi; *adv 2.* avec stupéfaction
Entgelt [ɛnt'gɛlt] *n* dédommagement *m*
entgleisen [ɛnt'glaɪzən] *v 1. (Zug)* dérailler; *2. (fig)* dérailler
enthaaren [ɛnt'ha:rən] *v* épiler
enthalten [ɛnt'haltən] *v irr 1. (beinhalten)* contenir; *2. sich einer Sache ~* se retenir de qc
enthaltsam [ɛnt'haltza:m] *adj 1.* abstinent; *adv 2.* avec abstinence
Enthaltsamkeit [ɛnt'haltza:mkaɪt] *f* tempérance *f*
Enthaltung [ɛnt'haltuŋ] *f* abstention *f*
entheben [ɛnt'he:bən] *v irr 1. (der Verantwortung)* délivrer de; *2. (eines Amtes)* démettre de
enthüllen [ɛnt'hylən] *v 1. (Denkmal)* enlever le voile; *2. (fig)* révéler
Enthüllung [ɛnt'hyluŋ] *f 1. (eines Denkmals)* dévoilement *m; 2. (fig)* découverte *f*
entjungfern [ɛnt'juŋfərn] *v* déflorer
entkalken [ɛnt'kalkən] *v* détartrer
Entkalkungsmittel [ɛnt'kalkuŋsmɪtəl] *n* détartrant *m*
entkernen [ɛnt'kɛrnən] *v* dénoyauter
entkleiden [ɛnt'klaɪdən] *v* déshabiller
entkommen [ɛnt'kɔmən] *v irr* s'échapper
entkräften [ɛnt'krɛftən] *v 1.* affaiblir; *2. (widerlegen)* infirmer
entladen [ɛnt'la:dən] *v irr 1. (abladen)* décharger; *2. (fig: befreien)* soulager
entlang [ɛnt'laŋ] *prep* le long de
entlangfahren [ɛnt'laŋfa:rən] *v irr* longer
entlarven [ɛnt'larfən] *v* démasquer
entlassen [ɛnt'lasən] *v irr 1. (Arbeitskräfte)* licencier, renvoyer; *2. (Gefangene)* libérer, remettre en liberté; *3. (Patienten)* autoriser à sortir de l'hôpital; *4. MIL* démobiliser
Entlassung [ɛnt'lasuŋ] *f 1. (von Arbeitskräften)* licenciement *m; 2. (von Gefangenen)* libération *f; 3. (von Patienten)* sortie de l'hôpital *f; 4. MIL* démobilisation *f*
Entlassungspapier [ɛnt'lasuŋspapi:r] *n MIL* ordre de démobilisation *m*
entlasten [ɛnt'lastən] *v 1.* décharger, soulager; *2. (steuerlich)* exonérer
entlastend [ɛnt'lastənt] *adj* disculpant
entlohnen [ɛnt'lo:nən] *v* rémunérer, rétribuer
Entlohnung [ɛnt'lo:nuŋ] *f* rémunération *f*
entmutigen [ɛnt'mu:tɪgən] *v* décourager
entmutigend [ɛnt'mu:tɪgənt] *adj* décourageant
Entnahme [ɛnt'na:mə] *f* prélèvement *m*
entnehmen [ɛnt'ne:mən] *v irr 1. (herausnehmen)* tirer de, prendre de; *2. (fig: schließen)* conclure
entpuppen [ɛnt'pupən] *v sich ~ als (fig)* se révéler comme; *Er entpuppte sich als ein gefährlicher Verbrecher.* Il se révéla comme un dangereux criminel.
enträtseln [ɛnt'rɛ:tsəln] *v* résoudre
entrüsten [ɛnt'rystən] *v sich ~* s'indigner
Entrüstung [ɛnt'rystuŋ] *f* indignation *f*
entschädigen [ɛnt'ʃɛ:dɪgən] *v* dédommager, indemniser
Entschädigung [ɛnt'ʃɛ:dɪguŋ] *f* dédommagement *m*
entscheiden [ɛnt'ʃaɪdən] *v irr* décider; *Das ist schon entschieden.* C'est tout réfléchi.
entscheidend [ɛnt'ʃaɪdənt] *adj* déterminant
Entscheidung [ɛnt'ʃaɪduŋ] *f* décision *f; Die ~ liegt bei Ihnen.* C'est à vous de choisir.
Entscheidungsfreiheit [ɛnt'ʃaɪduŋsfraɪhaɪt] *f* liberté de décider *f*
entschieden [ɛnt'ʃi:dən] *adj 1.* décidé, déterminé; *mit ~em Ton* d'un ton tranchant; *adv 2.* décidément, résolument
Entschiedenheit [ɛnt'ʃi:dənhaɪt] *f* détermination *f*

entschließen [ɛnt'ʃliːsən] *v irr sich* ~ se décider, se résoudre
entschlossen [ɛnt'ʃlɔsən] *adj 1.* décidé; *Ich bin fest dazu* ~. J'y suis décidé. *adv 2.* sans hésitation
Entschluss [ɛnt'ʃlus] *m* décision *f*, résolution *f*; *einen* ~ *umstoßen* revenir sur une décision
Entschlusskraft [ɛnt'ʃluskraft] *f* détermination *f*
entschuldbar [ɛnt'ʃultbaːr] *adj* excusable
entschuldigen [ɛnt'ʃuldɪgən] *v 1. etw* ~ excuser qc, pardonner qc; *2. sich* ~ s'excuser, demander pardon
Entschuldigung [ɛnt'ʃuldɪguŋ] *f* excuse *f*; ~*en stammeln* balbutier des excuses
entsetzen [ɛnt'zɛtsən] *v* épouvanter, remplir d'horreur
Entsetzen [ɛnt'zɛtsən] *n* effroi *m*
entsetzlich [ɛnt'zɛtslɪç] *adj* épouvantable
entsetzt [ɛnt'zɛtst] *adj* épouvanté
entsinnen [ɛnt'zɪnən] *v irr sich* ~ se souvenir de
entsorgen [ɛnt'zɔrgən] *v* se débarrasser de
Entsorgung [ɛnt'zɔrguŋ] *f* élimination *f*
entspannen [ɛnt'ʃpanən] *v sich* ~ se détendre, se décontracter
entspannend [ɛnt'ʃpanənt] *adj* délassant
Entspannung [ɛnt'ʃpanuŋ] *f* détente *f*
entsprechen [ɛnt'ʃprɛçən] *v irr* correspondre à
entsprechend [ɛnt'ʃprɛçənt] *adj* correspondant
entspringen [ɛnt'ʃprɪŋən] *v irr 1. (herrühren)* sortir de; *2. (Fluss)* prendre sa source
entstehen [ɛnt'ʃteːən] *v irr 1.* naître; *2. (verursacht werden)* être causé par; *3. (geschaffen werden)* arriver, se produire
Entstehung [ɛnt'ʃteːuŋ] *f* origine *f*
entstellt [ɛnt'ʃtɛlt] *adj* défiguré
enttäuschen [ɛnt'tɔyʃən] *v* décevoir
enttäuscht [ɛnt'tɔyʃt] *adj* déçu
Enttäuschung [ɛnt'tɔyʃuŋ] *f* déception *f*
entwaffnen [ɛnt'vafnən] *v* désarmer
entwaffnend [ɛnt'vafnənt] *adj* désarmant
Entwarnung [ɛnt'varnuŋ] *f* fin d'alerte *f*
entwässern [ɛnt'vɛsərn] *v* drainer, assécher
entweder ['ɛntveːdər] *konj* ~ *... oder* ou ... ou, soit ... soit, ou bien ... ou bien; *Entweder dies oder nichts!* C'est à prendre ou à laisser!
entwenden [ɛnt'vɛndən] *v* détourner, dérober
entwerfen [ɛnt'vɛrfən] *v irr* dessiner, ébaucher
entwerten [ɛnt'vɛrtən] *v 1. (Fahrkarte)* composter; *2. (Geld) ECO* démonétiser; *3. (fig)* dénigrer
entwickeln [ɛnt'vɪkəln] *v* développer, déployer
Entwicklung [ɛnt'vɪkluŋ] *f* développement *m*
Entwicklungshelfer [ɛnt'vɪkluŋshɛlfər] *m* coopérant *m*
Entwicklungsjahre [ɛnt'vɪkluŋsjaːrə] *pl BIO* puberté *f*
entwischen [ɛnt'vɪʃən] *v* s'échapper, s'évader
entwürdigend [ɛnt'vyrdɪgənt] *adj* avilissant
Entwurf [ɛnt'vurf] *m ARCH* plan *m*, projet *m*
entwurzeln [ɛnt'vurtsəln] *v 1.* déraciner; *2. (fig)* désacclimater
Entwurzelung [ɛnt'vurtsəluŋ] *f* déracinement *m*
entziffern [ɛnt'tsɪfərn] *v* déchiffrer
Entzücken [ɛnt'tsykən] *n* ravissement *m*, émerveillement *m*
entzückend [ɛnt'tsykənt] *adj* ravissant, charmant
entzückt [ɛnt'tsykt] *adj* ravi, enchanté
entzünden [ɛnt'tsyndən] *v 1. (Feuer)* allumer; *2. sich* ~ *MED* s'enflammer
entzwei [ɛnt'tsvaɪ] *adj* en deux, cassé
entzweien [ɛnt'tsvaɪən] *v* diviser
entzweigehen [ɛnt'tsvaɪgeːən] *v irr* se casser en deux
Enzyklopädie [ɛntsyklopɛ'diː] *f* encyclopédie *f*
Episode [epi'zoːdə] *f* épisode *m*
Equipe [e'kvip] *f* équipe *f*
er [eːr] *pron 1.* il; *2. (betont)* lui
erachten [ɛr'axtən] *v* croire, juger
erarbeiten [ɛr'arbaɪtən] *v* élaborer
erbarmen [ɛr'barmən] *v sich* ~ avoir pitié de
Erbarmen [ɛr'barmən] *n* pitié *f*
erbärmlich [ɛr'bɛrmlɪç] *adj* pitoyable
erbarmungslos [ɛr'barmuŋsloːs] *adj* impitoyable
erbauen [ɛr'bauən] *v* bâtir, fonder
Erbauer [ɛr'bauər] *m 1.* bâtisseur *m; 2. (Gründer)* fondateur *m*
erbaulich [ɛr'baulɪç] *adj* édifiant
Erbe ['ɛrbə] *n 1.* héritage *m; m 2. (Person)* héritier *m*

erben ['ɛrbən] *v* hériter; *ein Haus ~* hériter d'une maison; *Er erbte von seiner Tante einen schönen Teppich.* Il hérita de sa tante un beau tapis. *Sie hat ihre Schönheit von ihrer Mutter geerbt.* Elle tient sa beauté de sa mère.
Erbfolge ['ɛrpfɔlgə] *f* succession *f*
Erbin ['ɛrbɪn] *f* héritière *f*
erbitten [ɛr'bɪtən] *v irr sich etw von jdm ~* demander qc à qn, solliciter qc de qn
erbittert [ɛr'bɪtərt] *adj 1. (Kampf)* acharné; *adv 2.* avec acharnement
Erblasser ['ɛrplasər] *m* donateur *m*
erblich ['ɛrplɪç] *adj* héréditaire
erblinden [ɛr'blɪndən] *v* perdre la vue
erbrechen [ɛr'brɛçən] *v irr* vomir
Erbrechen [ɛr'brɛçən] *n bis zum ~* jusqu'à la nausée
Erbschaft ['ɛrpʃaft] *f* héritage *m*
Erbschaftssteuer ['ɛrpʃaftsʃtɔyər] *f* droits de succession *m/pl*
Erbschleicher ['ɛrpʃlaɪçər] *m* captateur d'héritage *m*
Erbse ['ɛrpsə] *f* pois *m; grüne ~n* petits pois *m/pl*
Erdanziehungskraft ['eːrdantsiːuŋskraft] *f* attraction terrestre *f*
Erdbeben ['eːrtbeːbən] *n* tremblement de terre *m*
Erdbeere ['eːrtbeːrə] *f BOT* fraise *f*
Erdbeereis ['eːrtbeːraɪs] *n GAST* glace à la fraise *f*
Erdboden ['eːrtboːdən] *m* sol *m*, surface de la terre *f; etw dem ~ gleichmachen* raser qc/détruire complètement qc; *vom ~ verschwinden* être décimé/être exterminé
Erde ['eːrdə] *f* terre *f; jdn unter die ~ bringen* envoyer qn dans l'au-delà/faire mourir qn; *auf der ~ bleiben (fig)* garder les pieds sur terre; *etw aus der ~ stampfen (fig)* créer qc à partir de rien
erdenklich [ɛr'dɛŋklɪç] *adj* imaginable
Erdgas ['eːrtgaːs] *n* gaz naturel *m*
Erdgeschoss ['eːrtgəʃɔs] *n* rez-de-chaussée *m*
erdichten [ɛr'dɪçtən] *v* imaginer
erdig ['eːrdɪç] *adj 1.* terreux; *2. (Geruch)* de terre
Erdkunde ['eːrtkundə] *f* géographie *f*
Erdnuss ['eːrtnus] *f* cacahuète *f*, arachide *f*
Erdöl ['eːrtøːl] *n* pétrole brut *m*
Erdreich ['eːrtraɪç] *n* terre *f*
erdrosseln [ɛr'drɔsəln] *v* étrangler
erdrücken [ɛr'drykən] *v* écraser, étouffer
Erdrutsch ['eːrtrutʃ] *m GEOL* glissement de terrain *m*, éboulement *m*
Erdteil ['eːrttaɪl] *m* continent *m*
erdulden [ɛr'duldən] *v* supporter, souffrir
ereifern [ɛr'aɪfərn] *v sich ~* s'emporter
ereignen [ɛr'aɪgnən] *v sich ~* arriver
Ereignis [ɛr'aɪgnɪs] *n* événement *m*
Eremit [ere'miːt] *m* ermite *m*
erfahren [ɛr'faːrən] *v irr 1. (mitgeteilt bekommen)* apprendre; *adj 2.* expérimenté, expert; *in etw ~ sein* être versé dans qc
Erfahrung [ɛr'faːruŋ] *f* expérience *f*
Erfahrungsaustausch [ɛr'faːruŋsaustauʃ] *m* échange d'expérience *m*
erfahrungsgemäß [ɛr'faːruŋsgəmɛːs] *adv* par expérience
Erfahrungssache [ɛr'faːruŋszaxə] *f* question d'expérience *f*
erfassen [ɛr'fasən] *v 1. (greifen)* saisir, empoigner; *2. (fig: verstehen)* concevoir; *3. (statistisch)* recenser, chiffrer statistiquement
Erfassung [ɛr'fasuŋ] *f (von Statistiken)* recensement *m*
erfinden [ɛr'fɪndən] *v irr* inventer, découvrir, imaginer; *frei erfunden* forgé de toutes pièces; *Das hat er erfunden.* C'est de son invention.
Erfinder(in) [ɛr'fɪndər(ɪn)] *m/f* inventeur/inventrice *m/f*
erfinderisch [ɛr'fɪndərɪʃ] *adj* inventif
Erfindung [ɛr'fɪnduŋ] *f 1.* invention *f*, découverte *f; 2. (Lüge)* mensonge *m*
Erfolg [ɛr'fɔlk] *m* succès *m; zum ~ führen* mener à bien; *überall ~e verbuchen können* gagner sur tous les tableaux; *~ versprechend* prometteur, promis au succès
erfolgen [ɛr'fɔlgən] *v 1.* résulter; *2. (geschehen)* se produire
erfolglos [ɛr'fɔlkloːs] *adj 1.* infructueux; *adv 2.* sans succès
Erfolglosigkeit [ɛr'fɔlkloːzɪçkaɪt] *f* insuccès *m*
erfolgreich [ɛr'fɔlkraɪç] *adj* couronné de succès
erforderlich [ɛr'fɔrdərlɪç] *adj* nécessaire; *falls ~* si nécessaire/au besoin
erfordern [ɛr'fɔrdərn] *v* nécessiter, exiger; *viel Aufmerksamkeit ~* avoir besoin de beaucoup d'attention
Erfordernis [ɛr'fɔrdərnɪs] *n* nécessité *f*
erforschen [ɛr'fɔrʃən] *v 1.* explorer; *2. (prüfen)* examiner, sonder
Erforschung [ɛr'fɔrʃuŋ] *f 1.* exploration *f; 2. (Prüfung)* examen *m*

erfreuen [ɛr'frɔyən] *v* réjouir, faire plaisir à
erfreulich [ɛr'frɔylɪç] *adj* réjouissant
erfreulicherweise [ɛr'frɔylɪçərvaɪzə] *adv* heureusement
erfreut [ɛr'frɔyt] *adj* enchanté; *Sehr ~, Sie kennenzulernen.* Enchanté de faire votre connaissance. *Ich bin ~, Sie wiederzusehen.* Je suis ravi de vous revoir.
erfrieren [ɛr'friːrən] *v irr 1. (Person)* geler, mourir de froid; *2. (Pflanze)* geler
erfrischen [ɛr'frɪʃən] *v sich ~* se rafraîchir, se désaltérer
erfrischend [ɛr'frɪʃənt] *adj* rafraîchissant
Erfrischung [ɛr'frɪʃuŋ] *f* rafraîchissement *m; ~en reichen* servir des rafraîchissements
erfüllen [ɛr'fylən] *v 1.* remplir de; *2. (Pflicht)* accomplir, faire; *3. (Wunsch)* combler
Erfüllung [ɛr'fyluŋ] *f 1. ~ finden* se réaliser; *2. (einer Pflicht)* accomplissement *m; 3. (eines Wunsches)* réalisation *f*
ergänzen [ɛr'gɛntsən] *v* compléter
Ergänzung [ɛr'gɛntsuŋ] *f* complément *m*
ergeben [ɛr'geːbən] *v irr 1. (zum Ergebnis haben)* avoir pour résultat; *2. (sich erweisen)* se montrer, se révéler; *3. (betragen)* monter, chiffrer; *4. (abwerfen)* rapporter; *5. sich ~* se rendre, résulter; *6. sich ~ (aufgeben)* se rendre, capituler; *sich auf Gnade oder Ungnade ~* se rendre sans condition
ergebenst [ɛr'geːbənst] *adj* bien dévoué
Ergebnis [ɛr'geːpnɪs] *n* résultat *m*
ergebnislos [ɛr'geːpnɪsloːs] *adj* infructueux
ergehen [ɛr'geːən] *v irr 1. Wie ist es ihm ergangen?* Qu'est-il devenu?, Comment ça s'est passé? *2. (erteilt werden)* être prononcé; *3. etw über sich ~ lassen* essuyer qc, endurer qc; *4. sich ~ in (fig)* se répandre en
ergiebig [ɛr'giːbɪç] *adj* lucratif, rentable
ergrauen [ɛr'grauən] *v (fig: altern)* grisonner
ergreifen [ɛr'graɪfən] *v irr 1. (greifen)* prendre, saisir; *2. (Maßnahmen)* prendre; *3. (festnehmen)* appréhender, arrêter; *4. (fig: bewegen)* toucher, émouvoir
ergreifend [ɛr'graɪfənt] *adj (fig)* émouvant
erhalten [ɛr'haltən] *v irr 1. (bekommen)* recevoir; *2. (bewahren)* conserver, garder
erhältlich [ɛr'hɛltlɪç] *adj ~ bei* en vente chez
Erhaltung [ɛr'haltuŋ] *f 1. (Erhalt)* réception *f; 2. (Bewahrung)* conservation *f; 3. (Instandhaltung)* entretien *m*
erhängen [ɛr'hɛŋən] *v sich ~* se pendre
erheben [ɛr'heːbən] *v irr 1. (hochheben)* lever, élever; *2. sich ~* s'élever, se lever
erheblich [ɛr'heːplɪç] *adj* considérable
Erhebung [ɛr'heːbuŋ] *f 1. (Berg)* éminence *f; 2. (einer Statistik)* sondage *m*
erheitern [ɛr'haɪtərn] *v* égayer
Erheiterung [ɛr'haɪtəruŋ] *f* réjouissance *f*
erhitzen [ɛr'hɪtsən] *v* faire chauffer
erhoffen [ɛr'hɔfən] *v* espérer
erhöhen [ɛr'høːən] *v* élever
Erhöhung [ɛr'høːuŋ] *f 1.* élévation *f; 2. (Zunahme)* accroissement *m; 3. (Preiserhöhung) ECO* augmentation *f*
erholen [ɛr'hoːlən] *v sich ~* se reposer, se remettre
Erholung [ɛr'hoːluŋ] *f* repos *m*
erholungsbedürftig [ɛr'hoːluŋsbədyrftɪç] *adj* qui a besoin de repos
Erholungsort [ɛr'hoːluŋsɔrt] *m* lieu de repos *m*
erinnern [ɛr'ɪnərn] *v 1. jdn an etw ~* rappeler qc à qn; *2. sich an etw ~* se souvenir de qc, se rappeler qc
Erinnerung [ɛr'ɪnəruŋ] *f* souvenir *m*
Erinnerungsstück [ɛr'ɪnəruŋsʃtyk] *n* souvenir *m*
Erinnerungsvermögen [ɛr'ɪnəruŋsfɛrmøːgən] *n* mémoire *f*
Erinnerungswert [ɛr'ɪnəruŋsveːrt] *m* valeur sentimentale *f*
erkälten [ɛr'kɛltən] *v sich ~* prendre froid, s'enrhumer
Erkältung [ɛr'kɛltuŋ] *f* refroidissement *m*
erkennbar [ɛr'kɛnbaːr] *adj* reconnaissable
erkennen [ɛr'kɛnən] *v irr* reconnaître
erkenntlich [ɛr'kɛntlɪç] *adj* reconnaissant
Erkenntnis [ɛr'kɛntnɪs] *f 1. (Einsicht)* connaissance *f; 2. (Entdeckung)* découverte *f*
erklärbar [ɛr'klɛːrbaːr] *adj* explicable
erklären [ɛr'klɛːrən] *v 1. (verdeutlichen)* expliquer, éclaircir; *2. (verkünden)* déclarer, proclamer
Erklärung [ɛr'klɛːruŋ] *f 1. (Verdeutlichung)* explication *f; 2. (Verkündung)* déclaration *f*
erkranken [ɛr'kraŋkən] *v* tomber malade
erkunden [ɛr'kundən] *v 1. (auskundschaften)* espionner, reconnaître; *2. (erfragen)* s'informer; *zu ~ bei* s'adresser à
erkundigen [ɛr'kundɪgən] *v sich ~* se renseigner
Erkundigung [ɛr'kundɪguŋ] *f* renseignements *m/pl*
Erkundung [ɛr'kunduŋ] *f* exploration *f*

erlangen [ɛr'laŋən] *v* atteindre, obtenir
Erlass [ɛr'las] *m 1. (Verordnung)* ordonnance *f; 2. (Befreiung)* dispense *f*
erlassen [ɛr'lasən] *v irr 1. (verordnen)* décréter, arrêter; *2. (befreien)* dispenser de
erlauben [ɛr'laubən] *v* autoriser, permettre; *Was ~ Sie sich?* Quel culot!/Quel toupet!
Erlaubnis [ɛr'laupnɪs] *f* autorisation *f*
erläutern [ɛr'lɔytərn] *v* expliquer, éclaircir
Erläuterung [ɛr'lɔytəruŋ] *f* explication *f*
erleben [ɛr'leːbən] *v* voir, vivre, faire l'expérience de; *Du kannst etw ~. (fig)* Tu vas voir de quel bois je me chauffe!/Tu vas entendre parler de moi!
Erlebnis [ɛr'leːpnɪs] *n* événement *m*
erledigen [ɛr'leːdɪgən] *v* régler, expédier; *erledigt sein* être fini; *Die Sache ist so gut wie erledigt.* L'affaire est dans le sac. *Das ist ein für allemal erledigt.* C'est tout vu.
Erledigung [ɛr'leːdɪguŋ] *f 1. (eines Geschäfts)* expédition *f; 2. (eines Auftrags)* exécution *f*
erlegen [ɛr'leːgən] *v* abattre, tuer
erleichtern [ɛr'laɪçtərn] *v* soulager, faciliter
erleichtert [ɛr'laɪçtərt] *adj* soulagé
Erleichterung [ɛr'laɪçtəruŋ] *f* soulagement *m*
erleiden [ɛr'laɪdən] *v irr 1.* subir; *2. (Schmerz)* supporter; *3. (Niederlage)* essuyer
erlernen [ɛr'lɛrnən] *v* apprendre
erlesen [ɛr'leːzən] *adj* choisi
erleuchten [ɛr'lɔyçtən] *v* éclairer
erlöschen [ɛr'lœʃən] *v irr* s'éteindre
erlösen [ɛr'løːzən] *v 1.* délivrer, sauver; *2. REL* racheter
Erlöser [ɛr'løːzər] *m REL* Sauveur *m*
Erlösung [ɛr'løːzuŋ] *f* délivrance *f*
ermächtigen [ɛr'mɛçtɪgən] *v 1.* autoriser; *2. JUR* habiliter
Ermächtigung [ɛr'mɛçtɪguŋ] *f* autorisation *f*
ermahnen [ɛr'maːnən] *v* exhorter
Ermahnung [ɛr'maːnuŋ] *f* exhortation *f*
ermäßigen [ɛr'mɛːsɪgən] *v* baisser, faire une remise sur
Ermäßigung [ɛr'mɛːsɪguŋ] *f* remise *f*
ermessen [ɛr'mɛsən] *v* mesurer, juger
Ermessen [ɛr'mɛsən] *n* avis *m; nach meinem ~* selon moi; *nach menschlichem ~* dans la mesure on l'on peut en juger
Ermessensspielraum [ɛr'mɛsənsʃpiːlraum] *m* marge de jugement *f*
ermitteln [ɛr'mɪtəln] *v* découvrir, vérifier
Ermittlung [ɛr'mɪtluŋ] *f* enquête *f*
ermöglichen [ɛr'møːklɪçən] *v* permettre
ermorden [ɛr'mɔrdən] *v* assassiner, tuer
Ermordung [ɛr'mɔrduŋ] *f* assassinat *m*
ermüden [ɛr'myːdən] *v* se fatiguer, se lasser
ermüdend [ɛr'myːdənt] *adj* fatigant
Ermüdung [ɛr'myːduŋ] *f* fatigue *f*
ermuntern [ɛr'muntərn] *v* encourager
ermutigen [ɛr'muːtɪgən] *v* donner du courage
ernähren [ɛr'nɛːrən] *v 1. sich ~* se nourrir, s'alimenter; *2. jdn ~* faire qn vivre
Ernährung [ɛr'nɛːruŋ] *f* alimentation *f*
Ernährungsweise [ɛr'nɛːruŋsvaɪzə] *f* habitudes alimentaires *f/pl*
ernennen [ɛr'nɛnən] *v irr* nommer
Ernennung [ɛr'nɛnuŋ] *f* nomination *f*
Ernennungsurkunde [ɛr'nɛnuŋsuːrkundə] *f* nomination écrite *f*
erneuerbar [ɛr'nɔyərbaːr] *adj ~e Energie* énergie renouvelable *f*
erneuern [ɛr'nɔyərn] *v* remettre en état
Erneuerung [ɛr'nɔyəruŋ] *f* renouvellement *m*
erneut [ɛr'nɔyt] *adj 1.* répété, renouvelé; *adv 2.* de nouveau, à nouveau, une fois de plus
erniedrigen [ɛr'niːdrɪgən] *v* abaisser
erniedrigend [ɛr'niːdrɪgənt] *adj* humiliant
Erniedrigung [ɛr'niːdrɪguŋ] *f* humiliation *f*
ernst [ɛrnst] *adj 1.* sérieux, grave; *Jetzt wird es ~.* C'est fini de rire./Maintenant c'est sérieux. *nicht mehr ~ bleiben können* perdre son sérieux; *adv 2.* vraiment, pour de bon
Ernst [ɛrnst] *m* sérieux *m; in allem ~* pour tout de bon; *Das ist doch nicht Dein ~!* Tu rigoles!/Tu n'es pas sérieux! *der ~ des Lebens* les choses sérieuses *f/pl; ~ machen* mettre ses menaces à exécution/passer aux actes
Ernstfall ['ɛrnstfal] *m 1.* cas où les choses deviennent graves *m; im ~* au cas où les choses deviennent critiques/dans un cas critique; *2. MIL* cas de guerre *m*
ernstlich ['ɛrnstlɪç] *adj* sérieux
Ernte ['ɛrntə] *f 1. (Tätigkeit)* récolte *f,* moisson *f; 2. (Obsternte)* cueillette *f; 3. (Ertrag)* produit *m,* rendement *m*
ernten ['ɛrntən] *v* récolter, moissonner
ernüchtern [ɛr'nyçtərn] *v (fig)* ramener à la raison
Ernüchterung [ɛr'nyçtəruŋ] *f (fig)* retour à la raison *m*
Eroberer [ɛr'oːbərər] *m* conquérant *m*

erobern [ɛr'oːbərn] *v* conquérir
Eroberung [ɛr'oːbəruŋ] *f* conquête *f*
eröffnen [ɛr'œfnən] *v* ouvrir
Eröffnung [ɛr'œfnuŋ] *f* *1.* ouverture *f; 2. (Einweihung)* inauguration *f; 3. (Ansprache)* discours inaugural *m*
erörtern [ɛr'œrtərn] *v* discuter de
Erörterung [ɛr'œrtəruŋ] *f* discussion *f*
Erotik [e'roːtɪk] *f* érotisme *m*
erotisch [e'roːtɪʃ] *adj* érotique
erpressen [ɛr'prɛsən] *v jdn ~* exercer un chantage sur qn, faire chanter qn
Erpresser [ɛr'prɛsər] *m* maître-chanteur *m*
Erpressung [ɛr'prɛsuŋ] *f* chantage *m*
erproben [ɛr'proːbən] *v* expérimenter
Erprobung [ɛr'proːbuŋ] *f* test *m*
erquickend [ɛr'kvɪkənt] *adj* réparateur
erraten [ɛr'raːtən] *v irr* deviner
errechnen [ɛr'rɛçnən] *v* calculer
erregen [ɛr'reːgən] *v 1. Aufsehen ~* faire sensation; *2. (aufregen)* exciter; *3. sich ~* s'exciter; *4. (fig)* faire du bruit
Erregung [ɛr'reːguŋ] *f in ~ bringen* mettre en émoi
erreichbar [ɛr'raɪçbaːr] *adj* accessible; *Ich bin jederzeit ~.* On peut me joindre à tout moment.
erreichen [ɛr'raɪçən] *v* atteindre, joindre; *Wo kann ich ihn ~?* Où puis-je le joindre?
errichten [ɛr'rɪçtən] *v 1.* élever, dresser; *2. (gründen)* fonder, créer
Errichtung [ɛr'rɪçtuŋ] *f 1.* édification *f; 2. (Gründung)* fondation *f*
erringen [ɛr'rɪŋən] *v irr* gagner, remporter; *den Sieg ~* remporter la victoire
Errungenschaft [ɛr'ruŋənʃaft] *f 1.* acquisition *f; 2. (der Wissenschaft)* conquête *f*
Ersatz [ɛr'zats] *m* produit de remplacement *m*
Ersatzreifen [ɛr'zatsraɪfən] *m* roue de secours *f*
Ersatzteil [ɛr'zatstaɪl] *n* pièce de rechange *f*
erscheinen [ɛr'ʃaɪnən] *v irr 1. (sich sehen lassen)* apparaître, se montrer; *2. (scheinen)* sembler; *3. (veröffentlicht werden)* paraître, être publié; *4. (vor Gericht)* comparaître
Erscheinung [ɛr'ʃaɪnuŋ] *f 1. (Aussehen)* mine *f; 2. (Phänomen)* apparition *f*
erschießen [ɛr'ʃiːsən] *v irr* abattre d'un coup de feu
erschlagen [ɛr'ʃlaːgən] *v irr 1.* assommer; *adj 2. ~ sein (erschöpft)* être épuisé; *3. ~ sein (verblüfft)* être déconcerté, être décontenancé
erschließen [ɛr'ʃliːsən] *v irr (Baugelände)* viabiliser
Erschließung [ɛr'ʃliːsuŋ] *f (von Baugelände)* viabilité *f*
erschöpfen [ɛr'ʃœpfən] *v 1.* épuiser; *2. sich ~* s'épuiser; *3. sich in etw ~* s'épuiser à qc, s'épuiser sur qc
erschöpft [ɛr'ʃœpft] *adj* épuisé
Erschöpfung [ɛr'ʃœpfuŋ] *f* épuisement *m*
erschrecken [ɛr'ʃrɛkən] *v jdn ~* faire peur à qn, effrayer qn
erschreckend [ɛr'ʃrɛkənt] *adj* effrayant
erschütternd [ɛr'ʃytərnt] *adj* bouleversant
Erschütterung [ɛr'ʃytəruŋ] *f 1.* choc *m; 2. (fig)* bouleversement *m*
erschweren [ɛr'ʃveːrən] *v* compliquer
Erschwernis [ɛr'ʃveːrnɪs] *f* difficulté supplémentaire *f*
erschwingen [ɛr'ʃvɪŋən] *v irr* payer; *Nur mit Mühe habe ich noch eine Karte ~ können.* J'ai eu du mal à me payer une carte.
erschwinglich [ɛr'ʃvɪŋlɪç] *adj* accessible
ersetzen [ɛr'zɛtsən] *v 1. (austauschen)* remplacer, substituer; *2. (entschädigen)* réparer, dédommager
ersichtlich [ɛr'zɪçtlɪç] *adj* visible, évident
ersparen [ɛr'ʃpaːrən] *v 1.* économiser, épargner; *2. (fig)* épargner, éviter; *Es bleibt einem doch nichts erspart.* Qu'est-ce qu'il ne faut pas voir!
Ersparnis [ɛr'ʃpaːrnɪs] *f* économie *f*
erst [eːrst] *adv* premièrement, en premier lieu, d'abord
Erstaunen [ɛr'ʃtaunən] *n* étonnement *m*
erstaunlich [ɛr'ʃtaunlɪç] *adj* étonnant
erste(r,s) ['eːrstə(r,s)] *adj* premier/première
erstechen [ɛr'ʃtɛçən] *v irr* poignarder
ersteigen [ɛr'ʃtaɪgən] *v irr* monter, gravir
erstens ['eːrstəns] *adv* premièrement
Erstgeborene(r) ['eːrstgəboːrənə(r)] *m/f* aîné(e) *m/f*
ersticken [ɛr'ʃtɪkən] *v* étouffer, suffoquer
erstklassig ['eːrstklasɪç] *adj* de première qualité
Erstlingswerk ['eːrstlɪŋsvɛrk] *n* travail de débutant *m*
erstmals ['eːrstmaːls] *adv* pour la première fois
erstreben [ɛr'ʃtreːbən] *v* s'efforcer d'atteindre, s'efforcer d'obtenir

erstrebenswert [ɛr'ʃtreːbənsvert] *adj* digne d'être poursuivi
erstrecken [ɛr'ʃtrɛkən] *v 1. sich ~ auf* s'appliquer à; *2. sich ~ (betreffen)* s'étendre, se rapporter
Erstwähler ['eːrstvɛːlər] *m POL* personne qui vote pour la première fois *f*
Ersuchen [ɛr'zuːxən] *n* demande *f*
ertappen [ɛr'tapən] *v* prendre, attraper; *jdn auf frischer Tat ~* prendre qn sur le fait/prendre qn en flagrant délit
erteilen [ɛr'taɪlən] *v 1. (geben)* donner, accorder; *2. (gewähren)* octroyer, accorder, conférer
ertönen [ɛr'tøːnən] *v* retentir, résonner
ertragen [ɛr'traːgən] *v irr* supporter, endurer
erträglich [ɛr'trɛːklɪç] *adj* supportable
ertragreich [ɛr'traːkraɪç] *adj* productif
ertrinken [ɛr'trɪŋkən] *v irr* se noyer, périr en mer
erwachen [ɛr'vaxən] *v* se réveiller, s'éveiller
erwachsen [ɛr'vaksən] *adj* adulte
Erwachsene(r) [ɛr'vaksənə(r)] *m/f* adulte *m/f*
Erwachsenenbildung [ɛr'vaksənənbɪldʊŋ] *f* formation pour adultes *f*
erwägen [ɛr'vɛːgən] *v irr* réfléchir à, peser
Erwägung [ɛr'vɛːgʊŋ] *f* considération *f*
erwähnen [ɛr'vɛːnən] *v* mentionner, faire mention de
Erwähnung [ɛr'vɛːnʊŋ] *f* mention *f*
erwärmen [ɛr'vɛrmən] *v* réchauffer
erwarten [ɛr'vaːrtən] *v* attendre, s'attendre à
Erwartung [ɛr'vartʊŋ] *f* attente *f*
erwartungsvoll [ɛr'vartʊŋsfɔl] *adj* plein d'espoir
erweichen [ɛr'vaɪçən] *v jdn ~* fléchir qn
erweitern [ɛr'vaɪtərn] *v* élargir, étendre
Erweiterung [ɛr'vaɪtərʊŋ] *f* extension *f*
erweiterungsfähig [ɛr'vaɪtərʊŋsfɛːɪç] *adj* susceptible d'être élargi, étendu
Erwerb [ɛr'vɛrp] *m 1. (Beruf)* gagne-pain *m; 2. (Kauf)* acquisition *f*
erwerben [ɛr'vɛrbən] *v irr* acquérir, gagner
erwerbsfähig [ɛr'vɛrpsfɛːɪç] *adj* capable de gagner sa vie
erwerbslos [ɛr'vɛrpsloːs] *adj* sans travail
Erwerbstätige(r) [ɛr'vɛrpʃtɛtigə(r)] *m/f* salarié(e) *m/f*
erwerbsunfähig [ɛr'vɛrpsunfɛːɪç] *adj* incapable de travailler
erwidern [ɛr'viːdərn] *v 1. (antworten)* répondre, répliquer; *2. (Gleiches zurückgeben)* riposter, rendre la pareille
erwischen [ɛr'vɪʃən] *v* prendre, surprendre
erwünschen [ɛr'vynʃən] *v* souhaiter, désirer
erwünscht [ɛr'vynʃt] *adj* souhaité
erzählen [ɛr'tsɛːlən] *v* raconter, dire
Erzählung [ɛr'tsɛːlʊŋ] *f* récit *m*
erzeugen [ɛr'tsɔygən] *v 1. (herstellen)* produire, fabriquer; *2. (hervorrufen)* causer
Erzeugnis [ɛr'tsɔyknɪs] *n* produit *m*
Erzfeind ['ɛrtsfaɪnt] *m* ennemi juré *m*
erziehen [ɛr'tsiːən] *v irr* éduquer, élever
Erzieher(in) [ɛr'tsiːər(ɪn)] *m/f* éducateur/éducatrice *m/f*
erzieherisch [ɛr'tsiːərɪʃ] *adj* éducatif
Erziehung [ɛr'tsiːʊŋ] *f* éducation *f*
Erziehungsberatung [ɛr'tsiːʊŋsbəraːtʊŋ] *f* consultation pédagogique *f*
erziehungsberechtigt [ɛr'tsiːʊŋsbərɛçtɪçt] *adj* chargé de l'éducation
Erziehungsgeld [ɛr'tsiːʊŋsgɛlt] *n* allocation parentale d'éducation (APE) *f*
erzielen [ɛr'tsiːlən] *v* réaliser, parvenir à atteindre
erzkonservativ ['ɛrtskɔnzɛrvatiːf] *adj* ultra-conservateur
erzwingen [ɛr'tsvɪŋən] *v irr* obtenir par la force, extorquer
es [ɛs] *pron 1. (Nominativ)* il; *2. (Akkusativ)* le; *3. (Dativ)* lui
Esel ['eːzəl] *m* âne *m,* baudet *m; störrisch wie ein ~* têtu comme un âne
Eskapade [ɛska'paːdə] *f* escapade *f*
Eskimo ['ɛskimo] *m* Eskimo *m,* Esquimau *m*
Eskorte [ɛs'kɔrtə] *f* escorte *f*
Esoterik [ezo'teːrɪk] *f* ésotérisme *m*
essbar ['ɛsbaːr] *adj* comestible
Essbesteck ['ɛsbəʃtɛk] *n* couverts *m/pl*
Essecke ['ɛsɛkə] *f* coin repas *m*
essen ['ɛsən] *v irr* manger; *gern und gut ~* aimer la bonne chère; *etw zu ~ kaufen* acheter qc à manger
Essen ['ɛsən] *n* repas *m,* manger *m*
Essgeschirr ['ɛsgəʃɪr] *n* gamelle *f*
Essig ['ɛsɪç] *m* vinaigre *m*
Essiggurke ['ɛsɪçgurkə] *f* cornichon au vinaigre *m*
Esskastanie ['ɛskastːanjə] *f BOT* châtaigne *f*
Esslöffel ['ɛslœfəl] *m* cuiller à soupe *f*
Esstisch ['ɛstɪʃ] *m* table *f*

Esswaren ['ɛsvaːrən] *pl* denrées alimentaires *f/pl*
Esszimmer ['ɛstsɪmər] *n* salle à manger *f*
etablieren [eta'bliːrən] *v sich ~* s'établir
Etage [e'taːʒə] *f* étage *m*
Etagenheizung [e'taːʒənhaɪtsuŋ] *f* chauffage central d'étage *m*
Etagenkellner [e'taːʒənkɛlnər] *m* garçon d'étage *m*
Etagenwohnung [e'taːʒənvoːnuŋ] *f* appartement *m*
Etappe [e'tapə] *f* étape *f*
etappenweise [e'tapənvaɪzə] *adv* par étapes
Etat [e'taː] *m* budget *m*
Etatkürzung [e'taːkyrtsuŋ] *f* réduction budgétaire *f*
Ethik ['eːtɪk] *f* éthique *f*, morale *f*
ethisch ['eːtɪʃ] *adj* éthique
ethnisch ['eːtnɪʃ] *adj* ethnique
Ethnologie [etnolo'giː] *f* ethnologie *f*
Etikett [eti'kɛt] *n* étiquette *f*
Etikette [eti'kɛtə] *f* protocole *m*, cérémonial *m*
etliche ['ɛtlɪçə] *pron* quelques, quelques-uns/quelques-unes
Etui [e'tviː] *n* étui *m*
etwa ['ɛtva] *adv* environ, à peu près
etwaig ['ɛtvaɪç] *adj* éventuel
etwas ['ɛtvas] *pron 1.* quelque chose; *adv 2.* un peu, quelque peu
euch [ɔyç] *pron* vous
euer ['ɔyər] *pron* votre
eure(r,s) ['ɔyrə(r,s)] *pron* votre, vos
euresgleichen ['ɔyrəsglaɪçən] *pron* vos semblables, vos pareils, vos pareilles
euretwegen ['ɔyrətveːgən] *adv* à cause de vous, pour l'amour de vous
Euro ['ɔyro] *m FIN* Euro *m*
Eurocheque ['ɔyroʃɛk] *m* eurochèque *m*
Europa [ɔy'roːpa] *n GEO* Europe *f*
Europäer(in) [ɔyro'pɛːər(ɪn)] *m/f* Européen(ne) *m/f*
Europaparlament [ɔy'roːpaparlamɛnt] *n POL* parlement européen *m*
Europarat [ɔy'roːparaːt] *m POL* Conseil de l'Europe *m*
Eurotunnel ['ɔyrotunəl] *m* Eurotunnel *m*
Evakuierung [evaku'iːruŋ] *f* évacuation *f*
eventuell [evɛntu'ɛl] *adj* éventuel
Evolution [evolu'tsjoːn] *f* évolution *f*
ewig ['eːvɪç] *adj* éternel; *~ und drei Tage* une étermité/très longtemps
Ewigkeit ['eːvɪçkaɪt] *f* éternité *f*
exakt [ɛ'ksakt] *adj* exact, précis
Exaktheit [ɛ'ksakthaɪt] *f* exactitude *f*
Examen [ɛ'ksaːmən] *n* examen *m*
Exempel [ɛ'ksɛmpəl] *n* exemple *m; ein ~ statuieren* faire un exemple
Exemplar [ɛksɛm'plaːr] *n* exemplaire *m*
exemplarisch [ɛksɛm'plaːrɪʃ] *adj* exemplaire
Exhibitionist [ɛkshɪbɪtsjo'nɪst] *m* exhibitionniste *m*
Existenz [ɛksɪs'tɛnts] *f* existence *f*
Existenzangst [ɛksɪs'tɛntsaŋst] *f* angoisse existentielle *f*
Existenzberechtigung [ɛksɪs'tɛntsbərɛçtɪguŋ] *f* droit à l'existence *m*
Existenzfrage [ɛksɪs'tɛntsfraːgə] *f* question de vie *f*
Existenzminimum [ɛksɪs'tɛntsminimum] *n* minimum vital *m*
existieren [ɛksis'tiːrən] *v 1. (leben)* exister, vivre; *2. (bestehen)* exister
exklusiv [ɛksklu'ziːf] *adj 1.* exclusif, distingué; *adv 2.* à l'exclusion de, exclusivement
Exkursion [ɛkskur'sjoːn] *f* excursion *f*
exotisch [ɛ'ksoːtɪʃ] *adj* exotique
Expansion [ɛkspan'zjoːn] *f* expansion *f*
Expedition [ɛkspedɪ'tsjoːn] *f* expédition *f*
Experiment [ɛksperɪ'mɛnt] *n* expérience *f*, expérimentation *f*
experimentieren [ɛkspɛrɪmɛn'tiːrən] *v* expérimenter
Experte [ɛks'pɛrtə] *m* expert *m*
Expertise [ɛkspɛr'tiːzə] *f* expertise *f*
explodieren [ɛksplo'diːrən] *v* exploser
Explosion [ɛksplo'zjoːn] *f* explosion *f*
explosiv [ɛksplo'ziːf] *adj 1. (Sache)* explosif; *2. (Person)* qui explose facilement
Expressgut [ɛks'prɛsguːt] *n* colis exprès *m*
extern [ɛks'tɛrn] *adj* externe
extra ['ɛkstra] *adj 1.* spécial, en supplément; *adv 2.* exprès, spécialement
Extrakt [ɛks'trakt] *m* extrait *m*, essence *f*
extravagant [ɛkstrava'gant] *adj* extravagant
extrem [ɛks'treːm] *adj* extrême
Extrem [ɛks'treːm] *n* extrême *m; von einem ~ ins andere fallen* passer du blanc au noir/passer d'un extrême à l'autre
exzellent [ɛkstsɛ'lɛnt] *adj* excellent
exzentrisch [ɛks'tsɛntrɪʃ] *adj* excentrique
Exzess [ɛks'tsɛs] *m* excès *m*

F

Fabel ['faːbəl] *f* fable *f*
fabelhaft ['faːbəlhaft] *adj 1.* merveilleux, formidable, épatant; *adv 2.* à merveille, formidablement bien; *Das ist ja ~!* C'est fantastique!/C'est formidable!
Fabrik [fa'briːk] *f* usine *f,* fabrique *f*
Fabrikant [fabri'kant] *m* fabricant *m*
Fabrikat [fabri'kaːt] *n* produit de fabrication *m*
Fabrikgelände [fa'briːkgəlɛndə] *n* terrain industriel *m*
Fach [fax] *n 1. (Ablagefach)* casier *m; 2. (Unterrichtsfach)* matière *f; 3. (Wissensgebiet)* spécialité *f,* discipline *f*
Facharbeiter ['faxarbaɪtər] *m* ouvrier qualifié *m*
Fachausbildung ['faxausbɪlduŋ] *f* formation professionnelle *f*
Fachausdruck ['faxausdruk] *m* terme technique *m*
Fachbereich ['faxbəraɪç] *m 1.* branche *f; 2. (einer Universität)* unité d'étude et de recherche *f*
Fachgeschäft ['faxgəʃɛft] *n ECO* commerce spécialisé *m*
Fachhochschule ['faxhoːxʃuːlə] *f* Ecole supérieure spécialisée *f*
fachlich ['faxlɪç] *adj* professionnel
Fachliteratur ['faxlitəratuːr] *f* littérature spécialisée *f*
Fachmann ['faxman] *m* homme de métier *m*
fachsimpeln ['faxzɪmpəln] *v* parler métier
Fachwerkhaus ['faxvɛrkhaus] *n* maison à colombage *f*
Fachzeitschrift ['faxtsaɪtʃrɪft] *f* revue spécialisée *f*
Fackel ['fakəl] *f* flambeau *m,* torche *f*
fade ['faːdə] *adj 1. (geschmacklos)* fade, insipide; *2. (langweilig)* ennuyant
Faden ['faːdən] *m* fil *m,* filament *m; Es hängt am seidenen ~.* Il s'en faut d'un cheveu./Cela tient à un fil. *die Fäden in der Hand haben* tirer les ficelles; *den ~ verlieren* perdre le fil
fadenscheinig ['faːdənʃaɪnɪç] *adj (fig)* cousu de fil blanc
fähig ['fɛːɪç] *adj* capable, compétent
Fähigkeit ['fɛːɪçkaɪt] *f* capacité *f*
fahl [faːl] *adj* blême, blafard
Fähnchen ['fɛːnçən] *n sein ~ in den Wind hängen* tourner comme une girouette
fahnden ['faːndən] *v ~ nach* rechercher
Fahndung ['faːnduŋ] *f* recherche *f*
Fahndungsbuch ['faːnduŋsbuːx] *n* registre des personnes recherchées pour délit *m*
Fahne ['faːnə] *f* drapeau *m,* pavillon *m; die ~ hochhalten* lever l'étendard; *die ~ nach dem Winde drehen* retourner sa veste; *mit fliegenden ~n zu etw übergehen* se rallier brusquement à l'avis de qc
Fahrbahn ['faːrbaːn] *f* chaussée *f*
fahrbereit ['faːrbəraɪt] *adj* en état de marche
Fähre ['fɛːrə] *f* bac *m,* ferry-boat *m*
fahren ['faːrən] *v irr 1.* aller; *Der Wagen fährt 240 Kilometer in der Stunde.* La voiture fait du 240 à l'heure. *2. (steuern)* rouler en, conduire
Fahrer ['faːrər] *m* conducteur *m*
Fahrgast ['faːrgast] *m* passager *m*
Fahrgeld ['faːrgɛlt] *n* prix du transport *m*
Fahrkarte ['faːrkartə] *f* billet *m*
Fahrkartenschalter ['faːrkartənʃaltər] *m* guichet des billets *m*
fahrlässig ['faːrlɛsɪç] *adj* négligent, imprudent
Fahrlässigkeit ['faːrlɛsɪçkaɪt] *f* négligence *f*
Fahrlehrer ['faːrleːrər] *m* moniteur d'auto-école *m*
Fahrplan ['faːrplaːn] *m* horaire *m*
fahrplanmäßig ['faːrplaːnmɛːsɪç] *adj 1.* régulier; *adv 2.* selon l'horaire
Fahrpreis ['faːrpraɪs] *m* prix du billet *m*
Fahrprüfung ['faːrpryːfuŋ] *f* examen du permis de conduire *m*
Fahrrad ['faːraːt] *n* bicyclette *f,* vélo *m* (fam), bécane *f* (fam)
Fahrradpumpe ['faːraːtpumpə] *f* pompe de bicyclette *f*
Fahrradweg ['faːraːtveːk] *m* piste cyclable *f*
Fahrschein ['faːrʃaɪn] *m* billet *m*
Fahrschule ['faːrʃuːlə] *f* auto-école *f*
Fahrschüler ['faːrʃyːlər] *m* élève d'auto-école *m*

Fahrspur ['faːrʃpuːr] *f* voie *f*
Fahrstuhl ['faːrʃtuːl] *m* ascenseur *m*
Fahrstunde ['faːrʃtundə] *f* leçon de conduite *f*
Fahrt [faːrt] *f* voyage *m*, trajet *m*; *in voller ~* à toute allure/à fond
Fährte ['fɛːrtə] *f* trace *f*, foulée *f*; *jdn auf die falsche ~ führen* induire qn en erreur/mettre qn sur la mauvaise voie
Fahrtenschreiber ['faːrtənʃraɪbər] *m* tachygraphe *m*
Fahrtrichtung ['faːrtrɪçtuŋ] *f* sens de la marche *m*; *vorgeschriebene ~* sens obligatoire *m*
fahrtüchtig ['faːrtyçtɪç] *adj 1. (Person)* capable de conduire; *2. (Auto)* en état de marche
Fahrverbot ['faːrfɛrboːt] *n 1. (Durchfahrverbot)* traversée interdite *f*; *2. (Führerscheinentzug)* retrait du permis de conduire *m*
Fahrverhalten ['faːrfɛrhaltən] *n 1. (einer Person)* attitude au volant *f*; *2. (eines Autos)* réactions *f/pl*
Fahrzeug ['faːrtsɔyk] *n* véhicule *m*
Fahrzeugbrief ['faːrtsɔykbriːf] *m* papiers du véhicule *m/pl*
Fahrzeughalter ['faːrtsɔykhaltər] *m* propriétaire du véhicule *m*
Fahrzeugschein ['faːrtsɔykʃaɪn] *m* carte grise *f*
fair [fɛːr] *adj 1.* loyal, sportif; *~ sein* être fair-play; *adv 2.* avec fair-play, loyalement
Fairness ['fɛːrnɛs] *f* fair-play *m*
Faktor ['faktɔr] *m* facteur *m*
Fakultät [fakul'tɛːt] *f (Institut einer Universität)* faculté *f*
Fall¹ [fal] *m 1. (Sturz)* chute *f*; *2. (fig: Niedergang)* chute *f*, décadence *f*; *jdn zu ~ bringen* faire tomber qn/renverser qn
Fall² [fal] *m (Umstand)* cas *m*; *Wenn das der ~ ist ...* Si tel est le cas ...; *für alle Fälle* à tout hasard; *ein hoffnungsloser ~* un cas désespéré *m*; *jds ~ sein* être le genre de qn
Falle ['falə] *f* piège *m*, traquenard *m*; *in die ~ geraten* tomber dans le panneau/tomber dans le piège; *in die ~ gehen* se laisser prendre au piége
fallen ['falən] *v irr 1. (stürzen)* tomber, faire une chute; *2. (fig: sinken)* baisser, chuter; *3. etw ~ lassen* laisser tomber qc; *Er ließ das Messer fallen.* Le couteau lui échappa. *4. jdn ~ lassen (fig)* laisser tomber qn; *sich ~ lassen (fig)* s'abandonner à
fällen ['fɛlən] *v 1. (Baum)* abattre; *2. (Entscheidung)* prendre
falls [fals] *konj* au cas où, dans le cas où, si
Fallschirm ['falʃɪrm] *m* parachute *m*
Fallschirmspringer(in) ['falʃɪrmʃprɪŋər(ɪn)] *m/f* parachutiste *m/f*
falsch [falʃ] *adj 1. (unwahr)* faux; *an den Falschen geraten* être mal renseigné/être à la mauvaise enseigne; *2. (fehlerhaft)* erroné, mauvais; *Sie liegen völlig ~.* Vous n'y êtes pas du tout. *3. (unecht)* faux, imité, postiche; *4. (fig: unaufrichtig)* faux, qui n'est pas sincère
fälschen ['fɛlʃən] *v* falsifier
Falschgeld ['falʃgɛlt] *n* fausse monnaie *f*
fälschlich ['fɛlʃlɪç] *adj* faux
fälschlicherweise ['fɛlʃlɪçərvaɪzə] *adv* faussement
Fälschung ['fɛlʃuŋ] *f* falsification *f*
faltbar ['faltbaːr] *adj* pliant
Faltblatt ['faltblat] *n* dépliant *m*
Falte ['faltə] *f 1.* pli *m*; *2. (Haut)* ride *f*
falten ['faltən] *v 1.* plier; *2. die Hände ~* joindre les mains
familiär [famil'jɛːr] *adj* familier; *aus ~en Gründen* pour des raisons familiales
Familie [fa'miːljə] *f* famille *f*; *in der ~ bleiben* rester dans la famille; *Das kommt in den besten ~n vor.* Ça arrive même chez les gens bien.
Familienangehörige(r) [fa'miːljənangəhørɪgə(r)] *m/f* membre de la famille *m*
Familienfeier [fa'miːljənfaɪər] *f* fête de famille *f*
Familienleben [fa'miːljənleːbən] *n* vie de famille *f*
Familienname [fa'miːljənnaːmə] *m* nom de famille *m*
Familienoberhaupt [fa'miːljənoːbərhaupt] *n* chef de famille *m*
Familienplanung [fa'miːljənplaːnuŋ] *f* planning familial *m*
Familienpolitik [fa'miːljənpolitiːk] *f* politique familiale *f*
Familienstand [fa'miːljənʃtant] *m* situation de famille *f*
Familienzusammenführung [fa'miːljəntsuzamənfyːruŋ] *f* rassemblement des familles *m*
famos [fa'moːs] *adj* fameux, épatant
Fan [fɛn] *m* fan *m*
Fanatiker [fa'naːtɪkər] *m* fanatique *m*
fanatisch [fa'naːtɪʃ] *adj* fanatique
fangen ['faŋən] *v irr* attraper, capturer, prendre

Fantasie [fanta'ziː] *f* imagination *f*, fantaisie *f*
fantasielos [fanta'ziːloːs] *adj* sans imagination
fantasieren [fanta'ziːrən] *v 1.* s'abandonner à son imagination; *2. MUS* improviser; *3. (faseln)* dérailler
fantasievoll [fanta'ziːvol] *adj* riche en imagination
fantastisch [fan'tastɪʃ] *adj* fantastique
Farbband ['farpbant] *n* ruban encreur *m*
Farbe ['farbə] *f* couleur *f; ~ bekennen* montrer patte blanche
farbecht ['farpɛçt] *adj* bon teint
färben ['fɛrbən] *v* teindre, colorer; *ein Tuch blau ~* teindre un drap en bleu
farbenblind ['farbənblɪnt] *adj* daltonien
farbenfreudig ['farbənfrɔydɪç] *adj* aux couleurs gaies
Farbenspiel ['farbənʃpiːl] *n* jeu de couleurs *m*
Farbfernseher ['farpfɛrnzeːər] *m* téléviseur couleur *m*
farbig ['farbɪç] *adj* coloré
Farbkasten ['farpkastən] *m* boîte de couleurs *f*, boîte de peintures *f*
farblos ['farploːs] *adj 1. (Sache)* incolore; *2. (Person)* sans caractère
Färbung ['fɛrbuŋ] *f* teinte *f*
Fasching ['faʃɪŋ] *m* carnaval *m*
Faschingsball ['faʃɪŋsbal] *m* bal du carnaval *m*
Faschingskostüm ['faʃɪŋskostyːm] *n* déguisement de carnaval *m*
faseln ['faːzəln] *v* dérailler, divaguer; *dummes Zeug ~* dire n'importe quoi
Faser ['faːzər] *f* fibre *f; mit jeder ~ ihres Herzens* de tout son cœur/avec toute sa passion
Fass [fas] *n* tonneau *m*, barrique *f; ein ~ ohne Boden sein* être le tonneau des Danaïdes; *Das schlägt dem ~ den Boden aus!* Ça dépasse les bornes!
Fassade [fa'saːdə] *f* façade *f*
fassen ['fasən] *v 1. (greifen)* prendre, saisir; *2. (beinhalten)* contenir; *3. sich ~ (fig)* se remettre, se ressaisir
Fassung ['fasuŋ] *f 1. (Lampenfassung)* douille *f; 2. (bei Schmuck)* monture *f; 3. (Selbstbeherrschung)* maîtrise de soi *f*
fassungslos ['fasuŋsloːs] *adj* décontenancé
Fassungslosigkeit ['fasuŋsloːzɪçkaɪt] *f* perte de contenance *f*
Fassungsvermögen ['fasuŋsfɛrmøːgən] *n* contenance *f*
fast [fast] *adv* presque, quasi
fasten ['fastən] *v* jeûner
Faszination [fastsɪna'tsjoːn] *f* fascination *f*
faszinierend [fastsɪ'niːrənt] *adj* fascinant
Fatalismus [fata'lɪsmus] *m* fatalisme *m*
fauchen ['fauxən] *v* souffler, haleter
faul [faul] *adj 1. (verdorben)* pourri, gâté; *2. (träge)* paresseux, feignant; *3. (fam: bedenklich)* louche, douteux, pourri; *Da ist etw ~.* Ce n'est pas très catholique. *4. eine ~e Ausrede* une mauvaise excuse *f*
faulen ['faulən] *v* pourrir
faulenzen ['faulɛntsən] *v* paresser, fainéanter
Faulenzer ['faulɛntsər] *m* paresseux *m*
Faulheit ['faulhaɪt] *f* paresse *f; vor ~ stinken* être paresseux comme une couleuvre/être paresseux comme un lézard
Faulpelz ['faulpɛlts] *m* paresseux *m; ein ~ sein* être paresseux comme un loir
Fauna ['fauna] *f* faune *f*
Faust [faust] *f* poing *m; etw auf eigene ~ machen* faire qc de son propre chef/faire qc de sa propre initiative; *passen wie die ~ aufs Auge* venir comme un cheveu sur la soupe; *die ~ im Nacken spüren* sentir le couteau sous la gorge; *mit der ~ auf den Tisch hauen (fig)* taper du poing sur la table
faustdick ['faust'dɪk] *adj es ~ hinter den Ohren haben* être rusé comme un vieux renard
Fäustling ['fɔystlɪŋ] *m* moufle *f*
Favorit [favo'riːt] *m* favori *m*
Fax [faks] *n* fax *m*
faxen ['faksən] *v* envoyer par téléfax
Faxen ['faksən] *pl (fam)* clowneries *f/pl*, pitreries *f/pl; ~ im Kopf haben* n'avoir que des bêtises en tête
Fazit ['faːtsɪt] *n* bilan *m*, résultat *m; das ~ ziehen* tirer le bilan/faire le point
Februar ['feːbruar] *m* février *m*
fechten ['fɛçtən] *v irr 1. SPORT* faire de l'escrime; *2. (fam: betteln)* mendier
Fechten ['fɛçtən] *n SPORT* escrime *f*
Feder ['feːdər] *f 1. ZOOL* plume *f; ~n lassen* y laisser des plumes; *sich mit fremdem ~n schmücken* se parer des plumes du paon; *2. (Schreibfeder)* plume *f; 3. (Bettfeder)* duvet *m*, plume d'oie *f; in den ~n (fam)* au pieu/au plumard; *aus den ~n müssen* devoir sortir du lit/devoir se lever

Federball ['feːdərbal] *m 1. (Spiel) SPORT* badminton *m; 2. (Spielball)* volant *m*
Federbett ['feːdərbɛt] *n* édredon *m*
federführend ['feːdərfyːrənt] *adj ~ sein* être chef de file
Federhalter ['feːdərhaltər] *m* porte-plume *m*
federleicht ['feːdər'laɪçt] *adj* léger comme une plume
Federmäppchen ['feːdərmɛpçən] *n* trousse en cuir *f*
Fee [feː] *f* fée *f*
fegen ['feːgən] *v* balayer
Fehlanzeige ['feːlantsaɪgə] *f* état néant *m; ~!* Néant!
fehlen ['feːlən] *v* manquer, faire défaut; *Es hat nicht viel gefehlt.* Il s'en est fallu de peu. *Das fehlt mir gerade noch. (fig)* Il ne manquait plus que cela! *Weit gefehlt!* Loin de là!/Pas du tout!/A coté de la plaque!
Fehlentscheidung ['feːlɛntʃaɪduŋ] *f* erreur de décision *f*
Fehlentwicklung ['feːlɛntvɪkluŋ] *f* mauvaise évolution *f*
Fehler ['feːlər] *m 1.* faute *f,* erreur *f; 2. (Defekt)* défaut *m,* vice *m*
fehlerhaft ['feːlərhaft] *adj* défectueux
fehlerlos ['feːlərloːs] *adj* sans faute
Fehltritt ['feːltrɪt] *m* faux pas *m*
Fehlzündung ['feːltsynduŋ] *f* allumage raté *m*
Feier ['faɪər] *f* cérémonie *f,* fête *f*
Feierabend ['faɪəraːbənt] *m* fin de la journée de travail *f; nach ~* après le travail; *Damit ist ~.* C'est terminé./On peut l'oublier.
feierlich ['faɪərlɪç] *adj* solennel; *Das ist schon nicht mehr ~! (fig)* C'est insupportable!
feiern ['faɪərn] *v* fêter, faire une fête
Feiertag ['faɪərtaːk] *m* jour férié *m*
feig [faɪk] *adj* lâche, poltron, couard
Feigheit ['faɪkhaɪt] *f* lâcheté *f*
Feigling ['faɪklɪŋ] *m* lâche *m*
Feile ['faɪlə] *f* lime *f*
feilen ['faɪlən] *v* limer
feilschen ['faɪlʃən] *v* marchander; *um etw ~* marchander qc
fein [faɪn] *adj 1. (dünn)* fin, mince; *2. (zart)* délicat, fin; *3. (vornehm)* distingué, fin, bon; *4. (präzise)* précis, subtil; *5. ~ heraus sein (fam)* avoir eu de la chance, avoir eu de la veine
Feind [faɪnt] *m* ennemi *m; Das ist sein ärgster ~.* C'est son pire ennemi.
feindlich ['faɪntlɪç] *adj 1.* ennemi; *adv 2.* en ennemi
Feindschaft ['faɪntʃaft] *f* inimitié *f,* hostilité *f*
feindselig ['faɪntzeːlɪç] *adj 1.* hostile; *adv 2.* en ennemi
Feindseligkeit ['faɪntzeːlɪçkaɪt] *f* hostilité *f*
feinfühlig ['faɪnfyːlɪç] *adj* sensible
Feinkost ['faɪnkɔst] *f GAST* produit d'épicerie fine *m*
Feinmechaniker ['faɪnmeçaːnɪkər] *m* mécanicien de précision *m*
Feinschmecker ['faɪnʃmɛkər] *m* gourmet *m*
Feinwaschmittel ['faɪnvaʃmɪtəl] *n* lessive pour lingerie *f*
Feld [fɛlt] *n* champ *m; ein weites ~ sein* être un vaste sujet; *das ~ behaupten* défendre son terrain; *das ~ räumen* vider les lieux; *jdm das ~ überlassen* céder le terrain à qn; *gegen jdn zu ~e ziehen* partir en guerre contre qn
Feldweg ['fɛltveːk] *m* chemin menant à travers champs *m*
Felge ['fɛlgə] *f* jante *f*
Fell [fɛl] *n* peau *f,* fourrure *f; ein dickes ~ haben (fig)* ne se formaliser de rien/être insensible à/être dur à cuire; *jdm das ~ gerben* tanner le cuir à qn/rosser qn; *Dich juckt das ~.* Tu cherches une râclée.
Fels [fɛls] *m* rocher *m; ein ~ in der Brandung sein (fig)* être un rocher dans la tempête
Felsen ['fɛlzən] *m* rocher *m,* roc *m*
felsenfest ['fɛlzenfɛst] *adj 1.* ferme comme un roc; *adv 2.* dur comme fer
Felsenküste ['fɛlzənkystə] *f* côte rocheuse *f*
Felsspalte ['fɛlsʃpaltə] *f* crevasse *f*
feminin [femɪ'niːn] *adj* féminin
Feminismus [femɪ'nɪsmus] *m* féminisme *m*
Feministin [femɪ'nɪstɪn] *f* féministe *f*
Fenster ['fɛnstər] *n* fenêtre *f*
Fensterbank ['fɛnstərbaŋk] *f* rebord de fenêtre *m*
Fensterbrett ['fɛnstərbrɛt] *n* rebord de fenêtre *m*
Fensterbriefumschlag ['fɛnstərbriːfumʃlaːk] *m* enveloppe à fenêtre *f*
Fensterladen ['fɛnstərlaːdən] *m* volet *m,* persiennes *f/pl*
Fensterputzer ['fɛnstərputsər] *m* laveur de carreaux *m*
Fensterrahmen ['fɛnstərraːmən] *m* châssis de (la) fenêtre *m*

Fensterscheibe ['fɛnstərʃaɪbə] *f* vitre *f*
Ferien ['feːrjən] *pl* vacances *f/pl*
Ferienbeginn ['feːrjənbəgɪn] *m* début des vacances *m*
Ferienhaus ['feːrjənhaus] *n* maison de vacances *f*
Ferienort ['feːrjənɔrt] *m* lieu de vacances *m*
Ferienwohnung ['feːrjənvoːnuŋ] *f* appartement de vacances *m*
Ferkel ['fɛrkəl] *n 1. ZOOL* porcelet *m; 2. (fam: Schmutzfink)* cochon *m*
fern [fɛrn] *adj 1.* lointain, éloigné; *2. ~ halten* tenir éloigné, tenir à l'écart; *jdn von sich ~ halten* tenir qn à l'écart de soi; *3. Dieser Gedanke liegt mir völlig ~.* Loin de moi cette idée. *prep 4.* loin de
Fernamt ['fɛrnamt] *n* centre téléphonique interurbain *m*
Fernbedienung ['fɛrnbədiːnuŋ] *f* télécommande *f*
fernbleiben ['fɛrnblaɪbən] *v irr* rester absent, ne pas assister à
Ferne ['fɛrnə] *f* lointain *m; in der ~* au loin
ferner ['fɛrnər] *konj 1.* de plus, en plus, en outre; *2. unter ~ liefen sein* ne pas faire partie du peloton de tête
Fernfahrer ['fɛrnfaːrər] *m* routier *m*
Ferngespräch ['fɛrngəʃprɛːç] *n* communication téléphonique interurbaine *f*
Fernglas ['fɛrnglaːs] *n* jumelles *f/pl,* paire de jumelles *f*
Fernheizung ['fɛrnhaɪtsuŋ] *f* chauffage à distance *m*
Fernkurs ['fɛrnkurs] *m* cours par correspondance *m*
Fernlicht ['fɛrnlɪçt] *n* feux de route *m/pl,* pleins phares *m/pl*
Fernmeldeamt ['fɛrnmɛldəamt] *n* bureau des télécommunications *m*
fernöstlich ['fɛrnœstlɪç] *adj* d'Extrême-Orient
Fernrohr ['fɛrnroːr] *n* longue-vue *f*
Fernschreiber ['fɛrnʃraɪbər] *m* téléscripteur *m*
Fernsehansager(in) ['fɛrnzeːanzaːgər(ɪn)] *m/f* présentateur/présentatrice *m/f*
Fernsehantenne ['fɛrnzeːantɛnə] *f* antenne de télévision *f*
fernsehen ['fɛrnzeːən] *v irr* regarder la télévision
Fernsehen ['fɛrnzeːən] *n* télévision *f*
Fernsehgerät ['fɛrnzeːgərɛːt] *n* télé *f* (fam)
Fernsehspiel ['fɛrnzeːʃpiːl] *n* pièce écrite pour la télévision *f*
Fernsprecher ['fɛrnʃprɛçər] *m* appareil téléphonique *m; öffentlicher ~* téléphone public *m*
Fernsteuerung ['fɛrnʃtɔyəruŋ] *f* téléguidage *m*
Ferse ['fɛrsə] *f* talon *m; jdn auf den ~n haben* avoir qn à ses trousses; *sich an jds ~n heften* être pendu aux basques de qn/coller qn (fam); *jdm auf den ~n bleiben* être aux trousses de qn/talonner qn
fertig ['fɛrtɪç] *adj 1. (beendet)* fini, terminé, achevé; *etw ~ machen* finir qc, terminer qc, achever qc; *mit jdm ~ sein* ne plus vouloir entendre parler de qn; *2. (bereit)* prêt, tout préparé, déjà préparé; *3. (fam: erschöpft)* pompé, crevé, à plat; *Ich bin völlig ~.* Ça m'a coupé bras et jambes. *4. jdn ~ machen (fig)* écraser qn, achever qn; *mit jdm ~ werden* venir à bout de qn
Fertighaus ['fɛrtɪçhaus] *n* maison préfabriquée *f*
Fertigung ['fɛrtɪguŋ] *f* production *f*
fesch [fɛʃ] *adj (schick)* chic, pimpant
Fessel[1] ['fɛsəl] *f 1.* lien *m; 2. (fig)* entrave *f; die ~n sprengen* rompre les liens
Fessel[2] ['fɛsəl] *f ANAT* attaches *f/pl; Sie hat schlanke ~n.* Elle a les attaches fines.
fesseln ['fɛsəln] *v* lier, attacher
fesselnd ['fɛsəlnt] *adj* captivant
fest [fɛst] *adj 1. (hart)* ferme; *2. (stark)* solide, résistant; *3. (dicht)* consistant, compact, serré; *4. (gleich bleibend)* stable, permanent, fixe
Fest [fɛst] *n* fête *f*
Festangestellte(r) ['fɛstangəʃtɛltə(r)] *m/f* personne qui a un emploi fixe *f*
Festessen ['fɛstɛsən] *n* banquet *m*
festhalten ['fɛsthaltən] *v irr 1.* retenir, fixer; *2. (merken)* retenir, remarquer; *3. sich ~ an* se tenir à, s'accrocher à
festigen ['fɛstɪgən] *v 1. (stärken)* consolider; *2. sich ~* s'affermir, se consolider
Festival ['fɛstɪval] *n* festival *m*
Festland ['fɛstlant] *n* continent *m*
festlegen ['fɛstleːgən] *v 1.* déterminer, établir; *2. (verpflichten)* obliger, engager; *3. sich ~* se lier, s'engager
festlich ['fɛstlɪç] *adj* solennel
festnageln ['fɛstnaːgəln] *v Ich werde dich darauf ~.* Je vais te prendre au mot.
festnehmen ['fɛstneːmən] *v irr jdn ~* arrêter qn, appréhender qn

festsetzen ['fɛstzɛtsən] *v* fixer, établir
feststehen ['fɛstʃteːən] *v irr* être certain, être sûr
feststellen ['fɛstʃtɛlən] *v* constater, établir
Festtag ['fɛsttaːk] *m 1. (Feiertag)* jour de fête *m,* jour férié *m; 2. REL* fête *f; 3. (Tag mit einem besonderen Ereignis)* fête *f,* célébration *f*
Festung ['fɛstuŋ] *f* forteresse *f,* place forte *f*
fett [fɛt] *adj (Person)* gros, qui a de l'embonpoint
Fett [fɛt] *n* graisse *f,* matière grasse *f; Er hat sein ~ weg.* Il en a eu pour son compte. *das ~ abschöpfen* se tailler la part du lion/tirer la couverture à soi; *sein ~ abbekommen* se faire tirer les oreilles/se prendre un savon; *sein ~ weghaben* s'être fait disputer/s'être pris un savon
fettarm ['fɛtarm] *adj* pauvre en graisse
Fettfleck ['fɛtflɛk] *m* tache de graisse *f*
Fettnäpfchen ['fɛtnɛpfçən] *n ins ~ treten* mettre les pieds dans le plat
Fetzen ['fɛtsən] *m 1. (Papier)* lambeau *m; 2. (Lumpen)* haillon *m,* guenille *f; in ~ herunterhängen* tomber en loques
feucht [fɔyçt] *adj* humide, moite
Feuchtigkeit ['fɔyçtɪçkaɪt] *f* humidité *f*
Feuer ['fɔyər] *n 1.* feu *m; Haben Sie ~?* Avez-vous du feu? *2. (fig) ~ und Flamme sein* être tout feu tout flamme; *~ fangen* s'enthousiasmer/s'enflammer; *~ hinter etw machen* mettre le turbo à qc; *für jdn durchs ~ gehen* se mettre en quatre pour qn/être prêt à tout faire pour qn/être aux pieds de qn; *mit dem ~ spielen* jouer avec le feu
Feueralarm ['fɔyəralaːrm] *m* alerte d'incendie *f*
Feuerbestattung ['fɔyərbəʃtatuŋ] *f* incinération *f*
feuerfest ['fɔyərfɛst] *adj* réfractaire
feuergefährlich ['fɔyərgəfɛːrlɪç] *adj* inflammable
Feuerleiter ['fɔyərlaɪtər] *f* échelle à incendie *f*
Feuerlöscher ['fɔyərlœʃər] *m* extincteur *m*
Feuermelder ['fɔyərmɛldər] *m* avertisseur d'incendie *m*
feuern ['fɔyərn] *v 1. jdn ~ (fam)* renvoyer qn, virer qn; *2. jdm eine ~* flanquer une gifle à qn, donner une gifle à qn
Feuerprobe ['fɔyərproːbə] *f die ~ bestehen (fig)* faire ses preuves
Feuerwehr ['fɔyərveːr] *f* pompiers *m/pl,* sapeurs-pompiers *m/pl*
Feuerwehrmann ['fɔyərveːrman] *m* pompier *m*
Feuerwerk ['fɔyərvɛrk] *n* feu d'artifice *m*
Feuerzeug ['fɔyərtsɔyk] *n* briquet *m*
Fibel ['fiːbəl] *f (Buch)* abécédaire *m*
fidel [fi'deːl] *adj* joyeux, gai
Fieber ['fiːbər] *n* fièvre *f,* température *f; ~ haben* faire de la température/avoir de la fièvre
Fieberthermometer ['fiːbərtɛrmomeːtər] *n* thermomètre médical *m*
Figur [fi'guːr] *f 1. (Körper)* figure *f,* silhouette *f; eine gute ~ machen* faire bonne figure; *2. (Statue) ART* statue *f*
Film [fɪlm] *m 1. (dünne Schicht)* film *m,* couche mince *f; 2. CINE* film *m*
Filmbranche ['fɪlmbrãːʃə] *f* cinéma *m*
filmen ['fɪlmən] *v* filmer
Filmfestspiele ['fɪlmfɛstʃpiːlə] *pl* festival du cinéma *m*
Filmkamera ['fɪlmkaməra] *f* caméra *f*
Filmproduktion ['fɪlmproduktjoːn] *f* production cinématographique *f*
Filmschauspieler(in) ['fɪlmʃauʃpiːlər(ɪn)] *m* acteur de cinéma/actrice de cinéma *m/f*
Filter ['fɪltər] *m/n* filtre *m*
Filterkaffee ['fɪltərkafeː] *m* café-filtre *m*
filtern ['fɪltərn] *v* filtrer
Filterpapier ['fɪltərpapiːr] *n* papier-filtre *m*
Filterzigarette ['fɪltərtsigarɛtə] *f* cigarette à bout filtre *f*
Filz [fɪlts] *m* feutre *m,* pingre *m*
Filzstift ['fɪltsʃtɪft] *m* feutre *m*
Finale [fi'naːlə] *n* finale *f*
Finanzamt [fɪ'nantsamt] *n* perception *f*
Finanzen [fɪ'nantsən] *pl* finances *f/pl*
finanziell [fɪnan'tsjɛl] *adj* financier
finanzieren [fɪnan'tsiːrən] *v* financer
Finanzierung [fɪnan'tsiːruŋ] *f* financement *m*
finden ['fɪndən] *v irr 1.* trouver; *2. (dafürhalten)* trouver
Finderlohn ['fɪndərloːn] *m* récompense à qui rapporte un objet perdu *f*
Finger ['fɪŋər] *m ANAT* doigt *m; keinen ~ rühren/keinen ~ krumm machen* ne pas lever le petit doigt; *~ weg!* Bas les pattes! *lange ~ machen* avoir les doigts crochus/chaparder/chiper; *den ~ draufhaben* faire gaffe (fam)/veiller au grain; *die ~ im Spiel haben*

être mêlé; *die ~ von jdm lassen (fig)* ne pas se frotter à qn; *sich nicht die ~ schmutzig machen* ne pas vouloir se salir les mains; *sich die ~ verbrennen* se brûler les ailes/se brûler les doigts; *sich etw an zehn ~n abzählen können* se voir comme le nez au milieu de la figure; *jdm auf die ~ klopfen (fig)* taper sur les doigts à qn; *jdm auf die ~ schauen* avoir l'œil sur qn/avoir qn à l'œil; *sich etw aus den ~n saugen* inventer qc de toutes pièces; *etw mit dem kleinen ~ machen* faire qc les doigts dans le nez; *mit dem ~ auf jdn zeigen (fig)* montrer qn du doigt; *nur mit dem kleinen ~ zu winken brauchen* n'avoir qu'à lever le petit doigt; *jdn zwischen die ~ bekommen* attraper qn/prendre qn/tomber sur qn

Fingerabdruck ['fɪŋərapdruk] *m* empreintes digitales *f/pl*

Fingerfertigkeit ['fɪŋərfɛrtɪçkaɪt] *f* dextérité *f*

Fingerhut ['fɪŋərhuːt] *m* dé à coudre *m*

Fingernagel ['fɪŋərnaːgəl] *m ANAT* ongle *m*

Fingerspitze ['fɪŋərʃpɪtsə] *f bis in die ~n* jusqu'au bout des doigts

Fingerspitzengefühl ['fɪŋərʃpɪtsəngəfyːl] *n* doigté *m*

fingieren [fɪŋ'giːrən] *v* feindre, simuler

finnisch ['fɪnɪʃ] *adj* finnois

finster ['fɪnstər] *adj 1. (dunkel)* sombre, obscur; *2. (grimmig)* sombre, gris; *ein ~es Gesicht machen* faire grise mine

Finsternis ['fɪnstərnɪs] *f* obscurité *f*

Firlefanz ['fɪrləfants] *m* futilités *f/pl*, bêtises *f/pl*

Firmament [fɪrma'mɛnt] *n ASTR* firmament *m*

fischen ['fɪʃən] *v* pêcher; *im Trüben ~ (fig)* pêcher en eaux troubles

Fischer ['fɪʃər] *m* pêcheur *m*

Fischerboot ['fɪʃərboːt] *n* bateau de pêche *m*

Fischfang ['fɪʃfaŋ] *m* pêche *f*

Fischgeschäft ['fɪʃgəʃɛft] *n* poissonnerie *f*

Fischgräte ['fɪʃgrɛːtə] *f* arête *f*

Fiskus ['fɪskus] *m* fisc *m*

Fitnesscenter ['fɪtnɛssɛntər] *n SPORT* centre de gymnastique *m*

fix [fɪks] *adj ~ und fertig* tout fait

Fixer ['fɪksər] *m* drogué *m*

fixieren [fɪk'siːrən] *v 1. (anstarren)* fixer; *2. (festmachen)* fixer; *3. (festlegen)* fixer, décider

Fixum ['fɪksum] *n* fixe *m*

flach [flax] *adj* plat

Fläche ['flɛçə] *f* surface *f*, superficie *f*

flächendeckend ['flɛçəndɛkənt] *adj* qui s'étend sur une grande surface

Flachland ['flaxlant] *n* pays plat *m*

Flachs [flaks] *m BOT* lin *m*

flackern ['flakərn] *v* vaciller

Flagge ['flagə] *f* pavillon *m*, drapeau *m*; *~ zeigen (fig)* choisir son camp/monter son pavillon; *unter falscher ~ segeln* faire semblant/feindre

Flaggschiff ['flagʃɪf] *n* vaisseau amiral *m*

Flamme ['flamə] *f* flamme *f*; *in ~n stehen* être la proie des flammes/être dévoré par les flammes

Flanell [fla'nɛl] *m* flanelle *f*

Flasche ['flaʃə] *f 1.* bouteille *f*; *zu tief in die ~ schauen* boire un coup de trop/avoir un petit coup dans le nez; *2. (fam: Versager)* nouille *f*, empoté *m*, ganache *f*

Flaschenöffner ['flaʃənœfnər] *m* décapsuleur *m*

Flaschenpfand ['flaʃənpfant] *n* consigne *f*

flatterhaft ['flatərhaft] *adj* volage

flattern ['flatərn] *v* voltiger, voleter

flau [flau] *adj* faible, tiède, inactif, fade

Flaum [flaum] *m 1. (Federn)* duvet *m*; *2. (Bartwuchs)* poil follet *m*, duvet *m*

Flausen ['flauzən] *pl* bêtises *f/pl*, histoires *f/pl*; *~ im Kopf haben* n'avoir que des bêtises en tête

Flaute ['flautə] *f 1. (Windstille)* calme *m*, accalmie *f*; *2. ECO* période creuse *f*

flechten ['flɛçtən] *v irr* tresser

Fleck [flɛk] *m 1. (Schmutzfleck)* tache *f*; *einen ~ auf der weißen Weste haben (fig)* ne pas avoir d'honneur intact/avoir mauvaise réputation; *2. (Stofffleck)* pièce *f*; *3. blauer ~* bleu *m*, ecchymose *f*; *4. (Ort)* endroit *m*, place *f*, lieu *m*; *sich nicht vom ~ rühren* ne pas bouger; *am falschen ~* au mauvais endroit; *vom ~ weg* tout de suite/immédiatement; *nicht vom ~ kommen (fig)* ne pas avancer d'un pouce

Fleckenentferner ['flɛkənɛntfɛrnər] *m* détachant *m*

fleckig ['flɛkɪç] *adj* taché

Flegel ['fleːgəl] *m* voyou *m*, goujat *m*

flegelhaft ['fleːgəlhaft] *adj* rustre

Flegeljahre ['fleːgəljaːrə] *pl* âge ingrat *m*

flehen ['fleːən] *v* supplier, implorer

flehentlich ['fle:əntlıç] *adj* suppliant
Fleisch [flaıʃ] *n* viande *f; nicht Fisch nicht ~ sein* n'être ni chair ni poisson; *sein eigen ~ und Blut (fig)* son propre sang/la chair de sa chair; *in ~ und Blut übergehen* faire siens/faire siennes; *sich ins eigene ~ schneiden* se faire tort à soi même; *vom ~ fallen* maigrir/fondre comme neige au soleil
Fleischbrühe ['flaıʃbry:ə] *f GAST* consommé *m,* bouillon *m*
Fleischwolf ['flaıʃvɔlf] *m* hachoir à viande *m*
Fleiß [flaıs] *m* application *f,* assiduité *f*
fleißig ['flaısıç] *adj* appliqué
fletschen ['flɛtʃən] *v die Zähne ~* montrer les dents
flexibel [flɛk'si:bəl] *adj* flexible, souple
Flexibilität [flɛksibılı'tɛ:t] *f* flexibilité *f*
flicken ['flıkən] *v* raccommoder
Fliege ['fli:gə] *f 1. ZOOL* mouche *f; zwei ~n mit einer Klappe schlagen* faire d'une pierre deux coups; *2. (Kleidungsstück)* nœud papillon *m; 3. eine ~ machen (fam)* disparaître rapidement, se tirer vite fait
fliegen ['fli:gən] *v irr* voler, aller en avion
Fliegengitter ['fli:gəngıtər] *n* toile métallique contre les mouches *f*
Fliegeralarm ['fli:gəralarm] *m MIL* alerte aérienne *f*
fliehen ['fli:ən] *v irr* fuir, s'enfuir
Fliese ['fli:zə] *f* carreau *m,* dalle *f*
fliesen ['fli:zən] *v* carreler, daller
Fliesenleger ['fli:zənle:gər] *m* carreleur *m*
Fließband ['fli:sbant] *n* chaîne de montage *f*
fließen ['fli:sən] *v irr* couler, s'écouler
flimmern ['flımərn] *v* scintiller
flink [flıŋk] *adj* agile, alerte
Flinte ['flıntə] *f (Schrotflinte)* fusil *m,* carabine *f; die ~ ins Korn werfen (fig)* jeter le manche après la cognée
Flirt [flœrt] *m* flirt *m*
flirten ['flœrtən] *v* flirter
Flittchen ['flıtçən] *n (fam)* fille facile *f*
Flitterwochen ['flıtərvɔxən] *pl* lune de miel *f*
flitzen ['flıtsən] *v* filer comme une flèche, jouer des guibolles
Flocke ['flɔkə] *f* flocon *m*
Flohmarkt ['flo:markt] *m* marché aux puces *m*
Flohzirkus ['flo:tsırkus] *m* spectacle de puces dressées *m*
florieren [flo'ri:rən] *v* être florissant, être prospère
Florist(in) [flo'rıst(ın)] *m/f* fleuriste *m/f*
Floskel ['flɔskəl] *f* formule toute faite *f,* phrase toute faite *f*
Floß [flo:s] *n* radeau *m*
Flosse ['flɔsə] *f 1. ZOOL* nageoire *f; 2. (Taucherflosse)* palme *f*
Floßfahrt ['flo:sfa:rt] *f* descente en radeau *f*
Flöte ['flø:tə] *f* flûte *f*
flott [flɔt] *adj 1. (schick)* chic; *2. (schnell)* rapide
Flotte ['flɔtə] *f* flotte *f*
Fluch [flu:x] *m* juron *m*
fluchen ['flu:xən] *v* jurer, pester
Flucht [fluxt] *f* fuite *f; die ~ ergreifen* prendre la fuite; *jdn in die ~ schlagen* mettre qn en fuite/faire fuir qn
fluchtartig ['fluxtartıç] *adj 1.* précipité; *adv 2.* précipitamment
flüchten ['flyçtən] *v* fuir, s'enfuir
flüchtig ['flyçtıç] *adj 1. (fliehend)* en fuite; *2. (kurz)* rapide; *3. (oberflächlich)* superficiel, bâclé; *adv 4. (kurz)* en passant; *5. (oberflächlich)* superficiellement, à la légère
Flüchtigkeitsfehler ['flyçtıçkaıtsfe:lər] *m* faute d'inattention *f*
Flüchtling ['flyçtlıŋ] *m* réfugié *m*
Flüchtlingslager ['flyçtlıŋsla:gər] *n* camp de réfugiés *m*
Fluchtweg ['fluxtve:k] *m* chemin pris par un fugitif *m*
Flug [flu:k] *m* vol *m; wie im ~e* très vite
Flugblatt ['flu:kblat] *n* tract *m*
Flügel ['fly:gəl] *m 1.* aile *f; die ~ stutzen (fig)* rogner les ailes; *2. (Klavier)* piano à queue *m*
Flügeltür ['fly:gəlty:r] *f* porte à double battant *f*
Fluggast ['flu:kgast] *m* passager d'un avion *m*
Fluggesellschaft ['flu:kgəzɛlʃaft] *f* compagnie aérienne *f*
Flughafen ['flu:kha:fən] *m* aéroport *m*
Flughöhe ['flu:khø:ə] *f* altitude de vol *f*
Fluglotse ['flu:klo:tsə] *m* contrôleur de la navigation aérienne *m*
Flugplan ['flu:kpla:n] *m* plan de vol *m*
Flugsteig ['flu:kʃtaık] *m* aire d'embarquement *f*
Flugverbindung ['flu:kvɛrbınduŋ] *f* correspondance aérienne *f*
Flugverkehr ['flu:kvɛrke:r] *m* trafic aérien *m*

Flugwesen ['flu:kve:zən] *n* aviation *f*
Flugzeug ['flu:ktsɔyk] *n* avion *m*, appareil *m*
Flugzeugabsturz ['flu:ktsɔykapʃturts] *m* accident d'avion *m*
Flugzeugbau ['flu:ktsɔykbau] *m* construction aéronautique *f*
Flugzeugentführung ['flu:ktsɔykɛntfy:ruŋ] *f* détournement d'avion *m*
Flugzeugträger ['flu:ktsɔyktrɛ:gər] *m* porte-avions *m*
flunkern ['fluŋkərn] *v* mentir, fanfaronner, conter des sornettes
Flur[1] [flu:r] *m* *(Gang)* entrée *f*, couloir *m*, vestibule *m*
Flur[2] [flu:r] *f* *(Feld)* campagne *f*, champs *m/pl*; *allein auf weiter ~ (fig)* complètement isolé/coupé du reste du monde
Flurbereinigung ['flu:rbəraɪnɪguŋ] *f* remembrement *m*
Fluss [flus] *m* *1. GEO* fleuve *m*, rivière *f*; *2. (Fließen)* flux *m*
Flussbett ['flusbɛt] *n* lit *m*
flüssig ['flysɪç] *adj 1. (nicht fest)* liquide, fondu; *2. (fig: fließend)* aisé
Flüssigkeit ['flysɪçkaɪt] *f* liquide *m*
Flusslauf ['fluslauf] *m* cours d'un fleuve *m*
Flussmündung ['flusmynduŋ] *f* embouchure *f*
Flussufer ['flusu:fər] *n* rive *f*
flüstern ['flystərn] *v* chuchoter
Flut [flu:t] *f 1. (Wasserhochstand)* marée haute *f*, marée montante *f*; *2. (fig: große Menge)* flot *m*
Flutlicht ['flu:tlɪçt] *n* lumière des projecteurs *f*
Flutwelle ['flu:tvɛlə] *f* raz de marée *m*
Föhn [fø:n] *m* *(Fallwind) METEO* foehn *m*, föhn *m*
Folge ['fɔlgə] *f 1. (Auswirkung)* conséquence *f*, suites *f/pl*; *2. (Reihenfolge)* série *f*, séquence *f*; *3. (Fortsetzung)* suite *f*
folgen ['fɔlgən] *v 1. (hinterhergehen)* suivre; *jdm auf Schritt und Tritt ~* suivre qn comme son ombre; *2. (aufeinander ~)* se suivre, se succéder; *3. (gehorchen)* suivre, obéir à
folgend ['fɔlgənt] *adj* suivant
folgendermaßen ['fɔlgəndər'ma:sən] *adv* de la façon suivante
folgerichtig ['fɔlgərɪçtɪç] *adj* conséquent
folgern ['fɔlgərn] *v* déduire de, conclure de
folglich ['fɔlklɪç] *konj* par conséquent, donc
folgsam ['fɔlkza:m] *adj* obéissant, docile
Folie ['fo:ljə] *f* feuille *f*, feuille transparente *f*
Folklore ['fɔlklo:rə] *f* folklore *m*
Folter ['fɔltər] *f* torture *f*
foltern ['fɔltərn] *v* torturer, supplicier
Fön [fø:n] *m* sèche-cheveux *m*
fönen ['fø:nən] *v sich die Haare ~* se sécher les cheveux au sèche-cheveux
foppen ['fɔpən] *v 1. (necken)* duper, berner; *2. (täuschen)* mystifier, abuser
forcieren [fɔr'si:rən] *v* pousser, faire avancer
Förderer ['fœrdərər] *m* bienfaiteur *m*
Fördermenge ['fœrdərmɛŋgə] *f* quantité extraite *f*
fordern ['fɔrdərn] *v* exiger, revendiquer
fördern ['fœrdərn] *v 1. (unterstützen)* promouvoir, aider; *2. (abbauen)* extraire
Forderung ['fɔrdəruŋ] *f (Verlangen)* exigence *f*
Förderung ['fœrdəruŋ] *f (Unterstützung)* aide *f*
Form [fɔrm] *f 1.* forme *f*; *nicht in ~ sein* ne pas être dans son assiette; *zu großer ~ auflaufen* se mettre en forme; *2. (Stil)* forme *f*, formes *f/pl*; *in aller ~* en bonne et due forme/solennellement; *3. (Gussform)* moule *m*
formal [fɔr'ma:l] *adj* formel
Formalität [fɔrmali'tɛ:t] *f* formalité *f*
Format [fɔr'ma:t] *n 1. (Maß)* format *m*; *2. (fig)* classe *f*, envergure *f*; *~ haben* avoir de la classe/avoir de l'envergure
Formation [fɔrma'tsjo:n] *f* formation *f*
formbar ['fɔrmba:r] *adj* plastique
formbeständig ['fɔrmbəʃtɛndɪç] *adj* indéformable
Formel ['fɔrməl] *f* formule *f*
formell [fɔr'mɛl] *adj 1.* formel, fait dans les formes; *adv 2.* formellement, dans les formes
formen ['fɔrmən] *v* façonner, modeler
förmlich ['fœrmlɪç] *adj 1.* dans les formes; *adv 2.* dans les formes
Förmlichkeit ['fœrmlɪçkaɪt] *f* formalité *f*
formlos ['fɔrmlo:s] *adj 1.* sans forme; *~er Antrag* demande sur papier libre *f*; *2. (fig)* dépourvu de formes; *adv 3. (fig)* sans façon
Formular [fɔrmu'la:r] *n* formulaire *m*
formulieren [fɔrmu'li:rən] *v* formuler
formvollendet ['fɔrmfɔlɛndət] *adj* parfait
forsch [fɔrʃ] *adj 1.* robuste, fringant; *2. (flott)* dégagé, dégourdi; *3. (wagemutig)* audacieux

forschen ['fɔrʃən] *v* faire de la recherche, chercher
Forscher(in) ['fɔrʃər(ɪn)] *m/f* chercheur/chercheuse *m/f*
Forschung ['fɔrʃuŋ] *f* recherche *f*
Forschungszentrum ['fɔrʃuŋstsɛntrum] *n* centre de recherche *m*
Forst [fɔrst] *m* forêt *f*
Förster ['fœrstər] *m* garde forestier *m*
Forstwesen ['fɔrstveːzən] *n* eaux et forêts *f/pl*
fort [fɔrt] *adv* parti, sorti
fortbestehen ['fɔrtbəʃteːən] *v irr* continuer à exister, se perpétuer
fortbewegen ['fɔrtbəveːgən] *v* déplacer, mouvoir
fortbilden ['fɔrtbɪldən] *v sich ~* faire de la formation continue, se perfectionner
Fortbildung ['fɔrtbɪlduŋ] *f* formation continue *f*
Fortdauer ['fɔrtdauər] *f* persistance *f*
fortfahren ['fɔrtfaːrən] *v irr 1. (wegfahren)* partir; *2. (fortsetzen)* continuer, poursuivre; *Fahren sie bitte fort!* Continuez s'il vous plaît!/Poursuivez s'il vous plaît!
fortgehen ['fɔrtgeːən] *v irr* s'en aller, partir
fortgeschritten ['fɔrtgəʃrɪtən] *adj* avancé
Fortgeschrittene(r) ['fɔrtgəʃrɪtənə(r)] *m/f* étudiant(e) avancé(e) *m/f*
fortjagen ['fɔrtjaːgən] *v* chasser, mettre à la porte
fortlaufen ['fɔrtlaufən] *v irr* se sauver en courant, prendre la fuite
fortlaufend ['fɔrtlaufənt] *adj* continu
fortpflanzen ['fɔrtpflantsən] *v sich ~* se reproduire, se propager
Fortpflanzung ['fɔrtpflantsuŋ] *f* reproduction *f*
fortschreiten ['fɔrtʃraɪtən] *v irr* progresser, avancer
Fortschritt ['fɔrtʃrɪt] *m* progrès *m*
fortschrittlich ['fɔrtʃrɪtlɪç] *adj* progressiste
fortsetzen ['fɔrtzɛtsən] *v* continuer, poursuivre
Fortsetzung ['fɔrtzɛtsuŋ] *f* suite *f*
Fortsetzungsroman ['fɔrtzɛtsuŋsromaːn] *m* roman-feuilleton *m*
fortwährend ['fɔrtvɛːrənt] *adv* continuel, perpétuel
Forum ['foːrum] *n* forum *m*
fossil [fɔ'siːl] *adj* fossile
Foto ['foːto] *n* photo *f*, photographie *f*
Fotoapparat ['foːtoaparaːt] *m* appareil photographique *m*
Fotograf(in) [foːto'graːf(ɪn)] *m/f* photographe *m/f*
fotografieren [foːtogra'fiːrən] *v* photographier
Fotokopie [foːtoko'piː] *f* photocopie *f*
fotokopieren [foːtoko'piːrən] *v* photocopier, faire une photocopie
Fotokopierer [foːtoko'piːrər] *m* photocopieuse *f*
Foyer [fɔ'jeː] *n THEAT* foyer *m*
Frachter ['fraxtər] *m* cargo *m*
Frack [frak] *m* habit *m; im ~* en habit
Frage ['fraːgə] *f 1.* question *f; Das kommt nicht in ~!* C'est hors de question! *2. (Angelegenheit)* question *f*, affaire *f; eine ~ des Geschmacks* une affaire de goût *f; eine ~ der Zeit sein* n'être qu'une question de temps; *außer ~ stehen* être hors de question
Fragebogen ['fraːgəboːgən] *m* questionnaire *m*
fragen ['fraːgən] *v* demander, poser une question; *nach jdm ~* demander après qn
fragend ['fraːgənt] *adj* interrogateur
Fragezeichen ['fraːgətsaɪçən] *n* point d'interrogation *m*
fraglich ['fraːklɪç] *adj* douteux, problématique
Fragment [frak'mɛnt] *n* fragment *m*
fragwürdig ['fraːkvyrdɪç] *adj* contestable
Fragwürdigkeit ['fraːkvyrdɪçkaɪt] *f* fragilité *f*
frankieren [fraŋ'kiːrən] *v* affranchir
Frankreich ['fraŋkraɪç] *n GEO* France *f*
Franse ['franzə] *f 1. (Ziersaum)* crépine *f*, passementerie *f; 2. (loser Faden)* frange *f*
Franzose [fran'tsoːzə] *m* Français *m*
Französin [fran'tsøːzɪn] *f* Française *f*
französisch [fran'tsøːzɪʃ] *adj* français
Französisch [fran'tsøːsiʃ] *n* français *m*
Fraß [fras] *m 1.* mangeaille *f*, rata *m; 2. (fam: schlechtes Essen)* bouffe *f*, tambouille *f*
Fratze ['fratsə] *f 1. (Grimasse)* grimace *f; eine ~ schneiden* faire des grimaces; *2. (fam: Gesicht)* gueule *f; 3. (entstelltes Gesicht)* visage déformé *m*, visage défiguré *m*
Frau [frau] *f 1.* femme *f; eine ~ von Welt sein* être une femme du monde; *2. (Ehefrau)* femme *f*, épouse *f; zur ~ nehmen* prendre pour femme; *3. (Anrede)* Madame *f*
Frauenarzt ['frauənartst] *m* gynécologue *m*

Frauenbewegung ['frauənbəveːguŋ] *f* mouvement pour la libération de la femme *m*
Frauenklinik ['frauənkliːnɪk] *f* service de gynécologie *m*
Frauenrechtlerin ['frauənrɛçtlərɪn] *f* féministe *f*
Fräulein ['frɔylaɪn] *n* demoiselle *f*
fraulich ['fraulɪç] *adj* féminin
frech [frɛç] *adj* effronté, insolent
Frechdachs ['frɛçdaks] *m (fam)* effronté *m*
Frechheit ['frɛçhaɪt] *f* insolence *f,* impertinance *f*
frei [fraɪ] *adj 1. (ungebunden)* libre; *Es steht Ihnen ~ ...* Libre à vous de ...; *Sind Sie heute Abend ~?* Etes-vous libre ce soir? *2. (nicht besetzt)* libre; *3. (kostenlos)* gratuit, libre; *4. (Stelle)* vacant
Freibad ['fraɪbaːt] *n* piscine en plein air *f*
freiberuflich ['fraɪbəruːflɪç] *adj 1.* indépendant; *adv 2.* à son compte
Freibetrag ['fraɪbətraːk] *m* somme exonérée d'impôts *f*
freihalten ['fraɪhaltən] *v irr 1. (Platz)* garder, réserver; *2. jdn ~* garder qn, protéger qn; *3. „Ausfahrt ~"* „Sortie de voitures"
freihändig ['fraɪhɛndɪg] *adj 1.* sans appui; *adv 2.* de gré à gré
Freiheit ['fraɪhaɪt] *f* liberté *f*
Freikarte ['fraɪkartə] *f* carte d'entrée gratuite *f,* billet gratuit *m*
Freikörperkultur ['fraɪkœrpərkultuːr] *f* nudisme *m*
freilassen ['fraɪlasən] *v irr* libérer, relaxer
freilich ['fraɪlɪç] *adv 1. (einräumend)* il est vrai que, certes; *2. (bestätigend)* bien sûr, certes
freimachen ['fraɪmaxən] *v 1. (befreien) sich ~* se libérer, s'émanciper; *2. (entkleiden) sich ~* se déshabiller; *sich den Oberkörper ~* se mettre torse nu; *3. (frankieren)* affranchir
freimütig ['fraɪmyːtɪç] *adj 1.* franc; *adv 2.* à cœur ouvert
freischaffend ['fraɪʃafənt] *adj* indépendant; *~er Künstler* artiste indépendant *m*
freistehen ['fraɪʃteːən] *v irr 1. (Haus)* être inoccupé; *2. SPORT* être libre, être disponible; *3. Es steht jdm frei, etw zu tun.* Qn est libre de faire qc.
Freitag ['fraɪtaːk] *m* vendredi *m*
freitags ['fraɪtaːks] *adv* le vendredi, tous les vendredis
freiwillig ['fraɪvɪlɪç] *adj 1.* volontaire, bénévole; *adv 2.* bénévolement, volontairement
Freizeit ['fraɪtsaɪt] *f* loisirs *m/pl*
Freizeitbeschäftigung ['fraɪtsaɪtsbəʃɛftɪguŋ] *f* occupation durant les loisirs *f*
Freizügigkeit ['fraɪtsyːgiçkaɪt] *f 1.* libre circulation *f; 2. ~ der Sitten* liberté de mœurs *f; 3. ~ des Wohnorts* liberté de choisir son lieu de domicile *f*
fremd [frɛmt] *adj 1. (unbekannt)* inconnu, étranger; *2. (ausländisch)* qui n'est pas d'ici, étranger; *3. (anderen gehörig)* d'autrui
Fremde(r) ['frɛmdə(r)] *m/f* étranger/étrangère *m/f,* personne qui n'est pas d'ici *f*
Fremdenführer ['frɛmdənfyːrər] *m 1. (Buch)* guide *m; 2. (Person)* guide *m/f*
Fremdenverkehr ['frɛmdənfɛrkeːr] *m* tourisme *m*
Fremdenzimmer ['frɛmdəntsɪmər] *n* chambre à louer *f*
fremdgehen ['frɛmtgeːən] *v irr (fam)* être infidèle, découcher
Fremdsprache ['frɛmtʃpraːxə] *f* langue étrangère *f*
Fremdwort ['frɛmtvɔrt] *n* mot savant *m,* mot étranger *m*
fressen ['frɛsən] *v irr 1. (Tiere)* manger; *2. (fam)* bouffer, bâfrer; *jdn zum Fressen gern haben* trouver qn adorable/trouver qn à croquer
Fressen ['frɛsən] *n ein gefundenes ~* une aubaine *f; das große ~* la grande bouffe *f*
Freude ['frɔydə] *f* joie *f*
Freudenbotschaft ['frɔydənboːtʃaft] *f* heureuse nouvelle *f*
Freudenhaus ['frɔydənhaus] *n* maison close *f*
freudig ['frɔydɪç] *adj 1.* joyeux; *adv 2.* avec joie
freudlos ['frɔytloːs] *adj* sans joie, triste, morne
freuen ['frɔyən] *v sich ~* être heureux, être content
Freund(in) [frɔynt/'frɔyndɪn] *m/f* ami(e) *m/f,* copain/copine *m/f* (fam); *unter ~en sein* être entre amis; *Sie sind nicht gerade dicke ~e.* Ils ne sont pas copain-copain. *langjähriger ~* ami de longue date *m,* vieil ami *m*
freundlich ['frɔyntlɪç] *adj* aimable; *Es ist sehr ~ von Ihnen, dass Sie gekommen sind.* C'est bien aimable à vous d'être venu.
Freundlichkeit ['frɔyntlɪçkaɪt] *f* amabilité *f*

Freundschaft ['frɔyntʃaft] *f 1.* amitié *f; 2. (Liebesbeziehung)* amitié intime *f*
Frieden ['friːdən] *m* paix *f; ~ schließen* faire la paix; *dem ~ nicht trauen* ne pas se fier aux apparences; *jdn in ~ lassen* laisser qn tranquille/foutre la paix à qn (fam)
Friedhof ['friːthoːf] *m* cimetière *m*
friedlich ['friːtlɪç] *adj* paisible
frieren ['friːrən] *v irr 1.* geler; *2. (Person)* avoir froid, cailler (fam)
Frikadelle [frɪka'dɛlə] *f GAST* boulette de viande hachée *f*
frisch [frɪʃ] *adj* frais
Frische ['frɪʃə] *f in alter ~* aussi enjoué qu'avant
Frischhaltebeutel ['frɪʃhaltəbɔytəl] *m* sac fraîcheur *m*
Friseur(in) [fri'zœːr(ɪn)] *m/f* coiffeur/coiffeuse *m/f*
frisieren [frɪ'ziːrən] *v 1.* coiffer; *2. (fig)* truquer, maquiller
Frist [frɪst] *f* délai *m,* terme *m*
fristlos ['frɪstloːs] *adj* sans préavis
Frisur [fri'zuːr] *f* coiffure *f*
froh [froː] *adj* heureux, content, joyeux
fröhlich ['frøːlɪç] *adj* joyeux, gai
Fröhlichkeit ['frøːlɪçkaɪt] *f* bonne humeur *f*
frohlocken [froː'lokən] *v 1.* être transporté de joie, exulter; *2. (schadenfroh)* se réjouir du malheur
Frömmigkeit ['frœmɪçkaɪt] *f REL* piété *f*
Front [frɔnt] *f 1. (Vorderseite)* façade *f; 2. POL* front *m*
Frontalzusammenstoß [frɔn'taːltsuzamənʃtoːs] *m* collision de front *f*
Frosch [frɔʃ] *m* grenouille *f; einen ~ im Hals haben* avoir un chat dans la gorge; *Sei kein ~!* Ne fais pas d'histoires!/Ne sois pas niais!
Frost [frɔst] *m* gelée *f,* gel *m*
frösteln ['frœstəln] *v* avoir froid, avoir des frissons
frostig ['frɔstɪç] *adj 1. (kalt)* gelé; *2. (fig)* glacial
Frostschutz ['frɔstʃuts] *m* protection contre le gel *f*
Frottee [frɔ'teː] *n* tissu éponge *m*
Frucht [fruxt] *f* fruit *m*
fruchtbar ['fruxtbaːr] *adj (Erde)* fertile, fécond
Fruchtbarkeit ['fruxtbaːrkaɪt] *f* fertilité *f*
fruchtig ['fruxtɪç] *adj* fruité
früh [fryː] *adv 1.* tôt; *von ~ bis spät* du matin au soir; *adj 2.* précoce, de jeunesse, prématuré
Frühaufsteher ['fryːaufʃteːər] *m* lève-tôt *m* (fam)
früher ['fryːər] *adj 1.* ancien; *adv 2.* autrefois, jadis
Frühjahr ['fryːjaːr] *n* printemps *m*
Frühling ['fryːlɪŋ] *m* printemps *m,* renouveau *m*
frühreif ['fryːraɪf] *adj (fig)* précoce
Frührente ['fryːrɛntə] *f* préretraite *f*
Frühstück ['fryːʃtyk] *n* petit déjeuner *m*
frühstücken ['fryːʃtykən] *v* prendre son petit déjeuner
frühzeitig ['fryːtsaɪtɪç] *adj 1.* précoce; *adv 2.* tôt
Fuchtel ['fuxtəl] *f jdn unter der ~ haben* avoir qn sous sa coupe
Fuge ['fuːgə] *f aus den ~n geraten* s'effondrer
fügen ['fyːgən] *v sich ~* se soumettre à, se plier à
fügsam ['fyːkzaːm] *adj* souple
fühlen ['fyːlən] *v* sentir, ressentir; *sich wohl ~* se sentir à l'aise
führen ['fyːrən] *v* conduire, mener; *Das würde zu weit ~.* Cela nous entraînerait trop loin. *glücklich zu Ende ~* mener à bien
Führer ['fyːrər] *m 1. (Chef)* leader *m; 2. (Fahrer)* conducteur *m; 3. (Fremdenführer)* guide *m/f*
Führerschein ['fyːrərʃaɪn] *m* permis de conduire *m; seinen ~ machen* passer son permis de conduire
Führung ['fyːruŋ] *f 1. (Leitung)* direction *f; 2. (Fremdenführung)* visite guidée *f; 3. (Benehmen)* conduite *f*
Führungskraft ['fyːruŋskraft] *f* cadre supérieur *m*
Führungszeugnis ['fyːruŋstsɔyknɪs] *n* certificat de bonne conduite *m; polizeiliches ~* extrait du casier judiciaire *m*
füllen ['fylən] *v* remplir, emplir
Füller ['fylər] *m* stylo *m*
Füllung ['fyluŋ] *f 1. (das Füllen)* remplissage *m; 2. (Polsterung)* rembourrage *m*
Fund [funt] *m* objet trouvé *m*
Fundament [funda'mɛnt] *n 1. (eines Hauses)* fondations *f/pl; 2. (fig: Grundlage)* base *f*
fundamental [fundamɛn'taːl] *adj* fondamental
Fundamentalist [fundamɛnta'lɪst] *m POL* fondamentaliste *m*

Fundbüro ['funtbyroː] *n* bureau des objets trouvés *m*
Fundgrube ['funtgruːbə] *f 1.* coin des bonnes affaires *m; 2. (fig)* mine *f*
fundiert [fun'diːrt] *adj* fondé
fünf [fynf] *num* cinq; *~ gerade sein lassen* ne pas y regarder de trop près/faire preuve de clémence; *~ Minuten vor zwölf (fig)* moins une
Fünfeck ['fynfɛk] *n* pentagone *m*
fünftens ['fynftəns] *adv* cinquièmement
fünfzehn ['fynftseːn] *num* quinze
fünfzig ['fynftsɪç] *num* cinquante
Funk [fuŋk] *m* radio *f*
Funke ['fuŋkə] *m* étincelle *f; keinen ~n gesunden Menschenverstand haben* ne pas avoir un grain de bon sens
funkeln ['fuŋkəln] *v* étinceler, scintiller
funkelnagelneu ['fuŋəlnaːgəlnɔy] *adj ~ sein* être tout flambant neuf
funken ['fuŋkən] *v 1. (übermitteln)* transmettre; *2. (kapieren) Es hat bei ihm gefunkt.* Il a pigé. *3. Zwischen ihnen hat's gefunkt.* Ça a marché entre eux. *4. (fam: funktionieren)* fonctionner, marcher; *5. (Funken von sich geben)* étinceler
Funker ['fuŋkər] *m 1.* radio *m; 2. (Amateurfunker)* cibiste *m*
Funkgerät ['fuŋkgərɛːt] *n* radio *f*
Funkspruch ['fuŋkʃprux] *m* message radio *m*
Funktion [fuŋk'tsjoːn] *f* fonction *f*
funktional [fuŋktsjo'naːl] *adj 1.* fonctionnel; *adv 2.* par rapport à la fonction
Funktionär [fuŋktsjo'nɛːr] *m* fonctionnaire *m*
funktionell [fuŋktsjo'nɛl] *adj 1.* fonctionnel; *adv 2.* sur le plan fonctionnel
funktionieren [fuŋktjo'niːrən] *v* fonctionner
für [fyːr] *prep* pour; *Tag ~ Tag* jour après jour/de jour en jour; *an und ~ sich* en fait/en principe; *eine Sache ~ sich* autre chose *f*/ une autre histoire *f*
Furche ['furçə] *f* sillon *m*
Furcht [furçt] *f* crainte *f*, peur *f*
fürchten ['fyrçtən] *v* craindre, redouter
fürchterlich ['fyrçtərlɪç] *adj* terrible, affreux
furchtsam ['furçtzaːm] *adj* craintif
Furnier [fur'niːr] *n* placage *m*, feuille de placage *f*
Fürsorge ['fyːrzɔrgə] *f* assistance *f*
Fürsorgeamt ['fyːrzɔrgəamt] *n* bureau d'aide sociale *m*
fürsorglich ['fyːrzɔrglɪç] *adj* plein de sollicitude
Fürsprecher ['fyːrʃprɛçər] *m* intercesseur *m*
Fürst(in) [fyrst/'fyrstɪn] *m/f* prince(sse) *m/f*
Fürstentum ['fyrstəntuːm] *n* principauté *f*
fürstlich ['fyrstlɪç] *adj 1.* princier; *2. (fig: üppig)* comme un prince
Fusion [fu'zjoːn] *f* fusion *f*
Fuß [fuːs] *m 1. ANAT* pied *m; keinen ~ vor die Türe setzen* ne pas fourrer le nez dehors; *Ich kann keinen ~ mehr vor den anderen setzen.* Je ne peux plus mettre un pied devant l'autre. *mit jdm auf schlechtem ~ stehen* être en mauvais terme avec qn; *auf großem ~ leben* mener grand train; *~ fassen* s'établir/creuser son trou; *auf freiem ~ sein* être libre; *mit einem ~ in Grabe stehen* avoir un pied dans la tombe/avoir un pied dans la fosse; *mit dem linken ~ zuerst aufstehen (fig)* se lever du pied gauche; *sich die Füße nach etw wund laufen* frapper à toutes les portes pour obtenir qc; *kalte Füße bekommen (fig)* battre en retraite/avoir la pétoche; *sich die Füße vertreten* se dégourdir les jambes; *jdm auf die Füße treten (fig)* blesser qn/vexer qn; *sich auf eigene Füße stellen* voler de ses propres ailes; *etw mit Füßen treten* fouler qc aux pieds; *jdm zu Füßen liegen* être aux pieds de qn; *2. (Sockel)* pied *m*, socle *m; 3. (Zoll)* pied *m*
Fußball ['fuːsbal] *m 1. (Spiel) SPORT* football *m*, foot *m* (fam); *2. (Ball)* ballon de football *m*, ballon de foot *m* (fam)
Fußboden ['fuːsboːdən] *m* plancher *m*, sol *m*
Fussel ['fusəl] *m/f* petit bout de fil *m; eine(n) ~ am Mantel haben* avoir un fil sur son manteau
Fußgänger ['fuːsgɛŋər] *m* piéton *m*
Fußgängerzone ['fuːsgɛŋərtsoːnə] *f* zone piétonne *f*
Fußtritt ['fuːstrɪt] *m* coup de pied *m; jdm einen ~ versetzen (fam)* botter les fesses de qn
Fußvolk ['fuːsfɔlk] *n* menu peuple *m*
Fußweg ['fuːsveːk] *m* chemin réservé aux piétons *m*
Futter ['futər] *n 1. (Nahrung)* fourrage *m*, nourriture *f; 2. (Material)* rembourrage *m*, garnissage *m*
füttern ['fytərn] *v (Tiere)* donner à manger, nourrir
futuristisch [futu'rɪstɪʃ] *adj* futuriste

G

Gabe ['gaːbə] *f 1. (Geschenk)* cadeau *m,* présent *m; 2. (fig: Talent)* don *m,* talent *m*
Gabel ['gaːbəl] *f 1. (Besteck)* fourchette *f; 2. (eines Fahrrads)* fourche *f; 3. (eines Autos)* brancards *m/pl*
Gabelung ['gaːbəluŋ] *f* bifurcation *f*
gackern ['gakərn] *v 1.* babiller, bavarder; *2. (fig) Sie gackern wie die Hühner.* Elles caquètent comme des poules.
gaffen ['gafən] *v* bayer aux corneilles, regarder bouche bée
Gag [gæg] *m* gag *m*
Gage ['gaːʒə] *f* gages *m/pl*
gähnen ['gɛːnən] *v* bâiller
galant [ga'lant] *adj* galant
Galavorstellung ['gaːlafoːrʃtɛluŋ] *f* représentation de gala *f*
Galgen ['galgən] *m* potence *f,* gibet *m; jdn an den ~ bringen (fig)* envoyer qn à l'échafaud
Galgenfrist ['galgənfrɪst] *f* quart d'heure de grâce *m; jdm eine ~ geben* accorder un terme de grâce à qn
Galgenhumor ['galgənhumoːr] *m* humour macabre *m*
Galopp [ga'lɔp] *m* galop *m; im ~ reiten* aller au galop; *in gestrecktem ~* au grand galop
galoppieren [galɔ'piːrən] *v* galoper, aller au galop; *~de Inflation* inflation galopante *f*
Gammler ['gamlər] *m (fam)* clochard *m*
Gang [gaŋ] *m 1. (Gehen)* fonctionnement *m,* mouvement *m; in ~ bringen* mettre en action; *2. (Verlauf)* cours *m; seinen normalen ~ gehen* aller son train; *in ~ sein* marcher, fonctionner; *in ~ kommen* s'amorcer, commencer; *etw in ~ setzen* mettre qc en marche, amorcer qc; *im ~e sein* se passer, se préparer; *3. (Flur)* passage *m,* corridor *m; 4. (eines Autos)* vitesse *f; erster ~* première vitesse *f; einen ~ zulegen (fig)* accélérer, passer le turbo (fam); *einen ~ zurückschalten (fig)* ralentir, rétrograder
gängig ['gɛŋɪç] *adj* courant
Gangschaltung ['gaŋʃaltuŋ] *f* changement de vitesse *m*
Gangster ['gæŋstər] *m* gangster *m,* bandit *m*
Gans [gans] *f ZOOL* oie *f; eine dumme ~* une dinde *f,* une bécasse *f*
Gänsemarsch ['gɛnzəmarʃ] *m* file indienne *f; im ~ gehen* marcher à la queue leu leu/marcher en file indienne
ganz [gants] *adj 1.* entier, total, complet; *adv 2.* tout à fait, entièrement, totalement
Ganze ['gantsə] *n 1.* tout *m,* totalité *f; 2. aufs ~ gehen* mettre le paquet/risquer le tout pour le tout; *Es geht ums ~.* Ça passe ou ça casse.
gänzlich ['gɛntslɪç] *adj 1.* entier, total; *adv 2.* entièrement, absolument
ganztägig ['gantstɛːgɪç] *adj* pendant toute la journée
Ganztagsschule ['gantstaːksʃuːlə] *f* école pendant toute la journée
gar [gaːr] *adj 1. (gekocht)* bien cuit, prêt à manger; *adv 2. ~ nicht* ne ... pas du tout; *sich ~ nicht um die Meinung der Leute kümmern* se moquer du tiers et du quart
Garage [ga'raːʒə] *f* garage *m*
Garantie [garan'tiː] *f* garantie *f; unter ~* à coup sûr
garantieren [garan'tiːrən] *v* garantir
Garderobe [gardə'roːbə] *f* garde-robe *f,* vestiaire *m*
Gardine [gar'diːnə] *f* rideau *m; hinter schwedischen ~n* sous les verrous
Gardinenpredigt [gar'diːnənpreːdɪgt] *f* semonce *f; eine ~ halten* semoncer/faire un sermon
gären ['gɛːrən] *v irr* lever, fermenter; *Es gärt im Volke.* Le peuple s'agite.
Garn [garn] *n* fil *m*
garnieren [gar'niːrən] *v* garnir, mettre une garniture
Garnitur [garni'tuːr] *f (Wäschegarnitur)* parure *f*
garstig ['garstɪç] *adj* laid, sale; *~es Wetter* temps affreux *m*
Garten ['gartən] *m* jardin *m*
Gartenbau ['gartənbau] *m* jardinage *m*
Gartenfest ['gartənfɛst] *n* fête champêtre *f*
Gartenhaus ['gartənhaus] *n* pavillon *m*
Gartenwirtschaft ['gartənvɪrtʃaft] *f* restaurant en plein air *m*
Gartenzaun ['gartəntsaun] *m* clôture de jardin *f*
Gärtner ['gɛrtnər] *m* jardinier *m,* horticulteur *m*
Gärtnerei [gɛrtnə'raɪ] *f* horticulture *f*
Gärung ['gɛːruŋ] *f* fermentation *f*
Gas [gaːs] *n* gaz *m*
Gasflasche ['gaːsflaʃə] *f* bouteille à gaz *f*

Gashahn ['gaːshaːn] *m* robinet à gaz *m*
Gasheizung ['gaːshaɪtsuŋ] *f* chauffage au gaz *m*
Gasherd ['gaːsheːrt] *m* réchaud à gaz *m*
Gasmaske ['gaːsmaskə] *f* masque à gaz *m*
Gaspedal ['gaːspedaːl] *n* pédale d'accélérateur *f*
Gasse ['gasə] *f* ruelle *f*
Gassenhauer ['gasənhauər] *m* refrain populaire *m*
Gast [gast] *m 1.* visiteur *m,* hôte *m; 2. (in einem Restaurant)* consommateur *m,* client *m*
Gastarbeiter ['gastarbaɪtər] *m* main-d'œuvre étrangère *f*
Gästehaus ['gɛstəhaus] *n* auberge *f*
Gästezimmer ['gɛstətsɪmər] *n* salle d'auberge *f*
gastfreundlich ['gastfrɔyntlɪç] *adj* hospitalier
Gastfreundschaft ['gastfrɔyntʃaft] *f* hospitalité *f*
Gastgeber(in) ['gastgeːbər(ɪn)] *m/f* hôte(sse) *m/f*
Gasthaus ['gasthaus] *n* hôtellerie *f*
Gasthörer ['gasthøːrər] *m* auditeur libre *m*
Gaststätte ['gastʃtɛtə] *f* restaurant *m*
Gaststättengewerbe ['gastʃtɛtəngəvɛrbə] *n* hôtellerie *f*
Gastwirt ['gastvɪrt] *m* hôtelier *m*
Gaswerk ['gaːsvɛrk] *n* usine à gaz *f*
Gaszähler ['gaːstsɛːlər] *m* compteur de gaz *m*
Gatte ['gatə] *m* mari *m,* époux *m; ihr werter ~* son cher époux
Gattin ['gatɪn] *f* épouse *f*
Gattung ['gatuŋ] *f* espèce *f*
Gaukler ['gauklər] *m* bateleur *m*
Gaul [gaul] *m ZOOL* vieux cheval *m; Einem geschenkten ~ schaut man nicht ins Maul.* A cheval donné on ne regarde pas à la bride.
Gaumenfreude ['gaumənfrɔydə] *f* gourmandise *f*
Gauner ['gaunər] *m* escroc *m,* filou *m*
Gebäck [gə'bɛk] *n* pâtisserie *f*
gebärden [gə'bɛːrdən] *v sich ~* se conduire comme; *sich wie ein Wilder ~* se démener comme un sauvage
gebären [gə'bɛːrən] *v irr* accoucher de, mettre au monde
Gebäude [gə'bɔydə] *n* bâtiment *m,* édifice *m*
geben ['geːbən] *v irr 1.* donner, offrir, présenter; *viel darum ~* donner cher; *Wo gibt's denn so was?* Où est-ce qu'on est? *2. es jdm ~* frotter les oreilles de qn, corriger qn; *3. auf etw nichts ~* n'accorder aucune importance à qc
Gebiet [gə'biːt] *n 1.* domaine *m,* région *f; 2. (fig: Sachgebiet)* ressort *m,* spécialité *f*
gebieten [gə'biːtən] *v irr 1. (verlangen)* exiger, réclamer; *2. (befehlen)* commander, ordonner; *3. (angebracht sein) Es scheint geboten.* Il semble opportun. *4. über etw ~* disposer de qc
gebieterisch [gə'biːtərɪʃ] *adj* impérieux
Gebilde [gə'bɪldə] *n* image *f,* dessin *m*
gebildet [gə'bɪldət] *adj* cultivé
Gebirge [gə'bɪrgə] *n GEO* montagne *f,* monts *m/pl*
Gebirgskette [gə'bɪrgskɛtə] *f GEO* chaîne de montagnes *f*
Gebirgsklima [gə'bɪrkskliːma] *n* climat montagnard *m*
Gebiss [gə'bɪs] *n 1. ANAT* dents *f/pl; 2. künstliches ~* prothèse *f,* dentier *m*
geboren [gə'boːrən] *adj* né
Geborgenheit [gə'bɔrgənhaɪt] *f* retraite *f*
Gebot [gə'boːt] *n 1.* commandement *m,* ordre *m; 2. (Angebot)* offre *f*
gebraten [gə'braːtən] *adj* rôti
Gebrauch [gə'braux] *m* emploi *m; in ~ kommen* devenir commun
gebrauchen [gə'brauxən] *v* employer, utiliser
gebräuchlich [gə'brɔyçlɪç] *adj* usuel
Gebrauchsanweisung [gə'brauxsanvaɪzuŋ] *f* mode d'emploi *m*
Gebrauchsgegenstand [gə'brauxsgeːgənʃtant] *m* objet utilitaire *m*
gebraucht [gə'brauxt] *adj* usé
Gebrauchtwagen [gə'brauxtvaːgən] *m* voiture d'occasion *f*
Gebrüll [gə'bryl] *n 1.* hurlements *m/pl; 2. (Tiergebrüll)* rugissements *m/pl*
Gebühr [gə'byːr] *f* taxe *f,* tarif *m*
Gebühreneinheit [gə'byːrənaɪnhaɪt] *f* unité de taxation *f*
gebührenfrei [gə'byːrənfraɪ] *adj* exempt de taxes
gebührenpflichtig [gə'byːrənpflɪçtɪç] *adj 1.* soumis à une taxe; *~e Verwarnung* sommation avec frais *f; 2. (Autobahn)* à péage
Geburt [gə'burt] *f* naissance *f,* venue au monde *f; eine schwere ~ (fig)* un accouchement difficile *m*

Geburtenkontrolle [gə'burtənkɔntrɔlə] *f* contrôle des naissances *m*
Geburtenrate [gə'burtənra:tə] *f* natalité *f*
geburtenschwach [gə'burtənʃvax] *adj* de natalité régressive
Geburtenüberschuss [gə'burtəny:bərʃus] *m* excédent des naissances *m*
gebürtig [gə'byrtɪç] *adj* originaire de
Geburtsanzeige [gə'burtsantsaɪgə] *f* faire-part de naissance *m*
Geburtsdatum ['gəburtsda:tum] *n* date de naissance *f*
Geburtshilfe ['gəburtshɪlfə] *f* aide obstétrique *f*
Geburtsjahr [gə'burtsja:r] *n* année de naissance *f*
Geburtsort [gə'burtsɔrt] *m* lieu de naissance *m*
Geburtstag [gə'burtsta:k] *m* anniversaire *m*
Geburtstagsfeier [gə'burtsta:ksfaɪər] *f* fête d'anniversaire *f*
Geburtstagskind [gə'burtsta:kskɪnt] *n* personne qui fête son anniversaire *f*
Geburtsurkunde [gə'burtsu:rkundə] *f* acte de naissance *m*
Gebüsch [gə'byʃ] *n* buissons *m/pl*
Gedächtnis [gə'dɛçtnɪs] *n* mémoire *f; ein ~ wie ein Sieb haben* avoir une mémoire de lièvre/une mémoire comme une passoire; *etw im ~ behalten* garder qc en mémoire
Gedächtnisfeier [gə'dɛçtnɪsfaɪər] *f* fête commémorative *f*
Gedächtnislücke [gə'dɛçtnɪslykə] *f* trou de mémoire *m*
Gedächtnisschwund [gə'dɛçtnɪsʃvunt] *m* perte de mémoire *f*
Gedächtnisstütze [gə'dɛçtnɪsʃtytsə] *f* moyen mnémotechnique *m*
Gedanke [gə'daŋkə] *m* pensée *f*, idée *f; mit den ~n woanders sein* avoir la tête ailleurs; *immer auf schlechte ~n kommen* avoir l'esprit mal tourné; *~n lesen können* deviner/pouvoir lire les pensées; *mit dem ~n spielen* envisager/penser; *seine ~n beisammen haben* avoir la tête à ce qu'on fait; *etw in ~n tun* faire qc machinalement
Gedankenaustausch [gə'daŋkənaustauʃ] *m* échange d'idées *m*
gedankenlos [gə'daŋkənlo:s] *adj* irréfléchi
Gedankenlosigkeit [gə'daŋkənlo:zɪçkaɪt] *f* étourderie *f*
Gedankensprung [gə'daŋkənʃpruŋ] *m* coq-à-l'âne *m*
Gedankenstrich [gə'daŋkənʃtrɪç] *m* tiret *m*
Gedankenübertragung [gə'daŋkəny:bərtra:guŋ] *f* transmission de pensée *f*
gedankenverloren [gə'daŋkənfɛrlo:rən] *adj* perdu dans ses pensées
Gedeck [gə'dɛk] *n* couvert *m*
gedeihen [gə'daɪən] *v irr* prospérer
gedenken [gə'dɛŋkən] *v irr 1. (erinnern)* garder le souvenir de; *2. (vorhaben)* avoir l'intention de
Gedenkfeier [gə'dɛŋkfaɪər] *f* fête commémorative *f*
Gedenkstätte [gə'dɛŋkʃtɛtə] *f* lieu commémoratif *m*
Gedicht [gə'dɪçt] *n* poème *m; ein ~ sein (fig)* être un délice
Gedränge [gə'drɛŋə] *n* foule *f*
Gedrängel [gə'drɛŋəl] *n (fam)* bousculade *f*
gedrungen [gə'druŋən] *adj* trapu, ramassé
Geduld [gə'dult] *f 1.* patience *f; Meine ~ geht allmählich zu Ende.* Ma patience commence à s'épuiser./Ma patience a des limites. *die ~ verlieren* prendre le mors aux dents; *Meine ~ ist nun wirklich zu Ende.* Ma patience est à bout. *2. (Nachsicht)* indulgence *f*
geduldig [gə'duldɪç] *adj 1.* patient; *adv 2.* patiemment
Geduldsspiel [gə'dultsʃpi:l] *n* jeu de patience *m*
geehrt [gə'e:rt] *adj Sehr ~er Herr Meier! ...* Monsieur, ...
geeignet [gə'aɪgnət] *adj* approprié, apte; *~ sein* avoir de l'étoffe
Gefahr [gə'fa:r] *f* danger *m*, risque *m; der ~ ins Auge sehen* regarder le danger en face; *~ laufen* courir le danger/courir le risque; *auf eigene ~* à ses risques et périls
gefährden [gə'fɛ:rdən] *v* mettre en danger
Gefährdung [gə'fɛ:rduŋ] *f* danger *m*
Gefahrenzone [gə'fa:rəntso:nə] *f* zone dangereuse *f*
Gefahrenzulage [gə'fa:rəntsu:la:gə] *f* prime de risques *f*
gefährlich [gə'fɛ:rlɪç] *adj* dangereux
gefahrlos [gə'fa:rlo:s] *adj* sans risque
Gefälle [gə'fɛlə] *n* pente *f*, inclinaison *f*
gefallen [gə'falən] *v irr 1.* plaire à; *2. es sich~ lassen* se laisser faire/se laisser manger la laine sur le dos

Gefallen [gə'falən] *m* complaisance *f; jdm einen ~ tun* rendre un service à qn; *an etw ~ finden* prendre goût à qc

Gefallener [gə'falənə] *m* mort au combat *m*

gefällig [gə'fɛlɪç] *adj 1. (zuvorkommend)* prévenant; *2. (angenehm)* agréable

Gefälligkeit [gə'fɛlɪçkaɪt] *f* complaisance *f*

gefangen [gə'faŋən] *adj ~ halten* tenir en captivité; *~ nehmen* arrêter

Gefangene(r) [gə'faŋənə(r)] *m/f* prisonnier/prisonnière *m/f*

Gefängnis [gə'fɛŋnɪs] *n* prison *f*, maison d'arrêt *f*

Gefängnisstrafe [gə'fɛŋnɪsʃtraːfə] *f* peine de prison *f*

Gefängniszelle [gə'fɛŋnɪstsɛlə] *f* cellule *f*

Gefäß [gə'fɛːs] *n 1.* vase *m*, récipient *m; 2. ANAT* vaisseau *m*

gefasst [gə'fast] *adj* calme; *auf etw ~ sein* s'attendre à qc

gefeit [gə'faɪt] *adj ~ sein gegen* être invulnérable à

Geflimmer [gə'flɪmər] *n* papillotement *m*

geflissentlich [gə'flɪsəntlɪç] *adj* intentionnel

Geflügelfarm [gə'flyːgəlfarm] *f* ferme avicole *f*

Geflüster [gə'flystər] *n* chuchotement *m*

Gefolge [gə'fɔlgə] *n* suite *f*

gefragt [gə'fraːkt] *adj ~ sein* être demandé

gefrieren [gə'friːrən] *v irr* geler

Gefriertruhe [gə'friːrtruːə] *f* congélateur *m*

Gefüge [gə'fyːgə] *n* assemblage *m*

gefügig [gə'fyːgɪç] *adj* docile

Gefühl [gə'fyːl] *n 1. (körperlich)* sensation *f; mit gemischten ~en* avec des sentiments mêlés; *das höchste der ~e* le maximum *m*, le nec plus ultra *m; 2. (seelisch)* sentiment *m; 3. (Ahnung)* impression *f; etw im ~ haben* pressentir qc/sentir qc

gefühllos [gə'fyːlloːs] *adj 1. (körperlich)* insensible; *2. (seelisch)* impassible

Gefühlsausbruch [gə'fyːlsausbrux] *m* transport de passion *m*

Gefühlsduselei [gəfyːlsduzə'laɪ] *f* sensiblerie *f*

gefühlsmäßig [gə'fyːlsmɛːsɪç] *adv* intuitivement

Gefühlsmensch [gə'fyːlsmɛnʃ] *m* sentimental *m*

gefühlvoll [gə'fyːlfɔl] *adj* sensible

gegebenenfalls [gə'geːbənənfals] *adv* le cas échéant

Gegebenheit [gə'geːbənhaɪt] *f* fait *m*

gegen ['geːgən] *prep 1. (zeitlich)* vers, autour de; *2. (örtlich)* contre; *3. (wider)* contre; *etw ~ jdn haben* avoir qc contre qn; *4. (im Austausch)* contre, en échange de; *jdm etw ~ Quittung geben* donner qc à qn contre reçu

Gegenbesuch ['geːgənbəzuːx] *m jdm einen ~ abstatten* rendre sa visite à qn

Gegend ['geːgənt] *f 1. (Landschaft)* paysage *m*, région *f; 2. (Umgebung)* alentours *m/pl*, environs *m/pl; die ~ unsicher machen* traîner/errer/hanter les lieux

Gegendarstellung ['geːgəndarʃtɛluŋ] *f* version contraire *f*

gegeneinander ['geːgənaɪnandər] *adv* l'un contre l'autre

Gegenfahrbahn ['geːgənfaːrbaːn] *f* sens inverse *m*

Gegengewicht ['geːgəngəvɪçt] *n* contrepoids *m*

gegenläufig ['geːgənlɔyfɪç] *adj* contraire

Gegenleistung ['geːgənlaɪstuŋ] *f* compensation *f*

Gegenlicht ['geːgənlɪçt] *n* contre-jour *m*

Gegenmaßnahme ['geːgənmasnaːmə] *f* contre-mesure *f*

Gegensatz ['geːgənzats] *m* contraire *m*, opposé *m; Gegensätze ziehen sich an.* Les contraires s'attirent.

gegensätzlich ['geːgənzɛtslɪç] *adj* contraire, opposé

Gegensätzlichkeit ['geːgənzɛtslɪçkaɪt] *f* contradiction *f*

gegenseitig ['geːgənzaɪtɪç] *adj 1.* mutuel, réciproque; *adv 2.* mutuellement, par réciprocité

Gegenseitigkeit ['geːgənzaɪtɪçkaɪt] *f* réciprocité *f*

Gegenspieler ['geːgənʃpiːlər] *m* adversaire *m*

Gegensprechanlage ['geːgənʃprɛçanlaːgə] *f* interphone *m*

Gegenstand ['geːgənʃtant] *m 1.* objet *m; 2. (Thema)* objet *m*

gegenstandslos ['geːgənʃtantsloːs] *adj* sans objet

Gegenstück ['geːgənʃtyk] *n* pendant *m*

Gegenteil ['geːgəntaɪl] *n* contraire *m*, opposé *m*

gegenüber [geːgən'yːbər] *prep 1. (örtlich)* en face, vis-à-vis; *2. (im Hinblick)* envers, à l'égard de; *3. (im Vergleich)* par rapport à

Gegenüber [geːgən'yːbər] *n 1. (Person)* vis-à-vis *m; 2. (Haus)* maison d'en face *f*
gegenüberliegen [geːgən'yːbərliːgən] *v irr* se faire face
gegenüberliegend [geːgən'yːbərliːgənt] *adj* d'en face
gegenüberstehen [geːgən'yːbərʃteːən] *v irr 1.* être en face de; *2. (fig)* se confronter
gegenüberstellen [geːgən'yːbərʃtɛlən] *v 1. (vergleichen)* comparer; *2. (konfrontieren)* confronter
Gegenüberstellung [geːgən'yːbərʃtɛluŋ] *f 1. (Vergleich)* comparaison *f; 2. (Konfrontation)* confrontation *f*
Gegenverkehr ['geːgənfɛrkeːr] *m* circulation en sens inverse *f*
Gegenwart ['geːgənvart] *f 1. GRAMM* présent *m; 2. (Anwesenheit)* présence *f; in ~ von* en présence de
gegenwärtig ['geːgənvɛrtɪç] *adj 1. (jetzig)* actuel, du moment; *2. (anwesend)* présent
Gegenwehr ['geːgənveːr] *f* défense *f*
Gegenwert ['geːgənvɛrt] *m* contre-valeur *f*
Gegenwind ['geːgənvɪnt] *m* vent contraire *m*
gegenzeichnen ['geːgəntsaɪçnən] *v* contresigner
Gegner ['geːgnər] *m* adversaire *m; einen ebenbürtigen ~ finden* trouver son égal
gegnerisch ['geːgnərɪʃ] *adj* adverse
Gehalt [gə'halt] *n 1. (Lohn)* salaire *m; 2. (Inhalt)* contenu *m*
Gehaltserhöhung [gə'haltsɛrhøːuŋ] *f* augmentation de salaire *f*
Gehaltsgruppe [gə'haltsgrupə] *f* groupe salarial *m*
Gehaltszulage [gə'haltstsuːlaːgə] *f* supplément de salaire *m*
gehaltvoll [gə'haltfɔl] *adj* riche en
gehässig [gə'hɛsɪç] *adj* haineux
Gehässigkeit [gə'hɛsɪçkaɪt] *f* haine *f*
Gehäuse [gə'hɔyzə] *n* boîtier *m*
gehbehindert ['geːbəhɪndərt] *adj* handicapé moteur
Gehege [gə'heːgə] *n* enceinte *f*
geheim [gə'haɪm] *adj* secret, confidentiel; *~ halten* garder secret, tenir secret
Geheimagent [gə'haɪmagɛnt] *m POL* agent secret *m*
Geheimbund [gə'haɪmbunt] *m* alliance secrète *f*
Geheimdienst [gə'haɪmdiːnst] *m POL* services secrets *m/pl*
Geheimfach [gə'haɪmfax] *n* compartiment secret *m*
Geheimnis [gə'haɪmnɪs] *n* secret *m,* mystère *m; ein offenes ~* un secret de polichinelle *m*
Geheimniskrämer [gə'haɪmnɪskrɛːmər] *m* cachottier *m*
geheimnisvoll [gə'haɪmnɪsfɔl] *adj* mystérieux
Geheimratsecken [gə'haɪmratsɛkən] *pl* tempes dégarnies *f/pl*
Geheimtip [gə'haɪmtɪp] *m* tuyau confidentiel *m*
gehemmt [gə'hɛmt] *adj ~ sein* être inhibé
gehen ['geːən] *v irr 1.* aller; *zu jdm ~* aller chez qn; *auf und ab ~* faire les cent pas; *zu weit ~ (fig)* passer les bornes; *in sich ~* faire le point sur soi-même; *2. (zu Fuß)* marcher; *3. (weggehen)* partir; *4. (ergehen) Wie geht es Ihnen?* Comment allez-vous? *Wie geht's?* Ça va? *5. (sich handeln) Es geht um ...* Il y va de ...; *6. ~ lassen (in Ruhe lassen)* laisser tranquille; *7. sich ~ lassen* se laisser aller
geheuer [gə'hɔyər] *adj nicht ~ sein* ne pas inspirer confiance
Gehilfe [gə'hiːlfə] *m* aide *m/f*
Gehirnwäsche [gə'hɪrnvɛʃə] *f* lavage de cerveau *m*
Gehör [gə'høːr] *n* ouïe *f; ein gutes ~ haben* avoir l'ouïe fine/avoir l'oreille fine; *sich ~ verschaffen* se faire entendre/trouver un auditoire; *~ finden* se faire écouter/trouver une oreille attentive; *jdm ~ schenken* écouter qn; *um ~ bitten* demander l'attention
gehorchen [gə'hɔrçən] *v* obéir
gehören [gə'høːrən] *v* appartenir à, faire partie de; *wie es sich gehört* comme de juste
gehorsam [gə'hoːrzaːm] *adj* obéissant
Gehorsam [gə'hoːrzaːm] *m* obéissance *f*
Gehweg ['geːveːk] *m* trottoir *m*
geil [gaɪl] *adj 1. (erregt)* agité, excité; *2. (fam: toll)* super, délirant; *Der Typ ist echt ~.* Ce type me botte.
Geisel ['gaɪzəl] *f* otage *m*
Geiselnahme ['gaɪzəlnaːmə] *f* prise d'otages *f*
Geiselnehmer ['gaɪzəlneːmər] *m* preneur d'otages *m*
Geist [gaɪst] *m 1. (Seele)* esprit *m,* âme *f; 2. (Verstand)* intelligence *f,* entendement *m; 3. (Gespenst)* fantôme *m,* spectre *m; von allen guten ~ern verlassen sein* être complètement cinglé; *4. seinen ~ aufgeben (fig)* rendre l'âme, rendre le dernier soupir

Geisterbahn ['gaɪstərbaːn] *f* train fantôme *m*
Geisterbeschwörung ['gaɪstərbəʃvøːruŋ] *f* nécromancie *f*
Geisterfahrer ['gaɪstərfaːrər] *m* personne qui conduit à contre-sens *f*
Geisterstunde ['gaɪstərʃtundə] *f* heure des revenants *f*
geistesabwesend ['gaɪstəsapveːzənt] *adj 1.* absent; *adv 2.* l'air absent
Geistesblitz ['gaɪstəsblɪts] *m* trait d'esprit *m*
geistesgegenwärtig ['gaɪstəsgeːgənvɛrtɪç] *adj* qui fait preuve de présence d'esprit
Geisteswissenschaften ['gaɪstəsvɪsənʃaftən] *pl* sciences humaines *f/pl*
Geisteszustand ['gaɪstəstsuːʃtant] *m* état mental *m*
geistig ['gaɪstɪç] *adj* intellectuel; *~ arbeiten* travailler intellectuellement
geistlich ['gaɪstlɪç] *adj* spirituel
geistlos ['gaɪstloːs] *adj* sans esprit
geistreich ['gaɪstraɪç] *adj* spirituel
Geiz [gaɪts] *m* avarice *f*
geizig ['gaɪtsɪç] *adj* avare
Geizkragen ['gaɪtskraːgən] *m* avare *m*
Gejammer [gə'jamər] *n* plaintes *f/pl*
Gekicher [gə'kɪçər] *n* rires étouffés *m/pl*
geknickt [gə'knɪkt] *adj 1. (abgebrochen)* cassé; *2. (fig)* abattu
gekünstelt [gə'kynstəlt] *adj* artificiel
Gel [geːl] *n* gel *m*
Gelächter [gə'lɛçtər] *n* rires *m/pl*
geladen [gə'laːdən] *adj 1.* chargé; *2. (fig) ~ sein* être furieux
Gelage [gə'laːgə] *n* banquet *m*, festin *m*
Gelände [gə'lɛndə] *n* terrain *m*
Geländer [gə'lɛndər] *n* balustrade *f*
gelangen [gə'laŋən] *v* parvenir, atteindre
gelangweilt [gə'laŋvaɪlt] *adj* ennuyé
gelassen [gə'lasən] *adj ~ sein* être calme
Gelassenheit [gə'lasənhaɪt] *f* calme *m*
geläufig [gə'lɔyfɪç] *adj* courant
gelaunt [gə'launt] *adj gut/schlecht ~ sein* être de bonne/mauvaise humeur
geläutert [gə'lɔytərt] *adj (fig)* purifié
gelb [gɛlp] *adj* jaune
Geld [gɛlt] *n* argent *m; hinter dem ~ her sein* courir après l'argent; *viel ~ verdienen* gagner beaucoup d'argent; *~ wie Heu haben* avoir du fric plein les poches (fam)/être plein aux as (fam); *das ~ unter die Leute bringen* dépenser de l'argent sans compter; *etw zu ~ machen* vendre qc; *ins ~ gehen* devenir cher/faire cher/devenir chéro (fam); *nicht mit ~ zu bezahlen sein* être hors de prix/être d'une valeur inestimable; *in ~ schwimmen* rouler sur l'or; *sich für ~ sehen lassen können* être un phénomène/être un original; *Ihm rinnt das ~ durch die Finger.* L'argent lui fond dans les mains. *~ stinkt nicht.* L'argent n'a pas d'odeur.
Geldautomat ['gɛltautomaːt] *m* distributeur automatique de billets *m*
Geldbetrag ['gɛltbətraːk] *m* somme d'argent *f*
Geldbeutel ['gɛltbɔytəl] *m* porte-monnaie *m*
Geldgeber ['gɛltgeːbər] *m* prêteur d'argent *m*
geldgierig ['gɛltgiːrɪç] *adj* cupide
Geldquelle ['gɛltkvɛlə] *f* source d'argent *f*
Geldschein ['gɛltʃaɪn] *m* billet de banque *m*
Geldschwierigkeiten ['gɛltʃviːrɪçkaɪtən] *pl in ~ sein* avoir des ennuis d'argent
Geldstrafe ['gɛltʃtraːfə] *f* amende *f*
Geldstück ['gɛltʃtyk] *n* pièce de monnaie *f*
Geldverschwendung ['gɛltfɛrʃvɛnduŋ] *f* gaspillage d'argent *m*
Geldwäsche ['gɛltvɛʃə] *f* blanchissage d'argent *m*
Geldwechsel ['gɛltvɛksəl] *m* change *m*
Gelee [ʒe'leː] *n* gelée *f*
gelegen [gə'leːgən] *adj 1. (liegend)* situé; *2. (fig)* opportun; *Das kommt mir sehr ~.* Cela m'arrive à propos.
Gelegenheit [gə'leːgənhaɪt] *f* occasion *f; die ~ beim Schopfe packen* saisir la balle au bond/sauter sur l'occasion; *bei passender ~* en temps et lieu; *Wenn sich die ~ bietet ...* Si l'occasion se présente ...; *bei jeder sich bietenden ~* à tout propos
Gelegenheitsarbeit [gə'leːgənhaɪtsarbaɪt] *f* travail occasionnel *m*
Gelegenheitskauf [gə'leːgənhaɪtskauf] *m* achat d'occasion *m*
gelegentlich [gə'leːgəntlɪç] *adj 1.* occasionnel; *adv 2.* occasionnellement, de temps en temps
gelehrig [gə'leːrɪç] *adj* docile
gelehrt [gə'leːrt] *adj* instruit
Gelehrte(r) [gə'leːrtə(r)] *m/f* savant(e) *m/f*
Geleit [gə'laɪt] *n* accompagnement *m*
Geleitschutz [gə'laɪtʃuts] *m* escorte *f*
gelenkig [gə'lɛŋkɪç] *adj* articulé
Geliebte(r) [gə'liːptə(r)] *m/f* amant(e) *m/f*

geliefert [gə'liːfərt] *v ~ sein* être fichu
gelinde [gə'lɪndə] *adj 1.* doux, modéré; *adv 2. ~ gesagt* au bas mot, pour ne rien dire de plus
gelingen [gə'lɪŋən] *v irr* réussir
gell [gɛl] *interj* n'est-ce pas
gellend ['gɛlənt] *adj* perçant
geloben [gə'loːbən] *v* promettre
gelockt [gə'lɔkt] *adj 1. (lockig)* bouclé; *2. (angezogen von)* attiré
gelten ['gɛltən] *v irr* valoir, être valable; *Das gilt ein für alle Mal.* C'est dit une fois pour toutes.
geltend ['gɛltənt] *adj* en vigueur
Geltung ['gɛltuŋ] *f 1. (Gültigkeit)* validité *f; 2. (Ansehen)* importance *f; jdm ~ verschaffen* faire respecter qn; *etw zur ~ bringen* faire valoir qc/mettre qc en valeur; *zur ~ kommen* être mis en valeur
Geltungsbedürfnis ['gɛltuŋsbədyrfnɪs] *n* besoin de se faire valoir *m*
Geltungsbereich ['gɛltuŋsbəraɪç] *m* domaine d'application *m*
gelungen [gə'luŋən] *adj* réussi
Gelüste [gə'lystə] *pl* désir *m,* envie *f*
gemächlich [gə'mɛːçlɪç] *adj 1.* nonchalant; *adv 2.* à son aise
Gemahl(in) [gə'maːl(ɪn)] *m/f* époux/épouse *m/f*
Gemälde [gə'mɛːldə] *n* peinture *f*
gemäß [gə'mɛːs] *prep* conformément à, selon
gemäßigt [gə'mɛːsɪçt] *adj 1.* modéré; *2. (Klima)* tempéré
gemein [gə'maɪn] *adj 1. (gewöhnlich)* commun, ordinaire; *2. (böse)* vil, vilain; *Sei nicht so ~!* Ne sois pas vache!
Gemeinde [gə'maɪndə] *f 1. POL* commune *f; 2. (Gemeinschaft)* communauté *f*
Gemeindesteuer [gə'maɪndəʃtɔyər] *f* taxe communale *f*
gemeingefährlich [gə'maɪngəfɛːrlɪç] *adj* constituant un danger public
Gemeingut [gə'maɪnguːt] *n* bien commun *m*
Gemeinheit [gə'maɪnhaɪt] *f* bassesse *f*
gemeinnützig [gə'maɪnnytsɪç] *adj* d'utilité publique, d'intérêt général
Gemeinplatz [gə'maɪnplats] *m* lieu commun *m*
gemeinsam [gə'maɪnzaːm] *adj 1.* commun; *adv 2.* en commun, ensemble
Gemeinsamkeit [gə'maɪnzaːmkaɪt] *f* points communs *m/pl*
Gemeinschaft [gə'maɪnʃaft] *f* communauté *f*
Gemeinwesen [gə'maɪnveːzən] *n* communauté *f*
Gemeinwohl [gə'maɪnvoːl] *n* bien public *m*
gemessen [gə'mɛsən] *adj 1.* mesuré, réservé; *in ~er Haltung* dans une attitude réservée; *2. (an~)* convenable, approprié
Gemetzel [gə'mɛtsəl] *n* massacre *m*
Gemisch [gə'mɪʃ] *n* mélange *m*
gemischt [gə'mɪʃt] *adj* mélangé
Gemüse [gə'myːzə] *n* légumes *m/pl*
Gemüsegarten [gə'myːzəgartən] *m* jardin potager *m*
gemustert [gə'mustərt] *adj* avec motifs
Gemüt [gə'myːt] *n* âme *f; sich etw zu ~e führen* réfléchir à qc/méditer sur qc; *ein sonniges ~ haben* avoir un heureux caractère/être de nature gaie; *aufs ~ schlagen* bouleverser/émouvoir
gemütlich [gə'myːtlɪç] *adj 1. (Person)* agréable, débonnaire; *2. (Sache)* confortable, agréable; *adv 3.* tranquillement, doucement
Gemütlichkeit [gə'myːtlɪçkaɪt] *f* confort *m*
Gemütsruhe [gə'myːtsruːə] *f* tranquillité d'âme *f*
genau [gə'nau] *adj 1.* exact, précis; *adv 2.* exactement, précisément; *~ genommen* strictement parlant, au sens strict du terme; *interj 3.* exactement, c'est ça
Genauigkeit [gə'nauɪçkaɪt] *f* exactitude *f*
genauso [gə'nauzoː] *adv* aussi; *~ gut* aussi bien; *Genauso gut könnte man ...* Autant vaudrait ...
genehmigen [gə'neːmɪgən] *v 1.* autoriser, consentir; *2. sich einen ~* boire un petit coup/boire un verre/s'en jeter un (fam)
Genehmigung [gə'neːmɪguŋ] *f* autorisation *f*
geneigt [gə'naɪgt] *adj* incliné, penché; *zu etw ~ sein (fig)* avoir un penchant pour qc
Generalbevollmächtigte(r) [genə'raːlbəfɔlmɛçtɪçtə(r)] *m/f* fondé(e) général *m/f*
Generaldirektor(in) [genə'raːldirɛktɔr(ɪn)] *m/f* directeur général/directrice générale *m/f*
Generalstreik [genə'raːlʃtraɪk] *m* grève générale *f*
Generation [genəra'tsjoːn] *f* génération *f*
Generationswechsel [genəra'tsjoːnsvɛksəl] *m* changement de génération *m*

generell [gɛnə'rɛl] *adj* général
genesen [gə'neːzən] *v irr 1.* guérir; *2. (gebären) eines Kindes ~* accoucher d'un enfant
Genesung [gə'neːzuŋ] *f* guérison *f*
Genforschung ['geːnfɔrʃuŋ] *f* recherche génétique *f*
genial [gen'jaːl] *adj* génial
Genialität [genjalɪ'tɛːt] *f* génie *m*
Genie [ʒe'niː] *n* génie *m*
genieren [ʒe'niːrən] *v sich ~* éprouver de la gêne, être gêné
genießbar [gə'niːsbaːr] *adj 1.* mangeable; *2. (Getränk)* potable
genießen [gə'niːsən] *v irr 1.* manger, boire; *2. (fig: etw erhalten)* jouir de, recevoir
Genießer [gə'niːsər] *m 1.* jouisseur *m; 2. (Feinschmecker)* gourmet *m*
genormt [gə'nɔrmt] *adj* normé
Genosse [gə'nɔsə] *m* camarade *m*
Genossenschaft [gə'nɔsənʃaft] *f* association *f*
Gentechnologie ['gɛntɛçnologiː] *f* technologie génétique *f*
genug [gə'nuːk] *adv* assez, suffisamment; *Lassen wir's ~ sein!* Restons-en là!
Genüge [gə'nyːgə] *f jdm ~ tun* satisfaire qn; *jds Ansprüchen ~ tun* satisfaire aux exigences de qn; *etw zur ~ kennen* connaître qc suffisamment
genügen [gə'nyːgən] *v* suffire, satisfaire à
genügsam [gə'nyːkzaːm] *adj* sobre
Genugtuung [gə'nuːktuːuŋ] *f* satisfaction *f*
Genuss [gə'nus] *m* jouissance *f; in den ~ von etw kommen* jouir de qc/bénéficier de qc
genüsslich [gə'nyslɪç] *adj 1.* jouissif; *adv 2.* en savourant
geöffnet [gə'œfnət] *adj* ouvert
Geograf [geo'graːf] *m* géographe *m*
Geografie [geogra'fiː] *f* géographie *f*
geografisch [geo'graːfɪʃ] *adj* géographique
Geologe [geo'loːgə] *m* géologue *m*
Geologie [geolo'giː] *f* géologie *f*
Geometrie [geome'triː] *f* géométrie *f*
geometrisch [geo'meːtrɪʃ] *adj* géométrique
Gepäck [gə'pɛk] *n* bagage *m*
Gepäckannahme [gə'pɛkannaːmə] *f* enregistrement des bagages *m*
Gepäckausgabe [gə'pɛkausgaːbə] *f* livraison des bagages *f*
Gepäckkontrolle [gə'pɛkkɔntrɔlə] *f* contrôle des bagages *m*
Gepäckträger [gə'pɛktrɛːgər] *m 1.* porteur *m; 2. (eines Fahrrads)* porte-bagages *m*
gepflegt [gə'pfleːkt] *adj 1. (Person)* soigné; *2. (Sache)* bien tenu; *3. (fig: Sprache)* soigné
Gepflogenheit [gə'pfloːgənhaɪt] *f* coutume *f*
Geplauder [gə'plaudər] *n* bavardage *m*
gerade [gə'raːdə] *adj 1. (eben)* droit, aligné; *2. (aufrichtig)* droit, sincère; *~ stehen* se tenir droit; *adv 3.* juste, justement
geradeaus [gəraːdə'aus] *adv* tout droit
geradestehen [gə'raːdəʃteːən] *v irr für etw ~* répondre de qc
geradewegs [gə'raːdəveːks] *adv* directement
geradezu [gə'raːdətsuː] *adv 1.* tout droit, directement; *2. (fig)* franchement
geradlinig [gə'raːtliːnɪç] *adj (fig)* en ligne droite
Gerät [gə'rɛːt] *n* outil *m,* appareil *m*
geraten[1] [gə'raːtən] *v irr 1. (ausfallen)* tourner; *2. (sich entwickeln)* se développer, prospérer; *3. (zufällig gelangen)* réussir par hasard; *4. (stoßen auf)* tomber sur; *an den Richtigen ~* bien tomber; *in jds Hände ~* tomber entre les mains de qn
geraten[2] [gə'raːtən] *adj für ~ halten* juger à propos
Geratewohl [gə'raːtəvoːl] *n aufs ~* au hasard, à tout hasard; *aufs ~ losgehen* aller à l'aventure
geräumig [gə'rɔymɪç] *adj* vaste
Geräusch [gə'rɔyʃ] *n* bruit *m*
geräuscharm [gə'rɔyʃarm] *adj* silencieux
geräuschlos [gə'rɔyʃloːs] *adj* sans bruit
geräuschvoll [gə'rɔyʃfɔl] *adj* bruyant
gerecht [gə'rɛçt] *adj* juste, équitable; *Das ist nur ~.* Ce n'est que justice. *wenn man ~ sein will* en bonne justice
gerechtfertigt [gə'rɛçtfɛrtɪçt] *adj* justifié
Gerechtigkeit [gə'rɛçtɪçkaɪt] *f* justice *f*
Gerede [gə'reːdə] *n 1.* verbiage *m; 2. (Gerücht)* racontars *m/pl; 3. (fam: Klatsch)* potins *m/pl; jdn ins ~ bringen* décrier qn/dénigrer qn/; *ins ~ kommen* faire jaser
gereizt [gə'raɪtst] *adj* irrité
Gereiztheit [gə'raɪtsthaɪt] *f* irritation *f*
gering [gə'rɪŋ] *adj 1. (kurz)* petit, mince; *2. (wenig)* faible; *3. (niedrig)* bas, modique; *kein Geringerer als* nul autre que/en personne
geringfügig [gə'rɪŋfyːgɪç] *adj 1.* insignifiant, futile; *adv 2.* de peu d'importance
Geringfügigkeit [gə'rɪŋfyːgɪçkaɪt] *f* insignifiance *f,* petitesse *f*

Geringschätzung [gə'rɪŋʃɛtsuŋ] *f* mépris *m*
gerinnen [gə'rɪnən] *v irr* se figer, se coaguler
gerissen [gə'rɪsən] *adj (schlau)* malin, fûté
gern [gɛrn] *adv* volontiers, avec plaisir; *etw ~ tun* adorer faire qc/aimer bien faire qc; *Der kann mich ~ haben.* Qu'il me fiche la paix.
Gerte ['gɛrtə] *f 1. (Rute)* verge *f*, baguette *f*; *2. (Reitgerte)* badine *f*, gaule *f*
gertenschlank ['gɛrtən'ʃlaŋk] *adj (fam)* mince comme une baguette
Geruch [gə'rux] *m 1.* odeur *f*; *2. (Geruchssinn)* odorat *m*
geruchlos [gə'ruxloːs] *adj* inodore
Geruchssinn [gə'ruxzɪn] *m* odorat *m*
Gerücht [gə'ryçt] *n* bruit *m*, rumeur *f*; *Es geht ein ~.* Il court un bruit.
gerührt [gə'ryːrt] *adj (fig)* touché
geruhsam [gə'ruːzaːm] *adj* calme
Gerümpel [gə'rympəl] *n* bric-à-brac *m*, fatras *m*
Gerüst [gə'ryst] *n 1. (Baugerüst)* échafaudage *m*; *2. (fig)* schéma *m*, ossature *f*
gesamt [gə'zamt] *adj* total, tout entier
Gesamtbetrag [gə'zamtbətraːk] *m* montant total *m*
Gesamtschule [gə'zamtʃuːlə] *f* établissement scolaire polyvalent *m*
Gesang [gə'zaŋ] *m 1.* chant *m*; *2. REL* cantique *m*
Geschäft [gə'ʃɛft] *n 1. (Laden)* magasin *m*, commerce *m*; *2. ECO* affaire *f*
geschäftig [gə'ʃɛftɪç] *adj* affairé
geschäftlich [gə'ʃɛftlɪç] *adj 1.* commercial; *adv 2.* pour affaires
geschehen [gə'ʃeːən] *v irr* arriver, se passer; *Das geschieht ihm recht.* C'est bien fait pour lui. *Geschehen ist ~!* Ce qui est fait est fait! *Es ist um ihn ~.* C'en est fait de lui.
Geschehen [gə'ʃeːən] *n* événement *m*
gescheit [gə'ʃaɪt] *adj* intelligent, raisonnable; *Du bist wohl nicht recht ~!* Tu n'es pas bien!/Tu es cinglé!
Geschenk [gə'ʃɛŋk] *n* cadeau *m*, présent *m*; *ein ~ des Himmels* un don du ciel *m*
Geschenkpackung [gə'ʃɛŋkpakuŋ] *f* paquet-cadeau *m*
Geschichte [gə'ʃɪçtə] *f 1. (Vergangenheit)* histoire *f*; *~ machen* passer à la postérité; *2. (Erzählung)* histoire *f*, conte *m*, récit *m*; *schöne ~n machen* en faire de belles; *Das ist eine lange ~.* C'est toute une histoire.
geschichtlich [gə'ʃɪçtlɪç] *adj* historique
Geschichtsschreibung [gə'ʃɪçtsʃraɪbuŋ] *f* historiographie *f*
Geschick [gə'ʃɪk] *n* sort *m*, destin *m*; *sein ~ selbst in die Hand nehmen* prendre son destin en main
Geschicklichkeit [gə'ʃɪklɪçkaɪt] *f* habileté *f*
geschickt [gə'ʃɪkt] *adj* habile, adroit; *~ sein* être adroit de ses mains
geschieden [gə'ʃiːdən] *adj* divorcé
Geschirr [gə'ʃɪr] *n 1.* vaisselle *f*; *2. sich ins ~ legen* donner un coup de collier
Geschirrspülmaschine [gə'ʃɪrʃpyːlmaʃiːnə] *f* lave-vaisselle *m*
Geschlecht [gə'ʃlɛçt] *n 1. weibliches ~/männliches ~* sexe féminin/sexe masculin *m*; *2. (Adelsgeschlecht)* famille *f*, lignée *f*
Geschlechtsverkehr [gə'ʃlɛçtsfɛrkeːr] *m* relations sexuelles *f/pl*
geschlossen [gə'ʃlɔsən] *adj* fermé
Geschmack [gə'ʃmak] *m 1. (von Speisen)* goût *m*, saveur *f*; *2. (Sinn für Schönes)* goût *m*; *Das ist ganz nach meinem ~.* C'est à mon goût. *~ an etw finden* prendre goût à qc
geschmacklos [gə'ʃmakloːs] *adj 1. (fade)* fade; *2. (fig: hässlich)* de mauvais goût; *3. (fig: taktlos)* sans tact
Geschmacklosigkeit [gə'ʃmakloːzɪçkaɪt] *f 1. (fig: Hässlichkeit)* mauvais goût *m*; *2. (fig: Taktlosigkeit)* manque de tact *m*
Geschmacksache [gə'ʃmakzaxə] *f* affaire de goût *f*
geschmackvoll [gə'ʃmakfɔl] *adj (fig)* de bon goût
Geschmier [gə'ʃmiːr] *n* barbouillage *m*
Geschöpf [gə'ʃœpf] *n* créature *f*
Geschrei [gə'ʃraɪ] *n* cris *m/pl*
geschützt [gə'ʃytst] *adj* protégé
geschwätzig [gə'ʃvɛtsɪç] *adj* bavard; *Sie ist ~.* C'est une vraie concierge.
geschweige [gə'ʃvaɪgə] *konj ~ denn* encore moins, sans parler de; *Er kann kaum reden, ~ denn singen.* Il peut à peine parler, encore moins chanter.
geschwind [gə'ʃvɪnt] *adj 1.* rapide, prompt; *adv 2.* vite, rapidement
Geschwindigkeit [gə'ʃvɪndɪçkaɪt] *f* vitesse *f*
Geschwindigkeitsbeschränkung [gə'ʃvɪndɪçkaɪtsbəʃrɛŋkuŋ] *f* limitation de vitesse *f*
Geschwindigkeitsüberschreitung [gə'ʃvɪndɪçkaɪtsyːbərʃraɪtuŋ] *f* excès de vitesse *m*

Geschwister [gə'ʃvɪstər] *pl* frère(s) et sœur(s)
geschwollen [gə'ʃvɔlən] *adj 1. ANAT* enflé; *2. (fig)* exprimé de façon compliquée
Gesellenprüfung [gə'zɛlənpry:fuŋ] *f* examen de fin d'apprentissage *m*
gesellig [gə'zɛlɪç] *adj* sociable; *~es Beisammensein* réunion amicale *f*
Gesellschaft [gə'zɛlʃaft] *f 1.* société *f; 2. (Begleitung)* compagnie *f; jdm ~ leisten* tenir compagnie à qn; *sich in guter ~ befinden* être bonne compagnie
gesellschaftlich [gə'zɛlʃaftlɪç] *adj* social
Gesellschaftsschicht [gə'zɛlʃaftsʃɪçt] *f* couche sociale *f*
Gesetz [gə'zɛts] *n* loi *f,* législation *f*
gesetzlich [gə'zɛtslɪç] *adj* légal, légitime
gesetzlos [gə'zɛtslo:s] *adj* sans loi
gesetzmäßig [gə'zɛtsmɛ:sɪç] *adj 1.* conforme à la loi; *adv 2.* d'après la loi
gesetzwidrig [gə'zɛtsvi:drɪç] *adj* contraire aux lois
Gesicht [gə'zɪçt] *n* visage *m,* figure *f,* face *f; Er ist seinem Vater wie aus dem ~ geschnitten.* C'est son père tout craché./Il est tout le portrait de son père. *Er hat es ihm ins ~ gesagt.* Il le lui a dit en face. *ein runzliges ~ haben* être ridé comme une pomme; *den Tatsachen ins ~ sehen* regarder les choses en face; *jdm nicht ins ~ sehen können* ne pas pouvoir regarder qn en face; *das ~ verlieren* perdre la face/perdre contenance; *jdm ins ~ springen (fig)* sauter à la gorge de qn/prendre qn à la gorge; *sein wahres ~ zeigen* ôter son masque/lever le masque/jeter le masque; *im ~ geschrieben stehen* se lire sur le visage; *sein ~ wahren* sauver la face; *ein langes ~ machen* faire un drôle de nez/faire la mauvaise tête
Gesichtsausdruck [gə'zɪçtsausdruk] *m* expression du visage *f*
Gesichtspunkt [gə'zɪçtspuŋkt] *m* point de vue *m*
Gesichtszüge [gə'zɪçtstsy:gə] *pl* traits du visage *m/pl*
Gesindel [gə'zɪndəl] *n* canaille *f*
Gesinnung [gə'zɪnuŋ] *f* manière de penser *f*
Gesinnungswechsel [gə'zɪnuŋsvɛksəl] *m* changement d'opinion *m*
gespannt [gə'ʃpant] *adj 1.* tendu; *2. (fig: Beziehung)* tendu; *3. (fig: erwartungsvoll)* impatient
Gespenst [gə'ʃpɛnst] *n* fantôme *m,* spectre *m,* revenant *m; ~er sehen* avoir des visions/voir des fantômes
gespenstisch [gə'ʃpɛnstɪʃ] *adj* fantomatique
gesperrt [gə'ʃpɛrt] *adj (verboten)* barré
Gespött [gə'ʃpœt] *n* moquerie *f; jdm zum ~ machen* railler qn/ridiculiser qn; *zum ~ werden* se ridiculiser
Gespräch [gə'ʃprɛ:ç] *n 1. (Unterhaltung)* conversation *f; 2. (Unterredung)* entretien *m; im ~ sein* être discuté publiquement/être débattu publiquement; *3. (Dialog)* dialogue *m; mit jdm im ~ bleiben* rester en contact avec qn
gesprächig [gə'ʃprɛ:çɪç] *adj* loquace
Gesprächspartner [gə'ʃprɛ:çspartnər] *m* interlocuteur *m*
Gesprächsstoff [gə'ʃprɛçsʃtɔf] *m* sujet de conversation *m*
gesprungen [gə'ʃpruŋən] *adj (Glas)* fêlé
Gestalt [gə'ʃtalt] *f 1. (Figur)* forme *f,* figure *f; 2. (Aussehen)* allure *f,* tournure *f; 3. (fig)* apparence *f,* forme *f*
gestalten [gə'ʃtaltən] *v 1. (formen)* former; *2. (einrichten)* organiser; *3. (verwirklichen)* réaliser
Gestaltung [gə'ʃtaltuŋ] *f 1. (Formgebung)* formation *f; 2. (Einrichtung)* organisation *f; 3. (Verwirklichung)* réalisation *f*
geständig [gə'ʃtɛndɪç] *adj ~ sein JUR* faire des aveux
Geständnis [gə'ʃtɛntnɪs] *n JUR* aveu *m*
Gestank [gə'ʃtaŋk] *m* puanteur *f*
gestatten [gə'ʃtatən] *v* permettre, accorder; *Gestatten Sie, dass ich mich vorstelle.* Permettez-moi de me présenter.
Geste ['gɛstə] *f* geste *m*
gestehen [gə'ʃte:ən] *v irr* confesser
Gestein [gə'ʃtaɪn] *n GEOL* pierres *f/pl,* roches *f/pl*
Gestell [gə'ʃtɛl] *n 1.* support *m,* bâti *m; 2. (Brillengestell)* monture *f*
gestern ['gɛstərn] *adv* hier; *nicht von ~ sein* ne pas être tombé de la dernière pluie
Gestern ['gɛstərn] *n* monde d'hier *m*
gestikulieren [gɛstɪku'li:rən] *v* gesticuler
gestohlen [gə'ʃto:lən] *adj jdm ~ bleiben können* pouvoir aller au diable
Gestüt [gə'ʃty:t] *n* haras *m*
Gesuch [gə'zu:x] *n* demande *f,* requête *f*
gesund [gə'zunt] *adj 1. (Person)* sain, en bonne santé, bien portant; *2. (Nahrungsmittel)* sain, bon pour la santé
Gesundheit [gə'zunthaɪt] *f* santé *f*

Gesundheitsamt [gə'zunthaɪtsamt] *n* office de la santé *m*
Gesundheitszustand [gə'zunthaɪtstsuʃtant] *m* état de santé *m*
Getränk [gə'trɛŋk] *n* boisson *f*
Getränkeautomat [gə'trɛŋkəautomaːt] *m* distributeur de boissons *m*
getrennt [gə'trɛnt] *adj* séparé
gewachsen [gə'vaksən] *v 1. gut ~ sein* être bien fait; *2. jdm ~ sein (fig)* être à la hauteur de qn
Gewächshaus [gə'vɛkshaus] *n* serre *f*
gewagt [gə'vaːkt] *adj* osé, risqué
gewählt [gə'vɛːlt] *adj* choisi
Gewähr [gə'vɛːr] *f* garantie *f,* caution *f; ohne jede ~* sous toutes réserves
gewähren [gə'vɛːrən] *v* accorder, procurer
gewährleisten [gə'vɛːrlaɪstən] *v* garantir
Gewährleistungsfrist [gə'vɛːrlaɪstuŋsfrɪst] *f* délai de garantie *m*
Gewahrsam [gə'vaːrzaːm] *m 1.* garde *f; 2. (Haft)* détention *f; jdn in ~ nehmen* mettre qn sous les verrous/incarcérer qn
Gewalt [gə'valt] *f 1.* violence *f,* force *f; mit roher ~* de vive force; *mit aller ~* à tout prix; *2. (Macht)* pouvoir *m,* puissance *f; höhere ~* force majeure *f; sich in der ~ haben* savoir se maîtriser
Gewaltanwendung [gə'valtanvɛnduŋ] *f* emploi de la violence *m*
gewaltig [gə'valtɪç] *adj 1.* puissant; *2. (fam)* sacrément; *adv 3.* grandement
Gewaltkur [gə'valtkuːr] *f (fam)* remède de cheval *m*
gewaltsam [gə'valtzaːm] *adj 1.* violent; *2. (blutig)* sanglant; *adv 3.* de force
gewalttätig [gə'valttɛtɪç] *adj* violent
Gewaltverbrecher [gə'valtfərbrɛçər] *m* grand criminel *m*
gewandt [gə'vant] *adj* adroit; *in Geschäften sehr ~ sein* être rompu aux affaires
Gewässer [gə'vɛsər] *n* eaux *f/pl*
Gewebe [gə'veːbə] *n (Stoff)* tissu *m*
Gewehr [gə'veːr] *n* fusil *m; ~ bei Fuß stehen* être prêt à intervenir/se tenir prêt
Geweih [gə'vaɪ] *n* bois *m,* ramure *f*
gewerblich [gə'vɛrblɪç] *adj ECO* commercial, professionnel
Gewerkschaft [gə'vɛrkʃaft] *f* syndicat *m,* union *f*
Gewerkschaftler [gə'vɛrkʃaftlər] *m* syndicaliste *m*
Gewerkschaftsbund [gə'vɛrkʃaftsbunt] *m* confédération syndicale ouvrière *f*
Gewerkschaftsmitglied [gə'vɛrkʃaftsmɪtgliːt] *n* membre d'un syndicat *m*
Gewicht [gə'vɪçt] *n 1.* poids *m; 2. (fig: Wichtigkeit)* importance *f; ins ~ fallen* être décisif/avoir de l'importance; *auf etw ~ legen* accorder de l'importance à qc/attacher de l'importance à qc
gewillt [gə'vɪlt] *adj ~ sein, etw zu tun* avoir l'intention de faire qc
Gewimmer [gə'vɪmər] *n (fam)* gémissements *m/pl*
Gewinn [gə'vɪn] *m 1. (in einem Spiel)* gain *m; den ~ teilen* partager le gâteau; *2. (fig: Nutzen)* avantage *m; 3. ECO* profit *m*
gewinnen [gə'vɪnən] *v irr 1.* gagner; *jdn für eine Sache ~* gagner qn pour une cause; *2. (siegen)* gagner, remporter; *mit Abstand ~* gagner haut la main; *3. (fig: profitieren)* profiter, tirer profit
gewinnend [gə'vɪnənt] *adj* gagnant
Gewinner(in) [gə'vɪnər(ɪn)] *m/f* gagnant(e) *m/f,* vainqueur *m*
Gewinnzahl [gə'vɪntsaːl] *f* numéro gagnant *m*
Gewirr [gə'vɪr] *n 1. (Durcheinander)* embrouillement *m; 2. (Straßengewirr)* labyrinthe *m*
gewiss [gə'vɪs] *adj 1.* certain, sûr, assuré; *das ~e Etwas* le je-ne-sais-quoi *m,* le petit truc *m; adv 2.* sûrement, assurément, à coup sûr
Gewissen [gə'vɪsən] *n* conscience *f; jdm ins ~ reden* faire grief de qc à qn; *ein gutes ~* une bonne conscience *f*/une conscience nette *f; etw auf dem ~ haben* avoir qc sur la conscience
gewissenhaft [gə'vɪsənhaft] *adj* consciencieux
Gewissenhaftigkeit [gə'vɪsənhaftɪçkaɪt] *f* conscience *f*
gewissenlos [gə'vɪsənloːs] *adj* sans scrupules
Gewissensbisse [gə'vɪsənsbɪsə] *pl* remords *m/pl*
Gewissensfrage [gə'vɪsənsfraːgə] *f* cas de conscience *m*
Gewissenskonflikt [gə'vɪsənskɔnflɪkt] *m* conflit de conscience *m*
gewissermaßen [gə'vɪsərmaːsən] *adv* en quelque sorte
Gewissheit [gə'vɪshaɪt] *f* certitude *f,* assurance *f*
Gewitter [gə'vɪtər] *n* orage *m,* tempête *f*
Gewitterschauer [gə'vɪtərʃauər] *m* averse d'orage *f*

Gewitterstimmung [gə'vɪtərʃtɪmuŋ] *f* *1.* atmosphère d'orage *f; 2. (fig)* atmosphère orageuse *f*
gewittrig [gə'vɪtrɪç] *adj* orageux; *Es ist ~.* Il y a de l'orage dans l'air.
gewöhnen [gə'vøːnən] *v sich ~ an* s'habituer à, se familiariser avec; *Man gewöhnt sich an alles.* On se fait à tout. *Ich bin es gewöhnt.* J'y suis habitué.
Gewohnheit [gə'voːnhaɪt] *f* habitude *f,* usage *m; jdm zur ~ werden* entrer dans les habitudes de qn; *eine schlechte ~ annehmen* prendre un mauvais pli
gewohnheitsmäßig [gə'voːnhaɪtsmɛsɪç] *adj 1.* habituel; *adv 2.* par habitude
Gewohnheitsmensch [gə'voːnhaɪtsmɛnʃ] *m* homme d'habitudes *m*
gewöhnlich [gə'vøːnlɪç] *adj 1. (gebräuchlich)* habituel, usuel; *2. (normal)* ordinaire, commun; *3. (unfein)* vulgaire; *adv 4. (üblicherweise)* d'habitude, d'ordinaire
gewohnt [gə'voːnt] *adj ~ sein an* être habitué à, avoir l'habitude de
Gewöhnung [gə'vøːnuŋ] *f* accoutumance *f*
Gewölbe [gə'vœlbə] *n* voûte *f*
Gewühl [gə'vyːl] *n (Gedränge)* foule *f,* cohue *f*
Gewürze [gə'vyrtsə] *pl GAST* épice *f,* condiment *m*
gezeichnet [gə'tsaɪçnət] *adj (fig)* stigmatisé
Gezeiten [gə'tsaɪtən] *pl* marées *f/pl*
gezielt [gə'tsiːlt] *adj 1.* visé; *adv 2.* exprès
geziert [gə'tsiːrt] *adj (fig)* affecté
Gezwitscher [gə'tsvɪtʃər] *n* gazouillement *m*
Giebel ['giːbəl] *m* pignon *m*
Gier [giːr] *f* avidité *f,* soif *f*
gierig ['giːrɪç] *adj* avide
gießen ['giːsən] *v irr 1. (Blumen)* arroser; *2. (einschenken)* verser; *3. in Strömen ~* pleuvoir à verse
Gießkanne ['giːskanə] *f* arrosoir *m*
Gift [gɪft] *n* poison *m,* venin *m; ~ für jdn sein* avoir une mauvaise influence sur qn; *~ und Galle spucken* décharger sa bile/sortir de ses gonds/cracher son venin; *Darauf kannst du ~ nehmen.* Tu peux en mettre ta main au feu./Tu peux en mettre ta main à couper.
giftig ['gɪftɪç] *adj 1. ZOOL* venimeux; *2. BOT* vénéneux; *3. CHEM* toxique; *4. (fig)* envenimé
Giftmüll ['gɪftmyl] *m* déchets toxiques *m/pl*
Giftspritze ['gɪftʃprɪtsə] *f eine ~ sein* être mauvais comme une teigne
Giftstoffe ['gɪftʃtɔfə] *pl CHEM* produits toxiques *m/pl*
Giftzahn ['gɪfttsaːn] *m* crochet à venin *m*
Gigant [gɪ'gant] *m* géant *m*
gigantisch [gɪ'gantɪʃ] *adj* gigantesque
Gipfel ['gɪpfəl] *m 1.* sommet *m; 2. (fig: Höhepunkt)* point culminant *m*
Gips ['gɪps] *m MIN* gypse *m*
Gipsbein ['gɪpsbaɪn] *n* jambe plâtrée *f*
Girlande [gɪr'landə] *f* guirlande *f*
Giro ['ʒiːro] *n ECO* virement *m,* endossement *m*
Gitter ['gɪtər] *n* grille *f,* grillage *m; hinter ~n sitzen* être sous les verrous/être en taule (fam); *jdn hinter ~ bringen* mettre qn en prison/coffrer qn (fam)
Gitterbett ['gɪtərbɛt] *n* lit treillissé *m*
Glanz [glants] *m* éclat *m*
glänzen ['glɛntsən] *v* briller, resplendir; *durch Abwesenheit ~* briller par son absence
glänzend ['glɛntsənt] *adj 1.* brillant; *adv 2.* avec éclat
Glanzleistung ['glantslaɪstuŋ] *f* brillante performance *f*
Glanzpapier ['glantspapiːr] *n* papier glacé *m*
Glanzzeit ['glantstsaɪt] *f 1.* apogée *m; 2. (Blütezeit)* fleur de l'âge *f*
Glas [glaːs] *n 1. (Material)* verre *m; 2. (Trinkglas)* verre *m; zu tief ins ~ schauen* boire un verre de trop/se piquer le nez (fam); *ein ~ über den Durst trinken* se poivrer/se biturer
Glaser ['glaːzər] *m* vitrier *m*
gläsern ['glɛːzərn] *adj 1.* de verre; *2. (Klang)* cristallin
Glasfaser ['glaːsfaːzər] *f* fibre de verre *f*
Glasflasche ['glaːsflaʃə] *f* bouteille en verre *f*
glasieren [gla'ziːrən] *v 1. TECH* émailler; *2. GAST* glacer
glasig ['glaːzɪç] *adj* vitreux
glasklar ['glaːs'klaːr] *adj* limpide
Glasscheibe ['glaːsʃaɪbə] *f* vitre *f*
Glassplitter ['glaːsʃplɪtər] *m* éclat de verre *m*
Glaswolle ['glaːsvɔlə] *f* laine de verre *f*
glatt [glat] *adj 1. (faltenlos)* lisse, plat; *2. (rutschig)* glissant; *3. (fig: eindeutig)* net; *4. (fig: mühelos)* simple, aisé; *5. (fig: heuchlerisch)* flatteur, mielleux
Glätte ['glɛtə] *f (Schneeglätte)* état glissant *m*

Glatteis ['glataɪs] *n* verglas *m; jdn aufs ~ führen* faire marcher qn/faire courir qn
glätten ['glɛtən] *v (glatt machen)* lisser
Glatze ['glatsə] *f* tête chauve *f*, crâne dénudé *m; eine ~ haben* être poilu comme un œuf
glatzköpfig ['glatskœpfɪç] *adj* chauve
glauben ['glaubən] *v* croire, penser; *ich möchte fast ~* j'aime à croire; *an Gott ~* croire en Dieu; *jdm etw ~ machen* faire croire qc à qn; *Das ist doch nicht zu ~!* Ce n'est pas croyable!
glaubhaft ['glauphaft] *adj* croyable
Glaubhaftigkeit ['glauphaftɪçkaɪt] *f* crédibilité *f*
glaubwürdig ['glaupvyrdɪç] *adj* digne de foi
Glaubwürdigkeit ['glaupvyrdɪçkaɪt] *f* crédibilité *f*
gleich [glaɪç] *adj 1.* égal, identique, même; *aufs Gleiche hinauslaufen* être bonnet blanc et blanc bonnet; *Gleiches mit Gleichem vergelten* rendre la pareille; *sich ~ bleiben* revenir au même; *~ bleibend* toujours égal, invariable, fixe; *~ gesinnt* sympathisant; *adv 2.* aussitôt, d'emblée, tout à l'heure
gleichberechtigt ['glaɪçbərɛçtɪçt] *adj* égal en droits
Gleichberechtigung ['glaɪçbərɛçtɪguŋ] *f* égalité des droits *f*
gleichen ['glaɪçən] *v irr* ressembler à, être semblable à; *sich ~ wie ein Ei dem anderen* se ressembler comme deux gouttes d'eau
gleichfalls ['glaɪçfals] *adv* également
gleichgestellt ['glaɪçgəʃtɛlt] *adj* du même rang
Gleichgewicht ['glaɪçgəvɪçt] *n* équilibre *m; aus dem ~ bringen* déséquilibrer/déboussoler
gleichgültig ['glaɪçgyltɪç] *adj* indifférent, désintéressé; *einer Sache ~ gegenüberstehen* être indifférent à qc; *Das ist mir ~.* Peu m'importe.
Gleichgültigkeit ['glaɪçgyltɪçkaɪt] *f* indifférence *f*
gleichmäßig ['glaɪçmɛːsɪç] *adj* régulier, homogène
gleichmütig ['glaɪçmyːtɪç] *adj 1. (gelassen)* calme, impassible; *2. (leidenschaftslos)* indolent, flegmatique
Gleichnis ['glaɪçnɪs] *n* image *f*, symbole *m*
gleichrangig ['glaɪçraŋɪç] *adj* du même rang
gleichschalten ['glaɪçʃaltən] *v* synchroniser, uniformiser
gleichzeitig ['glaɪçtsaɪtɪç] *adj 1.* simultané, concomitant; *zwei Dinge ~ tun* faire deux choses à la fois; *adv 2.* en même temps, simultanément
Gleis [glaɪs] *n* voie ferrée *f; jdn aus dem ~ werfen* déséquilibrer qn/désaxer qn/déboussoler qn; *etw ins rechte ~ bringen* mettre de l'ordre dans qc
gleiten ['glaɪtən] *v irr 1.* glisser; *2. (mit dem Auto)* déraper
gleitend ['glaɪtənt] *adj* glissant
Gleitzeit ['glaɪttsaɪt] *f* horaires aménagés *m/pl*
Gletscher ['glɛtʃər] *m* glacier *m*
Glied [gliːt] *n 1. (Bestandteil)* partie *f*, élément *m; 2. (Mitglied)* membre *m; 3. (Kettenglied)* maillon *m*, chaînon *m; 4. (Körperteil)* membre *m; in den ~ern stecken* faire souffrir, tourmenter; *Es fuhr ihm in die ~er.* Ça lui a passé partout. *5. männliches ~* membre viril *m*
gliedern ['gliːdərn] *v 1. (aufteilen)* diviser; *2. (anordnen)* classer, grouper
Gliederung ['gliːdəruŋ] *f 1. (Aufbau)* organisation *f; 2. (Anordnung)* groupement *m*
glimmen ['glɪmən] *v irr* jeter une faible lueur, brûler sans flamme
glimpflich ['glɪmpflɪç] *adj* modéré; *~ davonkommen* s'en tirer à bon compte; *jdn ~ behandeln* user de bons procédés envers qn
glitschig ['glɪtʃɪç] *adj (fam)* glissant, dérapant
glitzern ['glɪtsərn] *v* étinceler, scintiller
global [glo'baːl] *adj* global
Globus ['gloːbus] *m* globe *m*
Glocke ['glɔkə] *f 1.* cloche *f; etw an die große ~ hängen* crier qc sur les toits; *2. (einer Lampe)* globe *m*
Glockenspiel ['glɔkənʃpiːl] *n* carillon *m*
Glockenturm ['glɔkənturm] *m* clocher *m*
glorreich ['gloːrraɪç] *adj 1. (ruhmreich)* glorieux; *2. (glanzvoll)* brillant
Glossar [glɔ'saːr] *n* glossaire *m*
Glosse ['glɔsə] *f (Zeitungsglosse)* note marginale *f*
Glück [glyk] *n* chance *f*, fortune *f*, bonheur *m; Es war sein ~.* Bien lui en prit. *auf gut ~* au petit bonheur/à tout hasard; *Viel ~!* Bonne chance! *sein ~ versuchen* tenter sa chance; *~ haben* avoir de la veine; *~ bringen* porter bonheur; *mehr ~ als Verstand haben* avoir une veine pas possible; *noch nichts von seinem ~ wissen* ne pas encore être au courant
Glucke ['glukə] *f* poule couveuse *f*
glücken ['glykən] *v* réussir

glücklich ['glyklıç] *adj* heureux, favorable

glücklicherweise [glyklıçər'vaızə] *adv* heureusement

Glücksbringer ['glyksbrıŋər] *m* porte-bonheur *m*

glückselig [glyk'zeːlıç] *adj* bienheureux

Glücksfall ['glyksfal] *m* coup de chance *m*

Glücksgefühl ['glyksgəfyːl] *n* sentiment de bonheur *m*

Glückskind ['glykskınt] *n* enfant gâté *m*

Glückssache ['glykszaxə] *f* coup de chance *m*

Glücksspiel ['glyksʃpiːl] *n* jeu de hasard *m*

Glückssträhne ['glyksʃtrɛːnə] *f eine ~ haben* être dans une bonne passe

glückstrahlend ['glykʃtraːlənt] *adj* rayonnant de bonheur

Glückwunsch ['glykvunʃ] *m 1.* souhaits de bonheur *m/pl; 2. (zum Geburtstag)* vœux *m/pl; 3. (zur Hochzeit, zur Geburt)* félicitations *f/pl*

Glühbirne ['glyːbırnə] *f* ampoule électrique *f*

glühen ['glyːən] *v 1.* être ardent; *2. (fig)* brûler

glühend ['glyːənt] *adj 1.* rouge; *2. (fig)* fervent; *adv 3.* ardemment

Glut [gluːt] *f 1. (Feuer)* braise *f; 2. (Hitze)* chaleur torride *f; 3. (fig)* ardeur *f*

Gnade ['gnaːdə] *f (Nachsicht)* indulgence *f,* clémence *f*

gnadenlos ['gnaːdənloːs] *adj* impitoyable

gnädig ['gnɛːdıç] *adj 1. (nachsichtig)* indulgent; *2. (wohlwollend)* bienveillant

Gold [gɔlt] *n* or *m; ~ wert sein* valoir son pesant d'or

golden ['gɔldən] *adj 1.* d'or; *2. (Farbe)* doré

Golden Goal ['gəʊldən gəʊl] *n SPORT* but en or *m*

Goldgrube ['gɔltgruːbə] *f (fig)* mine d'or *f*

goldig ['gɔldıç] *adj 1.* doré; *2. (fig)* mignon

Goldmedaille ['gɔltmedaljə] *f* médaille d'or *f*

Goldreserve ['gɔltrəzɛrvə] *f ECO* réserve d'or *f*

Goldschmied ['gɔltʃmiːt] *m* orfèvre *m*

Goldschmuck ['gɔltʃmuk] *m* bijou en or *m*

Goldwaage ['gɔltvaːgə] *f jedes Wort auf die ~ legen* peser ses mots

Goldwährung ['gɔltvɛːruŋ] *f ECO* étalon-or *m*

Golfplatz ['gɔlfplats] *m SPORT* terrain de golf *m*

Golfschläger ['gɔlfʃlɛːgər] *m SPORT* crosse *f*

Gondel ['gɔndəl] *f 1.* gondole *f; 2. (in der Luftfahrt)* nacelle *f*

gönnen ['gœnən] *v 1. sich etw ~* s'accorder qc, se permettre qc; *2. jdm etw ~* accorder qc à qn

Gör [gøːr] *n 1.* petit enfant *m,* gosse *m; 2. (Balg)* gamin *m,* marmot *m*

Gorilla [go'rıla] *m ZOOL* gorille *m*

Gosse ['gɔsə] *f 1.* caniveau *m,* ruisseau *m; 2. (fig)* rue *f; durch die ~ ziehen* traîner dans la boue; *in der ~ enden* mal finir/tomber dans le ruisseau; *jdn aus der ~ auflesen* ramasser qn dans le ruisseau

Gott [gɔt] *m REL* Dieu *m; Ach ~ !* Dieu! *~ helfe Ihnen!* Dieu vous aide! *Das wissen die Götter!* Dieu seul le sait! *wie ein junger ~* comme un dieu; *von allen Göttern verlassen sein* être fou/ne plus avoir toute sa tête; *den lieben ~ einen frommen Mann sein lassen* être insouciant/vivre au jour le jour; *leider ~es* malheureusement/à mon grand regret; *in ~es Namen* si tu veux/si vous voulez; *bei ~* certainement/sûrement/vraiment; *~ bewahre!* Dieu vous en préserve!/Dieu t'en préserve!/Certainement pas! *Gnade dir ~!* Tu ne l'emporteras pas au paradis! *~ und die Welt* le monde entier *m,* toute la ville *f*

Gottesdienst ['gɔtəsdiːnst] *m REL* office religieux *m*

gottesfürchtig ['gɔtəsfyrçtıç] *adj REL* pieux

Gottesgabe ['gɔtəsgaːbə] *f* don du ciel *m*

göttlich ['gœtlıç] *adj 1. REL* divin; *2. (köstlich)* sublime

gottlob [gɔt'loːp] *interj Gottlob!* Dieu soit loué!

gottlos ['gɔtloːs] *adj* athée

Götze ['gœtsə] *m* idole *f*

Grab [graːp] *n* tombe *f,* tombeau *m; sich sein eigenes ~ schaufeln* creuser sa tombe; *jdn ins ~ bringen* envoyer qn dans l'au-delà/faire passer qn de l'autre côté; *etw mit ins ~ nehmen* emporter qc dans la tombe; *sich im ~ umdrehen* se retourner dans sa tombe

graben ['graːbən] *v irr* creuser, fouiller

Graben ['graːbən] *m* fossé *m,* tranchée *f*

Grabesstille ['graːbəsʃtılə] *f* silence du tombeau *m*

Grabstein ['graːpʃtaın] *m* pierre tombale *f*

Grad [graːt] *m 1.* degré *m; sich um hundertachtzig ~ drehen (fig)* dire une fois blanc une fois noir/changer brusquement d'opinion; *2. (Abstufung)* grade *m; 3. (Maßeinheit)* degré *m,* grade *m*
graduell [gradu'ɛl] *adj* graduel
graduiert [gradu'iːrt] *adj* gradué
Graf [graːf] *m* comte *m*
Graffiti [gra'fɪti] *n* graffiti *m/pl*
Grafik ['graːfik] *f* graphique *m*
Grafiker(in) ['graːfikər(ɪn)] *m/f* graphiste *m/f*
Gräfin ['grɛːfɪn] *f* comtesse *f*
grafisch ['graːfɪʃ] *adj* graphique
Gram [graːm] *m* chagrin *m,* tourment *m*
grämen ['grɛːmən] *v sich ~* se chagriner, s'affliger
Gramm [gram] *n* gramme *m*
Grammatik [gra'matɪk] *f* grammaire *f*
grammatisch [gra'matɪʃ] *adj* grammatical
grandios [grandɪ'oːs] *adj* grandiose
Gras [graːs] *n* herbe *f; ins ~ beißen (fam)* manger les pissenlits par la racine/passer l'arme à gauche/casser sa pipe; *~ über etw wachsen lassen* laisser le temps passer sur qc
grasen ['graːzən] *v* paître
grassieren [gra'siːrən] *v* régner
grässlich ['grɛslɪç] *adj* horrible, affreux
Grat [graːt] *m 1. (Bergkamm)* crête *f; 2. (überstehende Kante)* arête *f*
Gräte ['grɛːtə] *f* arête *f*
Gratifikation [gratɪfɪka'tsjoːn] *f* gratification *f*
gratis ['graːtɪs] *adv* gratis, gratuit
Gratulation [gratula'tsjoːn] *f* félicitation *f*
gratulieren [gratu'liːrən] *v* féliciter; *sich ~ können* pouvoir s'estimer heureux
Gratwanderung ['graːtvandəruŋ] *f eine ~ machen (fig)* être sur le fil du rasoir/marcher en équilibre sur un fil
grau [grau] *adj* gris
Gräuel ['grɔyəl] *m* horreur *f,* atrocité *f; ~ begehen* commettre des atrocités; *Es ist mir ein ~.* J'en ai horreur./Ça me dégoute.
Gräueltat ['grɔyəltaːt] *f* action abominable *f*
grauen ['grauən] *v (Furcht haben) Mir graut vor ...* J'ai horreur de .../J'ai la hantise de ...
Grauen ['grauən] *n* horreur *f*
grauenhaft ['grauənhaft] *adj* horrible
grauhaarig ['grauhaːrɪç] *adj* aux cheveux gris
grausam ['grauzaːm] *adj* cruel, féroce
Grausamkeit ['grauzaːmkaɪt] *f* cruauté *f*
gravierend [gra'viːrənt] *adj* grave
Gravur [gra'vuːr] *f* gravure *f*
Grazie ['graːtsjə] *f* grâce *f*
graziös [gra'tsjøːs] *adj* gracieux
greifbar ['graɪfbaːr] *adj* palpable
greifen ['graɪfən] *v irr* prendre, saisir; *zum Greifen nah sein* être très près/être à proximité immédiate
Greis(in) [graɪs(ɪn)] *m/f* vieillard/vieille *m/f*
grell [grɛl] *adj* cru, voyant
Grenzbeamter ['grɛntsbəamtə] *m* douanier *m*
Grenzbereich ['grɛntsbəraɪç] *m (fig)* cas limite *m*
Grenzbezirk ['grɛntsbətsɪrk] *m* région frontalière *f*
Grenze ['grɛntsə] *f 1.* frontière *f; 2. (fig)* limite *f; Alles hat eine ~.* Il y a des limites à tout. *keine ~n kennen* ne pas avoir de limites; *sich in ~n halten* ne pas dépasser les bornes
grenzen ['grɛntsən] *v 1.* toucher, être attenant; *2. (fig)* friser, tenir de; *Das grenzt an Unverschämtheit.* Cela frise l'insolence.
grenzenlos ['grɛntsənloːs] *adj 1.* sans bornes; *2. (fig)* immense; *adv 3.* à l'infini; *4. (fig)* énormément
Grenzfall ['grɛntsfal] *m* cas limite *m*
Grenzkontrolle ['grɛntskɔntrɔlə] *f* contrôle à la frontière *m*
Grenzland ['grɛntslant] *n* pays frontalier *m*
Grenzübertritt ['grɛntsyːbərtrɪt] *m* passage de la frontière *m*
Grenzverkehr ['grɛntsfɛrkeːr] *m* trafic frontalier *m*
Grenzwert ['grɛntsveːrt] *m* valeur limite *f*
Grieche ['griːçə] *m* Grec *m*
Griechenland ['griːçənlant] *n* Grèce *f*
Griechin ['griːçɪn] *f* Grecque *f*
griechisch ['griːçɪʃ] *adj* grec
griesgrämig ['griːsgrɛːmɪç] *adj* grincheux
Grieß [griːs] *m 1.* gravier *m; 2. GAST* semoule *f*
Grießbrei ['griːsbraɪ] *m GAST* bouillie de semoule *f*
Griff [grɪf] *m 1. (Stiel)* manche *m; 2. (Türgriff)* poignée *f; 3. (Zugriff)* prise *f; etw in den ~ bekommen* attraper le coup de main pour qc
griffbereit ['grɪfbəraɪt] *adj* à portée de main

griffig ['grɪfɪç] *adj 1. (handlich)* maniable; *2. (nicht rutschig)* antidérapant
Grill [grɪl] *m* gril *m*
grillen ['grɪlən] *v* griller
Grimasse [grɪ'masə] *f* grimace *f; ~n schneiden* faire des grimaces
grimmig ['grɪmɪç] *adj 1.* farouche, enragé; *~e Kälte* froid de canard *m; 2. (zornig)* irrité, furieux
grinsen ['grɪnzən] *v (fam)* grimacer, ricaner
Grippe ['grɪpə] *f MED* grippe *f*
grob [gro:p] *adj 1. (derb)* gros; *aus dem Gröbsten heraus sein* avoir fait le plus dur/avoir passé le plus dur; *2. (rauh)* rêche, rugueux; *3. (fig: unhöflich)* grossier; *4. (fig: ungefähr)* approximatif
Grobian ['gro:bia:n] *m* rustre *m*
Groll [grɔl] *m* ressentiment *m,* amertume *f*
grollen ['grɔlən] *v* gronder; *Der Donner grollt.* Le tonnerre gronde.
groß [gro:s] *adj 1.* grand; *~e Augen machen* ouvrir de grands yeux; *2. (~ gewachsen)* de grande taille; *3. (fig: älter)* grand, adulte; *mein ~er Bruder* mon grand frère *m; 4. (fig: ernst)* sérieux, important; *5. (fig: berühmt)* grand, connu; *~e Männer* de grands hommes
großartig ['gro:sa:rtɪç] *adj 1.* magnifique, grandiose; *adv 2.* à merveille; *Das haben Sie ~ gemacht.* Vous vous en êtes tiré à merveille.
Größe ['grø:sə] *f 1.* grandeur *f; 2. (Körpergröße)* taille *f; 3. (Kleidergröße)* taille *f; Welche ~ haben Sie?* Quelle est votre taille?/Quelle est votre pointure? *4. (fig: Wichtigkeit)* importance *f*
Großeltern ['gro:sɛltərn] *pl* grands-parents *m/pl*
Größenordnung ['grø:sənɔrtnuŋ] *f* ordre de grandeur *m; in der ~ von* de l'ordre de
Größenwahn ['grø:sənva:n] *m* folie des grandeurs *f*
großflächig ['gro:sflɛçɪç] *adj* vaste
Großgrundbesitzer ['gro:sgruntbəzɪtsər] *m* grand propriétaire *m*
Großindustrie ['gro:sɪndustri:] *f* grande industrie *f*
Großmutter ['gro:smutər] *f* grand-mère *f*
Großstadt ['gro:sʃtat] *f* grande ville *f*
größtenteils ['grø:stəntaɪls] *adv* en majeure partie
Großvater ['gro:sfa:tər] *m* grand-père *m*
großzügig ['gro:stsy:gɪç] *adj* généreux, large d'esprit; *~ sein* avoir l'esprit large
grotesk [gro'tɛsk] *adj* grotesque

Grübchen ['gry:bçən] *n* fossette *f*
Grube ['gru:bə] *f* fosse *f,* trou *m; Wer anderen eine ~ gräbt, fällt selbst hinein.* Tel est pris qui croyait prendre.
grübeln ['gry:bəln] *v* ruminer
Gruft [gruft] *f* caveau *m*
grün [gry:n] *adj* vert; *mitten im Grünen* en pleine verdure; *jdn ~ und blau schlagen* battre qn comme plâtre/battre qn comme un sourd; *dasselbe in Grün* du pareil au même/bonnet blanc et blanc bonnet
Grünanlage ['gry:nanla:gə] *f* espace vert *m*
Grund [grunt] *m 1. (Erdboden)* terre *f,* sol *m; auf eigenem ~ und Boden* sur mes terres; *festen ~ unter den Füßen haben* tenir debout; *2. (Meeresboden)* fond *m; ~ haben* avoir pied; *den Dingen auf den ~ gehen* aller au fond des choses/examiner les choses de prés; *3. (Motiv)* raison *f,* cause *f,* motif *m; auf ~ von* en raison de; *aus diesem ~* pour cette raison; *Aus welchem ~?* Pour quel motif? *Was ist der ~?* Quelle en est la cause? *Das hat einen ganz einfachen ~.* C'est pour une raison bien simple. *4. zu ~e gehen* périr; *5. zu ~e legen* prendre pour base; *6. etw zu ~e liegen* être à la base de qc; *7. zu ~e richten* ruiner
Grundbesitz ['gruntbəzɪts] *m* propriété foncière *f*
gründen ['gryndən] *v* fonder, créer; *sich ~ auf* reposer sur
Gründer ['gryndər] *m* fondateur *m*
Grundfläche ['gruntflɛçə] *f* surface *f*
Grundlage ['gruntla:gə] *f* fondement *m; die ~n legen* jeter les fondements
grundlegend ['gruntle:gənt] *adj* fondamental
gründlich ['gryntlɪç] *adj 1.* qui approfondit; *adv 2.* à fond
grundlos ['gruntlo:s] *adj 1.* sans fond; *adv 2. (ohne Motiv)* sans raison
Grundsatz ['gruntzats] *m* principe *m; ein Mensch mit Grundsätzen* qn qui a des principes/une personne à principes *f*
grundsätzlich ['gruntzɛtslɪç] *adj* en principe
Grundschule ['gruntʃu:lə] *f* école primaire *f*
Grundstein ['gruntʃtaɪn] *m den ~ zu etw legen (fig)* être à la base de qc
Grundsteuer ['gruntʃtɔyər] *f* impôt foncier *m*
Grundstück ['gruntʃtyk] *n* bien foncier *m*

Gründung ['grynduŋ] *f* fondation *f*
Gruppe ['grupə] *f 1.* groupe *m; 2. (Gattung)* catégorie *f; 3. (Mannschaft)* équipe *f*
Gruppentherapie ['grupənterapiː] *f* thérapie en groupe *f*
gruppieren [gru'piːrən] *v* grouper
Gruselgeschichte ['gruːzəlgəʃɪçtə] *f* histoire d'horreur *f*
gruselig ['gruːzəlɪç] *adj* qui donne la chair de poule
Gruß [gruːs] *m* salut *m,* salutation *f; viele Grüße (in einem Brief)* avec toutes mes amitiés; *mit freundlichen Grüßen (in einem Geschäftsbrief)* veuillez agréer l'expression de mes sentiments distingués
grüßen ['gryːsən] *v* saluer; *Grüß Gott!* Bonjour!
Grütze ['grytsə] *f GAST* gruau *m; ~ im Kopf haben (fig)* en avoir là dedans (fam)
gucken ['gukən] *v* regarder, lorgner, guigner; *aus dem Fenster ~* regarder par la fenêtre
gültig ['gyltɪç] *adj* valable; *allgemein ~* valable partout, de valeur générale
Gültigkeit ['gyltɪçkaɪt] *f* validité *f*
Gummi ['gumi] *m/n* gomme *f*
Gummiball ['gumibal] *m* balle de caoutchouc *f*
Gummibärchen ['gumibɛːrçən] *n* ourson gélifié *m,* nounours *m*
Gummierung [gu'miːruŋ *f* gommage *m*
Gummistiefel ['gumiʃtiːfəl] *pl* bottes en caoutchouc *f/pl*
Gunst [gunst] *f* faveur *f,* grâce *f; eine ~ gewähren* accorder une faveur; *zu jds ~en* en faveur de qn/au bénéfice de qn; *jds ~ genießen* être dans les bonnes grâces de qn
günstig ['gynstɪç] *adj* propice, favorable
Gurgel ['gurgəl] *f* gosier *m,* gorge *f; jdm an die ~ gehen* prendre qn à la gorge
Gurke ['gurkə] *f BOT* concombre *m*
Gurt [gurt] *m 1.* sangle *f,* courroie *f; 2. (Sicherheitsgurt)* ceinture de sécurité *f*
Gürtel ['gyrtəl] *m* ceinture *f; den ~ enger schnallen* se serrer la ceinture
G.U.S. [geːuː'ɛs] *f (Gemeinschaft unabhängiger Staaten)* C.E.I. (Communauté des Etats indépendants) *f*
Guss [gus] *m 1. (Gießen)* fonte *f,* coulée *f; 2. (Regenguss)* averse *f; 3. (Zuckerguss)* glace *f*
Gusseisen ['gusaɪzən] *n* fonte *f*
gut [guːt] *adj 1.* bon; *es mit etw ~ sein lassen* laisser tomber qc; *für etw ~ sein* être toujours prêt à faire qc; *sein Gutes haben* avoir de bons côtés; *zu viel des Guten sein* exagerer/forcer la dose; *Du bist ~!* T'es bien!/T'es marrant! *Ende ~, alles ~.* Tout est bien qui finit bien. *2. (Mensch)* brave, correct; *adv 3.* bon, bien; *~ tun* faire du bien; *~ daran tun* faire bien de/faire mieux de; *Hier ist ~ leben.* Il fait bon vivre ici. *Dieses Kleid steht ihr ~.* Cette robe lui va bien. *~ lachen haben* pouvoir bien rire; *~ und gern* bien/au moins
Gut [guːt] *n 1. (Besitz)* bien *m; materielle Güter* biens matériels *m/pl; geistige Güter* biens immatériels *m/pl; 2. (Landbesitz)* terre *f,* propriété *f; 3. (Gutshof)* domaine *m*
Gutachten ['guːtaxtən] *n* avis *m*
Gutachter ['guːtaxtər] *m JUR* expert *m*
gutartig ['guːtaːrtɪç] *adj 1.* d'un bon naturel; *2. MED* bénin
gutbürgerlich ['guːtbyrgərlɪç] *adj* bourgeois; *~e Küche* cuisine bourgeoise *f*
Gutdünken ['guːtdyŋkən] *n* bon plaisir *m; nach ihrem ~* à votre guise
Güte ['gyːtə] *f 1.* bonté *f; Du meine ~!* Mon Dieu! *die ~ Gottes* la bonté divine *f; 2. (Qualität)* bonne qualité *f*
Gutenachtlied [guːtə'naxtliːt] *n* berceuse *f*
Güterbahnhof ['gyːtərbaːnhoːf] *m* gare des marchandises *f*
Güterverkehr ['gyːtərfɛrkeːr] *m* trafic des marchandises *m*
Güterwagen ['gyːtərvaːgən] *m* wagon de marchandises *m*
Güterzug ['gyːtərtsuːk] *m* train de marchandises *m*
gutgläubig ['guːtglɔybɪç] *adj* de bonne foi
gutheißen ['guːthaɪsən] *v irr* approuver
gutherzig ['guːthɛrtsɪç] *adj* doux
gütig ['gyːtɪç] *adj* bon, bénin; *Sie sind zu ~.* Vous me comblez./Vous êtes trop bon.
gutmütig ['guːtmyːtɪç] *adj* débonnaire, bonhomme; *~ aussehen* avoir l'air bon enfant
Gutschein ['guːtʃaɪn] *m* bon *m*
gutschreiben ['guːtʃraɪbən] *v irr* porter au crédit
Gutschrift ['guːtʃrɪft] *f ECO* crédit *m*
Gutshof ['guːtshoːf] *m* ferme *f*
gutwillig ['guːtvɪlɪç] *adj* plein de bonne volonté, complaisant
Gymnasium [gym'naːzjum] *n* lycée *m*
Gymnastik [gym'nastɪk] *f SPORT* gymnastique *f*
Gynäkologe [gynɛkɔ'loːgə] *m MED* gynécologue *m*

H

Haar [haːr] *n 1.* cheveu *m,* poil *m; sich die ~e schneiden lassen* se faire couper les cheveux; *an den ~en herbeigezogen* tiré par les cheveux; *immer ein ~ in der Suppe finden* chercher la petite bête; *sich die ~e raufen* s'arracher les cheveux; *sich graue ~e wachsen lassen* se faire des cheveux blancs/se faire du mauvais sang; *kein gutes ~ an jdm lassen* dire pis que pendre de qn; *~e auf den Zähnen haben* avoir toujours le dernier mot; *jdm kein ~ krümmen* ne pas toucher à un cheveux de qn; *an einem ~ hängen* ne tenir qu'à un fil; *jdm die ~e vom Kopf fressen* vivre aux frais de qn/bouffer qn (fam); *sich in die ~e kriegen* se prendre aux cheveux/se crêper le chignon; *sich in den ~en liegen* se quereller/se battre; *um ein ~* à un cheveu près; *Mir stehen die ~e zu Berge.* Mes cheveux se dressent sur la tête. *2. (Pferdehaar)* crin *m*

Haarbürste ['haːrbyrstə] *f* brosse à cheveux *f*

Haaresbreite ['haːrəsbraɪtə] *f um ~* d'un cheveu

Haarfarbe ['haːrfarbə] *f* couleur des cheveux *f*

haargenau ['haːrgə'nau] *adj* très exact

Haarschnitt ['haːrʃnɪt] *m* coupe de cheveux *f*

Haarspange ['haːrʃpaŋə] *f* épingle à cheveux *f*

Haarspray ['haːrspreɪ] *n* laque *f*

haarsträubend ['haːrʃtrɔybənt] *adj* horrible; *Das ist ja ~!* C'est à vous faire dresser les cheveux sur la tête!

haben ['haːbən] *v irr* avoir, posséder; *Zeit ~* avoir le temps; *Mitleid ~* avoir pitié; *Je mehr man hat, umso mehr will man.* L'appétit vient en mangeant. *Jetzt ~ wir's!* Ça y est! *Das hätten wir!* C'est dans la poche! *Jetzt hab' ich Sie!* Je vous y prends! *Sie hat viel von ihrer Mutter.* Elle tient beaucoup de sa mère. *Das ist nicht mehr zu ~.* On n'en trouve plus. *Ich habe zu tun.* J'ai à faire. *Den wievielten ~ wir?* Quel jour sommes-nous? *Wir ~ den 20. November.* Nous sommes le 20 novembre. *Ich habe es eilig.* Je suis pressé. *gern ~* aimer bien; *lieber ~* préférer/aimer mieux; *Geld bei sich ~* avoir de l'argent sur soi; *Er hat das an sich.* Il est comme ça. *etw für sich ~* avoir qc de bon; *noch zu ~ sein* être encore libre; *für etw zu ~ sein* être prêt pour qc; *etw gegen jdn ~* avoir qc contre qn/avoir une dent contre qn; *etw hinter sich ~* avoir passé qc/avoir vécu qc; *etw mit jdm ~* avoir une liaison avec qn/sortir avec qn; *wie gehabt* comme d'habitude/comme toujours

Habgier ['haːpgiːr] *f* cupidité *f*

habgierig ['haːpgiːrɪç] *adj* avide

Habseligkeiten ['haːpzeːlɪçkaɪtən] *pl* biens de peu de valeur *m/pl*

Hacke ['hakə] *f (Werkzeug)* pioche *f,* houe *f*

hacken ['hakən] *v 1. (Holz)* fendre; *2. (Erde)* piocher; *3. (picken)* donner des coups de bec

Hacken ['hakən] *m (Absatz)* talon *m*

Hackfleisch ['hakflaɪʃ] *n* viande hachée *f*

Hafen ['haːfən] *m* port *m; aus dem ~ auslaufen* sortir du port; *in den ~ der Ehe einlaufen* se caser/convoler en justes noces

Hafenrundfahrt ['haːfənruntfaːrt] *f* visite du port *f*

Hafenstadt ['haːfənʃtat] *f* ville portuaire *f*

Hafer ['haːfər] *m BOT* avoine *f*

Haferflocken ['haːfərflɔkən] *pl GAST* flocons d'avoine *m/pl*

haftbar ['haftbaːr] *adj ~ sein* être responsable; *~ machen* rendre responsable

haften ['haftən] *v 1. (kleben)* adhérer, coller; *2. (bürgen)* se porter garant

Hagel ['haːgəl] *m* grêle *f*

hageln ['haːgəln] *v* grêler

hager ['haːgər] *adj* maigre, sec

Hahn [haːn] *m 1. (Wasserhahn)* robinet *m; den ~ aufdrehen* ouvrir le robinet; *2. ZOOL* coq *m; der ~ im Korb* le coq du village *m; Kein ~ kräht danach.* Tout le monde s'en fiche./Tout le monde s'en tape. (fam)

Hähnchen ['hɛːnçən] *n GAST* poulet *m*

Hai [haɪ] *m ZOOL* requin *m*

häkeln ['hɛːkəln] *v* faire du crochet

Häkelnadel ['hɛkəlnaːdəl] *f* crochet *m*

Haken ['haːkən] *m 1.* crochet *m; 2. (Kleiderhaken)* portemanteau *m; 3. (Angelhaken)* hameçon *m; 4. einen ~ schlagen (fig)* faire un crochet

halb [halp] *adj 1.* demi, demi-; *~er Preis* demi-tarif *m,* moitié prix *m; zum ~en Preis* à moitié prix; *eine ~e Portion sein* être une demi-portion; *nichts Halbes und nichts Ganzes* ni fait ni à faire; *um ~ drei* à deux heures et demie; *adv 2.* à demi, à moitié

halbherzig ['halphɛrtsɪç] *adj 1.* pas enthousiaste; *adv 2.* sans entrain

halbieren [hal'biːrən] *v* partager en deux, couper en deux

Halbinsel ['halpɪnzəl] *f* presqu'île *f*

Halbjahr ['halpjaːr] *n* semestre *m*

halbjährlich ['halpjɛːrlɪç] *adj 1.* semestriel; *adv 2.* tous les six mois

Halbkreis ['halpkraɪs] *m* demi-cercle *m*

Halbkugel ['halpkuːgəl] *f* hémisphère *m*

halblaut ['halplaut] *adj* à mi-voix

Halbmond ['halpmoːnt] *m* demi-lune *f*

Halbpension ['halppɛnsjoːn] *f* demi-pension *f*

Halbschlaf ['halpʃlaːf] *m* demi-sommeil *m*

halbtags ['halptaːks] *adv* à temps partiel, à mi-temps

halbvoll ['halpfɔl] *adj* à moitié plein

Halbwaise ['halpvaɪzə] *f* orphelin de père *m*

halbwegs ['halpveːks] *adv* passablement

Hälfte ['hɛlftə] *f* moitié *f*

Halle ['halə] *f* salle *f,* hall *m*

hallen ['halən] *v* résonner

Hallenbad ['halənbaːt] *n* piscine couverte *f*

hallo ['haloː] *interj 1.* hé, ho, holà; *2. (am Telefon)* allô

Halluzination [halutsɪna'tsjoːn] *f* hallucination *f*

Hals [hals] *m 1. ANAT* cou *m; jdn am ~ haben* avoir qn sur les bras; *jdm um den ~ fallen* sauter au cou de qn; *den ~ kosten* coûter la tête; *den ~ aus der Schlinge ziehen* se tirer d'affaire; *den ~ nicht voll kriegen* être insatiable/n'en avoir jamais assez; *sich jdm an den ~ werfen* se jeter au cou de qn; *bis über den ~ in Schulden stecken* avoir des dettes jusqu'au cou; *jdm jdn auf den ~ schicken* lancer qn aux fesses de qn/lancer qn aux trousses de qn; *etw in den falschen ~ bekommen (fig)* comprendre qc de travers/mal comprendre qc; *jdm vom ~ bleiben* laisser qn tranquille/ne pas embêter qn (fam); *sich etw vom ~ halten* se débarrasser de qc; *jdm zum ~ heraushängen* avoir par dessus la tête de qn; *jdm bis zum ~ stehen* exaspérer qn/prendre la tête à qn (fam); *~ über Kopf* la tête la première/sans réfléchir; *jdm den ~ umdrehen* tordre le cou à qn; *2. (Flaschenhals)* col *m*

Halsband ['halsbant] *n 1. (Schmuck)* collier *m; 2. (Hundehalsband)* collier *m*

halsbrecherisch ['halsbrɛçərɪʃ] *adj 1.* périlleux; *adv 2.* à se casser le cou, casse-cou

Halskette ['halskɛtə] *f* chaîne *f*

Halstuch ['halstuːx] *n* foulard *m*

halt[1] [halt] *interj* halte-là, holà, stop

halt[2] [halt] *adv* justement, ma foi, c'est que

Halt [halt] *m* arrêt *m; ~ machen* s'arrêter; *vor etw nicht ~ machen (fig)* ne pas reculer devant qc/ne pas se laisser démonter par qc

haltbar ['haltbaːr] *adj* durable

Haltbarkeit ['haltbaːrkaɪt] *f* durabilité *f*

Haltbarkeitsdatum ['haltbaːrkaɪtsdaːtum] *n* date limite *f*

halten ['haltən] *v irr 1.* tenir, soutenir; *jdn an der Hand ~* tenir qn par la main; *ge~ werden für* passer pour; *es für angebracht ~* juger à propos/juger bon de; *sich vor Lachen nicht ~ können* ne plus en pouvoir/être plié de rire; *2. (frisch bleiben)* se conserver; *Das hält lange.* Cela se conserve longtemps. *3. (Rede)* faire, tenir; *eine Rede ~* tenir un discours; *4. (dauern)* durer, tenir

Haltestelle ['haltəʃtɛlə] *f* arrêt *m*

Halteverbot ['haltəfɛrboːt] *n* interdiction de stationner *f*

haltlos ['haltloːs] *adj 1. (unbeständig)* inconsistant; *2. (unbegründet)* sans fondement

Haltung ['haltuŋ] *f 1.* attitude *f; 2. (Körperhaltung)* tenue *f; ~ annehmen* se mettre au garde-à-vous; *3. (Verhalten)* conduite *f; 4. (Selbstbeherrschung)* contenance *f; die ~ verlieren* perdre contenance

Halunke [ha'luŋkə] *m (fam)* coquin *m,* canaille *f*

Hamburger ['hamburgər] *m GAST* hamburger *m*

Hamburger(in) ['hamburgər(ɪn)] *m/f (jmd aus Hamburg)* Hambourgeois(e) *m/f,* habitant(e) de Hambourg *m/f*

hämisch ['hɛːmɪʃ] *adj* méchant

Hammer ['hamər] *m* marteau *m; unter den ~ kommen* être vendu aux enchères; *einen ~ haben* être fou/être dérangé/être détraqué

hämmern ['hɛmərn] *v* marteler, battre au marteau

Hamster ['hamstər] *m ZOOL* hamster *m*

hamstern ['hamstərn] *v* accaparer

Hand [hant] *f ANAT* main *f; eine ~ voll* une poignée de *f; mit beiden Händen* des deux mains; *aus erster ~* de première main; *das Heft fest in der ~ haben* mener la barque; *Hände weg!* Bas les mains! *die Hände in den Schoß legen* se croiser les bras/se tourner les pouces; *von der ~ in den Mund leben* vivre au jour le jour; *von ~ zu ~ gehen* passer de main en main; *Dafür könnte ich meine ~ ins Feuer legen.* J'en mettrais ma main au feu. *~ in ~ gehen* aller de pair; *Ich lasse Ihnen freie ~.* Je vous laisse carte blanche. *~ und Fuß haben* tenir debout; *weder ~ noch Fuß haben* n'avoir ni queue ni tête; *jds rechte ~ sein* être le bras droit de qn; *sich die ~ abhacken lassen (fig)* en mettre sa main à couper; *selbst mit ~ anlegen* mettre la main à la pâte; *seine ~ aufhalten (fig)* tendre la main; *die ~ gegen jdn erheben* lever la main sur qn; *eine glückliche ~ haben* avoir la main heureuse; *auf der ~ liegen* être évident; *mit der linken ~* les doigts dans le nez; *sich in der ~ haben* se maîtriser/se contrôler; *sich nicht von der ~ weisen lassen* être évident/se voir comme le nez au milieu de la figure; *jdm zur ~ gehen* donner un coup de main à qn; *hinter vorgehaltener ~* en secret/officieusement; *Ihm rutscht leicht die ~ aus.* Il a la main leste./Sa main est vite partie. *in die Hände fallen* tomber entre les mains; *in guten Händen sein* être en de bonnes mains; *mit Händen und Füßen reden* parler avec les mains; *sich mit Händen und Füßen wehren* se défendre comme un lion; *die Hände über dem Kopf zusammenschlagen* lever les bras au ciel; *sich die Hände reiben* se frotter les mains; *seine Hände in Unschuld waschen* s'en laver les mains; *jdn auf Händen tragen* porter qn aux nues; *Mir sind die Hände gebunden.* J'ai les mains liées.

Handarbeit ['hantarbaɪt] *f* travail manuel *m*

Handbewegung ['hantbəveːguŋ] *f* geste de la main *m*

Handbremse ['hantbrɛmzə] *f* frein à main *m*

Handel ['handəl] *m ECO* commerce *m*

handeln ['handəln] *v 1. (tätig sein)* agir, passer à l'action; *unüberlegt ~* agir sans réfléchir; *2. (Handel treiben)* faire du commerce; *3. (feilschen)* marchander; *4. sich ~ um* s'agir de, y aller de; *Es handelt sich um ...* Il s'agit de .../Il y va de ...

Handelskorrespondenz ['handəlskɔrəspɔndɛnts] *f ECO* correspondance commerciale *f*

Händeschütteln ['hɛndəʃytəln] *n* poignée de main *f*

handfest ['hantfɛst] *adj 1. (robust)* solide; *2. (fig)* vigoureux

handgearbeitet ['hantgəarbaɪtət] *adj* fait à la main

Handgelenk ['hantgəlɛŋk] *n ANAT* poignet *m; aus dem ~ heraus* en un tour de main/les doigts dans le nez (fam)

Handgepäck ['hantgəpɛk] *n* bagage à main *m*

handgreiflich ['hantgraɪflɪç] *adj ~ werden* passer à des voies de fait

Handgriff ['hantgrɪf] *m 1. (Griff)* poignée *f; 2. (kleine Mühe)* tour de main *m*

handhaben ['hanthaːbən] *v* manier, employer; *leicht zu ~* maniable

Handhabung ['hanthaːbuŋ] *f* maniement *m*

Handikap ['hɛndɪkɛp] *n* handicap *m*

Handkuss ['hantkus] *m* baisemain *m*

Handlanger ['hantlaŋər] *m* manœuvre *m*

Händler ['hɛndlər] *m* commerçant *m*

handlich ['hantlɪç] *adj* maniable

Handlung ['handluŋ] *f 1. (Tat)* acte *m,* fait *m; 2. (Geschehen) LIT* action *f; Einheit der ~* unité d'action *f*

Handlungsspielraum ['handluŋsʃpiːlraum] *m* marge d'action *f*

Handlungsweise ['handluŋsvaɪzə] *f* façon d'agir *f*

Handrücken ['hantrykən] *m ANAT* dos de la main *m*

Handschellen ['hantʃɛlən] *pl* menottes *f/pl*

Handschrift ['hantʃrɪft] *f 1.* écriture *f; 2. (Manuskript)* manuscrit *m*

handschriftlich ['hantʃrɪftlɪç] *adj 1.* écrit à la main; *adv 2.* par écrit

Handschuh ['hantʃuː] *m* gant *m*

Handstreich ['hantʃtraɪç] *m* coup de main *m*

Handtasche ['hanttaʃə] *f* sac à main *m*

Handtuch ['hanttuːx] *n* serviette *f; das ~ werfen* rendre son tablier

Handtuchhalter ['hanttuːxhaltər] *m* porte-serviettes *m*

Handumdrehen ['hantumdreːən] *n im ~* en un tour de main

Handwäsche ['hantvɛʃə] *f 1.* lavage à la main *m; 2. (von Kleidung)* linge à laver à la main *m*

Handwerk ['hantvɛrk] *n* métier *m,* artisanat *m; ein ~ lernen* apprendre un métier; *sein ~ verstehen* connaître son métier; *jdm ins ~ pfuschen* marcher sur les plates-bandes de qn

Handwerker ['hantvɛrkər] *m* artisan *m*

handwerklich ['hantvɛrklɪç] *adj* artisanal

Handy ['hɛndiː] *n* portable *m*

Handzettel ['hanttsɛtəl] *m* tract *m*

Hang [haŋ] *m 1. (Abhang)* pente *f; 2. (fig: Neigung)* penchant *m,* tendance *f*

Hängematte ['hɛŋəmatə] *f* hamac *m*

hängen ['hɛŋən] *v irr 1. (herab~)* pendre, être suspendu; *2. (auf~)* suspendre, accrocher; *3. (befestigt sein)* être accroché; *4. (fig: gern haben) an etw ~* tenir à qc, être attaché à qc; *5. mit Hängen und Würgen* à grand-peine, difficilement; *6. ~ bleiben* rester en suspens; *7. im Gedächtnis ~ bleiben* rester en mémoire; *8. ~ bleiben (in der Schule)* redoubler; *9. ~ bleiben (an einem Ort)* prendre racine; *10. ~ bleiben (Blick)* rester suspendu; *11. ~ lassen (fig)* laisser tomber

Hantel ['hantəl] *f* haltère *m*

hantieren [han'tiːrən] *v* manier, manipuler

Happen ['hapən] *m* morceau *m,* bouchée *f*

Happyend ['hæpɪ'ɛnd] *n* fin heureuse *f*

Hardware ['haːrdwɛːr] *f INFORM* matériel *m*

harmlos ['harmloːs] *adj* inoffensif, bénin

Harmlosigkeit ['harmloːzɪçkaɪt] *f* caractère inoffensif *m*

Harmonie [harmo'niː] *f* harmonie *f*

harmonieren [harmo'niːrən] *v ~ mit* s'accorder avec

harmonisch [har'moːnɪʃ] *adj* harmonique

harmonisieren [harmonɪ'ziːrən] *v* harmoniser

Harn [harn] *m* urine *f*

Harnblase ['harnblaːzə] *f ANAT* vessie *f*

harren ['harən] *v* attendre, être dans l'attente

hart [hart] *adj 1.* dur, ferme; *2. (schwierig)* difficile; *3. (streng)* sévère, rigoureux

Härte ['hɛrtə] *f 1.* dureté *f; 2. (Strenge)* sévérité *f*

hartherzig ['harthɛrtsɪç] *adj* dur

hartnäckig ['hartnɛkɪç] *adj 1.* opiniâtre; *adv 2.* avec acharnement

Hartnäckigkeit ['hartnɛkɪçkaɪt] *f* opiniâtreté *f*

Harz [harts] *m* résine *f*

haschen ['haʃən] *v* attraper, saisir au vol; *nach Komplimenten ~* chercher les compliments; *sich ~* s'attraper

Haschisch ['haʃɪʃ] *n* haschisch *m*

Hase ['haːzə] *m ZOOL* lièvre *m; ein alter ~ sein* être un vieux renard; *Mein Name ist ~, ich weiß von nichts.* Je ne sais rien./Je ne suis au courant de rien. *wissen, wie der ~ läuft* y voir clair/connaître la musique

Haselnuss ['haːzəlnus] *f BOT* noisette *f*

Hass [has] *m* haine *f*

hassen ['hasən] *v* haïr, détester

hasserfüllt ['hasɛrfylt] *adj* rempli de haine

hässlich ['hɛslɪç] *adj* laid, affreux; *~ wie die Nacht sein* être laid à faire peur

Hässlichkeit ['hɛslɪçkaɪt] *f 1.* laideur *f; 2. (Missbildung)* difformité *f*

Hast [hast] *f* hâte *f,* précipitation *f*

hasten ['hastən] *v* se hâter, se précipiter

hastig ['hastɪç] *adj 1.* précipité; *adv 2.* en hâte

hätscheln ['hɛtʃəln] *v* caresser

Haube ['haubə] *f 1.* bonnet *m,* coiffe *f; 2. (Motorhaube)* capot *m; 3. jdn unter die ~ bringen* caser qn

Hauch [haux] *m 1. (Atem)* souffle *m; 2. (Luft)* souffle *m; 3. (Duft)* odeur *f; 4. (geringe Menge)* soupçon *m*

hauchdünn ['haux'dyn] *adj* mince comme un fil

hauchen ['hauxən] *v 1.* souffler; *2. (flüstern)* chuchoter

hauen ['hauən] *v irr* battre, frapper; *sich ~* se battre; *jdn übers Ohr ~* duper qn

Haufen ['haufən] *m* tas *m; einen ~ Geld ausgeben* dépenser une fortune; *etw über den ~ werfen* faire foirer qc/foutre qc en l'air; *Alle unsere Pläne sind über den ~ geworfen.* Voilà tous nos projets par terre. *jdn über den ~ fahren* renverser qn/passer sur qn

häufen ['hɔyfən] *v* entasser

haufenweise ['haufənvaɪzə] *adv* en masse

häufig ['hɔyfɪç] *adj 1.* fréquent, répété; *adv 2.* fréquemment, souvent; *Das kommt ~ vor.* C'est courant.

Häufigkeit ['hɔyfɪçkaɪt] *f* fréquence *f*

Häufung ['hɔyfuŋ] *f* entassement *m*

Haupt [haupt] *n* tête *f; mit entblößtem ~* à tête nue

hauptamtlich ['hauptamtlɪç] *adj 1.* professionnel; *adv 2.* à titre professionnel

Hauptanschluss ['hauptanʃlus] *m (eines Telefons)* ligne principale *f*

Hauptbahnhof ['hauptbaːnhoːf] *m* gare centrale *f*

Hauptberuf ['hauptbəruːf] *m* profession principale *f*

Haupteingang ['hauptaɪngaŋ] *m* entrée principale *f*

Hauptgebäude ['hauptgəbɔydə] *n* édifice principal *m*

Hauptgewinn ['hauptgəvɪn] *m* gros lot *m*

Häuptling ['hɔyptlɪŋ] *m* chef de tribu *m*

Hauptperson ['hauptpɛrzoːn] *f* personnage principal *m*
Hauptsaison ['hauptsɛzɔ̃] *f* haute saison *f*
Hauptschule ['hauptʃuːlə] *f* école primaire *f*
Hauptstadt ['hauptʃtat] *f* capitale *f*
Hauptstraße ['hauptʃtraːsə] *f* rue principale *f*
Hauptverkehrszeit ['hauptfɛrkeːrstsaɪt] *f* heures d'affluence *f/pl*
Hauptversammlung ['hauptfɛrzamluŋ] *f* assemblée générale *f*
Hauptverwaltung ['hauptfɛrvaltuŋ] *f* direction générale *f*
Haus [haus] *n 1. (Gebäude)* maison *f,* bâtiment *m,* édifice *m; jdm sein ~ verbieten* interdir à qn d'entrer/interdir à qn l'entrée de sa maison; *jdm das ~ einrennen (fig)* assiéger qn; *mit der Tür ins ~ fallen* ne pas y aller par quatre chemins/aller droit au but; *ins ~ stehen* être imminent; *jdm ins ~ schneien* débarquer chez qn; *außer ~ sein* ne pas être chez soi/ne pas être à la maison; *~ halten (Haushalt führen)* tenir le ménage/tenir la maison; *~ halten (sparsam sein)* économiser; *2. (Zuhause)* chez-soi *m; zu ~e sein* être à la maison/être chez soi; *nach ~e gehen* aller à la maison; *Kommen Sie gut nach ~e!* Bon retour!/Rentrez bien!
Hausangestellte(r) ['hausangəʃtɛltə(r)] *m/f* employé(e) de maison *m/f*
Hausarbeit ['hausarbaɪt] *f* travaux domestiques *m/pl*
Hausarrest ['hausarɛst] *m* privation de sortie *f*
Hausarzt ['hausartst] *m* médecin de famille *m*
Hausaufgaben ['hausaufgaːbən] *pl* devoirs *m/pl*
Hausbesetzung ['hausbəzɛtsuŋ] *f* squat *m* (fam)
Hausbesitzer(in) ['hausbəzɪtsər(ɪn)] *m/f* propriétaire de la maison *m/f*
Hausbewohner(in) ['hausbəvoːnər(ɪn)] *m/f* habitant(e) d'une maison *m/f*
Häuschen ['hɔysçən] *n aus dem ~ sein* être surexcité, être fou de joie
Hausflur ['hausfluːr] *m* vestibule *m*
Hausfrau ['hausfrau] *f* ménagère *f,* femme au foyer *f*
Hausfriedensbruch ['hausfriːdənsbrux] *m JUR* violation de domicile *f*
hausgemacht ['hausgəmaxt] *adj* fait à la maison, maison
Haushalt ['haushalt] *m 1.* ménage *m; 2. (Staatshaushalt)* budget *m*
Haushälterin ['haushɛltərɪn] *f* femme de ménage *f*
Haushaltsgerät ['haushaltsgərɛːt] *n* appareil ménager *m*
hausieren [hau'ziːrən] *v* faire du porte-à-porte, colporter
häuslich ['hɔyslɪç] *adj 1.* domestique; *2. (an ~en Dingen interessiert)* casanier
Hausmädchen ['hausmɛdçən] *n* servante *f*
Hausmann ['hausman] *m* homme au foyer *m*
Hausmeister(in) ['hausmaɪstər(ɪn)] *m/f* concierge *m/f*
Hausordnung ['hausɔrdnuŋ] *f* règlement intérieur *m*
Hausschlüssel ['hausʃlysəl] *m* clé de la maison *f*
Hausschuh ['hausʃuː] *m* chausson *m,* pantoufle *f*
Haustier ['haustiːr] *n* animal domestique *m*
Hausverbot ['hausfɛrboːt] *n* interdiction de pénétrer *f*
Haut [haut] *f ANAT* peau *f; mit heiler ~ davonkommen* l'échapper belle/s'en tirer/s'en sortir sain et sauf; *Ich möchte nicht in seiner ~ stecken.* Je ne voudrais pas être dans sa peau. *nur noch ~ und Knochen sein* n'avoir que la peau et les os; *seine eigene ~ retten* sauver sa peau; *sich seiner ~ wehren* se défendre/défendre son bifteck; *sich auf die faule ~ legen* paresser/se tourner les pouces/glandouiller (fam); *aus der ~ fahren* éclater/sortir de ses gonds; *nicht aus seiner ~ können* être comme on est; *mit ~ und Haaren* corps et âme; *unter die ~ gehen* émouvoir/toucher
häuten ['hɔytən] *v* enlever la peau, dépouiller
Hebamme ['heːbamə] *f* sage-femme *f*
heben ['heːbən] *v irr 1. (hoch~)* soulever, hausser; *einen ~* trinquer/boire un verre; *2. (steigern)* hausser, augmenter; *3. (bergen)* renflouer
hebräisch [he'brɛːɪʃ] *adj* hébraïque
Heck [hɛk] *n 1. (eines Autos)* arrière *m; 2. (eines Schiffes)* poupe *f*
Hecke ['hɛkə] *f BOT* haie *f*
Heckscheibe ['hɛkʃaɪbə] *f* lunette arrière *f*
Heer [heːr] *n MIL* armée *f*
Hefe ['heːfə] *f* levure *f*

Heft[1] [hɛft] *n (Schreibheft)* cahier *m*
Heft[2] [hɛft] *n (Griff)* manche *m*
heften ['hɛftən] *v 1. (befestigen)* fixer, agrafer; *2. (nähen)* bâtir
Hefter ['hɛftər] *m* classeur *m*
heftig ['hɛftɪç] *adj* violent, fort
Heftklammer ['hɛftklamər] *f* agrafe *f*
Heftpflaster ['hɛftpflastər] *n* sparadrap *m*
Hehler ['heːlər] *m* receleur *m*
Heide[1] ['haɪdə] *m* païen *m*
Heide[2] ['haɪdə] *f GEOL* landes *f/pl*
Heidelbeere ['haɪdəlbeːrə] *f* myrtille *f*
Heidentum ['haɪdəntum] *n* paganisme *m*
heikel ['haɪkəl] *adj* délicat, épineux
heil [haɪl] *adj 1. (ganz)* entier; *2. (unbeschädigt)* intact, indemne; *3. (gesund)* sain et sauf
Heil [haɪl] *n* salut *m*, bonheur *m*
heilbar ['haɪlbaːr] *adj* guérissable
heilen ['haɪlən] *v 1.* guérir; *2. (Wunde)* se cicatriser
Heilgymnastik ['haɪlgymnastɪk] *f* rééducation *f*
heilig ['haɪlɪç] *adj REL* saint, sacré; *~ sprechen* canoniser
Heiligabend [haɪlɪç'aːbənt] *m REL* nuit de Noël *f*
Heilmittel ['haɪlmɪtəl] *n 1.* médicament *m; 2. (fig)* remède *m*
Heilpraktiker ['haɪlpraktɪkər] *m* guérisseur *m*
heilsam ['haɪlzaːm] *adj* salutaire
Heilsarmee ['haɪlsarmeː] *f* armée du salut *f*
heim [haɪm] *adv* à la maison, chez soi
Heim [haɪm] *n* domicile *m*, habitation *f*
Heimarbeit ['haɪmarbaɪt] *f* travail à domicile *m*
Heimat ['haɪmat] *f* pays *m*, patrie *f*
Heimatkunde ['haɪmatkundə] *f* régionalisme *m*
heimatlos ['haɪmatloːs] *adj* sans patrie
Heimatvertriebene(r) ['haɪmatfɛrtriːbənə(r)] *m/f* expulsé(e) *m/f*
heimbringen ['haɪmbrɪŋən] *v irr 1.* rapporter; *2. (Person)* accompagner
Heimfahrt ['haɪmfaːrt] *f* retour *m*
heimgehen ['haɪmgeːən] *v irr 1. (nach Hause gehen)* rentrer; *2. (sterben)* décéder, trépasser
heimisch ['haɪmɪʃ] *adj 1. (heimatlich)* local; *2. (vertraut)* familier
Heimkehrer ['haɪmkeːrər] *m (~ aus Kriegsgefangenschaft)* rapatrié *m*
Heimkind ['haɪmkɪnt] *n* enfant séjournant dans un foyer *m*
heimlich ['haɪmlɪç] *adj 1.* secret, clandestin; *adv 2.* en secret, en cachette; *etw ~ tun* faire qc à la dérobée/faire qc en cachette
Heimlichkeit ['haɪmlɪçkaɪt] *f* clandestinité *f*
Heimlichtuer ['haɪmlɪçtuːər] *m* cachottier *m*
Heimsuchung ['haɪmzuːxuŋ] *f 1.* affliction *f; 2. (Plage)* plaie *f*
Heimtücke ['haɪmtykə] *f* malice *f*
heimtückisch ['haɪmtykɪʃ] *adj 1.* malicieux; *adv 2.* en traître
Heimweg ['haɪmveːk] *m* retour *m*
Heimweh ['haɪmveː] *n* mal du pays *m*
heimzahlen ['haɪmtsaːlən] *v es jdm ~* rendre la pareille à qn
Heirat ['haɪraːt] *f* mariage *m*
heiraten ['haɪraːtən] *v jdn ~* épouser qn
Heiratsantrag ['haɪraːtsantraːk] *m* demande en mariage *f*
Heiratsanzeige ['haɪraːtsantsaɪgə] *f* faire-part de mariage *m*
Heiratsvermittlung ['haɪraːtsfɛrmɪtluŋ] *f* agence matrimoniale *f*
heiser ['haɪzər] *adj* enroué, rauque
Heiserkeit ['haɪzərkaɪt] *f MED* enrouement *m*
heiß [haɪs] *adj 1.* chaud, brûlant; *ein ~es Eisen* un problème épineux *m*, un théme brûlant *m; ~e Luft* du vent; *Da läuft es einem ~ und kalt über den Rücken.* On en frissonne./On en a des sueurs froides. *2. (heftig)* ardent, fervent, passionné; *~ geliebt* aimé passionnément; *~ umstritten* très disputé, très controversé
heißblütig ['haɪsblytɪç] *adj* chaud
heißen ['haɪsən] *v irr 1. (bezeichnet werden)* appeler, nommer; *Wie heißt das auf Französisch?* Comment ça se dit en français? *2. (bedeuten)* vouloir dire, signifier; *das heißt* cela veut dire que/c'est-à-dire
Heißhunger ['haɪshuŋər] *m* faim dévorante *f*
heiter ['haɪtər] *adj 1. (sonnig)* clair, serein; *2. (fröhlich)* gai, joyeux
Heiterkeit ['haɪtərkaɪt] *f* gaieté *f*
heizen ['haɪtsən] *v* chauffer
Heizkessel ['haɪtskɛsəl] *m* chaudière *f*
Heizkissen ['haɪtskɪsən] *n* coussin électrique *m*
Heizkörper ['haɪtskœrpər] *m* radiateur *m*
Heizkosten ['haɪtskɔstən] *pl* coût de chauffage *m/pl*

Heizkraftwerk ['haɪtskraftvɛrk] *n* centrale thermique *f*
Heizöl ['haɪtsøːl] *n* mazout *m*
Heizung ['haɪtsuŋ] *f* chauffage *m*
Hektar ['hɛktar] *n* hectare *m*
Hektik ['hɛktɪk] *f* agitation *f*, panique *f*
hektisch ['hɛktɪʃ] *adj 1.* agité; *2. MED* hectique; *adv 3.* fiévreusement
Held [hɛlt] *m* héros *m*
heldenhaft ['hɛldənhaft] *adj* héroïque
Heldentat ['hɛldəntaːt] *f* acte héroïque *m*
helfen ['hɛlfən] *v irr* aider, assister, secourir; *sich zu ~ wissen* savoir se débrouiller; *jdm ~* donner un coup de main à qn
Helfer(in) ['hɛlfər(ɪn)] *m/f* aide *m/f*, assistant(e) *m/f*
hell [hɛl] *adj 1. (Licht)* vif, éclatant; *2. (beleuchtet)* éclairé; *3. (fig: aufgeweckt)* éveillé, dégourdi, clairvoyant
hellblau ['hɛlblau] *adj* bleu clair
hellhörig ['hɛlhøːrɪç] *adj 1. (schalldurchlässig)* sonore; *2. (fig: wachsam)* vigilant
Helligkeit ['hɛlɪçkaɪt] *f* clarté *f*
Hellseher(in) ['hɛlzeːər(ɪn)] *m/f* voyant(e) *m/f*
hellwach ['hɛl'vax] *adj* éveillé
Helm [hɛlm] *m (Sturzhelm)* casque de protection *m*
Hemd [hɛmt] *n* chemise *f*; *sein letztes ~ hergeben* donner jusqu'à sa dernière chemise; *kein ~ mehr auf dem Leib haben* ne plus rien avoir à se mettre sur le dos
Hemdbluse ['hɛmtbluːzə] *f* chemisier *m*
hemdsärmelig ['hɛmtsɛrməlɪç] *adj* en manches de chemise
hemmen ['hɛmən] *v 1.* arrêter, retenir; *2. (hindern)* empêcher
hemmungslos ['hɛmuŋsloːs] *adj 1.* effréné; *adv 2.* sans frein
Hengst [hɛŋst] *m ZOOL* étalon *m*
Henkel ['hɛŋkəl] *m* anse *f*, oreille *f*
Henker ['hɛŋkər] *m* bourreau *m*
Henne ['hɛnə] *f ZOOL* poule *f*
her [heːr] *adv 1. (örtlich)* par ici, de ce côté-ci; *Komm ~!* Viens ici!/Approche! *von weit ~* de loin; *Wo kommen Sie ~?* De quel pays venez-vous? *hinter jdm ~ sein* être aux trousses de qn/poursuivre qn; *hinter etw ~ sein* être à la poursuite de qc; *hin und ~* ça et là/d'un côté et de l'autre; *hin und ~ gehen* aller et venir; *hin und ~ überlegen* ruminer; *2. es ist ... ~ (zeitlich)* il y a ...; *von alters ~* de tout temps; *Wie lange ist es ~, dass ...?* Combien de temps fait-il que ...? *Es ist einen Monat ~, dass ...* Il y a un mois que ...; *3. von ... ~* depuis ...; *4. Mit ihm ist es nicht viel ~.* Il ne vaut pas grand chose.
herab [hɛ'rap] *adv* en bas, vers le bas
herablassen [hɛ'raplasən] *v irr 1.* descendre; *2. sich ~* se laisser descendre; *3. sich ~ (fig)* condescendre
herablassend [hɛ'raplasənt] *adj 1.* condescendant; *adv 2.* avec condescendance
herabsehen [hɛ'rapzeːən] *v irr auf jdn ~ (fig)* regarder qn de haut
herabsetzen [hɛ'rapzɛtsən] *v 1. (vermindern)* abaisser; *2. (herabwürdigen)* abaisser
herabsteigen [hɛ'rapʃtaɪgən] *v irr* descendre
herabstürzen [hɛ'rapʃtyrtsən] *v* se précipiter
heran [hɛ'ran] *adv (örtlich: nahe bei)* tout près de
herankommen [hɛ'rankɔmən] *v irr 1.* s'approcher; *2. an jdn ~ (jdm gleichkommen)* égaler qn
heranmachen [hɛ'ranmaxən] *v 1. (nähern)* s'approcher; *2. sich an jdn ~* accoster qn
heranschleichen [hɛ'ranʃlaɪçən] *v irr sich ~* s'approcher tout doucement
herantragen [hɛ'rantraːgən] *v irr 1.* apporter; *2. etw an jdn ~ (fig)* soumettre qc à qn
herantreten [hɛ'rantreːtən] *v irr an jdn ~ (fig)* s'adresser à qn
heranwachsen [hɛ'ranvaksən] *v irr* grandir
Heranwachsende(r) [hɛ'ranvaksəndə(r)] *m/f* jeune homme/jeune fille *m/f*, adolescent(e) *m/f*
herauf [hɛ'rauf] *adv* en haut, vers le haut
heraufbeschwören [hɛ'raufbəʃvøːrən] *v irr 1.* évoquer; *2. (Gefahr)* déclencher
heraufholen [hɛ'raufhoːlən] *v 1. (Sache)* monter; *2. (Person)* faire monter
heraufkommen [hɛ'raufkɔmən] *v irr* monter
heraufsetzen [hɛ'raufzɛtsən] *v 1. (erhöhen)* hausser; *2. (Preise)* majorer
heraufsteigen [hɛ'raufʃtaɪgən] *v irr* monter
heraus [hɛ'raus] *adv* en dehors, de dedans
herausbekommen [hɛ'rausbəkɔmən] *v irr 1. (Wechselgeld)* revenir; *Ich bekomme ... heraus.* Il me revient .../On me doit ...; *2. (fig: herausfinden)* trouver
herausbringen [hɛ'rausbrɪŋən] *v irr 1.* porter dehors, sortir; *2. (veröffentlichen)* éditer

herausfinden [hɛ'rausfɪndən] *v irr 1.* trouver; *2. (den Ausgang finden)* trouver la sortie; *3. (fig)* s'en sortir
herausfordern [hɛ'rausfɔrdərn] *v* réclamer, exiger
herausfordernd [hɛ'rausfɔrdərnt] *adj 1.* provocant, provocateur; *adv 2.* avec défi, avec arrogance
Herausforderung [hɛ'rausfɔrdəruŋ] *f* provocation *f; eine ~ annehmen* relever un défi
herausgeben [hɛ'rausgeːbən] *v irr 1. (Geld)* rendre; *2. (Buch)* éditer, publier; *3. (Waren)* délivrer
Herausgeber [hɛ'rausgeːbər] *m* éditeur *m*
heraushalten [hɛ'raushaltən] *v irr sich aus etw ~* rester en dehors de qc, ne pas vouloir être mêlé à qc
herauskommen [hɛ'rauskɔmən] *v irr 1.* sortir, déboucher de; *2. (resultieren aus)* résulter de; *3. (bekannt werden)* transpirer, s'ébruiter; *4. (Buch)* paraître, sortir; *5. aufs Gleiche ~* revenir au même
herauskristallisieren [hɛ'rauskrɪstaliziːrən] *v sich ~* se cristalliser
herausnehmen [hɛ'rausneːmən] *v irr 1. (nehmen)* sortir, retirer; *2. sich ~* prendre des libertés
herausragend [hɛ'rausraːgənt] *adj* dominant
herausreden [hɛ'rausreːdən] *v sich ~* trouver une bonne excuse
herausreißen [hɛ'rausraɪsən] *v irr* arracher
herausschauen [hɛ'rausʃauən] *v 1.* regarder dehors; *2. (hervorschauen)* montrer le bout du nez
herausstellen [hɛ'rausʃtɛlən] *v 1.* mettre dehors; *2. (hervorheben)* mettre en évidence, mettre en vedette; *3. sich ~ als* se montrer comme, se révéler comme
herausstrecken [hɛ'rausʃtrɛkən] *v 1.* tendre, présenter; *2. (Zunge)* tirer la langue
heraussuchen [hɛ'rauszuːxən] *v* choisir
heraustreten [hɛ'raustreːtən] *v irr* sortir
herb [hɛrp] *adj 1. (Geschmack)* âpre, amer; *2. (fig)* amer, acerbe
herbei [hɛr'baɪ] *adv* par ici, de ce côté-ci
herbeieilen [hɛr'baɪaɪlən] *v* accourir
herbeiführen [hɛr'baɪfyːrən] *v* causer, occasionner, provoquer
herbeischaffen [hɛr'baɪʃafən] *v 1.* apporter; *2. (etw kommen lassen)* faire venir
herbeisehnen [hɛr'baɪzeːnən] *v* désirer ardemment
Herberge ['hɛrbɛrgə] *f 1.* gîte *m,* logis *m; 2. (Jugendherberge)* auberge de jeunesse *f*
herbringen ['heːrbrɪŋən] *v irr 1. (Sache)* apporter; *2. (Person)* amener
Herbst [hɛrpst] *m* automne *m*
herbstlich ['hɛrpstlɪç] *adj* automnal
Herd [heːrt] *m 1. (zum Kochen)* fourneau *m,* cuisinière *f; 2. (fig)* foyer *m,* âtre *m*
Herde ['heːrdə] *f* troupe *f,* troupeau *m*
herein [hɛ'raɪn] *adv 1.* en dedans, à l'intérieur; *interj 2.* entrez, par ici
hereinbitten [hɛ'raɪnbɪtən] *v irr jdn ~* prier qn d'entrer
hereinbrechen [hɛ'raɪnbrɛçən] *v irr 1.* faire irruption; *2. (fig)* tomber
hereinfallen [hɛ'raɪnfalən] *v irr 1.* tomber dedans; *2. (fig: getäuscht werden)* tomber dans le piège
hereinkommen [hɛ'raɪnkɔmən] *v irr* entrer
hereinlassen [hɛ'raɪnlasən] *v irr* faire entrer, laisser entrer
hereinlegen [hɛ'raɪnleːgən] *v jdn ~* tromper qn, duper qn
hereintreten [hɛ'raɪntreːtən] *v irr (betreten)* entrer dans
herfallen ['heːrfalən] *v irr 1. über jdn ~* tomber sur le dos de qn; *2. über etw ~* tomber sur qc, se ruer sur qc
Hergang ['heːrgaŋ] *m* marche *f*
hergeben ['heːrgeːbən] *v irr* donner
Hering ['heːrɪŋ] *m ZOOL* hareng *m*
herkommen ['heːrkɔmən] *v irr 1. (näher kommen)* s'approcher; *2. (herstammen)* venir de
herkömmlich ['heːrkœmlɪç] *adj* traditionnel
Herkunft ['heːrkunft] *f* origine *f*
herleiten ['heːrlaɪtən] *v 1.* conduire, amener; *2. (folgern)* déduire; *3. sich von etw ~* tirer son origine de qc
hermetisch [hɛr'meːtɪʃ] *adj* hermétique
Herr [hɛr] *m 1.* monsieur *m; 2. (Gebieter)* maître *m; ~ der Lage sein* être maître de la situation; *einer Sache ~ werden* avoir raison de qc; *der ~ im Haus sein* porter la culotte; *über jdn ~ werden* venir à bout de qn
herrichten ['heːrrɪçtən] *v 1.* arranger, préparer; *2. (reparieren)* réparer
herrisch ['hɛrɪʃ] *adj 1.* de maître; *2. (Ton)* magistral

herrlich ['hɛrlɪç] *adj* magnifique, superbe
Herrlichkeit ['hɛrlɪçkaɪt] *f* splendeur *f*
Herrschaft ['hɛrʃaft] *f 1.* domination *f; 2. (Beherrschung)* maîtrise *f*
herrschaftlich ['hɛrʃaftlɪç] *adj* seigneurial
herrschen ['hɛrʃən] *v 1. (regieren)* régner, gouverner; *2. (bestehen)* régner
Herrscher ['hɛrʃər] *m* maître *m*
Herrschsucht ['hɛrʃzuxt] *f* soif de pouvoir *f*
herrühren ['heːrryːrən] *v ~ von* venir de
herstellen ['herʃtɛlən] *v 1. (erzeugen)* produire, fabriquer; *2. (fig: realisieren)* réaliser, établir
Hersteller ['herʃtɛlər] *m* fabricant *m*
Herstellung ['herʃtɛluŋ] *f 1. (Erzeugung)* fabrication *f; 2. (Realisierung)* réalisation *f*
herüber [hɛ'ryːbər] *adv* par ici, de ce côté-ci
herüberblicken [hɛ'ryːbərblɪkən] *v* regarder par ici
herübersteigen [hɛ'ryːbərʃtaɪgən] *v irr* monter pour franchir
herum [hɛ'rum] *adv 1.* autour de; *2. (ungefähr)* vers, autour; *3. (in der Umgebung von)* aux environs de
herumalbern [hɛ'rumalbərn] *v* s'amuser à des niaiseries
herumbekommen [hɛ'rumbəkɔmən] *v irr 1. jdn ~* convaincre qn, faire changer d'avis à qn; *2. (Zeit)* faire passer, occuper
herumgehen [hɛ'rumgeːən] *v irr (umherlaufen)* se promener
herumkommandieren [hɛr'umkɔmandiːrən] *v jdn ~* mener qn à la baguette
herumreichen [hɛ'rumraɪçən] *v* faire passer
herumsprechen [hɛ'rumʃprɛçən] *v irr sich ~* se répandre
Herumtreiber [hɛ'rumtraɪbər] *m* vagabond *m*
herunter [hɛ'runtər] *adv* en bas, à terre
herunterdrücken [hɛ'runtərdrykən] *v 1.* presser vers le bas; *2. (fig: herabsetzen)* baisser, faire baisser
herunterfallen [hɛ'runtərfalən] *v irr* tomber par terre
heruntergekommen [hɛ'runtərgəkɔmən] *adj 1. (gesunken)* qui a beaucoup baissé; *2. (fig)* à la dérive, tombé bien bas
herunterklappen [hɛ'runtərklapən] *v* rabattre
herunterschlucken [hɛ'runtərʃlukən] *v* avaler
herunterwerfen [hɛ'runtərvɛrfən] *v irr* jeter en bas
hervor [hɛr'foːr] *adv* en avant, dehors
hervorbringen [hɛr'foːrbrɪŋən] *v irr 1. (erzeugen)* produire, créer; *2. (sagen)* proférer, articuler
hervorgehen [hɛr'foːrgeːən] *v irr 1. aus etw ~* sortir de qc, provenir de qc; *Aus dieser Ehe gingen zwei Kinder hervor.* Deux enfants sont nés de ce mariage. *Er ging aus dem Wettkampf als Sieger hervor.* Il est sorti vainqueur de ce combat. *2. (zu folgern sein)* ressortir, résulter; *Daraus geht hervor, dass ...* Il en résulte que ...
hervorheben [hɛr'foːrheːbən] *v irr* faire ressortir, mettre en valeur, mettre en évidence
hervorragend [hɛr'foːrraːgənt] *adj 1.* saillant, proéminent; *2. (fig)* remarquable, exceptionnel
hervorrufen [hɛr'foːrruːfən] *v irr (fig)* provoquer, susciter
hervorstechen [hɛr'foːrʃtɛçən] *v irr (fig)* frapper, se faire remarquer
Herz [hɛrts] *n ANAT* cœur *m; seinem ~en folgen* écouter son cœur; *sich ein ~ fassen* prendre son courage à deux mains; *sich etw zu ~en nehmen* prendre qc à cœur; *sein ~ ausschütten* vider son sac/ouvrir son cœur; *Das liegt mir sehr am ~en.* Cela me tient à cœur./J'y attache beaucoup de valeur. *ein ~ und eine Seele sein* être inséparables; *jdm das ~ brechen* briser le cœur à qn; *das ~ auf der Zunge tragen* parler à cœur ouvert; *jdm sein ~ schenken* offrir son cœur à qn; *jdm das ~ schwer machen* bouleverser qn; *seinem ~en Luft machen* dire tout ce qu'on a sur le cœur; *jdm ans ~ wachsen* prendre qn en affection/se prendre d'amitié pour qn; *etw auf dem ~en haben* avoir qc sur le cœur; *jdm aus dem ~en sprechen* être sur la même longueur d'onde que qn/avoir les mêmes idées que qn; *aus tiefstem ~en* de tout cœur/sincèrement; *jdn in sein ~ schließen* porter qn dans son cœur; *jdn ins ~ treffen* blesser qn au vif/toucher qn au plus profond; *etw nicht übers ~ bringen* ne pas avoir le courage de faire qc; *leicht ums ~ werden* être soulagé; *Das ~ ist ihm in die Hose gerutscht.* Il a la pétoche./Il a les jetons./Il a la trouille. *Das ~ wurde ihr schwer.* Elle eut le cœur gros./Son cœur saigna.
Herzenswunsch ['hɛrtsənsvunʃ] *m* désir profond *m*

herzergreifend ['hɛrtsɛrgraɪfənt] *adj* poignant
herzhaft ['hɛrtshaft] *adj 1. (Geschmack)* savoureux; *2. (Lachen)* de bon cœur
Herzinfarkt ['hɛrtsɪnfarkt] *m* infarctus *m*
Herzklopfen ['hɛrtsklɔpfən] *n* palpitations *f/pl*
herzlich ['hɛrtslɪç] *adj* cordial, sincère
herzlos ['hɛrtsloːs] *adj* sans cœur
Herzog(in) ['hɛrtsoːg(ɪn)] *m/f* duc(hesse) *m/f*
Herzschlag ['hɛrtsʃlaːk] *m* pulsation cardiaque *f*
heterogen [hetero'geːn] *adj* hétérogène
hetzen ['hɛtsən] *v 1. (eilen)* être pressé, se dépêcher; *2. jdn ~* pourchasser qn, traquer qn
Heu [hɔy] *n BOT* foin *m*
Heuchelei [hɔyçə'laɪ] *f* hypocrisie *f*
heucheln ['hɔyçəln] *v* feindre, être hypocrite
Heuchler ['hɔyçlər] *m* hypocrite *m*
heuer ['hɔyər] *adv* cette année
heulen ['hɔylən] *v 1. (fam: weinen)* pleurer, pleurnicher; *~ wie ein Schlosshund* pleurer comme une Madeleine/pleurer comme un veau; *zum Heulen sein* être à pleurer/être à chialer (fam); *2. (Sirene)* hurler
heute ['hɔytə] *adv* aujourd'hui; *von ~ auf morgen* du jour au lendemain
heutzutage ['hɔytsutaːgə] *adv* de nos jours, par le temps qui court
Hexe ['hɛksə] *f* sorcière *f*
Hexenkessel ['hɛksənkɛsəl] *m (fig)* chaudron de sorcière *m*
Hieb [hiːp] *m* coup *m*
hier [hiːr] *adv* ici, en ce lieu; *~ bleiben* rester ici
Hierarchie [hiːerar'çiː] *f* hiérarchie *f*
hierauf ['hiːrauf] *adv* après quoi, là-dessus
hierbei ['hiːrbaɪ] *adv* à ceci
hierdurch ['hiːrdurç] *adv (kausal)* comme cela, ainsi
hierher ['hiːrheːr] *adv* par ici
hiermit ['hiːrmɪt] *adv 1.* avec cela; *2. (in einem Brief)* par la présente
hierzu ['hiːrtsuː] *adv 1.* à ceci; *2. (außerdem)* en outre
hiesig ['hiːzɪç] *adj* d'ici
Hilfe ['hɪlfə] *f 1.* aide *f,* secours *m; ohne fremde ~* sans aucune aide; *jdm zu ~ kommen* venir en aide à qn; *2. (Sozialhilfe)* assistance sociale *f,* aide sociale *f; 3. (Katastrophenhilfe)* assistance aux personnes sinistrées *f; interj 4. ~!* Au secours!/A l'aide!
hilflos ['hɪlfloːs] *adj 1. (ohne Hilfe)* impuissant; *2. (verlassen)* abandonné; *3. (krank)* impotent
Hilflosigkeit ['hɪlfloːzɪçkaɪt] *f 1. (ohne Hilfe)* impuissance *f; 2. (Verlassenheit)* abandon *m*
hilfreich ['hɪlfraɪç] *adj* serviable
Hilfsarbeiter ['hɪlfsarbaɪtər] *m* manœuvre *m*
hilfsbereit ['hɪlfsbəraɪt] *adj* secourable
Hilfsbereitschaft ['hɪlfsbəraɪtʃaft] *f* serviabilité *f*
Hilfsmittel ['hɪlfsmɪtəl] *n 1.* moyen *m; 2. (Werkzeug)* outil *m*
Himbeere ['hɪmbeːrə] *f BOT* framboise *f*
Himmel ['hɪməl] *m* ciel *m; im siebten ~ sein* être aux anges/être au septième ciel; *Dich schickt der ~.* C'est le ciel qui t'envoie. *~ und Hölle in Bewegung setzen* remuer ciel et terre; *jdn bis in den ~ heben* porter qn aux nues; *der ~ auf Erden sein* être le paradis sur terre; *jdm den ~ auf Erden versprechen* promettre monts et merveilles à qn; *aus heiterem ~* tout d'un coup/sans crier gare; *zum ~ schreien* être une vraie honte; *Ach du lieber ~!* Ce n'est pas possible./Ce n'est pas vrai! *Weiß der ~!* Dieu seul le sait! *Um ~s willen!* Pour l'amour de Dieu!
Himmelfahrt ['hɪməlfaːrt] *f 1. Christi ~ REL* Ascension de Jésus-Christ *f; 2. Mariä ~ REL* Assomption de la Vierge *f*
Himmelfahrtskommando ['hɪməlfaːrtskɔmando] *n* mission suicide *f*
Himmelsrichtung ['hɪməlsrɪçtuŋ] *f ASTR* point cardinal *m*
himmlisch ['hɪmlɪʃ] *adj 1. REL* céleste; *2. (göttlich)* divin; *3. (fig)* sublime
hin[1] [hɪn] *adv 1. (örtlich)* y, là; *Wo ist er ~?* Où est-il allé? *~ und her* ça et là/d'un côté et de l'autre; *~ und zurück* aller et retour; *~ und her schwanken* hésiter; *~ und her gerissen sein* ne pas pouvoir se décider; *nach langem Hin und Her* après avoir longtemps pesé le pour et le contre/après longue hésitation; *auf die Gefahr ~, dass ...* au risque de ...; *2. (zeitlich) ~ und wieder* de loin en loin, de temps en temps, parfois
hin[2] [hɪn] *adj (fam: kaputt)* fichu
hinab [hɪn'ap] *adv* vers le bas, en descendant
hinauf [hɪn'auf] *adv* vers le haut, en montant, en haut
hinaufgehen [hɪn'aufgeːən] *v irr* monter

hinaufsteigen [hɪn'aufʃtaɪgən] *v irr* monter
hinaus [hɪn'aus] *adv* en dehors
hinausbeugen [hi'nausbɔygən] *v sich ~* se pencher dehors
hinausgehen [hɪn'ausgeːən] *v irr* sortir
hinausschieben [hɪn'ausʃiːbən] *v irr 1.* pousser dehors; *2. (zeitlich)* remettre
hinauswerfen [hɪn'ausvɛrfən] *v irr 1.* jeter dehors; *2. (Person)* mettre à la porte
Hinblick ['hɪnblɪk] *m im ~ auf* en considération de, eu égard à
hindern ['hɪndərn] *v* empêcher, entraver
Hindernis ['hɪndərnɪs] *n* obstacle *m*
hindurch [hɪn'durç] *adv 1. (örtlich)* à travers de, au travers de; *2. (zeitlich)* pendant, durant
hinein [hɪn'aɪn] *adv* dans, dedans
hineingehen [hɪn'aɪngeːən] *v irr* entrer dans
hineingeraten [hɪn'aɪngəraːtən] *v irr* tomber dans
hineinpassen [hɪn'aɪnpasən] *v in etw ~* entrer dans qc
hineinplatzen [hɪn'aɪnplatsən] *v* arriver brusquement
hineinreden [hɪn'aɪnreːdən] *v 1.* se mêler de; *2. (fam)* mettre son grain de sel
hineinstecken [hɪn'aɪnʃtɛkən] *v 1. ~ in* mettre dans; *2. (fig: investieren)* engager son argent
hineinsteigern [hɪn'aɪnʃtaɪgərn] *v sich ~* s'exalter
hineinversetzen [hɪn'aɪnfɛrzɛtsən] *v sich ~ in* se mettre à la place de
hineinziehen [hɪn'aɪntsiːən] *v irr 1.* traîner dans; *2. (fig) jdn in etw ~* impliquer qn dans qc
Hinfahrt ['hɪnfaːrt] *f* aller *m; auf der ~* à l'aller
hinfallen ['hɪnfalən] *v irr 1.* tomber par terre; *2. (sich fallen lassen)* s'affaler
hinfällig ['hɪnfɛlɪç] *adj 1. (gebrechlich)* décrépit; *2. (gegenstandslos)* vain, insoutenable
Hingabe ['hɪngaːbə] *f* don de soi *m*
hingegen [hɪn'geːgən] *konj* au contraire, par contre
hinhalten ['hɪnhaltən] *v irr 1.* tendre, présenter; *2. jdn ~* faire attendre qn, retenir qn
hinken ['hɪŋkən] *v* boiter
hinknien ['hɪnkniːən] *v sich ~* s'agenouiller
hinlänglich ['hɪnlɛŋlɪç] *adj 1.* suffisant; *adv 2.* assez
hinlegen ['hɪnleːgən] *v 1. etw ~* mettre qc, déposer qc; *2. sich ~* s'étendre, se coucher
hinnehmen ['hɪnneːmən] *v irr* prendre
hinreißend ['hɪnraɪsənt] *adj* ravissant, entraînant
Hinrichtung ['hɪnrɪçtuŋ] *f* exécution *f*
hinsehen ['hɪnzeːən] *v irr* y regarder; *genau ~* regarder de près; *ohne hinzusehen* sans regarder
hinsetzen ['hɪnzɛtsən] *v sich ~* s'asseoir
Hinsicht ['hɪnzɪçt] *f in gewisser ~* à certains égards; *in dieser ~* à cet égard, sous ce rapport
hinsichtlich ['hɪnzɪçtlɪç] *prep* à l'égard de, quant à, en ce qui concerne
hinstellen ['hɪnʃtɛlən] *v 1.* mettre, poser; *2. sich ~* se mettre debout
hinten ['hɪntən] *adv* derrière, à l'arrière; *Ich weiß nicht mehr, wo ~ und vorne ist.* Je ne sais plus où donner de la tête.
hinter ['hɪntər] *prep* derrière; *etw ~ sich lassen* en finir avec qc; *~ den anderen zurückbleiben* rester loin derrière les autres; *zwei km ~ München* deux km après Munich; *~ jdm zurückstehen* rester dans l'ombre de qn
Hinterausgang ['hɪntərausgaŋ] *m* sortie par derrière *f*
Hinterbliebene(r) [hɪntər'bliːbənə(r)] *m/f 1. (Erbe)* héritier/héritière *m/f; 2. JUR* ayants droit *m/pl*
hintere(r,s) ['hɪntərə(r,s)] *adj* arrière, de derrière
hintereinander [hɪntəraɪ'nandər] *adv 1.* l'un derrière l'autre; *2. (zeitlich)* l'un après l'autre
hintergehen [hɪntər'geːən] *v irr jdn ~* tromper qn
Hintergrund ['hɪntərgrunt] *m 1.* fond *m; 2. (fig)* arrière-plan *m; die Hintergründe kennen* connaître le dessous des cartes; *in den ~ treten* passer à l'arrière-plan
hintergründig ['hɪntərgryndɪç] *adj* complexe
hinterhältig ['hɪntərhɛltɪç] *adj* sournois
hinterher [hɪntər'heːr] *adv 1.* après les autres; *2. (örtlich)* à la queue; *3. (zeitlich)* plus tard, après coup
hinterherlaufen [hɪntər'heːrlaufən] *v irr* courir après
Hinterkopf ['hɪntərkɔpf] *m etw im ~ haben* avoir qc dans la tête
Hinterland ['hɪntərlant] *n* arrière-pays *m*
hinterlassen [hɪntər'lasən] *v irr (vererben)* laisser
hinterlegen [hɪntər'leːgən] *v* déposer

hinterlistig ['hɪntərlɪstɪç] *adj* rusé, astucieux, sournois

Hintern ['hɪntərn] *m (fam)* derrière *m*, postérieur *m; sich auf den ~ setzen* en tomber sur le cul; *sich in den ~ beißen* s'en mordre les doigts; *jdm in den ~ treten* donner un coup de pied aux fesses à qn; *jdm in den ~ kriechen* cirer les bottes à qn/lècher les bottes à qn

Hintertreppe ['hɪntərtrɛpə] *f* escalier de service *m*

Hintertür ['hɪntərty:r] *f sich eine ~ offen halten* se ménager une porte de sortie/s'assurer une porte de sortie; *durch die ~* par derrière/secrètement

hinterziehen [hɪntər'tsi:ən] *v irr (Steuern)* détourner

hinüber [hɪ'ny:bər] *adv* au-delà, de l'autre côté

hinunter [hɪ'nuntər] *adv* en bas, par terre

hinuntergehen [hɪ'nuntərge:ən] *v irr* descendre

hinunterschlucken [hɪ'nuntərʃlukən] *v 1.* avaler; *2. (fig)* ravaler; *3. (verschlingen)* engloutir

hinunterwerfen [hɪ'nuntərvɛrfən] *v irr* jeter en bas

hinweghelfen [hɪn'vɛkhɛlfən] *v irr jdm über ein Problem ~* aider qn à surmonter une difficulté

hinwegsetzen [hɪn'vɛkzɛtsən] *v sich über etw ~* se mettre au-dessus de qc

Hinweis ['hɪnvaɪs] *m 1.* indication *f*, mention *f; 2. (Auskunft)* renseignement *m*

hinweisen ['hɪnvaɪzən] *v irr* signaler; *jdn auf etw ~* faire observer qc à qn

hinziehen ['hɪntsi:ən] *v irr sich ~* s'étendre

hinzu [hɪn'tsu:] *adv* de plus, en outre

hinzufügen [hɪn'tsu:fy:gən] *v* ajouter

hinzuziehen [hɪn'tsu:tsi:ən] *v irr* faire prendre part

hirnverbrannt ['hɪrnfɛrbrant] *adj* complètement fou, absurde

Hirsch [hɪrʃ] *m ZOOL* cerf *m*

Hirse ['hɪrzə] *f BOT* millet *m*

Hirte [hɪrtə] *m 1.* berger *m; 2. (fig)* pasteur *m*

Hirtenhund ['hɪrtənhunt] *m* chien de berger *m*

hissen ['hɪsən] *v* hisser, arborer

Historiker(in) [hɪ'sto:rɪkər(ɪn)] *m/f* historien(ne) *m/f*

historisch [hɪ'sto:rɪʃ] *adj* historique

Hitze ['hɪtsə] *f 1.* chaleur *f*, grande chaleur *f; vor ~ umkommen* crever de chaleur; *in der ~ des Gefechts* dans le feu de l'action; *2. (Zorn)* emportement *m*

hitzebeständig ['hɪtsəbəʃtɛndɪç] *adj* résistant à la chaleur

hitzefrei ['hɪtsəfraɪ] *adj* ne pas avoir classe à cause de la chaleur

Hitzewelle ['hɪtsəvɛlə] *f* vague de chaleur *f*

hitzig ['hɪtsɪç] *adj 1. (ungestüm)* impétueux; *2. (reizbar)* irritable; *3. (fiebrig) MED* fébrile

Hobel ['ho:bəl] *m 1. TECH* rabot *m; 2. (Küchenhobel)* râpe *f*

hobeln ['ho:bəln] *v 1. (Gemüse)* râper; *2. TECH* raboter

hoch [ho:x] *adj* haut, élevé; *Das ist mir zu ~.* C'est trop calé pour moi./C'est trop dur pour moi. *jdm etw ~ und heilig versprechen* jurer qc à qn sur la tête de sa mère; *~ entwickelt* hautement élaboré/très poussé/de pointe

Hochachtung ['ho:xaxtuŋ] *f* haute considération *f*

hochachtungsvoll ['ho:xaxtuŋsfɔl] *adv (in einem Geschäftsbrief)* veuillez agréer l'expression de mes sentiments distingués

hochanständig ['ho:x'anʃtɛndɪç] *adj* décent

Hochbau ['ho:xbau] *m* bâtiment *m*

Hochbetrieb ['ho:xbətri:p] *m* activité intense *f*

Hochdeutsch ['ho:xdɔytʃ] *n* haut allemand *m*

hocherfreut ['ho:xɛrfrɔyt] *adj* enchanté

hochfahren ['ho:xfa:rən] *v irr 1.* monter; *2. jdn ~* monter qn en voiture; *3. aus dem Schlaf ~* se réveiller en sursaut, sursauter; *4. (plötzlich aufbrausen)* s'emporter soudainement; *5. (einen Rechner) INFORM* emballer

Hochgebirge ['ho:xgəbɪrgə] *n GEOL* haute montagne *f*

Hochgenuss ['ho:xgənus] *m* délice *m*

hochgeschlossen ['ho:xgəʃlɔsən] *adj* montant

hochgradig ['ho:xgra:dɪç] *adj 1.* d'un haut degré; *2. (fig)* intense

Hochhaus ['ho:xhaus] *n* immeuble *m*

hochklappen ['ho:xklapən] *v* relever

Hochleistung ['ho:xlaɪstuŋ] *f 1.* haut rendement *m; 2. SPORT* haute performance *f*

Hochmut ['ho:xmu:t] *m* orgueil *m*

hochmütig ['ho:xmy:tɪç] *adj* hautain, orgueilleux

Hochrechnung ['ho:xrɛçnuŋ] *f* estimation *f*

Hochsaison ['hoːxzɛzɔ̃] *f* pleine saison *f*
Hochseefischerei ['hoːxzeːfɪʃəraɪ] *f* grande pêche *f*
Hochsommer ['hoːxzɔmər] *m* plein été *m; im ~* en plein été
höchst [høːçst] *adv* tout à fait, extrêmement
Hochstapler ['hoːxʃtaplər] *m* imposteur *m*
höchste(r,s) ['høːçstə(r,s)] *adj* le plus haut/la plus haute, le plus grand/la plus grande
höchstens ['høːçstəns] *adv* tout au plus
Höchstpreis ['høːçstpraɪs] *m* prix maximum *m,* plafond *m*
höchstwahrscheinlich ['høːçstvaːrʃaɪnlɪç] *adv* très probablement
hochtrabend ['hoːxtraːbənt] *adj* emphatique
Hochwasser ['hoːxvasər] *n 1.* crue *f; 2. (Flut)* marée haute *f*
hochwertig ['hoːxvertɪç] *adj* de haute qualité
Hochwürden ['hoːxvyrdən] *m REL* Monseigneur *m*
Hochzeit ['hɔxtsaɪt] *f* mariage *m,* noces *f/pl; auf allen ~en tanzen* vouloir être partout à la fois
Hochzeitsfeier ['hɔxtsaɪtsfaɪər] *f* célébration du mariage *f*
Hochzeitsnacht ['hɔxtsaɪtsnaxt] *f* nuit de noces *f*
Hochzeitsreise ['hɔxtsaɪtsraɪzə] *f* voyage de noces *m*
Hocke ['hɔkə] *f 1.* tas de gerbes *m; 2. (Sprung)* saut accroupi *m*
hocken ['hɔkən] *v 1.* être accroupi; *2. (fam: sitzen)* être assis, ne pas bouger; *über den Büchern ~* sécher sur ses livres; *immer zu Hause ~* être casanier
Hocker ['hɔkər] *m* tabouret *m*
Hof [hoːf] *m 1. (Haus)* cour *f; 2. (Königshof)* cour *f; 3. (Hinterhof)* arrière-cour *f; 4. (Bauernhof)* ferme *f; 5. jdm den ~ machen* faire la cour à qn
hoffen ['hɔfən] *v* espérer
hoffentlich ['hɔfəntlɪç] *adv* espérons que, il faut espérer que
Hoffnung ['hɔfnuŋ] *f* espoir *m; guter ~ sein* être enceinte
hoffnungslos ['hɔfnuŋsloːs] *adj* désespéré; *Das ist ~.* C'est sans espoir./C'est sans remède.
Hoffnungslosigkeit ['hɔfnuŋsloːzɪçkaɪt] *f* désespoir *m*
hoffnungsvoll ['hɔfnuŋsfɔl] *adj 1.* plein d'espoir; *2. (viel versprechend)* prometteur; *adv 3.* dans l'espoir que ...
höflich ['høːflɪç] *adj 1.* poli; *so ~ sein, wie man nur kann* être on ne peut plus poli; *adv 2.* poliment
Höflichkeit ['høːflɪçkaɪt] *f* politesse *f*
Höhe ['høːə] *f 1.* hauteur *f; die ~n und Tiefen* les hauts et les bas; *auf der ~ sein* être en pleine forme; *in die ~ gehen* s'énerver/se mettre en colère/monter sur ses grands chevaux; *Das ist doch die ~!* C'est le bouquet/C'en est trop!/C'est honteux! *2. (Gipfel)* sommet *m*
Hoheit ['hoːhaɪt] *f 1. Eure ~ (als Anredeform)* Votre Altesse *f,* Votre Majesté *f; 2. POL* grandeur *f*
Höhenflug ['høːənfluːk] *m* vol en altitude *m*
Höhepunkt ['høːəpuŋkt] *m 1.* point culminant *m; auf dem ~ seines Ruhms sein* être au zénith de sa gloire/avoir atteint le sommet de la gloire; *2. (fig)* comble *m*
höher ['høːər] *adj 1.* plus haut, plus élevé; *adv 2.* plus haut
hohl [hoːl] *adj 1.* creux; *2. (fig: gehaltlos)* creux, vide
Höhle ['høːlə] *f 1.* caverne *f; 2. (Bau)* terrier *m; sich in die ~ des Löwen wagen* prendre son courage à deux mains
Hohlraum ['hoːlraum] *m* espace vide *m*
Hohn [hoːn] *m* dérision *f; Das ist der reinste ~.* C'est complètement absurde.
höhnen ['høːnən] *v* railler, bafouer
höhnisch ['høːnɪʃ] *adj 1.* railleur; *adv 2.* d'un air moqueur
Hokuspokus [hoːkus'poːkus] *m* tour de bateleur *m,* jonglerie *f*
holen ['hoːlən] *v* aller chercher, venir chercher, aller prendre; *Bei ihm ist nichts zu ~.* On ne peut rien tirer de lui.
Holland ['hɔlant] *n GEO* Hollande *f*
Holländer(in) ['hɔlɛndər(ɪn)] *m/f* Hollandais(e) *m/f*
holländisch ['hɔlɛndɪʃ] *adj* hollandais
Hölle ['hœlə] *f* enfer *m; jdm die ~ heiß machen* rendre à qn la vie difficile/tanner qn (fam); *die ~ auf Erden* un enfer *m; jdm das Leben zur ~ machen* rendre à qn la vie infernale; *Zur ~ mit ihm!* Qu'il aille se faire voir./Qu'il aille au diable!
holperig ['hɔlpərɪç] *adj 1.* cahoteux; *2. (ruckweise)* par à-coups; *3. (fig: stockend)* hésitant

holpern ['hɔlpərn] *v 1. (rüttelnd fahren)* cahoter; *2. (stolpern)* broncher

Holz [hɔlts] *n 1.* bois *m; ~ in den Wald tragen (fig)* porter de l'eau à la rivière; *2. (Brennholz)* bois de chauffage *m*

hölzern ['hœltsərn] *adj 1.* en bois; *2. (fig)* raide

Holzfäller ['hɔltsfɛlər] *m* bûcheron *m*

Holzkohle ['hɔltsko:lə] *f* charbon de bois *m*

Holzschnitzer ['hɔltsʃnɪtsər] *m* sculpteur sur bois *m*

Holzwolle ['hɔltsvɔlə] *f* fibre de bois *f*

Homepage ['həʊmpeɪdʒ] *f INFORM* page d'accueil *f,* homepage *f*

Homosexualität [homozɛksualɪ'tɛ:t] *f* homosexualité *f*

homosexuell [homozɛksu'ɛl] *adj* homosexuel

Honig ['ho:nɪç] *m* miel *m; jdm ~ ums Maul schmieren (fig)* cirer les bottes à qn/passer de la pommade à qn

Honorar [hono'ra:r] *n* honoraires *m/pl*

Honoratioren [honora'tsjo:rən] *pl* notabilités *f/pl*

honorieren [hono'ri:rən] *v 1. (anerkennen)* honorer, accepter; *2. (bezahlen)* faire honneur à, honorer

hopp [hɔp] *interj Hopp, ~!* Et au galop!/Et que ça saute!

hoppsa ['hɔpsa:] *interj* hop là

hörbar ['hø:rba:r] *adj* perceptible

horchen ['hɔrçən] *v* écouter, prêter l'oreille, espionner

Horde ['hɔrdə] *f* claie *f,* horde *f*

hören ['hø:rən] *v 1.* entendre; *Ich habe davon gehört.* J'en ai entendu parler. *es von jdm gehört haben* le tenir de qn; *sich ~ lassen können* paraître raisonnable/paraître acceptable; *etw von sich ~ lassen* donner de ses nouvelles; *von jdm ~* entendre parler de qn; *Du bekommst etw von mir zu ~.* Je vais te tirer les oreilles./Je vais te passer un savon. *Da vergeht einem Hören und Sehen!* On en voit trente-six chandelles!/On ne sait plus où l'on en est. *2. (zuhören)* écouter; *Hören Sie nicht auf ihn!* N'écoutez pas ce qu'il dit! *3. (erfahren)* apprendre

Hörer ['hø:rər] *m 1. (Person)* auditeur *m; 2. (Telefonhörer)* récepteur *m*

Hörfehler ['hø:rfe:lər] *m MED* défaut de l'ouïe *m*

hörig ['hø:rɪç] *adj* asservi; *jdm ~ sein* être entièrement soumis à qn

Horizont [hori'tsɔnt] *m* horizon *m; einen beschränkten ~ haben* ne pas voir plus loin que son nez

horizontal [horitsɔn'ta:l] *adj* horizontal

Hormon [hɔr'mo:n] *n* hormone *f*

Horn [hɔrn] *n 1. ZOOL* corne *f; sich die Hörner abstoßen* jeter sa gourme; *jdm Hörner aufsetzen* faire porter des cornes à qn; *2. (Material)* corne *f; 3. MUS* cor *m; ins gleiche ~ blasen* être du même avis/partager un avis

Hornhaut ['hɔrnhaut] *f 1. (Schwiele)* durillon *m; 2. ANAT* cornée *f*

Horoskop [horos'ko:p] *n* horoscope *m*

Hörsaal ['hø:rsa:l] *m* salle de cours *f*

Hörspiel ['hø:rʃpi:l] *n* pièce radiophonique *f*

Hort [hɔrt] *m 1. (Kinderhort)* crèche *f,* garderie *f; 2. (Kleinkinderhort)* pouponnière *f; 3. (Zuflucht)* asile *m,* retraite *f*

horten ['hɔrtən] *v 1.* accumuler; *2. (Geld)* thésaurer

Hose ['ho:zə] *f* pantalon *m,* culotte *f; die ~ anhaben* porter la culotte; *jdm die ~n stramm ziehen* donner une fessée à qn/corriger qn; *in die ~ gehen* rater/échouer/foirer (fam); *sich in die ~ machen* faire dans son froc (fam)

Hosenboden ['ho:zənbo:dən] *m sich auf den ~ setzen* étudier consciencieusement

Hosenträger ['ho:zəntrɛ:gər] *pl* bretelles *f/pl*

Hospital [hɔspɪ'ta:l] *n* hôpital *m*

Hotel [ho'tɛl] *n* hôtel *m*

Hotelgewerbe [ho'tɛlgəvɛrbə] *n* industrie hôtelière *f*

Hotelier [hotəl'je:] *m* hôtelier *m*

Hotelzimmer [ho'tɛltsɪmər] *n* chambre d'hôtel *f*

Hub [hu:p] *m (Heben)* lever *m,* élévation *f*

Hubraum ['hu:praum] *m* cylindrée *f*

hübsch [hypʃ] *adj* joli, beau; *sich ~ machen* se faire beau

Hubschrauber ['hu:pʃraubər] *m* hélicoptère *m*

Huf [hu:f] *m ZOOL* sabot *m*

Hufeisen ['hu:faɪzən] *n* fer à cheval *m*

Hügel ['hy:gəl] *m* colline *f,* butte *f*

hügelig ['hy:gəlɪç] *adj* vallonné

Huhn [hu:n] *n ZOOL* poule *f; mit den Hühnern ins Bett gehen* se coucher comme les poules; *mit den Hühnern aufstehen* se lever comme les poules

Hühnchen ['hy:nçən] *n* poulet *m; mit jdm ein ~ zu rupfen haben* avoir un compte à régler avec qn

Hühnerfarm ['hy:nərfarm] *f* ferme à poulets *f*, poulailler industriel *m*
Hühnersuppe ['hy:nərzupə] *f GAST* bouillon de poule *m*
huldigen ['huldɪgən] *v jdm ~* rendre hommage à qn
Huldigung ['huldɪguŋ] *f* hommage *m*
Hülle ['hylə] *f* enveloppe *f*, étui *m*
Hülse ['hylzə] *f 1. (Schote)* cosse *f*, gousse *f*; *2. (Waffenhülse)* douille *f*
human [hu'ma:n] *adj* humain
Humanität [humanɪ'tɛ:t] *f* humanité *f*
Hummel ['huməl] *f ZOOL* bourdon *m; ~n im Hintern haben* ne pas rester en place/avoir le feu aux fesses (fam)
Hummer ['humər] *m ZOOL* homard *m*
Humor [hu'mo:r] *m* humour *m*
humorvoll [hu'mo:rfɔl] *adj* humoristique
humpeln ['humpəln] *v* boiter, clopiner
Hund [hunt] *m ZOOL* chien *m; auf den ~ kommen* baisser/se laisser aller
hundeelend ['hundə'e:lɛnt] *adj sich ~ fühlen* être malade comme un chien
Hundehütte ['hundəhytə] *f* niche *f*
hundekalt ['hundə'kalt] *adj Es ist ~.* Il fait un froid de canard.
hundemüde ['hundə'my:də] *adj (fam)* vanné
hundert ['hundərt] *num* cent; *vom Hundertsten ins Tausendste kommen* sauter du coq à l'âne
Hundertjahrfeier [hundərt'ja:rfaɪər] *f* centenaire *m*
hundertprozentig ['hundərtprotsɛntɪç] *adj 1.* à cent pour cent; *2. (ganz)* entièrement; *adv 3.* à cent pour cent
Hundewetter ['hundəvɛtər] *n (fam)* temps de chien *m*
Hundezwinger ['hundətsvɪŋər] *m* chenil *m*
Hunger ['huŋər] *m* faim *f*
Hungerlohn ['huŋərlo:n] *m* salaire de famine *m*
hungern ['huŋərn] *v 1.* ne pas manger à sa faim; *2. (fig) ~ nach* avoir soif de; *3. (fasten)* jeûner
Hungersnot ['huŋərsno:t] *f* famine *f*
Hungerstreik ['huŋərʃtraɪk] *m* grève de la faim *f*
hungrig ['huŋrɪç] *adj* affamé; *~ wie ein Wolf sein* avoir une faim de loup
Hupe ['hu:pə] *f* avertisseur *m*, klaxon *m*
hupen ['hu:pən] *v* klaxonner
hüpfen ['hypfən] *v* sautiller, bondir
Hürdenlauf ['hyrdənlauf] *m SPORT* course de haies *f*
Hure ['hu:rə] *f* prostituée *f*, putain *f* (fam)
hurra [hu'ra:] *interj* hourra; *~ schreien/Hurra rufen* pousser des hourras/chanter victoire
Hurrikan ['hœrɪkən] *m* ouragan *m*
hurtig ['hurtɪç] *adj* agile, leste
husch [huʃ] *interj 1. (Weg da!)* hop, gare; *2. (Schnell!)* vite, vite
huschen ['huʃən] *v* se glisser, passer rapidement
husten ['hu:stən] *v* tousser; *Ich werde dir etw ~.* Tu peux toujours courir.
Husten ['hu:stən] *m MED* toux *f*
Hustensaft ['hustənzaft] *m* sirop contre la toux *m*
Hut [hu:t] *m* chapeau *m; seinen ~ nehmen* rendre son tablier; *ein alter ~ sein* être une vieille histoire/être du réchauffé; *vor jdm den ~ ziehen* tirer son chapeau à qn; *sich etw an den ~ stecken* pouvoir garder qc/pouvoir se mettre qc où on pense (fam); *mit jdm nichts am ~ haben* ne pas avoir d'atomes crochus avec qn/ne pas avoir d'affinités avec qn; *jdm eins auf den ~ geben* passer un savon à qn; *etw unter einen ~ bringen* accorder qc
hüten ['hy:tən] *v* garder
Hütte ['hytə] *f 1. (Häuschen)* cabane *f*; *2. (Eisenhütte, Stahlhütte)* aciérie *f*
Hyäne [hy'ɛ:nə] *f ZOOL* hyène *f*
Hyazinthe [hyat'sɪntə] *f BOT* jacinthe *f*
Hydrant [hy'drant] *m* bouche d'incendie *f*
Hydraulik [hy'draulɪk] *f PHYS* hydraulique *f*
hydraulisch [hy'draulɪʃ] *adj PHYS* hydraulique
Hydrokultur [hydrokul'tu:r] *f* hydroculture *f*
Hygiene [hyg'je:nə] *f* hygiène *f*
hygienisch [hyg'je:nɪʃ] *adj* hygiénique
hypermodern [hypərmo'dɛrn] *adj* hypermoderne
Hypnose [hyp'no:zə] *f* hypnose *f*
Hypnotiseur [hypno:ti'zø:r] *m* hypnotiseur *m*
hypnotisieren [hypno:ti'zi:rən] *v* hypnotiser
Hypothek [hypo'te:k] *f* hypothèque *f*
Hypothese [hypo'te:zə] *f* hypothèse *f*
hypothetisch [hypo'te:tɪʃ] *adj* hypothétique
Hysterie [hyste'ri:] *f PSYCH* hystérie *f*
hysterisch [hys'te:rɪʃ] *adj PSYCH* hystérique

I

ich [ɪç] *pron 1. (mit Verb verbunden)* je; *2. (unverbunden)* moi
Ich [ɪç] *n* moi *m; sein zweites ~* son autre moi-même
ichbezogen ['ɪçbətsoːgən] *adj* égocentrique
ideal [ide'aːl] *adj* idéal, parfait
Ideal [ide'aːl] *n* idéal *m*
Idealismus [idea'lɪsmus] *m* idéalisme *m*
idealistisch [idea'lɪstɪʃ] *adj* idéaliste
Idee [i'deː] *f 1.* idée *f; nicht die leiseste ~ von etw haben* ne pas avoir la moindre idée de qc; *2. (Vorstellung)* conception *f; 3. (Begriff)* notion *f; 4. (Gedanke)* pensée *f*
ideell [ide'ɛl] *adj 1.* idéel; *2. PHIL* idéal
Identifikation [idɛntifika'tsjoːn] *f* identification *f*
identifizieren [idɛntifi'tsiːrən] *v* identifier
identisch [i'dɛntɪʃ] *adj* identique
Identität [idɛnti'tɛːt] *f* identité *f*
Ideologie [ideolo'giː] *f* idéologie *f*
ideologisch [ideo'loːgɪʃ] *adj* idéologique
Idiot [id'joːt] *m* idiot *m,* imbécile *m*
idiotisch [id'joːtɪʃ] *adj* idiot, fou
Idol [i'doːl] *n* idole *f*
Idyll [i'dyl] *n* idylle *f*
idyllisch [i'dylɪʃ] *adj* idyllique
Igel ['iːgəl] *m ZOOL* hérisson *m*
Ignoranz [igno'rants] *f* ignorance *f*
ignorieren [igno'riːrən] *v* ignorer
ihm [iːm] *pron* lui, à lui
ihn [iːn] *pron* le, lui; *An ~ richte ich das Wort.* C'est à lui que j'adresse la parole.
ihnen ['iːnən] *pron (weiblich)* leur, à elles, elles; *(männlich)* leur, à eux, eux
Ihnen ['iːnən] *pron (Höflichkeitsform)* vous, à vous
ihr [iːr] *pron 1. (Dativ)* lui, à elle; *2. der/die/das Ihre* le leur/la leur; *3. (Plural)* vous; *4. (Possessivpronomen)* son, sa
Ihr [iːr] *pron (Höflichkeitsform)* votre
ihre(r,s) ['iːrə(r,s)] *pron* sien(ne), ses
Ihre(r,s) ['iːrə(r,s)] *pron (Höflichkeitsform)* vôtre, vos
ihrerseits ['iːrərzaɪts] *adv 1.* de sa part; *2. (Plural)* de leur part
Ihrerseits ['iːrərzaɪts] *adv (Höflichkeitsform)* de votre part
ihretwegen ['iːrətveːgən] *adv* à cause d'elle(s)
Ihretwegen ['iːrətveːgən] *adv (Höflichkeitsform)* à cause de vous
illegal [ɪle'gaːl] *adj* illégal
Illusion [ɪluz'joːn] *f* illusion *f*
Illustration [ɪlustra'tsjoːn] *f* illustration *f*
illustrieren [ɪlu'striːrən] *v* illustrer
Illustrierte [ɪlu'striːrtə] *f* revue illustrée *f*
im *(= in dem)(siehe „in")*
Imbiss ['ɪmbɪs] *m* collation *f,* casse-croûte *m*
Imbissstube ['ɪmbisʃtuːbə] *f* snack-bar *m,* buvette *f*
Imitation [ɪmɪta'tsjoːn] *f 1.* imitation *f; 2. (Fälschung)* falsification *f*
imitieren [ɪmɪ'tiːrən] *v* imiter, contrefaire
Imker ['ɪmkər] *m* apiculteur *m*
immens [ɪ'mɛns] *adj* immense
immer ['ɪmər] *adv* toujours, sans cesse, constamment; *Auf ~!* A tout jamais! *auf ~ und ewig* à tout jamais/pour toujours; *wie auch ~* de quelque façon que ce soit/de toutes les manières
immerhin ['ɪmərhɪn] *adv* toujours est-il que
immun [ɪ'muːn] *adj* immunisé
impfen ['ɪmpfən] *v* vacciner
Impfschein ['ɪmpfʃaɪn] *m* certificat de vaccination *m*
Impfstoff ['ɪmpfʃtɔf] *m* vaccin *m*
Impfung ['ɪmpfuŋ] *f* vaccination *f*
imponieren [impo'niːrən] *v jdm ~* impressionner qn, en imposer à qn
Import [ɪm'pɔrt] *m* importation *f*
importieren [ɪmpɔr'tiːrən] *v* importer
imposant [ɪmpo'zant] *adj* imposant
impulsiv [ɪmpul'siːf] *adj* impulsif
imstande [im'ʃtandə] *adj (siehe „Stand")*
in [ɪn] *prep 1. (örtlich)* dans, en, à; *im Garten unserer Nachbarn* dans le jardin de nos voisins; *~ München* à Munich; *~ Deutschland* en Allemagne; *~ Brasilien* au Brésil; *~ den USA* aux Etats-Unis; *~ der Stadt (außer Haus)* en ville; *~ der Stadt (Gegensatz zu Land)* à la ville; *~ die Stadt gehen* aller en ville; *2. (zeitlich)* dans, pendant; *~ zwei Wochen (nach Ablauf*

von) dans deux semaines; ~ *zwei Wochen (innerhalb von)* en deux semaines; *im Jahr 1970* en 1970; *im Februar* en février; *im Sommer* en été; *im Frühling* au printemps; ~ *der Nacht* dans la nuit/pendant la nuit; *im Alter von* à l'âge de; ~ *diesen Tagen* ces jours-ci; ~ *der nächsten Woche* la semaine prochaine; ~ *diesem Jahr* cette année; ~ *meinem ganzen Leben* de toute ma vie; ~ *kurzem* sous peu; *3. (Stoff)* de, en; ~ *Holz* de bois/en bois

indem [ɪn'deːm] *konj 1. (dadurch, dass)* grâce à; *2. (während)* pendant que

Inder(in) ['ɪndər(ɪn)] *m/f* Indien(ne) *m/f*

indessen [ɪn'dɛsən] *konj 1.* tandis que; *adv 2. (während)* pendant ce temps, en attendant; *3. (dennoch)* pourtant, néanmois

Indianer(in) [ɪn'djaːnər(ɪn)] *m/f* Indien(ne) *m/f*

Indien ['ɪndjən] *n GEO* l'Inde *f*

individuell [ɪndividu'ɛl] *adj* individuel

Individuum [ɪndi'viːduum] *n* individu *m*

Indonesien [ɪndɔ'neːzjən] *n GEO* Indonésie *f*

Industrialisierung [ɪndustrialɪ'ziːruŋ] *f* industrialisation *f*

Industrie [ɪndus'triː] *f* industrie *f*

Industrie- und Handelskammer [ɪndus'triːunt'handəlskamər] *f* Chambre de commerce et d'industrie *f*

industriell [ɪndustri'ɛl] *adj* industriel

Industrielle(r) [ɪndustri'jɛlə(r)] *m/f* industriel(le) *m/f*

ineinander [ɪnaɪ'nandər] *adv* l'un dans l'autre, les uns dans les autres; ~ *greifen (fig)* s'enchaîner, s'engrener

infolge [ɪn'fɔlgə] *prep* par suite de

infolgedessen [ɪnfɔlgə'dɛsən] *konj* dès lors, par conséquent

Information [ɪnfɔrma'tsjoːn] *f* information *f; zur* ~ à titre d'information

informieren [ɪnfɔr'miːrən] *v* informer

Ingenieur [ɪnʒɛn'jøːr] *m* ingénieur *m*

Inhaber ['ɪnhaːbər] *m 1. (Eigentümer)* propriétaire *m; 2. (Besitzer)* possesseur *m,* détenteur *m; 3. (Amtsinhaber)* titulaire *m*

inhaftieren [ɪnhaf'tiːrən] *v* arrêter

Inhalt ['ɪnhalt] *m 1.* contenu *m; 2. (fig)* matière *f,* fond *m*

inhaltlich ['ɪnhaltlɪç] *adv* qui concerne le fond

Inhaltsangabe ['ɪnhaltsangaːbə] *f* résumé *m*

Inhaltsverzeichnis ['ɪnhaltsfɛrtsaɪçnɪs] *n* table des matières *f*

inklusive [ɪnklu'ziːvə] *prep* compris, y compris

inmitten [ɪn'mɪtən] *prep* au milieu de

innehaben ['ɪnəhaːbən] *v irr 1.* avoir; *2. (Amt)* occuper; *3. (Titel)* détenir

innehalten ['ɪnəhaltən] *v irr* arrêter

innen ['ɪnən] *adv* à l'intérieur, au dedans

Innenstadt ['ɪnənʃtat] *f 1.* centre de la ville *m; 2. (Altstadt)* vieille ville *f*

innerbetrieblich ['ɪnərbətriːplɪç] *adj* à l'intérieur de l'entreprise

innere(r,s) ['ɪnərə(r,s)] *adj* intérieur, interne

innerhalb ['ɪnərhalp] *prep 1. (örtlich)* à l'intérieur de, dans, au sein de; *2. (zeitlich)* en l'espace de, en

innerlich ['ɪnərlɪç] *adj 1.* intérieur, interne; *2. (tief greifend)* profond

ins *(= in das)(siehe „in")*

Insasse ['ɪnzasə] *m 1. (einer Anstalt)* pensionnaire *m/f; 2. (Fahrgast)* occupant *m; 3. (Fluggast)* passager *m*

insbesondere [ɪnsbə'zɔndərə] *adv* surtout, particulièrement, en particulier

Insekt [ɪn'zɛkt] *n ZOOL* insecte *m*

Insektenstich [ɪn'zɛktənʃtɪç] *m* piqûre d'insecte *f*

Insel ['ɪnzəl] *f* île *f; reif für die ~ sein* être bon pour l'asile

Inserat [ɪnzə'raːt] *n* annonce *f*

inserieren [ɪnzə'riːrən] *v* mettre une annonce, annoncer

insgeheim [ɪnsgə'haɪm] *adv* secrètement, en secret

insgesamt [ɪnsgə'zamt] *adv* en tout

Insider(in) ['ɪnsaɪdər(ɪn)] *m/f* initié(e) *m/f*

insofern [ɪnzo'fɛrn] *konj 1.* dans la mesure où, en tant que; *adv 2.* dans cette mesure, dans ce cas-là

Inspektion [ɪnspɛk'tsjoːn] *f 1.* inspection *f,* contrôle *m; 2. (Autoinspektion)* révision *f*

inspirieren [ɪnspi'riːrən] *v* inspirer

Installateur [ɪnstala'tøːr] *m 1.* installateur *m; 2. (Elektroinstallateur)* électricien *m*

Installation [ɪnstala'tsjoːn] *f* installation *f*

installieren [ɪnsta'liːrən] *v* installer

Instandhaltung [ɪn'ʃtanthaltuŋ] *f* entretien *m*

inständig ['ɪnʃtɛndɪç] *adj 1.* pressant; *adv 2.* instamment

Instandsetzung [ɪn'ʃtantzɛtsuŋ] *f 1.* remise en état *f; 2. (eines Autos)* dépannage *m*

Instinkt [ɪn'stɪŋkt] *m* instinct *m*

instinktiv [ɪnstɪŋk'tiːf] *adj* instinctif
Institut [ɪnsti'tuːt] *n* institut *m*, établissement *m*
Institution [ɪnstitu'tsjoːn] *f* institution *f*
Instrument [ɪnstru'mɛnt] *n* *1. MUS* instrument; *ein ~ spielen* jouer d'un instrument; *2. (Werkzeug)* instrument *m*, outil *m*
inszenieren [ɪnstse'niːrən] *v* mettre en scène, monter
Integration [ɪntegra'tsjoːn] *f* intégration *f*
integrieren [ɪnte'griːrən] *v* intégrer
Intellekt [ɪntɛ'lɛkt] *m* intellect *m*
intellektuell [ɪntɛlɛktu'ɛl] *adj* intellectuel
Intellektuelle(r) [ɪntɛlɛktu'ɛlə(r)] *m/f* intellectuel(le) *m/f*
intelligent [ɪntɛli'gɛnt] *adj* intelligent
Intelligenz [ɪntɛli'gɛnts] *f* intelligence *f*
Intelligenzquotient [ɪntɛli'gɛntskvotsjənt] *m* quotient intellectuel *m*
intensiv [ɪntɛn'ziːf] *adj* intensif, intense
Intensivstation [ɪntɛn'ziːfʃtatsjoːn] *f* *MED* service de réanimation *m*
interessant [ɪntərɛ'sant] *adj* *1.* intéressant; *2. (anziehend)* attirant, attrayant
interessanterweise [ɪntərɛsantər'vaɪzə] *adv* curieusement
Interesse [ɪntə'rɛsə] *n* intérêt *m*; *einer Sache ~ entgegenbringen* attacher de l'intérêt à qc; *Das liegt in Ihrem eigenen ~.* C'est dans votre propre intérêt.
interesselos [ɪntə'rɛsəloːs] *adj* désintéressé
Interessent [ɪntərɛ'sɛnt] *m* intéressé *m*
interessieren [ɪntərɛ'siːrən] *v* *1.* intéresser; *2. sich für etw ~* s'intéresser à qc
intern [ɪn'tɛrn] *adj* interne
Internat [ɪntɛr'naːt] *n* internat *m*
international [ɪntɛrnatsjo'naːl] *adj* international
Internet ['ɪntərnɛt] *n* *INFORM* internet *m*
Interpret [ɪntɛr'preːt] *m* interprète *m*
Interpretation [ɪntɛrprɛta'tsjoːn] *f* interprétation *f*
interpretieren [ɪntɛrprɛ'tiːrən] *v* interpréter
Intervall [ɪntɛr'val] *n* intervalle *m*
intervenieren [ɪntɛrve'niːrən] *v* intervenir
Intervention [ɪntɛrven'tsjoːn] *f* intervention *f*
Interview [ɪntɛr'vjuː] *n* interview *f*
interviewen [ɪntɛr'vjuːən] *v* interviewer
intim [ɪn'tiːm] *adj* intime
Intimität [ɪntimi'tɛːt] *f* intimité *f*
intolerant [ɪntɔlə'rant] *adj* intolérant
Intoleranz [ɪntolə'rants] *f* intolérance *f*
Intrige [ɪn'triːgə] *f* intrigue *f*
Invalide [ɪnva'liːdə] *m* invalide *m*
Inventar [ɪnvɛn'taːr] *n* inventaire *m*
Inventur [ɪnvɛn'tuːr] *f* inventaire *m*
investieren [ɪnvɛ'stiːrən] *v* investir, placer
Investition [ɪnvɛsti'tsjoːn] *f* investissement *m*
inzwischen [ɪn'tsvɪʃən] *adv* entre-temps, en attendant
Irak [i'raːk] *m* *GEO* Iraq *m*
Iran [i'raːn] *m* *GEO* Iran *m*
irdisch ['ɪrdɪʃ] *adj* terrestre
irgendein ['ɪrgəntaɪn] *adj* n'importe quel
irgendetwas ['ɪrgənt'ɛtvas] *adj* n'importe quoi
irgendjemand ['ɪrgənt'jeːmant] *adj* n'importe qui
irgendwie ['ɪrgəntviː] *adv* n'importe comment
irgendwo ['ɪrgəntvoː] *adv* n'importe où
Irland ['ɪrlant] *n* *GEO* Irlande *f*
Ironie [iro'niː] *f* ironie *f*
irre ['ɪrə] *adj* *1. (verrückt)* fou, dément; *2. (fam: super)* génial, super
Irre ['ɪrə] *f* *jdn in die ~ führen* induire qn en erreur
Irre(r) ['ɪrə(r)] *m/f* fou/folle *m/f*
irreführen ['ɪrəfyːrən] *v* induire en erreur; *jdn ~* donner le change à qn
irren ['ɪrən] *v* errer; *2. sich ~* être dans l'erreur, se tromper; *Ich müsste mich sehr ~.* Où je ne m'y connais pas.
Irrsinn ['ɪrzɪn] *m* folie *f*
Irrtum ['ɪrtum] *m* erreur *f*; *sich im ~ befinden* avoir tort/faire erreur/se tromper; *2. (Missverständnis)* malentendu *m*
Ischias ['ɪʃias] *m* *ANAT* sciatique *f*
ISDN [iːɛsdeː'ɛn] *n* *(Integrated Services Digital Network)* RNIS (Réseau numérique à l'integration de services) *m*
Isolation [izola'tsjoːn] *f* isolement *m*
isolieren [izo'liːrən] *v* isoler
Isolierung [izo'liːruŋ] *f* isolement *m*
Israel ['israeːl] *n* *GEO* Israël *m*
Italien [i'taːljən] *n* *GEO* Italie *f*
Italiener(in) [ital'jeːnər(ɪn)] *m/f* Italien(ne) *m/f*
italienisch [ital'jeːnɪʃ] *adj* italien
Italienisch [ital'jeːnɪʃ] *n* italien *m*

J

ja [jaː] *adv* oui, bien; *aber ~* mais si
Jacht [jaxt] *f* yacht *m*
Jacke ['jakə] *f 1. (Stoffjacke)* veste *f,* veston *m,* blouson *m; ~ wie Hose sein* être du pareil au même/être kif-kif bourricot; *die ~ voll kriegen* être battu comme plâtre/être battu comme un sourd; *2. (Strickjacke)* veste en laine *f,* cardigan *m*
Jackett [ʒa'kɛt] *n* veste *f,* veston *m*
Jagd [jaːkt] *f 1.* chasse *f; 2. (Verfolgung)* poursuite *f*
Jagdrevier ['jaːktreviːr] *n* terrain de chasse *m*
jagen ['jaːgən] *v 1.* chasser; *jdn mit etw ~ können* dégouter qn avec qc; *2. (verfolgen)* poursuivre, pourchasser
Jäger ['jɛːgər] *m* chasseur *m*
Jaguar ['jaːguaːr] *m* jaguar *m*
jäh [jɛː] *adj 1. (plötzlich)* soudain; *2. (steil)* escarpé
Jahr [jaːr] *n 1.* an *m; in die ~e kommen* vieillir/prendre de la bouteille (fam); *in den besten ~en* á la fleur de l'âge; *2. (im Verlauf)* année *f*
jahrelang ['jaːrəlaŋ] *adj 1.* des années; *adv 2.* pendant des années
Jahresabonnement ['jaːrəsabɔnəmɑ̃] *n* abonnement annuel *m*
Jahrestag ['jaːrəstaːk] *m* anniversaire *m,* jour anniversaire *m*
Jahreswechsel ['jaːrəsvɛksəl] *m* nouvel an *m,* nouvelle année *f*
Jahreszeit ['jaːrəstsaɪt] *f* saison *f*
jahreszeitlich ['jaːrəstsaɪtlɪç] *adj* saisonnier
Jahrgang ['jaːrgaŋ] *m 1.* année *f; 2. (Schuljahrgang)* promotion *f; 3. MIL* classe *f*
Jahrhundert [jaːr'hundərt] *n* siècle *m*
jährlich ['jɛːrlɪç] *adj 1.* annuel; *adv 2.* par an
Jahrmarkt ['jaːrmarkt] *m* foire *f*
Jahrtausend [jaːr'tauzənt] *n* millénaire *m*
Jahrzehnt [jaːr'tseːnt] *n* décennie *f*
Jähzorn ['jɛːtsɔrn] *m* accès de colère *m*
jähzornig ['jɛːtsɔrnɪç] *adj* colérique, coléreux, irascible
Jalousie [ʒalu'ziː] *f* jalousie *f,* persienne *f*
Jammer ['jamər] *m 1. (Elend)* misère *f,* détresse *f; ein ~ sein* être vraiment dommage; *2. (Klagen)* plaintes *f/pl,* lamentations *f/pl*
jämmerlich ['jɛmərlɪç] *adj* lamentable, pitoyable
jammern ['jamərn] *v* se plaindre, se lamenter, gémir
jammerschade ['jamər'ʃaːdə] *adj* déplorable; *Das ist ~.* C'est vraiment dommage.
Januar ['januaːr] *m* janvier *m*
Japan ['jaːpan] *n GEO* Japon *m*
Japaner(in) [ja'paːnər(ɪn)] *m/f* Japonais(e) *m/f,* Nippon(ne) *m/f*
japanisch [ja'paːnɪʃ] *adj* japonais, nippon
jäten ['jɛːtən] *v* sarcler, désherber
Jauche ['jauxə] *f* purin *m,* eaux-vannes *f/pl*
jauchzen ['jauxtsən] *v* pousser des cris de joie, exulter, jubiler
jaulen ['jaulən] *v* glapir
jawohl [ja'voːl] *interj* oui, parfaitement
Jawort ['jaːvɔrt] *n jdm das ~ geben (in Heirat einwilligen)* dire oui à qn pour l'épouser
je [jeː] *adv 1. (jemals)* jamais; *prep 2. (pro)* par, pro par, chaque; *konj 3. ~ nachdem, ob* selon que; *4. ~ ..., desto ...* plus ..., plus ...
jede(r,s) ['jeːdə(r,s)] *pron 1.* chacun(e); *adj 2.* chaque, tout
jedenfalls ['jeːdənfals] *adv* en tout cas, de toute façon, quoi qu'il en soit
jedermann ['jeːdərman] *pron 1.* chacun; *2. (jeder beliebige)* le premier venu, n'importe qui
jederzeit ['jeːdərtsaɪt] *adv* à tout moment, à toute heure
jedoch [je'dɔx] *konj* pourtant, cependant, toutefois
jegliche(r,s) ['jeːklɪçə(r,s)] *pron* chaque, chacun(e)
jeher ['jeːher] *adv seit ~* depuis toujours
jemals ['jeːmals] *adv* jamais; *wenn ~* si jamais
jemand ['jeːmant] *pron* quelqu'un
jene(r,s) ['jeːnə(r,s)] *pron 1.* celui-là/celle-là; *adj 2.* ce(tte)
jenseits ['jeːnzaɪts] *prep* de l'autre côté, au-delà de
Jenseits ['jeːnzaɪts] *n* l'au-delà *m,* l'autre monde *m*
jetzig ['jɛtsɪç] *adj* présent, actuel; *in der ~en Zeit* actuellement
jetzt [jɛtst] *adv* maintenant, à présent; *Jetzt oder nie!* C'est l'occasion ou jamais!
Jetzt [jɛtst] *n das ~* le présent *m*
jeweilig ['jeːvaɪlɪç] *adj 1.* respectif, correspondant; *2. (vorherrschend)* prédominant

jeweils ['je:vaɪls] *adv 1.* respectivement; *2. (jedesmal)* chaque fois
Jockei ['dʒɔkeɪ] *m* jockey *m*
Jod [jo:t] *n CHEM* iode *m*
jodeln ['jo:dəln] *v* iodler, jodler
Jogurt ['jo:gurt] *m/n GAST* yaourt *m*, yogourt *m*
Johannisbeere [jo'hanɪsbe:rə] *f 1. BOT* groseille *f*; *2. (schwarze ~)* cassis *m*
Jongleur [ʒɔŋ'glø:r] *m* jongleur *m*
jonglieren [ʒɔŋ'gli:rən] *v* jongler
Jordanien [jor'da:njən] *n GEO* Jordanie *f*
Journalismus [ʒurna'lɪsmus] *m* journalisme *m*
Journalist(in) [ʒurna'lɪst(ɪn)] *m/f* journaliste *m/f*
journalistisch [ʒurna'lɪstɪʃ] *adj* journalistique
jovial [jo'vja:l] *adj 1.* jovial; *adv 2.* d'un air jovial
Jubel ['ju:bəl] *m* jubilation *f*, exultation *f*
jubeln ['ju:bəln] *v* jubiler, exulter
Jubilar [ju:bi'la:r] *m* personne qui fête un jubilé *f*
Jubiläum [ju:bi'lɛ:um] *n* jubilé *m*
jucken ['jukən] *v 1.* démanger; *2. (kratzen)* gratter
Jude ['ju:də] *m* juif *m*
Judentum ['ju:dəntu:m] *n REL* judaïsme *m*
Judenverfolgung ['ju:dənfɛrfɔlguŋ] *f* persécution des Juifs *f*
Jüdin ['jy:dɪn] *f* juive *f*
jüdisch ['jy:dɪʃ] *adj 1.* juif; *2. REL* judaïque
Jugend ['ju:gənt] *f* jeunesse *f*
Jugendamt ['ju:gəntamt] *n* office de la jeunesse *m*, office pour la jeunesse *m*
jugendfrei ['ju:gəntfraɪ] *adj* permis aux mineurs, autorisé aux mineurs
Jugendherberge ['ju:gənthɛrbɛrgə] *f* auberge de jeunesse *f*
Jugendkriminalität ['ju:gəntkrɪminalitɛ:t] *f* délinquance juvénile *f*
jugendlich ['ju:gəntlɪç] *adj* juvénile, jeune
Jugendliche(r) ['ju:gəntlɪçə(r)] *m* adolescent *m*
Jugendsünde ['ju:gəntzyndə] *f* péché de jeunesse *m*
Jugendzeit ['ju:gənttsaɪt] *f* jeunesse *f*, jeune âge *m*
Jugoslawe [ju:go'sla:və] *m* Yougoslave *m*
Jugoslawien [ju:go'sla:vjən] *n GEO* Yougoslavie *f*
Jugoslawin [ju:go'sla:vɪn] *f* Yougoslave *f*
jugoslawisch [ju:go'sla:vɪʃ] *adj* yougoslave
Juli ['ju:li] *m* juillet *m*
jung [juŋ] *adj* jeune; *~ geblieben* jeune de caractère; *Jung und Alt* jeunes et vieux; *~es Gemüse (fig)* la jeunesse *f*, la verte jeunesse *f*; *der Jüngste Tag* le jour du Jugement dernier *m*
Junge ['juŋə] *m* garçon *m*
jungenhaft ['juŋənhaft] *adj* puéril, de gamin
Jünger ['jyŋər] *m REL* disciple *m*
Junges ['juŋə] *n ZOOL* petit *m*; *Junge bekommen* avoir des petits
Jungfer ['juŋfər] *f* fille *f*, pucelle *f*; *eine alte ~* une vieille fille *f*
Jungfernfahrt ['juŋfərnfa:rt] *f* voyage inaugural *m*
Jungfrau ['juŋfrau] *f* vierge *f*, pucelle *f*
Junggeselle ['juŋgəzɛlə] *m* célibataire *m*, vieux garçon *m*
Jüngling ['jyŋlɪŋ] *m* adolescent *m*, jeune homme *m*
jüngst [jyŋst] *adv (vor kurzem)* dernièrement, tout récemment
jüngste(r,s) ['jyŋstə(r,s)] *adj* le plus jeune/la plus jeune, le dernier/la dernière
Juni ['ju:ni] *m* juin *m*
Junior ['ju:njɔr] *m 1. (Sohn)* fils *m*; *2. SPORT* junior *m*
Juniorchef ['ju:njɔrʃɛf] *m* chef junior *m*, fils du patron *m*
Jura ['ju:ra] *n* droit *m*
Jurastudent(in) ['ju:raʃtudɛnt(ɪn)] *m/f* étudiant(e) en droit *m/f*
Jurist(in) [ju:'rɪst(ɪn)] *m/f* juriste *m/f*, homme de loi/femme de loi *m/f*
juristisch [ju'rɪstɪʃ] *adj* juridique, de droit
Jury [ʒy'ri:] *f* jury *m*
justieren [jus'ti:rən] *v* ajuster
Justiz [jus'ti:ts] *f* justice *f*
Justizbehörde [jus'ti:tsbəhø:rdə] *f* autorités judiciaires *f/pl*
Justizirrtum [jus'ti:tsɪrtum] *m* erreur judiciaire *f*, erreur de justice *f*
Juwel [ju've:l] *n* joyau *m*, bijou *m*, pierre précieuse *f*
Juwelier [juvə'li:r] *m* bijoutier *m*, joaillier *m*
Jux [juks] *m* plaisanterie *f*, farce *f*, blague *f*; *einen ~ machen* faire une farce; *aus lauter ~ und Tollerei* pour rigoler

K

Kabarett [kaba'rɛt] *n THEAT* cabaret *m*
Kabel ['kaːbəl] *n* câble *m*
Kabelfernsehen ['kaːbəlfɛrnzeːən] *n* télévision par câble *f*
Kabine [ka'biːnə] *f* cabine *f*
Kabriolett [kaːbrio'lɛt] *n* cabriolet *m*
Kachel ['kaxel] *f* carreau de faïence *m*
kacheln ['kaxəln] *v* carreler
Kachelofen ['kaxəloːfən] *m* poêle en faïence *m*
Kadaver [ka'daːvər] *m 1.* cadavre *m; 2. (Aas)* charogne *f*
Käfer ['kɛːfər] *m ZOOL* coléoptère *m,* scarabée *m*
Kaffee ['kafeː] *m* café *m; Das ist ja kalter ~.* C'est du réchauffé.
Kaffeebohne ['kafeboːnə] *f* grain de café *m*
Kaffeekanne ['kafekanə] *f* cafetière *f*
Kaffeeklatsch ['kafeklatʃ] *m* commérages de salon de thé *m/pl*
Kaffeelöffel ['kafelœfəl] *m* cuiller à café *f*
Kaffeemaschine ['kafemaʃiːnə] *f* cafetière électrique *f*
Kaffeeservice ['kafezɛrviːs] *n* service à café *m*
Kaffeetasse ['kafetasə] *f* tasse à café *f*
Käfig ['kɛːfɪç] *m* cage *f; im goldenen ~ sitzen* être enfermé dans une cage dorée
kahl [kaːl] *adj 1. (unbewachsen)* pelé, dégarni; *2. (glatzköpfig)* chauve; *3. (ohne Blätter)* sans feuilles, défeuillé; *4. (leer)* dénudé, nu
Kahn [kaːn] *m 1.* canot *m,* barque *f; einen im ~ haben (fam)* être bourré/être plein comme un œuf; *2. (Schleppkahn)* péniche *f*
Kai [kaɪ] *m* quai *m*
Kaiser(in) ['kaɪzər(ɪn)] *m/f* empereur/impératrice *m/f*
kaiserlich ['kaɪzərlɪç] *adj* impérial
Kaiserreich ['kaɪzərraɪç] *n* empire *m*
Kajüte [ka'jyːtə] *f* cabine *f*
Kakao [ka'kau] *m* cacao *m; jdn durch den ~ ziehen (fig)* se payer la tête de qn/tourner qn en ridicule
Kaktus ['kaktus] *m BOT* cactus *m*
Kalb ['kalp] *n ZOOL* veau *m*
Kalbfleisch ['kalpflaɪʃ] *n GAST* veau *m*
Kalender [ka'lɛndər] *m 1.* calendrier *m; etw rot im ~ anstreichen* marquer qc d'une croix; *2. (Taschenkalender)* agenda *m*
Kalenderjahr [ka'lɛndərjaːr] *n* année civile *f*
Kalkstein ['kalkʃtaɪn] *m* calcaire *m*
Kalkulation [kalkula'tsjoːn] *f* calcul des coûts *m*
kalkulieren [kalku'liːrən] *v* calculer
kalkweiß ['kalk'vaɪs] *adj ~ sein* être blanc comme plâtre
Kalorie [kalo'riː] *f PHYS* calorie *f*
kalorienarm [kalo'riːənarm] *adj* pauvre en calories
Kalorientabelle [kalo'riːəntabɛlə] *f* table des calories *f*
kalt [kalt] *adj* froid; *~ lassen* ne pas toucher/laisser froid/ne faire ni chaud ni froid (fam); *der Kalte Krieg* la Guerre Froide *f*
kaltblütig ['kaltblyːtɪç] *adj 1.* qui a du sang-froid; *adv 2.* de sang-froid
Kälte ['kɛltə] *f 1.* froid *m; Man kommt hier vor ~ um.* On se gèle ici. *2. (fig)* froideur *f*
Kälteeinbruch ['kɛltəaɪnbrux] *m* coup de froid *m*
Kaltluft ['kaltluft] *f* air froid *m*
kaltschnäuzig ['kaltʃnɔytsɪç] *adj (fam)* froid
kaltstellen ['kaltʃtɛlən] *v (fig)* mettre sur la touche
Kamel [ka'meːl] *n ZOOL* chameau *m*
Kamelhaar [ka'meːlhaːr] *n* poil de chameau *m*
Kamera ['kaməra] *f 1. (Fotokamera)* appareil photographique *m,* appareil photo *m; 2. (Filmkamera) CINE* caméra *f*
Kamerad [kamə'raːt] *m* camarade *m,* compagnon *m*
Kameradschaft [kamə'raːtʃaft] *f* camaraderie *f*
kameradschaftlich [kamə'raːtʃaftlɪç] *adj 1.* de bon camarade; *adv 2.* en bon camarade
Kameramann ['kaməraman] *m CINE* cameraman *m*
Kamille [ka'mɪlə] *f BOT* camomille *f*
Kamillentee [ka'mɪlənteː] *m GAST* infusion de camomille *f*
Kamin [ka'miːn] *m* cheminée *f*
Kaminkehrer [ka'miːnkeːrər] *m* ramoneur *m*
Kamm [kam] *m 1. (Haarkamm)* peigne *m; 2. (Bergkamm)* crête *f,* arête *f; 3. (fig) alles über*

einen ~ scheren mélanger les torchons et les serviettes/mettre tout dans le même sac; *den ~ voll haben* en avoir marre/en avoir plein le dos; *sich den ~ volllaufen lassen* boire comme un trou/boire jusqu'à plus soif; *Mir schwillt der ~!* J'en ai jusque là!/J'en ai par dessus la tête!

kämmen ['kɛmən] *v* peigner, donner un coup de peigne

Kammer ['kamər] *f 1.* petite pièce *f*, petite chambre *f; 2. (Herzkammer) ANAT* ventricule *m; 3. POL* chambre *f*

Kammerspiel ['kamərʃpiːl] *n THEAT* petit théâtre *m*

Kampagne [kam'panjə] *f* campagne *f*

Kampf [kampf] *m 1.* combat *m; 2. (Wettkampf)* compétition *f*

kämpfen ['kɛmpfən] *v* combattre, se battre, lutter

Kämpfer ['kɛmpfər] *m 1.* combattant *m; 2. (Krieger)* guerrier *m; 3. (Wettkämpfer)* concurrent *m*

kämpferisch ['kɛmpfərɪʃ] *adj* combatif

kampfunfähig ['kampfunfɛːɪç] *adj* inapte au combat

kampieren [kam'piːrən] *v* camper

Kanada ['kanada] *n GEO* Canada *m*

Kanadier(in) [ka'naːdjər(ɪn)] *m/f* Canadien(ne) *m/f*

kanadisch [ka'naːdɪʃ] *adj* canadien

Kanal [ka'naːl] *m 1.* canal *m; 2. (Abwasserkanal)* égout *m*

Kanalisation [kanaliza'tsjoːn] *f 1.* canalisation *f; 2. (Abwasser)* égouts *m/pl*

Kandidat(in) [kandi'daːt(ɪn)] *m/f* candidat(e) *m/f*

Kandidatur [kandida'tuːr] *f* candidature *f*

kandidieren [kandi'diːrən] *v* faire acte de candidature, poser sa candidature

kandiert [kan'diːrt] *adj* confit; *~e Früchte* fruits confits *m/pl*

Kandiszucker ['kandɪstsukər] *m GAST* sucre candi *m*

Kaninchen [ka'niːnçən] *n ZOOL* lapin *m*

Kanister [ka'nɪstər] *m 1.* bidon *m; 2. (Benzinkanister)* jerrycan *m*

Kanne ['kanə] *f 1.* pot *m*, bidon *m; 2. (Gießkanne)* arrosoir *m*

Kannibale [kani'baːlə] *m* cannibale *m*

Kante ['kantə] *f 1.* arête *f*, angle *m; etw auf die hohe ~ legen* mettre qc de côté/économiser qc/épargner qc; *2. (Rand)* bord *m*, rebord *m*

kantig ['kantɪç] *adj* à arêtes vives

Kantine [kan'tiːnə] *f* cantine *f*

Kanu ['kaːnu] *n* canoë *m*

Kanzel ['kantsəl] *f REL* chaire *f*

Kanzlei [kants'laɪ] *f 1.* cabinet *m; 2. (Anwaltskanzlei)* étude *f*, bureau *m; 3. POL* chancellerie *f*

Kanzler ['kantslər] *m POL* chancelier *m*

Kapazität [kapatsi'tɛːt] *f 1.* capacité *f; 2. (Person)* expert *m*

Kapelle [ka'pɛlə] *f 1. REL* chapelle *f; 2. MUS* orchestre *m; 3. MIL* fanfare *f*

kapern ['kaːpərn] *v (fam)* prendre

kapieren [ka'piːrən] *v* comprendre, saisir

Kapital [kapi'taːl] *n* capital *m*, fonds *m/pl; aus etw ~ schlagen* tirer profit de qc/exploiter qc

Kapitalismus [kapita'lɪsmus] *m* capitalisme *m*

Kapitalist [kapita'lɪst] *m* capitaliste *m*

kapitalistisch [kapita'lɪstɪʃ] *adj* capitaliste

Kapitän [kapi'tɛːn] *m 1. (Schiffskapitän)* capitaine *m; 2. (Flugkapitän)* commandant de bord *m*

Kapitel [ka'pɪtəl] *n* chapitre *m*

Kapitulation [kapitula'tsjoːn] *f* capitulation *f*

kapitulieren [kapitu'liːrən] *v* capituler

Kappe ['kapə] *f 1. (Kopfbedeckung)* bonnet *m*, toque *f; etw auf seine ~ nehmen* prendre qc sous son bonnet; *2. (eines Mönchs)* calotte *f; 3. (Verschlusskappe)* chape *f; 4. (Stöpsel)* bouchon *m*

kappen ['kapən] *v 1.* couper; *2. (Baum)* étêter

kapriziös [kapri'tsjøːs] *adj* capricieux

Kapsel ['kapsəl] *f 1.* capsule *f; 2. (Behältnis)* boîte *f*, étui *m; 3. (Hülle)* enveloppe *f*

kaputt [ka'put] *adj 1. (entzwei)* cassé, fichu (fam); *2. (fam: müde)* crevé, pompé

kaputtgehen [ka'putgeːən] *v irr* se casser

kaputtlachen [ka'putlaxən] *v sich ~ (fam)* se tordre de rire, se mourir de rire

kaputtmachen [ka'putmaxən] *v 1.* casser, abîmer; *2. sich ~ (fam)* se tuer

Kapuze [ka'puːtsə] *f* capuche *f*, capuchon *m*

Karaffe [ka'rafə] *f* carafe *f*, carafon *m*

Karamell [kara'mɛl] *m* caramel *m*

Karat [ka'raːt] *n* carat *m*

Karate [ka'ratə] *n SPORT* karaté *m*

karg [kark] *adj 1.* maigre, pauvre; *2. (trocken)* aride; *3. (geizig)* avare

kariert [ka'riːrt] *adj 1.* à carreaux; *2. (Papier)* quadrillé
Karikatur [karika'tuːr] *f* caricature *f*
Karikaturist(in) [karikatu'rɪst(ɪn)] *m/f* caricaturiste *m/f*
karikieren [kari'kiːrən] *v* caricaturer, faire une caricature
Karneval ['karnəval] *m* carnaval *m*
Karnevalszug ['karnəvalstsuːk] *m* cortège du carnaval *m*
Karo ['kaːro] *n 1. (Viereck)* carré *m,* quadrilatère *m; 2. (als Muster)* carreau *m; 3. (im Kartenspiel)* carreau *m*
Karren ['karən] *m 1.* charrette *f,* chariot *m; den ~ aus dem Dreck ziehen* sortir d'une ornière; *jdm an den ~ fahren* dénigrer qn/tirer à boulet rouge sur qn; *2. (Schubkarren)* brouette *f*
Karriere [ka'rjɛːrə] *f* carrière *f; ~ machen* faire carrière
Karte ['kartə] *f 1. (Eintrittskarte)* billet *m,* ticket *m; 2. (Ansichtskarte)* carte postale *f; 3. (Landkarte)* carte géographique *f; 4. (Speisekarte)* menu *m,* carte *f; 5. (Spielkarte)* carte à jouer *f; mit offenen ~n spielen* jouer cartes sur table; *alles auf eine ~ setzen* jouer le tout pour le tout/risquer le tout pour le tout; *seine ~n auf den Tisch legen* découvrir son jeu/abattre son jeu; *alle ~n in der Hand haben* avoir tous les atouts dans son jeu; *schlechte ~n haben* ne pas avoir de chances; *jdm in die ~ n schauen* voir clair dans le jeu de qn; *mit gezinkten ~n spielen* jouer avec des cartes truquées
Kartei [kar'taɪ] *f* fichier *m*
Karteikarte [kar'taɪkartə] *f* feuillet *m,* fiche *f*
Kartenhaus ['kartənhaus] *n wie ein ~ zusammenstürzen* s'écrouler comme un château de cartes
Kartenspiel ['kartənʃpiːl] *n* jeu de cartes *m*
Kartoffel [kar'tɔfəl] *f BOT* pomme de terre *f; jdn fallen lassen wie eine heiße ~* laisser tomber qn comme une vieille chaussette
Kartoffelbrei [kar'tɔfəlbraɪ] *m GAST* purée de pommes de terre *f*
Kartoffelchips [kar'tɔfəltʃips] *pl GAST* chips *f/pl*
Karton [kar'tɔŋ] *m 1. (Material)* carton *m; 2. (Schachtel)* carton *m*
Karussell [karu'sɛl] *n* manège *m*
Karwoche ['kaːrvɔxə] *f REL* semaine sainte *f*
kaschieren [ka'ʃiːrən] *v* cacher, dissimuler
Käse ['kɛːzə] *m 1. GAST* fromage *m; 2. (fam: Unsinn)* idioties *f/pl,* bêtises *f/pl,* âneries *f/pl*
Käsereibe ['kɛːzəraɪbə] *f* râpe à fromage *f*
Kasino [ka'ziːnoː] *n (Spielkasino)* casino *m*
Kaskoversicherung ['kaskofɛrzɪçəruŋ] *f* assurance tous risques *f*
Kasper ['kaspər] *m* pantin *m,* guignol *m*
Kasse ['kasə] *f 1.* caisse *f; gut bei ~ sein* avoir de l'argent/être plein aux as (fam); *tief in die ~n greifen müssen* payer cher/devoir allonger la sauce (fam); *jdn zur ~ bitten (fig)* rappeler une facture à qn; *2. (Sparkasse)* caisse d'épargne *f; 3. (Krankenkasse)* caisse d'assurance maladie *f*
Kassenarzt ['kasənartst] *m* médecin conventionné *m*
Kassenbestand ['kasənbəʃtant] *m ECO* avoir *m*
Kassenpatient ['kasənpatsjɛnt] *m* patient affilié obligatoirement à une caisse *m*
Kassenzettel ['kasəntsɛtəl] *m* bordereau de vente *m*
Kassette [ka'sɛtə] *f* cassette *f*
Kassettenrekorder [ka'sɛtənrekɔrdər] *m* magnétophone à cassettes *m*
kassieren [ka'siːrən] *v* encaisser
Kassierer(in) [ka'siːrər(ɪn)] *m/f* caissier/caissière *m/f*
Kastanie [kas'taːnjə] *f 1. BOT* châtaigne *f; 2. (Esskastanie) BOT* marron *m; für jdn die ~n aus dem Feuer holen* tirer les marrons du feu pour qn
Kasten ['kastən] *m* boîte *f,* coffre *m; etw auf dem ~ haben* avoir la tête bien faite/avoir de la tête
Katalog [kata'loːk] *m* catalogue *m*
katalogisieren [katalogi'ziːrən] *v* cataloguer
katastrophal [katastro'faːl] *adj* catastrophique
Katastrophe [kata'stroːfə] *f* catastrophe *f; Was für eine ~!* Quelle catastrophe!
Katastrophenalarm [katas'troːfənalarm] *m* alerte au sinistre *f*
Katastrophengebiet [katas'troːfəngəbiːt] *n* région sinistrée *f*
Katastrophenschutz [katas'troːfənʃuts] *m* protection contre les catastrophes *f*
Katechismus [katɛ'çɪsmus] *m REL* catéchisme *m*

Kategorie [katego'riː] *f* catégorie *f*
kategorisch [kate'goːrɪʃ] *adj* catégorique
Kater[1] ['kaːtər] *m ZOOL* chat mâle *m,* matou *m*
Kater[2] ['kaːtər] *m (fam)* gueule de bois *f; einen ~ haben* avoir la gueule de bois
Katze ['katsə] *f ZOOL* chat *m; die ~ im Sack kaufen* acheter chat en poche/acheter les yeux fermés; *die ~ aus dem Sack lassen* vendre la mèche; *mit jdm Katz und Maus spielen* jouer au chat et à la souris avec qn; *für die Katz sein* être pour des prunes/être pour du beurre
Katzenjammer ['katsənjamər] *m* mal aux cheveux *m*
Katzensprung ['katsənʃpruŋ] *m Es ist nur ein ~ von hier. (fam)* C'est à deux pas d'ici.
Katzenwäsche ['katsənvɛʃə] *f (fam)* lavage du bout du nez *m; ~ machen* se laver le bout du nez/faire une toilette de chat
Kauderwelsch ['kaudərvɛlʃ] *n* charabia *m,* baragouin *m; ~ reden* parler du petit nègre
kauen ['kauən] *v* mâcher, mastiquer
kauern ['kauərn] *v* s'accroupir, être accroupi, se tapir
Kauf [kauf] *m* achat *m; etw in ~ nehmen* devoir accepter qc/s'accomoder de qc
kaufen ['kaufən] *v* acheter, acquérir; *sich jdn ~* acheter qn
Käufer(in) ['kɔyfər(ɪn)] *m/f* acheteur/acheteuse *m/f,* acquéreur *m*
Kaufhaus ['kaufhaus] *n* grand magasin *m*
käuflich ['kɔyflɪç] *adj 1.* achetable; *2. (fig: bestechlich)* corruptible
Kaufmann ['kaufman] *m* marchand *m,* commerçant *m*
kaufmännisch ['kaufmɛnɪʃ] *adj* commercial
Kaufpreis ['kaufpraɪs] *m* prix d'achat *m*
Kaufvertrag ['kauffɛrtraːk] *m* contrat de vente *m*
Kaugummi ['kaugumi] *m/n* chewing-gum *m*
Kaulquappe ['kaulkvapə] *f ZOOL* têtard *m*
kaum [kaum] *adv* à peine, ne ... guère
Kaution [kau'tsjoːn] *f* caution *f,* garantie *f*
Kauz [kauts] *m 1. ZOOL* chouette *f; 2. (fig)* drôle de citoyen *m,* drôle de paroissien *m*
Kavalier [kava'liːr] *m* cavalier *m,* galant homme *m*
Kavaliersdelikt [kava'liːrsdelɪkt] *n* peccadille *f*
Kaviar ['kaːviaːr] *m GAST* caviar *m*
keck [kɛk] *adj 1.* hardi; *adv 2.* hardiment, avec hardiesse
Kegelbahn ['keːgəlbaːn] *f SPORT* piste de quilles *f*
kegeln ['keːgəln] *v* jouer aux quilles, jouer au bowling
Kehle ['keːlə] *f ANAT* gorge *f,* gosier *m; jdm die ~ zuschnüren* serrer la gorge à qn; *sich die ~ aus dem Hals schreien (fig)* crier à gorge déployée/crier à pleine gorge; *eine trockene ~ haben* avoir la gorge sèche; *etw in die falsche ~ bekommen (fig)* comprendre qc de travers/mal comprendre qc; *Jetzt geht es ihm an die ~.* Il est menacé maintenant.
Kehlkopf ['keːlkɔpf] *m ANAT* larynx *m*
Kehrbesen ['keːrbeːzən] *m* balai *m*
Kehre ['keːrə] *f* tournant *m,* virage *m*
kehren ['keːrən] *v 1.* balayer; *2. in sich gekehrt* perdu dans ses pensées
Kehrschaufel ['keːrʃaufəl] *f* pelle à poussière *f*
Kehrseite ['keːrzaɪtə] *f 1. (Rückseite)* envers *m; 2. (fig)* revers *m; die ~ der Medaille* le revers de la médaille *m*
kehrtmachen ['keːrtmaxən] *v* revenir sur ses pas
Kehrtwendung ['keːrtvɛnduŋ] *f (fig)* volte-face *f*
keifen ['kaɪfən] *v* gronder, rouspéter
Keil [kaɪl] *m* coin *m,* cale *f*
Keilerei [kaɪlə'raɪ] *f (fam)* bagarre *f*
Keim [kaɪm] *m 1. BIO* germe *m; 2. (fig)* embryon *m,* semence *f; etw im ~ ersticken* étouffer qc dans l'œuf/tuer qc dans l'œuf
keimen ['kaɪmən] *v* germer
keimfrei ['kaɪmfraɪ] *adj* stérilisé
Keimzelle ['kaɪmtsɛlə] *f 1. BIO* cellule germinale *f; 2. (fig)* foyer *m*
kein(e) [kaɪn/'kaɪnə] *art* pas ... de, ne pas ... de
keine(r,s) ['kaɪnə(r,s)] *pron 1.* pas un(e), aucun(e), nul(le); *2. (niemand)* personne
keinerlei ['kaɪnərlaɪ] *adj* aucun
keinesfalls ['kaɪnəsfals] *adv* en aucun cas
keineswegs ['kaɪnəsveːks] *adv* en aucune façon
Keks [keːks] *m GAST* biscuit *m,* gâteau sec *m; jdm auf den ~ gehen* taper sur le système à qn

Kelch [kɛlç] *m* calice *m,* coupe *f*
Kelle ['kɛlə] *f 1. (Schöpfkelle)* louche *f; 2. (Maurerkelle)* truelle *f*
Keller ['kɛlər] *m* cave *f,* cellier *m*
Kellerei [kɛlə'raɪ] *f* caves *f/pl*
Kellner(in) ['kɛlnər(ɪn)] *m/f* garçon *m,* serveur/serveuse *m/f*
kennen ['kɛnən] *v irr* connaître; *Da kennt er gar nichts!* Il ne veut rien savoir! *jdn ~ lernen* faire la connaissance de qn
Kenner(in) ['kɛnər(ɪn)] *m/f* connaisseur/connaisseuse *m/f*
Kennerblick ['kɛnərblɪk] *m* œil de connaisseur *m*
Kennkarte ['kɛnkartə] *f* carte d'identité *f*
Kenntnis ['kɛntnɪs] *f* connaissance *f; in voller ~ der Sachlage* en connaissance de cause; *etw zur ~ nehmen* prendre connaissance de qc; *Das entzieht sich meiner ~.* Je ne sais pas./Je n'en sais rien. *jdn von etw in ~ setzen* informer qn de qc/mettre qn au courant de qc
Kenntnisnahme ['kɛntnɪsnaːmə] *f zur ~* à titre d'information
Kennwort ['kɛnvɔrt] *n* mot de passe *m,* mot d'ordre *m*
Kennzeichen ['kɛntsaɪçən] *n 1. (Merkmal)* caractéristique *f; 2. (Autokennzeichen)* plaque d'immatriculation *f*
kennzeichnen ['kɛntsaɪçnən] *v* marquer
Kennzeichnung ['kɛntsaɪçnuŋ] *f* marque *f*
Kennziffer ['kɛntsɪfər] *f* numéro d'identification *m*
kentern ['kɛntərn] *v* chavirer
Keramik [ke'raːmɪk] *f* céramique *f*
Kerbe ['kɛrbə] *f* entaille *f; in die gleiche ~ hauen* poursuivre le même but/s'entendre comme larrons en foire
Kerker ['kɛrkər] *m* cachot *m,* geôle *f*
Kerl [kɛrl] *m* gars *m,* type *m*
Kern [kɛrn] *m 1. (Obstkern)* noyau *m,* pépin *m; 2. (fig: Mittelpunkt)* noyau *m,* centre *m; der harte ~* le noyau de résistance *m,* les purs et durs; *3. (fig: das Wesentliche)* cœur *m,* fin fond *m*
kerngesund ['kɛrngə'zunt] *adj* foncièrement sain
Kernkraftwerk ['kɛrnkraftvɛrk] *n* centrale nucléaire *f*
Kernseife ['kɛrnzaɪfə] *f* savon de Marseille *m*
Kerze ['kɛrtsə] *f* bougie *f,* chandelle *f*
kerzengerade ['kɛrtsəngə'raːdə] *adj* droit comme un cierge
Kerzenlicht ['kɛrtsənlɪçt] *n* éclairage aux bougies *m*
Kerzenständer ['kɛrtsənʃtɛndər] *m* chandelier *m*
kess ['kɛs] *adj* déluré, futé
Kessel ['kɛsəl] *m 1. (Kochgefäß)* marmite *f,* chaudron *m; 2. (Heizkessel)* chaudière *f*
Ketschup ['kɛtʃap] *m/n* ketchup *m*
Kette ['kɛtə] *f 1.* chaîne *f; jdn an die ~ legen* mettre qn aux fers/mater qn; *an der ~ liegen* être dans les fers; *2. (Halskette)* chaîne *f,* chaînette *f,* collier *m; 3. (Serie)* chaîne *f,* enchaînement *m,* suite *f*
Kettenraucher ['kɛtənrauxər] *m* grand fumeur *m*
Ketzer(in) ['kɛtsər(ɪn)] *m/f REL* hérétique *m/f*
ketzerisch ['kɛtsərɪʃ] *adj REL* hérétique
keuchen ['kɔyçən] *v* haleter
keuchend ['kɔyçənt] *adj* haletant
Keuchhusten ['kɔyçhuːstən] *m MED* coqueluche *f*
Keule ['kɔylə] *f 1.* massue *f; 2. GAST* cuisse *f,* gigot *m*
keusch ['kɔyʃ] *adj* chaste, pudique
kichern ['kɪçərn] *v* ricaner
kidnappen ['kɪtnɛpən] *v* kidnapper, enlever
Kidnapper ['kɪtnɛpər] *m* kidnappeur *m*
Kien [kiːn] *m auf dem ~ sein* veiller au grain
Kies [kiːs] *m* gravier *m,* cailloux *m/pl*
Kieselstein ['kiːzəlʃtaɪn] *m* galet *m*
Kilogramm ['kilogram] *n* kilogramme *m*
Kind [kɪnt] *n* enfant *m; kein ~ von Traurigkeit sein* ne pas être le dernier à faire la fête; *bei jdm lieb ~ sein* se faire bien voir de qn/être dans les petits papiers de qn; *das ~ beim richtigen Namen nennen* appeler un chat un chat; *mit ~ und Kegel* avec toute la smala/avec armes et bagages; *Wir werden das ~ schon schaukeln!* On va s'en occuper!/On va bien y arriver!
Kinderarbeit ['kɪndərarbaɪt] *f* travail des enfants *m*
Kinderarzt ['kɪndərartst] *m* pédiatre *m*
Kindergarten ['kɪndərgartən] *m* jardin d'enfants *m*
Kindergärtnerin ['kɪndərgɛrtnərɪn] *f* jardinière d'enfants *f*
Kindergeld ['kɪndərgɛlt] *n* allocations familiales *f/pl*
Kinderheim ['kɪndərhaɪm] *n* maison d'enfants *f*
Kinderhort ['kɪndərhɔrt] *m* crèche *f*

Kinderkrankheit ['kɪndərkraŋkhaɪt] *f* maladie infantile *f*
kinderleicht ['kɪndər'laɪçt] *adj* très facile; *Das ist ~.* C'est simple comme bonjour./C'est facile comme tout.
Kindermädchen ['kɪndərmɛːtçən] *n* bonne d'enfant *f*
kinderreich ['kɪndərraɪç] *adj* qui a beaucoup d'enfants; *~e Familie* famille nombreuse *f*
Kinderschuhe ['kɪndərʃuːə] *pl noch in den ~n stecken* être encore dans les langes
Kinderwagen ['kɪndərvaːgən] *m* voiture d'enfant *f*
Kinderzimmer ['kɪndərtsɪmər] *n* chambre d'enfants *f*
Kindesmisshandlung ['kɪndəsmɪshandluŋ] *f* mauvais traitement des enfants *m*
Kindheit ['kɪnthaɪt] *f* enfance *f*
Kindheitserinnerung ['kɪnthaɪtsɛrɪnəruŋ] *f* souvenir d'enfance *m*
kindisch ['kɪndɪʃ] *adj* puéril; *Sei nicht ~!* Ne fais pas l'enfant!
kindlich ['kɪndlɪç] *adj 1.* enfantin; *2. (unschuldig)* candide
Kinkerlitzchen ['kɪŋkərlɪtsçən] *n ~ machen* faire des sottises
Kinn [kɪn] *n ANAT* menton *m*
Kinnhaken ['kɪnhaːkən] *m (beim Boxen) SPORT* crochet à la mâchoire *m*
Kino ['kiːno] *n CINE* cinéma *m,* ciné *m* (fam)
Kinokarte ['kiːnokartə] *f CINE* billet de cinéma *m*
Kinoprogramm ['kiːnoprogram] *n CINE* programme de cinéma *m*
Kiosk ['kiɔsk] *m* kiosque *m*
Kippe ['kɪpə] *f auf der ~ stehen* ne tenir qu'à un fil
kippen ['kɪpən] *v 1.* basculer, faire basculer; *2. (um~)* culbuter
Kippfenster ['kɪpfɛnstər] *n* fenêtre à bascule *f*
Kirche ['kɪrçə] *f* église *f; die ~ im Dorf lassen* ne pas faire d'une montagne une taupinière/garder la mesure; *die ~ ums Dorf tragen* couper les cheveux en quatre/faire compliqué
Kirchenchor ['kɪrçənkoːr] *m* chorale paroissiale *f*
Kirchenlied ['kɪrçənliːt] *n* cantique *m*
Kirchenstaat ['kɪrçənʃtaːt] *m* Etats de l'Eglise *m/pl*
Kirchhof ['kɪrçhoːf] *m* cimetière *m*
kirchlich ['kɪrçlɪç] *adj 1.* de l'Eglise; *2. (religiös)* religieux
Kirchturm ['kɪrçturm] *m* clocher *m*
Kirchweih ['kɪrçvaɪ] *f* kermesse *f*
Kirsche ['kɪrʃə] *f BOT* cerise *f; Mit ihm ist nicht gut ~n essen!* On ne peut pas s'entendre avec lui!
Kissen ['kɪsən] *n 1.* coussin *m; 2. (Kopfkissen)* oreiller *m*
Kissenbezug ['kɪsənbətsuːk] *m* taie d'oreiller *f*
Kiste ['kɪstə] *f 1.* caisse *f,* boîte *f; 2. (fam: Auto)* bagnole *f*
Kitsch [kɪtʃ] *m* kitsch *m,* tape-à-l'œil *m*
kitschig ['kɪtʃɪç] *adj* kitsch
Kitt [kɪt] *m 1. (Klebkitt)* colle *f; 2. (Fensterkitt)* mastic *m*
Kittchen ['kɪtçən] *n (fam)* taule *f,* bloc *m; jdn ins ~ bringen* mettre qn en prison/mettre qn sous les verrous/coffrer qn (fam)
Kittel ['kɪtəl] *m* blouse *f,* tablier *m*
kitten ['kɪtən] *v* cimenter
kitzelig ['kɪtsəlɪç] *adj 1.* chatouilleux; *2. (fig)* délicat
kitzeln ['kɪtsəln] *v 1.* chatouiller; *2. (fig: Gaumen)* flatter
klaffen ['klafən] *v* être béant, béer
kläffen ['klɛfən] *v* japper, glapir
Klage ['klaːgə] *f* plainte *f,* lamentation *f*
klagen ['klaːgən] *v 1.* se plaindre, se lamenter; *2. JUR* porter plainte
klamm [klam] *adj 1. (feucht)* froid et humide; *2. (steif)* engourdi
Klammer ['klamər] *f 1. (Büroklammer)* trombone *m,* attache de bureau *f; 2. (Heftklammer)* agrafe *f; 3. (Wäscheklammer)* pince à linge *f,* épingle à linge *f; 4. (Zeichen)* parenthèse *f*
klammern ['klamərn] *v 1.* fixer avec des pinces; *2. sich ~ an* se raccrocher à, se cramponner à
klammheimlich ['klam'haɪmlɪç] *adv (fam)* en cachette
Klamotten [kla'mɔtən] *pl* fringues *f/pl,* nippes *f/pl*
Klang [klaŋ] *m 1.* ton *m,* son *n; 2. (Klangfarbe)* timbre *m,* tonalité *f*
klanglos ['klaŋloːs] *adv sang- und ~* sans tambour ni trompette
klangvoll ['klaŋfɔl] *adj 1.* sonore; *2. (Stimme)* étoffé; *3. (fig)* qui sonne bien
Klappbett ['klapbɛt] *n* lit pliant *m*
Klappe ['klapə] *f 1.* abattant *m; 2. (bei einer Tür)* trappe *f; 3. TECH* clapet *m; 4. (fam:*

Mund) bec *m; Halt die ~!* Boucle-la!/Ferme-la! *eine große ~ haben* avoir une grande gueule (fam); *jdm eins auf die ~ geben* mettre sa main sur la figure à qn

klapperdürr ['klapər'dyr] *adj* maigre comme un clou

klapperig ['klapərɪç] *adj 1. (Sache)* branlant; *2. (Person)* fragile

klappern ['klapərn] *v* faire du bruit, claquer

Klappmesser ['klapmɛsər] *n* couteau pliant *m,* canif *m*

Klappstuhl ['klapʃtuːl] *m* chaise pliante *f,* siège pliant *m*

Klapptisch ['klaptɪʃ] *m* table pliante *f*

Klaps [klaps] *m 1.* tape *f,* claque *f; 2. Er hat einen ~.* Il a un grain de folie./Il a une araignée au plafond.

klar [klaːr] *adj 1. (Wetter)* clair, dégagé, serein; *2. (Luft)* pur; *3. (Flüssigkeit)* clair, limpide, transparent; *Das ist ~ wie Kloßbrühe!* C'est clair comme de l'eau de roche! *4. (Aussage)* clair, net, évident; *Ich habe klipp und ~ gesagt, was ich dachte.* J'ai dit carrément ce que je pensais. *es klipp und ~ sagen* mettre les points sur les i; *sich ~ ausdrücken* parler clairement; *um im Klaren zu sein* pour en avoir le cœur net

Kläranlage ['klɛːranlaːgə] *f* station d'épuration *f*

klären ['klɛːrən] *v 1.* décanter, clarifier; *2. (reinigen)* nettoyer, épurer; *3. (Situation)* clarifier; *Die Sache hat sich geklärt.* Le problème est réglé./La question ne se pose plus.

Klarheit ['klaːrhaɪt] *f 1. (der Luft)* pureté *f; 2. (einer Flüssigkeit)* clarté *f,* limpidité *f; 3. (klarer Verstand)* lucidité *f*

klarmachen ['klaːrmaxən] *v 1. (erklären)* expliquer; *2. (bereitmachen)* apprêter; *3. (ein Schiff)* appareiller

Klärschlamm ['klɛːrʃlam] *m* boues d'épuration *f/pl*

Klarsichtfolie ['klaːrzɪçtfoːljə] *f* transparent *m*

klarstellen ['klaːrʃtɛlən] *v* éclaircir

Klarstellung ['klaːrʃtɛluŋ] *f* éclaircissement *m*

Klartext ['klaːrtɛkst] *m ~ reden (fam)* parler clairement

Klärung ['klɛːruŋ] *f 1. (Reinigung)* épuration *f; 2. (Klarstellung)* clarification *f*

klasse ['klasə] *adj (fam)* bath, chouette

Klasse ['klasə] *f 1. (Kategorie)* classe *f,* catégorie *f; 2. (Schulklasse)* classe scolaire *f; 3. (soziale ~)* classe sociale *f*

klassenbewusst ['klasənbəvust] *adj* conscient de sa classe

Klassensprecher(in) ['klasənʃprɛçər(ɪn)] *m/f* délégué(e) de classe *m/f*

Klassentreffen ['klasəntrɛfən] *n* réunion des anciens élèves *f*

Klassifikation [klasifika'tsjoːn] *f* classification *f*

Klassik ['klasɪk] *f 1. (Zeitabschnitt)* époque classique *f,* classicisme *m; 2. (Stil)* style classique *m*

Klassiker ['klasɪkər] *m 1. (Person)* auteur classique *m; 2. (Werk)* œuvre classique *f*

klassisch ['klasɪʃ] *adj* classique

Klatsch [klatʃ] *m (fam)* commérages *m/pl,* potins *m/pl*

klatschen ['klatʃən] *v 1.* claquer; *jdm eine ~* gifler qn/en coller une à qn (fam); *2. (Beifall ~)* applaudir; *3. (negativ reden)* caqueter, jaser

Klatschspalte ['klatʃʃpaltə] *f* rubrique des faits divers *f*

Klaue ['klauə] *f 1.* griffe *f,* ongle *m; in jds ~n geraten* tomber sous les griffes de qn; *2. (fam: Hand)* patte *f; 3. (fam: unleserliche Schrift)* griboullis *m,* griffonnage *m*

klauen ['klauən] *v (fam)* faucher, piquer

Klebeband ['kleːbəbant] *n* bande adhésive *f*

kleben ['kleːbən] *v 1. (an~)* coller; *jdm eine ~ (fam)* gifler qn/mettre la main sur la figure à qn; *2. (haften)* adhérer, coller

Kleber ['kleːbər] *m (fam: Klebstoff)* colle végétale *f,* gluten *m*

klebrig ['kleːbrɪç] *adj* collant

Klebstoff ['kleːpʃtɔf] *m* colle *f*

kleckern ['klɛkərn] *v 1. (fam)* se salir, faire des taches; *2. (tröpfeln)* goutter

Klecks ['klɛks] *m 1.* tache *f; 2. (Tintenklecks)* pâté *m*

Klee [kleː] *m* trèfle *m; jdn über den grünen ~ loben* porter qn aux nues

Kleid [klaɪt] *n 1. (für Frauen)* robe *f; 2. (Kleidungsstück)* habit *m,* vêtement *m*

kleiden ['klaɪdən] *v 1. sich ~* s'habiller, se vêtir; *schlecht gekleidet sein* être mal habillé/être fagoté comme un sac; *2. jdn ~ (gut aussehen an jdm)* aller bien à qn, seoir à qn

Kleiderbügel ['klaɪdərbyːgəl] *m* portemanteau *m*

Kleiderhaken ['klaɪdərhaːkən] *m* portemanteau *m*

Kleiderschrank ['klaɪdərʃraŋk] *m* armoire à habits *f*

Kleiderständer ['klaɪdərʃtɛndər] *m* porte-manteau *m*
Kleidung ['klaɪduŋ] *f* *1.* habits *m/pl,* vêtements *m/pl; 2. (für Frauen)* toilette *f*
Kleie [klaɪə] *f* *BOT* son *m*
klein [klaɪn] *adj* petit, menu, minuscule
kleinbürgerlich ['klaɪnbyrgərlɪç] *adj* petit bourgeois, de la petite bourgeoisie
Kleingedrucktes ['klaɪngədruktəs] *n* ce qui est imprimé en petits caractères
Kleingeld ['klaɪngɛlt] *n* petite monnaie *f*
Kleinigkeit ['klaɪnɪçkaɪt] *f* petit rien *m,* bagatelle *f; Er regt sich wegen jeder ~ auf.* Il se fâche pour un rien. *bei der geringsten ~* pour un oui ou pour un non
kleinkariert ['klaɪnkariːrt] *adj (fig)* étroit d'esprit
kleinlaut ['klaɪnlaut] *adj* penaud, décontenancé
kleinlich ['klaɪnlɪç] *adj 1. (engstirnig)* étroit d'esprit, borné; *Man sollte nicht zu ~ sein.* Il ne faut pas être chien. *2. (geizig)* mesquin, chiche
kleinmütig ['klaɪnmyːtɪç] *adj 1.* pusillanime; *2. (ängstlich)* timoré
Kleinod ['klaɪnoːt] *n 1.* bijou *m; 2. (fig)* trésor *m*
Kleinstadt ['klaɪnʃtat] *f* petite ville *f*
Kleinwagen ['klaɪnvaːgən] *m* voiture de faible cylindrée *f*
Kleister ['klaɪstər] *m* colle d'amidon *f,* colle de pâte *f*
kleistern ['klaɪstərn] *v* coller
Klemme ['klɛmə] *f 1.* pince *f; 2. (fig)* pétrin *m; in der ~ sitzen* être dans le pétrin
klemmen ['klɛmən] *v 1. (einzwängen)* pincer, serrer; *2. (festsitzen)* se coincer, rester coincé
Klempner ['klɛmpnər] *m* plombier-zingueur *m*
Klette ['klɛtə] *f 1.* bardane *f; 2. (fam)* crampon *m,* pot de colle *m*
klettern ['klɛtərn] *v* grimper, escalader
Klient(in) [kli'ɛnt(ɪn)] *m/f* client(e) *m/f*
Klima ['kliːma] *n* climat *m*
Klimaanlage ['kliːmaanlaːgə] *f* climatisation *f*
klimatisch [kli'maːtɪʃ] *adj* climatique
Klimaveränderung ['kliːmafɛrɛndəruŋ] *f* changement de climat *m*
Klimazone ['kliːmatsoːnə] *f* zone climatique *f*
klimpern ['klɪmpərn] *v 1.* tinter; *2. (schlecht Klavier spielen)* tapoter du piano, pianoter; *3. mit den Wimpern ~* battre des cils
Klinge ['klɪŋə] *f 1.* lame *f; 2. (Schwert)* épée *f; eine scharfe ~ führen* avoir la dent dure/avoir la langue bien affutée; *jdn über die ~ springen lassen* éliminer qn/passer qn au fil de l'épée
Klingel ['klɪŋəl] *f* sonnette *f*
klingeln ['klɪŋəln] *v* sonner; *Jetzt klingelt's bei mir!* Ça fait tilt!/J'ai pigé!
klingen ['klɪŋən] *v irr* sonner, résonner
Klinik ['kliːnɪk] *f* clinique *f*
klinisch ['kliːnɪʃ] *adj* clinique
Klinke ['klɪŋkə] *f* poignée *f; sich die ~ in die Hand geben* se succéder à un rythme infernal/s'enchaîner; *~n putzen* faire du porte à porte
Klippe ['klɪpə] *f 1.* falaise *f; 2. (fig)* écueil *m*
klirren ['klɪrən] *v* tinter, vibrer
klirrend ['klɪrənt] *adj 1. (Ton)* vibrant; *2. (Kälte)* glacial; *~e Kälte* froid de canard *m*
Klischee [klɪ'ʃeː] *n* cliché *m*
Klo [kloː] *n (fam)* cabinets *m/pl,* toilettes *f/pl*
klobig ['kloːbɪç] *adj* massif
Klobrille ['kloːbrɪlə] *f* abattant de cuvette *m,* abattant de W-C *m*
klonen ['kloːnən] *v BIO* cloner
klopfen ['klɔpfən] *v 1.* frapper, battre; *2. (Herz)* battre, palpiter; *3. (Motor)* cogner
Klops [klɔps] *m GAST* quenelle *f*
Klosett [klo'zɛt] *n* W-C *m/pl,* cabinets *m/pl*
Kloß [kloːs] *m 1.* boule *f; einen ~ im Hals haben* avoir une boule dans la gorge/avoir la gorge nouée; *2. GAST* boulette *f*
Kloster ['kloːstər] *n REL* couvent *m,* monastère *m*
Klotz [klɔts] *m 1.* bloc de bois *m,* bûche *f; sich einen ~ ans Bein binden* se mettre un fil à la patte; *einen ~ am Bein haben* traîner un boulet/avoir un fil à la patte; *2. (Mensch)* lourdaud *m,* rustre *m*
Klub [klup] *m* club *m,* cercle *m*
Klubmitglied ['klupmɪtgliːt] *n* membre d'un club *m*
Kluft [kluft] *f 1. (Abgrund)* faille *f,* crevasse *f; 2. (fig: Gegensatz)* fossé *m,* faille *f; 3. (fam: Kleidung)* frusques *f/pl,* fringues *f/pl*
klug [kluːk] *adj* intelligent, sage; *aus jdm nicht ~ werden* ne pas comprendre qn/ne pas savoir où l'on en est avec qn
Klugheit ['kluːkhaɪt] *f* intelligence *f*
Klumpen ['klumpən] *m 1.* boule *f,* pelote *f; 2. (Blutklumpen)* caillot *f; 3. (Goldklumpen)* tas *m; 4. (Leute)* amas *m*

knabbern ['knabərn] *v* grignoter; *an etw zu ~ haben (fig)* longtemps souffrir de qc
Knabe ['kna:bə] *m* garçon *m*
knabenhaft ['kna:bənhaft] *adj (kindlich)* enfantin
Knäckebrot ['knɛkəbro:t] *n GAST* pain suédois *m*
knacken ['knakən] *v 1. (knarren)* craquer; *2. (Nüsse)* casser; *3. (fam: aufbrechen)* casser, forcer
Knacks [knaks] *m 1. (Sprung)* fêlure *f; 2. (fig) einen ~ haben* être une tête fêlée
Knall [knal] *m 1.* éclatement *m; 2. (Schuss)* coup de feu *m,* détonation *f; 3. (Aufprall)* choc *m*
knallen ['knalən] *v 1.* éclater, claquer; *jdm eine ~* gifler qn/mettre la main sur la gueule à qn (fam); *2. (Schuss)* détoner
knalleng ['knal'ɛŋ] *adj (fam)* collant
knallhart ['knal'hart] *adj* très dur
Knallkörper ['knalkœrpər] *m* pétard *m*
knapp [knap] *adj 1. (eng)* étroit, serré; *2. (gering)* maigre, rare; *~ bei Kasse sein* être à court d'argent; *3. (fig: kurz gefasst)* concis; *adv 4.* peu, de justesse
Knappheit ['knaphaɪt] *f 1. (der Kleidung)* étroitesse *f; 2. (Mangel)* rareté *f*
Knarre ['knarə] *f 1. (Rassel)* crécelle *f; 2. (fam: Gewehr)* flingue *m*
knarren ['knarən] *v* grincer, craquer
Knast [knast] *m (fam)* taule/tôle *f,* cabane *f*
knattern ['knatərn] *v* pétarader
Knäuel ['knɔyəl] *n/m 1. (Wollknäuel)* pelote de laine *f; 2. (fig: Menschenknäuel)* attroupement *m,* mêlée *f*
knauserig ['knauzərɪç] *adj (fam)* pingre
Knebel ['kne:bəl] *m* bâillon *m,* garrot *m*
Knecht [knɛçt] *m* valet *m,* serviteur *m*
Knechtschaft ['knɛçtʃaft] *f* servitude *f*
kneifen ['knaɪfən] *v irr 1. (zwicken)* pincer; *2. (fam: sich drücken)* se dérober, se dégonfler
Kneifzange ['knaɪftsaŋə] *f* tenailles *f/pl*
Kneipe ['knaɪpə] *f* bar *m,* bistrot *m*
kneten ['kne:tən] *v* pétrir, malaxer
Knetmasse ['kne:tmasə] *f* pâte à modeler *f*
Knick [knɪk] *m 1. (Biegung)* coude *m; einen ~ in der Optik haben* ne pas avoir les yeux en face des trous; *2. (Papierknick)* pli *m; 3. (Straßenknick)* virage *m*
knicken ['knɪkən] *v 1. (falten)* plier, plisser; *2. (ab~)* briser; *3. (fig)* affliger, accabler
Knicks [knɪks] *m* révérence *f*
knicksen ['knɪksən] *v* faire une révérence
Knie [kni:] *n ANAT* genou *m; jdn in die ~ zwingen* mettre qn à genoux/faire plier qn/mater qn; *weiche ~ bekommen* flageoler sur ses jambes; *vor jdm auf den ~n rutschen* ramper devant qn/plier l'échine devant qn; *jdn übers ~ legen (fam)* rosser qn/flanquer une raclée à qn; *etw übers ~ brechen* précipiter qc/brusquer qc
Kniebeuge ['kni:bɔygə] *f 1.* flexion des genoux *f; 2. REL* génuflexion *f*
Kniekehle ['kni:ke:lə] *f ANAT* jarret *m*
knien ['kni:ən] *v* être à genoux
Kniescheibe ['kni:ʃaɪbə] *f ANAT* rotule *f*
Kniestrumpf ['kni:ʃtrumpf] *m* chaussette montante *f*
kniffelig ['knɪfəlɪç] *adj (fam)* épineux
knipsen ['knɪpsən] *v 1. (Fahrkarte)* composter, poinçonner; *2. (fotografieren)* photographier, prendre en photo
Knirps [knɪrps] *m 1. (Kind)* mioche *m; 2. (kleiner Mensch)* nabot *m*
knirschen ['knɪrʃən] *v 1.* crisser; *2. mit den Zähnen ~* grincer des dents
knistern ['knɪstərn] *v 1. (Feuer)* crépiter, pétiller; *2. (Papier)* craqueter; *3. (fig: Spannung)* être excitant
knittern ['knɪtərn] *v* se froisser, se chiffonner
Knoblauch ['kno:blaux] *m BOT* ail *m*
Knöchel ['knœçəl] *m 1. (Fußknöchel) ANAT* cheville *f; 2. (Fingerknöchel) ANAT* nœud *m*
Knochen ['knɔxən] *m ANAT* os *m; meine alten ~* ma vieille carcasse; *bis auf die ~* jusqu'aux os; *in die ~ fahren* bouleverser; *Es steckt mir in den ~.* Ça me passe partout. *über die ~ gehen* être au-dessus de ses forces
Knolle ['knɔlə] *f BOT* tubercule *m*
Knopf [knɔpf] *m* bouton *m*
knöpfen ['knœpfən] *v* boutonner
Knopfloch ['knɔpflɔx] *n* boutonnière *f*
Knorpel ['knɔrpəl] *m ANAT* cartilage *m*
Knospe ['knɔspə] *f BOT* bouton *m*
knoten ['kno:tən] *v* nouer, faire un nœud
Knoten ['kno:tən] *m 1.* nœud *m; sich einen ~ ins Taschentuch machen* faire un nœud à son mouchoir; *Der ~ ist bei ihm geplatzt.* Il a enfin pigé. *2. MED* nodosité *f*
Knotenpunkt ['kno:tənpuŋkt] *m* nœud *m,* point de jonction *m*
Knüller ['knylər] *m (fam)* article à succès *m,* hit *m*
knüpfen ['knypfən] *v 1. (binden)* nouer, attacher; *2. (Teppich)* nouer; *3. (fig: Beziehung)* nouer, lier

Knüppel ['knypəl] *m 1. (Stock)* bâton *m; jdm ~ zwischen die Beine werfen* mettre des bâtons dans les roues à qn; *2. (Schaltknüppel)* levier de commande *m*
knurren ['knurən] *v 1. (Hund)* gronder, grogner; *2. (Magen)* gargouiller; *3. (fig: meckern)* bougonner, grogner
knusprig ['knusprɪç] *adj* croustillant
knutschen ['knuːtʃən] *v (fam)* se bécoter, se sucer la poire
Kobold ['koːbɔlt] *m* kobold *m,* lutin *m*
Koch [kɔx] *m* cuisinier *m*
Kochbuch ['kɔxbuːx] *n* livre de cuisine *m*
kochen ['kɔxən] *v 1. (zubereiten)* cuisiner, faire la cuisine; *Kaffee ~* faire du café/prendre du café; *2. (garen)* cuire, faire cuire; *3. (sieden)* bouillir, faire bouillir
kochend ['kɔxənt] *adj* bouillant
Kocher ['kɔxər] *m* réchaud *m*
Köchin ['kœçɪn] *f* cuisinière *f*
Kochlöffel ['kɔxlœfəl] *m* cuiller en bois *f*
Kochrezept ['kɔxretsɛpt] *n* recette de cuisine *f*
Kochtopf ['kɔxtɔpf] *m* casserole *f*
Koffein [kɔfe'iːn] *n* caféine *f*
koffeinfrei [kɔfe'iːnfraɪ] *adj* décaféiné
Koffer ['kɔfər] *m* valise *f; die ~ packen* faire ses valises/prendre ses cliques et ses claques
Kofferradio ['kɔfərraːdjo] *n* poste de radio portatif *m*
Kofferraum ['kɔfərraum] *m* coffre *m*
Kohl [koːl] *m BOT* chou *m*
Kohle ['koːlə] *f 1.* charbon *m; wie auf glühenden ~n sitzen* être sur des charbons ardents; *2. (Steinkohle)* houille *f*
Kohlenbergwerk ['koːlənbɛrkvɛrk] *n* mine de charbon *f*
Kohlepapier ['koːləpapiːr] *n* papier carbone *m*
kohlrabenschwarz ['koːlrabən'ʃvarts] *adj* noir comme du charbon
Koje ['koːjə] *f* cabine *f,* couchette *f*
Kokain [koka'iːn] *n* cocaïne *f*
kokett [ko'kɛt] *adj* coquet
kokettieren [kokɛ'tiːrən] *v* faire le coquet/faire la coquette
Kokosnuss ['koːkɔsnus] *f BOT* noix de coco *f*
Kolben ['kɔlbən] *m 1. (Maiskolben)* épi de maïs *m; 2. (eines Gewehrs)* crosse *f; 3. (eines Motors)* piston *m*
Kolibakterie ['kɔːlibaktɛriə] *f MED* colibacille *m*
Kollege [kɔ'leːgə] *m 1.* collègue *m; 2. (Fachkollege)* confrère *m*
kollegial [kɔle'gjal] *adj 1.* de collègue; *adv 2.* en bon collègue
Kollegin [kɔ'leːgɪn] *f* collègue *f*
Kollegium [kɔ'leːgjum] *n 1. (Lehrerkollegium)* corps professoral *m; 2. (fig)* assemblée *f*
Kollektion [kɔlɛk'tsjoːn] *f* collection *f*
kollektiv [kɔlɛk'tiːf] *adj* collectif
Kollision [kɔlizj'oːn] *f 1.* collision *f; 2. (fig: Streit)* conflit *m*
Kolonie [kolo'niː] *f POL* colonie *f*
Kolonne [ko'lɔnə] *f* colonne *f,* équipe *f*
Koloss [ko'lɔs] *m* colosse *m*
kolossal [kolo'saːl] *adj* colossal; *einen ~n Erfolg haben* avoir un succès monstre
Kolumne [ko'lumnə] *f (in einer Zeitung)* colonne *f*
Kombination [kɔmbina'tsjoːn] *f 1. (Verknüpfung)* combinaison *f; 2. (der Kleidung)* combinaison *f*
kombinieren [kɔmbi'niːrən] *v 1. (verknüpfen)* combiner; *2. (zusammenstellen)* assembler; *3. (vermuten)* conjecturer
Komfort [kɔm'foːr] *m* confort *m*
komfortabel [kɔmfɔr'taːbəl] *adj* confortable
Komik ['koːmɪk] *f* comique *m*
Komiker ['koːmɪkər] *m* comique *m*
komisch ['koːmɪʃ] *adj 1. (spaßig)* comique, amusant; *2. (eigenartig)* bizarre, étrange
Komitee [kɔmi'teː] *n* comité *m*
Komma ['kɔma] *n* virgule *f*
kommandieren [kɔman'diːrən] *v* commander
Kommando [kɔ'mando] *n* commandement *m*
kommen ['kɔmən] *v irr* venir, arriver; *Ich komme schon!* J'arrive! *wie gerufen ~* venir à point nommé; *Komm mal her!* Viens voir! *auf jdn nichts ~ lassen* défendre qn/ne pas dire du mal de qn; *im Kommen sein* revenir à la mode; *wieder zu sich ~* revenir à soi/reprendre conscience/reprendre ses esprits; *wenn's hoch kommt* à tout casser; *Das kommt davon!* Voilà ce qui arrive!/C'était à prévoir!
Kommentar [kɔmen'taːr] *m* commentaire *m*
kommentarlos [kɔmen'taːrloːs] *adj* sans commentaire
Kommentator [kɔmen'taːtɔr] *m* commentateur *m*

kommentieren [kɔmen'tiːrən] *v* commenter
kommerziell [kɔmɛrts'jɛl] *adj* commercial
Kommilitone [kɔmili'toːnə] *m* camarade d'études *m*, condisciple *m*
Kommissar(in) [kɔmɪ'saːr(ɪn)] *m/f* commissaire *m*
Kommission [kɔmɪs'joːn] *f 1. (Ausschuss)* commission *f; 2. (Auftrag) ECO* commission *f*
Kommode [kɔ'moːdə] *f* commode *f*
kommunal [kɔmu'naːl] *adj* communal, municipal
Kommunalpolitik [kɔmu'naːlpolitiːk] *f POL* politique communale *f*
Kommunalwahl [kɔmu'naːlvaːl] *f POL* élections municipales *f/pl*
Kommune [kɔ'muːnə] *f 1. (Wohngemeinschaft)* communauté *f; 2. (Gemeinde) POL* commune *f*
Kommunikation [kɔmunika'tsjoːn] *f* communication *f*
Kommunist [kɔmu'nɪst] *m POL* communiste *m*
kommunistisch [kɔmu'nɪstɪʃ] *adj POL* communiste
kommunizieren [kɔmuni'tsiːrən] *v* communiquer
Komödiant [kɔmød'jant] *m* comédien *m*
Komödie [kɔ'møːdjə] *f* comédie *f*
Kompagnon [kɔmpa'njɔ̃] *m ECO* associé *m*
kompakt [kɔm'pakt] *adj* compact
Kompass ['kɔmpas] *m* boussole *f*, compas *m*
Kompatibilität [kɔmpatibili'tɛːt] *f* compatibilité *f*
Kompensation [kɔmpenza'tsjoːn] *f* compensation *f*
kompensieren [kɔmpen'ziːrən] *v* compenser
kompetent [kɔmpə'tɛnt] *adj* compétent
Kompetenz [kɔmpə'tɛnts] *f* compétence *f*
komplett [kɔm'plɛt] *adj* complet
Komplex [kɔm'plɛks] *m 1. PSYCH* complexe *m; 2. (Häuserkomplex)* pâté de maisons *m; 3. ARCH* ensemble *m*
Komplikation [kɔmplika'tsjoːn] *f* complication *f*
Kompliment [kɔmpli'mɛnt] *n* compliment *m; jdm ein ~ machen* adresser un compliment à qn; *Mein ~!* Mes compliments!
Komplize [kɔm'pliːtsə] *m* complice *m*, acolyte *m*
kompliziert [kɔmpli'tsiːrt] *adj* compliqué
Komponente [kɔmpo'nɛntə] *f* composante *f*
komponieren [kɔmpo'niːrən] *v MUS* composer
Komponist [kɔmpo'nɪst] *m MUS* compositeur *m*
Komposition [kɔmpozɪ'tsjoːn] *f (Zusammenstellung)* composition *f*
Kompott [kɔm'pɔt] *n GAST* compote *f*
Kompromiss [kɔmpro'mɪs] *m* compromis *m; einen ~ schließen* couper la poire en deux/trouver un compromis
Kompromissbereitschaft [kɔmpro'mɪsbəraɪtʃaft] *f* esprit de compromis *m*
kompromisslos [kɔmpro'mɪsloːs] *adj* sans compromis
kompromittieren [kɔmpromɪ'tiːrən] *v* compromettre
Kondensation [kɔndɛnza'tsjoːn] *f* condensation *f*
Kondition [kɔndi'tsjoːn] *f 1. (Leistungsfähigkeit)* condition physique *f; 2. (Bedingung)* condition *f*
Konditor [kɔn'diːtɔr] *m* pâtissier confiseur *m*
Konditorei [kɔndito'raɪ] *f* pâtisserie-confiserie *f*
Kondolenzschreiben [kɔndo'lɛntsʃraɪbən] *n* lettre de condoléances *f*
kondolieren [kɔndo'liːrən] *v* offrir ses condoléances, présenter ses condoléances
Kondom [kɔn'doːm] *n* préservatif *m*, capote anglaise *f*
Konfekt [kɔn'fɛkt] *n GAST* confiserie *f*, sucreries *f/pl*
Konfektion [kɔnfɛk'tsjoːn] *f* confection *f*
Konfektionsgröße [kɔnfɛk'tsjoːnsgrøːsə] *f* taille *f*
Konferenz [kɔnfe'rɛnts] *f* conférence *f*
Konferenztisch [kɔnfe'rɛntstɪʃ] *m* table de conférence *f*
konfessionslos [kɔnfɛs'joːnsloːs] *adj* sans religion, sans confession
Konfitüre [kɔnfi'tyːrə] *f GAST* confiture *f*
Konflikt [kɔn'flɪkt] *m* conflit *m*
konform [kɔn'fɔrm] *adj* conforme à
Konfrontation [kɔnfrɔnta'tsjoːn] *f* confrontation *f*

konfrontieren [kɔnfrɔn'tiːrən] *v* confronter
konfus [kɔn'fuːs] *adj* confus, troublé
Kongress [kɔn'grɛs] *m* congrès *m*
Kongresshalle [kɔn'grɛshalə] *f* palais des congrès *m*
König(in) ['køːnɪç/'køːnɪgɪn] *m/f* roi/reine *m/f*
königlich ['køːnɪklɪç] *adj* royal
Königreich ['køːnɪkraɪç] *n* royaume *m*
konjugieren [kɔnju'giːrən] *v* conjuguer
Konjunktur [kɔnjuŋk'tuːr] *f* *ECO* conjoncture *f*
konkret [kɔn'kreːt] *adj* *1.* concret; *2. (greifbar)* réel, tangible
Konkurrent(in) [kɔnku'rɛnt(ɪn)] *m/f* concurrent(e) *m/f*
Konkurrenz [kɔnku'rɛnts] *f* *1.* concurrence *f; 2. (Wettbewerb)* compétition *f*
konkurrenzfähig [kɔnku'rɛntsfɛːɪç] *adj* compétitif
konkurrenzlos [kɔnku'rɛntsloːs] *adj* sans concurrence
konkurrieren [kɔnku'riːrən] *v* concurrencer, faire concurrence à
können ['kœnən] *v irr 1. (in der Lage sein)* pouvoir, être capable de; *2. (beherrschen, wissen)* pouvoir, savoir; *3. (dürfen)* pouvoir, avoir le droit; *4. für etw nichts ~* ne pas être responsable de qc, ne rien pouvoir pour qc; *Wir ~ doch nichts dafür.* Nous, on n'y peut rien. *5. Du kannst mich mal! (fam)* Tu peux aller te faire voir!/Tu peux aller te faire foutre!
Können ['kœnən] *n* pouvoir *m; an jds ~ zweifeln* douter de la capacité de qn
Könner(in) ['kœnər(ɪn)] *m/f* personne capable *f*
konsequent [kɔnze'kvɛnt] *adj* conséquent, logique
Konsequenz [kɔnze'kvɛnts] *f* *1. (Folge)* conséquence *f; 2. (Folgerichtigkeit)* logique *f; 3. (fig)* résultat *m; aus etw ~en ziehen* tirer les conséquences de qc
konservativ [kɔnzɛrva'tiːf] *adj* conservateur
Konserve [kɔn'zɛrvə] *f* conserve *f*
Konservendose [kɔn'zɛrvəndoːzə] *f* boîte de conserve *f*
konservieren [kɔnzɛr'viːrən] *v* conserver
Konservierungsmittel [kɔnzɛr'viːruŋsmɪtəl] *n* conservateur *m*
Konsole [kɔn'zoːlə] *f* console *f*
Konsolidierung [kɔnzoli'diːruŋ] *f* *ECO* consolidation *f*
konstant [kɔns'tant] *adj* constant, stable
Konstellation [kɔnstɛla'tsjoːn] *f* constellation *f*
konstruieren [kɔnstru'iːrən] *v* *1.* construire; *2. (Auto)* concevoir; *3. (fig)* inventer
Konstruktion [kɔnstruk'tsjoːn] *f* *1.* construction *f; 2. (eines Autos)* conception *f; 3. (fig)* invention *f*
konstruktiv [kɔnstruk'tiːf] *adj* constructif
konsultieren [kɔnzul'tiːrən] *v* consulter
Konsum [kɔn'zuːm] *m* consommation *f*
Konsument(in) [kɔnzu'mɛnt(ɪn)] *m/f* consommateur/consommatrice *m/f*
Konsumgesellschaft [kɔn'zuːmgəzɛlʃaft] *f* société de consommation *f*
Konsumgüter [kɔn'zuːmgyːtər] *pl* biens de consommation *m/pl*
konsumieren [kɔnzu'miːrən] *v* consommer
Kontakt [kɔn'takt] *m* *1.* contact *m; 2. (fig: Beziehung)* relation *f,* rapport *m*
kontaktarm [kɔn'taktarm] *adj* qui a peu de contact avec l'extérieur
kontaktfreudig [kɔn'taktfrɔydɪç] *adj* qui noue facilement des relations
Kontaktlinsen [kɔn'taktlɪnzən] *pl* lentilles de contact *f/pl*
Kontaktperson [kɔn'taktpɛrzoːn] *f* personne à contacter *f*
Kontamination [kɔntamina'tsjoːn] *f* contamination *f*
kontern ['kɔntərn] *v* parer, contrer
Kontext ['kɔntɛkst] *m* contexte *m*
Kontinent [kɔnti'nɛnt] *m* continent *m*
kontinental [kɔntinɛn'taːl] *adj* continental
Kontingent [kɔntɪŋ'gɛnt] *n* contingent *m*
kontinuierlich [kɔntinu'iːrlɪç] *adj* *1.* continu; *adv 2.* continuellement
Konto ['kɔnto] *n* compte *m; auf jds ~ gehen* être de la faute de qn/être à mettre sur le compte de qn
Kontoauszug ['kɔntoaustsuːk] *m* extrait de compte *m*
Kontonummer ['kɔntonumər] *f* numéro de compte *m*
Kontostand ['kɔntoʃtant] *m* montant de compte *m*
Kontra ['kɔntra] *n* contre *m*
konträr [kɔn'trɛːr] *adj* contraire
Kontrast [kɔn'trast] *m* contraste *m*
kontrastreich [kɔn'trastraɪç] *adj* contrasté

Kontrollbehörde [kɔn'trɔlbəhøːrdə] *f* commission de surveillance *f*
Kontrolle [kɔn'trɔlə] *f* contrôle *m*, surveillance *f*
Kontrolleur [kɔntrɔ'løːr] *m* contrôleur *m*
kontrollieren [kɔntrɔ'liːrən] *v* contrôler
kontrovers [kɔntro'vɛrs] *adj* controversé
Kontroverse [kɔntro'vɛrzə] *f* controverse *f*
Kontur [kɔn'tuːr] *f* contour *m*
Konvention [kɔnvɛn'tsjoːn] *f* convention *f*
konventionell [kɔnvɛntsjo'nɛl] *adj 1.* conventionnel; *adv 2.* par convention
Konversation [kɔnvɛrza'tsjoːn] *f* conversation *f*
konvertieren [kɔnvɛr'tiːrən] *v 1. FIN* convertir; *2. REL* se convertir
Konzentrat [kɔntsɛn'traːt] *n* concentré *m*
Konzentration [kɔntsɛntra'tsjoːn] *f* concentration *f*
konzentrieren [kɔntsɛn'triːrən] *v 1.* concentrer; *2. sich ~* se concentrer
Konzept [kɔn'tsɛpt] *n* ébauche *f*, brouillon *m; jdm nicht ins ~ passen* ne pas convenir à qn/ne pas plaire à qn; *jdn aus dem ~ bringen* déboussoler qn/décontenancer qn; *aus dem ~ kommen* ne plus savoir où l'on en est/perdre pied
Konzession [kɔntsɛ'sjoːn] *f 1. (Erlaubnis)* concession *f; 2. (Zugeständnis)* concession *f*
konzipieren [kɔntsi'piːrən] *v* concevoir, ébaucher
Kooperation [koɔpəra'tsjoːn] *f* coopération *f*
kooperativ [koɔpəra'tiːf] *adj* coopératif
Koordination [koɔrdina'tsjoːn] *f* coordination *f*
koordinieren [koɔrdi'niːrən] *v* coordonner
Kopf [kɔpf] *m ANAT* tête *f; sich den ~ zerbrechen* se creuser la tête; *nicht mehr wissen, wo einem der ~ steht* ne plus savoir où donner de la tête; *sich etw in den ~ setzen* se fourrer qc dans la tête; *vor den ~ stoßen* heurter de front; *zu ~ steigen* monter à la tête; *den ~ verlieren* perdre le nord; *alles auf den ~ stellen* mettre tout sens dessus dessous; *jdm den ~ zurechtsetzen* apprendre à vivre à qn; *den ~ kosten* coûter la tête; *den ~ aus der Schlinge ziehen* tirer son épingle du jeu; *sich den ~ einrennen* se casser les dents; *seinen ~ durchsetzen* imposer sa loi/imposer sa volonté; *den ~ hängen lassen* baisser les bras; *sich die Köpfe heißreden* s'échauffer; *seinen ~ hinhalten* prendre à son compte/prendre la responsabilité; *den ~ in den Sand stecken* pratiquer la politique de l'autruche; *~ und Kragen riskieren* risquer sa téte; *jdm ~ und Kragen kosten* coûter la vie à qn; *jdm den ~ verdrehen* tourner la tête à qn; *den ~ vollhaben* avoir la tête farcie; *sich einen ~ um etw machen* se faire du mouron pour qc; *jdm den ~ zurechtrücken* remettre qn en place/passer un savon à qn; *einen kühlen ~ bewahren* garder la tête froide/conserver son sang-froid; *nicht auf den ~ gefallen sein* être débrouillard; *aus dem ~* de tête/par cœur; *sich etw aus dem ~ schlagen* laisser tomber qc/se sortir qc de la tête; *über jds ~ hinweg* derrière le dos de qn; *über den ~ wachsen* dépasser les compétences/être au-dessus de ses forces; *von ~ bis Fuß* de pied en cap/des pieds à la tête; *jdn vor den ~ stoßen* vexer qn/piquer qn; *jdm den ~ waschen (fig)* laver la tête à qn; *jdm etw an den ~ werfen* jeter qc à la tête de qn; *sich etw durch den ~ gehen lassen* réfléchir à qc; *etw im ~ haben* avoir qc en tête/connaître qc par cœur; *etw im ~ behalten* retenir qc; *Mir schwirrt der ~.* J'ai le cerveau en ébullition./J'ai la tête farcie. *~ hoch!* Courage!
Kopfhörer ['kɔpfhøːrər] *m* casque d'écoute *m*
Kopfkissen ['kɔpfkɪsən] *n* oreiller *m*
kopflos ['kɔpfloːs] *adj 1.* écervelé; *adv 2.* sans réfléchir; *~ handeln* y aller tête baissée
Kopfrechnen ['kɔpfrɛçnən] *n MATH* calcul mental *m*
Kopfsalat ['kɔpfzalaːt] *m BOT* laitue *f*
Kopfstütze ['kɔpfʃtytsə] *f* appui(e)-tête *m*
Kopftuch ['kɔpftuːx] *n* foulard *m*
kopfüber [kɔpf'yːbər] *adv 1.* la tête la première; *2. (fig)* á corps perdu
Kopfzerbrechen ['kɔpftsɛrbrɛçən] *n* casse-tête *m; jdm viel ~ bereiten* être un casse-tête pour qn
Kopie [ko'piː] *f 1.* copie *f; 2. (fig)* imitation *f*
kopieren [ko'piːrən] *v* copier
Kopierer [ko'piːrər] *m* photocopieur *m*
Kopilot ['koːpiloːt] *m* copilote *m*
Koppel ['kɔpəl] *f 1. (Weide)* pâture *f*, pâturage *m; 2. (Gürtel)* ceinturon *f*
koppeln ['kɔpəln] *v 1.* jumeler; *2. (Ziele)* réunir, fixer; *3. (Hunde)* coupler, accoupler; *4. (Pferde)* coupler
Koproduktion ['koproduktsjoːn] *f* coproduction *f*

Korb [kɔrp] *m* panier *m,* corbeille *f; einen ~ bekommen (fig)* essuyer un refus/se prendre une veste (fam)
Korbmöbel ['kɔrpmøːbəl] *pl* meubles en rotin *m/pl*
Kord [kɔrt] *m* tissu côtelé *m,* velours côtelé *m*
Kordel ['kɔrdəl] *f* cordon *m,* cordelette *f*
Korken ['kɔrkən] *m* bouchon *m; nach ~ schmecken* sentir le bouchon
Korkenzieher ['kɔrkəntsiːər] *m* tire-bouchon *m*
Korn [kɔrn] *n 1. (Krümchen)* grain *m; 2. (Getreide)* grains *m/pl,* céréales *f/pl; 3. jdn aufs ~ nehmen* avoir qn dans le collimateur
Kornfeld ['kɔrnfɛlt] *n* champ de blé *m*
körnig ['kœrnɪç] *adj* granuleux
Kornkammer ['kɔrnkamər] *f* grenier à blé *m*
Körper ['kœrpər] *m* corps *m*
Körperbau ['kœrpərbau] *m* conformation du corps *f*
Körperbehinderte(r) ['kœrpərbəhɪndərtə(r)] *m/f* handicapé(e) physique *m/f*
Körpergewicht ['kœrpərgəvɪçt] *n* poids du corps *m*
Körpergröße ['kœrpərgrøːsə] *f* taille *f*
körperlich ['kœrpərlɪç] *adj* corporel
Körperpflege ['kœrpərpfleːgə] *f* hygiène corporelle *f*
Körperteil ['kœrpərtaɪl] *n* partie du corps *f*
Körperverletzung ['kœrpərfɛrlɛtsuŋ] *f JUR* coups et blessures *m/pl*
korrekt [kɔ'rɛkt] *adj* correct
Korrektheit [kɔ'rɛkthaɪt] *f* correction *f*
Korrektur [kɔrɛk'tuːr] *f* correction *f*
Korrekturabzug [kɔrɛk'tuːraptsuːk] *f* épreuve *f*
Korrespondent(in) [kɔrɛspɔn'dɛnt(ɪn)] *m/f* correspondant(e) *m/f*
Korrespondenz [kɔrɛspɔn'dɛnts] *f* correspondance *f*
korrespondieren [kɔrɛspɔn'diːrən] *v* correspondre, être en correspondance
Korridor ['kɔridoːr] *m* couloir *m,* corridor *m*
korrigieren [kɔri'giːrən] *v* corriger, rectifier
korrupt [kɔ'rupt] *adj* corrompu
Korruption [kɔrup'tsjoːn] *f* corruption *f*
Korsett [kɔr'zɛt] *n* corset *m*
Kosak [ko'zak] *m* Cosaque *m*
Kosename ['koːzənaːmə] *m* petit nom
Kosewort ['koːzəvɔrt] *n* mot tendre *m*
Kosmetik [kɔs'meːtɪk] *f* cosmétique *f,* esthétique *f*
Kosmetikerin [kɔs'meːtɪkərɪn] *f* esthéticienne *f*
kosmetisch [kɔs'meːtɪʃ] *adj* cosmétique
kosmisch ['kɔzmɪʃ] *adj* cosmique
Kosmopolit [kɔsmopo'liːt] *m* cosmopolite *m*
kosmopolitisch [kɔsmopo'liːtɪʃ] *adj* cosmopolite
Kosmos ['kɔsmɔs] *m* cosmos *m,* univers *m*
Kost [kɔst] *f* nourriture *f,* aliments *m/pl*
kostbar ['kɔstbaːr] *adj 1.* précieux, de valeur; *2. (selten)* rare
Kostbarkeit ['kɔstbaːrkaɪt] *f 1.* objet précieux *m; 2. (Juwel)* joyau *m; 3. (Seltenheit)* rareté *f*
kosten[1] ['kɔstən] *v 1. (Preis)* coûter; *Koste es, was es wolle.* Coûte que coûte. *Es kostet Überwindung.* Il en coûte. *2. (wert sein)* valoir; *sich eine Sache etw ~ lassen* mettre le prix pour qc/ne pas lésiner sur qc
kosten[2] ['kɔstən] *v (versuchen)* goûter
kostenlos ['kɔstənloːs] *adj* gratuit
köstlich ['kœstlɪç] *adj 1. (hervorragend)* délicieux; *2. (amüsant)* amusant; *adv 3.* merveilleusement bien; *4. (fam)* drôlement bien
Kostprobe ['kɔstproːbə] *f 1.* dégustation *f; 2. (Muster)* échantillon *m*
kostspielig ['kɔstʃpiːlɪç] *adj* coûteux
Kostüm [kɔ'styːm] *n 1. (Kleidungsstück)* tailleur *m,* costume *m; 2. (Maskenkostüm)* costume *m,* déguisement *m*
Kostümball [kɔ'styːmbal] *m* bal costumé travesti *m*
Kot [koːt] *m 1.* excréments *m/pl,* matières fécales *f/pl; 2. (Schmutz)* boue *f*
Kotflügel ['koːtflyːgəl] *m* aile *f*
kotzen ['kɔtsən] *v (fam)* dégueuler, dégobiller; *Das kotzt mich an.* Ça me dégoûte./Ça me débecte.
Krabbe ['krabə] *f ZOOL* crabe *m,* crevette *f*
krabbeln ['krabəln] *v (Kinder)* marcher à quatre pattes
Krach [krax] *m 1. (Lärm)* bruit *m,* chahut *m; 2. (Streit)* dispute *f,* grabuge *m*
krachen ['kraxən] *v 1. (knallen)* gronder, éclater; *2. (fam) sich ~* se disputer, se chamailler
krächzen ['krɛçtsən] *v 1. (Mensch)* parler d'une voix rauque; *2. (Vogel)* croasser
kraft [kraft] *prep* en vertu de, par

Kraft [kraft] *f* force *f,* puissance *f; seine Kräfte missbrauchen* abuser de ses forces; *mit seinen Kräften Haus halten* économiser ses forces; *über jds Kräfte gehen* être au-dessus des forces de qn; *Das geht über meine Kräfte!* C'est plus fort que moi! *nach besten Kräften* de son mieux; *Kräfte sammeln* prendre des forces; *etw außer ~ setzen* abolir qc/annuler qc; *in ~ sein* être valable/être en vigueur; *mit jdm seine Kräfte messen* se mesurer à qn/mesurer ses forces avec qn; *bei Kräften sein* être en bonne santé/être en possession de tous ses moyens

Kraftaufwand ['kraftaufvant] *m* dépense d'énergie *f,* déploiement de forces *m*

Kraftausdruck ['kraftausdruk] *m* gros mot *m*

Kraftfahrer ['kraftfa:rər] *m 1.* chauffeur *m; 2. (LKW-Fahrer)* camionneur *m*

Kraftfahrzeug ['kraftfa:rtsɔyk] *n* véhicule *m*

Kraftfahrzeugschein ['kraftfa:rtsɔykʃaɪn] *m* carte grise *f*

Kraftfahrzeugsteuer ['kraftfa:rtsɔykʃtɔyər] *f 1.* taxe sur les véhicules *f; 2. (in Frankreich)* vignette *f*

Kraftfahrzeugversicherung ['kraftfa:rtsɔykfɛrzɪçəruŋ] *f* assurance-automobile *f*

kräftig ['krɛftɪç] *adj* fort, vigoureux

kraftlos ['kraftlo:s] *adj* sans force, sans énergie

Kraftprobe ['kraftpro:bə] *f* épreuve de force *f,* tour de force *m*

Kraftstoff ['kraftʃtɔf] *m* carburant *m*

Kraftwagen ['kraftva:gən] *m* véhicule *m*

Kraftwerk ['kraftvɛrk] *n 1.* centrale électrique *f; 2. (Kernkraftwerk)* centrale nucléaire *f*

Kragen ['kra:gən] *m* col *m; jdm den ~ kosten* coûter la vie à qn/payer de sa vie; *jdn beim ~ packen* prendre qn au collet; *jdm an den ~ wollen* rosser qn/flanquer une volée à qn; *Jetzt geht es ihm an den ~!* Il va y laisser sa peau! *Ihm ist der ~ geplatzt.* Il a fini par éclater.

Kragenweite ['kra:gənvaɪtə] *f* encolure *f; jds ~ sein (fig)* être le style de qn

krähen ['krɛ:ən] *v ZOOL* chanter

Kram [kra:m] *m (fam)* fourbi *m; jdm nicht in den ~ passen* ne pas arranger qn

kramen ['kra:mən] *v* fouiller, farfouiller

Kran [kra:n] *m* grue *f*

krank [kraŋk] *adj 1.* malade, souffrant; *sich ~ stellen* faire le malade; *2. (fig)* blessé

Kranke(r) ['kraŋkə(r)] *m/f* malade *m/f*

kränkeln ['krɛŋkəln] *v* être souffreteux, être maladif

kränken ['krɛŋkən] *v* blesser, vexer, froisser

Krankenbesuch ['kraŋkənbəzu:x] *m* visite à un malade *f*

Krankenbett ['kraŋkənbɛt] *n vom ~ aufstehen* relever de maladie

Krankengeld ['kraŋkəngɛlt] *n* indemnité journalière de maladie *f*

Krankengymnastik ['kraŋkəngymnastɪk] *f 1.* gymnastique médicale *f; 2. (Heilgymnastik)* rééducation *f*

Krankenhaus ['kraŋkənhaus] *n* hôpital *m*

Krankenkasse ['kraŋkənkasə] *f* caisse d'assurance maladie *f*

Krankenpfleger ['kraŋkənpfle:gər] *m* infirmier *m*

Krankenschein ['kraŋkənʃaɪn] *m* feuille de maladie *f*

Krankenschwester ['kraŋkənʃvɛstər] *f* infirmière *f*

Krankenversicherung ['kraŋkənfɛrzɪçəruŋ] *f* assurance maladie *f*

Krankenwagen ['kraŋkənva:gən] *m* ambulance *f*

krankhaft ['kraŋkhaft] *adj 1. MED* pathologique; *2. (fig)* maladif

Krankheit ['kraŋkhaɪt] *f* maladie *f; sexuell übertragbare ~en* maladies sexuellement transmissibles (MST) *f/pl*

kranklachen ['kraŋklaxən] *v sich ~ (fam)* se payer une tranche

krankschreiben ['kraŋkʃraɪbən] *v irr* mettre en arrêt de maladie

Kränkung ['krɛŋkuŋ] *f* offense *f*

Kranz [krants] *m* couronne *f*

Krapfen ['krapfən] *m* beignet *m*

krass [kras] *adj* fort, extrême

kratzbürstig ['kratsbyrstɪç] *adj* revêche

kratzen ['kratsən] *v* gratter

kraulen ['kraulən] *v 1. (streicheln)* gratter doucement, caresser; *2. (schwimmen)* nager le crawl

kraus [kraus] *adj 1. (gelockt)* frisé, crépu; *2. (fig)* confus, embrouillé

Kraut [kraut] *n 1. (Kohl)* chou *m; wie ~ und Rüben* tout mélangé/sens dessus dessous; *das ~ nicht fett machen* ne rien changer; *ins ~ schießen* foisonner/se multiplier; *2. (Würzkraut, Heilkraut)* herbes *f/pl,* plantes médicinales *f/pl; Dagegen ist kein ~ gewachsen.* Il n'y a pas de remède miracle contre ça.

Kräuteressig ['krɔytərɛsɪç] *m* vinaigre aux herbes *m*
Krawall [kra'val] *m* tumulte *m*, échauffourée *f*
Krawatte [kra'vatə] *f* cravate *f*
Kreation [krea'tsjoːn] *f* création *f*
kreativ [krea'tiːf] *adj* créatif
Kreativität [kreativi'tɛːt] *f* créativité *f*
Kreatur [krea'tuːr] *f* créature *f*
Kreditkarte [kre'diːtkartə] *f ECO* carte de crédit *f*
Kreide ['kraɪdə] *f 1. GEOL* craie *f; 2. (Schreibkreide)* craie *f; 3. (fig) in der ~ stehen* avoir des dettes; *in die ~ geraten* faire des dettes/planter un drapeau (fam)
Kreis [kraɪs] *m 1.* cercle *m; sich im ~ bewegen* tourner en rond; *immer weitere ~e ziehen* se répandre/faire des ricochets; *Mir dreht sich alles im ~!* J'ai la tête qui tourne. *2. (Verwaltungseinheit)* circonscription *f*, district *m; 3. (Freundeskreis)* cercle d'amis *m*
kreischen ['kraɪʃən] *v 1. (Mensch)* criailler, brailler; *2. (Vogel)* piailler; *3. (Räder)* grincer
kreisen ['kraɪzən] *v* décrire des cercles, tourner autour
Kreislauf ['kraɪslauf] *m 1.* circuit *m; 2. MED* circulation sanguine *f*
krempeln ['krɛmpəln] *v 1.* carder; *2. (auf~, hoch~)* retrousser
krepieren [kre'piːrən] *v 1. (fam: eingehen)* crever; *2. (fam: elend sterben)* casser sa pipe
Kreuz [krɔyts] *n 1.* croix *f; drei ~e machen* mettre un point final; *sein ~ auf sich nehmen* supporter son lot; *2. (Spielkarte)* trèfle *m*
kreuzen ['krɔytsən] *v* croiser
Kreuzer ['krɔytsər] *m NAUT* croiseur *m*
Kreuzfahrt ['krɔytsfaːrt] *f NAUT* croisière *f*
Kreuzfeuer ['krɔytsfɔyən] *n ins ~ geraten* être sur la sellette
Kreuzung ['krɔytsuŋ] *f 1. (Straßenkreuzung)* croisement *m*, carrefour *m; 2. BIO* croisement *m*
Kreuzweg ['krɔytsveːk] *m 1. REL* chemin de la croix *m; 2. (fig)* carrefour *m*
Kreuzworträtsel ['krɔytsvɔrtrɛːtsəl] *n* mots croisés *m/pl*
Kreuzzug ['krɔytstsuːk] *m 1. HIST* croisade *f; 2. (fig)* croisade *f*
kribbelig ['krɪbəlɪç] *adj 1.* irritable; *2. (ungeduldig)* impatient
kriechen ['kriːçən] *v irr 1.* ramper; *2. (sich schleppen)* se traîner
Krieg [kriːk] *m* guerre *f*
kriegen ['kriːgən] *v 1. (bekommen)* obtenir, recevoir; *2. (fangen)* attraper
kriegerisch ['kriːgərɪʃ] *adj* guerrier
Kriegserklärung ['kriːksɛrklɛːruŋ] *f* déclaration de guerre *f*
Kriegsfuß [kriːksfuːs] *m mit jdm auf ~ stehen* être sur le pied de guerre avec qn
Kriegsgefangener ['kriːksgəfaŋənə] *m* prisonnier de guerre *m*
Kriegsgefangenschaft ['kriːksgəfaŋənʃaft] *f* captivité *f*
Kriegsverbrecher ['kriːksfɛrbrɛçər] *m* criminel de guerre *m*
kriegsversehrt ['kriːksvɛrzeːrt] *adj* mutilé de guerre
Krimi ['krɪmi] *m* policier *m*, polar *m*
Kriminalität [krɪminali'tɛːt] *f* criminalité *f*
Kriminalpolizei [krɪmi'naːlpolitsaɪ] *f* police judiciaire *f*
kriminell [krɪmi'nɛl] *adj* criminel
Kriminelle(e) [krɪmi'nɛlə(r)] *m/f* criminel(le) *m/f*
Krippe ['krɪpə] *f 1. (Futterkrippe)* mangeoire *f; 2. REL* crèche *f; 3. (Kinderkrippe)* crèche *f*
Krise ['kriːzə] *f* crise *f*
kriseln ['kriːzəln] *v Es kriselt.* Une crise se prépare./Il y a de la crise dans l'air.
krisenfest ['kriːzənfɛst] *adj* à l'abri d'une crise
Krisenherd ['kriːzənheːrt] *m* foyer de crise *m*
Krisenstab ['kriːzənʃtaːp] *m* état-major de crise *m*
Kristall [krɪs'tal] *m/n* cristal *m*
Kriterium [kri'teːrjum] *n* critère *m*
Kritik [kri'tiːk] *f 1. (Beurteilung)* critique *f; 2. (Tadel)* critique *f*, reproche *m; Er wurde mit ~ überschüttet.* Les critiques pleuvaient sur lui.
Kritiker(in) ['kriːtikər(ɪn)] *m/f* critique *m/f*
kritiklos [kri'tiːkloːs] *adj 1.* qui manque d'esprit critique; *adv 2.* sans critiquer, sans esprit critique
kritisch ['kriːtɪʃ] *adj 1.* critique; *adv 2.* de façon critique, d'un air critique
kritisieren [kriti'ziːrən] *v* critiquer
kritzeln ['krɪtsəln] *v* griffonner
Krokodilstränen [kroko'diːlstrɛːnən] *pl ~ vergießen (fam)* verser des larmes de crocodile
Krone ['kroːnə] *f* couronne *f; Das setzt doch allem die ~ auf!* C'est le comble!/C'est le bouquet!
krönen ['krøːnən] *v* couronner

Kronprinz ['kroːnprɪnts] *m 1.* prince héritier *m; 2. (in Frankreich)* dauphin *m*
Krönung ['krøːnuŋ] *f* couronnement *m*
Kronzeuge ['kroːntsɔygə] *m JUR* témoin numéro un *m*
Kropf [krɔpf] *m 1. (eines Vogels)* gésier *m; 2. MED* goitre *m*
Krücke ['krykə] *f* béquille *f*
Krug [kruːk] *m* cruche *f,* cruchon *m*
Krume ['kruːmə] *f 1. (Krümel)* miette *f; 2. (Schicht des Erdbodens)* terre arable *f*
Krümel ['kryːməl] *m* miette *f*
krümeln ['kryːməln] *v* s'émietter, mettre des miettes
krumm [krum] *adj 1.* courbé, voûté; *2. (verbogen)* tordu; *3. (schief)* de travers; *4. ~ nehmen (fam)* prendre mal; *jdm etw ~ nehmen* en vouloir à qn/tenir rigueur à qn
krümmen ['krymən] *v* courber
Krümmung ['krymuŋ] *f 1. (Wölbung)* curbure *f; 2. (Biegung)* courbure *f*
Krüppel ['krypəl] *m* estropié *m,* infirme *m*
Kruste ['krustə] *f 1. (Brotkruste)* croûte *f; 2. (Schorf)* croûte *f,* escarre *f*
Kruzifix [krutsi'fɪks] *n REL* crucifix *m*
Kübel ['kyːbəl] *m* seau *m,* baquet *m*
Kubikmeter [ku'biːkmeːtər] *m* mètre cube *m*
Küche ['kyçə] *f 1. (Raum)* cuisine *f; 2. (Kochkunst)* cuisine *f,* art culinaire *m*
Kuchen ['kuːxən] *m* gâteau *m*
Kuchengabel ['kuːxəngaːbəl] *f* fourchette à gâteau *f*
Küchenmaschine ['kyçənmaʃiːnə] *f* robot ménager *m*
Küchenschrank ['kyçənʃraŋk] *m* placard de cuisine *m*
Kuckucksuhr ['kukuksuːr] *f* coucou *m*
Kugel ['kuːgəl] *f 1. (bei einem Spiel)* boule *f,* bille *f; eine ruhige ~ schieben* se la couler douce; *2. (Erdkugel)* globe *m*
Kugelschreiber ['kuːgəlʃraɪbər] *m* stylo à bille *m*
kugelsicher ['kuːgəlzɪçər] *adj* à l'épreuve des balles, pare-balles
Kuhhaut [kuːhaut] *f Das geht auf keine ~!* Ça dépasse les bornes!
kühl [kyːl] *adj 1. (kalt)* frais, fraîche; *2. (fig)* froid
kühlen ['kyːlən] *v* refroidir
Kühler ['kyːlər] *m* radiateur *m*
Kühlerhaube ['kyːlərhaubə] *f* capot *m*
Kühlfach ['kyːlfax] *n* bac à glace *m*
Kühlschrank ['kyːlʃraŋk] *m* réfrigérateur *m*
Kühltruhe ['kyːltruːə] *f* congélateur *m*
Kühlung ['kyːluŋ] *f* refroidissement *m*
Kühlwasser ['kyːlvasər] *n* liquide de refroidissement *m,* eau du radiateur *f*
Kuhmilch ['kuːmɪlç] *f* lait de vache *m*
kühn [kyːn] *adj* hardi, audacieux
Kulanz [ku'lants] *f* prévenance *f,* souplesse en affaires *f* (fam)
Kuli ['kuːliː] *m (fam: Kugelschreiber)* stylobille *m*
kulinarisch [kuli'naːrɪʃ] *adj* culinaire
Kulisse [ku'lɪsə] *f THEAT* coulisse *f,* décors *m/pl*
kullern ['kulərn] *v* rouler, dégringoler (fam)
Kult [kult] *m* culte *m*
Kultfigur ['kultfiguːr] *f* idole *f*
kultivieren [kulti'viːrən] *v* cultiver
kultiviert [kulti'viːrt] *adj* cultivé
Kultur [kul'tuːr] *f* culture *f,* civilisation *f*
kulturell [kultu'rɛl] *adj 1.* culturel; *adv 2.* au niveau culturel
Kummer ['kumər] *m* chagrin *m,* peine *f; jdm ~ bereiten* faire du chagrin à qn; *großen ~ haben* en avoir gros sur le cœur
kümmerlich ['kymərlɪç] *adj* pauvre, misérable
kümmern ['kymərn] *v sich ~ um* s'occuper de; *Kümmern Sie sich um Ihre eigenen Angelegenheiten!* Mêlez-vous de ce qui vous regarde!/Occupez-vous de vos affaires! *Ich kümmere mich darum.* Je m'en occupe.
kummervoll ['kumərfɔl] *adj 1.* plein de chagrin; *2. (besorgt)* soucieux
Kumpel ['kumpəl] *m 1. (Bergmann)* mineur *m,* gueule noire *m* (fam); *2. (fam)* copain *m*
Kunde ['kundə] *m* client *m*
Kundendienst ['kundəndiːnst] *m* service après-vente *m*
Kundgebung ['kuntgeːbuŋ] *f 1.* manifestation *f; 2. (Erklärung)* déclaration *f; 3. (Veröffentlichung)* publication *f*
kündigen ['kyndɪgən] *v 1. (vom Arbeitnehmer aus)* démissionner, donner sa démission; *2. (vom Arbeitgeber aus) jdm ~* congédier qn, donner congé à qn; *3. (Vertrag)* résilier
Kündigung ['kyndɪguŋ] *f 1. (einer Stellung)* démission *f; 2. (eines Vertrags)* résiliation *f; 3. (Entlassung)* licenciement *m*
Kündigungsfrist ['kyndɪguŋsfrɪst] *f* délai de préavis *m,* préavis de licenciement *m*
Kundin ['kundɪn] *f* cliente *f*
Kundschaft ['kuntʃaft] *f* clientèle *f*
künftig ['kynftɪç] *adj 1.* futur, à venir; *adv 2.* à l'avenir, dorénavant

Kunst [kunst] *f 1.* art *m; eine brotlose ~* un art peu lucratif *m,* un art qui ne nourrit pas son homme *m; 2. (fig: ~fertigkeit)* habilité *f,* adresse *f; mit seiner ~ am Ende sein* y perdre son latin; *Das ist keine ~!* Ce n'est pas sorcier!

Kunstausstellung ['kunstausʃtɛluŋ] *f* exposition d'œuvres d'art *f*

Kunstfaser ['kunstfaːzər] *f* fibre synthétique *f*

Kunstgeschichte ['kunstgəʃɪçtə] *f* histoire de l'art *f*

Kunstleder ['kunstleːdər] *n* cuir artificiel *m*

Künstler(in) ['kynstlər(ɪn)] *m/f* artiste *m/f*

künstlerisch ['kynstlərɪʃ] *adj 1.* artistique; *adv 2.* sur le plan artistique

Künstlername ['kynstlərnaːmə] *m* pseudonyme *m*

künstlich ['kynstlɪç] *adj* artificiel

Kunstsammlung ['kunstzamluŋ] *f* collection d'objets d'art *f*

Kunststoff ['kunstʃtɔf] *m* matière plastique *f,* plastique *m*

Kunststück ['kunstʃtyk] *n* tour de force *m,* tour d'adresse *m*

Kunstwerk ['kunstvɛrk] *n* œuvre d'art *f*

Kupferstein ['kupfərʃtaɪn] *m* pierre en cuivre *f*

Kuppe ['kupə] *f 1. (Bergkuppe)* sommet *m; 2. (Fingerkuppe)* bout *m*

Kuppelei [kupə'laɪ] *f (fam)* œuvre d'un entremetteur *m*

kuppeln ['kupəln] *v 1. (fam)* jouer l'entremetteur, jouer la entremetteuse; *2. (verbinden)* coupler, atteler; *3. (Auto: ein~)* embrayer; *(Auto: aus~)* débrayer

Kupplung ['kupluŋ] *f* embrayage *m*

Kurbel ['kurbəl] *f* manivelle *f*

kurbeln ['kurbəln] *v* tourner la manivelle

Kurier [ku'riːr] *m* courrier *m,* messager *m*

kurieren [ku'riːrən] *v* traiter, soigner

kurios [kur'joːs] *adj* curieux, drôle

Kurort ['kuːrɔrt] *m* station thermale *f*

Kurs [kurs] *m 1. (~us)* cours *m; 2. (Richtung)* route *f,* cap *m*

Kürschner ['kyrʃnər] *m* fourreur *m*

kursieren [kur'ziːrən] *v 1.* circuler; *2. (Geltung haben)* avoir cours; *3. (Gerücht)* courir

Kursteilnehmer(in) ['kurstaɪlneːmər(ɪn)] *m/f* participant(e) à un cours *m/f*

Kurswagen ['kursvaːgən] *m* voiture directe *f*

Kurswechsel ['kursvɛksəl] *m POL* changement d'orientation *m*

Kurtaxe ['kuːrtaksə] *f* taxe de séjour *f*

Kurve ['kurfə] *f 1.* courbe *f; 2. (Straßenkurve)* virage *m,* tournant *m; die ~ kriegen* y arriver; *die ~ kratzen* se tirer (fam)/ficher le camp

kurvenreich ['kurfənraɪç] *adj* sinueux

kurz [kurts] *adj 1. (zeitlich)* court, bref; *Fassen Sie sich ~!* Soyez bref! *um es ~ zu machen* pour être bref; *~ und bündig* en bref; *~ und gut* autrement dit; *~ und schmerzlos* vite fait bien fait; *seit ~em* depuis peu/depuis peu de temps; *vor ~em* dernièrement/récemment; *2. (räumlich)* court; *den Kürzeren ziehen* avoir le dessous; *zu ~ kommen* ne pas avoir son compte/être défavorisé; *etw ~ und klein schlagen* réduire qc en miettes/détruire complètement qc; *~ treten (fam: sparen)* réduire ses dépenses

Kurzarbeit ['kurtsarbaɪt] *f* chômage partiel *m*

Kürze ['kyrtsə] *f 1. (zeitlich)* brièveté *f; in ~* sous peu; *2. (räumlich)* petitesse *f,* petite dimension *f*

kürzen ['kyrtsən] *v 1. (kürzer machen)* raccourcir; *2. (zeitlich)* écourter, abréger; *3. (herabsetzen)* diminuer, réduire

kurzerhand ['kurtsərhant] *adv* sans hésiter

kurzfristig ['kurtsfrɪstɪç] *adj* à courte échéance

Kurzgeschichte ['kurtsgəʃɪçtə] *f* nouvelle *f*

kurzlebig ['kurtsleːbɪç] *adj* éphémère

kürzlich ['kyrtslɪç] *adv* dernièrement

kurzschließen ['kurtsʃliːsən] *v irr sich mit jdm ~* prendre contact avec qn

Kurzschluss ['kurtsʃlus] *m 1. TECH* court-circuit *m; 2. (fig)* acte irréfléchi *m*

kurzsichtig ['kurtszɪçtɪç] *adj 1. MED* myope; *2. (fig)* qui a la vue courte, étroitesse de vues

kurzum [kurts'um] *adv* bref, en un mot

Kürzung ['kyrtsuŋ] *f 1.* raccourcissement *m; 2. (Herabsetzung)* réduction *f*

kurzzeitig ['kurtstsaɪtɪç] *adj* de courte durée

Kusine [ku'ziːnə] *f* cousine *f*

Kuss [kus] *m* baiser *m,* bise *f*

küssen ['kysən] *v* embrasser, baiser

Küste ['kystə] *f* côte *f,* littoral *m*

Kutsche ['kutʃə] *f* calèche *f,* fiacre *m*

Kutscher ['kutʃər] *m* cocher *m*

kutschieren [ku'tʃiːrən] *v 1. (herumfahren)* rouler ça et là; *2. jdn ~* emmener qn en voiture

Kuvert [ku'veːr] *n* enveloppe *f*

L

labil [la'biːl] *adj* instable
Labilität [labili'tɛːt] *f* instabilité *f*
Labor [la'boːr] *n* laboratoire *m,* labo *m*
Laborant(in) [labo'rant(ɪn)] *m/f* laborantin(e) *m/f*
Labsal ['laːpzaːl] *n 1. (Erfrischung)* rafraîchissement *m*; *2. (fig: Trost)* consolation *f*
Labyrinth [laby'rɪnt] *n* labyrinthe *m*
lächeln ['lɛçəln] *v* sourire; *gezwungen ~* rire du bout des lèvres
Lächeln ['lɛçəln] *n* sourire *m*
lachen ['laxən] *v* rire, rigoler (fam); *aus vollem Halse ~* rire aux éclats; *jdm ins Gesicht ~* rire au nez de qn; *sich ins Fäustchen ~* rire sous cape; *nichts zu ~ haben* ne pas être à la noce; *zum Lachen sein* ne pas être sérieux/être un comique; *sich vor Lachen biegen* se tordre de rire; *Dir wird das Lachen noch vergehen!* Tu ne riras pas longtemps!/Rira bien qui rira le dernier!
lächerlich ['lɛçərlɪç] *adj* ridicule; *Das ist ja ~!* Vous me faites rire!/C'est ridicule! *etw ins Lächerliche ziehen* tourner qc au ridicule
Lack [lak] *m* laque *f,* vernis *m*
lackieren [la'kiːrən] *v* laquer
Lackierung [la'kiːruŋ] *f* couche de vernis *f*
Lackschuhe ['lakʃuːə] *pl* chaussures vernies *f/pl*
laden ['laːdən] *v irr* charger; *einen ~ haben* être rond comme un petit pois/être fait comme un camembert
Ladendiebstahl ['laːdəndiːpʃtaːl] *m* vol à l'étalage *m*
Ladenhüter ['laːdənhyːtər] *m (fig)* rossignol *m*
Ladenschluss ['laːdənʃlus] *m* heure de fermeture des magasins *f*
Ladentisch ['laːdəntɪʃ] *m* comptoir *m*
lädieren [lɛ'diːrən] *v* endommager, abîmer
Ladung ['laːduŋ] *f 1.* charge *f; 2. elektrische ~* charge électrique *f; 3. (Schiffsladung)* chargaison *f*
Lage ['laːgə] *f 1. (Situation)* situation *f,* état *m; die ~ meistern* faire face à la situation; *in einer kritischen ~ sein* ne pas être à la noce/être dans une situation critique; *in einer peinlichen ~ sein* être dans ses petits souliers/être dans une situation embarrassante; *Herr der ~ sein* être maître de la situation; *die ~ peilen* tâter le terrain; *nach ~ der Dinge* vu l'état des choses/vu la situation; *2. (Umstände)* circonstances *f/pl; 3. (Bedingungen)* conditions *f/pl; 4. (Position)* position *f,* emplacement *m; 5. (Schicht)* couche *f,* strate *f*
Lagebericht ['laːgəbərɪçt] *m* rapport sur la situation *m*
Lager ['laːgər] *n 1. (Zeltlager)* camp *m; ein ~ aufschlagen* dresser un camp; *ins feindliche ~ überlaufen* passer dans le camp de l'ennemi; *2. (Bett)* lit *m,* couche *f*
Lagerfeuer ['laːgərfɔyər] *n* feu de camp *m*
lahm [laːm] *adj 1. (hinkend)* boiteux; *2. (gelähmt)* paralysé; *3. (fam: langweilig)* languissant
lähmen ['lɛːmən] *v* paralyser
Laib [laɪp] *m 1. (Brotlaib)* miche *f; 2. (Käselaib)* meule *f*
Laie ['laɪə] *m 1.* profane *m,* amateur *m; 2. (Neuling)* novice *m; 3. REL* laïque *m*
laienhaft ['laɪənhaft] *adj* profane
Laken ['laːkən] *n* drap *m,* toile *f*
Lakritze [la'krɪtsə] *f* réglisse *f*
lallen ['lalən] *v* bégayer, balbutier
Lamelle [la'mɛlə] *f* lame *f,* lamelle *f*
Lammfell ['lamfɛl] *n* peau d'agneau *f*
lammfromm ['lam'frɔm] *adj ~ sein* être doux comme un agneau
Lampe ['lampə] *f* lampe *f*
Lampenfieber ['lampənfiːbər] *n* trac *m; ~ haben* avoir le trac
Lampenschirm ['lampənʃɪrm] *m* abat-jour *m*
Lampion ['lampjɔ̃] *m* lampion *m*
lancieren [lɑ̃'siːrən] *v* lancer
Land [lant] *n 1. (Staat)* pays *m; 2. (ländliche Gegend)* campagne *f; aufs ~ fahren* aller à la campagne; *3. (Grundstück)* terre *f,* terrain *m; 4. (fig) wieder ~ sehen* arriver au bout du tunnel; *jdn an ~ ziehen* récupérer qn/gagner qn; *~ gewinnen* disparaître/ficher le camp (fam)
Landbevölkerung ['lantbəfœlkəruŋ] *f* population rurale *f*
Landebahn ['landəbaːn] *f* piste d'atterrissage *f*

landen ['landən] *v 1. (mit dem Flugzeug)* atterrir; *2. (anlegen)* toucher terre, accoster; *3. (ankommen)* arriver
Ländereien [lɛndə'raɪən] *pl* terres *f/pl,* biens ruraux *m/pl*
Landesgrenze ['landəsgrɛntsə] *f* frontière *f*
Landessprache ['landəsʃpraːxə] *f* langue nationale *f*
Landesverrat ['landəsfɛrraːt] *m JUR* haute trahison *f*
Landeswährung ['landəsvɛːruŋ] *f FIN* monnaie nationale *f,* devise du pays *f*
landläufig ['lantlɔyfɪç] *adj* qui est d'usage dans le pays, en usage dans le pays
ländlich ['lɛndlɪç] *adj* champêtre, rural
Landschaft ['lantʃaft] *f 1.* paysage *m; 2. (Gebiet)* contrée *f*
landschaftlich ['lantʃaftlɪç] *adj 1.* du paysage; *2. (regional)* régional
Landsmann ['lantsman] *m* compatriote *m*
Landsmännin ['lantsmɛnɪn] *f* compatriote *f*
Landstraße ['lantʃtraːsə] *f* route nationale *f*
Landstreicher ['lantʃtraɪçər] *m* vagabond *m*
Landung ['landuŋ] *f 1. (Flugzeuglandung)* atterrissage *m; 2. (eines Schiffs) NAUT* accostage *m*
Landungssteg ['landuŋsʃteːk] *m* passerelle *f*
Landweg ['lantveːk] *m auf dem ~* par voie de terre
Landwirt ['lantvɪrt] *m* agriculteur *m,* cultivateur *m*
Landwirtschaft ['lantvɪrtʃaft] *f* agriculture *f*
landwirtschaftlich ['lantvɪrtʃaftlɪç] *adj 1.* agricole; *2. (ländlich)* rural
Landzunge ['lanttsuŋə] *f* pointe de terre *f*
lang [laŋ] *adj 1. (örtlich)* long, grand; *zehn Meter ~* d'une longueur de dix mètres; *2. (zeitlich)* long, de longue durée
langärmelig ['laŋɛrməlɪç] *adj* à manches longues
langatmig ['laŋaːtmɪç] *adj* de longue haleine
lange ['laŋə] *adv* longtemps, longuement; *Es ist schon ~ her, dass ...* Il y a longtemps que ...; *~ brauchen, um etw zu tun* être long à faire qc; *Ich brauche nicht mehr ~.* Je n'en ai plus pour longtemps. *es nicht mehr ~ machen* ne plus aller loin/ne plus avoir longtemps à vivre
Länge ['lɛŋə] *f 1. (örtlich)* longueur *f; etw in die ~ ziehen* faire traîner qc en longueur; *2. (zeitlich)* durée *f; etw in die ~ ziehen* faire traîner qc en longueur
langen ['laŋən] *v 1. (genügen)* suffire; *Jetzt langt es!* Ça suffit maintenant! *2. (greifen)* prendre, saisir; *jdm eine ~* coller une gifle à qn; *3. (erreichen)* attraper, atteindre
Längengrad ['lɛŋəngraːt] *m GEO* degré de longitude *m*
Langeweile ['laŋəvaɪlə] *f* ennui *m; vor ~ umkommen* mourir d'ennui
langfristig ['laŋfrɪstɪç] *adj* à longue échéance
langjährig ['laŋjɛːrɪç] *adj* qui dure depuis des années
Langlauf ['laŋlauf] *m SPORT* course de fond *f*
langlebig ['laŋleːbɪç] *adj* qui vit longtemps, à longue durée de vie
Langlebigkeit ['laŋleːbɪçkaɪt] *f* longévité *f*
länglich ['lɛŋlɪç] *adj* allongé, de forme allongée
längs [lɛŋs] *prep 1.* le long de; *adv 2.* en longueur, dans le sens de la longueur, longitudinalement
langsam ['laŋzaːm] *adj* lent
Langschläfer ['laŋʃlɛːfər] *m* grand dormeur *m,* personne faisant la grasse matinée *f*
Langspielplatte ['laŋʃpiːlplatə] *f* trente-trois tours *m*
längst [lɛŋst] *adv 1. (schon lange)* depuis longtemps, il y a longtemps; *2. ~ nicht* beaucoup moins, loin d'être
langweilen ['laŋvaɪlən] *v sich ~* s'ennuyer
langweilig ['laŋvaɪlɪç] *adj 1.* ennuyeux, insipide; *Das ist ~!* Quelle barbe! *2. (ermüdend)* fatigant
langwierig ['laŋviːrɪç] *adj 1.* qui dure longtemps, de longue haleine; *2. (mühsam)* pénible
Lanze ['lantsə] *f* lance *f*
Lappalie [la'paːljə] *f* bagatelle *f,* futilité *f*
Lappen ['lapən] *m 1.* chiffon *m; jdm durch die ~ gehen* filer entre les doigts à qn; *2. (Putzlappen)* torchon *m; 3. ANAT* lobe *m*

Lärm [lɛrm] *m* bruit *m,* vacarme *m,* tapage *m; viel ~ um nichts machen* faire beaucoup de bruit pour rien; *~ schlagen* sonner l'alarme/donner l'alarme
Lärmbekämpfung ['lɛrmbəkɛmpfuŋ] *f* lutte contre le bruit *f*
Lärmbelästigung ['lɛrmbəlɛstɪguŋ] *f* dérangement causé par le bruit *m*
lärmen ['lɛrmən] *v* faire du bruit
Lärmschutz ['lɛrmʃuts] *m* protection contre le bruit *f*
Larve ['larvə] *f 1. ZOOL* larve *f; 2. (Maske)* masque *m*
lasch [laʃ] *adj 1. (lässig)* nonchalant; *2. (schlaff)* mou, flasque
Laserstrahl ['leɪzərʃtraːl] *m* rayon laser *m*
lassen ['lasən] *v irr 1.* laisser; *die Dinge nicht so weit kommen ~* ne pas laisser les choses aller si loin; *sich alles gefallen ~* se laisser faire/se laisser marcher sur les pieds; *jdn im Stich ~* laisser qn en plan; *Lass mich damit in Ruhe!* Ne m'embête pas avec ça! *2. (über~)* laisser, céder, accorder; *Das muss man ihr ~. (fig)* Il faut lui reconnaître ça. *3. (veran~)* faire
lässig ['lɛsɪç] *adj* nonchalant, indolent
Lässigkeit ['lɛsɪçkaɪt] *f 1.* nonchalance *f,* indolence *f; 2. (Gleichgültigkeit)* indifférence *f*
Last [last] *f 1.* charge *f,* poids *m; 2. (Bürde)* fardeau *m; jdm zur ~ fallen* être à la charge de qn; *jdm etw zur ~ legen* accuser qn de qc/mettre qc sur le compte de qn; *mit jdm seine liebe ~ haben* ne pas avoir la vie facile avec qn; *3. ~n pl (Steuern)* charges *f/pl,* impôts *m/pl*
lasten ['lastən] *v ~ auf (fig)* peser sur
Laster[1] ['lastər] *n* vice *m*
Laster[2] ['lastər] *m (fam: Lastkraftwagen)* camion *m,* poids lourd *m*
lasterhaft ['lastərhaft] *adj* vicieux, immoral
lästern ['lɛstərn] *v* médire, calomnier
lästig ['lɛstɪç] *adj* désagréable; *~ sein* être casse-pieds
Lastkraftwagen ['lastkraftvaːgən] *m* camion *m*
Lastwagen ['lastvaːgən] *m* camion *m,* poids lourd *m*
Latein [la'taɪn] *n* latin *m,* langue latine *f; mit seinem ~ am Ende sein* en perdre son latin/être au bout de son latin
latent [la'tɛnt] *adj* latent
Laterne [la'tɛrnə] *f 1.* lanterne *f; 2. (Straßenlaterne)* lampadaire *m,* réverbère *m*
latschen ['laːtʃən] *v* traîner les pieds
Latschen ['laːtʃən] *m aus den ~ kippen* en tomber sur le cul (fam)
Latte ['latə] *f* latte *f,* tringle *f,* barre *f*
Lattenrost ['latənrɔst] *m* caillebotis *m,* sommier à lattes *m*
Latz [lats] *m jdm einen vor den ~ donnern* donner à qn une grande claque dans la figure
Lätzchen ['lɛtsçən] *n* bavoir *m,* bavette *f*
lau [lau] *adj 1. (lauwarm)* tiède; *2. (mild)* doux
Laub [laup] *n BOT* feuilles *f/pl,* feuillage *m*
Laube ['laubə] *f* tonnelle *f,* cabane de jardin *f*
Laubsäge ['laupzɛːgə] *f* scie à découper *f,* scie à chantourner *f*
Lauer ['lauər] *f auf der ~ liegen* être aux aguets
lauern ['lauərn] *v* guetter, épier; *auf etw ~* attendre qc avec impatience
Lauf [lauf] *m 1. (~en)* course *f,* marche *f; 2. (fig: Verlauf)* cours *m,* marche *f; 3. (Gewehrlauf)* canon *m*
Laufbahn ['laufbaːn] *f* carrière *f; eine ~ einschlagen* suivre une carrière
Laufbursche ['laufburʃə] *m 1.* garçon de courses *m; 2. (Austräger)* livreur *m; 3. (Lehrling)* arpète *m*
laufen ['laufən] *v irr 1. (gehen)* aller, marcher; *Alles läuft wie am Schnürchen.* Tout marche comme sur des roulettes. *2. (rennen)* courir; *3. (fließen)* couler
laufend ['laufənt] *adj* courant; *auf dem Laufenden sein* être au courant
Läufer ['lɔyfər] *m 1. SPORT* coureur *m; 2. (Teppich)* tapis d'escalier *m; 3. (Tischläufer)* chemin de table *m*
Lauffeuer ['lauffɔyər] *n sich wie ein ~ verbreiten* se répandre comme une traînée de poudre
Laufmasche ['laufmaʃə] *f* maille filée *f*
Laufsteg ['laufʃteːk] *m* passerelle *f*
Laufzeit ['lauftsaɪt] *f 1.* délai de circulation *m; 2. (Geltungsdauer) ECO* durée de validité *f*
Lauge ['laugə] *f 1. (Seifenlauge)* lessive *f; 2. CHEM* base *f*
Laune ['launə] *f* humeur *f,* caprice *m; einer ~ nachgeben* suivre son caprice; *~ machen* être agréable/mettre de bonne humeur; *jdn bei ~ halten* entretenir la bonne humeur

de qn; *jdm die ~ verderben* gâcher le plaisir de qn/mettre qn de mauvaise humeur
launenhaft ['launənhaft] *adj* capricieux
Lausbub ['lausbuːp] *m (fam)* gamin *m,* garnement *m*
lauschen ['lauʃən] *v 1. (zuhören)* écouter attentivement; *2. (horchen)* tendre l'oreille, prêter l'oreille
lauschig ['lauʃɪç] *adj* retiré, discret
lausig ['lauzɪç] *adj 1. (armselig)* misérable; *2. ~e Kälte* froid de canard *m*
laut[1] [laut] *adj 1. (geräuschvoll)* bruyant, fort; *2. (hörbar)* perceptible; *adv 3.* fort, haut, à haute voix
laut[2] [laut] *prep* conformément à, d'après, selon
Laut [laut] *m 1. (Ton)* son *m; 2. (Geräusch)* bruit *m*
lauten ['lautən] *v (besagen)* dire, exprimer
läuten ['lɔytən] *v* sonner; *Ich habe ~ gehört, dass ... (fig)* J'ai entendu dire que .../Le bruit court que ...
lauter ['lautər] *adv 1. (nichts als)* rien ... que, ne ... que; *Vor ~ Glück habe ich ...* J'étais si heureux que ...; *adj 2. (rein, echt)* pur, net; *3. (aufrichtig)* sincère, droit; *~e Absichten* des intentions honnêtes
lauthals ['lauthals] *adv* à tue-tête
lautlos ['lautloːs] *adj 1.* silencieux; *adv 2.* silencieusement, en silence
Lautsprecher ['lautʃprɛçər] *m* haut-parleur *m*
lautstark ['lautʃtark] *adj* fort
Lautstärke ['lautʃtɛrkə] *f* volume *m,* intensité du son *f*
lauwarm ['lauvarm] *adj* tiède
Lawine [la'viːnə] *f* avalanche *f*
Lawinengefahr [la'viːnəngəfaːr] *f* danger d'avalanche *m*
leben ['leːbən] *v* vivre, exister; *~ wie Gott in Frankreich* vivre comme un coq en pâte; *Man muss schließlich ~!* Il faut bien vivre! *wie er leibt und lebt* comme il est/tout craché
Leben ['leːbən] *n* vie *f,* existence *f; jdn das ~ kosten* coûter la vie à qn; *Das ~ meint es gut mit ihm.* La vie lui sourit. *So ist das ~.* C'est la vie. *Das ist doch kein ~.* Ce n'est pas une vie. *etw für sein ~ gern tun* adorer qc/être fou de qc/être dingue de qc (fam); *etw ins ~ rufen* fonder qc; *mit dem ~ davonkommen* en réchapper; *jdm nach dem ~ trachten* vouloir attenter à la vie et à; *nie im ~* jamais de la vie; *sich das ~ nehmen* se suicider; *mit seinem ~ spielen* jouer avec sa vie; *jdm das ~ schenken* donner la vie à qn; *sein ~ lassen* perdre la vie; *auf ~ und Tod* à la vie et à la mort; *wie aus dem ~ gegriffen* pris sur le vif
lebendig [le'bɛndɪç] *adj 1. (lebend)* vivant, vif; *2. (lebhaft)* plein de vie, actif, vivace
Lebensabend ['leːbənsaːbənt] *m* vieux jours *m/pl*
Lebensanschauung ['leːbənsanʃauuŋ] *f* conception de la vie *f*
Lebensbedingungen ['leːbənsbədɪŋuŋən] *pl* conditions de vie *f/pl*
Lebensdauer ['leːbənsdauər] *f* durée de vie *f*
Lebensende ['leːbənsɛndə] *n* terme de la vie *m*
Lebenserfahrung ['leːbənsɛrfaːruŋ] *f* expérience de la vie *f,* expérience du monde *f*
Lebenserwartung ['leːbənsɛrvartuŋ] *f* espérance de vie *f*
Lebensfreude ['leːbənsfrɔydə] *f* joie de vivre *f*
Lebensgefahr ['leːbənsgəfaːr] *f* danger de mort *m*
lebensgefährlich ['leːbənsgəfɛːrlɪç] *adj* périlleux; *Das ist ja ~!* C'est casse-gueule!/C'est casse-cou!
Lebensgefährte ['leːbənsgəfɛːrtə] *m 1.* compagnon *m; 2. (Gatte)* époux *m*
Lebensgefährtin ['leːbənsgəfɛːrtɪn] *f 1.* compagne *f; 2. (Gattin)* épouse *f*
Lebenshaltungskosten ['leːbənshaltuŋskɔstən] *pl* coût de la vie *m*
Lebenskünstler ['leːbənskynstlər] *m ein ~ sein* s'entendre à virre
lebenslänglich ['leːbənslɛŋlɪç] *adj 1.* perpétuel; *2. JUR* à perpétuité
Lebenslauf ['leːbənslauf] *m* curriculum vitae *m*
Lebenslicht ['leːbənsliçt] *n jdm das ~ ausblasen (fig)* envoyer qn dans l'autre monde
Lebensmittel ['leːbənsmɪtəl] *pl* aliments *m/pl,* vivres *m/pl,* nourriture *f*
Lebensmittelgeschäft ['leːbənsmɪtəlgəʃɛft] *n* épicerie *f,* magasin d'alimentation *m*
lebensmüde ['leːbənsmyːdə] *adj* las de vivre, dégoûté de la vie
lebensnotwendig ['leːbənsnoːtvɛndɪç] *adj* vital, indispensable à l'existence
Lebensretter ['leːbənsrɛtər] *m* sauveteur *m,* sauveur *m*

Lebensstandard ['leːbənsʃtandart] *m* standard de vie *m*
Lebensunterhalt ['leːbənsuntərhalt] *m* moyens d'existence *m/pl,* subsistance *f*
Lebensversicherung ['leːbənsfɛrzɪçəruŋ] *f* assurance-vie *f*
Lebenswandel ['leːbənsvandəl] *m* manière de vivre *f*
lebenswichtig ['leːbənsvɪçtɪç] *adj 1.* vital; *2. (sehr wichtig)* de première nécessité
Lebenszeichen ['leːbənstsaɪçən] *n* signe de vie *m*
Leberwurst ['leːbərvurst] *f GAST* pâté de foie *m*
Lebewesen ['leːbəveːzən] *n* être vivant *m,* organisme *m*
Lebewohl [leːbə'voːl] *n* adieu *m; jdm ~ sagen* dire adieu à qn
lebhaft ['leːphaft] *adj 1. (munter)* plein de vie, vif, éveillé; *2. (rege)* fort, intense, animé; *3. (begeistert)* enthousiaste
Lebhaftigkeit ['leːphaftɪçkaɪt] *f* vivacité *f*
Lebkuchen ['leːpkuːxən] *m GAST* pain d'épice *m*
leblos ['leːploːs] *adj 1.* sans vie; *2. (tot)* mort
lechzen ['lɛçtsən] *v nach etw ~* être assoiffé de qc
Leck [lɛk] *n* trou *m,* voie d'eau *f; ein ~ bekommen* faire eau
lecken¹ ['lɛkən] *v (schlecken)* lécher
lecken² ['lɛkən] *v (auslaufen)* laisser fuir, couler
lecker ['lɛkər] *adj* délicieux, appétissant; *~ aussehen* être appétissant
Leckerbissen ['lɛkərbɪsən] *m* gourmandise *f,* friandise *f*
Leckermaul ['lɛkərmaul] *n* gourmet *m,* fine bouche *f*
Leder ['leːdər] *n* cuir *m; jdm ans ~ wollen* voler dans les plumes à qn
Lederwaren ['leːdərvaːrən] *pl* cuirs *m/pl*
ledig ['leːdɪç] *adj 1.* célibataire; *2. einer Sache ~ sein* être débarrassé de qc, être délivré de qc
lediglich ['leːdɪglɪç] *adv* uniquement, purement
leer [leːr] *adj 1. (nichts enthaltend)* vide, vidé; *2. (frei)* libre, inoccupé, vacant; *3. (unbeschrieben)* blanc, vierge
Leere ['leːrə] *f 1.* vide *m; 2. (fig)* vanité *f*
leeren ['leːrən] *v* vider, vidanger
Leergut ['leːrguːt] *n* emballage vide *m*
Leerlauf ['leːrlauf] *m* point mort *m*
Leerung ['leːruŋ] *f 1.* vidage *m,* vidange *f; 2. (Briefkastenleerung)* levée *f*
legal [le'gaːl] *adj* légal
legalisieren [legali'ziːrən] *v* légaliser
Legalität [legali'tɛːt] *f* légalité *f; sich im Rahmen der ~ bewegen* rester dans le cadre de la légalité
legen ['leːgən] *v 1.* mettre, placer; *2. (Ei)* pondre
legendär [legɛn'dɛːr] *adj* légendaire
Legende [le'gɛndə] *f* légende *f*
Legislaturperiode [legisla'tuːrperjoːdə] *f POL* législature *f*
legitim [leːgi'tiːm] *adj* légitime
Legitimation [legitima'tsjoːn] *f* légitimation *f*
legitimieren [legiti'miːrən] *v sich ~* se légitimer, prouver son identité
Lehm [leːm] *m* argile *f,* glaise *f*
Lehmboden ['leːmboːdən] *m* sol argileux *m*
Lehne ['leːnə] *f 1. (Armlehne)* accoudoir *m,* bras *m; 2. (Rückenlehne)* dos *m,* dossier *m*
lehnen ['leːnən] *v 1.* appuyer, adosser; *2. sich ~* s'appuyer, s'adosser; *sich aus dem Fenster ~* se pencher par la fenêtre
Lehre ['leːrə] *f 1. (Unterrichtung)* enseignement *m,* instruction *f; 2. (Ausbildung)* apprentissage *m; bei jdm in die ~ gehen können* être à bonne école avec qn; *3. (Lehrsatz)* morale *f*
lehren ['leːrən] *v jdn etw ~* apprendre qc à qn, enseigner qc à qn
Lehrer(in) ['leːrər(ɪn)] *m/f 1.* enseignant(e) *m/f; 2. (an einer Grundschule)* instituteur/institutrice *m/f; 3. (an einer höheren Schule)* professeur *m*
Lehrfach ['leːrfax] *n* matière *f*
Lehrgang ['leːrgaŋ] *m* stage *m,* séminaire *m*
Lehrgeld ['leːrgɛlt] *n* frais d'apprentissage *m/pl; ~ zahlen* apprendre à ses dépens
Lehrling ['leːrlɪŋ] *m 1.* apprenti *m; 2. (fig: Anfänger)* novice *m*
Lehrplan ['leːrplaːn] *m 1. (beim Studium)* programme d'études *m; 2. (in der Schule)* programme scolaire *m*
lehrreich ['leːrraɪç] *adj* instructif
Lehrstelle ['leːrʃtɛlə] *f* place d'apprentissage *f*
Lehrstellenmarkt ['leːrʃtɛlənmarkt] *m* marché des places d'apprenti *m*

Lehrstuhl ['leːrʃtuːl] *m* chaire *f*
Lehrzeit ['leːrtsaɪt] *f* temps d'apprentissage *m*
Leib [laɪp] *m* 1. corps *m*; *etw zu ~e rücken* s'attaquer à qc; *jdm wie auf den ~ zugeschnitten sein* aller comme un gant à qn; *etw am eigenen ~ erfahren* faire soi-même l'expérience de qc; *mit ~ und Seele* corps et âme; 2. *(Bauch)* ventre *m*; 3. *(Unterleib)* abdomen *m*
Leibchen ['laɪpçən] *n (Unterhemd)* tricot de corps *m*
Leibgericht ['laɪpgərɪçt] *n* mets favori *m*, plat préféré *m*
leibhaftig ['laɪphaftɪç] *adj* 1. incarné, personnifié; *adv* 2. en personne, en chair et en os
Leibwächter ['laɪpvɛçtər] *m* garde du corps *m*
Leiche ['laɪçə] *f* cadavre *m*, corps d'un mort *m*; *Er gleicht einer wandelnden ~.* Il a l'air d'un cadavre ambulant. *~n im Keller haben* avoir qc à se reprocher; *über ~n gehen* être prêt à tuer père et mère/être sans scrupule; *Nur über meine ~!* Il faudra me passer sur le corps!
leichenblass ['laɪçənblas] *adj* pâle comme un mort
Leichenhalle ['laɪçənhalə] *f* morgue *f*
Leichenwagen ['laɪçənvaːgən] *m* corbillard *m*, fourgon funéraire *m*
Leichnam ['laɪçnam] *m* cadavre *m*
leicht [laɪçt] *adj* 1. *(nicht schwer)* léger; 2. *(nicht schwierig)* facile, simple; *Nichts ~er als das!* C'est du beurre! *~ zu verstehen* être facile à comprendre; *Das ist ~er gesagt als getan.* C'est plus facile à dire qu'à faire. *~ reden haben* avoir beau dire/pouvoir bien parler; *~ gesagt* facile à dire; *ein Leichtes sein* être un jeu pour qn/être très facile; 3. *(geringfügig)* insignifiant; *adv* 4. *etw ~ nehmen* prendre qc à la légère
leichtfertig ['laɪçtfɛrtɪç] *adj* 1. étourdi; 2. *(unüberlegt)* irréfléchi, inconsidéré; *adv* 3. à la légère, de façon inconsidérée
Leichtfertigkeit ['laɪçtfɛrtɪçkaɪt] *f* légèreté *f*
leichtgläubig ['laɪçtglɔybɪç] *adj* 1. naïf, crédule; *adv* 2. naïvement, avec crédulité
Leichtigkeit ['laɪçtɪçkaɪt] *f* 1. légèreté *f*, souplesse *f*, aisance *f*; 2. *(Mühelosigkeit)* facilité *f*
Leichtsinn ['laɪçtzɪn] *m* insouciance *f*, imprudence *f*
leichtsinnig ['laɪçtzɪnɪç] *adj* irréfléchi, insouciant; *~ sein (fam)* être tête en l'air
Leid [laɪt] *n* 1. peine *f*; *~ tun* faire de la peine; *~ tun (bedauern)* regretter; *Er tut mir ~.* Je le plains./Il me fait pitié. *Es tut mir ~.* J'en suis désolé. *Er könnte keiner Fliege etw zu ~e tun.* Il ne ferait pas de mal à une mouche. 2. *(Schmerz)* douleur *f*
leiden ['laɪdən] *v irr* 1. *(ertragen)* souffrir, subir; 2. *(mögen)* aimer; *jdn nicht ~ können* prendre qn en grippe/ne pas pouvoir sentir qn
Leiden ['laɪdən] *n* 1. *MED* mal *m*; 2. *(Kummer)* peine *f*, chagrin *m*
Leidenschaft ['laɪdənʃaft] *f* passion *f*, emportement *m*
leidenschaftlich ['laɪdənʃaftlɪç] *adj* 1. passionné, fougueux; 2. *(verrückt)* fou
Leidensgefährte ['laɪdənsgəfɛːrtə] *m* compagnon d'infortune *m*
leider ['laɪdər] *adv* 1. malheureusement; *interj* 2. hélas
leidlich ['laɪdlɪç] *adj* 1. passable, supportable; *adv* 2. passablement, pas trop mal
Leidtragende(r) ['laɪttraːgəndə(r)] *m/f* 1. *(Trauernde(r))* celui/celle qui est en deuil *m/f*; 2. *(Geschädigte(r))* victime *f*; *der ~ bei etw sein* faire les frais de qc/être la victime de qc
Leierkasten ['laɪərkastən] *m* orgue de Barbarie *m*
Leihbibliothek ['laɪbibliote:k] *f* bibliothèque de prêt *f*
leihen ['laɪən] *v irr* 1. *(ver~)* prêter; 2. *(ver~ gegen Geld)* louer; 3. *(sich etw ~ gegen Geld)* emprunter
Leihgebühr ['laɪgəbyːr] *f* droits de prêt *m/pl*, taux de prêt *m*
Leihwagen ['laɪvaːgən] *m* voiture de location *f*
Leim [laɪm] *m* colle *f*, glu *f*; *jdm auf den ~ gehen* se laisser attraper par qn; *aus dem ~ gehen* décliner/prendre du poids
leimen ['laɪmən] *v* 1. *(kleben)* coller, encoller; 2. *(fam: täuschen)* duper, rouler
Leine ['laɪnə] *f* 1. corde *f*, cordeau *m*; 2. *(Hundeleine)* laisse *f*; *an der langen ~ sein (fig)* avoir la bride sur le cou
Leinen ['laɪnən] *n* toile *f*
Leinwand ['laɪnvant] *f* *CINE* écran *m*
leise ['laɪzə] *adj* 1. *(nicht laut)* bas, faible; 2. *(ruhig)* léger, doux; 3. *(schwach)* faible; *adv* 4. *(nicht laut)* tout bas, à voix basse, sans bruit; *ganz ~ sprechen* parler tout pas

Leiste ['laɪstə] *f* 1. tringle *f*, liteau *m*; 2. *(Zierleiste)* baguette *f*
leisten ['laɪstən] *v* 1. faire, accomplir; 2. *sich etw ~* s'offrir qc, se permettre qc
Leistenbruch ['laɪstənbrux] *m MED* hernie inguinale *f*
Leistung ['laɪstuŋ] *f* 1. *(Ergebnis)* résultat *m*; 2. *(Ertrag) ECO* rendement *m*; 3. *(Produktion)* production *f*
leistungsfähig ['laɪstuŋsfɛːɪç] *adj* capable de haut rendement, puissant
Leistungsfähigkeit ['laɪstuŋsfɛːɪçkaɪt] *f* 1. performance *f*; 2. *ECO* productivité *f*, capacité de rendement *f*
Leistungsgesellschaft ['laɪstuŋsgəzɛlʃaft] *f* société de rendement *f*
Leistungssport ['laɪstuŋsʃpɔrt] *m* sport de compétition *m*
Leitartikel ['laɪtartɪkəl] *m* éditorial *m*
Leitbild ['laɪtbɪlt] *n* modèle *m*
leiten ['laɪtən] *v* 1. diriger, être à la tête de; 2. *(führen) jdn ~* conduire qn; 3. *(lenken)* diriger
leitend ['laɪtənt] *adj* dirigeant
Leiter[1] ['laɪtər] *m (Vorgesetzter)* directeur *m*, chef *m*, supérieur *m*
Leiter[2] ['laɪtər] *f* échelle *f*
Leitfaden ['laɪtfaːdən] *m* 1. fil conducteur *m*; 2. *(Buch)* manuel *m*
Leitplanke ['laɪtplaŋkə] *f* glissière de sécurité *f*
Leitspruch ['laɪtʃprux] *m* principe *m*, maxime *f*
Leitung ['laɪtuŋ] *f* 1. *(Geschäftsleitung)* direction *f*, gestion *f*; 2. *(Rohrleitung)* tuyauterie *f*, conduit *m*; 3. *(Kabel)* fil électrique *m*, câble électrique *m*; *eine lange ~ haben (fig)* être dur de la détente
Leitungswasser ['laɪtuŋsvasər] *n* eau du robinet *f*
Lektion [lɛk'tsjoːn] *f* leçon *f*
Lektor(in) ['lɛktor/lɛk'toːrɪn] *m/f* lecteur/lectrice *m/f*
Lektüre [lɛk'tyːrə] *f* lecture *f*
Lende ['lɛndə] *f* 1. *ANAT* reins *m/pl*, lombes *m/pl*; 2. *(Braten) GAST* filet *m*
lenken ['lɛŋkən] *v* 1. *(steuern)* conduire, piloter; 2. *(leiten)* conduire, diriger; 3. *(Aufmerksamkeit, Blick)* attirer
Lenkrad ['lɛŋkraːt] *n* volant *m*
Lenkstange ['lɛŋkʃtaŋə] *f* guidon *m*
Lenkung ['lɛŋkuŋ] *f* 1. *(eines Autos)* conduite *f*; 2. *(Leitung)* direction *f*
lernen ['lɛrnən] *v* apprendre, étudier
Lernprozess ['lɛrnprotsɛs] *m* processus d'apprentissage *m*
lesbisch ['lɛsbɪʃ] *adj* lesbienne
Lesebuch ['leːzəbuːx] *n* 1. livre de lecture *m*; 2. *(Fibel)* abécédaire *m*
lesen ['leːzən] *v irr* 1. lire; *zwischen den Zeilen ~* lire entre les lignes; 2. *(entziffern)* déchiffrer; 3. *(ernten)* cueillir; *Ähren ~* glaner; *Wein ~* vendanger
Leser(in) ['leːzər(ɪn)] *m/f* lecteur/lectrice *m/f*
Leserbrief ['leːzərbriːf] *m* courrier des lecteurs *m*
leserlich ['leːzərlɪç] *adj* 1. lisible; 2. *(entzifferbar)* déchiffrable
Lesung ['leːzuŋ] *f* 1. lecture *f*; 2. *POL* lecture *f*; *in erster ~* en première lecture; 3. *REL* lecture de l'Evangile *f*
letzte(r,s) ['lɛtstə(r,s)] *adj* 1. dernier/dernière, final(e), ultime; *der ~ Schrei* le dernier cri *m*; *zu guter Letzt* pour finir dans la bonne humeur; *das Letzte sein* être nul/être insupportable; *bis aufs Letzte* complètement/totalement; 2. *(vorig)* passé(e)
letztens ['lɛtstəns] *adv* dernièrement, récemment, en dernier lieu
letztlich ['lɛtslɪç] *adv* au bout du compte, en fin de compte
Leuchtanzeige ['lɔyçtantsaɪgə] *f* affiche lumineuse *f*
Leuchte ['lɔyçtə] *f* 1. lumière *f*; 2. *(fig)* lumière *f*; *Er ist keine große ~.* Ce n'est pas un génie./Il n'est pas une lumière.
leuchten ['lɔyçtən] *v* 1. *(be~)* éclairer; 2. *(glänzen)* luire
Leuchter ['lɔyçtər] *m* chandelier *m*, bougeoir *m*
Leuchtrakete ['lɔyçtrakeːtə] *f* fusée éclairante *f*
Leuchtreklame ['lɔyçtreklaːmə] *f* réclame lumineuse *f*
Leuchtsignal ['lɔyçtzɪgnaːl] *n* signal lumineux *m*
Leuchtturm ['lɔyçtturm] *m* phare *m*
leugnen ['lɔygnən] *v* nier, dénier
Leute ['lɔytə] *pl* gens *m/pl*, monde *m*; *unter die ~ kommen* être ébruité/être mis au grand jour
leutselig ['lɔytzeːlɪç] *adj* 1. affable; 2. *(wohlwollend)* bienveillant
Lexikon ['lɛksikɔn] *n* 1. *(Wörterbuch)* dictionnaire *m*; 2. *(Enzyklopädie)* encyclopédie *f*
Libanon ['liːbanɔn] *m GEO* Liban *m*

liberal [libə'raːl] *adj* 1. libéral; 2. *(großzügig)* généreux; *adv* 3. libéralement, avec générosité

Liberalisierung [libərali'ziːruŋ] *f POL* libéralisation *f*

Liberalismus [libəra'lɪsmus] *m POL* libéralisme *m*

Libyen ['liːbɪən] *n GEO* Libye *f*

Licht [lɪçt] *n* 1. lumière *f; Du stehst mir im ~.* Tu me caches le jour. *grünes ~ geben* donner le feu vert; *das ~ der Welt erblicken* voir le jour; *kein großes ~ sein* ne pas être une lumière; *sich ins rechte ~ rücken* se faire valoir; *sein ~ unter den Scheffel stellen* mettre la lumière sous le boisseau/taire ses mérites; *jdn hinters ~ führen* donner le change à qn/tromper qn; *Das wirft kein gutes ~ auf dich.* Tu ne fais pas bonne impression./Ça ne te met pas en valeur. *Da geht mir ein ~ auf!* J'ai pigé (fam)!/J'ai compris! 2. *(Beleuchtung)* éclairage *m;* 3. *(Helligkeit)* clarté *f*

Lichtbild ['lɪçtbɪlt] *n (Foto)* photographie *f*

Lichtblick ['lɪçtblɪk] *m* trait de lumière *m,* lueur d'espoir *f*

lichtempfindlich ['lɪçtɛmpfɪndlɪç] *adj* 1. sensible à la lumière; 2. *(Ding)* photosensible

Lichtschalter ['lɪçtʃaltər] *m* interrupteur *m*

Lichtschutzfaktor ['lɪçtʃutsfaktɔr] *m* indice de protection *m*

Lichtstrahl ['lɪçtʃtraːl] *m* rayon lumineux *m,* rayon de lumière *m*

Lichtung ['lɪçtuŋ] *f* 1. *(Waldlichtung)* clairière *f;* 2. *(eines Ankers)* levée *f*

Lidschatten ['liːtsʃatən] *m* fard à paupières *m*

lieb [liːp] *adj* 1. cher, aimé; *jdm ~ und teuer sein* être très cher à qn; *jdn ~ gewinnen* prendre qn en affection, se prendre d'affection pour qn, se prendre d'amitié pour qn; *jdn ~ haben* aimer qn, affectionner qn, avoir qn en affection; 2. *(liebenswürdig)* gentil, aimable

liebäugeln ['liːpɔygəln] *v* 1. *mit jdm ~* faire les yeux doux à qn; 2. *mit etw ~* convoiter qc

Liebe ['liːbə] *f* amour *m; bei aller ~* même en se forçant; *~ auf den ersten Blick* un coup de foudre *m*

liebebedürftig ['liːbəbədyrftɪç] *adj* qui a besoin d'amour

lieben ['liːbən] *v* aimer, chérir

liebenswert ['liːbənsveːrt] *adj* digne d'amour

liebenswürdig ['liːbənsvyrdɪç] *adj* aimable

Liebenswürdigkeit ['liːbənsvyrdɪçkaɪt] *f* amabilité *f*

lieber ['liːbər] *adv* plutôt, mieux, de préférence; *nichts, was ich ~ täte* je ne demande pas mieux

Liebesbrief ['liːbəsbriːf] *m* lettre d'amour *f,* billet doux *m*

Liebeserklärung ['liːbəsɛrklɛːruŋ] *f* déclaration d'amour *f*

Liebesgeschichte ['liːbəsgəʃɪçtə] *f* histoire d'amour *f*

Liebeskummer ['liːbəskumər] *m* chagrin d'amour *m,* dépit amoureux *m*

Liebeslied ['liːbəsliːt] *n* chanson d'amour *f*

Liebesmühe ['liːbəsmyːə] *f Das ist verlorene ~.* C'est peine perdue.

Liebespaar ['liːbəspaːr] *n* couple d'amoureux *m*

liebevoll ['liːbəfɔl] *adj* affectueux, tendre

Liebhaber ['liːphaːbər] *m* 1. *(Geliebter)* amant *m,* amoureux *m;* 2. *(Kenner)* expert *m,* connaisseur m.

Liebhaberei [liːphaːbə'raɪ] *f* passion *f,* goût *m*

Liebhaberwert ['liːphaːbərveːrt] *m* valeur d'amateur *f*

liebkosen ['liːpkoːzən] *v* caresser, cajoler, câliner; *jdn ~* faire un câlin à qn

Liebkosung ['liːpkoːzuŋ] *f* caresse *f,* câlin *m; jdn mit ~en überschütten* couvrir qn de caresses

lieblich ['liːplɪç] *adj* gracieux, agréable, charmant

Liebling ['liːplɪŋ] *m* 1. chéri(e) *m/f,* bien-aimé(e) *m/f;* 2. *(als Anredeform)* chéri(e) *m/f*

Lieblingsbeschäftigung ['liːplɪŋsbəʃɛftɪguŋ] *f* occupation favorite *f,* occupation préférée *f,* passe-temps favori *m*

Lieblingsspeise ['liːblɪŋsʃpaɪzə] *f* plat favori *m,* mets préféré *m*

lieblos ['liːploːs] *adj* 1. sans cœur; 2. *(kaltherzig)* froid; *adv* 3. avec froideur

Lieblosigkeit ['liːploːzɪçkaɪt] *f* sécheresse de cœur *f*

Liebreiz ['liːpraɪts] *m* charmes *m/pl,* grâces *f/pl*

Liebschaft ['liːpʃaft] *f* liaison amoureuse *f,* amourette *f* (fam)

Liebste(r) ['liːpstə(r)] *m/f* bien-aimé(e) *m/f,* chéri(e) *m/f*
Lied [liːt] *n 1.* chanson *f,* chant *m; immer wieder das alte ~ anstimmen* toujours ressortir le même refrain; *2. (Kirchenlied)* cantique *m*
Liederabend ['liːdəraːbənt] *m* récital de chant *m*
Liederbuch ['liːdərbuːx] *n* recueil de chansons *m*
liederlich ['liːdərlɪç] *adj 1.* débauché, libertin; *2. (unordentlich)* désordonné; *3. (nachlässig)* négligent
Liedermacher ['liːdərmaxər] *m* chansonnier *m*
Lieferant [liːfə'rant] *m* fournisseur *m*
lieferbar ['liːfərbaːr] *adj* livrable, disponible
liefern ['liːfərn] *v* livrer, fournir; *geliefert sein (fig)* être fichu/être flambé/être foutu
Lieferung ['liːfəruŋ] *f 1.* livraison *f; 2. (Zusendung)* envoi *m*
Lieferwagen ['liːfərvaːgən] *m* voiture de livraison *f*
Liege ['liːgə] *f 1.* chaise longue *f,* divan *m; 2. (auf dem Schiff, im Zug)* couchette *f*
liegen ['liːgən] *v irr 1.* être couché, être allongé; *2. (ausruhen)* reposer; *3. (sich befinden)* se trouver, être situé; *4. richtig ~* avoir raison, être dans le vrai; *5. ~ bleiben (in waagerechter Lage sein)* rester couché; *6. ~ bleiben (Schnee)* tenir; *7. ~ bleiben (Arbeit)* rester en souffrance; *8. ~ bleiben (Auto)* rester en panne; *9. ~ lassen (vergessen)* laisser traîner, oublier; *alles stehen und ~ lassen* tout laisser tel quel, tout plaquer
Liegestuhl ['liːgəʃtuːl] *m* chaise longue *f*
Liegewagen ['liːgəvaːgən] *m* voiture-couchettes *f*
Lift [lɪft] *m 1.* ascenseur *m; 2. (Lastenaufzug)* monte-charge *m*
liften ['lɪftən] *v* lisser les imperfections de la peau, faire un lifting
Liga ['liːga] *f* ligue *f*
Likör [li'køːr] *m* liqueur *f*
lila ['liːla] *adj* lilas
Limo ['limo] *f (= Limonade)* limonade *f*
Limonade [limo'naːdə] *f* limonade *f*
Limousine [limu'ziːnə] *f* berline *f,* limousine *f*
lindern ['lɪndərn] *v* apaiser, calmer
Linderung ['lɪndəruŋ] *f* apaisement *m,* soulagement *m*
Lineal [line'aːl] *n* règle *f; ein ~ verschluckt haben (fig)* avoir avalé son parapluie
linear [line'aːr] *adj* linéaire
Linie ['liːnjə] *f 1. (Strich)* trait *m,* ligne *f; auf der ganzen ~* sur toute la ligne; *2. (Zeile)* ligne *f; 3. (Reihe)* rangée *f*
Linienflug ['liːnjənfluːk] *m* vol régulier *m*
linientreu ['liːnjəntrɔy] *adj* dans la ligne
Linienverkehr ['liːnjənfɛrkeːr] *m* service régulier *m*
linke(r,s) ['lɪŋkə(r,s)] *adj 1.* gauche; *2. ~ Seite (eines Kleidungsstücks)* envers *m*
Linke(r) ['lɪŋkə(r)] *m/f POL* parti de gauche *m*
links ['lɪŋks] *adv 1.* à gauche, du côté gauche; *jdn ~ liegen lassen (fig)* laisser qn de côté/ignorer qn; *etw mit ~ machen (fig)* faire qc les doigts dans le nez; *2. (auf der Rückseite)* à l'envers
Linkshänder(in) ['lɪŋkshɛndər(ɪn)] *m/f* gaucher/gauchère *m/f*
Linse ['lɪnzə] *f* lentille *f*
Lippe ['lɪpə] *f* lèvre *f; eine dicke ~ riskieren* se permettre des impertinences/fanfaronner; *etw nicht über die ~n bringen* ne pas oser qc; *leicht von den ~n gehen* venir facilement à la bouche
Lippenstift ['lɪpənʃtɪft] *m* bâton de rouge à lèvres *m,* rouge à lèvres *m*
liquidieren [lɪkvɪ'diːrən] *v ECO* liquider
lispeln ['lɪspəln] *v 1.* zézayer, zozoter (fam); *2. (flüstern)* susurrer
List [lɪst] *f* ruse *f,* astuce *f*
Liste ['lɪstə] *f 1.* liste *f,* relevé *m; 2. (Katalog)* catalogue *m*
listig ['lɪstɪç] *adj 1.* rusé; *2. (verschlagen)* malin; *3. (klug)* fin; *adv 4.* astucieusement, avec ruse
Litanei [lita'naɪ] *f 1. REL* litanies *f/pl; 2. (fam)* litanie *f*
Liter ['liːtər] *m* litre *m*
literarisch [litə'raːrɪʃ] *adj* littéraire
Literatur [litəra'tuːr] *f* littérature *f*
Literaturpreis [litəra'tuːrpraɪʃ] *m* prix littéraire *m*
Litfasssäule ['lɪtfaszɔylə] *f* colonne d'affichage *f,* colonne Morris *f*
Livesendung ['laɪfzɛnduŋ] *f* émission en direct *f*
Lizenz [li'tsɛnts] *f* licence *f*
Lob [loːp] *n* louange *f,* éloge *m*
loben ['loːbən] *v 1.* louer, faire l'éloge de; *jdn übermäßig ~* porter qn aux nues; *2. (rühmen)* vanter, célébrer

lobenswert ['loːbənsvɛrt] *adj* louable
Loch [lɔx] *n 1.* trou *m; 2. (Öffnung)* ouverture *f; 3. (fig) aus dem letzten ~ pfeifen* être au bout du rouleau; *jdm ein ~ in den Bauch reden* soûler qn de paroles; *ein ~ in die Luft starren* être dans la lune/être dans les nuages
lochen ['lɔxən] *v* poinçonner, trouer, perforer
Locher ['lɔxər] *m* perforatrice *f*
löchern ['lœçərn] *v jdn ~ (fam)* tanner qn
Lochkarte ['lɔxkartə] *f* carte perforée *f*, fiche perforée *f*
Lochstreifen ['lɔxʃtraɪfən] *m* bande perforée *f*
Locke ['lɔkə] *f* boucle *f*
locken[1] ['lɔkən] *v 1. (Haare)* boucler; *2. (in Wellen legen)* faire des boucles, friser
locken[2] ['lɔkən] *v* allécher
Lockenwickler ['lɔkənvɪklər] *m* bigoudi *m*, rouleau *m*
locker ['lɔkər] *adj 1. (lose)* lâche, mal serré; *2. (entspannt)* détendu, relâché; *3. (fig: ungezwungen)* léger
lockerlassen ['lɔkərlasən] *v irr nicht ~* ne pas laisser tomber
lockig ['lɔkɪç] *adj* bouclé
Lockvogel ['lɔkfoːgəl] *m (fig)* appât *m*
lodern ['loːdərn] *v* flamboyer, flamber
Löffel ['lœfəl] *m 1.* cuiller *f; 2. (Mengenangabe)* cuillère *f; 3. (Schöpflöffel)* louche *f*
Loge ['loːʒə] *f* loge *f*
Logik ['loːgɪk] *f* logique *f*
logisch ['loːgɪʃ] *adj* logique
Logistik [lo'gɪstɪk] *f* logistique *f*
Lohn [loːn] *m 1. (Bezahlung)* salaire *m*, paie *f*, paye *f; 2. (Belohnung)* récompense *f*
Lohnausgleich ['loːnausglaɪç] *m* compensation de salaire *f*, ajustement des salaires *m*
Lohnempfänger ['loːnɛmpfɛŋər] *m* salarié *m*
lohnen ['loːnən] *v sich ~* être profitable, être rentable, valoir la peine
Lohnerhöhung ['loːnɛrhøːuŋ] *f* augmentation de salaire *f*
Lohnfortzahlung ['loːnfɔrttsaːluŋ] *f ~ im Krankheitsfall* maintien du salaire en cas de maladie *m*
Lohnsteuer ['loːnʃtɔyər] *f* impôt sur les salaires *m*
Lohnstreifen ['loːnʃtraɪfən] *m* bulletin de paie *m*
lokal [lo'kaːl] *adj* local
Lokal [lo'kaːl] *n* local *m*, bar *m*, café *m*
Lokalnachrichten [lo'kaːlnaːxrɪçtən] *pl* nouvelles locales *f/pl*, chronique locale *f*
Lokalpatriotismus [lo'kaːlpatrɪotɪsmus] *m* patriotisme de clocher *m*, particularisme *m*
Lokaltermin [lo'kaːltɛrmiːn] *m JUR* descente de justice sur les lieux *f*
Lokomotive [lokomo'tiːvə] *f* locomotive *f*
Lokomotivführer [lokomo'tiːffyːrər] *m* mécanicien *m*, conducteur de locomotive *m*
los [loːs] *adv Was ist ~?* Qu'est-ce qu'il y a?/Que se passe-t-il? *Mit ihm ist nicht viel ~.* Il ne sait pas faire grand chose. *Los!* Allons!/Allez!/Vas-y!/Partez!/En avant!
Los [loːs] *n 1. (Lotterielos)* billet de loterie *m*, lot *m; mit jdm das große ~ gezogen haben (fig)* avoir gagné le gros lot avec qn; *2. (Schicksal)* sort *m*, destin *m*
losbinden ['loːsbɪndən] *v irr* délier, détacher
löschen ['lœʃən] *v 1. (Feuer)* éteindre, étouffer; *2. (Licht)* éteindre; *3. (Fracht)* décharger
lose ['loːzə] *adj 1. (locker)* lâche, relâché; *2. (beweglich)* volant; *3. (unverpackt)* sans emballage
Lösegeld ['løːzəgɛlt] *n* rançon *f*
losen ['loːzən] *v* tirer au sort
lösen ['løːzən] *v 1. (losbinden)* détacher, desserrer; *2. (beenden)* annuler, rompre; *3. (klären)* résoudre, solutionner; *4. (Rätsel)* deviner; *5. (zergehen lassen)* dissoudre, faire fondre; *6. (Fahrkarte)* prendre, acheter
losfahren ['loːsfaːrən] *v irr 1.* partir; *2. (mit dem Fahrzeug)* démarrer
loslassen ['loːslasən] *v irr* lâcher, lâcher prise
löslich ['løːslɪç] *adj* soluble
losreißen ['loːsraɪsən] *v irr 1.* arracher, détacher; *2. (fig) sich ~ von* se détacher de
lossagen ['loːszaːgən] *v sich ~* se dédire, répudier
lossprechen ['loːsʃprɛçən] *v irr REL* absoudre
Lösung ['løːzuŋ] *f 1. (Losmachen)* séparation *f*, desserrage *m; 2. (Klärung)* solution *f*
Lot [loːt] *n TECH* fil à plomb *m; etw wieder ins rechte ~ bringen* arranger qc; *ins ~ kommen* être remis à flot/être reparti
löten ['løːtən] *v* souder
Lotse ['loːtsə] *m* pilote *m*

lotsen ['loːtsən] *v* *1.* piloter; *2. (fig: leiten)* piloter
Lotterie [lɔtə'riː] *f* loterie *f*
Löwenanteil ['løːvənantaɪl] *m* part du lion *f*
Löwin ['løːvɪn] *f* lionne *f*
loyal [lo'jaːl] *adj* loyal
Loyalität [lojaːlɪ'tɛːt] *f* loyauté *f*
Lücke ['lykə] *f* *1.* lacune *f,* brèche *f; 2. (Leere)* vide *m*
Lückenbüßer ['lykənbyːsər] *m* bouche-trou *m*
lückenhaft ['lykənhaft] *adj 1.* lacunaire; *2. (fehlerhaft)* défectueux; *3. (unvollständig)* incomplet
lückenlos ['lykənloːs] *adj 1.* sans lacune; *2. (vollständig)* complet
Luft [luft] *f* air *m,* atmosphère *f; frische ~ schöpfen* prendre l'air; *jdn an die frische ~ setzen* ficher qn à la porte/virer qn (fam)/jeter qn dehors; *dicke ~* de l'orage dans l'air; *die ~ rauslassen* respirer un grand coup; *jdn wie ~ behandeln* ignorer qn; *jdm die ~ abdrehen* ruiner qn/mettre qn sur la paille; *die ~ anhalten (fig)* manquer d'air/retenir sa respiration; *aus der ~ gegriffen sein* être inventé de toutes pièces; *in der ~ hängen* être en suspens; *in die ~ gehen* monter sur ses grands chevaux; *sich ~ machen* se soulager/évacuer sa bile/cracher son venin; *Da bleibt mir die ~ weg!* J'en suis soufflé!
Luftballon ['luftbalɔ̃] *m* ballon *m*
Lüftchen ['lyftçən] *n* souffle de vent *m,* vent léger *m*
luftdicht ['luftdɪçt] *adj* hermétique
Luftdruck ['luftdruk] *m* pression atmosphérique *f*
lüften ['lyftən] *v 1. (Raum)* aérer; *2. (Kleider)* aérer, mettre à l'air; *3. (fig: enthüllen)* lever le voile
Luftfahrt ['luftfaːrt] *f* aviation *f*
Luftfeuchtigkeit ['luftfɔyçtɪçkaɪt] *f* humidité de l'air *f*
Luftfracht ['luftfraçt] *f* fret aérien *m*
Luftkurort ['luftkuːrɔrt] *m* station climatique *f*
luftleer ['luftleːr] *adj* vide d'air
Luftlinie ['luftliːnjə] *f* ligne aérienne *f; in der ~* à vol d'oiseau
Luftmatratze ['luftmatratsə] *f* matelas pneumatique *m*
Luftpost ['luftpɔst] *f* poste aérienne *f*
Luftpumpe ['luftpumpə] *f* pompe à air *f,* gonfleur *m*
Luftschiff ['luftʃɪf] *n* aéronef *m*
Luftschlösser ['luftʃløsər] *pl ~ bauen* bâtir des châteaux en Espagne
Lüftung ['lyftuŋ] *f* aération *f*
Luftverkehr ['luftfɛrkeːr] *m* trafic aérien *m*
Luftverschmutzung ['luftfɛrʃmutsuŋ] *f* pollution de l'air *f*
Luftzug ['lufttsuːk] *m* courant d'air *m*
Lüge ['lyːgə] *f* mensonge *m*
lügen ['lyːgən] *v irr* mentir; *~ wie gedruckt* mentir comme un arracheur de dents/mentir comme on respire
Lügner(in) ['lyːgnər(ɪn)] *m/f* menteur/menteuse *m/f*
Luke ['luːkə] *f 1. (Durchreiche)* passe-plat *m; 2. (Dachluke)* lucarne *f,* tabatière *f*
Lümmel ['lyməl] *m* mufle *m,* malotru *m*
Lump [lump] *m 1. (gewissenloser Mensch)* homme sans scrupules *m,* va-nu-pieds *m; 2. (Schlingel)* polisson *m,* galopin *m*
lumpen ['lumpən] *v sich nicht ~ lassen* ne pas être chiche
Lumpen ['lumpən] *m* lambeau *m,* chiffon *m,* haillons *m/pl*
lungenkrank ['luŋənkraŋk] *adj* poitrinaire
Lunte ['luntə] *f ~ riechen* avoir le nez creux
Lupe ['luːpə] *f* loupe *f; etw mit der ~ suchen können (fig)* pouvoir chercher longtemps qc; *jdn unter die ~ nehmen* regarder qn à la loupe
Lust [lust] *f 1. (Freude)* joie *f,* plaisir *m; Wenn Sie ~ dazu haben!* Si ça vous chante! *Ich habe keine ~ dazu.* Je n'en ai pas envie. *nach ~ und Laune* comme on veut/à son gré; *2. (Verlangen)* désir *m,* envie *f*
lüstern ['lystərn] *adj* concupiscent, voluptueux
Lustgefühl ['lustgəfyːl] *n* sentiment de plaisir *m*
lustig ['lustɪç] *adj 1. (fröhlich)* joyeux, gai; *2. (komisch)* amusant, plaisant, drôle
lustlos ['lustloːs] *adj* sans entrain, sans envie
lutschen ['lutʃən] *v* sucer
Lutscher ['lutʃər] *m* sucette *f,* tétine *f*
luxuriös [luksur'jøːs] *adj* luxueux, somptueux
Luxus ['luksus] *m* luxe *m,* somptuosité *f,* faste *m*
Luxusartikel ['luksusartɪkəl] *m* article de luxe *m*

M

machbar ['maxbar] *adj* faisable
Mache ['maxə] *f 1. (Schein)* semblant *m,* apparence *f; Das ist doch alles nur ~.* Ce n'est que pour la frime. *2. (Bearbeitung) etw in der ~ haben* avoir qc en préparation/avoir qc en train; *jdn in die ~ nehmen* attraper qn/choper qn (fam)
machen ['maxən] *v* faire; *nichts zu ~* rien à faire; *Er glaubte, es richtig zu ~.* Il a cru bien faire. *Gut gemacht.* Bien joué. *sich wenig aus etw ~* ne pas tenir à qc; *sich gar nichts aus etw ~* se moquer de qc comme de sa première chemise; *Ich mache mir nichts daraus.* Je m'en bats l'œil./Je m'en fiche. *Mach dir nichts daraus!* Ne t'en fais pas!/T'en as rien à faire! *Das macht nichts!* Ça ne fait rien! *es mit jdm ~ können* pouvoir faire de qn ce qu'on veut
Machenschaften ['maxənʃaftən] *pl* machinations *f/pl*
Macht [maxt] *f 1. (Herrschaft)* empire *m,* autorité *f; 2. (Stärke)* puissance *f,* force *f; 3. (Einfluss)* influence *f*
Machthaber ['maxthaːbər] *m 1.* homme au pouvoir *m,* dirigeant *m; 2. (Herrscher)* maître *m*
mächtig ['mɛçtɪç] *adj (stark)* puissant
machtlos ['maxtloːs] *adj 1.* impuissant; *2. (schwach)* faible
Machtprobe ['maxtproːbə] *f* épreuve de force *f*
Machtübernahme ['maxtyːbərnaːmə] *f POL* prise du pouvoir *f*
Machtwort ['maxtvɔrt] *n* parole énergique *f; ein ~ sprechen* faire acte d'autorité
Macke ['makə] *f 1. (Spleen)* excentricité *f,* bizarrerie *f; Der hat ja 'ne ~!* Qu'il est bizarre! *2. (Beschädigung)* détérioration *f,* dégradation *f*
Mädchen ['mɛːtçən] *n* fille *f,* gamine *f; ~ für alles sein* être bonne à tout faire
Mädchenname ['mɛːtçənnaːmə] *m* nom de jeune fille *m*
Mädel ['mɛːdəl] *n* petite fille *f,* fillette *f*
Mafia ['mafia] *f* mafia *f*
Magazin [maga'tsiːn] *n 1. (Lager)* magasin *m,* dépôt *m; 2. (einer Waffe)* chargeur *m; 3. (Zeitschrift)* magazine *m*
Magd [maːkt] *f 1. (Hausangestellte)* servante *f; 2. (veraltet: Mädchen)* vieille fille *f*
Magenbitter ['maːgənbɪtər] *m* digestif *m*
Magenschmerzen ['maːgənʃmɛrtsən] *pl MED* maux d'estomac *m/pl*
mager ['maːgər] *adj 1. (dünn)* maigre; *2. (abgezehrt)* décharné; *3. (dürftig)* pauvre
Magermilch ['maːgərmɪlç] *f* lait écrémé *m*
Magie [ma'giː] *f* magie *f*
magisch ['maːgɪʃ] *adj* magique
Magnet [mag'neːt] *m* aimant *m*
Magnetband [mag'neːtbant] *n* ruban magnétique *m*
magnetisch [mag'neːtɪʃ] *adj* magnétique
Magnetismus [magne'tɪsmus] *m* magnétisme *m*
Mahagoni [maha'goːni] *n* bois d'acajou *m,* acajou *m*
mähen ['mɛːən] *v 1.* faucher; *2. (ernten)* moissonner
Mahl [maːl] *n 1.* repas *m; 2. (Festmahl)* festin *m,* banquet *m*
mahlen ['maːlən] *v irr* moudre
Mahlzeit ['maːltsaɪt] *f* repas *m; ~!* Bon appétit!
mahnen ['maːnən] *v 1. (warnen)* avertir, exhorter; *2. (auffordern)* sommer de, exhorter à
Mahnmal ['maːnmaːl] *n* monument commémoratif *m*
Mahnschreiben ['maːnʃraɪbən] *n* lettre de rappel *f,* lettre d'avertissement *f*
Mahnung ['maːnuŋ] *f 1. (Warnung)* avertissement *m; 2. (Aufforderung)* sommation *f*
Mai [maɪ] *m* mai *m*
Maibaum ['maɪbaum] *m* arbre de mai *m*
Mailand ['maɪlant] *n GEO* Milan *m*
Mailbox ['meɪlbɔks] *f INFORM* boîte à lettre électronique *f*
Mais [maɪs] *m BOT* maïs *m*
Maiskolben ['maɪskɔlbən] *m BOT* épi de maïs *m*
Majestät [majɛs'tɛːt] *f* majesté *f*
majestätisch [majɛs'tɛːtɪʃ] *adj* majestueux
Majonäse [majɔ'nɛːzə] *f GAST* mayonnaise *f*
makaber [ma'kaːbər] *adj* macabre
Makel ['maːkəl] *m 1.* tache *f,* souillure *f; 2. (Fehler)* défaut *m*
makellos ['maːkəlloːs] *adj 1.* sans tache; *2. (rein)* pur; *3. (tadellos)* impeccable

mäkeln ['mɛːkəln] *v an etw ~* trouver à redire à qc
Make-up ['meɪkʊp] *n* maquillage *m*
Makler ['maːklər] *m* courtier *m,* agent *m*
mal [maːl] *adv 1. (fam: einmal)* fois; *Komm ~ her!* Viens donc! *Guck ~!* Regarde-moi ça! *Das ist nun ~ so.* C'est comme ça. *Schauen wir ~.* Voyons voir. *nicht ~ ...* ne ... même pas; *2. (früher)* autrefois, déjà; *Warst du schon ~ in Paris?* Es-tu déjà allé à Paris? *3. (in Zukunft)* une fois, à l'avenir; *4. (multipliziert mit)* fois
Mal [maːl] *n 1. (Zeichen)* signe *m,* marque *f; 2. (Zeitpunkt)* fois *f; mit einem ~* tout d'un coup/soudain/tout à coup; *von ~ zu ~* d'une fois sur l'autre/à chaque fois un peu plus; *ein für alle ~(e)* une fois pour toutes/en un mot comme en cent; *jedes ~* chaque fois/toutes les fois (que); *ein paar ~* quelquefois/plusieurs fois
malen ['maːlən] *v* peindre
Maler ['maːlər] *m 1. (Künstler)* peintre *m; 2. (Anstreicher)* peintre *m*
Malerei [maːlə'raɪ] *f* peinture *f*
malerisch ['maːlərɪʃ] *adj* pittoresque
malnehmen ['maːlneːmən] *v irr ~ mit MATH* multiplier par
Malz [malts] *n* malt *m*
Mama ['mama] *f (fam)* maman *f*
mampfen ['mampfən] *v* se bâfrer, manger gloutonnement
man [man] *pron* on; *Wie ~ so sagt.* Comme dit l'autre.
Manager ['mɛnɛdʒər] *m 1.* manager *m; 2. (Leiter)* dirigeant *m; 3. (höherer Angestellter)* cadre supérieur *m*
manch [manç] *pron 1.* maint, certain; *2. ~ ein* plus d'un
manche(r,s) ['mançə(r,s)] *adj* maint, certain, plus d'un
manchmal ['mançmaːl] *adv* parfois, quelquefois
Mandarine [manda'riːnə] *f BOT* mandarine *f*
Mandat [man'daːt] *n 1.* mandat *m; 2. (Machtbefugnis)* pouvoir *m*
Manege [ma'neːʒə] *f 1.* manège *m; 2. (Bahn)* piste *f,* arène *f*
Mangel ['maŋəl] *m 1. (Fehlen)* absence *f,* manque *m; 2. (Fehler)* défaut *m,* vice *m; 3. (Unvollkommenheit)* imperfection *f*
mangelhaft ['maŋəlhaft] *adj 1. (fehlerhaft)* défectueux; *2. (unvollständig)* incomplet; *3. (Schulnote)* insuffisant
mangeln[1] ['maŋəln] *v (fehlen)* manquer
mangeln[2] ['maŋəln] *v (Wäsche)* calandrer
mangels ['maŋəls] *prep* faute de, à défaut de
Manie [ma'niː] *f* manie *f*
Manieren [ma'niːrən] *pl* manières *f/pl*
manierlich [ma'niːrlɪç] *adj 1.* qui a de bonnes manières; *2. (höflich)* poli; *adv 3.* correctement
Maniküre [mani'kyːrə] *f* manucure *m*
Manipulation [manipula'tsjoːn] *f* manipulation *f*
manipulieren [manipu'liːrən] *v* manipuler
Mann [man] *m 1.* homme *m; der kleine ~* les petites gens *m/pl; der ~ auf der Straße* l'homme de la rue *m; ein ~ von Welt* un homme du monde *m; ein gemachter ~* un homme arrivé *m; ein toter ~* un homme mort *m; den starken ~ markieren* jouer l'homme fort; *seinen ~ stehen* être tout à fait capable/se montrer à la hauteur de sa tâche; *mit ~ und Maus* corps et biens; *etw an den ~ bringen* faire passer qc/vendre qc; *2. (Ehemann)* mari *m,* époux *m*
Männchen ['mɛnçən] *n 1. (kleiner Mann)* petit homme *m,* bout d'homme *m; ~ malen* peindre un petit homme; *2. (männliches Tier)* mâle *m; 3. ~ machen (Hund)* faire le beau
Mannequin [manə'kɛ̃] *n* mannequin *m*
männlich ['mɛnlɪç] *adj* mâle
Mannschaft ['manʃaft] *f 1. SPORT* equipe *f; 2. (Besatzung)* équipage *m*
Manöver [ma'nøːvər] *n* manœuvre *f*
manövrieren [manø'vriːrən] *v* manœuvrer
manövrierunfähig [manø'vriːrunfɛːiç] *adj* non manœuvrable
Mansarde [man'zardə] *f* mansarde *f*
manschen ['manʃən] *v* tripoter
Manschette [man'ʃɛtə] *f 1. (eines Hemdes)* manchette *f; 2. (um Blumentöpfe)* cache-pot *m; 3. (Dichtung) TECH* manchon *m,* rondelle *f*
Manschettenknopf [man'ʃɛtənknɔpf] *m* bouton de manchette *m*
Mantel ['mantəl] *m 1. (Kleidungsstück)* manteau *m; 2. (Überzieher)* pardessus
manuell [manu'ɛːl] *adj 1.* manuel; *adv 2.* manuellement, à la main
Manuskript [manus'krɪpt] *n* manuscrit *m*
Mappe ['mapə] *f 1. (Brieftasche)* portefeuille *m; 2. (Tasche)* serviette *f,* cartable *m; 3. (Sammelmappe)* chemise *f,* classeur *m*

Märchen ['mɛːrçən] *n 1.* conte *m; 2. (Legende)* légende *f; 3. (Fabel)* fable *f*
märchenhaft ['mɛːrçənhaft] *adj* fabuleux
Märchenstunde ['mɛːrçənʃtundə] *f* contes racontés pour enfants *m/pl*
Marine [ma'riːnə] *f* marine *f,* forces navales *f/pl*
Marionette [mario'nɛtə] *f* marionnette *f*
maritim [mari'tiːm] *adj* maritime
Mark[1] [mark] *f Deutsche ~* mark allemand *m; keine müde ~* pas un centime; *mit jeder ~ rechnen müssen* regarder à la dépense; *jede ~ dreimal umdrehen* être près de ses sous/être radin (fam)
Mark[2] [mark] *n 1. (von Früchten)* pulpe *f; 2. ANAT* moelle *f*
Mark[3] [mark] *f (Grenzland)* pays limitrophe *m*
markant [mar'kant] *adj* marquant, marqué
markieren [mar'kiːrən] *v 1. (kennzeichnen)* marquer; *2. (fam: vortäuschen)* faire semblant de; *3. (abstecken)* jalonner
Markierung [mar'kiːruŋ] *f* marquage *m*
Markise [mar'kiːzə] *f* marquise *f,* store *m*
Markt [markt] *m* marché *m; etw auf den ~ bringen* mettre qc sur le marché/lancer qn sur le marché
marktfähig ['marktfɛːɪç] *adj* vendable
Marktwirtschaft ['marktvɪrtʃaft] *f ECO* économie de marché *f*
Marmelade [marmə'laːdə] *f* confiture *f*
Marmor ['marmor] *m* marbre *m*
Marmorkuchen ['marmorkuːxən] *m* gâteau marbré *m*
Marokko [ma'rɔko] *n GEO* Maroc *m*
Marone [ma'roːnə] *f* marron *m,* châtaigne *f*
Marsch [marʃ] *m 1. (Wanderung)* randonnée *f,* marche *f; 2. jdm den ~ blasen* remettre qn à sa place/réprimander qn
marschbereit ['marʃbəraɪt] *adj* prêt à partir
marschieren [mar'ʃiːrən] *v* marcher
Marslandung ['marslanduŋ] *f* atterrissage sur Mars *m*
Märtyrer ['mɛrtyrər] *m* martyr *m,* martyre *m*
März [mɛrts] *m* mars *m*
Marzipan ['martsipaːn] *n GAST* massepain *m*
Masche ['maʃə] *f 1. (in der Handarbeit)* maille *f; durch die ~n gehen* passer à travers les mailles du filet; *2. (fig)* combine *f,* truc *m*
Maschendraht ['maʃəndraːt] *m* grillage métallique *m*
Maschine [ma'ʃiːnə] *f 1.* machine *f; ~ schreiben (Schreibmaschine schreiben)* écrire à la machine/taper à la machine; *2. (Motor)* moteur *m; 3. (Apparat)* appareil *m*
maschinell [maʃi'nɛl] *adj* mécanique
Maschinenbau [ma'ʃiːnənbau] *m* construction mécanique *f*
Maschinengewehr [ma'ʃiːnəngəveːr] *n* mitrailleuse *f*
Maserung ['maːzəruŋ] *f* veinure *f,* madrure *f*
Maske ['maskə] *f 1.* masque *m; die ~ fallen lassen* lever le masque/ôter le masque; *jdm die ~ vom Gesicht reißen* arracher le masque à qn; *2. (fig: Schein)* façade *f*
Maskenball ['maskənbal] *m* bal masqué *m*
Maskenbildner ['maskənbɪltnər] *m* maquilleur *m*
maskieren [mas'kiːrən] *v 1. sich ~* se masquer, se déguiser; *2. sich ~ (sich schminken)* se maquiller
Maskottchen [mas'kɔtçən] *n* mascotte *f,* fétiche *m*
Maß [maːs] *n 1. (Maßeinheit)* mesure *f; Das ~ ist voll!* La mesure est comble!/Ça suffit comme ça! *mit zweierlei ~ messen* avoir deux poids/avoir deux mesures; *über alle ~en* pardessus tout; *nach ~* sur mesure; *~ halten* garder la mesure/se modérer; *2. (Abmessung)* dimension *f*
Massage [ma'saːʒə] *f* massage *m*
Massagesalon [ma'saːʒəzalɔ̃] *m* salon de massage *m*
Massaker [ma'saːkər] *n* massacre *m*
Maßarbeit ['maːsarbaɪt] *f* travail sur mesure *m*
Masse ['masə] *f 1. (große Menge)* masse *f; 2. (Volksmenge)* masse *f,* foule *f; 3. (Stoff)* masse *f*
Massenentlassung ['masənɛntlasuŋ] *f* licenciement collectif *m*
massenhaft ['masənhaft] *adj 1. (riesig)* énorme; *adv 2.* en masse
Massenmedien ['masənmeːdjən] *pl* moyens de diffusion de masse *m/pl*
Masseur(in) [ma'søːr(ɪn)] *m/f* masseur/masseuse *m/f*
maßgebend ['maːsgeːbənt] *adj 1. (entscheidend)* décisif; *2. (zuständig)* compétent; *~ sein* faire autorité
massieren [ma'siːrən] *v* masser
massig ['masɪç] *adj (schwer)* lourd

mäßig ['mɛːsɪç] *adj 1.* modéré; *2. (maßvoll)* mésuré; *3. (bescheiden)* modeste
mäßigen ['mɛːsigən] *v 1.* modérer; *2. (Geschwindigkeit)* ralentir; *3. sich ~* se modérer
massiv [ma'siːf] *adj 1.* massif, solide; *2. (schwer)* lourd
maßlos ['maːsloːs] *adj 1.* démesuré; *adv 2.* démesurément
Maßlosigkeit ['maːsloːzɪçkaɪt] *f* démesure *f*
Maßnahme ['maːsnaːmə] *f* mesure *f; vorzeitig ~n ergreifen* prendre les devants
maßregeln ['maːsreːgəln] *v* rappeler à l'ordre
Maßstab ['maːsʃtaːp] *m 1.* échelle *f,* règle *f; 2. (fig)* norme *f,* critère *m*
Mast [mast] *m 1. (Schiffsmast)* mât *m; 2. (Telefonmast)* poteau *m,* pylône *m; 3. (Fahnenmast)* mât de drapeau *m,* hampe *f*
mästen ['mɛstən] *v 1.* engraisser; *2. (sich voll stopfen)* gaver
Material [mate'rjaːl] *n 1.* matériel *m; 2. (Stoff)* matière *f; 3. (Werkstoff)* matériaux *m/pl; 4. (Beweismaterial)* documentation *f*
Materialfehler [mate'rjaːlfeːlər] *m* défaut de matériel *m*
Materialismus [materja'lɪsmus] *m* matérialisme *m*
materialistisch [materja'lɪstɪʃ] *adj* matérialiste
Materialkosten [mate'rjaːlkɔstən] *pl 1.* frais de matériel *m/pl; 2. ECO* dépenses en matériels *f/pl*
Materie [ma'teːrjə] *f 1.* matière *f,* substance *f; 2. (Thema)* sujet *m,* thème *m*
materiell [mate'rjɛl] *adj* matériel
Mathe ['matə] *f (= Mathematik)* mathématiques *f/pl,* maths *f/pl*
Mathematik [matema'tiːk] *f* mathématiques *f/pl*
mathematisch [mate'maːtɪʃ] *adj* mathématique
Matratze [ma'tratsə] *f* matelas *m,* sommier *m*
Matrose [ma'troːzə] *m* marin *m,* matelot *m*
matschig ['matʃɪç] *adj 1.* boueux; *2. (Früchte)* blet
matt [mat] *adj 1. (trübe)* mat, terne; *2. (schwach)* faible, épuisé; *3. jdn ~ setzen* mettre qn échec et mat
Matte¹ ['matə] *f 1. (Fußmatte)* paillasson *m; auf der ~ stehen* être au rendez-vous/être à pied d'œuvre; *2. SPORT* tapis *m; jdn auf die ~ legen (fig)* blouser qn (fam)/rouler qn
Matte² ['matə] *f (Wiese)* pâturage *m*
Matthäus [mat'tɛus] *m* Matthieu *m*
Mattscheibe ['matʃaɪbə] *f 1. FOTO* verre dépoli *m; 2. (fam: Fernseher)* écran *m; vor der ~ sitzen* être assis devant l'écran; *3. (fig) eine ~ haben* avoir un trou de mémoire
Mauer ['mauər] *f* mur *m,* muraille *f; gegen eine ~ reden* parler à un mur
Mauerblümchen ['mauərblyːmçən] *n ein ~ sein* faire tapisserie
Maul [maul] *n 1. (eines Tiers)* gueule *f,* museau *m; 2. (eines Menschen)* gueule *f; jdm das ~ stopfen* clouer le bec à qn; *den Leuten aufs ~ schauen* guetter la réaction du public
maulen ['maulən] *v* faire la gueule, bouder
Maulesel ['mauleːzəl] *m ZOOL* mule *f*
Maulkorb ['maulkɔrp] *m 1.* muselière *f; 2. (fig)* muselière *f*
Maurer ['maurər] *m* maçon *m*
Maus [maus] *f ZOOL* souris *f*
Mäuschen ['mɔysçən] *n ~ spielen* être une petite souris
Mausefalle ['mauzəfalə] *f* souricière *f*
mausetot ['mauzə'toːt] *adj ~ sein* être raide mort
maximal [maksi'maːl] *adj 1.* maximal; *adv 2.* au maximum
Maximalgewicht [maksi'maːlgəvɪçt] *n* poids maximum *m*
Maxime [mak'siːmə] *f* maxime *f*
Maximum ['maksimum] *n* maximum *m*
Mayonnaise *(siehe „Majonäse")*
Mechanik [me'çaːnɪk] *f* mécanique *f*
Mechaniker(in) [me'çaːnɪkər(ɪn)] *m/f* mécanicien(ne) *m/f*
mechanisch [me'çaːnɪʃ] *adj* mécanique
Mechanismus [meçaː'nɪsmus] *m* mécanisme *m*
meckern ['mɛkərn] *v 1. (Tier)* bêler, chevroter; *2. (fam: nörgeln)* rouspéter, grogner
Medaille [me'daljə] *f* médaille *f*
Medaillon [medal'jɔ̃] *n 1. (Schmuck)* médaillon *m; 2. GAST* médaillon *m*
Medien ['meːdjən] *pl* moyens de diffusion *m/pl*
Medikament [medika'mɛnt] *n* médicament *m,* remède *m*
Meditation [medita'tsjoːn] *f* méditation *f*
meditieren [medi'tiːrən] *v* méditer
Medium ['meːdjum] *n 1. (im Okkultismus)* médium *m; 2. (Mitte)* milieu *m*
Medizin [medi'tsiːn] *f 1. (Heilkunde)* médecine *f; 2. (Medikament)* médicament *m,* remède *m*

medizinisch [medi'tsi:nɪʃ] *adj 1. (ärztlich)* médical; *2. (arzneilich)* médicinal
Meer [me:r] *n* mer *f,* océan *m*
Meerenge ['me:reŋə] *f* détroit *m*
Meeresfrüchte ['me:rəsfryçtə] *pl GAST* fruits de mer *m/pl*
Meeresspiegel ['me:rəsʃpi:gəl] *m* niveau de la mer *m*
Meerschweinchen ['me:rʃvaɪnçən] *n ZOOL* cochon d'Inde *m*
Mehl [me:l] *n* farine *f*
mehlig ['me:lɪç] *adj* farineux
mehr [me:r] *adv* plus, davantage; *~ und ~* de plus en plus; *~ oder minder* plus ou moins; *nicht ~ und nicht weniger* ni plus ni moins
mehrdeutig ['me:rdɔytɪç] *adj* ambigu
mehrere ['me:rərə] *pron* plusieurs, plus d'un(e)
mehrfach ['me:rfax] *adj 1.* multiple; *adv 2.* plusieurs fois
mehrfarbig ['me:rfarbɪç] *adj* polychrome
Mehrheit ['me:rhaɪt] *f* majorité *f,* pluralité *f*
mehrheitlich ['me:rhaɪtlɪç] *adj POL* majoritaire
Mehrheitsbeschluss ['me:rhaɪtsbəʃlus] *m* décision majoritaire *f*
mehrjährig ['me:rjɛ:rɪç] *adj* de plusieurs années
mehrmalig ['me:rma:lɪç] *adj* répété
mehrmals ['me:rma:ls] *adv* plusieurs fois
mehrsprachig ['me:rʃpra:xɪç] *adj* polyglotte
mehrstellig ['me:rʃtɛlɪç] *adj* à plusieurs chiffres
Mehrwegflasche ['me:rve:kflaʃə] *f* bouteille consignée *f*
Mehrwertsteuer ['me:rvɛrtʃtɔyər] *f* taxe à la valeur ajoutée (T.V.A.) *f*
Mehrzahl ['me:rtsa:l] *f 1. (Mehrheit)* majorité *f,* majeure partie *f; 2. GRAMM* pluriel *m*
Mehrzweckgerät ['me:rtsvɛkgərɛ:t] *n* outil à usages multiples *m*
meiden ['maɪdən] *v irr* éviter, fuir
Meile ['maɪlə] *f* mille *m,* lieue *f*
Meilenstein ['maɪlənʃtaɪn] *m 1.* borne *f,* pierre milliaire *f; 2. (fig: Etappe)* étape *f; 3. (fig: Wendepunkt)* tournant *m*
meilenweit ['maɪlənvaɪt] *adv* à plusieurs lieues de distance
mein(e) [maɪn/'maɪnə] *pron (maskulin)* mon; *(feminin)* ma; *(Plural)* mes; *der/die/das meine* le mien/la mienne
meinen ['maɪnən] *v* être d'avis, penser, vouloir dire; *es gut mit jdm ~* vouloir du bien à qn
meinerseits ['maɪnərzaɪts] *adv* pour ma part
meinetwegen ['maɪnətve:gən] *adv* à cause de moi; *Meinetwegen!* Soit!/D'accord!
meinige ['maɪnigə] *pron 1. der/die/das meinige* le mien/la mienne; *2. (feminin Plural)* les miennes; *3. (maskulin Plural)* les miens
Meinung ['maɪnuŋ] *f 1.* avis *m; der ~ sein, dass ...* être d'avis que ...; *Dem werde ich meine ~ sagen.* Je vais lui dire ma façon de penser. *sich eine ~ bilden* se faire une opinion; *Ich bin Ihrer ~.* Je suis de votre avis. *Ich habe Sie nicht um Ihre ~ gefragt.* Je ne vous ai pas demandé votre avis. *jdm gehörig die ~ sagen* sonner les cloches à qn (fam)/dire ses quatre vérités à qn; *2. (Standpunkt)* point de vue *m*
Meinungsaustausch ['maɪnuŋsaustauʃ] *m* échange d'opinions *m*
Meinungsforschungsinstitut ['maɪnuŋsfɔrʃuŋsɪnstitu:t] *n* institut de sondage d'opinions *m*
Meinungsumfrage ['maɪnuŋsumfra:gə] *f* sondage d'opinion *m*
Meinungsverschiedenheit ['maɪnuŋsfɛrʃi:dənhaɪt] *f* divergence d'opinions *f*
meist [maɪst] *adv* le plus souvent, la plupart du temps, dans la plupart des cas
meistbietend ['maɪstbi:tənt] *adj* le plus offrant; *~ verkaufen* vendre au plus offrant
meiste [maɪstə] *adj der/die/das meiste* la plupart de, le plus de
meistens ['maɪstəns] *adv* la plupart du temps, le plus souvent
Meister ['maɪstər] *m 1. (Handwerker)* maître *m,* patron *m; 2. SPORT* champion *m*; *3. (Könner)* as *m,* crack *m; Es ist noch kein ~ vom Himmel gefallen.* Il y a un commencement à tout.
meisterhaft ['maɪstərhaft] *adj 1.* de maître; *2. (vollkommen)* parfait; *adv 3.* en maître
meistern ['maɪstərn] *v (mit etw fertig werden)* venir à bout de
Meisterprüfung ['maɪstərpry:fuŋ] *f* examen de maîtrise *m*
Melancholie [melaŋkɔ'li:] *f* mélancolie *f*
melancholisch [melaŋ'ko:lɪʃ] *adj* mélancolique
Meldebehörde ['mɛldəbəhœrdə] *f* bureau des déclarations *m*
melden ['mɛldən] *v 1. (ankündigen)* annoncer; *2. (mitteilen)* signaler, avertir; *nichts*

zu ~ haben (fig) ne rien avoir à dire/ne rien avoir à ajouter; *3. (sich anmelden)* s'inscrire

Meldepflicht ['mɛldəpflɪçt] *f* inscription obligatoire *f*

Meldung ['mɛldʊŋ] *f 1. (Ankündigung)* annonce *f; 2. (Mitteilung)* message *m; 3. (Anmeldung)* inscription *f*

melken ['mɛlkən] *v irr 1.* traire; *2. jdn ~ (fig: ausbeuten)* exploiter qn, soutirer de l'argent à qn

Melodie [mɛlo'diː] *f* mélodie *f,* air *m*

Melone [me'loːnə] *f BOT* melon *m*

Memme ['mɛmə] *f* poltron *m,* couard *m*

Memoiren [me'mwaːrən] *pl* mémoires *f/pl*

Menge ['mɛŋə] *f 1. (bestimmte Anzahl)* quantité *f; 2. (große Anzahl)* grand nombre *m,* masse *f; 3. (Volksmenge)* foule *f*

mengenmäßig ['mɛŋənmɛːsɪç] *adj* quantitatif

Mensa ['mɛnza] *f* restaurant universitaire (R.U.) *m*

Mensch [mɛnʃ] *m 1.* homme *m,* être humain *m; Der ~ ist das Maß aller Dinge.* L'homme est la mesure de toute chose. *wie der erste ~* comme une andouille (fam); *nur noch ein halber ~ sein* n'être plus que l'ombre de soi-même; *ein neuer ~ werden* devenir un autre homme/faire peau neuve; *von ~ zu ~* en tête à tête/entre quatre yeux; *2. (Person)* personne *f,* individu *m; Es ist kein ~ da.* Il n'y a pas un chat. *Was für ein lästiger ~!* Quelle scie!

Menschenfreund ['mɛnʃənfrɔynt] *m* philanthrope *m*

Menschenkenntnis ['mɛnʃənkɛntnɪs] *f* connaissance des hommes *f*

Menschenmenge ['mɛnʃənmɛŋə] *f* foule *f*

menschenmöglich [mɛnʃən'møklɪç] *adj Wir werden alles Menschenmögliche tun.* Nous ferons tout notre possible.

Menschenrechte ['mɛnʃənrɛçtə] *pl* droits de l'Homme *m/pl*

menschenscheu ['mɛnʃənʃɔy] *adj 1.* sauvage; *2. (schüchtern)* timide

menschenunwürdig ['mɛnʃənunvyrdɪç] *adj 1.* indigne d'un homme; *2. (unmenschlich)* inhumain

Menschenwürde ['mɛnʃənvyrdə] *f* dignité humaine *f*

Menschheit ['mɛnʃhaɪt] *f* humanité *f*

menschlich ['mɛnʃlɪç] *adj* humain

Menschlichkeit ['mɛnʃlɪçkaɪt] *f* humanité *f*

Menstruation [mɛnstrua'tsjoːn] *f* menstruation *f,* règles *f/pl*

Mentalität [mentali'tɛːt] *f* mentalité *f*

Menü [me'nyː] *n 1. GAST* menu *m; 2. INFORM* menu *m*

Merkblatt ['mɛrkblat] *n 1.* feuille de renseignements *f; 2. (Notiz)* notice *f*

merken ['mɛrkən] *v 1. (wahrnehmen) etw ~* apercevoir qc, s'apercevoir de qc; *Sie ~ aber auch alles.* On ne peut rien vous cacher. *gar nichts ~* n'y voir que du feu; *Das merkt man.* Cela se voit. *2. sich etw ~* retenir qc, prendre note de qc; *3. (auf etw achten)* faire attention à

merklich ['mɛrklɪç] *adj 1.* sensible; *2. (sichtbar)* visible; *3. (offenbar)* manifeste

Merkmal ['mɛrkmaːl] *n* marque *f*

merkwürdig ['mɛrkvyrdɪç] *adj* curieux, singulier

meschugge [me'ʃugə] *adj* maboul *m,* cinglé *m*

messbar ['mɛsbaːr] *adj* mesurable

Messbecher ['mɛsbɛçər] *m* éprouvette graduée *f*

Messdiener ['mɛsdiːnər] *m 1. REL* servant de messe *m; 2. (Chorknabe) REL* enfant de chœur *m*

Messe ['mɛsə] *f 1. REL* messe *f; 2. (Ausstellung)* foire *f*

Messegelände ['mɛsəgəlɛndə] *n* palais de foire *m*

messen ['mɛsən] *v irr 1.* mesurer; *2. sich mit jdm ~ (fig)* se mesurer avec qn

Messen ['mɛsən] *n* mesurage *m*

Messer ['mɛsər] *n 1.* couteau *m; auf des ~s Schneide stehen* ne tenir qu'à un fil; *jdm ins offene ~ laufen* être une proie facile pour qn; *jdm das ~ an die Kehle setzen* mettre le couteau sous la gorge à qn; *bis aufs ~* à outrance/à la vie à la mort; *2. (Rasiermesser)* rasoir *m*

messerscharf ['mɛsər'ʃarf] *adj 1.* tranchant; *2. (fig: Verstand)* pénétrant

Messerspitze ['mɛsərʃpɪtsə] *f 1.* pointe de couteau *f; 2. (Maßangabe)* pincée *f*

Messinstrument ['mɛsɪnstrumɛnt] *n* instrument de mesure *m*

Messtechnik ['mɛstɛçnɪk] *f* métrologie *f*

Metall [me'tal] *n* métal *m*

metallisch [me'talɪʃ] *adj* métallique

Meteor [mete'oːr] *m* météore *m*

Meter ['meːtər] *m* mètre *m*

Metermaß ['meːtərmaːs] *n* mesure métrique *f*

Methode [me'toːdə] *f* méthode *f*

methodisch [me'toːdɪʃ] *adj* méthodique
Metropole [metro'poːlə] *f* métropole *f*
Metzger ['mɛtsgər] *m* boucher-charcutier *m*
Metzgerei [mɛtsgə'raɪ] *f* boucherie-charcuterie *f*
Meute ['mɔytə] *f (von Tieren, von Menschen)* meute *f*
meutern ['mɔytərn] *v 1. (Gehorsam verweigern)* se mutiner, se révolter; *2. (fam: murren)* grogner, râler
Mexikaner(in) [mɛksi'kaːnər(ɪn)] *m/f* Mexicain(e) *m/f*
mexikanisch [mɛksi'kaːnɪʃ] *adj* mexicain
Mexiko ['mɛksikoː] *n GEO* Mexique *m*
miauen [mi'auən] *v* miauler
mich [mɪç] *pron 1. (betont)* moi; *2. (unbetont)* me
mickerig ['mɪkərɪç] *adj* faible, faiblard
Miene ['miːnə] *f* mine *f,* air *m; keine ~ verziehen* ne pas sourciller
mies [miːs] *adj (fam)* moche
Miete ['miːtə] *f 1. (Mietzins)* loyer *m; Das ist schon die halbe ~.* La partie est déjà presque gagnée. *2. (Mieten)* location *f*
mieten ['miːtən] *v* louer, prendre en location
Mieter(in) ['miːtər(ɪn)] *m/f* locataire *m/f*
Mieterschutz ['miːtərʃuts] *m* protection des locataires *f*
Mietvertrag ['miːtfɛrtraːk] *m* contrat de location *m*
Mietwagen ['miːtvaːgən] *m* voiture de location *f*
Mietwohnung ['miːtvoːnuŋ] *f* appartement loué *m*
Mieze ['miːtsə] *f 1. (Katze)* chat *m,* chatte *f,* minette *f; 2. (fam: Mädchen)* minette *f; eine flotte ~* une fille délurée *f*
Mikrofilm ['miːkrofɪlm] *m* microfilm *m*
Mikrofon [miːkro'foːn] *n* microphone *m*
Mikrokosmos [miːkro'koːsmos] *m* microcosme *m*
Mikroskop [mikros'koːp] *n* microscope *m*
mikroskopisch [mikros'koːpɪʃ] *adj* de façon microscopique
Mikrowellenherd ['miːkrovɛlənheːrt] *m* four à micro-ondes *m*
Milch [mɪlç] *f* lait *m; Da wird bei mir aber langsam die ~ sauer. (fig)* Je commence à en avoir ma claque.
Milchglas ['mɪlçglaːs] *n 1.* verre à lait *m; 2. (Glasart)* verre dépoli *m*
Milchmixgetränk ['mɪlçmɪksgətrɛŋk] *n GAST* laitage *m*
Milchprodukt ['mɪlçprodukt] *n* produit laitier *m*
Milchzahn ['mɪlçtsaːn] *m ANAT* dent de lait *f*
mild [mɪlt] *adj 1. (des Wetters)* doux, tempéré; *2. (Wesens)* indulgent, clément
Milde ['mɪldə] *f 1. (des Wetters)* clémence *f; 2. (des Wesens)* indulgence *f*
mildern ['mɪldərn] *v 1. (abschwächen)* atténuer; *2. (lindern)* adoucir; *3. (mäßigen)* modérer
Milieu [mɪ'ljøː] *n* milieu *m*
Militär [mili'tɛːr] *n* militaires *m/pl,* troupes *f/pl*
Militärbündnis [mili'tɛːrbyntnɪs] *n POL* alliance militaire *f*
Militärdiktatur [mili'tɛːrdɪktatuːr] *f POL* dictature militaire *f*
Militärputsch [mili'tɛːrputʃ] *m POL* coup d'Etat militaire *m*
Milliarde [mil'jardə] *f* milliard *m*
Millimeter [mili'meːtər] *m* millimètre *m; keinen ~ zurückweichen* ne pas reculer d'une semelle
Million [mil'joːn] *f* million *m*
Mimik ['miːmɪk] *f* mimique *f*
Mimose [mi'moːzə] *f 1.* mimosa *m; 2. (fig)* personne très sensible *f*
Minderheit ['mɪndərhaɪt] *f* minorité *f*
minderjährig ['mɪndərjɛːrɪç] *adj* mineur
Minderjährige(r) ['mɪndərjɛːrɪgə(r)] *m/f* mineur(e) *m/f*
mindern ['mɪndərn] *v 1. (verringern)* diminuer, réduire; *2. (mildern)* atténuer, adoucir
Minderung ['mɪndəruŋ] *f* diminution *f*
minderwertig ['mɪndərveːrtɪç] *adj* inférieur, d'une valeur inférieure
Minderwertigkeitskomplex ['mɪndərveːrtɪçkaɪtskɔmplɛks] *m* complexe d'infériorité *m*
Mindestabstand ['mɪndəstapʃtant] *m* distance minimale *f*
Mindestalter ['mɪndəstaltər] *n* âge minimum *m*
mindeste(r,s) ['mɪndəstə(r,s)] *adj* le moins, la moindre chose; *nicht im Mindesten* pas le moins du monde
mindestens ['mɪndəstəns] *adv* au moins, pour le moins
Mindestlohn ['mɪndəstloːn] *m* salaire minimum interprofessionnel de croissance (SMIC) *m*

Mindestmaß ['mɪndəstmaːs] *n* minimum *m*
Mine ['miːnə] *f 1. (Bergwerk)* mine *f; 2. (Sprengkörper)* mine *f; 3. (im Kugelschreiber)* mine *f,* cartouche *f*
Mineral [minə'raːl] *n* minéral *m*
Mineralwasser [minə'raːlvasər] *n* eau minérale *f*
Miniatur [minja'tuːr] *f ART* miniature *f*
minimal [mɪni'maːl] *adj* minimum, minimal
Minimum ['mɪnimum] *n* minimum *m*
minus ['miːnus] *adv* moins
Minuspol ['miːnuspoːl] *m* pôle négatif *m*
Minute [mi'nuːtə] *f* minute *f; in letzter ~* au dernier moment; *auf die ~ genau* à la minute près
minutenlang [mi'nuːtənlaŋ] *adj 1.* de plusieurs minutes; *adv 2.* pendant plusieurs minutes
mir [miːr] *pron 1. (betont)* moi; *2. (unbetont)* me
mischen ['mɪʃən] *v* mélanger, mêler
Mischling ['mɪʃlɪŋ] *m* métis *m,* bâtard *m,* hybride *m*
Mischmasch ['mɪʃmaʃ] *n* pêle-mêle *m,* mic-mac *m*
Mischung ['mɪʃuŋ] *f* mélange *m,* mixture *f*
Mischwald ['mɪʃvalt] *m* forêt mixte *f*
miserabel [mizə'raːbəl] *adj* misérable, pitoyable; *ein miserables Französisch sprechen* parler français comme une vache espagnole
Misere [mi'zeːrə] *f 1.* misère *f,* situation déplorable *f; 2. (Unglück)* malheur *m*
missachten [mɪs'axtən] *v 1.* mépriser, dédaigner; *2. (vernachlässigen)* négliger
Missachtung [mɪs'axtuŋ] *f* mépris *m*
Missbildung ['mɪsbɪlduŋ] *f* malformation *f*
missbilligen [mɪs'bɪlɪgən] *v* désapprouver, réprouver
Missbilligung ['mɪsbɪlɪguŋ] *f* désapprobation *f*
Missbrauch ['mɪsbraux] *m 1.* abus *m; 2. (Schändung) REL* profanation *f*
missbrauchen [mɪs'brauxən] *v* abuser de, mal user de
missen ['mɪsən] *v 1.* être privé de; *2. (auf etw verzichten)* se passer de
Misserfolg ['mɪsɛrfɔlk] *m* échec *m; einen ~ haben* subir une défaite
Missetat ['mɪsətaːt] *f 1.* méfait *m; 2. (Verbrechen)* délit *m*
Missetäter ['mɪsətɛtər] *m 1.* malfaiteur *m; 2. (Verbrecher)* délinquant *m*
missfallen [mɪs'falən] *v irr 1.* déplaire, offusquer; *2. (schockieren)* choquer
Missfallen ['mɪsfalən] *n 1.* déplaisir *m; 2. (Unzufriedenheit)* mécontentement *m*
missgebildet ['mɪsgəbɪldət] *adj* déformé
Missgeburt ['mɪsgəburt] *f 1.* avorton *m; 2. (fig)* monstre *m*
Missgeschick ['mɪsgəʃɪk] *n* malchance *f,* malheur *m*
missglücken [mɪs'glykən] *v* échouer, manquer
Missgriff ['mɪsgrɪf] *m* faute *f,* erreur *f*
Missgunst ['mɪsgunst] *f 1.* envie *f,* jalousie *f; 2. (Boshaftigkeit)* malveillance *f*
missgünstig ['mɪsgynstɪç] *adj 1.* envieux; *2. (boshaft)* malveillant
misshandeln [mɪs'handəln] *v* maltraiter, brutaliser
Misshandlung [mɪs'handluŋ] *f* mauvais traitements *m/pl*
Mission [mis'joːn] *f 1. (Auftrag)* mission *f; 2. (Einrichtung)* Mission *f,* œuvres charitables *f/pl*
Missklang ['mɪsklaŋ] *m MUS* faux accord *m*
Misskredit ['mɪskrediːt] *m 1.* discrédit *m; 2. (Ungnade)* défaveur *f; in ~ kommen* tomber en disgrâce/tomber en discrédit
misslingen [mɪs'lɪŋən] *v irr* échouer, ne pas réussir
Missmut ['mɪsmuːt] *m* mauvaise humeur *f*
missraten [mɪs'raːtən] *v irr* ne pas réussir, mal tourner
Missstand ['mɪsʃtant] *m 1.* inconvénient *m; 2. (missliche Lage)* situation impossible *f*
Missstimmung ['mɪsʃtɪmuŋ] *f 1.* discorde *f; 2. (Ärger)* dépit *m; 3. (Unbehagen)* malaise *m*
misstrauen [mɪs'trauən] *v* se méfier de, se défier de
Misstrauen ['mɪstrauən] *n* méfiance *f*
Misstrauensvotum ['mɪstrauənsvoːtum] *n POL* motion de censure *f*
misstrauisch ['mɪstrauɪʃ] *adj 1.* méfiant; *adv 2.* avec méfiance
Missverhältnis ['mɪsfɛrhɛltnɪs] *n* disproportion *f*
Missverständnis ['mɪsfɛrʃtɛntnɪs] *n* malentendu *m; um ~sen vorzubeugen* pour éviter toute équivoque/pour éviter les malentendus

missverstehen ['mɪsfɛrʃteːən] *v irr* mal comprendre
Misswirtschaft ['mɪsvɪrtʃaft] *f* mauvaise gestion *f*
Mist [mɪst] *m 1.* fumier *m; Das ist nicht auf meinem ~ gewachsen.* Ce n'est pas de mon cru. *2. (Pferdemist)* crottin *m; 3. (fig: Unsinn)* bêtises *f/pl,* inepties *f/pl,* âneries *f/pl; So ein ~!* Mince alors! *~ bauen* faire des bêtises
Misthaufen ['mɪsthaufən] *m* tas de fumier *m*
mit [mɪt] *prep* avec, à, par; *Ich habe das ~ berücksichtigt.* Je l'ai aussi pris en considération./J' y ai aussi pensé.
Mitarbeit ['mɪtarbaɪt] *f* collaboration *f*
mitarbeiten ['mɪtarbaɪtən] *v* collaborer, coopérer
Mitarbeiter(in) ['mɪtarbaɪtər(ɪn)] *m/f 1.* collaborateur/collaboratrice *m/f; 2. (Angestellte(r))* employé(e) *m/f*
mitbekommen ['mɪtbəkɔmən] *v irr 1. (erhalten)* avoir en dot, recevoir; *2. (verstehen)* piger, comprendre
mitbestimmen ['mɪtbəʃtɪmən] *v 1.* prendre part à une décision; *2. ECO* cogérer
Mitbestimmung ['mɪtbəʃtɪmuŋ] *f ECO* cogestion *f*
mitbringen ['mɪtbrɪŋən] *v irr* ramener, rapporter
Mitbürger(in) ['mɪtbyrgər(ɪn)] *m/f* concitoyen(ne) *m/f*
miteinander [mɪtaɪn'andər] *adv* ensemble, en commun
miterleben ['mɪtɛrleːbən] *v 1.* assister à; *2. (sehen)* voir
Mitesser ['mɪtɛsər] *m MED* comédon *m*
mitfahren ['mɪtfaːrən] *v irr mit jdm ~* partir avec qn
mitfühlend ['mɪtfyːlənt] *adj 1.* compatissant; *adv 2.* avec compassion
Mitgefühl ['mɪtgəfyːl] *n* sympathie *f,* compassion *f*
mitgehen ['mɪtgeːən] *v irr 1. mit jdm ~* aller avec qn; *2. (folgen)* suivre; *3. etw ~ lassen (stehlen)* piquer qc (fam), chourer qc
Mitgift ['mɪtgɪft] *f* dot *f*
Mitglied ['mɪtgliːt] *n* membre *m,* adhérent *m*
Mitgliedsbeitrag ['mɪtgliːtsbaɪtraːk] *m* cotisation *f*
Mitgliedschaft ['mɪtgliːtʃaft] *f* affiliation *f*
Mitgliedsland ['mɪtgliːtslant] *n* pays membre *m*
Mithilfe ['mɪthɪlfə] *f* aide *f*
Mitinhaber(in) ['mɪtinhaːbər(ɪn)] *m/f* copropriétaire *m/f*
mitkommen ['mɪtkɔmən] *v irr 1. mit jdm ~* venir avec qn; *2. (fam: begreifen)* suivre; *Da komme ich nicht mehr mit.* Je m'y perds./Je ne suis plus.
Mitläufer(in) ['mɪtlɔyfər(ɪn)] *m/f* suiveur/suiveuse *m/f*
Mitleid ['mɪtlaɪt] *n* pitié *f,* compassion *f; ~ erregend* pitoyable, qui fait pitié
Mitleidenschaft ['mitlaidənʃaft] *f etw in ~ ziehen* causer du tort à qc
mitleidig ['mɪtlaɪdɪç] *adj 1.* compatissant; *adv 2.* avec pitié
mitleidslos ['mɪtlaɪtsloːs] *adj 1.* impitoyable; *adv 2.* sans pitié
mitmachen ['mɪtmaxən] *v 1. (sich beteiligen)* participer à, prendre part à; *Da mache ich nicht mit.* Je ne marche pas. *2. (fig: leiden)* subir, endurer
Mitmensch ['mɪtmɛnʃ] *m* prochain *m,* semblable *m*
mitnehmen ['mɪtneːmən] *v irr 1.* prendre avec soi; *2. (fig: strapazieren)* secouer, malmener; *3. (Ding)* emporter; *4. (Mensch)* emmener
mitreißend ['mɪtraɪsənt] *adj* captivant, passionnant, entrainant
mitschuldig ['mɪtʃuldɪç] *adj* complice
Mitschüler(in) ['mɪtʃyːlər(ɪn)] *m/f* condisciple *m*
mitschwingen ['mɪtʃvɪŋən] *v irr In seinen Worten schwang ... mit.* Dans ses mots résonnait ...
Mitspracherecht ['mɪtʃpraxərɛçt] *n* droit d'intervention *m*
Mittag ['mɪtaːk] *m* midi *m; heute ~* ce midi/à midi; *gestern ~* hier à midi/hier midi
Mittagessen ['mɪtaːkɛsən] *n* déjeuner *zm,* repas de midi *m*
mittags ['mɪtaːks] *adv* à midi
Mittagspause ['mɪtaːkspauzə] *f* pause de midi *f*
Mittäter(in) ['mɪttɛːtər(ɪn)] *m/f* complice *m/f*
Mitte ['mɪtə] *f 1. (örtlich)* milieu *m,* centre *m; die goldene ~ wählen* couper la poire en deux; *2. (zeitlich)* milieu *m; ~ Mai* à la mi-mai; *~ 40* entre 40 et 50 ans
mitteilen ['mɪttaɪlən] *v* communiquer, faire part; *jdm etw ~* faire part à qn de qc
mitteilsam ['mɪttaɪlzaːm] *adj* communicatif

Mitteilung ['mɪttaɪluŋ] *f* communication *f*
Mittel ['mɪtəl] *n 1. (Hilfsmittel)* moyen *m; ein ~ finden* trouver un biais; *ein ~ zum Zweck* un moyen d'arriver à ses fins; *~ und Wege suchen* trouver moyen; *2. (Heilmittel)* remède *m; 3. (Ausweg)* expédient *m; 4. (Durchschnitt)* moyenne *f; im ~* en moyenne; *pl 5. (Geld)* moyens financiers *m/pl,* ressources *f/pl*
Mittelalter ['mɪtəlaltər] *n HIST* Moyen Age *m*
mittelalterlich ['mɪtəlaltərlɪç] *adj* médiéval
mittelbar ['mɪtəlbaːr] *adj* indirect
Mittelding ['mɪtəldɪŋ] *n* chose intermédiaire *f*
Mitteleuropa ['mɪtəlɔyroːpa] *n GEO* Europe centrale *f*
mittelfristig ['mɪtəlfrɪstɪç] *adj* à moyen terme
mittellos ['mɪtəlloːs] *adj* dépourvu de ressources
mittelmäßig ['mɪtəlmɛːsɪç] *adj* moyen, médiocre
Mittelpunkt ['mɪtəlpuŋkt] *m* centre *m,* cœur *m*
mittels ['mɪtəls] *prep* au moyen de, à l'aide de, moyennant
Mittelsmann ['mɪtəlsman] *m* intermédiaire *m*
Mittelstand ['mɪtəlʃtant] *m* classe moyenne *f*
mittelständisch ['mɪtəlʃtɛndɪʃ] *adj* de la classe moyenne
Mittelweg ['mɪtəlvɛːk] *m 1.* juste milieu *m; 2. (Kompromiss)* compromis *m*
mitten ['mɪtən] *adv ~ in/~ auf/~ bei* au beau milieu de, en plein centre de, au cœur de; *~ aus* du milieu de; *~ ins Gesicht* en pleine figure; *~ unter uns* parmi nous; *~ durch* à travers, au travers de
Mitternacht ['mɪtərnaxt] *f* minuit *m*
mittlere(r,s) ['mɪtlərə(r,s)] *adj 1.* central(e), du milieu, médian; *2. (durchschnittlich)* moyen(ne); *3. (verbindend)* intermédiaire
mittlerweile ['mɪtlərvaɪlə] *adv* entretemps, en attendant
Mittwoch ['mɪtvɔx] *m* mercredi *m*
mittwochs ['mɪtvɔxs] *adv* le mercredi, tous les mercredis
mitunter [mɪt'untər] *adv* parfois, quelquefois
mitverantwortlich ['mɪtfɛrantvɔrtlɪç] *adj* coresponsable; *~ sein* partager la responsabilité
mitwirken ['mɪtvɪrkən] *v* apporter son concours
Mitwirkung ['mɪtvɪrkuŋ] *f 1.* concours *m; 2. (Teilnahme)* participation *f*
mixen ['mɪksən] *v* mélanger, mixer
Möbel ['møːbəl] *n* meuble *m,* mobilier *m*
mobil [mo'biːl] *adj 1.* mobile; *~ machen* mobiliser; *2. (flink)* alerte
Mobilfunk [mo'biːlfuŋk] *m* service radiotéléphonique mobile *m*
mobilisieren [mobili'ziːrən] *v* mobiliser
Mobilität [mobili'tɛːt] *f* mobilité *f*
möblieren [mø'bliːrən] *v* meubler
Mode ['moːdə] *f* mode *f; in ~ sein* être en vogue/être à la mode; *von ~ reden* parler chiffons; *aus der ~ kommen* passer de mode
Modell [mo'dɛl] *n 1. (Vorbild)* modèle *m; 2. (Mannequin)* mannequin *m; 3. ~ stehen* poser
modellieren [modɛ'liːrən] *v* modeler
Modem [moːdəm] *m/n INFORM* modem *m*
Modenschau ['moːdənʃau] *f* présentation de mode *f*
modern [mo'dɛrn] *adj* moderne, à la mode
modernisieren [modɛrni'ziːrən] *v* moderniser
Modeschmuck ['moːdəʃmuk] *m* bijou de pacotille *m*
Modeschöpfer(in) ['moːdəʃœpfər(ɪn)] *m/f* couturier/couturière *m/f*
Modezeichner(in) ['moːdətsaɪçnər(ɪn)] *m/f* modéliste *m/f*
modisch ['moːdɪʃ] *adj 1.* moderne; *adv 2.* au goût du jour
Modul [mo'duːl] *n* module *m*
Modulbauweise [mo'duːlbauvaɪzə] *f* structure modulaire *f*
Modus ['moːdus] *m* mode *m*
mogeln ['moːgəln] *v* tricher, frauder
mögen ['møːgən] *v irr 1. (gern haben)* bien aimer, apprécier; *2. (wollen)* vouloir, avoir envie de
möglich ['møːklɪç] *adj 1.* possible; *Wir werden alles Mögliche tun.* Nous ferons l'impossible. *2. (machbar)* faisable
möglicherweise ['møːklɪçərvaɪzə] *adv* éventuellement
Möglichkeit ['møːklɪçkaɪt] *f* possibilité *f*
möglichst ['møːklɪçst] *adv 1.* le plus ... posible; *2. (äußerst)* au possible
Mohr [moːr] *m einen ~en weiß waschen wollen* vouloir blanchir un nègre
Möhre ['møːrə] *f BOT* carotte *f*
Mohrrübe ['moːrryːbə] *f* carotte *f*

Molkerei [mɔlkə'raɪ] *f* laiterie *f*
mollig ['mɔlɪç] *adj 1. (behaglich)* douillet; *2. (warm)* à bonne température; *3. (dicklich)* potelé, rondelet
Moment [mo'mɛnt] *m 1.* moment *m,* instant *m; n 2. (fig: Umstand)* facteur *m*
momentan [momɛn'taːn] *adj 1.* momentané, actuel; *adv 2.* pour le moment
Monarch(in) [mo'narç(ɪn)] *m/f* monarque *m*
Monarchie [monar'çiː] *f* monarchie *f*
Monat ['moːnat] *m* mois *m*
monatelang ['moːnatəlaŋ] *adj 1.* qui dure des mois entiers; *adv 2.* pendant des mois
monatlich ['moːnatlɪç] *adj 1.* mensuel; *adv 2.* par mois
Monatskarte ['moːnatskartə] *f* carte mensuelle *f*
Mond [moːnt] *m* lune *f; jdn auf den ~ schießen* envoyer qn au diable; *hinter dem ~ leben* ne pas être à la page
mondän [mon'dɛːn] *adj* mondain
Mondfinsternis ['moːntfɪnstərnɪs] *f* éclipse de lune *f*
Mondschein ['moːntʃaɪn] *m* clair de lune *m*
Mondsonde ['moːntzɔndə] *f* sonde lunaire *f*
mondsüchtig ['moːntzyçtɪç] *adj* somnambule
Monitor ['moːnɪtoːr] *m* moniteur *m*
Monogamie [monoga'miː] *f* monogamie *f*
Monogramm [mono'gram] *n* monogramme *m*
Monolog [mono'loːk] *m* monologue *m*
Monopol [mono'poːl] *n* monopole *m,* privilège exclusif *m*
monoton [mono'toːn] *adj 1.* monotone; *adv 2.* avec monotonie, de façon monotone
Monotonie [monoto'niː] *f* monotonie *f*
Monstrum ['mɔnstrum] *n* monstre *m*
Montag ['moːntaːk] *m* lundi *m*
Montage [mɔn'taːʒə] *f* montage *m*
montags ['moːntaks] *adv* le lundi, tous les lundis
Monteur [mɔn'tøːr] *m* monteur *m*
montieren [mɔn'tiːrən] *v* monter, installer
Montur [mɔn'tuːr] *f (Kleidung)* tenue *f*
Monument [monu'mɛnt] *n* monument *m*
monumental [monumɛn'taːl] *adj* monumental
Moor [moːr] *n* marais *m,* marécage *m*
Moorbad ['moːrbaːt] *n* bain de boue *m*
Moos [moːs] *n BOT* mousse *f*
Mop [mɔp] *m* balai à franges *m*
Moped ['moːpɛt] *n* cyclomoteur *m*
Mops [mɔps] *m ZOOL* carlin *m*
Moral [mo'raːl] *f* morale *f,* moralité *f*
moralisch [mo'raːlɪʃ] *adj* moral
Moralpredigt [mo'raːlpreːdɪkt] *f* homélie *f*
Morast [mo'rast] *m* bourbe *f,* boue *f*
Mord [mɔrt] *m* meurtre *m,* assassinat *m; Es gibt noch ~ und Totschlag.* Il va y avoir des morts./Il va y avoir du sang.
Mordanschlag ['mɔrtanʃlaːk] *m* attentat à la vie *m*
Mörder(in) ['mœrdər(ɪn)] *m/f* meurtrier/meurtrière *m/f*
mörderisch ['mœrdərɪʃ] *adj 1.* meurtrier; *2. (fig: furchtbar)* terrible; *3. (tödlich)* mortel
mordsmäßig ['mɔrtsmɛːsɪç] *adj 1. (fam)* rude; *adv 2. (fam)* vachement
Mordverdacht ['mɔrtfɛrdaxt] *m unter ~ stehen* être soupçonné d'avoir commis un meurtre
morgen ['mɔrgən] *adv* demain; *~ früh* demain matin
Morgen ['mɔrgən] *m* matin *m,* matinée *f*
Morgengrauen ['mɔrgəngrauən] *n* aube *f; im ~* à l'aube/au petit jour
Morgenland ['mɔrgənlant] *n* Orient *m*
Morgenrock ['mɔrgənrɔk] *m* robe de chambre *f*
morgens ['mɔrgəns] *adv* le matin; *um sieben Uhr ~* à sept heures du matin
morsch ['mɔrʃ] *adj* pourri
Mörtel ['mœrtəl] *m* mortier *m*
Mosaik [moza'iːk] *n* mosaïque *f*
Moschee [mo'ʃeː] *f* mosquée *f*
Moslem ['mɔslɛm] *m* musulman *m*
moslemisch [mɔs'leːmɪʃ] *adj* musulman
Most [mɔst] *m 1. (unvergorener Fruchtsaft)* moût *m; 2. (vergorener Fruchtsaft)* mistelle *f; (Apfelmost)* cidre *m,* vin noveau *m*
Motiv [mo'tiːf] *n 1.* motif *m; 2. LIT* thème *m; 3. (Anlass)* mobile *m*
Motivation [motiva'tsjoːn] *f* motivation *f*
motivieren [moti'viːrən] *v* motiver
Motor ['moːtɔr] *m* moteur *m*
Motorboot ['moːtɔrboːt] *n* bateau à moteur *m*
motorisiert [motɔri'ziːrt] *adj* motorisé
Motorrad ['moːtɔrraːt] *n* motocyclette *f*
Motorroller ['moːtɔrrɔlər] *m* scooter *m*
Motorschaden ['moːtɔrʃaːdən] *m* panne de moteur *f*

Motte ['mɔtə] *f ZOOL* mite *f*
Mottenpulver ['mɔtənpulvər] *n* antimite *m*
Motto ['mɔto] *n* devise *f*
Möwe ['møːvə] *f ZOOL* mouette *f*
Mücke ['mykə] *f ZOOL* moucheron *m,* moustique *m; aus einer ~ einen Elefanten machen* faire d'une mouche un éléphant/faire une montagne d'un rien; *eine ~ machen (fam)* foutre le camp/se tirer
Mucken ['mukən] *pl seine ~ haben* avoir ses petites manies
Mückenstich ['mykənʃtɪç] *m* piqûre de moustique *f*
müde ['myːdə] *adj* fatigué, las; *Ich bin es ~.* J'en suis las. *zum Umfallen ~ sein* dormir debout
Müdigkeit ['myːdɪçkaɪt] *f* fatigue *f,* lassitude *f*
muffeln ['mufəln] *v (faulig riechen)* sentir mauvais, sentir le pourri
Mühe ['myːə] *f 1.* peine *f; Es ist nicht der ~ wert.* Le jeu n'en vaut pas la chandelle. *Er hat sich keine große ~ gegeben.* Il ne s'est pas trop fatigué. *2. (Anstrengung)* effort *m; sich ~ geben* se donner du mal; *die ~ wert sein* valoir le coup; *mit Müh und Not* à grand peine/difficilement; *3. (Schwierigkeit)* difficulté *f*
mühelos ['myːəloːs] *adj 1.* facile; *adv 2.* sans peine; *scheinbar ~* sans le moindre effort
mühen ['myːən] *v sich ~* se donner du mal
mühevoll ['myːəfɔl] *adj* pénible
Mühle ['myːlə] *f 1.* moulin *m; 2. (Kaffeemühle)* moulin à café *m*
Mühsal ['myːzaːl] *f* peines *f/pl*
mühsam ['myːzaːm] *adj 1.* pénible, laborieux; *adv 2.* avec peine, avec difficulté
Mulde ['muldə] *f* creux *m,* cavité *f*
Müll [myl] *m* ordures *f/pl*
Müllabfuhr ['mylapfuːr] *f* ramassage des ordures ménagères *m*
Mullbinde ['mulbɪndə] *f* gaze *f*
Mülldeponie ['myldeponiː] *f* décharge publique *f*
Mülleimer ['mylaɪmər] *m* boîte à ordures *f*
Müller ['mylər] *m* meunier *m*
Müllschlucker ['mylʃlukər] *m* vide-ordures *m*
Müllverbrennung ['mylfɛrbrɛnuŋ] *f* incinération des ordures *f*
multilateral [multilatə'raːl] *adj* multilatéral
multimedial [multimeː'djal] *adj* multimédia
Multiplikation [multiplika'tsjoːn] *f MATH* multiplication *f*
multiplizieren [multipli'tsiːərn] *v MATH* multiplier
Mumie ['muːmjə] *f* momie *f*
Mumm [mum] *m* poigne *f; ~ haben* avoir du cran
München ['mynçən] *n GEO* Munich *m*
Mund [munt] *m* bouche *f; in aller ~e sein* être dans toutes les bouches; *Sprich nicht mit vollem ~!* Ne parle pas la bouche pleine! *jdm den ~ stopfen* rabattre le caquet à qn; *jdm den ~ wässerig machen* faire venir l'eau à la bouche à qn; *Sie täten besser daran, den ~ zu halten.* Vous feriez mieux de vous taire. *nicht auf den ~ gefallen sein* ne pas avoir sa langue dans sa poche; *kein Blatt vor den ~ nehmen* ne pas mâcher ses mots; *von ~ zu ~* de bouche à oreille; *sich den ~ verbrennen* se mordre la langue; *den ~ nicht aufbekommen* ne pas ouvrir la bouche/ne pas desserrer les dents; *den ~ voll nehmen* fanfaronner/ouvrir sa grande gueule (fam); *einen großen ~ haben* avoir une grande gueule (fam); *den ~ halten* fermer sa gueule (fam)/tenir sa langue; *sich den ~ fusselig reden* dépenser beaucoup de salive pour rien; *jdm den ~ verbieten* interdire à qn de parler; *jdm nach dem ~ reden* abonder dans le sens de qn; *jdm über den ~ fahren* couper la parole à qn/couper le sifflet à qn
münden ['myndən] *v 1. (in einen Fluss) ~ in* se jeter dans; *2. (in eine Straße) ~ in* déboucher dans
Mundharmonika ['muntharmoːnɪka] *f MUS* harmonica *m*
mündig ['myndɪç] *adj* majeur
mündlich ['myndlɪç] *adj* oral
Mündung ['mynduŋ] *f 1. (Flussmündung)* embouchure *f; 2. (Gewehrmündung)* bouche *f*
Munition [muni'tsjoːn] *f* munition *f*
munkeln ['muŋkəln] *v* chuchoter; *Man munkelt, dass ...* On chuchote que ...
Münster ['mynstər] *n* cathédrale *f*
munter ['muntər] *adj 1.* éveillé, vif; *2. (fröhlich)* gai; *adv 3.* avec entrain
Munterkeit ['muntərkaɪt] *f* gaieté *f*
Münze ['myntsə] *f* monnaie *f,* pièce de monnaie *f; etw für bare ~ nehmen* prendre qc comme argent comptant; *jdm mit gleicher ~ heimzahlen* rendre à qn la monnaie de sa pièce

Münzfernsprecher ['myntsfɛrnʃprɛçər] *m* taxiphone *m*
Münzsammlung ['myntszamluŋ] *f* collection de médailles *f*
mürbe ['myrbə] *adj 1.* tendre, fondant; *2. (zerbrechlich)* friable, cassant; *jdn ~ machen* mater qn/briser qn
Mürbteig ['myrbətaɪk] *m GAST* pâte brisée *f*
Murmel ['murməl] *f* bille *f*
murmeln ['murməln] *v* murmurer, susurrer
Murmeltier ['murməltiːr] *n ZOOL* marmotte *f; schlafen wie ein ~* dormir comme un loir/dormir comme une marmotte
murren ['murən] *v* gronder, grogner
mürrisch ['myrɪʃ] *adj 1.* hargneux, grognon; *adv 2.* avec morosité, d'un air grognon
Mus [muːs] *n* compote *f,* marmelade *f*
Muschel ['muʃəl] *f ZOOL* coquillage *m,* moule *f*
Muse ['muːzə] *f* muse *f*
Museum [mu'zeːum] *n* musée *m*
Musik [mu'ziːk] *f* musique *f*
musikalisch [muzi'kaːlɪʃ] *adj* musical; *~ sein* être doué pour la musique
Musiker(in) ['muːzikər(ɪn)] *m/f* musicien(ne) *m/f*
Musikhochschule [mu'ziːkhoːxʃuːlə] *f* conservatoire de musique *m*
Musikinstrument [mu'ziːkɪnstrumɛnt] *n* instrument de musique *m*
Musikkapelle [mu'ziːkkapɛlə] *f 1.* orchestre *m; 2. (Blaskapelle)* fanfare *f*
Musikkassette [mu'ziːkkasɛtə] *f* cassette *f*
musisch ['muːzɪʃ] *adj* sensible aux arts
musizieren [muzi'tsiːrən] *v* faire de la musique
Muskel ['muskəl] *m* muscle *m; seine ~n spielen lassen* rouler les mécaniques
Muskelkater ['muskəlkaːtər] *m* douleur musculaire *f,* courbature *f*
muskulös [musku'løːs] *adj* musclé
Müsli ['myːsli] *n* muesli *m*
Muss [mus] *n ein ~* une nécessité *f,* un must *m*
Muße ['muːsə] *f* loisir *m,* temps libre *m*
müssen ['mysən] *v irr* devoir, être obligé de, falloir; *Da muss man durch.* Il faut en passer par là.
Mußestunden ['muːsəʃtundən] *pl in meinen ~* à mes moments perdus
müßig ['myːsɪç] *adj 1.* oisif, inactif; *2. (überflüssig)* inutile
Müßiggang ['myːsɪçgaŋ] *m* oisiveté *f*
Muster ['mustər] *n 1. (Design)* dessin *m; 2. (Vorlage)* modèle *m; 3. (Probe)* échantillon *m,* spécimen *m*
mustergültig ['mustərgyltɪç] *adj* exemplaire
mustern ['mustərn] *v 1.* examiner, inspecter; *2. jdn ~ (für den Wehrdienst)* examiner qn pour savoir s'il est apte
Mut [muːt] *m 1.* courage *m,* bravoure *f; jdm wieder ~ machen* remonter le moral à qn; *frohen ~es sein* être confiant/être heureux; *mit frohem ~* quand on y croit; *2. (Kühnheit)* audace *f,* hardiesse *f*
mutig ['muːtɪç] *adj 1.* courageux, brave, hardi; *adv 2.* avec courage
mutlos ['muːtloːs] *adj 1.* sans courage; *2. (entmutigt)* découragé; *adv 3.* d'un air découragé
mutmaßen ['muːtmaːsən] *v* présumer, supposer
mutmaßlich ['muːtmaːslɪç] *adj* présumé, supposé
Mutter ['mutər] *f 1.* mère *f; wie bei ~n* comme à la maison; *2. TECH* écrou *m*
Mutterleib ['mutərlaɪp] *m* ventre de la mère *m*
mütterlich ['mytərlɪç] *adj* maternel
Muttermal ['mutərmaːl] *n* envie *f*
Muttermilch ['mutərmɪlç] *f etw mit der ~ einsaugen* sucer qn avec le lait
Mutterschaft ['mutərʃaft] *f* maternité *f*
Mutterschutz ['mutərʃuts] *m* protection de la maternité *f*
mutterseelenallein ['mutərzeːlənaˈlaɪn] *adj* tout seul
Muttersprache ['mutərʃpraːxə] *f* langue maternelle *f*
Muttertag ['mutərtaːk] *m* fête des mères *f*
mutwillig ['muːtvɪlɪç] *adj 1. (boshaft)* malicieux; *2. (schelmisch)* espiègle; *adv 3.* exprès, délibérément
Mütze ['mytsə] *f* casquette *f,* bonnet *m; eine ~ voll Schlaf bekommen* faire une petite sieste/piquer un petit roupillon
mysteriös [myster'jøːs] *adj* mystérieux
Mysterium [mys'teːrjum] *n* mystère *m*
mystisch ['mystɪʃ] *adj* mystique
Mythologie [mytolo'giː] *f* mythologie *f*
Mythos ['myːtɔs] *m* mythe *m*

N

na [na] *interj* allons, eh bien; *Na so was!* Ça alors! *Na und?* Et alors? *Na wenn schon!* Qu'à cela ne tienne!

Nabel ['naːbəl] *m ANAT* nombril *m; der ~ der Welt* le nombril du monde *m,* le centre de la terre *m*

nach [naːx] *prep 1. (örtlich)* vers, à destination de, à; *Mir ~!* Suis-moi!/Suivez-moi! *2. (zeitlich)* après, au bout de; *~ dem Essen* après manger; *~ und ~* peu à peu, au fur et à mesure; *3. (gemäß)* d'après, selon, suivant

nachahmen ['naːxaːmən] *v* imiter, copier

Nachahmung ['naːxaːmuŋ] *f* imitation *f*

Nachbar(in) ['naxbaːr(ɪn)] *m/f* voisin(e) *m/f*

Nachbarschaft ['naxbaːrʃaft] *f* voisinage *m*

Nachbarstaat ['naxbaːrʃtaːt] *m* Etat limitrophe *m*

nachbestellen ['naːxbəʃtɛlən] *v* passer une seconde commande

Nachbestellung ['naːxbəʃtɛluŋ] *f* seconde commande *f*

nachbilden ['naːxbɪldən] *v* reproduire

Nachbildung ['naːxbɪlduŋ] *f* reproduction *f*

nachblicken ['naːxblɪkən] *v jdm ~* suivre qn des yeux

nachdem [naːx'deːm] *adv 1. je ~* selon le cas; *konj 2.* après que

nachdenken ['naːxdɛŋkən] *v irr* réfléchir, méditer

nachdenklich ['naːxdɛŋklɪç] *adj 1.* pensif; *2. (träumerisch)* rêveur; *adv 3.* d'un air songeur

Nachdruck ['naːxdruk] *m 1. (Kopie)* reproduction *f; 2. (Betonung)* insistance *f; einer Sache ~ verleihen* souligner qc

nachdrücklich ['naːxdryklɪç] *adj 1.* insistant, ferme; *adv 2.* avec insistance

nacheifern ['naːxaɪfərn] *v jdm ~* chercher à égaler qn

nacheinander [naːxaɪ'nandər] *adv* l'un après l'autre

nachempfinden ['naːxɛmpfɪndən] *v irr* comprendre les sentiments de

nacherzählen ['naːxɛrtsɛːlən] *v 1.* réciter; *2. (wiederholen)* répéter

Nacherzählung ['naːxɛrtsɛːluŋ] *f* compte rendu *m*

Nachfahre ['naːxfaːrə] *m* descendant *m*

nachfahren ['naːxfaːrən] *v irr jdm ~* suivre qn en voiture

Nachfolge ['naːxfɔlgə] *f* succession *f*

nachfolgen ['naːxfɔlgən] *v 1. jdm ~* suivre qn; *2. (fig: zum Vorbild nehmen) jdm ~* suivre les traces de qn

Nachfolger(in) ['naːxfɔlgər(ɪn)] *m/f* successeur *m*

nachforschen ['naːxfɔrʃən] *v* rechercher, faire des recherches

Nachforschung ['naːxfɔrʃuŋ] *f* recherche *f*

Nachfrage ['naːxfraːgə] *f 1. (Erkundigung)* informations *f/pl; 2. (Bedarf) ECO* demande *f*

nachfragen ['naːxfraːgən] *v* s'informer

nachfüllen ['naːxfylən] *v 1.* remplir; *2. (vervollständigen)* compléter; *3. (Benzintank)* faire le plein

nachgeben ['naːxgeːbən] *v irr 1.* fléchir, ployer; *2. (Boden)* se dérober; *3. (fig)* céder, fléchir

Nachgebühr ['naːxgəbyːr] *f* surtaxe *f*

nachgehen ['naːxgeːən] *v irr 1. (folgen) jdm ~* suivre qn; *2. (erforschen)* faire des recherches, enquêter; *3. (Uhr)* retarder

Nachgeschmack ['naːxgəʃmak] *m 1.* arrière-goût *m; 2. (fig: Eindruck)* souvenir *m*

nachgiebig ['naːxgiːbɪç] *adj (fig)* conciliant

Nachgiebigkeit ['naːxgiːbɪçkaɪt] *f* flexibilité *f*

nachgießen ['naːxgiːsən] *v irr 1.* ajouter en versant; *2. jdm ~* resservir qn

nachhaltig ['naːxhaltɪç] *adj 1.* durable, persistant; *2. (beharrlich)* persévérant; *adv 3.* avec persévérance; *4. (beharrlich)* avec persistance

nachhelfen ['naːxhɛlfən] *v irr* aider, venir en aide

nachher [naːx'heːr] *adv* plus tard, après

Nachhilfe ['naːxhɪlfə] *f* aide *f*

Nachholbedarf ['naːxhoːlbədarf] *m* besoin de compensation *m*

nachholen ['naːxhoːlən] *v 1.* rattraper; *2. (wiedererlangen)* récupérer

Nachkomme ['naːxkɔmə] *m* descendant *m*

nachkommen ['naːxkɔmən] *v irr 1. jdm ~* suivre qn; *2. (fig: Verpflichtungen)* satisfaire à

Nachlass ['naːxlas] *m 1. (Preisnachlass)* réduction *f; 2. (Erbe)* succession *f*

nachlassen ['naːxlasən] *v irr 1. (schwächer werden)* tomber, diminuer; *2. (lockern)* relâcher, lâcher; *3. (Preis)* faire une remise

nachlässig ['naːxlɛsɪç] *adj 1.* négligent; *2. (bequem)* nonchalant

Nachlässigkeit ['naːxlɛsɪçkaɪt] *f 1.* négligence *f; 2. (Lässigkeit)* nonchalance *f*

nachlaufen ['naːxlaufən] *v irr 1. jdm ~* courir après qn; *2. (verfolgen)* poursuivre

nachliefern ['naːxliːfərn] *v* fournir plus tard, livrer plus tard

Nachlieferung ['naːxliːfəruŋ] *f* livraison complémentaire *f*

nachmachen ['naːxmaxən] *v* imiter

Nachmittag ['naːxmɪtaːk] *m* après-midi *m; jeden ~* tous les après-midi

nachmittags ['naːxmɪtaːks] *adv* dans l'après-midi

Nachnahme ['naːxnaːmə] *f* remboursement *m; per ~* contre remboursement

Nachname ['naːxnaːmə] *m* nom de famille *m*

nachplappern ['naːxplapərn] *v etw ~ wie ein Papagei* répéter qc comme un perroquet

nachprüfen ['naːxpryːfən] *v* contrôler

nachrechnen ['naːxrɛçnən] *v* vérifier les comptes

Nachricht ['naːxrɪçt] *f 1.* nouvelle *f,* information *f; keine ~en* pas de nouvelles; *2. (Botschaft)* message *m; 3. ~en pl* nouvelles *f/pl,* informations *f/pl*

Nachrichtenagentur ['naːxrɪçtənagɛntuːr] *f* agence de presse *f*

nachrücken ['naːxrykən] *v 1.* se pousser; *2. (an jds Stelle)* succéder; *3. (Truppen) MIL* se rapprocher

Nachruf ['naːxruːf] *m* éloge posthume *m*

nachsagen ['naːxzaːgən] *v 1. (wiederholen)* répéter; *2. jdm etw ~* dire qc de qn

Nachsaison ['naːxzɛzɔŋ] *f* arrière-saison *f; in der ~* hors saison

nachschlagen ['naːxʃlaːgən] *v irr* consulter

Nachschlagewerk ['naːxʃlaːgəvɛrk] *n* ouvrage de référence *m*

Nachschub ['naːxʃuːp] *m* ravitaillement *m*

nachsehen ['naːxzeːən] *v irr 1. (nachblicken) jdm ~* suivre qn du regard; *2. (fig: verzeihen)* pardonner, fermer les yeux; *3. (kontrollieren)* contrôler, vérifier

nachsenden ['naːxzɛndən] *v irr* faire suivre; *Bitte ~!* Prière de faire suivre!

Nachsicht ['naːxzɪçt] *f* indulgence *f,* tolérance *f*

nachsichtig ['naːxzɪçtɪç] *adj 1.* indulgent; *adv 2.* avec indulgence

nachsitzen ['naːxzɪtsən] *v irr* être en retenue

Nachspiel ['naːxʃpiːl] *n 1. (Folge)* suite *f; 2. THEAT* épilogue *m*

nachspionieren ['naːxʃpioniːrən] *v jdm ~* épier qn

nächstbeste(r,s) ['nɛːçstbɛstə(r,s)] *adj* premier venu/première venue

nächste(r,s) ['nɛːçstə(r,s)] *adj* suivant(e), prochain(e)

nachstellen ['naːxʃtɛlən] *v (regulieren)* régler, ajuster; *2. (fig) jdm ~* poursuivre qn

Nächstenliebe ['nɛːçstənliːbə] *f* amour du prochain *m*

nächstens ['nɛːçstəns] *adv* prochainement, sous peu

Nacht [naxt] *f* nuit *f; schwarz wie die ~ sein* être noir comme du charbon; *jede ~* toutes les nuits; *die ~ zum Tage machen* passer une nuit blanche; *sich die ~ um die Ohren schlagen* veiller toute la nuit; *jdm schlaflose Nächte bereiten* faire passer des nuits blanches à qn; *bei ~ und Nebel* à la faveur de la nuit/clandestinement; *über ~* tout d'un coup

Nachteil ['naːxtaɪl] *m* désavantage *m; ~e haben* avoir des inconvénients

nachteilig ['naːxtaɪlɪç] *adj* désavantageux

Nachtfrost ['naxtfrɔst] *m* gelée nocturne *f*

Nachthemd ['naxthɛmt] *n* chemise de nuit *f*

Nachtisch ['naːxtɪʃ] *m GAST* dessert *m*

nächtlich ['nɛçtlɪç] *adj* nocturne

Nachtlokal ['naxtlɔkaːl] *n* boîte de nuit *f*

Nachtrag ['naːxtraːk] *m* supplément *m*

nachtragen ['naːxtraːgən] *v irr 1. (hinterhertragen) jdm etw ~* porter qc derrière qn; *2. (ergänzen)* compléter, ajouter; *3. (fig) jdm etw ~* garder rancune à qn, en vouloir à qn

nachträglich ['naːxtrɛːklɪç] *adj 1.* ultérieur, postérieur; *adv 2.* plus tard, après coup

nachts [naxts] *adv* la nuit, de nuit

Nachtschicht ['naxtʃɪçt] *f* équipe de nuit *f*

Nachttisch ['naxttɪʃ] *m* table de nuit *f*

Nachtwächter ['naxtvɛçtər] *m* gardien de nuit *m*

nachvollziehbar ['naːxfɔltsiːbaːr] *adj* que l'on peut reconstituer

Nachweis ['naːxvaɪs] *m* pièce justificative *f*

nachweisbar ['naːxvaɪsbaːr] *adj* démontrable

nachweisen ['naːxvaɪzən] *v irr 1.* prouver, démontrer; *2. (rechtfertigen)* justifier
Nachwelt ['naːxvɛlt] *f* postérité *f*
nachwirken ['naːxvɪrkən] *v* avoir des répercussions
Nachwirkung ['naːxvɪrkuŋ] *f 1. (Folgen)* retombées *f/pl; 2. (Rückwirkung)* répercussions *f/pl*
Nachwuchs ['naːxvuːks] *m* jeunes *m/pl,* nouvelle génération *f*
Nachwuchskräfte ['naːxvuːkskrɛftə] *pl* nouvelles recrues *f/pl*
nachzahlen ['naːxtsaːlən] *v* payer un supplément
Nachzahlung ['naːxtsaːluŋ] *f* paiement complémentaire *m*
nachziehen ['naːxtsiːən] *v irr 1. (hinterherziehen)* tirer après soi; *2. (Schraube)* resserrer
Nachzügler ['naːxtsyːglər] *m* retardataire *m*
Nacken ['nakən] *m ANAT* nuque *f; jdm im ~ sitzen* être sur les talons de qn/être aux trousses de qn; *jdn im ~ haben* avoir qn sur les talons/avoir qn aux trousses; *jdm den ~ stärken* soutenir qn; *Ihm sitzt der Schalk im ~.* C'est un grand farceur./C'est un rigolo.(fam)
nackt [nakt] *adj* nu, dénudé
Nadel ['naːdəl] *f* aiguille *f,* épingle *f; an der ~ hängen* être accro
Nadelöhr ['naːdəløːr] *n* trou d'aiguille *m*
Nagel ['naːgəl] *m 1. TECH* clou *m,* pointe *f; den ~ auf den Kopf treffen* taper dans le mille/toucher juste; *etw an den ~ hängen* jeter qc aux orties; *Nägel mit Köpfen machen* ne pas faire les choses à moitié; *2. (Fingernagel) ANAT* ongle *m; Die Arbeit brennt mir unter den Nägeln.* Je dois finir le travail de toute urgence.
Nagelbett ['naːgəlbɛt] *n* lit de l'ongle *m*
Nagellack ['naːgəllak] *m* vernis à ongles *m*
Nagellackentferner ['naːgəllakɛntfɛrnər] *m* dissolvant *m*
nageln ['naːgəln] *v* clouer
nagelneu ['naːgəl'nɔy] *adj* tout neuf
Nagelschere ['naːgəlʃeːrə] *f* ciseaux à ongles *m/pl*
nagen ['naːgən] *v* ronger
Nagetier ['naːgətiːr] *n ZOOL* rongeur *m*
nah(e) [naː(ə)] *adj 1.* proche; *jdm ~ sein* être proche de qn; *jdm zu ~e treten* aller trop loin avec qn; *jdm etw ~e bringen* expliquer qc à qn; *~e gehen* toucher de près; *jdm etw ~e legen* faire comprendre qc à qn; *~e liegend* facile à comprendre; *2. (benachbart)* voisin; *adv 3.* près de, à proximité de; *prep 4.* près de
Nähe ['nɛːə] *f 1.* proximité *f; aus nächster ~ miterleben* être aux premières loges; *Das ist ganz in der ~.* C'est à deux pas d'ici. *2. (Umgebung)* environs *m/pl*
nahen ['naːən] *v* s'approcher
nähen ['nɛːən] *v 1.* coudre; *2. MED* suturer
nähern ['nɛːərn] *v sich ~* s'approcher
nahezu ['naːətsuː] *adv* à peu près, presque
Nähgarn ['nɛːgarn] *n* fil à coudre *m*
Nähmaschine ['nɛːmaʃiːnə] *f* machine à coudre *f*
Nähnadel ['nɛːnaːdəl] *f* aiguille à coudre *f*
nähren ['nɛːrən] *v* nourrir
nahrhaft ['naːrhaft] *adj* nutritif
Nahrung ['naːruŋ] *f* nourriture *f*
Nahrungsmittel ['naːruŋsmɪtəl] *n* aliment *m*
Naht [naːt] *f 1.* couture *f; aus allen Nähten platzen* être obèse; *2. (Schweißnaht)* soudure *f*
nahtlos ['naːtloːs] *adj 1.* sans couture; *2. (fig)* sans transition
Nahverkehr ['naːfɛrkeːr] *m* trafic local *m*
Nähzeug ['nɛːtsɔyk] *n* nécessaire de couture *m*
naiv [na'iːf] *adj* naïf
Naivität [naivi'tɛːt] *f* naïveté *f*
Name ['naːmə] *m* nom *m,* appellation *f,* dénomination *f; im ~n von* au nom de; *beim ~n nennen* appeler un chat un chat; *in seinem ~n* en son nom; *sich einen ~n machen* se faire un nom; *einen guten ~n haben* avoir une bonne réputation; *seinem ~n alle Ehre machen* faire honneur à son nom
namenlos ['naːmənloːs] *adj* anonyme
namens ['naːməns] *adv* du nom de
Namenstag ['naːmənstaːk] *m* fête *f*
namentlich ['naːməntlɪç] *adj 1.* nominal; *adv 2.* nommément
namhaft ['naːmhaft] *adj* renommé
nämlich ['nɛːmliç] *konj* c'est-à-dire
Napf [napf] *m* écuelle *f,* bol *m*
Narbe ['narbə] *f* cicatrice *f*
narbig ['narbɪç] *adj* cicatrisé
Narr [nar] *m* fou *m,* bouffon *m; jdn zum ~en halten* se foutre de qn (fam)/tourner qn en dérision; *an jdm einen ~en gefressen haben* s'être toqué de qn (fam)/être entiché de qn
närrisch ['nɛrɪʃ] *adj* fou
naschen ['naʃən] *v* manger des friandises, manger par gourmandise
Nase ['naːzə] *f* nez *m; seine ~ in alles stecken* fourrer son nez partout; *sich nicht auf der ~ herumtanzen lassen* ne pas se laisser

mener par le bout du nez; *die ~ voll haben* en avoir marre; *direkt vor deiner ~* sous ton nez; *Es steht vor deiner ~.* Tu as le nez dessus. *die ~ rümpfen* froncer le nez; *sich an die eigene ~ fassen* faire son autocritique; *jdm etw auf die ~ binden* rapporter qc à qn; *jdm etw unter die ~ reiben* mettre qc sous le nez de qn; *jdm etw vor der ~ wegschnappen* prendre qc sous le nez de qn; *eine feine ~ haben* avoir le nez fin; *die ~ hoch tragen* être prétentieux; *die ~ vorn haben* avoir une longueur d'avance; *eins auf die ~ bekommen* se faire taper sur les doigts; *sich eine goldene ~ verdienen* s'en mettre plein les poches/se faire un fric monstre (fam)

Nashorn ['naːshɔrn] *n ZOOL* rhinocéros *m*

nass [nas] *adj* mouillé, trempé, humide

Nässe ['nɛsə] *f* humidité *f*

nasskalt ['naskalt] *adj* froid et humide

Nation [na'tsjoːn] *f* nation *f*

national [natsjo'naːl] *adj* national

Nationalfeiertag [natsjo'naːlfaɪərtaːk] *m* fête nationale *f*

Nationalhymne [natsjo'naːlhymnə] *f* hymne national *m*

Nationalismus [natsjona'lɪsmus] *m* nationalisme *m*

Nationalität [natsjonali'tɛːt] *f* nationalité *f*

Nationalpark [natsjo'naːlpark] *m* parc national *m*

Natur [na'tuːr] *f 1.* nature *f; Das liegt in der ~ der Sache.* C'est dans la nature même des choses. *2. (Wesen)* tempérament *m*

Naturalien [natu'raːljən] *pl* produits du sol *m/pl*

naturalisieren [naturali'ziːrən] *v* naturaliser

Naturereignis [na'tuːrɛraɪknɪs] *n* phénomène naturel *m*

naturfarben [na'tuːrfarbən] *adj* de couleur naturelle

Naturforscher(in) [na'tuːrfɔrʃər(ɪn)] *m/f* naturaliste *m/f*

naturgemäß [na'tuːrgəmɛːs] *adj* conforme à la nature

natürlich [na'tyːrlɪç] *adj 1.* naturel; *adv 2.* naturellement

Natürlichkeit [na'tyːrlɪçkaɪt] *f 1.* naturel *m; 2. (Einfachheit)* simplicité *f*

Naturprodukt [na'tuːrprodukt] *n* produit naturel *m*

naturrein [na'tuːrraɪn] *adj* naturel

Naturschutz [na'tuːrʃuts] *m* protection de la nature *f*

Naturschutzgebiet [na'tuːrʃutsgəbiːt] *n* site protégé *m*

Naturwissenschaft [na'tuːrvɪsənʃaft] *f* sciences exactes *f/pl*

Nautik ['nautɪk] *f* science nautique *f*

Navigation [naviga'tsjoːn] *f* navigation *f*

Nebel ['neːbəl] *m* brouillard *m,* brume *f*

nebelig ['neːbəlɪç] *adj* brumeux

Nebelscheinwerfer ['neːbəlʃaɪnvɛrfər] *m* phare antibrouillard *m*

neben ['neːbən] *prep 1.* près de, à côté de; *2. (außerdem)* en plus de, en outre; *~ anderen Dingen* entre autres choses/entre autres

nebenan [neːbən'an] *adv* à côté; *von ~* d'à côté

Nebenausgang ['neːbənausgaŋ] *m 1.* sortie latérale *f; 2. (Notausgang)* issue de secours *f*

nebenberuflich ['neːbənbəruːflɪç] *adj* de profession accessoire, extra-professionnel

Nebenbeschäftigung ['neːbənbəʃɛftɪguŋ] *f* occupation secondaire *f*

Nebenbuhler ['neːbənbuːlər] *m* rival *m*

nebeneinander ['neːbənaɪnandər] *adv* l'un à côté de l'autre

Nebeneinkünfte ['neːbənaɪnkynftə] *pl* revenus accessoires *m/pl*

Nebenfach ['neːbənfax] *n* matière secondaire *f*

Nebenfluss ['neːbənflus] *m* affluent *m*

nebenher [neːbən'heːr] *adv 1.* à côté; *2. (im Vorbeigehen)* en passant

Nebenkosten ['neːbənkɔstən] *pl* faux frais *m/pl*

Nebenraum ['neːbənraum] *m* pièce attenante *f*

Nebensache ['neːbənzaxə] *f* chose accessoire *f*

nebensächlich ['neːbənzɛçlɪç] *adj 1.* accessoire; *Das ist völlig ~.* C'est tout à fait accessoire./C'est tout à fait secondaire. *seine Zeit mit ~en Dingen vertun* perdre son temps à des bagatelles; *2. (unwichtig)* sans importance

Nebenwirkung ['neːbənvɪrkuŋ] *f* effet secondaire *m*

nebst [neːpst] *prep* avec, plus, outre

necken ['nɛkən] *v* taquiner, agacer

nee [neː] *interj (fam: nein)* non

Neffe ['nɛfə] *m* neveu *m*

negativ ['neːgatiːf] *adj 1.* négatif; *2. (ungünstig)* défavorable

Neger(in) ['neːgər(ɪn)] *m/f (abwertend)* nègre/négresse *m/f,* noir(e) *m/f*

Negerkuss ['neːgərkus] *m* tête de nègre *f*

nehmen ['neːmən] *v irr 1.* prendre; *etw auf sich ~* prendre qc à son compte; *2. (an~)* accepter
Neid [naɪt] *m* envie *f,* jalousie *f; vor ~ platzen* être malade de jalousie
neidisch ['naɪdɪʃ] *adj* envieux
neidlos ['naɪdloːs] *adj* sans envie
Neige ['naɪgə] *f zur ~ gehen* tirer à sa fin
neigen ['naɪgən] *v 1.* pencher, incliner; *2. (Kopf)* baisser; *3. (zu Ende gehen)* baisser; *4. (fig) ~ zu* tendre à
Neigung ['naɪguŋ] *f 1.* pente *f; 2. (fig)* penchant *m*
nein [naɪn] *adv* non; *Da kann man ja nicht Nein sagen!* Ce n'est pas de refus!
nennen ['nɛnən] *v irr 1. (be~)* nommer; *die Dinge beim rechten Namen ~* dire les choses tout rond; *2. (heißen)* s'appeler; *das Kind beim Namen ~* appeler un chat un chat
nennenswert ['nɛnənsveːrt] *adj* notable
Neonlicht ['neːɔnlɪçt] *n* tube au néon *m*
Nerv [nɛrf] *m ANAT* nerf *m; jdm auf die ~en gehen* taper sur les nerfs de qn; *Seine ~en waren zum Zerreißen gespannt.* Il avait les nerfs en boule. *Das geht mir auf die ~en.* Cela me tape sur les nerfs. *den ~ haben* avoir le courage; *~en wie Drahtseile haben* avoir des nerfs d'acier; *die ~en verlieren* perdre son sang froid; *mit den ~en herunter sein* être à bout de nerfs
Nervenbündel ['nɛrfənbyndəl] *n (fig)* paquet de nerfs *m*
Nervenheilanstalt ['nɛrfənhaɪlanʃtalt] *f* maison de santé *f*
Nervenkitzel ['nɛrfənkɪtsəl] *m* sensation *f*
nervenkrank ['nɛrfənkraŋk] *adj* malade des nerfs
nervig ['nɛrfɪç] *adj (fam: ärgerlich)* fâcheux
nervös [nɛr'vøːs] *adj* nerveux; *~ sein* avoir les nerfs en pelote
Nervosität [nɛrvozi'tɛːt] *f* nervosité *f*
Nerz [nɛrts] *m ZOOL* vison *m*
Nerzmantel ['nɛrtsmantəl] *m* manteau de vison *m*
Nest [nɛst] *n* nid *m; sich ins gemachte ~ setzen* s'installer dans un nid tout fait/avoir les pieds au chaud
Nesthäkchen ['nɛsthɛːkçən] *n* dernier né *m*
nett [nɛt] *adj 1.* gentil; *Das ist nicht sehr ~ von dir.* C'est moche de ta part. *2. (niedlich)* mignon, coquet; *3. (hübsch)* joli; *adv 4.* gentiment
Nettoeinkommen ['nɛtoaɪnkɔmən] *n* revenu net *m*
Nettogewicht ['nɛtogəvɪçt] *n* poids net *m*
Netz [nɛts] *n 1.* filet *m; jdm ins ~ gehen* tomber dans le panneau de qn; *2. (Straßennetz)* réseau *m*
Netzanschluss ['nɛtsanʃlus] *m* raccordement sur le secteur *m*
Netzwerk ['nɛtsvɛrk] *n INFORM* réseau *m*
neu [nɔy] *adj* neuf, nouveau; *Was gibt es Neues?* Qu'y a-t-il de nouveau? *aufs Neue* tout le temps/de nouveau; *auf ein Neues versuchen* tenter un nouvel essai; *von ~em* de nouveau/à nouveau/depuis le début
neuartig ['nɔyaːrtɪç] *adj* inédit
Neuausgabe ['nɔyausgaːbə] *f* nouvelle édition *f*
Neubau ['nɔybau] *m* nouvelle construction *f*
neuerdings ['nɔyərdɪŋs] *adv* récemment, depuis peu
Neueröffnung ['nɔyɛrœfnuŋ] *f 1. (Wiedereröffnung)* réouverture *f; 2. (Einweihung)* inauguration *f*
Neuerung ['nɔyəruŋ] *f* innovation *f*
Neugier ['nɔygiːr] *f* curiosité *f,* indiscrétion *f*
neugierig ['nɔygiːrɪç] *adj* curieux
Neuheit ['nɔyhaɪt] *f* nouveauté *f*
Neuigkeit ['nɔyɪçkaɪt] *f* nouvelle *f*
Neujahr ['nɔyjaːr] *n* jour de l'an *m,* nouvel an *m*
Neuland ['nɔylant] *n 1.* terre nouvelle *f; 2. (fig)* nouveau domaine *m*
neulich ['nɔylɪç] *adj* récent, dernier
Neuling ['nɔylɪŋ] *m* novice *m*
Neumond ['nɔymoːnt] *m* nouvelle lune *f*
neun [nɔyn] *num* neuf
neunzehn ['nɔyntseːn] *num* dix-neuf
neunzig ['nɔyntsɪç] *num* quatre-vingt-dix
neureich ['nɔyraɪç] *adj* nouveau riche
Neureiche(r) ['nɔyraɪçə(r)] *m/f* nouveau riche *m*
Neurologe [nɔyro'loːgə] *m* neurologue *m*
neutral [nɔy'traːl] *adj* neutre, objectif
Neutralität [nɔytrali'tɛːt] *f* neutralité *f*
Neuverschuldung ['nɔyfɛrʃuldung] *f* endettement supplémentaire *m*
Neuzeit ['nɔytsaɪt] *f* temps modernes *m/pl*
nicht [nɪçt] *adv* ne ... pas, non ...; *gar ~* pas du tout
Nichtbeachtung ['nɪçtbəaxtuŋ] *f* non-observation *f*
Nichte ['nɪçtə] *f* nièce *f*
Nichterfüllung ['nɪçtɛrfyluŋ] *f* manquement *m*

nichtig [ˈnɪçtɪç] *adj 1.* vain, futile; *2. (ungültig)* nul
Nichtigkeit [ˈnɪçtɪçkaɪt] *f 1.* futilité *f; 2. (Ungültigkeit)* nullité *f*
Nichtraucher [ˈnɪçtrauxər] *m* non-fumeur *m*
nichts [nɪçts] *pron* rien; *Das macht ~.* Il n'y a pas de mal. *überhaupt ~ wissen* ne savoir rien de rien; *arbeiten für ~ und wieder ~* travailler pour le roi de Prusse; *Nichts für ungut!* Pardon! *Von ~ kommt ~.* On n'a rien sans rien. *~ sagend* insignifiant, futile
Nichts [nɪçts] *n 1.* néant *m; vor dem ~ stehen* ne plus rien avoir; *2. (Leere)* vide *m*
Nichtschwimmer [ˈnɪçtʃvɪmər] *m* qui ne nage pas, non-nageur *m*
Nichtsnutz [ˈnɪçtsnuts] *m* bon à rien *m*
Nichtstun [ˈnɪçtstuːn] *n* désœuvrement *m*
Nickel [ˈnɪkəl] *n CHEM* nickel *m*
nicken [ˈnɪkən] *v* incliner la tête, faire un signe de tête
Nickerchen [ˈnɪkərçən] *n (fam)* petit somme *m; ein ~ machen* faire un somme
nie [niː] *adv* jamais; *Jetzt oder ~!* Maintenant ou jamais! *~ und nimmer* plus jamais de la vie; *Nie im Leben!* Jamais de la vie!
nieder [ˈniːdər] *adj 1.* bas, inférieur; *2. (fig)* vil; *adv 3.* en bas
Niedergang [ˈniːdərgaŋ] *m (fig)* décadence *f*
niedergeschlagen [ˈniːdərgəʃlaːgən] *adj* découragé
Niedergeschlagenheit [ˈniːdərgəʃlaːgənhaɪt] *f* découragement *m*
Niederlage [ˈniːdərlaːgə] *f* défaite *f*
Niederlande [ˈniːdərlandə] *pl GEO* Pays-Bas *m/pl*
Niederländer(in) [ˈniːdərlɛndər(ɪn)] *m/f* Néerlandais(e) *m/f*
niederländisch [ˈniːdərlɛndɪʃ] *adj* néerlandais
niederlassen [ˈniːdərlasən] *v irr 1. (herunterlassen)* abaisser; *2. sich ~* prendre place; *3. sich ~ (sich hinsetzen)* s'asseoir
niederlegen [ˈniːdərleːgən] *v 1. (Kranz)* déposer; *2. (Amt)* démissionner, quitter sa fonction; *3. (Arbeit)* cesser
niedermachen [ˈniːdərmaxən] *v 1. (töten)* massacrer, exterminer; *2. (fig: scharf zurechtweisen)* réprimander fortement
Niederschrift [ˈniːdərʃrɪft] *f* consignation par écrit *f*
Niedertracht [ˈniːdərtraxt] *f* bassesse *f,* infamie *f*
niederträchtig [ˈniːdərtrɛçtɪç] *adj 1.* bas; *2. (verächtlich)* méprisable
Niederung [ˈniːdəruŋ] *f* dépression *f*
niedlich [ˈniːtlɪç] *adj* mignon, joli
niedrig [ˈniːdrɪç] *adj 1.* bas; *2. (mäßig)* modique, modéré
niemals [ˈniːmaːls] *adv* jamais
niemand [ˈniːmant] *pron* personne, aucun
Niemandsland [ˈniːmantslant] *n* no man's land *m*
nieseln [ˈniːzəln] *v* bruiner
Nieselregen [ˈniːzəlreːgən] *m* bruine *f*
niesen [ˈniːzən] *v* éternuer
Niete [ˈniːtə] *f 1. (in der Lotterie)* billet non gagnant *m,* numéro perdant *m; 2. (fig: Person)* nullité *f*
Nikolaus [ˈnɪkolaus] *m Heiliger ~* Saint Nicolas *m*
Nikotin [nikoˈtiːn] *n* nicotine *f*
nikotinarm [nikoˈtiːnarm] *adj* pauvre en nicotine
Nilpferd [ˈniːlpfeːrt] *n* hippopotame *m*
nimmer [ˈnɪmər] *adv 1.* jamais; *nie und ~* au grand jamais; *2. (nicht mehr)* ne ... plus
nippen [ˈnɪpən] *v* siroter, boire à petits coups
nirgends [ˈnɪrgənts] *adv* nulle part
nirgendwo [ˈnɪrgəntvoː] *adv* nulle part
Nische [ˈniːʃə] *f* niche *f*
nisten [ˈnɪstən] *v* nicher, faire son nid
Niveau [niˈvoː] *n 1. (Höhe)* niveau *m; 2. (fig)* niveau *m*
Nixe [ˈnɪksə] *f* sirène *f,* nymphe *f*
nobel [ˈnoːbəl] *adj 1.* noble, distingué; *2. (großzügig)* généreux
Nobelpreis [noˈbɛlpraɪs] *m* prix Nobel *m*
noch [nɔx] *adv 1.* encore; *Alles muss ~ einmal gemacht werden.* Tout est à refaire. *konj 2. ~ bevor* avant même que
nochmalig [ˈnɔxmaːlɪç] *adj* répété, réitéré
nochmals [ˈnɔxmaːls] *adv* encore une fois, de nouveau
Nomade [noˈmaːdə] *m* nomade *m*
nominell [nomiˈnɛl] *adj 1.* nominal; *adv 2.* de nom
Nordamerika [nɔrtaˈmeːrɪka] *n GEO* Amérique du Nord *f*
Norden [ˈnɔrdən] *m* nord *m*
nördlich [ˈnœrtlɪç] *adj 1.* septentrional; *adv 2.* au nord de
Nordpol [ˈnɔrtpoːl] *m GEO* pôle Nord *m*
Nordsee [ˈnɔrtzeː] *f* mer du Nord *f*
Nörgelei [nœrgəˈlaɪ] *f* dénigrement *m*
nörgeln [ˈnœrgəln] *v* ergoter, chicaner
Norm [nɔrm] *f* norme *f,* règle *f*

normal [nɔr'maːl] *adj* normal
normalerweise [nɔr'maːlərvaɪzə] *adv* dans les conditions normales
Normalfall [nɔr'maːlfal] *m* cas normal *m*
normalisieren [nɔrmali'ziːrən] *v* normaliser
Norwegen ['nɔrveːgən] *n GEO* Norvège *f*
Not [noːt] *f 1. (Armut)* misère *f,* pauvreté *f; 2. (Mangel)* besoin *m,* nécessité *f,* manque *m; aus der ~ eine Tugend machen* faire de nécessité vertu; *zur ~* à la rigueur; *~ leidend* indigent, nécessiteux; *3. (Gefahr)* détresse *f,* péril *m,* danger *m; 4. (fig) seine liebe ~ mit jdm haben* avoir bien du mal avec qn; *wo ~ am Mann ist* où besoin est; *mit knapper ~* de justesse
Notarzt ['noːtartst] *m* urgentiste *m,* médecin du SAMU (service d'assistance médicale d'urgence) *m*
Notaufnahme ['noːtaufnaːmə] *f* urgences *f/pl*
Notausgang ['noːtausgaŋ] *m* sortie de secours *f*
Notbremse ['noːtbrɛmzə] *f* frein de secours *m*
Notdienst ['noːtdiːnst] *m* service de secours *m*
Note ['noːtə] *f 1. (Schulnote)* note *f; 2. (Banknote)* billet *m*
Notfall ['noːtfal] *m* cas d'urgence *m; im ~* en cas d'urgence
notfalls ['noːtfals] *adv* en cas de besoin
notgedrungen ['noːtgədruŋən] *adj* contraint
notieren [no'tiːrən] *v* noter, prendre note
nötig ['nøːtɪç] *adj* nécessaire, indispensable; *~ haben* avoir besoin de; *~ machen* rendre nécessaire; *Du hast es gerade ~!* Ça te va bien!/Tu en as bien besoin!
Nötigung ['nøːtɪguŋ] *f* obligation *f*
Notiz [no'tiːts] *f 1. (Angabe)* note *f; von etw ~ nehmen* prende acte de qc; *~ von jdm nehmen* s'aviser de la présence de qn; *2. (Zeitungsnotiz)* notice *f*
Notizbuch [no'tiːtsbuːx] *n* carnet *m*
Notlage ['noːtlaːgə] *f* situation critique *f*
Notlandung ['noːtlanduŋ] *f* atterrissage forcé *m*
Notlösung ['noːtløːzuŋ] *f* expédient *m*
Notlüge ['noːtlyːgə] *f* pieux mensonge *m*
notorisch [no'toːrɪʃ] *adj* notoire
Notruf ['noːtruːf] *m* appel au secours *m*
Notstand ['noːtʃtant] *m* état d'urgence *m*
Notunterkunft ['noːtuntərkunft] *f* logement de fortune *m*
Notwehr ['noːtveːr] *f* légitime défense *f*
notwendig ['noːtvɛndɪç] *adj* nécessaire, indispensable; *Das ist ein ~es Übel.* Il faut en passer par là.
Novelle [no'vɛlə] *f* nouvelle *f*
November [no'vɛmbər] *m* novembre *m*
Nu [nuː] *m im ~* en moins de rien, en un rien de temps
nüchtern ['nyçtərn] *adj 1. (ohne Alkohol)* sobre; *2. (ohne Essen)* à jeun; *3. (sachlich)* objectif, réaliste
Nudeln ['nuːdəln] *pl GAST* nouilles *f/pl,* pâtes *f/pl*
Nugat ['nuːgat] *n* nougat *m*
null [nul] *num* zéro; *gleich ~ sein* être pratiquement nul; *in ~ Komma nichts* en un rien de temps
Null [nul] *f 1.* zéro *m; 2. (Person)* nullité *f*
Nullpunkt ['nulpuŋkt] *m* point zéro *m*
Nulltarif ['nultariːf] *m* gratuité *f*
Nummer ['numər] *f 1. (Zahl)* numéro *m; 2. (Größe)* taille *f,* pointure *f; 3. (Exemplar)* numéro *m; 4. (fig) auf ~ Sicher gehen* ne pas prendre de risques/assurer ses arrières; *Das ist mir eine ~ zu groß.* Je n'ai pas la carrure./Je ne suis pas de taille. *eine ~ abziehen* faire tout un cinéma/se donner de grands airs
nummerieren [numə'riːrən] *v* numéroter
Nummernschild ['numərnʃɪlt] *n* plaque minéralogique *f*
nun [nuːn] *adv* maintenant, à présent; *von ~ an* désormais, à l'avenir
nunmehr ['nuːn'meːr] *adv 1. (jetzt)* à présent, maintenant; *2. (von jetzt an)* désormais
nur [nuːr] *adv* seulement
Nuss [nus] *f BOT* noix *f,* noisette *f; eine harte ~ zu knacken haben (fig)* avoir un problème épineux à résoudre
Nussknacker ['nusknakər] *m* casse-noix *m*
Nutte ['nutə] *f (fam)* putain *f,* pute *f*
Nutz [nuts] *m sich etw zu ~e machen* profiter de qc
nutzen ['nutsən] *v* utiliser, exploiter
Nutzen ['nutsən] *m 1.* utilité *f,* profit *m; ~ aus etw ziehen* tirer profit de qc/tirer parti de qc; *2. (Vorteil)* avantage *m*
nützlich ['nytslɪç] *adj* utile, profitable
Nützlichkeit ['nytslɪçkaɪt] *f* utilité *f*
nutzlos ['nutsloːs] *adj 1.* inutile; *2. (ohne Interesse)* sans intérêt
Nutzlosigkeit ['nutsloːzɪçkaɪt] *f* inutilité *f*
Nylon ['naɪlɔn] *n* nylon *m*

O

o [oː] *interj* ô; *O doch!* Mais si! *O weh!* Misère!
Oase [o'aːzə] *f* oasis *f*
ob [ɔp] *konj* si; *als ~* comme si
Obacht ['oːbaxt] *f* attention *f,* soin *m; ~ geben* faire attention; *~!* Prends garde!
obdachlos ['ɔpdaxloːs] *adj* sans abri
Obdachlose(r) ['ɔpdaxloːzə(r)] *m/f* sans-logis *m/f*
Obdachlosenasyl ['ɔpdaxloːzənazyːl] *n* asile *m*
oben ['oːbən] *adv* en haut; *Der Befehl kommt von ~.* L'ordre vient d'en haut. *~ genannt* nommé ci-dessus, cité ci-dessus
obendrein [oːbən'draɪn] *adv* par-dessus le marché
Ober ['oːbər] *m* garçon *m*
Oberarzt ['oːbərartst] *m* médecin-chef *m*
Oberbegriff ['oːbərbəgrɪf] *m* terme général *m*
Oberbekleidung ['oːbərbəklaɪduŋ] *f* vêtement de dessus *m*
obere(r,s) ['oːbərə(r,s)] *adj* supérieur(e)
Oberfläche ['oːbərflɛçə] *f* surface *f,* superficie *f*
oberflächlich ['oːbərflɛçlɪç] *adj* superficiel
Oberflächlichkeit ['oːbərflɛçlɪçkaɪt] *f* caractère superficiel *m*
oberhalb ['oːbərhalp] *prep 1.* au-dessus de, en amont de; *adv 2.* en haut
Oberhand ['oːbərhant] *f die ~ gewinnen* prendre le dessus
Oberhaupt ['oːbərhaupt] *n* chef *m*
Oberkellner ['oːbərkɛlnər] *m* maître d'hôtel *m*
Oberschule ['oːbərʃuːlə] *f* lycée *m*
Oberschwester ['oːbərʃvɛstər] *f* infirmière-chef *f*
oberste(r,s) ['oːbərstə(r,s)] *adj 1.* plus haut(e), plus élevé(e); *2. (erste(r,s))* premier/première
Oberteil ['oːbərtaɪl] *n* partie supérieure *f*
obgleich [ɔp'glaɪç] *konj* bien que, quoique, encore que
Obhut ['ɔphuːt] *f* garde *f,* protection *f*
Objekt [ɔp'jɛkt] *n 1. GRAMM* complément *m,* complément d'objet *m; 2. (Gegenstand)* objet *m*
objektiv [ɔpjɛk'tiːf] *adj 1.* objectif; *2. (unparteiisch)* impartial
obligatorisch [ɔbliga'toːrɪʃ] *adj* obligatoire
obschon [ɔp'ʃoːn] *konj* bien que, quoique
obskur [ɔps'kuːr] *adj* obscur
Obst [oːpst] *n* fruits *m/pl*
Obstgarten ['oːpstgartən] *m* verger *m*
obszön [ɔps'tsøːn] *adj* obscène
obwohl [ɔp'voːl] *konj* bien que, quoique
Ochse ['ɔksə] *m ZOOL* bœuf *m; dastehen wie der Ochse vorm Berg* être empoté (fam)/être planté là comme une andouille
öde ['øːdə] *adj 1.* désert, désertique; *2. (fig)* monotone, triste
oder ['oːdər] *konj* ou, sinon, autrement
Ofen ['oːfən] *m 1. (Backofen)* four *m; 2. (Heizofen)* poêle *m,* fourneau *m; hinter dem ~ hocken* être casanier/être pantouflard; *ein Schuss in den ~* un échec *m,* un revers *m; Der ~ ist aus.* Il n'y a plus rien à faire.
offen ['ɔfən] *adj 1. (geöffnet)* ouvert; *~ lassen* laisser ouvert; *~ stehen* être ouvert; *2. (fig: aufrichtig)* franc, sincère; *3. (fig: unentschieden)* ouvert, en suspens; *~ lassen* laisser en suspens; *4. (fig: nicht besetzt)* vacant, inoccupé; *5. ~ stehen (fig: Rechnung)* être non payée; *6. ~ stehen (fig: Möglichkeiten)* être libre de
offenbar ['ɔfənbaːr] *adj* manifeste, évident
offenbaren [ɔfən'baːrən] *v 1. etw ~* découvrir qc; *2. sich ~* se manifester
Offenheit ['ɔfənhaɪt] *f 1.* franchise *f; 2. (Ehrlichkeit)* loyauté *f*
offenherzig ['ɔfənhɛrtsɪç] *adj* franc
offenkundig ['ɔfənkundɪç] *adj* public
offensichtlich ['ɔfənzɪçtlɪç] *adj* manifeste, évident
offensiv [ɔfən'ziːf] *adj* offensif
Offensive [ɔfən'ziːvə] *f* offensive *f*
öffentlich ['œfəntlɪç] *adj 1.* public; *adv 2.* en public
Öffentlichkeit ['œfəntlɪçkaɪt] *f* public *m; in der ~* en public; *unter Ausschluss der ~* à huis clos
Offerte [ɔ'fɛrtə] *f 1.* offre *f; 2. (Ausschreibung)* soumission *f*
offiziell [ɔfi'tsjɛl] *adj* officiel
öffnen ['œfnən] *v 1. etw ~* ouvrir qc; *2. (Flasche entkorken)* déboucher; *3. sich ~* s'ouvrir
Öffner ['œfnər] *m 1. (Dosenöffner)* ouvre-boîtes *m; 2. (Flaschenöffner)* ouvre-bouteilles *m*

Öffnung ['œfnuŋ] *f 1.* ouverture *f; 2. (Mündung)* embouchure *f*
Öffnungszeiten ['œfnuŋstsaɪtən] *pl* heures d'ouverture *f/pl*
oft [ɔft] *adv* souvent, fréquemment
oftmals ['ɔftmaːls] *adv* assez souvent, à maintes reprises
ohne ['oːnə] *prep* sans; *~ dass* sans que; *nicht ~ sein* ne pas manquer de caractère; *~ weiteres* d'emblée/tout de go (fam)
ohnehin [oːnə'hɪn] *adv* de toute façon, sans cela
Ohnmacht ['oːnmaxt] *f MED* évanouissement *m,* syncope *f*
ohnmächtig ['oːnmɛçtɪç] *adj 1. (bewusstlos)* évanoui; *2. (fig: machtlos)* impuissant
Ohr [oːr] *n ANAT* oreille *f; sich übers ~ hauen lassen* se laisser tondre; *jdn übers ~ hauen* rouler qn/avoir qn (fam); *jdm etw ins ~ flüstern* dire qc dans le creux de l'oreille à qn; *jdm in den ~en liegen* casser les oreilles à qn/rabattre les oreilles à qn; *mit halbem ~ zuhören* n'écouter que d'une oreille; *ein offenes ~ haben* être à l'écoute; *~en wie ein Luchs haben* avoir l'oreille fine; *die ~en steif halten* garder le moral/ne pas se laisser abattre; *die ~en hängen lassen* baisser les bras; *es faustdick hinter den ~en haben* être malin comme un singe/être rusé comme un vieux renard; *Er ist noch nicht trocken hinter den ~en.* Il est encore vert. *sich etw hinter die ~en schreiben* se tenir qc pour dit; *jdm das Fell über die ~en ziehen* exploiter qn/plumer qn (fam); *jdm die ~en lang ziehen* tirer les oreilles à qn; *sich aufs ~ hauen (fam)* aller se coucher; *viel um die ~en haben* avoir du travail par-dessus la tête; *jdm zu ~en kommen* venir aux oreilles de qn; *nichts für fremde ~en sein* être confidentiel; *Auf diesem ~ ist er taub!* Il fait la sourde oreille.
Ohrenarzt ['oːrənartst] *m* spécialiste des oreilles *m*
ohrenbetäubend ['oːrənbətɔybənt] *adj* assourdissant
Ohrensausen ['oːrənzauzən] *n* bourdonnement d'oreilles *m*
Ohrenschmerzen ['oːrənʃmɛrtsən] *pl* mal d'oreilles *m*
Ohrfeige ['oːrfaɪgə] *f* claque *f*
ohrfeigen ['oːrfaɪgən] *v jdn ~* gifler qn
Ohrring ['oːrrɪŋ] *m* boucle d'oreille *f*
Ohrwurm ['oːrvurm] *m (fam)* rengaine *f*
Ökologie [økolo'giː] *f* écologie *f*
ökologisch [øko'loːgɪʃ] *adj* écologique
Ökonomie [øːkono'miː] *f* économie *f*
ökonomisch [øːko'noːmɪʃ] *adj* économique
Oktober [ɔk'toːbər] *m* octobre *m*
Oktoberfest [ɔk'toːbərfɛst] *n* fête de la bière *f*
Öl [øːl] *n 1. (Erdöl)* pétrole *m; 2. (Heizöl)* mazout *m,* fuel *m; ~ ins Feuer gießen (fig)* jeter de l'huile sur le feu; *3. (Speiseöl)* huile *f*
Oldtimer ['əʊldtaɪmər] *m* voiture de collection *f,* voiture ancienne *f*
ölen ['øːlən] *v* huiler
Ölfarbe ['øːlfarbə] *f* couleur à l'huile *f*
Ölgemälde ['øːlgəmɛːldə] *n ART* peinture à l'huile *f*
Ölmalerei ['øːlmaːləraɪ] *f ART* peinture à l'huile *f*
Ölpest ['øːlpɛst] *f* marée noire *f*
Ölwechsel ['øːlvɛksəl] *m* vidange de l'huile *f*
Olympiamannschaft [o'lympjamanʃaft] *f* équipe olympique *f*
olympisch [o'lympɪʃ] *adj* olympique
Olympische Spiele [o'lympɪʃə 'ʃpiːlə] *pl SPORT* Jeux olympiques *m/pl*
Oma ['oːma] *f* grand-maman *f,* mémère *f,* mémé *f* (fam)
Omen ['oːmən] *n* augure *m,* présage *m*
Omnibus ['ɔmnibus] *m* omnibus *m*
Onkel ['ɔŋkəl] *m* oncle *m,* tonton *m* (fam)
online ['ɒnlaɪn] *adj INFORM* On Line
Opa ['oːpa] *m* grand-papa *m,* pépère *m,* pépé *m* (fam)
Oper ['oːpər] *f 1. (Werk)* opéra *m; 2. (Gebäude)* Opéra *m*
Operette [ope'rɛtə] *f MUS* opérette *f*
operieren [ope'riːrən] *v* opérer
Opernglas ['oːpərnglaːs] *n* jumelles de théâtre *f/pl*
Opernsänger(in) ['oːpərnzɛŋər(ɪn)] *m/f* chanteur d'opéra/chanteuse d'opéra *m/f*
Opfer ['ɔpfər] *n 1. (Verzicht)* sacrifice *m; 2. (Person)* victime *f*
Opferbereitschaft ['ɔpfərbəraɪtʃaft] *f* dévouement *m*
Opfergabe ['ɔpfərgaːbə] *f* offrande *f*
opfern ['ɔpfərn] *v 1. (spenden)* offrir; *2. (verzichten)* sacrifier; *3. (fig) sich ~* se dévouer
opportun [ɔpɔr'tuːn] *adj* opportun
Opportunist [ɔpɔrtu'nɪst] *m* opportuniste *m*
Opposition [ɔpozi'tsjoːn] *f* opposition *f*
Optik ['ɔptɪk] *f* optique *f*
Optiker(in) ['ɔptɪkər(ɪn)] *m/f* opticien(ne) *m/f*

optimal [ɔpti'maːl] *adj* optimal, optimum
Optimismus [ɔpti'mɪsmus] *m* optimisme *m*
Optimist [ɔpti'mɪst] *m* optimiste *m*
optimistisch [ɔpti'mɪstɪʃ] *adj* optimiste
optisch ['ɔptɪʃ] *adj* optique
orange [o'rɑ̃ːʒ] *adj* orange, orangé
Orchester [ɔr'kɛstər] *n* orchestre *m*
Orden ['ɔrdən] *m 1. (Auszeichnung)* ordre *m*, décoration *f; 2. REL* ordre *m*
ordentlich ['ɔrdəntlɪç] *adj 1. (aufgeräumt)* bien rangé; *2. (sorgfältig)* soigné; *nichts Ordentliches zustande bringen* ne faire rien qui vaille; *3. (ordnungsliebend)* ordonné, ayant de l'ordre; *adv 4.* bien, convenablement
ordinär [ɔrdi'nɛːr] *adj* commun
ordnen ['ɔrdnən] *v 1.* ranger, mettre en ordre; *2. (ein~)* classer
Ordner ['ɔrdnər] *m 1. (Person)* ordonnateur *m; 2. (Hefter)* classeur *m*
Ordnung ['ɔrdnuŋ] *f 1. (Handlung)* rangement *m; 2. (Zustand)* ordre *m*
ordnungsgemäß ['ɔrdnuŋsgəmɛːs] *adj 1.* conforme au règlement; *adv 2.* dûment
ordnungswidrig ['ɔrdnuŋsviːdrɪç] *adj* contraire à l'ordre
Ordnungszahl ['ɔrdnuŋstsaːl] *f* nombre ordinal *m*
Organ [ɔr'gaːn] *n MED* organe *m*
Organisation [ɔrganiza'tsjoːn] *f* organisation *f*
Organisator [ɔrgani'zaːtɔr] *m* organisateur *m*
organisatorisch [ɔrganiza'toːrɪʃ] *adj* organisateur
organisch [ɔr'gaːnɪʃ] *adj* organique
organisieren [ɔrgani'ziːrən] *v* organiser
Organismus [ɔrga'nɪsmus] *m* organisme *m*
Organist [ɔrga'nɪst] *m MUS* organiste *m*
Orgasmus [ɔr'gasmus] *m* orgasme *m*
Orgel ['ɔrgəl] *f MUS* orgue *m*
Orgie ['ɔrgjə] *f* orgie *f*
Orient ['oːrjɛnt] *m GEO* Orient *m*
orientalisch [ɔrjɛn'taːlɪʃ] *adj* oriental
orientieren [ɔrjɛn'tiːrən] *v sich ~* s'orienter
Orientierung [ɔrjɛn'tiːruŋ] *f* orientation *f*
Orientierungssinn [ɔrjɛn'tiːruŋszɪn] *m* sens de l'orientation *m*
original [origi'naːl] *adj* original
Original [origi'naːl] *n* original *m*
originalgetreu [origi'naːlgətrɔy] *adj* fidèle à l'original
Originalität [originali'tɛːt] *f 1. (Echtheit)* originalité *f; 2. (Besonderheit)* originalité *f*
originell [origi'nɛl] *adj* original
Orkan [ɔr'kaːn] *m METEO* ouragan *m*
Ornament [ɔrna'mɛnt] *n* ornement *m*
Ort [ɔrt] *m 1. (Stelle)* lieu *m*, endroit *m*, place *f; sich an ~ und Stelle begeben* se rendre sur les lieux; *Hier ist nicht der ~, um darüber zu sprechen.* Ce n'est pas le lieu pour parler de cela. *2. (Ortschaft)* localité *f*
Orthografie [ɔrtogra'fiː] *f GRAMM* orthographe *f*
Orthopäde [ɔrto'pɛːdə] *m MED* orthopédiste *m*
örtlich ['œrtlɪç] *adj* local
Örtlichkeiten ['œrtlɪçkaɪtən] *pl* lieux *m/pl*
Ortsangabe ['ɔrtsangaːbə] *f* indication du lieu *f*
ortsansässig ['ɔrtsanzɛsɪç] *adj* résidant dans la localité
Ortschaft ['ɔrtʃaft] *f* localité *f*
ortsfremd ['ɔrtsfrɛmt] *adj* étranger à la localité; *~ sein (fam)* ne pas être du coin
ortskundig ['ɔrtskundɪç] *adj* connaissant les lieux
Ortszeit ['ɔrtstsaɪt] *f* heure locale *f*
Öse ['øːzə] *f* anneau *m; Haken und ~* crochet et anneau; *etw durch die ~ ziehen* tirer qc par l'anneau
Ossi ['ɔsi] *m (fam)* Allemand(e) de l'Est *m/f*
Osten ['ɔstən] *m* est *m; Der Wind weht aus ~.* Le vent souffle de l'est.
Osterei ['oːstəraɪ] *n* œuf de Pâques *m*
Osterhase ['oːstərhaːzə] *m* lapin de Pâques *m*
Ostermontag [oːstər'moːntaːk] *m* Lundi de Pâques *m*
Ostern ['oːstərn] *n* Pâques *f/pl*
Österreicher(in) ['øːstərraɪçər(ɪn)] *m/f* Autrichien(ne) *m/f*
österreichisch ['øːstərraɪçɪʃ] *adj* autrichien
Ostersonntag [oːstər'zɔntaːk] *m* Dimanche de Pâques *m*
östlich ['œstlɪç] *adj* oriental; *~ von* à l'est de
Ostsee ['ɔstzeː] *f GEO* mer Baltique *f*
oval [o'vaːl] *adj* ovale
Overall ['oːvərɔːl] *m* salopette *f*, combinaison *f*
Ozean ['oːtseaːn] *m* océan *m*
Ozonloch [o'tsoːnlɔx] *n* trou dans la couche d'ozone *m*
Ozonschicht [o'tsoːnʃɪçt] *f* couche d'ozone *f*

P

paar [paːr] *adv* quelques; *mit ein ~ Worten* en peu de mots; *die ~ Groschen, die er verdient hat* les quelques sous qu'il a gagnés
Paar [paːr] *n 1. (Ehepaar)* couple *m; 2. (~ Schuhe)* paire *f*
paaren ['paːrən] *v 1.* accoupler, appareiller; *2. (fig: verbinden)* unir
Paarung ['paːruŋ] *f* accouplement *m*
paarweise ['paːrvaɪzə] *adv* par paires
Pacht [paxt] *f 1. (Überlassung)* bail *m; 2. (Entgelt)* fermage *m*
pachten ['paxtən] *v* prendre à bail, prendre en gérance
Pächter ['pɛçtər] *m 1.* preneur *m; 2. AGR* fermier *m*
Pack [pak] *n (fam)* canaille *f,* populace *f*
Päckchen ['pɛkçən] *n* petit paquet *m*
packen ['pakən] *v 1. (greifen)* saisir, empoigner; *2. (einpacken)* emballer, empaqueter; *Koffer ~* faire des valises; *3. (rühren)* toucher
Packpapier ['pakpapiːr] *n* papier d'emballage *m*
Packung ['pakuŋ] *f 1.* emballage *m; 2. (Paket)* paquet *m*
Pädagoge [pɛda'goːgə] *m* pédagogue *m*
Pädagogik [pɛda'goːgɪk] *f* pédagogie *f*
pädagogisch [pɛda'goːgɪʃ] *adj* pédagogique
Paddel ['padəl] *n* pagaie *f*
Paddelboot ['padəlboːt] *n (fam)* canoë *m,* kayak *m*
paddeln ['padəln] *v* pagayer, faire du canoë
paff [paf] *interj* pan
Page ['paːʒə] *m* page *m,* groom *m*
Paket [pa'keːt] *n* paquet *m,* colis postal *m*
Pakt [pakt] *m* pacte *m,* accord *m*
Palast [pa'last] *m 1.* palais *m; 2. (Hotel)* palace *m*
Palästinenser(in) [palɛstɪ'nɛnzər(ɪn)] *m/f* Palestinien(ne) *m/f*
Palette [pa'lɛtə] *f 1.* palette *f; 2. (Auswahl)* choix *m*
Palme ['palmə] *f 1.* palmier *m; 2. (Auszeichnung)* palme *f*
Palmzweig ['palmtsvaɪg] *m* palme *f*
Panik ['paːnɪk] *f* panique *f*
panikartig ['paːnɪkartɪç] *adv* dans la panique
Panne ['panə] *f 1. (Schaden)* panne *f; 2. (Missgeschick)* malchance *f,* mésaventure *f*
Pannenhilfe ['panənhɪlfə] *f* service de dépannage *m*
Panorama [pano'raːma] *n* panorama *m*
panschen ['panʃən] *v 1. (Wein)* frelater, couper; *2. (verfälschen)* falsifier; *3. (spielen)* patauger
Pantoffel [pan'tɔfəl] *m* pantoufle *f; Er steht unter dem ~.* Sa femme porte la culotte. *den ~ schwingen* porter la culotte
Pantoffelheld [pan'tɔfəlhɛlt] *m (fam)* mari qui se laisse gouverner par sa femme *m*
Pantomime [panto'miːmə] *f* pantomime *f*
Papa ['papa] *m* papa *m*
Papier [pa'piːr] *n 1.* papier *m; nur auf dem ~ stehen* n'exister que sur le papier; *etw zu ~ bringen* écrire qc/mettre qc noir sur blanc; *2. ~e pl (Dokumente)* papiers *m/pl*
Papiergeld [pa'piːrgɛlt] *n* papier-monnaie *m*
Papierkorb [pa'piːrkɔrp] *m* corbeille à papiers *f*
Pappbecher ['papbɛçər] *m* gobelet en carton *m*
Pappe ['papə] *f* carton *m*
pappen ['papən] *v* coller
pappig ['papɪç] *adj 1. (klebrig)* collant, gluant; *2. (breiig)* pâteux
Pappkarton ['papkartɔŋ] *m* carton *m*
päpstlich ['pɛːpstlɪç] *adj REL* pontifical
Parade [pa'raːdə] *f 1.* parade *f,* défilé *m; 2. MIL* prise d'armes *f*
Paradies [para'diːs] *n* paradis *m; das ~ auf Erden* le paradis sur terre *m*
paradiesisch [para'diːzɪʃ] *adj* paradisiaque
paradox [para'dɔks] *adj* paradoxal
Paragraf [para'graːf] *m* paragraphe *m*
parallel [para'leːl] *adj* parallèle
Parallele [para'leːlə] *f* parallèle *f*
Parasit [para'ziːt] *m* parasite *m*
parat [pa'raːt] *adj* disponible, prêt
Parfüm [par'fyːm] *n* parfum *m*
Parfümerie [parfymə'riː] *f* parfumerie *f*
parieren [pa'riːrən] *v (fam: gehorchen)* obéir
Parität [pari'tɛːt] *f* parité *f,* égalité *f*
paritätisch [pari'tɛːtɪʃ] *adj 1.* paritaire; *adv 2.* à égalité
Park [park] *m* parc *m*
parken ['parkən] *v* garer, parquer
Parkett [par'kɛt] *n (Fußboden)* parquet *m*

Parkhaus ['parkhaus] *n* garage sur plusieurs niveaux *m*
Parkplatz ['parkplats] *m* place de parking *f*
Parkuhr ['parku:r] *f* parcmètre *m*
Parkverbot ['parkfɛrbo:t] *n* interdiction de stationner *f*
Parodie [paro'di:] *f* parodie *f*
Parole [pa'ro:lə] *f* *1.* mot d'ordre *m; 2. (Motto)* devise *f*
Parteinahme [par'taɪna:mə] *f* prise de parti *f*
Parterre [par'tɛr] *n (Erdgeschoss)* rez-de-chaussée *m*
Partie [par'ti:] *f 1. (Spiel)* partie *f,* match *m; 2. (Teil)* partie *f; 3. eine gute ~ sein* être un beau parti; *eine gute ~ machen* faire un beau mariage
Partner ['partnər] *m 1. (Ehepartner)* conjoint *m,* partenaire *m; 2. (Geschäftspartner)* associé *m,* partenaire *m; 3. (Vertragspartner)* contractant *m,* partie contractante *f*
Partnerschaft ['partnərʃaft] *f 1.* participation *f; 2. (Städtepartnerschaft)* jumelage *m*
Party ['pa:rti] *f* soirée *f,* surprise-partie *f*
Pascha ['paʃa] *m (fig)* pacha *m*
Pass [pas] *m 1. (Ausweis)* passeport *m,* carte d'identité *f; 2. (Bergpass)* col *m*
passabel [pa'sa:bəl] *adj* passable; *ganz ~ sein* être tout à fait passable
Passage [pa'sa:ʒə] *f (Durchgang)* passage *m*
Passagier [pasa'ʒi:r] *m* passager *m; blinder ~* passager clandestin *m*
Passagierschiff [pasa'ʒi:rʃɪf] *n* paquebot *m*
Passant [pa'sant] *m 1.* passant *m; 2. (Fußgänger)* piéton *m*
Passbild ['pasbɪlt] *n* photo d'identité *f*
passen ['pasən] *v 1. (die richtige Größe haben)* être à la bonne taille, aller bien; *Das passt mir wie angegossen.* Ça me va comme un gant. *jdm ~* être à la taille de qn; *2. (angemessen sein)* convenir, être de mise; *3. (recht sein)* convenir, aller; *4. (gelegen sein)* être convenable, être séant
passend ['pasənt] *adj* approprié
passieren [pa'si:rən] *v 1. (geschehen)* se passer, arriver; *Das kann jedem ~.* Cela peut arriver à tout le monde. *Wie ist das passiert?* Comment cela s'est-il-passé? *2. (überqueren)* passer, franchir
Passierschein [pa'si:rʃaɪn] *m* laissez-passer *m*
passiv ['pasi:f] *adj* passif
Passivität [pasivi'tɛ:t] *f* passivité *f*
Passkontrolle ['paskɔntrɔlə] *f* contrôle des passeports *m*
Paste ['pastə] *f* pâte *f*
Pate ['pa:tə] *m* parrain *m; bei etw ~ stehen* être parrain de qc/être à l'origine de qc
Patenkind ['pa:tənkɪnt] *n* filleul *m*
patent [pa'tɛnt] *adj* adroit, capable
Pathos ['pa:tɔs] *n* pathétique *m,* emphase *f*
Patient(in) [pa'tsjɛnt(ɪn)] *m/f* patient(e) *m/f,* malade *m/f*
Patin ['pa:tɪn] *f* marraine *f*
Patriarch [patri'arç] *m* patriarche *m*
Patriarchat [patriar'ça:t] *n* patriarcat *m*
Patriot [patri'o:t] *m* patriote *m*
patriotisch [patri'o:tɪʃ] *adj* patriotique
Patriotismus [patrio'tɪsmus] *m* patriotisme *m*
Patron(in) [pa'tro:n(ɪn)] *m/f 1.* patron(ne) *m/f; 2. (fam)* type *m,* mec *m*
Patronat [patro'na:t] *n REL* patronage *m*
Patrone [pa'tro:nə] *f 1. (Waffe)* cartouche *f; 2. (Tintenpatrone)* cartouche d'encre *f*
Patsche ['patʃə] *f 1. (Notlage)* détresse *f,* situation critique *f; in der ~ sitzen* être dans le pétrin; *jdm aus der ~ helfen* tirer qn d'embarras; *2. (fam: Händchen)* menotte *f*
Patzer ['patsər] *m* erreur *f*
patzig ['patsɪç] *adj* impoli, arrogant
pauken ['paukən] *v (fam)* bachoter, potasser
Pauker ['paukər] *m (fam)* prof *m*
pauschal [pau'ʃa:l] *adj 1.* forfaitaire, global; *adv 2.* à forfait, en bloc
Pauschale [pau'ʃa:lə] *f* somme forfaitaire *f*
Pause ['pauzə] *f 1.* pause *f; 2. (in der Schule)* récréation *f*
pausenlos ['pauzənlo:s] *adj 1.* continuel; *adv 2.* sans repos
pausieren [pau'zi:rən] *v* faire une pause
Pazifik [pa'tsifɪk] *m GEO* Pacifique *m*
Pazifist [patsi'fɪst] *m* pacifiste *m*
pazifistisch [patsɪ'fɪstɪʃ] *adj 1.* pacifiste; *adv 2.* en pacificateur
Pech [pɛç] *n 1.* poix *f; zusammenhalten wie ~ und Schwefel* être comme cul et chemise (fam)/s'entendre comme larrons en foire; *2. (fig: Missgeschick)* malchance *f,* déveine *f* (fam); *~ haben* avoir de la malchance
pechschwarz ['pɛç'ʃvarts] *adj* noir comme du cirage
Pechsträhne ['pɛçʃtrɛ:nə] *f* série noire *f*
Pechvogel ['pɛçfo:gəl] *m* malchanceux *m*

Pedal [pe'daːl] *n* pédale *f*
Pedant(in) [pe'dant(ɪn)] *m/f* maniaque *m/f*, pinailleur/pinailleuse *m/f*, tatillon(ne) *m/f*
pedantisch [pe'dantɪʃ] *adj* tatillon
Pegel ['peːgəl] *m* échelle fluviale *f*, niveau *m*
peilen ['paɪlən] *v 1. (Richtung)* déterminer la direction; *2. (fig)* sonder, mesurer; *über den Daumen ~* mesurer à vue de nez
Pein [paɪn] *f* douleur *f*
peinigen ['paɪnɪgən] *v* faire souffrir, tourmenter
peinlich ['paɪnlɪç] *adj 1. (unangenehm)* désagréable, pénible; *adv 2. ~ genau* pointilleux, minutieux
Peinlichkeit ['paɪnlɪçkaɪt] *f (Verlegenheit)* embarras *m*
Peitsche ['paɪtʃə] *f 1.* fouet *m; 2. (Reitpeitsche)* cravache *f*
peitschen ['paɪtʃən] *v 1. (schlagen)* fouetter; *2. (Regen)* cingler, battre violemment
Pelz [pɛlts] *m 1. (Fell)* peau *f*, pelage *m; jdm auf den ~ rücken* presser qn/tenir la grappe à qn (fam); *jdm einen auf den ~ brennen* tirer sur qn/ouvrir le feu sur qn; *2. (~mantel)* fourrure *f*, manteau de fourrure *m*
Pendel ['pɛndəl] *n* pendule *m*, balancier *m*
pendeln ['pɛndəln] *v 1. (baumeln)* osciller, balancer; *2. (fig)* faire la navette
Pendelverkehr ['pɛndəlfɛrkeːr] *m* service de navette *m*
Pendler ['pɛndlər] *m* personne faisant la navette *f*
penetrant [pɛnə'trant] *adj* fort
peng [pɛŋ] *interj* pan
penibel [pe'niːbəl] *adj 1.* méticuleux, minutieux; *2. (schwierig)* difficile
pennen ['pɛnən] *v (fam)* roupiller, pioncer
Pension [pɛn'zjoːn] *f 1. (Ruhestand)* retraite *f; 2. (Rente)* pension de retraite *f; 3. (Fremdenheim)* pension *f*, maison de repos *f*
Pensum ['pɛnzum] *n* tâche *f*
per [pɛr] *prep* par; *~ Anhalter fahren* faire de l'auto-stop
perfekt [pɛr'fɛkt] *adj* parfait, accompli
Perfektion [pɛrfɛk'tsjoːn] *f* perfection *f*
Perfektionist [pɛrfɛktsjo'nɪst] *m* perfectionniste *m*
perforieren [pɛrfo'riːrən] *v* perforer, percer
Pergament [pɛrga'mɛnt] *n* parchemin *m*
Periode [per'joːdə] *f 1. (Zeitabschnitt)* période *f; 2. (Menstruation)* règles *f/pl*
periodisch [per'joːdɪʃ] *adj* périodique
peripher [peri'feːr] *adj 1.* périphérique; *adv 2.* à la périphérie
Peripherie [perife'riː] *f* périphérie *f*
Perle ['pɛrlə] *f* perle *f*
perlen ['pɛrlən] *v 1. (Schweiß)* perler; *Der Schweiß perlte ihm von der Stirn.* La sueur perlait sur son front. *2. (Sekt)* pétiller; *3. (Lachen)* rire; *4. (rollen)* rouler, enrouler
Perlenkette ['pɛrlənkɛtə] *f* collier de perles *m*
Perlmutt ['pɛrlmut] *n* nacre *f*
permanent [pɛrma'nɛnt] *adj 1.* permanent, durable; *adv 2.* en permanence
perplex [pɛr'plɛks] *adj* perplexe
Perser ['pɛrzər] *m 1. (Person)* Persan *m*, Perse *m; 2. (Teppich)* tapis persan *m*
Persien ['pɛrziən] *n GEO* Perse *f*
Person [pɛr'zoːn] *f* personne *f*, individu *m; etw in ~ sein* être qc en personne/incarner qc
Personal [pɛrzo'naːl] *n 1.* personnel *m; 2. (die Angestellten)* employés *m/pl; 3. (Hauspersonal)* domestiques *m/pl*
Personalabteilung [pɛrzo'naːlaptaɪluŋ] *f* service du personnel *m*
Personalausweis [pɛrzo'naːlausvaɪs] *m* carte d'identité *f*
Personalcomputer [pɛrzo'naːlkompjuːtər] *m* ordinateur personnel *m*
Personalien [pɛrzo'naːljən] *pl* identité *f*
Personalmangel [pɛrzo'naːlmaŋəl] *m* pénurie de personnel *f*
Personenkraftwagen [pɛr'zoːnənkraftvaːgən] *m* voiture de tourisme *f*
Personenschaden [pɛr'zoːnənʃaːdən] *m* dommage aux personnes *m*
persönlich [pɛr'zøːnlɪç] *adj 1.* personnel; *adv 2.* en personne; *etw ~ nehmen* prendre qc à cœur
Persönlichkeit [pɛr'zøːnlɪçkaɪt] *f* personnalité *f*
Perspektive [pɛrspɛk'tiːvə] *f* perspective *f*
Perücke [pɛ'rykə] *f* perruque *f*
pervers [pɛr'vɛrs] *adj* pervers
Pessimismus [pɛsi'mɪsmus] *m* pessimisme *m*
Pessimist [pɛsɪ'mɪst] *m* pessimiste *m*
pessimistisch [pɛsi'mɪstɪʃ] *adj* pessimiste
Petroleum [pe'troːleum] *n* pétrole *m*
petzen ['pɛtsən] *v* moucharder, rapporter
Pfad [pfaːt] *m* sentier *m*, chemin étroit *m; auf dem ~ der Tugend wandeln* être la vertu en personne; *auf krummen ~en wandeln* filer un mauvais coton/être sur une mauvaise pente

Pfadfinder ['pfa:tfɪndər] *m* boy-scout *m*, éclaireur *m*
Pfahl [pfa:l] *m* poteau *m*, piquet *m*
Pfand [pfant] *n* gage *m*, garantie *f*
Pfandflasche ['pfantflaʃə] *f* bouteille consignée *f*
Pfandhaus ['pfanthaus] *n* maison de prêt *f*
Pfanne ['pfanə] *f* poêle *f*; *jdn in die ~ hauen* ne pas rater qn/briser qn
Pfau [pfau] *m ZOOL* paon *m*; *stolz wie ein ~ sein* être fier comme un paon
Pfeffer ['pfɛfər] *m* poivre *m*; *~ im Hintern haben* avoir le diable au corps/ne pas tenir en place
Pfeffermühle ['pfɛfərmy:lə] *f* moulin à poivre *m*
pfeffern ['pfɛfərn] *v* poivrer, pimenter
Pfeife ['pfaɪfə] *f* *1. (Tabakpfeife)* pipe *f*; *jdn in der ~ rauchen* avoir qn/venir à bout de qn; *2. (Trillerpfeife)* sifflet *m*; *nach jds ~ tanzen* se laisser mener à la baguette par qn/obéir au doigt et à l'œil de qn; *3. (Orgelpfeife)* tuyau *m*
pfeifen ['pfaɪfən] *v irr* siffler; *auf etw ~* faire fi de qc/se balancer de qc/se foutre de qc; *sehr gut ~* siffler comme un merle; *sich eins ~* en prendre à son aise/ne pas s'embêter (fam); *Ich pfeife dir was.* Tu peux toujours courir.
Pfeifkonzert ['pfaɪfkɔntsɛrt] *n* concert de sifflets *m*
Pfeil [pfaɪl] *m* flèche *f*, trait *m*
Pfeiler ['pfaɪlər] *m* *1.* pilier *m*; *2. (Wandpfeiler)* pilastre *m*
Pfennig ['pfɛnɪç] *m* pfennig *m*; *keinen ~ Geld haben* n'avoir ni sou ni maille; *keinen ~ wert sein* ne pas valoir un clou; *mit jedem ~ rechnen müssen* regarder à la dépense
Pfennigfuchser ['pfɛnɪçfukzər] *m (fam)* grippe-sou *m*
Pferd [pfe:rt] *n ZOOL* cheval *m*; *das ~ beim Schwanz aufzäumen* mettre la charrue avant les bœufs; *mit jdm ~e stehlen können* pouvoir compter entièrement sur qn; *das beste ~ im Stall sein* être le meilleur élément; *die ~e scheu machen* tout chambouler/semer sa merde (fam); *aufs richtige ~ setzen* parier sur le bon cheval/tirer le bon numéro; *Keine zehn ~e bringen mich dorthin.* Je n'irai pas pour tout l'or du monde. *Ich denk, mich tritt ein ~!* J'en suis baba!/J'en suis blême! (fam)
Pferderennbahn ['pfe:rdərɛnba:n] *f* hippodrome *m*
Pferderennen ['pfe:rdərɛnən] *n* course de chevaux *f*
Pferdeschwanz ['pfe:rdəʃvants] *m (Frisur)* queue de cheval *f*
Pfiff [pfɪf] *m* coup de sifflet *m*
pfiffig ['pfɪfɪç] *adj 1.* rusé; *adv 2.* avec ruse
Pfingsten ['pfɪŋstən] *n REL* Pentecôte *f*
Pflanze ['pflantsə] *f* plante *f*, végétal *m*
pflanzen ['pflantsən] *v 1.* planter; *2. (an~)* cultiver
Pflanzenfett ['pflantsənfɛt] *n* graisse végétale *f*
Pflanzenöl ['pflantsənø:l] *n* huile végétale *f*
Pflanzenschutzmittel ['pflantsənʃutsmɪtəl] *n* pesticide *m*
pflanzlich ['pflantslɪç] *adj* végétal
Pflaster ['pflastər] *n 1. (Wundpflaster)* pansement adhésif *m*, sparadrap *m*; *2. (Straßenpflaster)* pavé *m*; *ein teures ~ sein* être cher/être hors de prix; *ein heißes ~ sein* être un quartier chaud
Pflasterstein ['pflastərʃtaɪn] *m* pavé *m*
Pflaumenmus ['pflaumənmu:s] *n GAST* confiture de prunes *f*
Pflege ['pfle:gə] *f 1.* soin *m*; *2. (Unterhalt)* entretien *m*
pflegebedürftig ['pfle:gəbədyrftɪç] *adj* qui exige des soins
Pflegeeltern ['pfle:gəɛltərn] *pl* parents nourriciers *m/pl*
Pflegefall ['pfle:gəfal] *m* personne nécessitant des soins *f*
Pflegeheim ['pfle:gəhaɪm] *n* hospice *m*
Pflegekind ['pfle:gəkɪnt] *n* enfant en nourrice *m*
pflegeleicht ['pfle:gəlaɪçt] *adj 1.* facile à entretenir; *2. (Kleidung)* facile à laver
pflegen ['pfle:gən] *v 1.* soigner, prendre soin de; *2. (in Stand halten)* entretenir
Pfleger ['pfle:gər] *m* infirmier *m*
Pflegeversicherung ['pfle:gəfɛrzɪçəruŋ] *f* assurance-dépendance *f*
Pflicht [pflɪçt] *f* devoir *m*, obligation *f*; *Die ~ ruft.* Le devoir nous appelle. *etw für seine ~ halten* se mettre en devoir de qc
pflichtbewusst ['pflɪçtbəvust] *adj 1.* conscient de son devoir; *adv 2.* par devoir
Pflichtbewusstsein ['pflɪçtbəvustzaɪn] *n* conscience du devoir *f*
Pflichtfach ['pflɪçtfax] *n* matière obligatoire *f*
pflichtgemäß ['pflɪçtgəmɛ:s] *adj* conforme aux devoirs
Pflichtübung ['pflɪçty:buŋ] *f* exercice imposé *m*

Pflichtversicherung ['pflɪçtfɛrzɪçeruŋ] *f* assurance obligatoire *f*

Pflock [pflɔk] *m* cheville *f*, piquet *m*

pflücken ['pflykən] *v* cueillir

Pforte ['pfɔrtə] *f* porte *f*

Pförtner ['pfœrtnər] *m* portier *m*

Pfosten ['pfɔstən] *m* poteau *m*, montant *m*

Pfote ['pfoːtə] *f* patte *f*; *sich die ~n verbrennen* laisser des plumes/se brûler les ailes; *jdm eins auf die ~n geben* taper sur les doigts de qn

pfropfen ['pfrɔpfən] *v* *1. (hineindrücken)* bourrer; *Der Saal war gepfropft voll.* La salle était pleine à craquer. *2. (Flasche)* boucher

Pfuhl [pfuːl] *m 1.* étang *m*, mare *f*; *2. (fig)* bourbier *m*

pfui [pfui] *interj 1. (Ekel ausdrückend)* pouah; *2. (Missbilligung ausdrückend)* hou

Pfund [pfunt] *n 1. (Maßeinheit)* livre *f*; *2. (Währungseinheit)* livre sterling *f*

pfundig ['pfundɪç] *adj (fam: großartig)* épatant, chouette

pfuschen ['pfuʃən] *v (fam)* bâcler, gâcher

Pfuscher ['pfuʃər] *m* bâcleur *m*

Pfütze ['pfytsə] *f* flaque d'eau *f*, mare *f*

Phänomen [fɛno'meːn] *n* phénomène *m*

Phantom [fan'toːm] *n* fantôme *m*

Phantombild [fan'toːmbɪlt] *n* portrait robot *m*

Pharmaindustrie ['farmaɪndustriː] *f* industrie pharmaceutique *f*

Pharmakologe [farmako'loːgə] *m* pharmacologue *m*

Pharmakologie [farmakolo'giː] *f* pharmacologie *f*

Pharmazie [farma'tsiː] *f* pharmacie *f*

Phase ['faːzə] *f 1.* phase *f*, stade *m*; *2. (Grad)* degré *m*

Philologe [filo'loːgə] *m* philologue *m*

Philologin [filo'loːgɪn] *f* philologue *f*

Philosoph(in) [filo'zoːf(ɪn)] *m/f* philosophe *m/f*

Philosophie [filozo'fiː] *f* philosophie *f*

philosophieren [filozo'fiːrən] *v* philosopher

philosophisch [filo'zoːfɪʃ] *adj* philosophique

phlegmatisch [flɛg'maːtɪʃ] *adj* flegmatique

Phonetik [fo'neːtɪk] *f* phonétique *f*

phonetisch [fo'neːtɪʃ] *adj* phonétique

Phrase ['fraːzə] *f* phrase *f*; *leere ~n dreschen* parler pour ne rien dire

Physik [fy'zɪːk] *f* physique *f*

physikalisch [fyːzi'kaːlɪʃ] *adj* physique

Physiker(in) ['fyːzɪkər(ɪn)] *m/f* physicien(ne) *m/f*

Physiologie [fyːzjolo'giː] *f* physiologie *f*

physiologisch [fyːzjo'loːgɪʃ] *adj* physiologique

physisch ['fyːzɪʃ] *adj* physique

Pickel ['pɪkəl] *m 1. (Werkzeug)* pic *m*, pioche *f*; *2. (Pustel)* petit bouton *m*, pustule *f*

picken ['pɪkən] *v* becqueter, picorer

Picknick ['pɪknɪk] *n* pique-nique *m*

Piep [piːp] *m keinen ~ mehr sagen* ne plus dire un mot/ne plus souffler mot; *einen ~ haben* ne pas être très net/avoir une case de vide

piepe ['piːpə] *adj (fam) Das ist mir ~.* Je m'en balance.

piepen [piːpən] *v* pépier, piauler; *zum Piepen sein* être à mourir de rire/être tordant; *Bei dem piept's wohl!* Il n'est pas bien!/Il est cinglé!/Ça va pas la tête!

Pieps [piːps] *m* sifflement *m*; *keinen ~ sagen* ne pas dire mot

piepsen ['piːpsən] *v 1. (Mensch)* piailler; *2. (Funkgerät)* grésiller; *3. (Vogel)* pépier

Pietät [pie'tɛːt] *f* piété *f*

pietätlos [pie'tɛːtloːs] *adj* impie

pietätvoll [pie'tɛːtfɔl] *adj* rempli de vénération

Pigment [pɪg'mɛnt] *n* pigment *m*

Pilger(in) ['pɪlgər(ɪn)] *m/f* pèlerin(e) *m/f*

Pilgerfahrt ['pɪlgərfaːrt] *f* pèlerinage *m*

Pille ['pɪlə] *f* pilule *f*; *die bittere ~ schlucken* avaler la pilule/avaler le morceau; *Das ist eine bittere ~ für mich.* J'ai du mal à avaler la pilule./J'ai du mal à avaler le morceau. *jdm eine bittere ~ zu schlucken geben* porter un coup à qn

Pilot(in) [pi'loːt(ɪn)] *m/f 1.* pilote *m/f*; *2. (Flieger(in))* aviateur/aviatrice *m/f*

Pilotprojekt [pi'loːtprojɛkt] *n* projet-pilote *m*

Pils [pɪls] *n* bière Pilsner *f*

Pilz [pɪlts] *m BOT* champignon *m*

pinkeln ['pɪŋkəln] *v (fam)* pisser

Pinsel ['pɪnzəl] *m 1.* pinceau *m*, brosse *f*; *2. (Dummkopf)* niais *m*, benêt *m*

pinseln ['pɪnzəln] *v 1.* peindre; *2. (sorgfältig schreiben)* s'appliquer à écrire

Pinzette [pɪn'tsɛtə] *f* pincettes *f/pl*, pince *f*

Pionier [pio'niːr] *m* pionnier *m*, sapeur *m*

Pipifax ['pipifaks] *m (fam)* ineptie *f*, bêtise *f*

Pirat [pi'raːt] *m* pirate *m*

Piste ['pɪstə] *f* piste *f*

Pistole [pɪs'toːlə] *f* pistolet *m; jdm die ~ auf die Brust setzen (fig)* mettre le couteau sous la gorge à qn; *wie aus der ~ geschossen* du tac au tac
plädieren [plɛ'diːrən] *v* plaider
Plage ['plaːgə] *f* peine *f,* mal *m*
plagen ['plaːgən] *v sich ~* se tourmenter, se torturer
Plakat [pla'kaːt] *n* affiche *f,* pancarte *f*
plan [plaːn] *adj* plan, uni
Plan [plaːn] *m 1. (Vorhaben)* plan *m,* projet *m; nach ~ verlaufen* se dérouler suivant le plan; *2. (Absicht)* dessein *m; 3. jdn auf den ~ rufen* convoquer qn; *4. (Stadtplan)* plan de la ville *m*
Plane ['plaːnə] *f* bâche *f*
planen ['plaːnən] *v* planifier, projeter
Planet [pla'neːt] *m* planète *f*
planieren [pla'niːrən] *v* aplanir
planlos ['plaːnloːs] *adj 1.* sans plan, sans dessein préconçu; *adv 2.* au hasard, sans méthode
planmäßig ['plaːnmɛːsɪç] *adj 1.* conforme au plan; *adv 2.* selon le plan
Planspiel ['plaːnʃpiːl] *n MIL* jeu tactique *m*
Plantage [plan'taːʒə] *f* plantation *f*
Plantschbecken ['planʃbɛkən] *n* bassin pour enfants *m*
plantschen ['planʃən] *v* patauger, barboter
Planung ['plaːnuŋ] *f 1.* planification *f,* planning *m; 2. (Programmgestaltung)* programmation *f*
Plappermaul ['plapərmaul] *n* moulin à paroles *m,* robinet *m*
plappern ['plapərn] *v* bavarder, jaser, jacasser
plärren ['plɛrən] *v 1. (schreien)* criailler, piailler; *2. (unschön singen)* beugler, gueuler
Plastik ['plastɪk] *n 1.* matière plastique *f,* plastique *m; f 2. ART* sculpture *f*
Plastikfolie ['plastɪkfoːljə] *f* cellophane *f*
Plastiktüte ['plastɪktyːtə] *f* sac en plastique *m*
plastisch ['plastɪʃ] *adj 1. (knetbar)* plastique; *2. (fig)* en relief
plätschern ['plɛtʃərn] *v* clapoter, murmurer
platt [plat] *adj 1.* plat, aplati; *2. (fig: geistlos)* plat, banal
Platte ['platə] *f 1. (Holzplatte, Metallplatte)* plaque *f; 2. (Fliese)* dalle *f,* carreau *m; 3. (Schallplatte)* disque *m; eine andere ~ auflegen* changer de disque; *4. (Tortenplatte)* plat *m; 5. (Tablett)* plateau *m*
Plattenspieler ['platənʃpiːlər] *m* tourne-disque *m*
Plattform ['platfɔrm] *f* plate-forme *f*
Plattfuß ['platfuːs] *m (fam: Reifenpanne)* roue à plat *f; einen ~ haben* être à plat
Platz [plats] *m 1. (Stelle)* place *f,* endroit *m; jdm seinen ~ überlassen* céder sa place à qn; *Räume mir deinen ~ ein.* Ote-toi de là que je m'y mette. *ein ~ an der Sonne* une place au soleil *f; fehl am ~ sein* être déplacé; *~ behalten* rester assis; *jdn auf die Plätze verweisen* remettre qn à sa place; *2. (Spielfeld)* terrain *m,* stade *m; 3. (Marktplatz)* place du marché *f; 4. (freier Raum)* place *f,* espace libre *m; ~ sparend* qui permet d'économiser de la place
Platzangst ['platsaŋst] *f* agoraphobie *f*
Plätzchen ['plɛtsçən] *n 1. (kleiner Platz)* petit coin *m; 2. (Gebäck)* petit gâteau *m,* petit four *m*
platzen ['platsən] *v 1.* crever, éclater; *2. (misslingen)* échouer, rater
platzieren [pla'tsiːrən] *v 1.* placer; *2. (verkaufen)* écouler, vendre
Platzierung [pla'tsiːruŋ] *f* classement *m*
Platzkarte ['platskartə] *f* ticket de réservation *m*
Platzpatrone ['platspatroːnə] *f* cartouche à blanc *f*
Platzregen ['platsreːgən] *m* averse *f*
plaudern ['plaudərn] *v* causer, bavarder; *aus der Schule ~* vendre la mèche
plausibel [plau'ziːbəl] *adj* plausible, vraisemblable
pleite ['plaɪtə] *adj* en faillite; *~ sein* être fauché, être à sec
Pleite ['plaɪtə] *f 1.* faillite *f,* banqueroute *f; ~ machen/~ gehen* faire faillite; *2. (fig: Misserfolg)* échec *m,* désastre *m*
Plenarsaal [ple'naːrzaːl] *m* salle plénière *f*
Plenum ['pleːnum] *n* assemblée plénière *f*
Plexiglas ['plɛksiglaːs] *n* plexiglas *m*
Plombe ['plɔmbə] *f 1.* plomb *m; 2. (Zahnplombe)* plombage *m,* obturation *f*
plombieren [plɔm'biːrən] *v 1.* plomber; *2. (Zahn)* plomber
plötzlich ['plœtslɪç] *adj 1.* soudain, subit; *2. (unerwartet)* inattendu; *adv 3.* soudain
plump [plump] *adj 1. (unförmig)* lourd, pesant; *2. (ungeschickt)* lourdaud, balourd
plumpsen ['plumpsən] *v* faire pouf, tomber lourdement; *durch die Prüfung ~* rater l'examen
Plunder ['plundər] *m 1.* fatras *m,* bric-à-brac *m; 2. (Kleidung)* nippes *f/pl*
plündern ['plyndərn] *v* piller, dépouiller

Plünderung ['plyndəruŋ] *f* pillage *m*
Plural ['pluːraːl] *m GRAMM* pluriel *m*
plus [plus] *adv (Grad)* plus
Plus [plus] *n (Überschuss)* surplus *m*
Plüsch [plyːʃ] *m* peluche *f*
Plüschtier ['plyːʃtiːr] *n* animal en peluche *m*
Pluspunkt ['pluspuŋkt] *m* point positif *m*
pneumatisch [pnɔy'maːtɪʃ] *adj TECH* pneumatique
Po [poː] *m (fam) ANAT* derrière *m*, postérieur *m*, fesses *f/pl*
Pöbel ['pøːbəl] *m* plèbe *f*, populace *f*
pochen ['pɔxən] *v 1. (klopfen)* battre, palpiter; *2. (fig: bestehen auf)* réclamer, revendiquer; *3. (geltend machen)* faire valoir
Pocken ['pɔkən] *pl MED* variole *f*
Podest [po'dɛst] *n 1. (auf einer Bühne)* estrade *f*; *2. (Treppenabsatz)* palier *m*
Podium ['poːdjum] *n 1.* podium *m*, tribune *f*; *2. (auf einer Bühne)* scène *f*
Poesie [poe'ziː] *f* poésie *f*
Poet(in) [po'eːt(ɪn)] *m/f* poète/poétesse *m/f*
poetisch [po'eːtɪʃ] *adj 1.* poétique; *adv 2.* avec poésie
Pointe [po'ɛ̃tə] *f* pointe *f*, mot de la fin *m*
Pokal [po'kaːl] *m* coupe *f*
pokern ['poːkərn] *v* jouer au poker
Pol [poːl] *m* pôle *m*; *der ruhende ~* le calme en personne *m*
Polen ['poːlən] *n GEO* Pologne *f*
polieren [po'liːrən] *v* faire briller, reluire
Politik [poli'tiːk] *f* politique *f*
Politiker(in) [po'liːtikər(ɪn)] *m/f* homme politique/femme politique *m/f*
politisch [po'liːtɪʃ] *adj* politique
politisieren [politi'ziːrən] *v* politiser
Politur [poli'tuːr] *f* poli *m*
Polizei [poli'tsaɪ] *f* police *f*; *Achtung, da kommt die ~!* Vingt-deux, voilà les flics!
Polizeifunk [poli'tsaɪfuŋk] *m* radio de la police *f*
polizeilich [poli'tsaɪlɪç] *adj 1.* policier; *adv 2.* par la police
Polizeipräsidium [poli'tsaɪprɛziːdjum] *n* préfecture de police *f*
Polizeirevier [poli'tsaɪreviːr] *n* poste de police *m*
Polizeistreife [poli'tsaɪʃtraɪfə] *f* patrouille de police *f*
Polizeistunde [poli'tsaɪʃtundə] *f* heure de fermeture *f*
Polizist [poli'tsɪst] *m* agent de police *m*
Polka ['pɔlka] *f* polka *f*
polnisch ['pɔlnɪʃ] *adj* polonais
Polster ['pɔlstər] *n 1.* coussin *m*, rembourrage *m*; *2. (finanzielles ~)* réserves *f/pl*
Polstermöbel ['pɔlstərmøːbəl] *pl* meubles rembourrés *m/pl*
polstern ['pɔlstərn] *v* rembourrer
Polterabend ['pɔltəraːbənt] *m* veille des noces *f*
poltern ['pɔltərn] *v 1. (Geräusche machen)* tapager, faire du tapage; *2. (schimpfen)* gronder, rouspéter; *3. (sich fortbewegen)* se déplacer
Polygamie [poliga'miː] *f* polygamie *f*
polyglott ['polyglɔt] *adj* polyglotte
Polyp [po'lyːp] *m (fam: Polizist)* flic *m*
Pomade [po'maːdə] *f* pommade *f*
Pony ['pɔni] *n 1. ZOOL* poney *m*; *m 2. (Frisur)* frange *f*
Popo [po'poː] *m (fam)* derrière *m*
populär [popu'lɛːr] *adj* populaire
Popularität [popularɪ'tɛːt] *f* popularité *f*
Pornografie [pɔrnogra'fiː] *f* pornographie *f*
porös [po'røːs] *adj* poreux
Portal [pɔr'taːl] *n* portail *m*
Portemonnaie *(siehe „Portmonee")*
Portier [pɔr'tjeː] *m* portier *m*, concierge *m*
Portion [pɔr'tsjoːn] *f 1.* portion *f*; *2. (Teil)* part *f*; *3. MIL* ration *f*
Portmonee [pɔrtmɔ'neː] *n* porte-monnaie *m*, bourse *f*; *tief ins ~ greifen müssen* payer cher/allonger la sauce (fam)
Porto ['pɔrto] *n* port *m*, affranchissement *m*
portofrei ['pɔrtofraɪ] *adj 1.* exempt de port; *adv 2.* port payé
Porträt [pɔr'trɛː] *n* portrait *m*
porträtieren [pɔrtrɛ'tiːrən] *v* faire le portrait
Portugiese [pɔrtu'giːzə] *m* Portugais *m*
Portugiesin [pɔrtu'giːzɪn] *f* Portugaise *f*
portugiesisch [pɔrtu'giːzɪʃ] *adj* portugais
Portwein ['pɔrtvaɪn] *m* porto *m*
Porzellan [pɔrtsə'laːn] *n* porcelaine *f*
Posaune [pɔ'zaunə] *f MUS* trombone *m*
Position [pozi'tsjoːn] *f 1.* position *f*; *2. (Stellung)* poste *m*
positiv ['pozitiːf] *adj* positif, affirmatif
Posse ['pɔsə] *f 1.* farce *f*, facétie *f*; *2. THEAT* pièce burlesque *f*
Post [pɔst] *f 1.* poste *f*; *2. (~amt)* bureau de poste *m*; *3. (Briefe)* courrier *m*
Postamt ['pɔstamt] *n* bureau de poste *m*
Postanweisung ['pɔstanvaɪzuŋ] *f* mandat postal *m*

Postbote ['pɔstboːtə] *m* facteur *m*
Posten ['pɔstən] *m 1. (Anstellung)* poste *m*, emploi *m; auf dem ~ sein* avoir la pêche/avoir la frite (fam); *2. (Wachposten)* poste *m*, sentinelle *f; auf verlorenem ~ stehen* défendre une cause perdue; *3. (Warenmenge) ECO* lot *m; 4. (Einzelziffer) ECO* article *m*, entrée *f; 5. (Eingang)* entrée *f*
Postfach ['pɔstfax] *n* boîte postale *f*
Postkarte ['pɔstkartə] *f* carte postale *f*
postlagernd ['pɔstlagərnt] *adj* poste restante
Postleitzahl ['pɔstlaɪttsaːl] *f* code postal *m*
Postschalter ['pɔstʃaltər] *m* guichet de la poste *m*
Postscheck ['pɔstʃɛk] *m* chèque postal *m*
Postsparbuch ['pɔstʃpaːrbux] *n* livret de caisse d'épargne de la poste *m*
Poststempel ['pɔstʃtɛmpəl] *m* cachet de la poste *m*
postwendend ['pɔstvɛndənt] *adv* par retour du courrier
potent [po'tɛnt] *adj* puissant
Potenz [po'tɛnts] *f* puissance *f*
Potenzial [potɛn'tsjaːl] *n* potentiel *m*
potenziell [potɛn'tsjɛl] *adj* potentiel
Pracht [praxt] *f* magnificence *f*, splendeur *f; eine wahre ~ sein* être un petit bijou
prächtig ['prɛçtɪç] *adj* magnifique, splendide
prädestiniert [prɛdəsti'niːrt] *adj* prédestiné
Prädikat [prɛdi'kaːt] *n 1. (Bewertung)* titre *m*, note *f; 2. GRAMM* prédicat *m*
prägen ['prɛːgən] *v 1. (Münzen)* frapper, battre; *2. (fig)* empreindre, forger
pragmatisch [prak'maːtɪʃ] *adj 1.* pragmatique; *adv 2.* avec pragmatisme
prägnant [prɛg'nant] *adj 1.* significatif; *2. (auffallend)* frappant
Prägung ['prɛːguŋ] *f 1. (Münzen)* frappe *f; 2. (fig)* caractère *m*
prähistorisch [prɛːhɪs'toːrɪʃ] *adj* préhistorique
prahlen ['praːlən] *v* se vanter, fanfaronner
Prahlhans ['praːlhans] *m (fam)* fanfaron *m*
praktikabel [praktɪ'kaːbəl] *adj* praticable
Praktikant(in) [praktɪ'kant(ɪn)] *m/f* stagiaire *m/f*
Praktikum ['praktɪkum] *n* stage *m*
praktisch ['praktɪʃ] *adj 1.* pratique; *adv 2.* dans la practique; *3. (sozusagen)* pour ainsi dire
praktizieren [prakti'tsiːrən] *v* exercer, pratiquer
prall [pral] *adj 1. (ganz gefüllt)* bondé; *2. (Sonne)* plein; *in der ~en Sonne* en plein soleil; *3. (gespannt)* tendu
prallen ['pralən] *v 1. ~ gegen* heurter contre; *2. ~ gegen (Sonne)* taper
Prämie ['prɛːmjə] *f 1.* prime *f; 2. (Belohnung)* récompense *f*
prämieren [prɛ'miːrən] *v* primer
Pranke ['praŋkə] *f ZOOL* griffe *f*, patte *f*
Präparat [prɛpa'raːt] *n* préparation *f*
präparieren [prɛpa'riːrən] *v* préparer
Präposition [prɛpozi'tsjoːn] *f GRAMM* préposition *f*
Prärie ['prɛriː] *f* prairie *f*
Präsentation [prɛzəntats'joːn] *f* présentation *f*
präsentieren [prɛzən'tiːrən] *v* présenter
Präsentierteller [prɛzentiːrtelər] *m auf dem ~ sitzen* être sous les feux de la rampe/être exposé à tous les regards; *jdm etw auf dem ~ servieren* servir qc sur un plateau à qn
Präservativ [prɛzərva'tiːf] *n* préservatif *m*, capote anglaise *f*
Präsident(in) [prɛzi'dɛnt(ɪn)] *m/f* président(e) *m/f*
Präsidium [prɛ'ziːdjum] *n 1. (Vorsitz)* présidence *f*, comité directeur *m; 2. (Polizeipräsidium)* préfecture de police *f*
prasseln ['prasəln] *v 1. (Regen)* tomber dru, tambouriner; *2. (fig)* grésiller; *3. (Feuer)* crépiter
prassen ['prasən] *v* mener joyeuse vie, faire la noce
Präventivmaßnahme [prɛvən'tiːfmasnaːmə] *f* mesure préventive *f*
Praxis ['praksis] *f 1. (Anwendung)* pratique *f*, exercice *m; in die ~ umsetzen* mettre en pratique; *2. (Erfahrung)* expérience *f; 3. (eines Arztes)* cabinet de consultation *m*
Präzedenzfall [prɛtsə'dɛntsfal] *m* précédent *m*
präzise [prɛ'tsiːzə] *adj 1.* précis, exact; *adv 2.* avec précision
Präzision [prɛtsiz'joːn] *f* précision *f*
predigen ['preːdɪgən] *v 1. REL* prêcher; *2. (fig)* sermonner, faire un sermon
Predigt ['preːdɪçt] *f 1. REL* sermon *m; 2. (Bibelinterpretation)* homélie *f; 3. (fig)* sermon *m*
Preis [praɪs] *m 1. (Wertangabe)* prix *m; um keinen ~* à aucun prix; *2. (Auszeichnung)* prix *m*, prime *f*

Preisanstieg ['praɪsanʃtiːk] *m* hausse des prix *f*
Preisausschreiben ['praɪsausʃraɪbən] *n* concours *m*
preisen ['praɪzən] *v irr* louer, vanter
Preisfrage ['praɪsfraːgə] *f (fig)* sujet de concours *m*
preisgeben ['praɪsgeːbən] *v irr 1. (aufgeben)* abandonner; *2. (enthüllen)* révéler; *3. (aussetzen)* donner en proie; *4. (verbreiten)* divulguer
preisgekrönt ['praɪsgəkrøːnt] *adj* couronné
preisgünstig ['praɪsgynstɪç] *adj 1.* bon marché; *2. (lohnend)* avantageux
Preisliste ['praɪslɪstə] *f* liste des prix *f*
Preisrückgang ['praɪsrykgaŋ] *m* baisse des prix *f*
Preisschild ['praɪsʃɪlt] *n* étiquette de prix *f*
Preisträger ['praɪstrɛːgər] *m 1.* lauréat *m; 2. SPORT* champion *m*
preiswert ['praɪsveːrt] *adj* bon marché
prellen ['prɛlən] *v 1. jdn ~* berner qn; *2. die Zeche ~* partir sans payer; *3. sich etw ~* se blesser qc; *4. (abprallen lassen)* faire rejaillir
Presse ['prɛsə] *f 1. (Zeitungswesen)* presse *f*, journaux *m/pl; 2. TECH* presse *f*
Pressekonferenz ['prɛsəkɔnfərɛnts] *f* conférence de presse *f*
pressen ['prɛsən] *v 1.* presser; *2. (zusammendrücken)* serrer, comprimer
Pressesprecher ['prɛsəʃprɛçər] *m* porte-parole *m*
Pressezentrum ['prɛsətsɛntrum] *n* centre de presse *m*
Pressluft ['prɛsluft] *f* air comprimé *m*
Prestige [prɛs'tiːʒ] *n* prestige *m*
prickeln ['prɪkəln] *v 1.* picoter; *2. (Flüssigkeit)* pétiller
prickelnd ['prɪkəlnt] *adj (fig)* excitant
Priester ['priːstər] *m REL* prêtre *m*
prima ['priːma] *adj 1.* fameux, épatant, chouette (fam); *2. ECO* de premier choix; *adv 3.* à merveille, admirablement
primär [pri'mɛːr] *adj* primaire, élémentaire
primitiv [primi'tiːf] *adj* primitif
Prinz(essin) [prɪnts/prɪn'tsɛsɪn] *m/f* prince(sse) *m/f*
Prinzip [prɪn'tsiːp] *n* principe *m*
prinzipiell [prɪntsi'pjɛl] *adj 1.* de principe; *adv 2.* en principe
Priorität [priːɔri'tɛːt] *f 1.* priorité *f; 2. (Vorzug)* préférence *f*
Prise ['priːzə] *f* prise *f*, pincée *f*
Pritsche ['prɪtʃə] *f* lit de camp *m*, couchette *f*
privat [pri'vaːt] *adj 1.* privé, personnel; *2. (einzeln)* particulier; *3. (vertraulich)* confidentiel; *adv 4.* en privé, à titre privé; *5. (einzeln)* en particulier
Privateigentum [pri'vaːtaɪgəntum] *n* propriété privée *f*
Privatleben [pri'vaːtleːbən] *n* vie privée *f*
Privileg [privi'leːk] *n* privilège *m*
privilegiert [privilə'giːrt] *adj* privilégié
pro [proː] *prep* par, pour
Pro [proː] *n das ~ und Kontra* le pour et le contre
Probe ['proːbə] *f 1. (Versuch)* essai *m*, épreuve *f; jdn auf die ~ stellen* mettre qn à l'épreuve; *2. THEAT* répétition *f; 3. (Muster)* échantillon *m*, spécimen *m*
Probeaufnahme ['proːbəaufnaːmə] *f ~n drehen* réaliser des bouts d'essai
Probeexemplar ['proːbəɛksəmplaːr] *n* spécimen *m*
Probefahrt ['proːbəfaːrt] *f* essai *m*
proben ['proːbən] *v THEAT* répéter
probeweise ['proːbəvaɪzə] *adv* à titre d'essai
Probezeit ['proːbətsaɪt] *f* période d'essai *f*
probieren [pro'biːrən] *v 1. (versuchen)* essayer, éprouver; *2. (kosten)* goûter, déguster
Problem [pro'bleːm] *n* problème *m*
problematisch [proble'maːtɪʃ] *adj* problématique
problemlos [pro'bleːmloːs] *adj* sans problème
Produkt [pro'dukt] *n* produit *m*
Produktion [produk'tsjoːn] *f* production *f*
produktiv [produk'tiːf] *adj* productif
Produzent [produ'tsɛnt] *m* producteur *m*
produzieren [produ'tsiːrən] *v* produire
professionell [profɛsjo'nɛːl] *adj 1.* professionnel; *adv 2.* en professionnel
Professor(in) [pro'fɛsɔr/profɛ'soːrɪn] *m/f* professeur *m*
Professur [profɛ'suːr] *f* chaire de professeur *f*
Profi ['proːfi] *m* professionnel *m*
Profil [pro'fiːl] *n 1. (Seitenansicht)* profil *m; 2. (fig)* profil *m*
profilieren [profi'liːrən] *v sich ~* se profiler
Profit [pro'fiːt] *m* profit *m*, gain *m*
profitieren [profi'tiːrən] *v* profiter

Prognose [prog'noːzə] *f* 1. *MED* pronostic *m;* 2. *(Vorhersage)* prévision *f*
Programm [pro'gram] *n* programme *m*
programmgemäß [pro'gramgəmɛːs] *adj* 1. conforme au programme; *adv* 2. d'après le programme
programmieren [progra'miːrən] *v* programmer
progressiv [progrɛ'siːf] *adj* progressif
Projekt [pro'jɛkt] *n* projet *m*
Projektion [projɛk'tsjoːn] *f* projection *f*
Projektor [pro'jɛktor] *m* projecteur *m*
Proklamation [proklama'tsjoːn] *f* proclamation *f*
proklamieren [prokla'miːrən] *v* proclamer
Prolet [pro'leːt] *m (fam)* grossier personnage *m,* brute *f*
Promenade [promə'naːdə] *f* promenade *f*
Promille [pro'mɪlə] *n* pour mille *m*
prominent [promi'nɛnt] *adj* connu, renommé
Prominenz [promi'nɛnts] *f* personnalité importante *f*
Promotion [promo'tsjoːn] *f* 1. *(Doktorwürde)* promotion *f;* 2. *(Verkaufsförderung)* promotion *f*
promovieren [promo'viːrən] *v* passer son doctorat
prompt [prɔmt] *adj* 1. prompt, immédiat; 2. *(schnell)* rapide; 3. *(pünktlich)* ponctuel
Pronomen [pro'noːmən] *n GRAMM* pronom *m*
Propaganda [propa'ganda] *f* 1. propagande *f;* 2. *(Werbung)* réclame *f,* publicité *f*
propagieren [propa'giːrən] *v etw ~* faire de la propagande pour qc
Propeller [pro'pɛlər] *m* hélice *f*
Prophezeiung [profe'tsaɪuŋ] *f* prophétie *f*
Proportion [propɔr'tsjoːn] *f* proportion *f*
proportional [propɔrtsjo'naːl] *adj* proportionnel
prosaisch [pro'zaːɪʃ] *adj* prosaïque
Prospekt [pro'spɛkt] *m* prospectus *m,* dépliant *m*
prost [proːst] *interj* à votre santé/à ta santé, à la vôtre/à la tienne
Prostituierte [prostitu'iːrtə] *f* prostituée *f*
Prostitution [prostitu'tsjoːn] *f* prostitution *f*
Protest [pro'tɛst] *m* protestation *f*
protestieren [protɛs'tiːrən] *v* protester
Protestkundgebung [pro'tɛstkuntgeːbuŋ] *f* meeting de protestation *m*
Protokoll [proto'kɔl] *n* 1. *POL* protocole *m;* 2. *JUR* procès-verbal *m*
protokollieren [protokɔ'liːrən] *v* 1. verbaliser; 2. *JUR* dresser un procès-verbal
Protz [prɔts] *m* 1. nouveau riche *m,* richard *m;* 2. *(~erei)* ostentation *f,* affectation *f*
protzig ['prɔtsɪç] *adj* plein d'orgueil
Proviant [prov'jant] *m* vivres *m/pl,* provisions *f/pl*
Provinz [pro'vɪnts] *f* province *f*
provinziell [provɪn'tsjɛl] *adj* 1. provincial; 2. *(regional)* régional
provisorisch [provi'zoːrɪʃ] *adj* provisoire
Provokation [provoka'tsjoːn] *f* provocation *f*
provozieren [provo'tsiːrən] *v* provoquer
provozierend [provo'tsiːrənt] *adj* 1. provocateur; *adv* 2. en provocateur
Prozedur [protse'duːr] *f* procédure *f*
Prozent [pro'tsɛnt] *n* pour cent *m,* pourcentage *m*
prozentual [protsɛntu'aːl] *adj* 1. exprimé en pour cent; 2. *(proportional)* proportionnel; *adv* 3. en pour cent
Prozess [pro'tsɛs] *m* 1. *JUR* procès *m;* 2. *(Vorgang)* processus *m,* procédé *m*
Prozession [protsɛ'sjoːn] *f* procession *f*
prüde ['pryːdə] *adj* prude
prüfen ['pryːfən] *v* 1. examiner, inspecter; 2. *(kontrollieren)* contrôler
Prüfer ['pryːfər] *m* 1. examinateur *m;* 2. *(Kontrolleur)* contrôleur *m;* 3. *(Aufseher)* inspecteur *m;* 4. *(Fachmann)* expert *m*
Prüfling ['pryːflɪŋ] *m* candidat *m*
Prüfung ['pryːfuŋ] *f* 1. examen *m; bei einer ~ durchfallen* rater un examen; 2. *(Kontrolle)* contrôle *m*
Prüfungsausschuss ['prːfuŋsausʃus] *m* commission d'examen *f*
Prügel ['pryːgəl] *m* 1. *(Stock)* bâton *m,* gourdin *m; pl* 2. coups de bâton *m/pl,* volée de coups *f*
Prügelknabe ['pryːgəlknaːbə] *m* 1. souffre-douleur *m;* 2. *(Sündenbock)* bouc émissaire *m*
prügeln ['pryːgəln] *v* 1. *jdn ~* donner des coups de bâton à qn, battre qn; 2. *sich ~* se battre, en venir aux mains
Prunk [pruŋk] *m* pompe *f,* apparat *m*
prunkvoll ['pruŋkfɔl] *adj* fastueux
prusten ['pruːstən] *v* 1. *(schnaufen)* respirer fort, souffler; 2. *(spritzend blasen)* arroser, as-

perger; *3. (lachen)* rire; *Er prustete los.* Il est parti d'un éclat de rire.

Psyche ['psyːçə] *f 1.* âme *f,* vie intérieure *f; 2. PHIL* psychisme *m,* psyché *f*

Psychiater [psyçi'aːtər] *m* psychiatre *m*

psychisch ['psyːçɪʃ] *adj* psychique

Psychoanalyse [psyçoana'lyːzə] *f* psychanalyse *f*

Psychologe [psyço'loːgə] *m* psychologue *m*

Psychologie [psyçolo'giː] *f* psychologie *f*

psychologisch [psyço'loːgɪʃ] *adj* psychologique

Psychopath [psyço'paːt] *m* psychopathe *m*

psychosomatisch [psyçozo'maːtɪʃ] *adj* psychosomatique

Psychotherapeut(in) [psyçotera'pɔyt(ɪn)] *m/f* psychothérapeute *m/f*

pubertär [pubɛr'tɛːr] *adj* pubertaire

Pubertät [pubɛr'tɛːt] *f* puberté *f*

Publikum ['publɪkum] *n 1.* public *m,* assistance *f; 2. (Zuhörer)* auditoire *m; 3. (Zuschauer)* spectateurs *m/pl*

Publikumserfolg ['publɪkumsɛrfɔlk] *m* succès auprès du public *m*

pudelnass [puːdəl'nas] *adj* trempé jusqu'aux os

Puder ['puːdər] *m* poudre *f*

Puderzucker ['puːdərtsukər] *m GAST* sucre en poudre *m*

Puerto Rico ['puɛrto 'riko] *n GEO* Puerto Rico *m*

puffen ['pufən] *v 1.* pousser; *2. (Rauch)* bouffer; *3. (stoßen)* donner des bourrades; *4. (in die Seite)* donner, porter; *5. (einen Ärmel)* retrousser

Pulle ['pulə] *f 1. (fam: Flasche)* bouteille *f; 2. volle ~ (fam)* plein pot

Pullover [pu'loːvər] *m* pull-over *m,* pull *m*

Puls [puls] *m* pouls *m; jdn auf den ~ fühlen (fig)* tâter le pouls de qn

pulsieren [pul'ziːrən] *v 1.* battre; *2. (Blut)* circuler

Pult [pult] *n* pupitre *m*

Pulver ['pulvər] *n* poudre *f; sein ~ verschossen haben (fig)* être à bout de forces/être au bout du rouleau

Pulverfass ['pulvərfas] *n 1.* baril de poudre *m; 2. (fig)* volcan *m; auf dem ~ sitzen* être sur un volcan

pulverig ['pulvərɪç] *adj 1.* pulvérulent; *2. (Schnee)* poudreux

Pulverschnee ['pulvərʃneː] *m* neige poudreuse *f*

pummelig ['pumɛlɪç] *adj (fam)* rondelet, rondouillard

Pump [pump] *m* tapage *m,* crédit *m; etw auf ~ kaufen* acheter qc à crédit

Pumpe ['pumpə] *f* pompe *f*

pumpen ['pumpən] *v 1.* pomper; *2. (fig: sich leihen)* emprunter; *3. (fig: verleihen)* prêter

Punkt [puŋkt] *m* point *m; Mach aber mal einen ~!* Mets un bouchon! *den toten ~ erreicht haben* être au point mort; *etw auf den ~ bringen* mettre les choses au point/expliquer clairement qc; *der springende ~ sein* être le hic/être là que gît le lièvre; *einen wunden ~ berühren* toucher le point sensible

pünktlich ['pyŋktlɪç] *adj 1.* ponctuel; *adv 2.* à l'heure; *~ wie die Maurer* un exemple de ponctualité *m*

Pünktlichkeit ['pyŋktlɪçkaɪt] *f* ponctualité *f*

Puppe ['pupə] *f 1. (Spielzeug)* poupée *f; die ~n tanzen lassen* faire la fête/s'amuser; *2. bis in die ~n* très longtemps, très tard

Puppenspieler(in) ['pupənʃpiːlər(ɪn)] *m/f* marionnettiste *m/f*

Puppenstube ['pupənʃtuːbə] *f* chambre de poupée *f*

pur [puːr] *adj* pur

puritanisch [puri'taːnɪʃ] *adj* puritain

Purpur ['purpur] *m* pourpre *f*

Purzelbaum ['purtsəlbaum] *m* culbute *f; einen ~ schlagen* faire une galipette

purzeln ['purtsəln] *v 1.* culbuter, faire une culbute, dégringoler (fam); *2. (fallen)* tomber

Puste ['puːstə] *f* souffle *m,* haleine *f; aus der ~* hors d'haleine; *Da geht mir die ~ aus.* Je suis dans la dèche./J'ai la tête dans le sac.

pusten ['puːstən] *v 1. (blasen)* souffler; *2. (atmen)* haleter

Pute ['puːtə] *f ZOOL* dinde *f; Dumme ~! (fam)* Petite dinde!

Putz [puts] *m 1. (Zier)* toilette *f,* parure *f; 2. (Mörtel)* enduit *m,* crépi *m; auf den ~ hauen* faire péter les plombs/faire la foire

putzen ['putsən] *v 1.* nettoyer; *2. (Zähne)* brosser; *3. (Nase)* moucher; *4. (Schuhe)* cirer

Putzfrau ['putsfrau] *f* femme de ménage *f*

putzig ['putsɪç] *adj* drôle, cocasse

Putzlumpen ['putslumpən] *m* serpillière *f*

Putzmittel ['putsmɪtəl] *n* produit de nettoyage *m*

Pyjama [py'dʒaːma] *m* pyjama *m*

Pyramide [pyra'miːdə] *f* pyramide *f*

Q

Quacksalber ['kvakzalbər] *m (fam)* guérisseur *m*
Quadrat [kva'dra:t] *n* carré *m; im ~ springen* sauter au plafond/piquer une colère
quadratisch [kva'dra:tɪʃ] *adj* carré
Quadratmeter [kva'dra:tme:tər] *m* mètre carré *m*
Quadratzentimeter [kva'dra:ttsɛnti-me:tər] *m* centimètre carré *m; um jeden ~ kämpfen* lutter pour chaque centimètre carré
quaken ['kva:kən] *v 1. (Frosch)* coasser; *2. (Ente)* faire coin-coin
Qual [kva:l] *f* peine *f,* souffrance *f; ~ der Wahl* embarras du choix *m*
quälen ['kvɛ:lən] *v 1.* tourmenter, torturer; *2. (beunruhigen)* inquiéter
Quälerei [kvɛ:lə'raɪ] *f 1.* tourments *m/pl; 2. (fig: mühsame Arbeit)* torture *f*
Quälgeist ['kvɛ:lgaɪst] *m* persécuteur *m*
Qualifikation [kvalifika'tsjo:n] *f 1.* qualification *f; 2. (Eignung)* aptitude *f*
qualifizieren [kvalifi'tsi:rən] *v sich ~* se qualifier
Qualität [kvali'tɛ:t] *f* qualité *f*
qualitativ [kvalita'ti:f] *adj* qualitatif
Qualitätsbezeichnung [kvali'tɛ:tsbə-tsaɪçnuŋ] *f ECO* label de qualité *m*
Qualle ['kvalə] *f ZOOL* méduse *f*
Qualm [kvalm] *m* fumée épaisse *f,* vapeur épaisse *f*
qualmen ['kvalmən] *v (fam: viel rauchen)* fumer comme un pompier
qualvoll ['kva:lfɔl] *adj* très douloureux
Quantität [kvanti'tɛ:t] *f* quantité *f*
quantitativ [kvantita'ti:f] *adj* quantitatif
Quantum ['kvantum] *n* quantité *f*
Quarantäne [karan'tɛ:nə] *f* quarantaine *f*
Quark [kvark] *m GAST* fromage blanc *m*
Quartal [kvar'ta:l] *n* trimestre *m*
Quartett [kvar'tɛt] *n MUS* quatuor *m*
Quartier [kvar'ti:r] *n 1.* logement *m; 2. MIL* cantonnement *m*
Quarz [kvarts] *m MIN* quartz *m*
Quarzuhr ['kvartsu:r] *f* montre à quartz *f*
quasseln ['kvasəln] *v* radoter, jacasser
Quasselstrippe ['kvasəlʃtrɪpə] *f (Person)* radoteur/radoteuse *m/f,* jacasse *f*
Quaste ['kvastə] *f* houppe *f,* houppette *f*
Quatsch [kvatʃ] *m (fam)* sottises *f/pl,* bêtises *f/pl*
quatschen ['kvatʃən] *v* dire des bêtises
Quelle ['kvɛlə] *f 1.* source *f,* fontaine *f; an der ~ sitzen* être à la source; *2. (fig: Herkunft)* source *f,* origine *f*
quellen ['kvɛlən] *v irr 1. (hervor~)* jaillir, émaner; *2. ~ lassen* tremper, faire gonfler
Quellenangabe ['kvɛlənanga:bə] *f* indication des sources *f*
Quellwasser ['kvɛlvasər] *n* eau de source *f*
quengeln ['kvɛŋəln] *v (fam)* pleurnicher
quer [kve:r] *adv* de travers, en travers; *~ durch* à travers; *~ schießen (fam)* mettre des bâtons dans les roues
Quere ['kve:rə] *f* travers *m; jdm in die ~ kommen* contrecarrer les projets de qn
querfeldein [kve:rfɛlt'aɪn] *adv* à travers les champs
Querformat ['kve:rfɔrma:t] *n* format oblong *m*
Querkopf ['kve:rkɔpf] *m (fam)* esprit de travers *m*
Querschnitt ['kve:rʃnɪt] *m* coupe transversale *f*
Querstraße ['kve:rʃtra:sə] *f* rue transversale *f*
Querulant [kveru'lant] *m* personne qui se plaint de tout *f*
Querverbindung ['kve:rfɛrbɪnduŋ] *f* jonction transversale *f*
quetschen ['kvɛtʃən] *v 1.* presser, serrer; *2. (zer~)* écraser
Quetschung ['kvɛtʃuŋ] *f MED* meurtrissure *f*
quicklebendig ['kvɪklebɛndɪç] *adj* vif
quieken ['kvi:kən] *v 1.* pousser des cris aigus, criailler; *2. (Ferkel)* grogner; *3. Es ist zum Quieken!* C'est à hurler de rire!
quietschen ['kvi:tʃən] *v 1.* pousser des cris aigus; *2. (Tür)* grincer
Quirl [kvɪrl] *m* moulinet *m*
quirlig ['kvɪrlɪç] *adj* qui remue tout le temps
quitt [kvɪt] *adj ~ sein* être quitte
Quitte ['kvɪtə] *f BOT* coing *m*
quittieren [kvɪ'ti:rən] *v 1. (bestätigen)* acquitter; *2. (beenden)* quitter
Quittung ['kvɪtuŋ] *f* quittance *f,* reçu *m*
Quiz [kvɪs] *n* devinette *f,* rébus *m*
Quote ['kvo:tə] *f 1.* quota *m,* quote-part *f; 2. (Anteil)* portion *f*

R

Rabatt [ra'bat] *m* rabais *m*, remise *f*
Rabe ['raːbə] *m ZOOL* corbeau *m*
Rabeneltern ['raːbənɛltərn] *pl (fam)* parents dénaturés *m/pl*
rabiat [rabi'aːt] *adj* furieux
Rache ['raxə] *f* vengeance *f; an jdm ~ nehmen* prendre sa vengeance sur qn; *die ~ des kleinen Mannes* la vengeance des petits *f; ~ ist süß.* La vengeance est un plat qui se mange froid.
rächen ['rɛçən] *v* venger
Rächer ['rɛçər] *m* vengeur *m*
rachsüchtig ['raxzyçtɪç] *adj* qui veut se venger
Rad [raːt] *n 1.* roue *f; das fünfte ~ am Wagen sein* être la cinquième roue du carrosse; *ein ~ abhaben* être malade/être cinglé; *unter die Räder kommen* tomber dans le ruisseau/rouler dans le ruisseau; *2. (Fahrrad)* bicyclette *f,* vélo *m; ~ fahren* aller à bicyclette
Radarkontrolle [ra'daːrkɔntrɔlə] *f* contrôle radar *m*
Radau [ra'dau] *m (fam)* chahut *m; ~ machen* chahuter
radebrechen ['raːdəbrɛçən] *v* baragouiner
radeln ['raːdəln] *v* aller à bicyclette, pédaler
rädern ['rɛːdərn] *v sich wie gerädert fühlen* être épuisé
Radfahrer(in) ['raːtfaːrər(ɪn)] *m/f* cycliste *m/f*
radieren [ra'diːrən] *v* effacer, gommer
Radiergummi [ra'diːrgumi] *m* gomme *f*
Radierung [ra'diːruŋ] *f* eau-forte *f*
radikal [radi'kaːl] *adj 1.* radical; *2. POL* extrémiste
Radikalkur [radi'kaːlkuːr] *f* cure radicale *f*
Radio ['raːdjo] *n* radio *f; im ~* à la radio
Radiodurchsage ['raːdjodurçzaːgə] *f* message radio *m*
Radkappe ['raːtkapə] *f* enjoliveur *m*
Radnabe ['ratnaːbə] *f* moyeu *m*
Radtour ['raːttuːr] *f* excursion à bicyclette *f; eine kleine ~ machen* se balader à bicyclette
raffen ['rafən] *v 1. etw an sich ~ (etw nehmen)* prendre qc; *2. (in Falten legen)* plisser; *3. (langes Kleid)* relever, retrousser; *4. (fam: kapieren) etw ~* piger qc
raffgierig ['rafgiːrɪç] *adj* avide
raffiniert [rafi'niːrt] *adj 1. (verfeinert)* raffiné; *2. (schlau)* astucieux; *3. (außergewöhnlich)* raffiné; *adv 4.* avec raffinement
Rage ['raːʒə] *f in ~ sein* être en rage
ragen ['raːgən] *v* se dresser
rahmen ['raːmən] *v* encadrer
Rahmen ['raːmən] *m 1. (Bilderrahmen)* cadre *m; 2. (Fensterrahmen)* châssis *m; 3. (fig)* cadre *m,* décor *m; im ~ von ...* dans le cadre de ...; *aus dem ~ fallen* sortir de l'ordinaire; *nicht in den ~ passen* être déplacé/ne pas aller avec; *im ~ bleiben* rester convenable/ne pas dépasser les bornes
Rakete [ra'keːtə] *f* fusée *f*
rammen ['ramən] *v* percuter, entrer en collision
Rampe ['rampə] *f 1. (Laderampe)* rampe d'accès *f; 2. (Bühnenrampe) THEAT* rampe *f*
ramponieren [rampo'niːrən] *v (fam)* amocher
Ramsch [ramʃ] *m (fam)* camelote *f,* saloperie *f*
Rand [rant] *m* bord *m,* bordure *f; am ~e* en marge; *außer ~ und Band* déchaîné/surexcité; *mit etw zu ~e kommen* venir à bout de qc/se sortir de qc; *am ~e erwähnen* dire en passant
randalieren [randa'liːrən] *v* faire du chahut
Randbemerkung ['rantbəmɛrkuŋ] *f* note marginale *f*
Randerscheinung ['rantɛrʃaɪnuŋ] *f* phénomène marginal *m*
Randgebiet ['rantgəbiːt] *n* région limitrophe *f*
Randgruppe ['rantgrupə] *f* groupe marginal *m*
Rang [raŋ] *m 1. (Qualität)* rang *m,* classe *f; ersten ~es* de première classe; *von hohem ~* de haut rang; *2. (Stellung)* condition *f; jdm den ~ ablaufen* couper l'herbe sous le pied de qn/damer le pion à qn
Rangierbahnhof [raŋ'ʒiːrbaːnhoːf] *m* gare de triage *f*
rangieren [raŋ'ʒiːrən] *v (Zug)* garer, trier
Rangordnung ['raŋɔrdnuŋ] *f* ordre de préséance *m*
ranken ['raŋkən] *v* grimper

Ranzen ['rantsən] *m 1. (Schultasche)* sac *m,* sacoche *f; 2. (fig)* ventre *m; sich den ~ voll schlagen (fam)* s'en mettre plein la panse/s'en mettre plein la lampe/se bâfrer (fam)
ranzig ['rantsɪç] *adj* rance
rapid [ra'piːt] *adj* rapide
rar [raːr] *adj* rare; *sich ~ machen* se faire rare
Rarität [rari'tɛːt] *f* rareté *f*
rasant [ra'zant] *adj (fam)* très rapide
rasch [raʃ] *adj 1.* prompt, rapide; *adv 2.* vite
rascheln ['raʃəln] *v* faire un léger bruit
rasen ['raːzən] *v 1. (schnell fahren)* rouler très vite; *wie ein Irrer ~* rouler à tombeau ouvert; *2. (wütend sein)* rager
rasend ['raːzənt] *adj 1. (sehr schnell)* très rapide; *2. (wütend)* enragé; *3. (sehr stark)* frénétique; *adv 4. (sehr schnell)* très vite; *5. (wütend)* avec rage
Rasenmäher ['raːzənmɛːər] *m* tondeuse à gazon *f*
Rasierapparat [ra'ziːraparaːt] *m* rasoir mécanique *m*
rasieren [ra'ziːrən] *v 1.* raser, faire la barbe; *2. sich ~* se raser
Rasiermesser [ra'ziːrmɛsər] *n* rasoir *m*
Rasierschaum [ra'ziːrʃaum] *m* mousse à raser *f*
Rasierwasser [ra'ziːrvasər] *n* après-rasage *m*
Räson [rɛ'zɔ̃ː] *f* raison *f*
Raspel ['raspəl] *f* râpe *f*
Rasse ['rasə] *f* race *f*
rasseln ['rasəln] *v 1. (Geräusch machen)* cliqueter, résonner; *mit dem Säbel ~ (fig)* prendre une attitude menaçante; *2. durch die Prüfung ~ (fam)* louper un examen
rassig ['rasɪç] *adj* racé
Rassismus [ra'sɪsmus] *m* racisme *m*
Rassist [ra'sɪst] *m* raciste *m*
Rast [rast] *f* repos *m,* pause *f; ohne ~ und Ruh* sans paix ni trêve/sans repos ni trêve
rasten ['rastən] *v* se reposer
Rasthaus ['rasthaus] *n* auberge *f*
rastlos ['rastloːs] *adj 1. (pausenlos)* sans cesse; *2. (ruhelos)* sans repos
Rastlosigkeit ['rastloːzɪçkaɪt] *f* agitation continuelle *f*
Rastplatz ['rastplats] *m* aire de repos *f*
Rasur [ra'zuːr] *f* rasage *m*
Rat [raːt] *m 1. (Ratschlag)* conseil *m,* avis *m; jdn um ~ bitten* demander conseil à qn; *Guter ~ kommt über Nacht.* La nuit porte conseil. *mit sich zu ~e gehen* délibérer avec soi-même; *jdn zu ~e ziehen* demander conseil à qn/prendre conseil auprès de qn; *jdm mit ~ und Tat zur Seite stehen* prendre fait et cause pour qn/soutenir qn; *2. (Kollegium)* conseil *m; 3. (Titel)* conseiller *m*
Rate ['raːtə] *f (Monatsrate)* mensualité *f*
raten ['raːtən] *v irr 1. (Rat geben)* conseiller; *2. (empfehlen)* recommander; *3. (er~)* deviner; *Das ~ Sie nicht!* Je vous le donne à deviner en mille! *Raten Sie!* Devinez!
Ratgeber ['raːtgeːbər] *m* conseiller *m*
Rathaus ['raːthaus] *n* mairie *f*
Ration [ra'tsjoːn] *f* ration *f; die eiserne ~* la ration de survie *f*
rational [ratsjo'naːl] *adj* rationnel
rationieren [ratsjo'niːrən] *v* rationner
ratlos ['raːtloːs] *adj 1.* perplexe; *adv 2.* avec perplexité
ratsam ['raːtzaːm] *adj* à conseiller
Ratschlag ['raːtʃlaːk] *m* conseil *m*
Rätsel ['rɛːtsəl] *n* énigme *f,* mystère *m; vor einem ~ stehen* se trouver devant une énigme/tomber sur un os (fam); *des ~s Lösung* le mot de l'énigme *m; jdm ein ~ sein* être un mystère pour qn; *jdm ein ~ aufgeben* poser un problème à qn; *in ~n sprechen* parler par énigmes
rätselhaft ['rɛːtsəlhaft] *adj* énigmatique
rätseln ['rɛːtsəln] *v* se casser la tête
Rattengift ['ratəngɪft] *n* mort-aux-rats *f*
rattern ['ratərn] *v* pétarader
rau [rau] *adj 1. (nicht glatt)* rugueux; *2. (Hals)* rauque, enroué; *3. (grob)* grossier; *4. (fig: barsch)* rêche, rébarbatif; *adv 5. (schroff)* vertement
Raub [raup] *m 1. (Diebstahl)* vol *m; 2. (Entführung)* rapt *m*
rauben ['raubən] *v 1. (stehlen)* voler, dérober; *etw ~* faire main basse sur qc; *2. (entführen)* enlever
Räuber ['rɔybər] *m 1.* brigand *m; 2. (Dieb)* voleur *m*
Raubmord ['raupmɔrt] *m* vol et assassinat *m*
Raubtier ['rauptiːr] *n ZOOL* carnassier *m*
Raubüberfall ['raupyːbərfal] *m* attaque à main armée *f*
Rauch [raux] *m* fumée *f; in ~ und Flammen aufgehen* brûler/être dévoré par les flammes; *sich in ~ auflösen* s'évanouir en fumée
rauchen ['rauxən] *v* fumer
Raucher(in) ['rauxər(ɪn)] *m/f* fumeur/fumeuse *m/f*

Raucherabteil ['rauxəraptaɪl] *n* compartiment fumeurs *m*
räuchern ['rɔyçərn] *v* fumer
Rauchfleisch ['rauxflaɪʃ] *n GAST* viande fumée *f*
rauchig ['rauxɪç] *adj* fumeux
Rauchverbot ['rauxfɛrboːt] *n* interdiction de fumer *f*
Raufbold ['raufbɔlt] *m* batailleur *m*
raufen ['raufən] *v 1.* arracher; *sich die Haare ~* s'arracher les cheveux; *2. sich ~* se chamailler, se battre
Rauferei [raufə'raɪ] *f* rixe *f*
Raum [raum] *m 1. (Platz)* place *f; 2. (Zimmer)* pièce *f,* local *m; 3. (Gebiet)* région *f,* zone *f; 4. (fig) etw in den ~ stellen* mettre qc sur le tapis; *im ~ stehen* être sur le tapis; *etw im ~ stehen lassen* laisser qc en suspens
räumen ['rɔymən] *v 1. (entfernen)* enlever; *2. (verlassen)* quitter; *3. (evakuieren)* évacuer
Raumfahrer ['raumfaːrər] *m* cosmonaute *m*
Raumfahrt ['raumfaːrt] *f* navigation spatiale *f*
räumlich ['rɔymlɪç] *adj 1.* spatial; *adv 2.* dans l'espace
Räumlichkeiten ['rɔymlɪçkaɪtən] *pl* locaux *m/pl*
Raumpflegerin ['raumpfleːgərɪn] *f* femme de ménage *f*
Raumschiff ['raumʃɪf] *n* vaisseau spatial *m*
Raumsonde ['raumzɔndə] *f* sonde spatiale *f*
Räumung ['rɔymuŋ] *f 1. (Evakuierung)* évacuation *f; 2. (Entfernung)* déblaiement *m*
Räumungsverkauf ['rɔymuŋsfɛrkauf] *m* liquidation totale *f*
raunen ['raunən] *v* murmurer, chuchoter
Raupe ['raupə] *f 1. ZOOL* chenille *f; 2. TECH* chenille *f*
Raureif ['rauraɪf] *m* givre *m*
raus [raus] *adv (siehe auch „heraus", „hinaus")* dehors; *Nun ist es ~. (fam)* Le mot est lâché.
Rausch [rauʃ] *m 1. (Alkoholrausch)* ivresse *f,* griserie *f; 2. (Begeisterungsrausch)* griserie *f,* enivrement *m*
rauschen ['rauʃən] *v 1. (Blätter)* susurrer, frémir; *2. (Bach)* bruire, murmurer
Rauschgift ['rauʃgɪft] *n* drogue *f*
Rauschgifthandel ['rauʃgɪfthandəl] *m* trafic de stupéfiants *m*
rauschgiftsüchtig ['rauʃgɪftzyçtɪç] *adj* drogué
räuspern ['rɔyspərn] *v sich ~* se racler la gorge
Razzia ['ratsja] *f* rafle *f*
Reagenzglas [rea'gɛntsglaːs] *n* éprouvette *f*
reagieren [rea'giːrən] *v* réagir
Reaktion [reak'tsjoːn] *f* réaction *f*
Reaktionsvermögen [reak'tsjoːnsfɛrmøːgən] *n* capacité de réaction *f*
Reaktor [re'aktɔr] *m* réacteur *m*
real [re'aːl] *adj 1.* réel, effectif; *2. (anschaulich)* concret
realisierbar [reali'ziːrbaːr] *adj* réalisable
realisieren [reali'ziːrən] *v* réaliser
Realisierung [reali'ziːruŋ] *f* réalisation *f*
Realismus [rea'lɪsmus] *m* réalisme *m*
Realist [rea'lɪst] *m* réaliste *m*
realistisch [rea'lɪstɪʃ] *adj* réaliste
Realität [reali'tɛːt] *f* réalité *f*
Rebell [re'bɛl] *m* rebelle *m*
rebellieren [rebɛ'liːrən] *v* se rebeller
Rebellion [rebɛ'ljoːn] *f* rébellion *f*
rebellisch [re'bɛlɪʃ] *adj* rebelle
Rechen ['rɛçən] *m* râteau *m*
Rechenaufgabe ['rɛçənaufgaːbə] *f* problème d'arithmétique *m,* devoir de calcul *m*
Rechenfehler ['rɛçənfeːlər] *m* faute de calcul *f*
Rechenschaft ['rɛçənʃaft] *f* raison *f; jdn zur ~ ziehen* demander des comptes à qn; *über etw ~ ablegen* rendre compte de qc/ s'expliquer sur qc
Rechenzentrum ['rɛçəntsɛntrum] *n* centre de calcul *m*
Recherche [re'ʃɛrʃə] *f* recherche *f*
recherchieren [reʃɛr'ʃiːrən] *v* faire des recherches
rechnen ['rɛçnən] *v 1.* compter, calculer; *2. ~ mit* s'attendre à; *mit dem Schlimmsten ~* envisager le pire; *Damit musste man ~.* Il fallait s'y attendre.
Rechner ['rɛçnər] *m* calculateur *m*
Rechnung ['rɛçnuŋ] *f 1. MATH* calcul *m; 2. (in einem Restaurant)* addition *f; die ~ ohne den Wirt machen* compter sans son hôte/faire un mauvais calcul; *mit jdm eine ~ begleichen* régler ses comptes avec qn; *etw auf seine ~ nehmen* prendre qc à son compte/prendre qc sous son bonnet
recht [rɛçt] *adj 1. (richtig)* droit, juste; *ganz ~* tout juste; *Gehe ich hier ~?* Est-ce que je

suis sur le bon chemin? *Das ist nicht mehr als ~ und billig.* Ce n'est que trop juste. *Das geschieht ihm ~.* Il l'a bien mérité./C'est bien fait pour lui! *Das ist mir ~.* Je veux bien. *alles, was ~ ist* tout compte fait/en définitive; *jdm etw ~ machen* satisfaire qn/contenter qn; *2. (passend)* convenable; *Das kommt mir gerade ~!* Il ne manquait plus que cela!/Ça tombe vraiment bien! *adv 3. (ziemlich)* assez

Recht [rɛçt] *n 1.* droit *m; mit ~* avec raison/de bon droit; *sein ~ behaupten* faire valoir ses droits; *jdm zu seinem ~ verhelfen* rendre justice à qn; *das ~ auf seiner Seite haben* avoir la loi pour soi; *mit vollem ~* à juste titre; *mit ~ oder Unrecht* à tort ou à raison; *jds gutes ~ sein* être le bon droit de qn; *~ sprechen* rendre la justice; *sein ~ fordern* demander justice; *zu ~* à juste titre; *2. (Gerechtigkeit)* justice *f; 3. (Erlaubnis)* autorisation *f; 4. ~ behalten* avoir finalement raison, finir par avoir raison; *~ haben* avoir raison; *~ bekommen* l'emporter; *jdm ~ geben* donner raison à qn

rechte(r,s) ['rɛçtə(r,s)] *adj* droit

rechteckig ['rɛçtɛkɪç] *adj* rectangulaire

rechtfertigen ['rɛçtfɛrtɪgən] *v 1.* justifier; *2. sich ~ (sich entschuldigen)* se disculper

Rechtfertigung ['rɛçtfɛrtɪguʒ] *f* justification *f*

rechthaberisch ['rɛçthaːbərɪʃ] *adj* ergoteur

rechtlich ['rɛçtlɪç] *adj JUR* juridique

rechtmäßig ['rɛçtmɛːsɪç] *adj* légitime

rechts [rɛçts] *adv* à droite; *~ fahren* tenir sa droite; *weder ~ noch links schauen (fig)* aller droit au but

Rechtsanwalt ['rɛçtsanvalt] *m JUR* avocat *m*

Rechtsanwältin ['rɛçtsanvɛltɪn] *f JUR* avocate *f*

rechtschaffen ['rɛçtʃafən] *adj* droit, honnête

Rechtschreibreform ['rɛçtʃraɪbrefɔrm] *f* réforme orthographique *f*

Rechtschreibung ['rɛçtʃraɪbuŋ] *f* orthographe *f*

Rechtshänder(in) ['rɛçtshɛndər(ɪn)] *m/f* droitier/droitière *m/f*

Rechtsverkehr ['rɛçtsfɛrkeːr] *m* circulation à droite *f*

rechtwinklig ['rɛçtvɪŋklɪç] *adj* rectangulaire

rechtzeitig ['rɛçttsaɪtɪç] *adj 1.* opportun; *adv 2.* à temps; *Ich habe ~ geschaltet.* J'ai réalisé à temps.

recken ['rɛkən] *v sich ~* s'étirer

Recycling [ri'zaɪklɪŋ] *n* recyclage *m*

Redakteur(in) [redak'tøːr(ɪn)] *m/f* rédacteur/rédactrice *m/f*

Redaktion [redak'tsjoːn] *f* rédaction *f*

Redaktionsschluss [redak'tsjoːnsʃlus] *m* limite de la rédaction *f*

Rede ['reːdə] *f 1.* discours *m; eine ~ halten* prononcer un discours/tenir un discours; *es ist die ~ von ...* il est question de .../il s'agit de ...; *~ und Antwort stehen müssen* être sur la sellette; *jdm ~ und Antwort stehen* rendre compte à qn/se justifier devant qn; *jdm in die ~ fallen* couper la parole à qn/interrompre qn; *jdn zur ~ stellen* demander des comptes à qn/forcer qn à parler; *Davon kann keine ~ sein!* Il n'en est pas question! *2. (Ausdrucksweise)* langage *m; 3. (Unterhaltung)* conversation *f*

redegewandt ['reːdəgəvant] *adj* habile à parler

reden ['reːdən] *v* parler; *Gutes über jdn ~* dire du bien de qn; *in den Wind ~* parler en l'air; *Er hat gut ~.* Il en parle à son aise. *von sich ~ machen* faire parler de soi; *Darüber lässt sich ~.* Cela peut se discuter. *mit sich ~ lassen* accepter d'en reparler/être ouvert au compromis; *~ wie ein Buch* être un vrai moulin à paroles

Redensart ['reːdənsart] *f 1. (Redewendung)* locution *f; 2. (Ausdrucksweise)* façon de parler *f*

Redewendung ['reːdəvɛnduŋ] *f* tournure *f*

redigieren [redi'giːrən] *v* rédiger

redlich ['reːtlɪç] *adj 1. (anständig)* intègre, honnête; *2. (viel)* beaucoup; *sich ~e Mühe geben* se donner beaucoup de mal; *adv 3. (sehr)* beaucoup; *sich ~ bemühen* faire des efforts sincères

Redlichkeit ['reːtlɪçkaɪt] *f* honnêteté *f,* loyauté *f*

Redner(in) ['reːdnər(ɪn)] *m/f* orateur/oratrice *m/f*

Rednerpult ['reːdnərpult] *n* chaire *f*

redselig ['reːtzeːlɪç] *adj* loquace

reduzieren [redu'tsiːrən] *v* réduire

Reeder ['reːdər] *m* armateur *m*

Reederei [reːdə'raɪ] *f* armement *m*

reell [re'ɛl] *adj 1.* réel; *2. ECO* honnête, loyal; *3. (Unternehmen) ECO* respectable

Referat [refe'raːt] *n 1. (Bericht)* compte rendu *m; 2. (Gebäude)* bureau *m*
Referendar(in) [referɛn'daːr(ɪn)] *m/f* stagiaire *m/f*
Referent(in) [refe'rɛnt(ɪn)] *m/f 1. (Redner(in))* rapporteur/rapporteuse *m/f; 2. (Sachbearbeiter(in))* conseiller/conseillère *m/f*
Referenz [refe'rɛnts] *f* référence *f*
reflektieren [reflɛk'tiːrən] *v 1. (zurückstrahlen)* refléter; *2. (nachdenken)* réfléchir
Reflex [re'flɛks] *m* reflet *m*
Reflexbewegung [re'flɛksbəveːguʒ] *f* phénomène réflexe *m*
Reform [re'fɔrm] *f* réforme *f*
Reformhaus [re'fɔrmhaus] *n* magasin d'alimentation de régime *m*
Regal [re'gaːl] *n* étagère *f,* rayon *m*
rege ['reːgə] *adj* actif, vif
Regel ['reːgəl] *f 1.* règle *f; Keine ~ ohne Ausnahme.* Il n'y a pas de règle sans exception. *nach allen ~n der Kunst* dans les règles de l'art; *2. (Menstruation)* règles *f/pl*
regelmäßig ['reːgəlmɛːsɪç] *adj* régulier
regeln ['reːgəln] *v* régler; *genau geregelt sein* être réglé comme une pendule
regelrecht ['reːgəlrɛçt] *adv (fam: völlig)* complètement
Regelung ['reːgəluŋ] *f* règlement *m*
regen ['reːgən] *v sich ~* se remuer, bouger
Regen ['reːgən] *m* pluie *f; bei ~* par temps de pluie; *Es wird gleich ~ geben.* Il va pleuvoir. *jdn im ~ stehen lassen* laisser tomber qn/laisser qn dans l'embarras; *vom ~ in die Traufe kommen* tomber de mal en pis/tomber de Charybde en Scylla
Regenbogen ['reːgənboːgən] *m* arc-en-ciel *m*
Regenbogenpresse ['reːgənboːgənprɛsə] *f* presse du cœur *f*
Regenmantel ['reːgənmantəl] *m* imperméable *m*
Regenrinne ['reːgənrɪnə] *f* gouttière *f*
Regenschirm ['reːgənʃɪrm] *m* parapluie *m*
Regenwald ['reːgənvalt] *m* forêt tropicale *f*
Regenwurm ['reːgənvurm] *m* ver de terre *m,* lombric *m*
Regenzeit ['reːgəntsaɪt] *f* saison des pluies *f*
Regie [re'ʒiː] *f CINE* mise en scène *f*
Region [re'gjoːn] *f* région *f*
regional [regjo'naːl] *adj* régional
Regisseur(in) [reʒi'søːr(ɪn)] *m/f CINE* metteur en scène/metteuse en scène *m/f*
Register [re'gɪstər] *n 1.* registre *m,* rôle *m; 2. (Verzeichnis)* index alphabétique *m*
registrieren [regɪs'triːrən] *v* enregistrer
regnen ['reːgnən] *v* pleuvoir; *wie aus Kübeln ~* pleuvoir à seaux/pleuvoir à torrents
regulär [regu'lɛːr] *adj* régulier
regulieren [regu'liːrən] *v* régler, régulariser
Regulierung [regu'liːruŋ] *f* réglage *m*
Regung ['reːguŋ] *f 1. (Bewegung)* mouvement *m; 2. (Gefühlsregung)* sentiment *m*
regungslos ['reːguŋsloːs] *adj* immobile
Reh [reː] *n ZOOL* chevreuil *m*
Rehabilitation [rehabilita'tsjoːn] *f* réhabilitation *f,* rééducation *f*
Reibe ['raɪbə] *f* râpe *f*
reiben ['raɪbən] *v irr 1.* frotter, frictionner; *2. (raspeln)* râper
Reibung ['raɪbuŋ] *f* frottement *m*
reibungslos ['raɪbuŋsloːs] *adj 1.* sans frottement; *2. (problemlos)* sans anicroches
reich [raɪç] *adj 1.* riche; *2. (~haltig)* abondant, fertile
Reich [raɪç] *n 1.* empire *m; 2. (Königreich)* royaume *m*
reichen ['raɪçən] *v 1. (geben)* tendre, passer, donner; *2. (aus~)* suffire; *Mir reicht es!* J'en ai marre (fam)/J'en ai assez! *3. (sich erstrecken) ~ bis* aller jusqu'à
reichlich ['raɪçlɪç] *adj 1.* copieux; *adv 2.* à profusion
Reichtum ['raɪçtuːm] *m* richesse *f*
Reichweite ['raɪçvaɪtə] *f* rayon d'action *m*
reif [raɪf] *adj* mûr; *für etw ~ sein* être mûr pour qc
Reif [raɪf] *m (Raureif)* givre *m,* frimas *m*
Reife ['raɪfə] *f 1. (von Obst)* maturité *f; 2. (fig)* maturité *f*
reifen ['raɪfən] *v* mûrir, venir à maturité
Reifen ['raɪfən] *m 1. (Autoreifen)* pneu *m; 2. (Ring)* cercle *m*
Reifenpanne ['raɪfənpanə] *f* crevaison *f*
Reifezeugnis ['raɪfətsɔyknɪs] *n* diplôme de bachelier *m*
reiflich ['raɪflɪç] *adj* mûr, approfondi
Reihe ['raɪə] *f 1.* suite *f,* enfilade *f; etw auf die ~ bringen* mettre bon ordre à qc; *Du bringst mich aus der ~.* Je ne sais plus où j'en suis avec toi. *außer der ~* exceptionnellement; *der ~ nach* l'un après l'autre/chacun son tour; *an die ~ kommen* être le suivant/être son tour; *2. (Serie)* série *f,* succession *f; 3. (von Menschen)* file *f; in Reih und*

Glied en rang d'oignons; *aus der ~ tanzen* se distinguer/se faire remarquer
Reihenfolge ['raɪənfɔlgə] *f* ordre de succession *m*
Reihenhaus ['raɪənhaus] *n* maison individuelle en série *f*
Reim [raɪm] *m LIT* rime *f; sich keinen ~ auf etw machen* ne rien comprendre à qc/ne pas savoir à quoi rime qc; *~e schmieden* faire des vers/faire des rimes
reimen ['raɪmən] *v LIT* rimer
rein[1] [raɪn] *adj 1. (sauber)* net, propre; *mit jdm ins Reine kommen* se réconcilier avec qn; *etw ins Reine schreiben* écrire qc au propre; *2. (unverfälscht)* naturel; *3. (echt)* pur, véritable; *4. (klar)* parfait, pur; *5. (nichts als)* rien que
rein[2] *(siehe „herein", „hinein")*
Reinfall ['raɪnfal] *m* déception *f*
reinhauen ['raɪnhauən] *v irr 1. jdm eine ~ (fam)* en mettre une à qn/foutre une raclée à qn; *2. (beim Essen)* se tenir à table; *tüchtig ~* bien se tenir à table
reinigen ['raɪnɪgən] *v* nettoyer, décrasser
Reinigung ['raɪnɪguŋ] *f 1. (Reinigen)* nettoyage *m; 2. (Geschäft)* pressing *m*
Reinigungsmittel ['raɪnɪguŋsmɪtəl] *n* produit pour nettoyer *m*
reinlich ['raɪnlɪç] *adj* propre
reinrassig ['raɪnrasɪç] *adj* de pure race
Reis [raɪs] *m BOT* riz *m*
Reise ['raɪzə] *f 1.* voyage *m; Gute ~!* Bon voyage! *seine letzte ~ antreten* rendre l'âme/rendre le dernier soupir; *2. (Rundfahrt)* tour *m*
Reiseandenken ['raɪzəandɛŋkən] *n* souvenir *m*
Reisebüro ['raɪzəbyroː] *n* agence de voyage *f*
Reiseführer ['raɪzəfyːrər] *m (Buch)* guide de touristique *m*
Reiseführer(in) ['raɪzəfyːrər(ɪn)] *m/f (Person)* guide *m*
Reisegesellschaft ['raɪzəgəzɛlʃaft] *f* groupe de voyageurs *m*
Reisekosten ['raɪzəkɔstən] *pl* frais de voyage *m/pl*
reisen ['raɪzən] *v* voyager, partir en voyage; *weit gereist sein* avoir vu du pays
Reisende(r) ['raɪzəndə(r)] *m/f 1.* voyageur/voyageuse *m/f,* touriste *m/f; 2. (Urlauber(in))* vacancier/vacancière *m/f*
Reisepass ['raɪzəpas] *m* passeport *m*
Reiseroute ['raɪzəruːtə] *f* itinéraire *m*
Reisescheck ['raɪzəʃɛk] *m* chèque de voyage *m*
Reisig ['raɪzɪç] *m* petit bois *m,* brindilles *f/pl*
reißen ['raɪsən] *v irr (zer~)* déchirer
Reißverschluss ['raɪsfɛrʃlus] *m* fermeture éclair *f,* zip *m*
Reißzwecke ['raɪstsvɛkə] *f* punaise *f*
reiten ['raɪtən] *v irr* aller à cheval, monter à cheval
Reiter(in) ['raɪtər(ɪn)] *m/f* cavalier/cavalière *m/f*
Reiz [raɪts] *m 1. (Reizung)* excitation *f; 2. (Anreiz)* stimulation *f,* attrait *m; 3. (Anmut)* charme *m,* attrait *m*
reizbar ['raɪtsbaːr] *adj* irritable
reizen ['raɪtsən] *v 1. (anregen)* stimuler; *2. (irritieren)* agacer, énerver; *3. (herausfordern)* provoquer
reizend ['raɪtsənt] *adj* ravissant
reizlos ['raɪtsloːs] *adj 1.* sans charme; *2. (fade)* fade
reizvoll ['raɪtsfɔl] *adj* charmant
rekapitulieren [rekapitu'liːrən] *v* récapituler
Reklamation [reklama'tsjoːn] *f* réclamation *f*
Reklame [re'klaːmə] *f* publicité *f,* réclame *f*
reklamieren [rekla'miːrən] *v* faire une réclamation
rekonstruieren [rekɔnstru'iːrən] *v* reconstruire
Rekord [re'kɔrt] *m* record *m*
Rekordzeit [re'kɔrttsaɪt] *f* temps record *m*
Rektor ['rɛktɔr] *m 1. (einer Schule)* directeur *m; 2. (einer Universität)* recteur *m*
relativ [rela'tiːf] *adj* relatif
Relief [rɛl'jɛf] *n ART* relief *m*
Religion [reli'gjoːn] *f* religion *f*
Religionsfreiheit [reli'gjoːnsfraɪhaɪt] *f* liberté du culte *f*
religiös [reli'gjøːs] *adj* religieux
Reling ['reːlɪŋ] *f* bastingage *m*
Remmidemmi [rɛmi'dɛmi] *n* charivari *m,* vacarme *m*
Rendezvous [rɑ̃de'vuː] *n (Verabredung)* rendezvous *m*
Rennbahn ['rɛnbaːn] *f 1. (Pferderennbahn)* hippodrome *m; 2. (Autorennbahn)* circuit *m; 3. (Radrennbahn)* vélodrome *m*
rennen ['rɛnən] *v irr* courir, se précipiter

Rennen ['rɛnən] *n* course *f; das ~ machen* gagner la course/l'emporter
Rennfahrer ['rɛnfa:rər] *m* coureur automobile *m*
Rennpferd ['rɛnpfɛrt] *n* cheval de course *m*
Rennrad ['rɛnra:t] *n* vélo de course *m*
Rennwagen ['rɛnva:gən] *m* voiture de course *f*
renommiert [renɔ'mi:rt] *adj* renommé
renovieren [renɔ'vi:rən] *v* restaurer, rénover
Renovierung [renɔ'vi:ruŋ] *f* restauration *f*
rentabel [rɛn'ta:bəl] *adj* rentable
Rente ['rɛntə] *f 1. (Ruhestand)* retraite *f; 2. (Geld)* pension *f*
rentieren [rɛn'ti:rən] *v sich ~* être rentable
Rentner(in) ['rɛntnər(ɪn)] *m/f* retraité(e) *m/f*
Reparatur [repara'tu:r] *f* réparation *f*
Reparaturwerkstatt [repara'tu:rvɛrkʃtat] *f* atelier de réparation *m*
reparieren [repa'ri:rən] *v* réparer, remettre en état
Reportage [repɔr'ta:ʒə] *f* reportage *m*
Reporter(in) [re'pɔrtər(ɪn)] *m/f* reporter *m/f*
repräsentieren [reprɛzɛn'ti:rən] *v* représenter
Reproduktion [reproduk'tsjo:n] *f* reproduction *f*
Republik [repu'bli:k] *f* république *f*
Reserve [re'zɛrvə] *f 1. (Rücklage)* réserves *f/pl; stille ~n* économies *f/pl,* réserves cachées *f/pl; 2. (Zurückhaltung)* réserve *f,* retenue *f; jdn aus der ~ locken* amener qn à sortir de sa réserve/apprivoiser qn
Reservereifen [re'zɛrvəraɪfən] *m* roue de secours *f*
reservieren [rezɛr'vi:rən] *v* réserver
Resignation [rezɪgna'tsjo:n] *f* résignation *f*
resignieren [rezɪg'ni:rən] *v* se résigner
resolut [rezo'lu:t] *adj 1.* résolu, décidé; *adv 2.* avec résolution
Resozialisierung [rezotsjali'zi:ruŋ] *f* réintégration progressive *f,* réinsertion sociale *f*
Respekt [rɛ'spɛkt] *m* respect *m*
respektieren [rɛspɛk'ti:rən] *v* respecter
respektlos [rɛs'pɛktlo:s] *adj* irrespectueux
respektvoll [rɛs'pɛktfɔl] *adj 1.* respectueux; *adv 2.* avec respect
Rest [rɛst] *m* reste *m,* restant *m; der ~ der Welt* le reste du monde *m; sich den ~ holen (fig)* avoir reçu le coup final
Restaurant [rɛsto'rɑ̃:] *n* restaurant *m*
restaurieren [rɛstau'ri:rən] *v* restaurer, rénover
Restbetrag ['rɛstbətra:k] *m* reliquat *m*
restlich ['rɛstlɪç] *adj* restant
restlos ['rɛstlo:s] *adj 1.* sans reste; *2. (völlig)* complet; *adv 3.* sans laisser de reste
Restrisiko ['rɛstri:ziko] *n* risque restant *m*
Resultat [rezul'ta:t] *n* résultat *m*
resultieren [rezul'ti:rən] *v* résulter
Retrospektive [retrospɛk'ti:və] *f* rétrospective *f*
retten ['rɛtən] *v 1.* sauver; *nicht zu ~ sein (fam)* être complètement dingo/être piqué; *2. (befreien)* délivrer; *sich vor jdm kaum ~ können* ne pas arriver à se défaire de qn
Retter(in) ['rɛtər(ɪn)] *m/f* sauveur/sauveuse *m/f*
Rettung ['rɛtuŋ] *f 1.* sauvetage *m; 2. (Befreiung)* délivrance *f*
Rettungsanker ['rɛtuŋsaŋkər] *m* planche de salut *f*
Rettungsboot ['rɛtuŋsbo:t] *n* canot de sauvetage *m*
Rettungsring ['rɛtuŋsrɪŋ] *m* bouée de sauvetage *f*
Rettungswagen ['rɛtuŋsva:gən] *m* ambulance *f*
Reue ['rɔyə] *f* repentir *m,* regret *m*
reuen ['rɔyən] *v Es reut mich, dass ...* Je regrette que .../ Il m'en cuit de ...
reumütig ['rɔymy:tɪç] *adj 1.* repentant; *adv 2.* avec repentir
Revanche [re'vɑ̃:ʃ] *f* revanche *f*
revanchieren [revɑ̃:'ʃi:rən] *v 1. sich ~ (rächen)* se venger; *2. sich ~ (erwidern)* rendre la pareille
Revier [re'vi:r] *n 1. (Gebiet)* secteur *m; 2. (Polizeirevier)* commissariat de police *m*
Revision [revi'zjo:n] *f 1.* révision *f; 2. ECO* vérification *f*
Revolution [revɔlu'tsjo:n] *f* révolution *f*
revolutionär [revɔlutsjo'nɛ:r] *adj* révolutionnaire
Revolver [re'vɔlvər] *m* revolver *m*
rezeptpflichtig [re'tsɛptpflɪçtɪç] *adj* délivré sur ordonnance

Rhabarber [ra'barbər] *m BOT* rhubarbe *f*
Rhinozeros [ri'noːtsərɔs] *n ZOOL* rhinocéros *m*
rhythmisch ['rytmɪʃ] *adj* rythmique
Rhythmus ['rytmus] *m* rythme *m,* cadence *f*
richten ['rɪçtən] *v 1. (in Ordnung bringen)* réparer, mettre en œuvre; *2. (her~)* arranger, aménager; *3. (wenden an) ~ an* diriger vers, adresser à; *4. (urteilen)* juger; *5. (verurteilen)* condamner
Richter(in) ['rɪçtər(ɪn)] *m/f JUR* juge *m*
richtig ['rɪçtɪç] *adj* juste, exact, vrai; *Das war wohl ~.* Bien m'en a pris. *nicht ganz ~ sein (fam)* ne pas être bien/être un peu dérangé; *~ stellen* rectifier
Richtigkeit ['rɪçtɪçkaɪt] *f* exactitude *f; seine ~ haben* être exact
Richtpreis ['rɪçtpraɪs] *m* prix indicatif *m*
Richtung ['rɪçtuŋ] *f 1.* direction *f; 2. (Stilrichtung)* orientation *f*
Richtwert ['rɪçtveːrt] *m* valeur indicative *f*
riechen ['riːçən] *v irr 1. an etw ~* sentir qc; *den Braten ~* éventer la mèche; *jdn nicht ~ können* ne pas pouvoir sentir qn/ne pas pouvoir pifer qn (fam); *2. (Geruch abgeben)* sentir
Riecher ['riːçər] *m den richtigen ~ haben* avoir le nez creux
Riege ['riːgə] *f* section *f*
Riegel ['riːgəl] *m 1.* petite poutre *f,* verrou *m; etw einen ~ vorschieben* empêcher qc/faire obstacle à qc; *2. (Schokolade)* barre *f*
Riemen ['riːmən] *m 1.* courroie *f; sich am ~ reißen* prendre sur soi/s'appliquer; *sich in die ~ legen* souquer ferme; *den ~ enger schnallen* se serrer la ceinture; *2. (bei Schuhen)* bride *f,* cordon *m*
Riese ['riːzə] *m* géant *m,* colosse *m*
rieseln ['riːzəln] *v* s'écouler, ruisseler
Riesenerfolg [riːzənɛr'fɔlk] *m* succès énorme *m*
riesengroß ['riːzəngroːs] *adj* énorme, gigantesque
Riesenspaß [riːzən'ʃpaːs] *m ein ~* une grosse blague *f*
riesig ['riːzɪç] *adj* énorme, colossal, géant
Riff [rɪf] *n* récif *m*
rigoros [rigo'roːs] *adj 1.* rigoureux; *2. (streng)* sévère, strict
Rille ['rilə] *f 1.* rainure *f,* rigole *f; 2. (Schallplattenrille)* sillon *m*
Rind [rɪnt] *n ZOOL* bœuf *m,* bovin *m*
Rinde ['rɪndə] *f 1. (Baumrinde)* écorce *f; 2. (Brotrinde)* croûte *f*
Rinderwahnsinn ['rɪndərvaːnzɪn] *m* maladie de la vache folle *f*
Rindfleisch ['rɪntflaɪʃ] *n GAST* viande de bœuf *f*
Ring [rɪŋ] *m 1. (Kreis)* anneau *m,* cercle *m; 2. (Schmuck)* bague *f,* anneau *m; 3. (Straße)* boulevard de ceinture *m*
ringeln ['rɪŋəln] *v 1. (winden)* tordre; *2. (Pflanze)* enrouler, grimper; *3. sich ~ (Haare)* boucler
ringen ['rɪŋən] *v irr 1. SPORT* lutter; *2. (fig)* lutter, se débattre
ringsherum ['rɪŋshɛrum] *adv 1.* tout autour, à la ronde; *2. (überall)* partout
Rinne ['rɪnə] *f 1.* rigole *f; 2. (Dachrinne)* gouttière *f,* chéneau *m*
rinnen ['rɪnən] *v irr* couler, ruisseler
Rinnsal ['rɪnzaːl] *n* ruisseau *m*
Rinnstein ['rɪnʃtaɪn] *m* caniveau *m*
Risiko ['riːziko] *n* risque *m*
riskant [rɪs'kant] *adj* risqué
riskieren [rɪs'kiːrən] *v 1.* risquer; *2. (versuchen)* tenter
Riss [rɪs] *m 1.* déchirure *f,* accroc *m; 2. (Spalte)* crevasse *f*
rissig ['rɪsɪç] *adj* fendillé
Ritt [rɪt] *m* chevauchée *f*
Ritter ['rɪtər] *m* chevalier *m*
Ritterburg ['rɪtərburk] *f* château fort *m*
ritterlich ['rɪtərlɪç] *adj* chevaleresque
Ritual [ritu'aːl] *n* rituel *m*
Ritze ['rɪtsə] *f* fêlure *f,* fissure *f*
ritzen ['rɪtsən] *v 1. etw ~* rayer qc; *Die Sache ist geritzt. (fig)* L'affaire est réglée. *2. sich ~* s'écorcher
Rivale [ri'vaːlə] *m* rival *m,* concurrent *m*
Rivalität [rivali'tɛːt] *f* rivalité *f*
Robe ['roːbə] *f 1. (Abendrobe)* robe du soir *f,* robe longue *f; 2. (Amtsrobe)* robe *f*
Roboter ['rɔbɔtər] *m* robot *m*
robust [ro'bust] *adj* robuste, solide
röcheln ['rœçəln] *v* râler
Rock [rɔk] *m 1. (Kleidungsstück für Frauen)* jupe *f; 2. (Mantel)* redingote *f*
Rockzipfel ['rɔktsipfəl] *m* pan d'habit *m; jdm am ~ hängen* être dans les jupes de qn
rodeln ['roːdəln] *v SPORT* faire de la luge
Rodelschlitten ['roːdəlʃlɪtən] *m SPORT* luge *f,* toboggan *m*
Roggen ['rɔgən] *m BOT* seigle *m*

Roggenbrot ['rɔgənbroːt] *n GAST* pain de seigle *m*
roh [roː] *adj 1. (nicht gekocht)* cru; *2. (nicht bearbeitet)* brut; *3. (fig)* grossier, inculte; *adv 4.* à l'état brut
Rohbau ['roːbau] *m* gros œuvre *m*
Rohr [roːr] *n (Leitung)* conduite *f,* tuyau *m*
Rohrbruch ['roːrbrux] *m* rupture de tuyau *f*
Röhre ['røːrə] *f 1. (Rohr)* tuyau *m,* tube *m; in die ~ gucken (fig)* en être pour ses frais/ l'avoir dans l'os (fam); *2. (Backröhre)* four *m*
Rohrmöbel ['roːrmøːbəl] *pl* meubles en rotin *m/pl*
Rohseide ['roːzaɪdə] *f* soie écrue *f*
Rohstoff ['roːʃtɔf] *m* matières premières *f/pl*
Rolle ['rɔlə] *f 1.* rouleau *m; 2. THEAT* rôle *m*
rollen ['rɔlən] *v* rouler; *ins Rollen kommen* être mis en marche/être lancé; *etw ins Rollen bringen* mettre qc en marche/lancer qc
Roller ['rɔlər] *m 1. (Motorroller)* scooter *m; 2. (Kinderroller)* trottinette *f*
Rollfeld ['rɔlfɛlt] *n* aire de trafic *f*
Rollkragen ['rɔlkraːgən] *m* col roulé *m*
Rollladen ['rɔllaːdən] *m* volet roulant *m*
Rollschuh ['rɔlʃuː] *m SPORT* patin à roulettes *m*
Rollschuhlaufen ['rɔlʃuːlaufən] *n SPORT* patinage à roulettes *m*
Rollstuhl ['rɔlʃtuːl] *m* fauteuil roulant *m*
Rollstuhlfahrer(in) ['rɔlʃtuːlfaːrər(ɪn)] *m/f* handicapé(e) dans un fauteuil roulant *m/f*
Rolltreppe ['rɔltrɛpə] *f* escalier roulant *m,* escalator *m*
Roman [ro'maːn] *m* roman *m*
Romantik [ro'mantɪk] *f* romantisme *m*
romantisch [ro'mantɪʃ] *adj 1.* romantique; *2. (malerisch)* pittoresque; *adv 3.* avec romantisme
Romanze [ro'mantsə] *f* romance *f*
römisch ['røːmɪʃ] *adj* romain
römisch-katholisch [røːmɪʃka'toːlɪʃ] *adj REL* catholique romain
röntgen ['rœntgən] *v MED* radiographier
Röntgenbild ['rœntgənbɪlt] *n MED* radiographie *f*
Röntgenstrahlen ['rœntgənʃtraːlən] *pl MED* rayons X *m/pl*
rosa ['roːza] *adj* rose; *alles durch eine ~ Brille sehen* voir tout en rose
Rose ['roːzə] *f BOT* rose *f; auf ~n gebettet sein* rouler sur l'or/être verni (fam)
Rosenkohl ['roːzənkoːl] *m BOT* chou de Bruxelles *m*
Rosenkranz ['roːzənkrants] *m REL* rosaire *m*
rosig ['roːzɪç] *adj* rosé, rose
Rosine [ro'ziːnə] *f* raisin sec *m; ~n im Kopf haben (fig)* avoir des chimères plein la tête; *sich die größten ~n herauspicken (fig)* se tailler la part du lion/prendre le meilleur
Rosmarin ['roːsmariːn] *m BOT* romarin *m*
Ross [rɔs] *n auf dem hohen Ross sitzen* péroter/frimer (fam); *von seinem hohen ~ herunterkommen* descendre de son piédestal
Rost¹ [rɔst] *m (Bratrost)* gril *m*
Rost² [rɔst] *m CHEM* rouille *f*
rosten ['rɔstən] *v* rouiller, s'oxyder
rösten ['rœstən] *v 1.* griller, rôtir; *2. (Kaffee)* torréfier
rostfrei ['rɔstfraɪ] *adj* inoxydable
Rösti ['røːsti] *pl* röstis *m/pl*
rostig ['rɔstɪç] *adj* rouillé
Rostschutzmittel ['rɔstʃutsmɪtəl] *n* antirouille *m*
rot [roːt] *adj* rouge; *~ werden* piquer un fard; *~ angelaufen sein* être rouge comme une écrevisse; *der ~e Faden (fig)* le fil conducteur *m,* le leitmotiv *m*
Röte ['røːtə] *f* rougeur *f*
Röteln ['røːtəln] *pl MED* rubéole *f*
röten ['røːtən] *v 1. etw ~* colorer qc, teindre qc en rouge; *2. sich ~* rougir, devenir rouge
rotieren [ro'tiːrən] *v 1.* tourner sur son axe *2. (fam)* tourner en rond
Rotkäppchen ['roːtkɛpçən] *n* Petit Chaperon rouge *m*
Rotkohl ['roːtkoːl] *m BOT* chou rouge *m*
Rotlicht ['roːtlɪçt] *n 1.* lumière rouge *f; 2. (an der Ampel)* feu rouge *m*
Rotwein ['roːtvaɪn] *m* vin rouge *m*
Rotwild ['roːtvɪlt] *n ZOOL* cerfs et chevreuils *m/pl*
Roulade [ru'laːdə] *f GAST* paupiette *f*
Route ['ruːtə] *f* itinéraire *m,* route *f*
Routine [ru'tiːnə] *f* routine *f,* pratique *f*
routiniert [ruti'niːrt] *adj 1. (erfahren)* expérimenté; *2. (geschickt)* habile
Rübe ['ryːbə] *f 1.* rave *f; 2. (Kopf)* tête *f; eins auf die ~ bekommen (fam)* se prendre une claque
Rubel ['ruːbəl] *m FIN* rouble *m; Der ~ rollt. (fig)* L'argent coule à flots.
Rubrik [ru'briːk] *f* rubrique *f,* titre *m,* catégorie *f*

Ruck [ruk] *m* saccade *f*, secousse *f*; *sich einen ~ geben* se secouer; *in einem ~* d'un seul coup/cul sec
Rückansicht ['rykanzɪçt] *f* vue arrière *f*
ruckartig ['rukaːrtɪç] *adj* par à-coups
Rückblende ['rykblɛndə] *f* rétrospective *f*
rückblickend ['rykblɪkənt] *adj* rétrospectif
rücken ['rykən] *v 1.* bouger, déplacer; *2. (nähern)* approcher
Rücken ['rykən] *m ANAT* dos *m*; *hinter jds ~* en cachette de qn/derrière le dos de qn; *sich den ~ freihalten* assurer ses arrières; *jdm den ~ stärken* épauler qn/soutenir qn; *jdm den ~ kehren* tourner le dos à qn
Rückendeckung ['rykəndɛkuŋ] *f (fig)* couverture *f*
Rückenlehne ['rykənleːnə] *f* dossier *m*
rückerstatten ['rykɛrʃtatən] *v* rembourser
Rückfahrkarte ['rykfaːrkartə] *f* billet aller et retour *m*
Rückfahrt ['rykfaːrt] *f* retour *m*
Rückfall ['rykfal] *m 1. MED* rechute *f*; *2. JUR* récidive *f*
rückfällig ['rykfɛlɪç] *adj* récidiviste
Rückgabe ['rykgaːbə] *f* restitution *f*
Rückgang ['rykgaŋ] *m 1.* recul *m*, diminution *f*; *2. (fig: Rückschritt)* régression *f*
rückgängig ['rykgɛŋɪç] *adj ~ machen* annuler
Rückhalt ['rykhalt] *m 1.* réserve *f*; *2. (fig: Unterstützung)* soutien *m*, appui *m*
rückhaltlos ['rykhaltloːs] *adj 1. (offen)* franc; *adv 2.* sans aucune réserve
Rückkehr ['rykkeːr] *f* retour *m*
rückläufig ['ryklɔyfɪç] *adj 1.* régressif; *2. (abnehmend)* en baisse
Rücklicht ['ryklɪçt] *n* feu arrière *m*
Rücknahme ['ryknaːmə] *f* reprise *f*
Rucksack ['rukzak] *m* sac à dos *m*
Rückschlag ['rykʃlaːk] *m 1.* choc en retour *m*; *2. (fig: Misserfolg)* revers *m*
Rückseite ['rykzaɪtə] *f* verso *m*
Rücksicht ['rykzɪçt] *f* égard *m*, considération *f*; *ohne ~ auf Verluste* sans égards/sans ménagements; *auf jdn ~ nehmen* tenir compte de qn
rücksichtslos ['rykzɪçtsloːs] *adj 1.* sans égards; *adv 2.* sans aucun égard
rücksichtsvoll ['rykzɪçtsfɔl] *adj 1.* attentionné; *2. (taktvoll)* délicat; *3. (höflich)* poli
Rücksitz ['rykzɪts] *m* siège arrière *m*
Rückspiegel ['rykʃpiːgəl] *m* rétroviseur *m*
Rücksprache ['rykʃpraːxə] *f* entretien *m*; *mit jdm ~ halten* en discuter avec qn/consulter qn
Rückstand ['rykʃtant] *m 1. (Rest)* restant *m*; *2. (Abfallprodukt)* résidu *m*
rückständig ['rykʃtɛndɪç] *adj 1. (Zahlung)* en retard, impayé; *2. (fig: überholt)* dépassé, rétardataire
Rückstoß ['rykʃtoːs] *m* choc en retour *m*
Rücktritt ['ryktrɪt] *m 1. (Amtsniederlegung)* démission *f*; *2. (beim Fahrrad)* rétropédalage *m*
Rückvergütung ['rykfɛrgyːtuŋ] *f* remboursement *m*
rückwärts ['rykvɛrts] *adv* en arrière
Rückwärtsgang ['rykvɛrtsgaŋ] *m* marche arrière *f*
Rückweg ['rykveːk] *m* retour *m*, itinéraire de repli *m*; *auf dem ~* sur le retour
ruckweise ['rukvaɪzə] *adv* par à-coups
rückwirkend ['rykvɪrkənt] *adj* rétroactif
Rückzahlung ['ryktsaːluŋ] *f* remboursement *m*
Rückzieher ['ryktsiːər] *m (Absage)* dédit *m*; *einen ~ machen* faire marche arrière
Rudel ['ruːdəl] *n* troupe *f*, bande *f*
Ruder ['ruːdər] *n 1. (Riemen)* rame *f*, aviron *m*; *2. (Steuerruder)* gouvernail *m*, barre *f*; *ans ~ kommen* prendre la barre/prendre les rênes; *am ~ sein* tenir la barre/tenir les rênes
Ruderboot ['ruːdərboːt] *n* canot à rames *m*
rudern ['ruːdərn] *v* ramer
Ruf [ruːf] *m 1.* cri *m*; *2. (Aufforderung)* appel *m*; *3. (Ansehen)* réputation *f*
rufen ['ruːfən] *v irr* crier, appeler
Rufname ['ruːfnaːmə] *m* prénom usuel *m*
Rufnummer ['ruːfnumər] *f* numéro de téléphone *m*
Rüge ['ryːgə] *f* blâme *m*, réprimande *f*
rügen ['ryːgən] *v* blâmer, réprimander
Ruhe ['ruːə] *f 1. (Stille)* calme *m*, paix *f*; *Immer mit der ~!* Du calme! *Lass mich in ~!* Fiche-moi la paix!/Laisse-moi tranquille! *die ~ vor dem Sturm* le calme avant la tempête *m*; *die ~ selbst sein* être le calme en personne/être le calme même; *die ~ weghaben* ne pas se laisser démonter/être inébranlable; *jdn aus der ~ bringen* énerver qn/agacer qn; *~ geben* se tenir tranquille; *seine ~ haben wollen* vouloir avoir la paix/vouloir être tranquille; *in aller ~* tranquillement/paisiblement;

2. *(Ausruhen)* repos *m,* détente *f; 3. (Bewegungslosigkeit)* repos *m,* immobilité *f; 4. (Frieden)* paix *f; 5. sich zur ~ setzen* prendre sa retraite; *6. jdn zur letzten ~ geleiten* accompagner qn à sa dernière demeure
ruhen ['ruːən] *v 1. (aus~)* se reposer; *2. (still stehen)* être immobile, se reposer; *3. ~ auf (lasten auf)* reposer sur
Ruhestand ['ruːəʃtant] *m* retraite *f*
Ruhestätte ['ruːəʃtɛtə] *f 1.* lieu de repos *m; 2. (Grab)* dernière demeure *f*
Ruhetag ['ruːətaːk] *m* jour de repos *m*
ruhig ['ruːɪç] *adj 1. (still)* tranquille; *2. (friedvoll)* calme, paisible; *3. (bewegungslos)* immobile; *nicht ~ bleiben können* ne pas tenir en place
Ruhm [ruːm] *m* gloire *f,* renommée *f*
rühmen ['ryːmən] *v* louer, glorifier
Ruhmesblatt ['ruːməsblat] *n* page de gloire *f; Das ist wirklich kein ~.* Il n'y a pas de quoi se vanter.
ruhmreich ['ruːmraɪç] *adj* glorieux
rühren ['ryːrən] *v 1. (um~)* remuer, délayer; *2. (bewegen)* bouger, remuer; *sich nicht mehr ~* ne remuer ni pied ni patte; *sich kaum ~ können* ne plus avoir le temps de souffler; *3. (fig: emotional be~)* toucher, émouvoir
rührend ['ryːrənt] *adj 1.* touchant; *adv 2.* avec émotion
rührig ['ryːrɪç] *adj* actif
rührselig ['ryːrzeːlɪç] *adj* sentimental, larmoyant
Rührung ['ryːruŋ] *f* émotion *f*
Ruin [ru'iːn] *m* chute *f*
Ruine [ru'iːnə] *f* ruine *f*
ruinieren [rui'niːrən] *v 1.* ruiner; *2. (vernichten)* anéantir
rülpsen ['rylpsən] *v (fam)* roter
Rummel ['ruməl] *m 1. (Jahrmarkt)* foire *f,* fête foraine *f; 2. (Lärm)* vacarme *m*
rumoren [ru'moːrən] *v* faire du bruit, faire du raffut
Rumpelkammer ['rumpəlkamər] *f (fam)* débarras *m*
rumpeln ['rumpəln] *v* faire du tapage, cahoter
Rumpf [rumpf] *m 1. ANAT* tronc *m; 2. (Schiffsrumpf)* coque *f; 3. (Flugzeugrumpf)* fuselage *m,* carlingue *f*
rümpfen ['rympfən] *v die Nase über etw ~* faire la moue à qc, rechigner à qc
rund [runt] *adj 1.* rond; *adv 2. (circa)* environ
Runde ['rundə] *f 1. (Rundgang)* ronde *f; 2. (Gesellschaft)* cercle *m; 3. (fig) die ~ machen* se répandre/faire le tour; *eine ~ schmeißen* offrir une tournée; *über die ~n bringen* passer le cap/tenir le coup; *gerade so über die ~n kommen* joindre les deux bouts
Rundfahrt ['runtfaːrt] *f* circuit *m*
Rundfunk ['runtfuŋk] *m 1. (Übertragung)* radiodiffusion *f; 2. (Anstalt)* radio *f*
Rundfunkempfänger ['runtfuŋkɛmpfɛŋgər] *m* récepteur radio *m*
Rundfunkgerät ['runtfuŋkgərɛːt] *n* récepteur radio *m*
Rundfunksender ['runtfuŋkzɛndər] *m* émetteur radio *m*
Rundgang ['runtgaŋ] *m* tour *m*
rundgehen ['runtgehən] *v irr Da geht es rund!* Il y a beaucoup de travail!/On est débordé!/Ça ne chôme pas!
rundherum ['runthɛrum] *adv* tout autour
rundlich ['runtlɪç] *adj* arrondi; *~ sein* être bien en chair
Rundschreiben ['runtʃraɪbən] *n* circulaire *f*
Runzel ['runtsəl] *f* ride *f*
runzelig ['runtsɛlɪç] *adj* ridé
runzeln ['runtsəln] *v* rider
rüpelhaft ['ryːpəlhaft] *adj 1.* grossier; *adv 2.* avec muflerie
rupfen ['rupfən] *v 1. (ziehen)* tirer, sortir; *2. (Geflügel)* plumer; *3. (Unkraut)* arracher; *4. jdn ~ (fig)* plumer qn, soutirer de l'argent à qn
ruppig ['rupɪç] *adj 1.* grossier; *2. (elend)* misérable
Rüsche ['ryːʃə] *f* ruche *f,* jabot *m*
Ruß [ruːs] *m* suie *f*
Russe ['rusə] *m* Russe *m*
Russin ['rusɪn] *f* Russe *f*
russisch ['rusɪʃ] *adj* russe
rüsten ['rystən] *v 1. MIL* armer; *zum Krieg ~* faire des préparatifs de guerre; *2. sich ~* se préparer; *3. etw ~* préparer qc
rüstig ['rystɪç] *adj 1.* vigoureux; *2. (kräftig)* solide
rustikal [rusti'kaːl] *adj* rustique
Rüstung ['rystuŋ] *f 1. MIL* armement *m; 2. (Ritterrüstung)* armure *f*
Rute ['ruːtə] *f 1. (Zweig)* baguette *f; 2. (Angelrute)* canne à pêche *f*
Rutschbahn ['rutʃbaːn] *f* toboggan *m*
rutschen ['rutʃən] *v* glisser
rutschig ['rutʃɪç] *adj* glissant
rütteln ['rytəln] *v* secouer, agiter

S

Saal [zaːl] *m* salle *f*
Saat [zaːt] *f* semailles *f/pl,* semence *f*
Säbel ['zɛːbəl] *m* sabre *m*
Sabotage [zabo'taːʒə] *f* sabotage *m*
Sachbuch ['zaxbuːx] *n* livre spécialisé *m*
Sache ['zaxə] *f 1. (Gegenstand)* objet *m,* chose *f; 2. (Angelegenheit)* affaire *f; mit einer ~ liebäugeln* caresser une idée; *gemeinsame ~ machen* faire cause commune; *Die ~ ist die ...* Le fait est que ...; *Das ist eine ~ für sich.* C'est un fait à part. *Die ~ lässt sich gut an.* L'affaire part bien. *nicht jedermanns ~ sein* ne pas être du goût de tout le monde/ne pas plaire à tout le monde; *sich seiner ~ sicher sein* être sûr de son coup; *bei der ~ sein* être concentré/penser à ce qu'on fait; *nichts zur ~ tun* ne rien apporter/ne rien changer
Sachgebiet ['zaxgəbiːt] *n* domaine *m,* catégorie *f*
Sachkenntnis ['zaxkɛntnɪs] *f* connaissance des faits *f*
sachkundig ['zaxkundɪç] *adj* expert
sachlich ['zaxlɪç] *adj 1.* objectif; *2. (materiell)* matériel; *3. (realistisch)* réaliste
sacht [zaxt] *adj 1.* bas, léger; *2. (behutsam)* précautionneux, prudent; *3. Sachte, ~e!* Doucement!/Tout doux!
Sachverhalt ['zaxfɛrhalt] *m 1.* état des choses *m; 2. (Umstände)* circonstances *f/pl*
Sachverständige(r) ['zaxfɛrʃtɛndɪgə(r)] *m/f* expert *m*
Sack ['zak] *m* sac *m; jdn in den ~ stecken* mettre qn dans sa poche; *etw im ~ haben* avoir qc dans la poche; *mit ~ und Pack* avec armes et bagages
Sackgasse ['zakgasə] *f* impasse *f,* voie sans issue *f*
Sadismus [za'dɪsmus] *m* sadisme *m*
säen ['zɛːən] *v* semer
Safe [seɪf] *m* coffre-fort *m*
Saft [zaft] *m 1. (Obstsaft)* jus de fruit *m; 2. (Bratensaft)* jus de viande *m; 3. ohne ~ und Kraft (fig)* sans aucun ressort, complètement affaibli
saftig ['zaftɪç] *adj 1. (grün)* juteux; *2. (fig)* vert; *3. (köstlich)* savoureux
Sage ['zaːgə] *f* légende *f,* saga *f*
Säge ['zɛːgə] *f TECH* scie *f*
Sägemehl ['zɛːgəmeːl] *n* sciure *f*
sagen ['zaːgən] *v* dire; *Lassen Sie sich das gesagt sein!* Tenez-vous pour averti! *Das wäre zu viel gesagt.* C'est beaucoup dire. *Das kann man wohl ~.* C'est le cas de le dire. *Das sagt alles.* C'est tout dire. *Wie soll ich ~?* Comment dirais-je? *Sag doch mal!* Dis donc! *Das sagt mir nichts.* Cela ne me dit rien. *weder Ja noch Nein ~* faire une réponse de normand; *sage und schreibe* pas moins de/pas moins que; *sich nichts mehr zu ~ haben* ne plus rien avoir à se dire; *sich etw nicht zweimal ~ lassen* ne pas avoir d'ordre à recevoir de qn; *Das ist nicht gesagt.* Ce n'est pas dit. *Das ist zu viel gesagt.* C'est exagéré. *viel ~d* évocateur, expressif, éloquent
sägen ['zɛːgən] *v* scier
sagenhaft ['zaːgənhaft] *adj 1.* légendaire; *2. (wunderbar)* merveilleux; *3. (unglaublich)* incroyable
Sägewerk ['zɛːgəvɛrk] *n* scierie *f*
sahnig ['zaːnɪç] *adj* crémeux
Saison [zɛ'zɔ̃] *f* saison *f*
Saisonarbeit [zɛ'zɔ̃arbaɪt] *f* travail saisonnier *m*
Saite ['zaɪtə] *f* corde *f,* boyau *m; andere ~n aufziehen (fig)* changer de ton; *in jdm eine ~ zum Klingen bringen* toucher la corde sensible chez qn
Sakko ['zako] *m/n* veston *m*
Salat [za'laːt] *m* salade *f; Da haben wir den ~! (fig)* Nous voilà bien!/Nous voilà dans de beaux draps!
Salatsoße [za'laːtzoːsə] *f GAST* sauce *f*
Salbe ['zalbə] *f* pommade *f,* baume *m*
salben ['zalbən] *v 1.* oindre; *2. jdn ~ (weihen)* sacrer qn
salopp [za'lɔp] *adj 1.* négligé; *2. (Stil)* décontracté
Salz [zalts] *n* sel *m; jdm nicht das ~ in der Suppe gönnen* ne rien laisser passer à qn; *~ auf jds Wunden streuen* remuer à qn le couteau dans la plaie/retourner à qn le fer dans la plaie
salzen ['zaltsən] *v irr* saler
salzig ['zaltsɪç] *adj* salé
Salzstange ['zaltsʃtaŋə] *f* stick salé *m*
Salzstreuer ['zaltsʃtrɔyər] *m* salière *f*
Salzwasser ['zaltsvasər] *n* eau salée *f*
Samen ['zaːmən] *m 1. (Saat) BOT* semence *f; 2. BIO* sperme *m*

sammeln ['zaməln] *v 1.* assembler, rassembler; *2. sich ~ (fig)* se rassembler, se réunir
Sammler(in) ['zamlər(ɪn)] *m/f* collectionneur/collectionneuse *m/f*
Sammlung ['zamluŋ] *f 1.* collection *f; 2. (Geldsammlung)* collecte *f; 3. (fig: Konzentration)* recueillement *m*
Samstag ['zamstaːk] *m* samedi *m*
samstags ['zamstaːks] *adv 1.* le samedi; *2. (jeden Samstag)* tous les samedis
samt [zamt] *prep 1.* avec, y compris; *adv 2. ~ und sonders* sans exception, tous ensemble
Samt [zamt] *m* velours *m*
sämtlich ['zɛmtlɪç] *adj* tout entier, complet
Sand [zant] *m* sable *m; wie ~ am Meer* à la pelle (fam); *auf ~ gebaut haben* avoir bâti sur le sable; *etw in den ~ setzen* perdre qc/laisser partir qc en fumée; *im ~e verlaufen* tomber dans l'oubli/finir en queue de poisson
Sandale [zan'daːlə] *f* sandale *f*
sandig ['zandɪç] *adj* sableux
Sandkasten ['zantkastən] *m* bac à sable *m*
Sandkorn ['zantkɔrn] *n* grain de sable *m*
Sandstrand ['zantʃtrant] *m* plage de sable *f*
Sandsturm ['zantʃturm] *m* tempête de sable *f*
Sanduhr ['zantuːr] *f* sablier *m*
sanft [zanft] *adj 1.* doux, tendre; *2. (ruhig)* calme
Sanftmut ['zanftmuːt] *f* douceur *f*
sanftmütig ['zanftmyːtɪç] *adj 1.* doux; *2. (wohlwollend)* bienveillant
Sänger(in) ['zɛŋər(ɪn)] *m/f* chanteur/chanteuse *m/f*
sanieren [za'niːrən] *v* assainir, prendre des mesures d'assainissement
Sanierung [za'niːruŋ] *f 1.* assainissement *m; 2. ECO* redressement *m*
Sanitäter [zani'tɛːtər] *m* ambulancier *m*
Sarg [zark] *m* cercueil *m,* bière *f*
Sarkasmus [zar'kasmus] *m* sarcasme *m*
sarkastisch [zar'kastɪʃ] *adj* sarcastique
Satan ['zaːtan] *m* Satan *m*
Satellit [zatə'liːt] *m* satellite *m*
satt [zat] *adj* rassasié, repu; *es ~ haben* en avoir plein le dos/en avoir marre/en avoir par-dessus la tête; *alles ~ haben* être las de tout; *Ich habe es mehr als ~.* J'en ai plus qu'assez. *sich ~ essen* manger à sa faim
Sattel ['zatəl] *m* selle *f; jdn aus dem ~ heben* désarçonner qn/évincer qn; *fest im ~ sitzen* être bien en selle/être ferme sur ses étriers
sattelfest ['zatəlfɛst] *adj 1.* bien en selle; *2. (sachkundig)* compétent
sättigen ['zɛtɪgən] *v* rassasier
sättigend ['zɛtɪgənt] *adj* nourrissant
Sättigung ['zɛtɪguŋ] *f 1.* satiété *f; 2. ECO* saturation *f*
Satz [zats] *m 1. GRAMM* phrase *f,* proposition *f; 2. (Menge)* jeu *m,* série *f; 3. (bei Reifen)* train *m; 4. (Sprung)* saut *m*
Satzung ['zatsuŋ] *f* statut *m*
Satzzeichen ['zatstsaɪçən] *n* signe de ponctuation *m*
Sau [zau] *f 1. ZOOL* truie *f; 2. (fam)* cochon *m,* salaud *m,* salope *f; jdn zur ~ machen* engueuler qn comme du poisson pourri (fam)/tirer à boulets rouges sur qn; *die ~ rauslassen* faire la fête/s'eclater (fam); *unter aller ~ sein* être au-dessous de tout
sauber ['zaubər] *adj* propre, net, soigné; *~ machen* nettoyer
Sauberkeit ['zaubərkaɪt] *f* propreté *f*
Säuberung ['zɔybəruŋ] *f 1.* nettoyage *m; 2. (fig)* épuration *f*
sauer ['zauər] *adj 1.* acide, aigre; *jdm Saures geben* taper sur qn/bourrer qn de coups; *2. (fig: Person)* morose, fâché
Sauerei [zauə'raɪ] *f (fam)* cochonnerie *f,* saloperie *f*
Sauerkraut ['zauərkraut] *n GAST* choucroute *f*
saufen ['zaufən] *v irr 1. (Tier)* boire, s'abreuver; *2. (fam)* chopiner, picoler
Säufer(in) ['zɔyfər(ɪn)] *m/f* buveur/buveuse *m/f*
saugen ['zaugən] *v irr 1.* sucer, téter; *2. (Staub ~)* passer l'aspirateur
Säugling ['zɔyklɪŋ] *m* nourrisson *m*
Säuglingspflege ['zɔyklɪŋspfleːgə] *f* puériculture *f*
Säule ['zɔylə] *f 1.* colonne *f; 2. (Pfeiler)* pilier *m*
Saum [zaum] *m (beim Nähen)* ourlet *m*
säumig ['zɔymɪç] *adj (abwesend)* défaillant
Sauna ['zauna] *f* sauna *m*
Säure ['zɔyrə] *f 1. (Geschmack)* acidité *f; 2. CHEM* acide *m*
Saus [zaus] *m in ~ und Braus leben* mener joyeuse vie/faire la noce/mener une vie de patachon

säuseln ['zɔyzəln] *v 1. (Blätter)* bruire, bruisser; *2. (Wind)* murmurer; *3. (fig: leise sagen)* susurrer

sausen ['zauzən] *v 1. (Mensch)* dévaler, se précipiter; *2. (Wind)* siffler; *3. (Ohren)* bourdonner

Schabernack ['ʃaːbərnak] *m (fam)* niche *f; jdm einen ~ spielen* faire une niche à qn/jouer un bon tour à qn

schäbig ['ʃɛːbɪç] *adj 1. (armselig)* minable, misérable; *2. (abgetragen)* usé, râpé; *3. (fig: mies)* mesquin

Schablone [ʃa'bloːnə] *f* modèle *m,* patron *m*

Schach [ʃax] *n* échecs *m/pl; ~ spielen* jouer aux échecs

Schacht [ʃaxt] *m* fosse *f,* puits *m*

Schachtel ['ʃaxtəl] *f* boîte *f*

schade ['ʃaːdə] *adj* dommage, tant pis; *Das ist sehr ~.* C'est bien dommage. *sich für nichts zu ~ sein* ne pas être trop bien pour qc

Schädel ['ʃɛːdəl] *m 1.* crâne *m; 2. (Kopf) sich den ~ einrennen (fam)* se cogner la tête contre les murs; *Ihm brummt der ~.* Il a mal au crâne.

schaden ['ʃaːdən] *v jdm ~* nuire à qn, porter préjudice à qn

Schaden ['ʃaːdən] *m* mal *m; Es war sein ~.* Mal lui en prit. *zu ~ kommen* se faire (du) mal/se blesser

Schadenersatz ['ʃaːdənɛrzats] *m JUR* dommages-intérêts *m/pl*

schadenfroh ['ʃaːdənfroː] *adj* qui se réjouit du malheur des autres

schadhaft ['ʃaːthaft] *adj* détérioré

schädigen ['ʃɛːdɪgən] *v jdn ~* léser qn, faire tort à qn; *etw ~* endommager qc

schädlich ['ʃɛːtlɪç] *adj* nuisible

schadstoffarm ['ʃaːtʃtɔfarm] *adj* non polluant

Schaf [ʃaːf] *n ZOOL* mouton *m,* brebis *f; das schwarze ~ sein* être la brebis galeuse

Schäfer ['ʃɛːfər] *m* berger *m*

Schäferhund ['ʃɛːfərhunt] *m ZOOL* berger allemand *m*

schaffen[1] ['ʃafən] *v irr (schöpfen)* créer, faire; *für etw wie ge~ sein* être fait pour qc/être taillé pour qc

schaffen[2] ['ʃafən] *v 1. (zeitlich)* arriver à finir, arriver à terminer; *Wir ~ es gerade noch.* On a juste le temps. *2. (arbeiten)* travailler; *sich an etw zu ~ machen* s'en prendre à qc/s'occuper de qc; *Damit hat er nichts zu ~.* Il n'a rien à voir avec ça.

Schaffensdrang ['ʃafənsdraŋ] *m* désir de travailler *m*

Schaffner ['ʃafnər] *m 1. (im Zug)* contrôleur *m; 2. (im Bus)* receveur *m*

Schaft [ʃaft] *m 1.* manche *m,* bâton *m; 2. (eines Gewehres)* fût *m; 3. (einer Blume)* tige *f; 4. (eines Stiefels)* tige *f*

Schafwolle ['ʃaːfvɔlə] *f* laine de mouton *f*

Schakal [ʃa'kaːl] *m ZOOL* chacal *m*

schäkern ['ʃɛːkərn] *v 1. (scherzen)* plaisanter; *2. (flirten)* flirter

Schal [ʃaːl] *m* écharpe *f,* châle *m*

Schale ['ʃaːlə] *f 1. (Schüssel)* coupe *f; 2. (Umhüllung)* pelure *f; sich in ~ geworfen haben* être bien sapé; *sich in ~ werfen* se mettre sur son trente et un; *3. (Abfall)* épluchure *f*

schälen ['ʃɛːlən] *v* éplucher, peler

Schall [ʃal] *m* son *m,* bruit *m; ~ und Rauch sein* être éphémère/être fugitif/être du vent

schallen ['ʃalən] *v* résonner, retentir; *~d lachen* rire bruyamment

Schallgeschwindigkeit ['ʃalgəʃvɪndɪçkaɪt] *f* vitesse du son *f*

Schallmauer ['ʃalmauər] *f* mur du son *m*

Schallplatte ['ʃalplatə] *f* disque *m*

Schallplattenspieler ['ʃalplatənʃpiːlər] *m* électrophone *m*

schalten ['ʃaltən] *v 1. (beim Auto)* embrayer, changer de vitesse; *2. (fig: begreifen)* comprendre, saisir

Schalter ['ʃaltər] *m 1. (Vorrichtung)* interrupteur *m; 2. (Bankschalter)* guichet *m*

Schalterhalle ['ʃaltərhalə] *f* hall des guichets *m*

Schaltjahr ['ʃaltjaːr] *n* année bissextile *f*

Scham [ʃaːm] *f* honte *f,* pudeur *f*

schämen ['ʃɛːmən] *v sich ~* avoir honte

Schamgefühl ['ʃaːmgəfyːl] *n* sentiment de honte *m*

schamhaft ['ʃaːmhaft] *adj 1.* honteux; *adv 2.* avec pudeur

schamlos ['ʃaːmloːs] *adj 1.* éhonté; *adv 2.* sans pudeur

Schande ['ʃandə] *f* honte *f,* déshonneur *m*

Schandfleck ['ʃantflɛk] *m* souillure *f*

schändlich ['ʃɛndlɪç] *adj 1.* honteux; *2. (abscheulich)* abominable

Schandtat ['ʃanttaːt] *f* forfait *m; zu jeder ~ bereit sein* être prêt à tout

Schändung ['ʃɛnduŋ] *f 1. (Entweihung)* outrage *m; 2. (Vergewaltigung)* viol *m*

Schar [ʃaːr] *f 1.* troupe *f,* bande *f; 2. (von Vögeln)* vol *m*
scharenweise [ˈʃaːrənvaɪzə] *adv* par bandes
scharf [ʃarf] *adj 1. (Messer)* tranchant, coupant; *2. (Gewürz)* épicé, piquant, fort
schärfen [ˈʃɛrfən] *v 1.* aiguiser; *2. (verstärken)* renforcer
Scharfsinn [ˈʃarfzɪn] *m* finesse *f*
scharfsinnig [ˈʃarfzɪnɪç] *adj* perspicace
Scharlatan [ˈʃarlataːn] *m* charlatan *m*
Schatten [ˈʃatən] *m* ombre *f; nicht über seinen ~ springen können* ne pas pouvoir se dépasser/ne pas pouvoir sortir de sa réserve; *nur noch der ~ seiner selbst sein* ne plus être que l'ombre de soi-même; *einen ~ auf etw werfen* jeter un froid sur qc; *in jds ~ stehen* être dans l'ombre de qn; *sich vor seinem eigenen ~ fürchten* avoir peur de son ombre
Schattenseite [ˈʃatənzaɪtə] *f (fig)* revers de la médaille *m; auf der ~ des Lebens stehen* avoir tiré le mauvais numéro/avoir une vie difficile
Schattierung [ʃaˈtiːruŋ] *f* dégradé *m*
schattig [ˈʃatɪç] *adj* ombragé
Schatz [ʃats] *m 1. (Kostbarkeit)* trésor *m,* richesses *f/pl; 2. (als Kosewort)* trésor *m,* chéri(e) *m/f*
schätzen [ˈʃɛtsən] *v 1. (hoch achten)* estimer, tenir en grande estime; *solche Scherze nicht ~* ne pas apprécier ce genre de plaisanterie; *2. (ungefähr berechnen)* évaluer, estimer; *3. (annehmen)* supposer
Schätzung [ˈʃɛtsuŋ] *f 1. (Hochachtung)* estime *f; 2. (ungefähre Berechnung)* estimation *f; 3. (Annahme)* supposition *f*
schätzungsweise [ˈʃɛtsuŋsvaɪzə] *adv* approximativement
Schätzwert [ˈʃɛtsveːrt] *m* valeur estimative *f*
Schau [ʃau] *f 1.* exposition *f,* étalage *m; etw zur ~ stellen* exhiber qc; *2. THEAT* revue *f; jdm die ~ stehlen* ravir la vedette à qn; *eine ~ abziehen* faire du cinéma
Schauder [ˈʃaudər] *m* frisson *m,* frémissement *m*
schauderhaft [ˈʃaudərhaft] *adj* épouvantable
schauen [ˈʃauən] *v* regarder, contempler
Schauer [ˈʃauər] *m 1. (Regen)* averse *f; 2. (Frösteln)* frisson *m; 3. (Schreck)* peur *f*
Schauergeschichte [ˈʃauərgəʃɪçtə] *f* histoire à faire frémir *f*
Schaufel [ˈʃaufəl] *f* pelle *f*
Schaufenster [ˈʃaufɛnstər] *n* vitrine *f*
Schaufensterbummel [ˈʃaufɛnstərbuməl] *m* lèche-vitrines *m*
Schaukel [ˈʃaukəl] *f* balançoire *f*
schaukeln [ˈʃaukəln] *v* se balancer
Schaukelpferd [ˈʃaukəlpfeːrt] *n* cheval à bascule *m*
Schaukelstuhl [ˈʃaukəlʃtuːl] *m* rocking-chair *m*
Schaulustige(r) [ˈʃaulustɪgə(r)] *m/f 1.* badaud(e) *m/f; 2. (Neugierige(r))* curieux/curieuse *m/f*
Schaum [ʃaum] *m* mousse *f,* écume *f*
Schaumbad [ˈʃaumbaːt] *n* bain moussant *m*
schäumen [ˈʃɔymən] *v* mousser, pétiller
schäumend [ˈʃɔymənt] *adj* moussant, pétillant
Schaumgummi [ˈʃaumgumi] *m* caoutchouc *m,* mousse *f*
schaurig [ˈʃaurɪç] *adj* effrayant, horrible, épouvantable
Scheibe [ˈʃaɪbə] *f 1.* disque *m; 2. (Wurstscheibe)* tranche *f; sich von jdm eine ~ abschneiden können* prendre exemple sur qn/en prendre de la graine; *3. (Fensterscheibe)* vitre *f*
Scheich [ʃaɪç] *m* cheik *m*
Scheide [ˈʃaɪdə] *f 1. (Messerscheide)* fourreau *m,* gaine *f; 2. ANAT* vagin *m*
scheiden [ˈʃaɪdən] *v irr 1.* séparer; *2. (verlassen)* partir, quitter; *3. (Ehe) JUR* prononcer le divorce; *sich ~ lassen* divorcer
Scheidung [ˈʃaɪduŋ] *f* divorce *m*
Schein [ʃaɪn] *m 1. (Licht)* lumière *f,* clarté *f; 2. (fig: Anschein)* apparence *f,* air *m; zum ~* pour la forme; *3. (Bescheinigung)* certificat *m; 4. (Banknote)* billet *m*
scheinbar [ˈʃaɪnbaːr] *adj* apparent
Scheinehe [ˈʃaɪneːə] *f* mariage blanc *m*
scheinen [ˈʃaɪnən] *v irr 1. (leuchten)* briller, éclairer; *2. (fig: Anschein haben)* sembler, paraître; *wie es scheint* à ce qu'il paraît
scheinheilig [ˈʃaɪnhaɪlɪç] *adj* hypocrite
Scheinheiligkeit [ˈʃaɪnhaɪlɪçkaɪt] *f* hypocrisie *f*
Scheinwerfer [ˈʃaɪnvɛrfər] *m (eines Autos)* phare *m*
Scheiße [ˈʃaɪsə] *f (fam)* merde *f; in der ~ sitzen* être dans la merde
Scheitel [ˈʃaɪtəl] *m 1.* sommet *m; vom ~ bis zur Sohle* de la tête aux pieds/des pieds à la tête/de pied en cap; *2. (im Haar)* raie *f*

Scheitelpunkt ['ʃaɪtəlpuŋkt] *m 1.* zénith *m; 2. (fig)* apogée *m*
scheitern ['ʃaɪtərn] *v 1. (fig)* échouer, ne pas réussir; *2. (Bankrott machen)* faire faillite
Schelm [ʃɛlm] *m* coquin *m,* fripon *m*
schelmisch ['ʃɛlmɪʃ] *adj 1.* fripon; *adv 2.* avec espièglerie
Schema ['ʃeːma] *n* schéma *m; nach ~ F* comme d'habitude
schematisch [ʃe'maːtɪʃ] *adj* schématique
schenken ['ʃɛŋkən] *v* offrir, faire un cadeau; *jdm etw ~* faire un cadeau à qn; *halb geschenkt sein* être donné/être une affaire; *sich nichts ~* ne pas se faire de cadeau
Scherbe ['ʃɛrbə] *f 1.* tesson *m; 2. (Glasscherbe)* éclat de verre *m*
Schere ['ʃeːrə] *f* ciseaux *m/pl*
Scherz [ʃɛrts] *m* plaisanterie *f; Das ist kein ~.* Je ne plaisante pas. *immer zu ~en aufgelegt sein* avoir toujours le mot pour rire
Scherzartikel ['ʃɛrtsartiːkəl] *m* attrapes *f/pl*
scherzen ['ʃɛrtsən] *v* plaisanter
scherzhaft ['ʃɛrtshaft] *adj 1.* plaisant; *2. (spöttisch)* railleur; *adv 3. (spöttisch)* avec raillerie
scheu [ʃɔy] *adj 1. (schüchtern)* timide; *2. (ängstlich)* peureux, craintif
Scheu [ʃɔy] *f 1. (Schüchternheit)* appréhension *f; 2. (Ängstlichkeit)* timidité *f*
scheuen ['ʃɔyən] *v 1. (Pferd)* s'emballer; *2. (fürchten)* redouter
Scheuerlappen ['ʃɔyərlapən] *m* torchon *m*
scheuern ['ʃɔyərn] *v 1.* nettoyer; *2. jdm eine ~ (fam)* mettre la main sur la figure à qn
Scheuklappen ['ʃɔyklapən] *pl* œillère *f*
Scheune ['ʃɔynə] *f* grange *f*
Scheusal ['ʃɔyzaːl] *n* monstre *m*
scheußlich ['ʃɔyslɪç] *adj* abominable, horrible, affreux
Schicht [ʃɪçt] *f 1.* couche *f; 2. (Klasse)* classe sociale *f,* couche sociale *f; 3. (Arbeitsschicht)* poste *m,* équipe *f*
Schichtarbeit ['ʃɪçtarbaɪt] *f* travail par équipes *m*
Schichtwechsel ['ʃɪçtvɛksəl] *m* changement d'équipe *m*
schick [ʃɪk] *adj 1.* chic, élégant; *adv 2.* avec chic, avec élégance
schicken ['ʃɪkən] *v* envoyer, expédier
schicklich ['ʃɪklɪç] *adj* décent
Schicksal ['ʃɪkzaːl] *n* destin *m,* sort *m; Seinem ~ kann man nicht entgehen.* On n'échappe pas à son destin. *jdn seinem ~ überlassen* abandonner qn à son triste sort; *~ spielen* intervenir/s'en mêler
schicksalhaft ['ʃɪkzaːlhaft] *adj* fatal
Schicksalsschlag ['ʃɪkzaːlsʃlaːk] *m* coup du destin *m*
Schiebedach ['ʃiːbədax] *n* toit ouvrant *m*
schieben ['ʃiːbən] *v irr* pousser, faire glisser; *die Schuld auf jdn ~* rejeter la faute sur qn
Schiebetür ['ʃiːbətyːr] *f* porte coulissante *f*
Schiebung ['ʃiːbuŋ] *f* trafic illicite *m*
schief [ʃiːf] *adj 1.* oblique, incliné; *jdn ~ ansehen* regarder qn de travers; *2. (falsch)* faux, eronné; *~ gehen* rater, mal tourner (fam)
schieflachen ['ʃiːflaxən] *v sich ~ (fam)* s'en payer une bonne tranche
schielen ['ʃiːlən] *v* loucher, être atteint de strabisme
Schiene ['ʃiːnə] *f 1. (Bahnschiene)* rail *m; 2. MED* éclisse *f*
Schießbude ['ʃiːsbuːdə] *f* tir forain *m*
schießen ['ʃiːsən] *v irr 1. (Waffe)* tirer, faire du tir; *scharf ~* tirer à balles; *2. (Ball)* shooter, tirer au but; *ein Tor ~* marquer un but; *3. zum Schießen sein (fig)* être à mourir de rire, être très drôle
Schiff [ʃɪf] *n* bateau *m,* navire *m,* vaisseau *m; klar ~ machen* faire le ménage/faire le nettoyage/faire le vide
Schiffbruch ['ʃɪfbrux] *m* naufrage *m; ~ mit etw erleiden (fig)* échouer à qc/faire naufrage avec qc
Schifffahrt ['ʃɪffaːrt] *f* navigation *f*
Schiffsbau ['ʃɪfsbau] *m* construction navale *f*
Schiffschaukel ['ʃɪfʃaukəl] *f* balançoire *f*
Schikane [ʃi'kaːnə] *f* chicane *f,* tracasserie *f; mit allen ~n* avec tout le tralala
schikanieren [ʃika'niːrən] *v* chicaner, faire des chicanes; *jdn ~* faire des misères à qn
Schikoree ['ʃɪkoreː] *m BOT* endive *f*
Schild [ʃɪlt] *n 1. (Schutzschild)* bouclier *m; etw im ~e führen* manigancer qc/mijoter qc/concocter qc; *2. (Türschild)* panneau *m,* enseigne *f,* plaque *f; 3. (Straßenschild)* panneau de circulation *m*
schildern ['ʃɪldərn] *v* présenter, décrire

Schilderung ['ʃɪldəruŋ] *f* exposé *m*
Schildkröte ['ʃɪltkrøːtə] *f ZOOL* tortue *f*
Schilf [ʃɪlf] *n* roseau *m*
schillern ['ʃɪlərn] *v 1.* chatoyer; *2. (reflektieren)* miroiter
Schimmel ['ʃɪməl] *m 1. (Pferd) ZOOL* cheval blanc *m; 2. BOT* moisissure *f,* moisi *m*
schimmeln ['ʃɪməln] *v* moisir
Schimmer ['ʃɪmər] *m* lueur *f,* éclat *m; keinen ~ von etw haben* n'avoir aucune idée sur qc
schimmlig ['ʃɪmlɪç] *adj* moisi
Schimpanse [ʃɪm'panzə] *m ZOOL* chimpanzé *m*
Schimpf [ʃɪmpf] *m* affront *m,* outrage *m; mit ~ und Schande* ignominieusement, honteusement
schimpfen ['ʃɪmpfən] *v* gronder, rouspéter; *auf jdn ~* pester contre qn
Schimpfwort ['ʃɪmpfvɔrt] *n* injure *f,* insulte *f*
schinden ['ʃɪndən] *v irr 1. jdn ~* maltraiter qn, tourmenter qn; *2. (herausholen)* sortir; *Eindruck ~* faire de l'esbroufe; *Zeit ~* tuer le temps; *3. sich ~* s'éreinter, s'esquinter
Schinderei [ʃɪndə'raɪ] *f* corvée *f*
Schinken ['ʃɪŋkən] *m GAST* jambon *m*
schippen ['ʃɪpən] *v* ramasser à la pelle, pelleter
Schirm [ʃɪrm] *m 1. (Regenschirm)* parapluie *m; 2. (Sonnenschirm)* parasol *m*
Schirmherrschaft ['ʃɪrmhɛrʃaft] *f* protection *f; unter der ~ von* sous le patronage de
Schirmständer ['ʃɪrmʃtɛndər] *m* porte-parapluies *m*
Schlacht [ʃlaxt] *f* bataille *f*
schlachten ['ʃlaxtən] *v* abattre
Schlachtfeld ['ʃlaxtfɛlt] *n* champ de bataille *m*
Schlachthof ['ʃlaxthoːf] *m* abattoir *m*
Schlachtplan ['ʃlaxtplaːn] *m* plan de bataille *m*
Schlaf [ʃlaːf] *m* sommeil *m; den ~ des Gerechten schlafen* dormir du sommeil du juste; *etw im ~ können* savoir faire qc sur le bout des doigts/savoir faire qc les doigts dans le nez; *jdn um den ~ bringen* faire passer des nuits blanches à qn
Schlafanzug ['ʃlaːfantsuːk] *m* pyjama *m*
Schläfchen ['ʃlɛːfçən] *n 1. (fam)* roupillon *m; 2. (Mittagsschläfchen)* sieste *f*
schlafen ['ʃlaːfən] *v irr* dormir, faire dodo (fam); *getrennt ~* faire chambre à part; *die ganze Nacht nicht ~* ne pas dormir de la nuit/ne pas fermer l'œil de la nuit; *Das ist nicht der richtige Augenblick, um zu ~!* Ce n'est pas le moment de s'endormir! *bis in die Puppen ~* faire la grasse matinée
schlaff [ʃlaf] *adj 1.* flasque, mou; *2. (entspannt)* distendu
Schlaflied ['ʃlaːfliːt] *n* berceuse *f*
schlaflos ['ʃlaːfloːs] *adj* sans sommeil, insomniaque
Schlaflosigkeit ['ʃlaːfloːzɪçkaɪt] *f* insomnie *f*
Schlafmütze ['ʃlaːfmytsə] *f (fig)* endormi *m; eine ~ sein* être un bonnet de nuit
schläfrig ['ʃlɛːfrɪç] *adj 1.* somnolent; *2. (verschlafen)* ensommeillé
Schlafsack ['ʃlaːfzak] *m* sac de couchage *m*
Schlaftablette ['ʃlaːftablɛtə] *f* somnifère *m*
schlaftrunken ['ʃlaːftruŋkən] *adj* somnolent
Schlafwagen ['ʃlaːfvaːgən] *m* wagon-lit *m*
schlafwandeln ['ʃlaːfvandəln] *v* être somnambule
Schlafzimmer ['ʃlaːftsɪmər] *n* chambre à coucher *f*
Schlag [ʃlaːk] *m 1. (Hieb)* coup *m,* tape *f; 2. (Aufprall)* choc *m; 3. (Pochen)* battement *m; 4. elektrischer ~* décharge électrique *f; 5. (fig: schwerer ~)* coup dur *m; Was für ein harter ~!* Quelle tuile! *Das ist ein ~ ins Wasser. (fig)* C'est un coup d'épée dans l'eau. *einen vernichtenden ~ gegen jdn führen* porter un coup fatal à qn; *jdm einen ~ versetzen* donner un coup à qn; *~ auf ~* coup sur coup; *auf einen ~* d'un seul coup/d'un seul jet; *keinen ~ tun* ne pas lever le petit doigt
schlagartig ['ʃlaːkartɪç] *adj* brusque
schlagen ['ʃlaːgən] *v irr 1. (hauen)* battre, frapper; *jdn windelweich ~* battre qn comme plâtre; *jdn mit seinen eigenen Waffen ~* battre qn avec ses propres armes; *wie wild um sich ~* se débattre comme un beau diable; *blindlings drauflos ~* frapper comme un sourd; *2. (fig: besiegen)* battre, vaincre; *3. (Uhr)* sonner
Schlager ['ʃlaːgər] *m 1. MUS* tube *m; 2. (Erfolgsartikel)* succès *m*
Schläger ['ʃlɛːgər] *m 1. (beim Baseball)* batte *f; (beim Golf)* club *m; (beim Tennis)* ra-

quette *f; (beim Tischtennis)* raquette de ping-pong *f; 2. (~typ)* querelleur *m,* bagarreur *m*
Schlägerei [ʃlɛːgə'raɪ] *f* rixe *f*
Schlagersänger(in) ['ʃlaːgərzɛŋər(ɪn)] *m/f* chanteur à la mode/chanteuse à la mode *m/f*
schlagfertig ['ʃlaːkfɛrtɪç] *adj* qui a la repartie prompte
Schlagfertigkeit ['ʃlaːkfɛrtɪçkaɪt] *f* promptitude de repartie *f*
schlagkräftig ['ʃlaːkkrɛftɪç] *adj 1.* puissant; *2. (überzeugend)* concluant
Schlagloch ['ʃlaːklɔx] *n* nid de poule *m*
Schlagsahne ['ʃlaːkzaːnə] *f GAST* crème fouettée *f,* crème Chantilly *f*
Schlagwort ['ʃlaːkvɔrt] *n* slogan *m*
Schlagzeile ['ʃlaːktsaɪlə] *f* manchette *f; ~n machen* faire la une des journaux
schlaksig ['ʃlakzɪç] *adj* dégingandé
Schlamassel [ʃla'masəl] *m (fam)* déveine *f,* purée *f; im ~ sitzen* être dans le pétrin
Schlamm [ʃlam] *m* limon *m,* vase *f*
schlammig ['ʃlamɪç] *adj* vaseux, boueux
Schlampe ['ʃlampə] *f 1. (liederliche Frau)* drôlesse *f; 2. (unordentliche Frau)* femme désordonnée *f,* souillon *f*
Schlamperei [ʃlampə'raɪ] *f* négligence *f,* laisser-aller *m*
schlampig ['ʃlampɪç] *adj 1.* négligé; *2. (nachlässig)* bâclé; *Das ist ~ gemacht.* C'est bâclé.
Schlange ['ʃlaŋə] *f 1. ZOOL serpent m; 2. (Menschenschlange)* file *f,* queue *f; ~ stehen* faire la queue
schlängeln ['ʃlɛŋəln] *v 1. sich ~* serpenter; *2. sich um etw ~* s'entortiller autour de qc
Schlangengift ['ʃlaŋəngɪft] *n* venin *m*
schlank [ʃlaŋk] *adj* mince, svelte
Schlankheitskur ['ʃlaŋkhaɪtskuːr] *f* cure d'amaigrissement *f*
schlapp [ʃlap] *adj 1.* mou, avachi; *2. (fig: erschöpft)* épuisé
Schlappe ['ʃlapə] *f (fam)* échec *m; eine ~ einstecken müssen* ramasser une veste
schlappmachen ['ʃlapmaxən] *v (fam)* abandonner la course
schlau [ʃlau] *adj 1.* fin, rusé, subtil; *aus jdm nicht ~ werden* ne pas comprendre qn/ne pas savoir où on en est avec qn; *sich ~ machen* prendre ses renseignements/se mettre au courant; *2. (geschickt)* habile
Schlauberger ['ʃlaubɛrgər] *m (fam)* compère rusé *m,* fin renard *m*
Schlauch [ʃlaux] *m* tuyau *m; auf dem ~ stehen (fig)* être dur à la détente
Schlaufe ['ʃlaufə] *f* boucle *f*
Schlawiner [ʃla'viːnər] *m (fam)* malin *m,* rusé *m*
schlecht [ʃlɛçt] *adj 1.* mauvais, médiocre, méchant; *adv 2.* mal; *~ und recht* tant bien que mal/vaille que vaille; *~ gehen* aller mal; *jdn ~ machen* médire de qn/dire du mal de qn/dénigrer qn
Schleckerei [ʃlɛkə'raɪ] *f* friandise *f*
Schleckermaul ['ʃlɛkərmaul] *n* gourmet *m*
schleichen ['ʃlaɪçən] *v irr* se glisser, se faufiler vers
schleichend ['ʃlaɪçənt] *adj (heimlich)* furtif
Schleier ['ʃlaɪər] *m* voile *m,* voilette *f; den ~ lüften* lever le voile
schleierhaft ['ʃlaɪərhaft] *adj 1. (unverständlich)* incompréhensible; *2. (geheimnisvoll)* mystérieux
Schleife ['ʃlaɪfə] *f* nœud *m,* boucle *f*
schleifen[1] ['ʃlaɪfən] *v irr (schärfen)* aiguiser, tailler
schleifen[2] ['ʃlaɪfən] *v (schleppen)* traîner
Schleim [ʃlaɪm] *m* mucosité *f,* glaire *f*
schleimig ['ʃlaɪmɪç] *adj 1.* glaireux; *2. (fig: scheinheilig)* doucereux
schlemmen ['ʃlɛmən] *v* faire un bon repas, faire ripaille
Schlemmermahl ['ʃlɛmərmaːl] *n (fam)* gueuleton *m*
schlendern ['ʃlɛndərn] *v* aller tranquillement, traîner (fam)
Schlendrian ['ʃlɛndriaːn] *m* train-train *m*
Schlenker ['ʃlɛŋkər] *m 1. (Ausweichen)* évitement *m; 2. (Umweg)* détour *m; einen ~ machen* faire un détour
Schleppe ['ʃlɛpə] *f 1. (eines Kleides)* traîne *f,* queue *f; 2. (beim Jagen)* traîneau *m*
schleppen ['ʃlɛpən] *v 1. (schwer tragen)* traîner, remorquer; *2. (ab~)* remorquer, dépanner; *3. (zur Polizei)* mettre en fourrière
schleppend ['ʃlɛpənt] *adj 1.* traînant; *2. (langsam)* lent
Schlepptau ['ʃlɛptau] *n* câble de remorque *m; jdn ins ~ nehmen* remorquer qn/prendre qn en charge
schleudern ['ʃlɔydərn] *v 1. (werfen)* lancer, jeter; *2. (mit einem Auto)* déraper; *3. (Wäsche)* essorer

Schleudersitz ['ʃlɔydərzɪts] *m* siège éjectable *m*
schleunigst ['ʃlɔynɪgst] *adv* dans les plus brefs délais
Schliche ['ʃlɪçə] *pl jdm auf die ~ kommen* découvrir le jeu de qn
schlicht [ʃlɪçt] *adj 1.* simple, sans artifice; *adv 2.* avec simplicité
schlichten ['ʃlɪçtən] *v 1. (Streit)* aplanir, arranger; *2. (Holz)* équarrir
schließen ['ʃliːsən] *v irr 1. (zumachen)* fermer, clore; *2. (beenden)* terminer, fermer; *3. (Vertrag)* conclure, passer; *4. (folgern)* conclure, déduire
Schließfach ['ʃliːsfax] *n (im Bahnhof)* consigne automatique *f*
schließlich ['ʃliːslɪç] *adv* enfin, finalement
Schliff [ʃlɪf] *m 1.* taille *f; 2. (das Schleifen)* polissage *m,* meulage *m; 3. (fig)* savoir-vivre *m,* politesse *m; etw den letzten ~ geben* fignoler qc/mettre la dernière main à qc
schlimm [ʃlɪm] *adj 1.* mauvais, grave; *Das ist nicht ~.* Ce n'est pas grave./Ce n'est pas tragique. *Ich finde nichts Schlimmes dabei.* Je n'y vois aucun mal. *2. (ärgerlich)* fâcheux; *3. (schwierig)* difficile
schlimmstenfalls ['ʃlɪmstənfals] *adv* au pire
Schlinge ['ʃlɪŋə] *f 1.* nœud coulant *m; jdm die ~ um den Hals legen* mettre à qn le pistolet sur la tempe/prendre qn à la gorge; *2. (bei der Jagd)* collet *m; 3. (fig: Falle)* piège *m*
Schlingel ['ʃlɪŋəl] *m (fam)* galopin *m,* voyou *m*
schlingen ['ʃlɪŋən] *v irr 1.* enlacer; *2. (binden)* lier, nouer; *3. (flechten)* entrelacer, clayonner; *4. sich um etw ~* s'enrouler autour de qc, s'entortiller autour de qc
Schlips [ʃlɪps] *m* cravate *f; jdm auf den ~ treten* marcher sur les pieds de qn (fig)/vexer qn; *sich auf den ~ getreten fühlen* se sentir froissé/se sentir vexé
Schlitten ['ʃlɪtən] *m* traîneau *m,* luge *f; mit jdm ~ fahren (fig)* rudoyer qn
Schlittenfahrt ['ʃlɪtənfaːrt] *f* promenade en traîneau *f*
Schlittschuh ['ʃlɪtʃuː] *m* patin à glace *m*
Schlittschuhlaufen ['ʃlɪtʃuːlaufən] *n* faire du patin à glace, patiner
Schlitz ['ʃlɪts] *m 1.* fente *f,* fissure *f; 2. (Hosenschlitz)* braguette *f*
Schlitzohr ['ʃlɪtsoːr] *n (fam)* filou *m,* coquin *m*
Schloss [ʃlɔs] *n 1. (Gebäude)* château *m,* palais *m; 2. (Verschluss)* serrure *f; hinter ~ und Riegel* en prison/sous les verrous
Schlosser ['ʃlɔsər] *m* serrurier *m*
Schlosserei [ʃlɔsə'raɪ] *f* atelier de serrurerie *m,* serrurerie *f*
Schlot [ʃloːt] *m* cheminée d'usine *f*
schlottern ['ʃlɔtərn] *v 1. (zittern)* flageoler; *2. (zu große Kleidung)* flotter
Schlucht [ʃluxt] *f* ravin *m,* gorge *f*
schluchzen ['ʃluxtsən] *v* sangloter
Schluchzer ['ʃluxtsər] *m* sanglot *m*
Schluck [ʃluk] *m* gorgée *f,* trait *m*
Schluckauf ['ʃlukauf] *m* hoquet *m*
schlucken ['ʃlukən] *v* avaler
schlummern ['ʃlumərn] *v* sommeiller
schlüpfen ['ʃlypfən] *v 1. (anziehen)* enfiler, passer; *2. ZOOL* éclore
Schlüpfer ['ʃlypfər] *m* culotte *f*
Schlupfwinkel ['ʃlupfvɪŋkəl] *m* refuge *m*
schlurfen ['ʃlurfən] *v* traîner les pieds
schlürfen ['ʃlyrfən] *v* boire/manger avec bruit, laper
Schluss [ʃlus] *m 1.* fin *f; 2. (Schließung)* clôture *f,* fermeture *f*
Schlüssel ['ʃlysəl] *m 1.* clé *f,* clef *f; 2. (Lösung)* solution *f; 3. (Kode)* code *m*
Schlüsselbund ['ʃlysəlbunt] *m* trousseau de clés *m*
Schlüsselloch ['ʃlysəllɔx] *n* trou de serrure *m*
schlüssig ['ʃlysɪç] *adj 1. (entschieden)* résolu; *2. (entscheidend)* concluant
Schlusslicht ['ʃluslɪçt] *n 1. (eines Autos)* feu arrière *m; 2. (fig: Letzte(r))* lanterne rouge *f*
Schlussstrich ['ʃlusʃtrɪç] *m* point final *m*
schmächtig ['ʃmɛçtɪç] *adj* grêle; *~ sein* être gros comme un moineau
schmackhaft ['ʃmakhaft] *adj* savoureux; *jdm etw ~ machen* faire monter l'eau à la bouche de qn
schmal [ʃmaːl] *adj* étroit, mince
schmarotzen ['ʃmarɔtsən] *v (fam)* vivre en parasite
Schmarotzer [ʃma'rɔtsər] *m (fam)* pique-assiette *m*
Schmarren ['ʃmarən] *m 1. GAST* galette *f; 2. (fam: Unsinn)* idioties *f/pl*
schmatzen ['ʃmatsən] *v 1.* manger bruyamment; *2. (fam: küssen)* donner un gros baiser
schmecken ['ʃmɛkən] *v 1. ~ nach* avoir le goût de, sentir; *2. gut ~* être bon

Schmeichelei [ʃmaɪçə'laɪ] *f* flatterie *f*
schmeichelhaft ['ʃmaɪçəlhaft] *adj 1.* flatteur; *2. (vorteilhaft)* avantageux
schmeicheln ['ʃmaɪçəln] *v* flatter
Schmeichler(in) ['ʃmaɪçlər(ɪn)] *m/f* flatteur/flatteuse *m/f*
schmeißen ['ʃmaɪsən] *v irr 1. (werfen)* lancer, jeter; *2. (mit etw fertig werden)* venir à bout de qc; *3. eine Vorstellung ~ THEAT* gâcher une représentation
schmelzen ['ʃmɛltsən] *v irr 1.* fondre, se liquéfier; *2. (fig: abnehmen)* fondre
Schmelzpunkt ['ʃmɛltspuŋkt] *m* point de fusion *m*
Schmelztiegel ['ʃmɛltsti:gəl] *m (fig)* creuset *m*
Schmerz [ʃmɛrts] *m 1.* douleur *f,* mal *m; 2. (Leiden)* souffrance *f,* peine *f*
schmerzempfindlich ['ʃmɛrtsɛmpfɪntlɪç] *adj 1.* sensible à la douleur; *2. (zimperlich)* douillet
schmerzen ['ʃmɛrtsən] *v 1. (körperlich)* faire mal; *2. (seelisch)* faire de la peine
Schmerzensgeld ['ʃmɛrtsənsgɛlt] *n JUR* pretium doloris *m*
schmerzfrei ['ʃmɛrtsfraɪ] *adj* indolore
schmerzhaft ['ʃmɛrtshaft] *adj* douloureux
schmerzlich ['ʃmɛrtslɪç] *adj 1.* douloureux; *2. (fig)* pénible
schmerzlindernd ['ʃmɛrtslɪndərnt] *adj* apaisant
Schmetterling ['ʃmɛtərlɪŋ] *m ZOOL* papillon *m*
schmettern ['ʃmɛtərn] *v 1.* lancer violemment; *die Tür ins Schloss ~* faire claquer la porte; *2. (laut spielen)* faire résonner; *3. (laut singen)* chanter à tue-tête
Schmied [ʃmi:t] *m* forgeron *m*
schmieden ['ʃmi:dən] *v 1.* forger; *2. (bearbeiten)* travailler, façonner
schmiegsam ['ʃmi:kza:m] *adj* souple
Schmiere ['ʃmi:rə] *f ~ stehen* faire le guet
schmieren ['ʃmi:rən] *v 1. (bestreichen)* enduire; *2. (einfetten)* graisser; *gehen wie geschmiert* ne pas faire un pli/tourner comme une petite machine à coudre/marcher comme sur des roulettes; *Das läuft wie geschmiert.* Ça va comme sur du velours. *3. (fam: bestechen)* soudoyer, corrompre; *4. (kritzeln)* griffonner, gribouiller; *5. jdm eine ~* flanquer une gifle à qn, mettre sa main sur la figure à qn
Schmiergeld ['ʃmi:rgɛlt] *n (fam)* pot-de-vin *m*
schmierig ['ʃmi:rɪç] *adj 1. (fettig)* graisseux; *2. (fig: dreckig)* crasseux
Schminke ['ʃmɪŋkə] *f* fard *m,* maquillage *m*
schminken ['ʃmɪŋkən] *v* maquiller, farder
Schmöker ['ʃmø:kər] *m* roman à quatre sous *m*
schmökern ['ʃmø:kərn] *v* bouquiner
schmollen ['ʃmɔlən] *v* bouder, faire la tête
Schmu [ʃmu:] *m ~ machen (fam)* grappiller, faire de la gratte
Schmuck [ʃmuk] *m* bijou *m,* parure *f*
schmücken ['ʃmykən] *v* décorer
Schmuggel ['ʃmugəl] *m* contrebande *f,* fraude *f*
schmuggeln ['ʃmugəln] *v* faire de la contrebande, frauder
Schmuggler ['ʃmuglər] *m* contrebandier *m*
schmunzeln ['ʃmuntsəln] *v* sourire d'aise, sourire d'un air béat
schmusen ['ʃmu:zən] *v* câliner, faire des calins, caresser
Schmutz [ʃmuts] *m* saleté *f,* ordure *f; jdn in den ~ ziehen* traîner qn dans la boue
Schmutzfink ['ʃmutsfɪŋk] *m 1.* souillon *f; 2. (Kind)* petit cochon *m*
schmutzig ['ʃmutsɪç] *adj 1.* sale; *2. (ekelhaft)* dégoûtant; *3. (unehrlich)* malhonnête
Schnabel ['ʃna:bəl] *m 1. ZOOL* bec *m; 2. (fam: Mund) den ~ halten* fermer sa gueule/se la boucler/se la fermer; *reden, wie einem der ~ gewachsen ist* parler à tort et à travers; *sich den ~ verbrennen* se mordre la langue
schnallen ['ʃnalən] *v 1.* boucler; *2. (mit Riemen)* attacher; *3. (enger ~/weiter ~)* serrer/desserrer; *4. (fam: begreifen)* comprendre
schnappen ['ʃnapən] *v 1. (beißen)* happer; *2. (zu~, auf~)* faire ressort; *3. (erwischen)* saisir
Schnappschuss ['ʃnapʃus] *m FOTO* instantané *m*
Schnaps [ʃnaps] *m* eau-de-vie *f*
Schnapsidee ['ʃnapside:] *f (fam)* idée saugrenue *f*
schnarchen ['ʃnarçən] *v* ronfler; *fürchterlich ~* ronfler comme une forge
schnattern ['ʃnatərn] *v 1. (Ente)* cancaner, nasiller; *2. (Gans)* criailler, siffler; *3. (fig)* caqueter, babiller

schnaufen ['ʃnaufən] *v* respirer difficilement, haleter
Schnauze ['ʃnautsə] *f 1.* gueule *f*, museau *m; 2. (fam: Mund) die ~ voll haben* en avoir marre/en avoir plein le dos; *die ~ halten* fermer sa gueule/se la fermer/se la boucler; *eine große ~ haben* avoir une grande gueule
schnäuzen ['ʃnɔytsən] *v sich ~* se moucher
Schnauzer ['ʃnautsər] *m 1. (Bart)* moustache *f; 2. ZOOL* schnauzer *m*
Schnecke ['ʃnɛkə] *f ZOOL* escargot *m*
Schneckentempo ['ʃnɛkəntɛmpo] *n (fam)* allure d'escargot *f; im ~ vorankommen* avancer comme une tortue
Schnee [ʃneː] *m* neige *f; ~ von gestern sein* être dépassé
Schneeball ['ʃneːbal] *m* boule de neige *f*
schneeblind ['ʃneːblɪnt] *adj* aveuglé par la neige
Schneeflocke ['ʃneːflɔkə] *f* flocon de neige *m*
Schneegrenze ['ʃneːgrɛntsə] *f* limite des neiges éternelles *f*
Schneekette ['ʃneːkɛtə] *f* chaînes antidérapantes *f/pl*
Schneemann ['ʃneːman] *m* bonhomme de neige *m*
schneeweiß ['ʃneːvaɪs] *adj 1.* blanc comme neige; *2. (schneebedeckt)* neigeux
schneiden ['ʃnaɪdən] *v irr 1.* couper; *2. (fig: Kurve)* couper; *3. jdn ~ (fig)* ignorer qn
Schneider ['ʃnaɪdər] *m* tailleur *m*
schneien ['ʃnaɪən] *v* neiger
schnell [ʃnɛl] *adj 1.* rapide, prompt; *So ~ geht das nicht.* Ce n'est pas pour demain. *adv 2.* vite
Schnelligkeit ['ʃnɛlɪçkaɪt] *f* rapidité *f*, vitesse *f*
Schnellimbiss ['ʃnɛlɪmbɪs] *m* casse-croûte *m*
Schnellkochtopf ['ʃnɛlkɔxtɔpf] *m* autocuiseur *m*
schnelllebig ['ʃnɛlleːbɪç] *adj* à la vie trépidante
schnellstens ['ʃnɛlstəns] *adv* au plus vite
Schnellstraße ['ʃnɛlʃtraːsə] *f* voie rapide *f*
Schnellzug ['ʃnɛltsuːk] *m* express *m*
schnippisch ['ʃnɪpɪʃ] *adj 1.* insolent; *2. (keck)* mutin; *3. (verächtlich)* dédaigneux; *adv 4.* avec insolence
Schnitt [ʃnɪt] *m 1.* coupe *f; 2. (Einschnitt)* coupure *f*, encoche *f*
Schnittfläche ['ʃnɪtflɛçə] *f* section *f*
schnittig ['ʃnɪtɪç] *adj 1. (elegant)* chic; *2. (reif)* prêt à être coupé; *adv 3. (elegant)* avec élégance
Schnittlauch ['ʃnɪtlaux] *m BOT* ciboulette *f*
Schnitzel ['ʃnɪtsəl] *n 1. GAST* escalope *f; 2. (Papierschnitzel)* découpures *f/pl*
schnitzen ['ʃnɪtsən] *v* sculpter sur bois
Schnitzer ['ʃnɪtsər] *m einen ~ machen* faire une erreur
Schnorchel ['ʃnɔrçəl] *m 1. (bei einem Tauchgerät)* tuba *m; 2. (bei einem U-Boot)* schnorchel *m*
Schnörkel ['ʃnœrkəl] *m* volute *f*, fioriture *f*
schnüffeln ['ʃnyfəln] *v 1. (schnuppern)* flairer, renifler; *2. (fig)* fouiner, fureter
Schnuller ['ʃnulər] *m* sucette *f*
Schnulze ['ʃnultsə] *f* rengaine *f*
Schnupfen ['ʃnupfən] *m* rhume *m*
schnuppern ['ʃnupərn] *v 1.* flairer, renifler; *2. (fig)* fouiner
Schnur [ʃnuːr] *f* cordon *m*, cordelière *f*, lacet *m*
Schnürchen ['ʃnyːrçən] *n wie am ~ gehen* marcher comme sur des roulettes
schnüren ['ʃnyːrən] *v* ficeler, lier, lacer
Schnurrbart ['ʃnurbart] *m* moustache *f*
schnurren ['ʃnurən] *v 1.* ronronner; *2. (Motor)* ronfler
Schnürsenkel ['ʃnyːrzɛŋkəl] *m* lacet *m*
schnurstracks ['ʃnuːrʃtraks] *adv 1.* tout droit; *2. (sofort)* immédiatement
Schock [ʃɔk] *m* choc *m*
schockieren [ʃɔk'iːrən] *v* choquer
Schokolade [ʃoko'laːdə] *f 1. (eine Tafel ~)* chocolat *m*, tablette de chocolat *f; 2. (heiße ~)* chocolat chaud *m*
Scholle ['ʃɔlə] *f 1. (Erdscholle)* motte de terre *f; 2. (Eisscholle)* glaçon *m*
schon [ʃoːn] *adv 1. (bereits)* déjà, bien; *~ jetzt* dès maintenant; *Es ist ~ lange her, dass ...* Il y a bien longtemps que ...; *Ich weiß ~, dass ...* Je sais bien que ...; *2. (bestimmt) Sie wird ~ kommen.* Elle viendra bien. *3. Schon gut!* C'est bon!/Ça suffit! *4. (nur) Schon der Gedanke, dass ...* La seule idée que .../Rien que d'y penser ...
schön [ʃøːn] *adj 1.* beau, joli; *Das ist zu ~, um wahr zu sein.* C'est trop beau pour être vrai. *Das ist alles recht ~ und gut.* C'est

bien beau. *~es Wetter haben* avoir beau temps; *2. (angenehm)* agréable; *adv 3.* bien
schonen ['ʃoːnən] *v 1. jdn ~* ménager qn; *2. etw ~* soigner qc; *3. sich ~* se ménager; *4. (schützen)* préserver
Schönfärberei ['ʃøːnfɛrbərai] *f (fig)* idéalisation *f*
Schonfrist ['ʃoːnfrɪst] *f* état de grâce *m*
Schönheit ['ʃøːnhaɪt] *f* beauté *f*
Schönheitsfehler ['ʃøːnhaɪtsfeːlər] *m* petit défaut *m*
Schönheitskönigin ['ʃøːnhaɪtskøːnɪgɪn] *f* reine de beauté *f*
Schönheitsoperation ['ʃøːnhaɪtsoperatsjoːn] *f MED* opération de chirurgie esthétique *f*
Schonkost ['ʃoːnkɔst] *f* régime *m*
schonungslos ['ʃoːnuŋsloːs] *adj* sans ménagements
schöpfen¹ ['ʃœpfən] *v 1. (Flüssigkeit)* puiser; *2. (für sich entnehmen)* prendre pour soi; *Atem ~* reprendre haleine; *Mut aus etw ~* trouver du courage dans qc/puiser son courage dans qc
schöpfen² ['ʃœpfən] *v irr (schaffen)* créer, produire
Schöpfer ['ʃœpfər] *m (Urheber)* créateur *m,* auteur *m*
schöpferisch ['ʃœpfərɪʃ] *adj* créateur
Schöpflöffel ['ʃœpflœfəl] *m* louche *f*
Schöpfung ['ʃœpfuŋ] *f 1.* création *f; 2. (der Welt)* monde *m*
Schorle ['ʃɔrlə] *f (Weinschorle)* vin coupé d'eau *m*
Schornstein ['ʃɔrnʃtaɪn] *m* cheminée *f*
Schornsteinfeger ['ʃɔrnʃtaɪnfeːgər] *m* ramoneur *m*
Schoß [ʃoːs] *m* giron *m,* sein *m; in den ~ fallen* tomber tout cuit/tomber du ciel
Schoßhündchen ['ʃoːshyntçən] *n* bichon *m*
Schottland ['ʃɔtlant] *n GEO* Ecosse *f*
schräg [ʃrɛːk] *adj 1.* oblique, incliné; *adv 2.* en biais, en diagonale
Schräge ['ʃrɛːgə] *f* biais *m,* diagonale *f*
Schramme ['ʃramə] *f* égratignure *f,* éraflure *f*
Schrank [ʃraŋk] *m 1.* armoire *f; 2. (Wandschrank)* placard *m; 3. (Küchenschrank)* buffet *m*
Schranke ['ʃraŋkə] *f* barrière *f,* clôture *f; jdn in seine ~n verweisen* remettre qn à sa place/montrer ses limites à qn; *Dem sind ~n gesetzt.* C'est limité.
Schraube ['ʃraubə] *f 1.* vis *f; Bei dir ist wohl eine ~ locker.* Ça ne tourne pas rond chez toi./T'as une case de vide. *die ~ überdrehen* pousser/aller trop loin; *eine ~ ohne Ende* une vis sans fin *f; 2. (Schiffsschraube)* hélice *f*
schrauben ['ʃraubən] *v 1.* visser; *2. (fest~)* serrer
Schraubenzieher ['ʃraubəntsiːər] *m TECH* tournevis *m*
Schreck [ʃrɛk] *m* frayeur *f,* effroi *m; mit dem ~en davonkommen* en être quitte pour la peur; *Ach du ~!* Grand Dieu!/Misère!
schreckensbleich ['ʃrɛkənsblaɪç] *adj* blême de peur
Schreckensbotschaft ['ʃrɛkənsboːtʃaft] *f* message de malheur *m*
schreckhaft ['ʃrɛkhaft] *adj 1.* peureux; *2. (empfindlich)* émotif
schrecklich ['ʃrɛklɪç] *adj* terrible, effrayant; *Wie ~!* Quelle horreur!
Schrei [ʃraɪ] *m* cri *m; der letzte ~ (fig)* le dernier cri *m*
schreiben ['ʃraɪbən] *v irr 1.* écrire; *etw in den Wind ~* faire une croix sur qc; *2. (nieder~)* rédiger, noter
Schreiben ['ʃraɪbən] *n 1.* écrit *m; 2. (Brief)* lettre *f*
Schreiber ['ʃraɪbər] *m 1. (Schriftsteller)* écrivain *m,* auteur *m; 2. (Angestellter)* employé *m; 3. (Fernschreiber) TECH* téléscripteur *m*
schreibfaul ['ʃraɪpfaul] *adj* paresseux pour écrire
Schreibkraft ['ʃraɪpkraft] *f* dactylo *f*
Schreibmaschine ['ʃraɪpmaʃiːnə] *f* machine à écrire *f*
Schreibtisch ['ʃraɪptɪʃ] *m* bureau *m*
Schreibwaren ['ʃraɪpvaːrən] *pl* articles de papeterie *m/pl*
schreien ['ʃraɪən] *v irr* crier, pousser des cris, vociférer
Schreihals ['ʃraɪhals] *m* braillard *m*
Schreiner ['ʃraɪnər] *m* menuisier *m*
Schreinerwerkstatt ['ʃraɪnərvɛrkʃtat] *f* menuiserie *f*
schreiten ['ʃraɪtən] *v irr 1.* marcher; *2. zur Tat ~* aller au fait; *3. (stolzieren)* faire parade, se pavaner
Schrift [ʃrɪft] *f 1.* écriture *f; eine krakelige ~ haben* écrire comme un chat; *2. (~stück)* écrit *m,* œuvre *f*
Schriftart ['ʃrɪftart] *f* caractère *m*
Schriftführer ['ʃrɪftfyːrər] *m* secrétaire *m*

schriftlich ['ʃrɪftlɪç] *adj 1.* écrit; *adv 2.* par écrit
Schriftsteller(in) ['ʃrɪftʃtɛlər(ɪn)] *m/f* écrivain *m*
Schriftstück ['ʃrɪftʃtyk] *n* écrit *m*
Schriftverkehr ['ʃrɪftfɛrkeːr] *m* correspondance *f*
schrill [ʃrɪl] *adj* strident, aigu
Schritt [ʃrɪt] *m 1. (Gangart)* pas *m,* enjambée *m; Jetzt sind Sie keinen ~ weitergekommen.* Vous voilà bien avancé. *jdm auf ~ und Tritt folgen* suivre qn comme son ombre; *mit jdm ~ halten* garder la même cadence que qn/suivre la cadence de qn; *einen ~ zu weit gehen* aller trop loin/dépasser les bornes; *~ für ~* pas à pas; *den ersten ~ tun* faire le premier pas; *2. (fig: Maßnahme)* démarche *f,* entreprise *f; die einleitenden ~e tun* faire des ouvertures
Schritttempo ['ʃrɪttɛmpo] *n* vitesse très lente *f; im ~* au pas
schrittweise ['ʃrɪtvaɪzə] *adv* pas à pas
schroff [ʃrɔf] *adj 1. (Felsen)* raide, escarpé; *2. (fig: kurz angebunden)* bourru; *3. (arrogant)* rogue; *adv 4. (fig: kurz angebunden)* avec brusquerie
Schrott [ʃrɔt] *m 1.* ferraille *f; 2. (Abfall)* riblons *m/pl,* déchets *m/pl*
schrottreif ['ʃrɔtraɪf] *adj* bon pour la ferraille
schrubben ['ʃrubən] *v* frotter, astiquer
schrumpfen ['ʃrumpfən] *v 1. (eingehen)* se rétrécir; *2. (fig: vermindern)* diminuer, s'amoindrir
Schub [ʃuːp] *m* poussée *f*
Schubkarre ['ʃuːpkarə] *f* brouette *f*
Schublade ['ʃuːplaːdə] *f* tiroir *m*
Schubs [ʃups] *m* poussée *f*
schubsen ['ʃupsən] *v* pousser, bousculer
schüchtern ['ʃyçtərn] *adj 1.* timide, craintif; *2. (scheu)* sauvage
Schüchternheit ['ʃyçtərnhaɪt] *f* timidité *f*
Schuft [ʃuft] *m* misérable *m,* gredin *m*
schuften ['ʃuftən] *v* travailler comme un forçat, se tuer au travail
Schuh [ʃuː] *m* chaussure *f,* soulier *m; jdm etw in die ~e schieben* mettre qc sur le dos de qn; *sich die ~e nach etw ablaufen* faire des pieds et des mains pour avoir qc; *So wird ein ~ draus!* C'est comme ça qu'il faut faire! *Da zieht es einem ja die ~e aus!* C'est absolument insupportable!/C'est horripilant! (fam)
Schuhband ['ʃuːbant] *n* lacet *m*
Schuhcreme ['ʃuːkreːm] *f* cirage *m*
Schuhgeschäft ['ʃuːgəʃɛːft] *n* magasin de chaussures *m*
Schuhgröße ['ʃuːgrøːsə] *f* pointure *f; ~ 38 haben* chausser du 38
Schuhmacher ['ʃuːmaxər] *m* cordonnier *m*
Schulanfang ['ʃuːlanfaŋ] *m* rentrée scolaire *f*
Schulaufgabe ['ʃuːlaufgaːbə] *f* devoir *m,* composition *f*
Schulbank ['ʃuːlbank] *f die ~ drücken* user ses fonds de culotte sur les bancs de l'école
Schulbildung ['ʃuːlbɪlduŋ] *f* formation scolaire *f*
schuld [ʃult] *adj ~ sein* être fautif, être responsable; *Wer ist ~ daran?* A qui la faute? *Du hast ~ daran!* C'est ta faute!
Schuld [ʃult] *f 1.* faute *f; Das ist nicht meine ~.* Ce n'est pas de ma faute. *tief in jds ~ stehen* avoir une dette de reconnaissance envers qn; *2. ~en pl (Geldschulden)* dettes *f/pl; 3. JUR* culpabilité *f*
schuldbewusst ['ʃultbəvust] *adj* qui se sent coupable
schulden ['ʃuldən] *v jdm etw ~* devoir qc à qn, être redevable de qc à qn
schuldenfrei ['ʃuldənfraɪ] *adj* exempt de dettes
Schuldgefühl ['ʃultgəfyːl] *n* sentiment de culpabilité *m*
Schuldkomplex ['ʃultkɔmplɛks] *m* complexe de culpabilité *m*
schuldlos ['ʃultloːs] *adj 1.* innocent; *adv 2.* avec innocence
Schule ['ʃuːlə] *f* école *f; die ~ schwänzen* faire l'école buissonnière; *aus der ~ plaudern* cancanner/parler à tort et à travers; *~ machen* faire école
Schüler(in) ['ʃyːlər(ɪn)] *m/f 1.* élève *m/f,* écolier/écolière *m/f; 2. (Anhänger(in)) PHIL* disciple *m*
Schüleraustausch ['ʃyːləraustauʃ] *m* échange scolaire *m*
Schülerausweis ['ʃyːlərausvaɪs] *m* carte scolaire *f*
Schülerzeitung ['ʃyːlərtsaɪtuŋ] *f* journal des élèves *m*
Schulferien ['ʃuːlfeːrjən] *pl* vacances scolaires *f/pl*
schulfrei ['ʃuːlfraɪ] *adj* congé *m*
Schulfreund(in) ['ʃuːlfrɔynt/'ʃuːlfrɔyndɪn] *m/f* camarade de classe *m/f*

Schuljahr ['ʃuːljaːr] *n* année scolaire *f*
Schulmedizin ['ʃuːlmeditsiːn] *f* médecine enseignée à l'université *f*
schulpflichtig ['ʃuːlpflɪçtɪç] *adj* soumis à la scolarité obligatoire
Schulranzen ['ʃuːlrantsən] *m* cartable *m*, sac d'école *m*
Schulstunde ['ʃuːlʃtundə] *f* cours *m*
Schulterpolster ['ʃultərpɔlstər] *n* épaulette *f*
Schulung ['ʃuːluŋ] *f* *1.* formation *f; 2. (Kurs)* stage *m*
Schulzeugnis ['ʃuːltsɔyknɪs] *n* bulletin scolaire *m*
schummeln ['ʃuməln] *v* tricher, truander, frauder
Schund [ʃunt] *m* article de rebut *m*, camelote *f*
Schuppe ['ʃupə] *f* *1. (Haarschuppe)* pellicule *f; 2. (Fischschuppe)* écaille *f; Es fiel ihm wie ~n von den Augen.* Les écailles lui sont tombées des yeux.
Schuppen ['ʃupən] *m* *1.* hangar *m*, remise *f; 2. (fam: Diskothek)* boîte *f*
schürfen ['ʃyrfən] *v* *1. MIN* prospecter; *2. (fig)* fouiller; *3. sich ~* s'écorcher, s'érafler; *sich am Knie ~* s'écorcher au genou
Schurke ['ʃurkə] *m* coquin *m*, gredin *m*
Schürze ['ʃyrtsə] *f* tablier *m*
Schürzenjäger ['ʃyrtsənjɛːgər] *m* coureur de jupons *m*
Schuss [ʃus] *m* coup de feu *m; weitab vom ~* à l'écart/loin de la ligne de mire; *ein ~ in den Ofen* un coup pour rien *m*, une grossière erreur *f; ein ~ ins Schwarze* dans le mille/juste; *etw in ~ bringen* remettre qc en état de marche/réparer qc; *einen ~ haben* avoir la tête fêlée/être fêlé
Schüssel ['ʃysəl] *f* plat *m*, terrine *f*, écuelle *f*
schusselig ['ʃusəlɪç] *adj* *1.* écervelé; *2. (leichtsinnig)* étourdi; *3. (zerstreut)* distrait
Schusslinie ['ʃusliːnjə] *f* *(fig)* ligne de tir *f*
Schusswaffe ['ʃusvafə] *f* arme à feu *f*
Schuster ['ʃuːstər] *m* cordonnier *m; auf ~s Rappen* à pinces (fam)/à pied
Schutt [ʃut] *m* *1.* décombres *m/pl*, gravats *m/pl; 2. (Trümmer)* ruines *f/pl*
schütteln ['ʃytəln] *v* secouer, agiter, remuer
schütten ['ʃytən] *v* *1.* verser; *2. (aus~)* répandre
Schutthalde ['ʃuthaldə] *f* crassier *m*
Schutz [ʃuts] *m* protection *f*, abri *m; jdn in ~ nehmen* prendre la défense de qn/prendre qn sous son aile
schutzbedürftig ['ʃutsbədyrftɪç] *adj* qui a besoin de protection
Schutzblech ['ʃutsblɛç] *n* *TECH* garde-boue *m*
schützen ['ʃytsən] *v* *1.* protéger, préserver, garantir; *sich vor etw ~* se mettre à l'abri de qc; *2. (verteidigen)* défendre
Schutzengel ['ʃutsɛŋəl] *m* ange gardien *m*
Schützenhilfe ['ʃytsənhɪlfə] *f* aide *f*
Schutzgebühr ['ʃutsgəbyːr] *f* taxe de soutien *f*
Schützling ['ʃytslɪŋ] *m* protégé *m*
schutzlos ['ʃutsloːs] *adj* *1.* sans protection; *2. (ausgesetzt)* exposé
Schutzmaßnahme ['ʃutsmaːsnaːmə] *f* mesure de protection *f*
schwach [ʃvax] *adj* faible, frêle, délicat
Schwäche ['ʃvɛçə] *f* *1.* faiblesse *f; eine ~ für jdn haben* avoir un faible pour qn; *2. (Ohnmacht)* défaillance *f; 3. (Zerbrechlichkeit)* fragilité *f*
schwächlich ['ʃvɛçlɪç] *adj* faible
Schwächling ['ʃvɛçlɪŋ] *m* faible *m*
Schwachsinn ['ʃvaxzɪn] *m* débilité mentale *f*
Schwachstelle ['ʃvaxʃtɛlə] *f* point faible *m*
Schwager ['ʃvaːgər] *m* beau-frère *m*
Schwägerin ['ʃvɛːgərɪn] *f* belle-sœur *f*
Schwamm [ʃvam] *m* éponge *f; ~ drüber!* Passons l'éponge!
schwanger ['ʃvaŋər] *adj* enceinte, grosse
Schwangere ['ʃvaŋərə] *f* femme enceinte *f*
Schwangerschaft ['ʃvaŋərʃaft] *f* grossesse *f*
schwanken ['ʃvaŋkən] *v* *1. (taumeln)* chanceler, vaciller; *2. (abweichen)* varier, fluctuer; *3. (fig: zaudern)* être indécis
Schwankung ['ʃvaŋkuŋ] *f* variation *f*
Schwanz [ʃvants] *m* queue *f; kein ~ (fam)* pas un chat/personne; *jdm auf den ~ treten* vexer qn/marcher sur les pieds de qn; *den ~ einziehen* avoir la frousse/avoir la trouille
schwänzen ['ʃvɛntsən] *v* *die Schule ~ (fam)* faire l'école buissonnière
Schwarm [ʃvarm] *m* *1. (Bienenschwarm) ZOOL* essaim *m; (Vogelschwarm)* nuée *f*, vol *m; (Fischschwarm)* banc *m; 2. (Men-*

schenschwarm) troupe *f,* bande *f; 3. (Leidenschaft)* passion *f; 4. (fig)* béguin *m; Sie ist sein ~.* Il a le béguin pour elle.

schwärmen ['ʃvɛrmən] *v ~ für* se passionner pour

Schwarte ['ʃvartə] *f 1. (Haut)* couenne *f; 2. (Buch)* vieux bouquin *m; 3. (Speckschwarte)* couenne *f*

schwarz [ʃvarts] *adj* noir; *Da steht es ~ auf weiß.* C'est écrit noir sur blanc. *allzu ~ sehen* voir tout en noir; *sich ~ ärgern* se fâcher tout rouge/s'énerver; *Du kannst warten, bis du ~ wirst!* Tu peux attendre jusqu'à la Saint-Glinglin./Tu peux toujours courir.

Schwarz [ʃvarts] *n ins ~e treffen* tirer dans le mille, tomber juste

Schwarzarbeit ['ʃvartsarbaɪt] *f* travail au noir *m*

Schwarzbrot ['ʃvartsbroːt] *n* pain noir *m*

Schwarzfahrer(in) ['ʃvartsfaːrər(ɪn)] *m/f* resquilleur/resquilleuse *m/f*

Schwarzmarkt ['ʃvartsmarkt] *m* marché noir *m*

schwatzen ['ʃvatsən] *v* causer, bavarder

schweben ['ʃveːbən] *v 1.* planer, flotter; *2. (fig)* planer

Schweden ['ʃveːdən] *n GEO* Suède *f*

schwedisch ['ʃveːdɪʃ] *adj* suédois

schweigen ['ʃvaɪgən] *v irr* se taire, ne rien dire; *ganz zu ~ von ...* sans parler de ...; *~ wie ein Grab* être muet comme une carpe

Schweigen ['ʃvaɪgən] *n 1.* silence *m,* mutisme *m; jdn zum ~ bringen* réduire qn au silence/faire taire qn; *sich in ~ hüllen* se réfugier dans le silence; *2. (Verschwiegenheit)* discrétion *f*

Schweigepflicht ['ʃvaɪgəpflɪçt] *f* secret professionnel *m*

schweigsam ['ʃvaɪkzaːm] *adj 1.* taciturne; *2. (verschwiegen)* discret; *3. (ruhig)* silencieux

Schweigsamkeit ['ʃvaɪkzaːmkaɪt] *f 1.* silence *m; 2. (Verschwiegenheit)* discrétion *f*

Schwein [ʃvaɪn] *n 1. ZOOL* cochon *m,* porc *m; kein ~ (fam)* pas un chat; *2. GAST* porc *m; 3. (fig: Glück)* veine *f*

Schweinerei [ʃvaɪnə'raɪ] *f (fam)* cochonnerie *f,* saleté *f*

Schweinestall ['ʃvaɪnəʃtal] *m* porcherie *f*

Schweiß [ʃvaɪs] *m* sueur *f,* transpiration *f; im ~e meines Angesichts* à la sueur de mon front

Schweizer(in) ['ʃvaɪtsər(ɪn)] *m/f* Suisse *m/f*

schweizerisch ['ʃvaɪtsərɪʃ] *adj* suisse, helvétique

Schwelle ['ʃvɛlə] *f 1. (Eisenbahnschwelle)* traverse *f; 2. (Übergang)* seuil *m*

schwellen ['ʃvɛlən] *v irr* gonfler, enfler

Schwellenland ['ʃvɛlənlant] *n ECO* pays nouvellement industrialisé *m*

schwenken ['ʃvɛŋkən] *v 1.* agiter, brandir; *2. (ab~) CINE* changer de direction

schwer [ʃveːr] *adj 1. (Gewicht)* lourd; *2. (schwierig)* difficile, pénible, dur; *~ zu sagen* difficile à dire; *Das ist ~ für mich.* Cela m'est difficile. *es jdm ~ machen* rendre la vie difficile à qn/rendre la vie dure à qn; *sich ~ tun* avoir du mal; *Er ist ~ von Begriff.* Il comprend lentement. *~ erziehbar* difficile à éduquer; *~ verdaulich* indigeste, difficile à digérer; *3. (mühsam)* pénible, ardu, rude; *4. (ernst)* grave, sévère; *~ beschädigt* grand mutilé, invalide, handicapé; *~ krank* gravement malade; *5. ein ~er Junge (fam)* un délinquant *m*

Schwerarbeit ['ʃveːrarbaɪt] *f* travail de force *m*

Schwere ['ʃveːrə] *f 1. (Gewicht)* poids *m; 2. (Gefährlichkeit)* gravité *f; 3. (fig)* pesanteur *f*

schwerelos ['ʃveːrəloːs] *adj* en état d'apesanteur

Schwerelosigkeit ['ʃveːrəloːzɪçkaɪt] *f* apesanteur *f*

schwerfällig ['ʃveːrfɛlɪç] *adj* lourd

Schwerindustrie ['ʃveːrɪndustriː] *f* industrie lourde *f*

Schwermut ['ʃveːrmuːt] *f* mélancolie *f*

schwermütig ['ʃveːrmyːtɪç] *adj* mélancolique

Schwerpunkt ['ʃveːrpuŋkt] *m 1.* centre de gravité *m; 2. (Hauptsache)* principal *m*

Schwert ['ʃveːrt] *n* épée *f*

Schwerverbrecher ['ʃveːrfɛrbrɛçər] *m* grand criminel *m*

Schwerverletzte(r) ['ʃveːrfɛrlɛtstə] *m/f* blessé(e) grave *m/f*

schwerwiegend ['ʃveːrviːgənt] *adj* très grave

Schwester ['ʃvɛstər] *f 1.* sœur *f; 2. (Krankenschwester)* infirmière *f*

Schwiegereltern ['ʃviːgərɛltərn] *pl* beaux-parents *m/pl*

Schwiegermutter ['ʃviːgərmutər] *f* belle-mère *f*

Schwiegersohn ['ʃviːgərzoːn] *m* gendre *m*
Schwiegertochter ['ʃviːgərtɔxtər] *f* belle-fille *m*
Schwiegervater ['ʃviːgərfaːtər] *m* beau-père *m*
schwierig ['ʃviːrɪç] *adj 1.* difficile; *2. (hart)* dur
Schwierigkeit ['ʃviːrɪçkaɪt] *f* difficulté *f; Da gibt es noch ~en.* Il y a du tirage.
Schwimmbad ['ʃvɪmbaːt] *n* piscine *f*
schwimmen ['ʃvɪmən] *v irr* nager
Schwimmweste ['ʃvɪmvɛstə] *f* gilet de sauvetage *m*
Schwindel ['ʃvɪndəl] *m 1. MED* vertige *m,* étourdissement *m; ~ erregend* vertigineux; *~ erregend (berauschend)* étourdissant; *2. (Lüge)* duperie *f,* escroquerie *f*
schwindelfrei ['ʃvɪndəlfraɪ] *adj* qui n'est pas sujet au vertige
schwindeln ['ʃvɪndəln] *v (lügen)* mentir, bluffer
schwinden ['ʃvɪndən] *v irr 1. (sich vermindern)* s'amoindrir, se réduire; *2. (schrumpfen)* décroître, diminuer; *3. (sich in nichts auflösen)* s'évanouir, disparaître
schwindlig ['ʃvɪndlɪç] *adj* sujet au vertige; *Mir ist ~.* J'ai le vertige./La tête me tourne.
schwingen ['ʃvɪŋən] *v irr 1. (hin- und herbewegen)* agiter, balancer; *das Tanzbein ~* danser; *2. (vibrieren)* vibrer; *3. In seinen Worten schwang ... mit.* Dans ses paroles vibrait ...
Schwips ['ʃvɪps] *m* griserie *f; einen ~ haben* être éméché/être pompette (fam)
schwirren ['ʃvɪrən] *v 1.* bruire, frémir; *Mir schwirrt der Kopf.* La tête me tourne. *2. (Mücken)* bourdonner
schwitzen ['ʃvɪtsən] *v* transpirer, suer, être en sueur; *Blut und Wasser ~* avoir des sueurs froides
schwören ['ʃvøːrən] *v irr* jurer
schwul [ʃvuːl] *adj (fam)* homosexuel
schwül [ʃvyːl] *adj 1. (Wetter)* lourd; *2. (erdrückend)* oppressant
Schwund [ʃvunt] *m 1. (Verminderung)* diminution *f; 2. (Schrumpfung)* rétrécissement *m; 3. (völlige Auflösung)* dilution complète *f*
Schwung [ʃvuŋ] *m 1.* élan *m; 2. (fig: Tatkraft)* énergie *f,* dynamisme *m; ~ haben* avoir de l'allant; *etw in ~ bringen* animer qc/donner le branle à qc; *in ~ kommen* prendre son essor/fleurir; *in ~ sein* être en plein essor/bien fonctionner
schwungvoll ['ʃvuŋfɔl] *adj 1.* enthousiaste; *adv 2.* avec dynamisme
Schwur [ʃvuːr] *m* serment *m*
sechs [zɛks] *num* six
sechseckig ['zɛksɛkɪç] *adj* hexagonal
sechzehn ['zɛçtseːn] *num* seize
sechzig ['zɛçtsɪç] *num* soixante
See [zeː] *m 1. (Binnengewässer)* lac *m; f 2. (Meer)* mer *f,* océan *m; in ~ stechen* gagner le large; *zur ~ fahren* prendre la mer
Seefahrt ['zeːfaːrt] *f 1. (Schifffahrt)* navigation *f; 2. (Überfahrt)* traversée *f*
Seefracht ['zeːfraçt] *f* fret maritime *m*
seekrank ['zeːkraŋk] *adj ~ sein* avoir le mal de mer
Seele ['zeːlə] *f 1.* âme *f; die ~ aushauchen* rendre l'âme; *sich die ~ aus dem Leib reden* faire des pieds et des mains/tout essayer; *jdm auf der ~ brennen* démanger qn; *jdm aus der ~ sprechen* ôter les mots de la bouche à qn; *eine ~ von einem Menschen* une crème d'homme *f; aus tiefster ~* sincèrement; *mit ganzer ~* de tout son cœur; *2. (Gefühl)* sentiment *m; 3. (Charakter)* caractère *m; 4. (Wesen)* être *m*
Seelenruhe ['zeːlənruːə] *f eine ~ haben* un calme olympien
seelenruhig ['zeːlənruːɪç] *adj 1.* tranquille; *2. (unerschütterlich)* imperturbable; *3. (heiter)* serein
seelisch ['zeːlɪʃ] *adj* psychique, moral; *~ auf dem Nullpunkt angelangt sein* avoir le moral à zéro
Seemann ['zeːman] *m 1.* marin *m; 2. (Seefahrer)* navigateur *m*
Segel ['zeːgəl] *n* voile *f; mit vollen ~n* d'arrache-pied
Segelboot ['zeːgəlboːt] *n* voilier *m*
Segelflugzeug ['zeːgəlfluːktsɔyk] *n* planeur *m*
segeln ['zeːgəln] *v* faire de la voile
Segen ['zeːgən] *m 1. REL* bénédiction *f; Meinen ~ hast du.* Je te donne ma bénédiction. *jds ~ haben* avoir la bénédiction de qn; *2. (Glück)* bonheur *m*
Segler ['zeːglər] *m 1. (Mensch)* yachtman *m; 2. (Segelboot)* voilier *m; 3. (Segelflugzeug)* planeur *m; 4. (Vogel) ZOOL* martinet *m*
segnen ['zeːgnən] *v* bénir
sehen ['zeːən] *v irr 1.* voir, regarder; *Man muss den Dingen ins Auge ~.* Il faut voir les choses en face. *nicht die Hand vor Augen ~*

n'y voir goutte; *die Dinge ~, wie sie sind* voir les choses comme elles sont; *etw nicht mehr ~ können* ne plus pouvoir voir qc/en avoir ras le bol (fam); *2. (beobachten)* observer

Sehen ['ze:ən] *n jdn vom ~ kennen* connaître qn de vue

sehenswert ['ze:ənsve:rt] *adj* digne d'être vu

Sehenswürdigkeit ['ze:ənsvyrdıçkaıt] *f* curiosité *f*

Sehkraft ['ze:kraft] *f* faculté visuelle *f*

sehnen ['ze:nən] *v sich ~ nach* avoir la nostalgie de, soupirer après; *Ich sehne mich nach ...* Il me tarde de ...

Sehnsucht ['ze:nzuçt] *f* nostalgie *f*

sehnsuchtsvoll ['ze:nzuçtsfɔl] *adj 1.* nostalgique; *2. (ungeduldig)* impatient; *adv 3.* avec nostalgie

sehr [ze:r] *adv* très, fort, vivement

seicht [zaıçt] *adj 1. (flach)* peu profond, bas; *2. (fig: ~e Unterhaltung)* vide, superficiel

Seide ['zaıdə] *f* soie *f*

Seife ['zaıfə] *f* savon *m*

Seifenhalter ['zaıfənhaltər] *m* porte-savon *m*

Seil [zaıl] *n* corde *f*, câble *m; ein Tanz auf dem ~ (fig)* un gros morceau *m*, une affaire difficile *f*

Seilbahn ['zaılba:n] *f* funiculaire *m*

Seiltänzer(in) ['zaıltɛntsər(ın)] *m/f* funambule *m/f*

sein [zaın] *v irr 1.* être; *20 Jahre alt ~* avoir 20 ans; *Mir ist kalt.* J'ai froid. *Mir ist heiß.* J'ai chaud. *Es ist lange her, dass ...* Il y a longtemps que ...; *Wenn dem so ist ...* S'il en est ainsi ...; *Mir ist nicht gut.* Je me sens mal. *wie dem auch sei* quoi qu'il en soit; *es sei denn, dass ...* à moins que ...; *Mir ist, als ob ...* J'ai l'impression que ...; *Mir ist nicht danach.* Ça ne me dit rien./Je n'ai pas envie. *Sei doch nicht so!* Ne sois pas vache! (fam) *ein Nichts ~* être insignifiant/être nul/être un moins que rien; *2. (vorhanden sein)* y avoir; *3. (leben)* exister; *4. (sich befinden)* se trouver; *5. (Wetter)* faire; *Das Wetter ist schön.* Il fait beau. *Es ist kalt.* Il fait froid. *Es ist heiß.* Il fait chaud.

sein(e) [zaın/'zaınə] *pron (maskulin)* son; *(feminin)* sa; *(Plural)* ses; *der/die/das Seine* le sien/la sienne

seinerseits ['zaınərzaıts] *pron* de son côté

seinesgleichen [zaınəs'glaıçən] *pron jdn wie ~ behandeln* traiter qn d'égal à égal

seinetwegen [zaınət've:gən] *adv* à cause de lui, pour lui

seit [zaıt] *prep 1.* depuis; *~ eh und je* d'ores et déjà; *konj 2.* depuis que

seitdem [zaıt'de:m] *adv 1.* depuis ce temps-là; *konj 2.* depuis que

Seite ['zaıtə] *f 1. (Vorderseite, Rückseite)* côté *m; jdn auf die ~ nehmen* prendre qn à part; *etw auf der ~ haben* avoir qc de côté; *jdm nicht von der ~ weichen* ne pas lâcher les baskets à qn; *auf jds ~ stehen* être du côté de qn; *sich von seiner besten ~ zeigen* se montrer sous son bon jour; *jdm zur ~ stehen* aider qn/soutenir qn; *etw von der leichten ~ nehmen* prendre qc du bon côté; *2. (Buchseite)* page *f; 3. (fig: Aspekt)* côté *m*, aspect *m; auf beiden ~n* de part et d'autre; *4. (Gesichtspunkt)* angle *m*

Seitenansicht ['zaıtənanzıçt] *f* vue de côté *f*

Seitenhieb ['zaıtənhi:p] *m (fig)* boutade *f*

seitenlang ['zaıtənlaŋ] *adj* de plusieurs pages

seitens ['zaıtəns] *prep* du côté de, de la part de

Seitensprung ['zaıtənʃpruŋ] *m (fig)* écart de conduite *m*

Seitenstechen ['zaıtənʃtɛçən] *n* point de côté *m*

Seitenstraße ['zaıtənʃtra:sə] *f* rue latérale *f*

Seitenstreifen ['zaıtənʃtraıfən] *m* bas-côté *m*

seitenverkehrt ['zaıtənfɛrke:rt] *adj* inversé latéralement

seitlich ['zaıtlıç] *adj* latéral

Sekretär [zekre'tɛ:r] *m (Schreibtisch)* secrétaire *m*

Sekretär(in) [zekre'tɛ:r(ın)] *m/f* secrétaire *m/f*

Sekretariat [zekreta'rja:t] *n* secrétariat *m*

Sekt [zɛkt] *m* vin mousseux *m*, champagne *m*

Sektor ['zɛktɔr] *m* secteur *m*

sekundär [zekun'dɛ:r] *adj* secondaire

Sekunde [ze'kundə] *f* seconde *f*

selbst [zɛlpst] *pron* même

Selbstachtung ['zɛlpstaxtuŋ] *f* respect de soi-même *m*

Selbstbedienung ['zɛlpstbədi:nuŋ] *f* libre-service *m*

Selbstbefriedigung ['zɛlpstbəfri:dıguŋ] *f* masturbation *f*

Selbstbeherrschung ['zɛlpstbəhɛrʃuŋ] *f* maîtrise de soi *f*
Selbstbestimmung ['zɛlpstbəʃtɪmuŋ] *f* autodétermination *f*
Selbstbetrug ['zɛlpstbətruːk] *m* autoillusion *f*
selbstbewusst ['zɛlpstbəvust] *adj* conscient de sa propre valeur
Selbstbewusstsein ['zɛlpstbəvustzaɪn] *n* conscience de soi *f*
Selbsterhaltungstrieb ['zɛlpstɛrhaltuŋstriːp] *m* instinct de conservation *m*
Selbsterkenntnis ['zɛlpstɛrkɛntnɪs] *f* reconnaissance de ses propres fautes ou valeurs *f*
selbstgefällig ['zɛlpstgəfɛlɪç] *adj* autosatisfait
Selbstgespräch ['zɛlpstgəʃprɛːç] *n* monologue *m*
selbstherrlich ['zɛlpsthɛrlɪç] *adj* souverain
selbstklebend ['zɛlpstkleːbənt] *adj* autocollant
Selbstkritik ['zɛlpstkritiːk] *f* autocritique *f*
Selbstlob ['zɛlpstloːp] *n* éloge que l'on fait de soi *m*
selbstlos ['zɛlpstloːs] *adj 1.* désintéressé; *adv 2.* avec altruisme
Selbstmord ['zɛlpstmɔrt] *m* suicide *m*
Selbstmörder(in) ['zɛlpstmœrdər(ɪn)] *m/f* suicidé(e) *m/f*
Selbstmordversuch ['zɛlpstmɔrtfɛrzuːx] *m* tentative de suicide *f*
Selbstporträt ['zɛlpstpɔrtrɛː] *n ART* autoportrait *m*
selbstredend ['zɛlpstreːdənt] *adj* évident
selbstsicher ['zɛlpstzɪçər] *adj* assuré
Selbstsicherheit ['zɛlpstzɪçərhaɪt] *f* assurance en soi *f*
selbstständig ['zɛlpʃtɛndɪç] *adj* indépendant
Selbstständigkeit ['zɛlpʃtɛndɪçkaɪt] *f* indépendance *f*
Selbstsucht ['zɛlpstzuxt] *f* égoïsme *m*
selbstsüchtig ['zɛlpstzyçtɪç] *adj* égoïste
selbstvergessen ['zɛlpstfɛrgəsən] *adj 1.* qui s'oublie soi-même; *2. (ergeben)* dévoué
selbstverständlich ['zɛlpstfɛrʃtɛntlɪç] *adj 1.* naturel; *2. (offensichtlich)* évident
Selbstverständlichkeit ['zɛlpstfɛrʃtɛntlɪçkaɪt] *f* évidence *f*
Selbstvertrauen ['zɛlpstfɛrtrauən] *n* confiance en soi *f*
Selbstzweck ['zɛlpsttsvɛk] *m* fin en soi *f*
selig ['zeːlɪç] *adj 1. (glücklich)* heureux, ravi; *2. REL* bienheureux; *~ sprechen* béatifier
Seligkeit ['zeːlɪçkaɪt] *f 1. (Glücklichkeit)* félicité *f; 2. REL* béatitude *f*
selten ['zɛltən] *adj* rare, curieux; *ausgesprochen ~* rare comme les beaux jours
Seltenheit ['zɛltənhaɪt] *f* rareté *f*
seltsam ['zɛltzaːm] *adj 1.* bizarre, étrange; *2. (überraschend)* surprenant
Semester [ze'mɛstər] *n* semestre *m*
Semesterferien [ze'mɛstərfeːrjən] *pl* vacances universitaires *f/pl*
Seminar [zemi'naːr] *n 1.* séminaire *m; 2. (Kurs)* stage *m*
Semmel ['zɛməl] *f* petit pain *m; weggehen wie warme ~n* se vendre comme des petits pains
Sendebereich ['zɛndəbəraɪç] *m* portée d'émission *f*
senden[1] ['zɛndən] *v irr (einen Brief)* envoyer, expédier
senden[2] ['zɛndən] *v (Radio, Fernsehen)* diffuser, retransmettre
Sender ['zɛndər] *m (Radiosender, Fernsehsender)* émetteur *m*
Sendereihe ['zɛndəraɪə] *f (im Radio, im Fernsehen)* série d'émissions *f*
Sendung ['zɛnduŋ] *f 1. (Versand)* envoi *m,* expédition *f; 2. (im Radio, im Fernsehen)* émission *f,* retransmission *f*
Senf [zɛnf] *m* moutarde *f; seinen ~ dazugeben* mettre son grain de sel
senil [ze'niːl] *adj* sénile
Senior ['zeːnjɔr] *m* doyen *m,* ancien *m*
senken ['zɛŋkən] *v* descendre, abaisser
senkrecht ['zɛŋkrɛçt] *adj* vertical
Senkung ['zɛŋkuŋ] *f (Senke)* dépression *f*
Sensation [zɛnza'tsjoːn] *f* sensation *f*
sensationell [zɛnzatsjo'nɛl] *adj* sensationnel
Sensationspresse [zɛnza'tsjoːnsprɛsə] *f* presse à sensation *f*
sensibel [zɛn'ziːbəl] *adj* sensible
Sensibilität [zɛnzibili'tɛːt] *f* sensibilité *f*
sentimental [zɛntimɛn'taːl] *adj* sentimental
Sentimentalität [zɛntimɛntali'tɛːt] *f* sentimentalité *f*

separat [zepa'raːt] *adj* séparé
September [zɛp'tɛmbər] *m* septembre *m*
Sequenz [ze'kvɛnts] *f* séquence *f*
Serbien ['zɛrbjən] *n GEO* Serbie *f*
Serie ['zeːrjə] *f* série *f*
serienmäßig ['zeːrjənmɛːsɪç] *adj 1.* de série; *adv 2.* en série
Serienproduktion ['zeːrjənprɔduktsjoːn] *f* production en série *f*
serienreif ['zeːrjənraɪf] *adj* prêt pour la fabrication en série
seriös [zeː'rjøːs] *adj* sérieux
Serpentine [zɛrpən'tiːnə] *f* lacet *m*
Server ['sɜːvə] *m INFORM* serveur *m*
Service[1] [zɛːr'viːs] *n (Geschirr)* service de table *m,* vaisselle *f*
Service[2] ['zœrvɪs] *m (Kundendienst)* service après-vente *m*
servieren [zɛr'viːrən] *v* servir, faire le service
Serviette [zɛr'vjɛtə] *f* serviette de table *f*
Servolenkung ['zɛrvoleŋkuŋ] *f* direction assistée *f*
Sessel ['zɛsəl] *m* fauteuil *m*
Sessellift ['zɛsəllɪft] *m* télésiège *m*
sesshaft ['zɛshaft] *adj* sédentaire
Sesshaftigkeit ['zɛshaftɪçkaɪt] *f* vie sédentaire *f*
setzen ['zɛtsən] *v 1. sich ~* s'asseoir, se placer, se mettre; *2. (etw ab~)* mettre, placer; *3. (Text)* composer; *4. Gleich setzt es was!* Ça va cogner!
Setzer(in) ['zɛtsər(ɪn)] *m/f* typographe *m/f*
Setzerei [zɛtsə'raɪ] *f* atelier de composition *m*
Seuchengefahr ['zɔyçəngəfaːr] *f* danger d'épidémie *m*
seufzen ['zɔyftsən] *v* soupirer, gémir
Seufzer ['zɔyftsər] *m* soupir *m,* gémissement *m*
Sex [zɛks] *m* sexe *m*
Sexualerziehung [zɛksu'alɛrtsiːuŋ] *f* éducation sexuelle *f*
Sexualität [zeksuali'tɛːt] *f* sexualité *f*
Sexualverbrechen [zɛksu'aːlfɛrbrɛçən] *n* crime sexuel *m*
sexuell [zɛksu'ɛl] *adj* sexuel
sezieren [ze'tsiːrən] *v (Mensch) MED* autopsier
Shampoo [ʃam'puː] *n* shampooing *m*
Shorts [ʃɔːrts] *pl* short *m*
Show [ʃəʊ] *f* show *m,* spectacle *m*
Showgeschäft ['ʃəʊgəʃɛːft] *n* show-business *m*
sich [zɪç] *pron 1. (unbetont)* se; *2. (betont)* soi
sicher ['zɪçər] *adj 1. (zweifellos)* certain, sûr; *~ gehen* s'assurer; *2. (gefahrlos)* sûr, solide, protégé; *adv 3. (gefahrlos)* en sécurité
Sicherheit ['zɪçərhaɪt] *f 1. (Gewissheit)* certitude *f; 2. (Schutz)* sécurité *f; etw in ~ bringen* mettre à couvert qc; *sich in ~ wiegen* se croire en sécurité/se croire à l'abri; *3. (Pfand)* nantissement *m*
Sicherheitsglas ['zɪçərhaɪtsglaːs] *n* verre sécurit *m*
Sicherheitsgurt ['zɪçərhaɪtsgurt] *m* ceinture de sécurité *f*
sicherheitshalber ['zɪçərhaɪtshalbər] *adv* par mesure de sécurité
Sicherheitsmaßnahmen ['zɪçərhaɪtsmaːsnaːmən] *pl* mesures de sécurité *f/pl*
Sicherheitsnadel ['zɪçərhaɪtsnaːdəl] *f* épingle de sûreté *f*
Sicherheitsschloss ['zɪçərhaɪtsʃlɔs] *n* cadenas *m*
sicherlich ['zɪçərlɪç] *adv* sûrement, certainement, assurément
sichern ['zɪçərn] *v* assurer, garantir
sicherstellen ['zɪçərʃtɛlən] *v 1. (sichern)* garantir; *2. (beschlagnahmen)* nantir
Sicherung ['zɪçəruŋ] *f 1. (Sichern)* sauvegarde *f; 2. TECH* fusible *m; Bei ihm ist die ~ durchgebrannt. (fam)* Il a perdu son sang-froid.
Sicht [zɪçt] *f 1.* vue *f; auf lange ~* à long terme/à longue échéance; *2. (~barkeit)* visibilité *f*
sichtbar ['zɪçtbaːr] *adj* visible
Sichtverhältnisse ['zɪçtfɛrhɛltnɪsə] *pl* conditions de visibilité *f/pl*
Sichtvermerk ['zɪçtfɛrmɛrk] *m* visa *m*
Sichtweite ['zɪçtvaɪtə] *f* rayon de visibilité *m*
Sickergrube ['zɪkərgruːbə] *f* fosse septique *f*
sickern ['zɪkərn] *v* suinter
sie [ziː] *pron 1. (feminin)* elle; *(Akkusativ)* la; *2. (feminin Plural)* elles; *3. (maskulin Plural)* ils; *4. (Akkusativ Plural)* les
Sie [ziː] *pron (Höflichkeitsform)* vous
Sieb ['ziːp] *n* passoire *f,* crible *m*
sieben[1] ['ziːbən] *num* sept
sieben[2] ['ziːbən] *v* tamiser, filtrer, passer au crible
siebzehn ['ziːptseːn] *num* dix-sept

siebzig ['ziːptsɪç] *num* soixante-dix
sieden ['ziːdən] *v* faire bouillir, porter à ébullition
Siedepunkt ['ziːdəpuŋkt] *m PHYS* point d'ébullition *m*
Siedler ['ziːdlər] *m* colon *m*
Siedlung ['ziːdluŋ] *f* lotissement *m,* cité *f*
Siedlungsgebiet ['ziːdluŋsgəbiːt] *n 1.* habitat *m; 2. (Kolonie)* région de colonisation *f*
Sieg [ziːk] *m* victoire *f; den ~ davontragen* remporter la palme
Siegel ['ziːgəl] *n* sceau *m,* cachet *m*
Siegelring ['ziːgəlrɪŋ] *m* bague à cacheter *f*
Siegelwachs ['ziːgəlvaks] *n* cire à cacheter *f*
siegen ['ziːgən] *v* vaincre, triompher, gagner
Sieger(in) ['ziːgər(ɪn)] *m/f 1.* vainqueur *m; 2. (Gewinner(in))* gagnant(e) *m/f*
Siegerehrung ['ziːgəreːruŋ] *f* remise des prix *f*
siegessicher ['ziːgəszɪçər] *adj 1.* certain de la victoire; *adv 2.* avec la certitude de vaincre
siegreich ['ziːkraɪç] *adj* victorieux
siezen ['ziːtsən] *v* vouvoyer, dire vous
Signal [zɪg'naːl] *n* signal *m*
signalisieren [zɪgnali'ziːrən] *v* signaler
signieren [zɪg'niːrən] *v* signer
Silbe ['zɪlbə] *f* syllabe *f*
Silbenrätsel ['zɪlbənrɛːtsəl] *n* charade *f*
Silber ['zɪlbər] *n* argent *m*
Silberblick ['zɪlbərblɪk] *m (fam: Schielen)* strabisme *m*
Silberhochzeit ['zɪlbərhɔçtsaɪt] *f* noces d'argent *f/pl*
silbern ['zɪlbərn] *adj* argenté, en argent
Silhouette [zilu'ɛtə] *f* silhouette *f*
Silizium [zi'liːtsjum] *n CHEM* silicium *m*
Silo ['ziːlo] *n AGR* silo *m,* grenier *m*
Silvester [zɪl'vɛstər] *n* Saint-Sylvestre *f,* Réveillon du Jour de l'An *m*
simpel ['zɪmpəl] *adj 1.* simple, facile; *2. (einfältig)* niais
Sims [zɪms] *n* rebord *m*
Simulant [zimu'lant] *m* simulateur *m*
simulieren [zimu'liːrən] *v* simuler
simultan [zimul'taːn] *adj* simultané
singen ['zɪŋən] *v irr* chanter
Singen ['zɪŋən] *n* chant *m*
sinken ['zɪŋkən] *v irr 1.* couler, baisser; *2. (Preise)* baisser, chuter (fam); *3. (fig)* baisser, tomber; *Er ist tief gesunken.* Il est tombé bien bas.
Sinn [zɪn] *m 1. (Empfinden)* sens *m; den sechsten ~ haben* avoir des antennes; *der sechste ~* le sixième sens *m; seine fünf ~e nicht beisammen haben* ne plus avoir tous ses esprits; *nicht mehr Herr seiner ~e sein* ne plus être maître de soi/ne plus savoir ce que l'on fait; *jdm nicht aus dem ~ gehen* ne pas sortir de l'idée à qn/ne pas sortir de la tête de qn; *in den ~ kommen* avoir l'idée; *Das ist nicht im ~e des Erfinders.* Ce n'est pas pensé comme ça. *wie von ~en* comme un fou; *Danach steht mir nicht der ~.* Je n'ai pas envie./Ça ne me dit rien. *2. (Empfänglichkeit)* sentiment *m,* penchant *m; 3. (Bedeutung)* signification *f; Was hat das für einen ~?* A quoi ça rime?
Sinnbild ['zɪnbɪlt] *n* symbole *m*
sinnbildlich ['zɪnbɪltlɪç] *adj* symbolique
Sinnesänderung ['zɪnəsɛndəruŋ] *f* changement d'opinion *m*
Sinnestäuschung ['zɪnəstɔyʃuŋ] *f* illusion des sens *f*
sinngemäß ['zɪngəmɛːs] *adj* conforme au sens
sinnieren [zi'niːrən] *v* rêver
sinnlich ['zɪnlɪç] *adj 1.* sensuel; *2. (fühlbar)* sensible
Sinnlichkeit ['zɪnlɪçkaɪt] *f* sensualité *f*
sinnlos ['zɪnloːs] *adj* insensé
Sinnlosigkeit ['zɪnloːzɪçkaɪt] *f* absurdité *f*
sinnvoll ['zɪnfɔl] *adj 1. (bedeutsam)* significatif; *2. (vernünftig)* raisonnable; *3. (nützlich)* utile
Siphon [zi'fɔŋ] *m* siphon *m*
Sippe ['zɪpə] *f* parenté *f,* famille *f*
Sirene [zi'reːnə] *f* sirène *f*
Sirup ['ziːrup] *m* sirop *m*
Sitte ['zɪtə] *f 1. (Brauch)* usage *m,* habitude *f; 2. (Sittlichkeit)* mœurs *f/pl*
Sittenpolizei ['zɪtənpolitsaɪ] *f* police des mœurs *f*
sittenwidrig ['zɪtənviːdrɪç] *adj* contraire aux bonnes mœurs
sittlich ['zɪtlɪç] *adj* conforme aux usages
Sittlichkeitsverbrechen ['zɪtlɪçkaɪtsfɛrbrɛçən] *n* crime sexuel *m*
sittsam ['zɪtzaːm] *adj (zurückhaltend)* modeste, réservé
Situation [zɪtua'tsjoːn] *f* situation *f*

situiert [zitu'iːrt] *adj* situé; *gut ~ sein* vivre dans l'aisance/avoir une bonne situation
Sitz [zɪts] *m 1. (Platz)* place *f*, siège *m; 2. (Wohnsitz)* domicile *m*
sitzen ['zɪtsən] *v irr 1.* être assis, être placé; *einen ~ haben* avoir un coup dans l'aile (fam)/avoir un verre dans le nez; *2. (sich befinden)* se trouver, être situé; *3. (passen)* aller bien; *4. ~ bleiben (in der Schule)* redoubler une classe
Sitzplatz ['zɪtsplats] *m* place assise *f*
Sitzstreik ['zɪtsʃtraɪk] *m* grève sur le tas *f*
Sitzung ['zɪtsuŋ] *f* séance *f*, session *f*
Skala ['skaːla] *f 1.* échelle *f; 2. (Preisskala)* barème *m*
Skandal [skan'daːl] *m* scandale *m*
skandalös [skanda'løːs] *adj* scandaleux
Skat [skaːt] *m* skat *m*
Skepsis ['skɛpsɪs] *f* scepticisme *m*, doute *m*
skeptisch ['skɛptɪʃ] *adj* sceptique
Ski [ʃiː] *m* ski *m; ~ fahren* faire du ski, skier
Skianzug ['ʃiːantsuːk] *m* combinaison de ski *f*
Skifahrer(in) ['ʃiːfaːrər(ɪn)] *m/f SPORT* skieur/skieuse *m/f*
Skigebiet ['ʃiːgəbiːt] *n* domaine skiable *m*
Skilift ['ʃiːlɪft] *m* téléski *m*
Skirennen ['ʃiːrɛnən] *n* course de ski *f*
Skischuh ['ʃiːʃuː] *m* chaussure de ski *f*
Skizze ['skɪtsə] *f* esquisse *f*
Sklave ['sklaːvə] *m* esclave *m*
Sklaverei [sklaːvə'raɪ] *f* esclavage *m*
Skrupel ['skruːpəl] *m* scrupule *m*
skrupellos ['skruːpəlloːs] *adj* sans scrupules
Skrupellosigkeit ['skruːpəlloːzɪçkaɪt] *f* absence de scrupules *f*
Slalom ['slaːlɔm] *m SPORT* slalom *m*
Slowakei [slova'kaɪ] *f* Slovaquie *f*
Slum [slam] *m* bidonville *m*
Smog [smɔk] *m* brouillard *m*
Smogalarm ['smɔkalarm] *m* alerte au smog *f*
Smoking ['smoːkɪŋ] *m* smoking *m*
snowboarden ['snəʊbɔːdən] *v SPORT* faire du snowboard
so [zoː] *adv 1.* ainsi, de cette manière, comme cela; *Da dem ~ ist ...* Puisqu'il en est ainsi ...; *So endet diese Geschichte.* Ainsi finit cette histoire. *Sieh mich nicht ~ an!* Ne me regarde pas comme cela! *Mir ist ~, als ob ...* Je crois bien que .../J'ai l'impression que ...; *Na ~ was!* Bien ça alors! *nicht ~ ganz* pas tout à fait comme ça; *~ genannt* ainsi nommé, dénommé; *~ viel* autant; *~ weit* dans cette mesure; *2. (im Vergleich)* aussi, autant; *konj 3.* de sorte que
sobald [zo'balt] *konj* dès que
Socke ['zɔkə] *f* chaussette *f; sich auf die ~n machen* filer/y aller; *von den ~n sein* être baba (fam)/être soufflé; *Mir qualmen schon die ~n!* J'en ai déjà plein les bottes!
Sodbrennen ['zoːtbrɛnən] *n MED* brûlures d'estomac *f/pl*
soeben [zo'eːbən] *adv* à l'instant même
Sofa ['zoːfa] *n* canapé *m*, divan *m*, sofa *m*
sofern [zo'fɛrn] *konj* dans la mesure où, si
sofort [zo'fɔrt] *adv* aussitôt, tout de suite
sofortig [zo'fɔrtɪç] *adj* immédiat
Sofortmaßnahme [zo'fɔrtmaːsnaːmə] *f* mesure immédiate *f*
Software ['sɔftveːr] *f INFORM* logiciel *m*
Sog [zoːk] *m* courant d'aspiration *m*
sogar [zo'gaːr] *adv* même
sogleich [zo'glaɪç] *adv* tout de suite, immédiatement
Sohle ['zoːlə] *f (Schuhsohle)* semelle *f; auf leisen ~n* à pas de loup; *eine kesse ~ aufs Parkett legen* danser avec enthousiasme/s'éclater en dansant (fam); *sich an jds ~n heften* se pendre aux basques de qn (fam)
Sohn [zoːn] *m* fils *m*
solange [zo'laŋə] *konj* aussi longtemps que
Solarium [zo'laːrjum] *n* solarium *m*
solche(r,s) ['zɔlçə(r,s)] *adj 1.* tel(le), pareil(le), semblable; *pron 2.* tel(le)
Soldat [zɔl'daːt] *m* soldat *m*
Soldatenfriedhof [zɔl'daːtənfriːthoːf] *m* cimetière militaire *m*
solidarisch [zoli'daːrɪʃ] *adj* solidaire
Solidarität [zolidari'tɛːt] *f* solidarité *f*
Solidaritätszuschlag [zolidari'tɛːtstsuːʃlaːk] *m POL* impôt de solidarité envers l'ex RDA *m*
solide [zo'liːdə] *adj 1.* solide, robuste; *adv 2.* avec robustesse
sollen ['zɔlən] *v* devoir, avoir le devoir de; *Was soll denn das?* Qu'est-ce que ça signifie?
Solo ['zoːlo] *n* solo *m*
somit [zo'mɪt] *konj* ainsi
Sommer ['zɔmər] *m* été *m*

Sommerferien ['zɔmərfeːrjən] *pl* vacances d'été *f/pl*
sommerlich ['zɔmərlɪç] *adj* estival
Sommerschlussverkauf ['zɔmərʃlusfɛrkauf] *m* soldes d'été *m/pl*
Sommersprossen ['zɔmərʃprɔsən] *pl* taches de rousseur *f/pl*
Sommerzeit ['zɔmərtsaɪt] *f* heure d'été *m*
Sonderabgabe ['zɔndərapgaːbə] *f* taxe exceptionnelle *f*
Sonderangebot ['zɔndərangəboːt] *n* offre spéciale *f*
sonderbar ['zɔndərbaːr] *adj* étrange, bizarre
Sonderbeauftragte(r) ['zɔndərbəauftraːktə(r)] *m/f* chargé(e) de mission *m/f*
Sonderfahrt ['zɔndərfaːrt] *f* voyage exceptionnel *m*
Sonderfall ['zɔndərfal] *m* cas spécial *m*
sonderlich ['zɔndərlɪç] *adj* 1. étrange, singulier; *adv* 2. guère
Sonderling ['zɔndərlɪŋ] *m* personne étrange *f*
Sondermüll ['zɔndərmyl] *m* ordures nocives *f/pl*
sondern ['zɔndərn] *konj* mais, mais aussi
Sonderwünsche ['zɔndərvynʃə] *pl* désirs spéciaux *m/pl*
Sonnabend ['zɔnaːbənt] *m* samedi
sonnabends ['zɔnaːbənts] *adv* le samedi
Sonne ['zɔnə] *f* soleil *m*
sonnen ['zɔnən] *v sich ~* se faire bronzer, se bronzer
Sonnenanbeter ['zɔnənanbeːtər] *m* adorateur du soleil *m*
Sonnenaufgang ['zɔnənaufgaŋ] *m* lever du soleil *m*
Sonnenbrand ['zɔnənbrant] *m* coup de soleil *m*
Sonnenbrille ['zɔnənbrɪlə] *f* lunettes de soleil *f/pl*
sonnenklar ['zɔnənklaːr] *adj (fig)* évident
Sonnenschirm ['zɔnənʃɪrm] *m* parasol *m*
Sonnenstrahl ['zɔnənʃtraːl] *m* rayon de soleil *m*
Sonnenuhr ['zɔnənuːr] *f* horloge solaire *f*
Sonnenuntergang ['zɔnənuntərgaŋ] *m* coucher du soleil *m*
sonnig ['zɔnɪç] *adj* 1. ensoleillé; 2. *(fig: lachend)* riant
Sonntag ['zɔntaːk] *m* dimanche *m*
sonntags ['zɔntaːks] *adv* le dimanche
sonst [zɔnst] *adv* sinon
sonstig ['zɔnstɪç] *adj* autre
sooft [zo'ɔft] *konj* aussi souvent que
Sorge ['zɔrgə] *f* 1. *(Kummer)* inquiétude *f*, souci *m; sich ~n machen* se faire de la bile; *andere ~n haben* avoir d'autres chats à fouetter; *jeder ~ enthoben sein* être dégagé de tout souci; *Es besteht kein Grund zur ~.* Il n'y a pas de quoi s'inquiéter. *Das ist meine geringste ~.* C'est le dernier de mes soucis. 2. *(Pflege)* soin *m*, sollicitude *f*
sorgen ['zɔrgən] *v* 1. *für jdn ~* prendre soin de qn, s'occuper de qn; 2. *für etw ~* s'occuper de qc, veiller à faire qc; 3. *sich ~ um (sich kümmern)* s'occuper de; 4. *sich ~ (beunruhigt sein)* être inquiet, se soucier
Sorgenkind ['zɔrgənkɪnt] *n (fig)* enfant qui cause des problèmes *m*
sorgenvoll ['zɔrgənfɔl] *adj* 1. soucieux; *adv* 2. avec souci
Sorgfalt ['zɔrkfalt] *f* soin *m*
sorgfältig ['zɔrkfɛltɪç] *adj* soigneux, méticuleux
sorglos ['zɔrkloːs] *adj* 1. insouciant; 2. *(nachlässig)* négligent; *adv* 3. avec insouciance; 4. *(nachlässig)* avec négligence
Sorglosigkeit ['zɔrkloːzɪçkaɪt] *f* 1. insouciance *f;* 2. *(Nachlässigkeit)* négligence *f*
sorgsam ['zɔrkzaːm] *adj* 1. soigneux; 2. *(aufmerksam)* attentionné
Sorte ['zɔrtə] *f* 1. sorte *f*, espèce *f;* 2. *~n pl FIN* devises étrangères *f/pl*
sortieren [zɔr'tiːrən] *v* trier, classer
Sortiment [zɔrti'mɛnt] *n* assortiment *m*
sosehr [zo'zeːr] *konj* tant, tellement
Soße ['zoːsə] *f GAST* sauce *f*
Souvenir [zuvə'niːr] *n* souvenir *m*
souverän [suːvə'rɛːn] *adj* souverain
soviel [zo'fiːl] *konj* autant que
soweit [zo'vaɪt] *konj* pour autant que
sowie [zo'viː] *konj* ainsi que, aussi bien que
sowieso [zovi'zoː] *adv* de toute façon
sowohl [zo'voːl] *konj ~ ... als auch ...* non seulement ... mais encore ...
sozial [zo'tsjaːl] *adj* social
Sozialabgaben [zo'tsjaːlapgaːbən] *pl* charges sociales *f/pl*
Sozialamt [zo'tsjaːlamt] *n* 1. service social *m;* 2. *(Amt)* bureau d'aide sociale *m*

Sozialarbeiter(in) [zo'tsja:larbaitər(ɪn)] *m/f* assistant(e) social(e) *m/f*
Sozialhilfe [zo'tsja:lhɪlfə] *f* aide sociale *f*
sozialkritisch [zo'tsja:lkritɪʃ] *adj* critiquant la société
Sozialpolitik [zo'tsja:lpoliti:k] *f* *POL* politique sociale *f*
Sozialstaat [zo'tsja:lʃta:t] *m* *POL* Etat social *m*
Sozialversicherung [zo'tsja:lfɛrzɪçəruŋ] *f* sécurité sociale *f*
Soziologe [zotsjo'lo:gə] *m* sociologue *m*
Soziologie [zotsjolo'gi:] *f* sociologie *f*
Soziologin [zotsjo'lo:gɪn] *f* sociologue *f*
soziologisch [zotsjo'lo:gɪʃ] *adj* sociologique
sozusagen ['zo:tsuza:gən] *adv* pour ainsi dire
Spachtel ['ʃpaxtəl] *m* *1. (Werkzeug)* spatule *f*, couteau à reboucher *m; 2. (Füllstoff)* enduit à reboucher *m*
Spagat [ʃpa'ga:t] *m* grand écart *m; einen ~ machen (fig)* faire un grand écart
Spagetti [ʃpa'gɛti] *pl* spaghettis *m/pl*
spähen ['ʃpɛ:ən] *v* *1. (genau schauen)* guetter; *2. MIL* être aux aguets
Späher ['ʃpɛ:ər] *m* guetteur *m*, éclaireur *m*
Spalt [ʃpalt] *m* *1.* fente *f; 2. (Öffnung)* ouverture *f*
Spalte ['ʃpaltə] *f* *1. (Gletscherspalte)* crevasse *f; 2. (Zeitungsspalte)* colonne *f*
spalten ['ʃpaltən] *v irr 1. (auseinanderbrechen)* fendre, diviser; *2. (fig: teilen)* diviser, partager
Spaltung ['ʃpaltuŋ] *f* *1. (Auseinanderbrechen)* fendage *m; 2. (fig: Teilung)* division *f*
Span [ʃpa:n] *m* copeau *m*
Spange ['ʃpaŋə] *f* *1. (Haarspange)* barrette *f; 2. (Schließe)* fermoir *m; 3. (Zahnspange)* appareil dentaire *m*
Spanier(in) ['ʃpa:njər(ɪn)] *m/f* Espagnol(e) *m/f*
spanisch ['ʃpa:nɪʃ] *adj* espagnol; *Das kommt mir ~ vor. (fig)* C'est de l'hébreu pour moi./Ça me semble bizarre.
Spanisch ['ʃpa:nɪʃ] *n* espagnol *m*
Spanne ['ʃpanə] *f* *1. (Zeitraum)* laps de temps *m; 2. (Unterschied)* différence *f*, marge *f*
spannen ['ʃpanən] *v* tendre, étirer
spannend ['ʃpanənt] *adj* passionnant
Spannung ['ʃpanuŋ] *f* tension *f*
spannungsgeladen ['ʃpanuŋsgəla:dən] *adj (fig)* captivant
Spannweite ['ʃpanvaitə] *f* portée *f*
Sparbuch ['ʃpa:rbu:x] *n* livret de caisse d'épargne *m*
Sparbüchse ['ʃpa:rbyksə] *f* tirelire *f*
sparen ['ʃpa:rən] *v* épargner, économiser
Sparer(in) ['ʃpa:rər(ɪn)] *m/f* *ECO* épargnant(e) *m/f*
Sparkasse ['ʃpa:rkasə] *f* caisse d'épargne *f*
spärlich ['ʃpɛ:rlɪç] *adj* peu abondant, insuffisant
Sparmaßnahme ['ʃpa:rma:sna:mə] *f* *1.* mesure d'épargne *f; 2. (fig)* mesure d'austérité *f*
sparsam ['ʃpa:rza:m] *adj 1.* économe; *adv 2.* avec économie
Sparsamkeit ['ʃpa:rza:mkait] *f* économie *f*
spartanisch [ʃpar'ta:nɪʃ] *adj* spartiate
Sparte ['ʃpartə] *f* *1.* section *f; 2. (Zeitungssparte)* rubrique *f*
Sparvertrag ['ʃpa:rfɛrtra:k] *m* contrat d'épargne *m*
Spaß [ʃpa:s] *m* *1. (Witz)* blague *f; 2. (Vergnügen)* plaisir *m; etw aus ~ sagen* dire qc pour rire; *ein teuerer ~ sein* être une plaisanterie qui coûte cher; *sich einen ~ daraus machen* y prendre un malin plaisir; *seinen ~ mit jdm treiben* se payer la tête de qn/se foutre de qn (fam); *Da hört aber der ~ für mich auf!* Je ne trouve plus ça drôle!
spaßen ['ʃpa:sən] *v* plaisanter, rire; *Mit ihm ist nicht zu ~!* Il ne faut plaisanter avec lui./Il n'aime pas rire.
spaßeshalber ['ʃpa:səshalbər] *adv* pour rire
spaßig ['ʃpa:sɪç] *adj* amusant
Spaßvogel ['ʃpa:sfo:gəl] *m* mauvais plaisant *m*
spät [ʃpɛ:t] *adj 1.* tardif, avancé; *Wie ~ ist es?* Quelle heure est-il?/Avez-vous l'heure? *zu ~* trop tard; *erst ~* sur le tard; *adv 2.* tard
Spaten ['ʃpa:tən] *m* bêche *f*
später ['ʃpɛ:tər] *adv* plus tard, à venir; *Bis ~!* A tout à l'heure!
spätestens ['ʃpɛ:təstəns] *adv* au plus tard
Spätschicht ['ʃpɛ:tʃɪçt] *f* équipe du soir *f*
Spatz [ʃpats] *m* *ZOOL* moineau *m*
Spatzenhirn ['ʃpatsənhɪrn] *n ein ~ haben* avoir une cervelle d'oiseau

spazieren [ʃpa'tsiːrən] *v* se promener; *~ gehen* aller se promener, faire une promenade

Spazierfahrt [ʃpa'tsiːrfaːrt] *f* promenade en voiture *f*

Spaziergang [ʃpa'tsiːrgaŋ] *m* promenade *f*

Spazierweg [ʃpa'tsiːrveːk] *m* promenade *f*

Spediteur [ʃpedi'tøːr] *m* transporteur *m*

Speditionsunternehmen [ʃpedi'tsjoːnsuntərneːmən] *n* entreprise de transport *f*

Speer [ʃpeːr] *m* lance *f*

Speiche ['ʃpaɪçə] *f (Radspeiche)* rayon *m*

Speichel ['ʃpaɪçəl] *m* salive *f*

Speicher ['ʃpaɪçər] *m 1. (Dachboden)* grenier *m; 2. (Lager)* entrepôt *m; 3. INFORM* mémoire *f*

speichern ['ʃpaɪçərn] *v 1. (einlagern)* entreposer; *2. INFORM* mémoriser

speien ['ʃpaɪən] *v irr 1. (spucken)* cracher; *2. (erbrechen)* vomir

Speise ['ʃpaɪzə] *f 1. (Gericht)* mets *m,* plat *m; 2. (Nahrung)* nourriture *f,* aliment *m*

Speisekammer ['ʃpaɪzəkamər] *f* garde-manger *m*

Speisekarte ['ʃpaɪzəkartə] *f* carte *f*

speisen ['ʃpaɪzən] *v 1. (essen)* manger; *2. (jdn füttern)* nourrir, donner à manger à

Speisenfolge ['ʃpaɪzənfɔlgə] *f* menu *m*

Speiseöl ['ʃpaɪzəøːl] *n* huile de table *f*

Speisesaal ['ʃpaɪzəzaːl] *m* salle à manger *f*

Speisewagen ['ʃpaɪzəvaːgən] *m* wagon-restaurant *m*

Spektakel [ʃpɛk'taːkəl] *m 1. (Lärm)* bruit *m,* tintamarre *m; 2. (Aufregung)* chahut *m,* vacarme *m; Das gibt einen großen ~!* Il y a un de ces vacarmes!

spektakulär [ʃpɛktaku'lɛːr] *adj* spectaculaire

Spektrum ['ʃpɛktrum] *n (fig)* spectre *m*

Spekulation [ʃpɛkula'tsjoːn] *f* spéculation *f*

spendabel [ʃpɛn'daːbəl] *adj* généreux

Spende ['ʃpɛndə] *f* don *m*

spenden ['ʃpɛndən] *v* donner, faire un don

Spender(in) ['ʃpɛndər(ɪn)] *m/f* donateur/donatrice *m/f*

spendieren [ʃpɛn'diːrən] *v (fam)* offrir

Sperrbezirk ['ʃpɛrbətsɪrk] *m* périmètre interdit *m*

Sperre ['ʃpɛrə] *f 1. (Vorrichtung)* barrage *m,* barrière *f; 2. (Verbot)* interdiction *f,* défense *f*

sperren ['ʃpɛrən] *v 1. (abriegeln)* barrer, fermer; *2. (verbieten)* interdire

Sperrgebiet ['ʃpɛrgəbiːt] *n* zone interdite *f*

Sperrgut ['ʃpɛrguːt] *n* marchandises encombrantes *f/pl*

sperrig ['ʃpɛrɪç] *adj* encombrant

Sperrmüll ['ʃpɛrmyl] *m* déchets encombrants *m/pl*

Sperrstunde ['ʃpɛrʃtundə] *f* couvre-feu *m*

Spesen ['ʃpeːzən] *pl* frais *m/pl,* dépenses *f/pl*

Spesenrechnung ['ʃpeːzənrɛçnuŋ] *f* note de frais *f*

spezial [ʃpe'tsjaːl] *adj* spécial

spezialisieren [ʃpetsjali'ziːrən] *v sich ~ auf* se spécialiser dans

Spezialisierung [ʃpetsjali'ziːruŋ] *f* spécialisation *f*

Spezialist(in) [ʃpetsja'lɪst(ɪn)] *m/f* spécialiste *m/f*

Spezialität [ʃpetsjali'tɛːt] *f* spécialité *f*

speziell [ʃpe'tsjɛl] *adj* spécifique

spezifisch [ʃpe'tsiːfɪʃ] *adj* spécifique

spezifizieren [ʃpetsifi'tsiːrən] *v* spécifier

Spezifizierung [ʃpetsifi'tsiːruŋ] *f* spécification *f*

Sphäre ['sfɛːrə] *f 1. ASTR* sphère *f; 2. (fig: Bereich)* ressort *m*

spicken ['ʃpɪkən] *v 1. GAST* barder; *2. (fam: abschreiben)* copier

Spickzettel ['ʃpɪktsɛtəl] *m (fam)* feuille de pompe *f*

Spiegel ['ʃpiːgəl] *m* miroir *m,* glace *f; jdm den ~ vorhalten (fig)* mettre le nez dedans à qn (fam)/montrer ses erreurs à qn

Spiegelbild ['ʃpiːgəlbɪlt] *n* reflet *m*

spiegelbildlich ['ʃpiːgəlbɪltlɪç] *adj* reflété

spiegelglatt ['ʃpiːgəlglat] *adj 1.* lisse comme un miroir; *2. (Straße)* complètement verglacé

spiegeln ['ʃpiːgəln] *v sich ~ in* se refléter dans

Spiegelung ['ʃpiːgəluŋ] *f* miroitement *m*

Spiel [ʃpiːl] *n* jeu *m; ein falsches ~ spielen* cacher son jeu; *ins ~ bringen* faire entrer en jeu; *ein gewagtes ~ spielen* jouer gros jeu; *ein ~ mit dem Feuer* un jeu dangereux *m; mit jdm leichtes ~ haben* avoir la partie facile

avec qn/avoir beau jeu avec qn; *das ~ zu weit treiben* aller trop loin/dépasser les bornes; *etw aufs ~ setzen* mettre qc en jeu; *auf dem ~ stehen* être en jeu; *jdn aus dem ~ lassen* laisser qn en dehors/ne pas mouiller qn; *mit im ~ sein* être de la partie/participer
Spielbank ['ʃpiːlbaŋk] *f* casino *m*
Spieldose ['ʃpiːldoːzə] *f* boîte à musique *f*
spielen ['ʃpiːlən] *v* jouer
spielend ['ʃpiːlənt] *adj* en jouant
Spieler(in) ['ʃpiːlər(ɪn)] *m/f 1. (Glücksspieler(in))* joueur/joueuse *m/f; 2. SPORT* joueur/joueuse *m/f*
Spielerei [ʃpiːlə'raɪ] *f* bagatelle *f*
spielerisch ['ʃpiːlərɪʃ] *adv (fig: problemlos)* sans problèmes
Spielkamerad(in) ['ʃpiːlkaməraːt/'ʃpiːlkaməraːdɪn] *m/f* camarade de jeu *m/f*
Spielkasino ['ʃpiːlkaziːno] *n* casino *m*
Spielplan ['ʃpiːlplan] *m THEAT* répertoire *m*
Spielplatz ['ʃpiːlplats] *m* terrain de jeux *m*
Spielraum ['ʃpiːlraum] *m 1. TECH* jeu *m; 2. (fig)* latitude *f*
Spielregeln ['ʃpiːlreːgəln] *pl* règles du jeu *f/pl; sich an die ~ halten* jouer le jeu/respecter les règles du jeu
Spielverderber ['ʃpiːlfɛrdɛrbər] *m* trouble-fête *m*
Spielwarengeschäft ['ʃpiːlvaːrəngəʃɛːft] *n* magasin de jouets *m*
Spielzeug ['ʃpiːltsɔyk] *n* jouet *m*
Spieß [ʃpiːs] *m 1. (Speer)* javelot *m,* pique *f; den ~ umdrehen (fig)* retourner la situation/échanger les rôles; *2. (Bratspieß)* broche *f*
Spießbürger ['ʃpiːsbyrgər] *m (fig)* petit bourgeois *m*
spießig ['ʃpiːsɪç] *adj* petit bourgeois
Spießrute ['ʃpiːsruːtə] *f ~ laufen HIST* passer par les verges
Spikes ['ʃpaɪks] *pl 1. (bei einem Autoreifen)* pneu clouté *m,* pneu clou *m; 2. SPORT* chaussures cloutées *f/pl*
spinnen ['ʃpɪnən] *v irr 1.* filer; *2. (fig)* ourdir; *3. (fam: verrückt sein)* avoir une araignée au plafond
Spinnennetz ['ʃpɪnənnɛts] *n* toile d'araignée *f*
Spinnrad ['ʃpɪnraːt] *n* rouet *m*
Spion(in) [ʃpi'oːn(ɪn)] *m/f* espion(ne) *m/f*
Spionage [ʃpio'naːʒə] *f* espionnage *m*
spionieren [ʃpio'niːrən] *v* espionner
Spirale [ʃpi'raːlə] *f* spirale *f*
spiralförmig [ʃpi'raːlfœrmɪç] *adj* en spirale
Spirituosen [ʃpiritu'oːzən] *pl* spiritueux *m/pl*
spitz [ʃpɪts] *adj 1.* pointu, acéré; *2. (fig)* perçant, pénétrant
Spitzbube ['ʃpɪtsbuːbə] *m 1. (Gauner)* filou *m; 2. (Schelm)* garnement *m*
spitzbübisch ['ʃpɪtsbybɪʃ] *adj 1.* coquin; *adv 2.* en coquin
Spitze ['ʃpɪtsə] *f 1.* pointe *f; auf die ~ treiben* exagérer/pousser à l'extrême; *2. (Bergspitze)* sommet *m; 3. (Stoff)* dentelle *f; 4. (fig)* pointe *f; sich an die ~ stellen* ouvrir la marche
Spitzel ['ʃpɪtsəl] *m* espion *m,* mouchard *m*
spitzen ['ʃpɪtsən] *v* aiguiser, tailler
Spitzenleistung ['ʃpɪtsənlaɪstuŋ] *f* puissance maximum *f*
Spitzenreiter ['ʃpɪtsənraɪtər] *m 1.* leader *m; 2. (fig: Star)* vedette *f*
Spitzer ['ʃpɪtsər] *m* taille-crayons *m*
spitzfindig ['ʃpɪtsfɪndɪç] *adj* pointilleux; *Das ist mir zu ~.* C'est trop subtil pour moi.
Spitzname ['ʃpɪtsnaːmə] *m* surnom *m*
Splitter ['ʃplɪtər] *m* éclat *m*
splittern ['ʃplɪtərn] *v* voler en éclats, se briser
splitternackt ['ʃplɪtərnakt] *adj* nu comme un ver
sponsern ['ʃpɔnzərn] *v* sponsoriser
Sponsor ['ʃpɔnzoːr] *m* sponsor *m*
spontan [ʃpɔn'taːn] *adj* spontané
Spontaneität [ʃpɔntanei'tɛːt] *f* spontanéité *f*
sporadisch [ʃpo'raːdɪʃ] *adj 1.* sporadique, intermittent; *adv 2.* par intermittence
Sport [ʃpɔrt] *m* sport *m*
Sportartikel ['ʃpɔrtartɪkəl] *m* article de sport *m*
Sportler(in) ['ʃpɔrtlər(ɪn)] *m/f* sportif/sportive *m/f*
sportlich ['ʃpɔrtlɪç] *adj* sportif
Sportplatz ['ʃpɔrtplats] *m* stade *m*
Sportreporter ['ʃpɔrtrepɔrtər] *m* journaliste sportif *m*
Sportsgeist ['ʃpɔrtsgaɪst] *m* esprit sportif *m*
Sportveranstaltung ['ʃpɔrtfɛranʃtaltuŋ] *f* manifestation sportive *f*
Sportverein ['ʃpɔrtfɛraɪn] *m* association sportive *f*

Sportzeug ['ʃpɔrttsɔyk] *n* équipement sportif *m*
Spott [ʃpɔt] *m* raillerie *f*, moquerie *f*
spottbillig ['ʃpɔt'bɪlɪç] *adj* à un prix dérisoire
spotten ['ʃpɔtən] *v* *über jdn ~* railler qn, se moquer de qn
spöttisch ['ʃpœtɪʃ] *adj* *1.* moqueur, railleur; *adv* *2.* avec raillerie
Sprachbegabung ['ʃpraːxbəgaːbuŋ] *f* don des langues *m*
Sprache ['ʃpraːxə] *f* *1.* langue *f*; *wieder zur ~ bringen* remettre sur le tapis; *die ~ auf etw bringen* aborder qc/mettre qc sur le tapis; *mit der ~ herausrücken* casser le morceau/accoucher; *zur ~ kommen* être abordé/être débattu; *die gleiche ~ sprechen* être sur la même longueur d'onde; *eine deutliche ~ sprechen* parler ouvertement/ne pas mâcher ses mots; *Raus mit der ~!* Parle!/Crache le morceau! *Da verschlug es ihm die ~.* Il en est resté coi./Ça lui a coupé le sifflet! (fam); *2.* *(Fachsprache)* langue technique *f*
Sprachenschule ['ʃpraːxənʃuːlə] *f* école de langues *f*
Sprachfehler ['ʃpraːxfeːlər] *m* défaut de prononciation *m*
Sprachgefühl ['ʃpraːxgəfyːl] *n* sens de la langue *m*
sprachgewandt ['ʃpraːxgəvant] *adj* beau parleur
Sprachkenntnisse ['ʃpraːxkɛntnɪsə] *pl* connaissances des langues *f/pl*
sprachlos ['ʃpraːxloːs] *adj* *(fig)* muet
Spray [ʃpreɪ] *n* aérosol *m*
Sprechanlage ['ʃprɛçanlaːgə] *f* interphone *m*
sprechen ['ʃprɛçən] *v irr* parler; *fließend Französisch ~* parler couramment le français; *Ich bin für niemanden zu ~.* Je n'y suis pour personne. *für sich selbst ~* être clair; *auf jdn nicht gut zu ~ sein* en vouloir à qn; *Wir ~ uns noch!* On en reparlera! *aus dem Stegreif ~* improviser
Sprecher(in) ['ʃprɛçər(ɪn)] *m/f* *1.* *(Ansager(in))* speaker(ine) *m/f*; *2.* *(Wortführer(in))* porte-parole *m*
Sprechstunde ['ʃprɛçʃtundə] *f* *1.* heure d'audience *f*; *2.* *(eines Arztes)* heure de consultation *f*
Sprechstundenhilfe ['ʃprɛçʃtundənhɪlfə] *f* assistante *f*
Sprechzimmer ['ʃprɛçtsɪmər] *n* cabinet de consultation *m*
spreizen ['ʃpraɪtsən] *v* *1.* écarter; *2.* *sich ~* se pavaner; *3.* *sich ~ (sich sträuben)* se hérisser
sprengen ['ʃprɛŋən] *v* faire sauter
Sprengkörper ['ʃprɛŋkœrpər] *m* engin explosif *m*
Sprengstoff ['ʃprɛŋʃtɔf] *m* explosif *m*
Sprengstoffattentat ['ʃprɛŋʃtɔfatəntaːt] *n* attentat à l'explosif *m*
Sprengung ['ʃprɛŋuŋ] *f* dynamitage *m*
Spreu [ʃprɔy] *f* balle *f*; *die ~ vom Weizen trennen* séparer le bon grain de l'ivraie
Sprichwort ['ʃprɪçvɔrt] *n* proverbe *m*
sprichwörtlich ['ʃprɪçvœrtlɪç] *adj* proverbial
Springbrunnen ['ʃprɪŋbrunən] *m* jet d'eau *m*
springen ['ʃprɪŋən] *v irr* *1.* *(hüpfen)* sauter, bondir; *2.* *(fig: bersten)* éclater
Springseil ['ʃprɪŋzaɪl] *n* corde à sauter *f*
Sprint [ʃprɪnt] *m* sprint *m*
sprinten ['ʃprɪntən] *v* piquer un sprint, sprinter
Spritze ['ʃprɪtsə] *f* seringue *f*
spritzen ['ʃprɪtsən] *v* *1.* arroser; *2.* *MED* faire une piqûre
Spritzer ['ʃprɪtsər] *m* *1.* *(Fixer)* héroïnomane *m*; *2.* *(Fleck)* tache *f*; *3.* *(kleine Menge)* petite quantité *f*
Spritztour ['ʃprɪtstuːr] *f* *(fam)* petite excursion *f*
spröde ['ʃprøːdə] *adj* *1.* *(Material)* cassant; *2.* *(fig: abweisend)* revêche, farouche
Spross [ʃprɔs] *m* *1.* *BIO* pousse *f*, scion *m*; *2.* *(Nachkomme)* rejeton *m*
Sprössling ['ʃprœslɪŋ] *m* *(fig)* rejeton *m*
Spruch [ʃprux] *m* *1.* *(Wahlspruch)* maxime *f*, sentence *f*; *2.* *große Sprüche klopfen* fanfaronner
Sprudel ['ʃpruːdəl] *m* *1.* *(Mineralwasser)* eau gazeuse *f*; *2.* *(Limonade)* limonade *f*
sprudeln ['ʃpruːdəln] *v* bouillonner, pétiller
sprühen ['ʃpryːən] *v* *1.* jaillir; *2.* *(fig)* étinceler, pétiller; *3.* *(zerstäuben)* vaporiser
Sprühregen ['ʃpryːreːgən] *m* bruine *f*
Sprung [ʃpruŋ] *m* *1.* *(Springen)* saut *m*, bond *m*; *auf dem ~ sein* être sur le point de partir; *jdm auf die Sprünge helfen* mettre qn sur la voie/donner un coup de main à qn/aider qn; *Das ist für ihn ein ~ ins kalte Wasser.* Il doit se jeter à l'eau. *nur auf einen ~* vite fait/en coup de vent; *keine großen Sprünge machen können* ne pas pouvoir al-

ler bien loin; *2. (fig: Riss)* fente *f*, cassure *f*; *einen ~ in der Schüssel haben* avoir une case vide

Sprungbrett ['ʃprʊŋbrɛt] *n SPORT* tremplin *m*

Sprungfeder ['ʃprʊŋfeːdər] *f* ressort *m*

sprunghaft ['ʃprʊŋhaft] *adj* versatile

Sprungschanze ['ʃprʊŋʃantsə] *f SPORT* tremplin de ski *m*

Sprungtuch ['ʃprʊŋtuːx] *n* toile de sauvetage *f*

Spucke ['ʃpukə] *f* salive *f*, crachat *m*; *Da bleibt einem ja die ~ weg!* Ça me la coupe!/Ça me coupe la chique! (fam)

spucken ['ʃpukən] *v* cracher, saliver, expectorer

Spuk [ʃpuːk] *m* fantôme *m*, spectre *m*

spuken ['ʃpuːkən] *v* hanter

Spülbecken ['ʃpyːlbɛkən] *n* évier *m*

Spule ['ʃpuːlə] *f 1.* bobine *f*; *2. TECH* tuyau *m*

spülen ['ʃpyːlən] *v* laver, rincer

Spülmaschine ['ʃpyːlmaʃiːnə] *f* lave-vaisselle *m*

Spülmittel ['ʃpyːlmɪtəl] *n* détersif *m*

Spülung ['ʃpyːlʊŋ] *f 1. (Toilettenspülung)* chasse d'eau *f*; *2. MED* lavement *m*, injection *f*

Spur [ʃpuːr] *f 1. (Abdruck)* trace *f*, empreinte *f*; *eine heiße ~* une piste très prometteuse *f*, un bon filon *m*; *jdm auf die ~ kommen* dépister qn; *jdm auf der ~ bleiben* rester sur la piste de qn/rester sur les traces de qn; *in jds ~en treten* marcher sur les traces de qn; *2. (Fahrspur)* voie *f*; *3. (fig: kleine Menge)* vestiges *m/pl*; *nicht die ~* pas le moins du monde/absolument pas

spürbar ['ʃpyːrbaːr] *adj* sensible

spüren ['ʃpyːrən] *v* sentir, éprouver

spurlos ['ʃpuːrloːs] *adj* sans trace

Spürsinn ['ʃpyːrzɪn] *m* flair *m*

sputen ['ʃpuːtən] *v sich ~* se dépêcher, se hâter

Staat [ʃtaːt] *m 1.* Etat *m*; *2. mit etw keinen ~ machen können* en jeter avec qc, en imposer avec qc

staatenlos ['ʃtaːtənloːs] *adj* apatride

staatlich ['ʃtaːtlɪç] *adj 1.* national; *2. (öffentlich)* public

Staatsakt ['ʃtaːtsakt] *m* acte de puissance publique *m*

Staatsangehörige(r) ['ʃtaːtsangəhøːrɪgə(r)] *m/f 1.* ressortissant(e) *m/f*; *2. (Staatsbürger(in))* citoyen(ne) *m/f*

Staatsangehörigkeit ['ʃtaːtsangəhørɪçkaɪt] *f* nationalité *f*

Staatsbeamter ['ʃtaːtsbəamtər] *m* fonctionnaire *m*

Staatsbesuch ['ʃtaːtsbəzuːx] *m* visite officielle *f*

Staatsbürger(in) ['ʃtaːtsbyrgər(ɪn)] *m/f* citoyen(ne) *m/f*

Staatsdienst ['ʃtaːtsdiːnst] *m* service public *m*

Staatseigentum ['ʃtaːtsaɪgəntum] *n* propriété nationale *f*

Staatsgeheimnis ['ʃtaːtsgəhaɪmnɪs] *n* secret d'Etat *m*

Staatsgewalt ['ʃtaːtsgəvalt] *f* autorité de l'Etat *f*

Staatshaushalt ['ʃtaːtshaushalt] *m* budget de l'Etat *m*

Staatsmann ['ʃtaːtsman] *m* homme d'Etat *m*

Staatsoberhaupt ['ʃtaːtsoːbərhaupt] *n 1. (einer Republik)* chef de l'Etat *m*; *2. (einer Monarchie)* souverain *m*

Stab [ʃtaːp] *m 1. (Stock)* bâton *m*; *über jdn den ~ brechen* jeter la pierre à qn; *2. (fig: Führungsstab) MIL* état-major *m*

stabil [ʃta'biːl] *adj 1. (robust)* solide, robuste; *2. (konstant)* stable, durable

stabilisieren [ʃtabili'ziːrən] *v* stabiliser

Stabilität [ʃtabili'tɛːt] *f* stabilité *f*

Stacheldraht ['ʃtaxəldraːt] *m* fil de fer barbelé *m*

stachelig ['ʃtaxəlɪç] *adj 1. (dornig)* armé de piquants; *2. (kratzig)* piquant, mordant

Stadion ['ʃtaːdjɔn] *n* stade *m*

Stadium ['ʃtaːdjum] *n 1.* stade *m*, période *f*; *2. (Stand)* niveau *m*

Stadt [ʃtat] *f* ville *f*

Stadtbummel ['ʃtatbuməl] *m* tour en ville *m*

Städtebau ['ʃtɛtəbau] *m* urbanisme *m*

städtisch ['ʃtɛtɪʃ] *adj* urbain

Stadtmauer ['ʃtatmauər] *f* enceinte *f*

Stadtplan ['ʃtatplaːn] *m* plan d'une ville *m*

Stadtplanung ['ʃtatplaːnuŋ] *f* planification urbaine *f*

Stadtrand ['ʃtatrant] *m* périphérie *f*

Stadtverwaltung ['ʃtatfɛrvaltuŋ] *f* administration municipale *f*

Stadtviertel ['ʃtatfɪrtəl] *n* quartier *m*

Staffelei [ʃtafə'laɪ] *f* chevalet *m*

Staffelung ['ʃtafəluŋ] *f* échelonnement *m*

Stahl [ʃtaːl] *m* acier *m*

Stahlindustrie ['ʃtaːlɪndustriː] *f* industrie de l'acier *f*
Stahlwolle ['ʃtaːlvɔlə] *f* laine de verre *f*
Stall [ʃtal] *m 1.* étable *f; 2. (Pferdestall)* écurie *f; 3. (Schweinestall)* porcherie *f; 4. (Hühnerstall)* poulailler *m*
Stamm [ʃtam] *m 1. (Baumstamm)* tronc *m; 2. (Volksstamm)* race *f,* tribu *f*
Stammbaum ['ʃtambaum] *m* arbre généalogique *m*
Stammbuch ['ʃtambuːx] *n* livret de famille *m*
stammen ['ʃtamən] *v ~ aus* provenir de
Stammgast ['ʃtamgast] *m* habitué *m*
Stammhalter ['ʃtamhaltər] *m* fils aîné *m*
stämmig ['ʃtɛmɪç] *adj 1. (fest)* robuste, solide; *2. (untersetzt)* trapu
Stammkunde ['ʃtamkundə] *m* habitué *m*
stampfen ['ʃtampfən] *v 1. (mit dem Fuß)* piétiner; *mit dem Fuß auf den Boden ~* trépigner le sol; *2. (mit Gerät)* piler
Stand [ʃtant] *m 1. (Situation)* situation *f,* état *m; bei jdm einen guten ~ haben* avoir la cote avec qn/avoir la touche avec qn; *im ~(e) sein zu* être en mesure de/être capable de; *Er ist im ~(e) und hat es vergessen.* Il est capable de l'avoir oublié. *2. (Rang)* classe *f,* condition sociale *f; 3. (Messestand)* stand *m*
Standard ['ʃtandart] *m* standard *m*
Standardformat ['ʃtandartfɔrmaːt] *n* format standard *m*
Standardmodell ['ʃtandartmodɛl] *n* modèle standard *m*
Standbild ['ʃtantbɪlt] *n* statue *f*
Ständchen ['ʃtɛntçən] *n 1. (morgens)* aubade *f; 2. (abends)* sérénade *f*
Ständer ['ʃtɛndər] *m* support *m*
Standesamt ['ʃtandəsamt] *n* bureau de l'état-civil *m*
Standesbeamter ['ʃtandəsbəamtər] *m* officier d'état-civil *m*
standesgemäß ['ʃtandəsgəmɛːs] *adj 1.* conforme à son rang; *adv 2.* selon son rang
standhaft ['ʃtanthaft] *adj* constant
Standhaftigkeit ['ʃtanthaftɪçkaɪt] *f* fermeté *f*
standhalten ['ʃtanthaltən] *v irr 1.* tenir ferme; *2. (widerstehen)* résister
ständig ['ʃtɛndɪç] *adj 1. (ununterbrochen)* permanent, continuel; *2. (fest)* fixe; *adv 3.* en permanence
Standlicht ['ʃtantlɪçt] *n* feu de position *m*
Standort ['ʃtantɔrt] *m* place *f*
Standpunkt ['ʃtantpuŋkt] *m* point de vue *m*
Standspur ['ʃtantʃpuːr] *f* bande d'arrêt d'urgence *f*
Standuhr ['ʃtantuːr] *f* pendule *f*
Stange ['ʃtaŋə] *f 1.* perche *f,* tige *f; jdn bei der ~ halten* motiver qn/pousser qn à continuer; *bei der ~ bleiben* s'accrocher (fam)/tenir bon; *2. (Vorhangstange)* tringle *f; 3. von der ~* de confection, prêt-à-porter; *4. eine ~ Geld* (fam) un tas de fric *m*
stänkern ['ʃtɛŋkərn] *v 1. (Unfrieden stiften)* chercher querelle; *2. in jds Sachen ~ (schnüffeln)* fouiner dans les affaires de qn
stanzen ['ʃtantsən] *v* estamper
Stapel ['ʃtaːpəl] *m 1. (Haufen)* pile *m,* tas *m; 2. NAUT* chantier *m; vom ~ laufen* être mis à l'eau
stapeln ['ʃtaːpəln] *v* empiler
Star [ʃtaːr] *m (Filmstar)* star de cinéma *f,* vedette de cinéma *f*
stark [ʃtark] *adj* fort, puissant, résistant; *Das ist dann doch ein bisschen ~!* C'est un peu fort quand même!
Stärke ['ʃtɛrkə] *f 1.* force *f,* puissance *f; Das ist seine ~.* C'est son fort. *2. (Wäschestärke)* empois *m*
stärken ['ʃtɛrkən] *v 1.* renforcer, consolider; *2. (Wäsche)* amidonner, empeser
Stärkung ['ʃtɛrkuŋ] *f 1. (Festigung)* renforcement *m; 2. (Erfrischung)* rafraîchissements *m/pl*
starr [ʃtar] *adj 1.* raide; *2. (unbeweglich)* immobile; *3. (fig: unnachgiebig)* rigide, inflexible; *adv 4.* avec raideur; *5. (fig)* avec rigidité
starren ['ʃtarən] *v* regarder fixement
starrköpfig ['ʃtarkœpfɪç] *adj* têtu
Starrsinn ['ʃtarzɪn] *m* entêtement *m*
Start [ʃtart] *m 1. (eines Flugzeugs)* décollage *m; 2. (Abfahrt)* départ *m,* démarrage *m*
Startbahn ['ʃtartbaːn] *f* piste d'envol *f*
startbereit ['ʃtartbəraɪt] *adj* prêt à partir
starten ['ʃtartən] *v 1. (abreisen)* partir; *2. (Auto)* démarrer; *3. (aktivieren)* lancer, activer
Station [ʃta'tsjoːn] *f 1. (Haltestelle)* arrêt *m; ~ machen* faire une pause/s'arrêter/faire étape; *2. (Abteilung)* service *m,* division *f*
Statistik [ʃta'tɪstɪk] *f* statistique *f*
statistisch [ʃta'tɪstɪʃ] *adj* statistique
Stativ [ʃta'tiːf] *n* support *m,* trépied *m*

statt [ʃtat] *prep* au lieu de, à la place de
Stätte ['ʃtɛtə] *f* lieu *m*
stattfinden ['ʃtatfɪndən] *v irr* avoir lieu
stattlich ['ʃtatlɪç] *adj 1. (ansehnlich)* somptueux; *2. (zahlreich)* considérable
Statue ['ʃta:tuə] *f* statue *f*
Statur [ʃta'tu:r] *f* stature *f*
Status ['ʃta:tus] *m* état *m,* position sociale *f*
Statussymbol ['ʃta:tuszymbo:l] *n* symbole de statut *m*
Stau [ʃtau] *m* embouteillage *m,* bouchon *m*
Staub [ʃtaup] *m* poussière *f; sich aus dem ~ machen* foutre le camp/prendre la poudre d'escampette/filer/détaler; *~ aufwirbeln (fig)* faire beaucoup de bruit
stauben ['ʃtaubən] *v 1.* faire de la poussière, poudroyer; *2. (aufwirbeln)* soulever de la poussière
staubig ['ʃtaubɪç] *adj* poussiéreux
Staubsauger ['ʃtaupzaugər] *m* aspirateur *m*
stauchen ['ʃtauxən] *v 1. (zusammendrücken)* presser; *2. (heftig stoßen)* cogner
Staudamm ['ʃtaudam] *m* digue de retenue *f*
staunen ['ʃtaunən] *v ~ über* être étonné de, être surpris par
Staunen ['ʃtaunən] *n* étonnement *m*
stechen ['ʃtɛçən] *v irr* piquer
Stechmücke ['ʃtɛçmykə] *f ZOOL* moustique *m*
Stechuhr ['ʃtɛçu:r] *f* pointeuse *f*
Steckbrief ['ʃtɛkbri:f] *m* avis de recherche *m*
Steckdose ['ʃtɛkdo:zə] *f* prise de courant *f*
stecken ['ʃtɛkən] *v 1. (hinein~) ~ in* mettre dans; *unter einer Decke ~* s'entendre comme larrons en foire; *jdm etw ~* faire remarquer qc à qn; *2. ~ bleiben* rester en panne
Steckenpferd ['ʃtɛkənpfert] *n* cheval de bataille *m*
Stecker ['ʃtɛkər] *m* fiche de prise de courant *f*
Stecknadel ['ʃtɛkna:dəl] *f* épingle *f; eine ~ im Heuhaufen suchen* chercher une aiguille dans une botte de foin
stehen ['ʃte:ən] *v irr 1. (aufrecht ~)* être debout, se tenir debout; *2. (sich befinden)* se trouver; *3. ~ bleiben* s'arrêter; *nicht auf halbem Weg ~ bleiben* aller jusqu'au bout
Stehlampe ['ʃte:lampə] *f* lampadaire *m*
stehlen ['ʃte:lən] *v irr* voler, dérober
Stehvermögen ['ʃte:fɛrmø:gən] *n* endurance *f*
steif [ʃtaɪf] *adj 1.* raide; *2. (fig)* guindé, raide
steigen ['ʃtaɪgən] *v irr 1.* monter; *2. (erklimmen)* gravir
steigend ['ʃtaɪgənt] *adj* croissant
steigern ['ʃtaɪgərn] *v 1. (erhöhen)* augmenter, accroître; *2. (ersteigern)* acheter aux enchères, faire monter les enchères; *3. (zunehmen)* croître
Steigerung ['ʃtaɪgəruŋ] *f 1. (Erhöhung)* augmentation *f; 2. GRAMM* degré de comparaison *m*
Steigung ['ʃtaɪguŋ] *f* montée *f*
steil [ʃtaɪl] *adj* abrupt, raide
Stein [ʃtaɪn] *m* pierre *f; einen ~ im Schuh haben* avoir un caillou dans sa chaussure; *der ~ des Anstoßes* la pierre de touche *f,* la pierre d'achoppement *f; den ~ ins Rollen bringen* donner le branle à une affaire; *bei jdm einen ~ im Brett haben* être dans les petits papiers de qn/être dans les bonnes grâces de qn; *keinen ~ auf dem anderen lassen* raser/détruire complètement; *den ersten ~ auf jdn werfen* jeter la pierre à qn; *jdm ~e in den Weg legen* mettre des bâtons dans les roues à qn; *Da fällt mir ein ~ vom Herzen!* Ça m'ôte un poids!/Je suis soulagé! *~ und Bein schwören* jurer ses grands dieux/jurer dur comme fer
steinalt ['ʃtaɪnalt] *adj* très vieux; *~ sein* être vieux comme Mathusalem/être vieux comme Hérode
Steinbruch ['ʃtaɪnbrux] *m* carrière *f*
steinern ['ʃtaɪnərn] *adj 1. (aus Stein)* de pierre, en pierre; *2. (fig: Gesicht)* impassible, fermé
steinig ['ʃtaɪnɪç] *adj* pierreux, rocailleux
Steinmetz ['ʃtaɪnmɛts] *m* tailleur de pierres *m*
steinreich [ʃtaɪn'raɪç] *adj* richissime
Steinschlag ['ʃtaɪnʃla:k] *m* chute de pierres *f*
Stelle ['ʃtɛlə] *f 1. (Ort)* place *f,* lieu *m; auf der ~ (sofort)* séance tenante; *zur ~ sein* être présent; *auf der ~ treten* marquer le pas; *auf der ~ treten (fig)* piétiner; *2. (Anstellung)* travail *m,* place *f; 3. (Dienststelle)* autorité *f,* bureau *m*
stellen ['ʃtɛlən] *v* poser, placer, mettre; *sich gut mit jdm ~* se mettre bien avec qn; *auf*

sich gestellt sein ne pouvoir compter que sur soi

Stellenangebot ['ʃtɛlənangəboːt] *n* offre d'emploi *f*

Stellengesuch ['ʃtɛləngəzuːx] *n* demande d'emploi *f*

Stellenwert ['ʃtɛlənvɛrt] *m* importance *f*

Stellung ['ʃtɛluŋ] *f* *1. (Haltung)* position *f; zu etw ~ nehmen* donner son avis sur qc/prendre position sur qc; *die ~ halten* ne pas bouger/rester là; *2. (Anstellung)* emploi *m*

Stellungnahme ['ʃtɛluŋnaːmə] *f* prise de position *f*

stellvertretend ['ʃtɛlfɛrtreːtənt] *adj* adjoint

Stellvertreter(in) ['ʃtɛlfɛrtreːtər(ɪn)] *m/f* remplaçant(e) *m/f*

stelzen ['ʃtɛltsən] *v* marcher avec des échasses, avoir une démarche guindée

stemmen ['ʃtɛmən] *v* *1. (heben)* lever, soulever; *Gewichte ~* soulever des poids; *2. (fest drücken)* appuyer fortement; *3. (stützen)* protéger; *4. (anheben)* lever; *5. sich gegen etw ~ (fig)* s'appuyer contre qc

Stempel ['ʃtɛmpəl] *m* tampon *m,* timbre *m; jdm seinen ~ aufdrücken* marquer qn de son empreinte; *den ~ von jdm tragen* porter la signature de qn

Stempelkissen ['ʃtɛmpəlkɪsən] *n* tampon encreur *m*

stempeln ['ʃtɛmpəln] *v* tamponner, poinçonner; *~ gehen* pointer/aller pointer

Stenografie [ʃtenogra'fiː] *f* sténographie *f*

Stenotypistin [ʃtenoty'pɪstɪn] *f* sténodactylo *f*

Steppdecke ['ʃtɛpdɛkə] *f* couvre-pieds *m*

Stepptanz ['ʃtɛptants] *m* claquettes *f/pl*

Sterbefall ['ʃtɛrbəfal] *m* cas de décès *m*

Sterbegeld ['ʃtɛrbəgɛlt] *n* indemnité de décès *f/pl*

sterben ['ʃtɛrbən] *v irr* mourir, décéder; *wie die Fliegen ~* tomber comme des mouches; *Er ist für mich gestorben.* Je ne le connais plus./Je ne veux plus entendre parler de lui.

sterbenslangweilig ['ʃtɛrbəns'laŋvaɪlɪç] *adj ~ sein* être ennuyeux comme la pluie

Sterbeurkunde ['ʃtɛrbəuːrkundə] *f* certificat de décès *m*

sterblich ['ʃtɛrblɪç] *adj* mortel

Stereoanlage ['ʃtereoanlaːgə] *f* chaîne stéréo *f*

stereotyp [ʃtereo'tyːp] *adj* stéréotypé

steril [ʃte'riːl] *adj* stérile

sterilisieren [ʃterili'ziːrən] *v* stériliser

Stern [ʃtɛrn] *m* étoile *f; ~e sehen* voir trente-six chandelles; *für jdn die ~e vom Himmel holen* aller décrocher la lune à qn; *nach den ~en greifen* viser très haut; *Das steht in den ~en.* L'avenir décidera. *unter einem denkbar guten ~* sous une bonne étoile

Sternbild ['ʃtɛrnbɪlt] *n* constellation *f*

sternenklar ['ʃtɛrnənklaːr] *adj* étoilé

Sternschnuppe ['ʃtɛrnʃnupə] *f* étoile filante *f*

Sternstunde ['ʃtɛrnʃtundə] *f* heure merveilleuse *f*

Sternwarte ['ʃtɛrnvartə] *f* observatoire *m; 2. NAUT* timonier *m*

stetig ['ʃteːtɪç] *adj 1.* fixe, ferme; *2. (gleichmäßig)* régulier

stets [ʃteːts] *adv* toujours, en permanence

Steuer ['ʃtɔyər] *f 1. FIN* impôt *m,* taxe *f; n 2. (eines Autos)* volant *m; 3. NAUT* gouvernail *m*

steuerlich ['ʃtɔyərlɪç] *adj* fiscal

Steuermann ['ʃtɔyərman] *m 1.* pilote *m; 2. NAUT* timonier *m*

steuern ['ʃtɔyərn] *v 1. (lenken)* gouverner, conduire; *2. (regulieren)* régler

Steuerung ['ʃtɔyəruŋ] *f 1.* pilotage *m; 2. (eines Autos)* conduite *f; 3. (Kontrolle)* contrôle *m*

Steward(ess) ['ʃtjuːərt/'ʃtjuːərdes] *m/f* steward *m,* hôtesse de l'air *f*

Stich [ʃtɪç] *m 1. (Wespenstich)* piqûre *f; 2. (Nähstich)* point *m; 3. (Messerstich)* coup de couteau *m; 4. einen ~ haben* être malade, être timbré

sticheln ['ʃtɪçəln] *v (fig)* lancer des allusions perfides

stichhaltig ['ʃtɪçhaltɪç] *adj* solide

Stichprobe ['ʃtɪçproːbə] *f* échantillon pris au hasard *m*

Stichtag ['ʃtɪçtaːk] *m* jour fixé *m*

Stichwort ['ʃtɪçvɔrt] *n* mot clé *m*

sticken ['ʃtɪkən] *v* broder

stickig ['ʃtɪkɪç] *adj* étouffant

Stiefel ['ʃtiːfəl] *m* botte *f; jdm die ~ lecken (fig)* lécher les bottes à qn/cirer les bottes à qn; *Das sind zwei Paar ~.* Ce sont deux choses bien distinctes.

Stiefmutter ['ʃtiːfmutər] *f* belle-mère *f*
Stiefvater ['ʃtiːffaːtər] *m* beau-père *m*
Stiel [ʃtiːl] *m 1.* queue *f; 2. (Blumenstiel)* tige *f; 3. (Griff)* manche *m*
Stierkampf ['ʃtiːrkampf] *m* corrida *f*
Stift[1] [ʃtɪft] *m 1. (Nagel ohne Kopf)* clou sans tête *m; 2. (Bleistift)* crayon *m; 3. (Filzstift)* feutre *m,* crayon-feutre *m*
Stift[2] [ʃtɪft] *n (Hospiz)* fondation *f,* hospice *m*
stiften ['ʃtɪftən] *v 1. (schenken)* faire un don, faire une donation; *2. (gründen)* fonder, établir; *3. (fig: verursachen)* produire, créer
Stifter(in) ['ʃtɪftər(ɪn)] *m/f* fondateur/fondatrice *m/f*
Stiftung ['ʃtɪftuŋ] *f 1. (Schenkung)* don *m; 2. (Gründung)* fondation *f*
Stil [ʃtiːl] *m* style *m*
Stilbruch ['ʃtiːlbrux] *m* rupture de style *f*
still [ʃtɪl] *adj 1. (ruhig)* tranquille; *2. (geräuschlos)* calme; *3. (friedlich)* paisible; *adv 4. (geräuschlos)* sans bruit
Stille ['ʃtɪlə] *f 1. (Ruhe)* calme *m,* tranquillité *f; 2. (Geräuschlosigkeit)* silence *m; 3. (Frieden)* paix *f*
stillen ['ʃtɪlən] *v 1. (Kind)* allaiter; *2. (Bedürfnis)* apaiser, assouvir
stilllegen ['ʃtɪlleːgən] *v* arrêter
stillschweigend ['ʃtɪlʃvaɪgənt] *adj* tacite; *etw ~ übergehen* passer qc sous silence
Stillstand ['ʃtɪlʃtant] *m* arrêt *m*
stilvoll ['ʃtiːlfɔl] *adj 1.* qui a du style; *adv 2.* avec style
Stimmbruch ['ʃtɪmbrux] *m* mue de la voix *f*
Stimme ['ʃtɪmə] *f* voix *f*
stimmen ['ʃtɪmən] *v 1. (wahr sein)* être vrai, être exact; *Da stimmt etw nicht!* C'est louche! *2. POL* voter
Stimmung ['ʃtɪmuŋ] *f* ambiance *f*
stinken ['ʃtɪŋkən] *v irr* sentir mauvais, empester, puer (fam); *Das stinkt mir ganz gewaltig!* Ça m'embête drôlement!
Stipendium [ʃtɪ'pɛndjum] *n* bourse d'études *f*
stöbern ['ʃtøːbərn] *v 1. (herumsuchen)* fouiller, fureter; *2. (sauber machen)* nettoyer; *3. Es stöbert.* Il tombe des flocons.
stochern ['ʃtɔxərn] *v im Essen ~* chipoter; *in den Zähnen ~* se curer les dents; *im Feuer ~* tisonner
Stock [ʃtɔk] *m 1. (Stab)* bâton *m; am ~ gehen* marcher avec une canne; *2. (Etage)* étage *m; 3. (fig) am ~ gehen* être dans la dèche/être au trente-sixième dessous; *über ~ und Stein* semé d'embûches/plein d'obstacles
stocken ['ʃtɔkən] *v 1. (zum Stillstand kommen)* s'arrêter, s'immobiliser; *Ihr stockte der Atem.* Elle s'est arrêtée de respirer. *Das Gespräch geriet ins Stocken.* La conversation devint languissante. *2. ~d sprechen* parler avec hésitation; *3. (Milch)* tourner; *4. (Herz)* s'arrêter; *5. (Geschäfte)* languir
stockend ['ʃtɔkənt] *adj 1. (zögernd)* hésitant; *2. (gleich bleibend)* stagnant; *adv 3. (zögernd)* avec hésitation
stocktaub ['ʃtɔk'taup] *adj ~ sein* être sourd comme un pot
Stockwerk ['ʃtɔkvɛrk] *n* étage *m*
Stoff [ʃtɔf] *m 1. (Materie)* matériau *m,* matière *f; 2. (Textil)* tissu *m,* étoffe *f; 3. (fam: Rauschgift)* drogue *f,* dope *f*
stöhnen ['ʃtøːnən] *v* gémir
Stollen ['ʃtɔlən] *m 1. (Gebäck) GAST* pain brioché *m,* pain aux amandes *m; 2. MIN* galerie *f*
stolpern ['ʃtɔlpərn] *v ~ über* trébucher sur
stolz [ʃtɔlts] *adj 1.* fier; *2. (hochmütig)* hautain, altier; *adv 3. (hochmütig)* avec hauteur
Stolz [ʃtɔlts] *m 1.* fierté *f; 2. (Hochmut)* orgueil *m*
stopfen ['ʃtɔpfən] *v 1. (füllen)* remplir, bourrer; *2. (flicken)* repriser, ravauder
stoppen ['ʃtɔpən] *v 1. (anhalten)* s'arrêter, stopper; *2. (messen)* chronométrer
Stoppuhr ['ʃtɔpuːr] *f* chronomètre *m*
Stöpsel ['ʃtœpsəl] *m* bouchon *m*
stören ['ʃtøːrən] *v* gêner, déranger
störend ['ʃtøːrənt] *adj* gênant, importun
Störenfried ['ʃtørənfriːt] *m* trouble-fête *m*
Störfaktor ['ʃtøːrfaktɔr] *m* facteur perturbateur *m*
störrisch ['ʃtœrɪʃ] *adj 1.* opiniâtre, entêté; *adv 2.* avec opiniâtreté
Störung ['ʃtøːruŋ] *f 1.* gêne *f; 2. TECH* panne *f*
Stoß [ʃtoːs] *m* choc *m,* coup *m*
stoßen ['ʃtoːsən] *v irr* cogner, heurter
stoßfest ['ʃtoːsfɛst] *adj* résistant aux chocs
Stoßseufzer ['ʃtoːszɔyftsər] *m* profond soupir *m*
Stoßstange ['ʃtoːsʃtaŋə] *f TECH* pare-chocs *m*

Stoßverkehr ['ʃtoːsfɛrkeːr] *m* heures de pointe *f/pl*
stottern ['ʃtɔtərn] *v* bégayer
Strafe ['ʃtraːfə] *f* *1.* punition *f;* *2. JUR* peine *f*
strafen ['ʃtraːfən] *v* punir, corriger
straff [ʃtraf] *adj* *1. (gespannt)* tendu; *2. (streng)* sévère, rigoureux; *3. (kurz)* sobre
Strafgefangene(r) ['ʃtrafgəfaŋənə(r)] *m/f* détenu(e) *m/f*
sträflich ['ʃtrɛːflɪç] *adj (fig)* impardonnable, punissable
Sträfling ['ʃtrɛːflɪŋ] *m* prisonnier *m*
Strafporto ['ʃtraːfpɔrto] *n* surtaxe *f*
Straftat ['ʃtraːftaːt] *f* *1. (Verstoß)* infraction *f;* *2. (Verbrechen)* crime *m*
Strahl [ʃtraːl] *m* *1. (Sonnenstrahl)* rayon *m;* *2. (Wasserstrahl)* jet *m*
strahlen ['ʃtraːlən] *v* *1.* rayonner, émettre des rayons; *2. (glänzen)* briller
Strahlenbelastung ['ʃtraːlənbəlastuŋ] *f* exposition aux radiations *f*
strahlenverseucht ['ʃtraːlənfɛrzɔyçt] *adj* contaminé par la radioactivité
Strähne ['ʃtrɛːnə] *f* *1. (Haarsträhne)* mèche *f;* *2. (Kette von Ereignissen)* suite d'événements *f*
stramm [ʃtram] *adj* *1. (fest sitzend)* ferme, décidé; *2. (kräftig)* solide, robuste; *3. (Haltung)* raide, tendu; *in ~er Haltung* au garde-à-vous; *4. ~er Max (Spiegelei auf Toast) GAST* œuf sur toast *m;* *adv* *5. ~ arbeiten* travailler beaucoup
strampeln ['ʃtrampəln] *v* *1. (Baby)* remuer les jambes, gigoter; *2. (beim Radfahren)* pédaler énergiquement
Strand [ʃtrant] *m* plage *f*
stranden ['ʃtrandən] *v* *1.* s'échouer, faire naufrage; *2. (fig: scheitern)* échouer
Strang [ʃtraŋ] *m* cordon *m;* *am gleichen ~ ziehen* unir ses efforts/faire cause commune; *über die Stränge schlagen* dépasser les bornes/y aller fort
Strapaze [ʃtra'patsə] *f* fatigue *f*
strapazieren [ʃtrapa'tsiːrən] *v* *1.* fatiguer; *2. (abnutzen)* abîmer
strapazierfähig [ʃtrapa'tsiːrfɛːɪç] *adj* résistant
Straße ['ʃtraːsə] *f* rue *f,* route *f;* *auf der ~ sitzen* être sur le pavé; *jdn auf die ~ werfen* jeter qn à la rue; *auf der ~ liegen* être à la rue; *auf die ~ gehen* faire le trottoir
Straßenbahn ['ʃtraːsənbaːn] *f* tramway *m*
Straßenbau ['ʃtraːsənbau] *m* construction des routes *f*
Straßenbeleuchtung ['ʃtraːsənbəlɔyçtuŋ] *f* éclairage des rues *m*
Straßengraben ['ʃtraːsəngraːbən] *m* fossé *m*
Straßenhändler ['ʃtraːsənhɛndlər] *m* marchand ambulant *m*
Straßennetz ['ʃtraːsənnɛts] *n* réseau routier *m*
Straßenverhältnisse ['ʃtraːsənfɛrhɛltnɪsə] *pl* état des routes *m*
Straßenverkehr ['ʃtraːsənfɛrkeːr] *m* circulation *f*
Strategie [ʃtrate'giː] *f* stratégie *f*
sträuben ['ʃtrɔybən] *v* *1. sich ~* se dresser, se raidir; *Da ~ sich ihm die Haare.* Ses cheveux se dressent sur sa tête. *2. sich gegen etw ~ (sich widersetzen)* se refuser à qc, s'opposer à qc
Strauß[1] [ʃtraus] *m (Blumenstrauß)* bouquet *m*
Strauß[2] [ʃtraus] *m ZOOL* autruche *f*
strebsam ['ʃtreːpzam] *adj* ambitieux, appliqué
Strecke ['ʃtrɛkə] *f* distance *f,* ligne *f;* *auf der ~ bleiben* rester sur le carreau; *jdn zur ~ bringen* terrasser qn/abattre qn
strecken ['ʃtrɛkən] *v* étendre, allonger
Streich [ʃtraɪç] *m* *1. (Schlag)* coup *m;* *auf einen ~* d'un seul coup; *2. (Schabernack)* tour *m;* *jdm einen schlechten ~ spielen* jouer un mauvais tour à qn
streicheln ['ʃtraɪçəln] *v* caresser
streichen ['ʃtraɪçən] *v irr* *1. (an~)* peindre; *2. (auf~)* mettre sur, tartiner; *3. (durch~)* barrer, raturer; *4. (annullieren)* annuler; *5. (berühren)* passer
Streichholz ['ʃtraɪçhɔlts] *n* allumette *f*
Streife ['ʃtraɪfə] *f (Polizeistreife)* patrouille *f*
Streifen ['ʃtraɪfən] *m* *1. (Band)* bande *f,* ruban *m;* *2. (Linie)* rayure *f*
Streifenwagen ['ʃtraɪfənvaːgən] *m* voiture de patrouille *f*
Streifzug ['ʃtraɪftsuːk] *m* randonnée *f,* excursion *f*
Streik [ʃtraɪk] *m* grève *f*
streiken ['ʃtraɪkən] *v* faire la grève, être en grève
Streit [ʃtraɪt] *m* querelle *f,* contestation *f,* différend *m*
streiten ['ʃtraɪtən] *v irr sich mit jdm ~* se quereller avec qn, se disputer avec qn

Streitfrage ['ʃtraɪtfraːgə] *f* point litigieux *m*
Streitgespräch ['ʃtraɪtgəʃprɛːç] *n* débat *m*
Streitkräfte ['ʃtraɪtkrɛftə] *pl MIL* forces armées *f/pl*
streitlustig ['ʃtraɪtlustɪç] *adj* chicanier, belliqueux
streitsüchtig ['ʃtraɪtzyçtɪç] *adj* querelleur
streng [ʃtrɛŋ] *adj* sévère, austère, rigoureux
Stress [ʃtrɛs] *m* stress *m*
streuen ['ʃtrɔyən] *v* répandre, éparpiller
Streuung ['ʃtrɔyuŋ] *f* éparpillement *m*, dispersion *f*
Strich [ʃtrɪç] *m 1.* trait *m; einen ~ unter die Vergangenheit ziehen* tourner la page/tirer un trait sur le passé; *einen ~ unter etw ziehen* tirer un trait sur qc; *gegen den ~ gehen* dégoûter; *nach ~ und Faden* comme il faut; *2. (Linie)* ligne *f; 3. (Pinselstrich)* coup de pinceau *m; 4. (fam: Prostitution)* tapin *m*, trottoir *m; auf den ~ gehen* faire le tapin/faire le trottoir
Strichpunkt ['ʃtrɪçpuŋkt] *m* point-virgule *m*
Strick [ʃtrɪk] *m* corde *f; wenn alle ~e reißen* au pire/au pis-aller/si rien ne marche; *jdm aus etw einen ~ drehen* retourner qc contre qn
stricken ['ʃtrɪkən] *v* tricoter
Strickjacke ['ʃtrɪkjakə] *f* veste tricotée *f*
Strickwaren ['ʃtrɪkvaːrən] *pl* tricotages *m/pl*
strikt [ʃtrɪkt] *adj* strict, rigoureux
strittig ['ʃtrɪtɪç] *adj* contestable
Stroh [ʃtroː] *n* paille *f*, chaume *m; leeres ~ dreschen* battre l'eau avec un bâton; *~ im Kopf haben* être bête comme ses pieds
Strohhalm ['ʃtroːhalm] *m* brin de paille *m; sich an einen ~ klammern* s'accrocher au moindre espoir
Strom [ʃtroːm] *m 1. (Fluss)* fleuve *m; 2. (elektrischer ~)* courant électrique *m; 3. (Strömung)* courant *m; gegen den ~ schwimmen* nager à contre-courant; *mit dem ~ schwimmen* suivre le mouvement; *in Strömen regnen* pleuvoir à verse
strömen ['ʃtrøːmən] *v 1.* couler, se répandre; *2. (Menschenmenge)* se diriger
stromlinienförmig ['ʃtroːmliːnjənfœrmɪç] *adj* aérodynamique
Strömung ['ʃtrøːmuŋ] *f 1.* courant *m; 2. PHYS* flux *m*
Stromverbrauch ['ʃtroːmfɛrbraux] *m* consommation d'électricité *f*
Struktur [ʃtruk'tuːr] *f* structure *f*
strukturell [ʃtruktu'rɛl] *adj* structurel
strukturieren [ʃtruktu'riːrən] *v* structurer
Strumpf [ʃtrumpf] *m* chaussette *f*, bas *m*
Strumpfband ['ʃtrumpfbant] *n* jarretière *f*
Strumpfhose ['ʃtrumpfhoːzə] *f* collants *m/pl*
Stube ['ʃtuːbə] *f* chambre *f*, pièce *f*
Stubenarrest ['ʃtuːbənarɛst] *m* consigne *f; ~ haben* être aux arrêts/être consigné
Stück [ʃtyk] *n 1. (Teil)* partie *f*, pièce *f; etw in ~e reißen* tailler qc en pièces; *große ~e auf jdn halten* penser beaucoup de bien de qn/jurer par qn; *2. (Abschnitt)* section *f*
stückweise ['ʃtykvaɪzə] *adv* au détail
Stückzahl ['ʃtyktsaːl] *f* nombre de pièces *m*
Student(in) [ʃtu'dɛnt(ɪn)] *m/f* étudiant(e) *m/f*
Studentenaustausch [ʃtu'dɛntənaustauʃ] *m* échange d'étudiants *m*
Studie ['ʃtuːdjə] *f* étude *f*, analyse *f*
Studienplatz ['ʃtuːdjənplats] *m* place à l'université *f*
Studienrat ['ʃtuːdjənraːt] *m* professeur *m*
studieren [ʃtu'diːrən] *v* étudier, faire des études
Studio ['ʃtuːdjo] *n* studio *m*
Studium ['ʃtuːdjum] *n* études *f/pl*
Stufe ['ʃtuːfə] *f 1. (Treppenstufe)* marche *f; 2. (Phase)* niveau *m*, degré *m*
stufenweise ['ʃtuːfənvaɪzə] *adv* progressivement
Stuhl [ʃtuːl] *m* chaise *f; zwischen zwei Stühlen sitzen* être assis entre deux chaises; *fast vom ~ fallen* presque tomber à la renverse; *jdn nicht vom ~ reißen* ne pas emballer qn/ne pas transporter qn de joie
Stuhlbein ['ʃtuːlbaɪn] *n* pied de chaise *m*
Stuhlgang ['ʃtuːlgaŋ] *m* selle *f*
stülpen ['ʃtylpən] *v 1. etw über etw ~* mettre qc sur qc; *den Hut auf den Kopf ~* enfoncer le chapeau sur la tête; *2. nach außen ~* tourner à l'extérieur
stumm [ʃtum] *adj* muet
Stummel ['ʃtuməl] *m 1.* tronçon *m*, chicot *m; 2. (einer Zigarette)* bout *m*, mégot *m*

Stummfilm ['ʃtumfɪlm] *m* film muet *m*
stümperhaft ['ʃtympərhaft] *adj* bousillé
stumpf [ʃtumpf] *adj 1. (nicht scharf)* émoussé, sans pointe; *2. (fig: glanzlos)* terne, mat
Stumpfsinn ['ʃtumpfzɪn] *m* stupidité *f*
Stunde ['ʃtundə] *f 1.* heure *f; die ~ X* l'heure H *f; die ~ der Wahrheit* l'heure de vérité *f; Seine letzte ~ hat geschlagen.* Son heure est venue./Son heure a sonné. *2. (Unterricht)* cours *m*
stundenlang ['ʃtundənlaŋ] *adj 1.* qui dure des heures; *adv 2.* pendant des heures
Stundenlohn ['ʃtundənloːn] *m* salaire horaire *m*
Stundenplan ['ʃtundənplan] *m* emploi du temps *m*
stündlich ['ʃtyntlɪç] *adj* par heure, horaire
Stupsnase ['ʃtupsnaːzə] *f* nez retroussé; *eine ~ haben* avoir le nez en pied de marmite (fam)/avoir le nez retroussé
stur [ʃtuːr] *adj 1.* têtu, obstiné; *adv 2.* avec entêtement
Sturm [ʃturm] *m* tempête *f*
stürmen ['ʃtyrmən] *v 1. (Wind)* souffler avec violence; *Es stürmt.* Il fait de la tempête. *2. (rennen)* s'élancer, se précipiter; *3. (Stürmer spielen) SPORT* jouer l'avant
Sturmflut ['ʃturmfluːt] *f* raz de marée *m*
stürmisch ['ʃtyrmɪʃ] *adj 1. (Wetter)* orageux, agité par la tempête; *2. (fig)* impétueux, fougueux
Sturz [ʃturts] *m 1.* chute *f; 2. (Einsturz)* effondrement *m*
stürzen ['ʃtyrtsən] *v 1.* faire tomber; *2. (fallen)* tomber; *3. sich auf etw ~* se précipiter sur qc
Sturzhelm ['ʃturtshɛlm] *m* casque *m*
Stütze ['ʃtytsə] *f 1.* appui *m; 2. (fig: Unterstützung)* soutien *m*
stützen ['ʃtytsən] *v 1. (halten)* appuyer; *2. (fig: unter~)* soutenir
stutzig ['ʃtutsɪç] *adj 1. (erstaunt)* surpris; *2. (verwirrt)* déconcerté; *3. (zögernd)* hésitant; *adv 4. (zögernd)* avec hésitation
Stützpunkt ['ʃtytspuŋkt] *m 1.* point d'appui *m; 2 MIL* base *f*
Subjekt [zup'jɛkt] *n GRAMM* sujet *m*
subjektiv [zupjɛk'tiːf] *adj* subjectif
Suche ['zuːxə] *f* recherche *f,* quête *f*
suchen ['zuːxən] *v* chercher, rechercher; *Das hat hier nichts zu ~.* Cela n'a rien à voir ici.
Sucht [zuxt] *f 1. MED* manie *f; 2. (Drogensucht)* toxicomanie *f; 3. (Abhängigkeit)* dépendance *f*
Süden ['zyːdən] *m* sud *m*
südlich ['zyːdlɪç] *adj 1.* du sud, du midi; *adv 2.* au sud
süffig ['zyfɪç] *adj* moelleux, gouleyant
Sühne ['zyːnə] *f* expiation *f*
Sülze ['zyltsə] *f* fromage de tête *m*
Summe ['zumə] *f* somme *f,* total *m*
summen ['zumən] *v 1.* fredonner; *2. (vor sich hin ~)* chantonner; *3. (Insekten)* bourdonner; *4. (Maschinen)* ronfler
summieren [zu'miːrən] *v* additionner
Sumpf [zumpf] *m 1.* marais *m,* marécage *m; 2. (fig)* fange *f*
Sünde ['zyndə] *f* péché *m*
Sündenbock ['zyndənbɔk] *m* bouc émissaire *m*
Sünder(in) ['zyndər(ɪn)] *m/f* pécheur/pécheresse *m/f*
Supermarkt ['zuːpɛrmarkt] *m* supermarché *m*
Suppenlöffel ['zupənlœfəl] *m* cuiller à soupe *f*
surfen ['zøːrfən] *v 1. SPORT* surfer; *2. im Internet ~* surfer sur Internet
surren ['zurən] *v 1.* ronfler; *2. (Insekt)* vrombir
süß [zyːs] *adj 1. (Geschmack)* doux, sucré; *2. (niedlich)* mignon
Süßigkeiten ['zyːsɪçkaɪtən] *pl* sucreries *f/pl,* friandises *f/pl*
süßsauer [zys'zauər] *adj* aigre-doux, mi-figue
Süßspeise ['zyːsʃpaɪzə] *f 1. GAST* entremets sucré *m; 2. (Nachspeise)* dessert *m*
Süßwasser ['syːsvasər] *n* eau douce *f*
Symbol [zym'boːl] *n* symbole *m*
symbolisch [zym'boːlɪʃ] *adj* symbolique
symmetrisch [zy'meːtrɪʃ] *adj* symétrique
Sympathie [zympa'tiː] *f* sympathie *f*
sympathisch [zym'paːtɪʃ] *adj* sympathique; *ungeheuer ~* vachement sympathique
Symptom [zymp'toːm] *n* symptôme *m*
synchron [zyn'kroːn] *adj* synchrone
System [zys'teːm] *n* système *m*
systematisch [zyste'maːtɪʃ] *adj* systématique
Szene ['stseːnə] *f* scène *f; jdm eine ~ machen* faire une scène à qn
Szenerie [stseːnə'riː] *f* décors *m/pl*

T

Tabak ['tabak] *m* tabac *m*
Tabakwaren ['tabakvaːrən] *pl* articles de tabac *m/pl*
tabellarisch [tabɛ'laːrɪʃ] *adj* sous forme de tableau
Tabelle [ta'bɛlə] *f* tableau *m*
Tablett [ta'blɛt] *n* plateau *m*
Tabu [ta'buː] *n* tabou *m*
Tabulator [tabu'laːtɔr] *m* tabulateur *m*
Tachometer [taxo'meːtər] *m* compte-tours *m*
Tadel ['taːdəl] *m 1.* blâme *m,* réprobation *f; 2. (Vorwurf)* reproche *m*
tadellos ['taːdəlloːs] *adj 1.* irréprochable; *2. (vollkommen)* parfait
tadeln ['taːdəln] *v 1.* blâmer; *2. (missbilligen)* désapprouver
Tafel ['taːfəl] *f 1. (Schultafel)* tableau *m; 2. (gedeckter Tisch)* table *f; 3. (Schokoladentafel)* tablette de chocolat *f*
tafeln ['taːfəln] *v* faire un banquet, festoyer
täfeln ['tɛːfəln] *v* lambrisser
Täfelung ['tɛːfəluŋ] *f* boiserie *f*
Taft [taft] *m* taffetas *m*
Tag [taːk] *m* jour *m,* journée *f; von einem ~ auf den anderen* d'un jour à l'autre; *wie ~ und Nacht sein* être le jour et la nuit; *an den ~ kommen* éclater au grand jour/se révéler/se faire jour; *etw an den ~ legen* mettre qc au jour/mettre qc en lumière; *~ für ~* jour après jour; *pro ~* par jour; *den lieben langen ~* toute la sainte journée; *unter ~e* au fond/sous terre; *in den ~ hinein leben* vivre au jour le jour; *~ und Nacht* nuit et jour
Tagebuch ['taːgəbuːx] *n* journal *m; ein ~ führen* tenir un journal; *~ schreiben* écrire son journal
tagelang ['taːgəlaŋ] *adj 1.* qui dure des jours; *adv 2.* des jours entiers
Tagesablauf ['taːgəsaplauf] *m* déroulement de la journée *m*
Tagesanbruch ['taːgəsanbrux] *m* pointe du jour *f*
Tagesgespräch ['taːgəsgəʃprɛːç] *n* nouvelle du jour *f*
Tageslicht ['taːgəslɪçt] *n* lumière du jour *f; das ~ scheuen* agir en eau trouble; *ans ~ kommen* mettre au jour/se révéler/mettre en lumière
Tagesordnung ['taːgəsɔrdnuŋ] *f* ordre du jour *m; zur ~ übergehen* passer à l'ordre du jour
Tagesschau ['taːgəsʃau] *f* journal télévisé *m,* informations *f/pl*
Tageszeitung ['taːgəstsaɪtuŋ] *f* quotidien *m*
tageweise ['taːgəvaɪzə] *adv* à la journée
täglich ['tɛːklɪç] *adj 1.* journalier, quotidien; *adv 2.* par jour, tous les jours
tags [taːks] *adv ~ darauf* le lendemain; *~ zuvor* la veille
tagsüber ['taːksyːbər] *adv* pendant la journée, toute la journée
Tagung ['taːguŋ] *f* réunion *f,* congrès *m*
Taille ['taljə] *f* taille *f*
Takt [takt] *m 1. (Feingefühl)* tact *m,* discrétion *f; 2. MUS* mesure *f*
Taktik ['taktɪk] *f* tactique *f*
taktisch ['taktɪʃ] *adj* tactique
taktlos ['taktloːs] *adj* sans tact
Taktlosigkeit ['taktloːzɪçkaɪt] *f* manque de tact *m*
taktvoll ['taktfɔl] *adj 1.* plein de tact; *2. (zuvorkommend)* prévenant; *adv 3.* avec tact
Tal [taːl] *n* vallée *f*
Talent [ta'lɛnt] *n* talent *m,* don *m*
talentiert [talɛn'tiːrt] *adj* talentueux
Talisman ['taːlɪsman] *m* talisman *m*
Talsohle ['taːlzoːlə] *f 1.* fond de la vallée *m; 2. (fig: Tiefpunkt)* marasme *m*
Tampon ['tampɔ̃] *m* tampon *m*
Tank [taŋk] *m 1.* réservoir *m; 2. (Wassertank)* citerne *f*
tanken ['taŋkən] *v* prendre de l'essence
Tanker ['taŋkər] *m* pétrolier *m*
Tankstelle ['taŋkʃtɛlə] *f* station-service *f*
Tankwart ['taŋkvart] *m* pompiste *m*
Tannenbaum ['tanənbaum] *m (Weihnachtsbaum)* sapin de Noël *m*
Tannenzapfen ['tanəntsapfən] *m BOT* pomme de pin *f*
Tante ['tantə] *f* tante *f*
Tanz [tants] *m 1.* danse *f; 2. (Veranstaltung)* bal *m*
tanzen ['tantsən] *v* danser
Tänzer(in) ['tɛntsər(ɪn)] *m/f* danseur/danseuse *m/f*
Tanzfläche ['tantsflɛçə] *f* piste de danse *f*

Tanzkurs ['tantskurs] *m* cours de danse *m*
Tanzmusik ['tantsmuzi:k] *f* musique de danse *f*
Tapete [ta'pe:tə] *f* tapisserie *f*, papier peint *m; die ~n wechseln* déménager/changer de décor
Tapetenwechsel [ta'pe:tənvɛksəl] *m (fig)* changement de décor *m; ~ haben* changer de crémerie (fam)
tapezieren [tapə'tsi:rən] *v* tapisser, poser du papier peint
tapfer ['tapfər] *adj* courageux, brave
Tapferkeit ['tapfərkaɪt] *f* courage *m*
tappen ['tapən] *v 1. (gehen)* marcher; *in eine Pfütze ~* marcher dans une flaque d'eau; *2. (tasten) nach etw ~* chercher qc à tâtons
tapsen ['tapsən] *v 1.* marcher lourdement; *2. (Kind)* tituber, vaciller
Tarif [ta'ri:f] *m* tarif *m*, barème *m*
tarnen ['tarnən] *v* camoufler
Tarnung ['tarnuŋ] *f* camouflage *m*
Tasche ['taʃə] *f 1. (Handtasche)* sac à main *m; 2. (Aktentasche)* serviette *f*, porte-documents *m*, attaché-case *m; 3. (Hosentasche)* poche *f; jdn in die ~ stecken* mettre qn dans sa poche; *jdm auf der ~ liegen* vivre aux crochets de qn; *tief in die ~ greifen müssen* devoir allonger la sauce (fam)/payer cher; *etw aus eigener ~ bezahlen* payer qc de sa poche; *jdm Geld aus der ~ ziehen* soutirer de l'argent à qn
Taschenbuch ['taʃənbu:x] *n* livre de poche *m*
Taschendieb ['taʃəndi:p] *m* voleur à la tire *m*
Taschengeld ['taʃəngɛlt] *n* argent de poche *m*
Taschenlampe ['taʃənlampə] *f* lampe de poche *f*
Taschenmesser ['taʃənmɛsər] *n* canif *m*, couteau de poche *m*
Taschenrechner ['taʃənrɛçnər] *m* calculette *f*
Taschentuch ['taʃəntu:x] *n* mouchoir *m*
Tasse ['tasə] *f* tasse *f; nicht alle ~n im Schrank haben* avoir une araignée au plafond/être complètement malade
Taste ['tastə] *f* touche *f*
tasten ['tastən] *v* toucher, palper, tâter
Tastenzwang ['tastəntsvaŋ] *m INFORM* contrainte de touches *f*
Tat [ta:t] *f 1. (Handlung)* acte *m*, action *f; gute ~* bonne action *f; jdn auf frischer ~ ertappen* prendre qn sur le fait; *2. (Straftat)* délit *m*, infraction *f*
Tatbestand ['ta:tbəʃtant] *m* faits *m/pl*
Tatendrang ['ta:təndraŋ] *m* initiative *f*
tatenlos ['ta:tənlo:s] *adj* inactif
Täter(in) ['tɛ:tər(ɪn)] *m/f 1.* auteur d'un acte *m; 2. JUR* coupable *m/f*
tätig ['tɛ:tɪç] *adj* actif, agissant; *~ werden* entrer en action
Tätigkeit ['tɛ:tɪçkaɪt] *f 1.* activité *f; 2. (Beruf)* profession *f*
Tatkraft ['ta:tkraft] *f* énergie *f*
tatkräftig ['ta:tkrɛftɪç] *adj 1.* énergique; *2. (entschlossen)* résolu
Tatort ['ta:tɔrt] *m* lieu du crime *m*
tätowieren [tɛ:to'vi:rən] *v* tatouer
Tätowierung [tɛ:to'vi:ruŋ] *f* tatouage *m*
Tatsache ['ta:tzaxə] *f* fait *m*, réalité *f; jdn vor vollendete ~n stellen* mettre qn devant le fait accompli; *vollendete ~n schaffen* mettre les choses au clair
Tatsachenbericht ['ta:tzaxənbərɪçt] *m* récit véridique *m*, article documentaire *m*
tatsächlich ['ta:tzɛçlɪç] *adj* effectif
tätscheln ['tɛtʃəln] *v* cajoler, caresser
Tatze ['tatsə] *f (Kralle)* griffe *f*
Tau[1] [tau] *m* rosée *f*
Tau[2] [tau] *n (Seil)* cordage *m*, câble *m*
taub [taup] *adj* sourd
Taube ['taubə] *f 1. ZOOL* pigeon *m; 2. (Symbol)* colombe *f*
taubstumm ['taupʃtum] *adj* sourd-muet
Taubstummensprache ['taupʃtumənʃpra:xə] *f* langage des signes *m*
tauchen ['tauxən] *v 1.* plonger; *2. (ein~)* immerger
Taucher(in) ['tauxər(ɪn)] *m/f* plongeur/plongeuse *m/f*
Taucheranzug ['tauxərantsu:k] *m* combinaison de plongée *f*
Taucherbrille ['tauxərbrɪlə] *f* lunettes de plongée *f/pl*
tauen ['tauən] *v* fondre, dégeler
taugen ['taugən] *v 1. (nützlich sein)* valoir, être utile à; *2. (passen)* convenir à
Taugenichts ['taugənɪçts] *m* propre à rien *m*
tauglich ['tauklɪç] *adj 1. (passend)* convenable; *2. (geeignet)* apte
Taumel ['tauməl] *m 1. (Schwindel)* vertige *m; 2. (Verzückung)* extase *m*, ravissement *m; in einen ~ des Entzückens geraten* tomber en extase
taumeln ['tauməln] *v* tituber, chanceler
Tausch [tauʃ] *m 1.* échange *m*, troc *m; 2. (Stellentausch)* permutation *f*

tauschen ['tauʃən] *v* échanger contre, changer contre
täuschen ['tɔyʃən] *v 1. jdn ~* tromper qn, duper qn; *2. sich ~ in* se tromper sur, faire erreur sur; *3. sich ~ (sich Illusionen machen)* se faire des illusions
Täuschung ['tɔyʃuŋ] *f 1.* tromperie *f; 2. (Irrtum)* erreur *f*
tausend ['tauzənt] *num* mille
Tauwetter ['tauvɛtər] *n* dégel *m*
Tauziehen ['tautsiːən] *n 1.* lutte à la corde *f; 2. (fig: Kräftemessen)* épreuve de force *f*
Taxi ['taksi] *n* taxi *m*
Taxistand ['taksiʃtant] *m* station de taxis *f*
Teamarbeit ['tiːmarbaɪt] *f* travail d'équipe *m*
Technik ['tɛçnɪk] *f* technique *f*
Techniker ['tɛçnɪkər] *m* technicien *m*
technisch ['tɛçnɪʃ] *adj* technique
Technologie [tɛçnolo'giː] *f* technologie *f*
technologisch [tɛçno'loːgɪʃ] *adj* technologique
Tee [teː] *m 1.* thé *m; 2. (Kräutertee)* infusion *f,* tisane *f*
Teekanne ['teːkanə] *f* théière *f*
Teelöffel ['teːlœfəl] *m* petite cuiller *f*
Teer [teːr] *m* goudron *m*
teeren ['teːrən] *v* goudronner
Teich [taɪç] *m* étang *m,* pièce d'eau *f*
Teig [taɪk] *m* pâte *f*
Teigwaren ['taɪkvaːrən] *pl* pâtes *f/pl*
Teil [taɪl] *m* partie *f,* part *f,* morceau *m; sich seinen ~ denken* avoir son idée/se faire son opinion; *für meinen ~* pour ma part; *seinen ~ kriegen* avoir sa part; *seinen ~ weghaben* avoir eu sa part
teilbar ['taɪlbaːr] *adj* divisible
Teilbetrag ['taɪlbətraːk] *m* quote-part *f*
teilen ['taɪlən] *v 1. (trennen)* séparer, diviser; *2. (fig: gemeinsam haben)* partager
teilhaben ['taɪlhaːbən] *v irr* participer
Teilnahme ['taɪlnaːmə] *f* participation *f*
teilnahmslos ['taɪlnaːmsloːs] *adj 1.* indifférent; *adv 2.* avec indifférence
teilnehmen ['taɪlneːmən] *v irr 1.* participer, prendre part; *2. (sich anschließen)* s'associer; *3. (mitarbeiten)* collaborer
Teilnehmer(in) ['taɪlneːmər(ɪn)] *m/f* participant(e) *m/f*
Teilung ['taɪluŋ] *f* partage *m*
teilweise ['taɪlvaɪzə] *adv* partiellement
Teilzeitbeschäftigung ['taɪltsaɪtbəʃɛftɪguŋ] *f* travail à temps partiel *m*
Telefon [tele'foːn] *n* téléphone *m*
Telefonanruf [tele'foːnanruːf] *m* appel téléphonique *m*
Telefonbuch [tele'foːnbuːx] *n* annuaire du téléphone *m*
Telefongespräch [tele'foːngəʃprɛːç] *n* communication téléphonique *f*
telefonieren [telefo'niːrən] *v* téléphoner
telefonisch [tele'foːnɪʃ] *adj 1.* téléphonique; *adv 2.* au téléphone
Telefonnummer [tele'foːnnumər] *f* numéro de téléphone *m*
Telefonzelle [tele'foːntsɛlə] *f* cabine téléphonique *f*
telegrafieren [telegra'fiːrən] *v* télégraphier
Telegramm [tele'gram] *n* télégramme *m*
Teller ['tɛlər] *m 1. (flacher ~)* assiette plate *f; 2. (tiefer ~)* assiette à soupe *f; 3. (Dessertteller)* assiette à dessert *f*
Temperament [tempera'mɛnt] *n* tempérament *m*
temperamentvoll [tempera'mɛntfɔl] *adj* dynamique
Temperatur [tempera'tuːr] *f* température *f*
Temperatursturz [tempera'tuːrʃturts] *m* baisse de température *f*
Tempo ['tɛmpo] *n 1. (Geschwindigkeit)* vitesse *f; ~ machen* accélérer/appuyer sur le champignon (fam); *2. (Gang)* allure *f*
Tempolimit ['tɛmpoːlɪmɪt] *n* limitation de vitesse *f*
Tendenz [tɛn'dɛnts] *f* tendance *f*
tendenziös [tɛndɛn'tsjøːs] *adj* tendancieux
tendieren [tɛn'diːrən] *v ~ zu* avoir une tendance vers
Teppich ['tɛpɪç] *m* tapis *m; etw unter den ~ kehren* passer qc sous silence/taire qc; *auf dem ~ bleiben* garder les pieds sur terre
Teppichboden ['tɛpɪçboːdən] *m* moquette *f*
Teppichklopfer ['tɛpɪçklɔpfər] *m* tapette *f*
Termin [tɛr'miːn] *m 1. (Datum)* date *f; 2. (Frist)* délai *m; 3. (Verabredung)* rendez-vous *m*
termingerecht [tɛr'miːngərɛçt] *adj* conforme à la date fixée
Terminkalender [tɛr'miːnkalɛndər] *m* agenda *m*
Terminologie [tɛrmɪnolo'giː] *f* terminologie *f*

Terrasse [tɛ'rasə] *f* terrasse *f*
Terrine [tɛ'rinə] *f* terrine *f*
Territorium [tɛri'toːrjum] *n* territoire *m*
Terror ['tɛrɔr] *m* terreur *f*
Terrorismus [tɛrɔ'rɪsmus] *m* terrorisme *m*
Terrorist(in) [tɛrɔ'rɪst(ɪn)] *m/f* terroriste *m/f*
Tesafilm ['teːzafɪlm] *m* ruban adhésif *m*
Test [tɛst] *m* test *m*, épreuve *f*
testen ['tɛstən] *v* tester, essayer
teuer ['tɔyər] *adj 1.* cher, coûteux; *Das Leben wird teurer.* La vie augmente. *Das wird dir ~ zu stehen kommen!* Tu vas le payer!/Ça va te coûter cher! *2. (kostspielig)* onéreux
Teufel ['tɔyfəl] *m* diable *m*, démon *m; Scheren Sie sich zum ~!* Allez au diable! *Scher dich zum ~!* Va te faire foutre! (fam); *den ~ im Leib haben* avoir le diable au corps; *Hier hat der ~ seine Hand im Spiel.* Le diable s'en mêle. *den ~ an die Wand malen* jouer les oiseaux de mauvais augure; *sich einen ~ um etw scheren* ne rien avoir à foutre de qc (fam)/se soucier de qc comme de sa première chemise; *in ~s Küche kommen* être dans de beaux draps; *auf ~ komm raus* le maximum/tout ce que nous pouvons; *jdn zum ~ schicken* envoyer qn au diable/envoyer promener qn; *Da ist der ~ los.* Ça gronde!/Ça ne rigole pas! (fam); *Ihn reitet der ~.* Il a signé un pacte avec le diable. *Pfui ~!* Berk!/Beurk!
teuflisch ['tɔyflɪʃ] *adj* diabolique
Text [tɛkst] *m* texte *m*
Textilien [tɛks'tiːljən] *pl* textiles *m/pl*
Textilindustrie [tɛks'tiːlɪndustriː] *f* industrie textile *f*
Theater [te'aːtər] *n 1. (Schauspielhaus)* théâtre *m; 2. (fig: Aufregung)* comédie *f; ~ spielen* jouer la comédie; *Das ist doch nur ~.* C'est du cinéma.
Theaterkasse [te'aːtərkasə] *f* caisse du théâtre *f*
Theaterstück [te'aːtərʃtyk] *n* pièce de théâtre *f*
theatralisch [tea'traːlɪʃ] *adj 1. (fig)* théâtral; *adv 2. (fig)* avec emphase
Theke ['teːkə] *f* comptoir *m*
Thema ['teːma] *n* thème *m*, sujet *m; das ~ wechseln* changer de sujet; *ein ~ anschneiden* aborder un sujet
theoretisch [teo'reːtɪʃ] *adj 1.* théorique; *adv 2.* en théorie
Theorie [teo'riː] *f* théorie *f*
Therapeut(in) [tera'pɔyt(ɪn)] *m/f* thérapeute *m/f*
Therapie [tera'piː] *f* thérapie *f*
Thermosflasche ['tɛrmɔsflaʃə] *f* bouteille thermos *f*
These ['teːzə] *f* thèse *f*
Thron [troːn] *m* trône *m; von seinem ~ herabsteigen* descendre de son piédestal; *jdn vom ~ stoßen* chasser qn de son trône/détrôner qn; *Sein ~ wackelt gewaltig.* Il est en train de dégringoler de son piédestal.
Tick [tɪk] *m* tic *m*, manie *f*
ticken ['tɪkən] *v* faire tic tac; *nicht mehr ganz richtig ~ (fig)* ne plus avoir toute sa tête
tief [tiːf] *adj 1.* profond; *~ schürfend (fig)* qui va au fond des choses; *2. (~ eingeschnitten)* encaissé; *3. (Temperatur)* bas; *4. (Schnee)* profond; *5. (Nacht)* épais
Tiefe ['tiːfə] *f* profondeur *f*
Tiefgarage ['tiːfgaraːʒə] *f* parking souterrain *m*
Tiefkühlfach ['tiːfkyːlfax] *n* bac à congélation *m*
Tiefkühlkost ['tiːfkyːlkɔst] *f* surgelés *m/pl*
Tiefkühltruhe ['tiːfkyːltruːə] *f* congélateur *m*
Tiefpunkt ['tiːfpuŋkt] *m* minimum *m*, point le plus bas *m*
Tiegel ['tiːgəl] *m (Pfanne)* poêlon *m*
Tier [tiːr] *n* animal *m*, bête *f; ein hohes ~ (fam)* un gros bonnet *m*, une grosse légume *f*
Tierarzt ['tiːrartst] *m* vétérinaire *m*
Tierfreund ['tiːrfrɔynt] *m* ami des animaux *m*
Tiergarten ['tiːrgartən] *m* jardin zoologique *m*
Tierheim ['tiːrhaɪm] *n* refuge pour les animaux *m*
tierisch ['tiːrɪʃ] *adj 1.* animal; *2. (unmenschlich)* brutal; *adv 3. ~ viel* beaucoup, énormément; *etw ~ ernst nehmen* prendre qc vachement au sérieux (fam)
Tierkreiszeichen ['tiːrkraɪstsaɪçən] *n* signe du zodiaque *m*
Tierquälerei [tiːrkvɛːlə'raɪ] *f* cruauté envers les animaux *f*
Tierschutzverein ['tiːrʃutsfɛraɪn] *m* société protectrice des animaux (SPA) *f*
Tinte ['tɪntə] *f* encre *f; in der ~ sitzen* être dans la purée/être dans le pétrin
tippen ['tɪpən] *v 1. (Maschine schreiben)* taper; *2. (vermuten)* supposer; *3. ~ auf (wetten)* miser sur, parier sur; *4. (berühren)* toucher légèrement
Tipp-Ex ['tɪpɛks] *n* tipp-ex *m*

Tippfehler ['tɪpfeːlər] *m* faute de frappe *f*
Tisch [tɪʃ] *m* table *f; den ~ abräumen* débarrasser la table; *Gehen wir zu ~!* Passons à table! *reinen ~ machen* faire table rase; *am runden ~* à la table ronde; *jdn über den ~ ziehen* pigeonner qn (fam)/duper qn; *unter den ~ fallen* être abandonné/être passé sous silence; *jdn unter den ~ trinken* faire rouler qn sous la table; *bei ~* à table
Tischdecke ['tɪʃdeːkə] *f* nappe *f*
Tischler ['tɪʃlər] *m* menuisier *m,* ébéniste *m*
Titel ['tiːtəl] *m 1. (Buchtitel)* titre *m; 2. (Doktortitel)* titre *m*
Titelbild ['tiːtəlbɪlt] *n* planche de titre *f*
Titelseite ['tiːtəlzaɪtə] *f* page de titre *f*
Toast [toːst] *m 1. (Brot)* toast *m,* pain grillé *m; 2. (Trinkspruch)* toast *m; einen ~ auf jdn ausbringen* porter un toast à qn
Toastbrot ['toːstbroːt] *n* toast *m*
Toaster ['toːstər] *m* grille-pain *m*
toben ['toːbən] *v 1. (sich entladen)* se déchaîner, faire rage, gronder; *2. (wüten)* être furieux, tempêter, fulminer; *3. (wütend sein)* être furieux
Tobsuchtsanfall ['toːpzuxtsanfal] *m* accès de folie furieuse *m*
Tochter ['tɔxtər] *f* fille *f*
Tod [toːt] *m 1.* mort *f,* décès *m; jdn zum ~e verurteilen* condamner qn à la peine capitale/condamner qn à mort; *tausend ~e sterben* mourir de peur; *jdn auf den ~ nicht leiden können* ne pas pouvoir sentir qn/exécrer qn; *mit dem ~e ringen* être entre la vie et la mort; *in den ~ gehen* donner sa vie; *zu ~e kommen* mourir; *2. (poetisch)* trépas *m*
todernst ['toːtɛrnst] *adj* très sérieux
Todesangst ['toːdəsaŋst] *f* angoisse mortelle *f*
Todesanzeige ['toːdəsantsaɪgə] *f 1.* faire-part de décès *m; 2. (in einer Zeitung)* avis de décès *m*
Todesfall ['toːdəsfal] *m* décès *m; im ~* en cas de décès
Todeskampf ['toːdəskampf] *m* agonie *f*
Todesstoß ['toːdəsʃtoːs] *m jdm den ~ versetzen* porter le coup de grâce à qn
todkrank ['toːtkraŋk] *adj* moribond; *~ sein* être malade comme un chien
tödlich ['tøːtlɪç] *adj* mortel, meurtrier
todmüde ['toːtmyːdə] *adj ~ sein* être sur les genoux/être exténué; éreinté
todsicher ['toːtzɪçər] *adj* absolument sûr
todunglücklich ['toːtunglyklɪç] *adj ~ sein* être malheureux comme les pierres
toi, toi, toi [toitoitoi] *interj* touchons du bois, je touche du bois
Toilette [toa'lɛtə] *f* toilettes *f/pl,* W.C. *m/pl*
Toilettenartikel [toa'lɛtənartɪkəl] *pl* articles de toilette *m/pl*
Toilettenpapier [toa'lɛtənpapiːər] *n* papier hygiénique *m*
tolerant [tɔlə'rant] *adj* tolérant
Toleranz [tɔlə'rants] *f* tolérance *f*
tolerieren [tɔlə'riːrən] *v* tolérer
toll [tɔl] *adj 1. (verrückt)* fou; *2. (fam: super)* formidable, sensationnel
tollen ['tɔlən] *v* s'amuser follement
tollkühn ['tɔlkyːn] *adj 1.* téméraire; *adv 2.* avec témérité
tollpatschig ['tɔlpatʃɪç] *adj* maladroit
Tollwut ['tɔlvuːt] *f MED* rage *f*
Tölpel ['tœlpəl] *m* rustre *m,* malotru *m*
Tomatenketschup [to'maːtənkɛtʃap] *n GAST* ketchup *m*
Tomatensoße [to'maːtənzoːsə] *f GAST* sauce tomate *f*
Tombola ['tɔmbola] *f* tombola *f*
Ton[1] [toːn] *m 1. (Laut)* son *m,* sonorité *f; keinen ~ von sich geben* ne pas souffler mot/ne pas piper mot; *2. MUS* ton *m; den ~ angeben* donner le ton/donner la note; *3. (Umgangston)* ton *m,* ton familier *m; Wenn Sie so einen ~ anschlagen ...* Si vous le prenez sur ce ton-là ...; *den ~ angeben (fig)* faire la loi/faire la pluie et le beau temps; *einen anderen ~ anschlagen* changer de ton/changer de langage; *sich im ~ vergreifen* faire une fausse note/faire un couac; *Diesen ~ verbitte ich mir.* Je vous défends de me parler sur ce ton-là. *4. (Farbton)* ton *m; ~ in ~* ton sur ton
Ton[2] [toːn] *m (Lehm)* argile *f,* terre glaise *f*
tonangebend ['toːnangeːbənt] *adj* qui donne le ton
Tonband ['toːnbant] *n* bande magnétique *f*
Tonbandgerät ['tɔnbantgərɛːt] *n* magnétophone *m*
tönen ['tøːnən] *v 1. (klingen)* sonner, résonner; *2. (färben)* colorer, teindre; *3. (fig: prahlen)* se vanter
Tonfall ['toːnfal] *m* intonation *f*
Tonne ['tɔnə] *f 1. (Maßeinheit)* tonne *f; 2. (Gefäß)* tonneau *m,* fût *m,* baril *m; dick wie eine ~ sein* être gros comme une vache
Tönung ['tøːnuŋ] *f* coloration *f*
Topf [tɔpf] *m* pot *m,* casserole *f,* marmite *f; alles in einen ~ werfen* mettre tout dans le même panier/mettre tout dans le même sac;

wie ~ und Deckel zusammenpassen s'entendre comme larrons en foire/aller parfaitement ensemble
Töpfer ['tœpfər] *m 1.* potier *m,* céramiste *m; 2. (Ofensetzer)* poêlier *m,* fumiste *m*
Töpferhandwerk ['tœpfərhantvɛrk] *n* poterie *f*
Tor [toːr] *n 1. (Tür)* porte cochère *f,* portail *m; 2. (~ zum Hof)* porte cochère *f; 3. SPORT* but *m; ein ~ schießen* marquer un but; *4. (Treffer)* impact *m*
Torf [tɔrf] *m* tourbe *f*
Torheit ['toːrhaɪt] *f* folie *f*
töricht ['tøːrɪçt] *adj 1.* fou, sot; *2. (sinnlos)* insensé
torkeln ['tɔrkəln] *v* tituber, chanceler
Torschlusspanik ['toːrʃlusspaːnɪk] *f* angoisse du temps qui passe *f; in ~ kommen* paniquer/s'affoler
Tortur [tɔr'tuːr] *f* torture *f*
tosen ['toːzən] *v* bruire, gronder
tot [toːt] *adj* mort, défunt, décédé; *auf der Stelle ~ umfallen* tomber raide; *mehr ~ als lebendig* plus mort que vif
total [to'taːl] *adj* total, global
totalitär [totali'tɛːr] *adj* totalitaire
Totalschaden [to'taːlʃaːdən] *m* dommage intégral *m*
Tote(r) ['toːtə(r)] *m/f* mort(e) *m/f,* défunt(e) *m/f*
töten ['tøːtən] *v* tuer, mettre à mort
Totenkopf ['toːtənkɔpf] *m* tête de mort *f*
Totenstille ['toːtən'ʃtɪlə] *f* silence de mort *m*
totlachen ['toːtlaxən] *v sich ~* rire comme un bossu, se pâmer de rire; *Das ist zum Totlachen.* C'est à crever de rire.
Toupet [tu'peː] *n* postiche *m,* moumoute *f*
Tour [tuːr] *f 1.* tour *m,* promenade *f; jdn auf ~en bringen* mettre qn en train/retaper qn (fam); *eine krumme ~* un mauvais coup *m,* une vacherie *f* (fam); *in einer ~* sans arrêt/d'une traite; *2. (fig)* façon *f*
Tourismus [tu'rɪsmus] *m* tourisme *m*
Tourist(in) [tu'rɪst(ɪn)] *m/f* touriste *m/f*
Tournee [tur'neː] *f* tournée *f*
Trab [traːp] *m* trot *m; jdn auf ~ bringen* secouer qn/secouer les puces à qn; *auf ~ sein* carburer drôlement (fam); *jdn in ~ halten* faire tourner qn en bourrique
Trabantenstadt [tra'bantənʃtat] *f* ville nouvelle *f*
Tracht [traxt] *f 1.* costume *m; 2. (Volkstracht)* costume folklorique *m*
trachten ['traxtən] *v 1. nach etw ~* aspirer à qc, rechercher qc; *2. danach ~, etw zu tun* chercher à faire qc, essayer de faire qc
Tradition [tradits'joːn] *f* tradition *f*
traditionell [traditsjoː'nɛl] *adj* traditionnel
traditionsbewusst [tradi'tsjoːnsbəvust] *adj* traditionnaliste
Tragbahre ['traːkbaːrə] *f* brancard *m*
tragbar ['traːkbaːr] *adj 1. (Apparat)* portatif; *2. (Mode)* portable; *3. (fig: er~)* supportable
träge ['trɛːgə] *adj 1. (faul)* paresseux, fainéant; *2. (schlaff)* mou
tragen ['traːgən] *v irr 1.* porter; *2. (fig: er~)* supporter
Träger ['trɛːgər] *m 1. (Person)* porteur *m; 2. (Stütze)* support *m,* montant *m; 3. (eines Kleidungsstücks)* bretelle *f*
Trägheit ['trɛːkhaɪt] *f* paresse *f*
Tragik ['traːgɪk] *f* tragique *m*
tragisch ['traːgɪʃ] *adj* tragique
Tragödie [tra'gøːdjə] *f* tragédie *f*
Tragweite ['traːkvaɪtə] *f* portée *f*
Trainingsanzug ['trɛːnɪŋsantsuːk] *m* survêtement de sport *m*
traktieren [trak'tiːrən] *v (fam)* traiter mal
trällern ['trɛlərn] *v* chantonner, fredonner
trampeln ['trampəln] *v* piétiner, trépigner
trampen ['trɛmpən] *v* faire du stop, faire de l'auto-stop
Tramper(in) ['trɛmpər(ɪn)] *m/f* auto-stoppeur/auto-stoppeuse *m/f*
Trance [trɑ̃s] *f* transe *f,* état second *m*
tranchieren [trɑ̃n'ʃiːrən] *v* découper la viande
Träne ['trɛːnə] *f* larme *f,* pleur *m*
tränen ['trɛːnən] *v* pleurer, larmoyer
Trank [traŋk] *m 1.* breuvage *m,* boisson *f; Speis und ~* repas et boisson; *2. (Heiltrank)* boisson médicinale *f*
tränken ['trɛŋkən] *v 1. (Tiere)* abreuver; *2. (imprägnieren)* imbiber, imprégner
Transaktion [tranzakts'joːn] *f* transaction *f*
Transfer ['transfeːr] *m* transfert *m*
Transistorradio [tran'zɪstoːrraːdjo] *n* transistor *m*
Transit ['tranzɪt] *m* transit *m*
Transitverkehr ['tranzɪtfɛrkeːr] *m* trafic de transit *m*
transparent [transpa'rɛnt] *adj* transparent
Transparent [transpa'rɛnt] *n* banderole *f*
Transparenz [transpa'rɛnts] *f* transparence *f*

Transport [trans'pɔrt] *m* transport *m*
transportfähig [trans'pɔrtfɛːɪç] *adj* transportable
transportieren [transpɔr'tiːrən] *v* transporter
Transportkosten [trans'pɔrtkɔstən] *pl* frais de transport *m/pl*
Transportmittel [trans'pɔrtmɪtəl] *n* moyen de transport *m*
Transportunternehmen [trans'pɔrtuntərneːmən] *n* entreprise de transport *f*
trappeln ['trapəln] *v* trottiner; *Er trappelt daher.* Il arrive en trottinant.
Tratsch [traːtʃ] *m (fam)* bavardage *m*
tratschen ['traːtʃən] *v (fam)* bavarder, potiner
Traubenzucker ['traubəntsukər] *m* sucre de raisin *m,* glucose *m*
trauen ['trauən] *v 1. jdm ~ (ver~)* avoir confiance en qn, se fier à qn; *seinen Augen nicht ~* ne pas en croire ses yeux; *2. sich ~* oser
Trauer ['trauər] *f 1.* affliction *f,* désolation *f; 2. (bei einem Todesfall)* deuil *m*
Trauerfall ['trauərfal] *m* décès *m*
Trauerkleidung ['trauərklaɪduŋ] *f ~ anlegen* prendre le deuil
trauern [trauərn] *v 1.* être triste, être affligé; *2. (bei einem Todesfall)* être en deuil
Traum [traum] *m* rêve *m,* songe *m; nicht im ~* pas le moins du monde; *Aus der ~!* C'est fini!/Adieu veau, vache, cochon, couvée!
Trauma ['trauma] *n 1. (Verletzung)* lésion *f; 2. (Schock)* choc *m*
träumen ['trɔymən] *v* rêver, songer; *sich etw nicht ~ lassen* ne pas oser songer/ne jamais imaginer
Träumer(in) ['trɔymər(ɪn)] *m/f* rêveur/rêveuse *m/f*
traumhaft ['traumhaft] *adj 1. (fig)* fantastique; *2. (unwirklich)* irréel
traurig ['traurɪç] *adj* triste, affligé, désolé; *Es ist ~ zu sehen.* C'est pitié que de voir.
Traurigkeit ['traurɪçkaɪt] *f* tristesse *f*
Trauung ['trauuŋ] *f 1. (kirchlich)* bénédiction nuptiale *f; 2. (standesamtlich)* célébration du mariage *f*
Trauzeuge ['trautsɔygə] *m* témoin *m*
Treff [trɛf] *m 1. (~en)* rendez-vous *m; 2. (~punkt)* lieu de rencontre *f*
treffen ['trɛfən] *v irr 1.* atteindre, toucher; *2. (begegnen)* rencontrer; *3. (fig: berühren)* toucher, émouvoir
Treffen ['trɛfən] *n* rencontre *f,* réunion *f*
treffend ['trɛfənt] *adj* juste, exact
Treffer ['trɛfər] *m 1.* coup au but *m,* projectile bien placé *m; 2. (fig)* coup heureux *m,* coup de chance *m*
Treffpunkt ['trɛfpuŋkt] *m* lieu de rendez-vous *m*
treiben ['traɪbən] *v irr 1. (auf dem Wasser ~)* flotter; *2. (an~)* pousser, chasser devant soi; *3. (fig: be~)* s'occuper de, se livrer à; *es zu weit ~* pousser le bouchon trop loin (fam)/pousser mémère dans les orties (fam)/forcer la note
Treiben ['traɪbən] *n* agitation *f,* activité *f*
Treibhauseffekt ['traɪphausefɛkt] *m* effet de serre *m*
Treibstoff ['traɪpʃtɔf] *m* carburant *m*
Trend [trɛnt] *m* tendance *f,* mode *f*
trennen ['trɛnən] *v 1.* séparer, détacher; *2. (abschneiden)* couper; *3. (unterscheiden)* distinguer
Trennung ['trɛnuŋ] *f* séparation *f*
Treppe ['trɛpə] *f* escalier *m; die ~ hinauffallen (fig)* monter en grade/avoir une promo (fam)
Treppengeländer ['trɛpəngəlɛndər] *n* rampe d'escalier *f*
Treppenhaus ['trɛpənhaus] *n* cage d'escalier *f*
Tresor [tre'zoːr] *m* coffre-fort *m*
Tretboot ['treːtboːt] *n* pédalo *m*
treten ['treːtən] *v irr (einen Fußtritt geben)* donner un coup de pied
treu [trɔy] *adj* fidèle, loyal, dévoué
Treue ['trɔyə] *f* fidélité *f*
treuherzig ['trɔyhɛrtsɪç] *adj 1.* cordial, franc; *2. (naiv)* naïf
treulos ['trɔyloːs] *adj* infidèle
Tribüne [tri'byːnə] *f* tribune *f,* estrade *f*
Trichter ['trɪçtər] *m 1.* entonnoir *m,* trémie *f; auf den richtigen ~ kommen* comprendre/piger; *jdn auf den richtigen ~ bringen* aider qn à y voir clair/éclairer qn; *2. (Schalltrichter)* pavillon *m*
Trick [trɪk] *m* artifice *m,* truc *m; ~ siebzehn* le bon truc *m*
Trieb [triːp] *m 1.* instinct *m,* pulsion *f; 2. (Neigung)* penchant *m*
triebhaft ['triːphaft] *adj 1.* instinctif; *adv 2.* d'instinct
Triebkraft ['triːpkraft] *f* force motrice *f*
Triebwerk ['triːpvɛrk] *n* rouages *m/pl*
triefen ['triːfən] *v* goutter, tomber goutte à goutte
triftig ['trɪftɪç] *adj* pertinent, plausible
Trikot [trɪ'koː] *n* maillot *m,* tricot *m*

trillern ['trɪlərn] *v* faire des trilles, triller
Trillerpfeife ['trɪlərpfaɪfə] *f* sifflet à roulette *m*
trinkbar ['trɪŋkbaːr] *adj* potable
trinken ['trɪŋkən] *v irr* boire; *einen ~* boire un verre/boire un coup
Trinker(in) ['trɪŋkər(ɪn)] *m/f* buveur/buveuse *m/f,* ivrogne *m/f*
Trinkgeld ['trɪŋkgɛlt] *n* pourboire *m*
Trinkspruch ['trɪŋkʃprux] *m* toast *m; auf jdn einen ~ ausbringen* porter un toast à qn
Trinkwasser ['trɪŋkvasər] *n* eau potable *f*
trippeln ['trɪpəln] *v* trottiner
Tritt [trɪt] *m 1.* pas *m,* marche *f; 2. (Fußtritt)* coup de pied *m*
Trittbrett ['trɪtbrɛt] *n* marchepied *m*
Triumph [tri'umpf] *m* triomphe *m*
triumphal [trium'faːl] *adj* triomphal
triumphieren [trium'fiːrən] *v* triompher
trocken ['trɔkən] *adj 1. (nicht nass)* sec; *auf dem Trocknen sitzen* tarauder à sec/être à sec; *2. (dürr)* desséché, aride; *3. (herb)* sec
Trockenhaube ['trɔkənhaubə] *f* casque *m*
Trockenheit ['trɔkənhaɪt] *f* sécheresse *f*
trockenlegen ['trɔkənleːgən] *v (Säugling)* changer; *ein Baby ~* changer un bébé/changer la couche d'un bébé
trocknen ['trɔknən] *v* sécher, faire sécher
Trödelmarkt ['trøːdəlmarkt] *m* marché aux puces *m*
trödeln ['trøːdəln] *v 1. (mit Altwaren handeln)* faire de la brocante; *2. (fam: sich nicht beeilen)* musarder, prendre le chemin des écoliers
Trödler ['trøːdlər] *m* brocanteur *m*
Trog [troːk] *m* auge *f,* baquet *m*
trommeln ['trɔməln] *v* battre du tambour, tambouriner
trompeten [trɔm'peːtən] *v 1.* jouer de la trompette; *2. (bei Elefanten)* barrir
Tropeninstitut ['troːpənɪnstɪtuːt] *n* institut de médecine tropicale *m*
Tropf [trɔpf] *m 1. (Dummkopf)* benêt *m; 2. MED* goutte-à-goutte *m*
tröpfeln ['trœpfəln] *v 1.* verser goutte à goutte; *2. (leicht regnen) Es tröpfelt.* Il tombe des gouttes.
tropfen ['trɔpfən] *v* verser goutte à goutte, goutter, dégoutter
Tropfen ['trɔpfən] *m* goutte *f; Es fallen dicke ~.* Il pleut de grosses gouttes. *ein ~ auf dem heißen Stein sein* être une goutte d'eau dans la mer
Tropfsteinhöhle ['trɔpfʃtaɪnhøːlə] *f* grotte de stalactites *f*
Trophäe [tro'fɛːə] *f* trophée *m*
tropisch ['troːpɪʃ] *adj* tropical
Trost [troːst] *m* consolation *f,* réconfort *m; nicht ganz bei ~ sein* être malade/être dingue (fam)
trösten ['trøːstən] *v* consoler, réconforter
tröstlich ['trøːstlɪç] *adj* consolant
trostlos ['troːstloːs] *adj 1.* désolant; *2. (verzweifelt)* désespérant
Trostlosigkeit ['troːstloːzɪçkaɪt] *f 1.* désolation *f; 2. (Verzweiflung)* désespoir *m*
Trostpflaster ['troːstpflastər] *n* consolation *f*
Trostpreis ['troːstpraɪs] *m* prix de consolation *m*
Trott [trɔt] *m (fig)* train-train *m*
Trottel ['trɔtəl] *m (fam)* crétin *m*
trotten ['trɔtən] *v* trotter
Trottoir [trɔto'aːr] *n* trottoir *m*
trotz [trɔts] *prep* malgré, en dépit de
Trotz [trɔts] *m* bravade *f,* indocilité *f*
trotzdem ['trɔtsdeːm] *adv 1.* tout de même, malgré tout; *konj 2.* bien que, quoique
trotzen ['trɔtsən] *v 1. (widerstehen)* braver, affronter; *2. (sich auflehnen)* se rebeller; *3. (schmollen)* bouder
trotzig ['trɔtsɪç] *adj* entêté, boudeur
Trotzkopf ['trɔtskɔpf] *m* mauvaise tête *f*
trüb [tryːp] *adj 1. (undurchsichtig)* opaque, trouble; *2. (matt)* terne, sans éclat; *3. (regnerisch)* gris, couvert
Trubel ['truːbəl] *m* brouhaha *m,* agitation *f*
trüben ['tryːbən] *v 1. (Flüssigkeit)* troubler; *2. (fig: Stimmung)* troubler
Trübsal ['tryːpzaːl] *f* affliction *f; ~ blasen* broyer du noir/faire triste mine
trübselig ['tryːpzeːliç] *adj* affligé
Trübsinn ['tryːpzɪn] *m* humeur sombre *f*
trübsinnig ['tryːpzɪnɪç] *adj* sombre
Trugbild ['truːkbɪlt] *n* mirage *m,* image trompeuse *f*
trügen ['tryːgən] *v irr* tromper, abuser
trügerisch ['tryːgərɪʃ] *adj* trompeur
Trugschluss ['truːkʃlus] *m* conclusion erronée *f*
Truhe ['truːə] *f* bahut *m,* coffre *m*
Trümmer ['trymər] *pl* ruines *f/pl,* décombres *m/pl; in ~ sinken* s'effondrer/s'écrouler; *in ~n liegen* être en ruine/être dévasté/être ravagé
Trumpf [trumpf] *m* atout *m; alle Trümpfe in der Hand haben* avoir toutes les cartes dans

son jeu; *seinen letzten ~ ausspielen* jouer sa dernière carte; *~ sein (fig)* être à la mode/être in; *einen ~ ausspielen* jouer un atout; *die Trümpfe aus der Hand geben* passer la main
Trunkenheit ['truŋkənhaɪt] *f* ivresse *f*
Trupp [trup] *m (Arbeitstrupp)* équipe *f*
tschechisch ['tʃɛçɪʃ] *adj* tchèque
Tschechoslowakei ['tʃɛçɔslova'kaɪ] *f HIST* Tchécoslovaquie *f*
tschüs [tʃyːs] *interj* salut, tchao
T-Shirt ['tiːʃɜːt] *n* tee-shirt *m*
Tube ['tuːbə] *f* tube *m; auf die ~ drücken (fig)* mettre le turbo/appuyer sur le champignon
Tuch [tuːx] *n 1. (Lappen)* chiffon *m; ein rotes ~ für jdn sein (fig)* hérisser qn/faire hérisser les poils à qn/être la bête noire de qn; *2. (Stoff)* serviette *f,* torchon *m; 3. (Halstuch)* écharpe *f,* fichu *m*
Tuchfühlung ['tuːxfyːluŋ] *f* coude à coude *m*
tüchtig ['tyçtɪç] *adj 1.* capable; *2. (gut)* bon; *3. (qualifiziert)* qualifié; *adv 4. (fam)* très
Tüchtigkeit ['tyçtɪçkaɪt] *f 1. (Wert)* valeur *f; 2. (Fähigkeit)* capacité *f; 3. (Qualifikation)* qualification *f*
Tücke ['tykə] *f* malice *f,* sournoiserie *f*
tückisch ['tykɪʃ] *adj 1.* sournois; *2. (Tier)* vicieux
Tugend ['tuːgənt] *f* vertu *f*
tugendhaft ['tuːgənthaft] *adj* vertueux
Tugendhaftigkeit ['tuːgənthaftɪçkaɪt] *f* caractère vertueux *m*
Tüll [tyl] *m* tulle *m*
tummeln ['tuməln] *v 1. sich ~* s'ébrouer, se trémousser; *2. sich ~ (Kinder)* s'ébattre; *3. sich ~ (sich beeilen)* se dépêcher
Tümpel ['tympəl] *m* flaque *f,* mare *f*
Tumult [tu'mult] *m 1.* tumulte *m; 2. (Lärm)* vacarme *m,* bruit *m*
tun [tuːn] *v irr 1.* faire, agir; *etw mit jdm zu ~ haben* avoir affaire à qn; *Ich habe zu ~.* J'ai à faire. *alle Hände voll zu ~ haben* être en plein boum/être très occupé; *Ich habe nichts damit zu ~.* Je n'y suis pour rien. *Das tut man nicht.* Ça ne se fait pas. *mit jdm nichts zu ~ haben wollen* ne pas s'y frotter; *so ~, als ob* faire semblant de; *es mit jdm zu ~ bekommen* avoir affaire à qn; *Tu, was du nicht lassen kannst!* Fais ce que tu dois faire! *Damit ist es noch nicht getan!* Ça ne suffit pas!/Ça n'est pas fini! *2. (verrichten)* accomplir; *3. (hervorrufen)* produire un effet
Tun [tuːn] *n (Verhalten)* conduite *f,* comportement *m*
Tunichtgut ['tuːnɪçtguːt] *m* vaurien *m*
tunken ['tuŋkən] *v* saucer, tremper
Tunnel ['tunəl] *m* tunnel *m,* souterrain *m*
Tüpfel ['typfəl] *m* pois *m,* moucheture *f*
Tüpfelchen ['typfəlçən] *n das ~ auf dem i sein* être la touche finale/être la dernière touche au tableau
tüpfeln ['typfəln] *v* moucheter
tupfen ['tupfən] *v* tamponner
Tupfen ['tupfən] *m* point *m*
Tür [tyːr] *f* porte *f; jdn vor die ~ setzen* mettre qn à la porte; *einer Sache ~ und Tor öffnen* ouvrir la porte à qc; *offene ~en einrennen* enfoncer des portes ouvertes; *jdm eine ~ öffnen* ouvrir une porte à qn; *jdm die ~ vor der Nase zuschlagen* fermer la porte au nez de qn
Turbine [tur'biːnə] *f* turbine *f*
turbulent [turbu'lɛnt] *adj* turbulent
Türglocke ['tyːrglɔkə] *f* sonnette *f*
Türke ['tyrkə] *m* Turc *m*
Türkei [tyr'kaɪ] *f GEO* Turquie *f*
Türkin ['tyrkɪn] *f* Turque *f*
türkis [tyr'kiːs] *adj* turquoise
Türkis [tyr'kiːs] *m MIN* turquoise *f*
türkisch ['tyrkɪʃ] *adj* turc
Türklinke ['tyːrklɪŋkə] *f* loquet *m*
Turm [turm] *m 1.* tour *f; 2. (Kirchturm)* clocher *m*
türmen ['tyrmən] *v 1. (schichten)* amonceler, entasser; *2. (fig: ausreißen)* s'enfuir, déguerpir
Turnhalle ['turnhalə] *f* gymnase *m*
Turnier [tur'niːr] *n* championnat *m,* compétition *f*
Turnschuh ['turnʃuː] *m* chaussure de sport *f*
Turnverein ['turnfɛraɪn] *m* société de gymnastique *f*
Türschloss ['tyːrʃlɔs] *n* serrure *f*
Türschlüssel ['tyːrʃlysəl] *m* clé *f*
Türschwelle ['tyːrʃvɛlə] *f* seuil *m*
turteln ['turtəln] *v 1. (gurren)* roucouler; *2. (fig)* flirter
Tusche ['tuʃə] *f* encre de Chine *f*
tuscheln ['tuʃəln] *v* chuchoter
Tüte ['tyːtə] *f 1.* sac *m,* cornet *m; 2. (Eistüte)* cornet de glace *m*
tuten ['tuːtən] *v* corner, klaxonner
Typ [tyːp] *m* type *m,* modèle *m*
typisch ['tyːpɪʃ] *adj* typique, caractéristique
Tyrann [ty'ran] *m* tyran *m*
tyrannisch [ty'ranɪʃ] *adj* tyrannique
tyrannisieren [tyrani'ziːrən] *v* tyranniser

U

U-Bahn ['uːbaːn] *f* métro *m*
übel ['yːbəl] *adj 1.* mauvais; *Mir wird ~.* J'ai mal au cœur. *Nicht ~.* Pas mal. *2. (ärgerlich)* fâcheux; *3. (unangenehm)* désagréable; *~ riechend* malodorant, puant, fétide; *4. (unheilvoll)* funeste; *adv 5.* mal; *~ gelaunt* de mauvaise humeur, maussade, mal luné (fam); *jdm etw ~ nehmen* en vouloir à qn de qc
Übel ['yːbəl] *n 1.* mal *m; sich für das geringere ~ entscheiden* se décider pour le moindre mal; *das ~ an der Wurzel packen* attaquer le mal à la racine; *Das ist ein notwendiges ~.* Il faut en passer par là. *zu allem ~* par-dessus le marché/en plus de ça/pour finir; *2. (Unglück)* malheur *m; 3. (Unwohlsein)* malaise *m*
Übelkeit ['yːbəlkaɪt] *f* nausée *f; vor ~ ganz grün im Gesicht sein* être vert comme un poireau
Übeltäter ['yːbəltɛːtər] *m* malfaiteur *m*
üben ['yːbən] *v 1.* s'exercer, exercer; *2. (ein~)* étudier; *3. SPORT* entraîner; *4. (aus~)* pratiquer
über ['yːbər] *prep 1. (örtlich)* au-dessus de, sur, par-dessus; *~ der Arbeit einschlafen* s'endormir sur son travail; *~ jdm stehen (fig)* être le supérieur de qn; *2. (zeitlich)* durant, pendant; *die ganze Nacht ~* toute la nuit; *~ kurz oder lang* tôt ou tard; *~ Ostern* à Pâques/pour Pâques; *3. (quer ~)* par-dessus; *~ die Straße gehen* traverser la rue; *4. (mehr als)* plus de; *~ und ~* complètement/entièrement; *~ Gebühr* à l'excès; *~ alle Maße* extrêmement/excessivement; *~ vierzig Jahre alt sein* avoir passé la quarantaine; *~ jds Kräfte gehen* dépasser les forces de qn; *Das geht mir ~ alles.* J'y tiens énormément. *5. (betreffend)* sur, au sujet de; *6. etw ~ sich bringen* avoir le courage de faire qc, avoir le cœur de faire qc; *7. ~ jdn etw bekommen* obtenir qc par l'intermédiaire de qn; *8. (via) ~ München fahren* passer par Munich, passer via Munich; *9. es ~ haben* en avoir assez
überall ['yːbəral] *adv* partout
Überalterung [yːbər'altəruŋ] *f* vieillissement *m*
Überangebot ['yːbərangəboːt] *n* surplus *m*
überanstrengen [yːbər'anʃtrɛŋən] *v* surmener
Überanstrengung [yːbər'anʃtrɛŋuŋ] *f* surmenage *m*
überarbeiten [yːbər'arbaɪtən] *v 1. etw ~* retoucher qc; *2. sich ~* se surmener, travailler avec excès
Überarbeitung [yːbər'arbaɪtuŋ] *f 1. (Korrektur)* révision *f; 2. (Überanstrengung)* surmenage *m*
überaus ['yːbəraus] *adv* très, extrêmement
überbeanspruchen ['yːbərbəanʃpruxən] *v* surcharger, trop demander
Überbeanspruchung ['yːbərbəanʃpruxuŋ] *f* surmenage *m*
Überbeschäftigung ['yːbərbəʃɛftɪguŋ] *f* suremploi *m*
überbewerten ['yːbərbəvertən] *v* surévaluer
Überbewertung ['yːbərbəvɛrtuŋ] *f* surévaluation *f*
überbieten [yːbər'biːtən] *v irr 1. (Preis)* renchérir sur; *2. (Leistung)* surpasser
Überbleibsel ['yːbərblaɪpsəl] *n* reste *m*
Überblick ['yːbərblɪk] *m 1. (Aussicht)* coup d'œil *m,* vue d'ensemble *f; 2. (Zusammenfassung)* exposé *m,* sommaire *m; 3. (fig)* vue d'ensemble *f*
überblicken [yːbər'blɪkən] *v 1.* embrasser d'un coup d'œil, parcourir des yeux; *2. (fig)* avoir une vue d'ensemble
überbringen [yːbər'brɪŋən] *v irr 1. (aushändigen)* remettre à; *2. (ausrichten)* porter à, transmettre à
Überbringer(in) [yːbər'brɪŋər(ɪn)] *m/f* porteur/porteuse *m/f*
überbrücken [yːbər'brykən] *v 1. (vermitteln)* concilier; *2. (fig: überwinden)* franchir
Überbrückung [yːbər'brykuŋ] *f (fig)* franchissement *m*
Überdachung [yːbər'daːxuŋ] *f* toiture *f*
überdenken [yːbər'dɛŋkən] *v irr* réfléchir sur
überdies [yːbər'diːs] *adv* en outre
überdimensional ['yːbərdimensjonaːl] *adj* surdimensionné
Überdosis ['yːbərdoːzɪs] *f* overdose *f*
Überdruss ['yːbərdrus] *m* dégoût *m*
überdrüssig ['yːbərdrysɪç] *adj* dégoûté
überdurchschnittlich ['yːbərdurçʃnɪtlɪç] *adj* supérieur à la moyenne
übereifrig ['yːbəraɪfrɪç] *adj* trop zélé
übereignen [yːbər'aɪknən] *v* transmettre une propriété

übereinander ['yːbəraɪnandər] *adv* l'un sur l'autre; ~ *legen* superposer
übereinkommen [yːbər'aɪnkɔmən] *v irr* se mettre d'accord sur
Übereinkommen [yːbər'aɪnkɔmən] *n* convention *f*
Übereinkunft [yːbər'aɪnkunft] *f* convention *f*
übereinstimmen [yːbər'aɪnʃtɪmən] *v 1. (einig sein)* être d'accord sur; *2. (gleich sein)* concorder avec, coïncider avec
übereinstimmend [yːbər'aɪnʃtɪmənt] *adj 1.* correspondant; *adv 2.* en concordance avec
Übereinstimmung [yːbər'aɪnʃtɪmuŋ] *f 1. (Einigkeit)* accord *m; 2. (Gleichheit)* concordance *f*
überempfindlich ['yːbərɛmpfɪndlɪç] *adj* hypersensible
Überempfindlichkeit ['yːbərɛmpfɪntlɪçkaɪt] *f* hypersensibilité *f*
überfahren [yːbər'faːrən] *v irr 1. (Fluss)* traverser; *2. (Mensch, Tier)* renverser, écraser
Überfall ['yːbərfal] *m* attaque par surprise *f*
überfallen [yːbər'falən] *v irr 1.* attaquer par surprise; *2. (Land)* envahir
überfällig ['yːbərfɛlɪç] *adj 1. (zu spät)* en retard; *2. (abgelaufen)* échu
Überfallkommando ['yːbərfalkɔmando] *n* police-secours *f*
überfliegen [yːbər'fliːgən] *v irr 1.* survoler; *2. (fig: Text)* parcourir, survoler
Überfluss ['yːbərflus] *m* surabondance *f; im ~ leben* vivre dans l'abondance; *zu allem ~* pour couronner le tout/le comble
überflüssig ['yːbərflysɪç] *adj* superflu, qui est de trop; *Es ist ~ zu sagen, dass ...* Il n'est pas besoin de dire ...
Überflutung [yːbər'flutuŋ] *f* inondation *f*
überfordern [yːbər'fɔrdərn] *v jdn ~* demander trop à qn
Überforderung [yːbər'fɔrderuŋ] *f* demande exagérée *f*
überfragt [yber'fraːgt] *adj ~ sein* ne pas savoir
überführen [yːbər'fyːrən] *v 1. (transportieren)* transporter; *2. (Schuld nachweisen)* convaincre de
Überführung [yːbər'fyːruŋ] *f 1. (Transport)* transport *m; 2. (Schuldnachweis)* preuve convaincante *f*
überfüllt [yːbər'fylt] *adj* surchargé
Überfüllung [yːbər'fyluŋ] *f* surcharge *f*
Überfunktion ['yːbərfuŋktsjoːn] *f (eines Organs)* hypertrophie *f*
Übergabe ['yːbərgaːbə] *f 1.* remise *f; 2. (von Befugnissen)* passation *f*
Übergang ['yːbərgaŋ] *m 1.* passage *m; 2. (fig)* transition *f*
Übergangserscheinung ['yːbərgaŋsɛrʃaɪnuŋ] *f* phénomène de transition *m*
Übergangslösung ['yːbərgaŋsløːzuŋ] *f* solution provisoire *f*
Übergangszeit ['yːbərgaŋstsaɪt] *f* période de transition *f*
übergeben [yːbər'geːbən] *v irr 1. jdm etw ~* remettre qc à qn, transmettre qc à qn; *2. sich ~* vomir
übergeordnet ['yːbərgəɔrdnət] *adj* supérieur
Übergewicht ['yːbərgəvɪçt] *n 1.* excédent de poids *m; 2. (fig)* prépondérance *f,* suprématie *f*
überglücklich ['yːbərglyklɪç] *adj* extrêmement heureux; *~ sein* être jouasse comme un pou/être aux anges (fam)
überhand [yːbər'hant] *adv ~ nehmen* prendre le dessus sur
überhäufen [yːbər'hɔyfən] *v* accabler, surcharger
überhaupt [yːbər'haupt] *adv 1. ~ nicht* absolument pas; *2. (im allgemeinen)* en général; *3. (eigentlich)* somme toute
überheblich [yːbər'heːplɪç] *adj 1.* présomptueux, arrogant; *adv 2.* avec arrogance
Überheblichkeit [yːbər'heːplɪçkaɪt] *f* présomption *f*
überhitzt [yːbər'hɪtst] *adj* surchauffé
überhöht [yːbər'høːt] *adj* surélevé
überholen [yːbər'hoːlən] *v 1. (vorbeifahren)* doubler; *sich von jdm ~ lassen* se faire doubler; *2. (überprüfen)* contrôler
Überholspur [yːbər'hoːlʃpuːr] *f* voie de dépassement *f*
überholt [yːbər'hoːlt] *adj 1. ~ werden (Auto)* être doublé; *2. ~ werden (Maschine)* être révisé; *3. (veraltet)* dépassé
Überholverbot [yːbər'hoːlfɛrboːt] *n* défense de doubler *f*
überkochen ['yːbərkɔxən] *v 1. (Milch)* déborder en bouillant; *2. (fig)* sortir de ses gonds
überladen [yːbər'laːdən] *v irr* surcharger
Überlänge ['yːbərlɛŋə] *f* longueur excessive *f*
überlassen [yːbər'lasən] *v irr 1. (verkaufen)* laisser, céder; *2. (verlassen)* abandonner; *sich selbst ~ sein* être abandonné à soi-même; *3. (anvertrauen)* s'en remettre à, faire confiance à
Überlastung [yːbər'lastuŋ] *f* surcharge *f*

überlaufen ['y:bərlaufən] *v irr 1. (Gefäß)* déborder, inonder; [y:bər'laufən] *adj 2. (überfüllt)* envahi par, submergé par
Überläufer ['y:bərlɔyfər] *m* transfuge *m*
überleben [y:bər'le:bən] *v* survivre
Überlebende(r) [y:bər'le:bəndə(r)] *m/f 1.* survivant(e) *m/f; 2. (einer Katastrophe)* rescapé(e) *m/f*
Überlebenschance [y:bər'le:bənsʃɑ̃sə] *f* chance de survie *f*
überlegen [y:bər'le:gən] *v 1.* réfléchir; *sich etw zweimal ~* y regarder à deux fois; *ohne zu ~* à tort et à travers; *Das wäre zu ~.* C'est à voir. *adj 2. ~ sein* être supérieur à
Überlegenheit [y:bər'le:gənhaɪt] *f* supériorité *f*
Überlegung [y:bər'le:guŋ] *f* réflexion *f*
überliefern [y:bər'li:fərn] *v* transmettre
Überlieferung [y:bər'li:fəruŋ] *f 1.* transmission *f; 2. (Tradition)* tradition *f*
überlisten [y:bər'lɪstən] *v* duper, tromper
Übermacht ['y:bərmaxt] *f* prépondérance *f*
übermächtig ['y:bərmɛçtɪç] *adj* trop puissant
Übermaß ['y:bərma:s] *n* démesure *f*
übermäßig ['y:bərmɛ:sɪç] *adj 1.* excessif, démesuré; *2. (übertrieben)* exagéré; *adv 3. (übertrieben)* avec exagération
übermenschlich ['y:bərmɛnʃlɪç] *adj* surhumain
übermitteln [y:bər'mɪtəln] *v* transmettre à
Übermittlung [y:bər'mɪtluŋ] *f* transmission *f*
übermorgen ['y:bərmɔrgən] *adv* après-demain
übermüdet [y:bər'my:dət] *adj* surmené
Übermut ['y:bərmu:t] *m* exubérance *f*
übermütig ['y:bərmy:tɪç] *adj 1.* exubérant, pétulant; *adv 2.* avec impertinence
übernachten [y:bər'naxtən] *v* passer la nuit
übernächtigt [y:bər'nɛçtɪkt] *adj ~ sein* avoir la mine défaite
Übernachtung [y:bər'naxtuŋ] *f* nuit *f*
Übernahme ['y:bərna:mə] *f 1. (Entgegennehmen)* prise en charge *f; 2. (Amtsübernahme)* entrée en fonction *f*
übernatürlich ['y:bərnaty:rlɪç] *adj* surnaturel
übernehmen [y:bər'ne:mən] *v irr 1. (entgegennehmen)* prendre en charge; *2. (Amt)* entrer en fonction; *3. sich ~* trop présumer de ses forces
überparteilich ['y:bərpartaɪlɪç] *adj* neutre
Überproduktion ['y:bərprɔduktsjo:n] *f* surproduction *f*
überprüfen [y:bər'pry:fən] *v* contrôler
Überprüfung [y:bər'pry:fuŋ] *f* contrôle *m*
überqueren [y:bər'kve:rən] *v* traverser, franchir
überragen [y:bər'ra:gən] *v 1.* surplomber, surmonter; *2. (fig)* dépasser, dominer
überragend [y:bər'ra:gənt] *adj (ausgezeichnet)* éminent
überraschen [y:bər'raʃən] *v* surprendre; *jdn unverhofft ~* prendre qn au dépourvu
überraschend [y:bər'raʃənt] *adj 1.* surprenant; *adv 2.* à l'improviste
überrascht [y:bər'raʃt] *adj* surpris, étonné; *~ werden* être pris au dépourvu
Überraschung [y:bər'raʃuŋ] *f* surprise *f; jdm eine ~ bereiten* préparer une surprise à qn
überreden [y:bər're:dən] *v* convaincre, persuader
Überredung [y:bər're:duŋ] *f* persuasion *f*
Überredungskunst [y:bər're:duŋskunst] *f* art de persuader *m*
überreichen [y:bər'raɪçən] *v* présenter, remettre
Überreichung [y:bər'raɪçuŋ] *f* remise *f*
überreizt [y:bər'raɪtst] *adj* surexcité
Überrest ['y:bərrɛst] *m* reste *m*
überrumpeln [y:bər'rumpəln] *v 1.* surprendre; *2. MIL* attaquer par surprise
Überrumpelung [y:bər'rumpəluŋ] *f* surprise *f*
übersättigt [y:bər'zɛtɪçt] *adj 1.* rassasié; *2. (überdrüssig)* dégoûté; *3. (abgestumpft)* blasé
Übersättigung [y:bər'zɛtɪguŋ] *f 1.* satiété *f; 2. (Überdruss)* dégoût *m*
Überschallgeschwindigkeit ['y:bərʃalgəʃvɪndɪçkaɪt] *f* vitesse supersonique *f*
überschatten [y:bər'ʃatən] *v (fig)* ombrager
überschätzen [y:bər'ʃɛtsən] *v* surestimer
überschaubar [y:bər'ʃauba:r] *adj* à saisir dans toute son étendue
überschauen [y:bər'ʃauən] *v (fig)* percevoir
überschlagen [y:bər'ʃla:gən] *v irr 1. (Kosten)* calculer approximativement, faire un calcul approximatif de; *2. (Auto)* faire plusieurs tonneaux, se retourner; *3. (Buchseite)* sauter
überschlägig [y:bər'ʃlɛgɪç] *adj* approximatif
überschnappen ['y:bərʃnapən] *v (fam)* devenir fou

überschneiden [yːbər'ʃnaɪdən] *v irr 1. sich ~ (sich kreuzen)* se croiser; *2. sich ~ (zusammentreffen)* coïncider
Überschneidung [yːbər'ʃnaɪduŋ] *f 1. (Kreuzung)* croisement *m; 2. (Zusammentreffen)* coïncidence *f*
überschreiben [yːbər'ʃraɪbən] *v irr 1. (betiteln)* intituler; *2. INFORM* écraser
überschreiten [yːbər'ʃraɪtən] *v irr 1. (überqueren)* traverser, franchir; *2. (fig: übertreten)* dépasser; *3. (missbrauchen)* abuser de
Überschreitung [yːbər'ʃraɪtuŋ] *f 1. (Überquerung)* franchissement *m; 2. (fig: Übertretung)* transgression *f*
Überschrift ['yːbərʃrɪft] *f* titre *m*
überschüssig ['yːbərʃysɪç] *adj* excédentaire
Überschuss ['yːbərʃus] *m 1.* surplus *m; 2. (Gewinn)* bénéfice *m*
Überschwang ['yːbərʃvaŋ] *m 1.* surabondance *f; 2. (fig)* débordement *m*
überschwänglich ['yːbərʃvɛŋlɪç] *adj 1.* exubérant, exalté; *adv 2.* avec exaltation
überschwemmen [yːbər'ʃvɛmən] *v* inonder, submerger
Überschwemmung [yːbər'ʃvɛmuŋ] *f* inondation *f*
Übersee ['yːbərzeː] *f* outre-mer
übersehen [yːbər'zeːən] *v irr (nicht sehen)* ne pas voir, omettre
übersenden [yːbər'zɛndən] *v irr* envoyer
Übersendung [yːbər'zɛnduŋ] *f* envoi *m*
übersetzen ['yːbərzɛtsən] *v 1. (Gewässer)* faire traverser; [yːbər'zɛtsən] *2. (Sprache)* traduire; *aus dem Stegreif ~* traduire au pied levé
Übersetzer(in) [yːbər'zɛtsər(ɪn)] *m/f* traducteur/traductrice *m/f*
Übersetzung [yːbər'zɛtsuŋ] *f (einer Sprache)* traduction *f*
Übersicht ['yːbərzɪçt] *f 1. (fig)* vue d'ensemble *f; 2. (Zusammenfassung)* sommaire *m,* résumé *m*
übersichtlich ['yːbərzɪçtlɪç] *adj (klar)* clair, bien disposé
übersiedeln ['yːbərziːdəln] *v* émigrer
Übersinnliches ['yːbərzɪnlɪçəs] *n* surnaturel *m*
überspannt [yːbər'ʃpant] *adj (fig)* surexcité, survolté
überspielen [yːbər'ʃpiːlən] *v 1. (Musik)* repiquer; *2. (fig: nicht zugeben)* cacher
überspringen [yːbər'ʃprɪŋən] *v irr 1.* sauter; *2. (fig: auslassen)* omettre
überstehen [yːbər'ʃteːən] *v irr (fig)* surmonter
überstimmen [yːbər'ʃtɪmən] *v* l'emporter sur
überstürzen [yːbər'ʃtyrtsən] *v* précipiter; *die Dinge ~ wollen* vouloir aller plus vite que les violons
Überstunde ['yːbərʃtundə] *f* heure supplémentaire *f*
Überteuerung [yːbər'tɔyəruŋ] *f* renchérissement *m*
übertragen [yːbər'traːgən] *v irr 1. (Auftrag)* transmettre à; *2. (Radio, Fernsehen)* retransmettre
Übertragung [yːbər'traːguŋ] *f 1. (eines Auftrags)* transfert *m; 2. (Rundfunkübertragung)* retransmission *f*
übertreffen [yːbər'trɛfən] *v irr 1.* surpasser, dépasser; *alles ~* être hors de pair; *2. (beherrschen)* dominer
übertreiben [yːbər'traɪbən] *v irr* exagérer
Übertreibung [yːbər'traɪbuŋ] *f* exagération *f*
übertreten [yːbər'treːtən] *v irr* enfreindre
Übertretung [yːbər'treːtuŋ] *f* infraction *f*
übertrieben [yːbər'triːbən] *adj 1.* exagéré; *adv 2.* avec exagération
überwachen [yːbər'vaxən] *v* surveiller; *scharf ~* surveiller de près
Überwachung [yːbər'vaxuŋ] *f* contrôle *m,* surveillance *f*
überwältigen [yːbər'vɛltɪgən] *v 1.* maîtriser; *2. (zähmen)* dompter; *3. (besiegen)* vaincre
überwältigend [yːbər'vɛltɪgənt] *adj* impressionnant
überweisen [yːbər'vaɪzən] *v irr 1. (Patient)* adresser; *2. FIN* virer
Überweisung [yːbər'vaɪzuŋ] *f 1. (eines Patienten)* transfert *m; 2. FIN* virement *m*
Überweisungsformular [yːbər'vaɪzuŋsfɔrmulaːr] *n* mandat-carte *m*
überwiegen [yːbər'viːgən] *v irr* prédominer
überwiegend [yːbər'viːgənt] *adj 1.* prépondérant; ['yːbərviːgənt] *adv 2.* principalement
überwinden [yːbər'vɪndən] *v irr 1.* surmonter; *2. (besiegen)* vaincre; *3. sich ~* se faire violence, faire un effort sur soi-même
Überwindung [yːbər'vɪnduŋ] *f (Sieg)* victoire *f*
überwintern [yːbər'vɪntərn] *v* hiverner
überwuchern [yːbər'vuçərn] *v* pulluler
Überzahl ['yːbərtsaːl] *f* surnombre *m*

überzeugen [yːbər'tsɔygən] *v jdn von etw ~* convaincre qn de qc, persuader qn de qc
überzeugend [yːbər'tsɔygənt] *adj* convaincant
Überzeugung [yːbər'tsɔyguŋ] *f 1.* conviction *f; 2. (Überredung)* persuasion *f*
Überzeugungskraft [yːbər'tsɔyguŋskraft] *f* force de persuasion *f*
überziehen ['yːbərtsiːən] *v irr 1. (anziehen)* mettre, enfiler; *jdm ein paar ~* battre qn; [yːbər'tsiːən] *2. (verkleiden)* recouvrir de; *3. (zeitlich)* dépasser
üblich ['yːplɪç] *adj* usuel, habituel
üblicherweise [yːplɪçər'vaɪzə] *adv* d'habitude
U-Boot ['uːboːt] *n* sous-marin *m*
übrig ['yːbrɪç] *adj 1.* restant; *Das ist alles, was noch ~ ist.* C'est tout ce qui reste. *für jdn etw ~ haben* avoir un faible pour qn; *im Übrigen* en outre; *2. ~ bleiben* rester, subsister; *3. ~ lassen* laisser de reste
übrigens ['yːbrɪgəns] *adv* d'ailleurs
Übung ['yːbuŋ] *f 1.* exercice *m; 2. (Ausübung)* pratique *f*
Ufer ['uːfər] *n 1.* rive *f,* rivage *m; 2. (Küste)* littoral *m*
Uferböschung ['uːfərbœʃuŋ] *f* berge *f*
uferlos ['uːfərloːs] *adj 1.* sans rivage; *2. (fig: unbegrenzt)* sans fin; *ins Uferlose gehen* n'en plus finir
Uhr [uːr] *f 1.* horloge *f; Seine ~ ist abgelaufen. (fig)* Il est à l'article de la mort. *2. (Armbanduhr)* montre *f*
Uhrmacher ['uːrmaxər] *m* horloger *m*
Uhrwerk ['uːrvɛrk] *n* rouages d'une montre *m/pl*
Uhrzeiger ['uːrtsaɪgər] *m* aiguille de montre *f*
Uhrzeigersinn ['uːrtsaɪgərzɪn] *m* sens des aiguilles d'une montre *m*
Uhrzeit ['uːrtsaɪt] *f* heure *f*
Ulk [ulk] *m* plaisanterie *f,* blague *f*
ulkig ['ulkɪç] *adj* amusant, drôle
Ultimatum [ulti'maːtum] *n* ultimatum *m*
Ultraschall ['ultraʃal] *m* ultra-son *m*
ultraviolett ['ultraviolɛt] *adj* ultraviolet
um [um] *prep 1. (örtlich)* autour de; *~ sich greifen* se répandre/faire tache d'huile; *2. (zeitlich)* à; *3. Das ist ~ zehn Mark teurer.* C'est dix mark plus cher. *4. Es steht schlecht ~ ihn.* Il n'est pas au mieux. (fam); *Es geht ~ Geld.* C'est un problème de sous./Il s'agit d'argent. *~ und ~* de tous côtés/tout autour; *5. ~ ... willen* pour .../ à cause de ...; *konj 6.* pour
umändern ['umɛndərn] *v* modifier
umarmen [um'armən] *v* embrasser, enlacer
Umarmung [um'armuŋ] *f* étreinte *f*
Umbau ['umbau] *m* transformation *f*
umbenennen ['umbənɛnən] *v irr 1.* changer de nom; *2. (neu benennen)* renommer
umblättern ['umblɛtərn] *v* tourner les pages
umbringen ['umbrɪŋən] *v irr* assassiner
Umbruch ['umbrux] *m (fig)* révolution *f*
umbuchen ['umbuːxən] *v 1. (Konto)* transférer de compte à compte; *2. (Reservierung)* changer la réservation
umdenken ['umdɛŋkən] *v irr* réviser ses conceptions, orienter autrement ses idées
umdrehen ['umdreːən] *v* tourner, retourner
Umdrehung [um'dreːuŋ] *f* tour *m*
umfallen ['umfalən] *v irr 1. (zu Boden fallen)* tomber à la renverse, se renverser; *vor Müdigkeit ~* ne plus avoir de jambes; *2. (Tiere)* mourir
Umfang ['umfaŋ] *m 1. (Flächeninhalt)* circonférence *f,* périmètre *m; 2. (fig: Ausmaß)* étendue *f*
umfangreich ['umfaŋraɪç] *adj* très étendu
umfassen [um'fasən] *v (enthalten)* comprendre, contenir
umfassend [um'fasənt] *adj 1.* étendu; *2. (tief greifend)* approfondi
Umfassung [um'fasuŋ] *f 1. (Einzäunung)* clôture *f,* enceinte *f; 2. MIL* encerclement *m*
Umfeld ['umfɛlt] *n* environnement *m,* contexte *m*
Umfrage ['umfraːgə] *f* enquête *f,* sondage *m*
Umgang ['umgaŋ] *m 1. (sozialer ~)* relations *f/pl,* fréquentations *f/pl; 2. (Rundgang)* tour *m*
umgänglich ['umgɛŋlɪç] *adj* sociable; *Er ist ~.* Il est facile à vivre.
Umgangsformen ['umgaŋsfɔrmən] *pl* savoir-vivre *m*
Umgangssprache ['umgaŋsʃpraːxə] *f* langage familier *m*
umgarnen [um'garnən] *v 1.* prendre dans ses filets; *2. (verführen)* enjôler
umgeben [um'geːbən] *v irr* entourer de
Umgebung [um'geːbuŋ] *f 1. (einer Stadt)* environs *m/pl; 2. (eines Menschen)* entourage *m*
umgehen [um'geːən] *v irr 1. (behandeln)* traiter, manier; *2. (vermeiden)* éviter, contourner
umgehend ['umgeːənt] *adj 1.* immédiat; *adv 2.* par retour de courrier, sur le champ

Umgehungsstraße [um'geːuŋsʃtraːsə] *f* rocade *f*
umgekehrt ['umgəkeːrt] *adj 1.* inverse; *adv 2.* vice versa
umgraben ['umgraːbən] *v irr* retourner
umgucken ['umgukən] *v Du wirst dich noch ~!* Tu ne sais pas ce qui t'attend!
Umhang ['umhaŋ] *m* cape *f*
umhängen ['umhɛŋən] *v sich etw ~* mettre qc sur ses épaules
Umhängetasche ['umhɛŋətaʃə] *f* sac en bandoulière *m*
umher [um'heːr] *adv 1.* autour, ça et là; *2. (in alle Richtungen)* en tous sens
umherirren [um'heːrɪrən] *v* vagabonder
umherreisen [um'heːrraɪzən] *v* vagabonder
umherschlendern [um'heːrʃlɛndərn] *v* flâner
Umhüllung [um'hyluŋ] *f* enveloppe *f*
umkämpft [um'kɛmpft] *adj 1.* disputé avec acharnement; *2. (begehrt)* désiré
Umkehr ['umkeːr] *f 1.* retour *m; 2. (Umkehrung)* renversement *m; 3. (Bekehrung)* conversion *f*
umkehren ['umkeːrən] *v 1.* tourner, faire demi-tour; *2. etw ~* inverser qc
umkippen ['umkɪpən] *v 1.* se renverser, basculer; *2. (Gewässer)* renverser; *3. (fig: ohnmächtig werden)* perdre connaissance; *4. (fig: Meinung ändern)* changer d'avis
Umkleidekabine ['umklaɪdəkabiːnə] *f 1. (in einem Geschäft)* cabine d'essayage *f; 2. (Garderobe)* vestiaire *m*
umkleiden ['umklaɪdən] *v* changer de vêtements
umknicken ['umknɪkən] *v 1. (Papier)* plier; *2. (mit dem Fuß)* tordre
umkommen ['umkɔmən] *v irr* périr
Umkreis ['umkraɪs] *m* cercle *m*
umkreisen [um'kraɪzən] *v* encercler
umkrempeln ['umkrɛmpəln] *v 1. (Ärmel)* retrousser; *2. (fig: ändern)* changer
umladen ['umlaːdən] *v irr* transborder
Umlauf ['umlauf] *m* circulation *f; etw in ~ bringen* faire circuler qc/répandre qc; *in ~ kommen* se répandre/circuler
umleiten ['umlaɪtən] *v* détourner
Umleitung ['umlaɪtuŋ] *f* déviation *f*
Umrahmung [um'raːmuŋ] *f* encadrement *m*
Umrandung [um'randuŋ] *f* bordure *f*
umrechnen ['umrɛçnən] *v FIN* convertir
Umrechnung ['umrɛçnuŋ] *f* conversion *f*
Umrechnungskurs ['umrɛçnuŋskurs] *m* cours *m*
umreißen ['umraɪsən] *v irr 1. (niederreißen)* renverser, abattre; [um'raɪsən] *2. (fig: kurz schildern)* esquisser, ébaucher
Umriss ['umrɪs] *m* contour *m,* silhouette *f*
umrühren ['umryːrən] *v* agiter, remuer
umsatteln ['umzatəln] *v (fig: Beruf wechseln)* changer de métier
umschichten ['umʃɪçtən] *v* remanier
Umschichtung ['umʃɪçtuŋ] *f* remaniement *m*
Umschlag ['umʃlaːk] *m 1. (Schutzhülle)* enveloppe *f; 2. (Briefumschlag)* enveloppe *f*
umschlagen ['umʃlaːgən] *v irr 1. (umblättern)* tourner; *2. (umladen)* transborder
Umschlagplatz ['umʃlaːkplats] *m 1.* place de transbordement *f; 2. (fig: Drehscheibe)* plaque tournante *f*
umschmeißen ['umʃmaɪsən] *v irr* renverser, jeter à terre
umschreiben ['umʃraɪbən] *v irr 1. (ändern)* modifier un texte; [um'ʃraɪbən] *2. (anders ausdrücken)* récrire
umschulen ['umʃuːlən] *v* recycler
Umschulung ['umʃuːluŋ] *f* reconversion *f*
umschwärmen [um'ʃvɛrmən] *v 1.* voltiger autour de; *2. (anbeten)* adorer
Umschweife ['umʃvaɪfə] *pl ohne ~* sans détours
Umschwung ['umʃvuŋ] *m (fig)* revirement *m*
umsehen ['umzeːən] *v irr 1. sich ~* regarder autour de soi; *2. sich ~ (sich umdrehen)* se retourner; *3. sich ~ (suchen)* chercher
umsetzen ['umzɛtsən] *v 1. (verwandeln)* convertir en; *2. (verkaufen)* vendre; *3. sich ~* changer de place
Umsicht ['umzɪçt] *f* prudence *f*
umsichtig ['umzɪçtɪç] *adj 1.* prudent; *adv 2.* avec précaution
umsiedeln ['umziːdəln] *v* installer ailleurs
umsonst [um'zɔnst] *adv 1. (unentgeltlich)* gratuitement, pour rien, gratis; *2. (vergeblich)* en vain, inutilement, en pure perte; *sich ~ plagen* en être pour ses frais/y perdre sa peine
Umstände ['umʃtɛndə] *pl 1.* circonstances *f/pl; ~ machen* faire des cérémonies; *keine ~ machen* ne pas déranger/ne pas poser de problème; *2. (Bedingungen)* conditions *f/pl; unter keinen ~n* en aucun cas; *3. (fam) in anderen ~n sein* être enceinte
umständlich ['umʃtɛndlɪç] *adj 1. (kompliziert)* compliqué; *2. (zu genau)* trop minutieux

Umständlichkeit ['umʃtɛndlɪçkaɪt] *f 1.* prolixité *f; 2. (Förmlichkeit)* caractère cérémonieux *m*
Umstandskleid ['umʃtantsklaɪt] *n* robe de grossesse *f*
umsteigen ['umʃtaɪgən] *v irr* changer de train
umstellen ['umʃtɛlən] *v 1. (Möbel)* changer de place, disposer autrement; *2. (umorganisieren)* réorganiser; *3. (anpassen)* réadapter à
Umstellung ['umʃtɛluŋ] *f 1. (Umorganisierung)* réorganisation *f; 2. (Anpassung)* réadaptation *f*
umstimmen ['umʃtɪmən] *v (fig) jdn ~* faire changer qn d'avis
umstritten [um'ʃtrɪtən] *adj* controversé, contesté
Umstrukturierung ['umʃtrukturiːruŋ] *f* restructuration *f*
Umsturz ['umʃturts] *m 1.* renversement *m; 2. (Revolution)* révolution *f*
Umtausch ['umtauʃ] *m* échange *m; beim ~ verlieren* perdre au change
umtauschen ['umtauʃən] *v* échanger
umwandeln ['umvandəln] *v* transformer
Umwandlung ['umvandluŋ] *f* transformation *f*
umwechseln ['umvɛksəln] *v* changer
Umweg ['umveːk] *m 1.* détour *m; 2. (fig)* moyen détourné *m,* biais *m*
Umwelt ['umvɛlt] *f 1.* environnement *m; 2. (Menschen)* milieu *m*
umweltfeindlich ['umvɛltfaɪndlɪç] *adj* nuisible pour l'environnement
umweltfreundlich ['umvɛltfrɔyndlɪç] *adj* écologique
Umweltschutz ['umvɛltʃuts] *m* protection de l'environnement *f*
Umweltverschmutzung ['umvɛltfɛrʃmutsuŋ] *f* pollution de l'environnement *f*
Umweltverträglichkeit ['umvɛltfɛrtrɛːklɪçkaɪt] *f* compatibilité écologique *f*
umwerben [um'vɛrbən] *v irr* courtiser, rechercher
umwickeln [um'vɪkəln] *v* envelopper de
umzäunen [um'tsɔynən] *v* clôturer
Umzäunung ['umtsɔynuŋ] *f* clôture *f*
umziehen ['umtsiːən] *v irr 1. (Wohnung wechseln)* déménager, changer d'adresse; *2. sich ~ (umkleiden)* se changer, changer de vêtements
umzingeln [um'tsɪŋəln] *v* encercler
Umzug ['umtsuːk] *m 1. (Wohnungswechsel)* déménagement *m; 2. (Festzug)* défilé *m*
unabänderlich [unap'ɛnderlɪç] *adj 1.* invariable; *2. (unwiderruflich)* irrévocable
unabhängig ['unaphɛŋɪç] *adj* indépendant, autonome
Unabhängigkeit ['unaphɛŋɪçkaɪt] *f* indépendance *f*
unabkömmlich ['unapkœmlɪç] *adj* indisponible
unabsehbar [unap'zeːbaːr] *adj* imprévisible
unabsichtlich ['unapzɪçtlɪç] *adj* involontaire
unabwendbar [unap'vɛntbaːr] *adj* inévitable
unachtsam ['unaxtzaːm] *adj 1.* inattentif; *2. (unvorsichtig)* imprudent; *3. (zerstreut)* distrait
Unachtsamkeit ['unaxtzaːmkaɪt] *f 1.* inattention *f; 2. (Unvorsichtigkeit)* imprudence *f; 3. (Zerstreutheit)* distraction *f; 4. (Leichtsinn)* étourderie *f*
unanfechtbar [unan'fɛçtbaːr] *adj* inattaquable
Unanfechtbarkeit ['unanfɛçtbaːrkaɪt] *f* incontestabilité *f*
unangebracht ['unangəbraxt] *adj* déplacé
unangemeldet ['unangəmɛldət] *adj 1.* inattendu; *adv 2.* à l'improviste
unangemessen ['unangəmɛsən] *adj* impropre
unangenehm ['unangəneːm] *adj* désagréable; *Es wäre mir ~, wenn ich zu spät käme.* Cela m'ennuierait d'arriver en retard.
unannehmbar ['unanneːmbaːr] *adj* inacceptable
Unannehmlichkeit ['unanneːmlɪçkaɪt] *f* désagrément *m; jdm ~en machen* faire des histoires à qn
unansehnlich ['unanzeːnlɪç] *adj* d'une apparence défavorable
unanständig ['unanʃtɛndɪç] *adj* indécent, malhonnête
unantastbar ['unantastbaːr] *adj* inviolable
unappetitlich ['unapetiːtlɪç] *adj* peu appétissant
unartig ['unaːrtɪç] *adj* méchant, mal élevé
unaufdringlich ['unaufdrɪŋlɪç] *adj 1.* discret; *2. (bescheiden)* effacé
unauffällig ['unauffɛlɪç] *adj* discret
unauffindbar ['unauffɪntbaːr] *adj* introuvable
unaufgefordert ['unaufgəfɔrdərt] *adj* spontané
unaufhaltsam ['unaufhaltzam] *adj* irrésistible

unaufhörlich ['unaufhø:rlıç] *adj 1.* continuel, ininterrompu; *adv 2.* sans interruption, sans cesse

unaufmerksam ['unaufmɛrkzam] *adj 1.* inattentif; *2. (zerstreut)* distrait

Unaufmerksamkeit ['unaufmɛrkzamkaıt] *f 1.* manque d'attention *m; 2. (Zerstreutheit)* distraction *f*

unaufrichtig ['unaufrıçtıç] *adj 1.* hypocrite; *2. (verstellt)* faux

Unaufrichtigkeit ['unaufrıçtıçkaıt] *f* manque de sincérité *m*

unaufschiebbar [unauf'ʃi:pba:r] *adj* urgent

unausgeglichen ['unausgəglıçən] *adj* déséquilibré, instable

Unausgeglichenheit ['unausgəglıçənhaıt] *f* déséquilibre *m*

unausstehlich ['unausʃte:lıç] *adj* insupportable

unbändig ['unbɛndıç] *adj 1.* effréné, fou; *2. (unbezähmbar)* indomptable; *adv 3.* comme un fou

unbarmherzig ['unbarmhɛrtsıç] *adj 1.* impitoyable; *2. (grausam)* cruel; *3. (hart)* dur; *adv 4.* sans pitié

Unbarmherzigkeit ['unbarmhɛrtsıçkaıt] *f 1.* inflexibilité *f; 2. (Grausamkeit)* cruauté *f*

unbeabsichtigt ['unbəapzıçtıçt] *adj* non intentionnel, involontaire

unbeachtet ['unbəaxtət] *adj* inaperçu, ignoré

unbedacht ['unbədaxt] *adj 1.* irréfléchi; *2. (leichtsinnig)* étourdi; *adv 3.* à la légère

unbedenklich ['unbədɛŋklıç] *adj 1.* sans danger; *2. (ohne Nachteile)* qui n'a pas d'inconvénient; *adv 3.* sans hésiter

unbedeutend ['unbədɔytənt] *adj* insignifiant

unbedingt ['unbədıŋt] *adj* absolu, sans réserve

unbefangen ['unbəfaŋən] *adj 1. (ohne Hemmungen)* naturel, spontané; *2. (unparteiisch)* impartial; *adv 3.* en toute impartialité

Unbefangenheit ['unbəfaŋənhaıt] *f 1. (Natürlichkeit)* naturel *m; 2. (Unvoreingenommenheit)* impartialité *f*

unbefriedigend ['unbəfri:dıgənt] *adj 1.* insatisfaisant; *2. (ungenügend)* insuffisant

unbefriedigt ['unbəfri:dıçt] *adj 1.* insatisfait; *2. (unzufrieden)* insuffisant

unbefristet ['unbəfrıstət] *adj* illimité

unbefugt ['unbəfu:kt] *adj 1.* non autorisé à; *2. JUR* incompétent

Unbefugte(r) ['unbəfu:ktə(r)] *m/f* personne non autorisée *f,* personne étrangère au service *f*

unbegabt ['unbəga:pt] *adj* peu doué

unbegreiflich ['unbəgraıflıç] *adj* incompréhensible, inconcevable

unbegrenzt ['unbəgrɛntst] *adj* illimité

unbegründet ['unbəgryndət] *adj* injustifié, non fondé

Unbehagen ['unbəha:gən] *n* gêne *f*

unbehaglich ['unbəha:klıç] *adj 1.* gêné; *2. (unbequem)* incommode; *adv 3.* mal à l'aise

unbeherrscht ['unbəhɛrʃt] *adj 1.* qui ne sait pas se maîtriser; *2. (unkontrolliert)* incontrôlé

unbeholfen ['unbəhɔlfən] *adj 1.* maladroit, gauche; *adv 2.* avec gaucherie

unbekannt ['unbəkant] *adj* inconnu

unbekümmert ['unbəkymərt] *adj 1.* insouciant; *adv 2.* avec insouciance

unbelehrbar ['unbəle:rba:r] *adj* incorrigible

unbeliebt ['unbəli:pt] *adj* peu aimé, impopulaire

Unbeliebtheit ['unbəli:pthaıt] *f* impopularité *f*

unbemerkt ['unbəmɛrkt] *adj* inaperçu

unbequem ['unbəkve:m] *adj* inconfortable, incommode

unberechenbar ['unbərɛçənba:r] *adj 1.* incalculable; *2. (unvorhersehbar)* imprévisible; *3. (verwirrend)* déconcertant

unbeschränkt ['unbəʃrɛŋkt] *adj 1.* illimité; *adv 2.* sans limites

unbeschreiblich ['unbəʃraıplıç] *adj* indescriptible, indicible

unbeschwert ['unbəʃve:rt] *adj 1.* insouciant; *adv 2.* sans souci

unbesetzt ['unbəzɛtst] *adj 1.* inoccupé; *2. (frei)* libre

unbesonnen ['unbəzɔnən] *adj 1.* étourdi; *adv 2.* à la légère

unbesorgt ['unbəzɔrgt] *adj 1.* insouciant; *2. (ruhig)* tranquille; *adv 3.* sans souci

unbeständig ['unbəʃtɛndıç] *adj 1. (veränderlich)* changeant, variable; *2. (wankelmütig)* inconstant, instable

unbestimmt ['unbəʃtımt] *adj* indéfini

unbeteiligt ['unbətaılıçt] *adj 1.* qui ne participe pas à; *2. (fremd)* étranger à; *3. (gleichgültig)* indifférent

unbeugsam ['unbɔykza:m] *adj 1.* inflexible; *2. (stur)* opiniâtre

unbewacht ['unbəvaçt] *adj* non gardé, laissé sans surveillance

unbeweglich ['unbəveːklɪç] *adj 1.* immobile; *2. (fest)* fixe; *3. (unbeugsam)* inflexible, inébranlable
unbewohnt ['unbəvoːnt] *adj 1.* inhabité; *2. (leer stehend)* vide
unbewusst ['unbəvust] *adj 1.* inconscient, instinctif; *2. (unfreiwillig)* involontaire
unbrauchbar ['unbrauxbaːr] *adj 1.* inutilisable, inutile; *etw als ~ wegwerfen* mettre qc au rebut; *2. (ungeeignet)* inapte à
und [unt] *konj* et
undankbar ['undaŋkbaːr] *adj* ingrat
undenkbar [un'dɛŋkbaːr] *adj* impensable, inconcevable
undeutlich ['undɔytlɪç] *adj* indistinct, confus
undurchdringlich ['undurçdrɪŋlɪç] *adj* impénétrable
undurchlässig ['undurçlɛsɪç] *adj* imperméable
undurchsichtig ['undurçzɪçtɪç] *adj 1.* non transparent; *2. (fig: Person)* louche
Unebenheit ['uneːbənhaɪt] *f* inégalité *f*
unecht ['unɛçt] *adj* faux
unehrlich ['uneːrlɪç] *adj* malhonnête, déloyal
uneigennützig ['unaɪgənnytsɪç] *adj 1.* désintéressé; *adv 2.* avec désintéressement
uneingeschränkt ['unaɪngəʃrɛŋkt] *adj* illimité
uneinig ['unaɪnɪç] *adj* désuni, divisé
Uneinigkeit ['unaɪnɪçkaɪt] *f* désunion *f*
unempfindlich ['unɛmpfɪndlɪç] *adj* insensible
unendlich [un'ɛntlɪç] *adj* infini, sans fin
Unendlichkeit [un'ɛntlɪçkaɪt] *f* infini *m*
unentbehrlich ['unɛntbeːrlɪç] *adj* indispensable
unentschieden ['unɛntʃiːdən] *adj* indécis
unentschlossen ['unɛntʃlɔsən] *adj 1.* indécis; *2. (zögernd)* hésitant
unentwegt ['unɛntveːkt] *adj 1.* inlassable, inébranlable; *adv 2.* sans cesse, sans relâche
unerbittlich ['unɛrbɪtlɪç] *adj* inexorable
unerfahren ['unɛrfaːrən] *adj 1.* inexpérimenté; *2. (neu)* novice
unerfreulich ['unɛrfrɔylɪç] *adj* désagréable
unerhört ['unɛrhøːrt] *adj 1. (fig: unglaublich)* inouï, scandaleux; *Das ist ja ~!* On n'a pas idée de cela! *2. (fabelhaft)* fabuleux
unerklärlich ['unɛrklɛrlɪç] *adj* inexplicable
unerlaubt ['unɛrlaupt] *adj* illicite
unermesslich ['unɛrmɛslɪç] *adj* immense
unerschrocken ['unɛrʃrɔkən] *adj 1.* intrépide; *adv 2.* avec intrépidité
unerschütterlich ['unɛrʃytərlɪç] *adj* imperturbable, inébranlable
unerschwinglich ['unɛrʃvɪŋlɪç] *adj 1.* exorbitant; *adv 2.* trop cher
unerträglich ['unɛrtrɛːklɪç] *adj* insupportable, intolérable
unerwartet ['unɛrvartət] *adj 1.* inattendu, imprévu; *2. (plötzlich)* subit; *3. (unverhofft)* inespéré
unerwünscht ['unɛrvynʃt] *adj* fâcheux, indésirable
unfähig ['unfɛːɪç] *adj* incapable
Unfähigkeit ['unfɛːɪçkaɪt] *f* incapacité *f*
unfair ['unfɛːr] *adj* déloyal
Unfall ['unfal] *m* accident *m; einen ~ haben* avoir un accident
unfassbar [un'fasbaːr] *adj 1.* insaisissable; *2. (unverständlich)* incompréhensible
unfolgsam ['unfɔlkzaːm] *adj* désobéissant
unfreiwillig ['unfraɪvɪlɪç] *adj* involontaire
unfreundlich ['unfrɔyndlɪç] *adj 1.* peu aimable, hostile; *adv 2.* avec hostilité
Unfug ['unfuːk] *m* bêtise *f*
Ungarn ['uŋgarn] *n GEO* Hongrie *f*
ungeachtet ['ungəaxtət] *prep* malgré
ungebildet ['ungəbɪldət] *adj* inculte, sans éducation
ungedeckt ['ungədɛkt] *adj 1. MIL* découvert; *2. (Scheck) FIN* sans provision
Ungeduld ['ungədult] *f* impatience *f*
ungeduldig ['ungəduldɪç] *adj* impatient
ungeeignet ['ungəaɪgnət] *adj* inapproprié à, impropre à
ungefähr ['ungəfɛːr] *adj 1.* approximatif; *adv 2.* à peu près
ungefährlich ['ungəfɛːrlɪç] *adj* inoffensif
ungehalten ['ungəhaltən] *adj* fâché, mécontent
Ungeheuer ['ungəhɔyər] *n* monstre *m*
Ungehorsam ['ungəhoːrzaːm] *m 1.* désobéissance *f; 2. MIL* insubordination *f*
ungeklärt ['ungəklɛːrt] *adj 1. (unklar)* non éclairci, obscur; *2. (unentschieden)* indécis, confus
ungekündigt ['ungəkyndɪkt] *adj in ~er Stellung sein* être en situation d'emploi
ungelegen ['ungəleːgən] *adj 1.* inopportun, fâcheux; *~ kommen* venir comme un cheveu sur la soupe; *adv 2.* mal à propos
ungelernt ['ungəlɛrnt] *adj* non qualifié
ungemein ['ungəmaɪn] *adj 1.* énorme, extraordinaire; *adv 2.* très

ungemütlich ['ungəmyːtlıç] *adj* peu confortable
ungenau ['ungənau] *adj 1.* inexact, imprécis; *adv 2.* avec inexactitude
Ungenauigkeit ['ungənauıçkaıt] *f* inexactitude *f*
ungenießbar ['ungəniːsbaːr] *adj 1. (nicht essbar)* immangeable; *2. (nicht trinkbar)* imbuvable; *3. (Pilze)* non comestible
ungenügend ['ungənygənt] *adj* insuffisant
ungepflegt ['ungəpfleːkt] *adj* négligé
ungerade ['ungəraːdə] *adj 1.* qui n'est pas droit; *2. (Zahl)* impair
ungerecht ['ungərɛçt] *adj 1.* injuste, inique; *adv 2.* à tort
ungerechtfertigt ['ungərɛçtfɛrtıçt] *adj* injustifié
ungern ['ungɛrn] *adv* à contrecœur
ungeschickt ['ungəʃıkt] *adj 1.* maladroit, malhabile; *sich ~ anstellen* ne pas savoir s'y prendre; *adv 2.* maladroitement, gauchement
ungeschrieben ['ungeʃrıbən] *adj ein ~es Gesetz sein* être d'usage
ungestört ['ungəʃtøːrt] *adj 1.* paisible; *adv 2.* sans être dérangé
ungestüm ['ungəʃtyːm] *adj* impétueux
ungesund ['ungəzunt] *adj 1. (schädlich)* malsain, mauvais pour la santé; *2. (nicht gesund)* maladif
Ungetüm ['ungətyːm] *n* monstre *m*
ungewiss ['ungəvıs] *adj 1.* incertain, indécis; *im Ungewissen schweben* être comme l'oiseau sur la branche; *2. (zweifelhaft)* douteux
Ungewissheit ['ungəvıshaıt] *f 1.* incertitude *f; 2. (Zweifel)* doute *m*
ungewöhnlich ['ungəvøːnlıç] *adj 1.* inhabituel, insolite; *2. (seltsam)* étrange
ungewohnt ['ungəvoːnt] *adj* inhabituel
ungezogen ['ungətsoːgən] *adj 1.* mal élevé, malappris, insolent; *adv 2.* avec insolence
ungezwungen ['ungətsvuŋən] *adj 1. (fig)* franc, naturel; *adv 2. (fig)* avec aisance
unglaublich ['unglauplıç] *adj* incroyable
unglaubwürdig ['unglaupvyrdıç] *adj 1.* sujet à caution; *2. (zweifelhaft)* douteux
Unglaubwürdigkeit ['unglaupvyrdıçkaıt] *f* incrédibilité *f*
ungleichmäßig ['unglaıçmɛːsıç] *adj* inégal
Unglück ['unglyk] *n 1. (Pech)* malheur *m*, malchance *f*, poisse *f* (fam); *Ein ~ kommt selten allein.* Un malheur n'arrive jamais seul. *jdn ins ~ stürzen* faire le malheur de qn; *ins ~ rennen* courir à la catastrophe; *zu allem ~* pour comble de malheur; *2. (Missgeschick)* malchance *f*, infortune *f; 3. (Unfall)* accident *m*, sinistre *m*
unglücklich ['unglyklıç] *adj 1. (nicht glücklich)* malheureux, infortuné; *2. (kein Glück habend)* malchanceux
unglücklicherweise [unglyklıçər'vaızə] *adv* par malheur
ungültig ['ungyltıç] *adj 1.* non valable, nul; *2. (abgelaufen)* périmé; *3. (wertlos)* sans valeur
Ungültigkeit ['ungyltıçkaıt] *f* nullité *f*
Ungunst ['ungunst] *f zu jds ~en* au désavantage de qn
ungünstig ['ungynstıç] *adj* défavorable
unhandlich ['unhantlıç] *adj 1.* peu maniable; *2. (schwer)* lourd
Unheil ['unhaıl] *n* mal *m*, malheur *m*
unheilbar ['unhaılbaːr] *adj 1.* inguérissable; *2. (fig)* irrémédiable
unheilvoll ['unhaılfɔl] *adj* sinistre
unheimlich ['unhaımlıç] *adj 1.* étrange et inquiétant, angoissant; *adv 2. (sehr)* très
unhöflich ['unhøːflıç] *adj 1.* impoli, discourtois; *adv 2.* sans courtoisie
Unhöflichkeit ['unhøːflıçkaıt] *f* impolitesse *f*
Union [un'joːn] *f* union *f; Europäische ~* Union Européenne *f*
Universität [univɛrzi'tɛːt] *f* université *f*
unkenntlich ['unkɛntlıç] *adj* méconnaissable
Unkenntnis ['unkɛntnıs] *f* ignorance *f*
unklar ['unklaːr] *adj 1. (trüb)* trouble; *2. (fig)* confus, embrouillé; *adv 3.* avec incertitude
Unklarheit ['unklaːrhaıt] *f* manque de clarté *m*
unkompliziert ['unkɔmplitsiːrt] *adj 1.* peu compliqué; *2. (einfach)* simple
Unkraut ['unkraut] *n 1.* mauvaise herbe *f; 2. (fig)* ivraie *f*
unkündbar [un'kyntbaːr] *adj* non résiliable
unlängst ['unlɛŋst] *adv* dernièrement, il n'y a pas longtemps
unlauter ['unlautər] *adj* déloyal
unleserlich ['unleːzərlıç] *adj* illisible
unlösbar ['unløːsbaːr] *adj* insoluble
unlogisch ['unloːgıʃ] *adj* illogique
unmäßig ['unmɛːsıç] *adj* immodéré
Unmensch ['unmɛnʃ] *m* monstre *m; kein ~ sein* ne pas être un monstre
unmenschlich ['unmɛnʃlıç] *adj 1.* inhumain; *2. (grausam)* cruel
unmerklich ['unmɛrklıç] *adj* insensible

unmissverständlich ['unmɪsfɛrʃtɛndlɪç] *adj 1.* clair; *adv 2.* sans équivoque
unmittelbar ['unmɪtəlbaːr] *adj 1.* immédiat, direct; *adv 2.* immédiatement, directement
unmodern ['unmɔdɛrn] *adj* démodé
unmöglich [un'møːklɪç] *adj* impossible; *jdn ~ machen* dire du mal de qn/jeter le discrédit sur qn
unmoralisch ['unmoraːlɪʃ] *adj* immoral
unnachgiebig ['unnaxgiːbɪç] *adj (fig)* intraitable
unnachsichtig ['unnaxzɪçtɪç] *adj 1.* sévère; *adv 2.* sans indulgence
unnatürlich ['unnatyːrlɪç] *adj 1.* peu naturel, dénaturé; *2. (affektiert)* affecté
unnötig ['unnøːtɪç] *adj* inutile, superflu
unnütz ['unnyts] *adj* inutile, vain
unnützerweise [unnytsər'vaɪzə] *adv* pour rien
unordentlich ['unɔrdəntlɪç] *adj* désordonné
Unordnung ['unɔrdnuŋ] *f* désordre *m*, pagaille *f* (fam)
unpassend ['unpasənt] *adj* mal choisi
unpersönlich ['unpɛrzøːnlɪç] *adj 1. (sachlich)* impersonnel; *2. (kühl)* froid; *3. (unnahbar)* distant
unpraktisch ['unpraktɪʃ] *adj 1. (Person)* maladroit; *2. (Sache)* peu pratique
unpünktlich ['unpyŋktlɪç] *adj 1.* inexact; *adv 2.* ne pas .... à temps
unrecht ['unrɛçt] *adj 1.* impropre; *2. (ungerecht)* injuste
Unrecht ['unrɛçt] *n* injustice *f*; *jdm ~ geben* donner tort à qn; *im ~ sein* être dans son tort; *jdn ins ~ setzen* mettre qn dans son tort
unregelmäßig ['unreːgəlmɛːsɪç] *adj* irrégulier, déréglé
Unregelmäßigkeit ['unreːgəlmɛːsɪçkaɪt] *f* irrégularité *f*
unreif ['unraɪf] *adj 1. (grün)* vert; *2. (zu jung)* trop jeune
Unreinheit ['unraɪnhaɪt] *f* impureté *f*
Unruhe ['unruːə] *f 1. (Störung)* agitation *f*, bruit *m*; *2. (Besorgnis)* inquiétude *f*, nervosité *f*
unruhig ['unruːɪç] *adj 1. (laut)* bruyant; *2. (bewegt)* agité; *3. (besorgt)* préoccupé, inquiet, anxieux
uns [uns] *pron* nous, à nous; *unter ~* entre nous
unsachlich ['unzaxlɪç] *adj* subjectif
unscheinbar ['unʃaɪnbaːr] *adj 1.* discret; *2. (einfach)* simple
unschlüssig ['unʃlysɪç] *adj 1.* irrésolu; *adv 2.* avec perplexité; *3. (zögernd)* avec hésitation
unschuldig ['unʃuldɪç] *adj 1.* innocent; *2. (keusch)* candide
unselbstständig ['unzɛlpʃtɛndɪç] *adj* dépendant
unsere(r,s) ['unzərə(r,s)] *pron* notre, le nôtre/la nôtre; *(Plural)* nos, les nôtres
unsicher ['unzɪçər] *adj 1.* incertain; *einen Ort ~ machen* hanter un endroit; *2. (zweifelhaft)* douteux; *~ sein* être dans le doute; *~ werden* perdre les pédales; *3. (Existenz)* précaire
Unsicherheit ['unzɪçərhaɪt] *f 1.* incertitude *f*; *2. (der Existenz)* précarité *f*
Unsicherheitsfaktor ['unzɪçərhaɪtsfaktɔr] *m* facteur d'incertitude *m*
unsichtbar ['unzɪçtbaːr] *adj* invisible; *sich ~ machen* se faire tout petit
Unsinn ['unzɪn] *m* non-sens *m*, absurdité *f*
unsinnig ['unzɪnɪç] *adj* insensé
Unsitte ['unzɪtə] *f* mauvaise habitude *f*
unsolide ['unzoliːdə] *adj* pas sérieux
unsterblich ['unʃtɛrplɪç] *adj* immortel
Unsterblichkeit ['unʃtɛrplɪçkaɪt] *f* immortalité *f*
Unstimmigkeit ['unʃtɪmɪçkaɪt] *f* désaccord *m*
unstreitig ['unʃtraɪtɪç] *adj* incontestable
unsympathisch ['unzympaːtɪʃ] *adj* antipathique
untätig ['untɛːtɪç] *adj 1.* inactif, désœuvré; *2. (passiv)* passif; *adv 3.* sans rien faire
Untat ['untaːt] *f* forfait *m*
untauglich ['untauklɪç] *adj* inapte à, impropre à
unten ['untən] *adv* dessous, au-dessous, en bas; *bei jdm ~ durch sein* être tombé en disgrâce avec qn
unter ['untər] *prep 1.* sous; *~ der Telefonnummer ...* au numéro de téléphone ...; *~ einem Thema stehen* avoir pour mot d'ordre; *~ großer Anstrengung* au prix de nombreux efforts/après de nombreux efforts; *2. (zwischen)* parmi; *Das bleibt ~ uns.* Ça reste entre nous.
unterbesetzt ['untərbəzɛtst] *adj* qui manque de personnel nécessaire
Unterbewusstsein ['untərbəvustzaɪn] *n* subconscient *m*
unterbinden [untər'bɪndən] *v irr (fig)* empêcher
unterbrechen [untər'brɛçən] *v irr* interrompre, arrêter
Unterbrechung [untər'brɛçuŋ] *f* interruption *f*

unterbreiten [untər'braɪtən] *v* soumettre
unterbringen ['untərbrɪŋən] *v irr 1. (schützen)* mettre à l'abri; *2. (beherbergen)* loger; *3. (in einer Firma)* placer
unterdrücken [untər'drykən] *v 1. etw ~* réprimer qc, supprimer qc; *2. jdn ~* opprimer qn
Unterdrückung [untər'drykuŋ] *f 1.* répression *f; 2. (von Menschen)* oppression *f*
untere(r,s) ['untərə(r,s)] *adj* bas(se), du bas, inférieur(e)
untereinander ['untəraɪnandər] *adv 1.* entre eux; *2. (gegenseitig)* réciproquement, mutuellement
unterentwickelt ['untərɛntvɪkəlt] *adj* sous-développé
Unterfangen [untər'faŋən] *n* tentative audacieuse *f,* coup d'audace *m*
Unterführung [untər'fy:ruŋ] *f* passage souterrain *m,* tunnel *m*
Untergang ['untərgaŋ] *m 1. (Zusammenbruch)* déclin *m; 2. (Niedergang)* ruine *f; 3. (Sinken) NAUT* naufrage *m; 4. (der Sonne, des Mondes)* coucher *m*
Untergebene(r) [untər'ge:bənə(r)] *m/f* subordonné(e) *m/f,* subalterne *m/f*
untergehen ['untərge:ən] *v irr 1. (zusammenbrechen)* décliner, sombrer; *2. (sinken) NAUT* sombrer; *3. (niedergehen)* sombrer, péricliter; *4. (Sonne, Mond)* se coucher
Untergeschoss ['untərgəʃɔs] *n* sous-sol *m*
untergliedern [untər'gli:dərn] *v* diviser en sous-parties
Untergrund ['untərgrunt] *m 1.* sous-sol *m; 2. (Basis)* fond *m*
Untergrundbahn ['untərgruntba:n] *f* métro *m*
Unterhändler(in) ['untərhɛndlər(ɪn)] *m/f* intermédiaire *m/f*
unterhalb ['untərhalp] *prep* au-dessous de, en bas de
Unterhalt ['untərhalt] *m 1.* entretien *m; 2. (Unterhaltsbeitrag)* pension alimentaire *f*
unterhalten [untər'haltən] *v irr 1. (versorgen)* entretenir, subvenir aux besoins de; *2. sich ~ (vergnügen)* se divertir, se distraire; *3. sich mit jdm über etw ~* discuter avec qn de qc, bavarder avec qn de qc
unterhaltend [untər'haltənt] *adj* distrayant
Unterhaltszahlung ['untərhaltstsa:luŋ] *f* paiement d'une pension alimentaire *m*
Unterhaltung [untər'haltuŋ] *f 1. (Vergnügen)* divertissement *m; 2. (Plaudern)* conversation *f; 3. (Versorgung)* entretien *m*
Unterhaltungsmusik [untər'haltuŋsmuzi:k] *f* musique légère *f*
Unterhemd ['untərhɛmt] *n* maillot de corps *m,* chemise *f*
Unterhose ['untərho:zə] *f* slip *m,* caleçon *m*
unterkommen ['untərkɔmən] *v irr 1. (Unterkunft finden)* trouver un abri, se loger; *2. (Stellung finden)* trouver une situation, trouver un emploi
Unterkunft ['untərkunft] *f* abri *m*
Unterlage ['untərla:gə] *f 1.* support *m,* base *f; 2. (Dokument)* document *m,* pièce justificative *f; 3. (Schicht)* couche *f*
Unterlass ['untərlas] *m ohne ~* sans interruption
unterlassen [untər'lasən] *v irr* se dispenser de, omettre de
unterliegen [untər'li:gən] *v irr 1. (besiegt werden)* avoir le dessous par rapport à, être inférieur à; *2. (betroffen sein)* être passible de
untermauern [untər'mauərn] *v (fig)* consolider
untermengen ['untərmɛŋən] *v* mélanger à
Untermiete ['untərmi:tə] *f* sous-location *f*
Untermieter(in) ['untərmi:tər(ɪn)] *m/f* sous-locataire *m/f*
untermischen ['untərmɪʃən] *v* mêler à, mélanger à
unternehmen [untər'ne:mən] *v irr* entreprendre, se charger de
Unternehmen [untər'ne:mən] *n* entreprise *f*
unternehmungslustig [untər'ne:muŋslustɪç] *adj* entreprenant
unterordnen ['untərɔrdnən] *v* subordonner à, soumettre à
Unterredung [untər're:duŋ] *f* entretien *m*
Unterricht ['untərrɪçt] *m 1. (Lehre)* enseignement *m; 2. (Kurs)* cours *m; 3. (Lektion)* leçon *f*
unterrichten [untər'rɪçtən] *v 1. (lehren)* enseigner à, donner des cours à; *2. (informieren)* informer, faire part de
Unterrichtsstunde ['untərrɪçtsʃtundə] *f* cours *m,* classe *f*
Unterrock ['untərrɔk] *m* jupon *m*
untersagen [untər'za:gən] *v* interdire
unterschätzen [untər'ʃɛtsən] *v* sous-estimer, mésestimer
unterscheiden [untər'ʃaɪdən] *v irr* différencier, distinguer
Unterscheidungsmerkmal [untər'ʃaɪduŋsmɛrkma:l] *n* caractéristique *f*

Unterschied ['untərʃiːt] *m* différence *f*, distinction *f*; *Das ist ein ~ wie Tag und Nacht.* C'est le jour et la nuit.
unterschiedlich ['untərʃiːtlɪç] *adj* différent
unterschlagen [untər'ʃlaːgən] *v irr 1. (Geld)* soustraire; *2. (verstecken)* cacher
Unterschlagung [untər'ʃlaːguŋ] *f 1.* détournement *m*; *2. (von Briefen)* interception *f*
Unterschlupf ['untərʃlupf] *m 1.* retraite *f*, abri *m*; *2. (Versteck)* cachette *f*
unterschreiben [untər'ʃraɪbən] *v irr 1.* signer; *2. (befürworten) etw ~* souscrire à qc
Unterschrift ['untərʃrɪft] *f* signature *f*
Untersetzer ['untərzɛtsər] *m* dessous *m*
unterste(r,s) ['untərstə(r,s)] *adj 1. (räumlich)* plus bas(se); *das Unterste zuoberst kehren* mettre sens dessus dessous; *2. (Reihenfolge)* le dernier/la dernière
Unterstellung [untər'ʃtɛluŋ] *f 1.* subordination *f*; *2. (Beschuldigung)* imputation *f*
unterstreichen [untər'ʃtraɪçən] *v irr 1.* souligner; *2. (fig: hervorheben)* mettre en valeur
unterstützen [untər'ʃtytsən] *v* soutenir, appuyer
Unterstützung [untər'ʃtytsuŋ] *f* appui *m*
untersuchen [untər'zuːxən] *v 1.* examiner; *2. (erforschen)* faire des recherches
Untersuchung [untər'zuːxuŋ] *f 1.* examen *m*; *2. (Erforschung)* recherche *f*
Untertasse ['untərtasə] *f* soucoupe *f*
untertauchen ['untərtauxən] *v* plonger
Unterteil ['untərtaɪl] *n* bas *m*
unterteilen [untər'taɪlən] *v* subdiviser, classifier
Unterteilung [untər'taɪluŋ] *f* subdivision *f*, classification *f*
Untertitel ['untərtɪtəl] *m* sous-titre *m*
Untertreibung [untər'traɪbuŋ] *f* sous-estimation délibérée *f*
untervermieten ['untərfɛrmiːtən] *v* sous-louer
Unterwäsche ['untərvɛʃə] *f* sous-vêtement *m*
unterwegs [untər'veːks] *adv 1.* en chemin, en route, chemin faisant; *2. (abgefahren) ~ sein* être parti
unterweisen [untər'vaɪzən] *v irr jdn ~* instruire qn, montrer à qn comment faire qc
unterwerfen [untər'vɛrfən] *v irr* soumettre, assujettir
unterwürfig ['untərvyrfɪç] *adj* soumis
unterzeichnen [untər'tsaɪçnən] *v* signer, souscrire
untragbar ['untraːkbaːr] *adj 1.* importable; *2. (Kleidung)* qui n'est plus mettable
untreu ['untrɔy] *adj* infidèle, perfide
Untreue ['untrɔyə] *f* infidélité *f*
untröstlich ['untrøːstlɪç] *adj* inconsolable
Untugend ['untuːgənt] *f* défaut *m*
unüberlegt ['unyːbərleːkt] *adj 1.* irréfléchi; *adv 2.* sans réfléchir
unübersichtlich ['unyːbərzɪçtlɪç] *adj 1. (ohne Sicht)* peu clair; *2. (verworren)* confus
unumgänglich [unum'gɛŋlɪç] *adj* inévitable
ununterbrochen ['ununtərbrɔxən] *adj 1.* ininterrompu; *adv 2.* sans interruption
unveränderlich [unfɛr'ɛndərlɪç] *adj* invariable, inaltérable
unverantwortlich [unfɛr'antvɔrtlɪç] *adj 1.* irresponsable; *adv 2.* à la légère
unverbesserlich [unfɛr'bɛsərlɪç] *adj* incorrigible, impénitent
unverbindlich ['unfɛrbɪntlɪç] *adj 1.* sans engagement, facultatif; *adv 2.* sans engagement
unvereinbar [unfɛr'aɪnbaːr] *adj* incompatible, inconciliable
Unverfrorenheit ['unfɛrfroːrənhaɪt] *f* sans-gêne *m*
unvergesslich [unfɛr'gɛslɪç] *adj* inoubliable, ineffaçable
unverhofft ['unfɛrhɔft] *adj 1.* inespéré, inopiné; *adv 2.* à l'improviste, inopinément
unverkennbar [unfɛr'kɛnbaːr] *adj* indéniable
unvermeidlich ['unfɛrmaɪdlɪç] *adj* inévitable; *2. (fatal)* fatal
unvermittelt ['unfɛrmɪtəlt] *adj* immédiat, brusque
unvermutet ['unfɛrmuːtət] *adj 1.* inattendu; *adv 2.* à l'improviste
Unvernunft ['unfɛrnunft] *f* déraison *f*
unvernünftig ['unfɛrnynftɪç] *adj 1.* déraisonnable, qui n'est pas raisonnable; *adv 2.* avec déraison
unverschämt ['unfɛrʃɛːmt] *adj 1.* éhonté, impudent; *~ sein* être plein d'audace; *adv 2.* sans vergogne
Unverschämtheit ['unfɛrʃɛːmthaɪt] *f* impudence *f*
unversehrt ['unfɛrzeːrt] *adj* indemne
unversöhnlich ['unfɛrzøːnlɪç] *adj* rancunier
unverständlich ['unfɛrʃtɛntlɪç] *adj 1.* incompréhensible; *2. (dunkel)* obscur
unverwüstlich ['unfɛrvyːstlɪç] *adj* inusable, inaltérable

unverzeihlich ['unfɛrtsaɪlɪç] *adj* impardonnable, inexcusable
unverzüglich ['unfɛrtsyːklɪç] *adj 1.* immédiat; *adv 2.* sur-le-champ, sans délai
unvollkommen ['unfɔlkɔmən] *adj 1.* imparfait; *2. (fehlerhaft)* défectueux
unvollständig ['unfɔlʃtɛndɪç] *adj* incomplet, qui a des lacunes
unvorbereitet ['unfoːrbəraɪtət] *adj 1.* improvisé, non préparé; *adv 2.* sans être préparé, à l'improviste
unvoreingenommen ['unfoːraɪngənɔmən] *adj 1.* sans préjugés; *adv 2.* avec impartialité
unvorhergesehen ['unfoːrheːrgəzeːən] *adj* imprévu
unvorsichtig ['unfoːrzɪçtɪç] *adj* imprudent, imprévoyant
unvorstellbar ['unfoːrʃtɛlbaːr] *adj* inimaginable
unvorteilhaft ['unfoːrtaɪlhaft] *adj* désavantageux
unwahr ['unvaːr] *adj* mensonger, faux
Unwahrheit ['unvaːrhaɪt] *f* mensonge *m,* fausseté *f*
unwahrscheinlich ['unvaːrʃaɪnlɪç] *adj* invraisemblable, improbable
unweigerlich ['unvaɪgərlɪç] *adj* inévitable, inéluctable
Unwesen ['unwɛsən] *n sein ~ treiben* hanter les lieux
Unwetter ['unvɛtər] *n 1. (Sturm)* orage *m; 2. (Gewitter)* tempête *f*
unwichtig ['unvɪçtɪç] *adj 1.* sans importance, insignifiant; *2. (wertlos)* inutile
unwiderstehlich ['unviːdərʃteːlɪç] *adj* irrésistible
unwillig ['unvɪlɪç] *adj 1.* récalcitrant; *2. (gereizt)* irrité; *adv 3.* de mauvaise grâce
unwillkürlich ['unvɪlkyːrlɪç] *adj* involontaire
unwirksam ['unvɪrkzaːm] *adj* inefficace
unwissend ['unvɪsənt] *adj* ignorant, ignare
Unwissenheit ['unvɪsənhaɪt] *f* ignorance *f*
unwohl ['unvoːl] *adj* souffrant
unwürdig ['unvyrdɪç] *adj* indigne
unzählig ['untsɛːlɪç] *adj 1.* innombrable; *2. (unberechenbar viele)* incalculable
unzerbrechlich [untsɛr'brɛçlɪç] *adj* incassable
unzertrennlich [untsɛr'trɛnlɪç] *adj* inséparable, indissoluble
unzufrieden ['untsufriːdən] *adj* mécontent, insatisfait
Unzufriedenheit ['untsufriːdənhaɪt] *f* insatisfaction *f,* mécontentement *m*
unzugänglich ['untsugɛŋlɪç] *adj 1.* inaccessible; *2. (fig: verschlossen)* inabordable, intraitable
unzulänglich ['untsulɛŋlɪç] *adj* insuffisant
Unzulänglichkeit ['untsulɛŋlɪçkaɪt] *f* insuffisance *f*
unzulässig ['untsulɛsɪç] *adj* inadmissible
unzumutbar ['untsumuːtbaːr] *adj* inadmissible, déraisonnable
unzurechnungsfähig ['untsurɛçnuŋsfɛːɪç] *adj 1.* qui agit sans discernement; *2. JUR* irresponsable
unzuverlässig ['untsufɛrlɛsɪç] *adj* peu sûr, non fiable
Unzuverlässigkeit ['untsufɛrlɛsɪçkaɪt] *f* manque de sérieux *m*
unzweckmäßig ['untsvɛkmɛːsɪç] *adj* impropre à, qui ne convient pas à
üppig ['ypɪç] *adj* luxuriant, abondant
uralt ['uːralt] *adj* très ancien, séculaire; *~ sein* être vieux comme le monde
Urin [u'riːn] *m* urine *f; etw im ~ haben (fig)* pressentir qc/avoir l'intuition de qc
Urlaub ['uːrlaup] *m 1.* congé *m; 2. (Ferien)* vacances *f/pl*
Urlauber(in) ['uːrlaubər(ɪn)] *m/f* vacancier/vacancière *m/f*
Urlaubsgeld ['uːrlaupsgɛlt] *n* prime de vacances *f*
Urlaubsort ['uːrlaupsɔrt] *m* lieu de vacances *m*
Urlaubszeit ['uːrlaupstsaɪt] *f* temps de vacances *m*
Ursache ['uːrzaxə] *f* cause *f,* motif *m; Kleine ~, große Wirkung.* Petites causes, grands effets. *Keine ~!* De rien!
Ursprung ['uːrʃpruŋ] *m 1.* origine *f; 2. (Anfang)* principe *m; 3. (Quelle)* source *f*
ursprünglich ['urʃpryŋlɪç] *adj 1.* originel; *2. (herkommend von)* originaire; *3. (anfänglich)* initial; *adv 4.* à l'origine
Urteil ['urtaɪl] *n 1.* opinion *f; Bilden Sie sich ein ~!* Jugez-en par vous même! *2. JUR* jugement *m*
urteilen ['urtaɪlən] *v* juger
urwüchsig ['uːrvyːkzɪç] *adj* primitif
Utensilien [utɛn'ziːljən] *pl* ustensiles *m/pl,* attirail *m*
Utopie [uto'piː] *f* utopie *f*
utopisch [u'toːpɪʃ] *adj* utopique

V

Vagabund [vaga'bunt] *m* vagabond *m*
vagabundieren [vagabun'diːrən] *v* vagabonder
vage ['vaːgə] *adj* vague
Vakuum ['vaːkuum] *n* vide *m*
Vampir [vam'piːr] *m* vampire *m*
variabel [vari'aːbəl] *adj* variable
Variante [vari'antə] *f* variante *f*
variieren [vari'iːrən] *v* varier
Vase ['vaːzə] *f* vase *m*
Vater ['faːtər] *m* père *m; ~ Staat* l'Etat *m; der himmlische ~* Dieu *m,* l'Eternel *m,* le Très-Haut *m; zu seinen Vätern heimgehen* passer de vie à trépas
Vaterland ['faːtərlant] *n* patrie *f*
väterlich ['fɛːtərlɪç] *adj* paternel
väterlicherseits ['fɛːtərlɪçərzaɪts] *adv* du côté paternel
Vaterschaft ['faːtərʃaft] *f* paternité *f*
Vati ['faːtiː] *m* papa *m*
Vatikan [vatɪ'kaːn] *m* Vatican *m*
Vegetarier(in) [vege'taːriːər(ɪn)] *m/f* végétarien(ne) *m/f*
vegetarisch [vege'taːrɪʃ] *adj* végétarien
Vegetation [vegeta'tsjoːn] *f* végétation *f*
vehement [vehə'mɛnt] *adj 1.* véhément; *adv 2.* avec véhémence
Velours [ve'luːr] *n* velours *m*
Ventil [vɛn'tiːl] *n* soupape *f*
verabreden [fɛr'apreːdən] *v 1. etw mit jdm ~* convenir de qc avec qn; *2. sich ~ mit* avoir rendez-vous avec, donner rendez-vous à
Verabredung [fɛr'apreːduŋ] *f (Treffen)* rendez-vous *m*
verabscheuen [fɛr'apʃɔyən] *v* détester
verabschieden [fɛr'apʃiːdən] *v 1.* remercier, licencier; *2. (Gesetz)* adopter; *3. sich ~ von* dire au revoir à, prendre congé de
Verabschiedung [fɛr'apʃiːduŋ] *f* mise en congé *f*
verachten [fɛr'axtən] *v* mépriser, dédaigner; *Das ist nicht zu ~.* Ce n'est pas à dédaigner./Je ne crache pas dessus./C'est pas mal.
verächtlich [fɛr'ɛçtlɪç] *adj 1.* dédaigneux; *adv 2.* avec mépris
Verachtung [fɛr'axtuŋ] *f* mépris *m; jdn mit ~ strafen* punir qn en l'ignorant
verallgemeinern [fɛralgə'maɪnərn] *v* généraliser; *Man darf nicht ~.* Il ne faut pas généraliser.
Verallgemeinerung [fɛralgə'maɪnəruŋ] *f* généralisation *f*
veraltet [fɛr'altət] *adj 1.* vieilli, passé de mode; *2. (ungültig)* périmé
Veranda [ve'randa] *f* véranda *f*
veränderlich [fɛr'ɛndərlɪç] *adj* variable
verändern [fɛr'ɛndərn] *v* modifier, changer, transformer; *unverändert* tel quel
Veränderung [fɛr'ɛndəruŋ] *f* modification *f*
verängstigt [fɛr'ɛŋstɪçt] *adj 1.* apeuré; *2. (erschreckt)* effrayé
Veranlagung [fɛr'anlaːguŋ] *f 1.* don pour *m,* disposition naturelle *f; 2. (Fähigkeiten)* capacités *f/pl*
veranlassen [fɛr'anlasən] *v 1.* amener à faire; *2. (verursachen)* donner lieu, causer
Veranlassung [fɛr'anlasuŋ] *f* sujet *m,* motif *m*
veranschaulichen [fɛr'anʃaulɪçən] *v* représenter, illustrer
veranschlagen [fɛr'anʃlaːgən] *v* évaluer, estimer
veranstalten [fɛr'anʃtaltən] *v* organiser, arranger
Veranstalter(in) [fɛr'anʃtaltər(ɪn)] *m/f* organisateur/organisatrice *m/f*
Veranstaltung [fɛr'anʃtaltuŋ] *f 1.* organisation *f; 2. (Fest)* fête *f; 3. (Protestveranstaltung)* manifestation *f*
verantworten [fɛr'antvɔrtən] *v* être responsable de
verantwortlich [fɛr'antvɔrtlɪç] *adj* responsable de; *jdn für etw ~ machen* s'en prendre à qn de qc
Verantwortung [fɛr'antvɔrtuŋ] *f* responsabilité *f; jdn zur ~ ziehen* demander des comptes à qn
verantwortungsbewusst [fɛr'antvɔrtuŋsbəvust] *adj 1.* conscient de ses responsabilités; *adv 2.* en conscience de ses responsabilités
verantwortungslos [fɛr'antvɔrtuŋsloːs] *adj 1.* irresponsable; *adv 2.* avec légèreté
verantwortungsvoll [fɛr'antvɔrtuŋsfɔl] *adj* plein de responsabilité
veräppeln [fɛr'ɛpəln] *v* blaguer, tourner en ridicule; *jdn ~* se payer la tête de qn
verarbeiten [fɛr'arbaɪtən] *v 1. (bearbeiten)* traiter, façonner; *2. (fig)* assimiler

verärgern [fɛr'ɛrgərn] *v* énerver, irriter
verärgert [fɛr'ɛrgərt] *adj* énervé, fâché
verarzten [fɛr'artstən] *v* soigner
verausgaben [fɛr'ausgaːbən] *v 1. sich ~ (finanziell)* dépenser trop; *2. sich ~ (körperlich)* se dépenser; *Er hat sich nicht gerade verausgabt.* Il ne s'est pas fendu. *(fam)*
verbal [vɛr'baːl] *adj* verbal
Verband [fɛr'bant] *m 1. (Vereinigung)* association *f,* fédération *f; 2. MED* pansement *m*
Verbandskasten [fɛr'bantskastən] *m 1.* boîte de pansements *f; 2. (in einem Auto)* trousse de secours *f*
Verbandsmaterial [fɛr'bantsmatərjal] *n* matériel de pansement *m*
verbannen [fɛr'banən] *v 1.* bannir, proscrire; *2. (ausschließen)* exclure
Verbannung [fɛr'banuŋ] *f* bannissement *m,* exil *m*
verbarrikadieren [fɛrbarɪka'diːrən] *v* barricader
verbeißen [fer'baisən] *v irr 1. sich in etw ~* s'acharner à qc/ne pas démordre de qc; *2. sich etw ~* réprimer qc, refouler qc, garder qc pour soi, se mordre les lèvres pour ne pas dire qc
verbergen [fɛr'bɛrgən] *v irr* cacher, dissimuler
verbessern [fɛr'bɛsərn] *v 1.* améliorer; *2. (korrigieren)* corriger, rectifier
Verbesserung [fɛr'bɛsəruŋ] *f 1.* amélioration *f; 2. (Korrektur)* correction *f*
verbeugen [fɛr'bɔygən] *v sich ~* s'incliner
Verbeugung [fɛr'bɔyguŋ] *f* révérence *f*
verbiegen [fɛr'biːgən] *v irr 1.* tordre, plier; *2. (fig)* fausser
verbieten [fɛr'biːtən] *v irr jdm etw ~* interdire à qn de faire qc, défendre à qn de faire qc
verbinden [fɛr'bɪndən] *v irr 1. (zusammenfügen)* joindre, associer; *2. MED* faire un pansement
verbindlich [fɛr'bɪntlɪç] *adj 1. (verpflichtend)* ferme; *2. (höflich)* obligeant, courtois
Verbindlichkeit [fɛr'bɪntlɪçkaɪt] *f 1. (Verpflichtung)* engagement *m; 2. (Höflichkeit)* obligeance *f*
Verbindung [fɛr'bɪnduŋ] *f 1. (Zusammenfügung)* liaison *f; 2. (Zugverbindung)* correspondance *f; 3. (Beziehung)* relation *f; sich mit jdm in ~ setzen* prendre contact avec qn
Verbindungsstraße [fɛr'bɪnduŋsʃtraːsə] *f 1.* route de raccordement *f; 2. (bei einer Autobahn)* bretelle *f*
verbissen [fɛr'bɪsən] *adj* acharné, opiniâtre; *etw nicht ~ sehen* ne pas prendre qc tant au sérieux
verbittert [fɛr'bɪtərt] *adj* aigri, amer
Verbitterung [fɛr'bɪtəruŋ] *f* amertume *f,* aigreur *f*
verblassen [fɛr'blasən] *v 1.* pâlir; *2. (Stoff)* se défraîchir; *3. (Erinnerung)* s'effacer
Verbleib [fɛr'blaɪp] *m* séjour *m; Akten zum ~* des dossiers à classer
verbleit [fɛr'blaɪt] *adj* avec plomb
verblendet [fɛr'blɛndət] *adj* aveuglé
verblüffend [fɛr'blyfənt] *adj* déconcertant, stupéfiant
Verblüffung [fɛr'blyfuŋ] *f* stupéfaction *f*
verblühen [fɛr'blyːən] *v 1.* se faner; *2. (verwelken)* se flétrir
verbohrt [fɛr'boːrt] *adj* obstiné
verborgen [fɛr'bɔrgən] *adj 1.* caché; *2. (heimlich)* secret
Verborgenheit [fɛr'bɔrgənhaɪt] *f 1.* clandestinité *f; 2. (Schatten)* ombre *f*
Verbot [fɛr'boːt] *n* interdiction *f,* défense *f; das ~ aufheben* lever la consigne
verboten [fɛr'boːtən] *adj* interdit, défendu; *Das sieht einfach ~ aus! (fam)* Ça n'a l'air de rien!/C'est ridicule!
Verbrauch [fɛr'braux] *m* consommation *f*
verbrauchen [fɛr'brauxən] *v* consommer, user
Verbraucher(in) [fɛr'brauxər(ɪn)] *m/f* consommateur/consommatrice *m/f*
Verbraucherschutz [fɛr'brauxərʃuts] *m* protection des consommateurs *f*
Verbrechen [fɛr'brɛçən] *n* crime *m*
Verbrecher(in) [fɛr'brɛçər(ɪn)] *m/f* criminel(le) *m/f*
verbrecherisch [fɛr'brɛçərɪʃ] *adj* criminel
verbreiten [fɛr'braɪtən] *v 1.* répandre; *sich ~* faire tache d'huile; *2. (ausbreiten)* étendre; *3. (bekannt werden)* divulguer
verbreitern [fɛr'braɪtərn] *v* élargir
Verbreiterung [fɛr'braɪtəruŋ] *f* élargissement *m*
Verbreitung [fɛr'braɪtuŋ] *f 1.* diffusion *f; ~ finden* se répandre; *2. (Bekanntmachung)* divulgation *f*
verbrennen [fɛr'brɛnən] *v irr* brûler, consumer
Verbrennung [fɛr'brɛnuŋ] *f 1. (Müllverbrennung)* incinération des déchets *f; 2. (Einäscherung)* crémation *f*
verbriefen [fɛr'briːfən] *v* assurer par écrit
verbringen [fɛr'brɪŋən] *v irr* passer

verbrühen [fɛr'bryːən] *v sich ~* s'ébouillanter
verbuchen [fɛr'buːxən] *v* comptabiliser
Verbund [fɛr'bunt] *m TECH* jonction *f*, raccordement *m*
verbünden [fɛr'byndən] *v sich ~* s'allier à, s'allier avec
Verbundenheit [fɛr'bundənhaɪt] *f* solidarité *f*, attachement *m*
Verbündete [fɛr'byndətə] *pl* alliés *m/pl*
verbüßen [fɛr'byːsən] *v* subir une peine, purger une peine
Verdacht [fɛr'daxt] *m* soupçon *m*, suspicion *f*; *über jeden ~ erhaben* au-dessus de tout soupçon; *auf ~* dans le doute; *~ schöpfen* commencer à avoir des soupçons
verdächtig [fɛr'dɛçtɪç] *adj 1.* suspect; *2. (zweifelhaft)* douteux; *3. (mehrdeutig)* équivoque
Verdächtige(r) [fɛr'dɛçtɪgə(r)] *m/f* suspect(e) *m/f*
verdächtigen [fɛr'dɛçtɪgən] *v* soupçonner
Verdächtigung [fɛr'dɛçtɪguŋ] *f* suspicion *f*
Verdachtsmoment [fɛ'daxtsmomɛnt] *n* point suspect *m*
verdammen [fɛr'damən] *v* maudire, damner
verdammungswürdig [fɛr'damuŋsvyrdɪç] *adj* condamnable
verdampfen [fɛr'dampfən] *v* s'évaporer
verdanken [fɛr'daŋkən] *v* devoir à, être redevable à
verdauen [fɛr'dauən] *v* digérer
verdaulich [fɛr'daulɪç] *adj* digeste
Verdauung [fɛr'dauuŋ] *f* digestion *f*
Verdeck [fɛr'dɛk] *n 1. (eines Autos)* capote *f*; *2. (eines Schiffs)* pont supérieur *m*
verdecken [fɛr'dɛkən] *v 1. (zudecken)* couvrir; *2. (einhüllen)* envelopper; *3. (verbergen)* dissimuler, cacher
verderben [fɛr'dɛrbən] *v irr 1. (zerstören)* détruire, abîmer; *es sich mit jdm ~* perdre les bonnes grâces de qn/tomber en discrédit auprès de qn; *2. (schlecht werden)* pourrir, se gâter; *3. (fig: negativ beeinflussen)* corrompre
Verderben [fɛr'dɛrbən] *n 1.* corruption *f*; *2. (Untergang)* perte *f*
verderblich [fɛr'dɛrplɪç] *adj 1. (Lebensmittel)* périssable; *2. (fig)* malfaisant
verdeutlichen [fɛr'dɔytlɪçən] *v* préciser
verdichten [fɛr'dɪçtən] *v* comprimer
verdienen [fɛr'diːnən] *v 1. (Geld)* gagner; *viel Geld ~* gagner gros; *2. (Lob)* mériter, être digne de; *es nicht anders ~* ne rien mériter de mieux
Verdienst [fɛr'diːnst] *m 1.* gain *m*, rétribution *f*; *n 2. (Anspruch auf Anerkennung)* mérite *m*; *Das ist alles sein ~.* Tout le mérite lui revient.
Verdienstausfall [fɛr'diːnstausfal] *m* manque à gagner *m*
verdoppeln [fɛr'dɔpəln] *v* doubler
Verdoppelung [fɛr'dɔpəluŋ] *f* doublement *m*
verdorben [fɛr'dɔrbən] *adj 1. (ungenießbar)* pourri; *2. (fig)* corrompu, dépravé
verdrängen [fɛr'drɛŋən] *v 1.* déplacer; *2. (verjagen)* chasser; *3. (Gefühl)* refouler; *4. (fig)* évincer
Verdrängung [fɛr'drɛŋuŋ] *f 1.* déplacement *m*; *2. (eines Gefühls)* refoulement *m*; *3. (aus der Wohnung)* expulsion *f*
verdrehen [fɛr'dreːən] *v 1.* tordre; *2. (fig)* altérer, fausser
verdreifachen [fɛr'draɪfaxən] *v* tripler
verdrießlich [fɛr'driːslɪç] *adj 1.* de mauvaise humeur; *2. (ärgerlich)* ennuyeux
Verdrossenheit [fɛr'drɔsənhaɪt] *f 1.* mauvaise humeur *f*; *2. (Überdruss)* lassitude *f*
Verdruss [fɛr'drus] *m* ennui *m*
verdunkeln [fɛr'duŋkəln] *v 1. (abdunkeln)* obscurcir; *2. (fig: verschleiern)* camoufler
Verdunkelung [fɛr'duŋkəluŋ] *f (Abdunkeln)* obscurcissement *m*
verdünnen [fɛr'dynən] *v 1.* diluer, délayer; *2. (Wein)* couper
Verdünnung [fɛr'dynuŋ] *f* dilution *f*
verdunsten [fɛr'dunstən] *v* s'évaporer
verdursten [fɛ'durstən] *v* mourir de soif
verdutzt [fɛr'dutst] *adj* déconcerté, décontenancé; *~ schauen* rester bouche bée
veredeln [fɛr'eːdəln] *v 1.* affiner; *2. (vervollkommnen)* perfectionner
verehren [fɛr'eːrən] *v 1.* honorer, vénérer; *2. (respektieren)* respecter
Verehrer [fɛr'eːrər] *m (Liebhaber)* soupirant *m*
Verehrer(in) [fɛr'eːrər(ɪn)] *m/f* admirateur/admiratrice *m/f*
Verehrung [fɛr'eːruŋ] *f 1.* vénération *f*; *2. (Respekt)* respect *m*
vereidigen [fɛr'aɪdɪgən] *v jdn ~* assermenter qn, faire prêter serment à qn
Vereidigung [fɛr'aɪdɪguŋ] *f* prestation de serment *f*
Verein [fɛr'aɪn] *m* association *f*, société *f*, club *m*

vereinbaren [fɛr'aɪnbaːrən] *v* convenir de, se mettre d'accord sur; *wie vereinbart* comme convenu
Vereinbarkeit [fɛr'aɪnbaːrkaɪt] *f* possibilité d'entente *f*
Vereinbarung [fɛr'aɪnbaːruŋ] *f* convention *f*
vereinbarungsgemäß [fɛr'aɪnbaːruŋsgəmɛs] *adv* comme convenu
vereinen [fɛr'aɪnən] *v* unifier, réunir
vereinfachen [fɛr'aɪnfaxən] *v* simplifier
vereinheitlichen [fɛr'aɪnhaɪtlɪçən] *v* uniformiser, unifier
vereinigen [fɛr'aɪnɪgən] *v 1.* unifier, réunir; *2. (bei einem Fluss)* confluer
Vereinigung [fɛr'aɪnɪguŋ] *f 1.* union *f; 2. POL* unification *f*
vereinnahmen [fɛr'aɪnnaːmən] *v* encaisser, toucher
vereinsamen [fɛr'aɪnzamən] *v 1.* devenir solitaire; *2. (sich isolieren)* s'isoler
Vereinsamung [fɛr'aɪnzamuŋ] *f* isolement *m*
vereinzelt [fɛr'aɪntsəlt] *adj 1.* isolé, séparé; *adv 2.* un par un
vereiteln [fɛr'aɪtəln] *v* empêcher
Vereitelung [fɛr'aɪtəluŋ] *f* mise en échec *f*
vereitert [fɛr'aɪtərt] *adj (entzündet) MED* infecté
verenden [fɛr'ɛndən] *v* succomber, mourir, crever
verengen [fɛr'ɛŋən] *v* rétrécir
Verengung [fɛr'ɛŋuŋ] *f* rétrécissement *m*
vererben [fɛr'ɛrbən] *v 1. (Güter)* léguer; *2. BIO* se transmettre
vererblich [fɛr'ɛrplɪç] *adj 1. (Güter)* héréditaire; *2. BIO* héréditaire
verewigen [fɛr'eːvɪgən] *v* éterniser
Verewigung [fɛr'eːvɪguŋ] *f* immortalisation *f*
verfahren [fɛr'faːrən] *v irr 1. (vorgehen)* procéder, agir; *2. sich ~* se tromper de chemin, se tromper de route
Verfahren [fɛr'faːrən] *n 1. (Methode)* méthode *f; 2. (Vorgehen)* procédure *f*
Verfahrensweise [fɛr'faːrənsvaɪzə] *f* manière de procéder *f*
Verfall [fɛr'fal] *m 1. (eines Gebäudes)* dégradation *f; 2. (Untergang)* chute *f*
verfallen [fɛr'falən] *v irr 1. (Gebäude)* tomber en ruine, se dégrader; *2. (ungültig werden)* être périmé; *3. (hörig werden)* tomber dans
Verfallsdatum [fɛr'falsdaːtum] *n 1.* date de péremption *f; 2. ECO* date d'échéance *f*
verfälschen [fɛr'fɛlʃən] *v 1.* falsifier; *2. (nachmachen)* contrefaire
Verfälschung [fɛr'fɛlʃuŋ] *f 1.* falsification *f; 2. (Imitation)* contrefaçon *f*
verfänglich [fɛr'fɛŋlɪç] *adj* insidieux
verfassen [fɛr'fasən] *v* composer, rédiger
Verfasser(in) [fɛr'fasər(ɪn)] *m/f* auteur *m*
Verfassung [fɛr'fasuŋ] *f 1. (Zustand)* situation *f; 2. (eines Textes)* composition *f; 3. POL* constitution *f*
verfaulen [fɛr'faulən] *v* pourrir, se putréfier
verfechten [fɛr'fɛçtən] *v irr* se battre pour
Verfechter(in) [fɛr'fɛçtər(ɪn)] *m/f* défenseur *m*
verfehlen [fɛr'feːlən] *v* manquer, rater
verfeindet [fɛr'faɪndət] *adj* brouillé, hostile
verfeinern [fɛr'faɪnərn] *v* affiner, raffiner
Verfeinerung [fɛr'faɪnəruŋ] *f 1.* raffinage *m; 2. (fig)* raffinement *m*
verfilzen [fɛr'fɪltsən] *v* feutrer
verfliegen [fɛr'fliːgən] *v irr 1. (Zeit)* passer vite; *2. (Duft)* s'évaporer
Verflossene(r) [fɛr'flɔsənə(r)] *m/f (fam)* ex *m/f*
verfluchen [fɛr'fluːxən] *v* maudire
verflüssigen [fɛr'flysɪgən] *v* liquéfier
verfolgen [fɛr'fɔlgən] *v* suivre, poursuivre
Verfolgte(r) [fɛr'fɔlktə(r)] *m/f* persécuté(e) *m/f*
Verfolgung [fɛr'fɔlguŋ] *f* poursuite *f*
verformen [fɛr'fɔrmən] *v* déformer
Verformung [fɛr'fɔrmuŋ] *f* déformation *f*
verfrachten [fɛr'fraxtən] *v* expédier en fret
verfroren [fɛr'froːrən] *adj 1. (leicht frierend)* gelé; *2. (durchgefroren)* transi, glacé
verfrüht [fɛr'fryːt] *adj* prématuré
verfügbar [fɛr'fyːkbaːr] *adj 1.* disponible; *2. (vorhanden)* existant
Verfügbarkeit [fɛr'fyːkbaːrkaɪt] *f* disponibilité *f*
verfügen [fɛr'fyːgən] *v 1. (anordnen)* décréter, ordonner; *2. ~ über* disposer de
Verfügung [fɛr'fyːguŋ] *f sich zur ~ stellen* se mettre à la disposition; *etw zur ~ haben* avoir qc à sa disposition
verführen [fɛr'fyːrən] *v 1.* séduire; *2. (zu etw verleiten)* pervertir; *3. (verderben)* pousser
verführerisch [fɛr'fyːrərɪʃ] *adj* séduisant
Verführung [fɛr'fyːruŋ] *f 1.* séduction *f; 2. (Ablenkung)* détournement *m*
Vergabe [fɛr'gaːbə] *f* attribution *f*
vergammeln [fɛr'gaməln] *v 1. (Person)* se laisser aller; *2. (Nahrung)* moisir

vergangene(r,s) [fɛr'gaŋənə(r,s)] *adj* passé(e), précédent(e)
Vergangenheit [fɛr'gaŋənhaɪt] *f* passé *m; einen Strich unter die ~ ziehen* tourner la page sur le passé
vergänglich [fɛr'gɛŋglɪç] *adj* passager; *Alles ist ~.* Le temps efface tout./Rien est éternel.
Vergänglichkeit [fɛr'gɛŋlɪçkaɪt] *f* fragilité *f*
vergeben [fɛr'geːbən] *v irr 1. (verzeihen)* pardonner à; *2. (Auftrag)* donner
vergeblich [fɛr'geːblɪç] *adj 1.* vain; *adv 2.* en vain
Vergebung [fɛr'geːbuŋ] *f* pardon *m*
vergehen [fɛr'geːən] *v irr 1. (Zeit)* passer, s'écouler; *2. (Schmerz)* passer, s'en aller; *3. sich ~ an* faillir à, transgresser, violer
vergelten [fɛr'gɛltən] *v irr* récompenser
Vergeltung [fɛr'gɛltuŋ] *f* récompense *f*
Vergeltungsmaßnahme [fɛr'gɛltuŋsmasnaːmə] *f* mesure de représailles *f*
vergessen [fɛr'gɛsən] *v irr* oublier, omettre, négliger; *Das vergesse ich dir nie!* Je n'oublierai jamais ce que tu as fait!
Vergessenheit [fɛr'gɛsənhaɪt] *f* oubli *m; in ~ geraten* tomber dans l'oubli
vergesslich [fɛr'gɛslɪç] *adj 1.* oublieux; *2. (zerstreut)* distrait
Vergesslichkeit [fɛr'gɛslɪçkaɪt] *f 1.* oubli *m; 2. (Zerstreutheit)* distraction *f*
vergeuden [fɛr'gɔydən] *v* gaspiller, dilapider
Vergeudung [fɛr'gɔyduŋ] *f* gaspillage *m*
vergewaltigen [fɛrgə'valtɪgən] *v* violer, violenter
Vergewaltigung [fɛrgə'valtɪguŋ] *f* viol *m*
vergewissern [fɛrgə'vɪsərn] *v sich ~* s'assurer, vérifier
vergießen [fɛr'giːsən] *v irr* répandre
vergiften [fɛr'gɪftən] *v* empoisonner
vergilben [fɛr'gɪlbən] *v* jaunir
vergittern [fɛr'gɪtərn] *v* grillager
verglasen [fɛr'glaːzən] *v* vitrifier
Vergleich [fɛr'glaɪç] *m* comparaison *f*
vergleichbar [fɛr'glaɪçbaːr] *adj* comparable
vergleichen [fɛr'glaɪçən] *v irr* comparer
Vergleichsjahr [fɛr'glaɪçsjaːr] *n* année de référence *f*
vergleichsweise [fɛr'glaɪçsvaɪzə] *adv* comparativement
vergnügen [fɛr'gnyːgən] *v sich ~* s'amuser
Vergnügen [fɛr'gnyːgən] *n* plaisir *m,* amusement *m; Das ist alles andere als ein ~.* Ce n'est pas une partie de plaisir. *ein teures ~* un plaisir qui coûte cher *m,* un plaisir onéreux *m*
vergnügt [fɛr'gnyːkt] *adj* gai, joyeux
vergnügungssüchtig [fɛr'gnyːguŋszyçtɪç] *adj* avide de plaisirs
vergolden [fɛr'gɔldən] *v* dorer
vergöttern [fɛr'gœtərn] *v* adorer
vergraben [fɛr'graːbən] *v irr* enterrer, ensevelir
vergriffen [fɛr'grɪfən] *adj (Buch)* épuisé
vergrößern [fɛr'grøːsərn] *v* agrandir, accroître
Vergrößerung [fɛr'grøːsəruŋ] *f* agrandissement *m*
Vergrößerungsglas [fɛr'grøːsəruŋsglaːs] *n* loupe *f*
Vergünstigung [fɛr'gynstiguŋ] *f* avantage *m*
verhaften [fɛr'haftən] *v* arrêter, appréhender
Verhaftung [fɛr'haftuŋ] *f* arrestation *f*
verhalten [fɛr'haltən] *v irr 1. sich ~* se comporter; *adj 2. (ruhig)* tranquille; *3. (zurückhaltend)* réservé
Verhalten [fɛr'haltən] *n* comportement *m*
Verhältnis [fɛr'hɛltnɪs] *n 1. (Proportion)* rapport *m,* relation *f; 2. (Beziehung)* relation *f; 3. ~se pl (Umstände)* circonstance *f,* conditions *f/pl; in bescheidenen ~sen leben* vivre modestement; *über seine ~se leben* vivre au-dessus de ses moyens
verhältnismäßig [fɛr'hɛltnɪsmɛːsɪç] *adv* proportionnellement à, par rapport à
verhandeln [fɛr'handəln] *v* négocier
Verhandlung [fɛr'handluŋ] *f 1.* négociation *f; 2. JUR* débats *m/pl*
Verhandlungspartner [fɛr'handluŋspartnər] *m* partenaire *m,* partie *f*
verhängen [fɛr'hɛŋən] *v 1. (verhüllen)* couvrir; *2. (fig: Strafe)* ordonner
Verhängnis [fɛr'hɛŋnɪs] *n* malheur *m*
verhängnisvoll [fɛr'hɛŋnɪsfɔl] *adj* fatal
verharren [fɛr'harən] *v* persister
verhärten [fɛr'hɛrtən] *v* durcir
Verhärtung [fɛr'hɛrtuŋ] *f* durcissement *m*
verhaspeln [fɛr'haspəln] *v sich ~ (fam)* s'embrouiller
verhasst [fɛr'hast] *adj* détesté, haï
verhätscheln [fɛr'hɛtʃəln] *v* choyer
Verhau [fɛr'hau] *m (fam)* abattis *m,* grand désordre *m*

verhauen [fɛr'hauən] *v irr 1. (verprügeln)* rosser, administrer une raclée; *2. (schlecht machen)* faire mal; *3. sich ~ (sich irren)* se tromper complètement
verheerend [fɛr'heːrənt] *adj* dévastateur
verheilen [fɛr'haɪlən] *v MED* guérir, se cicatriser
verheimlichen [fɛr'haɪmlɪçən] *v* dissimuler, tenir secret
Verheimlichung [fɛr'haɪmlɪçuŋ] *f* dissimulation *f*
verheiratet [fɛr'haɪraːtət] *adj* marié
verheißen [fɛr'haɪsən] *v irr* promettre
Verheißung [fɛr'haɪsuŋ] *f* promesse *f*
verheißungsvoll [fɛr'haɪsuŋsfɔl] *adj* prometteur
verherrlichen [fɛr'hɛrlɪçən] *v* magnifier, glorifier
Verherrlichung [fɛr'hɛrlɪçuŋ] *f* glorification *f*
verhexen [fɛr'hɛksən] *v* ensorceler; *Das ist ja wie verhext.* C'est une malédiction.
verhindern [fɛr'hɪndərn] *v* empêcher de, contrecarrer
verhindert [fɛr'hɪndərt] *adj* empêché, retenu
Verhinderung [fɛr'hɪndəruŋ] *f* empêchement *m*
verhören [fɛr'høːrən] *v 1. JUR* interroger; *2. sich ~* entendre de travers
verhüllen [fɛr'hylən] *v 1.* voiler; *2. (verbergen)* cacher, dissimuler
verhungern [fɛr'huŋərn] *v* mourir de faim
verhüten [fɛr'hyːtən] *v 1.* empêcher; *2. (verhindern)* prévenir
Verhütung [fɛr'hyːtuŋ] *f 1.* prévention *f; 2. MED* contraception *f*
verirren [fɛr'ɪrən] *v sich ~* se perdre, s'égarer
Verirrung [fɛr'ɪruŋ] *f 1.* égarement *m; 2. (fig)* aberration *f*
verjagen [fɛr'jaːgən] *v* chasser, expulser
verkabeln [fɛr'kaːbəln] *v* câbler
Verkabelung [fɛr'kaːbəluŋ] *f* câblage *m*
Verkauf [fɛr'kauf] *m* vente *f*
verkaufen [fɛr'kaufən] *v* vendre; *jdn für dumm ~* prendre qn pour idiot
Verkäufer(in) [fɛr'kɔyfər(ɪn)] *m/f* vendeur/vendeuse *m/f*
verkäuflich [fɛr'kɔyflɪç] *adj* vendable
Verkehr [fɛr'keːr] *m 1.* circulation *f,* trafic *m; jdn aus dem ~ ziehen* coffrer qn (fam)/mettre qn hors d'état de nuire; *2. (Beziehungen)* relations *f/pl*
Verkehrsampel [fɛr'keːrsampəl] *f* feux *m/pl*
Verkehrsaufkommen [fɛr'keːrsaufkɔmən] *n* densité du trafic *f*
Verkehrsbüro [fɛr'keːrsbyroː] *n* syndicat d'initiative *m*
Verkehrschaos [fɛr'keːrskaːɔs] *n* embouteillages *m/pl*
Verkehrsdelikt [fɛr'keːrsdelɪkt] *n* infraction au code de la route *f*
Verkehrsflugzeug [fɛr'keːrsfluːktsɔyk] *n* avion de ligne *m*
Verkehrsinsel [fɛr'keːrsɪnzəl] *f* refuge pour piétons *m*
Verkehrsmittel [fɛr'keːrsmɪtəl] *n* moyen de communication *m,* moyen de transport *m*
Verkehrspolizei [fɛr'keːrspolitsaɪ] *f* police de la route *f*
Verkehrspolizist [fɛr'keːrspolɪtsɪst] *m* agent de la circulation *m*
Verkehrsregel [fɛr'keːrsreːgəl] *f* code de la route *m*
Verkehrsteilnehmer(in) [fɛr'keːrstaɪlneːmər(ɪn)] *m/f* usager de la route/usagère de la route *m/f*
Verkehrsunfall [fɛr'keːrsunfal] *m* accident de la route *m*
Verkehrszeichen [fɛr'keːrstsaɪçən] *n* panneau de signalisation *m*
verkehrt [fɛr'keːrt] *adj 1. (~ herum)* inversé, inverse; *2. (falsch)* faux; *etw ~ auffassen* prendre qc à contre-sens; *alles ~ machen* faire tout à l'envers
verkleben [fɛr'kleːbən] *v* coller
verkleiden [fɛr'klaɪdən] *v 1. (maskieren)* déguiser, travestir; *2. (überziehen) TECH* revêtir
verkleinern [fɛr'klaɪnərn] *v* réduire
Verkleinerung [fɛr'klaɪnəruŋ] *f 1.* réduction *f,* diminution *f; 2. (fig: Abwertung)* dépréciation *f*
verklemmt [fɛr'klɛmt] *adj 1.* coincé; *2. (fig)* bloqué
verknallen [fɛr'knalən] *v sich in jdn ~ (fam)* se toquer de qn
verkneifen [fɛr'knaɪfən] *v irr sich etw ~* renoncer à qc
verknittern [fɛr'knɪtərn] *v* froisser
verknoten [fɛr'knoːtən] *v* nouer
verknüpfen [fɛr'knypfən] *v 1. (verknoten)* nouer; *2. (fig)* associer à
Verknüpfung [fɛr'knypfuŋ] *f (fig)* liaison *f,* combinaison *f*
verkohlen [fɛr'koːlən] *v 1.* carboniser; *2. jdn ~ (fig)* se moquer de qn

verkommen [fɛr'kɔmən] *v irr* dépérir
verkörpern [fɛr'kœrpərn] *v* personnifier, incarner
Verkörperung [fɛr'kœrpəruŋ] *f* personnification *f*
verkraften [fɛr'kraftən] *v 1. (überwinden)* surmonter; *2. (ertragen)* endurer
verkrampfen [fɛr'krampfən] *v sich ~* se crisper
verkühlen [fɛr'ky:lən] *v sich ~* prendre froid
verkümmern [fɛr'kymərn] *v* dépérir
verkünden [fɛr'kyndən] *v 1.* annoncer; *2. (Urteil)* prononcer
verkuppeln [fɛr'kupəln] *v (fig)* réunir
verkürzen [fɛr'kyrtsən] *v* abréger, raccourcir
Verkürzung [fɛr'kyrtsuŋ] *f* raccourcissement *m*
verladen [fɛr'la:dən] *v irr* charger
Verlag [fɛr'la:k] *m* maison d'édition *f*
verlagern [fɛr'la:gərn] *v* déplacer
verlangen [fɛr'laŋən] *v* exiger, demander; *zu viel von jdm ~* demander trop à qn; *Mehr verlange ich gar nicht.* Je n'en demande pas plus. *Sie werden verlangt.* On vous demande.
Verlangen [fɛr'laŋən] *n* demande *f*
verlängern [fɛr'lɛŋərn] *v 1.* rallonger, allonger; *2. (zeitlich)* prolonger; *3. (verdünnen)* étirer; *4. (Frist)* proroger
Verlängerung [fɛr'lɛŋəruŋ] *f 1.* rallongement *m; 2. (zeitlich)* prolongation *f*
Verlängerungskabel [fɛr'lɛŋəruŋska:bəl] *n* rallonge *f*
verlangsamen [fɛr'laŋgzamən] *v* ralentir
Verlass [fɛr'las] *m Auf ihn ist kein ~.* On ne peut pas compter sur lui.
verlassen [fɛr'lasən] *v irr 1.* quitter, abandonner; *adj 2.* abandonné, délaissé
verlässlich [fɛr'lɛslıç] *adj* sûr, sur qui on peut compter
Verlässlichkeit [fɛr'lɛslıçkaıt] *f* sûreté *f*
Verlauf [fɛr'lauf] *m 1. (Ablauf)* déroulement *m; im ~* pendant/au cours de; *2. (Entwicklung)* évolution *f; einen guten ~ nehmen* bien se passer/bien se dérouler
verlaufen [fɛr'laufən] *v irr 1. (ablaufen)* se dérouler; *2. (sich entwickeln)* se développer; *3. sich ~* se perdre
Verlautbarung [fɛr'lautba:ruŋ] *f* divulgation *f*
verlauten [fɛr'lautən] *v* s'ébruiter
verleben [fɛr'le:bən] *v* passer, vivre
verlebt [fɛr'le:pt] *adj (fig)* usé
verlegen [fɛr'le:gən] *v 1. (Wohnsitz)* déplacer, changer; *2. (Termin)* reporter à; *3. (verlieren)* égarer; *adj 4.* embarrassé, gêné; *5. um etw nie ~ sein* n'être jamais à court de qc
Verlegenheit [fɛr'le:gənhaıt] *f* embarras *m; in große ~ bringen* mettre dans une situation très embarrassante
Verlegung [fɛr'le:guŋ] *f 1. (eines Wohnsitzes)* transfert *m; 2. (eines Termines)* report *m; 3. (Verlieren)* perte *f*
Verleih [fɛr'laı] *m* location *f*
verleihen [fɛr'laıən] *v irr 1. (borgen)* prêter; *2. (vermieten)* louer; *3. (Preis)* décerner
verleiten [fɛr'laıtən] *v 1.* entraîner, inciter; *2. (ermutigen)* encourager
verlernen [fɛr'lɛrnən] *v* oublier ce qu'on savait
verletzbar [fɛr'lɛtsba:r] *adj* vulnérable
Verletzbarkeit [fɛr'lɛtsba:rkaıt] *f* vulnérabilité *f*
verletzen [fɛr'lɛtsən] *v 1. (verwunden)* blesser; *2. (fig: kränken)* blesser, froisser; *3. (fig: übertreten)* violer, enfreindre
Verletzung [fɛr'lɛtsuŋ] *f 1. (Wunde)* blessure *f; 2. (fig: Kränkung)* blessure *f; 3. (fig: Übertretung)* atteinte *f*
verleugnen [fɛr'lɔygnən] *v* renier, désavouer; *sich ~ lassen* faire dire que l'on est absent
verleumden [fɛr'lɔymdən] *v* calomnier
Verleumdung [fɛr'lɔymduŋ] *f* calomnie *f*
verlieben [fɛr'li:bən] *v sich ~ in* tomber amoureux de, s'éprendre de
verliebt [fɛr'li:pt] *adj* amoureux, épris
Verliebte(r) [fɛr'li:ptə(r)] *m/f* amoureux/amoureuse *m/f*
verlieren [fɛr'li:rən] *v irr* perdre, égarer; *das Gesicht ~* perdre la face; *Noch ist nicht alles verloren.* Tout n'est pas perdu. *den Boden unter den Füßen ~* perdre pied; *nichts zu ~ haben (fig)* n'avoir rien à perdre
Verlierer(in) [fɛr'li:rər(ın)] *m/f* perdant(e) *m/f*
verloben [fɛr'lo:bən] *v sich ~* se fiancer
Verlobte(r) [fɛr'lo:ptə(r)] *m/f* fiancé(e) *m/f*
verlocken [fɛr'lɔkən] *v* attirer, séduire, inviter
verlockend [fɛr'lɔkənt] *adj* attirant
verlosen [fɛr'lo:zən] *v* mettre en loterie
Verlosung [fɛr'lo:zuŋ] *f* tirage de la loterie *m*
Verlust [fɛr'lust] *m* perte *f*
vermarkten [fɛr'marktən] *v* commercialiser

vermehren [fɛr'meːrən] *v 1.* augmenter, accroître; *2. sich ~ (sich fortpflanzen)* se multiplier, se propager
Vermehrung [fɛr'meːruŋ] *f 1.* augmentation *f; 2. (Fortpflanzung)* multiplication *f*
vermeidbar [fɛr'maɪtbaːr] *adj* évitable
vermeiden [fɛr'maɪdən] *v irr* éviter de
Vermeidung [fɛr'maɪduŋ] *f* évitement *m*
vermeintlich [fɛr'maɪntlɪç] *adj* prétendu
vermengen [fɛr'mɛŋən] *v* mêler
Vermerk [fɛr'mɛrk] *m* remarque *f*
vermerken [fɛr'mɛrkən] *v* marquer, mentionner
vermessen [fɛr'mɛsən] *v irr 1.* mesurer, arpenter; *adj 2.* téméraire, audacieux
vermieten [fɛr'miːtən] *v* louer, donner en location
Vermieter(in) [fɛr'miːtər(ɪn)] *m/f* loueur/loueuse *m/f*
Vermietung [fɛr'miːtuŋ] *f* location *f*
vermindern [fɛr'mɪndərn] *v* diminuer, atténuer
Verminderung [fɛr'mɪndəruŋ] *f* diminution *f*
vermischen [fɛr'mɪʃən] *v 1.* mélanger; *2. (kreuzen)* croiser
vermissen [fɛr'mɪsən] *v 1. jdn ~* regretter l'absence de qn; *2. etw ~ (nicht finden)* ne pas retrouver qc
vermitteln [fɛr'mɪtəln] *v 1.* servir d'intermédiaire à; *2. (etw beschaffen)* procurer; *3. (eingreifen)* intervenir
Vermittler(in) [fɛr'mɪtlər(ɪn)] *m/f* intermédiaire *m/f*
Vermittlung [fɛr'mɪtluŋ] *f 1. (Vermitteln)* entremise *f; 2. (Telefonvermittlung)* central téléphonique *m; 3. (Stellenvermittlung)* placement de main-d'œuvre *m*
vermodern [fɛr'moːdərn] *v* pourrir
vermögen [fɛr'møːgən] *v irr etw ~* pouvoir faire qc
Vermögen [fɛr'møːgən] *n 1. (Können)* capacité *f; 2. (Besitz)* biens *m/pl; ein ~ kosten* coûter les yeux de la tête/coûter une fortune
vermögend [fɛr'møːgənt] *adj (wohlhabend)* aisé, fortuné
vermummen [fɛr'mumən] *v sich ~* s'emmitoufler
vermuten [fɛr'muːtən] *v* supposer, présumer
vermutlich [fɛr'muːtlɪç] *adj* probable
Vermutung [fɛr'muːtuŋ] *f* supposition *f*
vernachlässigen [fɛr'naːxlɛsɪgən] *v* négliger, abandonner
Vernachlässigung [fɛr'naxlɛsɪguŋ] *f* négligence *f*
vernageln [fɛr'nagəln] *v 1. (mit Brettern)* clouer; *2. wie vernagelt sein* être comme cloué, être borné
vernehmbar [fɛr'neːmbaːr] *adj* perceptible
vernehmen [fɛr'neːmən] *v irr 1. (hören)* entendre dire; *2. (verhören)* interroger
Vernehmung [fɛr'neːmuŋ] *f (von Zeugen) JUR* audition *f*
verneigen [fɛr'naɪgən] *v sich ~* s'incliner
Verneigung [fɛr'naɪguŋ] *f 1.* révérence *f; 2. (Verbeugung)* inclinaison *f*
verneinen [fɛr'naɪnən] *v 1. (Nein sagen)* dire non, répondre non; *2. (ablehnen)* refuser, nier
Verneinung [fɛr'naɪnuŋ] *f 1.* négation *f; 2. (Ablehnung)* refus *m*
vernichten [fɛr'nɪçtən] *v* détruire, anéantir; *etw völlig ~* réduire qc à néant
vernichtend [fɛr'nɪçtənt] *adj 1.* destructeur; *2. (Niederlage, Kritik)* impitoyable
Vernichtung [fɛr'nɪçtuŋ] *f* anéantissement *m*
Vernunft [fɛr'nunft] *f* raison *f,* jugement *m; jdn zur ~ bringen* ramener qn à la raison/faire entendre raison à qn; *gegen jede ~* contraire à la raison; *~ annehmen* se montrer raisonnable/entendre raison; *zur ~ kommen* se rendre à la raison
vernünftig [fɛr'nynftɪç] *adj 1.* raisonnable, judicieux; *2. (überlegt)* réfléchi
vernünftigerweise [fɛr'nynftɪgərvaɪzə] *adv* raisonnablement
veröden [fɛr'øːdən] *v 1. (Landschaft)* changer en désert; *2. (entvölkern)* se dépeupler
veröffentlichen [fɛr'œfəntlɪçən] *v* publier
Veröffentlichung [fɛr'œfəntlɪçuŋ] *f* parution *f,* publication *f*
verordnen [fɛr'ɔrdnən] *v 1. (bestimmen)* décréter; *2. MED* prescrire
Verordnung [fɛr'ɔrdnuŋ] *f (Bestimmung)* décret *m*
verpachten [fɛr'paxtən] *v* donner à bail
verpacken [fɛr'pakən] *v* emballer
Verpackung [fɛr'pakuŋ] *f* emballage *m*
verpassen [fɛr'pasən] *v 1. (versäumen)* manquer, laisser échapper; *2. (fam: geben)* donner, attribuer; *jdm eine ~* flanquer une raclée à qn/donner une volée à qn
verpflanzen [fɛr'pflantsən] *v* transplanter

verpflegen [fɛr'pfleːgən] *v* nourrir, ravitailler
Verpflegung [fɛr'pfleːguŋ] *f* nourriture *f*
verpflichten [fɛr'pflɪçtən] *v* obliger, engager; *Das verpflichtet zu nichts.* Cela n'engage à rien.
verpflichtend [fɛr'pflɪçtənt] *adj* obligatoire
Verpflichtung [fɛr'pflɪçtuŋ] *f* obligation *f; eine ~ eingehen* prendre un engagement
verpfuschen [fɛr'pfuʃən] *v (fam)* bousiller, saboter
verplappern [fɛr'plapərn] *v sich ~ (fam)* se trahir en bavardant
verplempern [fɛr'plɛmpərn] *v (fam: vergeuden)* gaspiller
verpönt [fɛr'pøːnt] *adj* mal vu
verprügeln [fɛr'pryːgəln] *v* rouer de coups, rosser (fam); *jdn ~* casser la figure à qn/passer qn à tabac
verpulvern [fɛr'pulvərn] *v (fam)* jeter par les fenêtres, gaspiller
verputzen [fɛr'putsən] *v 1. (Mauer)* crépir; *2. (fam: essen)* dévorer
Verrat [fɛr'raːt] *m* trahison *f*
verraten [fɛr'raːtən] *v irr* trahir, livrer par traîtrise; *~ und verkauft* abandonné à son triste sort
Verräter(in) [fɛr'rɛːtər(ɪn)] *m/f* traître(sse) *m/f*
verrechnen [fɛr'rɛçnən] *v 1.* porter au compte; *2. sich ~* se tromper dans le calcul de
verreisen [fɛr'raɪzən] *v* partir en voyage
verrenken [fɛr'rɛŋkən] *v MED* luxer
Verrenkung [fɛr'rɛŋkuŋ] *f MED* luxation *f*
verrichten [fɛr'rɪçtən] *v* accomplir, exécuter; *unverrichteter Dinge wieder abziehen* s'en retourner comme on est venu
verriegeln [fɛr'riːgəln] *v* verrouiller
Verriegelung [fɛr'riːgəluŋ] *f* verrouillage *m*
verringern [fɛr'rɪŋərn] *v 1.* diminuer, réduire; *2. (abwerten)* déprécier
Verringerung [fɛr'rɪŋəruŋ] *f* diminution *f*
verrosten [fɛr'rɔstən] *v* rouiller
verrücken [fɛr'rykən] *v* déplacer
verrückt [fɛr'rykt] *adj 1.* fou, extravagant; *komplett ~ sein* être fou à lier; *wie ~* comme un fou/comme une folle; *auf etw ~ sein* être fou de qc (fam)/adorer qc; *~ spielen* perdre la tête/perdre la boule (fam); *adv 2.* à la folie
Verrücktwerden [fɛr'ryktwerdən] *n Es ist ja zum ~!* C'est à devenir dingue!
verrufen [fɛr'ruːfən] *adj* louche
verrutschen [fɛr'rutʃən] *v* glisser
Vers [fɛrs] *m* vers *m*
versagen [fɛr'zaːgən] *v 1. (scheitern)* manquer, échouer; *2. (Maschine)* lâcher; *3. (verweigern)* refuser, dénier; *4. (verzichten)* refuser
Versagen [fɛr'zaːgən] *n 1.* non-fonctionnement *m; 2. (bei einer Person)* défaillance *f*
Versager [fɛr'zaːgər] *m (Mensch)* raté *m*
versalzen [fɛr'zaltsən] *v irr 1. (Essen)* trop saler; *2. jdm etw ~ (fig)* gâter qc à qn; *jdm die Suppe ~* gâter la joie de qn
versammeln [fɛr'zaməln] *v* réunir
Versammlung [fɛr'zamluŋ] *f* réunion *f*
Versand [fɛr'zant] *m* envoi *m,* expédition *f*
versäumen [fɛr'zɔymən] *v* négliger, omettre; *Sie haben nichts versäumt!* Vous n'avez rien manqué! *nichts zu ~ haben* ne pas avoir de temps à perdre/être pressé
Versäumnis [fɛr'zɔymnɪs] *n 1. (Unterlassung)* négligence *f; 2. (Verspätung)* retard *m*
verschaffen [fɛr'ʃafən] *v* procurer
verschandeln [fɛr'ʃandəln] *v* déparer, défigurer
Verschandelung [fɛr'ʃandəluŋ] *f* défiguration *f*
verschärfen [fɛr'ʃɛrfən] *v 1.* aggraver, accentuer; *2. (verstärken)* renforcer
Verschärfung [fɛr'ʃɛrfuŋ] *f 1.* aggravation *f; 2. (Verstärkung)* renforcement *m*
verschätzen [fɛr'ʃɛtsən] *v sich ~* se tromper dans une estimation
verschenken [fɛr'ʃɛŋkən] *v* offrir, donner en cadeau
verscheuchen [fɛr'ʃɔyçən] *v* effaroucher, faire fuir
verschicken [fɛr'ʃɪkən] *v* envoyer, expédier
verschieben [fɛr'ʃiːbən] *v irr 1. (verrücken)* déplacer, décaler; *2. (aufschieben)* ajourner, remettre
verschieden [fɛr'ʃiːdən] *adj* différent, distinct
Verschiedenheit [fɛr'ʃiːdənhaɪt] *f* diversité *f*
verschimmeln [fɛr'ʃɪməln] *v* moisir
verschlafen [fɛr'ʃlaːfən] *v irr 1.* se réveiller trop tard; *2. (versäumen)* passer ... à dormir; *adj 3.* mal réveillé
verschlampen [fɛr'ʃlampən] *v (fam)* perdre, égarer
verschlechtern [fɛr'ʃlɛçtərn] *v 1.* aggraver, détériorer; *2. sich ~* se dégrader, empirer

Verschlechterung [fɛr'ʃlɛçtəruŋ] *f* aggravation *f*
verschleiern [fɛr'ʃlaɪərn] *v 1.* voiler; *2. (verbergen)* dissimuler
Verschleiß [fɛr'ʃlaɪs] *m* usure *f*
verschließen [fɛr'ʃliːsən] *v irr* fermer à clé
verschlimmern [fɛr'ʃlɪmərn] *v 1. etw ~* aggraver qc; *2. sich ~* empirer
Verschlimmerung [fɛr'ʃlɪməruŋ] *f* aggravation *f*
verschlossen [fɛr'ʃlɔsən] *adj (fig)* renfermé
verschlucken [fɛr'ʃlukən] *v 1. etw ~* avaler qc, absorber qc; *Wörter beim Sprechen ~* manger des mots; *2. sich ~* avaler de travers
Verschluss [fɛr'ʃlus] *m 1.* fermeture *f; 2. (eines Schmuckstücks)* fermoir *m; 3. (einer Kamera)* obturateur *m*
verschmähen [fɛr'ʃmɛːən] *v* dédaigner
verschmelzen [fɛr'ʃmɛltsən] *v irr* fusionner
verschmitzt [fɛr'ʃmɪtst] *adj* futé
verschmutzen [fɛr'ʃmutsən] *v* salir, encrasser
verschollen [fɛr'ʃɔlən] *adj 1.* disparu; *2. JUR* absent
verschonen [fɛr'ʃoːnən] *v* ménager; *Verschone mich damit!* Fais-moi grâce de cela!/Epargne-moi cela!
verschönern [fɛr'ʃøːnərn] *v* embellir
verschränken [fɛr'ʃrɛŋkən] *v 1.* entrecroiser; *2. (Arme, Beine)* croiser
verschreiben [fɛr'ʃraɪbən] *v irr 1. (verordnen)* prescrire; *2. sich ~* faire un lapsus; *3. sich ~ (sich widmen)* se vouer à
verschulden [fɛr'ʃuldən] *v 1. (verursachen)* être responsable de, être la cause de; *2. ECO* endetter
Verschulden [fɛr'ʃuldən] *n* faute *f*
verschweigen [fɛr'ʃvaɪgən] *v irr etw ~* taire qc, omettre de dire qc; *jdm etw ~* cacher qc à qn/taire qc à qn
verschwenden [fɛr'ʃvɛndən] *v* gaspiller, dilapider
verschwenderisch [fɛr'ʃvɛndərɪʃ] *adj* gaspilleur
Verschwendung [fɛr'ʃvɛnduŋ] *f* gaspillage *m*
verschwiegen [fɛr'ʃviːgən] *adj* discret
verschwinden [fɛr'ʃvɪndən] *v irr 1.* disparaître, se perdre; *2. (weggehen)* s'en aller
verschwommen [fɛr'ʃvɔmən] *adj 1.* estompé, vague; *2. (Foto)* flou
verschwören [fɛr'ʃvøːrən] *v sich gegen jdn ~* comploter contre qn, conspirer contre qn

Versehen [fɛr'zeːən] *n* erreur *f,* inadvertance *f*
versehentlich [fɛr'zeːəntlɪç] *adv* par inadvertance
versenden [fɛr'zɛndən] *v irr* envoyer, expédier
Versendung [fɛr'zɛnduŋ] *f* envoi *m*
versenken [fɛr'zɛŋkən] *v 1. (Schiff)* couler; *2. sich in etw ~ (fig)* se plonger dans qc
versessen [fɛr'zɛsən] *adj ~ auf* fou de
versetzen [fɛr'zɛtsən] *v 1. (Beamter)* déplacer; *2. (Schüler)* faire passer dans la classe supérieure; *3. (fig) jdn ~* plaquer qn, poser un lapin à qn
Versetzung [fɛr'zɛtsuŋ] *f 1. (eines Beamten)* déplacement *m; 2. (eines Schülers)* passage *m*
verseuchen [fɛr'zɔyçən] *v 1.* infecter, contaminer; *2. (fig)* infester
Verseuchung [fɛr'zɔyçuŋ] *f* infection *f*
versichern [fɛr'zɪçərn] *v 1.* affirmer, garantir; *2. jdn gegen etw ~* assurer qn contre qc
Versicherung [fɛr'zɪçəruŋ] *f* assurance *f*
versickern [fɛr'zɪkərn] *v* s'infiltrer, s'écouler
versiegeln [fɛr'ziːgəln] *v 1.* cacheter; *2. (Parkett)* vitrifier
versilbern [fɛr'zɪlbərn] *v* argenter
versinken [fɛr'zɪŋkən] *v irr 1.* s'enfoncer, s'enliser; *vor Scham am liebsten in den Boden ~* vouloir rentrer sous terre; *2. in etw ~ (fig)* se perdre dans qc, s'abîmer dans qc
Version [vɛr'zjoːn] *f* version *f*
versöhnen [fɛr'zøːnən] *v sich ~ mit* se réconcilier avec
versöhnlich [fɛr'zøːnlɪç] *adj* conciliant
Versöhnung [fɛr'zøːnuŋ] *f* réconciliation *f*
versorgen [fɛr'zɔrgən] *v 1. (unterhalten)* entretenir; *2. (beliefern)* approvisionner, fournir; *3. (pflegen)* prendre soin de
Versorgung [fɛr'zɔrguŋ] *f 1. (Belieferung)* fourniture *f; 2. (Pflege)* soins *m/pl*
verspäten [fɛr'ʃpɛːtən] *v sich ~* se mettre en retard, être en retard
Verspätung [fɛr'ʃpɛːtuŋ] *f* retard *m*
versperren [fɛr'ʃpɛrən] *v 1.* barrer; *2. (Aussicht)* masquer, boucher; *3. (Weg)* barrer, couper
verspielen [fɛr'ʃpiːlən] *v bei jdm verspielt haben* avoir perdu la sympathie de qn
verspotten [fɛr'spɔtən] *v jdn ~* se moquer de qn, railler qn
Verspottung [fɛr'ʃpɔtuŋ] *f* moquerie *f*

versprechen [fɛr'ʃprɛçən] *v irr 1. jdm etw ~* promettre qc à qn; *viel ~d* prometteur; *2. sich ~* se tromper en parlant, faire un lapsus
Versprechen [fɛr'ʃprɛçən] *n* promesse *f*, engagement *m*
Versprechung [fɛr'ʃprɛçuŋ] *f* promesse *f*
Verstand [fɛr'ʃtant] *m* raison *f*, intelligence *f*; *jdm den ~ rauben* couper le souffle à qn/couper le sifflet à qn (fam); *Da bleibt einem doch der ~ stehen!* Ça vous la coupe! *Das geht über meinen ~!* Je n'arrive pas à comprendre!/Ça me dépasse!
verständig [fɛr'ʃtɛndɪç] *adj* raisonnable
verständigen [fɛr'ʃtɛndɪgən] *v 1. jdn von etw ~* informer qn de qc; *2. sich ~ mit* s'entendre avec
Verständigung [fɛr'ʃtɛndɪguŋ] *f 1.* entente *f*; *2. (Benachrichtigung)* avis *m*
verständlich [fɛr'ʃtɛntlɪç] *adj* intelligible, compréhensible; *allgemein ~* intelligible, à la portée de tous
Verständnis [fɛr'ʃtɛntnɪs] *n* compréhension *f*
verständnislos [fɛr'ʃtɛntnɪsloːs] *adj 1.* incompréhensif; *adv 2.* sans comprendre
verständnisvoll [fɛr'ʃtɛntnɪsfɔl] *adj 1.* compréhensif; *adv 2.* avec compréhension
verstärken [fɛr'ʃtɛrkən] *v 1.* renforcer, fortifier; *2. (fig)* augmenter, renforcer
Verstärkung [fɛr'ʃtɛrkuŋ] *f* renforcement *m*
verstauen [fɛr'ʃtauən] *v* mettre, placer
Versteck [fɛr'ʃtɛk] *n* cachette *f*, cache *f*; *~ spielen* jouer à cache-cache
verstecken [fɛr'ʃtɛkən] *v* cacher, dissimuler; *sich neben jdm ~ müssen* se cacher derrière qn/se planquer derrière qn (fam); *sich vor jdm nicht zu ~ brauchen* ne pas avoir de complexes par rapport à qn
Versteckspiel [fɛr'ʃtɛkʃpiːl] *n* cache-cache *m*, partie de cache-cache *f*
verstehen [fɛr'ʃteːən] *v irr 1.* comprendre, saisir, concevoir; *Das versteht sich von selbst.* Cela va sans dire./Cela va de soi. *Ich verstehe nichts.* Je n'y comprends rien. *Das versteht sich.* Cela se comprend. *Was ~ Sie darunter?* Qu'entendez vous par là? *nicht die Bohne davon ~* s'y entendre comme à ramer des choux/ne comprendre que dalle (fam); *2. (wissen)* savoir; *jdm etw zu ~ geben* laisser entendre qc à qn
versteinert [fɛr'ʃtaɪnərt] *adj (fig) wie ~* pétrifié
verstellbar [fɛr'ʃtɛlbaːr] *adj* mobile
verstellen [fɛr'ʃtɛlən] *v 1.* déplacer, déranger; *2. (regulieren)* régler, ajuster; *3. (fig) sich ~* faire semblant de, feindre
verstimmt [fɛr'ʃtɪmt] *adj 1. MUS* désaccordé; *2. (fig)* de mauvaise humeur
verstohlen [fɛr'ʃtoːlən] *adj 1.* furtif; *adv 2.* à la dérobée
verstopft [fɛr'ʃtɔpft] *adj* bouché
Verstorbene(r) [fɛr'ʃtɔrbənə(r)] *m/f* défunt(e) *m/f*
verstört [fɛr'ʃtøːrt] *adj* effaré
Verstoß [fɛr'ʃtoːs] *m* manquement *m*, infraction *f*
verstoßen [fɛr'ʃtoːsən] *v irr 1. (verjagen)* chasser, expulser; *2. (zuwiderhandeln)* enfreindre, violer
verstreuen [fɛr'ʃtrɔyən] *v* disperser
verstricken [fɛr'ʃtrɪkən] *v (fig) sich ~ in* s'empêtrer dans
verstümmeln [fɛr'ʃtyməln] *v 1.* mutiler; *2. (fig)* tronquer
Versuch [fɛr'zuːx] *m* essai *m*
versuchen [fɛr'zuːxən] *v 1.* essayer de, tenter de; *2. (kosten)* essayer, goûter
versuchsweise [fɛr'zuːxsvaɪzə] *adv* à titre d'essai
Versuchung [fɛr'zuːxuŋ] *f* tentation *f*
versunken [fɛr'zuŋkən] *adj (fig)* plongé
vertagen [fɛr'taːgən] *v* ajourner, proroger
vertauschen [fɛr'tauʃən] *v* échanger, intervertir
verteidigen [fɛr'taɪdɪgən] *v 1. JUR* défendre; *2. (unterstützen)* soutenir
Verteidigung [fɛr'taɪdɪguŋ] *f 1.* défense *f*; *2. JUR* plaidoyer *m*
verteilen [fɛr'taɪlən] *v 1. (austeilen)* distribuer à; *2. (aufteilen)* répartir, partager
Verteilung [fɛr'taɪluŋ] *f 1. (Austeilen)* distribution *f*; *2. (Verteilen)* répartition *f*
vertiefen [fɛr'tiːfən] *v 1.* approfondir; *2. (Wissen)* approfondir
vertikal [vɛrtɪ'kaːl] *adj* vertical
vertilgen [fɛr'tɪlgən] *v 1. (vernichten)* anéantir; *2. (fig: essen)* consommer
vertragen [fɛr'traːgən] *v irr 1. etw ~* supporter qc, tolérer qc; *2. sich ~* s'entendre
verträglich [fɛr'trɛːklɪç] *adj 1. (umgänglich)* conciliant, accommodant; *2. (bekömmlich)* digeste
vertrauen [fɛr'trauən] *v jdm ~* avoir confiance en qn, se fier à qn
Vertrauen [fɛr'trauən] *n* confiance *f*; *~ erweckend* qui éveille la confiance, éprouvé

vertrauensvoll [fɛr'trauənsfɔl] *adj 1.* confiant; *adv 2.* avec confiance
vertrauenswürdig [fɛr'trauənsvyrdɪç] *adj 1.* digne de confiance; *2. (sicher)* sûr
vertraulich [fɛr'traulɪç] *adj* confidentiel
verträumt [fɛr'trɔymt] *adj* rêveur
vertraut [fɛr'traut] *adj* intime, familier
Vertrautheit [fɛr'trauthaɪt] *f* intimité *f,* familianté *f*
vertreiben [fɛr'traɪbən] *v irr 1. (verjagen)* chasser, expulser; *2. (Zeit)* passer; *3. (aus der Wohnung)* déloger
vertretbar [fɛr'treːtbaːr] *adj* justifiable
vertreten [fɛr'treːtən] *v irr 1. (repräsentieren)* représenter; *2. (ersetzen)* remplacer; *3. (Meinung ~)* être d'avis
Vertreter(in) [fɛr'treːtər(ɪn)] *m/f 1. (Repräsentant(in))* représentant(e) *m/f; 2. (Stellvertreter(in))* remplaçant(e) *m/f; 3. (Verfechter(in))* défenseur/défenseuse *m/f*
Vertretung [fɛr'treːtuŋ] *f 1. (Repräsentanz)* représentation *f; 2. (Stellvertretung)* remplacement *m; 3. (Vertreten)* représentation *f*
vertrösten [fɛr'trøːstən] *v 1.* consoler; *2. (fig)* bercer qn de belles illusions
vertuschen [fɛr'tuʃən] *v* cacher
verüben [fɛr'yːbən] *v* commettre
verunglücken [fɛr'unglykən] *v* avoir un accident
verunreinigen [fɛr'unraɪnɪgən] *v* salir
verunsichern [fɛr'unzɪçərn] *v jdn ~* rendre qn hésitant
Verunsicherung [fɛr'unzɪçəruŋ] *f* hésitation *f*
verunstalten [fɛr'unʃtaltən] *v* défigurer
veruntreuen [fɛr'untrɔyən] *v* soustraire
Veruntreuung [fɛr'untrɔyuŋ] *f* détournement *m*
verursachen [fɛr'uːrzaxən] *v* causer
Verursacher [fɛr'uːrzaxər] *m* auteur *m*
verurteilen [fɛr'urtaɪlən] *v 1. jdn zu etw ~* condamner qn à qc; *2. (missbilligen)* désapprouver
vervielfältigen [fɛr'fiːlfɛltɪgən] *v* multiplier
Vervielfältigung [fɛr'fiːlfɛltɪguŋ] *f* multiplication *f*
vervollkommnen [fɛr'fɔlkɔmnən] *v* perfectionner
vervollständigen [fɛr'fɔlʃtɛndɪgən] *v* compléter
verwahren [fɛr'vaːrən] *v 1.* garder; *2. sich gegen etw ~* protester contre qc
verwahrlost [fɛr'vaːrloːst] *adj* négligé
verwalten [fɛr'valtən] *v 1.* administrer, gérer; *2. (Amt)* exercer
Verwalter(in) [fɛr'valtər(ɪn)] *m/f* administrateur/administratrice *m/f*
Verwaltung [fɛr'valtuŋ] *f* administration *f,* gestion *f*
verwandeln [fɛr'vandəln] *v* changer, transformer
Verwandlung [fɛr'vandluŋ] *f* transformation *f*
verwandt [fɛr'vant] *adj 1.* parent, allié; *2. (ähnlich)* semblable
Verwandte(r) [fɛr'vantə(r)] *m/f* parent(e) *m/f*
Verwandtschaft [fɛr'vantʃaft] *f* parenté *f,* famille *f*
verwarnen [fɛr'varnən] *v* avertir, donner un avertissement
Verwarnung [fɛr'varnuŋ] *f* avertissement *m,* mise en garde *f*
verwechseln [fɛr'vɛksəln] *v* confondre, prendre l'un pour l'autre
Verwechslung [fɛr'vɛksluŋ] *f 1.* confusion *f; 2. (Irrtum)* erreur *f*
verwegen [fɛr'veːgən] *adj 1.* téméraire; *adv 2.* avec témérité
verweigern [fɛr'vaɪgərn] *v* refuser, dénier
Verweigerung [fɛr'vaɪgəruŋ] *f* refus *m*
verweilen [fɛr'vaɪlən] *v* séjourner
verweisen [fɛr'vaɪzən] *v irr ~ auf* renvoyer à
verwelken [fɛr'vɛlkən] *v* se faner
verwendbar [fɛr'vɛntbaːr] *adj* utilisable
verwenden [fɛr'vɛndən] *v irr* utiliser
Verwendung [fɛr'vɛnduŋ] *f* utilisation *f; für etw ~ finden* trouver preneur pour qc/trouver un usage à qc
verwerflich [fɛr'vɛrflɪç] *adj* condamnable
verwerten [fɛr'veːrtən] *v 1. (benutzen)* utiliser; *2. (wieder ~)* récupérer; *3. (auswerten)* exploiter
Verwertung [fɛr'veːrtuŋ] *f 1. (Benutzung)* utilisation *f; 2. (Wiederverwertung)* récupération *f; 3. (Auswertung)* exploitation *f*
verwickeln [fɛr'vɪkəln] *v jdn in etw ~ (fig)* engager qn dans qc, impliquer qn dans qc
Verwicklung [fɛr'vɪkluŋ] *f (fig)* implication *f*
verwildern [fɛr'vɪldərn] *v 1.* devenir sauvage; *2. (fig)* être laissé à l'abandon
verwirklichen [fɛr'vɪrklɪçən] *v* réaliser
Verwirklichung [fɛr'vɪrklɪçuŋ] *f* réalisation *f*

verwirren [fɛr'vɪrən] *v 1.* embrouiller, emmêler; *2. (fig)* confondre
verwirrt [fɛr'vɪrt] *adj* confus, décontenancé
Verwirrung [fɛr'vɪruŋ] *f* confusion *f*
verwischen [fɛr'vɪʃən] *v 1.* brouiller; *2. sich ~* s'effacer
verwitwet [fɛr'vɪtvət] *adj* veuf
verwöhnen [fɛr'vøːnən] *v* gâter, choyer; *Sie ~ mich!* Vous me comblez!
verworren [fɛr'vɔrən] *adj* confus
verwundbar [fɛr'vuntbaːr] *adj* vulnérable
verwunden [fɛr'vundən] *v* blesser
verwunderlich [fɛr'vuŋdərlɪç] *adj 1.* étonnant; *Das ist nicht ~.* Il n'y a rien d'étonnant à cela. *2. (seltsam)* étrange
Verwunderung [fɛr'vundəruŋ] *f* étonnement *m*
verwüsten [fɛr'vyːstən] *v* dévaster
verzagen [fɛr'tsaːgən] *v* perdre courage
verzählen [fɛr'tsɛːlən] *v sich ~* se tromper en comptant
verzaubern [fɛr'tsaubərn] *v 1.* enchanter; *2. in etw ~* changer en qc
verzehren [fɛr'tseːrən] *v 1.* manger; *2. (fig) sich ~* se consumer de
verzeichnen [fɛr'tsaɪçnən] *v* noter
Verzeichnis [fɛr'tsaɪçnɪs] *n* liste *f*
verzeihen [fɛr'tsaɪən] *v irr* pardonner, excuser; *Das werde ich mir nie ~!* Je ne me le pardonnerai jamais!
verzeihlich [fɛr'tsaɪlɪç] *adj* pardonnable
Verzeihung [fɛr'tsaɪuŋ] *f 1.* pardon *m; interj 2. ~!* Excuse-moi!
Verzicht [fɛr'tsɪçt] *m ~ auf* renoncement à *m*
verzichten [fɛr'tsɪçtən] *v auf etw ~* renoncer à qc, se désister de qc
verziehen [fɛr'tsiːən] *v irr 1. das Gesicht ~* faire la moue; *2. (Pflanzen: einige herausziehen)* démarier; *3. (verwöhnen)* gâter, mal élever; *4. sich ~ (Gesicht)* se défigurer; *5. sich ~ (die Form verlieren)* se déformer; *6. sich ~ (fam: sich entfernen)* s'éloigner; *Verzieh' dich!* Disparais! *7. sich ~ (vorübergehen)* se passer; *8. sich ~ (Nebel)* se dissiper; *9. (an einen anderen Ort ziehen)* déménager
verzieren [fɛr'tsiːrən] *v* orner, décorer
Verzierung [fɛr'tsiːruŋ] *f* ornement *m*
verzögern [fɛr'tsøːgərn] *v* ralentir
Verzug [fɛr'tsuːk] *m 1.* retard *m; mit etw in ~ geraten* prendre du retard pour qc; *mit etw in ~ sein* être en retard pour qc; *Es ist Gefahr in ~.* Il y a péril en la demeure. *2. JUR* demeure *f*
verzweifeln [fɛr'tsvaɪfəln] *v* désespérer, se désespérer; *Man könnte ~!* C'est désespérant! *Es ist zum Verzweifeln!* Il y a de quoi se jeter à l'eau!
verzweifelt [fɛr'tsvaɪfəlt] *adj 1.* désespéré; *adv 2.* avec désespoir
Verzweiflung [fɛr'tsvaɪfluŋ] *f* désespoir *m*
Vetter ['fɛtər] *m* cousin *m*
Vieh [fiː] *n* bétail *m,* bêtes d'élevage *f/pl*
viel ['fiːl] *adj 1.* beaucoup, nombreux; *zu ~* trop; *adv 2.* beaucoup, très
vielfach ['fiːlfax] *adj 1.* multiple, divers; *adv 2.* de diverses manières; *3. (oft)* souvent, fréquemment
Vielfalt ['fiːlfalt] *f* diversité *f*
vielfältig ['fiːlfɛltɪç] *adj* diversifié
vielleicht [fi'laɪçt] *adv* peut-être, sans doute
vielmals ['fiːlmaːls] *adv* souvent, bien des fois; *Danke ~!* Merci beaucoup!
vielmehr ['fiːlmeːr] *adv* plutôt, bien plus
vielseitig ['fiːlzaɪtɪç] *adj 1.* varié; *2. MATH* polygonal; *adv 3.* avec complexité
Vielzahl ['fiːltsaːl] *f* grand nombre *m,* multitude *f*
vier [fiːr] *num* quatre; *alle ~e von sich strecken* s'étirer; *auf allen ~en* à quatre pattes
vierbeinig ['fiːrbaɪnɪç] *adj* quadrupède
Viereck ['fiːrɛk] *n 1.* quadrilatère *m,* carré *m; 2. (Rechteck)* rectangle *m*
viereckig ['fiːrɛkɪç] *adj* carré, quadrangulaire
Viertel ['fɪrtəl] *n 1. MATH* quart *m; 2. (Stadtteil)* quartier *m*
vierteljährlich ['fɪrtəljɛːrlɪç] *adj 1.* trimestriel; *adv 2.* chaque trimestre, par trimestre
Viertelstunde [fɪrtəl'ʃtundə] *f* quart d'heure *m*
vierzehn ['fɪrtseːn] *num* quatorze
vierzig ['fɪrtsɪç] *num* quarante
Vierziger ['fɪrtsɪgər] *pl 1. (Mensch) in den ~n sein* avoir la quarantaine; *2. (Jahrzehnt) die ~* les années quarante *f/pl*
Villa ['vɪla] *f* villa *f*
violett [vio'lɛt] *adj* violet, violacé
Visier [vi'ziːr] *n mit offenem ~ kämpfen* agir à découvert
Vision [vi'zjoːn] *f* vision *f*
Visite [vi'ziːtə] *f* visite *f*
Visitenkarte [vi'ziːtənkartə] *f* carte de visite *f*
vital [vi'taːl] *adj* vital
Vitamin [vita'miːn] *n* vitamine *f*

Vogel ['foːgəl] *m ZOOL* oiseau *m; den ~ abschießen (fig)* avoir le pompon/décrocher la timbale; *einen ~ haben (fig)* avoir un petit vélo dans la tête/avoir une araignée au plafond; *jdm den ~ zeigen (fig)* faire signe à qn qu'il est fêlé
Vogelscheuche ['foːgəlʃɔyçə] *f* épouvantail *m*
Vokabel [vo'kaːbəl] *f* vocable *m,* mot *m*
Vokabular [vokaːbu'laːr] *n* vocabulaire *m*
Vokal [vo'kaːl] *m* voyelle *f*
Volk [fɔlk] *n 1.* peuple *m,* nation *f; 2. (Menge)* foule *f; sich unters ~ mischen* se mêler à la foule; *3. (Leute)* gens *m/pl; fahrendes ~* un peuple nomade *m,* les gens du voyage *m/pl*
Volkshochschule ['fɔlkshoːxʃuːlə] *f* université populaire *f*
Volkslied ['fɔlksliːt] *n* chanson populaire *f*
voll [fɔl] *adj 1.* plein, rempli, comble; *gesteckt ~/brechend ~* bourré/plein à craquer; *jdn nicht für ~ nehmen* ne pas prendre qn au sérieux; *sich ~ laufen lassen* se prendre une biture/se cuiter/se bourrer la gueule; *sich den Bauch ~ schlagen* s'en mettre plein la panse/se bâfrer; *~ tanken* faire le plein; *aus dem Vollen schöpfen* dépenser sans compter/faire le grand seigneur; *in die Vollen gehen* ne pas ménager sa peine/mettre le paquet (fam); *adv 2.* complètement, entièrement
vollauf ['fɔlauf] *adv* largement; *~ genug haben* avoir largement assez
vollautomatisch ['fɔlautomaːtɪʃ] *adj* entièrement automatique
vollbringen [fɔl'brɪŋən] *v irr* accomplir, réaliser
vollenden [fɔl'ɛndən] *v* terminer, achever
Vollendung [fɔl'ɛnduŋ] *f* accomplissement *m*
völlig ['fœlɪç] *adj 1.* entier, complet; *adv 2.* parfaitement
volljährig ['fɔljɛːrɪç] *adj JUR* majeur
vollkommen [fɔl'kɔmən] *adj 1.* parfait, accompli; *adv 2.* complètement
Vollkommenheit [fɔl'kɔmənhaɪt] *f* perfection *f*
Vollmacht ['fɔlmaxt] *f* procuration *f*
Vollmond ['fɔlmoːnt] *m* pleine lune *f*
vollpacken ['fɔlpakən] *v* emballer jusqu'au trop plein; *den Koffer ~* remplir trop la valise; *das Auto ~* charger la voiture à bloc
vollständig ['fɔlʃtɛndɪç] *adj* complet
vollwertig ['fɔlveːrtɪç] *adj* de pleine valeur
vollzählig ['fɔltsɛːlɪç] *adj 1.* complet; *adv 2.* au complet
vollziehen [fɔl'tsiːən] *v irr* exécuter
Volumen [vo'luːmən] *n* volume *m*
von [fɔn] *prep 1. (örtlich)* de; *2. (zeitlich)* de; *~ jeher* depuis toujours; *3. (Herkunft)* de, en provenance de; *4. (über)* de, au sujet de; *5. ~ mir aus* si tu veux, si vous voulez
vor [foːr] *prep 1. (örtlich)* devant; *2. (zeitlich)* avant; *etw ~ sich haben* ne pas avoir pris qc/ne pas avoir fait qc; *3. (kausal)* de, contre; *~ Freude* de joie; *4. ~ allen Dingen* surtout, avant tout
vorab [foːr'ap] *adv* en attendant
Vorahnung ['foːraːnuŋ] *f* pressentiment *m*
voran [fo'ran] *adv 1. (als Erster)* devant, en tête; *2. (vorwärts)* en avant
vorangehen [fo'rangeːən] *v irr* marcher en tête
vorankommen [fo'rankɔmən] *v irr* avancer
vorantreiben [fo'rantraɪbən] *v irr* pousser
voraus [for'aus] *adv 1. (örtlich)* en tête, devant; ['foraus] *2. (zeitlich) im Voraus* en avance, par avance
vorausgehen [for'ausgeːən] *v irr* précéder
vorausgesetzt [for'ausgəzɛtst] *konj* à condition
voraussagen [for'auszaːgən] *v* prédire
voraussehen [for'auszeːən] *v irr* prévoir
voraussetzen [for'auszɛtsən] *v* présumer, supposer
Voraussetzung [for'auszɛtsuŋ] *f 1.* supposition *f; 2. (Bedingung)* condition *f*
Voraussicht [fo'rauszɪçt] *f aller ~ nach* très probablement
Vorbehalt ['foːrbəhalt] *m* réserve *f; ~e machen* faire des réserves
vorbehalten ['foːrbəhaltən] *v irr 1.* réserver; *jdm ~ bleiben* être réservé à qn; *2. sich ~* se réserver de
vorbehaltlich ['foːrbəhaltlɪç] *prep* sauf, sous réserve de
vorbei [for'baɪ] *adv 1. (örtlich)* devant; *2. (zeitlich)* passé, fini, écoulé
vorbeifahren [for'baɪfaːrən] *v irr* passer devant
vorbeigehen [foːr'baɪgeːən] *v irr 1. (entlanggehen)* passer devant; *2. (vergehen)* passer; *3. (nicht stehen bleiben)* passer sans s'arrêter
vorbeikommen [foːr'baɪkɔmən] *v irr* passer
vorbelastet ['foːrbəlastət] *adj* qui a des antécédents
vorbereiten ['foːrbəraɪtən] *v 1.* préparer; *2. sich auf etw ~* se préparer à qc
Vorbereitung ['foːrbəraɪtuŋ] *f* préparation *f*

vorbestellen ['foːrbəʃtɛlən] *v* commander d'avance, réserver
Vorbestellung ['foːrbəʃtɛluŋ] *f* commande préalable *f*
vorbeugen ['foːrbɔygən] *v 1.* pencher en avant; *2. sich ~* se pencher en avant
vorbeugend ['foːrbɔygənt] *adj* préventif
Vorbild ['foːrbɪlt] *n* modèle *m*
Vorbote ['foːrboːtə] *m 1.* précurseur *m; 2. (Vorzeichen)* signe précurseur *m*
vorbringen ['foːrbrɪŋən] *v irr 1.* présenter; *2. (sagen)* énoncer
vordere(r,s) ['fɔrdərə(r,s)] *adj* premier/première, de devant, antérieur(e)
Vorderfront ['fɔrdərfrɔnt] *f* façade *f*
Vordergrund ['fɔrdərgrunt] *m* premier plan *m; etw in den ~ stellen* mettre qc au premier plan/souligner qc; *jdn in den ~ spielen* mettre qn en vedette/mettre qn au premier plan
vordergründig ['fɔrdərgryndɪç] *adj 1.* qui se trouve au premier plan; *2. (sichtbar)* visible; *3. (offensichtlich)* apparent
Vorderseite ['fɔrdərzaɪtə] *f 1.* façade *f; 2. (von einem Blatt Papier)* recto *m*
Vorderteil ['fɔrdərtaɪl] *n* partie avant *f*
vordrängen ['foːrdrɛŋən] *v sich ~* jouer des coudes, se faufiler pour passer devant
vordringen ['foːrdrɪŋən] *v irr* avancer
voreilig ['foːraɪlɪç] *adj 1.* précipité, prématuré, précoce; *2. (zu schnell)* trop vite; *adv 3.* à la légère
voreingenommen ['foːraɪngənɔmən] *adj 1.* prévenu contre/prévenu en faveur de; *adv 2.* avec parti pris
vorenthalten ['foːrɛnthaltən] *v irr* retenir
Vorentscheidung ['foːrɛntʃaɪduŋ] *f* décision préliminaire *f*
vorerst ['foːr'eːrst] *adv* d'abord, en premier lieu
Vorfall ['foːrfal] *m* événement *m*
vorfallen ['foːrfalən] *v irr 1. (fallen)* se passer, arriver; *2. (geschehen)* se produire
vorfinden ['foːrfɪndən] *v irr* trouver en arrivant
Vorfreude ['foːrfrɔydə] *f* joie anticipée *f*
vorführen ['foːrfyːrən] *v (präsentieren)* présenter, faire une démonstration
Vorführung ['foːrfyːruŋ] *f 1. (Präsentation)* présentation *f; 2. (eines Films)* projection *f*
Vorgang ['foːrgaŋ] *m 1. (Geschehen)* événement *m; 2. (Akte)* processus *m*
Vorgänger(in) ['foːrgɛŋər(ɪn)] *m/f* prédécesseur/prédécesseuse *m/f*
vorgeben ['foːrgeːbən] *v irr (fig)* prétendre, prétexter
vorgehen ['foːrgeːən] *v irr 1. (handeln)* procéder; *2. (vorausgehen)* prendre les devants; *3. (wichtiger sein)* être plus important; *4. (Uhr)* avancer
Vorgehen ['foːrgeːən] *n* procédé *m,* manière d'agir *f*
Vorgesetzte(r) ['foːrgəzɛtstə(r)] *m/f* supérieur(e) *m/f*
vorgestern ['foːrgɛstərn] *adv* avant-hier
vorgreifen ['foːrgraɪfən] *v irr* anticiper
vorhaben ['foːrhaːbən] *v irr* avoir l'intention de; *Wenn Sie heute Abend nichts ~ ...* Si vous n'êtes pas pris ce soir ...
Vorhaben ['foːrhaːbən] *n* projet *m,* intention *f*
vorhalten ['foːrhaltən] *v irr jdm etw ~ (fig: vorwerfen)* reprocher qc à qn
Vorhaltung ['foːrhaltuŋ] *f* remontrance *f*
vorhanden [for'handən] *adj* existant, disponible
Vorhang ['foːrhaŋ] *m* rideau *m*
vorher ['foːrheːr] *adv* avant, auparavant, préalablement
vorhergehend [foːr'heːrgeːənt] *adj* mentionné ci-dessus, précédent
vorherig ['foːrheːrɪç] *adj* précédent, antérieur
Vorherrschaft ['foːrhɛrʃaft] *f* prédominance *f*
vorherrschen ['foːrhɛrʃən] *v* prédominer
vorherrschend ['foːrhɛrʃənt] *adj* prédominant
Vorhersage [foːr'heːrzaːgə] *f* prédiction *f,* prévision *f*
vorhersagen [foːr'heːrzaːgən] *v* prédire
vorhersehbar [foːr'heːrzeːbaːr] *adj* prévisible
vorhin [foːr'hɪn] *adv* à l'instant, tantôt, naguère
vorig ['foːrɪç] *adj 1. (vergangen)* précédent, antérieur; *2. (vorhergegangen)* passé, dernier; *3. (letzter)* dernier
Vorjahr ['voːrjaːr] *n* année précédente *f*
Vorkehrung ['foːrkeːruŋ] *f* préparatifs *m/pl,* disposition *f*
Vorkenntnisse ['foːrkɛntnɪsə] *pl* connaissances préliminaires *f/pl*
vorkommen ['foːrkɔmən] *v irr 1. (erscheinen)* apparaître; *2. (geschehen)* arriver; *Dass das nicht wieder vorkommt!* Que cela ne se répète pas! *3. (vorhanden sein)* se trouver
Vorkommen ['foːrkɔmən] *n* présence *f*

Vorkommnis ['foːrkɔmnɪs] *n* événement *m*
Vorkriegszeit ['foːrkriːkstsaɪt] *f* avant-guerre *m*
Vorlage ['foːrlaːgə] *f* *1. (Vorlegen)* présentation *f; 2. (Muster)* modèle *m; 3. (Entwurf)* projet *m*
Vorläufer ['foːrlɔyfər] *m* précurseur *m*
vorläufig ['foːrlɔyfɪç] *adj 1.* provisoire, temporaire; *adv 2.* pour l'instant
vorlaut ['foːrlaut] *adj* qui parle trop, impertinent, infatué
vorlegen ['foːrleːgən] *v* présenter, montrer
vorlesen ['foːrleːzən] *v irr* lire à haute voix
Vorlesung ['foːrleːzuŋ] *f* cours *m; ~en hören* suivre les cours
vorletzte(r,s) ['foːrlɛtstə(r,s)] *adj* avant-dernier/avant-dernière
vorlieb ['foːrliːp] *adv ~ nehmen mit* se contenter de
Vorliebe ['foːrliːbə] *f* préférence *f,* prédilection *f*
vorliegend ['foːrliːgənt] *adj* présent
vormachen ['foːrmaxən] *v jdm etw ~* montrer à qn comment faire qc; *sich etw ~* prendre ses désirs pour des réalités; *Machen Sie sich nichts vor.* Ne vous faites pas d'illusions. *jdm ein X für ein U ~* faire prendre à qn des vessies pour des lanternes
Vormachtstellung ['foːrmaxtʃtɛluŋ] *f* prépondérance *f*
vormerken ['foːrmɛrkən] *v* retenir, prendre note de
Vormittag ['foːrmɪtaːk] *m* matinée *f,* matin *m*
vormittags ['foːrmɪtaːks] *adv* le matin, dans la matinée
Vormund ['foːrmunt] *m 1. (von Minderjährigen)* tuteur *m; 2. (von Erwachsenen)* curateur *m*
vorn(e) [fɔrn(ə)] *adv* devant, en tête, par le début; *von ~ bis hinten* du début à la fin/de a à z; *von ~ (von neuem)* depuis le début
Vorname ['foːrnaːmə] *m* prénom *m*
vornehm ['foːrneːm] *adj 1.* distingué, aristocratique; *adv 2.* avec distinction
vornehmen ['foːrneːmən] *v irr 1. (tun)* entreprendre, s'occuper de; *2. sich etw ~* se promettre de faire qc; *3. sich jdn ~* reprendre qn, faire la leçon à qn
Vorort ['foːrɔrt] *m* banlieue *f*
Vorrang ['foːrraŋ] *m* préséance *f*
vorrangig ['foːrraŋɪç] *adj 1.* prioritaire; *adv 2.* en premier lieu
Vorrat ['foːrraːt] *m* provisions *f/pl,* réserve *f*
vorrätig ['foːrrɛːtɪç] *adj* disponible
Vorratskammer ['foːrraːtskamər] *f* office *m,* cellier *m*
Vorrecht ['foːrrɛçt] *n* privilège *m*
Vorreiter ['foːrraɪtər] *m* avant-coureur .m
Vorrichtung ['foːrrɪçtuŋ] *f* dispositif *m*
vorrücken ['foːrrykən] *v* avancer; *zu vorgerückter Stunde* à une heure avancée
Vorruhestand ['foːrruːəʃtant] *m* préretraite *f*
vorsagen ['foːrzaːgən] *v 1. (zum Nachsagen vorsprechen)* souffler; *2. jdm etw ~* souffler qc à qn; *die Antwort ~* souffler la réponse
Vorsaison ['foːrzɛzɔ̃] *f* avant-saison *f*
Vorsatz ['foːrzats] *m* projet *m,* dessein *m*
vorsätzlich ['foːrzɛtslɪç] *adj 1.* volontaire, délibéré; *adv 2.* exprès
Vorschau ['foːrʃau] *f* aperçu *m*
Vorschlag ['foːrʃlaːk] *m* proposition *f*
vorschlagen ['foːrʃlaːgən] *v irr* proposer, suggérer
vorschreiben ['foːrʃraɪbən] *v irr* prescrire, ordonner
Vorschrift ['foːrʃrɪft] *f* prescription *f,* règlement *m; Es ist ~.* Il est de rigueur.
vorschriftsmäßig ['foːrʃrɪftsmɛːsɪç] *adj 1.* conforme au règlement; *adv 2.* en bonne et due forme
Vorschub ['foːrʃuːp] *m 1. jdm ~ leisten* aider qn; *2. etw ~ leisten* favoriser qc
Vorschule ['foːrʃuːlə] *f* école préparatoire *f*
Vorschuss ['foːrʃus] *m ECO* avance *f,* acompte *m*
vorsehen ['foːrzeːən] *v irr 1.* prévoir; *2. sich ~* prendre des précautions
vorsetzen ['foːrzɛtsən] *v 1. (vorwärts setzen)* mettre devant; *2. jdm etw ~ (Speisen)* servir qc à qn; *3. jdm jdn ~* placer qn au-dessus de qn; *4. sich ~* se présenter
Vorsicht ['foːrzɪçt] *f* prudence *f,* précaution *f*
vorsichtig ['foːrzɪçtɪç] *adj 1.* prudent, précautionneux; *adv 2.* avec précaution
vorsichtshalber ['foːrzɪçtshalbər] *adv* par mesure de précaution, par prudence
Vorsichtsmaßnahme ['foːrzɪçtsmasnaːmə] *f* mesure de précaution *f*
Vorsitz ['foːrzɪts] *m* présidence *f*
Vorsitzende(r) ['foːrzɪtsəndə(r)] *m/f* président(e) *m/f*

Vorsorge ['foːrzɔrgə] *f* prévoyance *f*, précaution *f*
vorsorgen ['foːrzɔrgən] *v* prendre les précautions contre, pourvoir à
vorsorglich ['foːrzɔrklɪç] *adj 1.* prévoyant; *adv 2.* par précaution
vorspiegeln ['foːrʃpiːgəln] *v jdm etw ~* faire miroiter qc aux yeux de qn
Vorspiegelung ['foːrʃpiːgəluŋ] *f* récit mensonger *m*; *~ falscher Tatsachen* propos mensongers *m/pl*, récits mensongers *m/pl*
Vorsprung ['foːrʃpruŋ] *m 1. (Felsvorsprung)* saillie *f*, rebord *m*; *2. (Hausvorsprung)* avancée *f*; *3. (fig)* avance *f*, avantage *m*
Vorstadt ['foːrʃtat] *f* proche banlieue *f*
vorstehen ['foːrʃteːən] *v irr 1. (leiten)* avoir la direction de, présider; *2. (hervorragen)* saillir, être proéminent
vorstellen ['foːrʃtɛlən] *v 1. sich ~* se présenter; *2. sich etw ~* se figurer qc, imaginer qc; *Stell dir das mal vor!* Tu te rends compte!
Vorstellung ['foːrʃtɛluŋ] *f 1. (Bekanntmachung)* présentation *f*; *2. (Gedanke)* notion *f*; *Was für eine ~!* Quelle idée!
Vorstoß ['foːrʃtoːs] *m* avance *f*
Vorstufe ['foːrʃtuːfə] *f 1.* premier degré *m*; *2. (Vorbereitung)* cours préparatoire *m*
Vortag ['foːrtaːk] *m* veille *f*
vortäuschen ['foːrtɔyʃən] *v* simuler, feindre
Vortäuschung ['foːrtɔyʃuŋ] *f* simulation *f*, feinte *f*
Vorteil ['foːrtaɪl] *m* avantage *m*, profit *m*; *auf seinen ~ bedacht sein* tirer la couverture à soi; *im ~ sein* avoir le dessus/avoir l'avantage; *~ aus etw ziehen* tirer profit de qc; *seinen ~ wahren* être âpre au gain
vorteilhaft ['foːrtaɪlhaft] *adj 1.* avantageux; *adv 2.* avec avantage
Vortrag ['foːrtraːk] *m* exposé *m*, conférence *f*
vortragen ['foːrtraːgən] *v irr (fig)* exposer, rapporter
vortrefflich [foːr'trɛflɪç] *adj 1.* excellent; *adv 2.* à la perfection
vortreten ['foːrtreːtən] *v irr* s'avancer
Vortritt ['foːrtrɪt] *m* préséance *f*; *jdm den ~ lassen* laisser la priorité à qn/laisser passer qn
vorüber [fo'ryːbər] *adv (zeitlich)* passé
vorübergehen [fo'ryːbərgeːən] *v irr (fig)* passer
vorübergehend [fo'ryːbərgeːənt] *adj 1.* passager, transitoire; *2. (zeitlich)* temporaire; *adv 3.* à titre provisoire
Vorurteil ['foːrurtaɪl] *n* préjugé *m*, idée préconçue *f*
Vorverkauf ['foːrfɛrkauf] *m THEAT* location des places *f*
vorverlegen ['foːrfɛrleːgən] *v (Treffen)* avancer
Vorwahl ['foːrvaːl] *f TEL* indicatif *m*
Vorwand ['foːrvant] *m* prétexte *m*; *etw zum ~ nehmen* prendre qc comme prétexte
Vorwarnung ['foːrvarnuŋ] *f* avertissement *m*
vorwärts ['fɔrvɛrts] *adv* en avant; *in etw ~ kommen* avancer dans qc, progresser dans qc; *rasch ~ kommen* brûler les étapes
Vorwärtsgang ['fɔrvɛrtsgaŋ] *m* marche avant *f*
vorwegnehmen [for'vɛkneːmən] *v irr* anticiper
vorweisen ['foːrvaɪzən] *v irr* montrer, présenter
vorwerfen ['foːrvɛrfən] *v irr* reprocher à, faire des reproches à
vorwiegend ['foːrviːgənt] *adj 1.* prépondérant, prédominant; *adv 2.* en majorité
Vorwort ['foːrvɔrt] *n* avant-propos *m*, préface *f*
Vorwurf ['foːrvurf] *m* reproche *m*, réprobation *f*; *Das soll kein ~ sein.* Je ne vous reproche rien. *jdm einen ~ machen* faire un reproche à qn
vorwurfsvoll ['foːrvurfsfɔl] *adj 1.* réprobateur; *adv 2.* avec réprobation
Vorzeichen ['foːrtsaɪçən] *n 1. MATH* signe *m*; *2. (fig)* indice *m*; *mit umgekehrten ~* totalement contraire/à l'opposé
vorzeigen ['foːrtsaɪgən] *v* montrer, présenter
vorzeitig ['foːrtsaɪtɪç] *adj 1.* prématuré, anticipé; *adv 2.* avant l'heure, avant terme
vorziehen ['foːrtsiːən] *v irr 1.* tirer, avancer; *2. (fig)* préférer, donner la préférence à
Vorzimmer ['foːrtsɪmər] *n* vestibule *m*, antichambre *f*
Vorzug ['foːrtsuːk] *m 1. (Vorteil)* avantage *m*; *2. (Vorrang)* préférence *f*; *jdm den ~ geben* préférer qn/donner la préférence à qn; *3. (gute Eigenschaft)* qualité *f*
vorzüglich ['foːrtsyːklɪç] *adj 1.* excellent, remarquable; *adv 2.* à merveille
vorzugsweise ['foːrtsuːksvaɪzə] *adv* de préférence
vulgär [vul'gɛːr] *adj* vulgaire
Vulkanausbruch [vul'kaːnausbrux] *m* éruption volcanique *f*

W

Waage ['vaːgə] *f* balance *f*, bascule *f*; *das Zünglein an der ~ sein* faire pencher la balance; *sich gegenseitig die ~ halten* se valoir/se contrebalancer

waagerecht ['vaːgərɛçt] *adj* horizontal, de niveau

Waagschale ['vaːkʃaːlə] *f* plateau de la balance *m*; *in die ~ werfen* mettre dans la balance; *jedes Wort in die ~ legen* peser ses mots/tourner sept fois la langue dans sa bouche (fam)

Wabe ['vaːbə] *f* rayon *m*, gaufre *f*

wach [vax] *adj* éveillé, réveillé; *~ halten* tenir éveillé; *~ halten (fig)* soutenir, maintenir

Wache ['vaxə] *f* garde *f*, faction *f*; *~ stehen* monter la garde

wachen ['vaxən] *v* veiller

Wachmann ['vaxman] *m* garde *m*

wachrütteln ['vaxrytəln] *v* *1.* secouer pour réveiller; *2. (fig: Gewissen)* réveiller

Wachs [vaks] *n* *1.* cire *f*; *2. (Skiwachs)* fart *m*

wachsam ['vaxzaːm] *adj* vigilant

Wachsamkeit ['vaxzaːmkaɪt] *f* vigilance *f*, attention *f*

wachsen[1] ['vaksən] *v irr* *1.* croître, grandir, pousser; *2. (zunehmen)* croître, augmenter, s'accroître

wachsen[2] ['vaksən] *v (polieren)* cirer, encaustiquer

wachsend ['vaksənt] *adj* croissant

Wachstum ['vakstuːm] *n* croissance *f*

Wächter ['vɛçtər] *m* gardien *m*, veilleur *m*

Wachtmeister ['vaxtmaɪstər] *m* sergent *m*

Wachturm ['vaxturm] *m* tour de garde *f*

wackelig ['vakəlɪç] *adj* branlant, vacillant

wackeln ['vakəln] *v* *1. (Dinge)* branler; *2. (Menschen)* chanceler

Wade ['vaːdə] *f* *ANAT* mollet *m*

Waffe ['vafə] *f* arme *f*; *die ~n strecken* rendre les armes/déposer les armes/se rendre; *jdn zu den ~en rufen* appeler qn/appeler qn sous les drapeaux

Waffel ['vafəl] *f* *GAST* gaufre *f*; *einen an der ~ haben (fam)* être fêlé/avoir une case de vide

Waffengewalt ['vafəngəvalt] *f* force des armes *f*

Waffenschein ['vafənʃaɪn] *m* permis de port d'armes *m*

Waffenstillstand ['vafənʃtɪlʃtant] *m* armistice *f*

wagemutig ['vaːgəmuːtɪç] *adj* audacieux

wagen ['vaːgən] *v* *1. (sich getrauen)* oser; *2. (riskieren)* risquer; *3. (sich erlauben)* se permettre de

Wagen ['vaːgən] *m* *1. (Auto)* voiture *f*, véhicule *m*; *2. (Kinderwagen)* landau *m*; *3. (Leiterwagen)* chariot *m*; *4. sich nicht vor jds ~ spannen lassen* ne pas se laisser enrôler par qn, ne pas se laisser recruter par qn

Waggon [va'gɔ̃ː] *m* wagon *m*

waghalsig ['vaːkhalzɪç] *adj* *1.* téméraire, aventureux; *adv* *2.* avec audace, avec témérité

Wagnis ['vaːknɪs] *n* entreprise risquée *f*

Wahl [vaːl] *f* *1. (Auswahl)* choix *m*, sélection *f*; *Ich habe keine ~.* Je n'ai pas le choix. *seine ~ treffen* faire son choix; *erste ~* de premier choix/de première qualité; *2. POL* vote *m*

wählbar ['vɛːlbaːr] *adj* éligible

wählen ['vɛːlən] *v* *1. (auswählen)* choisir, sélectionner; *2. POL* élire, voter; *3. (Telefon)* composer, faire

Wähler(in) ['vɛːlər(ɪn)] *m/f* *POL* électeur/électrice *m/f*

wählerisch ['vɛːlərɪʃ] *adj* *1.* séléctif; *2. (schwierig)* difficile; *~ sein* faire le/la difficile

wahllos ['vaːlloːs] *adj* *1.* sans discernement; *adv* *2.* au hasard, sans discernement

Wahlspruch ['vaːlʃprux] *m* devise *f*

wahlweise ['vaːlvaɪzə] *adv* au choix

Wahnsinn ['vaːnzɪn] *m* folie *f*, démence *f*

wahnsinnig ['vaːnzɪnɪç] *adj* *1.* fou, dément; *2. (fam: furchtbar)* effroyable, terrible; *adv* *3. (fam: sehr)* très

wahr [vaːr] *adj* vrai, véritable, authentique; *Das darf doch nicht ~ sein!* C'est pas vrai!

wahren ['vaːrən] *v* *1. (schützen)* protéger; *2. (be~)* conserver

während ['vɛːrənt] *prep* *1.* pendant; *konj* *2.* pendant que, tandis que, alors que

wahrhaben ['vaːrhabən] *v irr etw nicht ~ wollen* ne pas vouloir croire qc

Wahrheit ['vaːrhaɪt] *f* vérité *f*; *um die ~ zu sagen* pour dire vrai; *jdm die ~ ins Gesicht sagen* dire ses quatre vérités à qn; *in ~* en vérité; *die nackte ~* la pure vérité *f*, l'entière vérité *m*

wahrheitsgetreu ['vaːrhaɪtsgətrɔy] *adj* véridique

wahrheitsliebend ['vaːrhaɪtsliːbənt] *adj* attaché à la vérité

wahrnehmen ['vaːrneːmən] *v irr 1. (bemerken)* remarquer, observer; *2. (nutzen)* mettre à profit
Wahrnehmung ['vaːrneːmuŋ] *f 1.* perception *f; 2. (Verteidigung)* défense *f; 3. (Bewahrung)* sauvegarde *f*
wahrsagen ['vaːrzaːgən] *v* prédire l'avenir
Wahrsagerin ['vaːrzaːgərɪn] *f* voyante *f*
wahrscheinlich [vaːr'ʃaɪnlɪç] *adj* vraisemblable, probable
Wahrscheinlichkeit [vaːr'ʃaɪnlɪçkaɪt] *f* vraisemblance *f*
Wahrung ['vaːruŋ] *f 1. (Schutz)* défense *f; 2. (Bewahrung)* conservation *f*
Währung ['vɛːruŋ] *f* devise *f,* monnaie *f*
Währungsunion ['vɛːruŋsunjoːn] *f* union monétaire *f*
Wahrzeichen ['vaːrtsaɪçən] *n* signe distinctif *m*
Waise ['vaɪzə] *m* orphelin *m*
Waisenhaus ['vaɪzənhaus] *n* orphelinat *m*
Waisenrente ['vaɪzənrɛnte] *f* pension aux orphelins *f*
Wal [vaːl] *m ZOOL* baleine *f,* cétacé *m*
Wald [valt] *m* forêt *f,* bois *m; Man sieht den ~ vor lauter Bäumen nicht.* Les arbres cachent la forêt.
Waldsterben ['valtʃtɛrbən] *n* mort des forêts *f*
Waldwirtschaft ['valtvɪrtʃaft] *f 1. (Forstwirtschaft)* économie forestière *f; 2. (Gastwirtschaft)* auberge forestière *f*
Wall [val] *m 1.* rempart *m; 2. (Befestigung)* fortifications *f/pl*
wälzen ['vɛltsən] *v 1. (rollen)* rouler; *sich ~ in* se rouler dans, se vautrer dans; *2. (nachschlagen)* compulser; *3. (fam: nachdenken)* ressasser une idée
Wand [vant] *f* mur *m,* paroi *f,* muraille *f; Das ist, um an den Wänden hochzugehen.* C'est à se taper la tête contre les murs./C'est un scandale! *jdn an die ~ drücken (fig)* éliminer qn/écarter qn; *gegen eine ~ reden* parler à un mur; *jdn an die ~ spielen* couper l'herbe sous les pieds de qn; *die eigenen vier Wände* son chez-soi
Wandel ['vandəl] *m* changement *m,* modification *f*
wandeln ['vandəln] *v 1. (ändern)* transformer, changer; *2. (gehen)* cheminer, aller son chemin
Wanderer ['vandərər] *m* randonneur *m*
wandern ['vandərn] *v* faire une randonnée, partir en randonnée
Wanderung ['vandəruŋ] *f* randonnée *f,* excursion *f*
wankelmütig ['vaŋkəlmyːtɪç] *adj 1.* flottant; *2. (unentschlossen)* indécis
wanken ['vaŋkən] *v 1. (taumeln)* chanceler; *2. (fig)* être ébranlé; *jdn ins Wanken bringen* faire douter qn/ébranler qn
wann [van] *adv* quand
Wanne ['vanə] *f* cuve *f,* baignoire *f*
Wappen ['vapən] *n* armoiries *f/pl,* blason *m*
wappnen ['vapnən] *v sich ~* s'armer, se cuirasser
Ware ['vaːrə] *f* marchandise *f,* article *m,* denrée *f*
Warenhaus ['vaːrənhaus] *n* grand magasin *m*
Warenlager ['vaːrənlaːgər] *n* entrepôt *m*
warm [varm] *adj 1.* chaud; *~ halten* tenir au chaud; *2. (~herzig)* chaleureux; *3. mit jdm ~ werden* sympathiser avec qn, s'entendre avec qn
Wärme ['vɛrmə] *f* chaleur *f*
Wärmedämmung ['vɛrmədɛmuŋ] *f* isolation thermique *f*
wärmen ['vɛrmən] *v* chauffer, réchauffer
Wärmflasche ['vɛrmflaʃə] *f* bouillotte *f*
warmherzig ['varmhɛrtsɪç] *adj 1.* chaleureux; *2. (begeistert)* enthousiaste; *adv 3.* avec enthousiasme
Warnblinkanlage ['varnblɪŋkanlaːgə] *f (eines Autos)* feux de détresse *m/pl*
Warndreieck ['varndraɪɛk] *n (eines Autos)* triangle de signalisation *m*
warnen ['varnən] *v* avertir, prévenir
Warnsignal ['varnzɪknaːl] *n* signal avertisseur *m*
Warnung ['varnuŋ] *f* avertissement *m,* mise en garde *f*
Warte ['vartə] *f von meiner ~ aus* de mon point de vue
warten ['vartən] *v 1. ~ auf* attendre; *Darauf wartet er nur.* Il ne demande que ça. *Das wird nicht lange auf sich ~ lassen.* Ça ne va pas traîner; *2. (in Stand halten)* entretenir
Wärter ['vɛrtər] *m* surveillant *m,* garde *m*
Wartesaal ['vartəzaːl] *m* salle d'attente *f*
Wartezimmer ['vartətsɪmər] *n* salle d'attente *f*
warum [va'rum] *adv* pourquoi, pour quelle raison
Warze ['vartsə] *f 1. MED* verrue *f; 2. (Brustwarze)* mamelon *m*
was [vas] *pron 1.* ce que, ce qui; *Was für ein schönes Wetter!* Quel beau temps! *~ man auch immer sagen mag* quoi qu'on dise; *2. (in-*

terrogativ) quoi, que, qu'est-ce que; *Was ist los?* Qu'est-ce qu'il y a?
Waschanlage ['vaʃanlaːgə] *f (fürs Auto)* laverie *f*
Waschbecken ['vaʃbɛkən] *n* lavabo *m*
Wäsche ['vɛʃə] *f 1. (Waschen)* lessive *f,* lavage *m; 2. (Gewaschenes)* linge *m; dumm aus der ~ schauen* avoir l'air fin; *3. (Unterwäsche)* lingerie *f*
waschecht ['vaʃɛçt] *adj 1.* grand teint; *2. (fig)* cent pour cent
Wäscheklammer ['vɛʃəklamər] *f* pince à linge *f*
waschen ['vaʃən] *v irr 1. etw ~* laver qc; *2. sich ~* se laver, faire sa toilette; *sich ge~ haben (fig)* être très désagréable/être raide
Wäscherei [vɛʃə'raɪ] *f* laverie *f*
Wäschetrockner ['vɛʃətrɔknər] *m 1. (Maschine)* sèche-linge *m; 2. (Gestell)* séchoir *m*
Waschmaschine ['vaʃmaʃiːnə] *f* machine à laver *f*
Waschmittel ['vaʃmɪtəl] *n* lessive *f*
Waschpulver ['vaʃpulfər] *n* lessive en poudre *f*
Wasser ['vasər] *n* eau *f; jdm nicht das ~ reichen können* ne pas arriver à la cheville de qn; *nah ans ~ gebaut haben* avoir la larme facile/avoir toujours la larme à l'œil; *jdm das ~ abgraben* foutre la vie de qn en l'air (fam); *ins ~ fallen* tomber à l'eau; *mit allen ~n gewaschen sein* être une fine mouche/être rusé comme un vieux renard
Wasserball ['vasərbal] *m 1. (Sportart)* water-polo *m; 2. (Ball)* ballon de water-polo *m; 3. (großer Ball für Kinder)* ballon *m*
wasserdicht ['vasərdɪçt] *adj* étanche, imperméable
Wasserfall ['vasərfal] *m* cascade *f*
Wasserfarbe ['vasərfarbə] *f* peinture à l'eau *f,* badigeon *m*
Wasserhahn ['vasərhaːn] *m* robinet *m*
Wasserleitung ['vasərlaɪtuŋ] *f* conduite d'eau *f*
Wasserwerk ['vasərvɛrk] *n* usine hydraulique *f*
wässrig ['vɛsrɪç] *adj* humide; *jdm den Mund ~ machen* faire venir l'eau à la bouche de qn
Watsche ['vaːtʃə] *f (fam)* gifle *f; jdm eine ~ geben* donner une gifle à qn
Watte ['vatə] *f* ouate *f*
Wattebausch ['vatəbauʃ] *m* tampon d'ouate *m*
weben ['veːbən] *v* tisser
Weberei [veːbə'raɪ] *f* tissage *m*
Web-Seite ['webzaɪtə] *f INFORM* page Web *f*
Wechsel ['vɛksəl] *m (Änderung)* modification *f,* changement *m*
Wechselgeld ['vɛksəlgɛlt] *n* petite monnaie *f*
wechselhaft ['vɛksəlhaft] *adj* changeant, variable
wechseln ['vɛksəln] *v 1.* changer, modifier; *2. (aus~)* échanger
Wechselstube ['vɛksəlʃtuːbə] *f* bureau de change *m*
Wechselwirkung ['vɛksəlvɪrkuŋ] *f* interaction *f*
wecken ['vɛkən] *v 1. (auf~)* réveiller; *2. (hervorrufen)* susciter
Wecker ['vɛkər] *m* réveil *m; jdm auf den ~ fallen (fam)* porter sur le système à qn/prendre la tête à qn
wedeln ['veːdəln] *v 1. (Hund)* frétiller, remuer; *2. (beim Skifahren)* godiller
weder ['veːdər] *konj ~ ... noch ...* ni ... ni ...
weg [vɛk] *adv 1. (abwesend)* absent; *2. (~gegangen)* parti; *3. (verschwunden)* disparu; *4. hin und ~ sein (fam)* être emballé/être enthousiasmé; *über etw ~ sein* accepter qc/avaler qc/digérer qc
Weg [veːk] *m 1.* chemin *m,* route *f,* voie *f; auf dem richtigen ~ sein* être en bonne voie; *seinen ~ machen* faire son chemin; *den ~ des geringsten Widerstandes gehen* être partisan du moindre effort/éviter les difficultés; *eigene ~e gehen* suivre sa propre voie/suivre son propre chemin; *einer Sache den ~ ebnen* ouvrir la voie à qc; *jdn aus dem ~ räumen* écarter qn; *jdn auf den rechten ~ führen* remettre qn dans le droit chemin; *jdm etw mit auf den ~ geben* souhaiter le meilleur de qc à qn; *etw in die ~e leiten* préparer qc/organiser qc; *sich auf den ~ machen* se mettre en route; *2. (Strecke)* trajet *m,* route *f,* chemin *m; 3. (fig: Art und Weise)* moyen *m,* manière *f*
Wegbereiter(in) ['veːkbəraɪtər(ɪn)] *m/f* pionnier/pionnière *m/f*
wegbleiben ['vɛkblaɪbən] *v irr* manquer
wegbringen ['vɛkbrɪŋən] *v irr 1. (fortbringen)* enlever; *2. (entfernen)* éloigner
wegen ['veːgən] *prep* à cause de
wegfallen ['vɛkfalən] *v irr 1.* tomber; *2. (fig)* être supprimé
Weggang ['vɛkgaŋ] *m* départ *m,* sortie *f*
weggehen ['vɛkgeːən] *v irr* partir, s'en aller

weghaben ['vɛkhabən] *v irr 1. (erledigt haben)* avoir fini, avoir réglé; *2. (beherrschen)* maîtriser, contrôler; *3. (verstehen)* comprendre; *4. (fig) Er hat seine Strafe weg.* On lui a enlevé son amende. *5. einen ~ (angetrunken sein)* avoir sa cuite; *6. einen ~ (nicht ganz bei Verstand sein)* avoir une case de vide
wegkommen ['vɛkkɔmən] *v irr 1.* pouvoir s'en aller; *2. (verloren gehen)* s'égarer, se perdre; *3. gut/schlecht ~* bien/mal s'en tirer; *4. über etw ~* se faire à qc, se résigner à qc
weglassen ['vɛklasən] *v irr 1. (auslassen)* omettre, supprimer; *2. (gehen lassen)* laisser partir
weglaufen ['vɛklaufən] *v irr* se sauver, s'enfuir
wegnehmen ['vɛkneːmən] *v irr* ôter, enlever
wegräumen ['vɛkrɔymən] *v* ranger, faire disparaître
wegschicken ['vɛkʃɪkən] *v 1. (fortschicken)* faire partir; *2. (aufgeben)* envoyer
wegtreten ['vɛktreːtən] *v irr weggetreten sein (fig)* être absent
wegtun ['vɛktuːn] *v irr* enlever; *Tu die Hände weg!* Enlève tes mains!
Wegweiser ['veːkvaɪzər] *m* panneau indicateur *m*
wegwerfen ['vɛkvɛrfən] *v irr* jeter
Wegwerfgesellschaft ['vɛkvɛrfgəzɛlʃaft] *f* société de consommation *f*
wegziehen ['vɛktsiːən] *v irr 1.* enlever en tirant; *2. (an einen anderen Ort ziehen)* déménager, changer de domicile
weh [veː] *adj* douloureux; *~ tun* faire mal
Weh [veː] *n mit viel ~ und Ach* péniblement, avec peine, à grand-peine
wehe ['veːə] *interj* hélas, misère; *Wehe mir!* Malheur à moi! *Wehe, wenn du das tust!* Tu n'as pas intérêt à faire ça!/Ne t'avise pas de faire ça!
wehen ['veːən] *v 1.* souffler; *2. (flattern)* flotter au vent
wehleidig ['veːlaɪdɪç] *adj 1.* dolent; *2. (griesgrämig)* morose
Wehleidigkeit ['veːlaɪdɪçkaɪt] *f* humeur geignarde *f*
Wehmut ['veːmut] *f* mélancolie *f*
wehmütig ['veːmyːtɪç] *adj* mélancolique
Wehr[1] [veːr] *f sich zur ~ setzen gegen* se défendre contre
Wehr[2] [veːr] *n (Staudamm)* barrage *m*
wehren ['veːrən] *v sich ~ gegen* se défendre contre, lutter contre
wehrlos ['veːrloːs] *adj* désarmé
Weib [vaɪp] *n (abwertend)* commère *f*
Weibchen ['vaɪpçən] *n* petite femme *f*
weiblich ['vaɪplɪç] *adj* féminin; *Sie ist sehr ~.* Elle est très femme.
weich [vaɪç] *adj* mou, tendre, doux
Weiche[1] ['vaɪçə] *f 1. (Weichheit)* mollesse *f; 2. (Körperteil)* flanc *m*
Weiche[2] ['vaɪçə] *f (an Eisenbahngleisen) TECH* aiguillage *m; die ~n für etw stellen* poser les bases de qc
weichen ['vaɪçən] *v irr (zurück~)* céder
weichherzig ['vaɪçhɛrtsɪç] *adj* tendre
Weichspüler ['vaɪçʃpyːlər] *m* adoucissant textile *m*
Weide ['vaɪdə] *f 1. (Baum) BOT* saule *m; 2. (Wiese)* pâturage *m*
weigern ['vaɪgərn] *v sich ~* refuser de
Weigerung ['vaɪgəruŋ] *f* refus *m*
Weiher ['vaɪər] *m* étang *m*
Weihnachten ['vaɪnaxtən] *n* Noël *m*
weihnachtlich ['vaɪnaxtlɪç] *adj* de Noël
Weihnachtsabend ['vaɪnaxtsaːbənt] *m* veillée de Noël *f*
Weihnachtsbaum ['vaɪnaxtsbaum] *m* arbre de Noël *m,* sapin de Noël *m*
Weihnachtsfeier ['vaɪnaxtsfaɪər] *f* fête de Noël *f*
Weihnachtslied ['vaɪnaxtsliːt] *n* noël *m*
Weihnachtsmann ['vaɪnaxtsman] *m* père Noël *m*
Weihnachtstag ['vaɪnaxtstaːk] *m* Noël *m,* fête de Noöl *f*
weil [vaɪl] *konj* parce que
Weile ['vaɪlə] *f* moment *m,* laps de temps *m*
Wein [vaɪn] *m* vin *m; jdm reinen ~ einschenken (fig)* dire ses quatre vérités à qn/parler sans fard à qn
Weinberg ['vaɪnbɛrk] *m* vignoble *m*
Weinbrand ['vaɪnbrant] *m* eau-de-vie *f*
weinen ['vaɪnən] *v* pleurer, verser des larmes; *bitterlich ~* pleurer à chaudes larmes; *Es ist zum Weinen!* C'est bête à pleurer!
Weinlese ['vaɪnleːzə] *f* vendanges *f/pl*
Weintraube ['vaɪntraubə] *f BOT* raisin *m*
weise ['vaɪzə] *adj* sage, avisé
Weise ['vaɪzə] *f (Art und ~)* manière *f,* façon *f; auf die eine oder andere ~* d'une manière ou d'une autre; *in keiner ~* en aucun cas
Weise(r) ['vaɪzə(r)] *m/f* sage/femme sage *m/f; die drei ~n aus dem Morgenland* les trois mages *m/pl*
Weisheit ['vaɪshaɪt] *f 1.* sagesse *f; der ~ letzter Schluss* le fin du fin *m,* le nec plus ul-

tra *m; 2. (Wissen)* savoir *m; mit seiner ~ am Ende sein* être à court d'idées
weiß [vaɪs] *adj* blanc; *~ wie ein Leintuch sein* être blanc comme un linge
Weißbier ['vaɪsbiːr] *n* bière blanche *f*
Weißbrot ['vaɪsbroːt] *n* pain blanc *m*
Weißglut ['vaɪsgluːt] *f jdn zur ~ bringen (fig)* chauffer qn à blanc, mettre qn dans une colère noire
Weißwein ['vaɪsvaɪn] *m* vin blanc *m*
Weisung ['vaɪzuŋ] *f* ordre *m,* consigne *f*
weit [vaɪt] *adj 1. (breit)* large; *2. (lang)* long; *3. (fern)* éloigné; *das Weite suchen* prendre la poudre d'escampette/gagner le large; *adv 4. ~ entfernt* loin; *~ gehend* large, étendu; *~ gehend (bedeutend)* important; *~ reichend* important, considérable, de grande portée; *~ verbreitet* très répandu; *~ verbreitet (geläufig)* courant; *zu ~ gehen* aller trop loin; *Das geht zu ~!* C'est un peu fort! *So ~ sind wir noch lange nicht.* Nous en sommes encore loin. *Du bist bei ~em nicht der einzige.* Tu es loin d'être le seul. *~ und breit* à la ronde/aux alentours
weitaus ['vaɪtaus] *adv* de loin
Weitblick ['vaɪtblɪk] *m* clairvoyance *f*
Weite ['vaɪtə] *f 1. (Breite)* étendue *f,* ampleur *f; 2. (Länge)* longueur *f; 3. (Ferne)* lointain *m*
weiter ['vaɪtər] *adj 1. (zusätzlich)* autre, supplémentaire; *adv 2. (~ weg)* plus loin; *3. (außerdem)* de plus, en outre
weiterarbeiten ['vaɪtərarbaɪtən] *v* continuer le travail
Weiterbildung ['vaɪtərbɪlduŋ] *f* formation complémentaire *f*
weiterführen ['vaɪtərfyːrən] *v* poursuivre
weitergeben ['vaɪtərgeːbən] *v irr* transmettre
weitergehen ['vaɪtərgeːən] *v irr* continuer, poursuivre; *Wenn das so weitergeht ...* A ce train-là ...
weiterhin ['vaɪtərhɪn] *adv 1. (immer noch)* toujours, encore; *2. (künftig)* à l'avenir; *3. (außerdem)* en outre
weiterleiten ['vaɪtərlaɪtən] *v* transmettre
weitermachen ['vaɪtərmaxən] *v* continuer
weitersagen ['vaɪtərzaːgən] *v jdm etw ~* répéter qc à qn
weiterschlafen ['vaɪtərʃlaːfən] *v irr* continuer à dormir
weitläufig ['vaɪtlɔyfɪç] *adj 1.* étendu; *2. (fig: ausführlich)* détaillé; *3. (fig: entfernt)* éloigné
weitsichtig ['vaɪtzɪçtɪç] *adj 1. MED* presbyte; *2. (fig)* clairvoyant
welch [vɛlç] *pron* quel(le), quels/quelles
welche(r,s) ['vɛlçə(r,s)] *pron* lequel/laquelle, qui/que
welk [vɛlk] *adj 1. (verblüht)* fané, flétri; *2. (schlaff)* flétri
welken ['vɛlkən] *v 1. (verblühen)* se faner, se flétrir; *2. (erschlaffen)* flétrir, se faner
Welle ['vɛlə] *f 1.* vague *f,* lame *f; ~n schlagen* faire des vagues; *2. (fig)* agitation *f*
wellig ['vɛlɪç] *adj* onduleux, vallonné
Welt [vɛlt] *f* monde *m,* univers *m,* terre *f; Das ist der Lauf der ~.* Ainsi va le monde. *nicht die ~ kosten* ne pas coûter les yeux de la tête; *nicht die ~ sein* ne pas être la mer à boire; *etw in die ~ setzen* répandre qc; *mit sich und der ~ zufrieden sein* être heureux d'être content; *Für sie brach eine ~ zusammen.* Elle est tombée de haut.
Weltall ['vɛltal] *n* univers *m*
Weltanschauung ['vɛltanʃauuŋ] *f* vision du monde *f*
weltbekannt ['vɛltbəkant] *adj* universellement connu
weltbewegend ['vɛltbəveːgənt] *adj* révolutionnaire
Weltenbummler ['vɛltənbumlər] *m* globetrotter *m*
weltfremd ['vɛltfrɛmt] *adj* ingénu
weltgewandt ['vɛltgəvant] *adj* habitué au monde
weltlich ['vɛltlɪç] *adj 1.* du monde, mondain; *2. (nicht kirchlich) REL* laïque, séculier; *3. (vergänglich)* temporel
Weltraum ['vɛltraum] *m* espace cosmique *m,* univers *m*
Weltraumforschung ['vɛltraumfɔrʃuŋ] *f* recherche spatiale *f*
Weltreise ['vɛltraɪzə] *f* tour du monde *m*
Weltrekord ['vɛltrekɔrt] *m SPORT* record mondial *m*
Weltsprache ['vɛltʃpraːxə] *f* langue universelle *f*
Weltuntergang ['vɛltuntərgaŋ] *m* fin du monde *f*
weltweit ['vɛltvaɪt] *adj* mondial
wem [veːm] *pron* à qui
wen [veːn] *pron* qui
Wende ['vɛndə] *f 1.* virage *m; eine ~ nehmen* prendre un virage; *2. (Entwicklung)* évolution *f*
wenden ['vɛndən] *v irr sich ~ an* s'adresser à

wendig ['vɛndɪç] *adj 1.* maniable; *2. (flink)* débrouillard
Wendung ['vɛndʊŋ] *f (fig)* changement *m; eine gute ~ nehmen* prendre une bonne tournure; *eine tragische ~ nehmen* tourner au tragique
wenig ['veːnɪç] *adj 1.* quelques, peu de; *zu ~* trop peu; *adv 2.* peu, pas beaucoup; *wenn auch noch so ~* tant soit peu
wenige ['veːnɪgə] *adj/pron* peu
weniger ['veːnɪgər] *adv* moins, pas tant
Wenigkeit ['veːnɪçkait] *f meine ~* mon humble personne
wenigstens ['veːnɪçstəns] *adv* du moins, au moins; *Man kann es ~ versuchen.* On peut toujours essayer.
wenn [vɛn] *konj 1. (zeitlich)* lorsque, quand; *2. (falls)* si
wer [veːr] *pron* qui
Werbeagentur ['vɛrbəagəntuːr] *f* agence de publicité *f*
Werbefernsehen ['vɛrbəfɛrnzeːən] *n* publicité télévisée *f*
Werbegeschenk ['vɛrbəgəʃɛŋk] *n* cadeau publicitaire *m*
Werbekampagne ['vɛrbəkampanjə] *f* campagne de publicité *f*
werben ['vɛrbən] *v irr 1. (Werbung machen)* faire de la publicité; *2. (um etw ~)* rechercher, briguer
Werbeprospekt ['vɛrbəprospɛkt] *m* prospectus publicitaire *m*
Werbung ['vɛrbʊŋ] *f* publicité *f*
Werdegang ['veːrdəgaŋ] *m 1. (Entwicklung)* développement *m; 2. (Karriere)* carrière *f*
werden ['veːrdən] *v irr 1. (Futur) Ich werde wegfahren.* Je vais partir. *2. (Passiv) Wir ~ gerufen.* Nous sommes appelés. *3. (Beruf ergreifen)* devenir, être; *Sie wird Krankenschwester.* Elle devient infirmière. *4. (Entwicklung)* faire, évoluer; *alt ~* vieillir; *besser ~* s'améliorer; *selten ~* se faire rare; *modern ~* devenir la mode; *Ich werde verrückt.* Je deviens fou. *Mir wird angst.* J'ai peur. *Mir wird schlecht.* J'ai mal au cœur. *Es wird spät.* Il se fait tard. *5. (Beginn)* commencer à être; *Es wird hell.* Il commence à faire jour. *Es wird dunkel.* Il commence à faire nuit. *Es wird Tag.* Le jour se lève. *6. (geschehen)* advenir; *Was soll daraus ~?* Qu'en adviendra-t-il? *Ich frage mich, was daraus ~ soll.* Je me demande ce que ça va donner. *Das muss anders ~.* Il faut que cela change.
werfen ['vɛrfən] *v irr* jeter, lancer; *sich jdm an den Hals ~* se jeter au cou de qn; *um sich ~ (fig)* ne pas regarder à la dépense/ne pas être pingre
Werft [vɛrft] *f* chantier naval *m*
Werk [vɛrk] *n 1. (Kunstwerk)* œuvre *f,* ouvrage *m; rasch ans ~ gehen* aller vite en besogne; *2. (Fabrik)* usine *f,* fabrique *f*
Werkstatt ['vɛrkʃtat] *f* atelier *m*
Werkstoff ['vɛrkʃtɔf] *m* matériau *m*
Werkstück ['vɛrkʃtyk] *n* pièce en cours d'usinage *f*
Werktag ['vɛrktaːk] *m* jour ouvrable *m*
werktags ['vɛrktaːks] *adv* en semaine, les jours ouvrables
Werkzeug ['vɛrktsɔyk] *n* outil *m,* instrument *m*
Werkzeugkasten ['vɛrktsɔykkastən] *m* boîte à outils *f*
wert [veːrt] *adj 1.* d'une valeur de; *2. (würdig)* digne de, qui mérite; *3. (lieb)* cher, précieux
Wert [veːrt] *m 1.* valeur *f; 2. (Preis)* prix *m; 3. (Bedeutung)* importance *f*
Wertarbeit ['veːrtarbaɪt] *f* travail qualifié *m*
wertbeständig ['veːrtbəʃtɛndɪç] *adj* à valeur fixe
Wertgegenstand ['veːrtgeːgənʃtant] *m* objet de valeur *m*
wertlos ['veːrtloːs] *adj* sans valeur
Wertschätzung ['veːrtʃɛtsʊŋ] *f* estime *f*
Wertung ['veːrtʊŋ] *f 1. (Beurteilung)* jugement *m; 2. (Schätzung)* évaluation *f*
wertvoll ['veːrtfɔl] *adj* précieux
Wesen ['veːzən] *n 1. (Lebewesen)* être *m,* créature *f; 2. (Charakter)* nature *f,* caractère *m*
wesentlich ['veːzəntlɪç] *adj 1.* essentiel, fondamental; *Es handelt sich im Wesentlichen darum.* Voici en gros de quoi il s'agit. *2. (beträchtlich)* considérable; *3. (bedeutend)* important
weshalb [vɛs'halp] *adv 1.* pourquoi, pour quelle raison; *konj 2.* c'est la raison pour laquelle
wessen ['vɛsən] *pron* de qui
Wessi ['vɛsiː] *m (fam)* Allemand(e) de l'Ouest *m/f*
Weste ['vɛstə] *f* gilet *m; eine weiße ~ haben (fig)* être blanc comme neige
Westen ['vɛstən] *m* ouest *m,* occident *m*
westlich ['vɛstlɪç] *adj 1.* occidental, de l'ouest; *adv 2. (~ von)* à l'ouest
Wettbewerb ['vɛtbəvɛrp] *m* concours *m,* compétition *f*
wettbewerbsfähig ['vɛtbəvɛrpsfɛːɪç] *adj* compétitif

Wette ['vɛtə] *f* pari *m*
wetteifern ['vɛtaɪfərn] *v* rivaliser
wetten ['vɛtən] *v* parier, gager; *Man könnte ~.* Il y a gros à parier. *mit jdm ~* mettre qn au défi/défier qn
Wetter ['vɛtər] *n 1.* temps *m; 2. (~bedingungen)* conditions météorologiques *f/pl*
Wetterbericht ['vɛtərbərɪçt] *m* bulletin météorologique *m*
Wetterkarte ['vɛtərkartə] *f* carte météorologique *f*
Wettervorhersage ['vɛtərfoːrheːrzaːgə] *f* prévisions météorologiques *f/pl*
wettmachen ['vɛtmaxən] *v 1. (aufwiegen)* compenser; *2. (wieder gutmachen)* réparer
Wettstreit ['vɛtʃtraɪt] *m* concours *m*
wetzen ['vɛtsən] *v 1. (schärfen)* aiguiser, affiler; *das Messer ~* aiguiser le couteau; *Der Vogel wetzt seinen Schnabel am Ast.* L'oiseau aiguise son bec sur la branche. *2. (fam: eilen)* filer
wichtig ['vɪçtɪç] *adj 1.* important; *Das ist nicht so ~!* Peu importe! *zunächst einmal das Wichtigste erledigen* aller au plus pressé; *2. (wesentlich)* essentiel; *3. (schwerwiegend)* grave; *adv 4.* avec importance; *sich ~ machen* faire la mouche du coche
Wichtigkeit ['vɪçtɪçkaɪt] *f* importance *f*
Wichtigtuer ['vɪçtɪçtuər] *m* poseur *m*
Wickel ['vɪkəl] *m 1. (Rolle)* pelote *f; 2. feuchter ~* lange *m; 3. jdn beim ~ kriegen (fam)* saisir qn au collet
wickeln ['vɪkəln] *v 1.* rouler, enrouler; *2. (Baby)* langer, mettre une couche à
widerfahren [viːdər'faːrən] *v irr* arriver
widerhallen ['viːdərhalən] *v* résonner
widerlegen [viːdər'leːgən] *v* réfuter
widerlich ['viːdərlɪç] *adj* répugnant, écœurant; *Das ist ~.* C'est dégoûtant.
widerrechtlich ['viːdərrɛçtlɪç] *adj* illégal
Widerrede ['viːdərreːdə] *f* contradiction *f; Keine ~!* Pas de discussion!
widerrufen [viːdər'ruːfən] *v irr 1. (zurücknehmen)* révoquer; *2. (dementieren)* démentir
Widersacher ['viːdərzaxər] *m* adversaire *m*
widersetzen [viːdər'zɛtsən] *v sich ~* s'opposer à, résister à
widerspenstig ['viːdərʃpɛnstɪç] *adj* récalcitrant, rebelle
widerspiegeln ['viːdərʃpiːgəln] *v* refléter
widersprechen [viːdər'ʃprɛçən] *v irr 1.* contredire; *2. (unvereinbar sein)* être incompatible avec
Widerspruch ['viːdərʃprux] *m* contradiction *f,* opposition *f*
widersprüchlich ['viːdərʃpryçlɪç] *adj* contradictoire
widerspruchslos ['viːdərʃpruxsloːs] *adv* sans opposition
Widerstand ['viːdərʃtant] *m* résistance *f; jdm ~ leisten* résister à qn/tenir tête à qn/s'opposer à qn
widerstandsfähig ['viːdərʃtantsfɛːɪç] *adj* résistant
Widerstandsfähigkeit ['viːdərʃtantsfɛːɪçkaɪt] *f* capacité de résistance *f*
Widerstandskraft ['viːdərʃtantskraft] *f* capacité de résistance *f*
widerstandslos ['viːdərʃtantsloːs] *adv 1.* sans résistance; *2. (passiv)* passivement; *3. (untergeben)* avec soumission
widerstehen [viːdər'ʃteːən] *v irr* résister à; *2. (nicht nachgeben)* ne pas céder à
widerstreben [viːdər'ʃtreːbən] *v 1. jdm ~* résister à qn; *2. Das widerstrebt mir.* Ça me répugne.
widerwärtig ['viːdərvɛrtɪç] *adj 1.* répugnant; *2. (unangenehm)* désagréable;
Widerwille ['viːdərvɪlə] *m* dégoût *m,* aversion *f*
widerwillig ['viːdərvɪlɪç] *adj 1.* à contrecœur, à son corps défendant; *adv 2.* à contrecœur
widmen ['vɪtmən] *v* dédier à, consacrer à; *sich einer Sache ~* se consacrer à qc
Widmung ['vɪtmuŋ] *f* dédicace *f*
widrig ['viːdrɪç] *adj* contraire; *~e Umstände* circonstances fâcheuses *f/pl*
wie [viː] *adv 1. (Frage)* comment; *Wie weit sind Sie?* Où en êtes-vous? *~ viel* combien; *~ viele* combien de; *2. (Ausruf)* comme; *konj 3.* comme, combien
wieder ['viːdər] *adv* à nouveau, de nouveau, encore; *~ beleben* ranimer; *~ erkennen* reconnaître; *~ finden* retrouver; *~ gutmachen* réparer
Wiederaufbau [viːdər'aufbau] *m* reconstruction *f*
Wiederbelebung ['viːdərbəleːbuŋ] *f* réanimation *f*
wiedererlangen ['viːdərɛrlaŋən] *v 1.* récupérer; *2. (wiederfinden)* retrouver
Wiedererstattung ['viːdərɛrʃtatuŋ] *f* remboursement *m*
Wiedergabe ['viːdərgaːbə] *f 1. (Rückgabe)* restitution *f; 2. (Darstellung)* reproduction *f*

wiedergeben ['viːdərgeːbən] *v irr 1. (zurückgeben)* restituer; *2. (darstellen)* reproduire
Wiedergutmachung [viːdər'guːtmaxuŋ] *f* compensation *f*
wiederherstellen [viːdər'herʃtɛlən] *v* remettre en état
wiederholen [viːdər'hoːlən] *v* répéter
wiederholt [viːdər'hoːlt] *adj 1.* répété, réitéré; *adv 2.* plusieurs fois
Wiederholung [viːdər'hoːluŋ] *f* répétition *f*
Wiederhören ['viːdərhøːrən] *n Auf ~!* Au revoir!
wiederkommen ['viːdərkɔmən] *v irr* revenir
Wiederschauen ['viːdərʃauən] *n Auf ~!* Au revoir!
wiedersehen ['viːdərzeːən] *v irr* revoir
Wiedersehen ['viːdərzeːən] *n* revoir *m; Auf ~!* Au plaisir!/Au revoir!
wiederum ['viːdərum] *adv 1. (nochmals)* de nouveau; *2. (andererseits)* d'autre part; *3. ich ~ (meinerseits)* pour ma part
Wiederverwertung ['viːdərfɛrvːertuŋ] *f* recyclage *m*
Wiederwahl ['viːdərvaːl] *f POL* réélection *f*
Wiege ['viːgə] *f* berceau *m; von der ~ bis zur Bahre* du berceau à la tombe; *in die ~ gelegt worden sein* avoir été transmis au berceau
wiegen[1] ['viːgən] *v irr (Gewicht)* peser
wiegen[2] ['viːgən] *v (schaukeln)* bercer
wiehern ['viːərn] *v 1. (Pferd)* hennir; *2. (lachen)* rire bruyamment
Wiener ['viːnər] *m 1. (jmd aus Wien)* Viennois *m; adj 2. ~ Würstchen* saucisse de Francfort *f*
Wiese ['viːzə] *f* prairie *f,* pré *m*
wieso [vi'zoː] *adv* comment cela, pourquoi; *Wieso nur?* Pourquoi donc?
wild [vɪlt] *adj 1.* sauvage; *halb so ~* moins dur que prévu; *2. (Tiere)* sauvage; *3. (fig: wütend)* furieux, en colère
Wildleder ['vɪltleːdər] *n* daim *m*
Wildnis ['vɪltnɪs] *f* désert *m*
Wille ['vɪlə] *m 1.* volonté *f; Es ist kein böser ~.* Ce n'est pas de la mauvaise volonté. *2. (Absicht)* intention *f*
willenlos ['vɪlənloːs] *adj 1.* sans volonté; *2. (gelehrig)* docile; *adv 3.* sans volonté
willensschwach ['vɪlənsʃvax] *adj* faible
willensstark ['vɪlənsʃtark] *adj* énergique; *~er Mann* homme de caractère *m*
willkommen [vɪl'kɔmən] *adj* bienvenu
Willkommensgruß [vɪl'kɔmənsgruːs] *m* salut de bienvenue *m*
Willkür ['vɪlkyːr] *f* arbitraire *m*
willkürlich ['vɪlkyːrlɪç] *adj* arbitraire
wimmeln ['vɪməln] *v* pulluler; *~ von etw* fourmiller de qc
Wimpel ['vɪmpəl] *m* fanion *m,* banderole *f*
Wimper ['vɪmpər] *f ANAT* cil *m; ohne mit der ~ zu zucken* sans sourciller
Wimperntusche ['vɪmpərntuʃə] *f* mascara *m*
Wind [vɪnt] *m* vent *m; viel ~ machen* faire du zèle; *~ von etw bekommen (fig)* avoir vent de qc; *in den ~ reden* prêcher dans le désert; *etw in den ~ schlagen* faire fi de qc/dédaigner qc; *jdm den ~ aus den Segeln nehmen* couper l'herbe sous les pieds de qn; *etw in den ~ schreiben* faire une croix sur qc; *~ machen (fig)* faire du bruit/exagérer; *mit dem ~ segeln* suivre le mouvement; *Er weiß, woher der ~ geht.* Il sait à quoi s'en tenir.
Windel ['vɪndəl] *f* couche *f*
winden[1] ['vɪndən] *v METEO Es windet.* Il fait du vent.
winden[2] ['vɪndən] *v irr 1. (wickeln)* rouler; *2. sich ~ (Sache)* s'enrouler; *3. sich ~ (vor Schmerzen)* se tordre; *4. (Schlange, Wurm)* serpenter
windig ['vɪndɪç] *adj 1.* venteux, battu par les vents; *2. (fig)* creux
Windjacke ['vɪntjakə] *f* anorak *m*
Windmühle ['vɪntmyːlə] *f* moulin à vent *m*
windschnittig ['vɪntʃnɪtɪç] *adj* aérodynamique
Windschutzscheibe ['vɪntʃutsʃaɪbə] *f (eines Autos)* pare-brise *m*
Windstärke ['vɪntʃtɛrkə] *f* force du vent *f*
Windstille ['vɪntʃtɪlə] *f* calme *m*
Wink [vɪŋk] *m 1.* signe *m,* geste *m; 2. (fig: Hinweis)* indication *f*
Winkel ['vɪŋkəl] *m 1. MATH* angle *m; 2. (fig: Plätzchen)* coin *m*
winken ['vɪŋkən] *v irr* faire signe à
Winter ['vɪntər] *m* hiver *m*
winterlich ['vɪntərlɪç] *adj* hivernal
Winterschlussverkauf ['vɪntərʃlusfɛrkauf] *m* soldes d'hiver *m/pl*
Wintersport ['vɪntərʃpɔrt] *m SPORT* sport d'hiver *m*
Winzer(in) ['vɪntsər(ɪn)] *m/f* vigneron(ne) *m/f,* viticulteur/viticultrice *m/f*
winzig ['vɪntsɪç] *adj* minuscule, infime
Wippe ['vɪpə] *f* balançoire *f,* bascule *f*

wir [viːr] *pron* nous, on; *Also, gehen ~ hin?* Alors, on y va?
wirken ['vɪrkən] *v 1. (tätig sein)* exercer; *2. (wirksam sein)* avoir de l'effet sur, être efficace; *3. (Eindruck erwecken)* faire l'effet de
wirklich ['vɪrklɪç] *adj* vrai, réel, effectif
Wirklichkeit ['vɪrklɪçkaɪt] *f* réalité *f*
wirklichkeitsnah ['vɪrklɪçkaɪtsnaː] *adj* proche de la réalité
wirksam ['vɪrkzaːm] *adj 1.* efficace; *2. (aktiv)* actif; *3. (gültig)* en vigueur
Wirksamkeit ['vɪrkzaːmkaɪt] *f 1.* efficacité *f; 2. (Gültigkeit)* validité *f*
Wirkung ['vɪrkuŋ] *f 1.* effet *m; ~ tun* faire son effet; *jdn um seine ~ bringen* couper ses effets à qn; *2. (Einfluss)* influence *f; 3. (Ergebnis)* résultat *m*
Wirkungsbereich ['vɪrkuŋsbəraɪç] *m* zone d'activité *f*
wirkungslos ['vɪrkuŋsloːs] *adj 1.* sans effet; *2. (nutzlos)* inutile; *adv 3.* sans effet
wirkungsvoll ['vɪrkuŋsfɔl] *adj* efficace
Wirrwarr ['vɪrvar] *m 1.* pêle-mêle *m; 2. (von Fäden)* enchevêtrement *m; 3. (von Stimmen)* cacophonie *f*
Wirt(in) [vɪrt/'vɪrtɪn] *m/f 1.* aubergiste *m/f; 2. (eines Hotels)* hôtelier/hôtelière *m/f; 3. (eines Cafés)* patron(ne) *m/f*
Wirtschaft ['vɪrtʃaft] *f 1. ECO* économie *f; 2. (Gasthaus)* auberge *f*
wirtschaftlich ['vɪrtʃaftlɪç] *adj 1.* économique; *2. (rentabel)* rentable; *3. (finanziell)* financier
Wirtshaus ['vɪrtshaus] *n* auberge *f,* restaurant *m*
Wisch [vɪʃ] *m (fam)* paperasse *f*
wischen ['vɪʃən] *v 1.* essuyer, effacer; *2. (Zeichnung)* estomper
wispern ['vɪspərn] *v* parler tout bas, murmurer
wissbegierig ['vɪsbəgiːrɪç] *adj* désireux de savoir
wissen ['vɪsən] *v irr* savoir, connaître, être au courant de; *Das ist gut zu ~.* C'est bon à savoir. *schon längst ~* savoir le reste; *nicht dass ich wüsste* pas que je sache; *~, woran man ist* savoir à quoi s'en tenir; *als ob man von nichts wüsste* sans avoir l'air d'y toucher; *von jdm nichts ~ wollen* ne pas vouloir entendre parler de qn; *es ~ wollen* vouloir savoir où on en est
Wissen ['vɪsən] *n* savoir *m,* connaissance *f; ohne jds ~* à l'insu de qn
Wissenschaft ['vɪsənʃaft] *f 1.* science *f; 2. (Wissen)* savoir *m*
Wissenschaftler(in) ['vɪsənʃaftlər(ɪn)] *m/f 1.* scientifique *m/f; 2. (Gelehrte(r))* savant(e) *m/f*
wissenschaftlich ['vɪsənʃaftlɪç] *adj* scientifique
wissenswert ['vɪsənsveːrt] *adj* qui vaut la peine d'être su
wissentlich ['vɪsəntlɪç] *adj 1.* intentionnel; *adv 2.* en toute connaissance de cause
wittern ['vɪtərn] *v* flairer, avoir vent de
Witterung ['vɪtəruŋ] *f 1. (Wetter)* temps *m; 2. (Wittern)* flair *m*
Witwe(r) ['vɪtvə(r)] *m/f* veuf/veuve *m/f*
Witwenrente ['vɪtvənrɛntə] *f* pension de réversion *f*
Witz [vɪts] *m 1. (Geschichte)* blague *f,* histoire drôle *f; 2. (Scherz)* plaisanterie *f,* blague *f; ~e reißen* faire des plaisanteries/faire des blagues; *Mach keine ~e!* Ne rigole pas!
witzig ['vɪtsɪç] *adj 1.* amusant; *adv 2.* avec esprit
witzlos ['vɪtsloːs] *adj 1. (ohne Witz)* insipide; *2. (zwecklos)* sans intérêt
wo [voː] *adv* où, en quel endroit
woanders [vo'andərs] *adv* ailleurs
wobei [vo'baɪ] *adv 1. (interrogativ)* à quoi; *Wobei ist das passiert?* A quoi est-ce dû?/ Comment est-ce arrivé? *Wobei bist du gerade?* Où en es-tu? *2. (relativ)* ce que
Woche ['vɔxə] *f* semaine *f*
Wochenblatt ['vɔxənblat] *n* journal hebdomadaire *m*
Wochenende ['vɔxənɛndə] *n* weekend *m*
wochenlang ['vɔxənlaŋ] *adj 1.* qui dure des semaines; *adv 2.* à longueur de semaines
Wochenlohn ['vɔxənloːn] *m* salaire hebdomadaire *m*
Wochenmarkt ['vɔxənmarkt] *m* marché *m*
Wochentag ['vɔxəntaːk] *m* jour de la semaine *m*
wochentags ['vɔxəntaːks] *adv* les jours ouvrables, en semaine
wöchentlich ['vœçəntlɪç] *adj 1.* hebdomadaire, par semaine; *adv 2.* par semaine, chaque semaine
wodurch [vo'durç] *adv* par quoi, par où
wofür [vo'fyːr] *adv 1.* en échange de quoi; *2. (Frage)* pourquoi
Woge ['voːgə] *f 1. (Welle)* vague *f,* lame *f; 2. (~ der Begeisterung)* flot *m*
wogegen [vo'geːgən] *adv* contre quoi, en échange de quoi

woher [vo'heːr] *adv* d'où
wohin [vo'hɪn] *adv* où
wohl [voːl] *adv 1. (gut)* bien, agréablement; *~ oder übel* de gré ou de force; *sich sehr ~ fühlen* se porter comme un charme; *alles ~ bedacht* tout bien compté; *2. (etwa)* sans doute; *3. (wahrscheinlich)* probablement; *4. (sicher)* bien sûr, sûrement
Wohl [voːl] *n 1.* bien *m,* salut *m; 2. (~ergehen)* prospérité *f; 3. (Gesundheit)* santé *f; Auf Ihr ~!* A votre santé!/A la vôtre!
Wohlbefinden ['voːlbəfɪndən] *n* bien-être *m*
wohlerzogen ['voːlɛrtsoːgən] *adj* bien élevé
Wohlfahrt ['voːlfaːrt] *f 1. (Wohlergehen)* prospérité *f; 2. (öffentliche Fürsorge)* prévoyance sociale *f*
Wohlgefallen ['voːlgəfalən] *n* plaisir *m*
wohlgemerkt ['voːlgəmɛrkt] *adv* bien entendu
Wohlgeruch ['voːlgərux] *m* odeur agréable *f,* parfum *m*
wohlgesinnt ['voːlgəzɪnt] *adj* bien intentionné à l'égard de
wohlhabend ['voːlhaːbənt] *adj* aisé
wohlig ['voːlɪç] *adj* agréable
wohlschmeckend ['voːlʃmɛkənt] *adj* savoureux
Wohlstand ['voːlʃtant] *m* prospérité *f,* aisance *f*
Wohlstandsgesellschaft ['voːlʃtantsgəzɛlʃaft] *f* société d'abondance *f*
Wohltat ['voːltaːt] *f* bienfait *m*
Wohltäter ['voːltɛːtər] *m* bienfaiteur *m*
wohltuend ['voːltuːənt] *adj* bienfaisant, agréable
Wohlwollen ['voːlvɔlən] *n* bienveillance *f,* faveur *f*
wohlwollend ['voːlvɔlənt] *adj 1.* bienveillant, favorable; *adv 2.* avec bienveillance
Wohnblock ['voːnblɔk] *m* grand ensemble *m,* building *m*
wohnen ['voːnən] *v* habiter, résider, demeurer
Wohnfläche ['voːnflɛçə] *f* surface habitable *f*
Wohngemeinschaft ['voːngəmaɪnʃaft] *f* communauté *f*
wohnhaft ['voːnhaft] *adv* domicilié
Wohnhaus ['voːnhaus] *n 1.* maison d'habitation *f; 2. (Etagenhaus)* maison à appartements *f,* immeuble *m*
wohnlich ['voːnlɪç] *adj* confortable
Wohnmobil ['voːnmobiːl] *n* camping-car *m*
Wohnort ['voːnɔrt] *m* domicile *m,* résidence *f*
Wohnung ['voːnuŋ] *f* appartement *m,* logement *m,* habitation *f*
Wohnungsbau ['voːnuŋsbau] *m* construction de logements *f*
Wohnungsnot ['voːnuŋsnoːt] *f* crise du logement *f*
Wohnviertel ['voːnfɪrtəl] *n* quartier résidentiel *m*
Wohnwagen ['voːnvaːgən] *m* caravane *f*
Wohnzimmer ['voːntsɪmər] *n* salle de séjour *f,* salon *m*
Wolf [vɔlf] *m 1. ZOOL* loup *m; ein ~ im Schafspelz* une sainte nitouche *f; 2. jdn durch den ~ drehen* hacher qn en menus morceaux, faire de qn de la chair à pâté
Wolke ['vɔlkə] *f* nuage *m,* nuée *f; aus allen ~n fallen* tomber de son haut/tomber des nues; *über allen ~n schweben* être dans les nuages/se perdre dans les nuages; *auf ~ sieben schweben* être au septième ciel
Wolkenbruch ['vɔlkənbrux] *m* averse *f*
Wolkenkratzer ['vɔlkənkratsər] *m ARCH* gratte-ciel *m*
wolkenlos ['vɔlkənloːs] *adj* sans nuages
wolkig ['vɔlkɪç] *adj* nuageux, couvert
Wolldecke ['vɔldɛkə] *f* couverture de laine *f*
Wolle ['vɔlə] *f* laine *f,* lainage *m; sich in die ~ kriegen (fam)* se crêper le chignon/se bouffer le nez
wollen ['vɔlən] *v* vouloir, avoir la volonté de; *Wie Sie ~.* Comme vous voudrez.
womit [vo'mɪt] *adv* avec quoi, en quoi
womöglich [vo'møːklɪç] *adv* si possible
wonach [vo'naːx] *adv* après quoi, selon quoi
woran [vo'ran] *adv* à quoi, de quoi; *nicht wissen, ~ man bei jdm ist* ne pas savoir à quoi s'en tenir avec qn
worauf [vo'rauf] *adv* sur quoi; *Worauf wollen Sie hinaus?* Où voulez-vous en venir?
woraus [vo'raus] *adv* de quoi, à partir de quoi
worin [vo'rɪn] *adv* en quoi, dans quoi, où
World Wide Web [wɜːld waɪd web] *n INFORM* service Web *m,* World Wide Web *m*
Wort [vɔrt] *n* mot *m,* terme *m,* parole *f; das ~ an jdn richten* adresser la parole à qn; *Man hört sein eigenes ~ nicht.* On ne s'entend pas parler. *sein ~ brechen* manquer à sa parole; *Das ist ein ~!* Voilà une bonne parole! *jdn mit schönen ~en*

abspeisen payer qn de mots; *das ~ haben* avoir la parole; *das letzte ~ haben* avoir le dernier mot; *im wahrsten Sinne des ~es* au sens propre du terme; *das ~ ergreifen* prendre la parole; *jdm das ~ erteilen* donner la parole à qn; *jdm das ~ entziehen* retirer la parole à qn; *jdm das ~ verbieten* refuser la parole à qn; *für jdn ein gutes ~ einlegen* intercéder en faveur de qn/toucher un mot à qn; *Sie nehmen mir das ~ aus dem Munde.* J'allais le dire. *jdm das ~ im Munde umdrehen* déformer les paroles de qn; *kein ~ über etw verlieren* ne pas dire un mot sur qc; *jdm ins ~ fallen* couper la parole à qn/interrompre qn; *sich zu ~ melden* se manifester pour donner un avis; *ums ~ bitten* demander la parole

Wörterbuch ['vœrtərbu:x] *n* dictionnaire *m*, lexique *m*

Wortführer(in) ['vɔrtfy:rər(ɪn)] *m/f* porte-parole *m/f*

wortgewandt ['vɔrtgəvant] *adj* éloquent

wortkarg ['vɔrtkark] *adj* taciturne

Wortlaut ['vɔrtlaut] *m* texte *m*, termes *m/pl*

wörtlich ['vœrtlɪç] *adj 1.* littéral, textuel; *adv 2.* au pied de la lettre; *etw ~ nehmen* prendre qc au pied de la lettre

wortlos ['vɔrtlo:s] *adj 1.* muet; *adv 2.* sans voix

Wortschatz ['vɔrtʃats] *m* vocabulaire *m*

Wortwechsel ['vɔrtvɛksəl] *m* altercation *f*

worüber [vo'ry:bər] *adv* sur quoi, de quoi

worum [vo'rum] *adv* de quoi

worunter [vo'runtər] *adv* sous quoi

wovon [vo'fɔn] *adv* de quoi, d'où

wovor [vo'fo:r] *adv* de quoi

wozu [vo'tsu:] *adv* pour quoi; *Wozu auch?* A quoi bon?

Wrack [vrak] *n 1. (Auto)* carcasse *f*; *2. NAUT* épave *f*

Wucher ['vu:xər] *m* usure *f*, taux usuraire *m*

wuchern ['vu:xərn] *v 1.* faire l'usure; *2. (Pflanzen)* proliférer

Wuchs [vu:ks] *m 1. (Wachsen)* croissance *f*; *2. (Körperbau)* taille *f*

Wucht [vuxt] *f* puissance *f*, force *f*; *mit voller ~* de tout son poids

wühlen ['vy:lən] *v 1. (graben)* creuser le sol, fouiller; *2. (suchen)* retourner, bouleverser

wund [vunt] *adj 1.* blessé, écorché; *2. (fig)* sensible

Wunde ['vundə] *f 1.* blessure *f*, plaie *f*; *2. (Quetschung)* meurtrissure *f*

Wunder ['vundər] *n* miracle *m*, prodige *m*; *Das ist kein ~.* Ce n'est pas étonnant. *sein blaues ~ erleben* en voir de belles

wunderbar ['vundərba:r] *adj 1.* merveilleux, prodigieux; *2. (herrlich)* splendide, magnifique

Wunderkind ['vundərkɪnt] *n* enfant prodige *m*

wunderlich ['vundərlɪç] *adj 1. (erstaunlich)* étonnant; *2. (sonderbar)* étrange; *adv 3.* étonnamment

wundern ['vundərn] *v sich über etw ~* s'étonner de qc, être surpris de qc

wundervoll ['vundərfɔl] *adj* merveilleux, prodigieux

Wunsch [vunʃ] *m 1.* désir *m*, souhait *m*; *einen ~ hegen (verspüren)* éprouver un désir; *jdm jeden ~ von den Augen ablesen* être aux petits soins envers qn; *auf jds ~* à la demande de qn; *2. (Glückwunsch)* souhaits de *m/pl*

Wunschbild ['vunʃbɪlt] *n* idéal *m*

wünschen ['vynʃən] *v* souhaiter, désirer

Wunschtraum ['vunʃtraum] *m 1.* beau rêve *m*; *2. (Trugbild)* chimère *f*

Würde ['vyrdə] *f 1.* dignité *f*, noblesse *f*; *2. (Titel)* grade *m*, dignité *f*

Würdenträger(in) ['vyrdəntrɛ:gər(ɪn)] *m/f* dignitaire *m/f*

würdig ['vyrdɪç] *adj 1.* digne de, vénérable; *2. (ernst)* grave

würdigen ['vyrdɪgən] *v* estimer

Wurf [vurf] *m 1.* jet *m*; *2. ZOOL* portée *f*

Würfel ['vyrfəl] *m* dé *m*, cube *m*; *Die ~ sind gefallen.* Le sort en est jeté./Alea jacta est.

würgen ['vyrgən] *v 1.* étrangler, serrer la gorge; *2. (etw hinunter~)* faire des efforts pour avaler

Wurst [vurst] *f GAST* saucisse *f*, saucisson *m*

wursteln ['vurstəln] *v (fam)* continuer son petit train-train, bricoler

Würze ['vyrtsə] *f 1.* assaisonnement *m*; *2. (Gewürz)* épice *f*

Wurzel ['vurtsəl] *f* racine *f*

wurzeln ['vurtsəln] *v* avoir des racines

würzen ['vyrtsən] *v* assaisonner, épicer

würzig ['vyrtsɪç] *adj* assaisonné

wüst [vy:st] *adj 1. (öde)* désert, vide; *2. (ausschweifend)* débauché, dépravé; *3. (widerwärtig)* répugnant

Wüste ['vy:stə] *f* désert *m*

Wüstling ['vy:stlɪŋ] *m* débauché *m*

Wut [vu:t] *f* colère *f*, fureur *f*

Wutausbruch ['vu:tausbrux] *m* accès de rage *m*

wütend ['vy:tənt] *adj 1.* furieux, déchaîné; *adv 2.* avec fureur

X/Y/Z

x-Achse ['ɪksaksə] *f MATH* axe des abscisses *m*
X-Beine ['ɪksbaɪnə] *pl* jambes en X *f/pl,* jambes cagneuses *f/pl*
x-beliebig ['ɪksbəliːbɪç] *adj* quelconque, n'importe quel
Xenophobie [ksenofo'biː] *f* xénophobie *f*
x-fach ['ɪksfax] *adj 1.* multiple; *adv 2.* bien souvent
x-mal [ɪks'maːl] *adv* des centaines de fois, x fois
Xylophon [ksylo'foːn] *n MUS* xylophone *m*
Y-Achse ['ypsilɔnaksə] *f MATH* axe des ordonnées *m*
Yacht [jaxt] *f* yacht *m*
Ypsilon ['ypsilɔn] *n* ypsilon *m*
Yuppie ['jupiː] *m* yuppie *m*
zack [tsak] *interj Zack, ~!* Vlan!
Zack [tsak] *m auf ~ sein* être calé (fam)/en connaître un rayon; *jdn auf ~ bringen* mettre qn en train/motiver qn
Zacke ['tsakə] *f* pointe *f,* dent *f,* dentelure *f*
Zacken ['tsakən] *m sich keinen ~ aus der Krone brechen* ne pas aller contre ses principes
zackig ['tsakɪç] *adj 1. (gezackt)* muni de pointes; *2. (Stern)* pointu; *3. (fig: schneidig)* coupant
zaghaft ['tsaːkhaft] *adj 1. (ängstlich)* peureux; *2. (zögernd)* hésitant
zäh [tsɛː] *adj 1.* coriace, tenace; *2. (hart)* dur
zähflüssig ['tsɛːflysɪç] *adj* visqueux
Zahl [tsaːl] *f* nombre *m,* chiffre *m*
zahlbar ['tsaːlbaːr] *adj* payable, acquittable
zahlen ['tsaːlən] *v* payer, acquitter, régler
zählen ['tsɛːlən] *v 1.* compter, dénombrer; *2. (gehören zu) ~ zu* appartenir à, compter parmi
zahlreich ['tsaːlraɪç] *adj 1.* nombreux; *adv 2.* en grand nombre
Zahlung ['tsaːluŋ] *f* paiement *m,* règlement *m*
zahm [tsaːm] *adj 1.* apprivoisé, doux; *2. (gefügig)* souple; *3. (gelehrig)* docile
zähmen ['tsɛːmən] *v* dompter, apprivoiser
Zahn [tsaːn] *m ANAT* dent *f; jdm auf den ~ fühlen* sonder qn/mettre qn à l'épreuve/tâter le pouls à qn; *jdm den ~ ziehen* faire revenir qn sur terre; *einen ~ zulegen* presser le pas/accélerer; *die Zähne zusammenbeißen* serrer les dents; *sich an jdm die Zähne ausbeißen* se casser les dents sur qn/ne pas venir à bout de qn; *bewaffnet bis an die Zähne* armé jusqu'aux dents
Zahnarzt ['tsaːnartst] *m* dentiste *m*
Zahnbürste ['tsaːnbyrstə] *f* brosse à dents *f*
Zahnersatz ['tsaːnɛrzats] *m* prothèse dentaire *f*
Zahnpasta ['tsaːnpasta] *f* dentifrice *m*
Zahnschmerzen ['tsaːnʃmɛrtsən] *pl* mal aux dents *m*
Zahnstocher ['tsaːnʃtɔxər] *m* cure-dents *m*
Zange ['tsaŋə] *f* pince *f,* tenailles *f/pl; jdn in die ~ nehmen* mettre qn au pied du mur
zanken ['tsaŋkən] *v sich mit jdm ~* se disputer avec qn
zappelig ['tsapəlɪç] *adj* remuant, frétillant
zappeln ['tsapəln] *v* frétiller, s'agiter; *jdn ~ lassen* faire mijoter qn
zappen ['zɛpn] *v (fam)* zapper
zart [tsart] *adj 1.* tendre, délicat; *2. (zerbrechlich)* fragile
zärtlich ['tsɛrtlɪç] *adj 1.* tendre, affectueux; *adv 2.* avec tendresse
Zärtlichkeit ['tsɛrtlɪçkaɪt] *f* tendresse *f,* caresse *f*
Zauber ['tsaubər] *m 1. (Magie)* magie *f,* enchantement *m; Das ist fauler ~!* C'est du bluff!/Vaste fumisterie! *2. (fig)* charme *m*
Zauberer ['tsaubərər] *m* enchanteur *m,* magicien *m*
zauberhaft ['tsaubərhaft] *adj (fig)* merveilleux, ravissant
zaubern ['tsaubərn] *v* faire de la magie
zaudern ['tsaudərn] *v* hésiter, tergiverser, tarder
Zaum [tsaum] *m sich im ~ halten* se retenir
Zaun [tsaun] *m* clôture *f,* enclos *m,* palissade *f; einen Streit vom ~ brechen* chercher querelle/chercher une querelle d'allemand
Zebrastreifen ['tseːbraʃtraɪfən] *m* passage pour piétons *m*

Zeche ['tsɛçə] *f die ~ bezahlen müssen* payer les pots cassés; *die ~ prellen* partir sans payer
Zehe ['tseːə] *f* doigt de pied *m,* orteil *m*
Zehenspitze ['tseːənʃpɪtsə] *f auf ~n* à pas de loup
zehn [tseːn] *num* dix
Zeichen ['tsaɪçən] *n* signe *m,* marque *f; Das ist ein gutes ~.* C'est bon signe. *ein ~ setzen* poser des jalons/planter des jalons; *die ~ der Zeit* une caractéristique de notre époque *f*
zeichnen ['tsaɪçnən] *v 1.* dessiner, tracer; *2. (markieren)* marquer; *3. (unterschreiben)* signer
Zeichnung ['tsaɪçnuŋ] *f 1.* dessin *m,* tracé *m; 2. (Plan)* plan *m; 3. (Unterschrift)* signature *f*
zeigen ['tsaɪgən] *v 1.* montrer, désigner; *Es wird sich ~.* Qui vivra verra. *2. (beweisen)* faire preuve de
Zeiger ['tsaɪgər] *m (Uhrzeiger)* aiguille *f*
Zeile ['tsaɪlə] *f 1.* ligne *f; 2. (Reihe)* rangée *f,* file *f*
Zeit [tsaɪt] *f 1.* temps *m; ~ haben* avoir du temps; *mit der ~ gehen* être à la page; *Wie die ~ vergeht!* Comme le temps passe! *Es ist keine ~ zu verlieren.* Il n'y a pas de temps à perdre; *Das würde zu viel ~ in Anspruch nehmen.* Cela prendrait trop de temps. *Die ~ arbeitet für uns.* Le temps travaille pour nous. *die ~ totschlagen* tuer le temps; *Es war allerhöchste ~.* Il était moins une. *irgendwo die längste ~ gewesen sein* ne plus vouloir moisir quelque part; *sich mit etw die ~ vertreiben* s'occuper à qc/passer le temps en faisant qc; *jdm ~ lassen* laisser le temps à qn; *sich für etw ~ nehmen* prendre son temps pour qc; *Das hat ~.* Il y a le temps. *Ach du liebe ~!* Grand Dieu!/Bon sang! *2. (Uhrzeit)* heure *f; Haben Sie eine Stunde ~?* Avez-vous une heure de libre? *3. (Epoche)* époque *f*
Zeitalter ['tsaɪtaltər] *n* siècle *m*
Zeitarbeit ['tsaɪtarbaɪt] *f* travail temporaire *m*
Zeitersparnis ['tsaɪtɛrʃpaːrnɪs] *f* gain de temps *m*
zeitgemäß ['tsaɪtgəmɛːs] *adj* moderne
Zeitgenosse ['tsaɪtgənɔsə] *m* contemporain *m*
zeitgenössisch ['tsaɪtgənœsɪʃ] *adj* contemporain
zeitig ['tsaɪtɪç] *adj 1.* précoce; *adv 2.* tôt, de bonne heure
zeitlich ['tsaɪtlɪç] *adj 1.* temporel, séculier; *2. (vergänglich)* périssable; *das Zeitliche segnen* s'éteindre/rendre l'âme/expirer
zeitlos ['tsaɪtloːs] *adj 1. (ewig)* immortel; *2. (klassisch)* classique
Zeitpunkt ['tsaɪtpuŋkt] *m* moment *m,* époque *f*
zeitraubend ['tsaɪtraubənt] *adj* qui prend beaucoup de temps
Zeitraum ['tsaɪtraum] *m* période *f*
Zeitschrift ['tsaɪtʃrɪft] *f* revue *f,* magazine *m*
Zeitung ['tsaɪtuŋ] *f* journal *m; Die ~en waren voll davon.* Cela a fait couler beaucoup d'encre.
Zelt [tsɛlt] *n 1. (Campingzelt)* tente *f; seine ~e abbrechen* lever le camp; *die ~e irgendwo aufschlagen* planter sa tente quelque part; *2. (Bierzelt)* tente *f; 3. (Zirkuszelt)* chapiteau *m*
zelten ['tsɛltən] *v* camper, faire du camping
Zeltplatz ['tsɛltplats] *m* terrain de camping *m*
Zement [tse'mɛnt] *m* ciment *m*
Zensur [tsɛn'zuːr] *f 1. (in der Schule)* note *f; 2. POL* censure *f*
Zentimeter ['tsɛntimeːtər] *m* centimètre *m*
Zentner ['tsɛntnər] *m* demi-quintal *m*
zentral [tsɛn'traːl] *adj* central
Zentrale [tsɛn'traːlə] *f* centrale *f*
Zentralheizung [tsɛn'traːlhaɪtsuŋ] *f* chauffage central *m*
Zentrum ['tsɛntrum] *n* centre *m*
zerbrechen [tsɛr'brɛçən] *v irr 1.* casser, briser; *2. (fig)* se rompre, se casser
zerbrechlich [tsɛr'brɛçlɪç] *adj* fragile; *sehr ~ sein* se casser comme du verre
zerdrücken [tsɛr'drykən] *v 1.* écraser; *2. (zerknittern)* chiffonner
zerkleinern [tsɛr'klaɪnərn] *v* réduire en petits morceaux, broyer
zerknirscht [tsɛr'knɪrʃt] *adj* contrit
zerknittern [tsɛr'knɪtərn] *v* froisser, chiffonner
zerknüllen [tsɛr'knylən] *v* friper, froisser
zerlegen [tsɛr'leːgən] *v* décomposer, analyser
zermürbend [tsɛr'myrbənt] *adj 1.* usant; *2. (entmutigend)* décourageant
zerreiben [tsɛr'raɪbən] *v irr* broyer
zerren ['tsɛrən] *v* tirer avec violence, tirailler, arracher

Zerrissenheit [tsɛr'rɪsənhaɪt] *f* déchirement *m*
zerschlagen [tsɛr'ʃlaːgən] *v irr 1.* casser en pièces, mettre en pièces; *2. sich ~ (Pläne)* échouer, être réduit à néant; *adj 3. ~ sein (erschöpft sein)* être éreinté
zerstören [tsɛr'ʃtøːrən] *v* détruire, démolir
Zerstörung [tsɛr'ʃtøːruŋ] *f 1.* destruction *f; 2. (Untergang)* ruine *f; 3. (Vernichtung)* anéantissement *m*
zerstreuen [tsɛr'ʃtrɔyən] *v 1.* disperser, éparpiller; *2. (fig)* distraire, divertir
zerstreut [tsɛr'ʃtrɔyt] *adj 1.* dispersé; *2. (fig)* distrait
Zerstreuung [tsɛr'ʃtrɔyuŋ] *f 1.* éparpillement *m; 2. (fig)* distraction *f*
zertrampeln [tsɛr'trampəln] *v* écraser, piétiner
zertrümmern [tsɛr'trymərn] *v* démolir, fracasser
Zerwürfnis [tsɛr'vyrfnɪs] *n* discorde *f,* désaccord *m*
Zettel ['tsɛtəl] *m* fiche *f,* billet *m,* feuille *f*
Zeug [tsɔyk] *n* outils *m/pl,* matériel *m,* affaires *f/pl; dummes ~ reden* raisonner comme une pantoufle; *jdm am ~ flicken* casser du sucre sur le dos de qn; *sich ins ~ legen* en mettre un coup/faire un effort/s'y mettre
Zeuge ['tsɔygə] *m* témoin *m; als ~ nehmen* prendre à témoin
zeugen ['tsɔygən] *v 1. (aussagen)* témoigner, déposer; *2. (Kind)* engendrer, procréer
Zeugin ['tsɔygɪn] *f* témoin *m*
Zeugnis ['tsɔyknɪs] *n 1. (Bescheinigung)* certificat *m,* attestation *f; ~ ablegen für jdn* témoigner en faveur de qn; *2. (Schulzeugnis)* bulletin scolaire *m*
Zeugung ['tsɔyguŋ] *f* procréation *f*
Zickzack ['tsɪktsak] *m* zig-zag *m; im ~ gehen* aller en zigzag
Ziegel ['tsiːgəl] *m 1. (Backstein)* brique *f; 2. (Dachziegel)* tuile *f*
ziehen ['tsiːən] *v irr 1.* tirer, étirer; *Das zieht bei mir nicht.* Cela ne prend pas. *2. (gehen)* passer, aller
Ziehung ['tsiːuŋ] *f* tirage *m*
Ziel [tsiːl] *n 1.* but *m; über das ~ hinausschießen* viser trop haut/dépasser les bornes; *2. (fig: Absicht)* but *m,* objectif *m; sein ~ erreichen* arriver à ses fins/en venir à ses fins; *sein ~ verfehlen* manquer son coup
zielen ['tsiːlən] *v 1.* viser qc; *2. (fig)* aspirer à
ziellos ['tsiːlloːs] *adj* sans but
zielstrebig ['tsiːlʃtreːbɪç] *adj 1.* qui poursuit son but; *2. (entschlossen)* déterminé; *adv 3.* avec détermination
ziemlich ['tsiːmlɪç] *adj 1.* passable, convenable, assez important; *adv 2.* assez, relativement
Zierde ['tsiːrdə] *f* ornement *m,* parure *f,* décoration *f*
zierlich ['tsiːrlɪç] *adj* gracile, fin
Zierlichkeit ['tsiːrlɪçkaɪt] *f* finesse *f,* gracilité *f*
Ziffer ['tsɪfər] *f* chiffre *m,* nombre *m*
Zigarette [tsiga'rɛtə] *f* cigarette *f*
Zigarettenautomat [tsiga'rɛtənautomaːt] *m* distributeur de cigarettes *m*
Zigarettenpackung [tsiga'rɛtənpakuŋ] *f* paquet de cigarettes *m*
Zigarre [tsi'garə] *f* cigare *m*
Zigeuner(in) [tsi'gɔynər(ɪn)] *m/f* bohémien(ne) *m/f,* gitan(e) *m/f*
Zigeunermusik [tsi'gɔynərmuziːk] *f* musique tzigane *f*
Zimmer ['tsɪmər] *n* pièce *f,* salle *f,* chambre *f*
Zimmermädchen ['tsɪmərmɛːtçən] *n* femme de chambre *f*
Zirkus ['tsɪrkus] *m* cirque *m*
Zirkuszelt ['tsɪrkustsɛlt] *n* chapiteau *m*
Zitat [tsi'taːt] *n* citation *f*
zitieren [tsi'tiːrən] *v* citer
Zitrone [tsi'troːnə] *f* citron *m; jdn auspressen wie eine ~* presser qn comme un citron
Zitronenlimonade [tsi'troːnənlimonaːdə] *f* citronnade *f*
Zitrusfrüchte ['tsiːtrusfryçtə] *pl* agrumes *m/pl*
zittern ['tsɪtərn] *v* trembler, frissonner, frémir; *~ wie Espenlaub* trembler comme une feuille morte
zivil [tsi'viːl] *adj 1.* civil; *2. (Preis)* modéré; *3. (vernünftig)* raisonnable
Zivilcourage [tsi'viːlkuraːʒə] *f* courage civique *m*
Zivildienst [tsi'viːldiːnst] *m* service civil *m*
Zivilisation [tsiviliza'tsjoːn] *f* civilisation *f*
zivilisiert [tsivili'ziːrt] *adj* civilisé
Zivilkleidung [tsi'viːlbəklaɪduŋ] *f* vêtement civil *m*

zögern ['tsøːgərn] *v* hésiter, tergiverser; *Zögern Sie nicht länger!* N'hésitez plus!
zögernd ['tsøːgərnt] *adj 1.* hésitant; *2. (unentschlossen)* indécis; *adv 3.* avec hésitation
Zoll[1] [tsɔl] *m 1. (Behörde)* douane *f; 2. (Gebühr)* droit de douane *m*
Zoll[2] [tsɔl] *m (Maßeinheit)* pouce *m*
Zollabfertigung ['tsɔlapfɛrtɪguŋ] *f* formalités douanières *f/pl*
Zollbeamter ['tsɔlbəamtə] *m* douanier *m*
Zollerklärung ['tsɔlɛrklɛːruŋ] *f* déclaration en douane *f*
zollfrei ['tsɔlfraɪ] *adj* exempt de douane
Zollkontrolle ['tsɔlkontrɔlə] *f* contrôle douanier *m*
zollpflichtig ['tsɔlpflɪçtɪç] *adj* soumis aux droits de douane
Zone ['tsoːnə] *f* zone *f*
Zoo [tsoː] *m* zoo *m*
Zopf [tsɔpf] *m* tresse *f,* natte *f,* queue *f*
Zorn [tsɔrn] *m 1.* colère *f,* irritation *f; 2. (poetisch)* courroux *m*
zornig ['tsɔrnɪç] *adj 1.* en colère, furieux, irrité; *adv 2.* avec fureur, avec irritation
zu [tsuː] *prep 1.* à, vers, dans; *der Dom ~ Köln* la cathédrale de Cologne *f; ~ Tisch* à table; *~m Monatsende kündigen* donner son préavis pour la fin du mois; *~r Beruhigung* pour le calmer/pour la calmer...; *~m Glück* par chance/par bonheur/heureusement; *~ Hilfe kommen* venir à l'aide; *~r Belohnung* comme récompense; *~ etw werden* devenir qc; *~m Vorsitzenden wählen* élire président; *2. (Richtung)* vers; *~ jdm hinübersehen* regarder vers qn; *Das Zimmer liegt ~r Straße.* La pièce donne sur la rue. *~ beiden Seiten* des deux côtés; *adv 3. (zu viel)* trop; *~ wenig* trop peu
Zubehör ['tsuːbəhøːr] *n* accessoire *m,* garniture *f*
zubereiten ['tsuːbəraɪtən] *v 1.* préparer; *2. GAST* accommoder
Zubereitung ['tsuːbəraɪtuŋ] *f* préparation *f*
zubilligen ['tsuːbɪlɪgən] *v* accorder
zubinden ['tsuːbɪndən] *v irr* lier, fermer
zublinzeln ['tsuːblɪntsəln] *v jdm ~* faire signe des yeux à qn, faire un clin d'œil à qn
züchten ['tsyçtən] *v 1. (Tiere)* élever, faire l'élevage de; *2. (Pflanzen)* cultiver
Zucker ['tsukər] *m* sucre *m*
Zuckerdose ['tsukərdoːzə] *f* sucrier *m*
Zuckung ['tsukuŋ] *f 1.* convulsion *f; 2. (krampfhafte ~)* spasme *m*
Zudecke ['tsuːdɛkə] *f* couverture *f*
zudecken ['tsuːdɛkən] *v* couvrir, recouvrir
zudem ['tsudeːm] *adv* de plus, en outre
zudrehen ['tsuːdreːən] *v 1.* fermer en tournant; *2. (zuschrauben)* visser
zudringlich ['tsuːdrɪŋlɪç] *adj 1.* importun, indiscret; *adv 2.* avec indiscrétion
zueinander [tsuaɪn'andər] *adv 1.* l'un vers l'autre; *2. (gegenseitig)* mutuellement
zuerkennen ['tsuːɛrkɛnən] *v irr* reconnaître
zuerst [tsu'erst] *adv* d'abord, en premier lieu
Zufahrt ['tsuːfaːrt] *f* accès *m*
Zufall ['tsuːfal] *m* hasard *m,* sort *m,* fortune *f; durch ~* par hasard; *nichts dem ~ überlassen* ne rien laisser au hasard
zufällig ['tsuːfɛlɪç] *adj 1.* occasionnel, fortuit; *adv 2.* par hasard
zufassen ['tsuːfasən] *v 1.* se servir; *2. (helfen)* aider, donner un coup de main
Zuflucht ['tsuːfluxt] *f* refuge *m,* asile *m,* abri *m*
Zufluss ['tsuːflus] *m* affluent *m,* amenée d'eau *f*
zuflüstern ['tsuːflystərn] *v jdm etw ~* chuchoter qc à qn
zufolge [tsu'fɔlgə] *prep 1. ~ (gemäß)* d'après, selon; *2. etw ~ (auf Grund)* en raison de qc
zufrieden [tsu'friːdən] *adj* satisfait, content; *sich ~ geben mit* se satisfaire de; *~ stellen* satisfaire
Zufriedenheit [tsu'friːdənhaɪt] *f* satisfaction *f*
zufügen ['tsuːfyːgən] *v jdm etw ~* infliger qc à qn
Zufuhr ['tsuːfuːr] *f 1. (von Lebensmitteln)* approvisionnement *m; 2. CHEM* apport *m*
Zug [tsuːk] *m 1. (Eisenbahn)* train *m; im falschen ~ sitzen (fig)* s'être mis le doigt dans l'œil/s'être planté; *Dieser ~ ist abgefahren. (fig)* C'est trop tard. *2. (Umzug)* cortège *m; 3. (Luftzug)* courant d'air *m; 4. (Wesenszug)* trait *m; 5. zum ~ kommen* avoir la main/avoir les atouts dans son jeu; *etw in vollen Zügen genießen* profiter pleinement de qc/se délecter de qc; *in den letzten Zügen liegen* être à l'agonie
Zugabe ['tsuːgaːbə] *f 1.* supplément *m; 2. (Konzertzugabe)* rappel *m*
Zugabteil ['tsuːkaptaɪl] *n* compartiment *m*

Zugang ['tsu:gaŋ] *m 1. (Eingang)* entrée *f; 2. (Zutritt)* accès *m; ~ haben zu* avoir accès à

zugänglich ['tsu:gɛŋlɪç] *adj 1. (erreichbar)* accessible; *~ sein* être d'un abord facile; *2. (verfügbar)* accessible; *3. (fig)* d'un abord facile

Zuganschluss ['tsu:kanʃlus] *m* correspondance *f*

zugeben ['tsu:ge:bən] *v irr (einräumen)* admettre

zugehen ['tsu:ge:ən] *v irr 1. (fam: rasch gehen)* faire vite; *2. (weitergehen)* continuer; *Geh zu!* Continue! *3. (sich schließen lassen)* se fermer; *4. auf etw ~* avancer vers qc; *5. (sich einem Zeitpunkt nähern)* s'approcher; *Er geht auf die Sechzig zu.* Il approche de la soixantaine. *6. (geschehen, ablaufen)* se passer, arriver; *Hier geht es ja zu!* Il y a du monde et de l'ambiance ici!/C'est la fête ici! *7. jdm ~ (Brief)* être envoyé à qn

zugehörig ['tsu:gəhø:rɪç] *adj* appartenant à

Zugehörigkeit ['tsu:gəhø:rɪçkaɪt] *f* appartenance *f*

Zügel ['tsy:gəl] *m* bride *f,* rênes *f/pl; die ~ fest in der Hand haben* tenir les rênes; *die ~ straffer ziehen* serrer la vis/tenir la bride haute; *die ~ schleifen lassen* laisser flotter les rênes/lâcher la bride

zügellos ['tsy:gəllo:s] *adj (fig)* déchaîné

zügeln ['tsy:gəln] *v (fig)* refréner

Zugeständnis ['tsu:gəʃtɛntnɪs] *n* concession *f*

zugestehen ['tsugəʃte:ən] *v irr* admettre

Zugführer ['tsu:kfy:rər] *m* conducteur de train *m*

zügig ['tsy:gɪç] *adj 1.* rapide, avancé; *adv 2.* vite

zugleich [tsu'glaɪç] *adv 1.* en même temps, à la fois; *2. (zusammen)* ensemble

Zugluft ['tsu:kluft] *f* courant d'air *m*

zugreifen ['tsu:graɪfən] *v irr 1. (nehmen)* prendre; *2. (bei Tisch)* se servir; *Greif zu!* Sers-toi! *3. (helfen)* aider; *4. (stramm arbeiten)* bien travailler

zugrunde [tsu'grundə] *adv (siehe „Grund")*

Zugunglück ['tsu:kunglyk] *n* accident de chemin de fer *m*

zugunsten [tsu'gunstən] *prep (siehe „Gunst")*

zugute [tsu'gu:tə] *adv 1. jdm etw ~ halten* tenir compte de qc à qn; *2. sich etw auf etw ~ halten* tirer vanité de qc, se prévaloir de qc; *3. einer Sache ~ kommen* profiter à qc, servir qc

Zugverbindung ['tsu:kfɛrbinduŋ] *f* correspondance *f*

zuhalten ['tsu:haltən] *v irr 1.* tenir fermé, boucher; *2. (auf etw zugehen)* aller droit vers

Zuhälter ['tsu:hɛltər] *m* souteneur *m,* maquereau *m*

Zuhause [tsu'hauzə] *n* chez-soi *m*

zuhören ['tsu:hø:rən] *v* écouter

Zuhörer(in) ['tsu:hø:rər(ɪn)] *m/f* auditeur/auditrice *m/f*

zukleben ['tsu:kle:bən] *v* coller, cacheter

zuknöpfen ['tsu:knœpfən] *v* boutonner

Zukunft ['tsu:kunft] *f* avenir *m; die ~ vor sich haben* avoir l'avenir devant soi

zukünftig ['tsu:kynftɪç] *adj 1.* futur, à venir; *adv 2.* à l'avenir, désormais

zulassen ['tsu:lasən] *v irr 1. (geschlossen lassen)* laisser fermé; *2. (gestatten)* autoriser, permettre; *3. (Auto)* immatriculer

zulässig ['tsu:lɛsɪç] *adj* autorisé, permis, admissible

Zulässigkeit ['tsu:lɛsɪçkaɪt] *f* admissibilité *f*

Zulassung ['tsu:lasuŋ] *f 1. (Erlaubnis)* permission *f; 2. (eines Autos)* immatriculation *f*

zuleide [tsu'laɪdə] *adv (siehe „Leid")*

zuletzt [tsu'lɛtst] *adv* enfin

zuliebe [tsu'li:bə] *adv* pour l'amour de, pour faire plaisir à

Zulieferung ['tsu:li:fəruŋ] *f* livraison *f*

zum *(= zu dem) (siehe „zu")*

zumachen ['tsu:maxən] *v* fermer

zumal [tsu'ma:l] *adv 1.* particulièrement, surtout; *konj 2.* d'autant plus que

zumeist [tsu'maɪst] *adv* pour la plupart

zumindest [tsu'mindəst] *adv* au moins, pour le moins

zumutbar ['tsu:mu:tba:r] *adj* raisonnable, supportable

zumuten ['tsu:mu:tən] *v* demander, exiger

Zumutung ['tsu:mu:tuŋ] *f* exigence exagérée *f*

zunächst [tsu'nɛ:çst] *adv* tout d'abord

Zunahme ['tsu:na:mə] *f* accroissement *m,* augmentation *f*

Zuname ['tsu:na:mə] *m* nom de famille *m*

zünden ['tsyndən] *v* allumer, s'enflammer

Zündholz ['tsyntholts] *n* allumette *f*

Zündkerze ['tsyntkɛrtsə] *f (eines Autos)* bougie d'allumage *f*
Zündschlüssel ['tsyndʃlysəl] *m (eines Autos)* clé de contact *f*
Zündung ['tsyndʊŋ] *f (eines Autos)* allumage *m*
zunehmen ['tsuːneːmən] *v irr 1.* croître, augmenter; *2. (an Gewicht)* grossir
Zuneigung ['tsuːnaɪgʊŋ] *f* penchant *m,* inclination *f*
Zungenspitze ['tsuŋgənʃpɪtsə] *f* bout de la langue *m; Es liegt mir auf der ~!* Je l'ai sur le bout de la langue!
zunichte [tsu'nɪçtə] *adv ~ machen* détruire
zunutze [tsu'nutsə] *adv (siehe „Nutz")*
zuordnen ['tsuːɔrdnən] *v* classer, attribuer
Zuordnung ['tsuːɔrdnʊŋ] *f* coordination *f,* attribution *f*
zupfen ['tsupfən] *v 1. (am Ärmel)* tirer; *2. (Instrument)* pincer; *3. (Unkraut)* arracher, sarcler
zurechtfinden [tsu'rɛçtfɪndən] *v irr sich ~* s'orienter, se reconnaître; *sich in allen Lagen ~* savoir se retourner
zurechtkommen [tsu'rɛçtkɔmən] *v irr 1. mit etw ~ (fertig werden)* venir à bout de qc; *2. (rechtzeitig kommen)* arriver à temps
zurechtmachen [tsu'rɛçtmaxən] *v* arranger
zurechtweisen [tsu'rɛçtvaɪzən] *v irr (fig)* indiquer le chemin à
zureden ['tsuːreːdən] *v 1. jdm ~ (jdn versuchen zu überreden)* chercher à persuader qn; *2. jdm (gut) ~ (jdn ermutigen)* encourager qn
zurück [tsu'ryk] *adv* en arrière, en retard, de retour; *Ich bin gleich wieder ~.* Je ne fais que l'aller et retour.
zurückbehalten [tsu'rykbəhaltən] *v irr* retenir
zurückbezahlen [tsu'rykbətsaːlən] *v* rembourser
zurückbilden [tsu'rykbɪldən] *v sich ~* se résorber
zurückbringen [tsu'rykbrɪŋən] *v irr* rapporter
zurückdrängen [tsu'rykdrɛŋən] *v* repousser, refouler
zurückerhalten [tsu'rykɛrhaltən] *v irr* recouvrer, récupérer
zurückerobern [tsu'rykɛroːbərn] *v* reconquérir
zurückerstatten [tsu'rykɛrʃtatən] *v* rembourser
zurückfahren [tsu'rykfaːrən] *v irr* retourner, rentrer
zurückfordern [tsu'rykfɔrdərn] *v etw ~* redemander qc, réclamer qc
zurückführen [tsu'rykfyːrən] *v 1.* ramener; *2. (fig)* être dû à
zurückgeben [tsu'rykgeːbən] *v irr jdm etw ~* rendre qc à qn, restituer qc à qn
zurückgeblieben [tsu'rykgəbliːbən] *adj* arriéré, déficient
zurückgehen [tsu'rykgeːən] *v irr 1.* revenir, rentrer; *2. (sinken)* diminuer, baisser; *3. ~ auf (fig)* remonter à
zurückgezogen [tsu'rykgətsoːgən] *adj 1.* retiré; *adv 2.* en solitaire; *sehr ~ leben* vivre en vase clos
zurückgreifen [tsu'rykgraɪfən] *v irr ~ auf* se reporter à
zurückhalten [tsu'rykhaltən] *v irr 1. etw ~* retenir qc; *2. sich ~* se retenir; *sich jdm gegenüber ~* faire le réservé avec qn; *3. (fig)* refouler
zurückhaltend [tsu'rykhaltənt] *adj 1.* réservé; *adv 2.* avec réserve
Zurückhaltung [tsu'rykhaltʊŋ] *f* réserve *f*
zurückkehren [tsu'rykkeːrən] *v* retourner, revenir
zurückkommen [tsu'rykkɔmən] *v irr* revenir; *wieder auf etw ~* revenir à la charge
zurücklassen [tsu'ryklasən] *v irr* laisser derrière soi, laisser là
zurücklegen [tsu'rykleːgən] *v 1.* mettre en arrière; *2. (sparen)* épargner, mettre de côté; *3. (reservieren)* réserver
zurücknehmen [tsu'rykneːmən] *v irr 1.* reprendre; *2. (widerrufen)* révoquer, retirer
zurücksenden [tsu'rykzɛndən] *v irr* renvoyer
zurückstecken [tsu'rykʃtɛkən] *v (fam)* en rabattre
zurücktreten [tsu'ryktreːtən] *v irr 1.* reculer; *2. (Rücktritt erklären)* démissionner; *3. (fig: von einem Vertrag)* résilier
zurückweisen [tsu'rykvaɪzən] *v irr* rejeter
zurückzahlen [tsu'ryktsaːlən] *v* rembourser
Zurückzahlung [tsu'ryktsaːlʊŋ] *f* remboursement *m*

zurückziehen [tsu'ryktsi:ən] *v irr 1.* retirer, révoquer; *2. sich ~* se retirer de, rentrer dans le rang
zurufen ['tsu:ru:fən] *v irr jdm etw ~* crier qc à qn
Zusage ['tsu:za:gə] *f 1.* acceptation *f,* engagement *m; 2. (Versprechen)* promesse *f*
zusagen ['tsu:za:gən] *v 1.* accepter, donner sa parole; *2. (versprechen)* promettre; *3. (fig: gefallen)* plaire à, convenir à
zusammen [tsu'zamən] *adv 1. (gemeinsam)* ensemble; *2. (insgesamt)* en tout
Zusammenarbeit [tsu'zamənarbaɪt] *f* collaboration *f*
zusammenarbeiten [tsu'zamənarbaɪtən] *v* collaborer avec
Zusammenbau [tsu'zamənbau] *m* assemblage *m*
zusammenbeißen [tsu'zamənbaɪsən] *v irr 1. die Zähne ~* serrer les dents; *2. (fig)* presser
zusammenbrechen [tsu'zamənbrɛçən] *v irr* s'effondrer
Zusammenbruch [tsu'zamənbrux] *m 1.* effondrement *m; 2. MED* crise de nerfs *f*
zusammenfallen [tsu'zamənfalən] *v irr 1. (verfallen)* tomber en ruine; *2. ~ mit (fig: zeitlich)* coïncider avec
zusammenfassen [tsu'zamənfasən] *v 1. (verbinden)* réunir; *2. (fig)* résumer, récapituler
zusammenfassend [tsu'zamənfasənt] *adj 1.* récapitulatif; *adv 2.* pour récapituler
Zusammenfassung [tsu'zamənfasuŋ] *f 1.* réunion *f; 2. (fig)* résumé *m,* récapitulation *f*
zusammenfügen [tsu'zamənfy:gən] *v* assembler
zusammengehören [tsu'zaməngəhø:rən] *v* aller ensemble
Zusammengehörigkeitsgefühl [tsu'zaməngəhø:rɪçkaɪtsgəfy:l] *n* sentiment de solidarité *m*
zusammengesetzt [tsu'zaməngəzɛtst] *adj* composé
Zusammenhalt [tsu'zamənhalt] *m 1.* cohésion *f; 2. (fig)* solidarité *f*
zusammenhalten [tsu'zamənhaltən] *v irr* se soutenir mutuellement
Zusammenhang [tsu'zamənhaŋ] *m* rapport *m,* relation *f*
zusammenhängen [tsu'zamənhɛŋən] *v irr 1. ~ mit* être lié à; *2. (abhängen von)* dépendre de
zusammenhangslos [tsu'zamənhaŋslo:s] *adj 1.* sans suite, incohérent; *adv 2.* sans suite, avec incohérence
zusammenklappbar [tsu'zamənklapba:r] *adj* pliable
Zusammenkunft [tsu'zamənkunft] *f* réunion *f*
zusammenlegen [tsu'zamənle:gən] *v 1. (vereinigen)* réunir; *2. (falten)* plier
zusammennehmen [tsu'zamənne:mən] *v irr 1. sich ~ (sich konzentrieren)* se concentrer; *2. sich ~ (sich beherrschen)* se maîtriser
zusammenpassen [tsu'zamənpasən] *v* s'adapter à, s'harmoniser avec
zusammenreißen [tsu'zamənraɪsən] *v irr sich ~* se ressaisir, se maîtriser; *Reiß dich zusammen!* Maîtrise-toi!
zusammenschlagen [tsu'zamənʃla:gən] *v irr 1. über jdm ~* se refermer sur qn, ensevelir qn; *2. jdn ~* battre qn comme plâtre, tabasser qn; *3. die Hände über dem Kopf ~ (fig)* lever les bras au ciel; *4. etw ~ (aneinanderschlagen)* battre qc; *5. (zusammenlegen)* mettre ensemble; *6. etw ~ (zerstören, beschädigen)* démolir qc, casser qc
zusammenschließen [tsu'zamənʃli:sən] *v irr sich ~* s'associer à
Zusammenschluss [tsu'zamənʃlus] *m* association *f*
Zusammensetzung [tsu'zamənzɛtsuŋ] *f* composition *f*
zusammenstellen [tsu'zamənʃtɛlən] *v 1.* mettre ensemble, composer; *2. (fig)* établir
Zusammenstellung [tsu'zamənʃtɛluŋ] *f (fig)* établissement *m*
Zusammenstoß [tsu'zamənʃto:s] *m* collision *f,* choc *m*
zusammenstoßen [tsu'zamənʃto:sən] *v irr* entrer en collision avec
zusammentreffen [tsu'zaməntrɛfən] *v irr* rencontrer, concorder
Zusammentreffen [tsu'zaməntrɛfən] *n* rencontre *f*
zusammenzählen [tsu'zaməntsɛ:lən] *v* additionner
zusammenziehen [tsu'zaməntsi:ən] *v irr 1.* resserrer; *2. (zusammenzählen)* additionner
Zusatz ['tsu:zats] *m 1.* supplément *m; 2. CHEM* additif *m*
zusätzlich ['tsu:zɛtslɪç] *adj 1.* supplémentaire, additionnel; *adv 2.* en plus, de plus, en outre

zuschauen ['tsuːʃauən] *v* regarder
Zuschauer(in) ['tsuːʃauər(ɪn)] *m/f* spectateur/spectatrice *m/f*
zuschicken ['tsuːʃɪkən] *v* envoyer, expédier
Zuschlag ['tsuːʃlaːk] *m* supplément *m*
zuschlagpflichtig ['tsuːʃlaːkspflɪçtɪç] *adj* à supplément
zuschließen ['tsuːʃliːsən] *v irr* fermer à clé
zuschnappen ['tsuːʃnapən] *v 1. (zubeißen)* mordre; *2. (schließen)* se fermer brusquement
Zuschuss ['tsuːʃus] *m 1.* aide *f; 2. ECO* supplément *m*
zusehen ['tsuːzeːən] *v irr 1.* regarder; *2. (achten auf)* veiller à
zusehends ['tsuːzeːənts] *adv* à vue d'œil, visiblement
zusetzen ['tsuːzɛtsən] *v 1. Geld ~* perdre de l'argent; *2. (hinzufügen)* ajouter; *3. jdm ~ (drängen)* importuner qn; *4. jdm ~ (Feind)* persécuter qn; *5. jdm ~ (Hitze)* oppresser qn
zusichern ['tsuːzɪçərn] *v* assurer, garantir
zuspitzen ['tsuːʃpɪtsən] *v 1. (Pfahl)* tailler; *2. (fig) sich ~* s'aggraver
Zuspruch ['tsuːʃprux] *m 1. (Trost)* consolation *f; 2. (Erfolg)* affluence *f*
Zustand ['tsuʃtant] *m* état *m,* situation *f; Zustände kriegen* avoir les nerfs en pelote
zustande [tsuː'ʃtandə] *adv ~ kommen* se faire, s'organiser; *~ bringen* réaliser
Zustandekommen [tsu'ʃtandəkɔmən] *n 1.* réalisation *f; 2. (Erfolg)* réussite *f*
zuständig ['tsuːʃtɛndɪç] *adj 1. ~ für* compétent pour, qualifié pour; *2. ~ für (verantwortlich)* responsable pour
Zuständigkeit ['tsuːʃtɛndɪçkaɪt] *f* compétence *f*
zusteigen ['tsuːʃtaɪgən] *v irr* monter en cours de route; *Ist noch jemand zugestiegen?* Quelqu'un est-il monté en cours de route?
zustimmen ['tsuːʃtɪmən] *v* consentir à, donner son accord à
Zustimmung ['tsuːʃtɪmuŋ] *f* approbation *f,* accord *m; seine ~ geben* donner son accord
zustoßen ['tsuːʃtoːsən] *v irr (fig: geschehen)* arriver, survenir
Zustrom ['tsuːʃtroːm] *m* afflux *m,* affluence *f*
Zutaten ['tsuːtaːtən] *pl 1.* accessoires *m/pl; 2. GAST* ingrédients *m/pl*
zutrauen ['tsuːtrauən] *v jdm etw ~* croire qn capable de qc
Zutrauen ['tsuːtrauən] *n* confiance *f*
zutraulich ['tsuːtraulɪç] *adj* confiant, familier
zutreffen ['tsuːtrɛfən] *v irr 1.* concorder avec; *2. (sich verwirklichen)* se réaliser; *3. auf etw ~ (gelten für)* être valable pour qc
Zutritt ['tsuːtrɪt] *m* accès *m,* entrée *f*
zuverlässig ['tsuːfɛrlɛsɪç] *adj* sûr, fidèle
Zuverlässigkeit ['tsuːfɛrlɛsɪçkaɪt] *f* sûreté *f*
Zuversicht ['tsuːfɛrzɪçt] *f 1.* confiance *f; 2. (Hoffnung)* espoir *m*
zuversichtlich ['tsuːfɛrzɪçtlɪç] *adj 1.* confiant; *adv 2.* avec confiance
zuvor [tsu'foːr] *adv 1.* autrefois, avant; *2. (zuerst)* en premier lieu
zuvorkommen [tsu'foːrkɔmən] *v irr* devancer
zuvorkommend [tsu'foːrkɔmənt] *adj 1.* prévenant; *adv 2.* avec prévenance
Zuwachs ['tsuːvaks] *m 1. ECO* accroissement *m,* croissance *f; 2. (fam: Baby)* naissance *f*
zuweisen ['tsuːvaɪzən] *v irr* attribuer à
Zuweisung ['tsuːvaɪzuŋ] *f 1.* attribution *f; 2. JUR* assignation *f*
zuwenden ['tsuːvɛndən] *v irr* tourner, consacrer à
Zuwendung ['tsuːvɛnduŋ] *f 1. (Geld)* secours *m; 2. (Gefühl)* affection *f*
zuwerfen ['tsuːvɛrfən] *v irr 1. die Tür ~* claquer la porte; *2. jdm etw ~* jeter qc à qn; *jdm einen Blick ~* jeter un regard à qn; *jdm eine Kusshand ~* faire un baisemain à qn; *sich gegenseitig die Stichwörter ~* se donner la réplique
zuwider [tsu'viːdər] *adv 1.* en opposition avec, en contradiction avec; *prep 2.* contrairement à, à l'encontre de
zuziehen ['tsuːtsiːən] *v irr 1. (hierher umziehen)* emménager; *2. etw ~* attraper qc; *3. (Knoten)* serrer; *4. jdn ~* faire appel à qn; *5. sich etw ~ (Krankheit)* contracter qc, attraper qc
zuzüglich ['tsutsyːklɪç] *prep* en plus
Zwang [tsvaŋ] *m* contrainte *f,* force *f*
zwanglos ['tsvaŋloːs] *adj* sans contrainte
Zwangslage ['tsvaŋslaːgə] *f* nécessité *f*
zwangsläufig ['tsvaŋslɔyfɪç] *adj 1.* obligatoire, forcé; *adv 2.* par la force des choses

Zwangsmaßnahme ['tsvaŋsmaːsnaːmə] *f* mesure coercitive *f*
zwanzig ['tsvantsɪç] *num* vingt
Zwanziger ['tsvantsɪgər] *pl 1. (Mensch) in den ~n sein* avoir entre vingt et trente ans; *2. (Jahrzehnt) die ~* les années vingt *f/pl*
zwar [tsvaːr] *konj* certes, à la vérité, en effet; *und ~* à savoir, en l'occurence
Zweck [tsvɛk] *m* but *m,* fin *f; Der ~ heiligt die Mittel.* La fin justifie les moyens.
zweckentfremdet ['tsvɛkənfrɛmdət] *adj* détourné de sa fonction première
zweckgebunden ['tsvɛkgəbundən] *adj* destiné à une fonction déterminée
zwecklos ['tsvɛkloːs] *adj* inutile
zweckmäßig ['tsvɛkmɛːsɪç] *adj* approprié à, indiqué pour
zwecks [tsvɛks] *prep* en vue de, pour
zwei [tsvaɪ] *num* deux
zweideutig ['tsvaɪdɔytɪç] *adj* ambigu
zweifach ['tsvaɪfax] *adj* double
Zweifel ['tsvaɪfəl] *m 1.* doute *m; ganz ohne jeden ~* il n'y a pas d'erreur; *bei jdm ~ erwecken* mettre la puce à l'oreille de qn; *2. (Unsicherheit)* incertitude *f; 3. (Zögern)* hésitation *f*
zweifelhaft ['tsvaɪfəlhaft] *adj 1.* douteux; *2. (problematisch)* problématique; *3. (unsicher)* incertain
zweifellos ['tsvaɪfəlloːs] *adj 1.* indubitable; *2. (gewiss)* certain
zweifeln ['tsvaɪfəln] *v* douter de
Zweig [tsvaɪk] *m 1. BOT* branche *f,* rameau *m; auf keinen grünen ~ kommen* ne pas avoir de pot (fam)/ne pas s'en sortir; *2. (fig)* ligne *f,* branche *f*
Zweigstelle ['tsvaɪkʃtɛlə] *f* succursale *f*
zweimal ['tsvaɪmaːl] *adv* deux fois; *es sich nicht ~ sagen lassen* ne pas se le faire redire
zweiseitig ['tsvaɪzaɪtɪç] *adj 1.* bilatéral; *2. (Buch)* à deux pages
Zweisitzer ['tsvaɪzɪtsər] *m (Auto)* deux-places *f*
zweisprachig ['tsvaɪʃpraːxɪç] *adj* bilingue
zweispurig ['tsvaɪʃpuːrɪç] *adj* à deux voies
zweitbeste(r,s) ['tsvaɪtbɛstə(r,s)] *adj* second(e); *Das ist nur die ~ Lösung.* C'est seulement la seconde solution.
zweite(r,s) ['tsvaɪtə(r,s)] *adj* deuxième
zweitens ['tsvaɪtəns] *adv* deuxièmement
zweitrangig ['tsvaɪtraŋɪç] *adj* secondaire
Zwerg [tsvɛrk] *m* nain *m*
zwicken ['tsvɪkən] *v* pincer, tenailler
Zwickmühle ['tsvɪkmyːlə] *f (fig)* situation embarrassante *f; in einer ~ sein* être dans le pétrin
Zwieback ['tsvɪːbak] *m* biscotte *f*
Zwiebel ['tsviːbəl] *f* oignon *m*
Zwielicht ['tsviːlɪçt] *n 1.* demi-jour *m; 2. (Unsicherheit)* incertitude *f*
zwielichtig ['tsviːlɪçtɪç] *adj 1. (unsicher)* incertain; *2. (vage)* vague; *3. (zweifelhaft)* douteux
Zwiespalt ['tsviːʃpalt] *m* désunion *f*
zwiespältig ['tsviːʃpɛltɪç] *adj* désuni, brouillé
Zwietracht ['tsviːtraxt] *f* discorde *f*
Zwilling ['tsvɪlɪŋ] *m* jumeau *m,* jumelle *f*
Zwillingsbruder ['tsvɪliŋsbruːdər] *m* frère jumeau *m*
zwingen ['tsvɪŋən] *v irr jdn zu etw ~* forcer qn à faire qc, contraindre qn à faire qc; *sich zu etw ~* se forcer à faire qc; *Nichts zwingt Sie dazu.* Rien ne vous y oblige.
zwingend ['tsvɪŋənt] *adj* pressant
zwinkern ['tsvɪŋkərn] *v* cligner des yeux
Zwirn [tsvɪrn] *m* fil *m*
zwischen ['tsvɪʃən] *prep* entre, parmi
zwischendurch [tsvɪʃən'durç] *adv 1. (zeitlich)* entre-temps, quelquefois; *2. (örtlich)* au travers
Zwischenfall ['tsvɪʃənfal] *m* incident *m*
Zwischenhandel ['tsvɪʃənhandəl] *m* commerce d'intermédiaire *m*
Zwischenlagerung ['tsvɪʃənlaːgəruŋ] *f* stockage provisoire *m*
Zwischenlandung ['tsvɪʃənlanduŋ] *f* escale *f*
Zwischenraum ['tsvɪʃənraum] *m* intervalle *m*
Zwischenzeit ['tsvɪʃəntsaɪt] *f* intérim *m,* intervalle *m*
zwitschern ['tsvɪtʃərn] *v* gazouiller
zwölf [tsvœlf] *num* douze
Zwölf [tsvœlf] *f* douze *m*
zwölfte(r,s) ['tsvœlftə(r,s)] *adj* douzième; *in ~r Stunde* au dernier moment
Zyklus ['tsyːklus] *m 1.* cycle *m; 2. (Reihe)* série *f*
Zylinder [tsy'lɪndər] *m 1. (Hut)* haut de forme *m,* gibus *m* (fam); *2. TECH* cylindre *m*
zynisch ['tsyːnɪʃ] *adj 1.* cynique; *adv 2.* avec cynisme

Französische Grammatik

Das Adjektiv

Das Adjektiv (Eigenschaftswort) richtet sich in *Geschlecht (Genus)* und *Zahl (Numerus)* immer nach dem Substantiv, zu dem es gehört:

Voilà ma jolie robe. Da ist mein hübsches Kleid.

Die feminine Form der meisten Adjektive wird durch Anhängen der Endung *-e* gebildet: *joli/jolie* hübsch. Bei Endkonsonanten treten folgende Veränderungen ein:

Der Endkonsonant verdoppelt sich:

maskulin	feminin
-el	*-elle*
-en	*-enne*
-on	*-onne*
-t	*-tte*

Der Endkonsonant verwandelt sich:

maskulin	feminin
-f	*-ve*
-x	*-se*
-c	*-que*
-teur	*-trice*
-eur	*-euse*

Die Pluralbildung des Adjektivs

Der Plural des Adjektivs wird durch Anhängung der Endung *-s* an die maskuline oder feminine Form gebildet.

Die Stellung des Adjektivs

Adjektive stehen in der Regel *nach* dem Substantiv, manche Adjektive können jedoch auch vorangestellt werden. Dabei ändert sich der Aussagewert des Adjektivs. Folgende Adjektive stehen immer *vor* dem Substantiv: *grand, jeune, bon, joli, haut, petit, vieux, mauvais, beau, long.*

Die Steigerung des Adjektivs

Grundform (Positiv)	Komparativ	Superlativ
moderne	*plus moderne*	*le/la/les plus moderne(s)*
modern	moderner	der, die modernste(n)

Das Adverb

Die abgeleiteten Adverbien

Man leitet ein Adverb von einem Adjektiv ab, indem man an die feminine Form die Endung *-ment* hängt: *sérieuse-sérieusement* ernst; *franche-franchement* offen. Die meisten Adjektive auf *-ant* und *-ent* bilden das Adverb auf *-amment* bzw. *-emment:*

constant	*constamment*	beständig
bruyant	*bruyamment*	lärmend
prudent	*prudemment*	besonnen

Folgende Adverbien werden unregelmäßig gebildet:

bon	*bien*	gut
mauvais	*mal*	schlecht
meilleur	*mieux*	besser

Der Artikel

Der bestimmte Artikel

Der bestimmte Artikel lautet im maskulin Singular *le,* feminin *la,* im Plural *les.* Folgt dem Artikel ein Substantiv, das mit einem Vokal beginnt, so verwandeln sich *le* und *la* in *l'.* Auch vor dem stummen *h* wird ein Apostroph gesetzt: *l'homme* der Mann. Bei *h aspiré* wird kein Apostroph gesetzt: *le hasard* der Zufall.

Der unbestimmte Artikel

Der unbestimmte Artikel lautet maskulin *un,* feminin *une.* Der unbestimmte Artikel im Plural lautet maskulin und feminin gleich *des.* Im Deutschen gibt es keine entsprechende Form. *Des* bleibt also unübersetzt. Im Großen und Ganzen wird *un/une* wie der deutsche unbestimmte Artikel gebraucht.

	maskulin	feminin
Singular	*un tableau* ein Bild	*une table* ein Tisch
Plural	*des tableaux* Bilder	*des tables* Tische

Der unbestimmte Artikel in der Verneinung

In verneinten Sätzen verwandeln sich *un* und *une, du, de la, de l'* und *des* nach *pas* (oder *plus, jamais* etc.) zu *de: Je n'ai pas de voiture.* Ich habe kein Auto. Ausnahme: Ist das Verb des Satzes *être,* so bleibt auch im verneinten Satz der vollständige Artikel erhalten: *Ce ne sont pas des Allemands.* Das sind keine Deutschen.

Der Teilungsartikel

Der Teilungsartikel ist eine Besonderheit der französischen Sprache. Er dient dazu, eine unbestimmte Menge eines Stoffes (z.B. Kaffee oder Mehl) oder einen abstrakten Begriff (z.B. Mut) auszudrücken. Der Teilungsartikel lautet maskulin *du,* feminin *de la,* vor Substantiven, die mit Vokal beginnen, maskulin und feminin *de l':*

maskulin		feminin	
du vin	Wein	*de la limonade*	Limonade
du courage	Mut	*de la peine*	Mühe, Sorge
de l'alcool	Alkohol	*de l'eau*	Wasser

Das Pronomen

Das verbundene Personalpronomen

Das verbundene Personalpronomen steht immer in Verbindung mit einem Verb.

	Subjekt (Nominativ)	indirektes Objekt (Dativ)	direktes Objekt (Akkusativ)
Singular	*je* ich	*me* mir	*me* mich
	tu du	*te* dir	*te* dich
	il er	*lui* ihm	*le* ihn
	elle sie	*lui* ihr	*la* sie
Plural	*nous* wir	*nous* uns	*nous* uns
	vous ihr	*vous* euch	*vous* euch
	ils sie	*leur* ihnen	*les* sie
	elles sie	*leur* ihnen	*les* sie

Das Possessivpronomen

Das adjektivische Possessivpronomen richtet sich in *Numerus* und *Genus* nach dem Substantiv, zu dem es gehört:

Singular maskulin	Singular feminin	Plural maskulin/feminin
mon fils	*ma fille*	*mes fils/mes filles*
ton fils	*ta fille*	*tes fils/tes filles*
son fils	*sa fille*	*ses fils/ses filles*
notre fils	*notre fille*	*nos fils/nos filles*
votre fils	*votre fille*	*vos fils/vos filles*
leur fils	*leur fille*	*leurs fils/leurs filles*

Das Substantiv

Das Geschlecht des Substantivs

Das Französische hat zwei grammatikalische Geschlechter: maskulin und feminin.

Maskulin sind Substantive auf:		Feminin sind Substantive auf:	
-age	*le garage*	*-ade*	*la salade*
-ail	*le travail*	*-ance*	*la balance*
-al	*le cheval*	*-aison*	*la comparaison*
-eau	*le bureau*	*-ence*	*la diligence*
-ège	*le privilège*	*-elle*	*la semelle*
-ent	*l'argent*	*-esse*	*la sagesse*
-et	*le filet*	*-ette*	*la fourchette*
-ier	*l'épicier*	*-ion*	*la situation*
-isme	*le socialisme*	*-ise*	*la bêtise*
-oir	*le dortoir*	*-son*	*la chanson*
-on	*le savon*	*-té*	*la charité*
-ment	*le document*	*-tié*	*la pitié*

Die regelmäßige Pluralbildung

Der Plural wird bei maskulinen und femininen Substantiven durch Anhängen von *-s* gebildet: *le jardin - les jardins; la fleur - les fleurs.*

Die unregelmäßge Pluralbildung

Substantive, die auf *-s, -z* oder *-x* enden, erhalten im Plural kein *-s* mehr:

le nez	die Nase	*les nez*	die Nasen
la croix	das Kreuz	*les croix*	die Kreuze

Substantive, die auf *-au, -eau, -eu* und *-oeu* enden, bilden den Plural mit *-x:*

le tuyau	die Röhre	*les tuyaux*	die Röhren
le bureau	das Büro	*les bureaux*	die Büros
le voeu	das Gelübde	*les voeux*	die Wünsche
le cheveu	das Haar	*les cheveux*	die Haare

Substantive auf *-ou* bilden den Plural teils mit *-s,* teils mit *-x:*

le cou	der Hals	*les cous*	die Hälse
le genou	das Knie	*les genoux*	die Knie

Die Deklination des Substantivs

Der Genitiv wird mit *de*, der Dativ mit *à* konstruiert:

de + le	*du*	*à + le*	*au*
de + la	*de la*	*à + la*	*à la*
de + l'	*de l'*	*à + l'*	*à l'*
de + les	*des*	*à + les*	*aux*

Das Verb

Die Hilfsverben *avoir* (haben) und *être* (sein)

Présent (Gegenwart)

j'ai (ich habe)	*je suis* (ich bin)
tu as	*tu es*
il a	*il est*
nous avons	*nous sommes*
vous avez	*vous êtes*
ils ont	*ils sont*

Imparfait (1. Vergangenheit)

j'avais (ich hatte)	*j'étais* (ich war)
tu avais	*tu étais*
il avait	*il était*
nous avions	*nous étions*
vous aviez	*vous étiez*
ils avaient	*ils étaient*

Passé Composé (2. Vergangenheit)

j'ai eu (ich habe gehabt)	*j'ai été* (ich bin gewesen)
tu as eu	*tu as été*
il a eu	*il a été*
nous avons eu	*nous avons été*
vous avez eu	*vous avez été*
ils ont eu	*ils ont été*

Plus-que-parfait (3. Vergangenheit)

j'avais eu (ich hatte gehabt)	*j'avais été* (ich war gewesen)
tu avais eu	*tu avais été*
il avait eu	*il avait été*
nous avions eu	*nous avions été*
vous aviez eu	*vous aviez été*
ils avaient eu	*ils avaient été*

Passé Simple

j'eus (ich hatte)	*je fus* (ich war)
tu eus	*tu fus*
il eut	*il fut*
nous eûmes	*nous fûmes*
vous eûtes	*vous fûtes*
ils eurent	*ils furent*

Passé Antérieur

j'eus eu (ich hatte gehabt)	*j'eus été* (ich war gewesen)
tu eus eu	*tu eus été*
il eut eu	*il eut été*
nous eûmes eu	*nous eûmes été*
vous eûtes eu	*vous eûtes été*
ils eurent eu	*ils eurent été*

Futur I (Zukunft)

j'aurai (ich werde haben)	*je serai* (ich werde sein)
tu auras	*tu seras*
il aura	*il sera*
nous aurons	*nous serons*
vous aurez	*vous serez*
ils auront	*ils seront*

Futur II (vollendete Zukunft)

j'aurai eu (ich werde gehabt haben)	*j'aurai été* (ich werde gewesen sein)
tu auras eu	*tu auras été*
il aura eu	*il aura été*
nous aurons eu	*nous aurons été*
vous aurez eu	*vous aurez été*
ils auront eu	*ils auront été*

Conditionnel I

j'aurais (ich hätte)	*je serais* (ich wäre)
tu aurais	*tu serais*
il aurait	*il serait*
nous aurions	*nous serions*
vous auriez	*vous seriez*
ils auraient	*ils seraient*

Conditionnel II

j'aurais eu (ich hätte gehabt)	*j'aurais été* (ich wäre gewesen)
tu aurais eu	*tu aurais été*
il aurait eu	*il aurait été*
nous aurions eu	*nous aurions été*
vous auriez eu	*vous auriez été*
ils auraient eu	*ils auraient été*

Subjonctif I (Möglichkeitsform)
Présent (Gegenwart)

que j'aie (dass ich habe)	*que je sois* (dass ich sei)
que tu aies	*que tu sois*
qu'il ait	*qu'il soit*
que nous ayons	*que nous soyons*
que vous ayez	*que vous soyez*
qu'ils aient	*qu'ils soient*

Subjonctif II
Imparfait (1. Vergangenheit)

que j'eusse (dass ich hätte)	*que je fusse* (dass ich wäre)
que tu eusses	*que tu fusses*
qu'il eût	*qu'il fût*
que nous eussions	*que nous fussions*
que vous eussiez	*que vous fussiez*
qu'ils eussent	*qu'ils fussent*

Subjonctif passé

que j'aie eu (dass ich gehabt habe)	*que j'aie été* (dass ich gewesen sei)
que tu aies eu	*que tu aies été*
qu'il ait eu	*qu'il ait été*
etc.	

Subjonctif plus-que-parfait

que j'eusse eu (dass ich gehabt hätte)	*que j'eusse été* (dass ich gewesen wäre)
que tu eusses eu	*que tu eusses été*
qu'il eût eu	*qu'il eût été*
etc.	

Imperativ (Befehl)

aie (habe)	*sois* (sei)
ayons (haben wir)	*soyons* (seien wir)
ayez (habt)	*soyez* (seid)

Participe Présent (Mittelwort der Gegenwart)

ayant (habend)	*étant* (seiend)

Participe Passé (Mittelwort der Vergangenheit)

eu (gehabt)	*été* (gewesen)

Avoir und *être* bei der Bildung der Zeiten
Der überwiegende Teil der französischen Verben bildet die zusammengesetzten Zeiten mit den entsprechenden Formen des Hilfsverbs *avoir.* Mit *être* dagegen werden die reflexiven Verben gebildet: *Je ne me suis pas ennuyé du tout.* Ich habe mich überhaupt nicht gelangweilt.
Bei vielen Verben wird das Participe Passé dem Subjekt in *Genus* und *Numerus* angeglichen: *Nadine est allée à Nancy.* Nadine ist nach Nancy gefahren.

Die Vollverben
Die Vollverben lassen sich in drei Gruppen einteilen: Verben auf *-er (parler)*, Verben auf *-ir (finir)* und Verben auf *-re (rompre)*. Innerhalb dieser Gruppen ist die Bildung der verschiedenen Zeiten und Aussageweisen regelmäßig. Daneben gibt es eine Reihe von unregelmäßigen Vollverben, deren Konjugationen von den regelmäßigen zum Teil abweichen (siehe Tabelle Seiten 583-585).

Hinweise zur Ableitung der Verbformen

Bei den regelmäßigen Verben auf *-er, -ir, -re* werden vom Infinitiv das Futur I und der Conditionnel I abgeleitet: *travailler - je travailler-ai/ais; vendre - je vendr-ai/ais; finir - je finir-ai/ais.*

Vom Stamm der 1. Person Präsens Plural werden Imparfait und Participe Présent abgeleitet: *nous travaill-ons - je travaill-ais, travaill-ant; nous vend-ons - je vend-ais, vend-ant; nous finiss-ons - je finiss-ais, finiss-ant.*

Vom Stamm der 3. Person Präsens Plural wird der Subjonctif I abgeleitet: *ils travaillent - que je travaill-e; ils vend-ent - que je vend-e; ils finiss-ent - que je finiss-e.*

Die Verneinung

Die Verneinung besteht aus zwei Teilen. *Ne ... pas* umschließen das konjugierte Verb und die davor stehenden Pronomina: *Je ne lui ai pas répondu.* Ich habe ihm nicht geantwortet.

Ebenso: *ne ... guère* - kaum, *ne ... personne* - niemand, *ne ... rien* - nichts, *ne ... jamais* - nie, *ne ... ni ... ni* - weder ... noch, *ne ... plus* - nicht mehr.

Das Zahlwort

Die Grundzahlen

0	*zéro*	10	*dix*	20	*vingt*
1	*un*	11	*onze*	21	*vingt et un*
2	*deux*	12	*douze*	22	*vingt-deux*
3	*trois*	13	*treize*	23	*vingt-trois*
4	*quatre*	14	*quatorze*	24	*vingt-quatre*
5	*cinq*	15	*quinze*	30	*trente*
6	*six*	16	*seize*	31	*trente et un*
7	*sept*	17	*dix-sept*	40	*quarante*
8	*huit*	18	*dix-huit*	50	*cinquante*
9	*neuf*	19	*dix-neuf*	60	*soixante*

70	*soixante-dix*	91	*quatre-vingt-onze*
71	*soixante et onze*	92	*quatre-vingt-douze*
72	*soixante-douze*	99	*quatre-vingt-dix-neuf*
73	*soixante-treize*	100	*cent*
74	*soixante-quatorze*	101	*cent un*
80	*quatre-vingts*	110	*cent dix*
81	*quatre-vingt-un*	200	*deux cents*
82	*quatre-vingt-deux*	201	*deux cent un*
83	*quatre-vingt-trois*	210	*deux cent dix*
90	*quatre-vingt-dix*	289	*deux cent quatre-vingt-neuf*

1.000	*mille*
1.001	*mille un*
1.200	*mille deux cents*
1.238	*mille deux cent trente-huit*
2.000	*deux mille*
10.000	*dix mille*

1.000.000	*un million*
2.000.000	*deux millions*
2.240.792	*deux millions deux cent quarante mille sept cent quatre-vingt-douze*
1.000.000.000	*le milliard*

Die Ordnungszahlen

1er *le premier* (der erste); 1ère *la première* (die erste); 2nd/e *le/la deuxième* oder *le second/la seconde;* 3e *le/la troisième;* 4e *le/la quatrième;* 20e *le/la vingtième;* 21e *le/la vingt et unième;* 80e *le/la quatre-vingtième;* 90e *le/la quatre-vingt-dixième;* 100e *le/la centième;* 200e *le/la deux-centième;* 1000e *le/la millième*

Die Uhrzeiten

Il est une heure.	Es ist 1.00 Uhr.
Il est deux heures cinq.	Es ist 2.05 Uhr.
Il est trois heures et quart.	Es ist 3.15 Uhr.
Il est une heure et demie.	Es ist 1.30 Uhr.
Il est cinq heures moins le quart.	Es ist 4.45 Uhr.
Il est six heures moins dix.	Es ist 5.50 Uhr.
Il est midi.	Es ist 12.00 mittags.
Il est minuit.	Es ist 12.00 nachts.
Il est vingt-deux heures.	Es ist 22.00 Uhr.
Il est midi et demi.	Es ist 12.30 Uhr.
Quelle heure est-il?	Wieviel Uhr ist es?
un quart d'heure	eine Viertelstunde
une demi-heure	eine halbe Stunde
trois quarts d'heure	eine dreiviertel Stunde
une heure et demie	eineinhalb Stunden
Il est trois heures précises.	Es ist genau 3 Uhr.
vers cinq heures	gegen 5 Uhr
à six heures	um 6 Uhr

Unregelmäßige Verben im Französischen

In der Auflistung werden folgende Abkürzungen verwendet:
Présent = *P*; Futur = *F*; Passé-simple = *PS*; Subjonctif = *S*; Participe Présent = *PPr*; Participe Passé = *PPA*
Die feminine Endung des Participe Passé wird durch *-e* angegeben.

acquérir j'acquiers, il acquiert, nous acquérons, ils acquièrent *P* j'acquerrai *F* j'acquis, nous acquîmes *PS* que j'acquière, que nous acquérions *S* acquérant *PPr* acquis,-e *PPA*
aller je vais, tu vas, il va, nous allons, vous allez, ils vont *P* j'irai *F* j'allai *PS* que j'aille, qu'il aille, que nous allions, qu'ils aillent *S* allant *PPr* allé,-e *PPA*
asseoir j'assois, il assoit, nous assoyons, ils assoient *P* j'assoirai *F* j'assis *PS* que j'assoie, que nous assoyions *S* assoyant *PPr* assis *PPA*
battre je bats, il bat, nous battons, ils battent *P* je battrai *F* je battis *PS* que je batte *S* battant *PPr* battu,-e *PPA*
boire je bois, il boit, nous buvons, ils boivent *P* je boirai *F* je bus *PS* que je boive *S* buvant *PPr* bu,-e *PPA*
bouillir je bous, il bout, nous bouillons, ils bouillent *P* je bouillirai *F* je bouillis *PS* que je bouille *S* bouillant *PPr* bouilli,-e *PPA*
clore je clos, il clôt, nous closons, ils closent *P* je clorai *F* que je close, que nous closions *S* closant *PPr* clos,-e *PPA*
conclure je conclus, il conclut, nous concluons, ils concluent *P* je conclurai *F* je conclus, nous conclûmes *PS* ques je conclue, que nous concluions *S* concluant *PPr* conclu,-e *PPA*
conduire je conduis, il conduit, nous conduisons, ils conduisent *P* je conduirai *F* je conduisis *PS* que je conduise *S* conduisant *PPr* conduit,-e *PPA*
connaître je connais, il connaît, nous connaissons, ils connaissent *P* je connaîtrai *F* je connus, nous connûmes *PS* que je connaisse *S* connaissant *PPr* connu,-e *PPA*
coudre je couds, il coud, nous cousons, ils cousent *P* je coudrai *F* je cousis, nous cousîmes *PS* que je couse, que nous cousions *S* cousant *PPr* cousu,-e *PPA*
courir je cours, il court, nous courons, ils courent *P* je courrai *F* je courus, nous courûmes *PS* que je coure *S* courant *PPr* couru,-e *PPA*
croire je crois, tu crois, il croit, nous croyons, ils croient *P* je croirai *F* je crus, nous crûmes *PS* que je croie *S* croyant *PPr* cru,-e *PPA*
croître je croîs, tu croîs, il croît, nous croissons, ils croissent *P* je croîtrai *F* je crûs, nous crûmes *PS* que je croisse *S* croissant *PPr* crû,-e *PPA*
cueillir je cueille, il cueille, nous cueillons, ils cueillent *P* je cueillerai *F* je cueillis *PS* que je cueille *S* cueillant *PPr* cueilli,-e *PPA*
devoir je dois, il doit, nous devons, ils doivent *P* je devrai *F* je dus, nous dûmes *PS* que je doive, qu'il doive, que nous devions, qu'ils doivent *S* devant *PPr* dû,-e *PPA*
dire je dis, tu dis, il dit, nous disons, vous dites, ils disent *P* je dirai *F* je dis, nous dîmes *PS* que je dise *S* disant *PPr* dit,-e *PPA*
dormir je dors, il dort, nous dormons, ils dorment *P* je dormirai *F* je dormis, nous dormîmes *PS* que je dorme, que nous dormions *S* dormant *PPr* dormi *PPA*
écrire j'écris, il écrit, nous écrivons, ils écrivent *P* j'écrirai *F* j'écrivis *PS* que j'écrive *S* écrivant *PPr* écrit,-e *PPA*
envoyer j'envoie, il envoie, nous envoyons, ils envoient *P* j'enverrai *F* j'envoyai *PS* que j'envoie, qu'il envoie, que nous envoyions, qu'ils envoient *S* envoyant *PPr* envoyé,-e *PPA*
faillir je faillis, nous faillissons, ils faillissent *P* je faillirai *F* je faillis, nous faillîmes *PS* que je faille, que nous faillions *S* faillant *PPr* failli *PPA*
faire je fais, tu fais, il fait, nous faisons, vous faites, ils font *P* je ferai *F* je fis *PS* que je fasse *S* faisant *PPr* fait,-e *PPA*

falloir il faut P il faudra F il fallut *PS* qu'il faille *S* fallu *PPA*
fuir je fuis, il fuit, nous fuyons, ils fuient *P* je fuirai *F* je fuis, nous fuîmes *PS* que je fuie, qu'il fuie, que nous fuyions, qu'ils fuient *S* fuyant *PPr* fui,-e *PPA*
haïr je hais, il hait, nous haïssons, ils haïssent *P* je haïrai *F* je haïs, nous haïmes *PS* que je haïsse *S* haïssant *PPr* haï,-e *PPA*
joindre je joins, il joint, nous joignons,ils joignent *P* je joindrai *F* je joignis *PS* que je joigne, que nous joignions *S* joignant *PPr* joint,-e *PPA*
lire je lis, il lit, nous lisons, ils lisent *P* je lirai *F* je lus *PS* que je lise *S* lisant *PPr* lu,-e *PPA*
luire je luis, il luit, nous luisons, ils luisent *P* je luirai *F* je luisis *PS* que je luise, que nous luisions *S* luisant *PPr* lui *Ppa*
maudire je maudis, il maudit, nous maudissons, ils maudissent *P* je maudis, nous maudîmes *PS* que je maudisse *S* maudissant *PPr* maudit,-e *PPA*
mettre je mets, il met, nous mettons, ils mettent *P* je mettrai *F* je mis, nous mîmes *PS* que je mette *S* mettant *PPr* mis,-e *PPA*
moudre je mouds, il moud, nous moulons, ils moulent *P* je moudrai *F* je moulus, nous moulûmes *PS* que je moule, que nous moulions *S* moulant *PPr* moulu,-e *PPA*
mourir je meurs, il meurt, nous mourons, ils meurent *P* je mourrai *F* je mourus *PS* que je meure, qu'il meure, que nous mourions, qu'ils meurent *S* mourant *PPr* mort,-e *PPA*
mouvoir je meus, il meut, nous mouvons, ils meuvent *P* je mouvrai *F* je mus, nous mûmes *PS* que je meuve, qu'il meuve, que nous mouvions, qu'ils meuvent *S* mouvant *PPr* mû, mue *PPA*
naître je nais, il naît, nous naissons, ils naissent *P* je naîtrai *F* je naquis *PS* que je naisse *S* naissant *PPr* né,-e *PPA*
ouvrir j'ouvre, il ouvre, nous ouvrons, ils ouvrent *P* j'ouvrirai *F* j'ouvris *PS* que j'ouvre *S* ouvrant *PPr* ouvert,-e *PPA*
paraître je parais, il paraît, nous paraissons, ils paraissent *P* je paraîtrai *F* je parus, nous parûmes *PS* que je paraisse, que nous paraissions *S* paraissant *PPr* paru,-e *PPA*
peindre je peins, il peint, nous peignons, ils peignent *P* je peindrai *F* je peignis, nous peignîmes *PS* que je peigne, que nous peignions *S* peignant *PPr* peint,-e *PPA*
plaire je plais, il plaît, nous plaisons, ils plaisent *P* je plairai *F* je plus, nous plûmes *PS* que je plaise *S* plaisant *PPr* plu *PPA*
pleuvoir il pleut *P* il pleuvra *F* il plut *PS* qu'il pleuve *S* pleuvant *PPr* plu *PPA*
pouvoir je peux, il peut, nous pouvons, ils peuvent *P* je pourrai *F* je pus, nous pûmes *PS* que je puisse *S* pouvant *PPr* pu *PPA*
prendre je prends, il prend, nous prenons, ils prennent *P* je prendrai *F* je pris, nous prîmes *PS* que je prenne, qu'il prenne, que nous prenions, qu'ils prennent *S* prenant *PPr* pris,-e *PPA*
résoudre je résous, il résout, nous résolvons, ils résolvent *P* je résoudrai *F* je résolus, nous résolûmes *PS* que je résolve, que nous résolvions *S* résolvant *PPr* résolu,-e *PPA*
rire je ris, il rit, nous rions, ils rient *P* je rirai *F* je ris, nous rîmes *PS* que je rie, que nous riions *S* riant *PPr* ri *PPA*
savoir je sais, il sait, nous savons, ils savent *P* je saurai *F* je sus, nous sûmes *PS* que je sache *S* sachant *PPr* su,-e *PPA*
servir je sers, il sert, nous servons, ils servent *P* je servirai *F* je servis, nous servîmes *PS* que je serve *S* servant *PPr* servi,-e *PPA*
suffire je suffis, il suffit, nous suffisons, ils suffisent *P* je suffirai *F* je suffis, nous suffîmes *PS* que je suffisse *S* suffisant *PPr* suffi *PPA*
suivre je suis, il suit, nous suivons, ils suivent *P* je suivrai *F* je suivis *PS* que je suive *S* suivant *PPr* suivi,-e *PPA*
vaincre je vaincs, il vainc, nous vainquons, ils vainquent *P* je vaincrai *F* je vainquis *PS* que je vainque *S* vainquant *PPr* vaincu,-e *PPA*

valoir je vaux, il vaut, nous valons, ils valent *P* je vaudrai *F* je valus *PS* que je vaille, qu'il vaille, que nous valions, qu'ils vaillent *S* valant *PPr* valu,-e *PPA*
venir je viens, il vient, nous venons, ils viennent *P* je viendrai *F* je vins, il vint, nous vînmes, vous vîntes, ils vinrent *PS* que je vienne; qu'il vienne, que nous venions, qu'ils viennent *S* venant *PPr* venu,-e *PPA*
vêtir je vêts, il vêt, nous vêtons, ils vêtent *P* je vêtirai *F* je vêtis *PS* que je vête *S* vêtant *PPr* vêtu,-e *PPA*
vivre je vis, il vit, nous vivons, ils vivent *P* je vivrai *F* je vécus *PS* que je vive *S* vivant *PPr* vécu,-e *PPA*
voir je vois, il voit, nous voyons, ils voient *P* je verrai *F* je vis, nous vîmes *PS* que je voie, qu'il voie, que nous voyions, qu'ils voient *S* voyant *PPr* vu,-e *PPA*
vouloir je veux, il veut, nous voulons, ils veulent *P* je voudrai *F* je voulus *PS* que je veuille, qu'il veuille, que nous voulions, qu'ils veuillent *S* voulant *PPr* voulu,-e *PPA*

Grammaire allemande

Adjectif

L'emploi de l'adjectif

Quand l'adjectif est employé en tant qu'attribut, c'est-à-dire en tant que complément d'un nom, il s'accorde en genre, en nombre et en cas avec le nom. L'adjectif reste invariable, quand il est employé en tant que prédicatif (complément d'attribution) ou en tant qu'adverbial (complément de circonstance) *(Die neuen Fahrräder* (neutre, pluriel, nominatif) *waren wegen ihres niedrigen Preises* (masculin, singulier, génitif) *schnell verkauft. Diese Fahrräder sind neu und preiswert. Ihr Preis ist niedrig kalkuliert.).*

La déclinaison de l'adjectif

On distingue deux sortes de déclinaison de l'adjectif. L'adjectif est décliné fortement, quand il se trouve seul devant un nom, quand il suit l'article indéfini ou le pronom *(kleiner Mann; ein kleiner Mann; ihr kleiner Mann).*

singulier	nominatif	génitif	datif	accusatif
masculin	*neuer Hut*	*neuen Hutes*	*neuem Hut(e)*	*neuen Hut*
féminin	*neue Frau*	*neuer Frau*	*neuer Frau*	*neue Frau*
neutre	*neues Auto*	*neuen Autos*	*neuem Auto*	*neues Auto*
pluriel	*neue*	*neuer*	*neuen*	*neue*

L'adjectif est décliné faiblement, quand il suit l'article défini ou le pronom décliné *(der kleine Mann; dieser kleine Mann; welcher große Junge?).*

singulier	nominatif	génitif	datif	accusatif
masculin	*neue Hut*	*neuen Hutes*	*neuen Hut(e)*	*neuen Hut*
féminin	*neue Frau*	*neuen Frau*	*neuen Frau*	*neue Frau*
neutre	*neue Auto*	*neuen Autos*	*neuen Auto*	*neue Auto*
pluriel	*neuen*	*neuen*	*neuen*	*neuen*

Un adjectif se décline de façon mixte lorsqu'il est précédé d'un article indéfini ou d'un pronom dépourvu de désinence.

singulier	nominatif	génitif	datif	accusatif
masculin	*neuer Hut*	*neuen Hutes*	*neuen Hut*	*neuen Hut*
féminin	*neue Frau*	*neuen Frau*	*neuen Frau*	*neue Frau*
neutre	*neues Auto*	*neuen Autos*	*neuen Auto*	*neues Auto*
pluriel	*neuen*	*neuen*	*neuen*	*neuen*

La comparaison de l'adjectif

Le comparatif se forme en ajoutant *-er* au radical ou en formant la voyelle infléchie et en ajoutant *-er* ensuite.

Le superlatif se forme en ajoutant *-est* ou *-st* au radical. De plus il faut ajouter *am,* quand le superlatif ne précède pas le nom *(weit, lang, alt: weiter, länger, älter; weiteste(-r, -s), längste(-r, -s), älteste(-r, -s). Er lief am weitesten).*

Les adjectifs *gut, viel, wenig, hoch, nahe* possèdent des formes irrégulières de comparaison: *gut, besser, am besten; viel, mehr, am meisten; wenig, weniger ou minder, am wenigsten; hoch, höher, am höchsten; nahe, näher, am nächsten.*

Adverbe

Les adverbes qui sont dérivés d'un adjectif figurent au radical (ils n'ont pas de terminaison) *(Das hast du gut gemacht).* La comparaison des adverbes correspond à celle des adjectifs (ils n'ont pas de terminaison). A l'exception des adverbes qui sont dérivés d'un adjectif, il n'y a que les adverbes suivants qu'on peut mettre au comparatif: *oft - öfter - am öftesten/am häufigsten; bald - eher - am ehesten; gern - lieber - am liebsten.*

Article

L'article défini

nombre	cas	masculin	féminin	neutre
singulier	nominatif	*der*	*die*	*das*
	génitif	*des*	*der*	*des*
	datif	*dem*	*der*	*dem*
	accusatif	*den*	*die*	*das*
pluriel	nominatif	*die*	*die*	*die*
	génitif	*der*	*der*	*der*
	datif	*den*	*den*	*den*
	accusatif	*die*	*die*	*die*

L'article indéfini

nombre	cas	masculin	féminin	neutre
singulier	nominatif	*ein*	*eine*	*ein*
	génitif	*eines*	*einer*	*eines*
	datif	*einem*	*einer*	*einem*
	accusatif	*einen*	*eine*	*ein*

Il n'y a pas d'article indéfini pour le pluriel.

Nom

Le genre des noms

Il y a trois genres différents pour les noms. Normalement le genre grammatical correspond au genre naturel *(der Mann, die Frau, das Haus).*

Les terminaisons régulières des noms allemands

masculin	féminin		neutre
-ant	*-ade*	*-ine*	*-at*
-ar	*-anz*	*-ion*	*-chen*
-är	*-atte*	*-ive*	*-ium*
-ent	*-ei*	*-keit*	*-lein*
-eur	*-elle*	*-schaft*	*-nis*
-ist	*-enz*	*-tät*	*-sel*
-ius	*-ette*	*-ung*	*-tiv*
-ling	*-eurin*	*-ur*	
-mus	*-euse*		
-nom	*-heit*		
-rich	*-ie*		
-tiv	*-ik*		
-tor	*-in*		

Le cas des noms

Pour les noms il y a une déclinaison forte, une déclinaison faible et une déclinaison mixte. La déclinaison forte existe pour les noms masculins, féminins et neutres.

singulier	masculin	féminin	neutre
nominatif	*der Raum*	*die Wand*	*das Auto*
génitif	*des Raumes*	*der Wand*	*des Autos*
datif	*dem Raum(e)*	*der Wand*	*dem Auto*
accusatif	*den Raum*	*die Wand*	*das Auto*
pluriel	*Räume*	*Wände*	*Autos*
pluriel/datif	*Räumen*	*Wänden*	*Autos*

La déclinaison faible n'existe que pour les noms masculins et féminins.

singulier	masculin	féminin
nominatif	*der Held*	*die Katze*
génitif	*des Helden*	*der Katze*
datif	*dem Helden*	*der Katze*
accusatif	*den Helden*	*die Katze*
pluriel	*Helden*	*Katzen*

La déclinaison mixte n'existe que pour les noms masculins et neutres.

singulier	masculin	féminin
nominatif	*der Schmerz*	*das Ohr*
génitif	*des Schmerzes*	*des Ohrs*
datif	*dem Schmerz*	*dem Ohr*
accusatif	*den Schmerz*	*das Ohr*
pluriel	*Schmerzen*	*Ohren*

L'emploi des cas

Le génitif fait fonction de cas du domaine. Il indique des appartenances, l'origine, la qualité et la possession *(Die Studenten der Münchner Universität streiken. Die Pflanzen südlicher Zonen verderben. Ein Rohdiamant erster Güte wurde gefunden. Das ist das Haus des Direktors.).* En français, le génitif se traduit par la préposition *de* qui exprime l'appartenance. Certains verbes exigent le génitif également *(sich schämen, sich entsinnen, bedürfen).*

Le datif en tant que complément d'objet désigne quelqu'un ou quelque chose à qui ou à quoi s'adresse une action, une affaire ou un événement *(Sie gibt/schenkt dem Mann).* Le datif correspond au complément d'objet indirect français et est introduit par la préposition *à*.

On parle d'un complément d'objet direct, quand quelqu'un ou quelque chose est concerné directement par une action ou un événement. Le complément d'objet direct représente l'indication de l'objectif qui s'applique à quelque chose *(Sie sieht ihn).* Le complément d'objet correspond en allemand au cas de l'accusatif.

Prépositions et leurs rections spécifiques

A chaque préposition correspond un cas spécifique (génitif, datif, accusatif).

Prépositions suivies du génitif

außerhalb	*laut*	*um ... willen*
dank	*mangels*	*ungeachtet*
diesseits	*mittels*	*unterhalb*
...halber	*oberhalb*	*unweit*
innerhalb	*statt*	*während*
jenseits	*trotz*	*wegen*

La plupart de ces prépositions ne sont employées au génitif que lorsqu'un pronom sans désinence, un adjectif ou un article est placé entre la préposition et le substantif. Le cas échéant, ces prépositions sont soit suivies du datif, soit on y ajoute la préposition *von* (de), qui elle commande à nouveau le datif.

trotz starker Schneefälle (génitif) *trotz Schneefällen* (datif)
infolge des Unwetters (génitif) *infolge von Unwetter* (datif)

Prépositions suivies du datif

aus *nach*
außer *nebst*
bei *samt*
entgegen *seit*
gegenüber *von*
gemäß *zu*
mit

Prépositions suivies de l'accusatif

durch *ohne*
für *um*
gegen

Prépositions suivies de l'accusatif ou du datif

Certaines prépositions spatiales souvent utilisées commandent le datif, lorsqu'elles se rapportent au lieu d'une chose. Elles commandent l'accusatif, lorsqu'elles se réfèrent au mouvement:

Préposition	accusatif	datif
an	*Lehne die Leiter an die Wand!* Pose l'échelle contre le mur!	*Die Leiter lehnt an der Wand.* L'échelle est posée contre le mur.
auf	*Du kannst dich auf den Stuhl dort setzen.* Tu peur t'asseoir sur la chaise là-bas.	*Auf diesem Stuhl sitzt Frau Weber.* Madame Weber est assise sur cette chaise.
hinter	*Schau hinter das Bild!* Regarde derrière le tableau!	*Der Safe ist hinter dem Bild.* Le coffre-fort est derrière le tableau.
in	*Tritt nicht in die Pfütze!* Ne marche pas dans la flaque d'eau!	*Der Brief ist in diesem Ordner abgelegt.* La lettre est rangée dans ce classeur.
neben	*Stell den Koffer neben das andere Gepäck!* Pose la valise à côté des bagages!	*Sein Lieblingsplatz war immer neben dem Ofen.* Sa place préférée a toujours été autour du fourneau.
über	*Die Wolken ziehen über die Berge.* Les nuages passent au-dessus des montagnes.	*Wir flogen über den Wolken dahin.* Nous y allons en survolant les nuages.

unter	*Kriech unter den Tisch!* Rampe sous la table!	*Such unter dem Tisch!* Cherche sous la table!
vor	*Stell die Schuhe vor die Tür!* Pose les chaussures devant la porte.	*Der Sommer steht vor der Tür.* L'été approche.
zwischen	*Stell den Tisch zwischen die Stühle!* Pose la table entre les chaises!	*Zwischen den Bäumen wuchsen Pilze.* Des champignons poussaient entre les arbres.

Pronom

Le pronom personnel

	1re personne	2e personne	3e personne
singulier:			
nominatif	*ich*	*du*	*er sie es*
(génitif	*meiner*	*deiner*	*seiner ihrer seiner)*
datif	*mir*	*dir*	*ihm ihr ihm*
accusatif	*mich*	*dich*	*ihn sie es*
pluriel:			
nominatif	*wir*	*ihr*	*sie*
(génitif	*unser*	*euer*	*ihrer)*
datif	*uns*	*euch*	*ihnen*
accusatif	*uns*	*euch*	*sie*

Le pronom possessif

	masculin/singulier	masculin/pluriel
1re pers	*meine*	*unser*
2e pers	*deine*	*euer*
3e pers	*sein, ihr, sein*	*ihr*

Verbe

Les verbes à plein sens et leur formation

Les verbes à plein sens forment trois groupes selon leur type de conjugaison: les verbes forts, les verbes faibles et les verbes irréguliers (mixtes). Analogue à ce groupement on parle d'une conjugaison forte (1), faible (2) et irrégulière (3). Les radicaux du verbe (infinitif, imparfait, participe passé) déterminent le type de conjugaison.

infinitif	imparfait	participe II	
(1) *singen*	*sang*	*gesungen*	chanter, chantais, chanté
(2) *lachen*	*lachte*	*gelacht*	rire, riais, ri
(3) *bringen*	*brachte*	*gebracht*	apporter, apportais, apporté

La conjugaison régulière

Genre du verbe: actif

temps	nombre	indicatif	subjonctif I	subjonctif II
prés.	singulier	*ich stell-e*	*ich stell-e*	
		du stell-st	*du stell-est*	
		er/sie/es stell-t	*stell-e*	

	pluriel	*wir stell-en*	*wir stell-en*	
		ihr stell-t	*ihr stell-et*	
		sie stell-en	*sie stell-en*	
imp.	singulier	*ich stell-t-e*		*ich stell-t-e*
		du stell-t-est		*du stell-t-est*
		er/sie/es stell-t-e		*stell-t-e*
	pluriel	*wir stell-t-en*		*wir stell-t-en*
		ihr stell-t-et		*ihr stell-t-et*
		sie stell-t-en		*sie stell-t-en*
fut. I	singulier	*ich werde stellen*	*ich werde s.*	*ich würde s.*

Indicatif passé: *ich habe gestellt; du hast gestellt/ich bin gefahren; du bist gefahren*
Subjonctif I passé: *ich habe gestellt; du habest gestellt/ich sei gefahren; du seist gefahren*
Indicatif plus-que-parfait: *ich hatte gestellt; du hattest gestellt/ich war gefahren; du warst gefahren*
Subjonctif II plus-que parfait: *ich hätte gestellt; du hättest gestellt/ich wäre gefahren; du wärest gefahren*
Futur II: *ich werde gestellt haben; du wirst gestellt haben/ich werde gefahren sein; du wirst gefahren sein*

infinitif présent:	*stellen/fahren*
infinitif passé:	*gestellt haben/gefahren sein*
participe I:	*stellend/fahrend*
participe II:	*gestellt/gefahren*
impératif singulier:	*stelle!/fahre!*
impératif pluriel:	*stellt!/fahrt!*

La conjugaison irrégulière

temps	nombre	indicatif	subjonctif
présent	singulier	*ich nehm-e*	*ich nehm-e*
		du nimm-st	*du nehm-est*
		er/sie/es nimm-t	*nehm-e*
	pluriel	*wir nehm-en*	*wir nehm-en*
		ihr nehm-t	*ihr nehm-et*
		sie nehm-en	*sie nehm-en*
imparfait	singulier	*ich nahm*	*ich nähm-e*
		du nahm-st	*du nähm-est*
		sie nahm	*sie nähm-e*
	pluriel	*wir nahm-en*	*wir nähm-en*
		ihr nahm-t	*ihr nähm-(e)t*
		sie nahm-en	*sie nähm-en*

infinitif présent:	*nehm-en/fall-en/lieg-en*
présent (participe I):	*nehm-end/fall-end/lieg-end*
participe passé (participe II):	*ge-nomm-en/ge-fall-en/ge-leg-en*
impératif singulier:	*nimm!/fall-e!/lieg-e!*
impératif pluriel:	*nehm-t!/fall-t!/lieg-t!*

Les auxiliaires

Les verbes suivants font partie des auxiliaires: *haben, sein* et *werden.* A l'aide d'eux on peut former les formes temporelles composées des verbes à plein sens. De plus ils existent aussi en tant que verbes indépendants *(Ich bin erst spät zurückgekehrt. Nach der langen Bergtour hatten sie mehr Durst als Hunger.)*

L'auxiliaire *sein* (être) et *haben* (avoir)

temps	sein	haben
présent	*ich bin*	*ich habe*
	du bist	*du hast*
	er/sie/es ist	*er/sie/es hat*
	wir sind	*wir haben*
	ihr seid	*ihr habt*
	sie sind	*sie haben*
imparfait	*ich war*	*ich hatte*
	du warst	*du hattest*
	er/sie/es war	*er/sie/es hatte*
	wir waren	*wir hatten*
	ihr wart	*ihr hattet*
	sie waren	*sie hatten*
passé composé	*ich bin gewesen*	*ich habe gehabt*
plus-que-parfait	*ich war gewesen*	*ich hatte gehabt*
futur I (futur inaccompli)	*ich werde sein*	*ich werde haben*
futur II (futur accompli)	*ich werde gewesen sein*	*ich werde gehabt haben*
infinitif:	*sein*	*haben*
participe présent:	*seiend*	*habend*
participe passé:	*gewesen*	*gehabt*
impératif du singulier:	*sei!*	*habe!*
impératif du pluriel:	*seid!*	*habt!*

L'emploi des temps

Le subjonctif I

Le subjonctif I désigne avant tout les contenus suivants:
un appel, une demande, un désir, qui devrait être exaucé, une éventualité ou une supposition et le discours indirect *(Man presse eine ganze Zitrone, gieße heißes Wasser darauf, Meine Damen und Herren, seien Sie doch ein wenig disziplinierter! Der Betriebsrat teilte mit, dass eine Verkürzung der Arbeitszeit z.Zt. nicht durchzusetzen sei).*

Le subjonctif II

Le subjonctif II désigne les contenus suivants:
un appel poli, une demande polie, un désir qu'on ne peut pas exaucer, une affirmation incertaine et une condition qui n'est pas réelle *(Könntet ihr euch bitte etwas leiser unterhalten? Würden Sie mir helfen, die Pakete aus dem Auto zu tragen? Könnte ich die Zeit doch noch einmal zurückdrehen! Ich denke, du wärest glimpflicher davongekommen, wenn ... Wenn er nicht so müde gewesen wäre, hätte er die Arbeit sofort begonnen.)*

Phrase

L'ordre des différents compléments

Quand les compléments d'objet direct et indirect se composent de deux noms, le complément d'objet indirect précède le complément d'objet direct. Quand ils se composent d'un nom et d'un pronom, le complément d'objet direct précède le complément d'objet indirect *(Sie schickt ihrer Freundin* (complément d'objet indirect) *ein Päckchen* (complément d'objet direct). *Sie schickt ihr* (complément d'objet indirect, pronom) *ein Päckchen* (complément d'objet direct, nom). *Sie schickt es* (complément d'objet direct, pronom) *ihr* (complément d'objet indirect, pronom).

La position dans la proposition affirmative

Dans la proposition affirmative la partie finite du prédicat est à la deuxième place. La position de la partie infinite du prédicat - s'il y en a - est à la fin de la phrase. Dans ce cas le prédicat composé fait fonction de parenthèse, entre les deux parties de laquelle d'autres membres de la phrase peuvent se présenter. Quand un membre de la phrase précède le verbe principal, le sujet est placé après le verbe principal (*inversion*). *(Gestern arbeiteten sie an diesem Projekt. Das große Problem haben sie heute gelöst).*

La position de la proposition subordonnée

Dans les propositions subordonnées le verbe se trouve normalement à la fin de la phrase: *(Der Student, der vor fünf Minuten die Universität betrat...).*

Nombres

nombres cardinaux		nombres ordinaux	
0	*null*	1.	*erste*
1	*eins*	2.	*zweite*
2	*zwei*	3.	*dritte*
3	*drei*	4.	*vierte*
4	*vier*	5.	*fünfte*
5	*fünf*	6.	*sechste*
6	*sechs*	7.	*siebte*
7	*sieben*	8.	*achte*
8	*acht*	9.	*neunte*
9	*neun*	10.	*zehnte*
10	*zehn*	11.	*elfte*
11	*elf*	12.	*zwölfte*
12	*zwölf*	13.	*dreizehnte*
13	*dreizehn*	14.	*vierzehnte*
14	*vierzehn*	15.	*fünfzehnte*
15	*fünfzehn*	16.	*sechzehnte*
16	*sechzehn*	17.	*siebzehnte*
17	*siebzehn*	18.	*achtzehnte*
18	*achtzehn*	19.	*neunzehnte*
19	*neunzehn*	20.	*zwanzigste*
20	*zwanzig*	21.	*einundzwanzigste*
21	*einundzwanzig*	22.	*zweiundzwanzigste*
22	*zweiundzwanzig*	23.	*dreiundzwanzigste*
23	*dreiundzwanzig*	24.	*vierundzwanzigste*
30	*dreißig*	25.	*fünfundzwanzigste*
40	*vierzig*	26.	*sechsundzwanzigste*
50	*fünfzig*	27.	*siebenundzwanzigste*
60	*sechzig*	28.	*achtundzwanzigste*
70	*siebzig*	29.	*neunundzwanzigste*
80	*achtzig*	30.	*dreißigste*
90	*neunzig*	40.	*vierzigste*
100	*(ein)hundert*	50.	*fünfzigste*
101	*hundert(und)eins*	60.	*sechzigste*
230	*zweihundert(und)dreißig*	70.	*siebzigste*
1 000	*(ein)tausend*	80.	*achtzigste*
10 000	*zehntausend*	90.	*neunzigste*
100 000	*(ein)hunderttausend*	100.	*(ein)hundertste*
1 000 000	*eine Million*	1 000.	*(ein)tausendste*

0 se prononce toujours *null.*
Les nombres et les adjectifs numéraux au-dessous d'un million sont écrits en un mot.

Heure

Les indications de minutes sont ou séparées par un point ou élevées *9.30 Uhr; 9.30 Uhr.* On n'emploie que les nombres cardinaux. On demande l'heure de la façon suivante: *Wieviel Uhr ist es? Wie spät ist es?* On répond: *Es ist .../Wir haben ...*

12.00 Uhr	*zwölf Uhr (mittags)*
12.01 Uhr	*zwölf Uhr eins/eine Minute nach zwölf*
12.02 Uhr	*zwölf Uhr zwei/zwei Minuten nach zwölf*
12.10 Uhr	*zwölf Uhr zehn/zehn Minuten nach zwölf*
12.15 Uhr	*zwölf Uhr fünfzehn/Viertel nach zwölf*
12.20 Uhr	*zwölf Uhr zwanzig/zwanzig Minuten nach zwölf*
12.30 Uhr	*zwölf Uhr dreißig/halb eins*
12.45 Uhr	*zwölf Uhr fünfundvierzig/Viertel vor eins*
12.50 Uhr	*zwölf Uhr fünfzig/zehn (Minuten) vor eins*
13.00 Uhr	*dreizehn Uhr/ein Uhr/eins*
15.00 Uhr	*fünfzehn Uhr/drei Uhr nachmittags*
17.00 Uhr	*siebzehn Uhr/fünf Uhr nachmittags*
23.00 Uhr	*dreiundzwanzig Uhr/11 Uhr nachts*
24.00 Uhr	*vierundzwanzig Uhr/Mitternacht*
1.00 Uhr	*ein Uhr/ein Uhr morgens*
10.00 Uhr	*zehn Uhr/zehn Uhr vormittags*

Les verbes irréguliers allemandes

infinitif	imparfait	participe passé	présent sing. 1re/2e
backen	backte	gebacken	ich backe, du bäckst
befehlen	befahl	befohlen	ich befehle, du befiehlst
beginnen	begann	begonnen	ich beginne, du beginnst
beißen	biss	gebissen	ich beiße, du beißt
bergen	barg	geborgen	ich berge, du birgst
biegen	bog	gebogen	ich biege, du biegst
bieten	bot	geboten	ich biete, du bietest
binden	band	gebunden	ich binde, du bindest
bitten	bat	gebeten	ich bitte, du bittest
blasen	blies	geblasen	ich blase, du bläst
bleiben	blieb	geblieben	ich bleibe, du bleibst
braten	briet	gebraten	ich brate, du brätst
brechen	brach	gebrochen	ich breche, du brichst
brennen	brannte	gebrannt	ich brenne, du brennst
bringen	brachte	gebracht	ich bringe, du bringst
denken	dachte	gedacht	ich denke, du denkst
dreschen	drosch	gedroschen	ich dresche, du drischst
dringen	drang	gedrungen	ich dringe, du dringst
dürfen	durfte	gedurft	ich darf, du darfst
empfangen	empfing	empfangen	ich empfange, du empfängst
empfehlen	empfahl	empfohlen	ich empfehle, du empfiehlst
empfinden	empfand	empfunden	ich empfinde, du empfindest
erlöschen	erlosch	erloschen	ich erlösche, du erlischst
essen	aß	gegessen	ich esse, du isst
fahren	fuhr	gefahren	ich fahre, du fährst
fallen	fiel	gefallen	ich falle, du fällst
fangen	fing	gefangen	ich fange, du fängst
fechten	focht	gefochten	ich fechte, du fich(t)st
finden	fand	gefunden	ich finde, du findest
flechten	flocht	geflochten	ich flechte, du flich(t)st
fliegen	flog	geflogen	ich fliege, du fliegst
fliehen	floh	geflohen	ich fliehe, du fliehst
fließen	floss	geflossen	ich fließe, du fließt
fressen	fraß	gefressen	ich fresse, du frisst
frieren	fror	gefroren	ich friere, du frierst
gären	gor	gegoren	es gärt
gebären	gebar	geboren	ich gebäre, du gebärst/gebierst
geben	gab	gegeben	ich gebe, du gibst
gedeihen	gedieh	gediehen	ich gedeihe, du gedeihst
gehen	ging	gegangen	ich gehe, du gehst
gelingen	gelang	gelungen	es gelingt
gelten	galt	gegolten	ich gelte, du giltst
genießen	genoss	genossen	ich genieße, du genießt
geschehen	geschah	geschehen	es geschieht
gewinnen	gewann	gewonnen	ich gewinne, du gewinnst
gießen	goss	gegossen	ich gieße, du gießt
gleichen	glich	geglichen	ich gleiche, du gleichst
gleiten	glitt	geglitten	ich gleite, du gleitest

graben	grub	gegraben	ich grabe, du gräbst
greifen	griff	gegriffen	ich greife, du greifst
haben	hatte	gehabt	ich habe, du hast
halten	hielt	gehalten	ich halte, du hältst
hängen	hing	gehangen	ich hänge, du hängst
hauen	hieb/haute	gehauen	ich haue, du haust
heben	hob	gehoben	ich hebe, du hebst
heißen	hieß	geheißen	ich heiße, du heißt
helfen	half	geholfen	ich helfe, du hilfst
kennen	kannte	gekannt	ich kenne, du kennst
klingen	klang	geklungen	ich klinge, du klingst
kneifen	kniff	gekniffen	ich kneife, du kneifst
kommen	kam	gekommen	ich komme, du kommst
können	konnte	gekonnt	ich kann, du kannst
kriechen	kroch	gekrochen	ich krieche, du kriechst
laden	lud	geladen	ich lade, du lädst
lassen	ließ	gelassen	ich lasse, du lässt
laufen	lief	gelaufen	ich laufe, du läufst
leiden	litt	gelitten	ich leide, du leidest
leihen	lieh	geliehen	ich leihe, du leihst
lesen	las	gelesen	ich lese, du liest
liegen	lag	gelegen	ich liege, du liegst
lügen	log	gelogen	ich lüge, du lügst
mahlen	mahlte	gemahlt	ich mahle, du mahlst
meiden	mied	gemieden	ich meide, du meidest
melken	molk	gemolken/ gemelkt	ich melke, du melkst
messen	maß	gemessen	ich messe, du misst
misslingen	misslang	misslungen	es misslingt
mögen	mochte	gemocht	ich mag, du magst
müssen	musste	gemusst	ich muss, du musst
nehmen	nahm	genommen	ich nehme, du nimmst
nennen	nannte	genannt	ich nenne, du nennst
pfeifen	pfiff	gepfiffen	ich pfeife, du pfeifst
preisen	pries	gepriesen	ich preise, du preist
quellen	quoll	gequollen	ich quelle, du quillst
raten	riet	geraten	ich rate, du rätst
reiben	rieb	gerieben	ich reibe, du reibst
reißen	riss	gerissen	ich reiße, du reißt
reiten	ritt	geritten	ich reite, du reitest
rennen	rannte	gerannt	ich renne, du rennst
riechen	roch	gerochen	ich rieche, du riechst
ringen	rang	gerungen	ich ringe, du ringst
rinnen	rann	geronnen	es rinnt
rufen	rief	gerufen	ich rufe, du rufst
salzen	salzte	gesalzen	ich salze, du salzt
saufen	soff	gesoffen	ich saufe, du säufst
saugen	sog	gesogen	ich sauge, du saugst
schaffen (schöpfen)	schuf	geschaffen	ich schaffe, du schaffst
scheiden	schied	geschieden	ich scheide, du scheidest
scheinen	schien	geschienen	ich scheine, du scheinst
schieben	schob	geschoben	ich schiebe, du schiebst

schießen	schoss	geschossen	ich schieße, du schießt
schlafen	schlief	geschlafen	ich schlafe, du schläfst
schlagen	schlug	geschlagen	ich schlage, du schlägst
schleichen	schlich	geschlichen	ich schleiche, du schleichst
schleifen (schärfen)	schliff	geschliffen	ich schleife, du schleifst
schließen	schloss	geschlossen	ich schließe, du schließt
schmeißen	schmiss	geschmissen	ich schmeiße, du schmeißt
schmelzen (intransitiv)	schmolz	geschmolzen	ich schmelze, du schmilzt
schneiden	schnitt	geschnitten	ich schneide, du schneidest
schreiben	schrieb	geschrieben	ich schreibe, du schreibst
schreien	schrie	geschrien	ich schreie, du schreist
schweigen	schwieg	geschwiegen	ich schweige, du schweigst
schwellen	schwoll	geschwollen	ich schwelle, du schwillst
schwimmen	schwamm	geschwommen	ich schwimme, du schwimmst
schwinden	schwand	geschwunden	ich schwinde, du schwindest
schwören	schwur	geschworen	ich schwöre, du schwörst
sehen	sah	gesehen	ich sehe, du siehst
sein	war	gewesen	ich bin, du bist
senden (schicken)	sandte	gesandt	ich sende, du sendest
sieden	sott/siedete	gesotten/gesiedet	ich siede, du siedest
singen	sang	gesungen	ich singe, du singst
sinken	sank	gesunken	ich sinke, du sinkst
sitzen	saß	gesessen	ich sitze, du sitzt
spalten	spaltete	gespalten	ich spalte, du spaltest
speien	spie	gespien	ich speie, du speist
spinnen	spann	gesponnen	ich spinne, du spinnst
sprechen	sprach	gesprochen	ich spreche, du sprichst
springen	sprang	gesprungen	ich springe, du springst
stechen	stach	gestochen	ich steche, du stichst
stecken (intransitiv)	stak	gesteckt	ich stecke, du steckst
stehen	stand	gestanden	ich stehe, du stehst
stehlen	stahl	gestohlen	ich stehle, du stiehlst
steigen	stieg	gestiegen	ich steige, du steigst
sterben	starb	gestorben	ich sterbe, du stirbst
stinken	stank	gestunken	ich stinke, du stinkst
stoßen	stieß	gestoßen	ich stoße, du stößt
streichen	strich	gestrichen	ich streiche, du streichst
streiten	stritt	gestritten	ich streite, du streitest
tragen	trug	getragen	ich trage, du trägst
treffen	traf	getroffen	ich treffe, du triffst
treiben	trieb	getrieben	ich treibe, du treibst
treten	trat	getreten	ich trete, du trittst
trinken	trank	getrunken	ich trinke, du trinkst
trügen	trog	getrogen	ich trüge, du trügst
tun	tat	getan	ich tu(e), du tust
verderben	verdarb	verdorben	ich verderbe, du verdirbst
vergessen	vergaß	vergessen	ich vergesse, du vergisst
verlieren	verlor	verloren	ich verliere, du verlierst
verzeihen	verzieh	verziehen	ich verzeihe, du verzeihst

wachsen	wuchs	gewachsen	ich wachse, du wächst
wägen	wog	gewogen	ich wäge, du wägst
waschen	wusch	gewaschen	ich wasche, du wäschst
weichen (nachgeben)	wich	gewichen	ich weiche, du weichst
weisen	wies	gewiesen	ich weise, du weist
wenden	wandte/ wendete	gewandt/ gewendet	ich wende, du wendest
werben	warb	geworben	ich werbe, du wirbst
werden	wurde/ward	geworden	ich werde, du wirst
werfen	warf	geworfen	ich werfe, du wirfst
wiegen (Gewicht feststellen)	wog	gewogen	ich wiege, du wiegst
winden (wickeln)	wand	gewunden	ich winde, du windest
wissen	wusste	gewusst	ich weiß, du weißt
wollen	wollte	gewollt	ich will, du willst
ziehen	zog	gezogen	ich ziehe, du ziehst
zwingen	zwang	gezwungen	ich zwinge, du zwingst

Wichtige Abkürzungen

AF	*Allocations Familiales*	Familienbeihilfe
AJ	*Auberge de Jeunesse*	Jugendherberge
AM	*Ante meridiem (avant midi)*	vormittags
Arr.	*Arrondissement*	Arrondissement
Av	*Avenue*	Avenue
Bd., Boul.	*Boulevard*	Boulevard
BP	*Boîte Postale*	Postfach
c.à.d	*c'est à dire*	d.h.
CIO	*Comité International Olympique*	Internationales Olympisches Komitee IOC
CRF	*Croix Rouge Française*	Französisches Rotes Kreuz
C.E.S	*Collège d'enseignement secondaire*	Gymnasium
C.H.	*Centre Hospitalier*	Krankenhauszentrum
chap.	*chapitre*	Kapitel
CRI	*Croix Rouge Internationale*	Internationales Rotes Kreuz
Dépt.	*Département*	Departement
E	*Est*	Osten
F	*Franc*	Franc
FLN	*Front de Libération Nationale*	Nationale Befreiungsfront
FMI	*Fond Monétaire International*	Internationaler Währungsfonds
Mr	*Monsieur*	Herr
Melle	*Mademoiselle*	Fräulein
Mme	*Madame*	Frau
O	*Ouest*	Westen
ONU	*Organisation des Nations Unies*	Organisation der Vereinten Nationen UNO
OS	*Ouvrier Spécialisé*	Facharbeiter
PC	*Parti Communiste*	kommunistische Patei
PIB	*Produit intérieur brut*	Bruttosozialprodukt BSP
PNB	*Produit national brut*	Bruttoinlandsprodukt BIP
PR	*Poste restante*	postlagernd
PTT	*Postes, Télégraphes,Téléphones*	Post, Telegraf, Telefon
R	*Rue*	Straße Str.
Rte	*Route*	Straße
RTF	*Radiodiffusion Télévision française*	französisches Radio und Fernsehen
SA	*Société anonyme*	Aktiengesellschaft
SARL	*Société à responsabilité limitée*	Gesellschaft mit beschränkter Haftung GmbH
SI	*Syndicat d'initiative*	Fremdenverkehrsamt
SMIC	*salaire minimum interprofessionnel de croissance*	festgesetzter Mindestlohn
SNCF	*Société nationale des Chemins de Fer Français*	französische Eisenbahn
SVP	*s'il vous plaît*	bitte
t	*tonne*	Tonne
TOM	*Territoires d'Outre Mer*	französische Überseegebiete
TTC	*Toutes Taxes comprises*	alles inklusive
TVA	*Taxe sur la valeur ajoutée*	Mehrwertsteuer
U.E.	*Union Européenne*	Europäische Union

Abréviations importantes

AG	*Aktiengesellschaft*	Société anonyme
a.d.	*an der/dem (Fluss)*	sur le (fleuve)/sur la (rivière)
AZUBI	*Auszubildende(r)*	apprenti
BLZ	*Bankleitzahl*	code bancaire
CDU	*Christlich-Demokratische Union*	Union chrétienne démocratique
CSU	*Christlich-Soziale Union*	Union chrétienne sociale
DB	*Deutsche Bundesbahn*	Chemins de fer allemands
DIN	*Deutsche Industrienorm*	norme industrielle allemande
Dipl. Ing.	*Diplomingenieur*	ingénieur diplômé
Dr.	*Doktor*	docteur
EDV	*Elektronische Datenverarbeitung*	informatique
EU	*Europäische Union*	Union Européenne
FCKW	*Fluorchlorkohlenwasserstoff*	chlorofluorocarbone C.F.C
F.D.P.	*Freie Demokratische Partei*	parti libéral-démocrate
Fr.	*Frau*	Madame Mme
Frl.	*Fräulein*	Mademoiselle Melle
geb.	*geboren*	né
Ges.	*Gesellschaft*	société
GmbH	*Gesellschaft mit beschränkter Haftung*	SARL
Hbf	*Hauptbahnhof*	gare centrale
inkl.	*inklusive*	compris
Kfz	*Kraftfahrzeug*	véhicule
KG	*Kommanditgesellschaft*	société en commandite
Kripo	*Kriminalpolizei*	police judiciaire PJ
Kto.	*Konto*	compte
Lkw	*Lastkraftwagen*	poids lourd
MEZ	*Mitteleuropäische Zeit*	heure de l'Europe centrale
Mrd.	*Milliarde*	milliard
MwSt	*Mehrwertsteuer*	taxe à la valeur ajoutée
n. Chr.	*nach Christus*	après J.C
Nr.	*Nummer*	numéro
öff.	*öffentlich*	public
Pf	*Pfennig*	pfennig
Pkw	*Personenkraftwagen*	voiture de tourisme
PLZ	*Postleitzahl*	code postal
PS	*Pferdestärke*	cheval vapeur
SPD	*Sozialdemokratische Partei Deutschlands*	parti social-démocrate allemand
Std.	*Stunde*	heure
Str.	*Straße*	rue
TÜV	*technischer Überwachungs-Verein*	contrôle technique
u.	*und*	et
u.a.	*und andere(s)*	et autres
usw.	*und so weiter*	etc
vgl.	*vergleiche*	comparez
z.B.	*zum Beispiel*	p. ex.
z.Hd.	*zu Händen*	à l'attention de
z.T.	*zum Teil*	en partie
z.Zt.	*zur Zeit*	à présent